Lexikon der Religionen

HERDER / SPEKTRUM

Band 4090

Das Buch

Eine faszinierende Expedition in eine geheimnisvolle Welt und eine Reise an den „Strom der Ewigkeit“, an dem die Fülle der Bekenntnisse, Rituale und religiösen Praktiken der Menschheit sich versammelt. Konfuzius, Buddha, Mohammed, Jesus, die untergegangenen Religionen, neue religiöse Bewegungen und Sekten – woran Menschen glauben, woran sie geglaubt und worauf sie gehofft haben, hier wird es anschaulich und lebendig. 125 Fachwissenschaftler geben präzise Information zum Kosmos der Religionen. Sie klären die Begriffe, die grundlegend sind für das Verständnis, und erhellen die Phänomene. Religiöse Ideen werden deutlich, Berührungspunkte greifbar, Dialogmöglichkeiten konkret. Eine Fülle von Informationen wird erschlossen und in Rahmenartikeln in größere Zusammenhänge gestellt. Wissenschaftliche Zuverlässigkeit und Perspektive einer modernen und kulturellen offenen Welt bestimmen die Darstellung. „Das Werk nimmt einen Rang ein, der ohne Konkurrenz ist“ (Wiener Zeitung). „In Fachkompetenz, Klarheit und Aktualität einzigartig“ (Süddeutscher Rundfunk).
Franz Kardinal König, geb. 1905, Prof. für Religionswissenschaft und Theologie in Wien und Salzburg, eine wegweisende Gestalt im interreligiösen Gespräch, begründete dieses Lexikon.

Der Herausgeber

Hans Waldenfels, Professor für Fundamentaltheologie, Theologie der nichtchristlichen Religionen und Religionsphilosophie an der Universität Bonn, hat das Werk neu herausgegeben.

Lexikon der Religionen

Phänomene – Geschichte – Ideen

Begründet von Franz Kardinal König

Unter Mitwirkung zahlreicher Fachgelehrter
herausgegeben von
Hans Waldenfels

Herder
Freiburg · Basel · Wien

Technische Herstellung: Freiburger Graphische Betriebe 1992
Umschlaggestaltung: Joseph Pölzelbauer
Umschlagbild: Tibetisches Amnata-Mandala
ISBN 3-451-04090-5

VORWORT

Das „Lexikon der Religionen" steht in der Tradition des „Religionswissenschaftlichen Wörterbuchs", das unter der Federführung von Franz König 1956 im Verlag Herder in Freiburg erschienen ist. Die neue Gestalt und der neue Titel des Lexikons tragen der neuen Weltsituation Rechnung, mehr als 40 Jahre nach dem Zweiten Weltkrieg mit seinen einschneidenden gesellschaftlich-politischen und international-interkulturell-interreligiösen Folgeerscheinungen, aber auch mehr als 20 Jahre nach Beendigung des Zweiten Vatikanischen Konzils mit seinen innerkirchlich wie ökumenisch für die gesamte Christenheit bedeutsamen Zukunftsperspektiven. Mit seiner knappen Erklärung zum Verhältnis der Kirche zu den nichtchristlichen Religionen „Nostra aetate" vom 28. Oktober 1965 hat das Konzil auf eine der wichtigsten Aufgaben hingewiesen, die sich der Christenheit für die Zukunft stellen.

Das neue Lexikon will – wie sein Vorgänger – wissenschaftlich zuverlässig sein und darum den heutigen wissenschaftlichen Ansprüchen, soweit möglich, Genüge leisten. Es will aber die Ergebnisse der Wissenschaft zugleich in einer Weise präsentieren, daß auch der Nichtfachmann mit ihnen umgehen kann und angesichts der immer deutlicheren Entwicklung eines von religiösem Pluralismus und Synkretismus gezeichneten religiösen Horizonts fundierte Informationen über die heute vorherrschenden Formen des Religiösen und der Religionen findet und ihm zugleich Hilfen zur eigenen Urteilsbildung vom christlichen Standpunkt aus an die Hand gegeben werden.

Die verstärkte Bewußtwerdung eines pluralen religiösen Angebots auch in Europa führte – nicht zuletzt unter der Voraussetzung, daß das Lexikon weiterhin einbändig bleiben soll – zu notwendigen Umstrukturierungen. Auf Artikel über die christliche Dogmatik und Liturgie wie auch über die verschiedenen kirchengeschichtlichen Bereiche wurde in stärkerem Maße ebenso verzichtet wie auf Artikel zu rein interkonfessionell-ökumenischen Fragestellungen, zumal die darin zu erwartenden Ausführungen in leicht zugänglichen, ausgezeichneten Nachschlagewerken zu finden sind. Verzichtet wurde auch auf rein geographische Artikel sowie auf Personenartikel mit Ausnahme einiger religiöser Gründergestalten.

Den größten Umfang des Lexikons nehmen Artikel ein, die über die heute wirksamen Religionen und religiösen Strömungen berichten, Zugang zu religiösen Phänomenen vermitteln und damit die Wahrnehmung des Religiösen fördern. Kürzere Artikel bieten auch Auskünfte über einzelne Begriffe, die im Kontext der Religionen beheimatet sind. In vielen Fällen verweisen Stichwortangaben auf die Artikel, in denen das gesuchte Thema mitbehandelt ist. Wir waren im übrigen bemüht, die verschiedenen Artikel durch Querverweise (↗) entweder am Anfang oder auch im Verlauf des einzelnen Artikels so miteinander zu vernetzen, daß die parallele Weiterlektüre zu einem bestimmten Fragepunkt erleichtert wird. Die Literaturhinweise am Ende verweisen einmal auf wichtige Grundlagentexte, vor allem aber auf weiterführende Literatur zum Thema.

Einen erstmals versuchten, bewußten Beitrag zum beginnenden Dialog der Religionen bilden die zahlreichen Block- und Rahmenartikel, in denen zu bestimmten Grundsatzfragen die Einstellungen der verschiedenen Religionen abgefragt und als Material für vergleichende Studien zusammengetragen werden. Diese Schwerpunktartikel dürften eine wichtige Hilfe für die weitere Meinungsbildung darstellen. Dem Charakter des Lexikons entsprechend, das bei allem Bemühen um wissenschaftliche Verantwortlichkeit seinen katholischen Verständnishintergrund nicht verleugnet, enthalten diese Artikel zumeist auch Hinweise auf eine mögliche Stellungnahme aus der Perspektive christlichen Denkens.

Eine weitere Gruppe von Artikeln sind, ohne freilich als solche eigens gekennzeichnet

zu sein, Problemartikel im eigentlichen Sinne, das heißt Artikel, die wie die zu neureligiösen Phänomenen oder zu aktuellen Gesellschaftsfragen angesichts des laufenden Prozesses zwar auf diesen selbst hinweisen wollen, auch eine Reihe von Verständnismomenten nennen, jedoch kein abschließendes Urteil fällen können. In diesem Sinne macht ein Lexikon wie dieses an vielen Stellen den Eindruck von Momentaufnahmen, die im Laufe der Zeit durch andere abzulösen bzw. auch zu ergänzen sind.
Ein Werk wie das vorliegende wäre nicht möglich ohne den Rat und die Mitwirkung zahlreicher Mitarbeiter aus den verschiedensten wissenschaftlichen Disziplinen, vor allem der Religionswissenschaft, der Philosophie und Theologie, aber auch anderen geistes- und naturwissenschaftlichen Fächern – Mitarbeiter, die dann ihrerseits vielfach auch im strengen Sinne des Wortes in unterschiedlichen Kulturräumen „zu Hause" sind. Am Ende waren es über 120, die in einem eigenen Verzeichnis zu finden sind. Ihnen allen habe ich an dieser Stelle meinen aufrichtigen Dank zu sagen. Eigens gedenken möchte ich zweier verstorbener Kollegen. Am 25. Januar 1987 verstarb der Professor für Psychiatrie und Psychologie für Kinder und Jugendliche, ärztlicher Direktor am Psychiatrischen Spital des Kantons Fribourg, Dr. Jean-Jacques Eisenring, dessen versprochene Beiträge kurzfristig andere Kollegen übernommen haben, am 17. Juli 1987 in Trier mein erster Assistent, Professor Dr. Helmut Pfeiffer, der u. a. die Beiträge zu Tod und Totenbücher für dieses Lexikon verfaßt hat.
Abschließend ist auf eine redaktionelle Schwierigkeit aufmerksam zu machen, die wir nicht zur vollen Zufriedenheit lösen konnten. Leider war es nicht möglich, den Transkriptionen fremdsprachlicher Wörter, zumal aus dem Arabischen, Chinesischen und Indischen (Sanskrit, Pāli), die letzte Einheitlichkeit zu geben, da es hier letzte Verbindlichkeiten nicht gibt. Wir haben daher in den Artikelüberschriften zumeist der Wortaussprache und der englischen Schreibweise nahe Umschriften gewählt – z. B. *Rig*veda, *Rish*i, *Sh*iva, *Dj*ihād (*dj* wie *gi* im Italienischen *giorno*) – und sind in den Artikeln weithin den von dem einzelnen Wissenschaftler bevorzugten Schreibweisen und Punktierungen gefolgt. Deutsche Umschriften wie etwa Nir*w*ana oder *Sch*i*w*a haben wir, selbst wo sie sich in deutschen Konversationslexika einzubürgern beginnen, mit Rücksicht auf den internationalen Austausch möglichst vermieden.
In einer Zeit großer Verlegenheit, wie Religionen angesichts der bedrängenden Probleme unserer Tage miteinander bestehen können, haben sich Vertreter aus den verschiedensten Religionen der Welt am 27. Oktober 1986 auf die Einladung Papst Johannes Pauls II. hin in Assisi, der Stadt des heiligen Franziskus, zu Gebet und Besinnung auf Den, aus dem alle Religion lebt, versammelt. Zwischen den Religionen auf Frieden und Verständigung hinzuarbeiten und sie dabei zugleich immer neu in Gottes Sendung an diese Welt hineinzurufen dürfte ein entscheidender Beitrag zum Wohle aller Menschen dieser Erde und ihrer Zukunft sein.

Bonn, 15. August 1987 *Hans Waldenfels*

VORWORT ZUR ZWEITEN AUFLAGE

Die gute Aufnahme des Lexikons der Religionen hat in kurzer Zeit eine zweite Auflage notwendig gemacht. Inhaltlich ist diese mit der ersten Auflage identisch. Die Beiträge wurden lediglich auf Druckfehler durchgesehen, die Transkriptionen fremdsprachiger Begriffe stärker vereinheitlicht. Im Autorenregister wurden dem Namen des einzelnen Autors die Stichworte beigefügt, für die dieser verantwortlich zeichnet.

Bonn, 25. März 1988 *Hans Waldenfels*

AUTORENREGISTER

Antes, Dr. Dr. Peter, Prof. für Religionswissenschaft, Universität Hannover (Ethik VII, Heil/Heilsweg VII, Islam I–IV, Muḥammad, Offenbarung VI, Schicksal)

Badewien, Dr. Jan, Pfarrer, Überlingen (Anthroposophie, Theosophie)
Baudy, Dorothea, MA, Kiel (Besessenheit, Dämonen I–II, Hexen[verfolgung])
Baumgartner, Dr. Hans Michael, Prof. für Philosophie, Universität Bonn (Absolut – relativ, Deismus, Freiheit/Freiheitsgeschichte II–IV.VI, Panentheismus, Pantheismus, Theologie I.V, Zeit)
Becker, Dorothee, Fundamentaltheologisches Seminar, Universität Bonn (Alchemie, Auguren, Berg, Esoterik, Guru, Hierogamie, Tanz)
Berner, Dr. Ulrich, Prof. für Religionswissenschaft, Universität Bayreuth (Religion, Theologie VI)
Birkheuser, Thomas, Dipl.-Theol., Fundamentaltheologisches Seminar, Universität Bonn (Caodaïsmus, Chiliasmus, Katharsis, Monolatrie, Monotheismus, Parusie, Religionsgeschichte, Urmonotheismus, Zahl)
Biser, Dr. Dr. Eugen, em. Prof. für Christl. Weltanschauung und Religionsphilosophie, Universität München (Glaube[n] III, Gott I, Mensch I, Sprache und Religion)
Borengässer, Norbert Maria, Fundamentaltheologisches Seminar, Universität Bonn (Ahnenkult I.III, Epiphanie, Heros, Indianische Hochkulturen I bis III, Labyrinth, Menschenopfer, Mormonen, Omen, Theogonie, Theokratie, Totem/Totemismus, Traditionelle Religionen/Naturvölker V, Trickster)
Bouman, Dr. Johan, Prof. für Religionsgeschichte, Universität Marburg (Böses/Leid VIII, Gott VI, Mensch VIII, Schuld/Sünde VI, Zukunft/Jenseits IX)
Breuning, Dr. Wilhelm, em. Prof. für Dogmatik, Universität Bonn (Engel, Erbsünde, Heil/Heilsweg V–VI, Kerygma und Dogma, Priester III, Tradition III)
Bronk, Dr. Andrzej, SVD, Prof. für Wissenschafts- und Erkenntnistheorie, Katholische Universität Lublin (Kultur[en])
Brück, Dr. Michael von, Tübingen (Bon-Religion, Buddhismus III 2–3.IV 1–3.V, Ethik IV, Heil/Heilsweg III, Heilige Schrift[en] IV, Jinismus/Jainismus, Reinkarnation I–IV, Tantra/Tantrismus I–II)
Brunner, Dr. Dr. Hellmut, em. Prof. für Ägyptologie, Universität Tübingen (Ägyptische Religion, Hieroglyphen, Pyramide)
Buchholz, René, Dipl.-Theol., Bonn (Theodizee)
Bürkle, Dr. Horst, Prof. für Missions- und Religionswissenschaft, Universität München (Religionsdialog)
Bujo, Dr. Bénézet, Prof. für Moraltheologie, Nairobi/Kenya (Ahnenkult IV, Böses/Leid II, Ehe/Familie II, Ethik II, Initiation)

Chan, Alan, Assistant Professor, University of Manitoba, Winnipeg/Kanada (Lao-tzû, Tao)
Ching, Dr. Julia, Prof. of Religious Studies, University of Toronto (Heilige Schrift[en] V, Konfuzianismus, Konfuzius, Lao-tzû, Tao, Taoismus)
Chopra, Dr. Tilak Raj, Lektor am Indologischen Seminar, Universität Bonn (Bhakti, Karma, Kastenordnung, Krishna, Mandala, Rāma, Shiva/Shivaismus, Vishnu/Vishnuismus)

Dassmann, Dr. Ernst, Prof. für Alte Kirchengeschichte, Patrologie und Christliche Archäologie, Universität Bonn (Hellenismus, Mithras, Orpheus/Orphik)
Dirscherl, Erwin, Wiss. Mitarb. am Dogmatischen Seminar, Universität Bonn (Bewußtsein, Geist/Heiliger Geist, Theismus)
Dohmen, Dr. Christoph, Wiss. Mitarb. am Alttestamentlichen Seminar, Universität Bonn (Aramäer, Bild IV–VI, Bilderverbot I–III, Glaube[n] II, Gottebenbildlichkeit I–III, Hamiten, Semiten)
Dröge, Dr. Christoph, Wiss. Mitarb. am Romanischen Seminar, Universität Bonn (Etruskische Religion, Gott III.3.A.4.A, Griechische Religion, Herrscherkult, Keltische Religion, Libation, Meditation/Mystik II, Orakel, Römische Religion)
Dumoulin, Dr. Dr. Heinrich, SJ, em. Prof. für Philosophie und Religionswissenschaft, Sophia-Universität Tokyo (Zen/Zen-Buddhismus)

Ebel, Dr. Else, Akad. Oberrätin, Germanistisches Institut, Universität Bochum (Runen)
Eid, Dr. Volker, Prof. für Moraltheologie, Universität Bamberg (Toleranz)

Fabry, Dr. Heinz-Josef, Prof. für Altes Testament, Universität Bonn (Essener, Messianismus I–IV, Opfer II–III, Pharisäer, Qumran, Reinheit, Sadduzäer, Tannaiten, Zeloten)
Ficicchia, Francesco, Zürich (Aḥmadīya, Bābismus, Bahā'ismus)
Figl, Dr. Dr. Johann, Prof. für Religionswissenschaft, Universität Wien (Agnostizismus, Atheismus, Religionskritik)
Findeis, Dr. Hans-Jürgen, Münster (Heilige Schrift[en] VII)
Frembgen, Dr. Jürgen, MA, Staatliches Museum für Völkerkunde München (Dynamismus, Tabu)
Frevel, Christian, Alttestamentliches Seminar, Universität Bonn (Mose)
Fuß, Dr. Michael, Rom/Bonn (I Ging, Inspiration, New Age, Tarot, Wassermannzeitalter)

Gabriel, Dr. Karl, Prof. für Soziologie, Kath. Fachhochschule Norddeutschland, Osnabrück/Vechta (Religionssoziologie)
Ganoczy, Dr. Dr. Alexandre, Prof. für Dogmatik, Universität Würzburg (Welt/Schöpfung I–II. IV.VII)
Gantke, Dr. Wolfgang, Bonn (Ökologie und Religion)
Geldbach, Dr. Erich, Konfessionskundliches Institut des Evangelischen Bundes, Bensheim (Freikirchen)
Gieysztor, Dr. Aleksander, Prof. für Slawistik, Polnische Akademie der Wissenschaften, Warschau (Slawische Religion)

Gössmann, Dr. Dr. Elisabeth, Prof. für Westliche Philosophie, Seishin-Universität Tokyo (Feministische Theologie)
Greschat, Dr. Hans-Jürgen, Prof. für Religionsgeschichte, Universität Marburg (Animismus, Ar[a]hat, Bodhisattva, Böses/Leid IV, Buddha, Liebe III, Meditation/Mystik VI, Mensch IV, Saṃgha, Saṃskāra, Skandha)

Haas, Dr. Volkert, Prof. für Geschichte und Kultur des Alten Orients, Universität Konstanz (Hethitische Religion)
Häußling, Dr. Angelus A., OSB, Abt-Herwegen-Institut, Abtei Maria Laach (Opfer IV)
Hasenfratz, Dr. Hans-Peter, Prof. für Religionsgeschichte, Universität Bochum (Arier, Germanische Religion, Okkultismus)
Hauth, Dr. Rüdiger, Beauftragter für Sekten und Weltanschauungsfragen der Evangelischen Kirche von Westfalen, Witten (Spiritismus)
Herbstrith, Teresia W., OCD, Edith-Stein-Karmel, Tübingen (Meditation/Mystik III)
Hintzen, Johannes, Dipl.-Theol., Neutestamentliches Seminar, Universität Bonn (Auferstehung II, Christus/Messias, Glossolalie)
Hinz, Dr. Walther, em. Prof. für Orientalische Philologie, Universität Göttingen (Elamische Religion)
Höver, Dr. Gerhard, Privatdozent für Moraltheologie, Universität Bonn (Ehe/Familie VI.VIII, Eid, Ethik I.VI.IX, Religionsfriede, Religionsfreiheit, Schuld/Sünde V)
Hoheisel, Dr. Karl, Prof. für Vergleichende Religionswissenschaft, Universität Bonn (Divination, Gott II, Heilige Schrift[en] I–II, Kult/Gottesverehrung I–III, Polytheismus, Religionsgeographie, Synkretismus, Triade/Trinität I)
Honecker, Dr. Martin, Prof. für Systematische Theologie und Sozialethik, Universität Bonn (Protestantismus)
Hossfeld, Dr. Frank-Lothar, Prof. für Altes Testament, Universität Bonn (Abraham I–II, Ahnenkult II, Anthropomorphismus, Apokalyptik, Bund I–II, Dekalog, Exodus, Henotheismus, Mose, Prophet I–II, Satan, Theophanie)
Huber, Dr. Hugo, SVD, Prof. für Ethnologie, Universität Freiburg/Schweiz (Ehe/Familie I, Ethnologie, Freiheit/Freiheitsgeschichte I, Mensch II, Schuld/Sünde II, Traditionelle Religionen/Naturvölker I–II, Zukunft/Jenseits III)
Hummel, Dr. Reinhart, Leiter der Evangelischen Zentralstelle für Weltanschauungsfragen, Stuttgart (Aberglaube, Heilsgestalten VIII, Neureligiöse Bewegungen II–III.V, Sekten)

Jorissen, Dr. Hans, Prof. für Dogmatik und Theologische Propädeutik, Universität Bonn (Charisma, Gnade I–II, Prädestination, Taufe, Transzendenz/Immanenz)

Kämpchen, Dr. Dr. Martin, Santiniketan/Indien (Heilsgestalten II–III)
Kalthoff, Bernhard, Alttestamentliches Seminar, Universität Bonn (Ahnenkult II, Exodus, Satan)
Khoury, Dr. Adel Théodor, Prof. für Religionswissenschaft, Universität Münster (Auferstehung III, Ehe/Familie VII, Freiheit/Freiheitsgeschichte V, Glaube[n] IV, Mu'tazila, Sharī'a, Shī'a/Shī'iten, Sunna/Sunniten, Theologie IV, Tradition IV, Wahhābiten)
Kienzler, Dr. Klaus, Prof. für Fundamentaltheologie, Universität Augsburg (Absolutheitsanspruch I–II, Katholizismus)
Kim, Kwang-Won, MA, Pastor, Seoul/Südkorea (Koreanische Religionen)
Klimkeit, Dr. Hans-Joachim, Prof. für Vergleichende Religionswissenschaft, Universität Bonn (Gott III.1, Mani, Manichäismus, Religionsvergleich, Religionswissenschaft, Welt/Schöpfung III)
Knecht, Peter, SVD, Prof. für Ethnologie, Direktor der „Asian Folklore Studies", Nanzan-Universität Nagoya (Traditionelle Religionen/Naturvölker III)
König, Dr. Dr. Franz Kardinal, Alt-Erzbischof von Wien (Avesta [Awesta], Christentum I–III, Parsi/Parsismus, Zarathustra)
Körner, Ilas, Religionswissenschaftliches Seminar, Universität Bonn (Religionsstatistik)
Koltermann, Dr. Rainer, SJ, Prof. für Naturphilosophie, Phil.-Theol. Hochschule St. Georgen, Frankfurt (Entwicklung/Evolution)
Kreiner, Dr. Josef, Prof. für Japanologie, Universität Bonn (Noro-Religion [Ryūkyū], Shintō/Shintoismus)
Kremer, Dr. Jacob, Prof. für Neutestamentliche Bibelwissenschaft, Universität Wien (Christentum I–III)
Kurissery, James, CMI, Dipl.-Volkswirt, Pfarrer in Chandrapur/Indien (Gelübde, Stūpa)

Langendörfer, Dr. Hans, SJ, Bonn (Friede und Krieg)
Lamberty-Zielinski, Hedwig, Alttestamentliches Seminar, Universität Bonn (Samaritaner)
Lenzen, Dr. Verena, Bonn (Böses/Leid I.VII.IX)
Linke, Dr. Detlef Bernhard, Prof. für Klinische Neurophysiologie und Neurologische Rehabilitation, Universität Bonn (Religionspsychologie)

Maier, Dr. Dr. Johann, Prof. für Judaistik, Universität Köln (Chas[s]idismus, Judentum I–III, Kabbalah, Meditation/Mystik II, Mensch VI, Sabbatianismus, Talmud, Tradition II)
Malek, Dr. Roman, SVD, Dozent für Religionsgeschichte, Redaktion „Monumenta Serica", „China heute", Phil.-Theol. Hochschule St. Augustin (Ahnenkult V–VI, Böses/Leid V, Ehe/Familie IV, Heil/Heilsweg IV, Heilsgestalten IV, Himmel I, Kuan-yin, Kult/Gottesverehrung VI, Mensch V, Religiosität, chinesische, Welt/Schöpfung VI, Yin-Yang, Zukunft/Jenseits VI)
Mantovani, Dr. Ennio, SVD, Direktor des Melanesian Institute for Pastoral and Socio-Economic Service, Goroka, Papua-Neuguinea (Traditionelle Religionen/Naturvölker IV)
Merklein, Dr. Dr. Helmut, Prof. für Neues Testament, Universität Bonn (Gottesreich I–IV)
Minz, Dr. Karl-Heinz, Düsseldorf (Antijudaismus/Antisemitismus, Auserwählung, Jerusalem I–III, Offenbarung IV)
Müller, Dr. C. Detlef G., Prof. für Sprachen, Literatur und Kirchengeschichte des christlichen Orients, Universität Bonn (Orthodoxie/Ostkirchen, Starez)

Müller, Dr. Gerhard L., Prof. für Dogmatik, Universität München (Ewigkeit, Himmel II, Leben)

Müller, Dr. Dr. Karl, SVD, Prof. für Missionswissenschaft, Direktor des Steyler Missionswissenschaftlichen Instituts, Phil.-Theol. Hochschule St. Augustin (Gnade III, Häresie, Heidentum, Mission)

Müller, Dr. theol. Werner, Studienrat, Universität Saarbrücken (Macht und Religion, Ökonomie und Religion, Politik und Religion)

Müller, Dr. Wilhelm K., SVD, Dozent für Religionsgeschichte, Redaktion „Monumenta Serica", Phil.-Theol. Hochschule St. Augustin (Amida, Anātman/Anattā, Buddhismus I–III.1, Kult/Gottesverehrung V, Pratītysamutpāda, Shūnyatā)

Narr, Dr. Karl Josef, em. Prof. für Ur- und Frühgeschichte, Universität Münster (Ackerbaukulturen, Archäologie, Hirtenkulturen, Jäger- und Sammlerkulturen, Megalithreligionen, Präanimismus, Prähistorie, Stein)

Neuner, Dr. Peter, Prof. für Dogmatik, Universität München (Heilsgeschichte, Kirche, Sakrament)

Oeming, Dr. Manfred, Assistent an der Evang.-Theol. Fakultät, Universität Bonn (Gesetz I–II, Israel, Schuld/Sünde III)

Onyeke, George, B. D., Dipl.-Phil., Enugu/Nigeria (Maske, Neureligiöse Bewegungen I, Tierkult)

Parusel, Peter, MA, Religionswissenschaftliches Seminar, Universität Bonn (Astralkult, Dualismus, Feuer, Inkarnation I, Inkubation, Mond, Monismus, Mysterien, Numen, Priester I–II, Prophet IV, Schuld/Sünde VII, Sonne, Symbol, Unterwelt, Wasser)

Petzel, Paul, Dipl.-Theol., Religionslehrer, Lebach/Saarland (Auferstehung I, Heilige Schrift[en] VI, Jesus III)

Pfeiffer, Dr. Helmut †, Prof., Dozent für Cusanus-Forschung und Mitarbeiter im Cusanus-Institut, Theologische Fakultät Trier (Jesus I.IV, Tod I–IV, Totenbuch I–III)

Piepke, Dr. Joachim G., SVD, Dozent für Dogmatik, Direktor des Anthropos-Instituts, Phil.-Theol. Hochschule St. Augustin (Befreiungstheologien)

Post, Dr. Werner, Prof. für Philosophie, Universität Dortmund (Marxismus und Religion)

Quack, Dr. Anton, SVD, Dozent für Ethnologie, Chefredakteur „Anthropos", Phil.-Theol. Hochschule St. Augustin (Beschneidung, Fetischismus, Magie, Opfer I, Schamane/Schamanismus)

Rehbein, Dr. Franziska C., SSpS, São Paulo/Brasilien (Neureligiöse Bewegungen IV)

Resch, Dr. Dr. Andreas, CSsR, Prof. für Theologie und Psychologie, Leiter des Instituts für Grenzgebiete der Wissenschaft, Innsbruck (Audition, Seele, Telepathie, Tiefenpsychologie, Vision)

Reuter, Ellen, Dipl.-Theol., Alttestamentliches Seminar, Universität Bonn (Bund I–II, Henotheismus, Prophet I–II, Theophanie)

Richter, Dr. Klemens, Prof. für Liturgiewissenschaft, Universität Münster (Kult/Gottesverehrung VII–IX.XI)

Riße, Günter, Dipl.-Theol., Wiss. Mitarb. am Fundamentaltheologischen Seminar, Universität Bonn (Abraham III, Adam, Amulett/Talisman, Androgyn, Arkān, Bestattung/Grab, Djihād, Druiden, Emanation, Gott III.3.B.4.B, Gottesurteil, Ḥadjdj, Heilige Schrift[en] VIII, Heilsgestalten VI, Hidjra, Ka'ba, Kult/Gottesverehrung X, Mahdī, Moschee, Phallus, Ramaḍān, Säkularisierung, Ṣalāt, Ṣaum, Shahāda, Umma, Zakāt)

Schaeffler, Dr. Richard, Prof. für Philosophisch-theologische Grenzfragen, Universität Bochum (Erinnerung/Anamnese, Religionsphänomenologie, Religionsphilosophie, Tradition I)

Schimmel, Dr. Annemarie, Prof. of Indo-Muslim Culture, Harvard University Cambridge, Mass. (Derwīsh, Ekstase, Heilsgestalten VII, Meditation/Mystik IV, Prophet III, Ṣūfismus, Tier und Religion)

Schipperges, Dr. Dr. Heinrich, em. Prof. für Geschichte der Medizin, Universität Heidelberg (Erotik und Religion, Hierodule, Medizin und Religion, Mikrokosmos – Makrokosmos)

Schneider, Dr. Michael, SJ, Dozent für Spirituelle Theologie, Universität Salzburg; Spiritual, Phil.-Theol. Hochschule St. Georgen, Frankfurt (Armut, Askese, Buße I–III, Fasten)

Schockenhoff, Dr. Eberhard, Assistent am Dogmatischen Institut, Universität Tübingen (Tugend)

Scholten, Dr. Clemens, Bonn (Gnosis/Gnostizismus, Mandäer, Neuplatonismus)

Schotterer, Astrid, Fundamentaltheologisches Seminar, Universität Bonn (Animalismus, Apokatastasis, Inkarnation II, Kalender, Musen, Sabbat, Synagoge, Vegetationskult)

Schreiner, Dr. Peter, Privatdozent für Vergleichende Religionswissenschaft, Universität Tübingen (Liebe II, Welt/Schöpfung V, Zukunft/Jenseits IV)

Schüngel-Straumann, Dr. Helen, Prof. für Biblische Theologie, Gesamthochschule Kassel (Matriarchat – Patriarchat)

Schütte, Dr. Heinz, Prof. für Systematische Theologie, Universität Aachen (Ökumene)

Schütz, Dr. Christian, OSB, Abt von Schweiklberg, Prof. für Systematische Theologie, Universität Regensburg (Gott V.IX, Mensch VII.IX)

Schützinger, Dr. Heinrich, Prof. für Semitistik, Universität Bonn (Babylonisch-assyrische Religion, Enūma elish, Gilgamesh[epos], Gott III.2.5, Ḫammurapi, Keilschrift, Mantik, Sintflut, Schrift, Sumerische Religion, Ugaritische Religion)

Schumacher, Barbara, Alttestamentliches Seminar, Universität Bonn (Abraham I–II, Anthropomorphismus, Apokalyptik)

Schwamborn, Dr. Ingrid, Wiss. Mitarb. am Romanischen Seminar der Universität Köln (Übers.: Neureligiöse Bewegungen IV)

Severus, Dr. Emmanuel von, OSB, Direktor des Abt-Herwegen-Instituts, Maria-Laach (Altar, Bekehrung, Jungfräulichkeit, Mönchtum, Orden)

Soete, Dr. Annette, Moraltheologisches Seminar, Universität Bonn (Schuld/Sünde I, Schuldaufhebung)

Sonnemans, Dr. Dr. Heino, Privatdozent für Fundamentaltheologie, Universität Bonn (Musik und Religion, Unsterblichkeit, Zukunft/Jenseits I bis II.VIII.X)

Sontheimer, Dr. Günther D., Prof. für Religionsgeschichte und Philosophie Südasiens, Universität

Heidelberg (Böses/Leid III, Ehe/Familie III, Ethik III, Mensch III, Sīkhs)

Splett, Dr. Jörg, Prof. für Philosophische Anthropologie und Religionsphilosophie, Hochschule St. Georgen, Frankfurt (Erfahrung, religiöse, Heiliges, Liebe I.IV–V)

Steinbauer, Dr. Friedrich, Pfarrer, München (Krisenkulte/Messianische Kulte)

Stietencron, Dr. Heinrich von, Prof. für Indologie und Vergleichende Religionswissenschaft, Universität Tübingen (Gott VII, Heil/Heilsweg II, Heilige Schrift[en] III, Hinduismus/Hindu-Religionen I–V)

Stolz, Dr. Fritz, Prof. für Religionsgeschichte und -wissenschaft, Universität Zürich (Bild I–III, Idol/Idolatrie, Mythos/Mythologie I–IV, Pantheon, Paradies, Tempel)

Sudbrack, Dr. Josef, SJ, München (Frömmigkeit, Gebet, Rosenkranz)

Thannippara, Alexander, CMI, Dozent für Sanskrit und Indische Philosophie, Dharmaram College, Bangalore/Indien (Ahiṃsā, Ātman, Avatāra, Brahman, Darshana, Dharma I–II, Hinduistische Philosophie, Jñāna, Kalpa, Kult/Gottesverehrung IV, Manas, Mantra, Māyā, Moksha, Mudrā, Nirvāṇa I–II, Offenbarung III, Opfer V, Rishi, Rūpa, Saṃsāra I–II, Sannyāsin, Shakti/Shāktismus, Siddhi, Smriti, Vedānta, Yoga)

Thoma, Dr. Clemens, SVD, Prof. für Bibelwissenschaft und Judaistik, Leiter des Instituts für Jüdisch-Christliche Forschung, Theologische Fakultät Luzern (Gott IV)

Voss, Dr. Gerhard, OSB, Ökumenisches Institut, Niederaltaich (Astrologie/Astronomie, Tierkreis)

Waldenfels, Dr. Dr. Hans, SJ, Prof. für Fundamentaltheologie, Theologie der nichtchristlichen Religionen und Religionsphilosophie, Universität Bonn (Buddhismus VI, Buddhistische Philosophie, Enthusiasmus, Erde, Erleuchtung, Fegfeuer, Geschichte/Geschichtsschreibung, Glaube[n] I.V, Gott VIII, Heil/Heilsweg I, Heilsgestalten I, Inkulturation, Karuṇā, Kontextualität, Logos, Maitreya, Meditation/Mystik VII, Name, Natur, Nichts, Non-Dualismus, Offenbarung I.V.VIII, Prajñā, Religionstheologie, Schweigen, Selbst/Selbstlosigkeit, Theologie III, Tradition V, Triade/Trinität II, Wahrheit, religiöse, Weg, Wunder, Zukunft/Jenseits V)

Werblowsky, Dr. R. J. Zwi, Prof. of Comparative Religion, Hebrew University of Jerusalem (Böses, Leid VI, Ehe/Familie V, Ethik V, Heilsgestalten V, Schuld/Sünde IV, Theologie II, Zukunft/Jenseits VII)

Wießner, Dr. Dr. Gernot, Prof. für Allgemeine Religionsgeschichte, Universität Göttingen (Offenbarung II.VII)

Wildfeuer, Armin G., lic. phil., Philosophisches Seminar, Universität Bonn (Absolut – relativ, Deismus, Freiheit/Freiheitsgeschichte II–IV.VI, Panentheismus, Pantheismus, Theologie I.V, Zeit)

Wohlmuth, Dr. Josef, Prof. für Dogmatik, Universität Bonn (Ästhetik, religiöse/theologische)

ABKÜRZUNGSVERZEICHNIS

A. Allgemein

ägypt.	ägyptisch
äth.	äthiopisch
afrik.	afrikanisch
AG	Ad gentes, Vaticanum II
akkad.	akkadisch
allg.	allgemein
amerik.	amerikanisch
Anm.	Anmerkung
apokalypt.	apokalyptisch
arab.	arabisch
aram.	aramäisch
archäol.	archäologisch
Art.	Artikel
asiat.	asiatisch
assyr.	assyrisch
AT	Altes Testament
atl.	alttestamentlich
babyl.	babylonisch
Bd., Bde, Bdn	Band, Bände(n)
bes.	besonders
bibl.	biblisch
brit.	britisch
buddh.	buddhistisch
byz.	byzantinisch
bzw.	beziehungsweise
ca.	circa
c./cc.	canon/canones
CD	Christus Dominus, Vaticanum II
chin.	chinesisch
christl.	christlich
dän.	dänisch
ders.	derselbe
dgl.	dergleichen, desgleichen
d. h.	das heißt
d. i.	das ist
dies.	dieselbe(n)
Diss.	Dissertation
dogmat.	dogmatisch
dt.	deutsch
DV	Dei Verbum, Vaticanum II
ebd.	ebenda
ed., eds.	ediert, Editor(s)

EN	Evangelii Nuntiandi, Enzyklika Papst Pauls VI., 1975
engl.	englisch
etc.	et cetera
europ.	europäisch
ev.	evangelisch
evtl.	eventuell
f., ff.	(fort)folgende
FS	Festschrift
geb.	geboren
germ.	germanisch
gesch.	geschichtlich
gest.	gestorben
gnost.	gnostisch
griech.	griechisch
GS	Gaudium et spes, Vaticanum II
hebr.	hebräisch
hellen.	hellenistisch
hg., Hg.	herausgegeben, Herausgeber
hind.	hinduistisch
hist.	historisch
hl., Hl., hll.	heilig, Heilige
i. e. S.	im engeren Sinne
ind.	indisch
indian.	indianisch
iran.	iranisch
isländ.	isländisch
islam.	islamisch
israelit.	israelitisch
ital.	italienisch
jap.	japanisch
Jh. (Jh.e)	Jahrhundert(e)
Jt. (Jt.e)	Jahrtausend(e)
jüd.	jüdisch
kabb.	kabbalistisch
kanaan.	kanaanäisch
Kap.	Kapitel
kath.	katholisch
kirchl.	kirchlich
klass.	klassisch
korean.	koreanisch
krit.	kritisch
lat.	lateinisch
LG	Lumen Gentium, Vaticanum II
lit.	literarisch
Lit.	Literatur
liturg.	liturgisch
luth.	lutherisch
m	Mishna
MA/ma.	Mittelalter/mittelalterlich
m. a. W.	mit anderen Worten
m. E.	meines Erachtens
mexikan.	mexikanisch
Mio.	Millionen
MT	masoretischer Text
muslim.	muslimisch
myst.	mystisch
NA	Nostra aetate, Vaticanum II
n. Chr.	nach Christus
neuzeitl.	neuzeitlich
NF	Neue Folge
nördl.	nördlich
norw.	norwegisch
NT	Neues Testament
ntl.	neutestamentlich
o. a.	oder andere
o. ä.	oder ähnliche(s)
ökumen.	ökumenisch
ÖRK	Ökumenischer Rat der Kirchen
östl.	östlich
o. g.	oben genannt
oriental.	orientalisch
orth.	orthodox
P.	Pāli
paläst.	palästinisch
par(r).	Parallelstelle(n)
pers.	persisch
philol.	philologisch
philos.	philosophisch
Pl.	Plural
portug.	portugiesisch
Ps.-	Pseudo-
psychol.	psychologisch
publ.	publiziert
q	*qal*
Q	Quelle
rabb.	rabbinisch
ref.	reformiert
reformat.	reformatorisch
reg.	regiert
rel.	religiös
rel.-	religions-
röm.	römisch
russ.	russisch
s.	siehe
SC	Sacrosanctum Concilium, Vaticanum II
schwed.	schwedisch
Skt.	Sanskrit
sog.	sogenannt
soziol.	soziologisch
span.	spanisch
s. u.	siehe unten
südl.	südlich
sum.	sumerisch
synopt.	synoptisch
syr.	syrisch
systemat.	systematisch
talmud.	talmudisch
taoist.	taoistisch
theol.	theologisch
theor.	theoretisch
tibet.	tibetanisch
türk.	türkisch
u. a.	und andere, unter anderen
u. a. m.	und andere mehr
u. ä.	und ähnliche(s)
u. ö.	und öfter(s)
u. U.	unter Umständen
u. Z.	unserer Zeit(rechnung)
Übers.	Übersetzer, Übersetzung, übersetzt
ugar.	ugaritisch
Up.	Upaniṣad
UR	Unitatis redintegratio, Vaticanum II
urspr.	ursprünglich
usw.	und so weiter
v.	von, vom
V., VV.	Vers, Verse
v. Chr.	vor Christus
Verf.	Verfasser(in)
vgl.	vergleiche
westl.	westlich
wiss.	wissenschaftlich
z. B.	zum Beispiel
z. T.	zum Teil
z. Z.	zur Zeit

B. Handbücher, Lexika, Zeitschriften und Quellenwerke

ABG	Archiv für Begriffsgeschichte. Bonn.
AGSU	Arbeiten zur Geschichte des Spätjudentums und des Urchristentums. Leiden.
AJ	Archaeological journal. London.
AmA	American anthropologist. Menasha.
ANET	Ancient Near Eastern texts relating to the Old Testament. Ed. by James Bennett Pritchard. Princeton, N.J. 1950 u.ö.
ANRW	Aufstieg und Niedergang der römischen Welt, hg. von H. Temporini/W. Haase. Berlin-New York.
AnthQ	Anthropological quarterly. Washington, D.C.
Anthr.	Antropos. Internationale Zeitschrift für Völker- und Sprachenkunde. Freiburg, Schweiz.
AOAT	Alter Orient und Altes Testament. Kevelaer u.a.
ArtAs	Artibus Asiae. Ascona u.a.
ARW	Archiv für Religionswissenschaft. Leipzig u.a.
AuC	Antike und Christentum. Hg. von F.-J. Dölger. Münster.
BEFEO	Bulletin de l'école française de l'Extrême-Orient. Hanoi u.a.
BGAM.S	Beiträge zur Geschichte des alten Mönchtums und des Benediktinerordens. Supplementa. Münster.
Bijdr.	Bijdragen. Tijdschrift voor philosophie en theologie. Nijmegen u.a.
BiKi	Bibel und Kirche. Organ des Katholischen Bibelwerkes. Stuttgart.
BiLi	Bibel und Liturgie. Klosterneuburg.
BL	Bibel-Lexikon. Hg. von H. Haag. Einsiedeln 1951–1956; ^{2}1964.
BN	Catalogue général des livres imprimés de la bibliothèque national. Paris.
BZ	Biblische Zeitschrift. Paderborn u.a.
BZAW	Beihefte zur Zeitschrift für die alttestamentliche Wissenschaft. Berlin u.a.
CA	Current anthropology. Chicago.
CAH	Cambridge ancient history. Cambridge.
Cath (M)	Catholica. Jahrbuch für Kontroverstheologie. Münster u.a.
CBQ	Catholic biblical quarterly. Washington, D.C.
CGG	Christlicher Glaube in moderner Gesellschaft. Enzyklopädische Bibliothek in 30 Teilbänden, hg. von F. Böckle u.a. Freiburg u.a. 1980–1983.
CHR	Catholic historical review. Washington, D.C.
CHRE/CRE	Christus und die Religionen der Erde, hg. von F. König. Bde I–III. Wien-Freiburg 1951; ^{3}1961.
CIBEDO-Texte	Christlich-Islamische Begegnung – Dokumentationsleitstelle – Beiträge zum Gespräch zwischen Christen und Muslimen. Frankfurt.
CIC/CIC 1983	Codex Iuris Canonici 1983.
Communio	Internationale Katholische Zeitschrift „Communio". Köln-Frankfurt.
Conc(D)	Concilium. Internationale Zeitschrift für Theologie. Einsiedeln u.a.
CQR	Church quarterly review. London.
DBS	Dictionnaire de la bible. Supplément. Paris.
DJD	Discoveries in the Judean Desert of Jordan. Oxford.
DS	H. Denzinger/A. Schönmetzer (Hg.), Enchiridion Symbolorum, Definitionum et Declarationum de Rebus Fidei et Morum. Barcelona u.a. ^{36}1976.
DSp	Dictionnaire de spiritualité, ascétique et mystique. Paris.
EBud	Eastern Buddhist. Kyoto.
ED	Euntes docet. Roma.
EdF	Erträge der Forschung. Darmstadt.
EI^{1}	Encyclopaedia of Islam. Leiden 1913–1934.
EI^{2}	Encyclopaedia of Islam (New Edition). Leiden 1960ff.
EJ	Encyclopaedia Judaica. Jerusalem.
EncBud	Encyclopaedia of Buddhism. Colombo.
EncRel	Encyclopedia of religion. Hg. von Vergilius Ferm. New York 1945.
ER	Encyclopedia of religion. Hg. von M. Eliade. New York-London 1987.
ERE	Encyclopaedia of religion and ethics. Hg. von James Hastings. Edinburgh 1908–1926 u.ö.
ErJb	Eranos-Jahrbuch. Zürich.
EuA	Erbe und Auftrag. Benediktinische Monatsschrift. Beuron.
EvTh	Evangelische Theologie. München.
FChLDG	Forschungen zur christlichen Literatur- und Dogmengeschichte. Paderborn.
FMSt	Frühmittelalterliche Studien. Berlin.
Folkl.	Folklore. A quarterly review of myth, tradition, institution and custom. London.
FZPhTh	Freiburger Zeitschrift für Philosophie und Theologie. Freiburg, Schweiz.

GdK	Gottesdienst der Kirche. Handbuch der Liturgiewissenschaft. Regensburg.
Gr.	Gregorianum. Commentarii de re theologica et philosophica. Roma.
HDG	Handbuch der Dogmengeschichte, hg. von M. Schmaus / A. Grillmeier / L. Scheffczyk. 4 Bde in Faszikeln. Freiburg u.a.
HFth	Handbuch der Fundamentaltheologie, hg. von W. Kern u.a. 4 Bde. Freiburg u.a.
HIsl	Handwörterbuch des Islam. Leiden.
HJAS	Harvard journal of Asiatic studies. Cambridge, Mass.
HO	Handbuch der Orientalistik. Leiden u.a.
Hochl.	Hochland. Zeitschrift für alle Gebiete des Wissens und der schönen Künste. München u.a.
HPhG	Handbuch philosophischer Grundbegriffe, hg. von H. Krings / H. M. Baumgartner / C. Wild. 3 Bde. München 1973–1974. (=TB-Ausgabe in 6 Bdn. München 1973–1974).
HR	History of Religions. Chicago.
HRG	Handbuch der Religionsgeschichte. Göttingen.
HThG	Handbuch theologischer Grundbegriffe, hg. von H. Fries. 2 Bde. München 1962, 1963.
HTTL	Herders Theologisches Taschenlexikon, hg. von K. Rahner. 8 Bde. Freiburg 1972–73.
HUCA	Hebrew union college annual. Cincinnati.
HWP	Historisches Wörterbuch der Philosophie, hg. von J. Ritter, fortgeführt von K. Gründer. Bisher 6 Bde. Basel u. a.
IGF	Indogermanische Forschungen. Berlin.
JAC	Jahrbuch für Antike und Christentum. Münster.
JAS	Journal of the Asiatic society. Calcutta.
JJS	Journal of Jewish studies. London.
JPS	Journal of the Polynesian society. Wellington.
JRA	Journal of religion in Africa. Leiden.
JRAS	Journal of the royal Asiatic society of Great Britain and Ireland. London.
JSST	Journal of Semitic Studies. Manchester.
Jud	Judaica. Beiträge zum Verständnis des jüdischen Schicksals in Vergangenheit und Gegenwart. Zürich.
Kairos	Kairos. Religionswissenschaftliche Studien. Salzburg.
KD	K. Barth, Kirchliche Dogmatik. Zürich.
KP	Der Kleine Pauly. Lexikon der Antike. Stuttgart.
LÄ/LexÄg	Lexikon der Ägyptologie. Wiesbaden.
LebZeug	Lebendiges Zeugnis. Paderborn.
LThK²	Lexikon für Theologie und Kirche, hg. von J. Höfer / K. Rahner. 10 Bde und Register. Freiburg u.a. ²1957–1967; Taschenbuchausgabe 1987.
LThK K	– Erg.bde: Das Zweite Vatikanische Konzil. Konstitutionen, Dekrete und Erklärungen, lat.-dt., Kommentare, hg. von H. S. Brechter u.a. Bde I–III. Freiburg u.a. 1966–1968.
Man	Man. A monthly record of anthropological science. London.
MThZ	Münchener theologische Zeitschrift. München.
MySal	Mysterium Salutis. Grundriß heilsgeschichtlicher Dogmatik, hg. von J. Feiner / M. Löhrer. 5 Bde und Erg.bd. Einsiedeln 1965–1976 (1981).
NE	Near East. London.
NedThT	Nederlands(ch)e theologisch tijdschrift. Wangeningen.
NHThG	Neues Handbuch theologischer Grundbegriffe, hg. von P. Eicher. 4 Bde. München 1984–1985.
NR	J. Neuner / H. Roos (Bearb.), Der Glaube der Kirche in den Urkunden der Lehrverkündigung. Regensburg ¹⁰1979 (bearb. von K. Rahner / H. Weger).
NT	Novum Testamentum. An international quarterly for New Testament and related studies. Leiden.
NTS	– Supplements.
NZM	Neue Zeitschrift für Missionswissenschaft. Beckenried.
NZSTh	Neue Zeitschrift für systematische Theologie und Religionsphilosophie. Berlin.
OR	L'Osservatore Romano (dt.), Città del Vaticano.
Paid	Paideuma. Frankfurt u. a.
PC	Philosophical currents. Amsterdam.
PEW	Philosophy east and west. Honolulu.
PG	Patrologiae cursus completus. Series Graeca. Paris.
PhJ/PhJb	Philosophisches Jahrbuch (der Görres-Gesellschaft). Fulda u.a.
PL	Patrologiae cursus completus. Series Latina. Paris.

PRE	Paulys Real-Encyclopädie der classischen Alterthumswissenschaft. Neuausgabe begonnen von G. Wissowa. Stuttgart.
RAC	Reallexikon für Antike und Christentum, hg. von Th. Klauser (E. Dassmann) u. a. Bisher 14 Bde. Stuttgart 1950 ff.
RÄRG	H. Bonnet, Reallexikon der ägyptischen Religionsgeschichte. Berlin 1952.
RB	Revue biblique. Paris.
RGG³	Die Religion in Geschichte und Gegenwart, hg. von K. Galling. 6 Bde und Register. Tübingen ³1957–1965; Taschenbuchausgabe 1986.
RJVK	Rheinisches Jahrbuch für Volkskunde. Bonn.
RLA	Reallexikon der Assyriologie, hg. von E. Ebeling / B. Meißner. Berlin u. a.
RQ	Römische Quartalschrift für christliche Altertumskunde und Kirchengeschichte. Freiburg.
Saec.	Saeculum. Jahrbuch für Universalgeschichte. München u. a.
Schol.	Scholastik. Freiburg.
Schriften	K. Rahner, Schriften zur Theologie. Bde I–XVI. Zürich u. a. 1954–1984.
Sin.	Sinologica. Zeitschrift für chinesische Kultur und Wissenschaft. Basel.
Sinica	Sinica Franciscana. Quaracchi.
SM(D)	Sacramentum Mundi. Theologisches Lexikon für die Praxis, hg. von K. Rahner / A. Darlapp. 4 Bde. Freiburg u. a. 1967–1969.
StdZ	Stimmen der Zeit. (Katholische) Monatsschrift für das Geistesleben der Gegenwart. Freiburg.
StL	Staatslexikon. Recht, Wirtschaft, Gesellschaft. Hg. von der Görres-Gesellschaft. 5 Bde. Freiburg ⁷1985-1989.
StMiss	Studia missionalia. Roma.
Symb.	Symbolon. Jahrbuch für Symbolforschung. Basel u. a.
TASJ	Transactions of the Asiatic society of Japan. Tokyo.
Tem.	Temenos. Studies in comparative religion. Helsinki.
ThAT	Theologisches Handwörterbuch zum Alten Testament, hg. von E. Jenni / C. Westermann. 2 Bde. München u. a. 1971/1974.
ThG	Theologie der Gegenwart. Bergen-Enkheim.
ThLZ	Theologische Literaturzeitung. Leipzig.
ThPh	Theologie und Philosophie. Vierteljahresschrift für Theologie und Philosophie. Freiburg.
ThPQ	Theologisch-praktische Quartalschrift. Linz, Donau.
ThQ (TThQ)	(Tübinger) Theologische Quartalschrift. Tübingen.
ThR	Theologische Revue. Münster.
ThWAT	Theologisches Wörterbuch zum Alten Testament, hg. von G. J. Botterweck / H. Ringgren (H.-J. Fabry). Bisher 5 Bde. Stuttgart 1970 ff.
ThWNT	Theologisches Wörterbuch zum Neuen Testament, begründet von G. Kittel, hg. von G. Friedrich. 10 Bde. Stuttgart u. a. 1933–1977.
TP	Toung Pao. Archives concernant l'histoire, les langues, la géographie, l'ethnographie et les arts de l'Asie orientale. Leiden.
TRE	Theologische Realenzyklopädie, hg. von G. Krause / G. Müller. Bisher 15 Bde. Berlin/New York 1977 ff.
TRT	Taschenlexikon Religion und Theologie. 4 Bde. Göttingen 1971.
TThZ	Trierer theologische Zeitschrift. Trier.
UF	Ugarit-Forschungen. Neukirchen u. a.
US	Una Sancta. Rundbriefe für interkonfessionelle Begegnung. Meitingen.
VF	Verkündigung und Forschung. Theologischer Jahresbericht. München.
VT	Vetus Testamentum. Quarterly published by international organisation of Old Testament scholars. Leiden.
ZAW	Zeitschrift für die alttestamentliche Wissenschaft und die Kunde des nachbiblischen Judentums. Berlin.
ZDMG	Zeitschrift der deutschen morgenländischen Gesellschaft. Wiesbaden u. a.
ZE	Zeitschrift für Ethnologie. Braunschweig u. a.
ZKTh	Zeitschrift für katholische Theologie. Wien u. a.
ZMR	Zeitschrift für Missionswissenschaft und Religionswissenschaft. Münster.
ZNW	Zeitschrift für die neutestamentliche Wissenschaft und die Kunde der älteren Kirche. Berlin u. a.
ZphF	Zeitschrift für philosophische Forschung. Meisenheim u. a.
ZRGG	Zeitschrift für Religions- und Geistesgeschichte. Köln u. a.

Abkürzungen für biblische Bücher nach den Loccumer Richtlinien, Stuttgart ²1981; Abkürzungen für außerkanonische und außerrabbinische Schriften, rabbinisches Schrifttum, Quellen und sonstige Werke vgl. S. Schwertner, Theologische Realenzyklopädie. Abkürzungsverzeichnis. Berlin–New York 1976.

A

Abbild ↗Bild; Idol/Idolatrie.

Aberglaube. Aus rel.-wiss. Sicht ist A. „eine Mischung von Elementen, die im Rahmen des herrschenden Glaubens keinen organischen Platz haben oder die davon abgesplittert sind" (van Baaren); er ist in diesem Sinn „falscher Glaube". Häufig handelt es sich um überlebende Elemente (survivals) „primitiver" Stammesreligionen und ihrer magischen Weltdeutung (Analogiedenken) und -bewältigung (apotropäische Riten, Schadenzauber, Beobachtung von Omina und Tabus), vermischt mit empirisch gewonnener Volksweisheit (Volksmedizin, Wetterregeln). Der A. bedient sich auch „abgesplitterter" christl. Elemente (Hostie, Trinität) sowie solcher aus ehemals anerkannten magischen Wissenschaften wie Astrologie und Geomantie (Horoskopgläubigkeit), ohne sich das vorwissenschaftliche Weltbild als Ganzes zu eigen zu machen. Psychologisch gesehen, erwächst A. nicht nur aus der Angst vor dem Unbekannten, sondern auch aus dem Bedürfnis nach Kontingenzbewältigung und nach kausaler Verknüpfung. Er findet sich vor allem im Zusammenhang mit Tätigkeiten, bei denen Gefahr und Glück eine wichtige Rolle spielen (Seefahrer, heute Maskottchen im Auto und im Sport), und mit dem Tod. A. kann zwanghaft-neurotische Züge annehmen und diese fördern (Kettenbriefe).
Die Kritik des A. im Namen der Rationalität kann in Religionskritik umschlagen und tendiert zur Bestreitung paranormaler Phänomene, um deren Aufhellung sich die Parapsychologie bemüht. Christl. Kritik an der Gefährlichkeit des A. muß sich davor hüten, selbst der Faszination des okkulten Weltbilds zu erliegen und den gesamten Bereich des A. zu dämonisieren.

Lit.: *H. Bächtold-Stäubli* (Hg.), Handwörterbuch des deutschen Aberglaubens. 10 Bde. Berlin 1927–42 (Nachdruck 1987); *K. E. Koch,* Seelsorge und Okkultismus. Basel [25]1982. *R. Hummel*

Abraham

I. Jüdisch. – II. Christlich. – III. Islamisch

I. Jüdisch. Das einzige lit. Zeugnis über A. findet sich in Gen 12–25,10; hier erscheint A. als ältester der Patriarchen Israels. Allerdings bietet sich hierbei kein komplexes Bild, vielmehr handelt es sich um Einzelerzählungen, bei denen auffällt, daß sie häufig an bestimmte Orte gebunden sind. Die A.-Erzählung kennt folgende Elemente: seinen Stammbaum, seine Frau Sara, die Wanderung von Ur nach Kanaan, Altarbau in Sichem und Mamre, Aufenthalt in Ägypten, A. als Kriegsherr, die Begegnung mit Melchisedek, die Geburt Ismaels durch Hagar, Isaaks Geburt, Isaaks Opferung, A.s Tod. Die A.-Erzählungen der einzelnen Pentateuchquellen weisen im einzelnen folgende Charakteristika auf:
In der J-Schicht (Jahwist) markiert A.s Aufbruch die Zäsur zwischen Ur- und Vätergeschichte; des weiteren integriert J Erzählungen von lokalen Kulten: Gen 12,6a.7 Altarbau in Sichem, sowie in Mamre/Hebron Gen 13,18 und 18,1. Ferner wird eine doppelte, die Erzählung vorantreibende Spannung zwischen Verheißung und sich vollziehender Erfüllung deutlich.
E (Elohist) läßt in der Erzählung von der Gefährdung der Ahnfrau Gen 20,2–15* den Konflikt von Elohim lösen; er rettet A. und Sara.

Die Erzählung von Isaaks Opferung Gen 22,1-14*.19 zeigt Elohim als den Gott, der radikalen Gehorsam fordert und der sich andererseits als Naher und Rettender erweist. A. wird in Gen 20,12 als beispielhafter Gottesfürchtiger gezeigt.

JE (Jehowist) fügt eine Reihe neuer Stoffe ein; entscheidend ist bei ihm allerdings die Neuinterpretation durch den Grundtext von Gen 15,7-12*.17f. JE geht es hierbei bes. um den Bundesgedanken und um die Übernahme von Rechtsmaterial.

Die Priestergrundschrift (P^G) schildert in ihrem dritten Abschnitt die Lebensgeschichte A.s (Gen 11,27 - 25,10*). Innerhalb der P^G wird die Gottesbegegnung insofern qualifiziert, als sie zu einer Namensänderung führt. Gen 17,5 erklärt den Namen A. volksetymologisch als „Vater einer Menge". Aber diese Etymologie ist nicht eindeutig. Der Name A. ist auch außerbibl. bezeugt als Bezeichnung für ein Individuum; es ist eine Verbindung denkbar zum akkad. Abam-rāmā („liebet den Vater"); wahrscheinlicher ist die Verwendung von rām in der Bedeutung „erhaben in bezug auf den Vater". A. ist somit ein theophorer Name, der die Beziehung zur Gottheit zum Ausdruck bringt. Die P^G konzentriert die Heilszusage für Israel: Mehrung des Volkes, Landgabe, Etablierung eines Staates und die Nähe Gottes; sie konstituieren den Bund, der durch die Beschneidung besiegelt wird (Gen 17).

A. wird in Gen 14,13 als ʿibri = Hebräer bezeichnet. Allerdings scheint es sich hierbei nicht um eine ethnische, vielmehr um eine soziale Kategorie zu handeln, die Menschen minderen Rangs und geringen Standes meint. Außeratl. Quellen sprechen in diesem Zusammenhang von den ʿapīru als sozial abgesunkenen Menschen, die aus den Kanaanäerstädten stammen und sich nomadischer Lebensweise zuwenden; mit diesen hat sich Israel verwandt gefühlt; die Erzväter sind wohl als Sippenoberhäupter dieser Kulturlandnomaden anzusehen.

Geographisch ist der Traditionskreis um A. im Süden Palästinas anzusetzen. Die Wanderung A.s (von Ur in Chaldäa nach Palästina) indessen ist als eine späte Konstruktion anzusehen (das Land, in dem die Urgeschichte geendet hat; eine Verbindung von Ur mit Harān durch den Kult des Mondgottes im 6. Jh. v. Chr.; schließlich die Aussiedlung von Exulanten in Südbabylonien nach 586, für sie ist A.s Aufbruch Zeichen der Hoffnung).

Das Gottesbild der Väterreligion kommt sowohl vom semitischen Hochgott El als auch vom Typ des Vätergottes her und stellt diesen zugleich persönlich wie kosmisch dar.

Außerhalb der Gen kommt A. wenig zur Geltung: im Pentateuch und in den Geschichtsbüchern zumeist in Verbindung mit Isaak und Jakob, in der Weisheitsliteratur, in den Psalmen und in den Prophetenbüchern wird A. kaum genannt. Wenn A. erwähnt wird, so betont man seine Bedeutung als Stammvater und als Garant für das Heil.

Die in Gen 12-25,10 genannten Elemente führen in der jüd. Literatur und Tradition zu einer Typisierung, die immer wieder die überragende Gestalt A.s betont: in der Haggada erscheint A. als Erforscher und Künder des wahren Gottes, den er aufgrund von Naturbeobachtungen erkennt, als Geprüfter und Gerechter, als der, der alle Befehle Gottes beachtet und konform zum Gesetz handelt, als einer der großen Propheten, als Vater der Proselyten; A. übernimmt Melchisedeks Priesterwürde; Moses Maimonides weist sogar A. den höchsten Grad der Prophetie - mit Ausnahme von Mose - zu. Philo bezeichnet A. als Freund Gottes und personifiziert A. als Archetyp eines wirklich freien Menschen.

II. Christlich. Das christl. Bild von A. ist im Licht der frühjüd. Tradition zu sehen; die einzelnen Charakterzüge, die sie A. zumißt, werden teils übernommen, teils modifiziert. Bes. Bedeutung erhält die Berufung auf A. als Stammvater; sie wird in der durch die Logienquelle Q überlieferten Täuferpredigt (Mt 3,7-10; Lk 3,7-9) gerade nicht als Garant des Heils angesehen; es kommt vielmehr auf die erneute Umkehr des einzelnen Menschen an.

Paulus setzt sich im Zusammenhang mit der Rechtfertigungslehre mit der A.s-Kindschaft auseinander (Röm 4) und hebt die Bedeutung des Glaubens in Abgrenzung zur Verheißung hervor (Gal 3).

Hier zeigt sich deutlich die Typisierung A.s als Urbild des Glaubens, womit Paulus eine Grundlinie der Verhältnisbestimmung von AT und NT angibt, die für das Verständnis der christl. Bibel wesentlich wurde. Jak 2,24–26 stellt demgegenüber das Opfer Isaaks als Zeichen dafür heraus, daß der Glaube erst durch Werke zur Vollendung gelangt.

Lit.: *N. M. Sarna u. a.,* Art. A.: EJ II 111–125; *R.-M. Achard u. a.,* Art. A.: TRE I 364–387; *Th. Klauser,* Art. A.: RAC I 18–27; *V. Hamp u. a.,* Art. A.: LThK² I 56–59; *H. Donner,* Geschichte des Volkes Gottes Israel und seiner Nachbarn in Grundzügen. Göttingen 1984; *R. Clements,* Art. A.: ThWAT I 53–62; *C. Westermann,* Genesis 12–36. Bibl. Komm. zum AT I/2. Neukirchen-Vluyn 1981.

F.-L. Hossfeld / B. Schumacher

III. Islamisch. A., arab. Ibrāhīm, nimmt im Koran einen bedeutenden Platz ein. Die 14. Sure trägt seinen Namen. In der 2., 3., 4., 6. und 22. Sure wird er als der erste Muslim bezeichnet. Mit seinem Sohn Ismael hat er die ↗Ka'ba gegründet (Koran 2,125 ff.), und in einem Wort ↗Muḥammads an die Gläubigen ist von der „Religion eures Vaters A." die Rede (22,78). Mit dieser Rückbindung an A. weist der Koran den Ausschließlichkeitsanspruch von Juden- und Christentum zurück, die allein wahre Religion zu sein. Die Tora und das Evangelium sind erst nach A. herabgesandt worden, und Muḥammad und die Muslime sind es, die A. am nächsten stehen (3,65–68; 2,135–140). „So ist A. für den Koran das Vorbild all derjenigen, die durch den Glauben den Weg zu Gott finden und im Glauben ein Leben vor Gott, in Gottesfreundschaft, führen" (Khoury 57). Durch die Berufung Muḥammads auf den für Juden, Christen und Muslime gemeinsamen Stammvater des Glaubens stellt sich der Islam hinein in die abrahamitische Ökumene. Das II. Vatikanische Konzil nimmt in der Erklärung über das Verhältnis der Kirche zu den nichtchristl. Religionen (NA 3) den Glauben an den einen Schöpfergott und die Urgestalt des Glaubens A.s zum Ausgangspunkt. Es heißt dort: „Mit Hochachtung betrachtet die Kirche auch die Muslim, die den alleinigen Gott anbeten, den lebendigen und in sich seienden, barmherzigen und allmächtigen, den Schöpfer Himmels und der Erde, der zu den Menschen gesprochen hat. Sie mühen sich, auch seinen verborgenen Ratschlüssen sich mit ganzer Seele zu unterwerfen, so wie A. sich Gott unterworfen hat, auf den der islam. Glaube sich gern beruft." Die dogmat. Konstitution „Lumen gentium" schreibt in Art. 16, wo vom allg. und wirksamen Heilswillen Gottes gehandelt wird, daß der Heilswille alle die umfaßt, „welche den Schöpfer anerkennen, unter ihnen bes. die Muslim, die sich zum Glauben A.s bekennen und mit uns den einen Gott anbeten, den barmherzigen, der die Menschen am Jüngsten Tag richten wird".

Lit.: *Y. Moubarac,* A. dans le Coran. Paris 1958; *R. Paret,* Art. IBRĀHĪM: EI² III 980 f.; *A. Th. Khoury,* Einführung in die Grundlagen des Islam. Graz 1978, 52–57. *G. Riße*

Absolut – relativ. Die kontradiktorischen Begriffe a. (lat.; „abgelöst") und r. (lat.; „bezogen") mit ihren zahlreichen Wortverbindungen (das Absolute, Absolutheit; Beziehung, Relativismus u. a.) gehören der Sache nach zu den zentralen metaphysischen, gnoseologischen und theol. Grundbegriffen der Philosophie, da alles wissenschaftliche Erkennen im Einzelnen das Allgemeine, hinter dem Abhängigen, Verursachten, Begründeten, Bedingten, Zufälligen, Endlichen und Beschränkten das Unabhängige, Gesetzesartige, Grundlose, Unbedingte, Notwendige, Unendliche und Unbeschränkte, d. h. im und vor bzw. hinter dem Relativen das Absolute sucht. A. oder r. ist a) *dem Begriffe nach* dasjenige, was ohne oder nur mit Beziehung auf anderes definiert werden kann; b) *dem Sein nach* zum einen dasjenige, dem Sein an sich (als Substanz) oder nur in bezug auf etwas anderes (Akzidenzien) zukommt, zum anderen dasjenige, was durch bzw. aus sich selbst ist (Substanz) oder dessen Sein eine reale Beziehung zu einem anderen begründet (alles endliche Sein); c) *der Geltung nach* dasjenige, was unabhängig davon gilt, ob es erkannt oder gewußt wird (Allgemeingültigkeit, Denkprinzipien der Logik, Normen, Gesetze, z. B. apriorische Grundsätze des Verstandes; Sittengesetz, transzendentale Ideen) oder dasjenige, was nur bedingterweise und hypothetisch Geltung hat.

Der Relativismus der Geltung ist durch

die Auffassung gekennzeichnet, daß es weder eine absolute, umfassende Wahrheit noch eine allgemein-verbindliche Sittlichkeit für den Menschen gibt, daß vielmehr alles Erkennen (erkenntnistheoretischer Relativismus) bezogen auf bzw. abhängig von veränderliche(n) Bedingungen (z. B. individuelle, kulturelle und gesch. Denkstrukturen) ist und auch das sittliche Handeln (ethischer Relativismus) jeweils sich an wechselnden Maßstäben, Normen und Rechtsideen ausrichtet (Geschichtlichkeit, Historismus, Perspektivismus).

Philosophisch von ausschlaggebender Bedeutung ist das metaphysische Absolute, das in der Geschichte des Denkens gefaßt wird als die Idee des Guten *(Platon)*, das Eine bzw. Übereine *(Plotin)*, die absolute Substanz *(B. de Spinoza)*, als absoluter Geist *(G. W. F. Hegel)*, absolute Persönlichkeit (↗Gott V), absoluter Wert (im metaphysischen Idealismus seit Platon), absolute Sittlichkeit (kategorischer Imperativ bei *I. Kant)*, absolutes Ich (überindividueller Kraftgrund des Einzelwesens bei *J. G. Fichte)* oder urspr. Einheit von Subjekt und Objekt, Identität und Nichtidentität *(F. W. J. Schelling, G. W. F. Hegel)*. Die Frage nach der Präsenz des Absoluten im Endlichen und die nach dem Verhältnis von Absolutheit und Geschichtlichem ist zentrales Thema aller kritisch reflektierenden und spekulativen Philosophie.

Lit.: *W. Cramer*, Art. A.: HPhG I 1–20; *R. Kuhlen*, Art. A.: HWP I 12–31; *H. Wein*, Das Problem des Relativismus. Berlin 1950; *J. Möller*, Der Geist und das A. Paderborn 1951; *R. Guardini*, Das Unendlich-A. und das Rel.-Christl.: PhJb 65 (1957) 12–23; *W. Cramer*, Das A. und das Kontingente. Frankfurt [2]1976; *B. Brenk*, Metaphysik des einen absoluten Seins. Meisenheim 1975.

H. M. Baumgartner / A. G. Wildfeuer

Absolutheitsanspruch

I. Allgemein. – II. Absolutheit des Christentums

I. Allgemein. Der Begriff „absolut" ist zunächst ein philos. Begriff. Er hat seine Grundlagen in der griech. Philosophie; er wird in der klassischen Latinität gebraucht. Er wird aber vor allem mit *Spinoza* und dann im Idealismus zum philosophisch-metaphysischen Grundbegriff Gottes. Für Spinoza ist Gott das Absolute, aus dem mit Notwendigkeit alles abzuleiten ist, ein Gottesbegriff, der dem christl. kaum entspricht. Der Höhepunkt dieser Entwicklung ist bei *Hegel* erreicht. In der philos. Sprachtradition werden mit „absolut" folgende Bedeutungen konnotiert: a) vollkommen, d.i. das Sein bzw. Gott ist die Vollkommenheit selbst, b) unbedingt, d.i. die höchste Notwendigkeit, alles andere ist kontingent, c) abgelöst, d.i. außerhalb und über aller Geschichte.

II. Absolutheit des Christentums (A. d. Ch.). Die philos. Problematik wurde in der Neuzeit auf das Christentum übertragen. Seit dem Idealismus wird die A. d. Ch. diskutiert.

1. A. d. Ch. in der Neuzeit. Die Diskussion orientiert sich weitgehend an Hegels Begriff der „absoluten Religion". *Hegels* Religionsphilosophie sieht in der Religion eine Vollendungsgestalt des absoluten Geistes. Er beschreibt die verschiedenen Religionen in der Geschichte und findet ihren Höhepunkt in der christl. Religion: „Die christl. Religion wird sich uns als die absolute Religion zeigen." *E. Troeltsch* widerspricht in „Die A. d. Ch." (1902) Hegels spekulativer Schau entschieden; er ist repräsentativer Vertreter des nachhegelschen hist. Denkens: „Die Konstruktion des Christentums als der absoluten Religion ist von hist. Denkweise aus und mit hist. Mitteln unmöglich." E. Troeltsch gesteht der christl. Religion eine „relative Absolutheit" zu. Die Kontroverse spielt sich auf dem Hintergrund neuzeitl. Grundproblematik bzw. spekulativer Philosophie und hist. Geschichtsauffassung ab.

2. A. d. Ch. theologisch. Die heutige Theologie sucht die philos. Aporien zu vermeiden. Sie gründet die A. d. Ch. nicht zuerst in der gesch. Gestalt des Christentums, sondern in Gott und Jesus Christus selbst. *H. U. v. Balthasar* versucht, die bibl. Äquivalente zum philos. Begriff zu erheben. A. meint dann christlich: (1) Fülle, Erfüllung. Gott allein ist Fülle schlechthin. Sie ist in Jesus Christus sichtbar geworden. (2) Endgültigkeit. In Jesus Christus ist der Welt das Heil von Gott endgültig zugesagt. (3) Unüberbietbarkeit. Gottes Heilszuspruch in Jesus Christus ist für alle Zeit unüberbietbar. – Allerdings ist damit eine A. d. Ch. noch nicht voll beantwortet. Dies ist erst er-

reicht, wenn die Absolutheit des christl. Gottes geschichtlich-eschatologische Gestalt in der Welt angenommen hat. In einem abgeleiteten Sinn kann dann von A.d.Ch. gesprochen werden: (1) Unüberbietbarkeit. Alle A.d.Ch. gründet im menschgewordenen Sohn Gottes. (2) Fülle. Die Kirche ist stellvertretend für die Welt Zeichen für Fülle Gottes, ohne Welt und Religionen aus-, sondern einzuschließen. (3) Endgültigkeit. In der Endgültigkeit der persönlichen Lebensentscheidung des Christen wird zeichenhaft der endgültige Anbruch der Gottesherrschaft symbolisiert.

Lit.: *R. Kuhlen,* Art. Absolut, das Absolute: HWP I 12–31; *W. Kasper,* Absolutheit des Christentums. Freiburg 1977; *ders.,* Art. Absolutheitsanspruch des Christentums: SM I 39–44; *H. Waldenfels,* Kontextuelle Fundamentaltheologie. Paderborn 1985, 33 f. 193–199; *G. Mensching,* Toleranz und Wahrheit in der Religion. Heidelberg 1955, 142–148. *K. Kienzler*

Achtteiliger Pfad ↗Weg; Buddhismus II.

Ackerbaukulturen. Zu unterscheiden sind Pflanzenbau treibende Kulturen, bei denen die Tierzucht keine oder so gut wie gar keine Rolle spielt, von solchen mit einer gemischten Wirtschaft von Ackerbau und Viehzucht. Die alten animalistischen Züge der ↗Jäger- und Sammlerkulturen zeigen sich zumal dort noch, wo die Haltung zum Tier jägerisch geblieben ist. Im übrigen aber nehmen mehr und mehr die für die Ernährung wichtigen Pflanzen eine die ganze Existenz des Menschen bestimmende Stellung ein. Ein bes. Gewicht kommt dem als ↗Animismus bezeichneten Vorstellungskreis zu. Geisterglaube großen Ausmaßes, Beseelung so gut wie aller Dinge der Natur, ein ausgeprägter ↗Ahnenkult mit Aufbewahrung und Verehrung der Ahnenschädel, in denen die Kräfte und die Seelen der Vorfahren gegenwärtig bleiben, spielen eine wichtige Rolle. (Archäologisch ist dergleichen spätestens im 8. Jt., d.h. in einer Zeit ersten Nachweises von Ackerbau, bereits belegt.) Vom Geist der Ahnen und ihrer Kraft ist auch der Boden durchdrungen, der vielfach als Eigentum der Ahnen gilt.

Die Herkunft der Kulturpflanzen wird weithin mit dem gewaltsamen Tod eines zumeist weiblichen Urzeitwesens in Verbindung gebracht, aus dessen Körper sie hervorgingen. In Verbindung mit dem Wachsen und Reifen der kultivierten Pflanzen, bildete sich – vor allem auf der Grundlage eines weiblichen Prinzips – ein untrennbarer Zusammenhang von Tod und Töten, Zeugung und Fortpflanzung, Kulturpflanzen und Fruchtbarkeit heraus. Der Kreislauf von Werden und Vergehen muß stetig in kultischen Handlungen gesichert werden, bei denen das mythische Ereignis rituell wiederholt wird, u.a. durch ↗Menschenopfer, zumal von jungen und weiblichen Individuen, teilweise später oder auch daneben als Tier-, vor allem als Schweineopfer. (Auch dafür gibt es spätestens im 4. Jt. bereits archäologische Hinweise.) Öfters werden Teile der Opfer verzehrt oder in den Pflanzungen vergraben, um das Gedeihen der Kulturpflanzen zu sichern. Letzten Endes stehen auch Kannibalismus und Kopfjagd in enger Verbindung mit einer solchen Vorstellung von Tod und Töten als Lebens- und Kraftquelle.

Daß die weibliche Fruchtbarkeit sich bei agrarischen Kulturen leicht mit dem Gedanken der Fruchtbarkeit der Felder verbindet, mag zu der großen Bedeutung weiblicher Symbolplastik beigetragen haben, die archäologisch seit dem Beginn des Neolithikums in zahlreichen Gebieten zu beobachten ist. Während die weiblichen Figürchen aus den frühesten agrarischen Horizonten kaum ein Urteil über eine nähere Bestimmung zulassen, zeigen etwas spätere (etwa im 7. Jt.) Züge einer Mutter und Fruchtbarkeitsgottheit, daneben aber auch solche, die eher an die junge Frau oder das Mädchen denken lassen können. Im ganzen ist bei der figuralen Kleinplastik eine Dominanz des Weiblichen nicht zu leugnen, doch daneben und damit verbunden immer wieder einmal die männliche Figur vorhanden, wenn auch in verschiedener Art und Haltung. Selten nachzuweisen, aber dann sehr eindrucksvoll, ist eine Symbolik von Stieren und Widdern, die eher der männlich-viehzüchterischen Sphäre zuzuordnen sein dürfte. In Richtung auf Männliches weist wahrscheinlich auch eine Beil- oder Axtsymbolik. Alles in allem deutet sich ein Dualismus von Männlichem und Weiblichem an, wenn auch in der Symbolik das Männliche zurücktritt.

Lit.: *K. J. Narr* (Hg.), Handbuch der Urgeschichte II.

Bern 1975; *D. Srejović*, Art. Neolithic Religion: ER X 352–360; *K. J. Narr*, Porträt oder Ahnenschädel?: Boreas 5 (1982) 16–26. – Ethnologisch: *F. Herrmann*, Symbolik in den Religionen der Naturvölker. Stuttgart 1961; *A. E. Jensen*, Das rel. Weltbild einer frühen Kultur. Stuttgart 1948. – Allgemein: *M. Eliade*, Geschichte der rel. Ideen I. Freiburg [5]1985.

K. J. Narr

Adam

↗Erbsünde; Evolution.

A. bezeichnet im *AT* als ein stets singularisch gebrauchtes Kollektivum den Menschen, die Menschheit schlechthin, dient aber auch als Eigenname des ersten Menschen. Zweifellos gehört A. zu den stärksten Bekundungen des altisraelit. Universalismus. Priesterlicher und jahwistischer Bericht stimmen darin überein, daß sie mit A. die Stellung des Menschen im Kosmos, seine Verantwortung gegenüber Gott und die schöpfungsmäßige Einheit von Mann und Frau aufzeigen und begründen wollen. Diese Einheit bzw. die Wesensgleichheit, Verschiedenartigkeit und Gleichwertigkeit von Mann und Frau wird in der Schaffung der Eva (hebr. die Lebenschenkende) aus A. dargestellt.

Neutestamentlich erscheint Jesus als der eschatologische Antityp zu A. (vgl. die Versuchungsgeschichte Mk 1,13). Im Gegensatz zu Matthäus (Mt 1,1–17) führt Lukas den Stammbaum Jesu über ↗Abraham hinaus auf den von Gott erschaffenen A. zurück (vgl. Lk 3,38), um so den universalen Geltungsbereich der durch Christus gebrachten Erlösung anzuzeigen. Paulus, der im 1. Korintherbrief (15,45) die Erschaffung des ersten Menschen ausgehend von Gen 2,7 her interpretiert, sieht im ersten Menschen A., den er als gesch. Wesen auffaßt, ebenfalls den Antityp zu Christus, den für ihn endzeitlichen Menschen. Diese paulinische Trennung fehlt in den Kreisen der ↗*Gnosis*, sowohl in der mandäischen Religion (↗Mandäer) als auch im ↗Manichäismus. Beide bemühen sich in gleichwertiger Weise, den A.-Mythos als Vorbild für das Erlösungsgeschehen zu nehmen.

Im *Frühjudentum* hat die Beschäftigung mit der Gestalt des A. eine eigene A.-Literatur entstehen lassen, die insbesondere bei den Rabbinen weiterwirkt. Neben der Vorstellung A.s als ↗Mikrokosmos und ↗Androgyn finden sich in den rabb. Schriften zahlreiche Hinweise auf seine gigantische Gestalt, die die Welt erfüllt und erfaßt. Wahrscheinlich sind in dieser Tradition die Reste eines von den Rabbinen adaptierten und z.T. umgedeuteten Urmensch-Mythos erhalten. Für das Frühjudentum und die Rabbinen gilt aber, daß es ihnen weniger um die individuelle Person A. als um die in A. gründende Gesamtheit der Menschen geht.

Im *Islam* ist A. der „Vater des Menschengeschlechts" und der „Auserwählte Gottes". Der Bericht von der Schöpfung A.s, von seinem Verweilen im Paradies und dem Sündenfall finden sich im Koran vornehmlich in den Suren 2,30–39 und 7,11–23, wobei Muḥammad hier wohl hauptsächlich die jüd. Haggada verarbeitet hat.

Zu erwähnen ist noch die *theosophische A.-Spekulation*, die den Fall des Menschen und seine Sündhaftigkeit neutralisiert, indem sie den ersten Menschen androgyn versteht und in der Unterscheidung der Geschlechter die zu überwindende Folge des Falls der Menschheit.

Lit.: *O. Betz u. a.*, Art. A.: TRE I 414–437 (mit ausführlichem Lit.-Verzeichnis).

G. Riße

Advaita ↗Non-Dualismus.

Ägyptische Religion. Jeder der vielen männlichen und weiblichen *Götter* (↗Gott III 1) steht für einen Lebensbereich; da sie nicht systematisch erdacht, sondern aus Erlebnissen gewonnen sind, überschneiden sie sich häufig. Ihre Gestalt ist menschlich, manchmal mit Teilen von Tieren, vor allem Tierköpfen, oder ganz Tier; auch Pflanzen, Schriftzeichen und häufig die Sonnenscheibe dienen als Attribute zur Charakterisierung. Neben in ganz Ägypten verehrten Gottheiten wie Amun, Re, Ptah, Hathor, Osiris, Isis u.a. stehen andere mit rein lokaler Bedeutung. Durch ihren Wirkungskreis stehen manche bestimmten Berufsgruppen nahe (z.B. Thot den Beamten). Die große, grundsätzlich unbegrenzte Zahl der Gottheiten entspricht den ebenfalls zahlenmäßig unbegrenzten Lebenssituationen (Zeugung, Geburt, Fruchtbarkeit des Feldes und der Tiere, Krieg, Beamtenstaat, Königtum, Krankheit, Kindheit, Liebe, Rausch, Tod, Leben nach dem Tode, usw.). Eine allgemeingültige Hierarchie gibt es nicht, wenn auch der Sonnengott (unter verschiedenen Namen) bes. häufig verehrt wird. Die Beliebtheit eines Gottes wechselt nach geschichtlich-gesellschaftlicher, also nach hist. Situation und von Stadt zu Stadt, ohne daß in klassischer Zeit (3. und 2. Jt.) nennenswerte Rivalitäten nachweisbar wären. Während das Gottesdienstritual seit 1500 v. Chr. in allen Tempeln des Landes gleich war (nur Namen und Epitheta werden ausgetauscht), differierten die Feste, da sie von Mythen bestimmt waren.

Mythen, also Göttergeschichten, erhellen das Wesen der Götter und erklären das Leben der Schöpfung. Bei dem Akt der Schöpfung stehen mehrere Mythen nebeneinander, da ein so gewaltiger Vorgang nicht mit einer einzigen Darstellung hinreichend erfaßt werden kann. Mit dem Tod und der Auferstehung beschäftigt sich der Mythos von dem getöteten und auferstandenen Gott Osiris (↗Mysterien), mit dem Königtum sind Erzählungen um den Gott Horus verbunden, mit Krankheit und Heilung solche der Seuchengöttin Sechmet und der Heilgöttin Isis; andere Mythen berichten von Zeugung und Geburt des Pharao aus einer Jungfrau, von der Vernichtung des Menschengeschlechts bis auf einen Rest u. a. m. Nur wenige Mythen liegen in Erzählungsform vor, die meisten müssen aus Bruchstücken in Hymnen, Ritualen und Zaubersprüchen zusammengefügt und erschlossen werden. Der Mythenschatz ist überaus reich. Kämpfe unter Göttern werden nur bei Seth, dem Ausbrecher aus der göttlichen Weltordnung, berichtet, der im 1. Jt. als „Teufel" verfemt, in älterer Zeit aber als „Herr der Kraft" verehrt wird. Götter sind Macht mit ihrem Doppelgesicht der Hilfe wie des Schadens für die Menschen, ethisch neutral. Tempeldienst wie Gebet haben sie gnädig zu stimmen.

Die Reform des Königs *Echnaton* (1365–1346 v. Chr.) bringt einen – vielleicht für uns weitgehend unsichtbar vorbereiteten – Umbruch. Der Häretiker führt einen strengen ↗Monotheismus ein, schließt alle Tempel der alten Götter und tilgt ihre Namen. Dabei rückt ein Gott, der Aton, der sich in der Sonnenscheibe und im Licht manifestiert, in eine für alle Menschen, außer dem König, unerreichbare Ferne, so daß Echnaton der einzige ist, „der ihn kennt". Er, der König, ist die Gottheit auf Erden – ein Anspruch, den in dieser Größe kein Pharao vor oder nach ihm erhoben hat. Schöpfer der Welt und des Lebens ist Aton, Leben und Geschicke der Menschen leitet der König, der allein auch Gebetsbitten erfüllt. Nacht, Tod und Leid sind nur noch gottferne Räume – für diese ewigen Fragen der Menschen findet Echnaton keine Antwort. Seine Lehre beruht sowenig auf ↗Offenbarung (I) wie die von den klassischen ägypt. Göttern: Auch er hat seinen Aton an dessen Wirken in der Welt erkannt. Die ägypt. Religion ist keine Offenbarungsreligion, auch wenn sie ↗Theophanien kennt. Nach 17 Jahren stirbt Echnaton (gewaltsam?), seine religiöse Revolution bleibt ohne Folgen, es seien denn gewisse Reaktionen.

Die Gottheit kann in ihrem ↗*Tempel* wohnen; sie dazu aufzufordern, damit sie dem Lande und seinen Menschen nahe sei, ist der Sinn des Tempelbaus und des Rituals. Es besteht aus Handlungen am Kultbild, aus Opfern materieller Art und aus Gesängen von Hymnen; bei Festen treten Tänze und Umzüge mit dem Kultbild dazu. Manche Tempel oder Kapellen sind Zielort für *Wallfahrten* aus dem ganzen Land, in einigen erwarten die Pilger Heilung oder Traumoffenbarung. Da die Tempel selbst in der Regel verschlossen und nur die Priester eintrittsberechtigt waren, betete das Volk vor den Mauern, vor dem großen Tempeltor oder aber in kleinen selbsterrichteten Heiligtümern, die allerdings nicht vom Staat mit Personal und Opferzuwendungen versehen waren.

Bestimmte Gottheiten waren wegen ihrer ↗*Orakel* berühmt; die Antwort auf die Fragen, die teils schriftlich, teils mündlich vorgebracht wurden, erfolgte meist bei der Prozession, etwa durch unwillkürliche Schwankungen des getragenen Gottesbildes, aber auch schriftlich oder mündlich mit Hilfe eines dazu bevollmächtigten Orakelpriesters. Der Bereich der seit 1500 v. Chr. belegten, im 1. Jt. blühenden Orakel geht von der Königsernennung bis zu kleinsten Alltagssorgen.

Ein enges persönliches Verhältnis des Gläubigen zu einer Gottheit jenseits des offiziellen, vom Staat getragenen Tempelkultes, aber nicht im Gegensatz zu ihm, ist für die ältere Zeit nur durch Namen belegbar, die die Eltern ihren Kindern gaben („Den ich erbetet habe" u.ä.). Um 1400 v.Chr. setzt dann die breite Bewegung ein, die man die *„persönliche Frömmigkeit"* nennt. Texte und Bilder geben Nachricht von ↗Gelübden für Errettung aus Krankheiten und anderen Gefahren, wobei die Notlage auch als Folge einer Versündigung erkannt wird. Viele Menschen erwählen sich eine Gottheit, der sie allein vertrauen und der sie u.U. auch Vermögen übereignen. Fälle von Gebetserhörung werden oft erwähnt, wobei der Erhörte gelobt, die Macht seiner Gottheit überall zu verkünden. Diese Bewegung erfaßt Könige ebenso wie die Ärmsten, die oft nur imstande sind, aus Lehm selbstgeformte Votivgaben dem Heiligtum zu opfern.

Der Glaube an ein *Fortleben nach dem Tode* ist für Ägypten zentral. Vorbild ist der auferstandene Gott Osiris, jetzt Herrscher im Jenseits und Richter aller Toten. Dieses Jenseitsgericht legte an alle Verstorbenen, auch Könige, gleichen Maßstab an. Alle hatten ein Formular-„Bekenntnis" zu einer sündenfreien Lebensführung abzulegen, das dann an der Realität gemessen wurde, und zwar mit Hilfe einer Waage, auf deren einer Waagschale das Symbol der gottgewollten Ordnung, auf deren anderer das wissende Herz des Verstorbenen lag; bei jeder Übertretung, die der Tote begangen hatte, sank das Herz hinab, die Waage machte einen Ausschlag. Das Urteil lautete nur „gerechtfertigt", worauf Seligkeit in Gottesnähe und in paradiesischen Gefilden folgte, oder „sündig", was Verschlingen durch den Höllenrachen eines „Fresserin" genannten Untieres und damit Existenzvernichtung zur Folge hatte. Daneben stehen andere Vorstellungen des Jenseits, etwa in Höhlen unter der Erde, die nur eine Stunde allnächtlich von der von Westen nach Osten fahrenden ↗Sonne erhellt wurden und in denen die Verurteilten danteske Höllenstrafen zu erleiden hatten. Im Gegensatz zum Gottesglauben, an dem keine Zweifel aufgekommen zu sein scheinen, begegnen solche Vorstellungen vom Jenseits ausgesprochener Skepsis, was nicht Zweifel an der Fortexistenz nach dem Tode bedeutet, nur Kritik an den Ausmalungen davon. – Die Welt war bedroht von den Mächten des Chaos, der Unordnung, aus der sie der Schöpfergott als Lebensraum für die Menschen ausgegrenzt hatte; die Wüste auf beiden Seiten des Niltals, das Meer, die Nacht und der Tod galten als Bereiche dieses Chaos (dessen Personifikation der Apophis-Drache war), und so galt es, für die Verstorbenen diese Chaosbedrohung abzuwehren, auch diese Gebiete zu ordnen. Mit dazu dienten die ausführlichen und wohlgebauten Grabanlagen, dazu dienten die ↗Opfer, die dort dargebracht wurden, dazu diente auch die Mumifizierung, die den Leib vor dem Vergehen retten und für ein Fortleben konservieren sollte. Ein erheblicher Teil der Sorge der Ägypter war auf die Überwindung der Gefahren beim und nach dem Tode gerichtet, auf die rechte Grabausstattung, auf die Begräbnisriten, die Riten am Grabe nach der Bestattung, aber auch auf eine gottgefällige Lebensführung, um im Gericht bestehen zu können.

Das *Königtum* verbindet die göttliche mit der menschlichen Welt, insofern der König kraft Amtes um den Willen der Gottheit weiß und deren Weisungen empfängt. Andererseits ist er voll Mensch, fehlbar, sterblich, keinesfalls allwissend. Diese Doppelstellung wird im Mythos dadurch ausgesagt, daß der Pharao von Gott in einer irdischen Frau gezeugt ist, also an beiden Naturen Anteil hat. Der Tempelkult ist im Prinzip Aufgabe des Königs, die er freilich an Priester delegiert. Des weiteren obliegt ihm, die von Gott gewollte Weltordnung, die immer wieder gestört wird, zu wahren oder wiederherzustellen, womit er innenpolitisch Wahrer des Rechts wird. Wie für den Kult, so hat der König auch für den Tempelbau zu sorgen, was eine Erweiterung der bestehenden Tempel einschließt. Das Ägyptische kennt kein Wort für „Staat", dafür steht der König. Immer aber wird zwischen Amt und Person unterschieden: Das Amt steht unter göttlicher Leitung; von der Person des Königs laufen schlimme, ja anstößige Geschichten um. So können selbst Usurpatoren und röm.

Kaiser, deren übler Lebenswandel durchaus bekannt war und die nie ägypt. Boden betreten haben, als „Pharao" gelten und in den Tempeln als Vollzieher des Kultes dargestellt werden. Auch als Amtsträger ist der König nicht Gott: Er betet zu den Göttern, genießt aber keinen Kult. Er ist ein Gott verantwortlicher Hirte (davon zeugt der krumme Hirtenstab als Hoheitszeichen), ein Leiter der Menschen.

Lit.: *S. Morenz,* Ä. R. Stuttgart 1960; *ders.,* Gott und Mensch im Alten Ägypten. Leipzig ²1984; *E. Hornung,* Der Eine und die Vielen. Darmstadt ³1983; *H. Brunner,* Grundzüge der altägypt. Religion. Darmstadt 1983; *J. Assmann,* Ägypten. Theologie und Frömmigkeit einer frühen Hochkultur. Stuttgart 1984; *H. Bonnet,* RÄRG. Berlin ²1971; die einschlägigen Artikel im Lexikon der Ägyptologie. Wiesbaden 1975–87; *J. Assmann,* Ägypt. Hymnen und Gebete. Zürich 1975; *E. Hornung,* Das Totenbuch der Ägypter. Zürich 1979; *ders.,* Ägypt. Unterweltsbücher. Zürich 1972; *H. Brunner,* Ägypten: Religionsgesch. Textbuch zum AT. Göttingen ²1985.

H. Brunner

Ägyptisches Totenbuch ↗Totenbuch I.

Ästhetik, religiöse/theologische. 1. Ä. ist in ihrer Entwicklung von der reinen Wahrnehmungslehre (Baumgarten: sinnliche Erkenntnis; Kant: Anschauungslehre in Raum und Zeit) mehr und mehr zu einer philos. Reflexion des menschlichen Kunstschaffens und der Kunst überhaupt geworden. Seit *G. W. F. Hegels* großangelegter Ä. hat sich eine gesch. Betrachtungsweise der Kunst angebahnt, die schon bei Hegel auch Kunst und Religion in Beziehung zueinander setzt. Dabei zeigt sich, daß bei Hegel Kunst und (christl.) Religion einen vorläufigen Charakter haben, die sich im absoluten Wissen (des Geistes) aufheben. Hegels Rede vom Vergangenheitscharakter der Kunst hat insofern auch eine ikonoklastische Tendenz: Gegen die klass. Kunst Griechenlands muß der Zweifel angemeldet werden, ob sich das Göttliche überhaupt in die materielle Gestalt einbinden lasse; die (von Hegel so bezeichnete) romantische Kunst im Raum des Christentums als Ausdrucksgestalt geistiger Innerlichkeit muß durch das absolute Wissen (des Geistes) abgelöst werden (vgl. Einleitung in die Ä.).

2. Bei der Umschreibung genuin *rel. Ä.* wäre von Phänomenen des Künstlerischen auszugehen, die im Bereich der Religionen ihren Ursprung oder ihr Heimatrecht haben. Somit wäre zunächst von einer Phänomenologie des Ästhetischen *in* den Religionen zu sprechen. Sie reicht von der Ä. der Bewegung und des gestischen Ausdrucks (↗Tanz) über das rel. oder kultische Spiel, das poetische Wort und dessen lit. Formen bis hin zu den bildenden Künsten, zur architektonischen Gestaltung des hl. Raumes und zur sakralen Musik (vgl. van der Leeuw), die in den verschiedenen Riten oder Liturgien der Religionen ihren Kristallisationspunkt erhalten haben. Es gibt dabei offensichtlich das Phänomen, daß ursprünglich rel. kultisch qualifizierte künstlerische Ausdrucksformen aus der Religion in einen autonomen Bereich der Kunst abwandern, daß aber auch autonom gewordene Ausdrucksformen der Kunst wieder in den Raum des Sakralen integriert werden können. Dies zeigt, daß sich Kunst und Religion (bis heute) in einem freien Wechselspiel gegenseitig anziehen oder sogar bedingen. Dabei gibt es in den Religionen selbst einen nicht unbeträchtlichen Meinungsstreit darüber, ob und inwieweit ein künstlerischer Ausdruck zur Gestalt des nicht verfügbaren Heiligen werden kann. So hat etwa schon das frühe Judentum ein ↗Bilderverbot formuliert (vgl. Dtn 5,8; Ex 20,4 u.a.), das sich skeptisch gegen eine Bilderpraxis absetzt, in der eine Verwechslung zwischen dem bloß Gemachten und der Macht des Dargestellten geschehen könnte. Bis heute ist das handwerkliche Gemachtsein („quod factum est": M. Heidegger) ein Indiz dafür, daß Kunst wohl Offenbarungscharakter hat, jedoch nicht zur Identifikation mit dem Dargestellten und somit zum Idol entarten darf. Das Bilderverbot ist auch im Islam von großer Bedeutung geworden, und auch in der Geschichte des Christentums mußten die Grenzen und Möglichkeiten der bildenden Kunst wiederholt bestimmt werden (vgl. Bilderstreit: Dohmen/Sternberg). Der Skepsis gegenüber der Darstellbarkeit des Heiligen im ↗Bild kontrastiert in den großen Buchreligionen die ausgesprochene Vorliebe für die Kunst des gesprochenen oder geschriebenen (poetischen) Wortes.

3. Der rel.-krit. Verdacht gegen alles Ästhetische im Raum der Religion wirft nicht zuletzt die Wahrheitsfrage auf, die eigenartigerweise auch in der neueren philos. Ä. wichtiger als die Frage nach der Schönheit ist. Verschleiert der künstlerische Gestus im Raum der Religion ihr Wesen? Oder tragen die ästhetischen Ausdrucksformen in der Religion gerade dazu bei, den Blick für die Transzendenz zu öffnen, da in ihnen sich zuvor deren Transparenz schon ereignete? Geht es auch im Raum der Religion um die „Rettung des Scheins" (Adorno) wie in der Kunst? Diese Frage verbindet heute in eigenartiger Weise die Frage nach der Wahrheit der Kunst mit der Frage nach der Wahrheit der Religion(en), insofern Religion ein Ort ist, an dem das Heilige mit den Ausdrucksformen der Kunst ihre jeweilige ästhetische Gestalt in der Geschichte erhält. Auf dem Hintergrund von *M. Heideggers* Philosophie der Kunst („Die Kunst ist das Sich-ins-Werk-Setzen der Wahrheit"; Holzwege 28) und Adornos ästhetischer Theorie (Kunst als Schein, daß Wahrheit – gesellschaftlich – *nicht* ist) bahnt sich derzeit ein gewisser philos. Konsens dahingehend an, daß die Kunst einen „Blick" auf die Wirklichkeit eröffnet, den nur sie eröffnen kann, und daß sie zugleich die Eigenart besitzt, in ihren genuinen Werken die Wahrheit in der Schwebe zu halten (Schulz, Piepmeier, Wellmer u.a.) und somit die menschliche Vernunft selbst vor der Gefahr instrumenteller Selbstverschließung zu bewahren. Kunst hält in ihren paradigmatischen Durchbrüchen den Wahrheitsdiskurs in Gang. Kunst ist zugleich eine ganz eigene Fähigkeit des Menschen, die Wirklichkeit so wahrzunehmen, daß diese sich als „Poesie der Nähe" (E. Lévinas) dem nicht-intentionalen Bewußtsein erschließt und gerade so andere Weisen der Wirklichkeitserkenntnis der Kritik unterzieht. Wenn Kunst somit nicht nur *etwas* darstellt, sondern die menschlichen Sinne erst zur Wahrnehmung öffnet, dann wird Kunst im Bereich der Religion die menschlichen Sinne für die Wahrnehmung des Heiligen öffnen, sofern das Heilige nur so seine Gegenwart anzeigen kann. Erscheinung (Schein) und Wirklichkeit werden dabei immer noch zu unterscheiden, wenn auch nicht zu trennen sein. Die Religionen bedienen sich jedoch nicht nur der Kunst, die unabhängig von ihnen immer schon da wäre, sondern stellen selbst einen Ort der Transzendenzerfahrung dar, die mit ästhetischen Kategorien umschrieben werden kann.

4. Über die mehr phänomenologische Betrachtungsweise hinaus wäre Ä. im Raum des Christentums als *theol. Ä.* zu bestimmen, die eng mit der Theologie der ↗Offenbarung (VIII) verknüpft ist. Nach *H. U. v. Balthasar* ist theol. Ä. zu fassen als „Erblickungs- und Entrückungslehre", wobei das „Schwergewicht" des Heiligen – atl. die göttliche „kabod" oder die erhabene Faszinationskraft – vorgegeben ist und freie Anerkennung von seiten des Menschen verlangt. Wie die künstlerische Idee den Menschen gleichsam anfällt, so bedrängt das Heilige den Menschen, so daß er lernt, etwas ihm sonst Verborgenes zu sehen, zu hören oder zu ertasten, indem ihm die Sinne dafür geöffnet werden. Wo im Offenbarungsgeschehen die ästhetische Dimension sowohl von seiten des wahrnehmenden Subjekts als auch von seiten des sich offenbarenden Heiligen ernst genommen wird, stellt das sinnlich Wahrnehmbare keine Vorstufe des Erkennens dar, die durch das Erkennen überholt, d.h. außer Kraft gesetzt wird, sondern die ästhetische Wahrheit bleibt letztlich in die Ganzheit leibhaftiger Gottbegegnungen einbezogen, auch wenn bezüglich der Intensität der Einbeziehung des Sinnlich-Materiellen (ohne das es übrigens auch keine Kunst gäbe) die Positionen in den rel. Traditionen der Menschheit auseinandergehen. Im Rahmen der theol. Ä. des Christentums ist jedenfalls daran festzuhalten, daß alle Poesie des Wortes und sonstige ästhetische Ausdrucksformen in einer „Fleischgestalt" gründen, in der die „Poesie der Nähe" zum unverwechselbaren Prosopon (Gesicht) wird, das die absolute Transzendenz in die Züge eines menschlichen Antlitzes einschreibt. Trotz des inkarnatorischen Aspektes (und damit in gewisser Weise des Vergangenheitscharakters dieses Gesichtes) erschöpft sich christl. Ä. nicht in einer realpräsentischen Offenbarungstheorie.

Sie kennt die ästhetischen Figuren der Verweisung und Verheißung, weil in der einmaligen Geschichte Jesu von Nazaret eine antizipatorische Gestalt des Eschatologischen vor-gegeben ist. Der Erweis der Wahrheit steht aus bis zur endgültigen Offenbarung.

Schließlich stellt sich die Frage nach der rel. Qualität der Kunst unabhängig von Religion und Philosophie. Seit sich im Westen mit dem Durchbruch zur Moderne in den verschiedenen Zweigen der Kunst auch eine Emanzipation der Kunst von der Religion ohne Beispiel vollzog, scheint das Beziehungsverhältnis von Religion und Kunst ein für allemal negativ bestimmt zu sein. Beide Phänomene beanspruchen ihre je eigene Autonomie. Nicht selten versteht sich Kunst gar als „Kunstreligion" (vgl. Rohls), d.h. als postrel. Offenbarungsinstanz, die als vorzügliche oder gar einzige Instanz noch in der Lage ist, die menschliche Vernunft vor ihrer instrumentell-systemischen Selbstverschließung zu bewahren (vgl. Heidegger, Adorno, Marcuse, Schulz u.a.). Der moderne Kunst- und Museumsbetrieb scheint daraus die Konsequenz gezogen zu haben: Solange ein Werk in rel. Kontexten steht, darf es nicht als Kunst angesprochen werden; sobald es daraus gelöst und ins Museum gestellt ist, wird es in nicht-rel. Hermeneutik als Kunstwerk betrachtet, das der rel. Qualität gerade entbehrt (Piepmeier).

5. Sosehr ein Vergleich der verschiedenen rel. Traditionen der Menschheit anhand der bereits hervorgebrachten ästhetischen Objektivationen noch aussteht, so sehr wäre auch zu fragen, ob in den Phänomenen autonomer, post-rel., ja antirel. Kunst nicht doch u.a. auch genuin rel. Anliegen der Menschheit offengelegt werden, die ihre Suche nach Wahrheit und Versöhnung (Heil), aber auch ihre Sackgassen und ihre Zerstörungswut betreffen. Wenn autonom gewordene Kunst vielleicht nicht „sagen" kann, was schließlich zum endgültigen Durchbruch kommen wird, scheint Kunst im Bereich der Religion gegen alles Dämonische auf die Wahrheit des Heiles zu setzen. Dies besagt freilich nicht, daß die heute sich nicht mehr nur als „schön" verstehende Kunst ipso facto Ausdruck des Dämonischen wäre. Gerade die christl. Dialektik von Schönheit und Nicht-Gestalt im leidenden Jesus kann zeigen, daß eine Ä. des Bruches, des Nicht-Harmonischen sehr wohl die tiefsten Tiefen des Mensch- und Gottseins im Leiden zum Ausdruck bringen kann. Die Wahrheits- und Versöhnungsdebatte im Bereich der philos. Ä. rückt die autonom gewordene Kunst wohl nicht von ungefähr in die Nähe des rel. Diskurses und dessen ästhetische Hintergrunderfahrungen.

Lit.: *Th. W. Adorno,* Ästhetische Theorie. Frankfurt 1970; *H. U. v. Balthasar,* Herrlichkeit. 3 Bde. Einsiedeln 1961–1969; *B. Casper u. a.,* Phänomenologie des Idols. Freiburg 1981; *Ch. Dohmen / Th. Sternberg* (Hg.), ... kein Bildnis machen. Würzburg 1987 (Lit.); *G. W. F. Hegel,* Vorlesungen über die Ästhetik I/II. Frankfurt 1970; *M. Heidegger,* Der Ursprung des Kunstwerks: ders., Holzwege. Frankfurt ^{5}1972, 7–65; *R. Hoeps,* Bildsinn und rel. Erfahrung. Frankfurt 1984 (Lit.); *G. van der Leeuw,* Vom Heiligen in der Kunst. Gütersloh 1957; *E. Lévinas,* Sprache und Nähe: ders., Die Spur des Anderen. Freiburg 1983, 261–294; *W. Oelmüller* (Hg.), Kolloquium Kunst und Philosophie, 2 Bde. Paderborn 1981, 1982; *R. Piepmeier,* Zu einer nachästhetischen Philosophie der Kunst: ebd. Bd. I 111–125; *J. Rohls,* Sinn und Geschmack fürs Unendliche: NZSTh 27 (1985) 1–24; *H. Schade,* Kirche und autonome Kunst: StdZ 200 (1982) 677–692; *W. Schulz,* Metaphysik des Schwebens. Pfullingen 1985; *A. Wellmer,* Wahrheit, Schein, Versöhnung: L. Friedeburg – J. Habermas (Hg.), Adorno-Konferenz 1983. Frankfurt 1983, 138–176; *J. Wohlmuth,* Schönheit/Herrlichkeit: NHThG IV 104–113 (Lit.). *J. Wohlmuth*

Agape ↗Liebe V.

Agni ↗Gott VII.

Agnostizismus. 1. A. in der (Religions-)Philosophie. Der *Sache* nach ist der A. schon in der Antike anzutreffen, und zwar insbesondere bei Sophisten und bei den radikalen Skeptikern (vgl. *Sextus Empiricus,* Grundriß der pyrrhonischen Skepsis). In einer prägnanten rel.-philos. Formulierung ist dieser Standpunkt durch den Sophisten *Protagoras* (etwa 480–410) zum Ausdruck gebracht worden: „Über die Götter allerdings habe ich keine Möglichkeit, zu wissen, weder daß sie sind, noch daß sie nicht sind, noch, wie sie etwa an Gestalt sind; denn vieles gibt es, was das Wissen hindert: die Nichtwahrnehmbarkeit und daß das Leben des Menschen kurz ist" (Diels B 4). Der *Begriff* A. ist eine Neubildung des 19. Jh. (Th. H. Huxley) und bezeichnete damals die positivistische Auffassung, nach der das metaphysische Wahrheitsproblem und insbesondere rel. Fragen nicht lösbar sind. Diese Tendenz wird im Neopositivismus des 20. Jh. fortgesetzt und insofern radikalisiert, als der sprachanalytische A. Sätze der Religion generell als tautologe oder sinnlose beurteilt, da ihr Wahrheitsgehalt empirisch weder beweis- noch widerlegbar sei. Auch dort, wo das empiristische Wahrheitskriterium (Verifikationsforderung) aufgegeben wird und an seine Stelle das Falsifikationsprinzip tritt, wie im Kritischen Rationalismus (K. R. Popper), wird jedenfalls im Hinblick auf rel. Aussagen eine agnostizistische Einstellung beibehalten, da sich diese nicht falsifizieren ließen; es folgt gegenüber Religion und Theologie der Vorwurf einer Immunisierungsstrategie (H. Albert). Von dem (neo-)positivistischen bzw. kritizistisch-rationalistischen A., der weltanschauliche und rel. Probleme in Distanziertheit überwiegend sprachlogisch analysiert, ist – mit *H. R. Schlette* – ein *aporetischer* A. zu unterscheiden, der die Probleme des Daseins, insbesondere das Leiden und den Tod, zwar auch als metaphysisch oder religiös nicht lösbare und deswegen als „absurde" betrachtet, diese Einsicht jedoch zum Ausgangspunkt eines radikalen innerweltlichen Engagements macht (A. Camus). – Lebenspraktisch äußert sich der A. in der Gegenwart als Indifferentismus und bisweilen auch als Sprachlosigkeit angesichts der religiösen Fragen.

2. A. im theol. Sprachgebrauch. Im theol. Verständnis wird mit dem Begriff A. im besonderen jene Auffassung bezeichnet, für die Gottes Dasein durch die menschliche Vernunft prinzipiell nicht erkennbar sei; solcher A. wird in herkömmlichen Handbüchern als eine Form des ↗Atheismus aufgezählt. Ein sehr spezifischer Begriff von A. liegt der lehramtlichen Verurteilung des Modernismus zugrunde, wonach die Kraft der menschlichen Vernunft nur auf die Phänomene beschränkt bleibt, die sie nicht überschreiten könne (vgl. DS 3475 3495).

3. A. innerhalb der Religionen. Der innerrel. A. ist streng zu unterscheiden vom philos., da in der Religion die Existenz einer letzten transzendenten Realität anerkannt wird; in Frage gestellt aber wird eine adäquate, im besonderen die rationale Erkenntnismöglichkeit der Transzendenz. Die mystische Erfahrung des Unnennbaren steht im Mittelpunkt eines solchen „A.", wie er in den Einleitungssätzen des Tao-tê-ching ↗Lao-tzû zum Ausdruck kommt: „Der Sinn *(Tao),* der sich aussprechen läßt, ist nicht der ewige Sinn. Der Name, der sich nennen läßt, ist nicht der ewige Name" (1. Kap.); Lao-tzû weiß nicht den Namen dessen, das er Tao nennt (vgl. 25. Kapitel). Eine analoge Bestimmung ist in der Ātman-Brahman-Erfahrung der Upanishāden anzutreffen, wenn vom ↗*Ātman* gesagt wird, daß „(er) unfaßbar, nicht gefaßt (wird)" und daß, wenn alles zum Ātman geworden ist, kein Erkennen eines anderen mehr möglich ist (Bṛhadāraṇyaka Up. IV 4 und 5). In der Lehre Buddhas kann insoweit von einem A. gesprochen werden, als die Erörterung metaphysischer Probleme nicht die Erlösung zu bringen vermag. – Die Begegnung zwischen europäischer Philosophie bzw. christl. Theologie und den fernöstlichen Religionen wird zu einer Modifizierung des A.-Begriffs führen müssen, insofern die erkenntnistheoretische Verengung aufgebrochen werden muß zu der umfassenderen Erfahrung, daß nicht Rationalität und Empirismus die letzten Kriterien zur Erfassung der geschaffenen, geschweige denn der unerschaffenen Realität zu sein vermögen.

Lit.: *R. H. Popkin,* Skepticism: EncPh. VII 449–461; *H. R. Schlette* (Hg.), Der moderne A. Düsseldorf 1979; *ders.,* Skeptische Religionsphilosophie. Freiburg 1972; *J. Figl,* Neuzeit und Christentum: Diakonia 15 (1984) 312–320. *J. Figl*

Ahiṃsā. Das Wort A. bedeutet Nicht-Gewalt, Nicht-Schaden, Nicht-Verletzen. Als Lehre besagt A., lebende Wesen nicht zu töten oder zu schädigen. Sie schließt den Glauben an die Heiligkeit alles Lebens ein. Von allen ind. Religionen wird A. als eine Kardinaltugend betrachtet. Die absolute Nicht-Gewalt wurde jedoch im früheren ↗Hinduismus nicht praktiziert (*Śatapatha Brāhmaṇa* über Tier-Opfer: III 6,4ff.; VI 2,1,14ff.). Daher wird vermutet, daß der Hinduismus sich die Lehre von A. erst unter dem Einfluß von ↗Jinismus und ↗Buddhismus zu eigen gemacht hat. In den hl. Schriften des Hinduismus findet sich der erste Hinweis auf A. in *Chāndogya Up.* III 17,4. Die *Bhagavadgītā* XVI 1–3 erwähnt A. unter den göttlichen Eigenschaften einer Person (vgl. auch X 5). Der *Mahābhārata* (XII 116,25) lobt A. als höchstes ↗*Dharma* (das wichtigste ethische Gesetz). ↗*Yoga* schließt A. als Bestandteil von *Yama* (die Disziplin eines Anfängers) ein (vgl. auch *Manusmṛti* II 159; X 63).

Im Buddhismus: ↗Buddha betonte immer das gute Benehmen *(Śīla)*, d.h. die Befolgung der zehn Vorschriften. Fünf davon waren obligatorisch für Mönche wie für Laien. Eine dieser fünf Vorschriften wiederum war A. In den buddh. Texten korrespondieren die Worte *Avihimsā* und A. Verwendet das *Saṃyutta-Nikāya-Attakatha* das Wort *Avihimsā* (= Mitgefühl), so wird in den *Dhammapada* häufiger (z.B. 225 271 300) A. benutzt. Es gibt zwei weitere wichtige Begriffe, die in ihrer Bedeutung A. sehr nahekommen: *Maitrī* (P. *Metta*) = Freundlichkeit, allumfassende Liebe, und *Karuṇā* = Mitgefühl, Barmherzigkeit.

Im Jinismus: A. wird als zentraler Begriff in den Schriften des Jinismus synonym zu *Dharma* gebraucht. Nach *Sūtrakṛtānga* ist A. die Quintessenz der Weisheit (I 11,10–11). A. ist jeweils die erste Vorschrift der *Aṇuvratas* (= fünf Vorschriften für Laien) bzw. der *Mahāvratas* (= zehn Vorschriften für Mönche). Die jinistischen Lehrer betonen, daß A. kein negativer Begriff ist, sondern positiv verstanden wird wie *dayā* = Barmherzigkeit. Die jinistischen Mönche praktizieren A. im strengsten Sinn; sie binden sich z.B. ein kleines Tuch vor die Nase, damit sie auch die kleinsten Lebewesen nicht einatmen und verletzen.

In neuerer Zeit hat Mahatma Gandhi A. eine radikal neue Interpretation gegeben und sie zu einer wirksamen Waffe im Unabhängigkeitskampf Indiens umgewandelt. Für ihn ist A. nicht die Waffe der Schwachen, sondern derer, die im Geist stark sind (vgl. Handeln aus dem Geist 39 46 70 99 115).

Lit.: *R. C. Dwivedi* (Hg.), Contribution of Jainism to Indian Culture. Varanasi 1975; *O. Wolff*, Mahatma und Christus. Berlin 1955; *Mahatma Gandhi*, Handeln aus dem Geist, hg. von G. und Th. Sartory. Freiburg [11]1984.

A. Thannippara

Aḥmadīya

↗Islam.

A. (arab. *Djamā'at-i Aḥmadīya*), ind.-islam. Gemeinschaft des ausgehenden 19. Jh. Ihr Gründer, *Mīrzā Ghulām Aḥmad* (geb. um 1835 in Qādiyān, Panjāb), empfing 1876 die Offenbarung (waḥy), Allāh habe ihn zum Propheten (nabī) berufen, unter der Voraussetzung, daß er den Ḳur'ān (↗Koran) befolge und er kein neues Gesetz (shar') aufrichte. Seine Mission verband er von Anbeginn mit einer deutlichen Ablehnung sowohl der christl. Mission als auch des wiedererwachenden Hinduismus. Seine Argumente legte Ghulām Aḥmad in dem Werk „Barāhīn-i Aḥmadīya" (Beweise der A.; 3 Bde. 1880–1883) nieder. In ihm gab er sich als der erwartete Erneuerer (mudjaddid) und ↗Mahdī des Islam zu erkennen. 1890 wurde die Gemeinschaft in Qādiyān formell begründet. 1904 erklärte Ghulām Aḥmad, auch eine Wiederverkörperung (↗Avatāra) Kṛṣṇas (↗Krishna) zu sein, nachdem er sich schon zuvor mit dem Messias (masīḥ) der Juden, mit Jesus ('Īsā) und mit dem Mahdī der Muslime identifizierte. – Die Lehren der A. stimmen mit jenen des orth. Islam weitgehend überein. Abweichungen ergeben sich vor allem in der Christologie und in der Auffassung über den Beruf des Mahdī. Nach Meinung der Aḥmadī hat Jesus die Kreuzigung überlebt und emigrierte darauf nach Kashmir (Indien), wo er im hohen Alter von 120 Jahren verstarb. Sein Grab befinde sich in Śrīnāgar, welches den Namenszug „Yuz Asaf" aufweist. Die Mission des Mahdī ist ausschließlich als eine friedfertige zu verstehen. Der ↗Djihād, der Heilige Krieg, sei deshalb nicht mit Waffengewalt, sondern mit friedlichen Mitteln zu führen. Die Würde seines Prophetenamtes interpretierte Ghulām Aḥmad dahingehend, daß er selbst kein gesetzgebender Prophet sei, denn einen solchen kann es nach allgemein islam. Auffassung nach ↗Muḥammad nicht mehr geben. Er sah sich vielmehr in der Rolle eines Religionserneuerers, ohne selbst ein Gesetz empfangen zu haben. Die Bezeichnung *khātam an-anbīyā'* („Siegel der Propheten") für Muḥammad sei als Krönung oder Siegel des Prophetenamtes zu verstehen, nicht aber im

Sinne von „der letzte Prophet". – Nach Ghulām Aḥmads Tod im Jahre 1908 wurde *Nūr ud-Dīn* als „Kalif des verheißenen Messias" (khalīfat'ul-Masīḥ) sein Nachfolger. Unter seiner Herrschaft vollzog sich eine erste Spaltung der Gemeinschaft, die zur Gründung der Aḥmadīya Andjuman Ishā'at-i Islām führte. Diese anerkennt Ghulām Aḥmad lediglich als *mudjaddid*, nicht aber als ↗Propheten *(nabī)*. Sie hat ihren Hauptsitz in Lahore (Pakistan) und unterhält weltweit zahlreiche Missionsstationen. Die Hauptrichtung der A. entfaltet eine ebenso aktive und expansive Missionstätigkeit und errichtete auf der ganzen Welt islam. Zentren. Schwerpunkte ihrer Verbreitung sind neben Pakistan (wohin sie nach der Aufteilung des ehemals Brit.-Indien ihre Zentrale von Qādiyān nach Rabwah verlegte) vor allem Indonesien, Westafrika, Guyana und die Karibik. In Europa und Nordamerika ist die Anhängerschaft gering. Weltweit wird die Mitgliederzahl mit etwa 10 Mio. angegeben, hiervon etwa 3 Mio. in Pakistan. In ihrem Ursprungsland seit Anbeginn im Widerstreit mit der sunnitischen Orthodoxie (↗Sunna/Sunniten), wurde sie 1974 zur nicht-islam. Minderheit erklärt. Seither ist die Gemeinschaft dort wie auch in anderen islam. Staaten starken Repressionen ausgesetzt.

Lit.: *B. M. Aḥmad,* Ahmadiyyat or the True Islam. Rabwah 1972; *S. Lavan,* The Ahmadiyya Movement. Diss., McGill Univ. 1970; *K. N. Ahmad,* Jesus in Heaven on Earth. Woking 1952; *H. J. Fisher,* Ahmadiyyah. London 1963; *H. Kersten,* Jesus lebte in Indien. München 1983.

F. Ficicchia

Ahnenkult

I. Vorbemerkung. – II. Im biblischen Umfeld. – III. In Amerika. – IV. In Afrika. – V. In Ostasien. – VI. Christentum und Ahnenkult

I. Vorbemerkung. Voraussetzung für den A. ist der Glaube an ein Fortleben des Menschen nach dem Tod. Mit diesem Glauben verbindet sich zum einen die Vorstellung heilsamen oder schädlichen Einflusses der als „machtvoll" geltenden Toten, der durch Opfergaben erhalten bzw. abgewehrt werden muß. Zum anderen verlangt die jeweils gedachte Art des Weiterlebens eine ihr entsprechende Bestattungs- oder Aufbewahrungsform der Toten. Soweit es sich bei den Ahnen um direkte Vorfahren handelt, ist ihre Verehrung Sache der Familie oder Sippe. Besonderer Einfluß wird verstorbenen Königen, Priestern oder Kriegern eingeräumt, die zu Lebzeiten Träger von Macht, Wissen und Weisheit waren und deren Kraft man sich durch bestimmte Rituale versichern will. Ihre Verehrung ist Angelegenheit des ganzen Stammes. Ähnliche Motive liegen dem meist zeitlich begrenzten oder durch periodisch wiederkehrende Rituale gekennzeichneten Totenkult zugrunde. Auch er ist Angelegenheit des ganzen Volkes und in Hochkulturen wichtiger Bestandteil der „Staatsreligion". Zum Totenkult gehören vor allem rituelles Begräbnis, Totenklage und -fest, Hochschätzung der Gräber und Reliquien, aber auch Versorgung mit Nahrung und als höchstem Ausdruck Mumifizierung der Leiche oder von Teilen derselben.

Lit.: *W. Crooke u. a.,* Art. Ancestor-Worship and Cult of the Dead: ERE I 425–467; *F. Heiler,* Erscheinungsformen und Wesen der Religion. Stuttgart 1961, 426–433; *A. Resch* (Hg.), Fortleben nach dem Tode. Innsbruck [2]1981.

N. M. Borengässer

II. Im biblischen Umfeld. Bei der Beurteilung des Phänomens A. im bibl. Umfeld bezieht man sich auf archäologische Funde sowie mehr noch auf die Aussagen von Texten.

Die Beantwortung der Frage, ob es in *Israel* einen A. gegeben hat, hängt zu einem großen Teil davon ab, ob sich die Verbote in Dtn 14, 1 f.; 18, 11; 26, 14 auf die Übernahme kanaanitischer oder die Ausübung eigener Praxis beziehen. Da es aber keine Hinweise darauf gibt, daß die Trauersitten darauf abzielten, die verstorbenen Ahnen zu beeinflussen, oder daß der Israelit nach seinem Tode Verehrung seitens der Angehörigen erwartete oder daß sich die Lebenden vor den Geistern der Toten hätten schützen müssen, ist die Annahme eines A. in Israel, der erst später durch einen intoleranten Jahwismus verdrängt wurde, eher unwahrscheinlich (gegen Loretz, vgl. Weidmann 27–31.55 Anm. 126). Wohl hat es in Israel Totenbefragung gegeben (vgl. 1 Sam 28 und UF 9 [1977] 57 ff.; 12 [1980] 205 ff.), ohne daß dies reguläre kultische Praxis gewesen ist (vgl. auch TRE V 734 ff.). Es gibt Hinweise darauf, daß es in *Kanaan* einen A. gegeben hat. In Ebla wurde in der Nähe eines Friedhofs ein Tempel ausgegraben, in dem vielleicht A. praktiziert wurde (vgl. UF 11 [1979] 563–569). Daneben findet sich z. B. in einem Text aus Ugarit, der zwölf Sohnespflichten aufzählt, die Aufforderung zur Errichtung einer Stele des vergöttlichten Ahnen (vgl. BN 8 [1979] 14–17). Wenn dahinter mehr als Pietät vor den verstorbenen Ahnen steht, dann ist am ehesten mit wohlwollenden Ahnen zu rechnen, worauf auch die Bezeichnung „die Heilenden" für die Verstorbenen hinweist (vgl. UF 8 [1976] 45–52).

Im Gegensatz zum weit ausgebauten Totenkult hat es einen regelrechten A. in *Ägypten* offenbar nicht gegeben. Auch wenn der Erbsohn dem Verstorbenen Opfer und Totenspenden darbrachte und so die Familiengemeinschaft erhielt, so war dieses Ahnengedenken doch nie reine Familienangelegenheit, sondern stand im Zusammenhang mit dem offiziellen Kult um die Götter und den vergöttlichten König. Die zeitweise auftretenden Genealogien haben die Aufgabe, bei erblichen Ämtern die gesellschaftliche Stellung zu legitimieren, und können deshalb nicht als Argument für die Existenz eines A. angeführt werden (vgl. LÄ 1 [1975] 111 f.; 6 [1985] 659 ff.; RÄRG 9–11).

In *Mesopotamien* scheint es einen A. gegeben zu haben, worauf die Textbelege hinweisen (vgl. Alster 123–128). Verstorbene konnten demnach sowohl positiven als häufiger noch negativen Einfluß auf die Lebenden ausüben; Unbestattete flogen sogar als unheilvolle Totengeister umher. Ziel des A. war es insgesamt eher, sich vor den Ahnen zu schützen, als sich deren positiven Einfluß durch Verehrung zu sichern.

Lit.: *B. Alster* (Hg.), Death in Mesopotamia. Kopenhagen 1980; *O. Loretz,* Vom kanaanitischen Totenkult zur jüd. Patriarchen- und Elternverehrung: JARG 3 (1978) 149–204; *H. Weidmann,* Die Patriarchen und ihre Religion im Licht der Forschung seit J. Wellhausen. Göttingen 1968.

F.-L. Hossfeld / B. Kalthoff

III. In Amerika. A. findet sich bei eher wenigen der höher entwickelten Bodenbauvölker vornehmlich Mittel- und Südamerikas und nur einigen sog. Naturvölkern Südamerikas und Westindiens. Seine stärkste Ausprägung erfuhr er bei den *Muisca* Kolumbiens und den *Inka* der peruanischen Anden. Aufgrund der Vorstellung, daß die Toten bzw. deren Seelen weiterlebten und Einfluß nahmen auf das Geschick der Lebenden (Schutz der Angehörigen, Rache an Feinden), wurden die Toten an hl. Plätzen oder im Haus der Angehörigen begraben und erhielten die verschiedensten Grabbeigaben: Hilfsmittel für die schwierige, gefahrvolle Reise zum jenseitigen Ruheort (z. B. bei den *Azteken* einen Hund als Führer) wie auch Nahrung, die regelmäßig erneuert wurde. Umfang und Wert der Beigaben richteten sich nach dem Stand des Verstorbenen. Nicht selten wurden Frauen und Diener verstorbener Fürsten geopfert und mitbestattet, um diesen auch im Jenseits ein angenehmes Leben zu sichern. Mumifizierung der Leiche war privilegierten Standespersonen vorbehalten. Insbesondere verstorbene Kriegshelden wurden in Hockstellung mumifiziert und in Kriegen mitgeführt, um den Kämpfenden mit ihrer Erfahrung und ihrem Mut beizustehen. Die mumifizierten Inkaherrscher saßen links und rechts vom goldenen Sonnenbildnis im Tempel zu Cuzco; ihre Hofhaltung wurde zum Zeichen ihrer Unsterblichkeit fortgeführt. – Auch die *Maya* kannten A. und menschliche Grabbeigaben. In der nachklassischen Mayazeit verlagerte sich das rel. Leben in die Privathäuser. Die Toten wurden unter einem Andachtsraum begraben, über den die Häuser selbst einfacher Menschen verfügten. Bei Neubauten wurden (mehrfach verwendbare) Grabkammern oft gleich eingebaut (was gegen das Verlassen der Wohnplätze nach einem Todesfall spricht). Brauch war es, aus den Schädeln verstorbener Fürsten Masken zu fertigen und diese zusammen mit Ahnenbildern in der Hauskapelle aufzubewahren. – Bei den *Azteken* war der A. nur schwach ausgebildet. Die meisten Verstorbenen wurden, sofern sie nicht für das Reich des Regengottes bestimmt waren, eingeäschert; ihre Asche wurde im Haus, die der Herrscher im Tempel aufbewahrt. Grabbeigaben wurden während vier Jahren erneuert, dann, so glaubte man, hatte der Tote den Ort seiner ewigen Ruhe erreicht. Bei einfachen Menschen herrschte jedoch wie bei einigen Naturvölkern eher die Angst vor der Rückkehr der Toten oder ihrem schädlichen Einfluß vor (so z. B. auch bei den nordamerik. *Navajos*). Die Meinung, die zu bösen Geistern verwandelten Seelen wohnten in den Knochen, führte bei Stämmen am oberen Orinoco zum Verzehren der Knochenasche. – Bedeutung hatte der A. auch bei verschiedenen Stämmen Amazoniens und Ostbrasiliens. Hier nahmen die Totengeister durch ein Medium (Medizinmann) Kontakt zu den Lebenden auf *(Shipaya)* bzw. stellte ein Schamane als Bindeglied diesen Kontakt her *(Bororo)*. – Das einzige Zeugnis für A. auf nordamerik. Boden liefern die *Zuni*, ein Stamm der Pueblo, die zugleich über das am höchsten entfaltete Kultwesen aller nordamerik. Völker verfügten. Die Katchina genannten Ahnengeister (konkrete Ahnen, mythische Vorfahren oder Götter), freundlich gedachte Wesen mit Einfluß auf das Gedeihen der Feldfrüchte, kehrten einmal im Jahr von ihrem jenseitigen Ruheort in ihr Dorf zurück. Sie galten als Boten, Überbringer oder sogar Urheber des Guten. Sobald ein Kulttänzer seine Katchina-Maske aufsetzte, wurde er selbst zu einem Ahnengeist.

Lit.: *W. Krickeberg u. a.*, Die Religionen des alten Amerika. Stuttgart 1961. *N. M. Borengässer*

IV. In Afrika. Der A. in afrik. Stammesreligionen ist kein Götzendienst. Die Ahnen werden nicht angebetet, sondern nur verehrt. Der Ahnenglaube ist daher keine Verneinung des Gottesglaubens, auch wenn das Verhältnis zu Gott nicht immer explizit zum Ausdruck gebracht wird. Das alltägliche Leben aber zeigt unzählige Gebete, die den Negro-Afrikaner mit seinem Gott als Schöpfer und höchstem Wesen verbinden, dem einen Gott, der die Gemeinschaft sowohl der Lebenden als auch der Verstorbenen (Ahnen) gestiftet hat.

Gleichwohl ist der Negro-Afrikaner überzeugt, daß die wohltätigen und gottesfürchtigen Ahnen in besonderer Weise beauftragt sind, für das Leben ihrer Nachfahren zu sorgen. Andererseits überleben die Ahnen in letzteren, so daß das jenseitige Glück nicht ohne Mitbeteiligung der irdischen Gemeinschaft möglich sein kann. Sie muß die Erinnerung an ihre Vorfahren durch Gebete, Mahlzeiten und andere Gaben wachhalten. Die Irdisch-Lebenden erlangen dann Segen von den Ahnen: Milde, Frieden, Fruchtbarkeit, Beständigkeit, Gesundheit und alles, was das Leben in Fülle schenkt. Dafür aber müssen sie sich genauestens an Gesetze und Weisungen halten, die von den Ahnen als gut erkannt wurden. Diese Gesetze und Weisungen sind eigentlich Ergebnisse der von den Ahnen gesammelten Erfahrungen. Deshalb kommt letzteren eine überaus große Bedeutung im Leben des Negro-Afrikaners zu. Die Gesten, Riten und Worte, die von den gottesfürchtigen Ahnen stammen, werden zu Normen und müssen aufgrund ihrer Bewährtheit in verschiedenen Lebenssituationen wiederholt und weitererzählt werden, weil die durch sie gemachten Erfahrungen die Vorfahren zum ↗Heil (I) geführt haben. Solche Gesten, Riten und Worte der Väter haben nicht nur diesen selbst, sondern auch deren Volk bzw. Sippengemeinschaft Sieg und Glück gebracht; zugleich haben sie von jeglichem Unheil (↗Böses/Leid II.) befreit. Das bedeutet schließlich, daß Nachfahren, die sich nach Vorbild und Erfahrungen der Ahnen richten, der Sippen- und Stammesgemeinschaft eine Überlebenschance bieten und das Wohl jedes einzelnen Mitglieds dieser Gemeinschaften sichern. Wer die Ahnen übergeht, richtet das Leben zugrunde und verachtet Gott selbst, den Lebensspender schlechthin.

Diese Idee des Lebens bzw. der Befreiung zum Leben durchzieht das ganze Verhältnis zwischen Lebenden und Toten. Erwähnenswert sind z. B. die Jagdzeremonien. Vor und/oder nach der Jagd wendet man sich an Gott und an die Ahnen, damit das Unternehmen glückt oder um für die reiche Beute zu danken. – Ebenso werden während der Aussaat, nach der Ernte, bei Dürre und Hungersnot die Ahnen (und Gott) angerufen. Auch wird man keine ↗Ehe (II) schließen lassen, ohne daß die Brautleute den Ahnen vorgestellt/geweiht werden, damit diese ihnen ihren Segen erteilen. – Ist jemand krank, wird man nicht versäumen, die Ahnen um Genesung zu bitten.

Anzumerken ist, daß der A. nicht als ein festgelegtes, gut strukturiertes Moment verstanden werden darf, wie etwa ein

christlicher Gottesdienst. Obwohl es für besondere Anlässe (Eheschließung, Amtseinführung, ↗Initiation u. ä.) offizielle Beauftragte (Familienvater/-mutter, der/die Älteste der Familie usw.) gibt, kann jeder sich bei jeglicher Angelegenheit privat an seine Vorfahren wenden. Der A. bezieht sich daher auch auf jedes respektvolle Verhalten, das im Laufe des Tages und ein Leben lang den Ahnen Ehre erweist.
In negro-afrik. Kulturen ist dieser Kult so fundamental, daß er unbedingt Eingang in die christl. Theologie finden sollte.

Lit.: *E. Bolaji Idowu,* African Traditional Religion. London [12]1983, 178–189; *B. Bujo,* Der afrik. A. und die christl. Verkündigung: ZMR 64 (1980) 293–306; *H. Häselbarth,* Die Auferstehung der Toten in Afrika. Gütersloh 1972; *F. Kollbrunner,* Auf dem Weg zu einer christl. Ahnenverehrung?: NZM 31 (1975) 110–123; *J. S. Mbiti,* Afrik. Religion und Weltanschauung. Berlin 1974. *B. Bujo*

V. In Ostasien. Der A. ist ein vielschichtiges Phänomen, das bei vielen Ethnien in Ostasien (China, Japan, Korea) sehr verbreitet ist und das ganze religiös-gesellschaftliche und private Leben bestimmt. Der A. ist eine der Konstanten der ostasiat. Religionsgeschichte; er ist die Grundlage der Weltanschauung und setzt den Glauben an ein – mindestens partielles – Weiterleben nach dem Tod und eine Wechselwirkung zwischen den Lebenden und den Toten voraus (↗Zukunft/Jenseits VI). Die Grundüberzeugung ist, daß menschliche Beziehungen nicht durch den Tod abgeschnitten sind, sondern im Geiste der Pietät erhalten werden müssen. Der A. nimmt in Ostasien, wo er größere Bedeutung als in anderen Ländern hat, ziemlich ähnliche Formen an. Dies hängt mit dem tiefen Sinn für die zwischenmenschlichen Beziehungen in Ostasien zusammen.
Der A. ist seit den Anfängen der chin. Kultur bezeugt und wird dort bis in die Gegenwart ausgeübt. Er besteht darin, daß die Lebenden ihren (in der Regel) leiblichen Vorfahren Opfer darbringen. Sinn des A. ist es, das Wesen des Verstorbenen, seinen *shen* (Geist, Kraft) in der Gegenwart fortwirken zu lassen. So heißt es im *Li-chi* 11: „Alle Dinge haben ihren Ursprung im ↗Himmel (I), und alle Menschen haben ihren Ursprung in den Ahnen. Der A. soll die Dankbarkeit den Vorfahren gegenüber ausdrücken und die Erinnerung an unseren Ursprung wekken." Der Geist *(shen)* des Ahns ist in einer rechteckigen, aufrechtstehenden Ahnentafel (*shen-chu*; ein Holzbrett mit dem Namen des Verstorbenen, „Wohnstätte des NN") anwesend. Ihm wird ein Opfer (Blumen, Kerzen Weihrauch, Speisen u. ä.) dargebracht. Eine besondere Form der Ahnenverehrung stellt das Fest des „Hellen Lichtes" *(ch'ing-ming)* – d. i. „Totenfest" – am 4. oder 5. April dar.
Nach chin. Auffassung trennt sich die Seele nach dem Tod zwar vom Körper, aber sie bleibt mit ihm im Grab und verläßt es nur beim Opfer. Der ↗Mensch (V) hat nämlich zwei Seelen, eine „animalische" *p'o*-Seele und „geistige" *hun*-Seele. Die *p'o*-Seele begleitet den Körper ins Grab – wo sie allmählich vergeht –, die *hun*-Seele lebt dagegen weiter. Der chin. A. soll die Aussöhnung von Vergangenem und Werdendem bewirken. Der Tod war nach chin. Vorstellung analog dem Schlaf. In China entwickelte sich im Zusammenhang mit dem A. keine Eschatologie. Er hatte immer einen utilitaristischen Charakter. Später hat sich der A. mit taoist. und buddh. Ritualen vermischt und gehörte auch zu den wichtigsten Zeremonien im Staatskultwesen.
In Japan (↗Shintō), wo der A. zu den frühesten Elementen der Glaubenswelt gehört, versteht man unter A. die Verehrung der Toten und Ahnenseelen im Haushalt. Die Toten, in denen man einen Geist vermutete, wurden zu Ahnen, deren Schutzes man bedurfte. Wie in China hat man dort einen Ahnenaltar und eine Totentafel (auch mit buddh. Elementen vermischt; *kamidana* bzw. *butsudan*), die zum wichtigsten Besitz der Familie gehören. Man opfert Tee, Speisen u. ä. Der A. wurde zum entscheidenden Teil der sozialen Tradition in Japan.
Auch in Korea war der A. einer der wichtigsten Bestandteile der ältesten Religion und prägt bis heute das Leben der Menschen. Die Ahnen waren fast immer mit Naturgottheiten identifiziert. Der Ahnenschrein *(sadang)* beinhaltet die Totentafeln (*wip'ae*; Holzplatten mit Namen und Angaben über die Toten). Bei Begräbnisriten und A. folgt man in Korea den Grundlinien des chin. Rituals.

Lit.: *M. Anesaki,* History of Japanese Religion. Tokyo 1963; *ders.,* Religious Life of the Japanese People. Tokyo 1961; *Ch. A. Clark,* Religions of Old Korea. Seoul 1961; *M. Eder,* Geschichte der jap. Religion. Nagoya 1978; *ders.,* Totenseelen und Ahnengeister in Japan: Anthropos 51 (1956) 97–112; *W. Eichhorn,* Die Religionen Chinas. Stuttgart 1973; *M. Granet,* La religion des Chinois. Paris 1922; *W. Gundert,* Jap. Religionsgeschichte. Stuttgart 1935; *H. Maspero,* Le Taoïsme et les religions chinoises. Paris 1971; *J. R. Smith,* Ancestor Worship in contemporary Japan. Stanford 1974; *L. G. Thompson,* Chinese Religion. Belmont 1969; *ders.,* Chinese Religion in Western Languages. Tucson 1985; *A. P. Wolf* (Hg.), Religion and Ritual in Chinese Society. Stanford 1974; *F. Vos,* Die Religionen Koreas. Stuttgart 1977.

VI. Christentum und Ahnenkult. Der A. ist dort, wo er auftritt, von unmittelbarer theol. Relevanz für das Christentum. Die Missionswissenschaft hält die Christianisierung (Kontextualisierung) des A. für lebensnotwendig. Hierfür gibt es seitens der Kirchen aber noch keine befriedigende und umfassende Bearbeitung oder Lösung. Die Betroffenen wenden sich jedoch mit Nachdruck dagegen, daß man von Ahnen-„Kult" spricht *(J. Mbiti)*; man ist der Auffassung, daß der Begriff der „lebensnotwendigen Partizipation" *(V. Mulago)* besser wäre.

Im AT war der A. mit dem Glauben an Jahwe unvereinbar und streng verboten (Lev 19,28; Dtn 14,1). In dieser Tradition lehnten die Missionare den A. ab und griffen ihn als ↗Magie, ↗Idolatrie oder ↗Polytheismus an (mit wenigen Ausnahmen, z. B. der Jesuitenmission in China, was aber zum sog. Ritenstreit führte). Man verwechselte Ahnen- und Geisterglauben. Der A. wurde von den kath. Missionaren dogmatisch im Lichte des 1. Gebotes (Du sollst keine anderen Götter neben mir haben!) beurteilt, moralisch aber dem 4. Gebot (Du sollst Vater und Mutter ehren!) gegenübergestellt und galt als Hindernis bei einer Bekehrung. Alle bisherige Ablehnung des A. und auch die zunehmende Urbanisierung vermochten ihn jedoch nicht zu erschüttern und werden es kaum vermögen, denn der A. ist der wichtigste Exponent der Tradition.

Die offizielle Haltung der kath. Kirche zum A. ist in den röm. Entscheidungen über die chin., jap. und malabar. Riten sowie die Ehre, die dem ↗Konfuzius erwiesen wird, dargestellt. Der chin. Ritenstreit ist bezüglich des A. zum Paradigma geworden. *Clemens XI.* („Ex illa die", 1715) und *Benedikt XIV.* („Ex quo singulari", 1742) verboten die chin. Riten (u. a. den A.). Die Kongregation für die Evangelisation der Völker, vormals „Propaganda Fide", erlaubte erst 1935/36, die Ahnentafeln aufzustellen und unter bestimmten Bedingungen auch Verneigungen vor ihnen. Heute werden z. B. am chin. Neujahr eigene kirchliche Zeremonien zur Verehrung des ↗Himmels (II) und der Ahnen vorgenommen und gefördert. In Afrika und Ozeanien werden die Ahnen bei wichtigen Festen in Gedenken und Gebet einbezogen (Begräbnis, Allerseelen). Die Kontroversen um die Riten ermöglichten es, in der kath. Kirche Prinzipien und Handlungsnormen zu entfalten, auf die sich jedoch das afrik. Schrifttum zu diesem Thema kaum bezieht.

Die röm.-kath. Kirche unterscheidet zwischen Akten, deren Ziel es ist, einen rel. Kult auszuüben, und der Ehrerbietung, die man berühmten Persönlichkeiten (Ahnen) schuldet und die als bürgerlicher Akt eingeschätzt wird. Hier zeigt sich aber die Kluft zwischen einer ethnologischen bzw. rel.-wiss. und einer theol. Interpretation des A. Die Grenzen zwischen Kult und Verehrung sind schwer zu ziehen, und die Tendenz zum ↗Synkretismus ist stark. Die Kirche muß immer berücksichtigen, wie die mit dem A. verbundenen Handlungen im jeweiligen Kontext verstanden werden. Wenn die Verbindung mit den Ahnen darin besteht, daß die Gemeinschaft zwischen den Mitgliedern einer Familie durch den Tod nicht zerstört wird, sondern über ihn hinaus fortbesteht, dann widerspricht hierin nichts dem christl. Glauben. Im allgemeinen gilt hier die Haltung der kath. Kirche zu den nichtchristl. Religionen nach dem II. Vatikanum (Nostra aetate, Ad gentes, Evangelii nuntiandi, Africae terrarum).

Der A. nimmt jedoch jeweils komplexe Formen an und beinhaltet auch mit dem Christentum unvereinbare Elemente. Theologie und Liturgie bemühen sich im Geiste des Dialogs, den A. mit dem christl. Glauben zu versöhnen (dabei ist die theol. Reflexion über den A. bes. in Afrika lebendig). Grundsätzlich lassen sich in der Frage des A. folgende theol. Richtungen feststellen:

Eine theol.-bibl. Lösung wird an Hand von 2 Makk 12,44f.; Weish 3,1–9; 1 Joh 3,2f.; Lk 16,19–31; Joh 11,26; 14,1–14; 1 Kor 15,12–52; Hebr 11,39–12; 1 Thess 4,13f.18 u.a. erstellt. Eine umstrittene ekklesiologische Antwort gründet auf dem Begriff der „lebensnotwendigen Partizipation". Der A. wurzelt in dem Verhältnis zwischen Lebenden und Toten; auch die Kirche ist eine Gemeinschaft der Lebenden und Toten, was vor allem in der Heiligenverehrung zum Ausdruck kommt. So läßt sich der A. mit der kath. Lehre über die Gemeinschaft der Heiligen vereinbaren (LG 49–51). Die Lebenden und Toten bilden eine enge Gemeinschaft *(communio)*, und die Gemeinschaft der Heiligen schließt die Gemeinschaft mit den Ahnen ein (Eph 1,10). Christologisch hat man versucht, den A. im Umfeld einer Versöhnungslehre zu behandeln. Der A. kann eine „memorativ-narrative Soteriologie" *(B. Bujo)* darstellen, denn Jesus hat sich mit den Ahnen guten Willens solidarisiert *(descensus ad inferos)*, so daß sie ihren Lebensgrund und ihre Vitalität nur in ihm finden. D.h., obwohl sie nie von ihm gehört haben, sind sie in Christus entschlafen und haben Gemeinschaft mit ihm. Alle rechtschaffenen Ahnen sind in Christus geborgen und haben nur von ihm ihre Kraft für die Nachkommen. Der Ahnenverehrer kann demnach nur über Christus zu seinen Vorfahren beten und sie als Fürbitter anflehen. Der A. ist somit ein Ausdruck der Solidarität im Corpus Mysticum jenes Christus, der allein die Zukunft ausmacht. Ein weiterer christologischer Versuch beruht auf dem Grundsatz, daß Christus durch ↗Inkarnation (II) und Erlösungstat der einzige Bruder und Ahn ist (vgl. die Idee des neuen ↗Adam). Hierbei wird die Gemeinschaft der Heiligen, die, pneumatologisch gesehen, auch Ahnen sind, und die Bruderschaft der Menschen mit dem Erlöser als Grundlage des christl. A. betrachtet. Die hl. Messe wird als „Ahnenritual" gefeiert. Die Möglichkeiten, die den jungen Kirchen im Bereich des Pluralismus von Theologie und Liturgie heute geboten werden, ermöglichen Versuche im Bereich der Kontextualisierung des A. Jede Absicht aber, den A. zu christianisieren, soll immer die kontextbedingten Gegebenheiten berücksichtigen. Das Problem des A. scheint heutzutage mehr ein praktisches und persönliches Problem zu sein. Die Grenzen zwischen Kult und Verehrung sind immer noch schwer zu ziehen. Die Aufgabe der Ethnologen, Religionswissenschaftler, Missiologen und Missionare wäre es, das ganze Spektrum der Perspektiven auszuloten, das der Kontext des A. eröffnet.

Lit.: AAS 28 (1936) 406–409 (Pluries instanterque), 32 (1940) 24–26 (Plane compertum), 59 (1967) 1073–1097 (Africae terrarum); Collectanea S. Congr. de Prop. Fide. Romae 1839–1841, I 130–141 (Ex quo singulari, 1742); Ahnen, Heranwachsende und das Absolute. Eine Einübung in die Kontextualisierung = Pro Mundi Vita Bulletin, Sept.-Okt. 1977, Nr. 68 (Lit.); *B. Bujo,* Der afrik. A. und die christliche Verkündigung: ZMR 64 (1980) 293–306; *H. Bürkle,* Einführung in die Theologie der Religionen. Darmstadt 1977 (Lit.); *J. S. Cummins,* Two Missionary Methods in China. Mendicants and Jesuits: Espanã en Extremo Oriente. Filipinas, China, Japon. Presencia Franciscana, 1578–1978. Madrid 1979, 33–109; *M. L. Daneel,* The Christian Gospel and the Ancestor Cult: Missionalia 1 (1973) 46–73; *J.-M. Ela,* Die Ahnen und der christliche Glaube: Conc 13 (1977) 84–94; *A. Huonder,* Der chinesische Ritenstreit. Aachen 1921; *B. Hwang,* Ancestor Cult Today: Missiology 5 (1977) 339–366; *A. A. Ishola,* Ancestors or saints: ED 36 (1983) 267–282; *H. Janssen,* Ancestor Veneration in Melanesia: NZM 31 (1975) 181–191; *F. Kollbrunner,* Auf dem Weg zu einer christlichen Ahnenverehrung?: NZM 31 (1975) 19–29 110–123; *J. Metzler,* Die Synoden in China, Japan und Korea 1570–1931. Paderborn 1980; *ders.,* Die Synoden in Indochina 1625–1934. Paderborn 1984; *J. Mbiti,* Afrik. Religion und Weltanschauung. Berlin 1974; *V. Mulago,* Die lebensnotwendige Teilhabe: H. Bürkle (Hg.), Theologie und Kirche in Afrika. Stuttgart 1968, 54–72; *C. Nyamiti,* Christ as Our Ancestor. Gweru 1984; *Th. Ohm,* Ahnenglaube und Mission in Afrika: ZMR 24 (1934) 324–335, *ders.,* Ex contemplatione loqui. Münster 1961, 257–271; *J. Ratzinger,* Jenseits des Todes: Communio 1 (1972) 231–244; *P. Reinhard,* Jésus fête la pâque au séjour des ancêtres: Spiritus 22 (1981) 424–430; *H. Rücker,* „Afrikanische Theologie". Wien 1985 (Lit.); *K. Schatz,* Inkulturationsprobleme im ostasiatischen Ritenstreit des 17./18. Jahrhunderts: StdZ 197 (1979) 593–608.

R. Malek

Ahriman ↗Parsi / Parsismus; Zarathustra.

Ahura Mazda ↗Parsi / Parsismus.

'Alawiten ↗Shī'a / Shī'iten.

Alchemie (wahrscheinlich zusammengesetzt aus griech. *chēmeiá* – Chemie mit dem arab. Artikel *al)* entstand im 2./3. Jh. n. Chr. im griechisch sprechenden Ägypten. Sie erforschte die Verwandlung unedler Metalle in edle, vor allem

auch die direkte Erzeugung von Gold und Silber. Grundlage der A. war die philos. Lehre von den vier Elementen (Erde, Wasser, Feuer, Luft), zu denen *Aristoteles* als fünftes Element den Äther zählte und annahm, daß sich die vier erstgenannten in allen Körpern gemischt vorfänden. Er glaubte – allerdings ohne es beweisen zu können –, daß diese Elemente aufgrund innerer Wesensveränderung und chemischer Verbindung ineinander übergehen könnten.
Im 4./5. Jh. n. Chr. erlebte die A. bes. in Alexandrien ihre Blütezeit. Es vermischten sich griech.-neuplatonische Weltanschauung, gnostische Mystik und frühchristl. Philosophie mit der uralten alchemistischen Lehre.
Durch Kontakte zwischen der arab. und der christl. Kultur wurde die A. im 12./13. Jh. im Abendland bekannt. Gelehrte des MA wie *R. Bacon, Albertus Magnus* und *Thomas v. Aquin* beschäftigten sich mit der A. Später entstanden Gemeinschaften von Eingeweihten, die die A. als Bekenntniswissenschaft ausübten und ihr die Deutungen der Geheimnisse von Zeugung, Tod und ewigem Leben zu entnehmen versuchten. Die A. wurde zur Geheimwissenschaft, bediente sich absichtlich immer dunkler werdender Darstellungsweisen in ihren Schriften und war eng verknüpft mit der ↗Astrologie.
Die A., deren Vertreter auf der Suche nach dem „Stein der Weisen", mit dessen Hilfe unedle Metalle in Gold verwandelt werden sollten, durch ihre chemischen Experimente zahlreiche Entdeckungen (Alkohol, Porzellan, Phosphor) machten, ist die Vorläuferin der späteren Chemie.

Lit.: *F. Strunz*, Art. A.: RGG³ I 219–223. *D. Becker*

Allāh ↗Gott VI.

Altar. Die Funktion des A., der Opfergabe als Unterlage zu dienen und damit Ort der göttlichen Heilsgegenwart zu werden, ist für alle in der ↗Religionsgeschichte begegnenden Namen für den A. kennzeichnend. Das gilt ebenso für die asiat. Großreligionen wie für die griech.-röm. Antike. Baumaterial und Ausmaße sind vor allem durch die Opfergabe bedingt. Entscheidend ist jedoch das Verständnis des A. als Ort der Begegnung zwischen Mensch und Gott. Diese nimmt am A. ihren Anfang und begründet dessen hohe Verehrung. Das Bedürfnis der Kultgemeinde, durch Sehen die Opferhandlung mitzuvollziehen, führt zu künstlerischen A.-Formen über das rein Funktionale hinaus: vom einfachen Erdhügel, vom schlichten Herd der Familie bis zum mehrstufig erhöhten Prunk-A., dessen überdimensionale Größe vielfach von kosmischen Vorstellungen beeinflußt ist (China, Pergamon-A., Ara pacis im augusteischen Rom, Herodianischer Tempel). Die frühe Christengemeinde lehnte heidnische A.-Formen ab und feierte die Eucharistie zunächst auf einem Tisch des häuslichen Mobiliars. Als „Tisch des Herrn" unterschied er sich jedoch wesentlich vom „Tisch der Dämonen" (vgl. 1 Kor 10,21). So gaben sie Anlaß zu der Auffassung, Christen hätten keine Altäre (Min. Felix 10,2; Origenes, C. Cels. 8,17). Als man nach der sog. Konstantinischen Wende Märtyrergräber mit festen Stein-A.en überbaute, entwickelte sich neben der üblichen Tischform der Kasten- und Block-A. Diese sind eine Abbreviatur eines selbständigen Heiligtums. Als Ort der Heilsgegenwart wurde der A. zum Symbol Christi selbst.

Lit.: *J. Braun*, Der A. in seiner geschichtlichen Entwicklung. München 1924; *F. J. Dölger*, Die Heiligkeit des A. und ihre Begründung im christlichen Altertum: AuC 2 (1930) 161–183; *K. Galling*, Der A. in den Kulturen des Alten Orients. Berlin 1925; *C. H. Ratschow u. a.*, Art. A.: TRE II 305–327; *K. Galling u. a.*, Art. A.: RAC I 310–354; *Th. Klauser*, Art. Ciborium: RAC III 68–86. *E. v. Severus*

Altes Testament ↗Heilige Schrift(en) VI. VII.

Amaterasu ↗Shintō.

Amida. A., jap. für Skt. *Amitābha* („endloses Licht") und *Amitāyus* („endloses Leben"), der Zentralbuddha der Schulen des „Reinen Landes" (jap. *Jōdo* und *Jōdo Shinshū*). Obwohl äußere Einflüsse nicht auszuschließen sind, kann in der Idee A.s eine konsequente Weiterentwicklung der Vorstellungen der endlosen Buddhanatur und des ↗Nirvāṇa gesehen werden. Neben einer Anzahl von sekundären Schriftquellen stützt sich seine Verehrung hauptsächlich auf das *Sukhāvatīvyūha*, das in einer längeren und einer kürzeren Version vorliegt, und auf das *Amitāyurbuddhānusmṛti-sūtra*. Die Gestalt A.s ist regelmäßig mit dem westl. Teil des buddh. Universums verbunden. Dort befindet sich sein Paradies, *Sukhāvatī* („Land der Seligkeit"), entstanden durch die Kraft der 48 Gelübde A.s, die er in einem früheren Dasein als Mönch Dharmakāra vor dem Buddha Lokeśvararāja abgelegt hatte. Das 18. Gelübde verspricht jedem die Wiedergeburt in *Sukhāvatī*, der vollkommen auf A. vertraut, mit festem Herzen an ihn glaubt und seinen Namen anruft. Das 19. Gelübde verspricht, daß A. selber beim Sterben seiner Verehrer, die gute Taten vollbracht haben, erscheinen wird, um sie zum Paradies zu geleiten. Das 20. Gelübde besagt, daß jeder, der den Namen A.s anruft mit dem Wunsch der Wiedergeburt in *Sukhāvatī*, mit Sicherheit dorthin gelangt. Wiedergeburt in A.s Paradies ist Garantie der Erleuchtung und des Eintritts ins unwiderrufliche Nirvāṇa. Um die Gestalt A.s kristallisiert sich die buddh. Überzeugung von Erlösung durch Barmherzigkeit des Buddha und den Glauben des Verehrers, ein zentraler Punkt des Mahāyāna-↗Buddhismus (III 2) im Gegensatz zum Theravāda-↗Buddhismus (III 1), der den Menschen zum eigenen „Erlöser" macht. Innerhalb der jap. A.-Schulen wird unterschiedlich Nachdruck gelegt auf Erlösung „durch eigene Kraft" (*jiriki*, 19. und 20. Gelübde; Jōdo-Schule Honens, 1133–1212) oder auf Erlösung allein „durch fremde (d.h. A.s) Kraft" (*tariki*, 18. Gelübde; Jōdo-Shinshū Shinrans, 1173–1263). Während Anhänger des *jiriki*-Glaubens gute Taten und Anrufung A.s als Bedingung der Erlösung verstehen, lassen Anhänger des *tariki*-Glaubens dies nur als Ausdruck der Dankbarkeit für die bedingungslos empfangene Erlösung gelten.

Lit.: *H. de Lubac,* A. Paris 1955; *E. Zürcher,* Art. Amitabha: ER I 235–237; *C. Langer-Kaneko,* Das Reine Land. Leiden 1986. *W. K. Müller*

Amida-Buddhismus ↗Buddhismus III 2. IV 2, 3.

Amulett/Talisman. Bei Plinius (XXV 115; XXXII 82) bezeichnet *Amuletum* eine verborgene Handlung und einen vorbeugenden wie heilenden Gegenstand. Etymologisch ist das Wort A. wie auch Talisman (= T.) nicht vollends gesichert, und eine grundsätzliche Unterscheidung zwischen beiden ist nicht möglich, auch wenn man dem A. eine durch Ängstigung der Umwelt hervorgerufene Abwehrfunktion, dem T. den aktiven bedachten Zweckgesichtspunkt beilegt. In A. oder T. selbst aber oder in ihren Namen liegt dieser Unterschied nicht (vgl. C. H. Ratschow 346). Grundsätzlich gilt für das A., daß das Abbild eines Gegenstandes mit dem Gegenstand selber an Energie identisch ist. Damit kann dann zum A. fast alles werden. Zur besseren Darstellung des komplexen Phänomens und zur Unterscheidung ordnet man das A. drei großen Bereichen zu: a) den natürlich gegebenen; b) den verstärkten und/oder c) den künstlich hervorgerufenen. Dem natürlich gegebenen sind z. B. alle Edelsteine, ein Fingernagel oder ein Knochenstück zuzurechnen. Unter einem verstärkten A. ist ein beschriebener Zettel oder irgendein mit geheimnisvollen Schriftzeichen versehener Stein zu verstehen. Das künstliche A. kann aus verschiedenen zusammengestellten Teilen bestehen, die man in einem Beutel oder einem anderen Gefäß aufbewahrt und mit sich trägt. Wenn das künstliche A. derart gestaltet und bearbeitet wird, daß es bildlich/figürlich ist und einen Körperteil bes. groß und wirksam zur Geltung bringt (z. B. der ↗Phallus), wird es als ↗Fetisch bezeichnet. Vom sog. ↗Totem sind das A., der T. und der Fetisch jedoch zu unterscheiden. In den „Hochreligionen" kann von einem Verschwinden der A.e nicht gesprochen werden. Sie sind zum großen Teil offen präsent, was sich in dem unverminderten Bestreben zeigt, geheimnisvolle Kräfte in den Besitz zu bringen, indem man z. B. Maskottchen u. ä. trägt, mitführt oder anhängt.

Lit.: *F. Eckstein / J. H. Waszink,* Art. A.: RAC I 397–411 (Lit.); *C. H. Ratschow,* Art. A. und T.: RGG³ I 345–347; *F. Heiler,* Erscheinungsformen und Wesen der Religion. Stuttgart 1961 (vgl. Register). *G. Riße*

Anachoreten ↗Mönchtum.

Anamnese ↗Erinnerung.

Anātman/Anattā. Anattā (A.) (P.; Skt. *anātman,* öfter *nairātmya*) = „Nicht-Selbst". Neben den Vier Heiligen Wahrheiten ist die A.-Lehre kennzeichnend

und einzigartig für den Buddhismus. Sie bedeutet die Leugnung jeder Vorstellung eines „Selbst" oder „Ego" *(attā* oder *atta;* Skt. *ātman)* als einer bleibenden, unveränderlichen metaphysischen Substanz oder „Seele", die Träger der aufeinanderfolgenden Handlungen und Erfahrungen wäre, unabhängig vom Körper, immateriell und ewig. Die A.-Lehre steht in scharfem Kontrast zu den *ātman*-Theorien der Up., in denen einem überweltlichen, ewigen *Brahman* („Weltseele") ein individueller *ātman* als Kern oder Seele des Menschen gegenübersteht und das Ziel des Lebens in der endgültigen Vereinigung des *ātman* mit dem *Brahman* gesehen wird. Über die Beschaffenheit des *ātman* sagen die Schriften nichts; kennzeichnend ist die Aussage Yājnavalkyas im *Bṛhadāraṇyaka Up. „neti neti"* (nicht dies, nicht dies) über die Unmöglichkeit der Erkenntnis des *ātman*. Ebenso werden Seelen-*(jīva-)* Theorien der Jinas und Ajivikas, die nähere Beschreibungen der Seele geben wollten, verworfen. – Vom Buddha bereits in seiner zweiten Predigt *(Anattālakkhana-sutta)* vorgetragen, zieht sich die A.-Lehre durch seine ganze Lehrtätigkeit. Das *Brahmajāla-sutta* faßt etwa 60 *ātman*-Theorien zusammen und verwirft sie.
Argumente gegen die Existenz eines *ātman:* 1. Die Analyse des Menschen ergibt, daß er ein Kompositum ist aus den fünf Daseinsgruppen *(skandha)* oder aus den sechs Sinnesfähigkeiten und ihren Objekten *(indirya* und *visaya)* oder den 18 Elementen *(dhātu)*. Auf keinen dieser Aspekte der Persönlichkeit läßt sich die Definition eines *ātman* anwenden. 2. Der Mensch und alle Aspekte der Persönlichkeit sind zusammengesetzt und darum vergänglich. Daraus ergibt sich, daß sie leidvoll sind; was leidvoll ist, kann nicht der *ātman* sein. 3. Annahme eines Selbst verleitet zu selbstischem Denken und Tun und führt damit zur Verlängerung des Leidens; Aufgabe des Selbst vernichtet die Wurzel des Leids. Der Mensch befindet sich in einem Zustand dauernder Bewegung, ewigen Werdens. Alle Dinge sind nur aneinandergereihte momentane Ereignisse, „Daseinsfetzen". Erfahrung von Kontinuität ist Ergebnis der Einbildungskraft, hervorgebracht nach der Gesetzmäßigkeit des ↗*Pratītyasamutpāda*. Der Buddha gebraucht Worte, die „Person" bedeuten, doch dies sind nur konventionelle Redeweisen. Ziel der A.-Lehre ist die moralische Vervollkommnung des Menschen auf das ↗Nirvāṇa hin. *W. K. Müller*

Androgyn
↗Adam; Hermaphrodit.

Der A., in allen Kulturen anzutreffen, ist die Mischform des Männlichen und des Weiblichen und gehört in den Bereich des Mythischen, dessen Ursprung zu ergründen kaum möglich erscheint. Eines der ältesten Zeugnisse ist die von Aristophanes erzählte Geschichte in Platos „Gastmahl" (189e ff.). Stellt Aristophanes den A. als ein mächtiges Urwesen dar, der die Kraft beider Geschlechter in Harmonie miteinander vereint, gewinnt Plato dem A. nur noch eine negative Seite ab. Zwischen Annahme und Ablehnung bewegt sich dann die Vorstellung des A. in der Menschheitsgeschichte. Moralische, vor allem aber rel. Gründe sind dafür maßgeblich, daß der A. nur verschlüsselt tradiert wurde und in okkulten Kreisen weiterexistierte. Entscheidend dazu beigetragen hat die Gleichsetzung des Begriffs A. mit dem des Hermaphroditen, der die konkrete Personifizierung des A. ist. Bes. in der Kunst wurde der A. fast immer in die Erscheinungsform des Hermaphroditen gehüllt, was aber der unterschiedlichen Ausformung des A. und der mythischen Vorstellung nicht gerecht wird. Denn A. weist im Grunde über das Geschlechtliche hinaus, da es ein altes Sehnsuchtssymbol des Menschen nach der urspr., verlorengegangenen Einheit und Harmonie mit dem Kosmos darstellt.

Lit.: *U. Prinz,* A.: Sehnsucht nach Vollkommenheit. Berlin 1986. *G. Riße*

Animalismus
↗Tierkult.

In vielen Religionen gilt das Tier, insofern es als beseeltes Wesen gedacht wird, als einzelnes oder als ganze Gattung aufgrund seiner furchterregenden Fremdartigkeit (Schlange) oder seiner Überlegenheit, die es im Hinblick auf Schnelligkeit, Stärke, Fortbewegungsart und Fruchtbarkeit gegenüber dem Menschen besitzt (Stier, Kuh, Vogel), als Erscheinungsform des Numinosen, des Göttlichen. Das Tier wird entweder selbst als eine Gottheit oder als Symbol für einen Gott gesehen. Folgerichtig entwickelt sich aus dieser Vorstellung eine kultische Verehrung des Tieres. Der A. findet sich vor allem bei ↗Hirten- und ↗Jägerkulturen, in Ägypten und im Hinduismus.

Lit.: *S. Morenz,* Art. Tierkult: RGG³ VI 896–899 (Lit.). *A. Schotterer*

Animismus. Das Wort A. hatte der britische Gelehrte *E. B. Tylor* (1832–1917) in dem 1737 in Halle erschienenen Buch „Theoria Medica Vera" des preußischen Hofmedicus *G. E. Stahl* gefunden. Tylor nutzte es, um seine Theorie vom Ursprung der Religion zu benennen. Sie basiert auf zwei Voraussetzungen. Die erste war der Glaube, die menschliche Kultur hätte sich von der Steinzeit bis zur Moderne geradlinig fortentwickelt, freilich unterschiedlich schnell bei unterschiedlichen Rassen. Die zweite war die Vermutung, steinzeitliche Verhältnisse ließen sich noch immer vorfinden bei solchen Stämmen, die bis heute „ganz unten auf der Treppe der Menschheit" stünden. Deren „steinzeitliche" Religion nannte Tylor „A." Zugleich meinte er, mit dem A. eine allgemeine Minimaldefinition *(rudimentary definition)* von Religion entdeckt zu haben. Es ist der Glaube an Geistwesen *(spiritual beings),* der sich von Seelen Verstorbener über andere Geister zum ↗Polytheismus und endlich zum ↗Monotheismus hin entwickelt haben soll. Die Entstehung des A. erklärte Tylor mit der Erfahrung von Schlafenden, die sich im Traum an fernen Orten wähnen. Daraus hätten Primitive die Idee einer vom Körper abgelösten Seele (lat. *anima*) gewonnen. Mit Hilfe dieser Idee hätten sie sich ihre Umgebung erklärt. Sie hätten Berge, Flüsse, Pflanzen, Tiere, Gegenstände „beseelt", d. h. jeder Erscheinung ein Seelenwesen als persönlichen Verursacher zugeordnet. Tylor hatte seine Theorie, belegt mit Hunderten von Zitaten, 1871 in dem zweibändigen Werk „Primitive Culture" der Öffentlichkeit bekannt gemacht. Seine Kritiker lehrten den ↗„Prä-A.", eine Religionsstufe noch näher am Ursprung als der A. Die einen erklärten, es sei der ↗„Dynamismus", Mana, unpersönliche Mächte, deren Urzeitform auch „Animatismus" genannt wurde. Andere entwickelten die Theorie vom ↗„Ur-Monotheismus", die auf dem Gegenteil von Evolution basiert und den Abstieg von ursprünglichem ↗Monotheismus zu ↗Polytheismus und Geisterglauben beschreibt. In der Religionsforschung haben längst andere Probleme die Frage nach der Urreligion abgelöst. Nicht zuletzt auch deshalb, weil alle möglichen Antworten denkbar sein, aber nicht bewiesen werden können. Inzwischen hat man nämlich erkannt, daß selbst jene Stämme, die in offenkundig „steinzeitlichen" Umständen leben (manche müssen Steinwerkzeuge nutzen, weil in ihrem Land kein Metall zu finden ist), eine Entwicklung durchgemacht haben. Im Urzustand der Menschheit lebt niemand mehr. Als irrig erwies sich auch die Analogie zwischen Europäerkindern und „Eingeborenen". Wenn unsere Kleinen sich Puppen und andere Sachen als „beseelt" vorstellen, spiegeln sie nicht den Geisteszustand von „Primitiven" wider, sondern von erwachsenen Menschen mit erwachsenem Innenleben. Mithin lernen wir am A. (wie an manch anderen -ismen auch) einiges über europ. Selbsteinschätzung, aber nichts (oder nichts Richtiges) über fremde Religiosität. Dennoch lebt das Wort weiter. Es gibt Statistiken, in denen neben Katholiken, Muslimen u. a. auch „Animisten" gezählt werden. Hier ersetzt „A." abwertende Namen wie „Heidentum" o. ä. Doch selbst wenn das Wort einem barmherzigen Zweck dient, es ist an der Zeit, ein passenderes zu finden. In Afrika hat man sich auf „traditionelle Religion" geeinigt. Damit sind auch nichtchristl. und nichtmuslimische Afrikaner einverstanden. Deren Religion ist indessen nur im Vorurteil kindlich und primitiv. In Wirklichkeit zeigt sie sich als ausgereiftes und ausgewogenes Glaubenssystem, das den Respekt aller verdient.

Lit.: *G. D'Alviella,* Art. A.: ERE I 535–537; *W. E. Mühlmann,* Art. A.: RGG³ I 389–391. *H.-J. Greschat*

Anthropologie, theologisch ↗Mensch IX.

Anthropomorphismus (von ánthrōpos = Mensch und morphḗ = Gestalt) bezeichnet eine Redeweise, die menschliche Gestalt und Verhaltensweisen metaphorisch überträgt auf Nichtmenschliches, häufig auf Götter oder auf Gott. Als rel. Phänomen verfolgt er nicht das Ziel, Gottes Gestalt, sondern das Wirken der Eigenschaften und des Tuns Gottes auf Welt und Menschen zu beschreiben.
A. gründet in der menschlichen Natur, insofern der menschliche Geist an den Leib gebunden ist; von daher ist A. ein Ausdruck der begrenzten Möglichkeit des Menschen, überhaupt von Gott zu reden. A. ist einerseits unangemessen, andererseits wird durch ihn eine lebendige Gottesbeziehung möglich.
Biblisch ist A. begründet in der ↗Gottebenbildlichkeit des Menschen und von daher vor allem in der ↗Inkarnation (II) Gottes in Jesus Christus. Im AT findet sich eine Fülle von Anthropomorphismen. Dabei bezeichnet der genannte göttliche Einzelzug Eigenschaften oder Körperteile, die jeweils als *pars pro toto* für die von ihnen hervorgerufene Wirkung stehen. Innerhalb des AT ist eine Entwicklung in der Verwendung der Anthropomorphismen zu sehen. Die Übersetzer der LXX vermeiden Anthropomorphismen aus der Angst heraus, die Transzendenz Gottes damit zu verwischen. Der Gewinn des A. liegt darin, daß der Mensch als konkret-gesch. Wesen in seinem Sprechen von Gott die Nähe zu ihm zum Ausdruck bringen kann. Gefahr ist dann gegeben, wenn der Mensch sich der Analogie seiner Redeweise nicht bewußt ist und Gott aufgrund der bildhaften Redeweise für den Menschen verfügbar erscheint.

Lit.: *J. B. Metz,* Art. A.: LThK² I 627–630; *J. de Fraine,* Art. A.: BL² 74f.; *J. Splett/W. Post,* Art. A.: HTTL I 136–138; *G. Mensching,* Art. A.: RGG³ I 424; *W. H. Schmidt,* Art. Gott, II: AT: TRE XIII 608–626. *F.-L. Hossfeld / B. Schumacher*

Anthropophagie ↗Menschenopfer.

Anthroposophie. 1. Gründung. Die A. (= „Weisheit über den Menschen") wurde von *R. Steiner* (1861–1925) am Anfang des 20. Jh. entwickelt. Steiner studierte Naturwissenschaften, daneben beschäftigte er sich mit Goethes naturwissenschaftlichen Schriften. Einflüsse von Ch. Darwin und E. Haeckel (Monismus, Entwicklungsgedanke); Entwicklung einer „Philosophie der Freiheit" (1894). 1902–1913 Generalsekretär der dt. Sektion der Theosophischen Gesellschaft (↗Theosophie). In diese Zeit fällt die Abfassung grundlegender anthroposophischer Schriften: „Das Christentum als mystische Tatsache" (1902), „Theosophie" (1904), „Wie erlangt man Erkenntnisse der höheren Welten?" (1904/05), „Aus der Akasha-Chronik" (1904/05), „Die Geheimwissenschaft im Umriß" (1910); 1912/13 Trennung von der Theosophischen Gesellschaft wegen deren zu starker Hinwendung zum Hinduismus (Verehrung des Hinduknaben Krishnamurti). 1919 Gründung der ersten Waldorfschule in Stuttgart sowie einer „Bewegung für soziale Dreigliederung". 1920 Eröffnung der „Freien Hochschule für Geisteswissenschaft" („Goetheanum") in Dornach (Schweiz). In den Folgejahren Grundlegung der anthroposophischen Medizin sowie des biologisch-dynamischen Landbaus, der Heilpädagogik und der rel. Erneuerung („Christengemeinschaft"). Gemeinsam mit seiner Frau Marie (geb. v. Sivers) Begründung der Eurythmie. Zahlreiche Vortragsreisen durch Europa. 1925 starb Steiner in Dornach.
2. Lehre. a) A. will mittels eines *esoterischen Stufenwegs* zur Initiation führen und „objektive Erkenntnisse" vermitteln im Bereich des Geistig-Göttlichen, der bislang nur dem Glauben bzw. der Spekulation vorbehalten war (daher „Geistes-wissenschaft"). Steiner beansprucht, auf diesem Weg die großen Entwicklungsgesetze des Kosmos und des Menschen erforscht zu haben. Grundaxiom ist, daß allem physischen Sein ein geistiges Sein entspricht, daß astrale Kräfte und geistige Wesenheiten das Leben auf der Erde beeinflussen.
b) Seine geistige „Quelle" nennt Steiner *Akasha-Chronik,* ein vorhandenes Weltengedächtnis, das allein dem Eingeweihten zugänglich ist. Steiner behauptet, alles, was er gesagt und geschrieben habe, sei eigenen Schauungen in der geistigen Welt entsprungen. Das gelte auch für seine Aussagen über Gott und Christus: Nicht die Evangelien sind Quellen für

das anthroposophische Erkennen, sondern anhand der „Ergebnisse" seiner geistigen „Forschung" konnte Steiner über ihren Wert entscheiden. Was er auf diese Weise über Christus entdeckt hat, hat er u.a. unter dem Titel „Aus der Akasha-Forschung: das Fünfte Evangelium" veröffentlicht. Gemäß der Akasha-Chronik vollzog sich die Weltgeschichte in Weltsystemen. In jedem von ihnen inkarnieren sich die Planeten siebenmal (so war unser jetziger Planet Erde bereits ‚Saturn', ‚Sonne', ‚Mond' und wird einst ‚Jupiter', ‚Venus' und ‚Vulcan' werden). Jede Inkarnation eines Planeten umfaßt sieben Kreisläufe.

c) Innerhalb dieser Planetenstufen entwickelt sich der *Mensch.* In jeder Planeteninkarnation wird ihm ein neues Wesensglied beigegeben. Derzeit besteht der Mensch aus vier Wesensgliedern: dem *physischen Leib* (Verbindung mit Mineralreich, Trancebewußtsein), dem *Ätherleib* (Lebensleib, Stoffwechsel, Verbindung mit Pflanzenreich, Schlafbewußtsein), dem *Astralleib* (Seelenleib, Triebe und Affekte, Bilderbewußtsein) und dem *Ich* oder *Bewußtsein* (Verbindung zur geistigen Welt, Gegenstandsbewußtsein). Während seiner Entwicklung auf dem Planeten „Erde" hat der Mensch die Aufgabe, mit der Kraft seines Ichs die drei unteren Wesensglieder zu vergeistigen, so daß sich aus ihnen *Geistselbst, Lebensgeist* und *Geistesmensch* entwickeln. Die vier Wesensglieder des Menschen sind in drei Systemen miteinander verbunden: das Nerven-Sinnes-System hat sein Zentrum im Kopf, hier hat das Denken seinen Raum. Das Stoffwechsel-Gliedmaßen-System hat sein Zentrum in Unterleib und Gliedmaßen, es ist der Ort des Wollens. Zwischen diesen beiden sich entgegenstehenden Polen liegt das rhythmische System mit dem Zentrum in Lunge und Herz, hier ist das Fühlen angesiedelt. Die drei Systeme bewirken, daß jeder Einfluß, der auf ein Wesensglied ausgeübt wird, Auswirkungen auf alle anderen zeitigt.

Die menschheitsgesch. Entwicklung der sukzessiven Zufügung der Wesensglieder wird von jedem Menschen in seiner Entwicklung nachvollzogen. Bei der physischen („ersten") Geburt ist nur der physische Leib vorhanden, die anderen Wesensglieder entwickeln sich in der Folgezeit jeweils im Sieben-Jahres-Rhythmus („Lebensjahrsiebt"). Die anthroposophische Pädagogik („Waldorfschule") setzt mit ihren Methoden und Inhalten bei dieser menschenkundlichen Besonderheit der A. ein: sie will Inkarnationshilfe für das jeweils sich entwickelnde Wesensglied sein.

d) Diese *Höherentwicklung des Menschen* vollzieht sich in vielen *Inkarnationen,* zu denen das Ich immer wieder neu aus dem geistigen Bereich auf den „physischen Plan" tritt (im Unterschied zu den drei unteren Leibern wird es nicht von den Eltern auf die Kinder vererbt), um nach dem Tod wieder in die geistige Heimat aufgenommen zu werden – mit allen positiven und negativen Prägungen durch das gelebte Leben, die als *Karma* den Schicksalsrahmen der nächsten Inkarnation ausmachen. Die persönliche Schuld, die im Karma weiterwirkt, muß im Laufe der Inkarnationen von der ewigen Individualität des Menschen abgearbeitet werden. Hier kann keine göttliche Vergebung, keine Erlösung eingreifen. Die „Erbsünde", jenen menschheitsgesch. Abstieg aus der Geistwelt in die Materie, hebt dagegen das „Mysterium von Golgota" auf. Das Geschehen auf Golgota ermöglicht dem Menschen, sich dem Geistigen zu nähern, sich höherzuentwickeln. Die damit bewirkte Stärkung der Ich-Kräfte nennt Steiner „Gnade".

e) Das Kommen der „Christuswesenheit" auf die Erde ist der Wendepunkt der Menschheitsgeschichte. Die Christus-Wesenheit wirkte zuvor als großer Sonnengeist liebestrahlend zugunsten der Menschheit. Sie gab auch Jahwe sein Licht, der als Mondgott Weisheit auf die Erde strahlte und damit unter den Juden das Kommen des Christus vorbereitete. Jahwe, der Gott des AT, ist bei Steiner jüd. Nationalgott, aber nicht Vatergott; Vatergott ist jene Wesenheit, die den ganzen Kosmos durchwaltet. Für die Christus-Wesenheit wird eine menschliche „Hülle" (so im Bekenntnis der Christengemeinschaft, von Steiner formuliert) vorbereitet: Jesus von Nazaret. Steiner behauptet, es seien zwei Jesusknaben geboren worden, beide nach langer kosmischer Vorgeschichte (vgl. die unterschiedlichen Stammbäume in den Evangelien). Einer wurde umschwebt von der Aura des ↗Buddha, der andere war eine Inkarnation des ↗Zarathustra. Im 12. Lebensjahr Vereinigung der beiden durch „Ich-Umwandlung" (= Vereinigung der beiden vorchristl. Religionsformen des Buddhismus und des Zarathustrismus im Christentum). Bei der Johannestaufe verläßt das Zarathustra-Ich Jesus, und die Christus-Wesenheit senkt sich in ihn ein. Am Kreuz verläßt Christus den Jesus, zieht in die Erdenaura ein, wird zum „Erdengeist", während der Leib des Jesus stirbt, nach der Grablegung in eine Erdspalte gesenkt wird, die bei dem Erdbeben entstand – somit von den Frauen und den Jüngern am Ostermorgen nicht mehr gefunden wird. Als Christus-Impuls wirkt die Christus-Wesenheit seither in der Menschheitsgeschichte. Allerdings kann erst seit dem Kommen Steiners richtig verstanden werden, was Christus bewirkt hat: A. ist nach Vorverkündigung und materialistischem Irrweg das „dritte Kapitel des Christentums", versteht sich als „Testamentsvollstreckung des Christentums".

3. Bewertung. a) A. stellt sich dar als *synkretistische rel. Weltanschauung,* die Elemente aus vielen Religionen aller Zeiten aufnimmt. Aus der Theosophischen Gesellschaft stammen die Anklänge an Buddhismus und Hinduismus sowie an altpersische Religionen, die belegt sind durch die rel.-gesch. Namen und Vorstellungen (z.B. Ahriman, Ahura Mazda, Karma, Reinkarnation). Aus der christl. Tradition sind gnostische und mystische Elemente vorhanden; auch die jüd. Mystik ist einbezogen. Steiners Besonderheit ist sein Bezug auf Goethes ganzheitliches Menschen- und Naturbild sowie seine Betonung der Evolution, die ihm als Studenten der Naturwissenschaft durch Ch. Darwin und E. Haeckel vertraut war. Steiner selbst bestreitet irgendwelche Abhängigkeiten, er nennt als seine einzige Quelle seine „Schauungen" im geistig-göttlichen Bereich.

b) Die A. wird heute vertreten von der *Allgemeinen Anthroposophischen Gesellschaft.* Ihre Mitgliederzahl ist gering, doch ihre Ausstrahlung von großer Bedeutung. In vielen praktischen Lebensformen drückt sich A. aus: in der Medizin (Kliniken, Arztpraxen), in der Pharmakologie (Wala; Weleda), im biologisch-dynamischen Landbau (Demeter), vor allem in der Pädagogik (Waldorfschulen), in der Heilpädagogik (Heime, Heimsonderschulen u.a.) und in der Freien Universität Witten-Herdecke. Von der A. geprägt ist die Christengemeinschaft, die juristisch unabhängig ist, deren Glaubensbekenntnis und liturgische Texte jedoch von Steiner formuliert wurden und als unveränderbar gelten. Hinzu kommen kulturelle Institutionen. All diese Einrichtungen sind auf A. gegründet und leben aus ihr.

A. behauptet, lediglich eine weltanschaulich neutrale Erkenntnismethode zu sein, sie ist jedoch eine esoterische Weltanschauung, die mit dem christl. Glauben in zentralen Punkten unvereinbar ist: An die Stelle des Glaubens setzt sie die Erkenntnis. Die Offenbarungen des AT und NT werden überboten durch angebliche, unkontrollierbare Schauungen des Begründers der A. („Fünftes Evangelium"). Die Einmaligkeit des Lebens in seiner besonderen Würde wird ersetzt durch die Inkarnationslehre einer unsterblichen Individualität. An die Stelle göttlicher Erlösung und Sündenvergebung in Jesus Christus, vermittelt durch Wort und Sakrament, tritt die Selbsterlösung durch Abarbeiten der eigenen Schuld, die im Karma über die Inkarnationen hinweg aufbewahrt wird. Die Einheit von Gott und Mensch in Jesus Christus wird zerschnitten (Wesenskern/Hülle). Jahwe wird herabgestuft zu einem jüd. Nationalgott, das AT erhält damit den Rang von Volksmythen (und wird in der Waldorfschule so behandelt). Schließlich: A. macht sich selbst zu einem notwendigen Vermittler des Heils zwischen Mensch und Gott – nur bei Anwendung ihrer Methode wird das Christentum „richtig" verstanden. Diese Weltanschauung prägt alle Lebensformen der A. und wird durch sie weitergegeben.

Lit.: *R. Steiner,* Gesamtausgabe. Dornach; daraus zahlreiche Taschenbuchausgaben; Das Goetheanum. Wochenschrift für A., Dornach, seit 1921; Die Drei. Zeitschrift zur Erneuerung von Wissen, Kunst und sozialem Leben, monatlich seit 1921; Mitteilungen aus der Anthroposophischen Arbeit in Deutsch-

land; Die Kommenden, seit 1946. – *J. Hemleben*, Rudolf Steiner. Reinbek 1963; *G. Wehr*, Rudolf Steiner. Freiburg 1982; *K. E. Becker / H. P. Schreiner* (Hg.), A. heute. Frankfurt 1984; *G. Wehr*, Der innere Weg. Reinbek 1983; *J. Badewien*, A. Konstanz 1985; *P. Brügge*, Die Anthroposophen. Reinbek 1984; *V. Pierott*, A. – eine Alternative? Neuhausen 1982; *K. v. Stieglitz*, Die Christosophie Rudolf Steiners. Witten 1955.
J. Badewien

Antijudaismus / Antisemitismus. 1. A. ist eine generelle, wenn auch facettenreiche *Bezeichnung* für die Feindschaft gegen Juden als Juden. Der Begriff „Antisemitismus," 1879 im völkisch rassistischen Klima um *F. W. A. Marr* in Berlin geprägt, akzentuiert diese Gegnerschaft als Rassedenken. Da Juden jedoch keine Rasse sind, ist *„Antijudaismus"* die adäquate Bezeichnung. Dies bestätigt sich auch von den unterschiedlichen Formen des A. her. So zielt der *kulturelle A.* gegen einen angeblich negativen Einfluß der Juden auf die (christl.) Kultur. Der *politische A.* will eine „jüd. Weltverschwörung" verhindern. Der *wirtschaftliche A.* bekämpft die Juden als „Ausbeuter" und „Wucherer". Im *rel. A.* werden die Juden als „Christus- und Gottesmörder" verdammt; sie sind „das verworfene Volk", das nur noch als Negativfolie für das Christentum ein Lebensrecht hat. Die Ideologie des *rassischen A.* bekämpft die Juden als eine im Vergleich mit den „Ariern" minderwertige „Rasse" (so u. a. die Nationalsozialisten). Eine neuere Variante artikuliert sich heute als *„Antizionismus"*; die scheinbar objektive Kritik an einem nicht näher definierten „Zionismus" und am Staat Israel fungiert als Mimikry für A.

2. Der soziologische Befund zeigt, daß es sich beim A. um *Vorurteile* handelt, die durch stereotypes Denken überliefert werden. Gegenüber den aus der Gegenwart angeeigneten erweisen sich die überlieferten Vorurteile als wesentlich stärker (noch heute zeigen sich z. B. in der Bundesrepublik Deutschland bei 20% der Bewohner ausgeprägte und bei weiteren ca. 30% latente „antisemitische" Vorurteile). Ein Abbau des A. hat bei diesen Strukturen anzusetzen.

3. A. kommt in der vorchristl. Antike nur sporadisch vor und unterscheidet sich in der zumeist religiös-kulturellen Begründung nicht von der Negativeinstellung gegen andere Minderheiten. Eine qualitativ andere Art des A. entsteht bei den Christen. Ihre Schriften des NT dokumentieren den Glauben an den Messias Jesus, der als Jude in Israel gelebt und gelehrt hatte. Die Briefe des Paulus zeigen noch deutlich das Ringen um sein Volk Israel wie auch, daß er die aufkommende Verachtung der Juden durch Heidenchristen entschieden zurückweist. Alle Evangelien (nach 70 geschrieben) enthalten jedoch schon zahlreiche Antijudaismen (z. B. Mt 27,25 und Joh 8,44), welche eine rasch fortschreitende Abtrennung der Christusgläubigen von Israel belegen. Für *heutiges* Verstehen dieser antijüd. Sätze der ntl. Schriften ist daher eine hermeneutische Zeitgenossenschaft *(relecture)* mit ihrem damaligen kontroversen „Sitz im Leben" unerläßlich. Dem entspricht auch die Tatsache, daß die Christen erst ab dem Bar Kochba-Aufstand (132–135), und zwar aus politisch-sozialen Gründen, einen derart massiven A. vertreten, daß sie nun eine radikale Trennung von Israel vollziehen. Diese Zäsur dokumentiert sich im Substitutionsmodell (d. h.: die Kirche ersetzt Israel), welches z. B. im Barnabasbrief und von den Apologeten verwendet wird. Bei Melito v. Sardes (gest. um 180) wird erstmals der folgenschwere Vorwurf des „Gottesmordes" erhoben. Seit der sog. Konstantinischen Wende (ab 313) bekämpft die Kirche die Juden mit Hilfe des Staates. Der theol. A. der Kirchenväter setzt sich im christl. MA (seit Ende des 10. Jh.) verstärkt fort: Kleiderordnungen, Massaker der Kreuzzüge, Talmudverbrennungen, Pogrome wegen Hostienfrevel, Ritualmord und Brunnenvergiftung, wirtschaftliche Ausplünderung, Gettoisierung, Passionsspiele, Zwangsdisputationen, Inquisition und wiederholte Vertreibungen sind die Indizien dafür. Solcherart in völliger Abhängigkeit gehalten, kann die jüd. Minderheit wirtschaftlich optimal ausgenutzt werden. Der Reformator *M. Luther* fordert mit „scharfer Barmherzigkeit" die Ausschaltung der Juden. Ohne die nahezu 2000 Jahre christl. Judenfeindschaft ist Auschwitz nicht möglich gewesen. Ein grundlegendes Umdenken der christl. Kirchen in bezug auf den A. wurde erst durch die Shoah in

Gang gebracht (↗Judentum III). Der A. der Christen hat jedoch an Person und Botschaft des Juden Jesus keinerlei Anhalt und entlarvt sich in jeder Form als Ideologie. Eine der wichtigsten kirchlich-theol. Aufgaben besteht daher heute in einer positiven, vorurteilsfreien Neubestimmung des Verhältnisses zwischen Christen und Juden, so daß Israel Subjekt seiner Geschichte bleibt.

Lit.: *H. Greive,* Theologie und Ideologie. Heidelberg 1969; *Ch. Klein,* Theologie und Anti-Judaismus. München 1975; *N. R. M. de Lange / C. Thoma* u. a., Art. Antisemitismus, I.–VIII.: TRE III 113–168; *A. Silbermann,* Sind wir Antisemiten? Köln 1982; *J. M. Oesterreicher,* The New Encounter between Christians and Jews. New York 1986. *K.-H. Minz*

Aphrodite ↗Gott III 3 B.

Apokalyptik bezeichnet ein Phänomen frühjüd. Denkens, das unter dem Einfluß der gesch. Ereignisse nach dem Exil und in Auseinandersetzung mit dem Hellenismus entstanden ist. Grundwissen der A. ist die wesentliche Beziehungslosigkeit von fortlaufender Geschichte und Erlösung (↗Heil V), die nicht in Kontinuität zur Geschichte möglich ist, sondern nur nach einem vollständigen Bruch, so daß die innergesch. Wirklichkeit keine Heilsrelevanz mehr besitzt. Im urspr. Sinne bezeichnet das Wort apokálypsis die Enthüllung zukünftiger Ereignisse nach dem Ende der Geschichte, die Offenbarung göttlicher Geheimnisse. Charakteristisches und wesentliches Merkmal der A. ist bei aller Verschiedenartigkeit von Herkunft und Wurzeln somit die Sicht von Weltgeschichte, die universales Heil ausschließlich in einem von Gott heraufgerufenen neuen Äon erwartet.
Das nachexilische Israel steht unter dem Einfluß fremder Herrscher; die anfängliche Toleranz der Perser dem jüd. Glauben gegenüber weicht unter der Herrschaft der Ptolemäer und Seleukiden vom 3. Jh. v. Chr. an einer zunehmenden Hellenisierungspolitik, die unter Antiochus IV. Epiphanes ihren Höhepunkt erreicht. Der jüd. Glaube nimmt vielfach synkretistische Züge an, was den Widerstand orth. Kreise hervorruft.
Die nachexilische Prophetie ist eine der Wurzeln für die A.; allerdings sind auch deutliche Unterschiede zu sehen, insofern die A. die Vorstellungen über die Endzeit zuspitzt auf das Heilshandeln Gottes in einem von ihm selbst heraufgeführten neuen Zeitalter, das jenseits der derzeitigen Geschichte liegt.
Eine weitere Wurzel der A. liegt in der Weisheitstradition, die im Diasporajudentum des 3. Jh. den hellen. Weisheitsbegriff aufnimmt und ihm göttliche Züge zumißt. Sie beeinflußt die A. dahingehend, daß es allein Gottes Weisheit ist, die in der Trostlosigkeit der Gegenwart Neues schaffen kann.
Apokalyptisches Denken ist indessen kein ausschließlich jüd. Phänomen, vielmehr ist es u. a. auch im ägypt. und iran. Umfeld zu finden. Trägerkreis der frühjüd. A. ist die sog. „Synagoge der Asidäer", die Versammlung der Chas(s)idim (↗Chas[s]idismus), der Frommen, ein Sammelbecken religiös motivierter Menschen, deren gemeinsames Interesse die Erhaltung der Tora, des reinen Glaubens, ist. Die Lit.-Gattung, in der apokalyptisches Denken überliefert wird, heißt Apokalypse; sie ist in vielfältigen Formen vorzufinden. Ihr Charakteristikum sind die *vaticinia ex eventu,* die Vergangenes und Gegenwärtiges als Prophezeiung beschreiben mit dem Ziel, die eigenen, neuen Voraussagen der Endzeit zu legitimieren. Zu nennen ist hier das äth. Henochbuch, bes. die Tiervision 85–90, die die Geschichte Israels in Bildern darbietet, in denen Schafe (= Israel) durch Adler (= Griechen) und Geier (= Ägypter) gefährdet und bedroht werden. Es wird ein doppeltes Gericht über irdische und himmlische Abtrünnige geschildert. Deutlich tritt der apokalyptische Glaube an die ↗Auferstehung der Toten hervor. Des weiteren ist die Zehnwochenapokalypse in äthHen 93 zu erwähnen, die die Geschichte Israels als zunehmende Bosheit sieht, deren Ende das Exil ist. Es bleibt nur die Hoffnung auf ein erneutes Erwählungshandeln Gottes.
Ferner ist das Buch Daniel zu nennen, hier bes. die Visionen in Dan 2 (Nebukadnezzars Traum von den Weltreichen) und die äthHen 85–90 ähnliche Tier- und Menschensohnvision in Dan 7. Weitere Zeugnisse sind Assumptio Mosis, 4 Esra und die syr. Baruch-Apokalypse. Ein Einfluß der A. auf das Christentum ist nicht zu leugnen; ob man sie allerdings

(mit E. Käsemann) als Mutterboden der christl. Theologie bezeichnen kann, ist nicht entschieden.
In der heutigen Diskussion bleibt die A. umstritten. Besonderer Streitpunkt ist die Methodenfrage in bezug auf das Geschichtsverständnis der A.

Lit.: *M. Hengel,* Judentum und Hellenismus. Tübingen 1969; *O. H. Steck,* Weltgeschehen und Gottesvolk im Buche Daniel: ders., Wahrnehmungen Gottes im AT. München 1982, 262–280; *J. Maier / J. Schreiner* (Hg.), Literatur und Religion des Frühjudentums. Würzburg – Gütersloh 1973; *K. Müller,* Art. A. III: TRE III 202–251; *M. Eliade,* Geschichte der rel. Ideen II. Freiburg [3]1983; *D. Hellholm* (Hg.), Apocalypticism in the Mediterranean World and the Near East. Tübingen 1983.

F.-L. Hossfeld / B. Schumacher

Apokatastasis meint die Wiederherstellung der Seele bzw. des ganzen geschaffenen Seins in den urspr. glücklichen und vollkommenen Zustand, von dem auch die bösen Menschen und Mächte nicht ausgeschlossen sind. Im Gegensatz zu einer zyklischen A. (bes. Stoa) versteht das Juden- und Christentum unter A. die einmalige Erneuerung der Welt. In der spätjüd. ↗Apokalyptik ist diese eschatologische Hoffnung mit der Messiaserwartung verknüpft. Im NT findet sich der Terminus A. nur in Apg 3,21. Von der Patristik bis zur Neuzeit gibt es verschiedene Theologen, die diese Vorstellung mit unterschiedlichen Ausformungen vertreten (u. a. Origenes, Gregor v. Nazianz, Amalrich v. Bena, F. E. D. Schleiermacher). Das Lehramt der kath. Kirche lehnt die absolut sichere A. ab (DS 411).

Lit.: *F. Mußner / J. Loosen,* Art. A.: LThK[2] I 708–712.

A. Schotterer

Apollon ↗Gott III 3 B.

Aquarius ↗Wassermannzeitalter.

Ar(a)hat
↗Buddhismus.
Das P.-Wort A. (feminin *Ar[a]hati*) kommt aus der Wurzel *arah* = „würdig sein" (der Verehrung). Im Mahāyāna wird der A. dem ↗Bodhisattva gegenüber als „selbstsüchtig" herabgewürdigt. Im Theravāda gilt er als höchstes Ziel: „Wer seinen Gang zum Halten brachte, wer frei von Sorge ist und ganz befreit, wer alle Fesseln brach, hört auf zu fiebern" (Dhammapada 90). Der endlose Gang durch die Geburten ist Unheil; Sorge kommt durch Anhaften; Fesseln sind Habgier, Übelwollen, das Hängen an Riten und Dogmen. Ein A. ist „kühl" geworden, ohne fiebernde Leidenschaften. Seinen Zustand führen „Achtsamkeit" *(sati)* und „Einsicht" *(vipassanā)* herbei. Deren ↗„Meditation" (VI) hat der Buddha gelehrt. „Achtsamkeit" meint achtsam atmen, gehen, hören, essen, reden, sitzen, riechen, spüren, schmecken usw. „Einsicht"-Meditation befreit von der Illusion des „Ich", „Mein", „Mir".

H.-J. Greschat

Aramäer. Seit Ende des 2. Jt. v. Chr. sind in Mesopotamien und Syrien semitische Bevölkerungselemente (↗Semiten) nachweisbar, deren urspr. Heimat die syr.-arab. Steppe gewesen ist. Der Name Aram, nach dem sie als A. bezeichnet werden, wird sich urspr. nicht auf eine Landschaft, sondern auf die Stammesgemeinschaft bezogen haben. Als Folge der Schwächung des Assyrerreiches entsteht mit Beginn des 1. Jt. v. Chr. eine Reihe von A.-Staaten. Von den anfänglichen mesopotamischen Staaten gewinnt Babylon bes. große Bedeutung, von den späteren syr. vor allem Damaskus. Die Geschichte Israels ist anfangs indirekt (Patriarchengeschichte) und später direkt (Zeit der Monarchie) mit dem wechselvollen Schicksal der A. verbunden (vgl. TRE III 590–599).

Lit.: *E. Lipiński,* Art. A. und Israel: TRE III 590–599; *D. J. Wiseman* (Hg.), Peoples of OT Times. Oxford 1973, 134–155.

Chr. Dohmen

Arbeit und Religion ↗Ökonomie und Religion; Kultur(en).

Archäologie ist die Erforschung menschlicher Geschichte und Kultur auf der Grundlage materieller Überreste. Verschiedene „hist." A.n („klass." A.; altoriental. A.; MA-A. usw.) liefern Ergänzungen und Korrekturen, manchmal auch nur Illustrationen unseres aus schriftlichen Quellen, mündlichen Traditionen usw. geschöpften Wissens. Je weiter wir in die Vergangenheit zurückschreiten, desto spärlicher werden die schriftlichen Quellen und Traditionen, bis zu einem Einmünden in die ↗Prähistorie.

Da Religion in der Regel mehr oder weniger eng mit dem „Wort“ verbunden ist, kann reine A. dazu nichts unmittelbar aussagen, sondern lediglich anhand interpretationsbedürftiger Funde von Gegenständen, die mit rel. Praktiken verbunden zu sein pflegen, Befunden, die auf Heiligtümer, Opferplätze und dergleichen hinweisen, sowie durch den Inhalt von Bildern und Plastiken. Hilfen kann sie dabei nur in Randgebieten durch eine direkte Verbindung mit schriftlichen Nachrichten oder sonstigen Traditionen gewinnen; im übrigen ist sie fast ausschließlich auf das Vergleichen mit späteren Berichten und Beobachtungen angewiesen. Die Schwächen eines solchen Verfahrens liegen auf der Hand, lassen sich aber durch entsprechende Vorsicht und Sorgfalt sowie die Berücksichtigung gewisser kulturhist. und -anthropologischer Erfahrungen mildern und eingrenzen.
Besondere Schwierigkeiten bilden die Vielfalt der Erscheinungen und der Umstand, daß ein und dieselbe Form verschiedene Inhalte besitzen kann; indes ist die Zahl der Möglichkeiten begrenzt und wird weitgehend eingeschränkt durch die jeweiligen Gesamtverhältnisse und ihre besonderen Bedingungen. Das gewinnt zumal als eher negativ-ausschließendes Kriterium Gewicht, d. h. durch das Ausscheiden oder die Modifikation von Analogien und Modellen, die wegen der andersgearteten kulturellen Zusammenhänge nicht oder doch nicht ohne weiteres brauchbar sind (z. B. Interpretation von Frauenfigürchen der jägerisch-sammlerischen Altsteinzeit [↗Jäger- und Sammlerkulturen] im Sinne der „Magna mater“ agrarischer Hochkulturen). Vor allem gilt es, Vergleiche auf möglichst breiter Basis anzustellen, um aus weitverbreiteten Erscheinungskomplexen übereinstimmende Kerne herauszuarbeiten. Dabei ist allerdings der Nachteil in Kauf zu nehmen, daß bei fortschreitender Verallgemeinerung sich notwendig die Einzelheiten verflüchtigen und der konkrete Informationswert dementsprechend geringer wird.

Lit.: *K. J. Narr,* Art. A. und Vorgeschichte: Sowjetsystem und demokratische Gesellschaft I (1966) 370 ff.; *K. J. Narr,* Einleitung: ders. (Hg.), Handbuch der Urgeschichte I. Bern 1966, 7–23; Übersicht und Grundfragen prähist. A. (mit weiterer Lit.): *W. Böhme* (Hg.), Evolution und Gottesglaube. Göttingen 1987; *H.-G. Gadamer / P. Vogler* (Hg.), Neue Anthropologie, 4: Kulturanthropologie. München–Stuttgart 1973.

K. J. Narr

Arier

↗Germanische Religion.

„Arier“ (*ărya:* Gastfreund, Hausherr, Herr?) ist *Selbstbezeichnung* einiger Völkerschaften des *indo-iranischen* Sprachzweiges: vor allem der Inder (*ārya;* s. o.), der Ost- und Westiranier (*Ērān < airyānām:* [Land der] A.), der nordiranischen Alanen *(aryānām;* s. o.). Solche Völkerschaften brachen im 2. vorchristl. Jt. von ihren gemeinsamen Wohnsitzen am Südfuß des Ural (braucht nicht die „Urheimat“ der Indogermanen zu sein!) auf, besetzten das heutige iran. Hochland (*iranischer* Zweig), infiltrierten und eroberten den ind. Subkontinent (*indischer* Zweig). *Gemeinsamer religiöser Wortschatz* läßt auf einen Fundus gemeinsamer rel. Vorstellungen und Praktiken schließen: *deva* (ind.) / *daēva* (iran.), *asura/ahura* („Leuchtender“, „Herr“: Gott); *hotar/zaotar* („Anrufer“: Opferpriester), *yaj/yaz* („verehren“: opfern); *ṛta/aša* („aufgerichtete Ordnung“: Wahrheit), *druh/drug* („Trug“: Lüge) usw. Durch Substrateinflüsse (Indien) und durch die prophetische Offenbarungsreligion ↗Zarathustras (Iran) sind bedeutende Sonderentwicklungen eingetreten. Der Einfluß des Zoroastrismus (und des persischen Großreiches) auf ↗Judentum, ↗Christentum und ↗Islam kann nicht hoch genug veranschlagt werden.

Lit.: *M. Boyce,* A History of Zoroastrianism I. Köln 1975 (Kap. I–VI) (mit Bibliographie).

H.-P. Hasenfratz

Arkān

↗Islam.

Die A. sind Pflichten, die jedem erwachsenen Muslim zur Befolgung aufgegeben sind. In der Frühzeit des Islam bestand zunächst keine Einigkeit über die Hauptpflichten der Muslime. Muḥammad selbst sah im Koran als die wichtigsten sichtbaren Zeichen der Frömmigkeit und Unterwerfung unter Gott die ṣalāt (= Gebet), die zakāt (= Wohltätigkeit) und das ṣaum (= Fasten). Bei den Sunniten bestimmen schließlich fünf Säulen die muslimische Religiosität: 1. das Glaubensbekenntnis (↗Shahāda), 2. das Gebet (↗Ṣalāt), 3. die Wohltätigkeit (↗Zakāt), 4. das Fasten des Monats ramaḍān (↗Ṣaum) und 5. die Pilgerfahrt nach Mekka (↗Ḥadjdj). Für die Shī'iten gehört das Bekenntnis zum Imāmat mit zu den Hauptpflichten. Einige, so die Ismā'īliten, fügen noch den ↗Djihād hinzu. In der Jurisprudenz, arab. *fikh*, der Wissenschaft von der ↗Sharī'a, wird die erste Säule – *shahāda* – nicht mitbehandelt, da sie sich zu einer eigenen Wissenschaft, der Theologie *(kalām)*, entwickelt hat. Den vier so verbliebenen A. wird in der fikh die rituelle Reinheit *(ṭahāra)* hinzugezählt, die zusammen 'ībādāt, d. h. die fünf Gott gegenüber geschuldeten Dienste, genannt werden.

Lit.: *J. Schacht*, Art. SHARĪ'A: HIsl 673–678; *W. Montgomery Watt / A. T. Welch*, Der Islam I. Stuttgart 1980, 262 ff. *G. Riße*

Armut. 1. A. findet sich in allen Kulturen und Religionen als Schicksal, als Zustand (bedingt von Zeit und Ort: Wüste, karge Landschaft) und als freiwillig übernommene Lebensweise.

a) A. als Unglück: Meist wird Reichtum als Segen und Glück beurteilt (Ägypten, Israel, Parsen; vgl. Calvinismus), A. hingegen negativ als individuelle Bestimmung des Armen (Hesiod: selbstverschuldet) oder als von Gott gewollt.

b) Sittliche Gefahren der A.: Für Aristoteles kommt aus der A. alles Böse. „A. erzeugt Aufruhr", sie ist ein Unglück und gilt vor Gericht als „mildernder Umstand". Bei den Griechen gibt es keine Klage über die Rechtlosigkeit der Armen; nicht der Hilflose gilt als Armer, sondern wer von seiner Hände Arbeit lebt. Die Römer sahen in der A. die soziale Wurzel für Verbrechen (Plutarch).

c) Freiwillige A.: Anaxagoras, Demokrit und die Kyniker wählen bewußt die A. (auch Platon und Sokrates). Für Antisthenes sind A. und Reichtum nicht „im Haus", sondern „in den Seelen"; „Muße" (bisher Vorrecht der Reichen) zum Erreichen der Rechtschaffenheit ist auch Besitzlosen möglich. Die Stoa rühmt die A. (Zeno); in der späteren Stoa rein theoretische Loblieder auf die A. (Seneca, Epiktet, Mark Aurel).

d) Die *asketische Sicht der A.* findet sich vor allem in Mönchskreisen (↗Buddhismus, ↗Jinismus, ↗Christentum) oder aus Weltverachtung (Minokherd, ↗Essener etc.). ↗Buddha gibt all seinen Besitz auf, um sich der ↗Askese zu widmen; der frühere Buddhismus sucht durch völlige Besitzlosigkeit die Überwindung des Leidens.

e) Eine *rel. Sicht der A.* findet sich im Ideal der Besitzlosigkeit beim Neupythagoreismus und Neuplatonismus, bei Apollonius v. Tyana und in den „negativen Konfessionen" des ägypt. Totenbuches. Gottes Eigenschaft ist es, Notleidenden zu helfen. Die Mystik des Islam lobt die von ↗Muḥammad in mekkanischer Zeit gepriesene A. *(faqr)*; wer den Armen hilft, ahmt Gott nach.

2. a) *Im AT* gilt Reichtum als Segen Gottes, A. hingegen (sozial) als selbstverschuldetes Übel und (rel.) als Gottes Prüfung oder Läuterung; beides steht nebeneinander, weil im AT keine endgültige Antwort gegeben wird auf das Problem des Bösen und des Leidens. A. ist wie Reichtum Gottes Fügung, zur Strafe oder Bewährung; freiwillige A. kennt das AT nicht (vgl. aber Essener, Therapeuten).

b) *Im NT* wird von Jesus aus Solidarität (nicht aus Weltverachtung) Reichtum insofern abgelehnt, als er zum Herrn („Mammon") des Menschen und Hindernis für das Reich Gottes und die Nachfolge wird; es gibt keine Glorifizierung der A.

c) Die *frühe Kirche* verzichtet freiwillig auf Güter (Brüderlichkeit) und gibt sich selbst den Ehrentitel „die Armen". Entscheidend bei der Frage nach Reichtum und A. wird die innere Haltung: weder schließt Reichtum an sich vom Himmelreich aus, noch wird es durch die A. garantiert (Klemens v. Alexandrien).

d) In der *Mönchsbewegung* zeigt sich freiwillige A. aus Sorge um das eigene Heil und zur Buße; bei Benedikt führt das zum Verzicht auf den Privatbesitz. Im Verlauf der *Kirchengeschichte* gab es verschiedene Erneuerungen des A.s-Ideals (Cluny, Bettelorden, II. Vatikanum), z. T. außerhalb der Kirche (z. B. Waldenser, Joachim v. Fiore, Katharer). Die Reformatoren lehnen das A.s-Ideal ab. In der kath. Kirche gehört die freiwillige A. zu den ev. Räten; in den ev. Bruderschaften wird sie heute als Verzicht auf Besitz gelebt. Die „Theologie der Befreiung“ betont eine „vorrangige Option für die Armen“ (vgl. z. B. Puebla).

Lit.: *H. Bolkestein,* Wohltätigkeit und Armenpflege im vorchristl. Altertum. Utrecht 1939; *F. Marxer,* Christl. A. heute. Aschaffenburg 1970; *A. Böckmann,* Die A. in der innerkirchlichen Diskussion heute. Münsterschwarzach 1973; *H. Wißmann u. a.,* Art. A.: TRE IV 69–121 (Lit.); *W. Kerber u. a.,* A. und Reichtum: CGG XVII. Freiburg 1981, 77–122 (Lit.); *W. Stegemann,* Das Evangelium und die A. München 1981. *M. Schneider*

Asen ↗Germanische Religion.

Askese. 1. Begriff. A. kommt aus dem Griech. (Verb: *askéo,* Substantiv: *áskēsis, askētḗs*): als Übung zum Erreichen einer (Kunst-)Fertigkeit (Homer, Herodot), als körperliches (Thukydides, Xenophon, Plato) und militärisches Training (Sophisten), als Enthaltung (Stoiker, Epiktet, Ältere Sophistik) und als rel. Übung (Isokrates, Philo v. Alexandrien). Im christl. Sinn verwenden Klemens v. Alexandrien und Origenes das Wort, das im 4. Jh. identisch wird mit „Mönch“ und monastischem Leben. Im Lat. ist der Begriff A. selten (*monasterium* als *asceterium*).
2. Religionsgeschichte. In ihr findet sich A. in verschiedenen Kulturen und Epochen, heute näher untersucht entweder in rel.-wiss. Beschreibung oder in theol. Wertung. – *Negativ-passive* A. gibt es als Verzicht auf Genußmittel (Alkohol: Muslime, Buddhisten, Sikhs, Nasiräer), Speisen (Abstinenz; ↗Tabu), Schlaf, Kleidung (Trauerkleider, Barfüßer, sakrale Nacktheit; vgl. Gymnophysiten im ↗Jinismus), Vermögen (altarische Inder), Heimat (buddh.: Burma bei Jugendweihe), Geschlechtsverkehr (total urspr. im Buddhismus, Jinismus); strenge A. (meist im Dualismus wie Orphismus, Platonismus, Manichäismus) führt bis zur körperlichen Verstümmelung (z. B. Selbstkastration in hellen. Mysterienreligionen) und lebendigem Begraben (Sterbefasten im Jinismus; ind. sādhu). *Aktiv-positiv* wird die A. geübt als Anfangshandlung (Götter verrichten asketische Bußhandlungen vor Weltschöpfung), Fasten, Keuschheit, Beichte, rituelle Reinigungen (altamerik. Kulturreligionen: um „Zorn“ abzuwenden), Kasteiung (in babyl.-assyr. Religionen büßt der König als Stellvertreter des Volkes), Opfer von Menschenblut, periodische Menschenopfer (Azteken), Heiliger Krieg, Tätowierung, „Disziplinen“ (Auspeitschen, Selbstgeißelung). – Als *angewendete* A. hat sie bestimmte, meist profane und individuelle Ziele (Verzicht auf Geschlechtsverkehr, um Erfolg bei der Jagd zu haben; Peinigung bei Initiation, um jungen Menschen Kraft und Wachstum zu ermöglichen; im Taoismus sucht man durch Übung der Tugend die Langlebigkeit); *auferlegte* A. hingegen steht im Interesse der Gemeinschaft (Abwendung von Katastrophen, Unheil), ist eng mit Kult und Ethik verbunden und hat meist rel. Charakter, zuweilen unter Vermischung mit *magischer* A. wie in den dualistischen Anschauungen (↗Neuplatonismus, Persien, Indien) zum Ablegen des „Leiblichen“ und Erreichen des Jenseitigen (Jinismus).
In *lebensbejahenden* Religionen mit positiver Auffassung von Welt und Körper gibt es eher eine negative Einstellung zur A. (vorderorientalische Schriftkulturen, klassisches Griechenland, altes Rom, Konfuzianismus, Naturreligionen, Judentum), bei *lebensverneinenden* hingegen gewinnt die A. ein vielgestaltiges Gesicht, bes. in dualistischen Anschauungen (↗Gnostizismus, ↗Manichäismus) und in Mönchskreisen (Hinduismus, Buddhismus, chin. Taoismus). Es kann dabei durchaus zu Parallelerscheinungen kommen: so gibt es in Indien neben radikalen Formen der A. (freiwilliger Hungertod, Selbstmord aller Menschen) verschiedene Weisen äußerer (Kasteiungen, Fasten, Verzicht auf Körperpflege) und innerer A. (Beichte, Dienstbeflissenheit, Studium, Meditation); es kommt sogar zu parallelen Strömungen in derselben Religion (Islam). Schließlich fehlen nicht *kritische* Stimmen gegenüber zu strenger A.: Die hind. Praxis verwirft die jinistische A.; Gautama ↗Buddha verkündet nach anfänglicher A. den „goldenen Mittelweg“, und Zarathustra-Anhänger lehnen Kasteiungen jeder Art ab und befolgen einzig das gute Gesetz *(asa).*
3. Jüd.-christl. Verständnis. Es ist manchen Wandlungen unterworfen. Grundsätzlich gilt, daß der Glaube an

Gott, den Schöpfer der Welt und Bundesgott, den atl. Menschen eine positive Beziehung zu Welt, Leben, Besitz, Genuß, Sinnlichkeit und Sexualität gewinnen läßt. Deshalb gibt es im atl. Hebräischen kein Wort für A. und asketische Handlungen. Erst durch hellen. Einflüsse kommen im späteren Judentum asketische und individuell-soteriologische Tendenzen auf (vgl. z. B. ↗Essener). Die Propheten nehmen eine kritische Haltung zu rein äußerlichen asketischen Übungen ein. – Im NT gibt es das griech. Wort *askeîn* nur in Apg 24, 16, aber nicht im spezifischen Sinn. Gegenüber der asketischen Erscheinung Johannes' des Täufers hebt sich die Lebensweise Jesu ab, er lebt nicht „asketisch" (im negativen Sinn). Das „Verlassen von allem um des Himmelreiches willen" bedeutet keine Abwertung der Welt, wohl aber Verfügbarkeit für das Reich Gottes, Entscheidung für die radikale Nachfolge, eschatologisches Zeugnis. Bei Paulus kommt die sakramentale Hineinnahme in Tod und Auferstehung Christi durch die Taufe hinzu. – Werden in den apokryphen Schriften die Apostel als Asketen geschildert, so ist für Jesus und seine Jünger die A. kein Selbstzweck und kein Mittel zur Erlösung, sondern sie wird seit den Anfängen der Kirche christologisch motiviert (Märtyrer) und hat weder mit der griech. Philosophie noch mit einem metaphysischen Dualismus etwas zu tun. Wohl tritt im westlichen ↗Mönchtum (beeinflußt vom Semipelagianismus) das moralische Element der A. stärker hervor und nimmt im irischen Mönchtum den Aspekt der Buße und Sühne an, dennoch berühren neuplatonische und dualistische Formen das Christentum nur in moralischer, kaum in ontologischer Hinsicht. Vielmehr wird die A. immer mehr durch die Erfordernisse des praktischen Lebens und tätiger Nächstenliebe bestimmt (Basilius) wie auch diszipliniert durch Gehorsam und zönobitische Lebensform (Benedikt). Am Ende des MA tendiert innerkirchlich-monastische A. zur „innerweltlichen A." im reformatorischen Protestantismus (Calvin); im 17. Jh. wird sie durch die Französische Schule von äußerer Enthaltung auf das Innere verlegt. Für das II. Vatikanum ist A. auch verbunden mit Mission, Kampf für Gerechtigkeit und Frieden, mit dem Einsatz für die Armen.

4. Bedeutung. Sie ist gegenüber früherer Aszetik, in der die Gnade nur als Hilfe zum Sittlichen *(gratia medicinalis),* nicht aber als Vergöttlichung des Menschen *(gratia elevans)* verstanden wurde, heute neu zu suchen in der „Wiedergewinnung der theol. Dimension im Begriff der A." (F. Wulf), die – grundgelegt in der Taufe – „gar nicht ‚hundertprozentig' sein will" (K. Rahner), wohl aber anstelle einer Abwertung des Diesseits beitragen muß zur Ordnung und „Umgestaltung" in ein zukünftiges Jenseits (T. de Chardin), durch Verantwortung (Sach-A.) und Engagement (Solidaritäts-A.). Hierbei ist A. nicht das Ganze des Lebens, so bedeutend auch ihre Aufgabe innerhalb des Ganzen ist.

Lit.: *J. de Guibert u. a.,* Art. Ascèse: DSp I 936–1010 (Lit.); *A. Auer,* Die philos. Grundlagen der A. Salzburg 1946; *H. Strathmann u. a.,* Art. A.: RAC I 749–795 (Lit.); *K. Rahner,* Passion und Aszese: Schriften III 73–104; *J. Gründel* (Hg.), Triebsteuerung? München 1972; *J. Bergmann u. a.,* Art. A.: TRE IV 195–259 (Lit.); *G. K. Kaltenbrunner* (Hg.), Überleben und Ethik. München 1976; *A. Rotzetter,* Selbstverwirklichung des Christen. Zürich 1983.

M. Schneider

Astralkult (Gestirnkult) bezeichnet einen Ausschnitt aus der kultischen Naturverehrung oder -religion, der die Himmelserscheinungen wie Sterne, Sonne und Mond zum Objekt der rel. Verehrung erhebt und in unterschiedlichster Ausprägung in den verschiedenen hist. Religionen nachweisbar ist. Dabei können die wahrnehmbaren Himmelserscheinungen entweder selbst als Götter (Aton), Symbole für an sich unsichtbare dahinterstehende Götter (Sonnenscheibe als Erscheinungsform für den Gott Re) oder als Geheimschrift der Götter (Babylonien) aufgefaßt werden und durch andere Symbole (Sonne durch Adler, Kreis usw.) wiedergegeben werden. Die Erfahrungen der positiven oder negativen Auswirkungen, die für die Menschen mit den bestimmten Himmelserscheinungen im Wechsel der Jahreszeiten verbunden waren, legte eine Vergöttlichung dieser erfahrenen Kräfte nahe. In der altmesopotamischen Religion Babylons war der Stern das Zeichen für den Gott, und die drei Hauptgötter, Schamasch, Sin und Ischtar, waren die

Personifikationen von Sonne, Mond und Abend- bzw. Morgenstern. Folgerichtig entwickelte sich dann aus der Vorstellung von den Sternen als einer göttlichen Geheimschrift das Bemühen durch sorgfältige Beobachtung der himmlischen Vorgänge diese Schrift zu entziffern, um die Zukunft vorhersagen zu können (↗Astrologie). Von den genannten Erscheinungen im Bereich des A. kommen der ↗Sonne und dem ↗Mond besondere Bedeutungen zu. Der Kult des röm. *sol invictus* (unbesiegbare Sonne) wurde unter Aurelian zu einem Staatskult, der so viel Integrationskraft besaß, daß sich Anhänger der Kulte des Attis, Serapis und Mithras an ihn anschließen konnten.

Lit.: *W. Gundel,* Sternglaube, Sternreligion, Sternorakel. Heidelberg [2]1959; *H. Gressmann,* Die hellen. Gestirnreligion. Leipzig 1925; *F. Boll,* Sternglaube und Sterndeutung. Stuttgart [7]1977; *G. H. Halsberghe,* The cult of Sol invictus. Leiden 1972.

P. Parusel

Astrologie / Astronomie (Al./An.). Im mythischen Bewußtsein der Antike, für das die materielle Welt, bes. der gestirnte Himmel, von geistigen oder gar göttlichen Kräften beseelt war, waren die Erforschung der am Lauf der Sterne – bes. der Sonne – ablesbaren Gesetze des Kosmos (An.) und die Erhebung ihrer Bedeutung für den Menschen (Al.) nicht streng getrennt. Die für uns greifbaren Anfänge der Sternkunde liegen in Mesopotamien, und zwar als einer priesterlichen Wissenschaft zur kalendarischen Zeitberechnung und damit verbundenen Erschließung des Willens der Götter (Omen-Al.). Bei den griech. Naturphilosophen und als Teil ihrer Kosmologie gelangte die Sternkunde zu erstaunlichen astronomischen Erkenntnissen (z. B. Berechnung der Ekliptikschiefe, der Präzession der Äquinoktien) – wie weit in Übernahme vorgriech. Kenntnisse, ist im einzelnen unklar, jedenfalls mit Auswirkungen im gesamten pers.-hellen. Bereich bis Indien und Ägypten, später im Röm. Reich. Diese Profanierung der Sternkunde führte auch zu einer sich verselbständigenden Vulgär-Al. mit trivialen Verallgemeinerungen und Wahrsagereien, mit denen Scharlatane – damals wie heute – einträgliche Geschäfte machten. Solche Abarten der Al. wurden schon in der heidnischen Antike vielfach abgelehnt (Cicero, Tacitus, Seneca). Andererseits befaßten sich die bedeutendsten Astronomen bis in die Neuzeit (z. B. N. Kopernikus, J. Kepler) auch ernstlich mit Al. Spätestens seit *C. Ptolemäus* (2. Jh. n. Chr.) beschränkt sich die Al. auf die Beobachtung der Planeten, der „Wandelsterne" (zu denen auch Sonne und Mond zählen), deren Positionen innerhalb des ↗Tierkreises trigonometrisch berechenbar sind. Grundlage der Al. in dieser Beschränkung ist die Überzeugung, daß die Planetenkonstellation als *qualitative* Bestimmung des jeweiligen Zeitpunktes im gesamten Kosmos „synchronistisch" (C. G. Jung) ihre Entsprechungen hat, darum „wie oben, so unten" gilt: im Makrokosmos des Universums wie im Menschen als einem Mikrokosmos (↗Mikrokosmos/Makrokosmos). Schon seit hellen. Zeit gab es neben den astrologischen Voraussagen über zu erwartende Ereignisse von allg. Bedeutung auch eine Individual-Al., die über die Charaktereigenschaften sowie die Lebensbedingungen und -erwartungen des einzelnen Menschen Aussagen macht, und zwar mit Hilfe seines Horoskops, d. h. einer Aufzeichnung des Planetenstandes, bezogen auf Zeit und Ort seiner Geburt. Die dem antiken Menschen selbstverständliche Entsprechung von seelischen Konfliktfeldern und körperlichen Organen führte aufgrund ihrer Zuordnung zu den Tierkreiszeichen (Melothesie) auch zu einer astrologischen Heilkunde (Iatromathematik).

Ihren festen Ort hatte die Al./An. – neben Mathematik, Musik und Geometrie – im antiken Bildungskanon, dessen Ziel es war, die nach Maß und Zahl geordnete Harmonie des Weltalls auch im Menschen gemäß seinen Anlagen zu verwirklichen. Als jedoch in der Spätantike der optimistische Glaube an eine kosmische Harmonie in die Furcht vor beängstigenden Schicksalsmächten umschlug, gewann die Al. in den gnostischen Erlösungslehren eine neue Bedeutung als esoterische Wegweisung, im Wissen um die Sterne ihrer Macht zu entrinnen. Darum lehnte die frühe Kirche Al. als Aberglauben ab, weil die ängstliche Genauigkeit, mit der man sich nach den

Ephemeriden richtet, zu „Sklaven der Elementarmächte" macht (Gal 4,3.10 vgl. Röm 8,38 f.; Kol 2,8).
Wie schon das ↗Judentum betonte die Kirche, daß die kosmischen Kräfte keine Götter sind (Weish 13), sondern im Auftrag Gottes und in Wahrung der Freiheit des göttlichen Handelns von Engeln gelenkt werden, von denen manche sich freilich ihrer Bestimmung widersetzen, so daß es in der kosmischen Ordnung auch Auswirkungen der Sünde gibt (vgl. äthHen 72–82; Offb 8, 10; 9,1) und in ihrem Bann irrige und verführerische Al. (Eph 6,12). Als über die Araber die Al. auch in der Kirche – zuerst im Osten, dann auch im Westen – Verbreitung fand, betonten die ma. Theologen (z.B. Thomas v. Aquin) den Spielraum menschlicher Freiheit: Die Sterne zeigen „Neigungen, nicht Notwendigkeiten". Das Verschwinden der Al. aus der – nicht nur kirchlichen – Öffentlichkeit nach ihrer Hochblüte im 15./16. Jh. ist hauptsächlich Folge des rationalen Bewußtseins der Aufklärung, bes. ihres auf objektivierbare Kausalzusammenhänge reduzierten Wirklichkeitsverständnisses. Als Wegweisung zur Selbstfindung, Integration und Verwandlung wurde astrologische Weisheit in esoterischen Kreisen jedoch weiter gepflegt und findet sie heute – auch in der psychologischen Beratung und für die Zukunftsplanung – wieder weite Verbreitung im Rahmen eines Bemühens um ein ganzheitliches Weltverständnis, in dem die Subjekt-Objekt-Spaltung neuzeitlicher (Natur-)Wissenschaften aufgehoben ist.
Möglichkeit und Sinnhaftigkeit von Al. sind darum rein naturwiss. oder statistisch objektiv nicht zu entscheiden. Ihr Gegenstand ist nicht die Wirkweise kosmischer Energien, sondern deren Semantik aufgrund *anthropozentrischer* Beobachtung (unabhängig vom Wandel des astronomischen Modells). Um die makrokosmisch-mikrokosmischen Entsprechungen zum Ausdruck zu bringen, bedient sich die Al. mythischer Sprache zur Charakterisierung der Tierkreiszeichen und der Planeten. Diese beruht nicht auf willkürlicher Projektion, sondern auf einer meditativen Beobachtung der unterschiedlichen Wirkungen der Sonne im Laufe des Jahres sowie der Eigenart des jeweiligen Planeten in Färbung und Bewegung.
Beurteilungen der Al. müssen davon ausgehen, wie sie den kosmischen Zusammenhang versteht: mechanistisch oder pantheistisch, als Weltseele, als Wirkbereich guter oder böser Geistwesen, als Ordnung der Schöpfung Gottes, in der es auch die Wirklichkeit geschichtsmächtiger Sünde gibt, nach christl. Glauben jedoch im Rahmen der Verwirklichung der Gottesherrschaft gemäß göttlichem „Plan" (Eph 1,10; vgl. Mt 2,1–12). Entsprechend verstehen sich astrologische Ergebnisse als Aussagen über unentrinnbares Schicksal oder wiederverkörpertes ↗Karma oder aber über individuelle Anlagen, Leidenschaften und Begrenzungen, in denen die Möglichkeiten menschlicher Freiheit zu ergreifen ethische Aufgabe ist.
Abergläubisch, fatalistisch sowie als Heilslehre gehandhabte Al. ist mit christl. Glauben unvereinbar. Christlich verantwortbar ist Al. nur, wenn sie die Herrschaft Gottes sowie die universale Bedeutung des Kreuzes Christi wahrt. Indem sie die kosmischen Bedingtheiten und den Wegcharakter menschlicher Freiheit zu beachten sucht, verweist sie auch auf die anthropologische Bedeutung der kosmischen Zusammenhänge biblischer Urbilder und liturgischer Riten.

Lit.: *P. Beskow u. a.,* Art. Al.: TRE IV 277–315 (Lit.); *U. Becker,* Lexikon der Al. Freiburg 1981; *G. Voss,* Al. – christl. Regensburg 1980; *ders.,* Astrologische Weisheit – eine Herausforderung christl. Theologie und Spiritualität: US 41 (1986) 295–317. *G. Voss*

Asura ↗Gott VII.

Atheismus

↗Agnostizismus; Monotheismus.

1. Zum Begriff. Der Begriff A. ist die latinisierte Fassung des griech. Wortes *átheos,* die an der Wende vom 16. zum 17. Jh. entstanden ist. Der älteste Beleg für *átheos* findet sich bei griech. Dichtern im 5. vorchristl. Jh. (Bakchylides um 480; ebenso bei Pindar und Sophokles). Dort ist damit der Zustand des Wahnsinns als Gottverlassenheit bezeichnet und somit der enge Konnex mit der griech. Götter- und Mythenwelt hergestellt. In Platons „Apologie des Sokrates" (26 c. 3) ist erstmals das Wort im Sinn von Leugnung der

Existenz der Götter verwendet, wobei die Götter der Polis gemeint sind. Diese Bedeutung liegt auch dem A.-Vorwurf zugrunde, der zu Asebieprozessen gegen mehrere griech. Philosophen (wie z.B. Anaxagoras und Protagoras) und Dichter geführt hatte und später gegen die Juden und Christen (vgl. Justin, Apol. I 6 [PG 6, 336]) gerichtet wurde. Während in der Antike der A.-Begriff wesenhaft auf eine Vielfalt von Göttern bezogen ist und zugleich Kritik am ↗Anthropomorphismus dieses ↗Polytheismus war, ist der neuzeitliche A. seiner Struktur nach Ablehnung des monotheistischen Verständnisses Gottes im Christentum. Darum bleibt er nicht mehr bloß eine Reaktion auf eine spezifische Ausprägung der Gottesvorstellung, sondern führt weithin zu einem radikalen A., der jegliche Existenz Gottes oder eines Göttlichen negiert. Es wäre darum verfehlt, allein aus dieser abendländisch-neuzeitlichen Perspektive einer völligen Gottlosigkeit, die sich weithin als identisch mit Religionslosigkeit versteht, die Frage nach dem Vorkommen des A. in nichtchristl. Kulturen zu beantworten. Vielmehr ist es angezeigt, zwischen einem A. im Sinne der Religionslosigkeit als Leugnung jedes Göttlichen sowie des Wahrheitsanspruchs aller rel. Vorstellungen einerseits und einem A-theismus bzw. Nicht-Theismus im Sinne der Ablehnung eines spezifischen (Mono-)Theismus zu unterscheiden. Wenn eine nichttheistische (a-theistische) Position durchaus in verschiedenen fernöstl. Religionen anzutreffen ist, so muß dies keinesfalls A. im Sinne radikaler Gott- bzw. Religionslosigkeit sein.

2. Rel.-gesch. Vorkommen eines A. Die vor allem im 19. und in der ersten Hälfte des 20. Jh. erörterte kontroverse Frage, ob es Völker gebe, die keine Religion bzw. keine Vorstellung von Gott hätten und die in diesem Sinne „atheistisch" seien, ist heute dahingehend zu beantworten, daß Religionslosigkeit als evolutionistisches Vorstadium des Götter- bzw. Gottesglaubens nicht beweisbar ist. Das Phänomen der Abwendung von bzw. Kritik an Gottesvorstellungen scheint vielmehr erst innerhalb schon ausdifferenzierter Mythologien bzw. Theologien aufzutreten. Eines der frühesten Zeugnisse einer innerrel., aber gleichwohl ohne Gott sich verstehenden Weltsicht findet sich in der *hind. Sāṃkhyaschule.* In ihr wird die Existenz eines höchsten göttlichen Wesens nicht angenommen, sondern die Erlösung der Geistseele *(puruṣa)* aus der Verbindung mit dem leiblich-seelischen Dasein, das hineinverwoben ist in die Urmaterie oder Urnatur *(prakṛiti),* geschieht durch die Erkenntnis, daß beide – Geist und Materie – wesensverschieden sind. Angestrebt ist also die totale Isolation ohne Bezug zu einem Absoluten oder Göttlichen; insofern ist hier tatsächlich eine atheistische, aber keineswegs religionslose Position gegeben. Als bekannteste Ausprägung einer „atheistischen" Religion gilt vielfach der ↗*Buddhismus.* Doch im Grunde lehnt er zwar die Idee eines persönlichen Weltenschöpfers und -regierers entschieden ab und ist in diesem Sinne a-theistisch; zugleich anerkennt er aber eine Vielzahl von Göttern, die zu verehren sind, um sie geneigt zu stimmen. Aber diese Götter sind nicht unendlich und ewig, sondern unterliegen dem Gesetz des Werdens und Vergehens; sie sind dem ↗Saṃsāra (↗Hind. Philosophie) zugehörig und dem ↗Karma unterworfen, also erlösungsbedürftig wie der Mensch selbst. Im 20. Jh. ist auch eine Rückbesinnung auf den Buddhismus als „atheistische" Religion anzutreffen, deren Absicht es ist, eine im Gegensatz zur Autonomie gedachte Theonomie zu überwinden (Sh. Hisamatsu). Eine Relativierung bzw. Transzendierung der klaren Idee eines Hochgottes durch das ↗*Tao* findet sich im Tao-te-king (vgl. bes. 4. Kap.) ↗Lao-tzûs.

3. Neuzeitlicher A. Als Begründer des „klassischen" neuzeitl. A. gilt *L. Feuerbach,* der die Rede von Gott (Theo-logie) als eine verschlüsselte Rede vom Menschen (Anthropo-logie) beurteilt und zu einer kritischen Reduktion der Vorstellung von Gott gelangt. Dieser A. äußert sich also vorwiegend als ↗Religionskritik, und zwar als Kritik am Christentum; weitere klass. Vertreter sind *K. Marx, F. Nietzsche* und *S. Freud.* Deren Positionen werden im 20. Jh. auf breiter Basis rezipiert. Hier kann man vereinfacht zwischen den primär individualistischen Entwürfen unterscheiden, die um

der Freiheit des einzelnen willen die Existenz Gottes negieren (wie vor allem in der atheistischen Existenzphilosophie J.P. Sartres und A. Camus'), und den kollektivistisch orientierten Ansätzen, die den A. im Interesse gesellschaftlicher und ökonomischer Befreiung des Menschen propagieren (wie es vor allem marxistische Denominationen des A. tun). Unter diesen ragt aufgrund seiner (staats-)politischen Ausgestaltung der Marxismus-Leninismus heraus, für den außer *Marx* bes. *Engels* und *Lenin* maßgebend sind. Grundlegend für den systemat. Ausbau dieser Doktrin ist der „Dialektische Materialismus", der materialistische Auffassungen des 19. Jh. übernimmt und sich heute als „wissenschaftlicher" A. versteht. In den westl. Industrienationen artikuliert sich der A. in der Gegenwart weithin als ↗Agnostizismus.

Lit.: *F. Mauthner,* Der A. und seine Geschichte im Abendlande. 4 Bde. Stuttgart 1922/23 (Nachdruck Hildesheim 1963); *H. Ley,* Geschichte der Aufklärung und des A. Bde 1–3/2. Berlin 1966–1978; *W. Fahr,* ΘΕΟΥΣ ΝΟΜΙΖΕΙΝ. Hildesheim 1969; *H. v. Glasenapp,* Der Buddhismus – eine atheistische Religion. München 1964; *E. Coreth / J. B. Lotz,* (Hg.), A. kritisch betrachtet. München 1971; *E. Biser,* Theologie und A. München 1972; *J. Figl,* A. als theologisches Problem. Mainz 1977; *F. König,* Gibt es einen wissenschaftlichen A.? Freiburg 1978; *A. K. Wucherer-Huldenfeld u. a.* (Hg.), Weltphänomen A. Wien 1979; *W. Kasper,* A. und Gottesverborgenheit: CGG XXII 5–57; *Sh. Hisamatsu,* A.: ZMR 62 (1978) 268–296. *J. Figl*

Athene ↗Gott III 3 B.

Ātman. Etymologisch kann das Wort Ā. abgeleitet werden von *an* = atmen, *at* = sich bewegen oder *va* = wehen. Wörtlich heißt Ā. dann der Atem. Später hat das Wort die Bedeutung von „Leben", „Seele", „Geist" usw. gewonnen. Ā. wird als Prinzip aller intellektuellen und geistigen Tätigkeiten einer Person betrachtet, als innerstes Wesen eines Individuums, das wiedergeboren wird.
In der vor-upaniṣadischen Lit. kommt das Wort A. nicht häufig vor. Die Frage: „Woher ist Ā.?" (Ṛgveda I 164,4) drückt die Unbegreiflichkeit von Ā. aus. *Ṛgveda* VII 87,2 beschreibt Ā. als den Atem des Lebens, *Śatapatha Brāhmaṇa* X 6,3,2 als den Geist, „dessen Verkörperung das Leben ist, dessen Gestalt das Licht ist". In den *Up.* ist Ā. ein Schlüsselbegriff. Während im *Ṛgveda* Ā. nur die individuelle Seele bedeutet, steht der Begriff in den *Up.* sowohl für die individuelle Seele als auch für die Weltseele. Im Gegensatz zu ↗*Brahman,* das der Urgrund des Kosmos ist, gilt Ā. als der Urgrund der individuellen Seele. Weil Ā. „*Neti, neti*" = „nicht dies, nicht dies" ist (Bṛhadāraṇyaka Up. III 9,26; IV 4,22), ist Ā. im gewöhnlichen Sinn unbegreiflich und kann nur durch die Gnade Gottes verstanden werden (Śvetāśvatara Up. III 20). Alles muß wegen Ā. geliebt werden (Bṛhadāraṇyaka Up. II 4,4–6). Es gibt Stellen, die ganz deutlich über Ā. als die Urwirklichkeit sprechen: „Am Anfang gab es nur Ā., und alles wurde durch Ā. ins Leben gerufen" (Bṛhadāraṇyaka Up. I 4,1 ff.). Manche upaniṣadischen Texte identifizieren die individuelle Seele mit der höchsten Seele (Bṛhadāraṇyaka Up. III 7,3 ff.; Kauṣītaki Up. III 8). Andere wiederum identifizieren *Brahman* mit Ā. (Chāndogya Up. III 14,1–4), so auch die „großen Sprüche" *(Mahāvākyas):* „Ich bin *Brahman*" (Bṛhadāraṇyaka Up. I 4, 10); „Das *Brahman* bist du" (Chāndogya Up. VI 8,7; 11,3; 16,3); „Dieser Ā. ist *Brahman*" (Bṛhadāraṇyaka Up. II 5,19; Māndūkya Up. 2; Śvetāśvatara Up. I 16). Manchmal werden die Begriffe Ā. und *Brahman* synonym gebraucht (Taittirīya Up. II 1,1).
Verschiedene Vedānta-Schulen haben später die oben genannte Unklarheit im Gebrauch des Begriffs Ā. zu beseitigen versucht, indem sie sogar zwei unterschiedliche Begriffe – *Jīvātman* = individuelle Seele und *Paramātman* = absolute oder höchste Seele – verwendeten. Sie haben jedoch in unterschiedlicher Weise erklärt, wie *Jīvātman* und *Paramātman* in Beziehung zueinander stehen. Die *Advaitisten* (Nicht-Dualisten) meinen, daß *Pāramātman* und *Jīvātman* absolut identisch sind (Monismus), die *Viśistādvaitisten* (qualifizierte Nicht-Dualisten), daß *Jīvātman* ein Attribut von *Paramātman* sei (qualifizierter Monismus), die *Dvaitisten* (Dualisten), daß der *Jīvātman* eine eigene Identität hat (Dualismus) (↗Vedantā).

Lit.: *S. Radhakrishnan* (Ed.), The Principal Upanisads. Reprint, London 1978; *R. Panikkar,* The Vedic Experience. Reprint, London 1979. *A. Thannippara*

Audition (vom lat. *audire* = hören) bezeichnet ein Hören mit dem „inneren Ohr“ ohne feststellbare Gehörwahrnehmungen. Das Gehörte bricht unversehens als Sprache, Musik, Rauschen usw. über die betreffende Person herein. A.en weisen verschiedene Intensitätsgrade auf und ereignen sich in unterschiedlichen Bewußtseinszuständen: So kann man zwischen halluzinativen, hypnopompen, luziden und ekstatischen A.en unterscheiden. Eine weitere Unterscheidung kann zwischen pathologischen, selbstbewußten und inspiratorischen A.en getroffen werden. Die betreffende Person ist dabei nur selten in der Lage, zwischen Eigenproduktion und Eingebung zu unterscheiden. Harmonische Sinnhaftigkeit des Gehörten und persönliche Selbstkontrolle sprechen gegen eine pathologische A. Rel.-gesch. wird die A. als Privileg weniger von einer Gottheit Erwählter verstanden. Dabei kann die A. als geistiger Vorgang auch den Körper erschüttern. Eingehende Untersuchungen der A. stehen z. Z. noch aus.

Lit.: *E. Benz,* Die Vision. Stuttgart 1969; *F. Heiler,* Erscheinungsformen und Wesen der Religion. Stuttgart 1961, 552f. *A. Resch*

Auferstehung

I. Jüdisch. – II. Christlich. – III. Islamisch

I. Jüdisch. Die Hoffnung auf eine Wiedererweckung zu einer körperlich verfaßten Existenz nach dem Tod stellt einen zentralen Glaubenssatz des rabb. ↗Judentums dar, der biblisch eindeutig allerdings erst im Buch Daniel, dem letzten Buch des hebr. Kanons, belegbar ist. Im Kontext der Religionsverfolgungen wird verheißen, daß „viele von denen, die im Haus der Erde schlafen, aufwachen (werden), die einen zu ewigem Leben, die anderen zur Schmach, zu ewiger Schmach“ (Dan 12,2). Das Martyrium gerade der Frommen provoziert in bis dahin ungekannter Schärfe die Frage nach der Bundestreue Jahwes. Neben der Gewißheit seiner Verläßlichkeit (vgl. z.B. Ps 73,26) ist es das Wissen um seine Macht über Leben und Tod (Dtn 32,39 u.a.), was den A.s-Glauben biblisch vorbereitet. Da die altisraelit.-hebr. Anthropologie keinen Leib-Seele-Dualismus kennt, sondern den Menschen in seiner Partizipation an Lebens- und Todessphären begreift, verwundert es nicht, Aussagen über die Erweckung zu neuem Leben im Kontext von Heilung, Geburt, vegetativem Wachstum oder politischer Neukonstituierung des Volkes zu finden. Ab wann diese Aussagen über ihren Wortsinn hinaus als Interpretamente eines A.s-Glaubens fungieren, ist im einzelnen schwer zu unterscheiden. Während 2 Makk 7,9 und 7, 22f. einen A.s-Glauben kennen, belegen Randglossen zu 2 Makk 12,43–45, wie umstritten ein solcher Glaube noch in zwischentestamentlicher Zeit war. Auch wenn die A. zunehmend bejaht wird, variieren das jeweilige Verständnis – vor allem das jeweilige Verhältnis von traditionell-bibl. und griech. Anthropologie – wie die Bedeutung für die einzelne Gemeinschaft stark. Lassen Indizien auf einen durch Naherwartung relativierten A.s-Glauben in Qumran schließen, wird ein solcher von den Sadduzäern strikt abgelehnt. Dagegen wird die A. vom pharisäisch-rabbinisch geprägten Judentum nach 70 bzw. 135 n.Chr. zum zentralen Glaubenssatz erhoben und als einziger Satz der jüd. Eschatologie dogmatisch formuliert: „Alle in Israel haben Anteil an der kommenden Welt ... Folgende haben keinen Anteil an der kommenden Welt, wer da sagt, es gibt keine A. der Toten ...“ (mSanh 10,1b), wofür die Autorität der Tora und anderer bibl. Schriften beansprucht wird. Wesentlich zur Verbreitung trug die Aufnahme der A. in so zentrale Gebete wie das 'Amidah und das Morgengebet bei (bBer 57b; 60b). So konsenshaft und entschieden die Rabbinen am Faktum der A. festhalten, so offen bleibt die Diskussion ihrer Modalitäten. Bezieht man die A. im allg. auf Israel (wobei umstritten bleibt, ob für Gesamtisrael oder nur für die Gerechten), verhindert dies nicht die weite Verbreitung der Auffassung, die Gerechten aller Völker würden einst erweckt werden. In der Auseinandersetzung um die Bedeutung des Körpers wird das zentrale Interesse der Rabbinen an der Integrität und Endgültigkeit menschlicher Verantwortung deutlich. So antwortet Jehuda ha-nasi auf die Frage, ob einst der Körper oder die Seele gerichtet werde, mit der Parabel von einem König, der seinen Obstgarten von einem Lahmen und einem Blinden bewachen ließ. Nach dem Obst, das während der Abwesenheit des Königs gestohlen worden war, befragt, antwortete der Lahme: „Habe ich denn Füße, mit denen ich gehen könnte? Ebenso antwortet ihm der Blinde: Habe ich Augen, mit denen ich es sehen könnte? Was tat er nun? Er setzte den Lahmen auf den Blinden und richtete sie gemeinsam. So bringt auch der Heilige, gepriesen sei Er, die Seele in den Körper zurück und richtet sie gemeinsam" (bSanh 91 a–b). Auch die so abgelegen erscheinenden Fragen, ob die Verstorbenen mit ihren Gebrechen oder bereits vollendet erweckt würden, in ihren Sterbekleidern oder ohne diese, oder die Vorstellung von der Unverwesbarkeit eines Rückgratknochens bei Gerechten zielen darauf ab, die Identität von prä- und postmortaler auferweckter Person sicherzustellen. Die Herkunft der A.s-Hoffnung aus der bibl. Verheißungsgeschichte wird in den Diskussionen um das Land Israel erkennbar. Wurde einerseits die Überführung von in der Diaspora Verstorbenen für notwendig erachtet, so erübrigt sich diese, wenn andererseits ein unterirdisches Kanalsystem angenommen wird, über das die Toten ins Land gelangten. Erde aus 'erez Jisrael auf dem Grab in der Diaspora kann ebenfalls die Verbindung herstellen. Mit den eschatologisch zentralen Begriffen der „kommenden Welt" ('olam ha-ba') und der „Tage des Messias", die in ihrer Bedeutung und Zuordnung im ↗Talmud uneindeutig bleiben, bleibt dies auch die A. hinsichtlich Zeitpunkt, Subjekten und konkreter Funktion im endzeitlichen Geschehen. Zahlreich sind die Vorstellungen über den Zwischenzustand der Seele. Sei es, daß sie nach dem Tod direkt gerichtet werde, im Fall von Ungerechten passiv in der Sche'ol das endzeitliche Gericht erwarte oder – eine Präexistenz der Seele unterstellt – in das himmlische Behältnis ihres Ursprungs zurückkehre. Neben der drastischen Ausmalung des endzeitlichen Lebens der Gerechten im ↗Paradies bleibt der Sinn für die grundsätzliche Unausdenkbarkeit dieses Zustandes bewahrt, wenn Jes 64,3 leicht variierend erinnert wird: „Kein Auge hat es gesehen außer Gott allein" (z. B. bBer 34b).

Die Religionsphilosophen suchen die Auffassungen der Rabbinen unter Aufnahme der aristotelischen Intellekt- und platonischen Seelenlehre zu systematisieren, was insgesamt zu einer Akzentverschiebung zugunsten der Lehre von der ↗Unsterblichkeit der Seele führt. Die die Zeit prägenden Widersprüche werden exemplarisch im Werk des Mose b. Maimon erkennbar, der als 13. seiner Glaubensartikel die A. nennt, im Kodex *Mischne Tora* wie im *„Führer der Unschlüssigen"* jedoch anscheinend nur die Unsterblichkeit der Seele vertritt. Diesen Widerspruch sucht er in *Maamar Techiat ha-Metim* durch ein Zwei-Phasen-Modell zu lösen: Der körperlichen A. in einer gesch.-messianischen Zeit ordnet er eine geistige A. in der absolut gedachten kommenden Welt nach. Ob die A. von Mose b. Maimon bejaht wird, bleibt zweifelhaft; zumindest verstehen sie Anhänger von ihm lediglich als Interpretament der Unsterblichkeit der Seele, was immer wieder Widerspruch provoziert (z. B. Meir b. Todros Abulafia, Mose b. Nachman).

Spirituell vor allem am jenseitigen Schicksal der Seele interessiert, verarbeitet die ↗Kabbalah aristotelische und platonische Einflüsse in subtilen Systemen, die auch gnostische Vorstellungen wie die einer Seelenwanderung und -schwängerung zu integrieren vermögen.

Im Zuge der Aufklärung *(Haskala)* favorisiert das Judentum der Neuzeit die Unsterblichkeitsauffassung. Das Reformjudentum weist in seiner programmatischen Pittsburgh Platform (1885) die A. des Körpers als unjüdisch zurück. Die Texte nord-amerik. Gebetbücher werden in der Folge revidiert, während deutschsprachige im Wortlaut unverändert bleiben, jedoch der Platform entsprechend interpretiert werden.

Lit.: *K. Schubert,* Die Entwicklung der A.s-Lehre von der nachexilischen bis zur frührabbinischen Zeit: BZ 6 (1962) 177–214; *A. Altmann,* Art. Beatitude: EJ IV 359–363; *B. Z. Bokser,* Art. Life and Death: EJ XI 235–237; *D. Boyarin u. a.,* Art. Resurrection: EJ XIV 96–103; *(Editorial Staff),* Art. Afterlife: EJ II 336–339; *S. Rosenblatt,* Art. 'Olam haba': EJ XII 1355–1357; *A. L. Olan,* Judaism and Immortality. New York 1971; *K. Hoheisel,* Tod und Jenseits im außerbibl. Judentum des Orients: H. J. Klimkeit (Hg.), Tod und Jenseits im Glauben der Völker. Wiesbaden 1978, 97–109; *G. W. Nickelsburg,* Resurrection, Immortality and Eternal Life in Intertestamental Judaism. Cambridge 1972; *G. Stemberger,* Art. A., I/2. Judentum: TRE IV 443–450; *J. Maier,* Art. Leben nach dem Tod: ders. / P. Schäfer, Kleines Lexikon des Judentums. Stuttgart 1981, 185.

P. Petzel

II. Christlich. Der Begriff A., verbal „auferstehen/auferwecken/erheben", umfaßt einen Sachverhalt, der mit A. „aus Toten"/ „der Toten" nur unvollkommen erschlossen ist. Christlicherseits gewinnt die Aussage von der A. ihre Bedeutung vom Bekenntnis zur A. Jesu her. Es beinhaltet, daß Jesus tot war, wobei dies auf atl. Hintergrund bereits theologisch qualifiziert ist, insofern die Sche'ol als Ort der Toten der Ort der Gottesferne und Machtlosigkeit des Menschen ist (Ps 88,11–13). So wird der Tod Jesu durch „er ist begraben worden" (1 Kor 15,4; Apg 13,29) oder durch seinen Hinabstieg in das Totenreich (Apg 2,24; 1 Petr 3, 21) ausgesagt. Rel.-gesch. bedeutsam erscheint, daß das älteste Evangelium zwar das Phänomen A. kennt und auf die A. Jesu hinweist (Mk 8,31), aber schließlich nur von einem leeren Grab zu berichten weiß, das einer himmlischen Deutung bedarf (Mk 16,6). Um zum Bekenntnis der A. Jesu zu gelangen, genügt das leere Grab also nicht, auch wenn man es nicht als unhistorisch auffassen sollte (Apg 2,24–32). Der hist. Grund, um das Bekenntnis auszusprechen, dürfte sich in den sog. Erscheinungsberichten (1 Kor 15,5–8; Lk 24,34; Mt 28,9f; Apg 9, 1–8) und der in ihnen enthaltenen *„ōphthē"*-Formel niedergeschlagen haben. Da die A.s-Aussage zunächst das Bekenntnis zu dem Gott bedeutet, der an Jesus gehandelt hat (1 Kor 15,15), sollte auch die „ōphthē"-Formel übersetzt werden mit „er (Gott) hat ihn (Jesus) sehen lassen", was dann das „sich sehen lassen (Jesu)" beinhaltet. Die Formel dürfte auf atl. Hintergrund entstanden sein, wo Gott (Gen 12,7) oder sein „Engel" (Ex 3,2) „sich sehen läßt", d.h. sich offenbart. Die ↗Offenbarung (V) des Gekreuzigten nach seinem Tod als Lebender (Lk 24,5) läßt den Kreuzestod Jesu in einem neuen Licht erscheinen: Er bedeutet nicht das Scheitern, sondern die Bestätigung seines Anspruchs (↗Gottesreich) und die bleibende Gültigkeit seiner Person. Das darauf antwortende Bekenntnis seiner Jünger, „Gott hat Jesus auferweckt" (1 Kor 6,14; Apg 2,32), greift auf Begrifflichkeiten zurück, die Gottes gesch. (Ri 2, 16.18) und endzeitliches (Dtn 18,15; 1 Chr 17,11) Handeln bezeichnen. Es umfaßt im wesentlichen zwei Bedeutungskomplexe: a) Im Blick auf die Anklage vor der röm. Behörde (↗Christus/Messias) wird die Kreuzigung Jesu als Erhöhung zum davidischen Gottessohn verstanden (Joh 12,32; 19, 16–22), die in seiner A. begründet ist (Röm 1,3f.) und die Gott bewirkt hat (Apg 2,34–36; Hebr 1,1–5). In der A. bestätigt Gott, daß Jesus „der" Gesalbte Gottes (↗Messianismus) ist (Lk 4,18). – b) Im Blick auf den Tod Jesu wird seine A. „aus Toten" ausgesagt (Apg 3,15). Die Aussage geht wohl nicht (direkt) auf die Vorstellung von der A. des endzeitlichen Propheten zurück (Berger), sondern auf die von der endzeitlichen A. aller Toten, wie sie vor allem in der frühjüd. ↗Apokalyptik ausgeprägt ist. Die Formulierung „aus Toten" betont die Einzigartigkeit dieses Toten als „Erstlingsgabe der Entschlafenen" (1 Kor 15,23) und „Gründer des Lebens" (Apg 3,15). Betont wird die Leiblichkeit des Auferstandenen (Lk 24,39; Röm 8,11), die durch das Totenreich nicht zerstört wird (Apg 2,24–31). Da nach apokalyptischer Vorstellung die A. „der Toten" am Ende der Zeit (↗Zukunft/Jenseits) erwartet wird, bedeutet Jesu A. „aus Toten", daß sich in ihm Endzeit ereignet. Von daher ist die in Joh 11,25 vollzogene Identifizierung Jesu mit der A. zu verstehen. Mit der A. Jesu als des Christus ist sowohl seine gegenwärtige (endzeitliche) Heilsbedeutung gegeben (Lk 1,33; Apg 2,34–36: der Erhöhte herrscht über seine ↗Kirche) als auch seine zukünftige (1 Thess 1,9f.: der Auferweckte errettet aus dem kommenden Gericht Gottes). Beides bestimmt entscheidend das christl. Gottesbild (1 Kor 15, 14f.) und die im ↗Glauben verbundene Gemeinschaft (2 Tim 2,16–19) in der Rede von „der" A. Jesu (Apg 1,22; 2,31; Mk 16,9). Die A. Jesu sichert dem Getauften (Röm 6, 3–5) die Teilhabe an der A. Jesu (1 Kor 6,14), weil dieser jetzt schon im neuen Leben wandeln darf. Der Glaube an die A. der Gerechten (Lk 14,14) bzw. an die A. zum Leben oder Gericht (Joh 5,29) wird daher auch nicht aus apokalyptischen Vorstellungen abgeleitet (Dan 12,2; 4 Esra 7,37; ↗A. I. Jüdisch), sondern im Bekenntnis zur A. Jesu vermittelt. Die allgemeine A. findet deshalb erst bei der Wiederkunft Christi (↗Parusie) statt (1 Kor 15,51f.; 1 Thess 4, 14–17; Apg 3,19f.). Sie ist nicht Fortsetzung des irdischen Daseins unter anderen Vorzeichen wie im heidnischen Hellenismus, sondern Verwandlung (1 Kor 13,35–55; Mk 12,25–27) und wahres Leben (Joh 5,24–26). Dem Glaubenden ist sie im Unterpfand des Gottesgeistes bereits zugesagt (2 Kor 5,1–7), weil er der Sünde „tot" ist (Röm 8,1–11). So ist, wer „in Christus ist", bereits „neue Schöpfung" (2 Kor 5,17), auch wenn er noch dem physischen Tod ausgeliefert, sterblich ist (1 Kor 15,23–28). Daraus erwächst die christl. Hoffnung (1 Kor 15, 19–28; Apg 23,6; 24,14f.; 1 Petr 1,3f.), d.h. die Gewißheit, daß Gott die Welt als dem Gericht und der Sünde (↗Schuld/Sünde V) verfallene nicht in ihrem Zustand beläßt (Röm 5,1–11), sondern sie bei der Wiederkunft Christi (1 Kor 15,23–28) endgültig verwandelt (Röm 8,13–30). War die allg. A. der Toten im Urchristentum aufgrund der Naherwartung noch kein zentraler Aspekt (1 Thess 4,13–18; 1 Kor 15,51), so gehört sie in späterer Zeit zum festen Bestandteil der Christologie (Hebr 6,1f). Der Gerichtsgedanke, der ursprünglich mit der A. in eins gesetzt wurde (Joh 5,25), gewinnt dabei zusehends eigenständige Bedeutung (Hebr 6,2; Offb 20,1–15).

Lit.: *K. Berger,* Die A. des Propheten und die Erhöhung des Menschensohnes. Göttingen 1976; *G. Greshake / J. Kremer,* Resurrectio mortuorum. Darmstadt 1986; *P. Hoffmann,* Art. A.: TRE IV 450–467; *H. Kessler,* Sucht den Lebenden nicht bei den Toten. Düsseldorf 1985; *H. Merklein,* Die Auferweckung Jesu und die Anfänge der Christologie (Messias bzw. Sohn Gottes und Menschensohn): ZNW 72 (1981) 1–26.

J. Hintzen

III. Islamisch. Der Glaube an die A. der Menschen zum Gericht gehört zu den wichtigsten Inhalten des islam. Credos. An vielen Stellen warnt der Koran: Gott „wird euch sicher zu dem Tag der A. versammeln, an dem kein Zweifel möglich ist" (4,87; vgl. u.a. 23,15–16; 6,12.36.38; 2,113; 3,9.25 usw.). Zur Zeit Muḥammads leisteten die Polytheisten nachhaltigen Widerstand gegen den Gedanken an eine A. der Toten (vgl. 16,38; 64,7 usw.; vgl. 23,37; 45,24). Aber der Koran bekräftigt, daß Gott seine Drohung (14,47) bzw. seine Verheißung (21,104) erfüllen wird. Die Möglichkeit der A. hänge von der Allmacht Gottes, des Schöpfers, ab. Das kann man jedes Jahr an der Natur sehen, die aus ihrem Wintertod zu neuem Leben wiedererweckt wird (35,97; 43,11; 30,19.50; 7,57; 22,5–6). Desgleichen sei die ständige Erschaffung des Menschen durch die Zeugung ein Hinweis auf die Allmacht Gottes, der auch die Toten erwecken werde (22,5–6). Vgl. auch 36,79.81–83.

In der ersten Phase seiner Botschaft spricht der Koran vom nahen Gericht (53,57–58; 78,40; 70,6–7; 54,1; 71,1). Mit der Zeit schwächte sich aber diese Naherwartung des Endgerichtes ab. Gott habe nun den Menschen Aufschub gewährt (11,104; 10,49). Wie lang die Frist sein werde, stehe in der Entscheidung Gottes allein (31,34; 7,187); sie könne sehr kurz sein und überraschend zu Ende gehen (19,39; 21,40; 27,65; 16,77; 10,50; 46,35), und die Stunde des Gerichts könne ganz plötzlich hereinbrechen (7,187). So solle man die Drohung ernst nehmen: „Vielleicht steht sie nahe bevor" (17,51).

Die muslimischen Theologen stritten miteinander über die Frage, ob nur der durch den Tod von der Seele getrennte Leib auferweckt wird oder der gesamte Mensch, der nach der Auffassung vieler Gelehrter aus einem Körper und einem anderen feineren materiellen Teil (= Seele) zusammengesetzt ist. In jedem Fall werde die A., so die gängige Meinung, Körper und Seele umfassen, denn die Seele ist in ihrem Wirken auf den Leib angewiesen, und der Mensch ist erst vollständig, wenn sein Leib und seine Seele zusammengeführt werden.

Zur Frage, ob der auferstandene Körper der gleiche ist wie der irdische, merken einige an, daß der Koran von einem *ähnlichen* Körper spricht (36,81); außerdem sei das jenseitige Leben anderer Art als das irdische, daher bedürfe es einer anderen Leiblichkeit. Die Mehrheit vertritt aber die Meinung, daß es der gleiche Körper sein wird, denn nach dem Koran wird Gott „diese Knochen wiederbeleben“ (36,79), und beim Gericht werden gegen den Menschen seine eigenen Glieder zeugen (24,24; 41,20). Gegen den Einwand, wie der gleiche Körper erweckt werden soll, wenn Teile von ihm von einem anderen Menschen gegessen worden sind, führen sie aus, daß auferweckt wird, was wesentlicher Bestandteil des Körpers sei und daher nicht zwei Menschen zugleich gehören könne. Im übrigen sei dies für die Allmacht des Schöpfers ein leichtes. – Zu alledem hat der Volksglaube phantastische Vorstellungen entwickelt.

Lit.: *L. Gardet,* Dieu et la destinée de l'homme. Paris 1967, 237–289; *Ṣubḥī el-Ṣaleḥ,* La vie future selon le Coran. Paris 1971; *J. I. Smith / Y. Y Haddad,* The Islamic Understanding of Death and Resurrection. New York 1981; *H. Stieglecker,* Die Glaubenslehren des Islam. Paderborn ²1983, 755–766; *M. Horten,* Die religiöse Gedankenwelt des Volkes im heutigen Islam. Halle 1917/18; *Imām 'Abd al-Raḥīm al-Qāḍī,* The Islamic Book of the Dead: A Collection of Hadiths on the Fire and the Garden. Norwich 1977.
A. Th. Khoury

Auguren (Etymologie unklar) bildeten das altröm. Priesterkollegium (Augurat), dessen Aufgabe es war, durch Deutung bestimmter Himmelserscheinungen (z.B. Blitze, Vogelflug) den Willen der Götter, bes. Jupiters, zu erkunden. Vor allem bei bevorstehenden politischen, aber auch vor wichtigen privaten Entscheidungen in der Familie wurden die A. befragt. Um zu einer Deutung zu gelangen, beobachteten die A. vom Tempel *(templum minus)* aus durch eine Öffnung einen genau abgegrenzten Ausschnitt des Himmels *(templum maius).* Dieser Ausschnitt wurde in Viertel geteilt, und je nachdem in welchem Viertel das erwartete Zeichen von den A. erblickt wurde, stand es günstig oder ungünstig für die zu treffende Entscheidung.

Lit.: *F. Muller / J. H. Waszink,* Art. A.: RAC I 975–981.
D. Becker

Auserwählung. JHWH hat sich in Liebe Israel zu seinem (Eigentums-)Volk gemacht (vgl. Ex 19,5; Dtn 7,6; 14,2; 26,18). Diese A. ist grundlegend für den Glauben des Judentums. Die Geschichte des Volkes hat hier ihren Ursprung und erhält dann im ↗Bund (I) und in der Gabe der Tora ihre wesentlichen Inhalte (vgl. bBer 11 b). Von daher bedingen Offenbarung und Erwählung einander; letztere wird niemals widerrufen. Israel nimmt die Tora ohne Vorbedingungen an (vgl. Ex 24,7 in der Deutung von bSchab 88 a sowie Sifre Dev § 343/ed. Horovitz-Finkelstein 395 f.). Andererseits geht Gott selber mit seinem Volk ins Exil (so bMeg 29 a). Israel bezeugt JHWH, der sonst nicht Gott sein könnte: „Nur wenn ihr meine Zeugen seid, bin ich 'El; wenn ihr jedoch nicht meine Zeugen seid, so bin ich gewissermaßen nicht JHWH“ (Pesiqta de Rab Kahana 12,6 [ed. Mandelbaum I 208]). Im „Kusari“ des Philosophen Jehuda Halevi findet der Gedanke der A. Israels zentrale Exponierung. Alles Wesentliche aber spricht der Beter: „Du hast uns auserwählt *(b^e^chartanu)* von allen Völkern, uns geliebt und Wohlgefallen an uns gefunden, uns erhöht über alle Zungen, uns geheiligt durch deine Gebote, uns, unser König, deinem Dienste nahegebracht und deinen großen, heiligen Namen über uns genannt“ (aus dem Musafgebet für Jom tov). Vom konkurrierenden Christentum wurde dieser Erwählungsglaube oft als elitärer Überlegenheitsdünkel disqualifiziert, meist verbunden mit der Behauptung einer endgültigen Verworfenheit Israels. Tatsächlich jedoch bedeutet nach jüd. Selbstverständnis diese Wahl Sendung und Engagement für die gesamte Schöpfung Gottes. Da das auch für die Christen Geltung hat, heißt A. dann aber heilsgesch. konkret: Juden *und* Christen stehen jeweils in Bewährung und Zeugnis voreinander gemeinsam im Dienst für die Vollendung der Gottesherrschaft (vgl. Zef 3,9 und Sach 14,9).

Lit.: *S. Schechter,* Aspects of Rabbinic Theology. Neudruck, New York 1961, 57–64; *F. Rosenzweig,* Der Stern der Erlösung. Den Haag ⁴1976, 3. Teil; *M. Buber,* Die Erwählung Israels: ders., Werke II. München 1964, 1037–1051; *F. Mußner,* Traktat über die Juden. München 1979, 18–26.
K.-H. Minz

Autonomie ↗Ethik VIII.

Avalokiteshvara ↗Kuan-yin.

Avatāra. Das Wort A. (Skt.) ist von der Wurzel *tṛ* (= überqueren, hinübergehen) abgeleitet. Die Vorsilbe *ava* bedeutet „herab“. Demnach bezeichnet A. die Herabkunft (Gottes), Erscheinungen oder Verkörperungen der Götter. Erst von 500 v. Chr. an finden wir dieses Wort in Gebrauch. In den *Veden* ist keine Rede von A. Immerhin erscheint dieser oder jener Gott in der einen oder anderen trügerischen Gestalt, z. B. als ein Vogel, um die Feinde zu täuschen (*Ṛgveda* III 53.8; VI 47.18). Manche versuchen den Ursprung der A.-Lehre auf diese vedische Idee zurückzuführen. Erst in den sehr späten Up. finden wir Hinweise auf die A.-Lehre (siehe *Rāmōttaratapanīyōpaniṣad* 5).

In den Epen und in den *Purāṇas* (alten Erzählungen) begegnen wir zahlreichen A. verschiedener Götter. Die wichtigsten A. stammen vom Gott Viṣṇu (↗Vishnu/Vishnuismus). Es ist schwierig, die genaue Zahl der A. festzulegen. Meistens wird von zehn A. *(Daśāvatāras)* gesprochen: Schwan, Fisch, Schildkröte, Eber, Mensch-Löwe, Zwerg, Rāma mit der Axt, ↗Rāma, Kṛṣṇa (↗Krishna) und Kalki. In einigen Listen wird der Schwan durch Rāma bzw. Balarāma (= Bruder von Kṛṣṇa) und Balarāma dann durch Buddha ersetzt. A. ist eine spielerische Herabkunft Gottes: *Avatāralīla* (*Bhagavata Purāṇa* I 1.18). Es wird zwischen den *Amśāvatāras* (unvollständigen A.) und den *Pūrṇāvatāras* (vollständigen) unterschieden. Nach *Bhagavata Purāṇa* ist Kṛṣṇa der einzige *Pūrṇāvatāra*: „*Kṛṣṇa* ist *Bhagavān* (der Herr) selbst" (I 3.28; X 1.22). Es gibt auch Überlieferungen, die Rāma für *Pūrṇāvatāra* halten. Nach *Madhvācārya* sind alle A. gleichwertig, weil derselbe Herr in allen A. anwesend ist.

Bezüglich des Zwecks der A. herrscht Übereinstimmung unter allen hind. Traditionen. Die A.-Lehre bezieht sich direkt auf das zyklische Verständnis der Geschichte. Der Weltzeitalterablauf wiederholt sich unendlich. Jedes Zeitalter *(Kalpa)* besteht aus vier Abschnitten *(Yugās): Kṛta, Trētā, Dvāpara* und *Kali*. Da der Prozeß zwangsläufig vom Besseren zum Schlechteren geht, erscheint der A. am Ende jedes Zeitalters, um ein neues und gerechtes Zeitalter einzuleiten: „Immer dann, wenn der ↗*Dharma* (die rechte Ordnung) in Verfall gerät und damit ein Anstieg des *Adharma* (der Unordnung) eintritt, dann erschaffe ich mich selbst. Zum Schutz der Guten und zur Vernichtung des Bösen und zur Festigung des *Dharma* werde ich in jedem einzelnen Weltalter geboren" (*Bhagavadgītā* IV 7–8).

Lit.: *G. Parrinder,* Avatar and Incarnation. London 1970; *R. K. Pandey,* The Concept of Avatars. Delhi 1979; *P. N. Sinha,* A Study of the Bhagavata Purana. Adayar/Madras 1950. *A. Thannippara*

Avesta (Awesta) ist das hl. Buch der zoroastrischen Religion (heute ↗Parsismus). Die A.-Texte sind spätestens in der Zeit der Sassaniden (226–651 n. Chr.) gesammelt und mit einem eigenen schriftlichen Alphabet aufgezeichnet worden. Der uns heute erhaltene Text umfaßt ungefähr ein Viertel des urspr. Umfanges. Der Inhalt des heutigen A.-Textes ist geordnet nach den Erfordernissen der Liturgie. Aus dem A., wie es heute vorliegt, ragt ein kleiner Teil durch seinen Inhalt und das größere Alter der Sprache hervor und beansprucht einen Quellenwert ersten Ranges: Es sind die Gāthās *(gāthā)*, kurze metrische Texte, die nach der allg. Auffassung der Fachleute von ↗Zarathustra selbst stammen.

Die Gāthās sind auch inhaltlich vom übrigen A. verschieden. Neben persönlichen Gebeten an den Weisen Herrn finden sich Wünsche und Ermahnungen, Hinweise für den Gläubigen und seine Gemeinde, sich für das Gute zu entscheiden und das Böse zu bekämpfen. Daß die Interpretation der Gāthās nicht einfach ist, zeigen die verschiedenen vorliegenden Übersetzungen und Kommentare in den verschiedenen Sprachen (z. B. H. Lommel, H. Humbach, W. Hinz, J. Duchesne-Guillemin).

Von den Gāthās verschieden sind die zahlreichen jüngeren Texte (jüngeres A.). Inhaltlich setzen sie gegenüber den abstrakten Lehren der Gāthās eine weitere Entwicklung des zarathustrischen Gedankengutes voraus. Der Inhalt des jüngeren A. ist gegenüber den Gāthās bunt und mannigfaltig geworden. Ältere, von Zarathustra bekämpfte Göttervorstellungen sowohl rel. Gebräuche kommen wieder zum Vorschein.

Nach der heute üblichen Einteilung des uns vorliegenden nicht-gathischen, jüngeren A. unterscheiden wir: 1. Videvdat (Vorschriften gegen Dämonen). Diese Texte zielen auf die Erhaltung oder Wiederherstellung ritueller Reinheit. 2. Yasna enthält beim Gottesdienst verwendete Texte. Yasna 28–34; 43–51 und 53 bilden die ältesten Stücke in der 17 Hymnen (Gesänge) umfassenden Gatha-Sammlung. Yasna-Texte werden heute noch von den Parsi-Priestern beim Gottesdienst verwendet, z. B. bei der Vorbereitung des Hoama-Opfers. 3. Yasts enthalten Texte zu Ehren verschiedener Gottheiten, nach Tagen und Monaten geordnet. In avestischer Sprache ist noch abgefaßt: Hodokht Nas. Dieser Text bezieht sich auf das Schicksal der Seele nach dem Tod und schildert die Begegnung mit ihrer daena (d. h. im Falle eines guten Menschen begegnet ihm seine daena in der Gestalt eines jungen Mädchens; im Falle eines bösen Menschen ist es die Gestalt eines häßlichen Weibes). Das kleine A. *(khorda avesta)* und andere kleine Teile enthalten Gebete für den Morgen und Abend und andere Anlässe. Der Franzose *Anquetil-Duperon* veröffentlichte 1771 die erste Übersetzung des A. Die dt. Ausgabe von *F. Wolf* (1924 ohne Gāthās) umfaßt 460 Seiten. Ungefähr im 4. vorchristl. Jh. versuchte man, die unverständlich gewordene Sprache der A. durch Kommentare und Paraphrasen zu ergänzen, die in mittelpers. Sprache abgefaßt wurden, um das Verständnis des A. lebendig zu erhalten. Ein in der Sprache der Sassaniden (Pehlevi) abgefaßtes Buch, Denkart genannt (9./10. Jh. n. Chr.), gibt im 8. Buch eine Zusammenfassung des A. wieder, wie es noch im 10. Jh. n. Chr. vorhanden war, und enthält u. a. eine Inhaltsangabe des A. Zu einem anderen wichtigen Werk, ungefähr aus der gleichen Zeit, dem Bundahishn oder Bericht der Anfänge, wurden verlorengegangene Teile des A. verwendet.

Lit.: ↗Zarathustra. *F. König*

Azteken ↗Indianische Hochkulturen I.

B

Baal ↗Ugaritische Religion.

Bābismus (arab. *Bābīya*), aus dem s͟hīʿitischen Islam Persiens (↗S͟hīʿa) hervorgegangene Religionsgemeinschaft, benannt nach ihrem Gründer *Sayyid ʿAlī Muḥammad S͟hīrāzī* (geb. 1819), besser bekannt als *Ḥaẓrat-i Bāb* (S. H. der Bāb). 1844 erklärte er, das „Tor" *(bāb)* zu dem von den S͟hīʿiten seit Jh.en erwarteten Imām ↗Mahdī zu sein, um alsbald – auf Drängen seiner Anhänger – die Mahdī-Würde für sich selbst zu beanspruchen. Die Bewegung fand begeisterten Zulauf, doch auch die erbitterte Gegnerschaft der s͟hīʿitischen und weltlichen Obrigkeit. Unter dem Druck der zunehmenden Repression löste sich 1848 die Bewegung vollständig vom Islam und entwickelte sich zu einer eigenständigen Religion mit eigenem Gesetz und Ritus (enthalten im Bayān, „Erklärung"), wenngleich das islam. Erbe weitgehend bewahrt wurde. Von 1848–1952 erhoben sich die Bābī an verschiedenen Orten Irans wider die Staatsgewalt mit der Absicht, einen eigenen Mahdī-Staat zu errichten. Die Aufstände wurden alle blutig niedergeschlagen und forderten über 20000 Todesopfer. Ḥaẓrat-i Bāb selbst wurde schon 1850 in Tabrīz öffentlich füsiliert. Nachfolger wurde Mīrzā Yaḥyā Ṣubḥ-i Azal (geb. 1830), der nach jahrelangen Auseinandersetzungen mit seinem Halbbruder und späteren Stifter des ↗Bahā'ismus, Mīrzā Ḥusain ʿAlī, diesem unterlag. Er verstarb 1912 in seinem Exil in Famagusta auf Zypern. Unter Mīrzā Ḥusain ʿAlī verlor die bābistische Orthodoxie immer mehr an Bedeutung. Sie lebt heute nur noch in Restbeständen fort, hatte aber um die Wende des 19. zum 20. Jh. noch wesentlichen politischen Einfluß in Iran.

Lit.: *E. G. Browne,* A Traveller's Narrative. Cambridge 1891 (repr. 1978); *ders.*, The Tárikh-i-Jadíd (engl.). Cambridge 1893 (Reprint 1975); *H. Roemer*, Die Bābī-Behā'i. Potsdam 1911; *F. Ficicchia*, Der Bahā'ismus. Stuttgart 1981. *F. Ficicchia*

Babylonisch-assyrische Religion. Die babyl.-assyr. R. ist, wie auch andere Bereiche von Kultur und Zivilisation im Zweistromland, ein Ergebnis der gegenseitigen Assimilierung des allmählich die südliche Hälfte des späteren Babylonien durchdringenden semitischen Volkes der Akkader mit dem dort ansässigen, weder ethnisch noch sprachlich verwandten Volk der Sumerer. Dieser Prozeß, der bereits vor der Mitte des 3. Jt. begonnen hat und gegen Anfang des 2. Jt. sein Ende fand, brachte eine Mischkultur akkad. Sprache hervor, in der sich in rel. Hinsicht ein beachtlicher sum. Einfluß erhielt, wenn dieser auch im Laufe der weiteren Entwicklung zurückgedrängt wurde, da das semitische Verständnis der R. von dem sum. in manchem abwich. Einen Begriff vom Beharrungsvermögen des sum. Erbes vermittelt uns der Umstand, daß die sum. Sprache in den Tempeln – wenn auch in verwilderter Form – bis zum Ende der Keilschriftüberlieferung (d. h. um die Zeitenwende) als Kultsprache gepflegt wurde. Das nordwestl. von Babylonien am Tigris gelegene, sprachlich und kulturell mit Babylonien verbundene Assyrien übernahm weitgehend die von der kultischen Tradition in Babylonien geprägten Anschauungen. – Die rel. Entwicklung innerhalb Babyloniens läßt sich in zwei Abschnitte teilen: 1. Die altbabyl. Zeit vom Sturz der sum. 3. Dynastie von Ur bis zum Ende der 1. Dynastie von Babylon, also ca. 2003–1594. Während des größeren Teiles dieses Zeitraumes, bis rund 1700, wurde das Sumerische als Schriftsprache noch eifrig gepflegt und sind ältere literarische Texte kopiert worden, unter denen sich sum. Göttermythen befanden. In altbabyl. Zeit entstanden auch die ältesten uns bekannten Epen bzw. Mythen in akkad. Sprache, wie der altbabyl. Gilgameš-Zyklus und die altbabyl. Fassung des Atramḫasīs-Epos. – ↗Gilgamesch(epos); Sintflut. – 2. Die Zeit von der Eroberung Babylons durch den Hethiterkönig Muršili I. (1594) und der nicht lange danach erfolgten Installierung der Kassitendynastie bis zur Einnahme der Stadt unter Kyrus (539), die das Ende der babyl. Eigenstaatlichkeit bedeutete. Die erste Hälfte dieser Epoche war zeitweilig literarisch recht fruchtbar, die zweite vorwiegend reproduzierend und sammelnd. Diese 2. Epoche ist gegenüber der altbabyl. Zeit von größerer rel.-gesch. Bedeutung und liefert hinreichend Quellenliteratur. Ein während der kassitischen Periode in Babylonien zu beobachtendes Phänomen ist eine auffallende Verstärkung des persönlichen Sündenbewußtseins, d. h. des Wissens oder der Ahnung, sich gegenüber Göttern oder Menschen in Schuld verstrickt zu haben. Dieses Bewußtsein scheint den sum. rel. Begriffen noch fremd gewesen zu sein oder nicht in dem Maße entwickelt wie in der semitischen Vorstellungswelt. Diese tritt uns bereits im altbabyl. Atramḫasīs-Epos (3. Tf., 6. Kol., 25–6) in den Worten vor Augen, die der Gott Ea an den Gott Enlil, den Hauptverantwortlichen der Sintflut, richtet: „Lege dem Sünder deine Strafe auf und (dem,) wer immer deine Befehle mißachtet!" als Alternative zu der Gute und Böse gleichermaßen ausrottenden Sintflut. Gegenüber dem verstärkten Sündenbewußtsein des Menschen stand auch eine höhere Auffassung vom Wesen der Götter, die erhaben, gerecht und von jeder Verfehlung frei ihren Aufgaben der Regierung des Universums nachgingen. Dieses neue Gottesverständnis vertrug sich nicht mehr mit den sum. und gewissen altbabyl. Mythen, in denen die Götter in ihren Verhaltensweisen zuweilen allzu menschlich geschildert waren. Die Folge war eine Kanonisierung des überkommenen rel. Überlieferungsguts, bei der alle nicht mehr tragbaren Texte ausgeschieden wurden. Die Kanonisierung scheint um das Jahr 1300 beendet gewesen zu sein.

Die neue Sicht des menschlichen Lebens brachte eine schwer lösbare Problematik mit sich. Sünden oder kultische Übertretungen konnten auch unbewußt begangen werden und man fragte sich grundsätzlich, was Sünde war und wo sie begann. Der einzige bisher bekannt gewordene Text, welcher eine größere Zahl von Anweisungen im Hinblick auf diese Frage liefern konnte, ist der Sündenkatalog in der 2. und 3. Tafel der Beschwörungsserie „Šurpu" („Verbrennung"). Fest stand jedoch die Überzeugung, daß sich die Gottheit, in erster Linie der sich für das Wohl des Menschen einsetzende persönliche Schutzgott, im Falle einer Versündigung abwendete und der nun schutzlos Gewordene sich den bösen Mächten, in erster Linie den durch Dämonen personifizierten Krankheiten, ausgeliefert sah, m. a. W., daß Krankheit Sündenschuld war. Der Zustand der Gottesferne konnte durch Anrufung der Gottheit, Schuldbekenntnis und Bitten um Vergebung überwunden werden. War diese erreicht, war auch der Weg zur Vertreibung der Krankheitsdämonen frei.

Nicht selten mußte der Mensch des Zweistromlandes jedoch die Erfahrung machen, daß er trotz eines in seiner Sicht sündenfreien Lebens von Unglück oder Krankheit verfolgt war, während sich offensichtlich sündhafte Mitmenschen eines glücklichen Daseins erfreuten. In dieser Lage konnten ihn Zweifel an der Gerechtigkeit der Gottheit überkommen. Als Ergebnis derartiger Überlegungen sind uns zwei babyl. Texte erhalten, von denen der erste wahrscheinlich dem 12. Jh. entstammt und nach den Anfangsworten „Ich will preisen den Herrn der Weisheit" benannt ist, der zweite von uns den Namen „Babylonische Theodizee" erhielt und um 800 entstanden sein dürfte. Im ersten Text beklagt ein Dulder sein ihm trotz eines gottgefälligen Lebens unbegreifliches Schicksal, findet aber bei Marduk wieder Gnade, nachdem er erkannt hat, daß die Pläne der Gottheit Sterblichen verborgen sind. Das gleiche sucht im zweiten Werk, das die Form eines Zwiegesprächs hat, der Freund eines Leidenden diesem verständlich zu machen. Beide Dichtungen halten daran fest, daß der Mensch sich der unergründbaren Weisheit der Götter zu unterwerfen habe.

Auf eine gänzlich andere Ebene führt ein wahrscheinlich an den Anfang des 1. Jt. zu setzenden Text, in dem ein Sklave seinen ständig unschlüssigen Herrn bei den von diesem geplanten Handlungen zunächst im positiven, danach im negativen Sinne bestärkt. Der Sklave gibt in letzterem Sinne zu bedenken, daß durch ein Opfer der Gott nur angeleitet werde, wie ein Hund hinter dem Menschen herzulaufen und alles mögliche zu verlangen, macht seinem Herrn den Vorschlag, über die Trümmerhügel zerstörter Städte zu wandern, an den Schädeln der Toten zu ergründen, wer ein guter und wer ein schlechter Mensch gewesen sei, und gibt schließlich den Rat, freiwillig aus dem Leben zu scheiden. Der offenbar ziemlich häufig kopierte Text zeigt, was zu seiner Zeit neben der offiziellen R. an Freigeisterei möglich war. – ↗Gott III 2; ↗Sum. Religion.

Lit.: *W. v. Soden,* Religion und Sittlichkeit nach den Anschauungen der Babylonier: ZDMG 89 (1935) 143–169; *E. Dhorme,* Les religions de Babylonie et d'Assyrie. Paris 1949; *A. Falkenstein / W. v. Soden,* Sumerische und akkadische Hymnen und Gebete. Zürich 1953, 37–56 233–354 380–407; *D. O. Edzard,* Mesopotamien: H. W. Haussig (Hg.), Götter und Mythen im Vorderen Orient. Stuttgart 1965, 17–139; *H. Vorländer,* Mein Gott. Kevelaer 1975; *W. Beyerlin* (Hg.), Religionsgeschichtliches Textbuch zum Alten Testament. Göttingen 1975, 126–128 132–136 155–163; *H. Ringgren,* Babylonische und assyrische Religion: Die Religionen des Alten Orients. Göttingen 1979, 113–184; *W. v. Soden,* Einführung in die Altorientalistik. Darmstadt 1985, 165–193.

H. Schützinger

Bahā'ismus (arab. *Bahā'īya*), auf dem Boden des shī'itischen Islam Persiens (↗Shī'a) entstandene und unmittelbar aus dem ↗Bābismus hervorgegangene neue Religion mit betont universalistischem Anstrich. Ihr Stifter, der Perser Mīrzā Ḥusain 'Alī (geb. 1817), verkündete 1866 nach dem Bruch mit seinem Halbbruder und Führer des Bābismus, Mīrzā Yaḥyā Ṣubḥ-i Azal, Empfänger einer neuen Gottesoffenbarung, der endzeitliche ↗Mahdī und eine Wiederkehr *(radj'a)* aller früheren Religionsstifter zu sein. Er nannte sich Bahā'ullāh („Glanz Gottes") und forderte in zahlreichen Sendschreiben *(alwāḥ)* die Mächtigen seiner Zeit auf, sich ihm als der neuen „Manifestation" Gottes zu unterwerfen. Er wirkte ausschließlich durch das geschriebene Wort und verstarb 1892 im Exil in Akka (Palästina). Sein Sohn und Nachfolger 'Abdul Bahā (1844–1921) verlegte den Sitz der Gemeinschaft von Akka nach Haifa, unternahm ausgedehnte Reisen nach Europa und Nordamerika und öffnete damit den Westen für den B. Ihm folgte Shawḳī Effendī (1897–1957) als „Hüter der Sache Gottes" *(valī-i amr'ullāh).* Seit 1963 liegt die Führung beim neunköpfigen „Universalen Haus der Gerechtigkeit" mit Sitz in Haifa. – Der B. betrachtet sich als die jüngste Offenbarungsreligion. Zwar werden die übrigen Hochreligionen (Hinduismus, Buddhismus, Judentum, Christentum und Islam) ebenfalls als göttlich in ihrem Ursprung anerkannt, doch haben sie mit der Offenbarwerdung Gottes in Bahā'ullāh ihren Gültigkeitsanspruch verloren. Im gegenwärtigen Tausendjahrzyklus (Gott offenbart sich in zyklischen Epochen immer wieder von neuem) vermag allein der B. Anspruch auf Absolutheit und Ausschließlichkeit zu erheben. Mit seiner Forderung nach Eingliederung der gesamten Menschheit in ein theokratisches Weltgemeinwesen setzt er zugleich starke politische Akzente. Die Leitung in Haifa betrachtet sich heute schon als Keimzelle einer künftigen Weltregierung. Die gegenwärtige Ordnung wird abgelehnt, und die Gläubigen dürfen sich selbst nicht politisch betätigen. Der B. besitzt eine straffe zentralistische Organisation; ihr sind alle Gläubigen zu unbedingtem Gehorsam verpflichtet. Ihre Erlasse gelten als Ausfluß des göttlichen Willens und sind unfehlbar. – Grundlage des Glaubens bildet das Kitāb al-Aqdas, das „Heiligste Buch". Es enthält das neue Religionsgesetz, das freilich viel islam. Erbe bewahrt (z. B. Zugeständnis der Bigamie, Enterbung von Nichtgläubigen, Stigmatisierung von Gesetzesbrechern, Todesstrafe usw.). Den Bahā'ī ist das Buch im vollen Wortlaut nicht bekannt, da es der Geheimhaltung *(taḳīya)* unterliegt. Der Besitz einer von den Orientalisten Elder und Miller herausgegebenen Übersetzung (s. u.) ist den Bahā'i untersagt. (Die Gründe für die Unterschlagung des Buches Aqdas liegen wohl im Widerspruch zur propagierten Modernität des B.) – Unter den rel. Verpflichtungen und Vorschriften sind zu nennen: rituelle Gebete (dreimal täglich), jährliches Fasten, Alkoholabstinenz, Einwilligung der Eltern zur Heirat, Verpflichtung zur Mission, Abgabepflicht. – Weltweit leben über 6 Mio. Anhänger, davon lediglich etwa 300 000 im Iran. Dort und in anderen islamischen Ländern ist die Gemeinschaft verboten oder starken Beschränkungen unterworfen.

Lit.: *H. Roemer,* Die Bābī-Behā'i. Diss. Potsdam 1911; *G. Rosenkranz,* Die Bahā'ī. Stuttgart 1949; *E. Elder / W. McE. Miller* (Hg.), Al-Kitāb-al-Aqdas. London 1961; *H. Reller / M. Kiessig* (Hg.), Handbuch religiöse Gemeinschaften (Kap. 5. 7). Gütersloh ³1985; *F. Ficicchia,* Der B. Stuttgart 1981.

F. Ficicchia

Baldr ↗Germanische Religion.

Befreiungstheologien. 1. Begriff. Er entstand in der Folge des II. Vatikanischen Konzils zuerst in Lateinamerika. Die Theologie entwickelte eine neue Art und Weise zu denken, da die gesellschaftsverändernde Wirksamkeit des christl. Glaubens zum Wahrheitskriterium des rechten theol. Denkens wurde. Sie nennt sich „befreiend", weil sie den Weg aus der Unterdrückung zur Freiheit gehen will, sich solidarisch mit den Leidtragenden der gesellschaftlichen Ungerechtigkeit erklärt und die Entäußerung und Selbsthingabe bis zum Martyrium einschließt. In dieser gesellschaftlichen Praxis ereignet sich Gottes Heil. Damit setzen die B.n das irdische Leben der Menschheit in einen soteriologisch-sakramentalen Zusammenhang mit der übernatürlichen Bestimmung des Menschen in Gott.

2. Ursachen. Sie sind für die verschiedenen B. gesellschaftlich-politischer Natur und bereits in den Anfängen der europ. Kolonisation zu suchen. Die Unterwerfung der einheimischen Bevölkerung durch die Kolonisatoren war von einer durch die ma. Kreuzzugsidee geprägten Christianisierung begleitet. Es entstand ein christlich fundiertes Zweiklassensystem einer breiten ungebildeten und ausgebeuteten Masse und einer privilegierten besitzenden Oligarchie, das sich auch nach Abschaffung des Kolonialsystems nicht grundlegend änderte. Die wirtschaftliche Abhängigkeit dieser Staaten von den Industrienationen (Dependenz) sowie das nationalstaatlich weitergeführte Zweiklassensystem bestimmen bis heute die Situation, die von den B.n als „Unheilssituation" gedeutet wird.

3. Lateinamerika weist trotz seiner weithin gemeinsamen Geschichte keine einheitliche B. auf. Allgemein akzeptiert und verbreitet ist die *kirchlich-pastorale*

B., die in den Dokumenten der II. und III. Generalversammlung des Lateinamerikanischen Episkopats in Medellín (1968) und Puebla (1979) zum Ausdruck kommt. Sie bemüht sich, den hist. Augenblick des lateinamerik. Kontinents zu verstehen und den Abstand zwischen Kirche und Volk, Glaube und Leben, Gottes Heil und menschlicher Gerechtigkeit zu vermindern. Es geht ihr um eine intensive Präsenz der Kirche in der gegenwärtigen Umwandlung Lateinamerikas im Lichte des II. Vatikanums, um auf diese Weise zur Förderung der Gerechtigkeit, des Friedens, der Bildung, der Reifung im Glauben und angepaßterer kirchl. Strukturen beizutragen. Die vorrangigen Optionen für die Armen und Jugendlichen unterstreichen den Charakter einer ernsthaften Umkehr zu neuen Formen christl. Lebens (Basisgemeinschaften).

Der weitaus größere Teil der lateinamerik. Befreiungstheologen vertritt eine *historisch-sakramentale B.*: José Míguez Bonino, Juan Carlos Scannone, Enrique Dussel (Argentinien); Leonardo Boff, Clodovís Boff, José Comblin, Rubem Alves (Brasilien); Ronaldo Muñoz (Chile); Jon Sobrino (El Salvador); Gustavo Gutiérrez (Peru); Juan Luis Segundo (Uruguay). Sie stellt die Verkündigung des Reiches Gottes und die sie begleitenden Zeichen der Befreiung und des Heils durch Jesus von Nazaret in die heutige Zeit und versucht, das Geschehen dieser Welt durch die Zeichen der Auferstehung des Neuen Menschen auf seine eschatologische Vollendung in Gott zu lenken. Die Verantwortung für eine gerechtere Welt wird zur sakramentalen Darstellung der Verantwortung vor dem Kommen des Reiches Gottes.

Davon unterscheidet sich eine *kultur-populistische B.*, die, von einer Situation der kulturellen und religiösen Entfremdung des Volkes ausgehend, ganzheitliche Befreiung des Menschen in seiner wahren kulturellen und religiösen Identitätsfindung sieht: Lucio Gera, Aldo Büntig (Argentinien); Segundo Galilea (Chile).

Als vierte Gruppe kann von einer *marxistisch-revolutionären B.* gesprochen werden, die in der radikalen Veränderung der gesellschaftlichen Situation im Sinne des marxistischen Klassenkampfs die Voraussetzungen für eine gerechtere Welt und das Kommen des Reiches Gottes sieht. Zu ihr zählen Gonzalo Arroyo, Sergio Torres, Pablo Richard (Chile); Hugo Assmann (Costa Rica); José Porfirio Miranda (Mexiko); Ernesto Cardenal, José Miguel Torres (Nicaragua).

4. Asien. Im asiatischen Raum stehen die *Philippinen* aufgrund ihrer Gemeinsamkeiten durch die iberische Kolonisation der lateinamerik. B. am nächsten. Theologen wie Edicio de la Torre, Catalino Arevalo, Antonio B. Lambino und Francisco Claver haben die lateinamerik. Anstöße in ihre eigene Situation der gesellschaftlichen und kulturellen Unterdrückung des einfachen Volkes übernommen und auf der Grundlage einer in Basisgemeinden organisierten Kirche gesellschaftspolitische Bewußtseinsbildung betrieben. Diese B. stellt sich zur Aufgabe, die traditionellen kulturellen Werte des Volkes im Licht der christl. Offenbarung neu zu beleben und mit ihrer Hilfe christl. Zeugnis für eine gerechtere Gesellschaftsordnung zu geben. Der Begriff von „Gerechtigkeit" oder „gerechter Gesellschaft" wird dabei von genuin philippinischen Traditionen einer durch Autoritätsstrukturen geleiteten Gemeinschaft bestimmt.

In einem anderen Kontext hat sich die B. in *Indien* entwickelt. Vertreten durch S. Kappen, D. S. Amalorpavadass, T. K. John, A. Pieris, S. Rayan und G. Soares Prabhu, sieht sie ihre Aufgabe darin, das Göttliche so zu reflektieren, wie es sich dem Menschen in der Geschichte offenbart und in der theandrischen Praxis Gestalt annimmt. Das Göttliche als Geschenk und Aufgabe steht in einem religiös-kulturellen Kontext verschiedener Religionen und Weltanschauungen, so daß das christl. Engagement für eine humanere Gesellschaft grundsätzlich den engeren kirchl. Bereich überschreitet. Die B. bemüht sich um eine Sprache, die über die reine Begrifflichkeit hinaus die religiös-kulturelle Symbolsprache einbezieht. In der Begegnung des ind. Menschen mit dem Evangelium eröffnet sich ihm der Horizont der gesch. Verantwortung und der sozialen Dimension der Religion.

Koreas B. wird mit der „Minjung-Theologie“ und „Hjondschang-Kirche“ identifiziert. Minjung ist das einfache Volk, das jahrtausendelang unterdrückt wurde, Hjondschang der konkrete Ort im Leben, an dem der Mensch wohnt, lebt und arbeitet. Korean. Theologen wie Suh, Nam-Dong, Ham, Sok-Hon, Ahn, Byung-Mu und Kim, Yong-Bock solidarisieren sich mit der Verzweiflung und Resignation des armen Volkes, das in seiner Schwachheit Mut und Lebenswille entwickelt *(Han)*. Das Leiden des geschundenen Volkes ist das Leiden Christi. In seinem Leiden kann das Recht der Schwachen wiederhergestellt und die Unheilssituation überwunden werden. Befreiung geschieht dann, wenn das Minjung handelndes Subjekt seiner Geschichte zum Heil wird.

Lit.: *K. Lehmann* (Hg.), Theologie der Befreiung. Einsiedeln 1977; *H. Waldenfels* (Hg.), Theologen der 3. Welt. München 1982. – *Lateinamerika: CELAM*, Die Kirche Lateinamerikas. Dokumente der II. und III. Generalversammlung des Lateinamerik. Episkopates in Medellín und Puebla. Bonn 1979; *L. Boff*, Aus dem Tal der Tränen ins Gelobte Land. Düsseldorf 1982; *L. u. C. Boff*, Wie treibt man Theologie der Befreiung? Düsseldorf 1986; *E. Dussel*, Herrschaft und Befreiung. Freiburg/CH 1985; *G. Gutiérrez*, Theologie der Befreiung. München 1973; *J. B. Metz* (Hg.), Die Theologie der Befreiung: Hoffnung oder Gefahr für die Kirche? Düsseldorf 1986. – *Asien: A. Pieris*, Theologie der Befreiung in Asien. Freiburg 1986. – *Indien: D. S. Amalorpavadass* (Hg.), The Indian Church in the Struggle for a New Society. Bangalore 1981; *S. Kappen*, Auf dem Wege zu einer ind. B.: ZMR 69 (1985) 298–311. – *Philippinen: C. Arevalo*, Anmerkungen zu einer Theologie der Entwicklung: *D. J. Elwood* (Hg.), Wie Christen in Asien denken. Frankfurt 1979, 267–288; *F. Claver*, Proclaiming Liberty Captives: Philippine Studies 25 (1977) 215–236; *A. Lambino*, Towards „Doing Theology“ in the Philippine Context. Quezon City 1977. – *Korea: J. Moltmann* (Hg.), Minjung. Theologie des Volkes Gottes in Südkorea. Neukirchen-Vluyn 1984; *Y.-B. Kim* (Hg.), Minjung Theology. Singapur 1981. – *Afrika: B. Moore* (Hg.), Schwarze Theologie in Afrika. Göttingen 1973; *A. A. Boesak*, Unschuld, die schuldig macht. Hamburg 1977; Bekenntnis und Widerstand. Hg. v. Ev. Missionswerk Bundesrepublik Deutschland. Hamburg 1983. *J. G. Piepke*

Bekehrung entwickelte sich auf der Grundlage einer Vielzahl rel.-gesch. Befunde zu einem rel.-wiss. vielschichtigen Begriff. Als Arbeitshypothese wird heute zumeist die Begriffsbestimmung *K. Goldammers* anerkannt, B. sei ein „tiefgreifender seelischer Prozeß der erneuten Besitzergreifung durch das Heilige, der Vergewisserung in der Religion“ (400). B. ist darum nicht nur ein christl.-theol. Thema, sondern vielmehr theol., philos., kultisch und rituell in der vorgegebenen Vielschichtigkeit zu begreifen und zu erklären in ihrer Entfaltung zum B.s-Erlebnis bis zum Religions- und Bekenntniswechsel.

Grundlegend ist allen Vorstellungen von B. die im Wort enthaltene, wenn auch sprachlich verschieden artikulierte Kehrtwendung des gesamten Menschen zu der Gottheit, die sich liebend auf den Menschen einläßt. Als B.s-Erlebnis wird dieser Vorgang als Geschenk der Gottheit von den Dichtern des indischen ↗Bhakti überschwenglich gepriesen. In den verschiedenen Schulen des ↗Buddhismus ist B. persönliche Entscheidung in der Nachfolge Buddhas durch Einüben und beständiges Üben, aber auch Ergriffenwerden von der Kraft und dem Licht der Gottheit in der Erleuchtung. Lehren der Ethik (↗III. IV) helfen dem Menschen, das Neugeschenkte bzw. Neugewonnene festzuhalten, und führen gelegentlich, z. B. im Islam, zur Tendenz, die „Konversion“ zu einer anderen Religion auszuschließen. Der Prozeß der B. kann sich lange und in Stufen und mehreren Kehren vollziehen, die sich in einer Vielfalt von kultischen Weiheriten, asketischen Übungen, Speise- und Kleidervorschriften äußern. Begriff und Auslegung der B. wird so oft zu einem Vorgang, der das rel. Leben insgesamt umfaßt und gelegentlich zu dessen Wahrheitsgehalt und anspruch in Konflikt gerät, so durch Rigorismus und Abspaltungen im Christentum. Im Gegensatz zu den fernöstlichen und griech.-röm. Vorstellungen von B. als Umkehr zu einem sittlich geläuterten und in der Nähe Gottes erfüllteren Leben kennt das AT Umkehr als Abkehr vom Bösen und als B. zu Gott. Das Leben des Israeliten vollzieht sich wie das des ganzen Volkes in ständiger Abkehr und reuiger Rückkehr, deren ergreifender Ausdruck die prophetische Dichtung des AT ist und als Thema tief auf die sakramentale und nichtsakramentale Bußpraxis der christl. Kirchen nachwirkt. Das Bezugsfeld von B. erfährt so eine ständige Anreicherung vom klassischen B.s-Erlebnis des Paulus bis zum missionarischen Auftrag der Jün-

ger Jesu und den Massen- und Zwangs-B.en im Mittelalter und in der Neuzeit unter Einwirkung des sozial-politischen und auch ökonomischen Umfelds. Die neuzeitl. Forschung nennt fragwürdig die Abkehr der Mittelmeervölker vom Christentum zum Islam B.
Das Ziel der B. ist in den griech.-hellen. Mysterienkulten die Identifikation mit der Kultgottheit, im AT die Rechtfertigung des Gottesfürchtigen durch die Gnade Gottes, die ntl. in der Offenbarung und Selbstmitteilung Gottes in Jesus ihre Vollendung findet. Die B. zu ihm muß in einer Lebensführung verwirklicht und bewährt werden, die sich terminologisch in der engen Beziehung der Wörter *conversio-conversatio* artikuliert (vgl. Mt 18,3; 1 Petr 2,25 usw.).
Hervorragende Persönlichkeiten als Konvertiten und die in der Glaubensgeschichte sich entfaltende enge Beziehung zum ↗Mönchtum verleihen der B. besondere Bedeutung. Von den Theologen der christl. Frühzeit geprägt (Origenes, Evagrius, Johannes Cassianus), verdichtet sich die B. zu einem eigenen Gelübde der *conversio* bzw. *conversatio morum* und wird schließlich sogar zur Standesbezeichnung „Konversen".

Lit.: *K. Goldammer,* Die Formenwelt des Religiösen. Stuttgart 1960; Art. B.: RAC II 105–118 *(A. D. Nock);* LThK² II 136–138 *(W. Keilbach);* TRE V 439–486 *(M. Wolter u. a.); H. P. de la Boullaye,* Art. Conversion: DSp II 2224–2265. *E. v. Severus*

Berg und B.e spielen in vielen Religionen eine bedeutsame Rolle. Sie sind der Ort Gottes, der Götter oder Geister. Gott wohnt in der Höhe, „oben". Hll. B.e sind u. a. der Olymp in Griechenland, der Kailāš in Indien, der Fuji in Japan. Jahwe offenbart sich auf B.en; Jahwe-B.e sind der Sinai, der Hermon, der Libanon, der Karmel, der Tabor, vor allem der B. Zion. Auf B.e ziehen sich immer wieder Fromme zum Gebet zurück: Elija, Jesus, Benedikt, Franz v. Assisi, auch Muḥammad oder Tagore. Der Aufstieg zum B. ist ein oft von den Mystikern verwandtes Bild (u. a. Richard v. St. Viktor, Johannes v. Kreuz und sein Buch „Subida del Monte Carmelo"). In ihm wird das prophetische Bild vom Aufstieg zum B. Zion aufgegriffen, der der höchste aller B.e ist (Jes 2,2–4). In diesem Sinn wird der B. zum Ort der Gottesgemeinschaft. Als Welt-B. ist der B. auch Symbol der ganzen Welt, indem er als deren Mittelpunkt Himmel, Erde und Unterwelt verbindet. Symbolische Nachbildungen sind etwa die unter dem babyl. Namen *Zikkurat* bekannten Tempeltürme Sumers, die auch hinter der bibl. Erzählung vom Turmbau zu Babel (Gen 11, 1–9) stehen. Sie sind auf der obersten Stufe vermutlich der Ort der ↗Hierogamie.

Lit.: *G. Lanczkowski / D. Kellermann,* Art. Heilige Stätten: TRE XIV 672–683 (Lit.); *D. L. Eck,* Art. Mountains: ER X 130–134. *D. Becker*

Beschneidung ist ein rel.-wiss. Terminus, der alle rituellen Verstümmelungen der männlichen und weiblichen Geschlechtsorgane umfaßt. Nach Art und Umfang dieses operativen Eingriffs unterscheidet man bei Männern bzw. Knaben: Einschneiden der Vorhaut *(incisio praeputii),* teilweise oder vollständige Entfernung der Vorhaut (circumcisio partialis, totalis), Durchbohren der Vorhaut (perforatio praeputii), Durchbohren des Penis (perforatio penis, glandis), Einschneiden der Eichel (incisio glandis), Aufschneiden der Harnröhre (discissio urethrae), Entfernung eines Hodens (exstirpatio testiculi). Weibliche B. umfaßt die teilweise oder vollständige Entfernung der Klitoris (excisio clitoridis), damit verbunden ist manchmal auch die Entfernung der kleinen Schamlippen (circumcisio labiorum minorum) und/oder das begrenzte oder dauernde Verschließen der Scheide (infibulatio). Während die männliche B. eine sehr weite ethnische Verbreitung hatte und noch hat, findet sich die weibliche B. weit seltener. Der Zeitpunkt der B. liegt durchweg vor der Pubertät; eine kulturvergleichende Liste reicht von wenigen Tagen nach der Geburt (bei einigen islam. Völkern) bis zum 17. Lebensjahr (bei den Kikuyu, Kenia).
Die fast universale Verbreitung der B., ihr hohes Alter – die frühen ethnographischen Quellen berichten davon, z. B. *Herodot* –, ihre zahlreichen Arten, die wiederum von unterschiedlichstem Grad der Verbindlichkeit sein können, erschweren allgemeingültige Aussagen über ihre Bedeutung. Arten und Umstände der B. sind kulturgebunden; B. läßt sich nicht

von den sie umgebenden Riten ablösen. Erklärungsversuche müssen daher den kulturellen Zusammenhang berücksichtigen, in dem die Praxis der B. geübt wird. Der Vergleich ethnographischer Daten zur Institution der B. liefert eine Reihe von Motiven für die Ausbreitung dieser Praxis bzw. für ihre Weiterführung. Erstaunlicherweise lassen sich fast nirgendwo Ursprungserzählungen oder Mythen ausfindig machen, die die rituelle B. in den ethnischen Traditionen absichern. Die in der wissenschaftlichen Literatur genannten Theorien zu Sinn und Ursprung der B. haben ethischen Charakter, sie zeigen Möglichkeiten auf: 1. Hygienische, medizinische Indikationen könnten bei B.en in rezenten Zeiten, unter dem Einfluß westlicher Zivilisationen, eine Rolle spielen. Für viele Kulturen wäre eine solche Begründung peripher. 2. Einführung in das Sexualleben, damit verbunden Erhöhung der sexuellen Lust oder ihr Gegenteil, Zügelung sexueller Begierde; Förderung der Fruchtbarkeit. Gestützt wird diese Deutung durch die Tatsache, daß B. oft mit Initiations- und Fruchtbarkeitsriten verbunden ist. 3. Härteprobe zum Übergang in das Erwachsenenalter. 4. Identitäts- und Statusbestimmung; Erwerb der Zugehörigkeit zu einer bestimmten Gruppe, zu einem bestimmten Volk, wobei die körperliche Verstümmelung das Erkennungszeichen schafft. 5. Opfer; Darbietung des Lebens in einem Teil (pars pro toto) und Unterwerfung der Geschlechtlichkeit unter die Macht übermenschlicher Wesen. 6. Geschlechtliche Differenzierung der Betroffenen hat als Erklärungstheorie nur untergeordnete Bedeutung, da sie männliche und weibliche B. in einer Kultur voraussetzt, was nicht sehr häufig der Fall ist. 7. ↗Initiation; Einführung in die Rolle des Erwachsenen, in eine neue soziale Gruppe. Dieser Erklärungsversuch schließt einige der genannten Motive ein.

Lit.: *B. Bettelheim,* Symbolic Wounds. Glencoe [2]1962; *ders.,* Les blessures symboliques. Paris 1971; *F. Bryk,* Die B. bei Mann und Weib. Neubrandenburg 1931; *A. van Gennep,* Les rites de passage. Paris 1909; *L. H. Gray,* Circumcision – Introductory: ERE III 659–670; *A. E. Jensen,* B. und Reifezeremonien bei Naturvölkern. Stuttgart 1933; *R. F. Lehmann,* Bemerkungen zu einer neuen Begründung der B.: Soc. 7 (1975) 57–74; *W. Schmidt,* Die menschliche Gesellschaft: ders./W. Koppers, Völker und Kulturen I. Regensburg 1924, 133–374; *H. Wißmann,* Art. B. I. rel.-gesch.: TRE V 714–716.

A. Quack

Besessenheit. Die Annahme, ein Gott oder ↗Dämon habe von einem Menschen Besitz ergriffen (im Gegensatz zur ↗Ekstase, die man sich als Entfernung der Seele vom Körper vorstellt), ist ein allgemein verbreitetes Erklärungsmodell für auffällige Veränderungen der psychischen oder körperlichen Verfassung oder des Verhaltens, die den Betroffenen verfremdet erscheinen lassen (z. B. Mk 5, 1–20; Mt 4, 24; Lk 13, 11–17; vgl. auch Joh 10, 20–21). Insbesondere psychosomatische Erkrankungen werden als B. interpretiert, zumal da gerade sie der sozialpsychol. Dynamik ritueller Therapien zugänglich sind, was den Glauben an ihre Verursachung durch übermenschliche Wesen bestärkt. Als gottgesandt galt beispielsweise in der griech. Antike die Epilepsie (vgl. den „epileptischen“ oder „mondsüchtigen“ oder eben „besessenen“ Knaben Mt 17, 14–20; Mk 9, 14–29; Lk 9, 37–43), der man deshalb durch kathartische Riten (↗Katharsis) zu begegnen suchte. Dagegen wandte sich *Hippokrates* in seiner Schrift „Über die heilige Krankheit“, in der er sich für eine physiologische Erklärung und ärztliche Therapie einsetzte. Ebenso wie die Grenzziehung zwischen Normalität, Krankheit und B. sind auch die Rollen des Kranken oder Besessenen kulturell variabel. Unterschiede, die sich vor allem auf den Umgang mit dem als besessen Betrachteten auswirken, ergeben sich daraus, ob sein Zustand als Bedürfnis nach Hilfe und Zuwendung verstanden wird oder als Strafe für ein Vergehen gilt. Letzterem entspricht aus der Perspektive des Leidenden die Hypostasierung von Schuldgefühlen zu verfolgenden Rachegeistern (z. B. Erinyen).

Während die B. im Christentum ausschließlich negativ bewertet wird, akzeptieren andere Kulturen sie als Rollenspiel, in dem verborgene Aggressionen und Bedürfnisse, z. B. das Verlangen nach Aufmerksamkeit, besserem Essen, ja sogar einem Fest oder neuen Kleidern (vgl. den afrik. Zar-Kult oder den Taran-

teltanz), ausgedrückt werden können. Sowohl die Besessenen als auch die Adressaten ihrer Äußerungen haben sich dabei an die Spielregeln eines (mehr oder weniger exakt) vorgegebenen Rituals zu halten. Wie das Maskentragen in einem Heischeritus dient die Verschiebung der Verantwortung auf einen Dämon der Entlastung dessen, der etwas im Alltagsleben Verbotenes tut: Er haftet nicht mehr als Privatperson für sein Verhalten, sondern „spielt" eine Rolle. Solche Ventilriten sind wichtig, um sozialen Druck gegen Unterprivilegierte auszugleichen. Dies sind in patriarchalischen Gesellschaften vor allem Frauen, was ihre manchmal behauptete größere „Anfälligkeit" für B. erklärt (vgl. die griech. Mänaden; s. auch das hist. Erscheinungsbild der Hysterie). Da diese Bevölkerungsgruppen keinen direkten Zugang zu zentralen Machtpositionen haben, sind auch die Dämonen, die von ihnen Besitz ergreifen, als „marginal" oder „fremd" charakterisiert.
Die rituelle Therapie besteht entweder im Austreiben der in den Körper eingedrungenen Dämonen (Exorzismus) oder darin, daß der Besessene lernt, mit ihnen umzugehen und sie seinem Willen zu unterwerfen, wodurch er zum ↗Schamanen wird, der wiederum andere von ihrer B. heilen kann. (Von ↗Hexen nimmt man u. U. auch an, sie könnten B. verursachen.) Die Macht des Heilers ist meist davon abhängig, daß er selbst mit einem stärkeren Geist im Bunde steht. (So wurde Jesus vorgeworfen, er treibe Dämonen mit Hilfe von Dämonen aus, worauf er erwiderte, er habe seine Vollmacht von Gott: Mt 12,22–28; Lk 11,14–23.) Eine solche Beziehung wird bisweilen von B. begrifflich geschieden, da sie dieser zwar in der Struktur entspricht, jedoch nicht unbedingt als Zwang und Entfremdung aufgefaßt ist. Das Ergriffen-Sein von einem „guten Geist" oder wohlwollenden Gott kann nämlich höhere Erkenntnisse und Fähigkeiten schenken (vgl. den „göttlichen Wahnsinn" oder *enthusiasmós* der griech. Antike sowie das *daimónion* des Sokrates, eine Art Schutzgeist). Gerade durch den demonstrierten Kontakt mit einer höheren Macht erweist sich ein Heiler, ↗Prophet oder ↗Priester als legitimer Repräsentant seines Gottes, eines verehrten Ahnen oder eines anderen spirituellen Wesens, das eine zentrale Stellung für die jeweilige Gesellschaft einnimmt. Dabei ist nicht in jedem Fall von tatsächlich veränderten Bewußtseinszuständen auszugehen; eine Ritualfiktion, d. h. eine symbolische Darstellung durch Masken, Tanz, besondere Sprechweise u. ä., kann durchaus genügen, damit der als besessen Geltende während des Rituals als „Sprachrohr Gottes" fungiert (vgl. *Platon*, Ion 534 d). Die Konzeption der B. legitimiert hier die Autorität des Rollenträgers, die ihm als Privatperson nicht zukommt.

Lit.: *T. K. Oesterreich*, Die B. Langensalza 1921; *A. Rodewyk*, Die dämonische B. in der Sicht des Rituale Romanum. Aschaffenburg 1963, [2]1975; *J. M. Lewis*, Ecstatic Religion. Harmondsworth 1971; *J. Zutt* (Hg.), Ergriffenheit und B. Bern 1972; *E. Bourguignon* (Hg.), Religion, Altered States of Consciousness, and Social Change. Ohio 1973; *K. Elliger*, B.: H. Haag (Hg.), Teufelsglaube. Tübingen 1974, 391–431; *V. Crapanzano / V. Garrison* (Hg.), Case Studies in Spirit Possession. New York 1974; *B. Gladigow*, Ekstase und Enthusiasmos: H. Cancik (Hg.), Rausch – Ekstase – Mystik. Düsseldorf 1978, 23–40; *W. Kasper / K. Lehmann* (Hg.), Teufel, Dämonen, B. Mainz 1978; *B. Simon*, Mind and Madness in Ancient Greece. Ithaca – London 1978.

D. Baudy

Bestattung/Grab. 1. Als kürzeste Definition dessen, was B. ist, könnte man sagen: B. ist die unter Beachtung jeweils festgelegter Riten erfolgende, nach Zeiten, Völkern und Religionen verschiedene Art der Leichenbeseitigung. Die gebräuchlichsten Formen der B. sind die Erd- und Feuer-B.; seltener sind das Versenken der Leiche im Meer und das Verzehren des Leichnams durch Tiere oder Hinterbliebene (Kannibalismus). Das Grab (G.), Ruhestätte von Toten und/ oder deren Geistern, hat eine Schutz- und Sicherheitsfunktion; Schutzfunktion insofern, als der bestattete Leichnam vor Dämonen, Tieren und feindseligen Menschen geschützt wird, Sicherheitsfunktion in der Weise, daß sich die Lebenden absichern gegenüber dem Geist der Toten, der als Schrecken und furchterregend empfunden werden kann.
2. Neben der *Beisetzungsart* einer Leiche in einem Hocker- oder Liegegrab, was die individuelle Unsterblichkeit betont,

kennt man die B. in Familiengräbern und die Haus-B. Letztere ist bereits für Jericho, eine der ältesten bisher bekannten Städte (ca. 8000 v. Chr.), archäol. nachgewiesen. Die Haus-B. wie die in Familiengräbern hatte den Zweck, den verstorbenen Gliedern der Familie die Fortsetzung der Gemeinschaft zu sichern (↗Ahnenkult), so daß der Gedanke der individuellen Unsterblichkeit hinter dem von Familie und Sippe zurücktrat. So wird im alten Israel die B. eines Toten als „Versammelt werden zu den Vätern/den Seinen" bezeichnet (vgl. Gen 35,2a; 49,33).

Im G. selbst wurde der Leichnam in Rücken-, Seiten- oder Bauchlage beigesetzt, wobei die Orientierung des Leichnams in eine bestimmte Himmelsrichtung hinzukommen kann, was alles Rückschlüsse zuläßt auf die jeweilige Jenseitsvorstellung (↗Zukunft/Jenseits) bzw. die Todesfurcht (↗Tod). Durch das Hineinlegen der Leiche in Särge, das Einwickeln in Tücher, die Aufbewahrung der Asche in Urnen soll vor allem die Berührung der Toten mit der Erde vermieden werden; beim Einbalsamieren kommt das Bestreben hinzu, den Körper in seinem Zustand zu erhalten und seiner Verwesung Einhalt zu gebieten. Wo an die Kraft der Toten geglaubt wird, werden z. B. mumifizierte Leichen tapferer Krieger bei Kriegszügen mitgeführt (↗Indian. Hochkulturen III).

3. Dem Verstorbenen werden vielfach *G.-Beigaben* wie Speise, Schmuck, aber auch Tiere, der überlebende Ehegatte, Gefolgsleute und Sklaven mitgegeben (später mancherorts durch Tonfiguren oder Malereien ersetzt). Sie sollen dem Toten auf seiner Reise ins Jenseits dienlich sein. Das G., die Beisetzungsart und G.-Beigaben geben für die prähist. Zeit bedeutende kulturhist. Aufschlüsse, sagen aber nichts darüber aus, wie der Ritus selbst bei der B. ausgesehen hat – die Aufgabe des einzelnen wie die der Angehörigen des Toten, die Zeremonien des Priesters bzw. Schamanen usw. – und die darin implizierten rel. Vorstellungen. Was für die prähist. Zeit gilt, gilt bis heute von allen schriftlosen Kulturen. Anders bei den Schriftkulturen: Schriftzeichen in und an den G.-Wänden oder gar Bücher über Tod, B. und deren begleitenden Ritus und die Jenseitsvorstellung (↗Totenbuch) informieren über deren Glauben. Die B. ist somit allein für den Glauben der „ältesten Menschen" zentral und stellt das einzige Dokument dar, Rückschlüsse auf Vorstellungen, Ideen, Hoffnungen und Erwartungen zu ziehen.

4. Die ersten B.en sind aus dem mittleren Paläolithikum bekannt, wie Neandertal-Altmenschenfunde aus Le Moustier und La Ferrasie in Frankreich beweisen. Die Hockerlage der Verstorbenen und die G.-Beigaben lassen keinen Zweifel daran, daß schon der Neandertaler Vorstellungen von einem Leben nach dem Tode hatte. Zur Abdeckung der Gräber verwandte man Mammutschulterblätter u. a. große Knochen. B.en mit einem komplizierten Ritus finden sich im Jungpaläolithikum. Schädelgräber und zu Bechern verarbeitete Schädelkalotten werfen dabei die Frage nach einem kultischen Kannibalismus auf, dem möglicherweise ebenfalls das Motiv der Kraftübertragung zugrunde lag.

5. Die B. und der Totenkult in prähist. Zeit führen dann in der Megalithkultur (↗Megalithreligion) zu riesigen Steinsetzungen. Die häufigste Form der Megalith-Gräber sind die *Dolmen* (Steintische): Vier oder fünf große Steinblöcke und ein Deckstein bilden die G.-Kammer, über die dann ein Erdhügel aufgeschüttet wird, so daß die G.-Kammer fast luftdicht verschlossen ist. Aus späterer Zeit finden sich Gang-Gräber, in denen mehrere Tote bestattet wurden. In Norddeutschland zeugen die Hünen-Gräber von der Megalithkultur. In Irland und Spanien sind es die Kuppel-Gräber, riesige Anlagen mit G.-Kammern, Seitenkammern, Gängen, Wällen und Gräben. Eine starke Parallele zu den Kuppel-Gräbern weist das G. des Atreus in der mykenischen Kultur auf. (Zu anderen monumentalen G.-Anlagen ↗Pyramide.) Anlaß zu manchen Spekulationen gaben bei zahlreichen Megalith-Gräbern kleine Öffnungen, von denen zunächst angenommen wurde, daß es sich hierbei um „Seelenlöcher", d. h. Ausgänge für die Toten handle. Diese sog. „Seelenlöcher" dienten jedoch offensichtlich dazu, die G.-Beigaben von Zeit zu Zeit erneuern zu können.

Des öfteren finden sich bei den Gräbern der Megalithzeit aufrechtstehende Steine *(Menhire)*, die manchmal von einem Steinkreis umgeben sind. Bildete der Steinkreis wahrscheinlich einen abgegrenzten Fest- oder Kultplatz, stellten die Menhire in älterer Zeit wohl den „Seelensitz" des Toten dar, in jüngerer Zeit hingegen ein Denkmal, wo man der Verstorbenen gedachte.
6. Von der prähist. Zeit bis in unsere Tage hinein gilt aber, daß bei allen Kulturen der Erde der *Ort der Toten* ein hl. Platz ist, an dem der Mensch in besonderer Weise das Numinose erfährt, ihm Tod und Geburt, die beiden großen Geheimnisse des Lebens, bewußt werden. Durch den Tod und das Aufsuchen der Totengedenkstätten wird der Mensch daran erinnert, daß das Heil des Menschen und der Menschheit sich nicht im Diesseits vollendet. Der Tod ist nicht das Ende des Lebens.

Lit.: Außer den einschlägigen Art. in LThK², RAC und RGG³ vgl. *F. Heiler*, Erscheinungsformen und Wesen der Religion. Stuttgart 1961, 515ff. (Lit.); *M. Eliade*, Geschichte der rel. Ideen I und III/1. Freiburg ⁵1985, ²1985. *G. Riße*

Bewußtsein. 1. Der Begriff B. ist ein zentraler Begriff der Anthropologie, nicht nur im philos. und theol., sondern auch im naturwiss. Kontext (hier nicht nur im Bereich der Psychologie oder ↗Tiefenpsychologie, sondern ebenso in der Evolutionsforschung, biologischen Anthropologie, Gehirnforschung usw.).
Der kath. Theologe und Naturwissenschaftler *P. Teilhard de Chardin* hat in seiner Anthropologie und Evolutionstheorie immer wieder auf die Bedeutung der Entwicklung des B. des Menschen verwiesen und bemerkt, „daß das B., das wir empirisch als die spezifische Wirkung organischer Komplexität deuten, weit über den lächerlich kleinen Ausschnitt hinausreicht, in dem es unserem Blick gelingt, es direkt zu erfassen" (Der Mensch im Kosmos. München ²1982, 312). Die Frage nach dem B. ist damit heute so aktuell wie etwa im 19. Jh. (kath. und ev. Tübinger Schule, B.s-Theologie [Schleiermacher]) und fordert immer wieder zur Auseinandersetzung heraus (charismatische Bewegung, ↗New Age).
2. Der Begriff B. findet sich als Substantiv zuerst in der Metaphysik von Chr. Wolff (18. Jh.) und wird allgemein als Übertragung des lat. Begriffes *„conscientia"* verstanden, wie ihn *R. Descartes* im 17. Jh. entwickelt hat, der als Begründer der neuzeitl. B.s-Philosophie angesehen werden darf. B. bezeichnet eine wesentliche Qualität, Dimension bzw. Instanz des menschlichen Geistes (↗Geist) bzw. der menschlichen ↗Seele, insofern sich der Mensch durch das B. auf sich selbst (Selbst-B., das als Fundament und Möglichkeitsbedingung der Einheit des B. verstanden wird), auf die Welt, auf den anderen und auf Gott beziehen kann (Intentionalität des B.). Das B. ist der Raum des Wissens, der Reflexion und Erfahrung, die sich auch auf das Subjekt selbst richten (Reflexivität), aber lehren, daß das Subjekt und sein B. sich nicht selbst verdanken. Auf das B. und sein Material (Sinnesempfindungen, Vorstellungen, Erfahren von Raum und Zeit, Erfahrungen der Wirklichkeit) bauen Denken (Verstand, Vernunft), Wollen und Handeln auf, und auch die Emotionalität wirkt über das B. Ist das B. auf der einen Seite Einfallstor und Raum der Erfahrung als Grundlage geistiger, freier Tätigkeit, so bezeichnet es andererseits – neben dieser synthetischen Leistung – die Fähigkeit des menschlichen Geistes, je aktuell, begleitend um seine entscheidenden Vollzüge zu wissen, sie zu kontrollieren und zu beherrschen, d. h. sich ihrer im wesentlichen bewußt zu werden bzw. zu sein. Trotz der entscheidenden Bedeutung des B. für den Menschen wäre es fatal, das Wesen des Menschen bzw. des menschlichen Geistes auf B. reduzieren zu wollen und damit andere Bereiche (Unbewußtes, Gefühl, Leiblichkeit usw.) auszublenden, die nur in ihrer Gesamtheit den Menschen ausmachen. Die Gefahr der Verabsolutierung des B. war bei Descartes bereits gegeben und blieb auch in der idealistischen B.s-Philosophie bestehen, die in Hegel ihren faszinierenden, aber auch problematischen Höhepunkt fand. Eine weitere mögliche Gefahr subjektivistischer B.s-Philosophie liegt darin, das B. als wirklichkeitskonstituierend mißzuverstehen.
3. Da der heutige Begriff B. erst in der

Neuzeit entwickelt wurde, ist es nicht unproblematisch, ihn geistesgeschichtlich zurückzuprojizieren und allzu schnell mit den Begriffen *„conscientia"* bzw. *„syneidēsis"* (griech.), die auch die Bedeutung von „Gewissen" umfassen, gleichzusetzen, wiewohl die gemeinte Sache schon gegeben war und daher der Rückbezug legitim erscheint. Die gleiche Übersetzungsproblematik muß für den *rel.-wiss.* Kontext konstatiert werden. Hier ist von B. vielfach in Verbindung mit rel. Gotteserfahrung die Rede. So werden vor allem die ind. Begriffe *vijñāna (P. viññāna), citta, manas,* aber auch *↗Brahman* und *↗Ātman* (die meist auch mit „Geist" übersetzt werden) häufig als „B." wiedergegeben, so daß (unter Hinweis auf die unterschiedlichen Schulbildungen in Buddhismus und Hinduismus) ein entscheidendes Element asiat. Religiosität als Prozeß der Bewußtwerdung bzw. B.s-Erweiterung verstanden werden kann, in deren Verlauf die Identität von individuellem Ātman/B. und universalem Brahman/B. gewußt bzw. bewußt wird. Dies geschieht durch asketische (↗Askese) und meditative (↗Meditation [V. VI]; Vision) Übungen und Techniken (↗Yoga), mit deren Hilfe die Trennung des Menschen von seinem Ursprung und eigentlichen Wesen überwunden und die Einheit mit dem Urgrund bzw. der Gottheit erkannt und erfahren wird, was zur Erlösung führt. Das B. wird dabei als Voraussetzung jeglichen Erkennens, Wollens und Erschaffens verstanden; das individuelle B. des Menschen stellt die Verbindung mit dem universalen B. bzw. der Gottheit dar. Für den Dialog mit dem Christentum ergeben sich hier gewisse Anknüpfungspunkte, insofern christl. Askese, Mystik, Spiritualität und Meditation auch auf die bewußte Erfahrung Gottes hin ausgerichtet sind. Diese darf freilich nur als eine durch Jesus Christus im Hl. Geist (↗Geist) ermöglichte Erfahrung verstanden werden, die keine Identität, sondern die Gemeinschaft mit Gott voraussetzt und erfahren läßt. Das christl. B. vermag aufgrund der Gabe des Hl. Geistes in den Vollzügen des Glaubens (Gottesbegegnung in Wort, Sakrament, Gebet), der Hoffnung und der Liebe Gott zu erfahren und zu erkennen (↗Gott I). Das Verhältnis des B. zu Gott wird vor allem in der von K. Rahner vertretenen Form der Transzendentaltheologie reflektiert, die den transzendentalphilos. Ansatz I. Kants theologisch durchdringt und aufzeigt, daß Gott in der Tiefe des menschlichen B. anwesend ist und durch seine Gnade die Gotteserfahrung des Menschen ermöglicht.

Lit.: *L. Govinda,* Schöpferische Meditation und multidimensionales B. Freiburg 1977; *K. R. Pelletier,* Unser Wissen vom B. München 1982; *H. W. Schumann,* Buddhismus. Olten 1976; *E. Tugendhat,* Selbstbewußtsein und Selbstbestimmung. Frankfurt 1979; *H. Waldenfels,* Faszination des Buddhismus. Mainz 1982; *ders.,* Meditation – Ost und West. Einsiedeln 1975; *H. M. Enomiya-Lassalle,* Zen und das neue B. der Menschheit. München 1985; *ders.,* Leben im neuen B. München 1986. *E. Dirscherl*

Bhagavadgītā ↗Heilige Schrift(en) III.

Bhakti. 1. B. (von Skt. *bhaj-* = teilhaben an, sich eins wissen mit, sich hingezogen fühlen, dienen, lieben) ist schwer zu übersetzen. Der Begriff „bezeichnet nicht einen Glauben, sondern eine liebende, treue Verehrung und Hingabe, eine inbrünstige persönliche Gewogenheit, eine tiefe affektionierte und mystische Ergebenheit, verbunden mit der Begierde, mit dem Objekt seiner Verehrung – einem persönlichen Gott, an dessen geistiges Wesen man glaubt – eins zu werden, oder richtiger, weil man überzeugt ist, wesentlicher Teil seines Wesens zu sein, die Einheit mit ihm zu verwirklichen" (Gonda I 244). B. ist das menschliche Streben nach dem Göttlichen, ein inniges persönliches Verhältnis des Menschen zu Gott. Es setzt einen Bhakta – einen, der sich hingegeben hat – und Bhagavān (Grundform: Bhagavat), den persönlichen Gott, voraus. Das Verhältnis zwischen ihnen kann in verschiedenen Formen Ausdruck finden, je nach individuellem Naturell und kulturellem Hintergrund: im Verhältnis eines Dieners zu seinem Herrn, eines Menschen zu seinem Freund, der Eltern zu ihrem Kind oder umgekehrt oder auch der ehelichen Liebe zwischen Mann und Frau. Sogar die Beziehung eines haßerfüllten, darum intimen Widersachers *(dveṣa-bhakti,* „Haß-B.", genannt im Bhāgavata-purāṇa 7.1.29–30 und 10.44.39) vermag zu Gott zu führen. B. ist nicht, wie vielfach behauptet, ein Weg neben anderen; B. kann mit verschiedenen Heilsmethoden wie denen des *jñāna* und *karma* nicht nur zusammengehen, sondern diese in sich integrieren und bedeutsam machen. B. ist so zugleich rel. Erfahrung und Liturgie, m.a.W.: ein allumfassender Heilsweg.

2. Anfänge von B. mögen in die vedische Zeit zurückreichen, wofür sich jedoch keine eindeutigen Beweise anführen lassen. F. Hardy hat zwischen intellektueller und emotionaler B. unterschieden. Die erste, inhaltlich dem Begriff ↗*Yoga* verwandt, betont eher die mentale Konzentration als die gefühlsmäßige Bindung an die göttliche Person. Der älteste Beleg für den Begriff B. selbst ist Śvetāśvatara-Up. 6,23; in älteren Texten (etwa Āpstambadharma-Sūtra 1.8.22.8 und 23.2 und 5) stehen die Termini *yukta* und *yoga*, wo man *bhakta* und *bhakti* erwarten würde. Diese alten Termini sind noch in der Bhagavadgītā geläufig. Emotionale B. ist jedenfalls spätestens bei den viṣṇuitischen Ālvārs (Tamil: „in tiefer Meditation versunken"; zwischen 500 und 900 n.Chr.) voll zur Entfaltung gelangt. Dabei kommt unter den ↗Avatāras Viṣṇus (↗Vishnu) Kṛṣṇa (↗Krishna) die entscheidende Rolle zu. Den viṣṇuitischen Ālvārs und śivaitischen Nāyanārs in Südindien folgen die großen Meister *(ācārya),* die durch ihre in Sanskrit verfaßten scharfsinnigen philos. Schriften die fehlende theor. Grundlage lieferten. Ihre aus verschiedenen gesellschaftlichen Schichten und Teilen des südind. Tamillandes stammenden Vorgänger hatten sich für ihre Lieder des Tamils, ihrer Muttersprache, bedient. Damit waren der Verbreitung ihres Gedankenguts Grenzen gesetzt. Erst die in Sanskrit abgefaßten Abhandlungen der nachfolgenden Theoretiker machten ihre Botschaft in gelehrten brahmanischen Kreisen landesweit bekannt.

3. Von entscheidender Bedeutung für die Popularisierung der B.-Idee war ein vermutlich um 850 n.Chr. in Südindien entstandener Sanskrittext, das *Bhāgavatapurāṇa,* neben der Bhagavadgītā das am weitesten verbreitete hl. Buch der Hindus. Seit dem 14. Jh. entwickelte sich der B.-Gedanke der Ālvārs, verstärkt durch die theoretischen Ausführungen der Ācāryas, zu einer mächtigen Bewegung, die nach und nach ganz Nordindien durchzog. Die Führer dieser alle Lebenssphären umfassenden Bewegung waren die in nordind. Regionalsprachen schreibenden Dichter-Heiligen, die „großen Integratoren" wie Nāmdev (ca. 1350), Kabīr (1. Hälfte des 15. Jh.), Nānak (1469 bis 1539), deren Lieder im „Ādi-Granth", dem hl. Buch der ↗Sikhs, gesammelt sind und die als Sant-Dichter (*sant* = gut, heilig) bezeichnet werden, sowie Vidyāpati (1380–1460?), Sūrdās (geb. 1480?), Tulsīdās (1532–1623) und Mīrābāī (um 1500). Die Sant-Dichter verehren einen „alle Qualifizierbarkeit transzendierenden Gott" (Thiel-Horstmann 9) im Gegensatz zu denen, die eine Avatāra-Persönlichkeit wie Kṛṣṇa oder ↗Rāma verehren. Gottes Gnade wird allen zuteil, die sich ihm vertrauensvoll hingeben. Er erlöst jeden, der bei ihm Zuflucht sucht. Der Dienst des Herrn bringt jedoch den Dienst an seiner gläubigen Gemeinde mit sich. Die Liebe zu Gott bedeutet Liebe zu seinen Dienern und geistige Inspiration. Die Gnade Gottes ist zugleich sein Anspruch an den Menschen und macht diesem seine Verantwortung für den Mitmenschen bewußt.

4. Die Frage, ob die Hingabe an Gott allein genüge, wurde in der Zeit nach *Rāmānuja* (1055–1137) heftig diskutiert. Es gab zwei Positionen, zu deren Verdeutlichung man das Verhalten von Affen und Katzen bei Gefahr heranzog. „Sowohl junge Affen als auch junge Katzen werden gerettet, indem sie ihre Mutter aus der Gefahrenzone fortträgt" (Hohenberger 147). Der Affe hält sich dabei jedoch an der Mutter fest, während die junge Katze nichts zu ihrer Rettung beitragen kann, sich vielmehr völlig passiv verhält. B. als Liebe, und zwar als eheliche Liebe, ist am intensivsten zu erfahren in der Trennung, etwa der Kuhhirtinnen von Kṛṣṇa. Diese B., „Viraha-B." genannt, ist neuerdings eingehend untersucht worden von Hardy, Hawley (93–118) u.a. Die B.-Lieder der Dichter-Heiligen des MA prägen noch heute das Alltagsleben der Hindus in vielfältiger Weise. Die einfachste und jedem zugängliche Art, am rel. Leben teilzuhaben, ist das gemeinsame Bhajan-Singen *(bhajan* = Lobpreisung Gottes). Dieses Singen, auch Kīrtan ge-

nannt, ist jederzeit und an jedem Ort vollziehbar. Gandhis „prayer meetings" z. B. waren stets davon begleitet.

Lit.: *W. Eidlitz,* Die Ind. Gottesliebe. Olten 1955; *J. Gonda,* Die Religionen Indiens I/II. Stuttgart 1960, 1963; *F. Hardy,* Viraha-B. The Early History of Kṛṣṇa Devotion in South India. Oxford 1983; *J. S. Hawley,* Sūr Dās. Poet, Singer, Saint. Washington D. C. 1984; *A. Hohenberger,* Rāmānuja. Ein Philosoph ind. Gottesmystik. Bonn 1960; *W. D. O'Flaherty,* The Origins of Evil in Hindu Mythology. Berkeley 1976; *M. Thiel-Horstmann,* Nächtliches Wachen. Eine Form ind. Gottesdienstes. Bonn 1985; *R. C. Zaehner,* The Bhagavadgītā with a Commentary based on the Original Sources. Oxford 1969.

T. R. Chopra

Bibel ↗Heilige Schrift(en) VI. VII.

Bild

I. Allgemein-religionswissenschaftlich. – II. Hinduistisch. – III. Buddhistisch. – IV. Jüdisch. – V. Christlich. – VI. Islamisch

I. Allgemein-religionswissenschaftlich. Visuelle Elemente spielen in allen Religionen in verschiedenen Dimensionen eine Rolle, etwa in der Sakralarchitektur, in Form von plastischen Figuren, von Flachreliefs, von Zeichnungen und Malerei. Diese Elemente sind vielfach mit anderen Darstellungsformen des Symbolsystems verbunden: Sakralarchitektur wird durch Rituale belebt, also mittels bedeutsamer Handlung und Sprache; auch plastische Figuren und B.er sind häufig in solche Bezüge eingebunden.

Die Besonderheit der visuellen Gestaltung anderen Darstellungsformen gegenüber besteht darin, daß der Faktor Zeit ausgeklammert ist, wogegen er in der Handlung und weitgehend auch in der Sprache konstitutiv ist. Hier findet sich also eine statische Darstellung des Symbolsystems. Einen Grenzfall stellen „B.-Geschichten" dar, Abbildungen von Szenen aus dem ↗Mythos oder Darstellungen von Ritualszenen; hier werden Momente aus einem Ablauf festgehalten und damit der Betrachtung, allenfalls auch der Kontemplation, erschlossen.

In der Regel erfahren die lebensbestimmenden Mächte im B. eine Bündelung. Häufig werden sie einer anthropomorphen Interpretation unterzogen, doch treten dazu gewöhnlich weitere Bedeutungselemente; Merkmale aus den Bereichen von Natur und Kultur, von Menschen- und Tierwelt und aus verschiedenen Erfahrungsbereichen werden kombiniert (z. B. wenn Helios mit dem Sonnenwagen über den Himmel fährt). Daneben spielen auch arbiträre, allein aus den Konventionen der jeweiligen Kultur verständliche Zeichen eine Rolle. Ebenso ist die Farbgebung (nicht nur im B. im engeren Sinne, sondern auch hinsichtlich der Kleider usw.) meist reguliert; die Ikonographie stellt ein mehr oder minder stark normiertes Kommunikationssystem dar.

Das B. vermag häufig einen numinosen Gegenstandsbereich in einem Maße zu repräsentieren, daß er dem kultischen Umgang ganz bes. zugänglich ist; in der Antike wurden Götter-B.er wie menschliche Potentaten behandelt, versorgt, gepflegt, im Falle des Versagens aber auch gezüchtigt u. ä.

II. Hinduistisch. Während das frühe vedische Ritual – ähnlich wie die verwandte Religion der Perser – sich im Freien oder im Haus ohne Sakralbauten und B.er abspielte, kannten vorarische Religionsschichten Indiens mannigfache ikonographische Elemente, insbesondere abstrakte Symbole (etwa das Hakenkreuz), deren Bedeutung unbekannt ist. Nach der Verschmelzung der verschiedenen Traditionsstränge setzt im ↗*Hinduismus* die Entwicklung einer reichhaltigen Bilderwelt in den folgenden Bereichen ein:

1. Der ↗Tempel repräsentiert in seiner Anlage den Kosmos schlechthin; in seiner Orientierung spielen die Himmelsrichtungen eine wichtige Rolle. Im Zentrum steht der Tempelturm als Repräsentation des Weltberges (der seinerseits auch geographisch im Himalaya Gestalt angenommen hat). Neben der Berg- spielt auch die Baumsymbolik eine wesentliche Rolle. Die einzelnen Bereiche des Tempels haben kosmologische Qualitäten, und die reiche plastische Ausgestaltung macht die Bevölkerung der Welt durch die lebensbestimmenden Mächte deutlich.

2. Aus stilisierteren Darstellungen der Frühzeit, welche von Bedeutung bleiben, entwickeln sich ikonographisch immer klarer umrissene figürliche Darstellungen der einzelnen Götter. Der Anthropomorphismus ist modifiziert durch typisch „übermenschliche" Züge, etwa bei der häufigen Mehrköpfigkeit oder Mehrarmigkeit von Göttern. Dazu kommt, daß

viele Götter sowohl anthropo- als auch theriomorphe Erscheinungsmöglichkeiten haben (insbesondere (↗Vishnu), welche je einen bestimmten Aspekt der Gottheit offenbaren. Auch Pflanzen (z. B. der Lotos) sind göttlichen Mächten zugeordnet.
Dabei sind die Götter in typischen Haltungen oder Szenen dargestellt. Die Körpersprache ist hochgradig ausgearbeitet, verschiedene Sitz- und Tanzpositionen und Handhaltungen bringen die Haltung des Gottes dem Betrachter gegenüber zur Darstellung. An dieser Stelle ist die Ikonographie eng mit einer handlungsmäßigen Darstellung des Symbolsystems, dem ↗Tanz, verknüpft.
3. Ein wichtiges Darstellungsmoment bilden Polaritäten (vor allem männlich - weiblich) und deren Einheit. In die vorgesch. Zeit gehen *liṅga* und *yoni* zurück, stilisierte Gestaltungen von ↗Phallus und Vulva, welche in der Sakralarchitektur eine wesentliche Rolle spielen. Beide Elemente sind in die verschiedensten Bedeutungszusammenhänge einbezogen und haben mannigfache Variationen erfahren. Im Tantrismus (↗Tantra) wird diese Thematik zum Zentrum einer elitären, häufig im B. dargestellten Religionsausprägung. Die Vereinigung der Gegensätze wird z.T. ganz konkret als variantenreicher Geschlechtsakt, z.T. in abstrahierender Form dargestellt.
Hervorragende Symbole zur Darstellung integrierender Ganzheit sind Rad, Kreis, Viereck, Dreieck u. ä.; im Meditationsdiagramm (Yantra) sind solche Elemente kombiniert und z.T. mit Schrift, z.T. mit B.-Zeichen erläutert. Das Schauen leitet so über zu einer Meditation, deren Ziel es ist, über die Ebene des Visuellen (und des Sprachlichen) hinauszugelangen. Zur visuellen Kosmologie gehört eine ausgeführte Farbenlehre.
4. Schließlich erfahren destruktive Mächte eine besondere ikonographische Berücksichtigung. ↗Dämonen haben einen kosmologischen und einen anthropologischen Aspekt, sie gefährden den Bestand der Welt und das Wohlsein des Menschen. Götter sind deshalb gern als Bezwinger solcher Dämonen dargestellt: Shiva tanzt auf dem Dämon der „Blindheit", Kṛṣṇa auf dem Schlangenunwesen Kaliya herum, Dämonen werden erschlagen, zermalmt usw. Wird so das Destruktive einerseits ausgeschaltet, findet es doch andererseits auch Integration, etwa in Gestalt der „Furchtbaren", der Durgā-Kali, die sich selbst und andere vernichtet, aber im Kontext fruchtbarer Neuschöpfung.
III. Buddhistisch. Er schließt ikonographisch an den Hinduismus an, doch kommt es zu charakteristischen Umformungen. Wenngleich die Lehre des Buddha in ihrem Kern auf die Überwindung des Sehens (wie des Denkens) zielt, werden B.er bald in den Dienst der religiösen Botschaft genommen.
1. Die kosmologische Funktion des Tempelberges wird durch den ↗Stūpa wahrgenommen, ein Grabmal, welches ursprünglich einfach die Form eines umfriedeten Bestattungshügels hatte, dann aber zunehmend an Orientierungsdimensionen gewann. Im Zentrum des Stūpa befindet sich eine Reliquie des Buddha, und damit ist die Weltachse markiert. Das Gewölbe des Gebäudes, eine Halbkugel, wird als Firmament gedeutet, die darauf sich erhebende Konstruktion von sieben Schirmen als Darstellung der sieben Himmel; weitere Elemente der Zeit- und Raumsymbolik prägen das Gebäude, dessen Bautyp sich in der ganzen buddh. Welt unter mannigfachen Variationen verbreitet (auch unter der Bezeichnung „Pagode" bekannt; bes. eindrucksvolle Bauwerke sind die Gebäude von Ankor und der Borobudur auf Java).
2. Die Reliefs und vollplastischen Figuren an Stūpas und anderen Bauwerken (Klöster, Erinnerungsbauten usw.) sind an der buddh. Tradition orientiert. Nach anfänglichen Bedenken, den Buddha darzustellen (in der frühen Gandhara-Kunst, im heutigen Afghanistan, wurde er zunächst nur durch den „Baum der Erleuchtung" und andere Attribute angedeutet), kam es bald zu Abbildungen des Buddha und der Bodhisattvas, welche den Gesetzmäßigkeiten allgemein-indischer Art folgen (genaue Normierung der Darstellung hinsichtlich der Körper- und Handhaltung, Blickrichtung usw.). Die Darstellungen sind „uneigentlicher" Natur, sie sind als Ausfluß der „Leere" le-

diglich als Meditationshilfen gedacht, wenngleich sie im Volksglauben einen höheren Stellenwert einnehmen (was im Mahāyāna z.T. dann spekulativ gerechtfertigt wird). Die szenischen Darstellungen beziehen sich auf die Buddha-Legende (z.B. Verlassen der Familie, Abschneiden des Haarschopfes, Versuchung durch Māra).

3. Auch die bis zum Diagramm hin abstrahierenden Meditationsfiguren kehren im Buddhismus (bes. im nördlichen) wieder. Das Zentrum des Yantras ist jetzt mit einem Buddha-Symbol besetzt, die erläuternden Figuren entstammen dem buddh. Traditionskreis. Ein wichtiges B.-Element wird der Diamant (*vajra,* auch Donnerkeil), der die Unwiderstehlichkeit des Buddha-Weges zum Ausdruck bringt, auf einer weniger elitären Ebene der Religionspraxis aber ein alltägliches Instrument der Magie und des Exorzismus darstellt.

4. Während die buddh. Ikonographie im Bereich des ind. Kultureinflusses diesen Wurzeln stark verpflichtet bleibt, entfernt sie sich in China, Korea und Japan zunehmend davon und wird inhaltlich und formal von bereits angesiedelten Typen von Religion und Ikonographie geprägt (in China bes. vom ↗Taoismus). Dabei treten auch neue Figuren in den Vordergrund, so etwa in China der Bodhisattva Avalokiteshvara, der zur weiblichen Gottheit der Barmherzigkeit umgeformt wird, oder der japanische Amida-Buddha. Noch stärkere Verschiebungen ergeben sich im Ch'an-↗(Zen-)Buddhismus, der Landschafts- und Natur-B.er, mit neuer Pinseltechnik gemalt, für einen neuen Typ von Meditation verwendet.

Lit.: Allgemein: *M. Lurker* (Hg.), Bibliographie zur Symbolik, Ikonographie und Mythologie. Baden-Baden 1968ff.; *E. Bevan,* Holy Images. London 1940; *H. Biezais,* Religious Symbols and their Functions. 1979; Dictionnaire des symboles. 5 Bde. 1969; *M. Eliade,* Images et symboles. Paris 1952; *R. Gilles,* Le symbolisme dans l' art religieuse. 1961; *F. Herrmann* (Hg.), Symbolik der Religionen. Stuttgart 1958ff.; *M. Lurker,* Wörterbuch der Symbolik. Stuttgart 1979; Herder-Lexikon: Symbole. Freiburg [7]1985; *U. Rapp,* Das Mysterienbild. Münsterschwarzach 1952; Iconography of Religions (zahlreiche Bde); Visible Religion. 1982ff. – Hinduismus/Buddhismus: *Bhattachryya,* The Indian Buddhist Iconography, 1924; *R. S. Gupte,* Iconography of the Hindus, Buddhists and Jains. 1972; *A. und P. Keilhauer,* Die Bildsprache des Hinduismus. Köln 1983; *W. Kirfel,* Symbolik des Hinduismus und des Jinismus. Stuttgart 1959; *ders.,* Symbolik des Buddhismus. Stuttgart 1959; *D. Seckel,* Buddhistische Kunst Ostasiens. Stuttgart 1957; *H. Zimmer,* Indische Mythen und Symbole. Düsseldorf 1972. *F. Stolz*

IV. Jüdisch. Das B. hat im Judentum nie eine rel. Bedeutung bekommen, da das atl. ↗Bilderverbot (I) Sperren entwickelt hat, die zwar nicht zu einem allg. Kunstverbot – was das AT selbst auch nicht intendiert und formuliert hat (vgl. z. B. Ex 35ff.; 1 Kön 6f.) – geführt haben, aber die die Geschichte der sakralen Kunst zu einer wechselvollen Wirkungsgeschichte des atl. B.er-Verbotes werden ließen. Polemik gegen B.er begegnet bei jüd. Autoren aller Zeiten, ist aber zeitgebunden, rel. und politisch unterschiedlich motiviert (vgl. J. Maier). Es hat auf der anderen Seite auch in der Zeit des Frühjudentums schon figürliche Darstellungen – außer menschlichen – in Jerusalem gegeben, die aber z.T. der rel. politischen B.er-Feindlichkeit der ↗Zeloten zum Opfer fielen. Reiches B.-Material findet sich aber in den Synagogen der ersten Jh.e n.Chr., und Talmudnotizen des 3. und 4. Jh.n. Chr. bezeugen die unangefochtene Ausschmückung der Mosaikfußböden. Ihr Verschwinden bzw. ihre bewußte Zerstörung im 5./6. Jh.n.Chr. geht nicht auf divergierende jüd. Richtungen (bilderfeinliches rabb. gegen bilderfreundliches hellen. Judentum) zurück, sondern ist der Ausdruck eines engeren Verständnisses des atl. B.er-Verbotes, wie es durch die enge Verbindung vom ersten und zweiten Dekaloggebot im AT selbst angezeigt wird, welches vor allem in Absetzung vom wachsenden Christentum verstanden werden muß, da dessen positivere Haltung gegenüber dem rel. B. als Zeichen der Abirrung auf der Seite des Judentums gewertet werden mußte.

Lit.: *J. Maier,* Art. B.er III: TRE VI 521-525 (Lit.); *J. Gutmann,* Early Synagogue and Jewish Catacomb Art and its Relation to Christian Art: ANRW 21.2. Berlin 1984, 1313–1342; *C. Konikoff,* The Second Commandment and its Interpretation in the Art of Ancient Israel. Genf 1973; *H. Shanks,* Judaism in Stone. New York 1979.

V. Christlich. Die Behandlung des christl. B. umfaßt im folgenden sowohl Illustrationen bibl. oder kirchengesch. Ereignisse als auch Darstellungen Gottes, Christi, Heiliger, Engel usw.

Von den drei großen monotheistischen

Weltreligionen (Judentum, Christentum, Islam), die alle auf je eigene Weise das Erbe des atl. ↗Bilderverbotes angetreten haben, hat das Christentum diesbezüglich die wechselvollste Geschichte erlebt, weil es sich der Möglichkeit, rel. Gegebenheiten bildlich zum Ausdruck bringen zu können, geöffnet hat. Die Kirchengeschichte ist unter diesen Bedingungen in gewissem Sinne auch zu einer „B.-Geschichte" geworden, wenngleich eine ausgesprochene Theologie des B. im Westen niemals zum Tragen kam. Eine solche hat vielmehr aufgrund der Besonderheiten der Ikone die östl. Theologie mit größerem Interesse betrieben. Der Westen blieb demgegenüber durch alle Zeiten hindurch den von Anfang an gegebenen praxisorientierten Fragen der B.-Verehrung verhaftet. Insgesamt aber hat das Christentum in seiner Geschichte alle Möglichkeiten im Für und Wider der B.er-Herstellung und -Verehrung durchlebt und durchlitten. Ganz auf der Linie des atl. B.er-Verbotes liegt es, wenn die Kirche an ihrem Anfang das Gottes-B. ganz ablehnt; denn einerseits mangelte es sowohl an einer Jahwe- als auch an einer Jesusikonographie, andererseits forderte der heidnische B.er-Kult, der unterschiedliche Zusammenhänge und Verbindungen zwischen Gottheit und B. sah, das Christentum bei seinem Kampf gegen jeden Götzendienst zur Ablehnung der B.er heraus. Eine spezifisch christl. B.-Kunst konnte sich erst langsam herausbilden, ohne daß ihre Wurzeln heute sicher geortet werden könnten. Sie stieß auch auf die Kritik einiger Kirchenväter, die die Ablehnung des Götter-B. als Basis einer theol. Auseinandersetzung um die Möglichkeiten des christl. B. überhaupt ansahen. Im Verlauf der langen Geschichte der B.er-Frage im Christentum sind von Anfang an immer wieder in bestimmten Modifikationen durchgehende Argumentationsstrukturen im Für und Wider ins Feld geführt worden, deren wichtigste im folgenden thematisch dargestellt werden sollen (zur hist. Einordnung vgl. den Abriß bei H. G. Thümmel/W. v. Loewenich).

Hatte die Differenz zwischen dem geschaffenen Gottes-B. und Gott dem Schöpfer der frühchristl. Apologetik als Argument für die Ablehnung des Gottes-B. gedient, scheinen die ersten Rechtfertigungen des Christus-B. gerade hier einzusetzen, wenn sie die Besonderheit der ↗Inkarnation (II) als Differenzierungsgrund zwischen dem unmöglichen Gottes-B. und dem möglichen Christus-B. hervorheben. Die erste konsequente Auseinandersetzung mit dieser Argumentation findet sich bei Eusebius von Cäsarea in seinem Brief an Kaiserin Konstantia (dt.: Dumeige 277–279), die ihn um ein Christus-B. bat. Die Unmöglichkeit des Gottes-B. bezieht er auch auf den erhöhten Christus und begründet die Ablehnung von Darstellung der „Knechtsgestalt" mit dem B.er-Verbot des ↗Dekalogs. Das wahre B. Gottes wird für ihn im frommen und tugendhaften Menschen verwirklicht: eine Vorstellung, die in der Folgezeit noch häufiger im Zusammenhang mit der Ablehnung christl. B.er begegnet. Am ausgeprägtesten findet sich diese Form der christologischen Diskussion um B.er im byz. B.er-Streit wieder. Hinter den dort zu findenden christologischen und trinitarischen Disputationen um die B.er-Verehrung ist aber schon die Besonderheit der für den Osten diesbezüglich bestimmenden Ikone zu erkennen, da es in vielen Punkten auch schon um „Vergegenwärtigungsformen" geht, wenn die Gegner der B.-Verehrung die Eucharistie als einzig legitimes B. Christi ansehen, die Befürworter hingegen betonen, daß die Ikone Christi nicht die göttliche „Natur", sondern die Fülle seiner angenommenen Menschlichkeit repräsentiere. Grundgedanke der Ikone ist, daß die Verbindung zwischen B. und Dargestelltem so eng ist, daß das Bild eine repräsentierende Mittlerstelle einnimmt und damit der Reliquie sehr nahe kommt. Daraus hat sich in der Ostkirche konsequent ein Verständnis des B. entwickelt, das derart stark vom Gedanken der Repräsentation bestimmt ist, daß jedwede typologische Darstellung verworfen wurde (vgl. Kanon 82 des Konzils Quinisextum: dt.: Dumeige 280). Die vor allem von Johannes Damaszenus in seiner B.-Theologie ausgeführte Verteidigung des christl. B. unter Hinweis auf die Inkarnation wird als kath. Antwort auf den reformat. B.er-Sturm von Johannes

Eck wiederaufgegriffen. Er greift dabei auch die seit dem 2. Konzil von Nizäa (787) wichtig gewordene Unterscheidung von „Anbetung“ und „Verehrung“ (vgl. Dumeige 97–99), die in der Beziehung zwischen B. und Ur-B. gründet, auf; ein Gedanke, der auch zur Basis des späteren B.-Dekrets des Tridentinums wurde. Eine erstmalige Ablehnung findet die B.-Verehrung auf der Basis der genannten Unterscheidung durch die Franken in den aus den Kreisen Karls d. Gr. (791) stammenden Libri Carolini, wenn auch anstelle einer Auseinandersetzung um diese Differenzierung ein neues, grundlegendes Argument gegen die B.-Verehrung ins Feld geführt wird, daß nämlich der Wert der Hl. Schrift durch die Verehrung der B.er gemindert würde (II 30). Interessant ist, daß diese Polarisierung christl. B.er contra Hl. Schrift in späteren Auseinandersetzungen keine größere Rolle mehr gespielt hat, selbst bei Calvin nicht, der sich bei seiner Ablehnung der B.-Verehrung auf die Libri Carolini bezieht. Calvin gesteht aber den christl. B.ern sehr wohl einen didaktischen Wert zu, möchte Derartiges aber – wie die Synode von Elvira (306) – aus dem Kirchenraum verbannen. Insgesamt lassen sich bei den Reformatoren kleinere und größere Unterschiede in bezug auf die Beurteilung der B.er feststellen, was vor allem mit unterschiedlicher Auffassung des Dekalogs zusammenhängt. Man stößt hier, wie schon in der Alten Kirche, zum einen auf die Frage der Gültigkeit atl. Gesetze für den Christen, zum anderen auf das vom Text selbst nahegelegte Problem der Zählung, nach der das B.er-Verbot entweder Teil des ersten Gebotes oder selbständiges zweites Gebot ist. Für Luther sind die B.er *adiáphora*, und ihre Ablehnung begründet er in der damit verbundenen Werkgerechtigkeit. Positiv betont er aber vor allem den pädagogisch-didaktischen Wert der B.er und greift damit eines der ältesten und beliebtesten Argumente für die Beibehaltung der B.er auf. Der Gedanke, daß die B.er die Ungebildeten unterweisen, begegnet schon bei Paulinus v. Nola (4./5. Jh.), findet dann seinen markantesten Ausdruck in dem Gedanken Gregors d. Gr. (6./7. Jh.), daß die B.er die Bibel der Analphabeten seien. Es muß jedoch erwogen werden, ob hinter diesen Äußerungen nicht schon der Gedanke steht, daß aus dem Lernen die Anbetung und Verehrung konsequent folgt, denn antikem Verständnis gemäß ist das B. in erster Linie Repräsentanz des Dargestellten. Pointiert wird der Gedanke vom didaktischen Wert der B.er erst im B.-Dekret des Tridentinums entfaltet, wenn dort positiv und negativ die Übereinstimmung von B.-Inhalt und kirchlicher Lehre erörtert wird.

Der Blick auf die theol. Argumentation in der wechselvollen Geschichte des christl. B. macht für uns heute deutlich, daß es weder eine spezifisch christl. Position für oder gegen das B. gibt oder geben kann noch eine Priorität bestimmter B.-Typen. B. und B.er-Verbot sind die Eckpunkte, zwischen denen christl. Theologie und Religiosität ausgespannt sind. Ihre Verhältnisbestimmung gibt den Ort jeweiliger Theologie an, auch ohne daß eine Theologie des B. expressis verbis entworfen wird, weil durch sie Spezifika christl. Selbstverständnisses (Verhältnis AT/NT; Heilsgeschichte usw.) tangiert werden. Theologie, die diese Art „hist. Dimension“ unter Hinweis auf mythische B.er vernachlässigt (E. Drewermann), büßt ihren christl. Standpunkt ein und muß die Ablehnung des frühen Christentums gegen die Maler auf sich beziehen lassen, die darin gründete, daß diese vor allem Themen der Mythologie darstellen.

Lit.: *H. G. Thümmel/W. v. Loewenich*, Art. B.er IV–VI: TRE VI 525–557 (Lit.); *Ch. Dohmen / Th. Sternberg* (Hg.), ... kein Bildnis machen. Würzburg 1987; *G. Dumeige*, Nizäa II. Mainz 1985; *W. Hofmann* (Hg.), Luther und die Folgen für die Kunst. München 1983; *G. Lange*, Bild und Wort. Würzburg 1969; *A. Reinle*, Das stellvertretende Bildnis. Zürich 1984.

VI. Islamisch. Als jüngste der großen monotheistischen Weltreligionen hat der Islam im 7. Jh. n. Chr. den Grundgedanken des atl. ↗Bilderverbotes rezipiert und aus unterschiedlichen Gründen derart entfaltet, daß die Bildlosigkeit zu einem Charakteristikum des Islam wurde, das aufgrund unterschiedlichster Anwendungen und Auslegungen seine Wirkung in der islam. Kunst hinterlassen hat. Für den Bereich des Sakralen hat das Fehlen des rel. B. dazu geführt, daß die Kalligraphie und auch die Ornamentik eine derart herausragende „Ersatzstellung" übernommen haben, daß sie weit über den Bereich des Islam hinaus kunstgesch. wirken konnten. Erst mit dem 13. und 14. Jh. beginnt im Islam eine rel. Ikonographie, die sich vor allem auf Themen aus dem Leben ↗Muḥammads bezieht. In Prophetenbiographien und in der Geschichtsschreibung finden sich dann häufig Abbildungen Muḥammads mit typischem Gesichtsschleier und Flammennimbus. Als direkte Wirkungen des B.er-Verbotes sind die für die Volkskunst und die Mystik bedeutsamen Schriftbilder anzusehen, bei denen durch die graphische Ausgestaltung einzelner arab. Wörter B.er entstehen.

Lit.: *M. Ş. Ipşiroğlu,* Das B. im Islam. Wien 1971.

Chr. Dohmen

Bilderverbot

I. Jüdisch. – II. Christlich. – III. Islamisch

I. Jüdisch. Auf je eigene Weise haben die drei großen monotheistischen Weltreligionen das B. des AT adaptiert. Die unmittelbarste Aufnahme findet sich im Judentum. Neben der klass. Formulierung der beiden Dekalogfassungen (Ex 20,4; Dtn 5,8) begegnet der dem Verbot zugrundeliegende Tatbestand in unterschiedlicher Formulierung und sehr verschiedenen literarischen Kontexten mehrfach innerhalb des AT (vgl. Ex 20,23; 34,17; Lev 19,4; 26,1; Dtn 4; 27,15). Die divergierenden Formulierungen weisen schon darauf hin, daß mit einer Entwicklung des bildlosen Jahwe-Kultes in Israel gerechnet werden muß, und aus dem AT selbst lassen sich einige Entstehungsbedingungen und Voraussetzungen des B. eruieren. Zum einen ist die (halb-)nomadische Vergangenheit Altisraels zu berücksichtigen; denn „Bildlosigkeit" ist im nomadischen Kult keine Besonderheit, jedoch nicht als gesetzlich geforderte, sondern als praktisch notwendige. Daraus ergibt sich mit innerer Konsequenz das Fehlen jedweder Jahwe-Ikonographie, was dazu geführt hat, daß sich in Jerusalem, Bet-El und vielleicht auch anderswo eine Präsenztheologie entwikkelte, die den unsichtbaren Gott Jahwe mit verschiedenen Symbolen (Lade, Stierbild u.a.) in Verbindung brachte. Zum anderen hat die Entwicklung des Monotheismus in Israel große Bedeutung für das B. Bes. wichtig ist in diesem Zusammenhang der Übergang von der integrierenden ↗Monolatrie des 10. und 9. Jh. v. Chr. zur intoleranten Monolatrie seit dem 8. Jh. v. Chr. Vor allem ist wichtig, daß in diesem Zusammenhang der Auseinandersetzung um den wahren Gott für Israel die Bilderfrage keine Rolle spielt. Schließlich ist darauf hinzuweisen, daß die prophetische Kritik der sog. Nordreichprophetie (bes. Hosea) die Thematik des Alleinverehrungsanspruchs Jahwes ausdehnt auf Bilder und Symbole, da diesen die Eindeutigkeit in bezug auf den Gott Jahwe fehlt, d.h., es wird die Ambivalenz des Bildes anerkannt. Hosea beispielsweise polemisiert nicht gegen das Bild als Bild, sondern als Träger unterschiedlicher und für ihn nicht zu vereinbarender – weil nicht differenzierbarer – rel. Vorstellungen. Diese prophetische Kritik braucht aber kein B. und führt auch nicht von selbst zu einem solchen. Die eigentliche Geburtsgeschichte des B. findet sich im Grundtext der sogenannten Erzählung vom Goldenen Kalb (Ex 32). Diese Geschichte stellt die narrative Umsetzung des Grundanliegens der exklusiven Jahwe-Verehrung dar. Sie wird von dem die national-rel. Katastrophe des Untergangs des Nordreichs (722 v. Chr.) theol. reflektierenden sogenannten jehowistischen Geschichtswerk in die Sinaitheophanie eingebracht. Hier gelingt durch eine großartige theol. Konzeption die Synthese aus dem Vorgenannten, weil die Verehrung des Stierbildes hier als Sünde klassifiziert wird. Im Sinne des späteren Dekalogs kann man sagen, daß das Fremdgötterverbot das B. als Konkretion hervorgebracht hat. Aus der jehowistischen Theologie geht etwas später als älteste Verbotsformulierung der Kurzprohibitiv des Dekaloggrundtextes (Dtn 5,8) hervor: „Du sollst dir kein Kultbild machen." Die atl. Entwicklungsgeschichte des Verbots ist damit jedoch nicht abgeschlossen. In exilischer Zeit, in der sich der theoretische Monotheismus durchsetzt und deutlich artikuliert, wird der erste Teil des dekalogischen „Doppelgebotes" (Fremdgötter-B.) in gewisser Weise überflüssig. In der Symbiose der beiden Verbote übernimmt das B. nun die Vorrangstellung gegenüber dem Fremdgötterverbot, aus dem es entstanden war, und beginnt sich langsam zu verselbständigen, weil Bilder einer Neuorientierung des Glaubensgutes und der Neukonstituierung Israels, wie sie im Exil stattfindet, entgegenstehen. In zahlreichen Texten findet deshalb eine Ausweitung vom einfachen Kultbildverbot zum Verbot jedweder Darstellung im Kult statt (vgl. Lev 19,4; 26,1; Dtn 4 sowie die Erweiterung des dekalogischen B.). B. und Fremdgötterverbot stehen somit nicht nebeneinander am Anfang der Geschichte Israels als unableitbare „Charakteristika des Jahwe-Glaubens", sondern haben eine gemeinsame Geschichte, die in der Entwicklung des besonderen Gottesverhältnisses Israels gründet. Um dieses Gottesverhältnis geht es im wesentlichen bei beiden Verboten, und man könnte deshalb das B. auch „Wächter der Theo-logie" nennen, weil es ihm um das besondere Gottesbild und die rechte Verhältnisbestimmung zwischen Gott und Mensch geht. Die Verhältnisbestimmung setzt aber den Unterschied voraus, so daß das B. in diesem Sinne die Transzendenz Gottes wahrt. Diese wird in späten Schriften des AT in eine neue Immanenz Gottes vermittelt. Dies geschieht vor allem durch die Bildertermini bei der Formulierung der theol. Anthropologie in Gen 1,26ff., aber auch durch die vorsichtige, verhaltene und sich in Vergleichen fast verlierende Gottesbeschreibung im Buch Ezechiel. Die enge Verbindung von Fremdgötter- und B., die sich im AT selbst zeigt, findet sich in der Rezeption des B. im Judentum, Christentum und Islam in gewisser Weise wieder, wenn man beachtet, daß es bei einem Rückgriff auf das B. des AT immer um Probleme von Götzendienst oder von Häresien geht. Man kann somit von einer „Indikatorfunktion" ikonoklastischer Bewegungen auf dem Hintergrund des atl. B. sprechen, die Anlaß geben über den „Bilderstreit" hinaus, nach den zugrundeliegenden theol. Problemen weiterzufragen. In diesem Sinne hat das Judentum keine einförmige, aber eine dem AT adäquate Entwicklungsform des B. in seiner Geschichte hervorgebracht (↗Bild IV).

II. Christlich. Das NT enthält keine neue Stellungnahme zum B., vielmehr knüpft es an die späten Entwicklungen im AT an (s.o.). Dies geschieht vor allem durch die christologischen Auslegungen des Gedankens von der ↗Gottebenbildlichkeit. In der Kirchengeschichte hat das B. jedoch immer wieder nachgewirkt und die vielfältigen Argumentationen bei der Frage nach dem christl. ↗Bild bestimmt. Die Divergenzen entstehen vor allem durch eine unterschiedliche Beurteilung der Bedeutung des AT bzw. seiner Gesetze für den Christen. Obwohl der ↗Dekalog als direkte Gottesrede in diesen Auseinandersetzungen immer eine herausragende Stellung dadurch genießt, daß seine Verbindlichkeit für den Christen kaum in Frage gestellt wird, finden sich aber auch hier abweichende Positionen, wie sie beispielsweise M. Luther vertritt, wenn er B. und Sabbatgebot zu den sogenannten Zeremonial- und Judizialgesetzen des AT rechnet und sie so aus dem Dekalog quasi herausnimmt und durch das NT aufgehoben sieht.

III. Islamisch. Der Islam ist wie das Judentum als streng bildlose Religion bekannt; anders als bei diesem findet sich bei jenem jedoch kein ausdrückliches B. Der Koran selbst schweigt zu der Frage vollständig, und erst die Überlieferungs- (*Ḥadīth*) und Rechtsliteratur des Islam beschäftigt sich mit der Problematik der Bilderherstellung und -verehrung. Die früher häufig geäußerte These, daß das B. für die Sunniten zwar gelte, für die Shīʿiten aber nur begrenzt oder gar nicht, ist durch die zahlreichen Textbelege widerlegt worden (Paret), wenn bei letzteren das B. auch weniger rigoros angewendet wurde. Die Wurzeln des islam. B. liegen im Verborgenen. Es stellt im Kern zwar eine Rezeption des atl. B. dar, fraglich bleibt aber der Weg mit seinen unterschiedlichen rel.-gesch. Einflüssen, an dessen Ende das teils eigenwillige Verständnis des B. im Islam steht. Motivierend für die islam. Ablehnung des Bildes hat sicherlich die christl. Bilderverehrung gewirkt. Als Konsequenz der Ablehnung rel. Bilder hat der Islam dem Wort eine kaum überbietbare Stellung im Kontext rel. Erfahrung und Erkenntnis zugesprochen, trotzdem kam es im Islam nicht zu einer theol. Konfrontation von Wort und Bild, wie sie die späte atl. Paränese zum

B. in Dtn 4 liefert. Als Gründe für das islam. B. werden vielmehr einerseits die Gefahr des Götzendienstes angegeben, zum anderen – und dies gilt als theol. Hauptgrund – die Schöpfungsthematik, d.h., der Mensch, der Bilder macht, stellt sich auf die Stufe Gottes, des alleinigen Schöpfers und einzigen Bildners (vgl. Koran 59,24). Im Ḥadīṯh wird des öfteren erwähnt, daß Gott dereinst denjenigen, der Bilder herstellt, so lange Qualen leiden läßt, bis er seinem Bild Lebensodem einhaucht. Diese schöpfungstheol. „Begründung" des B. wird noch deutlicher, wenn man beachtet, daß im Islam nur Bilder animalischer Wesen (Mensch und Tier), nicht aber von Pflanzen verboten sind. Erlaubt sind auch Bilder, denen jede Möglichkeit zur Lebensfähigkeit fern ist, also figürliche Darstellung mit abgetrenntem Kopf, durchschnittenem Hals oder durchlöchertem Körper. Insgesamt aber bleibt das Verbot eng auf den Bereich der Religion beschränkt, denn alle diesbezüglichen Verhaltensregeln und Anweisungen zielen immer darauf ab, möglichen Götzendienst zu verhindern, so daß z.B. Bilder lebender Wesen auf Teppichen, die am Boden liegen, durchaus erlaubt sind, weil „das, worauf man tritt, nicht hochgeschätzt ist".

Zusammenfassend kann man für den Islam von einer *indirekten Rezeption* des atl. B. sprechen; denn das Verbot wird nicht zitiert, wohl aber werden seine Intention und die im Laufe seiner Entwicklungsgeschichte wechselnde Ausprägung übernommen. Dies wird vor allem dann deutlich, wenn man bedenkt, daß die islam. Tradition erhebliche Schwierigkeiten aufgrund des B. mit der Gottesvision des Propheten Muḥammad hatte (vgl. Koran 53,1–18; dazu Nagel 94ff.). Während islam. Theologen diese Gottesschau Muḥammads wegzuinterpretieren versuchen, bildet sie für die Volksfrömmigkeit (teilweise auch im Ḥadīṯh) gerade einen Hinweis auf die besondere Stellung des Propheten und steht damit späten atl. Texten sehr nahe, denen der Bericht einer Gottesschau dazu dient, die betreffende Person als Auserwählte zu charakterisieren (vgl. Ex 24, 10; Num 12,18; Dtn 34,10). Wie eng die Verbindungen bei allen Unterschieden und bei allem Eigengewicht sind, zeigt bes., daß es islam. Überlieferungen gibt, die die Vision des Propheten näher beschreiben und Gott als Thronenden sehen, dessen Thron von vier mischgestaltigen Engelwesen getragen wird, wobei die Beschreibung dem entspricht, was wir bei der Gottesbeschreibung im Buch Ezechiel finden und die dort den Gipfel der atl. Auseinandersetzung um Sichtbarkeit und Unsichtbarkeit bzw. Nichtdarstellbarkeit Gottes bilden (vgl. Nagel 97; Dohmen, Problem 330ff.).

Lit.: *Ch. Dohmen,* Das B. Frankfurt ²1987; *ders.,* Das Problem der Gottesbeschreibung im Ezechielbuch: *J. Lust* (Hg.), Ezekiel and his Book. Löwen 1986, 330–334; *J. Gutmann,* No Graven Image. New York 1971; *ders.* (Hg.), The Image and the Word. Missoula 1977; *T. Nagel,* Die religionsgeschichtlichen Wurzeln des sogenannten B. im Islam: *H.-J. Klimkeit* (Hg.), Götterbild in Kunst und Schrift. Bonn 1983, 93–114; *R. Paret,* Schriften zum Islam. Stuttgart 1981, 213–271; *S. Schroer,* In Israel gab es B.e. Freiburg/CH 1987.

Chr. Dohmen

Bodhisattva

↗Buddhismus.

B., Skt. *Sattva,* P. *Satta* (von *sat,* „sein"), bezeichnet u.a. den Embryo. Geboren werden soll das „Erwachen" (die *Bodhi*). „B." heißt mithin die Vorstufe zum Buddha. Ein Buddha überschreitet die Schwelle ins Unbedingte. Ein B. kann aus Mitleid im Bedingten bleiben, bis er allen Wesen geholfen hat, den Heilsweg zu vollenden. Wegen ihres Mitleids werden manche B. auch als Nothelfer angerufen. In gegenwärtiger Weltzeit überragt ein B. die anderen. Er heißt im Skt. *Avalokiteśvara,* in China *Kuan-yin,* in Japan *K(w)annon,* in Tibet *sPyan-ras-gzigs* (gesprochen Tschänräzi). So lehrt man im Mahāyāna, wo Gläubige schon zu Lebzeiten das B.-Gelübde, das höchste von allen, ablegen. Im Theravāda warnt man, nicht fremde Häuser stützen zu wollen, bevor das eigene fest gegründet steht. Darum kennt man hier auch nicht unzählbar viele B. In beiden Richtungen dient „B." manchmal als Ehrentitel für bes. Verdiente.

H.-J. Greschat

Böses/Leid

I. Das Phänomen und die Begründungsfrage. – II. In afrikanischen Religionen. – III. Im Hinduismus. – IV. Im Buddhismus. – V. In China. – VI. Im Judentum. – VII. Im Christentum. – VIII. Im Islam. – IX. Systematische Konsequenzen

I. Das Phänomen und die Begründungsfrage. Als eine unabweisbare Wirklichkeit menschlicher Existenz gehört das Phänomen des B. zu den Urerfahrungen der Menschheit. Das Problem des B., die Frage nach seinem Ursprung, Grund, Wesen und Einfluß, nach seiner Erscheinung, Bewältigung und Überwindung ist so alt wie die Menschheitsgeschichte. In den Märchen, Mythen und Riten der Völker, in Kunst, Religion, Theologie, Philosophie, Psychologie, in gesellschaftlichem und politischem Handeln zeichnen sich theoretische und praktische Versuche ab, das Geheimnis des B. und der Bosheit in der Welt zu erhellen. Die verschiedenen Gesellschaften und Kulturen weichen in ihren Erfahrungen, Bezeichnungen und Bewältigungsversuchen des B. voneinander ab, so daß der Problemkomplex des B. je nach soziokulturellem Umfeld durch unterschiedliche Phänomene bestimmt wurde: als Leid, Übel, Unheil, Naturgewalt, Krankheit, Tod, Sünde, Schuld, Satan, Krieg, Ungerechtigkeit oder Unmenschlichkeit, zurückgeführt auf gesellschaftliche Strukturen, Sachgesetzlichkeiten, ererbte Verhaltensmuster oder Milieubedingungen. Wie in dem Phänomen des B., so spiegelt sich auch in der menschlichen Leiderfahrung der faktisch bestehende Unheilszustand der Welt wider. Das Leid (L.) ist mit der Geschöpflichkeit und Sterblichkeit des Menschen gegeben. Die Frage nach der Herkunft des L. als *malum physicum*, als physisches, psychisches Übel (Krankheit, Tod, Unglück, Naturkatastrophen) und seines Bezuges zum *malum morale*, dem moralischen Übel, dem B. als Inhalt von Schuld und Sünde, charakterisiert in allen Religionen das Verhältnis von Welt und Gottheit. Die Rechtfertigung Gottes angesichts der Übel in der Welt – *si Deus, unde malum* – wird philosophisch in Theodizeeversuchen von Kleanthes bis Leibniz angestrebt.

Lit.: *K. Hemmerle / J. Splett*, Art. Das B.: HTTL I 339–345; *W. Oelmüller*, Art. Das B.: HPhG I 255–268 (Lit.).

V. Lenzen

II. In afrikanischen Religionen. B. (als physisches Übel) und L. in den Naturreligionen, vor allem aber in den negro-afrik. Religionen, entspringen nie dem Zufall. Jedes Unglück und L. steht in einem bestimmten, erkundbaren Kausalzusammenhang. Ist jemand beispielsweise krank, stirbt er oder stehen persönliche und gemeinschaftliche Interessen auf dem Spiel, dann werden Menschen – lebende oder tote – oder irgendwelche natürlich-mysteriöse bzw. „übernatürliche" Kräfte dahinter vermutet. Der Negro-Afrikaner glaubt nämlich, daß ein Mensch über bestimmte Naturkräfte verfügen kann, um dem Nachbarn zu schaden. Er kann sogar mit der unsichtbaren Welt in Kontakt treten und sich ihrer zuungunsten anderer Menschen bedienen. Zu den beiden Gruppen zählen Zauberer, ↗Hexen, Hellseher. Eine weitere Kategorie (z. B. Monster, Zwillinge, Zauberer) kann Unglück unfreiwillig und ohne eigenes Wissen verursachen. In vielen Fällen aber ist die Unglücksursache im schuldhaften Verhalten eines Individuums oder einer Gruppe zu suchen. Manchmal werden Unglück und L. auch gewissen personifizierten Naturkräften (Blitz, Hochwasser u. dgl.) zugeschrieben.
Eine bes. Stellung nehmen die Verstorbenen ein: Tod, Dürrekatastrophe, Vermögensverlust usw. können Manifestationen des Zorns vergessener oder mißachteter Ahnen (↗Ahnenkult) sein. Bisweilen handelt es sich um Mahnung für Untreue gegen lebenspendende Satzungen. – Auch Geister und tote Feinde können sich an Hinterbliebenen rächen. B. und L. als Folgen der Verstöße gegen ethische Weisungen können jedoch unmittelbar von Gott kommen und eine wohltuende Wirkung haben. Sühneaktion ist auf alle Fälle notwendig.

Lit.: *T. K. M. Buakasa*, L'impensé du discours. Kinshasa [2]1980; *J. S. Mbiti*, Afrik. Religion und Weltanschauung. Berlin 1974; *E. Mujynya*, Le mal et le fondement dernier de la morale chez les Bantu interlacustres: Cahiers des religions africaines 3 (1969) 55–78; *P. Tempels*, Bantu-Philosophie. Heidelberg 1956.

B. Bujo

III. Im Hinduismus. Der ↗Hinduismus unterscheidet zwar logisch zwischen dem moralisch B. (verursacht von Menschen: Grausamkeit, ungerechte, verwerfliche und perverse Gedanken und Handlungen) und dem natürlich B. (unabhängig vom Menschen entstanden: Erdbeben, Dürre, Überschwemmungen etc.), aber beides wird jeweils als ein Aspekt eines Phänomens angesehen, für das *eine* Erklärung gefunden werden muß. Der Hinduismus hat ein weitgefächertes Spektrum der rel. Erfahrungen, die eine nahezu vollkommene Theodizee bieten. Charakteristisch für den Hindu ist die Fähigkeit, gleichzeitig oder von Fall zu Fall mehreren, oft scheinbar widersprüchlichen Glaubensvorstellungen anzuhängen. In den rel.-phil. Strömungen wird Wissen, das zur Erlösung führt, höher eingestuft als moralisches Verhalten. Das B. bedeutet hier eher *avidyā* (Unwissenheit), die aufgrund von gottbewirkter Verblendung und Täuschung entstehen kann. So ist es nicht unbedingt die Sünde und die Schuld des Menschen, wenn er irrt. Andererseits steht dies in gewissem Widerspruch zur ↗Karma-Lehre, nach der die gegenwärtige Erfahrung des Menschen das äußere Zeichen und direkte Ergebnis guten oder schlechten Handelns ist, das in verschiedenen vergangenen Leben sich angesammelt hat und der wandernden Seele anhaftet. Karma kann durch gutes Handeln im jetzigen Leben verringert, aber nie ganz zerstört werden. Das B. wird so durch B. in der Vergangenheit gerechtfertigt und wird durch Belohnung in künftigen Geburten ausgewogen. Das B. ist hier weder durch Gott noch Mensch oder Dämon (der oft als konsubstantiell mit Gott aufgefaßt wird) verschuldet. Im allg. strebt man nicht nach Erlösung aus dem Kreislauf des Wiedertods bzw. der Wiedergeburt (wie es ↗Buddhismus und Upaniṣāden nahelegen), sondern man wünscht sich eine *bessere* Wiedergeburt (↗Reinkarnation), die gutes Handeln nach den objektiven Pflichten der Kaste bzw. heute immer noch nach den für alle gültigen ↗*Dharmas* voraussetzt (z. B. Gewaltlosigkeit, Wahrheit, Abstand von Diebstahl, Selbstbeherrschung etc.). Die Frage, ob Gott dem Karma untergeordnet ist und somit nicht allmächtig sei, oder ob er das Karma kontrolliert, womit ihn die Schuld am B. träfe, wird flexibel beantwortet. In den theistischen Strömungen (spätestens seit der Bhagavadgītā) wird Karma relativ unwichtig und durch Hingabe an einen persönlichen Gott überwunden (z. B. bei Rāmānuja). Verantwortung für den Ursprung des B. wird selten dem Menschen allein zugewiesen. In den Mythen des „Sünden“-Falles ist es vor allem die Zeit (später oft vergöttlicht), die die Menschen von der Ewigkeit abfallen läßt und sie verdirbt. Zeit ist zyklisch, und am Ende des derzeitigen Kali-Zeitalters wird das B. zurückgeführt in das Gute, wobei Gott willentlich oder unwillentlich das notwendige Übel (z. B. Häresie) in der Welt wieder erschafft (das Gute in einem Menschen kann nur von Wert sein, wenn seine Kraft am B. gemessen wird). Die Vorstellung, daß Gott überhaupt nicht für den Ursprung des B. verantwortlich ist, kommt seltener vor. Obwohl der kosmische Prozeß automatisch ist (wie der des Karma), kann Gott (z. B. Viṣṇu, der mit der Zeit „spielen“ kann), aber auch ein idealer Herrscher oder ein Weiser, die Macht besitzen, den Fluß des Kali-Zeitalters umzukehren.

Lit.: *W. D. O'Flaherty*, The Origin of Hindu Mythology. Berkeley 1976; *ders.*, Emotion und Karma: W. Schluchter (Hg.), Max Webers Studie über Hinduismus und Buddhismus. Frankfurt 1984.

G. D. Sontheimer

IV. Im Buddhismus. „Alle Gebilde sind leidvoll *(dukkha)*“ (Dhammapada 278). „Gebilde“ (↗*Saṃskāra*) meint Bewirktes, ursächlich Entstandenes, d. h. alles, was zur Wandelwelt *(↗Saṃsāra)* gehört. Warum alles Irdische leidvoll ist, erklärt der vorhergehende Vers: „Alle Gebilde sind unbeständig *(anicca)*.“ Irdisches bleibt ewigem Wandel unterworfen. Von dieser Analyse der Wirklichkeit ging der ↗Buddha aus. Ihre fundamentale Bedeutung zeigt sich bei den „Vier Edlen Wahrheiten“, deren Aufbau einem medizinischen Schema folgt: Erst wird die Diagnose gestellt, dann nach der Ursache gefragt, dann, wie die Erkrankung geheilt werden kann; den Schluß bilden individuelle Therapievorschriften. Die rel. Diagnose des Buddha heißt „Leid“ (Skt. *duḥkha*, P. *dukkha*). Es wird verursacht vom „Durst“, vom Begehren. Sein Aufhören verursacht Nichtanhaften. Die Therapie, der achtstufige Pfad, führt zu individueller Leidens-Erlösung. Die buddh. ist eine Missionsreligion. Als erste und manchmal schwerste Aufgabe müssen Missionare den noch Ungläubigen die Bedrohung durch das Unheil bewußtmachen, damit sie motiviert werden, das neu gepredigte Heil zu suchen. Buddh. Missionare gehen von L. aus, das jedermann vertraut ist: gebären und geboren werden ist leidvoll; altern, die Zähne verlieren, runzlig und grauhaarig werden, das Absterben der Sinne ist leidvoll; Krankheiten und Schmerzen sind leidvoll; Sterben ist leidvoll; Sorgen, Trübsale des Geistes, Verzweiflung und Jammer sind leidvoll; mit Leuten zusammensein müssen, die einen nicht mögen, von geliebten Menschen getrennt leben müssen, auch das ist leidvoll, kurz gesagt, leidvoll ist der ganze Mensch, die fünf Anhaftungsgruppen *(↗Skandha)*. Und wo hört L. auf? Im *nirvāṇa* (P. *nibbāna*), das im Gegensatz zur Wandelwelt beschrieben wird als das Unwandelbare und Nichtbedingte, in dem es keine Ursache für L. mehr gibt. Manche stellen sich *nirvāṇa* wie einen Ort vor, jenseits der Wandelwelt, in den der Erlöste eingeht. Erlöschen des L. bedeutet mithin das endgültige Ende unendlich vieler Wiedergeburten. Doch *nirvāṇa* findet sich auch hier, mitten in der Wandelwelt. Dann ist es kein Ort, sondern ein Zustand, das restlose Erlöschen der Leidenschaften, des „Durstes", den der Buddha als Ursache des L. erkannt hat. „Abgehauen das Rad, er ist losgekommen zur Wunschlosigkeit, ausgetrockneter Fluß fließt nicht, abgehauenes Rad rollt nicht, dies ist das Ende des Leides" (Udāna VII 2). Solchen Zustand bewirkt nicht die Abtötung der Sinne, nicht ein Sieg im Kampf gegen die Leidenschaften. Nichtanhaften bewirkt ihn. Es beginnt mit der rechten Erkenntnis, daß alles in dieser Welt unbeständig und mithin leidvoll ist. Dieses Wissen führt zum Nichtanhaften. Wer nicht haftet, den quält nichts mehr, wen nichts mehr qäult, der kommt zu innerem Frieden, wer inneren Frieden hat, der hängt sein Herz nicht an Besitz, Vermögen, Prestige oder Vergnügungen, aber auch nicht daran, irgend etwas sein zu wollen, böse oder gut oder fromm oder gescheit, denn auch das bringt L. Kann der Mensch so leben, ohne etwas haben oder sein zu wollen? Buddhisten sagen ja. Er kann ohne Neid, Anmaßung, Habsucht, Mißgunst, Streitsucht, Heuchelei usw. leben, indem er seine Arbeit tut, ohne anzuhaften, d.h. ohne über sie hinaus auf ein Haben oder Sein zu zielen. Dann hören die Dinge der Welt auf, ihm L. zu bringen, dann kann er sie haben, ohne anzuhaften, dann hat er sie so, als hätte er sie nicht. Dann haftet er nicht länger am L., an der Leidlosigkeit aber auch nicht mehr, denn *Nirvāṇa* wird absichtslos oder gar nicht erreicht.

Lit.: *T. R. V. Murti,* The Central Philosophy of Buddhism. London [2]1955; *T. O. Ling,* Buddhism and the Mythology of Evil. London 1962.

H.-J. Greschat

V. In China. Das transzendente B. ist dem chin. Denken fremd, es existiert nicht unabhängig; es ist kein konstituierendes Element der chin. Moralvorstellungen („Das, was man B. nennt, ist nicht ursprünglich böse"). Im Zusammenhang mit der Konzeption des ↗Menschen spricht man jedoch von der guten bzw. bösen menschlichen Natur. Das B. und das L. sind dann entsprechend Ergebnis der Nicht-Kultivation der (guten) menschlichen Natur, sie sind das Fehlen der Vollkommenheit. Obwohl die Polarität von ↗Yin und Yang im chin. Denken nicht als Gegensatz von Sein/Nichtsein, Gut/Böse verstanden wird, könnte man das yin (das Negative, Feminine, Dunkle, Kalte) mit dem B., dem Unglücklichen und dem Tod assoziieren. Da der Mensch für die Harmonie des Universums, d.i. die Balance von yin und yang, verantwortlich ist, entsteht Disharmonie (B./L.), wenn er dieser Verantwortung nicht nachkommt. Auch der philos. Begriff shih – fei (wahr – falsch) besitzt im Chinesischen gewisse moralische Konnotation (gut – böse).

In der chin. Mythologie, im ↗Taoismus und in der Volksreligion gibt es Vorstellungen, die den ↗Dämonen *(kuei)* einen feindseligen Einfluß auf die Menschen zuerkennen (Dämonologie). Die Dämonen verursachen z.B. Krankheiten und das L. Man glaubt an Geister und Dämonen, die aus dem yin bzw. aus p'o-Elementen der verstorbenen, von den Nachkommen vernachlässigten Menschen entstanden sind (↗Ahnenkult V).

Im späteren Taoismus und im ↗Buddhismus sind die Vorstellungen von B./L. etwas deutlicher. Ein unmoralisches Leben führt zum vorzeitigen Tod und L. in der Hölle. Krankheit ist ein Zeichen der moralischen Unvollkommenheit des Leidenden. Grundsätzlich entsteht das B./L. aus der Ignoranz und den Begierden. Der chin. Buddhismus hat natürlich auch die Vier Edlen Wahrheiten angenommen, wonach alles L. ist. Der Taoismus und der Buddhismus verneinen auf einer höheren (transzendentalen) Ebene zu einem gewissen Grad die Unterschiede zwischen Gut und Böse.

Zur Deutung des B. und des L. im ↗Konfuzianismus sucht man nicht so sehr nach persönlicher Schuld als vielmehr nach objektiven Bedingungen, die die Disharmonie, d.i. Abweichung von der goldenen Mitte *(chung-yung)*, herbeigeführt haben könnten. Im Staatskultwesen kann eher von Schuld durch Übertreten der Vorschriften (Tabus) die Rede sein. Hier ist es der ↗Himmel, der Lohn und Strafen für Verdienst und Schuld ausschüttet (z.B. Katastrophen). Meng-tzu (um 372–289 v.Chr.) verstand das B./L. als ein Erziehungsmittel: „Wenn der Himmel beabsichtigt, einem Mann ein großes Amt zu übertragen, übt er den Geist mit Leiden und die Sehnen und Knochen mit Mühe." Der konfuzianische Moralismus kannte das überwiegend an den Details einer Sache interessierte, zeitlich begrenzte B./L. in Form der Inhumanität (*pu-jen* = Unmenschlichkeit); dennoch heißt es im „Buch der Dokumente" („Shu-ching"): „Gutes und Böses widerfahren dem Menschen nicht ungerechterweise, denn der Himmel sendet Elend oder Glück gemäß menschlichem Betragen." Im Neo-Konfuzianismus gehört das L. zum Menschsein. Durch das L. wird man an die menschliche Natur erinnert und der Prozeß der Selbst-Kultivation beginnt hier mit dem Bewußtsein, daß zum vollen Menschsein L. und Schmerz gehören. Beseitigung des B./L. erreicht man durch Selbst-Kultivation und Rückkehr zu der urspr. guten menschlichen Natur (↗Heil/Heilsweg IV).

Lit.: *J. Ching,* Beyond good and evil: Numen 22 (1973) 125–134; *W. Eberhard,* Guilt and Sin in Traditional China. Berkeley 1967; *ders.,* Moral and Social Values of the Chinese. San Francisco 1971; *W. Eichhorn,* Die Religionen Chinas. Stuttgart 1973; *M. Granet,* La religion des Chinois. Paris 1922; *J. J. M. de Groot,* The Religious System of China, 6 Bde. Taipei (reprint) 1964; *D. Harper,* A Chinese Demonography of the Third Century B.C.: HJAS 45 (1985) 459–498; *W. Lai,* Symbolism of Evil in China. The K'ung-chia Myth analyzed: HR 23 (1984) 316–343; *H. Masperio,* Le Taoïsme et les religions chinoises. Paris 1971; *K. M. Schipper,* Démonologie chinoise. Génies, anges et démons, Paris 1971, 403–429; *J. Shih,* Il bene e il male nella religione cinese: StMiss 27 (1978) 203–215; *M. Strickmann,* Therapeutische Rituale und das Problem des B. im frühen Taoismus: Religion und Philosophie in Ostasien. FS H. Steininger. Würzburg 1985, 185–200; *L. G. Thompson,* Chinese Religion. Belmont 1969; *ders.,* Chinese Religion in Western Languages. Tucson 1985; *W. M. Tu,* Pain and suffering in Confucian self-cultivation: PEW 34 (1984) 379–388; *C. K. Yang,* Religion in Chinese Society. Berkeley 1961.

R. Malek

VI. Im Judentum. B. (metaphysisch, moralisch) und L. sind an sich nicht identisch, sondern werden es erst durch die (wohl universelle und auch im bibl. Bereich schon selbstverständliche) Ineinandersetzung der beiden. Der Schöpfer ist „gut", wie auch seine Schöpfung gut und auf das Wohl, den Segen und das Heil der Geschöpfe (denen das Gute zu tun befohlen ist) ausgerichtet ist. Daher hat die Frage *„unde malum"*, die Macht des B. und das Leiden der Frommen und Gerechten, in den monotheistischen Religionen besondere Brisanz (vgl. Jer 12,1 und Hab 1,2–4). Während die Psalmen noch mit naiver Selbstverständlichkeit vorauszusetzen scheinen, daß Gott die Gerechten (wenn auch manchmal nach langer und schwerer Prüfung) belohnt und die Bösen zugrunde gehen (vgl. Ps 1), bezeichnet das Buch Ijob die Krise dieser Anschauung und deutet an, daß die Antwort auf anderer Ebene gesucht werden muß. Die vielen Heimsuchungen Israels verschärften das Problem, denn wenn auch Propheten u.a. das Leiden Israels als Strafe für seine Sünden deuten wollten, so war doch jedem klar, daß selbst das sündhafte Israel weniger sündhaft, grausam und unmenschlich war als seine Verfolger und Feinde. Teilweise als Antwort auf diese Frage entwickelten sich die messianischen und eschatologischen Anschauungen und Erwartungen (↗Theodizee). Glück, Segen und Seligkeit wurden auf das Jenseits bzw. die Endzeit verlegt. Leiden erhielt auch einen sühnenden Charakter, zumal das Leiden der Gerechten und Unschuldigen. Zudem wurde Leiden zur Erprobung des Gottvertrauens und der Hingabe an Gottes unerforschlichen Willen (wie bei Ijob). Eine talmud. Erzählung berichtet, wie ein rabb. Meister von einer schweren und schmerzhaften Krankheit heimgesucht wurde. Die Schüler, die den Meister besuchten, brachen in Wehklagen aus: „Wehe uns, daß wir dich so sehen müssen!“, doch er antwortete: „Wehe mir, wenn ihr mich anders gesehen hättet!“ Die jüd. Martyriologie ist voll von Berichten nicht nur über Einzelne, sondern über ganze Gemeinden (bes. während der Kreuzzüge), die Marter und Tod in Treue, Liebe und Vertrauen auf Gott ertrugen. Während in der späteren Lit. Leiden dem unerforschlichen Willen Gottes zugeschrieben wird, betrachtet der Prolog zum Ijobbuch diese noch als Folge davon, daß Gott seinen frommen Knecht Ijob – zur Versuchung und Erprobung – dem Satan ausgeliefert hatte.

Mit der Erwähnung des ↗Satans – einer Figur mit einer langen mythologischen und theol. Geschichte – kommen wir auch zum metaphysischen Problem des B. Der in der jüd. Tradition scharf ausgeprägte ethische (nicht metaphysische) Dualismus von Gut und Böse kann nicht auf einen grundsätzlich ontologischen Dualismus zurückgeführt werden, da auch die bösen Mächte wie auch die Teilung der Menschheit in Kinder des Lichts und Kinder der Finsternis (z. B. in der Gemeinde von ↗Qumran) letzten Endes auf den allmächtigen einzigen Gott zurückgehen. Das gilt selbst für die Dämonologie, die sich bes. z. Z. des 2. Tempels neben der Angelologie herausgebildet hat. Bezeichnend ist der in das tägliche Morgengebet aufgenommene Vers Jes 45,7, der Gott als Schöpfer sowohl des Friedens = Heils als auch der Finsternis – wohl in bewußter Polemik gegen den iran. Dualismus – bekennt, mit einer charakteristisch-euphemistischen Änderung: Gott wird gepriesen als der, der „das Heil wirkt und alles geschaffen hat“. Hier ergibt sich ein Ansatz für eine Theorie, die das B. nur noch in menschlich unvollkommener Teilansicht erscheinen läßt. Entsprechend wird das B. im Menschen in der rabb. Lit. „psychologisiert“ und von dem bösen Trieb (bzw. der Neigung) gesprochen, welcher mit dem „guten Trieb“ im Kampf liegt. Am Ende der Tage wird dieser böse Trieb, der manchmal bis ins Dämonische personifiziert wird, verschwinden. Die ma. Theologen übernahmen zum großen Teil die aus der griech. Philosophie stammende Ansicht, daß – ontologisch gesehen – das B. keine eigene Existenz hat, sondern eine *privatio boni* ist, wie auch die Finsternis Abwesenheit von Licht ist. Nur in der als ↗Kabbala bekannten Form der jüd. Mystik wird das B. bis zum Dämonischen hin personifiziert und ontologisiert, wobei oft eine an das Mythologische grenzende Sprache verwendet wird. Die Theorie des Ursprungs und Wesens sowie der Macht und Rolle des B. (das Satanische als die „linke Seite“ der göttlichen Emanation) gehört zu den schwierigsten, von orth. Kritikern oft als häretisch bezeichneten Lehren der kabbalistischen Esoterik. Die Erlebnisse unseres Jh., bes. der Holocaust, haben das Problem erneut und mit großer Schärfe gestellt.

Lit.: *E. E. Urbach,* The Sages: Their Concepts and Beliefs. o. O. 1979 (Lit.); *G. Scholem,* Die jüd. Mystik in ihren Hauptströmungen. Frankfurt 1967; *A. A. Cohen / P. Mendes-Flohr,* Contemporary Jewish Religious Thought. New York 1987, 203–210.

R. J. Z. Werblowsky

VII. Im Christentum. Im bibl. Judentum wird oft ein Zusammenhang zwischen physischem Übel (L.) und moralischem Übel (dem B.) behauptet. Vor dem Hintergrund einer ursächlichen Verknüpfung von Tun und Ergehen werden Krankheit, Unglück, Leiden weithin als Sündenfolge und göttliche Strafe für böse Taten gedeutet.

Im AT wird Leid zumeist auf das gestörte Verhältnis des Menschen zu Gott zurückgeführt (1 Sam 26,10; Am 3,6), als Strafe für die Ursünde (Gen 3,16–19; Weish 2,24) oder durch persönliche Schuld verursachter Zorn Gottes dargestellt. Neben dem schuldhaften L. kennt das AT (bes. Psalmen, Klagelied, Ijob, Kohelet) auch die Leiden des Unschuldigen als Heimsuchungen des unbegreiflichen Gottes oder als Anfechtungen zur Prüfung von Gottesglauben und Gottvertrauen. Vor allem die Propheten berichten von Gottes L. und Mitleid im Bund mit seinem auserwählten Volk. In der L.-Theologie der nachexilischen Lit. (Dtn, Weish, 2 Makkabäer) entfaltet sich Auferstehungshoffnung.

Im NT ist L. heilsgeschichtlich ausgerichtet: auf Christi Kreuz, Tod und Auferstehung (Joh 12,23; Gal 6,14; Phil 3,10f.). Das L. gehört zum Wesen christl. Existenz (Mt 5,11f.; Phil 1,29), doch werden die irdischen Leiden angesichts der eschatologischen Herrlichkeit gelindert (1 Kor 4,10–13; 2 Kor 4,8f; 6,4f; 6,8ff.; 11,23–33; Röm 8,17f.; 1 Petr 4,12ff.). L. kann konkrete Sündenfolge sein (Apg 5,1–11; 12,23; 13,6–11; 1 Kor 11,30ff.). Jesus spricht jedoch selten und nur andeutungsweise von schuldhaften L.-Ursachen (Mk 2,5; 5,8; Lk 13,16; Joh 5,14; 9,3). Christi Liebe transzendiert die L.-Frage (Röm 8,35ff.; 5,3ff.). In Jesu helfender und heilender Zuwendung zu kranken und leidenden Menschen zeigt sich weniger theoretische L.-Begründung als praktische Bekämpfung und Überwindung von L. und von B. Christi Kreuzestod und Auferstehung besitzen stellvertretende Sühne- und Erlösungskraft und bezeugen die soteriologische Solidarität des gekreuzigten Menschen- und Gottessohnes und des leidenden Gottes mit den Leiden der Menschheit. In der Kreuzestheologie offenbart sich die vom B. erlösende und aussöhnende Bedeutung des Leids. L. kann auch vor Sünde schützen (1 Petr 4,1), zur Hoffnung und Vollendung führen (Röm 5,3ff.; 2 Kor 4,16 – 5,10; Röm 8,28; Hebr 5,8f.), den Glauben prüfen (1 Petr 1,7), aber es kann auch zur Verzweiflung, zum Unglauben, zum B. versuchen.

In der Schöpfungslehre der christl. Theologie stellt sich L. als Folge der Erbsünde dar. Durch den Sündenfall der ersten Menschen gingen die außernatürlichen Gnadengaben der L.-Freiheit und der leiblichen Unsterblichkeit verloren, so daß menschliche Existenz notwendig leidvoll wurde. Doch neben verschuldeten, schuldbeladenen Leiden anerkennt das Christentum auch unschuldige Leiden, fruchtbare und unfruchtbare Leiden, gottgefälliges und gottloses L.

Die Frage nach dem B. stellt sich im christl. Abendland als Seinsfrage, als ontologisches Problem: Ist das endliche Sein an sich gut – *ens et bonum convertuntur* (Thomas v. Aquin, S.th. I q. 48a.1; Contra Gentiles III 7f.; De malo 1. 1a. 1) –, oder wohnt dem endlichen Sein ein Hang zum B. inne? Die Frage nach Sinn und Wesen des Seins wird theologisch zur Frage nach Sinn und Güte der Schöpfung, des Schöpfers und des Geschöpfs. Die theol. Lehre vom B. entfaltet sich mit der L.-Theologie in der Schöpfungslehre, die auf das eschatologische und universale Heilshandeln in Jesus Christus ausgerichtet ist.

In Abgrenzung zur dualistischen Sicht des B. in Gnosis, Priscillianismus und Manichäismus einerseits, die das B. als ein von Gott unabhängiges, eigenständiges Prinzip deutet, und zur monistischen Rückführung des B. auf ein allein ursächliches Prinzip andererseits, die der Schöpfung keinerlei Eigenständigkeit zuerkennt und daher gezwungen ist, „das B. in irgendeiner Weise auf Gott selbst zurückzuführen und damit Gott zu dämonisieren“ (W. Kasper 190), wird durch die christl. Schöpfungslehre eine gesch. und personale Wesensbestimmung des B. zugrunde gelegt. Das B. in seinem strukturellen Vorgegebensein und seiner Vorfindlichkeit in der Welt, wie es sich theologisch in den traditionellen Begriffen der ↗Erbsünde oder Ursünde verdichtet, ereignet sich faktisch erst in der gesch., in Freiheit und verantwortlicher Zurechnung vollzogenen Entscheidungen des Menschen. Als mitmenschlich situierte Freiheit umschließt die menschliche Freiheit mit der inhärenten Möglichkeit des B. und des L. auch das Moment des Tragischen und Schicksalhaften. So ist jeder Mensch in die von Sünde, B. und L. bereits geprägte universale Unheilssituation hineingestellt. B. tut der Mensch jedoch erst dann, wenn er der Versuchung jener strukturellen Vorfindlichkeit des B. in der Welt nachgibt. Indem der Mensch B. geschehen läßt, verursacht er Leid.

Lit.: *G. Greshake,* Der Preis der Liebe. Freiburg 1978; *J.-P. Jossua,* Art. Das B.: NHThG I 119–131; *L. Oeing-Hanhoff / W. Kasper,* Negativität und B.: CGG IX 147–201; *H. Schipperges u.a.,* Leiden: CGG X 5–50; *D. Wiederkehr,* Art. Kreuz/Leid: NHThG II 354–363; *H. Haag,* Vor dem B. ratlos? München 1978.

V. Lenzen

VIII. Im Islam. Im ↗Islam nimmt das B. vornehmlich die Gestalt des Iblīs an. Das Wort ist aller Wahrscheinlichkeit nach die arabisierte Form des griech. Diábolos. Andere Namen sind „Feind Allāhs“

und „al-shaiṭān", das wahrscheinlich aus dem Hebr. übernommen worden ist. Als Gestaltung des B. hebt der ↗Koran (↗Heilige Schrift[en] VIII) sein Auftreten am Anfang der Schöpfung hervor. Er ist Widersacher Allāhs (= Gottes) und Adams. Als Gestalt des B. verkörpert Iblīs den Ungehorsam wider die Gebote Allāhs. Er weigert sich, vor dem gerade erschaffenen Adam niederzuknien (↗Mensch VIII). Als Strafe wird er von Gott verflucht bis zum Tag des Gerichts (Koran 15, 34–35). Iblīs aber erbittet von Gott einen Aufschub bis zu dem Tag, an dem die Menschen vom Tod zum Gericht versammelt werden. In der Zwischenzeit empfängt er von Gott die Macht, diejenigen zu verführen, die keine treuen Diener Gottes sind. Diese Tat der Verführung gegenüber Adam und Eva im ↗Paradies schildert der Koran. Das B. hat hier wiederum denselben Charakter, denn Iblīs fordert die ersten Menschen auf, gegenüber dem Gebot Gottes ungehorsam zu sein (2, 34–36) und vom Baum der Unsterblichkeit zu essen (20, 116, 121). Diese Geschichten haben eine große Verwandtschaft mit der christl. nachbibl. Tradition. In der Schrift „Das Leben von Adam und Eva" § 15 (*Kautzsch*, Apokryphen) wird auch über den Ungehorsam des Teufels berichtet, Adam zu verehren (vgl. auch Schatzhöhle, hg. v. Bezold, 15–16). Von den Tagen der Schöpfung bis zum Tag des Gerichts überläßt Gott es Iblīs, die Menschen zu versuchen mit Ausnahme derjenigen, die fest an Gott glauben (15, 39–42 und 34, 20–21). Kennzeichen seiner verführerischen Tätigkeit ist vor allen Dingen das Einflüstern böser Gedanken in die Herzen der Menschen (114, 4–6). Am Ende der Zeiten wird Gott Iblīs zusammen mit allen Ungläubigen und Verdammten in das Höllenfeuer werfen. „Und dann werden sie in den Höllenbrand gestürzt werden und auch diejenigen, die abgeirrt sind; zusammen mit den Heerscharen des Iblīs" (26, 94–95, vgl. auch 15, 43). Vgl. Mt 25, 41.

In der Tradition des Islam wurde Iblīs umschrieben als die Gestalt des Ungehorsams, die deswegen unter den Fluch Gottes gerät. Dieser Ungehorsam macht ihn zum Feind Gottes, eine Feindschaft, die er durch böse Einflüsterungen zum Ausdruck bringt. Auch sein Hochmut wird betont (vgl. auch die christl. Tradition, z. B. Augustinus, De civitate Dei XI).

Der Koran und mit ihm das ganze islam. Denken hat immer darauf geachtet, dem B. keine zweite Macht neben Gott zuzuschreiben (wie z. B. die pers. Religion des ↗Zarathustra). Immer wird das Hauptdogma des Islam hervorgehoben. Gott gehört alle Macht im Himmel und auf Erden, im Leben und im Sterben (z. B. 2, 158). Diese uneingeschränkte Betonung der Allmacht Gottes hat dazu geführt, daß Gott auch Ursprung des B. sein kann. Neben dem koranischen Satz „Allah leitet recht, wen er will" (z. B. 2, 272) steht der andere Satz: „Allah führt die Frevler irre" (2, 26). Aufgrund dieses Sachverhalts spielt das L. im Koran keine wichtige Rolle. Das Leiden als Sühne oder Reinigung ist dem Koran unbekannt, genauso wie der Sühnetod Christi. Zwar kennt der Islam das Problem des Leidens; es wird aber unter dem Gesichtspunkt der Strafe oder des unergründlichen Willens des allmächtigen Gottes gesehen. Erst im shīʿitischen Islam bekommt das Leiden eine neue Dimension als sühnende Kraft (vgl. Mahmoud Ayoub: Redemptive Suffering in Islam).

Die zweite Gestalt des B. im Islam ist al-Dadjdjāl, der Lügner, der bes. in der islam. Eschatologie als eine Art Antichrist auftreten wird. Im Koran kommt er nicht vor; wahrscheinlich ist sein Name ein aram. Lehnwort, das im Syrischen als Beiwort des Antichrist, z. B. Mt 24, 24, gebraucht wird. Die Tradition hat sein Auftreten in verschiedenen Legenden beschrieben, die die folgenden Elemente hervorheben: Er ist ein Satan und in der Endzeit der hauptsächliche Feind Gottes; er ist ein eschatologischer König, der die Völker gegen Israel zusammenbringen wird; er ist Widersacher Christi und ein Verführer, dem hauptsächlich die Juden anhängen; er ist ein Tyrann aus dem Stamme Dan, der in Jerusalem ein Königreich gründen wird, in dem er selbst und seine Streitkräfte von Christus vernichtet werden. Ṭabarī (Chronik) schildert ihn als eine Art Riesen und König der Juden, der die ganze Welt beherrscht. In der Zeit, wo Gog und Magog die sie umringende Mauer durchbrechen, soll er auf einem Esel von gleicher Größe wie er selbst erscheinen. Seine Herrschaft wird nur 40 Tage dauern, in denen er die ganze Erde durchschreiten wird. Vor ↗Jesus und dem ↗Mahdī wird seine Macht und seine Leibesgröße schwinden, und schließlich wird der Mahdī ihn töten. In allen diesen Legenden sind Merkmale der vorislam. pseudo-apokalyptischen Lit., bes. aus dem syrischen Bereich, wiederzuerkennen. Der Islam hat aus ihm die Hauptgestalt des falschen Propheten und des Judenkönigs hervorgehoben. In ihm kommen die judenfeindlichen Tendenzen des Korans aufs neue zum Vorschein. Sein Aussehen ist das eines einäugigen Juden, der schon z. Z. Muḥammads lebte.

J. Bouman

IX. Systematische Konsequenzen. Als Ausdruck der menschlichen Willens- und Entscheidungskraft ist das Phänomen des B. grundsätzlich von den physischen Übeln und den kreatürlichen Leiden zu unterscheiden. Aus B. erwächst L., doch ist keineswegs jede L.-Erfahrung auf eigene Verschuldung und Verfehlung zurückzuführen.

Das 20. Jh. ist von vielfältigen hist. Erfahrungen des B. und des L. gezeichnet. Die moderne Interpretation der Problematik des B. hat sich von ontologischer Reflexion zur gesellschaftlichen Analyse verlagert. Durch Erziehung, Verhaltensforschung, Friedensforschung, Menschenrechtsstatuierung versucht man, das Problem des B. rational aufzuklären. Zwar besteht ein Zusammenhang zwischen Erkenntnis des B. und Bekämpfung des B., doch durch Rationalität kann nicht nur B. aufgeklärt, sondern auch B. organisiert werden. Trotz sinnvoller Bemühungen, das Phänomen des B. zu erhellen, entzieht sich doch das „Geheimnis des B.", das *„mysterium iniquitatis"* (2 Thess 2,7), einer letztgültigen Erklärung und Begründung. Es hat seinen Ursprung im schuldhaften Versagen der Freiheit und würde in einer personifizierten Rückführung auf die Gestalt des Teufels, Satans oder Dämons unangemessen verkürzt.

Lit.: *W. Kasper / K. Lehmann* (Hg.), Teufel – Dämonen – Besessenheit. Mainz 1978; *R. Schnackenburg* (Hg.), Die Macht des B. und der Glaube der Kirche. Düsseldorf 1979.

V. Lenzen

Bon-Religion. Die vorbuddh. Bon(B.)-Religion in Tibet ist nicht die urspr. Religion des Landes, sondern bereits ein synkretistisches Gebilde aus einheimischen schamanischen und indischen, iranischen sowie manichäischen Elementen. Die Geschichte des frühen B. liegt im Dunkeln, da nur zwei späte Quellenkomplexe vorliegen: 1. Die Tun-huang-Manuskripte (9. Jh. n. Chr.), die nur Fragmente sind und deren Chroniken eine Religion beschreiben, die bereits synkretistisch und von buddh. Einflüssen geprägt ist, und 2. die späteren buddh. und Bonpo-Werke (12. Jh. und später).

Bon ist auch Name für Tibet *(bod).* Der Konsonantenwandel deckt sich mit tibet. Lautgesetzen, so daß diese Identifikation kein nationalistischer Bonpo-Zusatz sein muß. Seit dem 18. Jh. unterscheiden die tibet. Historiker drei Phasen des B.: 1. *brdol bon* (offenbartes Bon), das keine Literatur hervorgebracht hat und vor allem um die Bannung schädlicher Mächte kreist. Die Tun-huang-Manuskripte übersetzen Bonpo deshalb häufig einfach mit „Zauberer". Im ältesten B. spielt das sakrale Königtum eine zentrale Rolle. Die Könige sind als Repräsentanten der Götter unsterblich und hinterlassen nach dem Tod keinen Leichnam. Erst als die Verbindung von Gott und König gelokkert wurde, kamen die Königsgräber auf, in denen die Toten wie Lebende bedient wurden. Die Macht des Königs hing ab von kultischer Reinheit, weshalb er im Fall schwerer Krankheit lebendig begraben wurde. Im Alter von 13 Jahren übernahmen wohl die Nachfolger die Macht, damit diese, gereinigt und erneuert, dem Land Fruchtbarkeit und Reinheit spende. 2. *'khyar bon* (abweichendes B.), das den Menschen in das kosmische Geschehen einbindet und mit organisatorischem und theoretischem Ausbau des B. beginnt. Durch unterschiedliche Lehrmeister bilden sich verschiedene Schulen. Schon das Königsgrab des *Songtsen Gampo* (620–648 n. Chr.) könnte diese Entwicklung repräsentieren. 3. *bsgyur bon* (transformiertes B.), das sich in Ritus und Lehre an den ↗Buddhismus anpaßt, parallele Strukturen und einen eigenen Schriftenkanon (Kangyur und Tengyur) entwickelt, um der Ausbreitung des

Buddhismus seit *Trisong Detsen* (755–797) zu begegnen. Wahrscheinlich hat der „Großmeister" *Shenrab (gshen rab)* dabei eine herausragende Rolle gespielt. Das späte B. hat ihm eine Geburts- und Lebensgeschichte gegeben, die bis in Einzelheiten den Erzählungen um Buddha Śākyamuni und Padmasambhava nachgebildet ist.
B. beinhaltet Theogonien, Kosmogonien, Genealogien und Beschwörungen ambivalenter Mächte, Grabriten zum Schutz der Lebenden und der Toten und vor allem ein lokal (durch verschiedene schamanische Substrate wie Luftritte, magische Trommel, Zurückrufen der Seelen Sterbender und Toter) unterschiedlich gefärbtes Divinationswesen. Drei archetypische Kosmogonien stehen einander gegenüber: 1. Schöpfung aus dem urspr. Weltenei, 2. Schöpfung aus der Zerstükkelung eines personalen Urwesens, 3. Schöpfung als Werk eines *deus otiosus*, der die Welt der Dualität (schwarze und weiße Lichtstrahlen) sukzessive hervorbringt. Die beiden ersten Mythen zeigen indischen, der dritte Mythos hingegen zurvanischen und evtl. manichäischen Einfluß. Berge gelten als Sitze numinoser Mächte, und vor allem der Berg *Kailāsa* ist Nabel der Welt, der wie ein Lotos mit acht Blütenblättern als Sitz der Götter über die Erde hinausragt. Als Bonpo gilt einerseits jeder Anhänger des B., andererseits dessen Priester, Zauberer und Exorzist. Analog zur buddh. Nyingma-Schule haben sich neun B.-Untergruppen gebildet, die mit verschiedenen numinosen Kräften umgehen. B. entwickelt ein subtil-materielles Gefüge einer Vielzahl von Seelen. Milarepas Biographie zeigt, daß Bonpos Tote beim Namen rufen und sie auf dem Weg durch den Zwischenzustand *(bar do)* geleiten. B. hat eine eigene Literatur über die Begegnung mit schrekkenerregenden Gottheiten im *Bar do* entwickelt. In die Bonpo-Gemeinschaft gelangt man durch Riten, die körperliche und geistige Reinheit (Gelübde) erzeugen sollen; es gibt Asketen, die reinen Lebenswandel üben. Symbole aus Hinduismus und Buddhismus wie Svastika und ↗Stūpa werden auch im B. benutzt, Svastika und auch Zirkumambulationen verlaufen aber in gegenläufiger Richtung.

Lit.: *H. Hoffmann*, Quellen zur Geschichte der tibetischen Bon-Religion. Wiesbaden 1950; *ders.*, Die Religionen Tibets. Freiburg 1956; *R. A. Stein*, La civilisation tibétaine. Paris 1962; *D. L. Snellgrove*, The Nine Ways of Bon. London 1967; *ders.*, */H. Richardson*, A Cultural History of Tibet. London 1968; *G. Tucci / W. Heissig*, Die Religionen Tibets und der Mongolei. Stuttgart 1970. *M. v. Brück*

Brahmā ↗Triade/Trinität II.

Brahman. Abgeleitet von der Wurzel *bṛh* (= aussprechen), bedeutete das Wort B. urspr. den hl. Spruch, das vedische ↗*Mantra* oder das Gebet *(Chāndogya Up.* I 7.5). Allmählich hat dieses Wort die Bedeutung von Kraft oder Wirksamkeit des Gebets gewonnen. Der vedische Gott *Bṛhaspati* heißt der Herr des Gebets (*Ṛgveda* IV 50). Im männlichen Geschlecht bezeichnet das Wort *Brahmā* denjenigen, der mit der Kraft des hl. Spruchs erfüllt ist. In diesem Sinn ist *Brahmā* der Schöpfer-Gott, die erste Person der *Trimūrti* (der hind. Dreifaltigkeit). Der *Brāhmin* oder *Brāhmaṇa* ist ein Mitglied der priesterlichen Kaste, der allein bevollmächtigt ist, die vedischen *Mantras* bei den Opferriten zu rezitieren.
Während der upaniṣādischen Zeit hat das Neutrum B. die Bedeutung „das höchste oder das absolute Wesen" erhalten. Diese Bedeutung wurde auf verschiedene Weise abgeleitet: a) *Bṛh* = wachsen, groß werden. In diesem Sinne heißt B. „das größte Wesen"; b) nach *Śaṅkara bṛh* = übertreffen, überragen. Demnach heißt B. „das überragende Wesen", d.h. das ewige, das unendliche Wesen; c) nach *Madhva bṛh* = im Überfluß vorhanden sein. B. heißt dann „das Wesen, in dem alle guten Eigenschaften reichlich vorhanden sind".
Der Begriff *B.* ist eigentlich das Ergebnis der langen Suche nach der grundlegenden Einheit hinter der scheinbaren Vielfältigkeit in diesem Kosmos. Schon im *Ṛgveda*, wo zahlreiche Götter angebetet wurden, findet man den Beginn dieser Suche: „Das ein einziges Seiende benennen die Weisen vielfach ..." (I 164.46; siehe auch VII 58.2 und *Śatapatha Brāhmaṇa* X 3.5.10–11).
Die obengenannte Suche nach der absoluten Einheit erreicht ihren Höhepunkt in den *Upaniṣāden* (vgl. *Bṛhadāraṇyaka Up.* III 9.1 und 9). „Wahrlich, B. war dies

alles am Anfang ..." (*Bṛhadāraṇyaka Up.* I 4.10–11). „Diese ganze Welt ist B. ..." (*Chāndogya Up.* III 14.1; *Maitrī Up.* IV 6; siehe auch *Taittirīya Up.* III 1.1; *Śvētāśvatara Up.* I 1). In dem Versuch, das absolute Wesen zu beschreiben, kommen die upaniṣādischen Seher sehr oft zu negativen Beschreibungen, weil sie glauben, daß das Absolute grundsätzlich unbegreiflich und unbeschreiblich ist: „Neti, neti" = „Nicht dies, nicht dies" (*Bṛhadāraṇyaka Up.* II 3.6; *Taittirīya Up.* II 9.1). In den positiven Beschreibungen sind die folgenden Begriffe grundlegend: *Sat* = das Seiende, die Wirklichkeit (*Chāndogya Up.* VI 2.1); *Satyam* = die Wahrheit (*Bṛhadāraṇyaka Up.* II 1.20; II 3.6; *Taittirīya Up.* II 1.1); *Jñānam, Vijñānam* = das Wissen, die Erkenntnis (*Bṛhadāraṇyaka Up.* II 9.28,7; *Taittirīya Up.* II 1.1; II 5; III 5); *Ānanda* = die Wonne, die Seligkeit (*Bṛhadāraṇyaka Up.* III 9.28,7; *Taittirīya Up.* II 7–8; II 9.1; III 6; *Mundaka Up.* II 2.8); *Anantam* = das Unendliche (*Taittirīya Up.* II 1.1).

Dieser kurze Überblick über die *Upaniṣaden* zeigt, daß die Suche nach der absoluten Einheit die upaniṣadischen Philosophen zu einem neutralen und unpersönlichen B. geführt hat. Hier ist man dann wieder mit einem anderen Problem konfrontiert: Wie aber kann die Schöpfung mit einem gefühl- und gestaltlosen Wesen in Berührung kommen? Um dieses Problem zu lösen, schlagen die upaniṣadischen Lehrer zwei Daseinsweisen für das B. vor: a) gestaltlos und attributlos, d. h. *Nirguṇa B.* = B. in sich selbst, beziehungslos; b) mit Gestalt, mit Attribut, d. h. *Saguṇa B.* = B. in Beziehung mit der Schöpfung – Īśvara = der Herr (der Schöpfung) (vgl. *Bṛhadāraṇyaka Up.* II 3.1; Maitrī Up. VI 15 und 17). Zur Identifikation von B. und Ātman ↗Ātman.

Lit.: *S. Radhakrishnan* (Ed.), The Principal Upanisads. Reprint, London 1978. *A. Thannippara*

Brahmanismus ↗Hinduismus II.

Buddha. 1. *Buddha* ist Partizip Perfekt Passiv: „erwacht", „der Erwachte" (Wortwurzel *budh*). Das „Erwachen" (die *bodhi*) nehmen sich alle Buddhisten zum Ziel. Mithin gab, gibt und wird es unzählig viele B.s geben. Man unterscheidet einen Erwachten, der eines B. Lehre gefolgt ist, von einem „Vollkommen Erwachten" *(sammāsambuddha),* der aus sich heraus erwachte, die erlösende Erkenntnis allein fand. Er predigte sie anderen im Gegensatz zu einem „Privat-B." (P. *pacceka-*, *Skt. pratyeka*-B.), der sie ebenfalls allein entdeckt, aber nicht verkündet hat.

2. Einen „So-Dahingelangten" *(tathāgata)* nannte der Stifter des Buddhismus sich selbst und andere B. Man überliefert, seine Eltern hätten ihn *Siddhattha* (Skt. *Siddhārtha*) genannt, „der seine Aufgabe vollendet hat". *Gotama* (Skt. *Gautama*) ist der Name seines Clan. *Śākyamuni* bedeutet „Weiser (vom Volke) der Śākya". Wann er gelebt hat, bleibt umstritten. Die Jahre 560–480 v. Chr. gelten annähernd. Er lebte in Nordostindien. Das hl. Land der Buddhisten markieren Wallfahrtsorte: Lumbini, wo er geboren wurde; Bodh-Gāya, wo er erwachte; Sarnath, wo er die erste Predigt hielt; Kasia bei Gorakhpur, wo er starb. Buddhisten zeigen sich an der Scheidung von Historie und Legende in Gotamas Lebensgeschichte nicht interessiert. Sie nehmen sie als Lehre. Schilderungen von märchenhaftem Luxus hier und äußerster Kasteiung dort illustrieren die Extreme, zwischen denen der „mittlere Weg" verläuft. Der Bericht von vier Ausfahrten, bei denen der ahnungslose Prinz dem allgegenwärtigen Leid (↗Böses/Leid IV) in Gestalt von Alter, Krankheit und Tod begegnet, dient der Missionspredigt als Muster für buddh. Bekehrungserlebnisse. Andere Motive unterstreichen die Großartigkeit des Wesens, das zur Rettung der Menschheit in die Welt kommt: seine wunderbare Empfängnis und Geburt; ein Weiser von weit her betet das Neugeborene an; beim ersten Besuch im Tempel erscheinen die dargestellten Götter selber und huldigen dem Kind; Gelehrte staunen über die Weisheit des Knaben usw. Vor seinem Erwachen versuchte ihn „der Töter" *(māra)* und wurde abgewiesen. Ein Verräter unter seinen Jüngern, Devadatta, ließ gedungene Mörder ihm auflauern und versuchte, ebenfalls erfolglos, den ↗*Saṃgha* zu spalten. Auch einen Lieblingsjünger hatte Gotama. Er hieß Ānanda, war stets in B.s Nähe und galt darum nach dessen Tod als bester Ken-

ner seiner Lehrreden. Als der verzweifelte Ānanda dem Sterbenden klagte, sie wüßten nicht, was sie ohne ihn tun sollten, sagte der B., daß an seine Stelle die Lehre treten werde. Doch hatte er längst gewarnt, seine Lehre werde mit der Zeit mehr und mehr verderben. Nach 5000 Jahren wird sie nicht wiederzuerkennen sein. Dann erwartet man *Metteyya* (Skt. ↗*Maitreya*), einen neuen B., der die Erkenntnis wiederum rein und klar verkünden wird. Den toten B. hat man, wie in Indien üblich, eingeäschert. Asche, ein paar Knochen und Zähne blieben übrig. Sie wurden, nebst dem persönlichen Nachlaß des Bettelmönchs, zum Anfang buddh. Reliquienverehrung. Zugleich entwickelte sich zum typischen Sakralbau der ↗*Stūpa,* in den eine Reliquie oder ein Lehrtext eingeschlossen wird, der aber auch leer bleiben kann, da es genügt, wenn seine Form an den B. erinnert. An ihn erinnern zudem B.-Bilder und in Südostasien die *Bodhi*-Bäume, gezogen aus Ablegern, die auf den Baum des Erwachens in Bodh-Gāya zurückgehen. Des Lehrers gedenken, ihn ehren und zum Vorbild nehmen, solche Gedanken bewegen Fromme in Gebetshaltung vor einem B.-Bild. Zu ihm beten können sie nicht, da er ins ↗*Nirvāṇa* (I) einging. Als man Gotama nach dem Zustand eines gestorbenen B. fragte, ob er lebe oder nicht lebe, stimmte er keiner Denkbarkeit zu, da nichts im *Nirvāṇa* irdischen Vorstellungen entspricht. Für den Alltag bitten manche Buddhisten einen Gott um Hilfe. Ein Gott weilt in einem Himmel, dem besten Teil der Wandelwelt; B. gelangte „ans andere Ufer" jenseits der Wandelwelt. Ein Gott hilft in weltlichen Nöten, zum Heil verhilft allein B. Aber nicht wie ein Gott hilft er, sondern als Lehrer.

3. Im Mahāyāna unterscheidet man drei Leiber des B. (↗Triade/Trinität II): Hist. B.s erscheinen, kurzlebig, in einem irdischen Leib (Skt. *nirmāṇakāya*). In einem überirdischen oder verklärten Leib (Skt. *sambhogakāya*) erscheinen zu vielen Zeiten an vielen Orten viele B.s. Dennoch, die vielen B.s, irdische wie überirdische, sind nur scheinbar verschieden. In Wahrheit existiert einzig und allein der unendliche B., sein ewiger Leib (Skt. *dharmakāya*). Dieser hat weder Anfang noch Ende, weder Gestalt noch Eigenschaften. Der ewige B. ist das Erwachen (↗Erleuchtung). Mithin erkennt den *dharmakāya,* wer *bodhi* erlangt. Tatsächlich trägt jedermann den Samen in sich, seine „B.-Natur", sein „B.-Wesen" bzw. seinen „B.-Geist" zu verwirklichen. Solange indessen der menschliche Geist falsche Vorstellungen für wirklich hält, bleibt der B.-Geist verborgen wie der Mond hinter Wolken. Indem er die Wirklichkeit erkennt, erwacht der Mensch. Umgekehrt kann niemand erwachen, ohne daß ihm zuvor falsche Vorstellungen den Blick getrübt hätten. Doch nur selten geschieht es, daß jemand allein von sich heraus erwacht. Zum Glück treibt ↗Liebe (III) die Erwachten, allen Wesen zum Erwachen zu verhelfen. Mithin erscheint der ewige B., den sie barmherzig wie einen Vater und liebend wie eine Mutter nennen, immer wieder unter den verwirrten Menschen. Selbstsüchtige lehrt er Ichlosigkeit erkennen, Vergnügungssüchtige Leidhaftigkeit und Vergänglichkeit jene, die sich an die Hoffnung auf Unvergänglichkeit klammern. Theravāda- wie Mahāyāna-Buddhisten ehren *Śākyamuni,* der die Lehre (den ↗*Dharma* [II]) in diesem Weltalter gepredigt hat, und sie erwarten den kommenden B., der die Lehre neu predigen wird.

4. Die Zeit zwischen beiden sehen Mahāyāna-Buddhisten erfüllt von erlösendem Wirken verklärter B.s. Diese und verklärte ↗Bodhisattvas verzichten freiwillig darauf, ins *Nirvāṇa* einzugehen, bis alle leidenden Wesen erlöst, d.h. erwacht sind. Sie tun, was sie tun, aus Mitleid. Darum sind manche B.s sogar zu göttergleichen Helfern in irdischer Not geworden. Kranke Japaner z.B. bitten den B. *Yakushi,* den Herrn des „Östlichen Paradieses", um Heilung. Das Mitleid der B.s zielt jedoch auf endgültige Erlösung der Verblendeten. Zum Erlöser in gegenwärtiger Weltzeit wurde der B. „Unendliches Licht" (Skt. *Amitābha,* chin. *O-mi-to,* jap. ↗*Amida*). Zu Zeiten des Gautama konnten Buddhisten noch, der Lehre folgend, *bodhi* erlangen. Jetzt ist Endzeit und die rel. Kraft der Menschen zu gering. Deshalb hat *Amitābha,* der Herr des „Westlichen Paradieses", ein Reines Land geschaffen. Dort werden auch Säufer und

Diebe, Huren und Mörder gerettet. Sie müssen nur glauben und den Namen des B. selbstvergessen anrufen. Der Name „Unendliches Licht“ weist hin auf den unendlichen B. Auch dieser Heiland ist also niemand anderer als der ewige B., der alle Wesen aus Verblendung und Leid erlösen will. Niemals bewegt ihn strafender Zorn, immer nur reine Liebe.

Lit.: *H. Oldenberg,* B. (1881) Neudruck München 1961; *E. J. Thomas,* The Life of B. as Legend and History. London [6]1960; *ders.,* The History of Buddhist Thought. New York [2]1951; *K. Schmidt,* B. und seine Jünger. Konstanz 1955; *A. Bareau,* Recherches sur la biographie du B. 2 Bde. Paris 1963, 1971; *D. L. Snellgrove,* The Image of the B. Paris 1978; *J. Auboyer,* B. Freiburg 1982; *H. W. Schumann,* Der historische B. Köln 1982; *H. Bechert,* Die Lebenszeit des B. – das älteste feststehende Datum der indischen Geschichte?: Nachr. Akad. der Wiss. Göttingen I. Philologisch-Histor. Klasse 1986 Nr. 4, 129–184; *F. E. Reynolds / C. Hallisey,* Art. B.: ER II 319–332.

H.-J. Greschat

Buddhismus

I. Entstehung. – II. Grundlehre. – III. Geschichtliche Formen. – 1. Hīnayāna-Buddhismus. – 2. Mahāyāna-Buddhismus. – 3. Tibetischer Buddhismus/ Lamaismus. – IV. Verbreitung in Asien. – 1. Indischer Raum. – 2. China. – 3. Japan. – V. Buddhismus im Westen. – VI. Christentum und Buddhismus

Die heute in Asien am stärksten verbreitete Religion wird im Westen nach dem Hoheitstitel ihres Gründers benannt. In den buddh. Ländern selber spricht man von *dharma* (chin. *fa,* tibet. *chos*), der „Lehre“ schlechthin, von *Buddha-darśana,* der „Lehre des Buddha“, oder von *Buddha-dharma* (chin. *fo-fa*), dem „*dharma* des Buddha“.

I. Entstehung. a) Religionsgeschichtlich ist der B. keine creatio ex nihilo. Sein Sitz im Leben sind die Stadtkulturen des Gangestales, die sich, auf die Zeit der Veden und Upaniṣaden folgend, nach dem 6. Jh. v. Chr. entwickelt hatten. Bedingt durch den Zerfall der Stammeskulturen und den raschen gesellschaftlichen Wandel, hatte sich ein tiefer Pessimismus Bahn gebrochen. Der Glaube an die endlose Wiedergeburt und das endlose Sterben, in den Veden nur spurenweise vorhanden und in den Upaniṣaden (bes. *Bṛhadāraṇyaka Up.*) als Geheimlehre entwickelt, war, abgesehen von einer Gruppe von Materialisten, zum selbstverständlichen geistigen Allgemeingut geworden. Der Sehnsucht der Menschen nach Endgültigkeit boten die ohnehin nur wenigen möglichen Opferriten der Brahmanen keine Antwort. Es mußten andere Wege gefunden werden, auf denen alle zu einem endgültigen Heil gelangen konnten. Rel. Gemeinschaften wie die der Ajīvikas, Jainas (↗Jinismus) und Buddhisten entstanden.

Der Gründer des B. ist die hist. Person des Siddhārtha Gautama aus dem Kṣatriya-Geschlecht des Śākya-Stammes im heutigen südl. Nepal, von seinen Verehrern „Śākyamuni“ („der Weise aus dem Śākya-Klan“), und nachdem er die Erleuchtung erlangt hatte, ↗ „Buddha“ (der „Erwachte“ oder „Erleuchtete“) genannt. Bis zur Ausarbeitung seiner entwickelten Biographie brauchte es zehn Jh.e, wobei es heute kaum möglich ist, den „Buddha der Geschichte“ vom „Buddha des Glaubens“ zu unterscheiden.

Die Überlieferungen stimmen darin überein, daß er im Alter von 80 Jahren gestorben bzw. „ins Nirvāṇa eingegangen“ ist. Die Buddhisten der südostasiat. Länder nehmen dafür das Jahr 543 v. Chr. an. Im Westen wird das Datum errechnet in Abhängigkeit vom Datum der Königsweihe Aśokas, die im Jahre 268–267 v. Chr. erfolgte. Nach einer längeren Chronologie starb der Buddha 218 Jahre vor diesem Ereignis, nach einer kürzeren nur 100 Jahre zuvor. Beide Chronologien können angenommen werden. 486 v. Chr. (*Lamotte,* Histoire), 483 v. Chr. (Cambridge History of India) und 478 v. Chr. (Inde classique) sind die im Westen gängigsten Daten. Dementsprechend wäre das Geburtsdatum etwa im Jahre 566 v. Chr. anzusetzen.

b) Buddhas Geschichte hat, wie sie von Buddhisten vorgetragen wird, der Überzeugung von der Wiedergeburt entsprechend keinen Anfang. Sie wird „heilsrelevant“ in dem Augenblick, in dem er sich zum ersten Mal entschließt, zum Heil und Glück aller Wesen die höchste, vollkommene Erleuchtung zu erlangen *(bodhicittotpāda,* „Entstehen des Entschlusses zur Erleuchtung“). Danach wird er in drei unermeßlichen Äonen *(asaṃkhyeyakalpa)* als ↗*Bodhisattva* („Wesen auf dem Weg zur Erleuchtung“) in verschiedensten Existenzen wiedergeboren (viele seiner Erlebnisse sind in den späteren *Jātakas,* „Geburtsgeschichten“, berichtet). Sein

Entschluß fällt in den ersten Äon. Im zweiten Äon äußert er seinen Entschluß als Gelübde *(praṇidhāna)* vor Dīpamkara, dem Buddha jenes Äons, von dem er die Verheißung *(vyākarana)* seiner künftigen Buddhaschaft erhält. Auf den dritten Äon, in dem er die Sicherheit des endgültigen Heils erlangt hatte, folgen 91 kürzere Äonen, in denen er durch heroische Taten unendliche Verdienste und die Vollkommenheit der Tugenden *(pāramitā)* erwarb, was ihm bei seiner letzten Inkarnation einen Körper, versehen mit den 32 Merkmalen eines Übermenschen, verdiente.

Seine Empfängnis vollzog sich auf wunderbare Weise, nachdem seine Mutter Māyā im Traum einen weißen Elefanten gesehen hatte, der in ihren Schoß eintrat. Ebenso wunderbar war die Geburt, bei der das Kind auf der rechten Seite aus dem Mutterschoß heraustrat, sogleich sieben Schritte tat und verkündete, daß keiner ihm gleich sei in allen Welten und dies seine letzte Inkarnation sei. Seinem Vater Suddhodana wurde von den Weisen mitgeteilt, daß dem Kind mit den 32 Merkmalen entweder die Laufbahn eines Universalherrschers oder, falls es der Welt entsagte, die eines Buddha offenstehe. Nach der Überlieferung soll Suddhodana, der König oder Häuptling der Śākyas, alles getan haben, das Kind durch die Annehmlichkeiten des Hoflebens vor dem Gedanken der Weltentsagung zu schützen. Mit 16 (oder 19) Jahren heiratete Sīddhārtha Yaśodharā, die ihm, als er 29 Jahre alt war, seinen Sohn Rāhula gebar. Durch Intervention der vedischen Gottheiten soll er auf wiederholten Ausfahrten mit der Wirklichkeit des Leides in der Gestalt eines alten Mannes, eines Kranken und eines Toten konfrontiert worden sein und sich beim Anblick eines Frieden ausstrahlenden Bettelmönchs entschlossen haben, der Welt zu entsagen und als Wandermönch für sich und für alle Lebewesen einen Ausweg aus der leidvollen Runde der Wiedergeburten zu suchen. Sechs Jahre lang versuchte er bei verschiedenen Meistern und dann zusammen mit einer Gruppe Gleichgesinnter durch extreme Askese diesen Ausweg zu finden. Als er durch seine Askese bis zum Rand der Selbstvernichtung gelangt war, änderte er seine Lebensweise und kam wieder zu Kräften. In der Vollmondnacht im Mai (Vesākha) 537 v. Chr., unter dem hl. Pipal-Baum am Nairanjanā-Fluß bei Bodh-Gayā sitzend, versenkte er sich in die Betrachtung der existentiellen Situation des Menschen, die durch Geburt und Tod gekennzeichnet ist und gelangte so zur „höchsten und vollkommenen Erleuchtung" *(anuttarāsamyaksaṃbodhi)*. Diese ↗Erleuchtung beinhaltete ein dreifaches Wissen: das Wissen 1. um die eigenen vergangenen Daseinsformen, 2. um das Geborenwerden und Sterben aller Lebewesen und 3., Unwissenheit und Leidenschaft endgültig besiegt zu haben und damit aus der Runde der leidvollen Wiedergeburten ausgestiegen zu sein.

Śākyamuni, zum *Buddha* geworden, ließ sich nach vier (oder sieben) Wochen von den Göttern dazu bewegen, seine neugewonnene Erkenntnis den Menschen weiterzugeben. Im Gazellenpark von Benares predigte er als ersten seinen ehemaligen Gefährten der Askese und lehrte sie die Vier Edlen Wahrheiten im „Sūtra, durch das das Rad der Lehre in Bewegung gesetzt wird" *(Dhammacakkappavattana-sutta)*, und eine Woche später die Lehre vom Nicht-Selbst *(anattā)* im „Sūtra über das Kennzeichen des Nicht-Selbst" *(Anattālakkhana-sutta)*. Auf diese Predigt von Benares folgten 40 Jahre, in denen der Buddha unermüdlich durch Nordindien wanderte, seine Lehre weitergab, sich mit den Anhängern anderer Schulen auseinandersetzte, Bekehrungen herbeiführte und eine große Schar von Anhängern sammelte. Mit Selbstverständlichkeit folgte er der indischen Praxis und gründete den Orden der heimatlosen Bettelmönche, dem nach geraumer Zeit auch ein Orden für die Nonnen beigesellt wurde. Grundsätzlich sollten im Orden die Kastenunterschiede aufgehoben sein und nur der Vortritt der Ordination gelten. Auch eine erhebliche Anzahl von wohlhabenden Bürgern und einige Könige schlossen sich dem Buddha als Laienanhänger an und sorgten für die materielle Unterstützung des Ordens.

Im Alter von 80 Jahren stirbt der Buddha nach wiederholten heftigen Anfällen von

Ruhr, die noch verschlimmert wurden durch seine letzte Mahlzeit bei Cunda, einem Schmied. In der Nähe der Stadt Kuśinagara im Land der Malla, zwischen zwei Sāla-Bäumen auf der rechten Seite liegend, tritt er in das endgültige Nirvāṇa ein. Seine letzten Worte waren: „Vergänglich sind alle Daseinsformen. Strebet ohne Unterlaß." Sein Körper wurde verbrannt, die Asche unter die umliegenden Städte verteilt. Die ↗*Stūpas*, die sich bald über den Reliquien erhoben, wurden zu Zentren der Verehrung des Buddha.

II. Grundlehre. Die Grundlehre des „ursprünglichen" B. läßt sich in der Formel der „dreifachen Zufluchtnahme" *(triśaraṇagamanam)* zusammenfassen; sie findet sich in den frühesten Schichten des Kanons und hat einen prominenten Platz in allen buddh. Liturgien; durch ihre Rezitation tritt man ein in die Gemeinschaft der Jünger des Buddha. Sie lautet: „Ich nehme den Buddha als meine Zuflucht. Ich nehme den *dharma* als meine Zuflucht. Ich nehme den *saṃgha* als meine Zuflucht" *(Buddhaṃ, dharmaṃ, sànghaṃ śaraṇaṃ gacchāmi).*

1. „Buddha". Theoretisch sollte die Zuflucht beim *dharma* die erste Stelle einnehmen. So hatte der Buddha wiederholt die Jünger gemahnt: „Nehmt den *dharma* als eure Insel ... Nehmt den *dharma* als eure Zuflucht, und sucht keine andere Hilfe" *(Dhammapada* II). Dem Mönch Vatkali verbot er dessen übertriebene Verehrung seines Körpers mit den Worten: „Was bedeutet dir dieser Körper aus Schmutz? Wer den *dharma* sieht, sieht mich." Vor seinem Tod gibt er dem Lieblingsjünger Ānanda die strikte Anweisung: „Verschwendet eure Zeit nicht damit, meinem Leichnam zu huldigen, sondern arbeitet mit aller Sorgfalt und allem Fleiß an euerem eigenen geistigen Wohl." Mit diesen mehr abwertenden Worten wird jedoch die tatsächliche Stellung des Buddha in der buddh. Gemeinde, auch für die Frühzeit, nicht beschrieben. Aus den Pāli-Schriften des B., der ältesten uns erhaltenen Sammlung des Kanons, geht hervor, daß dem Buddha eine einmalige Position und Funktion zugeschrieben wird. Es sind mythologische und legendäre Züge, als solche aber zum Buddhabild des orth. B. gehörend. L. de la Vallée-Poussin schreibt: „Nachdem Śākyamuni einmal ein Buddha geworden ist, kann man nicht mehr sagen, er sei ein Mensch. Indem er die Erleuchtung erlangte, verwandelte er sich selbst. In der Welt geboren, ist er aus der Welt herausgetreten. ‚Was bist du, ein Mensch oder ein Gott *(yakṣa)*?' – ‚Ich bin weder ein Mensch', antwortet er, ‚noch ein Gott. Wisse, o Brahmane, daß ich ein Buddha bin', d.h. ein Wesen, das allen Göttern, wo immer sie sein mögen, unendlich überlegen ist, und nicht nur das Erste der Wesen, sondern darüber hinaus das einzige Wesen seiner Art in der Unermeßlichkeit der Welten" (Le dogme et la philosophie du Bouddhisme 59). Dem entsprechen die Hoheitstitel des Buddha. Es existieren davon unterschiedliche Listen. Das „Mahāvyutpatti" I bringt eine Reihe von 80 Titeln, darunter an erster Stelle: *Buddha, Bhagavān* (der Erhabene), *Tathāgata* (der Ebenso Gekommene), *Arhan* (der Verehrungswürdige), *Samyak-saṃbuddha* (der die höchste vollkommene Erleuchtung erlangt hat), *Vidyā-caraṇa-saṃpanna* (vollkommen in Wissen und Tat), *Sugata* (der wohl Dahingeschiedene), *Loka-vit* (der Kenner der Welten), *Anuttara* (der Unübertroffene), *Śāstā devamanuṣyāṇām* (Lehrer der Götter und Menschen), *Loka-jyeṣṭhaḥ* (der Welt-Erhabene), *Devatī-deva* (der Gott über allen Göttern). Die Selbstaussagen des Buddha und seine Hoheitstitel besagen mehr als einen einfachen Lehrer, der hinter der Lehre zurücktritt und den man beliebig achten oder vernachlässigen könnte. Die Buddhisten, die die urspr. Lehre am reinsten bewahrt haben wollen, verehren den hist. Buddha denn auch als jemanden, der weder Gott noch Mensch, sondern einfach Buddha ist. Ein Rationalismus, der im Buddha nur einen großen Menschen der Vergangenheit sehen will, wird den Tatsachen – den schriftlichen Quellen und der Haltung der gläubigen Buddhisten – nicht gerecht.

2. „Dharma". Die Grundlehre des B. ist wesentlich eine Entfaltung des Erleuchtungserlebnisses des Buddha. Übereinstimmend berichtet die Tradition, daß die Begegnung mit der existentiellen Unheilssituation des Menschen und der We-

sen allgemein den Gautama auf die geistige Suche geschickt hat.
Die Absicht bei seiner Weltentsagung war es, einen Ausweg aus dem leidvollen Dasein, den Weg der Todlosigkeit zu finden. Inhalt des Erleuchtungserlebnisses sind die *Vier Edlen Wahrheiten (catvāri āryasatyāni)*. Sie bilden den Gegenstand des *Dharmacakrapravartana-sūtra* („Sūtra, mit dem das Rad der Lehre in Bewegung gesetzt wird"). Es sind a) die Wahrheit vom Leiden, b) Die Wahrheit vom Ursprung des Leidens, c) die Wahrheit von der Überwindung des Leidens und d) die Wahrheit vom Weg, der zur Überwindung führt.
a) *Leiden.* „Dies, o Mönch, ist die Edle Wahrheit vom Leiden: Geborenwerden ist Leiden, Altwerden ist Leiden, Sterben ist Leiden, Verbindung mit Unliebsamem ist Leiden, Trennung vom Geliebten ist Leiden, nicht erlangen, was man begehrt, ist Leiden, kurz die fünf Gruppen des Anhaftens *(upādāna-skandha)* sind Leiden" *(Dharmacakrapravartana-sūtra)*.
Mit dieser Aussage wird nicht die empirische Wirklichkeit von Glück und Freude geleugnet. Gesagt wird, daß diese Erfahrung wie alle psycho-physischen Phänomene in letzter Analyse nicht den Bedingungen für wirkliches Glück – Unbedingtheit und Wandellosigkeit (vgl. „Denn jedes Glück will Ewigkeit, will tiefe, tiefe Ewigkeit", Nietzsche) – entsprechen.
Der Mensch stellt sich in der Analyse des Buddha dar als ein vorübergehendes Aggregat von *fünf Daseinsgruppen (skandha)* psycho-physischer Natur, der keine bleibende Substanz, kein bleibender Ich-Kern zugrunde liegt. Die fünf Daseinsgruppen sind im einzelnen: 1) *Gestalt oder Körperlichkeit (rūpa),* bestehend aus den vier Grundelementen *(mahārūpa)* von Erde, Wasser, Feuer und Wind und aus den daraus abgeleiteten Elementen *(upādāyarūpa);* 2) *Empfindung (vedanā),* die angenehm, unangenehm oder indifferent sein kann und aus dem Kontakt der sechs inneren Sinnesorgane (*indriya:* Auge, Ohr, Nase, Zunge, Körper, Geist) mit den entsprechenden sechs äußeren Sinnesobjekten (*viṣaya:* Aussehen, Geräusch, Geruch, Geschmack, Berührung, geistiges Objekt) entsteht. Die sechs Sinnesorgane zusammen mit den sechs Sinnesobjekten bilden die zwölf Grundlagen des Bewußtseins *(āyatana)*; 3) *Wahrnehmung (saṃjñā)* von Farben, Lauten, Gerüchen, Geschmäcken, Greifbarem und geistigen Bildern; 4) *Willensregung (saṃskāra)* in bezug auf die sechs Sinnesobjekte; 5) *Bewußtsein (vijñāna),* das die Eigenschaften der Sinnesobjekte wahrnimmt. Entsprechend den 6 Sinnesorganen und den 6 Sinnesobjekten besitzt der Mensch 6 Arten von Bewußtsein, die alle zusammen als die 18 Elemente *(dhātu)* bezeichnet werden.
Der Mensch nun kann beschrieben werden in der Begrifflichkeit der 5 Daseinsgruppen, der 12 Grundlagen des Bewußtseins oder der 18 Elemente. In jedem Falle wird festgestellt, daß es sich dabei um vergängliche Phänomene handelt, keine bleibende Substanz, kein Ich zugrunde liegt. Sie entstehen immer gleichzeitig in Abhängigkeit von verschiedensten bedingenden Faktoren und lösen sich ebenso wieder in Abhängigkeit auf. Was nun aber nicht aus sich selbst geworden ist und von Grund aus bedingt ist, was in sich keinen bleibenden Kern hat, was wesentlich dem Wandel und der Vergänglichkeit unterliegt, entspricht nicht den Bedingungen von Glück und wird darum in Buddhas Analyse als Leid *(duḥkha)* bezeichnet.
Diese Charakterisierung des psycho-physischen Daseins des Menschen gilt auch für alle möglichen Formen der Existenz, welche die Lebewesen im Lauf der Wiedergeburt *(↗Saṃsāra)* annehmen können. Sie sind unbeständig, entstehen und vergehen in unaufhaltsamem Wandel; sie sind durch ihre Unbeständigkeit und Vergänglichkeit leidvoll; sie haben keinen bleibenden Kern, kein Selbst, das allem Wandel zugrunde liegt. Bei dieser dreifachen Kennzeichnung der Daseinsphänomene *(trilakṣaṇa)* als unbeständig *(anitya,* P. *anicca),* leidvoll *(duḥkha,* P. *dukkha)* und unpersönlich *(anātman,* P. *anattā)* ist das Merkmal der Unpersönlichkeit das für den B. charakteristischste.
Die Wiedergeburt *(saṃsāra)* kennt keinen Anfang und vollzieht sich auf den fünf Wegen *(gati)* in der Hölle, im Tierreich, im Gespensterreich (*preta,* „hungrige Geister"), in der Menschenwelt und

in der Götterwelt. Das Universum, in dem sich die Daseinswanderung bewegt, ist die alles umfassende dreifache Welt *(traidhātuka)*, nämlich die Sinnenwelt *(kāmadhātu)*, die Welt der fünf Sinnesorgane und ihrer Objekte, in der sich Höllenwesen, Tiere, Gespenster, Menschen und die 6 Klassen der niederen Götter bewegen; die feinkörperliche Welt *(rūpadhātu)*, in der die 17 Klassen der Brahmāgötter sich frei von Sinnenlust an ihren Versenkungen *(samādhi)* erfreuen; die unkörperliche Welt *(ārūpyadhātu)* der höheren, körperlosen Gottheiten.

b) *Ursprung des Leidens.* „Dies, o Mönch, ist die Edle Wahrheit vom Ursprung des Leidens: es ist der Durst, der von Wiedergeburt zu Wiedergeburt führt, zusammen mit der Lust und der Gier, die hier und dort ihre Befriedigung findet: der Durst nach Lust, der Durst nach Dasein, der Durst nach Unbeständigkeit" *(Dharmacakrapravartana-sūtra)*. Bei der Wahrheit vom Ursprung des Leidens *(duḥkhasamudaya)* geht es nicht um die Frage eines allerersten Anfangs. Für die jetzige Existenz und alle weiteren gilt, daß an ihrem Anfang verschuldete Unwissenheit *(avidyā)* und Leidenschaft *(kleśa)* bzw. „Durst" *(tṛṣṇa)* stehen, daß der Werdeprozeß des Entstehens durch die Tat *(↗Karma)* des früheren Daseins verursacht ist und diese wiederum durch Leidenschaft, die in Verblendung und Begehren besteht, zur folgenschweren Tat wird. Der Durst, der die Tat schwer belastet, ist Durst nach sinnlichem Genuß *(kāmatṛṣṇa)*, nach Existenz *(bhava)* und nach Vernichtung *(vibhava)*. Gier *(rāga)*, Haß *(dveṣa)* und Verblendung *(moha)* wirken auf die Tat wie ein dreifaches Gift.

Nach einem ehernen Gesetz der Verursachung führt die Leidenschaft zur Tat, und diese bringt unbedingt ihr Ergebnis bzw. ihre Frucht hervor. In einem weiteren Schritt entwickelte der Buddha dieses Grundprinzip der Verursachung zum Gesetz der *Entstehung in Abhängigkeit (↗Pratītyasamutpāda)*. Die 12 Glieder dieses Gesetzes beziehen sich auf drei aufeinanderfolgende Existenzen, deren gegenwärtige Existenz der Mensch ist. Diese Theorie gilt als das Herzstück des B. „Wer sie versteht, versteht das Gesetz, und wer das Gesetz versteht, versteht sie" *(Majjhimanikāya* I). Sie versucht, den strikten Determinismus der Daseinsphänomene, wo sich keine bleibende Entität finden läßt, zu erklären bzw. zu erklären, wieso „das Leiden existiert, aber niemand da ist, der leidet, wieso es keinen gibt, der handelt, die Handlung aber eine Wirklichkeit ist" *(Visuddhimagga; Lamotte,* Histoire 43).

c) *Die Wahrheit von der Überwindung des Leidens.* „Dies, o Mönch, ist die Edle Wahrheit von der Überwindung des Leidens: die Auslöschung dieses Durstes durch die vollständige Vernichtung des Verlangens, in dem man das Verlangen verbannt, ihm entsagt, sich davon befreit, ihm keinen Platz einräumt" *(Dharmacakrapravartana-sūtra)*.

Die Wahrheit vom Ende des Leidens *(duḥkhanirodha)* ist die Frohe Botschaft des B. Das Ende des Leidens, der Zustand der Befreiung, das *↗Nirvāṇa* (I), ist grundsätzlich erreicht, wenn die Wurzeln des ganzen Daseinsprozesses oder der Wiedergeburt – Durst, Leidenschaft, Unwissenheit mit Gier, Haß und Verblendung – vernichtet sind. Taten, die nicht mehr bedingt sind durch diese Faktoren, haben keine weitere Wiedergeburt zur Folge. Die 5 Daseinsgruppen, die infolge der Taten *(karman)* sich zusammengefügt hatten, haben ihr Fundament verloren und werden in Zukunft nicht mehr entstehen. Mit dem grundsätzlichen Entzug des Fundamentes ist auch das Leiden vernichtet und die Befreiung vom Werden und Vergehen erlangt. Der so Befreite befindet sich in einem Zustand höchster Seligkeit, die jedoch jenseits des Empfindens liegt und darum auch negativ als Nicht-Seligkeit bezeichnet wird. Über die Natur des Nirvāṇa können keine positiven Aussagen gemacht werden. Es ist ein ungeschaffener *(asaṃskṛta)* Zustand, unabhängig von allen Bedingtheiten, ein absoluter Zustand, jenseits des menschlichen Erfassens und Aussagens. Das Nirvāṇa kennt, ähnlich der christl. Erlösung, ein „Bereits im Noch-nicht". Mit der Vernichtung der Ursachen des Leidens ist die Erleuchtung und damit das Nirvāṇa grundsätzlich erreicht. Es bleiben aber die Früchte, d.h. das Aggregat der 5 Daseinsgruppen, vorläufig bestehen. Damit ist auch, wie die Lebensgeschichte des Buddha selber und bes. seine letzten Tage zeigen, die menschliche Leidensfähigkeit weiterhin gegeben. Dieses Nirvāṇa wird folglich „Nirvāṇa mit einem Rest von Bedingtheit" *(sopadhiśeṣa)* genannt. Erst mit dem Tod wird das Aggregat der Daseinsgruppen endgültig aufgelöst, das „Große Nirvāṇa" *(mahāparinirvāṇa),* das „Nirvāṇa ohne einen Rest von Bedingtheit" *(nirupadhiśeṣa)* erreicht. Der in das Nirvāṇa Eingetretene kann nicht mehr gefunden werden, und alle Verbindung mit ihm ist abgeschnitten.

d) *Weg zur Überwindung des Leidens.* „Dies, o Mönch, ist die Edle Wahrheit vom Weg, der zur Überwindung des Leidens führt: es ist dieser heilige Weg, der acht Glieder hat und heißt reiner Glaube, reines Wollen, reines Reden, reines Handeln, reiner Lebenserwerb, reine Anstrengung, reine Achtsamkeit, reine Sammlung" *(Dharmacakrapravartana-sūtra).* Die acht Glieder *(āryāṣṭāṅgamārga)* der Wahrheit vom Weg *(duḥkhanirodhagāminī pratipad)* sind: 1. rechte Erkenntnis, 2. rechte Gesinnung, 3. rechte Rede, 4. rechte Tat, 5. rechter Lebenserwerb, 6. rechte Anstrengung, 7. rechte Achtsamkeit, 8. rechte Sammlung. Die traditionelle Reihenfolge bedeutet kein zeitliches Nacheinander in der Verwirklichung dieser Haltungen; sie lassen sich nur gleichzeitig und in gegenseitiger Abhängigkeit verwirklichen. Eine der spirituellen Erfahrung entsprechendere Reihenfolge teilt traditionellerweise den Weg in drei Abschnitte ein: I. Sittlichkeit *(śīla)* mit den Gliedern 3, 4 und 5 des Pfades, II. Sammlung *(samādhi)* mit den Gliedern 6, 7 und 8, III. Weisheit *(↗Prajñā)* mit den Gliedern 1 und 2. Sittlichkeit und Disziplin sind Bedingungen für Sammlung und geistige Erkenntnis, die schließlich zur Weisheit führen. Die Erleuchtung ist in bezug auf die ersten beiden der Vier Edlen Wahrheiten Voraussetzung zum Genuß der dritten der Wahrheiten, des Nirvāṇa. Während die Regeln der Sittlichkeit aufs Ganze mit den Vorstellungen anderer Religionen übereinstimmen, ist die Entwicklung der zur Weisheit führenden Methoden der Sammlung für den B. bes. kennzeichnend. Das entspricht dem Ansatzpunkt des B., wonach der leidvolle Daseinsprozeß durch anfanglose Unwissenheit und Begierde in Gang gehalten und erst durch die Erlangung der Erleuchtung zum endgültigen Stillstand gebracht wird. In späteren Formen des B. wurde auch auf andere Heilsmethoden Gewicht gelegt, auf die Notwendigkeit der befreienden Erleuchtung wurde aber nie verzichtet.

3. „Saṃgha". Im weiteren Sinn umfaßt der Begriff alle, die den Buddha zur Zuflucht nehmen, Mönche und Nonnen *(bhikṣu* und *bhikṣuṇī),* Männer und Frauen im Laienstand *(upāsaka* und *upāsikā);* im engeren und eigentlichen Sinn meint er die Gemeinde der Mönche und Nonnen. Beziehen sich die ersten beiden Artikel auf den Buddha, der die Wahrheit gefunden hat, und auf seine Lehre, die den Pfad zur befreienden Wahrheit gehen lehrt, so richtet sich der Blick hier auf die Gemeinschaft derer, die die Verwirklichung der Lehre des Buddha zum ausschließlichen Lebensinhalt machen und durch ihr Leben der völligen Entsagung und des Strebens nach Erleuchtung die Lehre des Buddha existentiell lebendig halten.

Die Institution des *Mönchtums* brauchte der Buddha nicht zu erfinden. Er übernahm damit eine Institution, die auf eine lange Geschichte zurückblicken konnte. Er selber hatte bei seiner Weltentsagung das Leben des heimatlosen Bettelmönchs angenommen. Nach seiner Erleuchtung schlossen sich ihm in Benares seine fünf ehemaligen Mönchsgefährten an. Ebenfalls in Benares nahm er Yaśa, seine vier Brüder und seine 50 Freunde als Mönche und Brüder im heimatlosen Leben auf. Bei dieser Gelegenheit schon wird von der Aussendung der Jünger gesprochen. Sie sollten allein, nicht zu zweien, gehen. Ihr Wandern sollte „zum Segen für die Menge, zur Freude für die Menge, zum Wohl, zum Segen, zur Freude von Göttern und Menschen sein". Sie sollten den *dharma* predigen, der wohltuend ist am Anfang, in der Mitte und am Ende.

Für den offenbar rasch wachsenden Orden wurden Verhaltensregeln erlassen, je wie sich die Gelegenheit dazu ergab. Die Zusammenfassung der Ordensregeln in *Vinaya* setzt wohl in manchen Fällen eine spätere Situation voraus. Die einleitenden Erzählungen berichten von den verschiedenen Situationen, die Anlaß gaben, eine Entscheidung des Buddha anzurufen. Seine Autorität gibt den Regeln verpflichtenden Charakter.

Die Aufnahme in den Orden wurde zunächst vom Buddha selber vollzogen, oft mit der einfachen Einladung „Komm, o Mönch!" Später übertrug er dem Saṃgha selber das Recht, Männer als Novizen aufzunehmen und sie zu gegebener Zeit zu Mönchen zu weihen. Fest umrissene Bedingungen und eine demokratische Verfahrensweise der Brüdergemeinde regeln bis heute die Aufnahme. Der Novize, der noch keine 10 Jahre zu sein braucht, dazu aber die Erlaubnis seiner Eltern braucht, wird einem oder zwei Mönchen, die als Novizenmeister *(upādhyāya)* und Lehrer *(ācārya)* fungieren, übergeben. Die volle Mönchsweihe kann erst mit Vollendung des 20. Lebensjahres erteilt werden. Konstanten im Leben der Brüder sind, abgesehen vom streng geregelten Alltag, die 14tägige Bußfeier *(uposatha),* an der alle teilnehmen müssen und bei der die Mönche an Hand der 227 Ordensregeln *(prātimokṣa)* ihr Leben überprüfen, ferner die Zeit der Zurückgezogenheit während der Regenzeit *(vasa),* der feierliche Abschluß dieser „Jahresexerzitien" mit dem Kaṭhina-Fest, an dem die Laienanhänger den Mönchen Stoff für neue Gewänder schenken. Das Ideal des Ordens ist der Nachvollzug der Erleuchtung des Buddha. Der Mönch, der dieses Ziel erreicht hat, ist ein ↗*Arhat,* ein Heiliger, dem der Eintritt ins Nirvāṇa gelungen ist.

Schon früh bemühten sich auch die *Frauen* um die Bildung eines Frauenordens. Der Widerstand des Buddha gegen diese Absicht wahr wohl, abgesehen von der zeitgenössischen Einschätzung der Frau in der ind. Gesellschaft, durch praktische Überlegungen motiviert, etwa, ob und wie Frauen das heimatlose Leben der Mönche mitleben könnten. Frauenfeindliche Aussagen der Überlieferung widersprechen der im übrigen freundlichen Haltung des Buddha den Frauen gegenüber und dürften die Haltung späterer Frauenfeinde im Orden wiedergeben. Auf Drängen des Lieblingsjüngers Ānanda erlaubte der Buddha schließlich die Gründung des Frauenordens. Allerdings wurden für sie viel mehr und viel striktere Verordnungen erlassen; sodann wurden sie in allem dem Mönchsorden untergeordnet. Ihr Lebensstil folgte dem der Brüder. Obwohl nach gängiger Auffassung allein Männer zur Erlangung der Erleuchtung fähig sein sollten – im späteren Mahāyāna-Kanon noch finden sich Invokationen, die den Frauen die Wiedergeburt als Männer garantieren –, gibt es in der Sammlung „Therīgāthā" begeisterte Verse von Nonnen, die diese nach ihrer Erleuchtung gesprochen haben.

Die *Laien,* die sich dem Buddha anschlossen, aber nicht das heimatlose Leben auf sich nehmen wollten, bilden den äußeren Ring der buddh. Gemeinde. Sie verzichteten zwar nicht auf die Güter und das Leben der Welt, sollten sich aber bemühen, sich innerlich davon zu distanzieren. Dazu unterzogen sie sich bestimmten Verpflichtungen *(śikṣāpada* oder *pañcaśīla),* der Enthaltung vom Töten eines Lebewesens, von Diebstahl, Unkeuschheit, Lüge, vom Genuß von Rauschmitteln. An bestimmten Festtagen kamen dazu Enthaltung von jeder sexuellen Tätigkeit, Essen nach dem Mittag, Benutzung von Salben, Parfums und Schmuck, von Teilnahme an öffentlichen Belustigungen und Benutzung von bequemen Betten. Zu den negativen Verpflichtungen kam die materielle Unterstützung des Ordens: die tägliche Speisung der Bettelmönche und die Besorgung aller materiellen Lebensbedingungen. Die Mönche boten durch die Annahme dieser Unterstützung den Laien die Möglichkeit, Verdienste, gutes Karma, zu sammeln, das den Laien ermöglichte, zur besseren Wiedergeburt in der Welt der Menschen oder Götter zu gelangen. Die Mönche waren so die vordergründigen Nutznießer der guten Taten der Laien, während die eigentlich Beschenkten die Laien selber sein sollten.

III. Geschichtliche Formen. Grundgelegt in Überzeugungen und Praktiken des Ur-B., begünstigt durch die gewaltige geographische Ausdehnung, den Kontakt mit unterschiedlichen Kulturen, Gesellschaften und Religionen, den Mangel an Kommunikation zwischen den vielen Gruppen von Wandermönchen und das Fehlen einer höchsten Lehrautorität, forciert durch große rel. Persönlichkeiten, kam es in der Geschichte zur Bildung von drei großen Ausprägungen des B., die bis heute nebeneinander existieren.

1. Hīnayāna-Buddhismus. Als „Kleines Fahrzeug“ (Hīnayāna) wurde von den Vertretern des späteren *Mahāyāna,* des „Großen Fahrzeugs“, die Frühform des B. bezeichnet. Heute hat das Wort seinen diskriminierenden Ton weithin verloren, so daß es auch von seinen Anhängern gebraucht wird.

Als einzige Form des frühen B. hat die *Theravāda*-Schule überlebt. Obwohl sie sich als direkte Weiterführung des urspr. Hauptstammes des *Sthaviravāda,* der „Lehre der Ältesten“, der angenommenen Urform des B., versteht, kann die Theravāda-Schule nicht ohne weiteres mit dem postulierten Ur-B. gleichgesetzt werden; wie andere Schulen ist sie eine Weiterentwicklung dieses Ur-B., *eine* Schule neben anderen. Die Tradition spricht von 18 Schulen, Bareau setzt sich mit der Frage der Existenz und Lehre von 34 Schulen auseinander. Die bedeutendsten Spaltungen werden mit den sogenannten buddh. Konzilien von Rājagṛha (483 v. Chr., bald nach dem Tod des Buddha), Vaiśālī (383 v. Chr.) und Pāṭaliputra (Mitte des 3. Jh. v. Chr.) in Verbindung gebracht.

Die Hauptlinie der Schulenbildung verlief in etwa wie folgt: vom Stamm der Sthavira trennte sich die Schule der *Mahāsaṃghikas,* der „Vertreter der Großen Gemeinde“. Gegenüber der rigorosen Partei der Sthavira vertraten sie eine großzügigere Interpretation der Ordensregeln, stellten die Heiligkeit der Arhats in Frage und sahen für die Laien größere Heilschancen, als dies früher üblich gewesen war. Den Buddha erhoben sie zu einer überweltlichen *(lokottara)* Position und setzten damit erste Akzente der später entwickelten Buddhologie des Mahāyāna-B.

Der Sthavira-Stamm verzweigte sich weiter in die Schulen der *Vibhajyavādin* und der *Sarvāstivādin* (die sagen: „alles existiert“), wobei die erstere die urspr. Linie weitertradierte. Das Anliegen der Sarvāstivādin war die Lösung des Problems der Kontinuität des Karma und der moralischen Verantwortung bei gleichzeitiger Leugnung jeder Vorstellung eines permanenten Personkerns. Während die ältere Schule den unpersönlichen Daseinselementen *(dharma),* aus denen die Welt und die Persönlichkeit sich zusammensetzen, nur eine momentane Existenz zuschreibt und sie im Augenblick des Entstehens schon wieder vergehen läßt, um die folgenden *dharma* entstehen zu lassen, vertraten die Sarvāstivādin die Meinung, daß die *dharma* unvergänglich sind, in der Vergangenheit wie in der Zukunft existieren, in der Gegenwart wirksam sind und so die Aufeinanderfolge von Ursache und Ergebnis ermöglichen.

Die auf dem ind. Subkontinent verbliebenen Vibhajyavādin wurden die *Mahīśāsaka,* während ihre Vertreter auf Sri Lanka sich zu den *Theravādin* entwickelten. Als einzig überlebende Schule des frühen B. ist der Theravāda-B. heute die prägende Religion von Südostasien.

Bei den Kontroversen, die dann zur Schulenbildung und Spaltung führten, ging es einmal um praktische Fragen der Ordenszucht und zum anderen um spekulative Fragen wie das Wesen des Buddha, der Jünger, der Welt, um Ontologie und Erkenntnis. Das Ergebnis dieser oft sehr spitzfindigen Spekulationen fand seinen Niederschlag im *Abhidharmapiṭaka,* der dritten der großen kanonischen Sammlungen, in der die ganze greifbare Wirklichkeit analysiert und auf die Grundelemente zurückgeführt wird (↗Buddh. Philosophie).

Allen Schulen war gemeinsam das Gefühl für die Vergänglichkeit und letzte Hohlheit oder Substanzlosigkeit und damit Leidhaftigkeit der empirischen Welt; gemeinsam war allen die Suche nach dem Zustand jenseits dieser so beschaffenen Welt, dem *Nirvāṇa;* gemeinsam war die Überzeugung, daß zur Erlangung dieses Zustandes nur Einsicht in die Wirklichkeit der Welt führen kann, Weisheit, die durch Meditation und Versenkung zu gewinnen ist, ein Weg, der fast ausschließlich den weltabgewandten Mönchen vorbehalten ist. Dementsprechend wurde das Ideal der Vollkommenheit im völlig erleuchteten Mönch, dem Arhat, gesehen, der mit seinem Tod in den Zustand des endgültigen Nirvāṇa eingeht.

W. K. Müller

2. Mahāyāna-Buddhismus. Die Anfänge des Mahāyāna-B. sind noch wenig bekannt. Wenigstens drei Faktoren führten seit etwa dem 3. Jh. v. Chr. zur Entstehung des „Großen Fahrzeugs" (Mahāyāna): 1. eine weniger legalistische Auslegung der Mönchsregel *(vinaya)* durch die Mahāsāṃghikas auf dem 2. Buddh. Konzil von Vaiśālī (383 v. Chr.) und dem 3. (nichtkanonischen) Konzil (367 v. Chr.), 2. der von Anfang an bestehende und seit Aśoka staatlich geförderte Stūpa-Kult der Laien, 3. die Bewegung der „Waldeinsiedler" *(āraññacas),* die schon am 1. Konzil nicht teilnahmen, sich von den *śrāvakas* unterschieden, indem sie offenbar strengere Askese und Meditation übten, zu denen möglicherweise Subhūti gehörte, der (nicht etwa Śāriputra) als Vermittler der *Śūnyatā*-Lehre in der Prajñāpāramitā-Lit. erscheint. Von diesen Einsiedlern ist wenig bekannt; evtl. waren sie die im Pāli-Kanon erwähnten *pratyekabuddhas,* die als unmittelbare Anwärter auf die Buddhaschaft *(bodhisattva)* die totale Selbsthingabe *(dāna,* die erste der *pāramitās)* unabhängig vom *vinaya*-orientierten *saṃgha* als Eremiten praktizierten, die als Träger der *avadāna*-Lit. gelten können und erst später mit dem universalen Laienideal des *bodhisattva* zusammenkamen.

Der Ur-B. war keine reine Mönchsreligion. Der *saṃgha* umfaßte sowohl *bhikṣus* und *bhikṣunīs* (Mönche und Nonnen) als auch *upāsakas* und *upāsikās* (männliche und weibliche Laienanhänger). Nach dem Tod des Buddha wurden seine Reliquien in Reliquienschreinen *(↗Stūpa)* verehrt. Um den Stūpa entstand ein zunächst (fast) ausschließlich von Laien getragener Kult, der später von den Mahāsāṃghikas mitvollzogen wurde. Nach strikter *vinaya*-Auslegung war Mönchen die Errichtung eines Stūpa im Bereich des Klosters ebenso wie die Teilnahme am Kult untersagt, weil gemäß orth. Lehre der Buddha ins Nirvāṇa eingegangen und somit auch kultischer Verehrung entzogen war. Gewichtiger als dieses dogmatische Argument dürfte die finanzielle Folge gewesen sein: Die Laien, deren Praxis weniger in Meditation und Disziplin als in Gaben für die Mönchsgemeinde bestand, spendeten zunehmend für den Stūpa. Diese Mittel kamen nun nicht mehr der Mönchsgemeinde zugute, was Spannungen verursachte und schließlich die Herausbildung des Mahāyāna begünstigte. Ob Laien, die den Stūpakult verwalteten und sich möglicherweise *bodhisattvas* nannten, eine Art Quasi-Orden ohne die strenge *vinaya*-Regel darstellten und die soziologische Basis für das im Mahāyāna entwickelte Bodhisattva-Ideal abgaben, ist in der Forschung umstritten.

Viele Merkmale des Mahāyāna sind bereits im frühen B. angelegt. So ist Mahāyāna weder ein völliger Bruch mit dem frühen B. noch einfach Kontinuität, sondern das Produkt allmählicher Entwicklung aufgrund soziol. (Stūpa-Kult, Interpretation der Regel, Waldeinsiedler) und lehrmäßiger (Bodhisattva-Ideal, Lehre von der Leere [↗*Shūnyatā*]) Kriterien. Der ↗Bodhisattva strebt die eigene Befreiung vor allem an, um anderen Wesen auf dem Weg zur Befreiung beistehen zu können. Er gelobt, nicht eher ins *nirvāṇa* einzugehen, bis alle lebenden Wesen befreit sind. Bodhisattvas befinden sich auf den zehn unterschiedlichen Stufen der Verwirklichung *(bhūmi),* die mit den Zehn Vollkommenheiten *(pāramitā)* parallelisiert werden. Urspr. spricht Mahāyāna aber von den „Sechs Vollkommenheiten", die auf dem Bodhisattvaweg nacheinander oder gleichzeitig geübt werden: Selbsthingabe *(dāna,* später oft als Almosengeben verstanden), Moralität *(śīla),* Anstrengung *(vīrya),* Geduld *(kṣānti),* Meditation *(dhyāna)* und Einsicht in das Wesen der Erscheinungen *(prajñā).* Mahāyāna betont den altruistischen Erleuchtungsgeist *(bodhicitta),* während das *nirvāṇa* erst dadurch möglich wird. Der Bodhisattva gibt sogar die eigenen positiven Bewußtseinsformungen bzw. „Verdienste" *(puṇya)* für andere hin. Dies setzt die für Mahāyāna charakteristische Lehre von der „Verdienstübertragung" voraus, die vermittels der Lehre von der Leere *(śūnyatā)* einsichtig gemacht wird. Diese in den Prajñāpāramitā-Sūtras zentrale Einsicht radikalisiert die *anātman*-Lehre (Nicht-Selbst): Galt im frühen B. des Abhidharma alles Zusammengesetzte, d. h. die realen Erscheinungen der

Wirklichkeit, zwar als vergänglich *(anitya)* und darum als leidvoll *(duḥkha)*, so verstand man die letzten Grundbausteine *(dharma)* der Wirklichkeit doch als in sich bestehend. Die Folge war ein realistischer Pluralismus. Mahāyāna vollzieht den Schritt von *pudgalanairātmya* (nichtinhärente Existenz der Person) zu *dharmanairātmya* (nichtinhärente Existenz auch der *dharmas*), und das ist der Kern der Lehre von *śūnyatā* (Leere in bezug auf inhärente Existenz *[svabhāva]*). Sie wird durch das Entstehen in gegenseitiger Abhängigkeit *(pratītyasamutpāda)* erklärt, und diese erhält durch *śūnyatā* eine gleichsam kosmische Deutung: Alles ist nur, indem es mit allem kommuniziert. Das Sein der Realität ist urspr. In- und Miteinandersein aller Phänomene. Das Nicht-aus-sich-selbst-Sein wird seit Nāgārjuna (2. Jh. n. Chr.) logisch nachgewiesen, indem er jede Position, d.h. Seins- wie Nichtseinsbehauptung, ad absurdum führt, was von den späteren Logikern wie Dignāga, Dharmakīrti und Candrakīrti zum *prāsaṅgika*-System, der *reductio ad absurdum*, ausgebaut wurde. Folgerichtig sind dann der Kreislauf der Geburten *(↗Saṃsāra)* und die Befreiung *(nirvāṇa)* nicht zwei Bereiche, sondern Bewußtseinszustände, was bereits im Herz-Sūtra (Prajñāpāramitāhṛdaya-Sūtra) durch die berühmte Formel der Identität von Leere und Form angedeutet ist *(yad rūpaṃ sā śūnyatā yā śūnyatā tad rūpaṃ)*. Sind alle Phänomene und Lehren leer in bezug auf inhärente Existenz, ergibt sich eine Relativierung des Gegensatzes zwischen den verschiedenen buddh. Schulen: alle sind relativ, d.h. geschickte Mittel *(upāya)*, die der Buddha angewandt hat, um entsprechend der Kapazität seiner Hörer zu lehren, wie vor allem das Lotos-Sūtra (Saddharmapuṇḍarīka-Sūtra) erörtert. Letztlich aber betonen alle Mahāyāna-Schulen, daß *śūnyatā* in Meditation direkt erfahren werden muß, damit diese Erfahrung der Nicht-Dualität den Menschen verwandelt und zur aktiven heilenden Hinwendung *(↗Karuṇā)* zu allen Wesen befreit, was wiederum dem Bodhisattva-Ideal entspricht. Die anderen Tugenden treten hinter *karuṇā* zurück, denn sie ist der äußere Ausdruck der ursächlichen Interdependenz aller Wesen. Die positive Bewußtseinsformung *(puṇya)* des Bodhisattva wird dann nicht auf ein eigentlich anderes Wesen übertragen, sondern durch Aktualisierung des Bewußtseins der Leere aller Erscheinungen, die primär miteinander zusammenhängen, da Individuen keine inhärente Existenz haben *(śūnyatā)*, realisiert. Die Wirklichkeit wird so, wie sie ist *(tathatā)*, d.h. ohne ichhafte Projektionen *(anātman)*, in ihre Leere *(śūnyatā)* als vollkommene Interdependenz *(pratītyasamutpāda)* erfahren, was spontan zur Haltung der Solidarität mit allen Wesen *(karuṇā)* führt. Damit kommt der altruistische Erleuchtungsgeist *(bodhicitta)* zu seinem Ziel. Die in *śūnyatā* bestehende Einheit der Wirklichkeit wurde auch auf die Existenz der Buddhas und Bodhisattvas übertragen. Vermutlich auch um den Widerspruch von Buddhakult und der Lehre vom Verschwinden des hist. Buddha im *nirvāṇa* auszugleichen, entstand die Lehre von den drei Körpern oder Aspekten des Buddha (*trikāya;* ↗Triade/Trinität II): der Erscheinungskörper *(nirmāṇakāya)*, d.h. der hist. Buddha und Mensch Śākyamuni, der Seligkeitskörper *(saṃbhogakāya)*, d.h. die in subtilen Bereichen des Bewußtseinskontinuums auftretenden mannigfaltigen Erscheinungen des Buddha, die meditiert und kultisch verehrt werden sowie mikro- und makrokosmischen Erscheinungen als Ganzheits- bzw. Erfüllungssymbole der betreffenden Wirklichkeiten zugeordnet werden, und der absolute Transzendenzkörper *(dharmakāya)*, d.h. der Buddha in seinem absoluten Aspekt als Verkörperung und Inbegriff des *dharma* bzw. der nicht-dualen Wirklichkeit schlechthin *(dharmadhātu)*. Einzelne Bodhisattvas werden in ihrem subtil-körperlichen Aspekt im Bewußtseinskontinuum fortdauernd geglaubt und können sich auf verschiedene Weise leiblich manifestieren bzw. in der Meditation erscheinen. Die älteste dieser Figuren ist wohl ↗Maitreya, der im *tuṣita*-Himmel darauf wartet, als zukünftiger Buddha auf die Erde zu kommen und den *dharma* wieder aufzurichten. Ferner erfreuen sich Mañjuśrī, der Bodhisattva der Weisheit und Patron der Schriften, und Avalokiteśvara („der auf die Welt herabblickende

Herr"), der Bodhisattva der Barmherzigkeit und heilenden Hinwendung, im Buddhismus des Volkes wie auch der Mönche größter Verehrung (↗Kuan-yin).

3. Tibetischer Buddhismus/Lamaismus. Der tibet. B., im Anschluß an seine eigentümlichen Methoden auch *Vajrayāna*, das Fahrzeug des *vajra* = Donnerkeil, Diamant, oder *Mantrayāna*, das Fahrzeug des *mantra* = (Zauber-)Spruch, genannt, ist eine äußerst komplexe Religion mit subtilen philos. Systemen, detaillierten psychol. Einsichten und Symbolen, Visualisationstechniken, die transformative Kräfte im Menschen erwecken können und somit ein Ganzheitsbewußtsein schaffen wollen, das die Buddhaschaft auf dem kurzen Weg, d.h. bereits in diesem Leben, ermöglichen soll. Er versucht mittels transformativer Symbole und logischer Argumente zu deuten, was holistisch und in meditativer Versenkung erfahren wird. Dabei integriert er vorbuddh. Riten und Anschauungen, die angesichts der Einsicht in die Lehre *(śūnyatā)* aller Phänomene relativiert und umgedeutet werden, so daß eine interrelationale Gesamtschau der makro- und mikrokosmischen Teilaspekte der Wirklichkeit entsteht. Es handelt sich um eine spezifische Ausprägung des Mahāyāna, das bereits im 7./8. Jh. in Indien tantrische Züge angenommen hatte (↗Tantra/Tantrismus II). Charakteristisch ist, daß dem Studium der Tantras das Studium der Sūtras vorausgehen soll, daß also eine Integration frühbuddh. Elemente und esoterischer Tradition angestrebt wird. Viele Anschauungen der Bon-Religion sowie des ↗Schamanismus, etwa die Praxis der Trance eines Mediums (tibet. *skurten*) zur Einsicht in transtemporale Zusammenhänge und zwecks Heilung von Krankheiten, können in der tantrischen Lehre vom Geist-Kontinuum, das sich auf verschiedenen Subtilitätsebenen von Wirklichkeit manifestiert, in die buddh. Philosophie integriert werden. Der auf tantrischem Weg Übende visualisiert sich als Gottheit und möchte damit Bewußtseinskräfte gewinnen, die auf dem Sūtra-Weg nur über viele Wiedergeburten hinweg entwickelt werden können.

Die Legende schreibt König Songtsen Gampo (Sroṅ-btsan-sgam-po, 620–648 n.Chr.) die Einführung des B. in Tibet zu, die erste umfassende Verbreitung fällt aber mit dem Aufstieg Tibets zu überregionaler Größe unter Trisong Detsen (Khri-sroṅ-lde-btsan, 755–797) zusammen, der gegen den Widerstand von Aristokratie und Bon-Priesterschaft den B. zur Staatsreligion erhob, Gelehrte wie Śāntarakṣita und Padmasambhava nach Tibet einlud (erste Klostergründung von Samye [bSam-yas] 775) und die verfügbaren Hīnayāna- und Mahāyāna-Texte übersetzen ließ, wodurch eine tibet. Schriftsprache und Schrift geschaffen wurden. Chin. (plötzliche Erleuchtung) und ind. (allmähliche Erleuchtung) Schulen rangen um Einfluß, bis auf einem Konzil von Samye (792–794) die Entscheidung zugunsten des ind. Mahāyāna in tantrischer Form gefallen sein soll. Konservative Adelskreise und die Bon-Priesterschaft fürchteten die wachsende Macht buddh. Großklöster und ließen König Ralpachen (Ral-pa-can, 815–838) ermorden, worauf unter Lang Darma (gLaṅ-dar-ma, 838–842) eine Verfolgung der Buddhisten einsetzte. Erst im 10. Jh. gelang eine Wiederbelebung des B. von Westtibet aus, die sich in Neuübersetzungen und Neugründungen von Klöstern sowie in einer Reform des B. durch stärkere Betonung der Mönchsdisziplin niederschlug, wobei Rinchen Sangpo (Rin-chen-bzaṅ-po, 958–1055) und Atīśa Dipaṁkara Śrījñāna (982–1054) eine hervorragende Rolle spielten. Insbesondere zwischen den vom Tantrismus beeinflußten nordind. Klosteruniversitäten Nālandā (besonders deren Abt Nāropa, 1016–1100) und Vikramaśīla und Tibet kam es zu einem regen Austausch, was zur Entstehung der klass. Schulen des tibet. B. im 11./12. Jh. beitrug: Noch auf die Zeit der ersten Verbreitung (7./8. Jh.), d.h. auf Padmasambhava, geht die Nyingma-Schule (rNiṅ-ma-pa, „die Alten") zurück. Der seit 1042 in Tibet lehrende Atīśa gilt als Begründer der Kadampa-Schule (bKa'-gdams-pa), die später in der von Tsongkapa (Tsoṅ-kha-pa, 1357–1419) reformierten Gelugpa-Schule (dGe-lugs-pa) aufging. Die Sakya-Schule (Sa-skya-pa) ist mit dem tibet. Gelehrten Drogmi ('Brog-mi, 992–1072) verbunden,

während der Orden der Kagyüpa (bKa'-brgyud-pa) auf den Dichter-Yogi Milarepa (Mi-la-ras-pa, 1052–1136) zurückgeht, der die Initiation von seinem Meister Marpa Lotsawa (dem Übersetzer, 1012–1097) empfangen hat, dessen Lehrer Nāropa war, der wiederum von Tilopa (988–1069) initiiert worden war. Diese Transmissionsketten vom Meister (Lama, bLa-ma) zum Schüler sind für den tibet. B. zentral und bilden die Grundlage für die großen Schulen und ihre Unterabteilungen. Zu den Aufgaben der Lamas gehören nicht nur spirituelle Unterweisung und Initiation, sondern auch die Begleitung des Sterbenden, denn aufgrund eigener Meditationserfahrung und unter Anleitung des ↗Totenbuches (II) (Bar-do thos-grol, „Befreiung durch Hören im Zwischenzustand") können sie die einzelnen Phasen des Sterbe- und Wiedergeburtsprozesses erkennen. Einige der wichtigsten Lamas gelten als Tulkus *(sprulsku)*, was ihre spirituelle und politische Bedeutung erhöht. Die Anerkennung von Tulkus wurzelt in der *trikāya*-Lehre, nach der der allumfassende transzendente Körper *(dharmakāya, chos-sku)* des Buddha in unzähligen Einzelverkörperungen in materieller Form *(nirmāṇakāya, sprul-sku)* erscheinen kann, sowie in der im Mahāyāna verbreiteten Anschauung, daß ein Bodhisattva auf der achten Stufe *(bhūmi)* seine eigene Wiederverkörperung wählen kann. Fortgeschrittene Bodhisattvas (wie die Karmapas und Dalai Lamas) reinkarnieren sich demnach bewußt als bestimmte Menschen, um allen Wesen von größtmöglichem Nutzen zu sein. Durch komplizierte Praktiken werden die Reinkarnationen verstorbener Tulkus aufgefunden.
1409 errichteten die Gelugpas ihr erstes Großkloster Gaden, es folgten Drepung (1416) und Sera (1419), die zuzeiten bis zu 15000 Mönche beherbergten. Dies war die Basis für die seit dem III. Dalai Lama, Sonam Gyatso (1543–1588), mit mongol. Hilfe (Altan Khan) unangefochtene Machtstellung der Dalai Lamas (mongol./tibet.: „Lehrer, dessen Weisheit so groß wie der Ozean ist"), die seit dem V. Dalai Lama, Losang Gyatso (1617–1682), als Inkarnationen des Avalokiteśvara (tibet. *sPyan-ras-gzigs*, „Bodhisattva der Barmherzigkeit") verehrt werden und in wechselnd starker Abhängigkeit von China, gelegentlich auch autonom, die weltliche Macht ausübten. Seit der chin. Invasion (1950) und der Flucht des XIV. Dalai Lama, Tenzin Gyatso (geb. 1935) nach Indien ist der tibet. B. in schwerer Bedrängnis und Verfolgung, erlebt aber seit dem Tod Maos (1975) einen begrenzten Aufschwung in Tibet, blüht unter den ca. 100000 Exiltibetern in Indien und findet zunehmend Interesse in Europa und Amerika, das sich bes. auf seine Weltanschauung und Meditationspraxis richtet.

IV. Verbreitung in Asien. Der B. ist die einzige Religion süd- oder ostasiat. Ursprungs, die den gesamten Kontinent von Indien bis Sibirien, von den zentralasiat. Wüsten bis zu den indonesischen Inseln erfaßt hat. Seit Ende des 19. Jh. breitet er sich zunächst in intellektuellen Kreisen, seit den 60er Jahren dieses Jh. aber auch in anderen gesellschaftlichen Gruppen Europas und beider Amerikas aus.
1. Indischer Raum. Die frühe buddh. Bewegung reiht sich ein in die Tradition von *śramaṇas* (Wanderasketen), die im 6. Jh. v. Chr. ganz Indien durchzogen, unterscheidet sich aber durch den „Mittleren Weg" von der radikalen Askese und Weltverneinung der Jinas wie auch von den relativ etablierten Waldeinsiedlern des brahmanischen Systems. Die vom Buddha verordnete *stabilitas loci* während der Regenzeit hatte nicht nur den Grund, keine am Boden kriechenden Lebewesen zu verletzen *(↗Ahiṃsā)*, sondern gab der Bewegung eine organisierte Form, während das Wandern während der Trockenzeit eine schnelle Ausbreitung ermöglichte. Ausgehend von Magadha, wurden im Nordwesten (Gandhāra, Kashmir, Gilgit) und im Südosten (Amarāvatī im heutigen Andhra Pradesh) Zentren gegründet, und die klass. achtzehn Schulen sind wohl zunächst regionale Gruppen gewesen, die noch nicht durch Lehrdifferenzen definiert waren. Durch die Mission des Maurya-Königs Aśoka (Regentschaft 272–236 v. Chr.) gelangte der B. nach Ceylon und hat dort bis heute in der Form des Theravāda eine ununterbrochene Tradition. Das Erste

Konzil fand in Rājagṛha unmittelbar nach dem Tode des Buddha statt (483 v. Chr.), um die Lehren des Buddha durch Rezitation festzuhalten. Bereits hier soll es eine Kontroverse zwischen Ānanda, dem Lieblingsschüler des Buddha, und Kāśyapa, dem Arhant, der die Bewegung nach des Buddhas Tod leitete, über die Verbindlichkeit sekundärer Mönchsregeln *(vinaya)* gegeben haben: Ānanda trat für eine vom Buddha sanktionierte weniger strikte Interpretation der unwichtigeren Details ein, Kāśyapa hielt an allen Einzelheiten fest, um die Einheit des *saṃgha* zu gewährleisten. Das Zweite Konzil von Vaiśālī, 383 v. Chr., reflektiert eine Kontroverse über zehn illegitime Praktiken (z. B. Speise- und Wohnvorschriften), während das Dritte Konzil (Pāṭaliputra, 367 v. Chr. [nichtkanonisch]) wegen Differenzen über die Mönchsregel zur Trennung in Sthavīras und Mahāsāṃghikas führte. Gleichzeitig entwickelte sich der Laien-B. um den Stūpa-Kult, der von Aśoka gefördert wurde. Aśokas Felsenedikte sind die ältesten schriftlichen Zeugnisse des ind. B. Sie enthalten allg. ethische Regeln, gehen aber eigentümlicherweise nicht auf den Kern buddh. Lehre, die „Vier Edlen Wahrheiten" ein. Der staatliche Schutz bedeutete für den B. eine gewisse „Säkularisierung", wodurch die *āraññacas* an Bedeutung gewannen, die sich in Meditation übten und die Prajñāpāramitā-Lit. schufen, während in stūpa-zentrierten Laienzirkeln (wohl des Nordwestens) im 1./2. Jh. n. Chr. das Lotos-Sūtra entstand. In den Klöstern lebten offenbar Anhänger der alten Lehren und der neuen Mahāyāna-Lehren über Jh.e miteinander. Unter der Śuṅga-Dynastie (Puṣyamitra Śuṅga, 187–151) setzte eine gewisse Verfolgung des B. ein, da der aufblühende ↗Viṣṇuismus Interessen der herrschenden Schichten und der pluralistischen Volksreligion wohl besser auszugleichen vermochte als der anspruchsvolle und auf den *saṃgha* gestützte B. Nicht-ind. Herrscherhäuser der Griechen, Parther, Skythen und die Kushan-Dynastie (vor allem Kaniṣka, um 100 n. Chr.) unterstützten den B. mehr oder weniger stark vor allem im Nordwesten, sicherten seine Ausbreitung nach Zentralasien und trugen zur Entwicklung der buddh. Kunst bei (Gandhāra und Mathurā im Norden, Amarāvatī und Nāgārjunakoṇḍa im Süden).

Lehrmäßige Unterschiede der Schulen betreffen hauptsächlich das Verständnis des Nicht-Selbst *(↗Anattā)*, das im Zusammenhang mit der nie bezweifelten Wiedergeburtslehre interpretationsbedürftig war: Was wird eigentlich wiedergeboren? Während die wohl älteste Lehre lautet, daß es sich um einen karmischen oder energetischen Impuls (eine Flamme, die eine zweite anzündet) handelt, blieb diese Vorstellung abstrakt, und es bedurfte der Theorie des Bewußtseins (P. *viññāṇa*, Skt. *vijñāna)*, den Widerspruch von Nicht-Selbst und ↗Reinkarnation zu lösen: *vijñāna* ist einerseits jenseits der gewöhnlichen mentalen Faktoren eine reine Kapazität, die von anderen Faktoren wie den Sinneseindrücken und -objekten abhängt, andererseits aber ein Prinzip der Kontinuität im Wandel im Kontext der karmischen Verkettung von Impulsen. Die Pudgalavādins führten ein permanentes Prinzip der „Person" ein, die Sautrāntikas meinten, die *↗Skandhas* selbst würden im *↗Saṃsāra* (II) von Leben zu Leben fortbestehen, und auch die Sammitīyas sprachen von einer gewissen Unabhängigkeit der „Person". Bereits im „Milindapañha" (Datierung umstritten, 1. Jh. v. Chr. bis 2. Jh. n. Chr. möglich) wird die Theorie von *bhavaṅga*, einem Lebenskontinuum zwischen den Geburten, entwickelt, die sich in der Abhidhamma-Lit. wiederfindet und von Buddhaghoṣa (Systematiker der Theravāda-Lehre, 4. Jh. n. Chr.) übernommen wurde. Spekulationen über das Nirvāṇa, das Wesen des Buddha, die Ausschließlichkeit nur eines vollkommen Erwachten *(samyaksaṃbuddha)* für ein Weltzeitalter, Stellung und Vollkommenheit der Arhants usw. führten zu Schulbildungen, die den Graben zwischen Sthaviras und Mahāsāṃghikas hinsichtlich der *vinaya*-Interpretation vertieften und zum Lehrgebäude des Mahāyāna beitrugen.

Der Südinder Nāgārjuna (2./3. Jh. n. Chr.) (↗Buddh. Philosophie) systematisierte die Prajñāpāramitā-Lit. der Mahāyāna-Bewegung und schuf damit die *Mādhyamika*-Philosophie, die aufgrund der Einsicht in die Leere *(śūnyatā)* den „Mittleren Weg" sowohl in bezug auf ethische wie doktrinäre Fragen logisch begründen konnte. Vier Jh.e danach spaltete sich die Mādhyamika-Schule in Prāsaṇgika (Buddhapālita, ca. 500 n. Chr., und Candrakīrti, ca. 550–600) und Svātantrika (Bhāvaviveka, ca. 500–550), wobei jene die Kritik aller möglichen Positionen bis zur reductio ad absurdum betrieb, diese aber eine eigene Position aufgrund spezifischer epistemologischer Kriterien aufbaute. Die andere große Schule des Mahāyāna, *Yogācāra* oder *Vijñānavāda* bzw. *Cittamātra,* entwikkelte sich im Nordwesten unter maßgeblichem Einfluß der Brüder Asaṇga (ca. 310–390) und Vasubandhu (ca. 320–400), wobei letzterer einen deutlichen Rückhalt in den Anschauungen der Sarvāstivādins erkennen läßt. Diese Schule betont Bewußtseinstraining durch Meditation, so daß letztlich alle Phänomene als bewußtseinsabhängig erscheinen, was zu dem Schluß führt, daß alles Bewußtsein ist *(cittamātra).* Das Bewußtsein selbst aber erscheint auf verschiedenen Ebenen, die durch Subtilitätsgrade gekennzeichnet sind, wobei die an der Basis liegende Bewußtseinsebene alle anderen bestimmt, sofern in ihr die karmischen Eindrücke früherer Handlungen „eingraviert" sind *(ālaya-vijñāna).* Beide Schulen durchdrangen einander in der weiteren Geschichte, bes. in Tibet und Ostasien. Die *Tathāgata-garbha*-Theorie wurde von Sāramati (ca. 350–450) systematisiert und schreibt die Tendenz fort, das „Absolute" nicht nur negativ zu beschreiben: alle Wesen tragen in sich die Buddha-Natur als ontologische Basis für die Erleuchtung. Auch die positiven Attribute der Buddhaschaft werden beschrieben, die Manifestation des Absoluten *(dharmadhātu)* wird in allen Erscheinungen der Wirklichkeit wiedererkannt.

Seit dem 8. Jh. breitete sich der Tantrismus aus, wohl auch als Protestbewegung gegen die erstarrende Scholastik und philos. Streitigkeiten in den bestehenden Orden. Er durchdrang sowohl den Laien-B. als auch die großen Klosteruniversitäten Nālandā und Vikramaśīla.

Im 12. Jh. verfiel der B. in Indien. Die Gründe sind vielschichtig: Trotz der Laienbewegungen des Mahāyāna war der B. weitgehend auf monastische Institutionen gestützt, die von königlichen Patronen abhingen und dem einfachen Volk entfremdet blieben. Die ind. Bhakti-Bewegungen (Viṣṇuismus) einerseits und die brahmanischen philos. Systeme andererseits entzogen dem B. den Boden, indem sie ihn einerseits durch Lokalkulte und Integration des Buddha als *avatāra* Viṣṇus „hinduisierten", andererseits fast das gesamte buddh. philos. und psychologische Erbe integrierten (Śaṅkara, 788–850, im Süden, der Kashmir-Śaivismus seit dem 9. Jh. im Norden), so daß Śaṅkara von seinen Kritikern als Krypto-Buddhist bezeichnet werden konnte. Die Zerstörung der monastischen Zentren im Norden (Nālandā 1197 und Vikramaśīla 1203) durch die muslimischen Türken (Muḥammad Ghuri) gab dem schon längst kraftlos gewordenen B. nur den letzten Stoß. Mit der Gründung der Mahābodhi-Gesellschaft durch den Ceylonesen Anagarika Dharmapāla (1864–1933) im Jahre 1891 zur Wiederherstellung der buddh. Pilgerstätten in Indien beginnt eine Neubelebung des B. vor allem in intellektuellen Zirkeln, die heute anhält. Nach 1947 richteten verschiedene Universitäten buddh. Studienprogramme ein. Durch den Übertritt B. R. Ambedkars (1891–1956) mit ca. 500000 Kastenlosen am 14. Oktober 1956 zum B. (heute über 2 Mio.) wurden vor allem die sozialethischen Impulse des B. erneut zur Herausforderung für Indien. Seit der Flucht des Dalai Lama mit ca. 80000 Tibetern 1959 nach Indien hat die intellektuelle und moralische Ausstrahlung buddh. Praxis zugenommen.

2. China. Während der Han-Dynastie (202 v. Chr. – 220 n. Chr.) wurde der B. im 1. Jh. n. Chr. in China eingeführt. In Zeiten politischer Wirren und Fremdherrschaft, vor allem aber während der großen Kultursynthese der T'ang-Zeit (618–906), gewann er an Einfluß, in nationalistisch und von han-chin. Herrschern geprägten Epochen (Sung 960–1279, Ming 1368–1644) wurde er vom ↗Konfuzianismus zurückgedrängt. In der Begegnung mit China hat sich der B. erheblich gewandelt, aber auch die chin. Geistesgeschichte entschieden be-

einflußt. Zunächst etablierten sich Hīnayāna wie Mahāyāna, aber nur letzteres dauerhaft. China war bereits von einer konfuzianischen Hochkultur geprägt, die sozialethische Werte, Ahnenkult, Diesseitigkeit und Familie betonte. Eine Tendenz zur Weltverneinung, die Idee der Wiedergeburt und auch das monastische Ideal des B. stießen in China auf erheblichen Widerstand. Erst als sich der B. anpaßte, indem er konfuzianische Werte (Familienbande) wie taoistische Ideen übernahm, war ihm Erfolg beschieden, zumal er in einer Zeit politischen und ökonomischen Niedergangs (Ende der Han-Dynastie) mit seiner Lehre von der Vergänglichkeit Sinn stiften konnte. Durch eine beispiellose und mehr als 1000 Jahre währende Übersetzungsarbeit des gewaltigen ind. buddh. Schrifttums (3053 Titel in der jap. Taishō-Ausgabe des chin. Tripiṭaka [1922–33]) wurde eine völlig neue Lit. geschaffen, die auch auf die chin. Kunst nachhaltig Einfluß ausübte. Die frühen Übersetzer bedienten sich taoistischer Konzepte (*ko-yi,* Verbindung von Ideen), so daß eine Synthese ind. und chin. Denkens entstand. Man war sich dabei nicht der langen Tradition der Schulunterschiede und verschiedenen Wertung der Sūtras bewußt, so daß der chin. B. dieselben verband. Bes. einflußreich waren die Prajñāpāramitā-Sūtras (4mal übersetzt), das Vimalakīrti-Sūtra (9mal), das Lotos-Sūtra (3mal) und das Śūraṇgamasamādhi-Sūtra (9mal). Schon in dieser Bevorzugung zeichnet sich eine Betonung der strikten Meditationspraxis auf der einen und des Laien-B. auf der anderen Seite ab. Wichtigste Übersetzer waren Dharmarakṣa v. Dun-huang (232–309), der über einhundert Texte auswendig diktierte und übersetzte, darunter das Lotos-Sūtra, und Kumārajīva (344–413), der geniale Sohn eines brahmanischen Vaters und einer buddh. Prinzessin aus dem zentralasiat. Kuchā, der am Hof der Hauptstadt Ch'ang-an seit 402 im kaiserlichen Auftrag mit Hilfe von Tausenden von Mönchen unzählige Schriften übersetzte, dabei die *ko-yi*-Methode vermied und somit genauere Übertragungen erzielte, schließlich noch Hsüan-tsang (596–664). Die Chinesen fügten eigene Sūtras hinzu (Plattform-Sūtra des 6. Patriarchen der Ch'an-Schule, Hui-neng, 638–713), obwohl die übersetzten Sūtras als Worte des Buddha galten (tatsächlich entstanden die Mahāyāna-Sūtras aber teils noch während der Übersetzerzeit).

Die unterschiedliche Interpretation der Schriften sowie soziologische Faktoren und von bedeutenden Mönchen ausgehende Traditionsketten führten zur Entstehung der zahlreichen Schulen, von denen vier bedeutend wurden: T'ien-t'ai, Hua-yen, Ch'an und Ch'ing-t'u (Reines Land). T'ien-t'ai (begründet von Chih-i, 538–597, auf dem Berg T'ien-t'ai) erstrebt Harmonisierung der Sūtras durch Zuordnung zu jeweils verschiedenen Lebensperioden des Buddha und eklektische Historisierung der Lehren, wobei dem Lotos-Sūtra letztgültige Autorität zukommt. *Hua-yen* (begründet von Tu-shun, 557–640, philos. Systematik durch Fatsang, 643–712) basiert auf dem Avataṃsaka-Sūtra und unterscheidet die phänomenale *(shih)* von der noumenalen *(li)* Welt, die einander vollkommen durchdringen, wobei alle Erscheinungen der Wirklichkeit sowohl das Transzendente manifestieren als auch einander spiegeln: alles ist in allem enthalten und durchdrungen vom personal-transpersonal vorgestellten Buddha und seinen Emanationen. Diese Lehre der universalen Ganzheit beeinflußte vor allem *Ch'an* (chin. Aussprache von Skt. *dhyāna,* Meditation, begründet von dem ind. Mönch Bodhidharma, der um 520 in China angelangt sein soll), das gegenstandslose Meditation auf der Grundlage der Philosophie der Leere *(śūnyatā)* praktizierte, um die nicht-duale Erfahrung (chin. *wu,* jap. *satori*) direkt zu ermöglichen, während Schriftstudium und Buddha-Kult demgegenüber bedeutungslos waren. Die „südliche Schule" betonte die plötzliche Erleuchtung und ist ikonoklastisch in bezug auf Kult und Schrifttum, die „nördliche Schule" strebte die allmähliche Erleuchtung an. Aufgrund der Einheit von *nirvāṇa* und *saṃsāra* konnte das Absolute im Alltäglichen gefunden werden, wodurch einfache Arbeit hoch bewertet sowie eine Ästhetik des Konkreten gepflegt wurden. Bereits gegen Ende der T'ang-Zeit hatten sich 5 Sukzessionslinien herausgebildet, die wichtigsten waren Lin-chi (jap. Rinzai), gest. 866/867, und Ts'ao-tsung (jap. Sōtō), die sich beide auf Hui-neng zurückführen. Die für Ch'an charakteristische Spontaneität und Liebe zur Natur ist wohl taoistischen Ursprungs. Die Schule des *Reinen Landes* (Skt. *sukhāvatī*) existiert in China seit dem 5. Jh. n. Chr. und repräsentiert den volkstümlichen B. des Vertrauens auf das Gelübde Amitābhas, das jedem Gläubigen, der den Namen des Buddha Amitābha unablässig anruft *(nien-fo)*, Wiedergeburt in *sukhāvatī*, einem reinen Himmel, von dem aus der Eintritt ins *nirvāṇa* viel leichter möglich ist als unter den Bedingungen irdischer Existenz, verspricht. Eine große Rolle spielt dabei der Bodhisattva der Barmherzigkeit Avalokiteśvara, der in China weiblich vorgestellt wird (↗Kuan-yin); Kuan-yin erfreut sich größter Verehrung, zumal sie auch als Spenderin von Kindersegen angerufen wird. Unter dem Einfluß von Ch'an wurde *sukhāvatī* als Bewußtseinszustand vorgestellt, der durch Meditation und Anrufung des Amitābha erreichbar war; eine Synthese entstand, die vor allem im Volk weit verbreitet war. Auch der Kult des zukünftigen Buddha Maitreya kam nach China, oft verbunden mit chiliastischen Vorstellungen (evtl. persischen Ursprungs), die im 13.–15. Jh. politische Revolten (Weiße-Lotos-Sekte, gegründet im 12. Jh.) auslösten und zur Gründung der Ming-Dynastie (1368–1644) führten. Nach der Blüte des B. während der Tang-Zeit kam es am Ende dieser Epoche aufgrund der ökonomischen Macht der Klöster auf Betreiben konfuzianischer Kreise und taoistischer Meister am Hof im Jahr 845 zu einer Verfolgung (4600 Tempel zerstört, mehr als 250000 Mönche und Nonnen zwangsweise laisiert), von der sich der B. nie wieder erholte, er wurde nach 100jähriger Fremdherrschaft zur Zeit des nationalen Erwachens unter der Sung-Dynastie (960–1279 n. Chr.) teilweise in den Neo-Konfuzianismus integriert. Nur Ch'an und Reines Land bestanden weiter. Während der Herrschaft der Mongolen in China (1280–1368) wurde der tantrische B. tibet. Form vornehmlich aus politischen Gründen gefördert. Der Abt T'ai-hsü (1899–1947) versuchte in den 20er Jahren dieses Jh. eine Neuinterpretation der buddhistischen Ideale im Lichte westlicher Rationalität und Demokratie, ohne nachhaltige Wirkung zu erzielen. Wie alle anderen Religionen auch wurde der B. während der Kulturrevolution (1966–1976) verfolgt, Mönche laisiert und Tempel zerstört.

3. Japan. Der B. wurde von Korea her 538 oder 552 in Japan eingeführt und beeinflußte die gesamte Kultur in verschiedenen synkretistischen Varianten mit ↗Shintō und ↗Konfuzianismus nachhaltig. Gegen Ende des 5. Jh. hatte bereits der kulturelle Einfluß Chinas auf Japan (Schrift, Verwaltungssystem, konfuzianische Ethik) begonnen, d. h. der B. war Teil eines Kulturtransfers, der ein zentralistisches Staatsgebilde in Japan ermöglichte. Generell gilt, daß Shintō dem B. angepaßt wurde, wenn die Macht vom kaiserlichen Hof ausging; wenn sie in den Händen von Militär-Shōgunen lag, war es eher umgekehrt. Der B. entwikkelte sich in aristokratischen Kreisen (Nara-Zeit) und drang allmählich in die Volksreligion ein (Kamakura-Zeit).

Eine *erste Periode* umfaßt den Beginn bis zur Nara-Zeit (710–784), gekennzeichnet durch den anfänglichen Widerstand aristokratischer Kreise um den Staats-Shintō, die den Buddha allenfalls als *kami* und Träger magischer Kräfte akzeptieren wollten, bis Shōtoku Taishi (574–622) den B. durch Konsultation authentischer chin. Quellen förderte, indem er eine geistige Schulung Japans am B. anstrebte, was seiner Idee eines einheitlichen Zentralstaats förderlich sein sollte. Er schrieb Kommentare zu verschiedenen Sūtras, die von tiefem Verständnis des B. zeugen und ihn mit der Praxis des Alltags verbinden. Er baute viele Tempel; berühmt ist bis heute vor allem der Hōryūji bei Nara. Kaiser Shōmu ließ ab 741 mit staatlichen Mitteln Tempel in allen Gegenden des Reiches *(kokubunji)* errichten. Die 6 Schulen der Nara-Zeit (Vinaya, Sūtren-Exegese, Abhidharma-Studien, Kegon auf der Basis des Avataṃsaka-Sūtra usw.) sind weniger Sekten als Disziplinen buddh. Studiums. Gleichzeitig aber diente das buddh. Ritual Staatszwecken und persön-

lichen weltlichen Zielen bzw. der Gewinnung magischer Kräfte.
Eine *zweite Periode* ist die Heian-(Kyōto-)Zeit (794–1185), die das Aufstreben partikularer Feudalherrscher (bes. die Fujiwaras) erlebte, was dem B. einerseits eine gewisse Unabhängigkeit vom Staat, andererseits aber Verstrickung in Machtkämpfe eintrug: die ökonomisch und militärisch starken buddh. Großklöster verbanden sich mit Adelshäusern, Mönche waren bewaffnet, die Korruption nahm zu. Durch neue Kontakte mit China wollten Reformer dieser Entwicklung entgegentreten. So gründete Saichō (767–822) die *Tendai*-Schule, Kūkai (774–835) die *Shingon*-Schule. Tendai (chin. T'ien-t'ai) suchte eine Synthese zwischen verschiedenen Formen des chin. B. (Elemente des Tantrismus und des Zen) und erhielt ihr Zentrum im Enryakuji auf dem Hiei-Berg; Shingon (chin. Hua-Yen) ging vom Kongōbuji auf dem Kōya-Berg aus, war tantrisch orientiert, gebrauchte vor allem *mantras, maṇḍalas* und *mudrās* und entwickelte einen umfassenden Kult und eine Philosophie der graduellen Bewußtseinsentwicklung durch 10 Stadien, in denen vorbuddh. Elemente integriert werden konnten.
Eine *dritte Periode* ist die Kamakura-Zeit (1185–1333), gezeichnet durch die verfallende kaiserliche Gewalt in Kyōto und die Militärregierungen in Kamakura einerseits und neue buddh. Bewegungen (Jōdo, Zen, Nichirenshū), die alle auf Tendai zurückgehen, aber jeweils unterschiedliche Elemente auswählten und darum in Konflikt mit den alten Schulen gerieten, andererseits. Die Schule des *Reinen Landes (jōdo)* wurde von Hōnen (1133–1212) begründet, der alle buddh. Wege in solche der Praxis vermittels eigener Kraft *(jiriki)* und des Glaubens an die Gnade von außen *(tariki)* einteilte. Die Zustände seiner Zeit widerspiegelnd, beschrieb er die Natur des Menschen pessimistisch, weshalb er ganz auf *tariki,* d.h. die Abhängigkeit von Amidas (Amitābha) Gnade, baute, deren man durch einfache Rezitation seines Namens *(nembutsu)* teilhaftig werden konnte. Shinran (1173–1262) radikalisierte diese Lehre, indem er erkannte, daß das Erlösungswerk Amidas bereits vollzogen ist, daß *nembutsu* also nicht Voraussetzung für, sondern dankende Antwort auf die Gnade sei. Als Konsequenz wurde er Laie und lebte in solidarischer Armut mit den Bauern, wodurch seine Bewegung Jōdo Shin-shū zu einer echten Laienreligion wurde, die auch politische Bedeutung gewann und die wohl stärkste Richtung des B. in Japan bis heute darstellt. *Zen* wurde in der Form des Rinzai-Zen (Lin-chi) von Eisai (1141–1214), in der Form des Sōtō-Zen von Dōgen (1200–1252) nach Japan gebracht. Beide studierten unter bedeutenden chin. Meistern; während Rinzai (mit *kōan*-Arbeit) vor allem unter hohen Samurai und Adligen in Kyōto und Kamakura verbreitet war, wandte sich Dōgen, der zunächst den Laien-B. gefördert hatte, später aber monastische Disziplin forderte, an Bauernschaft und Samurai in der Provinz. Er stellte das Zen in seinem Hauptwerk „Shōbōgenzō" umfassend dar, befreite es von unnötigem Ritual und betonte reines Sitzen ohne *kōan (shikantaza).* In den folgenden Jh.en nahm Sōtō wiederholt Riten des Volks-B. auf und hat bis heute vor allem bei Bestattungszeremonien große Bedeutung. Nichiren (1222–1282) war ein Charismatiker mit politischer Sendung, der durch die rechte Lehre die politische Sicherheit der Nation wiederherstellen wollte, sich im Gefolge der Tendai-Schule ganz auf das Lotos-Sūtra stützte und alle anderen Schulen scharf kritisierte. Er wurde verfolgt und verbannt; die Bewegung übt dennoch bis heute großen Einfluß aus.
Eine *vierte Periode,* die Tokugawa-Zeit (1600–1867), institutionalisierte den B. verstärkt zur Staatsreligion. Im Zusammenhang mit der Verfolgung des Christentums mußte sich jede jap. Familie seit 1638 einem Tempel zugehörig erklären *(danka seido),* die Zahl lokaler Tempel und ihre finanzielle Basis wuchs, Dorftempel wurden hierarchisch einigen Haupttempeln zugeordnet, so daß eine buddh. Zivilreligion unter staatlicher Kontrolle entstand, die geistig-moralische Qualität des B. aber geschädigt wurde. Im 17. Jh. drängte der Neo-Konfuzianismus den Einfluß des B. zurück.
Die *fünfte Periode* der Modernisierung

(seit der Meiji-Restauration 1868) nahm dem B. die staatlichen Privilegien und bevorzugte Shintō und Staats-Shintō, obwohl auch heute noch viele Japaner auf der Grundlage konfuzianischer Ideale Buddhisten (vor allem in bezug auf Sinnfrage und den Tod) und Shintōisten (vor allem in bezug auf praktische Lebensanschauungen, Hochzeitsritual usw.) zugleich sind. Auf die industrielle Modernisierung reagierte der B. mit der Gründung buddh. Universitäten, hist.-krit. Erforschung der eigenen Quellen und starken Laienbewegungen auf der Basis des Lotos-Sūtra und der *Nichiren Shōshū*, die buddh. Praxis mit säkularen Werten verbinden; zu den bedeutendsten gehören *Sōka Gakkai* (gegr. von Tsunesaburo Makiguchi 1930) mit eigener politischer Partei (Kōmeitō) und *Risshō Kōseikai* (gegr. von Nikkyō Niwano 1938), die seelsorgerliche Gruppenarbeit *(hōza)* praktiziert und für interrel. Kooperation vor allem zur Erhaltung des Weltfriedens eintritt.

V. Buddhismus im Westen. Bereits die jesuitischen Ostasienmissionare des 16./17. Jh., unter ihnen Franz Xaver (1506–1552) in Japan und Matteo Ricci (1552–1610) in China, waren mit dem B. in Berührung gekommen und haben Kenntnisse nach Europa vermittelt. Der ungarische Nationalismus bewog Alexander Csoma de Körös im Jahre 1818, nach Tibet aufzubrechen, um die Ursprünge seines Volkes zu finden, wo er 1823 ankam und die Klöster Westtibets, Ladakhs und Zanskars, die genauen Übersetzungen des Pāli-Kanons ins Tibetische sowie die Besonderheiten des tibet. B. erstaunlich genau kennenlernte. E. Burnoufs „Introduction à l'histoire du bouddhisme indien" (Paris 1844) stützt sich weitgehend auf diese Daten. T. W. Rhys Davids, F. Max Müller u. a. gründeten 1881 die Pāli Text Society in England, Voraussetzung für die 1907 vorwiegend von brit. Intellektuellen gegründete „Buddhist Society of Great Britain and Ireland". H. S. Olcott und H. P. Blavatsky, die 1875 die Theosophische Gesellschaft in New York gegründet hatten, gingen 1880 nach Ceylon und traten aufgrund der Begegnung mit Anagarika Dharmapāla, der später den B. auf dem Weltparlament der Religionen in Chicago 1893 vertrat, formell zum B. über, was den buddh. Einfluß in Europa und Amerika verstärkte. Auch der Zen-Mönch Shaku Sōen kam 1893 nach Chicago und begründete den Zen-B. in den USA. Asiat. Immigranten hatten bereits 1853 den ersten chin. Tempel in San Francisco gegründet, aber erst die jap. Jōdo-Shinshū-Mission institutionalisierte den B. formell mit der Gründung der Buddhist Church of America 1899 in San Francisco. Heute arbeiten über 100 buddh. Missionen aller Schulen sowohl ethnisch-asiat. als auch okzidentaler Ausrichtung in den USA. *D. T. Suzuki* lehrte 1897 erstmals in den USA, *Sasaki Shigetsu Rōshi* gründete 1931 das erste permanente Zen-Institut in New York. In den 50er Jahren erlebte Zen vornehmlich durch die Bücher D. T. Suzukis großen Aufschwung und durch die Gründung neuer Zentren (Los Angeles 1956, San Francisco 1959, Rochester 1966). Seit den 70er Jahren gibt es anerkannte amerik. Zen-Meister. Die jap. buddh. Bewegungen Sōka Gakkai und Risshō Kōseikai missionieren vor allem in den USA und Südamerika, aber auch in Europa, erfolgreich.

Im Deutschland des 19. Jh. war bes. *A. Schopenhauer* (1788–1860) vom B. beeindruckt, den er einseitig-pessimistisch interpretierte. Von ihm beeinflußt, gab der Wiener K. E. Neumann 1892 eine Anthologie der Reden des Buddha heraus. Ein „Buddh. Missionsverein für Deutschland" wurde bereits 1903 von K. Seidenstücker in Leipzig gegründet; dieser Name war Programm, das nicht unumstritten blieb, weshalb 1906 die Umbenennung in „Buddh. Gesellschaft für Deutschland" erfolgte. 1905 erschien die erste Zeitschrift „Der Buddhist". 1909 gründeten K. Seidenstücker, P. Dahlke und W. Markgraf die Deutsche Pāli-Gesellschaft, die aber bereits 1913 an Spannungen zwischen einer monastisch-theravāda-orientierten (Markgraf) und einer am Mahāyāna-Laienideal interessierten Gruppe (Seidenstücker) zerbrach. 1921 gründeten K. Seidenstücker und G. Grimm die „Buddh. Gemeinde für Deutschland". Letzterer war bereits durch sein Buch „Die Lehre des Buddho, die Religion der Vernunft" (1915) bekannt geworden. Während P. Dahlke, der 1924 das „Buddh. Haus" in Berlin-Frohnau gegründet hatte, an der Interpretation des B. als rationales System festhielt, veränderte G. Grimm den Untertitel der 15. Auflage 1957: „Die Religion der Vernunft und der Meditation", und kam damit einem umfassenderen Verständnis des B. entgegen. Buddh. Meditationsbewegungen gingen von den drei Deutschen Nyanatiloka (1878–1957), Nyanaponika (geb. 1901) und Lama Anagarika Govinda (1898–1985) aus. Während Nyanatiloka in Ceylon Texte übersetzte und abendländische Mönche ordinierte, wurde Nyanaponika vor allem durch sein Buch über Satipaṭṭhāna, das Geistestraining durch Achtsamkeit (1950), berühmt. Anagarika Govinda trug zu einem vertieften Verständnis der tibet. Mystik bei und gründete 1933 seinen Orden Arya Maitreya Mandala, der abendländische und buddh. Geisteswelt zu verbinden sucht. Zen war in Deutschland 1923 durch R. Otto bekannt geworden. Erst das Buch „Zen in der Kunst des Bogenschießens" (1948) von E. Herrigel verhalf ihm aber zum Durchbruch. K. Graf Dürckheims existential-therapeutische Begegnungsstätte in Rütte/Schwarzwald, die seit 1960 von dem Jesuiten H. M. Enomiya-Lassalle (geb. 1898) auch in christl. Kreisen verbreitete Zen-Meditation sowie die theol. Auseinandersetzung mit der aus dem Zen kommenden philos. Kyōto-Schule durch H. Waldenfels („Absolutes Nichts", 1976) trugen zu Verbreitung bzw. Verständnis des B. in Deutschland bei. Nach 1945 kam es auch in Europa zu zahlreichen Neugründungen buddh. Zentren (seit den 60er Jahren auch Gründungen tibet.-buddh. Zentren, so in Hamburg 1977, in Jägerndorf/Bayern 1980) und Organisationen: 1958 „Deutsche Buddhistische Union", 1985 „Buddhistische Religionsgemeinschaft in Deutschland" in Hamburg gegründet, mit eigenem Bekenntnis und dem Gesuch nach Anerkennung als Körperschaft öffentlichen Rechts. Bes. die ganzheitliche Weltanschauung, die subtile Psychologie und die Meditationsübungen des B. üben immer größere Faszination im Westen aus.

Lit.: *L. La Vallée Poussin,* Bouddhisme. Paris [4]1925; *ders.,* Le dogme et la philosophie du Bouddhisme. Paris 1930. *C. Eliot,* Japanese Buddhism. New York 1935; *E. Conze,* Der B. Stuttgart 1953; *J. Gernet,* Les aspects économiques du Bouddhisme. Saigon 1956; *H. Hoffmann,* Die Religionen Tibets. Freiburg 1956; *E. Lamotte,* Histoire du bouddhisme indien des origines à l'ère Śaka. Louvain 1958; *E. Conze,* Buddhist Thought in India. London 1962; *R. A. Stein,* La civilisation tibétaine. Paris 1962; *A. Bareau,* Die Religion des B. Stuttgart 1964; *K. S. Ch'en,* Buddhism in China. Princeton 1964; *H. Bechert,* B., Staat und Gesellschaft in den Ländern des Theravada-B., 3 Bde. Frankfurt 1966–1973; *ders.,* Art. B.: TRE VII 317–335; *ders./R. Gombrich,* Die Welt des B. München 1984; *J. M. Kitagawa,* Religion in Japanese History. New York 1966; *D. S. Ruegg,* The Study of Indian and Tibetan Thought. Leiden 1967; *Humphreys,* Sixty Years of Buddhism in England 1907–1967. London 1968; *H. Richardson,* A Cultural History of Tibet. New York 1968; *P. Demiéville,* Le bouddhisme chinois. Paris 1970; *H. Dumoulin* (Hg.), B. der Gegenwart. Freiburg 1970; *N. Dutt,* Buddhist Sects in India. Calcutta 1970; *G. Tucci / W. Heissig,* Die Religionen Tibets und der Mongolei. Stuttgart 1970; *E. McCloy Layman,* Buddhism in America. Chicago 1976; *H. W. Schumann,* B. Olten 1976; *H. Nakamura,* Indian Buddhism. Tokyo 1980; *J. Pérez-Remón,* Self and Non-Self in Early Buddhism. Den Haag 1980; *Sangharakshita,* A Survey of Buddhism. Boulder 1980; *H. Dumoulin,* Geschichte des Zen-B., 2 Bde. Bern 1985/86; *K. J. Notz,* Der B. in Deutschland in seinen Selbstdarstellungen. Frankfurt 1984; *H. Hecker,* Chronik des B. in Deutschland. Hamburg 1985.

M. v. Brück

VI. Christentum und Buddhismus. 1. Geschichtlich. Erste Berührungen zwischen Christen und Buddhisten sind für die Zeit des Klemens v. Alexandrien (ca. 150–217) nachgewiesen (vgl. Strom. I 15). Einflüsse auf das entstehende Mönchtum sowie auf die Ausbildung der negativen Theologie werden vermutet, sind jedoch nicht bewiesen. Ähnliches gilt für Parallelen und Motivanalogien in den kanonischen und apokryphen Evangelien. Zu den Kuriositäten gehört die Tatsache, daß eine christianisierte Buddha-Vita in der Legende der Heiligen Barlaam (wahrscheinlich über Bilahaur von *Bhagavān* = der Erhabene, einem Buddhatitel, abzuleiten) und Josaphat (von ↗*Bodhisattva*) Eingang in das „Martyrologium Romanum" und damit lange Zeit in den offiziellen Heiligenkalender der Kirche gefunden hat. Sicher hat es Kontakte des B. mit dem nestorianischen Christentum gegeben, das seit der 1. Hälfte des 7. Jh. bis ins 14. Jh. in China existiert hat (vgl. die Stele aus dem Jahre 781 im Provinzmuseum von Xi'an). Diskutiert wird nach wie vor, in welchem Umfang diese Begegnung den chin. ↗Amida-B. zwar nicht begründet, aber evtl. intensiviert hat und ob sich nicht ein Einfluß auf die Ausbildung des esoterisch-tantrischen B. in China und dessen Fortführung im jap. Shingon-B. (B. des „wahren Wortes") ausmachen läßt. Bezeugt ist auch, daß die Franziskaner, die im 13./14. Jh. China aufsuchten, vom buddh. Mönchtum beeindruckt waren. Die dritte Phase einer buddh.-christl. Begegnung war nach den Nestorianern und Franziskanern die Begegnung der Jesuitenmissionare vor allem mit dem B. in Japan seit Beginn der Ostasienmission in der Zeit des Franz Xaver. Die geschilderten Phasen sind freilich, verglichen mit dem letzten Jh., eher ein Vorspiel zu nennen im Hinblick auf die seit der Mitte des 19. Jh. einsetzende, aber vor allem nach dem 2. Weltkrieg in Gang gekommene, von wiss. Forschung gestützte interrel. Dialogsituation, die vom Bemühen um ein immer besseres gegenseitiges Verstehen und um pragmatische Kooperation (Friedenspolitik, Einsatz in Fragen der Entwicklung, der Menschenrechte und der Gerechtigkeit) bis zu spiritueller Begegnung bzw. Begegnung im Bereich der Meditation (↗Zen) reicht. Erstmals hat das II. Vatikanische Konzil in „Nostra aetate" (2) ausdrücklich auch den B. zur Sprache gebracht und die Verhältnisbestimmung des Christentums zu den nichtchristl. Religionen als eine wichtige Aufgabe unserer Zeit bezeichnet.

2. *Systematisch.* Obwohl der B. von seinen Ursprüngen her sich der Gottesfrage nicht stellt (↗Gott VIII; Offenbarung VIII), wird er von seiten des Christentums mit großer Selbstverständlichkeit zu den Religionen gezählt. Als solche gehört der B. – neben dem Islam – zu den entscheidenden Herausforderungen des heutigen Christentums. Wie im Christentum steht am Anfang eine hist. Persönlichkeit, die ihre Bewegung aus der Herkunftsreligion in eine Weltbewegung bzw. Weltreligion überführt. Entsprechend sind die beiden Gründergestalten, Jesus und der Buddha, immer wieder verglichen worden. Für den neuzeitlichen Menschen besteht der auffallendste Unterschied zwischen beiden darin, daß sie zwar beide das Heil aller Menschen zu vermitteln suchen, Jesus das Heil aber im Hinblick auf den Heil schenkenden Gott und das Gottesreich verkündet, während der Buddha ohne Berufung auf einen Gott den Weg der Befreiung geht und somit den Menschen in der Verfolgung seines Heils letzten Endes an sich selbst zurückzuverweisen scheint. Freilich übersieht diese dem neuzeitl. Menschenbild konforme Deutung des B., daß die buddh. Anthropologie (↗Mensch IV) nicht ohne die zentrale ↗Anattā-Lehre zu verstehen ist, m. a. W., die neuzeitlich betonte Selbstverwirklichung nicht ohne die Vermittlung durch das Nicht-Selbst bzw. die Verwirklichung radikaler Selbst-Losigkeit (↗Selbst) zu erlangen ist. Hier ergeben sich für das buddh.-christl. Gespräch eher Berührungspunkte mit der kenotischen Christologie. Die Frage der Selbstverwirklichung stellt sich verschärft, wo nach der Sinnspitze der ↗Meditation (VI) gefragt wird und die Schweigemeditation (↗Schweigen), zumal das ↗Zen, zu einer Herausforderung des christl. Sprechens wird (↗Kerygma und Dogma; ↗Logos; ↗Name) und umgekehrt dieses zu einer Provokation der buddh. Sprache. Im spirituellen Austausch ist die inzwischen durch buddh. Meister vorgenommene Anerkennung des Erleuchtungserlebnisses (↗Erleuchtung) von Christen in ihrer vollen Bedeutung für beide Religionen noch nicht adäquat ausgelotet worden (↗Meditation/Mystik VII). Zweifellos sind der meditativ-„mystische" Grundzug des B., seine Betonung der Erfahrungskomponente und sein mystagogischer Charakter der wichtigste Impuls dieser Religion, mit dem Christen und das offizielle Christentum sich in gleicher Weise auseinanderzusetzen haben. Demgegenüber markieren die Versuche einer buddh. Apologetik, die Überlegenheit des B. im Umgang mit den modernen Naturwissenschaften herauszustellen, eher jene Fragen und Aufgaben, die Christen und Buddhisten wie den Vertretern anderer Religionen gemeinsam in unserer Zeit gestellt sind. In diesem Kontext ist der Beitrag der im Anschluß an A. N. Whitehead entstandenen amerik. Prozeßtheologie (J. B. Cobb jr.) zu beachten.

Lit.: Für eine chronologisch geordnete Übersicht über wichtige Veröffentlichungen zwischen 1880 und 1980 vgl. *J. May,* Vom Vergleich zur Verständigung: ZMR 66 (1982) 58–66; außerdem *G. Rosenkranz,* Art. B. II/III: RGG³ I 1484–1489; *E. Cornelis,* Christl. Grundgedanken in nichtchristl. Religionen. Paderborn 1967; *H.-J. Loth u. a.* (Hg.), Christentum im Spiegel der Weltreligionen. Stuttgart 1978; *G. Rothermundt,* B. für die moderne Welt. Stuttgart 1979; *F. Buri,* Der Buddha-Christus als der Herr des wahren Selbst. Bern 1982; *J. B. Cobb jr.,* Beyond Dialogue. Philadelphia 1982; *H. Waldenfels,* Faszination des B. Mainz 1982; *M. Heinrichs,* Christl. Offenbarung und rel. Erfahrung im Dialog. Paderborn 1984; *H. Küng u. a.,* Christentum und Weltreligionen. München 1984, 411–616; *M. Abe,* Zen and Western Thought. London 1985. *H. Waldenfels*

Buddhistische Philosophie. 1. Vorbemerkungen. Auch wenn der hist. ↗Buddha seine Lehre nicht in der Gestalt einer Philosophie vorgetragen hat und sein berühmtes Schweigen auf metaphysische Fragen (vgl. Majjhima-Nikāya 7.3) gegen eine solche spricht, ist doch die Verkündigung seiner Lehre nicht ohne Bezug zur zeitgenössischen ind. Philosophie, zumal zu den upaniṣadischen ↗*Ātman*-Spekulationen (hind. Philosophie), zu denken. Allerdings ist zu beachten, daß die ind. Philosophie nicht ohne ihren spirituell-religiös-soteriologischen Bezug zu verstehen ist, folglich auch der Buddha von Anfang an einen Mittelweg zwischen allen theoretischen wie praktischen Antinomien zu gehen suchte, der den Menschen aus dem erbarmungslosen ↗Reinkarnations-Kreislauf befreit. Von Anfang an sind die *Vier Edlen Wahrheiten* (↗Buddhismus II) – ungeachtet der textkritischen und hist. Fragen, die hinsichtlich der vorliegenden Texte der frühen Buddhapredigt bestehen – als zentraler Inhalt der Lehre des Buddha angesehen worden. Sie bilden daher auch in der weiteren Entwicklung der Lehre den Bezugspunkt, an dem sich diese orientierte. Vor allem ist nicht zu übersehen, wie bei allen späteren Spekulationen sich immer wieder die soteriologische Frage durchsetzt und diese konkret mit der Verfolgung eines Mittelweges, der allen Weisen der Weltanhänglichkeit Einhalt zu gebieten sucht, verknüpft wird.

2. Abhidharma-Philosophie. Für die Zeit zwischen dem 3. vor- und dem 3. nachchristl. Jh. angesetzt, kam es zu einer ersten systemat. und theoretischen Durcharbeitung der Lehre des Buddha und seiner Jünger, die dann von ihren Verfassern als „höhere *(abhi)* Lehre" vorgetragen wurde. Im buddh. Schriftkanon (↗Heilige Schrift[en] IV) bildet das in diesem Zusammenhang entstandene Schriftkorpus den 3. „Korb" neben den Vinaya- und Sūtra-Kollektionen. Vorrangige Aufmerksamkeit erfuhr einmal die Bestimmung der verwandten buddh. Grundbegriffe, sodann die Diskussion des wahren Wesens aller Dinge. Wurde einerseits die Existenz des *Ātman* zurückgewiesen, so rief doch andererseits die Kontinuität des menschlichen Lebens nach ihrer Erklärung, bei der dann die Konzeption von fünf Daseinsfaktoren (Skt. ↗*Skandha,* P. *khanda,* wörtlich „Gruppe, Anhäufung") oder auch Wesenselementen *(dharmas)* eine entscheidende Rolle spielte. Gerechterweise ist diesen Überlegungen, die in den Theravādatraditionen fortleben, zuzugestehen, daß sie im Dienst der Heilsvermittlung, d.h. konkret der rechten Weise der Loslösung, erfolgten, die ihrerseits mit der rechten Sicht der Dinge verknüpft wurde. Dennoch gab es auch bleibenden Widerspruch, zumal die ontologisch-intellektuelle Betrachtung der Dinge doch den Vorrang gegenüber der wahren Befreiung zu gewinnen drohte. So entstand zwischen 50 v. und 150 n. Chr. ein neues, inzwischen dem Mahāyāna-Buddhismus zuzuzählendes Schriftkorpus, die Prajñāpāramitāsūtren (↗Prajñā), die jede „Anhänglichkeit" an die Abhidharmalehre verwarfen und alle Dinge in ihrem Wesen für „leer" (Skt. *śūnya*) erklärten.

3. Mādhyamika-Philosophie. Eine philos. Durchdringung der Prajñāpāramitā-Texte erfolgte in der von Nāgārjuna, einem der bedeutendsten buddh. Philosophen, vermutlich im 2./3. Jh. begründeten Mādhyamika- (Skt. = Vertreter des Mittelweges) Schule, die die Grundlagen für das nachfolgende mahāyānistische Denken bereitstellte. Entscheidend wurde bei Nāgārjuna die Verknüpfung der Lehre von ↗*Shūnyatā* mit der Lehre vom Entstehen in Abhängigkeit voneinander (Skt. ↗*Pratītyasamutpāda*), wonach *pratītyasamutpāda śūnyatā* ist. Damit wird eine Haltung möglich, die auch durch die subtilsten Restformen

von möglicher Anhänglichkeit hindurch den letzten Rest einer wie immer gearteten Anhänglichkeit ablegt. Vordergründig kommt es freilich zu einer doppelten Gestalt der Wahrheit, weil das vordergründig unterscheidende Denken und Sprechen des alltäglichen Lebens – samsārisch – mit dem ununterscheidenden Denken und der Unaussprechlichkeit der absoluten Wahrheit – nirvānisch – eins ist und folglich zwischen ↗Saṃsāra und ↗Nirvāṇa eine negative Identität besteht. Diese negative, jedoch keinesfalls nihilistische Philosophie im Anschluß an Nāgārjuna drohte in der Folgezeit entweder doch nihilistisch verstanden oder auf verschiedene Weisen ausgehöhlt zu werden. Sie ist aber bis in die Gegenwart die bleibende Provokation eines der Buddhaerfahrung entwachsenen Denkens geblieben.

4. Yogācāra-Philosophie. Eine eigentümliche Form der Weiterführung der Mādhyamika-Philosophie ist die auf Maitreyanatha sowie die Brüder Asaṅga und Vasubandhu (alle 4./5. Jh.) zurückgeführte Yogācāra-Philosophie (wörtlich „Ausübung des Yoga"), auch Vijñānavāda (= Weg des Erkennens bzw. Bewußtseins) genannt. Der entscheidende Fortschritt gegenüber der Mādhyamika-Philosophie besteht darin, daß die neue Schule Nāgārjunas Denken in den Rahmen eines kritischen Verständnisses des Bewußtseins (Skt. *cit*) stellt und in der Erläuterung von drei Bewußtseinsebenen zu einer Erklärung des illusorischen Alltagsdenkens und -sprechens gelangt. Wo dieses in die Vollendung der Weisheitsebene des Bewußtseins gelangt, erfolgt insofern eine bedeutungsvolle „Kehre", als die einem „bekehrten" Bewußtsein entspringende Alltagssprache ihrerseits fähig wird, die unaussprechliche Wahrheit in gültiger, wenn auch begrenzter Form auszusagen. Insofern es dabei zugleich um die Vermittlung des in den buddh. Schriften verborgenen Sinngehaltes geht, stellt die Lehre einen wichtigen Beitrag zur buddh. Hermeneutik dar. Es ergaben sich aus ihr in der Folgezeit starke Impulse für die Ausbildung einer buddh. Epistemologie und Logik sowie aus dem Zusammenhang mit intensiver Yogaübung ein entsprechender Einfluß auf das ↗Zen und dessen psychologisch-spirituelles Wegverständnis. Auch die Lehre von den drei Buddhakörpern (Skt. *trikāya;* ↗Triade/Trinität II) fand im Yogācāra seine endgültige Gestalt. Beide Schulen, Yogācāra und Mādhyamika, haben in der Folgezeit mit den genannten Themen in China, Tibet, Korea und Japan weitergewirkt.

5. Kyōto-Schule. Aus moderner Zeit sei die im Anschluß an K. Nishidas (1870–1945) Wirken in Kyōto entstandene Philosophie deshalb eigens genannt, weil sie im Raum des Buddhismus den ersten bedeutsamen Versuch darstellt, philos. Anstöße der buddh. Tradition im Medium abendländischen Denkens zu vermitteln. Dabei geht es bei allen sprachlichen Reserven, die gerade in den beiden großen mahāyānistischen Traditionen in Erscheinung treten – nicht zuletzt unter zen-, aber dann auch amidabuddh. Einfluß –, um die Vermittlung der buddh. Urerfahrung in die heutige Welt und in anders vorgeprägte Sprach- und Kulturhorizonte. Kreuzungspunkte ergaben sich zunächst mit der neuzeitl. dt. Philosophie (Kant, Fichte, Hegel, Nietzsche, Heidegger), sodann mit der dt. Mystik (Eckhart, Tauler, J. Böhme), inzwischen ergänzt durch Begegnungen mit der dt. und französischen Phänomenologie und Sprachphilosophie sowie in den USA mit der Prozeßphilosophie (A. N. Whitehead). Der begonnene interkulturelle Dialog hat zugleich eine intensive Grundlagenforschung zur buddh. Tradition ausgelöst.

Lit.: *E. Conze,* Buddhist Thought in India. London 1962; *E. Lamotte,* Histoire du bouddhisme indien. Louvain 1976; *H. Nakamura,* Indian Buddhism. Hirakata 1980; *A. Verdu,* The Philosophy of Buddhism. Den Haag 1981; *Y. Takeuchi,* The Heart of Buddhism. New York 1983; *ders. /J. P. Keenan,* Art. Buddhist Philosophy: ER II 540–547. – Zu 3/4: *T. R. V. Murti,* The Central Philosophy of Buddhism. London ³1970; *F. J. Streng,* Emptiness. Nashville 1967. – Zu 5: *S. Hisamatsu,* Die Fülle des Nichts. Pfullingen 1975; *K. Nishitani,* Was ist Religion? Frankfurt 1982; *Y. Nitta* (Hg.), Japanische Beiträge zur Phänomenologie. Freiburg 1984; *M. Abe,* Zen and Western Thought. Honolulu 1985; *H. Waldenfels,* Absolutes Nichts. Freiburg ³1980; *F. Franck,* The Buddha Eye. New York 1982. *H. Waldenfels*

Bund

I. Jüdisch. – II. Christlich

I. Jüdisch. 1. Für das *AT* ist der B. eine

bedeutsame Kategorie der Deutung des Verhältnisses zwischen Jahwe und seinem Volk. Die literarkrit. Differenzierung führt zu der Erkenntnis, daß der Begriff in bestimmten Textbereichen (z. B. deuteronomische, deuteronomistische Literatur) bes. konzentriert auftritt, während er in anderen (z. B. vorexilische Prophetie) fast fehlt. Daraus ergibt sich, daß nicht pauschalierend von „der" atl. B.es-Theologie gesprochen werden kann, sondern die Geschichte des Begriffes sowie seine unterschiedlichen Verwendungsweisen und Bedeutungswandlungen berücksichtigt werden müssen. Dabei ist neben dem Terminus *b^erit* (= B.) selbst auch die sogenannte B.es-Formel (Jahwe ist der Gott Israels, und Israel ist das Volk Jahwes) in die Untersuchung miteinzubeziehen, da sie an mehreren Textstellen ausdrücklich miteinander verknüpft werden (vgl. z. B. Gen 17,7 f.; Ex 19,5 f.).

2. Das Wort *b^erit,* dessen Etymologie bislang nicht befriedigend geklärt werden konnte, bezeichnet urspr. im profanen Sprachgebrauch ein Rechtsverhältnis zwischen zwei Parteien. Dieses Rechtsverhältnis kann vom symmetrischen Vertrag zwischen zwei gleichberechtigten Partnern bis hin zur äußerst asymmetrischen Bindung mit einseitiger Verpflichtung eines Abhängigen reichen. Der genaue Charakter einer *b^erit* muß folglich aus dem Kontext erschlossen werden. Im profanen Bereich können mit *b^erit* außenpolitische Verträge unter gleich starken Partnern (1 Kön 5,26 b; 15,9; Hos 12,1), aber ebenso das von einer politisch mächtigeren Partei aufoktroyierte Abkommen (1 Sam 11,1 f.; 1 Kön 20,34) benannt werden. Daneben sind in Israel innenpolitische Verträge zwischen König und Volk bekannt (2 Sam 3,21; 2 Kön 11,4.17*; Hos 10,4). Der Akt des B.es-Schlusses selbst kann von entsprechenden Riten begleitet werden; sie betonen die Unauflöslichkeit des B. sowie die Intensität der Bindung. Die B.es-Verpflichtung wird beeidigt (Gen 26,31) oder durch Handschlag bekräftigt (Ex 17,18); da hierbei auch die Götter zu Zeugen angerufen werden, besteht im monolatrischen Israel ein Verbot, mit fremden Völkern einen B. zu schließen (Ex 34,12). Der B. kann schriftlich beurkundet oder durch Mahn- und Erinnerungszeichen (Gen 31,4 ff.) „veröffentlicht" werden. Symbolische Selbstverfluchungen (Gen 15,9 ff.) und Tieropfer (Jer 34, 18 ff.) zeigen die Folgen einer B.es-Verletzung und sollen von ihr abschrecken. Durch Blutriten wird die neue Gemeinschaft einem Verwandtschaftsverhältnis (Blutsbrüderschaft) angenähert (Ex 34,6 ff.; Sach 9,11). Als weitere Bestärkung können ein gemeinsames Mahl (Gen 26,30; 31,54) oder der Austausch von Geschenken (Gen 21,24 ff.) erfolgen. Neben dem juristischen Aspekt der Verpflichtung enthält also der B. auch einen Aspekt der Freundschaft.

3. Dieser Begriff, mit dem im profanen Bereich eine Vielzahl menschlicher Bindungen beschrieben werden können, erfuhr in Israel eine Übertragung in den rel. Bereich. Der B. ist nicht mehr ein B. *vor* Gott, sondern *mit* Gott. Dabei tritt bes. der Aspekt der Exklusivität hinzu: die Bindung zwischen Jahwe und seinem Volk läßt keine anderen Götter zu (↗Monolatrie). – Die älteste Bezeugung eines theol. B.es-Begriffs liegt in Ex 34,10 a vor. Hier endet in der *jahwistischen* Erzählung die Sinaitheophanie mit einem B., in dem Jahwe sich selbst verpflichtet, den Israeliten mit großen, nie dagewesenen Wundern auf ihrem zukünftigen Weg nach dem Sinai beizustehen. – Diese theol. Chiffre der Fürsorge Gottes wird von dem um 700 v. Chr. anzusetzenden *Jehowisten* (JE) aufgegriffen und in sein Geschichtswerk systematisch eingearbeitet. So formt er die jahwistische Landverheißung von Gen 12,7 um zu einem Vertrag in Gen 15,7–18*. In diesem Abraham-B. übereignet Jahwe das Land dem ↗Abraham (I) und seinen Nachkommen, die dadurch einen Rechtsanspruch auf das Land erhalten. In der Sinaitheophanie Ex 34,10 b–27 ändert der JE den einseitigen Verheißungs-B. des Jahwisten zum Vertrag auf Gegenseitigkeit (Verpflichtungs-B.): Der B.es-Partner ↗Mose (stellvertretend für das ganze Volk) wird zur Einhaltung des Ex 34,12–26* promulgierten Privilegrechts verpflichtet; dem entspricht auf der Seite Jahwes die Landgabe (Ex 34,11.27). Damit werden zum ersten Mal Gesetz und Geschichte ver-

bunden. Konsequenterweise nimmt JE die Kategorie des B. am Ende seines Geschichtswerks im Sichem-B. Jos 24 wieder auf: Mit der erfolgreichen Landnahme hat Jahwe seine B.es-Verpflichtung erfüllt. Damit die Israeliten dann wirklich im Genuß dieser Landgabe bleiben können, gibt Josua dem Volk Recht und Gesetz in Sichem. Wie in vielem, so ist auch in der B.es-Theologie die *deuteronomisch/deuteronomistische* Schule Erbe des Jehowisten. Möglicherweise unter dem Eindruck assyr. Vasallenverträge wird der B. zu der entscheidenden theol. Chiffre. Während für die Grundschicht des Dtn (Dtn 12–26*) der B. noch nicht der Zentralbegriff ist, wird er für die deuteronomistischen Rahmentexte unersetzbar. Frühe Deuteronomisten rahmen das Kerngesetz (Dtn 12–26) durch den Horeb-B. (Dtn 5) mit der Verpflichtung auf den ↗Dekalog als universales Grundgesetz und Dtn 26,17f.19 mit dem deuteronomischen Kerngesetz als Bedingung für das Leben im gelobten Land. Der Gebrauch der B.es-Formel (Dtn 26,17f.) legt Gegenseitigkeit nahe. Sie ist jedoch nur eine scheinbare: Jahwe erwählt Israel zu seinem Volk, und Israel entspricht dieser (einseitigen) Erwählung, indem es die auferlegten Verpflichtungen übernimmt. Die Fortschreibung des Dtn durch späte Deuteronomisten läßt neue Akzente erkennbar werden. In Verarbeitung der Katastrophe von 587 (Exil) wird die Heilsbedeutung der Gesetze erkannt und die B.es-Erneuerung eingeschärft. Die Paränesen von Dtn 4 sowie 29–32 (Moab-B.) reflektieren das im deuteronomischen Kerngesetz und Dekalog Gebotene aus der Perspektive des Exils. Indem die Geschichte von der Schöpfung her über die Vätergeschichte bis hin zur Exoduserfahrung als Heilsgeschichte verstanden wird (Dtn 7,8f.), erwächst das Vertrauen auf die anhaltende Barmherzigkeit Jahwes und die Hoffnung auf die Möglichkeit der Umkehr. Auf der Grundlage dieser spätexilischen B.es-Theologie erfolgt nun auch eine Bearbeitung der Sinaitheophanie. Als Urkunde eines „Vertrags-B." wird das B.es-Buch Ex 20–23, ein rechtshist. Vorgänger des Dtn, eingeschoben. Der Vertragspartner Jahwe sichert sein Heilshandeln zu unter der Bedingung des vertragsgemäßen Handelns Israels. Der Ablauf der B.es-Schlußzeremonie Ex 24,3–8* (Verlesung, B.es-Schluß, Zustimmung) könnte nach dem Vorbild des ebenfalls deuteronomistisch bearbeiteten und für die gesamte deuteronomisch/deuteronomistische Bewegung entscheidenden joschijanischen B.es-Schlusses 2 Kön 23,2f. gestaltet sein. Der deuteronomistische Sinai-B. zeigt im Dreischritt von B.es-Schluß (Ex 19–24*), B.es-Bruch (Ex 32) und B.es-Erneuerung (Ex 34*) paradigmatisch die Bedingungen und Möglichkeiten neuen Heils für das exilierte Israel. Voraussetzung ist die von Jahwe gewährte Sündenvergebung (Ex 34,9).

Ihren Niederschlag hat die deuteronomisch/deuteronomistische B.es-Theologie dann auch bei den *Propheten* der Exilszeit gefunden. Bei Jer und Ez wird die B.es-Treue Jahwes auch angesichts der Untreue Israels zum Schimmer der Hoffnung auf einen neuen Anfang. Der Ruf zur Umkehr nach dem B.es-Bruch (Jer 7,23; 11,3–6) zielt auf die Erneuerung des Alten-B.es-Verhältnisses des hl. Restes Israels mit Jahwe. Zunehmend gewinnt jedoch der „Neue B." (Jer 31,31–34) eine ganz andere Qualität. Es soll ein „ewiger B." sein (Jer 32,36–41), der nicht mehr auf den Gehorsamsleistungen Israels, sondern nur noch allein auf Gottes Gnade beruht (33,19ff.). Der Heilswille Gottes und die Bindung Israels an Jahwe übersteigen alle rechtlichen Kategorien. In ähnlicher Weise wird in den späten Redaktionsschichten des Ez-Buches die Konstituierung des neuen Israel beschrieben: die geläuterten Heimkehrer (36,16–28) treten in einen Friedens-B. ein (34,25–31) und leben in einem restaurierten Staat mit König und Heiligtum in ihrer Mitte (37,22.26).

Die priesterschriftliche Literatur erhofft einen neuen Anfang und betont daher die zuvorkommende Gnade Gottes. Bundestheologisch schlägt sich dies in der Konzeption des unbedingten Verheißungs-B. (Lev 26) nieder. Angesichts des Scheiterns des Sinai-B. wird dieser den zeitlich vorangehenden B.es-Schlüssen der Ur- und Patriarchengeschichte untergeordnet. Im Noach-B. (Gen 9) wird der universale Heilswille Gottes der Menschheit gegenüber festgeschrieben. Die spezifische Erwählung des Volkes Israel und die Ankündigung von Mehrung des Volkes, Landgabe mit Staatswerdung und Gegenwart Gottes erfolgt im Abraham-B. (Gen 17). Jahwe bekräftigt den B. durch die Stiftung der B.es-Zeichen Regenbogen und Beschneidung.

Die Rede vom „Gottes-B." dient in den späten Texten des AT vor allem als „Gefäß" der verschiedensten Verheißungen. So wird die Hoffnung auf die Wiederherstellung des davidischen Königtums durch Berufung auf den Davids-B. artikuliert (2 Sam 7,14; 23,5; Jes 55,3–5) oder die Bedeutung der aaronitischen Priesterschaft an der Erwählung im Levi-B. festgemacht (Num 18,19; 24,12f.).

II. Christlich. Von den 33 Belegen des Wortes B. (diathḗkē) im *NT* sind 14 Zitate aus dem AT, 5 Anspielungen auf atl. Stellen, die verbleibenden 14 Stellen sind alle paulinisch oder im Hebr; zugleich zeigt die „sparsame Verwendung" eine gewisse Zurückhaltung an. Unter Ausblendung des Verpflichtungs-B. wird bes. an die spät-atl. Vorstellung vom Gnaden-B. angeknüpft. Das Moment der Verheißung rückt in den Mittelpunkt; in Jesus haben die atl. B.es-Verheißungen ihre unüberholbare Erfüllung gefunden. Heilsgeschichte wird somit periodisiert in die Zeit der Erwartung, die Zeit der Erfüllung und die Zeit der Bewährung bis zur endgültigen Wiederkehr Christi.

Von zentraler Bedeutung ist B. für die Abendmahlsworte (Mk 14,24 parr): Im Rückgriff auf Ex 24,8 wird der Tod Jesu als B.es-Blut der Besiegelung des „Neuen B." interpretiert. Über die Vermittlung der aram. Übersetzungen, die dem Blutritus Sühnekraft zusprechen, wird im Becherwort (Mt 26,28) das vermittelte Heil als universale Sündenvergebung gedeutet.

Die Anspielung auf Jes 53,11f. sieht in Jesus den in Stellvertretung für die Vielen leidenden Gottesknecht (vgl. Mk 10,45). Nach Lk 22,20 und 1 Kor 11,25 stiftet Jesus durch seinen Opfertod den neuen B., der Jer 31,31–34 verheißen wird. Der eschatologische Charakter dieses neuen B. wird 1 Kor 11,26 bes. deutlich.

Die bleibende Gültigkeit des Abraham-B. wird bei *Paulus* (Gal 3,6–18), der sich selbst als Diener des neuen B. (2 Kor 3,6) bezeichnet, betont. Die wahren Söhne ↗Abrahams sind aber die Glaubenden (Gal 3,7); ihnen gilt die Unaufhebbarkeit der Verheißungen. In der Gegenüberstellung von Glaube und Gesetz verkörpert Abraham den Glauben; der B. Gottes mit ihm ist der reine Verheißungs-B. Ihm entgegen setzt Paulus den Sinai-B.; indem er diesen auf das Gesetz reduziert, wird der Sinai-B. zum unvereinbaren Gegensatz von Glaube und Verheißung. Die Verheißung des Abraham-B. dagegen findet ihre Erfüllung in Christus.

In der Typologie (Gal 4,21–31) steht Hagar für den alten B. und das Gesetz; in Antithese dazu verkörpert Sara die Freiheit und den neuen B.

Die Überbietung des alten B. durch den neuen B. der Versöhnung ist das Thema von 2 Kor 3,1–18. Hier (2 Kor 3,14) findet sich auch erstmals die Bezeichnung der in der Synagoge verlesenen Texte als „alter B." Über die griech. Übersetzung von *b^erit* mit diathḗkē wird daraus in der Folgezeit das christl. „Alte Testament".

Der Hebräerbrief (8,1 – 10,18) umkreist das Thema B. von mehreren Seiten. Mit Jer 31 betont er die Unzulänglichkeit und Vergänglichkeit des alten B. und die sich daraus ergebende Notwendigkeit eines neuen B. Durch Jesu hohepriesterliches Sühneopfer wird der neue B. in Kraft gesetzt und zugleich der alte B. abgelöst und ersetzt (Hebr 8,13). Wie in Jer 31 schon vorgezeichnet, wird statt äußerlicher Gesetzestreue die Verinnerlichung der Tora gefordert. Die bedingungslose Sündentilgung bedarf des Todes Jesu (9,18–22), dessen Blut B.es-Blut ist. Jesus ist damit der Mittler des neuen B. (8,6), der den Zugang zu Gott ermöglicht. Der neue B. ist in dialektischer Spannung Aufhebung (im bestätigenden wie negierenden und überbietenden Sinn) des alten. – Unter dem Aspekt der ausstehenden Vollendung spricht Offb 21,1–5 vom B. Die atl. Verheißung des neuen B. ist auch mit Leben, Tod und Auferstehung Christi nicht vollständig erfüllt, sondern bedarf der Vollendung seines Kommens am Ende der Zeiten.

Lit.: *J. Behm,* Art. διαθήκη: ThWNT II 127–137; *E. Grässer,* Der Alte B. im Neuen. Tübingen 1985; *H. Hegermann,* Art. διαθήκη: EWNT I 718–725; *H. Kutsch,* Art. B.: TRE VII 397–410; *Ch. Levin,* Die

Verheißung des Neuen B. Göttingen 1985; *N. Lohfink*, Dtn 26,17–19 und die „Bundesformel": ZKTh 91 (1969) 517–553; *U. Luz*, Der alte und der neue B. bei Paulus und im Hebräerbrief: EvTh 27 (1967) 318–336; *D. McCarthy*, Treaty and Covenant. Rom 1963; *L. Perlitt*, Bundestheologie im AT. Neukirchen 1969; *J. Scharbert*, Die Begriffe „Berith" und „Torah" in den Pentateuchschichten: *J. Doré u. a.*, De la Torah au Messie. FS H. Cazelles. Paris 1981, 163–170; *M. Weinfeld*, Art. b^erit: ThWAT I 781–808; *E. Zenger*, Israel am Sinai. Altenberge ²1985.

F.-L. Hossfeld / E. Reuter

Buße

I. Vorbemerkung. – II. Religionsphänomenologisch. – III. Jüdisch-christlich

I. Vorbemerkung. Das dt. Wort B. meint „Besserung" (gebildet zu dem von *besser* entstandenen Adverb *baß* = indogerm. *bhad* = gut) und setzt eine bestimmte Gesinnung voraus, die aus dem *christl.* Umgang mit menschlichen Verfehlungen entspringt. Wenn Haltungen und Handlungen in der Religionsgeschichte mit dem dt. Wort B. gleichgesetzt werden, kann es sich nur um eine strukturelle Analogie handeln. – Hat der Mensch durch konkretes Vergehen („Sünde") der Bestimmung seiner selbst und des Lebens zuwidergehandelt, versucht B., Geschehenes wieder umzukehren; solches Tun basiert auf der Grundüberzeugung, daß die Ordnung des Lebens und der Welt „heilig" ist und ihre Verletzung gesühnt werden muß durch entsprechende Bußleistungen. Wie die Verfehlung Verschiedenes umfassen kann, so auch die Bußhandlung.

II. Religionsphänomenologisch. Der Drang zu B. und ihren Übungen äußert sich oft spontan, zunächst darin, daß man sich Reinigungen unterwirft, z. B. Fasten (in der Mani-Religion schon die B. selber) und Abzapfen von Blut (aus Ohr oder Zunge: bei Azteken nach sexuellen Vergehen). Meist sind es Gewissensbisse und Angst vor möglichem Unheil, die zur B. drängen (vgl. babyl. Bußpsalmen, in denen sich aber auch – wie in Ägypten – formelhafte oder berechnende Entschuldigungen für eigene Schuld finden). Weitere Motivationen zur B. sind: pessimistische Grundstimmung (Azteken, Maya), Abwehr eines möglichen Fatum oder Zornes der Götter (homerische Epen), Sehnsucht nach urspr. Reinheit (Sünde als Befleckung; Reinigungsriten, Gegenleistungen), Abschreckung. Neben der stellvertretenden B. (Hindus büßen Vergehen früherer Existenzen) gibt es auch die Übertragung des durch Sünde verkehrten Zustands auf den Sündenbock (z. B. Lev 16), wo kollektive Schuld und individuelle Verfehlungen durch Davontragen aus der Welt geschafft werden (ähnlich im babyl. Entsühnungsritual). Wird bei diesen Bußhandlungen davon ausgegangen, daß der durch Sünde geschaffene Unheilszustand *gebessert* werden kann, so gibt es auch die Vorstellung von objektiver, gleichsam automatisch wirkender *Vergeltung* (Buddhismus), so daß der Mensch auf die Hilfe von außerirdischen Mächten und Kräften angewiesen ist, die allein den verkehrten Zustand bessern; auch kann die Reue von der Überzeugung begleitet sein, daß der Mensch von sich aus das gestörte Verhältnis zu den Göttern oder numinosen Mächten nicht wiederherstellen oder ändern kann. Im ↗Islam bewirkt B. nicht tendenzielle Wiedergutmachung, sondern *Bedeckung* der Sünde und ihrer schädlichen Kraft, womit der durch die Schuld verkehrte Zustand unwirksam wird (vgl. arab. *kaffara*, wörtlich: das, was die Sünde „bedeckt").

Zu B. und Reue kommt es auch ohne persönliches Sündenbewußtsein. Erst wo Liebe zu Gott jeden Ritualismus übersteigt (islam. Mystik, ind. ↗Bhakti), findet innere Bekehrung statt. Je reichhaltiger hingegen Gebote und Verbote sind, desto zahlreicher sind die Bußhandlungen, die aus spontan geäußerter oder normierter Bußpraxis erwachsen. Stark ausgeprägte Bußübungen gibt es in den Mönchskreisen (Kloster, Taoismus, ↗Jinismus, bei Persern und ↗Essenern). Dem griech.-röm. Denken sind B. bzw. *paenitentia* fremd. Zur B. gehört zuweilen die *Beichte* (Mani, iran. Religion der Sassanidenzeit, jinistische und buddh. Mönche), als private (Ohren-)Beichte (z. B. Azteken) oder öffentliches Bekenntnis (kleinasiat. Religionen); hingegen wird die B. kaum geübt im röm. und indogerm. Raum.

III. Jüdisch-christlich. Das AT kennt keinen Terminus technicus, der vergleichbar wäre mit B. oder *t^eschûḇāh* im späteren Judentum und *metanoia* im NT; wohl das Verb *schûḇ (q)* mit über 1000 Belegen im AT: „wenden, umwenden, (an Ausgangspunkt) zurückkehren", aber in verschiedenen Bedeutungen und Zusammenhängen. Der atl. Mensch versteht Sünde und Schuld nicht aus dem persönlichen Verhältnis zu Gott allein, sondern im Blick auf Gottes Bund mit seinem Volk und die Tora. Wesentliche Aspekte der B. sind: Bekenntnis, Gebet (jüngere Literatur), Gesten der Reue (Weinen, Fasten, Zerreißen der Kleider), Opfer (nach Exil: gute Werke, Almosen) und bes. Fast- und Bettage (z. B. Versöhnungstag). – Im NT ist das Kommen des Gottesreiches nicht durch die Umkehr des Volkes bedingt, sondern selbst Voraussetzung der B. Gegenüber Johannes dem Täufer und seiner Bußpredigt verkündigt Jesus eine Freudenzeit und das Heil „für alle"; Gottes Barmherzigkeit übersteigt menschliches Leisten, so daß im NT keine spezifischen Bußwerke betont werden. – In nachapostolischer Zeit wird die Einzigartigkeit der Sündenvergebung in der Taufe betont („zweite B." u. ä. werden erst später möglich). Der Eintritt in den Mönchsstand gilt als „zweite Taufe" (6. Jh.) und als Leben der B. Nach der Verrechtlichung und Veräußerlichung der B. im MA betont die dt. Mystik im 14. Jh. die „innere Beichte" vor Gott (J. Tauler); die Reformation hingegen den Glauben an die Vergebung und den lebenslangen Vollzug täglicher B. – In der kath. Kirche gehört die B. zu den sieben Sakramenten; sie ist aber nicht die einzige Weise der Sündenvergebung (↗Gebet, ↗Fasten, Almosen). Für das II. Vatikanum schließt die Versöhnung mit Gott die mit der Kirche ein, ohne daß die Kirche die Vollmacht hat, Sünder definitiv ins Unheil zu stoßen.

Lit.: *R. Pettazzoni,* La confessione dei peccati, 3 Bde. Rom 1929–36; *G. Widengren,* Religionsphänomenologie. Berlin 1969, 258–279; *K. Rahner,* Schriften XI; *K. Baumgartner* (Hg.), Erfahrungen mit dem Bußsakrament. 2 Bde. München 1978 f.; *G. Condrau / F. Böckle,* Schuld und Sünde: CGG XII. Freiburg 1981, 91–135 (Lit.). *M. Schneider*

C

Caodaïsmus. „Großer Weg der dritten Epoche der Erlösung" ist die Selbstbezeichnung einer 1926 in Vietnam entstandenen synkretistischen Religion (↗Synkretismus) aufgrund von spiritistischen Offenbarungen des Gottes Cao-daï („Höchster Palast"). Begründer des C. ist Ngo Minh Chieu. Zum Führer („Geistiger Papst") ernannte er den Mandarin Lē Van Trung. Zentrum war bereits 1932 eine von einem ursprünglich kath. Ingenieur gebaute caodaïstische Kathedrale. Das Gemeindeleben ist nach kath. Vorbild hierarchisch organisiert. Gesichert wurde die Sekte, deren Mitgliederzahl etwa 2,5 Mio. beträgt, durch eine umfassende Wirtschaftsorganisation, eine eigene Verwaltung und durch eine Armee, so daß sie zu einer der wichtigsten Mächte in Vietnam wurde.
Von Buddhismus, Konfuzianismus, Taoismus, Christentum und Spiritismus will der C. das für ihn Beste übernehmen. Nach Lehre des C. beansprucht sie nach den zwei östlichen (↗Buddha und ↗Laotzû) und den zwei westlichen (↗Mose und ↗Jesus [I]) „Offenbarungen" die „dritte Offenbarung" Gottes zu vertreten. Unter dem Symbol des „heiligen Auges" wird Cao-daï verehrt.
Der C. enthielt einen Versuch, der sich auflösenden Gesellschaft Südvietnams eine neue Sozialintegration zu geben. Die Organisation gegenseitiger Hilfe und Kooperation zum Schutze von Reisbauern führte auch zur Verbreitung dieser Sekte. Die erlebten Geisterbotschaften verloren immer mehr an Bedeutung gegenüber der Bürokratie, so daß der C. sich zur institutionalisierten Sekte entwickelte.
Der C. ist keine einheitliche Bewegung. Er teilt sich schon früh in verschiedene Sekten auf. Oft riefen neue Geisterbotschaften Spaltungen hervor. So bleibt

trotz der Wiedervereinigungsversuche (1946, 1962, 1968) der C. selbst in Sekten gespalten, obwohl er zur Vereinigung der Weltreligionen gegründet wurde (M. Sarkisyanz).

Lit.: *H. v. Glasenapp,* Art. C.: RGG³ I 1611f.; *M. Sarkisyanz,* Art. C.: TRE VII 628–636 (Lit.).

Th. Birkheuser

Cargo-Kulte ↗Krisenkulte/messianische Kulte.

Chaos ↗Welt/Schöpfung III.

Charisma. Der Begriff Ch. wurde erst von Paulus in die christl. Lit. eingeführt. Außer in Röm und 1/2 Kor begegnet er im NT nur noch in den Pastoralbriefen (1 Tim 4,14; 2 Tim 1,6) und in 1 Petr 4,10. Für Paulus ist Ch. der umfassende Ausdruck der christl. Gnadengaben, die als Manifestationen und Konkretionen der Charis, der Gnadenmacht Gottes und seines Geistes (↗Gnade II), verstanden werden. Kennzeichnend für dieses in 1 Kor 12–14 und Röm 12 entfaltete Verständnis ist das Anliegen, als Charismen nicht nur außergewöhnliche ekstatische (↗Ekstase) Phänomene gelten zu lassen, sondern sie vor allem auch im alltäglichen Leben der Gemeinde wirksam zu sehen (vgl. Röm 12,7f.), in welchem die Liebe als größtes, alle anderen Charismen regulierendes Ch. sich zu bewähren hat (1 Kor 13). Ch. wird so zur Grundbestimmung des christl. Lebens und zum Zentralbegriff der paulinischen Gemeindeordnung. „Ch. in seinem umfassenden Sinn ist der an den Einzelnen ergehende Ruf Gottes zu einem bestimmten Dienst in der Gemeinde, der zugleich zu diesem Dienst befähigt" (Küng 226). Jeder Christ hat sein eigenes Ch. (1 Kor 7,7), das er entsprechend der ihm eigenen Berufung und Zuteilung (1 Kor 7,17; 12,11; vgl. 1 Petr 4,10) zum Nutzen (1 Kor 12,7), d.h. zur Auferbauung der Gemeinde (1 Kor 14,12) im Raum der Liebe (vgl. 1 Kor 8,1b) leben soll. Diese durch das Bild vom Leib veranschaulichte Zuordnung und Dienstfunktion bildet zusammen mit der Bindung an Jesus und seine Herrschaft (1 Kor 12,3) das entscheidende Kriterium für die Geistgewirktheit, d.h. Echtheit und Legitimation der Charismen. Damit ist jede privatistisch verengte Sicht von Ch. und charismatisch strukturierter Gemeinde/Kirche auf eine diakonale und öffentliche Verantwortung hin aufgebrochen. Insofern auch die Leitungsämter in diese charismatische Grundstruktur eingebunden sind (1 Kor 12,28–31; Röm 12,8), kann sich weder eine Entgegensetzung von Amt und Ch. noch ein „Alleinherrschafts"-Anspruch des Amtes von Paulus her rechtfertigen. Die Pastoralbriefe sprechen nur mehr noch vom Amts-Ch.

Lit.: *U. Brockhaus,* Ch. und Amt. Wuppertal ²1975; *H. Conzelmann,* Art. Ch.: ThWNT 9 (1973) 393–397; *G. Hasenhüttl,* Ch. – Ordnungsprinzip der Kirche. Freiburg 1969; *H. Küng,* Die Kirche. Freiburg 1967.

H. Jorissen

Chas(s)idismus
↗Judentum.

1. „Aschkenasischer Ch.", eine rel. Richtung im mitteleurop. Judentum des 13./14. Jh. Spekulativ teilte sie die philos. begründete Auffassung von der strengen Transzendenz und Einheit *(jichud)* Gottes; als Vermittlung zur Welt dient der erschaffene „Kabod" („Herrlichkeit") oder (in einer Nebenströmung) „Kerub mejuchad", Gegenstand der prophetischen Visionen wie Jes 6 oder Ez 1–3. Buchstaben- und Zahlensymbolik (Gematrie) bedingen eine entsprechende ↗Meditations-Praxis (auch anhand der Gebetstexte). Im Spät-MA teils vulgarisiert und mit magisch-volkstümlichen Vorstellungen befrachtet, teils spekulativ mit der ↗Kabbalah verschmolzen, wirkte der aschkenasische Ch. vor allem in populärer Erbauungsliteratur nach. Die bekanntesten Gestalten waren Jehuda ben Samuel hä-Chasid (gest. 1217) und Eleazar ben Jehuda von Worms (gest. 1230), dem die Niederschrift und Bearbeitung der älteren Traditionen zu verdanken sind.

2. „Osteuropäischer Ch.", meist Ch. schlechthin genannt: Er entstand in sozialen Problemschichten Osteuropas, vor allem Podoliens, und blieb, abgesehen von ausgewanderten chas(s)idischen Gruppen in den USA und in Palästina, auch auf Osteuropa beschränkt, da im übrigen Judentum die eingetretene Aufklärung sein Vordringen abblockte. Zum guten Teil handelte es sich um das Fortleben der Frömmigkeit des ↗Sabbatianismus im 17. Jh., freilich ohne dessen

messianische Note, verbunden mit Ressentiments gegenüber dem rabb. Establishment, dessen Gemeindestrukturen den sozialen Gegebenheiten Osteuropas nicht mehr gerecht wurden und daher zu verbreitetem Unbehagen Anlaß gaben. Erfolg und Mißerfolg der chas(s)idischen Bewegung waren vom Zustand des regionalen rabb. Judentums abhängig, so konnte der Ch. in Litauen, wo die rabb. Orthodoxie in den Gemeinden fest verwurzelt war und tatkräftige Repräsentanten hatte, nicht Fuß fassen. Die Anfänge liegen, da vorliterarisch, weitgehend im dunkeln, hängen mit der Tätigkeit volkstümlicher Wanderprediger und Wundertäter zusammen, vor allem mit Israel ben Eliezer „Ba'al Schem Tob" (Amulettschreiber), abgekürzt BEŠ"T genannt (ca. 1700–1760), der in den Legenden als charismatische Persönlichkeit und Wundertäter geschildert wird, der die schlichte und anspruchslose Frömmigkeit des einfachen Juden im Sinne „guter Absicht" höher wertete als rabb. Toragelehrsamkeit. Die Schüler des BEŠ"T, die seinen Ruf als Wanderprediger verkündeten, etablierten sich persönlich als Repräsentanten der neuen Frömmigkeit, allmählich regelrechte Dynastien gründend. Diese „Zaddikim" wurden von ihrer Anhängerschaft mit geradezu blinder Ergebenheit als Mittler zwischen Gruppe und Gott anerkannt. So entstanden überregionale und insofern auch übergemeindliche Gemeinschaften, mit dem Hof ihres „Zaddik" als Zentrum, wobei die Institutionalisierung die alte charismatische Phase ablöste. Mit der rabb. Orthodoxie teilte der Ch. trotz aller Konkurrenz und Feindseligkeit die kompromißlose Abwehr von Aufklärung und Emanzipation. Die althergebrachten Lebensgewohnheiten wurden als unverzichtbare Merkmale des Jüdischen gewertet, und somit wurde auch die soziale Struktur – und Misere – des osteurop. Judentums konserviert. Lediglich in der ChaBaD-Richtung, im 19. Jh. entstanden, wurde und wird der Versuch einer Verbindung zwischen Tradition und modernem Leben gewagt.

Lit.: Aschkenasischer Ch.: Vgl. allg.: EJ VII 1377–1383; *J. Dan,* Art. Ch.: TRE VII 705–710; *I. G. Marcus,* Piety and Society. Leiden 1981; *G. Scholem,* Die jüdische Mystik in ihren Hauptströmungen. Frankfurt ²1967, 87 ff.; *J. Trachtenberg,* Jewish Magic and Superstition. New York 1939. – Osteuropäischer Ch.: Vgl. allg. EJ VII 1390–1432; *M. Buber,* Schriften zum Ch. Werke III. München 1963; *J. Dan,* The Teachings of Hasidism. New York 1983; *S. Dubnow,* Geschichte des Ch. Berlin 1931; *L. Jacobs,* Hasidic Prayer. London 1972; *ders.,* Hasidic Thought. New York 1976; *S. Poll,* The Hasidic Community of Williamsburg. New York 1969; *H. M. Rabinowitz,* Hasidism and the State of Israel. Rutherford 1982; *B. Safran,* Hasidism: Continuity or Innovation?; Cambridge/Mass. 1985; *G. Scholem,* Die jüdische Mystik, a. a. O. 356–385; *J. Weiss,* Studies in Eastern European Jewish Mysticism. London 1985.

J. Maier

Chiliasmus meint die Erwartung eines tausendjährigen, irdischen Reiches (Millennium), in dem Christus vor dem eigentlichen Weltende mit den bereits zum ewigen Leben Auferweckten, den Gerechten, herrschen wird. Durch Kombination der sieben Schöpfungstage (Gen 2,2) mit Ps 90,4 erwarteten die Chiliasten unter Berufung auf Offb 20,1–3 ein 1000jähriges Friedensreich am Ende der 6000jährigen Weltzeit. Schon in der jüd. ↗Apokalyptik und bes. seit dem Buch Daniel gab es Berechnungen über die Zeit des Weltendes.

Bes. unter dem Einfluß des Montanismus, einer schwärmerischen Sekte des 2. Jh. n. Chr., setzte sich der Ch. durch (z. B. Irenäus, Tertullian, vor allem Hippolyt). In der griech. Theologie konnte er sich schon aufgrund der Unvereinbarkeit von Montanismus und ↗Gnosis kaum durchsetzen. Ursprünglich chiliastisch dachte Augustinus. Als er aber den Offb-Kommentar des Donatisten Ticonius kennenlernte, übernahm er dessen Deutung, das Millennium als Zeit zwischen Erscheinung und ↗Parusie Christi zu verstehen.

Mit dem kath. und luth. Kirchenbegriff ist der Ch. seinem Wesen nach unvereinbar. Im 16. Jh. werden chiliastische Gedanken nur noch von schwärmerischen Sekten, wie z. B. den Wiedertäufern, vertreten.

Wirksam ist der Ch. auch heute noch. So erwarten die *Siebenten-Tags-Adventisten* vor der Wiederkunft Christi ein 1000jähriges himmlisches Reich, wo sie mit Christus regieren und herrschen. Danach werden alle Ungläubigen vernichtet. Dem von den ↗*Mormonen* erwarteten irdischen Millennium sollen nicht nur sie selbst, sondern auch alle Menschen guten Willens angehören. Währenddessen wird sich die Erde vervollkommnen. Nach 1000 Jahren folgt der Endkampf, die zweite Auferstehung und das Jüngste Gericht. Eine recht ausgedehnte Zahlensymbolik (↗Zahl) ist bei den *Zeugen Jehovas* anzutreffen. Nach ihrem „Plan der göttlichen Zeitalter", der mit apokalyptischen und biblisch errechneten Daten versehen ist, erwarteten sie das Millennium für 1914: dort sollten die 144000 Auserwählten mit Gott regieren, der in dieser Zeit alle Toten erweckt, damit sie sich während dieser 1000 Jahre eines Lebens in Überfluß und Sorglosigkeit für oder gegen ihn frei entscheiden könnten. Trotz Ausbleibens des Termins ist das Millennium auch weiterhin Gegenstand ihrer Lehre (↗Sekten; Neureligiöse Bewegungen).

Lit.: *O. Böcher u. a.,* Art. Ch.: TRE VII 723–745 (Lit.); *M. Werner,* Die Entstehung des christlichen Dogmas. Tübingen 1954. *Th. Birkheuser*

Chinesische Religiosität ↗Religiosität, chinesische.

Christentum

↗Heilige Schrift(en) VII; Katholizismus; Protestantismus.

I. Entstehung. – II. Geschichte. – III. Selbstverständnis

Der Name „Christentum" (Ch.) wird meistens verwendet, um „die christl. Religion" zu bezeichnen, und zwar im Anschluß an das griech. Wort *Christianismós.* Dieser ist erstmals bei Ignatius v. Antiochien (gest. ca. 117) belegt (Magn. 10,1.3; Phld. 6,1; Rom. 3,3), der die nach Christus benannte Lebensweise ausdrücklich dem „Judentum" *(Joudaismós)* gegenüberstellt. Bei näherer Betrachtung zeigt sich, daß die Bezeichnung dort wie auch sonst keineswegs eindeutig, sondern mehrdeutig ist und im Einzelfall jeweils von dem damit Bezeichneten unterschieden werden muß. Eine solche Unterscheidung ist bis heute allg. notwendig, da viele Menschen aufgrund konkreter Begegnungen mit Vertretern unterschiedlicher christl. Konfessionen oft ein sehr inadäquates, wenn nicht gar fragwürdiges Bild vom Ch. erhalten. Um demgegenüber zu erfassen, was unter „Ch." zu verstehen ist, müssen dessen Entstehung, Geschichte und Selbstverständnis näher ins Auge gefaßt werden. Allerdings steht jegliche Darstellung dieser Momente heute vor einer doppelten Schwierigkeit: 1. Das Verstehen von Jesu Anspruch als Christus und Sohn Gottes setzt nach den Aussagen der Bibel die Gnade des Glaubens voraus (vgl. z.B. 1 Kor 12,3); das gilt ebenso für die Interpretation der Bibel im christl. Sinn (vgl. z.B. 2 Kor 3,6.14–18; Lk 24,25–27.32.45). 2. Seit dem Durchbruch des gesch. Denkens im 18./19. Jh. können Texte der Vergangenheit nicht mehr unbefangen als Quellen herangezogen werden; ihre geschichtlich bedingte Sprache muß vielmehr dem heutigen Verstehenshorizont gemäß (in einer sowohl für Christen als auch für Nichtchristen verständlichen Weise) interpretiert werden.

I. Entstehung. 1. Wie der Name andeutet, ist die Entstehung des Ch. engstens mit der Person dessen verknüpft, der ↗ „Christus" genannt wird. Dabei deutet schon dieser Eigenname – urspr. ein Amtstitel (der Gesalbte; hebr. *māšîaḥ*/Messias) – auf die tiefe Verwurzelung des Ch. in dem nach „Jakob"/„Israel" benannten Volk. Dieses führte seine einzigartige Berufung auf die Errettung von Nachkommen des Patriarchen durch Jahwe zurück (vgl. Dtn 26,5–9). Der unter ↗Mose am Sinai geschlossene ↗Bund (I) und die Inbesitznahme des Gelobten Landes wurden dadurch ermöglicht. Als „Volk Gottes" wußte sich Israel an die auf Jahwe zurückgeführte Tora (Weisung) gebunden und erwartete sein Heil einzig von ihm. Im Laufe der Geschichte wurde das Volk immer wieder von Propheten aufgefordert, der Versuchung zur Anpassung an die übrigen Völker zu widerstehen. Um dieser Forderung größeres Gewicht zu verleihen, wurde Israels Berufung später (in der Zeit des Jahwisten, ca. 900 v.Chr.) im Licht der an ↗Abraham (I) ergangenen Verheißung betrachtet und schließlich Jahwe als einziger Gott, als Erschaffer von Himmel und Erde, verkündet (Gen 1–11). In Zeiten des Niedergangs, bes. nach der Zerstörung des ersten Tempels (587 v.Chr.), ermutigten Propheten die Bedrängten immer von neuem, von Gott allein die Rettung zu erhoffen. Die Verwirklichung dieser Erwartung wurde sehr unterschiedlich vorgestellt: durch Jahwe selbst (Ps 130), durch einen Propheten nach dem Vorbild des Mose (Dtn 18,15.18) bzw. durch die Sendung des erwählten, geistbegabten Knechtes Jahwes zu den Armen (Jes 61,1 f.), durch einen König (Messias) aus Bethlehem als wahren „Sohn Davids" (2 Sam 7,12; Mi 5,1–4). In der Zeit nach dem Makkabäeraufstand (167 v. Chr.) wurden diese prophetisch-messianischen Erwartungen oft durch apokalyptische, einzelnen Frommen geoffenbarte Zukunftsbilder ersetzt oder damit vermischt: Gott werde am Ende der Tage vom Himmel her die ganze Welt erneuern (vgl. Jes 65,17; Offb 21,1 f.) bzw. es werde auf den Wolken des Himmels einer „wie ein Menschensohn" als Richter erscheinen, um aller Bedrückung ein Ende zu bereiten und Gottes Herrschaft aufzurichten (vgl. Dan 7,13 f.). In Verbindung damit wurde auch die früher vereinzelt gehegte Hoffnung auf eine nach ihrer Auferweckung aus den Gräbern erfolgende Teilhabe der verstorbenen Gerechten am Leben der neuen Welt ausdrücklich ausgesprochen (Dan 12,2). Unter dem Einfluß hellen. Denkens verband sich damit vereinzelt auch der Gedanke an eine Vollendung der „Seelen" bzw. die Konzeption von deren Unsterblichkeit (z. B. Weish 3,1–8). Die Sehnsucht nach einem baldigen Eingreifen Gottes in der Geschichte des unter röm. Fremdherrschaft leidenden Volkes führte in den Jahrzehnten vor dem Auftreten Jesu zu einer Art eschatologischer bzw. apokalypt. Naherwartung (↗Apokalyptik). Als Belege dafür können dienen: die Sammlung vieler in Gemeinschaften, wie sie die Funde von ↗Qumran neu beleuchten; die Bildung zelotischer (↗Zeloten) Bewegungen, die sich mit Gewalt gegen die röm. Vorherrschaft wehrten (vgl. FlavJos Bell II 564; V 98–205); das Auftreten Johannes' des Täufers, der am Rande der Wüste zu Umkehr und Taufe angesichts des unmittelbar bevorstehenden Kommens Jahwes zum Gericht aufrief.

2. In die Zeit des Täufers (unter dem röm. Kaiser Tiberius zwischen 28 und 30) fällt das hist. gesicherte Auftreten Jesu von Nazaret. Die Nachrichten über sein Wirken müssen in Verbindung mit den unterschiedlichen Zukunftserwartungen im damaligen Judentum gesehen werden. Selbst die kritischste Sichtung der Evangelien (unter Berücksichtigung ihrer Prägung durch die Ostererfahrungen) kann nicht bestreiten, daß Jesus zwar von Johannes getauft wurde, sich aber von diesem durch seine Verkündigung des Anbruchs der Gottesherrschaft unterschied. Diese „Herrschaft Gottes" – der griech. Ausdruck umfaßt auch die Bedeutung „↗Gottesreich" (II) – verstand Jesus aber nicht (wie die Zeloten) als Befreiung von der röm. Herrschaft, sondern von der Herrschaft Satans; gemeint ist damit die Macht (bzw. Mächte), die gemäß umweltbedingter Anschauungen als Personifikation all dessen vorgestellt wurde, was Menschen versklavt, krank macht und tötet. Das zeigen gerade die von Jesus gewirkten staunenerregenden Machttaten, die für ihn und seine Jünger Zeichen des Anbruchs der erwarteten Heilszeit waren (vgl. Lk 10,18; 11,20). Demnach hat Jesus sich – vornehmlich im Licht von Deutero- und Tritojesaja – als verheißener Freudenbote für die „Armen" jeglicher Art verstanden (vgl. Jes 52,7; 61,1 f.). Seine Worte und Taten (Aufnahme von Sündern) belegen ferner ein außergewöhnliches Sendungsbewußtsein, obwohl er dafür niemals wie die Propheten auf eine Berufung verwies. Außerdem unterschied er sich von Propheten und Weisheitslehrern durch seine Gottunmittelbarkeit, wie u. a. die Anrede „Abba" zeigt. Als Ziel seines Wirkens betrachtete er sicher die Umkehr ganz Israels (vielleicht auch dessen Sammlung) in der festen Zuversicht, daß Gott dann durch Israel – prophetisch-apokalyptischen Vorstellungen gemäß – das verheißene Heil für alle Völker verwirklichen werde. Im Hinblick auf dieses Ziel hat Jesus Jünger berufen und aus ihnen „die Zwölf" erwählt, damit sie durch ihre Zahl (Sinnbild der zwölf Stämme Israels), ihre radikale Nachfolge (als zeichenhafte Unterstreichung des Ernstes der Stunde) und ihre Predigt seinen Ruf zur Umkehr unterstützten.

Nach anfänglichen Erfolgen („galiläischer Frühling") stieß Jesus während seiner kurzen Tätigkeit, die bei vielen messianische Erwartungen weckte, auf den stärker werdenden Widerstand der rel. Autoritäten seines Volkes. Die ↗Pharisäer fühlten sich durch Jesu Kritik an ihrer Auslegung und oft rein formalen Beobachtung der Tora provoziert. Die ↗Sadduzäer nahmen Anstoß an seiner Kritik der Mißstände beim Tempelkult. So kam es schließlich zu Jesu Verhaftung, Prozeß und Verurteilung zum Kreuzestod unter dem Vorwand politischer Unruhestiftung. Jesus selbst kann dieses drohende Schicksal zumindest gegen Ende seiner Tätigkeit nicht verborgen geblieben sein. Darum ist es durchaus glaubwürdig, daß er den „Zwölf" bei einem Abschiedsmahl (dessen Paschamahlcharakter umstritten ist) sein gewaltsames Ende zeichenhaft ansagte und deutete: Trotz seines äußeren Scheiterns wird die angekündigte Gottesherrschaft verwirklicht werden, nicht zuletzt dank seiner stellvertretenden Lebenshingabe (wohl im Sinne von Jes 53) und einer damit gegebenen neuen Aufgabenstellung für die Jünger (als Zeugen seines Werkes). Das verhinderte allerdings nicht, daß für die Jünger seine Gefangennahme und Kreuzigung zum Ärgernis wurden und bei seinem Tod nur wenige Frauen von ferne zuschauten.

3. Wesentlich für die Entstehung des Ch. sind die Ostererfahrungen der Jünger. Wie auch immer diese im einzelnen zu erklären sein mögen, unbestreitbar ist: Kephas und die Zwölf, dann auch andere und zuletzt Paulus (vgl. 1 Kor 15,5–8) erfuhren in einzigartiger Weise, daß der Gekreuzigte dem Bereich des Todes entrissen und zum machtvollen Herrn erhöht wurde (vgl. Röm 10,9), daß er also in Wahrheit der erwartete „Christus" (Apg 2,36) – wenn auch nicht im politischen Sinn – und sogar „Sohn Gottes" (vgl. Gal 1,16; 2 Kor 4,6) ist. Dies war für alle so ungewöhnlich, daß die Apostel sich von Anfang an gezwungen sahen, die Auferstehung Jesu zu verteidigen (z. B. durch Hinweis auf ihre einzigartigen Ostererfahrungen und durch Rückbezug auf die Schriften Israels [1 Kor 15,3 f.]). Dank einer außergewöhnlichen Ermutigung, die sie im Licht der Bibel als Begabung mit Gottes Geist deuteten (vgl. Apg 2), wagten es die einfachen Männer aus Galiläa, den gekreuzigten Jesus von Nazaret bald öffentlich – eindrucksvoll wohl beim ersten Pfingstfest – als den „Kyrios und Christus" (Apg 2,36) zu verkünden sowie zum rettenden Glauben an ihn und zur Taufe auf seinen Namen aufzurufen (Apg 2, 38). Getragen war diese Verkündigung von der Erwartung einer nahe bevorstehenden Parusie Christi gemäß den jüd.-apokalyptischen Vorstellungen (vgl. 1 Thess 1,9 f.).

Infolge wachsender Spannungen mit jüd. Kreisen, bedingt u. a. durch die ohne Verpflichtung auf die Tora erfolgende Zulassung von Heiden zur Taufe und zu urkirchlichen Mahlfeiern sowie durch die Betonung der Gottessohnschaft Jesu, wurden die Anhänger des Nazareners (wohl in Antiochien erstmals „Christen" genannt [Apg 11,26]) in den folgenden Jahrzehnten (endgültig nach 70) aus dem Judentum ausgeschlossen. Unter Berufung auf Jesu Wirken, seinen Tod und die Ostererfahrungen verstanden sich die Christen als das neue Volk Gottes, das wahre Israel und die Kirche Gottes aus Juden und Heiden. Der ehemalige Christenverfolger Paulus trug wesentlich zur theol. Vertiefung der christl. Deutung von Jesu Sterben im Dienste der Errettung aller Menschen bei, die nicht durch Gesetzeswerke, sondern durch den Glauben an Christus erlangt werden kann. Seine Briefe (abgefaßt nach 50), die ältesten erhaltenen Dokumente des Christentums, zeigen, wie die Christen die Bücher Altisraels als ihre Heilige Schrift betrachteten und deren Aussagen mittels der damals allg. verbreiteten allegorischen Auslegung auf Christus bezogen. Die bald (um 70) einsetzenden Sammlungen alter Jesus-Überlieferungen (z. B. in der Logienquelle Q) und die Abfassung der Evangelien (70–90) sowie der Apostelgeschichte zeigen ebenfalls, wie die Urkirche unter Berufung auf die Führung durch den Hl. ↗Geist (Joh 16,13) Jesu Lehren und Taten als Erfüllung atl. Verheißungen interpretierte. In diesen Schriften finden sich erstmals auch Angaben über Jesu wunderbare Geburt von der Jungfrau Maria, die – auf erzählerische Weise – die außergewöhnliche, göttliche Herkunft Jesu bekennen. Teils wird zu dieser Zeit noch mit einer unmittelbar bevorstehenden Parusie gerechnet

(1 Thess 4,14f.), teils ist auf deren Ausbleiben Bezug genommen (Lk 17, 20; 19,11–27); vereinzelt wird aber auch die Hoffnung auf eine unmittelbar nach dem Tod erfolgende Gemeinschaft mit Christus ausgesprochen (Phil 1,23; 2 Kor 5,1–10), ohne letztere von der verbreiteten Erwartung einer endzeitlichen Auferstehung im einzelnen abzugrenzen.
Die jüngeren Briefe und vor allem das Johannesevangelium geben Einblick in das Ringen christl. Gemeinden, die in Palästina beheimatete Verkündigung Christi in die Sprache anderer Kulturbereiche zu übersetzen und ihren zentralen Inhalt gegenüber dem sich nach der Zerstörung Jerusalems (70 n. Chr.) neu rekrutierenden Judentum pharisäischer Prägung sowie den Strömungen früher Gnōsis zu verteidigen. Dabei beriefen sich die kirchl. Verfasser bewußt auf ihre Treue zum apostolischen Erbe; sie scheuten aber nicht vor einer mutigen Neuinterpretation zurück (z. B. Wiedergabe der Worte Jesu im Johannesevangelium; Lehre von der präsentischen Eschatologie, Erhellung der Gottessohnschaft durch Präexistenzaussagen und des Mysteriums Kirche durch das Bild des Leibes, dessen Haupt Christus ist). Allerdings führten manche Fehlschlüsse daraus zu scharfen Auseinandersetzungen und pauschalen Zurückweisungen (z. B. 2 Tim 2,18). In Verbindung mit dem Ringen um Bewahrung der apostolischen Überlieferung kam es u. a. zu einer stärkeren Ausprägung der kirchl. Ämter und einer Zurückdrängung charismatischer Elemente. Auf welch verschiedene Weise in dieser nachapostolischen, oft mit dem Prädikat „frühkatholisch“ bedachten Epoche der christl. Glaube weitergegeben wurde, zeigen auch der Hebr und die Offb. Bei vielen Unterschieden in Sprache und Vorstellungen bezeugen alle diese jüngeren Schriften jedoch das zentrale Datum der Errettung durch Jesus Christus, den Sohn Gottes.

II. Geschichte. 1. Nach dem Tod der Apostel und ihrer direkten Schüler waren die Christen, die zunächst als Angehörige einer jüd. Sekte galten, einerseits äußeren Verfolgungen seitens der röm. Herrscher ausgesetzt, da sie den Kaiserkult ablehnten; andererseits hatten sie sich von den verschiedenen geistigen Strömungen (bes. Judentum, griech. Philosophie, ↗Gnōsis und ↗Mysterienkulte) abzugrenzen. Im Zuge dieser Auseinandersetzungen wurden der Kanon der ↗Heiligen Schriften (VII) und verschiedene Fassungen einer „regula fidei“ ausgeprägt, die es ermöglichten, die apostolische Botschaft in einer z. T. neuen Sprache – unter Einbeziehung der Terminologie hellen. Philosophie – zu vermitteln. Nicht zu übersehen ist, daß im „Zeitalter der Angst“ zwischen Mark Aurel und Konstantin vornehmlich die Botschaft von der Überwindung des Todes durch die Auferstehung und die große karitative Tätigkeit der Christen zur weiten Verbreitung des Christentums beitrugen.
2. Durch das Toleranzedikt Kaiser Konstantins (311) wurde das Ch. erstmals zu einer „religio licita“. Ihre Bedeutung war inzwischen so groß, daß der Kaiser selbst an ihrer Einheit interessiert war und zur Überwindung der durch Arius (gest. 336) aufgeworfenen Fragen über die Gottessohnschaft das Konzil von Nizäa (325) einberief, dessen Lehraussagen auf späteren Konzilien (Konstantinopel 381, Ephesus 431, Chalkedon 451) noch präzisiert wurden. Die weitere Entwicklung hin zur Reichskirche (unter Theodosius, 379–395; Justinian I., 527–565) führte im Westen allerdings nicht zur vollständigen Abhängigkeit der Kirche, sondern zu einer Stärkung der Autorität der röm. Bischöfe, denen als Nachfolgern des Apostels Petrus eine besondere Vorrangstellung zumindest für die Kirchen im Abendland zuerkannt wurde. In der Epoche nach den Verfolgungen zogen sich nicht wenige Christen aus den Städten in die Wüste zurück, um dort als Einsiedler oder in Gemeinschaften ganz nach dem Evangelium zu leben. Aus den Mönchen oder ihnen nahestehenden Kreisen kamen die großen Theologen, die als Kirchenlehrer im Osten und Westen die bibl. Schriften kommentierten; sie taten dies nicht zuletzt im Blick auf die Frage, wie ein Leben nach dem Evangelium sowie die bibl. Lehre von der allein heilschaffenden Gnade und dem schon angebrochenen, aber noch nicht vollendeten Reich Gottes mit dem stärkeren politischen Einfluß der Kirche zu vereinbaren sei.

3. Die unter röm. Einfluß erfolgende Annahme des christl. Glaubens durch die Franken, Angelsachsen und Germanen sowie die Bekehrung der slawischen Völker von Byzanz aus trugen dazu bei, daß sich der schon vorher abzeichnende Unterschied zwischen den Kirchen des Abendlandes und denen des Ostens noch mehr ausprägte. Maßgeblich für Liturgie, Theologie und Verehrung der Ikonen im Osten blieb das Festhalten an dem, was in der Bibel und der frühchristl. Tradition steht. (Deshalb wurde auch die im Abendland geprägte Formel „filioque" abgelehnt.) Auf die einzelnen Kirchen des Ostens übte der Kaiser nachdrücklich seine Macht aus. Durch die Ausweitung der Machtbefugnisse des Bischofs von Rom (Zurückdrängung der Patriarchate) und die Krönung Karls des Großen zum röm. Kaiser (800) verschärfte sich der Gegensatz zwischen Abendland und Morgenland so stark, daß es 1054 zum Bruch kam. Unter dem Vordringen des ↗Islam (bis hin zur Eroberung von Konstantinopel 1453) brach das oström. Kaisertum völlig zusammen; das Schwergewicht der orth. Kirche (↗Orthodoxie) verlagerte sich nach Rußland, so daß Moskau „das dritte Rom" wurde. Liturgisch und theologisch verharrten die Ostkirchen bis in die Neuzeit hinein wesentlich bei den traditionellen Formen.

Auf die abendländische Kirche wirkte sich bes. das röm. Interesse an Recht und an gesetzlicher Regelung aus. Die altkirchl. Bußpraxis wurde durch iro-schottische Missionare weiterentwickelt. Die nordische Mentalität (geringes Verständnis für Symbolik) führte u.a. zu ersten Auseinandersetzungen um die wirkliche Gegenwart Christi in der Eucharistie und neuen Formen der Frömmigkeit. Die straffer gewordene Bindung an den Bischof von Rom war nicht leicht mit den Ansprüchen des Kaisers zu vereinbaren und führte zum Investiturstreit. Die kirchl. Praxis dieser Epoche wurde vielfach durch den Mangel an rel. Wissen in breiten Volksschichten geprägt, die, damaligem Feudaldenken entsprechend, oft nur aus Gehorsam gegenüber ihren Fürsten den christl. Glauben annahmen. Innerhalb der Kirche lebte manch heidnischer Brauch als christl. Aberglaube weiter. Wahrhaft rel. Leben gab es hingegen in vielen Klöstern, wo die Theologie der Kirchenväter sorgfältig tradiert wurde. Bleibende Zeugnisse dafür sind außer der theologisch durchdachten Architektur die tiefsinnigen Buchmalereien. Echter rel. Idealismus verband sich allerdings nicht selten mit politischen Interessen, z.B. bei der Missionierung des Ostens durch die Kreuzritter und bei den Kreuzzügen.

4. Infolge des im 12. Jh. aufkommenden Handels mit der arab. Welt, der Begegnung mit dem vordringenden Islam und der auf diesem Umweg ermöglichten Rezeption des Aristoteles bahnte sich schon gegen Ende des MA ein grundlegender Wandel im Denken an. Die Scholastik führte zu einer eigenständigen Bewertung des „sensus literalis" bei der Auslegung der Bibel, zu ersten Versuchen einer Beobachtung der Natur, zur Unterscheidung zwischen Erst- und Zweitursache bei den Wundern und schließlich auch zu einem größeren Interesse am hist. Hergang dessen, was die Bibel oft sehr symbolhaft schildert. Gefördert wurde dies durch die kirchlichen Reform-Orden (Franziskaner, Dominikaner) und ihre an Jesu Leben orientierte Frömmigkeit. Dieser geistige Wandel – Vorbote der Neuzeit – zeigte sich u.a. in der ma. Malerei (perspektivische Raumdarstellung) sowie den Passions- und Osterspielen, mag dabei auch wie auf vielen Bildern das vergangene Geschehen ganz in die zeitgenössische Gegenwart hineingestellt sein. Den Anbruch einer neuen Epoche deuteten auch die Versuche an, alte Dokumente als Fälschungen zu entlarven. Das Verhalten der Päpste bzw. Gegenpäpste im 14./15. Jh. gab Anlaß zur Frage nach der Kompetenz der Konzilien (Konziliarismus); die Mißstände im Rom der Renaissance, an fürstlichen Bischofshöfen und beim ungebildeten Klerus weckten bei vielen den Ruf nach einer Reform der Kirche an Haupt und Gliedern. Infolge der oft den Interessen kirchl. Fürsten dienenden Kriege, der Pest und Hungersnöte sowie häufiger Drohungen mit der Höllenstrafe herrschte unter der Bevölkerung eine große Angst. Viele nahmen daher zu Wallfahrten, Reliquienverehrung und Ablässen Zuflucht, was oft mit magi-

schen Vorstellungen verbunden und von Ablaßpredigern ausgenutzt wurde.
5. Vorbereitet durch die Reformversuche von J. Wyclif (gest. 1384) und J. Hus (gest. 1415), stieß die Kritik M. Luthers (gest. 1546) an den damaligen Mißständen der Kirche, die die Lehre von der Rechtfertigung aus dem Glauben verdunkelte, auf offene Ohren. Gefördert wurde sie durch die dank des Buchdrucks mögliche Verbreitung seiner Schriften und seiner auf den Urtext zurückgreifenden Bibelübersetzung. Durch politisches Machtstreben von Landesfürsten („cuius regio eius religio") und den Mangel an echtem Verständnis in Rom verstärkt, führte die von M. Luther angestrebte Reformation zur zweiten großen Kirchenspaltung, die unter U. Zwingli (gest. 1531) und J. Calvin (gest. 1564) auch die Abtrennung der Reformierten und wenig später die Absonderung der anglikanischen Kirche nach sich zog (↗Protestantismus). Als Reaktion auf die bisherige Vernachlässigung der Bibel sowie die Überschätzung von „Werken" wurde in diesen Kirchen versucht, ganz aus dem Geist der Hl. Schrift allein (sola scriptura) im Vertrauen auf die Gnade Gottes (sola gratia) einzig Gott (solus Deus) die Ehre zu geben. Wußten sich die Reformatoren trotz ihrer Kritik an der röm. Kirche noch wesentlich an die kirchliche Tradition gebunden (z.B. bei der Berufung auf die alten Konzilien), so änderte sich dies in den folgenden Jahrzehnten. Die „protestantische Orthodoxie" (17. Jh.) anerkannte als Richtschnur christl. Lebens fast nur die ihrer Ansicht nach bis auf jedes Satzzeichen inspirierte Bibel („papierener Papst").
Die romtreu gebliebenen Kirchen griffen in der Gegenreformation das Erneuerungsanliegen auf (bes. auf dem Konzil von Trient, 1545–1563) und bemühten sich, die bestehenden Mißstände abzuschaffen und das kirchliche Leben durch gute Priesterausbildung, bischöfliche Visitation, Pflege echter Heiligenverehrung, eucharistische Frömmigkeit usw. zu erneuern. Zu Hilfe kam ihnen dabei das Wirken großer Heiliger (↗Heilsgestalten VI) und Ordensstifter bzw. Erneuerer alter Orden. Allerdings geschah die Durchführung der Gegenreformation ähnlich wie bei der Reformation nicht selten gewaltsam. In Verbindung mit der Gegenreformation, die sich künstlerisch in den Bauten, Bildern und Dichtungen des Barock widerspiegelt, kam es schließlich nach der Entdeckung neuer Kontinente zu einer großen missionarischen Bewegung, die erstmals auch zu einer intensiveren Begegnung mit anderen Religionen führte.
6. Die Entdeckung der Einmaligkeit und Eigenverantwortung des menschlichen Seins in Scholastik, Humanismus und Reformationszeit leitete geistesgeschichtlich die „Wende zum Subjekt" ein. Das einzelne Subjekt („maître et possesseur", R. Descartes [gest. 1650]) betrachtet die Welt als ihm gegenüberstehendes Objekt. Die dadurch forcierte Entwicklung der Naturwissenschaft machte deren erfolgreiche Methode bald zum Modell jeder Wissenschaft. Der so geförderte Positivismus – nur das als „Tatsache" Bewiesene gilt als wirklich – bedingte ein Zurückdrängen Gottes aus dieser Welt (↗Deismus) und eine im Lauf der folgenden Jahrhunderte zunehmende Konzentration auf die empirisch erfahrbare Welt (↗Säkularisierung) sowie das irdische Glück. Das Vertrauen in die menschliche Vernunft führte bei den Denkern der „Aufklärung" (18. Jh.) zu einer negativen Beurteilung des angeblich „dunklen Mittelalters" und der Forderung nach Befreiung aus „selbstverschuldeter Unmündigkeit" (sapere aude [Kant]). Politisch wirkte sich dies sowohl in der Säkularisation (z.B. Josephinismus) wie in der Französischen Revolution aus. Unter Berufung auf die Vernunft wurde nun die in der protestantischen Orthodoxie verteidigte Verbalinspiration kritisch hinterfragt. Angeführt von den engl. Deisten des 18. Jh., leugnete eine Reihe hist.-krit. Bibelwissenschaftler manche bislang als selbstverständlich geltenden Aussagen (z.B. Wunder, Auferstehung, Gottessohnschaft). Dem „Köhlerglauben" der Kirchen stellten viele Exegeten ihre angeblich sicheren Forschungsergebnisse gegenüber („Leben-Jesu-Forschung", „Bibel-Babel-Streit"). Rationalistische Theologen des 18./19. Jh. sahen in der Bibel letztlich nur eine „Offenbarung" von Wahrheiten, zu denen der Mensch

auch mit seiner Vernunft gelangen kann. Die Botschaft des Evangeliums reduzierten sie fast ganz auf eine Morallehre. Die scharfsinnigen Untersuchungen führten aber auch dazu, die Bibel und die kirchliche Überlieferung noch mehr als bisher zu erforschen, nicht zuletzt durch Auswertung rel.-gesch. Parallelen. Ende des 19. Jh. sah sich die krit. Forschung zusätzlich durch die ↗Evolutions-Lehre von Ch. R. Darwin (gest. 1882) sowie die Thesen von L. Feuerbach (gest. 1872) und S. Freud (gest. 1939) herausgefordert. Kirchlich gebundene Christen aller Konfessionen wandten sich dagegen, indem sie ihrerseits die Historizität der bibl. Angaben verteidigten oder sich – wie in der kath. Kirche – gegenüber glaubenszerstörenden Tendenzen einfach abriegelten. Im protestantischen Pietismus und in der kath. Restauration des 19. Jh. (einer mit der Romantik verbundenen Reaktion auf die verschiedenen Tendenzen der Säkularisierung) kam es sowohl in der kath. wie in den ev. Kirchen teilweise zu regelrechten Blüteperioden (Ordensstiftungen, Weltmission, Kirchenbauten u.a.). Das Erstarken nationalstaatlicher Bestrebungen (Aufbruch um 1848, deutscher Kulturkampf) konnte diese Restauration nicht verhindern, rief hingegen in der kath. Kirche eine Festigung des röm. Primats hervor. Dies führte 1870 auf dem Ersten Vatikanischen Konzil zur Definition der päpstlichen Unfehlbarkeit. In der Folgezeit wurde diese auf „ex-cathedra"-Entscheidungen eingeschränkte Vollmacht landläufig oft auf jede röm. Entscheidung ausgedehnt. Die Versuche mancher kath. Forscher, die Erkenntnisse der neueren Wissenschaften in der Theologie zu berücksichtigen, wurden unter Pius X. (gest. 1914) als „Modernismus" verurteilt. In den ev. Kirchen kam es zu vielen fundamentalistisch orientierten Sektenbildungen. Die Frömmigkeit der Katholiken wurde in dieser Epoche u.a. durch eine stark aufblühende Marienverehrung geprägt. Als Reaktion auf die Gefährdung durch permissive oder liberale Lebensformen entwickelte sich in ev. wie kath. Kreisen eine große Prüderie (Viktorianisches Zeitalter). Die durch Kolonialisierung und Industrialisierung ermöglichte wirtschaftliche Entwicklung führte zur sozialen Frage und bahnte das bis heute bestehende Mißverhältnis zwischen dem Reichtum der Industrieländer und der Armut der Dritten Welt an; die Kirchen stellten sich diesen Problemen nur zögernd und meist in Einzelmaßnahmen, so daß eine große Entfremdung weitester Volksschichten eintrat und die Ideen des Marxismus großen Anklang fanden.

7. Die Zuversicht liberaler Theologen hinsichtlich der Ermöglichung irdischen Glücks für alle wurde durch die Schrekken des 1. Weltkrieges stark gedämpft. Die anschließenden politischen Änderungen (Ende der Bindung zwischen Thron und Altar, Lateranverträge, Einfluß des antikirchlichen Sozialismus) bewirkten eine der Bibel und Tradition zugewandte, sich den Ideen der Neuzeit nicht selten verschließende Einstellung vieler kirchl. Kreise. Zeichen neuaufbrechender innerkirchl. Begeisterung waren vor allem die liturgische Erneuerung, das intensive Bibelstudium und – bes. unter dem Druck der Verfolgung – das Interesse an ökumen. Zusammenarbeit. Letztere erfolgte sowohl innerhalb der protestantischen Kirchen als auch in Zusammenarbeit mit dem röm. Katholizismus. Daneben wuchs das Engagement christl. Parteien in der Politik, sofern sie nicht durch autoritäre Regime (Kommunismus, Faschismus, Nationalsozialismus) gewaltsam unterdrückt wurden. Dank vieler rel.-wiss. Einzelforschungen und mancher durch moderne Verkehrsmittel ermöglichten persönlichen Begegnungen wuchs auch ein neues, positives Verständnis der nicht-christl. Weltreligionen. Die bitteren Erfahrungen des 2. Weltkrieges – vor allem die Erkenntnis der Mitschuld eines seit alters von Christen genährten Antisemitismus an den Grauen der Konzentrationslager – stärkten in vielen Kirchen die Bereitschaft zur Selbstkritik gegenüber bestehenden Formen der Frömmigkeit und Kirchenverwaltung. Der durch das Programm der „Entmythologisierung" (R. Bultmann) ausgelöste „Streit um die Bibel" zeigte, daß innerhalb der Kirchen die durch die Wissenschaften aufgegebenen Probleme noch längst nicht gelöst waren. Die Sprache der Bibel weicht in vieler Hinsicht

von der heutigen ab (z.B. Vorstellungen vom Anfang und Ende der Welt, von Gottes Wirken in der Schöpfung, Wunderverständnis). Während sich manche Protestanten den neueren Erkenntnissen oft kritiklos auslieferten (bis hin zur Leugnung der Auferstehung Jesu und der Toten), versuchten andere sich diesen gegenüber mehr oder minder zu verschließen. Innerhalb der kath. Kirche brachte das II. Vatikanum (1962–1965) zwar eine grundsätzliche Öffnung für die Auswertung der neueren Erkenntnisse der Bibelwissenschaft und für den Dialog mit der modernen Welt; dies führte aber neben vielen Formen kirchl. Erneuerung auch zu manchen Fehlreaktionen (Verunsicherung weiter Kreise, leichtsinnige Übernahme modischer Meinungen, ängstlich restaurative Tendenzen). In Kontrast zum wachsenden Interesse an den Fragen nach Gott und Jesus in Literatur und Kunst steht heute die große Reserve vieler Menschen gegenüber den Kirchen. Erstmals in der Menschheitsgeschichte werden weltweit theoretischer und praktischer Atheismus in Ost und West vertreten. Selbst manche Christen suchen die Bewältigung der Probleme in der Zuwendung zu anderen Religionen (New Age). Angesichts der beängstigenden Probleme von Überbevölkerung, Umweltverschmutzung sowie neuen Möglichkeiten von Medizin und Technik (Genmanipulation, Atomenergie, Weltraumfahrt, Massenmedien) stehen die christl. Kirchen vor enormen Aufgaben. Dazu gehört auch die Forderung, die Gleichberechtigung der Frauen innerhalb der Kirchen besser zu praktizieren. Die Kirchen können solche Aufgaben nicht als einzelne lösen, sondern nur in ökumen. Einmütigkeit und in reger, von Toleranz getragener Zusammenarbeit mit allen anderen, bes. aber mit den im Monotheismus verbundenen Religionen des Judentums und des Islam, ohne damit ihre eigene Sendung zu verleugnen (vgl. Vat. II, Nostra aetate 1). Dem Ch. kommt dabei, wie das Treffen von Vertretern aller Religionen in Assisi 1986 zeigt, eine besondere Aufgabe zu.

III. Selbstverständnis. Die unterschiedlichen Formen christl. Lebens, wie sie die Geschichte, aber auch manche Katechismen belegen, erwecken leicht den Eindruck, als stünden im Ch. vielerlei Wahrheiten nebeneinander. Demgegenüber zeigt eine nähere Betrachtung, daß diese letztlich alle um ein Zentrum kreisen und von dorther zu verstehen sind (vgl. die Äußerung über die „Hierarchie der Wahrheiten“, Vat. II, UR 11). Dies zeigt eine zusammenfassende Darstellung der wesentlichen Glaubensaussagen im Anschluß an die drei Grundartikel des allen Konfessionen gemeinsamen Credos.

1. Der Glaube an den einen Gott, den Schöpfer und Retter der Menschen. Diesen Glauben haben die Christen mit Juden und Muslimen gemeinsam. Nach christl. Verständnis liegt dieser Glaube auf der Linie der Suche nach einem höchsten, die irdische Welt transzendierenden Wesen in allen Religionen und vielen Philosophien. Allerdings bestehen zwischen diesen, bes. auch einem rein philos. Monotheismus, und dem christl. Glauben an Gott große Unterschiede. Der Gott der Bibel ist nämlich mehr als ein „Erstbeweger“ oder ein „Höchstes Gut“ jenseits dieser Welt, wie es viele Philosophen postulierten und klass. Dichter besprachen. Denn nach der Aussage der Bibel hat sich Gott in der Geschichte Israels als derjenige bezeugt, der in dieser Welt ständig als Schöpfer am Werk ist, am Leben des Menschen Anteil nimmt und seinen in Sünde und Tod verstrickten Geschöpfen zu Hilfe kommt. Diese Offenbarung Gottes ergeht zwar in einer Sprache, die verwandt ist mit der Sprache antiker Mythen, die vom Wirken der Götter im Leben der Menschen erzählen und deren heutige Situation in Ereignissen begründet sehen, die schon immer so stattfanden. Von solchen Mythen unterscheidet sich der Gottesglaube aber wesentlich durch das Bekenntnis zum einen transzendenten Gott und dessen Handeln in der Geschichte. Heutige Voraussetzungen für die Annahme des Glaubens an den Gott Abrahams, Isaaks und Jakobs ist das Eingeständnis, daß die naturwiss., rein positivistische Sicht der Welt bei aller Perfektion nur eine begrenzte, ja sogar vordergründige ist; denn sie vermag weder über die Herkunft noch über das Ziel der Welt und des menschlichen Lebens sichere

Auskunft zu geben. Die Verankerung des Gottesglaubens in Gottes einzigartiger Selbstoffenbarung begründet den für die Offenbarungsreligionen unaufgebbaren Wahrheitsanspruch (↗Absolutheitsanspruch). Dieser ist allerdings zu anderen Religionen dadurch offen, daß die von ihrem Empfänger nie vollständig erfaßte und adäquat verkündete Offenbarung viele in anderen Religionen verstreute Wahrheiten *(lógos spermatikós)* aufgreift und außerdem ganz im Dienst des Heils aller Menschen steht.

Für das Ch. ist der Gott Abrahams, Isaaks und Jakobs (im Unterschied zum Judentum) zugleich „der Vater unseres Herrn Jesus Christus" (Eph 1,3). Die atl. Aussagen über Gottes väterliche Sorge und Liebe, sein mütterliches Herz für das auserwählte Volk (Jes 49,15; Hos 11,4.8) erhalten dadurch eine einzigartige Aufgipfelung, deren Höhepunkt die Aussagen über den Erweis der Liebe Gottes in der Hingabe seines Sohnes und der Selbstmitteilung im Hl. Geist bilden (z.B. Joh 3,16; Röm 8,32; 2 Kor 13, 13). Das Ch. bekennt Gott als „Vater" und als „Liebe" (1 Joh 4,14.16), obwohl ihm (wie Altisrael) die Erfahrung von Unrecht und Leid sowie des Schweigens Gottes angesichts des Elends in der Welt keineswegs fremd ist. Wenn Christen es dennoch wagen, Gott „Vater" zu nennen, tun sie dies, da sie 1. sich selbst nicht zu einem Urteil über Gott berechtigt wissen (vgl. Ijob 38–42), 2. durch den Tod und die Auferweckung des Sohnes zu einer Korrektur menschlicher Gottesvorstellungen gedrängt werden und 3. sich bewußt sind, daß eine solche Anrede Gottes nur dank einer Befähigung durch Gottes Geist möglich ist (vgl. Röm 8,15). Die zuletzt erwähnten Aspekte zeigen, daß der christl. Gottesglaube sich wesentlich von bloßem menschlichem Wunschdenken (L. Feuerbach, S. Freud) abhebt.

2. Der Glaube an Jesus Christus, den wahren Sohn Gottes und Erlöser aller Menschen. Durch diesen unterscheiden sich die Christen wesentlich vom Judentum und vom Islam. Grundgelegt ist dieser Glaube in dem mit einzigartiger Autorität und Gottunmittelbarkeit erfolgenden Auftreten Jesu selbst; bewußt wurde er den Aposteln durch die ihnen geschenkte österliche Offenbarung Jesu als „Sohn" (vgl. Gal 1,16; Mt 16,17), als „Herr und Christus" (Apg 2,36) sowie als einziger Retter aus der Todesverfallenheit (vgl. Apg 4, 12; Joh 11,25; 14,6). Diese tiefere Einsicht verdanken die Apostel nicht zuletzt dem Hl. Geist, der sie in die volle Wahrheit einführte (Joh 16,13). Dabei ist rel.-wiss. zu beachten, daß der Titel „Sohn" Jesus nicht bloß als Amtstitel zukommt (wie etwa den Königen des Alten Orients oder den Königen Israels vom Tag ihrer Inthronisation an; vgl. Ps 2,7). Zwar wurde auf einer frühen Stufe Jesu österliche Inthronisation in diesem Sinn als Bestellung zum Sohn Gottes gedeutet (vgl. Röm 1,4 mit Apg 2,36); doch wird der Titel „Sohn" Jesus Christus schon sehr früh als Herkunftsbezeichnung zugesprochen (z.B. Gal 4,4; Röm 8,32); die Kirche explizierte ihn unter Berufung auf die Bibel (z.B. Joh 13,3; 16,27) im Sinn eines außerhalb der Zeit liegenden Hervorgehens aus dem Vater („gezeugt, nicht geschaffen", Credo). Diese ewige Herkunft des Sohnes ist zu unterscheiden von seiner irdischen Lebensentstehung („empfangen durch den Heiligen Geist") und Geburt („von der Jungfrau Maria"), wie sie die jüngeren Kindheitsevangelien erzählen. Im Unterschied zu rel.-wiss. oft verglichenen Mythen fehlt letzteren allerdings jede anschauliche Schilderung. In Abhebung von alten Mythen oder plausiblen Erklärungen verteidigt das Ch. die Gottessohnschaft Jesu als das einzig im Glauben und mit Hilfe des Hl. Geistes zu bekennende Mysterium, das in menschlichen Formeln (auch in Dogmen) immer nur inadäquat ausgesprochen werden kann: Der Sohn ist demnach dem Vater in allem wesensgleich (homoúsios), ausgenommen seine Herkunft. Seine Hingabe in Menschwerdung und Tod zeigt, daß Gott sich der Menschen nicht gleichsam von oben herab erbarmt, sondern ihnen in Christus persönlich zu Hilfe kommt.

Die Reflexion über Jesu Tod für alle Menschen vertiefte die schon im Alten Bund und bes. im Judentum ausgesprochene Erkenntnis von der Verlorenheit des Menschen: Durch seine Verstrickung in die Schuld der ganzen Menschheit (verkörpert in ↗Adam) und durch seine eigene Sünde (vgl. Röm 5,13) ist der Mensch von sich aus dem ewigen Tod preisgegeben, d.h. einer Existenz fern von Jahwe, dem Quell des Lebens, die nicht den Namen Leben verdient und schon im frühen Judentum als „Hölle" ausgemalt wurde. Indem der Sohn Gottes selbst diesen Tod und die Gottesferne auf sich nahm („hinabgestiegen in das Reich des Todes"), eröffnete er allen Menschen den Weg zu einer Errettung aus dieser Verlorenheit, für die irdisches Elend und biologischer Tod nur schwache Symbole sind.

Höhepunkt der Rettungstat des Sohnes ist seine Auferweckung von den Toten. Diese bedeutet nicht einfach die Rückkehr in das Leben dieser Welt, sondern die endgültige Überwindung des Todes, die den Aposteln durch Gott bzw. den Auferstandenen bekannt wurde und die sie von Anfang an bezeugten (vgl. Gal 1,6; 1 Kor 15,3–8). Der einzelne kann an dieser Rettungstat Christi Anteil erhalten, indem er durch den Glauben und die sakramentale Konkretisierung dieses Glaubens in Taufe und Eucharistie sowie deren Nachvollzug in einem von Glaube, Hoffnung und Liebe getragenen Leben mit dem Gekreuzigten und Auferstandenen eins wird. Aus sich allein, durch seine eigenen Werke und Anstrengungen vermag sich kein Mensch zu erlösen. Für die Menschen, die Christus überhaupt nicht oder nur in entstellter, den Glauben verhindernder Weise kennenlernen, besteht nach kirchlicher Lehre die Möglichkeit, sich jetzt schon (sozusagen als „anonyme Christen") für diese Erlösung durch Christus zu öffnen, die ihnen in ihrem Tod bewußt und endgültig zuteil wird (Begierdetaufe).

3. Der Glaube an den Hl. Geist, der die Kirche beseelt. Die Christen waren von frühester Zeit an fest überzeugt, daß der im Alten Bund für die Zukunft dem Messias und dem ganzen Volk verheißene Geist (Atem) Gottes ihnen durch den Auferstandenen vom Vater her geschenkt wurde (vgl. Apg 2,33; Joh 15–16). Bibl. Angaben über den Hl. Geist (vgl. Mt 28,19; 2 Kor 13,13; Joh 15,26) berechtigen dazu, ihm volle göttliche Würde zuzuerkennen. Dies hat in den Aussagen über das Mysterium der Dreieinigkeit (ein Gott in drei Personen) seinen Niederschlag gefunden. Dabei ist zu beachten, daß die nichtbibl., in den kirchl. Kontroversen geprägte Rede von „drei Personen", heute – infolge des neuzeitl. Personverständnisses (im Sinn selbständiger Persönlichkeit) – leicht mißverstanden wird. Der Hl. Geist ist im Grunde Gottes Lebensodem, Gottes Liebe, die Vater und Sohn miteinander verbindet. Gott ist also von seinem innersten Wesen her der sich selbst ganz Verschenkende; er bedarf nicht erst der Menschen als Objekt seiner Liebe, sondern schenkt ihnen aus seiner immer schon überströmenden Liebe Anteil an seinem Leben.

Die einzigartige, durch Jesu Tod und Auferstehung vermittelte Teilhabe am göttlichen Lebensodem unterscheidet das Volk Gottes im Neuen Bund, die Kirche, vom auserwählten Volk des Alten Bundes. Dank dieser Teilhabe an dem göttlichen Geist kann die Kirche „Leib Christi" genannt werden (vgl. 1 Kor 12,12f.; Ch. und ↗Kirche sind allerdings begrifflich zu unterscheiden). Schon im Alten Bund war aber Gott, wenn auch anders, durch seinen Geist anwesend und wirksam („der gesprochen hat durch die Propheten"), ebenso ist er durch diesen Geist überall in der Welt am Werk, bes. dort, wo Menschen – getragen vom Glauben an eine ihr eigenes Dasein übersteigende Macht – Gutes tun und vom Sinn des Lebens überzeugt sind. Wie Israel kommen der Kirche ihre Auserwählung und Begabung mit Hl. Geist nicht um ihrer selbst willen zu, sondern im Hinblick auf alle Menschen, die dazu bestimmt sind – jeder nach seiner Berufung –, an Gottes Herrlichkeit Anteil zu erhalten (vgl. z.B. 1 Kor 15,28; Eph 4,15f.; Joh 17,5). Auf dieses universale Ziel sind alle Lebensäußerungen der Kirche hingeordnet, wenn auch auf unterschiedliche Weise.

Der Hl. Geist befähigt die Christen überhaupt erst dazu, Gott als ihren Vater (Gal 4,6) und den gekreuzigten Jesus von Nazaret als ihren Herrn (1 Kor 12, 3) zu bekennen. Er begeistert die Gesamtheit der Getauften dazu, Gottes Großtaten dankend zu feiern, zu bezeugen und darauf in einem Leben der Liebe zu antworten, die in der Feindesliebe ihre besondere Konkretisierung erhält (vgl. Mt 6,27–36;

jede Forderung christl. Sittenlehre hat darin ihre Mitte). Gottes Geist inspirierte nicht nur die Apostel und ermutigte sie zu ihrer Predigt, sondern bewahrt auch bis in die Gegenwart hinein das ganze christl. Volk und die kirchlichen Amtsträger in der Wahrheit. Die dem Bischof von Rom nach kath. Lehre zuerkannte Unfehlbarkeit („ex cathedra") ist in diesem Zusammenhang zu betrachten. (Die hist. gewachsene Ausübung des Primats in seiner heutigen Form ist jedoch, wie die Geschichte und die ökumen. Bemühungen der röm.-kath. Kirche zeigen, nicht die einzig mögliche.) Die Führung durch den Geist Gottes, die sich noch in vielen anderen Charismen äußert, hebt allerdings nicht die Willensfreiheit der Christen und damit ein mögliches Handeln wider den Geist Gottes auf.

Zum Wirken des Hl. Geistes in den Getauften gehört schließlich, daß die Getauften durch ihn jetzt schon, wenn auch noch verhüllt und vorläufig, teilhaben am Leben des Auferstandenen, so daß sie in Wahrheit dem Tod entrissen und zum ewigen Leben wiedergeboren sind (präsentische Eschatologie). Im Wissen darum liegt der Grund zu einer freudigen, optimistischen Bejahung des Lebens in dieser Welt voller Bedrängnis und Elend. Zugleich liegt darin ein Appell, missionarisch tätig zu sein; denn es kann Christen nicht gleichgültig sein, daß andere diese Fülle der Wahrheit und den vollen Besitz des Lebens noch entbehren. Allerdings ist jede Intoleranz gegen andere Glaubensgemeinschaften oder Religionen letztlich unchristlich; denn sie verkennt, daß Gott nicht alle Menschen gleichzeitig beruft und vielen Zeit läßt, um schließlich zu der ihnen bestimmten Stunde seiner Einladung zu folgen (vgl. die kirchliche Auslegung von Mt 20,1–16). Der Satz Cyprians „extra ecclesiam nulla salus" ist als Appell an die Christen zu interpretieren und nicht als Information über die Zukunft aller Nichtgetauften.

Die in der Taufe geschenkte anfanghafte Teilhabe am Leben des Auferstandenen wird erst bei der Vollendung der Taufe im Tod endgültig. Nach verbreiteter Vorstellung erfolgt diese bei der Auferstehung am Jüngsten Tag. Das der Apokalyptik entlehnte Bild von Auferstehung und Weltgericht – die Bibel kennt auch andere – meint jedoch, daß das endgültige Heil wesentlich an die Gemeinschaft mit anderen gebunden ist und daß zu seiner Erlangung das Verhalten zum Nächsten den Ausschlag gibt. (Dies ist der Sinn des apokalyptischen Bildes vom Jüngsten Gericht.) Wie schon Paulus (Phil 1,23), viele Märtyrer und Heilige dürfen aber alle Getauften darauf hoffen, schon im Tod Christus zu begegnen und endgültigen Anteil an seiner Herrlichkeit zu erhalten. (Die früher unter Katholiken übliche Unterscheidung zwischen der „Seligkeit der Seele" bzw. deren „Läuterung" unmittelbar nach dem Tod und der Seligkeit der am Jüngsten Tag Auferweckten setzt eine der Bibel letztlich fremde, zeitbedingte Auffassung voraus und kann nicht zum Wesen des Ch. gerechnet werden; ähnliches gilt für die bei manchen Protestanten beliebte Auffassung vom Seelenschlaf der Toten bis zum Jüngsten Tag bzw. für die neuere, biblisch unhaltbare Hypothese vom Ganztod des Menschen, der durch eine völlige Neuschöpfung am Ende der Zeit aufgehoben werde.)

Die hier skizzierten Wesenselemente christl. Glaubens, die keineswegs vollständig sind, bieten einen Anhalt, das Ch. aufgrund seiner Entstehung, Geschichte und seines Selbstverständnisses von den Verkürzungen zu unterscheiden, die für Außenstehende oft „das Ch." ausmachen. Das gilt z. B. für die seit der Aufklärung verbreitete Reduzierung des Ch. auf eine Morallehre (Fülle von Einzelvorschriften; Jesuanismus), für manche Fehlformen in der christl. Mission (Zwang und Intoleranz; Abwertung anderer Religionen; Antisemitismus) und in der christl. Frömmigkeit (dem Aberglauben angenäherte Formen von Bilder- und Reliquienverehrung; verzerrte Marienfrömmigkeit). Die Besinnung auf den innersten Kern des allen christl. Konfessionen gemeinsamen Glaubens bietet jedem Christen sozusagen einen Kanon für sein kirchl. Glauben, Handeln und Lehren; von dieser Mitte aus vermag er gerade in einer pluralistischen, angsterfüllten Gesellschaft auf glaubwürdige, die Wahrheit nicht verkürzende oder verdunkelnde Weise das Ch. als den befreienden Glauben an den dreieinigen Gott und einzigen Retter zu bezeugen.

Lit.: *H. Braun u.a.,* Art. Ch.: RGG³ I 1685–1729; *K. Rahner,* Art Ch.: LThK² II 110–115; *K. Wegenast,* Art. Ch.: KP I 1549–1729; Art. Ch.: EJ V 505–515; *A. Köberle,* Art. Ch.: TRE VIII 13–23; *J. Ratzinger,* Einführung in das Ch. München 1968; *R. Kottje/ B. Moeller* (Hg.), Ökumen. Kirchengeschichte. 3 Bde. Mainz 1970–1974; *K. Rahner,* Grundkurs des Glaubens. Freiburg ¹²1982; *H. Waldenfels,* Kontextuelle Fundamentaltheologie. Paderborn 1985; Handbuch der Kirchengeschichte, hg. von H. Jedin (Freiburg 1962–79). 7 Bde. Taschenbuchausgabe 1985; Atlas der Kirchengeschichte. Hg. v. H. Jedin u.a. (Freiburg 1970, Neuausgabe 1987); *K. D. Schmidt/E. Wolf* (Hg.), Die Kirche in ihrer Geschichte. Göttingen 1961 ff.

F. König / J. Kremer

Christus/Messias. Ch. ist Übersetzung des hebr. „Messias" (↗Messianismus). Der Ausdruck bezeichnete in erster Linie David (2 Sam 2,4.7; Ps 89,21) und seine Nachfolger im Königshaus (Ps 84,10; 132,17). Nach dem Niedergang des Königtums in Israel wird Ch. = „Gesalbter (Gottes)" zur Bezeichnung einer endzeitlichen Heilsgestalt aus davidischem Geschlecht (Jes 9,5f.). Auf sie richten sich die Heilserwartungen im Frühjudentum (PsSal 18,5) bis in die rabb. Zeit (SchE 14). Von den Römern wird ↗Jesus (I) als dieser Messiasprätendent (mit politischem Anspruch) verstanden (Mk 14,61) und als (davidischer) König der Juden (Mk 15,26) hingerichtet wie ein Aufständischer (Apg 5,36f.). Jesu ↗Auferstehung (II) wird von seinen Jüngern als Bestätigung seines göttlichen Anspruchs (↗Gottesreich II) von seiten Gottes im Paradoxon seines Kreuzestodes (1 Kor 1,23f.; Gal 3,13) erfahren. Der Ch.-Titel ist daher sowohl in Jesu Botschaft (Lk 4,13) als auch in seinem Tod als Ch. (Mk 14,61) begründet und in seiner Auferstehung endgültig als offenbart bekannt. Im Titel Ch. sind sowohl die bezeichnete Person als auch ihre Worte und Taten enthalten (Mk 1,1; Röm 15,19; Apg 28,31). Ch. ist für das NT die Person, die die Endzeit herbeigeführt hat (Eph 1,10). Der atl. Titel bildet mit Jesus und seiner Heilsbedeutung eine solche Einheit, daß Verkündigung und Anruf des Namens dem Glaubenden (↗Glaube III) Rettung bringt (Apg 8,12; Röm 10,13f.). So wird Ch. zum Oberbegriff für all die Titel und Personifikationen, die die Endzeit (↗Zukunft/Jenseits I) bestimmen (Menschensohn: Mt 16,13.16; Retter: Lk 2,11; Friede: Eph 2,14; Herr: Phil 2, 11; Heiliger und Gerechter: Apg 3,14 u.a.). Das Bekenntnis zu Ch. führte früh dazu, die Gemeindeglieder (↗Kirche) Christen zu nennen (Apg 11,26; 1 Petr 4,16).

Lit.: *W. Grundmann,* Art. χρίω κτλ.: ThWNT IX 513–576; *F. Hahn,* Christologische Hoheitstitel. Göttingen ³1966.

J. Hintzen

D

Dämonen

I. Begriffsgeschichte. – II. Erscheinungsformen und ihre Erklärung

I. Begriffsgeschichte. 1. Das griech. Wort *daímōn* bedeutet seiner etymologischen Herkunft nach sowohl „Zerteiler" als auch „Zuteiler". Infolgedessen läßt sich ihm der Begriff *moîra,* der genuin die Fleischportion bezeichnet, komplementär zuordnen. Vom sprachgesch. Zusammenhang her ist einerseits das Verhalten eines beutezerreißenden Raubtiers, andererseits das eines Nahrung hierarchisch verteilenden Hausvaters assoziiert. Wenn daher ein olympischer Gott in der antiken Dichtung *daímōn* genannt wird, so kann damit seine Funktion als Zuteiler einer „Schicksalsportion" *(moîra)* gemeint sein, aber auch sein völlig überraschendes Eingreifen oder sein maßloser Zorn. Der Begriff ist demnach urspr. ambivalent; er wurde, anders als in unserem Sprachgebrauch, als eine ebenso positive wie auch negative Bezeichnung für ein übermenschliches Wesen verwendet. – Wird zwischen Gott und *daímōn* differenziert, so nehmen die D. eine Mittelstellung zwischen Göttern und Menschen ein, eine Konzeption, die seit *Platon* (bes. Symposion 202 d–e) für die Philosophie eine wichtige Rolle spielte. Welchen Sinn eine solche Vorstellung hat, erklärt *Plutarch* in seiner Schrift „Über den Niedergang der Orakel" (13 [416 e–f]): Sie schafft ein notwendiges Bindeglied, um die Kluft zwischen der irdisch-menschlichen und der fernen göttlichen Sphäre zu überbrücken, und sie ermöglicht ein von negativen Aspekten gereinigtes Gottesbild, da die Übel in der Welt den D. zugeschrieben werden können. Die D. sind ihrer eigenen Beschaffenheit nach etwas Mittleres, nämlich weniger dem Stofflichen verhaftet als der Mensch, jedoch nicht (als nach stoischer Auffassung „feinstoffliche Wesen") in der gleichen Weise rein geistig wie Gott. Sie üben auch eine Mittlertätigkeit aus (*Platon* nennt sie „Dolmetscher und Fährleute": Symp. 202 e) und können jeweils für die einzelnen Menschen als „Geleit-D." (vgl. den röm. Genius) die Funktion von Schutzgeistern übernehmen. Die verinnerlichte Form eines solchen Schutzgeistes ist das *daimónion* des *Sokrates*, eine innere Stimme, die ihn vor schlechten Handlungen warnt. *Platon* schildert in einem Mythos (Staat 617 d), daß der Mensch sich „seinen *daímōn*" selbst erlost; das bedeutet: sein *êthos*, seine Wesensart, wie *Heraklit* (VS 22 B 119) den *daímōn* des Menschen nannte, ist ihm nicht zugeteilt, sondern liegt in seiner eigenen Verantwortung – und damit auch der Anteil, den der Mensch durch seine Geistseele am Göttlichen hat. Neben dieser positiven Auffassung der D. gewinnt von *Xenokrates* an der negative Aspekt im Rahmen einer philos. Religionskritik zunehmend an Bedeutung, weil dualistische Tendenzen der Spätantike jede Verstrickung in die Materie als ein Übel erscheinen lassen. Soweit man hingegen die Mittelwesen neutral benennen will, bezeichnet man sie eher als *pneúmata* (griech.) oder *spiritus* (lat.), was beides etwa unseren „Geistern" entspricht.

2. Auch Juden- und Christentum kennen eine himmlische Hierarchie solcher zwischen Gott und Mensch vermittelnder Mächte (↗Engel), denen eine Heerschar abtrünniger böser Mächte („gefallener Engel" = ↗Satan und D.) gegenübersteht. Während aber die Evangelien die Wörter *daimónia* und *pneúmata* ausschließlich in negativem Sinn verwenden (z. B. Mk 1,34; Mt 8,16), gibt es für die in der Tradition spätantiker Philosophie stehenden Kirchenväter sowohl gute als auch böse *pneúmata* bzw. *spiritus*. Erst seit *Augustinus* sind die D. schließlich endgültig abgewertet: Von nun an werden sie mit Teufeln identifiziert.

Hinzu kommt das Bestreben, die Götter fremder Religionen dem eigenen Gott dadurch unterzuordnen, daß man sie zu D. degradiert. Lassen sich die fremden Götter problemlos integrieren, können sie sogar in einer monotheistischen Religion ihren Platz erhalten: beispielsweise wurden die kanaanäischen Göttersöhne *(bēn)* als Geister, die den Hofstaat Jahwes bilden, in das israelit. Religionssystem aufgenommen. Auf konkurrierende Gottesvorstellungen, die sich nicht einfach absorbieren lassen, ist dieses Verfahren jedoch nicht anwendbar; sie werden daher „verteufelt". Ein frühes Beispiel für diesen Vorgang ist die Dämonisierung des Gottes Baal im AT (z. B. 2 Kön 1,2). In gleicher Weise haben die Christen die Götter der heidnischen Antike (z. B. *Klemens v. Alexandrien*, Protreptikos; *Firmicus Maternus*, De errore profanarum religionum) und später etwa auch der Germanen als D. bezeichnet, was zwar das Eingeständnis ihrer Existenz und Wirkmacht, zugleich aber ein abwertendes Urteil beinhaltete.

Da die Missionsarbeit bis in die jüngste Vergangenheit zum Teil so verfährt, wurden und werden die Kontakte der Kulturen untereinander erheblich durch das Mißverständnis belastet, die Fremden würden böse D. oder Teufel anbeten, ein Vorwurf, der auch immer wieder gegen Minderheiten und Abweichler innerhalb der eigenen Religion (z. B. gegen Häretiker, Ketzer und ↗Hexen) erhoben wurde.

3. Wo die moderne Religionswissenschaft nicht dem traditionellen Sprachgebrauch folgt und D. einfach mit „bösen Geistern" gleichsetzt, verwendet sie den Begriff (um auch dem ethnologischen Material gerecht zu werden) als wertneutrale Kategorie für spirituelle Wesenheiten („Geister"), die nicht den Rang eines Gottes haben.

II. Erscheinungsformen und ihre Erklärung. D. sind personal vorgestellte Symbolfiguren menschlicher Ängste und Hoffnungen, feindliche Gegenspieler und Begleiter in allen Angelegenheiten des täglichen Lebens. Sie repräsentieren von der Natur (auch der inneren Natur des Menschen) her drohende Gefahren, aber auch Schutz und Abwehr gegen dieselben, sowie den nährenden und schenkenden Aspekt der Natur.

1. Entsprechend der urzeitlichen Lebensform des Menschen, die durch die Opposition zwischen angstfreiem Wohnraum und gefährlicher Wildnis geprägt war, nehmen D., die vom unheimlichen „Draußen" her drohende Gefahren repräsentieren, einen besonderen Rang ein. Allen voran geht dabei der D. in Raubtiergestalt, ethologisch deutbar als Projektion angeborener Ängste vor dem Artfeind. Dessen signifikante Merkmale: aufgerissenes Maul mit großen Zähnen, riesige Augen, scharfe Krallen u.ä., erweisen sich als prägend selbst noch für rezente Bilder diffuser Ängste. Diese in der als unheimlich empfundenen Umgebung schweifenden Ungeheuer erscheinen vor allem nachts bedrohlich. Sie versetzen den Menschen in Schrecken, wenn sie ihn gleich heimtückischen Raubtieren anfallen, bringen ihm Krankheit und Tod oder zerstören plötzlich seine materiellen Lebensgrundlagen. Dabei kann die Gestalt des Raubtiers mit bedrohlichen Naturerscheinungen (z.B. einem Sturmwind) verschmelzen bzw. diese erst im Bild faßbar machen.

Doch projiziert eine Kultur das Bild des wilden Tieres nicht nur auf Gefahren, die ihr von der „äußeren Natur" her drohen, sondern auch auf die unheimliche „innere Natur": Menschliche Bedürfnisse und Verhaltensweisen (bes. in den Bereichen von Aggression und Sexualität), die nicht den kulturellen Normen entsprechen, werden der „Wildheit" zugerechnet und „dämonisiert". Ein verbreitetes Symbol für die nicht „domestizierte" Sexualität ist der bocksgestaltige D.; er erscheint im antiken Mittelmeerraum vor allem in der Hitze des Mittags.

Zum Typus der Tier-D. gehört ein großer Teil des von Ethnologen bei schriftlosen Völkern gesammelten Materials, aber auch in den Hochkulturen verlieren die dämonischen Bewohner des Ödlands und verlassener Stätten nichts von ihrer Unheimlichkeit (vgl. die israelit. *śeʿîrîm*, *ṣiyyîm* und *šedîm*). Bes. zahlreich sind die volkstümlichen Erzählungen von D., die den nächtlichen Wanderer außerhalb des schützenden Dorfes erschrecken.

Auch die ↗Seele ist auf ihrer Reise ins Jenseits Gefahren ausgesetzt. Wenn sie nicht ohnehin von einem D. verschleppt wird, quälen sie dämonische Peiniger in der ↗Unterwelt. Andererseits lauern ihr nach der Lehre der spätantiken Erlösungsreligionen bei den sieben Planetenstationen nacheinander dämonische Wächter auf, die sie an ihrem Aufstieg zum höchsten Himmel hindern wollen.

2. Das Gegenstück zu den von draußen her ängstigenden D. stellen die Wächter-D. eines Territoriums dar. Da sie alle natürlichen wie übernatürlichen Eindringlinge abschrecken sollen, sind auch sie häufig mit den Drohmerkmalen des Raubtiers ausgestattet, tragen aber zugleich meist menschliche Züge, denn sie üben ihre Wächtertätigkeit in Stellvertretung des „Revierinhabers" aus. Eine solche Mischgestalt weisen z.B. die Keruben, die das Paradies bewachen, auf.

Die Darstellung solcher Wesen an Grenzen soll natürlich vor allem andere Menschen davon abhalten, fremde Gebietsansprüche zu verletzen. Sind Häuser, Felder, Bäume, Gärten in privatem oder öffentlichem Besitz, so ist dadurch ein Rechtsverhältnis gegeben, das durch eine Markierung von seiten des Besitzers dokumentiert wird; darüber hinaus garantieren übernatürliche Wesen, z.B. ein Priap oder die in unseren Volksbräuchen bis ins 19. Jh. überlieferten „Korn-D.", zusätzlichen Schutz. Einem Wanderer soll die Quelle, in der eine Nymphe wohnt, heilig sein: er darf sie nicht verunreinigen und sie nicht durch leichtfertige oder böswillige Zerstörung zum Versiegen bringen; Baumgeister schützen freistehende Bäume vor unerlaubtem Zugriff, in einem hl. Hain wohnt ein ↗*Numen*. Die Macht, Eindringlinge abzuhalten, die dem Wächter zugeschrieben wird, erstreckt sich dann meist allg. auf schädigende Einflüsse wie tierische Schädlinge, Krankheiten oder feindliche D.

3. Ein guter Geist, der als Schutzmacht alles Übel fernhält, ist schließlich derjenige, der für das Gedeihen der ihm anvertrauten Güter verantwortlich ist: Er kann daher auch den Aspekt des Segenspenders enthalten. Als Personifikation von Nutzpflanzen oder -tieren bzw. als „Herr/in" über ihr Gedeihen können solche D. den Menschen, die sich ihnen gegenüber angemessen verhalten - wobei die Vorschriften meist den pfleglichen Umgang mit der Natur und ein sozial gerechtes Handeln betreffen -, reiche Gaben schenken, sich schlechten Menschen gegenüber aber auch als böse D. erweisen.

4. D., die in Beziehung zur menschlichen Lebens- und Arbeitswelt stehen, werden in sozialen Rollenspielen dargestellt und nach dem Vorbild ritueller Kostümierungen ikonographisch gestaltet. Hierbei identifizieren sich Maskenträger, die im Rahmen des „Jahreslaufbrauchtums" den gerechten Lohn für eine Dienstleistung erheischen, mit den segenbringenden D., da sie es ja sind, die das Vieh von der Weide oder die Ernte vom Feld bringen, drohen aber zugleich, sich bei ungerechter Behandlung in zerstörerische Rachegeister zu verwandeln. Diese Heischeumzüge sind das Vorbild für viele Mythologeme von scharenweise umherziehenden, Schabernack treibenden D., wie z.B. dem „Wilden Heer" und verwandten Vorstellungen. Bisweilen treten die Heischegänger auch als Vertreter der Totengeister auf.

5. Den Totengeistern ist als Aufenthaltsort die Wildnis jenseits menschlicher Wohnungen (später die Unterwelt) angewiesen. Sie tragen daher nicht selten Raubtiermerkmale. Zum Schreckgespenst wird der Tote, der ohnehin Angst auslöst, wenn ihm das schlechte Gewissen der Überlebenden Rachebedürfnisse unterstellt. Rachegeister wie die Erinyen sind Projektionen von Schuldgefühlen. Doch selbst die Erinyen können sich, hat der Mensch sein Vergehen gesühnt, in wohltätige Eumeniden verwandeln. Auch bezüglich der Toten selbst besteht mitunter die Vorstellung, daß sie, wenn man sie respektvoll behandelt, als wohltätige Ahnen aus der Unterwelt Getreide und andere Früchte heraufschicken.

6. Die Grenze zwischen „Wildnis" und „Kultur" verläuft auch im Innern des Menschen selbst. Die Auseinandersetzung zwischen „Trieb" und „Geist" wird wie der Kampf zwischen Raubtier- und Wächter-D. geführt. Bekannt ist das Beispiel asketischer Mönche, die von unzähligen Quälgeistern, Bildern der dämonisierten Natur, heimgesucht werden. Der Geist, der den „Drachen" zu besiegen vermag, hat dabei seinen Vorläufer in dem persönlichen Schutzgeist, der (wie unser Schutzengel) den primitiven Jäger begleitet, wenn er, um sich Nahrung zu verschaffen, hinausgehen muß in die Wildnis, wo Raubtiere und ihre spirituellen Gegenstücke, die D., hausen.

Nimmt man an, das gesellschaftlich unerwünschte, befremdliche Verhalten eines Menschen sei durch D. in seinem Innern (↗Besessenheit) verursacht, entlastet ihn dies von Schuldvorwürfen, da seine Äußerungen (wie die eines Maskenträgers) nicht seiner Person selbst zugeschrieben werden. Ein entsprechender „Entlastungseffekt" auf gesamtgesellschaftlicher Ebene stellt sich ein, wenn die Schuld an plötzlich auftretendem Unglück nicht auf andere Menschen, die dann als Zauberer oder Hexen verfolgt werden, sondern auf böse D. geschoben wird. Darüber hinaus braucht man auch Gottes Güte nicht mehr anzuzweifeln, sobald man annimmt, Teufel und D. trügen die Verantwortung für alles Böse (↗Theodizee).

Lit.: *W. Mannhardt,* Die Korn-D. Berlin 1868; *J. Tambornino,* De antiquorum daemonismo. Gießen 1909; *F. Andres,* Die Engellehre der griech. Apologeten des 2. Jh. und ihr Verhältnis zur griech.-röm. Dämonologie: FChLDG 12 (1914) H. 3; *W. Porzig,* Daimon: IGF 41 (1923) 169–173; *H. Kaupel,* Die D. im Alten Testament. Augsburg 1930; *F. J. Dölger,* „Teufels Großmutter": AuC III. Münster 1932, 153–176; *H. Baumann,* Afrikanische Wild- und Buschgeister: ZE 70 (1938) 208–239; *E. Langton,* Essentials of Demonology. London 1949; *H. Herter,* Böse D. im frühgriech. Volksglauben: RJVK 1 (1950) 112–143; *O. Zerries,* Wild- und Buschgeister in Südamerika. Wiesbaden 1954; *H. Findeisen,* Das Tier als Gott, Dämon und Ahne. Stuttgart 1956; *M. Ziegler,* Engel und Dämon im Lichte der Bibel (mit Einschluß des außerkanonischen Schrifttums). Zürich 1957; *H. Nowak,* Zur Entwicklungsgeschichte des Begriffs Daimon. Bonn 1960; *A. Rosenberg,* Engel und D. München ²1986; *C. Colpe u. a.,* Art. Geister (D.): RAC IX 546–797; *G. J. Baudy,* Exkommunikation und Reintegration. Zur Genese und Kulturfunktion frühgriech. Einstellungen zum Tod. Frankfurt 1980; *H. v. Stietencron* (Hg.), D. und Gegengötter: Saec 34 (1983) 225–384; *A. C. Lehmann / J. E. Myers*, Magic, Witchcraft, and Religion. Palo Alto 1985; *G. Luck*, Arcana mundi. Magic and the Occult in the Greek and Roman Worlds. Baltimore-London 1985. *D. Baudy*

Darshana. Das Wort D., abgeleitet von der Wurzel *dṛś* (Skt.; „sehen"), bedeutet in der ind. Philosophie wahre Einsicht in die Wirklichkeit. Insofern als die Wirklichkeit selbst den Sehenden unbegreiflich und unbeschreiblich ist *(Bṛhadāraṇyaka Up.* III 8.11; *Taittirīya Up. II 9.1),* beschreibt jeder die Wirklichkeit von seinem Gesichtspunkt aus. In Hinduismus haben sich verschiedene philos. Systeme entwickelt, unter denen die *Saddarśanas* („6 Anschauungen") herausragen: *Nyāya* von *Gautama*, eine Logik; *Vaiśeṣika* von *Kanāda*, eine Kosmologie; *Sāṃkhya* von *Kapila*, eine Metaphysik; *Yoga* von *Patañjali; Mīmāmsa* von *Jaimini*, systemat. Untersuchungen des *Dharma*, d.h. der Pflichten, wie sie in den *Veden* vorgeschrieben sind, und *Vedānta* von *Bādarāyaṇa*, systemat. Darstellungen der philos. Lehren der *Up.* (↗Hind. Philosophie). Alle sind in *Sūtra*-Form (= Aphorismen) abgefaßt. Da die Texte äußerst knapp und kurz gehalten sind, sind sie ihrerseits ohne Kommentare nicht zu verstehen bzw. besteht die Möglichkeit, den gleichen Text verschieden zu interpretieren. Dies wird nirgends deutlicher als im Falle der *Vedāntasūtras (Brahmasūtras). Śaṅkara* hat sie als *Advaita* (Nicht-Dualismus oder Monismus), *Ramanuja* als *Viśiṣṭādvaita* (qualifizierter Nicht-Dualismus), *Madhva* als *Dvaita* (Dualismus) interpretiert. Diese werden auch die Kommentare D.s genannt, z.B. *Advaita-D., Viśiṣṭādvaita-D., Dvaita-D.* Im volkstümlichen Hinduismus ersehen die *Bhaktas* (die Anhänger) das D., die Anschauung der bevorzugten Gottheit *(Iṣṭadēvatā).* Allgemein kann D. somit auch das Anschauen einer Gottheit im Tempel oder eines hl. Menschen besagen. Für das wahre D. ist strenge Askese *(Tapas)* unter Zuhilfenahme yogischer Disziplin notwendig. In früherer Zeit wurden Schüler zu erleuchteten *Gurus* geschickt *(Gurukula),* um auf dem Weg des wahren D. zur geistigen Verwirklichung zu gelangen.

Lit.: ↗Hind. Philosophie. *A. Thannippara*

Deismus (v. lat. *deus* = Gott). Der im 17. und 18. Jh. als rel.-philos. Lehre der Aufklärung in ganz Europa verbreitete D. anerkennt zwar wie der ↗Theismus einen persönlichen Schöpfergott, leugnet aber dessen weiteren Einfluß auf das Weltgeschehen in Natur und Geschichte, somit auch die Möglichkeit von Wundern sowie jede übernatürliche ↗Offenbarung. Im Zuge der Kritik aller „positiven" Religion, der Säkularisierung ihrer Dogmen (↗Dogma) und ihrer Gottesverehrung in Gebet und Kult tritt im D. an die Stelle der christl. Offenbarungs- eine Vernunft- oder Naturreligion, ein Christentum außerhalb der Kirche, welches das Wesen der Religion in das sittliche Handeln gemäß der Vernunftordnung verlegt. Nach *A. Collins* Schrift „A Discourse on Freethinking" (1713) nennen sich die Vertreter des D. meist „Freidenker". Im 17. und 18. Jh. von Denkern der engl. Aufklärung *(Ch. Blount,* „Summary Account of the Deist's Religion", 1680; *H. v. Cherbury, J. Toland,* „Christianity not Mysterious", 1696; ferner: *A. Collins, M. Tindal, H. S. J. Bolingbroke, A. A. C. Shaftesbury)* entwickelt, führt die Lehre des D. in Frankreich – vorbereitet durch die Dogmenkritik *P. Bayles* und vermittelt durch *F. M. Voltaire, J. d'Alembert* und *J.-J. Rousseau* – zur materialistischen und atheistischen Aufklärung *D. Diderots, P. H. D. v. Holbachs, J.-O. Lamettries* und der Enzyklopädisten. Auf dem Boden des rationalen Supranaturalismus von *G. W. v. Leibniz* und *Chr. Wolff* fand der D. seit der Mitte des 18. Jh. auch in Deutschland Eingang und differenzierte Aufnahme *(J. W. Hekker, C. F. Bahrdt, H. S. Reimarus, G. E. Lessing, M. Mendelssohn, I. Kant, J. G. Herder).* Religionsgeschichtlich findet sich der D. reduziert auf den Aspekt der Beziehungslosigkeit zwischen Gott und Welt im Hochgottglauben mancher Naturvölker, deren Hochgötter, welche die Welt verursacht, sich jedoch aus der Welt zurückgezogen haben, keine kultische Verehrung erfahren. Partiell könnte man ebenso von einem D. im Universismus Chinas und im Hīnayāna-↗Buddhismus (III 1) sprechen.

Lit.: *W. Philipp,* Das Werden der Aufklärung in theologiegeschichtlicher Sicht. Göttingen 1957; *A. R. Winnett,* Were the Deists „Deists"?: CQR 161

(1960) 70–77; *I. T. Ramsey/M. Schmidt*, Art. D.: RGG³ II 57–69 (Lit.); *Chr. Gestrich*, Art. D.: TRE XIII 392–406; *G. Gawlick*, Art. D.: HWP II 44–47 (Lit.). *H. M. Baumgartner/A. G. Wildfeuer*

Dekalog. Unter den atl. Rechtskorpora nimmt der D. allein schon von der Wirkungsgeschichte her eine herausragende Stelle ein. Diese Sonderstellung basiert nicht zuletzt auf einer Reihe von Besonderheiten, die den D. von vergleichbaren Texten unterscheiden, andererseits aber auch die Schwierigkeiten seiner Interpretation bedingen. Vor allem ist das Phänomen der *Doppelüberlieferung* zu nennen. Obwohl der D. mit dem Anspruch auftritt, randscharf abgegrenzt allein gebietendes Jahwe-Wort zu sein, hat das AT zwei Fassungen (Ex 20,2–17; Dtn 5,6–21) kanonisiert, die eine Reihe von Differenzen aufweisen, welche es gerade auf dem Hintergrund der noch größeren Übereinstimmung zu erklären gilt. Erst die außer-atl. Rezeptionsgeschichte hat die Unterschiede nivelliert und eine Einheitsfassung entstehen lassen. Dies gilt auch für den zu beobachtenden *Widerspruch zwischen Zehnernorm und Anzahl der Gebote*. Die Zehnernorm geht auf den atl. Ausdruck „Die Zehn Worte" (Dtn 4,13; 10,4; vgl. Ex 34,28) zurück; hat aber weder in der Numerierung noch in der Zahl der Gebots- oder Verbotssätze, noch in entsprechenden Sinneinheiten einen Rückhalt. Auch die Vorstellung von zwei Tafeln (Ex 31,18; 32; 34; Dtn 9f.; 1 Kön 8,9) gibt keinen Hinweis auf Anzahl oder Verteilung der Gebote und Verbote. Seinen Niederschlag hat dieser Widerspruch vielmehr in unterschiedlichen Zählweisen entsprechender katechetischer Fassungen gefunden. Formal stellt der D. ein *Mischgebilde* dar, denn er zerfällt in drei Teile: im ersten Bereich (Fremdgötter- und Bilderverbot) spricht Jahwe in erster Person, im zweiten (Namensverbot, Sabbat- und Elterngebot) wird von Jahwe in dritter Person gesprochen, im dritten schließlich (Tötungsverbot bis Ende) wird der Sprecher neutral formuliert. Sodann schwankt auch die Länge der einzelnen Gebote – Kurzprohibitive neben ausgebauten Kompositionen –, und schließlich wechseln Gebote und Verbote ab. Durch die thetisch bekennenden Aussagen über Jahwe (in der Präambel und in bezug auf seine Eifersucht) wird das Prinzip der Gebotsreihe erheblich gestört.

Aus der Erklärung der genannten Besonderheiten ergeben sich die unterschiedlichen forschungsgesch. Positionen; während die Literarkritik des 19. Jh. von einem Ur-D. ausging, der in unterschiedlichen Quellen je anders bearbeitet und erweitert wurde, hat die Formkritik des 20. Jh. unabhängig von jenem Quellenkontext einen Ur-D. als gleichförmige Reihe von zehn Worten zu rekonstruieren versucht. Ausgehend vom Phänomen der Doppelüberlieferung, versucht man heute, den D. mit der komplizierten Entstehung des Pentateuchs in Verbindung zu bringen und von hierher zu erklären. Dabei wird deutlich, daß der D. im Kontext deuteronomisch-deuteronomistischer Theologie entstanden ist und daß prophetische Verkündigung, wie sie sich in Hos 4,2 und Jer 7,9 zeigt, zu seinen Vorläufern gehört. Daraus ergibt sich dann auch, daß die Unterschiede zwischen beiden Fassungen in den Prozeß der Fortschreibung einer urspr. Reihenkomposition gehören. Unterschiedliche Auffassungen vom Wachstum der Sinai- bzw. Horebperikope bedingen divergierende Auffassungen zum Gefälle zwischen beiden Fassungen (Levin tritt für das traditionelle, Ex → Dtn, ein, Hossfeld, Perlitt u.a. für das umgekehrte).

In Dtn 5 rangiert der D. als „Grundgesetz" und bietet das systemat. Raster der nachfolgenden Einzelgesetze in Dtn 12–26 (vgl. Braulik); in Ex 20 bildet er die Spitze aller Gesetzesmaterialien der Sinaitheophanie; eine priesterliche Redaktion hat ihn wohl im Zuge der Endredaktion des Pentateuchs novelliert und hiergesetzt.

Der D. stellt eine Zusammenfassung von Einzelgeboten, die ihre je eigene Vor- und Nachgeschichte haben, unter einer zentralen Thematik dar. So bildet er einen Minimalkatalog von Grundbedingungen für die Bewahrung der von Jahwe geschenkten Freiheit; der geforderte Gesetzesgehorsam versteht sich deshalb als Konsequenz der vorausgehenden Befreiungstat Jahwes im Exodus und als Antwort auf die bleibende Zusage: „Ich bin Jahwe, dein Gott." Angestoßen ist der so komponierte D. von seinem Vorläufer, dem sog. Privilegrecht (Ex 34), im Kontext der jehowistischen Sinaitheophanie (Ex 19–34*). Sein Anspruch als universal geltendes und dauerndes Grundgesetz ist vor allem daran abzulesen, daß der D. als einziger Gesetzestext von Jahwe am Sinai/Horeb *unmittelbar* zum Volk gesprochen wird. Darin gründet seine besondere Dignität; im D. schützt der Bundesgott sein Gottsein, die Erwählung seines Bundesvolkes Israel und darüber hinaus die Würde jedes Menschen (Dtn 4,6–8; 8,3; vgl. Ez 20,11).

Lit.: *G. Braulik,* Die Abfolge der Gesetze in Dtn 12–26 und der D.: N. Lohfink (Hg.), Das Deuteronomium. Löwen 1985, 252–272; *F. Crüsemann,* Bewahrung der Freiheit. München 1983; *C. Dohmen,* D.-Exegese und kanonische Literatur: VT 37 (1987) 81–85; *H.-J. Fabry,* Noch ein D.: M. Böhnke/H. Heinz (Hg.), Im Gespräch mit dem dreieinen Gott. FS Breuning. Düsseldorf 1985, 75–96; *A. Graupner,* Zum Verhältnis der beiden D.-Fassungen Ex 20 und Dtn 5: ZAW (im Druck); *F.-L. Hossfeld,* Der D. Fribourg 1982; *B. Lang,* Neues über den D.: ThQ 164 (1984) 55–65; *C. Levin,* Der D. am Sinai: VT 35 (1985) 165–191; *L. Perlitt,* Art. D.: TRE VIII 408–413. *E. Zenger,* Israel am Sinai. Altenberge [2]1985.
F.-L. Hossfeld

Derwīsh (pers.; „Bettler") ist das Äquivalent des arab. *faḳīr* („der Arme"), eine Bezeichnung, die zunächst generell für den islam. Mystiker verwendet wird, da er seine absolute Armut und Bedürftigkeit gegenüber dem unendlich reichen Gott in seinem leben realisiert (vgl. Koran 35,15). Das Wort ist dann im späteren, vor allem nicht-islam. Sprachgebrauch zur Bezeichnung für den Ṣūfī (↗Ṣūfismus) geworden, der einem Orden *(ṭarīḳa)* angehört oder auch ungebunden umherschweift. Die ma. islam. Lit. zeichnet den D. manchmal als Systemkritiker oder als unerwarteten Helfer in der Not (so in der Märchen-Lit.). In modernem Gebrauch wird das Wort oft abwertend verwendet, das „D.-System" als fortschrittsfeindlich abgewertet.

Lit.: *A. Schimmel,* Rūmi. Düsseldorf 1978; *S. H. Nasr,* Art. Darwīsh: ER IV 240 f.
A. Schimmel

Dharma

I. Hinduistisch. – II. Buddhistisch

I. Hinduistisch. D. (P. *dhamma*) leitet sich her von der Skt.-Wurzel *dhr* = halten, festmachen, tragen und hat im Lauf der Geschichte je nachdem, von woher das, was das Leben trägt, bestimmt wird, eine Reihe von verschiedenen Bedeutungen erlangt: Sitte, Recht und Gesetz, die Wahrheit, die ethischen und religiösen Verpflichtungen, Moral und Religion. Im Englischen wird D. heute häufig mit *„religion"* übersetzt. Insofern als D. die Dinge als das bezeichnet, was sie „in Wahrheit" sind, oder aber als das, was sie sein sollten, haben sich im Lauf der Geschichte ontologisch-philos. und ethische Bedeutungen miteinander verbunden. Da die Berufung auf D. aber die letzte nicht mehr zu hinterfragende Instanz ins Spiel bringt, wird D. zum Ausdruck der allem vorgegebenen und in allem waltenden rel. Ordnung. Was im Abendland ungenau mit ↗Hinduismus bezeichnet wird, ist für den Inder *sanātana dharma,* „ewiger D.". Im Ṛgveda steht D. in enger Beziehung zum Begriff *ṛta,* wobei dieser in unpersönlicher Weise das universale Gesetz, D. dagegen die Akte, die diese kosmische Ordnung gewährleisten, konkret die Opferhandlungen bzw. das rituelle Handeln der Götter als der Beschützer des D. meint. Erst in den Brāhmaṇas ändert sich die Sicht insofern, als sich D. nicht mehr so sehr in den Handlungen der Götter als in den priesterlich-menschlichen Opferriten und Handlungen widerspiegelt und D. nun in engem Zusammenhang mit ↗Karma als dem über das Leben des Menschen entscheidenden Handeln gesehen wird. In diesem Zusammenhang wird D. zum Ausdruck für das Gesamtverhalten des Menschen, Moral und Gesetz. Die Chāndogya Up. 2.23.1 faßt das vedische Verständnis des D. zusammen: „Es gibt drei Zweige des D.: Der erste besteht aus Opfer, Studium des Veda und Almosengeben. Der zweite ist die Askese. Der dritte besteht darin, als Schüler der heiligen Erkenntnis im Hause des Meisters zu wohnen und sich dort in äußerster Selbstkontrolle zu üben. All das bringt als Lohn die Welten, die dem Tugendhaften zugeteilt sind. Wer fest im Brahman gründet, geht in die Unsterblichkeit ein." Als Antwort auf die Frage, wie D. als rechtes Verhalten zu bestimmen sei, werden in den klass. D.-Texten, dem Gesetzbuch des Manu und den D.-Śāstra, genannt: a) *śruti,* die in den Veden niedergeschriebene ↗Offenbarung (III), b) *smṛti*

(↗Smriti), die ihrerseits in Schriften greifbare Vedendeutung der späteren Tradition, c) wo beide Quellen keine Antwort geben, das Beispiel in der Gesellschaft angesehener Menschen. Entsprechend heißt es im Manusmṛti 2.6: „Der ganze Veda ist die Quelle des D. und die Tradition und die Praxis jener, die sie kennen, und auch das Verhalten tugendhafter Menschen und die Befriedigung seiner selbst." Der Hinweis auf die „Befriedigung seiner selbst" wird zumeist als Hinweis auf ein dem Gewissen konformes Verhalten verstanden. Von den genannten Quellen her ist das moralische Verhalten im Hinblick auf das individuelle, kastenkonforme und gesamtgesellschaftliche Leben, aber auch auf den konkreten rel. Stand genauer klassifiziert worden. In der Bhagavadgītā ist D. zwischen Vergnügen (Skt. *kāma*) und Wohlstand (Skt. *artha*) einerseits und Erlösung (↗Moksha) andererseits eines der vier Ziele (Skt. *puruṣārtha*), auf die menschliches Leben gerichtet ist. In seiner Stellung ist D. hier als Gestalt des moralischen Verhaltens die entscheidende Voraussetzung auf dem Weg zur Erlangung des ↗Heils (II) in Erkenntnis (↗Jñāna) und Liebe (↗Bhakti).

II. Buddhistisch. Im Buddhismus hat D. zunächst Anteil an den vielfältigen Bedeutungen, die der Begriff im gesamtind. Verständnis hat. Er ist weiterhin Ausdruck für die universale Ordnung, behält seinen Bezug zum Karma, jedoch nicht zum Rituellen. Unter den Drei Kostbarkeiten (Skt. *triratna*), denen sich der Buddhist in der Dreifachen Zuflucht (Skt. *triśaraṇa*) völlig anvertraut, ist D. die Zusammenfassung der Buddhalehre und als solche die Lehre schlechthin, die ihren Niederschlag gefunden hat im Schriftkorpus der Sūtren (↗Heilige Schrift[en] IV). In der Gestalt der Vier Edlen Wahrheiten (Skt. *āryasatya*) hat der Buddha das Rad des D. in Bewegung gesetzt. In diesem Sinne ist D. die befreiende Wahrheit und Wirklichkeit schlechthin – ein Aspekt, der in der mahāyānistischen Drei-Körper-Lehre (Skt. *trikāya*, ↗Triade II) in der Rede vom D.-Körper (Skt. *dharmakāya*), der die in allen Erscheinungen anwesende transzendente Wirklichkeit (Skt. *dharmatā*) bzw. das Wesen der Dinge (Skt. *dharmadhātu*) ist, besonderen Ausdruck gefunden hat. Im Plural bezeichnet D. vor allem in der Abhidharma-Lit. und den philos. Erklärungen der phänomenalen Welt, zumal bei den Sarvāstivādins, die vielfältigen Daseinselemente, die nach dem buddh. ↗Anattā-Verständnis und der ↗Pratītyasamutpāda-Lehre die weltliche Wirklichkeit ausmachen. In diesem Zusammenhang kommt es zu einer Mehrzahl von Klassifikationen, die die fünf ↗Skandhas, die sechs Sinnesorgane (Skt. *indriya*) und Erkenntnisbereiche (Skt. *āyatana*), die vier Grundelemente der Materie (Skt. *dhātu*) und die Interaktionen der verschiedenen Bereiche betreffen. Während in der Theravādatradition den verschiedenen D. Realität zugesprochen wird, wird ihnen in der Mādhyamika-Schule (↗Buddhistische Philosophie) jegliche Realität abgesprochen.

Lit.: *T. Stcherbatsky,* The Central Conception of Buddhism and the Meaning of the Word D. (London 1923) Reprint Delhi 1970; *H. v. Glasenapp,* Zur Geschichte der buddh. D.-Theorie: ZDMG 92 (1938) 383 ff.; *P. Hacker,* D. im Hinduismus: ZMR 49 (1965) 93–106; *M. Dhavamony,* Classical Hinduism. Roma 1982, 332–367; Art. D.: HWP II 161 f. *(L. Schmithausen)*; ER IV 329–338 *(W. K. Mahony / T. Skorupsky)*; *S. Arokiasamy,* D., Hindu and Christian, according to R. de Nobili. Roma 1986.

A. Thannippara

Diamant-Fahrzeug ↗Buddhismus III 3.

Dionysos ↗Gott III 3 B.

Divination. Unter D. (auch Mantik, Wahrsagekunst) versteht man die in allen Religionen weitverbreiteten, häufig zu komplizierten Systemen ausgebauten Bemühungen, räumlich und zeitlich Entferntes, insbesondere den ungewissen Ausgang menschlicher Unternehmungen, vorherzusagen, um die mit diesen Ungewißheiten verknüpfte Angst in kulturell erträglichen Grenzen zu halten. Die beliebte Einteilung nach D.s-Medien (Spontanbewegungen, Formen, Inspirationen) läßt die letzten Quellen der Vorhersagen (Gott, höhere Wesen, universeller Determinismus u. dgl.) außer acht und zeigt im Vergleich mit volksreligiösen und ostasiatisch-hochreligiösen Formen, daß nur kulturell bedingte Systeme notdürftig generalisiert sind. Nach wie vor fehlen eine vergleichende Geschichte der

D. und darauf gegründete allg. brauchbare Klassifikationssysteme.

Lit.: *A. Caquot/M. Leibovici* (Hg.), La divination. 2 Bde. Paris 1968; *D. di Nola*, Divinazione: EncRel (I) II 718–732 (Lit.). *K. Hoheisel*

Djihād
↗Islam.
Der Dj. gehört zwar nicht zu den fünf Grundpfeilern (↗Arkān) des Islam, dennoch werden die Muslime im Koran nachhaltig dazu aufgefordert (Koran 9,41). Das Wort Dj., bemühen, kämpfen, streben, begegnet in der islam. Lit. oft mit, öfter aber ohne den Zusatz „für die Sache Gottes" (fī sabīli 'llāh) und ist fast immer durch die Formulierung „Kampf gegen Ungläubige" oder „Bekämpfung der Ungläubigen" korrekt wiedergegeben. Die Übersetzung „Heiliger Krieg" für Dj. aber trifft nicht den Inhalt des Wortes, da sie den Eindruck erweckt, als wäre Dj. ein bestimmtes räumlich und zeitlich begrenztes kriegerisches Unternehmen. Es gibt zwar „heilige Kriege", aber keine „Djihāds" – das Wort hat keinen Plural (A. Noth 22f.). Für Krieg, Kampf und bewaffnete Auseinandersetzungen kennt die arab. Sprache mehrere andere Wörter. Die Pflicht zum Dj. ist zunächst die Pflicht der Gemeinschaft als solche und nicht die des einzelnen, ein Dauerzustand, der erst dann sein Ende gefunden hat, wenn die Welt zum Gebiet des Islam oder des Friedens (= dār al-islām) geworden ist, d.h., wenn alle Menschen den Glauben an Gott angenommen haben und bezeugen, daß Muḥammad sein Gesandter ist. Dem Haus des Friedens wird nach islam. Lehre das Gebiet des Krieges (= dār al-ḥarb), d.h. das Gebiet, das noch nicht Islamgebiet ist, entgegengesetzt. Die Aufgabe des Dj. ist nun die Umwandlung des dār al-ḥarb zum dār al-islām, dies aber nicht ausschließlich zur Ausdehnung des islam. Imperiums, sondern zur Ausbreitung und Erhöhung des Wortes Gottes. Hier wird die missionsbezogene Seite des Dj. sichtbar. Für einen direkten Missionsauftrag, wie ihn das Christentum kennt (Mt 28,19f.), findet sich im Koran keine Parallele. Gegen einige fundamentalistische und traditionalistische Gruppierungen, die auch heute noch die Anwendung von Gewalt in der Missionspraxis bejahen, betont jedoch die Mehrheit der Rechtsgelehrten und Schulen die friedliche Seite des Dj. (vgl. Koran 16,125) und drückt dies durch die Termini Dj. al-lisān oder Dj. al-ḳalam, d.h. Bemühung mit der Zunge oder der Schreibfeder, aus. Neben der allg. und missionsbezogenen Seite ist das dritte innere Wesensmoment des Dj., daß jeder Muslim Dj. machen kann, indem er sich bemüht, Gott gegenüber den geschuldeten Gehorsam zu leisten, seine Gebote beachtet und befolgt und Caritas übt. Als ein wichtiger Bestandteil der Rechtgläubigkeit ist der Dj. für jeden Muslim eine Pflicht, für deren Erfüllung er mit der Vergebung der Sünden und dem Eintritt in das Paradies belohnt wird (47,4–6).

Lit.: *A. Noth*, Heiliger Krieg und Heiliger Kampf in Islam und Christentum. Bonn 1966; *R. Peters*, Jihad in Medieval and Modern Islam. Leiden 1977; *E. Tyan*, Art. DJIHĀD: EI[2] II 538–540. *G. Riße*

Dogma ↗Kerygma und Dogma.

Dolmen ↗Bestattung/Grab.

Donar ↗Thor/Thonar.

Dreifache Zuflucht/Drei Kostbarkeiten ↗Buddhismus II.

Dreifaltigkeit ↗Gott V; Triade/Trinität.

Druiden. Unter D. versteht man die legendenumwobene Priesterschaft der Kelten (vgl. Caesar, Bellum Gallicum IV; ↗Keltische Religion). Die Etymologie des Namens ist nicht geklärt. Angeblich soll er soviel bedeuten wie die „Wissenden, die Erkennenden" oder „die Weisen". In Gallien genossen die D. bei Volk und Adel großes Ansehen. Sie waren mit dem Gottesdienst beschäftigt, der Darbringung der Opfer in der Öffentlichkeit und im Privaten mit der Lösung aller auf den Kult bezogenen Probleme. Bei Streitigkeiten fungierten sie als Schiedsrichter oder Richter. Zu den D. kommt ein weibliches Priestertum *(druydae)* mit stärker visionär-prophetischem Charakter hinzu, das auf die schamanist. Züge der ganzen Gruppe hinweist (↗Schamane). Die D. sind bis in das 6. Jh. nachgewiesen.

Lit.: *N. Chadwick*, The Druids, Cardiff 1966; *S. Piggott*, The Druids. London 1968; *J. Markale*, Die Druiden. Gütersloh 1987; *F. Heiler*, Die Religionen der Menschheit. Neu hg. von K. Goldammer. Stuttgart [4]1982, 352–359. *G. Riße*

Drusen ↗Shīʿa/Shīʿiten.

Dualismus
↗Monismus; Non-Dualismus.

D. (lat. dualis = zwei enthaltend) in der Religionsgeschichte bezeichnet das Vorhandensein zweier voneinander unabhängiger, oft gegensätzlicher Prinzipien, die die Grundlage der jeweiligen rel. Lehren bilden. Dieser Zweiteilung können die Erfahrung gegensätzlicher Naturerscheinungen, wie Licht und Dunkel, die natürliche Gliederung der Welt in Himmel und Erde oder, auf den Menschen bezogen, die Polarität des Weiblichen und Männlichen, die Trennung von Körper und Geist und der ethische Gegensatz von Gut und Böse zugrunde liegen. Häufig bestimmen mehrere der genannten Komponenten den D. einer Religion.
Die *altägyptische Religion* teilte auch die Welt und sah jede Welthälfte durch die Götter Seth (Oberägypten) und Horus (Unterägypten) repräsentiert. *Babylonische Religiosität* war bestimmt durch den D. von Himmel und Erde, der zugleich mit der Polarität der Geschlechter verknüpft war, indem Apsu (männlich) den Himmel und Tiamat (weiblich) die Erde darstellte. Im *chinesischen Universismus* sind die unpersönlichen kosmischen Kräfte ebenfalls auf die mann-weibliche Dualität verteilt. Der *Zarathustrismus* oder *Parsismus* gilt als klass. Religion des D. und verknüpft die Vorstellungen von Licht und Finsternis, Leib und Seele sowie Gut und Böse so miteinander, daß sich zwei göttliche Urprinzipien, der Herrscher des Lichtes Ahura Mazdah und der Gebieter der Finsternis Ahriman, gegenüberstehen (↗Parsi/Parsismus). Eine Fortsetzung dieser dualistischen Grundauffassung stellte der ↗*Manichäismus* dar. In der Auseinandersetzung mit ihm geriet das ↗*Christentum*, das Gut und Böse zwar streng schied, aber nur das Gute in Gott ansiedelte und dem Bösen jegliche Substanz absprach, in die Schwierigkeit des Theodizee-Problems.

Lit.: *S. Pêtrement*, Le dualisme chez Platon, les gnostiques et les manichéens. Paris 1947; *H. Lommel*, Die Religion Zarathustras. Trier 1930. *P. Parusel*

Dynamismus von griech. *dýnamis* = „Kraft". Der von *A. van Gennep* in die Fachliteratur eingeführte Begriff bezeichnet den Glauben an außergewöhnliche Kräfte und Mächte. Als Elementarform des Religiösen spielt der D. vor allem bei sog. Naturvölkern eine zentrale Rolle. Er wurzelt in einer Geisteswelt, in der sich der Mensch mit magischen und sakralen Potenzen auseinanderzusetzen hat. Dabei geht es um die Erfahrung des Machtvollen, des „ganz Anderen" und Nicht-Alltäglichen, das sich in Dingen, Wesen und Erscheinungen manifestiert.
D. dient als Oberbegriff für entsprechende kulturelle Ausdrucksformen, die bei den jeweiligen Völkern *mana, orenda* usw. genannt werden. Als charakteristisch erscheint der Glaube an eine eher unpersönlich gedachte, übermenschliche Kraft oder Macht, die an sich weder gut noch böse vorgestellt wird. Überwiegen im Geisterglauben personhafte Züge, so wird im D. mit einer Kraft gewöhnlich der Gedanke an etwas Sachliches, Unpersönliches, automatisch Wirksames verbunden. In vielen Fällen stellen diese Konzeptionen westl. Denkens jedoch Vergröberungen indigener Anschauungsweisen dar. Denn eine Macht, die den Ausgangspunkt beider Vorstellungskomplexe bildet, wird häufig „weder klar personhaft noch einfach unpersönlich gedacht" *(J. Haekel)*. Nicht selten hat man Macht als eine überall verbreitete Materie oder Lebenskraft angesehen. Dies erscheint zumeist jedoch nur im Sinne eines Kraftreservoirs zutreffend. *K. Goldammer* formulierte entsprechend: „Vielleicht ist es besser, von einem Machtzusammenhang, einer Machtsphäre oder einem Machtfluidum zu reden, die gleichsam den Grundstoff bilden, die Schicht, aus der heraus sich die einzelnen Macht-Erscheinungen oder Manifestationen des Heiligen immer wieder neu in ihrer konkreten Vielzahl formen" (Die Formenwelt des Religiösen. Stuttgart 1960, 65). Besonders wichtig ist im D., der oft – aber keineswegs immer – in spezifisch rel. Zusammenhang steht, die unbedingte Wirksamkeit einer rituell zugänglichen Macht. Die selbsttätigen Wirkungen eher sachlich gedachter Kräfte sind häufig mit elektrischen Schlägen oder Impulsen verglichen worden. Die grundlegende Bedeutung des polynesischen Wortes *mana* ist ebenfalls „wirksam sein", „im-

stande sein", „können", und meint somit eine aktive Kraft.
D. wurde häufig mit dem melanesisch-polynesischen Glauben an das *mana* genannte „außerordentlich Wirkungsvolle" gleichgesetzt. *Mana* ist als sozio-rel. Zentralbegriff für eine überlegene Macht durch die Ausführungen des engl. Missionars *R. H. Codrington* bekanntgeworden. Zumeist wird er als Bezeichnung für eine magisch-rel. Potenz verwendet. Dabei erscheint es jedoch wichtig, darauf hinzuweisen, daß *mana* für die Lebenswelt insgesamt von Bedeutung ist, d.h. nicht nur für die rel. Sphäre. Einen wesentlichen Aspekt dieses Vorstellungskomplexes stellt der attributive Charakter des *mana* dar. *Mana* kann als Qualität sowohl an persönliche Wesen (Gottheiten, Naturgeister, Menschen) gebunden sein als auch Objekten und Naturerscheinungen anhaften. Sie wird als von höheren Wesen ausgehend gedacht, die diese Eigenschaft Menschen und Dingen verleihen können. Die Träger besitzen sie in unterschiedlicher Intensität und sind entweder dauernd oder nur vorübergehend durch sie belebt. Als außerordentliche Kraft eignet *mana* z.B. Kriegern, die kühn, stark und siegreich sind. Sie erweist sich sowohl in der Autorität und politischen Macht der Häuptlinge als auch im Erfolg der Priester (etwa bei Voraussagungen). Über *mana* verfügen generell diejenigen, die sich bes. geschickt verhalten, denen vieles gelingt und denen ungewöhnliches Glück zur Seite steht. *Mana*-Kraft kann man durch Fähigkeiten, Praktiken, Übungen usw. erwerben (und steigern), sie kann vererbt werden, aber auch verlorengehen. Neben persönlichen Wesen besitzt auch Grund und Boden *mana*, das geschützt und bewahrt werden muß.
In vielen Kulturen werden Mächte in materiellen Stoffen lokalisiert oder Gegenstände von Ritualexperten mit Kräften „aufgeladen". Der D. stellt daher einen Schlüssel zum Verständnis des ↗Fetischismus und Amulettwesens (↗Amulett/Talisman) dar, dessen Wesen in der Manifestation einer Macht in einem magischen oder rel. Objekt liegt. Als Wohnstätte einer Macht dienen häufig pflanzliche, tierische, menschliche und mineralische Substanzen (im übrigen können auch Wort und Schrift kraftgeladen sein). Neben Blättern, Wurzeln, Samen, Pflanzensäften und -extrakten, Harzklumpen usw. sind es vor allem Attribute und Präparate von Lebewesen, die Kräfte beherbergen. Oft erscheinen Federn, Häute, innere Organe, Extremitäten, Blut, Haare, Zähne, Hörner u.a. in dieser Weise belebt. Als menschliche Stoffe sind speziell noch Ausscheidungen bzw. Körpersäfte wie Speichel, Schweiß, Urin, Sperma und Muttermilch zu nennen. Mächte können ferner in Steinen, Erde, Salz und verschiedenen anderen Mineralien materialisiert sein. Auf solche Art in Fetischen oder auch Heilmitteln präsent, kann sich der Mensch unmittelbar mit Anrufungen, Opfergaben und rituellen Praktiken an die übermenschliche Macht wenden. Denn diese vermag Fähigkeiten, Krankheit und Heilung zu bewirken, der Rechtsfindung und Schadenmagie zu dienen usw. Der Mensch versucht, die Wirkkräfte zwar einerseits zu meistern und für seine eigenen Zwecke zu nutzen; andererseits ist seine Haltung auch durch Vorsicht, Scheu oder gar Furcht gekennzeichnet. Häufig sind im Umgang mit einer Macht bestimmte Regeln und Verbote zu beachten (↗Tabu).
In zahlreichen Kulturen gibt es Machtvorstellungen, die jedoch nur bedingt mit der *mana*-Kraft zu vergleichen sind und z.T. erhebliche Bedeutungsunterschiede aufweisen. Der D. stellt dementsprechend eine Abstraktion und Verallgemeinerung der jeweiligen lokalen Anschauungen (bes. des *mana*) dar. Als wichtige Spezialbegriffe aus anderen Kulturen sind z.B. zu nennen: *orenda* (Irokesen), *manitu* (Algonkin), *wakan/wakonda* (Sioux), *oki* (Huronen), *bathón* (Omaha), *sila* (Inuit), *hasina* (Madagaskar), *megbe* (afrikanische Pygmäen), *evu* (Pangwe), *nzambi* (Zentral- und Westafrika), *tondi* (Batak), *arunkultu* (Aranda). Um eine Vorstellung von der Variationsbreite des D. zu geben, sei im folgenden noch auf drei Begriffe näher hingewiesen. Mit dem Wort *elima* wird bei den Bandundu und Bachwa in Zaïre eine *mana*-artige Kraft bezeichnet. Sie ist an bestimmte Örtlichkeiten, z.B. Wasserstellen und große Bäume, sowie an Tiere und Pflanzen ge-

bunden und haftet ferner befähigten Individuen an, zu denen neben den Alten auch Epileptiker und Albinos zählen. Die Wirkungsweise des *elima*, das in magischen Substanzen materialisiert werden kann, wird zuweilen mit dem Schlag eines elektrischen Fischs verglichen. *Ndoki* heißt eine ausgesprochen ambivalent wirkende Kraft, die bei zahlreichen Bantu-Gruppen Schwarzafrikas bekannt ist. Der Charakter dieser Macht erscheint von der sozialen Stellung ihres Trägers abhängig. Priester und Häuptlinge bewirken Gutes mit ihr und nutzen sie als Heilkraft, Hexen oder Hexer setzen sie dagegen als spezielle Schadensmacht ein. Im islam. Orient ist der Glaube an die Heil- und Segenskraft *baraka* weit verbreitet. Sie eignet bestimmten Personen (z. B. Heiligen), ist an Gräber oder andere Örtlichkeiten gebunden und kann auf Gegenstände übertragen werden. Der im Grunde amoralische Charakter dieser Macht ist noch deutlich erkennbar, da sie häufig vererbt wird, ohne daß besondere persönliche Verdienste des neuen Trägers, Zeichen der Frömmigkeit usw. notwendig erscheinen.

Von forschungsgesch. Interesse ist es, daß auch der D. im Zuge des Evolutionismus als eine Art „Urreligion“ angesehen wurde. Bes. *R. R. Marett* propagierte in diesem Sinne den D. als Vorstufe zu höheren Religionsformen (tatsächlich findet sich der D. jedoch neben und in Verbindung mit anderen Vorstellungskomplexen).

Lit.: *J. N. B. Howitt,* Orenda and a Definition of Religion: AmA 4 (1902) 33–46; *F. R. Lehmann,* Mana. Leipzig 1922; *R. Firth,* The Analysis of Mana: JPS 49/4 (1940) 483–510; *G. Kock,* Die evolutionistische Manatheorie und ihre Kritik: Ethnos 16/1–2 (1951) 83–92; *W. Müller,* Die Religionen der Waldlandindianer Nordamerikas. Berlin 1956; *J. F. Thiel / J. Frembgen,* Was sind Fetische? Frankfurt 1986.

J. Frembgen

E

Ehe/Familie

I. Ethnologische Sicht. – II. In afrikanischen Stammesreligionen. – III. Im Hinduismus. – IV. In Ostasien. – V. Im Judentum. – VI. Im Christentum. – VII. Im Islam. – VIII. Theologisch

I. Ethnologische Sicht. *Familienstrukturen:* „Familie“ (F.) erscheint heute im transkulturellen Rahmen eher als vage, eurozentrische Bezeichnung. *G. P. Murdock* unterschied drei Typen von Familienorganisationen: 1. die gewöhnlich aus Vater, Mutter und deren Kindern bestehende Nuklear-F., 2. die auf Pluralheirat gründende Verbindung mehrerer Kern-F.n in der polygamen F., 3. die konsanguin-erweiterte Groß-F. Die britischen Sozialanthropologen (A. R. Radcliffe-Brown, M. Fortes, R. Firth u. a.) sahen, von ihren struktural-funktionalen Analysen konkreter Sozialsysteme ausgehend, die F. weniger als selbständige soziale Einheit denn als Teil der größeren Sozialstruktur. Sie betrachteten zwar die Nuklear-F. als Basiseinheit innerhalb der unilinearen (patri-/matrilinearen) oder bilateralen Abstammungsgruppen, konstatierten aber wie andere Forscher vor ihnen, daß die kleinsten Kohabitationsgruppen sehr oft eine Drei-Generationen-Linie mit zusätzlichen lateralen Blutsverwandten und eingeheirateten Ehepartnern umfassen. Neuere Autoren (R. T. Smith, R. M. Keesing u. a.) heben zu Recht das Matrisegment (die Mutter-Kind[er]-Basisgruppe) als noch elementarere (nicht notwendigerweise zeitlich frühere) Einheit vor allem in matrilinearen Gesellschaften mit Polyandrie, aber auch in patrilinearen Gruppen mit Polygynie hervor. Diese kleinsten matrifokalen Einheiten, durch eigene Schlafhütte, eigenes Herdfeuer und eigenen Speicher als solche markiert, repräsentieren das Moment der Differenzierung innerhalb der Gehöftgemeinschaft gegenüber der die Einheit vertretenden Autorität des F.n-Hauptes. Die im Inzestverbot begründete

Außenherkunft der Frau(en) führte *C. Lévi-Strauss* zur Definition des „Verwandtschaftsatoms", welches neben der Kern-F. den Mutterbruder als Brautgeber einbezieht und welches neben Matrisegment und Kern-F., von den transkulturellen empirischen Daten her gesehen, als Basiseinheit angesehen werden kann.

Funktionen und Tiefendimension: Die ethnographischen Zeugnisse weisen auf die Prokreation, die Weitergabe des Lebens zur Sicherung der Kontinuität von Sippe und Klan als grundlegende Funktion und Tiefendimension der F. hin. Sie erscheint somit viel weniger als statische Einheit denn als Bindeglied in der von den Ahnen ausgehenden und mit ihnen in Verbindung bleibenden Linie der Generationen, als Rahmen für die verantwortliche Übermittlung der kulturellen Tradition, als primärer „Ort" der Lebenssorge und Sozialisation der Kinder. Als „Schule" der Solidarität übernimmt sie weitere Grundfunktionen der Gesellschaft.

Frage der Frühformen: Frühe Vertreter der kulturhist. Ethnologie (W. Schmidt, W. Koppers u.a.) postulierten aufgrund der ethnographischen Zeugnisse bei rezenten Wildbeutervölkern gegenüber den unilinearen evolutionistischen Stufentheorien (freie Promiskuität, gebundene Promiskuität, mutterrechtliche, vaterrechtliche, monogame F.) von *L. H. Morgan* u.a. die hist. Priorität der monogamen F. Beiden Theorien kann nur hypothetischer Charakter zugesprochen werden.

Heirat: Sie wird von den Sozialanthropologen wesentlich als Neuordnung *(rearrangement)* der Sozialstruktur gesehen. Vier Aspekte stehen im Vordergrund: partieller Bruch der Braut mit der eigenen Gruppe – Übertragung von definierten Rechten bezüglich Frau und Kindern an den Mann – Allianz der Partnergruppen – symbolische Riten. „Brautpreis" ist primär Kompensation für die gegebene Tochter als Arbeitskraft und Gebärerin. Polygynie ist weithin anerkannte Institution; Polyandrie ist selten. *C. Lévi-Strauss* analysierte die Regeln der Tauschheirat und Allianzen.

Lit.: *G. P. Murdock,* Social Structure. New York 1949; *W. N. Stephens,* The Family in Cross-Cultural Perspective. New York 1963; *H. Huber,* Die F.: M. Perrez (Hg.), Krise der Kleinfamilie? Bern 1979, 27–41.

H. Huber

II. In afrikanischen Stammesreligionen. Ehe- und Familienleben in Schwarzafrika sind nicht uniform, sondern je nach Stamm patrilinear oder matrilinear. Beide Formen aber weisen gemeinsame Züge auf.

Eines der Hauptmerkmale von E. und F. in Schwarzafrika ist ihre Einbettung in die Gemeinschaft der Lebenden und Toten. Die E. darf niemals eine Angelegenheit zweier Personen allein sein, sondern sie interessiert sowohl den engeren F.n-Kreis beider Partner als auch ihre jeweiligen Sippengemeinschaften. Jede Heirat sorgt nämlich für die Ausweitung der Solidarität auf eine neue F. und Sippe. Für beide Heiratswilligen kommen neue Mitglieder zur F. hinzu, so daß die E. immer ein neues Bündnis bedeutet. Die sozialen Vorteile dieses Bündnisses sind u.a. friedliches Zusammenleben und gegenseitige Unterstützung in allen Bereichen (Abwehr gemeinsamer Feinde, von Hungersnot u.a.m.).

Da das Gemeinschaftsleben des Negro-Afrikaners zugleich die Lebenden und die Toten impliziert, bekunden auch die Ahnen großes Interesse an Vermählung und Heirat ihrer Nachkommen. Darum müssen die beiden F.n- und Sippengemeinschaften der Heiratswilligen den Willen der Ahnen erkunden. Man gewinnt damit den Segen der Vorfahren, und die zukünftigen Partner werden ihnen geweiht. So erhält jede negro-afrik. E. nicht nur einen gemeinschaftlichen, sondern mehr noch einen rel. Charakter.

Betrachtet man etwa die so verschriene Mitgift in Schwarzafrika unter diesem gemeinschaftlich-rel. Gesichtspunkt, dann ist zu bedenken, daß sie keineswegs den Brautpreis darstellt. Vielmehr symbolisiert sie das Band zweier Gemeinschaften und hat eine sakramentale Bedeutung.

Ein weiteres Merkmal der negro-afrik. E. sind die Mutterschaft und die Vaterschaft. Die Fruchtbarkeitsidee spielt eine grundsätzliche Rolle. Abgesehen von sozio-ökonomischen Motiven, die ein unfruchtbares Ehebündnis als untauglich erscheinen lassen müssen, sind die tiefergehenden Gründe rel. Natur. Der Negro-

Afrikaner überlebt nämlich in seiner Nachkommenschaft, die sein Gedächtnis lebendig bewahrt und der kommenden Generation weitertradiert. Sie pflegt Gemeinschaft mit ihm über das Grab hinaus und sorgt durch Gebete und Opfer für das jenseitige Glück.
Aus all den genannten Gründen will der Negro-Afrikaner Ernst mit der E. machen. Letztere ist nie punktuell und statisch, sondern verläuft dynamisch. Auch hier gibt es mannigfaltige Überlieferungen. Die bekannteste ist die sog. Probe-E. (bzw. Etappen-E.), in der vor allem die Fruchtbarkeit der Frau festgestellt werden soll, bevor das Bündnis endgültig besiegelt wird.
Auch die simultane Polygamie muß im Zusammenhang mit den aufgezählten Gründen gesehen werden. Sie ist weder eine Art Prostitution noch Folge unbeherrschter sexueller Begierde. Um eine polygame E. eingehen zu dürfen, braucht der Mann meistens die Erlaubnis der ersten Frau; er muß materiell-wirtschaftlich in der Lage sein, die vielen Frauen zu unterhalten; er muß ferner eine solch starke Persönlichkeit besitzen, daß er Eintracht und Frieden zwischen seinen Frauen zu stiften weiß; er hat schließlich die Aufgabe, die Kinder nicht nur materiell-wirtschaftlich zu versorgen, sondern sie auch nach den bewährten Grundsätzen der Vorfahren zu erziehen.
Es empfiehlt sich, alle positiven Elemente der negro-afrik. E. und F. ernst zu nehmen, damit das Christentum sich in die Kultur des schwarzen Menschen einwurzelt.

Lit.: *B. Bujo,* Die pastoral-ethische Beurteilung der Polygamie in Afrika: FZPhTh 31 (1984) 177–189; *E. Hillman,* Polygamy Reconsidered. New York 1975; *B. Kisembo u.a.,* African Christian Marriage. London 1977; *M. Legrain,* Mariage chrétien, modèle unique? Paris 1978; *J. S. Mbiti,* Love and Marriage in Africa. London 1973; *V. G. C. M. Mulago,* Mariage traditionnel africain et mariage chrétien. Kinshasa 1981; *A. R. Radcliffe-Brown / D. Forde,* African Systems of Kinship and Marriage. London [6]1962; *A. Shorter* (Hg.), Church and Marriage in Eastern Africa. Eldoret 1975. *B. Bujo*

III. Im Hinduismus. Die Eheschließung ist nach den klass. Dharmaschriften (den Dharmaśāstras), die den normativen ↗Hinduismus lehrten und prägten, einer der wichtigsten Lebenszyklusriten (↗*Saṃskāras*). Sie war für Frauen und Śūdras (unterste der vier *varṇas* = „Kasten" entsprechend der idealtypischen, brahmanischen Einteilung) überhaupt der einzige Ritus der Lebenszyklusriten. Die E. und das Lebensstadium des Hausherrn wird in den Dharmaschriften als Grundlage der Gesellschaft gepriesen, der „Weltentsager", der nicht das Stadium des Hausherrn durchlaufen hat, begeht eine „Sünde" (*pāpakṛta*). Unter den verschiedenen Heiratsformen (z.B. Raub-E., Brautkauf) setzte sich die sog. Brāhma-Heirat durch, nach der das Mädchen (traditionell vor der Pubertät, Kinderheirat ist heute gesetzlich verboten), vom Vater nach den Möglichkeiten der F. mit Schmuck ausgestattet, einem jungen Mann mit gutem Charakter geschenkt wird. Der Mißbrauch der „Dowry" (Mitgift), bei der der Ehemann praktisch gekauft wird, ist heute strafbar. Heiraten waren (und sind weitgehend noch immer) Allianzen zwischen F.n. Die E. war unauflöslich, die Frau wurde als Hälfte des Körpers des Mannes angesehen (*ardhāṇginī*). Die Frau wurde von dieser Bindung nie frei, um wieder heiraten zu können. Oft zitiert wird der Spruch des „Gesetzgebers" Manu (ca. 200 n.Chr.): „Der Vater schützt sie in der Kindheit, der Gatte in der Jugend, der Sohn im Alter. Eine Frau ist nie unabhängig." Jedoch ist die Stellung der Frau von Kaste zu Kaste, von Gegend zu Gegend verschieden. Gewohnheitsrechtlich gab es in den unteren Schichten weitverbreitet Scheidung und Wiederheirat. Ehescheidung aufgrund gegenseitiger Zustimmung der Ehepartner wurde 1976 mit noch nicht absehbaren Folgen eingeführt. Die Wiederheirat einer Witwe oder einer geschiedenen Frau ist aber immer noch selten. Ziel der Eheschließung war vor allem die unerläßliche Beteiligung der Ehefrau an den Hausriten und die Geburt von Söhnen, von denen die Verehrung der Ahnen und der Gottheiten im F.n-Verband abhing. Söhne sicherten nicht nur den Fortbestand der F. in materieller Hinsicht aufgrund des (ungeteilten) F.n-Vermögens, sondern wurden auch als *ein* Weg angesehen, Unsterblichkeit zu erlangen. Traditionell waren drei oder vier Generationen lebender, männlicher Familienmitglieder, die unter einem

Dach wohnen, das Ideal. Religion in Indien ist so in erster Linie ein soziales Phänomen. Jeder einzelne ist vor allem Mitglied einer F., die von Über- bzw. Unterordnung bestimmt ist. Die Rollen, die der einzelne von Jugend an zu spielen hat, etwa als Sohn, Neffe, Enkel, Bruder, Vetter oder als Tochter, Schwiegertochter, Frau und Mutter, sind rel. Pflicht. In diesem Rahmen kann der einzelne aber auch einem persönlichen Glauben, der soziale Schranken transzendieren kann, anhängen. Dies führte nicht zuletzt zu neuen rel. Strömungen („Sekten"), die aber die soziale Grundlage der F. nie entscheidend in Frage stellten. Trotz moderner Einflüsse ist das Zusammengehörigkeitsgefühl immer noch stark und hat Vorrang vor allen individuellen Wünschen, etwa nach (modern verstandener) „Selbstverwirklichung".

Lit.: *J. D. M. Derrett,* The Death of a Marriage Law. Delhi 1978; *R. B. Pandey,* Hindu Saṃskāras – A socio-religious Study of Hindu Sacraments. Delhi 1969; *A. Michaels,* Ritual und Gesellschaft in Indien. Frankfurt 1986. *G. D. Sontheimer*

IV. In Ostasien (in anderen asiatischen Religionen). Die zentrale Bedeutung der E. und F. ist das spezifische Merkmal der ostasiat. Gesellschaften (China, Japan, Korea). Sie ergibt sich vornehmlich aus dem ↗Ahnenkult (V). E. und F. waren die wichtigsten Voraussetzungen für den Unterhalt der älteren Generation (*hsiao,* Pietät) und der bereits dahingegangenen Generationen. Die E. bzw. F. war eine „durch die Ahnenverehrung ins Jenseitige erhobene Gemeinschaft" (E. Rouselle). Im ostasiat. Raum, wo die Begriffe Individuum und Freiheit weitgehend unbekannt waren, war die E. nicht an erster Stelle eine Vereinigung von Mann und Frau, sondern eine Familienangelegenheit. Der ↗Mensch (V) war entweder Mitglied einer F., oder er war hauslos und ausgestoßen. Die chin. F. war patrilinear, patrilokal und patriarchalisch. Ihr Wesen findet auch eine mythologische Begründung. „Nachdem Himmel und Erde entstanden waren, gab es die Zehntausend Wesenheiten. Nachdem die Zehntausend Wesenheiten ins Dasein getreten waren, gab es die beiden Geschlechter: männlich und weiblich. Nachdem die beiden Geschlechter Männlich und Weiblich ins Dasein getreten waren, gab es Ehemann und Ehefrau. Nachdem Ehemann und Ehefrau entstanden waren, gab es Vater und Sohn" *(I-ging).* Die mythologische Stifterin der E. ist *Nü-kua* bzw. *Fu-hsi/Nü-kua.*

Die traditionelle Heirat wurde von den Eltern der Brautleute, unter Einschaltung eines Vermittlers, auf einen kalendarisch „guten" Tag festgelegt und ein Vertrag zwischen den beiden F.n geschlossen. Die Scheidungsregelungen – obwohl für beide Seiten angelegt – waren nur von seiten des Mannes anwendbar. Eine grundlegende Reform des traditionellen Eherechtes in China gehörte zu den ersten Aufgaben der Kommunistischen Partei Chinas nach der Machtergreifung 1949. Das Ehegesetz vom 1. Mai 1950 sicherte die Freiheit bei der Wahl des Ehepartners zu. Voraussetzungen der E. sind Freiwilligkeit, Ehefähigkeit, Nichtvorliegen von bestimmten Ehehindernissen. Inhaltlich ist die E. in der Volksrepublik China – wie in anderen ostasiat. Ländern – eine monogame, dauernde, gleichberechtigte Lebensgemeinschaft zwischen Mann und Frau (nicht unbedingt eine Gemeinschaft des Namens).

Die F. *(chia)* stellte in traditionellen Kulturen Ostasiens die grundsätzliche Einheit und das zentrale Organisationsmuster der patrilinearisch und patriarchalisch orientierten Gesellschaft dar. Die F. war seit der Chou-Zeit das Abbild des Universums und hat eine Schlüsselrolle in der Geschichte z. B. des chin. Volkes gespielt. Genauso wie der Staat, wurde sie durch die fünf Beziehungen *(wu-lun)* geregelt und war ein stabilisierendes Element. Diese konfuzianische F.n-Struktur war aber auch einer der Hauptgründe des Konservativismus der chin. Gesellschaft. Die wichtigste Aufgabe von E. und F. bestand darin, männliche Nachkommen zu zeugen, um die Fortsetzung des patrilinear orientierten Ahnenkultes zu garantieren. So wird die F. über die Gegenwart hinausgeführt als eine Zeit und Generationswechsel überdauernde Kontinuität. Diese wird mit dem Ahnenkult, der eines der vitalsten rel. Elemente der F. ist, und bes. mit Hilfe der Pietät erreicht. Von der F. wird die Gesinnung der Ehrfurcht auf alles andere übertragen. In der F., die

eine Kultgemeinschaft (t'ung-tsung) war, wurden der Ahnenkult vollzogen, Erziehung vermittelt, Gesetze („F.n-Regeln", *chia-hsün*) festgelegt, Rechtsfälle entschieden und Strafen verhängt. Die F. manifestierte also das ganze Spektrum des rel. und gesellschaftlichen Lebens der Chinesen (Trauer- und Totenriten, Opfer im F.n-Tempel, E.- und Geburtsriten u. a. F.n-Riten). So aber „wie die Organisation der F. in den Ritualbüchern beschrieben wird, erscheint sie eher als ein Rechtsideal denn als Realität" (M. Granet).
Den ↗Taoismus – im Gegensatz zum ↗Konfuzianismus – hat die F. als solche und ihr Funktionieren nie interessiert. Auch Mo-tzu lehnte das konfuzianische F.n-System ab.
Eine ähnliche Rolle wie in China spielte die F. in *Korea*, das im Laufe der Zeit die konfuzianische Sittenordnung übernahm. In *Japan* kann man auch einen ausgeprägten Familiensinn feststellen. Auch hier ist die F. eine Groß-F. Die F.n-Organisation war aber variabler als in China und hat sich in der jap. Neuzeit bewährt.
Seit dem Ende des vergangenen Jh. befindet sich die F. in Ostasien in einem Umwandlungsprozeß, der aus dem Zerfall der traditionellen F.n-Strukturen besteht. Heutzutage ist die F. in Ostasien nicht mehr ein indiskutables Phänomen. Das heutige Ideal in der Volksrepublik China und in anderen sozialistisch regierten Ländern Ostasiens ist eine demokratische, harmonische, auf die wirtschaftliche Produktion konzentrierte F., für die Monogamie gilt. Die strenge Geburtenkontrolle (die Politik der „Ein-Kind-Familie" wird auch von den Religionen unterstützt) in der Volksrepublik China verursacht u. a. auch spätere Verheiratung. Trotz allem haben E. und F. eine große Bedeutung, so daß es als unnatürlich empfunden wird, wenn jemand keine E. eingeht.

Lit.: The Chinese Family. Old and New: China News Analysis Nr. 1286 (1985) 1–9; *E. Croll*, The Politics of Marriage in Contemporary China. Cambridge 1981; *S. Englert*, Materialien zur Stellung der Frau und zur Sexualität im vormodernen und modernen China. Frankfurt 1980; *M. Freedman* (Hg.), Family and Kinship in Chinese Society. Stanford/Cal. 1970; *M. Granet*, Die chin. Zivilisation. München 1976; *O. Lang*, Chinese Family and Society. New Haven 1946; *E. Rousselle*, Die Frau in Gesellschaft und Mythos der Chinesen: Sinica 16 (1941) 130–151; *E. Schmitt*, Die Grundlagen der chin. E. Leipzig 1927; *M. H. van der Valk*, An Outline of Modern Chinese Family Law. Peking 1939; *H. P. Wilkinson*, The Family in Classical China. London 1926; *C. K. Yang*, Chinese Communist Society: The Family and the Village. Cambridge/Mass. 1965; *M. B. Young*, Courtship, Love, and Marriage in Contemporary China: Pacific Affairs 57 (1984) 209–212; *M. Wolf*, Marriage, Family, and the State in Contemporary China: ebd. 213–236; The Marriage Law of the People's Republic of China (1980): ebd. 266–269.

R. Malek

V. Im Judentum. 1. Die *Familie* wird im Judentum als die Zelle der Volksgemeinschaft betrachtet. Im atl. Sprachgebrauch bedeutet *mischpachah* auch Groß-F., Klan (passim) oder selbst Völker (vgl. Ps 22,28; 96,7); Israel ist aus „den Familien der Erde" auserwählt (Am 3,2). Im engeren Sinne ist die F. die auf das Ehebündnis zwischen Mann und Frau gegründete Gemeinschaft, zu der dann die Nachkommenschaft hinzukommt. Das Modell der E. ist im Schöpfungsbericht Gen 2 beschrieben; sie ist also monogam. Wenn auch, den zeitgenössischen Usancen folgend, das bibl. und später rabb. Gesetz Polygamie zuläßt, so scheint Monogamie doch die Norm gewesen zu sein. Das „Hohelied" auf die tugendsame Hausfrau (Spr 31,10–31) ist schon rein literarkrit. nur auf einem monogamen Hintergrund verständlich.
2. Die *Ehe* ist an und für sich ein Zivilvertrag zwischen den Partnern, der aber gleichzeitig rel. Charakter hat, wie aus der den Eheschluß begleitenden Liturgie deutlich hervorgeht. Eheschließung ist Pflicht, da nur die Zwei-Einheit der Gatten das vollständige Ebenbild Gottes ist. Daher hat der eheliche Akt einen sozusagen „sakramentalen" Wert, denn er symbolisiert die Liebe und den *hieròs gámos* (↗Hierogamie) innerhalb des Göttlichen. Ehegatten sollten zumindest einen Sohn und eine Tochter zur Welt bringen, „um das Ebenbild Gottes in der Welt nicht zu mindern". Doch auch wer schon Kinder geboren hat, dann aber verwitwet oder geschieden ist, sollte verheiratet sein, da die E. ein heiliger Stand ist. Keuschheit ist in außerehelichem Kontakt strengstes Gebot, doch Zölibat ist (jedenfalls bei Männern) ebenso streng verboten. In vielen orth. Synagogen werden noch heutzu-

tage unverheiratete Männer nicht zu rabb. oder synagogal-liturgischen Funktionen zugelassen, da das Unverheiratetsein nicht als „Stand der Gnade" betrachtet wird.

3. Die Beziehungen zwischen *Eltern und Kindern* werden in den rabb. Schriften in großem Detail ausgeführt, wobei einerseits das 4. Gebot die Grundlage bildet, andererseits die häufig in der Schrift wiederholte Mahnung: „Sage deinem Sohn" u. ä., die die Pflicht zur Erziehung, an erster Stelle die Einführung in das rel. Leben und das Studium der Tora, doch auch das Erlernen eines Berufs zu ehrlichem Lebensunterhalt zum Inhalt hat. Der Talmud nennt selbst das Erlernen des Schwimmens, da auch dieses zur Kunst des Überlebens gehört.

4. *Ehescheidung,* d. h. die Auflösung des Vertrags zwischen den Gatten, ist möglich, wenn auch unerwünscht, doch in manchen Fällen unvermeidlich. Die Scheidung kann der Ehemann vornehmen (nicht mündlich, wie im Islam, sondern durch ein schriftliches Dokument [vgl. Dtn 24,1 par]), wenn zwingende Gründe vorliegen; das rabb. Gericht kann den Mann erforderlichenfalls dazu nötigen. Strenge Monogamie sowie Scheidungsverbot wurden z. Z. des zweiten Tempels von manchen Sekten (im Gegensatz zum pharisäischen Judentum) gefordert. Die betreffenden Aussprüche im NT reflektieren also gängige jüd. Sektenanschauungen. Die rel. Hochbewertung der E. impliziert ein entsprechendes Bedauern über jede Scheidung. So heißt es im Talmud: „Wenn ein Mann sich von seiner Frau trennt, vergießt selbst der Altar im Tempel Tränen." Da außer dem Ehegatten keine übergeordnete Instanz, etwa ein Gerichtshof, die Scheidung vornehmen kann, entstehen in Notzuständen wie Krieg und Naturkatastrophen schwierige und menschlich schmerzliche Umstände. So ist die Frau, z. B. wenn der Mann verschollen ist, rechtlich keine Witwe; sie kann – bei Abwesenheit des Mannes – keine Scheidung erhalten. Die rabb. Jurisprudenz sucht in solchen Fällen im Rahmen des Möglichen nach Auswegen.

Lit.: *A. Rainey/L.I. Rabinowitz,* Art. Family: EJ VI 1164–1172; *R. Apple u.a.,* Art. Marriage: EJ XI 1025–1051; *R. de Vaux,* Das AT und seine Lebensordnungen I. Freiburg ²1964, 45–98; *D. Aronson,* The Jewish Way of Life. o. O. 1946, 104–123.

R. J. Z. Werblowsky

VI. Im Christentum. 1. Das christl. Verständnis von E. und F. hat seine Wurzel in der Berufung des Menschen zur Liebe. „Gott ist Liebe und lebt in sich selbst ein Geheimnis personaler Liebesgemeinschaft. Indem er den Menschen nach seinem Bild erschafft und ständig im Dasein erhält, prägt Gott der Menschennatur des Mannes und der Frau die Berufung und daher auch die Fähigkeit und die Verantwortung zu Liebe und Gemeinschaft ein" (Johannes Paul II., Apostolisches Schreiben „Familiaris consortio", Nr. 11). Nach der christl. Anthropologie umfaßt diese schöpfungsmäßige Bestimmung den ganzen Menschen, d. h. nicht nur die geistig-seelische, sondern ebenso die leibliche Dimension. Daher kann es in den Beziehungen zwischen Mann und Frau in der E. keinen Bereich geben, der dieser Bestimmung gegenüber äußerlich bliebe. So erhält der Akt der Weitergabe des Lebens nur dann seine Sinnfülle, wenn er zugleich Ausdruck der liebenden Vereinigung der Partner ist (vgl. Paul VI., Enzyklika „Humanae vitae", Nr. 12). Aber nicht nur die unmittelbare „Sprache" des Leibes, sondern auch die institutionelle Realität von E. und F. hat an dieser Bestimmung teil, und zwar in dem Maße, als es gelingt, die falsche Alternative von innerer Zuneigung und äußeren Normen vom Prinzip der Partnerschaft und gegenseitigen Verantwortung her zu überwinden. Das christl. Verständnis von E. und F. wendet sich darin gleichermaßen gegen ein funktional-egalitaristisches Leitbild, das die Lebensformen von E. und F. in das Zusammenleben eines oder mehrerer Erwachsener mit einem oder mehreren Kindern auflöst, wie gegen ein romantisches Harmonie-Ideal, das gerade durch die Reduktion auf innere Seelenverwandtschaft zum sublimen Mittel tiefgreifenden Zwangs werden kann.

Partnerschaftlichkeit von Mann und Frau in der E. gründet schon von ihrem *Schöpfungssinn* her in einer Bindung, die den anderen um seiner selbst willen und in seiner Andersartigkeit unbedingt bejaht. Als Liebe, die den anderen nicht nur um bestimmter Eigenschaften willen schätzt, sondern als unverdientes und unverdienbares Geschenk einer Person sieht, gewinnt sie Existenz und Gestalt nur in der *Treue*. Treue ist keine der Liebesbindung äußere Form, sondern die der Liebe eigene und ihr gemäße Wahrheit. Treue erschöpft sich nicht in der Vermeidung sexueller Untreue, sondern bedeutet das freie Ja zur Entfaltung der ehelichen Gemeinschaft in den Grundrelationen des Wir, des Du und des Ich (vgl. F. Böckle, Ehe in der Diskussion 48 ff.). Freie Treue ist sozusagen die Substanz der Liebe, durch die sie dauerhaft wird. Wo Ehepartner einander ihre Treue bezeugen, dort geben sie bereits Zeugnis von einer Wirklichkeit, von der sie ergriffen sind, noch bevor sie sich einander ergreifen lassen. Bindung in freier Treue nämlich ist nicht wie ein Produkt herstellbar, sondern allem vorweg eine unverfügbare Frucht des Vertrauens. Daher eignet nach christl. Überzeugung der E. schon in ihrer allgemeinmenschlichen Gestalt nicht nur eine Bestimmung, die die Partner über sich hinaus verweist, sie lebt vielmehr bereits aus dem Geschenk der Treue, mit der Gott den Menschen endgültig und unbedingt angenommen hat (vgl. W. Kasper 32 f.).

2. Das Christentum kennt freilich die Lebensordnung von E. und F. nicht nur als Schöpfungswirklichkeit, sondern ebensosehr als eine der *Erlösung* bedürftige und in das Erlösungswerk Christi einbezogene Wirklichkeit. Gerade weil in dieser Lebensordnung personale und institutionelle Dimension sowie sinnbestimmende Erfahrungen der Selbstwerdung in Freiheit und Bindung zugleich, der Wechselseitigkeit im Austausch mit dem Du, der Gemeinschaftsbezogenheit, Sozialverantwortlichkeit und Schutzbedürftigkeit, von Liebe und Sexualität so dicht miteinander verknüpft sind und die Partner leibhaftig betreffen, sind E. und F. nicht weniger als andere Lebensbereiche der Fehlbarkeit des Menschen in Schuld und Sünde ausgesetzt. Desintegration der Sexualität, eheliche Untreue, Verlassen des Partners, Scheitern der Beziehung, autoritäre Unterdrückung des anderen bzw. der Familienangehörigen u. a. m. können hierbei Formen schuldhaften Versagens darstellen, die die Beziehungen untereinander existentiell berühren. Sosehr es ohne Zweifel zur Aufgabe und Eigenart der christl. Sicht von E. und F. gehört, auch ihre Erlösungsbedürftigkeit in den Blick zu nehmen, darf diese Erlösungsbedürftigkeit aber auch nicht einseitig auf den Bereich der Sexualität beschränkt werden. Die augustinische Annahme, daß die geschlechtliche Lust ein erbsündliches Strafübel sei und daher nicht direkt intendiert werden dürfe, hat nicht nur die kirchl. Sexualmoral lange Zeit hin belastet, sondern auch der *Ehegüterlehre* den Charakter einer Entschuldigungstheorie verliehen (vgl. auch die augustinische Lehre von der Paradiesesehe, die vom Leitbild vollkommener willensbeherrschter Sexualität ausgeht, vgl. M. Müller). Das Gut der Nachkommenschaft, das bewirkt, daß die Kinder mit Liebe angenommen und erzogen werden, das Gut der Treue, das keinen Geschlechtsverkehr außerhalb der E. zuläßt, und das Gut des Sakramentes, das die E. als unauflösliche Gemeinschaft der Liebe begründet, bekräftigen zwar die sittliche Erlaubtheit und Heiligkeit der E. gegenüber dualistischen Irrlehren, aufgrund des Zusammenhangs mit dem geschlechtlichen Verlangen erhalten sie jedoch bei *Augustinus* die Bedeutung von Ausgleichswerten *(bona excusantia);* erst bei *Thomas v. Aquin* werden sie als Strukturmomente des sittlichen Aktes im Hinblick auf den ehelichen Vollzug begriffen (vgl. H. Klomps).

3. Die neuere Entwicklung der christl. Ehelehre hat – spätestens seit dem II. Vatikanischen Konzil – nicht nur die Bedeutung der ehelichen Liebe neben dem Zeugungszweck der E. deutlicher hervortreten lassen (vgl. „Gaudium et spes", Nr. 50), sie hat auch gegenüber einem einseitig naturrechtlich begründeten Verständnis der E. die bibl.-theol. Fundamente stärker in den Blick gerückt. Skizzenhaft lassen sich hierbei drei Aspekte hervorheben:

– In seiner Botschaft von Gottes Herrschaft und Reich befreit *Jesus* das partnerschaftliche Zusammenleben von Mann und Frau in der E. zu „neuer" Gemeinschaft. Indem er auf den Schöpfungsbericht zurückgreift (vgl. Mt

19,4f.), stellt er die Partnerschaft jenseits aller Kasuistik vor die Totalität des Gotteswillens. Darin begreift er auch die Geschlechterbeziehung nicht von bestimmten Wesenseigenschaften von Mann und Frau, sondern von deren theol. Tiefendimension her. Die Entsprechung im Mit- und Füreinander von Mann und Frau hat ihren Grund in der Entsprechung zwischen Gott und Mensch. In der Lebensgemeinschaft der E. entfaltet sich die Fülle der Gottesgemeinschaft. Liebe zwischen Mann und Frau ist im Verständnis der Bibel keine bloße Macht, die den Menschen anfallartig überkommt, sondern hat wesenhaft Erkenntnischarakter. Gerade weil sie von Gott kommt, nicht aber selbst göttlich ist, befähigt sie den Menschen im „Verlassen von Vater und Mutter" (Gen 2,24; Mk 10,7) dazu, sich nicht mehr des anderen mittels des Elternbildes oder sonstiger Übertragungsmechanismen vergewissern zu müssen, sondern ihn in seiner Personwahrheit zu bejahen (vgl. E. Drewermann). Durch seine Verkündigung erschließt Jesus nicht nur den Sinn der Geschlechterbeziehung, wie er schöpfungsmäßig grundgelegt ist, sondern radikalisiert die darin liegende Freiheit zur Freiheit der Nachfolge. Im Zeichen der nahegekommenen Gottesherrschaft sind Ehebruch und Scheidebrief keine Möglichkeiten mehr, sondern bekunden die Herzenshärte. Indem er vom Mann die gleiche strenge Bindung an die Frau verlangt, verteidigt Jesus nicht nur die Rechte und die Würde der Frau, sondern stellt beide, Mann und Frau, auch im Bereich der geschlechtlichen Beziehungen gleich. Damit war zwar die christl. E. noch nicht aus den patriarchalischen Familienstrukturen herausgehoben, aber den in ihnen lebenden Menschen war dennoch ein Auftrag gegeben, der indirekt auch die Strukturen nachhaltig verändert.

– In der *urkirchlichen* Verkündigung tritt das Zusammenleben von Mann und Frau unter den Aspekt der Berufung zur Heiligung. Die Heiligung, zu der der Christ berufen ist, verlangt weder Leibfeindlichkeit, noch meint sie antinomistische Ungebundenheit. Gegen griech.-gnost. Tendenzen zur Abwertung und Desintegration der Sexualität bezieht Paulus ausdrücklich den Leib in die Heiligung mit ein (1 Kor 6,13). Da die christl. Freiheit der Rechtfertigung nicht bloß den Geist, sondern den ganzen Menschen umfaßt, hat für Paulus auch die Sexualität teil an der Definitivität der Glaubensentscheidung. Sie gehört konstitutiv in diejenige Glaubensrealität, wie sie die E. nach christl. Verständnis darstellt, d.h. sie kann als Dimension der Liebesfähigkeit des Menschen aus der Vergegenwärtigung des Christusgeschehens nicht ausgeschlossen werden.

– Die Glaubensrealität der E., die in der *Sakramentalität* zum Ausdruck kommt, hebt die Menschlichkeit der E. nicht auf, sondern befreit sie in aller Schwäche zur Menschlichkeit lebenslanger Bindung. Als Sakrament ist die eheliche Beziehung der Ort, an dem die Treuebindung zwischen Christus und der Kirche Wirksamkeit und Gestalt gewinnt. Die Parallele zwischen Mann und Frau in der E. und Christus und der Kirche (Eph 5,22–33) darf freilich nicht in der Art einer Rollenanalogie verstanden werden, in der die Ehepartner mit verschiedenen Rollen im Verhältnis von Über- und Unterordnung gesehen werden, sondern es ist „die Einheit der Liebe als solche in *einem* Fleisch und Leib", welche die entscheidende Sachparallele konstituiert (K. Rahner 537). Die E. von Glaubenden ist damit ein Selbstvollzug von Kirche, ein Selbstvollzug, der seine gestalthafte Konkretheit nicht zuletzt dadurch gewinnt, daß christl. E. „auch auf die Gebrochenheit und Unzulänglichkeit aller irdischen Existenz vor Gott hinweist und eben darin – jenseits allen vernünftigen Kalkulierens – die heilende Nähe Gottes bekennt" (O. H. Pesch 25).

4. Die christl. Sicht der E. ist auch die Grundlage zum Verständnis der größeren Gemeinschaft der F. In ihr gelangen die partnerschaftlichen Sinnwerte zur volleren Entfaltung, als urspr. Lebens- und Erziehungsgemeinschaft kommt ihr unersetzbare Bedeutung in der Vermittlung zwischen dem einzelnen und der Gesellschaft zu, als „Hauskirche" hat sie Anteil an der Sendung der Kirche und vergegenwärtigt in ihrer Weise das Geheimnis der Kirche in der Welt (vgl. „Lumen gentium", Nr. 11; „Familiaris consortio",

Nr. 49). Gegenüber allen Abkoppelungstendenzen von E. und F. ist im christl. Verständnis die ehebegründete F. die kulturelle Grundsituation des Menschen, in der er seine fundamentalen leiblich-seelischen Bedürfnisse zu artikulieren lernt und die für die Bildung eines Urvertrauens zur Wirklichkeit in ihrer Sinnhaftigkeit entscheidend ist. Unbedingte Annahme, die jedem das Seine zu geben bestrebt ist, in der natürlichen Gemeinschaft der F. als einer unbeliebigen Form menschlichen Seinkönnens zu erfahren, ist daher auch das, worauf der Mensch als Person ein Recht hat. In dem Maße, wie dieses Recht Wirklichkeit wird, kann die F. „noch mehr als die Ehe Ort der gesch. Abbildung und Durchsetzung der Zuwendung Gottes zu seinem Volk und Christi zu seiner Kirche" (A. Auer 95) werden.

Lit.: *A. Auer,* Art. E. und F. I. Theologisch: StL[7] II 86–96; *F. Böckle,* E. und Ehescheidung: A. Hertz u.a. (Hg.), Handbuch der christl. Ethik II. Freiburg 1978, 117–134; *ders./N. Greinacher / F. Betz,* Ehe in der Diskussion. Freiburg 1969; *ders.,* Familie: CGG VII 87–145; *E. Drewermann,* Psychoanalyse und Moraltheologie. Bd. 2. Mainz 1983; *V. Eid / L. Vaskovics* (Hg.), Wandel der F. – Zukunft der F. Mainz 1982; *W. Kasper,* Zur Theologie der christl. E. Mainz 1977; *H. Klomps,* Ehemoral und Jansenismus. Köln 1963; *M. Müller,* Die Lehre des hl. Augustinus von der Paradiesesehe und ihre Auswirkung in der Sexualethik des 12. und 13. Jh. bis Thomas v. Aquin. Regensburg 1954; *O. H. Pesch u.a.,* Ehe: CGG VII 5–86. *A. Ziegler u.a.,* Sexualität und E. Zürich 1981; *K. Rahner,* Die Ehe als Sakrament: Schriften VIII 519–540.
G. Höver

VII. Im Islam. E. und F. sollen einen dreifachen Zweck erfüllen. Zeugung und Erziehung von Nachkommenschaft, Befriedigung und Kanalisierung des Geschlechtstriebes und Begründung einer Lebensgemeinschaft in Geborgenheit und Liebe. Koran und Tradition betonen die Pflicht zur E. für jeden, der sich vor Unzucht bewahren muß und ansonsten fähig ist, die Pflichten eines Ehepartners zu erfüllen.

Die Heirat zwischen Mann und Frau als ehemündigen, zurechnungsfähigen Partnern wird als ein ziviler Vertrag verstanden, der vor dem muslimischen Standesbeamten in Anwesenheit von zwei Zeugen geschlossen wird. Ein muslimischer Mann darf mit höchstens vier Frauen gleichzeitig in der Ehe leben, dies unter der Bedingung, daß er seine Frauen gerecht behandelt (Koran 4,3), was kaum gelingen dürfte (4,129). Verboten ist die Heirat mit nahen Verwandten (vgl. 4,22–23), mit Polytheisten und Ungläubigen (2,221; 60,10). Erlaubt ist die Heirat eines Muslims mit einer jüd. bzw. christl. Frau (5,5), wenn auch Bedenken gegen solche Mischehen angemeldet werden. Eine muslimische Frau darf jedoch nach der Feststellung der Rechtstradition keinen Juden bzw. Christen heiraten, dies zum Schutz ihres Glaubens gegen den prägenden Einfluß des Mannes in der F.

Die E. wird automatisch aufgelöst, wenn ein Ehepartner Heide oder Ungläubiger wird oder wenn der Ehemann vom Islam abfällt. Auch kann der Mann einseitig seine Frau entlassen. Widerruflich bleibt diese Entlassung, solange sie nicht dreimal bestätigt wurde, denn dann gilt die E., auch ohne Gerichtsurteil, als rechtskräftig geschieden, und der Mann darf seine Frau erst zu sich nehmen, wenn sie zwischenzeitig eine andere E. eingegangen ist und nochmals endgültig entlassen worden ist (2,229–230). Endlich kann die E. aufgrund einer einvernehmlichen Regelung der Ehepartner oder eines Richterspruchs aufgelöst werden. Im Falle der Scheidung hat die Frau das Recht auf eine ausreichende Versorgung und die Pflicht, eine Wartezeit von drei Menstruationsperioden einzulegen (2,228; 65,1), damit eine eventuelle Schwangerschaft festgestellt werden kann. In dieser Zeit soll der Mann sie anständig und gut behandeln (65,2–6).

Die Struktur der islam. F. ist patriarchalisch. Die Männer stehen eine Stufe über den Frauen (2,228). Das ist eine besondere Auszeichnung durch Gott und eine Folge aus der Pflicht des Mannes, für den Lebensunterhalt der F. zu sorgen (4,34). Der Mann hat das Recht, von seiner Frau Gehorsam zu fordern, sie u. U. im Eheverkehr zu bestrafen und durch leichte Schläge zu züchtigen (4,34). Den Vorrechten des Mannes entspricht seine Pflicht, seine F. zu schützen und ihre Belange in der Öffentlichkeit zu vertreten.

Der Umgang der Ehepartner miteinander soll in „rechtlicher Weise" erfolgen (2,222; 419). Sie sollen einander mit Güte behandeln und ihre Liebe pflegen (30,21).

Die Frau ist vor allem Ehepartnerin, Hausfrau, Mutter und Erzieherin der Kinder. Vor Fremden und in der Öffentlichkeit hat sie sich so zu kleiden und ihre Reize so zu bedecken, daß sie keinen Belästigungen ausgesetzt wird (24,31; 33,59). In einigen Ländern herrscht die Sitte, daß die Frau teilweise oder ganz verschleiert ausgeht. Frauenbewegungen und Reformatoren befürworten eine aktivere Rolle der Frau im sozialen und politischen Leben.

Lit.: *M. Abdul-Rauf,* The Islamic View of Women and the Family. New York 1977; *R. Riepelhuber,* Die Stellung der Frau in den ntl. Schriften und im Koran. Altenberge 1986; *Al-Ghazzālī,* Von der E. Halle 1917.

A. Th. Khoury

VIII. Theologisch. So vielgestaltig und unterschiedlich sich das menschliche Zusammenleben in E. und F. kulturell ausprägt, gelten gerade E. und F. als Institutionen, an denen der Mensch an einer überindividuellen Wirklichkeit teilhat. In ihnen weiß sich der Mensch eingebunden in die Lebensrhythmen des Heranwachsens und Reifens, er begegnet der kulturellen Tradition als Erbe und Auftrag, er erlernt seine Verantwortung für die kommende Generation und die Weitergabe des Lebens, hier erfährt er auch selbst, wie das Zusammenleben zu einer sozialen Realität wird, und zwar um so mehr, je verbindlichere Formen es annimmt. Von daher gibt es praktisch keine Religion, für die E. und F. ohne Bedeutung wären. Zu allen Zeiten gelten E. und F. als Bereiche, die niemals nur dem privaten Sektor angehören, sondern immer auch im Bezug zur Öffentlichkeit der Sippe, des Stammes, der Gesellschaft oder des Staates stehen. Sie aus dem Geltungsbereich der Religion herauszunehmen, bedeutete für die Religion ein erhebliches Maß an Weltverlust.
Die *theol. Relevanz* von E. und F. erschließt sich erst dann in rechter Weise, wenn man nicht von einem festen institutionellen Leitbild ausgeht, sondern versucht, den urspr. Sinn der Institutionalität selbst zu bedenken. Dieser urspr. Sinn liegt nicht in ihrer Schutz- und Entlastungsfunktion, sondern in ihrem Gemeinschaftscharakter. Ohne Zweifel verlangen E. und F. einen institutionellen Rahmen in dem Sinne, daß er den menschlichen Handlungsgewohnheiten den notwendigen „Außenhalt" verleiht und gegenüber inneren und äußeren Gefährdungen eine gewisse Dauerhaftigkeit und Ausschließlichkeit in der Sorge der Partner füreinander und für das Wohl der Kinder gibt. In E. und F. als institutioneller Wirklichkeit erfährt der Mensch damit die Notwendigkeit, die eigene Lebenspraxis auch als Moment allgemeiner sozialer Verantwortung zu gestalten. In viel grundlegenderer Weise aber erschließt sich der Sinn von E. und F. als institutioneller Realität, wenn man sie als ursprüngliche Formen von *Gemeinschaftsfreiheit* versteht. Als Wirklichkeitsformen des gemeinsamen Lebens existieren sie nicht als Summe einzelner Freiheiten und Rechte, sondern nur in und durch Gemeinschaft, d.h. als Lebenswirklichkeit, die niemand für sich alleine hat (vgl. T. Rendtorff 18f.).
E. und F. sind auch nicht von einzelnen Zwecken her wie der Erzeugung von Nachkommenschaft zu definieren, sondern haben *Selbstzweckcharakter.* Als Gemeinschaft des Lebens und der Liebe sind sie nicht als Teilbereich aus dem Leben des einzelnen ausgrenzbar, sondern betreffen alle Bezüge der Lebensführung. Weil sie ihre Wirklichkeit im Ganzen des menschlichen Lebens haben, sind sie auch notwendig auf *Dauer* bezogen. Die Dauerhaftigkeit insbesondere der E. meint ja nicht einfach eine bestimmte Länge der linearen Zeit, sondern ist qualitativ vom menschlichen Seinkönnen und seinem Vermögen zur Definitivität und Totalität zu verstehen. So wie sich keine E. auf eine begrenzte Zeit hin schließen läßt, ohne ihren Grundcharakter zu verändern, so läßt sich auch kein Zeitpunkt angeben, an dem die E. gleichsam ihre Zwecke erfüllt habe und deswegen zu Ende gegangen sei, noch bevor die Lebensgemeinschaft selbst aufgehört hat. E. und F. lassen sich nicht auf bestimmte Zwecke hin instrumentalisieren. Dieser ihnen eigentümliche Sinnüberschuß ermöglicht deshalb aber auch eine Lebensoffenheit, die ihren erfüllenden Gehalt nicht in innerweltlichen Bezügen findet. E. und F. sind daher aus ihrer Eigenart heraus je schon theol. relevant. Durch diesen Sinnbezug jedoch werden E. und

F. nicht selbst zu sakralen Größen. Religion vermag ihren heilsvermittelnden Dienst an der Welt nur in dem Maße zu leisten, als sie sich nicht mit einer bestimmten Weltgestalt identifiziert. Vom Glauben an einen daseinstranszendenten, aber alles Dasein ermöglichenden Grund her sind E. und F. nicht notwendig an ein bestimmtes gesch. Leitbild gebunden. Je mehr nämlich Religion ihre spezifische Erfahrung des Heiligen mit der Legitimierung einer konkreten institutionellen Ordnung verknüpft, droht sie zur bloßen idealistischen Verdoppelung faktisch bestehender Wirklichkeiten zu werden (vgl. E. Schillebeeckx 757). Je mehr sie aber den eigenständigen *Freiheitsgehalt* von E. und F. als urspr. Wirklichkeitsformen gemeinsamen Lebens gegenüber allen Verfremdungserscheinungen behauptet, desto stärker kann sie auch die Probleme und Gefährdungen von E. und F. heute zu ihrem Anliegen machen, desto eher kann sie ihren humanisierenden Einfluß zur Geltung bringen. Der Selbstzweckcharakter weist E. und F. als *sittliche* Institutionen aus, die weder mit patriarchalischen Autoritätsstrukturen noch mit privatisierender Isolation konform sind. Nur im Horizont von Sittlichkeit kann Religion E. und F. als Ausdruck schöpfungsmäßiger Ordnung glaubhaft vermitteln, nur in diesem Horizont lassen sich E. und F. in ihrer theol. Relevanz voll erschließen.

Lit.: *T. Rendtorff,* Ethik. Bd. II. Stuttgart 1981; *E. Schillebeeckx,* Christus und die Christen. Freiburg [2]1980. *G. Höver*

Eid. Der E. bzw. der Eidesschwur gilt im rel. Verständnis als die feierliche, öffentliche Anrufung Gottes zum Zeugnis der Wahrheit einer Aussage (assertorischer E.) oder zur Verbürgung der Wahrhaftigkeit eines Versprechens (promissorischer E). Ein rel. E. darf nur geleistet werden, wenn man sich selbst mit dem Eidesinhalt identifiziert (Wahrheit), wenn ein hinreichend gewichtiger Grund gegeben ist (Umsicht und Überlegung) und wenn der E. nicht zur Durchführung von Unrecht mißbraucht wird (Gerechtigkeit). Die Gewichtigkeit der Eidesleistung begründet sich darin, daß der Eidesleistende seinen Glauben an Gott gewissermaßen als sein höchstes Pfand einbringt und damit im Falle des Eidbruchs oder Meineids seine innerste persönliche Integrität aufs Spiel setzt.

Im *AT* ist daher der E. zugleich feierliches Bekenntnis zu Jahwe, seine Kraft wird unter Umständen durch eine Eventualverfluchung erhöht (vgl. Num 5,21; Jes 65,15). Über den forensischen Bereich hinaus (vgl. den Reinigungs-E., Lev. 19,12), kommt dem E. im AT eine besondere Bedeutung bei Freundschaftsbündnissen (vgl. Jonatan und David, 1 Sam 20,17) und politischen Verträgen (vgl. Abraham und Abimelech, Gen 21,23.31) zu. In diesem Zusammenhang nämlich tritt auch Jahwe selbst als Eidesleistender auf, der mit seinem Volk einen Bund schließt und das Land verheißt (vgl. Gen 15,18; Dt 1,8.11; 30,20; 31,20; vgl. auch Hebr 6,13). Freilich kennt das AT ebenso bereits den Verfall der Eidespraxis, sei es durch Unwahrhaftigkeit (vgl. Jer 5,2), sei es durch gewohnheitsmäßigen, allzu häufigen Gebrauch (vgl. Sach 23,9ff.); schließlich war es die pharisäische Kasuistik, die den E. dadurch entwertete, „daß sie Abstufungen vornahm und manchen Eidesformeln die verbindliche Kraft absprach“ (J. Schneider 462; vgl. auch die von Jesus aufgegriffenen Fälle Mt 23,16–22). Von daher ist Jesu Schwurverbot in der Bergpredigt (Mt 5,34–37) nicht als Verschärfung des Meineidverbots mit anderen Mitteln zu verstehen, sondern als Antithese zum Versuch, mittels der Zeugen- und Bürgschaft Gottes sich der Person seiner selbst oder der eines anderen zu vergewissern. Wenngleich das ntl. Eidesverbot von einzelnen rel. Gemeinschaften im strikten Sinn ausgelegt und zur Verweigerung jeglicher Eidesleistung legitimierend herangezogen wird (vgl. die Zeugen Jehovas), ist im allg. der E. unter den Bedingungen von Wahrheit, Überlegung und Gerechtigkeit im Christentum akzeptiert (vgl. auch CIC cc. 1199–1204).

Je weniger freilich mit der neuzeitl. Säkularisierung der transzendente Sinnbezug der Eidesleistung im Bewußtsein lebendig ist, desto mehr droht die Bedeutung des E. sich in seiner praktischen Unentbehrlichkeit für das rechtlich-politische Leben zu verlieren. Nicht nur Eidesinflation und Eidesmißbrauch in der Geschichte des 20. Jh., sondern auch die Frage, inwieweit ein völlig säkularisierter Staat eine rel. Handlung entgegenzunehmen berechtigt ist, lassen die Eidesfrage heute wieder neu zur Gewissensfrage werden.

Lit.: *C. A. Keller,* Art. שׁבע šb' ni. schwören: ThAT II 855–863; *N. Lohfink,* Die Landverheißung als Eid. Stuttgart 1967; *K. Peters,* Art. Eid: HWP II 326–330; *ders. u. a.,* Art. Eid: StL⁷ II 155–160; *J. Schneider,* Art. ὅρκος: ThWNT V 458–467. *G. Höver*

Ekstase (griech. *ékstasis* = „Außersichsein") ist ein psychol. Phänomen vor allem im Bereich der ↗Meditation/Mystik. Es ist das Heraustreten aus dem normalen Zustand in einen Ausnahmezustand gesteigerter Gefühls- und Seelenerregung, dessen vielfältige Erscheinungsformen von unterschiedlicher Dauer und Intensität sein können. Der ekstatische Zustand kann den Menschen plötzlich und ohne sein Zutun überkommen, er kann aber durch Zuhilfenahme bestimmter Mittel auch bewußt hervorgerufen werden.
Eine besondere Rolle spielt die E. im Islam. E. wird im Islam als *wadjd* bezeichnet, ein Wort, das eigentlich „finden" bedeutet. E. wird erreicht durch eine göttliche Gnadeneinwirkung, kann aber durch rel. Übungen vorbereitet werden. Der Mystiker versetzt sich durch zehntausendfache Wiederholung von Gottesnamen und rel. Formeln in einen bestimmten geistigen Zustand, in dem seine eigenen Attribute verlöschen und er – vielleicht – am Ende das *fanā'* am besten als „Entwerden" zu übersetzen) erlebt. Häufiger ist es, durch Musik und wirbelnden Tanz „E. zu suchen" *(tawādjud).* Die E. wird aber, wie alles, was dem Menschen widerfährt, als göttliche Gabe angesehen, die nicht selbständig erreicht werden kann. Das Ziel der E. ist, im innersten Herzen, das durch Askese und Gebet von allem, „was nicht Gott ist", gereinigt ist, Gott zu „finden", der dem Menschen „näher als die Halsschlagader" (Koran 50, 16) ist. Daher hat P. Nwyia vorgeschlagen, den Begriff *wadjd* korrekter als „Instase" zu bezeichnen.
In der modernen Diktion wird auch das Wort *ḥāl* für einen ekstatischen Zustand verwendet. *Ḥāl* ist eigentlich ein gottgeschenkter „Zustand", der den Mystiker überkommt und verschiedene Inhalte haben kann; die Plötzlichkeit solcher Erfahrung hat das Wort dann später zu einem Synonym für „E." werden lassen.
Der ↗Ṣūfismus unterscheidet zwischen solchen Menschen, die langsam auf dem myst. Pfade zu Gott wandeln und vielleicht am Ende mit ekstatischer Entrückung (Entwerden) begnadet werden, und solchen, die durch göttliche „Anziehung" in einem ekstatischen Erleben Gott „finden", dann aber den Weg zurückgehen müssen, falls sie nicht für immer in der Entrückung verharren und ihre Pflichten in dieser Welt nicht mehr erfüllen können.

Lit.: *F. Pfister,* Art. E.: RAC IV 944–987 (Lit.); *A. Schimmel,* Art. E.: RGG³ II 410 ff. *A. Schimmel*

El(ohim) ↗Gott III 2. IV.

Elamische Religion. Die Elamer waren die Vorbewohner der Perser in der Südhälfte Irans vor 700 v. Chr. Ein elamisches Pantheon mit 37 Gottheiten begegnet erstmalig in Susa im 23. Jh. v. Chr. An dessen Spitze stand die „Große Göttermutter" Pinenkir. Aus ihrem Tabu-Namen Kiririscha („Großgöttin") wurde später eine selbständige Gottheit. Im 2. Jt. v. Chr. rückte Gott Humban vom zweiten Platz an die Spitze des Pantheons. Auch bei ihm entstand aus seinem Tabu-Namen Napirischa („Großgott") eine selbständige Gottheit. Als „Himmelsgebieter" war Humban der Gemahl der Pinenkir bzw. der Kiririscha; dieser Ehe entsproß Gott Hutran. Susas Stadtgott Inschuschinak, der im 3. Jt. noch an sechster Stelle stand, rückte im 2. Jt. im elamischen Pantheon an die dritte, zuweilen selbst an die zweite Stelle. Dem Volk der Susiana galt Inschuschinak als „Vater der Armen". Er wurde für ganz Elam zum Gott der Unterwelt und damit zum Totenrichter. Als Seelenwäger wurde er von den beiden aus Mesopotamien übernommenen Göttern Lagamal und Ischmekarab begleitet. Gott des Rechtes war der Sonnengott Nahhunte; in seinem Tempelhain wurden Rechtsstreitigkeiten entschieden. Der „Elamergott" Simut amtete als Götterherold; seine Gemahlin hieß Manzat („Regenbogen"). Elams Mondgott, wahrscheinlich Napir genannt, galt als „Vater der Waisen". Beliebt waren die mit ihm verbundenen Göttinnen Siyaschum, Niarzina („Venus") und Narunde als Siegesgöttin.

Der e. R. eignen unverwischbar eigene Züge, vor allem eine ungemeine Hochschätzung des Ewig-Weiblichen und eine in magischen Urgründen wurzelnde Verehrung der Schlange. Die Schlange ist geradezu ein Leitmotiv elamischer Kultur. Nach der Überzeugung der Elamer besaßen die Götter eine geheimnisvolle übersinnliche Gewalt, die sie *kiden* nannten; dieses elamische Wort übernahmen sogar die Babylonier. Elams Könige fühlten sich ihren Untertanen gegenüber als Sachwalter des göttlichen *kiden*. Wer das *kiden* antastete, hatte sein Leben verwirkt, wurde „friedlos" und mußte sterben.

Von den überaus zahlreichen elamischen Tempeln hat sich nur einer leidlich erhalten, der riesige Stufenturm (sumerisch *Ziggurat*), den König Untasch-Napirischa im 13. Jh. v. Chr. in der Susiana erbauen ließ. Die meisten Tempel besaßen einen hl. Hain und waren an den Seiten mit riesigen Hörnern verziert. Sie wurden stets von schräg her betreten, nicht geradewegs von vorn. Zu den gottesdienstlichen Handlungen gehörten Gebete im Stehen mit vor der Brust gekreuzten Händen, Schlachtopfer, Prozessionen unter Musikklängen und Wallfahrten zu hochgelegenen Felsbildwerken. Die elamischen Priester scheinen bei Sonnenaufgang nackt hockend zelebriert zu haben, waren am ganzen Leibe kahlgeschoren und trugen Perücken. In den Haupttempel von Susa wurden nachts vier weibliche Hüterinnen eingeschlossen, die offenbar nur mit Schamgürteln bekleidet waren und bei Lampenlicht Wache hielten. Das meiste der e. R. ist uns freilich noch verborgen.

Die Elamer glaubten ausnahmslos an ein Fortleben. Jeder Verstorbene – meist wurde er im eigenen Hause begraben – bekam einen Tonkrug, auch der ärmste, und die Seinen spendeten ihm Wasser durch eine Tonröhre. Er bangte vor dem Richterspruch des Seelenwägers Inschuschinak und erhoffte sich die Fürbitte seines Schutzgeistes. Das Jenseits der Elamer war offenbar ein Schattenreich, vor dem man sich ängstigte, das aber nicht in die Nacht der Hoffnungslosigkeit und der Verzweiflung gehüllt war.

Lit.: *W. Hinz,* Das Reich Elam. Stuttgart 1964, 35–56; *ders.,* Persia c. 2400–1800 B. C.: CAH³ I/2, 644–680; *ders.,* Persia c. 1800–1550 B. C.: ebd. II/1, 256–288; *R. Labat,* Elam c. 1600–1200 B. C.: ebd. II/2, 379–416. *W. Hinz*

Emanation. Zahlreiche Mythen, wie z. B. die jap. von Izanagi und Izanami (Himmel und Erde), beschreiben die Schöpfung als eine Zeugung durch Gottheiten. In der Lehre der E. (griech. *apórrhoia*; lat. *emanatio*; dt. Ausfluß) lebt die Idee der Weltzeugung, wenn auch in vergeistigter Form, bis auf den heutigen Tag fort.

Für die ↗*Gnōsis,* deren Grundvoraussetzung die Ferne und Unerkennbarkeit Gottes ist, ist E. das geeignete Denkmittel, um zur Erkenntnis dieses außer- und unweltlichen Gottes zu gelangen. Dennoch ist E. kein urspr. gnost. Begriff, vielmehr finden sich bewußt und unbewußt E.s-Vorstellungen bereits zu allen Zeiten im griech. Denken, wobei sie hier insbesondere dem Phänomen der Wahrnehmung zugeordnet sind (z. B. bei Empedokles, Demokrit). Der im griech. Denken noch unscharfe Terminus wird dann jedoch erst in der Gnōsis fest umrissen und erlangt zentrale Bedeutung; denn geht man von einer E. Gottes aus, dann ist die scheinbar unüberwindbare Kluft zwischen Gott und Welt überwunden (vgl. Kremer 445). In den einzelnen gnost. Systemen erfährt die E.s-Lehre aber verschiedene Ausprägungen. So leitet die syr.-ägypt. Gnosis, die im Grunde monistisch (↗Monismus) ist, alles Sein einschließlich der Materie aus einer einzigen Quelle ab und erklärt das Böse aus der im Abstieg der E. allmählich eintretenden Verfinsterung des Guten. Nach der dualistisch (↗Dualismus) geprägten iran. Gnōsis in der Gestalt des ↗Manichäismus steht dem uranfänglichen Licht eine ebenso uranfängliche Finsternis selbständig gegenüber (vgl. Ratzinger 1220).

Eine eingeschränkte E.s-Vorstellung findet sich bei *Plotin* (200–275 n. Chr.) wie im ↗*Neuplatonismus* überhaupt; in der neuplatonischen Metaphysik geht aus dem Unreinen der *Noûs* hervor, aus diesem die *Psychḗ* (Weltseele) und aus ihr schließlich die *Hýlē* (Materie). Der Hervorgang ist aber kein blindautomatischer, sondern gewollt. Das Hervorgegangene ist auch nicht einfachhin mit dem Ursprung identisch, sondern hat Anteil an ihm und ist ihm ähnlich.

Die *christl. Schöpfungslehre* (↗Welt/Schöpfung IV) mit der Idee der *„creatio ex nihilo"* (Schöpfung aus dem Nichts), die ein zweites selbständiges Prinzip neben Gott ausschließt, verband sich bereits früh mit der plotinischen Lehre, da in Grund und Wesen das Plotinische *„emanare"* nichts anderes besagt als das christl. *„creare ex nihilo"*. Entscheidend auch für die Adaptation der plotinischen E.s-Lehre in die christl. Schöpfungslehre sind die darin keimhaft angelegte frei gewollte Schöpfung und der personale Gottesgedanke. Aufgrund der Nähe der plotinischen E.s- zur christl. Schöpfungslehre griffen zahlreiche christl. Denker, so z. B. Thomas v. Aquin (vgl. S.th. I 45, 1), auf den E.s-Begriff zurück, um den Schöpfungsakt, der sich ja dem menschlichen Erfahrungsbereich entzieht, interpretieren zu können. Zuletzt hat sich lehramtlich das I. Vatikanische Konzil zur E. geäußert. Jede Form von E., bei der die Dinge nicht „aus nichts", sondern aus der göttlichen Substanz werden, sind zu verwerfen, da sonst die wesentliche Differenz zwischen Gott und Welt verlorengeht (vgl. DS 3021–3025; NR 318 bis 322).

Einen entscheidenden Einfluß hat die E.s-Lehre noch heute in der ↗ *Theosophie*. Danach besteht die Welt aus einer Reihe von E.en (Ausflüssen), die verschiedene Stufen zwischen Geist und Materie einnehmen, ohne daß zwischen beiden ein wesentlicher Unterschied aufgezeigt wird.

Lit.: *K. Kremer*, Art. E.: HWP II 445–448; *J. Ratzinger*, Art. E.: RAC IV 1219–1228; *Chantepie de la Saussaye*, Lehrbuch der Religionsgeschichte I. Tübingen [4]1925, 276 ff.

G. Riße

Engel. 1. Weit gefaßt kann man E. bestimmen als untergeordnete, dienende Geistwesen, die jedoch einer übermenschlichen Sphäre angehören. In stark divergierenden Ausgestaltungen trifft man auf ihre Annahme in fast der ganzen Religionsgeschichte. Die bibl., selbst noch einmal breit gefächerte Sprachweise ist dadurch gekennzeichnet, daß einerseits die Existenz von E.n so selbstverständlich vorausgesetzt ist, daß darüber keine Belehrung, geschweige denn eine Reflexion stattfindet. Andererseits ist ihr dienender, funktionaler Charakter für den einen alles bestimmenden Vollzug der Gottesherrschaft bewußt erfaßt. Im Heranreifen des bibl. ↗Monotheismus spielen sie nicht die Rolle von Konkurrenten des einzigen Gottes, auch wenn sie in älteren Texten mythische Überlieferungen widerspiegeln, die noch dem ↗Polytheismus zuzuzählen sind. Gesamtbiblisch gilt, was Ps 103, 19–21 zusammenfaßt. Die E. vollziehen nur Gottes Willen. Dabei gibt es ein deutliches Gefälle. E. treten zwar in allen Schichten atl. Überlieferung auf, jedoch stärker nachexilisch und auffallend massiert in apokalypt. Texten. Letzteres gilt auch für die außerkanonische frühjüd. Lit. Dem entspricht der ntl. Befund. Wenn E. auch nie um ihrer selbst willen im Mittelpunkt stehen, begleitet ihr Dienst doch heilsentscheidende Ereignisse. Bibl. umgreifend erfüllt sich ihr Dienst in einer schöpfungstheol. begründeten kosmischen Liturgie der gesamten Schöpfung. Als Wesen einer „himmlischen" Welt werden sie auch zum Dienst an der Gottesherrschaft gesandt. Dieser konzentriert sich schon in ältester Überlieferung auf den Botendienst: Überbringer von Offenbarung. Das hebr. Wort für E. hatte und behält die Grundbedeutung von „Bote" (Maleak), ein Vorgang, der auch für die Übersetzung ins Griechische gilt (*ággelos*, dem über das Lat. unser Spezialwort „Engel" entstammt). Dieser Zusammenhang wird leicht verständlich, wenn man bedenkt, daß den Boten in der Frühzeit stets eine sakrale Atmosphäre umgab. E.-*Klassifizierungen* wie Serafim (Jes 6) und Kerubim (Ez 1) überschreiten die Bedeutung von Begleiterscheinungen Jahwes nicht. Eigennamen tauchen bibl. erst spät auf – Michael, Gabriel, Rafael – und fassen die jeweilige Offenbarung, die durch den E. geschieht, sprachlich in den Namen; z. B. Michael: „Wer ist wie Gott?"

2. *Ntl.* ist der E.-Dienst konsequent christologisch geprägt. E. dienen bereits dem

irdischen Jesus (Mk 1,13 par). Sie verkünden seine Menschwerdung (Maria, Josef, Hirten) und im leeren Grab seine Auferstehung. Ähnlich wie im frühjüd. Denken üben sie Schutzfunktionen für das Volk Gottes und seine Glieder in besonderen Situationen aus. Christus ist ihnen nicht nur graduell übergeordnet, sondern steht als Schöpfungs- und Erlösungsmittler (Kol; Eph) und Sohn (Hebr 1) auf der Seite des Vaters selbst im Zentrum absolut voran. Die kirchliche Überlieferung bleibt in den vorgezeichneten Bahnen: Himmlisch-kosmische Anbetung und aktuelle Schutzfunktionen stehen im Blickpunkt. Himmlisches und kirchl. Gotteslob stehen in Kommunikation miteinander (vgl. die Stellung der E. in den Liturgien).

3. Das Interesse an einer E.-Lehre ist in der Theologiegeschichte sehr unterschiedlich entwickelt. Ps.-Dionysius hat mit der hierarchischen Aufgliederung in 9 Chöre – der Rang bestimmt sich je nach der Nähe zu Gott – einen großen Einfluß ausgeübt. Der ma. Theologie bot die E.-Lehre Gelegenheit, grundsätzlich über die Eigenart des geschöpflichen „Geistigen" nachzudenken. In verbindlichen Entscheidungen des Lehramtes spielen E. über das Bekenntnis hinaus, daß sie Gottes Geschöpfe sind, keine größere Rolle – abgesehen von einer geschichtstheologisch schwerwiegenden Konsequenz: Es gibt auch gefallene E., den Teufel und seinen Anhang. Bibl. Ansatzpunkt ist die apokalypt. Überlieferung eines E.-Sturzes (vgl. Offb 12,7ff.). Hintergrund bildet die Erfahrung des Machtcharakters des Bösen in der Welt, der das Böse sich zu einem Reich des Bösen formieren läßt und darin auch das menschlich Böse in eine gegengöttliche und antimenschliche Stoßrichtung aufnimmt, die über die bloße Addierung einzelner böser Taten hinausgeht. Die kirchlich verbindliche Lehre verfolgt im Zusammenhang mehrere Ziele. Auch die gefallenen E. waren von Gott gut erschaffen. Ihre selbstverantwortliche Verkehrtheit hat sie böse werden lassen. Es gibt also kein von vornherein Gott unabhängig gegenüberstehendes Prinzip des Bösen. Das Böse erhält jedoch pervertierende Macht, wenn es gute Schöpfungskräfte für widergöttliche Ziele mißbraucht. Die Wirklichkeit gefallener E. impliziert, daß es sich bei den E. genannten Wesen um Kräfte aus frei und verantwortlich wirkender Geschöpflichkeit handelt.

4. Im heutigen naturwiss. Bereich gibt es keinen Ansatzpunkt für eine verifizierbare Erfahrung von E.n (im Unterschied zum kosmologischen Denken der Antike und des MA). Das muß aber nicht in Frage stellen, daß geschaffene „Geistkräfte" eine Bedeutung für den Zusammenhalt der Welt haben. Im Blick auf die Geschichte liegt es nahe, mit „Mächten" des Guten wie des Bösen zu rechnen, die sich nicht lediglich in der Summierung menschlicher Taten erschöpfen. Solche Denkmöglichkeiten als Ahnungen kommen bibl. Überlieferungen entgegen, die selbst wieder hinsichtlich konkreter Vorstellung der E. bemerkenswert zurückhaltend ist. Diese Zurückhaltung und die Tatsache, daß die Bibel die Existenz von E.n nicht ausdrücklich lehrhaft zu reflektieren braucht, kann jedoch nicht in Zweifel ziehen, daß im Vermittlungsgeschehen zwischen Gott und Welt geschaffene Geistwirklichkeiten eine Rolle spielen, die unserer menschlichen Eigenart eher unähnlich sind, dennoch als verantwortliche Kräfte angesehen werden müssen und mit uns in einer Kommunikation stehen, die unseren gegenwärtigen wiss. Zugängen zur Welt nicht adäquat offensteht.

Lit.: *U. Mann u.a.,* Art. E.: TRE IX 580–615; *K. Rahner,* Art. E.: SM(D) I 1038–1046; *H. Schlier,* Mächte und Gewalten im Neuen Testament. Freiburg 1958.

W. Breuning

Enthusiasmus. Der griech. Begriff *enthousiasmós* (Platon, Tim. 71e; Aristoteles, Polit. 8,5) bzw. *enthousíasis* (Platon, Phaedr. 249d/e) leitet sich her von *éntheos,* kontrahiert zu *énthous,* „gottbegeistert, gotterfüllt", und bezeichnet eine den Menschen in seinem Normalzustand verändernde Erfahrung der Gotterfülltheit. Das gemeinte Phänomen betrifft die Erfahrung der Gottergriffenheit, ein „Erleiden" Gottes und berührt bzw. überschneidet sich mit den Erfahrungen, die als ↗Ekstase, ↗Besessenheit, ↗Inspiration, im griech. Herkunftszusammenhang

auch als *manía*, göttlicher „Wahnsinn", angesprochen werden. Die *manía* wird in vierfacher Weise als prophetische, geleitet von Apollon, als rituelle unter der Leitung des Dionysos, als poetische unter der Inspiration der Musen und als erotische in der Verehrung der Aphrodite und des Eros beschrieben.
Klass. Beispiele des ekstatischen E. im antiken Griechenland sind die Pythia des ↗Orakels von Delphi und der ekstatische Tanz im dionysischen Kult. Wichtig ist, daß im „Erleiden" Gottes bzw. der Gottheit der Mensch in seiner Ganzheit, in Leib und Seele, nicht nur in seinem Geist, sondern auch in seiner Emotionalität betroffen ist, folglich in den Zuständen des „Außer-sich-Seins" immer wieder krankheitsähnliche Erscheinungsbilder auftreten.
Enthusiastische Erfahrungen hat es in allen Religionen zu allen Zeiten gegeben (↗Schamanismus, ↗Meditation/Mystik). In den Zentralsträngen des Christentums ist freilich seit urkirchl. Zeiten eine starke Abwehrhaltung gegen ekstatisch-enthusiastische Phänomene zu beobachten (vgl. den Umgang mit der Zungenrede in 1 Kor 13,1 f.; 14), so daß entsprechende Erfahrungen in der Kirchengeschichte vielfach in den Bereich eines esoterisch-häretischen Sektierertums abgedrängt wurden (vgl. dazu den Umgang mit psycho-somatischen Phänomenen der Mystik, sodann mit den Bewegungen des Montanismus, des Joachim von Fiore, der Schwärmer in reformat. Zeit, mit Quäkern und Mennoniten, mit den pfingstlerischen Kreisen u. a. m.). Sinnvoll ist zwar die Forderung der Unterscheidung der Geister (Ignatius v. Loyola; ↗Meditation/Mystik VII), gefährlich aber die Unterdrückung und Mißachtung des Gesamtphänomens, zumal dieses einmal in der religionsvergleichenden Forschung, sodann aber vor allem im synkretistischen Austausch rel. wie pseudorel. Erfahrungen bzw. Anleitungen zur Erfahrung in unseren Tagen einen neuen Stellenwert erlangt. Hinzu kommt, daß nicht selten enthusiastische Erfahrungen manipulativ mit Hilfe von Drogen u. ä. – übrigens mit zahlreichen Vorbildern in der Religionsgeschichte – erzeugt werden, entsprechend eine unterscheidende spirituelle Führung mehr denn je ein Postulat unserer Zeit ist.

Lit.: Art. E.: RAC V 455 ff. *(F. Pfister)*; RGG³ II 495 f. *(W. Trillhaas)*; HWP II 525–528 *(A. Müller)*; ER V 118–124 *(J. D. G. Dunn).* *H. Waldenfels*

Entmythologisierung ↗Mythos IV.

Entwicklung / Evolution, von lat. *evolvere* = auswickeln, entwickeln, besagt zunächst eine allgemeine Eigenschaft des geschöpflich Seienden: es ist im Werden. So spricht man von der Evolution (Ev.) des Weltalls, der chemischen Ev., biologischen, menschlichen, wirtschaftlichen usw. Wegen der Unterschiede sollte man besser von Kosmogenese, Biogenese, Phylogenese, Anthropogenese usw. reden. Hier soll nur über die biologische Ev. (Phylogenese und Anthropogenese) Grundsätzliches gesagt werden. Da auch die biologische Ev. ein Prozeß in der Zeit ist, kann man in Analogie zu einem hist. Geschehen vier Fragen stellen: a) Hat biologische Ev. tatsächlich stattgefunden? b) Welche Ursachen brachten dieses Geschehen zustande? c) In welche Einzelereignisse muß das Gesamtgeschehen untergliedert werden (spezielle Ev.s-Theorie)? d) Was ist das Ergebnis bzw. Ziel des Geschehens? Diese Fragen sollen naturwiss., philos. und theol. beantwortet werden.

1. Naturwissenschaftliche Aussagen. Unter Ev. versteht man in der Biologie den Zeugungszusammenhang aller Lebewesen, so daß die komplexeren Formen aus den einfachen hervorgegangen sind, im Idealfall aus einer einzigen lebenden Zelle oder zumindest aus wenigen ähnlich gestalteten Zellen.
a) Frage nach der Tatsächlichkeit. Überall, wo man tatsächlich einen Abstammungszusammenhang unter den heute lebenden Organismen direkt beobachten kann, gibt es zwischen den Generationen nicht genaue Abbilder, sondern abgestufte Ähnlichkeit. Also vermuten wir, da wir keinen Grund haben, an der Gültigkeit derselben Naturgesetze auch für die ausgestorbenen Lebewesen zu zweifeln, daß bei ähnlichen Fossilien auch ein Abstammungszusammenhang besteht, auch wenn wir den Zeugungszusammenhang nicht direkt beobachten können. Stufenweise Ähnlichkeit findet sich bei Fossi-

lien, die sich in verschiedenen Zeiten der Erdgeschichte in abgestufter Ähnlichkeit ordnen lassen, wie die Systematik in Biologie und Zoologie zeigt, und zwar über Artgrenzen hinaus. Auch im Bereich des Verhaltens (Ethologie) läßt sich abgestufte Ähnlichkeit beobachten (Scheinputzbewegungen im Paarungsvorspiel verschiedener Entenarten: Osche). Das gleiche gilt vom Bauplan z. B. der Wirbeltiere und der biochemischen Zusammensetzung von Biopolymeren bei allen Organismen: derselbe genetische Code, die gleichen 20 Aminosäuren, Cytochrom C in derselben Grundstruktur von der Bäckerhefe bis zum Menschen. Die plausibelste Erklärung für die direkt wahrnehmbare abgestufte Ähnlichkeit ist ein zugrundeliegender Abstammungszusammenhang (indirekter Beweis für die Tatsächlichkeit von Ev. seit Beginn des organischen Lebens vor ca. 3,8 Mrd. Jahren).

b) Ursachen der Evolution. Vorausgesetzt, es läßt sich klären, ob eine homologe (auf Abstammung hinweisende) Ähnlichkeit besteht, und nicht nur analoge oder konvergente Bildungen vorliegen, so ist neben dem wissenschaftlich nicht bewiesenen Lamarckismus (Vererbung erworbener Eigenschaften) die synthetische Theorie oder der Neodarwinismus die Haupterklärung der Ursachen: Mutation, Selektion, Neukombination der Gene, Gendrift, Isolation usw. Dabei treten die Abänderungen durchgehend allmählich auf (Gradualismus) oder zu bestimmten erdgeschichtlichen Zeiten gehäuft (Punktualismus). Experimentell bewiesen werden kann die synthetische Ev.s-Theorie nur durch Modellversuche, da der Prozeß in der Vergangenheit stattgefunden hat (z. B. Lederbergscher Stempelversuch, Melanismus bei Schmetterlingen usw.). Allerdings ist es bisher nicht gelungen, experimentell nachzuweisen, daß dieselben Ursachen auch transspezifisch wirksam sind. H. Jonas spricht für den überartlichen Transformismus vom „methodologischen Postulat".

c) Die Frage nach dem Auftreten bzw. Aussterben einzelner Arten wird in der speziellen Ev.s-Theorie behandelt (vgl. etwa G. Heberer) und muß hier übergangen werden.

d) Auf die Frage nach dem Endergebnis der Ev. als geplantem Ziel kann die Naturwissenschaft keine Antwort geben. Der Mensch als höchstentwickeltes Lebewesen ist bisher tatsächlich in der Ev. herausgekommen.

2. Philosophische Aussagen zu Ev. und Schöpfung. Bezüglich der Tatsächlichkeit und der Ursachenfrage der Ev. kann der Philosoph nur das Prinzip des zureichenden Grundes prüfend anwenden. Philosophisch fragt man nach dem Wesen der Dinge und ihrem Sein. Alle Lebewesen erweisen sich, da sie alle einen Anfang haben und als Individuen wie auch als Art sterben können, als kontingent. Kontingentes Seiendes aber bedarf als Letztursache eines nicht-kontingenten Seins, das notwendig existiert, absolut ist, nicht-materiell, überzeitlich mit Personalstruktur. Das läßt sich aufweisen durch die Unmöglichkeit eines *regressus ad infinitum* oder durch einen transzendentalphilos. Schluß in der Frage nach den Bedingungen der Möglichkeit für Kontingentes überhaupt. Die Hervorbringung von Kontingentem durch das absolute, personale Sein nennt man Schöpfung. Da es sich bei der Entstehung der Lebewesen um einen Prozeß in der Zeit handelt, muß man hier von der *creatio continua*, dem dauernden Hervorbringen oder Erhalten im Sein reden. Beide Betrachtungsweisen, die naturwiss. der Ev. und die philos. der dauernden Schöpfung schließen sich nicht aus, da sie verschiedene Dimensionen desselben Phänomens betreffen. Dies gilt auch für die Entstehung des Menschen mit seiner Geistigkeit. Entweder erklärt man die Entstehung des menschlichen Geistes durch die bei jedem Menschen erfolgende Einschaffung der Seele im Augenblick der Zeugung oder spätestens nach der Individuation (Trennung des befruchteten Eis bei eineiigen Zwillingen) – so etwa *Thomas v. Aquin* –, oder man stimmt *K. Rahner* zu: Die Eltern übersteigen bei der Zeugung das materielle Substrat des neuen Lebewesens auf das geistige Prinzip hin, „insofern sie den neuen Menschen entstehen lassen durch die ihre Selbstüberbietung ermöglichende Kraft Gottes, die ihrem Wirken innerlich ist, ohne zu den Konstitutiven

ihres Wesens zu gehören" (K. Rahner). Philosophisch läßt sich zur dritten Frage nach der speziellen Ev.s-Theorie nichts sagen. Bezüglich der vierten Frage nach dem Ziel der Ev. kann man philosophisch insofern der ganze Prozeß der Ev. notwendig etwas mit Schöpfung zu tun hat, nur sagen, daß der Schöpfer ein Ziel dabei hatte; man kann es philos. nur nicht konkret angeben (etwa der Mensch oder eine spätere Stufe der Entwicklung; vgl. Bresch).

3. Theologische Aussagen zu Ev. und Schöpfung. Ebensowenig wie philosophisch kann man theologisch zu der Frage der Tatsächlichkeit, der naturwiss. Ursachen und des speziellen Verlaufs der Ev. etwas aussagen. Da aber Ev. und Schöpfung sich nicht ausschließen, sondern nur zwei Dimensionen desselben Geschehens sind, die Schöpfung sich also dauernd evoliert und die Lebewesen ständig im Sein erhalten werden *(creatio continua)*, kann man auch nach den Aussagen der Bibel und der Kirche zur Entstehung der Lebewesen fragen. Im AT sagen die klass. Stellen in Gen 1–2, daß alle Lebewesen letztlich von Gott hervorgebracht wurden. Das Wort *„bār'ā"* wird stets mit dem Gott Israels als Subjekt verbunden und bedeutet ein Hervorbringen ohne vorliegenden Stoff. Die Welt (↗Welt/Schöpfung IV) ist auf den Menschen hin geschaffen als Gottes Dialogpartner, Bild und Stellvertreter in der Welt. Es besteht eine Analogie zwischen Schöpfung und Bund: Beide sind Bestandteil der Geschichte. Geschichte aber ist nichts Statisches, sondern in Entwicklung Befindliches. Nach G. v. Rad ist der Kosmos und alles, was darin ist, „viel weniger ein Sein als ein Geschehen". Schöpfung ist daher ausgerichtet auf eine Verheißung und Erfüllung in der ↗Heilsgeschichte. Wegen der Parallelität zwischen Schöpfung und Erlösungsgeschichte ist Gottes schöpferisches Tun keineswegs nur etwas, das einmal in der Vergangenheit stattgefunden hat, sondern das in die Gegenwart hineindauert und in die Zukunft hineinreicht. Hier sind vom AT her die offenen Räume für „Schöpfung in Evolution". Im NT steht das Heilsgeschehen und -handeln Gottes in Jesus Christus noch mehr im Vordergrund des Interesses. Doch ist Jesus gleichzeitig Gott und das Haupt der Schöpfung, auf den hin alles geschaffen ist (Kol 1,16). Damit ist klar ausgesagt: Der Gottmensch Jesus Christus ist das Ziel der Schöpfung und der Ev., nicht einfach der Mensch, wie er bei der Ev. herausgekommen ist. Was Menschsein im eigentlichen bedeutet, ist an der Güte, Wahrhaftigkeit, Liebe, Hingabefähigkeit und dem Starkmut Jesu Christi im Leiden abzulesen. Somit ist es das Ziel der Schöpfung, die sich in Ev. befindet, christusförmig zu werden. Eine solche E. (Ev.) ist selbstverständlich nicht mehr mit biologischen Ursachen (Mutation, Selektion, Isolation usw.) zu vollziehen, sondern liegt im personalen Bereich der freien Entscheidung. Ohne das volle Ja zu Christus wird der Mensch nicht christusförmig. Nach dem NT geht eine Bewegung von Gott auf uns zu: Er beschenkt uns mit der Kindschaft, wir werden teilhaft der göttlichen Natur in Glaube und Taufe. In der Geschöpflichkeit des Menschen leuchtet der verborgene göttliche Adel der Herkunft und des Zieles auf. Christus als Gottmensch ist der Punkt Omega (Teilhard de Chardin), auf den zu die ganze Schöpfung seufzt und in Wehen liegt (Röm 8,22). So kommt jegliches Werden in der Schöpfung (Kosmogenese, Biogenese, biologische Ev., Anthropogenese) zu seiner nur aus der Offenbarung ableitbaren, gnadenhaften Vollendung. – Die Aussagen des Lehramtes zu dem Problem Ev./Schöpfung waren lange Zeit eher zögernd. Zuerst mußten die Bibelwissenschaften die literarischen Gattungen *(genera litteraria)* erarbeiten, um zur wahren Aussageabsicht vorzustoßen. Durch die naturwiss. E.s-Lehre angeregt, mußten sich die Theologen genauer mit dem schöpferischen Tun Gottes in der Welt befassen. Das war erst möglich, als durch die Enzyklika Papst Pius' XII. „Humani generis" (1950) der Weg zur Diskussion freigegeben war. K. Rahners Analyse des Werdebegriffs und seine Erklärung der Selbstüberbietung in jeglichem geschöpflichen Werden durch die ermöglichende Kraft Gottes haben eine intellektuell klare Lösung des Verhältnisses von Ev. und Schöpfung gebracht. Johannes

Paul II. formulierte in der Generalaudienz vom 29.1.1986: „Diese Aussagen (der Bibel) widersprechen darum in keiner Weise der allgemeinen Welt-Ev., wenn diese sich auf naturwissenschaftlich beweisbare Ergebnisse beschränkt." Denn es tragen „die Dinge an ihrer Wurzel das Zeichen der Abhängigkeit; alle sind sie im Kern auf Gott zugeordnet".

Lit.: *S. N. Bosshard,* Erschafft die Welt sich selbst? Freiburg 1985; *C. Bresch,* Zwischenstufe Leben. Ev. ohne Ziel? Frankfurt 1979; *G. Heberer,* Die Ev. der Organismen. 3 Bde. Stuttgart. ³1967–74; *H. Jonas,* Organismus und Freiheit. Göttingen 1973; *R. Koltermann,* Naturphilosophie. Frankfurt ³1985; *ders.,* Schöpfung in Ev.: LebZeug 41 (1986) 52ff.; *G. Osche,* Ev. Freiburg ³1974; *P. Overhage / K. Rahner,* Das Problem der Hominisation. Freiburg ³1965; *B. Weissmahr,* Gottes Wirken in der Welt. Frankfurt 1973.

R. Koltermann

Enūma elish

↗Babylonisch-assyrische Religion.

„Als droben ..." (nach den Anfangsworten der 1. Zeile benannt), das sieben Tafeln umfassende babyl. Weltschöpfungsepos. Das Werk schilderte den Kampf Marduks, des Stadt- und Reichsgottes von Babylon, gegen den Chaosdrachen Tiamat. Aus dem Leichnam der Tiamat bildete Marduk Himmel und Erde, ordnete danach Weltall und erhob sich damit zum dominierenden Gott. Das Epos ist nicht, wie man zunächst annahm, als Folge der Schaffung des babyl. Einheitsstaates unter ↗Ḫammurapi entstanden, sondern wohl erst gegen Ende des 12. Jh. v. Chr. unter der Regierung Nebukadnezzars I. (ca. 1124–1103), der Elam besiegte und die wahrscheinlich 1157 von den Elamern geraubte Marduk-Statue nach Babylon zurückbrachte.

Lit.: *A. Heidel,* The Babylonian Genesis. Chicago ²1951; *E. A. Speiser,* The Creation Epic: J. B. Pritchard (Ed.), ANET. Princeton ³1969, 60–72; *A. K. Grayson:* ebd., 501–03; *W. Beyerlin* (Hg.), Religionsgesch. Textbuch zum AT. Göttingen 1975, 106–110.

H. Schützinger

Epiphanie (griech. *epipháneia*) bezeichnet ein plötzliches Erscheinen (und Verschwinden), Sichtbarwerden, figürlich Ruhm, später gebräuchlich für die Erscheinung einer Gottheit in realer Gestalt oder Vision. Aus griech. und röm. Epen ist der Glaube an auf Erden wandelnde Götter (in Menschengestalt, als Licht, Stimme u. ä.) bekannt, die sich handelnd/helfend offenbaren. Solche E.n führten häufig zur Errichtung von Kultstätten; umgekehrt konnten in Kultstätten E.n beschworen werden. E.n konnten allen Menschen oder auch nur eingeweihten (↗Mysterien) zuteil werden. – Im griech. Osten wurde der Beiname „Epiphanḗs" für den zu verehrenden Herrscher gebräuchlich, in Ägypten zeigte sich der Pharao dem Volk am E.-Fenster, und im Röm. Reich sprach man von E., wenn der Kaiser unter dem Thronbaldachin Platz nahm und den Menschen so als Gott und Mensch in einer Person erschien (↗Herrscherkult). – Diese E.n haben neben sprachlichen Übereinstimmungen, die dem hellen. Diasporajudentum entstammen, nur wenig mit den in der Hl. Schrift berichteten E.n gemein. Hier bezeichnen sie „den historisch greifbaren Einbruch des persönlichen Gottes in die Welt ... an entscheidenden Punkten der Menschheit" (Pax 940). Bezogen auf Christus gilt seine Menschwerdung als seine erste E. (E. Gottes in Christus; ↗Theophanie), seine künftige Wiederkehr (↗Parusie) als seine zweite. – Die kath. Kirche begeht am 6. Januar das Fest E. („Erscheinung des Herrn"), dessen Entstehung und Entwicklung nicht eindeutig geklärt sind. Ursprünglich feierte die oriental. Kirche am 6. Januar vor allem Geburt und Taufe des Herrn, ehe das Geburtsfest auf den 25. Dezember vorverlegt wurde. Auch in Gallien und Oberitalien war das Hauptfest am 6. Januar (Geburt, Taufe, Weinwunder zu Kana); nach Einführung des Weihnachtsfestes blieb der 6. Januar der Gedenktag der Jordantaufe, der Huldigung der Magier und des Weinwunders zu Kana. Allein in Rom und Nordafrika hatte es eine frühe Trennung gegeben: am 25. Dezember Geburtsfest, am 6. Januar Huldigung der Magier als einziger Festinhalt. Wenngleich diese Regelung mit der Zeit allg. angenommen wurde, blieb zumindest liturgisch das Gedenken der Jordantaufe, der Magierhuldigung und des Weinwunders als *tria miracula* an diesem Tag erhalten und lange lebendig. Die Volksfrömmigkeit hat aus diesem ältesten Herrenfest (nichtjüd. Ursprungs) ein Heiligenfest gemacht (Drei Könige – die durch die E. eines Sternes geleitet wurden). Um der alten Bedeutung des Festes Rechnung zu tragen, begeht die kath. Kirche seit 1970 am Sonntag nach E. das Fest „Taufe des Herrn".

Lit.: *E. Pax,* Art. E. I/II: LThK[2] III 940f.; *ders.,* Art. E.: RAC V 832–909; *F. Mann / H.-C. Schmidt-Lauber,* Art. Epiphaniasfest: TRE IX 762–770.

N. M. Borengässer

Erbsünde. Die Lehre von der E. steht nicht in sich selbst, sondern ist als integral konstitutives Element des christl. Erlösungsevangeliums zu verstehen. Bereits Paulus hat aus dem Bekenntnis „Christus ist für unsere Sünden gestorben" konsequent die universale Erlösungsbedürftigkeit erfaßt: „Alle haben gesündigt und die Herrlichkeit Gottes verloren" (Röm 3,23). Für Paulus bedeutete diese universale Unheilsbetroffenheit nicht nur die Feststellung, daß faktisch alle irgendwann sündigen, sondern daß *die* Sünde (hē hamartía) in der Geschichte der Menschheit eine solche Macht ausübt, daß die Menschen grundsätzlich nicht in der Lage sind, positiv für sich allein einen wirklichen Weg zum Heil zu finden. Weil alle untereinander ein „Unheilskollektiv sind, verdankt *jeder* den Zugang zu Gott ganz allein Christus. Mit der atl. Überlieferung von der Behaftung der menschlichen Geschichte mit der Sünde von Anfang an (Gen 3–4) sieht er die Menschheit in dieser universalen Betroffenheit in „Adam", *dem* Menschen von Anfang an, repräsentiert. Christus als Anfang der erlösten Menschheit steht zwar Adam gegenüber, doch läßt sich das, was er „für uns" getan hat, auch wieder nicht vergleichen mit der negativen Wirkung der Sünde. Erlösung ist zwar wirkliche Überwindung der Sünde von innen her, aber auf eine unendlich überlegene Art, weil sie Liebe ist (Röm 5–8). Das läßt den heute zu ziehenden Schluß offen: Erlösung knüpft eine „persönliche" Beziehung zu Christus, Sünde nicht in dieser Weise zu einem „Adam". Sie bleibt eine anonymere Macht. Dogmengeschichtlich hatte Augustin die schwierige Aufgabe, die ntl.-paulinische Grundlage in die Auseinandersetzung mit Pelagius einzubringen. Die augustinische Prägung wurde in vieler Hinsicht (nicht in allen Details!) verbindliche Richtschnur für die Lehre der lat. Kirche. Der dt. Name „*Erb*sünde" hat bei Augustinus eine Grundlage, doch gebraucht dieser sehr viel häufiger den Begriff „Ursünde" (peccatum originale) – allerdings in der Doppelbedeutung von gesch. „erster" Sünde und von Anfang her auf der Menschheit haftender Sünde. Leider hat sich im Deutschen die biologische Deutung von E. in den Vordergrund geschoben, was nicht sein müßte (auch und gerade „Geschichte" ererbt man!). Richtig ist, daß jeder Mensch aufgrund seiner Zugehörigkeit zum Menschengeschlecht – insofern durch Geburt – zum Unheilskollektiv gehört. Pelagius gegenüber arbeitete Augustinus aus bibl. Tradition zu Recht den Aspekt der Menschheit im ganzen als Unheilskollektiv in ihrer gesamten Geschichte heraus, die es dem einzelnen unmöglich macht, aus seiner „eigenen" Freiheit heraus den Weg zum Heil zu gehen. Pelagius, noch stärker seine Schüler, übersehen in ihrem Appell an die Freiheit des einzelnen die reale Betroffenheit jedes einzelnen durch die Sündengeschichte, die tiefer reicht, als daß schlechtes Beispiel gegeben wird. Bei aller Einsicht in die Betroffenheit der Menschheit als ganzer arbeitet Augustinus aber auch in aller Schärfe – gegen Manichäer und ähnliche Richtungen – heraus, daß die Sünde ganz grundsätzlich durch den Mißbrauch der geschöpflichen menschlichen Freiheit in die Welt kam. Er spricht – auch hier – mit der Bibel Gott frei, um den Menschen anzuklagen. Weniger glücklich war Augustinus im Versuch, aus der rechtmäßigen Verurteilung der Menschheit eine Erwählungs- bzw. Prädestinationslehre abzuleiten, die der Universalität der Erlösung nicht mehr gerecht wurde. Auch wurde – mit viel Mühe – sein Versuch überwunden, die Übertragung der E. in Zusammenhang mit geschlechtlicher Konkupiszenz zu sehen. Der gegenläufige entscheidende Durchbruch gelang Anselm v. Canterbury (gest. 1109), der, in den Bahnen augustinischer Theologie denkend, in der E. dennoch nicht eine sozusagen dinglich mitgegebene Befleckung, sondern das Fehlen der Schöpfungs„rechtheit" sah, die Gott dem Menschen mitgegeben hatte, die aber durch die Perversion der Menschengeschichte in Sündengeschichte verloren war. Dieser für den Menschen entscheidende Verlust an „rechter“ Gottesbeziehung wirkte pervertierend auf das ganze Leben der Menschen und brachte die Unbeherrschbarkeit böser Neigung (Konkupiszenz im weiten Sinn) aus sich hervor. – Das Konzil von Trient formulierte die kath. verbindliche Lehre der E., weil es in der Auseinandersetzung mit Luther Unklarheiten vor allem im Weiterbestehen der Sünde nach der Taufe gegeben hatte (vgl. DS 1515). Doch darf man urteilen, daß Trient und die lutheranische Bekenntnisschrift der Confessio Augustana (1530) miteinander vereinbar sind. Eine im Blick auf Schrift und Dogmengeschichte für heute gültige Bestimmung der E. dürfte Rahner gegeben haben: „eine allgemeine, alle Menschen im voraus zu ihrer eigenen personalen Freiheitsentscheidung umfassende Unheilssituation, die dennoch Geschichte und nicht Wesensbestand ist, durch den Menschen geschehen und nicht einfach mit der Kreatürlichkeit gegeben ist“ (Schriften I ³1958, 306). „Unheilssituation“ verdeckt nicht, daß es sich um die Realität von „Sünde“ handelt: Ein Zustand, der Heil unmöglich macht, kommt aus Sünde und trägt ihr eigentliches Wesen. Freilich wird auch deutlich, daß es um eine Anwendung des Sündenbegriffs (Analogie) geht, die gerade nicht behaupten will, der Träger habe persönlich eine Sündentat begangen.

Lit.: *H. Köster,* Urstand, Fall und E. In der Scholastik. Freiburg 1979; *J. Martelet,* Libre réponse à un scandale. Paris 1986; *K. Rahner,* Art. E.: SM(D) I 1104–1117; *L. Scheffczyk,* Urstand, Fall und E. Von der Schrift bis Augustinus. Freiburg 1982; *P. Schoonenberg,* Theologie der Sünde. Einsiedeln 1966; *ders.,* Der Mensch in der Sünde: MySal II 845–941; *K. H. Weger,* E. heute. München 1972. *W. Breuning*

Erde

↗Natur.

Die E. gehört rel.-wiss. zu den – in der bekanntesten Aufzählung 4 – tragenden Elementen: ↗Feuer, ↗Wasser, Luft (↗Geist), E. Als das alles Lebendige gebärende Element trägt die E. mütterliche Züge und wird die „Mutter E.“ in den verschiedensten Religionen als Muttergottheit verehrt (eine Ausnahme: in Ägypten ist in dem Götterpaar Geb (E.) und Nut (Himmel) die Erdgottheit männlich). Als das schlechthin Vorhandene, die ↗Natur, der „Muttergrund“ (Materie), als das Chaotisch-Verschlingende und das Kosmisch-Bewahrende und Rettende bildet die E. für den Menschen immer neu den Ansatzpunkt, sich der E. sowohl in Furcht und Verehrung wie auch in Frage und Zugriff (vgl. den Zusammenhang von Kult und Kultur; ↗Kult XI) zuzuwenden. In der griech. Mythologie ist es *Gaia,* die E., die in Parthenogenese *Ouranos,* den Himmel, gebiert, aus denen dann in hl. Hochzeit (↗Hierogamie) die Götter, die Zyklopen und die Urungeheuer hervorgehen (vgl. Hesiod, Theogonie 126ff.; Homer, Hymne an die E.). In vielen Kosmogonien (↗Welt/Schöpfung III), etwa auch dem bibl. Schöpfungsbericht J, ist auch der Mensch von der E. genommen (Gen 2,7), zu der er dann im Tode zurückkehrt (Gen 3,19). Immer wieder taucht die E. als Quellgrund des Lebens in den kosmogonischen Mythen auf, wobei die E. im Werdeprozeß in 5 Varianten eine Rolle spielt: a) In *Androgynie,* männlich-weiblich, doppelgeschlechtlich oder auch geschlechtslos, repräsentiert die E. im Ursprung die Fülle des Seins, die „Urtotalität“ (M. Eliade). b) In *Parthenogenese* gebiert die E. als Allgebärerin alles Lebendige. c) Im *Hieròs gámos* entsteht die E. zusammen mit dem ↗Himmel bzw. bringt sie mit ihm alles übrige hervor. d) Wo die E. selbst als Opfer der Zerstörung durch Naturgewalten (Erdbeben, Unwetter, Überflutungen, Dürre u.a.) erlebt wurde, so daß sie ihren wohltuenden Einfluß, z.B. in der Ernte der Früchte, nicht mehr ausüben konnte, wurden ihr selbst ↗Opfer (I) dargebracht. e) Schließlich wird vor allem in den Mythen der ↗Traditionellen Religionen die Bedeutung der E. beim *Hervorgang des Menschen* betont. Gesch. tritt die Verehrung der Mutter E. vor allem in den ↗Ackerbaukulturen in Erscheinung. Das Werden des menschlichen Kindes wurde entsprechend mit dem Geheimnis des Werdens in der Natur zusammengesehen. An der menschlichen Mutter ereignet sich im Kleinen, was sich geheimnisvoll im Schoße der Mutter E. im Großen vollzieht (↗Mikrokosmos – Makrokosmos). Leben und Tod behalten aber dann ihren engen Bezug zur E. Einerseits ereignet sich das Geborenwerden in der Loslösung vom Mutterschoß. Andererseits erscheint der ↗Tod, wo der tote Leib erneut in den Schoß der E. gebettet und damit gleichsam in der E. geborgen wird, als die Heimkehr „nach Hause". „Der so häufig geäußerte Wunsch, in heimatlicher E. begraben zu werden, stellt lediglich eine säkularisierte Form des myst. Gefühls der Autochthonie dar, des Bedürfnisses, ‚nach Hause' zurückzukehren" (RGG³ II 549f.) – ein Verlangen, das auch seinen deutlichen Ausdruck findet, wo Menschen, fest auf der E. sitzend, meditativ den Zugang zum Ursprung wiederzugewinnen bzw. diesen wiederzuerkennen suchen (Za-↗Zen). Aus der Sicht des Christentums darf freilich nicht übersehen werden, daß die E. im bibl. Schöpfungsbericht eindeutig entdivinisiert worden ist und zusammen mit dem Himmel dem Schöpfergott als Geschöpf gegenübersteht, so daß jüd.-christl. der Zugang zum Ursprung erst dort gegeben ist, wo die Immanenz des Geschöpflichen sich der ↗Transzendenz Gottes öffnet.

Lit.: *M. Eliade,* Art. E.: RGG³ II 548ff.; *ders. / L. E. Sullivan,* Art. Earth: ER IV 534–541 (Lit.).

H. Waldenfels

Erfahrung, religiöse

↗Heiliges; Religionsphänomenologie; Religionsphilosophie; Religionspsychologie.

E. läßt sich hier – unter Absehen etwa vom neuzeitlich-wiss. Verständnis – als „unmittelbar hinnehmender Realbezug" (Ogiermann) bestimmen; rel. dann: als erlebter „Kontakt" mit Göttlichem, dem Heiligen. Die räumliche Metapher meint indes einen Bewußtseinsvollzug. Als solcher geschieht E. a) stets deutend (man erfährt etwas immer *als* dies oder jenes): als *Glaubens*-E. – Glaube hier (bewußt formal) als Gesamtdeutung vorliegender Fakten verstanden, in welche unumgänglich eigene Entscheidung eingeht (keine Interpretation kann aus den Fakten sich als einzig mögliche beweisen). Sie ist b) „Symbol-Vollzug" (im „als" geht die Differenz von Erscheinung und Erscheinendem auf, z.B. im Körper als Leib, im Hautkontakt als Zuwendung). Sie ist c) als geistiges Geschehen Wahrheits- und Wesenserkenntnis. (In einer Begegnung erfährt man, was Mensch, Zukehr, Verrat ... überhaupt sind.) Sie ist schließlich d) sprach- und damit traditionsbestimmt (bezogen auf vorangegangene E.en, die – schon im Niederschlag der Sprache – ihren Horizont, den Kontext ihrer „Lesart" bilden). – Am Beispiel der Mose-Vision: der „brennende Dornbusch" wird als solcher erfahren, als Erscheinung (Zeichen), als Sakralereignis, als Begegnung mit dem Gott der Väter. – Gehört also zur E. die Unmittelbarkeit (*von* etwas zu erfahren genügt nicht für einen lebensbestimmenden Grundbezug), so gehört ebenso zu ihr Vermittlung. Droht jene in Buch- und „Kirchen"-Religionen zu kurz zu kommen (bis zu theol. „Verkopfung"), so diese in Programmen „natürlicher" wie chemischer oder gruppendynamischer Religiosität. Kommt einerseits der Glaube nie bloß „vom Hören" (dem muß das innere Einleuchten korrespondieren, durch die „Augen des Herzens"), so gibt es andererseits kein unbelehrtes „Sehen dessen, was sich zeigt". – Diese Vermittlung ist zuerst jene von Reflexion und Selbstverständigung im Glauben: erst hinterher wissen die Emmaus-Jünger ihre Herzen brennen. (Dem Heiligen begegnet man nur so, daß man ihm je begegnet ist [K. Hemmerle].) Die „Ekstase" als nur erste Phase konstituiert erst mit der folgenden Einkehr das Gesamtphänomen religiöser Erfahrung. Zudem gibt es Abstufungen bis zu minimalen „Spuren" (E. Bloch). Und vollends nur reflektiert ist zwischen Nicht- und Abwesenheits-E. des Göttlichen zu unterscheiden. – Die Vermittlung spielt sodann zwischen persönlicher E. und Tradition. Ähnlich wie es zweier Augen zur Raumwahrnehmung bedarf, verlangt Wirklichkeitszugang ein stereoskopisches Zusammenwirken von E.en. (Noch für das Selbstverhältnis ist man auf das Urteil anderer verwiesen, erst recht im Weltbezug und im Verhältnis zum hl. Welt-Urgrund.)

Da E. nicht rein passiv geschieht, sondern vielfach aktiv, besser medial: als ergriffenes Ergreifen und ergreifendes Sich-ergreifen-Lassen, kann sie auch nicht zwingend bewiesen und neutral verallgemeinert werden. Der Ruf nach purer Objektivität geht fehl, wo das Subjekt derart dazugehört. Dies als nur „subjektiv" abzuwerten verriete ein seinerseits unausgewiesenes objektivistisches Vorurteil. Die urspr. Reflektiertheit (im „als“) der E. erlaubt andererseits und fordert weitere Stufen der Reflexion: symbolisch, mythisch, „dogmatisch“; sie ermöglicht damit auch Kommunikation – und zwar über die Grenzen konkreter E.s-Traditionen hinweg (Dialog der Religionen).

Lit.: *H. Ogiermann,* Die Problematik der rel. Erfahrung: Schol. 37 (1962) 481–513; 38 (1963) 481–518; *K. Lehmann,* E.: SM(D) I 1117–1123; *M. Müller,* E. und Geschichte. Freiburg 1971; *W. James,* Vielfalt religiöser E. Olten 1979; *W. Pannenberg* (Hg.), Die E. der Abwesenheit Gottes in der modernen Kultur. Göttingen 1984; *J. Splett,* Gottes-E. im Denken. Freiburg ³1985; *ders.,* Freiheits-E. Frankfurt 1986.

J. Splett

Erfüllung ↗Heil/Heilsweg I.

Erinnerung/Anamnese. 1. Allgemein anthropologisch. Für die Akte des Sich-Erinnerns sind zwei Momente charakteristisch: Etwas Vergangenes wird ausdrücklich als solches, von aller Gegenwart Verschiedenes, in einem gegenwärtigen Akte intendiert („Ich erinnere mich heute, daß dies damals geschah“); zugleich aber wird es als Inhalt des eigenen, wenn auch vergangenen Erlebens dessen identifiziert, der die gegenwärtige Intention vollzieht und sich deshalb das Vergangene als *seine* Vergangenheit, z. B. als Inhalt seiner eigenen Wahrnehmung, zurechnet („Ich erinnere mich heute, dies damals gesehen zu haben“). Durch diese doppelte Intention – auf Vergangenes *als solches* und auf ein Erlebnis, das der Intendierende sich *als das Seine* zurechnet – gewinnt der Erinnernde zugleich ein Bewußtsein von der Identität seiner selbst im Wechsel seiner Erlebnisse. Auf solche Weise gewinnt die E. eine unersetzliche Funktion für das Identitätsbewußtsein von Personen. E.s-Verlust bedeutet demgegenüber stets Identitätsverlust.

Die Art, wie der Erinnernde sich vergangene Ereignisse als Teile *seiner* Vergangenheit zurechnet (nicht nur sagt: „Ich erinnere ein Ereignis“, sondern: „Ich erinnere *mich* an das Ereignis“ und noch präziser: „*Ich* erinnere *mich,* daß *ich* das Ereignis damals erlebt habe“), und die Art, wie er die Gegenwart als *die seine* aneignet (die Fülle der Umstände – circumstantia – zur Einheit einer Lebenslage – situatio – zusammenfügt), bedingen sich gegenseitig. Wir „organisieren“ (gliedern und gestalten) unsere Gegenwart durch Blick auf eine Vergangenheit, die wir uns als die unsere zuschreiben; und wir „organisieren“ zugleich die Vergangenheit, indem wir unsere Gegenwart derjenigen Person, deren Vergangenheit wir beschreiben, als ihre Zukunft zurechnen. Wir erzählen z. B. unsere Kindheit als die unsere, indem wir dem Kind, von dem wir sprechen, unsere Gegenwart als Erwachsene als seine Zukunft zuschreiben. Diese doppelte „Organisation“ der Gegenwart und der Vergangenheit durch das Erinnern ist die logische Funktion von „Erzählsätzen“ (vgl. *Danto,* Analytische Geschichtsphilosophie).

Das Gesagte gilt, mit gewissen Abwandlungen, nicht nur für Individuen, sondern auch für Gruppen. Obgleich die Angehörigen späterer Generationen sich an die Ereignisse im Leben ihrer Vorfahren nicht als an ihre eigenen vergangenen Erlebnisse erinnern können, können sie ihrer doch gedenken. Und auch dadurch rechnen sie die Ereignisse, die sie als Vergangene intendieren, sich selbst als ihre gemeinschaftliche Vergangenheit zu, ebenso wie sie ihre Gegenwart den Vorfahren, deren sie gedenken, als deren gemeinschaftliche Zukunft zurechnen. (Schon wer von „unseren Vätern“ spricht, hat diese Vergangenheit dadurch gedeutet, daß er die gegenwärtig lebenden „Söhne“ als diejenige Zukunft versteht, im Hinblick auf welche die Väter erst „Väter“ genannt werden können.)

Aber nicht immer gelingt es, erinnerte Vergangenheit im Hinblick auf die Gegenwart, erfahrene Gegenwart im Rückblick auf erinnerte Vergangenheit so zu „organisieren“, daß dadurch Identitätsfindung bzw. Identitätsbewährung des Individuums oder der Gruppe gewonnen wird. Eine wichtige Hilfe dazu (in vielen Fällen sogar die unerläßliche Bedingung) besteht darin, daß der, der sich gegenwärtig an ein vergangenes Ereignis erinnert (bzw. seiner gedenkt), einer Person oder Sache wiederbegegnet, die er als diejenige identifizieren kann, an die er sich erinnert. Die damals gesehene Person oder Sache steht „heute“ nicht nur vor dem geistigen Auge des Erinnernden, sondern steht leibhaftig vor ihm. Der sprachliche

Ausdruck für diese Identifikation des gegenwärtig Begegnenden mit dem als vergangen Erinnerten ist die Nennung des Namens. Eine Person oder Sache beim Namen rufen heißt: sie wiedererkennen und so als gegenwärtig begegnende mit der als vergangen erinnerten Person oder Sache identifizieren.
Der Wiedererkennende schreibt dann die erinnerte Vergangenheit nicht nur sich selbst als *seine* Vergangenheit zu, sondern auch dem Wiedererkannten als die *ihm zugehörige*. Er sagt beispielsweise nicht nur: „Ich erinnere mich", sondern fragt den Wiedererkannten: „Erinnerst nicht auch du dich?" Und er deutet die erfahrene Gegenwart nicht nur als Zukunft dessen, der *er selbst* in der Vergangenheit gewesen ist (z. B. seine gegenwärtige Lebensphase als das Erwachsenenalter desjenigen Kindes, das er einmal war); er deutet sie auch als die Zukunft dessen, der *der Wiedererkannte* in der Vergangenheit gewesen ist („Du hättest dir damals nicht träumen lassen, daß du mich in meinem Alter wiedersehen würdest" – eine rückschauende Aussage über die damals noch unbekannte Zukunft des damals noch jungen Menschen). Auch diese Art, Vergangenheit und Gegenwart zu „organisieren", entfaltet sich in Erzählsätzen, aber nun in solchen, die die gemeinsam erinnerte Vergangenheit mit einer gemeinsam erfahrenen Gegenwart verknüpfen, zumeist auf zwei verschiedenen Wegen, die die beiden Partner zwischen „damals" und „heute" durchlaufen haben („Wo bist du nur all diese Zeit hindurch gewesen?"). Dabei gibt es Fälle, in welchen erst die Identität des Wiedererkannten und beim Namen Gerufenen den Bezugspunkt schafft, von dem her es auch dem Wiedererkennenden möglich wird, sich seine erinnerte Vergangenheit als die seine anzueignen („indem ich dir begegne, ist mir meine Jugend nicht ganz verloren"). Die Anrufung des Namens, durch die der gegenwärtig Begegnende mit dem Erinnerten identifiziert wird, stiftet dann auch für den Wiedererkennenden erst die Kontinuität zwischen seiner eigenen Vergangenheit und seiner Gegenwart („dir kann ich meine ganze Lebensgeschichte erzählen; und dabei wird sie auch mir selbst erst begreiflich"). Diese Weise, am vertraut gebliebenen Anderen die eigene, fremdgewordene Lebensgeschichte wieder als die eigene zu entdecken, hat *im rel. Kontext* besondere Bedeutung gewonnen: Rel. Anamnese stellt dem Individuum wie der Gruppe in der Anrufung des göttlichen Namens und also im Wiedererkennen des „alten" Gottes in einer „neuen" Stunde erst den Grund bereit, auf dem sie auch ihre eigene Identität im Wandel der Zeiten wiederfinden können („Himmel und Erde vergehen wie ein Gewand. Du aber bleibst, und deine Jahre altern nicht").
2. Religionswissenschaftlich. Wie das Erinnern und Gedenken allg. eine Bedingung der individuellen und der gemeinschaftlichen Identitätsfindung ist, so ist die rel. Anamnese eine Bedingung für die Identitätsfindung des rel. Individuums und der rel. Gemeinde. Und wie ganz allg. Individuen und Gruppen sich ihrer eigenen Identität dadurch bewußt werden können, daß sie fremde Personen oder Sachen wiedererkennen, mit Namen rufen und diese Namen-Akklamation in Erzählsätzen entfalten, so spielt die Acclamatio nominis und deren Entfaltung in Sätzen rühmenden Erzählens eine wichtige Rolle für die Entdeckung der Kontinuität der Lebensgeschichte rel. Individuen und Gruppen.
Diese besondere Bedeutung der rel. Anamnese (A.) für die Identitätsfindung des rel. Individuums und der rel. Gemeinde beruht, nach dem Selbstverständnis der Religion, darauf, daß „Erinnerung" nicht ausschließlich als ein Akt des rel. Bewußtseins gilt. Sie ist vor allem ein Akt der Treue Gottes selbst. Diese Treue Gottes hat zur Folge, daß die gegenwärtige rel. Erfahrung göttlicher Präsenz nicht erst sekundär, durch einen Vorgang im Bewußtsein des rel. Menschen, mit der erinnerten Vergangenheit göttlicher Taten vermittelt zu werden braucht; vielmehr gewinnen in jeder Präsenz Gottes auch alle seine vergangenen Taten eine augenblickshaft aufleuchtende Realpräsenz („Deus, cuius antiqua miracula etiam nostris temporibus coruscare sentimus"). Rel. A. ist erst sekundär menschlicher Akt des Erinnerns; sie ist primär die durch Gottes Treue gestiftete Gegenwart seiner eigenen vergangenen Großtaten.

Und die rel. Pflicht, diese Großtaten „nicht zu vergessen" (vgl. Ps 103,2), ist in der rel. Zusage begründet, daß Gott selbst keines seiner Geschöpfe vergißt (vgl. die Bekenntnisformel in der Liturgie des jüd. Neujahrstages, der auch der „Tag des Gedächtnisses" genannt wird: „Für alle Vergessenen seit Weltzeit bist du der Gedenkende").
Gottes Treue stiftet so verstanden eine Realpräsenz seiner vergangenen Großtaten in jeder Gegenwart, in der er Menschen begegnet. Auf dieser Realpräsenz beruht auch die kultische A. und die mit ihr verbundene kultische „Vergegenwärtigung" dessen, was im Gottesdienst anamnetisch zur Sprache gebracht wird. Dieser Realpräsenz der erinnerten Vergangenheit in der erfahrenen Gegenwart Gottes entspricht die bevorzugte sprachliche Form der Anrufung göttlicher Namen: der „hymnische Partizipialstil", in welchem der Gottheit ihre vergangenen Taten in der Form des Partizips, also zustandhaft-präsentisch, zugesprochen werden, so daß die E. an vergangene Heilstaten Gottes sich mit der Hoffnung auf deren je gegenwärtige Erneuerung verbindet. Röm. Orationen lösen dabei die partizipiale Namensanrufung in erzählende Relativsätze auf, deren Inhalte in den zukunftsgewandten Deprekationen wiederkehren: „Gott, du hast die Herzen der Gläubigen durch die Erleuchtung des Hl. Geistes belehrt, gib, daß wir in demselben Geiste erkennen, was recht ist, und, von ihm getröstet, allzeit in der Fröhlichkeit verbleiben." Akklamationen dieser Art stellen die rel. A. in den Zusammenhang mit erfahrener Gegenwart und erhoffter Zukunft hinein und benennen dadurch zugleich den Grund, den der so Betende „bestehen läßt", um so selbst „Bestand zu gewinnen" (vgl. Jes 7,9). Was über die allg. Bedeutung der E. für die Identitätsfindung des Individuums und der Gruppe gesagt werden konnte, findet in dieser Form der rel. A., dem „Bestandfinden" durch anamnetisches „Bestandgewähren", seine intensivste Verwirklichungsform.
3. Normative Erinnerungsinhalte. Unter den vielen Inhalten derartigen Erinnerns und Gedenkens gibt es solche, die für Individuen und Gruppen normativen Charakter haben. Es handelt sich dabei um die E.en an inhaltliche Erfahrungen im individuellen oder gemeinschaftlichen Leben, aus denen eine veränderte Form des Bewußtseins und der Praxis hervorgegangen ist. So kann beispielsweise die Dialoggemeinschaft der Philosophierenden sich nur durch die E. an jene Krise der antiken, durch den Mythos geprägten Form des gemeinschaftlichen Lebens verstehen, aus der neue Weisen des argumentierenden Denkens und des öffentlichen Disputes über Normen und Ziele gemeinsamer Praxis hervorgegangen sind. Das philos. Bekenntnis zur „je größeren Wahrheit" im Gegensatz zur Fraglosigkeit des „Wissens von göttlichen Dingen" und die aus diesem Bekenntnis resultierenden Regeln der krit. Argumentation würden ohne derartige E. zum leeren Formalismus entarten. Ähnliches gilt für die spezifische Rationalität neuzeitl. Wissenschaft. Sie ist aus der Erfahrung jener Konflikte zwischen den christl. Bekenntnissen entstanden, die im 16. Jh. aufbrachen und nicht mehr durch Argumentationen (Religionsgespräche) beigelegt werden konnten, so daß sie schließlich, im Bündnis mit politischen Interessen, sich in Religionskriegen entluden. Ohne diese „normative E." entartet neuzeitl. Rationalität zur „szientistischen Konvention". So ist sogar die Forschergemeinschaft eine Überlieferungsgemeinschaft, die bei Verlust ihrer normativen E.en das Bewußtsein von ihrer spezifischen Aufgabe verliert. Daß dies noch mehr von politischen und rel. Gemeinschaften gilt, liegt auf der Hand (vgl. ↗Tradition I).
Wie das Erinnern und Gedenken überhaupt zur *Identitätsfindung* von Individuen und Gruppen unentbehrlich ist, so werden die Inhalte normativer E. zum Maßstab für die *Identitäts-Bewährung*. Diese Bewährung besteht nicht in dem Versuch, die erinnerte Vergangenheit im jeweils gegenwärtigen Leben zu kopieren, sondern darin, erinnerte Vergangenheit und gegenwärtige Erfahrung in ein Verhältnis gegenseitiger Auslegung zu bringen. Denn die je gegenwärtige Erfahrung läßt ihre Bedeutung (z.B. das Gewicht der Entscheidung, die in der Gegenwart zu fällen ist) in dem Maße

erkennen, in welchem sie in diejenige Form des Denkens und der Praxis aufgenommen wird, die in der erinnerten Vergangenheit gestiftet worden ist. So kann die Bedeutung gegenwärtiger Erfahrungen von „Wissenschaftsgläubigkeit" auf der einen, „Wissenschaftsfeindschaft" auf der anderen Seite in ihrer Bedeutung für den, der selber Wissenschaft betreibt, nur angemessen gedeutet werden, indem diese Erfahrung in ein selbstkritisch-hermeneutisches Verständnis der Wissenschaft aufgenommen wird. Dieses Wissenschaftsverständnis aber ist exemplarisch dort gestiftet worden, wo Sokrates unter den Verdacht geriet, entweder „neue Götter einzuführen" (also Wissenschaft an die Stelle des überlieferten mythischen Glaubens zu setzen) oder aber „den schlechteren Logos zum stärkeren zu machen" (also den gesellschaftlichen Konsensus zu untergraben und je partikuläre Interessen als allg. verbindliche Wahrheit auszugeben). Die E. an die Gestalt des Sokrates, der diesem doppelten Verdacht ausgesetzt war, sich selbst aber in seinem kritisch-argumentierenden Denken als Diener der „je größeren Wahrheit" verstand, kann dazu helfen, daß die Forschergemeinschaft sich selber kritisch überprüft, ob sie jene Form des Denkens gefunden und bewahrt hat, durch die sie in der heutigen Situation diesen doppelten Vorwurf als ungerechtfertigt erweisen kann. Die so verstandene gegenwärtige Erfahrung von „Wissenschaftsgläubigkeit" und „Wissenschaftsfeindschaft" wird so zur Bewährungsprobe für die Identität der Forschergemeinschaft. Und indem die Forschergemeinschaft der so erinnerten Vergangenheit Maßstäbe ihrer gegenwärtigen Bewährung entnimmt, gewinnt auch die erinnerte Vergangenheit selbst für sie neues Bedeutungsgewicht. Erinnerte Vergangenheit und erfahrene Gegenwart legen sich so gegenseitig aus.

Und wiederum liegt es auf der Hand, daß dies für rel. Überlieferungsgemeinschaften in ausgezeichnetem Maße gilt. Denn die Glieder dieser Überlieferungsgemeinschaften begreifen ihre je besondere Weise des Selbst- und Weltverständnisses als Folge derjenigen Ereignisse, die den Inhalt ihrer normativen E. ausmachen („Einst wart ihr Finsternis, jetzt aber Licht durch den Herrn", Eph 5,8). Sie bewahren ihre Identität dadurch, daß sie im Licht solcher E.en zum angemessenen theoretischen und praktischen Urteil über ihre gegenwärtige Erfahrung fähig werden. Die E. an Urereignisse, die „vor aller Zeit" geschehen sind, befähigt die Mitglieder mythischer Überlieferungsgemeinschaften dazu, Ereignisse ihrer eigenen Erfahrung als Abbild- und Gegenwartsgestalten dieser Urereignisse zu begreifen und in der eigenen Praxis neue Abbild- und Gegenwartsgestalten zu setzen. Die E. an Jesu Tod und Auferstehung befähigt die Christen, Leid und Tod als „Gestaltgemeinschaft mit Christus" zu begreifen und daraus die Hoffnung auf eine „Gleichgestaltung mit seiner Herrlichkeit" zu gewinnen. Darum gilt die je gegenwärtige Erfahrung in dem Maße als verstanden, in welchem sie im Lichte der normativen E. gedeutet werden kann. Die normative E. aber läßt ihre Bedeutung in dem Maße erkennen, in welchem sie die je gegenwärtige Erfahrung der Überlieferungsgemeinschaft verständlich macht.

Lit.: *J. B. Metz,* Art. E.: HPhG II 386–396; *C. v. Bormann,* Art. E.: HWP II 636–643; *L. Oeing-Hanhoff,* Art. Anamnesis: HWP I 263–266; *O. Nußbaum,* Die Eucharistiefeier als Anamnese (Opfer und Mahl): BiLi 44 (1971) 2–16. *R. Schaeffler*

Erleuchtung. 1. Im Buddhismus. E. ist heute die gebräuchlichste Übersetzung für die Grunderfahrung des ↗Buddha, der – nach der Skt.-Wurzel *budh-* = erwachen, bewußt werden, davon *bodhi* = voll bewußt, „einsichtig" – der von aller Unwissenheit, genauer: Finsternis, Lichtlosigkeit, somit Unerleuchtetheit (Skt. *avidyā,* jap. *mumyō*), „Erwachte" ist. Bei dieser E. geht es um eine existentielle Erfahrung, in der der Mensch zur vollkommenen Erkenntnis seiner selbst und der Welt, in der er lebt, gelangt und die Dinge „sieht", wie sie sind. Auch wenn die konkreten Anleitungen zur E. in den verschiedenen Richtungen des Buddhismus Unterschiede aufweisen, schlägt als gemeinsamer Grundzug immer wieder durch, daß die letzte ↗Wahrheit und „Soheit" (Skt. *tathatā*) sich jedem Begriff entzieht und unaussprechlich ist. Analog zu den Aussagen der negativen Theologie haben die unvermeidlichen Aussagen über die E. in den unterschiedlichen Schulen eher zum Inhalt, was die wahre E. nicht ist, als was sie ist. Solche Diskussionen stellen daher auch den beständigen Versuch dar, alles, was der urspr. Unaussagbarkeit im Wege steht, zu beseitigen und diese wiederherzustellen – wohl wissend, daß die letzte Art der Begegnung mit ihr das ↗Schweigen ist. Sprachlich unterscheidet sich das Kleine Fahrzeug vom Großen dadurch, daß das erste eher – negativ – die Nichtanhänglichkeit, die Befreiung und das Freiwerden von allem, somit das absolute ↗Nichts des ↗Nirvāṇa betont, während das zweite eher – positiv – die Helligkeit des Lichtes, das „Sehen der wahren Natur" (im jap. ↗Zen *kenshō*) bzw. das „Verkosten" (jap. *satori*) u. ä. sprachlich bevorzugt; freilich dürfen solche Redeweisen, auch wenn sie die „Leibhaftigkeit" der E.s-Erfahrung mitsagen, dennoch nicht psychol.-emotional ausgedeutet werden. In allen Versuchen des Sagens muß stets bewußt bleiben, was es bedeutet, daß der Buddha nach der Legende auf die Frage nach der Natur der Wahrheit schweigend eine Blume hochhielt. Dazu heißt es, daß niemand den Buddha verstand außer Kāśyapa, der lächelte und den der Buddha für erleuchtet erklärte.

2. Abendländische Geistesgeschichte. Von E. (griech. *éllampsis, epílampsis, phōtismós, phōtisma;* lat. *illuminatio, illustratio*) ist in der abendländischen Geistesgeschichte sowohl in erkenntnistheoretisch-philos. wie in religiös-myst. Hinsicht die Rede. Bei Platon (7. Brief) vermag der die Ideen begründende Sinn der Idee des Guten „dem Denken nur deshalb evident zu werden, d. h. einzuleuchten, weil er selbst in sich licht und daher dem Akt des Denkens unverborgen *(alḗtheia)* ist" (W. Beierwaltes 712). Die Lichtheit der Ideen ist hier der Möglichkeitsgrund von E. Bei Philo, in der ↗Gnōsis wie auch in der frühen Patristik ist die E. ein gnadenhaft geschenktes Heilsereignis, in dem dem Menschen kraft des geistigen Lichtes des göttlichen ↗Logos E. zuteil wird und er aus einem „sarkischen" zu einem „pneumatischen", d. h. einem der Finsternis entzogenen Menschen wird (vgl. auch den Zusammenhang von ↗Taufe und E., etwa bei Klemens v. Alexandrien). Beide Stränge, der Prozeß der Selbsterhellung des Denkens wie die Erfahrung der gottgewirkten E., haben in der Folgezeit teilweise getrennt, teilweise im Verbund weitergewirkt. Bei Plotin wird die philos. E. zu einem wesentlichen Moment des myst. Aufstiegs, da die nichtdenkende Erfahrung des Lichts des Einen nur im Durchgang durch den Prozeß des Denkens erreicht werden kann. Erst wenn alles dem Denkvermögen Erreichbare im Denken durchlaufen ist, ist die ↗Ekstase auf das gestaltlose, unsagbare Eine hin möglich. Eingang in das Christentum und seine Theologie finden diese Gedanken unter dem Einfluß des späten Neuplatonismus durch Pseudo-Dionysius Areopagita und seinen Dreischritt vom Weg der Reinheit *(kátharsis)*, der E. *(éllampsis „phōtismós")* und der Einigung *(hénōsis „teleíōsis")*. Zu beachten ist, daß E. in dieser Sicht stets Vorstufe zur gottgeschenkten Vollendung und Einigung in der ↗Liebe ist. Christl. ist sie nicht zu erreichen ohne Vollzug der *imitatio Christi* (vgl. dazu Bonaventura, Itinerarium mentis in Deum, und den Fortgang der klass. Geschichte christl. Spiritualität nach Ignatius v. Loyola, Teresa v. Ávila, Johannes v. Kreuz u. a.).

3. Buddhistisch-christlicher Dialog. Die Frage nach der E. erhält im buddh.-christl. Dialog wachsende Brisanz durch die Tatsache, daß in den letzten Jahren Zenmeister (↗Zen) Christen die Erlangung der E. attestiert haben und Christen ebenso wie Buddhisten die Möglichkeit sehen, Zen ohne Verlust ihrer rel. Identität zu integrieren. Eine solche Integration erscheint so lange möglich, als die E. einerseits jene Offenheit, Leere und Selbstentäußerung darstellt, die – frei von Bildern und Gedanken – das Äußerste ist, zu dem menschliches Vermögen „ekstatisch" fähig ist, andererseits der Mensch in diesem Akt des Lassens nicht nochmals in subtiler Weise über jene Möglichkeiten zu verfügen sucht, die – christlich gesagt – nur Gott zuzugestehen sind. Anders gesagt, der wahrhaft Erleuchtete wird seine E. nicht eigenmächtig als Selbsterlösung vorstel-

len. Freilich ist die Gefährdung der inzwischen erreichten Situation nicht zu übersehen. Sie besteht vor allem darin, daß in das Wortlos-Offene immer wieder die Vielzahl auch unerbetener Worte eindringt und Menschen, die sich auf den Weg der Schweigemeditation machen, bei mangelnder Unterscheidung der Geister auf unterschiedlichste Weise manipulierbar werden. Mit Geduld sind die E.s-Aussagen, die stets Aussagen *nach* der Erfahrung sind, in ihren sprachlichen und weltanschaulichen Implikationen zu prüfen, ehe daß sie auf die Vergleichbarkeit untereinander hin bedacht werden. Offen ist nach wie vor auch die Frage nach den Autoritäten (Verhältnis von Meistern, Lehrern, Lehramt und Theologie u. ä.) im Bereich der E. Diese Frage kann dort nicht ausgeklammert werden, wo es bei der Frage nach Wahrheit, Echtheit und Deutung der E. auch um die Authentizität des Heilsweges geht.

Lit.: Vgl. die Art. E.: RGG³ II 573–576 *(L. Richter)*; HWP II 712–717 *(W. Beierwaltes)*; Art. Enlightenment *(W. K. Mahony)*: ER V 107 ff.; sodann *M. Abe,* Zen and Western Thought. London 1985; *H. Dumoulin,* Geschichte des Zen-Buddhismus. Bern I 1985, II 1986; *H. M. Enomiya-Lassalle,* Zen und christl. Mystik. Freiburg ³1986; *D. Henrich* (Hg.), All-Einheit. Stuttgart 1985; *T. A. Imamichi,* Betrachtungen über das Eine. Tokyo 1968; *T. Izutsu,* Philosophie des Zen-Buddhismus. Reinbek 1979; *H. Waldenfels,* Faszination des Buddhismus. Mainz 1982.

H. Waldenfels

Erlösung ↗Heil/Heilsweg VIII.

Eros ↗Liebe V.

Erotik und Religion. Als die beiden stärksten Lebensmächte der Welt gelten „das Religiöse und das Geschlechtliche". Beide müssen in ihrer Zusammenschau gesehen werden, will man das anthropologische Grundphänomen adäquat erfassen. Geht es doch dabei weder um eine „Theologie der Geschlechtlichkeit" noch um eine „Sexuallehre der Religion"; beide sollten vielmehr zusammen gesehen werden, damit die Religion wieder neue „vitale Kraft" erhält und der Eros seine „sakrale Würde" behält (Schubart). Gott bewegt nach Vorstellung der alten Hochreligionen aus Liebesneigung die Welt. Der Akt wird als harmonische Einheit gesehen, so wie Schöpfer und Schöpfung im Urbeginn eins waren. Das geschlechtliche Leben diente dazu, „das Heil in der Welt zu mehren und Unheil von den Menschen abzuwehren" (Hunger).

Rituale archaischer Hochkulturen erwekken den Eindruck, im Sexualakt die Bedingtheiten des Menschen aufzuheben und Kontakte mit dem Übersinnlichen zu gestatten. Lieben bedeutet letzten Endes, den Schwerpunkt des Lebens aus dem eigenen Ich in ein anderes Ich, mein Gegenüber, zu verlagern. In den archaischen Hochkulturen hat demgemäß die Geschlechtlichkeit sowohl als Fortpflanzung als auch im Miteinander eine religiöse Signatur. Das Verhältnis der Geschlechter erscheint als ein göttliches Phänomen, das später erst aus dem numinosen Bereich hinübergeht in lyrische Ekstase oder in Formen romantisierender Sympathie.

Nur angedeutet werden können aus den Ergebnissen der modernen Religionswissenschaft: die kultische Rolle der Sexualität in den alten Hochkulturen, die Bedeutung des Sexus in den Eleusinischen Mysterien oder in der Kabbalah, die Riten einer kollektiven Sexualmagie, die zu erotischen und mystischen Ekstasen führen, die Rolle der Tempeldiener (↗Hierodule) und der sakralen Prostitution (↗Hierogamie), die sexuellen Techniken im Tantrismus wie die sexuellen Praktiken im Taoismus, die Bedeutung einer „Magia sexualis" im Opus Magnum des Hermetismus u. a. m. Im AT gilt der Bund zwischen Gott und der Kreatur als „der innere Grund" der Schöpfung, wobei die Schöpfung als „der äußere Grund" des Bundes erscheint (Barth). Das Verhältnis zwischen Mann und Frau wird dabei zur Epiphanie dieses Bundes. Nach der Genesis ist der Mann 'isch; 'ischschah bedeutet Weib; beide zusammen bilden *adam,* den Menschen. Um das Geschlecht kreisen durchgängig elementare existentielle Bezüge wie das „Wissen um Gut und Böse" und damit die Erkenntnis von Schuld.

Zahlreiche Tabus gegen die Gottheit stehen oft im Zusammenhang mit Tabus gegen die Geschlechtlichkeit, wie auch der Grundbegriff von „perversus" – gleich „verkehrt" – nicht nur ein „perverso more" (gegen die Sitte), sondern auch ein

„perverso numine" (gegen den Willen der Götter) meint. Die großen Religionen spielen denn auch heute noch eine entscheidende Rolle in unserer Einstellung zur Sexualität. „Die Religion wird uns sicher keine fertigen Lösungen aller moralischen Probleme mehr bieten können, aber sie kann uns allgemeine Richtlinien vermitteln" (Haeberle).

Nach moderner theol. Auffassung wird die Sexualität als essentielle Befindlichkeit und nicht nur als funktionale Komponente erlebt. Die in der Sexualgemeinschaft gegebene Möglichkeit der Fortpflanzung orientiert die Ehe auf eine erweiterte Gemeinschaft zu; die intimste Zweisamkeit wird zum Zeichen der Öffentlichkeit. Geschlechtlichkeit ist sowohl Teil der Schöpfungsordnung als auch Heilszeichen der Erlösungserwartung. In theol. Sicht kann es nicht allein der Sachverhalt der Bedürftigkeit sein, der die Geschlechter zur Ergänzung anhält; es ist eher der zusätzliche Reichtum, welcher der Geschöpflichkeit des Menschen geschenkt wird. Das historisch dokumentierte Ineinsgehen von Geschlechtlichkeit und Religion hätte hier seinen Ursprung. Dem Wesen der Geschlechtlichkeit kommt man theologisch nur näher, wenn man Mann und Frau – nach Ursprung und Ziel – als ein Geheimnis Gottes erfaßt, als ein „opus dei", das sich verwirklicht im „opus alterum per alterum". Hier begegnet dem „Du" immer ein „Ich", beide in einem unvertretbar persönlichen Zusammenhang, das sich in Frau wie Mann als „Selbsterfahrung" ereignet (Schulte). Sexualität erscheint als Medium der Selbsthingabe wie der Fortpflanzung, der Selbstfindung und zugleich Selbstüberschreitung; sie wird erfahren in einer Leidenschaft, die „aktiv" und „passiv" zugleich ist; sie äußert sich als Medium einer doppelten Transzendenz: zum anderen Geschlecht *hin* und auf die nächste Generation *zu*. Über das Biologische und Anthropologische hinaus wird hier das Geschlecht ins Metaphysische erhoben: daß eins *in* das andere eingebunden ist und somit erst *aus* dem anderen zu verstehen sei. Vollkommenheit erreicht der Mensch nur in der Wechselbeziehung zwischen Mann und Frau.

Lit.: *K. Barth,* Die kirchliche Dogmatik. III/4. Zollikon – Zürich 1957; *A. Bouhdiba,* Islam et sexualité. Lille 1973; *M. Foucault,* Sexualität und Wahrheit. II. Frankfurt 1986; *E. J. Haeberle,* Die Sexualität des Menschen. Berlin 1983; *H. Hunger,* Die Heilige Hochzeit. Wiesbaden 1984; *E. Michel,* Ehe. Stuttgart 1948; *W. E. Mühlmann,* Die Metamorphose der Frau. Berlin ²1985; *W. Schubart,* Religion und Eros. München 1941; *R. Schulte,* Sinn und Verwirklichung der menschlichen Geschlechtlichkeit: N. A. Luyten (Hg.), Wesen und Sinn der Geschlechtlichkeit. Freiburg 1985, 301–372. *H. Schipperges*

Eschatologie ↗Zukunft/Jenseits.

Esoterik (griech. *esóteros* = der innere) bezeichnet Verhaltensweisen und Kenntnisse, die nur einem bestimmten Kreis von Eingeweihten bekannt und verständlich sein können/dürfen. Es gibt also einen inneren (eingeweihten) Kreis im Gegensatz zum äußeren Kreis, dem bestimmte Kenntnisse verschlossen bleiben. Der innere Kreis darf sich vor dem äußeren ausgezeichnet fühlen; der Zugang zum inneren Kreis wird von bestimmten Voraussetzungen abhängig gemacht, die Aufnahme an Initiationsriten gebunden. Das Zusammengehörigkeitsgefühl entsteht aus den gemeinsamen rel. Erfahrungen der Mitglieder, die an den gleichen, Außenstehenden unzugänglichen Kulten teilnehmen. Der Sinn der Geheimhaltung dieser Kulte liegt in der Absicht, Traditionen zu erhalten und vor Verfälschung zu schützen.

Lit.: *H. Wißmann,* Art. E.: TRE X 366f. *D. Becker*

Essener. Die E., nach Josephus (Bell II 8,4) die „3. Philosophenschule der Juden", sind eine der rel. Gruppen im Frühjudentum, die – wie ↗Pharisäer und ↗Sadduzäer – aus der antihellen. Chasidim-Bewegung der Makkabäerzeit hervorgegangen ist (1 Makk 2,42) und sich spätestens unter Jonatan wegen seiner Ämterkumulation verselbständigt hat. Ihr Name *Essaíoi* oder *Essénoi* geht wahrscheinlich zurück auf aram. *ḥasen/ ḥassajjā'* „die Heiligen, Frommen", obgleich die Wurzel nur im Ostaram. belegt ist. Daraus hat man für die E. eine mögliche Herkunft aus dem babyl. Judentum hergeleitet. Daneben hat man aufgrund phonetischer Nähe zu *'asen* „die Heilenden" eine Verbindung zu den „Therapeuten", ägypt. Einsiedler, vermutet (Betz). Nach Philo waren die E. Bauern und

Handwerker, die sich durch besondere Tugendhaftigkeit auszeichneten. Plinius d. Ä. bezeugt ihren Hauptsitz in ↗Qumran, in der Nähe von En-Gedi am Westufer des Toten Meeres, und eröffnet damit die Möglichkeit, die seit 1947 dort gefundenen Schriftrollen als Selbstzeugnisse der E. auszuwerten. Die essenische Bewegung war – wie die der Sadduzäer – priesterlich-zadoqidisch geprägt und schloß sich anfänglich der makkabäischen Bewegung an, sonderte sich jedoch bald wegen deren rein politischer Zielrichtung ab und ging z. T. ins selbstgewählte Exil: Leontopolis, Qumran, „Damaskus", während der überwiegende Teil in den Städten und Dörfern des Landes verblieb und das essenische Ideal dort zu verwirklichen suchte. Die ideologische Ausrichtung wurde entscheidend präzisiert durch den „Lehrer der Gerechtigkeit", wahrscheinlich ein priesterlicher Gegenspieler der Hasmonäer aus der Zeit des sog. „Intersacerdotium" (159–152 v. Chr.), der die Qumrangruppe leitete. Im übrigen spielten die E. wegen ihrer unpolitischen Haltung keine auffällige Rolle und konnten überall im Land, selbst in Jerusalem (1 QM 3,11), ihre Gemeinden bilden. Mit Johannes Hyrkan (134–104, der „Zorneslöwe" nach 4 QpNah) kam es zu heftigen Auseinandersetzungen wegen seiner Tempel- und Grabplünderungen. Von Herodes I. wurden sie offensichtlich geschätzt. Z. Z. der röm. Besatzung wurde die essenische Bewegung z. T. von Zeloten unterwandert und radikalisiert (Bell II 152 f.). Im Jüd. Krieg wurde Qumran wie auch Masada (zur Besatzung dieser Bergfeste gehörten auch E.) erobert und zerstört. Danach wurden die überlebenden E. entweder vom orth. Judentum aufgesogen, oder sie schlossen sich diversen gnost. Sekten an. Ein gewisses Aufleben essenischer Ideen (Autorität der Schrift, Askese, Messianismus u. a.) ist noch im Karäertum des frühen MA zu beobachten.

Für die E. bildete die Tora die Grundlage, doch erachteten sie darüber hinaus auch die Propheten und die Schriften für verbindlich. Die Qumranrollen bezeugen daneben die Wertschätzung apokrypher apokalypt. Schriften. Hier scheint es sogar zur Ausformulierung einer Alternativ-Tora (Tempelrolle) gekommen zu sein, weil die Tora des Mose als lückenhaft und nicht streng genug empfunden wurde. Für die Ordnung des Gemeindelebens schufen sie eigene gesetzliche Grundlagen, die der Tora gleichwertig erachtet wurden.

Die essenische Theologie war fundamental geprägt durch die Offenbarung des AT, die nahezu voll akzeptiert wurde; sie fühlte sich der traditionellen Weisheit und Kulttheologie verpflichtet, griff den Dualismus parsisch-gnost. Herkunft auf, zentrierte sich jedoch auf eine ausgeprägte apokalypt. Naherwartung. Die E. erwarteten (nach Josephus) die Auferstehung (in Qumran bisher nicht sicher nachgewiesen; vgl. 1 QH 6,34), die Unsterblichkeit der Seele und die Vergeltung nach dem Tod. Da sie sich als die eigentlichen Sadoqiden verstanden, widmeten sie größte Aufmerksamkeit der ständigen rituellen Reinheit. Um dies zu erreichen, forderten und praktizierten sie eine räumliche, wirtschaftliche und geistige Absonderung, in deren Konsequenz sie die Pharisäer übertrafen. Sie entzogen sich dem offiziellen Tempelkult, betrachteten das Leben in ihrer Gemeinde als ständigen Tempeldienst (weiße Gewänder) und gelangten entsprechend zu einer völligen Umdeutung des Kultes (z. B. Spiritualisierung des Opferkultes; vgl. 1 QS 8,5 f.; 9,4 ff.) mit eigenem Kalender; zugleich verstanden sie sich als eschatologisches Heerlager im Heiligen Krieg, das seit alters (vgl. Dtn 23,10 ff.) rituelle Reinheit erfordert. Entsprechend übten sie (zumindest in Qumran) Zölibat und sexuelle Enthaltsamkeit und prägten das tägliche Leben durch intensive Reinigungs- und Waschungsriten mit strengsten sanitären Maßnahmen (vgl. Essenertor und Bethso, Bell V 145, TR 46,13–16). Ihre Tora-Observanz war kompromißlos (vgl. die strenge Sabbatbeachtung CD 10,16 ff.: am Sabbat darf man nicht einmal über Arbeit sprechen!) und wurde durch eine umfangreiche Zusatzhalakha erheblich verschärft. Prägend für die E. war als nächstes das Erwählungsbewußtsein. Sie verstanden sich als der hl. Rest Israels, als die Gemeinde der vollkommenen Heiligkeit in Gemeinschaft mit den Engeln, zur Sühne für Israel berufen. Entsprechend ihrer chasidischen Herkunft war die „Umkehr" (als Eintritt in die Gemeinde, Bekenntnis zur Tora und als ethisch-rel. Habitus) prägend für ihre ganze Lebensführung (1 QS 5,7–10), was häufig zur Hypothese einer Identifizierung Johannes' des Täufers als Qumran-E. führte (Betz). Erst nach langer Probezeit konnte man Aufnahme bei ihnen finden, deren Lebensweise als vita communis mit Verzicht auf Privatbesitz und einer straffen hierarchischen Rangordnung bei den zeitgenössischen Schriftstellern Aufsehen erregte. Im NT werden die E. namentlich nicht erwähnt; Anspielungen könnten vorliegen in Mt 19,12; Lk 16,8.

Lit.: *S. Wagner,* Die E. in der wiss. Diskussion vom Ausgang des 18. bis zum Beginn des 20. Jh.: BZAW 79 (1960) 1–284; *O. Betz,* Offenbarung und Schriftforschung in der Qumransekte. Tübingen 1960; *A. Adam,* Antike Berichte über die E. Berlin ²1972; *J. Maier/K. Schubert,* Die Qumran-E. München 1973; *J. Schreiner,* Die apokalypt. Bewegung: ders. / J. Maier, Literatur und Religion des Frühjudentums. Würzburg 1973, 214–253; *J. T. Milik,* Die Geschichte der E.: K. E. Grözinger u. a. (Hg.), Qumran. Darmstadt 1981, 58–120; *R. Riesner,* E. und Urkirche in Jerusalem: BiKi 40 (1985) 64–76; *J. Maier,* Zum Stand der E.-Forschung: ebd. 46–53; *J. Kampen,* A Reconsideration of the Name „Essene" in Greco-Jewish Literature in Light of Recent Perceptions of the Qumran Sect: HUCA 57 (1986) 61–81.

H.-J. Fabry

Ethik

I. Ethik und Religion. – II. In afrikanischen Religionen. – III. Im Hinduismus. – IV. Im Buddhismus. – V. Jüdisch. – VI. Christlich. – VII. Islamisch. – VIII. Autonomie und Theonomie

I. Ethik und Religion. Ethisches Fragen ist eine Reaktion darauf, auf unsere eigene Lebensführung und -gestaltung hin angesprochen zu sein. Es markiert eine Differenz zwischen dem Handeln überhaupt und dem „Was" des Handelns, dem bestimmten Tun. Die Frage „Was sollen wir tun?" tritt immer dort auf, wo Menschen in einem besonderen Fall oder ganz grundsätzlich auf ihre eigene Stellung in der Welt oder vor Gott hin angesprochen sind. Sie wird immer dort ins Bewußtsein treten, wo man in Entscheidungssituationen steht, die mit dem Rekurs auf Gewohnheiten oder vertraute Handlungsmuster allein nicht zu bewältigen sind. In ihrer Wirkmacht faktisch gelebter Überzeugungen stellen diese – früher oft auch als Standesregeln ausgeprägten – Verhaltensregulative zwar den erkenntnismäßig ersten Grundbegriff der Moral dar. Alle gesch. konkrete Moral lebt jedoch daraus, daß sie diese unmittelbaren Wertüberzeugungen in einer Spannung zu einem zweiten Grundbegriff der Moral, dem der Begründung dieser Regulative, begreift. Unmittelbarkeit der Wertakzeptanz einerseits und Integration auf einen letzten Zweck oder ein höchstes Gut hin andererseits bilden den Rahmen für das wechselvolle Geschehen von Entlarvung und Legitimierung, von Erstarrung und Funktionalisierung ganzer Moralsysteme.

Durch den Bezug auf ein letztes Ziel ist ethisches Fragen immer über sich selbst hinaus verwiesen. Dennoch stellen E. und Religion (R.) Sinnbereiche dar, die nicht miteinander identisch sind. R. ist keine Funktion von E. Nur in der Nichtidentität mit E. kann R. ihre handlungsleitende Kraft für den Menschen und die Gestaltung seines Lebens entfalten. R. nimmt ihren Anfang nicht in einem Sollen, sondern in einem Können, d. h. in der Eröffnung eines Möglichkeitsgrundes allen Daseins, der nicht von dieser Welt, sondern transzendent ist. In der R. ist der Mensch auf sein Verhältnis zum ↗Heiligen oder Göttlichen angesprochen. Die Eigenständigkeit der R. wird vor allem darin deutlich, daß sie dem Menschen auch dort noch Heil zuzusprechen vermag, wo er in seinem sittlichen Handeln an unüberwindbare Grenzen stößt, nämlich an die Grenzen von Schuld, Leid, Endlichkeit und Tod. R. ist weder eine Weisheitslehre noch ein Therapie- oder Befreiungsprogramm und vermittelt von ihrem Anspruch her dennoch Einsicht, Heil und Hoffnung auf eine letzte Bestimmung des Menschen hin, die er sich nicht selbst zu geben vermag, sondern die ihm nur geschenkt werden kann. R. beinhaltet somit immer auch ein bestimmtes Menschen- und Weltverständnis. Da rel. Aussagen über den Menschen notwendig das Wesen des Menschen betreffen, können sie nicht beziehungslos zu ethischen Aussagen stehen. Denn die Sittlichkeit des Menschen, welche in der E. reflektiert wird, ist keine Teileigenschaft neben anderen, sondern die daseinsmäßige Verfaßtheit des Menschen als eines Wesens, das in seiner Handlungsfreiheit sich unbedingt beansprucht weiß. Für eine theol. E. bzw. in rel. Perspektive liegt der letzte Grund dieser Beanspruchung, die er in seinem Gewissen erfährt und das innere Richtmaß seiner Identität darstellt, in Gott. In der Deutung der theonomen Beanspruchung und in ihrer Umsetzung in eine sittliche Ordnung bestehen freilich zwischen den R. beträchtliche Differenzen. Dennoch scheint es in allen R.n möglich, sittliches Verhalten als solches zu qualifizieren und von unsittlichem zu unterscheiden, auch dann, wenn nicht in jedem Fall ein rel. begründetes Gebot in Anspruch genommen werden kann, wie auch sonst die R. angesichts ständig neuer Situationen und Herausforderungen keinesfalls immer schon eine feste Antwort auf alle konkreten Probleme des sittlichen Lebens bereithält. In diesen Fällen ist die praktische Vernunft, sei es durch Gesetzesinterpretation, sei es durch Gesetzgebung, gefordert, nach Klugheitserwägungen Regeln zu entwikkeln und einsichtig zu machen. In dem Maße, wie die praktische Vernunft hierbei sich auf ein bestimmtes Menschenbild und ein gelebtes Ethos mit spezifischen Wertvorstellungen bezieht, wirkt auch die R. auf die E. ein. Die R. kann hierbei eine praktisch konsequente Denkungsart zwar fördern und kultivieren, sie kann sie jedoch nicht ersetzen.

Lit.: *T. Rendtorff,* E. Bd. I. Stuttgart 1980; *E. Schillebeeckx,* Christus und die Christen. Freiburg 1977, 627–822; *R. Spaemann,* Die zwei Grundbegriffe der Moral: PhJ 74 (1966/67) 368–384. *G. Höver*

II. In afrikanischen Religionen. In afrik. Religionen sind bes. drei Gesichtspunkte zu berücksichtigen:

1. Grundlagen negro-afrikanischer E. Die negro-afrik. Einstellung zur E. läßt sich erst vom Lebenskonzept her begreifen. Das Leben ist das höchste, unbedingt zu respektierende Gut. Dabei geht es um eine Teilhabe, die sich hierarchisch vollzieht. Das Leben ist sakral: Es wurzelt in Gott als erster Quelle und erreicht den einzelnen über den Urahn, die verstorbenen Verwandten bzw. Sippenmitglieder sowie die Gemeinschaft der Irdisch-Lebenden. Wohlbemerkt: es geht nicht um die biologische Zeugung, sondern das Leben wird im integralen Sinn verstanden. Wichtig für das sittliche Handeln ist, daß die von Gott durch den Urahn gestiftete Gemeinschaft aus der Wechselbeziehung aller Glieder lebt. Das bedeutet konkret, daß das Verhalten eines jeden Mitgliedes die anderen positiv oder negativ beeinflussen und so die Vitalität der gesamten Gemeinschaft fördern oder vermindern kann. Danach müssen das moralisch Gute und Schlechte beurteilt werden, und dieses Kriterium gilt auch gegenüber jedem Fremden, da dieser sein Leben und seine Lebenskraft ebenso von Gott empfangen hat, die deshalb zu respektieren und zu fördern sind.
Die Sippen-E. schließt aber die Ahnengemeinschaft ein, ohne die sie nicht existieren kann. Durch den ↗Ahnenkult (IV) stärken die Hinterbliebenen das Leben ihrer verstorbenen Familien- bzw. Sippenangehörigen. Umgekehrt beeinflussen die Verstorbenen das Leben der irdischen Gemeinschaft im Guten und Bösen. Streben die Hinterbliebenen nach Lebenswachstum, so müssen sie die Gemeinschaft mit den Ahnen durch das Einhalten der von diesen festgelegten Gesetze und Satzungen verstärken. Aufgrund ihrer Erfahrungen haben die Ahnen nämlich Gebote und Verbote erlassen, je nachdem, ob es sich um Lebenswachstum oder -verminderung handelt. Wer sich nicht daran hält, sündigt, weil er das Leben – das eigene und jenes der Sippengemeinschaft – zugrunde richtet.
Diese E. ist zwar anthropozentrisch, schließt Gott jedoch nicht aus, der immer im Hintergrund steht. Wenn er nämlich am Anfang jedes Lebens steht, dann ist jede Tat, die zur Entfaltung dieses Lebens beiträgt, eine Anerkennung seiner Souveränität, während jede Verfehlung gegen den Menschen sich zugleich gegen ihn richtet und darum sündhaft wird.
Wie aber muß die Verantwortung des einzelnen beurteilt werden, wenn dieser immer in Abhängigkeit der Sippengemeinschaft und im Blick auf die Solidarität zu handeln hat?

2. Die sittliche Verantwortung des einzelnen. Die bisher geschilderte ethische Konzeption scheint das Individuum auf das Kollektive bzw. die Gruppe zu reduzieren, den einzelnen von der Gemeinschaft absorbieren und ihn

seiner Freiheit berauben zu wollen. Näher betrachtet, wird die Individualität der Person innerhalb der negro-afrik. Gemeinschaft aber nicht vernichtet. Ein Beispiel ist die Namengebung bei vielen Stämmen. Dort sind die Namen ganz individuell aufzufassen: Sie sind kein Etikett, sondern drücken das Wesen eines jeden aus. So gehen sie bei vielen Stämmen nicht vom Vater zum Sohn über. Sie stellen etwas Unvertauschbares dar und charakterisieren das Individuum in seiner ontologischen Wirklichkeit. Diese Tatsache hat Konsequenzen für ethisches Handeln. Der einzelne handelt zwar solidarisch mit den anderen Gliedern; er muß aber zugleich er selbst bleiben und persönliche Entscheidungen treffen. Sich nach den Satzungen, Worten, Gesten der Väter richten heißt immer das Leben oder den Tod wählen. Der einzelne muß sich immer überlegen, was ihm und der Gesellschaft dienlich ist, was ihn der „eschatologischen" Gemeinschaft mit den Ahnen teilhaftig machen kann und was nicht.

Öffnet die Gemeinschaftsidee aber nicht einer bloß juristischen Verantwortung Tür und Tor, die das sittliche Gewissen nicht berührt? Oft wurde behauptet, daß ein Negro-Afrikaner, der z.B. einen Diebstahl begeht oder zugunsten der Sippengemeinschaft lügt, einfach ein schlauer Kopf sei, solange ihn niemand auf frischer Tat ertappt. Diese Behauptung ist unhaltbar, wenn man bedenkt, daß Gutes und Böses aus negro-afrik. Sicht aus dem *Inneren des Menschen* hervorgehen. So hat schon das öffentliche Gericht in Afrika sich auch um Motivationen und Intentionen des einzelnen gekümmert. Nicht nur der Mord wurde verurteilt, sondern schon das „Töten-Wollen". Der entscheidende Beweis für das sittliche Gewissen ist, daß der Negro-Afrikaner das Herz als Sitz der moralischen Handlungen betrachtet. Liebe, Güte, Mut, Selbstbeherrschung, Weisheit sowie alle Laster gehen aus dem Herzen hervor.

3. Strafe und Belohnung in negroafrikanischer E. Grundsätzlich finden Belohnung und Strafe im Diesseits statt. Gesundheit, Fruchtbarkeit, gute Ernte, gesunde Herde, langes Leben und alles, was zum Wohlbefinden erforderlich ist, gilt als Belohnung für ein tadelloses sittliches Handeln. Wer aber gegen die Gesetze und Weisungen Gottes oder der Ahnen verstößt, muß mit Verminderung statt Wachstum der Lebenskraft rechnen: Krankheit, Tod, Unfruchtbarkeit. Die Strafen werden meistens von den Ahnen verhängt, aber auch direkt von Gott (↗Böses/Leid II). Sie können durch öffentliche oder private Sühne getilgt und vergeben werden.

Es gibt aber auch eine Art Belohnung und Strafe im Jenseits: Wer nach den ethischen Grundsätzen gelebt hat, wird zum guten Ahn und überlebt glücklich in den Nachfahren; im umgekehrten Fall wird man nur gefürchtet und von der eigentlichen Ahnenehrung ausgeschlossen.

Lit.: *B. Bujo,* Verantwortung und Solidarität: StdZ 202 (1984) 795–804; *J. S. Mbiti,* Afrik. Religion und Weltanschauung. Berlin 1974; *E. Mujynya,* Le mal et le fondement dernier de la morale chez les Bantu interlacustres: Cahiers des religions africaines 3 (1969) 55–78; *K. J. Rivinius* (Hg.), Schuld, Sühne und Erlösung in Zentralafrika (Zaire) und in der christl. Theologie Europas. St. Augustin 1983. *B. Bujo*

III. Im Hinduismus. Es gibt im modernen und traditionellen ↗Hinduismus kein geschlossenes System der E. Am ehesten läßt sich der Begriff „E." mit ↗„Dharma" wiedergeben, dessen Inhalt Thema der klass. Lehre vom rechten Verhalten (Dharmaśāstra) war. Diese Lehre war nicht philosophisch begründet, sondern beruhte auf der Annahme des hl., unvergänglichen, einst umfassenden und für immer vertrauenswürdigen Veda als formaler Quelle der Autorität. Dharma war so ein Begriff, der Religion *und* E. beinhaltete. Auch heute noch ist die Ansicht weit verbreitet, daß „Moral – wenn sie wirksam sein soll – auf überweltlichen Sanktionen gründen muß" (K. V. Rangaswami Aiyangar, ein berühmter Jurist und Professor). Die Erfüllung der objektiven Pflichten des einzelnen *(svadharma)* im idealtypischen Dharmaśāstra-System der 4 *varṇas* („Stände") und *āśramas* (Lebensstadien) war nach Geschlecht, Alter, Kaste und der Stellung im Alltag bestimmt. Dahinter stand die Auffassung eines vom Ritual bestimmten Weltbildes, das in sozialen Kategorien ausgedrückt wurde. Jeder einzelne konnte sein nach der ↗Karma-Lehre vorgeprägtes Leben innerhalb dieses Systems erfüllen und zugleich an dem „Opfer“ zum Erhalt der Welt teilnehmen. Philosophisch wurde ethisches Handeln auch durch die Vorstellung der Einheit der Einzelseele *(↗Ātman)* mit der Allseele *(↗Brahman)* bestimmt, was ein schädigendes Verhalten gegenüber anderen Seelen (von Mensch oder Tier) ausschließen soll. Der wahre *Yogī* schaut und verehrt in allen Wesen Gott (vgl. Bhagavadgītā 6.31–32). In der jüngeren Zeit wurde diese *tat tvam asi* – „Das bist du“-E., vor allem von hind. Erneuerern wie Vivekānanda vertreten. Aus der Sphäre des nach Einheit mit *brahman* strebenden, der sozialen Welt der Kaste entsagenden Asketen stammt auch die Lehre von den allgemeingültigen Dharmas *(sādhāraṇa dharmas),* d.h. Gebote wie Gewaltlosigkeit, das Vermeiden von Diebstahl, Selbstbeherrschung, Freigebigkeit und vieles andere, die das strenge Leben nach den objektiven Pflichten *(svadharma)* der Kaste, wenn nötig, erträglich machten bzw. dem einzelnen erlaubten, in der sozialen Welt der Kaste seine persönliche Erlösung anzustreben. Die theistischen (monistischen und dualistischen) Strömungen der ↗Bhakti (Hingabe an Gott) förderten den Glauben an einen Gott, der das Karma des einzelnen bestimmen kann und den wahren Gläubigen sucht, ungeachtet von dessen Geburt und Rang. Gott forderte ethisches Verhalten, und dies führte zur Gleichheit aller Menschen vor Gott. Die Forderung nach Orthopraxis der *svadharmas* nach den Dharmaśāstras wird so relativiert. Der Bhaktidichter und -Hl. Tukārām (1598–1649) postulierte z.B., der Dharma, der nicht zu Gott führt, solle nicht ausgeführt werden. Ethisches Verhalten wird heute vor allem durch die immer noch weitverbreitete und tiefverwurzelte Kenntnis mythologischer Vorbilder (etwa im *Rāmāyaṇa*) und durch das Beispiel berühmter Heiliger und Lehrmeister (z.B. Tukārām, Kabīr, Ramaṇa Maharṣi, Gāndhi) gelehrt sowie durch bekannte Texte, denen heute immer mehr der Status einer verbindlichen ↗„Heiligen Schrift“ zugewiesen wird (z.B. der Bhagavadgītā).

Lit.: *G. Sontheimer,* Die E. im Hinduismus: C. H. Ratschow (Hg.), E. der Religionen. Stuttgart 1980, 349–436; *P. Hacker,* Schopenhauer und die E. im Hinduismus: Saec. 4 (1961) 365–390; *ders.,* Der Dharmabegriff im Neuhinduismus: ZMR 42 (1958) 1–15; *ders.,* Kleine Schriften. Wiesbaden 1978, 510–524; *J. D. M. Derrett,* Religion, Law and State in India. London 1968.

G. Sontheimer

IV. Im Buddhismus. a) Die buddh. E. stützt sich auf die Vier Edlen Wahrheiten, die den Weg zur Überwindung des Leidens durch den Achtfachen Pfad beschreiben. Dieser gliedert sich in drei Elemente: *śīla* (Tugend), *samādhi* (Meditation), *prajñā* (Weisheit). Von den acht Gliedern des Pfades zählt man zur Tugend: untadelige Rede *(samyak-vāk),* vollkommenes Handeln *(samyak-karmānta),* ganzheitliche Lebensführung *(samyak-ājīva),* die Voraussetzung für das meditative Training und damit zur Erlangung der Weisheit sind, in unterschiedlichem Maße also für jeden buddh. Laien und Mönch gelten.

b) Vier Gesichtspunkte sind für eine Beurteilung der buddh. E. wichtig: 1. Die Lehre vom Nicht-Selbst (P. ↗*Anattā,* Skt. *anātman*) schließt eine individualistische Anthropologie und Egozentrismus aus. Das Selbst ist leer *(śūnya)* in bezug auf inhärente Existenz, d.h., es steht primär in einem größeren Zusammenhang, der auch als moralische Einbindung und Verantwortlichkeit innerhalb des Entstehens in gegenseitiger Abhängigkeit aller Erscheinungen (P. *paṭiccasamuppāda,* Skt. ↗*Pratītyasamutpāda*) zu deuten ist. Gleichzeitig wird unter dem *Karman*-Gesetz der automatischen Vergeltung aller Taten verantwortliches Handeln gefordert. Buddh. E. gründet in der Spannung zwischen diesen beiden Polen, sie ist weder nur egozentrisch noch allein altruistisch orientiert, sondern sucht die Einsicht zu verwirklichen, daß alles miteinander zusammenhängt und deshalb die moralische Tat Folgen für den Täter wie das Objekt bzw. den Adressaten der Tat zugleich hat; beide sind letztlich Aspekte der einen nicht-dualen Wirklichkeit. Im Mahāyāna steht diese Erkenntnis ganz im Zentrum, im Hīnayāna ist sie zumindest implizit. – 2. Für jede Tat ist die Motivation entscheidend; die buddh. E. ist Gesinnungs-E. Einzelne Anweisungen sind rational zu begründen, denn es gilt, dem ↗*Dharma* gemäß zu leben, der als universales Weltgesetz verbürgt, daß gute Gesinnung eine gute Frucht der Tat und schlechte Gesinnung eine schlechte Frucht der Tat hervorbringt. Deshalb lebt die E. weniger vom ethischen Imperativ als vom Geistestraining, durch das das Bewußtsein von den Verunreinigungen *(kleśa)*, von Zorn *(pratigha)* bzw. Haß *(dveṣa)*, Gier *(lobha)* und Unwissenheit *(avidyā)* gereinigt wird, damit es nun die Wirklichkeit projektionsfrei erfassen und somit eine nüchterne Abwägung der Umstände ohne ichhafte Verzerrung ermöglichen kann. – 3. Der frühe Buddhismus ist ganz und gar an Regeln orientiert, die das Leben (zumindest der Mönche) bis ins kleinste Detail prägen. Es kommt darauf an, keinem Lebewesen Leid zuzufügen *(ahiṃsā)*. Der spätere Buddhismus betont darüber hinaus die Kultivierung des Guten, wobei die Vermeidung des Übels Voraussetzung bleibt. – 4. Obwohl die grundlegenden Verhaltensweisen für alle gelten, ist die E. im einzelnen doch gestaffelt und die Erfüllung bestimmter Gebote an den entsprechenden spirituellen Reifegrad bzw. den Status (Mönch oder Laie) gebunden. Für Mönche wie Laien gilt, daß alle Lebewesen einander Sympathie *(anukampanā)*, Mitleid *(karuṇā)*, wohlwollende Liebe ohne emotionale Bindung *(mettā)*, frohe Heiterkeit *(muditā)* und Gleichmut bzw. Ausgeglichenheit *(upekkhā)* erzeigen. Dies konkretisiert sich in den fünf Vorschriften *(pañcaśīla)* für die Laien, die selbstverständlich auch von Mönchen einzuhalten sind: kein Leben verletzen, nicht stehlen, nicht lügen, kein sexuelles Fehlverhalten üben, keine Rauschmittel nehmen. Zusätzlich ist für die Laien das Geben *(dāna)* für den *saṃgha die* Möglichkeit, Verdienst *(puṇya)* zu sammeln. Auch hier kommt es auf die Motivation an, durch die positive Eindrücke im Bewußtsein geformt werden, die sich dann karmisch heilsam auswirken. Allerdings wurde in der buddh. Volksreligion und sogar in den Klöstern der Verdiensterwerb oft auch äußerlich-mechanistisch mißverstanden. Von den Mönchen sind gemäß dem „Vinaya-Piṭaka" 227 Regeln strengstens zu beachten, und zwar (auch im Hīnayāna) nicht im Sinne egozentrischer Selbstvervollkommnung, sondern mit Blick auf alle Wesen: Wer sich selbst beschützt, beschützt andere und umgekehrt. Auch den Tieren gilt der Schutz vor Gewalt und Verletzung, woraus aber nur bei Teilen des ostasiat. Buddhismus unter dem Eindruck der Lehre der universalen Buddhanatur in allen Wesen konsequenter Vegetarismus folgt. Die Pflanzen zählen, da sie nicht leiden, nicht als Lebewesen, dürfen aber nicht beschädigt werden (Einfluß vorbuddh. animistischer Vorstellungen, Rücksichtnahme auf Volksglauben, Lebensraum der Tiere), und sie sind vor allem in ihrem Wachstum geschützt. Während der Regenzeit dürfen sie nicht geschnitten und nie mutwillig zerstört werden.

c) Der Buddhismus ist keine weltabgewandte asketische Religion, sondern hat von Anfang an die Sozialordnung umgestaltet. Der *Saṃgha*, dessen Kern die Mönchs- und Nonnenorden sind, zu dem aber alle Buddhisten gehören, sollte die bessere Sozialordnung als die auf Kaste und Opfer gegründete brahmanische sein. Anstelle von Opfer und Ritual soll durch Kultivierung harmonischer zwischenmenschlicher Beziehungen auf allen Ebenen der Gesellschaft die Ordnung in der Welt aufrechterhalten werden, wie der Buddha im „Sigālovāda-Sutta" lehrt. Der ideale Herrscher *(cakravartin)* setzt das Rad der Lehre in Bewegung und strebt nach Frieden und Gerechtigkeit, vor allem nach Gewaltfreiheit zwischen Mensch und Mensch wie Mensch und Tieren (in Birma gibt es bis heute Tierhospitäler), er ist Beschützer des *dharma (dharmarāja)*. Aśoka (ca. 268–232 v. Chr.) gilt in diesem Sinn als Ideal. In den theravāda-buddh. Ländern gründete auf dieser Theorie das Königtum (in einzelnen Ländern unterschiedlich interpretiert); Widerstand kann dort geboten sein, wo der König den *dharma* verletzt.

Im Mahāyāna werden die Regeln des Vinaya aufgenommen, aber dem einen Gesichtspunkt der *karuṇā* („Mitleid", hier aber besser: „aktive heilende Hinwendung zu allen Wesen") im Sinne des *bodhisattva*-Ideals untergeordnet. Die Sechs Vollkommenheiten *(pāramitās*: Geben *[dāna]*, tugendhaftes Verhalten *[śīla]*, Geduld *[kṣānti]*, Tatkraft *[vīrya]*, Meditation *[dhyāna]*, Weisheit *[prajñā])* verbinden Laien und Mönche. Heilende Hinwendung (↗*Karuṇā*) wird zur Methode (*upāya*), Weisheit einzuüben sowie ihr gemäß zu leben. *Karuṇā* wird im Sinn der Mutterliebe interpretiert und auch meditativ so geübt, daß man sich selbst imaginativ an die Stelle der anderen setzt, um auf diese Weise Solidarität zu üben, das Handeln in heilender Hinwendung zu konkretisieren und gleichzeitig dem Prinzip von ↗*Shūnyatā* Ausdruck zu geben. Die für den Mahāyāna-Buddhismus typische Anschauung von der möglichen Übertragung der Verdienste auf andere hängt mit der *karuṇā* gegenüber allen Wesen zusammen, denn es ist höchste Form der Selbstaufgabe, die Früchte des eigenen spirituellen Strebens anderen zu schenken. *Karuṇā* kann unter Umständen Einzelgebote des Vinaya außer Kraft setzen (Tyrannenmord aus der Motivation von *karuṇā* ist möglich). In Ostasien wie schon im ind. Tantrismus führt die Allgegenwart der Buddhanatur in allen Dingen zu einer sakramentalen Schau, einer Wertschätzung der Natur und Diesseitigkeit, wobei taoistische Einflüsse sowie konfuzianisches Erbe (Sozial-E.) den Buddhismus stark geprägt haben. In jüngster Zeit hat die buddh. Sozial-E. größte Bedeutung erlangt durch *B. R. Ambedkar* in Indien (1891–1956), der mittels des Buddhismus Befreiung der Kastenlosen anstrebte.

Lit.: *H. Dayal,* The Bodhisattva Doctrine in Buddhist Literature. Delhi 1932; *H. Saddhatissa,* Buddhist Ethics. London 1970; *C. H. Ratschow* (Hg.), E. der Religionen. Stuttgart 1980; *H. Bechert,* Die E. der Buddhisten: P. Antes (Hg.), E. in nichtchristl. Kulturen. Stuttgart 1984, 114–135; *L. Schmithausen,* Buddhismus und Natur: R. Panikkar/W. Strolz (Hg.), Die Verantwortung des Menschen für eine bewohnbare Welt im Christentum, Hinduismus und Buddhismus. Freiburg 1985, 100–133.

V. Jüdisch. 1. Von E. im Sinne einer *Theorie* des moralischen Verhaltens und der Unterscheidung zwischen rechtem und unrechtem Handeln kann im Judentum nur sehr bedingt die Rede sein, da das rechte Handeln und die ihm zugrunde liegende Gesinnung (Liebe zu Gott, Gottesfurcht, Gehorsam gegenüber dem göttlichen Willen) auf der in der schriftlichen ↗Tora niedergelegten und von der „mündlichen Tora", also von den rabb. Lehrern, tradierten und explizierten, göttlichen Offenbarung beruhen. Dennoch kann man von impliziten ethischen (also nicht in Gesetzesvorschriften kristallisierten) Grundprinzipien sprechen, etwa wenn Abraham (Gen 18,25), für die Einwohner der sündhaften Städte Sodom und Gomorra plädierend, Gott sozusagen vor seinen eigenen Richterstuhl zieht und mit der Kategorie seiner eigenen – der göttlichen – Gerechtigkeit konfrontiert. Gottes Gesetz zu befolgen ist nichts anderes als „das Gute und Gerade in den Augen Gottes zu tun", wie Abrahams Erwählung mit der Tatsache in Zusammenhang gebracht wird, daß er auch seinen Kindern und seinem Haus „nach ihm aufträgt, den Weg des Herrn einzuhalten und zu tun, was recht und gut ist" (Gen 18,19). Die sog. ethische Revolution der großen Schriftpropheten muß daher in der richtigen Perspektive gesehen werden. Wohl verschiebt sich in ihrer Predigt der Schwerpunkt vom Kultisch-Rituellen zur sozialen Gerechtigkeit und gottgefälligen Gesinnung, doch werden gerade diese als Quintessenz des Gottesbundes und des geoffenbarten Gesetzes, also der Tora, betrachtet.

2. Diese Tendenz hat sich im späteren rabb. Judentum immer klarer durchgesetzt, obwohl der Talmud, da exegetisch und homiletisch strukturiert, nicht philos. genug war, um die impliziten ethischen Prinzipien abstrakt zu formulieren. So unterscheidet z.B. die talmud.-rabb. Gesetzeslehre des öfteren zwischen schuldig und unschuldig „nach menschlichem Recht" (d.h. nach dem von ihr als göttlich-biblisch betrachteten und nach den Regeln der rabb. Hermeneutik interpretierten Recht) und nach „himmlischem Recht", d.h. der eigentlich von der Tora intendierten und in ihr impliziten Norm, auch wenn diese sich nicht immer in positivem Recht niederschlagen kann. (Diese Unterscheidung ist der griech. Unterscheidung von positivem Recht und dem *ágraphos nómos* analog). Außerhalb der „Linie des Gesetzes" handeln ist natürlich strafbar und sündhaft; doch auch der Versuch, sich haarscharf „auf der Linie des Gesetzes" zu bewegen, wird negativ, oft als ausgesprochen sündhaft bewertet (vgl. den talmud. Ausspruch: „Der Tempel wurde zerstört, weil Israel sich streng auf der Linie des Gesetzes bewegte").

M. a. W.: es geht darum, die in jeder Gesetzesvorschrift implizierte wesentliche Norm anzustreben und zu verwirklichen. Der Titel des Mischna-Traktats *Aboth* („Väter") – eine altrabb., den christl. „Apophthegmata Patrum" ähnliche Sammlung – wird nicht zu Unrecht oft in Übersetzung mit „E. der Väter" übersetzt.

3. Im Spät-MA kommt unter dem Einfluß der über die arab. Philosophen rezipierten griech. (aristotelischen und neuplatonischen) Philosophie auch der Begriff einer autonomen E. zur Geltung, obwohl auch diese sich auf rabb. Aussagen wie „Selbst wenn es nicht in der Tora stünde, würde die menschliche Vernunft es erheischen" stützt. In der modernen jüd. Religionsphilosophie seit der Aufklärung (Moses Mendelssohn) und erst recht nach *I. Kant* und unter Einfluß des Dt. Idealismus (H. Cohen) verquickte sich das Problem mit apologetischen Anliegen, zumal das Judentum von den Sprechern einer autonomen E. immer verächtlich als „heteronome" und daher minderwertige E. abgetan wurde. Die „E. des Judentums" von *M. Lazarus* (1824–1903) ist ein typisches Beispiel eines solchen apologetischen Versuchs, das Judentum so darzustellen, daß es auch Kantischen Kategorien entspricht. Das postemanzipatorische Judentum des 19. Jh. versuchte sich als „ethischer Monotheismus" darzustellen.

4. Im neueren Hebräisch wird E. bzw. Moral mit dem bibl. Wort *musar* bezeichnet, welches aber urspr. (vgl. bes. Spr., passim), je nach dem Zusammenhang, Mahnung, Belehrung, Zucht bedeutet. Die bis heute noch wirksame, im 19. Jh. von *R. Israel Lipkin* aus Salant (Rußland) begründete Musar-Schule ist jedoch nicht so sehr eine „ethische" Schule als eine zur religiös-moralischen Verinnerlichung (leicht pietistischen Charakters) anleitende Lehre unter bes. Berücksichtigung der zwischenmenschlichen Pflichten und Verantwortung. Die bes. seit dem MA reiche sog. „ethische Lit." (oft in der lit. Form von Episteln, geistlichen Testamenten usw.) – hebr. „Musar-Lit." – behandelt die innere Seite des rel. Lebens (Tugenden, Gottvertrauen, Menschen- und Gottesliebe usw.) und ist nicht mit Moralphilosophie zu verwechseln.

Lit.: *I. Abrahams* (Hg.), Hebrew Ethical Wills. 2 Bde. o. O. 1948; *S. D. Breslauer*, Contemporary Jewish Ethics. o. O. 1985; *H. Cohen*, Die Religion der Vernunft aus den Quellen des Judentums. Köln 1959; *M. Fox* (Hg.), Modern Jewish Ethics. o. O. 1975; *J. Guttmann*, Die Philosophie des Judentums. München 1933; *M. M. Kellner*, Contemporary Jewish Ethics. o. O. 1978; *E. Lazarus*, Ethik des Judentums. 2 Bde. o. O. 1891/1911; *R. Loewe* (Hg.), Studies in Rationalism, Judaism and Universalism. o. O. 1966.

R. J. Z. Werblowsky

VI. Christlich. Christl. E. bezieht ihr Spezifikum aus dem Glauben an die Menschwerdung Gottes in Jesus Christus. An ihrer Wurzel steht daher kein neues Normensystem, sondern die Begegnung mit der Person des gekreuzigten und erhöhten Herrn. Die Fleischwerdung des Wortes (Joh 1,14) ist nicht eine bloße Metapher für die Menschwerdung des Menschen, für die Humanisierung aller Lebensvollzüge, sondern die unüberbietbare Gegenwart der Liebe Gottes zur Welt. Am Anfang christl. E. steht somit kein zusätzlicher Imperativ, der ergänzend zu den Moralvorschriften der Menschen hinzutritt, sondern der Indikativ der gnadenhaft erschlossenen, heilvollen ↗Freiheit (IV), die den Menschen ermächtigt, die Knechtschaft der Sünde und des Todes zu überwinden (vgl. Röm 6,12–23; 8,1–11; Joh 8,34 f.). Christl. E. kennzeichnet sich durch einen prinzipiellen Richtungswechsel: Der Christ lebt nicht primär strebend auf etwas hin, sondern vom Aufgefundensein durch Gott her. Daß Gott den Menschen vorgängig und unendlich liebt, bedeutet aber keine Passivität, sondern ein Sich-herausfordern-Lassen, das Geschenk der ↗Gnade (II) im gläubigen Existenzvollzug auch anzunehmen. Das Grundmotiv christl. Sittlichkeit ist von daher nicht das Streben nach möglichst exakter Gebotserfüllung, sondern die Dankbarkeit. Dies aber bleibt für die ethische Grundfrage „Was sollen wir tun?", „Wie sollen wir unser Leben führen?" nicht ohne Konsequenzen.

Die Verkündigung der in Jesus nahegekommenen Gottesherrschaft unterbricht den gewohnten Gang der Lebensführung und nötigt die Hörer dieses Wortes, ihr Handeln zu überdenken und neu zu orientieren (vgl. Lk 3,10; 10,25; Apg 2,37). Christl. E. als Reflexion auf die Lebenspraxis hat hierbei das Evangelium in die

Handlungswirklichkeit hinein als befreiende und sittlich verantwortbare Möglichkeit zu vermitteln. Der ↗Glaube (I. III), so ist die Grundüberzeugung der gesamten moraltheol. Tradition, ist in seinen anthropologischen Konsequenzen kein Überbau, der den Menschen entfremdet, sondern er erfüllt die tiefsten menschlichen Erwartungen. Die Moral der ↗Offenbarung fordert nichts, was nicht prinzipiell von der Vernunft her einsehbar ist. Von diesem Anspruch her läßt sich christl. E. als Auslegung des Glaubens im Medium der E. begreifen (vgl. F. Böckle: NHThG 1984). Diese Auslegung knüpft an beim jeweiligen Selbst- und Weltverständnis des Menschen und entfaltet sich in Form einer dreifachen Korrelation. Christl. E. hat zunächst in positiver Weise all diejenigen Erfahrungen herauszustellen und zu bejahen, an denen heute Verantwortung wahrgenommen wird. Wo Menschen beispielsweise für die Würde und die Rechte anderer sich einsetzen, dort kann auch die christl. Erlösungsbotschaft anknüpfen. Christl. E. hat somit die Erlösungsfähigkeit des Menschen und seiner Welt gegenüber dualistischer oder spiritualistischer Weltflucht, Wertskeptizismus, aber auch gegenüber dem Pessimismus der Rede vom permanenten Wertezerfall zu behaupten. Andererseits hat sie ebenso die schuldhafte Gebrochenheit des Menschen und seiner Welt herauszustellen, d.h., sie hat in abgrenzender Weise auf der Erlösungsbedürftigkeit des Menschen gegen jeden Unschuldswahn und jede Selbstrechtfertigung, gegen alle Utopien und Ideologien der Machbarkeit und Selbstvollendung zu bestehen. Schließlich hat sie in überbietender Weise vom Glauben her die Hoffnung wider alle Hoffnung zu bezeugen, d.h., sie hat zu zeigen, daß „die Erlösung nicht nur Befreiung von Entfremdung aller Art, sondern als Versöhnung mit Gott auch die Heiligung des Menschen, Gemeinschaft und Freundschaft mit Gott, ja Teilhabe am Leben Gottes bedeutet“ (W. Kasper 217). Tragender Grund dieser dreifachen Korrelation und damit für das Vorgehen christl. E. ist die Überzeugung, daß Geschöpflichkeit und Freiheit von Anfang an auf Christus und sein freimachendes Wirken hingeordnet sind (vgl. Kol 1,15ff.), Schöpfung (↗Welt/Schöpfung IV) und ↗Bund somit weder voneinander getrennt noch miteinander identifiziert werden dürfen, sondern in einem inneren Voraussetzungs- und Überbietungsverhältnis je schon aufeinander bezogen sind.

Aus dieser heilsgesch. Perspektive heraus gewinnt auch das konkrete Handeln des Christen Sinn und Gestalt. Im Doppelgebot der Gottes- und Nächstenliebe findet die Moral der Offenbarung ihr formendes Prinzip (Mt 22,37–40). Gerade in seiner wesenhaften Einheit gilt es als das „neue“ Gebot. „Neu“ bedeutet hier aber nicht, daß es alte Gebote ersetzt oder ergänzt. „Neu“ meint vielmehr eine andere Qualität von Norm, die nicht auf der Ebene konkreter Moralvorschriften steht, sondern sich auf den personalen Grund sittlicher Normgebung bezieht. Im Liebesgebot ist der Mensch gefordert, sich auf die Person des anderen hin zu eröffnen. Der Nächste ist Norm sittlichen Handelns, d.h., was nicht auf die Person bezogen ist, kann nicht Ziel oder Zweck sittlicher Akte werden. Nächstenliebe ist der integrierende Grundakt aller sittlichen Freiheitsvollzüge. Sie kann dies in der Radikalität, wie das NT es ausspricht, nur sein, weil sie in Einheit mit der Gottesliebe steht. Bildlich gesprochen, buchstabiert der Mensch in der Hinwendung zum Mitmenschen Gottes Hinwendung zum Menschen nach. Erst dadurch erhält das Ja zum Mitmenschen seinen unbedingten Charakter, wie es in der Bergpredigt im Anschluß an das Gebot der Feindesliebe gefordert wird: „Ihr sollt also vollkommen sein, wie es auch euer himmlischer Vater ist“ (Mt 5,48). Was vom Grundakt der Nächstenliebe gilt, muß aber auch von jedem konkreten sittlichen Tun gelten, das im Sinne freier Selbstmitteilung an das Du des anderen aus dem Herzen kommt. Wo sich etwa Hilfsbereitschaft zeigt, die nicht auf Wahrung partikulärer Interessen bedacht ist, dort geschieht solches Handeln, auch wo der Mensch nicht ausdrücklich darum weiß, bereits in der Ordnung der Gnade von Glaube, Hoffnung und Liebe zu Gott.

Auf diesem Hintergrund versteht sich

auch die „neue" Sicht des Dekalogs, wenn Augustinus die beiden Tafeln der Zehn Gebote auf das Doppelgebot der ↗Liebe (IV) bezieht. Auch die ethischen Forderungen, die der Dekalog enthält und auf die Jesus den reichen jungen Mann zunächst verweist (Mk 10,17 ff.), sind Konsequenzen, die aus dem neu erfahrenen sittlichen Können des Menschen resultieren, nämlich am befreienden Handeln Gottes in der Geschichte Anteil zu haben (vgl. Ex 20,2). Das sittliche Handeln des Menschen ist nicht gleichzusetzen mit dem Wachsen des Gottesreiches, es steht ihm aber auch nicht beziehungslos gegenüber, sondern gewinnt Offenheit und Transparenz auf die Erfüllung sittlicher Freiheit im Bund Gottes mit seinem Volk hin. Dies macht die Gebote des Dekalogs nicht zu Sondernormen, zu denen nur Gläubige verpflichtet sind, sondern in ihrem ethischen Gehalt sind sie der Vernunfteinsicht des Menschen zugänglich. Nach christl. Tradition enthält der Dekalog Konstanten, die durch alle kulturellen Verschiedenheiten hindurch sich immer wieder als etwas Unbeliebiges herausgestellt haben und auf längere Sicht nicht ohne nachteilige Folgen für das Gemeinwesen wie auch für den einzelnen mißachtet werden können. Vergleichbar mit dem Ethos der Menschenrechte, beinhaltet er „Einsichten und Erfahrungen, die für jedermann Geltung beanspruchen: Leben, Ehe und Familie, Freiheit, Menschenwürde, Gut und Ehre eines jeden Menschen sind unantastbar" (Grundwerte und Gottes Gebot, Nr. 28). In ihnen findet das Grundverlangen nach Gerechtigkeit seinen normativen Ausdruck. Gerechtigkeit ist die erste Pflicht der Liebe. Die Schaffung einer gerechten Ordnung in der Welt, die Beseitigung von Unrecht und Unterdrükkung ist wesentlich in die Zuständigkeit des Menschen und seiner Vernunft gestellt. Christl. E. ist nicht nur eine E. unmittelbarer Mitmenschlichkeit, die immer dort gefordert ist, wo Menschen in elementare Not geraten, an Hunger, Elend oder Krankheit leiden, sondern auch eine E. der Solidarität mit den Verachteten, Deklassierten, Diskriminierten und Entrechteten. Jedem das Seine zu geben, das oberste Prinzip der Gerechtigkeit zu verwirklichen bleibt jedoch eine in dieser Welt unvollendbare Aufgabe. Gerade der Christ erfährt im Streben nach einer gerechten Ordnung auch die Grenzen der Endlichkeit, die ihn Liebe und Gerechtigkeit nie letztendlich zur Dekkung bringen läßt. Das Spezifische christlicher E. aber ist, daß diejenigen, die nach der vollkommenen Gerechtigkeit Gottes hungern und dürsten, schon jetzt seliggepriesen werden (Mt 5,6), weil das Gottesreich schon jetzt in Jesus Christus nahegekommen ist.

Lit.: *F. Böckle,* Art. E. Aus katholischer Sicht: NHThG I 275–287; *ders.,* Fundamentalmoral. München 1977; Grundwerte und Gottes Gebot: Gemeinsame Erklärung des Rates der Evangelischen Kirche in Deutschland und der Deutschen Bischofskonferenz. Hg. von der Kirchenkanzlei der Ev. Kirche in Deutschland und dem Sekretariat der Deutschen Bischofskonferenz. Gütersloh 1979; *H. Halter,* Taufe und Ethos. Freiburg 1977; *W. Kasper,* Christologie und Anthropologie: ThQ 162 (1982) 202–221; *H. Krings,* Freiheit: PhJ 77 (1970) 225–237; *H. Merklein,* Jesu Botschaft von der Gottesherrschaft. Stuttgart 1983; *K. Rahner,* Über die Einheit von Nächsten- und Gottesliebe: ders., Schriften zur Theologie VI. Einsiedeln [2]1968, 277–298. *G. Höver*

VII. Islamisch. Der ↗Koran, der die durch ↗Muḥammad verkündete Offenbarung Gottes enthält, nennt die Inhalte des rechten Glaubens ebenso klar wie die Grundprinzipien des rechten Tuns (vgl. Koran 2,177; 33,35; 25,63–75). Dabei wird deutlich, daß sowohl Fragen des guten Benehmens (z.B. das freundliche Grüßen) als auch Forderungen im Sinne des ↗Dekalogs (z.B. kein falsches Zeugnis geben) genannt werden.

Die islam. Handbücher der feinen Bildung *(adab)* sowie des Rechts *(↗Sharīʿa, fiḳh)* haben daraus die Tendenz des Korans abgeleitet, sämtliche Bereiche menschlichen Handelns unter die Oberherrschaft Gottes zu stellen, und haben sie so, jede Trennung zwischen sakral und profan vermeidend, systematisch abgehandelt.

E. bedeutet in diesem Sinn die Richtschnur für das Gott wohlgefällige Handeln und fällt weitgehend in den Bereich des Rechts, da die Anthropologie (↗Mensch VIII) im Islam kein Gegenstand der ↗Theologie (IV) ist. Sie ist gewöhnlich auch nicht das Feld philos. Spekulationen über das Gute, da nach islam. Auffassung Gott absolut frei ist und daher ebensogut die Lüge hätte anordnen können, wie er sie verboten hat. Was Gott also de facto vom Menschen will, kann durch die menschliche Vernunft nicht sicher erschlossen werden, sondern ist allein aus der Offenbarung ersichtlich. Daß der Mensch das Gute tun kann, setzt menschliche Handlungsfreiheit (↗Schicksal) voraus.

Wie der ↗Talmud und andere jüd. Handbücher stellen auch die islam. Lehrbücher die idealen und Gott wohlgefälligen Verhaltensweisen des Menschen systematisch vor, wobei neben Koranischem auch Elemente aus der Überlieferung, dem Brauchtum und der Rechtspraxis einfließen.

Ehrlichkeit und Gerechtigkeit kennzeichnen das ideale Verhalten des einzelnen. Dementsprechend wird untersagt, zu lügen (9,119; 39,33), jemanden in betrügerischer Weise ums Vermögen zu bringen (2,188), das Vermögen der Waisen zu verschwenden (4,6.10), sich durch Wucher/Zins zu bereichern (2,275f.) oder sich durch Fälschung des Gewichtes der Waage (55,7–9) Vorteile zu verschaffen. Dieses Gerechtigkeitsideal gilt selbst dann, wenn sich die Verwirklichung im konkreten Fall gegen die eigenen Vorteile richtet (vgl. 4,135). Mit diesem Ideal geht die Forderung einher, demütig (25,63), nicht prahlerisch und eingebildet (31,18; 57,23) oder hochmütig (16,23) zu sein.

Bereits das Kind soll lernen, weder geizig (4,37) noch verschwenderisch (17,26f.) zu sein, Zornesaufwallung zu zügeln und Nachsicht zu üben (vgl. 3,134) sowie nicht einfach den persönlichen Neigungen nachzugehen (79,40f.). Reinlichkeit (vgl. 9,108) und saubere Kleidung (74,4f.) gehören zum anständigen Menschen ebenso wie die rechte Weise zu grüßen (4,86; 24,27–29). Auch die Speisegebote und -verbote (z.B. Verbot des Genusses von Schweinefleisch) sind zu beachten (vgl. 2,172f.). Hinzu kommt für den Erwachsenen noch das Verbot berauschender Getränke und des Losspiels (vgl. 5,90f.).

Bezüglich des Familienlebens gilt für die Kinder das Gebot, die Eltern zu achten und zu ehren (vgl. 4,36; 31,14f.) und durch fürsorgliche Pflege der gebrechlich und alt gewordenen Eltern ihnen die Liebe zu vergelten, die sie den Kindern, als sie noch klein und hilflos waren, geschenkt haben (vgl. 17,23). Mit harten Worten geißelt der Koran (17,31; 81,8.9.14), daß Eltern aus Furcht vor Verarmung ihre Kinder (vornehmlich die Töchter) töten, was auf ein göttliches Gebot hindeutet, das Leben der von Gott geschenkten Kinder zu achten und zu schützen (↗Ehe/Familie VII).

Im Unterschied zur vorkoranischen Polyandrie legt der Koran fest, daß nur die virilokale Polygynie (4,3) zulässig ist, wobei moderne Autoren darauf abheben, daß der letzte Teil dieses Verses („wenn ihr fürchtet, [so viele] nicht gerecht zu [be]handeln, dann [nur] eine") eine monogame Ehe als Normalfall anstrebt. Obwohl der Koran nicht von einer Gleichbehandlung von Mann und Frau in der Gesellschaft ausgeht, ist die Gleichstellung beider vor Gott unstrittig. Die Ehe ist nach 4,21 „eine feste Verpflichtung", die unter gewissen Bedingungen beiderseits (aber von seiten des Ehemannes einfacher) wieder aufgelöst werden kann.

Ohne Prüderie wird in der islam. Lit. die Sexualität als natürliche Betätigung des Menschen detailliert beschrieben und bejaht. Außereheliche Sexualität wird gewöhnlich abgelehnt, daher sind Transvestitentum, Homosexualität, Masturbation, Prostitution und der Sexualverkehr mit Tieren verboten.

Zu den Prinzipien für das menschliche Zusammenleben gehören die Verbote von Diebstahl und unerlaubtem Töten (erlaubte Formen des Tötens: Kriegsdienst, Todesstrafe, Blutrache) sowie die starke Betonung der Gerechtigkeit. Abgelehnt wird daher der Wucher/Zins als Ausnützung der Position des Schwächeren. Empfohlen wird eine auf das Wohl aller ausgerichtete Sozial- und Wirtschaftsordnung, die im Kern durch die gesetzlich geregelte Pflichtabgabe/Almosensteuer *(↗Zakāt)* angedeutet ist, weil so der Reichtum als Ergebnis von Unternehmergeist und Eigeninitiative bejaht und zugleich die soziale Verpflichtung der Wohlhabenden gegenüber Armen und Mittellosen unterstrichen wird, wie Muslime in der Moderne in Abgrenzung von Kapitalismus und Sozialismus immer wieder betonen.

Den sog. „Schriftbesitzern" (d. h. vor allem Juden und Christen) räumt der Islam eine Sonderstellung ein, die die Existenz solcher rel. Gemeinden duldet (Toleranz), ihnen ansonsten verbotene Praktiken (Weintrinken, Essen von Schweinefleisch für die Christen) zugesteht, die Führungspositionen in Staat und Gesellschaft aber klassisch nicht einräumt. Verboten ist auch jede Missionstätigkeit. Während der Übertritt zum Islam gerne gesehen wird, stellt das islam. Recht den Übertritt eines Muslim oder einer Muslima zu Christentum oder Judentum als Apostasie unter Strafe.

Die damit angesprochene Frage nach der Religionsfreiheit gehört zur neuzeitl. Debatte um die Menschenrechte im Islam. Erste Versuche lassen erkennen, daß sich die Muslime mit dem Katalog der Menschenrechte, wie er durch die Charta der Vereinten Nationen festgelegt worden ist, schwertun, aber bestrebt sind, in vielen Punkten Übereinstimmung mit koranischen Forderungen festzustellen und bei Divergenzen nach geeigneten Interpretationsmodellen zu suchen, die in der islam. Tradition jedoch nicht allzu zahlreich sind.

Probleme ergeben sich bisweilen auch bei der Übernahme moderner Staatsformen (Demokratie, Parteiensystem), die sich nicht ohne weiteres in die klass. Vorbilder einfügen lassen. Es bleibt abzuwarten, wie die Muslime auf die Herausforderungen durch die moderne, technisierte Welt reagieren und inwieweit sie bereit sein werden, in einzelnen Punkten über die sharīʿa hinauszugehen, ohne der Grundbotschaft des Korans untreu zu werden.

Lit.: *P. Antes,* E. und Politik im Islam. Stuttgart 1982; *ders.,* Islamische E.: ders. u. a., E. in nichtchristl. Kulturen. Stuttgart 1984, 48–81; *M. Klöcker/ U. Tworuschka* (Hg.), E. der Religionen – Lehre und Leben. Bd. 1 ff. München 1984 ff. *P. Antes*

VIII. Autonomie und Theonomie. „Autonomie" und „Theonomie" bezeichnen die ethisch radikalisierte Grundfrage nach der Stellung des Menschen vor Gott. Vom gemeinsamen Bedeutungsmoment (Nomos = Gesetz) her verstanden, geht es in der Frage von Autonomie und Theonomie nicht einfach um Probleme persönlicher Selbstverwirklichung individueller Lebensgestaltung oder subjektiver Selbstsetzung, sondern um das Problem *sittlicher Ordnung* und ihrer Begründung.

„Autonomie" ist ein urspr. politischer Begriff, der sich in der Antike auf die Freiheit griech. Stadtstaaten vor äußerer und innerer Fremdbestimmung bezog. Der Gedanke der Gesetzgebungsgewalt prägt auch das neuzeitliche Autonomieverständnis. In der Aufklärung bezeichnet „Autonomie" das höchste Vermögen des Menschen, nämlich durch die Vernunft der Welt seine Gesetze aufzuerlegen. Durch den übertragenen Gebrauch von „Autonomie" im Sinne eines philos. Begriffs gewinnt nun die Frage nach der sittlichen Ordnung ihre eigentliche Schärfe. Wo der Autonomieanspruch zum Verfügungswillen des Menschen über sich und seine Welt wird, der kein höheres Gesetz über sich anerkennt, tritt er in Gegensatz zu jeder Form von Theonomie und ersetzt den Glauben an Gott durch den Glauben an sich selbst. Ein solches Freiheitsverständnis aber wäre präziser als Autarkismus bzw. als der „Empörungsglauben des Autonomismus" (R. Guardini 97) zu verstehen, der im Selbstvollendungswillen des Menschen Grund und Ziel sucht.

Die mit den Begriffen von Autonomie und Theonomie bezeichnete Problematik wird erst dort in vollem Umfang deutlich, wo der Mensch als Sittlichkeitswesen betrachtet wird, dessen letzter Bestimmungsgrund weder das Höchstmaß individueller Bedürfnisbefriedigung noch die Bewährtheit sozialer Regulative, sondern das uneingeschränkte Gute ist. Sich an der Idee des uneingeschränkt Guten zu orientieren ist keine Aufgabe, die in das Belieben des Menschen gestellt ist, sondern verpflichtender Anspruch verantwortlicher Lebensführung überhaupt. Die Frage nach „Autonomie" und „Theonomie" ist von daher als Frage nach „sittlicher Autonomie" und „Theonomie" zu bedenken.

„Theonomie" bezeichnet in allg. Weise die „Gottesgesetzlichkeit" aller Wirklichkeit und ihrer Ordnungen. Dies ist sowohl als die radikale Verschiedenheit der Transzendenz Gottes gegenüber der Welt wie auch als die Abhängigkeit der Welt von einem akosmischen Prinzip zu verste-

hen. Der spezifische Vorstellungsgehalt von „Theonomie" freilich ergibt sich erst aus der jeweiligen Gottesvorstellung der Religion. Das Christentum geht hierbei von der Überzeugung aus, daß radikale Abhängigkeit von Gott als transzendentem Schöpfer zugleich echten Selbstand der Welt vor Gott bedeutet. Von der bleibenden Verwiesenheit aller Wirklichkeit auf Gott hin gedacht, umfaßt „Theonomie" auch die sittlichen Lebensordnungen des Menschen. Die besondere Stellung des Menschen in der Schöpfung spiegelt sich darin im besonderen Selbstand des Menschen als Ebenbild Gottes (Gen 1,27; ↗Gottebenbildlichkeit) bzw. vom islam. Verständnis her als Statthalter Gottes auf Erden (Koran 2,30) wider. Als in ↗Freiheit erschaffenes Wesen ist seine Verwiesenheit auf Gott zugleich ein Auftrag, die kreatürliche Abhängigkeit ein unbedingter Anspruch, das Gute zu tun, das Böse zu vermeiden. Die spezifische Problematik von sittlicher Autonomie und Theonomie ergibt sich dann aus der Frage, inwieweit dieser Anspruch, das Gute zu tun, von vornherein auch mit einer bestimmten gottgewollten sittlichen Ordnung verknüpft ist, der der Mensch in Gehorsam zu entsprechen hat, sei es in Form positiv geoffenbarter Gebote, sei es in Form einer an der Wesensnatur erkennbaren Schöpfungsweisheit Gottes. Wo immer die Theonomie mit einer inhaltlich konkreten Sollensordnung verbunden wird, begegnet sie im Prinzip als eine fremdgesetzte Ordnung, die vom Menschen unbedingte Unterwerfung verlangt. Die Problematik einer solchen Konzeption von Theonomie liegt nicht nur in der Erkennbarkeit und authentischen Interpretation dieser Ordnung, sondern auch in der Gefahr einer Übersteigerung des theonomen Grundprinzips zum voluntaristischen – d.h. allein in der absoluten und rational unzugänglichen Willensfreiheit Gottes begründeten – Verständnis des sittlich Guten.

Sittliches Handeln aber ist Handeln aus *Einsicht* und kann nur in dem Maße uneingeschränkt gut sein, als es sich der freien Anerkennung auch der Vernunftgemäßheit des zu Tuenden verdankt. Die Vernunftgemäßheit des Sittlichen ist zugleich die Unbedingtheit des Guten, das aus dem Herzen kommt. Diese Dimension des Guten kann aber nicht wie ein Objekt spekulativ-theoretisch erkannt werden, sondern erschließt sich nur in der Weise praktischer Bejahung. Die Idee sittlicher Autonomie ist der kühne Versuch, die Theonomie aller Ordnungen in ihrer Qualität des uneingeschränkt Guten gerade dadurch zu erschließen, daß sie sie als *Verantwortung des Menschen für die sittliche Ordnung,* theologisch als aktive Teilhabe an der Vorsehung Gottes selbst interpretiert. In diesem Sinn ist es die Theonomie, welche die sittliche Autonomie ermöglicht, und die sittliche Autonomie ist der Weg zur Erfüllung der Theonomie.

Lit.: *F. Böckle,* Fundamentalmoral. München 1977; *R. Guardini,* Das Ende der Neuzeit. Würzburg 1951; *W. Kasper,* Autonomie und Theonomie: H. Weber/D. Mieth (Hg.), Anspruch der Wirklichkeit und christlicher Glaube. Düsseldorf 1980, 17–41; *J. Schwartländer,* Sittliche Autonomie als Idee der endlichen Freiheit: ThQ 161 (1981) 20–33.

G. Höver

Ethnologie (Grundbegriffe und theoretische Ansätze). E. oder Völkerkunde, früher als Studium der „primitiven", „traditionellen" oder „schriftlosen" Kulturen bekannt, von manchen auch als „Erforschung fremder Lebensformen" gesehen, wird heute, bes. in der franko- und anglophonen Welt, mehr und mehr unter dem Namen „Anthropologie" im Sinn einer umfassenden (Sozial- und) Kulturwissenschaft betrachtet. W. Schmied-Kowarzik umschreibt ihre Zielsetzung entsprechend allg. als „wiss. Interpretation der Entfaltung und Gestaltung des Kulturellen am Menschen und durch den Menschen". In kaum einer andern Humanwissenschaft sind so unterschiedliche, aber sich auch wieder ergänzende theoretische und methodologische Konzepte erarbeitet worden. Man ist heute überzeugt, daß schon in der Datensammlung, in der von Ethnologen bes. praktizierten semidirektiven, auf die Gesamtkultur ausgerichteten Beobachtung und Befragung „im Feld", noch mehr aber in der Analyse Induktion und Deduktion, Empirie und Theorie sich gegenseitig herausfordern, steuern und befruchten. Allen theoretischen Ansätzen ist heute das Anliegen einer authentischeren, strenger wiss. Datenerhebung unter Betonung der Selbst-

darstellung und Eigenklassifizierungen der untersuchten Gruppen („emic"-Situation) und des ökologischen und sozialen Kontextes gemeinsam. Für alle stellt sich zudem nicht nur die kognitive Problematik im allgemeinen und damit auch die Frage der „Übersetzung" in eine allg. verständliche Wissenschaftssprache („etic"-Situation), sondern auch jene des sinnvollen Umganges mit den Daten und ihrer Integration in das Patrimonium der Erkenntnisse und deren Dienstbarkeit für den Menschen.
Unter den verschiedenen „Schulen" mit ihren je eigenen theoretischen Zielsetzungen und analytischen Modellen sind folgende bes. hervorgetreten: 1. Die kulturhist. E., Anfang dieses Jh. durch F. Graebner und W. Schmidt begründet, mit dem Ziel, durch systemat. Kulturvergleich mittels bestimmter Kriterien (Form- und Quantitätskriterium) auch bei Völkern ohne Schriftzeugnisse genetisch-hist. Beziehungen zu erfassen: Mit entsprechender wiss. Sorgfalt und in interdisziplinärer Zusammenarbeit betrieben, hat sie als hist. Beziehungsforschung auch heute noch Bedeutung. Man steht aber ihren frühen weltweiten Ursprungs- und Kulturkreistheorien zu Recht kritisch gegenüber. 2. Die strukturfunktionalistische Richtung der von B. Malinowski und A. R. Radcliffe-Brown begründeten, von M. Fortes, R. Firth, E. E. Evans-Pritchard modifizierten britischen Sozialanthropologie: In betont funktionaler Arbeitsweise sucht sie auf induktivem Weg die sozialen Beziehungen und Normen innerhalb konkreter Sozialstrukturen zu systematisieren und durch Vergleich soziale Gesetzlichkeiten abzuleiten. Ihr wiss. Beitrag ist als solcher honoriert, aber ob des einseitig-synchronen Konzeptes auch kritisiert worden. 3. Die amerik. Kulturanthropologie (F. Boas, R. Benedict, R. Linton, A. Kardiner u. a.) suchte das Verhältnis Person – Kultur und daraus sich ergebende Theorien über die kulturelle Prägung des Menschen zu formulieren. 4. Die strukturale Anthropologie von C. Lévi-Strauss mit dem Ziel der Erfassung der tieferen logischen Strukturen im menschlich-kulturellen Kontext arbeitet ihrerseits mittels formaler Analysen. 5. Neuere Akzente: neoevolutionistische und kulturökologische Ansätze – prozessuale Richtungen – semantische und semiotische Kulturanalyse usw.

Lit.: *W. Schmied-Kowarzik / J. Stagl* (Hg.), Grundfragen der E. Berlin 1980; *J. F. Thiel*, Grundbegriffe der E. Berlin [4]1983; *H. Fischer* (Hg.), E. Berlin 1983; *T. Bargatzky*, Einführung in die E. Hamburg 1985.

H. Huber

Etruskische Religion. 1. Die Etrusker (ihre Herkunft ist noch ungeklärt) bewohnten in der Antike das Gebiet der heutigen Toskana und Kampaniens sowie Teile der Poebene. Ihre kulturelle Blütezeit lag im 7.–4. Jh. v. Chr., als sie im Bund mit den Karthagern das westliche Mittelmeer beherrschten. Die Ausbreitung der Kelten im Norden, die Stärkung der Griechen in Süditalien und schließlich der Aufstieg Roms beendeten die etruskische Vorherrschaft. In der Zeit zwischen dem 4. und dem 1. Jh. wurden die Städte der Etrusker von den Römern unterworfen; in der Kaiserzeit latinisierte sich das etruskische Volk vollständig.
2. Die Erforschung der E. R. hängt mit derjenigen der etruskischen Sprache und Kultur zusammen, in der nach wie vor viele Fragen offen sind. So ist es bisher nicht gelungen, einen mit der etruskischen Sprache verwandten antiken oder modernen Dialekt zu finden, der die Deutung der etruskischen Primärquellen erleichtern würde. Die Forschung diskutiert die Möglichkeit einer ostmediterranen, nichtindogerm. Herkunft, einer altmediterran-autochthonen oder einer zumindest teilweise indogerm. Abstammung dieses Volkes. Von der Lösung dieser Fragen ergäben sich Konsequenzen für die Beantwortung der Grundfrage, was an dem vorliegenden archäol. und textlichen Material über die E. R. „uretruskisch", was übernommenes griech. oder italisches Kulturgut ist.
3. Unsere *Quellen* für die E. R. sind a) bildlicher Natur: Wandgemälde in unterirdischen Grabkammern, Vasen, Bronzespiegel zeigen rel. und mythische Szenen, die starke Anklänge an die griech. Mythologie aufweisen. Die reiche Überlieferung leitet sich aus einer der wenigen unbestreitbaren Tatsachen der E. R. ab, nämlich ihrem Interesse an Tod und Jenseits, das die Etrusker zu üppiger Ausstat-

tung der Wohnorte ihrer Toten bewog. Immer wiederkehrende Leitmotive sind die Reise der Toten in das Land des jenseitigen Lebens und Szenen der Freude und des heiteren Lebensgenusses.
b) Eine zweite Quelle sind Nachrichten röm. Schriftsteller über die hochentwickelte etruskische Divinationskunst. Die E. R. stand bis tief in die Spätantike in höchstem Ansehen und prägte bis zuletzt die ↗Römische Religion entscheidend mit. Erst das Christentum wertete sie radikal ab; Arnobius bezeichnet Etrurien als „Urheberin und Mutter allen Aberglaubens" (Adv. Gent. II 26). Dies hatte zur Folge, daß die bis ins 4. Jh. n. Chr. sorgfältig bewahrten Bücher der *„Disciplina Etrusca"* nicht an das MA weitergegeben wurden. Nach den verstreuten Zeugnissen Ciceros enthielten die hll. Bücher der etruskischen Priester Anleitungen zum ↗Orakel, kosmologische und mathematisch-astrologische Abhandlungen und Omendeutungen u. a. m. Diese Wissensgebiete wurden von genau organisierten Priesterkollegien gehütet, deren bekannteste die *Haruspices* waren, die in Rom bei allen wichtigen Entscheidungen konsultiert wurden. Daneben berichten lat. Quellen von einer hochentwickelten ↗Seelen- und ↗Unsterblichkeits-Lehre, die in der Spätantike in Berührung mit dem ↗Neuplatonismus kam und ihn zumindest in Italien mitgeprägt haben dürfte. Die Kosmologie der Etrusker muß das System der Manifestation universeller und göttlicher Kräfte in Naturphänomenen, ihre Interrelation und Deutbarkeit aus Teilen – Himmel, Blitz, Tiereingeweiden als konzentrierten Abbildern des Alls – zu besonderer Perfektion gebracht haben: die E. R. dürfte hierin der ↗Babylonisch-assyrischen Religion ebenbürtig gewesen sein.
c) Die wichtigste, aber quantitativ geringste Quelle sind etruskische Texte selbst. Neben Inschriften haben wir als längeres Dokument die *Agramer Mumienbinde*, die einen kalendarisch geordneten Ritualtext trägt, dessen Buchstaben in der entzifferten etruskischen Schrift verständlich sind, deren Deutung jedoch aus den vorgenannten Gründen auf schwerste Probleme stößt. Die etruskischen Texte geben aber zumindest Aufschluß über die Götternamen. Es lassen sich unterscheiden: Götter mit Namen griech. Herkunft oder mit griech.-indoeurop. Götternamen verwandten Namen (Di-We/Zeus, Po-se-du-ne/Poseidon, A-ta-na Po-ti-ni-ja/Athene Potnia), Götter mit nichtverwandten Namen, aber verwandten Eigenschaften und Funktionen (Turan/Aphrodite, Fufluns/Dionysos) und Götter, die keine erkennbare onomastische oder funktionelle Verwandtschaft zur indogerm. Götterwelt aufweisen (Crapśti, Cautha). Der etruskische Name für die Gottheit, *Ais* (Pl. *Aiser*), ist ebenfalls sprachlich isoliert. Neben den Göttern kennt die E. R. eine Vielzahl von Nymphen und kleineren Funktionsgöttern, was sie wiederum mit der röm. Religion verbindet.
4. Welche theol. Vorstellungen die E. R. mit ihren Göttern verband, kann aufgrund der Quellenlage nicht sicher bestimmt werden. Kunst und Sekundärüberlieferung deuten darauf, daß der etruskische Gott weniger bildhaft gedacht wurde als der griech., weniger funktionshaft als der latinisch-röm.: wandelbar, verwandelbar, vielleicht „abstrakter". Röm. Quellen sprechen auch von Göttertriaden, die jedoch in der antiken indogerm. wie auch oriental. Vorstellungswelt Allgemeingut waren.
Das abrupte Erlöschen der schriftlichen Tradition um die Konstantinische Wende begrenzte das Nachleben der E. R. auf wenige Erinnerungen, etwa in der röm. Mythologie: Ovids Vertumnus und Pomona sind etruskische Gottheiten, die Legende von Herkules und Cacus bezieht sich bei dem Namen Cacus auf einen etruskischen Gott. Oft kann in der röm. Überlieferung das etruskische Element nicht mehr identifiziert werden. Ob darüber hinaus in Etrurien etwas blieb, ist oft vermutet worden: eine Ableitung der Höllenvisionen Dantes aus etruskischer Jenseitskunde kann ebensowenig bewiesen werden wie ihr Gegenteil.

Lit.: *G. Dumézil*, La Religion Romaine Archaïque. Paris [2]1974; *C. O. Thulin*, Die etruskische Disziplin. Göteborg 1905; *A. J. Pfiffig*, Religio Etrusca. Graz 1975.

Chr. Dröge

Europa ↗Gott III 3 B.

Eva ↗Adam.

Evolution ↗Entwicklung/Evolution.

Ewigkeit. 1. E. ist ein zentraler Begriff der rel., metaphysisch oder heilsgesch. vorgestellten Seinsweise der transzendenten Mächte, des als Allnatur angesehenen Kosmos, der Götter oder des einen Gottes im Gegenüber zur Seinsweise des endlichen, sterblichen, der ↗Zeit unterworfenen Menschen. Den Menschen betrifft E., insofern er in seiner geistig-willentlichen Daseinsdynamik auf Gott hin angelegt ist, bei dem er seine Vollendung findet in einer Teilnahme an Gottes Leben.

2. Im griech. Mythos bezeichnet *aiṓn* zunächst das ↗Leben selbst. Seine Unverfügbarkeit erscheint in der Dichtung als bestimmende Macht über dem irdischen Dasein im fördernden oder im belastenden Sinne. *Plato* faßt die Zeit als bewegliches Abbild des ewigen unvergänglichen Kosmos. Das zyklische Zeitgefühl lenkt die Sehnsucht auf ein Entkommen aus der Vergänglichkeit. *Aristoteles* bestimmt teleologisch E. als Ziel der Zeit und als sie übergreifende Gegenwart. Charakterisiert man die Zeit als die Zusammensetzung ihrer Momente in der Sukzession der Bewegung an der Materie, dann kommt der E. die Unvergänglichkeit zu, weil sie reine sukzessionslose, immaterielle Einheit ist.

Das Andersartige des bibl. Verständnisses besteht nicht in einer anderen Denkform, sondern leitet sich aus der alle Sicht der Welt und des Menschen zentrierenden realgesch. Gotteserfahrung her. Sie hebt sich von der metaphysischen Spekulation der hellen. Philosophie deutlich ab. Dennoch lassen sich hier metaphysische und anthropologische Strukturen aufhellen, die Verbindungslinien zu menschheitlichen Erkenntnissen in den großen Religionen und Philosophien sichtbar machen.

3. Der gebräuchlichste Begriff im AT *'ôlām* drückt je nach Zusammenhang Verschiedenes aus, etwa eine endlose Dauer. Der Mensch hat trotz seiner ↗Gottebenbildlichkeit (I) kein ewiges Leben wie Gott (Gen 3,22; 6,3). Sein Sterben ist natürlich, aber wegen der Sünde zugleich auch Ausdruck der zerstörerischen Entfremdung von Gott als dem Lebensursprung und somit auch Strafe (Gen 3,3). Die nachexilisch sich entfaltende Unsterblichkeitshoffnung (Weish 3,1–12; 5,15) und der Auferstehungsglaube (Dan 12,2f.; 2 Makk 7,9) sowie die Hoffnung auf die universale eschatologische Königsherrschaft Jahwes mit der Erneuerung des Davidkönigtums und die Hoffnung auf einen neuen Himmel und eine neue Erde (Jes 65,17) bilden glaubensgesch. Ausfaltungen und Adaptationen der urspr. Gotteserfahrung. Der Glaube an Gottes E. bringt so den Glauben an die Einzigartigkeit und Zuverlässigkeit zum Ausdruck. In diesem Sinn kann von einer Eigenschaft Gottes gesprochen werden (Jes 40,28). Die Erkenntnis, daß der ewige Gott in seinen Heilstaten unverrückbares, ewiges Heil stiftet, bricht im NT endgültig durch, insofern in einer christologischen Konzentration der Idee der E. Christus selbst in seinem Blut den neuen und ewigen Bund stiftet. Das ↗Heil (VI) ist ewig, weil Gott in seinem Sohn selbst ewig ist und ein für allemal die Versöhnung gewirkt hat und Sünde und Tod für immer in ihrer von Gottes E. trennenden Macht überwunden hat. Ewiges Leben meint darum mehr als ein Entkommen aus dem endlosen Zyklus von Geburt und Tod, sondern personale Erfüllung und Zusammenfassung der Lebensgeschichte auf Gott selbst hin, sei es in der Verborgenheit des irdisch-natürlichen Daseins oder in der Offenbarkeit der endgültigen Rettung nach dem Tod und am Jüngsten Tag.

4. Die theol. Durchdringung der spezifisch christl. Ideen von E. und Zeit, Geschichte und Transzendenz führte nach bedeutenden Ansätzen u.a. bei *Augustinus* zur klassisch gewordenen Definition von E. durch *Boethius* (De consolatione philosophiae V 9): „indeterminabilis vitae tota simul atque perfecta possessio". Im Sinn einer Wesenseigenschaft Gottes spricht die Kirche E. allein Gott zu. Ein Prädikat ist sie nicht so, daß wir die empirische Vorstellung einer endlosen Dauer auf Gott übertragen als weltliches Analogat; somit würde ja Gott durch die Welt bestimmt. Insofern Gottes Sein sein Wesen ist, ist sein Wesen auch seine E. Und wie er uns in seinem Wesen im strikten Sinn Geheimnis ist, so ist er es auch in

seiner E. Wenn Gott sich aber in Schöpfung und in der Menschwerdung seines Sohnes im Hl. Geist zum Ziel des Menschen gemacht hat, vermag er auch die zerstreuende und zerfallende Seinsweise des Menschen in der Zeit zu sammeln und darin die Lebens- und Weltgeschichte auf sich hin zu einigen und zur personalen Hingabe zu befähigen in einer Teilnahme der erfüllten Zeit an seiner Ewigkeit, ohne daß der Mensch seiner Natur nach ewig werden könnte. Seine erfüllte Zeit ist allenfalls E. durch eine gewisse Ähnlichkeit.

5. Die E. der Hölle bedeutet demnach nicht das Endlose in der physikalischen Zeit, sondern die entsetzliche Leere und Fruchtlosigkeit der personalen Existenz, die in ihrer Transzendenz auf Gott nicht in ihrem Ziel, nämlich der Liebe, anzukommen vermag, weil sie sich definitiv in einem Akt der Freiheit verweigert hat.

Lit.: *H. Bürkle,* Eschatologie in den Weltreligionen?: NZSTh 22 (1980) 189–201; *B. Daley,* Eschatologie. Freiburg 1986; *F. Dexinger* (Hg.), Tod – Hoffnung – Jenseits. Wien 1983; *F. Heiler,* Unsterblichkeitsglaube und Jenseitshoffnung in der Geschichte der Religionen. München 1950; *Th. Klauser u. a.* (Hg.), Jenseitsvorstellungen in Antike und Christentum. Münster 1982; *H.-J. Klimkeit* (Hg.), Tod und Jenseits im Glauben der Völker. Wiesbaden 1978; *K. M. Woschitz,* ELPIS, Hoffnung. Freiburg 1979; *M. Eliade,* Geschichte der rel. Ideen. Bde. I–III. Freiburg 1978, 1979, 1983.
G. Müller

Exodus. Unter dem E. versteht man zunächst enggefaßt die Herausführung der Israeliten aus der Knechtschaft in Ägypten. Da die Volkwerdung Israels aber erst nach der Landnahme der israelit. Stämme, die literarisch hinter dem E. angeordnet ist, erfolgte, ist es historisch wahrscheinlich, daß die E.-Erfahrung zur Tradition einer einzelnen Gruppe gehörte, die dann später für ganz Israel bestimmend wurde.

1. Die *historische* Wahrscheinlichkeit des E. ergibt sich daraus, daß zum einen eine Wanderbewegung von paläst. Nomaden nach Ägypten möglich war. Dies bezeugen außerbibl. Berichte über sogenannte Schasu-Beduinen. Zum anderen decken sich die Angaben aus Ex 1,11, wo berichtet wird, daß die Israeliten die Städte Pitom und Ramses für die Ägypter bauen mußten, damit, daß der Pharao Ramses II. im 13. Jh. v. Chr. ca. 60 km westl. des heutigen Suezkanals eine Großraumresidenz errichten ließ. Zwei weitere Argumente hängen mit der Person des ↗Mose zusammen: einmal läßt sich sein ägypt. Name am ehesten durch ägypt. Kontakte erklären. Zweitens wird im AT mehrfach die Verwandtschaft Moses mit den Midianitern bezeugt (vgl. Ex 2,21 f.; 4,18 ff.24 ff.; u. ö.), einem Beduinenstamm, der nach Gen 37,28.36 Karawanenhandel mit den Ägyptern trieb.

2. *Literarisch* wurde der E. als Kernthema vor allem im Pentateuch behandelt, insbesondere in den Büchern Ex bis Num, wo der E. im Zusammenhang mit der Wüstenwanderung, der ↗Offenbarung (IV) und Gesetzesmitteilung am Sinai und der Führung ins Gelobte Land steht. Die Darstellung ist jedoch nicht einheitlich. Es lassen sich nach Alter und theol. Konzeption unterschiedliche Schichten (z. B. lokalisiert die spät-/nachexilische Priesterschrift den Auszugsweg entlang der „via maris" in Mittelmeernähe, während die älteren Vorstellungen von einem Weg durch die Sinai-Halbinsel ausgehen) abheben, in denen aber jeweils die Person des Mose zentral ist. Vom Pentateuch, dem Herzstück des AT, wirkte der E. als Thema dann auf die gesamte Hl. Schrift.

3. Einerseits läßt sich der E. *wirkungsgeschichtlich* nicht von seinem Zusammenhang im Pentateuch trennen, andererseits aber wird er im folgenden in einem umfassenderen Sinn verstanden und bezeichnet das gesamte Heilsgeschehen der Befreiung Israels aus Ägypten, der Wüstenwanderung mit Offenbarung und Gesetzesmitteilung am Sinai sowie der Hineinführung ins Gelobte Land als E.

Bei der Bearbeitung des E.-Themas innerhalb des *AT* wird einerseits an die E.-Tat Jahwes erinnert (vgl. bei den Propheten z. B. Jes 10,25 f.; 11,16; Jer 7,22; 11,4; Ez 20,1–17; Hos 12,10.14; 13,4–6; Am 2,10; 3,1 u. ö., in den Psalmen z. B. Ps 77,16; 78 u. ö.). Andererseits wird der E. auch typologisch aufgegriffen und auf je neue Bedrängnissituationen angewandt (vgl. z. B. das assyr. Exil Hos 2,16 f.; 8,12 f.; 9,3.10; 11,5; 11,10 f.; das babyl. Exil Deutero-Jesajas Jes 40–55; Jeremias, bes. Jer 16,14 f.; 31,1 ff.; Ezechiels bes. Ez 11,16 ff.; u. ö.). Davon hebt sich noch

einmal die Beschäftigung der Weisheits-Lit. mit dem bereits kanonisch gewordenen E.-Thema ab (vgl. bes. Weish 10–19; Sir 45f.).
Für die *ntl. Schriften* müssen die expliziten E.-Verweise (vgl. Hebr 3,7ff.; 1 Kor 10,1ff.; Joh 6,31ff.) von den Stellen unterschieden werden, die nur mit Bezug auf das E.-Erlebnis der Väter in Ägypten verständlich werden, also implizit vom E. sprechen (vgl. z.B. Bergpredigt Mt 5; Verklärung Mk 9,2–8; Brotvermehrung Mk 6,30ff.; 8,1ff. u.ö.). Die verhältnismäßig geringe Anzahl der expliziten E.-Verweise erklärt sich bereits durch die Fülle der impliziten Stellen: Der E. war für die ntl. Schriften Voraussetzung ihrer Botschaft und entsprechend ein gesamtbibl. Thema.
Im *Judentum* wirkt der E. in Fortführung der atl. Bedeutung des E. als Beispiel für Jahwes rettendes Handeln an seinem Volk schlechthin, dessen man sich vor allem in der Pesach-Liturgie erinnert.
In der *Geschichte der Kirche* erfuhr das E.-Thema sehr häufig eine neue Aktualisierung. Die Pilgrim Fathers verstanden sich in einer Situation des erneuten E.; die unterdrückten Schwarzen in Afrika und Nordamerika hofften auf einen E. aus ihrer Situation, wovon so manches Spiritual zeugt (vgl. „Go down Moses"); die südamerik. Armen verstehen sich bis zu den Befreiungstheologen heute in der Situation des E. Ebenso fühlen sich die Feministinnen unserer Tage in vergleichbaren Verhältnissen. In all diesen Fällen wird der E. zur zentralen Metapher für gesellschaftliche Veränderung von Gott her, in der Hoffnung auf eine bessere Zukunft im Gelobten Land.

Lit.: Concilium 23 (1987) Heft 1; *H. Donner*, Geschichte des Volkes Israel und seiner Nachbarn I. Göttingen 1984, 72–115; *S. Herrmann u.a.*, Art. E.-Motiv: TRE X 732–747; *S. Herrmann*, Geschichte Israels. München ²1980, 82–115; *W. H. Schmidt*, E., Sinai und Mose. Darmstadt 1983; *P. Weimar/E. Zenger*, E. Stuttgart 1975.

F.-L. Hossfeld/B. Kalthoff

F

Familie ↗Ehe/Familie.

Fasten. Der Begriff F. wird hergeleitet von germ. „fest"-halten an F.-Geboten und ritueller Beobachtung. Nichtrel. F. ist Zeichen von Selbstverleugnung (Indien), Trauer (Ägypten), Zucht (Pythagoreer) und Genügsamkeit (Kyniker, Stoa, Epikureer). F. meint kein Hungern aus diätetischen Gründen (Spätkulturen; Enkratiten, Vegetarier), sondern zeitweilige, völlige oder teilweise Enthaltung meist mit rel. Zielen aus verschiedenen Motiven: *apotropäisch:* Schutz vor schädlichen Kräftestrahlen (Mana), Speisen (Orphiker, Mani) und Getränken (Buddhismus: Alkohol), in krit. Zeiten (Geburt, Hochzeit, Krieg, Jagd), zur Abwehr von Katastrophen (Sonnenfinsternis, Gewitter, Tod); *kathartisch:* Reinigung (Reinheit) vor/nach wichtigen Handlungen („rites de passage", Mysterien, Metallurgie), Initiationsriten (Indianer); *ethisch:* Opfer, Sühne (Jina; auch Menschenopfer), Selbstkasteiung, *ieiunium poenitentiae* (immer mit Gebet verbunden); *ekstatisch:* Verstärkung unsichtbarer Kräfte zum direkten Kontakt mit Göttlichem in Traum, Offenbarung, Trance (Medizinmann, Opferpriester, Schamane, Inder, Mantiker, Neuplatoniker, ↗Gnōsis); *Trauer*-F. (Ägypten). Man fastet gemeinsam (altorient. Kulturen; Islam: ↗Ramaḍān) und einzeln (Buße, Sündentilgung) zu bestimmten Tagen oder Zeiten. Im rel. Kontext wirkt F. kommemorativ (Ereignisse, vorzeitliche Heroen) und disponierend (verbunden mit geschlechtlicher Enthaltung, Schweigen, Isolierung vor Initiation oder vor Ausübung kultischer Tätigkeit). Gegenüber extremen Formen Hinweis auf Mäßigung

(↗Buddha) und Verinnerlichung (Sach 7,4ff.), zuweilen Ablehnung (Protestantismus, Zarathustra, Parsismus). Im AT ist F. ein Akt der Demut und Buße (Jes 58,3.5; Ps 35,13), im NT weitere Verinnerlichung des F. (2 Kor 6,4f.; Mt 10,11) als „Beten mit dem Leib".

Lit.: *P. R. Régamey* (Hg.), Wiederentdeckung des F. Wien 1963; *P. Gerlitz u.a.*, Art. F.: TRE XI 41–59 (Lit.). *M. Schneider*

Fatalismus ↗Schicksal.

Fegfeuer. Die Lehre vom F. (lat. *purgatorium*) als einem Reinigungsort bzw. -prozeß der Toten auf dem Weg zu ihrer endgültigen Vollendung hat eine Reihe rel.-gesch. Anknüpfungspunkte, wobei Hinweise bei Plato und den Orphikern sowie bei Vergil (Aen. VI 735ff.), vor allem aber gnost. Anschauungen die konkrete Ausgestaltung der F.-Lehre nachdrücklich geprägt haben. Biblisch wurden im Christentum wirksam a) der spätjüd. Glaube an die Sinnhaftigkeit und Wirksamkeit des Fürbittgebets für die Verstorbenen (vgl. 2 Makk 12,42–45), b) der jüd. Glaube an den Scheol, der freilich zunächst nicht als Ort der Strafe, sondern als Aufenthaltsort der Toten gedacht wurde, in den Jesus aber in seinem Tod „hinabstieg", um die „im Kerker" Lebenden zu erlösen (vgl. 1 Petr 3,18ff.; „abgestiegen in das Reich des Todes"), c) die in 1 Kor 3,10ff. angesprochene Rettung „so wie durch Feuer hindurch" (V. 15; die nachträgliche Deutung des Textes im Sinn des F. ist jedoch heute umstritten). Für die konkrete Bildhaftigkeit des F.-Glaubens waren seit der Väterzeit vor allem die Spekulationen über den Zwischenzustand, in dem sich die Toten („arme Seelen") zwischen ihrem individuellen Tod und der allg. Auferstehung am Ende der Welt befinden, bedeutsam. Dieser wurde dann seinerseits einmal mit Ortsvorstellungen, sodann im Hinblick auf das ethische Verhalten des einzelnen, sofern dieses nicht ein abschließend von Gott trennendes war, mit dem Charakter der Reinigung und Läuterung verbunden. Das Konzil von Trient hat hinsichtlich des F. bestätigend definiert, a) daß es „Sündenstrafen" (lat. *reatus poenae temporalis*) gibt, die nicht mit der Vergebung der Schuld einfachhin getilgt sind (vgl. DS 1580), b) daß sinnvoll und wirksam für die Seelen im F. gebetet wird (vgl. DS 983 998). Gleichzeitig erging die Mahnung, Unsicheres und Falsches sowie solches, was „nur einer Art Neugierde dient oder dem Aberglauben oder nach schmählichem Gewinn aussieht" (DS 983), in der Verkündigung zu vermeiden. „Das dt. Wort F. ist rel.-pädagogisch nicht sehr glücklich und sollte langsam verdrängt werden" (K. Rahner). Die Frage nach dem F. findet aber heute nicht selten dort neues Interesse, wo der Versuch gemacht wird, die ↗Reinkarnation weniger als zu überwindendes Geschick zu verstehen, sondern sie im Zusammenhang mit der Idee des F. als Weg des Aufstiegs und der Läuterung auch christl. zugänglich zu machen.

Lit.: Art. F.: RGG³ II 892ff. *(F. Schmidt-Clausing)*; LThK² IV 49–55 *(A. Closs / J. Gnilka / K. Rahner)*; Art. F.: TRE XI 69–79 *(E. Koch)*; *H. Schwarz*, Wir werden weiterleben. Freiburg 1984. *H. Waldenfels*

Feministische Theologie. Obwohl vielfach anders behauptet, stammt die f. Th. nur dem Namen nach aus den USA. Die Sache wurde in Europa seit vor dem II. Vatikanum unter Bezeichnungen wie Theologie der Frau, theologische Geschlechteranthropologie u.ä. bereits ein Hauptinteresse von kirchlich engagierten Frauen, auf Tagungen und in Zeitschriften interkonfessionell und kontrovers diskutiert. Da kath. Theologinnen an dt. Universitäten seit den 60er Jahren (in München seit 1954) den Dr. theol. erwerben konnten, reflektierten sie wie ihre ev. Kolleginnen anhand der hist.-krit. Exegese die Stellung der Frau in den Urgemeinden, das Frauenbild der Kirchenväter und Scholastiker. Aus der Konfrontation des modernen Erfahrungshorizontes mit der neu befragten Geschichte des ↗Christentums wurden Erkenntnisse formuliert, die der bisherigen Meinung entgegenstanden, das Christentum habe sich (im Gegensatz zu Judentum und heidnischen Religionen) nur positiv auf den weiblichen Lebenszusammenhang und die Entfaltung der weiblichen Person ausgewirkt. Forderungen nach Aufhebung kirchlicher Frauendiskriminierung und Erweiterung ihres Zuständigkeitsbereiches wurden erhoben. In den USA wurde aus Mangel an Rezeption des in

europ. Sprachen Geschriebenen manche Arbeit noch einmal getan, jedoch die Bezeichnung „Theology of woman“ einseitig mit der Theologie des „Ewig-Weiblichen“ (Gertrud von le Fort) identifiziert und deshalb abgelehnt. Schneller als in Europa fand jedoch in Amerika f. Th. Eingang in das allgemeine Bewußtsein.
Inzwischen enttäuschte Hoffnungen knüpften sich in der Konzilszeit in Deutschland an den Begriff Theologie im Laienstand. Daß aber auch die Integration in das Amt Frauen nicht den erhofften selbstverständlichen Ort in ihrer kirchl. Gemeinschaft garantiert, bezeugen ev. Theologinnen einmütig. Bei aller Betonung der Notwendigkeit einer vollen Integration von Frauen in das kirchl. Amt sehen feministische Theologinnen die Reformbedürftigkeit von dessen patriarchalischen Strukturen.
Die Verbindung von Feminismus und Theologie als eine Art Kulturrevolution auszulegen (E. Moltmann-Wendel), die die vergessenen und verdrängten weiblichen Werte der patriarchalischen Kultur entgegenstellt, ist nicht zu hoch gegriffen. Das schließt die immense Aufgabe ein, die trotz herrschender androzentrischer Wertvorstellungen zu allen Zeiten greifbare Theologie von Frauen in ihrer Kontinuität wiederzuentdecken, mag sie auch als „Mystik“ oder „Frömmigkeitsgeschichte“ von einer männlichen Theologiegeschichtsschreibung noch so sehr verfremdet und marginalisiert bzw. von den Autorinnen selbst, um dem Lehrverbot für Frauen 1 Tim 2, 12 zu entgegen, in mystischem, literarischem oder moralphilos. Schrifttum untergebracht worden sein. Frauen haben nicht erst in heutiger Zeit, sondern immer schon aus ihren Erfahrungen die Bibel anders gelesen als Männer, und zwar mit leise unterwanderndem bis offen gegen männliche Schriftauslegung protestierendem Affront. Jedoch erforscht die f. Th. nicht nur ihre eigene theol. Tradition, sondern setzt sich dafür ein, daß diese (über die beiden bisher „ernannten“ Kirchenlehrerinnen Caterina v. Siena und Teresa v. Ávila hinaus) ebensoviel gilt wie die bisher einseitig anerkannte Tradition männlicher Schultheologie.
Dazu gehört auch die Kritik am sozialgeschichtlich wirksam gewordenen männlichen Gottesbild, das Macht und Autorität in Männerhand legitimiert und Frauen von Verantwortung ausschließt. Das auch weibliche Bilder verwendende Sprechen von Gott im AT und NT sowie in der mehr affektiv-experimentellen Richtung von Patristik und Scholastik (Hildegard v. Bingen stellt das menschliche Gottesverhältnis als Mutter-Tochter-Beziehung dar) konnte eine vorwiegend androzentrische Wirkungsgeschichte nicht verhindern, was für eine f. Th. Fragen aufwirft wie: Warum wurde von der Schultheologie einseitig die antifeministische Seite von Augustinus rezipiert und nicht die auch für Frauen befreiende seines Menschenbildes? Daß die bürgerlich-patriarchalische Hauptströmung des Christentums bis heute in kirchl. wie profanen Strukturen wirksam bleibt, ist hinreichender Grund für den Auszug vieler krit. Frauen aus ihren Kirchen zu den Post Christian Feminists, so daß es f. Th. heute sowohl „innen“ wie „außen“ gibt.
Davon ist zu unterscheiden der „allgemeine“ Feminismus im Gefolge von *K. Millett, Sh. Firestone, G. Greer* u.a., die anders als die an Frauenreligion interessiert bleibenden Post Christian Feminists von vornherein mit der Unbrauchbarkeit christl. oder anderer rel. Botschaften für die Befreiung von Frauen und ihren Talenten rechnen. Soziale Zusammenarbeit feministischer Theologinnen mit der autonomen Frauenbewegung wird aber immer mehr praktiziert, und eine Überwindung des tragischen Schwesternstreits zwischen den A-Religiösen und denen, die, wie auch immer, eine Bresche in die säkularisierte Welt schlagen wollen, zeichnet sich ab.
Ob f. Th. sich mehr kirchen- und gesellschaftskritisch, mehr mythologisierend-psychologisch oder mehr theologiekritisch (einschließlich theol. Sprachkritik) darstellt, hängt von fachlichem Interesse und der soziokulturellen Lage des Landes ab, wo sie betrieben wird. Innerhalb eines jeden Schwerpunktes sind konträre Standpunkte möglich, so z.B. ebenso eine scharfe Kritik an Freud u. Jung als sexistisch wie auch eine bewußte Anknüpfung an die Schule von C. G. Jung.

Im Gegensatz zur starken Integration des feministischen Ansatzes in die theol. Wissenschaft der USA ist Europa im Rückstand, vor allem im kath. Bereich. Das dt. Universitätssystem zwingt Theologinnen der ersten Generation zur lebenslangen Auslandstätigkeit. Eine Lösung wie die in Holland verwirklichte, die einen Lehrstuhl für f. Th. vorsieht, kann jedoch nur ein Übergang sein. Als normal ist anzustreben: die Vertretung aller theol. Fächer durch gläubige Menschen, die – zu gleichen Teilen – als Männer und als Frauen sozialisiert sind. Nur der feminologische Forschungsansatz in allen theol. Disziplinen führt zur Ganzheitlichkeit. Kritik am Alleinvertretungsrecht des Mannes für alles allgemein Verbindliche und Normative aus dem Selbstverständnis der Eigenständigkeit macht es heutigen Christinnen unmöglich, ihre Lebensregeln aus männlicher Autorität in Empfang zu nehmen. Dies gilt nicht nur für die Moraltheologie, sondern auch für die Dogmatik, wo die Kritik der f. Th. schon zu einer Neuinterpretation des soteriologischen Opferbegriffs geführt hat.
Nicht die Umkehrung eines patriarchalischen in einen feministischen Theismus ist das Ziel, sondern die Überwindung der Gottesferne und Kälte einer übertechnisierten, militarisierten, ihrem Schöpfungssinn entfremdeten Welt durch die Besinnung auf einen von den Kräften der Gottheit durchwalteten Kosmos, der keine pervertierende Beherrschung mehr zu erleiden, sondern eine hoffnungsvolle Zukunft hat.

Lit.: Bibliographien zur f. Th.: *U. Gerber*, Feministische Eroberung der Theologie. München 1987; *E. Gössmann*, Die streitbaren Schwestern. Freiburg 1981; *dies.* (Hg.), Archiv für theologiegesch. Frauenforschung. München 1984ff.; *Ch. Schaumberger / M. Maassen* (Hg.), Handbuch der f. Th. Münster 1986. *E. Gössmann*

Fetisch/Fetischismus. Unter Fetischismus (F.) versteht man den Glauben, daß bestimmten materiellen Objekten eine übermenschliche Macht oder Kraft innewohnt, die der Mensch durch Opfergaben oder Geschenke zu seinem Vorteil aktivieren kann. Das Wort Fetisch (Ft.) geht auf frühe portug. Kolonisatoren zurück, die an der westafrik. Küste auf Kultgegenstände stießen, die ihrer Meinung nach von den Einheimischen angebetet wurden und die sie mit dem Ausdruck feitiço („künstlich gemacht"; lat. *facticius*) bezeichneten. In die rel.-wiss. Literatur wurde der Begriff F. 1760 von *Ch. de Brosses* eingeführt, der darunter Kult und Verehrung künstlicher oder natürlicher Objekte verstand, die mit übermenschlicher Kraft begabt sind.
Der Terminus F. erfreute sich in der Folgezeit großer Beliebtheit. Er wurde zum Sammelbegriff für die Religion der Afrikaner allgemein, in seiner Abgrenzung unscharf, Unwissen und negative Vorurteile widerspiegelnd. Evolutionistische Theorien ordneten ihn in ihre Entwicklungsreihen ein, z.B. *A. Comte:* F. – Polytheismus – Monotheismus; *E. B. Tylor:* Animismus – Ahnenkult – F. – Polytheismus – Monotheismus. Der Begriff F. erwies sich als zu ungenau, als zu sehr mit Spekulationen und ethnozentrischen Vorurteilen belastet; er wird daher in der modernen Religionsethnologie kaum noch verwandt. Die phänomenologische Darstellung von Religionen kann auf den Terminus F. verzichten; der Ausdruck Fetisch für eine bestimmte Art sakraler Gegenstände wird jedoch seinen Platz in der Religionsethnologie (auch in der Museums- und Kunstethnologie) behalten, wenigstens für den kulturellen Raum Westafrika, den *locus classicus* des Begriffs.
F. (nach der eingangs gegebenen Definition) ist zweifelsohne ein rel. Phänomen, doch er ist nirgendwo als eigene Religion zu finden, sondern immer eingeordnet in einen umfassenderen rel. Rahmen. Zum Ft. gehören zwei Grundelemente: ein materielles Objekt als Träger der Macht und die geistige Kraft, die diesem Träger innewohnt. Nur solange beide Elemente zusammen sind, existiert ein Ft. Verläßt die geistige Kraft das Objekt, verliert dieses seinen sakralen Charakter und wird wertlos, funktionslos. Die dem Ft.-Objekt innewohnende Kraft läßt sich durch Gaben und Opfer aktivieren, verstärken und manipulieren, zum Unterschied etwa von Ahnenfiguren (↗Ahnenkult), die die Anwesenheit der Ahnen symbolisieren, denen zwar auch Opfer dargebracht werden, die sich aber kaum manipulieren lassen. ↗Amulette und Talismane wirken

als Glücksbringer, ohne daß ihre Kraft verstärkt oder erneuert werden kann. Letztere haben überwiegend individuellen, privaten Charakter, während Ft.e eher gemeinschaftsdienliche Funktionen haben. In analogem Sprachgebrauch führten marxistische Theorie (Ware als Ft.) und Psychoanalyse (Sexual-F.) den Begriff F. in ihre Terminologie ein.

Lit.: *Ch. de Brosses,* Du culte des dieux fétiches, ou Parallèle de l'ancienne religion de l'Égypt avec la religion actuelle de Nigritie. Paris 1760; *T. K. M. Buakasa,* L'impensé du discours. Kinshasa 1973; *U. Erckenbrecht,* Das Geheimnis des F. Frankfurt 1976; *S. Freud,* Drei Abhandlungen zur Sexualtheorie. Leipzig [6]1925; *K. H. Kohl,* Fetisch, Tabu, Totem: *B. Gladigow / H. G. Kippenberg* (Hg.), Neue Ansätze in der Religionswissenschaft. München 1983, 59–74; *J. B. Pontalis* (Hg.), Objekte des F. Frankfurt 1972; *J. F. Thiel,* Was sind Fetische? Frankfurt 1986.

A. Quack

Feuer, das einzige der vier klassischen Elemente, das die Menschheit selbst erzeugen konnte, ist dennoch von derart hoher kulturtragender Bedeutung, daß sein Ursprung als mit dem göttlichen Bereich in Verbindung stehend gedacht wurde. Die Erfahrung des himmlischen F. in Gestalt eines zur Erde fahrenden Blitzes, der dort einen Brand auslöst, kann die Grundlage dieser Vorstellungen bilden. So erscheint das irdische F. als Geschenk der Götter oder als eine durch den Raub eines Kulturheros (Prometheus) den Menschen dargebrachte Gabe. Die Versorgung des F., das Garant des göttlichen Wohlwollens für Heil und Leben einer Gemeinschaft war, wurde damit zu einer heiligen Aufgabe, die in Rom die Priesterinnen der Vesta erfüllten. Die periodische Erneuerung des F. verweist somit auf wichtige Einschnitte, auf Lebenszyklen bestimmter Gemeinschaften. Zum Jahresende des aztekischen Kalenders wurden alle F. gelöscht, und nachdem die Priester den Fortbestand der Welt nach dieser kritischen Phase als gesichert ansahen, wurde das F. neu entzündet und vom Tempel an das ganze Volk für ein Jahr weitergegeben. Das F. ist aber auch Mittler zwischen den Menschen und den Göttern, indem es die Opfergaben verbrennt und sie so den Göttern zuführt. In dieser Funktion gibt es personifizierte F.-Götter (↗Agni). Im ↗Parsismus wird das F. in F.-Tempeln verehrt und gehört zu dem guten Lichtreich. Ein F.-Ordal am Ende der Zeiten wird dem Gerechten nur wie lauwarme Milch erscheinen, die Erde aber von den Ungerechten befreien. Die Ambivalenz des F. kommt auch in seiner häufigen Verwendung als Höllen-F. (Buddhismus, Christentum, altägyptisches Totengericht) zum Ausdruck.

Lit.: *J. G. Frazer,* Myths of the Origin of Fire. London 1930; *S. Wikander,* F.-Priester in Kleinasien und Iran. Lund 1946; *C.-M. Edsman,* Ignis divinus. Lund 1949; *J. Morgenstern,* The Fire upon the altar. Leiden 1963.

P. Parusel

Fortuna ↗Schicksal.

Freiheit/Freiheitsgeschichte

I. Religionsethnologisch-kulturanthropologische Sicht. – II. Phänomen. – III. Judentum. – IV. Christentum. – V. Islam. – VI. Systematisch: philosophisch/theologisch

I. Religionsethnologisch-kulturanthropologische Sicht. Das von den Ahnen übermittelte Traditionsgut wird in den meisten archaischen Kultursystemen letztlich auf eine transzendente Macht „am Anfang" zurückgeführt. In ihr sehen sie, mehr oder weniger prononciert, Weltordnung und Normen begründet. Der einzelne und die Gruppe fühlen sich ihrem kulturellen Erbe gegenüber zwar total, aber doch nicht ausschließlich verpflichtet; d.h. es besteht, wie die Geschichte der Volksreligionen und vor allem der vielfältigen synkretistischen Religionen zeigt, in den meisten einfachen Religionssystemen eine grundsätzliche Toleranz gegenüber neuen Kulten und Heilsangeboten und eine Tendenz, diese in die überlieferte Tradition zu integrieren. Das „Gewissen" der Gruppe erscheint stärker betont als die Gewissensfreiheit des Individuums; von ihm erwartet man Konformismus, nicht zuletzt darum, weil man aus seinem Fehlverhalten rituelle Sanktionen für die ganze Gruppe befürchtet. Beide, ↗Prädestination durch die Schöpfergottheit und pränatale Selbstbestimmung, „Autokreation" des Menschen, sind in den Weltanschauungen z.T. der gleichen Völker bezeugt. Andererseits glauben manche, das ↗Schicksal des einzelnen durch ↗Opfer (I) und ↗Gebet positiv beeinflussen zu können. Kultur- und Sozialgeschichte zeigen, daß der Mensch in seiner kulturellen Entfaltung durch das Ökosystem zwar nicht determiniert, wohl aber vielfach gesteuert worden ist. Sie dokumentieren zugleich die Prägung des Individuums durch die kulturelle Umwelt, einerseits seine Entfaltung und Solidarität innerhalb der Strukturen, andererseits aber auch Zwänge und Restriktionen durch Weltanschauung und Sozialstruktur, welche, durch Autokratie, Gerontokratie oder Versklavung verstärkt, die persönliche Freiheit und Wahl (z. B. Wahl des Heiratspartners) vermindern.

Lit.: *J. Zwernemann,* Präexistenz und Prädestination im Volta-Gebiet und in Oberguinea: ZE 85 (1960) 187–196. *H. Huber*

II. Phänomen. Der Begriff der F. ist – je anders von Seiendem verschiedenster Art ausgesagt – ein analoger Begriff ohne definierbaren festen Inhalt, aber mit einer gleichbleibenden formalen, negativ und positiv formulierbaren Relation. *Negativ* besagt F. „frei sein von" als Beziehung der Ungebundenheit und des Nichtbestimmtseins *(libertas a coactione).* Dieser negative ist zugleich ein *relativer F.s-Begriff,* da alles endliche Seiende notwendig zu einer Welt gehört. Demgegenüber bezeichnet ein *positiver, absoluter F.s-Begriff* die im Selbstbesitz erfahrene F., verstanden als völliges Sich-selbst-Genügen („dominium super se ipsum") und Autarkie, welche den Selbstand und die Selbständigkeit der Person begründet. Grundlegend für alle menschliche F. ist die *transzendentale F. (libertas transcendentalis)* als Vermögen der universalen Objektivation, sich von anderem und von sich selbst zu distanzieren und jedes einzelne zu transzendieren.

Als unverlierbares Proprium des Menschen ist sie identisch mit „Geistigkeit" und begründet die Möglichkeit zur absoluten Reflexion. Der nicht von den Bindungen eines universalen Naturzusammenhanges in seinem Wesen determinierte Mensch, dem seine Wesensausprägung selbst aufgegeben ist, muß aus der Distanz und Leere der *transzendentalen F.* heraustreten, um sich in freier Entscheidung für die geschichtlich verschiedenen Möglichkeiten eine konkrete Gestalt seiner selbst zu geben *(libertas arbitrii, Entscheidungs-F.; existentielle F.).* Zwar ist der Mensch genötigt, handelnd Akte zu setzen und so sein Wesen zu bestimmen, aber dem jeweils einzelnen Akt gegenüber ist er indifferent, so daß keiner der Akte notwendig, d. h. durch eindeutig angebbare zureichende Ursachen bedingt ist *(libertas indifferentiae).* Gegenüber dem Determinismus behauptet damit der Indeterminismus, daß die *F. der Handlung (libertas actionis), des Willens* und *der Wahl* wirklich bestehe und der Mensch also immer zugleich in aller Bedingtheit vorweltlich-unbedingter Erstanfang *(Spontaneität, libertas spontaneitatis)* sei. Demgegenüber kann die Zufall, Launen, Trieben und Neigungen unterworfene *Willkür-F.* (Libertinismus) aufgrund ihres Mangels an Sinnkonsequenz und Wertmotivation nicht eigentlich F. genannt werden. Diese Sinnkonsequenz wird erst durch eine *Grundwahl (optio fundamentalis)* garantiert, aufgrund deren die Stimme des *Gewissens* die konkrete Handlung auf ihre Wesensgemäßheit hin prüft. Sie hat den Entwurf unserer eigenen Wesensgestalt zum Inhalt, in der sich transzendentale Weltüberlegenheit und spontane Vorweltlichkeit zur aktiven Weltgestaltung in *personaler F.* konkretisieren.

Die Verwirklichung der F. ist gebunden an eine Fülle äußerer Bedingungen, die dem Individuum von der Gesellschaft vorgegeben und durch Bildung, Kultur, Wissenschaft und Technik vermittelt sind. Nur in der Aneignung dieser Bedingungen tritt die F. aus ihrer Innerlichkeit heraus und wird *wirkliche F.,* von der das *Prinzip der Unteilbarkeit oder Totalität* gilt. Folglich ist menschliche F. nie geschichtsenthobenes Bei-sich-Sein, sondern bedarf der Verwirklichung und Objektivation in Handlungen und Werken (Wissenschaft, Kunst, Religion, Gesellschaft, Staat), aber auch der Entfremdung und deren Überwindung. In diesem dialektischen Prozeß besteht das Leben der F. *(Prinzip der Geschichte* und *der Geschichtlichkeit)*: Person und Werk sind dasselbe, das Tun erfüllt sich nur im Getanen *(Identitätsprinzip der F.).* Dennoch ist F. aufgrund der Notwendigkeit solidarischer Gemeinsamkeit nur wirklich in der gesellschaftlichen Integration einer Fülle freier Leistungen *(Solidarismus, Sozialitätsprinzip).* Im eigentlichen Sinne zu sich kommen und sich selbst besitzen kann nur der Einzelne, der als Person substantieller Träger und letztes Subjekt der F. ist *(Substantialitäts- oder Personalitätsprinzip)*. Daher kann nur im analogen Sinne von der F. einer Gemeinschaft oder eines Volkes gesprochen werden. Diese F. ist äußere und negative F. durch Gesetze, die von der Sozietät anerkannt, im Falle demokratischer Verfassung selbstgegeben sind (F.s-Rechte, Grundrechte, Verfassung). Indem innere persönliche und äußere gesellschaftliche (durch den Staat garantierte) F. und F.en aufeinander bezogen sind und miteinander vermittelt werden müssen, entsteht philosophisch das Problem und die Frage nach einem Vermittlungsprinzip. Die Christl. Soziallehre hat in diesem Zusammenhang das *Subsidiaritätsprinzip* entwickelt, das die soziale Verwirklichung der F. regelt, d.h. die Zuteilung der Aufgaben, Rechte und Pflichten an die Einzelperson, die Familie, die Gemeinde, die Gesellschaft, den Staat und die Kirchen festlegt. Dem *Subsidiaritätsprinzip* widerspricht nicht, daß diese Zuteilung selbst geschichtlich ist, da sie gemäß der Geschichtlichkeit der menschlichen F. selbst von der hist. Situation abhängt.

Lit.: *I. Kant,* Grundlegung zur Metaphysik der Sitten. 2 Bde. Leipzig 1920; *ders.,* Kritik der praktischen Vernunft. Leipzig [9]1944; *M. Horkheimer,* Über die F. Stuttgart 1965; *H. Rombach,* Strukturontologie. Freiburg 1971; *M. Müller,* Erfahrung und Geschichte. Freiburg 1971; *H. Jonas,* Organismus und F. Göttingen 1973; *R. Berlinger/E. Fink* (Hg.), Aspekte der F.s-Problematik. o.O. 1973; *J. Simon* (Hg.), F. Theor. und praktische Aspekte des Problems. Freiburg 1977; *H. M. Baumgartner* (Hg.), Prinzip F. o.O. 1979; *W. Warnach u.a.,* Art. F.: HWP II 1064–1098; *L. Honnefelder,* Praktische Vernunft und Gewissen: Handbuch der christl. Ethik III. Freiburg 1982, 19–43.

III. Judentum. Im AT wird – abgesehen von F. im sozialen, wirtschaftlichen (1 Sam 17,25) und politischen (1 Makk 14,26) Sinne – auf die „innere F." des Menschen nicht reflektiert, sondern Gottes befreiendes Handeln an seinem Volk Israel bezeugt. Die Befreiung Israels durch Jahwe aus der Knechtschaft Ägyptens (Ex 1–15) und dem babyl. Exil (Jes 40–55) wird zum Typos aller anderen Befreiungen (1 Makk 4,8–11), zum Grund einer immer wieder aktualisierbaren, noch die eschatologischen Erwartungen der ↗Apokalyptik und der messianischen Theologie der ↗Zeloten prägenden Hoffnung. Die als Gottes Heilsgut erfahrene F. findet im Leben des Volkes und jedes Gläubigen Fortsetzung und Erneuerung (vgl. 2 Sam 4,9): im *politischen* Bereich als F.s-Garantie Gottes für das von Feinden bedrohte Israel (Jes 43,14; 44,6.24 u.a.); im *sozialen* Bereich durch die im sozial-humanitären Programm des Dtn garantierte Gerechtigkeit und Wohlfahrt aller Volksgenossen; im *personalen* Bereich als Befreiung von Krankheit (Ps 103,3f.), Sünde, Feinden (Ps 55,19) und Gefahr (Ps 19,15; 26,11) und im *rel.* Bereich als die mit der Ankunft des Messias erwartete „endgültige Befreiung" (Jes 45,17).

Trotz der starken Betonung der Souveränität des göttlichen Willens (Jes 6,9f.) setzt die gesamte biblische Tradition, angefangen vom Sündenfallbericht (Gen 2–3; 4,7) über die Imperative des Dekalogs, die Rede von Sünde und Strafe, Gehorsam und Abfall, Umkehr und Reue und die beständigen Appelle an die Selbstentscheidung gegenüber Gott (Dtn 39,11–20; Sir 15,15–17), die *Willens-F.* des Menschen als Grund seiner Verantwortlichkeit voraus. Die im Schöpfungsbericht (Gen 1,26) ausgesprochene Ebenbildlichkeit des Menschen mit dem freien und selbstmächtigen Gott ist zugleich eine Aussage über die naturgegebene *Willens-F.* und Würde des Menschen und wird zum Fundament der atl. Anthropologie. Trotz des Wissens um die sittliche Gebrechlichkeit und innere Widersprüchlichkeit des Menschen (Gen 3,14f.; Ijob 4,4; 15,14ff.) wird die persönliche Schuld weder als unabwendbares Schicksal gewertet (Sir 15,11.15, Fatalismus) noch zurückgeführt auf ein physisches oder metaphysisches Prinzip (↗Dualismus). Der Mensch kann „seinen Geist beherrschen" (Spr 16,32).

Das Streben der Zeloten nach F. für das jüd. Volk war als apokalyptisch-politisches Ziel mitverantwortlich für den Ausbruch und die Dauer des Jüd. Krieges (Flavius Josephus, De bello Judaico). Erst die reflektierende Exegese der rabb. Lit. hat stärker die menschliche *Willens-F.* betont. Im hellen. Judentum (Philo v. Alexandrien) wird der spätgriechische Begriff der *Wahl-F.*, die dann in der Anthropologie der Stoa zur F. als unantastbarer innerer Selbstverfügung des einzelnen *(autarkia)* ausgebildet wurde, mit Erlösung, Sündennachlaß und Vollkommenheit in Verbindung gebracht.

Lit.: *M. Lazarus,* Die Ethik des Judentums. 2 Bde. o.O. 1898–1911; *H. W. Bartsch u.a.,* Art. F.: TRE XI 497–505 (Lit.); *D. Nestle,* Art. F.: RAC VIII 269–306.

IV. Christentum. F. ist einer der vielen Begriffe, mittels deren im NT die Wirkung des Heilshandelns Gottes am Menschen durch Jesus Christus ausgedrückt wird. Freisein ist daher wesentlich eine (hauptsächlich von Paulus explizierte) soteriologische Aussage (↗Heil VI) zur Bezeichnung des Zustandes des gegenwärtigen Heilsbesitzes, so daß F. sich auf das gesch., faktisch heillose Gottesverhältnis des Menschen bezieht und folglich eine F. meint, die nur Gott schenken kann. Jesu Verzicht auf seine Selbstbestimmung (Hebr 11; Röm 4,18–22) zugunsten des Vollzugs des göttlichen Willens ist Vorbild dieser F. (Lk 22,27; Röm 15,3). Im Gegensatz zum Ideal der Weisen ist christl. F. daher nicht Frucht einer abstrakten und zeitlosen Lehre, sondern sie ergibt sich aus dem hist. Ereignis des sieghaften Todes Jesu und in der Konsequenz aus der persönlichen Verbundenheit mit dem Jesus-Geschehen. Die ↗Taufe bewirkt eine soteriologische Indifferenzierung aller soziol. Gruppierungen (Gal 3,26–29; 1 Kor 7,21), in ihr bringen die Universalität und die umgestaltende Kraft des eschatologischen Geschehens alle sozialen und nationalen Differenzen zum Verschwinden.
Bei Paulus zeigt sich eine dreifache Konzeption von christl. F., die ihren Ursprung in der theologisierenden Rezeption griech. Vorstellungen durch das Judentum hat: a) F. als die von Christus und der ↗Gnade (II) gewirkte, in der Taufe vollzogene und die atl. Verheißung erfüllende (Lk 1,68–75; Kol 1,13f.) Befreiung von der Knechtschaft der allumfassenden *Sünde* (Röm 5,15.20; 6,6), die, trotz des prädestinatianischen Ansatzes in Röm 9–11, als persönliche Schuld und nicht als Verhängnis (Fatalismus) aufzufassen ist. F. und Sünde sind daher nicht als naturhaft-statischer, sondern ethisch-gesch. Dualismus zu kennzeichnen. Jedoch kann aus der tiefen Ohnmacht des Menschen, sich aus eigener Kraft aus den Verstrickungen der Sünde zu befreien, einzig die allen Menschen gleich angebotene (Röm 2,12–16) Gnade befreien (Röm 7,14–23). b) F. als Überwindung des Todes: Der *Tod* als unvermeidliche Begleiterscheinung der Sünde (Gen 2,17; Röm 5,12) hat seinen Stachel verloren (1 Kor 15,56; Hebr 2,14f.). Erst bei der ↗Auferstehung (II) jedoch wird diese Befreiung zur Herrlichkeit der Vollendung finden (1 Kor 15,26.54f.), da der Leib noch der Erlösung bedarf (Röm 8,23). Dennoch hat die Endzeit in gewisser Hinsicht bereits begonnen, so daß der Christ bereits „vom Tod zum Leben übergegangen" (1 Joh 3,14; Joh 5,24) ist. c) Die F. des unter der Gnade stehenden und mystischerweise mit Christus gestorbenen Gläubigen vom mosaischen *Gesetz* als einer äußerlich bleibenden Vorschrift (Nomismus), die den Menschen notwendig zur Sünde führt (Röm 7,1–6). Das Prinzip des Heils ist nicht die Observanz äußerer Gesetze (Gal 3,2.13; 4,3ff.), sondern fordert eine neue Lebensordnung unter dem „Gesetz jenes Geistes, der das Leben verleiht" (Röm 8,2). Denn „wo der Geist des Herrn ist, ist F." (2 Kor 3,17). Diese Berufung zur geistgewirkten F. (Gal 5,13) zieht mutvolles Vertrauen und parrhēsía (F., alles zu sagen) nach sich und darf weder als Leichtfertigkeit noch als libertinistischer Freibrief verstanden werden (1 Petr 2,16; 1 Kor 6,12ff.). Denn die F. durch den Geistbesitz ist Bindung durch die neue Knechtschaft, also gleichsam nicht Ideal, sondern Kehrseite des neuen Dienstes der Liebe aneinander (Gal 5,13f.) und damit Verzicht auf Selbstbestimmung (Hebr 11; Röm 4,18–22).
Im Zuge der Ausbildung des kirchlichen Lehramtes wurden vor allem das Problem der geschaffenen F., die Frage nach dem Verhältnis von göttlicher und menschlicher F., Gnade und F., Prädestination und F. und die F. als Voraussetzung der Verantwortung vor Gott erörtert und in vielfältigen Differenzierungen ausgearbeitet.

Lit.: *E. Gulin,* F. bei Paulus: ZSTh 23 (1958) 458–481; *C. H. Dodd,* Das Gesetz der F. Glaube und Gehorsam nach dem Zeugnis des NT. o.O. 1960;

G. Richter, Art. F.: HThG I 398–403; *E. Fuchs,* Art. F.: RGG[3] II 1101–1104; *K. Niederwimmer,* Der Begriff der F. im NT. Berlin 1966; *H. Schlier,* Über das vollkommene Gesetz der F.: ders., Die Zeit der Kirche. Freiburg [5]1972; *B. Welte,* Heilsverständnis. Freiburg 1966; *E. Käsemann,* Der Ruf der F. Tübingen 1972; *F. Mußner,* Theologie der F. nach Paulus. Freiburg 1976, 5–83.

H. M. Baumgartner / A. G. Wildfeuer

V. Islam (↗Mu'tazila). Zur Frage nach der F. des Menschen angesichts der Allmacht Gottes (Prädestination) betont der Koran, daß Gott die alleinige Ursache in der Welt ist (vgl. 57,22; 9,51), daß er die einen zum Unglauben und die anderen zum Glauben bestimmt (6,39; 16,93; 14,4 usw.). Er unterstreicht aber auch, daß die Menschen Gebote und Verbote zu beachten und ihre Werke zu verantworten haben und daß Gott ihnen gerecht vergelten wird (vgl. u.a. 40,17). Auch kann sich der Mensch für den Glauben oder den Unglauben entscheiden (18,29). Die Mu'taziliten betrachten die F. des Menschen als Geschenk der Allmacht Gottes. Die Ash'ariten (↗Sunniten) unterscheiden zwischen dem Zustandekommen der Tat (das ist Gottes Werk) und der moralischen Qualität der Handlung, die sich der Mensch aneignet (das ist die Verantwortung des Menschen). Heute stellen die Gelehrten fest, daß Gott allmächtig und der Mensch frei ist, sie verzichten jedoch darauf, beide Sätze miteinander zu vereinbaren. Durch die Betonung der menschlichen Willens-F. bringen sie ein Korrektiv zur fatalistisch gefärbten Haltung der Volksfrömmigkeit.

F. als Qualität sozialer Strukturen und F.s-Geschichte sind bislang wenig thematisiert, obwohl im Befreiungskampf unterdrückter Völker und kolonisierter Länder Elemente einer F.s-Geschichte erkennbar sind. Nach innen gründet sie auf dem ↗Monotheismus, der den alleinigen Anspruch Gottes auf Herrschaft über die Menschen zuläßt, jede Staatsgewalt der Kontrolle unterzieht im Hinblick auf die Bestimmungen Gottes, wie sie im Koran und in der ↗Tradition (IV) festgelegt sind. Nach außen hin wird der Befreiungskampf als Ausdruck des Auftrags gesehen, sich für die Sache des Islam einzusetzen, damit Gottes Gesetz überall Gültigkeit erlangt.

Lit.: *L. Gardet,* Dieu et la destinée de l'homme. Paris 1967; *R. Peters,* Islam and Colonialism. Den Haag 1979.

A. Th. Khoury

VI. Systematisch: philosophisch/theologisch. Während der F.s-Gedanke in der Antike sich wesentlich von der F. begründenden und garantierenden Ordnung der Polis her definierte *(reale F., politische, soziale und persönliche F.),* werden erstmals nach einem Prozeß der Individualisierung und Verinnerlichung des F.s-Gedankens im Rahmen einer philos. Ethik bei *Sokrates, Platon, Aristoteles,* in der Stoa und im Epikureismus die Probleme von *Willens-F.* und Verantwortlichkeit *(libertas actionis),* von *Wahl-* oder *Willkür-F. (libertas arbitrii)* analysiert. Entsprechend dem antiken Weltbild jedoch ist das Ethos menschlichen Handelns lediglich ausgezeichneter Fall in einem geordneten Allzusammenhang, der begriffen wird entweder als naturale zyklische Bewegung (Aristoteles) oder als durch den göttlichen Logos gestifteter providentieller Sinnzusammenhang (Stoa). Der Wegfall eines sinnhaft geordneten Kosmos und die Fassung des menschlichen Handelns nach Art des Zufalls zieht mit der Aufhebung von Notwendigkeit, Gesetz und Ordnung auch die des Begriffs der F. nach sich (Epikureismus). Andererseits erscheint das göttliche Sein immer dort als Inbegriff vollkommener Autarkie, wo die philos. Theologie im Kontext der Diskussion um die Seins-F. in ihm ein ideales Modell des Handelns entwirft (*Platon:* Timaios 33 D, 34 B, 68 E; Aristoteles: Met. N 1091b 16ff.; Stoa: Stoic. vet. fragm. II 549ff.; Sext. Emp. IX 43ff.). Die eigentliche metaphysische Ausarbeitung des F.s-Begriffs erfolgt erst im ↗Neuplatonismus bei *Plotin* (Enn. VI 8). *Seins-F.* wird am Ureinen selbst als absolute Autarkie, Identität, Vollkommenheit, Einheit und Selbstverfügung (Aseität) exemplarisch aufgewiesen. Dem Menschen sowie allem übrigen kontingenten Seienden kommen F. und Autarkie nur zu im Maße seines Strebens zum bzw. seiner Partizipation am Absoluten und der durch es repräsentierten Ordnung.

In der von Stoa und Spätantike bestimmten christl.-theol. Tradition wird menschliches Handeln aus dem kosmischen

Kontext freigesetzt, der Zusammenhang von F. und Ordnung theol. überhöht und so mit einer Priorität der ewigen göttlichen Schöpfungsordnung *(lex dei)* und der in ihr gründenden zeitlichen sozialen, politischen oder kirchl. *ordines* verknüpft. Ein Zuwiderhandeln gegen diese Ordnung bedeutete ein Defizit an F. Auch die F. Gottes war am Ordo-Gedanken orientiert: In Gott, in dem Sein und Wirken *(agere)*, Vernunft *(intellectus)* und Wille *(voluntas)*, Weisheit *(sapientia)* und Macht *(potentia)* koinzidieren, sind F. und Ordnung identisch. Die göttliche F. besteht darin, daß Gott mit Notwendigkeit gemäß der durch seine Weisheit und Güte gesetzten ewigen Schöpfungsordnung handelt (Bonaventura, Thomas v. Aquin).

Diese Tradition erfährt im 13. Jh. durch das von *Duns Scotus* und *W. v. Ockham* im Kontext einer neuen Erkenntnistheorie und Metaphysik (via moderna) vertretene Konzept der absoluten F. Gottes eine epochale Wende. Dies führt zu einer metaphysisch-theol. Handlungstheorie und folgerichtig zum Problem der absoluten, als erlösendes und begnadendes Handeln wirkenden F. Gottes, die nicht an eine metaphysische Ordnung gebunden ist, sondern selbst Ordnung je neu setzt. In diesem Zusammenhang wird es notwendig, das Prinzip und die Struktur der menschlichen Handlung mittels der aus der Tradition (*Alexander v. Hales, Thomas v. Aquin,* S. th. I 25,5c) übernommenen Unterscheidung des Handelns aus absoluter Macht *(facere de potentia absoluta)* und des Handelns aus einer geordneten Macht *(facere de potentia ordinata)* neu zu konzipieren. Wie das Handeln und der Wille Gottes als Apriori jeder Ordnung frei sind, so ist jede Ordnung auf einen ordnungsbegründenden Willen zurückzuführen. Dabei wird der göttliche Wille nicht als Willkür-Wille gedacht, sondern innerhalb des göttlichen Willens wird unterschieden zwischen einem Willen, der allererst eine Ordnung will und dadurch Anfang der Ordnung ist, und einem Willen, sofern er der von ihm selbst gewollten Ordnung entsprechend das Handeln bestimmt. In dieser Simultaneität und wechselseitigen Bezogenheit von *facere absoluta* und *facere ordinata* ist ein und derselbe Wille zugleich als frei und ordnungssetzend wie auch als auf selbstgesetzte Ordnung bezogen gedacht. Die entscheidende Umwertung gegenüber dem aristotelisch-thomanischen Denken besteht in der Vorordnung der F. über die Ordnung, des Willens *(voluntas)* über die Vernunft *(intellectus)*, der Macht *(potentia)* über die Weisheit *(sapientia)*, des Voluntarismus über den Rationalismus. Folglich ist der *ordo divinus* als absolute Ordnung nicht mehr als metaphysisches Prinzip zu denken, sondern jede naturale, ethische oder soziale Ordnung ist inhaltlich und formal durch einen Akt der F. zu begreifen. Die Interpretation dieser Lehre als Voluntarismus oder Nominalismus und die fälschliche Interpretation des absolut freien Gottes als *„Willkür-Gott"* mußte die neue Lehre häresieverdächtig machen. Gleichwohl wird dadurch erstmals in der griech.-christl. Tradition eine in der F. gründende „neue Ordnung" denkbar. Theologisch ist damit die Erlösungsordnung nicht mehr Derivat der Schöpfungsordnung, sondern Folge der F. Gottes, so daß die Frage nach der Prädestination mit neuer Schärfe hervortritt. Eine entscheidende Rolle im Transfer der F.s-Lehre aus der Theologie in die Philosophie der Vernunft nimmt die Reformation und die bei *M. Luther* symptomatisch vollzogene Vorordnung des Bekenntnisses und des Gewissens vor der kirchl. Ordnung ein; ebenso die Neuformulierung der Lehre von der absoluten F. und Gnadenwahl Gottes im *Sola-gratia*-Argument.

Im Laufe der Neuzeit ist die Vernunft die Instanz für jedwede Ordnungssetzung und legitime Gesetzlichkeit geworden. Metaphysik wird durch Vernunftphilosophie, theol. Morallehre durch eine Vernunftethik abgelöst; F., verstanden als Autonomie, wird damit zum universellen Problem. Zwar hatte *I. Kants* „Kritik der reinen Vernunft" der Autonomie der Vernunft im theor. Bereich mittels der Vernunft selbst ihre Grenzen aufgewiesen, aber die Autonomie der praktischen Vernunft, als sittliches Prinzip und reine Selbstbestimmung des Willens, wurde von ihm uneingeschränkt übernommen, so daß ihr der Status einer *potentia absoluta* zugedacht werden konnte. Auch die

Geschichte als Selbstdarstellung der vernünftigen F. in der Zeit läßt die christl. Vorstellung von Schicksal, Vorsehung und Fügung zurücktreten. „Das Bewußtsein des Geistes von seiner F. und eben damit die Wirklichkeit der F." wird zum „Endzweck der Welt" *(G. W. F. Hegel).*

Die Inanspruchnahme der von der absoluten F. Gottes her gedeuteten absoluten F. der Vernunft erweist sich jedoch als ambivalent. Zum einen wird zwar die anfänglich von der christl. Lehre vom Menschen als Geschöpf eines personalen Gottes eröffnete Einsicht in die unantastbare Würde des Menschen und in die Anerkennung eines jeden Menschen als eines freien und sittlichen Wesens *rein philos.* fundiert und z. B. in den Menschenrechtsdeklarationen allgemein akzeptiert. Zum anderen aber hat die Aufklärung sich aufgrund dieser Konzeption über die Endlichkeit der vermeintlich absoluten Vernunft hinweggetäuscht. So versteht das moderne Bewußtsein F. nicht mehr als Einheit von originärem und geordnetem Handeln und daher auch nicht mehr als Garant des personalen Charakters von Ordnung überhaupt. Das „hist. Selbstmißverständnis der Vernunft" *(H. Krings)* besteht deshalb im als *Willkür-F.* fehlverstandenen Unbedingtheitscharakter der F.: Aus diesem Mißverständnis, das in der mangelnden Einsicht in die notwendige Dialektik zwischen F. und ↗Tradition (I) (Konvention, Institution, Autorität) gründet, folgt der Zwang zu einer in ihrer Rastlosigkeit un endlichen und damit ziellosen Progressivität, zur stetigen Modernisierung der Verhältnisse in Welt, Staat, Natur, Sozietät und Kirche.

Nachdem *Augustinus* mit seinem Begriff vom *liberum arbitrium* die Behandlung des F.s-Problems in der christl. Tradition auf Dauer geprägt hatte, unterzieht sich erst die neuere theol. Anthropologie *(K. Rahner, W. Pannenberg)* der Aufgabe, die Geschichte des neuzeitl. F.s-Begriffs und seine systemat. Implikate theologisch zu reflektieren und die Unbedingtheit der menschlichen F. sowohl in ihrer Endlichkeit als auch in ihrer Beziehung auf Gott neu zu entwerfen.

Lit.: *J. Auer,* Die Entwicklung der Gnadenlehre in der Hochscholastik. 2 Bde. Freiburg 1961; *H. Krings,* System und F. Freiburg 1980; *ders.,* Woher kommt die Moderne?: ZphF 41 (1987) 3–18; *J. B. Metz,* F. als phil.-theol. Grenzproblem: Gott in Welt. FS K. Rahner. Bd. I. Freiburg 1964, 287–314; *ders.,* Art. F. III: HThG I 403 ff.; *ders.,* Verhüllte F.: Geist und Leben 36 (1963) 220–223; *W. Pannenberg,* Gottesgedanke und menschliche F. Göttingen 1972; *K. Rahner,* Theologie der F.: ders., Schriften zur Theologie VI 215–237; *ders.,* Würde und F. des Menschen: ebd. II 247–277.

H. M. Baumgartner / A. G. Wildfeuer

Freikirchen

↗Protestantismus.

Freikirche ist im Protestantismus ein junger Begriff. 1843 kam es zum Bruch mit der etablierten ref. *Church of Scotland* aus Protest gegen Patronatsrechte zuungunsten des (Veto-)Rechts der Gemeinde. 200 Pastoren verließen die Generalversammlung und gründeten die *Free Church,* zu der insgesamt 470 Pastoren übertraten. Auch in der Schweiz entstanden im Gefolge des Réveil autonome F. (église libre, église indépendente). In ref. Tradition war man unbefangen, das Wort Kirche (church, église) auf sich zu beziehen.

Das wagten in England die seit dem 17. Jh. bestehenden Abweichler nicht. Sie bezeichneten sich als *association, society* u. dgl. und trafen sich in einer *chapel* oder einem *meeting house.* Beim Auftreten der F. in Deutschland seit Mitte des 19. Jh. läßt sich Gleiches beobachten: Die F. bilden „Gemeinden"; Gottesdienste finden in „Kapellen" statt. Zu „verkirchlichen" ist Anzeichen des Verfalls. Kirche war reserviert für die etablierte Kirche. Alle von ihr abweichenden waren „Separatisten", „Dissenters", „Nonkonformisten" oder „Sektierer". Erst 1892 bildeten in England die F. ein *National Free Church Council* und erhoben so den Anspruch, neben der Kirche von England auch Kirche zu sein.

Das zeigt: Freikirche ist zunächst ein Strukturbegriff. Kirche soll vom Staat oder anderer Bevormundung „frei" sein. Damit geht die Ablehnung des Territorialprinzips einher. Als Staats-, Landes- oder Volkskirche ist Kirche nicht denkbar. Kirchl. (Zwangs-)Uniformität (vgl. z. B. Uniformitätsakte 1662) wird zugunsten eines kirchlichen Pluralismus abgewiesen. Außerdem soll klerikalen Machtansprüchen gewehrt werden (vgl. C. B. Cavours [1810–1861] Ausspruch von der

„freien Kirche im freien Staat“ in Italien).
Als Vorläufer der F. kann man die Täufer der Reformation (Mennoniten, Hutterische Brüder) bezeichnen. Im 17. Jh. entstanden in Opposition zur Kirche von England und trotz vieler Repressionen Presbyterianer, Kongregationalisten, Baptisten und Quäker. Im *Act of Toleration* (1689) erhielten sie Entfaltungsmöglichkeiten, doch waren ihre Mitglieder bis 1828 von bürgerlichen Ämtern ausgeschlossen, und erst das *University Test Act* (1871) verschaffte ihnen Zugang zu den Universitäten. Obwohl nicht in der Absicht des Grafen Zinzendorf (1700–1760) und des Erweckungspredigers John Wesley (1703–1791), bildeten sich der Methodismus und die *Moravian Church* als F. aus. Als F. des 19. Jh. lassen sich nennen: die Heilsarmee (aus dem Methodismus), die Freien ev. Gemeinden, der Darbysmus, der Adventismus und die Pfingst- und Heiligungsbewegung (z. B. Assembly of God, Kirche des Nazareners).
„Frei“ zu sein bedeutet auch, daß die F. in der freiwilligen Zugehörigkeit zu Jesus Christus als Haupt der Gemeinde, in der Durchführung des Missionsbefehls, in verantwortlicher Haushalterschaft (oft 10% des Einkommens), in Entscheidungen auf der Grundlage des Konsenses der ganzen Gemeinde (Priestertum aller Gläubigen) und in der Kirchenzucht Züge der wahren Apostolizität von Glauben und Kirchenordnung sehen. Die Strukturfrage wird gestellt, um diese Inhalte nicht zu gefährden.
Aus diesen theol. Ansätzen folgt u. a. die politische Forderung, zwischen rel. und bürgerlichem Gehorsam zu unterscheiden. In der amerik. Republik wurden die Experimente des Baptisten *Roger Williams* (1603–1683) und des Quäkers *William Penn* (1644–1718) Allgemeingut, als mit dem *First Amendment* zur Verfassung Gewissens- und Religionsfreiheit (zu unterscheiden von Toleranz) eingeführt wurden; der Staat entließ die Religion aus seinen Hoheitsaufgaben. Damit wird bes. der nordamerik. Kontinent Heimat des Freikirchentums und für dieses zu einem einzigen Missionsfeld. In den USA sind alle christl. Kirchen, auch die röm.-kath. und die orth. Kirchen, „freikirchlich“ strukturiert. Die eigentlichen F. suchen neue Wege (z. B. believers' church) und setzen sich verstärkt für Religionsfreiheit ein mit Folgen wiederum bis hin zum II. Vatikanum (J. C. Murray).
Nicht zuletzt die F. bewirken die Vielgestaltigkeit der Ökumene. Aus ihrem Denken entstammen die *branch theory* und die Überwindung der europ. Unterscheidung von „Kirche“ und „Sekte“ durch den wertneutralen Begriff „Denomination“. Als wesentliche Träger der Mission im 19. und 20. Jh. wurden die F. strukturell zu Vorbildern für die sog. Jungen Kirchen. Aus den F. kamen wichtige Impulse zur Gründung von Weltbünden wie auch für die ökumen. Bewegung. Die F. erweisen sich gegenüber unterschiedlichen politischen Systemen als durchsetzungsfähig.
In Deutschland entstanden außer den „klassischen“ F. noch sog. „konfessionelle“ F. (Altlutheraner, Altreformierte, Altkatholiken). Diese sind jedoch nicht in der seit 1926 bestehenden Vereinigung Evangelischer F.

Lit.: *E. A. Payne,* The Free Church Tradition in the Life of England. London 1944; *H. Davies,* The English Free Churches. 1952; *F. H. Littell,* Von der Freiheit der Kirche. Bad Nauheim 1957; *ders.,* From State Church to Pluralism. New York 1971; *D. F. Durnbaugh,* The Believers' Church. New York 1968; *J. L. Garret* (Hg.), The Concept of the Believers' Church. Scottdale, Pa. 1969; *S. E. Ahlstrom,* A Religious History of the American People. New Haven 1972; *H. Brandenburg,* Christen im Schatten der Macht. Wuppertal 1974; *H. B. Motel* (Hg.), Glieder an einem Leib. Konstanz 1975; *E. Geldbach,* Die F. in Deutschland: Christl. ABC heute und morgen. Emmendingen 1980, 47–68; *K. Steckel / C. E. Sommer* (Hg.), Geschichte der Ev.-Methodistischen Kirche. Stuttgart 1982; *G. Balders* (Hg.), Ein Herr, ein Glaube, eine Taufe. Wuppertal 1984. *E. Geldbach*

Freyja ↗Germanische Religion.

Freyr ↗Germanische Religion; Phallus.

Friede und Krieg. Das Bemühen um einen beständigen Frieden (F.) zwischen den Völkern ist ein fester Bestandteil christl. Denkens und Handelns. Als Ausgangspunkt kann dabei der *bibl. Begriff des F.* dienen. Das AT weiß, daß die Waffenruhe, mehr noch ein blühendes, friedliches Leben für Israel nur dann möglich ist, wenn es an seinem ↗Bund mit Gott festhält. In diesem Sinn ist der F. „das Werk der Gerechtigkeit“ (Jes 32,17).

Schließlich muß Israel allerdings lernen, daß es die F.s-*Aufgabe* aus eigenen Kräften nicht lösen und den F. nur als endzeitliche *Gabe* Gottes erhoffen kann (Jes 2,4; Mi 4,3).
Das Christentum bekennt Jesus Christus als den Mittler und Inbegriff dieses eschatologischen F. Gottes mit den Menschen und der Menschen untereinander (Eph 2,14). Es weiß aber auch, daß die Menschen – solange das messianische Reich des F. in seiner vollen Gestalt noch nicht da ist – nach wie vor um den F. ringen müssen. Jesus selbst verdeutlicht dies durch die Weisung zur Feindesliebe (Mt 5,43–48), die im Einzelfall dazu führen kann, daß man dem Übeltäter keinen Widerstand leistet (Mt 5,39a).
Ein absolutes Gebot ist der Verzicht auf Gewalt allerdings nicht. Dies wird vor allem dann deutlich, wenn man die Lehre Jesu in den Kontext des Völker-F. überträgt und nach einer Form der Feindesliebe sucht, bei der auch dem eigenen Volk Liebe und Schutz nicht vorenthalten werden. Deshalb ist es verständlich, daß im christl. Raum – sobald Christen staatliche Verantwortung trugen – nach der Möglichkeit und den Grenzen einer gerechtfertigten Kriegsführung gefragt wurde. Von Augustinus über Thomas v. Aquin bis hinein in die Gegenwart haben sich bedeutende Theologen mit der Ausarbeitung einer *Lehre vom gerechten Krieg* (K.) befaßt. In der kath. Kirche fand sie unter Papst Pius XII. Eingang in die amtliche Lehre.
Aufgrund der bitteren Erfahrungen dieses Jh. und in Anbetracht der atomaren Bewaffnung – aber auch des heute gültigen K.s- und Gewaltverbots des Völkerrechts – tritt gegenwärtig wieder sehr viel deutlicher ins Bewußtsein, daß mehr noch als die Begrenzung möglicher K.e die Bewahrung und Mehrung des F., also die K.s-Verhütung alle Mühe und Kraft verlangt. In Übereinstimmung mit der sozialwiss. Reflexion und entsprechend der bibl. und theol. Tradition heben die christl. Kirchen hervor, daß der F. ein Interaktionsprozeß ist, in dessen Verlauf militärische Gewalt zwischen den Staaten nicht nur nicht an*gewendet,* sondern in wachsendem Ausmaß nicht einmal an*gedroht* wird und zudem die internationale Gerechtigkeit zunimmt. Dabei messen die Kirchen der *Förderung eines umfassenden F.* mit den Mitteln einer vermehrten weltwirtschaftlichen Gerechtigkeit, einer Stärkung des Völkerrechts und der Beachtung der Menschenrechte eine vorrangige Bedeutung bei. Sie verkennen allerdings nicht, daß im Falle einer Gefährdung des F. durch äußere politische Gegner auch die *Sicherung des F.* vonnöten ist. Im Ost-West-Konflikt geht es dabei vor allem um die ethische Bewertung der nuklearen Abschreckung und der Abrüstungspolitik. Für die kath. Kirche ist eine an strenge Bedingungen geknüpfte Tolerierung der atomaren Abschreckung und ein Drängen auf verantwortliche Abrüstung kennzeichnend. Diese Position haben die dt. Bischöfe in ihrem F.s-Wort „Gerechtigkeit schafft F." (1983) vertreten. Sie besagt, daß militärische Mittel einen „K. weder führbarer noch wahrscheinlicher machen" dürfen, daß sie auf das „zum Zweck der an K.s-Verhütung orientierten Abschreckung gerade noch" erforderliche Maß beschränkt und zudem „mit wirksamer beiderseitiger Rüstungsbegrenzung, Rüstungsminderung und Abrüstung vereinbar" sein müssen. Die Haltung der Ev. Kirche in Deutschland stimmt damit weitgehend überein (Denkschrift „F. wahren, fördern und erneuern", 1982), auch wenn es in den protestantischen Kirchen zugleich eine Reihe abweichender Meinungen gibt. Die innerkirchl. Diskussion konzentriert sich demgemäß auf die Frage nach den Folgen der genannten Kriterien für anstehende verteidigungs-, militär- und abrüstungspolitische Entscheidungen.
Weitgehende Übereinstimmung gibt es unter Christen wiederum in der Beurteilung der K.s-Dienstverweigerung aus Gewissensgründen. Die Kirchen betrachten sie als eine unter bestimmten Umständen sittlich vertretbare Handlungsweise, aber auch als eine provozierende Vorwegnahme jener Gewaltlosigkeit, die als universaler Gewaltverzicht zu den (utopischen) Zielen des F.s-Prozesses und deshalb zu den Kennzeichen des transzendenten Reiches Gottes gehört. Oft wird gesagt, der Versuch, „durch das Dasein von Atomwaffen einen F. in Freiheit zu sichern" (Heidelberger Thesen 1959; vgl.

Ruh 403), und der Waffenverzicht stünden in einem Verhältnis der Komplementarität.
Insgesamt wächst in den christl. Kirchen die Überzeugung, daß sich eine im Glauben begründete F.s-Hoffnung im lebendigen Einsatz für einen gerechten F. zwischen den Völkern bewahrheiten muß.

Lit.: „F. wahren, fördern und erneuern". Eine Denkschrift der Ev. Kirche in Deutschland. Gütersloh 1982; „Gerechtigkeit schafft F.". Wort der Dt. Bischofskonferenz zum F. Bonn 1983; *H. Schmidt,* F. Berlin 1969; *H. Langendörfer,* Atomare Abschreckung und kirchl. F.s-Ethik. München 1987; *H. Ruh,* Art. F.: H. Krüger u.a. (Hg.), Ökumene-Lexikon. Frankfurt [2]1987, 400–404 (Lit.). *H. Langendörfer*

Frömmigkeit. Das mit F. Auszusagende differiert von der objektiven (Weltanschauung) wie der subjektiven (Vollzugs-)Komponente her stärker als entsprechende andere Begriffe, wie schon das dt. *Wort* zeigt, das den Sinn wandelte von „gerecht – tüchtig" zu „Ehrfurcht vor Gott" (16. Jh.), zu innerem „Fühlen" (F. Schleiermacher), zu reiner „Innerlichkeit", abgewertet zu „Frömmelei" oder gar (K. Barth) zu Eigentun gegen Gottes Gnade. Das lat. „pietas" ist geprägt von der im Familiensinn wurzelnden röm. Bürgertugend. Im griech. „eusébeia" schwingen Scheu, Abstand vor dem Hohen, Heiligen mit. Die *Bibel* hat keine feste Terminologie für die Breite des im Glauben an Jahwe und seinen „Sohn", Jesus von Nazaret stehenden Lebens von Gemeinde und Gläubigen. Die Typisierung der *Religionswissenschaft* (James, Grün): Glaubens-, Observanz-, Kult-, Werk-F. oder aszetisch, mystisch, psychologisch, rationalistisch, ist ebenso unzureichend wie die *geschichtliche* nach Ordens- und Glaubensgemeinschaften (benediktinisch, kalvinisch, pietistisch usw.) oder Gründer- und Heiligengestalten. Diese Vielfalt warnt, F.en *fremder Religiositäten* vorschnell zu typisieren. Von Lehre (formuliert und nicht formuliert) und Kult (öffentlich und privat) her ist auf den rel. (mehr oder minder ganzheitlichen) Vollzug der Gruppe und des einzelnen zurückzugehen – im Wissen, daß sich im Kleid einer atheistischen oder pantheistischen Lehre personale Ich-Du-F. verbergen kann (und umgekehrt). Heutige F. als *Subjekt-Seite, Grundvollzug vor dem Letzten-Umfassenden* erfährt gerade im Religionsgespräch ihr dringendstes Desiderat: ganzheitlich (meditieren mit dem Leib), umfassend (Alltags-, Laien-F.) und offen (zu anderem) zu werden.

Lit.: *H.-J. Greschat u.a.,* Art. F.: TRE XI 671–688.
J. Sudbrack

Fünf Säulen ↗Arkān.

G

Gaia ↗Gott III 3 B.

Ganzheit ↗Heil/Heilsweg I.

Gāthās ↗Avesta.

Gebet
↗Kult/Gottesverehrung; Meditation/Mystik.
Das G. ist innerster Vollzug und Kriterium von Religiosität. Auch Weltanschauungen, denen man den Namen „Religion" abspricht, haben (Zerr-)Formen von G. Unter den vielen Klassifizierungen sind die klass. (Anbetung, Lob, Bitte, Dank, Sühne, Gegenwart, Einigung usw.) und auch die der schwedischen Religionswissenschaftlichen Schule (prophetisch und mystisch, primitiv und philosophisch u.ä.) einflußreich. Aber jede Klassifizierung, die das Phänomen greifen will, muß fließende Grenzen zu ähnlichen Formen einbeschließen.
Zwischen Meditation, Besinnung, Mystik, Kult, ↗*Magie.* Die Kritik am heutigen christl. G. richtet sich bes. gegen seine „Erfahrungsleere". Hier hat das genuine Anliegen des *Meditierens,* der Methodik und Einübung von „Erfahrung" seinen Platz; die Gefahr ist das Kreisen um sich selbst. Ohne Erfahrung aber wird das *Be-*

sinnen, als eher verstandliches Eindringen in Wahrheit und „Sinn“, leicht zu bloß objektiver Kenntnisnahme. Mit *Mystik* ist der Gipfel als Verweilen vor Gott oder in Gott gemeint; die Meinungen differieren, ob damit das Beten aufgehoben (Unio mystica als Verschmelzung) oder vollendet (... als Begegnung) wird. Das *kultische Moment* des Betens, also der Bezug auf Gemeinschaft und Ritus, ist wenigstens in der klass. christl. G.s-Lehre auch für einen Einsiedler selbstverständlich. Die Angst vor *magischen Praktiken,* d.i. gleichsam automatischer Einflußnahme auf das Göttliche, hat hier aber manche Tür zur Ganzheitlichkeit der Naturreligionen zugeschlagen.

Ob die Beziehung zu einem lebendigen Gegenüber (zum Du Gottes) wesentlich ist für Beten im eigentlichen Sinn, ist eine Kontroverse der Religionswissenschaft. Die Unterschiede der sprachlichen, traditionellen und kulturellen Hintergründe verbieten es, einzelne Religiositäten nach ihrer unhinterfragten Wortaussage zu beurteilen. Züge wie „Offenheit“ zum Geheimnis oder „Demut“ des Empfangens (statt Leistens) können andeuten, daß auch im Sprach- und Kultgewand einer letzten Identifikation von Göttlichem und Menschlichem im G. das unüberholbare Gegenüber Gottes bewahrt wird.

Das biblische Beten (Abrahamreligion) gründet im Gegenüber Gottes. Immer mehr wurde *Israel* bewußt, von Gott persönlich geführt zu sein; damit wuchs die selbstverständliche betende Hinwendung zu Gott. Im G. *Jesu* gewann diese Überzeugung die Eindeutigkeit des „Heute“ („wenn ihr seine Stimme hört“) und die Wärme des Abba-Vater.

In der *christl. Glaubensüberzeugung* wurde dieses Beten reich ausgestaltet: *dogmatisch* durch den Glauben an das dreifache (-faltige) Ansprechen des einen Gottes und seine inkarnatorische (daher sakramentale und ekklesiale) Gegenwart in der Geschichte; *rituell* durch institutionelle (Hofzeremonien) und volkstümliche (Andachten, Brauchtum) Einflüsse; *konfessionell* in der Unterschiedlichkeit des Katholischen (vgl. Barock), Evangelischen (das Wort) und Orthodoxen (Liturgie).

Auch das *Beten der jüd. Gruppierungen* liegt im Spannungsfeld einer *orth. Haltung,* die den Alltag durch klare gesetzliche Vorschriften heiligt; einer *mystischen Ausrichtung* (↗Chas[s]idismus), in der Innerlichkeit und Weltbejahung fast bruchlos vereint sind; einer *philos. Tendenz* (schon früh: Moses Maimonides) mit großem Einfluß auf die abendländische Geistigkeit; einer *politischen Sinngebung,* in der sich messianische Erwartung mit diplomatischem Kalkül verbindet (vgl. Zionismus).

Das *G. in der Tradition des Muḥammad* zieht seine Kraft aus der Ausschließlichkeit des islam. (wörtl.: sich total hingebenden) Bekenntnisses zu Gott. Nicht nur die *orth. Gläubigkeit* mit ihren strengen Gebetsvorschriften, sondern auch die Mystik des echten ↗Ṣūfismus (nicht die des publikumswirksamen der Massenmedien) gründet im Glauben an die Einzigartigkeit und Allmacht Gottes.

Einflüsse *zoroastrischer Religiosität,* die das Beten in den Dualismus der zwei Grundmächte des Bösen und des Guten einspannen und daher auch ein Anti- oder gar böses „G.“ kennen, werden in allen drei Abrahamsreligionen sichtbar.

Das G. der vom *indischen Subkontinent stammenden Religionen* läßt sich als *eher meditativ* kennzeichnen: Der Mensch sucht Kontakt mit dem Göttlichen in der „Innerlichkeit“. Durch Absage an die sichtbare Welt von Zeit und Raum. Ohne daß die einzelnen Stufen streng abzugrenzen sind, kann man dem Prozeß der Verinnerlichung nachgehen: von der *vedischen Urreligion,* in der das Beten zu einer Vielzahl von Göttern Bezug nimmt zu den Mächten von Kosmos und Natur; über *Brahmanismus* (↗Brahman) und ↗*Hinduismus,* wo die Einheit des überweltlichen Prinzips (Brahmā) stärker wird und eine aszetisch-weltverachtende und meditativ-innerliche Gebetshaltung begünstigt; bis zum ↗*Buddhismus,* der als Prototyp einer Innerlichkeitsreligion die meditative Versenkung bis zur völligen Nicht-Dualität (Nirvāṇa) pflegt. In der Weiterentwicklung des Anstoßes Buddhas bleibt dieser meditative Grundzug erhalten, auch wenn er – über die chin. *Weisheitsreligiosität (↗Taoismus)* – im ↗*Zen-Buddhismus* eine weltzugewandtere Form gewinnt, in der aber „G.

als Beziehung zu ..." zugunsten einer reinen Innerlichkeit ausgelöscht zu sein scheint.
Die andere, *eher ekstatische* G.s-Haltung findet sich in den *Ur-Religionen*, im ↗*Schamanismus* der *Indianer*, in *Schwarzafrika*. Durch Musik (Trommel), Bewegung (Tanz) und auch biologische Mittel (Kauen des Peyote-Pilzes) gerät der Beter (oft die bes. begabte Priesterpersönlichkeit, Schamane) in einen Zustand der Verzückung, der ihm die Tür zu den rel. Mächten öffnet und Kräfte der Heilung und Beschwörung zur Verfügung stellt. Im Gegensatz zur gegenwärtigen Indianer-Mode haben wohl fast alle großen ekstatischen Religionen über solche eher magischen Riten hinaus das G. zum transzendenten Gott (vgl. Manitou) vollzogen.
Innerhalb der ↗*Befreiungstheologien* entwickelt sich eine dritte Grundhaltung des Betens, die tief im Christentum wurzelt, aber eine neue gesellschaftlich bedingte Spiritualität findet. Sie stammt unmittelbar aus dem Anliegen der Befreiung von Armut und führt ebenso unmittelbar dort hinein. Gegenüber diesen Grundhaltungen des Betens ist *das meiste andere* nur eine Modeerscheinung (arische, Hexen-Religiosität usw.). *Die Vielfalt des Betens* mit äußeren und inneren Formen, mit Methodik und Offenheit läßt sich nicht restlos systematisieren. Dies kommt im *christl. Grunddogma* des dreieinen Gottes zum Ausdruck: das Geheimnis des Vaters, des unergründbaren Uranfangs; die Ansprechbarkeit des Sohnes bis zum „aufdringlichen Bitten" in seinem Namen; die Innerlichkeit des Geistes im Menschen, in allem Geschaffenen. Von hierher sollte auch das Vertrauen wachsen, den Dialog der Weltreligionen von dieser Grundhaltung her zu beginnen, die Augustinus formulierte: „Gott ist innerlicher als mein Innerstes und höher als mein Höchstes."

Lit.: *F. Heiler*, Das G. 1918, München [5]1923, Neudr. 1969; *J. Sudbrack*, Beten ist menschlich. Freiburg 1981; *Th. Ohm*, Die Gebetsgebärden der Völker und das Christentum. Leiden 1948. *J. Sudbrack*

Geist/Heiliger Geist. 1. Etymologie und allg. Bedeutung. Das dt. Wort G. (engl. *ghost*) stammt aus dem Indogermanischen und meint dort (als Wurzel *gheis-*, *gheizd-*) ein „lebhaftes Bewegtsein", „Außersichsein", „Außersichbringen", „Aufgebrachtsein", „Erschrecktsein" (gotisch: *usgaisjan*). Damit unterscheidet sich die Wortbedeutung von den Begriffen *„spiritus"* (lat.), *„pneûma"* (griech.) und *„rûaḥ"* (hebr.), die zunächst im Sinne von „Wind", „Hauch", „Sturm", „Wehen", „Atem" zu verstehen sind und normalerweise zur Erklärung des dt. Wortes G. herangezogen werden, was nicht unproblematisch ist. Denn eignet auch ihnen das Moment des Dynamischen und lassen sie den G. als belebenden und lebendigen in den Blick treten, der alles durchdringt und von seiner Bedeutung her Materielles und Immaterielles umfaßt, so erscheint er hier doch mehr als natürliches Phänomen, wohingegen die transzendente, ekstatische, ungewöhnliche, aufregende und sich entziehende Dimension des G. und seines scheinbar gerade nicht als natürlich empfundenen Wesens und Wirkens (das vielmehr befremdend hereinbricht) stärker im Indogermanischen zum Ausdruck gebracht wird, wobei darüber hinaus ein Gegensatz zur Materie impliziert ist. Der heutige Sprachgebrauch des Wortes G. knüpft an die zuletzt genannte Bedeutung an, da – nach einer langen und sehr komplexen Begriffsentwicklung – G. zumeist als Gegenbegriff zu Materie, Stoff, Natur, Körper oder Leib verstanden wird und durchaus noch als geheimnisvolle und rätselhafte Größe erscheint, die sich einer begrifflichen Bestimmung gerne entzieht. G. meint in der Regel eine immaterielle, Zeit und Raum transzendierende Wirklichkeit, die Trägerin intellektueller bzw. intelligenter sowie sittlicher Fähigkeiten ist, schöpferische Spontaneität und Rezeptivität besitzt und sowohl eine wesentliche Qualität des Menschen als auch des Göttlichen bezeichnen kann.
2. Religionswissenschaftlich. Das Wissen um die Kompliziertheit und Vieldeutigkeit des Begriffes G. im abendländischen Denken mahnt zu größter Vorsicht und Zurückhaltung, will man ihn im Hinblick auf anscheinend äquivalente Begriffe anderer Kulturen und Religionen anwenden; dies ist nur sehr bedingt möglich. Dennoch geht man davon aus, daß etwa im ägypt. Raum die Worte *Ka*

und *Ba* den kosmischen bzw. individuellen G. bezeichnen, daß Gott als G. vorgestellt wird im Sinne des griech. *pneûma*, also als Wind, Leben, Luft *(šw)*, als belebende, befruchtende Kraft. Amun ist G., da er verborgen und unsichtbar ist.
Im afrikanischen Raum (z. B. in der Sprache des Kikongo und Sawahili) bedeutet das Wort *Roho* (vgl. hebr. *rûaḥ*) soviel wie G. im Sinne von Wind, aber auch im Sinne von Mit-Sein.
Im ↗Buddhismus und ↗Hinduismus werden die Begriffe ↗*Ātman*, ↗*Brahman*, Skt. *citta*, Skt. *vijñāna*, Skt. *prāṇa* vielfach so übersetzt, daß sie die Bedeutung von G. (↗Bewußtsein) umfassen, wobei *prāṇa* mehr der Sinn von „Lebenskraft", „Lebensodem" zukommt. Der G. ermöglicht Erkennen und Wissen (verstanden als bewußte Vollzüge), er steht für die Innerlichkeit des Menschen. G. und Materie können – je nach Schulrichtung – entweder im Sinne eines strengen Dualismus oder als Identität gedacht werden. Die Identität zwischen universalem und individuellem G. muß erkannt und gelebt werden, damit ↗Erlösung möglich wird.
Im ↗Islam können die Begriffe *nafs* und *rūḥ* die Bedeutung von G. haben, sind aber auch im Sinne von Seele, Selbst, Person, Hauch und Wind zu verstehen. In nachkoranischer Zeit werden beide Termini bedeutungsgleich verwendet und können sowohl den menschlichen G. als auch Engel und Geister meinen (↗Engel, ↗Dämonen). G. kann hier materiell oder immateriell verstanden werden, eine Festlegung erfolgt nicht. Mit Bezug auf das Christentum spricht der Islam auch vom Hl. G. *(rūḥ al-ḳudus)*, der die Funktion des Lebensodems oder eines Engelboten haben kann. Der Hl. G., den Muḥammad anscheinend mit dem Erzengel Gabriel identifiziert hat (vgl. Koran 16,102; 26,193 f. mit Koran 16,2; 97,4 und 2,97), wird nur als Instrument Gottes, nie als göttliche Person vorgestellt. Die Verheißung des Parakleten im Johannesevangelium wurde im Islam als Verweis auf die Gestalt Muḥammads interpretiert. Es bleibt abzuwarten, ob im Hinblick auf die genannten G.-Konzeptionen der verschiedenen Religionen, die das Gottesbild nicht unberührt lassen können, ein Dialog mit dem Christentum in der Weise möglich ist, daß die bibl. Lehre vom Hl. G. als Anknüpfungspunkt gewählt wird bzw. wie weit fremde Konzeptionen befruchtend auf die christliche Pneumatologie einwirken (vgl. z. B. den chin. G.-Begriff *ch'i* und seine Implikationen, der durch eine lebendig-vitale Ausdruckskraft ausgezeichnet ist, die alle Dimensionen von der Materie bis hin zur rel. Ebene umfaßt [A.B. Chang Ch'unshen]).

3. Alttestamentlich und jüdisch. Im AT steht der Begriff *rûaḥ* für Hauch, Atem, Luft, Wind, Lebenskraft, aber auch Gemüt, Willenskraft und G. Die Bedeutung von G. schwingt darüber hinaus in den Termini *lēb* (Herz) und *nefesh* (Seele) mit. *Rûaḥ* ist ein theo-anthropologischer Begriff, der auf Gott und den Menschen angewendet wird, der Geistiges und Materielles umfassen kann. Der G. Gottes und der G. des Menschen werden jedoch in der Regel nicht miteinander identifiziert, sondern unterschieden. Der G. des Menschen als geschöpflicher, endlicher G. verdankt sich ganz dem Wirken des G. Gottes, der in der Schöpfung alles belebt und gegenwärtig ist. Der G. des Menschen vermag nur aus der Kommunikation mit bzw. der dynamischen Relation zu Gott heraus verstanden zu werden. Im Gegensatz zum Hl. G. Gottes ist der G. des Menschen mit der Sünde belastet, die der Mensch zu verantworten hat und die ihn erkennen läßt, daß er auf den Hl. G. angewiesen ist (Ps 51), den er erbittet, um aufgrund der Liebe und Barmherzigkeit Gottes von Sünde und Schuld gereinigt und befreit zu werden. Der G. Gottes ist im AT und in der jüd. Theologie eine Offenbarungsweise Gottes, in der Gott in der Geschichte wirkt und erfahrbar wird. Der G. Gottes steht somit für eine Wirkweise des ewigen Gottes in der Zeitlichkeit der Welt, in seinem auserwählten Volk, dessen Zukunft Gott selbst ist. Die Art, wie das Wirken des G. Gottes erfahren wird, zeigt, daß er der dem Menschen gegenüber entzogene, unverfügbare G. ist, der bei aller Immanenz in der Schöpfung dennoch der transzendente bleibt. So ergreift er Richter und ↗Propheten, befähigt sie für eine begrenzte Zeit dazu, im Auftrag Gottes zu reden und zu handeln (↗Inspiration), er

wirkt im Königtum, aber auch in der das Königtum kritisierenden Prophetie, um das Heil des Volkes zu ermöglichen. Die exilisch-nachexilische Prophetie erkennt die enge Beziehung zwischen dem ebenfalls wirkmächtigen Wort und dem G. Gottes, die darin besteht, daß der G. Gottes das Verstehen des Gotteswortes und der göttlichen Weisheit trägt. Der G. Gottes, der in der Schöpfung das Leben hervorbringt, wird im Eschaton, am Ende der Zeiten, das Leben neu schaffen, die Toten mit Leib und Seele lebendig machen, aus Tod und Schuldverfallenheit zu neuem Leben erwecken. Für diese Endzeit wird der Messias, der mit dem G. Gottes gesalbte Retter, erwartet, auf dem der G. Gottes bleibend ruhen und in dessen Gefolge der G. Gottes auf alles Fleisch, auf das ganze Volk Gottes ausgegossen werden wird (Jes; Ez). Die rabb. Theologie versteht den G. Gottes als nationales Charisma des Volkes Israel. Er wird mit dem Wirken der Propheten und des Hohenpriesters in Zusammenhang gebracht. Man findet aber auch die Lehre, daß der Hl. G. als Mittler der ↗Offenbarung speziell im Heiligtum einwohnt *(schekhinah)* und daher von einem Aufhören seiner Wirksamkeit nach der Zerstörung des Tempels gesprochen werden muß, die erst in der Endzeit wiedergeschenkt wird. Ferner wird jedoch auch gelehrt, daß der Hl. G. in den Rabbinen weiterwirkt oder als Lohn für persönliche Heiligkeit verliehen wird. Bei alledem wird der Hl. G. nur als Offenbarungs-, nie als Seinsweise Gottes aufgefaßt.

4. Neutestamentlich. Im NT spielt die Rede vom Hl. G. eine zentrale Rolle, denn er wird als eschatologische Gabe erfahren (Apg, Pfingstgeschehen), die Gott seinem Volk durch den verheißenen Messias, Jesus ↗Christus, schenkt, damit es durch den Glauben an den Herrn aus der Knechtschaft von Sünde, Schuld und Tod befreit wird (Paulus) und sein Heil erlangen kann. Alle Reflexion über das Wirken des Hl. G. ruht auf der Erfahrung seiner Gegenwart auf und ist nur verständlich, wenn die unlösbare Bindung der Pneumatologie an die Christologie beachtet wird. Denn der Herr, empfangen durch den Hl. G. und getauft mit dem Hl. G., sendet den Hl. G. nach seiner Auferweckung und Erhöhung vom Vater her, so daß der G. Gottes nicht mehr allein im Sohn, sondern in allen Glaubenden wirkt, auf das ganze Gottesvolk ausgegossen wird. Der Hl. G., der als G. Jesu Christi bezeichnet werden darf, unterscheidet sich vom menschlichen G., dem er geschenkt wird zur Vergebung der Sünden, so daß der Mensch seine Angewiesenheit auf den Hl. G. erkennt, ohne den er seine Vollendung, sein Heil nicht erlangen wird. Der Hl. G., der der Kirche Jesu Christi als Paraklet gesandt wird (vgl. Joh), ermöglicht ihr den wirksamen Zuspruch der Vergebung der Sünden und somit eine Vollmacht, die auch der Herr, begleitet von vielen Zeichen, im Hl. G. ausübte. Der Hl. G. ist im Gegensatz zum menschlichen G. frei von jeglicher Sünde, er ist der G. der Heiligkeit, der den Sünder zur Umkehr bewegt, ihn reinigt und heiligt, sofern sich der sündhafte Mensch nicht widersetzt. Mit dem Hl. G. wird die Liebe Gottes in die Herzen der Menschen ausgegossen, und das ermöglicht und bewirkt ein neues Leben nach dem G., nicht nach dem Fleisch, ein Leben aus dem Glauben, der Liebe und der Hoffnung (Paulus), das sich am Willen des Vaters ausrichtet, wie ihn uns der Sohn geoffenbart hat. Das *pneûma hágion* verwandelt den ganzen Menschen, macht seinen Leib zum Tempel des Hl. G., wandelt sein Denken, Wollen und Handeln um, so daß er ganz aus der Gemeinschaft mit Christus heraus zu leben vermag. In der Taufe wird der Hl. G. verliehen, der den Getauften so mit dem Herrn verbindet, daß er mit ihm stirbt und auferweckt wird. So steht der Hl. G. für die bleibende Gegenwart und Wirksamkeit des erhöhten Kyrios in seiner Kirche und ihren Gliedern, die sich in wort- und zeichenhaftem Geschehen vollzieht. Der Hl. G. schenkt die wirkliche Gemeinschaft mit dem Vater und dem Sohn, ohne die alle Gotteserkenntnis und -erfahrung unvollkommen und leer bliebe und der Mensch nicht wahrhaft Mensch wäre. Nicht nur das Wirken Jesu Christi, sondern auch das Wirken des Hl. G. machen deutlich, daß Gott in der Geschichte der Menschheit handelt und wirklich da ist (vgl. auch das AT), daß er im Sohn das Leben und den Tod

des Menschen bis in alle Tiefen hinein erfahren hat und auch weiterhin erfährt durch seinen Hl. G., der in uns wohnt und uns Gottes verläßliche Kraft, Hilfe und Liebe zuteil werden läßt. Mit dem Auftreten Jesu Christi in der Welt und dem Ausgießen des Hl. G. wird diese Geschichte in ihrer Zeitlichkeit schon jetzt eschatologisch qualifiziert, bricht in ihr die Gottesherrschaft schon jetzt an, wiewohl die Vollendung noch aussteht und für das Ende der Zeiten erwartet wird. Damit ragt die Ewigkeit in die Zeit hinein, und eben dies macht es möglich, daß der Mensch bereits in der Zeit, in seinem irdischen Leben über sein Heil oder Unheil zu entscheiden vermag. Aufgrund der Gegenwart des Hl. G. in der Welt ist die Zeit qualifiziert durch die Zu-kunft Gottes, die der Grund unserer Hoffnung ist. In der Zeit bis hin zur Parusie des Herrn ist der Hl. G. der Beistand, um für alle einzutreten, die Jesus nachfolgen als Kinder Gottes, die im Hl. G. Gott als ihren Vater rufen. Der Hl. G. wird die Menschen bei der erhofften Auferweckung von den Toten mit neuem Leben erfüllen, er wird sie mit Leib und Seele in eine neue Existenzweise versetzen, in der sie Gott, der die Liebe ist, schauen, wie er ist. Bis zu dieser Zeit der Parusie bleibt der Hl. G. in der Kirche Jesu Christi anwesend. Er schenkt ihr die Einheit und ermöglicht ihre universale Sendung, die die Einheit der Menschheit mit Gott zum Ziel hat. Diese Einheit kann aber nur so verstanden werden, daß sie auch Vielfalt und Unterschiedenheit zuläßt, wie es den vielfältigen Gaben (Charismen) entspricht. Dieser Befund erlaubt es, von einer Lebendigkeit und Fruchtbarkeit des Wirkens des Hl. G. zu sprechen, das nicht nur auf das Christentum beschränkt, sondern auch in anderen Religionen angenommen werden darf. Zu seiner Erkenntnis bedarf es freilich notwendig der „Unterscheidung der Geister".

5. Philosophisch-theologisch. Die christl. Theologen der Patristik, die aufgrund verschiedener Auseinandersetzungen aufgefordert waren, über ihren auf der Hl. Schrift gründenden Glauben Rechenschaft abzulegen, erkannten, daß der Hl. G. aufgrund der ihm zugeschriebenen Wirkweisen als dritte göttliche Person neben Vater und Sohn zu gelten hat. Dies war der Schlußstein der Entwicklung der Trinitätslehre, wie sie auf dem Konzil von Konstantinopel (381) formuliert wurde. Das Werden der Trinitätslehre, das selber als Geschehen im Hl. G., der in seiner Kirche wirksam ist und ihr die Erkenntnis der Wahrheit Gottes ermöglicht, verstanden wird, setzt sowohl christologische als auch pneumatologische Reflexionen voraus, die vor allem auf ihre soteriologischen Implikationen abstellen. Denn wie der Sohn den Menschen nicht erlösen könnte, wäre er nicht wahrer Gott und wahrer Mensch, so könnte der Hl. G. den Menschen nicht vergöttlichen, d.h. ihm Heil, Vollendung und die Gemeinschaft mit Gott schenken, wäre er nicht wahrhaft Gott. Gott ist also der dreieine, der eine Gott in drei Personen (↗Gott V). Um den innertrinitarischen Hervorgang des Hl. G. zu bezeichnen, greift man auf die Wortbedeutung von *pneûma* bzw. *spiritus* zurück und erklärt ihn als Hauchung. Augustinus, dessen Trinitätstheologie bis heute nachwirkt, versteht den Hl. G. als Liebe Gottes in Person, als Gemeinschaft zwischen Vater und Sohn, so daß der in der Kirche mit dem Hl. G. beschenkte Glaubende in die trinitarische Lebens- und Liebesgemeinschaft Gottes hineingenommen ist. Erst in der Verbindung mit dem Hl. G., in dem der Mensch durch den Sohn zum Vater gelangt, findet der menschliche G., der als Bild des dreieinen Gottes verstanden wird (vgl. die Ternare *„mens-notitia-amor"* bzw. *„memoria-intellectus-voluntas"* bei Augustinus), seine Erfüllung. Erst das Geschenk des Hl. G. durch Jesus Christus bringt den in selbst zu verantwortender Sündhaftigkeit von Gott abgefallenen menschlichen G. wieder in die Gemeinschaft mit Gott zurück, die seine ureigene Bestimmung ausmacht. Der menschliche G. wird in der Patristik deutlich vom göttlichen G., der der Hl. G. ist, unterschieden. Nur eine solche Unterscheidung läßt es zu, von einer Geschichte Gottes mit den Menschen zu sprechen, die als notwendige Grundlage die Freiheit Gottes und die geschöpfliche Freiheit des Menschen voraussetzt, auf deren Hintergrund es dann zu einer Gemeinschaft in der Liebe kommen kann. Diese Gemein-

schaft vollzieht sich im Raum der Kirche: Durch das Wirken des Hl. G. ist der Herr in Wort und Sakrament erfahrbar gegenwärtig und wird die Kirche aufgebaut; er ermöglicht ihre Verkündigung, ihr Bekenntnis, ihr Gebet, ihre Lehre göttlicher Wahrheit, die nur im Hl. G. erkennbar ist. Heutige Theologie hat erkannt, daß der Hl. G. auch außerhalb der Kirche wirkt, somit außerhalb der Kirche Heil möglich ist. Weitere Themen der christlichen Pneumatologie sind die Schriftinspiration, die mystische Erfahrung Gottes, die Gnade, die vor allem Gottes Selbstmitteilung im Hl. G. meint.

Die theol. Rede vom G. Gottes und vom G. des Menschen hat zwar an die G.-Philosophie angeknüpft (in der Neuzeit vor allem an die G.-Philosophie Hegels), sie aber deutlich modifiziert. So leistet der griech. G.-Begriff, der nicht nur über den Terminus *pneûma,* sondern auch über *noûs,* ↗*lógos* oder *psyché* erschlossen werden muß (↗Seele), gute Dienste, um Gott die Eigenschaft der Geistigkeit zuzuschreiben, die ihn – gegenüber allem Götzenkult oder Pantheismus – klar von der Materie abgrenzt, die im Gegensatz zu G. als unbelebt, tot, passiv und formbar erscheint. Außerdem kann man Gott die Akte des Denkens und Wollens, der Vernunft und der Freiheit zusprechen, wenn man ihn im philosophischen Sinn als G. benennt. All das aber bleibt bestenfalls im Rahmen eines ↗Theismus. Ähnliches gilt für den menschlichen G.-Begriff, unter dem die Philosophie die höchste Anlage und Potenz des Menschen versteht, die ihm ↗Unsterblichkeit verleiht und die Offenheit gegenüber Mitmenschen, Welt (und Gott) ermöglicht (↗Bewußtsein). Das kann die Theologie übernehmen, doch sie stellt es zugleich in neue Zusammenhänge, wobei vor allem das Verhältnis zwischen göttlichem und menschlichem G. zur Debatte steht, das entgegen mancher philos. (oder auch idealistisch beeinflußten theol.) Denkform die Differenz zwischen Schöpfer und Geschöpf beinhaltet, so daß über Gott und sein G.-Sein nur analoge Aussagen möglich sind, die bei aller Immanenz Gottes an seiner Transzendenz gegenüber der Welt festhalten und bei aller Ähnlichkeit, die zwischen Schöpfer und Geschöpf festgestellt wird, die je größere Unähnlichkeit nicht verschweigen. Will man jedoch unter dem G.-Sein Gottes mehr verstehen als eine abstrakte Eigenschaft, will man wissen, was der Satz „Gott ist G." zu bedeuten hat und was die Bestimmung des menschlichen G. und das Ziel seiner Sehnsüchte ausmacht, dann bleibt man auf das Zeugnis vom Wirken des Hl. G. und die von ihm geschenkte Gotteserfahrung und -erkenntnis angewiesen, die nicht auf das Christentum beschränkt sein muß.

Lit.: *R. Albertz / C. Westermann,* Art. rûaḥ Geist: ThAT II 726–753; *M. Bilolo,* Die Begriffe „Hl. G." und „Dreifaltigkeit Gottes" angesichts der afrik. rel. Überlieferung: ZMR 68 (1984) 1–23; *H. U. v. Balthasar,* Theologik III. Der G. der Wahrheit. Einsiedeln 1987; *A. B. Chang Ch'un-shen,* Dann sind Himmel und Mensch in Einheit. Freiburg 1984; *Y. Congar,* Der Hl. G. Freiburg 1982; *J. Kremer,* Art. pneuma: EWNT III 279–291; P. Schäfer, Die Vorstellung vom Hl. G. in der rabb. Lit. München 1972; *Ch. Schütz,* Einführung in die Pneumatologie. Darmstadt 1985; *H. Sonnemans,* Seele – Unsterblichkeit – Auferstehung. Freiburg 1984; *H. Waldenfels,* Faszination des Buddhismus. Mainz 1982.

E. Dirscherl

Geister ↗Dämonen; Engel; Satan.

Gelübde. 1. G. ist ein in feierlicher Form abgelegtes Versprechen, etwas zu tun, wofür eine bestimmte Gegenleistung erwartet wird. Hinsichtlich seiner rel. und moralischen Bindung ist es ein dem ↗Eid nahestehendes, jedoch ausschließlich auf Übernahme und Erfüllung sakraler Verpflichtungen gerichtetes feierliches Versprechen, das sowohl privat als auch öffentlich geleistet werden kann. Sein Inhalt ist personaler Art, wenn er sich auf Handlungen oder Verhaltensweisen des gelobenden Menschen bezieht; er trägt realen Charakter, wenn die Verpflichtung zur Darbringung bestimmter Gaben übernommen wird. Im Hinblick auf die Erfüllung eines G. ist zwischen zeitlich befristeten, bedingten und zeitlich unbefristeten, unbedingten G.n („ewigen G.n") zu unterscheiden. Als bedingte wie auch als unbedingte G. können Verpflichtungen zu spezifisch rel. Leistungen wie ↗Fasten, Wallfahrt u.a. gezählt werden. Christl. Ordens-G. sind die typische Form unbedingter und zugleich ewiger G. Sie werden beim Eintritt in eine monastische Gemeinschaft abgelegt.

2. Religionsgeschichtlich findet sich das

G. im Christentum wie auch in vielen nichtchristl. Religionen. Religiös wirksam ist bis heute im Amida-Buddhismus das Urgelöbnis (Skt. *pūrva-praṇidhāna;* jap. *hongan*) ↗Amidas, in dem dieser beschließt, allen lebenden Wesen die Rettung zu schenken. Da der Mensch unfähig ist, sich aus eigener Kraft (jap. *jiriki*) zu retten, bleibt ihm nur das intensive Vertrauen auf die fremde Kraft (jap. *tariki*). Diese fremde Kraft ist nichts anderes als das G. Amidas. Entsprechend ist das Bodhisattva-G., in dem der Gläubige sich verpflichtet, nach der ↗Erleuchtung zu streben und so fähig zu sein, allen Lebewesen zur Erlösung zu verhelfen, von hoher Bedeutung.

3. Die christl. zumal kath. G.-Praxis beruft sich auf das NT, dessen Aussagen von der Selbstverständlichkeit und Vertrautheit der jüd. Frömmigkeit mit dem G. her zu sehen sind. Das von Jesus angesagte neue Gottesverhältnis wehrt sich zwar gegen jede formalisierte ↗Ethik (VI) und Religiosität, auch gegen eine durch Kasuistik in Mißkredit geratene G.-Praxis (Mk 7,9–13; Mt 15,4–6). Hingabe an Gott wird von Jesus durch die radikale Umkehrforderung abgelöst. Seine Botschaft vom „nahen Gottesreich" bleibt offen für alle und duldet keine esoterische Abgrenzung. Dennoch läßt sich eine grundsätzliche Verwerfung der G. durch Jesus nicht belegen. Nachfolge Jesu unter Aufgabe des eigenen Besitzes und Absage an die eigene Familie war nicht unerläßliche Bedingung für die Teilnahme am Gottesreich; wohl aber erging eine solche Aufforderung an einzelne (Mk 10,17–22). Hier konnte eine sich von Jesus entfernende Zeit das G. als eine Möglichkeit entdecken, diese Art einer „engeren" Nachfolge in der Kirche lebendig zu erhalten.

Zur Ausbildung einer G.-Theologie kam es durch Augustinus, sodann im Anschluß an die lebendige monastische Praxis des MA. Vorzüglicher Inhalt der Ordens-G. wurde die Trias Armut, ehelose Keuschheit und Gehorsam. Der Mensch ist eigentlich nach Leib und Seele für die Ehe geschaffen, doch gibt es Menschen, die auf die Ehe verzichten „um des Reiches des Himmels willen". Der Mensch darf bestimmte Dinge in dieser Welt sein Eigentum nennen und muß es sogar, wenn er eine menschenwürdige Unabhängigkeit erreichen will, doch gibt es Menschen, die bewußt nichts ihr eigen nennen wollen. Ein Mensch entfaltet seine Persönlichkeit dadurch, daß er seiner eigenen Initiative folgt, doch gibt es Menschen, die freiwillig Gehorsam geloben. Wer auf diese drei großen menschlichen Werte verzichtet, tut das, um dem Beispiel und dem Rat Jesu im Evangelium zu folgen (daher „evangelische Räte"). Das II. Vatikanische Konzil sieht in ihnen in der Taufe wurzelnde Konkretisierungen christl. Lebens: „Die ev. Räte der Gott geweihten Keuschheit, der Armut und des Gehorsams sind, in Wort und Beispiel des Herrn begründet und von den Aposteln und den Vätern wie auch den Lehrern und Hirten der Kirche empfohlen, eine göttliche Gabe, welche die Kirche von ihrem Herrn empfangen hat und in seiner Gnade immer bewahrt. Die Autorität der Kirche selbst hat unter Leitung des Heiligen Geistes für ihre Auslegung, die Regelung ihrer Übung und die Festsetzung entsprechender dauerhafter Lebensformen gesorgt" (LG 43). Das neue *kath. Kirchenrecht* (1983) bestimmt das G. als ein überlegtes, freies, Gott gegebenes Versprechen, das sich auf ein in sich mögliches und höheres sittliches Gut bezieht und als Akt der Gottesverehrung zu erfüllen ist (CIC 573 ff.).

Lit.: Vgl. Art. G.: RGG[3] II 1321–1325 *(H. v. Glasenapp u.a.)*; LThK[2] IV 640–642 *(H. Groß u.a.)*; *C. Langer-Kaneko,* Das Reine Land. Leiden 1986.

J. Kurissery

Gericht ↗Totenbuch; Zukunft/Jenseits.

Germanische Religion. 1. *„Germanen"* ist die Bezeichnung der Römer für eine bestimmte Gruppe von Völkerschaften (mit gemeinsamer Sprache und Kultur), die dem röm. Expansionsdrang im Norden eine definitive Schranke setzte. Lat. *germani* heißt: von gleicher Herkunft, echt, Geschwister; und das scheint lat. Lehnprägung einer germ. Selbstbezeichnung zu sein: **swēbōz* (<idg. *swē-bho-:* Reflexivstamm), die noch im heutigen Wort „Schwaben" (und „Schweden" < *Swē*-þiuþ) weiterlebt und die Zusammengehörenden meint, die eigenen Leute (im Unterschied zu den Fremden).

2. Man mag die *Religion* der Germanen (soweit sie uns aus Quellen verschiedenster Art erschließbar ist) als „Naturreligion" bezeichnen, falls man darunter eine Religionsform versteht, bei der die „übermenschlichen" Kräfte des natürlichen und sozialen Um- und Infeldes als personale Mächte erlebt werden – im Unterschied zur prophetischen Offenbarungsreligion (Zoroastrismus; ↗Arier) oder mystischen Erlösungsreligion (Brahmanismus).

3. *Óðinn/Wuotan* ist als höchster Gott zugleich Kriegsgott (was der Einstufung des Krieges in der Skala germanischer „Werte" entspricht). Als Kriegsgott handelt er „a-moralisch", praktiziert Eidbruch und Lüge. Als Kriegsgott ist er ferner der Gott der Kampftoten und der (sie repräsentierenden) kriegerischen Männerbünde, der *wōd (*Wōdanaz:* Herr der *wōd).* Als Gott der Einweihung in den Männerbund wird er auch „Hängegott" geheißen: er selber hing 9 Nächte am windigen Baum (und erfand dabei magische ↗Runen). Scheinhängen (Hängen bis zur Bewußtlosigkeit) induziert (im Rahmen initiatorischer Riten) visionär-ekstatische Bewußtseinserweiterung (Seelenexkursion, ↗Okkultismus). Hieraus ergibt sich Odins weitere Funktion als Gott der Ekstase, der ekstatischen Dichtkunst (vgl. lat. *vātēs*), schamanistischen Zaubers. Als Anführer des *Woutisheeres,* des wütenden Heeres der Toten in den nächtlichen Winterstürmen, befördert er die Fruchtbarkeit. – *Týr/Zīu* (entspr. *deva;* ↗Arier) ist Gott des Eides (bei dessen Ring im Tempel geschworen wird) und damit einzige „moralische" Gottheit im Pantheon (wie denn der Eid eine der wenigen Möglichkeiten eröffnete, zwischen Sippenfremden stabile soziale Bindungen zu knüpfen). – Þórr/*Thonar* betätigt sich mit seiner unbändigen Kraft als Bekämpfer der Riesen, die Götter und Menschen bedrohen. Sein Hammer schlägt (im Kampf) Blitze und bewirkt dadurch Gewitterregen und Fruchtbarkeit. – *Freyr* (*<*fraujaz:* der „Vordere", der Herr) wurde bes. in Schweden als Fruchtbarkeitsgott verehrt und hatte in Uppsala ein großes Heiligtum, wo er mit riesigem Phallus dargestellt worden sein soll. Er galt als mythischer Urahn der Schwedenkönige. *Njǫrðr/Nerthus* erscheint bei den Nordgermanen als männliche, bei den Südgermanen als weibliche Fruchtbarkeitsgottheit *(Terra mater).* Vielleicht handelt es sich um ein androgynes Gottwesen (in der Welt der Religion keine Seltenheit) oder um Geschwister (in Inzestehe; s. u.). – *Loki* wird die Götterära am Weltende beschließen (altisländ. *lúka:* schließen, beschließen). Als ↗Trickster bringt er seine Mitgötter immer wieder in Verlegenheit, hilft ihnen aber durch seine Schlauheit (im Kampf gegen die Riesen) auch immer wieder aus der Klemme. Sein schlimmster Streich: Er tötete *Baldr* (den „weißen" Gott) mit einer Mistel (Vorbotin des Winters). Zur Strafe fesselten ihn die Götter an einen Felsen, von dem er erst am Weltende loskommen wird, um Unheil über die Götter zu bringen (dasselbe Motiv in der altiran. Mythologie). – *Frigg/Frija* (vgl. altind. *priyā:* Geliebte) fungiert als Gemahlin Odins. – *Freyja* (die „Herrin") lebt mit ihrem Bruder Freyr in Inzestehe. Als schmuckgierige Liebes-, Fruchtbarkeits- und Zaubergöttin unterhält sie zahllose Liebesaffären, ist bes. eng mit Odin liiert (mit dem sie sich auch in die Erfindung der Zauberkunst teilt). – Die Nordgermanen unterscheiden zwei *Göttergruppen:* die *Asen* (*áss* verw. mit *asura;* ↗Arier) und die *Vanen,* von denen die Vanen bes. mit der Fruchtbarkeit befaßt sind (Njǫrðr, Freyr, Freyja). Vielleicht haben die zwei Götterklassen einen spezifischen sozio-kulturellen Hintergrund: Kriegerreligion (Asen), Bauernreligion (Vanen). Für verschiedene germ. Gottheiten (Odin, Freyr, Nerthus) sind *Menschenopfer* bezeugt. – Die Mythen von *Weltentstehung* und *Weltende* (kollektive Eschatologie) zeigen Gemeinsamkeiten mit denen der Indo-Iranier (↗Arier). Für die Urzeit: das Urvakuum *(gap ginnunga),* Bildung der Welt aus dem Körper eines getöteten Urriesen, Entstehung des ersten Menschenpaares aus zwei Pflanzen. Für die Endzeit (*ragna rǫk:* Götterschicksal; *mūspilli:* Weltvernichtung): Einbruch eines schrecklichen Winters, Auflösung menschlicher Gemeinschaftsbande, Entfesselung des gefangenen Widersachers (Loki), der große Krieg zwischen den

Göttern und ihren Feinden (Loki, Riesen), kosmische Katastrophen (Kataklysmus, Weltenbrand), Erneuerung der Schöpfung, die (alleinige) Herrschaft eines mächtigen Gottes *(inn ríki)*. – Götter wie Menschen sind nach dieser Anschauung einem unabwendbaren *Schicksal* unterworfen.

4. Die *Riesen* (altisländ. *jǫtunn* <**etunaR:* Fresser) bilden als Bewohner der Un-Welt draußen, der Utgard, eine ständige Bedrohung von Göttern und Menschen, verkörpern die Kräfte der Natur in ihrem zerstörerischen Aspekt. Weitere „übermenschliche" Wesenheiten, teils feindlicher, teils freundlicher, jedenfalls un-heimlicher Natur: *Zwerge, Elfen, Wichte, Wasserwesen* verschiedener Art. – Auch *an sich selber* erlebt der *Mensch* „übermenschliches" Wesen: Er kann Kräfte in wandelbarer Gestalt aus seinem schlafenden Körper ausfahren lassen, zum Schaden, auch zum Nutzen anderer (schamanistische *Seelenexkursion*). Er kann fremde Gestalt annehmen *(skipta hǫmum)* und als Tier umherstreifen (etwa als *Werwolf:* Mannwolf). Er kann sich durch bestimmte Techniken in Kampfekstase versetzen und in die unberechenbare Wildheit und Wut eines rasenden Bären verfallen (Praktik der *Berserker,* einer bündisch organisierten Elitetruppe). Er kann seiner eigenen Exkursionsseele in Gestalt einer Frau *(fylgja)* begegnen, die ihm den Tod ankündigt. – Die *nachtodliche Befindlichkeit* (individuelle Eschatologie) richtet sich für germ. Vorstellung nicht primär nach moralisch-rel. Verhalten im Diesseits, sondern nach Todesart, Geschlecht, sozialem Status: Wer im Meer ertrinkt, kommt zur Meeresgöttin Ran; wer an Alter oder Krankheit stirbt, zu Hel (in ein unterirdisches Totenreich); Jungfrauen zu Gefjon-Freyja; Knechte zu Thor (derjenige Knecht aber, der seinem Herrn freiwillig in den Tod nachfolgt, zu Odin). Die im Kampfe fallen, werden ins Gefolge Odins eingereiht: in Walhall (Gefallenenhalle) fechten sie zum Vergnügen als Einzelkämpfer *(einherjar)* gegeneinander, werden immer wieder heil und lebendig, halten Biergelage. Daneben besteht die Meinung, der Tote lebe im Grabe als *„lebender Leichnam"* weiter (von wo aus er gefährliche oder nützliche Aktivitäten entfalte) oder er werde in einem Verwandten (der seinen *Namen* trägt) wiedergeboren *(endrborinn)*.

5. Von den germ. Stämmen sind die *Ostgermanen* (die Westgoten) am frühesten *christianisiert* worden (4. Jh.: Bibelübersetzung des Bischofs Wulfila), die *Nordgermanen* (Skandinavier) am spätesten (um 1000: isländ. Allthing). Die Christianisierung der *Südgermanen* (im wesentlichen die Angelsachsen, die ober-, mittel- und niederdeutschen Stämme) nimmt den Zeitraum dazwischen ein, der begrenzt ist von den großen Wanderbewegungen (Völkerwanderung, Wikingerzüge), die germ. Stämme und Expeditionstrupps bis nach Nordafrika, zum Kaukasus und an die Küste Nordamerikas führten.

Lit.: *R. Simek,* Lexikon der germ. Mythologie. Stuttgart 1984. Mit ausführlicher Bibliographie (479–525). *H.-P. Hasenfratz*

Geschichte/Geschichtsschreibung. 1. Begriffsbestimmung. Der G.s-Begriff gehört in der vergleichenden Kultur- und Religionsforschung zu jenen Grundbegriffen, die unter dem Einfluß der abendländischen Kultur- und Philosophiegeschichte so lange eine krit. Instanz anderen Kulturen gegenüber darstellen, als deren G.s-Verständnis nicht adäquat ins Bewußtsein gehoben bzw. vorrangig im Hinblick auf das abendländische Verständnis bestimmt wird. In unserem Kulturkreis ist G. ursprünglich eine beschreibende Kategorie, die – entsprechend dem griech. *historía* – die Erkundung und Beschreibung von Naturphänomenen sowie von Geschehensabläufen im Leben des/der Menschen, der Völker bzw. der Menschheit betrifft. G. wird in diesem Sinne in „G.n", jedenfalls in der G.s-Schreibung vorgestellt. Wo bei der Beobachtung der Geschehensabläufe nach Zusammenhängen, Abhängigkeiten und Begründungen gefragt wird, stößt man einmal auf die *zyklischen* Abläufe der Natur, sodann auf die Erfahrung menschlichen Lebens, das sich *linear* zwischen Geburt und Tod erstreckt. Die Deutung der G. steht folglich vor der grundlegenden Alternative einer zyklischen oder linearen G.s-Deutung. Vor allem in Kulturen und

Religionen, in denen menschliches Leben nicht in seiner Einzigartigkeit vom Leben der Natur abgehoben wird, sieht es sich ebenfalls den zyklischen Naturabläufen zugeordnet und ist dann die Überzeugung von einer Seelenwanderung bzw. ↗Reinkarnation verbreitet.

2. Geschichtssubjekt. Grundlegend für die Bewertung der G. ist die Bestimmung ihrer Subjekte. Kulturgeschichtlich entsteht die Frage dort, wo a) der Mensch sich gegenüber den Naturabläufen (↗Natur) als geschichtsgestaltendes Subjekt entdeckt und b) sich auch gegenüber den Naturabläufen selbst die Frage nach dem tragenden und gestaltenden Subjekt stellt. Die Frage b) findet – gegen impersonal mit Gesetz (↗Dharma), Ordnung/Kosmos, Weg (↗Tao) u.ä. operierende Weltanschauungen – ihre stärkste Antwort, wo – wie in der jüd.-christl. Tradition – die Unterscheidung von geschöpflicher Welt und Schöpfergott (↗Welt/Schöpfung IV) wirksam wird. Die Frage a) tritt in der abendländischen Neuzeit dort in verschärftem Maße ins Bewußtsein, wo eine theozentrische Weltbetrachtung durch eine anthropozentrische ersetzt wird, eine gott-lose Weltbetrachtung sich auf die weltgestaltenden Fähigkeiten und Tätigkeiten des Menschen konzentriert und G. konsequenterweise zu einer anthropologischen Kategorie wird. Dabei erfährt diese Fragestellung eine doppelte Zuspitzung: Einmal wird – nicht zuletzt unter dem Einfluß der exakten Naturwissenschaften – unter G.s-Schreibung eindeutig eine auf reale Geschehensabläufe bezogene Beschreibung verstanden und folglich die Zäsur zwischen G. und G.n, G. und ↗Mythos deutlich markiert. Sodann bleibt die Akzentverlagerung von einem deskriptiven zu einem anthropologischen G.s-Begriff nicht ohne Wirkungen für die Beschreibung selbst bzw. für das Verhältnis von geschichtsermöglichenden Vorgaben (↗Natur) und geschichtsgestaltenden Prozessen und Resultaten (↗Kultur; Zivilisation u.a.). In dem Maße, als die G.s-Schreibung vom subjektiven Blickwinkel und Interesse des Historiographen bestimmt ist, verbindet sich mit der objektiven Darstellung geschichtlicher Abläufe bereits die subjektive G.s-Deutung. In den Extremen stehen sich protokollarische Wiedergaben von Abläufen und Ereignissen und subjektive Eindrucksschilderungen und Deuteversuche unter völliger Vernachlässigung der objektiven Gegebenheiten gegenüber. Zu den entscheidenden Fragen im interkulturellen Dialog gehört die Klärung der Frage, wieweit bzw. seit wann etwa die aus Asien (Indien, China, Japan) bekannten Historiographen bereits den Menschen als sich seiner Subjektivität in der G.s-Gestaltung bewußtes Subjekt von G. erkennen lassen.

3. Heilsgeschichte. Das abendländische G.s-Verständnis hat seine entscheidenden Wurzeln im bibl. G.s-Begriff. In ihm verbindet sich das Moment der Beobachtung mit dem Moment der Deutung. Insofern als G. wesentlich ein Miteinander von einem geschichtsmächtigen Gott und geschichtsgestaltenden Menschen ist, ist sie grundsätzlich dialogisch ausgelegt.

a) *Alttestamentlich* stehen im Zentrum der gesch. Betrachtung Werden und Schicksal des Volkes Israel, das einerseits im Rahmen der umfassenderen G. der benachbarten Völker, andererseits im Horizont der Erwählung und Führung durch seinen Gott gesehen wird. Die jüd. Volks-G. wird dabei als G. eines ↗Bundes Gottes mit seinem Volk verstanden und wird im Laufe der Zeit in wachsendem Maße zu einem Paradigma für die Deutung der ganzen Menschheits-G. Danach hat diese in der Erschaffung der Welt durch denselben Gott als Schöpfer Himmels und der Erde ihren Anfang genommen und findet sie im Gericht desselben Gottes ihr Ende. Entsprechend durchzieht die G. zwischen Anfang und Ende der Welt der ständige Versuch, die Wechselfälle der G. aus dem Verhältnis von Gott und Volk/Völkern bzw. später auch Gott und Einzelmensch zu deuten. Diese Deutungsversuche betreffen vor allem die *negativen* Lebenserfahrungen im individuellen wie kollektiven Leben, Kriege, Sklaverei, Unterdrückung und Ungerechtigkeit, das ↗Böse, Krankheit und ↗Tod, zumal auch das *Aporetische,* das in unverschuldetem Leiden beschlossen ist. In den geschichtlich wirksamen Unheilserfahrungen verstand das Volk

Israel Gott als seinen Retter und Befreier (↗Heil V). ↗Exodus und Exil wurden zusammen mit dem Bundesschluß am Sinai zu grundlegenden Pfeilern, die in der prophetischen G.s-Deutung ein zukunftsorientiertes Vertrauen auf Gottes bleibende Treue zu seinen Heilsverheißungen und seiner Zukunftseröffnung bewirkten. Das Bewußtsein der Heilsverheißung weckte schließlich den Mut, in der Frage des Leidens Gott selbst zur Rechenschaft aufzufordern (Ijob; ↗Theodizee).

In der Reflexion auf den in den ↗Heiligen Schriften des Judentums zutage tretenden Umgang des Volkes Israel mit seinem Gott in der G. kann diese theologisch als eine G. von Heilserfahrungen, -verheißungen, aber auch -erwartungen, kurz: als ↗*Heilsgeschichte*, beschrieben werden. Diese betrifft zunächst Israel, sieht sich aber dann als universale Heils-G. ausgeweitet auf die ganze Menschheits-G. Die Konzeption der Heils-G. wird aber zugleich zu einer Provokation an jedes andere G.s-Verständnis, seinerseits Rechenschaft von Sinn und Ziel der G. zu geben (G.s-Philosophie; G.s-Theologie).

b) *Neutestamentlich* steht für das Christentum ↗Jesus Christus als der Verkünder und „Re-präsentant" des anstehenden ↗Gottesreiches und der endgültigen Erlösung der Menschheit von Tod und Sünde im Horizont einer vom Ende her – eschatologisch-apokalyptisch – bestimmten Erwartung Gottes als des endgültigen Retters („Heiland"). Leben und Sterben Jesu bilden in ihren historisch greifbaren Momenten der Verkündigung, der Taten (↗Wunder) und des gewaltsamen Todes am Kreuz eine G. von Erschließungssituationen, in denen die genannten Momente zu Verweisen („Zeichen") für sich welthaft auf eine absolute ↗Zukunft hin eröffnendes/mitteilendes ↗Heil werden.

c) Im Zusammenhang mit dem apokalyptischen Zeithorizont war das Christusereignis in der Folgezeit die Grundlage für ein universalgesch. Heilsverständnis. Dieses sah sich dann aber durch zwei Ereignisse gefährdet: 1. durch den Verlust des eschatologisch-apokalyptischen Bewußtseins infolge der gescheiterten Naherwartung sowie des Einflusses einer eher geschichtsindifferenten griech. Metaphysik, 2. durch das neuzeitl. Zerbrechen des theol. G.s-Denkens, das nicht zuletzt unter dem Ausfall der christolog. Vermittlung Schaden litt, und die Auflösung der Universal-G. in einer relativistisch-historischen G.s-Betrachtung, deren Interesse sich vordringlich auf das hist. Faktenwissen (und die hist. Wahrheit) beschränkte und das Historisch-Einzelne in seiner Relativität als Antwort auf die Frage nach der „absoluten Wahrheit" entwertete. Das Interesse an der G. als Ort des Heilsgeschehens wird in unseren Tagen zusätzlich dadurch relativiert, daß der jüd.-christl. G.s-Konzeption andere Heilswege gegenübertreten, die Heil und Sinn nicht *in* der G., sondern losgelöst und befreit von ihr vermittelt sehen.

4. Geschichte und Geschichten. Eine Neubewertung der G. und der in ihr zu verwirklichenden Sinnerfüllung wie auch ein interrel. Dialog über die G. muß bei der Tatsache ansetzen, daß sich die Orientierung der G. stets in erzählten G.n erschließt. Dabei können die Erfahrungen mit der Bibel wegweisend sein. Die Erzählung bibl. G.n wird in der Christentums-G. immer dort eingeengt bzw. gar verdrängt, wo neue Fragehorizonte sich der G.n bemächtigen und eigenmächtige Verfügungen über sie diese nicht mehr sagen lassen, was sie zu sagen beabsichtigen. Zur unsachgemäßen Einengung des Blickwinkels trägt auch bei, wenn bibl. Texte nicht mehr als gewonnene Erfahrungen in und mit der G. in heutige Lebenssituationen übersetzt werden, so daß diese ihrerseits als Erschließungssituationen erkannt werden können. Wesentlich für eine solche Einsicht sind freilich die anthropologische Einsicht in die *Begrenztheit* des Menschen – individuell wie kollektiv – als Subjekt aktiver Weltgestaltung sowie die Anerkennung der Tatsache, daß der Mensch sich in Annahme *und* Hingabe, Passivität *und* Aktivität verwirklicht. Nur wo Menschen sich als empfangend-gebende Subjekte anerkennen, wächst die Bereitschaft, sich erneut für umfassendere Sinnhorizonte zu öffnen und in diesen vorfindliche Sinnfindungsangebote als sie selbst betreffend in Erwägung zu ziehen. In diesem Zusammenhang ist auch das erneuerte Interesse

an den Biographien von ↗Heilsgestalten und Heiligen in allen Religionen zu verstehen.

Lit.: *F. P. Hager / G. Scholtz,* Art. G., Historie: HWP III 344–398; *G. Lanczkowski u. a.,* Art. G./G.s-Schreibung/G.s-Philosophie: TRE XII 565–698; *E. Breisach / A. Momigliano,* Art. Historiography: ER VI 370–390; *R. M. Seltzer / C. T. McIntire,* Art. History: ebd. 390–399; *P. Ricœur,* Art. Myth and History: ebd. X 273–282. *H. Waldenfels*

Geschlechtlichkeit ↗Androgyn; Erotik und Religion; Hermaphrodit; Phallus; Tiefenpsychologie.

Gesetz

I. Jüdisch. – II. Christlich. – III. Asiatisch

I. Jüdisch. Für das dt. Wort „Gesetz" kennt das Hebr. viele Ausdrücke, deren bedeutendster *tora* ist. Urspr. ist „Tora" in mehreren Lebensbereichen beheimatet:

a) die mündliche(n) Weisung(en) der Eltern an die Kinder (z. B. Spr 4,3 f., 6,20), die ihnen helfen sollen, das Leben zu meistern;

b) die Lehren des Weisheitslehrers an seine Schüler (z. B. Spr 13,14), welche in die Ordnungen der Welt und ihre erfolgreiche Ausnutzung einweisen;

c) konkrete mündliche Einzelgebote des Priesters an den unwissenden Laien im Hinblick auf kultische Fragen der Reinheit (Lev 13), der Opfer (Lev 1 ff.), der Feste (Ex 12,43), des Ordals (Num 5,11 ff.) u. a. m. (vgl. Begrich). Einen Eindruck vom Vorgang der priesterlichen *tora*-Erteilung vermittelt Hag 2,11–13. Daß die Leviten als wandernde G.es-Lehrer bes. dazu beigetragen haben, daß das Volk mit den G. vertraut wurde, darf man vermuten (vgl. den alten Mosesegen Dtn 33,10 und 2 Chr 17,9).

d) das Gewohnheitsrecht, nach welchem die örtlichen Gerichte der Ältesten urteilten (vgl. Ex 21,1 ff.). Über Herkunft, Form und genauen Umfang des ältesten Rechtes in Israel im Vergleich mit den reich bezeugten altoriental. Rechtstexten bestehen Unsicherheiten. Auffälligerweise wird im AT niemals der König als Schöpfer des Rechts genannt, sondern diesem selbst unterstellt (Dtn 17,14 ff.). Aus diesen unterschiedlichen Wurzeln in der Eltern-Pädagogik, in der Weisheit, in der priesterlich-levitischen Kultpraxis sowie in der Laienrechtsprechung hat sich im Laufe der Religions- bzw. Sprachgeschichte ein umfassender Begriff der Tora herausgebildet, der schließlich alle Willens- und Selbstkundgabe Gottes, auch in der Geschichte, unter dem Oberbegriff der nunmehr schriftlich fixierten „Tora Gottes", „*der* Tora" umgreift. Diese wird auf das engste mit Mose in Verbindung gebracht, so daß sie auch als „Tora des Mose" bezeichnet werden kann. Tora wird geradezu gleichbedeutend mit der umfassenden „Offenbarung" Gottes. Schon in der Prophetie ist diese Tora Jahwes Maßstab der Kritik und Begründungselement für die Unheilsverkündigung (z. B. Hos 4,6; Jes 5,24; 30,9; Jer 6,19). Gelegentlich finden sich in polemischer Umkehrung Nachahmungen der priesterlichen Tora (z. B. Am 5,21–24; Hos 6,6; Jes 1,10–17). Eine erste, äußerst folgenreiche, in nahezu alle atl. Bereiche ausstrahlende Ausformulierung einer „G.es"-Theologie stellt das Deuteronomium dar; mit seiner vereinheitlichenden Zentrierung auf die als heilvolles Geschenk verstandenen Gebote kommt ihm im AT eine Schlüsselstellung zu, und man hat es sogar als „Mitte des AT" bezeichnet. Wenn Israel als zuerst von Gott auserwähltes und mit einem Bund begnadetes Volk das G. hält, dann wird es in Freude Segen und Leben erhalten; bricht es aber das G., dann wird es Fluch und Tod erleiden (Dtn 29 f.). In diesem Sinne wird die gesamte Geschichte Israels nach dem Maßstab der G.es-Observanz durchdacht (Dtn – 2 Kön; verstärkt noch in der Chronik). In der nachexilischen Priesterschrift verschiebt sich der Akzent auf die Furcht vor G.es-Übertretungen und die Sühne dafür. Eine gewisse ängstliche Kasuistik darf nicht verschleiern, daß der Grundton der G.es-Frömmigkeit doch die Freude und die Dankbarkeit für die von Gott gewährte Lebensordnung ist (vgl. die sog. G.es-Psalmen 1; 19 B; 119). Unter Esra wird das G. Mose zum pers. Reichsrecht (vgl. Esra 7; Neh 8). In der Auseinandersetzung mit dem ↗Hellenismus kommt es in Sir 24 zur Identifikation von G. und Weisheit, d. h., die Tora gewinnt universale Dimension und kann fast mit der Weltordnung, mit der Vernunft

gleichgesetzt werden. Die oft gerügte LXX-Übersetzung von *tora* mit *nómos* scheint daher sachgemäß.
Das in sich so vielschichtige Frühjudentum hat darin einen breiten Konsens, daß das G. die bleibende Grundlage Israels als des Gottesvolkes ist, daß das G. keine drückende Zwangslast, sondern Freude, Gnade, Heilsweg bedeutet und daß im Prinzip *alle* Gebote zu halten sind, wobei freilich das Kult-G. zunehmend allegorisch auf das vernünftige Welt- und Sitten-G. hin interpretiert wird. Daß die Mose-Tora aufgehoben oder durch eine messianische ersetzt würde, ist trotz der Tempelrolle und des Jubiläenbuches außerhalb des Erwartungshorizontes. Eine unmittelbare Einpflanzung des G. in die Herzen in einem neuen Bund, eine Aufklärung über den Sinn schwer verstehbarer Vorschriften durch den Messias, eine Akzentuierung und universale Ausweitung bzw. eine Völkerwallfahrt zum Zion als dem Ort, von wo das G. ausgeht, sind feste Topoi der Eschatologie.
II. Christlich. Die Haltung des NT gegenüber dem atl.-jüd. G. ist in Kontinuität und Diskontinuität sehr unterschiedlich und facettenreich, bis hin zu gegenseitiger Kritik und Bekämpfung:
Jesus – soweit seine Haltung zum G. überhaupt noch aus den vielstimmigen Interpretationen der Evangelisten erhoben werden kann – radikalisiert das G., indem er den ganzen Menschen fordert und uneingeschränkten Gehorsam verlangt (Bergpredigt). Zugleich zentriert er das G. auf das Doppelgebot der Liebe (Mk 12,28–34 par); damit werden vor allem die Reinheits-, Absonderungs- und Sabbatgebote sowie die Eid- und Scheidungspraxis des zeitgenössischen Judentums zumindest sehr stark relativiert.
In der Theologie des *Markus* spielt die Freiheit vom Ritual-G. eine zentrale Rolle; den Jüngern Christi ist die Tischgemeinschaft mit Sündern und Heiden erlaubt (Mk 2,15 ff.), die Strenge des Fastens und der Sabbatobservanz durchbrochen (2,18 ff.), die Reinheitsgebote sind aufgehoben (7,1 ff.). Dagegen wird das Sitten-G. des AT als gültig beibehalten (7,18–23). *Matthäus* stilisiert Jesus als neuen Mose, der das G. bis zum letzten Jota erfüllt und von seinen Jüngern „bessere Gerechtigkeit“ als die der Pharisäer fordert (Mt 5,17–20), worin Tempelkult und Reinheitsgebote eingeschlossen sind. *Lukas* zeichnet eine heilsgesch. Bewegung vom anfänglichen Leben nach dem G. bis hin zur gesetzesfreien universalen Kirche (vgl. Apg 10 f. und programmatisch 28,27 f.). *Johannes* sieht durch Jesus wie exemplarisch den Sabbat, so das ganze alte G. aufgehoben (Joh 1,17; 5,18) und durch das neue Gebot der Liebe ersetzt (13,34 f.), das ganz und gar auf der Autorität der Person Jesu Christi als des einzigen autoritativen Vermittlers des Vaters beruht. Das G. zeugt zwar von Jesus Christus (5,31 ff.), ist ansonsten aber nur „euer (der Juden) G.“ (8,17; 10,34; 18,31).
Im hellen. Zweig des Urchristentums, bes. im sogenannten „Stephanuskreis“, entwickelt sich ein gesetzesfreies Christentum, das seine Wurzeln auch in Erfahrungen aus der Mission hat (vgl. Apg 6,14; 7). Die Auseinandersetzung der nomistischen Richtung unter Führung des Herrenbruders Jakobus und des Petrus mit dieser „heidnischen“ Richtung, bei der es zu Verfolgungen von seiten der Jerusalemer Judenschaft, etwa auch durch Saulus, kam, bildete ein zentrales Problem der Geschichte des Urchristentums.
Paulus hat in seinem Leben eine radikale Wende seiner Einschätzung des G. erfahren: Zunächst als eifriger pharisäischer Frommer „im G. untadelig“, hat sich ihm von der Offenbarung Jesu Christi her der Weg des G. als überwundener Irrweg gezeigt (Gal 2; Phil 3). Damit ist das Thema G. aber keineswegs erledigt; Paulus entfaltet eine reiche und sehr tiefsinnige Theologie des G., aber es ist schwer, alle seine Aussagen in ein systemat. Ganzes einzufangen. Einerseits steht ihm fest, daß das G. gut, heilig und von Gott zum Leben gegeben ist (Röm 2,10–16; 7,12.22). Andererseits ist es wie eine „Episode“ 430 Jahre nach Abraham (Gal 3,17) nur „zwischeneingekommen“ (Röm 5,20). Durch das G. wird die Sünde erst mächtig; es zeigt die Sünde des Menschen auf und bewirkt dadurch den Zorn Gottes (Röm 1,18 ff.; 4,15). Durch die Macht der Sünde ist das G. letztlich sogar mißbraucht worden als subtilstes Mittel, seine eigene Gerechtigkeit vor Gott zu be-

haupten und sich nicht der allein in Jesus Christus geschenkten Gnade zu öffnen (Röm 3,27; Phil 3,8f.). Das so pervertierte G. ist von (dämonischen?) Engeln erlassen (Gal 3,19) und führt zum Tod. Aber gerade darin, daß es die Sünde aufdeckt oder aber raffiniert die Möglichkeit eigener Gerechtigkeit vorgaukelt und so in der Sünde und im Tod unentrinnbar festhält (Röm 7), fungiert es als „Zuchtmeister auf Christus" (Gal 3,24). Dabei wird die Verhaftung in der Sünde nicht analytisch aus den Phänomenen erhoben, sondern erst von der Erlösung durch Christus her wird deutlich, wie sehr der Weg des G. an Gottes Wirklichkeit vorbeiführt. Dies exemplifiziert Paulus an seiner eigenen jüd. Vergangenheit, am Judentum insgesamt, aber auch an den Heiden, denen Gott das G. ins Herz geschrieben hat (Röm 2,15). Hier ist kein Unterschied zwischen allen Menschen. Der Zusammenhang von Sünde, G. und Tod ist ein fundamentalanthropologischer (1 Kor 15,56). Das existential gemeinte Evangelium aber lautet: „Christus ist des G. Ende" (Röm 10.4). Damit ist die ethische Verpflichtung keineswegs aufgehoben, sondern als selbstverständliche Entsprechung zur erfahrenen Liebe noch verschärft (Röm 13,8ff.; Gal 6,2ff.).
Der Hebräerbrief stellt auf seine kultisch-priesterliche Weise ebenfalls heraus, daß durch das Opfer Jesu ein für allemal Sündenvergebung geschehen ist und daß damit der „neue Bund" den alten abgelöst hat (Hebr 8f.).
Im Jakobusbrief ist das G. vollständig verchristlicht. Es geht nicht mehr um das Problem der Mose-Tora. Wie in der frühchristl. Lit. des 2. Jh. insgesamt scheint das Problem des jüd. G. im Sinne des Mk-Evangeliums gelöst: festgehalten werden das Sitten-G., insbesondere das Liebesgebot und der ↗Dekalog, das Zeremonial- und Justial-G. aber wird aufgegeben oder allegorisch-typologisch umgedeutet.

III. Asiatisch ↗Dharma.

Lit.: *J. Begrich,* Die priesterliche Tora: ders., Gesammelte Studien zum AT. München 1964, 232–260; *H. J. Boecker,* Recht und G. im Alten Testament und im Alten Orient. Neukirchen-Vluyn [2]1984; *H. Gese,* Das G.: ders., Zur biblischen Theologie. Tübingen [2]1983, 55–84; *K. Koch u. a.,* Art. G.: TRE XIII 40–126; *G. Liedke u. a.,* Art. Tora: THAT II 1032–1043; *R. Smend / U. Luz,* G. Stuttgart 1981; *W. Zimmerli,* Das G. und die Propheten. Göttingen 1963.

M. Oeming

Gilgamesh(epos)

↗Babylonisch-assyrische Religion.

Gilgameš (sum. *Bilgameš,* altbabyl. *Giš*), sagenhafter König der im südl. Zweistromland gelegenen sum. Stadt Uruk, nach der sum. Königsliste 5. Herrscher der 1. Dynastie der Stadt; in die frühdynastische Zeit, etwa zwischen 2750 und 2600 zu setzen. Eine epische Erzählung in sum. Sprache berichtet über eine Auseinandersetzung zwischen G. und dem König Akka von Kiš, die einen hist. Kern haben dürfte. Auch wurde G. der Bau der Stadtmauer von Uruk, die in ihrem Bestand und Verlauf heute noch nachweisbar ist, zugeschrieben. Außer der genannten Erzählung sind bisher vier sum. Mythendichtungen über G. bekannt geworden: G. und das Land der Lebenden, G. und der Himmelsstier, G., Enkidu und die Unterwelt, Der Tod des G. Letztere Erzählung verbindet sich mit der auch dem akkad. Schrifttum vertrauten Vorstellung über die Funktion des G. als Richter der Unterwelt. Zwei der oben genannten Dichtungen (G. und das Land der Lebenden, G. und der Himmelsstier) wurden in die akkad. epische G.-Überlieferung aufgenommen. Diese erscheint vorerst in einer altbabyl. Fassung, von der zwei Tafeln erhalten und etwa in das Jahr 1700 zu setzen sind. Ihnen ging eine noch nicht gefundene Tafel voraus, mindestens eine weitere folgte. Ein anderer Textzeuge sind zwei Bruchstücke einer rund 100 Jahre älteren Tafel. Der volle Umfang des altbabyl. G.-Zyklus muß uns aus Mangel an inschriftlichem Material vorerst verborgen bleiben. Die Gestalt des Werkes, die uns als das „G.-Epos" im eigentlichen Sinne bekannt ist, stellt das Elf-Tafel-Werk dar, das wahrscheinlich im 12. Jh. v. Chr. durch den wohl in Uruk lebenden Sîn-leqe-unnīnī geschaffen wurde und vornehmlich in Kopien aus der Bibliothek des Assyrerkönigs Assurbanipal (669–631/29?) in Ninive belegt ist. Der Dichter hat unter freier Verwendung des älteren babyl. Überlieferungsstoffes, wobei er in die 11. Tafel die ↗Sintflut-Geschichte des Atramḫasīs-Epos einarbeitete, das erste Großepos

der Weltliteratur geschaffen, das im Alten Orient ohne Beispiel ist. Allerdings ist auch das Elf-Tafel-Epos – eine 12. Tafel, der sum. G.-Überlieferung entstammend, wurde erst später als keineswegs organische Fortsetzung hinzugefügt – bei weitem nicht vollständig erhalten, so daß sich die Bearbeiter zur Gewinnung einer fortlaufenden Übersetzung genötigt sahen, die Lücken mit Hilfe von Rückgriffen auf den gesamten Überlieferungskomplex behelfsmäßig zu schließen.
Die Dichtung geht über den Inhalt eines Heldenepos weit hinaus und berührt die zeitlosen Menschheitsfragen nach dem Sinn des Lebens und des Todesgeschicks. In der ersten Hälfte des Epos führen die Handlungsfäden zu der durch den Tod des Enkidu, des Genossen G.s, markierten Krisis. G. und Enkidu verletzen, indem sie Ḫuwawa, den dämonischen Wächter des Zederngebirges, erschlagen, göttliche Ordnung und gehen durch die Tötung des Himmelsstiers und die Beleidigungen der Göttin Ištar noch weiter auf dem Wege der Hybris. G., der nach dem durch Beschluß der Götter verhängten Tod des Enkidu auf der Suche nach dem ewigen Leben durch die Welt irrt, erhält durch seinen Urahnen Utnapištim, zu dem er schließlich gelangt ist, den Rat, sich als Erfüllung seines Lebens den Aufgaben seines Königtums mehr als bisher zu widmen. Am Ende der 11. Tafel verweist G. mit denselben Worten, die das Epos einleiteten, in berechtigtem Stolz auf sein größtes, sein Leben weit überdauerndes Werk, die Mauer von Uruk.

Lit.: *S. N. Kramer:* ANET³ 44–52; RLA III 357–374; *W. H. Ph. Römer,* Das sum. Kurzepos „Bilgameš und Akka". Kevelaer 1980; *A. Schott / W. v. Soden,* Das G. Stuttgart 1958, Neudr. 1985; *H. Schmökel,* Das G. Stuttgart ⁶1985.
H. Schützinger

Glaube(n)

I. Sprachlich. – II. Alttestamentlich/jüdisch. – III. Christlich. – IV. Islamisch. – V. Außerchristlich

I. Sprachlich. G. ist religiös Ausdruck des fundamentalen menschlichen Grundverhältnisses zu Gott bzw. zum Göttlichen. Sprach- bzw. begriffsgesch. zeigt sich jedoch, daß das Verb „glauben" kein eindeutig rel. Grundbegriff ist. Im dt. Begriffsfeld geht es vorchristlich sowohl um das freundschaftliche, vertrauensvolle Verhältnis von Mensch zu Mensch wie von Mensch zu Gott. Unter christl. Einfluß bezeichnet „glauben" einmal die radikale Vertrauenshaltung des Menschen Gott, seiner Allmacht, Gerechtigkeit und Gnade gegenüber, aus der aber dann im Hinblick auf seine Wahrheit ein Fürwahrhalten dessen wird, was Gott offenbarend mitteilt. Wo Gottes ↗Offenbarung aber vorrangig informationstheoretisch verstanden wird und als ein höheres Wissen in Konkurrenz zur mit Hilfe der menschlichen Vernunft erlangten Erkenntnis tritt, ergibt sich ein wachsendes Konkurrenzverhältnis zwischen G. und Wissen. Die neuzeitliche Profanisierung dieses Verhältnisses hat aufgrund der unterschiedlichen Gewißheitsgrade der Glaubwürdigkeitsbegründung das G.ns-Verständnis bis zu einer rein gefühlsmäßigen Reaktion im Sinne von Vermutung, Meinung, Verdacht ausgedünnt. Tatsächlich finden sich im dt. Glaube/glauben heute ununterschieden eine Fülle von Bedeutungsinhalten zusammen, für die im Latein so verschiedene Begriffe wie *credere, fides, fidelis,* dann *putare, opinari* u.a. oder im Engl. *belief* und *faith* zur Verfügung stehen. Bei der Verwendung von Glaube/glauben ist jedenfalls nicht nur im allg., sondern auch im rel. Sprachgebrauch auf die konkrete Bedeutung der Begriffe zu achten. Grundlegend ist für den jüd.-christl. Bereich die im prononcierten „Amen"-Sagen zutage tretende absolute, worthaft-tathafte Hinordnung des ganzen Menschen auf den in der Geschichte sich worthaft-tathaft, d.h. personal mitteilenden Gott. G. ist in seinem Grund ein interpersonal-dialogisches Geschehen, das auch da noch wirksam bleiben muß, wo G. im Sinne eines Fürwahrhaltens von G.ns-Wahrheiten bzw. eines worthaften G.ns-Bekenntnisses konkret Gestalt findet. Noch nicht hinreichend geklärt ist, ob und wieweit in der rel.-wiss. Frage nach dem G. in anderen Religionen das christl. G.ns-Verständnis als Vorgabe und Maßstab dient. Zweifellos hat aber die Beschreibung der rel. Antworthaltung als G. in jüd.-christl. Religiosität zur Entdeckung von expliziter und impliziter G.ns-Haltung in anderen Religionen beigetragen.

Lit.: Art. G.: *J. u. W. Grimm,* Deutsches Wörterbuch IV/I 4. Leipzig 1949, 7777–7819; Art. G.n: ebd.

7819–7847; *A. Mair/J. Brough,* Art. Belief: ERE II 459–465; *W. Morgan u.a.,* Art. Faith: ERE V 689–697, *H. Forster/W. Lohff,* Art. G.: HWP III 627–646; *E. Heintel/U. Diechse,* Art. G. und Wissen: ebd. 646–655; *K. Jaspers,* Der philosophische G. angesichts der Offenbarung. München 1962.

H. Waldenfels

II. Alttestamentlich/jüdisch. Biblisch ist die allg. Verwendung des Begriffs G. zur umfassenden Bezeichnung der Gottesbeziehung (Religion) nicht zu finden. Ein inhaltlich fest zu umreißender bibl. – AT und NT umgreifend – G.ns-Begriff ist auch nicht auszumachen, vielmehr zeigen AT und NT diesbezüglich gerade ihr Eigengewicht. Während *pístis* im NT zum theol. Zentralbegriff mit komplexer Semantik geworden ist, fehlt eine vergleichbare begriffliche Festlegung für das AT, eine Reihe von Begriffen umschreiben bei unterschiedlicher Nuancierung den Sachverhalt: Vor allem ist hier das Verb *'mn* „fest, sicher" zu nennen, das im Hifil-Stamm eine feste zuversichtliche innere Haltung bezeichnet; sodann sind die Verben *bāṭaḥ* „vertrauen", *jāre'* „fürchten", *jāhal* „harren", *ḥākah* „hoffen" sowie *hasah* und einige andere mehr als zum Wortfeld gehörig zu nennen. Paradigmatisch für das atl. G.ns-Verständnis können Gen 15,6, Jes 7,9 und Hab 2,4, die auch eine überaus große Rezeption im jüd. und christl. Bereich aufzuweisen haben (vgl. A. v. Dobbeler, bes. 116ff.), behandelt werden.

Gen 15,6 ist nicht nur Grundstelle für Luthers Lehre von der Rechtfertigung allein aus G., sondern vor allem Ausgangspunkt für den im Judentum, Christentum und Islam wichtigen Hinweis auf ↗Abraham, den „Vater des G.". Bedeutungsinhalt des G. ist hier nicht die Reaktion auf die ergangene Verheißung (V. 5), sondern das sich in der Äußerung der Klage (V. 3f.) artikulierende in Gott gegründete Vertrauen, das in V. 6a nochmals als Voraussetzung für V. 6b betont wird (*w*^{e}*hae*^{ae}*mîn* = Durativ!), so daß Abraham in dieser Haltung die Nachkommenverheißung als Gerechtigkeit/Gnadentat Jahwes ansehen konnte (vgl. M. Oeming: ZAW 95 [1983] 182–197).

In dem Wortspiel von Jes 7,9 (*'mn* Hifil – Glauben; *'mn* Nifal – bleiben, Bestand haben) wurde häufig die Basisstelle des bei Jesaja erstmals anzutreffenden atl. G.ns-Verständnisses erkannt. Der Vers gehört aber zu einer späteren Bearbeitung des Kapitels, die durch kleinere Zusätze dem Text eine neue und bleibende Aktualität zu geben versucht (vgl. C. Dohmen: BN 31 [1986] 37–56). Dies gelingt hier vor allem durch Vers 9b, den sie an die Nahtstelle des Textes setzt, um den zwischen Vers 9a und Vers 10 stillschweigend vorausgesetzten Unglauben König Ahas' zum Anlaß zu nehmen, Späteren Ahas' Fehlverhalten als Paradigma vorzuführen. Für das atl. G.ns-Verständnis ist die Stelle somit nur mittelbar heranzuziehen, weil es ihr recht unbestimmt um die Forderung nach G. bzw. Vertrauen geht, die sie als aktualisierende Interpretation einer Situation des Un-G. versteht. Aus dem Beispiel des Ahas wird die Entscheidungsfrage abgeleitet: „Wenn *ihr* nicht glaubt ..."

Hab 2,4 hat eine besondere Bedeutung durch die Zitation in Röm 1,17 und Gal 3,11 im Kontext der Rechtfertigung des Glaubenden erhalten. Trotz der divergierenden Bedeutung von *'aemûnah* – G., Treue, Aufrichtigkeit usw. – muß vor allem die Differenz zu Gen 15,6 beachtet werden (s.o.); denn anders als dort geht es hier um das Leben des Menschen, das dem, der an Jahwe festhält, aufgrund seiner *Treue* zugesprochen wird, da sein G. „ein in Gerechtigkeitstaten sich verleiblichender G." (Realisierung des Dekalogs)" ist (A. Deissler, NEB z.St.).

Diese Vielfalt atl. G.ns-Verständnisses hat auch prägend auf das des Judentums gewirkt. Dies ist zumindest auch ein Grund dafür, daß das Judentum niemals allgemein anerkannte und verbindliche Glaubenssätze (Dogmen) hervorgebracht hat. Trotz einiger beachtenswerter Versuche – bis hin zu Moses Maimonides (1135–1204) –, Glaubenssätze zu formulieren, hat sich allein das monotheistische Grundbekenntnis, wie es auch das sogenannte „Höre, Israel" (Dtn 6,4ff) ist, allg. durchsetzen können, nicht zuletzt deshalb, weil es in der gesch. Erfahrung Israels gründet (vgl. Dtn 4,32ff.; 26,5ff.). Es ist der G. an den sich in der Geschichte offenbarenden Gott, der Orthodoxie und Orthopraxie im Judentum bestimmt. Bes. imposant hat *M. Buber* versucht, die Vielfalt des bibl. G.ns-Verständnisses einer

Deutung näherzubringen, indem er zwei G.ns-Weisen unterscheidet: zum einen G. als personales Vertrauensverhältnis (AT, Pharisäismus, Jesus) und zum anderen G. als Anerkennen von Sachverhalten (hellen. Judentum, Urchristentum, bes. Paulus).

Lit.: *M. Buber,* Zwei Glaubensweisen. Zürich 1950; *S. S. Cohon,* Jewish Theology. Assen 1971; *A. v. Dobbeler,* G. als Teilhabe. Tübingen 1987; *H. Haag,* G. und Dogma im AT und im Judentum: ders., Das Buch des Bundes. Düsseldorf 1980, 187–193.

Chr. Dohmen

III. Christlich. 1. Neutestamentlich. Christl. gesehen, gründet der G. in der offenbarenden Gottestat in Jesus Christus, also in Gottes Selbstoffenbarung in Jesu Reden und Schweigen, Handeln und Leiden und zumal im abschließenden Offenbarungsereignis seiner Auferstehung. So spiegelt es sich in der Doppelforderung: „Glaubt an Gott, und glaubt an mich!" (Joh 14,1). Grundlage des G. ist somit die vertrauende Selbstübereignung an Gott (Hebr 11,1.6), seine Erfüllung die Akzeptanz der in der Lebensgeschichte Jesu ergangenen Gottesoffenbarung. Zu diesem Vollbegriff führen im Horizont der ntl. Gesamtaussage drei Wege: der synopt., der paulinische und der johanneische.

a) Für die *synopt. Evangelien* ist der Gegenbegriff zu G. nicht, wie allg. angenommen und auch von ihnen bisweilen nahegelegt wird, der Unglaube, sondern (nach Mk 4,40) die Angst. Deshalb hat die G.ns-Erweckung durch Jesus, wie im Fall des bangenden Vaters (Mk 5,36), vielfach den Charakter einer Angstüberwindung. So entspricht es seiner rel.-gesch. Großtat, durch die er den Schatten des Entsetzlichen aus dem Gottesbild tilgte, um darin das Antlitz des bedingungslos liebenden Vaters zum Vorschein zu bringen. Darum führen das Wachstum (Mt 17,20) und die Mehrung des G. (Lk 17,5) über den Anschluß an Jesus und das Vertrauen auf seine rettende Heilsmacht. Umgekehrt stellt er diese unter Beweis, wenn er in den Herzen der Bittsteller den G. „sieht" (Mk 2,5; Mt 8,10) und „stärkt" (Lk 17,5).

b) Für *Paulus* ist der G. ein Gottesgeschenk gleich dem seiner Damaskusstunde, in der ihm (nach Gal 1,15f.) das Geheimnis des Gottessohnes ins Herz gesprochen wurde (Röm 10,9). Nur ist im Unterschied zu seinem Offenbarungsempfang der G. der Christen vermittelt: Er stammt aus dem Hören und dieses aus der Verkündigung des Wortes (Röm 10,17). In seinem Kern ist der G. deshalb die Selbstübereignung an den Gottessohn in seiner selbstaufopfernden Liebe (Gal 2,21). Umgekehrt besteht die „Tat" des G. in der Liebe, in der er „wirksam wird" (Gal 5,6). Er schafft Gewißheit, Zuversicht und Hoffnung, und er erreicht seine Vollgestalt in der gemeinsamen Erkenntnis des Gottessohnes und im Heranreifen dieser Gemeinschaft zum „Vollalter Christi" (Eph 4,13).

c) Im *johanneischen Sinn* ist G. primär die Annahme der Wahrheit Christi und das unerschütterliche „Bleiben" in ihr. Weil Wahrheit Leben besagt, ist der Glaubende bereits vom Tod zum Leben hinübergeschritten (Joh 5,24). Wer glaubt, kommt ans Licht; ihm werden die Augen für ein gottentstammtes Welt- und Heilsverständnis aufgetan. Wichtiger als diese Wirkung ist jedoch der Akt; denn: „Selig, die nicht sehen und doch glauben" (Joh 20,29). Da sich der Glaubende die ihm zum „Brot des Lebens" gewordene Gotteswahrheit einverleibt (Joh 6,55ff.), gewinnt er eine alle Anfechtungen überwindende Stärke; wird er doch gehalten von der Hand, der ihn keine Macht zu entreißen vermag (Joh 10,2). So ist der G. (nach 1 Joh 5,4) „der Sieg, der die Welt überwindet".

2. Theologiegeschichtlich. Die glaubensgesch. Explikation des bibl. Zeugnisses führt ebenso in das Dunkel der Konflikte wie auf die Höhe der Klärung. Dazu drängte schon die Verschiedenartigkeit der Ansätze. Einerseits gilt der G. den Vätern als „Führer nach oben" (Ignatius, Ad Eph 9,1), ja geradezu als „verständige Frömmigkeit" (Origenes, Contra Celsum 7,46). Andererseits betonen sie das Moment der Unterwerfung bis zur Entzweiung von G. und Vernunft: „der G. sei dir Führer in allem, was Gott betrifft, nicht die Vernunft" (Basilius, In Ps 115,1). Diese Polarisierung überwindet Augustinus durch den auf die Scholastik vorausweisenden Grundsatz: „Willst du zur Einsicht gelangen, so glaube! Die

Einsicht ist der Lohn des G. Suche also nicht Einsicht, um zum G. zu gelangen, sondern glaube, damit dir Einsicht werde; denn ohne G. keine Einsicht" (In Io 29,6). Dem hatte schon Tertullian durch den tiefsinnigen Gedanken vorgearbeitet, daß der G. ans Kreuz geschlagen, dadurch aber auch in die Kreuzesweisheit eingeweiht sei (Adv. Praxean 27).

Das MA nimmt die Diskussion in der optimistischen Zuversicht auf, dem durchschaubaren G.ns-Sinn *(intellectus fidei)* auf die Spur zu kommen, pendelt sich aber schon bald auf die programmatische Formel von dem nach Selbstverständigung verlangenden G. *(fides quaerens intellectum)* ein. In der Neuzeit zerbricht auch diese Synthese, da sich die autonome Vernunft zunehmend als Gegenpol zu dem auf Autorität und Tradition gegründeten G. begreift. Darauf reagiert die Theologie mit der Ausarbeitung einer förmlichen G.ns-Analyse, während die Aufklärung die Möglichkeit einer Gottesoffenbarung grundsätzlich in Frage stellt. Frucht dieser Auseinandersetzung ist die G.ns-Definition des I. Vatikanums, das den G. zwar als Unterwerfung des Menschengeistes unter die Autorität des Offenbarungsgottes deutet, gleichzeitig aber auch Wege eines relativen G.ns-Verständnisses (durch Mysterienvergleich und durch gläubige Sinnfindung) aufweist.

Von unverminderter Aktualität ist die G.ns-Kritik *M. Bubers,* der den christl. G. als formalisiertes Derivat des jüd. Emuna-G. zu erweisen sucht. Ihm ist nur durch die Rückfrage nach dem G. Jesu zu begegnen, den das Schlüsselwort des Hebräerbriefs den „Wegbereiter und Vollender des Glaubens" (12,2) nennt. Die einzig befriedigende Antwort darauf besagt, daß Jesus durch sein Gottesverhältnis die Bahn des G. gebrochen und dadurch die christl. G.ns-Möglichkeit eröffnet hat. Als Künder der Offenbarungswahrheit ist er (nach Joh 14,6) zugleich der „Weg" zu ihr; an ihm führt kein anderer Weg vorbei. Insofern sind der Anschluß an ihn und die Konzentration auf seine Verkündigung für den Christen-G. konstitutiv. Er ist seine Mitte und (nach 1 Kor 3,11) sein unaustauschbarer Grund. Die Betonung der Inhalte liegt darum nicht nur im Interesse seiner Selbstunterscheidung, sondern ebensosehr auf seiner Identität.

3. Aktuell. Dem seit der Jh.-Mitte durchlaufenen Weg wird nur der Begriff der „glaubensgesch. Wende" voll gerecht. Sie brachte eine dreifache Profilveränderung mit sich: den Übergang vom Satz- zum Vertrauens-G., vom Wissens- zum Erfahrungs-G. und vom Gehorsams- zum Verstehens-G.

a) Der Vorwurf M. Bubers, daß die Betonung der G.ns-Inhalte einen Schwund des Vertrauensmoments nach sich gezogen habe, läßt sich mit dem Hinweis auf den inzwischen eingetretenen Profilwandel entkräften. Tatsächlich brachte es die Einsicht in die Unerläßlichkeit von Erfahrungen des Urvertrauens für das Kleinkind mit sich, daß auch der Akt der Wiedergeburt durch G. und Taufe zunehmend in dieser Perspektive gesehen wurde: als Erweckung des rel. Urvertrauens in dem zur Gotteskindschaft Wiedergeborenen. Doch darauf zielte schon der Zuspruch Jesu an Geängstete und Kleinmütige: „Keine Angst, glaube nur" (Mk 5,36), „du Kleingläubiger, warum hast du gezweifelt?" (Mt 14,31).

b) Die zweite Profiländerung hat mit der Frage der G.ns-Vermittlung zu tun. Erschien diese mit der Stringenz der Argumente gegeben, die zum „Glaubwürdigkeitsurteil" führten, so gilt heute der unausgesprochene Grundsatz: Gebt mir Erfahrung, und ich glaube! Das hat nicht nur mit dem lange unbefriedigt gebliebenen Bedürfnis nach rel. Erfahrung zu tun, sondern mehr noch mit der Einsicht, daß nicht so sehr Argumente als vielmehr Impulse und Inspirationen zum G. verhelfen. Damit ist auch schon das Feld der G.ns-Erfahrungen abgesteckt. Es ist die „Wolke von Zeugen" (Hebr 12,1), konkret gesprochen: der von gläubigen Modellgestalten ausgehende Eindruck, der zum G. bewegt. Die G.ns-Erfahrung gehört somit zum Bereich der rel. Insinuationen; doch ist die Grenze zur mystischen Erfahrung fließend, da nicht selten auch innere Anregungen und Impulse den G. anbahnen.

c) Als schwerste Barriere steht die Autoritätskrise zwischen dem heutigen Menschen und dem traditionellen G.ns-Konzept. Doch wurde sie durch die Einsicht der philos. Hermeneutik durchbrochen, daß Autorität ursprünglich nicht auf Gehorsam, sondern auf Verstehen angelegt ist und somit primär nicht dem Machthaber, sondern demjenigen zukommt, der etwas zu sagen hat. Auf die göttliche Selbstoffenbarung angewandt, führt das zu einem hermeneutischen G.ns-Begriff, der die Gottesautorität als Erkenntnishilfe und den G. als Akzeptanz des Offenbarungswortes deutet. Danach ist G. ein „Gott-Verstehen", auch im operationalen (sich verstehen auf etwas) und existentialen (verstehen als Akt der Toleranz) des Ausdrucks.

Gerechtfertigt wird diese dreifache Profiländerung nicht nur durch die Bewältigung drängender Probleme (M. Bubers Christentumskritik, Autoritätskrise), sondern mehr noch durch die Neuentdekkung Jesu, die als die „Achse" der glaubensgeschichtlichen Wende zu gelten hat. Sie drängt auf ein umfassenderes Verständnis, auf ein innigeres Vertrauensverhältnis und zumal auf jene mystische Verinnerlichung, die den Quellgrund aller G.ns-Erfahrung bildet.

Lit.: *E. Biser,* Die glaubensgeschichtliche Wende. Graz 1986; *H. Fries,* Fundamentaltheologie. Graz 1985; *J. Guillet,* Was glaubte Jesus? Salzburg 1980; *H. Waldenfels,* Offenbarung. München 1969; *ders.,* Kontextuelle Fundamentaltheologie. Paderborn 1985.

E. Biser

IV. Islamisch. Der G. ist die Mitte des Islam und die Grundhaltung des Muslim. Der Koran stellt fest, daß jeder Mensch die angeborenen Anlagen zum G. an Gott und zum Gehorsam gegen seinen Willen besitzt. In seinem Wesen ist der G. Zeugnis für die Wahrheit Gottes und Bestätigung seiner Einzigkeit, somit ist er die Bekräftigung des Urzeugnisses und der Urverpflichtung der Menschen, die auf die Uroffenbarung gefolgt sind (vgl. Koran 7,172) und die jeder Prophet den vergeßlichen Menschen in Erinnerung zu rufen hat.

Der Unglaube bzw. der Abfall vom G. macht die Werke des Menschen wertlos (33,19; 7,147). Er führt daher zum Verderben und zur Höllenstrafe (2,217; 47,34 usw.), denn er stellt den Sünder außerhalb des Bereichs der Barmherzigkeit Gottes und verurteilt ihn dadurch zur ewigen Verdammnis (vgl. 16,106–107; 2,217). In sehr ernsten Sätzen, die an den dramatischen Text des Hebräerbriefs 6,4–8; 10,26–31 erinnern, ermahnt der Koran diejenigen, deren G. gefährdet ist, und malt ihnen das Schicksal der Abtrünnigen aus: „Die Vergeltung für sie ist, daß der Fluch Gottes und der Engel und der Menschen allesamt über sie kommt. Sie werden darin ewig weilen. Ihnen wird die Pein nicht erleichtert, und ihnen wird kein Aufschub gewährt..." (3,87–88; vgl. 3,91).

Da das Bekenntnis zum islam. G. die Zugehörigkeit zur politischen Gemeinschaft begründet, wird der Abfall vom G. nicht nur als die schwerste Sünde angesehen, sondern auch als eine Aufkündigung der Zugehörigkeit zum Islam, als ein Angriff auf den Bestand der Gemeinschaft bewertet und folglich nach den Bestimmungen der Rechtstradition mit der Todesstrafe geahndet. Fällig wird jedoch diese höchste Strafe, wenn eindeutig und zweifelsfrei festgestellt wird, daß eine Apostasie vorliegt.

Wenn der Unglaube das Leben und die Werke des Menschen wertlos macht, so verleiht der G. den Muslimen die Zuversicht, Gott zu gefallen. Zwar muß sich der Gläubige im Alltag bewähren, aber auch wenn sein Leben den Anforderungen seines G. nicht entspricht, so kann sein böser Wandel dennoch seinen G. nicht auslöschen; seine Grundbindung an Gott bleibt erhalten, so die Meinung der orth. Theologen, und bringt ihm die Garantie dafür, daß er letztendlich der göttlichen Strafe doch entrinnen und ins Paradies eingelassen werden wird. Seinen G. muß aber der Muslim bekennen, das ist seine erste und wichtigste Pflicht. Die Kurzformel des islam. G.ns-Bekenntnisses (↗Shahāda) lautet: „Ich bezeuge, es gibt keinen Gott außer Gott, und Muḥammad ist der Gesandte Gottes." Damit bekundet der Muslim seine Zugehörigkeit zur islam. Religion als ↗Monotheismus und seine Bereitschaft, seinen G. und seinen Wandel nach der von ↗Muḥammad verkündeten Botschaft zu gestalten. Die Hauptinhalte des G. werden im Koran angegeben: „Alle glauben an Gott, seine Engel, seine Bücher und seine Gesandten" (2,285). Wer diesen G. bekennt und seine Anforderungen erfüllt, erfüllt das, was das Wort *islām* bedeutet: die Ergebung in den Willen Gottes.

Lit.: *L. Gardet,* Dieu et la destinée de l'homme. Paris 1967, 347–407; *T. Isutzu,* Ethico-religious Concepts in the Qur'ān. Montreal 1966, 119–202; *H. Stieglekker,* Die Glaubenslehren des Islam. Paderborn [2]1983, 569–624; *S. A. Rahman,* Punishment of Apostasy in Islam. Lahore [2]1978; *A. Th. Khoury,* Einführung in die Grundlagen des Islam. Graz [2]1981, 207–211; *ders.,* Toleranz im Islam. Altenberge [2]1986, 110–115.
A. Th. Khoury

V. Außerchristlich. a) Es ist nach dem G. zu fragen, der nach christl. Verständnis zum Heil des Menschen erforderlich ist. Hier ist es einerseits Lehre der kath. Kirche, daß „die Gerechtigkeit für alle, die glauben" (Röm 3,22), erlangt wird und daß es ohne G. unmöglich ist, Gott zu gefallen (vgl. Hebr 11,6) (vgl. DS 1532), andererseits aber, daß „Gott Menschen, die das Evangelium ohne ihre Schuld nicht kennen, auf Wegen, die er weiß, zum G. führen kann" (AG 7; vgl. auch LG 14 mit 16). Nach christl. Selbstverständnis kann ein zum Heil erforderlicher G. implizit und anonym dort wirksam sein, wo der Mensch sich nicht in radikal-monologischer Selbstverschließung und Egozentrik die eigene Sinnerfüllung zuspricht oder eine solche in radikalem Unglauben zurückweist, sondern wo er sein Heil in der Haltung grundsätzlicher Offenheit und Hörbereitschaft bzw. in einem dialogisch angelegten Urvertrauen auf ein unverfügbares Gegenüber bzw. einen Urgrund zu verwirklichen oder zu erlangen hofft. Was christl. als implizite Weisen einer gnadenhaft bewirkten Liebe oder Umkehr angesprochen wird und zu einem entsprechenden Verständnis der Zugehörigkeit zur Heilsgemeinschaft Christi führt, ist auch für den gnadenhaft bewirkten G. anzuwenden (↗Gnade III). – b) Sowohl aus den christl.-theol. Vorüberlegungen wie aus einer rel.-phänomenologisch vergleichenden Sicht ergibt sich, daß G. weder als Haltung des Urvertrauens auf Gott, das Numinose bzw. numinose Mächte noch als Fürwahrhalten und Überzeugtsein von rel. Lehre real wie verbal im außerchristl. Raum fehlt. G. als dialogische Antworthaltung tritt vor allem dort in Erscheinung, wo Gott als personales Gegenüber des Menschen in den Blick kommt. Das ist im Mutterboden des Christentums, dem Judentum, aber auch im Islam der Fall. Aus der Übersetzung des göttlich-autoritativen Anspruchs in die menschliche Sprache ergibt sich auch in diesen Religionen ein als G. zu bezeichnendes Überzeugtsein von der Lehre. Ausdrücklich von gläubigem Vertrauen, nicht nur von Befolgung und Zustimmung zur Lehre ist aber auch in Religionen die Rede, die wie der Hinduismus im Hinblick auf die Personalität oder Impersonalität des Göttlichen ambivalent sind oder wie der Buddhismus diese explizit ausschließen. Dabei geht es dann keineswegs nur um besondere Formen wie die ↗Bhakti-Frömmigkeit oder den Amida-Buddhismus (↗Buddhismus III 2). Im Buddhismus gehört der G. (in den verschiedenen Sprachen Übersetzung des Skt. *śraddhā*) zum Einstieg in den rel. Weg der Umkehr, Loslösung und Reinigung, der den Menschen auf die Fährte der (Heils-)Erkenntnis setzt. Auch wenn dieses G. im Gegensatz zum jüd.-christl. objektlos und damit monologisch erscheint und den Menschen dann scheinbar an sein Inneres allein verweist, darf doch nicht übersehen werden, daß die endgültige Einheitserfahrung sich in der Aufhebung von Subjekt *und* Objekt ereignet. Wieweit das einen einseitigen, jeden Dialog verunmöglichenden Vorgriff bedeutet bzw. ob das buddh. Nicht-Ich bzw. die Selbst-Losigkeit (↗Anātman/Anattā) in ihrem Wesen gerade keine monologisch-ungläubige Haltung markiert, sondern Loslassen und Offenheit, deren Erfüllung letztendlich dann auch nicht selbstgeschenkt ist, ist weiterhin zu prüfen (vgl. in der jap. Kyōto-Schule die Überlegungen zur kenotischen Christologie). Eine weitere Vertiefung der Frage ergibt sich im Blick auf den Zusammenhang von G. und ↗Gebet.

Lit.: *W. Morgan u.a.,* Art. Faith: ERE V 689–697; *C. H. Ratschow,* Art. G. I: RGG[3] II 1586–1588; *H. Waldenfels,* Faszination des Buddhismus. Mainz 1982; *ders.,* Kontextuelle Fundamentaltheologie. Paderborn 1985.
H. Waldenfels

Glossolalie. Der Begriff G. ist Kürzel für das griech. „laleîn (en) glṓssē (glṓssais)" und für verwandte Syntagmen (1 Kor 12–14; Apg 2,4.11; 10,46; 19,6; Mk 16,17; vgl. auch Röm 8,26). Man könnte es paraphrasieren „mit dem Mund Laute erzeugen, die allgemeinsprachlich nicht eindeutig sind". Religionsgeschichtlich begegnet das Phänomen in der Antike bei der griech. Pythia (Aristoph. Ranae 357), der Sibylle (Heracl. fr. 92), wohl auch bei atl. Propheten (2 Kön 9,11; Jes 28,10f.) und im Urchristentum (s.u.). Ihm ist durchgehend eigen, a) daß G. spontan auftritt (im Unterschied etwa zu den Zaubersprüchen) und b) daß sie von daher der Deutung bedürftig, in sich selbst also bedeutungslose Laute darstellt (Jes 28,10f.; Platon, Tim 71e – 72a; Apg 2,12f.15). Im Urchristentum wird die Deutungsnotwendigkeit damit begründet, daß die G. sonst kein „Zeichen für die Gläubigen, sondern für die Ungläubigen" ist (1 Kor 14,22). In den paulinischen Gemeinden wird sie deshalb als Geistesgabe anerkannt (1 Kor 12,10), aber der Auslegung speziell durch das Amt (1 Kor 12,28) des urchristl. Propheten zugewiesen (1 Kor 14,5.22–25). Diese Linie wird in Apg 2,14ff. weiter ausgezogen und unter die heilsgesch. Perspektive atl. Verheißungsprophetie gestellt: Die G. muß im Licht dieser Prophetie durch das Amt des Apostels als Hinweis auf die herrschaftliche Funktion ↗Jesu und auf das Handeln Gottes an ihm gedeutet werden (Apg 2,14–35). Dann erkennt man, daß sie Zeichen der Endzeit (↗Zukunft/Jenseits I. VIII) ist. Der in der Kirche wirkende Geist, der die Gegenwart dieser Endzeit repräsentiert (Apg 10,44–48; 19,5f.), bewirkt die G. als Verkündigungsgeschehen, das an die ganze Welt ergeht (Apg 2,5–10; Mk 16,17). Der Verkündigungsgegenstand sind „die Großtaten Gottes" (Apg 2,11).

Lit.: *J. Behm*, γλῶσσα κτλ.: ThWNT I, 719–726; *B. C. Johannson*, Tongues, a Sign for Unbelievers?: NTS 25 (1979) 180–203.

J. Hintzen

Glück ↗Heil/Heilsweg I.

Gnade

I. Jüdisch. – II. Christlich. – III. Außerbiblisch

I. Jüdisch. Alle Begriffe, in denen sich in der hebr. Bibel der Sinngehalt von G. auslegt, kommen darin überein, daß sie eine personale Zuwendung Gottes zu seinem Volk ausdrücken. Die theol. bedeutsamste Kategorie zur Beschreibung dieses Verhältnisses heißt *↗„Bund" (bᵉrit)*. Er bezeichnet die Lebens-Kommunikationsgemeinschaft Gottes (Jahwes) mit seinem Volk. Nach den Darstellungen der verschiedenen Bundesschlüsse (Noach-, Abrahams-, Sinai-, Davidsbund) ist dieser Bund nie ein Bündnis zwischen gleichrangigen Partnern; er entspringt vielmehr immer der alleinigen Initiative Gottes, ist freie, souveräne, ungeschuldete Erwählung Gottes und Gewährung der Gemeinschaft mit ihm aus reiner G. So souverän die Stiftung des Bundes durch Gott ist, so charakteristisch ist auch sein Inhalt: die auf den Menschen, das Volk zielende G. und Liebe, in der Gott sich selbst mitteilt. Deshalb geht den zwei Hauptphasen der Bundesoffenbarung auch jeweils eine Namensoffenbarung voraus, durch die Gott selbst die Anrufbarkeit und damit die Zulassung zur Gemeinschaft herstellt: Gen 17,1 (Abrahamsbund), wo Gott sich als der „allmächtige Gott" vorstellt, und bes. Ex 3,14 (Offenbarung des JHWH-Namens), wo Gott sich als der „Ich-bin-da", als der verläßliche Gott der gleichbleibenden Bundestreue offenbart (vgl. Ex 6,2f.). Daß die eigentliche Gabe und G. des Bundes Jahwe selbst ist, kommt in der häufig wiederkehrenden Bundesformel zum Ausdruck: „Ich bin euer Gott, und ihr seid mein Volk" (Ex 6,6f.; 29,45f.; Lev 26,12; Ez 36,28). Gottes Huld (*ḥæsæd*) und Bundestreue (ʾᵆmæt) erreichen ihren Höhepunkt im Erbarmen gegenüber der Sünde und Untreue des Volkes. Zwar kann Gott auf seine Gerechtigkeitsforderung nicht verzichten, doch steht sie ganz im Dienst der Wiederherstellung des gestörten Bundesverhältnisses. Diese Treue, die sich auch dem sündigen Volk und dem Sünder nicht verweigert, ist reine G., in der sich die Göttlichkeit Gottes erweist (Hos 11,9). Sie wird, vor allem bei den Propheten, mit einem Begriff (*raḥᵃmîm*) zum Ausdruck gebracht, der sich vom Wort „Mutterschoß" (*ræḥæm*) herleitet und dieses Verhalten Jahwes sehr tiefgründig als umhüllendes, Sicherheit und Leben gewährendes Erbarmen kennzeichnet (Jes 14,1; 54,7; 63,7; Hos 2,21; Mi 7,18f.). Die G.n-Theologie Israels und des Judentums wird vollgültig zusammengefaßt in Ex 34,6; „Jahwe – ein Gott: barmherzig und gnädig, langmütig und reich an Huld und Treue" (vgl. Ex 33,19; Ps 103,8).

Lit.: *R. Bultmann,* Art. éleos, B. Der atl. und jüd. Sprachgebrauch: ThWNT II 475–479; *A. Deissler,* Gottes Selbstoffenbarung im AT. IV. Jahwe als bundeswilliger Gott: MySal II 243–269; *D. N. Freedman u.a.,* Art. ḥanan: ThWAT III 23–39; *W. Groß,* G. im AT: MySal IV/2, 599–609; *A. Jepsen,* G. und Barmherzigkeit im AT: Der Herr ist Gott. Berlin 1978, 211–220; *E. Schillebeeckx,* Ḥanan und ḥen, ḥesed und emet. Der Gnadenbegriff im Tenach: ders., Christus und die Christen. Freiburg ²1980, 78–102; *W. Zimmerli,* Art. cháris, B. AT: ThWNT IX 366–377.

II. Christlich. Die ganze ntl. Verkündigung lebt aus der Überzeugung, daß in Jesus von Nazaret, dem ↗Christus/Messias, die G. Gottes leibhaftig erschienen und der Welt bleibend eingestiftet ist (Tit 2,11; 3,4–7; Kol 2,9). In ihm, dem menschgewordenen Wort Gottes, hat Gott sich selbst ganz ausgesagt und der Welt und Menschheit unüberbietbar als ihr Heil zugesagt. Als der inkarnierte ewige Logos ist er die personhafte, verleiblichte G. und Bundestreue Gottes (Joh 1,14.17), der Bund Gottes mit den Menschen in Person. Deshalb vermag er „aus seiner Fülle" auch „G. über G." auszuspenden (Joh 1,16). In ihm sind alle Verheißungen Gottes „Ja und Amen" geworden (2 Kor 1,19f.), d.h. die Bundestreue (= Gnade) Gottes ist in ihm unzerstörbar und unüberbietbar festgemacht (vgl. Röm 15,8), weshalb er auch selbst „Amen", der Wahr-Treue, heißt (Offb 3,14; 19,11). G. ist also im NT unlösbar an die Person Jesu Christi, des menschgewordenen Gottessohnes, gebunden. In ihm hat sie ihr raumzeitliches Zeichen, ihre gesch. Greifbarkeit und Konkretheit. In ihm ist Gottes Selbstmitteilung (= Gnade) zugleich (von Gott her) geschichtlich real gesetzt und (vom Menschen, der menschlichen Wirklichkeit Jesu Christi, her) angenommen und so wirklich, d.h. auch geschichtlich da. Die Bindung an Jesus Christus schließt (bei aller Neuheit) die Kontinuität zum gesch. G.n-/Heilshandeln Gottes (Jahwes) in der Vergangenheit ein. (Hier wäre im einzelnen darauf zu reflektieren, daß die Kategorien „alt" und „neu" schon inner-atl., z.B. Jes 43,18f., Jer 31,31, und frühjüd., nicht erst christl. Kategorien sind). Diese Kontinuität, die das ganze NT durch die Verkündigung des Gottes Israels als Vater Jesu Christi und die Paulus durch das Schema Verheißung – Erfüllung (Bestätigung) zum Ausdruck bringt, wird im Johannesevangelium bes. durch die „Ich bin"-Worte Jesu (z.B. Joh 8,24.28; 13,19) in Anknüpfung an die atl. Offenbarungsformel: „Ich bin Jahwe" (Ex 3,14; 6,2; 20,1 u.ö.; bes. häufig bei Deutero-Jesaja) akzentuiert. In Jesus, dem personhaften, gleichwesentlichen Wort des Vaters (Joh 1,1; 10,30), ist Gottes Zuwendung, sein Dasein-für-uns eschatologisch endgültig offenbar geworden. Ihre letztmögliche Aufgipfelung erreicht die in Jesus leibhaftig da-seiende Bundestreue Gottes in Jesu Märtyrertod am Kreuz für „die Sünde der Welt" (vgl. Joh 1,29). Das ist nicht mehr steigerungsfähige Überbietung des in der vergangenen Geschichte erwiesenen göttlichen Erbarmens, schlechthinniger Lieberweis Gottes (Joh 3,16; Röm 5,8; 8,32), durch den er in der Hingabe seines Sohnes seine Gerechtigkeit dadurch erweist, daß er jeden „gerecht macht, der an Jesus glaubt" (Röm 3,26). G. ist Rechtfertigung des Sünders (vgl. Röm 5,1f.12–21), ja universale Erlösung. Die klass. Stelle Röm 3,21–26 deckt nahezu das ganze Vorstellungsfeld von G. und bzw. G. als Rechtfertigung ab: Der unterschiedslosen Allgemeinheit der Erlösungsbedürftigkeit entspricht die universale Geltung der Erlösung (V. 22f.); die Rechtfertigung geschieht geschenkweise, ohne Verdienst, aufgrund der Erlösung durch Jesus Christus (V. 24); sie erfordert auf seiten des Menschen, des Sünders, den Glauben (V. 22.25.26), der dennoch kein autonomes Werk des Menschen, sondern selbst von der G. getragen ist, weil sonst das „aus G." (V. 24) illusorisch wäre; Rechtfertigung bedeutet die Wiedereinsetzung des Sünders in das bundesgemäße Verhältnis. Der Begriff „Gerechtigkeit Gottes" ist ein theol. Verhältnisbegriff im Umkreis des Bundestheologie. Er steht hier als Inbegriff des ganzen Rechtfertigungsvorganges und meint insbesondere das eschatologische Heilshandeln Gottes im Kreuz Jesu Christi. In diesem vom Menschen her unverdienten und unverdienbaren G.n-Handeln Gottes erweist sich Gott als der den Glaubenden gerecht machende Richter. Als Wiedereinsetzung in das bundesgemäße Verhältnis ist die Rechtfertigung kein dem Menschen äußerlich bleibender, bloß forensischer Vorgang, sondern eine ihn innerlich betreffende Wirklichkeit (vgl. 2 Kor 5,21; Phil 3,9). Sie wird im NT positiv beschrieben als Heiligung (1 Kor 6,11), als Gotteskindschaft (Röm 8,15f.; Gal 3,26; 4,6; 1 Joh 3,1), als ewiges Leben in Christus (Röm 6,23), als Gleichgestaltung mit Christus (Röm 8,29; Gal 2,20), als „In-Christus-Sein" (Röm 8,1 u.ö.), als Neuschöpfung in Christus (2 Kor 5,17). G. ist somit – zusammenfassend – die personale Zuwendung und Selbstmitteilung des Heil-schaffenden, Heil-gewährenden Gottes, die sich in einzigartiger Weise in der Rechtfertigung des Sünders offenbart (Röm 8,31ff.), die zugleich als Liebe des Kyrios Christus erfahren wird (2 Kor 8,9), in dem alle G. geschenkt ist (vgl. Röm 5,15–17; Eph 1,6f.). Deshalb kann Paulus auch von der G. Jesu Christi sprechen, wenn von der G. Gottes die Rede ist, weil sie in Jesus Christus unüberbietbar erschienen ist. Der G.n-Wille Gottes bleibt an Christus gebunden, der nicht nur das Urbild der G. und nicht nur der Offenbarungsort der G., sondern auch ihr bleibendes Subjekt und ihr Geber ist. Die Gemeinschaft mit Christus und durch ihn mit Gott (vgl. Röm 5,1f.) wird in das Leben des einzelnen Glaubenden durch den Geist, das Pneuma Christi eingestiftet. Durch den Geist, der zugleich der Geist Gottes und der Geist Christi ist (Röm 8,9), vermittelt sich Christus seit seiner Erhöhung in die Existenz des Gläubigen und schafft hier Leben und Freiheit (2 Kor 3,17f.). Diese handelnde Gegenwart Christi im Inneren des Menschen ist der G.n-Erweis Gottes und Ausdruck seiner Liebe (Röm 5,5). In der Wirklichkeit der gnadenhaften Lebensgemeinschaft mit Gott kommt den Glaubenden alle G. nur zu durch Christus im Hl. ↗Geist (Eph 2,18). Diese trinitarische Struktur der G. ist zugleich die „Strukturformel" der christl. Existenz. Es ist ein Verdienst des Paulus, daß er die christl. Existenz aus der Gemeinschaft mit Christus in der Taufe gedeutet und die darin geschenkte G. als Berufung und Befähigung zu sittlichem und apostolischem Dienst ausgelegt hat.

Lit.: *Y. Congar,* Der Hl. Geist. Freiburg [2]1986; *H. Conzelmann,* Art. cháris, D. NT: ThWNT IX 381–391; *G. Greshake,* Geschenkte Freiheit. Freiburg [3]1986; *F. Mußner,* Die ntl. Gnadentheologie in Grundzügen: MySal IV/2, 611–628; *O. H. Pesch / A. Peters,* Einführung in die Lehre von G. und Rechtfertigung. Darmstadt 1981; *K. Rahner,* Grundkurs des Glaubens. Freiburg [12]1982; *E. Schillebeeckx,* Christus und die Christen. Freiburg [2]1980.

H. Jorissen

III. Außerbiblisch. Daß es G.n und auch die (übernatürliche) G. der Gotteskindschaft außerhalb des ↗Christentums gibt, ist außer Zweifel. *Klemens XI.* verurteilte die These des *Paschasius Quesnel,* daß außerhalb der ↗Kirche keine G. gewährt werde (1713). Vorher schon hatte *Innozenz X.* die jansenistische Auffassung verurteilt, daß Christus nur für die Auserwählten gestorben sei (1653). Wenn Gott das ↗Heil aller Menschen will (1 Tim 2,4) und sein Heil G.n-Geschenk Gottes ist, muß das Heilsangebot grundsätzlich an alle Menschen gehen. In diesem Sinn sagt LG 16: „Wer nämlich das Evangelium Christi und seine Kirche ohne Schuld nicht kennt, Gott aber aus ehrlichem Herzen sucht, seinen im Anruf des Gewissens erkannten Willen unter dem Einfluß der G. in der Tat zu erfüllen trachtet, kann das ewige Heil erlangen" (vgl. AG 3; GS 22). Da Heil Glaube und Glaube ↗Offenbarung voraussetzt, erhebt sich die Frage, wieweit es Offenbarung außerhalb des Christentums gibt. Mancher denkt an die Uroffenbarung. *Thomas v. Aquin* sagt allgemein, daß derjenige, der „das Seine" tut, gerettet werde. Kirchl. Dokumente sprechen von „Saatkörnern des Wortes" in den nichtchristl. Traditionen (AG 11; LG 17; EN 53 und 80; RH 11). LG 8 sieht in den Religionen „vielfältige Elemente der Heiligung und der Wahrheit". DV 2 spricht von Kontinuität des Offenbarungsgeschehens und verknüpft Werk- und Wortoffenbarung für den gesamten Verlauf der Heilsgeschichte; die eigentliche Tiefe und die Fülle der Offenbarung allerdings seien erst durch Christus gekommen. Damit unterscheiden sich Christentum und die übrigen Religionen voneinander, die Offenbarung aber ist nicht ausschließlich auf das Christentum (und Judentum) beschränkt. Die Zentralität Christi im göttlichen Heilsplan (und der Kirche, die sein Leib ist) führt zu der Frage, wieweit G.

außerhalb der Kirche G. Christi (bzw. der Kirche) sei. Die Theologie hilft sich mit der These vom „Votum Ecclesiae", das nach einer Entscheidung der Glaubenskongregation nur implizit zu sein braucht, aber die vollkommene Liebe erfordert (DS 3872). *Paul VI.* unterstrich, daß die Menschen durch Gottes Barmherzigkeit „auf anderen Wegen" als dem des Evangeliums gerettet werden können, fügte aber hinzu: „Wie aber können wir uns retten, wenn wir aus Nachlässigkeit, Angst, Scham ... oder infolge falscher Ideen es unterlassen zu verkünden?" (EN 80).

Lit.: *W. Bühlmann,* Wenn Gott zu allen Menschen geht. Freiburg 1981; *H. Fries u. a.,* Heil in den Religionen und im Christentum. St. Ottilien 1982 (Lit.); *H. Maurier,* Theologie des Heidentums. Köln 1967; *R. Lombardi,* La salvezza di chi non ha fede. Milano [4]1949. *K. Müller*

Gnosis/Gnostizismus. 1. Definition. Zur Vermeidung von Begriffsverwirrung erweist sich die auf hist. und typologischer Methode beruhende Sprachregelung von Messina 1966 als tragfähig: Gnōsis (= G.) bezeichnet ein Wissen um göttliche Geheimnisse, das einer Elite vorbehalten ist, Gnostizismus (= Gz.) eine Gruppe von Systemen des 2./3. Jh. n. Chr. „Gnostisch" sollte die Beziehung auf eines der beiden Substantive erkennen lassen oder durch treffendere Worte ersetzt werden.

2. Quellen. Abgesehen von den Schriften der ↗Mandäer, sind außer Johannes- und Thomasakten, Mithrasliturgie und Corpus Hermeticum, die nicht im Vollsinn dem Gz. zuzurechnen sind, an Originalzeugnissen (alle in koptischer Übersetzung) bekannt: Codex Askewianus, Codex Brucianus, Codex Berolinensis 8502 und 13 Codices von Nag Hammadi (nicht alle Texte gnostisch). Hinzu kommen Exzerpte und Berichte von Irenäus, Tertullian, Hippolyt, Klemens und Epiphanius.

3. Inhalt. Idealtypisch liegt dem gnost. Kunstmythos folgender Aufbau zugrunde: Gott ist unerkennbar. Sein transzendentes Residieren bedeutet zugleich sein antikosmisches Dasein. Umgeben wird er von aus ihm emanierten Wesen (Äonen), die mit ihm das Pleroma bilden. Eine Figur (meist Sophia) am Rand des Pleroma fällt einer Krise anheim, da sie daran scheitert, Gott erkennen zu wollen oder seine Schaffenskraft nachzuahmen. Als Folge entstehen der Weltschöpfer (Demiurg) und seine Helfer (Archonten), Materie, Kosmos und Protoplast, in den ein pleromatischer Funke gelangt. Genealogisch mit Adam verbunden, besitzt der Mensch neben dem psychophysischen Aspekt einen Wesenskern, der nicht dem Tod verfallen ist. Dieses „Selbst", nach seiner Funktion ein Organ von Erkennen, befindet sich infolge der anfänglichen göttlichen Katastrophe im Zustand der „Selbstvergessenheit". Zwänge wie astrologische Gesetze und Sexualität erhalten den Weltmächten ihre Herrschaft. Es bedarf eines überweltlichen Anstoßes zur Freisetzung der Erkenntnis der geknechteten Lage des Selbst. G. meint dabei kein denkerisches oder emotionales Geschehen, sondern den einmaligen Akt der Selbstgewißwerdung. Von gnost. Erlösung ist nur dann zu sprechen, wenn eine Geistkraft als Selbst des Pleroma das menschliche Selbst an sich selbst (in doppeltem Sinn) erinnert (Salvator-salvandus-Konzept). Christlich ist dies der auf Erden doketisch im Leib oder Scheinleib wandelnde Erlöser: Jesus oder Christus ist der, der aus dem Pleroma kommt, unerkannt die Sphären durchschreitet, einen Leib bloß äußerlich anlegt, die G. mitteilt und wiederaufsteigt. Die erlösende Offenbarung besteht in der Kundgabe des archetypischen Mythos; sie kann Sakramentenvollzug fordern oder die Mitteilung von Paßformeln nach sich ziehen, die dem Selbst nach dem Tod den Aufstieg sichern. Das Drama findet sein Ende mit der Reintegration allen Pneumas ins Pleroma; für den Kosmos bedeutet dies den Untergang (Weltenbrand).

4. Systemtypen. Der geschilderte monistische Systemtyp mit dualistischem Ergebnis wird wegen seiner Verbreitung als syr.-ägypt. bezeichnet. Er wird bes. durch den Valentinianismus vertreten, der auf Valentin (um 150) zurückgeht und sich in einen östl. (Theodot, Markus) und einen westl. Zweig (Ptolemäus, Herakleon) teilt. Nag-Hammadi-Texte hierzu sind OrPl, Rheg, TracTrip, EvPh, ExpVal, Inter, mit Vorbehalt EvVer u. 1 ApcJac.

Weiterhin gestatten die Nag-Hammadi-Texte ein Corpus sethianischer Schriften zu umreißen (AJ, HA, EvAeg, ApcAd, StelSeth, Zostr, Nor, Mars, Allog, Melch [nichtgnost.], mit Vorbehalt OrigMund, SJC; hinzu kommen Irenäus, Adv. Haer. 1,29, „Pistis Sophia“ und das „unbekannte altgnost. Werk“ [UaW]), dessen Spezifika (nicht durchgängig) sind: Seth als Erlöser und die Gnostiker als Sethianer, Periodisierung der (Heils-)Geschichte mit Hilfe der himmlischen Erleuchter und Ruheorte Harmozel, Oroiael, Daveithe, Eleleth, triadische Konstruktion der Systemspitze. Wie die Drei-Prinzipien-Systeme bei Hippolyt, Ref. 5 (dazu ParSem aus Nag Hammadi), stellt sich der Sethianismus als Mischtyp dar, dem zwar ein präexistenter Dualismus von Gut und Böse zugrunde liegt (iran. Typ), wie er in reiner Form nur im ↗Manichäismus vertreten ist, der aber durch Integration von Elementen des ersten Typs abgemildert ist.

5. Vorbereitung. Als zu einschichtig hat sich das Bemühen erwiesen, nur Christentum und Gz. aufeinander zu beziehen und entweder den Gz., verwurzelt im heidnisch vorchristl. Synkretismus, als Überfremdungsfaktor des Christentums von Beginn an zu begreifen oder den Gz. zur christl. Sekte im engen Sinn zu erklären. Die gnost. antikosmische Daseinshaltung ist nicht ableitbar, spezifische Einzelmotive und Begriffe existieren ebensowenig wie ein vorchristl. Urmensch-Erlöser-Mythos. Von Bedeutung für den Gz. sind folgende Traditionen: Selbstspekulation mit Hilfe spiritualisierter Makrokosmos-Mikrokosmos-Idee (z.B. Philo: der Kosmos ist ein großer Mensch, wie der Mensch ein kleiner Kosmos ist, gleichzeitig hängen Wesen des Kosmos [Logos o. a.], Kosmos, Selbst des Menschen [Nous] und Mensch zusammen oder sind identisch); frühjüd. Lehre über die Weisheit als Wesen neben Gott (Schöpfungsmittler), das zugleich bei den Menschen sein will (Prov, SapSal); platonische Nouslehre (iranisch Vohu mana) und Spekulationen über Einheit und Zweiheit. Phänomene des NT (z.B. Joh, Eph, paulinische Adamlehre) oder von ihm bekämpfter Lehren (z.B. 1 Kor) reflektieren kein gnost. System, sondern sind Voraussetzungen zur Entwicklung eines solchen. Für gnost. Systembildung ist mit dem Anstoß zu rechnen, den hist. Prophetengestalten (Jesus, Simon Magus, Marsanes) darstellen (noch im Islam von Bedeutung), wenn sie Träger von Offenbarung sind, ins Abstiegs-Aufstiegs-Schema integriert und mit Geistbegriffen identifiziert werden; dem vergleichbar sind aus jüd. Vorgaben Adam und Seth als Systemfiguren. Materialiter kommt im Gz. eine Fülle von Einzeltraditionen zum Tragen, deren wichtigste das AT (bes. Gen 1 – 6) ist. Rezipiert bzw. neuaktiviert werden z.B. das an ägypt., vielleicht orphischen Schöpfungserzählungen gewonnene genealogische Denken, Schicksalsglaube, Mythologeme wie Hesiods Theogonie oder Erzählungen wie das „Perlenlied“; aus semijüd. und/oder gräco-ägyptisch synkretistischen Vorgaben Dämonologie (Engellehre), Astrologie und Magie/Mantik, aus der Mysterientradition Attis und Eleusinische Mysterien u.a.m.

6. Reaktionen auf den Gz. Neben die oben genannten christl. Bestreiter tritt die Bekämpfung von Schöpfungsdualisten in jüd. Tradition und auf seiten des ↗Neuplatonismus Plotin, Enn. II 9 und die (verlorenen) Widerlegungen von Porphyrius und Amelius. Die Überwindung des Gz. führt im Christentum zur Ausformung des Kanons und zur Sicherung der apostolischen Tradition mittels der Idee der bischöflichen Sukzession.

7. Forschung. Hist. sachgemäß ist die Untersuchung des Verhältnisses der vier häufig ineinander übergehenden Typen von Gz. zueinander, nämlich des heidnischen, des semijüd., des christl. und des christianisierten. Sie muß gekoppelt werden mit der Aufarbeitung der Bedingungen, welche die nichtgnost. Grundformen für die Entstehung des Gz. vorgeben. Daß dies mehr die Forderung nach Einführung der transzendentalen Methode in die Historie als die Aufrichtung von Konfessionsgrenzen bedeutet, zeigt sich z.B. an der Frage, ob Bibelzitate schon die Christlichkeit eines Textes oder das Fehlen von Jesus seine Nichtchristlichkeit garantieren oder Doketismus und präsentische Eschatologie allein christl. Herkunft sein müssen. Ein konfessionell

indifferenter Standpunkt, der nicht dem Fehler verfällt, Gz. als eigene Religion (dies ist erst der ↗Manichäismus) zu begreifen, könnte über sozialpsychologische Kategorien erstellt werden. So lassen sich etwa gnost. Texte als Lesemysterien begreifen, die seelische Trancen erleichtern oder ekstatisch-visionär das Jenseits antizipieren. Konvergenzen zur jüd. Hekhalotliteratur sind so gut wie unerforscht. Eine Formgeschichte solcher Texte fehlt, Apokalypse, Offenbarungsdialog und Visions-Aufstiegs-Bericht sind nur vorläufige Gattungsmerkmale. Thesen zu den urspr. Verfasser- und Benutzerkreisen gnost. Schriften wie aram. Schreiber, politisch entmachtete Intellektuelle oder sozio-rel. desintegrierte Weltverbesserer sind Hypothesen ohne hist. Absicherung, die wohl nicht gelingen wird. Umstritten ist die sexuelle Komponente des Gz.: Ist sie nur Polemik der Bestreiter oder dem Inhalt des Mythos konforme Handlungsweise? Askese wie Libertinismus sind nach den Kirchenvätern aus der gnost. Grundhaltung deduziert worden. Vermutungen über Organisationsformen schwanken zwischen Mysterienverein und Philosophenschule; eine emanzipiertere Stellung der Frau als üblich läßt sich aus den Quellen kaum belegen. In der Kirche waren Gemeindechristen und Gnostiker äußerlich zunächst ununterscheidbar, der Schluß auf andere Gz.-Formen legt sich nahe.

8. Fortdauer und Parallelen. Paulikianer (7./9. Jh.), Bogomilen (10. bis 11. Jh.) und Katharer (1150/1300) gelten wegen ihrer Lehren als Nachfahren des Gz. bzw. ↗Manichäismus; an direkten hist. Verbindungen ist eher zu zweifeln. Nur entfernte Ähnlichkeiten oder Konvergenzen des Denkansatzes, nicht hist. Abhängigkeiten bestehen zwischen Erscheinungen des Gz. und des ind. Religionskreises. Verglichen werden Gz. und „Erkenntnispfad“ (= Denken der Upanishaden und bestimmter Richtungen des Jinismus und Buddhismus), speziell ptolemäisches System und kashmirische Wiedererkennungslehre, Manichäismus und Jinismus, Marcionismus und ↗Buddhismus. Des letzteren Drei-Leiber-Lehre wird neben die valentinianische Christologie gehalten, der Umschlag von Selbst- zu Fremderlösung im Corpus Hermeticum neben den Umschlag von Selbsterlösung im älteren zu Fremderlösung im Amida-↗Buddhismus (III 2; IV 2.3), ein Salvator-salvandus neben einen Bodhisattva, die Schöpfung aus Irrtum (Planē) im EvVer aus Nag Hammadi neben die Entstehung von Ich-Selbst und Welt-Selbst (aufgrund der Substantialisierung der fünf Ergreifens- oder Aneignungsgruppen (upādānaskandāḥ), das Überschreiten negativer Theologie in der Spätantike (so in TracTrip, Allog) durch Diskursivität hinter sich lassende Intuition neben die Erleuchtung im Zen, u. a. m.

Lit.: *K. Berger/R. McL. Wilson*, Art. Gs./Gz.: TRE XIII 519–550; *C. Colpe*, Art. Gs. II (Gz.): RAC XI 537–659; *W. Foerster u. a.*, Die G. Bde 1–3. Zürich ²1979, 1971, 1980; *H. Kloss*, Gz. und Erkenntnispfad (= Beihefte ZRGG 26) 1983; *J. M. Robinson* (Hg.), The Nag Hammadi Library in English. Leiden 1984; *M. Tardieu/J.-D. Dubois*, Introduction à la littérature gnostique 1. Paris 1986.

C. Scholten

Gott

I. Gotteserkenntnis und Gottesfrage. 1. Der Fragegrund. Zu den größten Fragen der Menschheit gehört die des Gellert-Lieds von *Beethoven*, „ob ein G. sei“. Entwicklungsgesch. gesehen, hat das damit zu tun, daß sich das „Mängelwesen“ (Gehlen) Mensch nur durch kompensatorische Akte des Geistes in seiner unwirtlichen Umwelt behaupten konnte, sich dabei jedoch im Bewußtsein seiner Unzulänglichkeit auf Hilfen „von oben“ angewiesen sah, so unbestimmt dieses numinose „Oben“ zunächst auch bleiben mochte. Mit Recht erblickt daher die moderne Religionsphilosophie Kern und Sinn des Religiösen im Verlangen des Menschen nach „Kontingenzbewältigung“. In philos. Sicht besagt das, daß es zur Paradoxie des Menschseins gehört, daß es, ungeachtet seiner allseitigen Bedingtheit nur im Unbedingten Genüge findet. Der Mensch braucht das Absolute, um die Relativität seines kontingenten Daseins aushalten und bestehen zu können. Nicht zuletzt ist es diesem Antrieb zuzuschreiben, daß sich der Begriff des Göttlichen aus der Unbestimmtheit des in der Weltentiefe gesuchten Numinosen zum Pluralismus des Götterhimmels u. schließlich zur Eindeutigkeit des personalen G.es-Glaubens klärte (Petazzoni). So ist es die sich dem Menschen mit seiner Existenz stellende Frage, die Frage also, die er nicht so sehr stellt als vielmehr ist (Augustinus), die als letzter Beweggrund der G.es-Frage zu gelten hat.

2. Die Fragestellung. Von der durchschnittlichen Art menschlichen Fragens, die auf die Erfahrung eines intellektuellen Defizits zurückgeht, heben sich zwei als „transzendental" zu kennzeichnende Fragestellungen ab: die Frage nach dem Sinn und dem letzten Grund des Daseins. Anders als die „kategorialen" Fragen bahnen sie sich von langer Hand an, um sich schließlich zu unausweichlicher Dringlichkeit zu steigern; und anders als jene lassen sie sich auch nicht mit Auskünften beschwichtigen; vielmehr gehen sie dem Fragesteller lebenslang nach. Dabei zeigt sich, daß beide dasselbe, wenngleich aus unterschiedlicher Perspektive erfragen: die Sinnfrage auch das letzte Woher des menschlichen Daseins, und die mit der Frage nach dem Grund aller Dinge gestellte G.es-Frage auch das letzte Sinnziel des Menschseins. So ist mit dem Lebenssinn letztlich G. erfragt, wenngleich in der Verkürzung menschlichen Lebensinteresses, während die G.es-Frage die Totalität des Seienden in ihrem Fragehorizont einbegreift. Demnach gilt von der Sinnfrage, was *Kafkas* Mann „vor dem Gesetz" zu hören bekommt: „Hier konnte niemand sonst Einlaß erhalten, denn dieser Eingang war nur für dich bestimmt." Demgegenüber ist die G.es-Frage mit einem Akt der Bewußtseinserweiterung verknüpft. Wer sie stellt, greift über den Bereich des vorfindlich Seienden hinaus, um sich mit seiner Option auf ein zugleich weltbezogenes und weltentrücktes Unbedingtes zu beziehen. Davon bleibt fortan sein ganzes Denken imprägniert. Nie wieder wird er Weltkind im „gottlosen" Sinn des Wortes sein können. Statt dessen gewinnt sein ganzes Dasein einen Überhang zur Transzendenz; und sein innerstes Streben ist darauf gerichtet, sich Gewißheit über die Existenz seines Frageziels zu verschaffen.

3. Die Frageweisen. Zur Gewinnung dieser Gewißheit stehen dem Menschen grundsätzlich zwei Wege offen: der spirituelle und der spekulative. Nach *Thomas v. Aquin* verzweigt sich dieser in fünf Einzelwege, die nach den Ausführungen seiner theol. Summe mit der Frage nach dem letzten Ursprung der innerweltlichen Bewegungsabläufe, der allen endlichen Realitäten zugrundeliegenden Ursache, dem letzten Seinsgrund alles Kontingenten, dem Kulminationspunkt alles nur relativ Wahren, Guten und Schönen und dem letzten Sinnziel der Weltordnung beschritten werden. Denkerische Voraussetzung ist für ihn dabei die Lehre von der Verhältnisgleichheit (Analogie) allen Seins, die allerdings von dem Grundsatz übergriffen ist, daß das „Endliche zum Unendlichen in keinem Maßverhältnis steht". Ihr Ziel erreichen diese Wege mit dem auf eine rel. Sprachkonvention bezogenen Satz: „und das nennen wir G.". Für Thomas handelte es sich dabei in jedem Fall um einen bloßen Aufweis, da für ihn im Falle Gottes ein Beweis, der von der Einsicht in die Seinsnotwendigkeit des Absoluten ausgehen müßte, nicht zu führen ist. In dieser Frage war – von einer jahrhundertelangen Denktradition getragen – *Anselm v. Canterbury* optimistischer, zumal er von der Überzeugung ausging, daß der Beweis auch über die Denknotwendigkeit des „unüberdenklich Größten" geführt werden könne. An dem in seinem „Proslogion" entwickelten Argument scheiden sich bis heute die Geister. Bekannt wurde insbesondere *Kants* (nach Hegel „barbarischer") Einwand von den hundert Talern, weniger bekannt freilich *Heines* krit. Bemerkung, daß die von Kant betriebene Destruktion der traditionellen G.es-Beweise das „ontologische" Argument Anselms nicht erschüttert habe. Das dürfte für *Nietzsche* der Anlaß gewesen sein, mit seiner Parabel vom „tollen Menschen" einen gleichnishaften Widerruf des Arguments ins Werk zu setzen. Als Durchbruch in der Geschichte der G.es-Beweise dürfte indessen vor allem die These *Hegels* gelten, daß allen Beweisen so lange „etwas Schiefes" anhafte, als sie

nicht im Geist der Erhebung zu G. geführt werden. Daß sich die analyt. Sprachphilosophie, etwa bei *Findlay* und *Malcolm*, intensiv mit der logischen Struktur des anselmischen Arguments befaßt, kann als Indiz für das „Unauslöschliche an ihm" (Adorno) gewertet werden.
Wenn Anselm betont, daß er seinen Beweis aus der Position dessen geführt habe, der seinen Geist zu G. erhebt, und wenn Hegel darin die einzig richtige Orientierung der G.es-Beweise erblickt, bestätigt sich damit für den Fall der G.es-Frage die Ansicht *Heideggers*, daß das Fragen die „Frömmigkeit des Denkens" ist. Doch gilt dieser Satz auch im umgekehrten Sinn; und das besagt, daß die Frömmigkeit in ihrer Hochform, dem Gebet, spekulativer ist, als es gemeinhin den Anschein hat. Als Bitte um die „Selbstkundgabe G.es" (Buber) ist das ↗Gebet die existentiell gestellte G.es-Frage. Im Fall des Gebets führt ihr Lösungsweg freilich nicht über die Anstrengung des Denkens, wohl aber über den Läuterungsweg der im Gebet erlittenen G.es-Not, die schließlich in den Aufschrei eines „De profundis" ausmündet. Doch damit gelangt das Gebet in die Übereinkunft mit dem Todesschrei Jesu, von dem der Hebräerbrief versichert: „und er ist erhört und aus seiner Todesnot befreit worden" (5,7). Wie im Fall des Gekreuzigten hat auch die Gebetserhörung den Charakter eines göttlichen Selbsterweises, der einer Fühlung der G.es-Wirklichkeit gleichkommt. In und mit dieser Erfahrung erreicht die existentiell gestellte G.es-Frage ihr Ziel. Gleichzeitig zeigt sich, daß die beiden Wege der Vergewisserung von G.es-Dasein in einem gegenseitigen Verweisungszusammenhang stehen. Das Gebet ist an die argumentativen G.es-Beweise verwiesen, weil es durch sie zum Wissen um das geführt wird, was es im Augenblick seiner Erhörung erfährt. Umgekehrt bedürfen aber auch die G.es-Beweise der Verifikation durch das Gebet, weil sie nur mit seiner Hilfe über das Urteil einer bloßen Sprachkonvention (Thomas) und über eine logische Denknötigung (Anselm) hinauskommen.

Lit.: *K. Barth*, Fides quaerens intellectum. München 1931; *E. Biser*, Der schwere Weg der Gottesfrage. Düsseldorf 1982; *D. Henrich*, Der ontologische Gottesbeweis. Tübingen 1960; *W.-D. Just*, Religiöse Sprache und analytische Philosophie. Stuttgart 1975; *J. L. Mackie*, Das Wunder des Theismus. Stuttgart 1985; *H. Ogiermann*, Sein zu G. München 1974; *Qu. Huonder*, Die Gottesbeweise. Stuttgart 1968.

E. Biser

II. In Natur- und Stammesreligionen. In der buntschillernden Welt der Stammesreligionen stechen einige Komplexe deutlich hervor. Dazu gehört an erster Stelle der „Gottes"-Glaube. Dabei bildet allerdings der G. der bibl.-abendländischen Tradition, ein geistiges Wesen ohne Anfang und Ende, das als absoluter Herr der Geschicke seiner Verehrer oder der ganzen Welt im Himmel thront, die große Ausnahme. Deshalb spricht man gewöhnlich nur von höchsten Wesen. Nur sie, die niemand über sich haben, ohne deswegen gleich absolut souverän über allen anderen übermenschlichen Wesen zu stehen, begegnen überall im stammesrel. Bereich.
1. Prinzipiell kannte jede Stammesreligion, so scheint es, nur *ein* solches Wesen, doch durch Überlagerungen, Verschiebung von Machtverhältnissen, Mission u. dgl. können diese Position mehrere einnehmen, die einander nicht eindeutig zugeordnet sind. Ihre Erscheinungsbilder hängen von Sozialstruktur, Wirtschaftsform und vielen anderen Faktoren ab; deshalb sind nur wenige Züge kulturübergreifend und treffen auf alle höchsten Wesen zu. Eigene Bezeichnungen fehlen fast völlig, konkrete Namen, die charakteristische Eigenschaften ausdrükken, herrschen vor; zuweilen sind die höchsten Wesen namenlos.
2. Die Bilder nähern sich von den aneignenden Kulturen zu den Hirtenvölkern hin schrittweise dem uns vertrauten bibl. G.es-Bild an. Da *W. Schmidt* nur bestimmte, am christl. G.es-Begriff orientierte Kategorien höchster Wesen zuließ, konnten er und seine Wiener Schule einen urspr. ↗Monotheismus (Urmonotheismus) extrapolieren, obwohl die unterstellten Merkmale höchstens in ↗Hirtenkulturen und gerade nicht in den aneignenden, den Urkulturen der Kulturkreislehre, nachzuweisen sind. Andererseits entspricht aber auch der häufig behandelte ↗Dynamismus nicht ganz den Tatsachen. Wenn auch die höchsten Wesen in den Stammesreligionen nicht be-

stimmend im Mittelpunkt stehen, manche im Kult überhaupt nicht verehrt werden *(dei otiosi)*, sind Mana (oder wie die geheimnsivollen Kräfte sonst heißen) wesenhaft an übermenschliche Gestalten gebunden, werden sie auch von den höchsten Wesen selbst ausgehend gedacht.

3. Höchste Wesen haben ihren „Sitz" in miteinander kaum vergleichbaren Gesamtkulturen. Deshalb sind Aussagen nicht generell, sondern nur in diesem jeweiligen Kontext möglich. Für Typisierungen eignen sich nach wie vor die wirtschaftlichen Verhältnisse am besten. In den wildbeuterischen Kulturen handelt es sich überwiegend um Urhebergestalten. Bei den rassisch urtümlichen Südostaustraliern haben sie (zusammen mit anderen übermenschlichen Wesen) den Himmel von der Erde getrennt; Kulturelemente, Institutionen und die Menschen stammen von ihnen ab. Bei den zentralafrik. *Bambuti*-Pygmäen sind sie tief in Mythen verwoben, aber überwiegend doch Herren der Tiere und des Waldes. Während sie hier vielfach respektlos behandelt werden, genießen sie bei den Südostaustraliern lediglich recht eingeschränkte rituelle Verehrung. Im pflanzerischen Weltbild treten alle anderen obersten Gottheiten (häufig Himmel und Erde oder Sonne und Mond) deutlich hinter den sog. *Dema*-Gottheiten zurück, die bes. *A.E. Jensen* studiert hat. Sie lebten in der Urzeit, wurden getötet und erwachen in der Vegetation, der einzigen Form ihrer Präsenz, periodisch zu neuem Leben. Da die Dema-Gestalten nur noch im Stirb und Werde der Natur, nicht jedoch in Person weiterleben, erschöpfen sich die Riten im Magischen mit bestimmten Kulturpflanzen im Mittelpunkt. Bei den ackerbautreibenden Ethnien begegnen Hochgötter mit klarem Persönlichkeitsprofil. Sie werden bald geschlechtslos, bald männlich oder weiblich, doch gewöhnlich ohne Anhang oben wohnhaft gedacht. Sie sind überwiegend gut, dem Alltäglichen enthoben und Urheber der gesellschaftlich-sittlichen Ordnung, werden aber nur ausnahmsweise in Notfällen angerufen. Erst christl. Missionare haben alles getan, sie dem christl. G. anzugleichen. Am stärksten nähern sich die höchsten Wesen der Hirtenvölker dem bekannten bibl.-christl. G.es-Bild an. Obwohl Schutzherren bestimmter Herdentiere, wohnen sie hoch oben im Himmel. Sie haben trotz solarer Züge die Sonne samt den übrigen Himmelskörpern, die Erde und alle Wesen darauf erschaffen. Sie gelten als allwissend, gütig und von großer Macht, aber zu erhaben, um sich um die Geschicke ihrer Geschöpfe zu kümmern. Diese Aufgabe erfüllen niedere Wesen, die mit den höchsten Wesen in vielfältiger Weise verschwimmen können. Bevorzugter Kult ist das Opfer mit ausgewählten Herdentieren, deren Fleisch häufig roh genossen wird.

4. Die skizzierte Reihenfolge höchster Wesen darf nicht als Entwicklungsschema mißverstanden werden. Die einzelnen Kulturbildungen mit den zugehörigen höchsten Wesen sind Phänomene eigenen Rechts und einander mit hist. Mitteln zeitlich zuzuordnen. Dabei ergeben sich Gleichzeitigkeiten und vielfache Umkehrungen der vermeintlich evolutiven Abfolge.

Lit.: *W. Dupré*, Religion in primitive cultures. Den Haag 1975, bes. 256–281 und Index „God"; *W. Schmidt*, Der Ursprung der Gottesidee, Bde. I bis XII. Münster 1926–55; *J.F. Thiel*, Religionsethnologie. Berlin 1984, 151–216. *K. Hoheisel*

III. Im biblischen Umfeld. 1. Ägyptisch. Am Anfang der ägypt. Geschichte stehen keine personal profilierten Götter, auch kein All-G., sondern eher Mächte, die die Lebenswirklichkeit des Menschen in schicksalhafter Weise bestimmen. Erst mit dem Anbruch der mythischen Zeit, die mit der Erfindung der Schrift einsetzt, gewinnen diese Mächte darstellbare und benennbare Konturen. Von ihren Handlungen berichtet der ↗Mythos. Der Machtcharakter bleibt ein wesentliches Kennzeichen der Götter, ist es doch bezeichnend, daß das ägypt. Wort für Macht *(śḫm)* die konkrete Bedeutung „Götterbild" gewinnt. Die Macht verkörpert sich im Bild, an das sich ein Kult knüpft, den das mythische Wort ausdeutet. Götter als Herren der Macht werden also vor allem dort apperzipiert, wo sie begrifflich faßbar und bildlich darstellbar sind, auch wenn sich im Lauf der Zeit eine bemerkenswerte G.-Bild-Theologie

entfaltet, die in den G.es-Bildern nur Abbilder von himmlischen Urbildern sieht, die grundsätzlich von diesen getrennt sind. Diese werden im Sinne der „Einwohnung“ belebt. Einen Sonderfall stellt die göttliche Macht des Herrschers dar.
Da die Gestalt der Gottheit nie so personal profiliert ist wie in Griechenland, können die Götter zwar in individuellen, aber zugleich auch in mehreren Gestalten erscheinen (z. B. Thot als Ibis, als ibisköpfiger Mensch oder als Pavian), wobei neben dem Gestaltwandel (auch des Sonnen-G.) die mensch-tierische Mischgestalt steht, die schon zu Beginn der ägypt. Geschichte auftritt. Die Götter sind aber nicht nur durch ihre Gestalten, sondern auch durch ihre Namen charakterisiert. Die Namen sind gewöhnlich übersetzbar und bringen ihre Wesensmerkmale oder Tätigkeiten zum Ausdruck.
Neben den Göttern, die zur geschaffenen Sphäre gehören und die daher vergänglich und erneuerungsbedürftig sind – was vor allem für den Sonnen-G. Re gilt, aber auch für den sterbenden und wiederauferstehenden Vegetations-G. Osiris –, steht der Ur-G., der die Götter „hervorgebracht“ hat. Dieser kann mit einem Groß-G. wie Ptah, Atum oder Amun gleichgesetzt werden, obwohl er vielfach auch – vor allem in den Lebenslehren – einfach als „(der) G.“ bezeichnet wird. Der Ur-G. ist es, der aus dem urspr. Chaos hervorkommt und der (nach ↗Totenbuch 175) am Ende der Zeiten wieder anonym in dieses eingeht. Unterschiedliche Mythologien sprechen von dem Verhältnis des Ur-G. zu den Göttern, die zu Gruppen zusammengefaßt werden können (z. B. Neunheit von Heliopolis). Die Beziehung zwischen G. als umfassendem Lenker und dem funktionell begrenzten oder örtlich gebundenen Stadt-G. thematisiert die Theologie, die auch das Verhältnis der Götter zueinander im Sinne der „Einwohnung“ bestimmen kann. So kann sie Götter wie Amun und Re so miteinander verbinden, daß sie als Einheit erscheinen, ohne aufzuhören, eigenständige Größen zu sein.
Die Vielheit der Götter bleibt grundsätzlich bis in die ägypt. Spätzeit bestehen, auch wenn Charakteristika des Ur-G. und einzelner Götter in das Wesen eines Groß-G. wie Amun einfließen können. Der Versuch *Echnatons* (1361–ca. 1340), den einen Sonnen-G. Aton an die Stelle der Vielheit zu setzen, blieb auf seine Epoche beschränkt.
Der Unterschied zwischen den Lehren über „G.“ und denen über die Götter kann man mit *J. Assmann* als Gegensatz zwischen „expliziter“ und „impliziter“ Theologie kennzeichnen.

Lit.: *J. Assmann,* Ägypten. Stuttgart 1984; *E. Hornung,* Der Eine und die Vielen. Darmstadt [3]1983; *S. Morenz,* Ägyptische Religion. Stuttgart [2]1977.

H.-J. Klimkeit

2. Babylonisch-assyrisch (↗Babyl.-assyrische Religion; Sum. Religion). Als semitische Akkader während des 3. bis gegen Anfang des 2. Jt. allmählich in den von Sumerern bewohnten südlichen Teil des Zweistromlandes eindrangen und im Ergebnis eine sum.-akkad. Mischkultur akkad. Sprache entstand, wurde eine größere Anzahl sum. Gottheiten in die sich bildende neue Kultur übernommen, teils unter ihrem alten sum. Namen, teils unter dem ihrem Wesen mehr oder minder entsprechenden Namen einer akkad. Gottheit.
Diese synkretistische Tendenz ist ein Merkmal der babyl.-assyr. Götterwelt geblieben. Der sum. Reichs-G. Enlil z. B. – Herr der irdischen Welt – wurde ebenso wie sein kriegerischer Sohn Ninurta unter seinem sum. Namen in das akkadische Pantheon übernommen. Der sumerische Gott des Süßwasserozeans (Grundwasserhorizonts), Enki, erhielt ohne Änderung seiner Wesenseigentümlichkeiten akkad. den Namen Ea. Der Sonnen-G., sum. Utu, wurde akkadisch Šamaš genannt und erfuhr gleichzeitig eine Aufwertung seines Ranges, da er als Wahrer des Rechtes hoch verehrt wurde. Die Zahl der akkad. Götter wird im babyl. Weltschöpfungsepos ↗Enūma eliš summarisch mit 600 angegeben. Auf festeren Boden führen Prolog und Epilog des Codex ↗Ḫammurapi, worin 23 große Götter genannt werden. Man wird ihre Zahl auf rund 30 aufrunden können, nicht gerechnet die kleineren Gottheiten. Aus dem sum. G.es-Glauben wurde die Überzeugung entlehnt, daß jeder Mensch eines persönlichen Schutzgottes bedürfe, an den er sich mit seinen Anliegen zunächst

zu wenden habe. Das staatliche Eigenleben Babyloniens und Assyriens brachte es mit sich, daß der ehemalige sum. Reichs-G. Enlil in Babylon durch den Stadt- und Reichs-G. Marduk, in Assyrien durch den spezifisch assyr. G. Assur verdrängt wurde.

Die im Zweistromland in großer Anzahl seßhaft gewordenen westsemitischen Amurriter assimilierten sich rasch der ansässigen Bevölkerung, so daß amurritische Gottheiten zu keiner Bedeutung gelangten. Das gleiche läßt sich in etwa auch von dem nichtsemitischen Volk der Kassiten sagen, das im 16. Jh. durch die von ihm gestellte Dynastie die Macht in Babylon übernahm. Die babyl.-assyr. wie auch die sum. Götter wurden als menschengestaltig angesehen, nur Dämonen als Mischwesen. Die Götter hatten demgemäß dem Menschen vergleichbare Bedürfnisse und Gefühlsregungen und sind als Persönlichkeiten verstanden worden, deren Reaktionsweisen denen des Menschen verwandt und daher bis zu einem gewissen Grad berechenbar waren. Der Mensch näherte sich der Gottheit mit Gabe und Gebet in einer Form, die er einer sehr hochgestellten Person gegenüber für angemessen halten konnte. Diese Einstellung entsprach der Rolle, die den Menschen der Weltordnung gemäß zugedacht war. Im Weltschöpfungsepos Enūma eliš z. B. wurden die Menschen durch den G. Ea aus dem Blut eines getöteten G.es erschaffen und zum Dienst und zur Versorgung der Götter bestimmt. Die Abhängigkeit, in welche die Götter durch diese Regelung scheinbar geraten waren, ist zuweilen in babyl.-assyr. lit. Texten ausgemalt worden. Diesem dichterischen Bild gegenüber standen jedoch der Glaube der Menschen des Zweistromlandes an die überirdische Macht der Gottheit und ihre alle Vorstellungen übersteigende Einsicht und Weisheit, woraus die Bereitschaft erwuchs, sich den göttlichen Ordnungen zu beugen.

Lit.: *É. Dhorme,* Les religions de Babylonie et d' Assyrie. Paris 1949, 11–173; *D. O. Edzard,* Mesopotamien: H.W. Haussig (Hg.), Götter und Mythen im Vorderen Orient. Stuttgart 1965, 17–139; *H. Vorländer,* Mein Gott. Kevelaer 1975; *H. Ringgren,* Die Religionen des Alten Orients. Göttingen 1979, 116–130; *W. v. Soden,* Einführung in die Altorientalistik. Darmstadt 1985, 169–175. *H. Schützinger*

3. Griechisch-hellenistisch. *A) Allgemein.* Die ↗Griech. Religion ist eine polytheistische Religion, die viele Götter kennt. Diese sind vor den Menschen durch Unsterblichkeit und ewige Jugend ausgezeichnet. Sie sind anthropomorph, können lieben, leiden, Schmerz empfinden, kämpfen, sich durch Zeugung vermehren. Sie können sich verwandeln, behalten aber eine anthropomorphe Grundform. Ihr Wille kann von Menschen im ↗Orakel ergründet werden, mit bevorzugten Menschen (Heroen) können die Götter Umgang pflegen, sie gar in ihre Runde aufnehmen. Götter und Menschen können gemeinsam sterbliche Halbgötter zeugen. Das Tun und Wollen der Götter ist wechselhaft und launisch, der Mensch kann mit Gebet und Opfer ihre Gunst und ihr Mitleid erflehen. Die Götter lohnen Frömmigkeit in der Regel, müssen es jedoch nicht. Sie können, obwohl selbst unendlich glücklich, schnell auf menschliches Glück eifersüchtig werden und strafen Überheblichkeit (Hybris) streng.

In der Philosophie tauchte schon früh neben den Göttern die Idee des einen G. auf. Heraklits Idee des Allfeuers, Parmenides' einziges und unteilbares Seiende *(On),* der Weltschöpfer in Platos „Timaios" bezeichnen Stufen einer gedanklichen Annäherung an den Monotheismus. Der Hellenismus schafft eine monistisch-polytheistische Synthese der Vielheit verschiedenster, griech. nichtgriechischer und gemischter Götter in einer mehr und mehr systematisierten Einheit, die entweder als die Einheit des Seins oder aber die Einheit des Kosmos empfunden wurde. Einzelgötter symbolisierten Einzelkräfte, dahinter verbarg sich abstrakt, anonym und ruhend das All-Eine. Bes. die stoische und neuplatonische Philosophie gelangte zu einer quasi rein monotheistischen G.es-Idee, die das Dasein hierarchisch bis in die Vielfalt der konkreten Welt gliederte.

Die Tendenzen schon der vorhellen. griech. Philosophie, sich dem bibl. Monotheismus anzunähern, bewogen spätantike Denker, die Möglichkeit eines israelit. Einflusses auf Althellas anzunehmen (Plato als „Attischer Moses" bei Eusebius) oder aber einen gemeinsamen ägypt. Ursprung aller monotheistischen G.es-Lehre anzunehmen („Hermes Trismegistos"). Die Renaissance belebte diese Gedanken neu (Marsilio Ficino, Pico della Mirandola). Vor hist.-krit. Forschung hielten sie nicht stand.

Lit.: ↗Griech. Religion. *Chr. Dröge*

B) Die Götterwelt der Griechen. Die wichtigsten Göttergestalten der Griechen lassen sich auf verschiedene ethnische Herkunft, die indogerm., die altmittelländische und die östliche, zurückführen, wobei eine Mischung der Elemente anzutreffen ist. Als Wohnung dient den griech. Göttern der Berg Olymp, mit 2918 m der höchste Berg Griechenlands. Das Pantheon der Götter auf dem Olymp, in der Struktur vergleichbar der ritterlichen Gesellschaft im MA, steht unter der nicht unumstrittenen Herrschaft des Himmelsvaters *Zeus,* der bildlich als Adler oder Stier dargestellt wird (als Stier verwandelt entführt er die *Europa* von Tyros nach Kreta und zeugt mit ihr den Minos). Der Göttervater Zeus ist indogerm. Herkunft wie auch die Herdgöttin *Hestia,* die Göttin der Morgenröte *Eos* und seine rossegestaltigen Söhne, die *Dioskuren,* Kastor und Polydeukes (röm. Castor und Pollux), die in den christl. ↗Heilsgestalten Kosmas und Damian fortleben.

Zweifelhaft hingegen ist die indogerm. Herkunft der nachfolgenden Gottheiten: 1. *Hera,* die Zeusgattin, Beschützerin der Ehe und des ganzen Lebens der Frau; 2. *Athena* (Pallas) – urspr. wohl eine kretisch-mykenische Schlangengöttin –, die als Stadtgöttin Athens im Tempel auf der Akropolis verehrt wurde und nach alter Sage als Tochter des Zeus in voller Rüstung seinem Haupt entsprungen ist. Sie ist die Göttin der Weisheit und Beschützerin der Wissenschaften; der Ölbaum ist ihr heilig; 3. *Artemis,* die Zwillingsschwester des Apollos, Göttin der Jagd und Fruchtbarkeit wie der Jungfräulichkeit; 4. *Demeter,* die Erd- und Korngöttin; 5. *Poseidon,* der G. des Meeres, mit dem Dreizack in der Hand dargestellt; 6. *Hephaistos,* der G. des Feuers, der Schmiede und der Handwerker; 7. *Hermes,* der flügelbeschuhte Bote der Götter, speziell des Zeus, als Weg-G. Führer der Seelen in der Unterwelt und G. der Hirten, Händler und Diebe; 8. *Hades,* der Herrscher der Unterwelt; 9. *Ares,* Sohn des Zeus und der Hera, der G. des Krieges und des Kampfes.

Sicher nicht arischer Herkunft sind: 1. *Apollon,* der Sonnen-, Heil- und Sühne-G., der als Orakel-G. von Delphi im Volk große Verehrung genoß; 2. *Aphrodite,* die Göttin der sinnlichen Leidenschaft, der Schönheit und die Mutter des *Eros;* 3. *Dionysos,* der G. des Weines und der Fruchtbarkeit (↗Phallus).

Unklar und unbestimmt bleibt die ethnische Herkunft und damit Zuordnung der vorolympischen Götter: 1. die *Titanen* mit dem zum Vater des Zeus gemachten *Kronos* und 2. das Urgötterpaar *Uranos* und *Gaia* (Himmel und ↗Erde). Neben den „Hochgöttern" des Pantheons gab es eine Vielzahl koboldartiger Überwesen, ↗Dämonen und niederer G.-Wesen wie Baum-, Quell-, Flußgötter aller Art, z.B. den halbtiergestaltigen *Pan* und den mit ihm zusammengehenden *Satyrn.* Oft genossen die Überwesen an einzelnen Plätzen eine weit höhere Verehrung als die Götter der öffentlichen Kulte. Namentlich seit der hellen. Zeit empfand man es geradezu als Bedürfnis, sich den großen Göttern des Staatskults zu entziehen und sich den menschennahen, sogenannten gnädigen, helfenden und heilenden Göttern zuzuwenden. Damals begann der Siegeszug des *Asklepios,* des hl. Heros, der an vielen Orten, so in Epidauros, vor allem aber auf der Ärzteinsel Kos, bedeutende Verehrungsstätten besaß. Einen entscheidenden Anteil hatten die Gottheiten der Griechen bei der Ausformung der röm. Gottheiten.

Lit.: *W. Burkert,* Griechische Religion. Stuttgart 1977; *F. Heiler,* Die Religionen der Menschheit. Neu hg. v. K. Goldammer. Stuttgart [4] 1982, 283–308. *G. Riße*

4. Römisch. *A) Allgemein.* Wie die ↗Griech. Religion war auch die ↗Röm. Religion polytheistisch. Ihre Götterwelt entstammt einem gemeinsamen indoeurop. Pantheon und weist Übereinstimmungen mit dem keltischen, germ., griech. und ind. Pantheon auf. Darüber hinaus war jedoch der etruskische Einfluß stark.

Die röm. Götter sind vor allem durch ihre Funktion definiert. Sie leben in der Tätigkeit und im Daseinsbereich, der ihnen zugeschrieben ist. Darüber hinaus ist ihre Existenz kaum bes. konturiert. Die Mythologie ist schon früh stark zurückgetreten; bildliche Darstellungen nehmen erst unter griech. Einfluß zu. Zentrum göttlichen Wesens ist die *Wirkung*, welche nur im zugeschriebenen Bereiche erfahren wird: die Wirkung des Kriegs-G. im Kriege, des Ackerbau-G. im Ackerbau, des Grenz.-G. an der Grenze usw. Hier tendiert der röm. G.es-Begriff zur Differenzierung: Venus z. B. kann als Schutzherrin der Ehe „Venus Pronuba" heißen, als Schutzherrin der Fortpflanzung „Venus Genetrix". Umgekehrt können neue Lebenserfahrungen der Gemeinschaft neue Götter hervorbringen: der Sieg die „Victoria", die (Sehnsucht nach) Eintracht die „Concordia", schließlich entsteht gar aus der Staatsidee selbst die „Dea Roma". Von Anfang an scheint der röm. G.es-Begriff in nächster Nähe zur Allegorie konkreter Daseinserfahrungen gestanden zu haben.

Eine Theologie kannte die röm. Religion in ihrer Frühzeit nicht, lediglich Gesetze über den Kult. Als Versuche einer Theologisierung der röm. Götterwelt können die „Antiquitates rerum divinarum" des *M.T. Varro* und die „Metamorphosen" *Ovids* gelten, beide aus der Zeit der augusteischen Reformation. Varro ordnete die Götter in drei Gruppen, um ein durchgängiges, logisch nachvollziehbares System zu gewinnen, während Ovid auf dem Prinzip der Wandlung eine enzyklopädische Übersicht der Mythologie aufbaute.

In der Spätantike nimmt unter dem Einfluß der griech. Philosophie die Tendenz zum Monotheismus zu. Der röm. Staat bemüht sich, integrative Kulte zu entwikkeln, den ↗Herrscherkult, den Kult des „Sol Invictus". In der Spätzeit der röm. Religion gelten die Götter nur noch als Manifestationen eines einzigen göttlichen Prinzips, etwa als Planeten. Baulich dokumentiert das röm. *Pantheon* diese Idee: die urspr. stoische Idee der Weltharmonie wird zur de facto monotheistischen röm. G.es-Idee, die jedoch wegen ihres hohen Abstraktionsgrades nur selten die gelebte Wirklichkeit des *homo religiosus Romanus* war.

Lit.: ↗Röm. Religion. *Chr. Dröge*

B) Die Götterwelt der Römer. An erster Stelle ist der „G. des Himmelslichts", die höchste Gottheit des röm. Staatskultes, *Jupiter,* zu nennen, der schon früh in einer kultischen Gemeinschaft mit dem für den Bereich des Krieges zuständigen *Mars* und *Quirinus* zusammengestellt wird und später mit *Juno* und *Minerva* die capitolinische Trias bildet. Als Gemahlin steht dem Jupiter die Ehe- und Familiengöttin Juno zur Seite. Andere wichtige Götter sind: 1. *Vesta,* die Göttin des Herdfeuers, deren Priesterinnen, die Vestalinnen, das hl. Herdfeuer niemals ausgehen lassen durften. Die Vestalinnen genossen bei der Staatsführung und im Volk hohes Ansehen. In Zusammenhang mit Vesta steht 2. *Janus,* der G. der Tür und der Zeit, da durch die Tür Unheil ins Haus dringen kann. Der Januskopf, als Doppelgesicht in die Zukunft und in die Vergangenheit schauend, ist noch heute in Redewendungen bekannt. Auf 3. *Saturnus,* den G. der Aussaat, in der Mythologie mit Kronos (↗III 3 B) zusammengestellt, geht das karnevalistisch gestaltete Fest der *Saturnalia,* urspr. ein Wintersonnenwendfest, zurück. Von Bedeutung sind: 4. *Faunus* und *Silvanus,* die Götter der animalischen Fruchtbarkeit und der Wälder; 5. *Ceres,* die Göttin der pflanzlichen Fruchtbarkeit; 6. *Flora,* die Blumengöttin; 7. *Vulcanus,* der G. des Feuers, und 8. *Neptunus,* der Meeres-G. Bei dieser Aufzählung zeigt sich die enge Verflechtung und Adaptation des griech. Religionsgutes. „Einen Höhepunkt bildeten 217 v. Chr. die Einführung der aus 6 Paaren bestehenden griech. Zwölf-Götter-Gruppe in Rom, die nun die entsprechenden Namensträger aus dem röm. Göttersystem aufnahm: Jupiter – Zeus und Juno – Hera, Neptunus – Poseidon und Minerva – Athena, Mars – Ares und Venus – Aphrodite, Apollo – Apollon (Helios) und Diana – Artemis, Vulcanus – Hephaistos und Vestia – Hestia, Mercurius – Hermes und Ceres – Demeter" (F. Heiler 321). Neben den Staatsgöttern kennt die röm. Religion eine große Zahl von Gottheiten für Sonderbereiche, die durch die Personifikation abstrakter Begriffe gekennzeichnet sind, wie z. B. Concordia (Eintracht), Fortuna (Glück), Pax (Friede), Providentia (Vorsehung), Salus

(Heil) oder gar Febris (Fieber). Durch die Ausweitung des röm. Imperiums wurden weitere, vor allem oriental. Gottheiten der Mysterienkulte in den röm. Staatskult aufgenommen, so daß man von einem Triumphzug der ↗Mysterien-Religionen sprechen kann. Diese Orientalisierung war aber auch der Anfang vom Ende auf dem rel. Gebiet und trug entscheidend zum Untergang des röm. Imperiums bei. Die von Kaiser Augustus (63 v. Chr. bis 14. n. Ch.) vorgenommene Reform, vom Staatskult der Götter hin zum ↗Herrscherkult mit der Konzentration auf eine Gottheit, den *Sol Invictus,* der unbesiegbaren Sonne, konnte den Untergang nicht mehr aufhalten, da inzwischen im Inneren und Äußeren der Siegeszug des Christentums begonnen hatte.

Lit.: *F. Heiler,* Die Religionen der Menschheit. Neu hg. v. K. Goldammer. Stuttgart [4]1982, 309–326; *F. Altheim,* Römische Religionsgeschichte. 2 Bde. Berlin [2]1956. *G. Riße*

5. Ugaritisch (↗Ugar. Religion). Die seit 1929 in der kanaan. Stadt Ugarit (ca. 10 km nördl. der syr. Hafenstadt Ladakije) von Franzosen durchgeführten Grabungen brachten zahlreiche Schriftdokumente ans Licht, unter denen sich Tontafeln in einer dem älteren nordwestsemitischen Lautstand nahestehenden, bis dahin unbekannten Alphabet-Keilschrift befanden, welche zum Gebrauch der ugar. Sprache geschaffen worden war. Die Tafeln mit der etwa zwischen 1400 und 1200 benutzten Schrift enthalten zu einem großen Teil Texte mythisch-epischen Inhalts, durch die unsere Kenntnisse über die frühe kanaan. Götterwelt in außergewöhnlicher Weise erweitert wurden. Auffallend ist der Umstand, daß die dem Wetter- und Vegetations-G. Baal/Hadad zuzuordnenden Mythen die Mehrzahl bilden. Er erklärt sich jedoch daraus, daß Baal der Haupt-G. von Ugarit war und die Tafeln in der seinem Tempel zugehörigen Bibliothek gefunden wurden. Neben den eigentlichen Göttermythen sind 2 eher episch zu nennende lit. Werke, die Keret- und die Danel- bzw. Aqhaterzählung, zu erwähnen. Es könnte sich hierbei um Dichtungen über das Leben zweier legendärer Könige von Ugarit handeln.

Das Oberhaupt des Pantheons von Ugarit war der Götterkönig *El.* Er ist charakterisiert durch eine abgeklärte, scheinbar passive Ruhe, die sich aber aus seiner Distanz gegenüber den jüngeren Göttern, als deren Vater er galt, erklären läßt. Seine Gattin war die Göttermutter *Aṯirat.* Söhne des El waren *Jamm,* der G. des Meeres und der Flüsse, und *Mot,* der G. des Todes; zu seinen Töchtern zählte ʿAnat, als Göttin der Liebe von jungfräulicher Schönheit, aber auch gewalttätige Gottheit des Krieges. Ähnliche Aspekte zeigte ʿAṯtart (Astarte), Göttin des Abendsterns. ʿAnat und ʿAṯtart sind deshalb in nach-ugar. Zeit miteinander verschmolzen worden. Zu den bedeutenderen Gottheiten zählten auch der Mond-G. *Jariḫ* und seine Gattin *Nikkal* sowie die in Ugarit weibliche Sonnengottheit *Šapš.* Nach Ausweis von Götter- und Opferlisten umfaßte das Pantheon von Ugarit ca. 20–30 Götter, von denen uns aber nicht alle in ihrer Wesenheit klar erkennbar sind. Die Hauptgottheiten wurden als menschengestaltig angesehen. – Die Baals-Mythen sind vordergründig als Gleichnisse des jährlichen Vegetationswechsels zu verstehen, wobei *Baal* die Zeit der Winterregen und der Aussaat des Getreides, das Grünen und Blühen des Frühlings und das Emporwachsen des Korns verkörpert, Mot die Zeit der Sommerhitze und des Absterbens der Vegetation, aber auch die des reifenden Getreides und der Ernte. Beide Gottheiten ergänzen sich also. – Daneben zeigt Baal jedoch die Züge eines aufkommenden, jungen G. Er wird häufig als Sohn des *Dagan,* des älteren Vegetations-G., über den er sich emporgeschwungen hat, bezeichnet. Er besiegt Jamm als den Vertreter des Chaoselements Wasser, setzt es durch, daß ihm von dem Handwerker-G. *Koṯar* ein Palast (Tempel) auf seinem Götterberg Ṣapon (1770 m, ca. 40 km nördl. von Ugarit) erbaut wird, gerät zwar in die Gewalt des Mot, der jedoch durch die hitzköpfige Schwester des Baal, ʿAnat, überwunden wird, und kehrt mit den Winterregen und der wiederkehrenden Vegetation in die Oberwelt zurück. In nach-ugar. Zeit setzte sich die Stärkung der Position des Baal fort, bis dieser schließlich die Funktion des El als des höchsten G. übernahm.

Lit.: *J. Aistleitner,* Die mythologischen und kultischen Texte aus Ras Schamra. Budapest [2]1964; *M.H. Pope / W. Röllig,* Syrien: H.W. Haussig (Hg.), Götter und Mythen im Vorderen Orient. Stuttgart 1965, 217–312; *H. Gese,* Die Religionen Altsyriens: ders. / M. Höfner / K. Rudolph, Die Religionen Altsyriens, Altarabiens und der Mandäer. Stuttgart 1970, 1–172; *K.-H. Bernhardt,* Ugaritische Texte: W. Beyerlin (Hg.) Religionsgesch. Textbuch zum AT. Göttingen 1975, 205–243. *H. Schützinger*

IV. Im Judentum. Die bibl. Grundstelle jüd. Auffassungen über G. ist die rätselhafte, präsentisch und futurisch übersetzbare Stelle Ex 3,14: „Ich bin da als der ‚Ich-bin-da'". Es handelt sich um die israelit. Interpretation der vorgegebenen vierbuchstabigen G.es-Bezeichnung JHWH. Ex 3,14 faltet JHWH dreigliedrig aus: 1. Ich bin da. 2. als der (so wie), 3. ‚Ich-bin-da'. Diese Ausfaltung wurde im Verlauf der Geschichte auf 6 ineinander greifende Weisen erklärt.

1. Theologia negativa. Nach Ex 3,14 habe G. zu Mose gesagt: „Ich sage dir nicht, wer oder was ich bin." G. sei unbegreiflich, unverfügbar und unerkennbar. Er dürfe nicht magisch mißbraucht werden. Das Aussprechen von JHWH sei strikt einzuschränken. Für Philon v. Alexandrien ist G. in seinem innersten Wesen eigenschaftslos, leidlos, unbeschreibbar, unberedbar und nicht vergleichbar (Praem. 39f.; All II 36). Moses Maimonides (1135–1204) schreibt: „Die höchste Stufe des Wissens von G. ist, zu wissen, daß man nichts von ihm wissen kann" (Führer der Verwirrten I 59). Die jüd. Esoterik (↗Meditation/Mystik II) redete im ähnlichen Sinn bes. ab dem 12./13. Jh. vom „Nichts" (G.es), vom belî ma (der/das ohne was) und vom 'en sôf (der/das Endlose).

2. Der G. der Geschichte Ex 3,14 betreffe die dreistufige Israel- und Menschheitsgeschichte. G. war in der *Vergangenheit* der hilfreich Daseiende, er ist in der *Gegenwart* hilfreich, rettend da, und er wird auch in *Zukunft* der Helfende und Erlösende sein. Sinngemäß müsse Ex 3,14 folgendermaßen übersetzt werden: „Ich, der ich war, ich, der ich bin, und ich, der ich in Zukunft sein werde." Diese gesamtgesch. Deutung ist die häufigste (vgl. Offb. 1,4). Sie richtet sich gegen spätantik-griech. und gegen ma.-christl. Wesensdeutungen G.es, nach denen man Ex 3,14 mit „Ich bin der (unveränderlich) Seiende", „Das Sein ist mein Wesen" zu übersetzen habe. Im Gegensatz zu den sich auf das Wesen G.es Berufenden betont die rabb. Tradition, G. wolle wegen seiner Taten anerkannt werden. Er habe zu Mose gesagt: „Entsprechend meinen Taten werde ich angerufen." Man werde wissen, daß er JHWH sei, „wenn ich mit euch sein werde". Das Handeln G.es sei zuinnerst und zu allen Zeiten als barmherziges Handeln zu deuten. „Wenn ich mich über meine Welt erbarme, werde ich JHWH genannt. JHWH bedeutet nichts anderes als das Maß der Barmherzigkeit" (ShemR zu Ex 3,14).

3. Der sich herabneigende und mitziehende G. Deistische Tendenzen, wonach G. untätig und unbesorgt im Jenseits thront, ohne die Welt zu regieren und ohne um ↗Israel besorgt zu sein, wurden im rel. ↗Judentum nie geduldet. Jehuda Hallevi (1080–1141) drückt sich im „Kusari" (I 77) so aus: „Du darfst es überhaupt nicht für unwahrscheinlich halten, daß erhabene göttliche Spuren in dieser Welt sichtbar werden, wenn diese Stoffe imstande sind, sie aufzunehmen. Hier ist die Wurzel des Glaubens und des Unglaubens."

Im rabb. Schrifttum ist die Herabneigung Gottes zu Israel eine Haupttendenz. G. verursache wegen seiner Tendenz der Herabneigung zur Welt und der Bevorzugung Israels unter den Engeln Neid. Er sei dauernd nach unten unterwegs: in die jüd. Gemeinden und in die Herzen der Juden hinein. Seit der Exilierung der Juden (70 n.Ch.) wandere G. seinem Volk (wie seinerzeit den Israeliten in der Wüste) als shekhina (= Einwohnung, der Lage Israels angepaßte Gegenwartsweise) voran, mitten durch die Wüste der Völker bis zum Eschaton, an dem er sich als der einzigartige Gefährte Israels enthüllen werde. Wer nicht an den mitwandernden, nahen G. glaube, der wiederhole die Ursünde der Israeliten, das Zweifeln an der Anwesenheit G.es mitten unter seinem Volk (vgl. Ex 17,7; Ez 9,9 und rabb. Deutungen). Die singuläre Präsenz G.es reicht nach den „Sprüchen der Väter" bis ins rel. Tun hinein: Wenn zwei zusammensitzen, und es sind zwischen ihnen Worte der Tora, ist die shekhina zwischen ihnen" (Av 3,2). Der Text fährt dann fort, die shekhina sei auch bei einem allein präsent, wenn er um das Verständnis der Tora ringe.

4. Der G. des Leides. G. schickt Israel Leid (↗Böses/Leid VI), und er verstrickt sich selbst in das Leid Israels. Im babyl. Talmud (bBer 9a) und bei Raschi (1040–1105) wird aus Ex 3,14 herausgelesen, G. bringe Leid über Israel; Leid gehöre zur Offenbarung. G. habe zu ↗Mose über die Israeliten gesagt: „Ich bin mit ihnen in dieser (ägypt.) Not, und ich werde ihnen auch in der Sklaverei unter den Weltvölkern beistehen." G. habe aber empfohlen, den Israeliten das zukünftige Leid nicht zu offenbaren, um sie nicht mutlos zu machen. In ähnlicher Bedeutung wird in MekhY zu Ex 20,23 gesagt, es sei „ein Bund für die Leiden geschlossen worden". Der Jude unterscheide sich vor G. vom Nichtjuden durch seine Annahme des Leids. Diese Annahme verbürge seine künftige Verherrlichung bei G.

G. verfügt aber nicht nur Leid, sondern er unterzieht sich auch selbst dem Leid, um bei den Juden in deren Leid zu sein. Ein eindrückliches Zeugnis dafür ist das Gleichnis von den Zwillingen: „Wie Zwillinge: Einer hat Kopfweh, und der andere spürt es! – So sagte der Heilige, gelobt sei er: ‚Ich bin bei ihm in der Not' (Ps 91,15)" (Pesk 5,6).

5. Der G. der Ethik. Das Judentum ist ein „ethischer Theismus" (Kohler). Ex 3,14 wurde daher auch ethisch ausgelegt: G. enthülle sich nur dem Barmherzigen, der seine Gebote tue, die übrigen seien zum Scheitern verurteilt. Die ethische Komponente wird als konstitutiv für das Verhältnis zu G. betrachtet. Das Tun und das Hören gehören zum Israeliten. Er hat zuerst (nach Ex 24,7) die Gebote zu tun; erst dann darf er (evtl.) über den Sinn der Gebote nachgrübeln (vgl. die anhaltend starken jüd. Reserven gegen die Theologie).

6. Der existential erfahrbare G. Nach modernen jüd. Denkern (F. Rosenzweig, M. Buber, B. Jacob, J. B. Soloveitchik) ist das Gegenwärtigsein G.es das Ergebnis des Zusammentreffens eines göttlichen und eines menschlichen personalen Aktes. G. werde zum Ereignis, wenn der Mensch beziehungsoffen sei. B. Jacob deutet Ex 3,14 dementsprechend: „JHWH ist das Futurum der Geknechteten und Leidenden."

Die jüd. G.es-Vorstellungen sind in starkem Maß Ergebnisse der Abwehr gegen antike (griech. und oriental.), christl. und muslimische Auffassungen. Als gefürchtetes Gegenkonzept wurde seit Saadja Gaon (882–942) die christl. Dreifaltigkeitslehre empfunden. Ihr gegenüber wurde die Einheit Gottes in vertikaler (der unendliche G. im Himmel und sein Wirken in der beschränkten Welt) und in horizontaler (G. und seine Eigenschaften) Hinsicht betont. Gemäß ihrer Auffassung, in der nichtjüd. Welt werde die Einheit G.es verdunkelt, geschwächt und mit unbibl. Zusätzen vermischt, verstanden sich die Rabbinen und ihre Nachfahren als die einzigen Wahrer der unverfälschten sinaitischen G.es-Offenbarung. Das Ziel der Weltgeschichte werde erreicht sein, wenn der G. Israels sich als der Eine und Einzigartige vor aller Welt kundtun und von möglichst vielen Menschen im Geist Israels monolatrisch gepriesen werde (so Moses Chaim Luzzatto [1707–1746] im Anschluß an Sach 14,9).

Die jüd. Theodizee wurde in harten Leidens- und Verfolgungszeiten bes. herausgefordert. Die Sinngebungen zur schwersten Drangsalperiode in der Antike (175 v. – 135 n.Chr.) waren jedoch qualitativ von den Deutungen der modernen Holocaust-Periode (1933–1945: Naziherrschaft) verschieden. Die jüd. Antwort auf die Verfolger der Antike war eine Ausweitung der Glaubensaussagen durch den Auferstehungsglauben. Dem Schöpfer von Welt und Menschen sei es zuzutrauen, daß er die ungerecht Umgekommenen neu, unvergänglich und leidlos schaffe (Dan 12,2f.; 2 Makk 7; zweite Berakha des Achtzehngebets). Die Antworten auf die Judenvernichtungen im Nazireich sind dagegen von Betroffenheit, ja Resignation über den abwesenden G. und über die Unheimlichkeit menschlicher Bosheit geprägt. Der Schwerpunkt des Denkens richtet sich nicht auf das Nicht-Eingreifen G.es, sondern auf den geistigen Kampf gegen die Dehumanisierung des Menschen. Man will bei Fragen des Leids von der Theozentrik der jüd. Religion wegkommen und sich dem Schutz des Menschen, dieses erstrangigen Geschöpfes G.es verschreiben.

Quellen und Literatur. Literarische Quellen des jüd. G.es-Veständnisses sind eine große Anzahl traditioneller, mystisch-esoterischer, frömmigkeitsgesch. und religionsphilos. Werke aus allen Jh.en seit dem Abschluß des atl. Kanons. An höchster Stelle stehen der babyl. Talmud mit der darin enthaltenen Mischna (2.–6. Jh. n.Chr.) und die jüd. Gebetbücher zu Sabbat, Werk- und Feiertagen (machsorim, siddurim). Sie bilden neben der schriftlichen Tora (tôra shebikhtav) die mündliche Tora (tôra shebe 'al pe). In mystisch-esoterischen Kreisen hatte auch der im 13. Jh. in Spanien entstandene Zohar weitgehend kanonische Bedeutung. In etwas geringerem Ausmaß erfreuen sich der jerusalemische Talmud und viele bibeldeutende Midraschwerke, bes. Mekhilta (MekhY), die Rabbot (z.B. BerR) und homiletische Midraschwerke (z.B. PesK) besonderer Wertschätzung. Sie gehören zum Grundbestand traditioneller und myst. jüd. Frömmigkeit und Gelehrsamkeit. Aus den religionsphilos. Werken ragen die Werke des Saadja Gaon („Emunot we-Deot"), des Jehuda Hallevi („Kusari") und des Moses Maimonides („Führer der Verwirrten" und „Mischne tora") bes. hervor.

Lit.: *J. Abelson,* The Immanence of God in Rabbinical Literature. London 1912; *H. Cohen,* Religion der Vernunft aus den Quellen des Judentums. Frankfurt ²1929; *E. Fleischner,* Auschwitz. Beginning of a New Era? New York 1977; *G. Fohrer,* Glaube und Leben im Judentum. Heidelberg 1979; *M. Hengel,* Juden, Griechen und Barbaren. Stuttgart 1976; *F. Henrich,* Die geistige Gestalt des heutigen Judentums. München 1969; *A. J. Heschel,* God in Search of Man. London 1956; *L. Jacobs,* A Jewish Theology. London 1973; *K. Kohler,* Grundriß einer systemat. Theologie des Judentums auf gesch. Grundlage. Leipzig 1910; *D. J. Lasker,* Jewish Philosophical Polemics against Christianity in the Middle Ages. New York 1977; *M. Ch. Luzzatto,* Derekh ha-shem. The Way of God, hg. v. A. Kaplan. Jerusalem 1978; *J. Maier,* Geschichte der jüd. Religion. Berlin 1972; *ders. / J. Schreiner,* Lit. und Religion des Frühjudentums. Würzburg 1973; *J. Neusner,* Understandig Jewish Theology. New York 1973; *J. J. Petuchowski,* Gottesdienst des Herzens. Freiburg 1981; *P. Schäfer,* Die Vorstellung vom Hl. Geist in der rabb. Lit. München 1972; *H. L. Strack / G. Stemberger,* Einleitung in Talmud und Midrasch. München 1982; *C. Thoma,* G. im Judentum: TRE XIII 626–645; *ders. / M. Wyschogrod,* Das Reden vom einen G. bei Juden und Christen. Bern 1984; *ders. / S. Lauer,* Die Gleichnisse der Rabbinen. 1. Teil: Pesiqtâ deRav Kahanâ (PesK). Bern 1986; *E. E. Urbach,* The Sages. Their Concepts and Beliefs. Jerusalem 1971.

C. Thoma

V. Im Christentum. 1. Klärung der Position. Die Positionen des Menschen in der G.es-Frage lassen sich auf drei Typen zurückführen, die mit den Begriffen ↗Polytheismus, ↗Monotheismus und ↗Atheismus belegt werden. Der Polytheismus scheint überholt zu sein, da keine der großen Religionen sich polytheistisch versteht; dennoch sollte man ihn nicht vorschnell als naiv abtun. Seine Differenz zum Monotheismus liegt nicht darin, daß er statt eines G. eine Vielzahl von Göttern lehrt, sondern das Absolute als unpersönlich und unerreichbar faßt. Womit bekommt es der Mensch im Polytheismus zu tun? Es geht nicht bloß um eine Fehlanzeige der Götter. Das AT setzt schlicht ihre Existenz voraus, bestreitet jedoch ihre Anbetungswürdigkeit. Ähnlich spricht das NT von Gewalten, die über den Menschen mächtig werden, wenn er sich ihnen ausliefert, Macht über sich und Göttlichkeit verleiht. Die Wahrheit der Götter gründet in der Doppelgestalt, wie der Mensch G. erfährt. Durch den Kosmos erfährt er die Mächtigkeit des Absoluten, durch die Tiefe des Ich im Vollzug seines Seins erfährt er die Nähe zum absoluten Du. Daraus resultiert die Zweiheit von kosmischer und soteriologischer G.es-Erfahrung. In ersterer lebt die Wahrheit der Götter weiter. Die Tatsache, daß die Straße der Religion vom Polytheismus wegführt, bestätigt, daß die monotheistische Entscheidung Israels sich als eine, wenn nicht die einzige rel. lebensfähige erwiesen hat, in deren Bann heute die gesamte Menschheit steht. In ihm verbleibt selbst die Welt des Atheismus, gleichgültig, ob er sich als Hoffnung auf Überwindung oder als Ergebnis des erledigten Monotheismus versteht.

Die zentrale Frage des Monotheismus ist nicht das Bekenntnis eines einzigen G. gegenüber vielen Göttern. Der Monotheismus ist in seiner Wurzel weder eine apologetisch-polemische Bewegung noch eine metaphysisch-ontologische Aussage über G., er stellt vielmehr eine Frage der Erkenntnis und Erfahrung G.es dar. Die monotheistische Grunderfahrung schließt das Verständnis des Absoluten als einer von der erscheinenden Welt verschiedenen, handelnden Person ein. Die Welt ist als Gegenüber von G. geschaffen. G. wird als wesenhaft transzendent erfahren, der trotz und in seiner Transzendenz auf den Menschen zugeht. Das Anliegen des Monotheismus zielt darauf ab, daß man G. in den verschiedenen Erscheinungsweisen, die nicht identisch sein müssen, und in den unterschiedlichen Situationen des Lebens und der Geschichte als denselben wiedererkennt. Was sich im Bekenntnis des Monotheismus niederschlägt, ist die Überzeugung von einer Identität, die sich in aller Verschiedenheit und Veränderung durchhält. Der Monotheismus ist bestrebt, daß man in den verschiedensten Phasen den einen Herrn, die eine Stimme, den einen Grund wiedererkennt und anerkennt. Er hat seinen Sitz im Leben nicht in der Theorie oder Spekulation, sondern im gelebten Leben, in der Welt der lebendigen Ich-Du-Beziehung. Darum ist der klass. Ausdruck des Monotheismus der Ruf: Er ist es (wieder), und das in einer so intensiven Weise, daß dieser Ausruf zum atl. G.es-Namen wird. Von hier aus stellt sich das dem Monotheismus gemäße rel. Verhältnis des Menschen als Vertrauen, Treue, Glaube, Gehorsam, Hören, Hoffen oder Harren dar, eine Haltung, die sich nach einem Punkt hin orientiert.

2. Jahweglaube. Wo liegt sein Ursprung? Das klass. Griechisch kennt von dem Wort G. keinen Kasus des An- und Ausrufs. G. ist für den Griechen Prädikatsbegriff. Im Gegensatz dazu kennen Juden wie Christen G. von der Dimension des Namens her. Für sie ist G. in erster Linie Subjekt und klares Gegenüber. Abgesehen von der hist. Rückfrage nach den Ursprüngen des Glaubens im einzelnen bezeugt das AT die Identität des einen G. im Wandel der Namen und Zeiten. Wer und wie dieser G. ist, erweist sich vor allem in der Geschichte. Hier tritt er uns als „G. meines/deines Vaters" entgegen. Im Glauben bestimmter Vätergruppen und in den rel. Traditionen von Heiligtümern und Orten begegnet er uns als G. El, der den auf ihn Vertrauenden Führung und Heil verheißt. Mit dem G. der Väter ist Jahwe identisch, der mit der Gestalt des ↗Mose, der Befreiung aus Ägypten, aber auch mit der Gründung des Sinaibundes und der Übergabe des Gesetzes untrennbar verbunden ist. Das Verhältnis, das zwischen Jahwe und ↗Israel besteht, ist ein streng exklusives. Einheit und Einzigkeit Jahwes bilden das grundlegende Glaubensbekenntnis Israels; dem entspricht die ungeteilte Zuwendung des Menschen zu G. In Einklang damit stehen das Bilderverbot und seine Auswirkungen. Das Verständnis G.es als Schöpfer und der Welt als Schöpfung übersteigt den vorgegebenen Glaubensrahmen und lehrt den Welt- und Daseinsraum wie das Leben selber als Gabe Gottes begreifen. Jahwe wird sinngemäß zum Herrn und König aller Völker und aller Welt. Für ihn sind neben seiner eifernden Heiligkeit und Lebendigkeit seine Huld und Gerechtigkeit kennzeichnend. Durch die Botschaft von Gericht und Heil erweisen sich die Propheten als die wahren Anwälte des Jahweglaubens in der Geschichte Israels. In den Erfahrungen der atl. Weisheit und der Psalmen reift der Jahweglaube zu letzter Verinnerlichung und Vertiefung des „Ich bin Jahwe, dein Gott" (Ex 20,2).

3. Trinitarischer Glaube. ↗Jesus von Nazaret steht einerseits ganz im Rahmen des Jahweglaubens, andererseits sprengt und erweitert er ihn. Die „Sache", um die es Jesus ging, heißt G.es-Herrschaft. Das G.- und Herr-Sein Jahwes bildet das Grundmotiv der Botschaft und das Geheimnis der Person Jesu. Durch seine Gleichnisse, Heilungstaten und Lebenspraxis legt er die Konturen der G.es-Herrschaft frei. In ihm kommt G. so dicht wie sonst nirgendwo zur Sprache. Das zeigt sich in der Abba-Anrede Jesu und der ihr zugrundeliegenden G.es-Erfahrung, in Jesu Glaubensforderung und -haltung, in Jesu Gebetspraxis und neuem Ethos. Diese Phänomene enthalten außer einer streng theozentrischen Ausrichtung auf den Abba Jesu und einer unersetzlichen Rollenbindung an ihn zugleich ein charismatisch-atmosphärisches Element, das für Jesu „Geist" charakteristisch ist. Kreuz und ↗Auferstehung (II) besagen die höchste Herausforderung und Bestätigung des G.es-Verhältnisses und der G.es-Verkündigung

Jesu. Hier wird der Abba Jesu definitiv als „der G.“, Jesus selber als „der Sohn“, der Geist, der in ihm wirksam war und nach Ostern sich im Leben der Gemeinde äußert, als „der Hl. Geist“ offenbar. Paulus und Johannes verfolgen diese Erfahrungen weiter, reflektieren und formulieren sie in trinitarischen Gebets- und Glaubensformeln (vgl. 1 Kor 12,4–6; 2 Kor 13,13; Joh 14,17.21.23.26; 15,26; 16.7.13.17). Jesus ↗Christus steht demnach in einem trinitarischen Grundriß, er enthält und entfaltet das Geheimnis G.es. Das christologische Kerygma führt in die unmittelbare Nähe des Trinitätsgeheimnisses. Was Jesus Christus ist, lebt, wirkt, verkündet und tut, steht in einem trinitarischen Kontext.

Lit.: *K. Rahner,* Theos im NT: ders., Schriften I. 91–167; *E. Jüngel,* G. als Geheimnis der Welt. Tübingen ²1977; *W. Kasper,* Der G. Jesu Christi. Mainz 1982.

Ch. Schütz

VI. Im Islam. Im ↗Islam heißt der G.es-Name *Allāh.* Er ist zusammengesetzt aus den Wörtern al-lāh und hat die Bedeutung: der Gott. Die wichtigste Aussage über G. ist der erste Satz der ↗Shahāda bzw. des Glaubensbekenntnisses: „Es gibt keinen Gott außer Gott.“ Die arab. Formel „lā ilāha illa-lāh“ macht deutlich, daß es sich hier um eine Tautologie handelt. Grundsätzlich ist eine genauere Definition G.es nach menschlichen Maßstäben nicht möglich, da der Koran (↗Hl. Schriften VIII), in dessen Worten sich G. offenbart hat, ausdrücklich bezeugt, daß kein Ding ihm gleich ist (Koran 112,4; 42,11). Sowohl der Name als auch die Begriffsbestimmung stammen aus der dem Koran vorangegangenen Tradition von Judentum und Christentum. Bereits im schᵉma' (Dtn 6,4) wird die uneingeschränkte Einzigartigkeit G.es bezeugt. In 1 Kor 8,4 bezeugt Paulus, daß es keine Götzen gibt in der Welt und keinen G. außer dem Einen. Im Koran ist es vor allem Sure 112, die die kompromißlose Einzigartigkeit G.es bezeugt. Diese Sure beschreibt G. als den souveränen Herrscher, der weder Kinder gezeugt hat noch selber gezeugt worden ist. In dieser Aussage zeigt sich der polemische Charakter des islam. ↗Monotheismus. Muḥammad hat seine Predigt vornehmlich gegen den ↗Polytheismus des arab. Heidentums gerichtet. Aber auch der christl. Glaube an G. den Vater und an seinen Sohn Jesus wird angegriffen.

Der ↗Koran führt zur Begriffsbestimmung G.es die sog. „99 schönsten Namen“ auf, die in unterschiedlichen Formen seine Eigenschaften beschreiben. Da der islam. Glaube die Ewigkeit und Präexistenz des Korans bezeugt, haben alle 99 Namen theoretisch den gleichen Wert. Dennoch lassen sich einige Hauptcharakterzüge klar hervorheben. Der Koran betont, daß G. der allmächtige Schöpfer von Himmel und Erde ist (z. B. 2,22,29), und es gibt keinen anderen Schöpfer als ihn (35,3). Zum anderen ist er auch der allmächtige Richter in diesem Leben und im Jenseits. Er vergibt und straft, wen er will (3,129; 5,40). Diese beiden Haupteigenschaften erheben die Frage nach dem Verhältnis seiner Gerechtigkeit zu seiner Barmherzigkeit. Alle Suren im Koran (mit Ausnahme von Sure 9) fangen mit der Formel an: „Im Namen Allāhs, des barmherzigen Erbarmers.“ Zusätzlich ist zu erwähnen, daß fast jeder dritte Vers des Korans die göttliche Gerechtigkeit in Erinnerung ruft. Betrachtet man die beiden Eigenschaften im Zusammenhang, so stellt sich heraus, daß im Kontext der koranischen Abschnitte das Angebot der Barmherzigkeit und Vergebung auf der Kehrseite immer von der Androhung einer Bestrafung und letzten Endes des Höllenfeuers begleitet wird für diejenigen, die ungeachtet der wiederholten prophetischen Warnungen andere Götter als G. verehren.

Im allg. kann man jedoch aus den koranischen Texten ablesen, daß Gerechtigkeit und Barmherzigkeit die Belohnung der Guten und an den einzigen G. Glaubenden und die Bestrafung der Bösen und Götzendiener zur Folge haben. Tatsächlich besagen die koranischen Texte, daß G.es Erbarmen, seine Vergebung und Liebe nur denjenigen zugute kommen, die an ihn glauben und nach seinen Gesetzen richtig handeln (z. B. 23,1; 16,107). Dies bedeutet aber nicht, daß, wie das erste theol. System der ↗Mu'tazila behauptet hat, G. der G. der Gerechtigkeit sei. Hier hat die spätere Orthodoxie eine Korrektur vorgenommen und behauptet, daß auch Gerechtigkeit und

Erbarmen G.es seiner unergründlichen Allmacht unterworfen sind.

Lit.: *J. Bouman*, Gott und Mensch im Koran. Darmstadt 1977. *J. Bouman*

VII. In Hindu-Religionen (↗Hinduismus/Hindu-Religionen). 1. G. in der vedischen Religion. Das Pantheon der vedischen Religion, die auch Vedismus genannt wird, kennt zahlreiche Gottheiten und Mächte, die angerufen und mit Opfern gnädig gestimmt werden. Es besitzt jedoch keine eindeutig hierarchische Struktur: mehrere Götter werden als „König" gepriesen, ihre Tätigkeitsbereiche überschneiden sich teilweise, und wichtige kosmogonische Taten (↗Kosmogonie) können verschiedenen Göttern zugeschrieben werden. Die im Veda am häufigsten angerufenen Götter sind *Indra, Agni* und *Soma:* ein siegreicher Gott (Indra), der den Menschen im Kampf beisteht und ihnen zu Sieg und Wohlstand verhilft; ein göttlicher Priester (der Feuergott Agni), der die Opfergabe in eine für die Götter genießbare Form verwandelt und zu den Himmlischen trägt; und die wirkungsvollste Opfergabe (Soma), der Trank, welcher den Göttern höchste Kraft verleiht.

Der Soma trinkende Indra steht dem vedischen Sänger am nächsten und weist von allen Göttern am meisten anthropomorphe Züge auf (↗Anthropomorphismus). Ewig jugendlich und von ungeheurer Kraft, ist er heldenhaft und ungestüm, aber auch großmütig, umsichtig, weise, reich an Rat und redekundig. Seine Waffe ist der Vajra, eine Wurfkeule (urspr. Blitz?), mit der er seine wichtigste kosmogonische Tat vollbringt, indem er den Vṛtra erschlägt, einen schlangengestaltigen Unhold, welcher die lebenswichtigen Wasser und in ihnen die Himmelslichter zurückgehalten hatte: von Indra befreit, eilen die Flüsse wie brüllende Kühe zum Meer, der Himmel wird neu gestützt, die Erde befestigt, die Sonne scheint wieder am Himmel, und die kosmische Ordnung ist nach einer Phase gefährlicher Behinderung wiederhergestellt. Die im Vṛtra-Mythos exemplarisch beschriebene Beseitigung von Hindernissen und das Ersiegen lebenswichtiger Schätze bleiben Indras wichtigste Herrscherfunktionen: Er durchbricht die Wälle der Feinde, er zerstört ihre Festungen, er schafft seinen Freunden reiche Beute.

Götterkönige anderer Art sind *Mitra* und *Varuṇa*, die großen *Asuras*, Garanten der lebenssichernden Ordnung. Varuṇa ist Herrscher über das Gesetz der Wahrheit *(ṛta)*, der richtigen Zuordnung, welche kosmische und moralische Ordnung verbürgt. Er ist Schöpfer und Bewahrer dieser Ordnung, gemeinsam mit Mitra hütet er sie, so daß den allgegenwärtigen Blikken dieser beiden Götter keine Übeltat entgeht, weder bei Tag noch bei Nacht: Als Allwissende schauen sie in die Herzen der Menschen, kennen ihre verborgensten Gedanken und führen die Bösen ihrer Strafe zu. Dabei ist Varuṇa ein Meister der Ehrfurcht erregenden Wunderwerke. Er hat die Erde zum Teppich für die Sonne auseinandergeschlagen, den Luftraum zwischen den Bäumen ausgespannt, die Bergspitze befestigt, die Erde ausgemessen und die Milch in die Kühe gelegt. Seine Zaubermacht bewirkt, daß des Nachts der Mond am Himmel wandelt und daß das Meer nicht über seine Ufer tritt, obwohl die Gewässer aller Ströme ständig hineinfließen. Mitra dagegen ist G. des Feindschaft verhindernden, Freundschaft schaffenden Vertrags. Die Sonne ist sein Auge. Er schafft befriedeten Raum für die Menschen und ihre Herden.

Der Titel *asura* (altiran. *ahura*), der von *asu* = Leben abgeleitet ist, kam als Ehrentitel verschiedenen mit wundertätiger Schöpferkraft versehenen Gottheiten zu, neben Mitra und Varuṇa z. B. auch Indra. Solche Zauberkraft *(↗Māyā)* steht aber auch den Götterfeinden zu Gebote, so daß diese in späterer Zeit insgesamt als Asuras bezeichnet werden.

Rudra (↗Hinduismus II 4) und ↗Viṣṇu, die später zu den wichtigsten Gottheiten der ↗Bhakti-Religionen Indiens werden, spielen im Veda nur eine Nebenrolle. Unter den Göttinnen hat Uṣas, die ind. Eos (↗Gott III 3 B), die Phantasie der Dichter am meisten beflügelt. Andere Göttinnen, wie Aditi, Sarasvatī usw., treten im rituellen Kontext des Veda nur wenig hervor. Wichtig werden dagegen Versuche, einen Schöpfer-G. zu benennen, der die Welt mit allen Wesen und Dingen erschaffen hat (↗Welt/Schöpfung V). Dabei treten konkurrierende Bilder für den Schöpfungsprozeß auf. Prajāpati verkörpert die Schöpfung durch Zeugung, Tvaṣṭṛ und Viśvakarman dagegen die kunstfertige manuelle Erschaffung der Welt. Zugleich wird die Suche nach dem Einen, das jenseits der Vielheit der Götter als letzter Urgrund zu denken ist, in den späten Hymnen des Ṛgveda (↗Hll. Schriften III 1) immer deutlicher. Die individuellen Götter verblassen allmählich zu bloßen Namen und Funktionen, hinter denen ein einziges unergründliches Wesen steht, das vor aller Schöpfung bereits existierte. Auch beginnt nun in der priesterlichen Spekulation die schöpferische, formende oder gestaltende Macht (↗*Brahman,* neutrum), welche auch in der Gestalt der im rituellen Kontext wirksamen, Wahrheit erfassenden und Wahrheit schaffenden Formulierung des wissenden Priesters auftritt, eine entscheidende Rolle zu spielen. In den Brāhmaṇas und Upaniṣaden wird das Brahman zum höchsten Absoluten. ↗Mikrokosmos und Makrokosmos, Welt und Opfer, Puruṣa als kosmisches Urwesen und als Mensch werden zueinander in engste Beziehung gesetzt. Anstelle eigenmächtig handelnder Götter tritt das feinmaschige Netz ritueller und begrifflicher Beziehungen, das der Wissende erkennt und zu beeinflussen vermag und das für das Wohl des Kosmos ebenso wichtig ist wie für das Wohl der Menschen und ihrer moralischen Ordnung.

Vedische Götter sind nicht in Tempeln oder Bildern seßhaft, sondern sie sind frei beweglich. Sie kommen – rituelle ↗Reinheit vorausgesetzt – zum Menschen, der sie zum Opfer zu rufen versteht, und in der dabei erfolgenden Begegnung zwischen Mensch und G. sind sie in erster Linie Gast, während der sie verehrende Mensch als Gastgeber auftritt. „G.es-Dienst" bekommt so eine ganz spezifische Konnotation, die für die Mensch-G.-Beziehung insgesamt von Bedeutung ist (↗Heil/Heilsweg II 1.4).

Lit.: *A. Bergaigne,* La religion védique d'après les hymnes du Rigveda. 3 Bde. Paris 1878–83; *J. Gonda,* Die Religionen Indiens I. Stuttgart 1960; *H. Lüders,* Varuṇa. 2 Bde. Göttingen 1951–59; *A. A. Macdonell,* Vedic Mythology. Straßburg 1897; *H. Oldenberg,* Die Religion des Veda. Darmstadt [5]1970; *P. Thieme,* Mitra und Aryaman. New Haven (Conn.) 1957.

2. G. im Advaita Vedānta (↗Non-Dualismus). Die in den Upaniṣaden auftretende und in vielen Variationen vorgestellte Vision der Einheit von ↗*Ātman* und ↗*Brahman,* von individuellem ↗Selbst und dem unvergänglichen Selbst des Universums, schafft nicht nur eine neue Erlösungslehre (↗Heil/Heilsweg I 3), sondern sie führt allmählich zur Bildung einer neuen, apersonalen G.es-Vorstellung, die von der vedischen deutlich abweicht. Mit Śaṅkara, der nach der Tradition von 788–820 n. Chr. oder, neueren westlichen Forschern zufolge, ca. 100 Jahre früher lebte, erreicht der monistische Gedanke (↗Monismus) seinen Höhepunkt und wird von da an ein bestimmender Faktor in der ind. Religionsgeschichte. Nach Śaṅkaras Lehre kommt wahres Sein nur dem mit *Ātman* identischen *Brahman* zu. Dieses ist allgegenwärtig und alldurchdringend, ohne Anfang und Ende, ewig und unvergänglich und jenseits jeglicher anthropomorpher Konzeption. Menschliche Sprache kann es nicht erfassen, da es außerhalb unserer durch Vielheit geprägten Wahrnehmung und Denkstruktur liegt. Daher bietet die negative Theologie die einzige adäquate Annäherungsmöglichkeit. Affirmativ aussagen läßt sich nur, daß *Brahman/Ātman* absolutes Sein, reines, unqualifiziertes Bewußtsein und Glückseligkeit ist. Die Welt der Erscheinungen hingegen ist ein Produkt der ↗*Māyā,* der Illusion, einer durch Nichtwissen *(avidyā)* wirkenden Kraft, welche die Welt als Vielheit in Erscheinung treten läßt und ihre fundamentale Einheit im unveränderlich verharrenden Sein verhüllt. Das Ergebnis ist eine niedere weltliche Realität, die im Vergleich zum reinen Sein der höchsten Realität nur Schein ist. Auf dieser niederen, durch Nichtwissen gekennzeichneten Ebene haben auch die Götter und Dämonen der vedischen Religion und alle anderen Religionen ihren Platz. Die Götterverehrung kann zwar für vorbereitende Schritte innerer Läuterung nützlich sein, sie führt aber nicht zur Erlösung, die einzig durch existentielle Erkenntnis des Absoluten *(Brahman)* und seiner Identität mit dem individuellen Selbst aller Wesen *(Ātman)* erlangt wird.

Lit.: *A. K. R. Chaudhuri*, The Doctrine of Māyā. Calcutta 1950; *P. D. Devanandan*, The Concept of Māyā. London 1950; *P. Hacker*, Vivarta. Wiesbaden 1953; *ders.*, Untersuchungen über Texte des frühen Advaitavāda I. Wiesbaden 1951; *P. Deussen*, Das System des Vedānta. Leipzig 1883; *O. Lacombe*, L'Absolu selon le Vedānta. Paris 1937; *G. R. Malkani*, Metaphysics of Advaita Vedānta. Amalner 1961; *S. Mayeda*, A Thousand Teachings. Tokyo 1979; *H. Nakamura*, A History of the Early Vedānta Philosophy. Bd. I. Delhi 1983; *T. V. Organ*, The Self in Indian Philosophy. Den Haag 1964; *K. B. Ramakrishna Rao*, Ontology of Advaita with special reference to Māyā. Mulki 1964; *P. D. Shastri*, The Doctrine of Māyā in the Philosophy of Vedānta. London 1911; *T. Vetter*, Studien zur Lehre und Entwicklung Śaṅkaras. Wien 1979; *A. G. K. Warrier*, The Concept of Mukti in Advaita Vedānta. Madras 1961.

3. G. im Viṣṇuismus und Śivaismus. Der Viṣṇuismus (↗Vishnu/Vishnuismus) und Śivaismus (↗Shiva/Shivaismus) ebenso wie die meisten anderen ↗Bhakti-Religionen Indiens besitzen eine (nur für die neuere Zeit in einigen Fällen zu Recht als henotheistisch [↗Henotheismus] bezeichnete) monotheistische G.es-Konzeption. In jeder dieser Religionen werden alle anderen sogenannten Götter und Mächte, deren Existenz keineswegs bestritten wird, der Ebene weltlicher, vergänglicher Manifestationen zugeordnet. Es sind zum größten Teil inkarnierte, im Kreislauf der Geburten noch verhaftete Wesen, die ihren Götter-(bzw. Dämonen-)Status ihren Handlungen in früheren Geburten verdanken; zum kleineren Teil sind sie partielle Manifestationen des einen G., die als Träger bestimmter Funktionen dienen. So kann sich der höchste G. – sei es Viṣṇu oder Śiva – bei der periodisch erfolgenden Welterschaffung in drei Göttergestalten manifestieren, welche die Funktionen der Schöpfung *(Brahmā)*, der Erhaltung *(Viṣṇu)* und der Zerstörung *(Śiva)* der Welt wahrnehmen. Diese dem Mythos bekannten Göttergestalten sind jedoch nur begrenzte Funktionsträger und als solche ebenso vergänglich wie die Welt selbst. Nur ein einziger G., Viṣṇu-Nārāyaṇa für die Viṣṇuiten, Paramaśiva für die Śivaiten usw. – ist letztlich Schöpfer, Erhalter und Zerstörer der Welt, höchste Realität, Herr aller Lebewesen und Ziel allen Erlösungsstrebens.

Neben diesen Übereinstimmungen zwischen der viṣṇuitischen und śivaitischen Gotteskonzeption gibt es auch gewichtige Unterschiede. Viṣṇu ist ein der Welt zugewandter G., er läßt die Welt aus sich selbst hervorgehen mit Hilfe seiner *Māyā*, welche ebenfalls Teil seiner selbst ist. Daher ist die Welt essentiell göttlich. Viṣṇu liebt seine Geschöpfe, greift ein, wo die kosmische oder moralische Ordnung bedroht wird, ist für jeden Gläubigen unmittelbar ansprechbar. Zum Wohle der Welt inkarniert er sich in jedem Weltzyklus von vier Zeitaltern *(yuga)* in mehreren Inkarnationen (*avatāra* = Herabkunft oder *prādurbhāva* = Manifestation). Im gegenwärtigen Weltzyklus sind bereits neun Inkarnationen Viṣṇus erfolgt: als Fisch *(Matsya)* zur Rettung der Menschen bei der großen Flut; als Schildkröte *(Kūrma)* anläßlich der Quirlung des Milchmeeres; als Eber *(Varāha)*, um die Erde aus den Tiefen des Wassers hervorzuheben; als Mannlöwe *(Narasiṃha)*, um den Dämon Hiraṇyakaśipu zu vernichten; als Zwerg *(Vāmana)*, um dem Dämonenkönig Bali die Herrschaft über die drei Welten wieder zu nehmen; als Rāma-mit-der-Axt *(Paraśurāma)*, um die Kriegerkaste wegen Übergriffen gegen die Brahmanen zu bestrafen; als Rāma, Sohn des Daśaratha, um den Dämon Rāvaṇa zu besiegen und ein ideales Königtum auf der Erde zu errichten; als Balarāma, um gemeinsam mit Kṛṣṇa den König Kaṃsa zu besiegen, weil er den Göttern zugedachte Opfer für sich selbst beanspruchte; zuletzt als ↗Buddha, um die Dämonen durch eine falsche Lehre zu verwirren. Die zehnte Inkarnation Viṣṇus wird am Ende des Zeitalters erfolgen, wenn er als Kalkin auf weißem Pferd erscheinen wird, um alles Übel zu tilgen und ein neues goldenes Zeitalter heraufzuführen.

Kṛṣṇa fehlt in dieser Liste, weil er ein Avatāra von einer anderen Kategorie ist. Von den bereits erfolgten Inkarnationen besitzen Rāma und Kṛṣṇa für die Gegenwart größte Relevanz. Kṛṣṇa war ein unter Hirten aufgewachsener Sohn aus fürstlichem Hause und zugleich ganz G. – keine Teilinkarnation wie alle anderen, sondern eine Vollinkarnation *(pūrṇa-avatāra)* G.es. Viṣṇuitische Theologie kreist daher im gleichen Maße um Kṛṣṇa wie christl. Theologie um die Person Jesu.

Sosehr sich die Mensch-G.-Beziehung in gegenseitiger liebender Zuwendung *(bhakti)* vollzieht und so spontan sich die G.-Vision und die Gnade G.es an jedem einzelnen Individuum vollziehen kann, so bleibt Viṣṇu doch ein kosmischer G.: Seine großen heilbringenden Taten gelten der ganzen Menschheit bzw. allen lebendigen Wesen und dem ganzen Kosmos. Auch ist Viṣṇus göttliches Wesen charakterisiert durch grenzenlose Freiheit: er unterliegt keinerlei Zwang. Die Welt erschafft er im Spiel und als Vergnügen, und die Gesetze, die er ihr gibt, bleiben gültig, auch wenn er selbst sie nach Belieben durchbricht. Ganz transzendent und ganz immanent zugleich, hält Viṣṇu alle Wesen jederzeit in sich geborgen und führt letztlich alle zur Erlösung, wie er auch die ganze Welt wieder in sich selbst zurücknimmt.

Śiva dagegen ist ein weltabgewandter G. Als großer Yogin zeigt er den Weg der Weltüberwindung, die zur Selbstläuterung und G.es-Erkenntnis führt. Erkenntnis selbst ist das Feuer, mit dessen Glut er die trügerische Vielheit der materiellen Welt im Bewußtsein des Gläubigen restlos verbrennt. Daher betreffen Śivas Heilstaten nur in seltenen Fällen die Welt als solche, sondern sie vollziehen sich vorwiegend im Bewußtsein der Gläubigen. Zwar erschafft Śiva die Welt, aber er tut dies nicht um ihrer selbst willen. Er erschafft sie nur, um in seiner Gnade die zahllosen Seelen auf dem Weg der Erfahrung und Überwindung dieser Welt schließlich zu göttlicher Bewußtseinsfülle zu führen. Zerstörung ist daher ein Wesensmerkmal Śivas: befreiende, erlösende Vernichtung des Scheins, des Nichtwissens, der Subjekt-Objekt-Spaltung, der Ich-Verhaftung. Es ist dieser auf Vernichtung beruhende Erlösungsaspekt Śivas, der sich im Mythos durch furchterregende Gestalten ausdrückt. So erscheint Śiva als zorniger G., als gefährlicher G., und doch ist er zugleich der unendlich Gnädige, der Schöpfer der Musik und des Tanzes, der Lehrer aller Wissenschaften und der zärtliche Liebhaber seiner Gemahlin Pārvatī/Durgā, die seine Potenzen *(śakti)* repräsentiert, insbesondere die Kraft des Erkennens, des Wollens, des Handelns, der Bewußtseinsverhüllung und der Gewährung von Gnade. Die Göttin ist Teil Śivas, untrennbar mit ihm verbunden und in seiner höchsten Gestalt noch in undifferenzierter Einheit mit Śiva verschmolzen. Die Differenzierung in Śiva und Śakti aber steht am Anfang der Evolution vom Einen zum Vielen, und es ist diese Śakti, Teil seiner Selbst, mit deren Hilfe der G. alle seine Funktionen ausübt.

Lit.: *E. Arbman,* Rudra. Uppsala 1922; *R. G. Bhandarkar,* Vaiṣṇavism, Śaivism and Minor religious Systems. Straßburg 1913 (Nachdruck Varanasi 1965); *M. Biardeau,* Études de mythologie hindoue III, IV, V: BEFEO 58 (1971), 63 (1976), 65 (1978); *P. Bowes,* The Hindu Religious Tradition. London 1977; *S. Chattopadhyaya,* The Evolution of Theistic Sects in Ancient India. Calcutta 1962; *C. G. Diehl,* Instrument and Purpose. Lund 1956; *H. v. Glasenapp,* Die Religionen Indiens. Stuttgart [2]1956; *ders.,* Die Philosophie der Inder. Stuttgart [4]1985; *J. Gonda,* Aspects of Early Viṣṇuism. Utrecht 1954 (Nachdruck Delhi 1969); *ders.,* Die Religionen Indiens II. Stuttgart 1963; *ders.,* Viṣṇuism and Śivaism. London 1970; *S. Jaiswal,* The Origin and Development of Vaiṣṇavism. Delhi 1967; *S. Kramrisch,* The Presence of Śiva. Princeton 1981; *J. C. Tyagi,* Shaivism in Ancient India. Meerut 1982.

4. G. im Śāktismus. Die im Śivaismus bereits erkenntliche Bedeutung der als weiblich gedachten Potenzen *(↗Shakti)* G.es führt im Śāktismus zur Konzeption der höchsten Gottheit als weiblich, als Śakti. Ohne Śakti nämlich – z. B. ohne die Kraft, zu erkennen *(cit-śakti),* zu wollen *(icchā-śakti)* und zu handeln *(kriyā-śakti),* wäre Śiva wie ein Leichnam *(śava).* Daher ist nicht Śiva, sondern die Göttin allein die höchste Ursache der Weltentstehung, Welterhaltung und Weltzerstörung, ebenso wie sie die einzige Quelle aller Gnade und aller erlösenden Erkenntnis ist. Die weibliche Konzeption der höchsten Gottheit führt jedoch nicht zu einer Milderung der aus dem Śivaismus bekannten zerstörerischen Züge der Gottheit. Im Gegenteil, bei der Mutter, die durchaus als liebevoll und fürsorglich gepriesen wird, tritt der Vernichtungsaspekt dennoch noch deutlicher in den Vordergrund, denn zusätzlich zu der in erlösender Erkenntnis sich vollziehenden Zerstörung der Unwissenheit, welche die Göttin von Śiva übernimmt, wird ihr Handeln sehr viel direkter im täglichen Leben, z. B. in Krankheit und Tod spürbar. Die Göttin ist wie die Mutter Erde, alles gebärend und alles verschlingend.

Sie fordert Opfer an Blut und Leben, zugleich aber spendet sie alles Heil: Erkenntnis, Erlösung und höchstes Glück kommen nur von ihr.

Lit.: *W. C. Beane,* Myth, Cult and Symbols in Śākta Hinduism. Leiden 1977; *A. Bharati,* The Tantric Tradition. London 1970; *C. Chakravarti,* The Tantras. Calcutta 1963; *S. Gupta / D. J. Hoens / T. Goudriaan,* Hindu Tantrism. Leiden 1979; *K. R. van Kooij,* Worship of the Goddess according to the Kālikā Purāṇa. Bd. I. Leiden 1972; *J. Sinha,* Śākta Monism. Calcutta 1960; *J. Woodroffe,* Śakti and Śākta. Madras [7]1969.

5. G. im Neo-Hinduismus. Der G.es-Begriff im Neo-Hinduismus ist entscheidend vom Advaita-Vedānta geprägt. Das eine attributlose *(nirguṇa)* ↗*Brahman* ist die höchste Realität. Alle anderen Gottheiten – nicht nur der indischen Religionen, sondern aller Religionen der Welt – sind mit Attributen versehene *(saguṇa)* Manifestationen dieses Einen, des Brahman. Sie alle gehören dem Bereich der ↗*Māyā,* der Illusion, an. Wer für die intellektuell höchst anspruchsvolle, da sehr abstrakte Konzeption des Brahman nicht reif ist, mag sich je nach persönlicher Neigung und Fähigkeit einer (oder mehreren) der personalen Gottheiten zuwenden. Ob dies Viṣṇu, Śiva, Durgā ist, ob Allah, Jahwe oder Christus, spielt im Neo-Hinduismus keine entscheidende Rolle. Sie alle sind nur Aspekte des höchsten Brahman. Auch sind alle auf ihre Weise dem Erlösungsstreben in begrenzter Weise dienlich – jeweils für die Bewußtseinsstufe, in welcher der betreffende Gläubige sich gerade befindet. Weisheit zeigt sich, wenn man in allen Manifestationen des Göttlichen das eine Brahman erkennt und sich bewußt wird, daß die Anhänger aller Götter in ihrer je unterschiedlichen Anbetung – wenn auch ohne es zu wissen – letztlich das Brahman meinen. Nicht das Medium bzw. der Mittler ist relevant, sondern die Intensität des Glaubens und das Erlösungsziel, das in allen Religionen nur erreicht wird, wenn es zur Identität von Ātman und Brahman führt.

Lit.: *R. Antoine u.a.,* Religious Hinduism. Allahabad 1964; *P. D. Devanandan,* Resurgent Hinduism. Bangalore 1958; *J. N. Farquhar,* Modern Religious Movements in India. New York 1919; *J. Gonda,* Die Religionen Indiens II. Stuttgart 1963.

H. v. Stietencron

VIII. Im Buddhismus. Die Frage nach G. im B. stellt sich in doppelter Hinsicht: 1. *Historisch:* Wie stand der ↗Buddha zur G.es-Frage? 2. *Aktuell:* Was bietet den Anlaß, den Buddhismus zu den Religionen zu zählen, wenn sich die Frage nach G. in ihm als unerheblich erweist?

1. Historisch. Unbestritten ist, daß der hist. Buddha in polytheistischer, jedenfalls non-theistischer Umwelt aufgewachsen ist und sich in der Verfolgung seines Weges deutlich von jeder Bevormundung durch das kultorientierte Brahmanentum abgesetzt hat. Bei allen hist. Unsicherheiten hinsichtlich der Buddhabiographien gibt es in ihnen aber keinen Hinweis darauf, daß er die Götter in einer Weise geleugnet hätte, die die in der Neuzeit verbreitete Rede vom Buddhismus als einer „atheistischen Religion" rechtfertigen würde. Umgekehrt ist sicher, daß der Buddha sich der Frage der Kontingenz (↗Böses/Leid IV) in so radikaler Weise gestellt hat, daß der Fragehorizont religionsphilosophisch „religiös" zu nennen ist und sich so mit jener Frage berührt, die in anderen Kontexten „G.es-Frage" heißt (↗Gott I). Sprachlich führt die an der Buddhagestalt ablesbare existentielle „Lösung" der Frage – die Erleuchtung – in den Bereich, der in theistischen Religionen von der *theologia negativa* besetzt ist, und das so radikal, daß schon der geringste Anflug von positiver Sprachgestalt im Verdacht des Verlustes bzw. des Mißverständnisses der Grunderfahrung steht (↗Anattā; ↗Nirvāṇa; ↗Non-Dualismus; ↗Shūnyatā). Die radikal-negative Sprachgestalt, die sich bei allen Variationen immer wieder in der Buddhismusgeschichte durchzusetzen sucht, signalisiert zugleich, daß der Buddha niemals mit dem Anspruch angetreten ist, (ein) Gott habe sich ihm – auf was immer für eine Weise – geoffenbart (↗Offenbarung I. II. VIII). Die Ansprechbarkeit bzw. Personalität Gottes (↗Gebet) wird damit zu einem Problem, das vorrangig in der unpersönlichen Es-Sprache buddh. ↗Meditation (VI) seine Lösung sucht.

2. Aktuell. Trotz der im Buddhismus fehlenden G.es-Gestalt wird dieser in jüngster Zeit nicht mehr einfachhin unter die Philosophien eingereiht, sondern als

Religion angesprochen. So heißt es in „Nostra Aetate" 2: „In den verschiedenen Formen des Buddhismus wird das radikale Ungenügen der veränderlichen Welt anerkannt und ein Weg gelehrt, auf dem die Menschen mit frommem und vertrauendem Sinn entweder den Zustand vollkommener Befreiung zu erreichen oder – sei es durch eigene Bemühung, sei es vermittels höherer Hilfe – zur höchsten Erleuchtung zu gelangen vermögen." Tatsächlich hat die im Blick auf den Ausfall der G.es-Rede gewählte Bezeichnung „Philosophie" lange Zeit den wahren Charakter des Buddhismus, nämlich eine auf dem Weg der Einsicht („gnostisch", ↗Gnosis/Gnostizismus) zu verwirklichende Soteriologie zu sein, verstellt. Wo der Buddhismus aber inzwischen als „Religion" angesprochen wird, ist zwar die Kompatibilität dieser nontheistischen Religion mit dem Anspruch der theistischen Religionen, zumal des Christentums, nicht ohne weiteres gegeben, jedoch zumindest ein neuer Ansatz für eine gegenseitige dialogische Annäherung gewonnen. Eine solche kann einmal vom buddh. Ansatz einer radikalen Selbstentäußerung und Leere her *(śūnyata)* auf die Kenose Gottes in der Inkarnation und im Tod Jesus Christi (Phil 2) hin erfolgen. Sie kann vom Vergleich des Offenbarungsanspruchs des Christentums und dem Fehlen eines solchen Anspruchs im Buddhismus ausgehen und die damit gegebenen Implikationen für ein personales G.es-Verhältnis bzw. die Negierung eines solchen Verhältnisses tiefer zu verstehen suchen (↗Glaube V; ↗Offenbarung VIII). Schließlich ist im Vergleich von ↗Buddhismus (VI) und Christentum auch die Frage nach dem weltschaffenden, -tragenden und -gestaltenden Grund, nach Kosmologie und Eschatologie (↗Zukunft/Jenseits I) zu stellen, aus deren Beantwortung sich der von allen Weltbewohnern gemeinsam geforderte verantwortliche Umgang mit der Welt und miteinander ergibt (↗Ethik IV). Einen wichtigen Beitrag zu diesen Fragen haben die Vertreter der von dem jap. Philosophen K. Nishida (1870–1945) initiierten Kyoto-Schule geleistet.

Lit.: *H. Dumoulin,* Begegnung mit dem Buddhismus. Freiburg 1978; *J. Laube,* Dialektik der absoluten Vermittlung. Freiburg 1983; *M. Heinrichs,* Christliche Offenbarung und religiöse Erfahrung im Dialog. Paderborn 1984; *K. Nishitani,* Was ist Religion? Frankfurt 1982; *A. Pieris,* Theologie der Befreiung in Asien. Freiburg 1986; *L. A. de Silva,* The Problem of the Self in Buddhism and Christianity. London 1979; *H. Waldenfels,* Absolutes Nichts. Freiburg [3]1980; *ders.,* Faszination des Buddhismus. Mainz 1982; *ders./Th. Immoos* (Hg.), Fernöstliche Weisheit und christlicher Glaube. Mainz 1985.

H. Waldenfels

IX. Theologisch-systematisch. G. ist „Gegenstand" verschiedener Bemühungen seitens des Menschen. Auf ihn können sich Religion und und Kult, Dichtung und Musik, Kunst und Reflexion richten. Christl. Glaube hat G. immer auch als eine Herausforderung des Denkens empfunden. Das Nachdenken über G. ist sowohl im Glauben an ihn enthalten, sofern der Glaube auf Verstehen drängt, als auch von der Kommunikation innerhalb wie außerhalb der Gemeinschaft des Glaubens gefordert. In expliziter Form geschieht dieses Denken über G. in Gestalt der Theologie. Diese versteht sich als Nachdenken des Glaubens über das ihr in der ↗Offenbarung (I. II. VIII) vorgegebene und im Glauben empfangene Wort G.es. Betrachtet man G. selber als Inhalt dieses Wortes, dann wird Theologie zu dem, was ihr Name und Programm im strengen Sinn besagen: Wort von G. Im Ringen um ein angemessenes Verständnis G.es haben sich zwei systemat. Schwerpunkte gebildet: Die Denkanstrengungen des Glaubens kreisen einmal um den Zugang zur Wirklichkeit G.es, zum anderen versuchen sie systematisch zu entfalten, was sich inhaltlich hinter der Bezeichnung G. verbirgt. Die Theologie hat dabei – wenn auch unter Anleihen bei der Philosophie – ihre eigenen Methoden und Wege entwickelt.

1. Der Zugang zur Wirklichkeit G.es. Die einschlägigen Überlegungen, die sich unter dem Oberbegriff „G.es-Erkenntnis" zusammenfassen lassen, haben heute fundamentaler anzusetzen bei

a) *der Situation des G.es-Glaubens:* Diese wird als Infragestellung G.es gekennzeichnet, wie sie sich theologischerseits in der G.-ist-tot-Theologie oder außerhalb davon in den Gegenwartsinterpretationen als „Fehl G.es" (M. Heidegger), „Abwesenheit G.es", „G.es-Finsternis" (M. Buber) bis hin zum bewußten

↗Atheismus in seinen Varianten äußert. Diese Entwicklungen verlangen eine stärkere Sensibilität für die Frage nach G., wie sie sich z. B. im verweisenden Schweigen des Positivismus, in der Sinnfrage und Sinnerfahrung spürbar meldet.

b) *Kath. Theologie* ist grundsätzlich von der *Erkennbarkeit G.es* überzeugt. Das I. Vatikanum lehrt in deutlicher Abgrenzung gegenüber den Positionen des Fideismus und Rationalismus die natürliche Erkennbarkeit G.es: „G., aller Dinge Grund und Ziel, kann mit dem natürlichen Licht der menschlichen Vernunft aus den geschaffenen Dingen mit Sicherheit erkannt werden. ‚Denn sein unsichtbares Wesen läßt sich seit der Erschaffung der Welt durch das, was gemacht ist, deutlich erkennen' (Röm 1,20)" (NR 27). Diese Art der G.es-Kenntnis wird auch als natürliche Offenbarung bezeichnet, wodurch sie aus einer rationalistischen Verengung befreit, inhaltlich aufgewertet und auf die Initiative G.es zurückgeführt wird. Als mögliche Variationen und Ausschnitte von ihr gelten:

c) *die G.es-Beweise:* Diese nehmen bei der seinsmäßigen Zufälligkeit des Seienden ihren Ausgang. Letztere spiegelt sich in der Ordnungs- und Zweckstruktur, der räumlichen oder zeitlichen Begrenztheit, der Stufenfolge des Seins, der Veränderlichkeit oder Bewegtheit der erfahrenen Welt. Mit Hilfe des Kausalitätsprinzips wird daraus die Existenz G.es erschlossen. Allen ablehnenden oder skeptischen Stimmen zum Trotz bleiben die G.es-Beweise wichtig, sofern sie die „Logik" und sprachliche Bedeutung des G.es-Begriffs zeigen, seine Kompatibilität mit menschlicher Welterfahrung belegen, seine integrierende Wirkung hinsichtlich des sittlichen Verhaltens unterstreichen und die Weite rel. Erfahrung dokumentieren.

d) *die G.es-Erfahrung:* Ihre Betonung stellt zum Teil eine Reaktion auf die Krise des Glaubens und des G.es-Begriffs dar. Das vorhandene Vakuum soll durch den Appell an Erfahrung gefüllt werden. Das Anliegen des durchaus nicht eindeutig geklärten Begriffs G.es-Erfahrung ist es, auf den Wirklichkeitscharakter G.es und eine grundlegendere Weise der Begegnung mit G. abzuheben, als dies in den traditionellen Formen der G.es-Erkenntnis der Fall ist. Eine typisierende Einteilung spricht von kosmologischer, anthropologischer und gesch. G.es-Erfahrung. Es versteht sich von selbst, daß es sich hier weniger um gegensätzliche Möglichkeiten als um bestimmte Modelle handelt, die auf Wege der G.es-Erfahrung verweisen. Die Frage des Zugangs zu G. appelliert an den ganzen Menschen und seine unverkürzte Wirklichkeit.

2. Die Wirklichkeit G.es. Theologie als Rede von G. hat heute dem Rahmen, den Grenzen, Bedingungen und Möglichkeiten solcher Rede erhöhte Aufmerksamkeit zu schenken. Aus den geistesgesch. und gesellschaftlichen Wandlungen ergibt sich die Notwendigkeit, die unverzichtbare Bedeutung G.es im Kontext menschlicher Freiheitsgeschichte aufzuweisen. Das Verlangen nach Freiheit und Emanzipation, die Sinnkrise und Suche nach Sinn, das vermehrte Interesse an Religion und die Skepsis in der Wahrheitsfrage, Wissenschaftsgläubigkeit und Katastrophenangst verwandeln alles Reden von G. in ein radikales Fragen nach ihm. Dieses zielt auf das Verständnis der Absolutheit und Transzendenz des metaphysisch bestimmten G.es-Begriffs, das Problem des G.es-Gedankens, der natürlichen Theologie, des Sprechens von G., der Sprache des Glaubens. Von der Tradition her ist der Theologie als Lehre von G. das Geheimnis der Einheit und Dreifaltigkeit G.es aufgegeben. Innerhalb dieses Spektrums gewinnen heute das Programm einer negativen Theologie in materialer wie formaler Hinsicht, der Rekurs auf den Geheimnischarakter und die Diskussion der Leidensfähigkeit G.es an Relevanz. Immer wichtiger wird die Besinnung auf den Schöpfer-G. Sowohl Bibel (↗Heilige Schrift[en] VI. VII) wie Glaubensbekenntnis denken von ihm aus. Die Vorordnung des Glaubens an den Erlöser vor den Glauben an den Schöpfer entwertet und gefährdet das Bild G.es und der Schöpfung. In diesem Sinn fordert man auch eine am trinitarischen G. Maß nehmende und differenzierende Sicht der Schöpfung. – Die Frage nach dem Personsein G.es wird mehr und mehr zu einer Crux der Theologie, da unser Ver-

ständnis von Person als Selbstand in seiner Anwendung auf die Trinität fraglich wird, der ein relationaler Personbegriff zugrunde liegt. – Nicht ohne Einfluß ideologiekritischer und sozialpsychologischer Überlegungen sowie von emanzipatorischen Tendenzen kommt es zur Infragestellung des Vater-G.es als Inbegriff eines patriarchalischen G.es-Verständnisses und zur Nachfrage nach der „Mütterlichkeit" G.es als Korrektur eines einseitigen G.es-Bildes. – Die Unterscheidung zwischen ökonomischer und immanenter Trinität ist für das kath. Glaubensverständnis unerläßlich. Es handelt sich dabei um ein Folgeverhältnis, wonach die ökonomische der Wesenstrinität entspricht und ihrer zur Begründung bedarf. Zur Erklärung der immanenten Trinität bedient man sich des in der Tradition bereits vorgegebenen Modells der Liebe, in dem man vor allem den Prozeßcharakter und die soziale Komponente der Liebe hervorhebt. Auf diese Weise könnte das Trinitätsdogma von seiner Isolierung befreit und in seiner zentralen Stellung innerhalb des Glaubens und der Verkündigung verdeutlicht werden.

Lit.: außer der Lit. unter Gott V: *J. Auer*, G. – Der Eine und Dreieine. Regensburg 1978; *J. Moltmann*, Trinität und Reich G.es. München 1980; *P. Gordan* (Hg.), G. Graz 1986. *Ch. Schütz*

Gottebenbildlichkeit

I. Jüdisch. – II. Christlich. – III. Islamisch

I. Jüdisch. Grundlage aller Überlegungen zur sogenannten G. ist die im Kontext der Menschenerschaffung in Gen 1,26f. zu findende Aussage: „Und Gott sprach: Laßt uns Menschen machen als unser Bild wie unsere Ähnlichkeit, damit sie herrschen über die Fische des Meeres ... Und dann schuf Gott den Menschen als sein Bild, als Bild Gottes schuf er ihn, männlich und weiblich schuf er sie." Diese späte priesterschriftliche Aussage bereitete den Exegeten aller Jh.e Schwierigkeiten, wobei Fragen nach dem Plural in Vers 26, nach den Bildtermini und schließlich nach dem Wesensinhalt der G. im Vordergrund stehen. Die Priesterschrift greift hier eine aus der altoriental. Herrscherideologie bekannte Metapher (Bild Gottes) auf, demokratisiert sie aber und bringt sie in Verbindung mit der eigenen Tradition. Das ↗Bilderverbot (I) hatte gerade in exilischer Zeit eine besondere Bedeutung erlangt, so daß es nötig war, die Aussage vom Menschen als Bild Gottes in Verbindung mit dem Theologumenon vom bildlosen Gott zu interpretieren. Dies geschieht nicht dadurch, daß der Mensch als das einzig legitime Bild Gottes angesehen wird (Gen 1,26f. benutzt mit *ṣælæm* und *d^emût* Termini, die nicht im Kontext der atl. Bilderverbotsformulierungen begegnen), sondern dadurch, daß die G.s-Aussage bes. präzise formuliert wird, um Anthropologie (G. des Menschen) und Theologie (Bilderverbot) als deutlich unterschiedene, aber vermittelbare Größen darzustellen. Dies gelingt in Gen 1,26 vor allem durch die Wahl des Plurals in der Gottesrede, denn dadurch wird eine erste Distanz in dem Sinne geschaffen, daß eben nicht der eine und einzige Gott ins Bild gefaßt wird, sondern aus der göttlichen Größe (Plural!) wird etwas „abgebildet". Unterstrichen wird dies dann vor allem durch die Wahl der Begriffe: mit entsprechenden Präpositionen geben sie ganz exakt Funktion (*b^eṣalmenû* = als unsere Statue) und Qualität (*kidmûtenû* = wie wir beschaffen) an. Auf diese Art und Weise kann die Priesterschrift vom Menschen als Bild Gottes sprechen, ohne Gefahr zu laufen, das Bilderverbot zu überschreiten. Die in Gen 1,26f. zu findende Anthropologie ist als theol. im ureigensten und weitesten Sinne des Wortes zu charakterisieren, denn sie vermittelt die durch das Bilderverbot im Laufe der Geschichte Israels gesicherte Transzendenz Gottes in eine neue Immanenz. Der Mensch als Stellvertreter und Repräsentant Gottes in der Schöpfung weist auf seinen Schöpfer zurück, der selbst – unsichtbar und bildlos – auf sein Geschöpf, den Menschen, hinweist.

In den unterschiedlichen Auslegungen und Rezeptionen von Gen 1,26f. innerhalb des Judentums spiegeln sich die textlichen und theol. Probleme dieser komplizierten Aussage wider. Zwei Positionen lassen sich konturieren. Der einen liegen anthropomorphe Gottesvorstellungen zugrunde, wie sie sich auch teilweise im AT selbst finden. Mit innerer Notwendigkeit treten die Vorstellungen in Konkurrenz zum dekalogischen Bilderverbot. Demgegenüber geht die andere Position von der auch bibl. belegten Transzendenz Gottes aus – mit der Schwierigkeit, die G. des Menschen als metaphorische Bestimmung seines Seins fassen zu müssen. Aus diesen beiden Grundpositionen lassen sich die verschiedenen Entwicklungen im Judentum verstehen, zum einen die Distanz gegenüber der G. als Aussage überhaupt, zum anderen die in den Bereich philos. Begriffsbildung hineinreichende Auswertung und Anwendung, deren spezifisch theol. Aussageinhalt auf ein Minimum begrenzt bleibt. Häufig bleiben aber die jüd. Diskussionen und Aussagen zur G. des Menschen im Bereich der vom AT selbst her umrissenen theol. Anthropologie.

II. Christlich. Steht die Aussage von der G. von Gen 1,26f. alttestamentlich schon im Kontext des Bilderverbotes, so muß man sagen, daß das NT und damit das Christentum das Bilderverbot des AT eigentlich nur mehr von dieser späten Weiterentwicklung her rezipieren. Somit ist die G. Grundlage jeder spezifisch christl. Auseinandersetzung in der „Bilderfrage", weil sie Theologie und Anthropologie in kaum überbietbarer Form vermittelt. Christologische Argumentation im Zuge ikonoklastischer Bewegungen lassen sich von hierher sinnvoll erklären (↗Bild V). Das NT greift den Gedanken von der Imago Dei vor allem im christologischen Kontext auf und benutzt die atl. Vorgabe der engen Verbindung von Theologie und Anthropologie (s. o.) dazu, das Besondere der Inkarnation zum Ausdruck zu bringen (vgl. 2 Kor 4,4; Kol 1,15; Hebr 1,3; u. ö.). Dieser Gedanke hat derart stark nachgewirkt, daß bis ins 15. Jh. hinein in der christl. Kunst Gottvaterdarstellungen fehlen, und Christus als die „sichtbare Gestalt" Gottes in zahlreichen Zusammenhängen begegnet. Einige ntl. Stellen bringen den Gedanken der G. dann auch im Kontext einer spezifisch christl. Anthropologie, wobei teils ethische (vgl. Kol 3,10; Eph 4,24), teils eschatologische (vgl. 1 Kor 15,49; Röm 8,29) Akzentuierungen nicht übersehen werden können. Aus diesen und einigen singulären Aussagen mit Eigengewicht innerhalb des NT hat die christl. Theologie von Anfang an (vgl. P. Schwanz) eine Fülle von systematischen Explikationen der G. entworfen und hat damit die Imago-Dei-Lehre zu einer Grundaussage für das christl. Gottes- und Menschenbild werden lassen.

III. Islamisch. Der Islam hat die bibl. Aussage von der G. des Menschen nicht übernommen. Haupthinderungsgrund dafür ist wohl das ↗Bilderverbot (III) gewesen. Die vom Bilderverbot angestoßene Distanz gegenüber der G.s-Aussage läßt sich noch gut erkennen. Zum einen in der Erzählung von der Weigerung Satans, vor Adam niederzufallen (Koran 2,34 u. ö.). Diese koranische Erzählung hat die Vorlage in der jüd.-christl. (?) pseudepigraphischen Schrift „Das Leben Adams und Evas", in der (VV. 13ff.) das Grundmotiv der von den Engeln geforderten Proskynese darin zu finden ist, daß Gott sich in seinem Ebenbild, Adam, verehren lassen will. Diesen Gedanken unterdrückt die koranische Rezeption ganz bewußt, was Koran 15,26ff. verdeutlicht, weil Satan dort seine Weigerung nur mit Hinweis auf den Charakter des Menschen („aus Lehm geschaffen") begründet. Zum anderen hat der Koran den Grundgedanken von der Aussage der G. des Menschen durchaus übernehmen wollen, wenn betont wird, daß Gott Adam als *khalīfa* (2,30) eingesetzt habe. Versteht man diese Bezeichnung wörtlich als „Stellvertreter" und nicht als „Nachfolger" (und zwar der Engel), dann entspricht weitgehend der Befund von Gen 1,26f. (s. o.) dieser Aussage. Die islam. Überlieferungsliteratur (Ḥadīth) hat die Schwierigkeiten zu lösen versucht, indem sie erklärt, Gott habe Adam in seinem (= Adam) Bild erschaffen, um damit die Transzendenz Gottes besonders zu betonen. Erst die islam. Mystik ist hier weitergegangen und hat die Aussage im Blick auf Fragen nach der Gestalt Gottes ausgeweitet (vgl. H. Ritter 445ff.).

Lit.: *Ch. Dohmen,* Das Bilderverbot. Frankfurt [2]1987, 281ff.; *O. Loretz,* Die G. des Menschen. München 1967; *B. Ockinga,* Die G. im Alten Ägypten und im Alten Testament. Wiesbaden 1984; *H. Ritter,* Das Meer der Seele. Leiden 1955; *W. Seibel,* Der Mensch als Gottes übernatürliches Ebenbild und der Urstand des Menschen: MySal II 805–817; *L. Scheffczyk* (Hg.), Der Mensch als Bild Gottes. Darmstadt 1969; *P. Schwanz,* Imago Dei. Halle 1970; *E.-J. Waschke,* Untersuchungen zum Menschenbild der Urgeschichte. Berlin 1984. *Chr. Dohmen*

Gottesreich

I. Altes Testament und Frühjudentum. – II. Neues Testament. – III. Christentum. – IV. Judentum

Der Begriff „Gottesreich/Reich Gottes/Gottesherrschaft/Königsherrschaft Gottes“ (griech. [NT]: *basileia toû theoû*) stellt eine im Frühjudentum entstandene Abstraktbildung dar, der urspr. die verbale Aussage „Gott ist (wird) König“ (hebr. [AT]: *mālak JHWH*) zugrunde liegt. Die rabb. Redeweise vom „Königreich der Himmel“ (*malkût šāmajim;* vgl. die *basileia tôn ouranôn* des Mt) entspringt der Tendenz, den Gottesnamen zu vermeiden.

I. Altes Testament und Frühjudentum. Den Königstitel für Gott hat Israel wahrscheinlich aus der kanaanäischen Umwelt übernommen, wobei mythologische Elemente vergeschichtlicht wurden (vgl. Num 23,21f.; Dtn 33,5.26; Ex 15,18). Dazu gehört auch die Bindung an den Jerusalemer Tempel und den Zion (vgl. Ps 24; 46–48; 76; 96–99). Inhaltlich wird mit der Königsprädikation die Überlegenheit Jahwes über die heidnischen Götter bzw. seine Einzigkeit (Monotheismus) hervorgehoben (Ps 29; 95,3; 97,1.7.9; Jes 41,21–29; 44,6–8; Sach 14,9, u.ö.) Der königlichen Herrschaft Jahwes ist die ganze Erde, ja sogar das gesamte All unterworfen (Ps 47,8; 103,19 u.ö.). Der drohenden Vereinnahmung der Gott-König-Theologie durch die Institutionen des Königstums oder Tempels wird schon frühzeitig entgegengearbeitet (Jes 6,1–5 als wohl ältester literarischer Beleg!). So kann sich gerade bei deren Zusammenbruch die Hoffnung auf Jahwe als den „König Israels“ richten (Deutero-Jes; vgl. Jes 41,21; 43,15; 44,6). Als wirkungsgesch. äußerst fruchtbar erweist sich die Perspektive von Jes 52,7–10; jedenfalls bleibt seither die Hoffnung auf eine zukünftige bzw. eschatologische Verwirklichung der Königsherrschaft Gottes in Israel lebendig (Mi 2,12f.; 4,6–8; Zef 3,14f.; Sach 14,6–11.16f.; Jes 33,22; 24,21–23; Ps 22,28–30 u.ö.). Daß das Heil der Gottesherrschaft zuallererst Israel zugute kommt (Befreiung aus der Knechtschaft der Völker, Rückführung aus dem Exil), ist eine selbstverständliche Folge des Glaubens Israels an die Einzigkeit Jahwes und schließt die Teilhabe der Völker am endzeitlichen Heil nicht aus (vgl. Jes 2,2–5; Mi 4,1–5; Sach 14,9; Jes 25,6–8). War die Gottesherrschaft zunächst als innergesch. Heilswende erwartet worden, so betont die Apokalyptik die Diskontinuität zur jetzt ablaufenden Geschichte (Dan 2,34f.44f.; 7,13f.; vgl. Sib III 767–807 u.ö.). Als Opposition erscheint nicht selten die Vorstellung einer (jetzt währenden) Herrschaft Satans bzw. Beliars (TestDan 5,10–13; AssMos 10,1–10; vgl. die Qumranschriften). Gelegentlich kann das Reich Gottes mit der Idee des messianischen Reiches verknüpft sein (PsSal 17; vgl. auch die theokratische relecture der davidischen Königsideologie in 1 Chr 28,5; 29,23; 2 Chr 9,8). Zum Teil geht die Messiasherrschaft dem kommenden Äon voraus (vgl. 4 Esra 7,26–31; 12,31–34; syrBar 39,7; 40,1–3; 72–74). Generell bleibt anzumerken, daß die Erwartung des eschatologischen Gottesreiches das gegenwärtige Königtum Gottes keineswegs in Abrede stellt, sondern voraussetzt (vgl. Jub 1,28; Sib III 46f.; Dan 3,33; 4,31; 6,27f.; äthHen 9,4f.; 12,3; 25; 27,3; 81,3; PsSal 5,18f.).

II. Neues Testament. Am häufigsten begegnet „Reich Gottes“ bei den Synoptikern, wo es den zentralen Begriff der Verkündigung Jesu darstellt. Wie in der prophetisch-apokalypt. Tradition ist die „Gottesherrschaft“ auch für Jesus eine eschatologische Größe. Ihre (baldige) Verwirklichung ist allein Sache Gottes (Mk 4,26–29; Lk 17,21). Der Mensch kann um ihr Kommen nur beten (Lk 11,2 par). Jesus wendet sich mit seiner Botschaft zunächst an Israel (vgl. Mt 10,5f.), das er im Duktus deuteronomistisch-apokalypt. Überlieferung (vgl. Dan 9,3–19; Bar 1,15 – 2,10; äthHen 93,8f. u.ö.) und in Übereinstimmung mit Johannes dem Täufer (Mt 3,7–12 par) als sündig ansieht. Wenn Jesus dennoch Israel die Nähe der Gottesherrschaft ansagt (Mk 1,15; Lk 10,9 par), dann setzt dies ein neues (eschatologisches) Erwählungshandeln Gottes an Israel voraus (vgl. Lk 6,20f. par). Die Gottesherrschaft ist für Jesus demnach ein Geschehen, dessen volle Verwirklichung zwar noch aussteht, das sich aber jetzt schon – im Wirken Jesu – ereignet (vgl. Lk 11,20 par; 10,23f. par; 7,22f. par; 11,31f. par; Mk 2,19a; 3,27;

vgl. Lk 10,18). Insbesondere durch Gleichnisse will Jesus seine Zuhörer in dieses Geschehen hineinziehen (Mk 4,3–9.30–32 par; Mt 13,44.45f.; Lk 15 u.ö.). Die Ostererfahrung führt zu einer Ausdehnung der Heilsverkündigung auf die Heidenvölker und damit zur Sammlung des eschatologischen Gottesvolkes aus Juden und Heiden (Kirche). Zunächst kommt es auch zu einer Intensivierung der Naherwartung (vgl. Mt 10,23; Mk 9,1; 13,30), die jedoch bald zugunsten des Gedankens von der Präsenz des Reiches Gottes im Wirken Jesu bzw. im missionarischen Verkündigen der Kirche zurückgedrängt wird (so schon bei Mk: vgl. 1,14f.; 4,11f. u.ö.; bes. aber bei Lk: vgl. 4,16–30.43; 10,9.11; 11,20; 17,20f.; Apg 1,3; 8,12; 19,8; 28,23.32). Das Mt-Ev. hebt stärker den Forderungscharakter des „Himmelreiches", d.h. die als Einlaßbedingung verlangte größere „Gerechtigkeit", hervor (vgl. Mt 5,20; 6,10.33; 7,21). Außerhalb der Synoptiker spielt der Begriff des G. nur eine untergeordnete Rolle (im Joh-Ev. nur: 3,3.5). In der Briefliteratur bezeichnet „Reich Gottes" meist den eschatologischen Heilszustand, zu dem die Christen berufen sind (1 Thess 2,12; vgl. 2 Thess 1,5), bzw. das eschatologische Heilsgut, das man nach entsprechendem Wandel „erben" wird (1 Kor 6,9f.; Gal 5,21; vgl. Eph 5,5; Jak 2,5). Die Diskontinuität zu den Normen und Gegebenheiten dieser Welt wird in 1 Kor 4,20; 15,50; Röm 14,17 herausgestellt. Obwohl Reich Gottes und Reich Christi auch parallelisiert werden können (Eph 5,5; Offb 11,15; vgl. Offb 12,10), sind die beiden Begriffe nicht synonym. Mit der Vorstellung vom Reich Christi verbinden sich zudem recht unterschiedliche Inhalte: das messianische Zwischenreich (1 Kor 15,24f.; vgl. Offb 20,1–6), die Welt als Herrschaftsbereich des Menschensohnes (Mt 13,41), die bei der Parusie in Erscheinung tretende Herrschaft Christi (Mt 16,28; 20,21; 2 Tim 4,1; vgl. Lk 22,29f.), der gegenwärtige Herrschaftsbereich Christi im Gegensatz zur Welt (Joh 18,36), der himmlische Bereich des Heils, in den die Gläubigen schon hineinversetzt sind (Kol 1,13; vgl. Eph 1,20–23) bzw. noch werden (2 Tim 4,18; 2 Petr 1,11; Lk 23,42f.).

III. Christentum. Die schon im NT mit dem Reich Gottes verbundene Naherwartung wird im Laufe der Kirchengeschichte immer wieder virulent, oft im Kontext chiliastischer Ideen (Montanismus, Joachim v. Fiore, Savonarola, neuzeitl. Sekten). Inhaltlich kommt es zu unterschiedlichen Akzentuierungen des Begriffs (Belege in: Die Verkündigung des Reiches Gottes in der Kirche Jesu Christi. Zeugnisse aus allen Jahrhunderten und Konfessionen, zusammengestellt v. *E. Staehelin*. 7 Bde. Basel 1951–1965). Die *Alte Kirche* hält im wesentlichen an der eschatologischen Qualität des G. fest, versteht dieses aber nicht selten als „himmlisches Reich". Zu einer Spiritualisierung kommt es in der alexandrinischen Theologie. Dabei besteht die Tendenz zur Identifizierung von Gottes- und Christusherrschaft. Origenes spricht von Christus als der *autobasileia* (In Matth. Comm. XIV 7 zu Mt 18,23). Schon vorher hatte Marcion den berühmten Satz geprägt: In evangelio est regnum Dei Christus ipse (Tertullian, Adv. Marc. IV 33,8). Seit Konstantin drängen geschichtstheol. Erwägungen in den Vordergrund. Für Eusebius ist das Imperium Abbild des Reiches Christi. Augustinus reflektiert in seiner „Civitas Dei" in höchst differenzierter Weise das Verhältnis von Kirche und Reich Gottes. Die von ihm nicht beabsichtigte Identifizierung wird von der *mittelalterlichen Kirche* um so bereitwilliger vollzogen. Im Osten wie im Westen hat man zunächst keine Bedenken, das Imperium als Instrument zur Verwirklichung des Reiches Gottes zu begreifen, eine Auffassung, die durch den Investiturstreit nachhaltig erschüttert wird. Bei Thomas v. Aquin realisiert sich die Herrschaft Gottes in der ecclesia militans, während die Mystik das Reich Gottes mit dem Erleben Gottes in der Seele des Mystikers gleichsetzt. Die *Reformatoren* betonen einmütig den eschatologischen Charakter des Reiches Gottes. Seine gegenwärtige Verwirklichung (als regnum Christi) geschieht nach Luther hauptsächlich im Herzen des Menschen, während Calvin stärker an das Wachsen des Gottesvolkes denkt. Da Calvin das regnum Christi primär als königl. Funktion Christi versteht, ist es nur konsequent, wenn er auch in der weltlichen Obrigkeit eine Dienerin des regnum Dei sieht. Hingegen muß Luther stärker zwischen dem regnum Christi, das er überwiegend priesterlich-geistlich definiert, und dem weltlichen Regiment, das Christus der staatlichen Autorität anvertraut hat, unterscheiden. Dies führt dann zur sog. Zwei-Reiche-Lehre. Die *Aufklärung* setzt auf ein Wachstum des Reiches Gottes im Sinne der Evolution der menschlichen Sittlichkeit (J. S. Semler, J. G. Herder, I. Kant). Der *Idealismus* des 19. Jh. erblickt im Reich Gottes das höchste Gut und das sittliche Ideal, auf das sich die Welt bzw. die Kirche hinentwickelt (F. Schleiermacher, A. Ritschl; katholischerseits die Tübinger Schule, bes. J. S. Drey und J. B. Hirscher). Eine nachidealistische, säkulare Variante dieser Sicht stellt der *Marxismus* dar. Das *20. Jh.* ist im wesentlichen von der Wiederentdeckung des eschatologischen Charakters des Reiches Gottes durch J. Weiß und A. Schweitzer gekennzeichnet. Eine sachgerechte Verhältnisbestimmung von Eschaton und Geschichte (vgl. nur die existentiale Interpretation R. Bultmanns und die universalgesch. Konzeption W. Pannenbergs) einschließlich ihrer ethischen Konsequenzen (politische Theologie, Theologie der Befreiung) wird allerdings immer noch diskutiert.

IV. Judentum. Grundlegend für die jüd. Reich-Gottes-Auffassung ist die *rabb.* Sicht (Belege bei *G. F. Moore,* Judaism in the First Centuries of the Christian Era 3 Bde. Cambridge 1927–30; *G. Dalman,* Die Worte Jesu. Leipzig [2]1930, 75 ff.; *[H. L. Strack] – P. Billerbeck,* Kommentar zum NT aus Talmud und Midrasch I. München [5]1969, 172 ff.; *K. G. Kuhn:* ThWNT I 570–573). Das „(König-)Reich der Himmel" ist Gegenstand eschatologischer Hoffnung (bes. in Gebeten, z. B. XVIII-Gebet 11; Kaddisch u. ö.). Urspr. als Gegensatz zur fremden „Herrschaft" (= Rom) gesehen (bes. in den Targumim), wird es dann mit dem Bösen überhaupt kontrastiert, das erst beseitigt werden muß, bevor das Königtum Gottes in Erscheinung tritt. Zum Teil wird das Reich Gottes mit der messianischen Königsherrschaft über Israel parallelisiert bzw. identifiziert. Dennoch behält das Königreich der Himmel universalen Charakter. Ort seiner Errichtung ist die (eschatologisch neue) Erde, nicht der Himmel. Deutlicher als die Apokalyptik und das NT bemühen sich die Rabbinen darum, die eschatologische Herrschaft Gottes als (bloßen) Spezialfall seiner bereits gegenwärtigen bzw. immerwährenden Herrschaft darzustellen. Sie sprechen daher nicht vom „Kommen", sondern vom „Errichten" oder „Erscheinen" des Reiches Gottes (Kaddisch u. ö.). Im übrigen geht es den Rabbinen mehr um die Praxis (ethische Relevanz) als um eine theoretische Theologie des Reiches Gottes. Entscheidend ist daher, daß der Mensch die Herrschaft Gottes *anerkennt* (so schon: TestBen 9,1; Jub 50,9). Dies geschieht u. a. im Sprechen des *malkujôt*-(Königreich-)Gebets (urspr. am Neujahrsfest, dann am Ende jedes Gottesdienstes) oder im Bekenntnis zum Monotheismus. „Das Joch des Königreichs der Himmel auf sich nehmen" kann geradezu mit der Rezitation des Sch[e]ma (Dtn 6,4) identifiziert werden (vgl. Ber II; bBer 13b–15a u. ö.). Die *mittelalterlichen* Gelehrten schreiben im wesentlichen die rabb. Auffassung fort. Von Mose ben Maimon u. a. wird der metaphorische Charakter königl. Prädikationen Gottes herausgestellt. Berühmt geworden ist die „Königskrone" des Salomo ibn Gabirol, ein Gedicht, das in Gebetsform das Königtum Gottes in der Schöpfung besingt. Ihm wurde fälschlicherweise auch der (bis heute gebräuchliche) Lobgesang des *'Adôn'ôlām* („Herr der Welt") zugeschrieben, in dem das Königtum Gottes in Vergangenheit, Gegenwart und Zukunft gepriesen wird. Nach *kabbalistischer* Auffassung ist die „Herrschaft" *(malkût)* die unterste der zehn göttlichen Kräfte *(Sefirot)* und als weibliches Korrelat dem männlichen Prinzip der „Herrlichkeit", welches auch als „Himmel" (Herz des Himmels) verstanden wird, zugeordnet. Da nach kabbalistischer Lehre das Tun der Menschen die Harmonie der Sefirot beeinflußt, ist das Reich Gottes erreicht, wenn durch gute Taten „Herrschaft" und „Himmel" geeint sind. In der *chas(s)idischen* Bewegung steht der Gegenwartsaspekt der Gottesherrschaft und deren Anspruch an den einzelnen im Vordergrund. Teilweise gilt als Ziel des Menschen die Aufgabe der eigenen Identität zugunsten einer mystischen Vereinigung mit Gott, so daß am Ende nur mehr die königl. Majestät Gottes existiert.

Lit.: *O. Camponovo,* Königtum, Königsherrschaft und Reich Gottes in den frühjüd. Schriften. Freiburg/Schweiz 1984; *A. H. J. Gunneweg/W. Schmithals,* Herrschaft. Stuttgart 1980; *J. Jeremias,* Das Königtum Gottes in den Psalmen. Göttingen 1987; *H. Merklein,* Jesu Botschaft von der Gottesherrschaft. Stuttgart ²1984; *J. Schlosser,* La Règne de Dieu dans les dits de Jésus. 2 Bde. Paris 1980; *W. H. Schmidt,* Königtum Gottes in Ugarit und Israel. Berlin 1966; *ders./J. Becker,* Zukunft und Hoffnung. Stuttgart 1981; *R. Schnackenburg,* Gottes Herrschaft und Reich. Freiburg ⁴1965; *H. Schürmann,* Gottes Reich – Jesu Geschick. Freiburg 1983; *J. Weiß,* Die Predigt Jesu vom Reiche Gottes. Göttingen ³1964; *E. Zenger u. a.,* Art. Herrschaft Gottes/Reich Gottes: TRE XV 176–244 (Lit.!). *H. Merklein*

Gottesurteil oder *Ordal* (vom angelsächsischen Ordal = Urteil) war ein in fast allen Kulturen, bes. der indogerm., verbreitetes Beweismittel in privaten und öffentlichen Rechtsstreitigkeiten, bei dem Gott durch eine Probe zu einer Entscheidung in einer Schuldfrage herausgefordert wurde. Der Tatverdächtige konnte die ihm zur Last gelegte Schuld durch Prüfungen, z. B. Gang durch das Feuer, ohne daß die in üblicher Weise zu erwartenden Verletzungen eintraten, ein für allemal aus der Welt schaffen. Somit ist das G. auf die Vergangenheit ausgerichtet, im Unterschied zu Orakeln und Weissagungen, die, keine Beweismittel, sich auf die Zukunft beziehen. Zurückzuführen ist das G. auf magisches Denken (↗Magie), „das den Naturablauf von dämonischen Kräften willkürlich beeinflußt glaubt, das aber auch ein magisches Einwirken des Menschen auf die Natur annimmt. Die Gottheiten zeigen ihre Gunst und Macht in bestimmten hll. Zeichen, so durch das Wasser, das keinen Schuldigen aufnimmt, durch das Feuer, das in ungewohnter Weise verbrennt und nicht verbrennt, durch das Gift, das nicht schadet, durch den Sieg des Beschützten im Zweikampf" (Ch. Leitmaier, LThK² IV 1130).
Eine große Bedeutung hatten G.e im Rechtsleben der germ. Stämme. Mit der Germanisierung der Kirche fanden sie Eingang in die kirchl. Rechtsprechung, was zu dem zeitweise verbreiteten Irrtum führte, die G.e seien von der Kirche eingeführt worden. Die Annahme von Gottesurteilen aber ist dem Wesen wie der Lehre des Christentums fremd, denn der Mensch hat kein Recht, von Gott „prozessual" Wunder zu verlangen. Das IV. Laterankonzil verurteilt 1215 die Anwendung von G.en. Nach Thomas v. Aquin stellen sie eine Versuchung Gottes seitens des Menschen dar und widersprechen dem christl. Glauben.
Mit der Ablehnung, Verurteilung und dem Ausbleiben der kirchl. Sanktionierung nahm die Praxis der G. unaufhaltsam ab. Die Durchsetzung rationaler Prinzipien, die Anerkennung ausschließlich materieller Beweisgründe und die Eidesaussagen in der offiziellen Rechtsprechung trugen ebenfalls dazu bei wie die Einführung des röm. Rechts in den germ. Sprachraum. Unterschwellig lebt das G. noch in den Mutproben weiter.
Vom G. ist, trotz fließenden Übergangs, das Gottesgericht zu unterscheiden, wo Gott unmittelbar in die Bestrafung Schuldiger eingreift.

Lit.: *Ch. Leitmaier,* Die Kirche und die G.e. Wien 1953; *dies.,* Art. G. LThK² IV 1130–1132; *H. Nottarp,* G.s-Studien. München 1956. *G. Riße*

Grab ↗Bestattung/Grab.

Griechische Religion
↗Gott III 3.

1. Unter der *Bezeichnung* G.R. fassen wir die rel. Vorstellungen, Praktiken und Überlieferungen der hellenischen Völker des Altertums zusammen, beginnend mit den ersten Einwanderungen indo-europ. Völker auf der griech. Halbinsel um 2000 v. Chr. und endend mit der vollständigen Christianisierung im 5./6. Jh. n. Chr. Die G.R. entstand aus der Vermischung indoeurop. Überlieferungen mit altmediterranen Vorstellungen. Ihre große Differenziertheit basiert auf dem verschiedenen Grad und der verschiedenen Natur dieser Mischung in den kleinflächigen, durch Meer und Gebirge begrenzten Landschaften Griechenlands, in denen sich bis in die Spätantike starke rel., sprachliche und kulturelle Eigenheiten bewahrten. Zunächst auf die griech. Halbinsel und die Küste der Ägäis beschränkt, weitete sich im Zuge der Kolonisation der Raum der G.R. aus auf die Küstenstriche des Schwarzen Meeres, Zyperns, Süditaliens

bis nach Südgallien und Hispanien. Der erobernde Hellenismus brachte die G. R. nach Syrien, Ägypten, Mesopotamien, Persien, Indien; das Röm. Reich brachte Altäre griech. Götter nach Britannien und an den Rhein. Die Zeit vor der Kolonisation (etwa bis 600 v. Chr.), die Blütezeit der Polis und der Kolonien (etwa bis 300 v. Chr.) und die hellenist. Spätzeit (bis zum 6. Jh. n. Chr.) können als die wichtigsten Entwicklungsabschnitte der G. R. gelten.

2. Ein *Wesensmerkmal* der G. R. ist ihre starke innere Differenziertheit, die mit der landschaftlichen und daher – bis in die hellenist. Zeit – auch politischen Zergliederung zusammenhängt.

Ein zweites *Wesensmerkmal* besteht in einigen Negationen, die für die besondere Entwicklung dieser einzigartigen Religion von Bedeutung waren. Zunächst fällt auf, daß die Griechen, obwohl Indo-Europäer, die typische Dreigliederung ihrer Götter (und ihrer Gesellschaft) in Souveränität/Priestertum, Kriegertum und Wirtschaft, die Indien, Rom, Kelten u. a. bewahrten, bis auf wenige Reste aufgegeben hatten. Sakralkönigtum tritt schon in der Frühzeit als Relikt auf und hatte seine Kraft eingebüßt. Sodann und infolgedessen fehlt auch ein echter Priesterstand sowohl als Kaste als auch als feste Institution. Wiederum demzufolge fehlen hll. Texte, verbindliche Gesetzesbücher und sakrale Mythen, auch eine umfassende rel. Welterklärung, ein allg. verbindlicher Urzeit- und Weltentstehungsmythos, der eine im Mythos verankerte Weltordnung gezeitigt hätte, vergleichbar dem altind. Ṛta-Begriff, dem pers. Aša, der ägypt. Ma'at. Diese auffälligen Lücken im Vergleich zu anderen archaischen Religionen mögen die Basis darstellen für die besondere Dynamik, mit der sich die G. R. entwickelte. Wo nämlich wesentliche Fundamente nicht aus der Urzeit ererbt und unverrückbar fest in die Tradition eingebaut sind, herrscht Freiheit zu Vorstellung, Frage und Neuschöpfung.

3. Die *Ausgangspunkte* dieser Entwicklung sind sehr karg: einige Götternamen und Attribute aus indogerm. Erbe (Zeus aus indogerm. **deiuos*, vgl. altind. *deva*, germ. *Tiu*), einige übernommene altmediterrane Götter (Hermes, Athene, vgl. altsem. *Anath*), einige meist vorgriech. lokale rel. Praktiken aus der agrarisch-chthonischen Entwicklungsphase (Demeterkult) und einige hll. Orte von uralter Überlieferung mit ihren zugehörigen Kulten (Dodona, Delphi, Delos). Die bewegte kriegerische Zeit der verschiedenen indogerm. Eroberungswellen hatte manche Erinnerungen an ältere Kulturen gelöscht und neue – an gewaltige Kriegszüge und Heroen – hinzugefügt.

4. Die G. R. hinterließ uns folgende *Zeugnisse:* a) *Bauten:* Es handelt sich um Tempel nach einem verhältnismäßig einheitlichen Grundmuster (↗Tempel) (Säulenhalle, Altar, Heiligtum, Schatzkammern), die immer durch Stufen vom Boden erhöht sind und an landschaftlich herausragenden Stellen stehen. Daneben gab es kleinere *Heroa,* die vergötterten Menschen geweiht waren. Gräberfelder und vielfältige Grabinschriften zeugen von einer intensiven Beschäftigung mit dem Tode. Vasen und Skulpturen zeigen Szenen einer reichen Mythologie.

b) Hll. *Bezirke,* die Bauten und Schatzkammern verschiedener Städte aufweisen. Ihre Pflege war aus Urkunden überlieferten *Amphiktyonien* (Sakralbünden) unterstellt, ihre Bedeutung allgemein-hellenisch (panhellenisch). Diese Bezirke dienten entweder dem ↗Orakel oder den ↗Mysterien oder aber einer typischen Erscheinung der G. R., den hll. Spielen, sportlichen und dichterischen Wettkämpfen, die einem Gott geweiht waren (Olympische Spiele, Isthmische Spiele). Aus bildlicher Darstellung und Literatur ist eine Vielzahl von lokalen Festen, Prozessionen, Brand- und Blutopfern bekannt. Sie folgten einem regional stark differenzierten Mondkalender und waren häufig mit jahreszeitlichen Ernten verbunden.

c) Das reichste Zeugnis liefert die *Literatur.* Frühe Dichtungen, meist unter dem Namen *Homers* überliefert, berichten von den Taten lokaler und allgemein-griech. Götter *(Hymnik)* und frühzeitlicher Heroen *(Epik).* Die Götter, die diese Dichtung zeichnet, handeln irrational, denken und fühlen anthropomorph, haben menschliche Gestalt und sind wie die Menschen dem Schicksal, der *moîra,* unterworfen. Später als die Dichtung tritt die typischste und herausragendste Schöpfung der G. R. auf, die *Tragödie.* In ihrer kultischen Funktion ist sie dem hl. Spiel nahe: theatralische Darstellung zu Ehren eines Gottes. Ihre geistige Bedeutung liegt in der Darstellung des Konfliktes widerstreitender Normen, in der sich die G. R. schöpferisch mit ihren inhärenten Spannungen auseinandersetzt.

5. Bezugsrahmen aller Manifestationen der G. R. ist die städtische Gemeinschaft, die *Polis.* In den lokalen Göttern und Heroen, mittels der Feiern und Spiele ehrt die *Polis* auch sich selbst, religiöses Leben ist Gemeinschaftsleben und umgekehrt. Das Leben steht im Mittelpunkt des Interesses, am Tode zählt vor allem sein gemeinschaftsbezogenes Gesicht, das Begräbnis, das Grab und das Andenken an den Toten (vgl. Problematik des „Ajax" von Aischylos, der „Antigone" des Sophokles u. a.). Ein jenseitiges Leben tritt marginal ins Bewußtsein als Schattendasein im *Hades.*

6. Die Lücke, die die Abwesenheit eines verbindlichen Urzeitmythos ließ, die Widersprüche, die das Bild der Dichtung über die Götter aufweist, begünstigten das Entstehen des Kunstmythos (Hesiod, Orphik) sowie der *Philosophie,* die zum ersten Mal in der Menschheitsgeschichte sich mit rein innerweltlich-rationalen Mitteln mit den letzten Fragen nach Ursprung und Ziel des Universums, nach ↗Tod (I), ↗Unsterblichkeit und verbindlicher ↗Ethik beschäftigte. Die philos. Schulen traten mit einem Wahrheitsanspruch auf, der in schroffen Gegensatz zum ↗Mythos geriet. Ihr Augenmerk verlagerte sich vom Zeitlichen ins Ewige, von der Polis ins All, die Götter wichen zunehmend der Idee des Einen Gottes (↗Gott III 3).

7. Zu *Fremdreligionen* war die G. R. tolerant, sie war fähig, sich selbst zu relativieren. Ein rationaler Universalismus des Menschenbildes befähigte sie, in fremden Göttern andere Namen für die eigenen zu sehen (Herodots „Interpretatio Graeca"). Dies befähigte sie zur Universalisierung im Hellenismus, zur Synthese mit oriental. und ägypt. Vorstellungen. Das Aufgehen der Polis aber in einer Weltkultur schwächte Kult, Mythos, Festspiel. Die Götterwelt wurde zunehmend rationalisiert, theologisiert. Das diesseitige Leben verlor an Bedeutung gegenüber der Sorge um die Unsterblichkeit der ↗Seele. Die Dichtungen der Frühzeit wurden philos.-theol. allegorisiert. Es wurden keine Tragödien mehr geschrieben. Die Wirkungsbereiche der G. R. entwickelten sich auseinander: der Kultus ging auf im Staatskult, im ↗Herrscherkult der Großreiche, zuletzt des röm. Das Individuum suchte in der Philosophie Welterklärung und ethische Leitung, in den Mysterien Trost und Unsterblichkeitsversprechen, in einer Vielzahl okkulter Praktiken Hilfe bei der Lebensbewältigung.

Dieser Zerfall verhalf monolithischen Religionssystemen, zuerst der ↗Gnosis, dann dem Christentum, die G. R. zunehmend zurückzudrängen, bis in den ersten Jh.en n. Chr. ihre Praktiken außer Gebrauch gerieten, letztlich verboten wurden durch die christl. Gesetzgebung von Byzanz. Doch die G. R. überlebte am urspr. Lieblingssitz ihrer Helden und Götter: im Reiche der Dichtung und der schönen Künste.

Lit.: *M. P. Nilsson,* Geschichte der griechischen Religion. München 1955; *L. Gernet / A. Boulanger,* Le génie grec dans la Religion. Paris 1948; *U. Bianchi,* La Religione greca. Turin 1975; *P. Grimal,* Dictionnaire de la mythologie grècque et romaine. Paris 1951; *F. Robert,* La religion grècque. Paris 1981; *G. Méautis,* Les Dieux de la Grèce et les mystères d'Eleusis. Paris 1959; *W. Burckert,* G. R. der archaischen und klassischen Epoche. Stuttgart 1977; *E. Rohde,* Psyche. Tübingen 1893; *W. T. C. Guthrie,* Orpheus and Greek Religion. London 1935; *E. Iversen,* The Myth of Egypt and its hieroglyphs in European Tradition. Kopenhagen 1961.

Chr. Dröge

Guru (Skt.: der „Ehrwürdige") ist die ind. Bezeichnung für den rel. Lehrer und Meister, der in der ungebrochenen Erfahrungs- und Traditionskette steht und daher fähig ist, andere Menschen auf ihrem rel. ↗Weg zu führen. In einigen ind. Religionen (u. a. bei den ↗Sikhs) und Schulen wird den G. gar wegen ihrer eigenen Verbundenheit mit dem Göttlichen und wegen ihrer Fähigkeiten göttliche Verehrung zuteil.

D. Becker

Gurubewegungen ↗Neureligiöse Bewegungen.

Gute, das ↗Ethik.

H

Ḥadīth ↗Tradition IV.

Ḥadjdj
↗Islam.
Die Wallfahrt nach Mekka, arab. ḥadjdj, bildet die fünfte und letzte Säule (↗Arkān) des Islam und ist für jeden erwachsenen Muslim, sofern er die Möglichkeit dazu hat, eine Pflicht (Koran 3,97). Ehe ein Pilger die hll. Stätten in und bei Mekka betritt, muß er in einen Weihezustand *(iḥrām)* eintreten. Als Symbol dazu dient ein weißes, ungesäumtes Gewand, dessen Anlegen von rituellen Handlungen begleitet wird. Die Wallfahrtszeremonien müssen an bestimmten Tagen des Monats Dhu 'l-ḥidjdja (d. i. der 12. Monat des islam. Jahres) vollzogen werden. Am 7. Tag des Monats wird die Ḥ. in der ↗Ka'ba eröffnet. Am 8. Tag verlassen die Pilger Mekka und wenden sich dem acht Kilometer entfernten Ort Minā zu, wo sie die Nacht über bis zum Anbruch des 9. Tags verbleiben, um dann in der Ebene von 'Arafāt, ca. 25 km von Mekka entfernt, den *wuḳūf,* die Verweilzeremonie, durchzuführen. Noch vor Beginn des 10. Tages sind die Pilger nach Minā zurückgekehrt. Dort wird eine bestimmte Stelle mit 7 Steinchen beworfen. Diese rituelle Steinigung versinnbildlicht die Steinigung des Satans, der hier Abraham erschienen sein soll und von ihm so in die Flucht geschlagen worden sei. Hier in Minā erfolgt nun, wie in der ganzen islam. Welt, die rituelle Schlachtung der Opfertiere, und es beginnt das große Opferfest ('īd al-aḍḥā). Es ist das Fest Abrahams und wird in Erinnerung an ihn begangen. Denn Abraham war in seinem bedingungslosen Glauben an Gott bereit, seinen Sohn als Opfergabe darzubringen (37,100–110). Was die Pilger nicht selbst von dem Schlachtopfer verzehren, geben sie den Armen. Nach dem Opfer läßt man sich gewöhnlich den Kopf rasieren und kehrt noch am gleichen Tag nach Mekka zurück, um einen *ṭawāf* zu verrichten, d. i. ein siebenmaliges Umschreiten der Ka'ba. Sofern noch nicht geschehen, wird dann die Laufzeremonie zwischen den zwei „alten Kultstätten“ aṣ-Ṣafā und al-Marwa durchgeführt. Die eigentliche Ḥ. ist mit diesen Zeremonien vollzogen, aber noch nicht beendet. Denn die sharī'a und die Überlieferung haben festgelegt, daß die Pilger für weitere drei Tage vom 11.–13. nach Minā zurückkehren. Täglich werden erneut je sieben Steinchen an die bereits genannte und an zwei weitere Stellen geworfen. Abgesehen von diesem Ritus, verbringen die Pilger die restlichen drei Tage als Festtage. Über die Wertigkeit der einzelnen Elemente der Ḥ. gibt es keine einhellige Meinung in den Rechtsschulen. Muḥammad selbst hat die Wallfahrt und ihre wesentlichen Zeremonien aus vorislam. Zeit übernommen (vgl. 2,197–200), ihr aber einen neuen Sinn gegeben, indem er sie mit Abraham in Verbindung setzt (3,95–97). Mit der Wallfahrt nach Mekka verbinden die Pilger zugleich gern den Besuch der Grabstätte Muḥammads in Medīna.

Lit.: *A. J. Wensinck / J. Jomier / B. Lewis,* Art. ḤADJDJ: EI² III 31–38; *W. Montgomery Watt / A. T. Welch,* Der Islam I. Stuttgart 1980, 327–347; *F. Gieringer,* Islamische Feiertage: CIBEDO-TEXTE 16/17, 1982.

G. Riße

Häresie. Das neue katholische Gesetzbuch definiert H. als „die nach Empfang der Taufe erfolgte beharrliche Leugnung einer kraft göttlichen und katholischen Glaubens zu glaubenden Wahrheit oder einen beharrlichen Zweifel an einer solchen Glaubenswahrheit“ (CIC c. 751). Während es bei „Apostasie“ um die Ablehnung des christl. Glaubens überhaupt geht, bedeutet H. die Leugnung einzelner Wahrheiten *(hairesis).* H. und Apostasie wie auch Schisma haben die Trennung von der Kirchengemeinschaft zur Folge (CIC c. 1364). Das NT spricht von Unkraut unter dem Weizen (Mt 13,25), falschen Propheten (Mt 24,11), anderen Leuten, die sich als Messias ausgeben (Mk 13,5f.; Joh 5,43f.), Paulus von „falschen Brüdern“ (Gal 2,4). Die frühe Kirche hatte sich mit dem Doketismus, Gnostizismus, Montanismus, Arianismus

u. a. auseinanderzusetzen. Seit Konstantin wurde die Irrlehre auch staatlicherseits verfolgt. Gegen Ende des 12. und im 13. Jh. arbeiteten Staat und kirchl. Inquisition gegen die H. zusammen. Kontrovers wurde das H.-Verständnis, mehr noch die Art des Vorgehens gegen die Häretiker, zur Zeit der Reformation. Die neuere Zeit, vor allem seit Beginn der ökumen. Bewegung, ist bemüht, mehr den Konsens als die Abgrenzung zu betonen und gesch. Vorurteile abzubauen. Die allgemeine Neigung, vor allem in Kontroverssituationen ganz bestimmte Aspekte der Wahrheit einseitig zu betonen oder gar zu radikalisieren, macht eine ständige Überprüfung der eigenen Position notwendig. Auch ist zu bedenken, daß die abweichenden Positionen nicht statisch sind und im tatsächlichen Glaubensverständnis die Annäherung vielleicht schon vollzogen sein mag. In jedem Fall hält man die gemeinsame Suche nach Wahrheit für wichtiger als die intolerante Bekämpfung der gegnerischen Auffassung.

Lit.: *H. D. Betz/A. Schindler/W. Huber,* Art. H.: TRE XIV 313–348 (Lit.); *Y. Congar,* Die Abspaltungen von der Einheit: MySal IV 411–457; *A. Grillmeier,* Häresie und Wahrheit: ders., Mit ihm und in ihm. Freiburg [2]1978, 219–244; *W. Rieß,* Wahrheit und Gemeinschaft. Glaube als Konsens? München 1979. *K. Müller*

Hamiten. Im Anschluß an die bibl. Völkertafel von Gen 10,6–20 werden die Volksgruppen Nordafrikas und Südarabiens nach Ham, dem jüngsten Sohn Noachs, H. genannt. Die Ethnologie hat in den H. ein ethnisch-rassisches Element gesehen und sie aufgeteilt in „Westhamiten (die berberischen Europiden Weißafrikas, zu denen auch die alten Libyer und Ägypter gehörten) und Osthamiten, deren Grundstock die Äthiopiden (europid-negride Kontaktrasse) bilden, zu denen u. a. die Bedja, Galla, Somali zählen" (LexÄg II, 936f.). Die ethnisch-rassische und kulturelle Bestimmung der H. geht aber völlig fehl (vor allem wenn sie als „euro-asiat. Herrenrasse" bezeichnet wird), da es eine hamitische Rasse nie gegeben hat; verbindendes Element dieser Völkergruppe ist vielmehr die Zugehörigkeit zu einer Sprachgruppe. Umfassender und sprachwissenschaftlich korrekter als der von C. Meinhof 1912 vorgeschlagene Terminus *Hamitensprache* ist die Bezeichnung *hamitosemitische Sprachen.* Zu den letztgenannten zählen das Semitische, das Altägyptische, das Koptische und das Libyzo-Berberische, die Kuschitensprachen am Horn von Afrika sowie das Tschado-Hamitische in Zentralafrika. Gemeinsam ist diesen Sprachen ein ähnliches Phonemsystem, eine Reihe von semantisch vergleichbaren Wurzel- oder Affixmorphemen sowie das grammatische Geschlecht. Interessant für die Einteilung ist, daß schon die Völkertafel in Gen 10,6 semitisch sprechende Gruppen zu den H. zählt. Bereits A. L. Schlözer hat in seiner 1781 erschienenen Arbeit „Von den Chaldäern", in der erstmals die Völkertafel zur Beschreibung einer gemeinsamen „semitischen" Sprachgruppe herangezogen wird, auf diese Besonderheit hingewiesen.

Lit.: *G. Barton,* Semitic and Hamitic Origins. Philadelphia 1934; *J. M. Diakonov,* Semito-hamitic languages. Moskau 1965. *Chr. Dohmen*

Ḫammurapi
↗Babylonisch-assyrische Religion.

Die erste Dynastie von Babylon, deren erfolgreichster Herrscher Ḫ. (ca. 1792 bis 1750) geworden ist, war, wie viele ihrer Zeit, westsemitischen (amurritischen) Ursprungs. Der Staat, den Ḫ. von seinem Vater übernahm, erscheint gegenüber den großen Mächten, dem altassyr. Reich des Šamšī-Adad I. v. Assur (ca. 1815–1782) und dem südbabyl. Reich des Rīm-Sîn v. Larsa (ca. 1822–1763), als ein Kleinstaat, der sich durch geschicktes Lavieren seines Herrschers zu behaupten wußte. Eine entscheidende Wende trat kurz nach dem 10. Regierungsjahr Ḫ.s durch den Tod des Šamšī-Adad ein. Unter dessen Sohn schrumpfte das Assyrerreich, und der Staat Mari am mittleren Eufrat wurde wieder selbständig. Durch ein Bündnis mit Zimrī-Lim (ca. 1782–1759) von Mari gewann Ḫ. eine klug genutzte Handlungsfreiheit, die es ihm ermöglichte, im Verlauf der folgenden zwei Jahrzehnte die Kräfte seines Landes zu stärken. Im 30. Jahr seiner Regierung setzte Ḫ. – sicherlich unter Mitwirkung angeworbener Amurru-Kontingente – zu den kriegerischen Aktionen an, durch die Mesopotamien innerhalb weniger Jahre zu einem Großstaat mit der Hauptstadt Babylon wurde. Der Staat Larsa wurde erobert, Mari untertänig gemacht, Assyrien mehrmals besiegt und in Abhängigkeit gebracht, Elam in seine Schranken gewiesen. – Die letzten 10 Jahre seiner Regierung füllte Ḫ. vorwiegend mit Werken des Friedens aus: Als „Hirte der Menschen“ schritt er zum Wiederaufbau des in den Kriegen Zerstörten, wobei er großen Wert auf eine gerechte Verwaltung auch in den eroberten Landesteilen legte. Von seiner Sorge für die Rechtspflege zeugen die 282 Paragraphen des „Codex Ḫ.“ Sein wichtigstes Erbe war jedoch die Tatsache, daß Babylon auch in der Folgezeit bis zur Gründung Seleukias die bedeutendste Stadt des südl. Mesopotamien blieb und ihr Gott, Marduk, zur mächtigsten Gottheit des Landes aufstieg.

Lit.: *H. Schmökel,* Hammurabi v. Babylon. Darmstadt 1971; *H. Klengel,* Hammurapi v. Babylon und seine Zeit. Berlin 1978; *R. Borger,* Der Codex Hammurapi: TUAT I. Gütersloh 1982, 39–80.

H. Schützinger

Heidentum. Das Wort „Heiden“ geht *theologisch* auf das AT zurück. Es ist ein Beziehungswort und wird zur Abgrenzung vom Volk der Verheißung für die Menschen außerhalb des Heilsvolkes *(Gojim)* gebraucht. Parallel dazu wären nach ntl. ↗Theologie unter „Heiden“ diejenigen zu verstehen, die außerhalb der (sichtbaren) Gemeinschaft der an ↗Christus Glaubenden, der Kirche, stehen. *Sprachgesch.* geht das Wort H. auf das lat. *pagani* (Landbevölkerung) zurück. Da diese kulturell niedriger standen, verband sich mit der Bezeichnung der Makel der kulturellen Rückständigkeit und zugleich sittlicher Minderwertigkeit. In neuerer Zeit wurde H. zum Synonym von „Wilden“, was verständlich macht, daß es heute, in der nachkonziliaren Ära und der Zeit der „jungen Völker“, kaum noch gebraucht wird.

Paulus sieht im H. den Herrschaftsanspruch der Mächte, die gegen die Herrschaft Gottes ankämpfen (Gal 4,18f.; 1 Kor 8,4f.; 10,19ff.) und die Menschen zur Sünde und zum Abfall von Gott verführen, am Werk. Andererseits weiß er, daß die Heiden Gott erkennen können (Röm 1; 2) und daß ihnen Gottes Gesetz ins Gewissen geschrieben ist. Wenn sich Gottes Zorn „wider alle Gottlosigkeit und Ungerechtigkeit“ entlädt, so gilt das für die Heiden (Röm 1,18), aber auch, ja noch mehr, für die Juden (vgl. Röm 2,27). Die paulinische Theologie kennt hll. Heiden (Abel, Henoch, Noach; vgl. Hebr 11,4–7) und vertritt den allgemeinen Heilswillen Gottes (1 Tim 2,4).

Wenn nur Einer Mittler ist, der Mensch Jesus Christus (1 Tim 2,5), und die Kirche, sein Leib (Eph 1,23), das „allumfassende Sakrament des Heils“ (LG 48; AG 1), entsteht die Frage, wie die Menschen vor Christus und außerhalb des Christentums Heil in Christus erlangen können (vgl. AG 7). Die Theologie verweist auf Gründe, die Hoffnung geben (vgl. ↗Gnade III). Letzter Grund der Hoffnung ist Gott, der seinen Sohn in diese Welt sandte, um die Sünde zu tilgen und Frieden zu stiften durch sein Blut: für die ganze Welt (Kol 1,6), die ganze Schöpfung unter dem Himmel (Kol 1,23), für jeden Menschen (Kol 1,28). So mag man weiter, abstrakt, von „Heidentum“ sprechen, der konkrete Mensch, ob Hindu, Buddhist, Muslim usw., steht immer unter dem Anruf Gottes und dem Wirken der Gnade Christi.

Lit.: *J. Bettray,* H. – Versuch einer Deutung: ThPQ 116 (1968) 307–319; *R. Dabelstein,* Die Beurteilung der „Heiden“ bei Paulus. Frankfurt 1981; *K. Rahner,* Art. H.: LThK² V 73–76; *G. Rosenkranz,* H. – Was ist das?: Th. Sundermeier (Hg.), Fides pro mundi vita. Gütersloh 1980, 69–78.

K. Müller

Heil/Heilsweg

I. Heilssuche und Heilsvorstellungen. – II. Hinduismus/Hindu-Religionen. – III. Buddhismus. – IV. Chinesische Religionen. – V. Judentum. – VI. Christentum. – VII. Islam

I. Heilssuche und Heilsvorstellungen. 1. Unabhängig von der Religionszugehörigkeit machen alle Menschen die Erfahrung, auf dem ↗Weg zu sein, d.h., daß Leben zwischen Geburt und Tod für sie bedeutet, nicht am Ziel zu sein. Allen aber liegt daran, daß das Leben „glückt“. Die zentrale Frage menschlichen Lebens ist folglich: Was muß ich tun, damit mein Leben „glückt“? Was ist das *Glück* meines Lebens? Die Frage verschärft sich, wo der Mensch sein Leben als Last, Unglück oder Unheil erfährt oder sich wie der Buddhist als erste Wahrheit sagen

muß, daß alles Leiden ist (↗Böses/Leid IV; ↗Buddhismus II). Der Zwiespalt zwischen Glücksverlangen und erlebter Unglückssituation führt dann weiter zu der Frage nach dem Grund des Zwiespalts.
2. In der Geschichte der Menschheit gibt es eine Mehrzahl von versuchten bzw. gefundenen Antworten auf die gestellten Fragen, die sich grundsätzlich im Rahmen der Alternative: Alles ist Schicksal, Fügung, Zufall, Gnade o.ä., oder: Jeder ist seines Glückes Schmied, bewegen. Konkret suchen die Menschen freilich zumeist ihren Weg zwischen den beiden Extremen einer radikalen Fremd- und Selbsterlösung. Dabei stellt sich dann zugleich die Frage nach dem Verhältnis von ↗Prädestination und ↗Freiheit (I. II. VI) bzw. des Zusammenwirkens (lat. *concursus*) von Mensch und Gott(heit) und der Möglichkeit eines ethisch-verantwortlichen Handelns als eines das Glück des Menschen bewirkenden Handelns (↗Ethik I. VIII).
3. In der Religionsgeschichte begegnet die Vorstellung geglückten Lebens vor allem unter Begriffen wie Glück (griech. *eudaimonía,* lat. *felicitas, beatitudo*), Heil (griech. *sotēría,* lat. *salus*), Friede, (Sinn-)Erfüllung, dort, wo der Gedanke der Wiederherstellung einer verlorenen heilvollen Ursprungssituation vorherrscht, unter Begriffen wie Erlösung (lat. *redemptio*), Heilung, Rettung und Befreiung. Gemeinsam ist den verschiedenen rel. Vorstellungen, daß die letzte Vollendung des Menschen und der Welt der Mächtigkeit des Menschen entzogen ist. Wo der Ursprung namenlos bleibt, ist die Rede vom *Zufall* (als griech. Göttin Týchē, in Rom als Glücksgöttin Fortuna verehrt). Eher als unpersönliche göttliche Macht wirkt das *Schicksal,* das, in den Schicksalsgöttin(nen) (vgl. die griech. Moiren, die röm. Parzen und die germ. Nornen), den Lebensanteil, das Lebenslos des Menschen bestimmt und seinen Lebensfaden spinnt. Gott bzw. die Gemeinschaft mit ihm (vgl. *visio beatifica, communio / unio cum Deo*) als *Heil* ist die theol. Auslegung eines H.-Verständnisses, das – als Übersetzung des lat. *salus* – in seinen indogerm. Wurzeln anthropologisch von Ganzheit, Vollständigkeit, Identität u.ä. spricht. Zu einem solchen H. gehört einerseits das Freisein bzw. die Befreiung von allem, was H. verhindert und zerstört, von aller Entfremdung, allem Bösen, andererseits die volle Entfaltung dessen, was dem Menschen an Möglichkeiten der Vollendung zur Verfügung steht. Wo „Erlösung vom Bösen" und volle Entfaltung letztlich – theistisch gesprochen – von Gott erwartet werden, ist das H. selbst als ↗Gnade anzusprechen.
4. Waren bis zum Beginn der Neuzeit Glück und H. terminologisch austauschbar und besagten die Sätze „Alle Menschen streben nach Glück" und „Alle Menschen suchen das H." im Grunde dasselbe, so trat in neuerer Zeit eine Dissoziierung der Begriffe insofern ein, als H. mehr und mehr zu einem rel. Sonderbegriff wurde, der die künftige, von Gott geschenkte endgültige Vollendung meint, während demgegenüber Glück dann „fast ausschließlich als diesseitige, durch den Menschen selbst zu leistende lustvolle Befriedigung des Lebens verstanden" wird (G. Greshake 160). Eine entsprechende Konnotation im Sinne der Selbsterlösung und Selbstbefreiung hat auch der modische, aber zumeist unscharf verwendete Begriff der Selbstverwirklichung. Insofern als die Hoffnung auf ein umfassendes absolutes H. sich stets an geglückten Momenten menschlichen Lebens bzw. an partiellen H.s-Erfahrungen entzündet, kann der Dissoziierung von Glück im o.g. Sinne und H. religiös nur dadurch begegnet werden, daß (Gottes) H. als des Menschen Glück vermittelt wird und der Mensch in der Rede vom H. sich in seinem Verlangen nach eigener Vollendung verstanden und angesprochen sieht. Die christl. Theologie sieht die menschliche ↗Geschichte unter dem doppelten Aspekt der Unheils- und der H.s.-Geschichte und wird damit zur Einladung an die heutigen Religionen, ihrerseits Antwort auf die von den Menschen gestellten Fragen zu geben: „Was ist der Mensch? Was ist Sinn und Ziel unseres Lebens? Was ist das Gute, was die Sünde? Woher kommt das Leid, und welchen Sinn hat es? Was ist der Weg zum wahren Glück?" (NA 1).

Lit.: *W. Bauer,* China und die Hoffnung auf Glück. München 1971; *G. Bien,* Die Frage nach dem Glück. Stuttgart 1978; *G. Greshake,* Gottes H. – Glück des

Menschen. Freiburg 1983; *W. Korff,* Wie kann der Mensch glücken? München 1985; *H. Kundler* (Hg.), Anatomie des Glücks. Köln 1971; *K. M. Meyer-Abich / D. Birnbacher* (Hg.), Was braucht der Mensch, um glücklich zu sein? München 1979; *A. T. Peperzak,* Der heutige Mensch und die H.s-Frage. Freiburg 1972; *J. Ritter / R. Spaemann,* Art. Glück, Glückseligkeit: HWP III 679–707; *G. Sauter,* Was heißt: nach Sinn fragen? München 1982; *W. Strolz,* H.s-Wege der Weltreligionen. 3 Bde. Freiburg 1984–1987; *H. Waldenfels,* Kontextuelle Fundamentaltheologie. Paderborn 1985; *B. Welte,* H.s-Verständnis. Freiburg 1966; *P. H. Welte,* Die H.s-Bedürftigkeit des Menschen. Freiburg 1976. *H. Waldenfels*

II. Hinduismus/Hindu-Religionen. 1. *Das Weiterleben nach dem Tode und der* karma-mārga, *der Weg des (rituellen) Handelns.* Für die vedischen Inder bestand das von den Göttern erflehte H. zunächst hier auf Erden in einem Leben in Gesundheit und Wohlstand, gesegnet mit zahlreichen Kindern und Enkeln. Als Ideal galt eine Lebensdauer von 100 Jahren. Nach dem Tod erhoffte man ein ewiges Leben frei von Krankheit und Alter, Hunger und Durst im Himmel *(svarga),* wo Indra (↗Gott VII 1), der König der Götter, herrscht. Genaueres wissen wir über diese Vorstellungen aus der spätvedischen Zeit der Brāhmaṇas und älteren Up. (↗Hll. Schrift[en] III 1). Entscheidendes Gut war die *Fortdauer der Existenz,* die man sich auf zwei miteinander in Beziehung stehenden Ebenen zu denken hat: der Erde und dem Himmel. Auf der Erde wird sie gesichert durch die Nachkommen: Der Vater lebt in seinem Sohn fort, der Sohn ist für den im Samen präsenten Vater ein neuer Leib. Das Weiterleben im Himmel im Reich der Väter ist direkt abhängig vom gleichzeitigen Weiterleben auf Erden, da die verstorbenen Väter *(pitṛ)* im Himmel für ihre Nahrung auf die Opfer der Nachkommen angewiesen sind (ebenso wie man selber nach dem Tod darauf angewiesen sein wird). Erhalten sie keine Opfer, so werden sie zornig und rächen sich für ihre Not. Wer nicht opferte, dem verweigern sie den Zutritt in ihre Welt.
Fortdauer, so erkannte man, ist nur möglich durch Nahrung, denn Nahrung *(anna)* erhält diesen Leib und die ganze Welt. Das trifft auch auf die Götter zu. Auch sie benötigen die Speise- und Trankopfer der Menschen, denen sie ihrerseits den nötigen Wohlstand schenken und für die sie die lebenspendende Ordnung der Natur sichern. Jede Nahrung ist Opfer: Das Tier lebt von der Pflanze, deren Lebenskraft in das Tier eingeht; der Mensch lebt von Pflanze und Tier, desgleichen die Götter. Der Feuergott Agni (↗Gott VII 1) ist der Mittler, welcher die Opferspeise für die Götter verwandelt und im Rauch zu ihnen trägt.
Es ergibt sich also, daß die Fortexistenz – die eigene und die der ganzen Welt – auf dem Prinzip des Opfers beruht. ↗Opfer (I. V) ist Übertragung von Nahrung und Lebenskraft. Aus einem primordialen Opfer ist diese Welt entstanden, durch das Opfer wird ihre Ordnung aufrechterhalten, und mit dem Opfer sichern sich die Menschen die Dauer ihrer Existenz auf Erden (durch das Wohlwollen der Götter) und im Jenseits (durch das Wohlwollen der Ahnen). Daher wird die Opferpraxis *(karman)* als vornehmste Handlung zum eigentlichen H.s-Weg des Menschen in der vedischen Religion. Sie erfordert jedoch Makellosigkeit für ihr Gelingen. Diese ist nur durch äußere und innere (moralische, rituelle) ↗Reinheit und durch Wissen zu erreichen: Wissen über den richtigen Vollzug des Opfers, über seine Bedeutung und über die Beziehungen im Kosmos, die seine Wirkung ermöglichen. Das Wissen führt schließlich zum ↗*Jñāna-mārga,* dem Weg der Erkenntnis.
Der *karma-mārga* wurde gegen Ende der vedischen Periode (um 500 v. Chr.) zunehmend diskreditiert durch soziale Spannungen (die Brahmanen als Spezialisten des Opfers forderten zu große Vorrechte) und durch eine größere Verbreitung der Wiedergeburtslehre (↗Reinkarnation I), wonach der Aufenthalt in der Welt der Väter oder in Indras Himmel ohnehin nicht von Dauer ist. Der ältere Viṣṇuismus hat jedoch den *karma-mārga* noch einmal aufgegriffen und in der Lehre der Bhagavadgītā mit einem völlig neuen Inhalt gefüllt. *Karman* bedeutet nun nicht mehr die Opferhandlung im engeren Sinn, sondern die uneigennützige, auf die Gottheit allein konzentrierte Pflichterfüllung im Rahmen der Aufgaben, welche die nach Kasten (↗Kastenordnung) bzw. sozialen Schichten *(varṇa)* differenzierte, arbeitsteilige Gesellschaft

und das jeweilige Lebensstadium *(āśrama)* dem Einzelnen zuweisen. Handeln nach Kastenvorschrift wird zum „Opfer" in doppeltem Sinn: als Handeln für andere und als Handeln für den höchsten Gott Viṣṇu/Kṛṣṇa, welcher der eigentlich Handelnde in allen Wesen ist. Diese Lehre hat bis in den Neo-Hinduismus hinein gewirkt. Losgelöst von der Kastentheorie begründet sie eine Sozialethik und sozial verantwortliches Handeln. Auch in andere Heilswege, wie den der Erkenntnis *(jñāna)* und den der Gottesliebe *(↗Bhakti)* ist der *karma-mārga* als vorbereitendes Element aufgenommen.

2. *Das Streben nach übermenschlichen Kräften und der Heilsweg der Askese* (tapas). Die ↗Askese als ein Mittel der H.s-Gewinnung durch die Kraft des Willens wird schon in vedischer Zeit oft genannt. Nach geläufiger Vorstellung entstand die Schöpfung aus der Glut der Askese des Prajāpati, des Herrn der Geschöpfe. Götter und Heilige setzen sie ein. Dabei bedeutet *tapas* nicht nur die Askese selbst, sondern vor allem die durch Askese erzeugte innere Glut (*tapas* = Hitze, Glut). Nach der herrschenden Überzeugung jener Zeit steigert Askese die Kraft des Willens zu solcher Gewalt, daß sie, wenn sie lange genug geübt wird, die Realisierung eines jeden Wunsches erzwingen kann. Die so gewonnene Macht kann segensreich oder fürchterlich sein. Der Asket kann heilen, Wünsche erfüllen oder Regen herbeizwingen. Andererseits galt der Fluch eines Asketen als so gefährlich, daß man ihm lieber jede Ehre erwies und jeden Wunsch erfüllte, als seinen Unmut zu erregen. Selbst der Götterkönig Indra, so berichtet die Legende, fürchtete die Macht der Askese und entsandte himmlische Nymphen zur Erde, um Asketen zu verführen und von ihrer Askese abzulenken. Auch Dämonen setzen im Mythos Askese ein, um den Sieg über die Götter zu erringen.

Die asketische Macht, entstanden aus der Verweigerung der Bedürfnisse des Körpers, aus der Überwindung und Beherrschung der leiblichen Funktionen und daraus resultierender Befreiung des Geistes, setzt übermenschliche Kräfte frei (und ist darin dem ↗Yoga ähnlich). Man stellte sich *tapas* vor als etwas Kumulierbares, das man einerseits durch asketische Übung ansammeln, andererseits auch verbrauchen kann: Jede Erfüllung eines Wunsches, jede Stillung einer Begierde verbraucht asketische Kraft.

Die Askese als Weg zum Heil ließ sich gezielter einsetzen als das Opfer. Sie beruhte ganz auf der eigenen Kraft, war von keinem Gott abhängig und machte jedes gewünschte Ziel erreichbar. Allerdings war die so gewonnene Macht verführerisch. Sie einzusetzen brachte Wunscherfüllung, aber zugleich den Verlust des angehäuften *tapas.* Den Berichten zufolge führte Askese in den meisten Fällen zur Durchsetzung weltlicher Ziele: Nachkommenschaft, Reichtum, Königsherrschaft oder Sieg über die Feinde. Nur wenige große Asketen wurden durch solche Ziele nicht verlockt. Sie setzten ihre Askese ein, um erlösendes Wissen zu erlangen und erreichten höchstens H.

3. *Die Erlösung aus dem Kreislauf der Geburten* (saṃsāra) *und der* jñāna-mārga, *der Weg der Erkenntnis.* Wenn *karman,* das Gesetz der Folgen zeugenden Taten, die Seelen in den Kreislauf der Geburten bindet und sie von den niedrigsten Stufen des Lebendigen über alle Daseinsformen bis zum Status von Göttern führen kann, ohne daß jemals ein Zustand der Unvergänglichkeit erreicht würde, dann kann das H.s-Ziel des Menschen nur darin liegen, dem *saṃsāra,* dem Kreislauf der Geburten, zu entgehen. Dies ist nicht durch Handeln möglich (auch nicht durch asketisches), da Handeln neue Bindungen erzeugt. Der Weg der Erkenntnis jedoch führt über die in ständigem Wandel des Werdens und Vergehens begriffenen weltlichen Erscheinungen hinaus.

Worin das erlösende Wissen besteht, darüber gab es unterschiedliche Auffassungen. Einigkeit bestand nur über das allgemeine Ziel des *jñāna-mārga*: Es ist jener unvergängliche Seinsgrund, aus dem alles vergängliche Seiende hervorgegangen sein muß. In den einzelnen Religionen und ihren Schulen wurde das Wesen dieses Seinsgrundes unterschiedlich beschrieben (↗Gott VII). Er wurde als nicht-personal, als personal, als sowohl personal als auch nicht-personal und als keines von beiden erfahren. Die

Philosophen der Up. nannten ihn *brahman* (Neutr.). Es ist das unbewegte Bewegende, allgegenwärtig, ein unberührter Zeuge allen Geschehens, und es läßt sich fassen im individuellen Bewußtsein, im Selbst *(ātman)* des Menschen. Wer existentiell erkennt, daß der ↗Ātman identisch ist mit dem ↗Brahman, der geht nach dem Tod in das Brahman ein und wird nicht mehr wiedergeboren.

Dieser Ansatz wird später weiter ausgearbeitet. Es ist Nichtwissen *(avidyā)*, welches in die Welt der Materie bindet und überwunden werden muß, ein Nichtwissen, das in Unkenntnis des göttlichen Wesens in uns oder in fehlendem Unterscheidungsvermögen zwischen wahrem Sein und bloßer Erscheinung besteht. Die Überwindung des Nichtwissens kann durch spontane intuitive Schau oder durch systematische Analyse erfolgen, die ebenfalls in eine intuitive Schau mündet. Beispielhaft für letzteres Verfahren wurde das System des ↗*Sāṃkhya*, welches die konstituierenden Prinzipien *(tattva)* des Daseins zu erkennen und in ihrer Entstehungsabfolge zu ordnen versuchte. Wer den so erkannten Prozeß der Entstehung unserer Erfahrungswelt Schritt für Schritt zurückverfolgt und schließlich, wenn er bei den beiden letzten Prinzipien Geist *(puruṣa)* und Materie *(prakṛti)* angelangt ist, deren fundamentale Verschiedenheit erfaßt, der ist aus der Verstrickung in die Materie befreit.

Der ↗*Yoga* stellt einen anderen, weniger theoretischen Zweig des *jñāna-mārga* dar. Er setzt im psycho-physischen Bereich an. Durch Atemkontrolle, Beruhigung der Körperfunktionen und Beherrschung der Sinne und des Denkens versucht er jene Fluktuationen des Intellekts zum Stillstand zu bringen, die unser Bewußtsein zerstreuen und uns von der Konzentration auf das Eine ablenken. Sind alle Störfaktoren beseitigt, so führen Konzentration und Versenkung dazu, die in weltlicher Erkenntnisstruktur verankerte Spaltung von Subjekt und Objekt zu überwinden und zur Erfahrung der Einheit mit dem Seinsgrund vorzudringen. Das Wissen des *jñāna-mārga* besteht letztlich immer in solch existentieller Erfahrung. Bloß theoretische, verstandesmäßige Erkenntnis ist nicht gemeint. Der Weg der Erkenntnis stellt hohe Anforderungen an die geistigen Fähigkeiten des Suchenden und erweist sich daher als kaum gangbar für die Masse der nach Erlösung strebenden Wesen. Er bedarf der Übung, und Selbstläuterung ist erforderlich. Daher können alle Techniken der H.s-Gewinnung, wie Opfer, Askese, Yoga und Götterverehrung, dem *jñāna-mārga* als vorbereitende Stufen ein- und untergeordnet werden.

4. *Die Einheit mit Gott oder Nähe zu Gott und der* bhakti-mārga, *der Weg der Gottesliebe.* Der *bhakti-mārga*, Weg der Gottesliebe, tritt mit den populären Religionen der nachvedischen Epoche, vor allem dem Kult des Sonnengottes Sūrya, dem Viṣṇuismus und dem Śivaismus, etwa im 4.–3. Jh. v. Chr. in lit. und archäol. Quellen deutlich hervor. Wer, wie die Anhänger dieser monotheistischen Religionen, den letzten Seinsgrund als personale, allmächtige und bewußt handelnde Gottheit erfährt, der glaubt nicht länger, das H. aus eigener Kraft erreichen zu können, sondern wendet sich in Verehrung an die Gottheit, die Erlösung schenkt. Auch er erstrebt Erlösung aus dem Kreis der Wiedergeburten. Der dadurch erhoffte Zustand des H. kann je nach Religion und Schule gesehen werden als ein Eingehen in die Gottheit und völlige Identität mit ihr *(sārūpya)*, als enge Verbindung mit der Gottheit *(sāyujya)*, als Nähe zur Gottheit *(sāmīpya)*, als paradiesischer Aufenthalt in der Welt Gottes *(sālokya)* oder als völlige Isolierung und Autonomie *(kaivalya)* der in bezug auf das allumfassende Bewußtsein Gott gleich gewordenen Seele, die sich nur dadurch von Gott unterscheidet, daß sie nicht handelt. Wie immer man aber das H. definiert, der Weg zur Erlösung gewährenden Gnade Gottes führt über die *Bhakti*, die Liebe des Menschen zu Gott und die Liebe Gottes zum Menschen.

Das Wort Bhakti ist gebildet aus der Verbwurzel *bhaj*, welche die Grundbedeutungen „teilen, zuteilen" und „liebend dienen" hat. Bhakti bedeutet daher sowohl die dienende Hingabe des Menschen an Gott als auch die zuteilende, Gnade schenkende Zuwendung Gottes zum Menschen. Nach der Lehre des viṣṇuitischen Theologen Madhva (ca. 1199–1278) ist Bhakti das auf Ehrfurcht gegründete ununterbrochene Gefühl intensiver Liebe zu Viṣṇu, welche die Erkenntnis voraussetzt, daß Viṣṇu der Höchste ist. Bhakti vollzieht sich in einer Beziehung, die vom Partner abhängt und sich daher nicht aus eigener Kraft verwirklichen läßt. Sie erfordert Bemühung, hängt aber zugleich von Gnade ab. In dem Maße, in dem der Gläubige sich der Gottheit zuwendet, kommt diese ihm entgegen, reinigt ihn von Schuld durch das Feuer der Liebe und schenkt ihm immer intensivere Bhakti, die ihn verwandelt und Erlösung bringt.

Der gläubige *Bhakta*, der einmal Gottesliebe erfahren hat, sehnt sich nach ihr fast mehr als nach Erlösung. Daher wird auch das völlige Eingehen in die Gottheit als letztes H.s-Ziel von mehreren viṣṇuitischen Schulen abgelehnt: Es würde ein Fortbestehen der Bhakti im Zustand der Erlösung unmöglich machen. Die Konsequenz ist dann freilich das Postulat der Existenz von ewigen, unvergänglichen Seelen neben der Gottheit.

Die Bhaktas kennen und propagieren verschiedene Ausdrucksformen der Liebe: *dāsya*, die Haltung des selbstlos und ergeben dienenden Sklaven; *vātsalya*, die fürsorglich-zärtliche Liebe der Mutter zum Kind; *preman*, die intensive Zuneigung von Liebenden zum Geliebten. Mehrere Schulen der Kṛṣṇa-Bhakti betonen die intensive Wirkung von *viraha*, der Trennung, der Abwesenheit Gottes. Der Trennungsschmerz bei Abwesenheit des einzig Geliebten, das unerträgliche Gefühl des Verlassenseins führt zu einer Steigerung der Sehnsucht und zu glühendem Verlangen bei Rādhā, der Geliebten Kṛṣṇas, und bei allen Seelen, die Kṛṣṇa lieben. Für einige Schulen ist *prapatti*, die bedingungslose Selbsthingabe und Unterwerfung unter den Willen Gottes, eine Vorbedingung für erfolgreiche Bhakti; für andere ist *prapatti* ein eigenständiger H.s-Weg, der jeden anderen H.s-Weg überflüssig macht, weil schon nach dem einmaligen rituellen Akt der Hingabe und Zufluchtnahme zu Gott dieser selbst die Verantwortung für das H. des Menschen übernimmt. Der Theologe Vallabha griff diese Lehre auf und verwandelte sie zum *puṣṭi-mārga*, zum „Weg des Gedeihens". Danach führt die bedingungslose Hingabe dazu, daß Gott den Keim der Bhakti, der in jedem Herzen ruht, durch seine Gnade wachsen läßt und zum Gedeihen bringt.

Auch der Weg der Bhakti bedarf der Unterstützung durch bewährte Techniken der H.s-Gewinnung. Innere Läuterung geschieht durch Hören der hll. Schriften *(śravaṇa)*, durch Lobpreis Gottes *(kīrtana)*, durch Denken an ihn *(manana)*, durch Sich-Erinnern an seine Manifestationen und Taten *(smaraṇa)* und durch kontinuierliches lautloses Hersagen *(japa)* des Namens oder der vielen Namen Gottes. Das Studium hll. Schriften und theol.-philos. Systeme kann hilfreich sein, Meditation, Yoga und Askese können zusätzlich geübt werden. Der dienende Aspekt der Bhakti kommt jedoch am besten im Ritus zum Ausdruck. Hier hat die Verehrung von Götterbildern ihren legitimen Ort. Das Bildnis ist mehr als ein Symbol. Es ist Ort und Form göttlicher Manifestation als latente Möglichkeit, die sich im Akt der Verehrung realisiert, so daß der Gläubige die unmittelbare Präsenz des dargestellten Gottes erfährt. In der Verehrung wird der Gott herbeigerufen in das Bildnis und mit mindestens 16 kleinen Diensten oder Ritualen *(upacāras)* als Gast begrüßt, erfrischt, gebadet, gekleidet, gesalbt und geschmückt, mit Blüten und Räucherwerk erfreut und schließlich gespeist und beschenkt. Er ist Gast und Herrscher, der Gläubige ist Gastgeber und Diener und hat in dieser Verehrung alle Möglichkeiten, seiner Liebe Ausdruck zu verleihen. Das gesamte Ritual kann auch im Geist ausgeführt werden, wobei ein die Gottheit beschreibender Meditationsvers *(dhyāna)* oder das ↗*Mantra* der Gottheit an Stelle des Götterbildes tritt.

Lit.: ↗Gott VII; Hinduismus/Hindu-Religionen, Heilige Schrift(en) III. *H. v. Stietencron*

III. Buddhismus. Der Buddhismus ist primär weder abstrakte Philosophie noch kultische Religion, sondern ein Heilspfad. Der Einsicht in die Leidhaftigkeit des Daseins steht die Erfahrung des Buddha zur Seite, daß es einen Weg aus dem Leiden (P. *dukkha*, Skt. *duḥkha*) gibt. Diesen H.s-Weg zu lehren, ist sein

Anliegen, darüber hinausgehende Spekulation über Gott, Anfang und Ende der Welt usw. (die später im Hīnayāna wie im Mahāyāna allerdings Einzug gehalten hat) lehnt er ab: Wer von einem vergifteten Pfeil getroffen ist, fragt auch nicht zuerst, wer der Täter war, welcher Kaste er angehört usw., sondern er unternimmt alles, den Pfeil herauszuziehen und die Wunde zu heilen (Majjhima-Nikāya I, 429 f.). Dieser Heilungs-Weg ist ein Pfad der Erkenntnis, die sowohl rationale als auch transrationale Aspekte hat. Die Ursachen des Leidens sind rational einsehbar. Sie liegen in dem Durst (P. *taṇhā*, Skt.: *tṛṣṇa*) nach oder Anhaften an den Dingen bzw. der ichhaften Attraktion (Gier, *rāga* bzw. *lobha*) oder Aversion (Zorn, *pratigha* bzw. *dveṣa*), die der Mensch aufgrund der Ich-Einbildung auf Dinge und Vorgänge aufprojiziert. Das Ich muß sich, da es als letztgültige Wirklichkeit gar nicht existiert, um seiner Identitätsgewinnung willen ständig durch diese Projektion behaupten. Haß und Gier sind Leidverursacher, weil sie die karmischen Dispositionen beständig verschlechtern, indem sie sich ins Bewußtseinskontinuum einprägen, Spuren *(saṃskāras)* hinterlassen und so den Ich-Wahn noch verstärken. Die Erkenntnis des Nicht-Ich *(anattā, anātman)* im psychologisch-anthropologischen wie ethischen Sinn ist also der Angelpunkt des H.-Weges. Nur ein Bewußtsein, das projektionsfrei und ruhig konzentriert sich selbst analysiert, kann diese Erkenntnis vollziehen. Meditation als Übung des Bewußtseins, seine eigene Tiefe auszuloten, ist deshalb Voraussetzung für die rechte Erkenntnis. Letztlich führt aber dieses Bewußtseinstraining (für das ein der buddh. ↗Ethik (IV) entsprechender Lebenswandel unbedingte Voraussetzung ist) in eine transrationale Erfahrung, in der die Subjekt-Objekt-Dualität aufgehoben wird und die Wirklichkeit in ihrer Soheit *(tathatā)* erscheint, was im Mahāyāna-Buddhismus im Zentrum steht. Bevor der Übende diese Erfahrung kennt und damit die Lehre des Buddha selbst verifiziert hat, ist Vertrauen *(śraddhā)* in den Lehrer und Glaube an die Wahrhaftigkeit des Buddha für den H.s-Weg unerläßlich. Der Zustand des völligen Ich-Verlöschens wird ↗*Nirvāṇa* genannt. Es ist das Ende der karmischen Verkettung und damit des Leidens. Das *nirvāṇa* kann nicht beschrieben werden, weil sonst wieder ich-projizierte Wünsche den Inhalt, der nur durch Erfahrung zugänglich bzw. das Ende jeder spezifischen (begrenzten) Erfahrung ist, trüben würden. Wer die rational-transrationale Erfahrung gemacht hat, hat absolute Gewißheit. Für ihn ist *nirvāṇa* nichts Negatives, sondern höchstes Gut, Glückseligkeit, die Erfahrung des Klaren Lichtes bzw. der Realisierung der Buddhanatur, wie es nicht nur in Tibet und Ostasien angedeutet, sondern bereits im frühen Buddhismus („Hafen des Friedens" usw.) bezeugt ist. Jeder Mensch ist somit für sich selbst und für sein H. verantwortlich. Dabei stehen ihm aber im Mahāyāna die Bodhisattvas, die gelobt haben, nicht ins *nirvāṇa* einzugehen, bis alle lebenden Wesen befreit sind, bei. Sie können als direkte irdische Lehrer erscheinen oder aber als Wesen im subtilen Bereich in Gebet und Meditation den Übenden stärken und schützen. Bes. in der Schule des Reinen Landes ruft der Buddha Amitābha alle zu sich, die gläubig auf ihn vertrauen. Sie werden im Reinen Land *(sukhāvatī)* wiedergeboren, in dem es ideale Voraussetzungen zur Erlangung des *nirvāṇa* gibt. In Japan steht dem H.s-Weg durch eigene Kraft (*jiriki*, vor allem in den Zen-Schulen) der Weg durch das Vertrauen in die andere Kraft (*tariki*, vor allem in den Jōdo-Schulen) gegenüber. In der Volksfrömmigkeit wendet sich der Gläubige immer vertrauend an den Buddha und die Bodhisattvas, und auch in den Meditationsschulen (im Theravāda, im tibetischen Buddhismus wie im ↗Zen) weiß man, daß die tiefere Meditation, die zur Erfahrung der Nicht-Dualität führt, nur dann möglich ist, wenn sich der Mensch völlig losgelassen und allen Eigenwillen aufgegeben hat. Die Meditationspraxis als Zentrum des buddh. H.s-Weges macht die theor. Unterscheidung von Fremd- und Selbsterlösung unter dem Grundsatz der Nicht-Dualität obsolet.

Lit.: *R. E. A. Johansson,* The Psychology of Nirvāṇa. London 1969; *Nyanaponika,* Geistestraining durch Achtsamtkeit. Konstanz 1970; *H. Waldenfels,* „Umkehr" und Leidensbewältigung: ders., Faszination des Buddhismus. Mainz 1982, 56–73; *Y. Takeuchi,* The Heart of Buddhism. New York 1983; *Der XIV. Dalai Lama,* Logik der Liebe. München 1986.

M. v. Brück

IV. Chinesische Religionen. Die chin. Idee des H. und des H.s-Weges ist mit der Konzeption des ↗Menschen (V) wie auch mit den Vorstellungen der ↗Zukunft (VI), des Jenseits verbunden. Das Fehlen einer eindeutig rel. H.s-Vorstellung im ↗Konfuzianismus (= K.) führte zu der Annahme, in China gäbe es keine H.s-Idee, vor allem aber keine universale H.s.-Vorstellung. Das chin. Denken ist zwar diesseitsbezogen, doch diese Diesseitigkeit schließt das Göttliche (Transzendente) und das H. nicht aus. Der eigenartige rel. Sinn der Chinesen läßt aber das H., die Vollkommenheit, hier auf der Erde, in der Gesellschaft und in sich selbst suchen. Die höchste Form des einheimischen H.s-Angebotes scheint im traditionellen China die Idee der Unsterblichkeit gewesen zu sein. Erst im ↗Buddhismus (2. Jh.) fanden die Chinesen ein gänzlich neues H.s-Angebot. Das H. und der H.s-Weg ist in China mit der jeweiligen Religion verknüpft (Taoismus, Buddhismus, Islam, Christentum, Volksreligion, „Staatskultwesen"). Die H.s-Konzeptionen dieser Religionen sind entweder sehr kompliziert (Buddhismus, Taoismus) bzw. utopisch und einfach (H.s-Vorstellungen der Sekten und Geheimgesellschaften) oder nicht religiös (K.), oder aber nur für bestimmte Schichten der Gesellschaft reserviert („Staatskultwesen"). Im traditionellen China war das Ziel des Menschen die Vollkommenheit, d.h., man erlangte „H.", indem man ein moralisch (ethisch) vollkommener Mensch zu werden versuchte; das war gleich der Weg, dem ↗Himmel *(T'ien)* zu dienen. Im Neo-K. hieß es, die eigene Natur sei wahr und wirklich, man brauche also nicht außerhalb seiner selbst zu suchen; man könne seine eigene Natur zur höchsten Entfaltung bringen. Dem Menschen blieb nur der Weg, die Welt in ihrer Realität anzuerkennen. Der Weg, den die hll. Könige des Altertums gefunden hatten, stellte den einzig wirklichen Weg zur Vollendung des H. des Individuums wie auch der Gesellschaft dar. Der konfuzianische „Heilsweg" ist also einfach eine Rückkehr zu den Anfängen der Geschichte (Zivilisation), um Modelle für die Gegenwart zu finden. Die Heiligen *(sheng-jen)* verkörperten die höchste Stufe der Menschheit, die Edlen *(chün-tzu)* das erreichbare Ideal des Menschseins. Das Ziel war immer die Menschlichkeit *(jen)*. Der konfuzianische H.s-Weg ist aber nicht jenseitig, sondern ständig gegenwärtig. Man erwartete Gesundheit (als Lohn für die Tugend), langes Leben, Wohlstand und guten Namen nach dem Tod. Individuelle Mystik und ein Asketismus um des H. willen waren der klassischen (bürokratischen) Tradition fremd. So ist der K. einem Weg zu vergleichen, den jeder gehen kann, wenn er will, und den jeder so weit geht, als seine Natur es zuläßt. Das Ziel, das man auf diesem Weg erreicht, ist einfach die Erlangung des vollen Menschtums, der urspr. Güte (der menschlichen Natur). Als Voraussetzung genügt das ehrliche Streben. Mittel zur Erlangung des vollen Menschtums im K. sind: Wissen um das, was recht ist, und Übung des Gelernten (Selbst-Kultivierung). Die Unterdrükkung der Begierden dient in der konfuzianischen Selbst-Kultivierung nicht der Erlösung von der Welt, sondern der Integration in die Gesellschaft und die Welt, die voll affirmiert werden.

Das reine Warten auf die Wiederkehr des H. hat es im traditionellen China weniger häufig gegeben, noch seltener das Warten auf die Erlösung durch die plötzliche Verwandlung der Welt in ein neues Paradies. Lediglich Mencius (um 372–289 v.Chr.) begründete (bzw. übernahm) die Tradition von der periodischen Wiederkehr eines Welterlösers. Im Neo-K. wurden aber alle Hoffnungen auf eine von außen kommende Erlösung ausgelöscht. Das H. ist, wenn überhaupt, nur auf Erden zu finden. So hat der K. an sich keine H.s-(Erlösungs-)Doktrin im rel. Sinne entwickelt. Das einzige, was des H. (= Selbst-Kultivierung, Erziehung) bedurfte, war das Fremde, das „Barbarische".

Auch im Taoismus gewann die Verwirklichung der menschlichen Natur als H.s-Ziel große Bedeutung, denn das Tao „wohnt" im Menschen. Der Taoismus ist die einzige einheimische chin. Religion,

die sich auf das H. im rel. Sinne konzentriert. Das Denken (Doktrin und Meditation) und die Aktion (das Ritual) sind in ihm immer auf die Erlösung (= Vereinigung mit dem Tao) hin gerichtet. Indem man das Leben in Harmonie mit der Natur lebt, kann man die wahre menschliche Natur verwirklichen und die Vereinigung mit dem Tao (= das H.) erlangen. Das soteriologische Postulat der Rückkehr zum Tao (= Chaos, *hun-tun*) bedeutet zunächst Rückkehr zu sich selbst in einer enstatischen Meditation. Nach der taoistischen Lehre hat die Gesellschaft den Menschen beständig von der urspr. Natürlichkeit *(tzu-jan)* entfernt, die es ihm möglich gemacht hatte, in Harmonie mit der Natur zu leben. Deshalb ist es nötig, daß der Mensch sich allen bewußten Strebens enthält *(wu-wei)*, um auf einem intuitiven (meditativen) und zugleich rituellen Weg das Tao zu erreichen. Wenn er dann schließlich die Vereinigung mit dem Tao erlangt hat, hat er für sich oder auch andere (Verstorbene) das Ziel erreicht.
Für den chin. ↗Buddhismus (IV 2) ist der Gedanke der Verwirklichung der menschlichen Natur gleichfalls grundlegend. In China vollzog sich der Wandel der buddh. Vorstellung vom individuellen zum universalen H., das nur möglich ist, wenn alle Lebewesen der Buddha-Natur innewerden. In China ist der Mahāyāna-Buddhismus („Großes Fahrzeug") entwickelt worden, der eine universale Erlösung lehrt und im chin. Raum die H.s-Religion par excellence ist.
Das H. wird also in chin. Religionen im eigenen Selbst gefunden durch eigene Anstrengungen (Selbst-Kultivierung, Meditation, Ritual). Das H. wird da erreicht, wo man ist, in dem wirklichen Körper (↗Mikrokosmos; ↗Mensch). Die Selbsterlösung ist möglich, weil im Menschen das Prinzip *li* (K.), die Buddha-Natur (Buddhismus), bzw. die reine menschliche Natur (Taoismus) vorhanden sind.

Lit.: *T. H. Barret*, The Study of Chinese Eschatology: Modern Asian Studies 17 (1983) 333–352; *W. Bauer*, China und die Hoffnung auf Glück. München 1974; *J. Ching*, Confucianism and Christianity. Tokyo 1977; *W. Eichhorn*, Die Religionen Chinas. Stuttgart 1973; *N. J. Girardot*, Myth an Meaning in Early Taoism. London 1983; *M. Granet*, La religion des Chinois. Paris 1922; *H. Maspero*, Le Taoïsme et les religions chinoises. Paris 1971; *A. Seidel*, Taoist Messianism: Numen 31 (1984) 161–174; *D. H. Smith*, Saviour Gods in Chinese Religion: S. G. F. Brandon (Hg.), The Saviour God. Comparative Studies in the Concept of Salvation. New York 1963, 174–190; *L. Sartori*, Das theol. Thema „H. und Befreiung" in seiner Beziehung zum maoistischen Begriff des „neuen Menschseins": Conc 15 (1979) 6/7, 384–391; *L. G. Thompson*, Chinese Religion in Western Languages. Tucson 1985; *M. Weber*, The Religion of China. New York 1964; *C. K. Yang*, Religion in Chinese Society. Berkeley 1961; *Y. S. Yü*, Life and Immortality in the Mind of Han China: HJAS 25 (1964–1965) 80–122. *R. Malek*

V. **Judentum.** Was H. ist, lernt das Judentum aus seiner Geschichte als Geschichte mit Gott kennen. Es überliefert die Patriarchengeschichte schon als Berufungs- und Erwählungsgeschichte, für deren Fortgang Gott die größten Verheißungen gibt: Nachkommen, Land, Segen für die Welt (Gen 12,1–3). Die Geschichte, in der Gott sich Israel zu seinem Eigentumsvolk macht, beginnt als Rettungsgeschichte aus ägypt. Knechtschaft. Das atl. bibl. Wort jascha', das unserem H. meist entspricht, bedeutet „Errettung". Die Erwählung legt Israel aber auch die Verpflichtung auf, sich Gott entsprechend zu verhalten: „Ich euer Gott – ihr mein Volk" (Jer 31,33 u. ö.). Der ↗Bund Gottes mit dem Volk ist überwältigende Gabe und Lebensaufgabe zugleich. Die Lebensform des Bundesvolkes als H.s-Weg ist in knappster Form im ↗Dekalog zusammengefaßt. Darum gruppiert sich ein breit ausgefächertes Rechtswerk, das die konkreten Situationen regelt und vor allem der Heiligkeit gerecht werden soll, die das Volk und seine Glieder Gott schulden. Der Pentateuch stellt die Lebensweisung in den Zusammenhang der Erzählung der Geschichte dieses Volkes vom Anfang bis zur Landnahme. Er ist die ↗Tora, das Gesetz, die Weisung. Auf diesem Fundament baut sich die nachfolgende Geschichte des Judentums auf. Dem Pentateuch fügen sich weitere Überlieferungen als verbindliche Hl. Schrift an. Die theol. Begriffe, die die H.s-Hoffnung von Anfang an prägen, bleiben bei aller Vielgestaltigkeit des Judentums grundlegend auch für die in ↗Talmud und Mischna begegnende nachbibl. Entwicklung des rabb. Judentums und dem daraus hervorgegangenen heutigen Judentum unterschiedlicher rel. Richtungen: Das Volk als Ganzes steht im Zentrum, seine Fortdauer, das Land als verheißener Lebensraum, Leben in Frieden und Gerechtigkeit sind die H.s-Güter. Sie haben betont einen realistischen Sinn, der das Materiell-Welthafte mit einschließt. In den meisten jüd. Überlieferungen schon aus spätatl. Zeit schließt das die Erwartung eines ewigen Lebens als Auferstehung von den Toten oder Erhöhung zu Gott nicht aus. Aber auch hellen. Einflüsse, die vom Schicksal der ↗Seele nach dem Tod ausgehen, werden auf eigene Weise verarbeitet (Buch der Weisheit 1–5). Der Blick auf ein ewiges Leben lähmt aber nicht die Freude am irdischen Leben und mindert nicht die Verantwortung für die Gerechtigkeit, die jetzt geschehen muß. Gott steht schon hier und jetzt im Mittelpunkt, auch wenn er seine Herrschaft noch nicht offen durchgesetzt hat. Das ist der Grund, warum die Tora als H.s-Weg das ganze Leben bestimmt. Die christl. Auseinandersetzung mit dem Judentum hat es sich zu leicht gemacht, wo sie jüd. Verhalten pauschal als einen legalistischen Versuch mißdeutet hat, sich Gott gegenüber mit Rechtsansprüchen auf eigene Leistung berufen zu wollen. Der paulinische Kampf gegen die Gerechtigkeit aus dem Gesetz richtet sich zunächst gegen Christen, die ihre Berufung noch nicht begriffen haben. Jesu Auseinandersetzung mit den Pharisäern kommt nicht aus einem Widerspruch zum AT, sondern er nimmt dieses sogar als Argument für seine Position – allerdings in souveräner eigener Vollmacht (vgl. etwa Lk 10,25–37). Die Tora steht für den Juden deshalb im Zentrum, weil sie den Willen Gottes bekundet. Wenn Liebe zu Gott aus ganzem Herzen (Dtn 6,5) die Seele des Verhältnisses zu Gott ist, kann sie sich nur dadurch als wahr erweisen, daß der Mensch den Willen Gottes tut (vgl. auch für Jesus Mt 7,21). Der fehlende Mensch darf auf Vergebung hoffen, wenn er umkehrt. Der Dissens mit der christl. H.s-Botschaft besteht in der Frage, ob Jesus der Erlöser ist und inwiefern der Mensch des stellvertretenden Tuns Christi bedarf, um Gottes Willen erfüllen zu können. Aus seinem eigenen Schicksal heraus hat das Judentum ein überaus schmerzhaftes Empfinden für den unerlösten Zustand der gegenwärtigen Welt entwickelt: „Der Jude spürt die Unerlöstheit an seiner Haut, schmeckt sie mit seiner Zunge, die Last der unerlösten Welt liegt auf ihm" (Buber, Der Jude und sein Judentum, Köln 1963, 206). An der Last dieser Geschichte ist das Judentum jedoch nicht zerbrochen: Die hochgespannte eschatologische Hoffnung auf die Durchsetzung der Gottesherrschaft gibt dem Einsatz für das Leben und die Gerechtigkeit gerade dort neue Kraft, wo alles aussichtslos scheint. Der Jude spekuliert nicht, ob Gott den Menschen braucht, sondern er weiß aus der Selbstbekundung Gottes, der Tora, daß er ihn brauchen *will.* Dabei bleibt auch das H.s-Volk selbst nicht exklusiver Selbstzweck, sondern das jüd. Volk ist zum Zeugnis für den einzigen Gott berufen, der Gott aller Menschen ist. Die Familiennähe von Juden und Christen in der H.s-Auffassung springt in die Augen, auch wenn gerade wegen der Nähe der Dissens im Bekenntnis zu Jesus als Christus, weil er der Erlöser ist, scharf hervortritt.

Lit.: *A. Schenker,* Art. H. und Erlösung II: TRE XIV 609–616 (Lit.); *H.-J. Kraus,* Art. Erlösung II: RGG³ II 586–588; *S. Ben-Chorin,* Jüd. Glaube. Tübingen ²1979.

VI. Christentum (↗Befreiungstheologien). 1. Der Inhalt, der dem *Wort* H. in der Sprache des christl. Glaubens zukommt, ist dadurch bestimmt, daß Gott nicht nur Grund und Ziel des Menschen ist, sondern daß er *in* der ↗Geschichte der Menschheit und jedes Menschen derjenige ist, der das H. wirkt. Sosehr das H. dadurch selbst durch göttliche Qualitäten bestimmt ist, geht es Gott dabei aber um die erfüllende und vollendende Verwirklichung des Geschöpfs ↗„Mensch" (VII 2). H. ist erst verwirklicht, wenn Menschen nicht, selbst passiv bleibend, in einen göttlichen Bereich verfügt werden, sondern wenn das H.s-Ziel Bestandteil ihrer eigenen letzten wirksamen Liebe geworden ist. Entsprechend der welthaften Personalität des Menschen umfaßt das sowohl die Freiheit des Menschen als seine in ihm wirksame Verfügung über sich selbst wie auch den einzig möglichen Erweis der Wahrheit dieser Wahl in der geschichtlich-leibhaftigen, weltwirksamen Gestaltung seines Lebens. Gleichgewichtig muß dazugedacht werden, daß es Gott gefiel, unbeschadet der Gottunmittelbarkeit jedes einzelnen, „die Menschen nicht einzeln, unabhängig von aller wechselseitigen Verbindung zu heiligen und zu retten, sondern zu einem Volk zu machen, das ihn in Wahrheit anerkennen und ihm in Heiligkeit dienen soll" (LG 9). In der bibl. Überlieferung wird das H. schaffende Tun Gottes bevorzugt unter dem Aspekt des „Rettens" vor Augen geführt. (Das im Deutschen mit „H.", aber auch teilweise mit „Rettung" übersetzte bibl. Wort geht sowohl im Hebräischen wie im Griechischen auf eine Wortwurzel zurück, der „retten" als Bedeutung zugrunde liegt.) Daß Gott „Retter" ist, ist schon die Glaubenserfahrung der Patriarchenreligion; erst recht prägt sie das Gottesverhältnis der Exodusstämme: Befreiung aus ägypt. Knechtschaft = Erlösung bleibt sowohl als H.s-Tat am Anfang wie auch als Grundmuster wach. Wenn Gottes Erwählung und Einsatz jedoch ein Bundesvolk zum Ziel hat, das ihm in seiner Lebensform entsprechen soll, *sein* Volk also *ist*, so lernen die Gläubigen des Bundesvolkes eine neue, spezifische Form von Not kennen, aus der Gott retten muß: die Überwindung der Fremdheit zwischen Volk und Gott, der ↗ „Sünde". Daß die Sünde die eigentliche Unheilsmacht ist, an der Verheißung und Hoffnung endgültig scheitern können, wird schon atl. grundgelegt. Die Alternative heißt: Gott lieben mit ganzem Herzen ... (Dtn 6,4f). Gottes rettende Tat gegenüber dem Betroffensein von der Sünde als totalem Unheil heißt Vergebung und Neuschaffen des Menschen von seinem Herzen her (Jer 31,31–34; Ez 36,25–28).

2. Gottes Selbsteinsatz in der Entzweiungsgeschichte von Menschheit und Gott erfährt eine eschatologische, unüberbietbare Neuqualifikation im Kommen, im Leben und in der Erhöhung *Jesu Christi*. Was die christl. Gemeinde von Anfang an wußte, daß nämlich „in keinem anderen das H. zu finden ist" (Apg 4,12), ist darin begründet, daß Gott in ihm seinen Sohn gegeben hat (Röm 8,32). Er gibt in ihm nicht weniger als sich selbst (↗Offenbarung V). Jesus Christus als der Sohn kann uns den Vater schenken. Er tut es zu unseren Gunsten und steht an unserer Stelle – unsere Sündennot als Trennung von Gott wirklich erreichend und überwindend. Die Entfaltung dieses Grundmotivs muß versuchen, den ganzen Christus als Person – daß er wahrer Gott und wahrer Mensch ist – und das ganze Christusereignis zur Sprache zu bringen: daß er als Sohn ins volle Menschsein kommt (↗Inkarnation II); daß er als Sohn Gottes ganz menschlich lebt und uns in allem außer der Sünde gleich wurde (Hebr 2,17 mit 4,15); daß er aus Liebe zu Gott und uns der Diener aller wurde. Das kennzeichnet auch zutiefst seinen Kreuzestod: In ihm wurde er von Gott für alle angenommen und, selbst auferweckt, in eschatologischer Gegenwart zurückgeschenkt. Als Erhöhter zieht er alle an sich, um sie dem Vater zuzuführen.

3. Von den vielen Versuchen her, die H.s-Wirkung dieses Christusgeschehens zu benennen, sind folgende *zentrale Aspekte* theologiegesch. bes. wirksam geworden: Gott wird Mensch, damit der Mensch wahrhaft Gemeinschaft mit Gott hat (Inkarnationsmotiv, Communio-Aspekt, hl. Tausch); der Sohn ist der Versöhner, der die Kluft überwindet, weil er ganz auf seiten des Vaters und ganz auf seiten der Menschen steht (Rekonziliation); Gott selbst ist es, der sich in Selbstentäußerung und zugleich Mitteilung mit seinem eigenen Leben einsetzt, um seine neuschaffende Liebe in der Welt sein zu lassen, die auch dem Geschöpf zu eigen und fruchtbar wird und als neue Schöpfung Gott und dem Geschöpf zugleich erwiesenermaßen recht gibt (Formen der Stellvertretungs-, Genugtuungs- und Rechtfertigungslehre). Diese Aspekte sind weniger sich ergänzende Teile als kongruenter Tatbestand unter verschiedenem Blickwinkel: Christus ist der einzige H.s-Weg: von Gott her zu uns und als unser Weg zu Gott (vgl. Joh 14,6). Das alles macht deutlich, daß im Christentum der *Weg* des H. zur zentralen Größe wird und zum Licht, das auch das Ziel erst anvisierbar macht. Dem entspricht, daß der Mittler „wesenseins" mit dem Vater ist und auch eschatologisch in der offenen und bleibenden Gottesherrschaft seine

Bedeutung behält, sofern das H.s-Ziel darin besteht, in der Gemeinschaft des Reiches Gottes mit dem und durch den Sohn dem Vater zu gehören (1 Kor 15,28).

4. Die rechtfertigende Verbindung (Communio) mit Christus hat in der christl. H.s-Lehre eine weitere Dimension, die im H.s-Geschehen von Anfang an gleichgewichtig mitwirkt: das *Wirken des Geistes,* der schon die Gemeinschaft von Vater und Sohn als Liebe ist. Ihm ist zu danken, daß das von Christus gewirkte H., das dieser ohne uns und außerhalb unser selbst allein vollbrachte, uns zu eigen werden kann, von uns glaubend aufgenommen, ihm frei zustimmend und in seiner Kraft Frucht bringend in Werken der Liebe und Gerechtigkeit. Als Geist des Vaters und des Sohnes in uns läßt er uns wahrhaft Geschwister Christi sein als je einzeln wichtige Glieder der H.s-Gemeinschaft des ganzen Volkes Gottes. Wo Menschen dieses H. von Christus her annehmen und sich von ihm prägen lassen (vgl. Phil 3,8–11), danken sie es dem Geist, der die durch den Sündenzustand der Welt und die eigene Sünde gebundene, dadurch verängstigte und egoistisch in sich verschlossene Freiheit zur Liebe befreit hat. So bleibt die Gnade des H. nicht außerhalb des Menschen, sondern wandelt ihn in seinem innersten Wesen, weil sie ihn wirklich frei macht, mit Christus Kind Gottes und Geschwister untereinander zu sein.

5. Der Weg zum bewußten Mitleben mit Christus verläuft in der Glaubensgemeinschaft *Kirche.* Sie ist eine sakramentale Gemeinschaft, denn nur Christus kann sich durch seinen Geist selbst leibhaft schenken und die Gemeinschaft selbst in seinem eigenen Leib einen. Die bewußte Teilhabe an der Christusgemeinschaft dient jedoch nicht nur dem eigenen H., sondern Kirche ist Zeichen Christi in der Welt, das er als Werkzeug nimmt, für die Einigung mit Gott wie für die Einheit der ganzen Menschheit (LG 1). Verdanken wir alle wirkliche Liebe in der von der Sünde gestörten Welt der Gnade, so bleibt die Wahl, sich vor dem von Gott angebotenen H. zu verschließen, schwer verständlich, ist aber als Möglichkeit nicht zu bestreiten, weil sie auch im Christenleben geschieht: Sünde bedroht uns von innen her, wenn wir uns dem Geist verschließen. In diesem Sinn gilt die Mahnung des Paulus: „Müht euch mit Furcht und Zittern um euer Heil" (Phil 2,12).

6. Die das H. in und durch Christus am schlimmsten von innen her bedrohende Auflösung ist das Festhalten an Selbstgerechtigkeit, wenn sie von einem geschieht, der bewußt Christ war. Glauben heißt nämlich begreifen, daß wir unser H. ganz Christus und seinem Geist verdanken. Pochen auf Selbstrechtfertigung schließt uns nicht nur von Christus aus, sondern setzt auch, soweit es auf uns ankommt, dem H. Schranken in unserer Welt. Durch Paulus ist die Lehre von der *Rechtfertigung* allein aus Gnade, nicht aufgrund von „Werken des Gesetzes" – mit dem Anspruch nämlich, ohne die Erlösung, aus eigener Kraft heraus recht vor Gott zu haben –, ein Bestandteil der christl. H.s-Lehre geworden. Wenn die Auseinandersetzung über die Rechtfertigungslehre in der Reformationszeit Grund zur Kirchentrennung gab, erscheinen die Positionen im erneuten Rückgriff auf Schrift und Überlieferung beider Kirchen aufeinanderhin aufschließbar.

7. Zur Unterscheidung von anderen H.s-Vorstellungen sei noch einmal hervorgehoben, daß im christl. Glauben der gesch. Lebenszeit des Menschen eine hohe H.s-Bedeutung zukommt, daß dem aber auch der Selbsteinsatz Gottes entspricht. Der *geschichtliche* Charakter kommt darin zum Ausdruck, daß dem Menschen mit Seele und Leib die Verheißung des H. gilt (↗Auferstehung II); der *universale* Charakter, weil das H. des einzelnen in die gemeinsame H.s-Geschichte aller eingebunden ist und, sofern es um leibhafte Menschen geht, eine neue Schöpfung über den Tod hinaus mit umfaßt, wenn auch über deren Zuständlichkeiten nichts zu sagen ist, als daß es die Welt der offenen Gottesherrschaft sein wird. Sosehr die christl. H.s-Lehre die Herrlichkeit und Liebe Gottes als Rettung, nämlich Erlösung aus Sünde und dem durch sie erst letztlich bedrohlichen Tod, verkündet, ist Gottes Liebe als H.s-Wille schon vor aller Sündengeschichte positiv das einzige „Motiv" für ihn selbst, Menschen

zu erschaffen und sie in ihrer Lebenszeit durch seine ungeschuldete Selbstmitteilung zum endgültigen H. zu führen.

Lit.: *G. Lanczkowski u. a.,* Art. H. und Erlösung: TRE XIV 605–638; *G. Bitter,* Neuere Erlösungstheologien: ders./G. Miller (Hg.), Konturen heutiger Theologie. München 1976; *G. Greshake,* Gottes H. – Glück des Menschen. Freiburg 1983; *H. Kessler,* Erlösung als Befreiung. Düsseldorf 1972; *L. Scheffczyk* (Hg.), Erlösung und Emanzipation. Freiburg 1973; *D. Wiederkehr,* Glaube an Erlösung. Freiburg 1976; *A. Willems / R. Weier,* Soteriologie. Von der Reformation bis zur Gegenwart (= HDG III/2c). Freiburg 1972.

W. Breuning

VII. Islam. Nach Aussage des ↗Koran (2,2) ist die Schrift (↗Offenbarung VI) „als Rechtleitung für die Gottesfürchtigen" gegeben. Wer ihren Weisungen folgt, geht den „rechten Pfad", den Weg derer, denen Gott Gnade erwiesen hat, und damit nicht den Weg derer, die seinem Zorn verfallen sind und irregehen (vgl. 1,6f.). Inhaltlich bedeutet dies, daß man an Gott, den Jüngsten Tag, die Engel, die Schrift und die Propheten glaubt und sein Geld den in Bedrängnis Geratenen und den Armen gibt, Verpflichtungen einhält usw. (vgl. 2,177). Demnach kennzeichnet der rechte Glaube zusammen mit dem rechten Tun den „rechten Pfad".

„Heil" und „H.s-Weg" haben in der islam. Theologie, Ethik und Gesetzeslehre keine Entsprechungen. Statt dessen finden sich dort die Fachbegriffe „islām" und ↗„Sharī'a". Dabei intendiert „islām" wohl „Selbstaufgabe, Selbstpreisgabe des Menschen" (Schall), eine gehorsame Ergebenheit in Gottes Willen und damit verbunden die bedingungslose Bereitschaft zur Annahme der göttlichen Weisungen, wie sie im Koran niedergelegt sind. „Sharī'a" umfaßt das weite Feld aller Vorschriften, die das rechte Handeln des Menschen betreffen und die im Laufe der frühislam. Systematisierungen des im Koran Niedergelegten eine beträchtliche Ausweitung erfahren und Geschlossenheit erreicht haben, so daß alle Bereiche des menschlichen Lebens davon geprägt werden (↗Ethik VIII).

Das Einüben des rechten Pfades – darin stimmen alle islam. Theologierichtungen überein – ist noch keine Garantie dafür, daß der Urteilsspruch Gottes beim Jüngsten Gericht auf Zuteilung des Paradieses lauten wird, dennoch dürfen die redlich bemühten Muslime (Männer wie Frauen) dann auf Gottes Gerechtigkeit und Barmherzigkeit vertrauen und auf einen positiven Ausgang des Gerichts hoffen.

Weil allein der durch den Koran gewiesene Weg Gott wohlgefälliges Verhalten verspricht, liegt darin ein hoher Anspruch, der alle anderen Wege nur insoweit gelten läßt, als sie mit dem hier gewiesenen noch – zumindest teilweise – übereinstimmen. Unglaube und Ungehorsam gegenüber den göttlichen Weisungen führen ins Verderben und werden vom Koran abgelehnt und von den Muslimen bekämpft.

Lit.: *R. Paret,* Heilsbotschaft und Heilsanspruch des Islam: W. Molinski (Hg.), Die vielen Wege zum H. München 1969, 41–64; *A. Schall,* Islām, Aslama und das christl. Taufbekenntnis: ZMR 64 (1980) 33–38.

P. Antes

Heiliger Geist ↗Geist/Heiliger Geist.

Heiliger Krieg ↗Djihād.

Heiliges

↗Erfahrung, religiöse.

Bei der Rede vom Heiligen fasziniere „das rel. Motiv, das ... diejenigen anspricht, die nicht mehr gläubige Christen sind, aber doch religiös sein möchten" *(K. Löwith).* Das mag mitunter gelten; doch geht es bei dem rel.-phänomenologischen Grundwort nicht zuerst um vage Religiosität, sondern – in der Abwehr von verfremdenden Religionsdeutungen – um jenen Eigen-Gehalt religiöser Erfahrung, den der ethische Blick noch nicht erfaßt, der andererseits ebensowenig als irrational oder „magisch" bestimmt werden darf.

1. Sakral – profan. Sei unter „Heiligkeit" der Welt ihre Tiefendimension verstanden, das Unbedingtheitsmoment an ihr, das etwa im Kunstwerk aufscheint (W. Weischedel), vor allem aber im erfahrenen Anspruch zu Ehrfurcht (J. W. v. Goethe) und Achtung (I. Kant), dann wird diese wesenhafte Transzendenz von allem jeweils in besonderen Widerfahrnissen als solche thematisch. Und darauf bezieht sich der Mensch, vor weiterer Reflexion, im Handeln des Kults und in mythischer Kunde.

Ort und Zeit, der Anhalt solchen Geschehens (Baum, Stein, Berg ...), werden zu

„etwas Besonderem", in jenem weder ethischen noch ästhetischen, sondern ganz eigenen Sinn, den das Wort „sakral" meint. So gilt Kult dem Sakralen – und bestimmt von ihm her sich selbst, seine Räume und Zeiten, die Handlungen und Handelnden, Geräte, Texte ... als (sekundäre) Sakralität. – Erst dieser (doppelten) Sakralität gegenüber gibt es dann das Profane; an und für sich ist es nur, was es ist: „irdische Wirklichkeit".

„Sakral" wie „profan" stellen also Relationsbegriffe dar. Um vom Sakralen, als dem Bestimmenden, auszugehen: 1. macht es, einfach durch sich selbst, das übrige zum Nicht-Sakralen, ohne Abwertung, doch unmißverständlich; 2. bezieht es sich zugleich darauf (und dies auf sich), weil es jene Heiligkeit enthüllt, die allem eignet; 3. vereinnahmt dieser Bezug nicht, sondern grenzt, in „Stellvertretung", aus. Am Beispiel der Mose-Vision: der „brennende Dornbusch" profanisiert alle anderen Büsche, zugleich macht er auch deren Gott-Gehören neu bewußt und beläßt sie gleichwohl (für das Hirtenfeuer) verfügbar.

Genauerhin tut dies nicht das Sakrale selber, sondern das in ihm Erscheinende bzw. der Erfahrende. So zeichnet menschliches Fehlverhalten stets auch den Sakralbezug: von Versuchen zur Überfremdung des Irdischen durch Sekundär- und Tertiär-Sakralität (= nachträgliche Theoretisierung: Theologie) über fixierende Tabuisierungen bis hin, z.T. in Reaktion darauf, zum Bemühen um Entmachtung des Sakralen, mit dem Ziel gar der Beseitigung jedes „magischen Restes". Zugrunde liegt eine Verwechslung bzw. Vermischung von ↗Symbol und Symbolisiertem: von 1. Sakralität und „Heiligkeit", von 2. diesen beiden und dem Heiligen.

2. Das Heilige. Doch die Erfahrung selbst verlangt, von der Erscheinung (dem Sakralen) das erscheinende Heilige zu unterscheiden. Dessen Eigenqualität läßt sich freilich sowenig beschreiben wie Qualität überhaupt. Schon R. Otto sah nur den Ausweg in fremdsprachige Termini oder die oft monierten „numinosen Gänsefüßchen". Zuerst wäre wohl auf die Erfahrung von Heil, d.h. erfüllender Beseligung, zu verweisen (M. Scheler) – trotz, ja gerade im Erleben äußerster Distanzierung und „Vernichtigung" (im ontologischen Schock [P. Tillich]). Dabei zeigen sich hier durchaus Grade, biblisch: vom Sinai-Gewitter bis zum Windhauch am Horeb (Ex 19; 20 – 1 Kön 19). – Dem Verdacht auf elitäre Immunisierung und kritikscheuen Irrationalismus sei erwidert, daß kein anderes Wort so eindeutig die absolute Hoheit und Göttlichkeit jener Sinn-Macht benennt, die in der Tradition immer wieder zur Metapher des Lichts (und Überlichts) geführt hat.

Das Heilige ist „es selbst" (B. Welte), aus sich und durch sich selbst (statt von unseren Gnaden), nicht aus Stärke, sondern aus Recht, und dies nicht bloß für das Fühlen, sondern gerade für ein ihm entsprechendes Denken (K. Hemmerle). Solche Selbsthaftigkeit meint der unverkürzte Begriff von Person. Doch wahrt die sächliche Rede die Unvergleichlichkeit und Unnahbarkeit dieses „Ganz-Anderen". – Wiederholt hat man als rel. Grundkategorie das Heil benannt – zu Unrecht; geht es hierbei doch dem Menschen noch um sich. Die Rede vom Heiligen aber spricht jenen Selbstüberstieg seiner an, den M. Scheler im Opfer als der „Moral der Religion und der Religion der Moral" erblickt: hin auf das „heilig offenbare Geheimnis" (J. W. v. Goethe). Als ein solches bleibt es einzig in der *Anbetung* gewahrt: im „Dank" an die Gottheit – nicht für ihre Menschenfreundlichkeit (also ob unseres Heils), sondern ihretwegen: „wegen deiner Herrlichkeit".

Lit.: *R. Otto,* Das Heilige. München 1987; *M. Scheler,* Vom Ewigen im Menschen. Bern [4]1954; *W. Weischedel,* Die Tiefe im Antlitz der Welt. Tübingen 1952; *M. Eliade,* Das Heilige und das Profane. Reinbek 1957; *B. Casper / K. Hemmerle / P. Hünermann,* Besinnung auf das Heilige. Freiburg 1966; *J. Grand'Maison,* Die Welt und das Heilige. Salzburg 1970; *J. Splett,* Die Rede vom Heiligen. Freiburg [2]1985; *E. Castelli* (Hg.), Le Sacré, Paris 1974; *C. Colpe* (Hg.), Die Diskussion um das „Heilige". Darmstadt 1977.

J. Splett

Heilige Schrift(en)

I. Phänomen: Schriftreligionen. – II. Älteste Zeugnisse. – III. Hinduismus / Hindu-Religionen. – IV. Buddhismus. – V. China. – VI. Judentum. – VII. Christentum. – VIII. Islam

I. Phänomen: Schriftreligionen. Hll. Sch.en sind Texte unterschiedlichen Umfangs, die häufig aufgrund augenblicklicher Bedürfnisse entstanden, auf ↗Offenbarung (I) beruhen sollen und den sie tradierenden rel. Gemeinschaften eine Art Norm für Selbstverständnis, Organisation und Lebensführung der Mitglieder liefern. Da auch profane Schriften zu abgeschlossenen Corpora zusammengefaßt werden können, decken sich hll. Sch.en nicht mit kanonischen. Auch Schriftlichkeit rel. Aussagen allein genügt nicht, denn allenthalben, im Alten Orient, in Indien und im Zoroastrismus, wurden rel. Sch.en in großer Zahl aufgezeichnet, die nie den Rang hll. Sch.en erreicht haben. Entscheidend dafür ist eine besondere Bewertung des geschriebenen Wortes, wie sie erstmals im Umkreis der Bibel auch auf rel. Texte übertragen wurde. Erst dadurch erhält das geschriebene Wort eine im Vergleich zum gesprochenen unvergleichlich höhere Würde und Glaubwürdigkeit, selbst wenn das umstrittene Verbot, das mündliche Gesetz aufzuzeichnen, noch in frühtannaitischer Zeit zumindest für bestimmte Bereiche rel. Überlieferung einen Vorrang des Hörens anklingen läßt. Generell können aber aus der Schriftlichkeit besondere Treue der Überlieferung und höchste Verbindlichkeit, Eignung zum Gebrauch in Gottesdienst, Rechtsprechung, ↗Zauber und beim ↗Eid sowie Notwendigkeit und Verbindlichkeit bestimmter Auslegungsmodalitäten gefolgert werden. Inhaltlich können hll. Sch.en sehr verschieden sein, bestimmte Formen der Herstellung (Schreibmaterial, Schriftformen u. dgl.) und Handhabung hinzutreten oder ganz fehlen. Keine hl. Sch. dürfte alle genannten Merkmale vereinigen und kein einzelnes auf alle zutreffen, wenigstens einige müssen aber vorliegen, sollen aus der Vielzahl der Religionen, die ihre grundlegenden Aussagen auch schriftlich fixiert haben, die herausgehoben werden können, in denen ein Sch.en-Corpus oder ein Buch beherrschend im Mittelpunkt steht.

Lit.: *J. Leipoldt / S. Morenz,* Hll. Sch.en. Leipzig 1953; *D. di Nola,* Libro sacro; scritto sacro: EncRel(I) III; *F. F. Bruce / E. G. Rupp,* Holy book and tradition. Manchester 1968.

II. Älteste Zeugnisse. Hll. Sch.en reichen tief in die Menschheitsgeschichte zurück, sind aber kein universales Phänomen. So gehören sum., babyl. und assyr. Gebete, Lied- und Beschwörungstexte, Rechtsvorschriften und Epen eindeutig zum Genus rel. Lit.; fast vollständig fehlende umfassende Weltdeutung und kultische Verwendung hindern aber, sie als hll. Sch.en einzustufen. Selbst ↗Enūma elish hat auch für kleinere Gruppen anscheinend nie entfernt die gleiche Bedeutung besessen wie die inhaltlich eng damit verwandten Passagen der bibl. Urgeschichte für große Teile Israels. Auch der Orphismus (↗Orphik) hat seine Lehren in Büchern niedergelegt. Im alten Griechenland war dies ein Novum, doch mit kanonischen Sch.en dürfen diese hll. Bücher der Orphiker nicht verglichen werden, da ihr Text nicht unverrückbar feststand. Ähnlich befanden sich die auf Goldblätter geschriebenen sog. Orphischen Totenpässe aus Süditalien noch in einem fließenden Zustand. Auch in Ägypten sind hll. Sch.en nicht kanonisiert worden. Dennoch gehören schon die vom göttlichen Schreiber Thot mitgeteilten, in der letzten Hälfte des 3. Jt. in den Sargkammern eingemeißelten sog. Toten- oder Pyramidentexte zu dieser Gattung, da sie die mythische Urzeit kultische Gegenwart werden ließen und dem verstorbenen Pharao dazu dienten, sich einen Platz in der anderen Welt zu sichern. In den sog. Sargtexten des Mittleren Reiches wurden diese Vorstellungen nur demokratisiert. Die Vergottung bewirkende Lektüre verleiht auch den Totenbüchern zu Beginn des Neuen Reiches die Dignität hll. Sch.en. Liturgische Verwendung deutet auch der Name ↗Avesta („Text, Grundtext“) im pers. Mazdaismus an. Zu den wichtigsten Teilen gehören die liturgischen Yasnas, in denen die wohl auf ↗Zarathustra selbst zurückreichenden Gāthās enthalten sind. Schon in der Achämenidenzeit (Dynastie pers. Ursprungs ca. 700–330 v. Chr.) haben die im Avesta zusammengefaßten Selbstmitteilungen Ahura Mazdas abgeschlossen vorgelegen und wurden später in den priesterlicher Überlieferung entstammenden Übersetzungen und Erklärungen, dem Zend („Erklärung“), kommentiert. Angeblich ewige, ungenannten Sehern (↗Rishis) der Vorzeit mitgeteilte Wahrheiten sollen auch die vier Veden Indiens enthalten. Nach jahrhundertelanger mündlicher Überlieferung dürften die vier samhitas mit den als Anhängen einzustufenden Brahmanas (Priester-), Aranyakas (Waldeinsiedler-) und Upaniṣaden (esoterisch-mystische Texte) im wesentlichen gegen 500 v. Chr. abgeschlossen sein. Kommentare geringerer Autorität, aber vielfach größerer Bedeutung bilden die „Leitfäden" und „Lehrbücher" *(Sūtras* und *Shastras*, darunter die beiden volkstümlichen Epen Mahabharatam (mit der Bhagavadgītā) und Ramayana sowie die sog. „alten Erzählungen" *(Purāṇas)*. Jüngeren Datums sind die 5 ching, die kanonischen Bücher der chin. Reichsreligion (Buch der Annalen „Ch'un Ch'iu", Orakelbuch „I-Ging", Buch der Zeremonien „Li-chi", Buch der Urkunden „Shu-ching" und Buch der Lieder „Shih-ching"). Die Sammlung wurde von ↗Konfuzius redigiert, die ältesten Bestandteile reichen aber bis ins 2. Jt. zurück. Grundlegende Bedeutung erlangten auch die von Konfuziusschülern geschaffenen sog. vier klass. Bücher „Lun-yü" (Gespräche des Konfuzius), „Chung yung" und „Ta-hsio" (Lehre der Mitte und große Wissenschaft) sowie die Werke des Mencius. Die verbindlichen Sammlungen des chin. ↗Taoismus und des jap. ↗Shintō sind erst erheblich später entstanden.

Lit.: *G. Lanczkowski*, Hll. Sch.en. Stuttgart 1956; *F. Heiler*, Erscheinungsformen und Wesen der Religion. Stuttgart 1961, bes. 342–349 (Lit.). *K. Hoheisel*

III. Hinduismus / Hindu-Religionen (↗Offenbarung III). 1. Vedische Religion. Hll. Sch.en waren zunächst drei Veden (*veda*, m. = Wissen): der *Ṛgveda*, der *Sāmaveda* und der *Yajurveda*. Erst später wurde diese Dreiheit *(trayī)* hll. Sch.en erweitert, indem man den *Atharvaveda* als vierten Veda anerkannte.

Die Veden sind Sammlungen rel. Texte der nach Indien eingewanderten Arier, deren Entstehung sich über mehrere Jh.e hinzog. Die Kanonisierung war beim Ṛgveda bis auf wenige Nachträge wahrscheinlich um 1000 v. Chr. abgeschlossen, bei Sāma- und Yajurveda erfolgte sie bald darauf, beim Atharvaveda erst in der 2. Hälfte des 1. Jt. v. Chr. Die Texte enthalten das gesammelte Wissen der wichtigsten am vedischen Opferritual beteiligten Priester. Der *Hotṛ*, der die Götter zum Opfer einlädt und die Gußopfer, vor allem die Schmelzbutteropfer, ins Feuer darbringt, benutzt den Ṛgveda; der *Udgātṛ* (Sänger) den Sāmaveda; der *Adhvaryu*, der den Opferaltar baut, die Opferfeuer und Opfergeräte vorbereitet und das Tieropfer durchführt, hält sich an den Yajurveda; der *Brahman*, der den Verlauf des Opfers überwacht und auftretende Fehler oder böse Omina durch seine Kunst unschädlich macht, benötigt dazu den Atharvaveda. Von diesen Priestern sind die Texte mündlich von Lehrer zu sorgfältig geprüftem Schüler weitergegeben und mit erstaunlicher Präzision über rund drei Jt.e tradiert worden.

Von hohem lit. Wert ist vor allem der *Ṛgveda*. In 10 Liederkreisen *(Maṇḍala)*, die man als „Bücher" bezeichnet, enthält er 1028 Preislieder an die Götter, Rätsellieder und einige wenige Lieder profanen Inhalts – insgesamt mehr als 10000 Strophen. Er stellt nicht nur die älteste Quelle für die Gottesvorstellung und Mythologie der vedischen Arier dar, sondern ist zugleich das hervorragendste frühe dichterische Werk aus der indo-europ. Sprachfamilie, das uns vollständig erhalten ist. Den Kern der Sammlung bilden die sog. Familienbücher II–VII, die von der Tradition bestimmten Sängerfamilien zugeschrieben werden, sowie Buch IX, in dem die an Soma gerichteten Hymnen aller Sängerfamilien zusammengestellt sind. Buch I und VIII sind gemischten Inhalts und gelten als jünger; Buch X enthält neben Nachträgen aus früherer Zeit die sprachlich jüngsten Hymnen und stellt somit den am spätesten abgeschlossenen Teil des Ṛgveda dar.

Der *Sāmaveda* enthält fast ausschließlich Verse des Ṛgveda, die nach opfertechnischen Gesichtspunkten anders angeordnet sind. Der *Yajurveda* enthält Prosatexte, meist kurze Formeln *(↗Mantra)*, welche die einzelnen Opferverrichtungen begleiten. Er liegt in den Überlieferungen zweier Schulen als schwarzer *(kṛṣṇa)* und als weißer *(śukla)* Yajurveda vor. Im schwarzen Yajurveda sind die Mantras von der Darstellung und Erörterung der jeweiligen Riten begleitet, der weiße Yajurveda dagegen trennt die Erläuterungen von den Mantras und faßt sie in einem Brāhmaṇa zusammen. Der *Atharvaveda* umfaßt zwanzig Bücher (davon die beiden letzten nachträglich angefügt) mit metrischen Texten sehr unterschiedlichen Inhalts. Neben Zaubersprüchen, die formal den Liedern des Ṛgveda ähneln und z. T. ebenso alt sind, finden sich kosmogonische und philos. Passagen, die zeitlich den Brāhmaṇas und älteren Upaniṣaden zuzuordnen sind.

An jeden Veda schließt sich eine umfangreiche Lit. an: *Brāhmaṇas* (ab ca. 1000 v. Chr.), *Āraṇyakas* (ca. 800 v. Chr.), *Upaniṣaden* und *Vedāṅgas* (beide ab ca. 800 v. Chr.). Jede der Veda-Schulen besaß eigene Texte dieser Gattungen, doch ist gegenseitiger Einfluß deutlich erkennbar. Die z. T. sehr umfangreichen *Brāhmaṇa*-Texte enthalten vorwiegend Beschreibungen, Deutungen und Ursprungsgeschichten zu den einzelnen rituellen Handlungen. Ihrem Charakter nach sind es ätiologische und exegetische Kommentare (mit spekulativem Einschlag) sowie katalogisierende und nach Abhängigkeitsreihen ordnende frühe Wissenschaft, wobei die Kosmogonie (↗Welt/Schöpfung III) und die subtilen Zusammenhänge zwischen Kosmos und Opfer im Zentrum des Interesses stehen. Es sind Zeugnisse einer frühen Form von Theologie. Durch die in ihnen enthaltenen Mythen werden einerseits viele im Ṛgveda nur angedeutete oder als bekannt vorausgesetzte Zusammenhänge deutlich, andererseits zeigt sich auch eine Weiterentwicklung mythischen Traditionsgutes. Die Wiedergeburts- und Karmanlehre (↗Reinkarnation; Karma) deutet sich in den Brāhmaṇas bereits an. Die Übergänge zu den esoterischeren Lehren der *Āraṇyakas* (Bücher der Wildnis = Geheimlehren) sind fließend. Diese wiederum leiten hin zu den mehr philos. orientierten Upaniṣaden, auf welche spätere ind. Philosophie immer wieder zurückgreifen wird. Die *Vedāṅgas* umfassen die Hilfswissenschaften zum Verständnis und zur Tradierung des Veda (Grammatik, Metrik, Etymologie), ferner Leitfäden der Opferwissenschaft (Astrologie, Mathematik bzw. Geometrie und Konstruktion des Opferaltars; Handbücher zu den öffentlichen und häuslichen Riten) sowie Kodifizierungen des ↗*Dharma* (I), d. h. der richtigen Verhaltensweisen im gesamten Spektrum des privaten, gesellschaftlichen und politischen Bereiches, welche zur Aufrechterhaltung der kosmischen Ordnung beitragen. Die Pflichten der vier Lebensstadien *(āśrama)* und der vier sozialen Schichten *(varṇa)*, d. h. der Brahmanen, Kṣatriyas (Adel und Krieger), Vaiśyas (Bauern und Händler) und Śūdras (Dienstleistende Berufe), sind darin ebenso enthalten wie allgemeines Brauchtum und Sitte, Zivilrecht und Strafrecht, Sühne und Bußvorschriften für rel. Übertretungen.

Später wurden die Veden, Brāhmaṇas, Āraṇyakas und Upaniṣaden als Offenbarungstexte *(śruti)* betrachtet, die Vedāṅga-Texte zur Opferwissenschaft, zum Ritual und zum Dharma dagegen als autoritative Tradition (↗Smriti). (↗Hinduismus / Hindu-Religionen II 2; Gott VII 1; Heil/Heilsweg II 1. 2. 3).

2. Viṣṇuismus. Die hll. Sch.en der Viṣṇuiten lassen sich in drei Gruppen gliedern: Grundtexte der Kṛṣṇa-Verehrung, Grundtexte der Rāma-Verehrung und Offenbarungs-Sch.en, in denen Viṣṇu-Nārāyaṇa im Zentrum steht. Die älteren kṛṣṇaitischen Texte stammen aus der Schule der *Bhāgavatas*. Am bekanntesten sind die *Bhagavadgītā* (meist ca. 200 v. Chr. geschätzt, Datierung aber ungewiß), der *Harivaṃśa* (ca. 100 n. Chr.), das *Viṣṇu-Purāṇa* (ca. 2. Jh. n. Chr.) und vor allem das *Bhāgavata-Purāṇa* (ca. 8.–9. Jh). Während die Bhagavadgītā die Selbstoffenbarung Kṛṣṇas (↗Krishna) als höchste Gottheit enthält und seine Lehre verkündet, berichten die drei anderen Texte detailliert von der Kindheit, der Jugend und den Wundertaten Kṛṣṇas, geben Auskunft über seine Abstammung und stellen diesen wichtigsten ↗Avatāra (Herabkunft, Inkarnation) Viṣṇus in den Gesamtbezug von Weltschöpfung, Weltalterlehre und Erlösung. Das Bhāgavata-Purāṇa ist die bei weitem populärste hl. Sch. dieser Gruppe. Alle Texte zur ↗Rāma-Verehrung basieren auf dem Epos *Rāmāyaṇa* des Vālmīki (2. Jh. v. Chr. – 2. Jh. n. Chr.), in dessen spätesten Teilen (Buch I und VIII, ca. 2. Jh. n. Chr.) der Held Rāma zum Gott Rāma, zum Avatāra Viṣṇus geworden ist. In Nordindien ist jedoch noch wichtiger

das *Rāmcaritmānas* (See der Taten Rāmas), eine Neufassung des Rāmāyaṇa in Hindī von Tulsī Dās (1532–1623), die von der Haltung der Gottesliebe (↗Bhakti) zutiefst durchdrungen ist. Dieser Text, der Hindī zur Lit.-Sprache erhob, hat für die Verehrung Viṣṇus in Gestalt des Rāma eine Bedeutung, die derjenigen des Bhāgavata-Purāṇa für die Verehrung Viṣṇus in Gestalt des Kṛṣṇa entspricht. Die Offenbarungs-Sch.en zu Viṣṇu-Nārāyaṇa selbst bestehen aus 108 als *Pāñcarātra-Saṃhitās* bezeichneten Werken göttlichen Ursprungs (die Zahl der Werke, die den Anspruch erheben, zu diesen 108 Texten zu gehören, ist etwas größer), die von der Schule der *Pāñcarātrins* tradiert worden sind, und aus den *Āgamas* der *Vaikhānasa*-Schule. Die Werke dieser beiden Textgruppen enthalten umfangreiche Abschnitte über Kosmologie, Anthropologie, Metaphysik und Gotteslehre, über die rituelle Praxis einschließlich Vorschriften für den Tempelbau und die Herstellung und Einweihung von Götterbildnissen und über den rechten Lebenswandel, der rel. und soziale Pflichten ebenso umfaßt wie ethische Normen, individuelle Reinheit und Läuterung und das Verhalten gegenüber Lehrern *(ācārya)* und Bildnissen Gottes. Die Göttin Śrī-Lakṣmī, Gemahlin Viṣṇus, spielt in diesen Texten eine gewichtige Rolle, ebenso die Attribute Viṣṇus, insbesondere sein Diskus Sudarśana, der die Weltordnung stabilisiert.

Zu diesen auf Offenbarung beruhenden Grundtexten gesellt sich eine ebenfalls als inspiriert geltende reiche Lit., die sich in theol.-theoretische Lehrtexte und in devotionale Bhakti-Texte gliedert. Unter den Lehrtexten spielen zwei der Rāma-Verehrung gewidmete Upaniṣaden (die *Rāmapūrvatāpanīya-Up.* und die *Rāmottaratāpanīya-Up.),* vor allem aber das umfangreiche *Yogavāsiṣha(-Rāmāyaṇa)* und das *Adhyātma-Rāmāyaṇa* eine bedeutende Rolle. Größten Einfluß auf die Gläubigen haben jedoch die in regionalen Volkssprachen verfaßten Bhakti-Lieder der viṣṇuitischen Mystiker Süd- und Nordindiens. Die rund 4000 in Tamil verfaßten Lieder der 12 *Ālvārs,* Mystiker des 6.–9. Jh., die sich in ausschließlicher Gottesliebe *(bhakti)* ganz ihrem Gott und seinen Manifestationen zuwandten, sind zum festen Bestandteil der Viṣṇu-Verehrung in Südindien geworden. Erst später setzte eine vergleichbar inspirierte Bhakti-Lyrik auch in Nordindien ein und erreichte im 15. und 16. Jh. eine hohe Blüte. Die Lieder des Vidyāpati (in Maithilī), des Caṇḍī Dās (in Bengalī), des Sūr Dās und der Mīrā Bāī (in Brāj Bhāṣā) und des Nām Dev und Tukarām (in Marāṭhī) seien als hervorragende Beispiele genannt.

Die Sch.en der großen viṣṇuitischen Theologen des 12.–16. Jh., die selbst als inkarnierte Götter betrachtet wurden, bauen auf den viṣṇuitischen Grundtexten und den Liedern der Heiligen auf. Zugleich stützen sie ihre Argumente durch die Upaniṣaden und Brahmasūtras, wodurch sie die viṣṇuitische Theologie dem Verdacht der Heterodoxie zu entziehen suchen (↗Hinduismus / Hindu-Religionen II 3; Gott VII 3; Heil/Heilsweg II 4).

3. Śivaismus. Hll. Sch.en der Śivaiten sind das *Śatarudrīya* und die *Śvetāśvatara-Up.,* die *Pāśupatasūtras,* die 28 *Śaiva-Āgamas,* mehrere *↗Tantras* sowie die dem Vasugupta zuteil gewordene Offenbarung der *Śivasūtras.* Hinzu kommen mit weniger autoritativem Status die ebenfalls offenbarten śivaitischen *Purāṇas,* die von inspirierten Heiligen verfaßten Preislieder Śivas *(stotras)* und die von Bhakti erfüllten Dichtungen der *Nāyanārs* (Herren). Ursprung der Offenbarungs-Sch.en ist stets Śiva selbst, wie er auch selber Stifter der śivaitischen Lehre ist. Allerdings ist erster Empfänger der Offenbarung nicht selten Umā, die Gemahlin Śivas. Erst dann wird sie, bisweilen durch göttliche Mittler, an die Menschen weitergegeben.

Die beiden erstgenannten, in der vedischen Tradition stehenden Texte, die dem Gott Rudra gewidmet sind, ermöglichen den Śivaiten eine klare Anknüpfung an die vedische Überlieferung. Obwohl śivaitische Sekten, vom vedischen Standpunkt her gesehen, in Lehre und Verhalten weit häufiger und deutlicher als die Viṣṇuiten heterodoxe Züge zeigten, haben sie sich mehr als diese als Erben der vedischen Tradition darzustellen versucht und oft selbst extreme Positionen als mit dem Veda vereinbar verteidigt. Sie

postulierten, daß der Veda selbst von Śiva verkündet worden sei. Durch spätere, der Gegenwart im *Kali Yuga* angemessenere Offenbarungen Śivas (die *Āgamas* und *Tantras*) sei er freilich in wesentlichen Punkten ergänzt worden. Die *Pāśupatasūtras*, wahrscheinlich von dem als Inkarnation Śivas geltenden Lakulin im 2. Jh. n. Chr. in Gujarāt verfaßt, schildern die Wesenszüge, Eigenschaften und Fähigkeiten Śivas und, als Ansporn für die Gläubigen, die göttlichen Fähigkeiten des Menschen, wenn er zum Vollendeten wird. Zugleich geben sie Anweisungen für die rel. Praxis. Die später so wichtige Śakti (↗Shakti/Shāktismus) spielt bei den frühen *Pāśupatas* noch keine Rolle. Śiva selbst ist als allmächtiger Herrscher konzipiert, der keinerlei Einschränkungen unterworfen ist, es sei denn, er erlege sie sich selber auf. Von Kauṇḍinya (5.–6. Jh.?) wurde die *in nuce* in den Pāśupatasūtras enthaltene Lehre in seinem Kommentar *Pañcārthabhāṣya* zu einem umfassenden System ausgebildet, das von den fünf Gegenständen *(pañcārtha)*: Schöpfung (*kārya*, wörtl. Produkt), Schöpfer (*kāraṇa*, wörtl. Ursache), Vereinigung mit dem Herrn *(yoga)*, religiöse Vorschrift *(vidhi)* und dem Ende des Leidens *(duḥkhānta)*, handelt.
Von den 28 von Śiva selbst stammenden *Āgamas* sind das *Kiraṇa-*, *Kāmika-*, *Mṛgendra-* und *Raurava-Āgama* bes. bekannt. Hinzu kommen als śivaitische *Tantras* vor allem *Svacchanda-*, *Mālinīvijaya-*, *Netra-* und *Mṛgendra-Tantra*. In beiden Gruppen von Texten wird die śivaitische Kosmologie, die Entfaltung des einen Gottes zur Vielfalt der Seienden und die Erlösungslehre entfaltet. ↗Yoga und Meditation, rituelle Praxis, äußere und innere religiöse Verrichtungen des Adepten werden im Detail beschrieben. Die Rolle des spirituellen Lehrers *(↗Guru)* als des Mittlers göttlichen Wissens, aus dem in fortgeschrittenem Stadium Śiva selbst spricht, und die Bedeutung der Weihe *(dīkṣā)* betonen den esoterischen Charakter der Lehre. Auf den *Śaiva-Āgamas* baut die Lehre des *Śaivasiddhānta* auf, die sich als „abschließende Lehre der Śivaiten“ betrachtet. Er hatte einen ersten, noch stark vom ↗Vedānta und speziell von Rāmānuja beeinflußten Exponenten in Śrīkaṇṭha (12. Jh.?), dem Autor des *Śaivabhāṣya*, des „śivaitischen Kommentars“ zu den *Brahmasūtren*. Das System erhielt jedoch seine wichtigste systemat. Darstellung im *Śivajñānabodha* (Erwachen zur Erkenntnis Śivas) des Śūdra Meykaṇḍa (13. Jh.). Sein Werk wurde von seinen Schülern und deren Schülern fortgesetzt, und es entstand eine Sammlung von 14 Texten des Meisters und der drei folgenden Lehrer (Aruḻnandi, Manavācakam-Kaḍandār und Umāpati), welche für die Śaivasiddhāntins kanonisches Ansehen erlangte.
Die *Śivasūtras* (9. Jh.) bilden eine auf Geheiß Śivas erneut erfolgte Offenbarung des Sinns der Lehre der *Āgamas*, die nötig wurde, weil die Āgamas falsch verstanden wurden. Dieser dem Vasugupta offenbarte Text wurde zur Grundlage des Kaschmirischen Śivaismus, der auch *Trika* (Dreiheit) oder *Pratyabhijñā* (Wiedererkennungslehre) genannt wird. Bedeutende Theologen dieser Schule, wie Kallaṭa, Somānanda, Utpala, Abhinavagupta und Kṣemarāja, entwickelten daraus die Lehre von der Vibration oder Schwingung göttlichen Bewußtseins *(spanda)*, welches die Expansion zur Vielheit der Welt verursacht, und der folgenden Inversion durch Wiedererkennen *(pratyabhijñā)*, die zur Aufhebung der Vielheit führt, wenn die Seele ihre Identität mit Śiva erkennt.
Auch die śivaitischen *Purāṇas* (*Vāyupurāṇa*, *Śivamahāpurāṇa*, *Liṅgapurāṇa* usw.) sind nach ihrem Selbstverständnis Offenbarungs-Sch.en. Sie enthalten die Mythen um Śiva, Verehrungsformen, ↗Gelübde und Feste zu Ehren Śivas, den Preis der ihm hll. Orte mit Entstehungsgeschichte und Heilswirksamkeit sowie Abhandlungen über Yoga, Kosmogonie usw. Dennoch sind die Purāṇas von den śivaitischen Theologen nicht in dem Maße als autoritative Sch.en herangezogen worden, wie dies bei den Viṣṇuiten der Fall war. Die Tatsache, daß die Purāṇas allg. zugänglich waren, scheint sie in den esoterischen, oft stark tantrisch beeinflußten Schulen der Śivaiten etwas entwertet zu haben. Große, für das rel. Selbstverständnis der Śivaiten in Südindien bestimmende Wirkung hatte dage-

gen die reiche Bhakti-Lit., verfaßt von den 63 *Nāyanārs*, die vom 7.–10. Jh. in der Regionalsprache Tamil das Lob Śivas sangen. Śiva als der Liebevolle, Freundliche, Hilfreiche, Gnädige steht in diesen Liedern im Vordergrund, der Gott, dem man sich gänzlich hingeben muß, um sich selbst ganz zu gewinnen. Unter den Sammlungen von Liedern dieser Mystiker ragen das *Devāram*, welches die Dichtungen der Heiligen Appar (7. Jh.), Sambandar (7. Jh.) und Sundarar (7.–8. Jh.) enthält, und das *Tiruvācakam*, das von Māṇikkavācakar verfaßt worden ist (Ende 7. Jh.), bes. hervor. Diese Texte werden dem Veda gleichgestellt und haben Vorbildcharakter für die śivaitische Frömmigkeit (↗Hinduismus / Hindu-Religionen II 4; Gott VII 3; Heil/Heilsweg II 3. 4).

4. Śāktismus. Hll. Sch.en der Śāktas sind das *Devī-Māhātmyam*, das *Devī-*, *Devībhāgavata-* und *Kālikā-Purāṇa* sowie eine große Zahl śāktistischer *Tantras*.

Das *Devī-Māhātmyam*, auch *Caṇḍī* genannt, das die „Größe der Göttin" verherrlicht und als eigener Abschnitt in das *Mārkaṇḍeya-Purāṇa* aufgenommen wurde, ist der älteste umfangreichere Text der Śakti-Verehrung. Es schildert die große Göttin als Dämonen-Besiegerin und als Gnadenbringerin. Bis heute besitzt dieser Text die größte Popularität, und seine bloße Rezitation wird schon als heilbringend betrachtet. Großer Beliebtheit erfreut sich auch das *Kālikā-Purāṇa*, ein relativ später Text (11.–14. Jh.) aus Bengalen bzw. Assam, der den Śāktismus in seiner vollen Entfaltung spiegelt. *Devī-* und *Devībhāgavata-Purāṇa* dagegen zeigen die Göttin noch mit Śiva verbunden, wenn auch bereits im Zentrum der Verehrung stehend.

Die Zahl der kanonisch anerkannten *Tantras* schwankt zwischen 77 und 192. Diese Lit. ist noch ungenügend erforscht. Neben älteren Sch.en enthält sie auch solche sehr rezenten Datums. Bekannt sind vor allem das *Kaulajñāna-nirṇaya-*, *Kubjikāmata-*, *Kulārṇava-*, *Mahānirvāṇa-*, *Prapañcasāra-*, *Rudrayāmala-*, *Tantrarāja-*, *Vāmakeśvara-*, *Yāmala-* und *Yoginī-Tantra* sowie Tantra-Anthologien wie die *Sādhanāmālā*. Die Tantras enthalten neben der Lehre von Wesen und Wirkungsweise der Göttin *(śakti)* und vom Aufbau des Kosmos zahlreiche Anweisungen zum Ritual und zum individuellen Heilsweg. Charakteristisch für letzteren ist der Einsatz von Wirkkräften, die in myst. Silben ruhen. Da diese aller materiellen Existenz vorgeordnet sind und schöpferische Kräfte der Śakti darstellen, wird die Kenntnis dieser Silben und die Beherrschung ihrer Kräfte zu einem wesentlichen Aspekt des Heilsweges für den nach Vollendung strebenden Adepten. Durch Samen-Mantras *(bīja-mantra)* werden Manifestationen der Göttin symbolisiert, und aus Kombinationen von Silben werden Meditationsformeln *(mantra)* gebildet, deren Wirkung mit Hilfe der Göttin zu höheren Bewußtseinsstufen führt. Auch der Einsatz von Rauschtrank und Sexualität wird unter Kontrolle des Meisters zur Provokation ekstatischer Zustände eingesetzt (↗Hinduismus / Hindu-Religionen II 5; Gott VII 4).

5. Der Advaita-Vedānta. Inspirierte Grundtexte sind (ausgewählte) *Upaniṣaden*, die *Bhagavadgītā* und die *Brahmasūtren* des Bādarāyaṇa (ca. 4. Jh.), welche selbst eine Zusammenfassung der Lehre der Upaniṣaden zu sein beanspruchen. Auf diesen Texten basieren die in Form von Kommentaren *(bhāṣya)* zu den Sūtren, der Gītā und wichtigen Upaniṣaden verfaßten theoretischen Sch.en Śaṅkaras, die ihrerseits für die Schule des Advaita-Vedānta zu autoritativen Texten werden. Von der Tradition werden zahlreiche weitere Texte dem Śaṅkara zugeschrieben, viele davon zu Unrecht. Śaṅkara selbst wird als Inkarnation Śivas aufgefaßt. In seiner Lehre geht Śaṅkara von der monistischen Deutung der *Brahmasūtras* durch Gauḍapāda (7. Jh.?) aus und vertritt einen „reinen" Monismus *(kevalādvaita)*, der die Existenz der Vielheit als Produkt der ↗Māyā charakterisiert, welche wie ein Traum verschwindet, sobald wir das einzig unveränderliche Sein, das *↗Brahman (= ↗Ātman)*, durch intuitive Schau erkennen. Aus Śaṅkaras Schule sind zahlreiche große Gelehrte und eine große lit. Produktion hervorgegangen (↗Hinduismus / Hindu-Religionen II 6; Gott VII 2).

6. Die Religion der Smārtas. Einen synkretistischen Versuch, auf der Grund-

lage des *Advaita-Vedānta* und der *Smṛti*-Tradition eine Gruppe populärer Religionen (Viṣṇuismus, Śivaismus, Sonnenkult, Devī-Verehrung und Kult des Gaṇeśa) miteinander zu verbinden und auf den Weg der Orthodoxie zu führen, stellt die Religion der Smārtas dar. Sie führt zum Bau von Tempelkomplexen (ein Haupttempel und vier Nebentempel), die den fünf genannten Gottheiten gewidmet sind *(pañcāyatana)* – eine Neuerung, welche die Tradition dem Śaṅkara zuschreibt. Im Kult steht fast immer Śiva im Zentrum. Hll. Sch.en dieser Bewegung sind die Texte des Advaita-Vedānta, ferner die *Smṛtis*, insbesondere die *Manusmṛti* (Gesetzbuch des Manu), die *Gṛhya-* und *Śrauta-Sūtras* (Texte zum häuslichen und öffentlichen Ritual der spätvedischen Zeit), die Epen *Rāmāyaṇa* und *Mahābhārata* und eine Reihe von *Purāṇas*, die eine Orthopraxis vertreten und Koexistenz der Gottheiten propagieren.

7. Der Neo-Hinduismus. Charakteristisch für den Neo-Hinduismus ist ein ausgeprägter Eklektizismus. Hll. Sch.en sind die Veden, von denen jedoch nur ausgewählte, aus dem Kontext gelöste Stellen verwendet werden, sowie die Grundtexte des *Advaita-Vedānta*, d. h. die *Upaniṣaden*, die *Bhagavadgītā* und die *Brahmasūtren* in der monistischen Interpretation des Śaṅkara. Die Vergöttlichung des *Guru* in einigen von Tantrismus und Śāktismus geprägten, oft durch Entwicklung individueller Yoga-Lehren gekennzeichneten Bewegungen führt zur Aufnahme der Reden und Sch.en des jeweiligen Guru als inspirierte (↗Inspiration) oder göttliche ↗Offenbarung (III). Die Anerkennung anderer überlieferter Texte als hl. Sch. ist möglich, jedoch eine rein persönliche Angelegenheit. Ebenso können hll. Sch.en aller Religionen der Menschheit als inspirierte Texte für unterschiedliche Entwicklungsstufen des Bewußtseins anerkannt und – abermals eklektisch und auszugsweise – als für den individuellen Heilsweg nützlich anerkannt werden (↗Hinduismus / Hindu-Religionen II 7; Gott VII 5).

Lit.: *J. N. Farquhar*, An Outline of the Religious Literature of India. London 1920; *J. D. M. Derrett*, Dharmaśāstra and Juridical Literature: J. Gonda (Hg.), A History of Indian Literature. Bd. VI. Wiesbaden 1973; *H. v. Glasenapp*, Der Hinduismus. München 1922; *J. Gonda*, Die Religionen Indiens. Bd. I, II. Stuttgart 1960, 1963; *ders.*, Vedic Literature (Saṃhitās and Brāhmaṇas): A History of Indian Literature. Bd. I/1. Wiesbaden 1975; *ders.*, The Ritual Sūtras: ebd. Bd. I/2. Wiesbaden 1977; *ders.*, Medieval Religious Literature in Sanskrit: ebd. Bd. II/1. Wiesbaden 1977; *T. Goudriaan / S. Gupta*, Hindu Tantric and Śākta Literature: ebd. Bd. II/2. Wiesbaden 1981; *L. Renou / J. Filliozat*, L'Inde classique. 2 Bde. Paris 1947, 1953; *L. Rocher*, The Purāṇas: A History of Indian Literature. Bd. II/3. Wiesbaden 1986; *M. Winternitz*, Geschichte der indischen Lit. 3 Bde. Leipzig 1908–1920. *H. v. Stietencron*

IV. Buddhismus. Die buddh. hll. Texte stellen eine ganze Bibliothek verschiedener Literaturen und Lit.-Gattungen mit unterschiedlichem regionalem und lehrmäßigem Hintergrund dar, die in einer Zeitspanne von mehr als eintausend Jahren abgefaßt wurden und in verschiedenen Sprachen (Pāli, Sanskrit, Chinesisch, Tibetisch, Japanisch, Koreanisch, zentralasiat. Sprachen u. a.) vorliegen. Die fast unüberschaubare Komplexität der Überlieferungen und Traditionsbildungen hat dazu geführt, daß es mehrere Kanones gibt, die mit jeweils unterschiedlichen Lehrrichtungen verbunden sind. Längst noch nicht alle Sch.en sind von der Forschung erschlossen (der chin. Kanon umfaßt ca. 100000 Druckseiten).

1. Hīnayāna. Die erste Sammlung der Reden des Buddha soll auf dem 1. Konzil unmittelbar nach dem Tod des Buddha erfolgt sein, als Ānanda, einer der Hauptschüler des Buddha, vor 500 versammelten Arhats die von ihm gehörten Texte rezitierte *(bhāṇakas)*. Bis zur ersten Zusammenstellung und Niederschrift des ältesten Kanons in Pāli im 1. Jh. v. Chr. (evtl. 29 v. Chr., 4. Konzil unter König Vaṭṭagāmaṇi) in Ceylon hatte sich eine umfangreiche Literatur in verschiedenen mittelind. Sprachen angesammelt, deren Authentizität und Bedeutung von den klass. 18 Schulen unterschiedlich beurteilt wurde: einer der wichtigsten Differenzpunkte zwischen den Schulen war die unterschiedliche Beurteilung der Kanonizität der Texte.

Der erst im 5. Jh. n. Chr. vollständig abgeschlossene Kanon besteht aus drei Abteilungen („Körbe", *P. tipiṭaka*, Skt. *tripiṭaka*), die sich in Inhalt und Form voneinander unterscheiden: a) Das *Vinaya-Piṭaka*, die Anweisungen zur Disziplin und die Mönchsregel im engeren Sinn (P. *pātimokkha*, Skt. *prātimokṣa*), das in den verschiedenen Überlieferungen weitgehend identisch und darum sehr alt ist. Es enthält Abschnitte, die sich mit Regeln für die Mönche, solchen für die Nonnen und schließlich Lebensregeln für die Laienanhänger sowie Regeln für Kleidung, Nahrung, Wohnungseinrichtung, Gesundheitsfürsorge usw. befassen. Jede Regel ist in einem spezifischen Fall begründet und wird auf den Buddha selbst zurückgeführt. b) Das *Sutta-Piṭaka* enthält die Lehrreden des Buddha je an genannten Orten und für eine bestimmte Hörerschaft, wobei ein *sutta* (Skt. *sūtra*, „Faden") die Worte des Buddha wie auf eine Perlenschnur mit innerer Logik aneinanderreiht. Die Sūtras beginnen stereotyp mit dem „so habe ich gehört ..." *(evaṃ mayā śrutam ekasmin samaye)*, was sich, wie erwähnt, auf Ānanda bezieht. Die Sūtras sind in 5 Nikāyas (Sammlungen) eingeteilt, die auch als Āgamas (Traditionen) bezeichnet werden. Die Nikāyas sind: *Dīgha-Nikāya* (34 längere Sūtras), *Majjhima-Nikāya* (152 Sūtras mittlerer Länge), *Saṁyutta-Nikāya* (2875 Sūtras, die nach 56 Themen geordnet sind), *Aṅguttara-Nikāya* (2198 Sūtras, die numerisch geordnet sind), *Khuddaka-Nikāya* (eine späte Sammlung von 15 Sūtras, die auch im 5. Jh. n. Chr. noch nicht abgeschlossen war). c) Das *Abhidhamma-Piṭaka* geht auf Texte aus dem 2. Jh. v. Chr. zurück, die die Lehren des Buddha systematisch darzustellen versuchen und kategorisieren. Bis heute existieren vollständig nur die Abhidharma-Lehren der Theravādins (in P.) und der Sarvāstivādins (in chin. Übersetzung). Beide enthalten je 7 Texte, allerdings unterschiedlichen Inhalts. Während das im 1. Jh. n. Chr. zusammengestellte Theravāda Abhidhamma-Piṭaka im wesentlichen nur die Texte der Nikāyas ordnet und erklärt, begründen die Sarvāstivādins mit ihrem Abhidharma die doktrinäre Unabhängigkeit ihrer Schule.

Zu allen 3 Körben des Kanons gibt es eine umfangreiche Kommentar-Lit. der verschiedenen Schulen, in Pāli (der bedeutendste und bis heute für den Theravāda-Buddhismus maßgebliche Kommentator war Buddhaghoṣa, Ende 4. Jh. n. Chr.), Sanskrit (wenige Texte erhalten), Chinesisch und Tibetisch.

Ein wichtiger und einflußreicher nichtkanonischer Text, in dem Nāgasena gegenüber dem griech. König Milinda die gesamte frühbuddh. Lehre gut zusammenfaßt, ist *Milindapañha* (wohl im 3. Jh. n. Chr. in Nordindien entstanden).

2. Mahāyāna. Jede neue Schule mußte sich durch ein neues oder „wiederaufgefundenes" Sūtra legitimieren, und so entstanden bis in die Zeit der großen Übersetzungen ins Chinesische (3./5. Jh. n. Chr.) ständig neue Sūtras. Die frühesten Mahāyāna-Texte sind die *Prajñāpāramitā-sūtras* („Vollkommenheit der Weisheit"), deren Ideen bis ins 1. oder sogar 2. Jh. v. Chr. zurückreichen. Die schon aus den Biographien des Buddha bekannten Sechs Vollkommenheiten werden hier systematisiert und in der größten Vollkommenheit, der Einsicht in die Leere *(śūnyatā)*, d. h. die nicht-inhärente Existenz der Erscheinungen, zur Vollendung gebracht. Der älteste schriftlich fixierte Text (um 150 n. Chr. ins Chinesische übersetzt, also zuvor entstanden) ist das Sūtra in 8000 Versen *(Aṣṭasāhasrikā-prajñāpāramitā-sūtra)*, zu unterscheiden von dem späteren in 25 000 Versen *Pañcaviṁśatisāhasrikā-prajñāpāramitā-sūtra)* mit vielen inhaltlichen Weiterentwicklungen, die der frühen Version fremd sind (ins Chinesische übersetzt vor 250 n. Chr.) und einer noch größeren Erweiterung in 100 000 Versen. Wichtige Texte der Prajñāpāramitā-sūtras werden im Diamant-Sūtra (*Vajracchedikā*, ca. 350 n. Chr., älteste chin. Übersetzung von Kumārajīva 402) aufgenommen und interpretiert, dann aber vor allem im Herz-Sutra (*Prajñāpāramitāhṛdaya*, ca. 350 n. Chr., 7 klass. chin. Übersetzungen, die älteste um 400 von Kumārajīva) verdichtet und in der Lehre von der Nicht-Dualität von Form und Leere zum Höhepunkt geführt. Das *Vimalakīrtinirdeśa-Sūtra* („Sūtra von der Belehrung des Vimalakīrti", wohl 1. Jh. n. Chr., erste chin. Übersetzung 188 n. Chr.) lehnt sich in seiner Betonung der Nicht-Substantialität an diese Lit. an, preist die Qualität des Laienstandes und verspottet den unerleuchteten asketischen Rigorismus des Mönchtums. Das Lotos-Sūtra (*Saddhar-*

mapuṇḍarīka-Sūtra, „Sutra von der Lotosblume des wunderbaren Gesetzes", um 150–200 n. Chr., erste chin. Übersetzung 286 von Dharmarakṣa, dann erneut auf der Basis eines älteren Originals von Kumārajīva 406 übersetzt) erfreut sich vor allem in China und Japan bis heute größter Beliebtheit. Es lehrt das eine Fahrzeug *(ekayāna)* als das Buddhafahrzeug: die verschiedenen Schulen, Lehren und Sūtras sind nur geschickte Mittel *(upāya)* des Buddha, die Lehre entsprechend der unterschiedlichen Kapazität der Hörer angemessen darzulegen. Das *Avataṁsaka-Sūtra* umfaßt eine ganze Lit., die während der ersten nachchristl. Jh.e vermutlich in Südindien entstanden ist; ein früher Text (um 150 n. Chr. als *Tou-sha ching* ins Chinesische übersetzt) entspricht etwa den ersten beiden einleitenden Kapiteln des späteren großen Sūtra. Buddhabhadra übersetzte 418–421 einen Text aus 36 Kapiteln, deren letztes das berühmte *Gaṇḍavyūha* ist, in dem die spirituelle Suche des Sudhana mit den Stadien der Bodhisattvaschaft und den Graden der Erleuchtung in Einklang gebracht wird. Nicht mehr der Buddha als hist. Figur lehrt, sondern der gesamte Kosmos gibt Zeugnis von der einen Buddha-Natur aller Wesen, in der alles eins ist. Die hier dargelegte kosmotheistische Nicht-Dualität hat vor allem in China zur Hua-Yen-(jap. Kegon)-Schule geführt und wird von *D. T. Suzuki* als „Vollendung buddh. Denkens" bezeichnet. Die *Tathāgata-garbha-*Lit. entstand um 300 n. Chr., der wirkungsgesch. bedeutendste und für die Yogacāra-Philosophie einflußreiche Text ist das *Laṅkāvatāra-Sūtra.* Kernaussage ist die Feststellung, daß jeder gewöhnliche Mensch die Potenz zur Buddhaschaft in sich trägt. Die beiden großen Mahāyāna-Schulen Mādhyamika und Yogācāra brachten zahllose Kommentare zu den Sūtras hervor. Nāgārjunas (um 150–250) *Mūlamadhyamakakārikā* begründet die Mādhyamika-Philosophie und genießt höchste Autorität, während Maitreyanāthas (ca. 350–430) *Yogācārabhūmi* eine ähnliche Funktion für die Yogācāra-Schule hat. Der tantrische Buddhismus hat eigene Sch.en hervorgebracht (↗Tantra), zählt aber sowohl das Tripiṭaka als auch die Mahāyāna-Sūtras zur Grundlage, auf der die Tantras aufbauen. Obgleich kein Sūtra, genießt Śāntidevas (7./8. Jh. in Südindien) *Bodhicaryāvatāra* („Eintritt in das Leben zur Erleuchtung") als Kompendium der Mahāyāna-Praxis vor allem in Tibet große Verehrung, viele Texte daraus werden in den Klöstern und von Laien täglich gebetet. Die klass. Sūtras werden bis heute nicht nur studiert und kommentiert, sondern auch kultisch rezitiert.

Lit.: *G. P. Malalasekera,* The Pāli Literature of Ceylon. London 1928; *M. Winternitz,* Der Mahāyāna-Buddhismus. 2 Bde. Tübingen 1930; *E. Conze,* Buddhist Scriptures. Edited and revised by L. Lancaster. New York 1982; *K. Mizuno,* Buddhist Sutras. Tokyo 1982; *P. Pfandt,* Mahāyāna Texts Translated into Western Languages. Köln 1983; *Sangharakshita,* The Eternal Legacy. London 1985. *M. v. Brück*

V. China. 1. Die chin. hll. Sch.en werden im Westen vielfach „Klassiker" genannt. Der chin. Terminus für „klassisch" ist *ching* und meint in seiner Grundbedeutung „Seide", wörtlich „Kettfaden", der sich in einem Gewebe findet und das Muster ausmacht oder unterbricht. Die Metapher ist insofern zur Umschreibung geeignet, als die Vorfahren auf Seide wie auch auf Holz und Bambus schrieben. Der Terminus *ching* wurde anscheinend ganz allgemein im Hinblick auf die Bücher der Väter gebraucht und gewöhnlich den alten Weisen zuerkannt. Schon früh wurde der Name ↗Konfuzius mit den sechs Klassikern assoziiert und diese wiederum mit den sechs Künsten identifiziert. Die sechs Klassiker umfassen die Werke *Shu* (Geschichte), *Yi* (Wandel), *Shih* (Poesie), *Ch'un-chiu* (Frühling/Herbst) und *Li* (Sitten). Das sechste Buch, die Musik *(Yüeh),* ist verlorengegangen. Das Corpus selbst erhielt erst in der Han-Dynastie (206 v. Chr. – 220 n. Chr.) seine endgültige Gestalt. Es mußte in dieser Zeit sorgfältig rekonstruiert werden, da die Bücher unter den Edikten des despotischen Gründers der frühen Ch'in-Dynastie (221–207 v. Chr.) durch Feuer zerstört worden waren. Die fünf oder sechs Bücher werden allgemein Konfuzius zugeschrieben, entweder als ihrem Herausgeber oder – bes. im Fall des Werkes *Frühling/Herbst* – als ihrem Autor. Die heutige Wissenschaft bezweifelt dieses jedoch ernsthaft. Dennoch ist die Bedeutsamkeit der Beziehung zwischen Konfuzius und den Klassikern derart, daß die Frage bestehen bleibt, zumal die Autorität der Klassiker sich von der Autorschaft der Weisen, bes. der des Konfuzius, herleitet. Seit der Han-Dynastie bilden die fünf Klassiker die Grundlage für die Erziehung und das Prüfungssystem, so daß sie die Aura der staatlichen Sanktionen erlangte und eine reiche Tradition der Textexegese auslöste.

2. Auf der Basis eines kleineren Corpus formulierten die neo-konfuzianischen Philosophen die konfuzianische Philosophie neu in vier Büchern: die *Gespräche* des Konfuzius mit seinen Schülern; das *Buch des Mencius,* das dessen Gespräche mit seinen Schülern zum Inhalt hat, die *Große Lehre* und die *Lehre der Mitte,* diese beiden Kapitel aus dem *Buch der Riten.* Die *Große Lehre* zeichnet moralische und spirituelle Kultur als Ausgangspunkt einer guten Regierung; die *Lehre der Mitte* konzentriert sich auf das innere Leben des physischen Gleichgewichts und der Harmonie. Damit orientierte sich die konfuzianische Gelehrsamkeit im wachsenden Maße an metaphysischen und spirituellen Fragen und nahm sogar vieles aus der buddh. und taoistischen Philosophie in ihre eigene Diskussion über die Welt und die menschliche Psychologie auf. 1313 wurden anstelle der fünf Werke diese vier Bücher die Grundlage für die Prüfungen zum Eintritt in den Staatsdienst. Das geschah einmal unter dem Einfluß des Neo-Konfuzianismus, sodann weil die fünf Klassiker aufgrund ihres verschiedenen lit. Genres schwer zu verstehen waren, während die vier Bücher eine kohärente, geistliche Botschaft darboten, die besser den Herausforderungen der buddh. und taoistischen Philosophen entsprach. Die konfuzianischen klass. Texte besitzen die Autorität hll. Sch.en. Das kann man von den taoistischen Texten nicht sagen, obwohl auch sie den Namen *ching* tragen. Sie sind so zahlreich, daß sie eher eine Bibliothek oder eine Kollektion unterschiedlicher Sch.en als ein Corpus hll. Sch.en bilden. Sie waren auch nicht durch Staatsprüfungen sanktioniert. Die Sammlung taoistischer Sch.en wird als „Tao-Tsang" (Kanon des Taoismus) bezeichnet, umfaßt mehr als eintausend Bände aus über 15 Jh.en. Sie hat einen stark eklektischen Charakter, da sich der ↗Taoismus ebenso buddh., manichäische wie auch christl. Sch.en aneignete. Von den meisten Büchern wird behauptet, sie enthielten göttliche Offenbarungen, die einem Anhänger das Taoismus während eines Trancezustandes zuteil wurden. Keine Schrift weist den Namen des Autors oder das Datum der Entstehung auf; viele Sch.en sind in verschlüsselter, esoterischer Sprache geschrieben, die nur von Eingeweihten verstanden werden kann. Philosophische Abhandlungen wie die des ↗ *Lao-tzû* und *Chung-tzû* sind in den taoistischen Kanon aufgenommen worden und haben ihre eigenen Interpretationen gefunden. Das „Buch der Wandlungen", ein konfuzianischer Klassiker und zugleich ein Weissagungs-Handbuch, ist ebenfalls Bestandteil dieses Kanons. Die Struktur des taoistischen Kanons, der aus dem 5. Jh. n. Chr. stammt, wirft Licht auf dessen schulmäßigen Charakter. Er besteht aus sieben Teilen, den sogenannten „Drei Höhlen" (jede wiederum in 12 Untersektionen aufgeteilt) und „Vier Ergänzungen". Der Begriff „Höhle" *(tung)* wird (vermutlich) aufgrund des Anspruchs benutzt, die meisten Sch.en seien von Einsiedlern in Höhlen offenbart oder entdeckt worden. Jede der „Drei Höhlen" wuchs urspr. um eine bestimmte Schrift oder eine Gruppe von Sch.en. Die erste Höhle *(Tung-chen)* hat als ihren Kern die *Shang-ch'ing*-Sch.en, die zweite *(Tung-hsuan)* die *Ling-pao*-Sch.en und die dritte *(Tung-shen)* die *San-huang* (Drei Erhabene)-Sch.en. Die *Shang-ch'ing*-Sch.en, um eine liturgische Dichtung mit geheimen Götter- und Geisternamen gruppiert, werden mit der *Mao-shan*-Bewegung in Verbindung gebracht, die nahe Nanking in Südchina beheimatet war. Die *Ling-pao*-Sch.en, ebenfalls aus dem Süden stammend, sind u. a. Texte über Zaubermittel, die einen streng buddh. Geist atmen; sie sind mit der *Ling-pao*-Sekte in Verbindung gebracht worden. Die Herkunft der *San-huang*-Sch.en ist weniger klar; sie entstammen wahrscheinlich jenen Kreisen von Tao-Lehrern, die am Hof des Kaisers tätig waren. Sie enthalten als Kern Texte über

Talismane und untergeordnete Exorzismen und sind mit der Sekte der Himmelsmeister in Verbindung gebracht worden. Jede der drei Höhlen ist zudem unter den Schutz eines der drei Götter gestellt: diese schließen die oberste Gottheit (eine direkte ↗Emanation des Tao selbst) ein, seinen Schüler Herrn Tao (das personifizierte Tao) und dessen Schüler Herrn Lao (den divinisierten Lao-tzû). Während Lao-tzû so nur der dritte in der Götterhierarchie zu sein scheint, ist der Kult zu seinen Ehren sehr alt, und viele in der Tang-Dynastie und später betrachteten ihn als denjenigen, der die meisten Sch. (Haupt-Sch.) des taoistischen Kanons offenbarte. Von den „Vier Ergänzungen" beziehen sich die drei ersten (*T'ai-hsuan, T'ai-p'ing* und *T'ai-ch'ing*) auf je eine der „Drei Höhlen", während die vierte *(Cheng-yi)* eine Ergänzung zu allen drei Höhlen darstellt. Der zentrale Text der ersten Ergänzung betrifft interessanterweise Lao-tzû selbst, was den merkwürdig untergeordneten Rang dieser Abhandlung zeigt; im Mittelpunkt der zweiten Ergänzung steht der *„T'ai-p'ing ching"* (Klassiker des großen Friedens), ein utopischer und messianischer Text, während die dritte Ergänzung mehr von der ↗Alchemie handelt. Die Texte der vierten Ergänzung sind aus den kanonistischen Sch.en der Himmelsmeister-Sekte zusammengestellt. Tatsächlich sind alle diese zentralen Texte älter als die der „Drei Höhlen". Die „Vier Ergänzungen" wurden später den „Drei Höhlen" in einer Reformbewegung hinzugefügt, möglicherweise um der buddh. Infiltration des Taoismus zu begegnen. *J. Ching*

VI. Judentum. 1. Selbstverständnis und Bezeichnungen. Die Hll. Sch. der Juden sind die Bücher des hebr. Kanons der Bibel. Wegen deren großer Bedeutung schon für das Frühjudentum läßt sich vom Judentum als einer Schriftreligion sprechen. Ein Großteil jüd. Tradition ist Bibelauslegung, die ihrerseits eine gleichsam deuterokanonische Sch.en-Sammlung, den ↗Talmud, hervorgebracht hat. Aufgrund des Inhalts der Sch. als ↗Tora/Weisung bleibt kein Bereich jüd. Lebens von ihr unberührt; die meditativ und mit Sinn für ihre praktischen Implikate gelesene hl. Sch. gilt als Weg in eine Gottesbeziehung und zur Erkenntnis Gottes.

Die für die Gemeinschaft konstitutive Bedeutung der Sch. kündigt sich bereits in den verschiedenen Bezeichnungen an: früh und weit verbreitet ist *Ha-s^{e}farim* (die Bücher) (vgl. Dan 9, 2), womit im jüd.-hellen. Kontext *tà biblía* korrespondiert. Die ausdrückliche Qualifizierung als *Sifre ha-kodesch* (hll. Bücher) wird dagegen erst im MA gebräuchlich. *Kitve ha-kodesch* bzw. *Ha-katuv* (von der Wurzel ktv = schreiben) unterstreichen den schriftlichen Charakter in Absetzung von der mündlichen Tradition, während die rabb. Rede von *Mikra* (das Gelesene) auf die Funktion der hll. Sch. in Studium und Synagoge verweist. Populär wurde das auf die drei Hauptgruppen der bibl. Bücher bezogene Akronym *TaNaKh* (für *Tora, Nevi'im*/Propheten, *K^{e}tuvim*/Schriften), wobei Tora auch in einem weiteren Sinn die gesamte hebr. Bibel bezeichnen kann. Die christliche Rede von einem (Alten) Testament reflektiert u. U. den jüd. Sprachgebrauch von *B^{e}rit* bzw. *S^{e}fer ha-berit* (Bund bzw. Buch des Bundes) als Bezeichnung für die hebr. Bibel oder Teile dieser (vgl. Ex 24,7). *Essrim wearba'a* (die 24) bezieht sich auf die Zahl kanonischer Sch.en gemäß dem babyl. Talmud.

2. Kanon. Mit der Schließung des Kanons im Zusammenhang der Bemühungen des pharisäischen Judentums um Identitätswahrung in krisenreicher Zeit gegen Ende des 1. Jh. u. Z. kommt ein Prozeß zu seinem Ende, der seit dem 3. Jh. v. u. Z. währte. Gerungen wurde um die Sch.en, die als authentisch für die Geschichte Israels bzw. der Juden vor und mit Jahwe und insofern als elementar bedeutsam für das künftige Leben anzusehen seien. Der zeitlichen Abfolge, in der Gesetz, Propheten und Hagiographen autoritatives Ansehen erlangten, entspricht die spätere Gewichtung entsprechender Textstellen in der rabb. Diskussion. In der Kanonisierung wird der angedeutete komplexe Prozeß förmlich bestätigt, abgeschlossen und reflektiert, so daß Josephus Ende des 1. Jh. vier Kriterien der Kanonizität nennen kann: Abfassung in einer Offenbarungsperiode, Charakter einer gleichsam dinghaften Heiligkeit der

Sch.en, zahlenmäßige Begrenztheit der Sch.en und Unantastbarkeit ihres Wortlauts (Contra Apionem I,8). Im Talmud begegnet zwar nicht das Wort Kanon, doch findet sich das Bewußtsein für seine Bedeutung, wenn negativ von „ausgeschlossenen Büchern" (*s^efarim chizonim,* San 10,1) und der Verunreinigung der Hände durch Berührung der hl. Sch. (*m^etamm^e'im aet hajjadajim,* mKel 15,6 u.a.) die Rede ist. Das „Projekt" Kanon setzt als Begründung die Annahme des göttlichen Ursprungs dieser Sch.en voraus. Am ausdrücklichsten sind die Worte der Propheten als solche ausgewiesen.

3. Inspiration. Vor- und vor allem nachexilische Autoren nähern *dabar/* Wort und *ruaḥ*/Geist Jahwes einander an, eine theol. Nähe, die auch für das Sch. gewordene Wort erhalten bleibt (vgl. Jes 11, 4; Ez 36,26f.; Sach 7,12). Bibl. Autoren und Rabbinen zeigen dabei kein Interesse an einer Definition des Inspirationsaktes. Sosehr auf dem Faktum des göttlichen Ursprungs insistiert wird (vgl. die gleichsam dogmatische Formel: „Die Tora ist von Gott." mSan 10,1), so offen bleibt die Diskussion um die näheren Modalitäten der Toragabe und der göttlichen Einwirkung auf den Propheten. Trotz des autoritativen Charakters des göttlichen Wortes wird die Person des Empfängers in der Mitteilung nicht übergangen; vielmehr muß ein Zusammenwirken von Gott und Mensch angenommen werden, für das die Rabbinen ein Gefälle hinsichtlich des göttlichen Anteils kennen: Sprach er zu Mose noch „von Mund zu Mund" (Num 12,8), so wird sein Wort in dem des Propehten u. Hagiographen stärker durch die jeweilige Persönlichkeit gebrochen (vgl. bSan 89a; bJeb 49b).

4. Auslegung. Die Kanonisierung als Versuch, bewährte Überlieferungen für die Zukunft zu bewahren, impliziert geradezu eine mündliche Tradition im Sinn der Aktualisierung der Hl. Sch. Ohne Beschränkung auf bibl. Themen wird eine Interpretation des Lebens im Lichte der Tora unternommen. Größte Achtung vor der Sch. und eine erstaunliche Freiheit in ihrer Interpretation verschränken sich dabei. „Spontaneität in der Rezeptivität" (G. Scholem) wird zum Signum der mündlichen Tradition, die sich zum einen als „Halacha an Mose vom Sinai", also Offenbarung versteht, zum anderen als Explikation der schriftlichen Tora. Der Auslegungsbedürftigkeit dieser (vgl. Dtn 17,8–13) entspricht ihre Interpretationswürdigkeit, sofern sie als Gotteswort einen die jeweilige Ursprungssituation transzendierenden Bedeutungsüberschuß enthält. Was Präexistenzvorstellungen der Tora provoziert, führt zugleich zu der Aufforderung: „Wende die Tora hin und wende die Tora her, denn alles ist in ihr" (mAv 5,22). Dieses eindringende Forschen läßt eine umfangreiche Midrasch-Lit. und einzigartige Kultur des Kommentars entstehen. Es ist diese Sch.-Auffassung, die in der Zeit des zweiten Tempels die Institution des *sofer*/Schreibers als des Schriftgelehrten aufkommen läßt, dessen Aufgaben auf die Rabbinen übergehen. Deren hermeneutisches Bewußtsein der Differenz von Geist und Buchstabe der Hl. Sch. findet in der Auffassung R. Simeon b. Laqischs pointierten Ausdruck: „Manchmal ist die Aufhebung eines Toragesetzes die wahre Befestigung der Tora" (bMen 99a). Weiß sich jede Generation zur authentischen Auslegung berufen (vgl. bSan 38b), wird eine gesch. und je aktuelle Toleranz nahegelegt. Sie findet für die Rabbinen ihren theol.-hermeneutischen Grundsatz in einem entsprechenden Verständnis von Ps 62,12: „Eines hat Gott gesagt, zweierlei habe ich gehört: Gott ist die Macht" bzw. in Jer 23,29: „Ist mein Wort nicht wie ein Feuer, spricht der Herr, und wie ein Hammer, der den Felsen sprengt?" (Mek, Jithro IV; VII), wobei die einzelnen Funken als die verschiedenen Interpretationen des einen Gotteswortes aufgefaßt werden. Nach Ansätzen im Frühjudentum werden in talmudischer Zeit Interpretationsregeln aufgestellt (sog. *middot;* 7 des Hillel d.Ä., 13 des R. Jischmael, 32 des R. Eliezer u.a.). Neben dem talmudisch favorisierten Literarsinn, *Peshat,* steht die ethisch-homiletische Auslegung des *Derash.* Im Spät-MA ist ein vierfacher Schriftsinn nach dem Merkwort *PaRDeS* bekannt: *Peshat, Rämäz* (haggadisch), *Derash* und *Sod* (philos.-kabbalistisch). Der seit hellen. Zeit bekannten Allegorese begegnet die Tradition insge-

samt reserviert; ihre Anwendung wird schließlich durch die Formulierung von Kriterien geregelt (z. B. Saadja Gaon, 882–942). Der älteste Beleg einer öffentlichen Lesung findet sich in Dtn 31, 10–13. Eine Konsolidierung und Erweiterung der Lesepraxis verbindet sich mit Esra. Die wesentlichen Regelungen für die Lesung in rabb. Zeit finden sich im Traktat Megilla. Die synagogale Lesung dieser Zeit ist mit einer Übertragung in die jeweilige Volkssprache verbunden (griech.: LXX, aram.: Targumim; syr.: Peschittā). Heute hat sich die babyl. Regelung einer einjährigen lectio continua der Tora mit jeweils zugeordneten Prophetenabschnitten *(Haftarot)* durchgesetzt.

Die Torarolle selbst wurde und wird Objekt der Verehrung und künstlerischer Gestaltung; der Anspruch auf Präsenz des Sch.-Wortes im jüd. Alltag findet seinen sinnenfälligen Ausdruck in Mezusa (Kapseln für die Türpfosten der Zimmer mit dem Text Dtn 6,4–9; 11,13–21) und Tefillin (Gebetsriemen und Kapseln) als Konkretisierung von Ex 13,9, deren Anlegen bezeichnenderweise von der Rezitation der „Verlobungssätze" Hos 2,21 f. begleitet ist.

Lit.: *H. Haag,* Art. Die Inspiration in der Sch.: MySal I 335–357; *ders.,* Die Buchwerdung des Wortes Gottes in der Hl. Sch.: MySal I 374–377; *H. Kremers* (Hg.), Juden und Christen lesen dieselbe Bibel. Duisburg 1973; Art. Bible: EJ IV 814–969; *M. Brocke,* Von jüd. Weise, die Schrift auszulegen: LebZeug 1/2 (1977) 109–124; *G. Wanke,* Art. Bibel I: TRE VI 1–8; *G. Scholem,* Über einige Grundbegriffe des Judentums. Frankfurt ³1980, 90–120; *J. Maier,* Art. Bibel; Bibelauslegung; Hermeneutik: ders. / P. Schäfer, Kleines Lexikon des Judentums. Stuttgart 1981, 55–57; 135; *J. J. Petuchowski,* Zur rabb. Interpretation des Offenbarungsglaubens: ders. / W. Strolz (Hg.), Offenbarung in jüd. und christl. Glaubensverständnis. Freiburg 1981, 72–86; *ders.,* Wie unsere Meister die Schrift erklären. Freiburg 1982. *P. Petzel*

VII. Christentum. 1. Kanon. Die Hl. Sch. des ↗Christentums („Bibel") umfaßt den atl. und ntl. Kanon des durch kirchl. Entscheidung als inspiriert und als normative Glaubensquelle anerkannten Schrifttums aus der israelit.-frühjüd. und urchristl.-apostolischen Offenbarungs-, Glaubens- und Lit.-Geschichte. Der *Kanon des AT* (vgl. Abschnitt VI) wird von den christl. Kirchen (im Unterschied z. B. zur Betonung der „Hebraica veritas" durch Hieronymus) in der Regel nicht im Anschluß an Einteilung (Prolog zu Sir) und Umfang des hebr. Kanon mit 22/24 Schriften (vgl. Josephus, Contra Apionem I,7 f.; 4 Esra 14, 8–48; Baba Batra 14b.15a; Jamnia), sondern in Aufnahme der Septuaginta (LXX) bestimmt und enthält 39 bzw. 45 Bücher, da über den hebr. Kanon hinaus die sog. Apokryphen (oder deuterokanonischen Bücher) hinzukommen. Daneben gewannen weitere Pseudepigraphen, die sich zumeist nicht in LXX und Vulgata finden, bes. in den Kirchen des Ostens kanonisches Ansehen. In den verschiedenen kirchlichen Traditionen werden die atl. Sch.en unterschiedlich (auch abweichend von Aufbau und Anordnung des Tanakh bzw. Tenakh, d. h. der hebr. „Schrift") gruppiert und gegliedert (vgl. Vulgata und Luther-Bibel).

Der *Kanon der ntl. Schriften,* die in ihrer lit. und theol. Vielgestaltigkeit das für Glauben und Theologie der Kirche bindende Urzeugnis vom universalen eschatologischen Gottesheil durch und in Jesus Christus enthalten, bildet sich nach der wohl schon Ende des 1. Jh. vorliegenden Paulusbriefsammlung (1 Clem; Ign., 2 Petr 3,15 f.) im Zuge eines komplexen innerchristl. Klärungs- und Ausleseprozesses und in Abgrenzung von apokrypher christl. Lit. und Häretikern, bes. von Marcions Verwerfung des AT und Beschränkung auf Lk und 10 Paulusbriefen (um 150 n. Chr.). Das älteste röm. Kanonverzeichnis, der Kanon Muratori (2. Jh.), orientiert sich bei der Kanonizität an den Kriterien der Apostolizität und kath. Bestimmung. Die Diskussion um die Zugehörigkeit einzelner Sch.en zum ntl. Kanon wird grundsätzlich entschieden durch den 39. Osterbrief des Athanasios von Alexandrien (367) und durch die Beschlüsse der röm. (382) und nordafrik. Synoden (393, 397, 419). Trotz der Festlegung des NT auf 27 Schriften wird die Kanonizität bes. von Hebr und Offb erst mit zeitlicher Verzögerung allgemein wirksam (endgültige Anerkennung der Offb in der griech. Kirche erst im 10. Jh.; im lat. Westen noch bis ins MA der apokryphe Laodicenerbrief in Vulgata-Handschriften). Das Christentum im syr. Sprachbereich geht bis ins 7. Jh. einen Sonderweg, der in der Wertschätzung des „Diatessaron", der Evangelienharmonie Tatians (um 170–180), begründet ist.

Nach der Annäherung durch die Peschittā (Anfang 5. Jh.) schließt sich im Unterschied zu den Nestorianern die westsyr. monophysitische Kirche nach der Synode von Ephesus (431) durch die Philoxeniana (Anfang 6. Jh.) und die Charclensis (7. Jh.) der Kanonauffassung der griech. Kirche an. Die monophysitische Kirche der Kopten erweitert den Kanon auf 1/2 Clem und die „Apostolischen Konstitutionen", während die der Äthiopier zusätzlich Apokryphen kanonischen Rang einräumt. Im westl. Christentum lebt die Frage der Kanonizität ntl. Sch.en im Zuge hist. (Erasmus) und inhaltlich-theol. Kritik (Luther) wieder auf. Demgegenüber bekräftigen Tridentinum (1546) und I. Vatikanum (1870) den Kanon der ganzen Bibel des AT und NT. Trotz der allg. kirchlich akzeptierten Festlegung des ntl. Kanons sind der Prozeß der Abgrenzung des ntl. Kanons innerhalb der frühchristl. Lit., die maßgeblichen Kriterien der Kanonizität, die theol. Einheit des Kanons angesichts der Vielfalt ntl. Theologien und dessen Bedeutung für eine Bibl. Theologie und die theol. Lehre Gegenstand wiss. Erörterungen bes. in der ev. hist.-krit. Exegese und systemat. Theologie.

2. Entstehung und Inhalt des ntl. Schrifttums. Das Urchristentum kennt keine eigene Hl. Sch., sondern bezieht sich interpretierend, apologetisch und polemisch in der Formulierung seines Glaubensverständnisses auf die im Frühjudentum benutzten hll. Sch.en. Grundlage für die spezifische Verwendung der atl. Bücher wie für die ntl. Literarisierung sind die Proklamation der endzeitlich-nahen Gottesherrschaft (↗Gottesreich II) durch Wort und Tat Jesu im Kontext der frühjüd. rel. Bewegungen (bes. pharisäischer und apokalyptischer Prägung), die mündliche Weitergabe der Jesusüberlieferung in der nachösterlichen Gemeinde und die bereits sehr früh einsetzende theol. Deutung von Jesu Person und Heilsfunktion auf dem Hintergrund seines Leidens und Sterbens am Kreuz, unter dem Vorzeichen der Erfahrung seiner Auferweckung und unter Anknüpfung an atl.-jüd. Verstehenskategorien. Die Entstehung der ntl. Sch.en ist verbunden mit der Entwicklung der urchristl. Gemeinden über den jüd.-paläst. Lebens- und Religionsbereich hinaus und den sich damit wandelnden theol. und gemeindlichen Problemstellungen. Im NT findet sich keine durch den hist. Jesus selbst autorisierte Sch., zudem sind die meisten hist. (judenchristl.) Verfasser der 50–150 n. Chr. entstandenen Sch.en namentlich unbekannt (vgl. die in der antiken Lit. verbreitete Praxis der Pseudonymität und Pseudepigraphie). Selbst die synopt. Evangelien enthalten keine zur Wirkzeit Jesu vom Jüngerkreis aufgezeichneten Traditionen. Literarkrit. Quellenanalyse und formgesch. Methode ermöglichen aber die Rekonstruktion der lit. Beziehungen und der vorausgehenden mündlichen Tradition, die aus der Jesusüberlieferung einzelne Worte (bzw. Erzählungen) als Herrenworte rezipiert und auf die Gemeindesituation hin z. T. durch erklärende Erweiterungen und Umgestaltungen aktualisiert. Im Verlauf der Tradierung werden einzelne Sprüche und Erzählungen zu größeren Überlieferungseinheiten verbunden. Das Lukas- und Matthäusevangelium (um 90) haben gemäß der Zweiquellentheorie die Traditionen unter Aufnahme des Markusevangeliums (um 70), Logienquelle Q (vor 70) und jeweils eigenem Sondergut kompositorisch geordnet und redaktionell je nach theol. Verständnis der Jesusüberlieferung unter Berücksichtigung der gemeindlichen Problemlage mit spezifischen Akzenten versehen. Dementsprechend lassen sich christologische, ekklesiologische und z. B. eschatologische Sichtweisen in den synopt. Traditionen und Evangelien unterscheiden. Mit dem Lukasevangelium bildet die Apg als theol. geprägte historiographische (mit romanhaften und legendären Elementen angereicherte) Darstellung der Ausbreitung und Auswirkung der Christusbotschaft von Jerusalem bis Rom (bzw. den Enden der Erde) das sog. lukanische Doppelwerk. Neben der in die synopt. Evangelien eingehende, mündlich überlieferte Jesustradition bieten liturgisch verwendete Bekenntnisformulierungen und Lieder wie auch andere liturgische und paränetische Traditionen Haftpunkte für die Literarisierung. Als älteste lit. Zeugnisse sind im NT die authentischen Paulusbriefe erhal-

ten, die als Gelegenheitsschreiben zwischen 50 und 56 n. Chr. an Gemeinden (1 Thess, Gal, 1/2 Kor, Phil, Röm) und an eine Einzelperson (Phlm) adressiert sind. Sie dokumentieren die Entwicklung einer (rechtfertigungs-)theol. Konzeption vom eschatologischen Gottesheil für ↗Israel und die Völker allein durch und in Christus in enger Verbindung mit der missionarischen Evangeliumsverkündigung und gemeindlichen Problemen. Im Zuge der Sammlung sind diese Briefe aus einer umfangreicheren Korrespondenz zusammengestellt und z. T. redaktionell bearbeitet (bes. 2 Kor, Phil) worden. Die paulinische Tradition lebt in der zunehmend modifizierenden Rezeption der pseudonymen Deuteropaulinen weiter (Kol und Eph zw. 80–90 n. Chr., 2 Thess und Pastoralbriefe 1/2 Tim und Tit gegen Ende des 1. Jh.). In ihnen reflektiert sich der Anspruch auf Kontinuität der apostolischen Tradition („Paulus") in der Wandlung der theol. Denkweise und die Kirchwerdung (nachapostolische Gemeindeordnung der Pastoralbriefe) in der Auseinandersetzung mit Sonderströmungen (Irrlehren). Zu den späten ntl. Sch.en gehören auch die nach altkirchl. Überlieferung „katholisch" genannten und mehrheitlich um die Wende zum 2. Jh. verfaßten Briefe Jak, 1/2 Petr, 1–3 Joh, Jud mit ihren aus vielfältigem Traditionsgut schöpfenden Weisungen für die christl. Praxis, ebenso die predigthafte Mahnrede des Hebr (80–90) mit eigenständiger, sich an der hellen.-jüd. Sch.-Exegese anschließender Reflexion über das Hohepriestertum Christi und das Gottesvolk der Kirche, schließlich auch Johannesapokalypse und Johannesevangelium. In der Spätphase gewinnt der Traditionsgedanke in der Abwehr häretischer Lehren an Bedeutung, zudem wird das Auftreten von Falschlehrern wie auch die Verfolgung der Gemeinde als Zeichen endzeitlicher Drangsal gewürdigt. In krit. Distanz zur politisch-rel. Machthybris des röm. Imperiums reaktualisiert um 96 n. Chr. die Johannesapokalypse im kleinasiat. Gemeinderaum die urchristl. Naherwartung in Verbindung mit einer spekulativ angereicherten, geschichtstheol. Endzeitperspektive und greift dabei Denk- und Lit.-Form der jüd. ↗Apokalyptik auf. Eine theol. eigenständige und von den synopt. Evangelien unterschiedene Größe ist das Johannesevangelium (um 100) mit seiner Darstellung Jesu als Offenbarer Gottes, in der Traditionsgut im Spannungsfeld gnost. Denkansätze unter Hervorhebung präsentischer Eschatologie kritisch reflektiert verarbeitet wird. Hinsichtlich Sprache, Themen und Gedankenwelt gehören 1–3 Joh in den geistigen Wirkungsbereich des Johannesevangeliums.

3. Bedeutung. Die Sch.en des ntl. Kanons sind für das kirchl. Christentum nicht nur religionshist. (judenchristl.) Lit.-Dokumente des östl. Mittelmeerraumes zur hellen.-röm. Zeit, sondern bieten als Primärquellen Anhaltspunkte für die hist. Fragen nach ↗Jesus von Nazaret und der frühesten Wirkung seiner Bewegung innerhalb des Frühjudentums. Ebenso zeigen sie die Wurzeln, Grundlegung und Entwicklungsstufen von Glaube, Theologie, Ethik und Gemeindeformen des Frühchristentums auf. Nach kirchlichem Sch.-Verständnis spricht sich in diesen Texten unterschiedlicher lit. Gattungen und theol. Profilierung die das AT vollendende Gottesoffenbarung im Menschenwort der apostolischen Verkündigung der Urkirche aus. Als solche sind sie über ihre Entstehungszeit (50–150 n. Chr.) und den urspr. Adressatenkreis hinaus konstitutiv und normativ für Verständnis und Vollzug des Glaubens der Kirche(n) und der einzelnen Christen in jeweiliger Partizipation an bestimmten, gesch. geprägten, kirchl. und theol. Traditionen innerhalb der christl. Auslegungs- und Wirkungsgeschichte der urchristl. Christusbotschaft. Sowohl durch herkünftige Verwurzelung in der atl.-frühjüd. Glaubensgeschichte (vgl. Traditionsgut, Denkweise, theol. Kategorien, Erwartungen usw.) als auch durch die explizite Thematisierung des Verhältnisses der Christusgemeinde zu Israel als von Gott erwähltem Verheißungsträger wird das Christentum durch das NT an das altisraelit.-jüd. Gotteszeugnis zurückgebunden und bringt zugleich durch die eschatologisch-universale Sicht des geschehenen und sich noch vollendenden Heilshandelns Gottes mit dem Christusglauben die Israel und die Völker umfas-

sende Verheißung des Gottesheils zur Geltung. Dieser Grundzug der im Christusglauben fundierten Hoffnung darf nicht durch die zeitgesch. bedingten, sich auch innerjüd. Argumentationsformen bedienenden, z.T. überspitzten antijudaistischen Polemiken im NT verdeckt werden. Andererseits ist der Kanon des NT in seiner lit. und vor allem theol. Vielschichtigkeit die urchristl.-ökumen. Urkunde von dem Prozeß sich in der Wahrheit klärender und immer neu zur Bewährung aufgegebener Einheit der Evangeliumsbezeugung in der Vielfalt aufeinander folgender bzw. nebeneinander formulierter Auslegungen und situationsbezogener Konkretisierungen von Jesusüberlieferungen und Christuskerygma in der Rezeption der werdenden Kirche der hellen. Völkerwelt. Durch diese ntl. Rezeptions- und Wirkungsgeschichte hindurch wird das Christentum in der gesch. Vielfalt seiner Bekenntnistraditionen, Theologien und kirchlichen Realisierungen zur Sache des Evangeliums als heilsdynamischer Mitte und Verweis auf die Zukunft Gottes krit. zurückgerufen. Im Dienst an der Heilsbotschaft und an der Kirche arbeitet die wiss. Exegese mit krit.-hermeneutischem Bewußtsein durch die Anwendung eines differenzierten methodischen Instrumentariums unter Berücksichtigung der literatur- und geschichtswiss. Methodik und unter Einbeziehung der rel.- bzw. sozialgesch. Forschung. Als fundamentale theol. Disziplin wirft sie mit der Analyse des vielfältigen ntl. Zeugnisses und der Transformation der jesuanischen Gottesherrschaftsansage zum nachösterlich hervortretenden Christusglauben die Frage nach der Kontinuität in den gesch. Konkretisierungen und Kontextualisierungen des christl. Glaubens und nach der darin sich vollziehenden Identität des jesuanischen Grundimpulses auf.

Lit.: *H. v. Campenhausen,* Die Entstehung der christl. Bibel. Tübingen 1968; *L. Goppelt,* Theologie des NT. Göttingen [3]1978; *H. Köster,* Einführung in das NT. Berlin 1980; *G. W. Kümmel,* Das NT. Freiburg [2]1970; *ders.,* Einleitung in das NT. Heidelberg [21]1983 (Lit.); *W. Schneemelcher / W. Karpp,* Art. Bibel III/IV: TRE VI 22–48/48–94 (Lit.); *W. Thüsing,* Die ntl. Theologien und Jesus Christus I. Düsseldorf 1981; *A. Wikenhauser / J. Schmid,* Einleitung in das NT. Freiburg [6]1973 (Lit.). *H.-J. Findeis*

VIII. Islam (↗Islam). Die Hl. Sch. der Muslime ist der Koran (= K.), arab. *al-ḳur'ān.* Das Wort ist wahrscheinlich abgeleitet von dem Verbum *ḳara'a* und bedeutet „Rezitation, Vortrag" (vgl. Koran 73,4). Er enthält die Worte ↗Muḥammads, die er in mekkanischer und medinischer Zeit zu Offenbarungen Gottes erklärte. Gott aber sprach nicht unmittelbar zu Muḥammad – dazu war seine Vorstellung von der Unendlichkeit und Allmacht Gottes viel zu groß –, sondern durch die Vermittlung des Geistes oder Engels, der in der Sure 2,97 mit Gabriel identifiziert wird. In Sure 26,193f. heißt es: „Der zuverlässige Geist hat ihn (den K.) herabgebracht, dir ins Herz, damit du ein Warner seiest." Damit wird von Muḥammad gesagt, daß er der Mittler und Künder der Offenbarungen Gottes an die Menschen ist. Jedes Wort des K. ist Gottes Wort, und deshalb wird im Islam große Sorgfalt auf die Überlieferung dieser Worte verwendet. Schon früh ließ Muḥammad seine an ihn ergangenen Offenbarungen schriftlich festhalten. Dabei dienten ihm in Medīna Sekretäre wie z. B. Zaid ben Thābit. Nach dem Tod Muḥammads veranlaßte der erste Khalīf Abū Bakr (reg. 632–634) eine Sammlung der Textdokumente. Da sie in ihren Lesarten voneinander differierten, ließ der dritte Khalīf 'Uthmān (reg. 644–656) durch ein Redaktionskomitee eine bis heute gültige, offizielle K.-Ausgabe erstellen, und alle übrigen K.-Ausgaben vernichten. Damit war die Kanonbildung abgeschlossen. Der K. wurde in 114 Suren eingeteilt, die ab der 2. Sure der Länge nach geordnet sind. Jede Sure trägt einen Namen, der entweder auf das Kernthema hinweist oder aus einem hervortretenden Wort der betreffenden Sure gewonnen ist. Diese „Überschriften" gehören nicht zum geoffenbarten Text, sondern sind spätere Hinzufügungen. Der K. beginnt mit der Sure der „Eröffnung" (arab. *fātiḥa*), die als einzige in Form eines Gebetes abgefaßt ist. Beim Rezitieren fügt man das Wort „Amen" (arab. *amīn*) hinzu, was bei den anderen Suren nicht geschieht. Bis auf die 9. Sure beginnen alle anderen Suren mit der Eingangsformel „Im Namen des barmherzigen und gnädigen Gottes" *(basmala).*

Für die Muslime ist der K. eine Teilwiedergabe des im Himmel gedachten Ur-K. (*umm al-kitāb,* wörtl. „Mutter des Buches"), der ewig und unerschaffen ist und nicht mit irgendeiner menschlichen Sch. verglichen werden kann. Durch seine Herabkunft auf die Erde im Monat ↗Ramaḍān erhält er seine einzigartige Würde. Die Sprache des K. ist hocharab., und nach orth. Lehre darf er nicht in eine andere Sprache übersetzt werden, da man jede mit einer Übersetzung verbundene Änderung des Inhaltes vermeiden möchte. Eine hist.-krit. Erforschung des K. wird ebenfalls abgelehnt. Da aber der K. von sich aus nicht immer verständlich ist, bedurfte es schon früh einer Exegese. Zu diesem Zweck sammelte man die nicht schriftlich niedergelegten Aussprüche Muḥammads, die die z. T. nicht leicht verständlichen Offenbarungen erklärten. Diese Spruchsammlung wird ↗*Ḥadīṯh,* d. h. Rede, Überlieferung, genannt. Zu den einschneidendsten Gedanken Muḥammads gehört, daß nicht nur seine Offenbarung, sondern auch die Offenbarungen der früheren Propheten ↗Abraham (III), ↗Mose und ↗Jesus (III) auf der himmlischen Ur-Sch. beruhen (4,163 ff.; 26,196 f.). ↗Judentum, ↗Christentum und Islam entstammen demnach alle dem einen „Buch"; deshalb nennt der K. Juden und Christen *ahl al-kitāb,* die Leute der (Ur-)Sch. Neben dieser Gemeinsamkeit bleibt zwischen Christentum und Islam das Unterscheidende, das Trennende: Im Islam ist Gott der absolut Transzendente, der aus sich seinen Willen im K. offenbart. Im Christentum entäußert sich der absolute Gott der Transzendenz und offenbart sich den Menschen in Jesus dem Christus; das Wissen um diese Offenbarung sagen uns die Evangelien. Ist also die Offenbarung im Christentum eine Person, ist es im Islam ein Buch. Die Mitschriftbesitzer Juden und Christen besitzen und verkünden nach islam. Lehre einen Teil der Offenbarungswahrheit, die Fülle der Wahrheit finde sich jedoch ausschließlich im K.

Lit.: Die maßgebliche deutsche Übersetzung des Koran ist die von *R. Paret,* Der Koran. 2 Bde. Übersetzung, Kommentar und Konkordanz. Stuttgart ²1980–1981; für die Koranforschung noch heute unerläßlich *Th. Nöldeke,* Geschichte des Qorâns. 3 Bde. Leipzig ²1909–1938 (Nachdruck in einem Band Hildesheim 1961); *T. Nagel,* Der Koran. München 1983; *A. T. Welch / J. D. Pearson,* Art.: AL-ḲUR'ĀN: EI² V 400–432.

G. Riße

Heilsgeschichte

↗Heil/Heilsweg.

1. Geschichte als Ort des ↗Heils. Es ist ein Charakteristikum jüd.-christl. Denkens, daß das Heil als gesch. Größe verstanden wird. In der Schrift als Offenbarungszeugnis geht es primär nicht um die Mitteilung objektiver, überzeitlicher Wahrheiten und unveränderlicher Gesetze, sondern um konkrete, gesch. Ereignisse, an denen sich göttliches Wirken festgemacht hat. Die Geschichte ist also nicht ein äußerer Rahmen, der abgestreift werden könnte, vielmehr geschehen Heil und ↗Offenbarung (IV, V) als Geschichte. Das Heil ereignet sich zwischen Personen und hat damit die Konkretheit und Einmaligkeit einer gesch. Situation. Es öffnet sich aus dem Detail für das Ganze.

2. Heilsgeschichte im AT. Im Gegensatz zum mythischen Denken, wo alles immer und nie geschieht, ist atl. Denken an konkrete gesch. Ereignisse gebunden, die als göttliche Heilstaten und Offenbarungen erkannt werden. Besonderes Gewicht haben dabei der Auszug des Volkes Israel aus Ägypten und der Bundesschluß am Sinai. Die Urgeschichte in Gen 1–11 ist als Hinführung zu diesem Bund zu verstehen und hat damit eine andere Zielrichtung als außerbibl. Schöpfungsmythen. Atl. Bekenntnisformeln erzählen von den Heilstaten Jahwes. So wie er sich als mächtig und heilsschaffend gezeigt hat, so wird er auch in Zukunft sein Volk nicht im Stich lassen. Bei den Propheten richtet sich der Blick mehr auf die Zukunft. Hier finden wir Engführung und Universalisierung zugleich: nur noch der „Heilige Rest", nicht mehr das Volk Israel als Ganzes, wird Träger des Heils sein. Doch der „Tag Jahwes" gilt allen Völkern, ja er nimmt kosmische Dimensionen an. Das Heil wird am Ende der Zeiten für die Wirklichkeit als Ganzes bereitet. Das Volk Israel ist aufgerufen, stellvertretend den Bund einzuhalten, damit das Heil allen Völkern offensteht. H. wird hier deckungsgleich mit der Weltgeschichte.

3. Heilsgeschichte im NT. Zufolge

der ntl. Botschaft hat die Engführung der H. in der Person Jesu ihre höchste Zuspitzung gefunden. In seinem Wort, seinen Taten, vor allem aber in seiner Auferstehung ist das Reich Gottes angebrochen. Dessen Vollendung aber steht noch aus. Die Zeit zwischen der ↗Auferstehung (II) Jesu und der Vollendung des Reiches Gottes ist die Zeit der Kirche. Nach dieser Sicht steht Jesus in der Mitte der Zeit: Er bildet die Achse, die Mitte der Geschichte. Was vor ihm war, erhält seinen Sinn durch ihn; was nach ihm kommt, ist die Erfüllung seines Werkes und seiner Auferstehung. Selbst wenn die Vollendung noch aussteht, ist in Jesus prinzipiell bereits durchgebrochen, worauf die Welt als Ganzes noch wartet. Am Ende wird erfüllt, was an einem Punkt der Geschichte, in der Auferstehung Jesu, sich vorwegereignet hat. Dann wird auch offenbar werden, daß Gott der Herr aller Geschichte ist, daß also letztendlich H. und Weltgeschichte inhaltlich zusammenfallen.

Lit.: *H. U. v. Balthasar,* Theologie der Geschichte. Einsiedeln ^{3}1959; *P. Bläser / A. Darlapp,* Art. H.: HThG I 662–680; *A. Darlapp,* Fundamentale Theologie der H.: MySal I 3–156; *R. Bultmann,* Geschichte und Eschatologie. Tübingen ^{3}1979; *H. Conzelmann,* Die Mitte der Zeit. Tübingen ^{6}1977; *O. Cullmann,* Christus und die Zeit. Zürich ^{3}1962; *W. Pannenberg u.a.,* Offenbarung als Geschichte. Göttingen ^{5}1982.
P. Neuner

Heilsgestalten

I. Vorüberlegungen. – II. Hinduismus. – III. Buddhismus. – IV. Chinesische Religionen. – V. Judentum. – VI. Christentum. – VII. Islam. – VIII. Neue Religionen

I. Vorüberlegungen. 1. Begriff. Dem Begriff H. ist der Vorzug gegeben worden gegenüber dem Begriff der Heiligen, weil der zweite Begriff inzwischen rel.-gesch. vielfach inflationär gebraucht wird, die zugrundeliegende Bedeutung aber dann oft unklar bleibt. Demgegenüber sagt H. einen deutlichen Bezug zum ↗Heil, somit zur Vollendung und Erfüllung des Menschen und der Welt aus und, insofern als das Heil in theistischen Religionen abkünftig an Gott gebunden bzw. mit ihm identisch ist, eine Grundbeziehung zum ↗Heiligen schlechthin. Je nach den in verschiedenen Religionen gegebenen Antworten auf die Fragen nach dem Wesen des Heils und den Wegen der Heilserlangung sind H. mehr die leuchtenden Verkörperungen erlangten Heils oder aber Menschen, die bei der Vermittlung von Heil eine maßgebliche oder doch hilfreiche Mittlerrolle spielen. Insofern als H. sich in der Verwirklichung von Heil von der heilssuchenden Menschheit unterscheiden und sich in gewissem Sinne von dieser entfernen, werden sie zu Objekten der Verehrung, die man dann nicht selten um Hilfe auf dem eigenen Weg der Heilserlangung anruft. Diese Bitte um Hilfe oder auch, wenn das Heil letztendlich von Gott erwartet wird, um Fürbitte kann sowohl an noch Lebende wie an Tote gerichtet werden. Insofern H. Wegweiser und Vermittler des Heils sind, laden sie aber auch zur Nachfolge ein. Häufig treten Verehrung und Nachfolge im Verbund auf. Ein eigenes Problem bildet in Religionen mit institutionalisierten Autoritätsstrukturen die Tatsache, daß jemand in der Vermittlung von Heil (verbal und sakramental) tätig sein kann, dessen Leben eine deutliche Diskrepanz zwischen der verkündigten Heilsbotschaft und dem konkreten Lebenswandel aufweist, so daß ihm Heiligkeit im moralischen Sinn abzusprechen und er nicht als Heiliger im Sinne eines im Heil Stehenden angesprochen werden kann, obwohl er typologisch die Bedingungen einer H. erfüllt.

2. Typen. Bei der Erstellung einer Typologie von H. sind die verschiedenen zuvor genannten Rücksichten – erlangtes bzw. verwirklichtes Heil und persönliche Heiligkeit, Heilsvermittlung kraft selbst erlangten Heils oder Heilsverkündigung auf dem Wege zum Heil, u.U. in Unterscheidung von einem heilsgemäßen Leben – mitzubedenken. Der grundlegende Typus der H. ist der in seiner „Heiligkeit" von den verschiedenen Religionen unterschiedlich begründete *Heilige.* In bzw. und/oder nach seinem Leben kann er als H. in Erscheinung treten durch seinen ausgezeichneten vorbildhaft-wegweisenden rel. Lebenswandel und das darin sich ankündigende Heil, aber auch durch die Mächtigkeit seines heilsrelevanten Einsatzes für andere. Zu den H. zählen in der Religionsgeschichte sodann all jene, die als ↗*Priester* eine Funktion ausüben oder doch priesterähnliche Aufgaben wahr-

nehmen, „Kultfunktionäre", „ekstatisch Inspirierte und Ritualtechniker" (K. Goldammer), Zauberer, Medizinmänner, Schamanen und Herrscher, diejenigen, die das Heil verkünden oder in es einweisen wie die ↗*Propheten,* Seher, Lehrer, Prediger und Mystagogen, aber auch Charismatiker wie Thaumaturgen, Ekstatiker, solche, die als Mystiker mit dem Heil und dem Heiligen in Berührung gekommen sind. „Wir finden Menschen der originellen und schöpferischen Leistung und solche des Nachvollzuges, der technischen Manipulation, der Routine und des Anempfindens" (Goldammer 190). Ob und wieweit rel. Stiftergestalten unter die H. einzureihen sind, wird diskutiert.

Lit.: *K. Goldammer,* Die Formenwelt des Religiösen. Stuttgart 1960, 154–190; StMiss 35 (1986); *R. L. Cohn,* Art. Sainthood: ER XIII 1–6 (Lit.).

H. Waldenfels

II. Hinduismus. Fassen wir H. als Vermittler des Heils *(mokṣa, mukti)* auf, so sind damit zunächst die Gottesgestalten der theistischen Glaubensgemeinschaften gemeint (Viṣṇu, Śiva, Kālī, Durgā usw.), die durch Gnade *(śakti, kṛpā)* den in Liebe *(bhakti),* Gotteserkenntnis *(jñāna)* und Askese *(sādhanā, tapasya)* sich Übenden ihre Nähe oder die Vereinigung mit ihnen gewähren. Der Viṣṇuismus kennt ↗*Avatāras,* „Herabkünfte Gottes", vor allem Kṛṣṇa und Rāma, die als Götter in Menschengestalt unter den Menschen wirken, „wenn das Gute niedergeht und das Schlechte aufsteigt" (Bhagavadgītā IV 7). Ihr Heilswirken wird von einer umfangreichen Mythologie beschrieben. Während die Existenz von Viṣṇu, Śiva, Kālī usw. mythisch ist, sind Kṛṣṇa und Rāma semi-hist. Auf hist. Ebene ist der *guru* die herausragende Heilsgestalt. Im Gegensatz zum christl. Seelenführer vermittelt der Guru auch aus eigener spiritueller Kraft *(śakti)* Heil an seine Schüler; Beispiele dafür finden sich in der Hagiographie zuhauf. Der Guru soll selbst ein Befreiter *(mukta)* sein, also aus erfahrener Heilsfülle wirken. Nur so kann er die hll. Schriften kompetent auslegen, seine Schüler in ↗Askese und ↗Meditation (V) einweisen und jenen, die empfänglich dafür sind, spirituelle Kraft vermitteln. Meist ist der Guru ein *sādhu* oder *saṃnyāsin* (Asket oder Bettelmönch), der der „Welt" entsagt hat und entweder auf Wanderschaft ist oder in einem *āśrama* im Kreis seiner Schüler lebt. Der Guru ist als H. entscheidend, weil die hll. Schriften feststellen, daß ohne einen Guru das Heil nicht erreichbar sei.

Lit.: *J. Gonda,* Die Religionen Indiens I/II. Stuttgart 1960, 1963; *T. M. P. Mahadevan* (Hg.), A Seminar on Saints. Madras 1960; *Swami Ghanananda / J. Stewart-Wallace* (Hg.), Women Saints of East and West. London 1955; *B. Heimann,* The Concept of a Saint in India: dies., Facets of Indian Thought. London 1964; *H. Zimmer,* Der Weg zum Selbst. Düsseldorf/Köln [3]1979; *M. Kämpchen,* Der Heilige im Hinduismus: ZMR 67 (1983) 191–205; *M. Dhavamony,* The Sadhu ideal as realized by Hindu Saints: StMiss 35 (1986).

III. Buddhismus. Gautama Buddha hat zwar den Weg zum Heil, dem Erlöschen im ↗*Nirvāṇa (nibbāna),* verkündet, sich jedoch nicht als Heilsvermittler dargestellt. Den Weg zum Heil zeigen vielmehr die Vier Wahrheiten und der auf ihnen aufbauende Achtstufige Pfad. Früh begann die Legendenbildung um den hist. Buddha und damit eine Mythisierung seines Lebens, bis er als Gott angebetet wurde, folglich auch als Spender von Gnade und Erlösung galt. Ein Götterhimmel entwickelte sich, in dem sich der Ur-Buddha *(ādi-buddha)* den menschlichen Bedürfnissen entsprechend in unterschiedlichen Gestalten manifestiert. Im Theravāda-↗Buddhismus ist der ↗*ārhat* der vollkommene Heilige, d. h. jener, der *nirvāṇa* erreicht hat und ethisch-asketisch vollkommen ist; er besitzt die „Buddhaschaft" *(buddhātva),* wird aber als Heiliger weder verehrt noch um Heilsvermittlung gebeten. Im Mahāyāna-Buddhismus ist der ↗*Bodhisattva* entweder ein lebender Heiliger, der auf den höheren Stufen zur Buddhaschaft ist, oder ein vollkommener ↗Buddha (Erleuchteter), der aber auf den Frieden des *nirvāṇa* verzichtet und der unerlösten Menschheit und allen Lebewesen auf dem Weg zum Heil hilft. Er inkarniert sich entweder als Mensch (z. B. die Dalai-Lamas sowie Äbte, Heilige), oder er hilft aus einer himmlischen Zwischenwelt. Während im Zen-Buddhismus Heil nur durch die Erwekkung der eigenen verborgenen Buddhaschaft erlangt wird, ist es im Amida-(Jōdo-)Buddhismus der vergöttlichte Buddha der Barmherzigkeit, der Hingabe mit Heil lohnt. Urspr. sind nur Mönche zum Heil berufen, der Amida-Buddhismus z. B. sieht aber im Familienleben kein Hindernis.

Lit.: *H. Bechert/R. Gombrich* (Hg.), Die Welt des Buddhismus. München 1984; *J. Spae*, Buddhist Models of Holiness: Ch. Duquoc/C. Floristán (Hg.), Models of Holiness. New York 1979; *H. Waldenfels*, Beispiele buddhistischer Heiligkeit im jap. Buddhismus: StMiss 35 (1986) 347–367; *N. Katz*, Buddhist Images of Human perfection. Delhi 1982.

M. Kämpchen

IV. Chinesische Religionen. „Wer ist ein Heiliger *(chen-jen)*? Es ist der, der den Heiligen der Urzeit gleicht. Sie erklommen Höhen, ohne schwindlig zu werden. Sie schritten ins Wasser hinein, ohne naß zu werden. Sie traten ins Feuer, ohne heiß zu werden. Wir wissen es, daß man so wird, wenn man nur hoch genug steigt, um die Macht dazu dem Tao zu entlehnen" (*Chuang-tzû* III 6). „Einer, der Größe hat und dazu bessernd wirkt, heißt *sheng* (Heiliger), und weil die Ursache seiner Auswirkung sich der gewöhnlichen Erkenntnis entzieht, nennt man ihn *shen* (göttlich)" (*Meng-tzû* VII.B.25).

Es gibt wahrscheinlich kein anderes Land, in dem die Menschen, die etwas Herausragendes getan haben, so oft und auf verschiedene Weise vergöttlicht wurden. In China gab es keinen Bereich der Kultur, dem nicht irgendein Erfinder, Geist bzw. Heiliger zugeordnet wäre. So wurde z. B. Hou-chi (der Urahn der Chou-Dynastie) als Schutzgott des Getreides verehrt. Keine Zivilisation schenkte den Kulturbringern (Yao, Shun, Yü, Shen-nung) größere Aufmerksamkeit, und die chin. Mythologie ist eine „Mythologie der Heroen" (M. Granet). Diese Gestalten sind sehr komplex. Viele von ihnen werden als Götter verehrt, viele aber bleiben Menschen, denen man Tempel (oder Sanktuarien, *tz'u)* baut. Es gibt Heilige (Götter) auf National- und Lokalebene, von denen jede chin. Gemeinde einige vorzuweisen hat. Der chin. „Bauernkalender" und klass. Texte sind voll von diesen Gestalten. Ihre Biographien bilden eine bes. lit. Gattung (z. B. *Shih-pen)*.

Der Kult solcher Personen wird als „ethisch-politischer Kultus" (C. K. Yang) bezeichnet. Er entwickelte sich auch unter dem Einfluß des ↗Ahnenkultes (V). Bekannt ist konkrete liturgische Verehrung in den Votivtempeln, die jenen Männern und Frauen, die ihrer Nachkommenschaft Segen gebracht haben, gewidmet sind (Kuan Yü, Ma-tsu u. a.). Das Andenken der großen Dichter oder der großen Generäle oder aber von Personen, die in einem Zusammenhang mit Dynastiegründungen stehen, wird gleichfalls bewahrt. So war z. B. Ch'in Shih-huang-ti der lange erwartete *sheng* (Heilige), mit dem eine völlig neue Epoche der Menschheit begann. Mindestens seit der Chou-Zeit werden solche Männer (und Frauen) verehrt, die sich große Verdienste um die Menschheit erworben haben, sei es durch gute Gesetze oder durch humanitäre Tätigkeit oder dadurch, daß sie Ordnung und Frieden aufrechterhielten oder großes Unheil abwendeten.

Der eigentliche Heiligen-(Heroen-)Kult ist jedoch eine nachkonfuzianische Erscheinung und hängt mit der Verehrung des ↗Konfuzius zusammen, der viele mythische Gestalten vermenschlicht hat. Konfuzius selbst wurde von einem Kaiser im Jahre 174 durch ein Opfer auf seinem Grab kanonisiert. Auf diesen Präzedenzfall folgten Kanonisierungen vieler seiner Schüler. Sein „Kult" wurde u. a. zum Problem des Ritenstreits.

Die H. in den chin. Religionen (↗Konfuzianismus und ↗Taoismus) lassen sich unter den Kategorien *sheng-jen, chen-jen, shen-hsien, hsien-jen, chih-jen* finden. Der *sheng-jen* („Heiliger") war urspr. ein politisch-rel. Universalvorbild aller Herrscher. Mit dem Aufkommen des Konfuzius und ↗Lao-tzû aber erweiterte sich der Kreis der *sheng-jen*, und schließlich wurden alle jene legendären oder hist. Heroen darunter verstanden, die die Grundlagen der chin. Kultur geschaffen haben (Erfinder und Lehrer). Man hat diese H. später in fünf Kategorien geteilt: die Beschützer der Familienverbände und Vorfahren, die zu Helden herabgestuften Götter, die göttlichen Fürsprecher der Zünfte, die zu Erfindern hochstilisierten mythischen Helden und schließlich die hist. Erfinder und Lehrer.

Jeder Herrscher mußte nach der traditionellen chin. Vorstellung ein Heiliger sein. Das konfuzianische Ideal des Heiligen, der sich in den Bergen weiterbildet und läutert, aber grundsätzlich doch dem

Staat zur Verfügung steht, wirkte auch in die eigentlich taoistischen Vorstellungen hinein. Auch der taoistische Heilige kann hin und wieder durch Rat oder Warnung den Ablauf der Ereignisse zu beeinflussen suchen, neben seiner Selbstvervollkommnung zum *hsien* („Unsterblicher“). Sowohl der konfuzianische Weise als auch der taoistische Heilige bemühen sich aber vor allem um Selbstbeherrschung. Es handelt sich immer um eine reinigende, befreiende Entwicklung, um Abstreifung der Begierden, gleichgültig, ob man diese als Kunstprodukte oder als Naturgegebenheiten auffaßt, unabhängig davon, ob man zur Natur zurückzukehren hofft (↗Taoismus) oder die Natur zu erheben trachtet (↗Konfuzianismus).
Die Abschwächung des Götterglaubens bewirkte in der chin. Neuzeit, daß der Heiligenkult in den Vordergrund trat. In diesem Rahmen muß man die Konfuziusverehrung (z.B. in Taiwan und neuerdings auch in der Volksrepublik China) und die heutige „Verehrung“ Sun Yatsens, Chiang Kai-sheks und Mao Tsetungs sehen.

Lit.: *S. Allan,* The Heir and the Sage. San Francisco 1981; *W. Bauer,* The Hermit's Temptation: Aspects of Eremitism in China and the West in the Third and Early Fourth Century A. D. Taipei 1981; *ders.,* Der Herr vom Gelben Stein: Wandlungen einer chin. Legendenfigur: Oriens Extremus 3/2 (1956) 137–152; *G. Endres,* Die Sieben Meister der Vollkommenen Verwirklichung. Frankfurt 1985; *R. F. Johnston,* The Cult of Military Heroes in China: The New China Review 3 (1921) 41–64 79–91; *L. Knaul,* Leben und Legende des Ch'en T'uan. Franfurt 1981; *H. Martin,* Kult und Kanon. Hamburg 1978; *R. Ruhlmann,* Traditional Heroes in Chinese Popular Fiction: A. F. Wright (Hg.). The Confucian Persuasion. Stanford/Ca. 1960; *H. Schmidt-Glintzer,* Eine Ehrenrettung für den Süden: Pao-chih (418/25–514) und Fu Hsi (497–569): Religion und Philosophie in Ostasien. FS H. Steininger. Würzburg 1985, 247–265; *W. H. Tsai,* Historical Personalities in Chinese Folk Religion: S. Allan / A. P. Cohen (Hg.), Legend, Lore, and Religion in China. San Francisco 1979, 23–42; *Y. S. Yü,* Life and Immortality in the Mind of Han China: HJAS 25 (1961) 80–122. *R. Malek*

V. Judentum. Der Terminus technicus H. kommt im J. nicht vor und ist daher nicht einfach mit jüd. Beispielen zu illustrieren. Da Gottes Handeln mit seiner Schöpfung und im besonderen an seinem Bundesvolk Israel letztendlich deren „Heil“ bezweckt, sind alle in dieses Handeln einbezogenen Menschen H. im weiteren Sinne. Die Propheten als Künder, Mahner und Tröster, bes. Mose, der „treue Hirte“ und größte aller Propheten (vgl. Dtn 34,10), könnten als solche eingestuft werden. Auch die davidischen Könige sowie der erwartete Messias sind solche, der letztere in besonderem Maße, obwohl der eigentliche Erlöser immer Gott selbst ist. Die talmud.-rabb. Lit. bezeichnet die großen Lehrer und Meister immer nur als solche und nicht als H., doch berichtet sie über manche rabb. Meister wie auch über einfache und ungebildete, ja dem äußeren Anschein nach selbst leichtfertige oder gar sündhafte Personen, deren Askese, Frömmigkeit oder anderweitige (oft unbekannte) verdienstvolle Taten sich zum Heil ihrer Zeitgenossen auswirken. So wird z.B. über Rabbi Chanina ben Dosa (1. Jh.) berichtet, Gott selbst habe gesagt: „Mein Sohn Chanina ernährt sich von einem Pfund Johannisbrot wöchentlich, doch um seinetwillen wird die ganze Welt ernährt.“ Chaninas Fürbittgebet wurde von vielen Zeitgenossen, bes. Kranken, in Anspruch genommen.
Ein verbreitetes Motiv ma. und späterer Legenden war die Tradition (zuerst im Talmud, bSan 97b faßbar) betreffend die in jeder Generation lebenden „36 Gerechten“ – meistens einfache und unbekannte Leute, die sich selbst ihrer eigenen Heiligkeit nicht bewußt waren, doch um derentwillen die Welt Bestand hat.
In der als ↗Chassidismus bekannten Bewegung spielt der geistige Führer, *Tsaddik* genannt (im bibl.-talmudischen Hebräisch ein „Gerechter“, im chassidischen Sprachgebrauch ein charismatischer Gottesmann), eine Mittlerrolle, welche in den Augen der Gegner an das Häretische grenzte. Der einfache, ungebildete, durch seine Armut und bedrükkenden Lebens- und Familiensorgen „ungeistige“ Mensch erlangt die myst. Gottesnähe durch die Vermittlung des Tsaddiks, dem er sich eng anschließt (in mancher Hinsicht erinnert dies an die Rolle des Shaikh in manchen muslimischen ↗Ṣūfi-Orden oder – zeitlich und geographisch näher – des ↗Starez im russ. Christentum).

Lit.: *G. Scholem,* Die Lehre vom Gerechten in der jüd. Mystik: Von der mystischen Gestalt der Gottheit. Zürich 1962, Kap. 3; *ders.,* Die 36 verborgenen

Gerechten in der jüd. Tradition: ders., Judaica 1. Essays. Frankfurt 1963, 216–225. *R. J. Z. Werblowsky*

VI. Christentum. In dem Buch, das die Christen selbst „heilig" nennen, der Hl. Schrift (↗Hl. Schrift[en] VII), ist dem die Antwort eröffnet, der nach den H. im Christentum fragt. In den atl. Schriften ist Gott *allein* der Heilige, kommt nur ihm Heiligkeit zu. Diese atl. Sicht wird ntl. differenziert: Die Heiligkeit kommt Gott dem Vater zu, offenbart sich in der Fleischwerdung seines Sohnes Jesus von Nazaret und untrennbar davon im Hl. Geist, der das Prädikat „heilig" sogar als Eigenname erhält. So ist im NT der Heilige Gott der Dreieine. Zentral bleiben dann ntl. die Stellen im 1. Brief an Timotheus: Jesus Christus ist durch seine Erlösungstat und Erhöhung der eine Mittler der göttlichen Heiligkeit zwischen Gott und den Menschen (vgl. 1 Tim 2,7), und von seinem Geist ist die ganze Schöpfung geheiligt (vgl. 1 Tim 4,4f.). Durch die Taufe im Namen des Dreieinen hat jeder Christ Anteil an der einen H. Jesus Christus, ist er als Heiliger berufen aus Berufung (vgl. Röm 1,7; 1 Kor 1,2) und nicht aufgrund von Leistung. Somit erlangt der Heilige die Heiligkeit gerade nicht durch das Vermögen einer eigenen Leistung, sondern sie ist ihm gnadenhaftes Geschenk Gottes, die die ganze menschliche Freiheit in Anspruch nimmt.

Die Aussagen der Hl. Schrift sind maßgebend für die Lehre der Kirche, wenn sie die Heiligen verehrt. Das II. Vatikanum hat sich in der Liturgiekonstitution „Sacrosanctum concilium" (103f. 111) und insbesondere in der Kirchenkonstitution „Lumen gentium" (Kap. V und VII) erneut theol. und lehramtlich mit der Heiligenverehrung auseinandergesetzt. LG Nr. 50 führt aus, daß die Heiligen uns noch enger mit Christus verbinden, Antrieb, Wegweiser und Zeichen der Gegenwart Gottes in der Kirche sind.

Die *Geschichte* der Heiligenverehrung beginnt etwa um die Mitte des 2. Jh. Zunächst wurden die Märtyrer, die mit ihrem Blut das höchste Zeugnis des Glaubens und der Liebe gegeben hatten, verehrt. Den Bekennern, die in der Verfolgung Folter, Gefangenschaft und Verbannung erleiden mußten, den Aposteln als den urspr. Zeugen wie den Asketen und Jungfrauen wegen ihrer außerordentlichen Christusnachfolge kam ebenfalls schon früh eine kultische Verehrung zuteil. Zu dem Begehen des Gedächtnisses des Todestages, dem Nacheifern der Tugenden, der Bitte um Fürsprache – nicht Anbetung – der Heiligen und Märtyrer kamen als äußere Zeichen der Verehrung Kultbauten, Kapellen und Basiliken, hinzu. Doch nicht nur eine Kapelle oder Kirche wurde unter die Obhut der Heiligen gestellt, sondern auch eine Stadt, eine Landschaft, eine Berufsgruppe, eine kirchliche Vereinigung. So verehrt Rom Petrus und Paulus als seine Patrone, Venedig den Evangelisten Markus, Kosmas und Damian wurden Patrone der Ärzte, Christophorus der Patron der Autofahrer, Barbara Patronin der Bergleute, Maria Goretti Patronin der Marianischen Kongregation, um nur einige zu nennen.

Infolge des Mißbrauchs der Heiligenverehrung im MA, z. B. der Reliquiensammlungen, lehnen die Kirchen der Reformation (↗Protestantismus) eine Heiligenverehrung ab, wobei sie die Existenz der Heiligen nie geleugnet haben (vgl. CA Art. 21). Es zeigt sich jedoch heute eine Wiederbelebung des Wissens um die „communio sanctorum", die Gemeinschaft mit den verstorbenen Gläubigen, die bereits Anteil haben an der Herrlichkeit Christi. Eine Schlüsselrolle um eine Annäherung mit den seit der Reformationszeit getrennten Kirchen kommt in einer recht verstandenen Heiligenverehrung insbesondere der Gottesmutter Maria zu. Denn was für die Verehrung der Heiligen gilt, gilt ebenso für die Mutter Jesu, von der die Liturgiekonstitution sagt, daß bei der Feier des Jahreskreises der Mysterien Christi die hl. Kirche mit besonderer Liebe Maria verehrt, „die selige Gottesgebärerin, die durch ein unzerreißbares Band mit dem Heilswerk ihres Sohnes verbunden ist. In ihr bewundert und preist sie die erhabenste Frucht der Erlösung. In ihr schaut sie wie in einem reinen Bilde mit Freuden an, was sie ganz zu sein wünscht und hofft" (SC 103).

Lit.: *P. Stockmeier,* Art. Heilig: NHThG II 160–166; *P. Molinari,* Die Heiligen und ihre Verehrung. Freiburg 1964; *W. Beinert* (Hg.), Die Heiligen heute ehren. Freiburg 1983 (Lit.); *J. Torsy,* Der große Namenstagskalender. Freiburg [12]1987. *G. Riße*

VII. Islam. H. gibt es offiziell im Islam nicht, da kein Vermittler zwischen Gott und Mensch vonnöten ist. Doch hat sich bald eine Verehrung des Propheten Muḥammad entwickelt, die weit über seine Rolle als „Künder und Warner" hinausgeht: Er ist der Fürsprecher am Gerichtstag, ihn zu segnen vermittelt dem Gläubigen ewiges Heil. Im shī'itischen Islam hat sich die Verehrung auf Muḥammads Familie konzentriert; seine Tochter Fāṭima, mit 'Alī, dem ersten Imām, vermählt, und deren Söhne Ḥasan und Ḥusain, durch die die Reihe der Imāme bis zum siebten oder zwölften fortgeführt wird. 'Alī wird zum Helfer in aller Not, wie ein im shī'itischen Bereich milionenfach verwendetes Stoßgebet sagt; sein bei Kerbela 680 gefallener Sohn Ḥusain ist der Erzmärtyrer des Islam, und um ihn zu weinen öffnet die Pforten des Paradieses; Fāṭima, auch „Jungfrau", „Strahlende" benannt, nimmt die Rolle der Mater dolorosa ein und fürbittet für diejenigen, die um ihren Sohn wehklagen – daher die Muḥarramprozessionen und -passionsspiele und die reichhaltige Poesie zu Ehren Ḥusains und der übrigen „unschuldigen Märtyrer" der Shī'a. Im Ṣūfismus kann der *walī (Pl. awliyā')* der „Freund" Gottes, als Heiliger bezeichnet werden; schon früh entwickelte sich aus der Verehrung heiligmäßiger Frommer eine ganze Hierarchie, die im *ḳuṭb*, „Pol, Achse", gipfelt. Der Heilige legt Zeugnis von Gottes Wirken ab, kann Wunder wirken, und ganz in Gott entworden, leitet er seine Jünger auf dem Pfad zu Gott. Diese Mittlerrolle wird jedoch von der strengen wahhābitischen Richtung als unislam. abgelehnt.

Lit.: *A. Schimmel,* Mystische Dimensionen des Islam. Köln 1986; *P. Nwyia,* Exégèse coranique et langage mystique. Beirut 1970; *S. H. Nasr* (Hg.), Islamic Spirituality. New York 1987. *A. Schimmel*

VIII. Neue Religionen (N. R.). Die charismatischen Gründer von N. R. und ↗Neurel. Bewegungen gelten häufig, von Anfang an oder nach ihrem Tod, als Heilsmittler, Offenbarer oder gar göttliche Wesen. Hoheitstitel und Eigenart ihrer Berufungs- bzw. Initiationserfahrungen sind meistens der jeweiligen Tradition entnommen, zunehmend aber auch anderen Traditionskreisen. Das Selbstbewußtsein *afrik.* Gründergestalten basiert durchweg auf Heilungserfolgen, Initiationserfahrungen des Sterbens und Auferstehens sowie auf Traumoffenbarungen. Ihre entscheidende, oft messianisch verstandene Rolle ist die des Hüters des Himmelstores. Die (überwiegend weiblichen) Stifter jap. N. R. gelten meistens, aufgrund ähnlicher Erlebnisse, als (schamanistische) Mittler zur jenseitigen Welt, als lebende *kami,* Inkarnation der Gottheit und Messias, oder, unter buddhistischem Einfluß, als lebende Buddhas oder Bodhisattvas. Etliche von ihnen sehen sich, wie *S. M. Moon,* der korean. Gründer der Vereinigungskirche, als Bringer einer neuen Dispensation oder des messianischen Reiches. Die ind. Gründer einer neuen Guru-Tradition werden nicht selten als Avatāra (Göttliche Herabkunft) oder als Sadguru („Vollkommener Meister des Zeitalters") verehrt – Titel, die mit dem christl. Begriff ↗„Inkarnation" (II) mißverständlich übersetzt werden. – In den Titeln und Vorstellungen drückt sich der Anspruch auf Neuheit und Zeitenwende, oft auch auf eine ökumen. Funktion im Sinne einer Vereinigung aller Religionen, aus. Sie haben eine „traditionskrit. Funktion" (Colpe), indem sie die traditionellen Religionen in den Bereich des Vorläufigen und Überholten verweisen. Soweit diese neuen Vertreter rassisch oder sozial Marginalisierter sind (z. B. der Messias aus Afrika oder Korea), spielt auch der nativistische Protest gegen die Dominanz westl. Religion und Kultur eine Rolle.

Lit.: ↗Neureligiöse Bewegungen. *R. Hummel*

Hellenismus. 1. Der *Ausdruck* H. wurde als Epochenbegriff, der die Zeit der Eroberung Vorderasiens durch Alexander d. Gr. (356–323 v. Chr.) bis zur Ablösung der Diadochenreiche durch den Aufstieg des Römerreiches unter Augustus (31 v. – 14 n. Chr.) charakterisieren soll, von J. G. Droysen in die hist. Forschung eingeführt. Häufig korrigiert, was die zeitliche Erstreckung und räumliche Ausdehnung angeht, und scharfsinnig kritisiert, was die konstitutiven Elemente der so bezeichneten Epoche und die Möglichkeit von Epochendefinitionen auf hist. Grundlage überhaupt betrifft, hat er sich dennoch durchgesetzt und ist zu einer allseits verwendeten Bezeichnung für den griech. Einfluß auf die politischen, kulturellen, wirtschaftlichen, wiss., philos. und rel. Entwicklungen geworden, wobei jedoch angenommen wird, daß die zeitliche und geographische Ausbreitung sowie die Intensität der Inkulturation des griech. Geistes in den Ländern um das Mittelmeer und in den östl. Nachbarstaaten bis nach Innerasien hinein unterschiedlich vor sich ging. Verzichtet man darauf, das „Wesen des hellen. Zeitalters" zu definieren, und beschränkt sich darauf, die charakteristischen Zustände in einem bestimmten Zeitraum zu beschreiben, dessen Grenzen durch Konvention mehr oder weniger einsichtig festgelegt worden sind, gewinnt der Ausdruck H. einen annehmbaren Sinn. Nach diesen aufgrund der gegenwärtigen Forschungslage notwendigen Eingrenzungen soll im folgenden der H. nur in philos. und rel. Hinsicht erläutert werden.

2. In der *Philosophie* lebten die Schulen Platos und Aristoteles' weiter, erstere vornehmlich erkenntnistheoretischen, letztere logischen Problemen zugewandt. Prägenden Einfluß behielten weiterhin Platos rel. Anschauungen, vermittelt durch Philo, Neuplatonismus und die Kirchenväter. Die neuen Schulen der Kyniker, Stoiker und Epikureer erreichten ihren größten Einfluß auf dem Gebiet der Ethik, die, eklektizistisch geformt, weniger auf theoretische Systeme als vielmehr auf die Bildung und Besserung des einzelnen Menschen ausgerichtet war. Popularphilos. Fragen nach dem Glück, den Möglichkeiten der Lebensbewältigung, der Gleichheit aller Menschen, standen im Vordergrund und wurden mit einem gewissen missionarischen Eifer in der kynisch-stoischen Diatribe verbreitet. In der Kritik des Polytheismus, in der allegorischen Auslegung der homerischen Göttermythen und ihres teilweise als anstößig empfundenen Inhalts sowie in ihrer Suche nach dem Weltganzen und seiner Ordnung leistete vor allem die Stoa einen wertvollen Beitrag zur rel. Kultur der hellen. Zeit.

3. Die *Religion* wird von synkretistischer Vermischung, henotheistischer Konzentrierung und individueller Heilssehnsucht geprägt. Die Götter des Orients wurden griechisch interpretiert und hinsichtlich ihrer Funktionen und Attribute in den eigenen Gottheiten wiederentdeckt. Zeus, Isis oder noch unpersönlicher die Sonne gewannen dabei den Charakter einer Allgottheit. Besonderen Einfluß erlangten fremde, vor allem oriental. Gottheiten durch die ihnen verbundenen Mysterienkulte, die allerdings erst im 2./3. Jh.n.Chr. ihren Höhepunkt erlebten, falls die spärlich erhaltenen Nachrichten die Entwicklung richtig wiedergeben. Auch der vor allem im Osten des Reiches praktizierte ↗Herrscherkult fand weite Verbreitung. Neben einer gewissen Tendenz zur Vergeistigung des Götterglaubens in philos. gebildeten Kreisen blieb die ganze Bandbreite volksrel. Praktiken, wie z.B. Wunder-, Orakel- und Vorzeichengläubigkeit, Magie, Dämonenglaube sowie das Vertrauen in Halbgötter, Heroen und Wunderheiler, weiter lebendig. Aufgrund philosophischer Reflexion oder im Gefolge eines sich ausbreitenden deterministischen Sternglaubens (↗Astrologie) griff aber auch der Fatalismus um sich. Das breite Spektrum rel. Glaubens und Handelns, das von philos. Aufgeklärtheit über öffentliche und private Kulte bis zu magischen Verrichtungen reichte, verrät sowohl das rel. Verlangen als auch die rel. Unsicherheit der Zeit.

4. Eine gesonderte Betrachtung erfordert der *Einfluß des H.* auf Judentum und Christentum.

a) Die Reaktion des Judentums war zwiespältig. Wurden die Bestrebungen der Seleukiden von den gebildeten Schichten Jerusalems zunächst positiv aufgenommen, kam es später wegen der rigorosen Forderungen Antiochus' IV. (175–164 v.Chr.) zu blutigen Auseinandersetzungen unter Führung der Makkabäer. Das palästin. Judentum versuchte sich fortan von allen hellen. Einflüssen abzukapseln, ohne jedoch verhindern zu können, daß vor allem in der Diaspora (Alexandrien) hellen. Gedankengut in die atl. Weisheitsliteratur und in die LXX-Übersetzung des AT Einlaß gefunden hat. Durch allegorische Auslegung versuchten jüd. Gelehrte (Philo v. Alexandrien) den eigenen Gottesglauben ihrer Umwelt im Gewand griech. Philosophie zu vermitteln, ohne dem Gesetz der Väter untreu zu werden.

b) Im Christentum erfolgte schon bald im Zuge der beginnenden Heidenmission eine Öffnung, zugleich aber auch eine Auseinandersetzung mit dem hellen. Geist. In der Jerusalemer Urgemeinde tauchte zum ersten Mal die Bezeichnung „Hellenisten" für eine Gruppe von Leuten auf, die auf ein gelockertes Verhältnis gegenüber Gesetz und Tempel drängten. Paulus und der Lukas der Apostelgeschichte verraten hellen. Bildung, mit deren Hilfe nachapostolische Schriften wie der erste Klemensbrief und der Barnabasbrief sowie die sog. Griech. Apologeten die christl. Lehre als die wahre Philosophie und Religion zu erweisen versuchten. Christl. Grundwahrheiten sollten dadurch nicht ausgehöhlt, vielmehr im griech. Sprachraum verkündbar werden. Die Ausformung einer christl. Theologie bis hin zur Formulierung des trinitarischen und christologischen Dogmas im 4./5. Jh. erfolgte unter Verwendung griech.-philos. Begriffe. Dieser gewiß nicht gefahrlose, aber im Dienste der Sicherung des Glaubens unumgängliche Vorgang ist zu Unrecht immer wieder als „Hellenisierung des Christentums" verdächtigt worden. Er war zur Inkulturation des christl. Glaubens in der Spätantike unumgänglich.

Lit.: *J. G. Droysen,* Geschichte des H. 1–3. Neudruck Tübingen 1952/3; *R. Bichler,* H. Geschichte und Problematik eines Epochenbegriffs. Darmstadt 1983 (mit umfassender Bibliographie); *M. Hengel,* Juden, Griechen und Barbaren. Stuttgart 1976; *P. Stockmeier,* Art. H. und Christentum: SM II 665–676.

E. Dassmann

Henotheismus. Mit dem Begriff des H. (griech. *hén* = eins / *theós* = Gott) wird ein rel. Phänomen im Kontext des Polytheismus bezeichnet. Im Akt der Verehrung wendet sich der Beter so ausschließlich dem angebeteten Gott zu, daß dieser eine Steigerung zum Einzigen, Größten, Allumfassenden usw. erfährt. Bes. häufig findet sich solche Heraushebung für den jeweiligen Hauptgott, der dabei mit den Attributen der anderen Götter ausgestattet und als Einziger verehrt wird, oder für den persönlichen Schutzgott, der für die Anliegen des einzelnen speziell zuständig ist. Die Steigerung gilt aber nur für den Moment der Anbetung (sonst läge ↗Monolatrie vor) und besagt vor allem nicht die Leugnung der Existenz anderer Götter (denn das wäre ↗Monotheismus). Der gleiche Beter kann sich in einer anderen Situation mit ähnlichen Worten ebensogut an einen anderen Gott wenden. H. gehört also in den Bereich der konkreten Anbetungssituation, nicht in den Bereich der abstrakten philos.-theol. Reflexion.

Lit.: *B. Hartmann,* Monotheismus in Mesopotamien?: O. Keel (Hg.), Monotheismus im Alten Israel und seiner Umwelt. Fribourg 1980, 49–81.

F.-L. Hossfeld / E. Reuter

Hermaphrodit

↗Androgyn.

Aus der Verschmelzung der griech. Gottheiten Hermes und Aphrodite (↗Phallus und nackte Göttin) entsteht die bisexuelle Gestalt des Hermaphroditos. Hinter dieser geschlechtlichen Verbindung, die nicht Spannung, sondern Ergänzung ausdrückt, steht die Doppelgeschlechtlichkeit der oriental. Aphrodite-Astarte. Im griech. Mythos ist der H. kaum reflektiert, in der hellen. Plastik hingegen oft dargestellt.

Lit.: *W. Burkert,* Griechische Religion. Stuttgart 1977, 337 (dort weitere Lit.). *G. Riße*

Heros (griech.; Pl. Heroen), zunächst „Herr", „Edler", dann der als Göttersohn und Stammvater eines Adelsgeschlechts zwischen den Göttern und den Menschen stehende mythische Held (Halbgott), dem eine gesch. Existenz zugestanden wird. Zu seinen Lebzeiten vollbringt er große, „befreiende" Taten zum Wohle der Menschen, denen er nach seinem Tod („aus dem Grabe heraus") Hilfe zu leisten aus eigener Macht, d.h. den Göttern gleich, imstande ist. Der ihm zuteil werdende (ortsgebundene) Kult kann sich auch auf zu Heroen herabgesunkene, weil von den Olympiern verdrängte vorgriech. Götter erstrecken; umgekehrt können bedeutende Könige und Kriegshelden, aber auch vorbildhafte Menschen zu Heroen aufsteigen (↗Herrscherkult, Toten- bzw. ↗Ahnenkult, aber auch christl. Heiligenverehrung).

Wenngleich weit verbreitet, ist die Heroenvorstellung charakteristisch für den Volksglauben der ↗Griech. Religion, dem die erhabenen olympischen Götter der homerischen Adelsreligion fremd blieben. Abgesehen von Theseus, der den Minotaurus tötet (↗Labyrinth) und dadurch Athen vom Bluttribut befreit, ist der wohl bekannteste H. Herakles, Sohn des Zeus und der Alkmene, der durch seine (12) Großtaten Unsterblichkeit erwirbt. Während die Heroen allg. eine Daseinsweise in der Unterwelt erlangen, wird allein Herakles auf den Olymp erhoben. 312 v. Chr. wird er (als Herkules) in den Staatskult Roms aufgenommen.

Lit.: *A. Dihle,* Art. Heroen: RGG³ III 269f. (Lit.).; *K. Kerényi,* Die Heroen der Griechen. Zürich 1958; *M. Eliade,* Geschichte der rel. Ideen I. Freiburg ⁵1985, Kap. 11. *N. M. Borengässer*

Herrscherkult. H. ist die kultische Verehrung, die einem politischen Herrscher entgegengebracht wird. Sie gilt entweder dem Amt des Herrschers, z. B. der Institution des Königtums, oder der Familie des Herrschers (bes. wo diesem göttliche Abstammung zugesprochen wird), oder aber seiner konkreten Person, wenn diese als sichtbarer Gott gilt.

1. Im H. gilt der Herrscher als ein Mittler zwischen der Welt des Menschen und dem Bereich des Göttlichen. Er ist Zentrum und Schwerpunkt seines Wirkungsbereiches, der sich in seiner Person als in einem Mikrokosmos spiegelt. H. ist daher dem Gläubigen gleichzeitig Verehrung des Ganzen, des Kollektivs, der Ethnie, des Reiches oder Staates. Diese werden als Kosmos gesehen, der nach einem Weltgesetz geordnet ist, das sich wiederum im Herrscher verkörpert und von ihm aufrechterhalten wird. Auf der Ebene der Zeit ist die Regierung des Herrschers eine kleine Weltzeit, ihr Beginn ein kleiner Weltenbeginn, ihr Ende ein kleines Weltende. Die Person des Herrschers ist neben der profanen Zeit auch immer in der Urzeit des Mythos gegenwärtig, die die Ewigkeit der Zeitlosigkeit ist. Ähnlich, jedoch nicht gleich einem geistlichen Oberhaupt steht der Herrscher allein oder bevorzugt einem wie auch immer gearteten Transzendenten gegenüber: Dem Untertan manifestiert sich dieses durch den Herrscher, er spricht es an im Dienst an ihm.

2. In der Religionsgeschichte ist H. in verschiedensten Formen sehr verbreitet. Die urtümlichste Ausprägung ist das Sakralkönigtum, das u. a. heute noch in Afrika verbreitet ist, bis ins MA aber auch in Europa zu finden war (z. B. germ. Königsheil). Dabei besteht ein Kausalnexus zwischen der Person des Herrschers und dem Zustand des Reiches: Kraft, Tüchtigkeit, Fortpflanzungsfähigkeit und Glück des Herrschers bürgen für Fruchtbarkeit, Kriegsglück, Wohlergehen des Volkes und Landes. Ein kranker, alter oder glückloser König kann dementsprechend geopfert werden. Theologisch und kosmologisch weiterentwickelt findet sich das Sakralkönigtum in Altägypten und Altmesopotamien sowie im Fernen Osten. Die effektive Gottebenbildlichkeit des Herrschers ist hier vor allem Auftrag an den Herrscher, erhebt ihn jedoch aus der conditio humana und macht ihn nach dem körperlichen Tode zum Gott. In Griechenland und Rom früh überwunden, in Israel mit deutlicher Distanz von den Verfassern der bibl. Bücher betrachtet, erlebten das Sakralkönigtum und der H. in der hellen. Zeit und später bes. unter iran. Einfluß (Idee des Großkönigs), eine Wiederbelebung, die auch auf Rom wirkte. Der röm. H. traf bis zuletzt auf eine entschiedene aristokratische Opposition, die die röm. Historiographie der Kaiserzeit färbte (Tacitus, Sueton). Das Christentum lehnte den H. wegen seiner polytheistischen Implikationen ab, integrierte ihn jedoch nach der Konstantinischen Wende (Eusebius von Cäsarea, Idee des Apostolats des Kaisers). Ein christianisierter H. lebte im MA in Byzanz fort (Cäsaropapismus), im Westen unter Beimischung archaischer sakralköniglicher Elemente. In China bestand ein hochentwickelter kosmologischer H. bis 1911, in Japan zumindest bis zum Ende des 2. Weltkriegs.

Lit.: *L. Cerfaux / J. Tondriau,* Le Culte des Souverains dans la Civilisation gréco-romaine. Tournai 1957; *S. R. F. Prince,* Rituals and Power. Cambridge 1984. *Chr. Dröge*

Hethitische Religion. 1. Quellen. Über die rel. Vorstellungen der Hethiter bzw. der Bevölkerung Kleinasiens und Nordsyriens während der zweiten Hälfte des 2. Jt. v. Chr. sind wir im wesentlichen

den führte die ↗Bhakti-Bewegung zu einer Blüte des Śivaismus. Die devotionalen Gesänge der Nāyanārs bilden neben den Offenbarungsschriften *(āgama)* und der Auseinandersetzung mit den verschiedenen Schulen des ↗Vedānta eine wichtige Quelle für den *Śaivasiddhānta,* der sich als letzte Vollendung des Śivaismus versteht. Im 12. Jh. entstand im Dekkhan die Sekte der *Vīraśaivas* oder *Liṅgāyats,* die ein starkes sozialreformerisches Element auszeichnet. Im Norden bildete sich unter dem Einfluß des Advaita-Vedānta im 9. Jh. der *kaschmirische Śivaismus,* der eine monistische Theologie mit Bhakti und tantrischem Ritual verbindet. Auch in der Neuzeit hat der Śivaismus nur wenig von seiner Popularität eingebüßt. Neben dem Viṣṇuismus ist er noch immer die bedeutendste Religion der Hindus (↗Heil/Heilsweg II 4).

5. Im Śāktismus steht Devī oder Śakti, die weibliche Gottheit, im Zentrum des Kultes. Sie allein erkennt und handelt, sie erschafft, erhält und zerstört die Welt, sie erfüllt Wünsche, spendet Gnade, bringt Erlösung. Śakti ist die Summe und Essenz aller Śaktis, d.h. der Kräfte aller Götter, vornehmlich Śivas und Viṣṇus. Historisch geht der Śāktismus auf Stammesreligionen zurück. Daß er mit der Verehrung von weiblichen Gottheiten in der Induskultur in Beziehung steht, ist bisher nicht nachzuweisen. Seit den ersten Jh.en unserer Zeitrechnung wurde er allmählich in den Śivaismus integriert, bekam etwa ab dem 6. Jh. zunehmende theol. Relevanz durch die Brahmanen und erhielt einflußreiche Förderung durch die Schicht der Kṣatriyas (Adel und Krieger), welche die im Kampf gegen die Dämonen siegreiche Göttin als Kriegsgöttin verehrten.

Erst im 10. Jh. vermochte der Śāktismus seine Unterordnung unter männliche Gottheiten, vor allem Śiva, zu überwinden und das Abhängigkeitsverhältnis umzukehren: ohne die Göttin (Śakti) sind die Götter hilflos und unfähig zu handeln und zu erkennen (↗Gott VII 4).

Der Śāktismus, der zahlreiche regionale Kulte von weiblichen Gottheiten in den Kult der Durgā/Kālī integriert und dabei wesentlich zur Hinduisierung von Stammesreligionen beigetragen hat, spielt noch heute eine wesentliche Rolle in Indien. Neben den *Tantras,* die er als Offenbarungsschriften mit dem Śivaismus teilt, besitzt er zusätzliche eigene Schriften, die ab dem 10. Jh. entstanden sind (↗Hll. Schriften III 4). Der Kult schließt Tieropfer (Fische, Hähne, Ziegen, Büffel) und bis in die Zeit der Kolonialherrschaft auch Menschenopfer ein und bevorzugt tantrisches Ritual, das durch Wortmagie und esoterische Symbolik, manchmal in Verbindung mit ritueller Paarung, gekennzeichnet ist.

6. Der monistische Advaita-Vedānta (↗Non-Dualismus), hat sich ebenfalls zu einer selbständigen Religion entwickelt. Sein Hauptvertreter Śaṅkara soll nach der Tradition ca. 788–820 gelebt haben, wird aber von der neueren Forschung ca. 100 Jahre früher angesetzt. Die drei Ausgangspunkte *(prasthānatrayī)* seiner Lehre sind die Upaniṣaden, die Bhagavadgītā und die Brahmasūtras. Auf dieser Grundlage entwickelt Śaṅkara ein Weltbild und eine Erlösungslehre, die sich weit von der vedischen Religion entfernen: die Welt, einschließlich der Götter, ist Produkt der ↗*Māyā,* ist Schein. Höchste Realität besitzt nur das eine unvergängliche ↗*Brahman,* welches mit ↗*Ātman,* dem individuellen Selbst, identisch ist. Aus der Gleichsetzung von Brahman und Ātman folgt, daß es keine Pluralität von ewigen Seelen gibt. Alle Vielheit ist Illusion und hat als solche nur sekundäre Realität. Sie verschwindet, wenn höchste Erkenntnis das individuelle Bewußtsein zur Verschmelzung mit Brahman und damit zur Erlösung führt. Der Advaita-Vedānta hat großen Einfluß auf den Śivaismus ausgeübt und z. B. den kaschmirischen Śivaismus deutlich geprägt. Vom Viṣṇuismus wurde er stark modifiziert, z. B. im qualifizierten Monismus *(viśiṣṭādvaita)* des Rāmānuja. Vor allem aber hat der Advaita-Vedānta nachhaltigen Einfluß auf den Neo-H. ausgeübt (↗Gott VII 2; Heil/Heilsweg II 3).

7. Der Neo-H. der im 19. und 20. Jh. der ind. Freiheitsbewegung zusätzliche rel. Impulse verlieh und heute vor allem in der städtischen Oberschicht anzutreffen ist, begann als eine Reformbewegung. Er entwickelte jedoch stark synkretistische Tendenzen (↗Synkretismus), welche

mit den Seelen Verstorbener oder mit ↗Dämonen; Kenntnis spezieller, außerhalb des offiziellen Kults liegender Riten (z. B. Liebeszauber). Selbst dort, wo diese Begabungen gerne in Anspruch genommen werden, sind Hexer und Hexen, sofern sie eine Außenseiterposition in der Gesellschaft einnehmen und von Geheimnissen umgeben sind, in Krisenzeiten bes. leicht dem Verdacht des Schadenzaubers ausgesetzt. Durch diesen „Sündenbockmechanismus" kann aber jemand auch ohne eigenes Zutun als Hexe(r) abgestempelt und verfolgt werden, wenn die Schuld an plötzlich auftretenden Krankheiten bei Mensch, Vieh und Nutzpflanzen, an unerklärlichen Todesfällen, erntevernichtendem Hagelschlag u. ä. einer mißliebigen Person zugeschrieben wird, die jemandem durch den „bösen Blick", heimliche Berührungen, Verwünschungen oder Zauberpraktiken das Unglück „angehext" haben soll.

In Europa erreichte die H. im späten MA und in der frühen Neuzeit (Deutschland bes. 16. Jh. bis Mitte 17. Jh.) das Ausmaß eines Massenmords. Selbst vorsichtige Schätzungen rechnen mit 100000 Hingerichteten. Eine Denunziation führte, wurde erst einmal ein Inquisitionsprozeß angestrengt, fast zwangsläufig zur Hinrichtung, da „Geständnisse" unter der Folter erpreßt wurden. Weiteres Ziel des Folterns war die „Besagung" von angeblichen Mitverschworenen, was jeweils eine Lawine weiterer Prozesse auslöste. Wirtschaftliche, soziale, politische und rel. Krisen der Zeit hatten allg. zu dem Glauben geführt, die Macht des Teufels (↗Satan) werde immer größer. Den als Hexen Angeklagten wurde daher nicht nur Schadenzauber vorgeworfen, sondern auch, sie hätten mit dem Teufel, mit dem sie geschlechtlich verkehrten, einen Bund geschlossen und bildeten eine Sekte; zu bestimmten Zeiten flögen sie zum „Hexensabbat", wo sie angeblich kleine Kinder schlachteten und sexuelle Orgien feierten. Dieser Vorwurfskatalog lag bereits den Juden- und Ketzerverfolgungen, die den Hexenprozessen vorausgingen, zugrunde und beruht auf der literarischen Tradition der Auseinandersetzungen zwischen Heiden, Kirche und Häretikern der Spätantike. Damals wie später entbehrten die gegen die jeweils anderen erhobenen Beschuldigungen der Realität, wurden jedoch im Falle der Hexen scheinbar beglaubigt, da sie, in den Fragekatalogen der Verhöre formuliert, von den Gepeinigten zugegeben wurden. Sicherlich haben dabei allg. übliche Frauenbräuche der – schließlich dämonisierten – Vorstellung von einer ausgelassenen Frauenschar, die um einen Bock tanzt, Plausibilität verliehen. – Daß etwa 80% der Verfolgten weiblich waren (vgl. *M. Luthers* Übersetzung von Ex 22,17: „Die Zeuberinnen soltu nicht leben lassen"), ist vor dem Hintergrund sozialer Probleme, u. a. im Zusammenhang mit einem überproportional großen Bevölkerungsanteil von Frauen zu sehen. Grundlage ihrer Diffamierung war die für patriarchalische Gesellschaften charakteristische und durch die christl. Sexualmoral verschärfte Auffassung von der Frau als „Triebwesen" und Verführerin, gegen die sich der geistig höherstehende Mann zur Wehr setzen muß. Dieser Frauenhaß fand seinen beispielhaften Ausdruck im „Malleus maleficarum", dem 1487 in Köln veröffentlichten „Hexenhammer" (Übers. Berlin 1906/München 1986) der Inquisitoren *J. Sprenger* und *H. Institoris,* einem systemat. (auf durch Kirchenväter und Scholastik vermittelten antiken Quellen und Bibelzeugnissen basierenden) Handbuch der Hexenbekämpfung und -ausrottung, das im Anschluß an die päpstliche Bulle „Summis desiderantes affectibus" von *Innozenz VIII.* aus dem Jahr 1478 entstand. Zu den berühmtesten Gegenstimmen gehört die Schrift des Hexenbeichtvaters *F. von Spee* „Cautio Criminalis oder Rechtliches Bedenken wegen der Hexenprozesse" (Rinteln 1631, Übers. Weimar 1939/München 1986). In Deutschland wurde noch 1775 eine Frau als Hexe hingerichtet.

Während sich Vertreterinnen der Neuen Frauenbewegung mit den Hexen identifizieren und in ihnen, einer aus der Zeit der Romantik stammenden Theorie entsprechend, Trägerinnen eines altheidnischen Heilwissens sehen, werden andererseits auch heute noch immer wieder Frauen als Hexen beschimpft und für Unglücksfälle, die sie angeblich durch Schadenzauber bewirkt haben, haftbar gemacht.

Lit.: *W. G. Soldan,* Geschichte der Hexenprozesse: Aus den Quellen dargestellt. Stuttgart 1843 (neu hg. v. H. Heppe. Stuttgart 1880, neu bearb. v. M. Bauer, München 1912, Nachdr. Darmstadt 1972); *J. Hansen,* Zauberwahn, Inquisition und Hexenprozeß im MA und die Entstehung der großen H. Aalen (1910) 1964; *ders.,* Quellen und Untersuchungen zur Geschichte des Hexenwahns und der H. im MA. Hildesheim (1901) 1963; *M. Douglas* (Hg.), Witchcraft. London 1970; *G. Becker u. a.,* Aus der Zeit der Verzweiflung. Frankfurt 1977; *C. Honegger* (Hg.), Die Hexen der Neuzeit. Frankfurt 1978; *I. Schöck,* Hexenglaube in der Gegenwart. Tübingen 1978; *G. Schormann,* Hexenprozesse in Deutschland. Göttingen 1981; *Ch. Degn u. a.* (Hg.), Hexenprozesse. Neumünster 1983; *A. C. Lehmann /J. E. Myers* (Hg.), Magic, Witchcraft, and Religion. Palo Alto 1985; *G. Luck* (Hg.), Arcana Mundi. Magic and the Occult in the Greek and Roman Worlds. Baltimore 1985. *D. Baudy*

Hidjra

↗Islam.

In den ersten Jahren seines Auftretens war ↗Muḥammad einem starken Druck seiner mekkanischen Landsleute ausgesetzt. 615 nahmen die Repressalien derart zu, daß ein Großteil der Gläubigen nach Abessinien auswanderte. Muḥammad selbst blieb bei dem Rest der Gemeinde, unter dem Schutz seiner Sippe, in Mekka zurück. Nach dem Tode seiner Frau Khadīdja und seines Onkels Abū Ṭālib (um 619) schutzlos geworden und ohne jegliche Unterstützung, nahm er mit den Bewohnern von Medīna erste Kontakte auf. Diese führten, während der Pilgerfahrt des Jahres 622, zu einer Abmachung, die die Medīner verpflichtete, die Schutz- und Trutzpflicht für Muḥammad und seine an Anzahl und Jahren junge Gemeinde zu übernehmen. In Gruppen und möglichst unauffällig begaben sich die Gläubigen nach Medīna. Muḥammad selbst verließ auf abenteuerliche Weise zusammen mit Abū Bakr (reg. 632–634), dem nachmaligen ersten Khalīfen, im September 622 Mekka. Das war die berühmte hidjra (= H.). Der Ausdruck besagt die Aufgabe der natürlichen Bindungen zu Sippe und Stamm. Die Übersetzung „Flucht“ ist ungenau, Auswanderung oder Emigration geben den Sach- und Tatbestand genauer wieder. Für die Emigranten war der Aufenthalt in Medīna mehr als nur ein persönlicher Neuanfang, hier war die Voraussetzung geschaffen worden für den Fortbestand der muslimischen Gemeinde. Der zweite Khalīf 'Umar I. (gest. 644) trug dem Rechnung, indem er die H. nachträglich zum Jahr 1 der islam. Zeitrechnung deklarierte.

Zum islam. ↗Kalender ist hier zu sagen, daß er ein Mondkalender ist. Da ein Mondjahr kürzer ist als ein Sonnenjahr, müssen zum Ausgleich Schalttage hinzugezählt werden. Die Zeitdauer eines Tages richtet sich nach der Sonne, d.h., der Tag beginnt nach Sonnenuntergang und endet mit Sonnenuntergang. Zur Umwandlung der Jahreszahlen des Gregorianischen, christl. (= C) in Jahre des islam. oder hidjra-Kalenders (= H) und umgekehrt bedient man sich folgender Regel:

1. $H = \frac{C - 622}{32} + C - 622$
2. $C = H + 622 - \frac{H}{33}$

Beispiel 1986 in H:

$$H = \frac{1986 - 622}{32} + 1986 - 622$$

$$H = 1406/1407$$

d.h., die ersten (acht) Monate des Jahres 1986 fallen in das Jahr 1406 islam. Zeitrechnung, und die letzten (vier) Monate in das Jahr 1407.

Lit.: *W. Montgomery Watt / A. T. Welch,* Der Islam I. Stuttgart 1980, 93–95 306–310; *R. Paret,* Mohammed und der Koran. Stuttgart [5]1980; *F. Gieringer,* Islamische Feiertage: CIBEDO-TEXTE Heft 16/17 (1982). *G. Riße*

Hierodule. Als H. (griech. „heilige Knechte“) bezeichnet man jene Diener bei den Heiligtümern, die, wie die Priester, zur „Dienerschaft des Gottes“ gehörten, aber zu bestimmten Leistungen und Abgaben an den Tempel verpflichtet waren. H. wären demnach allgemein „Diener im Heiligtum“, im speziellen Sinne aber unfreie Tempeldiener, so im Heiligtum der Venus Erycina (in Sizilien), im Apollontempel zu Delphi, im Artemision zu Ephesos, gelegentlich auch als Hetären, so in den orientalisch beeinflußten Aphroditeheiligtümern in Korinth.

Die weiblichen H. sollten als Tempeldienerinnen deutlich abgegrenzt werden gegen Buhldirnen, Tänzerinnen oder Bajaderen. Im altind. Kulturkreis pflegten die Tempeldienerinnen auch Tanz und Musik; sie verstanden sich auf Schreiben und Lesen und hüteten die theol. Überlieferungen. Alle größeren Heiligtümer im hellenischen und vorderasiat. Raum mit ihren in der Regel ausgedehnten Tempelanlagen dürften sich zur Wartung der Heiligtümer – mit verschiedensten Funktionen – eine solche „heilige Dienerschaft" gehalten haben, die durch einen kultischen Akt sakrosankt geworden war. Bei Euripides spricht Jon, eine Hierodule des Phoibos: „Geschmückt durch des Gottes Gaben, dessen Knecht ich bin."

Lit.: *H. Hepding,* Hieroduloi: PRE VIII. Stuttgart 1913, 1459–1468; *A. Hirt,* Die H. Berlin 1818; *J. Kreuser,* Der Hellenen Priesterstaat mit vorzüglicher Rücksicht auf die H. Mainz 1822; *W. Otto,* Beiträge zur Hierodulie im hellen. Ägypten. München 1949.

H. Schipperges

Hierogamie (griech. *hieròs gámos* = heilige Hochzeit) findet sich in zahlreichen Religionen. Ein Motiv für die H. ist die Zauberkraft, die dem Geschlechtsakt innewohnt und die Natur befruchtet. Daher spielt sie in den Fruchtbarkeitsriten vieler Religionen eine wichtige Rolle. Das andere wesentliche, durchgängige Motiv für die H. ist die geschlechtliche Vereinigung mit der Gottheit, vollzogen mit einem Stellvertreter (Priester, ↗Hierodule, Tempelmädchen). Diese *unio mystica,* die substantielle Einigung mit dem Göttlichen (meist Fruchtbarkeits- oder Liebesgöttin) in der vollzogenen oder symbolisch dargestellten sexuellen Vereinigung, zeigt die Sehnsucht des Menschen nach Hingabe und kosmischer Einheit. Dazu *G. van der Leeuw:* „Kein Mensch ist imstande, das Sexuelle aus irgendeinem Verhältnis, auch nicht aus demjenigen zur Gottheit, völlig zu entfernen" (257).

Die Höherentwicklung sittlicher Vorstellungen bewirkt einen Übergang ins Symbolische. So wird in den Mysterienkulten symbolisch ein Brautbett bereitet, auf dem in einer Vision die Vereinigung zwischen dem Mysten und der Gottheit geschieht.

Den Gnostikern (↗Gnosis/Gnostizismus) ist die H. ebenfalls bekannt. Da die Differenzierung der Welt ihrer Meinung nach durch Zeugung erfolgt ist, versuchen sie, den Weg zurück zur Einheit durch mystisch-symbolische oder tatsächliche rituelle Liebesvereinigung zu beschreiten.

Von der H. läßt sich die *Brautmystik* ableiten, die schon im *AT* in sprachlichen Symbolen zum Ausdruck kommt und das Verhältnis Jahwe – Israel charakterisiert (vor allem in der allegorischen Deutung des Hohenliedes) und im *NT* weiterlebt (Verhältnis Christus – Kirche).

Später wird die jüd.-christl. Brautmystik individualisiert: Die Seele wird die Braut des Logos, mit ihm im *pneumatikòs gámos* verbunden (Philo v. Alex., Origenes). Auch im *MA* lebt die individualisierte Brautmystik weiter (Mechtild v. Magdeburg), und bis in die Neuzeit findet sich der Brauch, daß z. B. den Benediktinerinnen nach ihrem Gelübde ein Kruzifix auf das Kopfkissen gelegt wurde. Bemerkenswert ist auch die Tatsache, daß sich zeitgleich im MA sowohl im ind. Krishna-Kult als auch in der islam. Mystik eine Liebesmystik entwickelte.

Lit.: *F. Heiler,* Erscheinungsformen und Wesen der Religion. Stuttgart 1961; *ders.,* Die Frau in den Religionen der Menschheit. Berlin 1976; *ders.,* Die Religionen der Menschheit. Hg. v. K. Goldammer. Stuttgart [4]1982; *G. van der Leeuw,* Phänomenologie der Religionen. Tübingen [2]1956.

D. Becker

Hieroglyphen

↗Schrift.

H. („Heilige Zeichen") haben die Griechen die altägypt. Schriftzeichen genannt, da zu ihrer Zeit nur noch „heilige" Texte in dieser Schrift geschrieben wurden. Die Schrift ist, obwohl die Zeichen ihren Bildcharakter bewahrt haben, keine Bilder-, sondern weitgehend eine Lautschrift, die, wie die semitischen Schriften, nur Konsonanten festhält. Schriftrichtung ist normalerweise von rechts nach links, aber im gegebenen Fall auch umgekehrt. In ihr wurden monumentale Inschriften auf Tempel- und Grabwänden, auf Statuen und Gegenständen, auf Grab- und Denksteinen geschrieben, während man im Alltag die kursive hieratische und, ab dem 5. Jh. v. Chr., die demotische Schrift, vor allem auf Papyrus, anwandte, also Kursivformen der gleichen Schrift. Die H. wurden um 3000 v. Chr. erfunden, ihre Kenntnis starb im 4. Jh. n. Chr. aus, da die christl. Ägypter ihre Sprache mit griech. Buchstaben schrieben.

H. Brunner

Himmel

I. Chinesisch. – II. Jüdisch-christlich

I. Chinesisch. Die chin. Religion und Philosophie gründen auf der Konzeption des H. *(T'ien),* der eine anthropomorphe Kraft des Universums darstellt. Das chin. Schriftzeichen zeigt eine menschliche Figur mit großem Kopf. In der alten chin. Religion wurde der H. als ein höheres Wesen verehrt. Zuerst jedoch gab es die Begriffe *Ti* („Herrscher") und *Shang-ti* („höchster Herrscher") als Bezeichnungen für Gott. Erst später (Chou-Zeit, 1000–221 v. Chr.) kam der Begriff *T'ien* vor, der einen übersipplichen Himmelsgott bezeichnete. Der H. wird zunächst als ein beseeltes Wesen zusammen mit *Ti* und *Shang-ti* verehrt, bald aber wurde *T'ien* zum Zentralbegriff des chin. Denkens (↗Welt VI). Der H. ist der elementarste Raum des (spezifisch chin. verstandenen) Transzendenten, der Aufenthaltsort der Ahnen (↗Ahnenkult V), Träger und Symbol der Macht. Für Mo-tzu (um 480–400 v. Chr.) war der H. ein persönlicher Gott. Der H. ist Quell des Universums, Weltgesetz, Ordnungsprinzip *(li)* und moralische, sich in dem ↗Menschen (V) spiegelnde Kraft; der H. entgilt Gutes und ↗Böses (V). Der sichtbare H. und der H. als aktives Prinzip der Weltordnung sind jedoch für die Chinesen untrennbar. Nach späteren kosmologischen Vorstellungen steht der H. *(yang)* mit der Erde *(yin)* in Verbindung/Gegensatz. Beide waren in der Mythologie ursprünglich nicht getrennt. Der H. hat Vorrang vor der Erde (von einem Dualismus ist jedoch nicht die Rede). Der H. bringt die Wesen hervor und sichert die Entwicklung. Er regelt den Kreislauf der Natur. Der Mensch, vor allem aber der Herrscher, der als Sohn des Himmels *(T'ien-tzu)* bezeichnet wird, ist verpflichtet, den Willen des H. als der höchsten ethischen Norm zu verwirklichen. Das ist sein Schicksal (*t'ien-ming;* „Himmlischer Auftrag").

Der ↗Konfuzianismus und später der Neo-Konfuzianismus haben diese Vorstellungen noch weiter rationalisiert und zu einem staatspolitischen System („Staatskultwesen") ausgebaut („Ziviltheologie"). Der H. wurde zwar abstrakter, blieb jedoch in der konfuzianischen Lehre anthropomorph. Die Chinesen sehen die schöpferische Tätigkeit des H. als Herrschermacht an. Dem H. wurden auf dem Himmelsaltar *(T'ien-t'an)* Opfer dargebracht (↗Kult/Gottesverehrung VI), was Pflicht und Vorrecht des Kaisers war. Im allg. darf man sagen, daß der H. für die Chinesen eine Hierophanie des Göttlichen (das jedoch nicht ein Äquivalent des westl. *sacrum* ist) darstellte und mit dem Schicksal *(ming)* eng verbunden war. Der H. straft und segnet, ist jedoch kein Schöpfer und kein Absolutum. Der Begriff H. drückt eine göttliche und natürliche, kosmische und soziale Ordnung aus; in ihm treffen sich das Politische und das Religiöse, die Vorstellungen vom Menschen und von der Welt.

Die christl. Missionare (M. Ricci) haben diesen Begriff übernommen und als *T'ien-chu* („Himmelsherr") für den christl. Gott gebraucht. Dies wurde einer der Diskussionspunkte im Ritenstreit.

Lit.: *W. Bauer,* China und die Hoffnung auf Glück. München 1971; *W. T. Chan* (tr. a. comp.), A Source Book in Chinese Philosophy. New Jersey 1963; *J. Ching,* Confucianism and Christianity. Tokyo 1977; *H. G. Creel,* The Origin of the Deity T'ien: ders., The Origins of Statecraft in China I. Chicago 1970, 493–506; *H. H. Dubs,* The Archaic Royal Jou Religion: TP 46 (1959) 218–259; *W. Eichhorn,* Die Religionen Chinas. Stuttgart 1973; *G. Finazzo,* The Principle or Tien. Taipei 1967; *J. Gernet,* Christus kam bis nach China. Zürich 1984; *M. Granet,* La religion des Chinois. Paris 1922; *J. J. M. de Groot,* Universismus. Berlin 1918; *H. Maspero,* Le Taoïsme et les religions chinoises. Paris 1971; *W. Münke,* Die klassische chin. Mythologie. Stuttgart 1976; *J. Needham,* Science and Civilization in China. Vol. II. Cambridge 1956; *J. Shih,* The Notions of God in the Ancient Chinese Religion: Numen XVI (1969) 99–138; *H. Stietencron* (Hg.), Der Name Gottes. Düsseldorf 1975; *L. G. Thompson,* Chinese Religion. Belmont 1969; *ders.,* Chinese Religion in Western Languages. Tucson 1985; *T. K. Tien,* L' idée de Dieu dans les huit classics premiers chinois. Freiburg 1942; *C. K. Yang,* Religion in Chinese Society. Berkeley 1961. *R. Malek*

II. Jüdisch-christlich (↗Ewigkeit). 1. H. bezeichnet im heutigen Sprachgebrauch jene Sphäre, in die der glaubende und begnadete Mensch nach seinem ↗Tode (II, III) eintritt, um in Gott zusammen mit allen Geretteten die Fülle des ↗Heils (VI, VII) zu erfahren, auf das die geschaffene Person wesentlich angelegt ist. Mit dem heliozentrischen Weltbild werden alle orthaften Vorstellungen von einem Wohnen im obersten Stock des Weltgebäudes hinfällig. Eine Verlegung des H. in die endlosen Fernen des Kosmos erweist sich naturphilosophisch und theologisch als sinnlos. Doch schon die bibl. Rede vom H. hält sich außerhalb der mythologischen Vorstellungen (↗Mythos), trotz aller Bindung an das antike Weltbild. Entscheidend dafür ist der ganz anders geartete Gottesbegriff. Gott wird von keiner geschöpflichen Realität – auch nicht von Zeit und Raum als den Anschauungsformen der Materie in einem empirisch gebundenen Vernunfterfassen – umgriffen und ist mit ihnen nicht kommensurabel. Himmel und Erde sind gleichermaßen von Gott geschaffen und bilden den Inbegriff für das Schöpfungsganze (Gen 1,1). H. heißt die sich in der Welterkenntnis auftuende rel. und ethische Bezogenheit des personalen Geistes auf den transzendenten Gott.

2. Die entscheidende Fortführung in der Idee vom H. bringt die Verkündigung des ↗Gottesreiches (II) durch Jesus. Durch ihn ist der H. offen (Mt 3, 16). Er selbst ist die reale Ankunft Gottes bei den Menschen und bringt so das Heil in geistlicher, geistiger und leiblicher Hinsicht. Durch Kreuz und Auferstehung ist ihm alle Macht im H. und auf Erden übertragen (Mt 28,18). Von Jesus Christus her betrachtet, heißt H. die definitive Verwirklichung der gnadenhaften Selbstmitteilung des dreifaltigen Gottes, die in Glaube, Nachfolge und Gleichgestaltung mit Christus angenommen wird. Des Christen wahre Heimat ist im H., weil er mit Christus, der zur Rechten Gottes sitzt (Erhöhung, H.-Fahrt), auferweckt wurde (Eph 2,6; Kol 3,1 f.). Wenn sein Wandel im H. ist (Phil 3,20), dann kann dies mit einer Flucht in ein besseres Jenseits (↗Zukunft/Jenseits II, VII, VIII) nur dann verwechselt werden, wie es die Religionskritik (Feuerbach, Marx, Nietzsche, Freud) im Gegenzug zur „natürlichen Religion" der Aufklärung, die man für die christl. hielt, tat, wenn man unter H. ein späteres Schlaraffenland versteht anstelle der gnadenhaft getragenen neuen Existenzform des Christen vor Gott.

3. Die Frage nach dem Schicksal des einzelnen nach dem Tod war in der Geschichte oft von der Frage nach der Parusie, dem allgemeinen Gericht und der endzeitlichen Gemeinschaft der Heiligen überlagert. Auch die frühe Kirche glaubte an eine Existenz der Verstorbenen in der ↗Unterwelt, einem Wartezustand bis zur ↗Parusie. Nur die Patriarchen, Propheten und bes. die Märtyrer werden bei Christus weilend im ↗Paradies geglaubt. Schon bei *Tertullian* und *Cyprian* aber findet sich der Glaube angedeutet, daß jeder im Stand der Heiligkeit sterbende Christ bei Christus im H. ist. In der bedeutsamen Lehrentscheidung Papst *Benedikts XII.* (1336) kommt dann der Glaube der Kirche voll zum Ausdruck, daß jeder in der Rechtfertigungsgnade gestorbene Christ nach dem individuellen Gericht und noch vor der Wiederkunft Christi der himmlischen Herrlichkeit teilhaftig wird, in der er mit den ↗Engeln und allen Heiligen in der Gemeinschaft der endgültig Geretteten lebt. Im H. findet der Christ nicht die Erfüllung sinnlicher Freuden in einem Genuß ohne Reue, so wie in vielen Religionen das Paradies vorgestellt wird. Nur Gott selbst kann in der Selbstgabe seines Lebens in der dreifaltigen Liebe die Erfüllung der personalen Transzendenz des Geschöpfs auf ewige Liebe hin sein. Der H. ist so die unverlierbare Weise der Teilhabe am Leben des ewigen Gottes. Da die Schönheit der Schöpfung und ihre Ordnung nur in einer Vielfalt ihrer Erscheinungen ein Abbild Gottes ist, kann Gott der Inhalt der Seligkeit des einzelnen nur so sein, wie dieser in der sozialen Verknüpfung mit den geistbegabten Geschöpfen steht. Die heilshafte Nähe bei Gott umschließt so auch die Gemeinschaft der Heiligen und drückt sich wesentlich in ihr aus.

Lit.: ↗Ewigkeit. *G. Müller*

Hīnayāna-Buddhismus ↗Buddhismus III 1.

Hinduismus/Hindu-Religionen

I. Der Begriff Hinduismus. – II. Die wichtigsten Hindu-Religionen. – III. Gemeinsamkeiten der Hindu-Religionen. – IV. Heutiges Selbstverständnis und Wirkung im Westen. – V. Christentum und Hindu-Religionen

I. Der Begriff Hinduismus. Die Missionare und Reisenden, die ab dem 16. Jh. zunehmend häufig über Religion und Bräuche in Indien berichteten, hatten die Inder generell als Heiden eingestuft, sofern sie keiner der Buchreligionen (Judentum, Christentum, Islam) angehörten. Man nannte sie lat. *gentiles*, Portug. *gentio*, daraus abgeleitet Engl. *gentoo* und Niederländisch/Dt. Heyden (Heiden). Demgegenüber war es ein Fortschritt, als im 18. Jh. an die Stelle von „Gentoo" das Wort „Hindoo" (pers. Hindu) trat, aus dem im 19. Jh. schließlich der Begriff H. abgeleitet wurde. H. ist also keine Selbstbezeichnung einer ind. Religion. Der Begriff hat aber auf das Selbstverständnis des Neo-H. im 19. und 20. Jh. Einfluß ausgeübt. Er suggeriert eine rel. Einheit, die im Kampf um die politische Unabhängigkeit und die nationale Einheit Indiens eine Rolle spielte und die auch heute noch separatistischen Tendenzen entgegenwirkt. Der Begriff H. kann jedoch Mißverständnisse hervorrufen. Als man ihn prägte, ging man von zwei unzutreffenden Voraussetzungen aus. Erstens glaubte man, das aus dem Persischen übernommene Wort Hindoo (Hindu) bezeichne die Anhänger einer bestimmten Religion, die man eben mit dem Wort H. zu benennen versuchte. Zweitens hielt man alle Inder für Anhänger dieser Religion, wenn sie keiner der schon bekannten Religionen angehörten, also weder Muslime noch Christen, Juden, Parsen, Buddhisten oder Jainas waren. Beide Voraussetzungen waren falsch. Das schon im ↗Avesta und in altpers. Inschriften belegte Wort Hindu bedeutet urspr. nichts anderes als unser von den Griechen ererbtes Wort Inder. Beide sind vom Namen des großen Stromes Indus abgeleitet (Skt. *sindhu* = pers. *hindu* = griech. *Indós)*, der auch dem Land und den Bewohnern des Landes seinen Namen gab: Hindus sind die Leute aus dem Land des Indus, die Inder. Wenn auch die Persisch sprechenden, islam. Eroberer Indiens zwischen Muslimen und Hindus unterschieden, so bedeutete dies nicht, daß die Hindus alle einer Religion angehörten. Heute kennen wir eine Reihe von Religionen der Hindus, und unsere Detailkenntnis nimmt ständig zu. Der Begriff kann daher nicht – wie man urspr. glaubte und auch heute noch oft fälschlich annimmt – eine bestimmte ind. Religion bedeuten, sondern er muß als zusammenfassende Bezeichnung für eine Gruppe von verwandten, aber voneinander verschiedenen Religionen aufgefaßt werden, die im südasiat. Raum (Indien, Pakistan, Bangladesh) entstanden sind. Diese Religionen sind ebenso verwandt, aber auch ebenso verschieden wie Judentum, Christentum und Islam. Sie haben verschiedene Gottesvorstellungen (↗Gott VII), verschiedene ↗Heilige Schrift(en) (III) und unterschiedliche rituelle Praxis; sie besitzen eine je eigene Theologie, berufen sich auf eigene Theologen und verehren eine je andere Gottheit als höchsten Gott.

II. Die wichtigsten Hindu-Religionen. 1. Die Religion der Induskultur (Blütezeit ca. 2300–1750 v. Chr.) läßt sich aus archäol. Funden nur bruchstückhaft erschließen. Interpretationsversuche gehen im allg. davon aus, daß Elemente der Religion der Induskultur auch nach deren Untergang fortlebten und teilweise in den hist. Religionen Indiens wiedererkannt werden können. Bildliche Darstellungen auf Steatit-Siegeln aus Mohenjodaro, Harappa und anderen Siedlungen der Induskultur zeigen Baumgottheiten (in denen man Vorläufer der Yakṣas und Yakṣīs sehen kann). Eine Gottheit in der charakteristischen Sitzhaltung eines Yogin deutet darauf hin, daß ↗Yoga-Praktiken in die Zeit der Induskultur zurückreichen. Auch findet sich eine von Wildtieren umringte Gottheit, die als „Herr der Tiere" (Paśupati) gedeutet und – wahrscheinlich zu Unrecht – als Vorstufe Śivas betrachtet wird. Der aufgerichtete ↗Phallus Śivas, den man zu erkennen glaubte, ist jedoch eher ein Gürtelgehänge, und da sie, wie Frauen, Armreifen tragen, scheint es nicht mehr sicher, daß diese Gottheiten männlich sind. Eine zentrale Rolle spielte das rituelle Bad, für welches aufwendige Anlagen errichtet wurden (die vielleicht im Tempelteich von Hindutempeln eine Fortsetzung finden). Gebäude, die als Tempel betrachtet werden können, hat man dagegen nicht identifizieren können. Spekulativ bleibt die Deutung von kleinen Steinen und Ringsteinen als Liṅgam und Yoni (phallisches Symbol Śivas mit Vulva als Sockel) und die Deutung von weiblichen Tonfigurinen als Muttergöttinnen.

2. Die vedische Religion. Als älteste der lit. belegten Religionen Indiens hat die vedische Religion, die auch als Vedismus bezeichnet wird, für die rel.-gesch. Forschung eine bes. wichtige Rolle gespielt. Sie zeigt enge Verwandtschaft mit der altiran. Religion und läßt in Götternamen und Mythen auch Beziehungen zur Religion der Griechen, Römer und Germanen erkennen. Sogar in einem Vertragstext der Mitanni aus dem Jahr 1380 v. Chr. werden die vedischen Götter Mitra, Varuṇa (Uruna), Indra und die Nāsatyas (= Aśvins) genannt. Träger der vedischen Religion waren viehzüchtende halbnomadische Völkerschaften, die in einem noch nicht näher bestimmbaren Zeitraum zwischen 1700 und 1200 v. Chr. wahrscheinlich in mehreren Wellen aus dem Westen und Nordwesten nach Indien einwanderten und die sich selbst als Ārya (Arier) bezeichneten. Ihre Religion war polytheistisch. Im Zentrum des Kultes stand das Opfer an die Götter, die der Priester durch Rezitation eines Preislieds zum Opfer herbeirief. Die mit drei Feuern versehene Opferplattform wurde sorgfältig errichtet, die Opferung selbst wurde von mehreren Priestern unter Rezitation von Versen *(ṛc)*, Gesängen *(sāman)*, Opfersprüchen *(yajus)* und Formeln *(mantra)* vollzogen. Als Opfergaben spielten der Somatrank, Tieropfer, Schmelzbutter, Getreidekörner und gekochte Speisen eine wichtige Rolle. Auch den verstorbenen Ahnen *(pitṛ)* wurden Opfer dargebracht. In den vier Veden, nach denen diese Religion benannt ist (Skt. *veda* m. = Wissen) ist uns das älteste Corpus rel. Schriften und zugleich die älteste große dichterische Schöpfung der indo-europ. Sprachfamilie erhalten (↗Hll. Schrift[en] III). Besondere Beachtung verdient der *Ṛgveda*, der in 10 Liederkreisen *(Maṇḍala)* 1028 Hymnen und Rätsellieder enthält und die älteste Quelle für die Gottesvorstellung und Mythologie der vedischen Arier darstellt. Die Redaktion dieses Textes war bis auf wenige Nachträge wahrscheinlich um 1000 v. Chr. abgeschlossen. Die Veden samt der zugehörigen ritualexegetischen Lit. (Brāhmaṇa) sowie den spekulativen „Waldbüchern" (Āraṇyaka) und „Geheimlehren" (Upaniṣad) gelten als Offenbarungsschriften (*śruti*, ↗Offenbarung III) und haben großen Einfluß auf spätere Religionen in Indien ausgeübt. Als Gaben der Götter erhoffte der vedische Inder zahlreiche Nachkommen, Gesundheit, Wohlstand, Sieg über die Feinde und ein Leben von hundert Herbsten sowie Vergebung von Verstößen gegen die Weltordnung bzw. „Wahrheit" *(ṛta)* und nach dem Tode ein Eingehen in die Himmelswelt *(svarga)*, wo Indra und die anderen Götter wohnen. Allg. rel. Pflichten waren das Studium der hll. Schriften und Opfervorschriften, das Opfern an Götter und Manen und das Aufziehen von Söhnen, an welche die rel. Tradition und die Opferverpflichtung weitergereicht werden konnte. Mit diesen drei Pflichten bezahlte man seine Schulden an Götter, Manen und Lehrer.

Die Entwicklung der vedischen Religion in Richtung auf eine Betonung der für den Umgang mit den Göttern erforderlichen rituellen Reinheit führte in der ersten Hälfte des 1. Jt. v. Chr. zu zunehmender priesterlicher Spezialisierung der Brahmanen und zum Ausschluß von Angehörigen der vorwiegend nichtarischen Unterschicht, der Śūdras, vom Opfer und vom Studium der Veden. In den Händen der Brahmanen wandelte sich die Opferwissenschaft zu einer Wissenschaft von den im Opfergeschehen wirksamen Kräften und Gesetzen des Kosmos. Beziehungen zwischen ↗Mikrokosmos und Makrokosmos, zwischen dem mit schöpferischer Kraft erfüllten Wort und dem von ihm bezeichneten Gegenstand sowie zwischen ritueller Handlung und künftigem Geschehen führten zu einer Konzeption von Welt und Opfer, in der die Götter im Grunde nicht mehr benötigt wurden. Die nun einsetzende Spätphase der vedischen Religion wird gelegentlich als „Brahmanismus" bezeichnet. In ihr entwickelte sich die in den Brāhmaṇas angedeutete, in den Upaniṣaden ausgearbeitete Lehre von der Wiedergeburt (↗Reinkarnation) und vom ↗*Karman*-Gesetz, wonach sich gute und schlechte Taten dieses Lebens im nächsten Leben auswirken. Sie bewirkte allmählich eine Abkehr vom Erlösungsziel der vedischen Religion: Ein Leben im Himmel erschien nicht mehr als höchstes Ziel, da auch dort das Gesetz von Wiedertod und Wiedergeburt und von Karman gilt. Der Ort der Erlösung war daher weder bei den Göttern zu suchen noch durch Opfer zu erreichen. Erlösung konnte nur durch Erkenntnis erlangt werden, und Ziel dieser Erkenntnis war das eine Unsterbliche, das allem Sein zugrunde liegt: *brahman,* welches mit *ātman,* dem individuellen ↗Selbst, identisch ist. Mit dieser Konzeption führte die späte vedische Religion über sich selbst hinaus. Der Sinn des Opfers wurde in Frage gestellt und der Weg für Reformbewegungen wie Buddhismus und Jinismus ebenso wie für atheistische Systeme (z. B. Sāṃkhya); ↗Hind. Philosophie, für den Monismus (Advaita-Vedānta) und für neue monotheistische Religionen geöffnet. Einige dieser Bewegungen wandten sich gegen das Monopol der Brahmanen als rel. Spezialisten und gegen die Kastenordnung überhaupt.

Die vedische Religion verlor ihre führende Rolle in Nordindien in den letzten Jh.en vor unserer Zeitrechnung, im Süden kurz nach unserer Zeitrechnung. Sie existierte in begrenztem Umfang weiter und gewann im philos. System der Mīmāṃsā noch einmal Bedeutung. Nach der Entdeckung der Veden durch europ. Forscher und angesteckt von ihrer Begeisterung, die von einer Suche nach den eigenen geistigen Quellen getragen war, kam es auch in Indien zu einer Rückbesinnung auf die Veden, welche die neohind. Reformbewegungen mit beeinflußte (↗Gott VII 1; Hll. Schrift[en] III 1; Heil/Heilsweg II 1, 2).

3. Der Viṣṇuismus (↗Vishnuismus; Gott VII 3; Hll. Schrift[en] III 2; Heil/Heilsweg II 4) ist eine monotheistische Religion, deren Grundlage in der schon in den Brāhmaṇas erfolgten Identifikation des vedischen Gottes Viṣṇu mit dem transzendenten Gott Nārāyaṇa zu sehen ist und die durch Integration mehrerer Volkskulte, insbesondere der Kṛṣṇa-Verehrung (↗Krishna), zwischen dem 6. und 2. Jh. vor unserer Zeitrechnung in Nordindien Bedeutung erlangte. Viṣṇu-Nārāyaṇa wurde als Bhagavat (der Erhabene) angerufen. Seine Verehrer nannte man Bhāgavata (die Bezeichnung Vaiṣṇava = Viṣṇuiten tritt erst im 5. Jh. n. Chr. auf). Mit der Gestalt des Kṛṣṇa verbanden sich mehrere Kulte, die erst allmählich zu einer größeren Einheit verschmolzen. Zusammen mit Balarāma (= Saṃkarṣaṇa), einer Gottheit, die chthonische Züge trägt, mit dem Schlangenkult zu tun hat und als älterer Bruder Kṛṣṇas gilt, bildete er ein Götterpaar, dem gemeinsame Tempel errichtet und Brunnen geweiht wurden. Als einer von fünf göttlichen Helden *(pañcavīra)* wurde er zusammen mit seinem Bruder Balarāma, seinen beiden Söhnen Sāmba und Pradyumna und seinem Enkel Aniruddha im Stamm der Vṛṣṇis verehrt. Nach Ausschluß Sāmbas aus dieser Gruppe sahen die Anhänger des einen der beiden bedeutenden Zweige des frühen Viṣṇuismus, die *Pāñcarātrins,* in den verbleibenden vier göttlichen Personen die ersten Stufen der Ausfaltung *(vyūha)* der höchsten Gottheit. Unter den Anhängern des anderen Zweiges, den *Bhāgavatas,* wurde Kṛṣṇa Vāsudeva (= Sohn des Vasudeva) als Vollinkarnation *(pūrṇaavatāra)* des Gottes Viṣṇu-Nārāyaṇa betrachtet und genoß höchste Verehrung. Beachtlichen Bedeutungszuwachs gewann der Viṣṇuismus noch einmal im 6.–7. Jh., als er große Teile des einst bedeutenden ind. Sonnenkultes absorbieren konnte. Dies war möglich, weil der vedische Viṣṇu schon in der frühen Veda-Exegese (bei Yāska) auch solare Züge trägt. Die beiden großen Epen, das Rāmāyaṇa, welches die Schicksale des göttlichen Helden Rāma, einer Inkarnation Viṣṇus, schildert, und das ↗Mahābhārata, welches die ↗Bhagavadgītā enthält, trugen zur weit über die Grenzen Indiens nach Südostasien reichenden Popularität des Viṣṇuismus bei.

Wichtigste Denominationen *(saṃpradāya)* des Viṣṇuismus waren in der frühen Zeit die *Bhāgavatas* und die *Pāñcarātrins.* Erstere paßten sich der brahmanischen Tradition früher an, während letztere länger als heterodox galten. Seit der späten Guptazeit (5. Jh.) verwischen sich die Grenzen zwischen beiden Gruppen. Spätere bedeutende Denominationen innerhalb des Viṣṇuismus, die bis heute bestehen, sind der *Śrī-saṃpradāya,* der auf Rāmānujas Lehre eines qualifizierten Monismus *(viśiṣṭādvaita)* basiert und in mehrere Sekten gespalten ist; der

Brahma-sampradāya, der die dualistische Lehre *(dvaitavāda)* des Madhva vertritt; der *Rudra-sampradāya*, der dem „reinen" Monismus *(śuddhādvaita)* des Viṣṇusvāmin folgt und dessen zwei wichtigste Sekten von Vallabha und Caitanya gegründet wurden; und der *Sanakādi-sampradāya*, welcher von Nimbārka gegründet wurde, ebenfalls in mehrere Sekten gespalten ist und in der Lehre einen Dualismus-cum-Monismus *(dvaitādvaita)* vertritt. Heute ist der Viṣṇuismus neben dem Śivaismus (↗Shiva/Shivaismus) die wichtigste der Religionen der Hindus.

4. Der Śivaismus, eine Religion mit vorherrschend monotheistischer Theologie, die jedoch in einigen Sekten zum Dualismus (Śiva ↗Shakti) neigt oder einen Pluralismus von ewigen Seelen annimmt, entstand ebenfalls aus der Verbindung einer im Veda bekannten, aber nicht im Zentrum des Kultes stehenden Gottheit mit vorarischen Volkskulten. Der vedische Gott Rudra galt als wild und gefährlich. Krankheit und Heilung unterstanden seiner Macht, seine Pfeile waren gefürchtet, die regenbringenden Stürme (Maruts/Rudras) waren seine Begleiter. Die Bezeichnung „Śiva", der Gütige, Freundliche, ist ein Euphemismus, mit dem man den wilden Gott zu besänftigen versuchte. Er wird als *Īśvara* = Herr oder *Maheśvara* = Großer Herr angerufen. Nach der voll ausgebildeten śivaitischen Theologie ist Śiva in seiner höchsten Form frei von Attributen *(nirguṇa)* und identisch mit dem Brahman des ↗Vedānta, in personalem Aspekt besitzt er Attribute *(saguṇa)* und umgreift das männliche und weibliche Prinzip (↗Gott VII 3). Letzteres manifestiert sich als Śakti, d.h. als aktives Element im Erkennen, Wollen, Handeln, Sich-Verhüllen und Gnade-Gewähren Gottes, und wird im Mythos als seine Gemahlin dargestellt, die in ihrem friedlichen Aspekt Pārvatī, in ihrem zerstörerischen oder kämpferischen Aspekt Durgā heißt und mehrere Gestalten annimmt.

Śiva selbst tritt im Mythos als großer Yogin oder als Dämonen vernichtender und Welt zerstörender Gott auf. Beide Bilder beziehen sich auf den Erlösungsweg der Śivaiten, der über die Verehrung Śivas und die Meditation zur Befreiung des individuellen, in der Welt inkarnierten Bewußtseins *(paśu)* von der Fessel *(pāśa)* des Nichtwissens führen soll, so daß die Bewußtseinsfülle des Herrn *(pati)* erlangt wird. Die Fessel entsteht durch Einbindung in die Materie, wobei die unbegrenzten Kräfte des Wissens und Handelns, welche dem göttlichen Bewußtsein eignen, durch die einengenden Restriktionen von Zeit *(kāla)*, Raum und Kausalität *(niyati)*, emotionaler Begrenzung *(rāga)*, Einschränkung des Wissensbereiches *(vidyā)* und der Handlungsfähigkeit *(kalā)* radikal verringert werden. Durch solche Verdunkelung *(tirobhāva)* des Bewußtseins treten Partikularität und Vielheit der Erscheinungen an die Stelle der im göttlichen Bewußtsein gegebenen Einheit allen Seins. Die Vernichtung dieser Vielheit – und damit die Vernichtung der Welt durch Śivas Gnade – erfolgt durch das Aufleuchten erlösender Erkenntnis, welche die Unwissenheit auslöscht und die Seele des Gläubigen aus dem Kreislauf weltlichen Daseins befreit.

Wichtigstes Kultbild der Śivaiten ist das *Liṅgam*, ein abstrahiertes, urspr. phallisches Symbol (↗Phallus). Offenbarungsschriften sind die Āgamas und Tantras (↗Hll. Schriften III 3). Der Śivaismus absorbierte im Laufe der Jh.e eine Reihe früher selbständiger Kulte, darunter diejenigen des Kriegsgottes Skanda/Kārttikeya/Kumāra und des elefantenköpfigen Gottes Gaṇeśa (beide als Söhne Śivas integriert), den Schlangenkult, Teile des Sonnenkults und zahlreiche lokale und regionale Gottheiten und Kulte.

Innerhalb des Śivaismus entwickelten sich mehrere Denominationen *(sampradāya)*. Wichtig waren in der frühen Zeit die *Pāśupatas*, eine sich von der weltlichen Gesellschaft in provokanter Weise abwendende asketische Richtung, aus der verschiedene extrem heterodoxe Sekten, wie z.B. die *Kāpālikas*, hervorgegangen sind. Die *Śaivas* dagegen paßten sich der brahmanischen Lebensweise frühzeitig an. In beiden Schulen spielte der Yoga, an dessen Entwicklung sie wesentlichen Anteil hatten, eine wichtige Rolle. Bei der Weiterentwicklung zum *Haṭha Yoga* (oder *Kuṇḍalinī Yoga)* war der im Nordosten Indiens entstandene *Nātha-sampradāya* maßgebend beteiligt. Im Sü-

durch Tausende von Keilschrifttafeln rel. Inhalts – Ritualistik, Mantik, Mythologie, Hymnen und Gebete – aus den Archiven der hethitischen Metropole Ḫattuša (ca. 150 km östlich von Ankara beim heutigen Dorf Boğazköy), fernerhin durch Keilschriftarchive nordsyr. Ruinen wie Ugarit, Alalaḫ und Meskene, aber auch durch eine Fülle archäologischer Zeugnisse informiert.

2. Kontinuität. Die für agrarische Kulturen in den Regenfeldbaugebieten der Mediterrane übliche Konstellation eines atmosphärischen Wettergottes (Taru, Tarḫunt, Teššup) in der urspr. Gestalt eines Stieres und einer die Erde darstellenden Muttergöttin (Sonnengöttin von Arinna, Inar[a] und Ḫepat – letztere gelegentlich in Epiphanie eines Leoparden) läßt sich in Kleinasien und Nordsyrien über die Zeit der altassyr. Handelskolonien und Alaca Höyük (3./2. Jt.) bis ins neolithische Çatal Hüyük (7./6. Jt.) zurückverfolgen.

3. Heterogenität. Wie der hethitische Staat selbst seine Entstehung der Verschmelzung der Kulturen der einheimischen Bevölkerungsgruppen z. B. den (Proto-)Hattiern mit den zu Beginn des 2. Jt. eingewanderten indogerm. (späteren) Hethitern verdankt, so ist auch die hethitische Staatsreligion durch das ständige Bemühen, Götter und Kulte des gesamten Territoriums in den Staatskult zu integrieren und durch verschiedenste Synkretismen eine Art einheitliches ↗Pantheon zu schaffen, geprägt.

4. Götterkreise. Dem hist. Werdegang des hethitischen Staates gemäß bilden die Kulte und Gottheiten der (Proto-)Hattier die älteste Schicht des hethitischen Pantheons, in welcher noch die indogerm. Himmels- und Sonnengottheit *diēus* eine gewisse Rolle gespielt hat (1600–1500); in dieser frühen Phase finden die Überlieferungen sowohl Südostanatoliens als auch – mit der Erweiterung der hethitischen Machtsphäre nach Nordwestsyrien (seit Ḫattušili I. um 1560) – Syriens Eingang in das Staatspantheon. Während der hurritischen Dynastie des Mittleren Reichs (ca. 1440–1345) erfährt die Staatsreligion durch hurritische Götter, Kulte und Mythen eine entscheidende Bereicherung. Im Zuge einer umfassenden Restauration von Staat, Wirtschaft und Kultus bes. unter dem Großkönig Tutḫaliya IV. (ca. 1200) wird eine verbindliche Kultordnung, d. h. ein hethitischer „Festkalender", für das gesamte hethitische Reich nebst seinen syr. Besitzungen neu organisiert.

5. Göttergruppen. Die Gottheiten, zumeist anthropomorph vorgestellt, sind grundsätzlich in ober- und in unterirdische Mächte eingeteilt. Nach mesopotamischer Vorstellung besitzen die großen Götter (Teššup/Tarḫunt, Sonnengöttin von Arinna, Ḫepat und Šawuška) einen eigenen Hofstaat. Bezeichnend ist die Beseeltheit der gesamten Natur; Pflanzen, Steine und Tiere – letztere als Hilfsgeister und Hypostasen verschiedenen Gottheiten zugeordnet – sind von numinosen Kräften erfüllt. Quell-, Fluß- und Berggottheiten fungieren zumeist als lokale Gemeindeschutzgottheiten. Gelegentlich finden sich, z. T. als verselbständigte Hypostasen, Göttergruppen, wie Dyaden, Triaden, Heptaden sowie, bes. von Unterweltsgottheiten, Neuner- und Zwölfer-Gruppen.

6. Gott und Mensch. Der König ist als oberster Priester Garant für die Fruchtbarkeit und das Gedeihen des Landes; er ist der Verwalter (maniyaḫ-talla-) des den obersten Göttern gehörenden Landes. Der Kultus bzw. die regelmäßig vollzogenen Feste stellen zwischen Menschen und Göttern eine enge Beziehung her, die darin zum Ausdruck kommt, daß Menschen und Götter gleichermaßen die Festgemeinde bilden. Durch ↗Orakel (Eingeweideschau, Haruspiz, Losorakel) oder Traum kann der Wille der Götter erfahren werden.

Lit.: *A. Goetze,* Kleinasien. München 1957, 130–170; *H. G. Güterbock,* Religion und Kultus der Hethiter: Neuere Hethiterforschung. Hg. v. G. Walser, Historia. Einzelschriften 7, 1964; *O. R. Gurney,* Some Aspects of Hittite Religion. Oxford 1977; *V. Haas,* Hethitische Berggötter und hurritische Steindämonen. Mainz 1982.

V. Haas

Hexen(verfolgung). In allen Kulturen schreibt man bestimmten außergewöhnlichen Menschen übernatürliche Fähigkeiten zu: ein Geheimwissen von der Natur, bes. vom Sternenlauf und von Heil- und Zauberkräutern; Kontaktmöglichkeiten

verschiedene rel. Traditionen Indiens zu vereinen suchten und mit Vorstellungen und Idealen christl. und islam. Herkunft verbanden. Die Bewegung gewann Profil in zahlreichen regionalen und überregionalen Gruppen, von denen als wichtigste zu nennen sind: a) der *Brāhma Samāj*, gegründet 1828 von Rām Mohan Roy, später geprägt von Devendranāth Tagore und Keshab Chandra Sen. Der Brāhma Samāj lehnt die ↗Kastenordnung und Exzesse der Hindu-Tradition wie die Witwenverbrennung ab. Er wendet sich gegen die Verehrung von Götterbildern und ist in seiner Ethik und in der rel. Praxis vom Christenum stark beeinflußt. b) der *Ārya Samāj*, gegründet 1875 von Dayānanda Sarasvati, greift auf die Veden zurück, die er allein als hll. Schriften anerkennt, aber höchst eklektisch benutzt. Seine Abkehr von den Götterbildern ist zwar christlich beeinflußt, aber vedisch begründet. Er sucht dem missionierenden Christentum eine gleichwertige geläuterte indigene Tradition entgegenzusetzen. c) die *Rāmakṛṣṇa-Mission*, gegründet 1897 von Svāmī Vivekānanda zu Ehren seines Lehrers Rāmakṛṣṇa Paramahaṃsa (1836–1886). Auf der Basis des Advaita-Vedānta werden alle Religionen als mögliche, wenn auch der niederen Realität verhaftete und daher minderwertige Wege zum einen höchsten Ziel gewertet. Die Rāmakṛṣṇa-Mission übernahm vom Christentum ein hohes soziales Engagement, stützte dieses aber auf indische Traditionen wie die Bhagavadgītā und die ↗Karma-Lehre. Zum Neo-H. sind auch die im Westen missionierenden, von ↗*Gurus* geführten Bewegungen ind. Herkunft zu rechnen (s.u.). In Indien selbst ist der Neo-H. für westlichen Materialismus und Agnostizismus anfälliger als die traditionsreichen Religionen Viṣṇuismus und Śivaismus, welche noch immer die zahlenmäßig weitaus bedeutendsten Religionen sind.

8. Der Sikhismus (↗Sikhs), der ↗Jinismus und der ↗*Buddhismus* werden von der heutigen ind. Rechtsprechung als Hindu-Religionen eingestuft, aber in der westlichen Religionswissenschaft als selbständige Religionen behandelt.

III. Gemeinsamkeiten der Hindu-Religionen. Die Herkunft aus miteinander verwandten Traditionen, ständige gegenseitige Beeinflussung und eine lange Entwicklung in derselben Umwelt und unter weitgehend gleichen politischen und sozioökonomischen Bedingungen hat den Hindu-Religionen einige auffällige Gemeinsamkeiten eingeprägt. Dazu gehört für die meisten der heutigen Religionen die Lehre vom zyklischen Entstehen und Vergehen der Welt (↗Welt/Schöpfung V). Sie ist verbunden mit einer hohen Bewertung des Ursprungs, welcher rein und vollkommen gedacht wird, und infolgedessen auch mit einer rückwärts gerichteten Wertorientierung. Nicht der Fortschritt, sondern die Degeneration bestimmt den Lauf der Welt, bis die Gottheit einen neuen Anfang setzt. Inzwischen verfallen die Sitten, nimmt die Weisheit rapide ab, denn wir leben im *Kali Yuga*, dem letzten von vier Zeitaltern der gegenwärtigen Weltperiode. Diese Sicht bewirkt Ehrfurcht vor der Tradition. Überliefertes Wissen wird um seines Alters willen bewahrt und geachtet, auch wenn es in der Praxis längst durch neue Erkenntnisse abgelöst wurde. Daraus erklärt sich z.B. die theoretische Hochschätzung des Veda auch bei Hindus, die ihn *de facto* kaum kennen und für die eigene Religion nicht benötigen. Mit dem zyklischen Weltbild verbunden ist auch die Lehre von der Wiedergeburt (↗Reinkarnation) und der Wirkung des *Karman*-Gesetzes (↗Karma). Alle anspruchsvollen Theologien ind. Ursprungs einschließlich Buddhismus und Jinismus haben sich diese Lehre zu eigen gemacht, wenn auch z.T. in unterschiedlicher Ausprägung. Sie setzt aber Bildung voraus und hat daher wirklichen Einfluß höchstens auf die Mittel- und Oberschicht: In den Unterschichten und bei den Stämmen – d.h. bei der Mehrzahl der Bevölkerung – hat sie geringere oder gar keine Bedeutung.

Alle Hindu-Religionen leben mit dem Kastensystem, obwohl die meisten von ihnen dieses System lange Zeit heftig bekämpft haben. Es besitzt in den Bhakti-Religionen keinerlei rel. Legitimation, wird aber durch die altind. brahmanischen Rechtsschriften *(smṛti)* gefordert, die noch in spätvedischer Tradition stehen und selbst keinen Offenbarungscha-

rakter haben. Im Erklärungsmodell der Wiedergeburtslehre läßt sich das Kastensystem widerspruchsfrei einordnen. Das bedeutet nicht, daß es als notwendig anerkannt werden muß. In Viṣṇuismus, Śivaismus und Śāktismus gab es immer wieder starke Opposition gegen das Kastenwesen. Doch die Fremdherrschaft durch Muslime und Christen hat den Freiraum für Revolten gegen traditionelle Strukturen einige Jh.e lang verringert. Erst die Neuzeit und insbesondere die politische Unabhängigkeit ermöglichte ein erneutes Infragestellen der ↗Kastenordnung, die nach der heutigen Verfassung abgeschafft ist, de facto aber erst allmählich abgebaut werden kann.
Schließlich ist als Gemeinsamkeit aller Bhakti-Religionen die Verehrung von Götterbildern zu nennen (↗Heil/Heilswege II 4). Diese symbolische Verehrung, die sich an einen personalen Gott richtet, war so populär, daß sie auch in den Advaita-Vedānta Eingang fand, obwohl dort die personale Gottheit der Ebene des Unwissens und des Scheins angehört.

IV. Heutiges Selbstverständnis und Wirkung im Westen. Nach einer Periode der Erstarkung des Selbstbewußtseins und der Offenheit für Reformen, die sich in den neo-hind. Bewegungen des 19. und 20. Jh. ebenso wie im Wirken Māhātmā Gāndhis spiegelte, hat die säkulare, ausschließlich auf wirtschaftliches Wachstum orientierte Politik der ind. Regierung seit 1947 zu einer neuen Situation geführt: Marxistische und kapitalistische Ideologien zehren gleichermaßen an den überkommenen rel. Traditionen. Allerdings sind diese in den ländlichen Regionen, wo ca. 80% der Bevölkerung leben, noch immer stark. Auch wird neuerdings sogar von der städtischen Intelligentia in Frage gestellt, ob das Vorbild des Westens in jeder Hinsicht nachahmenswert ist.
Im Bewußtsein, die überlegene spirituelle Tradition zu besitzen, hatte schon *Svāmī Vivekānanda* 1893 auf dem „Parlament der Religionen“ in Chicago dem Westen geistige Hilfe aus dem Osten versprochen. Eine erste Welle der Begeisterung für ind. Lehren wurde zwar durch den 1. Weltkrieg fast erstickt, doch übten *Rabindranāth Tagore* und *Shrī Aurobindo* zwischen den Kriegen beachtlichen Einfluß aus. Aber erst seit ca. 1955 hat die Suche junger Europäer und Amerikaner nach einer Spiritualität, welche sie im christl. Bereich nicht mehr finden, zu neuen Angeboten geführt: ind. Gurus, durch westliches Management unterstützt, bieten in Europa und Amerika Wege zur Selbstfindung und Auswege aus Verzweiflung, Minderwertigkeitsgefühlen und Isolierung. Diese Mission bedient sich der Techniken des Yoga und der Meditation. Sie ist erfolgreich, wird aber in Indien mit Mißtrauen oder Ablehnung verfolgt, wenn die Gurus der Verlockung erliegen, weltlichen Besitz anzuhäufen.
Alle Gurus vertreten individuelle Formen eines neo-hind. Synkretismus, in den Yoga, Vedānta, Bhakti-Religion und Tantrismus ebenso eingehen können wie Elemente aus den Lehren des Christentums, des Islam und fernöstlicher Religionen. Beispiele bieten die „Transzendentale Meditation“ des Maharshi Mahesh Yogī, die „Krishna Consciousness“-Bewegung (Hare Krishna), die ihr Zentrum unter Bhaktivedānta Svāmī Prabhupāda in den Vereinigten Staaten ausgebaut hat, die „Divine Light Mission“ des Bālyogeśvar und die Bewegung des Bhagwan Rajneesh. Unter den kleineren missionierenden Gruppen befindet sich auch der Nonnenorden der Brahma-Kumārīs aus Rājasthān (↗Neureligiöse Bewegungen II. III. V).

V. Christentum und Hindu-Religionen. Nach ind. Tradition brachte der Apostel Thomas das Christentum nach Indien und starb als Märtyrer in Mylapore bei Madras. Ende des 2. Jh. ist die Präsenz von Christen in Indien auch durch nichtind. Quellen belegt, und als die Portugiesen um 1500 ihre Handelsniederlassungen an der Westküste Indiens gründeten (Vasco da Gama landete 1498), fanden sie dort syrisch-christl. Gemeinden vor. Die danach einsetzende, mit Imperialismus, dann Kolonialismus und Kapitalismus einhergehende christl. Mission hatte bei den Hindus höherer Kaste verhältnismäßig wenig Erfolg. Nur die illiteraten Kastenlosen am untersten Rand der Gesellschaft sahen in der Konversion eine Aufstiegschance.

Dennoch haben christl. Gedanken und Ideale sowie christl. Kritik an der Religion der Hindus deutlichen Einfluß auf die neo-hind. Reformbewegungen ausgeübt. Christl. Missionare hatten auch beachtlichen Anteil an der Erforschung der Sprache und Kultur der Hindus. Aber während sich heute viele Menschen aus dem Bereich des Christentums von den undogmat. Formen und vielfältigen rel. Ausdrucksmöglichkeiten der Hindu-Religionen angezogen fühlen, hat gerade diese Vielfalt den christl. Theologen lange Zeit große Verständnisschwierigkeiten bereitet. Sie glaubten *eine* Religion „Hinduismus" vor sich zu haben, vermochten aber in den widersprüchlichen Einzelphänomenen kein kohärentes rel. System zu erkennen. Sie vermißten eine widerspruchsfreie theol. Lehre, stießen sich an der Mißachtung der Menschenwürde im Kastensystem und waren empört über offensichtliche Gleichgültigkeit gegenüber dem Elend der Massen. Sie kämpften gegen Witwenverbrennung und Kinderheirat. Im Ritual der Hindus sahen sie primitive heidnische Idolatrie, die Büffel- und Ziegenopfer sprachen der Lehre von der Nichtverletzung der Lebewesen *(↗Ahiṃsā)* Hohn, die Wiedergeburtslehre schien nur der Legitimation der Reichen und der Ausbeutung der Armen zu dienen. Auch fiel es nicht leicht, die autoritativen Texte der Hindus theologisch ernst zu nehmen, weil sie sich in entscheidenden Punkten widersprachen. Solche Widersprüche erklären sich heute großenteils, wenn man weiß, daß es sich um verschiedene Religionen handelt. Sobald man sich mit nur einer der Hindu-Religionen auseinandersetzt, wird die Theologie in ihrer Grundstruktur einsichtig und werden die Möglichkeiten eines von Verständnis getragenen Gesprächs zwischen Christen und Hindus wesentlich besser. Bei allen Unterschieden gibt es bedeutsame Gemeinsamkeiten zwischen Christentum und Viṣṇuismus in der Lehre von der ↗Inkarnation (I) Gottes und in der Konzeption des seine Schöpfung liebenden Gottes. *Bhakti* als Gottesliebe und Dienst an Gott und das starke Element der Mystik im Viṣṇuismus haben bereits mehrfach zu Vergleichen mit christl. Mystikern geführt. Auch mit dem südl. Śivaismus, wie er z. B. im *Śaivasiddhānta* konzipiert wurde, ergeben sich Ansätze zu wichtigen Gemeinsamkeiten. Aber es sind gerade die Unterschiede, welche das gründliche Kennenlernen fremder Religionen lehrreich und fruchtbar machen. Stärken der eigenen Religion werden dabei ebenso deutlich wie Schwächen oder vernachlässigte Bereiche. Interessant für die Beziehungen zwischen Christentum und Hindu-Religionen ist auch der ↗Inkulturations-Prozeß, den das Christentum in Indien zunehmend vollzieht und der es in mancher Hinsicht bereichern kann.

Lit.: *A. Bergaigne,* La religion védique d'après les hymnes du Rigveda. 3 Bde. Paris 1878–1883; *R. G. Bhandarkar,* Vaiṣṇavism, Śaivism and Minor religious Systems. Straßburg 1913 (Nachdruck Varanasi 1965); *A. Bharati,* The Tantric Tradition. London 1970; *M. Biardeau,* L'Hindouisme. Paris 1985; *dies.,* Études de mythologie hindoue. III, IV, V: BEFEO 58 (1971), 63 (1976), 65 (1978); *P. Bowes,* The Hindu Religious Tradition. London 1977; *C. Chakravarti,* The Tantras. Calcutta 1963; *S. Chattopadhyaya,* The Evolution of Theistic Sects in Ancient India. Calcutta 1962; *S. N. Dasgupta,* History of Indian Philosophy. 5 Bde. Cambridge 1922–1955; *J. N. Farquhar,* Modern Religious Movements in India. New York 1919; *E. Frauwallner,* Geschichte der ind. Philosophie Bd. I/II. Salzburg 1953, 1956; *H. v. Glasenapp,* Die Religionen Indiens. Stuttgart [2]1956; *ders.,* Die Philosophie der Inder. Stuttgart [4]1985; *J. Gonda,* Die Religionen Indiens I/II. Stuttgart 1960, 1963; *ders.,* Aspects of Early Viṣṇuism. Utrecht 1954 (Nachdruck Delhi 1969); *ders.,* Viṣṇuism and Śivaism. London 1970; *S. Gupta/D. J. Hoens/T. Goudriaan,* Hindu Tantrism. Leiden 1979; *P. Hacker,* Vivarta. Wiesbaden 1953; *ders.,* Untersuchungen über Texte des frühen Advaitavāda I. Wiesbaden 1951; *S. Jaiswal,* The Origin and Development of Vaiṣṇavism. Delhi 1967; *H. J. Klimkeit,* Der politische Hinduismus. Wiesbaden 1981; *S. Kramrisch,* The Presence of Śiva. Princeton 1981; *H. Küng u. a.,* Christentum und Weltreligionen. München 1984; *O. Lacombe,* L'Absolu selon le Vedānta. Paris 1937; *H. Lüders,* Varuṇa. 2 Bde. Göttingen 1951–1959; *A. A. Macdonell,* Vedic Mythology. Straßburg 1897; *S. Mayeda,* A Thousand Teachings. Tokyo 1979; *H. Nakamura,* A History of the Early Vedānta Philosophy. Bd. I. Delhi 1983; *W. D. O'Flaherty* (Hg.), Karma and Rebirth in Classical Indian Traditions. Berkeley 1980; *H. Oldenberg,* Die Religion des Veda. Darmstadt [5]1970; *T. V. Organ,* The Self in Indian Philosophy. Den Haag 1964; *K. B. Ramakrishna Rao,* Ontology of Advaita with special reference to Māyā. Mulki 1964; *J. N. Sinha,* Śākta Monism. Calcutta 1960; *P. Thieme,* Mitra und Aryaman. New Haven/Conn. 1957; *I. C. Tyagi,* Shaivism in Ancient India. Meerut 1982; *T. Vetter,* Studien zur Lehre und Entwicklung Śaṅkaras. Wien 1979; *A. G. K. Warrier,* The Concept of Mukti in Advaita Vedānta. Madras 1961; *J. Woodroffe,* Śakti and Śākta. Madras [7]1969.

H. v. Stietencron

Hinduistische Philosophie. 1. Grundsätzliche Überlegungen. Im Ursprung verweisen alle ind. philos. Systeme, die hind. wie die nicht-vedischen (↗Buddhistische Philosophie; Jinismus), in unterschiedlicher Weise auf den Ṛgveda zurück. Gemeinsam ist allen Philosophien, daß sie in ihrer Entstehung nicht von außerind. Kulturen beeinflußt wurden und Grundvoraussetzungen teilen: a) das Gesetz des ↗Karma, b) den Prozeß der ↗Reinkarnation, c) die myst. Erfahrung und Erkenntnis als Weg der Überwindung des Bösen. Der philos. Zentralbegriff der Erkenntnis (Skt. ↗*Jñāna)* entspricht in seinem Bedeutungsumfang folglich nicht einfachhin dem abendländischen Begriff von Erkenntnis, sondern verbindet philos. mit rel. Momenten, rationale mit ganzmenschlichen Erfahrungsmomenten, rein kognitive mit soteriologischen Momenten. Logische Überlegungen und meditativ-religiöse Anleitungen gehören zusammen, so daß sich auf eigentümliche Weise philos. und zumindest in analogem Sinne theol. Gedankengänge kreuzen. Grundbereiche der Spekulation sind die Quellen wahrer Erkenntnis, die „Erkenntnis der Erkenntnis" – abendländisch gesprochen: das „Subjekt" der Erkenntnis, Ich und ↗Selbst, der Leib in seinen Elementen, entsprechend eine dem Hinduismus eigentümliche Psychologie, die Frage der Befreiung und Erlösung (↗Heil II).

2. Vedische Systeme. Die klass. hind. Philosophie hat sich in sechs sog. ↗*Darśana* entfaltet:

a) *Sāṃkhya,* wörtlich „Aufzählung", reicht in seiner Entstehung in die Zeit der mündlichen Überlieferungen bzw. der frühen Upaniṣaden zurück, in denen die Elemente der Welt in vielfältigen Zahlengruppen zusammengestellt sind. Dabei geht es um die Findung der Grundprinzipien der Konstitution der Welt, die nach der Lehre der Schule in der Polarität von inhaltlosem Bewußtsein *(puruṣa)* und vielgestaltiger Materialität *(prakṛti)* endet. Der Gegensatz zwischen Bewußtsein und Materie besteht darin, daß ersteres inaktiv und bewußt, das zweite aktiv, aber unbewußt ist. Insgesamt zählt das System 23 Gestaltungsmomente der Materie, so daß sich zusammen mit den zwei grundlegenden Prinzipien 25 konstitutive Prinzipien der Weltgestaltung ergeben. Die Vermischung der grundlegenden Prinzipien bzw. die Unkenntnis ihrer Unterscheidung ist der Grund für die Verhaftung der Existenz im Kreislauf der Dinge, aus dem nur eine soteriologisch wirksame Epistemologie den Menschen zu befreien vermag. Dies geschieht durch die Interaktion zwischen den 8 Dispositionen des Intellekts und den 25 konstituierenden Weltprinzipien, was wiederum zu 50 Gestalten des Gelingens und Mißlingens auf dem Weg der Befreiung führt. In der nach wie vor nicht geklärten Frühzeit des Systems existierte Sāṃkhya parallel zum Yoga, wobei das eine System als theoretische, das andere als praktische Anleitung zur Befreiung erschien. Der starke innere Zusammenhang beider Systeme zeigt sich auch darin, daß es im Sāṃkhya, obwohl das göttliche Prinzip in seiner Theorie des Weltverständnisses keine Rolle spielt, neben der „atheistischen" auch eine deutlich theistische Richtung gab. Ein grundlegendes Werk der Schule gibt es nicht. Das *Ṣaṣṭitantra* wird für die Zeit zwischen dem 1. und 4. Jh. angesetzt; als Autor werden gelegentlich Kapila, der auch der Gründer der Schule sein soll, vor allem aber Pañcaśikha oder Vṛṣagaṇa genannt. Die wichtigste Zusammenfassung der Lehre bietet das *Sāṃkhyakārikā* des Īśvarakṛṣna, das unterschiedlich für die Zeit zwischen 350 und 550 angesetzt wird.

b) ↗*Yoga.*

c) *Mīmāṃsā* bedeutet im Sanskrit urspr. „Untersuchung". Das Interesse der Mīmāṃsā- bzw. Pūrva-Mīmāṃsā-Schule (im Gegensatz zur späteren Uttara-Mīmāṃsā = Vedānta) richtet sich auf die Frage nach der rechten Interpretation der vedischen Texte, zumal der Natur des ↗Dharma, insofern als dieses die rel. und moralischen Pflichten des Menschen eröffnet. Gegen die Angriffe der Śramaṇas suchten die Vertreter des Mīmāṃsā durch die Ausbildung einer methodischen Auslegung die Autorität des Veda sicherzustellen. Das später seinerseits vielkommentierte Hauptwerk wurde das einem Weisen des 2./3. Jh., Jaimini, zugeschriebene Mīmāṃsā-Sūtra. Für die An-

hänger der Schule sind die Veden der einzige Weg zur Erkenntnis des Dharma. Als Offenbarungsschriften bedürfen sie keiner anderen Begründung. Neben dem praktischen Interesse an der Wirksamkeit der Riten und Vorschriften auf dem Weg zum Heil entwickelte sich in der Folgezeit ein stark spekulatives Interesse, das zur Ausbildung einer philos. Erkenntnistheorie und Logik, aber auch zu Ansätzen einer Sprachtheorie führte. Die zwei wichtigsten Vertreter der Schule um die Wende vom 7. zum 8. Jh., Kumārila und Prabhākara, verfolgten vor allem die Frage nach den legitimen Erkenntniswegen (Skt. *pramāṇa).*
d) ↗ *Vedānta.*
e) *Nyāya,* die auf Gotama (6. Jh. v. Chr.?) zurückgehende Schule bedeutet ihrem Namen nach „Methode", „Regel", „Logik" und wird auch *Tarkavidyā* (= Wissenschaft des Debattierens) bzw. *Vādavidyā* (= Wissenschaft der Diskussion) genannt. Sie konzentriert sich vor allem auf Fragen der Epistemologie und Logik. In ihr hat die Erkenntnis vier Quellen: die alltägliche wie die yogische Wahrnehmung, das Schlußverfahren, die Analogie und die Bezeugung. Im Unterschied zu anderen Schulen bemüht sich diese Schule um den Beweis der Existenz Gottes *(īśvara),* der zwar nicht der Schöpfer der anfanglosen Welt, wohl aber die Wirkursache aller Dinge ist. Alles Lebendige hat eine Seele. Das letzte Ziel ist *mokṣa* (↗Moksha), die Befreiung von allen weltlichen Banden und das absolute Ende alles Leidens. Die Erkenntnis der Wahrheit ist unverzichtbar auf dem Weg zu dieser Befreiung.
f) *Vaiśeṣika:* Parallel zur Nyāya-Schule von Kanāda (6. Jh. v. Chr.?) gegründet, widmet sich diese Schule, ihr Name: „sich auf die Unterschiede *(viśeṣa)* beziehend", den Unterscheidungen in der Natur, den Substanzen, Qualitäten, Tätigkeiten, Gemeinsamkeiten und Verschiedenheiten und ihren Verknüpfungen. Dabei kommt es zur Ausbildung einer eigenen Kategorienlehre. Gültige Wege der Erkenntnis sind die Wahrnehmung und die Schlußfolgerung. Auch dieses System geht von der Unterscheidung von ewigen, allgegenwärtigen Seelen und ihren Körpern aus und fragt nach der Existenz und dem Wirken der Seele. Die alle Mächtigkeit der Seelen umfassende allwissende und alle Wirkungen hervorbringende Kraft des *Īśvara,* Gott. Er ist zugleich der Offenbarer der hll. Schriften, schafft die Bedeutungen in der Sprache und ermöglicht jede Form von Kommunikation.

Lit.: *F. M. Müller,* The Six Systems of Indian Philosophy. London [3]1906; *J. Allan,* Art. Jñāna-Mārga: ERE VII 564ff.; *S. Radhakrishnan,* Indian Philosophy. 2 Bde. London 1923; *E. Frauwallner,* Geschichte der ind. Philosophie. Salzburg I: 1953, II: 1956; *H. Zimmer,* Philosophie und Religion Indiens. Zürich 1961; *H. Nakamura,* Ways of Thinking of Eastern Peoples. Honolulu [2]1964, 39–172; *W. Halbfaß,* Indien und Europa. Basel 1981; *G. Oberhammer* (Hg.), Inklusivismus. Wien 1983; *P. Hacker,* Grundlagen ind. Dichtung und ind. Denkens. Wien 1985; *S. Bhattacharyya,* Art. Indian Philosophies: ER VII 163–168.
A. Thannippara

Hirtenkulturen. Kulturen mit einseitiger Spezialisierung auf Herdenviehzucht als Wirtschaftsgrundlage sind im Hinblick auf ihre Entstehung umstritten; ihr Alter ist dementsprechend dunkel. Die überwiegend nomadische Lebensweise prägt die Art der äußeren Lebensführung; die Gesellschaftsform ist vor allem von patriarchalischen Strukturen bestimmt.
In der Religion spielt die Vorstellung von einem höchsten Wesen eine bes. Rolle, das vielfach mit dem Himmel in Verbindung gesetzt und wenigstens in der Namengebung oder Bezeichnung häufig damit identifiziert wird. Im allg. steht es fern und hoch über den Menschen und oft über einer ganzen Schichtenreihe von Himmeln. Dem Menschen näher ist zumeist eine Anzahl von Geistern und Mittlerwesen; Stammvater-, Ahnen- und Heroengestalten haben daneben ihren Platz und nehmen ihrerseits nicht selten Züge und Funktion des höchsten Wesens an. Nicht selten ist es völlig zurückgedrängt; zumal bei asiat. Hirtenvölkern übernimmt der ↗Schamanismus eine wichtige Rolle und stellt eine besondere Form der Verbindung mit dem Jenseits her.
Die Beziehungen zum Tier nehmen bei Viehzüchtern verständlicherweise eine ganz andere Form an als bei Jägern. Blutige Opfer gewinnen sehr an Bedeutung; häufig ist es das Opfer eines Erstlings der Herden. Sind es bei Jägern meistens Teile von Beutetieren, die geopfert werden, so

bei Viehzüchtern eigens geschlachtete Opfertiere. Daneben steht aber des öfteren die Weihe ausgesuchter Tiere oder ganzer Herdenteile.
H. und erst recht rel. Züge von H.n sind archäologisch bes. schwer oder gar nicht zu erfassen. Die in der Eisenzeit in Zusammenhang mit Vorstößen von Reiterkriegern häufig auftretenden Rasseln, Klappern und dergleichen müssen keineswegs unbedingt mit Schamanismus in Beziehung gebracht werden, sondern können der Geisterabwehr gedient haben.

Lit.: *K. J. Narr,* Hirten, Pflanzer, Bauern: Historia mundi II. Bern–München 1953, 66–100; *W. Schmidt,* Der Ursprung der Gottesidee, Bde 7–11. Münster 1940–1954; *ders.,* Handbuch der vergleichenden Religionsgeschichte. Münster 1930; Manuale di storia comparata delle religioni. Morcelliana [4]1949. *K. J. Narr*

Höchstes Wesen ↗Gott II.

I

Idol/Idololatrie
↗Bild; Bilderverbot.

Idol (I.) (griech. „Abbild", in der LXX und im NT Götter- bzw. Götzenbild) bzw. Idololatrie (Verehrung der Götterbilder) sind seit frühchristl. Zeit abwertende Begriffe: Von einem I. zu reden setzt voraus, daß diesem Götterbild keine göttliche (sondern höchstens widergöttliche) Macht zukommt; dessen Verehrung ist also ↗„Heidentum".
Der Ursprung zu dieser Wertung liegt im AT, wo im ↗Dekalog die Anfertigung von Götterbildern für Israel untersagt und als Inbegriff fremder Religiosität dargestellt wird (Ex 20,4ff.) (↗Bilderverbot); entsprechende Polemik gegen Idololatrie wird dann vor allem bei Deuterojesaja laut (Jes 40,19; 46,9ff. usw.). Das Alter des Gebots ist umstritten; besonderes Gewicht erhält es jedenfalls erst in der Exilzeit, da sich der israelit. ↗Kult seiner Umgebung gegenüber als typisch andersartig profilieren muß. Im NT wird dieses Motiv in der Auseinandersetzung mit den antiken Religionen aufgenommen und erscheint vor allem in den Lasterkatalogen (z.B. 1 Kor 5,10f.; Eph 5,5 usw.). Auch hier geht es um den Erweis eines spezifisch neuen christl. Kultes im Verhältnis zur Umwelt.
Schließlich kehrt derselbe Sachverhalt im Islam wieder; obschon das Bilderverbot im Koran noch nicht deutlich wird, ist es seit der Frühzeit selbstverständlich. Während das Judentum und der Islam in der Ablehnung des Bilderdienstes relativ konsequent bleiben (vgl. immerhin Beispiele antiker Synagogenkunst und islam. Miniaturenmalerei), läßt das Christentum Bilderverehrung – in dogmatisch genau definierten Grenzen – bald wieder zu. Erst in der Reformation (bes. dem reformierten Typus) kommt es wieder zu einer Reaktion dagegen.
Die Wendung gegen die Bilderverehrung ist letztlich in einem spezifischen Gotteskonzept begründet: Jede Analogie zwischen Gott und Welt, zwischen Schöpfer und Geschöpf soll abgewiesen werden; das Bild aber fördert solche Analogien, ermöglicht den Umgang und eventuell auch die Behändigung des Göttlichen.

Lit.: *A. Gelin,* Idoles, Idololatrie: DBS IV 169–187; *W. Zimmerli,* Das zweite Gebot: ders., Gottes Offenbarung. München 1953, 234–248; *F.-L. Hossfeld,* Der Dekalog. Freiburg/Schweiz 1982, 268–273 (Lit.); *R. Paret,* Textbelege zum islam. Bilderverbot: FS H. Schrade. o.O. 1960, 36–48; *ders.,* Das islam. Bilderverbot und die Schia: FS W. Caskel. o.O. 1968, 224–232. *F. Stolz*

I Ging, „Das Buch der Wandlungen", auch „Yi Jing" und „I-ching" transkribiert, unter die Klassiker des ↗Konfuzianismus gezählt, ist der älteste Weisheits- und Wahrsagetext chin. Kosmologie. Die Interaktion zweier polarer Kräfte (↗Yin-Yang) schafft alle Dinge im ständigen Wandel und periodischer Wiederkehr. Diese Bewegung des ↗Tao bildet die

Grundlage für die Verwendung des I. zur Verdeutlichung von Keimkräften der Zukunft aus der Gegenwartsschau. Verbindliche Form gewinnt die Abfolge der Zeichen seit König Wen (Chou-Dynastie; 12. Jh. v. Chr.).

Die Eigentümlichkeit des I. besteht in den vom legendären Kaiser Fu Hsi (2. Jt. v. Chr.) entwickelten Acht Trigrammen *(Pa-kua)* aus je 3 ungebrochenen und gebrochenen Linien. In der Kombination von je 2 Trigrammen werden 64 Hexagramme gebildet. Von unten nach oben gelesen, ergeben sie 4096 mögliche Umwandlungen menschlicher oder kosmischer Konstellationen. Die Befragung erfolgt durch 50 Schafgarbenstengel oder Münzen. Seit den Hauptkommentaren, den „Zehn Flügeln" („Shih-i"; traditionell Konfuzius zugeschrieben) aus der Han-Dynastie (206 v. – 220 n. Chr.), tritt das I. zurück hinter einer Totalisierung des Entsprechungssystems der Yin-Yang-Kräfte und ihrer Legitimation der Politik. Mit der Renaissance des I. und seiner Ontologie der Wandlungszustände im 17. Jh. hat es u. a. für die Sinisierung der marxistischen Dialektik Bedeutung gewonnen wie auch im Westen seit *Leibniz* für die Entwicklung der Kybernetik und seit *C. G. Jung* für die Erhellung des kollektiven Unbewußten.

Lit.: *J. Blofeld* (Übers.), I Ging. Bern 1983; *Lama A. Govinda,* Die innere Struktur des I Ging. Freiburg 1983; *H. Wilhelm,* Sinn des I Ging. Düsseldorf 1972; *R. Wilhelm* (Übers.), I Ging. Düsseldorf 1956; *R. L. Wing,* Das Arbeitsbuch zum I Ging. Düsseldorf 1980. *M. Fuß*

Imāmiten ↗Shīʿa/Shīʿiten.

Immanenz ↗Transzendenz/Immanenz.

Indianische Hochkulturen

I. Azteken. – II. Maya. – III. Inka

Zum Zeitpunkt seiner Entdeckung war der amerik. Doppelkontinent mit hoch geschätzt 40 Millionen Einwohnern äußerst dünn besiedelt (im Durchschnitt weniger als 1 Einwohner pro qkm), wobei es vor allem klimatisch bedingte Unterschiede in der Besiedlungsdichte gab. In der Weite der Subarktis und der Prärien ebenso wie im Dickicht tropischer Urwälder konnten einzelne Stämme, für Jh.e isoliert, ihre archaischen Kulturen konservieren; in begünstigteren Gebieten (Küsten, Flußauen, Hochtäler) führte der Konkurrenzkampf zwischen benachbarten Völkern zu kulturellen Höchstleistungen. So lebten neben einfachen Sammlern und Wildbeutern spezialisierte Jäger und Fischer, Ackerbauern und Völker mit komplexen Wirtschaftsformen. Seßhaftigkeit, Kultivierung und Anbau von Pflanzen (Kürbis, Mais), Domestizierung von Tieren (Hund, Lama), Überschußproduktion an Nahrung und, damit verbunden, Handel und Zeit für (Kunst-) Handwerke, Wissenschaft und Technik waren die Stufen der kulturellen Entwicklung. Diese setzte in der wegen ihrer späten Entdeckung so genannten „Neuen Welt" mit erheblicher Verspätung gegenüber der „Alten Welt" ein und blieb in dem Erreichten immer hinter dieser zurück (Amerika kannte z. B. weder Pferd noch Rad, Wagen oder Pflug). Der Vielfalt an Lebensformen entsprachen rel. Vorstellungen und Praktiken von Tierriten primitiver Jäger bis hin zum Ritualapparat einer Staatsreligion. Im folgenden beschränken wir uns auf die drei bekanntesten Kulturvölker: I. Azteken, II. Maya, III. Inka. Zu den rel. Vorstellungen der Naturvölker ↗Traditionelle Religionen V.

Der mesoamerik. Kulturkreis umfaßt gegenüber dem geographischen Begriff Mittelamerika nur die alten Kulturen der heutigen Staaten Mexiko, Guatemala, Belize sowie von Teilen Honduras' und El Salvadors. Hier geht es allein um die Völker Zentralmexikos (Azteken) und der Halbinsel Yucatán (Maya).

I. Azteken. Die A. (nach ihrer mythischen Urheimat Aztlan) waren erst im 12. Jh. n. Chr. mit anderen Nahua sprechenden Stämmen, aus dem Nordwesten kommend, in das mexikan. Hochland eingewandert. Sie wurden die letzten Träger jener Kultur, die 1521 mit der Zerstörung ihrer erst 1370 erbauten Hauptstadt *Tenochtitlan* durch die Conquista vernichtet wurde. Soweit die Vorgängerkulturen archäologisch bestimmbar sind (bis ins 2. vorchristl. Jt.), handelt es sich bereits um sog. Hochkulturen; selbst die ältesten Spuren stammen von seßhaften Ackerbauern mit multipler Wirtschaftsform (Maisanbau, Fischfang, Jagd, Handel). Der ursprünglich nomadisierende Jägerstamm der A. vermischte sich mit den im Hochland ansässigen Kulturvölkern und übernahm von diesen wie von benachbarten Völkern außer Landwirtschaft und Architektur vor allem deren Götter, so daß ein großes ↗Pantheon entstand. Die rel. Vorstellungen der A. waren aufgrund des synkretistischen Charakters komplexer, teils auch widersprüchlicher Art. Ihr eigentlicher Stammesgott *Huitzilopochtli* wurde in das vorhandene Gefüge zahlreicher Erdgottheiten, Vegetations- und Regengötter eingegliedert, und mit dem Aufstieg der A. stieg er zum „Sonnengott“ auf. Wie die Römer integrierten auch die A. die Götter besiegter Völker, so daß schließlich ein und derselbe „Ressortgott“ unter verschiedenen Namen bekannt war, andere Gottheiten ihre Zuständigkeit wechselten. – Alt war der Glaube an einen Hochgott, ein Urpaar („Herr und Herrin unseres Fleisches“), das die übrigen Götter und den Menschen schuf, sich dann aber zurückzog, weshalb ihm keine kultische Verehrung zuteil wurde (↗Deismus). Er regte zwar auch die Schöpfung der Welt an, überließ den eigentlichen Akt aber einem allmächtigen Schöpferpaar, meist mit *Quetzalcoatl* und *Tezcatlipoca* identifiziert, die auch als Widerpart (Gott des Lichtes/Tages bzw. Gott der Finsternis/Nacht) auftreten konnten (↗Trickster). – Die Welt, in der die A. lebten, galt ihnen als fünfte und letzte Schöpfung, die durch ein Beben vernichtet werden würde, während die erste Schöpfung durch Jaguare, die zweite durch einen Wirbelsturm, die dritte durch Vulkanausbrüche und die vierte durch eine ↗Sintflut vernichtet worden war. Himmel und Unterwelt wurden als zwei an der Basis verbundene 9- bzw. 13stufige ↗Pyramiden, die (anders als die ägypt.) keine Grablege, sondern kosmisches Symbol waren, gedacht, deren Schnittfläche die Erdscheibe war. Die Stufen der Pyramide, von der Sonne in ihrem Lauf hinauf- und hinabgestiegen, bzw. die über- und untereinandergelagerten Schichten symbolisierten die 9 (oder 13) Himmel und 9 Unterwelten. Während die einzelnen Himmelsschichten Sitz der verschiedenen, u. a. die Naturerscheinungen repräsentierenden Götter waren, wurden die 9 Unterwelten eine schlimmer als die andere geschildert. Der oberste Himmel war Sitz des Urpaares, die unterste Unterwelt war das Totenreich *Mictlan*. Nicht ethisches Verhalten, sondern die Todesart entschied über die Bestattungsart und den Aufenthaltsort der Toten: Privilegierte wie Könige, gefallene Krieger, Geopferte, im Kindbett gestorbene Frauen wurden eingeäschert und gingen in das „Haus der Sonne“ ein, die sie bis zur Mittagsstunde begleiteten; erdbestattet wurden u. a. Ertrunkene und vom Blitz Erschlagene, die für das auf Berggipfeln gedachte Reich des Regengottes bestimmt waren; die übrigen, gewöhnlich Verstorbenen wurden eingeäschert und mußten den Weg nach *Mictlan* antreten, für den sie 4 Jahre benötigten. – Dieses mythische Weltbild, in dem jede Erscheinung durch die Götter verursacht wurde, erforderte entsprechende Handlungen des Menschen, die die Götter beeinflussen sollten. Solche Handlungen waren Gebet, Kasteiung und Opfer, insbesondere das ↗Menschenopfer, das unter den A. zur Massenschlachtung ausartete. Die bereits klass., d. h. voraztekische Form war das Herzopfer. Dem Auserwählten wurde aus dem über den kegelförmigen Opferstein gespannten Leib das Herz herausgeschnitten, das in einer Schale vor allem dem Sonnengott dargebracht wurde, um diesen nach dem nächtlichen Kampf gegen die Finsternis zu stärken. Die meisten Opfer wiederholten Schöpfungsakte. Wie sich in mythischer Vorzeit die Götter geopfert hatten, um den Menschen durch ihren Tod ein Kulturgut zu schenken, so waren es nun zum Opfer bestimmte Gefangene, die diese Akte wiederholten. Diesen Opfern wurde bis zu ihrem Tod große Ehre zuteil (entsprechend der Gottheit, die sie symbolisierten); nach ihrem Tod begleiteten sie die Sonne vom Morgen bis zum Mittag. – Die Kultfeste folgten dem Jahresrhythmus. Das Frühlingsfest stand im Zeichen der urspr. weiter südlich beheimateten Vegetationsgottheit *Xipe totec*, zu deren Ehren einem Priester die abgezogene Haut eines Opfers übergestülpt wurde, so zugleich den im Opfer sich erneuernden Gott darstellend und die erbetene Wiederbelebung der Natur symbolisierend. Im Mittelpunkt solcher Kultfeiern stand neben dem Opfer der Priester. In der ständisch strukturierten Gesellschaft nahm er immer noch eine hervorragende Stellung ein, wenngleich sie nicht mehr die der theokratischen Zeit (ca. 200–1000 n. Chr.) (↗Theokratie) war, als ein Priesterkönig das Land regierte. Im aztekischen Reich (das nicht vor 1430 zu expandieren begann) nahm ihre Bedeutung parallel zum Anwachsen der Zahl der Menschenopfer ab. An Bedeutung gewannen hingegen die Krieger: Um den großen Bedarf an Opfern zu decken, erfanden die A. den sog. „Blumenkrieg", der nicht dem Landgewinn, sondern der Beschaffung von Opfern in Form von Kriegsgefangenen diente. Hierzu bestand sogar ein Vertrag mit zwei Nachbarstaaten, die gemeinsam mit den A. einen Dreibund bildeten. An der Spitze des Staates stand ein zuletzt absoluter, gottgleicher Herrscher, zugleich oberster Kriegsherr; sein Bruder oder zumindest ein naher Verwandter war Hoherpriester. Angehörige des Geburtsadels stellten die militärische Führung, während ausgezeichnete Krieger in einen Verdienstadel erhoben werden konnten. Das übrige gemeinfreie Volk war in Zünfte unterteilt. Unter- und außerhalb der ihrerseits stark strukturierten Priesterschaft gab es noch eine Anzahl von Zauberern und Wahrsagern, deren Metier die Heilkunde, die Deutung unheilverkündender Zeichen und die Abwendung von Schaden war. Die Priester waren Träger und Hüter der kulturellen Errungenschaften. Zu diesen zählte neben der (Bilder-)Schrift insbesondere die Pflege des Kalenderwesens, einer Kombination aus Himmelsbeobachtung und Zahlensymbolik. – Die wohl populärste mexikan. Göttergestalt war *Quetzalcoatl*, ein vergöttlichter Priesterkönig der Tolteken aus dem 10. Jh., der als Urpriester und Kulturheros galt. Er soll aufgrund seiner humanen Kultpraxis angefeindet und zum Verlassen des Landes gezwungen worden sein; unter dem Namen *Kukulcan* tauchte er bei den Maya auf. Die Vorstellung von ihm als hellhäutig und bärtig sowie die Erwartung seiner einstigen Rückkehr von Osten her führte zu der verhängnisvollen Identifizierung des Cortés mit *Quetzalcoatl*.

II. Maya. Zur Sprachgemeinschaft der M. gehörten etliche Stämme (Chol, Chontal, Kekchi, Mam u. a. m.), deren Verbreitungsgebiet das heutige Südmexiko mit der Halbinsel Yucatán, Guatemala, Belize und Nordwesthonduras umfaßte. Man unterscheidet bei den vorkolumbischen M. zwischen einem südl. „Alten Reich" (4.–10. Jh. = klass. Periode) mit den Zeremonialzentren Copán, Palenque und Tikal und einem nördl. „Neuen Reich" (10.–15. Jh. = nachklass. Periode) mit den Zentren Chichen Itzá, Mayapán und Uxmal. „Reich" ist hier jedoch nicht als festgefügtes Staatsgebilde zu verstehen, sondern (ähnlich der griech. Polis) als lockerer Verband selbständiger, weitflächiger Stadtstaaten. Das „Alte Reich" brach Ende des 10. Jh. aus bislang ungeklärten Gründen zusammen; in das ihm folgende „Neue Reich" hatten aber auch schon in den vorhergehenden Jh.en Siedlungsströme geführt. – Gemessen an der denkerischen und künstlerischen Leistung, stehen die M. an der Spitze aller indian. Völker und werden zu Recht als „Griechen der Neuen Welt" bezeichnet. Die Wurzeln ihrer Kultur werden verstärkt auch in Asien gesucht; die Indizien für einen Kulturaustausch über den Pazifik nehmen zu (z. B. weist ein Schriftvergleich nach China). Die rel. Vorstellungen und die bildende Kunst, die ganz im Dienst der Religion stand, weisen dagegen ins mexikan. Hochland. An der Spitze des Pantheons stand der Schöpfergott *Hunab*, der „Einzige": unkörperlich gedacht, bildlich nicht dargestellt und kultisch nicht verehrt. Er residierte in der obersten der 9 (bzw. 13) jeweils mit bestimmten Göttern besetzten Himmelsschichten, denen 9 Unterwelten gegenüberstanden. *Hunabs* Sohn *Itzamná*, Begründer der gesamten M.-Kultur, Erfinder der Schrift und Urheber des Kalenders, erfuhr als Himmelsgott große Verehrung und häufige Darstellung. Der Sonnengott *Kinich Ahau*, eine Parallelgestalt, verkörperte einen Teil seines Wesens. Die M.-Götter waren dualistisch konzipiert (↗Dualismus), d. h., sie besaßen, bezogen auf den Menschen, eine positive und eine negative Seite. So war die Mondgöttin *Ixchel* zugleich Begleiterin und negative Seite *It-*

zamnás. Gleich hohe Bedeutung hatte für die Ackerbau treibenden M. der Vegetationsgott *Chac* mit dem Wind- oder Wassergott als Parallelfigur. Seine Bedeutung wuchs noch im regenarmen Karstland des nördlichen Yucatán. Hierher gehörte auch das Opfer durch Ertränken in hll. Brunnen. Eine spezielle M.-Gottheit war auch *Ixchab,* die Göttin der Selbstmörder, die diesen sofort Eingang ins Paradies verschaffte, in das (wie bei den Azteken) sonst nur Privilegierte eingingen, während die Mehrzahl in die Unterwelt *Mitnal* verbannt wurde. Die Verstorbenen wurden überwiegend erdbestattet (bei den M. auch in Pyramiden) und erhielten ihrer sozialen Stellung entsprechende Grabbeigaben. Ob Erdbestattung und ↗Ahnenkult (III) in Zusammenhang mit einem vermuteten Reinkarnationsglauben stehen, ist noch ungeklärt. Der ebenfalls ständischen Gesellschaft standen zumindest in der Frühzeit der klass. Periode erbliche, dem Adel angehörende Priesterfürsten vor. Höchstes Ansehen genossen jene Priester, die als Schrift- und Kalenderkundige das Schicksal beeinflussen konnten. Ihre Schrift ist als einzige indian. über das Rebusstadium hinausgekommen; von den bildlich-abstrakten Glyphen ist erst ein Drittel lesbar. Das Kalendersystem der M. war genauer als der Gregorianische ↗Kalender. Neben einem Ritualkalender von 260 Tagen und einem Sonnenjahr mit 360 und 5 zusätzlichen, unheilbringenden Tagen, kannten die M. ein Mondhalbjahr von 177 und ein Venusjahr von 584 Tagen. Die Mathematik war gekennzeichnet durch ein auf der Zahl 20 beruhendes Zahlensystem. Von geringerem Ansehen waren die Opferpriester, da das Menschenopfer zwar schon in klass. Zeit geübt wurde, aber erst im Spätreich größere Ausmaße annahm. – Jede Berufsgruppe hatte ihren eigenen Standesgott, dem zu Ehren am Jahresanfang ein Fest gefeiert wurde; dem der Priester folgte das der Ärzte und Zauberer, mehrmals eines der Bienenzüchter (Honigwein war der „Göttertrank", wie bei den Azteken der Agavewein) und schließlich das der Jäger. Zu den zahlreichen Erneuerungsriten zu Beginn des Jahres gehörte auch, daß alle Arbeitsgeräte mit der hl. blauen Farbe bestrichen wurden, um sie vor neuem Gebrauch zu weihen; ebenso wurden die Tempel renoviert und Idole erneuert. Im Mittelpunkt der regelmäßigen Jahresfeste stand zum Frühlingsanfang das zu Ehren der Sonne bzw. *Itzamnás.* Bei einem großen Feueropfer wurde eine blaubemalte Stufenpyramide als „Sonnenleiter" errichtet, die der Sonne den Aufstieg am Himmel erleichtern sollte; in das Feuer warf man die Herzen aller in einer zeremoniellen Jagd gefangenen Tiere und löschte das Feuer dann mit Wasser: Die Herzen sollten die Sonne ernähren, das Wasser die in der Sonne schmachtende Natur laben. – Etwa zeitgleich zur Nordwanderung der M. wurde Yucatán Opfer einer toltekischen Invasion. Im Gefolge der bis 1441 währenden toltekisch-aztekischen Vorherrschaft stand auch die Verehrung *Kukulcans* (bei den Quiché-M. des Hochlands hieß er *Kukumatz*), der kein anderer als *Quetzalcoatl* war. Nach dem M.-Aufstand von 1441 zerfiel das Land wieder in eine Anzahl weltlicher Stadtfürstentümer, „in deren rel. und künstlerische Dekadenz dann die span. Landnahme brach" (Trimborn). – Anders als selbst im „Alten Reich" bildeten die M.-Stämme der Cakchiquel, Quiché und Zotzil im Hochland von Guatemala ein theokratisch verfaßtes Einheitsreich unter der Hegemonie der Quiché. Es zerfiel ebenfalls Mitte des 15. Jh. wieder in Stammesfürstentümer. Über ihre rel. Vorstellungen unterrichten uns die „Annalen" der Cakchiquel und das „Popol Vuh" der Quiché. Während über das „Alte Reich" nur steinerne Zeugen berichten, erfahren wir über die yucatekischen M. durch eine „Chilam Balam" genannte Dokumentensammlung und die ersten span. Chronisten.

III. Inka. Neben örtlichen Kulturen hat es im andinen Kulturraum auch immer „panperuanische" Bewegungen gegeben, deren letzte das „Großreich der I." hervorbrachte. Träger dieses Reiches war ein Ketschua sprechender Stamm, dessen Macht sich urspr. auf die (3400 m hoch gelegene) Stadt Cuzco beschränkte. Unter den Inka – so nannte sich die adlige Oberschicht und lautete der Titel des Herrschers – begann er sich seit etwa 1200 auszubreiten und erreichte seine größte Ausdehnung (Perú, Teile von Ecuador, Kolumbien, Brasilien, Bolivien, Chile, Argentinien) kurz vor Beginn der span. Eroberung (1532). Gemeinschaftlicher Landbesitz, planmäßige Aufteilung und Heranziehung der Bevölkerung zu öffentlichen Arbeiten und eine hochentwickelte Sozialfürsorge waren die Mittel einer zentralen Staatsführung. Hinzu kam die Einheitssprache, als Hauptfaktor aber die Einheitsreligion. Als Begründer und erster Herrscher des Inkareiches galt *Manco Capac*, dem in einer ↗Theophanie der Sonnengott *Inti* befahl, den andinen Indianern eine höhere Kultur zu bringen. Der spätere Inka *Pachacutic* erfuhr in einem theophanen Erlebnis, daß er der Sohn *Intis* sei. Auf dieser Sohnschaft des Inka beruhte die gesamte rel. Konzeption des Reiches. Die Göttlichkeit des Inka, auch *Sapay I.* („einziger I.") oder *Intip Churin* („Sohn der Sonne") genannt, führte auch hier zu einem straff organisierten, theokratischen Priesterstaat, in dessen Mittelpunkt der Sonnenkult stand. Dieser wurde in allen eroberten Gebieten verbreitet, ohne deren alte Kulte zu zerstören; umgekehrt übernahmen sie, was ihrem Kult nicht widersprach. Dem Kult diente eine ihren Funktionen entsprechend stark gegliederte Priesterschaft, an deren Spitze *Willac Uma* („das sprechende Haupt") stand, ein jüngerer Bruder des I. bzw. Sohn des Sonnengottes; Priesterinnen, ausgewählte Jungfrauen, versahen im Tempel ihren Dienst. Überlieferte Gebete, mit denen der I. und seine Sippe die Sonne bei ihrem Aufgang anbeteten, zeugen von einer innigen Verbundenheit mit ihrem Gott und Vater. Die Priester widmeten sich vor allem der Heilkunde, hüteten das erst anfängliche Wissen in Himmelskunde und Zeitrechnung, übten sich aber auch in der Dichtkunst. Eine wichtige Aufgabe war ferner die Wahrschau aus Eingeweiden. Die Kultfeiern entsprachen den jeweiligen Notwendigkeiten des Landwirtschaftsjahres. Trank- und Speiseopfer überwogen; bei den Tieropfern stand das Lama im Vordergrund. Menschenopfer waren zwar bekannt, wurden aber nur in beschränktem Maße und aus ganz bestimmten Anlässen vollzogen. Das Kinderopfer z. B. sollte das Leben des I. verlängern. Das rel. Erleben des Volkes fand Ausdruck in einem ausgeprägten ↗Ahnenkult (III); die Vorstellungen von der Art des Weiterlebens sind jedoch noch ungeklärt. Man kannte zwei Jenseitsreiche: in das bei der Sonne gedachte Paradies *(Hanak Pacha*, „die hohe Welt") kehrte nur die adlige Oberschicht ein; alle übrigen Menschen waren für die mit Höllenqualen verbundene Unterwelt *(Ukhupacha)* bestimmt. – In den Hintergrund gedrängt hatte der Sonnenkult die Verehrung des alten andinen Hochgottes *Virakocha*, Schöpfer des Himmels, der Erde und des Menschen, Vater auch des Sonnengottes *Inti*. Er präsidierte dem Pantheon, das sich aus einer Vielzahl persönlich gedachter (Ressort-)Götter (Naturerscheinungen) zusammensetzte. Hinzu kamen zahllose als *Huaca* bezeichnete Numina (hll. Gegenstände, Orte u. a. m.). Diese Huacaverehrung legitimierte die Aufnahme vorinkaischer Gottheiten in die Staatsreligion. Zu den bedeutenderen „Naturgöttern" gehörten die „Erdmutter" *Pachamama* (Fruchtbarkeitsgöttin), die „Mutter See" *Mamacocha* (Meeresgöttin und Patronin der Fischer) und der Gewittergott *Illapa* (Regenspender).

Für die drei hier geschilderten Spätkulturen gilt, daß sie durch die Conquista ein vorzeitiges Ende fanden. Ebenso gilt, daß die genannten rel. Vorstellungen, steingewordenen Abbildungen und Symbole Ausdruck allein einer Oberschicht waren. Mit dem Zusammenbruch ihrer Herrschaft starben auch ihre Götter.

Lit. (allg.): *L. Deuel*, Kulturen vor Kolumbus. München ²1979; *H. D. Disselhoff*, Geschichte der altamerik. Kulturen. München 1953; *V. v. Hagen*, Sonnenkönigreiche. München 1970; *F. Katz*, Vorkolumbianische Kulturen. München 1969; *R. Konetzke*, Die Indianerkulturen Altamerikas und die span.-portug. Kolonialherrschaft. Frankfurt ⁸1981; *W. Krickeberg*, Märchen der Azteken und Inkaperuaner, Maya und Muisca. Düsseldorf 1968; *F. Salentiny*, Santiago! Die Zerstörung Alt-Amerikas. Frankfurt 1980; *L. Séjourné*, Altamerik. Kulturen. Frankfurt ³1976; *M. Stingl*, Indianer vor Kolumbus. München 1982; *H. Trimborn*, Das Alte Amerika. Stuttgart ³1966; *ders. / W. Haberland*, Die Kulturen Alt-Amerikas. Frankfurt 1969; *G. R. Willey* (Hg.), Das Alte Amerika. Berlin 1974. – Zu 1: *W. H. Prescott*, Die Eroberung Mexikos. Berlin 1956; *J. Haekel*, Hochgott und Götter im alten Mexiko: Kairos 1 (1959) 131–144; *W. Krickeberg*, Die Religionen der Kulturvölker Mesoamerikas: ders. u. a., Die Religionen des alten Amerika. Stuttgart 1961, 3–60; *ders.*, Altmexikan.

Kulturen. Berlin [2]1979; *G. Lanczkowski,* Quetzalcoatl – Mythos und Geschichte: Numen 9 (1962) 17–36; *ders.,* Götter und Menschen im alten Mexiko. Olten 1984; *I. Nicholson,* Mexikan. Mythologie. Wiesbaden 1967; *H. Biedermann,* Altmexikos hll. Bücher. Graz 1971; *J. Soustelle,* Das Leben der A. Zürich 1986; *A. Eggebrecht* (Hg.), Glanz und Untergang des Alten Mexiko. Mainz 1986. – Zu 2: *E. P. Disselhoff,* Kunst und Religion der M.-Völker im alten und heutigen Mittelamerika. 3 Bde. Berlin 1926/33; *W. Krickeberg,* Die Religionen der Kulturvölker Mesoamerikas (s.o.) 61–84; *F. Anders,* Das Pantheon der M. Graz 1963; *W. Cordan,* Götter und Göttertiere der M. Bern 1963; *A. Mönnich,* Die Gestalt der Erdgöttin in den Religionen Mesoamerikas. München 1969; *B. Fagan,* Die vergrabene Sonne. München 1979; *P. Arnold,* Das Totenbuch der M. Bern 1980; *H. Wilhelmy,* Welt und Umwelt der M. München 1981; Popol Vuh. Das Buch des Rates, hg. v. W. Cordan. Köln [3]1982; *K. Ma'ax / C. Rätsch* (Hg.), Ein Kosmos im Regenwald. Köln 1984. – Zu 3: *G. Eckert,* Totenkult und Lebensglaube im Caucatal. Braunschweig 1948; *H. Nachtigall,* Alt-Kolumbien. Berlin 1961; *H. Trimborn,* Die Religionen der Völkerschaften des südlichen Mittelamerika und des nördlichen und mittleren Andenraumes: W. Krickeberg u.a., Die Religionen des alten Amerika (s.o.) 91–170; *H. Ubbelohde-Doering,* Kulturen Alt-Perus. Tübingen 1966; *H. D. Disselhoff,* Das Imperium der I. und die indian. Frühkulturen der Andenländer. Berlin [2]1974; *ders.,* Leben im alten Peru. München [2]1981; *P. Baumann,* Valdivia. Die Entdeckung der ältesten Kultur Amerikas. Hamburg 1978; *A. M. Mariscotti de Görlitz,* Der Kult der Pachamama und die autochthone Religiosität in den Zentral- und nördlichen Süd-Anden: ZMR 62 (1978) 81–100; *S. Huber,* Im Reich der I. Olten [2]1979; *W. Prescott,* Die Eroberung Perus. München 1986. *N. M. Borengässer*

Indische Philosophie ↗Hinduistische Philosophie.

Indra ↗Gott VII.

Initiation. Die I. wird im allg. als Übergangsritus bezeichnet *(rite de passage),* in dem junge Leute vom Kindesalter ins Erwachsenenalter eingeführt werden. Dennoch geht es um mehr als nur das Alter: unterstrichen werden muß der Verantwortungscharakter des Ritus, der schon vor oder erst nach der Pubertät in Erscheinung treten kann. In Schwarzafrika ist der I.s-Ritus von Stamm zu Stamm – und manchmal von Sippe zu Sippe – verschieden. Es gibt aber gemeinsame Züge, die auf das gleiche Ziel hinweisen. Die I. ist die Zeit der Selbstwerdung des Individuums durch Bewußtwerdung seiner Identität. Zugleich gelangt der einzelne durch einen psychosomatischen Schock zum Bewußtsein seiner verantworteten Mitgliedschaft innerhalb jener Gemeinschaft, der er sich nicht entziehen kann. Dies ist ein Prozeß, der sich durch mannigfaltige Handlungen vollzieht. Die I.s-Kandidaten oder -Kandidatinnen müssen sich eine gewisse Zeit, deren Dauer je nach Stamm variiert, von ihrer Dorfgemeinschaft trennen, um an einem abgelegenen Ort (z.B. Sakralwald, Busch ...) unter Aufsicht eines Meisters zu leben. Dort müssen, vor allem die männlichen Kandidaten, viele Proben – manchmal unter Androhung der Todesstrafe – bestehen: kilometerlang laufen, vom Baum herunterspringen, Hunger und Durst ertragen, in Schlaflosigkeit ausharren und viele andere asketische Übungen. Der Höhepunkt des ganzen Ritus ist bei vielen Stämmen zweifellos die ↗Beschneidung, wo gerade Mut und Tapferkeit verlangt werden.

Über die physischen Übungen hinaus müssen alle I.s-Bewerber unter Führung des I.s-Meisters die Tradition, Geschichte und Weisheit ihrer Sippe und ihres Stammes erlernen. Dadurch treten sie in intensive Lebensgemeinschaft nicht nur mit den lebenden Sippen- bzw. Stammesmitgliedern, sondern ebenso mit den Ahnen.

Die Bedeutung einer solchen Ausbildung, die das totale Engagement der ganzen Person erfordert, ist nur dem begreiflich, der auf die symbolische Sprache zu achten weiß. Der ganze I.s-Ritus durch das zeitweilige Abschiednehmen von der Dorfgemeinschaft und durch allerlei Übungen (physisch, geistlich, geistig) zielt nämlich dahin, die Bewerber zu neuen Menschen zu gebären. Die Trennungszeit an einem abgelegenen Ort ähnelt dem Tod, der am Ende der ganzen Zeremonie doch besiegt wird. Die Rückkehr in die Dorfgemeinschaft und der feierliche Empfang durch dieselbe werden als echte Auferstehung erlebt. Als neue Menschen erhalten die Initiierten neue Namen.

Die Beschneidung, wo sie praktiziert wird, hat außerdem folgende Bedeutung, die jedoch im gesamten Kontext des soeben Gesagten gesehen werden muß. Sie macht den Jungen zum Mann, indem die Vorhaut, Symbol des Weiblichen, entfernt wird. Umgekehrt macht die Exzision der Klitoris, Symbol des Männli-

chen, das Mädchen zur Frau. – Die Beschneidung hat aber eine noch tiefere Bedeutung. Sie stellt eine echte Weihe zum Leben dar. Der Ritus um lebenspendende Organe will die jungen Menschen Gott als Quelle und den Ahnen als Vermittlerns des Lebens weihen.
Nennenswert im I.s-Ritus insgesamt ist noch seine erzieherische Dimension. Durch physische, harte Übungen und andere Entbehrungen lernen die jungen Leute Gehorsam, Disziplin und Selbstbeherrschung. All dies hat aber eine unersetzliche Bedeutung für das Gemeinschaftsleben. Schon unter allen Mitinitiierten derselben Promotion wächst ein spontanes Gemeinschaftsgefühl. Das gemeinsame Leid eint. Mehr noch: Durch Leid und Entbehrungen gelangen die Bewerber zum Bewußtsein ihrer Rolle für die Sippen- und Stammesgemeinschaft, damit diese gesund, sicher und stark lebt.

Lit.: *J. S. Mbiti,* Afrikanische Religion und Weltanschauung. Berlin 1974, 151–167; *M. Ntetem,* Die negro-afrikanische Stammes-I. Münsterschwarzach 1983; *A. T. Sanon,* Das Evangelium verwurzeln. Freiburg 1985; *L. V. Thomas,* Mort symbolique et naissance initiatique (Bukut chez les Diola Niomoun): Cahiers des Religions Africaines 4 (1970) 41–73. *B. Bujo*

Inka ↗Indianische Hochkulturen III.

Inkarnation

I. Allgemein–religionswissenschaftlich. – II. Christlich

I. Allgemein-religionswissenschaftlich. I. (Fleischwerdung) bezeichnet das Eingehen eines göttlichen Wesens in einen menschlichen Körper. Zu den zahlreichen avatāras (Erscheinungsformen) des indischen Gottes Viṣnu gehören auch die beiden Helden Rāma und Krishna. In Verbindung mit dem gesch. Königtum verweist die I. auf den göttlichen Ursprung der Herrschaft, indem der König wie bei den Inka und Kelten-Königen entweder als Vertretung der menschgewordenen, auf Erden weilenden Gottheit verehrt wurde oder als Gottessohn galt (Tenno, Pharaonen). Religionsstifter werden gelegentlich als I.en eines Gottes betrachtet (Kalif al-Hakim bei den Drusen, Nichiren in Japan als I. Buddhas). Im Lamaismus ist das Dogma der Einkörperung des Göttlichen von zentraler Bedeutung.

Lit.: *Ph. K. Hitti,* The Origins of the Druze People and Religion. New York 1928; *M. Werner,* Die Entstehung des christl. Dogmas. Bern ²1954; *W. Mostert,* Menschwerdung. Tübingen 1978. *P. Parusel*

II. Christlich (↗Jesus). I. ist einer der zentralen Termini des Christentums und besagt die Menschwerdung Gottes in Jesus von Nazaret. Christus, der ewige Logos Gottes (↗Gott V), hat in der hypostatischen Union – wie sie auf dem Konzil von Chalkedon 451 definiert wurde (Jesus Christus ist wahrer Gott und wahrer Mensch, DS 301–303) – die menschliche Natur in ihrem ganzen Umfang angenommen. Im NT kommt dieses Geheimnis in Joh 1,14 zum Ausdruck: „Und das Wort ist Fleisch geworden und hat unter uns gewohnt" (s. auch 1 Tim 3,16; Phil 2,6f.). Die I. darf nicht isoliert betrachtet werden; erst im Licht von Jesu Tod und Auferstehung als dem eschatologischen Heilsereignis erschließt sich ihre tiefe Bedeutung. Die ntl. „Kindheitsgeschichten" (Mt 1–2,3; Lk 1,5 – 2,52), die u.a. von der Verkündigung an Maria durch den Engel Gottes und der Geburt Jesu berichten, geben Zeugnis von dem Ursprung Jesu in Gott.

Lit.: *K. Rahner,* Grundkurs des Glaubens. Freiburg ¹²1982, Kap. VI. *A. Schotterer*

Inkubation bezeichnet das Schlafen an einer hl. Stätte, meist einem Tempel, zum Zwecke des Erhaltens eines von göttlichen Wesen geschickten Traumes. Grundlage dieser rel. Praxis ist die Überzeugung, daß dem Traum eine zukunftsweisende Realität zukommt, weil er durch eine Verbindung zu einer Gottheit vermittelt wird. Nach bestimmten Vorbereitungen legt sich der Rat- oder Heilungsuchende zum Schlaf nieder. Das Traumerlebnis oder Traumorakel bedarf oft der Deutung durch Priester, um den Sinn der Botschaft deutlich zu machen. Das Niederlegen auf den Boden legt einen urspr. Einfluß chthonischer Gottheiten nahe, und auch Asklepios hatte sich von einem thessalischen Erddämon zu einem Heilgott entwickelt. Tempelschlaf wurde auch in den Kulten der Heilgottheiten Isis und Serapis praktiziert. Trotz der Zurückweisung dieses antiken Brauches durch die Kirchenväter (Eusebius, Vita Const. III 36; Hieronymus, In Is. 65,4) fand er in der frühchristl. Praxis, vorzugsweise in den Kulten christl. Heiliger, Verwendung, die mit dem Bereich der Heilung oder Hilfe verbunden waren. Kosmas und Damian stehen als Patrone der Ärzte und Apotheker in der antiken Tradition des Dioskuren- und Asklepios-Kultes. I. ist auch in der Verehrung des Erzengels Michael und der hl. Thekla von Bedeutung gewesen (vgl. Deubner 56–109).

Lit.: *L. Deubner,* De incubatione. Leipzig 1900; *R. Herzog,* Die Wunderheilungen von Epidauros. Leipzig 1931; *E. u. L. Edelstein,* Asklepios. 2 Bde. o. O. 1945; *K. A. Meier,* Antike I. und moderne Psychotherapie. Zürich 1949. *P. Parusel*

Inkulturation

↗Kontextualität; Kultur; Religion; Religionstheologie.

1. Begrifflich. Der relativ junge, in der Missiologie beheimatete, aber dann auch kultursoziologisch zu verstehende Begriff hat schon deshalb noch nicht die volle Schärfe erlangt, weil er sich noch nicht hinreichend gegen bislang gebräuchlichere Begriffe wie Adaptation, Akkommodation, Indigenisation, Anpassung u. ä. durchgesetzt bzw. von ihnen abgesetzt hat. Nicht selten wird er auch mit ähnlich lautenden Begriffen wie Akkulturation (= der Wandlungsprozeß, der durch die unmittelbaren Kontakte von aus unterschiedlichen Kulturen stammenden Menschen[gruppen] ausgelöst wird) oder Enkulturation (= der Prozeß, in dem ein Individuum in seine eigene Kultur hineinwächst) verwechselt. Demgegenüber soll I. christlich-missiologisch den Prozeß bezeichnen, in dem die Botschaft bzw. die Wirklichkeit des Evangeliums Jesu Christi in den verschiedenen Kulturen und Religionen der Erde Wurzeln faßt. Dem zeitorientierten Begriff des „aggiornamento" fügt I. die Raumorientierung mit allen Konsequenzen hinzu, so daß der mit ihm gemeinte Vorgang grundsätzlich alle Kulturräume der Welt betrifft, sowohl solche, denen das Christentum auch heute noch als Fremdkörper gegenübersteht, wie auch jene, in denen es zwar seit langem ein kulturbestimmender Faktor ist, aufgrund der gesellschaftlichen Wandlungsprozesse aber immer neuer Einwurzelung bedarf. Der im Hinblick auf das Verhältnis von Christentum und Kulturen gebrauchte Begriff läßt sich aber dann kultursoziologisch auf die entsprechenden zwischen den verschiedenen Kulturen und Religionen sich abspielenden Prozesse und Phänomene übertragen.

2. Geschichtlich. Insofern als der heutige Kulturbegriff neuzeitl. Ursprungs ist (vgl. W. Perpeet: HWP IV 1309 f.), der Verlust seines Normcharakters aber dann auf den dem 20. Jh. eigentümlichen, auf der Erfahrung des Kulturpluralismus beruhenden Kulturschock zurückgeht, stellt sich die Frage nach dem Verhältnis von Christentum und Kultur im besonderen, Religionen und Kultur im allgemeinen ausdrücklich erst in unserer Zeit. In diesem Sinne nennt „Evangelii nuntiandi" (20) den Bruch zwischen Evangelium und Kultur „das Drama unserer Zeitepoche". Rückblikkend lassen sich unter Berücksichtigung der heutigen Kulturerfahrung drei Epochen der Christentumsgeschichte unterscheiden:

a) Die Entstehung des Christentums als Universalreligion durch die bewußt vollzogene *Herauslösung aus dem jüd. Kulturverbund* (vgl. Apg 15): Durch diese Loslösung wurden einerseits Freiräume geschaffen für die Verkündigungs- und Kultsprache, die kirchl. Strukturen, die Übernahme fremdrel. bzw. nichtrel. Symbolik und Terminologien. Andererseits ergab sich in dieser Zeit zugleich die Situation kultureller Unbehaustheit bzw. des Lebens in der Fremde.

b) Die Periode, in der das Christentum selbst in die *Rolle eines Kulturproduzenten* hineinwuchs: Vorbereitet durch die Symbiose von theol. Reflexion und griech. Philosophie und deren Religionskritik sowie die Übernahme röm. Lebens- und Rechtsstrukturen, ferner begünstigt durch die Tatsache, daß das Christentum in Zentraleuropa auf kulturell-literarisch nicht dem Reflexionsstand des Mittelmeerraums entsprechende Stammeskulturen traf, entstand die europ. Kultur, die in der Folgezeit als eine Verbindung von jüd.-christl. Religiosität und griech. Rationalität beschrieben wird. Das Gesetz der Überformung bei gleichzeitiger Unterdrückung vorhandener Kulturen bestimmte weithin auch die neuzeitl. Eroberung Nord-, teilweise Mittel- und Südamerikas sowie Afrikas. Der europ. Kolonialismus scheiterte in Zentralasien, in China und Japan, aber letztlich auch in Indien. Seine Grenzen zeigen sich auch im heutigen Afrika. Da das Christentum den entscheidenden rel. Faktor der europ. Kultur bildet, verlief seine Expansion parallel zum politisch-kulturellen Einfluß der Kolonialmächte, sieht es sich aber heute auch in die Krise der Eurozentrik hineingezogen.

c) Die mit der Beendigung des europ. Kolonialismus markierte *Epoche der kulturellen Polyzentrik:* Sie verwirklicht sich einmal im Ringen der 3. und 4. Welt um politisch-wirtschaftliche Unabhängigkeit gegenüber den antagonistischen Systemen der 1. und 2. Welt, sodann in der bewußten Rückbesinnung auf die verlorenen nationalen und kulturellen Identitäten, schließlich, damit verbunden, im Neuaufbruch unterdrückter einheimischer Religionen bzw. in bewußter Hinkehr zu den Religionen des eigenen Kulturraumes. Diese exemplarisch umfassend in Afrika zu beobachtende Situation findet starke Unterstützung durch jene asiat. Staaten, die selbst in der Zeit des europ. Kulturimperialismus ihre eigene Identität kulturell und religiös bewahren konnten. Nicht zuletzt unter asiat. Einfluß wird sich Europa heute seiner eigenen kulturellen Relativität bewußt, wird aber konsequenterweise auch das europ. Christentum in den Relativierungsprozeß einbezogen.

3. Aktuelle Fragen. Die Situierung des Christentums in einer kulturell polyzentrischen Welt stellt das Christentum wie nie zuvor vor den selbsterhobenen Anspruch, Weltreligion zu sein (↗Absolutheitsanspruch) und als solche in allen Kulturen das Evangelium zu verkünden und zu verwirklichen. Dabei gilt: „Das Evangelium und somit die Evangelisierung identifizieren sich ... nicht mit der Kultur und sind unabhängig gegenüber allen Kulturen. Dennoch wird das Reich (↗Gottesreich II), das das Evangelium verkündet, von Menschen gelebt, die zutiefst an eine Kultur gebunden sind ... Unabhängig zwar gegenüber den Kulturen, sind Evangelium und Evangelisierung jedoch nicht notwendig unvereinbar mit ihnen, sondern fähig, sie alle zu durchdringen, ohne sich einer von ihnen zu unterwerfen" („Evangelii nuntiandi" 20).

Konsequenterweise läßt die Erfahrung eines kulturellen Pluralismus einerseits und die Unterscheidung von Christentum und Kultur andererseits a) nach einem allen Kulturen gemeinsamen Kulturbegriff fragen, dem gegenüber der neuzeitlich-abendländische Begriff von Kultur zwar einen heuristisch-analytischen Wert, aber nicht mehr eine normative Bedeutung besitzen kann. – b) Nun gehört, auch wenn das Bewußtsein für die enge Verbindung von Kultur und Kult (↗Kult/Gottesverehrung XI) im Abendland weithin verlorengegangen ist und dafür die Momente ergologisch-soziativer Sinngestaltung im hist. Wandel stärker hervortreten, die Religion nach wie vor zu den mit der Kultur gegebenen Elementen (vgl. GS 53). Darum erfordert die Beschäftigung mit den Kulturen stets eine genaue Bestimmung des Stellenwertes der Religion bzw. der Religionen in den einzelnen Kulturen. In dem Maße, als die Religion das eigentliche Substrat einer Kultur bildet, müßte die I. nach A. Pieris genauer zur „Inreligionisation" werden. – c) Die Verhältnisbestimmung von Kultur und Religion besagt für das Christentum selbst, daß es einer Kultur stets in kultureller Vermittlung begegnet. I. kann christlich folglich nicht als Begegnung zwischen einem kulturlosen „reinen Christentum" und religionslosen „reinen Kulturen" verstanden werden, sondern setzt die Möglichkeit einer dialogisch-kritischen Kommunikation zwischen verschiedenen Kulturen voraus, in der den Religionen von deren Selbstverständnis her die fundamental diagnostisch-unterscheidende wie therapeutisch-heilende Grundfunktion zukommt. Da im Anspruch der umfassenden Heilsvermittlung die Religionen das Herzstück der Kulturen bilden, begegnet das Christentum in jeder wahren I. dem in einer Kultur wirksamen Religiösen, damit zugleich jenen geistlichen und sittlichen Gütern und jenen soziokulturellen Werten, die es im Sinne des Evangeliums anzuerkennen, zu wahren und zu fördern gilt (vgl. NA 2). – d) Aus dem umfassenden Heilsanspruch des Evangeliums heraus ergibt sich, daß die

I. weder in die Dichotomie von Diesseits und Jenseits noch von Geist und Materie verkürzt werden darf, sondern die konkrete Welt und ihre Geschichte mit ihren Todesgrenzen betreffen muß. Christlich muß die I. aber auch das nichtchristl. Fremde in seiner Werthaftigkeit ernst nehmen und alle Menschen in ihrer freien Subjekthaftigkeit fördern. Dialog, Kooperation, Solidarität u. ä. sind da, wo das Christentum im Abendland zum Kulturproduzenten geworden ist, grundlegende Momente einer in Freiheit sich entfaltenden Menschlichkeit, die das Christentum deshalb auch in sich selbst dort zu verwirklichen hat, wo es mit seiner Botschaft alle Menschen in ihren konkreten gesch. Kontexten (↗Kontextualität) zu erreichen und die universale Heilsbotschaft Christi zu vermitteln sucht. Dabei kann es sich konkurrierenden I.s-Versuchen anderer Heilsangebote und -systeme in Gelassenheit stellen.

Lit.: *R. Friedli,* Fremdheit als Heimat. Freiburg/Schweiz 1974; *B. Lonergan,* Theologie im Pluralismus heutiger Kulturen. Freiburg 1975; *A. A. Roest-Crollius,* What is so new about Inculturation?: Gr. 59 (1978) 721–738; *ders.,* Inculturation and the Meaning of Culture: ebd. 61 (1980) 253–274; *H.-W. Gensichen,* Mission und Kultur. München 1985; *H. Waldenfels,* Kontextuelle Fundamentaltheologie. Paderborn 1985; *A. Pieris,* Theologie der Befreiung in Asien. Freiburg 1986. *H. Waldenfels*

Inspiration

↗Heilige Schrift(en).

Als fundamentale Kategorie der Offenbarungsaneignung bezeichnet I., abgeleitet vom hellen. Begriff „Einhauchung" (epípnoia, theópneustos; hebr. neşamā; 2 Petr 1,21 und 2 Tim 3,16) mit ursprünglich passiver Bedeutung, den Akt göttlicher Selbstmitteilung durch ausgewählte Sprecher und begründet in seiner Vollgestalt als bleibende Schrift-I. die Heiligkeit des als Glaubensnorm verbindlichen Schriftkorpus.

1. In klassischer und moderner kosmischer Religiosität gelangen Schamanen durch äußere Mittel (Narkotika, Tanz, Einatmen von Dämpfen) aufgrund psychischer Veranlagung und Aneignung zu enthusiastischen I.s-Erlebnissen, die sich ebenfalls in metakosmischen Religionen finden (Num 24,16; 1 Sam 19,23f.; 2 Kön 3,15; 8,11; Sach 13,6; djinn im Islam). Orakelmedien und ihre Deuter (prophêtai, theólogoi) verkörpern eine I., die konkrete Probleme durch Rückbindung ihrer Bedingungen an eine kosmische Ordnung erhellt. Ein „pneûma mantikón", feinstoffliche Übertragung göttlichen Wissens, veranlaßt die Weissagung in Ekstase – bekannt etwa durch die Pythia in Delphi, die Sibylle von Cumae, aber auch im Shintoismus oder in afrik. Religionen. Das Griechentum sieht rel. I. auch bei Künstlern und Dichtern (éntheoi) – so führt Homer seine Werke auf Eingebungen der Muse zurück. Der Islam unterscheidet waḥy, die dem Propheten übermittelte I., von der ilhām, der I. von Künstlern und Heiligen. *Platon* (Phaidros 244ff.; Ion 533dff.; Apol. 7) erklärt I., sowohl die prophetische wie die künstlerische, als Entmächtigung des menschlichen Verstandes (ékstasis) durch göttlichen Geist, ähnlich Philo (Spec. Leg. IV 49).

Erst Paulus verwendet I. im aktiven Sinn (2 Tim 3,16 = Gottes Geist atmend) in Hinblick auf die Schriften des AT, während ansonsten der göttliche Ursprung der Schriften in bibl. Terminologie mit „Prophetie" (2 Petr 1,20; Offb 1,3; 22,7) ausgedrückt wird. Als Fachbegriff wird I. erst vom 17. Jh. an verwendet. Der göttliche Offenbarungscharakter von Texten kann sowohl unmittelbar verstanden werden – ein Prototyp des Buches existiert im Himmel auf einer „wohlverwahrten Tafel" (Koran 85,22; Ex 24,12; äthHen 93,2) und wird materiell übermittelt (Jer 1,9; Ez 2,8ff.; Offb 10,9f.; Avesta) – wie auch mittelbar durch verschiedene Formen des Zusammenwirkens göttlicher Urheberschaft und menschlicher Verfasser. Bei mechanischer Verbal-I. wird dem menschlichen Sekretär jedes einzelne Wort, sogar mit seiner Vokalisation (Koran; Schreibergott Thot in Ägypten; Buch Mormon), diktiert, während bei inhaltlicher Real-I. verschiedene Grade menschlicher Originalität, entsprechend dem Modell des Thomas v. Aquin (S.th. II–II q.171–174) vom Instrumentalcharakter des menschlichen Verfassers, angenommen werden. Hll. Seher als „Hörer des Wortes" treten in den ind. Ṛṣis entgegen, die aus übernatürlicher Quelle die Literatur der „Śruti" (die vier Veden, Upanishaden) – im Gegensatz zur

„Smriti" (nichtkanonische Texte aus menschlicher „Erinnerung") – empfangen. Im Erleuchtungserlebnis des Buddha zeigt sich die Dynamik einer I.s-Erfahrung im Vernehmen des übernatürlichen Dharmas und dessen Drängen in die Ausdrücklichkeit des Wortes. Alles, was zwischen der Nacht des Erwachens und der Nacht der Vollendung Buddhas verkündet worden ist, gilt dem Theravāda als authentische Offenbarung.

2. In der christl. Tradition finden sich alle Elemente der späteren I.s-Lehre bereits bei *Irenäus* (PG 7, 860 ff.) und *Origenes* (PG 10, 117 f.), insbesondere die urspr. göttliche Urheberschaft beider Testamente als Ausdruck einer gemeinsamen Heilsordnung. Die lehrmäßige Formulierung des Konzils von Florenz (1442; Decr. pro Iacobitis, DS 1334 ff.) vermittelt diese Lehre ohne weitere entscheidende Entwicklungen, zusammen mit der Aufzählung aller kanonischen Bücher, über das Konzil von Trient (DS 1501 ff.), das Vatikanum I (DS 3006) bis zu den Bibelenzykliken „Providentissimus Deus" (1893; DS 3280 ff.), „Spiritus Paraclitus" (1920; DS 3650 ff.) und „Divino afflante Spiritu" (1943; DS 3825 ff.). In Konfrontation mit naturwiss. und rel.-gesch. Erkenntnissen konzentriert sich dabei die I.s-Problematik zunehmend auf das Inerranzproblem, wobei schließlich die Enzykliken, von der hist.-krit. Methode gefordert, dem menschlichen Autor größere Mitwirkung zugestehen. Das Vatikanum II (DV Kap. 2,7; Kap. 3) überwindet diese Engführung mit der Rückbindung der „Wahrheit, die Gott um unseres Heiles willen in heiligen Schriften aufgezeichnet haben wollte" in die Heilswahrheit Jesu Christi.

3. Diese positive Sinngebung der Inerranz und die Anwendung der hermeneutischen Prinzipien der Exegese stellen die I. in das Ringen um die Realität des theol. Gehaltes der Schrift und begreifen die Bibel als Medium eines geistigen Dialogs, als „lebendiges Wort". Im Rückgriff auf die patristische Analogie der „condescensio" wird die Schrift-I. als gesch. und menschliche Vermittlung des Gotteswortes in das Geheimnis der Inkarnation eingebunden. Diese Finalität eröffnet eine Neubewertung der psychol. Implikationen des Charismas der I. und eine gesch. Dynamik an Sinnzuwachs, beginnend mit der Offenbarung in der Schöpfung und vollendet in der Anamnese des Heilsmysteriums Jesu (Hebr 1, 1 ff.). I. als konstitutives Moment der Sammlung aller Christusgläubigen beleuchtet die These K. Rahners (1958) über die Einbettung der Schrift in die göttliche Urheberschaft der Kirche. Diese ist Ermöglichungsgrund menschlicher Verfasserschaft und Garant der bleibenden Normativität und I. der Schrift. Aus der Zusammenschau von DV mit der Aufdeckung von „Samenkörnern des Wortes" in anderen Religionen (LG 16 f.; AG 11) ergibt sich, entlang dem Paradigma des AT als „Vorläufer des Wortes" (Hippolyt: PG 10, 819), die interrel. Relevanz einer analogen Schrift-I. nicht-bibl. hll. Schriften.

Lit.: *A. Grillmeier,* Kommentar zu DV Kap. 3: LThK² K II 528–557; *D. S. Amalorpavadass* (Hg.), Research Seminar on Non-Biblical Scriptures, Bangalore 1974; *J. Beumer,* Die I. der Hl. Schrift. Freiburg 1968; *H. Haag,* Die Buchwerdung des Wortes Gottes in der Hl. Schrift: MySal I 335–357; *K. Rahner,* Über die Schrift-I. Freiburg ⁴1965. *M. Fuß*

Ischtar = Innana ↗Sumerische Religion.

Isis ↗Ägyptische Religion; Mysterien.

Islam

I. Entstehung. – II. Geschichte. – III. Selbstverständnis. – IV. Christentum und Islam

I. Entstehung. Der I. ist unter den gegenwärtigen Weltreligionen die jüngste und neben dem im 10.–13. Jh. untergegangenen ↗Manichäismus die einzige, die historisch nach dem ↗Christentum entstanden ist und von Anfang an um die Existenz von ↗Judentum und Christentum weiß. Bereits der Koran (↗Heilige Schrift[en] VIII), das hl. Buch der Muslime, das die vom Propheten ↗Muḥammad vorgetragene Offenbarung enthält, nimmt zu beiden Religionen Stellung.

Die prophetische Verkündigung Muḥammads geschah in den Jahren 610–632 n. Chr. und erfolgte zunächst in Mekka und ab 622 in Medīna, wo sich die wichtigsten Stämme der Stadt mit den „Auswanderern" aus Mekka unter der Führung Muḥammads zusammenschlossen, den I. als Religion annahmen und Muḥammad als Schiedsrichter in allen Streitfragen anerkannten. Sehr rasch gelang es, weitere Stämme aus der Umgebung Medīnas in dieses Bündnis zu integrieren bzw., soweit es sich um jüd. Stämme handelte, diese unter den Schutz des Bündnisses zu stellen und so als „Schutzbefohlene“ *(dhimmīs)* zu assoziieren. Die geographische Ausweitung dieser Gemeinde *(↗Umma)* schritt unaufhaltsam voran, 630 wurde als Ergebnis mehrerer Auseinandersetzungen Mekka dazugewonnen, und beim Tod Muḥammads (632) umfaßte die umma bereits weite Gebiete der Arab. Halbinsel.

Religionsgeschichtlich ist die Zeit unmittelbar vor Muḥammads Auftreten als Umbruchszeit zu kennzeichnen. Der bis dahin weitverbreitete ↗Polytheismus ist ins Wanken geraten, monotheistische Strömungen gewinnen Anhänger, und die in der Gegend siedelnden Juden und Christen tragen ihrerseits sicher zur Stärkung der monotheistischen Tendenzen bei.

Die Botschaft vom einen Gott ist im Koran verknüpft mit der Aufforderung, das von Gott gebotene Gute zu tun, denn am Tage des Gerichts wird jeder jedes „Stäubchen an Gutem“ bzw. „an Bösem“ (Koran 99, 7f.) zu sehen bekommen. Damit tritt, sozialgeschichtlich gesehen, eine allgemein gültige Ethik an die Stelle einer bislang üblichen Klanmoral, für die die Sache des Klans stets gerecht war und unterstützt werden mußte, was immer auch im einzelnen konkret gefordert gewesen sein mag. Die universale Ethik war notwendig geworden, weil die alte Klanmoral nicht mehr gültig war, da aufstrebende Neureiche unter den Kaufleuten offenbar mehr um den eigenen Vorteil als um die Solidarität mit den Klanoberhäuptern bemüht waren.

Machtpolitisch und rel.-geographisch lag die Arab. Halbinsel damals am Schnittpunkt der Einflußsphären des durch christologische Auseinandersetzungen innerlich geschwächten Byzantinischen Reiches im Norden, des nationalchristl. Königreiches Abessinien im Südwesten und des durch Kriege geschwächten zoroastrisch-mazdakischen Reiches der Perser im Südosten. In diesem Machtvakuum entstand der I., und es gelang ihm sogar unter Ausnützung einiger Gruppeninteressen (z. B. Juden, arianische oder nestorianische Christen) in die Herrschaftsgebiete der angrenzenden Großreiche vorzudringen und dort Fuß zu fassen. Wichtig ist für die spätere Zeit noch, daß der I. weitgehend auch die Nachfolge des Manichäismus nach dessen Untergang angetreten und auch konzeptionell (z. B. Prophetologie) manichäisches Gedankengut fortgeführt hat.

II. Geschichte. Die rasche Ausweitung der umma auf der Arab. Halbinsel setzte sich nach dem Tode Muḥammads unter den Nachfolgern (arab. Khalīfa, dt. Kalif) Abū Bakr (632–634), ʿUmar (634–644), ʿUthmān (644–656) und ʿAlī (656–661) in nichtarab. Gebiet fort: 639–642 wurde Ägypten erobert, 640–642 Persien. Unter der Dynastie der Umaiyaden (661–750) wurden weitere Gebiete dazugewonnen. 670 folgte die Eroberung Nordwestafrikas, 711 kamen die Araber nach Spanien, bevor ihr Vordringen nach Frankreich 732 bei Tours und Poitiers (Karl Martell) gestoppt wurde.

Auch im Osten des Reiches setzte sich unter den Umaiyaden und noch mehr unter dem Kalifat der abbasidischen Dynastie (749–1258) die Ausweitung des islam. Reiches bis nach Indien fort. Einer sehr groben hist. Einteilung zufolge kann gesagt werden, daß die ersten 700 Jahre der islam. Zeitrechnung den Aufbau der islam. Herrschaft in den sog. Kernländern (Nordafrika, Ägypten, Vorderer Orient, teilweise Türkei, Irak und Iran) und die nächsten 700 Jahre die Ausweitung in weitere Länder Asiens und Afrikas hinein (z. B. Indien, Indonesien, Schwarzafrika) brachten.

Obwohl der Kalif bis zur Abschaffung des Kalifates 1924 der umma vorstand, war seine Macht im Laufe der Geschichte immer geringer geworden. Politisch mußte er sie bald mit manchem lokalen Herrscher teilen, bis sie unter den Osmanen (1290–1918) ganz auf den Sultan übergegangen war und ihm nur noch die rel. Leitungsfunktion verblieb. Religiös konnte der Kalif aber auch nicht seine allg. gültige Führungsposition durchsetzen. Gleich nach dem Tode ʿAlīs traten dessen Anhänger als Antwort auf die Einführung des erblichen Kalifats der umaiyadischen Dynastie für ein erbliches

Kalifat der 'Ālī-Nachkommen ein. Die Partei (arab. ↗Shī'a, dt. Schia, Schiiten) 'Alīs lehnte das umaiyadische Kalifat in Damaskus ab, ging in den Untergrund und kämpfte für den Führungsanspruch der 'Alī-Nachkommen: Ḥasan (gest. 669), Ḥusain (gest. 680) usw. Spätere Spaltungen innerhalb der Shī'iten bewirkten, daß die Zahl ihrer jeweils anerkannten Führer (Imāme) sowie die Namen der jeweils letzten in der Reihe von Gruppe zu Gruppe variieren: so erkennen die Zaiditen eine Liste von nur 5 Imāmen, die Ismā'īliten eine von 7 und die Imāmiten (Zwölfershī'iten) eine von 12 Imāmen an. Hinzu kommt, daß weitere Spaltungen innerhalb der Shī'iten stattfanden, so daß darüber hinaus noch zahlreiche andere Untergruppen (z.B. Drusen, Nusairier) existieren.

Auch die kaliftreue Mehrheit der Muslime (↗Sunniten, heute ca. 90% aller Muslime in der Welt) ist kein monolithischer Block. Unterschiedliche Auslegungstraditionen, vor allem in Rechtsfragen, haben sich im 8./9. Jh. herausgebildet und zu unterschiedlichen Rechtsschulen (der hanbalitischen, hanafitischen, malikitischen und schafiitischen) geführt.

Neben den Shī'iten und Sunniten ist mit Blick auf den frühen I. noch die Gruppe der Khāridjiten zu erwähnen, die aus der umma auszog, weil nach ihrer Meinung nur der Kalif werden oder bleiben sollte, dessen moralische und rel. Qualitäten ihn dazu befähigten, auch wenn es ein schwarzer Sklave wäre.

Die Herrschaft der Muslime über die sog. Kernländer bedeutete anfangs keine Islamisierung dieser Gebiete. Erst viel später ging mit der langsam einsetzenden Arabisierung auch eine Islamisierung einher, die bis heute spürbar ist. Zugleich bewirkte die Begegnung mit der christl. Kultur in Ägypten und Syrien sowie mit manichäischem Gedankengut im Irak/Iran einen kulturell fruchtbaren Kontakt mit der griech. Philosophie und theol. Systemdenken, was beides dem I. ursprünglich fremd war.

Muslimische Denker ließen sich auf die Herausforderung ein und schufen in Auseinandersetzung damit kulturelle Höchstleistungen auf dem Gebiet der Theologie, Philosophie, Wissenschaft und Kunst, die ihrerseits zur Herausforderung für das christl. Abendland wurden. Bei alledem sollte die Mitwirkung und Übersetzerleistung der Christen und Juden nicht übersehen werden, weshalb es eher angezeigt ist, von der arab. als von der islam. Kultur im MA zu sprechen.

Zahlreich sind die Anklänge an außerislam. Gedankengänge, die sich in den Werken islam. Mystiker (Ṣūfīs) finden. Bis heute ist ungeklärt, ob immer solche Einflüsse von außen oder nicht auch Parallelentwicklungen innerhalb des I. angenommen werden sollen. Je nach Kenntnisstand der Autoren reichen die Vermutungen in der westlichen Fachliteratur zur islam. Mystik (↗Meditation/Mystik IV) von Einflüssen des ↗Hinduismus über solche aus dem zoroastrischen Gedankengut bis hin zu griech.-hellen. Vorstellungen oder Einflüssen aus der jüd. oder christl. Mystik.

Die Hochblüte der arab. Kultur ist mit dem 12. Jh. abgeschlossen. Im literarischen Bereich folgen später andere Sprachräume der islam. Welt (Persisch, Türkisch, Urdu usw.)

Als Gründe für den Niedergang der arab. Kultur werden vielfach äußere genannt, vor allem Invasionen und Kriege, vornehmlich die Kreuzzüge und die Mongoleneinfälle im 13. Jh., wobei zweifellos die zuletzt genannten die islam. Welt tiefgreifend erschüttert und sicherlich mehr Niedergeschlagenheit ausgelöst haben als die Kreuzzüge.

Das politische Selbstbewußtsein der Muslime war jedoch auch nach dieser Zeit keineswegs gebrochen. Die Eroberung Konstantinopels 1453 durch den Osmanen Mehmet II. und die zahlreichen Vorstöße türk. Truppen auf dem Balkan und nach Westeuropa sind Beweise genug, daß keineswegs purer Fatalismus (↗Schicksal) das Handeln der osmanischen Muslime bestimmt hat.

Erst die Entwicklung der neuzeitl. Technik und die expansive Kolonialpolitik Englands und Frankreichs (Ende des 18. und im 19. Jh.) haben den Muslimen der islam. Welt durch zahlreiche Niederlagen das Gefühl der kulturellen, technisch-wiss. und politischen Unterlegenheit gegeben, das erst in der zweiten Hälfte des 20. Jh. durch ein neues Selbstbewußtsein abgelöst zu werden scheint. In diesen Zusammenhang gehört auch der Optimismus der Muslime bezüglich der Zukunft des I., der in zahlreichen Schriften in Arabisch und Persisch mit hoher Auflagenzahl in den 70er und 80er Jahren des 20. Jh. zum Ausdruck gebracht wird. Es wird dort die Zunahme von Konversionen in Schwarzafrika ebenso registriert wie der behauptete Verfall traditioneller Religiosität in Europa, worin die Autoren eine Hoffnung für den I. erblicken, die Nachfolge des Christentums anzutreten. Immer mehr setzt sich dabei die Überzeugung durch, daß der I. als mittlerer Weg zwischen Kapitalismus und Sozialismus, zwischen westlichem Materialismus und allein auf die seelischen Bedürfnisse ausgerichteter hind.-buddh. Spiritualität und zugleich als Werte- und Normsystem im Kampf gegen Dekadenz und Werteverfall in der westl. Welt wirksam und attraktiv sein müßte.

III. Selbstverständnis. Der Muslim glaubt, daß Gott mehrfach durch Propheten und zuletzt durch Muḥammad gesprochen und den Menschen mitgeteilt hat, was sie tun und glauben sollen. Diese ↗Offenbarung (VI) liegt nach islam. Überzeugung unverfälscht in schriftlicher Form in den 114 Abschnitten (Suren) des Koran, des hl. Buches der Muslime, in arab. Sprache vor, weshalb es keine weiteren Propheten mehr geben wird (daher auch die Ablehnung der Baha'i-Religion [↗Baha'ismus]). Als Verfasser des Koran sehen die Muslime Gott allein, ja das göttlich schöne Arabisch des Koran ist ihnen Beweis dafür, daß dieses Wort nicht Menschenwerk, sondern wahrhaft Gottes Wort ist (vgl. Koran 2, 23; 17,88).

Juden und Christen sind nach islam. Auffassung als „Schriftbesitzer" nicht unwissend wie die Heiden, doch haben ihre Schriften Mängel, die erst durch den Koran vollständig beseitigt sind. Dem entspricht eine gewisse Sonderbehandlung der „Schriftbesitzer" (dhimmī-Status) im Unterschied zu den Heiden, was durch den Koran bereits nahegelegt und im islam. Recht näher ausgeführt wird.

Die göttliche Offenbarung beinhaltet, daß es nur einen einzigen Gott gibt, der Schöpfer und Herr der Welt ist, die Menschen dereinst richten wird, die einen ins ↗Paradies kommen läßt, andere dagegen in die Hölle schicken wird. Um Gottes Willen zu erfüllen, sind das uneingeschränkte Bekenntnis des *einen* Gottes u. die Einhaltung der Gebote unerläßlich. Dem Muslim ist seine Religion gewöhnlich so selbstverständlich, daß er sich gar nicht vorstellen kann, weshalb sie anderen Menschen nicht in gleicher Weise evident vorkommt. Er erklärt sich diese fehlende Einsicht bei den anderen meist damit, daß entweder Fehlinformationen oder böse Absichten der Annahme des I. im Wege stehen. Um den Fehlinformationen entgegenzuwirken, gibt es heute eine Fülle von Informationsmaterial islam. Provenienz.

Diese Informationsliteratur stellt den I. meist recht einheitlich dar und erwähnt selten eine de facto konstatierbare Vielfalt rel. Richtungen und Ausdrucksformen. Denn neben den unter II. erwähnten Richtungen und den in den Handbüchern vorgestellten idealen Verhaltensweisen im Sinne des Religionsgesetzes (↗Ethik VII) gibt es zahllose lokale Praktiken und eine Fülle von Formen der sog. Volksfrömmigkeit (z. B. Tragen von Amuletten).

Hinzu kommt, daß immer wieder islam. Mystiker (Ṣūfis) betont haben, daß die Erfüllung des Religionsgesetzes (↗Sharī'a) lediglich die Außenseite wahrer Religiosität darstelle, daß es demgegenüber aber auf die Erfahrung der Innenseite *(bāṭin)* ankomme.

Mit Blick auf die Auseinandersetzung mit der modernen Welt und ihren Lebensformen lassen sich inzwischen auch Unterschiede im Umgang mit der normativ zu verstehenden Tradition feststellen. Hierbei kann man vielleicht vier Grundausrichtungen unterscheiden: 1. die, die im Stile Atatürks (gest. 1938) auf eine Trennung von Religion und staatlicher Gesetzgebung hinarbeiten; 2. die, die wie Ayatollah Khomeini und andere Verfechter der islam. Revolution im Iran von 1978/79 auf die Wiedereinführung der vollständigen sharī'a aus dem islam. MA drängen; 3. die, die wie die Muslimbrüder in Ägypten und Syrien verlangen, daß der Koran voll angewandt, auf nicht-koranisches Späteres jedoch verzichtet wird; 4. die kleine Zahl derer, die selbst

innerhalb des Koran eine Scheidung zwischen historisch und sozial Bedingtem und der wahren Offenbarung durchführen wollen und sich nur letzterer verpflichtet fühlen. Welche dieser Richtungen letztlich die maßgebliche sein wird, muß die Zukunft zeigen.
Alle Muslime stimmen darin überein, daß zum I. die Verwirklichung dieser Prinzipien gehört: das auf Muḥammads Verkündigung fußende monotheistische Bekenntnis, das tägliche Gebet *(↗Ṣalāt)*, die Almosensteuer *(↗Zakāt)*, das Fasten im Fastenmonat ↗Ramaḍān und wenigstens einmal im Leben die Wallfahrt nach Mekka *(↗Ḥadjdj)* während des Wallfahrtsmonats. Dazu kommt noch für viele der ↗Djihād, eine besondere „Anstrengung" zur Rettung bzw. Verbreitung des Herrschaftsbereiches des I., was klassisch militärische Aktionen (Hl. Krieg) durchaus mit einschließen kann.
IV. Christentum und Islam. Die Christen bekämpften von Anfang an den Anspruch der Muslime, Muḥammad sei Prophet, ja (wie schon ↗Mani vor ihm) der durch Joh 14,26 vorhergesagte Paraklet (vgl. Koran 61,6). Die Muslime dagegen stehen aufgrund der Schriftverfälschungsthese der Bibel (↗Hl. Schrift[en] VI; VII) skeptisch gegenüber und bekämpfen die Lehre von der ↗Inkarnation (II) ebenso wie die von der Trinität. Sie glauben an die jungfräuliche Geburt Jesu, an seine ↗Wunder, lehnen gewöhnlich seinen Kreuzestod ab und bestreiten, daß er Sohn Gottes ist. Im Gespräch mit Christen berufen sie sich gerne zur Stützung ihrer Argumentation auf das sog. Barnabasevangelium.
Nach jahrhundertelanger Belastung des gegenseitigen Verhältnisses durch Polemik und kriegerische Auseinandersetzungen (z. B. Kreuzzüge, Kolonialismus) zeichnet sich in der zweiten Hälfte des 20. Jh. eine Wende zum Dialog hin ab. Sowohl der Weltkirchenrat als auch die kath. ↗Kirche suchen das Gespräch mit den Muslimen. Ziel solcher Begegnungen ist es, sich gegenseitig besser kennenzulernen, um Vorurteile abzubauen und im sozialen Bereich zum Wohle der Menschen und für den Frieden in der Welt zusammenzuarbeiten. Es fällt bei diesen Begegnungen immer wieder auf, daß im Unterschied zur wachsenden Zahl von I.-Kennern unter den Christen die Christentumskenner unter den Muslimen noch fast völlig fehlen und bestehende Fehlinformationen über die Christen oft deshalb nicht beseitigt werden können, weil die Muslime glauben, die eine oder andere Koranstelle stünde dagegen.
Der Dialog mit dem I. wird die christl. Theologen dazu führen, tiefer als bisher über den Monotheismus nachzudenken, um den häufig von Muslimen erhobenen Tritheismus-Vorwurf wirksam zu entkräften. Offen ist, wie auf die islam. Forderung nach Anerkennung Muḥammads als Prophet geantwortet werden wird.
Wichtig ist, daß das Dialogangebot nicht im Sinne eines Kampfbündnisses von den Muslimen mißverstanden wird. Der Dialog soll in jedem Falle für alle Monotheisten sowie alle Menschen guten Willens offenbleiben, um so einen wirksamen Beitrag zum Wohle aller und zum Frieden unter den Menschen leisten zu können.

Lit.: *F. M. Pareja,* Islamologie. Beyrouth 1957–1963; Fischer Weltgeschichte 14/15. Islam I, II. Frankfurt 1968–71; *W. Montgomery Watt,* The Influence of I. on Medieval Europe. Edinburgh 1972; *Ch.-E. Dufourcq,* La Vie quotidienne dans l'Europe médiévale sous domination arabe. Paris 1978; *W. Montgomery Watt,* Der I. Stuttgart I (1980), II (1985); *W. Ende – U. Steinbach,* Der I. in der Gegenwart. München 1984; *A. Schimmel,* Mystische Dimensionen des I. Köln 1985; *M. Borrmans,* Wege zum christlich-islam. Dialog. Frankfurt 1985; *R. W. Rousseau* (Hg.), Christianity and I.: The Struggling Dialogue. Montrose 1985; *A. Schall u. a.,* Art. I.: TRE XVI 315–358 (Lit.).
P. Antes

Ismāʿīliten ↗S͟hīʿa/S͟hīʿiten.

Israel. 1. Die Bedeutung des Namens ist nicht sicher. Die Volksetymologie in Gen 32,29 ist nicht haltbar. Am wahrscheinlichsten sind „(der Gott) El herrscht" oder „El kämpft". Im AT umfaßt das Wort drei Bedeutungsbereiche: wie in Ugarit kann es Name einer Einzelperson sein, so vor allem in der Genesis der „Erzvater I."; sodann kann es auch als Name des Landes begegnen, „æræṣ I."; zumeist aber wird es zur Bezeichnung eines (von diesem Erzvater abstammenden) Kollektivs, der „Söhne I.", des „Volkes I." verwendet.
2. Der älteste Beleg findet sich auf einer Stele des Pharao Merneptah (um 1221

v. Chr.). Bis vor etwa 20 Jahren genoß die These nahezu allg. Anerkennung, daß dieses frühe I. ein aus 12 Stämmen – mit jeweils eigener, z. T. nomadischer Vorgeschichte – bestehender Stämmeverband war, der nach und nach in das Land Kanaan eindrang und sich nach Analogie zu griech. Städten in einer Amphiktyonie organisierte: mit einem gemeinsamen Kult für Jahwe, den Gott I.s, an einem turnusmäßig wechselnden Zentralheiligtum; mit einem gesamtisraelit. Kultgegenstand, der Lade; mit einem (apodiktischen) Bundesrecht; mit Stämme übergreifenden Richterämtern; mit gemeinsamen Aktionen zur Sanktionierung von Rechtsbrüchen; Kriegsführung aber war Sache des jeweils bedrohten Stammes. Die Amphiktyonie-Hypothese ist gegenwärtig mehrfach bestritten worden, ohne daß an ihre Stelle eine überzeugende neue Sicht getreten wäre. Wo sich nicht radikale hist. Skepsis eingestellt hat, werden Vorstellungen von I. als akephaler, segmentärer Gesellschaft, als Eidgenossenschaft oder als regulierter Anarchie diskutiert.

3. Mit der Entstehung des vereinigten Königtums um 1000 v. Chr. wird der Begriff zur politischen Selbstbezeichnung des selbständigen Staates. Nach dem Zerfall des davidisch-salomonischen Großreiches I. bei der Reichsteilung 926 haftet der Name (im Unterschied zu Jerusalem-Juda) am Nordreich. Nach dessen Untergang 722 wandert er ins Südreich. In der Verkündigung der vorexil. Schriftpropheten ist nicht immer deutlich erkennbar, wer mit I. gemeint ist, das Nord- oder das Südreich oder das Ganze.

4. Schon in der Königszeit wird aber der Gedanke eines „Restes" von I. geboren, der nach dem radikalen Gericht Gottes als „wahres I." vielleicht übrigbleibt (z. B. Am 5,3 f.15; Jes 1,8 f.; 6,13 und den Symbolnamen des Jesaja-Sohnes „Ein Rest kehrt um" in Jes 7,3). Wer dieser Rest sei, ist nach dem Gericht (in Gestalt der Beendigung der Eigenstaatlichkeit 586) umstritten: die durch das Exil geläuterte babyl. Gola (Jer 24; Neh 1,3) oder die in Jerusalem Zurückgebliebenen (Zef 3,12 f.).

5. Nach dem Verlust der staatlichen Selbständigkeit wird I. zur Selbstbezeichnung der Gemeinde der Jahwe-Verehrer als des auserwählten Gottesvolkes. (Die politische Provinz trägt den Namen Jehud.) Den Ehrentitel machen sich im zersplitterten Frühjudentum mehrere Gruppen streitig: Gegen die theokratische, durch Abstammung und Gesetzesobservanz legitimierte Jerusalemer Tempelgemeinde erwarten einerseits eschatologische Kreise erst für die Zukunft ein neues, wahres I. (z. B. Jer 31,10 ff. bes. 31–34; Zef 3,12 ff.; AssMos 10,8 ff.), beanspruchen andererseits die ↗Samaritaner den Titel für sich (vgl. indirekt die Polemik 2 Chr 13,4 ff.); später reklamieren ihn die antihellen. Makkabäer für sich (1 Makk 9,73; 13,41), aber auch die ↗Qumran-Gemeinde (1 QS 8,1 ff.; CD 1,4 ff.), noch später das sich unter pharisäischer Führung nach dem Untergang des Tempels 70 n. Chr. neu organisierende rabb. Judentum wie auch die Christen-Gemeinde.

6. Entscheidend für die (bleibende) Zugehörigkeit zum Gottesvolk ist nach ntl. Auffassung nicht die Abstammung oder der Gesetzesgehorsam, sondern allein der Glaube an Jesus Christus (vgl. z. B. Joh 8,37 ff.; Röm 4; 10,9; Gal 3). Im Gegensatz zu dem „I. nach dem Fleische" (1 Kor 10,18; vgl. Röm 9,6; Phil 3,3; Gal 4,23.29) versteht sich die junge Christenheit aus Juden *und* Heiden als „das I. Gottes" (Gal 6,16). Der im NT meist vorsichtig ausgesprochene, aber doch deutliche Gedanke einer Substituierung des alten Gottesvolkes der Juden durch das wahre Israel der Christusgläubigen (vgl. z. B. lukanische Heilsgeschichte; Johannesevangelium; Röm 9–11; Phil 3), wurde in der frühen Kirche breit ausgebaut und ist fester Bestandteil der kirchl. Tradition, an der allein im jüd.-christl. Dialog unserer Tage theol. Sachkritik geübt wird.

7. Auch innerhalb des gegenwärtigen Judentums selbst ist der Begriff I. umstritten: Wie verhält sich der 1948 neu gegründete Staat I. zu der rel. Größe I.? In welchem Maße muß das Gesetz – etwa die Sabbatruhe – eingehalten werden? Welchen Status sollen die zahlreichen nicht-jüd. Bewohner I.s haben? Eine Verfassung existiert wegen der Probleme der Selbstdefinition noch nicht.

Lit.: (eine monographische Gesamtdarstellung fehlt): *S. N. Eisenstadt,* Die israelische Gesellschaft. Stuttgart 1973; *A. H. J. Gunneweg,* Geschichte Israels bis Bar Kochba. Stuttgart [5]1984; *J. Maier,* Geschichte der jüd. Religion. Berlin 1972; *ders.,* Das Judentum. München [2]1973; *P. v. der Osten-Sacken,* Grundzüge einer Theologie im christl.-jüd. Gespräch. München 1982; *K. H. Schelkle,* I. im Neuen Testament. Darmstadt 1985; *H.-J. Zobel,* Art. îśrāel: ThWAT III 986–1012.

M. Oeming

J

Jäger- und Sammlerkulturen. Negativ definiert durch das Fehlen von Ackerbau und Viehzucht, bilden sie keineswegs eine Einheit, sondern sind bereits in wirtschaftlicher und gesellschaftlicher Hinsicht sehr stark differenziert mit einer Spannweite etwa von den Pygmäen des Kongowaldes bis zu den Nordwest-Küsten-Indianern Nordamerikas. Von Extremen abgesehen, kann indes für die größte Zahl von ihnen gelten, daß sie in kleineren Gruppen in mehr oder weniger unsteter Lebensweise dem Sammeln und Jagen als Nahrungserwerb obliegen, wobei alle genannten Faktoren weitgehend von den Umweltbedingungen abhängig sind und durch sie begrenzt werden. Es gibt verschiedenartige Erscheinungsformen des Religiösen, doch spielt vielfach der ↗Animalismus, d.h. eine rel., mystische und magische Bindung an die Tiere, vor allem an das Jagdwild oder sonst repräsentative Vertreter des Tierreichs, eine wichtige Rolle. Tiere werden menschenähnlich gedacht, als beseelt, ausgestattet mit rel. und magischen Kräften; besondere Erscheinungsformen sind Schutzgeister und „Alter ego", die häufige und leichte Austauschbarkeit zwischen menschlicher und tierischer Form und Wesen von der Art eines Herrn der Tiere, Geber des Jagdwildes, Beherrscher des Jagdlandes und dazu Wild- und Buschgeistern.

Vorstellungen dieser Art bilden offensichtlich in der Hauptsache auch den Inhalt der ältesten bildenden Kunst, der Fels- und Höhlenbilder vor etwa 30000–10000 Jahren. (Die einsinnige Interpretation als magisches Mittel ist ein Überlebsel des ↗Präanimismus, erstmals sogar entwickelt aus der Interpretation als ↗Totemismus, aber trotz der immer noch weiten Verbreitung eine kaum begründete Annahme.) Inwieweit animalistische Züge bereits zu totemistischen fortgeschritten waren, muß offenbleiben. In engem Zusammenhang mit animalistischen Vorstellungen stehen jedoch die Tierversöhnungs- und Tiervermehrungsriten, deren Mittelpunkt vielfach Knochen und Skelett des Jagdwildes einnehmen. Dabei spielt in nördlicheren Erdbereichen der Bär eine hervorragende Rolle; oft ist ein kompliziertes Bärenzeremoniell ausgebildet.

Daneben stehen aber sicherlich bereits in der Altsteinzeit andere Vorstellungen, u.a. solche, die in weiblichen Symbolen, vor allem kleinen, weiblichen Figürchen, sichtbar werden. Teilweise sind sie so schematisch geformt, daß Geschlechtsmerkmale schwer oder gar nicht zu erkennen sind; bei anderen handelt es sich um sehr naturnahe Wiedergaben korpulenter, teilweise vielleicht auch schwangerer Frauen, deren sekundäre Geschlechtsmerkmale bes. hervorgehoben werden, während Gesichter, Füße und Arme fast völlig vernachlässigt werden. Die starke Betonung der Zonen des Gebärens und Ernährens führt fast von selbst auf den Gedanken an weibliche Fruchtbarkeit. Indes gilt das nicht notwendig für alle, und nach heutigen Analogien ist ebenso an Sitze von Schutz- und Hilfsgeistern, Wiedergabe und Symbol von Stammüttern oder Herrinnen der Tiere, Helferinnen bei der Jagd und Jagdwildspenderinnen, Beherrscherinnen des Landes u.a. Naturgebiete zu denken.

Wie immer ist auch hier zu beachten, daß

das archäologisch Hervortretende nicht das in Wirklichkeit Entscheidende gewesen sein muß. Es ist durchaus denkbar, daß wir es nur mit einem Teilgebiet oder einer unteren Sphäre des Religiösen zu tun haben. Auch bei heutigen J.- und S. stehen dahinter und darüber des öfteren noch andere Konzeptionen, auch solche von der Art einer übergeordneten Hochgottheit, von Stammwesen usw., und gerade bei recht einfachen Jägern und Sammlern ist öfters ein höchstes Wesen von größerer Bedeutung.

Lit.: ↗Prähistorie; mit jeweils weiterführenden Angaben: *K. J. Narr,* Zum Sinngehalt der altsteinzeitlichen Höhlenbilder: Symb. NF 2 (1974) 105–122; *ders.,* Art. Paleolithic Religion: ER XI 149–159. Immer noch wichtig: *Th. Mainage,* Les Religions de la Préhistoire. L'âge paléolithique. Paris 1921; sehr einseitig: *A. Leroi-Gourhan,* Les Religions de la Préhistoire. Paris 1964. *K. J. Narr*

Jahwe ↗Gott IV.

Jerusalem

I. Jüdisch. – II. Christlich. – III. Islamisch

I. Jüdisch. David macht die Jebusiterstadt J. (hebr. Yᵉrushalayim; aram. Yᵉrushlem) um 1000 v. u. Z. zum politischen und rel. Zentrum seines Reiches (2 Sam 5f.); Salomo errichtet auf dem Zion den Tempel Jahwes (1 Kön 5,16–22; 6; 7,13–51; 8,1–13; 1 Chr 15f.; 22). Im Jahre 586 zerstören die Babylonier die Stadt und verschleppen die Oberschicht der Einwohner (2 Chr 36,17–23; Ps 137,5). Diese kehren ab 538 teilweise aus dem babyl. Exil zurück und erbauen wieder Stadt und Tempel (Esra 1–7 und Neh 1–4. Kultzentralisation). Gegen den Hellenisierungszwang der Seleukiden (Antiochus IV. Epiphanes) leisten die Makkabäer erfolgreich Widerstand (14.12.164: Tempelweihe). Ab 63 röm. Herrschaft; unter dem idumäischen Usurpator Herodes d. Gr. Tempelausbau und Stadtbefestigung. Zerstörung J.s durch die Römer (70 u. Z.) sowie nach der Niederschlagung des Bar Kochba-Aufstandes (135 Fall Betars) die Umwandlung J.s in die röm. Kolonie Aelia Capitolina. In ihr darf nunmehr nur bleiben, wer sich nicht auf jüd. Weise mit der vom Tempel verbürgten Heiligkeit der Stadt identifiziert. Ab 638 unter islam. Oberhoheit. Von 1517 bis 1917 unter türk. Herrschaft, an die sich bis zum 14. 5. 1948 brit. Besetzung und Mandatszeit anschließen. Seit Dezember 1949 Hauptstadt des Staates Israel. Bis zum „Sechstagekrieg" (Eroberung der Altstadt am 8. 6. 1967, offizielle Wiedervereinigung am 28. 6. 1967) bleiben der Ostteil und die Altstadt durch Jordanien besetzt.

J. kommt im gesamten jüd. Glauben zentrale Bedeutung zu, die im Kontext der heilsgesch. Kategorien Gott, Bund, Volk, Land und Hoffnung zu sehen ist. Im Tanach sprechen zahlreiche Psalmen eine solche heilsgesch. J.-Theologie aus (u. a. Ps 48; 50; 76; 84; 87; 102; 122; 147). J. erhält auch die Bezeichnung „Zion" (z. B. Jes 2,3; 33,14; 40,9; 46,13; Joël 3,5; Mi 4,2) oder „Tochter Zion" (z. B. Jes 1,8; 62,11; Sach 9,9).

Auch nach der Zerstörung des 2. Tempels, von dem ein Teil der westl. Stützmauer des Tempelberges erhalten ist (die „Westmauer": ha-Kotel ha-Ma'aravi), betonen Halakha und Haggada die Heiligkeit J.s (z. B. bShevu 16 a). Pilgerfahrten und Einwanderungen zeugen von der Lebensrelevanz der Stadt. Das irdische kann dem oberen J. derart gegenübergestellt werden, wie es in den Worten des R. Joḥanan überliefert wird: „Der Heilige, gepriesen sei er, sprach: Ich komme nicht eher in das obere J., als bis ich in das untere J. gekommen bin" (bTaan 5 a). Die Halakha mißt J. besondere Heiligkeit zu. Viele Vorschriften zielen darauf ab, alles das von J. fernzuhalten, was zu (ritueller) Verunreinigung führt (z. B. bBQ 82 b; bBM 26 a). Bes. in der Diasporasituation seit dem Jahre 70 gibt J. die zentrale Gebetsrichtung an (so bBer 30 a).

In der Haggada beziehen sich zahlreiche Aussagen auf J., und zwar in gesch., metagesch. und in idealtypischer Sicht. So wird J.s Schönheit gerühmt (bQid 49 b und bSuk 51 b), ist J. der Sieg, das Heiligtum die Schönheit (bBer 58 a). Von Zion aus – näherhin dem Tempelfelsen ('even ha-Shetiyyah, mit Moriah gleichgesetzt) – wird die Welt erschaffen (bYom 54 b) und auch vollendet. In bBB 75 b finden sich Aussagen über die vollendete Gestalt des künftigen J.

In der synagogalen Dichtung, dem Piyyut, in Kunst und Literatur wie auch in den mystischen Spekulationen der ↗Kabbalah erhält die Stadt sehr große

Relevanz. Von den Gebetstexten bezieht sich insbesondere die 14. Bitte des „Sh^{e}-moneh 'äsreh" auf J.: „Nach deiner Stadt Jeruschalaim kehre in Erbarmen zurück, wohne in ihr, wie du gesprochen, erbaue sie bald in unseren Tagen als ewigen Bau, und Davids Thron gründe schnell in ihr. Gelobt seist du, Ewiger, der du Jeruschalaim erbaust." Ebenso hervorgehoben wird J. im Abend- und Morgengebet wie auch in der Pessach-Haggada mit ihrem Wunsch „Das kommende Jahr in J.!" bzw. – wenn in J. gesprochen – „im wiederaufgebauten J.!" Die israelische Nationalhymne spricht ihre Hoffnung dahin aus, „daß ein freies Volk in unserem Land wir wieder werden, in Zions, J.s Land." Diese Zionsliebe und -sehnsucht verbindet die Epochen jüd. Geschichte miteinander: J. ist lebendiges Symbol für jüd. Existenz.

II. Christlich. J. ist unlösbar mit Person und Werk Jesu verbunden: Letztes Mahl, Kreuzigung, Auferweckung, Geistsendung. J. bleibt daher für die Christen die hl. Stadt mit zahlreichen hll. Stätten. Lukas stellt J. in seinem Evangelium und in der Apostelgeschichte als Zentrum der Heilsereignisse dar. Bereits vor ihm verwendet Paulus in Gal 4,26 das jüd.-apokalypt. Bild vom „oberen J." (hebr. Y^{e}rushalayim shäl ma'lah; vgl. 4 Esra 8,52 und syrBar 4,3), um den mit Jesus Christus angebrochenen Äon zu verkünden. Dieses „obere J." entspricht der Sphäre des erhöhten Herrn; als die Mutter aller Juden- und Heidenchristen ragt es in die christl. Gemeinde hinein, ohne jedoch mit ihr identisch zu sein (*werdende* Gottesherrschaft durch *werdende* Christusherrschaft). Da nach der Intention des Paulus Gal 4,21–31 von den späteren Aussagen in Röm 11,12–32 her zu verstehen ist und sich der Heidenapostel im Galaterbrief primär nicht gegen Juden, sondern gegen judaisierende Christen wendet, muß eine antijüd. Deutung dieser Typologie ausgeschlossen werden (zu „himmlisches/hl. J.": Hebr 12,22; Offb 14,1 und 29,9–27).

Aufgrund der Zerstörung J.s im Jahre 70 wie auch wegen unerfüllter Naherwartung der „Wiederkunft" Christi wird in der christl. Theologie nach und nach das hellen.-spiritualisierte J.-Bild dominant, und zwar mit antijüd. Ausprägungen. Maßgeblich wird so das entterritorialisierte, ideale J. Bei *Origenes* (gest. 353/54) findet sich diese Interpretation mehrfach (z.B. Hom. 13 in Jerem. 3, Comm. in Matth. 16), deutlich auch bei *Hilarius v. Poitiers* (Tract. in Ps. 121) wie auch bei *Ambrosius* (Expos. in Luc. 7,99) und *Augustinus* (z.B. In Ps. 9,12). In dieser Typologie wird die Kirche in platonisierender Weise als Abbild (also in Differenz *und* Identität) des „himmlischen J." interpretiert, verbunden mit der antijüd. Polemik in der Deutung der Tempelzerstörung.

Nach der Konstantinischen Wende setzt von christl. Seite in J. eine rege Bautätigkeit ein, u.a. initiiert durch die Kaisermutter Helena (J.-Besuch 326). Darin bekunden die Christen den Anspruch, nunmehr die wahren Erben J.s zu sein. In zahlreichen Pilgerreisen suchen sie an den hll. Stätten die Ursprünge ihres Glaubens wie auch die Zeugnisse der bibl. Heilsgeschichte. Andererseits lehnen gewichtige Stimmen (u.a. Gregor v. Nyssa und Hieronymus) unter Hinweis auf das ideale, „himmlische" J. solche Fahrten ab. Die christl. Haltung zeigt also eine Ambivalenz.

Infolge der arab. Eroberung J.s (ca. 638) erlangen verschiedene islam. Dynastien Herrschaft über die Stadt. Die christl. Ritter des 1. Kreuzzuges richten 1099 bei der Eroberung J.s ein Massaker unter den muslim. und jüd. Einwohnern an. Mit dem christl. „Königreich J." ist eine Episode florierender Ökonomie verbunden. 1187 wird die Stadt von Sultan Saladin erobert. Nach dem Ende der Kreuzfahrerzeit sehen die Christen J. wieder primär als geistige, idealisierte Größe – ablesbar an den Zions- und J.-Liedern des MA, wie z.B. der Hymne „Caelestis urbs Ierusalem" (später im Stundengebet zum Kirchweihfest). Seit der Reformation im 16. Jh. kommen Christen verstärkt mit bibl. und archäol. Interessen nach J. Im 19. und frühen 20. Jh. errichten die Kolonialmächte kirchl. und karitative Institutionen sowie Konsulate in der Stadt, um hier ihre Präsenz zu zeigen. Am 25.1.1904 lehnt Papst Pius X. gegenüber Th. Herzl (↗Judentum I) aus „theol." Gründen eine Rückkehr der Ju-

den nach J. (und in einen jüd. Staat) radikal ab.
Erst durch den Staat Israel und insbesondere aufgrund der Wiedervereinigung J.s (1967) ist die Freiheit der Religionsausübung sowie der ungehinderte Zugang zu allen hll. Stätten garantiert (Gesetz zum Schutz der Hll. Stätten, 27.6.1967, und J.-Gesetz, 30.7.1980). Die zahlreichen christl. Kirchen und Denominationen wie auch alle anderen Religionen in J. profitieren von dieser Rechtssicherheit, so daß sich jede Art von Forderung einer „Internationalisierung J.s" als haltlos erweist. Papst Johannes Paul II. spricht in seinem „Apostolischen Schreiben über die Stadt Jerusalem" (20.4.1984) die christl. Wertschätzung der Stadt u.a. so aus: J. ist „als der Ort, wo nach dem Glauben die unendliche Transzendenz Gottes und das Erschaffene zusammenkommen, das Symbol des Zusammentretens und der friedlichen Verbindung der gesamten Menschenfamilie." Es gehört zur (ökumenischen) Aufgabe aller Christen, zur Verwirklichung dieser Hoffnung beizutragen.
III. Islamisch. Der Name J. kommt im Koran nicht vor (vgl. jedoch Koran 2,114). Die Stadt heißt al-Ḳuds, „die Heilige", auch al-Ḳuds al-sharīfa, „die ehrwürdige Heilige", und ist nach Mekka und Medīna die drittheiligste Stadt des Islam. Diese Auszeichnung findet bereits früh ihren Niederschlag, so z.B. in der faḍā'il al-Ḳuds-Literatur. Nachdem ↗Muḥammads (M.) missionarische Bemühungen um die Juden gescheitert waren, ändert er die Gebetsrichtung *(ḳibla)* von J. nach Mekka (2,142–152). Obwohl er selbst nie in J. gewesen ist, gründet die Verehrung der Stadt vor allem auf der Nachtreise des Propheten von Mekka nach J. (isrā'), wie sie in Koran 17,1 überliefert wird: „Gepriesen sei der, der mit seinem Diener bei Nacht von der heiligen Kultstätte – *al-masdjid al-ḥaram* – (in Mekka) nach der fernen Kultstätte (in J.), deren Umgebung wir gesegnet haben, reiste, um ihn etwas von unseren Zeichen sehen zu lassen! Er ist der, der (alles) hört und durchschaut."
Von dieser „fernen Kultstätte" aus (al-Masdjid al-aḳṣā = Tempelberg!) erfolgt dann nach späterer Überlieferung M.s Aufstieg zum Himmel (mi'rādj) mit dem Flügelwesen burāḳ. M. läßt den isrā' im Koran sonst unerwähnt, ein Indiz dafür, daß er ihm nicht wichtig ist. Der Kern dieser Geschichte stammt von jüd. Konvertiten und aus solchen jüd. Quellen, die M. bekannt waren, wie etwa das Jubiläen- und das Henochbuch. Muslimische Theologie *(kalām)* [↗Arkān] und Dogmatik *(↗Sharī'a)* sehen jedoch in diesem Bericht ein reales Geschehen, nicht einen Traum. Für sie verschmelzen die Traditionen von isrā' und mi'rādj zu *einer* Tatsachengeschichte.
Nach der Eroberung J.s durch den Khalīfen 'Umar (ca. 638) liegt J. im „Haus des Islam" *(dār al-islām).* 'Umar erbaut nahe dem Tempelfelsen (*ṣakhra,* im Islam gleichgesetzt mit dem jüd. „'even ha-Shetiyyah" und Moriah) eine Gebetsstätte. 691 (72 After Hidjra) vollendet der Umaiyadenkhalīf 'Abd al-Malik b. Marwān hier den Felsendom (Ḳubbat al-Ṣakhra), später auch 'Umar-Moschee genannt. Nach späterer Tradition ist der Felsen deshalb heilig, weil M. bei der Himmelsreise auf ihn seine Füße gesetzt hat. Die Moschee am Südende des Tempelplatzes (des *Ḥaram al-Sharīf*) wird al-Aḳṣā genannt und mit der „fernen Kultstätte" (vgl. 17,1) identifiziert. Aufgrund der Sukzession (und: Substitution) auf dem Tempelplatz übernimmt der Islam nun jüd. Bezeichnungen für J., wie etwa „Bait al-Maḳdis" („Haus des Heiligtums"). Diese Gleichsetzung hat primär rel., nicht politische Gründe: Die muslim. Heiligtümer sollen die christl. Kirchen, insbesondere die Grabeskirche, an Bedeutung und Pracht übertreffen (Konkurrenzdenken).
Nach muslimischer Theologie liegt der Tempelfelsen genau *unter* Allahs Thron und *über* einer Höhle *(bi'r al-arwāḥ:* Brunnen der Geister, „Seelenhöhle"), in der sich alle Seelen der Verstorbenen zweimal wöchentlich versammeln. Der Felsen ist der Ort, wo Noachs Arche stand und auf dem Abraham den Ismael darbrachte. Er ist Mittelpunkt des ganzen Kosmos und erhält von daher eschatologische Bedeutung. Am Ölberg (als Versammlungsplatz *[al-maḥshar]* dort: *sāhira*) findet beim Letzten Gericht die Versammlung aller Toten *(ḥashr)* statt.

Die Prüfung aller Menschen erfolgt mit Hilfe einer Brücke *(ṣirāṭ)*, die sich von dort zum Tempelberg hin spannt. Wiederum bilden jüd. und christl. Theologumena die Quellen dieser Traditionen. Auch beeinflußt christl. Aszese aus der Zeit vor 638 die muslim. J.-Mystik, so z.B. das „Buch der Aszese" *(Kitāb al-Zuhd)* oder die Lehre, daß das Leben in J. und im Land Israel die Seele reinige. In verschiedenen Ḥadīṯhen (↗Tradition IV) wird das Beten in J. als wertvoll qualifiziert. Die Heiligkeit der Stadt macht sie zum Ziel für Pilgerfahrten und formt bis heute den Glauben der Muslime.

Religionsgeschichtlich läßt sich festhalten, daß M. und die muslim. Theologie durch Rezeption und Uminterpretation zentraler jüd. und christl. Traditionen (wesentlich aus Konkurrenzgründen) eine eigene, neue J.-Theologie schaffen, welche im Islam den einzig wahren Erben J.s erblickt. Der Glaube ruft hier rel. Wirklichkeiten ins Leben, welche wiederum von sich aus in einer Eigendynamik hist. Fakten setzen. Die Einsicht in dieses Begründungsgefüge muslim. Glaubens und Theologisierens ist für jede J.-Hermeneutik konstitutiv.

Lit.: *B. Mazar,* Der Berg des Herrn. Bergisch Gladbach 1979; *K. L. Schmidt,* J. als Urbild und Abbild: ErJb 18 (1950) 207–248; *E. Otto,* J. Die Geschichte der Heiligen Stadt. Stuttgart 1980; *S. Abramsky u. a.,* Art. J.: EJ IX 1378–1593; *S. D. Goitein,* Art. Al-Ḳuds, A. History: EI² V 322–339; *O. Grabar,* Art. Al-Ḳuds, B. Monuments: ebd. 339–344; *U. Berger u. a.,* J. Symbol und Wirklichkeit. Berlin ³1982; *R. J. Z. Werblowsky,* Die Bedeutung J.s für Juden, Christen und Muslims. Jerusalem 1986; *T. Kollek / M. Pearlman,* J. Frankfurt ²1985.

K.-H. Minz

Jesus

I. Christlich. – II. Jüdisch. – III. Außerbiblisch

I. Christlich. 1. Die Eigenart der christl. Quellen über J. ist dadurch gekennzeichnet, daß sie weder hist. Berichte sind noch solche zu sein beanspruchen. J. hat keine Schrift hinterlassen, sondern Menschen zur Nachfolge in seine Lebensgemeinschaft berufen, in der seine Person, sein Gottesverhältnis, sein Wirken und die Erfahrungen im Umgang mit ihm bewahrt würden, so daß die schriftlich niedergelegten Zeugnisse in einem kaum exakt aufhellbaren Ineinander von Wirken und Wirkung Jesu berichten. In dieser Perspektive wird der Unterschied früher und später ntl. Zeugnisse deutlich: Die auf lebendiges Zeugnis angelegte Botschaft Jesu bildet sich ein immer tieferes Verstehen in lebendigen Menschen heraus. Zeitlicher Abstand zu J. ist kein Indikator für Verfälschungen. Von der Eigenart der Zeugen und der Zeugnisse her besteht kein Anlaß zur Annahme, der nachösterliche Christus, der Christus des Glaubens, sei totaliter aliter als der vorösterliche J. Die Behauptung der Identität impliziert hist.-krit. Exegese, um der Sache des Verstehens des Glaubens auf der Spur zu bleiben. Die Wirkungsgeschichte ist ständig zu verbinden mit der Frage nach Wirken und Person Jesu von Nazaret. Als einzige Zeugen verbleiben die ntl. Schriften, insbesondere die drei Synoptiker (deren Verhältnis zueinander durch die Zweiquellenhypothese als geklärt angesehen wird) und Johannes. Außerbibl. Quellen über J. sind äußerst dürftig. Der jüd. Schriftsteller *Flavius Josephus* (gest. nach 100; Ant XVII 63f. christl. Interpolation?; Ant XX 200) und der ↗Talmud (vgl. bSan 43a) bezeugen im Grunde nur die Existenz Jesu. Die röm. Autoren *Sueton* (gest. um 140; Vita Claudii cap. 25), *Tacitus* (gest. nach 115; Ann. XV 44) und *Plinius d. J.* (gest. nach 113; Ep. ad Traianum 96–97) belegen, daß der Name Christus im Rom des 1. Jh. bekannt war und daß es eine auf ihn sich zurückführende Bewegung gab. Der Christenbrief des Plinius gilt als ältestes nichtchristl. Eucharistiezeugnis und als Beleg der Verehrung Christi als Gott durch die Christen. Die nichtkanonischen Evangelien scheiden wegen der unentwirrbaren Vermengung von Phantasie und Historie als Quellen aus; ebensowenig sind die nichtntl. Agrapha Jesu (aus Kirchenvätern, späteren Autoren, Papyri aus Oberägypten oder islam. Quellen) als Zeugnisse verwertbar.

2. Als Rahmen des Lebens Jesu wird meist die Zeit 6/7 v.Chr. – 30 n.Chr. angegeben. Während es für Jesu Geburtsdatum im NT keine konkreten Hinweise gibt – der 25.12. ist für das Jahr 336 in Rom nachgewiesen –, gilt unter Verwendung der von den Synoptikern abweichenden Chronologie des Johannes meist Freitag der 14. Nisan des Jahres 30 als Todesdatum (= 7.4.30). Als erste Wir-

kungsstätte Jesu ist Galiläa anzusehen. Wir kennen die Orte, an denen J. wirkte, nicht aber die konkreten Reisewege. Als Heimat Jesu gilt Nazaret. Die Tradition bei Mt und Lk vom Geburtsort Betlehem muß kein Widerspruch sein, könnte aber auch christologisches Postulat sein. Aus der Bezeichnung Kafarnaums als „seine Stadt" folgt nicht zwingend, daß J. dort geboren ist. Die Nachrichten über Jesu Familie sind spärlich. Die Auslegung der „Brüder und Schwestern" Jesu als Kinder Marias ist nicht zwingend. Über Kindheit und Jugend Jesu wissen wir nichts. Er scheint wie Josef Zimmermann gewesen zu sein. Daß er (mit Maria von Magdala) verheiratet gewesen sei, ist durch nichts zu belegen.

3. Mit Recht kann die kommende Gottesherrschaft das „Geschick Jesu" genannt werden (H. Schürmann). Er erfährt sie als ihm von Gott zugeeignet. Das Geschick seines Lebens ist der Ort der eschatologischen Heilsgegenwart der Gottesherrschaft. Jesu Geschick ist von Anfang an als mögliches Mißgeschick denkbar gewesen, und er mußte wohl mit der Möglichkeit eines gewaltsamen Todes rechnen. Das irdische Mißgeschick Jesu ist sein wahres Geschick. Die Herrschaft Gottes kommt trotz des Todes Jesu am Kreuz. Die Auferstehungsbotschaft besagt, daß der gekreuzigte J., in dessen Leben und Taten die Gottesherrschaft als Heil gerade für die Armen, die Leidenden, die Sünder als gegenwärtig erfahrbar wird, als die persongewordene Liebe Gottes zu den Menschen in die Zukunft des kommenden Reiches Gottes eingegangen ist. Da durch J. die Gottesherrschaft in der Welt anwesend und wirksam ist, fordert er Glauben an sich und sein Evangelium, ruft in seine Nachfolgegemeinschaft und setzt so den Anfang seiner nicht mit dem Reich Gottes identischen Gemeinschaft, der Kirche. In der Auferstehung ist dieser J. als der Christus und Herr auch Inhalt des Glaubens geworden als innere Konsequenz der inneren Verbindung von Gottesherrschaft und J. von Nazaret. Die Kirche ist freilich erst durch das Osterereignis möglich. Der Zerstreuung der schon vor Ostern als Gruppe existierenden Jünger angesichts der Passion steht das hist. Faktum der erneuten Sammlung der Jünger nach Ostern entgegen, die als Werk des Geistes gedeutet wird. Das Verhältnis Jesu zu Gott, den er – nicht unüblich bei Juden – Vater nennt, kommt in der (seither freilich nicht nur im Munde Jesu denkbaren [vgl. Röm 8,15]) Anrede Abba, Väterchen, zum Ausdruck. J. unterscheidet scharf zwischen „meinem" und „eurem" Vater und schließt sich selber nicht in das „Vaterunser"-Gebet ein. Die radikale Vertrautheit der Anrede Abba ist Antwort auf die radikale Güte Gottes. Dem entspricht, daß das Evangelium (bes. Joh) das einzigartige Gottesverhältnis Jesu auf den Begriff „der Sohn" gebracht hat. Die explizite Christologie, wie sie in den Titeln zum Ausdruck kommt, die das NT für J. kennt, zeigt, wie J. von seinen Anhängern verstanden wurde. Solche Titel sind Messias, Menschensohn, Retter, Immanuel, Herr, Heiliger Gottes, Gerechter, Mittler, Anführer und Vollender (des Glaubens). Nur von Joh und Hebr 4,12 wird J. der Logos, das Wort, genannt. J. ist aber immer mehr als jeder Titel, auch als „Sohn Gottes" und der „Sohn". Einerseits sind diese ursprünglich scharf voneinander zu scheidenden Begriffskreise miteinander verbunden worden, andererseits sind sie vorwiegend heilsgeschichtlich und soteriologisch orientiert. Dennoch implizieren sie die wesenhafte metaphysische Gottessohnschaft Jesu. Wenn J. im NT freilich als der von Gott gesandte Präexistente angesprochen wird (vgl. u.a. Gal 4,4f.; Joh 3,16f.; 1 Joh 4,9), dann ist ein explizites Bekenntnis zur Gottheit Jesu Christi abgelegt, das im Prolog des Johannesevangeliums spekulativ erhellt wird.

4. Die kirchl. Christologie ringt um das rechte Verständnis der ntl. Aussagen. Sie bedenkt das Bekenntnis: J. Christus ist Gott und Mensch. Die Kirche bekennt J. als wahren Gottessohn, als wesensgleichen ewigen präexistenten Sohn des Vaters, als wahren Gott, Gott von Gott, gezeugt, nicht geschaffen (DS 125), keineswegs (auch noch) als Adoptivsohn (DS 595), sondern als die zweite Person der Dreifaltigkeit (DS 433). Derselbe J. Christus ist wahrer Mensch mit menschlichem Leib (DS 44), uns wesensgleich, in wahrer menschlicher Weise von einer

Mutter geboren (DS 76). Das ewige Wort des Vaters hat durch die hypostatische Union (eines der absoluten Geheimnisse des christl. Glaubens) eine menschliche Natur aus Maria, der Jungfrau, in substantieller und endgültiger Einheit als seine Natur mit seiner Person vereinigt. In Christus sind zwei Naturen in einer Person „unvermischt und unverändert, ungeteilt und untrennbar" (DS 302). Die weitere Entfaltung der Christologie kann hier nicht expliziert werden. Heutiges christologisches Denken kann sich als „Christologie von oben" artikulieren, als Deszendenzchristologie im Ausgang von den kirchl. Glaubensaussagen, oder als „Christologie von unten", als Aszendenzchristologie im Ansatz beim irdischen bzw. hist. J. Dem ersten Ansatz wohnt die Gefahr inne, zugunsten der Göttlichkeit die Menschlichkeit Jesu zu gering einzuschätzen, dem zweiten die Gefahr, nicht zum gesamten Glauben der Kirche vorzustoßen. „Christologie von innen" versucht unter anderem, eine Vermittlung beider, insofern sie die Gegenwart Christi in und unter uns heute bedenkt. Ihr zur Seite kann die „Christologie von außen" treten (vgl. II und III).

Lit.: RGG[3] III 619–653; LThK[2] V 922–964; NHThG II 226–256 (Lit.); *J. Gnilka,* J. Chistus nach den frühen Zeugnissen des Glaubens. München 1970; *K. Rahner / W. Thüsing,* Christologie – systematisch und exegetisch. Freiburg 1972; *F. J. Schierse* (Hg.), J. von Nazareth. Mainz 1972; *ders.,* Christologie. Düsseldorf 1979; *H. Zimmermann,* J. Christus. Stuttgart 1973; *A. Kolping,* Fundamentaltheologie II. Münster 1974 (Lit.); *K. Kertelge* (Hg.), Rückfrage nach J. Freiburg 1974; *E. Schillebeeckx,* Christus und die Christen. Freiburg 1977; *ders.,* J. Freiburg [7]1980; *T. Holtz,* J. von Nazareth. Zürich 1981; *H. Merklein,* Jesu Botschaft von der Gottesherrschaft. Stuttgart 1983; *H. Schürmann,* Gottes Reich – Jesu Geschick. Freiburg 1983; *W. Kasper,* J. der Christus. Mainz [9]1984; *H. Fries,* Fundamentaltheologie. Graz 1985; *H. Waldenfels,* Kontextuelle Fundamentaltheologie. Paderborn 1985; *A. Grillmeier,* J. der Christus im Glauben der Kirche. Freiburg I 1979; II/1 1985 (Lit.).

H. Pfeiffer

II. Jüdisch. Existenz und Wirkung Jesu sind in jüd. Quellen der Antike kaum bezeugt und wenn, dann ohne besonderes inhaltliches Gewicht (vgl. etwa Josephus, Ant XVIII 63f.). Eine Auseinandersetzung mit dem kirchlich verkündigten Christus ist dagegen für die griechischsprachige Diaspora durch christl. Autoren belegt. Die insgesamt äußerst spärliche Bezugnahme auf J. kann zumindest für die ersten drei Jh.e nicht mit jüd. Furcht vor etwaigen Repressionen erklärt werden, sondern resultiert aus der Situation nach 70 bzw. 135 u.Z., in der alle Kräfte zur Sicherung des kollektiven Fortlebens beansprucht waren.

Die talmudische (↗Talmud) Rede von einer „Beschwörung im Namen des Jeschu Ben Pandera" (t[e]chullin II 22–24 parr), dem Zauberei und Verführung zum Götzendienst vorgeworden wurden, wurde nicht selten als antijesuanische Polemik verstanden. Sofern diese Gestalt vermutlich des 2. Jh. mit J. identifiziert wurde, geschah dies wohl unter dem Einfluß der Polemik des Kelsos, der seinerseits J. als illegitimen Sohn Marias und eines röm. Soldaten namens Pantheras bezeichnete (Origenes, C. Celsum I 28). Da Ben Pandera im babyl. Talmud mit einem ähnlich beschuldigten Ben Stada identifiziert wurde (bShab 104b; bSan 67a), konnte der Eindruck einer deutlichen J.-Polemik des Talmud entstehen. Christl. Polemik faßte zudem „Jeschu" nicht etwa als Vokativform oder eigenständigen Namen, sondern als Verstümmelung von Jeschua auf. Dagegen verbietet es eine Analyse des lit. und gesch. Kontextes, für die Rabbinen des Talmuds ein entsprechendes Interesse anzunehmen. Die Polemik ist vielmehr das Produkt einer interpretierenden Relecture des frühen MA, „als man angesichts der notwendigen Auseinandersetzung mit dem Christentum und aufgrund der polemischen Diaspora-Traditionen auch im talmud. Schrifttum autoritative Belege gegen J. suchte" (J. Maier). Die für die Juden verschärfte Lebenssituation führte zur Verdichtung der polemischen Motive in der sog. Toledot Jeschu (Geschichte Jesu), einer in ihrem Kern seit dem 9./10. Jh. bekannten satirischen Kolportage. So weite Verbreitung diese variantenreiche volkstümliche Erzählung bis ins 19. Jh. hinein fand, so wenig wurde sie je von Rabbinen legitimiert; im Gegenteil, nicht selten wurde sie scharf verurteilt. Wurde von der ma. jüd. Apologetik der Prozeß Jesu im allg. als – nach rabb. Recht – legal verteidigt, so bestritten doch einige Apologeten die Identität von talmud. „Jeschu" und hist. J. oder unterschieden zwischen toratreuem J. und Christen, die diesen vergötzt hätten. Ansonsten wurde der Name J. nicht ausgesprochen. Es sei denn, daß Juden im Rahmen von Religionsgesprächen bzw. Zwangsdisputationen ihre rel. und theol. weit gewichtigere traditionelle Ablehnung von Messianität und Gottessohnschaft rechtfertigen mußten. Dies geschah durch den lapidaren Hinweis auf die Nichterfülltheit der messian. Verheißungen wie das monotheistische Credo, das durch eine Gottessohnchristologie verletzt würde, sofern der Name Gottes mit einem anderen Wesen verknüpft würde (Schittuf). Methodisch wurde in diesen Auseinandersetzungen auf dem Literarsinn insistiert, um eine christologisch-typisierende Vereinnahmung des AT abzuwehren. Positiv dagegen konnten J. als „messianischer Wegbereiter" bzw. das Christentum als praeparatio messianica aufgefaßt und akzeptiert werden (so etwa von S. B. Isaak, J. Halevi, M. B. Maimon u. a.).

Im Zuge von Aufklärung und jüd. Emanzipation konnte die apologetisch-polemische Position zugunsten einer konstruktiven Auseinandersetzung überwunden werden. Nach Vorstößen einzelner wie *B. Spinoza* und *M. Mendelssohn* legte J. Salvador 1838 die erste jüd. J.-Monographie vor. Im Rahmen der entstandenen Wissenschaft des Judentums eröffnete J. M. Jost durch seine anerkennende Einordnung Jesu in die Geschichte der Juden einen Weg, der im 19. und 20. Jh. vor allem von reformjüd. Kreisen beschritten wurde. Diesen Bemühungen kamen christlicherseits Entdogmatisierungstendenzen der liberalen protestantischen Exegese entgegen. Die in der Neuzeit bis heute formulierten jüd. Positionen sind facettenreich; nur einige Tendenzen seien erwähnt. Bei allen Unterschieden im einzelnen wird J. als Jude in einer jüd. Umwelt begriffen, dem die Absicht einer Religionsgründung fernlag. Diese respektive der Bruch mit dem Judentum wird dagegen häufig an Paulus festgemacht (etwa S. Hirsch, H. Cohen, J. G. Klausner, L. Baeck, M. Buber). Auf diesem Hintergrund sind Jesu Konflikte mit den Pharisäern innerjüd., wenn sie nicht sogar als Indizien einer besonderen Nähe zu verstehen sind. Angesichts der jüd. Leidensgeschichte verwundert es nicht, wenn bis heute Prozeß und Tod Jesu einen Schwerpunkt dieser Literatur darstellen. Während von orth. Seite die Tendenz der Evangelien zu Verinnerlichung und Gesinnungsethik als unjüd. kritisiert werden, bezeichnet Montefiore nicht die Ethik, sondern die rel. Originalität Jesu als seine differentia specifica gegenüber der Umwelt. Bemerkenswert ist die Bereitschaft, J. eine stark exponierte Stellung, etwa als „Lehrer hoher Sittlichkeit und Gleichnisredner ersten Ranges (J. Klausner), im Judentum zuzuweisen. *M. Buber* konstatiert eine religiös-existentielle Nähe zu dem mit bekannten Kategorien nicht erfaßbaren „großen Bruder". In Verwandtschaft mit Buber wird für S. Ben-Chorin das Wort von der „Heimholung Jesu ins Judentum" zentral, das nicht nur m. E. als Überschrift eines großen Teiles dieser Lit. dienen könnte, sondern auch unüberhörbar die – seit der Staatsgründung noch verstärkte – Souveränität dieser Auseinandersetzung zum Ausdruck bringt. Pole dieser nicht selten engagierten und empathischen Lit. markiert D. Flusser, wenn er sein J.-Buch mit der Feststellung des Todes J. schließt, doch im Sinn gesch.-existentieller Verwandtschaft auch von einer aktuellen Präsenz (Mt 28,20) sprechen kann. Forcierte der Holocaust für die einen die Identifizierung des Gekreuzigten mit seinem Volk, wurde und wird das Bruderwort nicht zuletzt von den Juden zu sprechen verweigert, die nicht bereit sind, den Juden J. vom Christus eines christlich genannten Abendlandes zu trennen.

Lit.: *G. Lindeskog,* Die Jesusfrage im neuzeitlichen Judentum. Darmstadt [2]1973; *S. Sandmel,* We Jews and J. New York [2]1973; *D. Flusser,* J. Hamburg 1968; *ders.,* Art. J.: EJ X 11–14; *D. R. Catchpole,* The Trial of J. Leiden 1971; *K. Schubert,* J. im Lichte der Religionsgeschichte des Judentums. Wien 1973; *P. L. Lapide,* Der Rabbi von Nazaret. Trier 1973; *J. Maier,* J. von Nazareth in der talmudischen Überlieferung. Darmstadt 1978; *T. Weiss-Rosmarin,* Jewish Expressions on J. New York 1984. *P. Petzel*

III. Außerbiblisch. Das außerchristl. und außerbibl. Interesse an J. ist so alt wie die Kirche. Es gibt eine Geschichte des Widerspruchs und der Zustimmung außerhalb der Kirche. In der Neuzeit hat sich das Interesse an J. – evtl. unter kirchenkrit. Akzenten – eher noch verstärkt.

1. Islam. Im ↗Koran (↗Hl. Schrift[en] VIII) des nachchristl. Islam kommt J. vor. Die Christologie des Koran ist unterschiedlich akzentuiert. Die mekkanischen Suren nennen J. ('Īsā) weder Wort noch Kind Gottes, wohl aber Knecht Gottes. Als dieser ist er der Muslim, der die Menschen aufruft, Muslime, Gottesknechte, zu werden (vgl. Koran 19). Die medinischen Suren wehren die Gottessohnschaft Jesu ab (vgl. u. a. 5, 17; 9, 30 f.; 4, 171 auch 5, 116). J. ist auch nicht Erlöser der Welt. Bezüglich der Kreuzigung ist Sure 4, 157 zu bedenken. Nach *R. Parets* Übersetzung wurde ein mit J. verwechselter Doppelgänger gekreuzigt, nach *C. Schedl* nur der Leib, nicht aber der Geist-Messias. Allerdings hat die Tradition stets die Kreuzigung J. verneint. Die medinischen Suren enthalten auch positive Aussagen über J. und sein Verhältnis zu Gott: An ihm ereignet sich das Handeln Gottes, sein Leben ist Werk Gottes, er wird eingereiht innerhalb des Wirkens der Engel. Insgesamt handeln im Koran 15 Suren und 93 Verse von J. Elfmal wird er Messias genannt, 33mal Sohn Marias. Andere Bezeichnungen sind ↗Prophet, Gesandter, Wort der Wahrheit. Wort Gottes ist J. nur im Sinne einer Erfüllung des schöpferischen Wortes Gottes im Augenblick seiner Empfängnis oder weil er im Auftrag Gottes sprach. Die Darstellung der Kindheit Jesu erinnert an die apokryphen Evangelien. Eine besondere Auferstehung für J. nimmt der Koran nicht an. Am Tag der allg. Auferstehung wird J. die Christen anklagen, daß sie ihn als Gott verehrt haben. Die Gottessohnschaft widerspricht dem Verbot einer „Beigesellung" bei Gott. J. ist zwar wie die anderen im Koran genannten Propheten (Abraham, Mose, Noach, u. a.) Empfänger der einen göttlichen Offenbarung, aber als der vorletzte Prophet. Siegel der Propheten ist Muḥammad. Die Diskussion um die Christologie des Korans muß einerseits deren (juden-christl., nestorianische, monophysitistische?) Quellen bedenken. Andererseits darf nicht übersehen werden, daß islam. Mystik wie Muslime der Gegenwart mit großem Respekt von J. sprechen.

2. Hinduismus. Im (Neo-)Hinduismus geht es nicht um die hist. Person Jesu, auch nicht um seine Menschlichkeit, sondern um seine Göttlichkeit. Er erscheint als ein Mittler in die wahre Wirklichkeit. Für *Ram Mohan Roy* (gest. 1833) ist J. Führer zu Frieden und Glück. Für *Keshab Chandra Sen* (gest. 1884) ist J., ein Asiate, Mensch geworden, um das Göttliche im Menschen wieder aufzurichten. Für *Vivekananda* (gest. 1902), den Begründer der Ramakrishna-Mission, ist J. eine Inkarnation Gottes, ein ↗Avatāra, eine göttliche Erscheinungs- und Herabkunftsgestalt neben vielen anderen. Für *Mahatma Gandhi* (gest. 1948) ist ↗Christus eine Titulatur, die die Gegenwart Gottes ausdrückt (wie ↗Krishna oder ↗Rāma). In der unschuldig geduldeten Gewaltlosigkeit ist J. ein Fürst. Für *S. Radhakrishnan* (gest. 1978) ist J. ein Avatāra, unter welchem Begriff auch das Aufsteigen des Menschen zu seiner Göttlichkeit gefaßt ist. Spiritualität und Gewaltlosigkeit Jesu stammen aus Indien, vor allem von ↗Buddha.

3. Buddhismus. Auch im Buddhismus ist die hist. Gestalt Jesu nur von untergeordneter Bedeutung (wie ja auch der hist. Buddha). Einerseits versuchen Buddhisten die Überlegenheit des Buddhismus aufzuzeigen am Widerspruch zwischen dem (unerträglichen) gekreuzigten Christus zum Zärtlichkeit ausstrahlenden ↗Bodhisattva *(D. T. Suzuki)*. Andererseits gibt es im Mahāyāna-Buddhismus Versuche, J. als Bodhisattva anzusprechen. Die jap. Kyōto-Philosophie bedenkt darüber hinaus den Zusammenhang der christl. Lehre von der Entäußerung Christi (vgl. Phil 2, 5–11) mit der buddh. Nicht-selbst-Ich-Lehre *(K. Nishitani)*.

4. Unterschiedliche Gruppen und Richtungen. Neben diesen außerchristl. Deutungen Jesu sind noch andere zu nennen. J. ist aktuell für unterschiedliche Gruppen und Richtungen. Marxisten sind hier zu nennen wie *R. Garaudy, E. Bloch, V. Gardavský, M. Machoveč, L. Kolakowski,* Philosophen wie *J.-P. Sartre, A. Camus* oder *K. Jaspers*. Es gibt den J. in der Lit. (von E. Kästner bis zu P. Handke), den J. der tiefenpsychol. Deutung im Gefolge von *S. Freud* oder

von *C. G. Jung* her oder bei *E. Fromm*. Eine solche auch außer- oder antichristlich sich verstehende J.-Deutung darf nicht von vornherein als negativ qualifiziert werden. Im Rahmen einer christl.-theol. Argumentation kann sie als „Christologie von außen" bezeichnet werden. Sie gibt Verstehens- und Erfahrungszugänge zu J., läßt die Menschlichkeit Jesu erahnen und zwingt dazu, J. als den Spiegel darzustellen, in dem jeder sich sehen kann, wie er ist und sein könnte. Nicht zuletzt ist die Inspiration, die J. vielen außerhalb der Kirche gibt, ein Indiz dafür, daß die Menschen Gott nicht loslassen können, weil Gott die Menschen nicht losläßt. Reine „Christologie von oben" beschränkt sich allzuleicht darauf, zu sagen, J. sei, was er bedeute. „Christologie von außen" weist daraufhin, daß J. derjenige ist, der sich als Mensch zum Raum radikaler Mitmenschlichkeit macht und darin als Gott erweist. Die Erfahrungen, die Menschen mit ihrem Menschsein und mit dem Menschen J. machen, sind spekulativ in die Christologie einzubringen. Andererseits sollte nicht einfach von „Jesulogie" nichtkirchlicher J.-Deutung gesprochen werden, da das Interesse an J. das Biographisch-Historische übersteigt.

Lit.: Zu 1: *A. Paus* (Hg.), J. Christus und die Religionen. Graz 1980; *H. Fries u. a.*, J. in den Weltreligionen. St. Ottilien 1981; *H. Waldenfels*, Der Gekreuzigte und die Weltreligionen. Zürich 1983; *ders.*, Kontextuelle Fundamentaltheologie, Paderborn 1985. *O. H. Schumann*, Der Christus der Muslime. Gütersloh 1975; *C. Schedl*, Muhammad und J. Wien 1978; *M. Seckler*, J. im Islam: ThQ 161 (1981) 228–231; *A. Th. Khoury / L. Hagemann*, Christentum und Christen im Denken zeitgenössischer Muslime. Altenberge 1986 (Lit.). – Zu 2: *S. J. Samartha*, Hindus vor dem universalen Christus. Stuttgart 1970; *H. Bettscheider* (Hg.), Das asiatische Gesicht Christi. St. Augustin 1976; *R. Pannikar*, Christus, der Unbekannte im Hinduismus. Mainz 1986. – Zu 3: *D. T. Suzuki*, Der westliche und der östliche Weg. Frankfurt 1974; *K. Nishitani*, Was ist Religion? Frankfurt 1982; *H. Waldenfels*, Absolutes Nichts. Freiburg [3]1980; *ders.*, Faszination des Buddhismus. Mainz 1982. – Zu 4: *G. Pfannmüller*, J. im Urteil der Jahrhunderte. Leipzig 1908; *F. J. Schierse*, J. von Nazareth. Mainz 1972; *L. Scheffczyk* (Hg.), Grundfragen der Christologie heute. Freiburg 1975; *Th. Pröpper*, Der J. der Philosophen und der Christus des Glaubens. Mainz 1976; *J. Sauer* (Hg.), Wer ist J. Christus? Freiburg 1977; *K. J. Kuschel*, J. in der deutschsprachigen Gegenwartsliteratur. Zürich 1978; *ders.*, Der andere J. Gütersloh 1983; *W. Kern*, Disput um J. und die Kirche. Innsbruck 1980; *H. Pfeiffer*, Christologie von außen?: ThG 26 (1983) 188–198 (Lit.).

H. Pfeiffer

Jinismus/Jainismus. 1. Entwicklung. *Vardhamāna* (genannt *Mahāvīra*, „großer Held") wurde 599 v. Chr. (andere wahrscheinlichere Daten: um 480 oder 370 v. Chr.) bei Vaiśālī (heute im Bundesstaat Bihar) als Prinz geboren. Nach dem Tod der Eltern wurde er Wanderasket und erlangte nach 12 Jahren die Erleuchtung (*jina*, „Überwinder"). Nach 30jähriger Predigttätigkeit starb er 72jährig den freiwilligen Hungertod. Er gilt als 24. *Tīrthaṇkara* (befreite Seelen, die den Erlösungsweg lehren), d. h. 23 Vorläufer in diesem Weltzeitalter predigten die Lehre vor ihm (der letzte war *Pārśvanātha*, der im 8. Jh. v. Chr. gelebt haben soll), die er systematisiert hat. Der J. ist also älter als Mahāvīra. Wann und wie die Religion entstand, ist unklar. Anfangs waren die Jinas eine kleine Gruppe, sie wurden aber wohl von Kaiser Chandragupta Maurya (ca. 317–293 v. Chr.) patronisiert. Der J. blieb auf Indien beschränkt, entfaltete dort aber eine bis heute ununterbrochene Tradition. Die Jinas bildeten und bilden eng verbundene Gruppen (vor allem Kaufleute), die Kastensolidarität entwickelten, enge Beziehungen zwischen Mönchen/Nonnen und Laien durch ein System von Seelsorge und Observanzen pflegten und so äußeren Bedrängnissen erfolgreich widerstehen konnten (heute ca. 2,7 Mio. Jinas; 0,7% der ind. Bevölkerung). Im Zusammenhang mit der Migration einer großen Gruppe von Jinas um die Zeitenwende nach Westen (in die Gegenden von Gujarat und Rajasthan) spaltete sich der J. in die seither wichtigsten Richtungen auf: *Digambaras* („Luftbekleidete", d. h. völlige Nacktheit der Mönche) und *Śvetāmbaras* („Weißgekleidete"). Ein umfangreicher Schriftenkanon in Prākrit wurde von den Śvetāmbaras auf einem Konzil im 5. Jh. n. Chr. festgelegt, den die Digambaras ablehnen. Ein anderes Unterscheidungsmerkmal ist die Lehre der Śvetāmbaras, daß Frauen gleich wie Männer zur Erlösung *(mokṣa)* gelangen können, was von den Digambaras strikt abgelehnt wird. Im 18. Jh. spaltete sich eine Gruppe ab, die Ikonolatrie und Tempelritual verwirft.

2. Lehre. Man unterscheidet zwei zyklisch wiederkehrende Weltperioden, eine aufsteigende *(utsarpiṇī)* und eine ab-

steigende *(avasarpiṇī)*; die zunehmende Dekadenz in letzterer wird (wie im ↗Buddhismus) an dem Verfall der Lehre, der Sitten und der Lebenserwartung gemessen. Zwei Prinzipien (ähnlich dem frühen ↗*Sāṁkhya*) stehen einander gegenüber: a) eine unendliche Zahl von geistigen individuellen Seelen *(jīva)* und b) fünf ungeistige Wirklichkeitsmomente: Bewegung *(dharma)*, Ruhe *(adharma)*, Raum *(ākāśa)*, Stoff *(pudgala)* und Zeit *(kāla)*. Zeit ist räumlich begrenzt, denn es gibt zeitlose Räume der Welt. Der Stoff besteht aus einer unendlichen Menge von Atomen *(paramāṇu)*, die beständig neue Verbindungen und Formen eingehen und damit die Vielfalt des Universums erzeugen. Menschen, Tiere, Pflanzen, Gestein, Wasser usw. sind beseelt. Wie viele Seelen auch immer zur Befreiung *(mokṣa)* gelangen, ihre Zahl im Geburtenkreislauf bleibt unendlich. ↗*Karman* bedeutet, daß (fein-)stoffliche Substanzen in die Seele eindringen, die sie binden und ihre urspr. Allwissenheit und Gutheit verdecken bzw. Leidenschaften wachrufen. Dadurch dringen neue Karmastoffe ein, was den Kreislauf der Geburten (↗*Saṃsāra* I) zur Folge hat, der erst dann beendet ist, wenn die Seele von allen Karmastoffen gereinigt ist, was durch strengste Askese, moralische Lebensweise, strikte Gewaltlosigkeit gegenüber *allen* Wesen (↗*Ahiṃsā*) und deshalb Vegetarismus, in letzter Konsequenz durch freiwilligen Hungertod möglich ist. Die von allen materiellen Verunreinigungen befreite Seele steigt zu den höchsten Ebenen des Universums empor und verbleibt dort ewig in passiver Seligkeit (↗*Nirvāṇa* II). Der J. kennt keinen Schöpfer- und/oder Erlösergott.

3. Mönchtum und Laien. Mönche und (erstmals in der ind. Religionsgeschichte) Nonnen wandern in Hauslosigkeit umher – außer während der viermonatigen Regenzeit *(cāturmāsya)*, um keine Pflanzen und Insekten zu beschädigen. Diese Zeit ist Retraite und wird mit Studien, Predigt und Seelsorge verbracht. Die strenge Askese soll das Eindringen neuer Karmastoffe verhindern sowie die vorhandenen vernichten. Äußere Askese (Fasten, Kasteiung) sowie Meditation werden gleichzeitig geübt. Die fünf großen Gelübde *(mahāvratas)* werden von Mönchen/Nonnen und Laien eingehalten, von den Laien aber in weniger radikaler Form, nämlich die *Enthaltung* von: Leidzufügung und Totschlag in bezug auf *alle* Wesen *(ahiṃsā)*, Lüge *(satya)*, Diebstahl *(asteya)*, Sexualität (*brahmacarya*; bei Laien Ehebruch), Besitz (*aparigraha*; bei Laien unnötiger Besitz). Bei allen *mahāvratas* ist die innere Einstellung entscheidend. Für die Laien führen elf Stadien zu immer strengerer Askese, die notwendig ist, damit man als Mönch/Nonne reinkarniert werden kann, um dann *mokṣa* zu erlangen. Die Religion der Laien dreht sich wesentlich um Riten, Tempel- und Hausverehrung *(pūjā)* der Tīrthaṇkaras, die als Vorbild und Lehrer – nicht als Erlöser – gelten, Feste, Pilgerfahrten usw. Hier ist die Ähnlichkeit zum hind. Ritual groß. Der J. kennt aber *nicht* die im Hinduismus nach der Leichenverbrennung geübte *śrāddha*-Zeremonie für die günstige Reinkarnation der Toten. Trotz der asketischen Lebensweise hat der J. einen bedeutenden Beitrag zur ind. Kunst, Wissenschaft und Literatur geleistet.

Lit.: *H. v. Glasenapp,* Der Jainismus. Berlin [2]1964; *W. Schubring,* Die Lehre der Jainas. Berlin 1935; *B. C. Bhattacharya,* The Jaina Iconography. Delhi [2]1974; *W. Kirfel,* Symbolik des Hinduismus und des J. Stuttgart 1959; *W. Schubring,* Der J.: A. Bareau u.a., Die Religionen Indiens III. Stuttgart 1964; *N. N. Bhattacharyya,* Jain Philosophy. New Delhi 1976; *N. Shanta,* Histoire, spiritualité, vie des ascètes pèlerines de l'Inde. Paris 1985. *M. v. Brück*

Jñāna

↗Heil/Heilsweg II 3.

Von seiner Skt.-Wurzel *jñā* her bedeutet J. Wissen, Erkenntnis. Als solche ist sie philos. zunächst zu unterscheiden von der wahren Erkenntnis (Skt. *pramā*), so daß sich fragen läßt, wie aus Erkenntnis *(jñāna)* wahres Wissen *(pramā)* wird. In der Epistemologie der einzelnen Schulen (↗Hinduistische Philosophie) erhält J. nochmals eigene Nuancen. Wo J. aber Schlüsselwort der hind. Soteriologie ist und die heilbringend-befreiende Erkenntnis der Wirklichkeit, wie sie wirklich ist *(tattva-jñāna)*, die Erkenntnis des ↗Ātman und der absoluten Wirklichkeit des ↗Brahman meint, ist sie selbst das wahre Wissen. Zumal im Advaita-Vedānta ist die Kenntnis des Brahman *(brahma-jñāna)* der Weg zur Befreiung, insofern als erkannt wird, daß die Unwissenheit *(avidyā)* die Trennung, *jñāna* aber die Einheit bzw. Identität zwischen dem individuellen Selbst *(ātman)* und dem universalen Selbst *(brahman)* herstellt. Der Weg dieser Erkenntnis ist mit der Meditation verbunden und bedarf der Führung durch den ↗Guru. In der Bhagavadgītā ist J. neben den Wegen des ↗*Karma* und ↗*Bhakti* einer der drei Wege zum ↗Heil (II).

Buddhistisch ist J. (P. *ñāna*) einmal in Beziehung zu setzen zu *vijñāna* (P. *viññāna*), das in der Bedeutung von ↗Bewußtsein in der Reflexion auf die Konstitution des Menschen wie des Lebendigen in den Lehren von den 5 ↗Skandha (P. *khanda*) – dort an 5. Stelle – und von ↗Pratītyasamutpāda (P. *paticca-samuppāda*) – dort als 3. Glied der Kette – seinen Platz hat und das entscheidende psychische Organ des Erkennens und der subjektiven Wahrnehmung bezeichnet. Als ↗Prājña (P. *paññā*) ist J. die Höchstgestalt des Wissens, die vor allem auf dem Weg des ↗Bodhisattva als zehnte und damit höchste Stufe (Skt. *bhumi*) erreicht wird. J. ist im Mahāyāna-Buddhismus die Höchstform der ↗Erleuchtung, in der die Einheit von ↗Saṃsāra und ↗Nirvāṇa (↗Zen-Buddhismus) erkannt und die Unterscheidung von Objekt und Subjekt „aufgehoben" ist und zugleich im Sinne der Drei-Körper-Lehre (↗Trikāya) der *Dharma-kāya* des Buddha „realisiert" wird.

Im Religionsvergleich wird J. heute einmal mit den soteriologischen Vorstellungen der ↗Gnosis, sodann aber auch mit den verschiedenen Formen negativer Theologie verglichen.

Lit.: Außer der zum Art. Hinduistische Philosophie genannten Lit. *H. Kloss,* Gnostizismus und „Erkenntnispfad". Leiden 1983; *B.K. Matilal,* Art. J.: ER VIII 94f.

A. Thannippara

Judentum

I. Geschichte. – II. Selbstverständnis. – III. Christentum und Judentum

I. Geschichte. 1. Zeit des 2. Tempels (538 v. – 70 n. Chr.). Als Gruppe mit dem Anspruch, das Erbe des Alten ↗Israel darzustellen, begann das J. im babyl. Exil (586–538 v. Chr.) und während der pers. Oberhoheit (bis 333) unter Ausgrenzung anderer Gruppen Gestalt zu gewinnen. Dabei kam es zum Übergang zur Buchreligion, zur Anerkennung des Pentateuchs als schriftlicher „Tora" vom Sinai. Ein Korpus von „Propheten"-Schriften und von Hagiographen, nicht vom gleichen Offenbarungsrang, wurde zunächst nicht von allen Gruppen anerkannt. Da die Gesetze im Pentateuch nur einen geringen Teil der zu regelnden Bereiche abdecken, gab es von früh an weitere gesetzliche Regelungen, die man infolge interner Gruppenauseinandersetzungen unterschiedlich praktizierte und wertete. Diese Differenzen erhielten schicksalhaftes Gewicht, nachdem sich der Glaube an einen zielgerichteten Lauf der Geschichte verbreitet hatte, auf den Israels Gehorsam oder Sünde fördernd oder hemmend wirkt. Was im Detail Gottes Wille in welcher geschichtlichen Situation sei, wurde daher zum Gegenstand intensiver Auseinandersetzungen, vor allem im Fall endzeitlicher Naherwartungen (↗Apokalyptik).

Organisatorisch bildete Juda nach dem Wiederaufbau des Jerusalemer Tempels eine Tempelstaatprovinz unter dem Hohenpriester und einem Notablengremium. Die Heimkehrer setzten ihre aus dem Exil mitgebrachten Vorstellungen und Ansprüche nicht voll durch, doch gelang in der zweiten Hälfte des 5. Jh. unter Nehemia und Esra eine personelle wie territoriale Abgrenzung, verbunden mit pers.-staatlicher Anerkennung der „Tora". In der Folge kam es zur Ausgrenzung der ↗Samaritaner.

Unter Alexander d. Gr. (ab 332), den Diadochen, Ptolemäern und (ab 198 v. Chr.) Seleukiden blieb der Status quo im wesentlichen erhalten, doch prägten Hellenismus und neue soziale und wirtschaftliche Tendenzen bald auch die judäische Oberschicht. Konflikte brachen auf, sobald diese Tendenzen auch politische Positionen bedeuteten und die hergebrachte toragemäße Ordnung berührten. So unter Antiochus IV. Epiphanes (175–164 v. Chr.), der, im Kriegszustand mit dem ptolemäischen Ägypten, in Juda eine hellenisierende Partei unterstützte, ihr das Hohepriesteramt vergab und schließlich am Tempel in Jerusalem einen hellen. Kult erzwang. Diese Krisenperiode präg-

te das jüd. Bewußtsein nachhaltig und endete politisch mit einem Erfolg des toratreuen Widerstandes unter Führung der „Makkabäer“ (Hasmonäer). Jonatan erreichte 153 v.Chr. die Ernennung zum Hohenpriester und weitgehende Autonomie, Simon 141 v.Chr. die Souveränität. Die Annahme der Hohepriesterwürde und ihre Verbindung mit weltlicher Herrschaft, ab 104/103 v.Chr. mit der Königswürde, erregte aber interne Kritik und verstärkte Differenzen, die sich in drei großen Richtungen artikulierten: 1. ↗Sadduzäer, Träger des priesterlich-aristokratischen Establishments, 2. Gruppen mit mehr oder minder akuter Endzeiterwartung und daher radikalisierter Toratrömmigkeit (vor allem ↗Essener, Gemeinde von ↗Qumran), meist in Opposition und z.T. (Qumran) separatistisch; 3. ↗Pharisäer, eine Mittelposition, die kontinuierlich an Boden gewann.
Die Hasmonäerherrschaft endete in dynastischen Rivalitäten, die 63 v.Chr. Rom zum Eingreifen bewegten. Zunächst blieben die hasmonäischen Hohepriester mit beschränkter politischer Kompetenz an der Macht; 37–4 v.Chr. regierte König Herodes, in Judäa bis 6 n.Chr. sein Sohn Archelaos. Danach wurde Judäa direkt von röm. Prokuratoren regiert, doch behielten Hohepriester und Synedrium gewisse Kompetenzen. Vor allem eschatologisch orientierte Gruppen sahen in Rom „das vierte Weltreich“ des Buches Daniel.
Dementsprechend radikalisierte sich die politisch-rel. Szenerie, die ↗Zeloten und Sikarier suchten den bewaffneten Konflikt im Vertrauen auf die heilsgesch. Wende. Das frühe Christentum entstand ebenfalls in dieser Periode der Gärung. Konflikte mit nichtjüd. Bevölkerungsgruppen in Palästina und in der seit Alexander d.Gr. gewachsenen Diaspora häuften sich. 66 n.Chr. geriet Judäa, durch Anfangserfolge getäuscht, in einen letztlich aussichtslosen Aufstand gegen Rom, der 70 n.Chr. mit der Zerstörung des 2. Tempels endete. Spätere Aufstandsversuche, 115–117 in der Diaspora, 132–135 nochmals in Judäa, bestätigten nur die eindeutige Übermacht Roms, von da an als „Edom“ die gottfeindliche Weltmacht schlechthin.

2. Talmudische Zeit. Aus den Aufständen gegen Rom ging das auf pharisäischer Tradition fußende „rabbinische“ Judentum als einzige politisch handlungsfähige Richtung hervor. Es erreichte einen Modus vivendi mit Rom und eine neue Form jüd. Selbstverwaltung (Patriarchat und Sanhedrin). In Babylonien (Partherreich) repräsentierte ein „Exilarch“ die jüd. Bevölkerung, daneben erlangten die großen rabb. Schulen immer stärkeren Einfluß.
Von Palästina aus setzte sich die rabb. Tradition durch, die „mündliche Tora“, der „schriftlichen“ autoritätsmäßig gleichrangig. Sie wurde immer weiter ausgebaut und aktualisiert, das Leben immer stärker von ihr geprägt. Um 200 n.Chr., auf dem Höhepunkt der Macht des „Patriarchen“, wurde in der „Mischna“ eine erste autoritative Auswahl fixiert, in den Jh.en darauf entstand in Palästina und vor allem in Babylonien je ein ↗„Talmud“. Auch die westliche Diaspora geriet langsam unter rabb. Einfluß. Der Aufstieg des Christentums zur Macht im Röm. Reich und die folgende Abwertung der jüd. Rechtsstellung verstärkte das Gewicht der babyl. Schulen bis in die folgende Periode hinein weiter.

3. Von der arabischen Eroberung bis zur Vertreibung aus Spanien (ca. 638–1492 n.Chr.). Die Periode steht unter dem Zeichen zunehmender Diaspora. Im politisch-kulturellen Großraum der islam. Welt übernahmen die Juden das Arabische als Alltags- und (neben dem Hebräischen) Lit.-Sprache, was die Teilhabe an der Umweltkultur ermöglichte. Im christl. Bereich zerfiel die politisch-kulturelle und sprachliche Einheit, das Hebräische blieb gemeinjüd. Lit.-Sprache, zum Lateinischen der klösterlichen Bildung gab es kaum Zugang. So entstanden zwei große Zweige des Judentums, ein mehr von Babylonien her geprägter und durch die jüd. Kultur in Spanien (Sefarad) bestimmter oriental. und „sefardischer“ Zweig und der mittel- und osteurop., „aschkenasische“, mehr auf paläst. Traditionen (über Byzanz und Italien) fußend. Doch setzte sich allg. die babyl. Tradition mit dem babyl. ↗Talmud durch. Während der Blütezeit im islam. Bereich entstand eine reiche und vielfäl-

tige hebr. und arab. Lit., wie in Islam und Christentum auch eine rel. Philosophie, allerdings nur in Ansätzen eine systemat. Theologie, auf der nun allen drei monotheistischen Religionen gemeinsamen Basis der wiederentdeckten antiken Philosophie und Wissenschaft. Im übrigen erreichte die gesetzliche Lit. in Kommentarwerken zu Bibel, Mischna und Talmud, in Kompendien und Codices einen enormen Umfang. Dementsprechend wuchs die Bedeutung der Gesetzesgelehrsamkeit bzw. der „Rabbiner". Mit den Kreuzzügen, dem Verfall des Kalifats im Orient, im Lauf des 12. Jh. auch in Spanien, zog der politisch-wirtschaftliche Niedergang auch kulturgesch. negative Folgen nach sich. Zwar blieb ein hohes kulturelles Niveau regional erhalten, doch traten die profanen Interessen gegenüber den rel. und traditionellen zurück. So verlor auch die philosophierende Theologie an Bedeutung, während die ↗Kabbalah sich in popularisierter Form durchsetzte und mit messianischen Volks-Bußbewegungen verband.

4. Zwischen Mittelalter und Aufklärung. Die Vertreibungen 1492 aus Spanien, aus Portugal und aus der Provence haben die demographische Struktur und Denkweise verändert. Zwar lebten ma. Bildungstraditionen vor allem in Italien weiter, doch ansonsten überwogen Traditionalismus und Kabbalah, von Palästina aus die „lurianische" Kabbalah; damit verbanden sich messianische Bewegungen (1666 Sabbatai Zbi) und Sektenbildungen (↗Chas[s]idismus). In Mitteleuropa und im demographisch zum Schwerpunkt werdenden Osteuropa beschränkten sich profane Bildung auf enge Kreise, Umweltkontakte auf höherem Niveau auf große Geschäftsleute, speziell „Hofjuden". Aber auch im Osmanischen Reich folgte einer Blüte im 16./17. Jh. ein rapider Niedergang, auch in der Zahl der Juden. Die span.-port. Exulanten („Sefardim") im Westen hingegen gründeten z.T. florierende Gemeinden, z.B. Amsterdam, mit eigentümlicher Verbindung zwischen Tradition und wirtschaftlichem Fortschritt.

5. Von der Aufklärung zur Gegenwart. Die jüd. Aufklärung erfaßte zunächst die Oberschicht des mittel- und westeurop. Judentums und ging von drei Schwerpunkten aus. Im Norden Berlin mit *N. H. Wessely, M. Mendelssohn* und deren Kreis; im Süden, in gemäßigter, traditionsbewußterer Form Oberitalien; im Zentrum Böhmen/Mähren in vermittelnder Position, vor allem auch gegen Osteuropa hin. Hauptanliegen war eine Erziehungsreform, die Einführung profaner, beruflich nützlicher Unterrichtsinhalte. Ziel war eine gesündere, für den Staat „nützliche" Sozial- und Berufsstruktur. Zugleich wurde die volle Teilnahme an der Umweltkultur erstrebt. Die dabei gewünschte Wiederbelebung des Hebräischen neben der Übernahme der Landes-Schriftsprache gelang im Bereich der Berliner Aufklärung nicht, hier nahm alsbald die Assimilation an dt. Sprache und Kultur rasch zu. Die „bürgerliche Verbesserung" der Juden im Interesse des aufgeklärt-absolutistischen Staates war mit der Zuerkennung bürgerlicher Rechte verbunden. Alsbald, in der Napoleonischen Ära oft recht plötzlich, war das Ziel die völlige Gleichstellung aller Bürger (Emanzipation). Dies allerdings um den Preis des gleichen staatlichen Rechts für alle und somit der Preisgabe der bisherigen jüd. Gemeindeautonomie mit eigener Gerichtsbarkeit. Das bedeutete die Reduzierung der Geltung der „Tora" auf rel.-rituelle Belange, wogegen sich die traditionalistische („orthodoxe") Mehrheit lang entschieden sträubte. Sie verlor in West- und Mitteleuropa aber rasch an Gewicht, die kulturelle und nationale Assimilation gewann die Oberhand, nur in Osteuropa blieb alles weithin beim alten, weil dort eine ungebrochene rabb. Orthodoxie wie der im 18. Jh. in teilweiser Spannung zum „Rabbinismus" entstandene Chas(s)idismus jede Neuerung ablehnte. Dadurch verhärteten sich hier nicht nur die rel. Verhältnisse, sondern auch die bei sprunghafter Bevölkerungszunahme immer problematischeren Sozialstrukturen. Die osteurop. Aufklärung des 19. Jh. scheiterte an innerjüd. wie nichtjüd. Widerstand. Im sog. „Westjudentum" folgten der eingetretenen Assimilation auch rel. Reformen. Man führte im Gottesdienst die Landessprache ein, kürzte die Liturgie, diskutierte die Abschaffung von Bräuchen und Vor-

schriften. In der Praxis kam es häufig zur völligen Preisgabe der traditionellen Lebensweise. Ein traditionsbewußterer Flügel grenzte sich daher gegen Mitte des Jh. davon ab, in den USA gegen Ende des Jh. Dieses „konservative Judentum" suchte trotz moderner Orientierung und Assimilation möglichst viel von der Tradition zu bewahren, jedenfalls einen „Wesenskern". Noch stärker der Tradition verpflichtet fühlte sich die Neo-Orthodoxie, Grundlage für modernisierte Spielarten der Orthodoxie im 20. Jh. Diese Vielfalt ließ eine einheitliche Definition des Judentums kaum mehr zu. Das assimilierte Judentum verstand sich als „Konfession" (nicht als Nation), die Orthodoxie beharrte auf der Einheit von Religions- und Volkszugehörigkeit. Für alle „Modernen", vor allem für Reformjuden, war ein fortschrittsgläubiger Kulturoptimismus (als Ersatz für die messianische Hoffnung) kennzeichnend, eine rationalistisch-aufklärerische Note, die Betonung eines „prophetischen", „ethischen Monotheismus" (im Gegensatz zum nichtjüd., „physischen Monotheismus"). Die der Struktur nach rel. Richtungen (Orthodoxe/Chas(s)idim, Konservative, Reformjudentum, säkularisierte Randschichten, Randschichten ohne jüd. Bewußtsein, Konvertierte) wurden gegen Ende des 19. Jh. um eine politische Dimension ergänzt. In Osteuropa vor allem entstanden sozialistische und anarchistische Gruppen, weithin rel. uninteressiert oder anti-rel. eingestellt, und mit den osteurop. Auswanderern griffen sie auf den Westen und nach Nordamerika über. Zugleich erwuchs auch im Judentum ein modernes, im Prinzip säkulares Nationalbewußtsein in einer sozialistisch orientierten Nationalbewegung mit zwei konkurrierenden Richtungen: eine mit dem Ziel regionaler Autonomie und jiddischer Sprache und Kultur, die andere auf Palästina fixiert und hebräischsprachig, schließlich zionistisch. Ebenfalls in Osteuropa entstand nach 1882 die Palästina-Siedlungsbewegung („Chibbat Zion") unter der Losung der nationalen „Auto-Emanzipation", im Rückgriff auf die hist. Heimat und mit sozialreformerischen, vor allem auf eine jüd. Landwirtschaft gerichteten Zielsetzungen. Rel. neutral, bot sie auch Platz für etliche Orthodoxe, die hier ihre rel. Wertung des „Landes Israel" und ihre messianisch gefärbten Zukunftserwartungen mit einbrachten. Die nationale Bewegung fand ab 1897 mit dem 1. Zionistischen Weltkongreß in Basel einen organisatorischen Rahmen in der Zionistischen Weltorganisation. Religiös neutral (sogar eher antirabbinisch) mit einem säkularen modernen Judenstaat als Zielvorstellung, suchte sie vorrangig eine Zufluchts- und Heimstätte für verfolgte Juden. Die Weltorganisation umfaßte bald fast alle Schattierungen des politischen Spektrums, hatte aber außer den engagiert Assimilierten noch lang das „Konfessionsjudentum" sowohl reformjüd. wie neo-orth. Spielart gegen sich, auch die Mehrheit der Orthodoxie (mit Chas[s]idismus), soweit diese einen „jüdischen" Staat vor der messianischen Verwirklichung, in jedem Fall einen säkularen jüd. Staat, ablehnte. Nur eine Minderheit der Orthodoxen, ab 1902 im „Mizrachi" organisiert, wirkte in der Weltorganisation mit, die rel. Kräfte aus der osteurop. Palästinabewegung verstärkend, im Ganzen aber ohne politisches Gewicht, wenn man von der 1905 (Ablehnung des Uganda-Plans) endgültigen Fixierung auf das „Land Israel" absieht. Die rel. Bedeutung des Zionismus blieb insofern lange begrenzt.

Gerade in Palästina, wo der sozialistisch orientierte „Pionierzionismus" eine immer erfolgreichere Besiedlungspraxis betrieb, blieb die Religion im Rahmen der hergebrachten Ordnung aus türk. Zeit auch in der brit. Mandatszeit (ab 1922) Monopol der Orthodoxie.

Erst infolge der nationalsozialistischen (NS-)Judenverfolgung und schließlich geradezu industriell organisierten Massenvernichtung gewann der Zionismus mit wachsender Solidarisierung weltweit an Boden. Die NS-Judenverfolgung und die Staatsgründung Israels (1948) mit dem nachfolgenden Unabhängigkeitskrieg haben die demographischen Gewichte entscheidend verändert. Das amerik. (vor allem nordamerik.) J. wurde deutlich Schwerpunkt, in Israel kam zur mittel- und osteurop. („aschkenasischen") Einwanderung mehr als eine 3/4 Million von Flüchtlingen aus islam. Ländern (oriental. und „sefardische“ Juden). Der neue Staat Israel übernahm weitgehend die religionsorganisatorische Struktur der Mandatszeit, die Religion mit dem Personenstandsrecht blieb Monopol des orth. Rabbinats. Die kleine zionistisch-orth. Partei gewann jedoch als Koalitionspartner, gelegentlich im Bunde mit nichtzionistischen Orthodoxen (Agudat Jisrael), verhältnismäßig großen Einfluß, was gelegentlich zu kulturkampfähnlichen Reaktionen führte. Die Staatsgründung selbst entfachte im Diaspora-J. nochmals die Diskussion um das Verhältnis zwischen Religion, Nationalität und Politik. Die pionierzionistischen Glanzleistungen, die Erfolge des jungen Staates und ein damit neues jüd. Selbstbewußtsein brachten aber dem Zionismus zunehmende Sympathien ein, der Sechstagekrieg von 1967 brachte vollends den Durchbruch: „Jüdisch“ und „zionistisch“ wurden immer häufiger gleichgesetzt (im J. wie bei Judenfeinden). Eine ausreichende theol. Reflexion blieb jedoch aus. Rel.-gesch. erwiesen sich zuletzt der Niedergang des sozialistischen Pionierzionismus und der Wahlsieg der nationalistischen Rechten im Mai 1977 als Wende. Die nach dem Sechstagekrieg aufgekommene Bewegung für das „ganze Land Israel“ und die Bewegung zur jüd. Besiedlung sowie Annexion der 1967 besetzten Gebiete fanden nunmehr ihre Anliegen durch die Regierungen mitvertreten. Eine weltweit aufstrebende Bußbewegung und die Rückkehr zu traditionellen, orth. Bildungsformen (Jeschibot) verstärken mit mystischen und messianischen Untertönen das national-orth. und nationalistische Spektrum mit verblüffender Dynamik und stellen gesamtjüd. eine Herausforderung zu neuen religiösen und politischen Denkmodellen dar, bei denen die herkömmlichen religiösen und politischen Gruppengrenzen an Bedeutung verlieren.

II. Selbstverständnis. Das traditionelle J. bis zur Aufklärung und die Orthodoxie (mit Chas[s]idismus) bis heute versteht sich als Einheit von Volks- und Religionsgemeinschaft, wobei als Jude gilt, wer von einer jüd. Mutter stammt oder rite zum J. übergetreten ist. Ausdrücklich ausgeschlossen wird heute die Vereinbarkeit zwischen jüd. Volkszugehörigkeit (Nationalität) und anderer Religionszugehörigkeit. Grundlage ist die Bejahung der Offenbarung am Sinai (in Form der schriftlichen wie mündlichen Tora), der dort vom Gott Israels, dem einzigen Gott und Schöpfer der Welt, dem Volk Israel insgesamt auferlegten Erwählungsverpflichtung. Diese „Tora“ gilt als Gotteswille schlechthin und als Schöpfungsordnung. Die Tora-Erfüllung Israels wirkt so als bewegender, die Sünde Israels hemmender Faktor im Lauf der auf ein gottgesetztes Heilsziel hinauslaufenden Weltgeschichte. Israels Frömmigkeit erfüllt die eigentliche messianische, erlösende Funktion.

Das aufklärerische und reformierte J. verlagerte die Akzente auf die „prophetische“ Ethik und das monotheistische Bekenntnis und ersetzte die messianische Funktion Israels durch eine Vorreiterrolle im Sinne des geistigen und moralischen Fortschritts der Menschheit. Diese optimistische und rationalistische Orientierung zerbrach unter der Wucht der Realität des „Holocaust“. Seither unterliegen die jüd. Denominationen in der Diaspora wie die Mehrheit im Staat Israel weithin den allg. vorherrschenden Modeströmungen. Gemeinsamer Nenner bleibt das Bekenntnis zum Monotheismus, freilich theol. verhaltener, wirksamer ist das Bewußtsein der gemeinsamen Geschichte und vor allem Bedrohung, das „Holocaust“-Syndrom, und somit auch die Sorge um das Schicksal Israels.

III. Christentum und Judentum. Der Anspruch des Christentums, daß die Heilswegfunktion der Tora im Erlösungswerk Christi aufgehoben wird, die Kirche aus Juden und Heiden somit „Israel“ im Sinne der heilsgesch. Bestimmung ist, fand im J. wenig positives Echo. Aus der Enttäuschung und im Zuge wechselseitiger Polemik entstand eine umfangreiche antijüd. Literatur. Folgenreich war die These, wonach die „Synagoge“ infolge der Ablehnung Christi „unerlöst“ in der Knechtschaft der Sünde verblieb, da diese theol. Theorie im Laufe der Jh.e mittels der weltlichen christl. Herrschaft in rechtlich-soziale Realität umgesetzt wurde, um die unbekehrten Juden als negative Zeugen der Wahrheit augenfällig präsentieren zu können. Aufklärung und demokratische Staatsformen haben mit der (nur teilweise geglückten) Emanzipation zwar entscheidende Veränderungen bewirkt, doch fand der moderne und insbesondere der rassistische Antisemitismus neue Wege zur Judenverfolgung, dabei teilweise auch auf traditionelle christl. Argumente und Vorwürfe zurückgreifend. Aus den Erfahrungen der NS-Zeit zogen die Kirchen nach und nach auch grundsätzliche Konsequenzen, überdachten kritisch die polemisch überlagerten herkömmlichen Aussagen und suchten in kirchl. und theol. Formulierungen und Erklärungen eine Neubestimmung des Verhältnisses. Dies freilich stößt an Grenzen, sofern beiderseits schon die Selbstdefinition des Christentums oder J. angesichts des modernen Pluralismus Probleme bereitet hat und daher einander häufig theol. nicht vergleichbare Gesprächspartner gegenübertreten. Zusätzlich besteht eine weitgehende Differenz in der Repräsentation und Autorisation der Gesprächspartner, zumal jüdischerseits mit dem geringeren rel. Anspruch an das Christentum auch ein geringeres Interesse am Gespräch vorhanden ist. Das neue Verhältnis bleibt inhaltlich daher noch recht konfus, bezeugt aber den Willen zur Vermeidung alter Fehler. Jüdischerseits besteht auf traditioneller Basis kein theol. Interesse am Christentum, es gehört zu den „Weltvölkern", auch wenn Islam und Christentum seit dem MA nicht mehr mit den Heiden (der Antike) gleichgewertet wurden. Das moderne J. sieht häufig im Christentum den missionierenden Arm des J. unter den Heiden. Es habe in dieser Funktion neben dem J. eine legitime heilsgesch. Bedeutung, könne jedoch das J. selbst nicht ersetzen oder ablösen. Im Rückblick auf den „Holocaust" wird von den christl. Kirchen zudem auch ein politisches Engagement zugunsten des Zionismus und Israels erwartet.

Lit.: *J. Maier*, Geschichte der jüdischen Religion. Berlin 1972; *ders.*, Das J. München 1973; *ders. ↗ P. Schäfer*, Kleines Lexikon des J. Stuttgart 1981; *D. J. Silver ↗ B. Martin*, A History of Judaism I–II. New York 1974; *S. W. Baron*, A Social and Religious History of the Jews (bisher) 18 Bde. Philadelphia 1952ff.

J. Maier

Jungfräulichkeit als Wert und Gestalt rel. Lebens kann nur aus einer das Gesamt des Menschen umfassenden, oft in vielerlei mythologischen Einkleidungen überlieferten Sicht des Menschen verstanden und gedeutet werden. Die christl. Interpretation muß deshalb die Ergebnisse der ↗Religionswissenschaft, der ↗Religionsgeschichte und der ↗Religionspsychologie miteinbeziehen, so wie diese Möglichkeit in den Konstitutionen des II. Vatikanums LG 16 und GS 58 neu betont worden ist.
Rel.-wiss. beruht das Ideal der J. auf der allg. Vorstellung von der Unverletzlichkeit des Heiligen (Asting 7–13), die schon früh auf die leibliche Unversehrtheit und auf den freiwillig geistig-seelischen Verzicht auf jede geschlechtliche Befriedigung eingeschränkt wird. Von den Tabuvorstellungen der Primitiven führt daher die Entwicklung zu einer geradezu paradoxen Ambivalenz, in der die Vielfalt der von der Frau erfüllten Funktionen sich im weiblichen Priestertum, in sakraler Prostitution und in asketisch verwirklichter J. ausdrückt.
Das christl. Verständnis von J. und dessen Deutung wird daher stets von der Heiligkeit Gottes ausgehen und die anthropologischen Voraussetzungen nicht außer acht lassen, durch die Mann und Frau Träger der Heilskraft Gottes sein können. J. schenkt z.B. nach ind. Anschauungen Verbindung mit der göttlichen Allkraft, im Hellenismus durch den hieròs gámos (↗Hierogamie) enthusiastische und rauschhafte Gottesbegegnung. Sie ist anthropologisch nicht auf die Frau einzugrenzen; die in fernöstl. und hellen. Kulten begegnende Perversion darf nicht übersehen, daß die in der Frühkirche mögliche Bezeichnung Christi als archiparthénos (Methodios, Symposion I 4.5; X 3.5) die röm. Verwendung der Vokabel virgo für Mann und Frau voraussetzt (vgl. *A. L. Mayer*, Virgo: Philolog. Wochenschrift 42, 1922, 479f.).
Das christl. Verständnis der J. geht davon aus, daß die J. in der Ehe zwischen Adam und Eva, im gleichnishaften Sprechen vom Ehebund zwischen Jahwe und seinem auserwählten Volke angedeutet ist und daß schließlich die ganze Heilsökonomie als die eine Hochzeit des Gottes-

sohnes mit der ihm seit Ewigkeit anverlobten Menschheit gesehen werden kann (Warnach 164). Vielfältige Formen in den Kulten der Primitiven, der asiat. Hochreligionen und im AT weisen alle auf diesen Ausgangspunkt hin. Er wirkt auch insofern nach, als es in Israel kein jungfräuliches Priestertum gibt, andererseits im Bereich der Antike und später auch für die Weihe christl. Jungfrauen Zeichen und Gesten aus den nichtchristl. Hochzeits- und Vermählungsriten übernommen werden (u.a. Schleier, Kränze, Ringe). Die Beziehung der J. zum Gottesbund des AT führt schließlich in der theologischen Wertung der J. aus dem Geist der Kirchenväter zur paradoxen Formulierung: „Die Ehe mit Gott schafft Jungfrauen" (Casel, 1952, 173), da die „personal erfüllende Ganzhingabe an Gott naturgemäß keine personale Ganzhingabe an einen Menschen zuläßt" (A. L. Müller, 469). Die von der vergleichenden Religionswissenschaft bes. hervorgehobenen Parallelen zum röm. Institut der Vestalinnen haben sicher zur Wertschätzung der J. in der röm. Kirche beigetragen, bedürfen im einzelnen jedoch einer sorgfältig differenzierenden Betrachtung. Wichtig und bezeichnend bleibt allerdings, daß die schon in patristischer Zeit (Ambrosius, Augustinus, Hieronymus, Leo I.) deutliche Wertschätzung sich auch in liturgischen Texten Ausdruck schafft, die ebenso in den nach dem II. Vatikanum erneuerten Texten sakramentlicher Feiern erhalten bleiben und der Jungfrauenweihe im „Pontificale Romanum" einen Platz gesichert haben, der sie über den Rang einer klösterlichen Hausliturgie hinaushebt (E. v. Severus: GdK VIII, 182–184). Frühkirchlicher Praxis entsprechend kann die Jungfrauenweihe nunmehr auch wieder in der Welt und außerhalb einer geistlichen Gemeinschaft lebenden Jungfrauen erteilt werden. Auch Parallelen zwischen den Ehrennamen Mariens und denen christl. Jungfrauen im Osten und Westen betonen diese hohe Wertschätzung (z.B. aeì parthénoi, vgl. Heiler, 39f.). In der feministischen Theologie der Gegenwart ist es notwendig, die bibl. und patristischen Aussagen zur J. methodisch genau eingrenzend und differenzierend zu deuten. J. und Ehelosigkeit werden auch dann als eine „in sich sinnvolle und erfüllte Lebensform" gesehen werden (Heine 135), die in Riten und Gebärden auch die ihr gemäßen leiblichen Ausdrucksformen finden müssen. Wie bei kaum einem anderen Lebensideal kommt dem Vorbildcharakter der Gestalt Jesu, Mariens und der Heiligen maßgebende Bedeutung zu.

Lit.: *R. Albrecht,* Das Leben der Hl. Makrina auf dem Hintergrund der Thekla-Traditionen. Göttingen 1986; *A. Asting,* Die Heiligkeit im Urchristentum. Göttingen 1930; *R. Behrendt,* The Consecration of Virgins. Collegeville Minnesota 1974; *O. Casel,* Mysterium des Kommenden. Paderborn 1952; *ders.,* Mysterium der Ekklesia. Mainz 1961; *G. Dautzenberg u.a.,* Die Frau im Urchristentum. Freiburg 1983; *A. Hamman,* Die ersten Christen. Stuttgart 1985; *F. Heiler,* Die Frau in den Religionen der Menschheit. Berlin 1976; *S. Heine,* Frauen in der frühen Christenheit. Göttingen 1986; *V. Warnach,* Christusmysterium. Graz 1977; *A. L. Müller,* Ehe und bleibende Jungfräulichkeit: MySal III/2, 469ff.; *H. B. Meyer u.a.,* Gottesdienst der Kirche VIII. Regensburg 1984.

E. v. Severus

Jupiter ↗Gott III 4 B.

K

Ka'ba

↗Islam.

Die K., die hl. ↗Moschee schlechthin, ist das geistige Zentrum der islam. Welt. Für ihre Entstehung in vorislam. Zeit sind wir auf Legenden angewiesen. Erst mit Muḥammad erhalten wir hist. Nachrichten. Die Mekkaner verehrten in der K. verschiedene Gottheiten. Nach Koran 2,127 haben ↗Abraham (III) und Ismael die

Grundmauern gelegt. Im Innern ist die K. bis auf einige Leuchter an der Decke leer. Außerhalb befindet sich in nordöstl. Richtung die einzige Tür und in der östl. Ecke der „Schwarze Stein" (al-ḫadjar al-aswad), der noch heute einen Hinweis auf einen Steinkult gibt, wie er in Arabien in vorislam. Zeit verbreitet war. Die K., deren Maße 15 × 12 × 10,5 Meter betragen, ist mit einem schwarzen Brokatstoff *(kiswa)* umhüllt, auf dem in Gold das Glaubensbekenntnis (↗Shahāda) und Koranverse eingestickt sind. Einmal im Jahr, nach Beendigung der ↗Ḥadjdj am Ende des Monats Dhu 'l-ḫidjdja, wird die K. gewaschen und mit einer neuen Kiswa umgeben. Das Gebiet *(ḥaram)* um die K. ist ein hl. Bezirk.

Lit.: *A. J. Wensinck*, Art. KA'BA: HIsl 236–244.

G. Riße

Kabbalah

↗Judentum.

Als K. („Tradition") und ursprünglichster Offenbarungsinhalt des Judentums wurde seit dem späten 13. Jh. eine spekulative Richtung unter jüd. Gelehrten Südfrankreichs und Nordspaniens bezeichnet, die auf der Basis eines neuplatonischen Weltbildes, aber vorwiegend mit traditionellen Mitteln (Bibel, Talmud/Midrasch) die Beziehung zwischen absolut transzendenter Gottheit *('Ên Sôf)* und Schöpfung zu bestimmen suchte. Über den in der aristotelischen und neuplatonischen Tradition üblichen vermittelnden Seinsstufen zwischen Gottheit und (materieller) Welt setzten die Kabbalisten zehn emanierende göttliche Wirkungskräfte *(Sefirot)* an. Deren Wirkungsweisen untereinander, nach „unten" hin, und deren Beeinflussung von „unten" nach „oben" durch kabbalistische Frömmigkeit (positiv) oder Sünde (negativ) waren Gegenstand der Geheimlehre. Zur Benennung und Beschreibung der Sefirot diente die allegorisch-symbolistische Verwendung bibl. und rabb. Aussagen/Inhalte. Die ganze hebr. Bibel wurde als verschlüsselte Beschreibung der Sefirotvorgänge begriffen, deren richtiges Verständnis das vordringliche Anliegen der K. darstellt. Die Sefirot-Symbole sind ungemein zahlreich und variabel, die folgende Skizze (S. 335) entspricht dem Haupttrend der „klassischen Kabbalah" auf der Basis des „Buches Zohar" (gegen Ende des 13. Jh.):

Sefirah I (Keter/Krone) bildet den Übergang von der transzendenten Gottheit (manchmal mit ihr gleichgesetzt) her, als „Wille" oder „Gedanke" Gottes. Sef. II (rechts) ist die göttliche Weisheit, die (noch undifferenzierte) Idee der Tora, in Sef. III (links), „Einsicht", in den Ideen der (hebr.) Buchstaben bereits etwas konkretisiert, wobei eine intensive Sprachsymbolik des Hebräischen mitspielt. Die Trias der obersten Sefirot bildet eine gewisse Einheit für sich. Zählte man sie gesondert zusätzlich, ergab dies 13 – die Anzahl der „Wirkungsweisen" (Middot) Gottes nach Ex 34,6–7. Die „unteren" 7 Sefirot verteilen sich unter dieser Trias auf eine rechte, linke und mittlere Säule: IV (rechts, „Abraham") repräsentiert die absolute Gnade, V (links, „Isaak") die absolute Strenge, deren beider Wirkungen in der darunter in der Mitte befindlichen Sefirah VI („Jakob"; „schriftliche Tora") ausgeglichen werden müssen, sollen nicht unausgewogene Teilkräfte als Mächte des Bösen isoliert weiterwirken. Die Sünden Israels von unten her bewirken solche unausgewogenen Kräfte des Bösen, doch sind sie auch teilweise in den Völkerengeln vertreten, die manche Kabbalisten hier ansetzten. Die Sefirot VII (rechts) und VIII (links) haben geringere Bedeutung, IX und X liegen wieder auf der „mittleren Säule". IX ist „der Gerechte", die „Säule (der Welt)", das männliche Prinzip, X (malkut = Königsherrschaft) die „Gemeinschaft Israels" und die „mündliche Tora" sowie das weibliche Prinzip. Erst darunter kommt die Welt der separaten Intellekte, der Sphären bzw. die Welt der Engel und Geister, als Überleitung zu der unteren, materiellen Seinsstufe der eigentlichen Schöpfung. Der Emanationsprozeß führt von der Einheit, die in Sefirah I noch vorhanden ist, zur Vielheit, und Sinn und Zweck kabbalistischer Meditation und Praxis ist es, über die Vielheit durch die Emanationsstufen und Sefirot-Wirkungen hindurch die Einheit *(jichud)* zu erkennen, zu bekennen, ja wiederherzustellen. Die gesamte Tora-Frömmigkeit dient diesem Ziel der Wiederherstellung der urspr. Harmonie in den Sefirot und wei-

Kabbalistische Richtungen

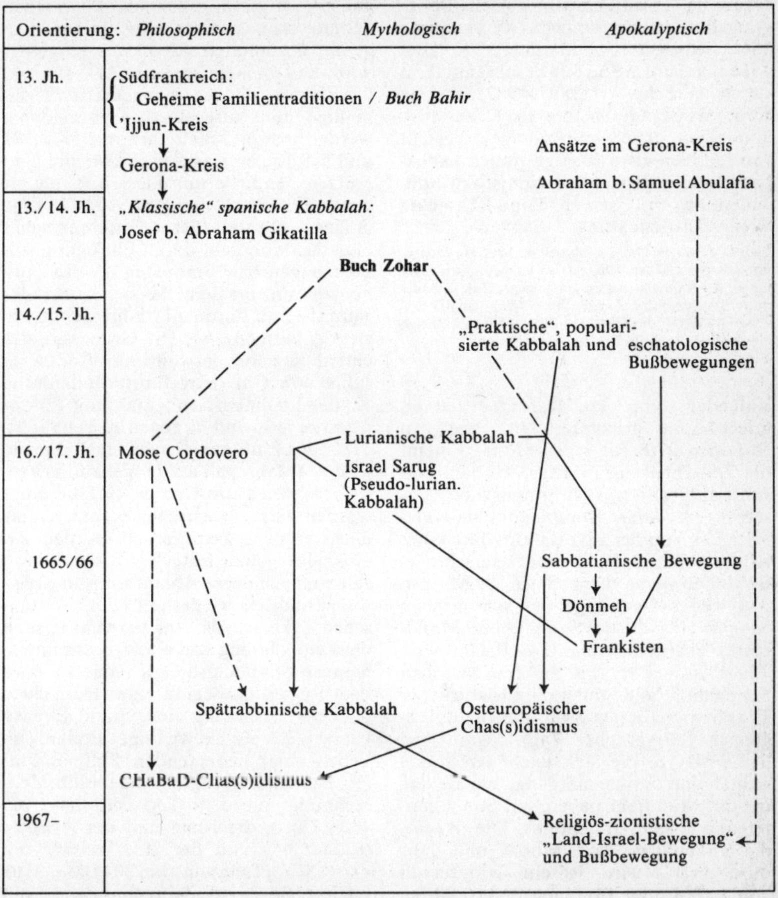

ter der Einheit. Zur gesch. Dimension der Erwählungsaufgabe Israels tritt so eine kosmologisch-theosophische, ja theurgische, womit jede Kleinigkeit der Alltagsfrömmigkeit mit entsprechender Symbolik befrachtet und demgemäß ernst genommen wurde. Die jüd. „Mystik" wirkte daher auf die offizielle Frömmigkeit durchwegs verschärfend. In der K. des Spät-MA und der Neuzeit tritt die messianische Erwartung mehr und mehr hervor, man hofft, das Ende der Geschichte herbeiführen zu können. Eine Vulgarisierung erfolgt, aus der Geheimlehre wurde etwas wie eine gemeinjüd. Theologie, häufig Volksglaube, auch Magie (sog. „praktische Kabbalah"). In Palästina wirkten im 16. Jh. Kabbalisten (Isaak Luria und seine Schüler), die eine mythologisch-gnostisierende Note in der K. verstärkten und alsbald überall maßgeblichen Einfluß ausübten. Das Thema vom Ursprung des Bösen, vom Schicksal der Seele, insbesondere der Messiasseele, stand hier im Zentrum des Interesses. Nach der pseudomessianischen Bewegung des ↗Sabbatianismus (Höhepunkt 1666) wurde das Studium der K. aber wieder auf engere Kreise beschränkt. Erst durch *G. Scholem* (1897–1982) ist die Kenntnis der Geschichte der K. auf einigermaßen sichere Grundlagen gestellt worden. Seit etwa 1967 gewinnen kabbalistische Tendenzen im zionistisch-orth. Judentum mit seiner Land-Theologie wieder an Bedeutung.

Lit.: *G. Scholem,* Die jüd. Mystik in ihren Hauptströmungen. Frankfurt ²1967; *ders.,* Ursprung und Anfänge der Kabbala. Berlin 1962; *ders.,* Zur Kabbala und ihrer Symbolik. Zürich 1960; *ders.,* Von der mystischen Gestalt der Gottheit. Zürich 1962; *J. Maier,* Geschichte der jüdischen Religion. Berlin 1972.

J. Maier

Kalender (von lat. *calendae,* urspr. griech. „die auszurufenden Tage", in Rom der erste Tag jedes Monats) meint die Zeiteinteilung in Tage, Monate und Jahre aufgrund von astronomischen Festsetzungen, deren Komplexität und Genauigkeit von der Zivilisationsstufe einer Kultur abhängt. Die Existenz verschiedener K.-Systeme liegt darin begründet, daß weder die Länge des synodischen Monats noch die des Sonnen- und Mondjahres ein ganzzahliges Vielfaches von Tagen ist. – Der *Tag,* die Zeit zwischen Sonnenauf- und -untergang (natürlicher Tag) bzw. zwischen zwei Meridialdurchgängen (bürgerlicher Tag) beginnt bei den Völkern, die sich nach der Sonne richten mit Sonnenaufgang, bei denen, die das Mondjahr haben, mit Sonnenuntergang (Islam, Judentum). Die *Woche,* die unabhängig von Monat und Jahr durchgezählt wird, ist ein Zeitintervall von 5, 7, 8 oder 10 Tagen. Während bei einigen Völkern Götternamen zur Bezeichnung der einzelnen Wochentage dienten, werden im Judentum die einzelnen Tage – außer dem Sabbat – durchgezählt und haben keine eigenen Namen. Der synodische *Monat,* die Umlaufzeit des Mondes um die Erde von Neumond zu Neumond dauert ca. 29,5 Tage. Das aus 12 Monaten zu je 29 (hohler Monat) bzw. 30 Tagen (voller Monat) bestehende freie *Mondjahr* hat ca. 354 Tage. Es wird z. B. im Islam und Judentum benutzt. Als Ausgleich werden im Islam innerhalb von 19 Jahren 7 Schaltjahre mit 355 Tagen eingefügt. Im Judentum gibt es einen Schaltmonat (2. Adar), der ebenfalls in einem bestimmten Rhythmus eingefügt wird, und Gemeinjahre mit 353, 354 und 355 Tagen, die als mangelhafte, regelmäßige und unregelmäßige bezeichnet werden, sowie Schaltjahre mit 383, 384 und 385 Tagen. Das *Sonnenjahr,* die Umlaufzeit der Erde um die Sonne, dauert gegenüber dem Mondjahr ca. 11 Tage länger. Aufgrund dieser Differenz sucht man das Mondjahr durch Einfügung von Schalttagen bzw. -monaten an das Sonnenjahr anzupassen, da sich sonst der Jahresbeginn durch alle Jahreszeiten bewegt *(Lunisolarjahr).* Die Grundlage des christl. K. bildet der von Julius Caesar im Jahre 46 v. Chr. eingeführte Julianische K., der auf einem Sonnenjahr mit 12 Monaten zu je 30 und 31 Tagen aufgebaut ist. Trotz der Einfügung eines Schalttages in jedem 4. Jahr gab es Ungenauigkeiten, die 1582 von Papst Gregor XIII. beseitigt wurden (Gregorianische Reform). Das nächstgrößere Zeitintervall ist der *Zyklus,* eine genau festgelegte Anzahl von Jahren, nach deren Ablauf sich ein Ereignis periodisch wiederholt (z. B. Metonischer Zyklus). Als *Ära* bezeichnet man die Zeitrechnung von einem bestimmten, herausragenden hist. Geschehen an, etwa dem Regierungsbeginn eines Herrschers oder der Gründung einer Stadt. Ebenso kann es sich um ein wichtiges Ereignis im Leben eines bedeutenden Religionsstifters handeln. So beginnt die buddh. Zeitrechnung mit dem Tod Buddhas (um 480 v. Chr.), die islam. mit der ↗Hidjra (622 n. Chr.) und die jüd. Weltära mit dem Schöpfungstag am 7. Okt. 3761 v. Chr.. Die christl. Zeitrechnung, die mit der Geburt Jesu beginnt, wurde von Dionysius Exiguus (um 470–550 n. Chr.) eingeführt und hat sich seit dem 8. Jh. in ganz Europa und inzwischen weltweit durchgesetzt.

Lit.: *F. K. Ginzel,* Handbuch der mathematischen und technischen Chronologie, Bde. 1–3. Leipzig 1906–1914.

A. Schotterer

Kālī ↗Shiva/Shivaismus.

Kalpa. Das Skt.-Wort bezeichnet hinduistisch einen Tag Brahmas, d. h. eine Weltperiode, die in vier Abschnitten von der

Weltentstehung über die Dauer der Welt in einen partiellen Weltuntergang und einen chaotischen Zwischenzustand bis zur Entstehung des nächsten K. führt. Im Grunde genommen wird im K. der Wechsel von Tag und Nacht nachempfunden. Ein K. dauert 1000 große Weltzeitalter *(Mahāyuga)*. Eines von diesen besteht wiederum aus vier *Yuga (Krita, Tretā, Dvāpara, Kali)*, die in abnehmender Folge eine Reihe von 4000, 3000, 2000 und 1000 Götterjahren bilden. Da einem Götterjahr 360 Menschenjahre entsprechen, dauert ein K. 4320000 Menschenjahre. Die *Yugas* unterscheiden sich untereinander nach Länge und Qualität. Das erste ist das längste und glücklichste, während das letzte, das Kali-Yuga, einen moralischen Tiefpunkt in der Welt markiert. Jedes Yuga beginnt mit einer Morgendämmerung und endet mit einer Abenddämmerung, die ihrerseits je ein Zehntel der Zeit des jeweiligen Yuga dauern. Nach Ansicht der Hindus befinden wir uns in der Morgendämmerung eines Kali-Yuga. Die Größe der Zahlen zeigen, in welchen Dimensionen Hindus ihre eigenen Lebensabläufe eingebettet wissen. Buddhistisch wird die Vorstellung des K. als eines unendlich langen Zeitraumes beibehalten, dann allerdings im Sinne der Verwirklichung des Buddhagesetzes interpretiert (↗Zukunft V). *A. Thannippara*

Kami ↗Shintō.

Kannon ↗Kuan-yin

Kanon ↗Heilige Schrift(en).

Karma.

↗Heil/Heilsweg II 1.

1. K. (Skt.; P. *kamma* = „Tat, Handlung") bedeutet: a) *„rituelles Werk* gemäß den vedischen Vorschriften". Anders als der Vedānta, der den *Jñāna-mārga* (Weg der Erkenntnis) lehrt, geht die *Karma-mīmāṃsā* (Erörterung des Werkdienstes; *Pūrva-nūmāṃsā* oder auch nur *Mīmāṃsā* genannt) davon aus, daß das höchste Heil auf dem Weg der rituellen Werke *(Karma-mārga)* erreicht werden kann. Der ganze Veda handelt – dieser Ansicht zufolge – von rel. Pflichten. Drei Arten von K. gibt es: verbotene *(pratiṣiddha)*, zur Erfüllung eines Wunsches unternommene *(kāmya)* und obligatorisch zu erfüllende *(nitya)*. Nicht das Aufgeben aller Werke ist die Voraussetzung der Heilsgewinnung, sondern „der nach der Befreiung vom *Saṃsāra* Strebende solle alles verbotene und in egoistischer Absicht, z. B. zur Gewinnung von Himmelslohn unternommene Werk unterlassen, hingegen die obligatorischen beständigen Handlungen, welche der Veda vorschreibt, getreu erfüllen, da er sich sonst eines Ungehorsams gegen die Ordnungen der hl. Schrift schuldig mache" (v. Glasenapp 146). K. bedeutet

b) *Tätigkeit, Handlung*, die Folge der Handlungen in einem früheren bzw. evtl. Ursache derjenigen in folgenden Leben. K. ist daher mit *Saṃsāra* („Kreislauf der Existenzen von Geburt zu Tod und neuer Geburt") eng verknüpft. Zum ersten Mal scheint der Gedanke in der Zeit der ältesten Up. (ca. 1000–800 v. Chr.) aufgekommen zu sein; seither bildet er einen der unerschütterlichen Grundsätze der ind. Religiosität. Alle Religionen Indiens sind durch den Glauben hieran gekennzeichnet und zugleich von nichtind. Religionen unterschieden. Erlösung heißt: Befreiung aus diesem Kreislauf der Existenzen.

Der K.-Gedanke, sei er ein Konzept, eine Theorie oder ein Modell (O'Flaherty XXV), setzt dreierlei voraus: 1. mehrere Existenzen übergreifende Kausalität; 2. Ethisierung: der Glaube, daß gute und schlechte Handlungen eines Menschen zu gewissen Resultaten führen in diesem einen oder in mehreren Leben; schließlich 3. den Glauben an die Wiedergeburt. Der K.-Gedanke versucht, die jetzigen Lebensumstände mit Bezug auf die früheren Handlungen (einschließlich derjenigen vor der Geburt) zu erklären, bietet für die gegenwärtigen Aktionen eine Orientierung auf die künftigen Ziele hin (einschließlich derjenigen nach dem Tod) und schafft schließlich eine moralische Grundlage für die Prädizierung der vergangenen und gegenwärtigen Handlungen.

2. In den philos. Skt.-Schriften ist die *K.-Theorie* ausführlich erörtert. Eine unter normalen Umständen – d. h. mit zweckvoller Absicht und Leidenschaft – ausgeführte Handlung produziert ein karmi-

sches Residuum, das entweder verdienstlich *(dharma)* oder nichtverdienstlich *(adharma)* ist, je nach Qualität der Handlung. Die karmischen Residuen werden von diversen Neigungen *(saṃskāra)* begleitet und enthalten Spuren *(vāsanā)*, die in Zukunft reaktiviert werden können. Beim Tod einer Person sammeln sich die nichtaktivierten karmischen Residuen in seinem individuellen Bewußtseinsstoff *(citta);* dieser geht in einen anderen Körper über. Die karmischen Residuen wirken weiter, indem sie dreierlei bestimmen: a) die Art des Körpers (*jāti*, „Geburt", menschlich oder tierisch usw.); b) die Lebensdauer *(āyuḥ)* unter normalen Umständen (d.h., wenn man nicht gewaltsam, durch Unfall oder Selbstmord stirbt); c) die generelle Gemütsstimmung *(bhoga)* der künftigen Erfahrungen (d.h. angenehm oder schmerzhaft). Bezüglich des Ausreifens dieser Residuen unterscheidet man zwischen solchen, die noch in diesem Leben, und solchen, die erst in einem künftigen Leben zur Ausreifung gelangen. Bei seiner Geburt ist der Mensch mit drei Arten von K. ausgestattet: 1) *prārabdha* („begonnen"), das bereits zu wirken angefangen hat und sich als Schicksal des betreffenden Lebewesens manifestiert; 2) *sañcita* („aufgeschichtet"), das durch frühere Handlungen aufgeschichtet ist und bei gegebenem Anlaß in diesem oder einem späteren Leben zur Entfaltung gelangt; 3) *āgami, vartamāna* oder *kriyamāṇa* („kommend, gegenwärtig" oder „im Vollzug"), das sind Handlungen, die in diesem Leben vollzogen werden, deren Ausreifen im normalen Verlauf der Dinge aber einem späteren Leben vorbehalten bleibt. Bei einem bereits zu Lebzeiten Erlösten wirkt sich nur das begonnene *(prārabdha)* K. aus; die beiden anderen sind gleichsam mit ihrem Samen verbrannt und so für immer vernichtet.

3. Viel ist über den „mechanischen Automatismus" und den „strengen Determinismus" geschrieben worden. Je tiefer man aber in die Problematik einsteigt, desto deutlicher wird, daß „der Mensch nicht absolut determiniert" ist (Hacker 506). In der Bhakti-Frömmigkeit greift der persönliche Gott in das K.-Geschehen ein und läßt Gnade walten. In der Bhagavadgītā sagt Kṛṣṇa (9.30–31): „Selbst wenn ein arger Bösewicht mich liebt und nichts anderes neben mir, so muß er für gut erachtet werden; denn er ist von rechtem Entschluß. Schnell wird er frommgesinnt und auf ewig der Ruhe teilhaft. O Arjuna, erkenne es: wer mich liebt, geht nicht zugrunde." Im Unterschied zum Buddhismus und einigen anderen Traditionen hat die vedische Tradition an der Übertragung (auch an der Abtretung) des K. festgehalten (vgl. Larson; O'Flaherty). In einem Vortrag über *M. Webers* Interpretation der ind. Theodizee sagt W. D. O'Flaherty (94): „Das K. ist eine Tatsache für alle Südasiaten. Für Hindus ... handelt es sich dabei um eine gute Tatsache, für Buddhisten ... dagegen um eine schlechte. Für diejenigen, die den Übeln entrinnen wollen, die sie im Leben wahrnehmen, ist K. ein Ausweg; für diejenigen, die mehr von dem Guten haben wollen, das sie im Leben wahrnehmen, ist K. ein Weg, um dieses Gute zu erlangen. In beiden Fällen aber wird K. als ein dramatischer unvorhersagbarer und im wesentlichen unbegreiflicher Prozeß aufgefaßt, in dem sich die emotionalen Bedürfnisse und Sehnsüchte des einzelnen widerspiegeln."

Lit.: *H. von Glasenapp,* Die Philosophie der Inder. Stuttgart [3]1974; *J. Gonda,* Die Religionen Indiens I/II. Stuttgart 1960, 1963; *P. Hacker,* Dharma im Hinduismus: ders., Kleine Schriften. Wiesbaden 1978, 496–509; *A. L. Herman,* An Introduction to Indian Thought. Englewood Cliffs/N.J. 1976; *G. J. Larson,* K. as a „Sociology of Knowledge" or „Social Psychology" of Process/Praxis: W. D. O'Flaherty (Hg.), K. and Rebirth in Classical Indian Traditions. Berkeley/Cal. 1980, 303–316; W. D. O'Flaherty, Emotion und K. Überlegungen zu Max Webers Interpretationen der ind. Theodizee: W. Schluchter (Hg.), Max Webers Studie über Hinduismus und Buddhismus: Interpretation und Kritik. Frankfurt 1984, 87–103.

T. R. Chopra

Karuṇā. Zusammen mit ↗Prajñā bildet K. (Skt., P.) in der Bedeutung von Erbarmen, tätigem Mitgefühl und Mitleiden vor allem im Mahāyāna-↗Buddhismus eine der Haupttugenden seiner Anhänger. Ähnlich wie Maitri (Skt.; P. *Metta;* ↗Liebe III) im Theravāda-Buddhismus erstreckt sich das wohlwollende Erbarmen auf alle Lebewesen. Es gründet in der grundlegenden Erleuchtungserfahrung und ist folglich Grundeigenschaft aller ↗Buddhas und ↗Bodhisattvas. Die eindrucksvollste Verkörperung des Erbarmens ist der Bodhisattva Avalokiteśvara (↗Kuan-yin; Amida-Buddhismus). Zu beachten ist, daß K. von seinem urspr. Verständnis her nicht Ausdruck eines göttlichen Mitleidens ist, sondern die gleiche Ebene aller Lebewesen betrifft. Dennoch ergeben sich im heutigen Religionsdialog von der K. als einer Haltung selbstloser Zuwendung (↗Selbst/Selbstlosigkeit) her Berührungen mit einer kenotischen Christologie. *H. Waldenfels*

Kastenordnung 1. Zum Begriff der ind. K.: Das Wort *Kaste* ist vom portug. *casta,* Unvermischtes, Rasse, Stamm, Sippe, übernommen und auf das ind. Sozialsystem übertragen worden. In einer Arbeitsdefinition kann man sagen: Sie „teilt die ganze Gesellschaft in eine Anzahl erblicher Gruppen, unterschieden und verbunden durch drei Charakteristika: *Trennung* in Angelegenheiten der Heirat und des direkten oder indirekten Kontakts (Essen); *Arbeitsteilung,* da jede Gruppe theor. und traditionell einen Beruf hat, von dem sich ihre Mitglieder nur innerhalb gewisser Grenzen entfernen können; und schließlich eine *Hierarchie,* welche die Gruppen vergleichsweise höher oder niedriger einstuft" (Dumont 21). Theor.-religiös wird die K. vielfach auf eine Aussage des Ṛgveda (10.90.12) zurückgeführt: „Des Ur-*puruṣa* (der Urperson) Mund ward zum Brāhmaṇa, seine beiden Arme wurden zum Rājanya gemacht, seine beiden Schenkel zum Vaiśya, aus seinen Füßen entstand der Śūdra." Genaugenommen ist hier aber nicht von Kaste, sondern von vier Klassen (Skt. *varṇa* = Farbe, Klasse, Stand) die Rede: 1. Brahmane, Priester, Kenner und Lehrer der hll. Schriften; 2. Kṣatriya (Rājanya im Ṛgveda), Krieger, Adel; 3. Vaiśya, Ackerbauer, Gewerbetreibender; 4. Śūdra, Diener, Arbeiter. Die ersten drei sind *dvija,* „Zweimalgeborene", weil ihnen die als zweite Geburt aufgefaßte „Brahmanenweihe" *(upanayana)* und somit die Zulassung zum Unterricht in hll. Schriften bei einem brahmanischen Lehrer zustand. Śudras war dies verwehrt; sie galten als rituell unrein. Diese ideale Sozialordnung ist jedoch zu keinem Zeitpunkt der Geschichte nachweisbar. Das ind. Wort für Kaste ist *jāti* und bedeutet Geburt und durch sie bestimmte Daseinsform, Rang und Zugehörigkeit zu einer Klasse.

2. Die Frage nach dem Ursprung der K. ist ungeklärt. Die Rassentheorie, nach der die arischen Eroberer um die Mitte des 2. Jt. v. Chr. ein Apartheidssystem geschaffen hätten, um nicht in die große Masse der einheimischen Bevölkerung aufzugehen, ist nicht bewiesen. Jedenfalls hat Kaste (oder auch *varṇa*) heute nicht das Geringste mit Rasse zu tun (Dumont 256). Überdies sind die Kasten nicht durch Vermischung oder Unterteilung der sog. „ursprünglichen vier Hauptkasten" entstanden. Die Varṇa-Aufteilung war stets ein äußerer Rahmen, dem sich die auch durch die Assimilierung der Fremdvölker entstandenen Kasten zuordneten. Dieser äußere Rahmen blieb durch Jt.e hindurch intakt. Die Zahl der Kasten war jedoch niemals fixiert. *Megasthenes,* zu Ende des 4. Jh. v. Chr. griech. Gesandter am Mauryahof, hatte deren sieben ausgemacht; heutige Erhebungen kommen auf etliche tausend.

Die K. ist nicht zu einem bestimmten Zeitpunkt geschaffen oder verordnet worden. Sie ist vielmehr ein im Laufe vieler Jh.e gewachsener sozialer Organismus von äußerster Kompliziertheit. Wie alle gewachsenen Organismen war und ist auch sie nicht so starr und unwandelbar, wie es den Anschein hat. Das Strukturprinzip dieses Organismus ist das der Hierarchie. Diese ist ihrerseits aber keine „feste Rangordnung", sondern nach Dumont „die Zuweisung eines Ranges an jedes Element *in seinem Verhältnis zum Ganzen"* (91). Die K. setzt eine überschaubare Dorfgemeinschaft voraus, in der jeder seinen ihm zugewiesenen Platz, seine Rechte und Pflichten kennt und jeder von jedem abhängt. Sie läßt sich daher nur schwer auf eine moderne urbane Gesellschaft übertragen.

3. Der hierarchische Status einer Kaste innerhalb der K. wird bestimmt aufgrund der Reinheit bzw. Unreinheit, zusätzlich zur Zuordnung zu einem Varṇa. Beide Kriterien werden regional unterschiedlich gehandhabt. Die hierarchische Ordnung ist nicht linear und der Gegensatz zwischen Rein und Unrein nicht absolut

(es gibt zeit- und raumbedingtes Unreinsein). Demnach gibt es kein Kastensystem als solches, sondern Kastensysteme. Durch Geburt erworbene physische Reinheit ist die eine Komponente, die andere ist die kontingente körperliche; hinzu kommt die Lauterkeit des Lebenswandels. Schon das Mahābhārata (13.131, 49) hatte verkündet: „Nicht Herkunft noch Weihe, noch Gelehrsamkeit, noch Vollzug des vedischen Rituals *(saṃnati,* nach der krit. Ausgabe) begründen, daß einer zu den Zweimalgeborenen gerechnet wird, sein Lebenswandel allein ist der Grund dafür." Daß es in der Praxis nicht selten anders zuging, ist nicht verwunderlich; der gute Lebenswandel wurde als erbliches Vorrecht ausgegeben. Das ging aber – wenn überhaupt – nur so lange gut, wie eine Staatsmacht das durchzusetzen vermochte. Denn obgleich „Gott auf Erden", war der Brahmane stets ein Abhängiger der Könige (oder der sog. dominanten Kaste); selber König konnte er nicht sein. „Der Unterschied zum Westen, etwa zum kath. Christentum, scheint", wie Dumont (72) zu Recht feststellt, „in der Tatsache zu liegen, daß es in Indien niemals eine geistliche Macht, d. h. eine oberste geistliche Autorität gegeben hat, die gleichzeitig eine weltliche Macht gewesen wäre. Die Suprematie des Geistlichen hat zu keiner Zeit politischen Niederschlag gefunden."

4. Die K. ist vermutlich rel. Ursprungs und sanktioniert durch die hll. Schriften. Dies heißt jedoch nicht, daß das Heil des Menschen von nichts anderem abhinge. Für das Heil notwendig ist lediglich das menschliche Dasein. Mag der Hinduismus als varṇāśrama-dharma, als „dem varṇa und Lebensstadium gemäßer Sittenkodex (!)" definiert sein, Heilsbedeutung hat die K. nicht (vgl. Hacker, Kleine Schriften 507: „Endgültiges Heil, sei es nun theistisch oder monistisch aufgefaßt, ist durch Dharma-Tun nicht erreichbar"). Jedem Menschen, gleich welcher Kaste er angehört und in welchem Lebensstadium er sich befindet, kann das Heil zuteil werden.

Die K. ist eine uralte Gesellschaftsform Indiens. Trotz vieler Nachteile hat sie alle Schicksalsschläge, militärische und politische Unruhen überdauert, nicht zuletzt aufgrund ihrer Elastizität. Wäre das System statisch gewesen, hätte es kaum diese Überlebenskraft entwickelt. Christentum und Islam, die seit ihrer Entstehung in Indien heimisch sind, haben sich diesem System eher angepaßt, als eine Alternative anzubieten. Die durch das Kastenwesen bedingten Benachteiligungen sind gesetzlich aufgehoben, d. h. jedoch nicht, daß sie auch aus dem praktischen Leben verschwunden sind. Die hind. Gesellschaftsordnung hat es keinem Fremden leichtgemacht, in sie Eingang zu finden. Es gibt jedoch bekannte Einzelfälle wie den des Griechen Heliodorus (Ende 2. Jh. v. Chr.) und weniger spektakuläre Beispiele, in denen Nichthindus Hindus wurden. Das System war niemals so verschlossen, daß einem Fremden der Eintritt verwehrt wurde. Wenngleich die Kastenzugehörigkeit nur durch Geburt vermittelt wurde, so bestand doch immer die Möglichkeit, „Hindu", d. h. Śivait, Viṣṇuit oder Anhänger eines anderen hind. Kultes zu werden.

Die Aufgaben der Unterrichtung in den vedischen Schriften und die des Priesters beim Vollzug der vedischen Riten waren nur den Brahmanen vorbehalten; beim Tempeldienst und bei anderen nichtvedischen Zeremonien war es und ist es heute verstärkt auch Angehörigen anderer Varṇas möglich, als Priester zu fungieren. Zu allen Zeiten gab es rel. Führer, die nicht Brahmanen waren; in den letzten Jh.en hat ihre Zahl eher zugenommen: *Svāmi Vivekānanda* (1863–1902) und *Mahātmā Gāndhi* (1869–1948) waren keine Brahmanen von Geburt.

Der moderne Hinduismus ist nicht gewillt, die grundsätzliche Gebundenheit an Kasten aufrechtzuerhalten. Heute orientiert man sich an Bhaviṣyapurāṇa, Brāhmaparva 41.45: „Hat ein Vater vier Kinder, so ist die Kaste *(jāti)* seiner Kinder die eine. Eines Vaters Kinder sind alle Menschen; wenn dieser Vater der eine ist, dann gibt es keine Kastenunterschiede."

Lit.: *R. Burghart,* Hierarchical models of the Hindu social system: MiC 13 (1978) 519–536; *L. Dumont,* Homo hierarchicus. The last system and its implications. Chicago 1970 (dt.: Die Soziologie des Kastenwesens. Wien 1976); *J. Gonda,* Die Religionen Indiens I/II. Stuttgart 1960, 1963; *P. Hacker,* Dharma im Hinduismus: ders., Kleine Schriften. Wiesbaden 1978, 496–509; *J. H. Hutten*, Caste in India. Oxford (1946) [4]1963; *R. B. Inden*, Marriage and Rank in Bengali Culture. A History of Caste and Clan in Middle Period Bengal. Cal. 1976; *R. S. Khare*, The Untouchable as Himself. Cambridge 1984; *K. M. Sen*, Hinduism. Harmondsworth 1961.

T. R. Chopra

Katharsis, Vorgang oder Maßnahme, die in den Zustand der ↗Reinheit versetzen soll, ist nicht ohne den Begriff der Unreinheit zu betrachten. „Rein ist im Gegensatz zu unrein eine Person oder Sache, die von einem durch rel. oder profane Vorstellungen bestimmten Etwas getrennt ist. Dieses Etwas variiert in Umfang und Inhalt bei den verschiedenen Völkern und heißt (materiell, physisch) Schmutz, übertragen (kultisch, ethisch, moralisch) Sünde u.ä." (*R. Hink* 940) (↗Schuldaufhebung). Es lassen sich vier verschiedene Komponenten innerhalb des Reinheitsbegriffes herausheben: 1. Für die Kontaktaufnahme mit dem Göttlichen ist rituelle Reinheit Voraussetzung, so beim Betreten des Heiligtums und zur Feier von Festen, die sich in verschiedenen Handlungen ausdrückt, wie das Ausziehen von Schuhen, Kleidern, Enthalten von Nahrung, Arbeit, Geschlechtsverkehr usw. – 2. Reinigungen zur Wiederherstellung des urspr. Zustandes; u.a. gelten ↗Wasser und ↗Feuer dazu als Mittel. Die weiße Farbe dient dabei als Symbol der Reinheit. Es geht hier weniger um die Reinheit für kultische Anlässe. Was früher als ↗Tabu angesehen wurde, wird immer mehr als unrein eingestuft; vgl. die Übertragung der Unreinheit durch alle Arten von Berührungen und Beziehungen mit den Wirklichkeiten. Damit es nicht zu einer bloßen Beobachtung starrer Regeln kommt, werden Unreinheit und Sünde gleichgesetzt (↗Shintōismus). Als unrein gelten die Wöchnerinnen und die Neugeborenen sowie alle Ausscheidungen des menschlichen Körpers. – 3. Unreinheit als Folge des Brechens von Weisungen und Tabus. Rituelle Unreinheit wird als Strafe für Tabubrüche gesehen, ebenso Krankheit, Unglück und Tod (↗Totem/Totemismus). – Als 4. Komponente ergibt sich die ethische Dimension der Reinheit. Die Propheten des AT legen in ihrer Verkündigung besonderen Wert auf die Reinheit der Gesinnung und des Gewissens. In späterer Zeit erlangt die rituelle Reinheit im Judentum oft eine größere Bedeutung als die sittliche Reinheit. Jesus hat die kultische Reinheit verworfen, da sie nur im Vollzug äußerer Vorschriften besteht. Im Christentum bewirkt die ↗Taufe eine volle Reinigung. Die Reinheit des Christen besteht in der Erneuerung des Herzens durch die ungeteilte Hingabe an Gott und den Nächsten.

Spätere Epochen fallen mitunter in die mechanistische Auffassung der Reinheit zurück, wobei z.T. magische Riten durchsickern (↗Tao/Taoismus). Schließlich kommt es wie im ↗Manichäismus dazu, daß die gesamte Materie als unrein qualifiziert wird (↗Karma, ↗Jinismus). Die *Katharer*, eine christliche häretische Bewegung des 12.–14. Jh. (bes. in Südfrankreich und Norditalien), übten völlige Weltenthaltung und Askese, um sich selbst zu erlösen. Der Seele des Reinen stellten sie die von Gott abgefallene Welt des Satans gegenüber. So war jede Berührung mit der Welt (Ehe, Fleischgenuß, Arbeit usw.) Sünde, da sie unrein macht.

Lit.: *R. Hink*, Art. Rein und Unrein I: RGG[3] V 939–941; *E. Stiglmayr*, Art. Reinheit I: LThK[2] VIII 1143f.; *R. Meyer / F. Hauck*, Art. καθαρός: ThWNT III 416–434; *A. Borst*, Die Katharer. Stuttgart 1953.

Th. Birkheuser

Katholizismus. Im Umkreis des Begriffs K. sind einige Unterscheidungen zu treffen. Alle Begriffe leiten sich von katholisch bzw. Katholizität her. Katholizität ist eine für alle Christen gültige Wesensbestimmung der Kirche Jesu Christi (I). Katholisch wird zur Konfessionsbezeichnung einer einzelnen Großkirche, z.B. der röm.-kath. Kirche, wenn diese beansprucht, die wahre Kirche Christi zu sein. Wenn sich diese röm.-kath. Kirche in einer bestimmten gesch., kulturellen und theol. Gestalt verwirklicht und äußert, ist von K. die Rede (II). In der jüngeren Zeit wird im Rückgang auf die urspr. Katholizität das Wesen der ökumen. Kirchen in der Verwirklichung des Attributes kath. wiedererkannt (III).

1. Katholizität der Kirche Christi. Katholisch leitet sich vom Adverb kathólon und vom Adjektiv katholikós her. Diese Bezeichnung ist bereits in der griech. Philosophie bedeutsam und meint

„umfassend", „vollkommen" und „in Fülle existierend". Mit dieser Eigenschaft wird seit Ignatius v. Antiochien (117) die Kirche Christi bezeichnet. Die Katholizität der Kirche ist sodann im wichtigsten und für die meisten christl. Kirchen verpflichtenden Glaubensbekenntnis von Nizäa und Konstantinopel (381) aufgenommen: „Ich glaube an die eine, heilige, katholische und apostolische Kirche." Demnach ist die Kirche Christi dort verwirklicht, wo sie sich aus dem einen geheimnisvollen Ursprung des dreieinigen Gottes gestiftet und von seiner heiligenden Gnade beschenkt weiß, wo sie auf ihren apostolischen gesch. Ursprung verpflichtet ist und ihren kath., d.i. universalen Sendungsauftrag erkennt.

An dieser Glaubensaussage über die Kirche Christi ist zu ersehen, daß auch die Eigenschaft des Katholischen zunächst ein qualitativer Begriff ist. Er drückt die Universalität des Wesens der Kirche aus: das Heilswerk Gottes in Jesus Christus umspannt Anfang und Ende der Schöpfung, Tod und Leben des Menschen; die Kirche meint die Anwesenheit Christi in der ganzen Geschichte und in aller Welt; sie hat als universales Sakrament des Heiles Jesus Christus überall und allzeit gegenwärtig zu machen (Vatikanum II); dazu weiß sie sich zu universaler Sendung berufen; sie dient ihrem Auftrag, wenn sie alle Schranken und Partikularismen in Kirche und Welt überwindet.

Aus dieser inneren Qualität der Kirche folgt die – oft postulierte, wenn auch nicht endlich realisierte – äußere (eschatologische) Erscheinung solcher Katholizität: Die Kirche Gottes ist kath., d.i. allumfassend, dem Raum und der Zeit nach. Wird die äußere Erscheinung der Katholizität überbetont, kommt es leicht zur beliebten apologetischen Argumentationsfigur: Die wahre Kirche ist sichtbar überall verbreitet, während die Häretiker nur eine lokal begrenzte Fraktion sind, oder die wahre Kirche wird dort erkannt, wo sich Lehre und Struktur der Kirche kontinuierlich erhalten haben. Es ist aber deutlich, daß sich solche Apologetik von der inneren Qualität des Katholischen entfernt.

2. Röm.-kath. Kirche und Katholizismus. *a) Konfessionalisierung des Katholischen.* In der Zeit der Reformation und Gegenreformation begann eine verhängnisvolle Konfessionalisierung der Katholizität. Selbst die Reformatoren des 16. Jh. wollten die Katholizität als inneres Wesen der Kirche zuerst nicht leugnen, noch weniger abschaffen, sondern im Gegenteil von Grund auf erneuern. Sie wollten auf die urspr. Katholizität der Kirche zurückführen, indem sie Mißstände und äußerliche Traditionen an der damals bestehenden röm. Kirche tadelten. Auf diese urspr. Kirche wollte Luther hinaus, wenn er für „eine heilige catholica oder christliche Kirche" eintritt, deren Wesen es sei, die „reine und lautere Lehre des Evangelii" zu verkünden und „äußerlich Bekenntnis derselben an allen Orten der Welt und zu jeder Zeit" abzulegen (WA 7, 753). Oder Melanchthon kann in seinem Hauptwerk erklären: „Wir müssen alle katholisch sein", weil die Katholizität der Kirche ihre unaufgebbare Wesenseigenschaft ist. Der wichtigsten Bekenntnisschrift der reformatorischen Kirchen, der Confessio Augustana von 1530, muß, wie größtenteils anerkannt wird, gerade das Anliegen der urspr. Katholizität der wahren Kirche zugute gehalten werden.

Erst nachdem der Versöhnungsversuch der Confessio Augustana gescheitert war, zerfielen die Anstrengungen, das gemeinsam Katholische in den verschiedenen Bekenntnissen zu suchen. Die alte, in der reformat. Sicht von der wahren Kirche Christi abgefallene röm. Kirche erhob den alleinigen Anspruch auf Katholizität. Die Kirche der Reformation, die ihrerseits die wahre Kirche für sich reklamierte, versuchte zunächst noch zu erweisen, daß auch partikulare Kirchen ohne Bindung an Rom kath. zu sein vermögen, um sich dann ganz von dem Attribut kath. zu trennen. Die innere Qualität des Katholischen hatte sich zugunsten der Rivalität verschiedener Katholizismen aufgelöst. Schließlich wurde die konfessionelle Identifikation des Katholischen mit dem Römischen zum Kontroverspunkt zwischen den Konfessionen.

Die röm.-kath. Kirche ihrerseits untermauerte meist in apologetischer Absicht – vom 16. bis zum 19. Jh. – den rechtmäßigen Titel des Katholischen. Sie suchte das Kirchenattribut des Katholischen hist. und demonstrativ zu erweisen. Die apologetische Tendenz im Verständnis des Katholischen tritt nun deutlich hervor. Rom beansprucht für sich den Ort der gesch. und geographischen Kontinuität. Diese wird zudem mit der Person des röm. Papstes identifiziert. Das Römische selbst wird zu einer hervorgehobenen inhaltlichen Qualität der Kirche. Damit wurden auch die anderen Wesenseigenschaften der Kirche an Rom gebunden: Die eine, heilige und apostolische Kirche existiert sichtbar in der röm.-kath. Kirche weiter; dort ist der Ort des wahren Glaubens und der wahren Lehre. Mit dem Vatikanum II hat sich die Situation wesentlich geändert. Die Berufung auf die Katholizität der röm.-kath. Kirche als Unterscheidungsmerkmal zu anderen Kirchen tritt in den Hintergrund. Die apologetische Sicht wird weitgehend zugunsten der urspr. Sicht des Katholischen zurückgestellt (allerdings nicht einheitlich) (s. II. 4.).

b) Merkmale der röm.-kath. Kirche. Trotz der erneuerten Sicht der röm.-kath. Kirche hat sich in ihr gesch., theol. und kulturell eine Gestalt entwickelt, die ihr unterschiedliches Gepräge ausmacht und sie als K. etwa von ↗Protestantismus unterscheidet. K. meint diese gewachsene Gestalt der röm.-kath. Kirche, die sich teils aus eigentümlichen kath. Prinzipien ergibt und sich teils in äußeren Erscheinungsformen kundtut. Im Verhältnis zum Protestantismus etwa wurden die Unterscheidungsmerkmale des Katholischen lange Zeit schematisch so formuliert: Während das Merkmal der ev. Kirche das *„sola"* (Glaube *allein*, Christus *allein*, Schrift *allein*, Gnade *allein*) sei, halte die röm.-kath. Kirche am *„et"* fest (Glaube *und* Liebe, Christus *und* Kirche, Schrift *und* Tradition, Gnade *und* Werke). Auch diese Schematisierung ist durch das Vatikanum II weitgehend überholt. Einige kath. Merkmale, die heute noch wirksam sind, seien aber genannt:

Christus und Kirche: Die röm.-kath. Kirche hat in einer langen Tradition besonderen Wert auf die Sichtbarkeit der Kirche gelegt. Damit ist gemeint, daß die Fülle des Heils in Jesus Christus in der Kirche bleibend präsent bleibt. Das Vatikanum II hat aber den Ursprung der Kirche aus dem dreifaltigen Gott in Jesus Christus neu betont und die Kirche als unsichtbare und zugleich sichtbare Gemeinde des Herrn herausgestellt.

Kath. und röm. Kirche: In der Tat kommt „Rom" für die röm.-kath. Kirche eine besondere Bedeutung zu. Diese Auszeichnung Roms hat letztlich ihren Grund darin, daß die röm. Hauptstadt die Gräber der Apostel Petrus und Paulus birgt und sich die Gemeinde dort seit alters Mutter aller Kirchen nennen durfte. Aus diesem Vorrecht der röm. Bischofskirche hat sich der Primat des röm. Papstes entwickelt.

Papst und Bischöfe: Die röm.-kath. Kirche hat zu ihrem Oberhaupt den röm. Papst; er hat das höchste Lehr-, Richter- und Priesteramt inne; in ihm ist mit den Bischöfen die apostolische Nachfolge auf besondere Weise sichtbar. Das Vatikanum II hat die Kollegialität zwischen Papst und Bischöfen der Weltkirche besser geklärt, so daß Papst und Bischöfe zusammen als Kollegium die Weltkirche repräsentieren.

Schrift und Tradition: Die röm.-kath. Kirche gründet ihren Ursprung und ihre gesch. Erscheinung zu gleichen Teilen in der Schrift und in der Tradition. Auch hier hat das Vatikanum II einen entscheidenden Durchbruch des Kirchenverständnisses erbracht. Allerdings legt die röm.-kath. Kirche besonderen Wert auf die Sichtbarkeit des kath. Wesens in der gesch. Wirklichkeit; z. B. in der apostolischen Sukzession oder in den kirchl. Ämtern.

Wort und Sakrament: Die röm.-kath. Kirche wurde in der Vergangenheit oft als Sakramentenkirche apostrophiert. Deshalb hat das Vatikanum II etwa die gleiche Bedeutung des Wortes und des Sakramentes in der Eucharistie betont. Allerdings sieht die röm.-kath. Kirche in der Eucharistiefeier den Höhepunkt ihres gläubigen Vollzuges. Daneben gehören einige spezifische Ausprägungen kath. Frömmigkeit zu ihrem Selbstverständnis: Für sie ist die eucharistische Frömmigkeit charakteristisch, ebenso die besondere Verehrung des Sakramentes; sodann vermittelt sie Jesu Heilswerk nicht nur in

Wort und Sakrament, sondern durch verschiedene symbolische Handlungen wie Weihen und Segnungen.

Gnade und Werke: Die besondere Schätzung des Lebens und Werkes der Gläubigen, die das Gnadengeschenk Gottes nicht ausschließt, sondern voraussetzt, äußert sich in einigen Eigenarten kath. Theologie und Frömmigkeit. Auf ihr ruht die weitverbreitete und durch Dogmen bekräftigte Marienverehrung. Ähnliche Verbreitung genießt die Verehrung von Heiligen. Damit verbunden ist eine kath. Sicht der Letzten Dinge, d. i. etwa vom Ort der Reinigung (↗Fegfeuer) und von der Fürbitte für die Verstorbenen.

c) Katholizismus. Von K. im engeren Sinne ist die Rede, wo die weltzugewandte Seite der röm.-kath. Kirche eine konkrete gesch. und kulturelle Gestalt in nationalen, gesellschaftlichen und politischen Zusammenhängen angenommen hat. Der röm.-kath. Kirche wird ein bes. positives Verhältnis zu Welt, Geschichte und menschlicher Existenz nachgesagt. *K. Adam* bestimmt die Katholizität als welterobernde Kraft der Kirche, als Durchdringung und Heimholung der Welt, als „Wertbejahung auf der ganzen Linie, Weltoffenheit im umfassendsten und edelsten Sinn" (227). Aus diesem missionarischen Impuls sind in den verschiedensten Ländern viele Anregungen zur Gründung kath. Aktionen, Gruppen und Vereinigungen ausgegangen.

d) Röm.-kath. Kirche nach dem Vatikanum II. Zusammenfassend kann zum Verständnis der röm.-kath. Kirche nach der Selbstbesinnung auf dem Zweiten Vatikanischen Konzil gesagt werden: Die Kirche hat ihr Selbstverständnis weitgehend vertieft. Die apologetische Sicht ist weitgehend zurückgetreten. Die inneren Qualitäten der urspr. Katholizität der Kirche werden wieder in den Vordergrund gerückt. Vor allem wird die ganze Kirche Gottes als „universales Sakrament des Heils für die Welt" erkannt (LG 1). Auf besondere Weise enthält LG 13 die erneuerte Sicht einer Katholizität, die große Bedeutung hat für das Verständnis der röm.-kath. Kirche nach innen und nach außen, für die eigene innere Reform und für ihre ökumen. und missionarische Aufgabe: „Die Eigenschaft der Weltweite, die das Gottesvolk auszeichnet, ist Gabe des Herrn selbst. In ihr strebt die katholische Kirche mit Tatkraft und Stetigkeit danach, die ganze Menschheit mit all ihren Gütern unter dem einen Haupt Christus zusammenzufassen in der Einheit des Geistes. Kraft dieser Katholizität bringen die einzelnen Teile ihre eigenen Gaben den übrigen Teilen und der ganzen Welt hinzu, so daß das Ganze und die einzelnen Teile zunehmen aus allen, die Gemeinschaft miteinander halten und zur Fülle der Einheit zusammenwirken."

3. Katholizität und Ökumene. Die ökumen. Bewegung (↗Ökumene) hat zu einem neuen Bewußtsein der Katholizität aller christl. Kirchen geführt. „Katholisch" soll nicht mehr apologetisch verwendet werden und nicht auf eine Großkirche beschränkt bleiben. Denn „Kirche ist katholisch, oder sie ist nicht Kirche" (K. Barth). Von der Katholizität der eigenen Kirche zu sprechen, fällt den Orthodoxen, Altkatholiken oder Anglikanern leichter als den reformat. Kirchen.

Zu dieser Neubesinnung auf die Katholizität der ganzen Kirche haben auf ev. Seite vor allem *N. Söderblom* und *F. Heiler* beigetragen, die in ökumen. Perspektive von „ev. Katholizität" sprachen. Ein besonderer Beitrag war *W. Stählins* Aufsatz „Katholizität, Protestantismus und Katholizismus", bei dem er zu dem Ergebnis kam: „Katholizismus und Protestantismus sind zwei Formen des Abfalls von der Katholizität; und diese beiden Formen bedingen und steigern sich gegenseitig" (203).

Die IV. Vollversammlung des ÖRK von Uppsala (1968) hat sich auf Weltkirchenebene mit der Katholizität der Kirche Christi zum erstenmal umfassend befaßt und sie für alle Kirchen geltend herausgehoben in dem Dokument „Der Hl. Geist und die Katholizität der Kirche". Seitdem wird die Eigenschaft des Katholischen in ökumen. Texten unbefangener verwendet. Diese Entwicklung wurde ermöglicht durch die Sicht der röm.-kath. Kirche im Vatikanum II und die Mitarbeit dieser Kirche in den ökumen. Gremien.

In den Jahren 1967–71 erarbeitete eine gemeinsame Kommission des ÖRK und der röm.-kath. Kirche ein Studiendokument „Katholizität und Apostolizität“. Die Empfehlungen sprachen sich für eine Neubesinnung auf den Charakter der Katholizität der Kirche aus. Es wird festgehalten, daß die auf Christus gegründete Kirche „schon jetzt katholisch“ ist, daß aber „die Fülle der Katholizität sich erst in der eschatologischen Zukunft voll offenbaren“ wird.

Lit.: *K. Adam,* Das Wesen des K. Düsseldorf [13]1957; *H. U. v. Balthasar,* Katholisch. Einsiedeln 1975; *W. Beinert,* Um das Dritte Kirchenattribut, 2 Bde. Essen 1964; *H. de Lubac,* Kirche als Gemeinschaft. Köln 1943; *M. Seckler,* Katholisch als Konfessionsbezeichnung: ThQ 145 (1965) 401–431; *W. Löser* (Hg.), Die Römisch-Katholische Kirche. Frankfurt 1986; *Y. Congar,* Katholizität und Romanität – Das wechselvolle Miteinander zweier Dimensionen der Kirche im Wandel der Zeiten: ebd., 47–87.

K. Kienzler

Keilschrift

↗Schrift.

Geschrieben wurde die K. mittels eines zunächst schmalen, später breiter werdenden Griffels aus Rohr. Das Schreibmaterial waren in diesem Falle Tontafeln, in die man den schräg in der Hand gehaltenen Griffel drückte, wodurch die keilförmigen Zeichen entstanden, welche der Schrift ihren Namen gaben. Die Schrift ist auch in Stein gehauen, in Metall getrieben, in neuassyr. Zeit zuweilen in wachsüberzogene Holztäfelchen gedrückt worden. Sie wurde mit hoher Wahrscheinlichkeit um die Wende vom 4. zum 3. Jt. von den Sumerern geschaffen und war in ihren Anfängen eine reine Bilderschrift im Dienste der Tempelverwaltungen. Mit der Weiterentwicklung der sum. Hochkultur wuchsen die Anforderungen an die Schrift. Man behalf sich durch Sinnübertragung des Bildes eines Gegenstandes auf den damit Tätigen und das daran geknüpfte Verb, durch Benutzung von Determinativen (für Personen, Götter, Gegenstände aus Holz, Metall usw.), phonetischen Komplementen (Wiederholungen der letzten Silbe des bildhaft geschriebenen Wortes) und durch die Ablösung des Sinnwertes eines Bildzeichens zur Gewinnung eines Silbenzeichens. Wegen seiner zahlreichen einsilbigen Wörter eignete sich das Sumerische bes. gut für diesen Vorgang. Die sum. K. wurde damit zu einer kombinierten Wort- und Silbenschrift. Die den Sumerern folgenden Akkader übernahmen neben einem großen Teil der sum. Kultur auch deren Schrift, schrieben damit ihre eigene semitische Sprache und gewannen aus dieser eine Reihe neuer Silbenzeichen. Die akkad. (babyl.-assyr.) Sprache und K. wurde zeitweise im ganzen Vorderen Orient als Diplomatensprache benutzt. Benachbarte Völker übernahmen die K. in etwas veränderter oder in vereinfachter Form zur Wiedergabe ihrer eigenen Sprachen: so entstand die elamitische, ḫurritische, hethitische, urartäische K.

Lit.: *A. Falkenstein,* Die K.: HO II. Leiden 1959, 6–13; *J. Friedrich,* Geschichte der Schrift. Heidelberg 1966, 42–55; *G. R. Driver,* Semitic Writing. London [3]1976, 1–77 224–239.

H. Schützinger

Keltische Religion. Die rel. Vorstellungen der Kelten sind uns kaum aus Originaltexten und Dokumenten überliefert. Die festlandkeltischen Zeugnisse der Antike zeigen eine große Zahl von Götternamen, die auf ein nach Orts- und Funktionsgöttern stark differenziertes Pantheon schließen lassen. Inwieweit es für alle Kelten gemeinsame rel. Vorstellungen gab, ist strittig. Verbreitete Götternamen sind *Lug, Sucellos, Ogmios, Esus* u. a.; viele Götter sind uns nur in der „Interpretatio Romana“ bekannt (↗Röm. Religion). Weihinschriften lassen auf die Existenz von Standesgöttern schließen; so heißt es in einer gallischen Inschrift „und den Schmieden, die (dem Gotte) Ucuetes in Alesia dienen“. Die wenigen längeren altkeltischen Texte sagen wenig über die Religion aus: Der gallische Kalender von *Coligny* bezeugt die Existenz einer hochentwickelten Kalenderkunst, die „gute“ und „schlechte“ Tage unterscheidet und nach Monden zählt, deren Benennung Tiernamen aufweist *(Equus, Elembiu).* Die vor kurzem entdeckte und in ihrer Deutung teilweise noch problematische Bronzetafel von *Botorrita* in Nordspanien deutet auf die Existenz eines ausgedehnten Heiligtums, das von einer Art Amphiktyonie betreut wurde, mit detaillierten Anweisungen über Pflichten und Verbote bezüglich des hl. Bezirks, ähnlich denjenigen griechischer Amphiktyonien und altlat. Gesetze. Heilige Bezirke, Eichenheiligtümer *(Dru-Nemeton)*

und von Göttern bewohnte Haine nennen auch antike Schriftsteller *(Poseidonius, Strabo, Pomponius Mela, Caesar)*. Eine Vielzahl von Fluch- und Zaubertexten in kleinen Inschriften und Tafeln belegen ein verbreitetes Zauberwesen, bes. in der Spätantike, Votivgaben in Quellen, eine mit antiker Heilkunde gekoppelte Verehrung von Fluß- und Quellgottheiten. Von besonderer Bedeutung scheint ein sakrales Königtum gewesen zu sein. Auf den britischen Inseln lassen sich seine Spuren, in christianisierter Form, bis ins frühe MA verfolgen. Wie in vielen archaischen Kulturen hing vom Wohlergehen und der Kraft, bes. der Manneskraft, des Herrschers das Wohl der gesamten Ethnie, z. B. Wetter und Ernte, ab. Noch im frühen MA betont ein altirischer Text, daß es die „Kraft des rechten Herrschers" *(fír flathemon)* ist, die das Milchgeben der Kühe, den Fischreichtum der Bäche etc. ermöglicht. Das altirisch überlieferte Wort *Fír* (Wahrheit, Rechtschaffenheit) scheint auf die auch im Keltentum existente Vorstellung einer übergreifenden kosmischen Ordnung (vgl. altiran. *Aša,* altind. *ṛt,* altägypt. *ma'at)* hinzudeuten.
Inwieweit die irische Heldensage und die inselkeltische Tradition überhaupt christl. umgeformte Relikte altkeltischer Religion enthalten, ist umstritten. Es spricht viel dafür, daß in manchen irischen und altwalisischen Texten Spuren einer keltischen Mythologie und eines keltischen Pantheons überliefert sind. Bes. die in irischen Texten des Früh-MA überlieferte Vorstellung des Geschlechtes der *Túatha Dé Danann* scheint eine vorchristl. Erinnerung an ein altes Göttergeschlecht zum Inhalt zu haben, in den Heldentaten des *Cú Chulainn* spiegelt sich ein alter Kulturheros, die Verwandlungen des altwalisischen Dichter-Zauberers *Taliesin* lassen auf alte schamanistische Vorstellungen schließen.
Sehr unklar bleibt die Rolle der ↗*Druiden*. In lat. Quellen, z. B. bei Caesar, erscheinen sie als Juristen, Astronomen und Pädagogen, in anderen (Pomponius Mela) als Zauberer. Christl. gefärbte Quellen des frühen MA beschreiben sie als Hexer und Zauberer. Der Name *(*dru-wids* = der Eichenkundige) deutet auf die Vorstellung eines kosmischen Baumes (vgl. die Esche *Yggdrasyl* in der ↗Germ. Religion, ↗Schamanismus), ihre in altirischen Texten bezeugte Fähigkeit, Wind und Wetter zu beeinflussen, bezeugt die kosmologische Dimension ihrer Lehre, die in griech. Texten (Strabo) gelegentlich philos. gedeutet und interpretiert wird (Unsterblichkeitslehre). Auf ihren Einfluß geht nach Meinung der röm. Quellen das Verbot der schriftlichen Mitteilungen ihrer Lehrinhalte zurück. Ob das Druidentum typisch keltisch ist (bei den Keltiberern fehlt der Beleg ihrer Existenz), ist unsicher.
Eine keltische Mythologie muß existiert haben. Nicht sicher gedeutete Bildmotive in der reichen Kunst der Hallstatt- und La-Tène-Kultur deuten sie an (Kessel von Gundestrup). Die Sagenwelt der Iren und Waliser überliefert verstreute, stets durch christl. Bearbeitung abgewandelte Zeugnisse davon, bes. der Sagenkreis um den Rinderraub von Coolie *(Táin Bó Cuailnge)* und das „Mabinogion". In diesen Texten fällt auf, daß der Held durch magische, tabu-ähnliche Vorschriften in seiner Handlungsfreiheit eingeschränkt ist *(geis)* und daß das Wort des Dichters *(fili)* magische Kraft hat. Ebenso taucht die Idee einer Jenseitswelt auf, in der die Helden ewige Jugend genießen *(Tír na nOg)* (vgl. das griech. *Elysion),* und einer Welt der Feen oder Geister, die in plötzlichen Irruptionen in die Menschenwelt einbricht und wirkt.
Die K. R. befruchtete durch den teilweise mündlich überlieferten Sagenstoff der keltischen Völker nachhaltig die europ. Lit. Bes. die Artusromane und die „Matière de Bretagne" der ma. französischen Dichtung verschafften keltischen Vorstellungen Eingang in die abendländische Ideenwelt. Sowenig die K. R. im einzelnen der rel.-hist. Forschung faßbar ist, so sehr steht fest, daß sie neben der bibl. und der griech.-röm. einer der Grundpfeiler der europ. Kultur ist. Das Ausmaß ihrer Wirkung stellt für die Geistesgeschichte noch eine dauernde Fragestellung dar.

Lit.: *P. MacCana,* Celtic Mythology. London u. a. 1970; *M.-L. Sjoestedt,* Dieux et Héros des Celtes. Paris 1949; *P.-M. Duval,* Les dieux de la Gaule. Paris 1957; *J. de Vries,* Die K. R. Stuttgart 1961; *C. Stercky,* Elements de cosmogonie celtique. Brüssel 1986.
Chr. Dröge

Kenose ↗Selbst/Selbstlosigkeit.

Kerygma und Dogma. Das Wort K. verdankt seine heutige Wertschätzung der zentralen Stellung der Theologie des Wortes Gottes in allen christl. Bekenntnissen, die auch für die Ökumene wichtiges Bindemittel ist. Es soll insbesondere den aktuellen, jetzt sich ereignenden Charakter des Wortes Gottes als Heilswort oder auch als Gericht zum Ausdruck bringen. Das Substantiv K. kommt im NT weniger (3mal) vor als das zugrundeliegende Verb kērýssein, verkünden (6mal). Musterbeispiel für sein Verständnis ist die zusammenfassende Darstellung des Auftretens Jesu in Mk 1, 14: Er verkündet als Evangelium das Hereinbrechen der Gottesherrschaft, der man sich gläubig erschließen soll. Schon darin ist sachlich enthalten, daß Jesus nicht nur in berichterstattender Distanz *über* die Gottesherrschaft redet: Seine Verkündigung realisiert die Sache selbst. Seine Person und seine Taten, sein Leben gehören mit dazu. Um so mehr gehört die eschatologische Vollendung Jesu in Tod und Auferstehung in das nachösterliche Evangelium. Sein Sterben ein für allemal und seine Erhöhung, durch die er bei der Verkündigung seiner Jünger alle Tage bis zum Ende der Welt selbst gegenwärtig ist (Mt 28, 20), werden den Gläubig-Werdenden so zugewendet, daß sie daraus leben können und Gemeinschaft mit Gott durch seinen Sohn haben (1 Joh 1, 3). Die Diskussion der „Kerygmatheologie" unseres Jh. (R. Bultmann als ihr bedeutendster Vertreter) hat wichtige Ergebnisse gebracht. Es geht nicht nur um eine zeitgerechte Aktualisierung; und es wäre auch zu wenig, in der Veränderung der Existenzbedingungen des verlorenen Menschen durch die Verkündigung des Evangeliums von der Gnade Gottes schon die erschöpfende Tiefe des K. zu sehen. Das ist zwar eine wesentliche Wirkung des Evangeliums, aber das Ereignis, das diese Veränderung bewirkt, ist noch wichtiger und will als es selbst sich mitteilen: die leibhafte Liebe Gottes in Jesus Christus „für uns". Das zeigt die Nähe des K. zum sakramentalen Geschehen. Das Grundmodell lautet: „Das Wort ist Fleisch geworden" (Joh 1, 14). Bei der sakramentalen Mitteilung des Gekreuzigten und Erhöhten in der Kirche wäre das bloße Wort nur eine Verheißung; aber ohne das Glaubenswort würde dem leibhaften Kontakt der sakramentalen Begegnung mit Christus die Zueignung fehlen: Zeichen und Wort bilden das Sakrament. Wenn Sakrament und K. wesentlich zusammengehören und jeweils ineinander übergehen, muß man demgegenüber auch die unterschiedlichen Formen von Verkündigung in ihrer jeweiligen Funktionalität beachten. Ohne das Erzählen des für uns Geschehenen gibt es keine Vergegenwärtigung. Ohne katechetisch bereitenden Zuspruch vernimmt niemand den Anruf des Wortes Gottes. Ebenso dient die Erhebung der Logik des Glaubens (Theo-logie) noch der Sagbarkeit des Wortes Gottes. Das Gebet hat zwar nicht die Absicht zu verkündigen als Hauptmotiv, aber es dient ihr doch, indem es Tiefen des Glaubens ins Wort bringt, die nur im Gebet vernehmbar werden. Wenn Verkündigung den Gläubigen sein ganzes Leben lang *in* der Kirche anspricht, so dient die Kirche als ganze der Verkündigung des Evangeliums an die „Welt" – wieder in vielfältigen Diensten. Kirche findet ihre Identität im K., um Gottes Wort allen weitergeben zu können. An dieser Stelle berühren sich Verkündigung und Bekenntnis. Bekenntnis ist sozusagen der vom Glauben her mit der eigenen Person gegebene Widerhall des K. (vgl. 1 Kor 15, 1–2; Röm 10, 8–11). Dem Wortlaut nach sind K. und Bekenntnis tendentiell identisch, aber im Sprachgeschehen von Gott zum Menschen unterscheiden sie sich wie Anrede und Antwort. Sosehr das Bekenntnis freie Zustimmung des einzelnen einschließt, ist es doch vorher schon der Glaube, den wir von der Gemeinschaft der Kirche begehren und empfangen. Auf diese Übereinstimmung kommt es nicht nur wegen der durch das Glaubensbekenntnis möglichen Identifizierbarkeit von Kirche an, sondern zuerst sogar wegen der vollen Identifizierung mit dem K. selbst, das uns Gottes lebendig wirkendes Wort übermittelt. An dieser Stelle kann auch die Funktion des Dogmas (= D.) verstanden werden. Das D. hebt einen einzelnen Tatbestand aus und in dem Zusammenhang des Glaubens so in Sätze der Sprache hinein, daß die doppelte Übereinstimmung im Bekenntnis darin aktualisiert wird: die Übereinstimmung mit dem, was zu unserem Heil geschehen ist, also mit dem Wort und der Tat Gottes, und die Übereinstimmung im Bekenntnis der Gemeinschaft der Kirche. Ohne diese Einbindung in das Ein-für-allemal der Offenbarung, die in Christus ihren vollendeten Höhepunkt hat, und in das Vergegenwärtigungsgeschehen „Kirche" (↗Tradition) wäre das D. in der Tat das, was viele vom philos. Dogmatismus her darunter verstehen: eine ohne verantwortbare Begründung angenommene Prämisse, mit der ins Leere hinein weiterspekuliert wird. Die Begründung des D., wie es der kirchl. Sprachgebrauch versteht, liegt nicht darin, den Satz aus sich heraus rational zu beweisen, sondern in seiner Rückführung in das Heilsgeschehen in urspr. Wort- und Tatoffenbarung und dessen authentischer Tradition in der Kirche. Nicht ohne Grund, sondern auf das K. vom Herrn hin, der alle Tage bei den Jüngern ist (Mt 28,20), vertraut die Kirche, daß sie dort, wo die Richtung von K. und Glaube durch unwahres Sprechen pervertiert würde, als Kirche die Wahrheit verkünden kann und muß, und zwar verbindlich und sicher. (Durchweg wird dafür das Wort „unfehlbar" gebraucht, das aber gegen das Mißverständnis abgeklärt werden muß, die Kirche mache grundsätzlich keine Fehler.) Zu diesem verbindlichen Sprechen ist in der Kirche die Instanz befugt, die von Christus die Sendung = Autorität erhalten hat, die Gemeinden und die ganze Kirche in der Wahrheit des Evangeliums zu halten: das Lehramt der Bischöfe und des Papstes. Der theol. Begriff des D. ist mit diesen wesentlichen Elementen erst in der Neuzeit terminologisch so ausgeprägt worden. Der Sache nach ist die gemeinsame Verbindlichkeit von Glaubenssätzen seit der Zeit der Urkirche in der gesamten Geschichte der Kirche praktiziert. Theologisch aufgearbeitet wurde in der weiteren Entwicklung die Frage, wann die letzte Verbindlichkeit einer Entscheidung des Lehramts vorliegt im Sinn einer klaren Abstufung der Verbindlichkeiten lehramtlichen Sprechens. Das D. hat also eine ganz spezifische Eigenfunktion. In dieser dient es aber dem K., enthält selbst das Moment der Verkündigung, ohne jedoch dessen weit umfassendere Bedeutung in Frage zu stellen. Sofern in der Sprachform des D. das Verhältnis von Teilaspekt und Ganzheit des Glaubens notwendig enthalten ist, ist – ohne seine bleibende Verbindlichkeit anzutasten – die Möglichkeit jeweils neuer und besserer Formulierung gegeben.

Lit.: *E. Fascher,* Art. D. II: RAC IV 1–27; *K. Rahner/K. Lehmann,* Art. K. und D.: MySal V 622–703; *J. Ranft,* Art. D. I: RAC III 1257–1260; *G. Söll,* D. und D.-Entwicklung: HDG I/5; *W. Kasper,* D. unter Gottes Wort. Mainz 1965; *H. de Lubac,* Credo. Einsiedeln 1975; *W. Pannenberg,* Was ist eine dogmatische Aussage?: Grundfragen systematischer Theologie. Göttingen [3]1979, 159–180; *K. Rahner,* Theologie im NT: Schriften V 33–53; *ders.,* Art. D.: SM(D) I 909–917; *E. Schillebeeckx,* Offenbarung und Theologie. Mainz 1965; *M. Blondel,* Geschichte und D. Mainz 1963; *H. Waldenfels,* Kontextuelle Fundamentaltheologie. Paderborn 1985, 459–464.

W. Breuning

Kirche

↗Gottesreich.

1. Reich Gottes und Kirche. Aus dem NT läßt sich kein in sich stehendes Stiftungswort der K. erheben. Diese gründet vielmehr in der Botschaft Jesu vom Reich Gottes (↗Gottesreich II.). Jesus verstand sich als Bote dieses Reiches Gottes, er verkündete seinen Anbruch: „Die Zeit ist erfüllt, und das Reich Gottes ist nahe. Kehrt um, und glaubt an das Evangelium" (Mk 1,14f.). In diesem Gottesreich werden die Erwartungen der Propheten erfüllt sein, es wird Frieden herrschen, Gott selbst wird der Herr sein. Krieg wird nicht mehr sein, nicht Krankheit, Hunger, Tod. Im himmlischen Hochzeitsmahl werden alle Tränen abgewischt sein. Im Wort und in den Taten Jesu ist das Gottesreich bereits verwirklicht. Die ↗Wunder sind Zeichen für seine Gegenwart. Die Dämonenaustreibungen, die Krankenheilungen, die Totenerweckungen, die Naturwunder beweisen, daß durch Jesus die Macht des Bösen gebrochen ist, daß Krankheit und Tod überwunden sind, daß die Welt dem Menschen nicht mehr feindlich ist. Wo dies geschieht, ist Gottesreich. Vor allem in der Auferstehung Jesu erscheint dieses zufolge dem NT als gegenwärtig. Jesus ist der Bote vom Reich Gottes, aber in sei-

nem Tun, seinem Wort, in seiner Auferstehung ist dieses anfanghaft schon verwirklicht. Darum ist er der Messias, der Christus.
Im Wirken Jesu ist das Reich Gottes angebrochen, aber noch nicht vollendet. Zwischen seiner Auferstehung und dieser Vollendung liegt eine Zwischenzeit, die Zeit der K. Diese ist nicht das Reich Gottes, sie soll vielmehr gegenwärtighalten, was Jesus als der Messias gewirkt hat und es der Vollendung entgegenführen. Die K. ist Volk Gottes auf dem Weg zwischen der Auferstehung Jesu und der Vollendung der Welt im Reich Gottes. Sie steht in der Spannung zwischen dem Schon und dem Noch-Nicht: dem, was in Jesus bereits verwirklicht ist, und dem, was als Vollendung noch aussteht. Dabei ist die Zukunft die Vollendung dessen, was in der Auferstehung Jesu bereits geschehen ist. Insofern ist das Schon wichtiger als das Noch-Nicht.
2. Kirche als Mysterium. In der K. ist bereits anfanghaft verwirklicht, was als Ziel noch aussteht. Dieses Schon entstammt nicht dem Vermögen des Menschen, sondern es ist der K. durch das Tun Jesu eingestiftet, der in der Kraft seines Geistes bei seinem Volk bleibt. Insofern ist die K. ein Mysterium, ein Geheimnis. Geheimnis bezeichnet dabei in erster Linie nicht eine Wirklichkeit, die sich unserer Erkenntnis entzieht und die nicht kritisch geprüft werden dürfte. Geheimnis bedeutet im Sinn der Bibel vielmehr den ewigen Heilsratschluß Gottes, der in der Geschichte durch Jesus Christus verwirklicht wird und der im Heiligen Geist durch die K., bes. durch ihre Verkündigung und ihre Sakramente, vergegenwärtigt wird. Die K. ist Geheimnis, weil in ihr der Heilswille Gottes Gestalt findet.
Die Aussage des Vatikanum II von der K. als Geheimnis richtet sich gegen ein primär institutionelles oder soziologisches K.n-Verständnis. K. ist nicht allein ein Zusammenschluß von Menschen, die den gleichen Glauben haben und darum gemeinsame Ziele verfolgen. Sie ist aber ebensowenig primär eine hierarchisch gegliederte Institution, in der Vollmacht und Glaubenserkenntnis allein über das Amt vermittelt würden. Ein ausschließlich basisdemokratisches Modell ist ebenso ausgeschlossen wie ein ausschließlich hierarchologisches Denken. K. ist vielmehr Mysterium, weil in ihr in der Kraft des Hl. Geistes die Dynamik der Auferstehung bereits vorweg verwirklicht ist.
3. Die Kennzeichen der Kirche. In der Auseinandersetzung um die rechte K. haben sich schon in frühester Zeit die K.n-Attribute herausgebildet: „Ich glaube (an) die eine, heilige, katholische und apostolische Kirche."
a) Die K. ist dadurch eins, daß sie die Versöhnung, die Christus gebracht hat, weiterträgt und verwirklicht. Einheit ist also nicht institutionelle Einheitlichkeit, sie ist aber auch keine rein geistige Größe, die jenseits aller institutionellen Trennungen bestünde. Einheit ist vielmehr die Versöhnung, die in der K. beginnen muß, damit sie über die K. hinauswirken kann. Daß die K.n institutionell zerrissen sind, keine Gemeinschaft in Wort und Sakrament pflegen, widerspricht dem Wesen der K. Ihre Spaltung in Konfessionen tangiert damit ihren innersten Kern.
b) Die K. ist heilig nicht wegen der Heiligkeit ihrer Glieder, sondern weil sie sich von Gott gerufen und als sein Eigentum weiß. Heiligkeit gründet in dem, was durch Christus im Heiligen Geist in der K. schon verwirklicht ist. K. ist „Gemeinschaft der Heiligen", weil in ihr die Heilszeichen Wort und Sakrament verwirklicht werden. Daraus folgt die Verpflichtung, gemäß dieser Berufung als Volk Gottes heilig zu leben.
c) Die Bezeichnung „katholisch" ist nicht auf eine Konfession begrenzt. Sie drückt die Überzeugung aus, daß die K. allumfassend ist, d.h., daß sie sich überall dort verwirklicht, wo Jesus Christus bekannt und sein Reich erwartet wird. Katholizität ist die Form der Einheit der K.: K. konkretisiert sich in räumlicher und zeitlicher Vielfalt und Vielgestaltigkeit. Sie hat Raum für verschiedene Völker und Kulturen, Klassen, Altersstufen und Geschlechter. K. verwirklicht sich als Gemeinschaft, als Communio. Sie ist dabei gleich urspr. beides: K. am Ort und Gemeinschaft aller Glaubenden. Die Ortsgemeinde ist also K. und nicht nur

eine „Außenstelle" der Universal-K. Die Universal-K. ist nicht nur ein nachträglicher Zusammenschluß der Orts-K.n. K. am Ort und universale Gemeinschaft aller Glaubenden sind für K. gleichermaßen konstitutiv.

d) Die K. ist apostolisch, weil sie auf das Fundament der Apostel (und Propheten) gegründet ist. Sie bleibt auf diesen Ursprung verwiesen. Sie hat ihre Vollmacht und ihren Glauben empfangen und sie nicht selbst gemacht. Dieser Ursprung muß in die jeweilige Situation hinein verkündet werden. Das bedarf einer immerwährenden Übersetzung in neue Kulturkreise und geistige Welten, nicht nur der bereits vollzogenen Übergänge in die griech.-röm. und in die ma. und neuzeitl. Welt, sondern auch des heute notwendigen Übergangs in die Kulturen Südamerikas, Afrikas und Asiens.

Lit.: *H. Fries,* Fundamentaltheologie. Graz 1985; *J. Hainz* (Hg.), K. im Werden. Paderborn 1976; *U. Kühn,* K. Gütersloh 1980; *H. Küng,* Die K. München ²1980; *J. Moltmann,* K. in der Kraft des Geistes. München 1975; *P. Neuner,* Kleines Handbuch der Ökumene. Düsseldorf ²1987; *W. Pannenberg,* Thesen zur Theologie der K. München 1970; *K. H. Schelkle,* Jüngergemeinde und K. Düsseldorf 1976; *H. J. Venetz,* So fing es mit der K. an. Zürich 1981.

P. Neuner

Kismet ↗Schicksal.

Konfuzianismus. 1. Der *Begriff* „K." wurde erstmals von Jesuitenmissionaren im späten 16. Jh. verwendet und diente nachher als Bezeichnung für die mit dem chin. Weisen ↗Konfuzius (551–479 v. Chr.) verbundene Denkschule. Die Chinesen selbst bevorzugen gewöhnlich den Terminus *Ju-chia* oder *Ju-chiao,* die Schule oder die Lehren der Gelehrten, die sowohl die Weisheit der Vergangenheit, welche Konfuzius den späteren Generationen übermittelte, als auch die ganze Traditionsentwicklung nach ihm umfassen. Weniger kritisch betrachtet, steht dieser Terminus heute auch für die sogenannte konfuzianische „Spur" – ethische Lehren über politische Loyalität, kindliche Frömmigkeit, weibliche Keuschheit oder die prämoderne Sozialstruktur, in welche diese Lehren eingebettet wurden.

2. Der K. betrachtet die *„Fünf Klassiker"* als seine speziellen Texte. Sie sind Bücher mit weithin verschiedenem Genre: das „Buch der Wandlungen" oder ↗*I Ging,* das „Buch der Urkunden" oder Shu-ching, das „Buch der Oden" oder *Shih-ching* sowie das „Buch der Riten" *(Li-ching)* und „Frühling und Herbst" oder *Ch'un-ch'in.* In ihrem Grundgehalt gehen viele dieser klass. Bücher auf Konfuzius und sogar auf die Zeit vor ihm zurück. Während der Han-Dynastie (125 v. Chr.) bildeten diese Klassiker die Basis der Staatsprüfungen, zumal für den Schuldienst. Damit wurde die Vorherrschaft der konfuzianischen Schule begründet.

3. Das große Verdienst des K. besteht in der Aufdeckung des Letzten im Relativen bzw. der moralischen Beschaffenheit menschlicher Beziehungen. Die bekannten *„Fünf Beziehungen"* umfassen die Verhältnisse Herrscher–Diener, Vater–Sohn, Ehemann–Ehefrau, älterer und jüngerer Bruder sowie Freund und Freund. Drei von ihnen sind familiäre Beziehungen, während die beiden anderen für gewöhnlich in der Art von Familienmodellen ausgedrückt werden. Aus diesem Grund betrachtet sich die konfuzianische Gesellschaft selbst als eine große Familie. Die Verantwortung (des einzelnen), die sich aus den Beziehungen ableitet, ist veränderbar und gegenseitig. Ein Herrscher schuldet seinem Untergebenen Loyalität, und ein Kind zollt seinen Eltern kindlichen Respekt. Aber auch ein Untergebener muß für seinen Herrscher sorgen und die Eltern für ihr Kind. Alle fünf Beziehungen unterstreichen die vertikale Anordnung der Hierarchie. Die Pflicht zu kindlichem Gehorsam, die Notwendigkeit, die Nachkommen zu schützen mit Rücksicht auf die Bewahrung der Kontinuität zu den Ahnen, wurden für Jh.e zur ethischen Rechtfertigung der Polygamie.

Die konfuzianische Kultur ist zugleich religiös und weltlich. Ihr Grundvertrauen beruht auf der moralischen Natur des Menschen. Auch wenn es Diskussionen über das Gute und Böse in der menschlichen Natur gab, ging man stets davon aus, daß Vollkommenheit erreichbar ist. Nach Mencius (372–289 v. Chr.), einem berühmten Nachfolger des Konfuzius, besitzen alle Menschen ein Verständnis von Gut und Böse (Mencius 2A, 6); genau darin unterscheiden sich Mensch und Tier. Zugleich entspringt hier der Glaube an die natürliche Gleichheit aller, die trotz der sozialen Hierarchie und der Unterscheidung in „Zivilisierte" und „Barbaren" existiert. Konfuzianische Lehren richten sich auf die Verbesserung der politischen Ordnung als Mittel zur Erreichung universaler Liebe. Die *Jen*-Lehre erstreckt sich bis auf die politische Ordnung, in der sie definiert wurde als wohlwollende Regierung, eine Regierung der moralischen Überzeugung, in welcher der Führer ein Beispiel persönlicher Rechtschaffenheit und selbstloser Hingabe für die Menschen gibt. Konfuzianische Philosophen sprechen von einem Mandat, das vom höchsten Herrn, vom Himmel, verliehen wird. Ein Regent, der zum Tyrann wird, verliert de facto sein Mandat und kann abgesetzt werden. Diese Theorie wurde zur Basis einer Lehre der Rebellion und ist der Grund für die vielen aufeinanderfolgenden Dynastien in China.

4. Der Ausdruck *li-chiao* (rituelle Religion), der oft auf den K. angewendet wird, betont sowohl die lehrhaften wie die rituellen Vorschriften für „gutes Verhalten" in Familie und Gesellschaft; der chin. Begriff *li* bezeichnet beides: Ritus und gute Sitten. Die konfuzianischen Lehren halfen sowohl den alten Verehrungskult der Ahnen wie den Himmelskult – ein formeller Kult der kaiserlichen Herrscher, die sich selbst als vom Himmel eingesetzt betrachteten – lebendig zu erhalten. Mit der offiziellen Einführung des K. wurden seine klass. Texte in Stein gehauen und ein Corpus an Kommentaren und Unterkommentaren, verschiedene Traditionen der Textexegese enthaltend, gesammelt.

Im chin. Sprachgebrauch meint K. sowohl eine Religion (*chiao,* wörtlich: „Lehre") als auch eine Philosophie (*chia,* wörtlich: „Schulen der Übermittlung"). Als *Religion* unterscheidet er sich aber von Judentum, Christentum und Islam in ihrer Betonung der Offenbarung und dem Glauben an Gott. Während Konfuzius an eine höchste Gottheit geglaubt zu haben scheint, bevorzugte er es, einen für das Transzendente offenen Humanismus zu lehren. Damit schlug er einen neuen Weg ein und entfernte sich von den früheren Beschäftigungen mit dem Übernatürlichen, wie sie z. B. im Shang-Orakel bezeugt sind. Doch half seine Lehre den älteren Ahnenkult und die Himmelsverehrung zu erhalten. Die treue Beobachtung der Riten erschienen ihnen sinnvoll, solange sie von einer bestimmten inneren Einstellung begleitet waren. Andernfalls tendiert sie zu Formalismus und Heuchelei; Probleme, die die konfuzianische Gesellschaft durch die Jh.e plagten.

5. Wie jede offizielle Orthodoxie hat auch der K. Meinungsverschiedenheiten verabscheut und dadurch Kreativität und Spontaneität unterdrückt. Es bedurfte der vereinten Popularität von ↗Taoismus und ↗Buddhismus (IV 2), damit eine Rückbesinnung auf die Wurzeln im sog. *Neo-K.* einsetzte. Diese setzte (ab dem 10. Jh.) tatsächlich als Reaktion auf den Buddhismus ein und verfolgte das Ziel, die verlorene spirituelle Botschaft der weisen Könige wiederzuentdecken, die von Konfuzius über Tseng-tzu bis zu Mencius, den die Philosophen der Sung- (960–1279) und der Ming- (1368–1644) Dynastien dem Hsun-tzu vorzogen, überliefert wurde. Während der letzten 1000 Jahre war der Neo-K. die offizielle Philosophie in China, die die Errichtung einer Republik vorbereitete. Die schriftlichen Kommentare, die von seinen Repräsentanten verfaßt oder kompiliert wurden, bildeten die meiste Zeit die Grundlage des Prüfungskurrikulums.

Die Jesuitenmissionare, insbesondere Matteo Ricci, tendierten dazu, den klass. K. der späteren Entwicklung vorzuziehen. Sie glaubten, daß es der früheren Philosophie an einem Gottglauben ermangele und daß dieser „leere Platz" von dem christl. Gott eingenommen werden könne. Auch wehrten sie sich gegen die metaphysischen Dimensionen der neokonfuzianischen Philosophie, die einen buddh. beeinflußten pantheistischen Zug aufwies. In unserer Zeit haben jedoch führende chin. Schulen dieser missionarischen Haltung vorgeworfen, sie übersehe die reiche spirituelle Dimension der neokonfuzianischen Tradition. Tatsächlich ist es existentiell nicht möglich, K. und Neo-K. zu trennen.

6. Die konfuzianische Tradition hat in moderner Zeit an Boden verloren, ist je-

doch nicht tot. Wie das Christentum wurde sie mit Wissenschaft und Technik, aber auch mit den sozialen und politischen Herausforderungen eines marxistischen Regimes konfrontiert. Neuerdings gibt es Indizien für erneute Anerkennung der Lebendigkeit der konfuzianischen Tradition und ihrer moralischen Bedeutung seitens der Regierung selbst. Die Begegnung zwischen Marxismus und K. ist jüngeren Datums; die von K. und Christentum ist noch nicht beendet. Merkwürdigerweise neigen die marxistischen Schulen Chinas dazu, den K. in religiöse Termini zu übertragen, um ihn so zu diskreditieren. Diskussionen darüber, ob der K. eine Philosophie oder eine Religion sei, sind im allgemeinen dazu bestimmt, die Überlegenheit der Philosophie gegenüber der Religion darzustellen.

Seit 1984 feiert auch die Volksrepublik China wieder den offiziellen Geburtstag des Konfuzius (28. September) als Tag des Lehrers und vereint sich so mit Taiwan und Süd-Korea in der Verehrung des Weisen. Dieses ist um so interessanter, als ostasiatische Gelehrte in wachsendem Maße einen bedeutenden Teil des Erfolges bei der Modernisierung der pazifischen Küstenstaaten den konfuzianischen Wurzeln ihrer Kulturen beimessen.

Lit.: *Fung Yü-lan,* A History of Chinese Philosophy. Bd. I/2. 1952; *J. Ching,* Confucianism and Christianity. (1977); Art. „Confucianism“ *(Y. P. Mei),* „History of Confucianism“ *(E. G. Pulleyblank),* „Confucian Classics“ *(W. T. Chan):* NEBrit. Mac 1980, Bd. 4; vgl. die Art. Confucianism/Confucian Thought: ER IV 7–38.

J. Ching

Konfuzius ist die lat. Wiedergabe von *K'ung Fu-tzu* (Meister K'ung), dessen Name *K'ung Ch'iu* (auch *Chung-ni* geschrieben) ist. K., ein chin. Weiser, wurde 552 (oder 551) v. Chr. in dem kleinen Feudalstaat Lu, unweit vom modernen Ch'u-fu (Shantung) geboren. Es können nur wenige Angaben zu seinem Leben, seinen Vorfahren und seiner Familie gemacht werden. „Lun Yü“, die aufgezeichneten Gespräche mit seinen Schülern (im 3. Jh. v. Chr. zusammengestellt), sind vermutlich die beste Quelle, auch wenn sich hier Legenden eingeschlichen haben. K. war in den Riten seines Volkes und in der Musik bewandert, durch die er die Anregungen und Gedanken über die Vollendung der moralischen Rechtschaffenheit in der Gesellschaft fand. Er reflektierte intensiv die menschliche Situation seiner Zeit im Lichte der Weisheit der Väter. Kurz nach 502 v. Chr. übte er für kurze Zeit in seinem Heimatland Lu den Beruf eines *ssu-k'ou,* Polizei-Vorstehers, aus (Mencius 58, 4). Wenngleich ihn die Volksmeinung als strengen Moralisten zeichnet, beschreiben ihn die Lun-Yü als eine Persönlichkeit, die privat zwanglos und heiter, freundlich, aber entschlossen, gebietend, aber nicht abschreckend, erhaben und doch angenehm war. Mit zunehmendem Alter widmete er sich mehr und mehr seinen Schülern. Vermutlich starb er 479 v. Chr. Die Nachwelt erinnert sich an ihn als *den* großen Morallehrer Ostasiens. K. hatte eine klare Vorstellung von seiner Aufgabe. Er hielt sich selbst für den Übermittler der Weisheit der Väter (Gespräche VII I), der er neue Bedeutung gab. Seine zentrale Lehre ist die von der Tugend des *Jen,* unterschiedlich übersetzt mit Güte, Wohlergehen, Menschlichkeit und Menschenfreundlichkeit. Er definierte sie als Nächstenliebe, persönliche Integrität und Altruismus. Der Hauptakzent seiner Lehre liegt auf der ethischen Bedeutung menschlicher Beziehungen. Er sieht die Moral in der menschlichen Natur und ihrer Offenheit für das Göttliche begründet. Auch wenn er sich über Gott und das zukünftige Leben ausschweigt, darf sein Schweigen nicht als Unglauben gedeutet werden (Gespräche XX 2). Seine Philosophie war klar auf der Religion gegründet – die ererbte Religion des „Herrn in der Höhe“ oder „des Himmels“, der höchsten persönlichen Gottheit. Er lehrte, daß es der Himmel war, der ihn beschützte und ihn sandte. „Der Himmel ist der Urheber der Tugend, die in mir ist“ (Gespräche VII 23). Der folgende Text beschreibt die spirituelle Entwicklung des K.: „Ich war fünfzehn, und mein Wille stand aufs Lernen, mit dreißig stand ich fest, mit vierzig hatte ich keine Zweifel mehr; mit fünfzig war mir das Gesetz des Himmels kund, mit sechzig war mein Ohr aufgetan, mit siebzig konnte ich meines Herzens Wünschen folgen, ohne das Maß zu übertreten“ (Gespräche II 4).

K. hatte unendlich viele Bewunderer; seine Lehren beeinflußten den Verlauf der ganzen ostasiatischen Geschichte, China, Korea, Japan und Vietnam inbegriffen. Informationen über ihn und seine Lehren gelangten vor allem während des 17. und 18. Jh. durch die in China lebenden Jesuitenmissionare in die westliche Welt. Bereits die Philosophen Leibniz, Wolff und Voltaire zählen zu den K.-Bewunderern, auch wenn sie eine idealisierte Vorstellung vom konfuzianischen China hatten.

Lit.: *Kungfutse*, Gespräche – Lun Yü. Übers. und hg. v. R. Wilhelm. Köln 1955; *W. Eichhorn*, Die Religionen Chinas. Stuttgart 1955; *J. Ching*, Art. Confucius: ER IV 38–42. *J. Ching*

Kontextualität

↗Inkulturation; Kultur; Mission; Theologie.

K., vom lat. *contextus* = Verknüpfung, Gewebe, bezeichnet a) im Hinblick auf einen literarischen Text dessen Verwobenheit in seinen engeren und weiteren Zusammenhang, seine Sprachgestalt, seinen lebensmäßigen Zusammenhang, b) im Hinblick auf die Hl. Schrift auch den Bezug zum Entstehungs- wie auch zum Empfängerzusammenhang, schließlich c) die Einbettung bzw. Hinordnung der wort-tathaften Vermittlung der christl. bzw. einer rel. Botschaft in deren welthaft-gesch. Zusammenhänge. Die Beachtung der konkreten gesellschaftlich-gesch. Zusammenhänge ist so lange von sekundärer Bedeutung, als die christl. Botschaft in einen eher monolithischen, vom Christentum wesentlich mit bestimmten Kontext vermittelt wird. Die Situation ändert sich, wenn angesichts der konkret erfahrenen Pluralität von Kulturen und Religionen, politischen und sozio-ökonomischen Systemen sich einmal die Frage einer universalen Kommunikabilität der verschiedenen Systeme untereinander, sodann die Frage nach der angemessenen „Übersetzung“ einer Botschaft stellt, die mit dem Anspruch auftritt, eine universal gültige Heilsbotschaft zu sein. In dieser Situation gilt es, im Sinne von GS 4 das Spannungsverhältnis von „Zeichen der Zeit“ und „Licht des Evangeliums“ zu beachten. In bibl. Exegese geschieht dies heute mit Hilfe der hist.-krit. Methodik, aber auch unter Beachtung tiefenpsychol. und sozialanalytischer Instrumentarien. Entsprechend bedarf die Theologie als Ganzes heute interdisziplinärer Kooperation im Hinblick auf das Verständnis der konkreten Verkündigungskontexte.

Lit.: *B. Lonergan*, Theologie im Pluralismus heutiger Kulturen. Freiburg 1975; *J. B. Metz*, Glaube in Geschichte und Gesellschaft. Mainz [2]1978; *W. J. Hollenweger*, Interkulturelle Theologie I/II. München 1979/82; *H. Waldenfels*, Kontextuelle Fundamentaltheologie. Paderborn 1985. *H. Waldenfels*

Koran ↗Heilige Schrift(en) VIII.

Koreanische Religionen. 1. Vorbemerkungen. Spuren der urspr. korean. Religiosität lassen sich bis in das 3./2. Jh. v. Chr. zurückverfolgen. Sie bezeugen für die Frühzeit der Geschichte eine dem tungusischen ↗Schamanismus zuzurechnende Volksreligion. Diese wurde im Lauf der Geschichte überlagert vom ↗Konfuzianismus, ↗Taoismus und ↗Buddhismus, die je auf ihre Weise bis heute in Korea anzutreffen sind. Die drei Religionen erreichten Korea von China aus, mit dem das Land lange vor der Zeit der 3 Königreiche kulturell, politisch und wirtschaftlich verbunden war. Dadurch, daß die drei von China eingeführten Religionen sich verschiedene Züge der korean. Volksfrömmigkeit aneigneten, kam es untereinander zu einem Austausch rel. Praxis. Dieser Austausch, der zugleich einen stark eklektischen Grundzug der korean. Religiosität signalisiert, wurde nicht zuletzt durch die relativ schwachen Organisationsformen der Religionen verstärkt. Demgegenüber fällt das ↗Christentum, das erstmals im späten 16. Jh. nach Korea kam, zunächst durch seine geringe Rezeption korean. Religionszüge auf. In dieser Reserve des Christentums, das sich in seiner Haltung als echte Alternative anbietet, lag und liegt vielleicht auch heute noch ein Stück der besonderen Attraktion, die das Christentum ausübt. Umgekehrt machen sich neuere in Korea gegründete Religionen (u. a. Ch'ŏndogyo, die „Religion des himmlischen Weges“, zunächst Tonghak, die „Bewegung des östlichen Lernens“, genannt, und die von Sun Myung Moon gegründete Vereinigungskirche [↗Neureligiöse Bewegungen]) in synkretistischer Weise christl. Lehren und Riten zu eigen.

2. Volksreligiosität. Die frühesten Quellen der korean. Geschichte gehen auf das 12./13. Jh. zurück. Im „Samguk yusa" („Überreste der drei Reiche"), 1285 von einem buddh. Priester Iryon zusammengestellt, findet sich der Tan-gun-Mythos, der als Ursprungsmythos des korean. Volkes angesehen wird. Nach ihm ist der Kern des frühkorean. Glaubens die Verehrung des Himmelsgottes (korean. *Hananim*) und dessen auf die Erde herabgestiegenen Sohnes (Vos 24ff.). In diesen Quellenschriften ist auch die Rede davon, daß in den 3 Königreichen sog. *mu*, später *mudang* genannt, existierten. Dabei handelt es sich um Frauen, in denen die korean. Form des Schamanentums, ähnlich dem des nördl. tungusischen Volkes, verwirklicht ist. Es lassen sich drei Haupttypen von *mudang* unterscheiden: a) Familien, in denen der Beruf von der Mutter auf die Tochter oder Schwiegertochter übergeht, b) Personen, die bes. zu ihrem Amt erwählt erscheinen, nicht selten Blinde oder Behinderte, c) Menschen, die schamanistisch-magische Riten (korean. *kut)* aus wirtschaftlichen Gründen ausüben. Schamanistische Riten fanden bzw. finden auch heute auf dem Land bei Dorffeiern und in Familien statt, aber auch in der Stadt. Das Wirken der Schamanen setzt die lebendige Überzeugung von der Existenz und Wirksamkeit zahlreicher Götter und Geister, Dämonen und Gespenster voraus, die in verschiedenen Formen eines schamanistischen Pantheons zusammengefaßt sind. Danach gibt es unter dem großen Himmelsgott Hananim andere Himmelsgötter, irdische Götter und Geister, Ahnengeister, die Geister der Schamanen, Hausgeister, Erdgeister u.a.m. Durch Verschmelzungen mit dem Taoismus und Buddhismus sind zudem weitere Gottheiten, Buddhas und Bodhisattvas hinzugekommen. Die Volksreligiosität ist nicht zuletzt in ihrer Verbindung mit den aus China eingeführten Religionen wirksam geblieben.

3. Buddhismus. Dieser wurde im Laufe des 4. Jh. in die 3 Königreiche Koguryŏ, Paekche und Silla (326–667) in einer Vielzahl von Schulen eingeführt. Sein goldenes Zeitalter war die Zeit zwischen 660 und etwa 770. Die bedeutendsten Denker dieser Zeit waren Wŏnkyo (617–686), der Gründer der Pŏpsŏng-jong (Dharma-Natur-Sekte), der sich bemühte, den Buddhismus dem Volk in verständlicher Weise nahezubringen, und Uisang (625–702), der Gründer der Hwaŏm-jong (Avatamsaka-Sekte, chin. *hua-yen*), dessen Lehre im korean. Buddhismus sich schon deshalb besonderer Wertschätzung erfreute, weil sie die Grundlage für Harmonie von Lehre und Meditation bildete. Der meditative Sŏn-(chin. *Ch'an-)*Buddhismus wurde von Sinhaeng (704–779) u.a. nach Korea eingeführt. Nach seiner Einführung kam es zur Unterscheidung von zwei Formen des Buddhismus: den Fünf Lehren (korean. *ogyo*) bzw. an Lehrtexten orientierten Sekten und Neun Bergen (korean. *kusan*) bzw. den verschiedene Zweige des Zen vertretenden Bergklöstern in Silla. Erst in der Koryŏ-Zeit (918–1392), in der der Buddhismus Staatsreligion war, wurde vor allem von Chinul (1157–1210) auf die Einheit von Lehre und Meditation hingearbeitet, indem die Avatamsaka-Lehre Eingang in die Chogye-jong, die Zusammenfassung der Sŏn-Zweige der Neun Berge, eingeführt wurde. Als in der Yi-Dynastie (1392–1910) der Konfuzianismus zur Staatslehre wurde, kam es zu Verfolgungen des Buddhismus, auf jeden Fall zu einem starken Niedergang. Das Bemühen um Einheit von Lehre und Übung aber lebte fort, zumal 1424 alle Sekten zu der Sonjong, der Sekte der Meditation, und der Kyojong, der Sekte der Lehre, zusammengefaßt wurden.

4. Konfuzianismus. Hist. nachgewiesen ist, daß 372 in Koguryŏ eine erste konfuzianische Hochschule (korean. *T'aehak)* gegründet wurde. Der Konfuzianismus erreichte auch Korea vor allem als Ethik, weniger als Religion. Als solche wurde er in der Gestalt des Neokonfuzianismus in der Yi-Zeit die tragende Staatslehre. T'oegye Yi Hwang (1501–1570), in seiner Tiefe mit Chu Hsi verglichen, prägte die korean. Metaphysik des Neokonfuzianismus und beeinflußte wie Yulgok Yi I (1536–1584), der neben T'oegye als der größte Konfuzianer seiner Zeit galt, nachdrücklich das Verständnis der menschlichen Sittlichkeit. Insofern als die Lehre aber auch eine stark poli-

tisch wirksame Komponente besaß, trug sie sehr zur Ausbildung von Fraktionen und Parteiungen unter den Beamten bei. Konservative Strömungen haben ihrerseits ein wachsendes Verständnis für die neuzeitl. Entwicklungen, in die auch Korea hineingezogen wurde, zunächst eher verhindert.

5. Taoismus. Nach der Überlieferung war die philos. Schule des ↗Lao-tzû schon seit dem 4. Jh. in den 3 Königreichen bekannt. Der magisch-rel. Taoismus dagegen erreichte Korea erst zu späterer Zeit. Mit dem Untergang Koguryŏs verschwindet er bereits wieder als offiziell anerkannte Religion. Dennoch gibt es auch in der Zeit des vereinigten Silla noch zahlreiche bedeutende Taoisten. Vermischt mit zahlreichen Elementen des Buddhismus und der Volksreligiosität, spielte er auch in der Yi-Dynastie eine entsprechende Rolle. In diesem Sinne wirkt er auch heute in der Volksreligiosität weiter.

Lit.: *W. Gundert,* Jap. Religionsgeschichte. Stuttgart 1935; *F. Vos,* Die Religionen Koreas. Stuttgart 1977; *Yim Suk-Jay u. a.,* Art. Korean Religion: ER VIII 367–376.

K. Kim

Kosmogonie ↗Welt/Schöpfung III.

Kosmos ↗Natur.

Kreislauf ↗Geschichte/Geschichtsschreibung; Reinkarnation; Saṃsāra.

Krieg ↗Friede und Krieg.

Krieg, Heiliger ↗Ḏjihād.

Krisenkulte/Messianische Kulte. 1. Terminologie. Der hier verwendete *Sammelbegriff* bezeichnet z. T. sehr disparate und divergierende Erscheinungen (vgl. auch Lit.-Auswahl). Häufig wird der damit gemeinte Sachverhalt mit anderen Bezeichnungen belegt: „Adjustierungsbewegungen" *(adjustment movements),* Cargokulte, Heilserwartungsbewegungen oder Umsturzbewegungen. Gelegentlich wird er unter die Begriffe „Chiliasmus und Nativismus" eingeordnet (vgl. W. Mühlmann). Bei aller Problematik, alles unter den Oberbegriff K. zu bringen, ist dies jedoch im Rahmen einer Erstinformation zu rechtfertigen.

2. Geschichte. Das Problem hat eine lange Geschichte und taucht bereits im Altertum und dann im MA immer wieder auf. G. Guariglia erwähnt (12–20) neben den bibl. Hinweisen auf kanaan. und tyrische Propheten u. a. auch altägypt. Traditionen, die jeweils „Retter-Könige" verhießen, oder babyl.-assyr. Priesterklassen, die als „von der Gottheit ergriffene Ekstatiker" ihre Wahrsagekunst zum Element der Daseinserneuerung machten, oder die iran. Heilandsidee, bei der die pers. Erlöserfigur „Saoshyant", d. h. „der künftige Retter", erwartet wird, um Sieg über die Feinde zu gewähren und die Menschen vom Tode zu erwecken.

Im *Hinduismus* ist die Funktion des Hochgottes Viṣṇu zu beachten, der der Welt in ihrer Bedrängnis als Krishna erscheint und am Ende der Zeiten als der zehnte „avatāra", Kalkin genannt, eine Glücksära bescheren wird. Bei den *Griechen* gibt es seit dem 7. Jh. v. Chr. die Konzeption des „Soter", eines Retters, der in Notzeiten Hilfe bietet. Allerdings reifen solche, auf übernatürliches Eingreifen zielenden Heilsideen erst später, in den ↗Mysterienkulten, voll aus. Die Isis-Osiris-Kulte und die phrygischen Kybele- oder Magna-Mater-Rituale mit ihren oft blutigen Festen hungern nach Aufnahme in eine alternative, bessere Welt ohne Leid und Tränen. Bei den Römern wurden diese Ideen ebenfalls aufgegriffen und weitergeführt. Die Kultgläubigen streben danach, *„renatus in aeternum",* d. h. wiedergeboren auf ewig, zu werden. Aus der Frühzeit des *Islam* (↗Mahdī) sind unter arab. Herrschaft in Nordwestafrika (um 900–1300 n. Chr.) mehrere Bewegungen, die auf prophetische Erhebungen zur Überwindung von Unheilszuständen abzielten, bekannt, z. B. Ubaid-Allah-Al-Mahdī von 910–934 oder die Kadu-Bewegung von 911/912, aber auch vor- und antimuslim. Aufstände, z. B. die Widerstandsbewegung der *Berber*-Prophetin Al-Kahina um 700 n. Chr. Für die *ma.-europ. Welt* genügt der Hinweis auf jene Gruppe, die gegen die Verweltlichung und den Moralverfall der herrschenden Klassen protestierte und als *Flagellanten* bekannt ist. Diese Flagellanten oder Geißelbrüder, die in übersteigertem Bußeifer seit 1260 in Mittelitalien (und im 14./15. Jh. in ganz Westeuropa) gruppenweise durch die Lande zogen, geißelten sich morgens und abends, während sie beteten und Psalmen sangen. Diese aus der aufgewühlten Stimmung des späten MA erwachsene Bewegung erreichte in den Pestjahren von 1348/49 ihren Höhepunkt, um dann in recht zügellose Verirrungen auszuarten. Für jene Zeit kann man auch auf einige vorreformat. Gruppen hinweisen, die jedoch ungleich seriöser wirkten: Die *Waldenser* (nach Petrus Waldes) bemühten sich ab 1177 in Südfrankreich um eine bessere Bibelkenntnis in der Christenheit und wurden bitter unterdrückt. Die Wiclifianer (nach John Wiclif), die man auch mit dem lat. Wort für Unkraut (lolium) Lollharden nannte, versuchten um 1350 kirchl. Mißstände in England abzustellen. Auch die *Hussiten* (nach Johannes Hus) wollten um 1400 eine bibelgerechte Erneuerung der Christenheit erwirken, ohne nennenswerten Erfolg zu haben. Der Hinweis auf diese drei Gruppen soll zeigen, daß der Begriff K. keineswegs nur in negativer Weise zu gebrauchen ist. Hier kommen vielmehr urmenschliche Bedürfnisse nach Wahrheit, Heil und Glück zum Ausdruck, auch wenn die Realität oft weit davon entfernt ist und die Praktiken der betreffenden Anhänger selbst oft mehr als obskur sind. Bei den Wiedertäufern und Schwärmern im Umkreis der sog. *Zwickauer Propheten unter Thomas Müntzer* kommt das deutlich zum Ausdruck. Was sie 1522, am Beginn der luth. Reformation in Europa, wollten, geriet zwar außer Kontrolle, war aber doch ein Versuch, das berechtigte Unbehagen an repressiven und inhumanen Zuständen zu artikulieren.

3. Das moderne Phänomen. K. sind eine weltweite Erscheinung, die in der Gegenwart in allen Erdteilen immer wieder aufleben, häufig mit politischen Begleiterscheinungen. Seit Beginn der *Kolonialzeit* gibt es rel. Irritations- und Widerstandsbewegungen, etwa bei dem Volk der Quijo in *Ost-Ecuador* (1578), wo sich Indianer gegen die span. Eroberer wehrten und die beiden „Zauberer" Guami und Beto erklärten, der Christengott sei ihnen in Gestalt einer Kuh erschienen und habe ihnen befohlen, alle Weißen zu töten (Mühlmann 75ff.), oder in der „Sekte der Antonier" *im alten Königreich Kongo,* wo die Prophetin Kimpa Vita ab 1703 eine Erweckungsbewegung begründete, die aus dem Wirrwarr von Bürgerkrieg, Sklaverei, Hungersnot und Seuchengefahr herausführen sollte (Mühlmann 81ff.). Vor allem im 19. und 20. Jh. kam es zur Entstehung einer Vielzahl von K.n in Ländern der Dritten Welt:

a) Amerika. Zwischen 1870 und 1890 wurden fast alle Indianerstämme der Prärie (USA) von zwei Begeisterungswellen erfaßt, dem *„Ghost-Dance"* und dem *„Earth Lodge Cult".* Stets spielten Träume und Trance eine wichtige Rolle, waren die Wiederkehr der Verstorbenen und die Vernichtung der Weißen zentrales Thema. Guariglia zählt rund 70 solcher Vorgänge bei ca. 100 Fällen insgesamt für Amerika. Ein Sonderfall liegt im *Peyote-Kult* vor, der von 1890–1920 zahlreiche indian. Stämme Nord-Mexikos unter Einsatz der Rauschdroge Peyotl/Mescalin in seinen Bann gezogen hatte. Bei den (↗neurel. Bewegungen in Lateinamerika) *Voodoo-Kulten* in Mittelamerika, bes. Haiti (↗Neureligiöse Bewegungen IV), spielen alte rel. Elemente aus W.-Afrika eine große Rolle. Sie werden mit christl.-kath. Vorstellungen verschmolzen und sollen der nativistisch-rel. Selbstaufwertung dienen. Ähnliches gilt von den schier uferlosen Bewegungen der *Umbanda und Macumba,* die sich in Brasilien ausbreiten. Geistheilungen, Totenbeschwörungen und ekstatische Tanzrituale erfassen Europäer, Einheimische und Mischbevölkerung gleicherweise. Zumeist handelt es sich bei den etwa 100 amerik. Bewegungen um rassenbewußte, revivalistische Bewegungen mit eschatologischen Tendenzen.

b) Afrika. Für die afrik. Situation sind über 60 Bewegungen bekannt, die sich ebenfalls primär als rassenbewußter Rückzug auf das eigene kulturelle Erbe der Ahnen darstellen. Typisch war der *Maumau-Aufstand* der Kikuyu unter Jomo Kenyatta 1948–1953. Über Landrechtsfragen und dem Problem, von Weißen enteignet zu werden, kam es zur politischen Revolte, die aber weltanschaulich begründet war. Mit Selbstentfremdung, ideellem Werteschwund und Perspektivenlosigkeit haben auch die vielen *Bantu-Bewegungen* in Südafrika zu tun. Die Sekte des Shembe, in Natal, ist nur eine von derzeit rund 5000 sog. unabhängigen Kirchen bzw. kleinen selbständigen Gemeinden. Reinigungsriten, Heilungen, ekstatisches Singen und Beten in ethnisch elitärem Selbstverständnis stehen im Mittelpunkt der Kulte.

c) Asien. Insgesamt scheint diese Region weniger betroffen zu sein, was möglicherweise auf die spirituelle Absorbierungskraft der asiat. Hochreligionen zurückzuführen ist. Dennoch gibt es zwei Schwerpunkte, die auffallen. Für den Subkontinent *Indien* werden im Jahre 1965 allein knapp 50 messianische Bewegungen bezeugt (vgl. S. Fuchs). Dabei sind sowohl Gruppen mit hind. wie auch muslim. Hintergrund vertreten, vor allem aber die 20% der bildungsrückständigen Landbevölkerung, die eine stete Quelle sozialer Unruhe im 667-Millionen-Staat darstellen. Sie sind ein Musterfall für die Depravationstheorie, nach der die „Habenichtse" gar nicht anders können, als aufsässig zu werden. Zum anderen ist seit 1945 *Japan* ein Dorado für immanente Religiosität geworden. Die 10 Mio. Anhänger der *Soka Gakkai* haben unverkennbaren Erfolg, indem sie allen Mitgliedern Wohlstand, Glück und Einfluß versprechen. Im Sog dieser u.ä. Ideologien, aber auch auf dem Boden uralten shintöistischen Natur- und Fruchtbarkeitsdenkens bildet sich offenbar ein starker Wall gegen die Angst vor Unterlegenheit und Zerstörung, wie man sie im 2. Weltkrieg erlebt hat.

d) Pazifik. Hier haben vor allem die *Cargo-Kulte* Aufsehen erregt. Die über 200 Bewegungen lassen sich in drei Grundtypen einteilen: den magisch-mechanistischen, den religiös-geistigen und den sozio-politischen Typ. Wichtiger als die Hoffnung auf Gütersegen ist stets die Cargo-Ideologie, die auf ein heiles und erfülltes Leben abzielt, das sich freilich nicht ohne materielles Glück vorstellen läßt. Im Prinzip handelt es sich um rückwärts orientierte Konzepte, die mit traditionellen Denkweisen und modernen Stilmitteln eine Adaptation an die moderne technische Welt versuchen. Sie protestieren gegen Vereinnahmung und erstreben doch die lebenssteigernde Partizipation am Wohlstand. Auf dem Boden des Mythos suchen sie nach dem Schlüssel für Glück und Heil. Allen Krisenkulten ist eigen, daß sie aus Enttäuschung oder unerfüllter Hoffnung, im Zustand inferioren Gefühles, regenerative Versuche unternehmen, Überfremdung abzuwehren und in der Bewahrung von Kulturidentität dennoch ihren Anteil an den Segnungen der modernen Entwicklung zu erlangen.

Lit.: *Allgemein, historisch und global* (einschließlich Europa): *H. Grundmann,* Rel. Bewegungen im MA. Berlin 1935, 1955 (Fortführung); *K. Hutten,* Seher, Grübler, Enthusiasten. Das Buch der traditionellen Sekten und rel. Sonderbewegungen. Stuttgart ^{12}1982; *E. J. Hobsbawm,* Primitive Rebells. Studies in Archaic Forms of Social Movements. Manchester 1959; *G. Guariglia,* Prophetismus und Heilserwartungsbewegungen als völkerkundliches und rel.-gesch. Problem. Wien 1959; *A. J. F. Köbben,* Prophetic Movements as an Expression of Social Protest: Internationales Archiv für Ethnographie 49 (1960) 117–164; *V. Lanternari,* Movimenti religiosi di libertà e di salvezza dei popoli oppressi. Mailand 1960; *W. E. Mühlmann,* Chiliasmus und Nativismus. Berlin 1961; *S. L. Thrupp,* Millennial Dreams in Action. Den Haag 1962. – Regionale Beispiele: Zu 1. *Amerika: J. Mooney,* The Ghost Dance Religion and the Sioux Outbreak of 1890. Chicago ^{2}1965; *G. Wagner,* Entwicklung und Verbreitung des Peyote-Kultes. Hamburg 1931; *J. L. Slotkin,* The Peyote Religion. Glencoe 1956; *F. Huxley,* The Invisibles. Voodoo in Haiti. London 1966; *R. Flasche,* Vorläufige Bibliographie zu den synkretistischen Neureligionen und Heilserwartungsbewegungen in Brasilien: Weltmission heute 37/38. Stuttgart 1968, 40–51; *E. Fülling,* Synkretistische Neureligionen in Brasilien: ebd. 20–39; *L. Weingärtner,* Umbanda. Synkretistische Kulte in Brasilien. Erlangen 1969. – Zu 2. *Afrika: B. Sundkler,* Bantu Prophets in South Africa. London 1948; *ders.,* Bantu Messias und weißer Christus. Die Sekten Südafrikas: Das Wort in der Welt. Hamburg 1961, 26–33; *K. Schlosser,* Profeten in Afrika. Braunschweig 1949; *ders.,* Eingeborenen-Kirchen in Süd- und Südwestafrika. Kiel 1958; *L. S. B. Leakey,* Maumau und die Kikuyus. München 1953; *E. R. Andersson,* Messianic Popular Movements in the Lower Congo. Uppsala 1958; *E. Haberland,* Besessenheitskulte in Süd-Äthiopien: Paid. VII (1960) 142–150; *C. G. Baeta,* Prophetism in Ghana. London 1962; *E. Benz* (Hg.), Messianische Kirchen, Sekten und Bewegungen im heutigen Afrika. Leiden 1965; *H. Turner,* A Typology for African Prophet Movements: JRA 1 (1968) 1–34. – Zu 3. *Asien: S. Fuchs,* Religious Prophets. Bombay 1965; *T. Kudo,* The Faith of Soka Gakkai: Contemporary Religions in Japan 2/2. Tokyo 1961; *H. Thomsen,* The New Religions of Japan. Tokyo 1963; *N. Brannen,* A Visit to Soka Gakkai Headquarters. Tokyo 1960, dazu: Soka Gakkai. Japan's Militant Buddhists. Richmond 1968; *W. Kohler,* Die Lotus-Lehre und die modernen Religionen in Japan. Zürich 1962. – Zu 4. *Pazifik: P. Worsley,* The Trumpet shall Sound. A Study of Cargo Cults in Melanesia. London ^{2}1967; *F. Steinbauer,* Die Cargo Kulte als rel.-gesch. und missionstheol. Problem. Erlangen 1971; *ders.,* Die Melanesischen Cargo Kulte.

München 1971; *C. Loeliger / G. Trompf,* New Religious Movements in Melanesia. Suva 1985; *T. Ahrens,* Unterwegs nach der verlorenen Heimat. Studien zur Identitätsproblematik in Melanesien. 4. Erlangen 1986. *F. Steinbauer*

Krishna. 1. *Kṛṣṇa* („der Schwarze, der Anziehende") ist ein Name Gottes. Er ist der achte und mit Abstand wichtigste ↗*Avatāra* Viṣṇus. Nach einigen Schulen – insbesondere der Bengal-Schule des Viṣṇuismus – ist er kein *avatāra,* sondern *avatārī* und Bhagavān, „der Urgrund und Aussender aller *avatāras";* im letzteren Falle wird sein älterer Bruder *Rāma* oder *Balarāma* als der achte *avatāra* angesehen. Die erste Erwähnung eines K. findet sich in der *Chāndōgya-Up.* (3.17.6), vermutlich aus dem 9. Jh. v. Chr.: „Dies erklärte Ghora Āṇgirasa dem Kṛṣṇa, dem Sohne der Devakī", daß das ganze Leben selbst ein Opfer sei. Über ein halbes Jt. später verkündete die Bhagavadgītā eine ähnliche Lehre; auch hier wird der vedische Opferkult relativiert. Die in buddh. und jinistischen Schriften überlieferte Lebensgeschichte K.s stimmt mit der der hind. Tradition überein. „Die K.-Geschichte war also, obgleich die Up. und Sūtras sie nicht erwähnen, schon ziemlich früh in verschiedenen Kreisen und Gegenden Indiens bekannt" (Gonda I 238). Er ist eine wichtige Persönlichkeit im hl. Epos Mahābhārata. Unmittelbar vor der großen Schlacht verkündet er als Wagenlenker Arjunas seinem Vetter, Freund und Bhakta die Bhagavadgītā („Lied des Bhagavat"), die am meisten verbreitete und kommentierte hl. Schrift der Hindus. Im 11. Kapitel sagt er im Anschluß an seine Offenbarung (V. 55): „Wer seine Werke um meinetwillen tut, wer sich mir völlig hingibt und mich liebt, wer frei ist von dem Hang zu allen Dingen dieser Welt und ohne Feindschaft gegen alle Wesen, der gelangt zu mir." Die Bhagavadgītā gilt als eine Up., d. h. als ein Teil des Veda, mehr noch: als Quintessenz der Up.-Lehre. Das als Anhang zum Mahābhārata betrachtete Harivamsa-purāṇa (ca. 400 n. Chr.) erzählt ausführlich die Geschichte der Kindheit, der Jugend und der Liebesspiele K.s.

Das Bhāgavata-purāṇa (ca. 850 n. Chr.) und das noch jüngere Brahmavaivarta-purāṇa sind einige weitere Etappen in der Entwicklung der K.-Biographie und K.-Theologie. Insbesondere der letztgenannte Text ist für die Ausbildung des Kultes um Radha, Gefährtin und weibliche Śakti („Kraft") K.s, von entscheidender Bedeutung. Dies sind die Hauptentwicklungslinien der K.-Biographie, die jedoch das Phänomen nur äußerlich markieren.

2. K. ist einzigartig; er ist die faszinierendste göttliche Gestalt im Hinduismus. Allein Śiva strahlt eine annähernd gleichwertige Faszination aus. K. ist nicht nur der größte Sittenlehrer, Verkünder der Bhagavadgītā und Ratgeber im diplomatischen, politischen, kriegsstrategischen Fragen, er ist zugleich der unnachahmliche Herzensbrecher, Charmeur und Liebhaber. Endlos sind K.s Spiele. Als Säugling und Kleinkind vernichtet er Dämonen, erfreut er die Herzen seiner Pflegeeltern, Nanda und Yaśodā (die auch als seine beispielhaften Bhaktas gelten), heckt er aber auch ungezogene Streiche aus, wie den Diebstahl der Butter, wofür er des öfteren Prügel bezieht. Als Jüngling raubt er die Herzen der jungen Hirtinnen. Wir mögen seine „Biographie" – den Bericht über seine Spiele *(līlā)* – hist. verfolgen und feststellen, wie immer neue Streiche und Heldentaten hinzugefügt wurden. Dieser Addierungsprozeß ist längst nicht abgeschlossen und wird – solange die K.-Bhakti lebt – nicht abgeschlossen sein. Seine *līlās* zu besingen heißt gleichsam, als ein nahestehender Familienangehöriger an ihnen zu partizipieren. In K. findet die Bhakti ihre Erfüllung. Der Bhakta will nicht den „Ozean des Daseins" überqueren, er hat nicht den Wunsch, ans andere Ufer zu gelangen; er will nur in den Ozean der Liebe tief eintauchen und versinken. Wie der Hindi-Dichter Bihārīlāl (wahrscheinlich 1595–1664) sagt: „Niemand begreift es, was in dem Herzen, das liebt, vor sich geht: Je tiefer es in die Kṛṣṇa-Farbe – in die ‚Farbe des Schwarzen'! – taucht, desto strahlender wird es." K. ist der Gott der Liebe, ein Vertrauen Erweckender und ein Vertrauter seiner Bhaktas. Es ist nicht schwer, zu ihm eine freie, ungezwungene, intime Beziehung zu haben. Im alten wie im neuen Indien hat er Dichter und Musiker, Maler und Bildhauer,

Tänzer und Schauspieler inspiriert. Auch Außenstehende und Nichthindus haben sich seinem unwiderstehlichen Zauber nicht zu entziehen vermocht, wie der Grieche Heliodorus (2. Jh. v. Chr.) und zahlreiche muslimische Dichter, Musiker und Maler der letzten Jh.e.

Lit.: *W. G. Archer,* The Loves of K. in Indian Painting and Poetry. London 1957; *K. E. Bryant,* Poems to the Child-God. Berkeley/Cal. 1978; *W. Eidlitz,* Die indische Gottesliebe. Olten 1955; *J. Gonda,* Die Religionen Indiens I/II. Stuttgart 1960, 1963; *F. Hardy,* Viraha-Bhakti. The early history of Kṛṣṇa devotion in South India. Oxford 1983; *J. S. Hawley,* At Play with K. Princeton 1981; *ders.,* K., the Butter Thief. Princeton 1983; *ders./D. M. Wulff* (Hg.), The Divine Consort. Radha and the Goddesses of India. Berkeley/Cal. 1982; *W. Ruben,* K. Konkordanz und Kommentar der Motive seines Heldenlebens. Istanbul 1944; *M. Singer* (Hg.), K.: Myths, Rites, and Attitudes. Chicago 1966; *Ch. Vaudeville,* The Cowherd-God in Ancient India: L. S. Leshnik/G. D. Sontheimer (Hg.), Pastoralists and Nomads in South Asia. Wiesbaden 1975, 92–116; *dies.,* The Govardhan Myth in Northern India: IIJ 22 (1980) 1–45.

T. R. Chopra

Kronos ↗Gott III 3 B.

Kuan-yin. Bodhisattva K. oder Kuan-shih-yin (Avalokiteśvara) ist eine sehr populäre chin. (buddh.) Gottheit der Barmherzigkeit (in Japan bekannt als Kannon/Kwannon, in Korea als Kwanseium; der Dalai-Lama wird als eine Manifestierung der K. betrachtet). Sie ist eine zentrale Gestalt des Mahāyāna-↗Buddhismus (III 2), wo ihre Beziehung zum Amitābah ähnlich der des Maitreya zum Śākyamuni ist; die grenzenlose Barmherzigkeit des Amitābah ist durch K. manifestiert. K. ist wahrscheinlich ein altertümlicher Name einer lokalen Gottheit der Barmherzigkeit, Kuan-yin, adaptiert (wobei zwei Etymologien möglich sind) von den Buddhisten als Inkarnation des Avalokita *(kuan) svara (yin)* bzw. *loka* (Welt) und *īśvara* (Herr) („der Herr, der von oben herabschaut") oder Padmapani. Bis zur T'ang-Zeit (618–906) hatte K. in China eindeutig maskuline Charakterzüge. Eine Vermischung mit Sheng-mu (taoist. „Heilige Mutter"), Prinzessin Miao-shan und Hariti wird angesichts des Geschlechtswandels der K. in China angenommen.

Der chin. Name wird allg. interpretiert als: „hören (wahrnehmen) die Stimme (des Leidens)". K. *(p'u-sa)* ist Personifikation des buddh. Mitleidens, der Barmherzigkeit. Der Name K. erscheint in China im Jahre 185 zum ersten Mal. Kumārajīva hat den Namen Avalokiteśvara mit Kuan-shih-yin („die/der [?] auf die Stimmen der Welt achtet") wiedergegeben.

Um K. haben sich viele Legenden gesammelt. Das Zentrum der Verehrung war die Insel P'u-t'o bei Ningpo, wo sie als Seegottheit verehrt wurde; sie soll die Seelen zum Paradies führen, deshalb wurde sie als „Kapitän des Erlösungsschiffes" verehrt. K. wird allerdings in der Volksfrömmigkeit bis heute als die „Geberin" der Kinder verehrt. Die Grundlage des Kultes sind die Schriften der Schule des Reinen Landes aus dem 3.–5. Jh. (*Saddharma-puṇḍarīka,* die sog. Kuan-yin Sūtra; *Sūraṅgama, Dhāraṇī Sūtra).* K. ist für den gehobenen Buddhismus ein Ideal und Beistand bei der Konzentration; durch sie kann man sich mit dem Universum identifizieren. Ikonographisch wird die K. oft mit einem Kind in den Armen, mit einer Lotusblüte oder mit einem Gefäß u. ä. oder aber tausendhändig oder tausendäugig dargestellt. Das Motiv der K. mit dem Kind auf den Armen („Buddhistische Madonna") hat die christl. Künstler in China und in Japan veranlaßt, die Gottesmutter Maria als K. darzustellen.

Lit.: *J. H. Chamberlayne,* The Development of K.: Numen IX (1962) 1, 45–52; *K. S. Ch'en,* Buddhism in China. Princeton 1964; *C. B. Day,* Popular Religion in Pre-Communist China. San Francisco 1975; *H. Doré,* Researches into Chinese Superstitions. Bd. VI. Shanghai 134–234; *W. Eichhorn,* Die Religionen Chinas. Stuttgart 1973; EncBud II 407–415 (Avalokiteśvara); *E. Erkes,* Zum Problem der weiblichen Kuanyin: ArtAs 9 (1946) 316–321; *S. Hummel,* Guan-yin in der Unterwelt: Sin. 2 (1950) 291–293; *H. Kern,* The Saddharma-Puṇḍarika. Oxford 1909; *J. LeRoy Davidson,* The Lotus Sutra in Chinese Art. New Haven 1955; *Ch. Luk,* the Sūraṅgama Sūtra. London 1966; *T. Richard,* New Testament of Higher Buddhism. Edinburgh 1910; *E. Rouselle,* Der Kult der buddh. Madonna K.: NDG No 68 (1944) 17–23; *P. S. Sangren,* Female gender in Chinese religious symbols: Signs (Chicago) 9 (1983) 1, 4–25; *D. T. Suzuki,* The K. Cult in China: EBud 6 (1935) 339–353; *C. N. Tay,* K. The cult of half Asia: HR 16 (1976) 2, 147–177; *A. D. Waley,* Hymns to K.: BSOS 1 (1920) 3, 145–146; *E. T. Chalmers Werner,* Myths and Legends of China. London 1922; *ders.,* A Dictionary of Chinese Mythology. Shanghai 1932.

R. Malek

Kult/Gottesverehrung

I. Älteste Bezeugung. – II. Phänomene. – III. In Natur- und Stammesreligionen. – IV. Im Hinduismus. – V. Im Buddhismus. – VI. In China. – VII. Im biblischen Umfeld. – VIII. Im Judentum. – IX. Im Christentum. – X. Im Islam. – XI. Kult und Kultur

I. Älteste Bezeugung. K., ein weiter, häufig vage verwandter Begriff, bezeichnet im ethnologischen Bereich ritualisierte Verhaltensweisen, die Gruppen mit gewisser Regelmäßigkeit zur Aufrechterhaltung ihrer Verbindung zu außer- und übermenschlichen Mächten vollziehen. An prähist. Funden ist selbst diese weite Umschreibung nur durch Deutung der Relikte im Rahmen rezenter wildbeuterischer Kulturen zu bestätigen. Als früheste Spuren von Bestattung und ritueller Behandlung von Schädeln gelten entsprechende Funde seit dem mittleren Altpaläolithikum. Ob jedoch die eingeschlagenen Schädel und entnommenen Gehirne der ältesten Funde (Peking, Ngandond/Java, Weimar-Ehringsdorf) Zeichen für Kopfjagd und Kannibalismus, Menschenopfer oder Toten-K. bedeuten, ist umstritten. Trotz beigefügter Tierknochen gilt das auch von den Dordognefunden (mittleres Altpaläolithikum). Auch die Bärenschädel- und Langknochenfunde in Höhlen des Alpenraumes (jüngeres Altpaläolithikum) enthalten keine eindeutigen Indizien für Opfer oder Maßnahmen zur Sicherung des Tierbestandes. Nichts zwingt, darin rituelle Wiederholungen mythischer Urzeitereignisse zu sehen. Sämtliche Motive sind mit einiger Sicherheit erst den bekannten Höhlenmalereien und der Kleinkunst aus der gleichen Zeit zu entnehmen.

II. Phänomene. Im K. treten Gruppen mittels äußerer Handlungen zu übersinnlichen Mächten in Beziehung. Da innere Haltungen, die das äußere Tun begleiten, variieren oder fehlen können, je nachdem die übersinnlichen Mächte vorrangig dinglich (vgl. Magie) oder personal vorgestellt werden, hat eine K.-Phänomenologie von den äußeren Formen auszugehen. Danach ist K. a) Gemeinschaftshandeln (rel. Akte einzelner, die nicht Exponenten von Gruppen sind, gehören nicht dazu); b) räumlich und zeitlich gebunden; bevorzugt werden Stätten, an denen Numina präsent oder bes. nahe sind (z. B. Erhöhungen für Himmelsgottheiten), künstliche Kultstätten verdanken ihre Heiligkeit der Numinosität vorausgegangener Religionen (Kultstättennachfolge), kosmischen Rücksichten (astronomischer Punkt; Ostung) oder Weihen; die Zeiten richten sich nach Sonnen- und Mondumlauf, Terminen krit. Situationen und/oder wichtiger Heilsereignisse (Kirchenjahr; Beginn von Großwildjagd oder Hochseefischerei); c) seitens der Teilnehmer gebührend vorbereitet; dazu gehören Meidungen (z. B. Fasten), Reinigungen (z. B. Waschungen) und positive Zurüstungen (Zug zur Kultstätte, Kostümierung, innere Einstimmung). d) Die Kulthandlungen selbst sind vielfältig und im Erscheinungsbild abhängig von den Zielen, die erreicht, oder den numinosen Wirklichkeiten, die repäsentiert werden sollen. Die stereotypisierten, häufig bis ins letzte Detail festgelegten Handlungseinheiten (Riten) verbinden Lautäußerungen (Pfeifen, Musik), Gebärden und Körperbewegungen (z. B. Tanz) zu komplexen Schauspielen (Kampf; Bankett), Schenkungen (Opfer) und ganzen Mysteriendramen. Im Mittelpunkt stehen Gebet und Opfer. Bei letzteren bedient man sich aller materiellen Substrate (Speisen, Salben, Mobiliar), die das Gemeinte zu symbolisieren geeignet erscheinen. e) Die Handlungsmuster erfordern verteilte Rollen, die aus verschiedenen Gründen (Kompliziertheit des Rituals; Erfordernis der Ekstasefähigkeit) bestimmten Personen oder Personenkreisen vorbehalten sein können (Priester/Laien). f) Bei den Funktionen des K. ist zwischen angestrebten Zielen und faktischen Auswirkungen zu unterscheiden. Letztere betreffen die den K. begehende rel. Gemeinde und umfassen alle von *E. Durckheim* aufgezeigten Folgen. Bei den angestrebten Zielen durchdringen sich Vorstellungen automatischer Lenkung dinglicher Kraftströme und das Bewußtsein, vor der Gottheit zu stehen, um diese anzubeten, Vergehen zu sühnen, Erfüllung von Anliegen zu erflehen, Dank zu sagen, Gehorsam zu leisten, Gnade und Erlösung zu erbitten oder zu bezeugen. g) Die Bedeutung des K. beruht darauf, daß er mehr als Lehre und Mythos, die ihn begründen, die formale Übereinstimmung unterschiedlicher Religionen und deren Äußerungen bedingt. Andererseits löst der antiindividuelle, konservative Zug des K. namentlich in Hochreligionen

Vereinfachungen des K. aus, die über Verinnerlichungen bis zu Umdeutungen des gesamten Pflichtenkataloges einer Religion als K. zu beträchtlichen Einschränkungen des K. im eigentlichen Sinne führen können.

III. In Natur- und Stammesreligionen. K. besteht im naturvölkischen Bereich aus einer Vielzahl stereotypisierter, magisch-rel. Handlungen (= Riten), die zu Zeremonien und großen Festfeiern zusammengefaßt werden. Die meisten gründen nach Überzeugung der den K. Vollziehenden im Mythos, bes. die Festfeiern werden als periodisch zu wiederholende Dramatisierungen urzeitlicher Begebenheiten verstanden. Nach äußerer Form und innerer Zielsetzung werden gewöhnlich apotropäische (= drohende Übel und böse Geister abwehrende), eliminatorische (= der Ausschließung von Bösem aus der Gemeinschaft dienende), reinigende und (mit den verehrten Numina) einende Riten unterschieden. Diese und ähnliche Abgrenzungen sind aber nicht ausschließend, denn in allen Kategorien können nahezu sämtliche Handlungsmuster und materiellen Substrate Verwendung finden, deren Zweck erst durch Worte, die das äußere Tun begleiten, oder durch hinzutretende innere Haltungen festgelegt wird. So können Besprengung mit Wasser oder Blut, Enthaltsamkeit (von Speise und Trank, aber auch Geschlechtsverkehr), Schreien, Lärmen oder Schweigen in allen genannten Kategorien vorkommen.

Vollständigste Äußerung des K. bildet das Opfer. Es besteht darin, daß Güter jedweder Art dem eigenen Gebrauche entzogen und übermenschlichen Mächten übereignet werden, um Ehre, Anerkennung, Dank oder Anbetung auszudrücken. Dabei können sowohl die zumeist unblutigen Erstlings- oder Primitialopfer der Wildbeuter als auch die quantitativ reicher ausgestatteten Formen in Kulturen mit Überschußproduktion mit dem Gedanken magischer Stärkung der verehrten Mächte verbunden sein und bes. beträchtliche Steigerungen der materiellen Gaben ein utilitaristisches Verständnis des Opfers im Sinne von Verträgen auf Gegenseitigkeit zwischen Numina und Verehrergemeinden entstehen lassen. Wie es scheint, stehen bei blutigen und selbst bei Menschenopfern weder der Tötungsakt noch das anschließende Mahl, sondern die Herstellung einer Verbindung (der Feiernden mit der Gottheit und der K.-Teilnehmer untereinander) im Mittelpunkt.

Kaum weniger wichtig als Opfer sind die sog. Übergangsriten. Darunter sind mit *A. van Gennep* Riten zu verstehen, die das Verlassen eines Zustandes und den Beginn eines neuen rituell begleiten. In gewissem Sinne fallen zumindest alle größeren K.-Veranstaltungen darunter, denn diese richten sich nach zeitlichen (Jahreszeiten, Mondphasen, Beginn und Ende von Jagd- oder Ernteperioden) oder örtlichen Veränderungen (Verlassen des Stammesgebietes bei Kriegs- und Beutezügen oder Betreten hll. Bezirke bei K.-Feiern). Die eigentlichen *rites de passage* betreffen aber das Individuum und greifen bes. bei Schwangerschaft und Geburt, bei Namengebung, Mannbarkeit, Eheschließung und Tod tief in dessen Leben ein, wobei trotz großer Verschiedenheit der rituellen Arrangements (z. B. Absonderungen, „Mutproben") die Symbolik von Sterben und Wiedergeborenwerden im Vordergrund steht.

Mitunter können ganz gewöhnliche Menschen als Exponenten von Gruppen K.-Handlungen vollziehen. In reinen Subsistenzgesellschaften geschieht es normalerweise durch Familienälteste, Anführer von Jagdscharen oder bes. Begabte. Auch in differenzierteren Kulturen sind priesterliche Funktionen häufig an die traditionellen Führergestalten (z. B. die Häuptlinge) gebunden. Daneben entwickeln sich aber häufig gleich mehrere priesterliche Berufsstände, die vielfach in ganz individueller Weise Kenntnis von Traditionen und Ritual mit Funktionen des Heilers (Medizinmann), Wahrsagers, Beschwörers oder Zauberers (auch im sozialschädlichen Sinne) vereinen.

Lit.: *E. O. James,* Religionen der Vorzeit. Köln 1960; *V. Lanternari,* La grande festa. Bari 1976; *A. Leroi-Gourhan,* Les religions de la Paléolithique. Paris 1964; *J. F. Thiel,* Religionsethnologie. Berlin 1984, bes. 72–150; *V. Turner,* Celebration. Washington/D.C. 1982; *R. Will,* Le culte. Bde. I–III. Paris 1925–35.

K. Hoheisel

IV. Im Hinduismus. Im allg. werden die kultischen Rituale, von denen es im Hinduismus mannigfaltige Formen gibt, in zwei Gruppen eingeteilt: a) die vēdischen, b) die āgamischen.

1. Der vedische K. Jeder der vier Veden besteht aus vier Teilen: ↗*Mantra, Brāhmaṇa, Āraṇyaka* und *Upaniṣad*. Die beiden ersten Teile werden zusammen *Karmakānda*, d.h. ritueller Teil, genannt. Der wichtigste Bestandteil der Volksreligion der frühesten vedischen Zeit war die Verehrung der Götter, die hauptsächlich Verkörperungen der Mächte der Natur waren. *Yajña* (↗Opfer), die wichtigste kultische Handlung, war ein Brandopfer von Getreide, Milch, Butter und Somasaft, einem berauschenden Getränk. Durch solche Opfer glaubte man materiellen und geistigen Wohlstand zu erreichen (*Ṛgveda* I 1,1).

Die *Brāhmaṇa* verwandelten den urspr. einfachen vedischen K. in ein System sehr komplizierter Zeremonien, die von einer priesterlichen Kaste beherrscht wurden. Der K. diente der Erhaltung der Schöpfung: „Wir müssen tun, was die Götter am Anfang getan haben" (*Śatapatha Brāhmaṇa* VII 2,1,4). In den *Āraṇyaka* (*Upāsanakānda* = Meditationsteil) und den *Upaniṣaden* (*Jñānakānda* = Teil des Wissens) findet sich dann wiederum eine Reaktion gegen die zu starke Betonung der äußeren kultischen Handlungen durch die *Brāhmaṇa* (*Mundaka Up.* I 2,7–8.10–11).

2. Der āgamische K. Mit den *Purāṇa* und *Āgama* wurde eine neue Phase des Hinduismus eingeleitet. ↗*Bhakti*, die liebende Selbsthingabe an einen persönlichen Gott, wurde das wichtigste Element des K. Die *Purāṇa* („alte Erzählungen") enthalten das Subjekt der Volksfrömmigkeit: die Gottheiten *Viṣṇu* und *Śiva*, ihre verschiedenen Inkarnationen (↗Avatāra) und ihre Gattinnen *Śrī (Lakṣmi)* und *Śakti (Pārvatī)*. Die *Āgama* sind theol. Monographien, Handbücher des K. Die drei Hauptsekten des Hinduismus – Vaiṣṇavismus, Śaivismus und Śāktismus – haben je eigene *Āgama*. Die *Śākta-Āgama* werden auch ↗*Tantra* genannt.

Die populärste Form der Gottesverehrung ist die Anbetung des Bildes der Gottheit, volkstümlich bekannt als *Pūjā*. Der Anbeter darf sich selbst ein *Iṣṭadevata* (bevorzugte Gottheit) aussuchen; entweder übernimmt er die Gottheit der eigenen Sippe oder Familie oder entscheidet sich auf Vorschlag seines *Gurus* für eine passende Gottheit. Das Bild der Gottheit wird aber erst nach der *Pratiṣṭa* (= Weihe) angebetet, denn erst durch die Weihe wird das Bild zum Wohnort der Gottheit. Die tägliche häusliche Andacht äußert sich im Singen des *Gāyatrī Mantra* (*Ṛgveda* III 62,10) oder anderer ↗*Mantras (Japa)*, im Lesen der hll. Schriften *(Pāṭha)*, in der Meditation *(Dhyāna)* u.a.m. Eine wichtige Rolle im Leben eines frommen Hindu spielen Wallfahrten, die zur Vergebung von Sünden und zur Erlangung des göttlichen Beistandes in materieller und geistiger Not unternommen werden.

Lit.: *T. M. P. Mahadevan,* Outlines of Hinduism. Bombay 1966; *R. Panikkar,* Kultmysterium in Hinduismus und Christentum. Freiburg – München 1964; *ders.;* Aktion und Kontemplation im ind. Kultmysterium: Kult und Kontemplation in Ost und West. Regensburg 1967, 46–59; *M. Eliade,* Das Heilige und das Profane. Frankfurt 1984.

A. Thannippara

V. Im Buddhismus. Insofern der ↗Buddhismus die Welt und den Menschen allein durch das „Gesetz der Entstehung in Abhängigkeit" *(↗pratītyasamutpāda)* aufgrund des *karma* erklärt, bleibt die Vorstellung eines Schöpfergottes ausgeschlossen und ein K., der ihn als Einzigen und Höchsten anerkennt, undenkbar. Im frühen Buddhismus gehört die Überzeugung, durch K. sein Heil zu wirken, zu den zu überwindenden Hindernissen. Auch der ↗Buddha selber wollte nicht Gott genannt und nicht mit einem K. verehrt werden. Die Laien dürften zuerst damit begonnen haben, den ins ↗Nirvāṇa (I) eingegangenen Meister zu verehren, obwohl im Nirvāṇa jede Beziehung abgebrochen sein sollte. Die frühe Verehrung bezog sich auf die hist. Persönlichkeit des Buddha und kristallisierte sich um die Orte, die mit seiner Geburt, seiner Erleuchtung und seinem Tod in Zusammenhang gebracht werden. Stūpen (↗Stūpa), in denen seine Reliquien aufbewahrt wurden, waren besondere Gegenstände der Verehrung. Die Entwicklung des Mahāyāna-Buddhismus machte aus dem hist. Buddha eine Manifestation des „Buddha in Wesenheit" *(dharmakāya)*, dem Attribute wie Ewigkeit, Allwissenheit, Allmacht, Liebe usw. zugeschrieben wurden, die mit der Vorstellung eines höchsten Schöpfergottes verglichen werden können. Es entwickelte sich unweigerlich ein ausgeprägter K. des Buddha, der nun in vielen Manifestationen und unter vielen Namen – Amitābha, Bhaisajyaguru, Vairocana usw. – verehrt werden konnte. Neben den Buddhas konnte sich ein gewaltiges Pantheon entwickeln mit Verehrung einer großen Schar namentlich angerufener Gestalten. Die Verehrung kann feierliche, öffentliche Liturgie sein mit Rezitation aus den hll. Schriften, Hymnen, Weihrauch, Blumen und anderen Opfergaben oder sich auf private Akte mit einfachsten Anrufungen – *„Namu Amidabutsu“*, jap., „Preis dem Buddha Amida!“ – beschränken. In den Klöstern gibt es Tageszeiten mit Stundengebet. Ziel der Verehrung ist das Heil des Menschen, zu dem die angerufenen Gestalten helfen mögen, indem sie entweder sofort zur Erleuchtung führen oder Bedingungen dafür schaffen, die diesem Ziel dienlich sind. Für rein innerweltliche Anliegen stand den Buddhisten schon früh die Verehrung der Götter zur Verfügung. Die Götter, selber noch nicht erleuchtet, können nur in irdischen Anliegen helfen, sind aber nicht kompetent, wenn es um das letzte Ziel geht.

Lit.: *H. Waldenfels,* Das Gebet – erläutert am japanischen Buddhismus: ders., Faszination des Buddhismus. Mainz 1982, 92–111. *W. K. Müller*

VI. In China. Im Zentrum der ältesten Religionen Chinas stand der ↗Ahnenkult (V), ansonsten ist der K. als Agrar-K. zu charakterisieren (vor allem der K. der Erdgottheit *she*). Sodann entwickelte sich der K. des *Ti* („Herrscher“) und des *Shang-ti* („Höchster Herrscher“) und in den späteren Zeiten der K. des ↗Himmels (I). Berücksichtigt man die geschichtliche Abfolge der K.-Formen und die funktionalen Unterschiede, kann man den chin. K. folgendermaßen gliedern: a) mediumistische und exorzistische K.e („Wuismus“ und Orakelwesen); b) K.e mit einer Lehrtradition (↗Taoismus, Buddhismus, Sekten); c) offizielle K.e („Staatskultwesen“; ↗Konfuzianismus – insofern als er in enger Beziehung zum Ahnenkult und dem „Staatskultwesen“ stand). Insgesamt läßt sich folgende K.-Typologie, gültig auch für das heutige China, aufstellen: 1) der K. der Familie – Zeremonien im Zusammenhang mit der Geburt; Verlobungs- und Hochzeitszeremonien; Begräbnisriten und Ahnen-K.; 2) der K. der Volksreligion – Götter und Tempel; 3) das „Staatskultwesen“ (heute nur in Form einer Zeremonie für ↗Konfuzius vorhanden); 4) der K. des Taoismus und Buddhismus.

Der K. in China ist ein Produkt des Gemeinschaftslebens und ist dem sozialen Leben nachgeordnet. Durch den K. wollte man vor allem den regelmäßigen Gang der Natur sicherstellen. Der Himmel *(T'ien)* und die Erde *(ti)* waren Potenzen, mit denen man rechnen mußte. Es bedurfte aber eines besonderen Charismas, um durch den K. (Opfer und Gebet) die Harmonie mit Himmel und Erde herzustellen. Nach der Lehre des Konfuzius (551–479 v. Chr.) erhielt der Herrscher, Sohn des Himmels *(T'ien-tzu)*, seinen Auftrag vom Himmel *(t'ien-ming)* und konnte diesen verlieren, wenn er schlecht regierte. Er allein durfte dem Himmel für das Volk und Reich Opfer darbringen; ihm waren die Opfer an *Shang-ti,* den Himmel und die Erde vorbehalten. Wenn andere das gleiche zu tun versuchten oder nur eine besondere Beziehung zum Himmel beanspruchten (z. B. die Taoisten), waren sie deshalb des Hochverrates schuldig. Dies erklärt u. a., warum das Gebet nicht so sehr zum Leben des Volkes in China gehört, sondern Angelegenheit der Herrscher und Auserwählter war. Deswegen auch wurden im Volk „kleinere“ Götter verehrt (Volksreligion). Kaiser und Volk gemeinsam war lediglich der Ahnenkult. Mit ihm steht in enger Beziehung die K.-Gemeinschaft *(t'ung-tsung)*, die die Grundlage der Familienorganisation im alten China war. Es gab keinen Priesterstand; er entwickelte sich erst im Taoismus. Die eigentliche Gottesverehrung entfaltete sich vor allem im Taoismus, Buddhismus und in der Volksreligion. Der Konfuzianismus und das „Staatskultwesen“ blieben auf zeremonielle Akte beschränkt. Diese waren nämlich eine Vernunftreligion. 1911 hörten die Opfer am Himmelsaltar auf. 1914 ließ Präsident Yüan Shih-k'ai einen Erlaß über die Erneuerung des Himmelsopfers

ergehen, und zur Wintersonnenwende verrichtete er zum letzten Mal in der chin. Geschichte dieses Opfer.
Das Kernstück des Taoismus ist die Verehrung des ↗Tao in seinen verschiedenen Hypostasen. Der Taoismus unterscheidet sich grundsätzlich in seinem Selbstverständnis von der Volks- und Staatsreligion durch den K. des Tao. Der stark ausgebaute K. des Tao (vor allem die Buß- und Purifikationsliturgien, *chai*, und die Kommunalopfer, *chiao*) wurde als ein dem Himmels-K. vergleichbarer Akt angesehen und deshalb von der Staatsreligion als heterodox betrachtet.
Unabhängig von der Religion hatte die chin. Gottesverehrung immer nur ein Ziel, nämlich die kosmische Harmonie (↗Heil/Heilsweg VI).

Lit.: *E. M. Ahern,* Chinese Ritual and Politics. Cambridge 1981; *D. Bodde,* Festivals in Classical China. Princeton 1975; *T. T. Chang,* Der Kult der Shang-Dynastie im Spiegel der Orakelinschriften. Wiesbaden 1970; *E. Chavannes,* Le T'ai Chan. Paris 1910; *W. Eichhorn,* Die Religionen Chinas. Stuttgart 1973; *ders.,* Die alte chin. Religion und das Staatskultwesen. Köln 1976; *M. Granet,* Die chin. Zivilisation. München 1976; *ders.,* La religion des Chinois. Paris 1922; *J. J. M. de Groot,* The Religious System of China. 6 Bde. Taipei 1964; *ders.,* Universismus. Berlin 1918; *D. Johnson,* The City-God Cults of T'ang and Sung China: HJAS 45 (1985) 363–457; *C. Larré,* Transzendenz – chin. Denken: Conc 15 (1979) 371–376; *R. Malek,* Das Chai-chieh lu. Materialien zur Liturgie im Taoismus. Frankfurt 1985; *H. Maspero,* Le Taoïsme et les religions chinoises. Paris 1971; *K. Schipper,* Vernacular and Classical Ritual in Taoism: JAS XLV (1985) 1,21–57; *A. Seidel,* Das neue Testament des Tao: Saec. 29 (1978) 147–172; *J. Shih,* La preghiera nella religione cinese: StMiss 24 (1975) 165–184; *ders.,* I riti nella religione cinese, ebd. 23 (1974) 145–159; *M. Strickmann* (Hg.). Tantric and Taoist Studies. 2 Bde. Bruxelles 1981–1983; *L. G. Thompson,* Chinese Religion. Belmont 1969; *ders.,* Chinese Religion in Western Languages. Tucson 1985; *A. P. Wolf* (Hg.), Religion and Ritual in Chinese Society. Stanford/Calif. 1974; *C. K. Yang,* Religion in Chinese Society. Berkeley 1961. *R. Malek*

VII. Im biblischen Umfeld. Weder das AT noch das NT haben einen Gesamtbegriff für K. Die einschlägigen, aus dem Hellenismus, insbesondere aus der Septuaginta, übernommenen Wortgruppen werden nur von heidnischen K.en gebraucht oder aber, wie auch schon im Hellenismus und in der Septuaginta, fast nur im allg. rel. oder ethischen Sinn verstanden. Für den K. außerhalb Israels gilt, daß er der Gottheit erwiesen wird, um sich deren helfende Nähe und damit heiles Leben zu sichern. Die Sinnmitte der kultischen Feier ist die Erscheinung der Gottheit (↗Epiphanie). Um sie herbeizuführen, muß die K.-Gemeinde festgelegte Worte und Handlungen vollziehen. Es bedarf dazu des bevollmächtigten Mittlers, des Priesters. Die kultische Begegnung ist dabei gebunden an den rechten Ort und die rechte Zeit. Nur wenn die überlieferten Regeln und Riten eingehalten werden, erreicht der K. sein Ziel. Das AT verwendet für die kultische Begegnung zwischen Gott und seinem Volk bezeichnenderweise Ausdrücke, die um den Begriff des Dienstes *(leitourgia)* kreisen. Liturgie bezeichnet in den griech. Stadtstaaten zunächst unbezahlte Dienste, bes. in Athen seit dem 5./4. Jh. Spenden wohlhabender Bürger, später auch Steuern für das Gemeinwesen. Die weitverbreitete Deutung „Dienst des Volkes" trifft also nicht zu, was auch für Septuaginta, NT und christl. Tradition gilt. Seit dem 4. Jh. steht die Wortgruppe für Dienste vieler Art, seit etwa 200 auch für kultische. In der Septuaginta steht Liturgie stets für hebr. 'aboda (Opfer), während das kultische Tun des Volkes meist als Verehrung bezeichnet wird. Der atl. K. ist Heilshandeln Gottes und kann daher nicht auf menschliche, sondern nur auf göttliche Initiative erfolgen. Dieses an sichtbare Riten gebundene Heilshandeln hat „sakramentalen" Charakter, am deutlichsten im Passah. Ziel des K. ist die Schaffung des hl. Volkes Gottes, weshalb es im AT auch keinen K. ohne K.-Gemeinde gibt. Die prophetische K.-Kritik richtet sich nicht gegen den K. als solchen, sondern gegen eine Trennung von K. und einem diesem entsprechenden sittlichen Leben.
Das NT weist mehr als 30 Wörter für konkrete kultische Akte auf, hat aber wie das AT keinen Gesamtbegriff. K.-Termini werden entweder vom heidnischen oder jüd. K. gebraucht oder in einem neuen umfassenderen Begriff von K. Christl. K. im vollen Sinn ist nicht als Spiritualisierung oder Ethisierung des atl. K. zu fassen, sondern als Eschatologisierung, Pneumatisierung und Christologisierung. Er ist Erfüllung des alten K. Sein Träger ist die Kirche, die königliche Priester-

schaft. Subjekt des K. ist letztlich Christus, der in der Kirche fortwirkt. Alles kultische Tun der Christen geschieht durch ihn und ist von seinem Heiligen Geist getragen. Der so ermöglichte pneumatische K. besteht nach Paulus in Akten der Liebe, in Gebeten, ja im ganzen Leben und im Dienst der Verkündigung. Alles das sind geistige Opfer, kultischer Dienst, Gottesdienst. Christus ist das einzige Opfer des Neuen Bundes (Hebr 10,14), der einzige Hohepriester (Hebr 8,1), der Weg zum Vater (Joh 14,6). Die an ihn Glaubenden, die vom Heiligen Geist erfüllt sind (1 Kor 3,16), sind Stätte seiner Gegenwart und der Anbetung Gottes (Joh 4,21). Wer seinem Leib durch die Taufe im Wasser und im Hl. Geist eingegliedert ist, für den ist das ganze Leben Gottesdienst. Diesem kultischen Verständnis des ganzen christl. Verhaltens, wie es im NT vorliegt, ist die Überlieferung zunächst treu geblieben. Erst die Kirchenväter verwenden seit dem 2. Jh. kultische Termini.

Lit.: *E. J. Lengeling*, Art. K.: HThG I 865–880; *ders.*, Liturgie/Liturgiewissenschaft: NHThG III 26–29; *G. Lanczkowski u.a.*, Art. Gottesdienst: TRE XIV 1–38.

VIII. Im Judentum. Der jüd. Opfer-K. im Tempel, die *'aboda* (2 Chr 35,10.16), hat mit der Zerstörung Jerusalems 70 n. Chr. zwar ein Ende gefunden, doch gehört es zu den großartigsten Äußerungen jüd. Glaubenslebens, die *'aboda* (= Liturgie) voll und ganz auf das Gebet übertragen zu haben. Das war möglich, weil nach jüd. Glauben der eigentliche Gottesdienst im Herzen stattfindet, eben im Gebet, nämlich dann, „wenn ihr also den Herrn, euren Gott, liebt und ihm mit ganzem Herzen und mit ganzer Seele dient" (Dtn 11,13). Und das Hauptgebet des synagogalen Gottesdienstes ist das Achtzehngebet, das als Ersatz für den Opfer-K. verstanden werden kann. Es steht vom Ende des Tempel-K. bis heute im Mittelpunkt der synagogalen Liturgie, die in allen jüd. Riten und ↗Synagogen genau zu den Zeiten gehalten wird, da vormals die Opfer im Tempel stattfanden: am Morgen und am Nachmittag sowie an ↗Sabbaten und Festen anstelle des Zusatzopfers *(Mussaf)* im Anschluß an den Morgengottesdienst. Darüber hinaus wird das Achtzehngebet auch im Abendgottesdienst verrichtet, zählt dort aber nicht als Pflichtgebet, weil es zur Abendzeit keine Opfer im Tempel gab. Zwischen Tempel-K. und Synagogenliturgie gibt es weitere erhebliche Unterschiede: 1. Im Tempel gab es ein erbliches Priester- und Levitentum; man wurde Priester durch Geburt. In der Synagoge wird kein Priester gebraucht, es handelt sich um eine Laienliturgie, bei der 10 Männer die Gemeinde konstituieren. 2. Der Tempel war ortsgebunden, die Synagoge ist nicht ortsgebunden, die Liturgie bedarf letztlich keines hl. Ortes. 3. Im Tempel war das Volk eher zuschauend anwesend, während es im Synagogengottesdienst als Handlungsträger die Liturgie vollzieht.
Zum Element des Gebetes treten die Schriftlesung und -deutung. Die Lesung der Tora (= 5 Bücher Mose) findet am Sabbat, Montag und Donnerstag statt und wird an Sabbaten und Festen durch ausgewählte Stücke aus den Propheten ergänzt. Vor allem an den Festen treten bestimmte kultische Handlungen, die z.T. aus der Tempelliturgie kommen, hinzu, so etwa das Schofarblasen am Neujahrstag oder die Prozession am Laubhüttenfest. Trotz der Unterschiede vor allem zwischen orth. und religiös-liberalen Juden in Einzelheiten der Glaubenslehre ist allen die Grundstruktur der Liturgie gemeinsames Gut, wie auch das im „Höre, Israel!" (= Sch^{e}ma) enthaltene Bekenntnis zum ↗Monotheismus und die im Zusammenhang damit ausgedrückten Glaubenslehren von Schöpfung, Offenbarung und Erlösung. Die überkommene Gottesdienstordnung wurde in der Neuzeit von der jüd. Reformbewegung in Frage gestellt. Hauptanliegen der Reform waren die Einführung der Landessprache, die Umgestaltung der Gebete (z.B. Streichung der messianischen Erwartungen oder der Bitte um die Wiederherstellung des Tempel-K.), die Liturgiefähigkeit der Frau.
Wie im Christentum geht es im Judentum nicht um ein einseitiges Verständnis des K., denn Gott ruft sein Volk zusammen, das sein Heilshandeln in der Verkündigung der Schrift vernimmt und ihm darauf in Glaube und Liturgie antwortet. Es geht also um ein dialogisches Geschehen,

in dem in der gegenwärtigen Feier das Heilshandeln Gottes bekannt und daraus Zuversicht auf seine Verheißungen bis zum Ende der Zeiten geschöpft wird. Diesem gottesdienstlichen Bekenntnis muß die ethische Ausrichtung des gesamten Lebens entsprechen.

Lit.: *H. H. Henrix* (Hg.), Jüd. Liturgie. Freiburg 1979; *J. J. Petuchowski,* Gottesdienst des Herzens. Freiburg 1981; *F. Thieberger* (Hg.), Jüd. Fest, jüd. Brauch. Königstein [3]1985.

IX. Im Christentum. Der Begriff K. hat im Christentum unterschiedliche Bedeutungen gehabt. In der Schultheologie ist er der klass. Begriff, der in der Ethik von der Antike über die Scholastik K. auffaßt als Akt der Tugend Religion, die ihrerseits zur Kardinaltugend Gerechtigkeit gezählt wird – daher der Ausdruck „geschuldete K." Im MA (Thomas v. Aquin) erfolgt eine weitere Einengung: K. hat im Unterschied zu Glaube, Hoffnung und Liebe nicht unmittelbar Gott selbst zum Ziel, sondern nur kultische Akte wie Kniebeuge und nur mittelbar Gott. So wird K. im Sinn von Anbetung, Verehrung und Opfer verwendet und als Gott geschuldeter Ausdruck unserer von Schöpfung und Heilsgeschichte geforderten Hingabe verstanden. Diese einseitige Sicht wird dem christl. Liturgieverständnis nicht gerecht, denn Liturgie meint nicht nur Gottesverehrung, sondern auch und sogar zuerst das Heilshandeln Gottes an seiner Gemeinde. So ist der Begriff K. ungeeignet, um den christl. Gottesdienst zu beschreiben.
Besser ist der Begriff Gottesdienst oder Liturgie (griech. = Dienst am Volk im Sinne einer öffentlichen Dienstleistung) als Ausdruck für den Dienst Gottes an seinem Volk und dessen Antwort als Dienst gegenüber Gott. In der Liturgie (= L.) wird zuerst Gott in Jesus Christus durch Wort und Zeichen heilbringend an seiner Gemeinde tätig, bevor diese den Vater mit und in Christus durch den Hl. Geist dankend lobpreist. L., die Feier des Glaubens, ist eine der drei Grundfunktionen der Kirche, zu denen Martyria, die Verkündigung des Glaubens, und Diakonia, das Tun des Glaubens, gehören. Sie ist nach der L.-Konstitution des II. Vatikanums (SC) „der Höhepunkt, dem das Tun der Kirche zustrebt, und zugleich die Quelle, aus der all ihre Kraft strömt" (Nr. 10), eine „heilige Handlung, deren Wirksamkeit kein anderes Tun der Kirche an Rang und Maß erreicht" (Nr. 7). Ursprung der L. ist das Pascha-Mysterium Jesu Christi, sein Tod und seine ↗Auferstehung (II). Daran läßt Christus seine ↗Kirche in der Kraft des Hl. Geistes teilhaben (Nr. 5f.). Das geschieht bes. durch die L., in der er heilbringend gegenwärtig ist. L. ist daher im Kern Vergegenwärtigung und Zuwendung des Heilswerkes Christi, Aktionsgemeinschaft des Hohenpriesters Christus und seiner Kirche zur Heiligung des Menschen und zur Verherrlichung Gottes, ein Dialog zwischen Gott und Mensch. Dabei ist der eigentliche Träger dieses Handelns, der Mittler zwischen Gott und Mensch, Christus selbst, der „Liturge des Heiligtums" (Hebr 8,2). Das kommt vornehmlich zum Ausdruck in den Gebetsschlüssen „durch Christus": heilshaft von Gott, dem Vater, durch Christus zu uns, und aufsteigend von uns durch Christus zum Vater. L. ist Fortsetzung des Heilswirkens Christi, daher prophetisch, priesterlich und königlich (vgl. 1 Petr 2,9). Dieses Tun geschieht unter sinnfälligen Zeichen, deren wichtigstes die christliche Gemeinde ist, der Leib Christi, der sichtbare Träger der L., in sich gegliedert nach verschiedenen Aufgaben und Diensten. Alle durch die Initiation (Taufe, Firmung, Eucharistie) in die christl. Gemeinde Eingegliederten sind liturgiefähig. In der L. ist Christus gegenwärtig in der versammelten Gemeinde, im Vorsteher der Versammlung, im verkündeten Wort und in den eucharistischen Gestalten. Zur L. gehören die wahrnehmbaren Feiern, in denen Christus in der Gemeinde tätig wird, um die Menschen zu heiligen und den Vater zu verherrlichen. Im Zentrum steht dabei die Eucharistiefeier, in der sich die Gemeinschaft mit Christus und damit mit Gott am intensivsten verwirklicht. Dazu gehören weiter die Feiern, die den Menschen in die eucharistische Gemeinde eingliedern (Initiation), ihm in besonderen Situationen helfend zur Seite stehen (Buße, Krankensalbung) oder zu einem besonderen Dienst befähigen (Ehe, Weihe). Dazu gehören auch die selbständige Verkündi-

gung des Gotteswortes sowie die Feier der Stundenliturgie (Gebet). Über diese gesamtkirchlich geordneten liturg. Feiern hinaus gibt es weitere gottesdienstliche Versammlungen, die von den einzelnen Diözesen oder Gemeinden eigenverantwortlich gestaltet werden.

Der L. kommt im Gesamt des kirchlichen Lebens ein hoher Stellenwert zu, doch muß sie immer im Zusammenhang mit den anderen kirchlichen Aufgaben gesehen werden. So ist der Glaube Voraussetzung für die L. Zudem verpflichtet die Teilnahme an der L. zur Nachfolge Christi im selbstlosen Dienst an allen Menschen und der Welt. L. verwirklicht zwar die notwendige Vertikale Gott–Mensch, gibt aber andererseits Kraft und Verpflichtung, die Horizontale Mensch–Mensch zu berücksichtigen.

Eine Begriffsbestimmung könnte lauten: L. ist die von der Kirche, dem hierarchisch gegliederten Volk Gottes, durch den gegenwärtigen Christus im Hl. Geist unter wirksamen äußeren Zeichen und in rechtmäßiger Ordnung vollzogene Aktuierung des Neuen Bundes zwischen Gott und Mensch in Fortführung des einerseits von Gott absteigenden und andererseits zu Gott aufsteigenden Priesteramtes Christi nach seiner Erhöhung bis zu der in seiner Wiederkunft anbrechenden vollendeten Königsherrschaft Gottes.

Lit.: *E. J. Lengeling,* Art. Liturgie/Liturgiewissenschaft: NHThG III 26–53; *G. Lanczkowski,* Art. Gottesdienst: TRE XIV 1–97; *K. Richter,* Was bedeutet die Liturgie für mein Leben? Freiburg 1983.

K. Richter

X. Im Islam (↗Abraham III; Moschee; Ramaḍān). Über die Geschichte der Gottesverehrung und des K. im ↗Islam bestehen immer noch Unklarheiten. Wenn auch ↗Muḥammad den Grund gelegt hat, hat es bis zu den noch heute praktizierten Formen einige Jh.e gedauert. In der Ausübung seiner rel. Pflichten hat der Muslim fünf Hauptpflichten (↗Arkān) zu erfüllen, auf denen dann auch vornehmlich die muslim. Frömmigkeit beruht. Der Islam kennt weder Klerus noch Sakramente. Auch schuldet der Mensch Gott „nicht Opfergaben oder Opfer, sondern *'ibāda,* ‚Verehrung', *dīn,* ‚Ergebenheit', und *islām,* ‚Unterwerfung'" (Watt/Welch 362f.). In der ↗Ṣalāt, dem sichtbarsten Symbol und Ritus, werden diese Themen aufgegriffen. Eine große Bedeutung im K. kommt der Reinigung zu. Durch ein kompliziertes System ritueller Purifikationen verläßt der Muslim die profane Alltagswelt. Er wird, von innen und außen rein, hineingestellt in geheiligte Zeit und geheiligten Raum, wo Gott gegenwärtig ist. Aus der Volksfrömmigkeit heraus haben sich bei Geburt, Beschneidung, Eheschließung und Begräbnis kultähnliche Gebräuche entwickelt.

Lit.: *W. Montgomery Watt / A. T. Welch,* Der Islam I. Stuttgart 1980.

G. Riße

XI. Kult und Kultur (↗Inkulturation; Kultur). Die Begriffe K. und Kultur leiten sich her von lat. *colere* = pflegen, bewahren, achten. Unter Kultur kann daher ganz allg. die Pflege und Bewahrung des menschlichen Lebensraumes verstanden werden. Zumindest für vorkritische archaische Naturreligionen gehört dazu notwendig der K., in dem dieser Lebensraum gesichert, eine heile Welt geschaffen wird; ohne K. wären Welt und Gesellschaft dem Verderben preisgegeben. Auch der Gläubige des wiss. Zeitalters kann dem K. weder den Anspruch noch die tatsächliche Bedeutung für die Gestaltung des gesamten Lebens absprechen, wenn er ihn nicht zu einem partikularen Lebensvollzug ohne echte Verbindlichkeit degradiert. Kultur gibt es notwendig, wo Menschen miteinander leben, arbeiten, sich ausdrücken, gestalten und feiern. Daher ist der K. ein integrierender Bestandteil dieser Kultur. In ihm finden die zentralen Einsichten und Haltungen, die Ursprung, Sinn und Ziel des menschlichen Lebens betreffen, ihren symbolischen Ausdruck. Der K. ist gleichsam Konzentrat und Integrationsfeld der wesentlichen Faktoren kulturellen Verhaltens und Gestaltens, denn in ihm ereignet sich soziale und rel. Kommunikation in verbalen, klanglichen und bewegungsmäßigen Ausdrucksformen, also durch Sprache, körperlichen Ausdruck (Gestik, Tanz u. ä.), Musik und Architektur, bildende Kunst usw. Der kultische Ausdruck ist vom Menschen- und Weltbild der jeweiligen Gesellschaft abhängig, also von ihrer Kultur, die auch

Einfluß auf das Gottesbild hat. Die gegenseitige Abhängigkeit und Durchdringung von K. und Kultur bringen es mit sich, daß der kultische Ausdruck entsprechend der gesch. Entwicklung der Kultur einem Wandel unterworfen ist. So ist der K. der judenchristl. Urgemeinde an Ausdrucksformen der jüd. Kultur gebunden, während sich der christl. K. in der hellenist.-griech. und röm.-lat. Welt Ausdrucksformen dieser Kulturen bedient. Je besser die Übernahme der Ausdrucksformen einer Kultur in den K. gelingt, je deutlicher die Sprach- und Zeichenwelt des K. mit den sozialen Gegebenheiten einer Epoche korrespondiert, desto eher wird der K. von der jeweiligen K.-Gemeinde angeeignet und zudem auch Wirkungen über die Feier hinaus im gesellschaftlichen Leben zeitigen können. Daher muß der christl. Gottesdienst an die Eigenart und Überlieferungen der verschiedenen Völker angepaßt werden (II. Vatikanum, Liturgiekonstitution Nr. 37), unterliegt also einem Inkulturationsprozeß. Zwar ist der christl. Glaube an keine bestimmte Kultur gebunden, doch sind Verkündigung (Martyria), Feier (Liturgie) und Leben des Glaubens (Diakonia) immer auf die Ausdrucksformen bestimmter Kulturen angewiesen. Diese Inkulturation bedeutet die Integration des christl. K. in die Kultur eines anderen Volkes, und zwar so, daß der K. nicht nur in Elementen dieser Kultur zum Ausdruck kommt, sondern auch Einfluß auf diese Kultur hat, so daß ein neues Ganzes entsteht und zugleich die Weltkirche dadurch bereichert wird. Das geschieht in mehreren Phasen: 1. begegnet der K. als bereits inkulturierte (zumeist europ.) Größe einer anderen Kultur; 2. geschieht eine Adaptation, bei der das Moment der Aneignung im Vordergrund steht; 3. vollzieht sich die eigentliche Inkulturation, in der der K. von der eigenen Kultur her geprägt, aber auch die Kultur vom K. her beeinflußt wird. Dabei ist darauf zu achten, daß der K. nicht in den Dienst politischer und gesellschaftlicher Ziele gestellt und von der jeweiligen Kultur mißbraucht wird.

Lit.: *F. Schupp,* Glaube – Kultur – Symbol. Düsseldorf 1974; *H. B. Meyer,* Zur Frage der Inkulturation der Liturgie: ZkTh 105 (1983) 1–31. *K. Richter*

Kultur(en)

↗Inkulturation.

1. K. (von lat. *colere* = pflegen, *cultura agri* = Ackerbau, metaphorisch *cultura animi* = Seelenkultur, Cicero, Tusc. disp. 2,5) ist ein analoger, typologischer und axiologischer Begriff, der im Zusammenhang mit dem Menschen, seinem Handeln und dessen Ergebnissen verwendet und dem Naturbegriff gegenübergestellt wird. Nach den in ihnen verwirklichten Werten gehören zu den wichtigsten K.-Bereichen: Kunst (das Schöne), Moral (das Gute), Philosophie und Wissenschaften (die Wahrheit), Religion (das Sacrum) und Technik (die instrumental-praktische Effektivität), die sich alle auf eigentümliche Weise gegenseitig bedingen und durchdringen. Der einzelne partizipiert an der K. durch Bildung, Initiation, Erziehung – Nachahmung und eigenes Schaffen –, wobei der Familie und Gesellschaft, der Geschichte, Tradition und Sprache, der Arbeit und Freizeit eine besondere Rolle zufällt.

2. In der Umgangssprache funktioniert der K.-Begriff weltanschaulich, und zwar in einem beschreibenden, bewertenden oder normativen Sinn. Nach den Erfahrungen des 20. Jh. (Kriege, Wettrüstung, internationaler Terrorismus,, KZ, neokoloniale Menschenunterdrückung. Welthungersnot, ökologische Weltverschmutzung) zeigt sich im westl. Bewußtsein ein tiefes Mißtrauen (K.-Nihilismus) gegen die europ. Gestalten der K. wie Wissenschaft und Technik. In den Einzelwissenschaften, in Philosophie und Theologie, wo die Kategorie der K. eine zentrale Rolle spielt, hat sie mehrere, oft gegensätzliche oder komplementäre Bedeutungen. Es gibt keine allgemein akzeptierte Definition der K. Jede Disziplin, die systematisch K. untersucht (K.-Philosophie, K.-Morphologie, Ethnologie, Sozial- und K.-Anthropologie, Geschichte), definiert die K. unter dem Aspekt, den sie von ihrem Gesichtspunkt aus für fundamental hält. Der verbreitetste soziologisierend-holistische K.-Begriff identifiziert K. mit einem Sozialsystem bzw. einer Sozialstruktur als gesellschaftlich-gemeinschaftlicher Lebensform der Menschen. Die Bedeutung von K. hängt wesentlich vom philos. Konzept des

Menschen und seiner Lebenswelt ab. Die Existenzweise der K. findet ihre Lösung in der traditionellen Problematik der Universalien und somit in der K.-Ontologie. Unter den K.-Konzeptionen gibt es normative und kritische, dynamische und statische, psychologisierende und soziologisierende, ontologisierende und theologisierende, reduktionistische und holistische, naturalistische (biologische, evolutionistische), realistische und idealistische (symbolische), genetische, strukturalistische und funktionalistische. Formal lassen sich zwei Arten von Definitionen unterscheiden: a) dynamisch als Tätigkeit *(enérgeia)*, als besondere Art menschlichen Verhaltens und gestaltenden Handelns (K. als „natürliche Anlage des Menschen", I. Kant), und b) statisch als Werk *(érgon)*, als Ergebnis der materiellen und geistigen Tätigkeit des Menschen, als Gesamtheit der K.-Leistungen und -Güter. Die Unterscheidung in subjektive und objektive K. ist methodischer Art, zumal beide Begriffe aufeinander bezogen bleiben.

Zu a): K. als Tätigkeit ist primär eine Fähigkeit und Leistung von Individuen, sekundär von Gruppen bzw. Sozialsystemen, die sich auf wichtige Bereiche menschlichen Verhaltens bezieht und – nach einem bestimmten Verhaltensmuster (K. als Norm und Lebensform) – auf die Pflege der natürlichen Anlagen (Dispositionen, Tugenden) des Menschen bzw. auf die Umbildung des Menschen oder der Natur zielt. Auf den Menschen bezogen meint sie (seit der Renaissance) eine Vervollkommnung und Höherentwicklung seiner leiblichen, geistigen, intellektuellen, moralischen und religiösen Kräfte und tendiert auf die Bildung einer geistigen Elite und einer der Natur hinzugefügten neuen Welt des Geistes. Die moderne Industrie-K. begrenzt K. auf die effektive Änderung und Beherrschung der Natur (Zivilisation). Entsprechend kritisierte schon J.-J. Rousseau, daß mit dem Fortschreiten der K. der Verfall der Sitten, Irrtum und Verdrängung der Vernunft Hand in Hand gegangen seien. Soziologisierende K.-Definitionen betonen den gesellschaftlichen Charakter der K.-Bildung (K. als Sozialisation und Kulturation). Für die Naturalisten (z. B. B. Malinowski) ist K. ein Instrument der Naturanpassung und eine Einrichtung zur Befriedigung der artspezifischen Bedürfnisse des Menschen.

Zu b): K. als Ergebniszustand bedeutet zweierlei: *subjektiv* die spezifisch menschliche Existenzweise bzw. die durch Erziehung und Bildung des Menschen erworbenen Fähigkeiten und Weisen („innere" K., „sekundäre Natur" bzw. außergenetisches Erbe), sich kulturell, d. h. nach einem akzeptierten Wert- und Normensystem, zu verhalten (ein „kultivierter Mensch"), *objektiv* entweder *idealistisch* (durch eine Ontologisierung der K.) eine Realität sui generis, die natürliche Umwelt des Menschen, die schon erreichte Stufe der Höherentwicklung der Menschheit, eine abstrakte, überindividuelle Größe (Überorganismus), die Gesellschaft als Institution, den Strom von Ideen und Werten („objektiver Geist"), das erzieherische System von Zielen, Werten, Normen und Direktiven, die Gestalt des gesellschaftlichen Bewußtseins oder *empirisch* die Ganzheit der objektivierten, empirisch zugänglichen Leistungen des Menschen in Gestalt materieller Güter und technischer Errungenschaften.

3. Genetisch bildet das Fundament der K. die biologische, psychische und rationale Natur des Menschen. Weil K. die Schaffung des konkreten Menschen ist (ihre wesentliche Mitte ist die personale K.) und in seiner angeborenen Natur wurzelt, wird sie letztlich durch die ontische Struktur des Menschen und seine existentielle Position in der Welt erklärt. Vom ontologischen Standpunkt aus ist K. grundlegend verbunden mit der menschlichen Erkenntnis und Liebe. Wo der Mensch verstandesmäßig und frei handelt, vergegenständlicht er aufgrund seiner Urbild-Ursächlichkeit seine Ideen. Entsprechend ist das kulturschaffende Wirken eine breit verstandene Intellektualisierung, Rationalisierung und Hominisation sowie auf dieser Grundlage eine axiologisch-positive Humanisierung der unbelebten und belebten Natur einschließlich des Menschen selbst. Damit zwingt der Geist seine personalen Rechte der bewußt organisierten Materie auf. Als Realisierung der menschlich-inten-

tionalen Akte der Erkenntnis ist jedes K.-Werk wesentlich an die analog verstandenen Werte gebunden. Der Wert der K. stammt aus ihrer genetischen und finalen Verbundenheit mit dem menschlichen Geist, insofern das Ziel der K. der Mensch selbst bleibt und nicht sein Werk. Der Mensch entdeckt verschiedene Werte in sich und in der Welt und objektiviert sie in Gestalt der konkreten K. K. im weitesten Sinn ist somit eine freie Aktualisierung der menschlichen Fähigkeiten, mit denen der Mensch die Natur zu seiner Welt gestaltet und sich von vielen (biologischen) Determinanten befreit. Weltgestaltung ist zugleich Selbstgestaltung des Menschen. In der K. manifestiert er sowohl seine Schaffenskraft als auch seine eigene Natur. Von einem kulturellen Determinismus kann insofern keine Rede sein, als die K. keine außer- oder übermenschliche Größe ist. Die soziobiologischen Determinanten der K. (genetische Ausstattung und Prädispositionen des Menschen) begrenzen zwar ihre möglichen Varianten, gefährden aber nicht die prinzipielle Freiheit des Menschen, sich von den verschiedenen K.-Zwängen zu befreien.

4. Funktional erschöpft sich die Bedeutung der kulturellen Tätigkeit für den Menschen nicht darin, daß die K. dem Menschen eine ökologische Nische für das biologische Überleben als Individuum oder als Gattung garantiert. Vielmehr spielt sie eine entscheidende Rolle in der geistigen Entwicklung und Vervollkommnung eines jeden Menschen und der Menschheit. In der aktiven Teilnahme am kulturellen Leben schafft der Mensch nicht nur neue Werte, sondern realisiert er sich in seinem Menschsein. Eine wichtige Funktion der K. ist ihre sinnstiftende, weltstrukturierende und lebens- und handlungsorientierte Rolle. Sie enthält allgemeine Antworten auf die Fragen nach dem ganzheitlichen Sinn der Welt und des Menschen (K. als Ordnungs- und Deutesystem). Sie stellt Werte, Ziele und deren Hierarchie fest, liefert Verhaltensnormen, bestimmt die Beziehungen der Menschen untereinander und zu Geschichte, Tradition, Gesellschaft, Staat, Religion usw. Die traditionellen („primitiven") K.en haben diese Funktionen viel wirksamer als die modernen szientistisch-technischen K.en erfüllt, die mehr auf die Beherrschung als auf Erkennen und Verstehen der Welt eingestellt sind.

5. Der K.-Pluralismus und die K.-Unterschiede haben ihren Grund in den mannigfaltigen Weisen, auf welche die Menschen in verschiedenen geographischen Milieus von ihren Fähigkeiten Gebrauch gemacht haben. Ein reiner K.-Uniformismus bzw. eine Welteinheits-K. käme einer Verarmung der K. gleich, weil sie eine Begrenzung der geistigen Entfaltungsmöglichkeiten des Menschen bedeuten würden. Die Feststellung und Anerkennung der empirisch gegebenen kulturellen Differenziertheit der Menschheit ist in sich noch kein K.-Relativismus. Theoretisch wie praktisch gibt es jedoch keine unbeschränkte Toleranz gegenüber jeder Form von K., da der Mensch bei der Schaffung seiner kulturellen Umwelt nicht nur Werte, sondern auch Gegenwerte oder Unwerte schafft, die seine Existenz als Person gefährden und somit auch Gegen- und Un-K. sind. Hierin, nicht so sehr in ökonomischer und technischer Überlegenheit liegt der Grund für die Unterscheidung zwischen den axiologisch sogenannten Primitiv- und Hoch-K.en. Wenn bisher anerkannte Grundwerte in Frage gestellt werden und zerfallen, bedeutet dies einen allgemeinen Rückschritt und Verfall der K. Wenn dagegen die personalen Werte des Menschen immer mehr akzeptiert, seine geistigen Fähigkeiten entfaltet werden und die K.-Entwicklung zu einer entscheidenden Verbesserung der Lebensbedingungen (Kampf gegen Hunger, Armut, Krankheit, Ungerechtigkeit, Unfreiheit) führt, ist dies ein K.-Fortschritt. Je nach Einschätzung der Gesamttendenz einer K.-Geschichte ist von K.-Pessimismus oder K.-Optimismus die Rede.

6. Für die kath. Theologie besteht das höchste und fundamentale Kriterium für die Bewertung einer K. in ihrer Rolle bei der Verwirklichung des endgültigen Zieles des Menschen: seines Heils als der Teilhabe an der Fülle Gottes durch die volle Entwicklung des Menschseins. Auch wenn jedes menschliche Tun unvollkommen ist, spielt die K. doch eine

entscheidende Rolle im Leben eines jeden Menschen auf seinem Weg zu seiner Erfüllung. Der Mensch steht in einer gottgesetzten Ordnung, zu welcher auch die K.-Entfaltung gehört. Aufgabe der Christen ist die Durchdringung der jeweiligen K. mit dem Geist des Christentums. Christlich ist eine K. in dem Maße, als sie die von Gott geoffenbarten Wahrheiten, Ideen und Werte berücksichtigt. Säkularistisch ist eine K., die nach einer „neuen", „besseren", weil gottlosen Welt strebt. Zwischen den verschiedenen K.-Bereichen und der Religion besteht in den verschiedenen Phasen der Religions- und K.-Geschichte ein Spannungsverhältnis, das von Einheit über Distanz und Feindlichkeit bis zur Verweltlichung der Religion oder radikaler Weltabkehr reicht. Typisch für das Christentum ist, daß es nicht von „dieser Welt" ist und doch aufs engste mit der K. in dieser Welt verbunden bleibt. In der kath. Kirche findet die heutige K.-Situation seit dem II. Vatikanischen Konzil besonderes Interesse. Sie steht seither in einem Prozeß der Ablösung des Eurozentrismus mit folgenschweren Konsequenzen für die missionarischen Akkulturations- und Adaptationsprozesse außerhalb Europas. Bedeutsam ist die systematische Unterweisung Johannes Pauls II. auf seinen Weltreisen, der sowohl die Universalität wie auch den regionalen Charakter der jeweiligen K. betont. Er entwirft dabei das Programm einer neuen, globalen, universalen, ökumen. und rel. K. und sieht in einem atheistischen Verweltlichungsprozeß den Hauptgrund für die gegenwärtige K.-Krise. In seinem K.-Verständnis ist die fundamentale Kategorie der K. der Mensch, der nicht nur freier und rationaler Schöpfer der K. ist, sondern auch ihr unbedingt maßgebender Wert, Zweck und Ziel. Eine authentische K. vermittelt zwischen Gott und Mensch. Sie dient der Humanisierung des Menschen als Person, der Bildung eines integralen Menschen mit einem sittlichen und religiösen Bewußtsein, der den Geist über die Materie, die Person über die Gegenstände, die Moral über die Technik stellt. Im Vergleich zur grundlegenden Einheit der menschlichen K. ist der Pluralismus der K.en ein Pluralismus der Wege, auf denen die Menschheit zu Gott geht, und als solcher sekundär. Das Christentum lehnt den K.-Pluralismus ebensowenig ab wie die Toleranz anderer K.en gegenüber. Es weist aber allen K.-Bereichen und -Werten ihren Platz zu. Es bindet sich an keine konkrete K., es steht zugleich in den K.en und über ihnen.

Lit.: *C. Badcock,* The Psychoanalysis of Culture. Oxford 1980; *B. Bernardi* (Hg.), The Concept and Dynamics of Culture. Den Haag 1977; *O. A. Bird,* Cultures in Conflict. Notre Dame/Ind. 1976; *E. E. Boesch,* Kultur und Handlung. Bern 1980; *S. C. Brown* (Hg.), Objectivity and Cultural Divergence. Cambridge 1984; The Common Christian Roots of the European Nations. Florence 1982; *J. M. Curtis,* Culture as Polyphony. Columbia/Miss. 1978; *F. C. Gamst / E. Norbeck* (Hg.), Ideas of Culture. New York 1976; *H. F. Geyer,* Physiologie der Kultur. Frankfurt 1985; *E. Hatch,* Culture and Morality: The Relativity of Values in Anthropology. New York 1983; *C. Lumsden / E. O. Wilson,* Genes, Mind and Culture. The Coevolutionary Process. Cambridge/Mass. 1981; *S. Pandit* (Hg.), Perspectives in the Philosophy of Culture. New Delhi 1978; *W. Perpet,* K./K.-Philosophie: HWP IV 1309–1324; *J. C. Powys,* The Meaning of Culture. London 1974; *E. B. Ross* (Hg.), Beyond the Myths of Culture. London – San Francisco 1980; *M. D. Sahlins,* Culture and Practical Reason. Chicago 1976; *L. Schneider / Ch. Bonjean* (Hg.), The Idea of Culture in the Social Science. Cambridge 1973; *M. J. Swartz / D. K. Jordan,* Culture. The Anthropological Perspective. New York 1980; *H. P. Thurn,* Soziologie der Kultur. Stuttgart 1976; *R. C. Ulin,* Understanding Cultures. Austin 1984.

A. Bronk

L

Labyrinth. Das L. (vorgriech.), eine spiralförmige Figur, deren Windungen in kleiner werdenden, nicht ganz geschlossenen Kreisen hin- und zurücklaufen, gehört bereits der Megalithkultur an und findet seit der Bronzezeit als Felsenbild und Steinsetzung (↗Stein) seine Darstellung. Ursprünglich soll es sich um ein in der genannten Form getanztes (↗Tanz) Kultdrama handeln, das die Wiederbelebung der Natur bzw. die Neuaufrichtung des gesamten Kosmos zum Inhalt hatte. Erst später treten ergänzend oder stellvertretend zu den Tänzerreihen die Figur als solche und das von antiken Autoren beschriebene Gebäude mit scheinbar ausweglosen Irrgängen hinzu: eine quadratische oder rechteckige Anlage mit nur einem Zugang ins Zentrum, bis zu dem zahlreiche Gänge durchlaufen werden müssen, und wiederum nur einem Ausgang. Beispiele u.a. hierfür sind einmal die von Dädalus erbaute mythische Behausung des Minotaurus. Der Sage nach wird Minotaurus von Theseus getötet, der mit Hilfe eines Wollknäuels („Ariadnefaden“) aus dem L. herausfindet. Zum anderen der Totentempel des ägypt. Königs Amenemhet III. (1844–1797) mit angeblich 3000 Räumen. – Während die erste Figur beliebtes Mosaikmuster war (röm. Casa del Labirinto in Pompeji; Fußbodenschmuck in ma. Kirchen), verbreitete sich in der Barockzeit (ausgehend von Versailles) die zweite Figur in Form eines Irrgartens (bis heute bekanntes Element der Gartenbaukunst) über ganz Europa.

Lit.: *R. Eilmann,* Labyrinthos. Athen 1931; *C.-M. Edsman,* Art. L.: RGG³ IV 194 (Lit.).

N. M. Borengässer

Lamaismus ↗Buddhismus III 3.

Lao-tzu. 1. Nach der Tradition war L. („Alter Lehrer“) ein älterer Zeitgenosse des ↗Konfuzius (551–479 v.Ch.); er arbeitete als Archivar in der Hauptstadt des Königreiches Chou. Es gibt nur wenige historisch zuverlässige Angaben über sein Leben, obwohl Legenden im Übermaß vorhanden sind. Konfuzius soll L. besucht und ihn bezüglich der guten Sitten um Rat gefragt haben. Vom „Alten Lehrer“ wird gesagt, daß er ein glühender „Befolger des Weges“ (↗Tao) war. Er war mit den moralischen und politischen Bedingungen seiner Zeit unzufrieden, so daß er beschloß, China zu verlassen. Auf diesem Weg wurde er von Grenzwächtern angehalten und gebeten, seine Weisheitsworte niederzuschreiben. Angeblich verfaßte L. dann, bevor er fortging, den „Tao-te ching“ (Klassiker des Weges und seiner Kraft). L. wurde später in der taoistischen Religion vergöttlicht (ungefähr 1. Jh. n.Chr.) und als der große Vorfahre der Herrscherfamilie der T'ang Dynastie (618–906) angesehen. Trotz der Schwierigkeiten bezüglich seines Lebens und dessen Historizität gilt seine Historizität weithin als gesichert; das allerdings bedeutet nicht, daß er der Autor des „Tao-te ching“ (auch *Lao-tzu* genannt) gewesen sein muß.

2. Der „Tao-te ching“ wird im allgemeinen auf das 4. oder 3. Jh. v. Chr. datiert, auch wenn einige Passagen aus früheren Quellen stammen können. Er ist ein kurzer Text, der rund 5000 chinesische „Zeichen“ umfaßt und in seiner heute vorliegenden Form in 81 Kapitel eingeteilt ist. Der faszinierende Text ist nach der Bibel am häufigsten übersetzt worden. Im frühen 7. Jh. wurde er ins Sanskrit übertragen. Eine lat. Version wurde 1788 entdeckt und in London vorgestellt. Heute existieren allein rund 70 englischsprachige Übersetzungen. R. Wilhelm ist der Übersetzer der klass. dt. Ausgabe.

Der „Tao-te ching“ ist ein äußerst schwieriger Text. Das erklärt teilweise seine häufig konträren Auslegungen. Er ist in Versen geschrieben; seine Sprache ist knapp und häufig kryptisch. Wie der Titel nahelegt, geht es inhaltlich um die Natur des Tao („Weg“) und die Art und die Weise, wie sich seine „Macht“ oder „Kraft“ *(te)* zur Welt verhält.

Lit.: *J. M. Boltz,* Art. L.: ER VIII 454–459.

J. Ching/A. Chan

Leben
↗Tod.

1. L. ist ein umfassender Begriff einer höchsten Seinsweise, der mit dem Tod als seinem radikalen Gegensatz die Grundform des Verhältnisses der geistig-personalen Wesen zur Wirklichkeit darstellt. Aufgrund dieses gleichsam transzendentalen Charakters entzieht sich der Begriff L. einer adäquaten Beschreibung. Dem Phänomen kommt man schrittweise näher, wenn man die Stufen und Ordnungen des Lebendigen in den generischen und spezifischen Merkmalen aus verschiedenen Perspektiven ins Auge faßt.

2. Bei einer philos. Betrachtung sind zwei Aspekte des L. zu beachten: Aufgrund der leib-seelischen Konstitution erweist sich der Mensch in die Gesetzlichkeit der materiellen Welt eingebunden und damit der Vergänglichkeit unterworden. Zugleich aber gehört zu seinem Leben seine geistige Transzendenz auf das Sein und auf Gott als dessen Grund. Tod ist so einmal natürlich und wird zugleich als widernatürliche Bedrohung des Lebens erfahren. Aus der hoffenden und sinnzentrierten Mitte der Person entsteht mit metaphysischer Notwendigkeit – und nicht nur aus einer geängstigten Psyche, die den Illusionen der Selbstliebe verfällt – die universale Hoffnung auf die Bewahrung und Neugründung des L. in einem unvergänglichen, den Tod endgültig überwindenden ewigen L. Eine klare metaphysische Betrachtung verhindert eine biologistische und pantheistische Tendenz, das L. als überpersönliche Kraft oder dunklen Allrhythmus zu verstehen und die Personalität und Transzendentalität des Geistes als wesenloses Begleitphänomen eines willkürlich sich bildenden materiellen Konglomerats abzutun. L. ist vielmehr eine analoge geschaffene Verwirklichung des Daseins des personalen Gottes, bei dem im höchsten Sinn von L. gesprochen werden kann (Thomas v. Aquin, S.th. I q.18 a.3).

3. Im ↗Mythos (I), in den Religionen und Philosophien tritt die ganze Bandbreite des Problems des L. auf zwischen der materialistisch-biologischen und der spiritualistisch-transzendenten Sicht. In den frühen vorderasiat. Religionen ist das L. massiv an einen bestimmten Stoff (Blut, Atem, Wasser) gebunden. Der Sinn leitet sich nachhaltig von den als göttlich erlebten Vegetationsphasen ab. In einigen Philosophien erscheint das L. als Schatten, dem das wahre Leben im Jenseits entspricht. Weniger weltflüchtig kann auch innerhalb des irdischen L. mit ethischem Verhalten oder einer Bewußtseinsveränderung der Lebenssinn durch eine Überwindung der Verfallenheit an niederhaltende innere und äußere Verhältnisse gewonnen werden und damit ein Durchbruch zur „Eigentlichkeit". Materialistisch besteht der Sinn in einem sinnlichen Genuß, bis alles zu Ende ist.

4. Entsprechend dem gänzlich anders gearteten Gottesverständnis tut sich in der christl. ↗Offenbarung (V) eine Sicht auf, die nicht auf ein bekanntes Muster zurückgeführt werden kann. Das AT weiß vom L. als einer Gabe des lebendigen Gottes (Ps 18,47), der die Quelle des L. ist (Ps 16,10). L. ist das irdische Dasein zwischen Geburt und Tod. Es hat Segen in der Länge der Tage, Gesundheit, Besitz, Kinderreichtum und dem Einzug in das verheißende Land. Im Gedanken der Gottebenbildlichkeit und des Gehorsams dem Schöpfer und Herrn gegenüber ist allerdings schon ein einzigartiger Gottbezug ausgesprochen (Gen 1,27; Ps 8,6). Es ist der L.s-Odem Gottes, der den Menschen zu einem lebendigen Wesen macht (Gen 2,7). Trotz der natürlichen Sterblichkeit des Menschen ist der Tod in seiner jetzt erfahrenen Tragik und Not Strafe Gottes und Ausdruck des Verlustes der urspr., sinnstiftenden Gemeinschaft mit ihm. Die hoffende Ausrichtung auf den Gott der Erlösung muß mit der Vergebung und Entsündigung auch den Gedanken der Überwindung des Todes als Erscheinung der Gnadenlosigkeit aus sich heraus freisetzen, wie es sich in dem Auferstehungsglauben (↗Auferstehung I) und der messianischen Zuversicht des späteren Judentums zeigen läßt. Der Erlöser überwindet auch den Tod für immer (Jes 25,8; 26,19ff.). Das L. mit Gott ist identisch geworden mit dem Heil schlechthin, wobei der nationale und universale Zug der messianischen Hoffnung nicht verlorengeht.

Jesu Proklamation des Reiches Gottes umfaßt in einem die Nähe Gottes, Sündenvergebung, Heil der Menschen an Geist und Leib. Die christologische Konzentration des Begriffs vom L. zwingt zu einer Unterscheidung zwischen irdisch-natürlichen und durch die Sünde schwer in Mitleidenschaft gezogenen L. *(bios)* und dem dieses übergreifenden, von Christus bestimmten neuen L. in Gnade und Nachfolge *(zōē)*. Im neuschaffenden Akt der ↗Taufe beginnt schon das ewige L., wenn es auch noch mit Christus verborgen ist in Gott (Kol 3,3). L. und Tod müssen nun immer in einer doppelten Bedeutung gesehen werden: einmal als natürliches L. und Sterben und L. als Gemeinschaft mit Gott oder Tod als dessen verderblichen Verlust.

5. Die in der Lehre von der Seelenwanderung (vgl. ↗Reinkarnation) ausgesprochene Überzeugung von mehreren L. widerspricht nicht nur einer das Leib-Seele-Verhältnis gründlich durchdenkenden Anthropologie, sondern auch den Grundeinsichten des christl. Glaubens von Schöpfung, Geschichte, Freiheit und Bewährung und letztlich der Personalität und Würde des menschlichen L.

Lit.: *G. Bachl,* Über den Tod und das L. danach. Graz 1980. *W. Bühlmann,* L. – Sterben – L. Graz 1985; *G. Condrau,* Der Mensch und sein Tod. Zürich 1984; *P. Hadot u.a.,* Art. L.: HWP V 52–103; *G. van der Leeuw,* Phänomenologie der Religion. Tübingen ³1970; *F. Mußner,* ΖΩΗ. München 1952.

G. Müller

Leere ↗Shūnyatā.

Lehre ↗Dharma; Dogma.

Leib ↗Geist; Mensch; Seele.

Leid ↗Böses/Leid.

Libation bedeutet Trankopfer an einen Gott oder Geist, das oft vor Mahlzeiten, bes. vor Mahlzeiten mit rel. Bedeutung, dargeboten wird. Die L. soll die Teilnahme der/des numinosen Wesen(s) an der menschlichen Nahrungs- oder Trankaufnahme symbolisieren, eine Art menschlich-göttliche Tischgemeinschaft zur Unterstreichung der gemeinsamen Verantwortung für Nahrung und Leben. Bes. große Bedeutung hat die L. dort, wo das Getränk, namentlich das berauschende Getränk, selbst als von einem Gott oder Geist beseelt angesehen wird, wie der Weinstock in Griechenland, das Bier in Sumer oder Ägypten, der Haumatrank in Altiran. Hochrel. Weiterentwicklungen mit L. verbundener Vorstellungen finden sich im Judentum (Weinsegen am ↗Sabbat) und im christl. Abendmahl. Reste libationsähnlicher Vorstellungen kennt das volkstümliche Trinkbrauchtum in vielfältiger Form (Trinksprüche, „Prosten", Personalisierung des Bieres als „John Barleycorn" in Nordengland usw.).

Chr. Dröge

Licht/Finsternis ↗Dualismus; Gnosis/Gnostizismus; Parsi/Parsismus.

Liebe

I. Phänomenologisch. – II. Hinduistisch. – III. Budhistisch. – IV. Biblisch. – V. Systematisch

I. Phänomenologisch. Nach ihrem Objekt, dem Subjekt wie nach ihrer Erscheinungsweise und Art von unreduzierbarer Vielfalt, meint L. ein ganzheitliches Sich-Beziehen-auf, kognitiv, willentlich, emotional, das sich begrifflicher Fixierung entzieht. Will man es gleichwohl annähernd fassen, dann bietet sich die Doppelbestimmung an: Bejahung (Gutheißung) und Einigungskraft. Fülle und Unterschiedlichkeit der Phänomene haben immer wieder zu Vorschlägen sprachlicher oder genauer: terminologischer Differenzierung geführt (z. B. Sexus [Storge], Eros, Philia, Agape); aber einerseits lassen sich hierbei keine scharfen Definitionslinien ziehen (Momente eines oder mehrerer anderer Modi finden sich in jedem einzelnen), andererseits drückt sich in den verschiedensten Realisationen doch ein Selbiges aus: im Sinn der genannten Doppelbestimmung.

Am auffälligsten und so in gewisser Weise prototypisch ist wohl das erotische Geschlechterverhältnis: als menschliche Leidenschaft, als Grundkraft des Lebens überhaupt (fundamentaler?, jedenfalls überschwingender als der Hunger) und von dort her als Grundgewalt des Welt-Geschehens im ganzen: L. als kosmogonische Urkraft, Eros als „ältester Gott" (Hesiod). Bilder bräutlicher L. und hl. Hochzeit (↗Hierogamie) gehen in breitem Strom durch die Geschichte der Religionen, in Mythos und Kult, dies auch darum, weil in dieser L.s-Gestalt am sichtbarsten zum Wesen von Ja und Einung das Wesensmoment der Fruchtbarkeit tritt. Teils im Zusammenhang damit, teils auch im Gegensatz dazu erscheint darum im Gottesverhältnis auch der Vater/Mutter-Kind-Bezug. Lewis faßt die Hinweise bibl. Schriftsteller auf „das verzehrende Feuer" der göttlichen L. so zusammen: sie sei „beharrlich wie des Künstlers L. zu seinem Werk, herrisch wie des Menschen L. zu seinem Hund, fürsorglich und ehrwürdig wie eines Vaters L. zu seinem Kind, eifersüchtig, unerbittlich, streng wie die L. zwischen den Geschlechtern".

Lit.: ↗Liebe V. *J. Splett*

II. Hinduistisch. Drei Begriffe bieten sich an, mit deren Hilfe der sehr weite Begriff L. in hind. Kontext spezifiziert werden kann: *kāma, bhakti* und *sevā*.

L. als *kāma* (d.h. „L., Begierde, Lust" und umfaßt Sexualität, Erotik, alle Bereiche der leibbezogenen, ichbezogenen lustbetonten Lebensäußerungen) wird von hind. Systematikern zu den vier Lebenszielen gezählt. (Die vier Lebensziele sind, neben *kāma, artha* [Besitz, Wohlstand, Einfluß], *dharma* [Rechtschaffenheit, jenseitsorientiertes geordnetes Verhalten] und *mokṣa* [Befreiung aus dem Kreislauf der Wiedergeburten, Erlösung].) Neben der durch diese Klassifizierung ausgedrückten Anerkennung wird *kāma* immer auch zu den hauptsächlichen Triebkräften gerechnet, die den Menschen im Zustand unerlöster Weltverbundenheit festhalten (z.B. in Begriffsreihen, die *kāma* neben *krodha* [Zorn], *lobha* [Gier, Habsucht] und *moha* [Betörung, Uneinsichtigkeit] stellen). In der hind. Mythologie ist Kāma personifiziert der L.s-Gott, der mit seinen Blumenpfeilen Verliebtheit in den Herzen weckt; weil er Gott Śiva in seiner Askese störte, wurde er von Śivas Blick verbrannt und gilt als der „körperlose" Gott, der u.a. in Kṛṣṇas Sohn Pradyumna wiedergeboren wurde.

↗*Bhakti* bedeutet im engeren Wortsinn „Teilhabe" und bezeichnet eine Beziehungshaltung (gegenseitiger) Hingabe, Ergebenheit und Treue, vorwiegend für die Beziehung des Menschen zu Gott oder Gottes jeweiliger Erscheinungsform (z.B. einer Inkarnation, ↗*Avatāra*, dem Lehrer, ↗*Guru*, als Stellvertreter Gottes) gebraucht. Wiederum im Rahmen umfassenderer Systematiken wird *bhakti* als der gefühlsbetonte, leidenschaftlich ekstatische Typ von Religiosität in (verschiedentlich modifizierten) Gegensatz gestellt zu dem Heilsweg der Erkenntnis (*jñāna-mārga* [meist im Sinne mystischer Versenkung und Einheitsschau bzw. als intellektuell-intuitiver Nachvollzug spekulativ-philosophischer Einsichten]) und dem Weg des Handelns (*karma-mārga* [womit sowohl der Weg des Ritualismus wie auch die bewußte Verwirklichung *dharma*-gemäßen, innerweltlichen Lebens im Rahmen gesellschaftlicher und beruflicher Pflichten, Kasten, gemeint sein kann]). Bhakti-Theologen haben fünf Typen emotionaler Gottesbeziehung unterschieden und beschrieben: ausgewogene Ergebenheit (*śānti*, d.h. Frieden, Ruhe), Unterwürfigkeit (*dāsya*, d.h. die Haltung des Dieners gegenüber dem Herrn), Freundschaft (*sākhya*, die Haltung zwischen gleichgestellten Kameraden), Fürsorge (*vātsalya*, die Haltung von Eltern gegenüber einem Kind), Leidenschaft (*śṛṅgāra*, die L.s-Beziehung zwischen Mann und Frau). Im letztgenannten Typ treffen sich der *kāma*-Aspekt von L. mit dem *bhakti*-Aspekt in allen denkbaren Ausgestaltungen.

Mit *sevā*, „Dienst", ist dagegen jener Bereich von L. angesprochen, der in das Umfeld *dharma*-orientierter Lebensführung gehört. Der rituelle Gottesdienst (*pūjā*) vor dem Götterbild ist in vielen Einzelheiten der „Bedienung" einer hochgestellten Persönlichkeit nachempfunden (Waschungen, Darreichung von Mahlzeiten usw.). Als „Dienst am Nächsten" ist *sevā* traditionellerweise „verdienst"-orientiert: die „gute Tat" zeitigt heilsförderliche Wirkungen (*puṇya*), sei es als Wiedergutmachung für begangene Sünden, als Ausgleich für natürlich-kosmische Bedrohungen oder als Vorgabe für jenseitiges Wohlergehen. Moderne Reformer (z.B. Swami Vivekananda, Mahatma Gandhi) betonen die Einheit von „Dienst am Nächsten" und „Gottesdienst". *P. Schreiner*

III. Buddhistisch. P. *Mettā*, Skt. *Maitrī* wird mit „Liebe", „Güte", „Allgüte", engl. mit „loving kindness" übersetzt. Die *Mettā* ist das Gegenteil vom Haß, und der gilt als eine Wurzel des Unheils. Begierden wie Abneigungen lassen Menschen fest an etwas oder an jemand haften. Groll entlädt sich im Zorn. Aus stiller Feindseligkeit wächst ebenfalls ↗Leid. Hasser leiden, weil der Gehaßte schön oder reich oder angesehen ist. Gehässigkeit schafft Qualen, Haßlosigkeit schafft Glück: „Den Haß nicht zu erwidern, das ist unser Glück; und hassen andre uns, wir hassen nicht zurück" (Dhammapada 197). Ohne Haßlosigkeit vermag L. nur wenig. L. erzeugt L., lehrte der Buddha, weil ein Liebender jeden sympathisch findet, der sein Geliebtes mag. L. bewirkt aber auch Haß, z. B. auf jene, die das Geliebte verachten. Haß bewirkt wiederum Haß, denn wenn einer jemanden haßt und andere lieben ihn, wird er sie dafür hassen. Andersherum erzeugt Haß L. zu jedem, der den Verachteten ebenfalls verachtet (Anguttara-Nikāya IV 200). Rechte L. ist anders. Sie ist grenzenlos. „Mögen alle Lebewesen glücklich und voll Frieden sein!" Alle Wesen, d. h. nahe und ferne, sichtbare und unsichtbare, die Götter *(Deva)* eingeschlossen, schon entstandene und solche, die erst ins Dasein drängen. Wie eine Mutter, die ihr Kind mit ihrem Leben schützt, so soll der Buddhist liebevollen Geist entfalten zu allen Wesen ohne Schranken. Neben Mitleid, Mitfreude und Gleichmut zählt *Mettā* zu den „Vier Unermeßlichen", das sind Objekte der ↗Meditation (VII), die auch „Himmlische Verweilungen" heißen. Der Buddha hatte seine Jünger gelehrt, wie sie üben sollten: „Nichts Unrechtes will ich denken, kein böses Wort soll mir entfahren, freundlich und mitleidig will ich bleiben, gütig und ohne heimlichen Haß, und diesen Menschen will ich mit L. durchdringen, und von ihm ausgehend, will ich die ganze Welt mit L. durchdringen, mit alles umfassender, großer, grenzenloser, friedlicher und freundlicher Gesinnung" (Majjhima-Nikāya 21). Die klass. Anleitung zur *Mettā*-Meditation geht ins 5. Jh. u. Z. zurück, auf Buddhaghosas Werk „Reinheitsweg" *(Visuddhimagga)*. Er lehrt L. systematisch einzuüben. „Möge ich glücklich sein!" das ist der Anfang. Zuerst sich selbst mit L. durchstrahlen und dann von sich ausgehen: „So wie ich Freuden liebe und Schmerzen nicht mag, wie ich leben und nicht sterben möchte, genauso geht es allen anderen Wesen auch." Dann entfaltet der Übende L. zu lieben Menschen, später zu solchen, die ihm weder lieb noch unlieb sind, und erst am Schluß, wenn er genug Übung hat, zu Unsympathischen und Feinden. Kommt ihm Erinnerung an deren Schlechtigkeit, steigt Groll in ihm auf, wird er ihn vertreiben, indem er bedenkt, was er im Zorn Schlimmes anrichten könnte oder welchen Frieden ihm Güte und Langmut bringen, oder er fühlt Mitleid mit dem Feind, der einst für seine Übeltat wird leiden müssen. Indessen, die L. steht für den Buddhisten nicht an erster, sie steht erst an zweiter Stelle. Auf eine Frage antwortete der Buddha mit dieser Steigerung: Ein Vermögen wegschenken ist gut, einen Bettelmönch speisen ist besser, hundert Bettelmönche speisen noch besser, ein Kloster bauen noch besser, seine Zuflucht zum Buddha nehmen noch besser, die fünf Sittenregeln halten noch besser. Noch viel besser ist, liebevolle Gesinnung in sich zu erwekken, auch wenn sie wieder vergehen sollte wie ein flüchtiger Duft. Am besten aber ist die Betrachtung der Vergänglichkeit, und wäre es auch nur für so kurz wie ein Fingerschnippen (Anguttara-Nikāya IX 20).

H.-J. Greschat

IV. Biblisch. Weit verbreitet ist noch immer das christl. Mißverständnis, Israels Religion als den Bund der Gerechtigkeit vom Evangelium der L. zu distanzieren. Das Doppelgebot aber, das Jesus (Mt 22,36–40) benennt: „Du sollst den Herrn, deinen Gott, lieben mit ganzem Herzen, mit ganzer Seele und mit all deinen Gedanken ... ebenso wichtig ist das zweite: Du sollst deinen Nächsten lieben wie dich selbst", zitiert er aus Dtn 6,5 und Lev 19,18. Und neben Ratschläge zur Feindschaft gegenüber Feinden wie Sir 12,4ff. wären (außer ähnlichen Texten aus christl. Tradition) anderslautende Worte der großen Lehrer zu stellen.

Die Schöpfung ist Tat ungenötigter L. Gottes zu seinen Geschöpfen, die er „zum Dasein" geschaffen hat (Weish 1,14), zum Leben, das er ihnen gönnt und gibt, und zum Glück der Gemeinschaft mit ihm. Das wissend-freie Geschöpf soll dieses Angebot liebend erwidern, nicht weil Gott dessen bedürfte, sondern zum eigenen Heil. Da L. nun dazu treibt, „dasselbe zu wollen und nicht zu wollen wie der Geliebte", realisiert sich die Antwort außer im kultischen Aufschwung zu Gott in der Zuwendung zu der von ihm bejahten Schöpfung, bes. zum „partnerisch" (im „Bund") bejahten Menschen: Das erste Hauptgebot führt zum zweiten. Und steht hier zunächst der familial und volkhaft „Nächste" im Blick, so treibt Eigendynamik dahin, daß sich der Blick a) individualisiert, klarer den Einzelnen selbst, als Person, sieht statt bloß als Glied und Vertreter einer Groß-Person, und daß er b) – unmittelbar damit zusammenhängend – über Stammes- und Volksgrenzen hinweg jedweden erfaßt, der als Nächster begegnet.

Zugrunde liegt hier die Einsicht, daß Schöpfung (= Erschaffen) als zwanglose Tat von L. zugleich Freiheit und Frei-gebigkeit (W. Kern) als Wesensbestimmung der Schöpfung (= des Erschaffenen) statuiert. Schöpfungsglaube besagt, Sein sei Gewolltsein, Leben kein Unfall, kein Geschöpf nur „passiert". Zum Zusammenhang mit den Erfahrungen von Schmerz, Leid und Schuld: ↗Böses/Leid. Hier nur dieses: Das Theodizeeproblem würde sich ohne die Annahme eines allmächtig-allweisen, allgütigen Schöpfers nicht stellen; Ijob müßte zum törichten Kind oder unvernünftigen Querulanten erklärt werden. Die Auskunft aber, L. bedeute bei Gott vielleicht das Gegenteil des von uns Gedachten, erließe ein Denkverbot.

Aus dem Bejahtsein von Gott aber folgen Möglichkeit und Gebot zur Annahme des Bejahten: des Selbst wie der Welt und Mitwelt. Was gerade nicht Tatenlosigkeit meint, so heißt einen Menschen annehmen, ihm helfen zu leben, mit dem „besseren Ich" in ihm sich gegen destruktive Kräfte verbünden usw. Freilich gilt von allem Tun noch einmal, daß es geschenkt werden muß. Darum dankt nicht bloß, wer L. erfährt, sondern auch und gerade, wen sie erfüllt, für „die Liebe Gottes, ausgegossen in unsere Herzen ..." (Röm 5,5).

V. Systematisch. 1. Selbsthingabe – Selbsterfüllung. Als Bejahung wie als Einungsstreben sagt L. in jeglicher Form: „Es ist gut, daß es dich gibt" (Pieper). Und das läßt sich in zwei Richtungen lesen: es ist gut, du bist ein Gut *für mich* – es ist „an sich" und einfachhin gut, weshalb ich dir gut sein und tun will. Ersteres hat man Bedürfnis-L. (Eros) genannt; das zweite wohlwollende, schenkende L. (theol.: Caritas, Agape). Wichtig ist nun, daß bedürfende L. nicht schon Egoismus besagt; der liegt erst vor, wo das eigene Bedürfnis zum obersten Maßstab gemacht wird. Doch ohne Erfüllung seiner Grundbedürfnisse kann der Mensch nicht existieren. Gleichwohl stellt sich die Frage, worin der bestimmende Antrieb zur L. bestehe. Der letzte große theol. Streit im Abendland galt diesem Problem: zwischen *F. Fénelon* und *J.-B. Bossuet*. Rom hat Fénelons Programm eines „amour pur", im Ernstfall jenseits jeder Hoffnung, 1699 verurteilt (DS 2351–2374). Er hat das für sein Buch akzeptiert, nicht für das wirklich Gemeinte. In der Tat ist zwischen Fundament und Motiv zu unterscheiden. Letztlich macht nur L. glücklich; aber liebt, wer es tun will, *um* glücklich zu werden? Der Mensch als bedürftiges Wesen „antwortet" stets auf ein Gut (nur Gott liebt – schöpferisch – ins Nichts); doch muß er dieses Gut nicht für sich wollen, so in ästhetischer, gar in ethischer und rel. Antwort. Menschliche L. ist nur human, wenn sie an der Schöpfungs-Selbstlosigkeit teilhat. (Jean Paul zeigt es am Dank für ein Testament: man hegte ihn nicht, fände man das Geld im Schrank. Auf dem Kompost des Bedürfnisses wachse also die Blume „purer" L. [Spaemann]). L. als solche ist so immer selbstlos, ek-statisch. Und der begehrenden L. liegt die wohlwollende zugrunde: Wer Gutes will, will *jemandem* Gutes, sei es – nicht selbstverständlich – sich selbst.

2. Gottes- und Menschen-L. Wem aber soll man Gutes wollen? Religion gerät vor ein Dilemma. Gott kann man nichts Gutes wollen, weil ihm nichts fehlt. Wenn aber uns, wird dann nicht Er zu Weg und Mittel? Faßt man Wohlwollen prinzipieller: als Da-sein-für, Hingabe ..., dann ist zuletzt einzig Gott ein vertretbares Ziel, und der Nächste scheint Mittel, Fürsorge-Gegenstand, Stufe im Aufstieg zu werden. – Gott als Mittel entwirklicht sich bald zum bloßen Namen. Das Bekenntnis „Gott ist Liebe" (1 Joh 4,16) verkehrt sich in die Parole

„Die L. ist Gott" einer atheistischen „Religion", in der „Gott" zum Prädikat, zu einer Eigenschaft, schließlich zum Verb wird. L. zu Gott ist dann sinnlos, ebenso Hoffnung auf ihn – vor allem auf seine erlösende Vergebung angesichts unserer Lieblosigkeit (worüber humanistische Ethik nichts sagt). – Nehme ich den anderen als Mittel, verletze ich die Gerechtigkeit ihm gegenüber und zerstöre schließlich mich selbst, als Endliches in das Unendliche „zu Grunde gehend" (Hegel). Zeigt sich jedoch als Grundhaltung von L., *jemandem* etwas zu wollen, dann ist ihre Grundgestalt das Mit (Richard v. St. Viktor [Splett 305 ff.]). *Mit* Gott ist so der andere wie das Ich selbst zu lieben. Er gibt vor jeder Abschätzung menschlichen *Werts* oder Unwerts personale *Würde*. Und mit dem anderen (nicht irgendwie durch ihn hindurch) hätten wir Gott zu lieben. Ein jeder im „Dreispiel" wäre so der „Freund des Bräutigams" (Joh 3,29), dem an der Vereinigung der beiden anderen liegt, und jeder käme zugleich zur eigenen Hochzeit. Einungswille und Bejahung werden derart – und nur hier – in Schwebe eins. Niemand ist Mittel, jeder Mittler – und Ziel. Das löst nicht alle Probleme. Die möglichen Antworten reichen unverändert von Einsiedlertum und „weltflüchtiger" Kontemplation bis zu rastlosem gesellschaftlichem Einsatz. Doch in jeder dieser Formen will der Dreibezug verwirklicht werden, statt daß es um die „Flucht des Einsamen zum Einsamen" (Plotin) ginge oder um reine Horizontalität und um Gott bloß als „Tiefe der Mitmenschlichkeit".

3. Eins-Sein und Gemeinsamkeit. Damit ist ein letztes Grundsatzproblem angesprochen: das von Vielheit und Einssein. L. scheint auf die Aufhebung von Differenz hinzuwirken. („Differenzen" gelten schon umgangssprachlich als mißlich.) Bildet nicht den Höhepunkt des für L. „prototypischen" erotisch-sexuellen Vollzugs schon eine solche Auflösung? Platon zeigt darum im Aristophanes-Mythos des „Gastmahls" L. als Sehnsucht einer Hälfte zur ergänzenden anderen. Und verschiedenste mystische Texte sprechen von der Aufhebung des Ich in die Gottheit. Gegen Fakten zu argumentieren wäre töricht; doch Phänomene verlangen nach ihrem Begriff. Darum die Rückfrage an Platons Mythos, was denn aus der Liebe werde, nachdem die Hälften wieder zum Ganzen verschmolzen seien. Für den sexuellen Augenblick sei erinnert, daß es unerlaubt ist, ihn zu isolieren. Vielmehr gehört in das Gesamtgeschehen auch das neubewußte Gegenüber, nicht als Abfall von der Ekstase zur „Traurigkeit danach", sondern in liebevollem Dank. Was wären Liebende, wenn sie nicht eins wären? Aber was erst, wären sie nicht zwei? Denn wer sollte sonst den anderen lieben? – Eben dies aber gilt auch im Gottesverhältnis. Während im Naturgeschehen Gegensätze fruchtbar verschmelzen und die Vernunft dialektisch Widersprüche in eine höhere Identität hinein „aufhebt", wahrt personale Liebe bleibend das Personen-Gegenüber. Dabei ist es gerade nicht um Selbstbewahrung zu tun (aus dem Kampf dagegen erklären sich mystische und aszetische Texte), doch auch nicht um Preisgabe in Verschmelzung, sondern um hingegebenen Dienst. Personale Mystik sagt zuletzt nicht: „Du bist ich" oder „Ich bin du", sondern „Ich bin dein." Christlich meint „Himmel" nicht ein Gottwerden des Menschen, sondern das Geschehen endgültiger Unterscheidung von Gott – und die Seligkeit dieser Selbstunterscheidung. Himmel ist die Freude der liebenden *Anbetung* Gottes; Gott aber wird nicht von Gott angebetet. Das „Gott alles in allem und allen" (1 Kor 15,28) haben wir darum gerade im Sinn der Befreiung zum Ineins-*Gegenüber* der L. zu lesen. Nur so gibt es end-gültig L.

Das aber fordert schließlich eine erneute, vertiefte Lesart des Satzes „Gott ist L." Soll er wirklich so gelten, daß Gott sowohl L. wie Gott bleibt, dann kann Gott nicht L. nur zur Schöpfung sein. Das metaphysische Vielheit-Einheit-Problem (Gott als Einheitsgrund der Weltvielfalt ist auch der Grund ihrer Vielheitlichkeit) erscheint hier als ursprünglichere Frage. Gott muß als Einer gedacht werden (↗Monotheismus), doch eben darin als inner-göttliches = interpersonales „Mit" (↗Dreifaltigkeit). Nur so bleiben nicht bloß die Freiheit der Schöpfung und das Personsein des Menschen, sondern zuvor die Göttlichkeit Gottes gewahrt.

Nur so wird Gott als L. bekannt und die Welt als Versichtbarung seiner L. L. schafft nicht, um sich eine Not zu wenden, sondern *„quia vult condiligentes“* (Duns Skotus): weil sie Mitliebende will.

Lit.: *Th. Ohm u. a.,* Art. L. I/IV: RGG³ IV 361–369 (Lit.); *O. H. Pesch,* L.: NHThG III 7–26 (Lit.); *A. Nygren,* Eros und Agape. 2 Bde. Gütersloh 1930, 1937; *R. Guardini,* Welt und Person. Würzburg 1940; *L. Binswanger,* Grundformen und Erkenntnis menschlichen Daseins. Zürich 1942; *Th. Ohm,* Die L. zu Gott in den nichtchristl. Religionen. Krailling 1950; *V. Warnach,* Agape. Düsseldorf 1951; *M. Scheler,* Der Formalismus in der Ethik und die materiale Wertethik = Ges. Werke II; *ders.,* Die christl. Liebesidee und die gegenwärtige Welt: ebd. V 355–401; *ders.,* Ordo Amoris: ebd. X 345–376; *R. Spaemann,* Reflexion und Spontaneität (Fénelon). Stuttgart 1963; *H. U. v. Balthasar,* Glaubhaft ist nur L. Einsiedeln 1963; *K. Rahner,* Das „Gebot“ der L. unter den anderen Geboten: Schriften V 494–517; *ders.,* Über die Einheit von Nächsten- und Gottesliebe: ebd. VI 277–298; *D. de Rougemont,* Die L. und das Abendland. Köln 1966; *D. v. Hildebrand,* Das Wesen der L. Regensburg 1971; *J. Pieper,* Über die L. München 1972; *B. Welte,* Dialektik der L. Frankfurt 1973; *H. Kuhn,* L. München 1975; *E. Biser u. a.,* Prinzip L. Freiburg 1975; *H. U. v. Balthasar,* Theodramatik II–IV. Einsiedeln 1976–83; *C. S. Lewis,* Was man L. nennt. Basel 1979; *J. Splett,* Freiheits-Erfahrung. Frankfurt 1986.

J. Splett

Liṅga(m) ↗Hinduismus II 1.4.

Liturgie ↗Kult/Gottesverehrung.

Logos 1. Ähnlich wie ↗Dharma, ↗T(h)ora, ↗Tao in ihren jeweiligen Kulturen gehört L. zu den Schlüsselbegriffen der abendländischen Kultur. Abgeleitet vom griech. Stamm *leg-,* deckt L. eine Fülle von Bedeutungen ab: Aufzählung, Berechnung, Rechenschaft; Verhältnis, Erklärung, Beweisführung; Wort, Aussage, Ausdruck; Vernunft u. a. Aus der vorphilos. Sprache stammend, wird der Begriff zum zentralen Ausdruck menschlichen Denkens und Sprechens, zum Grundbegriff der griech. Philosophie und Wissenschaft (vgl. in den verschiedenen Wissenschaftsbezeichnungen bis zur Theo-„logie“ die Endung „-logie“) und bezeichnet – in Absetzung vom ↗Mythos, aber auch von jeder Meinung (griech. *dóxa*) und Wahrnehmung – das rationale, d. h. „nachrechnende“ Vermögen des Menschen.

2. Bei Heraklit ist L. freilich zunächst Bezeichnung des inneren Prinzips alles kosmischen Werdens, die Gesetzmäßigkeit der Welt, ihr Sinn, ihre Norm und ihre Regel. Erst dann bezieht sich L. auch auf den menschlichen Akt des Auf- und Nachzählens und damit auf die Einsicht in Zahl und Ordnung der Wirklichkeit, den Kosmos. Von den Vorsokratikern her bleibt die Entsprechung von objektiver Wirklichkeit und subjektivem denkerischem Nachvollzug die große Herausforderung, die sich bei den Klassikern der griech. Philosophie, bei Plato und Aristoteles und in der Folgezeit, in der Ausbildung krit. Denkens und Sprechens, in Dialektik und Logik fortsetzt. Die Befassung mit menschlichem L. hat aber nicht verhindert, daß auch die Grundidee des L. als des immanenten kosmischen Prinzips fortwirkte und er (so in der Stoa) mit dem Göttlichen, der Vorsehung und dem Schicksal gleichgesetzt wurde. Entsprechend war der Mensch dann unter allen Lebewesen jenes, das, mit der Kraft des L. ausgestattet, sich in der Welt als dem göttlichen L. entsprechendes Wesen zu verwirklichen hat. Der L. geriet schließlich bei Philon in eine Mittlerposition zwischen Gott und Welt, da er einmal zu Gott gehörte, ohne jedoch mit ihm in seiner Transzendenz einfachhin identifiziert zu werden, sodann aber auch als der L. Gottes das innere Gesetz des Menschen wurde, durch das der L. zur Norm des sittlichen Handelns wurde. Zugleich kam es bei ihm zu einer gewissen Personifizierung des L.

3. Auch wenn die Verwendung des L.-Begriffs im Prolog des Joh auf den ersten Blick eine Verknüpfung, zumindest einen Vergleich mit den griech. L.-Traditionen nahelegt, darf dennoch nicht übersehen werden, daß L. als Übersetzung des hebr. *dabar* den Menschen wesentlich nicht zunächst seinem Denken überläßt, sondern ihn im Anredecharakter des L. in die Situation des Hörers, des zum Glauben Herausgeforderten und des als „Hörer des Wortes“ Verstehenden versetzt. Der L. als Wort Gottes, d. h. als wirksame, den Menschen betreffende Anrede Gottes (↗Offenbarung V), erhält ihre einzigartige Dichte, wo in der Sprache von Joh 1,14 der L. Gottes in ↗Jesus (I) von Nazaret „Fleisch wird“. In ihm verbinden sich der Anfang der Schöpfung (Joh 1,1–3), die Erfüllung aller prophetischen Worte (Hebr 1,1 f.) und das eschatologische

Heil. Zu einer Verbindung von stoischem und bibl. Denken kommt es, wo sich die Kirchenväter den stoischen Begriff des *L. spermatikós* zu eigen machen, der alle Menschen auf ihre Weise am göttlichen L. teilhaben läßt.

Lit.: Vgl. die Art. L.: RGG[3] IV 434–440 *(E. Fuchs)*; HWP V 491–502 *(G. Verheke / J. A. Bühner)*; *R. Schaeffler,* Religion und kritisches Bewußtsein. Freiburg 1973; *R. Schnackenburg,* Das Johannesevangelium I. Freiburg[6] 1986, 257–269.

H. Waldenfels

Loki ↗Germanische Religion; Trickster.

M

Macht und Religion. 1. Problemstellung. In der Alltagssprache wird das Wort M. in ganz unterschiedlichen Zusammenhängen verwendet (z. B. M. der Musik/der Verbände), geht mit verschiedenen, ja gegensätzlichen Wertungen einher und steht in einem Feld ähnlicher Wörter wie „Gewalt“, „Herrschaft“, „Autorität“, „Kraft“ u. ä., die kaum eindeutig voneinander abgrenzbar sind. Entsprechend dieser Vieldeutigkeit wird M. auch in den unterschiedlichsten Wissenschaften thematisiert, die – auch wenn ein Grundkonsens über den angezielten Phänomenbereich besteht – daran verschiedene Aspekte untersuchen. Erst auf allgemeinster, ontologischer Ebene ist ein umfassender Begriff von M. möglich – „Was ist, ist, sofern es ist, mächtig. Sein und M. fallen zusammen“ (K. Hemmerle 313 f.) –, der jedoch formal bleiben muß und gesch. Erfahrungen mit M. nicht einfangen kann. Nach heute vorherrschender Terminologie bezeichnet „M.“ elementare Erfahrungen des menschlichen Zusammenlebens (nur im abgeleiteten, metaphorischen Sinn auch solche im Umgang mit der Natur), deren konkrete Ausprägungen sich trotz ihrer Verankerung in Grundbedingungen des Menschseins hist. wandeln. Wenn Religionswissenschaft und Theologie heute an der verstärkt kontroversen Diskussion um Probleme der M. (vgl. Hättich) teilnehmen, tun sie dies vor allem unter zwei Fragestellungen: 1. Wie verhält sich Religion (= R.) (bzw. unter den hist.-positiven R.en speziell das Christentum) zu den mit „M.“ umschriebenen Erscheinungen des sozialen Lebens? 2. Wie ist es zu verstehen, wenn das rel. Verhältnis bzw. der rel. Gegenstand selbst in Kategorien der M. gefaßt wird?

2. Die rel. Problematik politisch-sozialer M. Nach der schon klassisch gewordenen Definition *M. Webers* bedeutet M. „jede Chance, innerhalb einer sozialen Beziehung den eigenen Willen auch gegen Widerstreben durchzusetzen, gleichviel worauf diese Chance beruht“ (Weber 28). Dieser sehr allg. M.-Begriff, unter den sich viele Arten von Einfluß (physische Gewalt, Autorität bis hin zur „M. der Liebe“) subsumieren lassen, verweist auf den anthropologischen Grundsachverhalt, daß menschliche Freiheit sich immer in Relation zur Freiheit des anderen verwirklichen muß, für den sie dann Abhängigkeit bedeutet. M. als so fundamental ambivalente, nicht erst im Mißbrauch problematische soziale Beziehung verlangt nach rel. Deutung und Bewältigung. – Insofern M. in politischen Verbänden, bes. im Staat, inhaltlich normiert und institutionalisiert ist – was als „Sonderfall von M.“ bei Weber dann „Herrschaft“ heißt –, mündet unsere Frage in diejenige nach dem Verhältnis von ↗Politik und R. Sie geht jedoch darin nicht völlig auf; denn es gibt gleichsam einen „Überschuß“ von M. über Herrschaft: einmal aufgrund „vorpolitischer“, biologischer Verhältnisse, denen auch die in (politischer) Kultur lebenden Menschen nie ganz entwachsen (wobei nicht nur an physische Gewalt zu denken ist); sodann wegen einer sozusagen „nach-politischen“ „Anonymisierung der M.“, wo

die politisch-rechtliche Ordnung unterlaufen wird im Sinne ihrer Ablösung „von einem zur Herrschaft legitimierten und begrenzten Kreis von Personen" (Plessner 279). Hierbei ist zu denken an Verbände, Bürokratien, Wissenschaft u. ä., Instanzen also, die sich zwischen Herrscher und Beherrschte schieben und den Gebrauch der legitimen M. faktisch zu beeinflussen vermögen. Schließlich bringt die nicht-staatliche, „bürgerliche" Gesellschaft selbst, die eine von Freien und Gleichen sein will, wiederum M.-Verhältnisse hervor: Die Prinzipien Leistung und Wettbewerb, nach denen sie funktioniert, führen zu einem Mehr oder Weniger an „Vermögen", das nicht nur, aber auch im Sinne von „Kapital" zu verstehen („Meritokratie") ist.

Bei der Aufdeckung dieser Realität der M. auch in politisch zivilisierten Gesellschaften hat R. insofern Bedeutung und auch tatsächlich eine Rolle gespielt, als sie einen Standort jenseits der jeweiligen Gesellschaft einnimmt. In der jüd.-christl. Tradition läßt sich diese Linie verfolgen von der Kritik der Geschichtsschreibung und Prophetie des AT am Königtum über Jesu Antithese: „M. der Herrscher über ihre Völker" – „Dienst unter euch" (seinen Jüngern; vgl. Lk 22,25 ff.; Mk 10,42 ff.) bis zur Entdekkung der „Dämonie der M." (G. Ritter) im 20. Jh. mit seinen Formen totalitärer Herrschaft. Damit ist zugleich ein Kriterium für eine Ethik der M. gewonnen, die als Gegebenheit irdischer, erlösungsbedürftiger Existenz nicht einfach abschaffbar ist: M. im eigentlichen Sinn kommt nur Gott zu, alle irdische M. ist von ihm verliehen – und damit begrenzt; neuzeitlich ist der letztlich nur rel. begründbare Wert der Menschenwürde Ausdruck dieses Gedankens und Maßstab für den Umgang mit M. (M.-Balance, -Askese). Andererseits gibt es auch rel. Überhöhung von M., etwa im sakralen Königtum des Alten Orients, das modifiziert auch in Israel Eingang fand, im hellen. und röm. ↗Herrscherkult bis hin zum Königtum von Gottes Gnaden in der Neuzeit. Indem R. gesellschaftlicher M. „Heiligkeit" verleiht, wirkt sie integrierend für eine Gesellschaft. Diese nicht zu leugnende Funktion reicht jedoch zu ihrer Totalerklärung schon deshalb nicht aus, weil sie vor allem an ↗Traditionellen R.en (bei *E. Durkheim* am australischen ↗Totemismus) gewonnen wurde. Insgesamt nimmt R. zu dem in sich ambivalenten Phänomen der M. ein ambivalentes Verhältnis ein, dessen affirmative und krit. Momente jeweils nur in konkreten Konstellationen ausgemacht werden können.

3. M. als Qualität des Heiligen. Als anthropologisch fundamentale Gegebenheit ist M. zugleich ein rel. Grundphänomen. „Das Wirksame in der Welt ist weiten Kreisen der primitiven und antiken Völker ... unpersönliche M." (v. d. Leeuw 8), die seit Codrington (1877) meist mit Mana bezeichnet wird. Damit erfüllte Dinge und Personen gelten als „heilig" und sind mit ↗Tabu belegt. Dieser M. werden in den traditionellen R.en die Götter als deren Träger untergeordnet. In diesem M.-Glauben oder ↗Dynamismus, der oft mit ↗Magie vermischt ist, sehen manche R.s-Phänomenologen (Söderblom, v. d. Leeuw) den Wesenskern der R. Nach *R. Otto* stellt das „Übermächtige" *(Mysterium tremendum)* neben dem *„fascinosum"* und *„augustum"* ein Moment der für alle R. zentralen Kategorie des Heiligen dar, auf das der Mensch mit Scheu reagiert. Daran anschließend will *M. Eliade* jede Hierophanie als Kratophanie, als Erscheinung von M. und Wirksamkeit verstehen. Abgesehen davon, daß in solchen Deutungen rel. Phänomene ein methodologisch bedingter „naiver Realismus" steckt, der nicht durchschaut, daß die „heilige M." von Erlebnissen des „homo religiosus" abhängig ist, erfaßt dieser Anthropomorphismus nicht das Spezifische des jüd.-christl. Gottesverständnisses: Zwar weiß die Bibel von der unumschränkten M. Jahwes, die gerade die irdische M. relativiert, und bekennen Christen die All-M. Gottes, doch ist er zugleich „Vater". Beide „Eigenschaften" lassen sich nur vereinbaren, wenn der an sich „leere Gedanke" (Moltmann) der All-M. von der bibl. Gotteserfahrung her gefüllt wird. Dann erweist sich Gottes M. als Liebe, die sich in – durch Selbstbeschränkung der göttlichen All-M. gewirkter – Schöpfung und im Eingehen in die menschliche (Leidens-)Geschichte äußert.

Lit.: *M. Eliade,* Die R.en und das Heilige. Salzburg 1954; *ders.,* Das Heilige und das Profane. Hamburg 1957; *J. K. Galbraith,* Anatomie der M. Gütersloh 1987; *R. Guardini,* Die M. Würzburg 1951 (Neuausg. Mainz 1986); *B. Gladigow* (Hg.), Staat und R. Düsseldorf 1981 (Lit.); *M. Hättich,* Herrschaft – M. – Gewalt: CGG XIV 37–76 (Lit.); *K. Hemmerle,* Art. M: SM(D) III 313–317 (Lit.); *M. Hengel,* Christus und die M. Stuttgart 1974; *K. O. Hondrich,* Theorie der Herrschaft. Frankfurt 1973; *G. van der Leeuw,* Phänomenologie der R. Tübingen [3]1970; *R. Otto,* Das Heilige. München (1917) [35]1963; *H. Plessner,* M. und menschliche Natur. Frankfurt 1981; *K. Rahner,* Theologie der M.: Schriften zur Theologie IV 485–508; *G. Ritter,* Dämonie der M. Stuttgart 1947; *ders.,* Vom sittlichen Problem der M. Bern [2]1961; *P. Tillich,* Die Philosophie der M.: Ges. W. IX. Stuttgart [2]1975, 205–232; *M. Weber,* Wirtschaft und Gesellschaft. Tübingen [5]1976; *B. Welte,* Über das Wesen und den rechten Gebrauch der M. Freiburg 1960.

W. Müller

Mādhyamaka ↗Buddhistische Philosophie.

Magie. 1. Der Begriff M. wird für eine Vielfalt von Erscheinungen gebraucht, angefangen vom Bereich hochritualisierter Glaubenssysteme bis zum Bereich purer profaner Unterhaltung. Überall und zu allen Zeiten finden wir M. als kulturelles (soziales und rel.) Phänomen. Im dt. Sprachgebrauch werden die Begriffe M. und Zauber weithin synonym verwandt, wobei vielleicht im rel. Bereich der Ausdruck M., im profanen der Ausdruck Zauber bevorzugt wird. Einigkeit über die Begriffsbestimmung von M. läßt sich bis heute in der wiss. Lit. nicht finden. Das dürfte damit zusammenhängen, daß auch für andere rel.-wiss. Kerntermini, selbst für den Begriff ↗Religion, eine solche Übereinstimmung nicht erreicht ist.

Rel.-ethnologisch läßt sich der M.-Begriff etwa so umschreiben: M. umfaßt die rituellen Handlungen und Verhaltensweisen, mit denen Menschen versuchen, auf Dinge und Ereignisse einzuwirken, die jenseits ihres normalen Einflußbereiches liegen. Magier benutzen Gegenstände und/oder Worte, denen sie automatische, mechanistische Wirkungsweisen zuschreiben. Erreicht wird die Wirkung magischer Handlungen durch eine diesen immanente Kraft.

2. Andere rel. Akte unterscheiden sich von M. vor allem dadurch, daß sie sich an personale übermenschliche Wesen und Kräfte wenden, während personale Beziehungen zwischen Mensch und übermenschlicher Welt bei magischen Handlungen eher sekundär sind bzw. fehlen. M. und Religion sind nicht Gegenbegriffe auf gleicher Ebene, sondern ersterer ist letzterem unterzuordnen. So kontrastiert M. mit anderem rel. Verhalten, wie es etwa ↗Gebet und ↗Opfer (I) sind. M. ist ein rituelles Verhalten, das die menschliche Macht zum Ausdruck bringt, mit mechanistischen rel. Praktiken eine bestimmte Wirkung zu erreichen, während Gebet und Opfer die Abhängigkeit des Menschen von übermenschlichen personalen Wesen und Kräften ausdrücken. Magisches und nichtmagisches rel. Verhalten findet sich in unterschiedlicher Gewichtung in allen uns bekannten Kulturen. Die Dichotomie M. – Religion, wie sie sich in vielfältiger Weise durch die Geschichte rel.-ethnologischer und rel.-wiss. Forschung zieht, zeugt von ethnozentrischer, oft evolutionistischer Betrachtungsweise, die die jüd.-christl. Religion als idealtypisch ansieht.

3. In vielen Kulturen, vor allem schriftloser Gesellschaften, gehört M. zu den alltäglichen Erscheinungsformen der Religion; sie dient dazu, bestimmte Ereignisse zu erklären bzw. bestimmte Wirkungen zu erzielen. M. hat eine doppelte Funktion: Sie ist *einerseits* instrumental und zweckorientiert. Mit magischen Riten ist der Glaube verbunden, daß mit ihnen eine Wirkung auf Mensch und Umwelt erzielt wird. M. ist *andererseits* expressiv oder symbolisch. Der Vollzug magischer Riten bringt, den Beteiligten oft unbewußt, rel. Glaubensinhalte mit dem zugrundeliegenden Weltbild zum Ausdruck. Die expressive Funktion magischer Riten sollte gegenüber der instrumentalen nicht unterbewertet werden. Magische Riten erfüllen die Aufgabe, kulturelle Systeme, etwa die Gesellschaftsorganisation, darzustellen und zu stabilisieren.

4. Man kann vier Strukturelemente von M. unterscheiden: a) die zur magischen Handlung gebrauchten Gegenstände („Medizinen"); b) die magischen Worte und Formeln; c) der magische Ritus selber; d) die Bedingungen schließlich, de-

nen der Magier bei der Durchführung der Riten unterworfen ist. Die Art der benutzten Gegenstände variiert sehr; Gegenstände können unmittelbare Wirkung erzielen, wie z.B. magische Getränke („Giftgetränke"); vielfach symbolisieren sie nur den gewünschten Effekt. Magische Worte oder Formeln sind gelegentlich von großer Bedeutung, nicht immer. Manchmal ist das gewünschte Ergebnis einer magischen Handlung abhängig von dem exakten Aussprechen der zugehörigen Formel, in vielen Fällen aber kommt dem Inhalt magischer Worte mehr Bedeutung zu als deren Form. In der Regel sind magische Handlungen an rituelle Formen gebunden, wobei die Riten in ihrem Ablauf oft das angestrebte Ereignis symbolisch darstellen bzw. vorausnehmen. Der Magier selbst ist beim Vollzug der Riten oft eingebunden in ein Netz von ↗Tabus und Reinigungsvorschriften, die er zu beachten hat. Damit wird einerseits die Wichtigkeit dieser rituellen Handlungen unterstrichen, andererseits ist damit eine unerschöpfliche Quelle für potentielles Mißlingen magischer Riten gegeben.

5. M. ist normalerweise wertneutral. Sie kann zum Nutzen oder zum Schaden einer Gesellschaft oder einer Person angewandt werden. *Weiße* M. erstrebt den Nutzen für die Gesellschaft oder für einzelne Mitglieder der Gesellschaft, *schwarze* M. versucht entsprechend, Schaden zu bringen. Man spricht von *positiver* und *negativer* M., je nachdem ob ein Ereignis herbeigeführt oder verhindert werden soll. Nach den Methoden magischer Handlungen unterscheidet man *Ähnlichkeits-M.* (imitative, homöopathische M.) und *Kontakt-M.* (kontagiöse M.). Ähnlichkeits-M. ruht auf dem Grundsatz, daß Gleiches Gleiches bewirkt, Kontakt-M. stützt sich auf den Glauben, daß Dinge, die einmal miteinander verbunden waren, auch nach ihrer Trennung in Zusammenhang bleiben. Eng verwandt hiermit ist das Prinzip „pars pro toto"; es besagt, daß zwischen einem Objekt und seiner Abbildung bzw. einem seiner Teile ein enger Kontakt besteht, so daß auf sie ausgeübte Einflüsse sich auch auf das ursprüngliche Objekt auswirken (z.B. im Bildzauber).

6. Seit Beginn der ethnologischen Forschung der Neuzeit im vergangenen Jh. ist M. Gegenstand rel.-ethnologischer Theorie, wobei es fast immer um die Verhältnisbestimmung von M. und Religion geht. *E. B. Tylor* (1871) bestimmt Religion als Glaube an spirituelle Wesen; er schließt damit M. vom Religionsbegriff aus. M. und Religion werden als Teile eines übergeordneten Denksystems angesehen. Näherhin wird M. als Pseudowissenschaft bestimmt, die postuliere, daß magische Handlungen und ihr erstrebtes Ziel in einem Ursache-Wirkung-Zusammenhang stehen, während in Wirklichkeit nur eine Assoziation von Ideen vorliege. *F. G. Frazer* (1890 und später) stellt die evolutionistische Reihe M. – Religion – Wissenschaft auf und läßt damit M. zur Vorstufe von Religion werden. *B. Malinowski* (1925 und später) bestimmt den Unterschied von M. und Religion so, daß erstere konkrete Ziele anstrebe, während letztere zweckfrei sei und ihr Ziel in sich selber habe. Für *E. Durkheim* (1912) ist Gemeinschaftsbezogenheit das Unterscheidungskriterium. Religion wirke gemeinschaftsaufbauend, ihr Priester wende sich an eine Gemeinde; Magier dagegen wirkten für Klienten, M. wird entsprechend gesehen als egoistisch und wenig gemeinschaftsdienlich. *R. H. Lowie* (1924 und später) lehnt für die soziologische Diskussion die Dichotomie M. – Religion ab. *E. E. Evans-Pritchard* (1937) zeigt am Beispiel der Azande, daß M. ein integraler Teil von Religion und ↗Kultur ist.

Lit.: *E. Durkheim,* Les formes élémentaires de la vie religieuse. Paris 1912; *E. E. Evans-Pritchard,* Witchcraft, Oracles, and Magic among the Azande. Oxford 1937; *J. G. Frazer,* The Golden Bough. 12 Bde. London [3]1911–15; *D. Hammond,* Magic: A Problem in Semantics: AmA 72 (1970) 1349–1356; *H. G. Kippenberg / B. Luchesi* (Hg.), M. Frankfurt 1978; *R. H. Lowie,* Primitive Religion. New York 1924; *B. Malinowski,* Magic, Science, and Religion: *J. Needham* (Hg.), Science, Religion, and Reality. London 1925; *J. F. Middleton,* Magic: The New Encyclopaedia Britannica XI, [15]1977, 298–302; *L. Petzold* (Hg.), M. und Religion. Darmstadt 1978; *E. B. Tylor,* Primitive Culture. London 1871; *M. and R. Wax,* The Notion of Magic: CA 4 (1963) 495–518.
A. Quack

Mahābhārata ↗Heilige Schrift(en) III.

Mahāyāna-Buddhismus ↗Buddhismus III 2.

Mahdī
↗Islam.

Im Koran kommt das Wort „mahdī" nicht vor. Wörtlich heißt es der „Geleitete" und bezeichnet einen Menschen, der in einer besonderen Beziehung zu Gott steht, von ihm geleitet wird und sich auf die Leitung Gottes einläßt. Für die Shī'iten ist die Erwartung an die Rückkehr des verborgenen, unfehlbaren und sündlosen imām M. grundlegender Bestandteil des Glaubens, nicht aber für die Sunniten. Der M., im eschatologischen Sinn verstanden, entsteht und findet sich erst am Ende des 7. Jh. im Volksglauben. Der Grund dafür war die Zerrissenheit im Islam selbst. Unter dem Einfluß jüd. und christl. Messiasvorstellungen kam bei den Gläubigen der Wunsch auf, ein von Gott „Geleiteter" möge den urspr. Zustand, eine in sich einige Gemeinde, in der das Wort Gottes rein und unverfälscht verkündet wird, wiederherstellen. In Zeiten großer politischer und rel. Drangsal wurde und wird der Ruf nach einem M. immer laut, und es treten M.s auf. Allg. noch heute bekannt war der im 19. Jh. gegen die Engländer kämpfende sudanesische M. Muḥammad Aḥmed (1843–1885).

Lit.: *W. Madelung,* Art. Al-MAHDĪ: EI² V 1230–1238.
G. Riße

Maitreya. M. (chin. *Mi-lo,* jap. *Miroku,* der Liebende) ist als Buddha der Zukunft die Zentralgestalt der buddh. Eschatologie. Als Nachfolger Śākyamunis ist er in der mahāyānistischen Trikāya-Lehre (↗Triade/Trinität II) der letzte in der Reihe der fünf irdischen Buddhas *(Nirmāṇakāya).* Bis zur Stunde seiner Herabkunft wird M. als im Tuṣita-Himmel verweilender transzendenter Bodhisattva (zusammen mit Avalokiteśvara [↗Kuan-yin], Manjusri, dem Bodhisattva der Weisheit, u. a.) beschrieben. Literarisch läßt sich die Gestalt des M. bis in die Texte des Kleinen Fahrzeugs zurückverfolgen, doch wirkliche Aufmerksamkeit erlangt er erst im Mahāyāna-Buddhismus. Erwartet wird er zu seiner Zeit als Verkörperung allumfassenden rettenden Wohlwollens. Als solche ist M. in China, Korea und Japan nicht zuletzt in Zeiten der Endzeiterwartung hervorgetreten, in denen sich dann nicht selten revolutionäre politische Gestalten, aber auch Gründer neuer Religionen (z. B. in Japan Ōmotokyō und Reiyūkai) identifiziert haben. Ikonographisch wird M. in Japan vielfach mit Amida und dem Stifter der entsprechenden Schule zu einer Dreiheit zusammengefaßt.

Lit.: *L. R. Lancaster,* Art. M.: ER IX 136–141.
H. Waldenfels

Maitrī/Mettā ↗Karma; Liebe III.

Manas. Möglicherweise abgeleitet von der Wurzel *man* = denken, heißt M. dann der Verstand, das Gemüt. Im *Ṛgveda* deutet M. den individuellen Geist an. *Atharva Veda* XIX 52.1 sagt, daß das Verlangen der erste Same von M. ist. *Śatapatha Brāhmaṇa* III 2.4.11 spricht über den Zusammenhang von Denken, Reden und M. *Bṛhadāraṇyaka Up.* I 5.3 erklärt das Hören und das Sehen als die Funktionen von M. M. wird für höher als die Sinnesfunktionen gehalten *(Kaṭha Up.* II 3.7). Die Suche nach *Brahman* geht ins eigene Innere durch verschiedene Schichten, und M. ist der dritte nach der Materie und dem Leben *(Anna und Prāṇa)* (vgl. *Taittirīya Up.* II 1 ff. und III 1 ff.; *Bhagavadgītā* über M.: II 6.7.40.42., V 11.13; X 22).
In den ↗*Darshanas* (philos. Systemen) ist M. ein wichtiger Begriff. Im *Sāṃkhya-System* ist M. der dritte Faktor in der Evolution von *Prakṛti* (dem kosmischen materiellen Grundprinzip). Hier wird M. als verschieden von den Sinnesfunktionen verstanden. M. fügt die von Sinnesorganen eingesammelten Daten zusammen. Das *Vaiśēṣika-System* zählt neun Substanzen auf, und M. ist darunter eine der geistigen Substanzen, verstanden als das Winzigste und das Ewige. Jedes Individuum hat ein eigenes M., durch das es von den inneren Gefühlen, wie Freude, Schmerzen, Durst, Hunger usw., erfährt.

Lit.: *M. Hiriyanna,* Outlines of Indian Philsosphy. London ⁵1964.
A. Thannippara

Mandäer = Gnostiker, wie das ältere Nāṣōrāiê (= Observanten) Selbstbezeichnung einer noch heute bestehenden Taufsekte (arab. Ṣubba [= Tauchende]) im südl. Irak und iran. Ḥūzistān. Schriften: 1. Ginzā (= Schatz), 2. Johannesbuch,

3. Qolastā (= Preisung), Gebete und Hymnen, 4. weitere liturgische Texte: Hochzeitsritual, Ritual für Priesterweihe, Diwan Maṣbūtā (Taufritual), 1012 Fragen (für Priester und Novizen), Große erste und Kleine erste Welt (Ritenkommentare), Diwan der Flüsse, Erläuterung des Jahresendfestes, 5. Buch der Tierkreiszeichen, 6. Diwan Abathur (Beschreibung der Sphären), 7. Haran Gawaita (Apokalypse). Die Sammlung der Texte (bes. Ginzā) erfolgte erst in islam. Zeit zwecks Duldung als Buchreligion. Die Schichtenscheidung steht erst am Anfang. Kolophone reichen bis ins 3. Jh. zurück, jedoch ist die Echtheit nicht allgemein akzeptiert. Hinzu kommen Zauberschalen aus Ton (5./7. Jh.?) und Bleitafeln (6./8. Jh.?). Die mandäische Schriftform hat Parallelen in elymäischen Inschriften und charakenischen Münzlegenden des 2. Jh. und Ähnlichkeiten mit der palmyrischen und nabatäischen Schrift, die Abhängigkeiten sind umstritten. Theodor bar Konai (8. Jh.) (M. = Dostäer) zitiert aus dem Ginzā; mögliche Belege für M. sind die Kartērinschrift (2. Hälfte 3. Jh.) und die Märtyrerakten des Šim'ōn bar Ṣabbā'ē (Redaktion 5. Jh.?). „Ṣabier" in Koran und islam. Lit. meint kaum allein M., das Verhältnis von „Mugtasila" (An-Nadim [10. Jh.]), Elchasaiten und M.n bleibt auch durch den Kölner Mani-Codex ungeklärt. Gemeinsamkeiten zwischen manichäischen Thomaspsalmen (um 270/280) und mandäischen Stücken werden als Entlehnung durch erstere erklärt (bisher kein Widerspruch). Katharer (und vielleicht Nazaräer) in den manichäischen Kephalaia könnten M. sein.

Grundlage der Vorstellungswelt ist der Dualismus von ↗Gnosis/Gnostizismus, wobei ein iran. Typ (Gegensatz Großes Leben – Chaos/Finsterniswasser) durch jüngere monistische Stücke überlagert sein soll. Demiurg ist Ptahil, sein Helfer Rūhā, Erlöser primär Mandā d'Haijê, daneben Hibil Zīwā, Šitil oder Anōš. Wenig durchsichtig verbinden sich jüd., babyl., iran. und christl. Motive (z.B. Sonntag) bei gleichzeitiger Polemik gegen Judentum, Christentum, Manichäismus und bes. Islam. Hauptmerkmal ist die wiederholte Taufe in fließendem Wasser (Jordan) mit Begleitriten im Heiligtum (Mandi: eingezäunte Kulthütte und Taufteich), sodann die Seelenaufstiegszeremonie (Masiqtā); Einehe ist geboten. Die heutige Hierarchie von „Priestern", „Bischöfen" und „Ethnarch" existiert in den alten Texten nicht. – Das M.-Problem besteht in der Streitfrage eines westl. (bzw. vorchristl.) Ursprungs der M.; für ihn werden angeführt: das Vorhandensein frühjüd. Taufsekten (z.B. Essener), der Zentralbegriff „Jordan", westaram. Termini, bes. *sb'* (taufen) statt *'md*, der Zusammenstoß von M.n und Juden in Jerusalem (nach Ginzā), die Auswanderung von M.n ins medische Bergland unter dem Parther Ardaban (1./3. Jh.) und späterer Zug nach Südbabylonien (so Haran Gawaita), Anklänge der Bilderreden des Joh an mandäische Offenbarungsreden. Eine hist. Evidenz ist mit diesen Hinweisen einzeln wie insgesamt nicht zu erreichen. Die Tradition über Johannes den Täufer (daher M. = „Johanneschristen") stammt aus dem Christentum, Mt 2,23 (Nazoraios) ist als Nazarener (nicht Nasoräer) erklärt.

Lit.: *K. Rudolph*, Die M., 2 Bde. Göttingen 1960 bis 1961; *ders.*, Die mandäische Literatur: Texte und Untersuchungen 120. Berlin 1977, 219–236; *ders.*, Der Mandäismus in der neueren Gnosisforschung: B. Aland (Hg.), Gnosis (FS H. Jonas), Göttingen 1978, 244–277; *G. Widengren* (Hg.), Der Mandäismus. Darmstadt 1982. *C. Scholten*

Mandala (Skt.: „Kreis") ist „ein Psycho-Kosmogramm, welches einen Eingeweihten auf dem Weg zur Reintegration des Bewußtseins durch das Offenbarmachen des verborgenen Spiels der im Universum und in uns operierenden Kräfte führt" (Tucci 1961, VII). Es ist ein Hilfsmittel zur Selbstfindung oder auch zur Meditation über das Transzendente. In den meisten Fällen ist es kein Kreis, sondern ein Viereck, in welchem sich allerdings einzelne Kreise befinden können. Im tantrischen Ritual wird es als ein Behältnis oder eine Wohnstätte für die Gottheiten angesehen. Die Herstellung, auch evtl. Vernichtung eines M. erfolgt nach festgelegten Regeln, die man kennen muß, um sich orientieren zu können. In der Mitte befindet sich das Bild oder die symbolische Darstellung einer Hauptgottheit, umringt von einer Anzahl Gottheiten niederen Ranges, die sowohl untereinander als auch in ihrer Stellung zur Hauptgottheit hierarchisch angeordnet sind. Ein M. unterscheidet sich von einem Yantra („Hilfsmittel") dadurch, daß in ihm die graphische Darstellung der Gottheiten oder deren Symbole deutlicher zutage treten und die künstlerische Ausführung der Details kräftiger ausfällt. Ein M. kann „ein im Geiste vollzogener Akt sein oder eine mit Fäden bzw. Staub angefertigte Zeichnung" (Sekakriyākrama, zit. bei Pott 71). Die Ausführung kann zwei- bis dreidimensional, aus haltbarem oder vergänglichem Material sein, es kann gezeichnet oder gemalt oder plastisch geformt aus Sand, Reis, Butter und anderen Materialien sein. Es kann auch durch die Zusammenlegung einer Anzahl (z.B. bronzener) Figuren hergestellt werden. Schließlich kann es auch in der Gestalt eines Gebäudekomplexes oder einer Stadt (wie z.B. Borobudur in Indonesien) errichtet werden. *C. G. Jung* hat gezeigt, wie dem M. ähnliche Zeichnungen von modernen Menschen unbewußt im Traum spontan als Ausdruck bestimmter innerer Erfahrungen produziert werden können. Für ihn sind die M. Einheitssymbole des kollektiv Unbewußten. Auch die moderne Malerei wählt Motive, die dem Ordnungsschema der M. sehr nahe kommen.

Lit.: *D. I. Lauf,* Das Bild als Symbol im Tantrismus. München 1973; *P. H. Pott,* Yoga and Yantra. Den Haag 1966; *G. Tucci,* The Theory and Practice of the M. London 1961; *ders.,* Geheimnis des M. Weilheim 1972; *H. Zimmer,* Kunstform und Yoga im ind. Kultbild. Hg. v. F. Wilhelm. Frankfurt 1976.

T.R. Chopra

Mani

↗Manichäismus.

Der Religionsstifter Mani wurde am 14. April 216 geboren. Sein Vater Pattek (Pattikios), ein Mann adliger parthischer Herkunft, schloß sich der in Mesopotamien lebenden juden-christl. Täufergemeinde der Elchasaiten an, in der M. aufwuchs. Im 12. Lebensjahr und dann wiederum im 24. erlebte er eine Berufung von seinem „Zwilling", seinem himmlischen *Alter ego,* der ihn aufforderte, die ihm vermittelte ↗Offenbarung zu verkündigen und eine Kirche zu gründen. Er trat nun mit einer eigenen gnost. Lehre hervor. Nach Missionsreisen im heimatlichen Mesopotamien führte ihn eine Studienreise 240/241 ins Industal und in angrenzende Gebiete. Als der sassanidische Herrscher Ardaschīr starb, reiste er nach Persien und wurde vom neuen Herrscher Schāhpuhr I. empfangen, der es ihm gestattete, in seinem gesamten Reich zu predigen. M., der zeitweilig dem Gefolge des Herrschers angehörte, entfaltete eine aktive Missionstätigkeit und sandte Missionare bis nach Alexandrien einerseits und in die östl. Reichsgebiete andererseits. Er selbst konnte diverse Kleinkönige im sassanidischen Mesopotamien für seine Sache gewinnen.

Nach dem Tode Schāhpuhrs (273) konnte M. offenbar unter dessen Nachfolger Ohrmizd I. (273–274) seine Verkündigung im Reich fortsetzen, obwohl die zoroastrische Gegenpartei nun größeren Einfluß gewann. Sie konnte sich vor allem zur Zeit Bahrāms I. (274–276/277) gegenüber dem Neuerer durchsetzen und in ihrem Sinne auf den Herrscher einwirken. Dieser zitierte M. an den Hof, überschüttete ihn mit Vorwürfen und warf ihn ins Gefängnis. An den Folgen der Haft ist er 276 oder 277 gestorben.

Lit.: *G. Widengren,* M. und der Manichäismus. Stuttgart 1961; *R. Merkelbach,* M. und sein Religionssystem. Opladen 1986.

H.-J. Klimkeit

Manichäismus. Der M., eine auf den Religionsstifter ↗Mani (216–276/277) zurückgehende gnost. Lehre, versteht sich als Erfüllung der großen Religionen des ↗Christentums, Zoroastrismus und ↗Buddhismus, ja als Überhöhung aller bisherigen Glaubensformen. Dieses Selbstverständnis geht auf den Stifter selbst zurück, der sich einerseits als „Apostel Jesu Christi" verstand, sich andererseits aber auch als letzte Verkörperung des „wahren Propheten" sehen konnte, der in gewissen Gestalten des AT, aber auch in ↗Jesus, ↗Zarathustra und ↗Buddha erschienen sei. Deren Botschaften seien aber im Laufe der Zeit verstellt und verfälscht worden, Manis Lehre entspreche dagegen ihrer urspr. Verkündigung. Mani war vor allem im sassanidischen Reichsgebiet tätig. Der M. empfahl sich deshalb der Reichsführung unter Schāhpuhr I., weil er sich als einigendes Band für den Vielvölkerstaat vorstellte. Dennoch hat er sich weder im

Iran durchgesetzt, wo heftige Verfolgungen nach Manis Tod einsetzten, noch in Nachbarreichen. Die schon von dem Mani-Jünger Mār Adda eingeleitete Mission in Syrien-Palästina und Ägypten sollte allerdings eine weiterreichende Auswirkung im Römischen Reich haben. Im 4. Jh. war Ägypten eine Hochburg des M. Von hier aus verbreitete er sich über Nordafrika, wo sich ihm Augustinus neun Jahre lang als „Hörer" zuwandte, nach Spanien, Gallien und Rom. Auch von Syrien und Kleinasien aus stieß er nach Italien und Rom vor, ebenso ins Balkangebiet und bis nach Gallien. Die staatliche Verfolgung des M. wurde schon unter Diokletian (297) eingeleitet und von christl. Kaisern fortgesetzt. Maßgeblich an der Identifizierung und Unterdrückung der „Häretiker" war die Kirche beteiligt, die im konvertierten Augustinus einen besonderen Kenner der als persisch und somit als fremd gebrandmarkten Lehre hatte. Dieser verfaßte eine Reihe von anti-manichäischen Schriften. Im Westen erschien der M. geradezu als Ketzerei katexochen. Auch nach seinem Untergang im Römischen Reich im 6. Jh. zog man gegen ihn zu Felde, wobei sich die Angriffe allerdings gegen Nachfolgebewegungen (Priszillianismus, Paulikianismus, Bogomilismus) richteten.

Im Osten breitete sich der M. zunächst ins transoxanische Gebiet aus. Von hier gelangte die Religion des Mani über die zentralasiat. Seidenstraße bis nach China. 762 erhob der Khan der uigurischen Türken den manichäischen Glauben zur Staatsreligion seines Steppenreiches. Nach Zerschlagung des uigurischen Reichs 840 und nach einer Religionsverfolgung in China 845 fanden die östl. Manichäer im Reich von Kocho (Turfanoase) eine Zufluchtsstätte, wo die Religion bis ins 13. Jh. fortlebte. Nach der genannten Verfolgung haben Manichäer auch in der südchin. Küstenprovinz Fukien Wurzeln gefaßt, wo ein stark sinisierter M. bis ins 16. Jh. bestand.

Trotz der sprachlichen Anpassung an christl. Begriffe im Westen, an zoroastrische und zurvanistische im Iran und an buddhistische in Zentral- und Ostasien weist der M. unter dem Firnis der verschiedenen Terminologien eine bemerkenswerte Einheitlichkeit und Homogenität auf. Die Geschlossenheit des Lehrsystems dürfte vor allem darauf beruhen, daß die vom Stifter selbst stammenden sieben kanonischen Werke im gesamten ökumen. Verbreitungsgebiet der manichäischen Kirche in Übersetzung vorlagen. Hinzu kamen dann freilich homiletische und didaktische Werke der späteren Jh.e, kirchengesch. Schriften hagiographischen Charakters, liturgische Werke einschließlich Buß- und Beichttexten, vor allem aber Hymnen und Psalmen, die sowohl im kopt. wie im zentralasiat. Raum von einer sehr lebendigen Religiosität zeugen.

Die Grundlage der manichäischen Lehre ist die Doktrin von den zwei Prinzipien und drei Zeiten. Sie besagt, daß sich die beiden Mächte Gut und Böse von Anfang an gegenüberstanden, aber in unserer gegenwärtigen, verderbten Welt in Vermischung existieren, um erst am Ende der Zeiten wieder getrennt zu werden. Typisch gnostisch (↗Gnosis) ist, daß das gute Prinzip geistig, das böse materiell ist, wobei auch Psychisches – im Gegensatz zu Seelischem – gleichsam als verfeinerte Materie zum Bösen gehört. Der manichäische Mythos erklärt den Ablauf der Welt von der Urzeit bis zur endgültigen Befreiung des in der Materie gefangenen Lichts. Er spricht davon, daß urspr. das gute Reich des Lichts, dem der Lichtvater vorsteht, vom Reich der Finsternis, das durch Uneinigkeit und Unruhe gekennzeichnet ist, getrennt war. Erst der beabsichtigte Einfall des Bösen ins Lichtreich führte zu Kampf und Vermischung und zur Bildung des Kosmos durch die Mächte des Lichts als einer Maschinerie zur Befreiung des durch die Dämonen gefangenen Lichts, das sich in der Gestalt des göttlichen „Urmenschen" und seiner fünf Söhne in die Tiefe begeben hatte, um den Kampf aufzunehmen. Der Urmensch wurde zwar befreit, doch seine Söhne, die letztlich wesensidentisch sind mit ihm, befinden sich noch in der Macht der bösen, materiellen Kräfte. Die Summe dieser unbefreiten, leidenden Lichtelemente wird im Westen als *Jesus patibilis,* im Osten als *Buddha gotra* bezeichnet. Ein Wechselspiel von Zug und Gegenzug kennzeichnet den kosmischen Kampf um das gefangene Licht. Nach Entsendung des „Lebendigen Geistes" aus dem Lichtreich, der zahlreiche Dämonen überwinden kann, um aus ihren Leibern den Kosmos zu schaffen, bilden die Finsternismächte im Gegenzug den Menschen, in den sie jenes erbeutete Licht einkerkern, das die aus fünf „Gliedern" (Nous, Denken, Einsicht, Gedanke, Überlegung) bestehende Seele darstellt, die zu den fünf Söhnen des Urmenschen in Bezug stehen. Der „Dritte Gesandte", eine Konkretisierung des „Rufes" aus dem Jenseits, zu dem der transzendente Jesus, „Jesus der Glanz", in einem emanatorischen Verhältnis steht, bringt dem Menschen die Botschaft von der Zugehörigkeit seiner Seele zum Lichtreich, so wie schon in Urzeiten Jesus dem Adam die rettende Gnosis brachte. Allerdings wurde Adam insofern rückfällig, als er, von Gier getrieben, mit Eva Kinder zeugte und damit Voraussetzungen für die Perpetuierung der Gefangenschaft des Lichts im menschlichen Körper schuf.

Predigt und Ritus, vor allem die ↗Buße, sind die geeignetsten Mittel, um den Kampf gegen das Böse in der gegenwärtigen Zeit fortzusetzen, denn die Predigt verkörpert den urspr. Ruf aus dem Jenseits, und die Buße verhilft dem „neuen Menschen", der die Erkenntnis gewonnen hat, dazu, gegen den „alten Menschen" zu kämpfen, der den Zustand der Unerlöstheit verkörpert.

Nach manichäischer Vorstellung wird im Laufe der Zeit das Wirken der erlösenden Götter, vor allem des Großen Nous, dazu führen, daß immer mehr Licht aus dem Kosmos befreit wird. Dies hat im Gefolge, daß zumal in der Endzeit Kampf und Streit zunehmen. Nach einem letzten „großen Krieg" erscheint Jesus als Richter, trennt die Schafe von den Böcken und schafft die Voraussetzungen für eine endgültige Scheidung von Gut und Böse, das nun – kosmologisch gesehen – in einem großen Klumpen *(globus)* sich selbst überlassen bleibt.

Die manichäische Kirche, deren Hauptträger die „Erwählten" *(electi)* sind, die ein mönchisches Leben führen müssen, gliedert sich in fünf Stände (12 Apostel, 72 Bischöfe, 360 Presbyter, „Erwählte" und „Hörer"). Die Geistlichen werden materiell von den Hörern *(auditores)* oder „Katechumenen" unterstützt, die zwar im weltlichen Leben verbleiben, grundsätzlich aber bei entsprechendem religiösem Verhalten die Möglichkeit haben, nach einer Wiedergeburt in den Stand des „Erwählten" einzutreten und von hier aus zur Erlösung zu gelangen. Manche Texte sehen die Erlösung allerdings auch für den „Vollkommenen Hörer" vor.

Die manichäische Ethik ist zusammengefaßt in den „drei Siegeln", den Siegeln des Mundes, der Hände und des Herzens. Angespielt ist hier auf das Versiegeln der „Tore" der Sinne gegen das Böse, so daß es weder Wort, Tat noch Sinne affiziert. Aber die negative Ethik hat auch eine positive Entsprechung, denn wo der Nous vom Menschen Besitz ergriffen hat, werden Reden, Handeln und Denken von den Tugenden beherrscht, die ein positives Leben kennzeichnen. Eine Systematisierung der Götterwelt in 12 „Herrschertümer" setzt diese in Beziehung zu bestimmten rel. Qualitäten, die sich in äußeren „Zeichen" im Leben des Frommen auswirken.

Lit.: *S. N. C. Lieu,* Manichaeism in the Later Roman Empire and Medieval China. Manchester 1985; *H. J. Polotsky,* Art. M.: RE, Suppl. VI (1935) 240–271; *H.-Ch. Puech,* Le Manichéisme. Paris 1949; *ders.,* Die Religion des Mani: CHRE II 499–563; *G. Widengren,* Mani und der M. Stuttgart 1961.

H.-J. Klimkeit

Mantik (griech.: Seherkunst) ist die angebliche Fähigkeit, in außerrationaler Weise die Zukunft vorauszusehen, d.h. Wissen und Willen der Gottheit zu erkennen und Weisung für sein Tun zu erhalten. Theoretisch lassen sich die durch M. gewonnenen Erkenntnisse in solche intuitiver und induktiver Art scheiden. Die *intuitive* M. erhält den Bescheid unmittelbar, die *induktive* versucht, ihn aus Zeichen zu erschließen. Zur intuitiven M. gehören Prophetien, die der Betroffene nicht absichtlich herbeiführt oder in einem Traum erhält, der keiner Erklärung bedarf. Die induktive M. teilt sich wiederum in zwei Formen. Zur ersten sind Erscheinungen zu zählen, die sich unwillkürlich einstellen, aber gedeutet werden müssen, wie Träume, Vogelflug, atmosphärische Erscheinungen. Die zweite

Form umfaßt alle absichtlich herbeigeführten Bescheide, wie die Deutung der Zukunft aus Leber und Eingeweiden zumeist eines Schafes, Ölwahrsagung, Astrologie, Totenbeschwörung.
Prophetische Weissagungen sind schon aus altbabyl. Zeit in einem Teil der sog. Mari-Briefe (ca. 1782–1759) enthalten. Die Eingeweideschau (Extispicium) ist bereits in sum. Texten (4. Viertel des 3. Jt.) belegt. Sie wurde von den Babyloniern und Assyrern übernommen und gelangte zu den Hethitern, Etruskern, Griechen und Römern und in den röm.-hellen. Kulturkreis. Auch Astrologie und Ölwahrsagung stammten aus dem Alten Zweistromland. Literarische Beispiele für Totenbeschwörung (Nekromantie) sind die in der 12. Tafel des ↗Gilgameshepos geschilderte Befragung des Enkidu durch Gilgameš und die Zitierung des Teiresias durch Odysseus im 11. Gesang der Odyssee; ein wahrscheinlich hist. Bericht ist die Beschwörung des Samuel durch die Seherin von Endor (1 Sam 28,7–25).

Lit.: PRE 27, Stuttgart ²1928, 1258–1288; *B. Meissner,* Babylonien und Assyrien II. Heidelberg 1925, 242–282; *M. Dietrich u.a.,* Deutungen der Zukunft in Briefen, Orakeln und Omina: TUAT II/1. Gütersloh 1986. *H. Schützinger*

Mantra. Das Wort M. kann auf zweierlei Weise abgeleitet werden: 1. von der Wurzel *mantṛ* = sprechen; in diesem Sinne heißt M. „hl. Spruch", „Gebet" oder „vedische Hymne"; 2. von *man* = denken und *trai* = schützen, befreien; M. heißt dann: etwas, das befreit oder schützt, wenn richtig meditiert wird. Im allg. bedeutet M. eine Formel, die eine bes. Wirksamkeit, göttliche oder magische Kraft besitzt. In der vedischen Lit. werden die Hymnen (von den *Ṛg-*, *Sāma-* und *Yajur*-Veden) als M. betrachtet, unterschieden von den rituellen Texten der *Brāhmaṇas.*
Der einsilbige *(bījākṣara)* M. *OM,* der *Praṇava* genannt wird, ist der am meisten gebrauchte unter allen M. Er wird als Lautsymbol des Höchsten Wesens betrachtet (vgl. das ganze *Māṇḍūkya Up.;* auch *Kaṭha Up.* I 2.15–16; *Taittirīya Up.* I 8.1). Es gibt auch andere einsilbige und mehrsilbige M., deren Bedeutung nicht immer eindeutig ist, z.B. *Svasti, Svadhā, Svāhā, Bhūr bhuvaḥ svaḥ. Gayatrī (Ṛgveda* III 62.10) ist einer der ältesten und bekanntesten M. Er ist gerichtet an den herrlichen Gott, symbolisiert in der Sonne, und wird von allen gläubigen Hindus in ihrem *Sandhyā* (Morgen-, Mittags- und Abendgebet) rezitiert. *Nāma-Japa,* d.h. die Wiederholung des Namens der bevorzugten Gottheit *(Iṣṭadēvatā),* ist ein populärer M. *Pantañjali* zählt M. auch zu den Mitteln für die Erreichung der ↗*Siddhis* (übernatürliche Gaben) (vgl. *Yōgasūtra* IV 1). Die M. werden manchmal in zwei Gruppen eingeteilt: *Kanṭhika* (gesprochene) und *Ajapa* (ungesprochene).

Lit.: *S.B. Dasgupta,* Aspects of Indian Religious Thought. Kalkutta 1957. *A. Thannippara*

Maria ↗Heilsgestalten VI.

Mars ↗Gott III 4 B.

Märtyrer ↗Heilsgestalten VI.

Marxismus und Religion. 1. K. Marx verbindet in seiner Auseinandersetzung mit Religion (R.) auf eigenwillige Weise mehrere Motive traditioneller R.s-Kritik. Zunächst knüpft er an jene Lehren der Aufklärung an, denen wiss. Denken und rel. Glaube, bes. in dogmatischer Form, unvereinbar erschienen. Marx erwähnt hier bes. die französischen Materialisten des 18. Jh., spielt aber auch auf den spätantiken Materialismus an. Er wiederholt sie freilich nicht im einzelnen, sondern setzt sie in einem intellektuellen Klima, in dem Atheismus und R.s-Kritik für aufgeklärte Köpfe bare Selbstverständlichkeit waren, als bekannt voraus.
Dies wirkte sich auch in der Hegel-Debatte aus. Dessen Bestimmung von R. als Absolutes in der Weise der „Vorstellung" lud dazu ein, R. als populäre, vorbegrifflich-naive Form des Denkens zu begreifen. – Über Feuerbachs anthropologischen Materialismus, der besagte, der Mensch habe sein Wesen auf die Idee eines jenseitigen Gottes projiziert, fand Marx das Konzept, Hegel „vom Kopf auf die Füße zu stellen". Nicht nur R., auch Metaphysik, Moral und Ideen der bloßen Vernunft schlechthin lassen sich demnach nur als Ausdruck des hist. jeweils erreichten Standes gesellschaftlicher Pro-

duktivkraft, zu der auch das Potential an verfügbarem Wissen gehört, interpretieren. Alle Theorien werden „Ideologie", sofern sie diesen Zusammenhang leugnen oder übersehen, um letztlich an einer idealen Welt des Geistes jenseits der konkreten sozialen Realität festzuhalten.
Daß dies speziell für die Bedingungen der bürgerlichen Gesellschaft bzw. kapitalistischer Produktionsverhältnisse gilt, sucht Marx schon in den Frühschriften nachzuweisen. R. dient ihm darin geradezu als Paradebeispiel für Ideologie. Dabei versteht er sie nicht mehr allein in ihrer Legitimationsfunktion für die politische Restauration, der die christl. Kirchen sich nahezu blind verschrieben hatten; vielmehr entdeckt Marx eine neue Funktion der R. unter den Bedingungen industrieller Modernisierungsprozesse: daß R. nämlich die mit dem kapitalistisch orientierten Modernisierungs- und Industrialisierungsprozeß verbundene Klassenaufspaltung und Verelendungstendenz durch Innerlichkeit und jenseitsbezogene Trostverheißungen aufzufangen suchte; also quietistisch statt politisch-praktisch. So ist R. zwar „Seufzer der bedrängten Kreatur", das „Gemüt einer herzlosen Welt", Ausdruck des wirklichen Elends, aber nicht seine Überwindung, sondern ein letztlich illusorisches Narkotikum, das nur Symptome, nicht Ursachen angeht: Opium des Volkes.
An dieser Einschätzung ändert sich auch im späteren Werk Marxens nichts Entscheidendes. R. bleibt eine „Nebelregion", in der Oben und Unten verkehrt wurden, ein Fetischglauben, in dem sich die Kreationen der menschlichen Phantasie und des Wunschdenkens zu scheinbar realen Gestalten verfestigt haben, die dann als übernatürliche Ideale verehrt werden. Ebendies aber verbindet R. mit dem Zur-Ware-Werden des Menschen im Kapitalismus: Die Sphäre des Marktes, des Waren- und Produktentauschs, verselbständigt sich in ihren Mechanismen gegen ihre Urheber: die eigentlichen Produzenten und ihre Bedürfnisse. Wie die verselbständigten Idole der R. objektivieren sich auch im Warenfetischismus die Produkte gegen ihre Erzeuger. Diese „verdrehte Welt" begreift Marx als Kern des rel. Bewußtseins. Mit der Überwindung des Klassengegensatzes und der Entfremdung durch die kapitalverwertende Produktionsweise werde deshalb auch der bedingende Grund für die unsinnig gewordene R. hinfallen; sie werde absterben.
2. Die weitere Entwicklung der R.s-Kritik im orth. Marxismus, dem „Dialektischen Materialismus", bringt keine wesentlich neuen Argumente hervor, im Gegenteil, sie verliert einiges von der Differenziertheit der Marxschen These. Lenins „Opium *für* das Volk" knüpft an die alte Priestertrugsthese aus Aufklärung und teilweise schon Antike an (was bei der dem Zarismus absolut ergebenen, von jeder Aufklärung unberührten russ. Kirche nicht *nur* polemisch erscheinen konnte). Daneben aber hält Lenin R. für einen Spezialfall von philos. Idealismus, der mit Dialektischem Materialismus unvereinbar galt. Und schließlich hatte, seitdem schon Engels „wiss. Weltanschauung" für das marxistische Denken reklamiert hatte, dieses selbst quasi-rel. Dimensionen angenommen. Von daher ergibt sich dann auch mit einer gewissen Konsequenz die planmäßige Atheismus-Kampagne, die nicht mehr auf das selbsttätige „Absterben" der R. vertrauen mag.
Freilich hat es auch viele abweichende Formen gegeben. Selbst im Umkreis Lenins gab es (von ihm attackierte) Gruppen wie die „Gottbildner" (Gorki, Lunatscharski) oder „Gottsucher" (Berdjajew, Bulgakow). Engels hatte schon auf den urchristl. Gemeinde-Kommunismus als eine Art Vorläufer des Sozialismus hingewiesen; in der Arbeiterbewegung selbst gab es überdies einen mit dem M. sich oft überschneidenden rel. Sozialismus (Weitling, M. Hess, Frühsozialismus usw.).
Eine wirklich ernsthafte und angemessene Auseinandersetzung findet sich erst wieder bei Autoren wie *M. Adler*, *A. Gramsci* oder vor allem *E. Bloch*. Adler sucht in Anlehnung an Kant eine „andere Weltordnung", in der Natur und Sittlichkeit zu einer vernünftigen Einheit kommen, die seit je als „Idee der Gottheit" verehrt worden sei. Gramsci erblickt im Christentum „den großartigsten Versuch, in mythologischer Form die wirklichen Gegensätze des hist. Lebens zu versöhnen". Bloch blickt auf ein „end-

lich unentfremdetes" Christentum, in dem „die Emanzipation der Mühseligen und Beladenen wirklich noch gemeint ist"... „es vereinigen sich dann Marxismus und der Traum des Unbedingten in gleichem Gang und Feldzugsplan."

3. Systematisch betrachtet, enthält die marxistische R.s-Kritik zwei Elemente: zunächst die Kritik an der konkreten politischen Rolle der kirchlich-rel. Institutionen; diese Kritik wird dort „widerlegt" und gegenstandslos, wo Marxisten und Christen praktische Allianzen gegen soziales Unrecht und politische Gewaltherrschaft bilden und wo der Eigensinn rel. Lebensideale den menschenfeindlichen Verdinglichungszwängen kapitalistischer Produktionsformen widerstreitet. Das schließt freilich auch die Legitimität von Kritik an Rechtlosigkeit und Gewalt unter marxistischer Firmierung ein.

Das zweite Element der Kritik bezieht sich auf den Materialismus der marxistischen Theorie. Sofern er als geschlossenes System gefaßt wird, besagt dies, daß alle Wirklichkeit letztlich stofflich, Vorstellungen wie Gott, Seele oder Offenbarung demgemäß unhaltbar seien. Doch schon Marx hatte dazu Differenzierungen angeboten: sein „Hist. Materialismus" spricht nicht mehr von Stoff, Natur usw. an sich, sondern von ihrer gesellschaftlich-historisch angeeigneten Form. Hinzu kommt, daß Materialismus, sofern er nicht zur monistischen Metaphysik ausgedehnt wird, letztlich nicht viel mehr besagt als (natur-)wissenschaftlich-illusionslose Beschränkung der Erkenntnis auf die Welt realer Erscheinungen. In dieser Hinsicht teilt er den unproblematischen „methodischen Atheismus" aller modernen Wissenschaften. Trotz der polemischen Vorgeschichte und aller auch durch Dialog nicht schon zu überwindenden aktuellen Gegensätzen verbindet M. und R. der Anspruch, Wahrheit und Wirklichkeit, die bisher hist.-praktisch stets auseinanderfielen, schließlich miteinander zu versöhnen.

Lit.: *L. Feuerbach,* Das Wesen des Christentums. Berlin 1956; *K. Marx,* Kritik der Hegelschen Rechtsphilosophie. o.O. 1844; *K. Marx/F. Engels,* Über Religion. Berlin 1958; *M. Adler,* Das Soziologische in Kants Erkenntniskritik. Wien 1924; *W. I. Lenin,* Über die Religion. Moskau 1954; *V. Bucharin,* Theorie des hist. Materialismus. Hamburg 1922; *E. Bloch,* Atheismus im Christentum. Frankfurt 1968; *W. Post,* Kritik der Religion bei K. Marx. München 1969; *P. Frostin,* Materialismus, Ideologie, Religion. München 1978.

W. Post

Maske. 1. Die M. ist eine künstliche Hohlgesichtsform oder ein Aufputz, der den Träger der M. unkenntlich machen soll. Die Aufgabe der M. bestand also mit Vorrang darin, den Träger zu verbergen. Der Wunsch des Menschen, sich zu verwandeln, ist so alt wie die Menschheit selbst. Die Frage nach dem Motiv, das bereits im prähist. Menschen vorhanden war, ist einfach zu beantworten: Durch die Sichtbarmachung eines anderen Wesens in der eigenen Person wollte der Mensch für sich und oft für seine Mitmenschen die Kraft Dritter gewinnen, seien diese Verstorbene, Götter oder zu Göttern gewordene Menschen, Tiere oder auch nur Geschöpfe seiner Einbildung, deren Stärke er sich zu eigen machen wollte. Bald wurde die Verwandlung zu einem Mittel der Beschwörung nicht faßbarer Mächte, daneben aber ebenso zu einem Instrument der Macht über die Mitmenschen.

2. Die M. ist die Endform einer Entwicklung, deren Anfänge in der Gesichts- und Körperbemalung zu finden sind. Diesen ersten Formen der Sichtbarmachung eines anderen Geschöpfes folgte eine Phase, in der Gesicht und Körper mit Tierfedern oder Tierhaaren beklebt wurden, wobei vor allem die Bekleidung des Antlitzes bedeutungsvoll wurde. Trotz vielfältiger Bemühungen seitens der Forschung liegt aber der Ursprung ihrer Verwendung weitgehendst im dunkeln; es steht lediglich fest, daß sie in keinem speziellen Land erfunden wurde. Dieses beweist schon die Tatsache, daß der Terminus „M." universal gebraucht wird; mask (engl.), mascara (span.; portug.), maskharat (arab.). Man glaubt aber, die M. und M.n-Bünde seien von Männern erfunden, um die Oberherrschaft der Frauen in der Zeit zu stürzen, in der matriarchale Rechte und Ordnungen existierten.

3. Es gibt verschiedene Arten von M.n, die teilweise noch heute gebraucht werden. So lassen sich für Europa, Japan, Indien, Zentral- und Ostafrika M.n nachweisen, die in Kriegen verwendet werden. In Burma, Japan und manchen afrik.

Ländern tragen Medizinmänner Schrekkens-M.n, um mit ihrer Hilfe Krankheiten zu heilen bzw. Dämonen auszutreiben. Eine ähnlich abschreckende Funktion besitzen auch die sog. Schwing-M.n, die als Schutz vor ↗Magie und wilden Tieren verwendet werden. Die Theater-M. hat ihren Ursprung in Griechenland und gelangte von da aus bis nach Rom und Frankreich; Japan entlieh die M. von China.
Auch im rel. Bereich ist die Verwendung von M.n nachzuweisen. Einige Völker, wie die Papua und Inuit (Eskimo), tragen selbstgefertigte M.n zu Ehren bestimmter Tiere, da sie glauben, mit ihnen in einer Art Verwandtschaftsverhältnis bzw. rel.-magischen Beziehung zu stehen. Das Phänomen der rel. Maskerade erscheint ebenfalls bei Trauerfeiern der Mitglieder von Geheimbünden.
4. Bemerkenswert ist, daß in Afrika, bes. im Westteil, die Maskerade sehr eng mit dem ↗Ahnenkult (IV) verbunden ist. Die M.n sind Verstorbene oder stellen diese zumindest dar. So kennen die Yoruba, ein Stamm in Nigeria, den *„Egungun"*, was soviel wie Schädel oder Skelett heißt. Dieser Egungun ist ein von den Toten wiedergekehrter Mann, der, mit einem langen Gewand aus Gras bekleidet, gewöhnlich eine häßliche Gesichts-M. mit dünnen Lippen und langer, spitzer Nase trägt. Man glaubt, daß der Egungun beobachten will, was im Reich der Lebenden geschieht. Diese Vorstellung findet sich in ähnlicher Form auch bei den Kiwai-Papuas, die die M.n mit bestimmten Verstorbenen verbinden und ihnen den Schmuck der betreffenden Person anlegen.
5. Bezüglich der Verwendung von M.n kann man folgendermaßen unterscheiden: a) Bei großen Festen und fröhlichen Ereignissen findet man verschiedene Arten von M.n, die in Umzügen durch die Straßen bzw. Dörfer geführt werden und somit der Unterhaltung dienen. M. und M.n-Tanz stehen in enger Beziehung zueinander und bilden oft eine untrennbare Einheit. In abendländischen Kulturkreisen war und ist die M. ein Requisit des Karnevals. b) M.n spielen eine bedeutende Rolle in Geheimbünden, zu denen im allg. nur Männer Zugang haben. Den Mitgliedern, denen es strengstens untersagt ist, Angaben zu den M.n zu machen, üben eine tyrannische Herrschaft über Nichtzugehörige, Frauen und Kinder aus. Dieses hat zur Folge, daß die Eingeweihten c) auch im lokal-politischen Bereich eine große Macht besitzen, da sie sowohl als Gesetzgeber wie auch als Justizbeamte eingesetzt sind. d) M.n werden zur Heilung von Geisteskranken oder bei der Überführung von Verbrechern eingesetzt.

Lit.: *W. Peuckert,* Geheimkulte. Bd. 1. Zürich 1984, 184–187; *F. C. Ogbalu,* Igbo Institutions and Customs. Onitsha/Nigeria o. J., 41 f.; *A. Onyeneke,* Christianity and the Masquerade Society in Igboland: Ikoro. Bd. 5. July 1984. University of Nigeria Nsukka, 31–34; *R. Vulcanescu,* Art.M.: ERE 9 (1987) 261 267 f.; *H. E. Martin,* M.n München 1983, 8–11.

G. Onyeke

Materie ↗Erde; Geist; Natur.

Matriarchat – Patriarchat. 1. Begriff. Die abendländische Geschichte und Kultur ist seit ca. viertausend Jahren androzentrisch geprägt. Daß es sich hierbei nicht um ein Naturgesetz handelt, sondern daß es davor – bei einigen Völkern sind Spuren bis heute erhalten – andere Formen gegeben hat, wird erst seit dem 19. Jh. systemat. erforscht. Dabei ist der Begriff M., wie er analog zu P. gebildet worden ist, ein in sich mißverständlicher Terminus. Von der griech. Bedeutung *arché* her, die sowohl „Beginn", „Ursprung" wie auch „Macht", „Vorherrschaft" ausdrückt, geht es dabei um Rollen- und Machtverteilung. Der Begriff M. ist damit im Sinne eines Kampfes der Geschlechter vorgeprägt, wobei im M. das weibliche, im P. das männliche die Oberhand hätte.
2. Bachofen. Grundlegend für die Auslösung der neueren Diskussion ist „Das Mutterrecht" von *J. J. Bachofen* (1861). Der Verfasser geht aus von einem romantisch verstandenen Muttertum, woraus dann in politisch-gesellschaftlicher Ausweitung gynaikokratische Strukturen abgeleitet werden. Im Mutterrecht sieht er „das ursprüngliche Lebensgesetz", das nicht einem bestimmten Volke, sondern einer „Kulturstufe" angehörte (Vorrede). Das Weib ist früher als der Mann, „das Weib ist das Gegebene, der Mann das aus ihr erst Gewordene ... auf dem Gebiet

des physischen Lebens steht also das männliche Prinzip an zweiter Stelle, es ist dem weiblichen untergeordnet. Darin hat die Gynaikokratie ihr Vorbild und ihre Begründung" (124f.). Kennzeichen dieser mutterrechtlichen Strukturen waren für Bachofen der Vorzug der Nacht/des Dunkels, der Auszeichnung des Mondes vor der Sonne, der Erde vor dem Meer im kosmischen Bereich, der Vorzug der Schwester vor dem Bruder, der jüngsten Geburt vor der ersten im Sippenbereich, die besondere Anlage der Frau für die Frömmigkeit im rel. Bereich. Die Untersuchung alter Völker beginnt mit den Lykiern *(Herodot)*, es folgten Kreta u.a. Als hist. Quellen zieht Bachofen auch Mythen heran. Letztlich ist seine Untersuchung jedoch nicht hist., sondern ideologisch, Hintergrund ein philos. Platonismus, für den die Übermacht des männlichen (= geistigen) Prinzips feststeht. Das weibliche, mutterrechtliche Stadium dient dabei nur als Kontrastmittel zur Heraushebung des höheren, des männlichen Zeitalters. So ist für Bachofen die „gynaikokratische Weltperiode ... die Poesie der Geschichte" (17). Die Entwicklung geht von unten nach oben, von Stoff zu Geist, von Mutterrecht zu Vaterrecht, wobei das röm. Recht den Höhepunkt bildet. Den idealen Zustand der Geschlechter beschreibt Bachofen am Ende des Abschnitts über Kreta: Wie der Mond der Sonne, so folgt Ariadne dem Sonnenhelden Theseus. „Von des Mannes höherer Natur geblendet ..., sehnt sich das Weib nach Einigung mit ihm und findet in der Unterordnung unter den Geliebten ihre höchste Befriedigung. Damit erst ist das Verhältnis der Geschlechter mit dem höchsten kosmischen Gesetz in Übereinstimmung gebracht" (137). – Trotz dieser männlichen Selbstrechtfertigung gebührt Bachofen das Verdienst, eine Diskussion angeregt zu haben, die in mutterrechtlichen Strukturen nicht nur gelegentliche Ausnahmen, sondern eine frühere *Kulturstufe* sah. Hier hat die Forschung weitergearbeitet und neues Material zutage gefördert, das weiter zurückreicht als das auf griech.-röm. Quellen beschränkte Bachofens.

3. Feministische M.s-Forschung. Es gab nicht wenige Jh.e weiblicher Kultur vor der männlichen, sondern beim M. handelt es sich um einen Zeitraum, der um ein Vielfaches größer ist als die als normativ angesehenen patriarchalischen Strukturen. Feministische M.s-Forschung arbeitet nicht nur mit hist. Quellen im strengen Sinn, sondern auch mit ↗Mythen, da diese häufig Zustände auf der gesellschaftlichen Ebene widerspiegeln oder bewahren; schriftliche Quellen werden mit zunehmendem zeitlichem Abstand seltener. Geographisch stammt das meiste Material aus dem Gebiet des sog. fruchtbaren Halbmondes von Indien über Mesopotamien und Ägypten zum gesamten Mittelmeerraum. *H. Göttner-Abendroth* unterscheidet ein M. auf ökonomischer, auf sozialer und rel. Ebene. Nur wo alle Kennzeichen vorkommen, kann von einer matriarchalischen Gesellschaft gesprochen werden (Sumer, Altpersien, Altägypten und Kreta). Die Ökonomie war geprägt durch Garten- oder Ackerbau, der Boden gemeinschaftlicher Besitz der (weiblich geprägten) Sippe. Die Familienstruktur war mutterrechtlich durch Matrilinearität und Matrilokalität bestimmt; Blutsverwandtschaft gab es nur über die Mutter, da Vaterschaft noch unbekannt war. Die staatliche Ebene war durch Gynaikokratie geregelt. Erd-, später Mondgöttinnen bestimmten das rel. Leben, der rituelle Nachvollzug (Feste) war zyklisch, im Mittelpunkt standen Hochzeit, Geburt und Tod (Wiedergeburt). Alle matriarchalischen Religionen sind jahreszeitlich durch den Zyklus der Vegetation bestimmt. Auf der primitiven Stufe zunächst eine Erdmutterreligion (vgl. die verbreiteten weiblich-mütterlichen Figuren und Symbole), kam in der entwickelten Form ein astrales Element dazu mit dem *Mond* (nicht der Sonne) im Zentrum. Typisch für die matriarchalischen Religionen ist die *Dreizahl*, anschaulich an der veränderlichen Form der Mondsichel und am Vollmond ablesbar, wie es sich an zahlreichen Darstellungen und Symbolen (z.B. Doppelaxt in Kreta, Höhlenzeichnungen) ablesen läßt. Die dreifaltige Mondgöttin als junges Mädchen, weise Frau und alte Frau (oder: Jungfrau – Mutter – Greisin) erscheint in allen frühen Göttinnen der matriarchalischen Hochkulturen als *„Him-*

melskönigin" (Innana in Sumer, Ištar-Astarte in Mesopotamien/Babylonien, Isis-Hathor in Ägypten).
Der Übergang vom M. zum P. ist heftig umstritten. Sicher gibt es dafür nicht nur *eine* Ursache, sondern es handelt sich um einen jahrhundertelangen Prozeß. Eine der wichtigsten Ursachen war wohl die Entdeckung der Vaterschaft, andere Theorien sehen das Aufkommen des P. im Zusammenhang mit dem Privateigentum (Bornemann) oder mit Jagd und Krieg im Gegensatz zu den friedlichen, unkriegerischen matriarchalischen Ordnungen.
4. Altes Testament. So patriarchalisch wie die profane und die Philosophiegeschichte, die im allg. mit den Griechen und Römern begonnen wird, ist auch der rel.-theol. Bereich. Dies gilt bes. für die atl.-jüd. Kultur, die die westl.-christl. Wertvorstellungen mindestens ebenso geprägt hat wie die griech.-röm. Insbesondere die Bibel des AT, auf die sich die drei großen monotheistischen Weltreligionen Judentum, Christentum und Islam berufen, ist in einer patriarchalischen Gesellschaft entstanden. Die Bücher des AT, die in einem Zeitraum von ca. 1000 Jahren geschrieben wurden, sind jedoch differenziert zu betrachten. Gerade in den älteren Teilen des AT sind noch vielerlei Spuren einer früheren Ordnung erkennbar. Die Eheformen, die in der Endredaktion des AT überaus patriarchalisch sind (ein Mann kann mehrere Frauen *besitzen*, der Stamm, die Blutsverwandtschaft regelt sich ausschließlich über den Mann, nur der Mann kann seine Frau entlassen, die Frau hat kein Scheidungsrecht usw.), zeigen in den ältesten Texten eine erstaunliche Variabilität. So gibt es mancherlei Spuren der sog. Beena-(Besuchs-)Ehe, d.h., die Frau bleibt in ihrer Sippe wohnen, der Mann kommt lediglich zu Besuch (vgl. Gen 31; Ri 8f.; 14–16). Geschlechtsverkehr und selbst Ehe sind noch in der Königszeit zwischen Geschwistern möglich, sofern sie nur verschiedene *Mütter* haben. In dem begründenden Satz des jahwistischen Schöpfungsberichts: „Darum verläßt der Mann Vater und Mutter ..." (Gen 2,24), könnte ein früheres matriarchalisches Stadium erhalten sein. Bei der Namengebung der Kinder, die überwiegend durch die Mutter erfolgt, sind bis in späteste Zeit alte Strukturen sichtbar, ebenso in der Tatsache, daß einer als Jude immer nur über die Mutter definiert wird, der Vater zählt dabei nicht. In der vorexilischen Zeit spielten Frauen auch soziologisch und theol. eine überaus wichtige Rolle, wie dies noch in der Entwicklung mancher Texte sichtbar zu machen ist, z. B. Mirjam neben Mose, Debora neben Josua u. a. Hervorzuheben ist auch das mit einem eigenen Titel versehene Amt der Königinmutter *(g^{e}birah)*, dessen Wurzeln in andere altoriental. Kulturen zurückreichen. Wenn auch die patriarchalische Grundstruktur der atl. Schriften nicht geleugnet werden kann, vor allem nicht eine mehrfache androzentrische Überarbeitung und Endredaktion, ist doch davor zu warnen, das AT vorschnell als rein patriarchalisches Produkt abzuwerten.
5. Gottesbild. Ist die Vorherrschaft der männlichen über die weiblichen Strukturen nur äußerlich, ist ihre Aufhebung verhältnismäßig leicht. Problematisch wird es, wenn die männliche Vorherrschaft so verinnerlicht wird, daß das Weibliche selbst die eigenen Werte verleugnet und nur noch das Männliche als Bild für das Göttlich-Transzendente geeignet erscheint. So spitzt sich alles auf die Frage zu, wie weit patriarchalische Strukturen die christl.-jüd. (und islam.) Gottesvorstellung so beeinflussen, daß Gott nur mehr in männlicher Terminologie (Herr, Richter, Held, Retter, Vater usw.) vorstellbar ist. In Israel hat sich ein theoretischer Monotheismus androzentrischer Prägung bekanntlich erst sehr spät, im Exil (6. Jh. v. Chr.), durchgesetzt, und zwar offenbar gerade *gegen* weibliche Gottheiten, die im Alten Orient sehr einflußreich waren. Noch Jeremia kämpft gegen den Kult der „Himmelskönigin", die die Jerusalemer Frauen (und Männer) offenbar für wirkmächtiger halten als den (männlich geprägten) Jahwe der Propheten (vgl. Jer 7; 44). – Je androzentrischer das Gottesbild wird, desto starrer und spekulativer wird es. In der christl. Lehre von der Dreifaltigkeit läßt sich fast ein Kampf zwischen der matriarchalischen Vorliebe für die Dreizahl und

dem für das P. typischen Dualismus finden: Die dritte Person der Dreifaltigkeit, Gottes lebenspendende Schöpfer- und Liebeskraft, die in der Symbolik (Taube!) und in der Dichtung wie im AT (rûaḥ) fast immer weiblich ist, ist in Gefahr, von der männlich geprägten Zweiheit Vater–Sohn verdrängt bzw. vereinnahmt zu werden. Je androzentrischer das Gottesbild ist, desto weniger kann es anfangen mit dem Hl. Geist, jenem weiblichen Element in der Trinität, das in der christl. Theologie (und Praxis!) regelmäßig zu kurz kommt.

Da der Mensch Geschichte nicht rückgängig machen kann, ist eine Rückkehr ins M. oder zu den alten Göttinnen eine Illusion. Die Zukunft kann nur durch Überwindung patriarchalischer Strukturen auf gesellschaftlicher Ebene und im theol. Symbolsystem bestehen, so daß es zu einem integrierten Gottesbild kommt, wo es nicht mehr um Kampf des einen gegen das andere Geschlecht geht, sondern um *Ganzheit* und Partnerschaft.

Lit.: *J. J. Bachofen,* Das Mutterrecht. Frankfurt ^{3}1980; *E. Bornemann,* Das P. Frankfurt 1983; *M. Daly,* Jenseits von Gottvater, Sohn & Co. München 1980; *F. Engels,* Der Ursprung der Familie, des Privateigentums und des Staates. Berlin ^{6}1953; *H. Göttner-Abendroth,* Die Göttin und ihr Heros. München ^{2}1982; *M. E. P. König,* Die Frau im Kult der Eiszeit: R. Fester u.a., Weib und Macht. Frankfurt 1982, 107–158; *E. Neumann,* Die große Mutter. Freiburg ^{5}1981; *H. Schüngel-Straumann,* Gott als Mutter in Hosea 11: ThQ 166 (1986) 119–134; *G. Weiler,* Ich verwerfe im Lande die Kriege. München 1984; *U. Winter,* Frau und Göttin. Göttingen 1983.

H. Schüngel-Straumann

Maya ↗Indianische Hochkulturen II.

Maya, Totenbuch der ↗Totenbuch III.

Māyā. Möglicherweise leitet sich M. von der Wurzel *mā* = messen her. Im *Ṛgveda* bedeutet M. die magischen Kräfte, wodurch die Götter in trügerischen Gestalten erscheinen konnten (VI 47.18; vgl. *Bṛhadāraṇyaka Up.* II 5.19). Die *Mahābhārata* VI 28.6 ff. sagen, daß *Viṣṇu* verschiedene ↗*Avatāra*-Formen durch die Kraft von M. annimmt. In den Up. und in den *Vedānta-Systemen,* bes. im *Advaita-Vedānta,* wurde M. ein Schlüsselbegriff. Grundsätzlich wurde sie als die schöpferische Kraft von ↗*Brahman* verstanden. Sie ist etwas Positives *(bhāvarūpa),* weil sie *Brahman* offenbart *(Vikṣēpa).* Aber das, was offenbart wird, ist nicht die wahre Natur von *Brahman,* sondern nur *Nāma-Rūpa,* Name und Gestalt, d.h. reine Erscheinungsformen. Deswegen schließt diese Offenbarung auch eine Verbergung *(Āvaraṇa)* in sich ein. M. ist als *Vikṣēpa* und *Āvaraṇa Sat* (das Seiende) und zugleich *Asat* (das Nichtseiende) und deshalb unbeschreiblich *(Sadasadanirvacanīya).* Die Wirklichkeit offenbart durch M., ist nur die scheinbare Wirklichkeit *(Vyāvahārikasatya),* nicht die wahre Wirklichkeit *(Pāramārthikasatya)* (vgl. *Chāndōgya Up.* VI 1.4–6; *Brahmasūtra-Śāṅkarabhāṣya* I 1.1 Einleitung; I 3.2; I 4.10; II 1.14).

Mehrere Vedānta-Philosophen, Śaṅkara eingeschlossen, verstehen M. und *Avidyā* (Unwissenheit) als Synonyme. Dagegen nehmen manche die zwei als verschieden an: M. ist etwas Positives, *Avidyā* dagegen völlig negativ, weil sie reiner Mangel des wahren Wissens ist. M. ist kosmisch, *Avidyā* ist individuell. Wahres Wissen und wahre ↗*Bhakti* (die liebende Selbsthingabe an Gott) vernichten sowohl M. als auch *Avidyā (Śvētāśvatara Up.* I 10; *Bhagavadgītā* VII 14). Andere *Vedāntisten,* wie *Rāmānuja* und *Madhva,* lehnen die Interpretation von M. als Illusion ab. Nach ihnen ist diese Welt eine Umwandlung oder Evolution *(Pariṇāma)* von *Brahman* durch M. und deswegen wirklich *(satya).*

Lit.: *Ch. Sharma,* A Critical Survey of Indian Philosophy. London 1960; *M. S. Tripathi,* The Vedanta Philosophy. New Delhi 1982.

A. Thannippara

Meditation / Mystik

I. Griechisch. – II. Jüdisch. – III. Christlich. – IV. Islamisch. – V. Hinduistisch. – VI. Buddhistisch. – VII. Unterscheidungsmomente

I. Griechisch. Der heutige Begriff des Meditation (M.) ist wesentlich einerseits durch das christl. MA, andererseits seit dem 19. Jh. durch den Orient (↗Hinduismus, ↗Buddhismus, ↗Yoga, ↗Zen) geprägt. Die griech. rel. Erfahrung weist in eine gänzlich andere Richtung. Der Ort der Erfahrung heiligen Wesens ist im alten Griechenland nicht die Stille der inneren Einkehr, sondern das Licht der Tageswirklichkeit. Die Weisheit teilt sich nicht der einsamen und abgeschiedenen Betrachtung mit, sondern wird im Gespräch, im Dialog erfahren. Lediglich der Dichter zieht sich gleichsam meditativ in die Einsamkeit zurück (vgl. Hesiod), um von der Muse die höhere Wirklichkeit des Mythos und der Anfangsdinge gezeigt zu bekommen. Diesen Idealismus setzt die Philosophie fort. Wie ehedem das Dichten, so verschließt das Denken die eigentliche, die wahre Welt hinter der bloßen Erscheinung. Doch die Suche danach ist bei *Sokrates* und *Plato* rational und dialogisch. In Süditalien dagegen weisen die Lehren des Parmenides und des Pythagoras meditative Züge auf, beim einen in der Schau des einen Seienden, beim anderen in der Betrachtung der als göttliche ↗Emanationen aufgefaßten Zahlen, vergleichbar der ma. ↗Kabbalah. Bezüge zu diesen Sinnebenen mochte die sog. „ungeschriebene Lehre" Platos aufgewiesen haben. Mit dem Fortschreiten der Spätantike ging das dialogische Denken stetig zugunsten des meditativen Schauens zurück. Der Neuplatonismus *Plotins* wies der M. und der in Abgeschiedenheit erlangten Erleuchtung hohen Wert zu. Inwieweit hierbei oriental. bzw. ind. Einflüsse zum Tragen kamen, ist bislang nicht geklärt, die Wahrscheinlichkeit spricht für eine Beeinflussung der in der Spätantike aufblühenden M. im Westen (auch in Verbindung mit dem ↗Mönchtum) durch Indien, zu dem rege Verbindungen bestanden.

Ähnlich wie die M. war auch die Mystik, wie sie heute verstanden wird in Althellas kaum beheimatet. Sie war zunächst im griech. Verständnis dasjenige, worüber man nicht sprach (myeîn = verschweigen): Mysterium, Geheimnis, und bezog sich auf die Mysterienkulte (↗Mysterien). Diese waren nach dem Verfall der lebensorientierten altgriech. Religion der Polis im Hellenismus mächtig aufblühende Kulte, in denen sich archaische, teils vorhellen. agrarische Riten um den Kreislauf von Wachsen und Welken mit spätantiken Tod- und Auferstehungsspekulationen vermischten. Durch Teilnahme am Sterben und Auferstehen des jeweiligen Gottes partizipierte der Myste an seiner Göttlichkeit. Verschweigegebote kannte jedoch auch der Pythagoreismus. Demgegenüber zielte die Hauptströmung des hellen. Denkens auf Erklärung, Mitteilung, visuelle Sichtbarmachung im Gespräch, Text und Bild. In gewissem Sinne mystisch sind auch die allg. verbreiteten Phänomene der hl. Raserei (↗Ekstase), der Gottesbesessenheit, des „Enthusiasmōs" (vgl. auch Platos „Phaidros"): Hier vereinigen sich Mensch und Gott im Rausch. Thrakische Einflüsse (Dionysos) und uralte schamanistische Vorstellungen spielen hier eine Rolle, welche wiederum auf die Mysterienkulte einwirkten. Diese im weiteren Sinne „dionysischen" Züge der griech. Religion sollten weit ins Christentum nachwirken und prägten die Ausformung der christl. Mystik entscheidend mit.

Lit.: ↗Griech. Religion; *R. Bultmann,* Das Verständnis von Welt und Mensch im NT und im Griechentum. Zürich 1952. *Chr. Dröge*

II. Jüdisch. Für das antike ↗Judentum wird eine meditative Praxis am eindeutigsten für ↗Essener und Therapeuten überliefert, doch ist die Frage der Zuverlässigkeit der betreffenden Nachrichten offen. Für die Essener können nun die Texte von ↗Qumran mit verglichen werden, in denen für die „Jachad"-Gemeinde ein turnusmäßiges kontinuierliches Studium der verbindlichen Schriften vorausgesetzt wird, doch muß dies nicht meditativer Art gewesen sein, da es offensichtlich vor allem um Rechtsfindung ging. Im Bereich der privaten Erbauung wurde im antiken Judentum wohl der Psalter am ehesten für erbaulich-meditative Lektüre verwendet, wie auch das rabb. Schrifttum eine Bibellektüre solcher Art speziell für den Sabbat vorsieht.

M.s-Technik hingegen setzt die esoterische Überlieferung in den „Hekalot"-Texten voraus, auch eine bestimmte M.s-Haltung, sitzend mit dem Kopf zwischen den Knien, eine Praxis, die in der ma. jüd. Mystik weiterlebte. Gegenstand der esoterischen M. ist aber nicht ein Text, sondern die himmlische Welt mit ihren Engeln und deren Liturgie, wobei Texte zwar vorausgesetzt werden, doch als magisch-theurgische Mittel des „Aufstiegs" zur Thronsphäre Gottes. Zunehmend an Gewicht gewann in Spätantike und MA die Buchstaben-, Zahlen-, Wort- und Namenssymbolik, die das Hebräische als Sprache der Schöpfung voraussetzt und somit der meditativen Beschäftigung mit den Buchstaben (zugleich Zahlenwerte) der ↗Tora und der Gebete übernatürliche Wirkungen zuschrieb. Dabei spielten entsprechende exegetische Methoden wie Gematrie (Zahlenwert der Buchstaben, Wörter, Verse), Temurah (Vertauschen) und Şeruf (Verbindung) eine immer größere Rolle. Am umfangreichsten wurden diese esoterischen M.s-Methoden dann im „aschkenasischen ↗Chas(s)idismus" (13./14. Jh. in Mitteleuropa) aufgegriffen und angewendet, nicht bloß in bezug auf den Bibeltext, sondern gerade auch die traditionellen Gebetstexte. Je populärer solche Verfahren wurden, desto enger wurde die Nachbarschaft zur Magie, die ja dieselben Grundauffassungen von Sprache und Text teilte. Ungleich anspruchsvoller präsentiert sich die M. der ↗Kabbalah. Sie setzt zwar dieselben Grundanschauungen voraus und übernahm auch die genannten exegetischen Methoden, doch richtet sich die M. voll und ganz auf die Betrachtung der göttlichen Wirkungskräfte, der Sefirot. Ziel der M. des Kabbalisten ist es, mit solchen Methoden und Mitteln die geistige Erhebung in die inneren Vorgänge der Sefirotwelt zu erreichen, gelegentlich auch im Sinne der ↗Ekstase aufgefaßt, häufig jedoch ausgesprochen intellektualistisch als Erkenntnisvorgang, allerdings unter der Voraussetzung realer Wirksamkeit, nicht bloß der kontemplativen Betrachtung. Einerseits bedingte die kabb. M. eine Relativierung der irdisch-sinnlichen Belange als bloßer Chiffren der eigentlich allein maßgeblichen Sefirot-Vorgänge, zugleich aber dient ihr die materielle Welt und irdische Existenzweise eben als Medium zur Erkenntnis der „Oberen" Dinge, so daß sie vorläufig unverzichtbar bleibt, wie eben auch die gottbefohlene Lebensweise nach der Tora selbstverständliche Basis auch kabb. M. und Erkenntnis bleibt. Endziel ist auch hier der „jichud", die Einheit hinter der Vielheit. In der neuzeitl. Spätkabbalah verstärkt sich das meditative Anliegen. Daneben und insbesondere im osteurop. Chas(s)idismus trat aber weithin eine gewisse Vulgarisierung der kabb. M. ein, sie verband sich – schon seit dem späten MA – mit den popularisierten Formen der M. in der Nachwirkung des „aschkenasischen Chas(s)idismus". In Osteuropa dürften auch ostkirchl.-häretische Tendenzen mit eingewirkt haben. Die M. im osteurop. Chasidismus wird nämlich im Gegensatz zur älteren Tradition zunehmend an bestimmte heiligmäßige Gestalten („Zaddikim") gebunden, die gewissermaßen stellvertretend für ihre Anhängerschaft die Verbindung mit der „oberen" Welt herstellen und gewährleisten. Daneben lebte in orth. Kreisen die kabb. M. weiter. Im aufgeklärten Judentum freilich wurden diese Traditionen negativ bewertet und als Ergebnisse fremder Einflüsse abgetan.

Lit.: *G. Scholem*, Art. M. EJ XI 1217–1219; *ders.*, Die jüd. Mystik in ihren Hauptströmungen. Frankfurt ²1967; *A. Kaplan*, Jewish M. New York 1985.

J. Maier

III. Christlich. M. (christl.) ist die Fähigkeit des an Gott Glaubenden, mit ihm in Beziehung zu treten durch Überdenken der Heilstaten Gottes, durch Sprechen, Singen, Anbetung, stille Versenkung. Diese Formen des Meditierens können allein (im stillen persönlichen Gebet) oder in Gemeinschaft vollzogen werden (Eucharistie, Andacht). Religionsphänomenologisch treten in der Entwicklung des Christentums ähnliche Formen des Meditierens auf wie in anderen Religionen. Eine bereits im frühen Mönchtum entstehende Form des Meditierens ist der Hesychasmus, die Verinnerlichung des Jesusgebetes durch dauernde Wiederholung und Atemkontrolle (vgl. auch das ind. ↗Mantra). Der Gebrauch des ↗Rosenkranzes erinnert an Gebetsketten im Islam und in Asien. Die Konzentration auf eine Glaubenswahrheit wird durch wiederholendes Beten der gleichen Worte („Ave, Maria" oder „Vater unser") bewirkt. Auch das Beten der Psalmen und Schrifttexte in den Klöstern in lat. Sprache soll durch Wiederholung, durch begleitende körperliche Gesten der Ehrfurcht und Sammlung den Glaubenden auf die Wahrheit hin sammeln (vgl. im Islam Rezitation von Suren usw.). Nicht auf das Verständnis einzelner Worte kommt es an, sondern auf eine Haltung der Hingabe, der Bereitschaft, des Vertrauens. Der Zug zur wort- und bildlosen Versenkung zeigt sich in der Spiritualität der „Wolke des Nichtwissens", der Schrift eines unbekannten Autors aus dem 14. Jh. Hier wird die „Bilderwand" der Vergegenwärtigung der Glaubensgeheimnisse losgelassen zugunsten einer stillen, tiefen Bereitschaft, leer und offen vor Gott dazusein (vgl. dazu die asiat. Versenkungsübungen).

Die Devotio moderna und vor allem die span. Mystik spiegeln ein neues Menschenbild, das sich in dem Bedürfnis des Menschen zeigt, sich selbst zu verstehen: psychologisch, anthropologisch, theologisch. Der Mensch ringt mit Gott, nicht mehr als Knecht, sondern als Partner. Er gewinnt eine neue Sicht seiner Abbildhaftigkeit (Seele des Menschen als lichtdurchlässiger Kristall: Teresa v. Ávila), nimmt die Hl. Schrift ernst und erkennt den sakramentalen Charakter des Wortes in den Sakramenten. Durch die Rückbesinnung und Wiederentdeckung des konkreten Menschen ↗Jesus (I) von Nazaret, die sich im aktiven Apostolat äußert, wird eine neue Weise des Meditierens sichtbar; Jesus meditieren heißt, ihm in seiner Armut, seiner Geschwisterlichkeit nachfolgen, Gott finden im menschlichen Du.

Die Grenzen von M. zu *Mystik* sind fließend. Laut *Teresa v. Ávila* kann beim Beten eines Vaterunsers tiefste mystische Vereinigung erfahren werden. Unter Mystik im eigentlichen Sinn versteht die christl. Tradition Erfahrung der Einheit mit Gott durch Christus: „Nicht mehr ich lebe, Christus lebt in mir (Gal 2,20), oder „Ich und der Vater sind eins" (Joh 10,30). Diese Erfahrung übersteigt nicht den Horizont des Glaubens, wird aber im Glauben als alles durchdringende Wirklichkeit wahrgenommen. *Edith Stein* drückt es so aus: „Du bist der Raum, der rund mein Sein umschließt und in sich birgt. Aus dir entlassen sänk' es in den Abgrund des Nichts, aus dem du es zum Sein erhobst. Du näher mir als ich mir selbst und innerlicher als mein Innerstes und doch ungreifbar und unfaßbar" (Stein 24). In der Form der Sakramentenmystik sagt sie: „Dein Leib durchdringt geheimnisvoll den meinen, und deine Seele eint sich mit der meinen: Ich bin nicht mehr, was einst ich war. Du kommst und gehst, doch bleibt zurück die Saat, die du gesät künftge Herrlichkeit, verborgen in dem Leib von Staub" (Stein 9). Hier zeigt sich das unterscheidend Christliche: personale Vereinigung von Gott und Mensch, von Schöpfer und Geschöpf, aber ohne Aufgabe der eigenen Person, ohne Identitätsverlust. Erfahrungen des Einsseins mit Gott werden abgelöst durch Phasen, in denen der Liebende nur sich selbst erfährt, Gott ihm als abwesend erscheint. Daraus bildet sich in der christl. Mystik, unter Einfluß des Neuplatonismus, eine Nacht-Metaphorik heraus (Dionysius Areopagita, Bonaventura, der Autor der „Wolke des Nichtwissens", Johannes vom Kreuz). Vom Neuplatonismus bringt bereits Augustinus, der durch sein existentielles Gespräch mit Gott wegweisend für das abendländische Beten wurde, die Sehnsucht nach dem „Gottschauen" mit, wobei er aber eine Wesenseinheit der Seele mit Gott ablehnt. Der myst. Weg wird bei ihm in drei Stufen umschrieben: Läuterung, Erleuchtung, Einigung.

Das klass. Bild des Wegs zu Gott ist lange Zeit das Bild der Bergbesteigung. Der Mystiker muß aktive und passive Nächte durchschreiten, um zum Licht, das Gott ist, zu gelangen. Gott kann sich aber auch im Bild der Nacht am innigsten offenbaren: „O Nacht, die mich lenkte! O Nacht, holder als das Frührot! O Nacht, die den Geliebten mit der Geliebten vereinte, die Geliebte in den Geliebten wandelte" (Johannes vom Kreuz 165). Mystische Erfahrung im christl. Sinne relativiert letztlich alle Bilder (Licht, Nacht), alle Stufenlehren. Seit der Erlösung durch Jesus Christus gibt es keine Gesetzmäßigkeit, sich Gott zu nähern. Entscheidend sind Demut, Sich-Offenhalten für den Anspruch Gottes, Hören auf Gottes Weisung und Nähe. Mystik ist Liebeserfahrung, Antwort auf Gottes Anruf, Hingabe des Willens, Bereitschaft, Werkzeug zu sein für Gottes Heilsplan. Alle Bilder, die sich dem Schauenden, Lauschenden aufdrängen, anbieten, sind nicht Gott selbst, müssen wieder verlassen werden.

Mystische Erfahrung läßt den Bereich des Glaubens nicht hinter sich durch die Erfahrung, die nicht mehr Glaube wäre. Theol. gehört das Phänomen Mystik in den Bereich des Gnadenlebens. Die

Frage von natürlicher und übernatürlicher Mystik stellt sich so nicht. Es ist nicht Aufgabe der Theologie zu entscheiden, ob Erfahrung von Transzendenz als wunderbar angesehen werden kann oder durch Übung erreichbar ist. Es gibt eine naturale Mystik, die unter Ausfall kategorialer Vermittlung Erfahrung von Transzendenz ermöglicht. Entscheidend für die christl. Mystik ist die Offenheit auf das Mysterium Gottes, „die Teilnahme am Tod Christi in Liebe zur Welt", gerade nicht als „Entweltlichung", sondern als heilende Verklärung der von Gott geschaffenen Wirklichkeit. Hier ergeben sich heute in der Begegnung mit der myst. Tradition Asiens Fragen, die neue Perspektiven aufreißen.

Lit.: *E. Stein,* Gedichte und Gebete aus dem Nachlaß, hg. von W. Herbstrith. München [4]1987; *Johannes vom Kreuz,* Die dunkle Nacht und die Gedichte. Einsiedeln 1978; *W. Schamoni,* Das wahre Gesicht der Heiligen. München [3]1950; *K. Rahner,* Frömmigkeit früher und heute: Schriften VII. Zürich [2]1971, 11–31; *J. Sudbrack,* M.: Theorie und Praxis. Würzburg 1971; *H. Waldenfels,* M. – Ost und West. Einsiedeln 1975; *O. Steggink* (Hg.), Mystik. 2 Bde. Düsseldorf 1983–1984; *O. Karrer,* Der mystische Strom. Nachdruck Salzburg 1986.

W. Herbstrith

IV. Islamisch. 1. Die M. spielt eine zentrale Rolle in der islam. Mystik. Man kann sagen, daß der ↗Ṣūfismus viele seiner Eigenheiten durch eine ständige M. der im Koran enthaltenen Wahrheiten entwickelt hat, so daß, wie P. Nwyia sagt, „eine Koranisierung des Gedächtnisses" eintrat, in der die Worte des Hl. Buches alles Denken und Sinnen beherrschen und der Meditierende in immer tiefere Sinnesebenen eindringt. Das koranische Gebot „Gedenket Gottes oft" (Koran 33,41) und das Versprechen „Wahrlich, durch das Gedenken an Gott werden die Herzen stille" (Koran 13,28) waren die Grundlage für den *dhikr,* d.h. das „Gedenken". Dhikr war zunächst das ständige Gedenken an Gott und seine wundersamen Werke, das zu jeder Zeit und überall möglich ist, doch wurde es in kurzer Zeit zu einem wohlregulierten System.

2. Eine der wichtigsten Pflichten des Ṣūfi-Meisters war und ist, dem Novizen den passenden dhikr zu geben – einen der 99 „schönsten Namen Gottes", eine rel. Formel wie „Ich bitte Gott um Verzeihung" oder „Lob sei Gott", oder auch das Glaubensbekenntnis (↗Shahāda). Diese Formel muß Tausende von Malen Tag um Tag wiederholt werden, bis der gesamte Körper vom dhikr durchdrungen ist, so daß, wie die Quellen berichten, selbst die Blutstropfen des Meditierenden das Wort „Allāh" auf den Boden schreiben, und jedes Glied seinen eigenen starken dhikr vollführt. Eine ganze Theologie der göttlichen Namen und ihrer Wirkungen auf den Meditierenden wurde entwickelt, denn falsche Anwendung einer dhikr-Formel konnte nicht nur zu schweren seelischen, sondern auch körperlichen Störungen führen. Die M. wurde bald mit Atemregulierung verbunden, die im Laufe der Jh.e zu einer komplizierten Technik führte, bei der das lange Anhalten des Atems bes. wichtig ist. Hier mögen ind. Einflüsse zu vermuten sein. Während viele Orden den lauten dhikr in Gemeinschaft üben, haben andere den schweigenden dhikr vorgezogen, vor allem die Naḳshbandīya, die sich vom 14. Jh. an in Zentralasien, dann in Indien und der Türkei ausbreitete. Dieser Orden kennt eine M. der fünf oder sieben Feinpunkte innerhalb des Körpers, in der der Meditierende sein Gedenken immer weiter ausbreitet und vertieft, bis es den ganzen Menschen durchdringt. Gelegentlich werden farbige Lichterscheinungen mit den Feinpunkten verbunden. Die Entwicklung der M. ist von einem indischen Sūfi des 18. Jh. als eine geistige Wanderung durch die Buchstaben des Wortes Allāh beschrieben worden, an deren Ende der Meditierende im leuchtenden Ring des letzten Buchstabens von Allāh, dem *h* (○), in völliger Seligkeit ruht.

3. Von früher Zeit an wurde der aus Indien eingeführte Rosenkranz *(tasbīḥ, subḥa)* verwendet, um die Zählung der Gottesnamen oder der Formeln zu kontrollieren; seine 33 Perlen müssen dreimal abgebetet werden, bis alle 99 schönsten Namen Gottes ausgesprochen sind. Doch viel häufiger wird ein einziger, dem Zustand des Meditierenden entsprechender Name wiederholt.

4. Die M. kann jederzeit im Zustand ritueller ↗Reinheit vollzogen werden; viele Muslime meditieren nach dem Ritualgebet. Als günstigste Zeit gelten die Stun-

den zwischen 2 und 4 Uhr nachts. Bis heute gilt das Wort des Propheten, daß jemand, der Gottes gedenkt, „wie ein grüner Baum inmitten verdorrter Bäume" ist.

Lit.: *A. Schimmel,* Mystische Dimensionen des Islam. Köln 1985. *A. Schimmel*

V. Hinduistisch ↗Yoga.

VI. Buddhistisch (↗Zen/Zen-Buddhismus). Der Heilsweg des Buddha klärt drei Fragen: die Lehre *(Dhamma)* tut dar, was es zu erkennen gilt; Sittlichkeit *(Śīla)* regelt, wie man sich verhält; was wir „M." nennen, heißt „Werden" *(Bhāvanā)*. Mithin wirkt hier M., was in anderen Religionen Glaube, Askese, Riten, Sakramente bewirken. Im achtfachen Pfad erscheint M. dreigeteilt. Den Grund legt „Rechte Anstrengung" *(Sammā Vāyāma):* Der Übende soll sich mühen, soll seinen Geist bewachen und nicht erlahmen. Tagsüber soll er immer wieder „Rechte Achtsamkeit" *(Sammā Sati)* üben bei allem, was er gerade tut. „Rechte Sammlung" *(Sammā Samādhi)* übt er, wenn er sich zurückzieht, still sitzt und sich versenkt. Der Buddha wies seine Jünger an, mit gekreuzten Beinen und gerade aufgerichtet in der Abgeschiedenheit zu meditieren. Die Grundform hat sich nicht verändert. Verändert hat sich mit der Zeit und jenseits der Grenzen Indiens, was man und wie man es meditiert. Drei Hauptformen lassen sich unterscheiden:

1. Das Gewahrwerden. Buddha lehrte Achtsamkeit *(Sati)* als einzigen Weg zum *Nirvāṇa*. Der Übende geht und steht, ißt und trinkt, denkt und fühlt voll bewußt. Was immer er tut, er erlaubt seinem Geist nicht, davon abzuschweifen. Die Hauptübung, achtsames Ein- und Ausatmen, ist überall und jederzeit durchführbar. In der „Einsicht" *(Vipassanā)* genannten M. richtet der Übende sein Bewußtsein auf Körper, Gefühle, Geist und Geistobjekte. Dabei gewahrt er unaufhörlichen Wandel von alledem, was er bislang für sein „Ich" gehalten hat. Dem ständigen Werden und Vergehen hält nichts stand, nichts bleibt, wie es war, nichts, wie es jetzt ist.

2. Die Konzentration. Gesammelter Geist wird „einspitzig". Neben der „Einsicht"-M. gab es von Anfang an stufenweise Versenkung. Von Stufe *(Jhāna)* zu Stufe weicht eine Erfahrung der nächsten: achtsames Nachdenken der Konzentration auf eine Sache, diese dem Gleichmut, der schließlich mit jedwedem Gefühl vergeht, danach hört Wahrnehmung von Formen und Gestalten auf, reines Bewußtsein kommt, um der Erfahrung des Nichts zu weichen, zuletzt vergeht beides, Wahrnehmung und Nichtwahrnehmung. In Ostasien entstanden weitere Methoden. Eine davon lehrt Konzentration auf ein Wort (chin. *Kungan*, jap. *Kōan*), das sinnlos scheint. Zuerst schweifen die Gedanken ab, dann hält der Geist das Wort immer länger fest, bis er „hineingelangt". Die Lösung kommt plötzlich mit aufblitzender Erkenntnis. Ostasiatisch ist auch eine Art Herzensgebet. Eine Formel (in Japan z. B. „Namu Amida Butsu") wird wiederholt, anfangs laut, dann leise, endlich tief im Innern. Ziel ist, wenigstens einen erlösenden Augenblick lang wahrhaft ichlos zu sein.

3. Das Betrachten. Von Anfang an haben Buddhisten Leichen in allen Stadien der Verwesung betrachtet, um sie ständig mit geschlossenen Augen sehen zu können: So werde auch ich sein! Sie lernen, in der Vorstellung sich selbst zu sezieren, um jeden Teil ihres Körpers zu betrachten: das ist Kein-Ich! In der M. zur Erweckung der ↗Liebe (III) *(Mettā)* sehen sie Freund und Feind leibhaftig vor sich, um sie mit Liebe zu durchdringen. Zu Meistern der Imagination wurden Tibeter und Mongolen. Sie lehren, wie man sich vielfarbige Bilder voller Details vor das innere Auge stellt.

Lit.: ↗Zen/Zen-Buddhismus; *G.C.C. Chang,* Mahamudra-Fibel. Wien 1979; *H. Dumoulin,* Geschichte des Zen-Buddhismus. 2 Bde. Bern 1985–1986; *H.M. Enomiya-Lassalle,* Zen-Buddhismus. Köln ²1972; *Kalu Rinpoche,* Diamantweg. Wien 1979; *Nyanaponika,* Der einzige Weg. Konstanz ²1980; *ders.,* Geisttraining durch Achtsamkeit. Konstanz ³1984. *H.-J. Greschat*

VII. Unterscheidungsmomente. Bei allen Unterschieden erweist sich die M. als ein grundlegend menschliches Phänomen der Einübung von Wegen menschlicher Selbstfindung und -verwirklichung im Eingehen auf und in den Grund menschlicher Existenz. Erscheinen diese auf den ersten Blick als Techniken und aktiver menschlicher Einsatz, so sind sie doch weithin bestimmt vom Ziel der Entspannung, der Sammlung, des Sich-Loslassens, der Selbstverwirklichung durch Selbstlosigkeit (↗Selbst), der Enstase durch Ek-stase. Aktivität und Passivität, leib-seelische Ganzheit, Einbindung des kleinen (individuellen) Ich in das große Ich (↗Mikrokosmos – Makrokosmos), Verbundenheit und Identifizierung mit dem tragenden Grund und der „Tiefe" und Ergriffenheit durch die Kraft aus der „Höhe", Überwindung einer kommunikationsunfähigen, in sich gefangenen Egozentrik in einer umfassenden, selbstlosen neuen Gemeinschaft sind auf je eigene Weise Leitideen, die den durch M. zu gewinnenden neuen Ort auszuleuchten vermögen. Theologisch bietet Ps 139 eine eindrucksvolle Zusammenfassung der meditativen Sammlung des Menschen in Gott als des zuvor in Kategorien des Grundes, der Tiefe und Höhe, des Umfassenden Angesagten. Die Pluralität der Gesichts- und Ansatzpunkte lädt aber dann doch ein, nach Unterscheidungs- und Ordnungsmerkmalen zu suchen, zumal nicht nur zwischen den verschiedenen Religionen, sondern auch innerhalb einer Religion unterschiedliche Formen, Einstellungen und Einschätzungen der M. unübersehbar sind. Die Frage verschärft sich, wenn – wie es hier geschieht – die M. mit der Mystik verbunden wird, die ihrerseits in den verschiedenen Religionen einen ungleichen Stellenwert hat. Christlich erscheint eine Zusammenschau von M. und Mystik heute insofern gerechtfertigt, als M. wie Mystik es im Christentum mit der Erfahrung Gottes zu tun haben und Glaube und Gotteserfahrung im heutigen Verständnis wesentlich zusammengehören. Soll die Unterscheidung der M. nicht aus einer dogmatischen Position vorgenommen werden, so muß sie von der Phänomenbetrachtung ihren Ausgang nehmen. Hier bietet sich dann eine Reihe von Unterscheidungspaaren an:

1. Außen – Innen. Die menschliche Selbsterfahrung kann sich einmal darin ereignen, daß der Mensch sich im Außen seiner selbst plaziert sieht: in der ↗Natur, in der ↗Geschichte, in der ↗Tradition (I). Sinnlich gesprochen, kann sie geschehen im Sehen (Schau, Kontemplation, ↗Vision), aber auch im Hören und im Gebrauch der übrigen Sinne. Die Wahrnehmung der Wirklichkeit geschieht in der M., wo sie nicht an Defizienzen leidet, stets in der Anwendung aller Sinne (vgl. die ignatianische *„applicatio sensuum"*) und im Einsatz aller „Seelenkräfte" (vgl. die augustinische Trias *„memoria – intellectus – voluntas"*). Die Gegenrichtung der Außenschau ist die Innenschau, die ihrerseits die Anwendung der Sinne und der Seelenkräfte zuläßt. In einem Miteinander von Innen- und Außenschau ist die Sicht des Innen als Mikrokosmos im umfassenden Raum des Makrokosmos gewachsen. Wo der Weg der Einkehr nach Innen jedoch in der Abkehr vom Außen gegangen wird, besteht er nicht selten zugleich in einer Absage an ↗Bild, Wort und Begriff bei gleichzeitigem Stehen im Bild- und Wortlosen (↗Schweigen), im Unbegriffenen, führt die M. in das Un- bzw. Übergegenständliche.

2. Tun – Lassen. Wird im Zusammenhang des Einsatzes von Sinnen und Seelenkräften der Mensch noch weithin als Handelnder erfahren, der zudem fähig ist, diese seine Kräfte zu richten und zu ordnen, so erscheint dem Menschen in der Anwendung der Kräfte im Außen wie im Innen eine Grenze, die er zwar intentional in seinem Verlangen, Wollen und Hoffen, selbst im Denken und in der Projektion übersteigen kann, deren Jenseits sich aber dem Zugriff begrifflichen Denkens entzieht. Sinnvollerweise hat der Mensch, wenn er sich nicht pragmatisch im Vorläufigen ansiedeln und damit zufriedengeben will, nur die Möglichkeit, sich im Außen wie im Innen dem Anderen seiner selbst, d.h. dem Fremden und Geheimnisvollen, zu überlassen bzw. sich in diesem Sinne los-zu-lassen und damit der vollen Möglichkeit der Passivität, d.h. der Möglichkeit, daß etwas an ihm geschieht und sich ihm mitteilt, auszusetzen. Da Geburt wie ↗Tod die beiden unausweichlichen Grenzen des menschlichen Daseins sind und auf jeden Fall des Menschen Passivität erfordern, gehören diese beiden Momente des Lebens zu den vorzüglichen Anknüpfungen der M.

3. Weg – Ziel. Sowohl die Zeitspanne menschlichen Lebens zwischen Geburt und Tod wie die Abläufe der Welt und der Natur erweisen sich als ↗Weg-Strek-

ken, die nach ihrem Woher und Wohin rufen. Innerhalb des umfassenden Weges kann der Mensch sich Teilziele setzen. Dies tut er inzwischen auch im Hinblick auf die M., insofern er sie auf ausgegliederte Teilziele hin instrumentalisiert: psycho-somatische Entspannung, Hygiene und Gesundheit; Konzentration und Leistungssteigerung; Selbstfindungstherapie – etwa in der Herauslösung des Yoga aus seinem religiösen Wurzelgrund, aber auch in der Kombinierung von psychoanalytisch-therapeutischen Methoden und asiatischen M.s-Techniken. In rel. Orientierung ist aber jede wahre M. auf das Letztlich-Umfassende, Endgültige, Nicht-zu-Begreifende ausgerichtet, dem sich der Mensch nur stellen, über das er aber nicht verfügen kann. Gemeinsam ist den verschiedenen Religionen, daß sie das Letztlich-Unnennbare als etwas verkünden, das sich im Laufe der Geschichte immer wieder mitteilt. Diese Selbstmitteilung (↗Offenbarung V) aber betrifft immer auch das, was religiös als Ziel der M. genannt wird und mit dem Heil des Menschen und der Welt zu tun hat: das Erkennen, die Schau der Wirklichkeit, wie sie ist, die Schau der Natur der Dinge (jap. *kenshō*), das Verkosten (jap. *satori*); Licht, ↗Erleuchtung, Erwachen in Dunkelheit, Blindheit, Unwissenheit, Irrtum, Nacht; Befreiung, Erlösung von falscher Fesselung, Knechtschaft, Sünde, Schuld; Einheit, Identität (*↗Ātman; Brahman*), Gemeinschaft *(unio cum Deo; communio sanctorum)*, Liebe. Die verschiedenen Bezeichnungen werfen die Frage auf, ob und wieweit sie lediglich als unvollkommene, zeit-, kultur- bzw. religionsbedingte Namen des Selben anzusehen sind oder ob sie nicht vielmehr Ausdruck unterschiedlicher Erfahrungen sind. Diese Frage verschärft sich, wo es darum geht, zu entscheiden, ob die sich dem Menschen mitteilende letzte Wirklichkeit (wie in Judentum, Christentum und Islam) personal ansprechbar ist (↗Logos) oder aber (wie weithin in den meditativen Hochformen Asiens) nicht nur unaussprechbar, sondern auch unansprechbar, somit namenlos und unpersönlich bleibt.

4. Erfahrung – Sprache. Bei der Beantwortung der aufgeworfenen Fragen ist darauf zu achten, ob und wieweit die meditative Erfahrung selbst unmittelbar zur Sprache kommt oder ob es sich beim Sprechen von Erfahrung nicht um eine nachträgliche, der Reflexion entsprungene Rede handelt, die dann vorrangig auf die Begrifflichkeit der vorgegebenen Reflexionshorizonte zurückgreift. Der Christ steht dabei in der besonderen Situation, daß er sich in seinem normativ verbindlichen Glauben an die Inkarnation Gottes in Jesus Christus – unabhängig von aller konkreten meditativen Erfahrung – an die Geschichte dieses Jesus von Nazaret mit seinem Gott gebunden weiß und somit seine eigene meditative Erfahrung als Teilhabe an der Gotteserfahrung Jesu versteht. Folglich tritt er an die fremde M. und ihre Versprachlichung mit der doppelten Vorgabe der eigenen Erfahrung und ihrer Einbettung in den Glaubensschatz des Christentums heran. Zu einer wirklichen Verständigung kann es in der Situation spiritueller Begegnung mit fremdrel. Erfahrung nur kommen, wenn alle Beteiligten einander begegnen mit der Bereitschaft, – theistisch gesprochen – Gott in allem suchen und finden zu wollen, und mit der Offenheit, das Wehen des Geistes Gottes auch im Fremden wahrzunehmen, weil der Geist Gottes ein Geist der Freiheit ist, der sich in Liebe und Gnade mitteilt, wo er will. In die Haltung der Offenheit, Selbstverleugnung und Selbstlosigkeit aber können Anhänger verschiedener Religionen sich gegenseitig hineinrufen. Ungeachtet der letzten sprachlichen Ausdeutung meditativer Erfahrung in den einzelnen Religionen, bedarf es aber gerade dort, wo die M. als Einweisung in die Sprachlosigkeit verstanden wird, der begleitenden Hilfe der Erfahrenen bzw. der Meister des geistlichen Weges. Diese sollten gewiß auch in ihrer Religion kundig sein. Sie müssen aber vor allem Meister der Unterscheidung der Geister sein. Denn der Abbruch äußerer und innerer Stützen führt den Übenden zu einer Gratwanderung zwischen Leben und Tod, Hoffnung und Verzweiflung, deren Sprachlosigkeit und Einsamkeit nur in der Begegnung mit erfahrenen Wegbegleitern, in der Berührung von Herz zu Herz (jap. *ishindenshin*) bzw. in einer ebenbürtigen Erkenntnis

(bei Thomas v. Aquin *cognitio per connaturalitatem*) durchzustehen ist. Was christlich bis in das Zentrum endgültiger Erfüllung hineinträgt und in ihr nicht verlorengeht, behält asiatisch-buddhistisch zumindest auf dem Wege seine Gültigkeit: die Nachfolge, der Dialog, die Gemeinschaft.

Lit.: *R. Otto,* West-östliche Mystik. München [3]1971; *H. Dumoulin,* Östliche M. und christl. Mystik. Freiburg 1966; *H.M. Enomiya-Lassalle,* Zen und die christl. Mystik. Freiburg (1966) [2]1986; *Dom Le Saux,* Ind. Weisheit – Christl. Mystik. Luzern 1968; *J.A. Cuttat,* Asiat. Gottheit – christl. Gott. Einsiedeln 1971; *D.T. Suzuki,* Der westliche und der östliche Weg. Frankfurt 1971; *J. Sudbrack,* Probleme – Prognosen einer kommenden Spiritualität. Würzburg 1969; *ders.,* M.: Theorie und Praxis. Würzburg 1971; *ders.,* Herausgefordert zur M. Freiburg 1977; *W. Johnston,* Der ruhende Punkt. Freiburg [2]1975; *A. Rosenberg u.a.,* Mystische Erfahrung. Freiburg 1976; *H. Waldenfels,* M. – Ost und West. Einsiedeln 1975; *G. Stachel* (Hg.), Munen musō – Ungegenständliche M. Mainz 1978; *R.C. Zaehner,* Mystik – Harmonie und Dissonanz. Olten 1980.

H. Waldenfels

Medizin und Religion. Die Geschichte der älteren Hochkulturen verweist uns auf gemeinsame Grundphänomene zwischen Heilkunst und Heilskunde. Der kranke Mensch fühlte sich zu allen Zeiten angewiesen auf das Numinosum. In der Gottheit suchte er das Heil in Gestalt. Hier erhoffte er die Hilfe in Person. Hier fand er die Wende der Not. Nicht von ungefähr trägt der alte ↗Mythos in sich schon alle Tendenz zum Heilen, Ganzen, Gesunden, zum Heilmachen, zu Reinheit und Heiligkeit, zu Heilung und ↗Heil (I). In einem frühen Werk über „Medicin und Religion" (1902) hat *H. Magnus* bereits auf diese innere Verbindlichkeit hingewiesen: „Da nun Medicin wie Religion nicht allein seit undenklichen Zeiten unzertrennliche Gefährten des Menschengeschlechts, sondern sogar stets auch die vornehmsten Factoren des menschlichen Wohlbefindens gewesen sind, so mußten Beide zweifellos oft Gelegenheit finden, miteinander in Berührung zu kommen." Angesichts derart enger Berührung läßt sich die hist. Entfaltung der Beziehungen zwischen M. und R. nahezu lückenlos verfolgen. Der Zusammenhang zwischen Heilung und Heil zeigt sich durchgehend in allen archaischen Hochkulturen, und damit auch die therapeutische Zielsetzung der großen Religionen. Auf der anderen Seite finden wir aber auch schon frühzeitig, spätestens mit der hippokratischen M. im klass. Griechenland, die verschiedensten Emanzipationsprozesse, und damit eine Loslösung der Heilkunde aus ihrer rel. Verankerung, einen Rückzug schließlich auch der Heilskunde auf die Sorge lediglich um das „Seelenheil" des Menschen, reine „Seel-Sorge", die kaum noch etwas erkennen läßt von dem urspr. Leitbild des Dienens und der Dienste.

M. und Theologie standen noch im frühen Abendland in einem engen fachlichen wie personellen Konnex. Heilskunde, Heilkunst und Lebenskunde waren in den praktischen Bereichen kaum zu trennen. Es ging immer und überall um die Sorge für das Heil der ↗Seele wie des Leibes, um den ganzen Menschen. Die ma. Klöster verstanden sich als „officina salutis et sanitatis", als Heilsstätte und Heilstätten zugleich. *A. v. Harnack* (1892) nannte in diesem Sinne das alte Christentum „eine medizinische Religion". Er beruft sich auf die ↗Taufe als Bad zur Wiederherstellung der Gesundheit (nach Ignatius, Justinus, Irenäus), die Buße als „vera de satisfactione medicina" (Cyprian) und das Abendmahl als „Pharmakon der Unsterblichkeit". Bereits im frühen Christentum finden wir – offensichtlich in Analogie zum Asklepioskult – die Formel vom „Christus Medicus". Um das Jahr 110 schon wird Christus als Arzt genannt. In einem Schreiben des Bischofs *Ignatius v. Antiochien* an die Epheser heißt es: „Einer ist Arzt, aus Fleisch zugleich und aus Geist ..., Jesus Christus, unser Herr." Um die gleiche Zeit lesen wir in den apokryphen „Acta Johannis": Christus sei der Arzt, der umsonst heilt, der allein barmherzig ist, der die Menschen liebt (philánthrōpos); er allein ist der Heiland (sōtḗr); ähnlich bei Arnobius, bei Klemens v. Alexandrien, bei Ambrosius, Augustinus und Hieronymus. Mit der Ausbreitung der „Regula Benedicti" war es in zahlreichen Orden üblich geworden, die als selbstverständlich erachtete asketische Lebensführung mit einer systematisierten leiblichen Lebensstilisierung zu verbinden und zu harmonisieren. Zur „regula vitae" gehörte gleichrangig die „cura corporis", traten Vorschriften zur Gesunderhaltung und Pflege des Leibes, wie etwa an der „Explanatio Regulae S. Benedicti" *Hildegards v. Bingen* (1098 bis 1179) ersichtlich wird, aber auch an zahlreichen „Constitutiones" verschiedenster Orden.

Weitaus systematischer noch begegnet uns das Wechselgespräch zwischen Theologie und M. in der Hochkultur des arab. MA. Schon der Grundbegriff „Islam" weist uns auf den „salam" hin, was auch Frieden heißt, mehr aber noch das Wohlergehen im Ganzen, das „hólon" der Griechen, die „integritas" der Scholastiker, das, was *Paracelsus* übersetzen konnte mit „Gesunde und Gänze". Nach einem Prophetenwort kann es immer nur zwei Wissenschaften geben: Heilskunde und Heilkunde, und damit auch nur zwei Fakultäten. Der „ḥākim" war der theol. informierte Jurist und Politiker, wie auch der „ḥakīm" der immer nur philosophisch zu bildende Arzt war, der seiner theoretischen Intention nach einfach aus sein mußte auf Besserung, auf Heilung und Heil, auf den „salam". Es ist von kaum abzuschätzender Bedeutung, daß aus diesen beiden Grunddisziplinen im lat. MA die vier Fakultäten eines „Studium Generale" werden konnten. Hier liegt im Keimgrund der abendländischen Universitäten bereits der Verlust des Gleichgewichts von „Theorica et Practica", der Bruch zwischen Erkenntnis und Interesse.

Mit der frühen Aufklärung erst kam es zu einer zunehmenden Differenzierung von Heilskunde und Heilkunde. Der Körper wurde zum Feind des Geistes deklariert; zur umfassenden Leibsorge trat eine sektiererische Seelsorge. In seinem „Encheiridion medicum" (1836) noch nennt *C. W. Hufeland* (1762–1836) seine jungen Kollegen „die Priester der heiligen Flamme des Lebens"; denn: „Wem die Heilkunst nicht zur Religion wird, dem ist sie die trostloseste, mühseligste und undankbarste Kunst auf Erden". Angesichts dieses Dilemmas wäre sicherlich *M. Heidegger* zuzustimmen, der in seinem Brief „Über den Humanismus" (1949) über die moderne Welt geurteilt hatte: „Vielleicht besteht das Auszeichnende dieses Weltalters in der Verschlossenheit der Dimension des Heilen. Vielleicht ist dies das einzige Unheil."

Lit.: *F. Arnold,* „Der Glaube, der dich heilt". Regensburg 1983; *E. Biser,* Theologie als Therapie. Heidelberg 1985; *A. v. Harnack,* Medicinisches aus der ältesten Kirchengeschichte. Leipzig 1892; *M. Heidegger,* Platons Lehre von der Wahrheit. Tübingen 1954; *H. Magnus,* Medicin und Religion in ihren gegenseitigen Beziehungen. Breslau 1902; *F. Thomson,* Gesundheit und Heiligkeit: Hochl. 19 (1921) 257–274.

H. Schipperges

Megalithreligionen ist eine Sammelbezeichnung für Religionsformen mit mehr oder weniger umfangreicher Verwendung von Megalithen. Dabei lassen die Wortbestandteile *„mégas"* (groß) und *„líthos"* (Stein) zum einen ein Verständnis als Bauten oder Setzungen aus großen Steinen zu, zum anderen die Errichtung großer Bauten aus Steinen geringerer Größe. Das erste ist zumal bei den prähist. Megalithbauten, zumeist Gräbern, anzutreffen, doch werden auch große Kuppelgräber in Schicht- und Packbautechnik angeschlossen; das zweite gilt in größtem Maße für die ethnologische Konzeption von Megalithik, bei der teilweise der Wortbestandteil „groß" kaum noch eine Rolle spielt oder sogar der Stein durch andere Materialien ersetzt wird. Eine wirklich überzeugende Verbindung von beidem ist nicht festzustellen; vielmehr klaffen räumlich wie zeitlich noch unüberbrückte Lücken. Entsprechend groß sind die Schwierigkeiten, die prähist. Erscheinungsformen, deren älteste quantitativ wirklich bedeutende und dichte Verbreitung sich im west- und nordeurop. Neolithikum mit einem frühesten Schwerpunkt im 4. Jt. im Südwesten und auf den Britischen Inseln findet, mit Hilfe der räumlich und zeitlich weit entfernten ethnologischen Analogien zu erklären. Allenfalls für ganz allg. Züge kann das möglich sein.

Selbst bei formaler Übereinstimmung zeigen sich manchmal recht unterschiedliche Funktionen: Dolmen, Ganggräber und große Steinkisten sind in Europa Kollektivbestattungen, vergleichbare „Bauten" anderswo oft Sitze der Ahnen und der Seelen oder auch von Geistern, während sie in Amerika gelegentlich die Funktion von Sakralräumen haben. Sucht man nach einem Ansatzpunkt, der sich auch in den archäol. Denkmälern Europas am ehesten erschließen läßt, liegt er zunächst im Gedenken und im Kult der Ahnen und der Toten, dem durch den Stein offenbar besondere Dauerhaftigkeit verliehen wird. So erscheint die Megalithik (in einem weiten Sinn) als ein Komplex grandioser Ausgestaltung von Ideen, die an sich verschieden sein können, mit einem Zug zur Dauerhaftigkeit und zur Verbindung mit der Vergangenheit. Das kann unmittelbar den Ahnen gelten, zumal bei Gräbern, aber auch bes. bei einzelnen Steinen oder Steinhaufen, anderen Motiven zur Dauerhaftmachung und Repräsentanz, wie etwa bei Schwur- und Vertragsdenkmälern mit teils profanem, teils sakral-magischem Gehalt.

Lit.: Prähist.: *G. Daniel,* The Megalith Builders of Western Europe. London 1958; *H. Müller-Karpe,* Handbuch der Vorgeschichte III. München 1974 (Lit.). – Allg.: *D. J. Wölfel,* Die Religionen des vorindogerm. Europa: CRE I 161–537; *K. J. Narr,* Ursprung und Frühkulturen: Saeculum Weltgeschichte I. Freiburg 1965, 21–235. *K. J. Narr*

Menhire ↗Bestattung/Grab.

Mensch

I. Philosophisch. – II. Kulturanthropologische Aspekte. – III. Im Hinduismus. – IV. Im Buddhismus. – V. In China. – VI. Im Judentum. – VII. Im Christentum. – VIII. Im Islam. – IX. Theologische Anthropologie

I. Philosophisch. 1. M.-Werdung und M.en-Bild bringen die ganze Spannweite des M.-Seins zum Ausdruck; denn der M. braucht ein Zielbild seiner selbst, um von seinen Werdemöglichkeiten den jeweils besseren Gebrauch zu machen und so das zu werden, was er von Natur aus „ist"; umgekehrt bestätigt das ihm voranleuchtende Bild, daß ihm sein Wesen zugleich gegeben und aufgegeben ist. So entspricht es bereits seiner Verfassung als „Mängelwesen" (Thomas v. Aquin, A. Gehlen), das sich nur durch kompensatorische Kulturleistungen in einer Umwelt zu behaupten vermag, der es durch den Verlust der Instinktorientierung entfremdet ist. Verglichen mit der Übermacht der Natur ist der M. nach Pascal nur ein Schilfrohr, aber ein „Schilfrohr, das denkt" (Pensées, § 347). Hier erhebt sich das Bild unmittelbar aus der Einsicht in die durch Schwäche und geistige Kompensationskraft definierte Paradoxie des M.-Seins. Gleiches geschieht bei Nietzsche, wenn er den M. „das noch nicht festgestellte Tier" nennt und ihn mit dem über einen Abgrund gespannten Seil vergleicht. Dabei bewegen sich beide Deutungen unverkennbar auf der Spur des bibl. Schöpfungsberichts, der die Schwäche des M. dadurch betont, daß er aus der „Erde vom Ackerboden" gebildet ist (Gen 2,7), und gleichzeitig seine Größe mit dem Wort von seiner ↗Gottebenbildlichkeit (Gen 1,27) unterstreicht. Im Blick auf diese Koinzidenz von Hinfälligkeit und Größe betont auch die griech. Tragödie: „Viel Gewaltiges gibt es; doch nichts ist gewaltiger als der Mensch" (Sophokles). Dem entspricht das Bild des ↗Mikrokosmos, zu dem das griech. Denken sein Verständnis des M.-Seins verdichtet. Als leibhaftige „Grenzscheide" (horízōn) zwischen Körper- und Geisteswelt ist der M. zugleich ein „Abriß" des kosmischen Seinsganzen, so wie dieses seinerseits die „Gestalt des Menschen" (F. Werfel) hat.

2. Ihren erkenntnistheoretischen Ursprung hat diese Sicht des M.-Seins im philos. Staunen, das sich seinerseits in die Frage „Was ist der M.?" verfaßt. Nach *I. Kant* übergreift diese Frage die drei Grundformen philos. Fragestellung (Was kann ich wissen? Was soll ich tun? Was darf ich hoffen?); doch läßt sich das zu der These erweitern, daß die gesamte Kultur in der Vielfalt ihrer Selbstdarstellungen als eine einzige Explikation der anthropologischen Grundfrage zu gelten hat. In der von ihm geschaffenen Kultur wird der M. seiner selbst ansichtig und findet er die – letztlich von ihm selbst gegebene – Antwort auf die Frage, die er gleicherweise stellt wie ist. Indessen brachten es die Exzesse der Unmenschlichkeit in diesem Jh. mit sich, daß die philos. Artikulation dieser Frage der menschlichen Selbsterfahrung nicht mehr genügt. Ihr genügt nur die radikalere Frage, die dem M. nach der bibl. Paradieserzählung auf seinem Weg in die Geschichte nachgeht: „Wo bist du?" (Gen 3,9). Anders als die philos. Frage entstammt sie nicht der staunenden Bewunderung, sondern der „Sorge um den Menschen" (R. Guardini), die das M.-

Sein im Spielraum seiner Werdemöglichkeit bedenkt und demgemäß davon ausgeht, daß in seinem Fall die Geschichte zum „Wesen" hinzugehört. Im Unterschied zur klass. Anthropologie, die nach dem Vorgang der aristotelischen Definitionen (animal rationale, animal sociale) eine Wesensbestimmung des M. zu geben sucht, ergibt das die Umrisse einer Modal-Anthropologie, die auf die Integrations- und Verfallsformen des M.-Seins abhebt.

3. Ausgangspunkt dieser Deutung sind ebenso die Formen der Identitäts- und Sinnsuche wie die Erfahrungen der Selbstentfremdung und der Unfähigkeit des heutigen M. zur Akzeptanz seines Schicksals und seiner selbst. Demgemäß sieht sie den M. nicht nur in seinem Ansich, sondern zugleich in seiner Korrelation zu der ihn (nach M. Heidegger) entmündigenden Alltagswelt und der ihn (nach M. Müller) funktionalisierenden Gesellschaft. Doch kämen diese Tendenzen nicht zum Zug, wenn ihnen nicht im M. selbst ein Hang zur „Entäußerung" entgegenkäme, der seinerseits auf seine Bestimmung zur personalen Integration zurückweist. Demgemäß steht im Zentrum der Modalanthropologie die Vorstellung von einer Geschichte des M. mit sich selbst, deren Siege in den Akten geglückter Selbstverwirklichung und deren Niederlagen in den vielfältigen Formen der Selbstentfremdung bestehen. Organ und Sensorium dieser Geschichte ist das Existenzgewissen, das den regionalen Gewissensformen, die sich auf sein Verhältnis zu den Ordnungen des Sittlich-Guten, des Wahren und des Schönen beziehen, zugrunde liegt. Dem entspricht die dieser Deutung zugeordnete Ethik. Ihre zentrale Forderung ist, wie *R. Guardini* formulierte, die „Annahme seiner selbst", die als die Kardinaltugend der Gegenwart zu gelten hat. Vor allem aber steht diese Sicht in Übereinkunft mit der bibl. Lehre von der Berufung des M. zur Gotteskindschaft, die nach ihrer Deutung durch *Nikolaus v. Kues* nicht darauf abzielt, den M. zu etwas anderem werden zu lassen, wohl aber darauf, ihm zu einer höheren, gottförmigen Aneignung seiner selbst zu verhelfen. Durch den negativen Gegenpol bietet diese Konzeption den Schlüssel zu den vielfältigen Deformationen, die der M. der Gegenwart, vor allem in seiner Beeinflussung durch die schon jetzt zu einer schicksalhaften Größenordnung angewachsenen Medienszene, erleidet.

Lit.: *E. Biser,* Menschsein in Anfechtung und Widerspruch. Düsseldorf 1980; *ders.,* Menschsein in utopisch-anachronistischer Zeit. München 1986; *M. Buber,* Das Problem des M. Heidelberg 1948; *R. Guardini,* Die Annahme seiner selbst. Würzburg 1960; *ders.,* Die Existenz des Christen. Paderborn 1976; *M. Müller,* Philosophische Anthropologie. München 1974; *W. Pannenberg,* Anthropologie in theologischer Perspektive. Göttingen 1983; *H. Querner,* Stammesgeschichte des M. Stuttgart 1968; *M. Scheler,* Die Stellung des M. im Kosmos. München 1947; *G. Scherer,* Strukturen des M. Essen 1980. *E. Biser*

II. Kulturanthropologische Aspekte. Der M. steht im Zentrum kulturanthropologischer Forschung und Theoriebildung. Mit den übrigen Humanwissenschaften erstrebt die Kulturanthropologie den Entwurf eines Gesamtbildes vom M. als geistigem, kulturfähigem und kulturschaffendem Wesen. Als empirische Wissenschaft sammelt und analysiert sie zunächst, vornehmlich im Kontext der „traditionellen" Völker, die volkseigenen Vorstellungen und Theorien über Ursprung und Natur des M., über die körperlichen Organe und ihre Symbolik, über Lebenskraft und „Seele(n)", über Geburt und Tod, ferner über seine Stellung und sein Schicksal innerhalb der kosmischen und der von ihm geschaffenen sozialen Ordnung und über die transzendenten Welten seiner rel. Visionen, Mythen und Riten.

Auf einer zweiten Ebene, jener der Ergründung und Beobachtung des menschlichen Verhaltens und Zusammenlebens in Zeit und Raum, seiner kulturellen Leistungen und Defizienzen, seiner formulierten und (nicht-)gelebten rechtlichen, sozialen und rel. Normen, seiner Institutionen und seiner Auseinandersetzung mit der physischen und sozialen Umwelt, ersteht das Bild kultureller Vielfalt, aber auch grundlegender Ähnlichkeiten auf regionaler und weltweiter Ebene. Das Gleiche zeigen Analyse und Vergleich der volkseigenen Theorien.

Im weltweiten Pluralismus der Lebensformen und Kulturen offenbaren sich dem Kulturanthropologen zunächst, neben den ethnischen Prägungen und damit verbunden, ökologisch und hist. bedingte charakteristische kulturelle Formen wie jene der frühen Wildbeuter und Jäger, der Ackerbauern und Hirten, der Handwerker, Händler und Städter – neben den rezenteren komplexen Kultursystemen. Wenn auch seit der „neolithischen Revolution“ kaum mehr als isolierte Kulturformen angetroffen, bezeugen sie von jeher ein dialektisches Verhältnis zwischen M. und Ökosystem, zwischen Individuum und Gesellschaft, zwischen Anpassung an und maßloser Ausbeutung und Zerstörung der Umwelt. Eskimo, Urwaldjäger und Prärieindianer gelten als Beispiele optimaler Anpassung an die physische Umwelt. Empirische Beobachtungen offenbaren zwar eine weitgehende Prägung des Individuums durch seine Kultur, aber auch, vor allem in der Neuzeit, eine aktive Auseinandersetzung des M. sowohl mit seinem kulturellen Erbe als auch mit den positiven und destruktiven Angeboten seiner näheren und weiteren kulturellen Umwelt im Verlauf von Ontogenese und Phylogenese/Geschichte.

Als allg.-menschlich im Bereich des Kulturellen sieht man die Existenz, nicht aber die konkrete Form all jener Institutionen an, welche den universalen Bedürfnissen des M. nach Nahrung, Lebensschutz, Kommunikation, Gemeinschaft und Fortleben entgegenkommen, konkret bes. Heirat, Familienbildung, Erziehung, Autorität, Solidarität und gewisse Inzestschranken, ferner gewisse Grundnormen wie Respekt gegenüber Leben und Besitz des Mitmenschen, sowie der Glaube an transzendentale Mächte oder Kräfte. Sowohl im Sozialen als auch im Religiösen müßte man heute wohl gewisse Einschränkungen machen. Die Begründung für die kulturellen „Universalien“ hat man in der gemeinsamen biophysischen, sozialen und psychischen Natur des M. und seinen Grundbedürfnissen, aber auch in universalen Umweltfaktoren und der menschlichen Erfahrung von Erfolg und Frustration gesehen.

Lit.: *H. Huber,* Der M. im Kosmos: A. Müller u. a. (Hg.), Natur und Naturrecht. Freiburg/Schweiz 1972, 169–194; *R. Redfield,* Anthropology's Contribution to the Understanding of Man: AnthQ 32 (1959).

H. Huber

III. Im Hinduismus. Für den Hindu gibt es zwei grundsätzliche Heilswege, die aber auch miteinander *verbunden* werden können; er kann einmal, z. B. nach der Manusmṛti, die aufgrund seiner Geburt innerhalb der sozialen Gruppe (in den Dharmaschriften eine der vier *varṇas,* nämlich Brāhmaṇa, Kṣatriya, Vaiśya, Śūdra; *varṇa* überschneidet sich in der Bedeutung mit *jātī* = „Kaste“) und seines jeweiligen Lebensstadiums *(āśrama)* gegebenen objektiven, sozialen und zugleich rel. Pflichten erfüllen. Auf diese Weise kann er sein jetziges Leben verbessern bzw. eine bessere Wiedergeburt erlangen, wobei ihn lebensbegleitende Riten *(↗Saṃskāras)* fördern. Für die meisten Hindus ist dies ein erstrebenswertes Ziel. Die Dharmaschriften, die diesen Standpunkt vertreten, betonen vor allem die Notwendigkeit des Lebensstadiums des Hausvaters *(gṛhastha),* das man durchlaufen muß, bevor man – wenn überhaupt – im letzten Stadium der sozialen Welt als *↗Sannyāsin* entsagt und Reabsorption in das undifferenzierte *↗Brahman* anstrebt. Der *gṛhastha* wird als bes. wichtig angesehen, denn er sorgt für die Söhne, Opfer, Almosen und damit für die Erhaltung der Welt. Der andere Weg besteht darin, daß der Mensch, anstatt auf den im Leben vorgegebenen Bedingungen aufzubauen, sich von seinem *↗Karma* befreien und Erlösung von der Wiedergeburt anstreben kann. In der Doktrin ist die Wahlmöglichkeit nicht gänzlich frei. Unter dem Einfluß des Buddhismus kann die Wahl durch vergangenes *karma* bedingt sein, während in der Gottesliebe (↗Bhakti) der Gläubige von Gott erwählt wird. Während beim ersten Weg dem M. aus der Vielzahl menschlicher Möglichkeiten eine bestimmte ohne Wahlmöglichkeit zufällt, kann er hier den Weg zwar wählen, aber an die Stelle der Wahlmöglichkeit tritt die Einheitlichkeit der Lehre: Friede oder Quietismus in Form von *mokṣa* (Erlösung), *śānti* (Friede) oder Nähe zu bzw. Einheit mit Gott sind das einzige Ziel. In den Bhaktibewegungen kann ↗Dharma die Bedeutung von persönlichem Glauben annehmen, der den *varṇāśrama dharma* zu einer sozialen Erscheinung reduziert (↗Sikhs). Die *Bhagavadgītā* verbindet das Ziel des Weltentsagers oder der Gottesliebe mit dem Handeln in der Welt dadurch, daß sie den Verzicht *in* der Handlung, nicht *auf* die Handlung lehrt *(anāsaktiyoga*, z. B. in III 9). Der M. soll seinen *svadharma* in Liebe zu Gott ausführen, und sein begierdeloses Handeln trägt zur Erhaltung des Zusammenhalts der interdependenten Glieder der Gesellschaft bei *(lokasaṃgraha* III 20). Philos. gesehen, ist der „wirkliche" M. verschieden von dem, der sich bewegt, handelt, verschiedenerlei Erfahrungen macht und in der Welt der Phänomene lebt. Das „essentielle" oder „wirkliche" Selbst *(↗ātman)* des M. ist verschieden von dem empirischen *(jīva)*. Aufgrund von Unwissen *(avidyā)* erkennt der M. seine Einheit mit der Weltseele *(brahman)* nicht. Während das „Individuum" in die Welt der sozialen Guppen eingebettet und das irdische Leben von Hierarchien bestimmt ist (s. *L. M. Dumont*), ist der Weltentsager am ehesten eine relativ autonome, homogene und individuelle Person im westl. Sinn. Der Tendenz in der westl. Wissenschaft, abendländische Kategorien wie z. B. Dichotomien von Reinheit und Unreinheit, Macht und Geist *(kṣatra* und *brahman)* bei der Erklärung ind. Phänomene heranzuziehen, begegnet man neuerdings in der sozial-anthropologischen Lehre *(McKim Marriott; R. Inden)* mit dem Versuch, einheimische Vorstellungen stärker einzubeziehen. Danach ist typisch für ind. Denken, daß der M. im allg. nicht eine in sich geschlossene, autonome Persönlichkeit ist wie in der soziol. und psychol. Theorie des Westens, sondern Personen als „dividuell" oder teilbar gedacht werden. Der „dividuelle" oder „teilbare" M. muß, um zu existieren, heterogene Einflüsse in sich aufnehmen und gibt ebenso Einflüsse wieder ab in Form von „kodierten Substanzen", die von grob *(sthūla)* stufenweise bis zu relativ „subtil" *(sūkṣma*, z. B. körperliche Substanzen, Nahrung, Getreide oder Land, Geld, Wissen) reichen. Die Übertragung von solchen „kodierten Substanzen" kann dabei in anderen etwas vom Wesen des Urhebers reproduzieren. Übertragungen aufgrund von Elternschaft, Heirat, Dienstleistungen und anderen zwischenmenschlichen Beziehungen, durch Nahrung aufgrund von Handel, Almosen u. a., letztlich von feinen, aber substantiellen Formen wie Wort, Ideen usw. prägen den „dividuellen" M. Dadurch bestimmt sich sein Rang im Fluß der sozialen Beziehungen. Diese Substanzen sind letztlich (ganz wörtlich verstanden) unterschiedliche Stufen der Konkretisierung von „Macht", und die verschiedenen Akte der Übertragung haben die Umverteilung (Vergabe oder Erwerb) von „Macht" zum Zweck. Macht *(tejas* = „Glanz", *sattva* = „Seiendheit", Essenz, *virtus*) ist dabei als wesentliche, „konsubstantielle" Qualität ihres Inhabers (Einzel-M., Berufsgruppe, Kaste) zu verstehen. Sie ist die allgemeine „vitale Energie", die sich je nachdem als rel. Tugend (bei Brahmanen z. B. von Geburt an vorherrschend) und als weltliche Herrschaft (*artha, kṣatra*, beim *Kṣatriya* angeboren) manifestiert. Deswegen hat der König das Vermögen, die ihm immanente, weltliche Macht ethisch-rel. *(dharma)* zu handhaben oder sie in ein Streben nach Erlösung umzumünzen. Entgegen der orth.-brahmanischen Theorie spiegeln Mythen und Legenden der Hindus nicht den reinen und friedfertigen Brahmanen wider, vielmehr erfahren wir darin vom Zwist und der dynamischen Spannung zwischen den Werten der Entsagung, ritueller Reinheit und Selbstzügelung einerseits und der Versuchung, in die von Gewalt, Schrecken, Freude und Liebe gekennzeichnete Welt verwickelt zu werden, andererseits.

Lit.: *L. M. Dumont*, Gesellschaft in Indien. Wien 1976; *S. Kakar*, The Inner World – A Psychoanalytical Study of Childhood and Society in India. Delhi 1978; *R. N. Dandekar*, Hinduism: C. J. Bleeker / G. Widengren (Hg.), Historia Religiorum. Handbook for the History of Religions, II: Religions of the Present. Leiden 1971, 238–344; *McKim Marriott*, Hindu Transaction. Diversity without Dualism: B. Kapferer (Hg.), Transaction in the Anthropology of Exchange and Symbolic Behaviour. Philadelphia 1976, 109–142. *G. D. Sontheimer*

IV. Im Buddhismus. Ein schlechter M., so lehrt der Buddha, tötet, nimmt, was ihm nicht gegeben wird, vergeht sich sexuell, lügt und berauscht sich mit Alkohol oder Drogen. Noch schlechter ist freilich ein M., der andere zu solchem Verhalten verleitet. Ein guter M. befolgt die fünf Sittenregeln, ein besserer spornt auch andere dazu an (Anguttara-Nikāya IV 201).

Aus heilsamer und unheilsamer Tat *(↗Karman)* erwachsen entsprechende Folgen noch in diesem Leben oder in kommenden Wiedergeburten. Buddhisten rechnen mit sechs Wiedergeburtsbereichen: Götter *(Deva)* leben in himmlischen Freuden, Höllenwesen leiden grausame Qualen, *Peta* (Skr. *Preta*) sind bedauernswerte Hungergeister, *Asura* furchterregende Wüteriche. Auf die Erde kommt man wieder als Tier oder als Mensch. Der menschliche gilt als der wichtigste Bereich, denn hier gibt es die Lehre und die Gemeinde des Buddha. Manche Wiedergeburten dauern nur kurz, manche lange, keine währt ewig, weil in der Wandelwelt (↗*Saṃsāra* II) nichts und niemand Bestand haben kann. Die Lehre von der Bedingten Entstehung zeigt, wie Buddhisten sich Wiedergeborenwerden vorstellen. In früheren Leben führte Unkenntnis der Wirklichkeit zu ungünstigen „Karmaformationen" *(↗Saṃskāra),* die das Bewußtsein des Sterbenden prägten. Daraus folgte neue Wiedergeburt und neue Persönlichkeit *(↗Skandha),* die ihrerseits anhaftet, dieses begehrend, jenes ablehnend, und somit neue Geburt nach dem Sterben vorbereitet. So hat Vergangenes Gegenwärtiges bedingt, welches wiederum Zukünftiges bedingen wird. Im Gleichnis: wenn aus frischgemolkener Milch mit der Zeit Buttermilch, Butter, Butterschmalz wird, dann ist die Butter nicht dasselbe wie die Milch, aber auch nicht ohne Beziehung zu ihr. Vielmehr: gestützt auf die vorausgegangenen Stadien, wurde sie, was sie jetzt ist. Bedingte Entstehung bedeutet: Einen *↗Ātman,* eine „Seele", die, selber unveränderlich, nur wechselnde Geburten anziehen und wieder ausziehen würde, kennen Buddhisten nicht. „Alle Dinge sind Nicht-Ich *(anattā)*" (Dhammapada 279). Dieses Merkmal charakterisiert auch den M. als Teil der Wirklichkeit, von der gilt, daß nichts ewig *(anicca)* und mithin alles leidhaft (*dukkha*; ↗Böses/Leid V) ist. Reden aber nicht alle von „ich", „mir", „mein"? In der Alltagssprache haben persönliche und besitzanzeigende Fürwörter ihren Sinn. Sie erleichtern die Verständigung. In Wirklichkeit gibt es jedoch nichts, was ihnen entspräche. Im Alltag sagt man z. B. „Wagen". Doch was ist das: die Räder, das Dach, die Sitze? Erst das aus vielen Teilen Zusammengefügte nennt man so. Wie man „Wagen" sagt, so sagt man auch „Ich" aus Konvention. Denn in Wirklichkeit wandelt sich der M. unablässig in immer wieder neu zusammengesetzten „Seinsgruppen" *(Skandha).* Aus dieser Sicht läßt sich sagen: Taten gibt es, aber keinen Täter, Leiden, aber keinen Leidenden, Erlösung, doch nicht den Erlösten. So wie der ↗Liebe entfalten soll, der seinen Haß überwinden will, so soll man die Vorstellung der Vergänglichkeit entfalten, um den „natürlichen" Ich-Glauben als falsch zu erkennen. Wer sein Bewußtsein, seine Wahrnehmung, seine Gefühle, seinen Charakter und seinen Körper achtsam betrachtet, erkennt deren unaufhörlichen Wandel, ihre Unbeständigkeit. Als Ziel hat der Buddha genannt: „Jene Gemütserlösung und Weisheitserlösung wollen wir uns zu eigen machen, in deren Besitz verweilend einem keinerlei Triebe des Ich und Mein, keinerlei Neigungen des Dünkels aufsteigen können" (Anguttara-Nikāya III 33).

Lit.: *H.-J. Greschat,* Die Religion der Buddhisten. München 1980, bes. 57–60. *H.-J. Greschat*

V. In China. Der M. und die Gesellschaft sind Hauptthemen der ganzen chin. Philosophie. Durch die zentrale Bedeutung der Familie in China rückt der Wert des einzelnen M. in den Hintergrund. Die Chinesen haben den M. niemals außerhalb des gesellschaftlichen Zusammenhangs betrachtet, niemals zogen sie eine trennende Grenze zwischen der Gesellschaft und der Natur. Der M. ist mit Natur und Gesellschaft aufs engste verbunden, so daß sich die Dichotomie Subjekt/Objekt nicht als Problem darstellt. Es fehlte auch in China der Begriff „Person", und ein sich von der Natur abtrennendes Selbst ist nicht entstanden. Erst in neuerer Zeit bildete man den (künstlichen) Begriff *wei-ke,* und unter dem Einfluß des ↗Buddhismus zeigten sich Tendenzen, die auf eine Trennung von Subjekt und Objekt hinwirkten. Der Begriff der Seele als eines rein geistigen Wesens, das zum Körper im Gegensatz stünde, ist dem chin. Denken fremd. Der M. wurde nicht als Leib und Seele angesehen, sondern als ein Kontinuum von Pneumata *(ch'i).* Als ↗Mikrokosmos besteht der M. aus dem *hsing* (Wesen, Natur) von Himmel und Erde; von der Erde erhält er sein „Blut", vom Himmel empfängt er seinen „Atem" *(ch'i).* Auf diese Weise ist er ein Abbild des Makrokosmos. Die chin. Konzeption des M. wurde ohne einen entscheidenden Einfluß des rel. Denkens geformt, u. a. findet man deswegen in der chin. Anthropologie keine Idee der Erbsünde. Die Einheit des Menschen mit dem ↗Himmel *(T'ien jen ho i)* ist ein Postulat und zugleich eine Synthese der chin. Anthropologie (Universismus). Diese Vorstellungen stehen im Einklang mit der Konzeption der ↗Welt/Schöpfung (VI), die nicht anthropozentrisch ist. Die chin. Religionsgeschichte und Philosophiegeschichte zeigt nur Variationen (Uminterpretationen) dieser konstanten chin. Themen.

Die konfuzianische Philosophie ist ein Humanismus, der das spezifisch Menschliche formuliert und den Menschen zu seinem Ausgangspunkt nimmt. Die Einheit des M. mit dem Universum hängt ab vom menschlichen Verhalten (Ethik, Etikette). Der ↗Konfuzianismus nennt fünf menschliche Beziehungen *(wu-lun):* Vater/Sohn, Herrscher/Untertan, Mann/Frau, Älterer Bruder/Jüngerer Bruder, Freund/Freund. Diese sind praktisch durch die Tugenden der Pietät *(hsiao),* Loyalität *(chung)* und Höflichkeit *(ching)* realisierbar. Der M. ist nur in dem Maße edler als die übrigen Wesen, als er innerhalb der Gesellschaft eine bestimmte Stellung innehat und auf diese Weise bei der Erhaltung der sozialen Ordnung, deren Grundlage und Vorbild die kosmische Ordnung ist, mitwirken darf. Nach der konfuzianischen Lehre heben sich nur der König *(wang),* der Heilige *(sheng-jen)* und der Edle *(chün-tzu)* von den übrigen Wesen ab.

Innerhalb der chin. Anthropologie war das Problem der Menschennatur *(hsing),* die Frage, ob die Natur des Menschen (seine natürlichen Anlagen, sein Wesen) gut oder böse sei, stets von großer Bedeutung. Von der Lösung dieser Frage hängt die Verantwortlichkeit des M. für sein Handeln ab. Es gibt hierzu drei grundsätzliche Haltungen: a) die menschliche Natur ist gut (↗Konfuzius, Mencius); die Güte muß durch Pflege (Selbstkultivierung) erhalten oder wiedergewonnen werden (↗Heil/Heilsweg); b) die menschliche Natur ist schlecht (Hsün-tzu), deshalb bedarf sie der Erziehung (Etikette); c) eine gemischte Haltung: die menschliche Natur ist weder gut noch schlecht (Kao Pu-hai, Wang Yang-ming), oder sie ist teils gut, teils böse (Wang Ch'ung). Nach der konfuzianischen und neokonfuzianischen Tradition ist *jen* (Menschtum, Menschenliebe, Humanität) die moralische Qualität, die den M. zum wahren M. macht.

Im ↗Taoismus, der als Naturalismus gilt, stehen der M. und die Gesellschaft nicht im Mittelpunkt der Natur. Der Taoismus unternimmt es auch nicht, aus Naturabläufen die menschliche Sozialordnung herzuleiten, vielmehr kommt es darauf an, die spontane *(tzu-jan)* Naturordnung auf menschliches Denken und Handeln zu übertragen (Meditation). Der ideale M. stört die Natur nicht, er läßt nicht zu, daß man die Natur beeinträchtigt *(wu-wei),* er wird ein Sozius der Natur und bildet mit ihr die Einheit. Als Mikrokosmos korrespondiert er ohnehin mit dem Makrokosmos; zwischen den beiden gibt es ein System der Entsprechungen (z. B. fünf Elemente, *wu-hsing*). Die Taoisten bedienten sich der enstatischen Meditation, um den Mikrokosmos zu entleeren, damit er frei wird für das ↗Tao (Rückkehr zum Tao).

Seit dem 19. Jh. hat sich in der chin. Anthropologie ein Wandel vollzogen. China öffnete sich den Einflüssen des Sozialismus und Marxismus. Im Anschluß daran entstand das maoistische Menschenbild („der neue M."), das jedoch in neuerer Zeit verworfen und in den Begriff „sozialistische geistige Zivilisation" integriert wurde.

Lit.: *C. Chang,* The Development of Neo-Confucian Thought, 2 Bde. New York 1957, 1962; *A. Forke,* Die Gedankenwelt des chin. Kulturkreises. München 1927; *Th. H. Fang,* Creativity in Man and Nature. Taipei 1980; *Ch. W. H. Fu / W. T. Chan,* Guide of Chinese Philosophy. Boston 1978; *Fung Yu-lan,* A History of Chinese Philosophy, 2 Bde. Princeton 1952, 1953; *M. Granet,* Das chin. Denken. München [2]1971; *M. Heinrichs,* Christl. Offenbarung und rel. Erfahrung im Dialog. Paderborn 1984; *E. Kroker,* Der Sinn der menschlichen Existenz in der maoistischen Lehre: StZ 195 (1977) 683–693; *R. Machetzki,* Der Begriff der „menschlichen Natur" hsing in der

Vor-Ch'in-Philosophie: Oriens Extremus 24 (1977) 53–65; *Ch. A. Moore* (Hg.), The Chinese Mind. Honolulu 1967; *ders.* (Hg.), The Status of the Individual in East and West. Honolulu 1968; *D. J. Munro*, The Concept of Man in Early China. Stanford 1969; *ders.* (Hg.), Individualism and Holism: Studies in Confucian and Taoist Values. Ann Arbor 1985; *H. Roetz*, M. und Natur im alten China. Frankfurt 1984; *H. Steininger*, Die Stellung des M. im Konfuzianismus und im Taoismus: H. Gadamer / P. Vogler (Hg.), Neue Anthropologie VI/1. Stuttgart 1975, 206–243; *R. Trauzettel*, Individuum und Heteronomie: Saec. 28 (1977) 340–364. *R. Malek*

VI. Im Judentum. 1. Die bibl. Voraussetzungen vom gotterschaffenen, vor allem nach „Bild und Ähnlichkeit Gottes" erschaffenen M. wurden im Lauf der jüd. Geschichte schöpfungstheol. und erwählungstheol. variierend ausgestaltet. In der Antike setzte sich die Auffassung von einer den Leib überdauernden Seele durch, im hellen. Judentum z.T. deutlich platonisch orientiert, im rabb. unreflektiert. Dies ergab eine gewisse Spannung zur älteren Auffassung, die Persönlichkeit und Leiblichkeit verknüpfte. Daher war auch die endzeitliche Erwartung einer ↗Auferstehung an die körperlichen Relikte (Gebeine) und deren Wiederherstellung zu erneuter leiblicher Existenz gebunden. Beide Vorstellungen kombiniert, ergaben die Hoffnung auf eine Wiedervereinigung der leibunabhängig existenzfähigen Seele mit dem wiedererstehenden Körper.

Unabhängig davon und vor allem im Blick auf die ethische Bestimmung des M. sprach das antike Judentum von zwei gegensätzlichen Anlagen zum Guten und zum Bösen. In der ↗Apokalyptik profilierte sich dies zur Vorstellung von zwei Geistern, die im M. kämpfen und zwischen denen er sich zu entscheiden hat. Im rabb. Judentum entfällt die dämonisierte Note, die „gute" und „böse Anlage" (ješär) sind beide schöpfungsgemäß, die zweite, vor allem auch mit der Sexualität verbunden, enthält jedoch die Gefahr des Mißbrauchs, von da aus auch die Möglichkeit dämonischer Einwirkungen. Allg. sah man aber in der Tora, dem offenbarten Gesetz vom Sinai, den „Weg des Lebens", die einzige Lebensordnung, die ein schöpfungsmäßiges M.-Sein gewährleistet. Damit wurde schon früh der schöpfungstheol. universale Ansatz durch einen erwählungstheol. tora-bezogenen ergänzt, so daß Israel in seinem Toragehorsam als Modell schöpfungsgemäßer Verwirklichung menschlicher Existenz gilt.

2. Im MA setzte sich, von Ausnahmen abgesehen, die neuplatonische Seelenauffassung durch, vor allem prägte sie die breite Volksfrömmigkeit. Die aristotelische Intellektlehre hingegen blieb auf enge, philosophierende Kreise beschränkt. Beide verursachten einen gewissen Individualismus, in dem die Zweckbestimmung des M. in erster Linie in seiner erkenntnismäßigen und ethischen Selbstvervollkommnung gesehen wurde, in einem sowohl schöpfungstheol. wie teleologisch universalistischen Ansatz. Zwar blieb auch dabei die Tora als offenbarte Lebensordnung die beste Voraussetzung zur Erreichung dieses Zieles so gut wie unbestritten, doch die erwählungstheol. Akzentuierung fiel sehr unterschiedlich aus. Am schroffsten zeigt sie sich in der ↗Kabbalah, wo einerseits die neuplatonische Seelenauffassung mit den drei Seelenkräften (vegetativ, animalisch, intelligibel) aufgegriffen wird, doch verbunden mit der aristotelischen Voraussetzung eines angeborenen Intellekts umgedeutet und auf Israel beschränkt, das zur Erkenntnis der Tora-Inhalte befähigt ist. Aber nur die Kabbalisten zeichnen sich, diese Fähigkeit aktualisierend, durch den „erworbenen Intellekt" aus, der die Vollendung gewährleistet. Während die aristotelische Linie eine gewisse Mittelwegsethik nahelegte, die sich gut mit der schöpfungstheol. positiven Einschätzung von Leib und Welt verbinden ließ, brachte die neuplatonische, vollends die kabbalistische Linie eine asketischere Note mit sich, die in Spät-MA und Neuzeit in Verbindung mit kabbalistischer Frömmigkeit und messianischen Bußbewegungen auch extreme Formen annahm.

Die bibl. „Gottebenbildlichkeit" wurde weithin von der Antike her wörtlich verstanden, anthropomorphistischer Gottesvorstellung entsprechend, aber auch auf die Herrschaftsfunktion des M. im Sinne des göttlichen Auftrags Gen 1,28 bezogen. Aristotelisierende Theologen sahen die Ähnlichkeit in Erkenntnisvermögen und Erkenntnisprozeß, während neuplatonisch orientierte die ontologische, essentielle Ähnlichkeit der leibunabhängigen und präexistenten Seele vertraten. Die Kabbalisten verknüpften traditionelle und philosophierende Deutungen, griffen sogar die wörtliche Deutung auf, freilich die körperliche Ähnlichkeit nicht auf Gott selbst, sondern auf die göttlichen Wirkungskräfte, Sefirot, beziehend, die man im Schema einer Menschengestalt *(Adam qadmon)* anordnete, Modell für die Erschaffung des Adam rishon (Gen 1–2).

3. Aufgeklärtes und reformiertes Judentum sahen, dem Zeitgeist entsprechend, die Annahme einer unsterblichen Seele neben dem monotheistischen Bekenntnis und einer betont ethischen Definition der Religion als unverzichtbar an, während der Auferstehungsglaube, an die Hochschätzung der Leiblichkeit gebunden, in den Hintergrund gedrängt wurde. Doch im späten 20. Jh. kehrt man wieder die bibl. Auffassungen hervor und stellt gerade die positiv gewertete Geschöpflichkeit und Leiblichkeit des M. als biblisch und somit genuin jüd. heraus, die Seelenlehre aber als fremd hin.

Lit.: *J. Maier,* Geschichte der jüd. Religion. Berlin 1972. *J. Maier*

VII. Im Christentum. 1. Was ist der M.? Diese Frage kann von verschiedenen Warten aus gestellt werden. Sie bewegt nicht nur Denker und Dichter, sondern auch Glaubende und Beter (vgl. Ijob 7,17; Ps 8, 5). Sie hat ihren Grund darin, daß der M. sich auf der Suche nach seiner Identität befindet. Im Grunde weiß der M. selber keine Antwort auf die genannte Frage. Achtet man auf den rel. Kontext der Frage, dann kann sie sowohl vom M. an Gott wie von Gott an den M. gerichtet sein. In dieser gegenseitigen Verschränkung erhält die Frage einen letzten Ernst. In ihr sammeln sich unterschiedliche Beobachtungen und Erfahrungen des M. die im Gegenüber zu Gott die ganze Problematik des M.-Seins offenbaren. Der M., der im Angesicht Gottes so fragt bzw. sich fragen läßt, weiß um seine Größe. Naturwissenschaft und Technik, die einzelnen Humanwissenschaften und ihre Anwendungsbereiche dokumentieren zur Genüge das stolze Selbstbewußtsein und Können des M. Der Selbstüberschätzung des M. scheinen auf der anderen Seite die Zeugnisse menschlicher Ohnmacht die Waage zu halten. Die Bedrohung durch Wissenschaft und Technik wird in den Auswirkungen auf den M. deutlich; es genügt, an den Selbstverlust des M., die Sinnleere, wachsende Vereinsamung, Angst und Zerstörung des Lebensraums zu erinnern. Diese Erfahrungen bestätigen, wie sehr der M. ein Wesen der Spannung, Gegensätze und Widersprüche darstellt. „Jeder M. bleibt vorläufig sich selbst eine ungelöste Frage, die er dunkel spürt. Denn niemand kann in gewissen Augenblicken, besonders in den bedeutenderen Ereignissen des Lebens, diese Frage gänzlich verdrängen. Auf diese Frage kann nur Gott die volle und ganz sichere Antwort geben; Gott, der den M. zu tieferem Nachdenken und demütigerem Suchen aufruft" (GS 21).

2. Der M. ist Geschöpf Gottes. Gen 1,27 sagt fundamental: „Gott schuf also den M. als sein Abbild; als Abbild Gottes schuf er ihn. Als Mann und Frau schuf er sie." Christlichem Schöpfungsglauben zufolge hat Gott alles in voller Freiheit aus nichts geschaffen. Mit Geschöpflichkeit ist jener Grundzug alles Geschaffenen angesprochen, wonach es sich einer es frei setzenden Freiheit verdankt, die es in eine relative Selbständigkeit entläßt und auf die es durch seine Abhängigkeit und Herkunft bleibend verweist. Solche Geschöpflichkeit schließt die grundsätzliche Positivität des Seins und Daseins, den relativen Eigenwert, die Offenheit auf den Urheber hin, die eigene Bedürftigkeit und Vollendbarkeit wie die Zustimmung zum eigenen Geschaffensein und dem der übrigen Geschöpfe in sich. Die Geschöpflichkeit des M. spiegelt sich

a) *in der Gottebenbildlichkeit:* Damit sind nicht Qualitäten oder Situationen angesprochen, die den M. Gott ähnlich sein lassen; es handelt sich vielmehr um eine Entsprechungs- und Verhältnisaussage auf der Ebene des Handelns und Fungierens. Der bibl. Schöpfungsbericht bringt die Gottebenbildlichkeit mit der Herrschaft des M. über die Tiere und der Differenzierung der Geschlechter in Verbindung. Das Bildsein des M. verwirklicht sich auf dem Hintergrund der Ab-

bildlosigkeit Gottes im Rahmen des Austausches von M. zu M. und Tier. Eine Weiterführung dieser Gedanken verlegt die Gottebenbildlichkeit des M. in das M.-Sein als solches und in die M.en-Würde;
b) *im Personsein:* Person ist eine Grundkategorie christl. Anthropologie. Das Personsein des M. gründet im Ereignis des den M. als Individuum und Gattung treffenden Wortes Gottes, wodurch er als geschöpfliches Gegenüber konstituiert und zum Sein mit Gott berufen wird. Person ist mehr als Individuum und liegt der Individualität wie der Subjektwerdung voraus. Wesentliche Komponenten der Person sind Kommunikation, Ek-sistenz und Subsistenz. Sie verweist auf den Primat des Wortes und des Besonderen, auf die Person-Identität des M. und ist dem Raum des Mysteriums zugeordnet;
c) *in der Leib-Seele-Einheit:* Der M. erfährt und stellt sich als eine Zwei-Einheit von Leib und Seele dar. Beide sind mehr als nur Teile der menschlichen Natur, sie sind metaphysische Seinsprinzipien, die die substantielle Seinseinheit M. konstituieren. Sie sind der ganze M., wenn auch je unter einem besonderen Aspekt. Leib ist immer schon beseelter Körper; Seele meint immer schon den für den Selbstvollzug in Materie geschaffenen Geist. Der M. ist das leibhaft-geistige Gegenüber des Schöpfers. Von dieser Einheit her bestimmt sich die Einstellung des M. zu sich, seiner Umwelt, Geschlechtlichkeit, Gemeinschaft, Tätigkeit und zu Gott.

3. Der M. als Sünder. Der M. erfährt und weiß, daß er nicht ungehindert Geschöpf Gottes sein kann. Er wird mit Erfahrungen konfrontiert, die dem widersprechen, wozu er erschaffen und worauf er angelegt ist. Der Widerspruch und seine Folgen durchziehen Welt, Geschichte, Dasein der M.en und Geschöpfe. Die Offenbarung antwortet darauf mit der Geschichte vom Fall der ersten M.en (vgl. Gen 3,1–24). Ihr zufolge liegt der Sünde der Wunsch zugrunde, „wie Gott sein zu wollen“; danach richtet sich das Wesen der Sünde als „Ungehorsam“ oder „Stolz“. Der Akzent liegt auf der grundsätzlichen Haltung, nicht auf einzelnen Verfehlungen. Der Sünder verfehlt sein M.-Sein, wie der Schöpfer es geplant hatte. Sosehr einerseits das Wesen der Sünde als Werk der Freiheit im Personkern steckt, so sehr übersteigen andererseits die Strukturen der Sünde das Reich der individuellen Entscheidung. In Gestalt einer Welt als Gemeinschaft in Sünde und als eine Macht in der Welt liegt die Sünde dem Sünder auch schon voraus und zugrunde (vgl. Erbsünde). Ihren Gipfelpunkt erreicht sie in der Zurückweisung Christi und seiner vergebenden Liebe.

4. Der M. als Bruder Christi. Der M. ist unterwegs zu sich selber. Der Aufgabe seiner M.-Werdung hat Gott in der M.-Werdung seines Sohnes ein unverrückbares Ziel gesetzt. Jesus Christus ist zugleich wahrer und vollkommener M., der den M.en den Weg der M.-Werdung ermöglicht. Er ist der „letzte M.“ (1 Kor 15,45) in einem qualifizierten Sinn. Er ist einmal Letzter im Sinne jener Kenosis, die bis zum Kreuz als Inbegriff der Unmenschlichkeit reicht und die sich mit den Letzten identifiziert (vgl. Mt 25,31–46). Als „der Erstgeborene der Toten“ (Kol 1,18), mit dem die neue Schöpfung anhebt, ist Christus zusätzlich Letzter, d.h. bleibendes Ur- und Vorbild des neuen M. In ihm hat das schöpferische und heilende Handeln Gottes sein Ziel schon erreicht. Für die M.-Werdung des M. heißt das: Den letzten M., den M. der Zukunft, der das heile und eigentliche Wesen M. repräsentiert, gewinnt man dadurch, daß man zum letzten M. jetzt und hier wird, der den Allerletzten dient. Wo das geschieht, werden Erste Letzte und Letzte Erste. Dann werden alle M.en nur noch ein M. sein, wird das heile Wesen M., der letzte = vollendete M., erscheinen. Das wäre christl. Humanismus.

Lit.: *E. Drewermann,* Strukturen des Bösen. 3 Bde. Paderborn [3]1981/82; *I. U. Dalferth / E. Jüngel,* Person und Gottebenbildlichkeit. Freiburg 1981; *C. Westermann,* Schöpfung. Stuttgart 1971; *K. Rahner,* M. SM(D) III 407–417. *Ch. Schütz*

VIII. Im Islam. Was die Erschaffung des M. anbelangt, so steht der Koran (↗Heilige Schrift[en] VIII) in der Tradition der bibl. Schöpfungsberichte. Der M. wurde in seinem materiellen Dasein erschaffen aus Lehm (z. B. 6,2; 7,12), Tonerde (15, 26 28) oder Staub. Darüber hinaus aber

hat Allāh (= Gott) dem ersten M. von seinem Geist eingeblasen. Die Übereinstimmung mit dem bibl. Schöpfungsbericht bezieht sich sogar auf eine wörtliche Wiederholung. So hat der Korantext 32,9 „von seinem Geist eingeblasen" das arab. Verbum *nafakha* (vgl. Genesis 2,7: „... blies in seine Nase den Lebensatem" mit dem hebr. Verbum nāphaḫ).
Von entscheidender Bedeutung für die islam. Auffassung der M.en-Natur ist der Koranvers 30,30: „Richte dein Antlitz auf die wahre Religion. Das ist die natürliche Beschaffenheit (fiṭra), in der Gott die Menschen erschaffen hat. Die Art und Weise, in der Gott sie geschaffen hat, kann nicht geändert werden." Hier ist das Wort fiṭra von größter Bedeutung. Die spätere Tradition hat Muḥammad eine Aussage in den Mund gelegt, die die Bedeutung näher umschreibt: „Jedes Kind wird gemäß der fiṭra geboren; es sind aber seine Eltern, die aus ihm einen Juden oder einen Christen oder einen Parsi machen" (Muslim, Qadar, trad. 22; Bukhari, Tafsīr, sura 30,b. 1; Qadar, b.3). Die Bedeutung dieser Erklärung ist, daß jedes Kind von Geburt her das Wissen um den einzigen Gott, Schöpfer des M., hat. Dieser monotheistische Glaube gehört zur Schöpfungsordnung und kann nicht geändert werden. Jedes Kind wird also als Muslim geboren. Es ist aber die falsche Tradition der Juden und Christen, die diese Schöpfungsordnung im Kinde zerstört. Diese Überzeugung geht auch auf Sure 9,30 zurück: „Die Juden sagen: Esra ist der Sohn Gottes. Und die Christen sagen: Christus ist der Sohn Gottes. So etwas wagen sie offen auszusprechen wie die Worte derjenigen, die in früherer Zeit schon ungläubig waren. Allāh möge sie bekämpfen."
Durch die natürliche Beschaffenheit des M. als eines monotheistischen Gläubigen hat der Koran die Kategorien der Menschheit festgelegt. Auf der einen Seite steht die Gemeinde der Muslime. Sie hat eine von Allāh gegebene Existenzberechtigung in Vergangenheit, Gegenwart und Zukunft, und zwar aufgrund zweier Korantexte: Sure 3,110: „Ihr seid die beste Gemeinde, die unter Menschen entstanden ist. Ihr gebietet, was recht ist, verbietet, was verwerflich ist, und glaubt an Gott. Wenn die Schriftbesitzer (Juden und Christen) auch glauben würden, wäre es besser für sie. Es gibt Gläubige unter ihnen, aber die meisten von ihnen sind Frevler." Die islam. Gemeinde ist deswegen die beste Gemeinde, weil ihnen die beste Religion offenbart wurde. Dies bestätigt der zweite Text (5,4): „Heute habe ich eure Religion vollkommen gemacht und meine Gnade an euch vollendet und euren Islam als Religion mit Wohlgefallen angenommen." Aus dieser besten Gemeinde wurden die Schriftbesitzer schon ausgeschlossen. Dennoch haben auch sie eine Existenzberechtigung in Vergangenheit und Gegenwart, weil ihnen die früheren Propheten (z.B. Noach, ↗Abraham, ↗Mose und ↗Jesus) und die früheren ↗hll. Schriften (Tora, Psalmen und Evangelium) offenbart wurden. Deswegen räumt das islam. Recht ihnen ein, unter einem Schutzvertrag *(dhimma)* mit dem islam. Staat zu leben, ohne die vollen Bürgerrechte zu haben. Die Verworfenen sind die Ungläubigen und Götzendiener, die keine Existenzberechtigung weder in Vergangenheit, Gegenwart noch Zukunft haben.

Lit.: *J. Bouman*, Gott und M. im Koran. Darmstadt 1977; *A. Th. Khoury u.a.* (Hg.), Einführung in die Grundlagen des Islam. Graz 1978, bes. 192–199.

J. Bouman

IX. Theologische Anthropologie. Anthropologie (A.) bezeichnet die wiss.-systemat. entwickelte Kunde über den Menschen, sein Wesen, Werden und Handeln. Der Ausdruck erscheint erstmals im 16. Jh. und findet in der Folgezeit Verwendung in Physiologie, Psychologie, Ethik, Ethnologie und Kulturmorphologie. Anthropologisches Wissen ist als Lebens- und Handlungswissen so alt wie der M. Die A. entspringt dem fundamentalen Interesse des M. an sich selber. Angesichts der verschiedenen und vielseitigen Interessen am M. unterscheidet man eine Vielfalt von A.n. Am bekanntesten sind die philos. A. (M. Scheler), die biologische A. (H. Plessner, A. Gehlen), die medizinische A. (V. v. Weizsäcker), die psychologische A. (S. Freud), die soziologische A. (K. Marx) oder die pädagogische A. (A. Huth, A. Flitner) mit ihren zahlreichen Untergliederungen.
Innerhalb der Theologie haben Begriffe

und Anliegen der A. nur zögernd Eingang gefunden, zuerst in der evangelischen (R. Bultmann, K. Barth), dann auch in der kath. Theologie (K. Rahner, J. B. Metz). Übereinstimmung herrscht insofern, als die A. keine theol. Einzeldisziplin darstellt. Den vorliegenden Entwürfen zufolge ist es Aufgabe einer theol. A.:

1. *einen krit. Dialog mit den bestehenden A.n zu pflegen:* Glaube und Theologie sind grundsätzlich an anthropologischen Erkenntnissen interessiert und hinsichtlich des Selbstverständnisses des M. auf die Ergebnisse der Humanwissenschaften angewiesen. Die dem Glauben auferlegte Suche nach dem wahren Humanum gestattet keine einengende Fixierung auf den Standort der Offenbarung, sondern bedarf der Ergänzung seitens der verschiedenen A. Das gilt vor allem im Hinblick auf die Geschöpflichkeit des M., seine Relation zur Welt und Umwelt, die Bereiche des Sozialen, der Kultur und der Geschichte. Hier erheben sich Fragen, auf die die Offenbarung keine verbindliche Antwort erteilt. So steht fest, daß die theol. A. der vergleichenden Verhaltensforschung, den psychol. und Sozialwissenschaften oder der philos. A. wertvolle Informationen verdankt, deren Gewißheits- und Verbindlichkeitsgrad dem krit. Urteil unterliegt. Das dialektische Verhältnis von profaner zu theol. A. bedingt eine radikalisierende Thematisierung und Vertiefung jener Dimensionen des M.-Seins, die von den einzelnen A.n erhoben werden;

2. *Aussagen materialer Art zur Erkenntnis des Menschen beizusteuern:* Die theol. A. fußt auf den anthropologischen Aussagen der Schrift, die bei aller Verschiedenartigkeit den Menschen grundsätzlich in seinem gesch. Bezug zu Gott sehen. Wichtig für die atl. Sicht des M. sind der Hinweis auf die Geschöpflichkeit, Gottebenbildlichkeit, Gemeinschafts-, Welt- und Umweltbezogenheit, Gottesbeziehung, Sprachbegabtheit, Partnerschaft, Verantwortung, Arbeits-, Kult- und Kulturfähigkeit des M. Dazu kommen die Gebrechlichkeit und Sündhaftigkeit des M., aber auch die Verheißung und Bestimmung zum Heil. Für die ntl. Auffassung des M. sind Gestalt und Werk Jesu Christi zentral. Als Haupt der neuen Menschheit deckt er die von der Sünde gezeichnete Situation des M. auf. Gleichzeitig tritt in ihm der versöhnende Gott unwiderruflich auf die Seite des M. Als neuer Adam repräsentiert Jesus den idealen M. der Zukunft Gottes, weist und ermöglicht allen den Weg solcher M.-Werdung. Als Subjekt der Liebe Gottes ist der M. zur Teilnahme am Leben, an der Natur, an Geist und Liebe Gottes berufen. Der neue M. ist Sohn Gottes und Bruder aller Geschöpfe.

Theol. A. hat darüber hinaus den tragenden Nenner aller Aussagen des Glaubens über den Menschen aufzuzeigen; dieser lautet nach K. Rahner: „Der (christlich glaubende) Mensch weiß sich trotz seiner Geschöpflichkeit und Sündigkeit und in ihr von Gott geschichtlich angesprochen, und zwar mit dem Wort absoluter, freier, also gnadenhafter Selbsterschließung" (SM[D] I 182). Daraus resultieren die Grunddaten einer theol. A. wie Personhaftigkeit, Subjekthaftigkeit, Kreatürlichkeit, Geschichtlichkeit, Freiheit, Verantwortung, Transzendenzbezogenheit, Fehlbarkeit, Mitgeschöpflichkeit und Zukünftigkeit des Menschen. Maß und Richtbild dafür ist Jesus Christus. An ihm als Ausgangs- und Konzentrationspunkt aller Selbstmitteilung Gottes wird deutlich, was es um die Begnadung, Verlorenheit, Heilung und Vollendung von M. und Menschheit ist;

3. *die transzendental-anthropologischen Voraussetzungen des Glaubens und der Theologie aufzudecken:* Christl. Glaube versteht sich als Botschaft vom ↗Heil des M. Gott und M. lassen sich nicht trennen. Der M. ist als Empfänger im Hinblick auf die Verstehensvoraussetzungen der Botschaft mitzubedenken. Das heißt: Theologie als transzendentale A. betreiben. Die theol. A. gibt den formalen Rahmen aller theol. Aussagen ab, der die Heilsbedeutsamkeit für den M. transparent macht.

Lit.: *K. Rahner,* Grundentwurf einer theol. A.: HPTh II/1, 20–38; *A. Raffelt / K. Rahner,* A. und Theologie. Freiburg 1981; *W. Pannenberg,* A. in theol. Perspektive. Göttingen 1983. *Ch. Schütz*

Menschenopfer werden – wie ↗Opfer überhaupt – zu rel.-kultischen oder magischen Zwecken göttlichen Mächten dar-

gebracht. Wo andere Gaben unzureichend erscheinen, wird das denkbar und erreichbar Kostbarste, das Menschenleben – das eigene (Selbstopfer) oder das anderer (Ersatzopfer) –, als Inbegriff der höchsten Energie geopfert. Voraussetzung für die Herausbildung des M. ist das mit der Sorge um das Gedeihen der Feldfrüchte verbundene Weltbild der Ackerbauvölker (↗Ackerbaukulturen). M. gebühren den finsteren Mächten wie auch den freundlich gesinnten Gottheiten. Das zweckgerichtete M. dient der Sühne und Versöhnung, der Beschwichtigung oder auch der Sicherung des göttlichen Beistandes. Die Intention des M. ist insofern wandelbar, als z.B. das aus gegebenem Anlaß (Seuche, Hungersnot) erfolgte M. zur Versöhnung einer zürnenden Gottheit bzw. zur Beendigung der Notlage zu einem regelmäßig vollzogenen „Vermeidungsopfer", d.h. zu einem Präventivmittel, wird. Als Hauptmotiv im Vordergrund steht neben dem Sühnegedanken der Gedanke der Befruchtung. Durch die Freigabe der Urlebensenergie (vorwiegend in Blut, Herz und Kopf des Menschen) im M. wird den Göttern oder Naturgewalten die nötige Nahrung bzw. Kraft gegeben, ihrerseits die Existenz der Menschen zu sichern (z.B. der Sonne die Kraft für den nächtlichen Kampf gegen die Finsternis). Diese aktive Mitwirkung an der Erhaltung der kosmischen Ordnung (durch Wiederholung des Schöpfungsaktes) dient somit letztlich der Lebenserhaltung des Menschen selbst. Die für das M. Ausersehenen genießen bis zu ihrer Opferung hohes Ansehen; gelegentlich wird ihnen die Verehrung zuteil, die man der Gottheit zollt, der sie geopfert werden sollen. Die Tötungsarten und die mit dem Befruchtungsgedanken verbundenen Praktiken sind sehr unterschiedlich. In gesitteteren Zeiten wird das M. durch *pars-pro-toto-* (Haar- oder Fingeropfer u.a.), Tier- und Früchteopfer oder symbolische Tötungen ersetzt; z.B. wird der mit den Sünden der Gemeinschaftsglieder beladene Mensch (= Sündenbock) urspr. zur Sühne getötet, später nur ausgetrieben. Andere Sonderformen des M. (z.T. freiwillige Selbstopfer) sind die Totenbegleitopfer (möglicherweise gehört hierzu auch die Witwenverbrennung), das Harakiri jap. Ritter u.a.m.; Bauopfer (bes. in Brückenpfeiler eingemauerte Kinder) haben sich auch bei uns bis ins hohe MA gehalten.
In enger Verbindung mit dem M. steht die Anthropophagie (Menschenfresserei, „Kannibalismus"), bei der das Wohl des Menschen im Vordergrund steht. Wie die Götter wollten auch die Menschen ihren Energiebedarf sichern, indem sie die rituell Getöteten verzehrten (am besten in roh-frischem Zustand) bzw. ihr Blut tranken. Hier handelt es sich um die weitverbreitete Vorstellung der Kraftübertragung, die auch nur symbolisch vollzogen werden konnte (z.B. Überziehen der Haut des Opfers). Wird das M. jedoch als mystische Verkörperung von Gottheiten verstanden, so bewirken die Mahlzeiten eine Vereinigung („Gottessen"). – Haltlos sind Theorien, die M. bzw. Kannibalismus im Proteinmangel begründet sehen: in Indien z.B. gab es trotz M. und Proteinmangels keinen Kannibalismus.

Lit.: *A. E. Crawley u.a.,* Human Sacrifice: ERE VI 840–867; *J. Haekel,* Art. M. I: LThK² VII 294–296; *F. Heiler,* Erscheinungsformen und Wesen der Religion. Stuttgart 1961. 211–218; *R. de Vaux,* Das AT und seine Lebensordnungen II. Freiburg ²1966, 290–296; *E. Mogk,* Das M. bei den Germanen. Leipzig 1909; *F. Schwenn,* Die M. bei den Griechen und Römern. Neudruck Berlin 1966; *K. Helfrich,* M. und Tötungsrituale im Kult der Maya. Berlin 1973; *W. Krickeberg,* Altmexikanische Kulturen. Sonderausgabe Berlin ²1979; *A. Schoch,* Rituelle Menschentötungen in Polynesien. Ulm 1954; *W. Arens,* The Maneating Myth. Anthropology and Anthropophagy. New York 1979; *G. Hogg,* Cannibalism and Human Sacrifice. Neudruck New York 1966; *N. Davies,* Opfertod und M. Düsseldorf 1981.

N. M. Borengässer

Merkur ↗Gott III 4 B.

Messianismus

I. Allgemein. – II. Altes Testament. – III. Nachbiblisches Judentum. – IV. Neues Testament

I. Allgemein. Der Begriff, ursprünglich auf ein Phänomen im Frühjudentum bezogen, hat sich im Laufe seiner Entwicklungsgeschichte nahezu völlig von seiner etymologischen Herkunft gelöst und bezeichnet allg. die Erwartung eines Retters von göttlicher Qualität, von Gott gesandt und/oder ihm ähnlich. Die Erwartung ist differenzierbar aufgrund ihrer Intensität, hist. und personalen Ausrichtung, politischen und sozialen Pragmatik sowie in bezug auf ihr Verhältnis zur und Einordnung in die jeweilige Religion. In diesem weiten Sinn ist M. auch außerhalb der Bibel und der jüd.-christl. Religion zu finden. Im ↗Hinduismus erwartet man ↗Krishna, für die Endzeit Kalki, die die Geschichte der Menschheit entscheidend verändern sollen. Der ↗Buddhismus verlegt die Erlösung zuerst in den individuellen Menschen und erwartet erst später vermutlich unter christl. Einfluß Buddha selbst als in die Geschichte eingreifenden Erlösergott. Im Islam konzentriert sich die Erwartung auf den ↗Mahdī.

Die altoriental. Religionen hatten die Erwartung auf königliche Retter, vor allem in Krisenzeiten geäußert, gemeinsam. In Ägypten, Mesopotamien und im alten Griechenland wurde diese Erwartung durchaus auch auf Erlösergottheiten (Osiris, Marduk, Tammuz u.a.) appliziert, wobei grundsätzlich innergesch., nicht endzeitliche Rettungsgestalten erwartet werden. Die kosmische Dimension des Erwarteten wird bes. deutlich gezeichnet im Bereich der altpers. Religion, während in Griechenland der realpolitische Bezug im Vordergrund steht (vgl. Vergil, 4. Ekloge). Allen diesen Messianismen ist ein weitgehend übereinstimmender Motivrahmen gemeinsam.

Dies gründet in der allen Menschen gemeinsamen Heils- und Erlösungssehnsucht, die sie bis in die Gegenwart hinein anfällig macht für Führergestalten jedweder Provenienz (z. B. Alexander d. Gr., Simon bar-Kochba, Bernhard v. Clairvaux, Lenin, Hitler). Nährboden solcher Erwartungen sind je schon Krisenzeiten, die sich mit bekannten Lösungsmodellen nicht bewältigen lassen, obwohl jeder M. zumindest bei historisch bekannten Modellen ansetzen muß. Dies hat zur Folge, daß sich die meisten Messianismen phänomenologisch als politische Befreiungsbewegungen artikulieren, wobei als Zielvorgabe je eine mehr oder weniger realisierbare Utopie vorschwebt. Solche messianischen Bewegungen artikulieren sich politisch als Utopien mit sehr ähnlicher Struktur: Aufhebung der Klassengegensätze, Wohlstand für alle, Befreiung von ungeliebten politischen Systemen u.a. Der biblische M. mag seine Entstehung zwar auch an politischen Brennpunkten festgemacht haben, hat sich dann aber bald davon gelöst und unter Annahme ethischer Prägung verstanden als Sehnsucht nach Lösung von Sünde und Schuld.

II. Altes Testament. Der Begriff „M." geht zurück auf das hebr. Verb *māšḵḥ* „salben"; das Nomen *māšîaḥ* bezeichnet entsprechend den „Gesalbten". Dieses Nomen wird im AT fast ausschließlich syntagmatisch mit Jahwe verbunden, wodurch ein theol. Titel entsteht, der im Alten Orient analogielos ist. Die ebenfalls fast ausschließliche Einbindung des Verbs in kultische Zusammenhänge weist auf die theol. Relevanz des „Gesalbten". Die Salbung mit Öl impliziert einen sakralen Rechtsakt und wird verstanden als sichtbares Zeugnis göttlicher Erwählung, als kultisch-symbolischer Akt göttlicher Beauftragung und Sendung sowie als Manifestation der charismatischen Begabung.

1. In Israel wurde ursprünglich nur der König gesalbt, zuerst Salomo (1 Kön 1), dann nach ihm die Südreichkönige. Rückwirkend wird von deuteronomistischen Theologen die mit der Salbung gewährte Teilhabe an der Heiligkeit und Unantastbarkeit Jahwes auch auf David und Saul übertragen. Die erste im AT durch Priester vorgenommene Königssalbung (1 Kön 1) weist den „Gesalbten" aus als in einer exklusiven Beziehung zu Jahwe stehend. In Salomo vereinigte sich altisraelit. Erwählungsvorstellung (vgl. Ps 110 und Gen 14,18ff.; Anlagerung der Melchisedek-Funktion) mit ägypt. Königsideologie. Der Gesalbte ist Vasall Jahwes, mit seiner Kraft ausgestattet (1 Sam 2,10; Ps 21,2), von ihm beauftragt, die Feinde seines Volkes zurückzuschlagen. Nach deuteronomistischer Theologie bewirkt die Salbung eine charismatische Ausstattung des Gesalbten, die ihm einen *character indelebilis* verleiht (1 Sam 24,7f.; 26,9–11). Salbung und Geistbegabung gehören untrennbar zur Amtsführung (1 Sam 13,7ff.; 15,1; Offb 16,14). Für die atl. Propheten ist die Salbung des Königs, entsprechend die Titulatur „Gesalbter Jahwes" kein Thema. Einzig wird Jes 45,1 dieser Titel in exilischer Zeit auf Kyrus übertragen. In den sog. Königspsalmen wird die Königsideologie theol. ausgestaltet (Ps 2; 18; 20;

28; 84; 89; 123). Charisma und Auftrag des Gesalbten bringen Jahwes eigene Macht und Herrschaft zur Geltung. Um die Identität königlicher Herrschaft und göttlicher Macht herauszustellen, wird das *māšîah*-Konzept durch die Theologumena Gottesunmittelbarkeit, Gottessohnschaft und Herrschaft über die Völker ausgestattet (Ps 2). Diese theol. Verbrämung idealisiert das Bild des Gesalbten so sehr, daß es sich innerlich vom realen König löst (beachte auch die Monarchiekritik der Propheten und des Dtn., dazu vgl. E. Haag, TThZ 80 [1971] 222–246; F. L. Hossfeld: LS 35 [1984] 106–112) und den Untergang der Monarchie zu überleben vermag. Entsprechend überträgt die priesterliche Lit. der Exilszeit die Salbung auf den Hohenpriester, auf den damit auch die Aufgaben der vorexilischen Monarchen übertragen werden (Ex 29; Lev 4; 8; 1 Chr 29,22). Von einer Salbung zum Propheten hören wir nur 1 Kön 19,16 (Elischa) und Jes 61,1 (Tritojesaja). Sie ist zu verstehen als Akt der Beauftragung und Geistverleihung.

Fazit: Keiner der genannten Belege ist im heutigen Sinne „messianisch". Der genannte Gesalbte ist je rein diesseitig und rein dieszeitig, weshalb man diese Epoche auch als die des *„präsentischen M."* bezeichnet hat. Seine Aufgabe ist die Sammlung des Volkes, die Abwehr der Feinde und die gerechte Rechtsprechung. Allerdings wird durch diese entwickelte Königsideologie das Grundwissen gelegt, auf dem in nachexilischer und spät-atl. Zeit messianische Entwürfe basieren.

2. Der Geschichtsschock im Zusammenhang mit dem Untergang Jerusalems, des Tempels und der Monarchie führt einerseits zum krit. Gegenentwurf der nachexilischen Theokratie, kann andererseits aber nie die Hoffnung auf die Wiedererrichtung der Monarchie verdrängen (vgl. Klgl 4,20 mit ersten Anzeichen einer eschatologischen Überhöhung und Universalisierung). Politisch geeignete Konstellationen um Haggai und Serubbabel (um 520 v.Chr.) oder um Nehemia lassen Erwartungen an die Restauration des Königtums aufkommen: Phase des *„restaurativen M."* Flankierende Hilfestellung leistet nun das Chronistische Geschichtswerk mit seiner Idealisierung der Davidsgestalt zum David redivivus (vgl. T. S. Im, Das Davidbild in den Chronikbüchern, Diss. Bonn 1984) und die Relecture der Natan-Weissagung (2 Sam 7; vgl. 1 Chr 17,14; 28,5). Deuterosacharja verhindert ein apokalypt. Ausbrechen dieses nachexilischen M.

3. Die Desolatheit nachexilischer Geschichte wird zum eigentlichen Anlaß, mit dem theol. Vorwissen israelit. Königsideologie einen Zukunftsentwurf zu starten. Messias wird nun der Idealkönig der Zukunft genannt, der der gegenwärtigen Zeit ein heilvolles Ende setzen soll. Damit ist – aus welcher Quelle letztlich auch immer (parsischer Dualismus?) – die Vorstellung vom Ende dieser Zeit und von einer Zeit jenseits dieser Zeit an die Idealkönig-Vorstellung herangetragen. Es beginnt der *„futurische M."*, weil er das Eschaton im Blick hat, besser: *„eschatologischer M."* Der Beginn dieser Phase läßt sich näher fassen: die Erfolge der Makkabäer hatten neue Hoffnungen auf eine bessere Gegenwart aufkommen lassen, die durch die folgende hasmonäische Ämterkumulation aufs ärgste zerschlagen wurden. Mit den Ḥasidim (↗Pharisäer, ↗Sadduzäer, ↗Essener) entsteht eine Gegenbewegung gegen die Pseudo-Messianität der Hasmonäer, die die Hoffnung auf eine Besserung der Zustände nun einzig und allein auf ein Beenden dieser Geschichte durch Gott setzt (PsSal 17f.). Die deutliche antihasmonäische Ausrichtung betrifft das Messiasbild im Kern, insofern der hasmonäischen Doppelfunktion des Königs und Hohenpriesters nun auch die Doppelfunktion des Messias entgegengestellt wird (pharisäische Antithese). Diese wird biblisch begründet mit dem Bileam-Spruch: „Es wird aufgehen ein Stern aus Jakob und aufstehen eine Zuchtrute aus Israel" (Num 24,17b). Die in dieser Zeit rasch um sich greifende hochgespannte apokalypt. Endzeit-Erwartung (↗Zeloten) läßt es zu, diese Phase als *„apokalypt. M."* zu bezeichnen. Die vorexilische Königsideologie wird zum Vehikel der Zukunftserwartung. Entsprechend gestaltet sich das Messiasbild: Davidide, Heilsbringer, Wiedervereiniger, Geber paradiesischer Fruchtbarkeit, Friedensstifter, kosmischer Neugestalter. Flankierende Hilfestellung leistet

nun einerseits die Fortschreibung alter prophetischer Königsweissagungen (vgl. die Immanuel-Trilogie Jes 7; 9; 11), Gottesknecht- und Menschensohn-Thematik in Deutero-Jes (Jes 42,1–9; 49,1–6; 50,4–10; 52,13 – 53,12; vgl. dazu Sach 12,10–14) und Dan; Hirte-Thematik in Ez 34; 37, aber auch Mi 5,1–5; Am 9,11 f.; Sach 4), andererseits die aufkommende apokalypt. Lit. (Dan). Die Dependenz des jeweiligen Messiasbildes (Kontra-Entwurf) von den realgesch. Gegebenheiten verhindert auf Dauer eine Systematisierung der Messias-Idee im AT und im gesamten Judentum (vgl. Maimonides). Selbst die Erwartungen messianischer Heilszeit sind nicht einmal notwendig an die Gestalt eines Messias gebunden (vgl. Jes 2,1–5; Mi 4,1–5, Sach 8). Das AT kommt also ohne Messias aus, liefert aber durch die Zeichnung königlicher, priesterlicher und prophetischer Idealgestalten die Basis für spätere messiasgebundene Heilserwartungen. Doch werden in der Folgezeit auch andere atl. Stellen herausgegriffen und messianisch gedeutet, obwohl sie urspr. keinerlei Bezug zu dieser Thematik hatten: z. B. Gen 3,15 (das sog. Proto-Evangelium; zur mariologischen Deutung vgl. Hieronymus); Gen 12,2 f.; die Königspsalmen (Ps 2; 20; 21; 45; 72; 89; 101; 110; 132; 144); Ez 34; 37; Sach 9 u. a.

III. Nachbiblisches Judentum. 1. In der *zwischentestamentlichen Zeit* kann sich ein breites Spektrum unterschiedlicher Erwartungen entfalten, teils auf der Basis bibl. Vorgaben, teils völlig unabhängig davon. Gerade die apokalypt. Lit. der zwischentestamentlichen Zeit redet naturgemäß vom Erlöser und verliert sich dabei häufig in Spekulationen, die im Regelfall die Aufnahme der entsprechenden Schrift in den Kanon (jüdisch, alexandrinisch, christlich) verhindert haben. Der fundamentale Pessimismus gegenüber dieser Welt und ihrer Geschichte *('ôlām hazzaeh)* ließ die Hoffnung auf eine kommende Welt *('ôlām habbā')* entstehen, in der Israel Befreiung und Wiederherstellung *(g^e'ullāh)* erlangen würde. Die eigentliche messianische Zeit ist aber nur die Zwischenzeit, ein deutlicher Hinweis darauf, daß sich die Erwartungen zu verlagern begannen. Entsprechend differiert das Messiasbild in den Schriften dieser Zeit. Die Hauptgestalt in den messianischen Erwartungen ist der aktive eschatologische König (Sib III 280–293; äthHen 85–90), er ist verstanden als der kämpferische Gegenpol zu den Hasmonäern. Daneben sieht TestLev im Messias einen Priester. Ansonsten wird die messianische Dreierstruktur Prophet, Priester, König durchgehalten (TestBenj 9,2; Test Jud 24,1), wobei eine strikte personale Trennung zu verschwimmen scheint. ÄthHen und 4 Esra 11 greifen aus Ez und Dan die Gestalt des Menschensohnes auf und assimilieren sie mehr und mehr der Messiasgestalt (K. Müller, E. Zenger). Er ist der präexistente Weltenrichter, nach AssMos Gott selbst. Er ist nicht mehr nur das Signal einer neuen Zeit, sondern eines neuen Äons. Als Messias trägt er nun deutlich kosmische Züge. Unter Aufgreifen von 2 Sam 7,14; Ps 2,7; Jes 9,5 f. breitet sich in der zwischentestamentlichen Zeit mehr und mehr der Glaube an die Gottessohnschaft des Messias aus (4 Esra 7,28; 12,31 f.; vielleicht auch in 4QFlor 1,10–13). Entsprechend wird auch Ps 110,1 ausgelegt. Ist aber einmal der grundsätzliche Schritt vom Messias hin zu Gott als alleinigem Retter vollzogen, dann verblaßt das Interesse an einer messianischen Zwischengestalt, und es verlagert sich ausschließlich auf Gott.

2. Die essenische Gemeinde von *Qumran* am Westufer des Toten Meeres war schon aufgrund ihrer Selbstdefinition als Wegbereiter Gottes (Jes 40,3; vgl. 1 QS 8,14; 9,19) in einer gespannten apokalypt. Erwartung. Aufgrund ihrer priesterlichen Prägung – will die Gemeinde nicht zur nachexilischen Theokratie zurück – muß gerade ihr M. als wegweisend empfunden werden. Zuerst überrascht, daß der Titel selbst nur sporadisch verwendet wird, vornehmlich in CD, dort allerdings eindeutig auf den erwarteten Retter an der Zeitenwende bezogen (CD 8,2 f.; 9,40; 15,5 f.; 18,8). Qumran hat den antihasmonäischen Ansatz der Ḥasidim in der Messias-Erwartung konsequent durchgezogen und jetzt mit der schon klassisch gewordenen bibl. Begründung (vgl. CD 7, 18 ff.; 4 QTest) einen doppelten Messias erwartet (CD 12,23 f.; 14,19; 20,1). Mit bemerkenswerter Konstanz

sprechen die Texte von den „Messiassen aus Aaron und Israel", die von einem Propheten (nach 1 QpHab 7,4f. könnte dies der qumranische „Lehrer der Gerechtigkeit", selbst ein Priester, sein) angekündigt werden (1 QS 9,11; vgl. Dtn 18,18; Mal 3,23f.; 1 Makk 4,46). Nach 1 QSa 2,12 ist der priesterliche Messias eindeutig dem königlichen vorgeordnet, der nur in 4 QPB 3f. ausdrücklich als Davidide ausgewiesen wird. Ihm als Laienmessias obliegen die Aufgaben der militärischen Entscheidungsschlacht in der Endzeit, entsprechend ordnet die Kriegsrolle (1 QM) die Messiasse in umgekehrter Reihenfolge an (1 QM 5,1). Von der Deutung der Zeitangabe *b^e'aḥarît hajjamîm*, „am Ende der Tage" (?), hängt es ab, ob man sich die beiden Messiasgestalten über die Realgeschichte hinaus tätig vorzustellen hat (vgl. H. Seebass: ThWAT 1973, 224–228).
Einmal begegnet in Qumran der „Mann der Bedrängnis" (1 QH 37,9f.), der im Anschluß an die Gottesknechtgestalt von Jes 53 als eine leidende Messiasgestalt gedeutet wird (vgl. A. Dupont-Sommer). *Fazit:* Die Qumranessener haben drei Gestalten mit messianischer Qualifikation erwartet: Prophet, Priester, König. Da der Prophet mit dem „Lehrer der Gerechtigkeit", dem eigentlichen Begründer der Gemeinde *in* Qumran, gleichgesetzt wird, versteht sich die Gemeinde als zeitlich zwischen der Ankündigung und dem eigentlichen Kommen des Messias stehend. Die Messiasse sind zwar Idealgestalten, übermenschliche Züge haben sie jedoch nicht.

3. *Rabb. Judentum.* Die messianisch gewertete Erhebung des 1. Jüd. Krieges hatte arge Enttäuschungen gebracht und das Messiasbild erheblich korrigiert, obwohl das eschatologische Grundmuster der Messiaserwartung beibehalten wurde (jSot IX 15). Auch das Ausrufen des Simon bar Kosiba zum Messias durch R. Akiba (Gegenpol R. Johanan b. Torta; vgl. jTaan 4,7 fol. 68d) endete mit einem katastrophalen Fehlschlag, der die Erwartung eines politischen Messias, eines Befreiers von der röm. Fremdherrschaft allmählich verdrängte. Als Schulmeinung blieb die Messiaslehre der zwischentestamentlichen Zeit bestehen; sie wurde sogar in mancher Hinsicht noch ausgebaut (vgl. die vier messianischen Funktionen Suk 52b; vgl. auch das Arsenal messianischer Vorzeichen jSot IX 15; San 96b–98b). BB 123b entwirft das Bild eines kriegerischen Messias, der dem untätigen Messias aus David an die Seite tritt (vgl. Pes r. 8; Gen r. 99,2). Er wird von seinen Feinden getötet. Sein Tod hat aber keine Sühnewirkung (vgl. dazu den Dialog Justin – Tryphon). Nach San 93b kommt der davidische Messias erst, wenn alles vorbei ist („passiver M.", Stemberger). Das Grundmuster des doppelten Messias (sterblicher Messias aus Joseph, davidischer Messias als eigentlicher Erlöser, Elija als prophetischer Ankündiger; vgl. Mal 3,23f.) wird beibehalten (bPes 13a; Suk 52a). Trotz der Kontroverse mit dem aufstrebenden Christentum hat das rabb. Judentum seit dem 2. Jh. auch die Vorstellung vom leidenden Messias vertreten (San 93b). Nach R. Hillel schließlich hat Israel überhaupt keinen Messias mehr zu erwarten (San 98b), dem allerdings R. Joseph mit Hinweis auf Sach 9,9 (!) widerspricht. Die Erwartung richtete sich nun am Messias vorbei auf die messianische Heilszeit, die allein von Gott realisiert werden konnte. Er führt alle Stämme Israels (auch die verlorenen) in einen neuen Exodus, führt alle Gerechten der Völker zum jüd. Glauben und beteiligt auch die Toten durch die Auferstehung an dieser Heilszeit (Pes. r. 1,6). Da das Messiasbild der Tannaiten und Amoräer schließlich kaum noch Bezüge zur politischen Wirklichkeit aufwies (Schäfer), verlief es sich allmählich zur reinen Theorie. Im 3. und 4. Jh. entstanden gelegentlich antimessianische Bewegungen, um politische Hitzköpfe an der Entfaltung zu hindern. Erst gegen Ende der rabb. Zeit im 7. Jh. kam es angesichts der pers. Eroberungen zu einem neuen Aufschwung der Apokalyptik (Midrasch 'ôtôt hammāšîaḥ). Maimonides neutralisierte und entmythologisierte die Messiaserwartung. Messianische Naherwartung führte schließlich im 16. Jh. zur ↗Kabbalah, im 17. Jh. zum M. der Sabbatianer.

4. Auch die Sekte der ↗*Samaritaner* stützte ihre Messiaserwartung auf Dtn 18,15ff. unter massivem Aufgreifen der deuteronomischen Mosefiktion, indem

sie den wiederkehrenden Mose als Messias erwartet. Dieser „Wiederkehrende“ *(Ta'eb)* vereinigt in sich prophetische und königliche Funktionen, erhält aber auch Züge des Noach. Bei seiner Wiederkunft wird das hl. Zelt auf dem Berg Garizim wieder errichtet, und alle Heidenvölker werden sich zum Glauben der Samaritaner bekennen. Das Verhältnis zu den Juden *('ibrîm)* in der messianischen Zeit ist nicht eindeutig. Einerseits wird der Messias ihre Sprache verwirren, andererseits werden auch sie sich zu ihm bekehren (vgl. Merx 30f.).

IV. Neues Testament. Die messianischen Perspektiven des AT, noch deutlicher die der zwischentestamentlichen Zeit laufen aufeinander zu und treffen sich im NT in der Person Jesu als ihrem Zielpunkt, der die königlichen, priesterlichen und prophetischen Züge miteinander vereinigt und auch den Sühnetod des Leidensknechtes integriert (Scharbert 97). Die ntl. Messianologie basiert zuerst auf dem Boden des AT., indem sie die klass. Stellen herausgreift, ihre im Frühjudentum gewonnene messianische Valenz akzeptiert und auf Jesus bezieht. Dabei greift das NT auch auf die von der LXX bereits messianisch interpretierten Aspekte vom „Sproß Davids“ (Jer 23,5; Sach 3,8; 6,12), von der „Sonne der Gerechtigkeit“ (Mal 3,20; vgl. Lk 1,78; Joh 8,12) zurück. Die messianische Interpretation des Ps 110 gewinnt entscheidenden Einfluß (Mt 12,44; Hebr 5). Betont werden weiterhin der davidische (Num 24,17; Ps 2,7; vgl. Mt 1,1.20; Offb 22,16), der priesterliche (Ps 110,4; vgl. Hebr 5,6) und der prophetische (Dtn 18,18; vgl. Apg 3,22) Aspekt des Messias. Gerade in der Ausarbeitung des priesterlichen Aspektes vollzieht der Hebräerbrief eine deutliche Distanzierung zu atl. Vorgaben, insofern nun das Priestertum Jesu nicht von Levi, sondern aus der Ordnung des Melchisedek abgeleitet wird (Hebr 7). Damit wird zugleich eine Kontraposition zu Qumran bezogen, jedoch weit moderater, insofern dort auch Melchisedek messianische Funktion haben kann (vgl. 11 QMelch).

Das „messianische Fieber“ (Zenger) im Gefolge der hasmonäischen Usurpation, nun durch die Zeloten antiröm. artikuliert, bildete den hist. Umstand für die Interpretation Jesu. Die Quellenlage ist zwar kompliziert, aber man gewinnt die Auskunft, daß die Identifikation Jesu mit dem Messias nur sehr zögerlich anlief, da mit ihr erhebliche und gefährliche politische Implikationen verbunden waren. So fehlt der Messiastitel für Jesus noch in Q völlig, sonstige Traditionsstücke in den Evangelien scheinen ihn nur selten verwendet zu haben, während erst die Evangelisten ihn in voller Breite einbringen. Trotzdem wird angenommen, daß dieser Hoheitstitel zum ältesten ntl. Bekenntnisgut gehört hat. Die Anfänge für die Prädikation Jesu als χριστός (= *māšîaḥ*) liegen wohl in den ältesten Überlieferungen des paläst. Judenchristentums. Diese greifen auf mehrere fundamentale Ansätze zurück:

1. Ausgangspunkt ist der Kreuzigungstitel „Der König der Juden“ (Mt 27,37 par), der von den Römern ironisch-politisch gegeben, von der Urkirche jedoch eschatologisch-messianisch verstanden wurde.

2. Auch die wahrscheinlich vorösterliche Bezeugung des röm. Hauptmannes (Mt 27,54; Mk 15,39; vgl. abweichend Lk 23,47) impliziert eine messianische Titulatur.

3. Wesentlich undeutlicher bleibt in dieser Hinsicht das Selbstverständnis Jesu, der weder den Titel selbst gebrauchte noch ihn auf sich anwenden ließ. Dabei applizierte er auch keine der heilsgesch. Vorgaben exklusiv auf sich, was die Deutung seiner Messianität durch die Urgemeinde zusätzlich erschwerte. Allerdings war er wohl überzeugt, daß sein Wirken etwas mit der eschatologischen Gottesherrschaft zu tun hatte (Mk 2; vgl. Merklein, Zenger). Das geht hervor aus der Art seines Auftretens als jemand, der „in Vollmacht“ redet (Bergpredigt), aber auch aus der Art seines Einzuges in Jerusalem, der eindeutig messianische Prägung zeigte (Mt 21,1–10 par; Sach 9,9).

4. Die nachösterliche Gemeinde konnte im Licht der Auferweckung, verstanden als die Bestätigung des Christus Jesus durch Gott, nun voll die überkommene Messianologie übernehmen und auf Jesus anwenden (Röm 1,3f.; 1 Thess 1,10). Dabei gehen die ntl. Tradenten differenziert vor:

– Für Mk ist Christus der Menschensohn und Gottessohn zugleich (Mk 14,61).
– Mt greift bes. extensiv messianische Traditionen auf, um im Blick auf Jesus den Traditionsbeweis zu führen, der sein Ziel in Mt 24,5 findet. Jesus ist der vom Propheten (vgl. Dtn 18,18; Mal 3,23f.; Sir 48,10f.) angekündigte Messias (Mt 11,14; 17,10–12). Dieser Aufweis dient ihm dazu, ein für allemal sonst auftretende Messiasprätendenten abzulehnen.
– Lk hat in seiner Christologie der Messianologie breiten Raum gewährt. Jesus ist durch Zeichen und Wunder, bes. aber durch seine Auferweckung als der Christus ausgewiesen.
– Auch wenn in der Christologie des Joh die Aufnahme von Messiastraditionen nicht im Vordergrund steht, ist für diesen Evangelisten klar, daß Jesus nicht der prophetische Vorläufer (Joh 1,21), sondern der Messias selbst ist (1,41; 4,25), der zugleich Sohn Gottes ist (11,27; 20,31).
– Für den Hebräerbrief liegt die Betonung jesuanischer Messianität vor allem in der Priesterwürde nach der Ordnung des Melchisedek.
Die Prädikation Jesu als Messias und der damit ausgesagte Ausschluß aller sonstigen potentiellen Messiasse führt dann notwendig zur Korrektur des Messiasbildes: Jesus Christus faßt die messianische Idee neu: „Der Menschensohn ist nicht gekommen, um bedient zu werden, sondern um zu dienen" (Mk 10,42–45). Er ist der Messias der bedingungslosen Gewaltlosigkeit, der eine „Kontrastgesellschaft" zu den überlieferten Formen staatlich-institutionellen und öffentlich-rechtlichen Zusammenlebens um sich bildet, die „christl. (= messianische) Gemeinde", die in freiwilliger Nachfolge und brüderlicher Liebe gründet. Als zweites gewinnt mit Christi Auferstehung die alttestamentlich vorgezeichnete Auferstehungshoffnung (z.B. Ez 37,1–14; 2 Makk 7,9; 12,38–45 u.ö.) eine endgültige Perspektive. Damit ist für die Christen entschieden, wer der Messias ist, aber das Kommen des messianischen Reiches bleibt weiter Gegenstand der Hoffnung; es ist sogar zur Verwirklichung den Christen als Aufgabe aufgetragen. Damit wird das Gottesreich zum Handlungsprinzip (Merklein).

Lit.: *Allgemein: W. Koppers,* Prophetism and Messianic Beliefs as a Problem of Ethnology and World History. Tokyo 1960, 39–51; *V. Laternari,* Messianism: HR 2 (1962) 52–72; *M. Sinda,* Le Messianisme congolais et ses incidences politiques. Paris 1972. – *AT: H. Ringgren,* König und Messias: ZAW 64 (1952) 120–147; *W. Grundmann u.a.,* χρίω, χριστός κτλ: ThWNT IX 482–576; *W.H. Schmidt,* Alttestamentlicher Glaube in seiner Geschichte. Neukirchen-Vluyn ^{2}1975, 199–206; *J. Becker,* Messiaserwartung im AT. Stuttgart 1977; *B. Lang,* Messias und Messiaserwartung im alten Israel: ders., Wie wird man Prophet in Israel? Düsseldorf 1980, 69–79; *H. Cazelles,* Alttestamentliche Christologie. Einsiedeln 1983; *J. Scharbert,* Der Messias im Alten Testament. München 1984 (Lit.); *H. Strauß,* Messianisch ohne Messias. Wien 1984; *K. Seybold,* מָשַׁח, *māšaḥ* I: ThWAT V 46–59. – *Zwischentestamentliche Zeit: U.B. Müller,* Messias und Menschensohn in jüd. Apokalypsen und in der Offenbarung des Johannes. Gütersloh 1972; *H. Wurz,* Die Messiashoffnung in der Zeit zwischen Altem und Neuem Testament: BiLi 53 (1980) 140–146. – *Qumran: K.G. Kuhn,* Die beiden Messias Aarons und Israels: NTS 1 (1954/55) 168–179; *K. Schubert,* Die Messiaslehre in den Texten von Chirbet Qumran: BZ 1 (1957) 177–197; *H.W. Kuhn,* Die beiden Messias in den Qumrantexten und die Messiasvorstellung in der rabb. Literatur: ZAW 70 (1958) 200–208; *R.B. Laurin,* The Problem of two Messiahs in the Qumran Scrolls: RevQ 4 (1963) 39–52; *J. Starcky,* Les quatres étapes du messianisme à Qumrán: RB 70 (1963) 481–506; *K. Weiß,* Messianismus in Qumran und im NT: H. Bardtke, Qumranprobleme. Berlin 1963, 352–368; *A. Caquot,* Le messianisme qumranien: M. Delcor u. a., Qumran. Leuven 1978, 231–247. – *Rabbinisches Judentum: A. Merx,* Messias oder Ta'eb der Samaritaner nach bisher unbekannten Quellen. Gießen 1909; *G. Scholem,* Zum Verständnis der messianischen Idee im Judentum: Jud. 1 (1963) 54–68; *P. Schäfer,* Die messianischen Hoffnungen des rabb. Judentums zwischen Naherwartung und rel. Pragmatismus: C. Thoma, Zukunft in der Gegenwart. Frankfurt 1976, 95–125; *G. Stemberger,* Heilsvorstellungen im nachbibl. Judentum: BiKi 33 (1978) 115–121; *A. Goldberg.* Die Namen des Messias in der rabbinischen Traditionsliteratur: ein Beitrag zur Messiaslehre des rabb. Judentums: FJB 7 (1979) 1–93; *J. Neusner,* Il Messia nel contesto della Mishnah: Henoch 5 (1983) 343–370. – *NT: K. Müller,* Menschensohn und Messias: BZ 16 (1972) 161–187, 17 (1973) 52–66; *K. Berger.* Zum Problem der Messianität Jesu: ZThK 71 (1974) 1–30; *E. Zenger,* Jesus von Nazaret und die messianischen Hoffnungen des alttestamentlichen Israel: W. Kasper, Christologische Schwerpunkte. Düsseldorf 1980, 37–78; *F. Hahn,* Χριστός: EWNT III 1147–1165; *H. Merklein,* Jesu Botschaft von der Gottesherrschaft. Stuttgart 1983; *ders.,* Die Gottesherrschaft als Handlungsprinzip. Stuttgart ^{3}1984; *R. Mayer,* Jesus – Messias Israels – Christus der Kirche: Jud. 40 (1984) 248–258.

H.-J. Fabry

Mikrokosmos – Makrokosmos. Unter dem Begriffspaar „Mikrokosmos – Makrokosmos" verstehen wir ein universelles Entsprechungsschema von „großer" und „kleiner Welt", das weitgehende und verwickelte Analogieschlüsse zwischen der Struktur des Universums und der Lehre vom Menschen (↗Anthropologie) erlaubt. Die Vorstellung einer Übereinstimmung von Teilen der Welt mit ihrem Ganzen findet sich bereits in den archaischen Hochkulturen und ihren astrologischen und hermetischen Spekulationen. Im Mittelpunkt dieser Idee stand zunächst das Universum, später die Stammesgemeinschaft, ehe die anthropologischen Interessen in den Vordergrund traten. Die Kosmozentrik der Schöpfungsmysterien wich der Anthropozentrik esoterischer Kultgesellschaften, die in der „Mitte der Zeiten" in der Menschwerdung Gottes gipfelte (v. Korvin-Krasinski, 1986).

Bei den ionischen Naturphilosophen kündigt sich erstmals der autonome Gedanke einer durchgängigen Gesetzmäßigkeit der Natur an, wobei es nicht um die bloße Beschreibung von Tatsachen geht, sondern um die Rechtfertigung des Wesens der Welt. Als eine „Rechtsgemeinschaft der Dinge" betrifft der Begriff „Kosmos" bei Anaximander sowohl die kleine als auch die große Welt. Weltordnung und Lebensführung treten in einen Konnex, insofern die Weltnorm zum Maßstab auch der Lebensnorm wird. Bei den Pythagoreern – wie auch später in der Stoa – werden die große und kleine Welt durch das Prinzip der Sympátheia miteinander verbunden. Bei allen Entsprechungen bleibt das Modell gerichtet auf die hypothetisch angenommene Vollkommenheit des Universums: Von hier aus nimmt der Mensch das Maß für alle biologischen Rhythmen. So repräsentieren sich die Elemente im Makrokosmos in ihrem reinen, eigentlichen Wesen, während sie – nach Platons „Philebos" etwa – im kleinen Organismus immer nur vermischt auftreten und zum Herd körperlicher Störungen und psychischer Entgleisungen werden.

Der Terminus *„makròs"* bzw. *„mikròs kósmos"* findet sich erstmals bei *Aristoteles* (Phys. VII 2,252b b 26), die Begriffe *„maior"* und *„minor mundus"* bei *Chalcidius, Macrobius, Nemesius v. Emesa* und *Isidor v. Sevilla.* Zu einem Topos wird hierbei die Vorstellung, daß der Mensch als Mikrokosmos mit den Steinen das Dasein, mit den Pflanzen das Leben, mit den Tieren die Wahrnehmung und mit den Engeln die Vernunft gemein habe. In Analogie zum menschlichen Organismus erscheint auch das Weltall als „beseelt" (vgl. Anima-mundi-Vorstellung Plotins): Der Makrokosmos unterliegt somit einer gewissen Intelligenz *(noûs)* und ist gerichtet auf die absolute Weisheit *(sophía).*

Honorius Augustodunensis erklärt um die Mitte des 12. Jh. die ganze Welt *(expositio orbis)* wie in einem kleinen Gemälde *(quasi in tabella),* um die *„Imago mundi"* leibhaftig zu erleben. Das Buch der Natur ist verschlüsselt und will entdeckt sein. Auch der Mensch ist eingebettet in diese Natur, ein geistiges Raubtier, das sinnliche Existenz sublimiert zu Geist und so die äußere Natur umzuwandeln versteht zu einem geisthaften Kosmos. Auf diese Weise erkennt der Mensch die *„machina universitatis",* das dynamische Gefüge des Universums, das gleichermaßen das innere Getriebe wie die äußere Mechanerie der Welt versinnbildlicht. Alle Erscheinungen sind Spuren *(vestigia),* die auf den Weg der Forschung *(investigatio)* locken, um mit ihrem Zeichen *(signum)* einen immer deutlicheren Hinweis *(significatio)* zu geben auf die eigentliche Bedeutung. So ist die Natur eine Schatzkammer, für die der Mensch den Schlüssel sucht *(clavis physicae),* auf daß es zur Enthüllung *(revelatio),* zur Verwandlung *(mutatio)* oder Erbauung *(aedificatio)* komme, die ihm die letzte Bedeutung erschließt. Die ganze Welt ist in dieser elementaren Zusammensetzung musikalisch komponiert *(musica mundana).* Der Mensch ist gleicherweise in Rhythmus und Harmonie geordnet *(musica humana). „Kosmos"* bedeutet hier jenes universelle Weltverständnis, das im allegorischen Sinn auf die Ereignisse der Heilsgeschichte verweist, im tropologischen Sinn das personale Heil des Menschen betrifft, in anagogischer Weise das heile Leben der jenseitigen Welt zum Thema hat: ein hermeneutisches Grundprinzip, das in einem sehr konkreten Zusammenhang erst zum Weltverständnis führt.

Es ist durchweg der kosmologische Horizont, der den Anthropologien des hohen und späten MA ihren Sinnzusammenhang gibt. Dies wird bes. deutlich am Welt- und Menschenbild der *Hildegard v. Bingen* (1098–1179). Der Mensch als *„opus unum"* ist das *„opus Dei"*, Werk aus Gottes Hand, keineswegs autark, nicht autonom, kein Produkt des Zufalls, sondern sehr konkret geworden, geschaffen, gehalten, aber auch verfallend, abhängig und trostbedürftig. Der Mensch erscheint dabei als ein *„opus alterum per alterum"*; einer verwirklicht sich erst am anderen und mit dem anderen. Der Mensch ist somit nicht um seiner selbst willen da oder um das „Heil der Seele" zu wirken; er hat seine Aufgabe in der Welt da draußen; er dient einem ökologischen Auftrag; er führt das Gespräch mit der Welt. Der Mensch als ein gestaltendes Wesen *(homo operans)* ist berufen, die gesamte Kreatur zu repräsentieren und als Spiegel des Weltganzen *(speculum universi)* sein Werk an der Welt zu vollenden. Als Vernunftwesen *(homo rationalis)* unterhält er ein permanentes Gespräch mit der Welt, wodurch er verantwortlich für die Schöpfung der Welt und deren Heilsbestimmung wird *(homo responsurus)*.

Der Mensch, das *„animal nobilissimum"*, erscheint auch bei *Albertus Magnus* (1193–1280) als der Mittelpunkt der gesamten Schöpfung und wird zum Schicksal des Universums. Alle Seinsordnungen *(gradus entium)* sind zugleich Wertordnungen *(gradus bonorum)*. Mit zunehmender Distanz von der Quelle des Seins verblassen die Formen, lassen Mißbildungen erkennen und Funktionsausfälle, lassen uns krank werden und sterben. Aus dem stufenweisen *„modus deficiens"* resultiert aber auch der Drang nach Rehabilitation, nach Heilwerden. Alles Lebendige trägt in sich ein Verlangen nach Ganzheit *(motus est perfectio)*, einen *„appetitus"* als Motor der Vollkommenheit *(omnia appetunt bonum)*. So erscheint der Mensch als Modell und Medium jenes Kosmos, der von oben her durchsichtig geplant, von unten her schichtenförmig aufgebaut ist, von innen her gesehen transparent, um alle Geschöpfe in je verschiedenen Graden am Sein teilnehmen zu lassen.

Eine durchweg kosmologisch modifizierte Anthropologie finden wir bei *Petrus Hispanus* (ca. 1215–1277). Der Mensch überragt jedes lebende Wesen durch den Adel seiner Einsicht und seiner Urteilskraft *(nobilitas intellectus et rationis)*. In der Leibhaftigkeit eines *„compositum mixti"* erscheint der Mensch als das Integrationszentrum des Universums; Pflanzen und Tiere zielen auf den Menschen als *„perfectius exemplar"* und spiegeln dort den *„ordo naturalis"* in der verbindlichen Gesamtordnung einer *„collatio viventium ad invicem"*. Der Mensch als *„regula viventium"* repräsentiert den Aufbau der Natur in seiner geordneten Gliederung, weil der Mensch das Prinzip allen natürlichen Lebens darstellt.

Bei *Nikolaus v. Kues* wird die traditionelle Abhängigkeit der kleinen von der großen Welt gelöst und in ein Korrelationsverhältnis überführt. Gott als der *„mundus maximus"* legt sich in der Welt des Menschen aus, so daß im Menschen das Universum wie zusammengeschnürt erscheint (Docta ignor. III 3: universa intra se constringens). Der Mikrokosmos vermittelt dabei ein Bild vom Menschen, das die sinnliche wie die geistige Natur in sich vereinigt und zum *„humanus mundus"* führt.

Ein den ma. Weltbildern analoges Welt- und Menschenbild begegnet uns noch bei Theophrastus v. Hohenheim, der sich später *Paracelsus* (1493–1541) nannte. Der Mensch erscheint durchweg als Mikrokosmos mit einer *„signatura mundi"* vielfältiger Entsprechung. In all seinen „Kräften und Tugenden" ist er gleich der „großen Welt" (IX 308), die wiederum als der „große Mensch" (VIII 103) bezeichnet wird. Das Werk des kleinen Menschen an der großen Natur *(opus naturae)* führt den Weltprozeß zur Vollendung. Denn die Schöpfung ist noch nicht zu Ende: Der Mensch muß über das „Amt Vulcani" die Welt bereiten, um sie in die „ultima materia" zu führen, in ihr heiles Wesen.

Der Bedeutungswandel von einer umfassenden Kosmologie zur autonomen Anthropologie wird deutlich, wenn wir jenen neuzeitl. Werken folgen, die sich bewußt des Begriffs „Anthropologie" bedienen. War in dem frühen *„Antropologium de hominis dignitate"* (1501) des Magnus Hundt noch von einem geschlossenen Menschenbild die Rede, so tritt die dualistische Weltsicht bei Pico della Mirandola bereits in *„De dignitate hominis"* (1486) oder noch deutlicher bei Otho Casmann in der *„Psychologia anthropologica"* (1594) zutage, wo die *„Doctrina animae humanae"* der *„Fabrica corporis humani"* (1543) des Vesal entgegengestellt wird. In der Renaissance werden darüber hinaus kosmologische Konzepte des arabisierten Neuplatonismus aufgegriffen und ausgebaut, wobei der Mensch als weitgehend determiniertes Produkt der über die Gestirne wirkenden kosmischen Weltleitung verstanden wird. So arbeitet Jakob Böhme (1575–1624) in seiner *„Aurora"* detaillierte Analogien zwischen dem Bau des Leibes und der Struktur der Welt heraus, die dann in eine trinitarische Mystik hineinprojiziert werden, die jenseits von Gut und Böse das Einswerden mit der Gottheit zu erreichen sucht. In seinem *„Amphitheatrum sapientiae aeternae"* (1609) behandelt Heinrich Khunrath die Makro- und Mikrokosmosidee als das Bindeglied zwischen der göttlichen Weisheit und den Möglichkeiten spagirischer Techniken.

Eine letzte universelle Spiegelung findet die Mikrokosmos-Idee in der „Monadologie" von *G. W. Leibniz.* Jede Monade, an sich fensterlos, spiegelt gleichwohl alle anderen wider und bildet so die Repräsentation einer prästabilierten Harmonie. Hier wird noch einmal die Struktur der vielgliedrigen Welt vor dem Hintergrund einer göttlichen Allgegenwart zu reflektieren versucht. In der romantischen Naturphilosophie wird der Korrespondenzgedanke eher unter dem Idealbild einer „inneren Natur" herausgearbeitet. *Friedrich Schlegel* betont, daß zur Charakterisierung des Individuums die Charakteristik des Universums gehört. Für *Novalis* ist der Mensch die „Abbreviatur" des Kosmos, das Universum die „Elongatur" des Menschen, der als „Kosmometer" charakterisiert wird. Ein letztes Mal vermittelt H. Lotze unter dem Titel „Mikrokosmos", den er auch „Versuch einer Anthropologie" (1856) nennt, seine „Idee zur Naturgeschichte und Geschichte der Menschheit". Unter dem Leitbild des Menschen, als des „vollkommenen Abbilds der großen Wirklichkeit", versucht er – in Fortführung von Herders Natur- und Geschichtsphilosophie – Wissenschaft und Lebenswelt zu versöhnen. Demgegenüber hat in der Philosophie des 20. Jh. die Mikrokosmosidee lediglich metaphorische Bedeutung. Mit dem Sieg der modernen Naturwissenschaften über die Geisteswissenschaften erst und der damit verbundenen Überwindung der Anthropozentrik wird die Reflexion wieder in kosmische Dimensionen zurückgeleitet. Makrokosmos und Mikrokosmos scheinen einander zu erschließen, wobei sich beide auf den ihnen übergeordneten logos-artigen gemeinsamen Nenner berufen (C. v. Korvin-Krasinski, 1986). Hierbei gewinnt auch das Mythologem von der Rekapitulation des Alls (anakephalaíōsis) im Gottmenschen Christus eine neue, überraschende Bedeutung.

Quellen: *Albertus Magnus,* Opera omnia, hg. v. A. Borgnet, 38 Bde. Paris 1890–1899; *Bernardus Silvestris,* De mundi universitate sive Microcosmus et Megacosmus, hg. v. C. S. Barach / J. Wrobel. Innsbruck 1876; *R. Fludd,* Utriusqui Cosmi Maioris scilicet et Minoris Metaphysica, Physica atque Technica Historia. Oppenheim 1617; *Gottfried v. Sanct Victor,* Microcosmus, hg. v. Ph. Delhaye. Lille 1951; *Hildegard v. Bingen,* Causae et curae, hg. v. P. Kaiser, Leipzig 1903; Honorii Augustodunensis opera: PL 172. Paris 1895; *M. Hundt,* Antropologium de hominis dignitate, natura et proprietatibus. Leipzig 1501; *Petrus Hispanus,* Opera Medica. Codex latinus 1877 (s. XIII). Biblioteca Nacional, Madrid; *Pico della Mirandola,* Heptaplus: Opera omnia. Basel 1557; *Theophrast v. Hohenheim, gen. Paracelsus,* Sämtliche Werke. 1. Abt.: Medizinische, naturwissenschaftliche und philos. Schriften, hg. v. K. Sudhoff, 14 Bde. München 1922–1933.

Lit.: *R. Allers,* Microcosmus from Anaximandros to Paracelsus. Tr. 2 (1944) 319–407; *G. Boas,* Macrocosm and Microcosm: Dictionary of the History of Ideas 3 (1973) 126–131; *E. Cassirer,* Individuum und Kosmos in der Philosophie der Renaissance. Leipzig 1927; *C. v. Korvin-Krasinski,* Mikrokosmos und Makrokosmos in rel.-wiss. Sicht. Düsseldorf 1960; *ders.,* Trina Mundi Machina. Mainz 1986. *H. Schipperges*

Mīmāmsā ↗Hinduistische Philosophie.

Mission

↗Heil/Heilsweg; Kirche.

1. Begriff. M. kommt von „Sendung" (lat. *mittere* = senden). Nach Joh 20,21 geht die Sendung der ↗Kirche auf Jesus zurück, der selber vom Vater gesandt ist und seinerseits den Jüngern den Auftrag gab, seine Sendung „die Geschichte hindurch" zu entfalten (vgl. AG 5). Das Vatikanum II unterscheidet, wegen der Un-

terschiedlichkeit der Bedingungen, zwischen allgemeiner Pastoral, Arbeit für die Einheit und missionarischer Tätigkeit und versteht unter letzterer, auf dem Hintergrund der allgemeinen „Missio Ecclesiae", die „speziellen Unternehmungen" für die „Evangelisierung und Einpflanzung der Kirche bei den Völkern und Gemeinschaften, bei denen sie noch nicht Wurzel gefaßt hat" (AG 6). Um M. in diesem Sinn von der „inneren M." (= Bemühungen um Glaubensvertiefung) abzuheben, spricht man auch von „äußerer M.", „Welt-M." oder „M. der Kirche".

2. Das theologische Anliegen. Wegen der hist. Belastung wird das Wort „M." heute von manchen vermieden, die Sache aber, die damit gemeint ist, ist ein authentisches Anliegen Christi und bleibende Aufgabe der Kirche. Die Frage nach Jesu Verhältnis zur Heiden-M. wurde oft untersucht; bereits bei den Synoptikern sind Aussagen zugunsten der Universalität der Botschaft Jesu und seines Werkes deutlich genug. Die junge Kirche hat den Herrn richtig verstanden, wenn sie das „Macht alle Völker zu Jüngern" (Mt 28,18–20; vgl. Mk 16,15f.; Lk 24,46–49) als Mandat und Lebensgesetz der Kirche verstand. Die Kirche ist ihrem Wesen nach bezeugende Gemeinschaft. Paulus rühmte sich, „Apostel der Völker" zu sein. Die Sende-Texte des Johannesevangeliums (vor allem 15,16; 17,18; 20,21; 21,15–17) haben missionarischen Charakter. Seit der Erhöhung des Herrn und der Sendung des Hl. Geistes gab es in der Kirche keinen grundsätzlichen Zweifel an der Berufung aller Völker zum ↗Heil in Jesus Christus. Die Kirche hat dem Sendungsauftrag des Herrn tatsächlich immer entsprochen und weiß sich auch heute „als Gesandte unterwegs" (AG 2). Die Tatsache, daß die Kirche heute in sechs Kontinenten gegenwärtig ist und darum über die Kontinente hinweg Partnerschaft gefordert ist, bedeutet nicht, daß die Kirche in Zukunft nur noch von Kirche zu Kirche Austausch pflege und die vom Evangelium geforderte „Grenzüberschreitung" vergesse. Solange es Menschen gibt, die Christus nicht kennen, muß sein Name verkündigt werden.

3. Umfassendes M.s-Verständnis. Die Kirche hat nie ein rein übernatürliches Heil gepredigt; noch weniger die M., die sich seit den Anfängen viel stärker mit ↗Armut und Elend konfrontiert sah. Nicht um „Christen zu machen", hat die Kirche den Menschen auf jedwede Weise geholfen, sondern aus der Überzeugung heraus, daß Christentum ohne Liebe und Hilfeleistung ein Widerspruch ist. Armen zu essen geben, Kranken Medizin reichen, ungerecht Behandelten beistehen, Apotheken, Krankenhäuser, Altenheime, selbst Schulen gründen waren nicht so sehr M.s-Mittel als durch das Christsein geforderte Verpflichtung. Entwicklungshilfe ist primär Dienst am Menschen und seiner Würde und gehört darum zu einem umfassenden Verständnis der M. Wenn die Kirche, vor allem in der Dritten Welt, sich für Gerechtigkeit und Frieden engagiert, ist das Fortsetzung der Sendung Jesu, der kam, „die Zerschlagenen in Freiheit zu setzen und ein Gnadenjahr des Herrn auszurufen" (Lk 4,18f.). Die theol. Reflexion über ein „integrales M.s-Verständnis" setzte relativ spät ein, ist aber, vor allem seit dem Apostolischen Schreiben „Evangelii nuntiandi" von Papst Paul VI., kein ernsthaft zu diskutierendes Thema mehr.

4. Die Kirche und die Religionen. Die Konzilserklärung über das Verhältnis der Kirche zu den nichtchristl. Religionen wollte keine theol. Aussage über den Heilswert der Religionen machen, hat aber die Haltung der Kirche den Religionen gegenüber wesentlich beeinflußt. Seitdem die Kirche formell erklärt hat, daß sie „nichts von all dem" ablehne, „was in den Religionen wahr und heilig ist" (NA 2), kann es kein feindliches Gegenüber mehr geben, sondern Respekt und Ehrfurcht füreinander und Dialog. M. und Dialog sind zwar voneinander verschieden, eine dialogische Haltung aber ist menschliche Voraussetzung der M., erleichtert die Kommunikation und macht das Zeugnis erst möglich. Der Christ weiß um die Vorrangigkeit der Wahrheit Christi (in einem guten Sinne, ihrer „Absolutheit"), das Bewußtsein aber, daß beim anderen auch Wahrheit ist, macht die Begegnung wahrhaft menschlich und hilfreich für beide Seiten. Je tiefer die Spiritualität einer Reli-

gion ist, desto intensiver ist der Austausch.
Inzwischen haben nichtchristl. Religionen ihrerseits begonnen, im Einflußbereich des Christentums ihre M. auszuüben. Eine solche M. kann auch das Christentum offiziell nicht verhindern. Grundsätzlich dürfte gelten, daß nicht die Wahrheit als solche, sondern das Gewissen das entscheidende Kriterium ist: Wer von der Wahrheit seiner Sache ehrlich überzeugt ist, darf von ihr Zeugnis geben. Das Vatikanum II hat ausdrücklich das fundamentale Recht der freien, privaten und öffentlichen Religionsausübung erklärt (DH 2) und grundsätzlich jegliche „Behinderung bei öffentlicher Lehre und Bezeugung des Glaubens in Wort und Schrift" verurteilt (DH 4).
5. Inkulturation. Ein zentrales Thema der M. heute ist ↗Inkulturation. Wie der Mensch besitzen auch die Kulturen ihre Würde, d.h., sie verdienen Anerkennung und Hochschätzung, und es geht nicht an, zugleich mit dem Evangelium den Menschen eine ihnen fremde Kultur auferlegen zu wollen. Jede Kultur hat die Anlage und Kraft, die Botschaft Jesu gemäß ihrer eigenen Erfahrung und Symbolwelt aufzunehmen und zu formulieren. Das bedeutet nicht die Schaffung einer völlig „neuen Theologie", wohl aber eine neue Weise, die Botschaft Jesu zu verstehen und der jeweiligen Erfahrungswelt zu integrieren. Das wird notwendigerweise auch zu neuen Formen der Gottesverehrung (↗Kult) führen, die Diskussion um Moralfragen mit neuen Akzenten bereichern, zu neuen pastoralen und katechetischen Methoden anregen, zur Suche nach zeit- und ortsgemäßeren Strukturen ermuntern. Der Reichtum der Kulturen wird dadurch zu einer Bereicherung der Gesamtkirche und führt tiefer in das Geheimnis Christi und seine Fülle (Pleroma). Berechtigterweise wird Inkulturation in Parallele zu „Inkarnation" gebracht; in einem gewissen Sinn ist sie Fortsetzung der Inkarnation. Die Forderung nach Anpassung des Missionars (Akkommodation) ist damit nicht aufgegeben, aber tritt in der Diskussion heute kaum noch hervor. Sachlich mit Inkulturation identisch ist der auch heute noch vielgebrauchte Terminus einer Kontextualisierung der Frohbotschaft. Das von Papst Johannes Paul II. geschaffene „Consilium pro cultura" betont im Sinne des Papstes die „Evangelisierung der Kulturen" wie auch den „Dialog" mit ihnen.
6. Korrekturen im M.s-Verständnis. Wenn heute vielfach von einem neuen M.s-Verständnis gesprochen wird, heißt das nicht, daß der Auftrag des Herrn, alle Völker zu Jüngern zu machen, nicht mehr seine Gültigkeit habe. Wohl aber heißt es, daß sich im Verständnis der M. Bedeutendes verändert hat. M. ist nicht mehr Einbahnstraße, kein Von-oben-herab, nicht Europäismus oder gar Kolonialismus, nicht Herrschaft, sondern Dienst. Der Glaube, daß Gott überall gegenwärtig und durch seine ↗Gnade wirksam ist, gibt Gelassenheit. Der durch die Pastoralkonstitution „Die Kirche in der Welt von heute" unterstrichene Weltbezug der Kirche und eine daraus resultierende Weltverantwortung haben theologisch den Zugang zu *Promotio humana*, Befreiung, Gerechtigkeit und Frieden usw. verschafft. Wie in Christus Göttliches und Menschliches zueinandergehören, unvermischt und unzertrennbar, bilden auch christl. Heilsdienst und Weltdienst, M. und Entwicklungsarbeit, kirchliches und gesellschaftliches Wirken der Christen, ohne miteinander identisch zu sein, eine nicht zu trennende Einheit.

Lit.: *D. B. Barret* (Hg.), World Christian Encyclopedia. Nairobi 1982; *C. Boff,* Theologie und Praxis. Mainz 1983; *W. Bühlmann,* Wo der Glaube lebt. Freiburg ^{7}1978; *H. Bürkle,* Missionstheologie. Stuttgart 1979; *G. Collet,* Das Missionsverständnis der Kirche in der gegenwärtigen Diskussion. Mainz 1984; *H. W. Gensichen,* Glaube für die Welt. Gütersloh 1971; *R. Hummel,* Indische M. und neue Frömmigkeit im Westen. Stuttgart 1980; *K. Kertelge* (Hg.), M. im Neuen Testament. Freiburg 1982; *K. Müller,* Missionstheologie. Berlin 1985; *J. Schütte,* M. nach dem Konzil. Mainz 1967; *W. Strolz / H. Waldenfels,* Christliche Grundlagen des Dialogs mit den Weltreligionen. Freiburg 1983. *K. Müller*

Mithras ist eine seit dem 14. Jh. v. Chr. weitverbreitete indo-iran. Göttergestalt, die in den Veden und im Avesta als Beschützer der Verträge gilt, in Indien als Lichtgott dem Himmelsgott Varuṇa untergeordnet wird und im Iran zusammen mit Ahura-Mazdāh gegen Ahriman und die Mächte der Finsternis kämpft. Die zoroastrische Reform versuchte M. zurückzudrängen, konnte seine Verehrung in der iran. Volksreligion aber nicht unterbinden. Mit der Ausdehnung des Perserreiches gelangte M. nach Kleinasien, wo – unbekannt durch wen (Magier, Seeräuber, einmalige Stiftung eines unbekannten rel. Genies) – seine Hellenisierung und Umformung zu einer Mysteriengottheit erfolgte. Seine größte Verbreitung fand der M.-Kult im 2. und 3. Jh. n. Chr., nachdem der röm. Kaiser Commodus (180–192) sich ihm zugewandt hatte. Soldaten und Kaufleute verbreiteten ihn vor allem in den Handelszentren, Militärstützpunkten und entlang des Limes vom Schwarzen Meer bis Britannien. Kaum verbreitet war er in den damals schon stark christl. geprägten Gebieten Kleinasiens, Griechenlands und Nordafrikas. In Rom sind zahlreiche Mithräen bekannt, desgleichen in Ostia, in Deutschland in dichter Folge entlang des Limes (z. B. Osterburken, Saalburg, Neuenheim, Heddernheim, Dieburg). Eine Gefahr für das Christentum ist M. entgegen häufigen anderslautenden Behauptungen dennoch nie gewesen. Der Kult besaß keine Mitglieder aus der bodenständigen Bevölkerung; Frauen waren gänzlich ausgeschlossen. Entsprechend selten sind die Äußerungen von Kirchenvätern, die sich mit M. auseinandersetzen (vgl. Justin, Apol. 66, 4; Tertullian, De praescriptione haer. 40, 4; De bapt. 5; De corona 15; Hieronymus, Ep. 107, 2). In den Einweihungsriten und Kultzeremonien sehen sie Nachäffungen der christl. Taufe und Eucharistie. Nach Konstantin verschwindet der Kult sehr schnell, ohne erkennbaren Widerstand zu leisten. – Da lit. Zeugnisse nahezu vollständig fehlen und die Forschung auf die Interpretation der Denkmäler angewiesen ist, bleibt unsere Kenntnis von Inhalt und Bedeutung des Kultus unvollständig und unsicher. Nach verbreiteter, aber nicht einhellig akzeptierter Auffassung schenkt M., der den Stier tötet, dessen Blut auf die Erde rinnt und aus dessen Schwanz ein Ährenbüschel wächst, der Erde Fruchtbarkeit. Durch seine Verbindung mit dem Sonnengott (*sol invictus* mit Fest am 25. 12.) weitet sich die vegetative Bedeutung zu einer kosmischen. Der Myste gewinnt in sieben Stufen (Graden) durch kultische Begehung Anteil an den Verheißungen des Mysteriums, wenn er sich wie M. um Reinheit, Zucht und Wahrhaftigkeit bemüht. Die Namen der Grade sind bekannt, in ihrer Interpretation jedoch kontrovers, da sie heterogenen Bereichen entstammen: Rabe und Löwe bezeichnen Tiere, Miles einen Beruf, Perses eine Nation, Pater eine Funktion; die Bedeutung von Nymphus und Heliodromus ist völlig ungewiß. Unbeweisbar bleibt auch, in welchem Maß ethische Forderungen die kultischen Praktiken unterstützten.

Lit.: *F. Cumont,* Textes et monuments figurés relatifs aux mystères de Mithra I, II. Bruxelles 1896, 1898; *M. J. Vermaseren,* Corpus inscriptionum et monumentorum religionis Mithriacae I, II. Den Haag 1956, 1960; *ders.,* M. Stuttgart 1965; *L. A. Campbell,* Mithraic iconography and ideology. Leiden 1968; *R. Tureau,* Les motivations de l'intolérance chrétienne et la fin du Mithraïcisme au IVe siècle ap. J-C: Actes du VIIe Congrès de la F. I. E. C., Bd. 2. Budapest 1983, 209–226; *R. Merkelbach,* M. Königstein 1984; *B. M. Metzger,* A Classified Bibliography of the Graeco-Roman Mystery Religions 1924–1973 with a Supplement 1974–1977: Aufstieg und Niedergang der Römischen Welt 2, 17, 3 (1984) 1348–1361 1413–1416 1418 f.; *R. Beck,* Mithraism since Franz Cumont: ebd. 2, 17, 4 (1984) 2002–2115.

E. Dassmann

Mitleiden ↗Karuṇā; Liebe III.

Mönchtum. 1. M. (von griech. *monázein* = als einzelner leben) wird von fast allen Forschern der Gegenwart als allg.-menschliche Grundgegebenheit und dementsprechend als Weltphänomen (J. Leclercq) angesehen. So sind in allen Hochreligionen monastische Lebensformen anzutreffen, die sich als Einsiedlertum, als Gemeinschaftsklöster oder auch als Mischformen darstellen. Sie entwickeln sich aus dem Willen zur Ganzhingabe des Menschen an Gott und deren Annahme durch Gott und sind folgerichtig in die sozialen und rechtlichen Dimensionen der Volks- und Religionsgemeinschaft eingebunden.

Im vor- und außerchristl. Bereich nimmt das M. innerhalb des ↗Buddhismus und ↗Jinismus den weitesten Raum ein. Beide Religionen sind letztlich wie der ↗Taoismus und Lamaismus (↗Buddhismus III 3) Mönchsreligionen. Mönchische Lebensformen finden sich gleichfalls im ↗Hellenismus, bes. den Philosophenschulen der Pythagoreer, in der Tugendlehre der Stoa, der späteren Popularphi-

losophie, aus der manche Begriffe und Fachausdrücke, wie ↗Askese, Anachorese, Koinobion, Schema (für das Mönchsgewand) übernommen werden.
In der Art des mönchischen Lebens unterscheidet man den Anachoreten, d.i. der Mönch, der aus der Reihe der Brüder in die Einsamkeit zieht – er wird auch Einsiedler, Eremit genannt –, vom Zönobiten, d.i. der Mönch, der in einer Gemeinschaft, in einem Kloster unter einer Regel und einem Abt Gott dient.
Im AT weisen die Prophetengemeinschaften sowie die Gemeinschaft von ↗Qumran mehr oder weniger die Züge einer monastischen Lebensform auf.
2. Dem Selbstverständnis des alten christl. M. ist die obige Betrachtung des monastischen Phänomens fremd; eine unmittelbare Abhängigkeit vom außerchristl. M. wird von der neuzeitl. Forschung auch nicht angenommen. Wie das frühkirchl. M. sieht auch die Theologie des M. der Gegenwart das M. in Christi Ruf zur Nachfolge gemäß dem Evangelium begründet, die sich in der Vielfalt der Lebensformen aus der Fülle der geschenkten Gnadengaben (↗Charisma) entfaltet. Dieser bibl. Grundauftrag bleibt als Wesenskern auch in allen geistlichen Gemeinschaften bestehen, wo vom M. im Sinne des 1. Jt. keine Rede mehr sein kann. Monastische Lebensformen werden erstmals nach der decischen Verfolgung (249/250) bes. aber nach der Konstantinischen Wende historisch faßbar. Männer und Frauen versuchen Worte Jesu (z.B. Mk 10,19; Mt 19,11ff.; Lk 18,18ff.) in einer Ganzhingabe ihres Lebens an Gott zu verwirklichen. Nach den in der Hl. Schrift genannten Lehrern, Propheten und Wundertätern ragten bald Männer und Frauen hervor, die Schüler um sich sammeln wie *Antonius* (gest. 356) oder Gemeinschaften bilden wie *Pachomius, Basilius, Martin* und *Benedikt* (im Zeitabschnitt von 360–550); diese wiederum entwickeln sich durch ein Leben nach einer Regel und auf Dauer bald zu einem Stand und werden später ↗Orden genannt.
3. Da die Nachfolge Jesu im Unterschied zu den nichtchristl. Religionen dem in Jesus Christus ergangenen Heilswort Gottes entspricht, das an den Menschen in seiner Freiheit gerichtet ist, spricht man hier nicht von Geboten, sondern von „Räten". Sie artikulieren sich in den ↗Gelübde-Formeln, für die nicht die Zahl und der formelle Ausdruck maßgebend ist, sondern die Übereignung des Menschen an Gott, mit dem unabänderlichen Entschluß, der Person Christi keine andere Person, aber auch keine Sachwerte oder den eigenen Willen vorzuziehen. Das II. Vatikanum wird in PC sowohl der bibl. Grundlegung wie der gesch. Entwicklung gerecht, indem es das Evangelium als oberste Norm des Ordenslebens hinstellt, dem Charisma der Stifter Rechnung trägt (PS w) und dem M. einen besonderen Abschnitt widmet. Die Würzburger Synode hat vor allem den ekklesialen Charakter des allen geistlichen Gemeinschaften gemeinsamen Grundauftrags herausgestellt (Geistl. Gemeinschaften 2.1.7). – Vom allg.-menschlichen Vorverständnis und dessen evangelischer Erfüllung allein kann schließlich auch das Weiterleben der mönchischen Lebensformen im Reformatorischen Christentum (Taizé, Grandchamp, Casteller Ring u.a.) verstanden werden.

Lit.: *R. Albrecht*, Das Leben der Heiligen Makrina auf dem Hintergrund der Thekla-Traditionen. Göttingen 1986; *I. Herwegen*, Sinn und Geist der Benediktinerregel. Einsiedeln 1944; *K. Heussi*, Der Ursprung des M. Tübingen 1936; *E. v. Severus*, Gemeinde für die Kirche: BGAM.S 4 (1981) 65–77 104–114; *ders.*, Eine Mönchsregel als theol. Aussage: EuA 59 (1983) 181–191; *A. de Vogüé*, Die Regula Benedicti: RegBenSt.Suppl. 16 (1983) 49.370; Gemeinsame Synode der Bistümer in der Bundesrepublik Deutschland I. Freiburg [6]1985, 529–579 (hier 563).

E. v. Severus

Moksha. 1. Während ↗*Nirvāṇa* im Buddhismus der Schlüsselbegriff für das letze Ziel des Menschen ist, ist M. der entsprechende wichtigste Begriff im Hinduismus. Die Begriffe M. und *Mukti* sind abgeleitet von der Skt.-Wurzel *muc* (= erlösen, befreien). Beide Begriffe werden ausschließlich im rel. Sinne verwendet und bedeuten die Erlösung von dem Kreislauf der Geburt und der Wiedergeburt (↗*Saṃsāra*). Die Idee des M. kommt erst in den früheren Up. voll zur Entfaltung. Der Begriff existiert weder in den *Veden* noch in den *Brāhmaṇas*. Nach den Veden ist das letzte Ziel des Menschen *Svarga* (= die himmlische Welt), wo er mit den Göttern in Seligkeit lebt (vgl. *Ṛgveda* VII 76.4; *Atharvaveda* IV 34.5–6; auch *Śatapatha Brāhmaṇa* II 6.4.8; VI 1.2.3). Als in den Up. ↗*Brahman* und ↗*Ātman* identifiziert wurden, bestand das letzte Ziel des Menschen in der Verwirklichung dieser Identität: „Derjenige, der das höchste *Brahman* kennt, wird *Brahman* selbst" (*Mudaka Up.* III 2.9). In der Zeit der verschiedenen *Ācāryas* (Lehrer) des ↗*Vedānta* kam der Begriff M. dann allgemein in Gebrauch.

Nach den *Advaitins* (hauptsächlich die Anhänger von Śaṅkara) verursacht *Avidyā* (Unwissenheit) das *Saṃsāra;* folglich ist *Vidyā* oder *Jñānam* (wahres Wissen) der einzige Weg zur Erlösung. *Ātman* ist in der Wirklichkeit ein einziger (vgl. *Bṛhadāraṇyaka Up.* I 4.1), während ↗*Māyā* oder *Avidyā* für die scheinbare Vielfalt verantwortlich sind. Mit dem Anbruch des wahren Wissens verschwindet die Unwissenheit. Die individuelle Seele *(Jīvātman)* verwirklicht ihre Identität mit der Höchsten Seele *(Paramātman)*: Derjenige, der erkennt, „Ich bin Brahman!", wird zu diesem Weltall (*Bṛhadāraṇyaka Up.* I 4.10; vgl. *Chāndōgya Up.* VI 8.7; *Māndukya Up. 2; Śvetāśvatara Up.* I 16). Nach den *Advaitins* besteht M. in der Verwirklichung der wahren Natur des *Jīvātman.* Dieser ist, was wir in Wirklichkeit sind. Im Gegensatz dazu ist M. nach den Theisten (hauptsächlich die Anhänger von Rāmānuya) nicht etwas, das dem *Jīvātman* angeboren ist. Gott schenkt seinem Verehrer die Erlösung, so daß M. ein Geschenk der Gnade des Herrn ist (*Kaṭha Up.* I 2.23; *Śvetāśvatara Up.* VI 16).

2. M. hat folgende Wesenszüge: a) M. ist von *Svarga* zu unterscheiden. *Svarga* ist der Ort, an dem *Jīvātman* seine Verdienste genießt, doch muß er von dort wieder in diese Welt zurückkehren. Dagegen brauchen diejenigen, die M. erreicht haben, nie mehr zurückkehren (*Bṛhadāraṇyaka Up.* VI 2.15; *Chāndōgya Up.* VIII 1.6). M. ist die endgültige Erlösung von Geburt und Tod (*Mundaka Up.* I. 2.11; *Bṛhadāraṇyaka Up.* VI 2.15). b) M. ist die vollkommene Freiheit vom ↗*Karma*-Gesetz. Die guten oder bösen Taten haben keine Wirkung mehr auf die Befreiten (*Bṛhadāraṇyaka Up.* IV 4.22-23; *Chāndōgya Up.* IV 14.3; VIII 1.5). Es ist zwar nicht so, daß man gleich nach der Befreiung von *Saṃsāra* sterben muß. Der Befreite lebt vielmehr weiter wie alle anderen, doch er genießt die völlige innere Freiheit und erlangt eine vollständige Herrschaft über Körper und Geist. Ein solcher Befreiter wird *Jīvanmukta* genannt. *Vidēha-Mukti* (Erlösung ohne Leib) ist die Bezeichnung für den Tod des *Jīvanmukta.*

3. Die *Bhagavadgītā* versucht die in der Geschichte vorhandenen verschiedensten Wege der Erlösung in drei Wegen zusammenzufassen: a) *Karmamārga,* der Weg des selbstlosen Handelns: die eigene Pflicht erfüllen ohne Anhänglichkeit an die Früchte des Tuns (*Gītā* II 47–48); b) *Bhaktimārga,* der Weg der liebevollen Hingabe an den persönlichen Gott (*Gītā* XII 13–20; XVIII 58 und 62); c) *Jñānamārga,* der Weg des wahren Wissens, der richtigen Erkenntnis, der Erleuchtung (*Gītā* IV 36,37 und 39).

Lit.: *A.M. Esnoul,* Art. Mokṣa: ER X 28 f.

A. Thannippara

Mond. Der M., der nach der Sonne die eindrucksvollste himmlische Lichterscheinung darstellt und vielleicht in bezug auf seinen Gestaltwandel noch größere Aufmerksamkeit erregt, ist ein Thema für das rel. Denken der Menschheit geworden. Seine Entstehung sieht ein chin. Schöpfungsmythos darin, daß ein Auge des Urwesens P'an-ku zum M. wurde. Er ist die weibliche M.-Gottheit Cheng O, die als Symbolfigur für das weibliche Prinzip *(Yin)* steht. Die Vorstellung, daß der M. das eine Auge eines Gottes darstellt, während das zweite von der Sonne eingenommen wird, findet sich bei Ahura-Mazdāh und dem falkenköpfigen Himmelsgott Horus (Altägypten). Die gut sichtbaren M.-Phasen wurden zum Anlaß für kultische Feiern, so soll der Sabbat urspr. aus der Begehung des Vollmondtages hervorgegangen sein.

In diesem Zusammenhang konnte der M. auch als Zeitmesser genommen werden, was in den semitischen Kulturen mit der Zeitrechnung nach M.-Monaten und M.-Jahren erfolgte (↗Kalender). Bereits der altägypt. M.-Gott Thot war auch für die Zeit und den Kalender zuständig. Ein weiterer Aspekt der lunaren Wirksamkeit bezieht sich auf die Fruchtbarkeit. Das wird einmal dadurch zum Ausdruck gebracht, daß einige M.-Göttinnen durch den Doppelaspekt von Jungfräulichkeit und Fruchtbarkeit ausgezeichnet sind, zum anderen durch M.-Götter, die oft in Verbindung mit einem Stier, einem Symbol für Potenz und Fruchtbarkeit, erscheinen (Sin, Aglibol). Daß die Mondgottverehrung in der Form der Astralreligion sogar zu einem alles bestimmenden Faktor einer Religion werden kann, zeigt der altperuanische Si, der im Pantheon der Chimú die oberste Stelle einnimmt.

Lit.: *W. Krickeberg u. a.*, Die Religionen des alten Amerikas. Stuttgart 1961; *H. Gese u. a.*, Die Religionen Altsyriens, Altarabiens und der Mandäer. Stuttgart 1970; *S. Morenz*, Ägyptische Religion. Stuttgart [2]1977.

P. Parusel

Monismus

↗Dualismus; Non-Dualismus.

M., gebildet von griech. monás = Einheit, ist jede Art von Einheitslehre, die der Wirklichkeit eine einheitliche Grundbeschaffenheit zuspricht. Die Art und Weise dieser Grundbeschaffenheit kann dabei sehr verschieden aufgefaßt werden. *Ch. Wolff* (1679–1754) war der erste, der die Bezeichnung Monisten auf diejenigen anwandte, die in ihren (All-)Einheitslehren nur eine zugrunde liegende Substanz annahmen. Inhaltlich geht Wolff mit dieser Bezeichnung auf P. Bayle (1647–1706) zurück, der das Gegensatzpaar „unitaires" und „dualistes" benutzte und zu den „unitaires" die Denker zählte, die nur eine Substanz annehmen (G. Bruno, B. Spinoza); terminologisch will er von einer theol. hin zu einer philos. Begrifflichkeit gelangen. Im Sinne dieser Bedeutung können auch die griech. Naturphilosophen, die jeweils ein Element als Uranfang bestimmten, als Monisten gelten (Thales = Wasser, Anaximander = Apeiron [das Unbegrenzte], Anaximenes = Luft). In der Spätzeit der griech. Philosophie sind es vor allen die Neuplatoniker, deren Emanationsvorstellungen – die Welt geht aus einer einzigen, guten, schönen und göttlichen Substanz hervor – den monistischen Grundgedanken aufzeigen. Der das Christentum bestimmende ↗Theismus mit der Trennung von Welt und Gott wurde als mit dem M. nicht vereinbar betrachtet. Folgerichtig gerieten die Naturphilosophen der Neuzeit, die durch die Begeisterung über die naturwiss. Ergebnisse zu einer pantheistischen Weltsicht geführt wurden, mit den theistischen Religionen in einen Konflikt. *G. Bruno* (1548–1600) wurde wegen seiner Behauptung, daß das All Gott ist, verbrannt; *B. Spinoza* (1632–1677), der die Natur selbst als Gott sah, wurde aus seiner jüd. Gemeinde ausgestoßen. Monismen, die auf der Gottsubstanz aufbauen, sind der ↗Pantheismus (Bruno, Spinoza, Toland) und der ↗Panentheismus eines *K.C.F. Krause* (1781–1832). Erst nach *G. W. F. Hegels* Tod wurde der Begriff M. durch den Versuch, die Hegelsche Lehre mit dem Christentum in Einklang zu bringen, bekannter.

Der M. wird dann bes. durch *E. Haeckel* (1834–1919) im Namen der materialistisch-naturwiss. Bestrebungen gegen antiquierte Positionen in Religion und Philosophie angeführt. In der durch *Ch. Darwin* reformierten Evolutionstheorie findet er die definitive Begründung seiner monistischen Naturphilosophie. Sein M. versuchte eine Verbindung zwischen dem kausal-mechanistischen Materialismus und der Religion herbeizuführen. Der Vorwurf des Materialismus trifft seine Lehre nicht, da bei ihm die Substanz, die die Grundlage des Seienden bildet, sowohl eine materielle Seite als auch eine psychische Seite als komplementäre Komponenten aufweist. Haeckels Anhänger schlossen sich in dem 1906 gegründeten „Deutschen Monistenbund" zusammen, verloren aber nach dem 1. Weltkrieg an Bedeutung. Heute bezeichnet sich der dialektische Materialismus noch als wissenschaftlich-materialistischer M., der alle Erscheinungen auf die Materie zurückführt.

Lit.: *R. Eisler*, Geschichte des M. Leipzig 1910; *F. Klimke*, Der M. und seine philos. Grundlagen. Freiburg [4]1919; *P. Minges*, Der M. des deutschen Monistenbundes. o. O. 1919; *H. Hillermann*, Der vereinsmäßige Zusammenschluß bürgerlich-weltanschaulicher Reformvernunft in der M.-Bewegung des 19. Jh. Bochum 1975; *ders.*, Zur Begriffsgeschichte von „M.": ABG 20 (1976) 214–235.

P. Parusel

Monolatrie

↗Monotheismus; Polytheismus.

Unter M. versteht man die kultische Verehrung nur eines Gottes durch eine Gemeinschaft, ohne die Verehrung anderer Gottheiten durch andere Gemeinschaften auszuschließen. Somit kann man die M. als Praktizierung des ↗Henotheismus bezeichnen, der die Existenz anderer Götter nicht ausschließt.

Lit.: *W. Holsten,* Art. M.: RGG³ IV 1106f.; *M. Rose,* Der Ausschließlichkeitsanspruch Jahwes. Stuttgart 1975. *Th. Birkheuser*

Monotheismus ist die Anerkennung einer einzigen, transzendenten Gottheit, die gleichzeitig andere Götter ausschließt (↗Polytheismus). ↗Monolatrie und ↗Henotheismus unterscheiden sich vom M. dadurch, daß dort zwar nur ein Gott verehrt bzw. anerkannt wird, die Existenz anderer Götter aber nicht geleugnet wird. Der Begriff M. setzt den Polytheismus (P.) voraus. Als monotheistische Religionen sind zu nennen ↗Judentum, ↗Christentum und ↗Islam.

Die Religionswissenschaft hat sich lange damit beschäftigt, ob der M. oder der P. als urspr. Form der Religion bestanden hat. So vertraten im 18./19. Jh. eine Evolution vom P. zum M. u.a. *D. Hume, Ch. de Brosses, J.-J. Rousseau* und *A. Comte;* an die Stelle des P. setzte *E. B. Taylor* den ↗Animismus. Daß, wie auch Voltaire vermutete, der M. Urform der Religion (↗Urmonotheismus) gewesen sein könnte, schienen die Forschungen von Andrew Lang und vor allem W. Schmidt zu bestätigen. Bei ihren Untersuchungen stießen sie auf einen weitverbreiteten archaischen „Hochgottglauben", der inhaltlich und entwicklungsgesch. keine Beziehung zu Animismus, ↗Fetischismus, ↗Magie, ↗Totemismus usw. gehabt hat. Da dieser Hochgottglaube zumindest untergeordnete Numina zuläßt, kann er kein M. sein. Ein kontinuierlicher Übergang vom Hochgottglauben zum M., wie der Evolutionismus annehmen müßte, ist ebenfalls nicht zu erweisen (R. Pettazzoni).

Monotheistische *Tendenzen* zeigten sich schon in Griechenland (Xenophanes) und in Ägypten (↗Ägyptische Religion), wobei außer philos. und theol. Diskussionen auch staatlich-politische Vorgänge eine Rolle spielen konnten. Auch in der ↗germanischen Religion und in Indien (↗Hinduismus, ↗Shivaismus, ↗Vishnuismus) machen sich gewisse monotheistische Neigungen bemerkbar. Wahrscheinlich aber handelt es sich eher um henotheistische oder monistische (↗Monismus) Konzeptionen.

Geht man von den gesch. Gestalten monotheistischer Religionen aus (so etwa ↗Zarathustra, ↗Abraham, die Propheten, ↗Jesus, ↗Muḥammad), so zeigt sich zunächst, daß der M. immer den P. voraussetzt, ihn aber ausdrücklich verneint und sich gegenüber dem P. durchsetzt. Eine Entwicklung von der Monolatrie über den Mono-Jahwismus zum M. zeigt sich im AT.

Durch Jesu Verkündigung der ↗Gottesherrschaft des *einen* Gottes wird der M. nicht tangiert. Vom Selbstzeugnis Jesu her stellt sich der christl. M. als trinitarischer dar. Gerade hiervon unterscheidet sich der M. des Islam, der sich gegen den P. der vorislam. Araber wendet und der der christl. Trinitätslehre, als Tritheismus verstanden, die Monopersonalität Gottes entgegenhält (↗Triade/Trinität).

Lit.: *W. Holsten,* Art. M. und Polytheismus I: RGG³ IV 1109–1113; *M. Rose,* Der Ausschließlichkeitsanspruch Jahwes. Stuttgart 1975; *O. Keel* (Hg.), M. im Alten Israel und seiner Umwelt. Fribourg 1980. *Th. Birkheuser*

Mormonen, populärer Name für die Mitglieder der „Kirche Jesu Christi der Heiligen der Letzten Tage" (The Church of Jesus Christ of Latter-day Saints), einer amerik. Sekte adventistisch-chiliastischen Charakters (↗Chiliasmus). Obwohl die Selbstbezeichnung auch auf Jesus Christus verweist, sind die M. nicht als christl. Sekte anzusprechen, da sie in entscheidenden Punkten vom Christentum abweichen: z.B. sind Gott Vater, Sohn und Hl. Geist drei körperlich gedachte Götter und die geretteten Menschen (= Mormonen) erlangen aufgrund ihrer Gottebenbildlichkeit (potentielle Wesensgleichheit) in der Endzeit die Vollendung zur Göttlichkeit; Leugnung der Erbschuld; Abendmahl nur Erinnerung an Christi Opfer. – Stifter ist der Farmerssohn Joseph Smith (1805–1844), der sich bereits 1820 in einer Vision zum Propheten berufen fühlt. In einer weiteren Vision 1823 erhält er Kunde vom wahren, auf goldenen Platten festgehaltenen Evangelium, das ihm 1827 zur Übersetzung aus dem „Reformägyptischen" übergeben und 1830 erstmals als „Book of Mormon" (dt. 1852) veröffentlicht wird. Diese „hl. Schrift des Herrn für die westliche Erdhälfte", eine Mischung phantasievoller Erfindungsgabe mit verflachter Bibelimitation, enthält als Vorgeschichte der heutigen M. die Geschichte der Ureinwohner Amerikas, die zwar erheblich von der bibl. Überlieferung wie der profanhist. Geschichtsschreibung abweicht, als ganz auf Amerika bezogene Geschichtstheologie bzw. erster Versuch einer autark amerik. Geschichtsschreibung aber zu beachten ist: Im Anschluß an den mißglückten Turmbau zu Babel gelangen Nachfahren vom jüd. Stamm Josef nach Amerika (= „Land der Verheißung"). Hier erleben die Nephiten z.Z. der Kreuzigung Jesu Sturm, Erdbeben und Finsternis sowie Erscheinungen des auferstandenen Herrn (Joh 10,16 wird auf Amerikas Ureinwohner bezogen), der u.a. zwölf Jünger beruft und die Bergpredigt wiederholt. Mit der kriegerischen Niederlage (384 n. Chr.) der gottesfürchtigen Nephiten gegen die von Gott abgefallenen und dafür mit „dunkler" Haut gestraften Lamaniten (= Indianer) wird zugleich seine Stiftung vernichtet. Moroni, Sohn des Propheten Mormon (nach dem das gleichnamige Buch benannt ist), gelingt es noch, die von seinem Vater erhaltenen goldenen Platten mit der bisherigen Geschichte zu ergänzen und zu vergraben. – Mit der Hebung dieser Platten 1827 durch J. Smith beginnt die eigentliche Geschichte der M. Nachdem Smith 1829 selbst das (höhere) Priestertum des Melchisedek erhalten haben wollte, gründete er 1830 in Fayette/N.Y. mit sechs Personen die M. als Wiederherstellung der seit der Apostelzeit fehlenden Kirche Christi und organisierte aufgrund weiterer Offenbarungen in den folgenden Jahren die Hierarchie: die Erste Präsidentschaft (Prophet und 2 Ratgeber), das Melchisedekische (12 Apostel, Patriarchen, Hoherpriester, Siebziger, Älteste) und das (niedrigere) Aaronitische Priestertum (Priester, Lehrer). – Widerspruch und Verfolgung führten die rasch wachsende Gemeinschaft über Ohio und Missouri nach Illinois (von hier aus Beginn der Übersee-Mission), wo einige ihrer Führer wegen Aufruhrs gefangengenommen und J. Smith am 27.6.1844 im Gefängnis zu Carthage vom Pöbel erschossen wurde. Sein Nachfolger B. Young (1801–1877) unternahm mit den inzwischen etwa 15000 M. (Getaufte über 8 Jahre) 1846/47 den Marsch ins wüste Gebiet um den Großen Salzsee, wo sie Salt Lake City als M.-Stadt bzw. den M.-Staat Utah, der nach Abschaffung (1890) der 1843 von Smith propagierten Polygamie (1862 staatlich verboten) 1896 Bundesstaat der USA wurde, gründeten und aus einer öden Gegend eine blühende Kulturlandschaft schufen. – Lehrgrundlage der M. bilden die 13 Glaubensartikel des J. Smith von 1841. Neben dem „Book of Mormon" und der Bibel („soweit sie richtig übersetzt ist", Art. 8) gelten – da die Offenbarung nicht beendet ist – auch die vor allem die Offenbarungen des Gründers enthaltenden Werke „The Doctrine and Covenants" (Lehre und Bündnisse) und „The Pearl of Great Price" (Die Köstliche Perle) als hll. Schriften. Maßgebend ist auch das Wort des jeweiligen Präsidenten. Die wohl am straffsten organisierte und theokratisch verfaßte Sekte zählte 1984 rund 5,4 Mio. Mitglieder. Hauptverbreitungsgebiet sind nach wie vor die USA (1982: 2,9 Mio.); in der Bundesrepublik Deutschland bekannten sich 1984 24500 Personen als M. Abgesehen von Europa und den USA, weist die Sekte zudem eine anhaltende Wachstumsrate auf.

Quellen: Die genannten hll. Schriften der M. sind in dt. Sprache erschienen.

Lit.: *H. Reller / M. Kießig* (Hg.), Handbuch Religiöse Gemeinschaften. Gütersloh [3]1985, 299–310 (mit der wichtigsten Lit.); *F.-W. Haack,* M. München [5]1981; *R. Hauth,* Tempelkult und Totentaufe. Gütersloh 1985; zu Einzelproblemen bes.: *P. Meinhold,* Die Anfänge des amerik. Geschichtsbewußtseins: Saec. 5 (1954) 65–86; *Å. V. Ström,* Red Indian Elements in Early Mormonism: Tem. 5 (1969) 120–168; *Ch. Boewe,* A Note on Rafinesque, The Walam Olum, the Book of Mormon, and the Mayan Glyphs: Numen 32 (1985) 101–113. *N. M. Borengässer*

Moschee

↗Islam.

M. (arab. *masdjid*) ist der Ort, an dem man sich insbesondere am Freitagnachmittag zum Gebet versammelt. Muḥammad selbst sagt von den M., daß in ihnen morgens und abends der Name Gottes gepriesen werden soll (Koran 24,36). Vier charakteristische Merkmale sind für die M. kennzeichnend: 1. das Minarett oder der Turm, arab. *manāra*, von dem der Muezzin die Gläubigen zum Gebet ruft; 2. die Nische *(miḥrāb)*, die die Gebetsrichtung nach Mekka anzeigt; 3. die Kanzel *(minbar)*, von der aus die Freitagsansprache *(khuṭba)* gehalten wird, und 4. ein Brunnen oder eine sonstige Wasseranlage für die vorgeschriebenen rituellen Waschungen. Als hauptamtlich Tätige gehören zur M. der *imām*, der Vorsteher beim Gebet, und der *khaṭīb*, der geistliche Redner. Diese beiden Ämter, in größeren M.n getrennt, befinden sich in kleineren M.n in Personalunion. Die bauliche und künstlerische Gestaltung einer M. läßt verschiedene Typen und Stilelemente zu, je nachdem in welchem Sprach- und Kulturraum eine M. gebaut wird. Grundsätzlich nicht erlaubt ist die Anbringung von Bildern (↗Bilderverbot III). Aus der großen Zahl bekannter und berühmter M.n sind die drei besonderen Wallfahrts-M. hervorzuheben: die heilige M. in Mekka, die M. Muḥammads in Medīna und die al-Akṣā-M. in Jerusalem.

Lit.: *J. Pederson u.a.*, Art. MASDJID: EI[1] III 372–449. *G. Riße*

Mose. 1. M. gilt neben ↗Abraham und den Patriarchen als eine der bedeutendsten Persönlichkeiten der drei monotheistischen Offenbarungsreligionen. Seine Bedeutung für den Jahwe-Glauben zeigt sich an einer in allen Schichten des AT zu findenden Aufnahme seiner Gestalt mit sehr unterschiedlicher thematischer Ausrichtung. Der Name *mōšaēh* läßt sich nicht semitisch herleiten (Ex 2,10 ist eine Volksetymologie); wahrscheinlich liegt eine Ableitung von ägypt. *mśj* „gebären" vor, wobei „Mose" eine Kurzform der häufiger bezeugten Verbindung mit einem theophoren Element ist (Thut-mose, Ra-mose: Der Gott X hat erzeugt/geboren). Die hist. Person M. ist außerbiblisch nicht bezeugt, und von ihm selbst sind keine lit. Zeugnisse überliefert. Seine feste Verankerung in verschiedenen lit. Kontexten markiert einige hist. Fixpunkte. M. ist wohl in das 13. Jh. v. Chr. zu datieren und hielt sich in Ägypten auf (Ex 2,1–12; wobei die Aussetzungslegende mit ägypt. Lokalkolorit Ex 2,1–10 viele altoriental. Parallelen hat. M. trat dort in Verbindung mit einer Gruppe von hebr. *'apiru* (Ex 1,11–14; 4,29), deren Auszug aus Ägypten (Ex 12ff.) er anführte. Während M. sich in Midian aufhielt (Ex 2,15 – 4,23; der Aufenthalt dürfte historisch sein, da die Heirat mit der Midianiterin Zippora Ex 2,21 und die Erzählung von M. und seinem Schwiegervater Jitro in Ex 18 gegenüber der Darstellung der ausgeprägten Feindschaft zu Midian Ri 6–8; Num 25,6–18; 31 kaum eine lit. Fiktion sein kann), fand die entscheidende Begegnung mit dem Gott Jahwe statt (Ex 3,1ff.).

2. In dem Überlieferungskomplex im Pentateuch, in dem M. eine Rolle spielt: Herausführung aus Ägypten (Ex 1–15), Wüstenwanderung und Sinaitheophanie (Ex 15–20; 24; 32–34) und Hinführung zum Kulturland (Num 13; 14–16; 20; 25; 32; Dtn 34), sind verschiedenste Einzeltraditionen zu einem nicht einheitlichen M.-Bild verarbeitet worden. Die Pentateuchschichten zeigen spezifische Charakteristika:

– In der *jahwistischen* (J) Überlieferung tritt M. als Übermittler der Worte Jahwes auf (Ex 3,8.16.18), der der eigentliche Akteur der Herausführung ist (↗Exodus) (Ex 14,13a.14). M. handelt als Bote, der die Befreiungstat Jahwes ankündigt (Plagengeschichten Ex 7–11*) und der die Zusage Jahwes am Sinai (↗Bund) stellvertretend entgegennimmt (Ex 34,10).

– Bei dem *Elohisten* (E) tritt M. in einen Dialog mit Jahwe (Ex 3,4b.10–12); er hat prophetische Züge und ist damit charismatisch-politischer Volksführer (Ex 3,10; 19,17. M. als Prototyp der Nordreich-↗Propheten). M. ist der von Jahwe legitimierte Retter (Ex 9,22–24), der jedoch wie bei J nicht aus eigener Kraft handelt (Ex 3,12).

– Der *Jehowist* (JE), der die Vorstellungen von J und E zusammenführt, stellt M. zudem als Wundertäter dar (Ex 4,1–9; 17,5), was er als göttliche Legitimation M.s verstanden wissen will. M. ist Partner und Mittler des Bundes mit Jahwe (Ex 34,27); JE verknüpft Sinai, Bund und Gesetz mit der Hauptperson M. zu einem Geschehen; M. wird so auch zum Gesetzesmittler.

– Im *deuteronomisch/deuteronomistischen* (dtn/dtr) Literaturbereich (bes. Dtn und Jos) wird M. zum Propheten par excellence (Dtn 18,15.18; 34,10–12; Num 12,6–8). Er wird dargestellt als Redner (Rahmung des „Ur-Dtn"), der als Weisheits- und Gesetzeslehrer unterrichtet (Dtn 1,5). In den späten dtr Schichten zeigt sich eine zunehmende Konzentration auf M. als Gesetzgeber (Dtn 4,44) und Schreiber des Gesetzes (Dtn 31,9.24). M. ist alleiniger Mittler des Bundes (Dtn 28,69) und der Tora. Er wird als Initiator des Monotheismus idealisiert (Dtn 4,35). Jahwe spricht zu M. (Jos 1,3 u.ö.) und durch M. zum Volk (Dtn 2,9.17.18 u.ö.). Er wird als Knecht Gottes (Jos 1,17 u.ö.) und Mann Gottes (Jos 14,6) tituliert.

– In der *Priesterschrift* (P) wird M. am häufigsten genannt. Er ist alleiniger Mittler. Jahwe spricht nur und direkt durch ihn (Ex 9,35; 35,29; Lev 23,1.9.23). Er wird zum Oberpriester und dann sogar durch den Pentateuchredaktor (R^P) wesentlich entindividualisiert und zum Medium göttlicher Offenbarung (Ex 4,12.16.21.23) und erscheint sogar divinisiert (Ex 4,16; 19,9; 34,29–35).

In den Schichten des Pentateuchs zeigt sich demnach eine gewisse Entwicklung des M.-Bildes vom Jahwe-Boten (J), einfachen Volksführer (E), Wundertäter (JE), Gesetzgeber (dtn/dtr) bis zum divinisierten Offenbarungsmittler in der Schlußredaktion des Pentateuchs.

3. Außerhalb des Pentateuchs und des Buches Josua spielt M. keine vergleichbar dominante Rolle. Die Belege sind kaum exakt chronologisch einzuordnen und zu systematisieren, jedoch zeigt sich in ihnen die Aufnahme und Weiterführung der für die Pentateuchquellen herausgearbeiteten Charakteristika. So wird im deuteronomistischen Geschichtswerk M. in Anlehnung an die pentateuchischen dtn/dtr Schichten als Gesetzgeber und Schreiber der Tora erwähnt (1 Kön 8,9; 2 Kön 21,8). Die enge Bindung der Tora an die Person des M. wird z.B. in 2 Kön 2,3; 14,6; 23,8 durch die Formel „die Tora des M." noch prägnanter formuliert. Die prophetische Dimension des M.-Bildes vornehmlich aus E-Pentateuch-Texten (s.o.) schlägt sich in den Überlieferungen der Nordreichprophetie (Elija, Elischa, Hosea) nieder. Sie versteht M. als ihren Ahnherrn und bestimmenden Prototyp (1 Kön 19,1–18; 2 Kön 2,1–18; Hos 12,14). Die Prophetie ist hier bleibende Institution, deren Sukzession durch M. legitimiert wird. Diese Vorstellung wirkt später auf das Prophetengesetz (Dtn 18), wo die Prophetie neben Richtern, König und Priestern die vierte Gewalt im Staat darstellt. Von dem M.-Bild der Nordreichprophetie hebt sich die Schriftprophetie (außer Hos) ab; hier übernimmt die Person M. keine legitimierende Rolle. Die für den dtn/dtr Literaturbereich konstatierte Fixierung der Tora auf M. zeigt sich pointiert auch im chronistischen Geschichtswerk, wo häufig von der gottgegebenen Tora des M. gesprochen wird (Esra 3,2; 7,6; Neh 8,1; 2 Chr 8,13 u.ö.). Die im AT zunehmende Identifikation von Tora und M. findet beim Chronisten zunächst einen Schlußpunkt, wird aber im NT weiter zugespitzt (s.u.). Die Rezeption der M.-Gestalt in den Psalmen und in der Weisheitsliteratur ist gering, M. wird hier nur kontextbedingt erwähnt und entsprechend dargestellt (Ps 99,6; 105,26; 106,23; Weish 10,16). Häufig wird M. wegen seiner Relevanz für das Exodusgeschehen und aufgrund der Theophanien Jahwes (Ex 3; 19–24) als Religionsstifter bezeichnet. Da die Anfänge Israels und der Jahwe-Religion jedoch nicht linear zu erklären sind, läßt sich M. auch nicht eine ausgeprägte Stifterrolle zusprechen.

4. Im Frühjudentum entstehen Schriften, deren M.-Bild durch Heroisierung und Überhöhung geprägt ist (AssMos; Jub; VitMos) und die z.T. M. als Propheten der Endzeit (Dtn 18,15) bzw. als Typus des Messias deuten.

Im *NT* ist M. die am meisten genannte Gestalt des AT (80mal), wobei einige Aspekte des atl. M.-Bildes aufgenommen und weiterentwickelt werden. So wird bes. die Gesetzgeberfunktion des M. betont (Mk 1,44 par; 10,3f. par; Lk 2,22; Joh 8,5) und in der Identifikation von M. und Gesetz bzw. Tora (Gen-Dtn) enggeführt (so in der Formel im lukanischen Doppelwerk „M. und die Propheten", Lk 16,19; 24,22; Apg 26,22, oder in 2 Kor 3,15 und Apg 15,21 „M. wird verlesen").

M. steht für „das Gesetz" (Röm 5,14; Apg 21,21) und damit in der paulinischen Rechtfertigungslehre in Opposition zu Christus (Röm 10,4ff.). Der prophetische Aspekt des atl. M. wird im NT ebenfalls aufgenommen und in indirekten M.-Typologien auf Jesus übertragen (vgl. Mt 2 mit Ex 1–3 und in Mt 5 die Bergpredigt). So wird Jesus implizit als der „eschatologische Prophet" (Dtn 18,15.18) verstanden (Apg 3,22); 7,37). Dies macht auch die Verklärungsgeschichte Mk 9,2 par deutlich („auf ihn sollt ihr hören", Mk 9,7* = Dtn 18,15*), wobei diese ebenfalls eine indirekte M.-Typologie ist (vgl. Ex 24), in die Elemente der hellen. M.-Deutung (s. o.) eingeflossen sind. M. steht demnach im NT für Kontinuität (vgl. die Stephanusrede Apg 7,22–42; Röm 9,4ff.) und zugleich für die Diskontinuität (Röm 10,4ff.; Hebr 3,1–6) zwischen AT und NT. Er ist nicht als Antitypus Christi zu verstehen, sondern hat gleichsam eine Brückenfunktion als Zeuge der Glaubensgeschichte (Hebr 11,26ff.).

5. Im *Koran* steht M. in Parallelität zu Muḥammad, für den M. Vorbild als Volksführer, Gesetzesverkünder und Prophet ist (vgl. Koran 20). Über diese (M. überbietende) Parallelität hinaus sind im Islam in etwa die unter 2 genannten Grundzüge des M.-Bildes zu finden.

Lit.: *H. Cazelles,* Art. M.: ThWAT V 28–46 (Lit.); *H. Donner,* Geschichte des Volkes Israel und seiner Nachbarn in Grundzügen I. Göttingen 1984, 107–115; *G. Fitzer,* Art. M.: EWNT II 1109–1113; *L. Hagemann,* Prophetenzeugen des Glaubens. Wien 1985; *J. Jeremias,* Art. M.: ThWNT IV 852–878; *R. Paret,* Mohammed und der Koran. Stuttgart [5]1980; *L. Perlitt,* M. als Prophet: EvTh 31 (1971) 588–608; *H. Schmid,* Die Gestalt des M. Darmstadt 1986 (Lit.); *W. H. Schmidt,* Exodus, Sinai und M. Darmstadt 1983; *P. Weimar,* Die Berufung des M. Göttingen 1980; *E. Zenger,* Israel am Sinai. Altenberge 1982.
F.-L. Hossfeld/C. Frevel

Mudrā. Nach Ansicht von Sprachwissenschaftlern leitet sich M. möglicherweise vom babyl. Wort *Musarū* (= das Siegel) her. Über das altpers. *Muzrā* gelangte M. ins Sanskrit, wobei *z* durch *d* ersetzt wurde und Siegel, Kennzeichen, Münze u.a. bedeutete. Später wurde M. ein Zeichen, eine Geste, eine bestimmte Stellung der Finger bzw. Hände. Sehr wahrscheinlich hängen die M.s mit vedischen Riten zusammen. Man glaubte, daß die Bewegung der Hände zusammen mit der Rezitation von ↗*Mantras* magische Kräfte besitze. Heute sind M.s ein wesentlicher Bestandteil des Tanzes. Zuerst hat das uralte Tanzdrama *(Kathakali)* von Kerala M.s übernommen, später hat der klass. Tanz *(Bharata-Nātyam)* sie sich angeeignet. Das *Bharatamuni* in seinem bekannten *Nātya-Sāstra* (Tanzwissenschaft) umfaßt 36 M.s, 18 einhändige *(asamyukta)* und 18 doppelhändige *(samyukta).* M.s gibt es im Hinduismus, Jinismus und Buddhismus. Bekannte M.s sind *Patāka,* die Fahne, *Padma,* die Lotusblume, *Mukula,* die Knospe, *Anjali,* gefaltete Hände.

Lit.: *E. D. Saunders,* Art. M.: ER X 134–137; *W. Kirfel,* Symbolik des Hinduismus und des Jinismus. Stuttgart 1959; *E. Schleberger,* Die ind. Götterwelt. Köln 1986, 215–223; *H. W. Schumann,* Buddh. Bilderwelt. Köln 1986, 36–39.
A. Thannippara

Muḥammad
↗Islam.

Muḥammad wurde um 570 n.Chr. in Mekka auf der Arab. Halbinsel (heute Saudi-Arabien) als Halbwaise geboren. Als er 6 Jahre alt war, starb auch die Mutter. Er wuchs beim Großvater und nach dessen Tod (M. war damals 8) bei einem Onkel mütterlicherseits auf.

Mekka war damals ein wichtiges Handels- und Wallfahrtszentrum. Zahlreiche Götter wurden dort verehrt, obwohl eine gewisse Umbruchsstimmung unverkennbar war. Sowohl der traditionelle Kodex der Stammesmoral als auch der ↗Polytheismus waren offenbar ins Wanken geraten. Die Zeit war reif für eine allgemeingültige ↗Ethik sowie für den Eingottglauben, der sich vereinzelt bereits durchgesetzt hatte (vgl. Koran 29, 61–65) und zudem noch durch zahlreiche Juden in der Gegend sowie durch verschiedene christl. Gruppierungen anziehend wirkte. M. wurde wie sein Onkel Abū Ṭālib Kaufmann und trat in die Dienste Khadīdjas, einer reichen Kaufmannswitwe, die ihn später heiratete. Er unternahm sicher einige wichtige Geschäftsreisen in ihrem Auftrag und war ein angesehener Kaufmann. Mit fortschreitendem Alter wandte sich M. offenbar rel. Fragen zu und hatte auch visionäre Erlebnisse, von denen er seiner Frau Khadīdja berichtete. Sie bestärkte ihn in der Ansicht, von Gott als Prophet auserwählt zu sein, so daß er es wagte, mit ungefähr 40 Jahren öffentlich aufzutreten und das, was auf ihn herabgesandt worden war, zu offenbaren. Diese ↗Offenbarung betonte vor allem Gottes Güte und Macht und beinhaltete die Aufforderung, der Mensch solle dankbar, großzügig und gottesfürchtig sein und zu Gott zurückkehren, um beim Gericht bestehen zu können.

Die Zahl derer, die M.s Botschaft annahmen, war klein. Die Mehrheit der Mekkaner lehnte M. ab, der Widerstand gegen seine Verkündigung wuchs. Gründe hierfür waren evtl. die ethischen Forderungen, die als Kritik am Verhalten der Kaufleute verstanden werden konnten, sowie die Furcht, die Ablehnung heidnischer Religionspraxis führe zum Bedeutungsverlust Mekkas als Wallfahrts- und Wirtschaftszentrum. Ein Boykott (616 bis 619) von M.s Klan der Hāshim durch die anderen Kaufleute Mekkas war die Folge. Kurz nach seiner Beendigung starben M.s treue Gattin Khadīdja sowie sein Onkel und Beschützer Abū Ṭālib. Abū Lahab, das neue Oberhaupt des Klans der Hāshim, war M. wenig gewogen.

M. verhandelte daher mehrfach mit Vertretern der Stadt Medīna über eine Auswanderung. Am 24. September 622 erreichten M. und seine Getreuen die medīnensische Oase. Die Auswanderung (arab. ↗Hidjra) war damit vollzogen. Eine neue Ära begann, die eine neue Zeitrechnung zur Folge hatte. Sie beginnt am ersten Tag des alt arab. Jahres, in dem M.s Hidjra stattfand, d. h. am Freitag, dem 16. Juli 622.

Grundlage der Gemeinsamkeit zwischen den Stämmen Medīnas und den Auswanderern aus Mekka war ein Vertrag, der als „Verfassung von Medīna" in die Geschichte eingegangen ist. Er legt die Rechte und Pflichten M.s und aller übrigen in Medīna fest. Gemeinsame Basis ist das Bekenntnis zum ↗Islam, das auch für neu hinzutretende Klane der Folgezeit maßgeblich blieb. Hinzu kommt ein Schutzabkommen für jüd. Klane, denen Existenzrecht innerhalb dieses Gemeinwesens *(umma)* eingeräumt wurde.

Es scheint, daß M. zunächst keine uneingeschränkte Führerrolle zukam. Er war wohl nur das Oberhaupt des Klans der Auswanderer aus Mekka und in Streitfragen Ratgeber und Schlichter für alle. Politische und militärische Erfolge, die rasch zur Ausweitung des Stadtstaates von Medīna zum islam. Reich (incl. Mekka ab 630) geführt hatten, stärkten die Stellung M.s und führten de facto zu seiner Führungsrolle, die bei seinem Tode am 8. Juni 632 unbestritten war.

Zu den Bestimmungen aus der medīnensischen Zeit gehören einige Präzisierungen beim vorherrschenden Sicherheitssystem, das auf Blutrache beruhte (vgl. Koran 2,178 f.), die Abschaffung jeglicher Polyandrie zugunsten einer virilokalen Polygynie, detaillierte Vorschriften über die Verteilung des Besitzes eines Verstorbenen unter die Angehörigen (Koran 4,11 f.) und die Festlegung der Pflichtabgabe/Almosensteuer *(↗zakāt)*.

In der christl. Polemik gegen den Islam spielte vor allem das Sexualleben M.s eine wichtige Rolle. Er war nach Khadīdjas Tod mit mehreren Frauen gleichzeitig verheiratet, was, gemessen mit den Maßstäben seiner Zeit, alles andere als unmoralisch war. M. hatte mehrere Kinder von mehreren seiner Frauen. Die Söhne scheinen jedoch alle schon im Kindesalter gestorben zu sein. Unter den Töchtern ist Fāṭima, die Frau des 4. Kalifen ʿĀlī (gest. 661), die bekannteste.

Lit.: *W. Montgomery Watt,* Muhammad at Mecca. Oxford 1953; *ders.,* Muhammad at Medina. Oxford 1956; *R. Paret,* Mohammed und der Koran. Stuttgart [5]1980; *M. Rodinson,* Mohammed. Luzern 1975; *W. Montgomery Watt/A. T. Welch,* Der Islam I. Stuttgart 1980, 39–149; *G. Lüling,* Die Wiederentdekkung des Propheten Muhammad. Erlangen 1981.

P. Antes

Musen. Nach der griech. Mythologie handelt es sich bei den M. um Töchter des Göttervaters Zeus (↗Gott III. 3 B) und der Göttin des Gedächtnisses Mnemosyne. Die neun M. galten als die Hüterinnen der Wissenschaft und der Kunst. Klio gilt als M. der Geschichte. Die M. der lyrischen Poesie ist Euterpe, die der erotischen Erato und die der heroischen Kalliope. Die M. der Tragödie ist Melpomene, die der Komödie Thalia. Polyhymnia gilt als M. des Hymnus und Lyraspiels, Terpsichore als M. des Tanzes und Urania als M. der Astronomie.

Lit.: *W. Burkert,* Griechische Religion. Stuttgart 1977.

A. Schotterer

Musik und Religion. 1. Der enge *Zusammenhang von M. und R.* tritt uns entgegen als kulturhist. Phänomen, dessen urspr. Ort der Kult ist. Dieser bedarf zwar nicht notwendig der M, weil er grundsätzlich auf Sprache verwiesen ist, doch gehört der musikalische Ausdruck, den sich der Kult in Gesang, Tanz und Spiel der Instrumente geschaffen hat, zum Geschehen selbst. In dieser Hinsicht wird die M. Sinnträger des Religiösen, dessen Botschaft im Medium des Klanges ertönt. Dabei unterliegt der musikalische Ausdruck nicht nur einem hist. Wandel, sondern auch dem Wechsel musikalischer Auffassung.

2. In der Mythologie wird der *Ursprung der M.* häufig in die göttliche Dimension verlegt, teilweise im Zusammenhang mit der ↗Magie gesehen. Die magische Funktion der M. tritt u.a. aus der Bedeutung der M.-Instrumente hervor, die z.T. im rituellen Kontext hergestellt und als kultisches Werkzeug betrachtet werden sowie besonderen Anlässen vorbehalten bleiben. Sie dienen dem Gespräch mit Geistern oder Stammeseltern und werden als deren Stimme gedeutet. Auch Gesang und Tanz werden magische Kräfte zugeschrieben. Spuren solcher magischen M.-Auffassungen begegnen uns auch im AT (Jos 6: Jerichos Mauern fallen beim Ertönen der Hörner). In dieser Hinsicht gilt M. als Binden und Entbinden von Kraft; es geht um eine hl. Handlung, weil sie es mit Mächten oder Macht zu tun hat.

3. Breiten Raum nimmt die *kosmologische Deutung* der M. im Zusammenhang mit den Vorstellungen vom Werden der Welt ein. In den *asiat. Hochkulturen* geht es dabei um Urklänge als Vorbilder der späteren Welt sowie um die urspr. Lichttonwelt und deren Materialisierung. Auch bei den *Naturvölkern* zeigt sich in den Mythen die Annahme des Zusammenhangs von M. und Schöpfung. So können alle Dinge aus Klängen entstehen oder der Klang als Leib des Unsichtbaren erscheinen. In der musikalischen Kulthandlung wird der Schöpfungsakt versinnbildlicht und die urspr. Klangsubstanz erfahrbar gemacht. Wegen der starken Ähnlichkeit der Hauptmotive muß man vermuten, daß Archetypen am Grund dieser Vorstellungen liegen.

4. *Träger der M. im Kult* ist urspr. die Gemeinschaft, z.T. mit Verteilung von Funktionen auf einzelne. Allmählich erhalten Einzelpersonen ausschließliche Funktionen, oder es kommt zur berufsmäßigen Ausübung der M. (z.B. Tempelsänger und -instrumentalisten).

a) Im *christl. Bereich* sind M. und R. in der Liturgie eine enge Verbindung mit einzigartiger Wirkung eingegangen. Zunächst muß an die Wurzeln in Israel und in der synagogalen M. erinnert werden, ebenso an den Bereich des griech. und lat. Altertums. Für die liturgische M. christl. Zeit wird anfangs Prosa vertont, dann kommen Verse (Hymnen) hinzu. Der liturgische Gesang bleibt einstimmig bis zur karolingischen Zeit; danach wird Mehrstimmigkeit (Organum) greifbar als Weise, einstimmige Gesänge mehrstimmig auszuführen, deren schriftliche Fixierung ab dem 11. Jh. belegt ist und in der Pariser Schule bis zu 4stimmigen Organa ausgebildet wird. Die Vertonung von Ordinarium und Proprium der Messe führt zu einem Höhepunkt der Begegnung von Kult und M. Die Messe als musikalische Einheit erfordert M. nicht als Einlage in die Liturgie, sondern als deren Trägerin, insofern die M. nun Sprache trägt (vgl. Palestrina und Lasso). Die kunstvolle Ausgestaltung brachte auch Gefährdungen mit sich, welche nicht nur in der Verselbständigung des Musikalischen lagen, sondern auch im Zurückdrängen der Teilnahme der Gemeinde an der liturgischen M. Trug die Gemeinde urspr. das Ordinarium, so blieb ihr jetzt nur noch das geistliche Lied.

b) Die Blüte der *ev. Kirchenmusik* weist einen unvergleichbaren Reichtum an musikalischen Gattungen im vokalen und instrumentalen Bereich auf, welche das musikalische Leben ihrer Zeit prägten und bis heute (oft im hist. Klangbild) im liturgischen und weltlichen Bereich bestimmend sind. Mit J. S. Bach erreicht die M. einen Höhepunkt, auf dem die Ewigkeit des Glaubens erklingt.

c) Die *kath. Kirchenmusik* entwickelt sich nach dem Tridentinum in zwei Richtungen: entweder folgte man dem alten Stil oder suchte in Anlehnung an die weltliche Musik der Zeit eine konzertante Entfaltung (ital. Stil), deren Vollendung, in der Wiener Klassik, dem geistlichen Inhalt nicht zuwiderlaufen muß und bei Mozart z.B. auf jener Höhe erklingen kann, wo Anmut und Gnade sich vereinigen.

d) Die *neuere Kirchen-M.* wird gekennzeichnet von der Suche nach zeitgemäßem Ausdruck. Einerseits wird die Gemeinschaft wieder stark hervorgehoben, andererseits soll der freie Ausdruck seinen Platz bekommen. Von daher treten manche Kompositionen aus dem liturgischen Rahmen heraus und stehen teilweise in Spannung mit der Vernehmbarkeit, welche in anthropologischer und theol. Sicht den Ort der Begegnung von M. und R. darstellt.

5. M. als vom Kult emanzipierte Kunst bleibt eine weltliche Wirklichkeit und kann nicht als Religionsersatz oder „Offenbarung" gelten. Sie ist weder rel. noch sakral. Dennoch hat ihre Nähe zur R. keinen nur äußerlichen Grund, sondern entspricht ihrem eigenen Wesen als Vorschein des Endgültigen und als Ruf nach Vollendung, womit der transzendierende Charakter der M. umschrieben wird. Der Mensch verhält sich ihr gegenüber als Hörender. M. als sinnenhafte Ungegenständlichkeit verweist auf das – auch tönend – Unsagbare. Wo sie diese Möglichkeit schöpferisch in freier Selbstbejahung annimmt, tritt sie in Einklang mit der R., überschreitet das Profane und eröffnet den Raum der Verkündigung.

Lit.: *C. Sachs,* M. des Altertums. Breslau 1924; *ders.,* Geist und Werden der Musikinstrumente. Berlin 1928; *J. Quasten,* M. und Gesang in den Kulturen der heidnischen Antike und christlichen Frühzeit. Münster 1930; *K. G. Fellerer,* Geschichte der katholischen Kirchenmusik. Düsseldorf [2]1949; *P. Gradenwitz,* The Music of Israel. New York 1949; *A. Brunner,* Wesen, Funktion und Ort der M. im Gottesdienst. Zürich–Stuttgart 1960; *A. Robertson / D. Stevens,* Geschichte der M. 3 Bde. München 1964–1968; *O. Söhngen,* Theologie der M. Kassel 1967; *W. Kurzschenkel,* Die theologische Bestimmung der M. Trier 1971.

H. Sonnemans

Mu'tazila. Die theol. Schule der Mu'taziliten (erste Hälfte des 9. Jh.) tritt dafür ein, die Vernunft im Bereich der Religion anzuwenden und sich nicht mit der Feststellung der positiven Offenbarung zu begnügen, und dies, um mit den Gegnern des Islam sachgerecht zu streiten und um den einfachen Glauben des Volkes einer korrigierenden Kontrolle zu unterziehen. Die wichtigsten Lehrsätze der Schule: 1. Gott ist absolut transzendent, er ist in seiner Einheit, Einzigkeit und Ewigkeit der menschlichen Vernunft und Sprache nicht zugänglich. Auch der Koran kann nicht als ewiges, unerschaffenes Wort Gottes gelten, er ist das erschaffene Vehikel der göttlichen Offenbarung. – 2. Der Mensch besitzt eine Willensfreiheit, die er dem allmächtigen Willen des Schöpfers verdankt. Gott kann daher den Menschen zur Rechenschaft ziehen, ohne seine Gerechtigkeit in Frage zu stellen. (Die Mu'taziliten werden die „Leute der Gerechtigkeit und der Bestätigung der Einzigkeit" Gottes, *ahl al-'adl wa l-tauḥīd,* genannt.) – 3. Der Gläubige, der eine schwere Sünde begeht, wird nicht zum Ungläubigen, er wird jedoch ins ewige Feuer geworfen, wobei seine Strafe milder sein wird als die Strafe der Ungläubigen. – 4. Der Sünder ist also weder ein Gläubiger noch ein Ungläubiger. – 5. Jeder Gläubige hat die Pflicht, „das Rechte zu gebieten und das Verwerfliche zu verbieten": Das entspricht der vorbildlichen Ordnung der „besten Gemeinschaft unter den Menschen", wie der Koran die islam. Gemeinde bezeichnet (3,110).

Lit.: *L. Gardet / M. M. Anawati,* Introduction à la théologie musulmane. Paris 1948, 39–52; *A. N. Nader,* Le système philosophique des M. Beirut 1956; *W. Montgomery Watt,* The political attitudes of the M.: JRAS 1963, 38–57.

A. Th. Khoury

Mutterrecht ↗Matriarchat – Patriarchat.

Mysterien 1. M. wird eine Vielzahl von Kulten genannt, die zwar offiziell von staatlicher Seite anerkannt waren, deren Teilnahme aber an eine Einweihung gebunden war. Es handelte sich um esoterische Gemeinden, deren Wissen stufenweise an die verschiedenen Einweihungsgrade weitergegeben wurde unter der Bedingung, daß die kultischen Geheimnisse gewahrt werden mußten. Mit dem Voranschreiten in der kultischen Lehre waren auch Prüfungen verbunden, die Anforderungen an den Gläubigen stellten. Die aktive Teilnahme an dem kultischen Geschehen, oft in der Form eines Kultdramas abgehalten, entsprach einem rel. Bedürfnis, das sich seit der Achsenzeit (ca. 800–300 v.Chr.) in einer individualistischen Geisteshaltung ausdrückte. Im Mittelpunkt dieser Bestrebungen stand der Wunsch nach einer persönlicheren Beziehung zu dem verehrten Gott, als es die überkommenen Formen der Religiosität bis dahin ermöglichten. Diese Bindung an den Kultgott sollte mit der höchsten Einweihungsstufe erreicht werden, wodurch eine Teilhabe am Schicksal des Gottes erwartet wurde.

2. Da die Kultgötter sterben und auferstehen konnten, erhofften sich die Mysten auch für ihre Person durch den engen Anschluß an den Gott nicht nur für das diesseitige Leben, sondern auch für das Jenseits dessen Unterstützung. Dieser Übergang vom Leben zum Tode wurde in symbolischer Form von den Eingeweihten vollzogen, die damit als bereits Wiederauferstandene in die Gefolgschaft ihres Kultgottes aufgenommen und zum Zeichen ihrer Zugehörigkeit mitunter stigmatisiert wurden. Die sich ursprünglich auf Naturfrömmigkeit aufbauenden M. bildeten bald Jenseitshoffnungen aus und entwickelten sich unter philos. Einfluß, der ethische Forderungen stellte, zu Systemen von geistigen Erkenntnis- und Entwicklungsprozessen.

3. Die synkretistischen Tendenzen der Spätantike ließen die einzelnen M. Anschluß an das Pantheon der offiziellen Staatsgötter finden und führten dazu, daß viele Gläubige die Einweihung in möglichst viele verschiedene M. suchten, um sich in stärkerem Maße der Teilhabe am Göttlichen versichern zu können. Die M.-Kulte entwickelten sich vornehmlich im Mittelmeerraum, bes. in Griechenland, mit wahrscheinlich vorgriech. Ursprung in Kleinasien und dem hellen. Ägypten. Zu den bekanntesten gehören die folgenden M.-Kulte: (Griechenland) Dionysos, Eleusis, Orphiker, Kabiren von Lemnos und Samothrake mit thrakischem Ursprung, (Kleinasien) Attis, Kybele, Adonis, Sabazios, (hellenisiertes Ägypten) Isis, Osiris, Serapis. Eine Sonderform stellen die ↗Mithras-M. dar, die pers. und hellen. Elemente vermischten, und die ↗Gnosis, die aufgrund ihrer stufenweisen Einweihung und Einteilung der Kultmitglieder nur bis zu einem gewissen Grade den M. zuzurechnen ist.

4. Die *Eleusinischen Mysterien,* benannt nach der Stadt Eleusis in Attika, mit der Götter-Trias Demeter, Kore und Pluton sowie zahlreichen Nebengestalten waren wohl die bekanntesten griech. M., die noch zu röm. Zeit besondere Wertschätzung erfuhren. Hier erweist sich, wie bei allen anderen M., das Gebot des Verschweigens der Kultgeheimnisse verhängnisvoll für den Versuch einer Rekonstruktion von Mythos und Kultus. Ausgehend von agrarischer und vegetationsbedingender Grundstruktur, berichtet die Kultlegende davon, daß das Kornmädchen Kore, die Tochter der Erd- und Fruchtbarkeitsgöttin Demeter, von Hades geraubt wurde und nach langer Suche der Mutter sich beide wiederfinden. Dieser Mythos wurde, nachdem die Eingeweihten in purifikatorischer Funktion bereits als Vorstufe die kleinen M. durchlaufen hatten, in dramatischer Form vor den Kultmitgliedern aufgeführt, die durch das erlebnismäßige Schauen der hll. Kultsymbole, verbunden mit verschiedenen Kulthandlungen, des göttlichen Heiles teilhaftig wurden und dies auch für das Jenseits erwarteten. Die Eleusinischen M. wurden unter athenischem Einfluß zum attischen Staatskult, und ihre kommunale Begehung unter Teilnahme großer Menschenmassen steht in einem gewissen Gegensatz zu einem Geheimkult, wie antike Kritik schon bemerkte.

5. Im Gegensatz zu ihnen hatten die *M. des Dionysos* einen privaten Charakter und wurden vorwiegend von Frauenkollegien geleitet. Dionysos als Gott des Weines und der Fruchtbarkeit war das Zentrum ekstatischer und orgiastischer kultischer Begehungen. Diese M., die mehrere Weihegrade kannten, erhofften sich durch verschiedenartige Vorbereitungen wie Tanz und Weingenuß, die zu Rausch und Ekstase führten, die Einswerdung mit dem Gott. Sie wiesen durch missionsartige Tätigkeit eine starke Ausbreitung auf, die mitunter auf Widerstand stieß, wie das 186 v. Chr. in Rom erlassene Verbot gegen die Dionysos-M. belegt. Trotzdem setzten sie sich durch, und eine Reihe römischer Kaiser suchte Anschluß an sie.

6. In Anknüpfung an den mythischen Sänger Orpheus entwickelte sich die Lehre der *Orphiker,* die sich auch dem

Dionysos anschlossen, ihre Lehre aber schriftlich festhielten. Durch ein sittliches Leben sollte die Seele, die dionysisches Erbe war und der Seelenwanderung unterlag, gerettet werden.
7. Über die *M. der Kabiren* auf Lemnos und Samothrake ist wenig bekannt. Die verehrten Götter galten als Beschützer der Seefahrt.
8. Der Kult der phrygischen Muttergöttin *Kybele* und ihres jugendlichen Geliebten *Attis*, eines Vegetationsgottes, war von kleinasiatischem Orgiasmus geprägt. Ein Mythos berichtet, daß Attis, von der eifersüchtigen Kybele in Raserei versetzt, sich selbst entmannt, stirbt und wieder aufersteht. An mehreren Tagen wurden die mythischen Ereignisse dramatisch nachvollzogen, wobei sich die Priester in Ekstase tanzten und häufig in Nachahmung des Gottes entmannten, weshalb sie auch „Galli" (Verschnittene) genannt wurden. Der Myste unterzog sich im Taurobolium (Stieropfer) einer Bluttaufe, die die Wiedergeburt bewirken sollte.
9. Der M.-Kult des phönikisch-syr. Vegetationsgottes *Adonis* zeigt Ähnlichkeiten mit dem Kybele-Attis-Kult. Adonis, der Geliebte der Aphrodite, wurde von einem Eber getötet, und die Göttin ließ aus seinem Blut die Adonisröschen wachsen und erwirkte für die Hälfte des Jahres seine Freigabe aus der Unterwelt. Er wurde als sterbender und auferstehender Gott verehrt.
10. Die M. des (thrak.-)phrygischen *Sabazios*, eines Gottes des Ackerbaues und der Geburtshilfe, sind in Griechenland seit dem 5. Jh. v. Chr. bezeugt. Sie tragen Züge rauschhafter Besessenheit, bei den Reinigungsriten war eine Schlange von Bedeutung und der Segensgestus der rechten Hand.
11. Die ägypt.-hellen. *Isis-Osiris-Serapis-M.* stehen über Osiris, den sterbenden und auferstehenden Totengott, seine Gemahlin Isis, die ihn zum Leben zurückbringt, und den Serapis, der eine Verschmelzung von Osiris, Apis, Pluton und Zeus darstellte und später als Gemahl der Isis galt, mit Jenseitshoffnungen in Verbindung. Isis und Serapis werden dabei zu Universalgottheiten, deren weite Verbreitung durch systemat. Religionspropaganda dieses dynastischen Kultes gefördert wurde. Dramatisches Begehen der Kultlegende wurde von den weißgewandeten Adepten vorgenommen.
12. Die *Mithras-M.* bieten ein anderes Bild als die bisher genannten Kulte der auferstehenden Vegetationsgötter. Dieser nur Männern vorbehaltene Kult, der sieben Einweihungsgrade kannte, in kleinen, halb unterirdischen, einer Grotte nachgebildeten Kulträumen begangen wurde, hatte sein Zentrum in dem pers. Gott ↗Mithras, dessen hl. Tat, die Tötung eines Stieres, das zentrale Kultbild darstellte. Die aus dem Schwanz und dem Blut des Stieres hervorwachsenden Ähren machen deutlich, daß es hier auch um ein Leben aus dem Tode geht. Erstaunlicherweise erfreute sich dieser Gott des ärgsten Feindes Roms, auch wenn er in hellen. Form gestaltet war, einer röm. Verehrung, die ihn bis an alle Grenzen des Römischen Reiches trug, da ein großer Teil seiner Verehrer Legionäre waren.
13. Setzt man als Charakterisierung eines M.-Kultes ein geheimnisvolles Geschehen als Kultmythos, sakramentale Handlungen, wie Einweihung, und andere kultische Begehungen und verschiedene Stufen der Einweihung, nach Graden getrennt, an, so lassen sich auch Erscheinungen innerhalb der *Gnosis* mit diesem M.-Begriff in Verbindung bringen. ↗Mani (ca. 215–275), der Stifter des ↗Manichäismus, verfaßte ein „Buch der M.", und seine Gemeinde schied sich in „auditores" (Zuhörer = Laien) und „electi" (Erwählte). Andere gnost. Einteilungen trennen „Hyliker" und „Psychiker" von den „Pneumatikern", die allein in der Lage sind, die Gnosis zu erlangen und ihre Seele aus der materiellen Welt zu befreien.

Lit.: *R. Reitzenstein,* Die hellenistischen Mysterienreligionen. Leipzig [3]1927; *O. Kern,* Die griechischen M. der klass. Zeit. Berlin 1927; *W. F. Otto,* Dionysos, Mythus und Kultus. o.O. [2]1960; *U. Bianchi,* The Greek Mysteries. Leiden 1976; *R. Merkelbach,* Mithras. Hain 1984.

P. Parusel

Mystik ↗Meditation/Mystik.

Mythos/Mythologie

I. Allgemein. – II. Klassifizierungen. – III. Mythos und Logos. – IV. Entmythologisierung – Remythisierung

I. Allgemein. Der *Begriff des M.* (griech.: Wort, Geschichte) spielt bereits in der

Antike eine gewisse Rolle in Religion und Philosophie, ist jedoch erst in der Neuzeit zu einer zentralen Kategorie der Weltdeutung geworden.

1. Es gibt eine Vielzahl von Zugängen zum *Phänomen*, welche teils nebeneinander, teils miteinander verschränkt wirksam sind. Seit der Blüte der „Naturmythologie" *(F. Max Müller)* im 19. Jh. wird die Affinität zwischen M. und Dichtung betont: Die Begegnung mit der überwältigenden Natur setzt eine Bildersprache frei, die sich zum M. verdichtet. – Ebenfalls ins 19. Jh. zurück reicht die Auffassung des M. als einer defizitären Denkform: Dieser versucht, Erkenntnisse der Welt zu formulieren, vermag dies aber nur in unvollkommen metaphorischer Weise (*A. Comte* in seinem Dreistadiengesetz: Auf das theol. Zeitalter, das durch den M. gekennzeichnet ist, folgen das philos. und schließlich das positive Zeitalter; psychologisierend *L. Lévy-Bruhl* mit seinem Konzept des „état prélogique", der für den M. verantwortlich ist). – Demgegenüber ist betont worden, daß der M. eine vollwertige Denkform darstellt, welche der Mensch zur Darstellung seiner Welt braucht (z. B. *E. Cassirer:* Der M. gehört – wie Sprache und Kunst – zu den symbolischen Formen des Menschen, welche ihren Platz neben der wiss. Erkenntnis haben; oder *C. Lévi-Strauss*, der dem M. das „wilde Denken", welches nicht abstrakt, sondern anhand des Konkreten klassifiziert und Probleme löst, zuordnet). Oft wird der M. als Ausdruck einer Erfahrung des Heiligen und damit als Redeform zur Erfassung des Transzendenten aufgefaßt (so z. B. *R. Otto*, der die Kategorie des Heiligen in den Mittelpunkt der Religion stellt; ähnlich *G. van der Leeuw*. *M. Eliade:* Der M. spielt in einer „Urzeit", welche in die profane Zeit einbricht und ein hl. „Urgeschehen" zur Sprache bringt. – Psychol. Interpretationen verstehen den M. als versprachlichte Objektivierung psychischen Geschehens (*C. G. Jung* und andere Vertreter der Tiefenpsychologie). – Oft wird die Rolle des M. im Zusammenhang mit dem Ritual bestimmt: M. ist die erzählende Interpretation oder gar librettoartige Begleitung rel. bedeutsamer Handlung (im Hinblick auf den Alten Orient die Myth-and-Ritual-Schule, im Hinblick auf ethnographisches Material Jensen und Malinowski). Damit ist die Skala möglicher und gegenwärtig wirksamer Zugänge noch nicht erschöpft.

2. Als Ausgangspunkt für eine universal gültige *Bestimmung* des M.-Begriffs ist eine möglichst allgemein verwendbare Basis zu wählen; man setzt am besten bei der „traditionellen Erzählung" ein (*Kirk* u. a.). In einzelnen Kulturen ist es sinnvoll, diese Klassifikation weiter auszudifferenzieren (z. B. in „M.", „Sage", „Märchen", „Legende"), in anderen nicht; deutlich ist, daß in den meisten rel. Symbolsystemen die traditionelle Erzählung als Darstellungselement eine wichtige Rolle spielt (wobei vorausgesetzt ist, daß es daneben auch Erzählungen ohne Belang für die rel. Orientierung geben kann, so schwierig die Grenze zwischen „religiös" und „profan" in vielen Kulturen zu ziehen ist). Ihre Funktion ist variabel und im Einzelfall zu bestimmen. Dabei sind die folgenden Faktoren wichtig: Wie verhält sich die Erzählung zu anderen Redeformen („besprechenden" Gattungen wie Gebet, Beschwörung u. ä.) und zu Darstellungsweisen der Handlung (Ritus) und des Visuellen (Sakralarchitektur, Bilder usw.)? Wie ist die Hierarchie der verschiedenen „Kodierungsebenen" des Symbolsystems zu bestimmen? Die klassische „Religion ohne Mythologie", diejenige Roms, ist z. B. offenbar durch die Marginalität der traditionellen Erzählung hinsichtlich des rel. Symbolsystems gekennzeichnet; im Regelfall ist ihr Stellenwert höher. Das häufig geäußerte Urteil, die Bibel enthalte keine Mythen, basiert auf einer (zu) engen Begriffsdefinition, welche etwa die theol. interpretierenden Familien- und Heldensagen des AT oder die mit der hist. Gestalt Jesu verbundenen Geschichten des NT von rituell gebundenen kosmologischen Mythen des Alten Orients oder Wundergeschichten unhist. Figuren des Hellenismus abhebt.

3. Die *traditionelle Erzählung* ist durch eine Sequenz ungleicher Szenen gekennzeichnet: Sie läuft von einer Ausgangssituation über eine (kleinere oder größere) Reihe von Komplikationen auf eine Lösung zu. Man kann diesen Ablauf als

Transformation von einem labilen Ausgangspunkt zu einem stabilen Schlußpunkt interpretieren: der Erzählgang impliziert die Irreversibilität des Geschehens, dieses ist nicht umkehrbar. Die Geschehenselemente der traditionellen Erzählungen sind relativ beschränkt; zwischenmenschliche Grundkonstellationen (Eheschluß, Geburt von Kindern, Konflikte zwischen Geschwistern und Generationen, Wundertaten, Verfolgung und Rettung des Helden usw.) bilden das Arsenal der Erzählungen, weshalb Mythen leicht wandern können.

4. Was die *semantische Ebene* des M. betrifft, so ist zunächst nach dem Bezug zur Wirklichkeit zu fragen. Der M. spiegelt oft nicht nur (wie häufig behauptet) die Realität wider, sondern entwirft in der Regel gleichzeitig verschiedene, im Einzelfall zu bestimmende Möglichkeiten des Irrealen. Die Wirklichkeitsdarstellung des M. geht dann aus der Verhältnisbestimmung zwischen der Welt und (einer bis mehreren) Möglichkeiten einer Gegenwelt hervor.

Häufig verknüpft der M. verschiedene Bedeutungsebenen miteinander, er bringt z. B. Vorgänge und Regeln im Bereich der Verwandtschaft, der Gesellschaft, der Wirtschaft, der Natur, der Geographie usw. in einen Zusammenhang. Entsprechend ist der M. auf diese verschiedenen Bereiche hin zu interpretieren.

5. Mythen weisen in der Regel *zwei verschiedene Kontexte* auf. Einerseits bestehen Variationen ein und desselben M. (wobei etwa die Akteure, Einzelheiten der Ereignisfolge usw. verändert sind, ohne daß aber die Grundstruktur einer wesentlichen Modifikation unterläge; vgl. etwa in Griechenland Titanen- und Gigantenkampf), andererseits ergänzen sich Mythen zu größeren Zusammenhängen (z. B. Themen von Titanenkampf und Prometheus); man kann von einem „paradigmatischen" und einem „syntagmatischen" Kontext sprechen. Zur Interpretation eines M. sind beide Kontexte wesentlich; wie weit dabei der Ausgriff über einen Kulturraum hinaus sinnvoll ist, ist umstritten.

II. Klassifizierungen. Die üblichen Klassifizierungen von M. (z. B. „ätiologischer M.", „kosmologischer M.", „eschatologischer M." usw.) richten sich nach unterschiedlichen (inhaltlichen, strukturellen und funktionalen usw.) Merkmalen. Es ist sinnvoll, diese Aspekte je für sich zu betrachten, um den Charakter eines einzelnen M. zu bestimmen.

1. Was die *Inhalte* betrifft, so ist zunächst nach dem betroffenen Bereich zu fragen: Was für ein Ausschnitt der Wirklichkeit ist durch den M. beleuchtet (Kosmos als Ganzes in seiner Entstehung oder seinem Bestand, mit globaler Verhältnisbestimmung Kultur/Natur, Chaos/Kosmos u. a. ↗Kosmogonie; Bereich der Höheren Wesen bzw. Götter, deren Entstehung, Verhältnisse untereinander u. ä.; Bereich der Menschen, deren Entstehung, Verfassung, Todesgeschick u. ä.; Teilbereiche der Kultur, der Geographie, der Geschichte usw.)? Entsprechend solchen inhaltlichen Gesichtspunkten sind die Akteure je nachdem Götter, Menschen, Tiere, Elemente von Natur und Kultur (die geläufige Definition des M. als einer „Göttergeschichte" ist daher viel zu eng).

2. Der M. hat in der Regel eine *explanatorische Funktion,* d. h., er begründet und erklärt den Wirklichkeitsbereich, auf den er sich bezieht (ätiologischer Aspekt). Das explanandum kann sowohl ein „gewöhnlicher" wie ein „außergewöhnlicher" Sachverhalt sein; sowohl das Selbstverständliche als auch das Außergewöhnliche bedürfen der intellektuellen Verarbeitung. Einerseits werden z. B. Heiratsregeln, soziale Institutionen, hist. Sachverhalte usw. erklärt, andererseits bes. auffällige geographische Erscheinungen u. dgl. verarbeitet. Der Begründungszusammenhang steht in engem Konnex mit dem mythischen Geschehen: Die Begründung erfolgt im Erzählgang als Transformation vom Unwirklichen zum Wirklichen, vom Ungültigen zum Gültigen, vom historisch Überholten zum jetzigen politischen oder kulturellen Zustand.

3. Mythen können *verschiedene Zeitstrukturen* aufweisen. Viele Mythen bringen eine „Urzeit" zur Sprache, d. h., sie repräsentieren eine urspr. Ordnung, welche im Vorgang der Erzählung die alltägliche Wirklichkeit überformt und damit in die (profane) Zeit einbricht. Diese Zeitstruktur findet sich vor allem dann,

wenn das Erzählen des M. in einen rituellen Rahmen eingebettet ist. Andererseits thematisieren zahlreiche Mythen eine „Vorzeit", d.h., sie schildern eine Epoche, welche der Jetztzeit vorangegangen ist, von ihr charakteristisch abweicht und insofern eine Gegenwelt zum Ausdruck bringt. Hier lassen sich etwa ↗Paradies- oder ↗Sintflut-Erzählungen einordnen; die Vorzeit und deren Ordnungen geben eine (positive oder negative) Folie ab, auf welcher die jetzt gültigen Ordnungen ihr Profil erhalten. Schließlich gibt es M., welche einer vergangenen oder einer künftigen Ordnung orientierenden Charakter zuweisen. Im ersten Fall zielt der M. auf eine Identifikation mit einer hist. Station der Vergangenheit (häufig nennt man solche Erzählungen „Sagen", doch tragen sie nicht selten wesentlich zur Artikulation des Symbolsystems bei, so daß man etwa die theol. relevanten Sagen Israels durchaus als Mythen bezeichnen kann); im zweiten wird einer künftigen Heilsordnung Sinngebung für die Gegenwart abgewonnen („eschatologische" Mythen – viele Erzählungen im Rahmen von ↗Krisenkulten).

4. Eine weitere Klassifikationsmöglichkeit für den M. ergibt sich aus seiner *Verbindung zu anderen Darstellungsebenen* des Symbolsystems. Manche Mythen sind unmittelbar an eine rituelle Gesamtsituation gebunden, haben also einen handlungsmäßigen und ikonographischen Kontext (z.B. der bekannte babyl. Neujahrs-M. ↗*Enūma elish,* dessen Situierung aus Ritualtexten bekannt ist). In diesen Fällen besteht ab und zu eine Beschränkung der Verwendungsmöglichkeit, gewisse Mythen dürfen *nur* für diese Situation verwendet werden (sog. „Situationstabu"). Andere Mythen bestehen relativ unabhängig von einem rituellen Kontext, finden dann auch leicht den Weg in eine andere rituelle Situation oder in den „profanen" Raum.

Die Eigenheiten des M. können sich auch auf andere Darstellungsebenen des Symbolsystems übertragen, so wenn etwa in Ägypten knapp betextete „Bildergeschichten" entstehen, wobei nicht ausgemacht ist, ob derlei Geschichten wirklich je erzählt wurden. Möglicherweise besteht hier das Konzept eines bedeutsamen, irreversiblen Geschehenszusammenhangs, der primär ikonographisch ausgearbeitet ist.

5. Die Bestimmung des M. als einer *traditionellen Erzählung* besagt noch nichts über seinen Erzähler, dessen Rolle mehr oder weniger spezialisiert sein kann. Einerseits gibt es volksläufige Mythen, die von jedem, der dazu geschickt ist, weitergegeben werden können (die Reproduktionsregeln des M. sind dann entsprechend einfach); andererseits ist in höher ausdifferenzierten Kulturen das Erzählen des M. häufig einem besonderen Stand von Spezialisten vorbehalten, und dessen Reproduktion, die z.T. dann schriftlich erfolgt oder in wörtlichem Auswendiglernen besteht, unterliegt entsprechend schwierigeren Gesetzen.

6. Die *Funktion* von M. ist variabel. Vielfach kommt ihnen die Aufgabe einer umfassenden Orientierung zu; in solchen Fällen verknüpft der M. verschiedene Erfahrungsbereiche, bringt sie in einen Zusammenhang und ordnet sie so, daß sie dem Menschen durchsichtig werden. Andererseits (und insbesondere, wenn er sich von nichtsprachlichen Darstellungsebenen des Symbolsystems löst) gewinnt der M. gelegentlich nur mehr unterhaltende Funktion; der Vorgang der Erzeugung und Lösung von Spannung dient dann nicht mehr der Einweisung in die verbindlichen Orientierungsvorgänge der Gemeinschaft, sondern ist zu einem kathartischen und entspannenden Selbstzweck geworden. In Schriftkulturen wird der M. alsdann zum Bildungsinhalt; in den Schulen des Alten Orients sind Mythen niedergeschrieben, kopiert, gelernt und mit anderem Bildungsgut international ausgetauscht worden. Schließlich gerät der M. im Rahmen priesterlich-spezialisierten Umgangs mit der rel. Tradition auch in den Sog der Spekulation: Die Sinngebung des M. wird zunehmend der Reflexion unterworfen, Mythen werden bewußt bearbeitet und kombiniert, erzählfremde Gattungen und Denkformen dringen in den M. ein (in Mesopotamien etwa die Listenwissenschaft, in Indien die Erfahrung methodisierter Meditation). Aus dem „Denken des M." wird ein „Denken über den M."

III. Mythos und Logos sind zwei urspr. benachbarte Begriffe des Griechentums; beide bezeichnen das gesprochene Wort und umfassender die Erzählung. Doch kommt es zu einer Bedeutungsdifferenzierung, die schon in der Antike einsetzt, in der Neuzeit dann aber erst wirklich zu einer fundamentalen Unterscheidung wird: M. erhält als Erzählung die Konnotation des Märchenhaften, Fiktiven, Logos dagegen die des Tatsächlichen; während der M. im Bereich des Erzählens verbleibt, wird für den Logos das diskursive Denken, das die Dinge analysiert und ihnen auf den Grund geht, immer wesentlicher. Dabei kann man im Griechentum nicht einfach den M. der Religion, den Logos der Philosophie zuweisen. Die vorsokratische Philosophie ist zwar streckenweise den traditionellen Mythen gegenüber außerordentlich kritisch (Religionskritik des Xenophanes!), jedoch ihrerseits mythischen Weltkonzepten, die sie in abstrahierender und formalisierender Weise weiterdenkt, zutiefst verpflichtet. Während die Sophisten den M. völlig zersetzen und Sokrates ihm distanziert gegenübersteht, spielt er bei Platon wieder eine fundamentale Rolle als Begründungselement in Bereichen, in denen der analytische Zugriff nicht ausreicht; immerhin bleibt der M. im Bereich der Kontrolle der Reflexion.

Viel radikaler stellt sich eine analoge Problematik in der Neuzeit. Seit der Aufklärung gewinnt die Vernunft eine Autonomie, welche ihr gestattet, ohne die rel. Tradition (und damit den Bereich des M.) auszukommen. Diese gerät zunehmend in Bedrängnis; es zeigen sich zwei Reaktionstypen: Einerseits versucht die institutionalisierte Religion, nach Möglichkeit die „Wahrheit" ihrer Überlieferungen gegen „wissenschaftliche Wahrheit" zu verteidigen (konservative Reaktion); oder sie versucht, den Gehalt dieser Überlieferungen in sittliche Zielsetzungen zu reduzieren (reduktive Reaktion). In welcher Weise die erzählende Weltbegründung des M., die diskursive Erörterung der Welt durch die Philosophie und die methodische, transsubjektiv nachvollziehbare Kontrolle von ausgegrenzten Bereichen der Wirklichkeit durch die Wissenschaft parallel verlaufen und aufeinander beziehbar sind, ist noch offen.

IV. Entmythologisierung – Remythisierung. Einen theol. Versuch, über die Alternative von konservativer und reduktiver Reaktion auf die Aufklärung hinaus zu kommen, unternimmt *R. Bultmann* in seinem *Entmythologisierungsprogramm*. Seine Grundeinsicht ist die, daß der M. (erst in der Neuzeit?) nicht das leistet, was er zu leisten intendiert; er redet „weltlich" vom „Unweltlichen", macht dadurch Gott zu einem Objekt neben den Objekten der Welt und verpaßt so sein eigentliches Ziel, die Transzendenz zu eröffnen. Soll die christl. Botschaft, welche im NT mythisch zur Sprache kommt, ihr Ziel heute erreichen, so muß sie in einer Weise verkündigt werden, welche Objektivierungen vermeidet; der M. muß interpretiert werden, und zwar auf die Grundbefindlichkeiten des Menschen hin (existentiale Interpretation). So wird auch verhindert, daß etwa (grundsätzlich gegenstandslose) Spannungen zwischen ntl. und gegenwärtigen Weltbildern entstehen. Wie weit das Element des Erzählens konstitutiv bleibt und wie weit der Interpretationsvorgang das traditionelle rel. Vokabular in anthropologisches (der Philosophie oder der Alltagssprache) umzusetzen vermag, bleibt offen.

Hat das Programm der Entmythologisierung einerseits auf theol. Seite große Beachtung gefunden, so ist andererseits in nichtrel. Gesellschaftsbereichen eine Remythisierung unverkennbar. Normen- und Wertsysteme, deren traditionelle Geltung im Gefolge der Aufklärung zersetzt worden sind, werden wieder installiert aufgrund von sinnstiftenden Bedeutungskomplexen, welche zwar nicht mehr im Zusammenhang erzählt werden und sich auch nicht philos. zu einer Ideologie verdichten, aber trotzdem wirksam sind. Diese „Mythen des Alltags" (R. Barthes) sind diffus und lassen sich nicht präzis fassen, haben aber trotzdem eine nicht zu unterschätzende Prägekraft für die Gegenwart; so etwa der „M." der „freien Welt" (welcher sich seit dem 2. Weltkrieg aufmacht, um den Kommunismus zu bekämpfen und ihre Freiheit der ganzen Welt mitzuteilen), oder der „M." von „Coca Cola" (welcher der jungen Generation ihr Lebensgefühl der Freiheit vermittelt) usw. Die Struktur dieser „Mythen" beruht auf einem sinnstiftenden Komplex von verschiedenen, in einem bestimmten und unumkehrbaren Zusammenhang angeordneten Leitideen; wird ein derartiger M. auch nicht als ganzer zur Darstellung gebracht, so macht man doch fragmentarisch von ihm Gebrauch; seine Symbole erscheinen in Werbespots, in Ansprachen von Politikern, in Leserbriefen usw. Da die „Mythen des Alltags" sich nicht in ihrer vollen Gestalt zeigen, bleiben sie dem kritischen Zugriff der analytischen Vernunft weitgehend entzogen. Man könnte versuchen, diese Art von Mythen als (fragmentarische) Artikulation der „Zivilreligion" zu interpretieren.

Lit.: *A. Anwander,* Zum Problem des M. Würzburg [2]1964; *T. J. J. Altizer u. a.,* Truth, Myth, and Symbol. o. O. 1962; *J. Assmann / W. Burkert / F. Stolz,* Funktionen und Leistungen des M. Freiburg/Schweiz 1982; *R. Barthes,* Mythen des Alltags. Frankfurt [4]1976. *H. W. Bartsch,* Kerygma und M. I–V. Hamburg 1948–1955; *H. Blumenberg,* Arbeit am M. Frankfurt 1979; *R. Bultmann,* Neues Testament und Mythologie: ders., Offenbarung und Heilsgeschehen. München 1941, 27–69; *G. Cassirer,* Philosophie der symbolischen Formen, Teil 2: Das mythische Denken. Darmstadt [7]1977; *M. S. Day,* The Many Meanings of Myth. o. O. 1984; *W. G. Doty,* Mythography. Alabama 1986; *M. Eliade,* Der M. der ewigen Wiederkehr. Düsseldorf 1953; *A. Di Nola,* Art. Mito: EncRel (I) 489–530 (Lit.); *J. Henninger,* Le mythe en ethnologie: DBS VI 225–246; *K. Hübner,* Die Wahrheit des M. München 1985; *A. E. Jensen,* M. und Kult bei den Naturvölkern. Wiesbaden 1951; *E. Leach,* M. und Totemismus. Frankfurt 1973; *C. Lévi-Strauss,* M. und Bedeutung, hg. v. A. Reif. Frankfurt 1980; *C. Levi-Strauss,* Mythologica I–IV. Frankfurt 1971–75, 167–170; *H. Limet / J. Ries* (Hg.), Le mythe, son langage et son message. Louvain-la-Neuve 1981; *B. Malinowski,* Myth in Primitive Psychology. o. O. 1926; *W. Nestle,* Vom M. zum Logos. Stuttgart [2]1942; *M. Oppitz,* Notwendige Beziehungen. Frankfurt 1975; *H. Poser* (Hg.), Philosophie und M. Berlin 1979; *R. Schlesinger,* Faszination des M. o. O. 1985; *Th. A. Sebeok* (Hg.), Myth. Philadelphia 1955; *J. P. Vernant,* Mythe et pensée chez les Grecs I–II. Paris 1965. *F. Stolz*

N

Name. 1. Der Umgang mit N.n bzw. die Benennung von Dingen ist grundlegender Ausdruck der menschlichen Befähigung zur Sprache. Entsprechend bedeuten die N.n (im Plural) urspr. nichts anderes als die Sprache bzw. ist der N. (im Singular) nichts anderes als das Wort. Allerdings haben N.n heute viel von ihrer sowohl in der Religions- wie in der Philosophiegeschichte vorhandenen Bedeutung verloren. Als N.n werden heute weithin die sog. Eigen-N.n bezeichnet. Selbst sie haben nicht mehr den bei früheren Kulturen für alle N.n (Bezeichnungen, Wörter) zu beobachtende Eigenschaft, dem N.n-Kenner Verfügungsgewalt und Macht über das mit dem N.n Bezeichnete zu verleihen (vgl. auch Gen 2,19f.). N.n können heute im Gegensatz zu anderen Wörtern bedeutungslos sein und genügen ihrer Funktion, wenn sie das mit ihm Bezeichnete identifizierend kennzeichnen.

2. Angesichts des heute festzustellenden Sprachverlusts im rel. Bereich verdient der Umgang mit dem/den N.n Gottes und der Götter in der Religionsgeschichte erneute Beachtung. Analog zur Einstellung zum Gottesbild, der Schaffung von ↗Bildern und dem ↗Bilderverbot, zeigt sich auch hier eine Dialektik von Gottesbenennung und ihrer Verweigerung. Entsprechend findet sich im bibl. Raum einerseits eine intensive Anrufung des göttlichen N. (vgl. „Geheiligt werde dein Name", „Der Name des Herrn sei gepriesen", „Im Namen des Vaters ..." u. ä.), andererseits das niemals aufgehobene Verbot des mißbräuchlichen Gebrauchs des Gottes-N. im Dekalog. Umgekehrt gibt es auch in asiat. Religionen neben der entschiedenen Absage an Nennungen (vgl. als klass. Beispiel den Anfang des *Tao-tê-ching:* „Der Name, der sich nennen läßt, ist nicht der ewige Name.") als bekannteste Weise der N.ns-

Anrufung das jap. *Nenbutsu*, wörtlich die „Buddha-Nennung", d. h. die vertrauensvolle Anrufung des ↗Amida-N. im jap. Reine-Land-Buddhismus. Klass. Ausdruck findet die genannte Dialektik in der sog. Offenbarung des göttlichen N. an ↗Mose in der Vision des brennenden Dornbuschs (Ex 3): Der dem Mose mitgeteilte N. Gottes offenbart Gott als den Unnennbaren und Unverfügbaren: „In dem Maße, in dem den N.n des Gottes zu kennen hieß, Macht zu haben über ihn, ist der N., der Mose anvertraut wurde, genau der des Wesens, das der Mensch in Wahrheit nicht nennen, das heißt, seiner Sprache zugute halten kann" (P. Ricœur: B. Casper 65 f.). Theol. reflektiert wird sie in der Dialektik von apophatisch-negativer und kataphatisch-positiver Theologie (vgl. Dionysius Ps.-Areopagita, De divinis nominibus). Die Beachtung der genannten Dialektik enthüllt aber zugleich eine in den N.ns-Spekulationen lange Zeit zuwenig beachtete Seite des N.: Auch wo die Kenntnis des N. nicht zum „Begriff" des fremden Wesens führt, sondern dieses das Unverfügbare sein läßt, erlaubt sie die Anrede und Anrufung. In diesem Sinne hat F. Ebner formuliert: „Gott ist bewiesen, indem man ihn anruft" (Schriften I 96). Die Dialektik von N.n-Offenbarung Gottes bzw. menschlicher Gottnennung und -anrufung und Absage an beides ist einer der verheißungsvollsten Ansatzpunkte des beginnenden ↗Religionsdialogs, nicht zuletzt zwischen den abrahamitischen und den asiat. Religionen.

Lit.: Vgl. Art. N.: HWP VI 364–389 *(T. Borsche u. a.);* N. Gottes: ebd. 389–398 *(F. Niewöhner / A. Seigfried);* RGG[3] 1298 ff. *(W. Philipp);* N.glaube: ebd. 1301–1306 *(C. A. Schmitz u. a.);* Noms de Dieu: P. Poupard, Dictionnaire des Religions. Paris 1984, 1203–1209 *(A. Manaranche);* Names and Naming: ER X 300–307 *(F. M. Denny); G. van der Leeuw,* Phänomenologie der Religion. Tübingen [2]1956, 155–170; *K. Goldammer,* Die Formenwelt des Religiösen. Stuttgart 1960, 230–234 u. ö.; *B. Casper* (Hg.), Gott nennen. Freiburg 1981; *H. Waldenfels,* Faszination des Buddhismus. Mainz 1982; *C. Langer-Kaneko,* Das Reine Land. Leiden 1986 (Reg.).

H. Waldenfels

Natur

↗Mikrokosmos-Makrokosmos; Welt/Schöpfung.

1. N. (griech, *phýsis*, lat. *natura*) ist – ähnlich wie Kosmos, Schöpfung, Welt – eine der Bezeichnungen für das, in dem der Mensch sich als lebendiges Wesen vorfindet. Wörtlich besagt N. a) Hervorgang, Werden, Geboren-Werden (von lat. *nasci*), b) das Geborene und Gewordene. Insofern als das einfachhin Daseiende weitere Rückfragen verbietet, ist N. auch Ausdruck des Wesens und der Beschaffenheit des Ganzen und jedes Einzelnen, so daß von der N. schlechthin genauso gesprochen wird wie von der N. der Dinge, des Menschen, selbst der Götter und Gottes. Die besondere Stellung des Menschen in der N. hat dahin geführt, daß er aufgrund seiner eigenen N. eine zu verschiedenen Zeiten und in verschiedenen Räumen unterschiedliche Einstellung zur N. im ganzen gewonnen hat.

2. Die N. bzw. der Kosmos war zu allen Zeiten Ort bzw. Objekt rel. Andacht, insofern sich in ihr das ↗Heilige bzw. Göttliche manifestiert (Hierophanie). Sie wurde als Ganzes, aber auch in ihren tragenden (↗Erde, ↗Himmel) und bewegenden (↗Sonne, ↗Mond, Sterne [↗Astralkult]) Momenten, in ihren Lebensvermittlungen (↗Vegetationskult, ↗Wasser) wie in ihren zwiespältigen, z. T. bedrohlichen Kräften (↗Feuer, Gewitter u. a.) verehrt. Wo die N. und ihre Kräfte und Elemente unter jüd.-christl., aber auch philos. Einfluß entdivinisiert wurden, büßte die N. ihren zentralen Ort im Weltbild ein und trat an die Stelle der Kosmozentrik die Theo- bzw. Anthropozentrik. Dennoch beweisen nicht nur die heutige Neubelebung des Interesses an den ↗Traditionellen Religionen bzw. den Naturvölkern und die bedeutende Rolle, die das Kosmische etwa in den Phänomenen des ↗New Age spielt, daß die N.-Verehrung fortlebt; unterschwellig hat die N.-Frömmigkeit zu allen Zeiten selbst in Bereichen einer säkularisierten Lebensgestaltung fortbestanden.

3. Der Mensch hat aber sodann die N. auch stets als seinen Lebensraum bzw. im Fortgang der Geschichte als Ort seiner aktiven Lebensgestaltung erfahren. Dabei ergab sich nochmals ein doppelter Umgang mit der N.: Sie war Ort menschlicher Beobachtung und menschlichen Handelns. An ihr formte der Mensch sein Weltbild; in ihr fand er seine „Lebensmittel". Die N. vermittelte ihm den Sinn für die Ordnung (Kosmos, ↗Dharma), aber

auch für das, worauf er wie alles andere in der Welt ein Anrecht hat (N.-Recht). Im Umgang mit der N. lernte der Mensch die Unterscheidung zwischen der N. der Dinge und der N. des Menschen, die ihn über die untermenschliche N. verfügen läßt; zwischen N. und Verfügung; N. *(phýsis)* und Gesetz *(nómos);* N.-Recht und positivem, d.h. vom Menschen gesetztem Recht; N.(-Notwendigkeit) und ↗Freiheit; später zwischen N. und ↗Kultur; schließlich die Frage nach der N. als die Frage nach der „Ur-sache" bzw. dem Prinzip *(archḗ),* dem gegenüber der Mensch sich in seiner N.- bzw. Weltgestaltung zu verantworten hat (↗Ethik).
4. Eine deutliche Neuorientierung in der N.-Einstellung läßt sich in unserer Zeit erkennen. Sie ist nicht zuletzt Folge der Ängste, die sich angesichts von nicht nur positiven, sondern in vieler Hinsicht das Schicksal der Menschheit bedrohenden praktischen Ergebnissen der N.-Wissenschaften wie auch eines unverantwortlichen Umgangs mit den Produkten der N. eingestellt haben. Dabei geht es einmal darum, daß die N.-Wissenschaften jene Bezüge wiederentdecken, die sie im Prozeß der Emanzipation von einer N.-Philosophie verloren haben, die vom aristotelischen N.-Begriff her zusammen mit den physisch-physikalischen auch die metaphysischen und die ethisch-politischen Implikationen berücksichtigt hat. Unbedingt erforderlich ist eine neue Ethik im Umgang mit der N. (↗Ökologie und Religion). Ein verstärktes Interesse verlangt aber auch die Tatsache, daß sich nicht wenige N.-Wissenschaftler heute neue Antworten auf die sich stellenden Fragen nicht mehr von den Religionen der abendländischen Tradition, sondern von den asiat. und anderen kosmosorientierten Religionen versprechen. Sosehr die Einbeziehung der asiat. Religionen dem heutigen Bewußtsein von einer kulturell polyzentrischen und religiös pluralen Welt entspricht, so wenig wird doch eine naive Redivinisierung bzw. Remythisierung der N., wie sie im rel. Synkretismus unserer Tage vielfach erfolgt, dem erreichten Bewußtseinsstand einer krit. Vernunft gerecht. Die abendländische Philosophie wie die jüd.-christl. Theologie werden daher von ihren Wurzeln her auch in Zukunft ihren korrigierend-krit. Beitrag zur N.-Einstellung und zum N.-Umgang zu leisten haben; sie können auf die notwendige Unterscheidung der Geister nicht verzichten.

Lit.: Außer den ausführlichen Art. zum Themenbereich N. in RGG³ IV 1321–1382; HWP VI 421–659 und ER X 314–337, XI 319–323, XIII 121–133: *G. Altner,* Zwischen N. und Menschengeschichte. München 1975; *F. Capra,* Der kosmische Reigen. Bern 1977; *ders.,* Wendezeit. München 1982; *C.F. v. Weizsäcker,* Der Garten des Menschlichen. München 1977; *Ph. Schmitz* (Hg.), Macht euch die Erde untertan? Würzburg 1981; *H. Waldenfels,* Gott-Mensch-Welt. Zum Angelpunkt des interrel. Gesprächs aus christl. Sicht: W. Strolz / H. Waldenfels (Hg.), Christl. Grundlagen des Dialogs mit den Weltreligionen. Freiburg 1983, 13–43; *C. v. Korvin-Krasinski,* Kosmozentrik-Anthropozentrik? Eine religions- und kulturmorphologische Analyse: ebd. 44–75; *A. Auer,* Umweltethik. Düsseldorf 1984 (Lit.); *H. Dolch,* Grenzgänge zwischen N.-Wissenschaft und Theologie. Paderborn 1986; *C. v. Korvin-Krasinski,* Trina Mundi Machina. Mainz 1986.

H. Waldenfels

Naturreligionen ↗Traditionelle Religionen.

Neues Testament ↗Heilige Schrift(en) VII.

Neuplatonismus. Moderne Bezeichnung der letzten Periode des antiken Platonismus im Mittelmeerraum von Ammonios Sakkas (gest. 242) bis zur Schließung der Akademie in Athen 529 mit ihren wichtigsten Gestalten *Plotin* (205–270), *Porphyrius* (ca. 233–303), *Jamblich* (ca. 250–326) und *Proklos* (gest. 485). Als beherrschende Schulphilosophie verstand sie sich als Bewahrerin des Erbes Platos, ohne die Verwurzelung im Mittelplatonismus zu leugnen oder sich zu scheuen, stoische und seit Porphyrius verstärkt auch aristotelische Lehren zu integrieren. Die Kommentierung platonischer Dialoge (Timaios, Politeia, Parmenides, Phaidros, Phaidon, Alkibiades I u.a.) herrscht nach Plotin vor, stark allegorisch-symbolische Exegese betreibt Porphyrius, methodische Verfahren der Kommentierung entwickelt Jamblich; daneben bilden eine Art kanonischer Schrift die *chaldäischen Orakel* des Theurgen Julian (2. Hälfte des 2. Jh.). Unterschieden hat man zwischen nur in der Lehre tätigen und nur doxographischen Platonikern, häufig sind Vorlesungen Nachschriften der Kollegs der Vorgänger. Untereinander in Austausch stehende Zentren des N. sind Rom (Plotin, Porphyrius), Apameia in Syrien (Amelius, Jamblich), Pergamon (Julian, Eunapius, Salustios), Alexandrien (Hypateia, Hierokles, Hermeias, Olympiodor) und Athen (Plutarch, Syrian, Proklos, Damaskios). Im lat. Westen (Marius Victorinus, Chalcidius, Macrobius, Boëthius) wirkt bes. Porphyrius nach gemäß dem Grundsatz Theilers, daß Lehrstücke nachplotinischer Neuplatoniker, die sich mit solchen bei Augustinus vergleichen lassen, nicht aber in gleichem Umfang bei Plotin zu finden sind, als porphyrisch gelten können. – Hauptthema ist der hierarchisch aufgebaute intelligible Kosmos. Als erster setzt Plotin anders als Plato über den noetischen Bereich ein auch das Sein transzendierendes Prinzip, das Eine, an. Ohne etwas seiner selbst einzubüßen, teilt es sich den nachfolgenden Hypostasen *Nous* (Denken) und *Psyche* (Seele) mit, aus der durch weitere Emanation die sinnlich wahrnehmbare Welt entsteht. Das Böse wird als Mangel an Sein definiert und in der qualitätslosen Materie gesucht. In der Folgezeit werden die Stufen des Schemas verfeinert: Jamblich etwa übergipfelt das Eine Plotins durch ein undefinierbares und unaussprechliches Eines und differenziert die Ebene des *Nous* in *Kósmos noētós* (Ideen als Objekte des Denkens) und *Kósmos noerós* (denkende Wesen), Proklos läßt vertikal das Eine den *Nous* emanieren, horizontal Henaden usw. Ziel für den Menschen ist mittels Selbstbewußtwerdung und kathartischer Tugenden (Tugendlehre von Porphyrius ausgebaut) der Aufstieg der Seele, der in der mystischen Vereinigung mit dem Einen (= nicht „erkennbares“ unpersönliches Göttliches) gipfelt – Plotin soll sie viermal erreicht haben. Wieweit Plotins Interesse, die Philosophie der Perser und Inder (= Buddhisten?) kennenzulernen (Teilnahme am Feldzug Gordians III.), sich in Einfluß auf sein Denken realisieren konnte, ist offen; vermutete buddh. Vorgabe ist die Lehre vom Leeren, während Seelenwanderung, Begriff des Einen, Kreislaufdenken usw. in „indischer“ und plotinischer Lehre nur pauschale, nicht hist. verwertbare Analogien anzeigen und von Plato her vorgebildet sind. Nach Plotin rücken im Dienst des Seelenaufstiegs magische Praktiken in den Vordergrund. Jamblich rechtfertigt in *de mysteriis* mit der Lehre universaler Sympathie die Theurgie, die sich ägypt. und chaldäischer Weisheit öffnet und den N. zur paganen Religion macht. In ihr ist der Philosoph Priester und Theologe. Wetterzauber, Mantik, Heilwunder usw., aber auch Gebet sind theurgische Handlungen. Proklos legt homerische Götternamen den Stufen des Kosmos bei, der Aufstieg wird Gottesdienst. Als schärfster Gegner des Christentums (Porphyrius, *Gegen die Christen*) ist es von ihm getrennt durch Ablehnung der fleischlichen Auferstehung, des personalen Gottes und der Möglichkeit von hist. Offenbarung, daran ändern auch die Kommentierung des Johannesprologs durch Amelius oder christlicherseits die Benutzung neuplatonischer Lehren für die Trinitätstheologie (Marius Victorinus, Basilius) nichts. Ein antiker christl. N. begegnet nur bei Ps-Dionysius Areopagita (um 500). U.a. dessen lat. Übersetzung durch Johannes Skotus (9. Jh.) sowie die Gestalt des Boëthius (gest. 525) haben vielfältige Nachwirkungen im MA, dessen Platoverständnis zumeist die Züge des N. trägt (Bernhard v. Chartres, Hugo v. St. Viktor). Neuplatonische Schriften haben sich weitaus mehr als andere philos. Schriften erhalten. Ma. Lehren wie die „quinque voces“ (Gattung, Art, Differenz, wesentliches und unwesentliches Merkmal) sind ebenso schon bei Porphyrius (*Eisagogē*) vorgebildet wie das Universalienproblem (Nominalismus oder Realismus). Weiterer Höhepunkt des N. christlicher Form ist die „platonische Akademie“ in Florenz im 15. Jh. (Marsilius Ficinus, Pico della Mirandola) mit Wirkung in ganz Europa; erst seit dem deutschen Humanismus wird Plato nicht mehr in neuplatonischem Licht gelesen. Die Reformation lehnt die Synthese von Platonismus und Christentum ab.

Lit.: *C. Zintzen* (Hg.), Die Philosophie des N. Darmstadt 1977; *H. Dörrie,* Die Andere Theologie: ThPh 56 (1981) 1–46; *K. Praechter* (Hg.), F. Ueberwegs Grundriß der Geschichte der Philosophie 1. Basel ([12]1926) 1967, 590–655.

C. Scholten

Neureligiöse Bewegungen

I. Afrika. – II. Asien. – III. Europa und Nordamerika. – IV. Lateinamerika. – V. Christentum und Neureligiöse Bewegungen

I. Afrika. 1. In den letzten Jahrzehnten hat Afrika im sozio-ökonomischen Bereich enorme Veränderungen erfahren. Die Behauptung der Selbständigkeit und das Streben nach Selbstvertrauen waren bestimmende Faktoren der postkolonialen Periode. Mit dem Entstehen neuer unabhängiger Staaten wuchs auch ein tiefes rel. Bewußtsein.

Neben den traditionellen Religionen, Christentum und Islam entstehen überall die sog. Gebets-Heilung-Kirchen, die in Nigeria unter der Yoruba-sprachlichen Bezeichnung *„Aladura"* (= jemand, der betet) bekannt sind: Christ Apostolic Church, Cherubim and Seraphim Church, Musama Disco Christo Church, Godianism, United Native African Church of the Spirit usw. Die meisten dieser Gemeinschaften haben ihren Ursprung in protestantischen kirchlichen Gemeinschaften. Von ca. 160 Mio. Christen auf dem afrik. Kontinent gehören mindestens 14 Mio. zu diesen afrochristl. N.B.

2. Die Organisationssysteme dieser Kirchen sind wegen der hohen Fluktuation der Mitglieder sehr locker. Ihre Riten und Bräuche weisen Einflüsse aus traditionellen Religionen, Judentum und Christentum auf. Die Geisttaufe ist allein dem Erwachsenen vorbehalten und bedeutet sowohl Reinigung als auch Heilung. Offenbarungen, Visionen, Prophezeiungen und Träume sind geistinspiriert.

3. Außer den pentekostalen Gruppen gibt es einige Bewegungen, die sowohl rel. als auch politische Tendenzen zeigen. Der *Kimbangismus* oder *Ngunzismus* wurde von Simon Kimbangu aus Kongo (1889–1951) ins Leben gerufen. Wie Mose, Jesus, Muḥammad und Buddha andere Rassen erlöst haben, so verstand Kimbangu sich als Erlöser der schwarzen Rasse. Seine Verkündigung war voll christl. Elemente, doch behauptete man, sie sei gegen die Weißen gerichtet, die den Geist des Christentums so wenig lebten. Er wurde zu lebenslanger Gefängnishaft verurteilt und nach Elisabethville deportiert. Seitdem wurde er von seinen Anhängern als „Märtyrer" und „Messias" verehrt. Seine Rückkehr wurde im Sinne einer Parusie verstanden und spielte bes. in der letzten Zeit vor der Entkolonialisierung des Kongo eine beachtliche Rolle.

Eine zweite Bewegung, *Kitawala*, ist als Sammelbezeichnung aller in der Tradition des Gründers Elliot Kenan Kamwana stehenden chiliastisch-prophezeienden Gruppen, einschließlich jener, die den 1931 angeordneten neuen Namen „Zeugen Jehovas" entweder übernahmen oder bewußt ablehnten. 1909 trat Kamwana aus Malawi auf und verkündete: Befreiung von der weißen Herrschaft wird jedem zuteil; die seligmachende Taufe wird jedem gewährt, und großer materieller Reichtum ist im tausendjährigen Reich (↗Chiliasmus) und schon vorher (aus Amerika) zu erwarten. Der chiliastische Protest Charles Taze Russels aus Pennsylvania gegen den besoldeten Klerus, die Ordination, die Androhung von Höllenstrafen und den Aufschub des Gottesreiches auf Erden hat dabei Pate gestanden. Ihren bedeutendsten politischen Erfolg erblickte die Bewegung in der Unabhängigkeit der Kongo-Republik, nachdem frühere Aufstände dort mit Hinrichtung ihrer Führer beendet worden waren.

Der *Amicalismus*, eine teils politische, teils soziale Bewegung, wurde von Matswa Andre aus Kongo 1899 gegründet. Nach seiner Verbannung und seinem Tod 1942 machte seine Gründung eine innere Wandlung durch. Die rel. Aspekte wurden vorherrschend. Der ↗Ahnenkult gewann an Bedeutung. Die Verehrung des vom Volk sog. Jesus Matswa, der zu seinen Lebzeiten keinerleit rel. Bedeutung gehabt hatte, gipfelte in der Erwartung seiner Rückkehr, die mit der Hoffnung verbunden war, er werde als König ein Reich der Schwarzen errichten.

Stärker politisch ausgerichtet sind der *Nkrumahismus* und die *Mau-Mau-Bewegung*. Kwame Nkrumah, der frühere Staatspräsident von Ghana, hat bis zu seinem Sturz 1966 bewußt als politischer Messias gewirkt und sich wahrscheinlich bis zu seinem Tod 1972 als solcher gefühlt. Nkrumah ließ sich Osagyefo („Erlöser") nennen und widersprach nicht, wenn seine Minister vor ihm niederknieten und ausriefen: „Osagyefo, du bist mein Gott!" Man sagt ihm nach, daß er selbst von sich erklärte: „Ich bin der Messias Afrikas, betet mich an!"

Lit.: *P. S. Mbiti,* Afrik. Religion und Weltanschauung. Berlin 1974; *G. C. Oosthuizen,* Afro-Christian Religions. The Netherlands 1979; *E. G. Parrinder,* Religion in an African City. Westport 1972; *H.-J. Greschat,* Westafrik. Propheten. Marburg 1974; *G. C. Ikeobi,* Catholic Response to the Challenge of „Prayer Houses": V. A. Nwosu (Hg.), The Catholic Church in Onitsha. Onitsha 1985, 262–266; *K. A. Opoku,* Changes within Christianity. The case of the Musama Disco Christo Church: O. U. Kalu (Hg.), The History of Christianity in W.-Africa. U.K. 1981; *G. Lanczkowski,* Die neuen Religionen. Frankfurt 1974, 120–123. *G. Onyeke*

II. Asien. 1. Ostasien. Etwa 20 Prozent der jap. Bevölkerung halten sich zu einer der fast 400 „neuen Religionen" (shinkō shūkyō), in denen volkstümlich-schamanistische, shintōistische und buddh. Einflüsse sich unterschiedlich mischen. Die älteren unter ihnen entstanden im 19. Jh. im Gefolge der Restauration der Meiji-Periode und wuchsen trotz Verfolgung durch den offiziellen Staats-Shintō. Unter ihnen haben *Tenrikyō* („Lehre von der himmlischen Weisheit", 1838) und *Ōmotokyō* („Lehre vom großen Ursprung", 1892) gemeinsame, auch in anderen N.B. Japans zu findende Merkmale: eine göttliche Verehrung genießende weibliche Stifterin, oft unterstützt von einem männlichen Organisator; chiliastische Erwartung eines goldenen Zeitalters des Glücks; ein Kanon hll. Schriften; ein zentraler, oft aufwendig errichteter Schrein; patriotische Hochschätzung Japans; vor allem Heilungspraktiken, wie sie auch in der jap. Volksreligion eine wichtige Rolle spielen.

Von der Ōmotokyō abgespalten oder beeinflußt sind *Sekai Kyūsei Kyō* („Kirche der Weltmessianität", 1928), *Sekai* bzw. *Sūkyō Mahikari* („Wahres Licht", 1959) u. a. m. Krankheit wird von ihnen auf Besessenheit durch Ahnen- und andere Geister zurückgeführt und vor allem mit exorzistischen Reinigungsritualen *(miteshiro, jōrei, okiyome)* geheilt. Mit ihrer Hilfe wird der Körper gereinigt, der Geist vertrieben oder, damit er sich in einem glücklicheren Leben reinkarnieren kann, selbst geläutert. Handauflegen sowie wunderwirkende Amulette spielen dabei eine wichtige Rolle. Moderne Medizin wird häufig abgelehnt. Die *Seichō-no-Ie* („Haus des Wachstums", 1930) ist in ihren Heilungsvorstellungen vom mentalen Heilen der Neugeist-Bewegung und Christian Science beeinflußt.

Andere jap. N.B. stehen in der Tradition des buddh. Reformers Nichiren (1222–1282) und seiner Auslegung des Lotos-Sūtra. Auf dessen Mitleidsethik basiert die karitative Tätigkeit der *Reiyūkai* („Freunde des Geistes", 1925), die dem Shintō durch die Betonung der Ahnenverehrung nahesteht. Die *Risshō Kōseikai* („Gesellschaft zur Errichtung der Gerechtigkeit und Pflege der Gemeinschaft", 1938) und ihr Präsident Nikkyō Niwano sind durch ihr interrel. Engagement im Rahmen der „Weltkonferenz der Religionen für den Frieden" und des „Weltbundes für rel. Freiheit" bekannt geworden. Niwanos Friedensengagement gründet sich auf sein Buddhismusverständnis, nach dem alle Dinge ohne Dauer und ohne Ich sind und das Nirvāṇa im Sinne von Ruhe und Harmonie gedeutet wird. Die Hinwendung zum Friedensengagement hat sich unter dem Eindruck von Hiroshima in vielen jap. N.B. vollzogen.

Dem kämpferischen Geist Nichirens stärker verpflichtet sind die *Sōka Gakkai* („Gesellschaft zur Schaffung von Werten", 1930), die sich als buddh. Laienbewegung versteht, und die ältere, jetzt aber mit ihr verbundene *Nichiren Shōshū* („Wahre Schule Nichirens"). Wie in allen Nichiren-Richtungen steht im Zentrum die Anrufung des Lotos-Sūtra durch ständiges Rezitieren des „Namu-myōhō-renge-kyō" („Verehrung dem Lotos-Sūtra des wundervollen Gesetzes") vor einem auf Nichiren zurückgehenden heilbringenden Mandala, dem Go-Honzon. Sie dient dem Zweck, Frieden, Glück und Erleuchtung zu erlangen. Zum phänomenalen Wachstum der Sōka Gakkai trug die aggressive Mitgliederwerbung (shakubuku) bei. Die Sōka Gakkai hat durch die Gründung einer Partei (Kōmeitō, „Saubere Regierungs-Partei") im politischen Leben eine umstrittene Rolle gespielt.

Während die jap. N.B. im 19. Jh. unter der Landbevölkerung Fuß faßten, haben sie im Modernisierungs- und Urbanisierungsprozeß des 20. Jh. vornehmlich in den unteren Schichten die traditionelle Volksreligion revitalisiert, die um elementare Lebensprobleme kreist. Durch Hauskreise und Gruppengespräche *(hōza)* haben sie das Bedürfnis nach Gemeinschaft und persönlicher Seelsorge befriedigen können. Neuer N.B. wie *Shinnyo-En* („Garten der Wahrheit des Buddha") nehmen sich stärker der spirituellen Bedürfnisse der neuen Wohlstandsgesellschaft an.

Die zahlreichen N.B. Koreas sind durchweg synkretistisch, nationalistisch und chiliastisch. Die *Ch'ŏndogyo* („Lehre vom Weg des Himmels", urspr. *Tonghak*, „Östliche Lehre", 1861) versteht sich als Vereinigung von Konfuzianismus, Buddhismus und Taoismus und spielte eine wichtige Rolle im korean. Unabhängigkeitskampf. Die einzige korean. N.B., die sich weltweit verbreiten konnte, ist die *T'ong'ilgyo* (Vereinigungskirche, vollständig: „Gesellschaft des Heiligen Geistes zur Vereinigung des Weltchristentums", 1954). Ihre von taoistischer Kosmologie, ↗Schamanismus sowie christl. Dispensationalismus und Chiliasmus geprägte Lehre zielt auf die Wiederherstellung der urspr. Schöpfungsordnung und die Aufrichtung eines irdischen Gottesreiches, wobei die sakrale Weihe der Ehe und die Zeugung sündloser Kinder eine wichtige Rolle spielen, ferner ein religiös begründeter Antikommunismus.

2. Indien (↗Hinduismus II 7). Die ind. N.B. sind weder inhaltlich noch organisatorisch Neureligionen im strengen Sinn des Wortes. Im 19. Jh. entstandene Reformbewegungen haben in verschiedener Weise auf die Begegnung mit westl. Kultur und christl. Mission reagiert. Der 1828 von *Ram Mohan Roy* gegründete *Brāhma Samāj* setzte sich unter Berufung auf eine rationale, monotheistische Urreligion der Upaniṣaden für rel. und soziale Reformen ein. Der *Ārya Samāj* (1875) zielte mit seinen Reformen auf die Formierung einer kämpferischen Hindugemeinschaft („Hindutum") und hat damit einen wichtigen Beitrag zur Entstehung des modernen Hindu-Nationalismus geleistet. Der *Rādhāsoāmī Satsaṅg* (1861) konzentrierte sich, bewußt unpolitisch, auf die Wiederbelebung der Guruverehrung und den Entwurf einer „wiss."-theosophischen Kosmologie. Im Unterschied zu diesen Reformbewegungen, die der Bilderverehrung und dem Kastendenken kritisch gegenüberstanden und sich westl. Organisationsformen anpaßten, hat die von Rāmakrishna inspirierte und von Svāmī Vivekānanda 1897 gegründete *Ramakrishna Mission* viele traditionelle Elemente des Hinduismus rehabilitiert und revitalisiert. Vivekānanda formulierte die Weltsendung des Hinduismus als Ausbreitung ind. Spiritualität, verbunden mit einer spezifischen Toleranz, die alle Religionen als Wege zu Gott betrachtet, und mit Sozialarbeit in Indien. Diese Renaissance der Jahrhundertwende erfaßte auch andere Kreise und hat sowohl den Neohinduismus als auch die Ausbreitung in den Westen inspiriert.

Im 20. Jh. hat *Śrī Aurobindos* Vision einer kollektiven, in der Schaffung des Übermenschen kulminierenden Evolution der Menschheit weite Verbreitung gefunden und zur Gruppenbildung beigetragen (*Aurobindo-Ashram*, Auroville). Die Zahl charismatischer, eine stattliche Anhängerschaft um sich sammelnder, oft als Avatāra verehrter Gurus ist mit zunehmender Urbanisierung und Modernisierung noch gewachsen (Beispiele s. u. III). Teilweise stehen sie in einer anerkannten Gurutradition, teilweise begründen sie selbst eine neue. Trotz Übernahme westlicher Kommunikationsformen folgen sie in ihrer Organisationsstruktur überwiegend dem alten Muster des Saṃpradāya, einer auf einen Guru zurückgehenden Überlieferung, deren Rückgrat häufig von klösterlichen Zentren und einem Stamm von Mönchen gebildet wird, ohne daß eine klare Abgrenzung nach außen erfolgen würde. Andere neue Bewegungen haben statt eines Guru einen Wallfahrtsort als Zentrum. N.B. tragen zur Einebnung von Kastenunterschieden bei. Die N.B. Asiens dokumentieren die Vitalität und Fähigkeit rel. Traditionen, sich modernen Entwicklungen anzupassen und sich in ihnen zu behaupten.

Lit.: *Allgemein: C. Colpe,* Synkretismus, Renaissance, Säkularisation und Neubildung von Religionen in der Gegenwart: Handbuch der Religionsgeschichte III. Göttingen 1975; Conc. 19 (1983) = Themenheft; *G. Lanczkowski,* Die neuen Religionen. Frankfurt 1974; *J. G. Melton,* Encyclopedic Handbook of Cults in America. New York 1986. – *Zu Asien: H. B. Earhart,* The new Religions of Japan. Ann Arbor [2]1983; *P. Gerlitz,* Gott erwacht in Japan. Freiburg 1977; *H. v. Glasenapp,* Rel. Reformbewegungen im heutigen Indien. Leipzig 1928; *W. Kohler,* Die Lotus-Lehre und die modernen Religionen in Japan. Zürich 1962.

III. Europa und Nordamerika. Der Begriff „N.B." umfaßt in diesem Zusammenhang neu entstandene und neu aufgetretene Bewegungen, auch wenn die letzteren schon eine längere Vorgeschichte, zumeist in Asien, haben.

1. West-Östl. Beeinflussungen und Konvergenzen. Während rel. Innovation im Europa des 19. Jh. noch weitgehend auf die großen Kirchen beschränkt blieb, führte sie in den USA unter dem Schutz der Religionsfreiheit zu einer wachsenden Pluralisierung in Gestalt neuer Denominationen, ↗Sekten und N.B. am Rande oder außerhalb des christl. Spektrums. Einflüsse aus asiat. Religionen, z. B. Reinkarnationsvorstellungen, wurden von der ↗Theosophie (1875) und teilweise auch vom modernen Spirit(ual)ismus aufgenommen. Diese beiden para-rel. Bewegungen brachten zahlreiche Organisationen und „Kirchen" hervor und beeinflußten ihrerseits N.B. in Asien, der Spiritualismus Kardecscher Prägung auch solche in Lateinamerika. Als dann N.B. aus Asien im Gefolge des „Weltparlaments der Religionen" 1893 in Chicago in die USA und von dort weiter nach Europa kamen, verstärkten sich wechselseitige Beeinflussungen und Konvergenzen zwischen N.B. aus Ost und West. Unitarier hatten schon Kontakte mit dem Brāhma Samāj gepflegt und, zum Weltparlament der Religionen und später, Vertreter asiat. Religionen in den Westen eingeladen. Über *R. W. Emerson* hatten sie upaniṣadische Gedanken aufgenommen. Die Theosophische Gesellschaft/Adyar hatte anfangs den gescheiterten Versuch unternommen, sich mit dem Ārya Samāj zu vereinigen, und leistete viel für die Aufrichtung des hind. (durch A. Besant) und buddh. (H. S. Olcott) Selbstbewußtseins und Erneuerungswillens. Das aus der Theosophie stammende Konzept des ↗*New Age* (↗Wassermannzeitalter) ist gegenwärtig zum Sammelpunkt N.B. aus Ost und West geworden. Der Einfluß der *Neugeist*-(New Thought-)Bewegung auf Svāmī Yogānanda und seine Self-Realization Fellowship (1935) zeigte sich in deren Heilungsversammlungen.

Beeinflussungen und Konvergenzen gab es nach 1960 zwischen asiat. N.B. und der Hippie-Subkultur sowie der von den Idealen der humanistischen Psychologie geprägten *Human Potential*-Bewegung, überhaupt zwischen östl. Meditation und westl. Psychologie (Esalen-Zentrum in Kalifornien, Bewegung um Bhagwan Rajneesh). Meditative und therapeutische Praktiken können auch säkularen Zielen wie dem westl. Erfolgs- und Durchsetzungsstreben dienstbar gemacht und überdies marktgerecht vertrieben werden. Die in Kursen gelehrten Praktiken der *Scientology-Kirche* (1955) dienen angeblich der Befreiung des (sich reinkarnierenden) Personkerns und der Erde insgesamt von negativen Eindrücken aus der Vergangenheit mit dem Ziel seelischer Gesundheit und totaler Freiheit. *Erhard Seminar Training* (*est*, 1971) möchte den Menschen vom mechanischen Reagieren zur wertfreien Erfahrung eigener Lebendigkeit führen und ihn zur alleinigen Ursache seiner Lebensumstände machen. Trotz der nicht eigentlich rel. Ziele können solche im Westen entstandenen, mit östl. Vorstellungen angereicherten Bewegungen zu den N.B. gerechnet werden. – N.B. hind. und buddh. Ursprungs haben sich von ihrem so entstandenen synkretistischen Umfeld in verschiedenem Umfang beeinflussen lassen. Die rel. Pluralisierung hat im 20. Jh. auch Europa erfaßt und die beherrschende Stellung der Kirchen im rel. Bereich zurückgedrängt.

2. Ausbreitung asiat. Religionen. Die im Umbruch der Jahre nach 1968 aus Asien in den Westen gekommenen N.B. sind überwiegend in der Kontinuität der Ausbreitung asiat. Religionen im Abendland zu sehen, die mit dem Chicagoer Religionsparlament 1893 begann. Sie dokumentieren die Umkehrung der missionarischen Dynamik. Diese ist ein Ergebnis des im 19. Jh. erwachten Sendungsbewußtseins asiat. Religionen in seiner Wechselwirkung mit dem wachsenden westl. Krisenbewußtsein. Dieser Ausbreitungsprozeß bzw. diese „Gegenmission" hat zu einer zunehmenden hind. und

buddh. Präsenz im Westen geführt, läßt sich aber auch in Afrika beobachten. Seine Träger gehören überwiegend zum Typ charismatischer Meistergestalten. Es sind ind. ↗Gurus, jap. Rōshis und tibetische Lamas, die einen bestimmten Meditationsweg lehren. Vor allem die ind. N.B. messen der Guruverehrung große Bedeutung bei und weisen teilweise ein hohes Maß an Institutionalisierung auf. Von den ind. Gurus steht nur ein Teil in einer anerkannten Gurutradition und bemüht sich um deren Bewahrung. Andere sind eklektische und synkretistische Gurus. Die Yoga- und die Zen-Bewegung im Westen haben sich teilweise von ihren rel. Wurzeln getrennt, ohne sie gänzlich leugnen zu können, und haben sich dem säkularen oder christl. Kontext angepaßt, in dem diese Meditationsformen auch praktiziert werden.

3. Mit ind. Hintergrund. In der Tradition des harmonisierenden Neovedānta stehen neben der Rāmakrishna-Mission und den aus ihr hervorgegangenen Vedānta-Gesellschaften Svāmī Śivānandas *Divine Life Society* (1936) und deren Ableger. Ihr Einfluß ist in dt. Yoga-Schulen bemerkbar, da sie auch den Haṭha Yoga pflegen. Eine Synthese von ↗Yoga und Wissenschaft auf neovedāntischem Hintergrund streben Svāmī Yogānandas *Self-Realization Fellowship* (1935) und Maharishi Mahesh Yogis *Transzendentale Meditation* (1958) an. Die letztere erhebt für ihre Meditationstechnik einen universalen Geltungsanspruch („Weltregierung des Zeitalters der Erleuchtung") und strebt die Entwicklung paranormaler Fähigkeiten (Siddhis) an. Sie ist stärker als andere ind. N.B. am westlichen Erfolgsstreben orientiert. Die *Internationale Gesellschaft für Krishna-Bewußtsein* (ISKCON, 1965), ein ordensähnlich organisierter westl. Zweig der Caitanya-Bewegung (Gauḍīya Vaiṣṇavas), vertritt die Bhakti-Frömmigkeit im Westen und steht hindunationalistischen Kreisen nahe, weil sie der weltweiten Ausbreitung des *varṇāśrama dharma* im Sinne einer spiritualisierten Kastenordnung verpflichtet ist. – Die Verehrung des „Lebenden-Meisters" und der „Yoga des Klangs" stehen im Zentrum verschiedener Gruppen, die aus der Beas-Linie des *Rādhāsoāmī Satsaṅg* und dem daraus abgespaltenen *Ruhāni Satsaṅg* Kirpal Singhs hervorgegangen sind. Der amerik. Kirpal-Schüler Paul Twitchell gründete 1965 *Eckankar* und lehrte die „Kunst des Seelenreisens" mit dem Ziel der totalen Freiheit. Die Verehrung des „Lebenden Meisters" lehren auch Guru Mahārāj Ji und seine *Divine Light Mission*, die in der Hippie-Kultur starken Anklang fanden. Guruverehrung (Guru bhakti) spielt in den meisten Gurubewegung im Westen eine wichtige Rolle.

Der *Aurobindo-Ashram* und die „Zukunftsstadt" Auroville (1968) haben eine starke Faszination ausgeübt und zur Entstehung westl. Organisationen geführt, die neben Aurobindo auch dessen Lebensgefährtin Mira Richard (die „Mutter") verehren (Aurobindo-Gesellschaft, Mirasangha usw.). Auch die Bewegung um *Śrī Chinmoy* ist von Gedanken Aurobindos und von der intensiven Meister-Jünger-Beziehung beeinflußt, wie sie im Aurobindo-Ashram gepflegt wurde. Vom Tantrismus (↗Tantra/Tantrismus) geprägt sind Svāmī Muktānandas *Siddha Yoga Dhām*, Svāmī Satyānandas *Bihar School of Yoga* und Svāmī Narāyanānandas *Universal Yoga Trust*. *Bhagwan Shree Rajneesh* hat auch tantrische Einflüsse aufgenommen, dazu Elemente aus verschiedenen myst. Traditionen, (über G. I. Gurdjieff) aus dem ↗Ṣūfismus sowie aus der westl. Psychologie. Er hat sie zu einer synkretistischen Mysterienreligion verschmolzen, die zeitweilig als „Religion des Rajneeshismus" organisiert war. Der ordensähnlich strukturierte *Ānanda Mārga* (1955) entstand als religiös-politische Bewegung im Spannungsfeld zwischen dem bengalischen Kommunismus und dessen Widersachern ähnlich wie die Vereinigungskirche. Er erstrebt die Übernahme der Weltherrschaft durch eine Elite tantrischer Übermenschen. Aus der ↗Sikh-Religion stammt Yogi Bhajan, Gründer der *Healthy-Happy-Holy-Organisation* (3HO, 1969) und Oberhaupt des „Sikh Dharma der westl. Hemisphäre".

Die im Westen tätigen Gurubewegungen können, mit wenigen Ausnahmen, trotz unterschiedlicher Anpassung nicht vom hind. Gesamtspektrum losgelöst werden, auch wenn das Verhältnis westl. Jünger zur jeweiligen Hindu-Tradition zumeist noch ungeklärt ist. Viele Gurubewegungen haben den größeren Teil ihrer Anhänger in Indien. Im Westen entstandene Organisationen wie ISKCON und TM kehren mit Zentren und Aktivitäten nach Indien zurück. Zahlreiche der hier tätigen Gurus gehören als Mönche (Saṃnyāsins) einem Zweig des auf Śaṅkara zurückgeführten *Daśanāmi-Ordens* an und gliedern diesem diejenigen westl. Anhänger an, denen sie die Mönchsweihe erteilen. Die Gurubewegungen aus Indien können in ihrer Mehrzahl als missionarisch gewordene Hindu-Traditionen bezeichnet werden.

4. Mit tibetisch-lamaistischem Hintergrund. Die hauptsächlich theravādisch geprägte Ausbreitung des Buddhismus im Westen seit der Entstehung der *Mahābodhi-Gesellschaft* (1891) und dem Chicagoer Religionsparlament (1893) führte 1985 zur Gründung der *Buddh. Religionsgemeinschaft in Deutschland.* Eine neue Phase buddh. Ausbreitung ergab sich als Folge der chin. Okkupation Tibets (1950). Bei dem Bemühen, das gefährdete lamaistische Erbe der Welt zu vermitteln, spielt die stark tantrisch geprägte *Kagyüdpa-Schule (bkabrg yud pa)* eine führende Rolle. Sie weist Entsprechungen zu anderen N.B. aus Asien auf: die zentrale Rolle des Lama (*blama* = Guru) und die Bedeutung der meditativen und rituellen Praxis als Stufenweg zur Befreiung und zur Realisierung der eigenen Buddha-Natur als Leere. Während die *Karma-Kagyü-Schule* der Tradition und dem Ritus stark verhaftet bleibt, hat sich Chögyam Trungpa, der Gründer von *Vajradhātu* und dem *Nāropā-Institut* (1974) stärker angepaßt. Auch die *Gelugpa (dGe lug pa)* und andere Schulrichtungen sind im Westen aktiv. Der von Lama Anagārika Govinda 1952 in den Westen gebrachte Orden *Ārya Maitreya Maṇḍala* fühlt sich trotz seines lamaistischen Hintergrunds allen buddh. Schulrichtungen verpflichtet.

5. Mit ostasiat. Hintergrund. Die meisten der in II 1 genannten jap. N.B. erheben einen universalen Anspruch und wirken auch im Westen, tun sich jedoch schwerer als die ind. Neu aufgetreten ist die *Jōdo shinshū* („Wahre Schule vom Reinen Land"), eine jap. Form des (Fremderlösung lehrenden) Amida-Buddhismus. Die korean. *Vereinigungskirche* ist in Japan und im Westen missionierend tätig, aber auch wirtschaftlich und politisch (antikommunistisch) aktiv. Ihre Kongresse sollen der Förderung der Einheit der Konfessionen und Religionen sowie der Einheit von Religion und Wissenschaft im Sinne der „Göttlichen Prinzipien" dienen.

6. Mit Ṣūfi-Hintergrund. Von der islam. Ṣūfi-Mystik geprägte N.B. im Westen sind überwiegend synkretistisch. So die auf den Inder Hazrat Inayat Khan (gest. 1927) zurückgehenden Gründungen (Ṣūfi-Bewegung, Internationaler Ṣūfi-Orden) und die vom Indonesier Mohammed Subuh 1956 in den Westen gebrachte Subud-Bruderschaft. Ṣūfi-Einflüsse sind auch durch G. I. Gurdjieff (gest. 1949) und dessen Schüler P. D. Ouspensky und J. G. Bennet vermittelt worden. Dazu kommen in jüngerer Zeit Gruppen, die vom orthodox-islam. Ṣūfismus türk., iran. und nordafrik. Herkunft geprägt sind und die Praxis des D̲h̲ikr sowie Derwīsh-Tänze pflegen.

Lit.: *R. Hummel,* Ind. Mission und neue Frömmigkeit im Westen. Stuttgart 1980; *G. Kehrer* (Hg.), Das Entstehen einer neuen Religion. München 1981; *H. Obst,* Neureligionen – Jugendreligionen – destruktive Kulte. Berlin 1984; *R. Stark / W. S. Bainbridge,* The Future of Religion. Berkeley 1985; *I. I. Zaretzky / M. Leone* (Hg.), Religious Movements in Contemporary America. Princeton 1974. *R. Hummel*

IV. Lateinamerika. 1. Synkretistischer Prozeß. Einer der bedeutendsten Züge der neuen religiösen Bewegungen in Lateinamerika ist der ↗*Synkretismus,* in dem sich Elemente der Religionen der Afrikaner, der Indios, des Katholizismus, des Spiritismus und Okkultismus vermischen. Es widerspräche den gesch. Tatsachen, wenn man die Religion der einfachen Leute in Lateinamerika untersuchen wollte, ohne die Sklaverei zu berücksichtigen. Üblicherweise werden die aus Afrika stammenden Sklaven in zwei Gruppen eingeteilt: Sudanesen und Bantus. Die Sudanesen kamen aus Dahomé, Nigeria und dem Sudan. Ihre Kultur war der der Bantus überlegen, die aus dem Kongo, aus Angola und Moçambique kamen. Sudanesen und Bantus vermengten sich zu einer einzigen Sklavenbevölkerung, wobei die entsprechende biologische und kulturelle Mischung entstand. Die Afrikaner betrachten die Welt als ein System dynamischer, ständig aufeinander einwirkender Kräfte, das von *Axé*, einer die gesamte Wirklichkeit durchdringenden Kraft, belebt wird. Zum Gottesverständnis dieser Kultur gehören zum einen ein kaum personalisiertes Höheres Wesen, das mit dem menschlichen Leben wenig zu tun hat, und zum anderen die *Orixás*, d.h. zu Göttern gewordene Vorfahren und Kräfte der Natur, die das alltägliche rel. Verhalten des Afrikaners voll in Anspruch nehmen. Charakteristisch ist für ihn seine tiefgehende Teilnahme am Universum, wobei er sich von der unsichtbaren Realität, mit der er ständig in Kontakt ist, völlig umhüllt fühlt. Die höchste Gottheit der *Sudanesen* ist *Olorum*, der Herr des Himmels, dem keine kultischen Handlungen bezeugt werden. Dagegen werden den Orixás, die die Taten der Menschen lenken, kultische Handlungen entgegengebracht. Die wichtigsten Orixás sind Obatalá, der große Orixá, das Firmament; Odudua, die Erde; Iemanjá, die Göttin der Gewässer; Xangô, der personifizierte Blitz; Ogum, der Gott des Krieges; Dadá, die Göttin der Vegetation; Oxósse, der Gott der Jagd; Xapanã oder Omulu, der Gott der Krankheiten; Exu, der Bote zwischen den Menschen und den Göttern; Ifá, der Orixá, der die Zukunft vorhersagen kann; Ibêge, der Beschützer der Zwillinge. Die Dahomeaner nennen die Orixás *Voodoos*, die wichtigsten sind Namã, die Göttin des Meeres; Dã, die Schlange, Legbá, die Entsprechung zu Exu. Die *Bantus* kennen keinen Kult der Orixás, sondern verehren die Seelen *(eguns)* und einen Höchsten Gott, *Zambi*. Die Seelen der kürzlich Verstorbenen heißen *zambis* und wandern durch die Welt. Die Afrikaner, die nach Lateinamerika kamen, trafen dort auf die *Indios*. Diese erkannten ein personifiziertes Höchstes Wesen, *Tupã*, und eine Vielzahl von Göttern oder Geistern an. Sie glaubten, daß die Seelen der Verstorbenen in Form von Tieren zurückkehrten, die vor allem nachts umherirrten. Der Neger führte den verstorbenen Indianer seinem Kult zu, indem er ihn in der Gestalt des *caboclo* verehrte. Ebenfalls beeinflußte die *spiritistische Religion* die afroamerik. Kulte durch die Verbindung zu den Toten, die ↗Reinkarnation, die Bestreichungen und Drehungen des Körpers, das Wahrsagen mit Hilfe von Wasser und die Betonung der wohltätigen Handlungen und der Lebensberatung. Der Kontakt mit dem ↗*Okkultismus* führte zu Räucherpraktiken, „Entladungsbädern", d.h. der zeremoniellen Abfuhr negativer Fluiden, „gezeichneten Zeichen", d.h. den magischen Siegeln der Geister, den Opfergaben und der Versetzung in Zustände der Besessenheit.

2. „Christianisierung". Die Sklaven wurden auf den Schiffen, die sie nach Brasilien oder in die Antillen brachten, oder in den Ausfuhrhäfen getauft und oberflächlich in der kath. Glaubenspraxis unterwiesen. In der kolonialen Gesellschaft waren die Sklaven gezwungen, die Religion der Herren anzunehmen. Sie erhielten einen christlichen Namen und verloren ihre Identität. Angesichts des Verbots ihrer traditionellen Glaubenspraktiken und der Feindseligkeiten ihrer Umgebung flüchteten sie sich in die Kultstätten *(terreiros)*, die eine symbolische Rekonstruktion ihrer rel. und kulturellen Welt darstellten und wo sie neue Formen des Zusammenlebens finden und ihren Glauben bewahren konnten. Im Verlauf des Synkretismusprozesses konnten die Sklaven und ihre Nachfahren eine eigene Weltsicht, eigene Mythen und Riten herausarbeiten, die ihrer Gotteserfahrung entsprachen. Obwohl die Sklaven ihre eigenen Gottheiten verehrten, paßten sie sie rein äußerlich bestimmten christl. Heiligen an und suchten so die Weißen zu täuschen und sich vor der Verfolgung durch die Polizei zu schützen. So wurde Jesus Christus mit Oxalá, Iemanjá mit der Jungfrau Maria, Xangô mit dem hl. Hieronymus, Oxósse mit Sebastian, Ogum mit St. Georg, Iansã mit der hl. Barbara und Exu mit dem Satan identifiziert. Es ist fast unmöglich festzustellen, bis zu welchem Punkt diese rein äußerliche Anpassung geht, die das eigentliche afrik. System intakt läßt.

3. Macumba/Umbanda. *Umbanda* entstand mit dem Wachstum der Groß-

städte und der Industrialisierung, als die Neger zu einer Art Subproletariat wurden. Es handelt sich hierbei um die Reorganisation der afrik. Kulte, die unter dem Namen *Macumba* entstellt worden waren. Der Spiritismus hatte bei den ärmeren Schichten der Negerbevölkerung besonderen Erfolg, da er die Befreiung auf übernatürlichem Wege versprach, wobei er die Brüderlichkeit in enger Beziehung mit dem Glücklichsein im Jenseits *(astral)* verkündete. Daraus ergab sich eine enge Beziehung zwischen den afro-brasilianischen Kulten und dem Spiritismus. Die Macumba übernimmt unter dem Einfluß des Spiritismus von den afrik. Religionen nur das, was mit der Zivilisation vereinbar war und spaltete sich in *Umbanda* (weiße Magie, gute Absichten) und in *Quimbanda* (schwarze Magie, schlechte Absichten). Die Umbanda ist in Brasilien von Kultstätte zu Kultstätte verschieden, je nach der Eigenheit, die bes. hervorgehoben wird. Wesentliche Elemente sind: a) *Gott und Geister:* Gott ist allmächtig, nicht darstellbar und wird unter verschiedenen Namen verehrt *(Zambi)*. Orixás und Heilige entwickeln sich auf einer höheren Ebene und führen Legionen (Königreiche) und „Geistertrupps" an. Unter Gott (Zambi) steht *Oxalá* (Jesus Christus), der höchste der Orixás. Diese strahlen unter bestimmten Umständen spiritistische Kräfte aus. Alle Einheiten gehören drei Kategorien an: Orixás und Exus (animistische Wesen), Caboclos (Geister der Indios) und Alte Schwarze (Geister der afrik. Sklaven). Die Orixás verwandeln sich aus Naturkräften zu einer Macht im Bereich der Moral. So verwandelt sich Ogum, der Krieger, in den Verwalter der Justiz. Exu teilt sich in der Umbanda in Exu, den Heiden, und Exu, den Getauften, die um den Begriff Exu-Seele gruppiert sind. Exu, der Heide, ist ein Geist ohne Licht, der in der Magie des Bösen und für das Böse im Reich der Quimbanda wirkt. Er hat nicht stets den dämonischen Charakter, den manche ihm nachsagen. b) ↗*Reinkarnation:* Der Geist eines nicht inkorporierten Menschen wird erneut inkorporiert, damit er Fortschritte mache und um Fehler, die im vorherigen Leben begangen wurden, wiedergutzumachen sowie um besondere Aufträge zu übernehmen. c) *Das Gesetz des ↗Karma:* Es funktioniert nach dem Gesetz von Ursache und Wirkung. „Er tat's und büßte dafür." Er tat das Böse im vergangenen Leben und büßt in der neuen Reinkarnation dafür, aber er verschafft sich eine gewisse Erleichterung durch Leiden und gute Taten. d) *Die Fähigkeit, Medium zu sein:* Die Orixás und die Geister können in Personen inkorporiert werden, die fähig zur Trance sind und zu wichtigen Zwecken wie Heilung von Krankheiten, Arbeitsplatzbeschaffung, Hilfe bei der Lösung amouröser Konflikte u. ä. eingesetzt werden können. e) *Wohltätigkeit:* Sie ist ein Weg, um sich von Rückständen aus früheren Leben zu befreien. Sie besteht nicht in erster Linie darin, Almosen zu verteilen, sondern darin, mit Hilfe von Bestreichungen des Körpers, Ratschlägen und mit billigen und allg. zugänglichen Rezepten und Arzneien zu helfen. f) *Ritual:* In diesem Punkt unterscheiden sich Umbandisten und Spiritisten. Umbanda besteht wesentlich aus Riten. Ihr Ziel entspricht dem Ideal der Existenz: Bewahrung und Steigerung des Lebens in allen seinen Manifestationen, Erneuerung der Welt und der vitalen Kräfte, Gesundheit und Wohlstand in jeder Hinsicht. Die zahlreichen rel. Verpflichtungen und Tabu-Riten, Zeichen und Opferungen sind wie ein Schutzmantel, der den Menschen umgibt und ihm die Angst nimmt. Wenn man die Riten nicht mehr beachtet, bedeutet dies, daß man jede Verbindung zu den Ahnen abbricht, die Ausübung der Religion unterbricht und sich somit dessen beraubt, was das Leben stützt und möglich macht.

Lit.: *R. Bastide,* O candomblé da Bahia. São Paulo [3]1978; *L. Boff,* Avaliação teológico-crítica do sincretismo: Vozes 71 (1977) 573–588; *CELAM,* Os grupos afro-americanos-Análises e Pastoral. São Paulo 1982; *J. Elbein dos Santos,* Os nagô e a morte. Petrópolis 1976; *F. C. Rehbein,* Candomblé e Salvação. São Paulo 1985; *J. Wilges,* As religiões no Mundo. Petrópolis 1982. *F. C. Rehbein / I. Schwamborn* (Übers.)

V. Christentum und Neureligiöse Bewegungen. Die Stellung der meisten N.B. zum Christentum ist dadurch gekennzeichnet, daß sie nachchristlich in dem Sinne sind, daß sie das Christentum und andere Religionen in ihr eigenes Glaubenssystem bereits in einer Weise eingeordnet haben,

die vom christl. Selbstverständnis abweicht. Die Einordnung in eine umfassende Religionssynthese (z. B. in den neovedāntischen Bewegungen) macht aus dem Christentum eine Einzelstimme im Chor der Religionen; die Einordnung in einen heilsgesch. Entwurf (z. B. Vereinigungskirche) eine frühere Offenbarungsstufe. Die charismatischen Führergestalten der N.B. sehen sich oft in einer Reihe mit den Religionsstiftern der Vergangenheit und als Verkörperung der Religionssynthese bzw. als Kulminationspunkt der Religionsgeschichte. Sie bzw. ihre Anhänger neigen dazu, die Heilswirksamkeit Christi auf dessen Lebenszeit bzw. auf eine frühere Epoche zu begrenzen. Oder sie beanspruchen (nativistisch) eine Mittlerfunktion für ihre eigene Rasse (z. B. Simon Kimbangu für die Schwarzen). Diejenigen, die sich auf eine Offenbarung aus der jenseitigen Welt berufen, werten die christl. Offenbarung oft als nur aus den niederen Sphären stammend ab (z. B. einige jap. N.B.). Das Weitergehen einer nachchristl. Religionsgeschichte, das schon mit dem Aufkommen des Islam unübersehbar wurde, ist eine bislang unbewältigte theol. Herausforderung.
Funktional betrachtet, können N.B. und Christentum (und andere „Hochreligionen") als einander ergänzend empfunden werden, weil sich viele N.B. (vor allem in Lateinamerika und Japan) bevorzugt der (oft magischen) Bewältigung von Alltagsproblemen widmen. Theologisch läßt sich solch eine „Arbeitsteilung" jedoch nicht rechtfertigen. Vielmehr sind Kirche und Theologie durch die Existenz der N.B. herausgefordert, Ritus und Gebet in die technischen Lebensbereiche hinein zu verlängern, okkulte Lebensbewältigung durch Konkretionen christlicher Gnadenversicherung zu überbieten und angesichts missionarischer Gegenmodelle sich der universalen Weltsendung des Christentums zu vergewissern (H. Bürkle). Darum ist neben Konkurrenz (mit der neurel. Mission) und gegebenenfalls Protest (gegen fragwürdige Praktiken) auch der Dialog notwendig (H. Waldenfels), der das weltweite Anwachsen der N.B. zur Rückfrage an die Kirche und ihre Defizite werden läßt. Die Entstehung von N.B. legt stets die mangelnde Fähigkeit der traditionellen Religionen bloß, durch gesellschaftliche Umbrüche entstandene Probleme zu bewältigen und auf neue Fragen relevante Antworten zu geben.
Die synkretistischen N.B. Lateinamerikas und Afrikas, ein Ergebnis von Kolonialzeit, westlich geprägtem Christentum und Sklaverei, signalisieren die Suche nach kultureller Identität und die Notwendigkeit weitergehender Inkulturation des Christentums in unterschiedlichen Kontexten. Der vatikanische Zwischenbericht von 1986 sieht die Herausforderung denn auch weniger in der Bekämpfung der „Sekten", sondern vor allem darin, „unserer eigenen Erneuerung zu einer größeren pastoralen Wirksamkeit einen neuen Impuls zu verleihen".

Lit.: *H. Cox,* Licht aus Asien. Stuttgart 1978; *L. Schreiner / M. Mildenberger* (Hg.), Christus und die Gurus. Stuttgart 1980; *H. Reller / M. Kießig* (Hg.), Handbuch Religiöse Gemeinschaften. Gütersloh [3]1985; *F.-W. Haack,* Jugendreligionen. München 1979; *ders.,* Guruismus und Guru-Bewegungen. München 1982; *K. Hutten,* Seher, Grübler, Enthusiasten. Stuttgart [12]1982; *R. Hummel,* Gurus in Ost und West. Stuttgart 1984. *R. Hummel*

New Age. Ein ins Spirituelle hinein entwickelter moderner Fortschrittsglaube an eine geistige Transformation des Menschen umfaßt als N. A. (wörtl.: „Neues Zeitalter"; auch: ↗Wassermannzeitalter) verschiedenste gesellschaftliche Bewegungen und Hypothesen. Erstmals in den Anzeichen des Traditionsbruchs in der westlichen Kultur um 1968 manifestiert, versteht sich N. A. im Sinne eines neuen Paradigmas als Evolution zu einem ganzheitlichen ↗Bewußtsein von der Selbsttranszendenz des Menschen und als Abkehr von einem rationalistisch-mechanischen Weltbild.
Komponenten dieses neuen Lebensgefühls sind die großen Traditionsströme der oriental. und jüd.-christl. Religionen, wobei letztere sich weiterhin verzweigt durch das Entstehen der Naturwissenschaften im Zuge der ↗Säkularisierung und die gnost.-esoterische Tradition, die wie ein Schatten die offizielle Religion begleitet. In variabler Intensität manifestieren sich heute diese 4 Elemente in einer zukunftsorientierten Systemschau

scheinbar divergierender Gruppierungen: a) in der Wissenschaft: visionäre Physik („Systemtheorie der Evolution"; „Selbstorganisation des Universums"), Systembiologie („Gaia-Hypothese"; „morphogenetische Felder"; „holographisches Modell"), Informatik (globale Vernetzung), ganzheitliche Medizin, transpersonale Psychologie (Esalen), Thanatologie; b) in der Gesellschaft: alternative Erziehung, Abrüstung, Feminismus, Ökologie, sanfte Technologien, N. A.-Management, neue Weltordnung (↗Bahā'ī), eupsychische Therapien, Körpertherapien, Geistheilung; c) in der Kunst: psychedelische Musik, Obertonsingen, Phantasy- und Science-Fiction-Lit.; d) in der Spiritualität: neo-kosmische Religiosität, gnost.-esoterische Praktiken, Naturmystik (Findhorn), theosophisch orientierte Bewegungen, ↗Meditation und Mystik, synkretistische Gurus, ↗Reinkarnations-Theorien, außerirdische Intelligenzen. Direkte Quellen des N. A. sind über die Entfaltung theosophischer Gedanken und über Einflüsse einer kantischen Philosophie der transzendentalen Erkenntnis durch Erfahrung hinaus in der optimistischen Hippie-Kultur Kaliforniens zu suchen mit ihrer bewußtseinserweiternden Drogenerfahrung, ferner in der die Religion auf innerpsychische Phänomene reduzierenden Psychologie von *C. G. Jung* bis *A. Maslow*, der theol. Vision *P. Teilhard de Chardins*, der unmittelbaren Begegnung mit der Erfahrungswelt östl. Religionen, dem Bemühen um Integration lebendiger Polaritäten (↗Mikro-Makrokosmos; ↗Yin-Yang; ↗Androgyn). Im Bemühen, ein planetarisches Bewußtsein („Raumschiff Erde") zu schaffen, konvergieren alle Aktivitäten und Utopien in einer „sanften Verschwörung" von intuitiv reagierenden Zellen eines globalen Gehirns. Transformation des ↗Selbst und der Welt fallen dabei als Heilsweg und -ziel in eins. Im heilenden Prozeß der Erleuchtung gewonnene spirituelle Energien bewirken einen Evolutionssprung zum bewußten Kosmos (Metaphysik als panentheistische Transzendenz). Angesichts dunkler Katastrophenängste wird die Wendezeit eines tiefgreifenden Bewußtseins- und Wertewandels in allen Lebensbereichen als in der Verantwortung und Möglichkeit des einzelnen Menschen liegende Herausforderung verstanden und kann darum nicht durch zentrale Organisationen, sondern durch ein spirituelles Netz lokaler Gruppen („Netzwerk") und positives Denken herbeigeführt werden. Ein säkularer Fortschrittsglaube wird durch mythische Wiederentdeckung von verlorenem Wissen aus vergangenen Kulturen ersetzt, wobei jedoch eklektische Verkürzungen dieser Traditionen sowie eine Zurückstellung der Wahrheitsfrage zugunsten von Informationsvermittlung deutlich werden. Am Horizont wird die Rückkehr eines erlösenden Meisters („der Christus") ersehnt, der teils als Gipfel des Evolutionsprozesses, teils als ↗Avatāra früherer Menschheitslehrer erscheint. Wenn N. A. einen „Neopaganismus" (Religion als Öko-Kultivierung) fordert und ein erstarrtes Christentum als „Stadtreligion" (Religion der Institutionen) ignoriert, erwächst für die Christen die missionarische Herausforderung („zweite Evangelisation") einer neuen Inkulturation, entschiedener ökumen. Bemühungen und theol.-pastoraler Überlegungen zu trinitarischer Ontologie, Theologie der Religionen, ökologischer Schöpfungslehre, Basisgemeinschaften. Gemäß dem Modell christl. Gnōsis-Rezeption sind heutige Bemühungen zu werten, N. A. in eine christl. Erfahrung zu integrieren, nach der das N. A. bereits in der kosmischen Herrschaft Jesu Christi präsent ist und sich pneumatologisch in der Geschichte entfaltet (Enzyklika „Dominum et vivificantem" 53).

Lit.: *M. Berman,* Wiederverzauberung der Welt. Reinbek 1985; *F. Capra,* Wendezeit. Bern 1981; *H. M. Enomiya-Lassalle,* Am Morgen einer besseren Welt. Freiburg 1984; *M. Ferguson,* Die sanfte Verschwörung. Basel 1982; *G. Geisler* (Hg.), N. A. – Zeugnisse der Zeitenwende. Freiburg 1984; *E. Gruber/S. Fassberg,* N.-A.-Wörterbuch. Freiburg 1986; *T. Roszak,* Das unvollendete Tier. Reinbek 1985; *H.-J. Ruppert,* N. A. Wiesbaden 1985; *D. Spangler,* N. A. Kimratshofen 1983; *J. Sudbrack,* Neue Religiosität. Mainz 1987; *Sekretariat der Deutschen Bischofskonferenz* (Hg.), Enzyklika Dominum et vivificantem von Papst Johannes Paul II. über den Heiligen Geist im Leben der Kirche und der Welt. Bonn 1986.

M. Fuß

Nichiren-Buddhismus ↗Buddhismus IV3.

Nichts. „Das Motiv des N. wirkt in der Geschichte der abendländischen Metaphysik wie des ostasiat. Denkens von ihren Ursprüngen bis in die Gegenwart als mächtiger Impuls, der das philos. Denken zu seinen entscheidenden Fragen führt, sich selbst aber immer wieder der krit. Reflexion entzieht" (K. Riesenhuber 991 f.).

Sprachlich erscheint das N. zumindest in westl. Sprachen als Substantivierung von Negationen: „icht(s)" – „nicht(s)"; griech. *oudén; ouk ón; mḕ ón;* lat. *nihil;* engl. *no-thing(-ness)* u. a. Im Japanischen deckt N. als Endpunkt einer von Indien über China/Korea reichenden und einer aus dem Okzident kommenden Verständnisgeschichte eine Mehrzahl von N.-Verständnissen ab. Gerade der sino-jap. Anstoß ist heute einer der Gründe, die zu einer erneuten Beschäftigung mit dem N. geführt haben. Dabei ist zu beachten, daß durch die Substantivierung des zunächst mit anderen Verneinungswörtern wie „nicht", „niemand", „nirgendwo", „niemals" auf einer Stufe stehenden „nichts" zu „Nichts" dieses gleichsam zu einem „etwas" objektiviert, zum Gegenstand der Reflexion, damit zur Frage nach seiner Bedeutsamkeit, aber auch nach dem Umgang mit ihm erhoben wird.

2. Die Reflexion des N. verläuft heute vorrangig in abendländisch-philos., in (jüdisch-)christlich-theol. und in ostasiat. (buddhistisch-taoistischer) Richtung und verbindet dabei Fragen der Lebensdeutung mit solchen der Lebensverwirklichung.

a) *Philosophisch* steht die Frage abendländisch im Sinne von *M. Heideggers* „Warum ist überhaupt Seiendes und nicht vielmehr N.?" (Was ist Metaphysik?) im Horizont der Seinsfrage. Ort der N.-Erfahrung ist nach Heidegger die Angst: „Das N. enthüllt sich in der Angst – aber nicht als Seiendes" (ebd.). Wurde es lange nur in seiner Negativität als das Andere des Etwas, Alles, „Ist" gesehen und war es in seiner Bedrohlichkeit nur dadurch in gewissem Sinne neutralisiert, daß es doch immer nur isthaft, d. h. als Seiendes ausgesagt werden kann, so nimmt vor allem unter dem Einfluß des modernen Nihilismus (Nietzsches u. a.) die Wahrnehmung des mit dem N. Bezeichneten zu, zumal der Nihilismus zugleich auch als radikalste Form der Religionskritik in Erscheinung tritt und darin jede Antwort menschlicher Sinnfrage negiert wird. Dabei aber nimmt das N. dann Züge an, die bislang dem Sein zukamen: Es erweist sich als das Umfassende, allem Gesetzten Vorausliegende und Tragende; aus dem nichtigen N. wird „heiliger Ursprung" (K. Hemmerle).

b) *Theologisch* erscheint die Frage nach dem N. einmal in Verbindung mit der Lehre von der ↗Schöpfung aus dem N. *(creatio ex nihilo).* Das N. ist dann das allem Geschaffenen „Vorausseiende", das aber in sprachlichem Selbstwiderspruch als solches eben doch nicht „ist", sondern „nicht-ist"; es ist aber auch nicht der Schöpfergott. Im Gegensatz dazu wird Gott in der negativ-mystischen Theologie, in der Rheinischen Mystik nach *Meister Eckhart,* bei *Nikolaus v. Kues,* bei *Johannes vom Kreuz* u. a. als das N. angesprochen. Die Frage der außertheologisch-philos. (Neuplatonismus) wie der außerchristl. (Gnostizismus, Kabbalah u. a.) Einflüsse ist bislang ebensowenig abschließend geklärt wie die andere, ob und wieweit in solchen Gott-N.-Reden das Eigentümlich-Christliche maßgeblich bleibt. Daß die Frage des N. eine bleibende rel. Relevanz besitzt, zeigen neuere religionsphilos. Reflexionen (B. Welte u. a.). Auch die eigentlich christl. Fragestellung findet einen Neuansatz in der Kreuzestheologie, sofern diese nach dem Tod Gottes als dessen „Ver-nicht-ung" im Kreuzestod Christi fragt und zudem als kenotische Theologie (↗Selbst/Selbstlosigkeit) Verbindungen zu den ostasiat. Überlegungen schafft.

3. Ostasiatisch ist die Frage nach dem N. weder eine rein philos. (Frage nach Sein und N.) noch eine theol., zumal buddhistisch Gott nicht zur Sprache kommt (↗Gott VIII). Sie ergibt sich vielmehr aus dem anthropologisch-kosmologischen Selbstverständnis des Buddhismus, wie es zwar am ausgeprägtesten in der mahāyānistischen Tradition, tatsächlich aber bis in den Urbuddhismus hinein zurückzuverfolgen ist. Es sind heute vor allem Philosophen der von *K. Nishida* in Kyōto gegründeten Schule (S. Hisamatsu, K. Nishitani, Y. Takeuchi u. a.),

die die Frage einmal in den urbuddh. wie den mahāyānistischen Ursprung (Nāgārjuna u. a.; ↗Buddh. Philosophie) zurückverfolgen, zugleich aber auch Beziehungslinien zur abendländischen Philosophie und Theologie gezogen haben. Überlegungen zum abendländischen Kontingenz- und buddh. Leidverständnis, zur Selbst-losigkeit bzw. zum Nicht-Ich (↗Anattā; Skt. *anātman;* jap. *muga*), zum „Existieren aus/in reiner Beziehung" (↗Pratītyasamutpāda; P. *paticcasamuppāda*; jap. *engisetsu*), zum ↗Nirvāṇa, zur „Leere" als dem genuin buddh. Begriff für absolutes N. (↗Shūnyatā; jap. *kū*) stecken den Rahmen ab, in dem sich ostasiatisch die Erörterung der N.-Frage abspielt. Abendländische Anknüpfungspunkte zum Vergleich sind dann der Neuplatonismus, die negative Theologie, die Geschichte vor allem der Rheinischen Mystik, der neuzeitliche Nihilismus, die Philosophie M. Heideggers. Asiatische Vertiefungen ergeben sich über den Bereich des Buddhismus hinaus im Blick auf die ind. Advaita-Philosophie (↗Hind. Philosophie) und den chin. ↗Taoismus. Dabei wird deutlich, daß die genuin asiat. Philosophie – westlich gesprochen – Philosophie und Theologie in sich vereinigt und die Diastase zwischen einer „welt-anschaulich"-theoretischen Philosophie und einer heilsorientierten Theologie durch eine letztlich soteriologisch orientierte Verknüpfung von Philosophie und Religion (im urspr. Sinne) überwindet, in deren Grenzbereich das „Licht des N." (B. Welte) aufleuchtet (↗Erleuchtung).

Lit.: Vgl. Art. N.: SM(D) III 800–804 *(K. Hemmerle)*; HPhG IV 991–1008 *(K. Riesenhuber)*; HWP VI 806–836 *(T. Kobusch)*; sodann *K. Nishida,* Intelligibility and the Philosophy of Nothingness. Tokyo 1958; *M. Nambara,* Die Idee des absoluten N. in der dt. Mystik und ihre Entsprechungen im Buddhismus: ABG VI (1960) 143–277; *K. Nishitani,* Was ist Religion? Frankfurt (1961) 1982; *G. Scholem,* Über einige Grundbegriffe des Judentums. Frankfurt 1970, 53–89; *S. Hisamatsu,* Die Fülle des N. Pfullingen 1975; *B. Welte,* Über die verschiedenen Bedeutungen des N.: A. Schwan (Hg.), Denken im Schatten des Nihilismus. Darmstadt 1975, 26–33; *ders.,* Das Licht des N. Düsseldorf 1980; *D. Papenfuss / J. Söring* (Hg.), Transzendenz und Immanenz. Stuttgart 1977, 257–266 *(S. Ueda),* 289–301 *(K. Tsujimura)*; *H. Waldenfels,* Absolutes N. Freiburg ³1980; *A. M. Haas,* Sermo mysticus. Freiburg 1979; *K. Tsujimura u. a.,* Sein und N. Freiburg 1981.
H. Waldenfels

Nirvāṇa

I. Buddhistisch. – II. Hinduistisch

I. Buddhistisch. 1. *Nibbāṇa* (P.) ist abgeleitet von *nir* (= nicht) und *vā* (= wehen). *Nirvāti* heißt „verwehen", „verlöschen". Im Buddhismus bedeutet *Nibbāṇa* „das absolute Verlöschen" oder „die absolute Vernichtung" des heftigen Verlangens *(Taṇhā)* und aller Leidenschaften (vgl. *Sutta Nipāta* 235; *Dīgha Nikāya* II 266; *Majjhima Nikāya* I 487; III 245; *Samyutta Nikāya* II 266; *Majjhima Nikāya* I 487; III 245; *Samyutta Nikāya* II 85; IV 213), somit die Erlangung vollkommener Gemütsruhe, höchster Seligkeit.

Nach dem Buddhismus ist N. das höchste Gut des Menschen. Es ist die dritte der Vier Edlen Wahrheiten des Buddha (↗Buddhismus II B.3): „Dies, Mönche, ist die dritte edle Wahrheit von der Entwurzelung des Leidens, die völlige Beendigung *(nirōdha)*, das vollständige Aufgeben des Verlangens, Befreiung *(mutti)*, das Losmachen von der Begierde" (*Mahāvagga* XII 6.21). Es ist bemerkenswert, daß in der urspr. Formulierung der dritten Wahrheit das Wort N. überhaupt nicht erscheint.

2. In den buddh. Schriften gibt es dann sowohl negative als auch positive Beschreibungen des N.

a) *Negative Beschreibungen:* Der Buddha selbst hat sehr wenig von N. gesprochen. Die ausführlichste Beschreibung findet sich in *Udāna* VIII 2–3; „Da ist, Mönche, ein Bereich, wo es weder die Erde noch das Wasser noch das Feuer noch die Luft gibt ... Dort wird niemand geboren, keiner geht und keiner bleibt ... Es ist das Ende allen Leidens *(dukkha)*... Es ist das nicht-Geborene, das nicht-Gewordene, das nicht-Gemachte ..." (vgl. *Majjhima Nikāya* 63). Der Buddha war gegen alle theor. Spekulationen über das N. Ihn interessierte mehr der Weg, der zum N. führte, als alles Reden über N.

Vernichtung der Begierde, Begierdelosigkeit, Entwurzelung der Habgier, das ist N. (vgl. *Anguttara Nikāya* II 34; *Mahāvagga* I 12.1–4), Beendigung der Wiedergeburt, das letzte Ende des Daseins in ↗*Saṃsāra,* das Aufhören des Werdens (vgl. *Samyutta Nikāya* II 117; XII 7,68; *Milindapanha* III 4–6; *Udāna* 33; *Itivuttaka* 44).

Die negativen Beschreibungen des N. wollen nur sagen, daß N. sich nicht in der alltäglichen Sprache und in allg. Ausdrücken beschreiben läßt. Vor allem die *Sautrāntikas* haben diese negativen Beschreibungen buchstäblich genommen. Nach ihnen war N. die Vernichtung schlechthin.

b) *Positive Beschreibungen:* Im Gegensatz dazu sieht der *Mahāyāna*-Buddhismus N. sehr positiv. Im *Visuddhimagga* von Buddhaghōsa (5. Jh. v. Chr.) wird ausführlich über N. diskutiert. N. ist Frieden und dient der Tröstung. Es ist ohne Begierde *(rāga)*, ohne Haß *(dōsa)*, ohne Täuschung *(mōha)* (vgl. *Visuddhimagga* XVI 67–74; auch *Sutta Nipāta* 933). In den Schriften finden sich Bezeichnungen wie unendlich *(ananta)*, wahr *(saccha)*, ruhevoll *(sānta)*, wunderbar *(acchariya)*, Befreiung *(mutti)*, Reinheit *(visuddhi)*, Seligkeit *(nibbuti)* u. a. m., die das N. andeuten (vgl. *Samyutta Nikāya* XLIII 12–44).

Seligkeit gilt als die wichtigste Eigenschaft des N. (vgl. *Sutta Nipāta* 761.2; *Dhammapada* 202–204). Eine andere wichtige Eigenschaft ist *Bōdhi* (= Erleuchtung) (*Dīgha Nikāya* I 189; *Majjhima Nikāya* I 485).

3. Wer N. erreicht, heißt *Nibbuta* oder ↗*Arhat* („der Würdige"). Der *Nibbuta* lebt und wirkt wie jeder andere Mensch bis zu seinem Tod. Buddha selbst ist das beste Beispiel dafür. In der Erleuchtung unter dem *Bōdhi*-Baum erreichte er N., doch er blieb in der Welt, um die Wahrheit für das Heil der Welt zu verkünden. Der Tod eines *Nibbuta*-Menschen heißt *Parinibbāṇa* (= das völlige N.), der Zustand des völligen Verlöschens des Daseins im *Saṃsāra*, das letzte Ende der Wiedergeburt. Besondere Eigenschaften eines *Arhats* (eines Heiligen) sind *Metta* = Freundlichkeit, allumfassende Liebe, *Mudita* = Güte, Zärtlichkeit, ↗*Karuṇā* = Mitgefühl, Barmherzigkeit und *Upēkkha* = Gleichmut.

Im früheren Buddhismus bedeutete ein Buddhist zu sein: ein Mönch zu sein. Laien standen praktisch außerhalb des Buddhismus. Um N. zu erreichen, mußte ein jeder schließlich in den Orden eintreten; das N. wurde in der Tat für das einfache Volk als unerreichbar angesehen. Der Mahāyāna-Buddhismus hat diese strenge Auslegung später aufgegeben. Statt dessen erschien N. für jeden erreichbar unter der Voraussetzung, daß er nach den buddh. Vorschriften lebte.

Lit.: *L. de La Vallée Poussin,* N. Paris 1925; *Th. Stcherbatsky,* The Conception of Buddhist N. Leningrad 1927; *G. R. Welbon,* The Buddhist N. and its Western Interpreters. Chicago 1968.

II. Hinduistisch (↗Moksha). Das Wort N. kommt in den *Veden, Brāhmaṇas* oder in den früheren *Up.* nicht vor. Im *Mahābhārata* wurde es als Bezeichnung des letzten Ziels des Menschen gebraucht (XIV 543). In der *Bhagavadgītā* kommt N. mehrere Male in der Kombination mit *„Brahma"* als *Brahma-N.* vor (II 72; V 24, 25 und 26). S. Radhakrishnan übersetzt das Wort mit „Seligkeit Gottes". Śaṅkara legt in seinem Kommentar über die *Gītā Brahma-N.* als *Brahma-Nirvṛti* aus (= Seligkeit von [in] *Brahman*) oder auch als *Mokṣa* (= Erlösung). R. C. Zaehner stimmt diesen Interpretationen nicht zu und erklärt in seiner Ausgabe der *Gītā Brahma-N.* als „N., das Brahman selbst ist". Nach ihm war N. urspr. ein reiner buddh. Begriff. So erklärt er *Brahma-N.* als „die Beendigung aller egoistischen Tätigkeiten in Brahman". Bemerkenswerterweise kommt die Kombination *Brahma-N.* außer in der *Gītā* nirgendwo vor. Nach Zaehner hat der Verfasser der *Gītā* diesen Begriff seinen eigenen theistischen Vorstellungen anzupassen versucht.

Lit.: *R. C. Zaehner,* Der Hinduismus. München 1964; *ders.,* The Bhagavadgītā. Nachdruck New York 1979; *S. Radhakrishnan,* The Principal Upaniṣads. London 1974.

A. Thannippara

Non-Dualismus. Als Übersetzung des Skt.-Wortes *advaita* = Nicht-Zweiheit verdient N.-D. den Vorzug gegenüber den Begriffen ↗Monismus und ↗Pantheismus, da er in seiner Negativität übereinstimmend mit dem hind. Herkunftswort an der sprachlichen Unzugänglichkeit und Unaussagbarkeit des letztendlich mit ihm Gemeinten und Angezielten festhält. Demgegenüber vermitteln die Begriffe Monismus und Pantheismus den Eindruck, über letzte Fragen doch in einer positiv-begrifflichen Weise Aussagen machen zu können. Sowohl in der an Nāgārjuna anknüpfenden geistesverwandten buddh. Lehre vom Mittleren Weg (↗Buddh. Philosophie 3), aus dem 2./3. Jh. wie in der Hochform des hind. Advaita-↗Vedānta bei Śaṅkara (788–820) zeigt sich aber, daß die mit N.-D. wiedergegebene Nicht-Zweiheit weniger eine metaphysisch-spekulativ-gnoseologische Fragestellung betrifft als vielmehr entschieden auf die meditativ-mystische Realisierung der namenlosen absoluten Wirklichkeit (vgl. ↗Shūnyatā; ↗Tao) abhebt. Theologisch ergeben sich Berührungen mit der negativen Theologie, zumal wenn man sowohl die nicht-theistische Ausgangsposition wie auch die Nicht-Behauptung einer göttlichen ↗Offenbarung berücksichtigt. *H. Waldenfels*

Noro-Religion (Ryūkyū). Die dem gesamten rel. Leben der Ryūkyū-Inseln zugrunde liegende Konzeption ist die einer spirituellen Dominanz der Schwester (*unari*, jap. *onari*) über den Bruder. Auf Familienebene verrichtet sie Gebete und Zeremonien; in patrilinearen Sippen ist es die Schwester des Familienoberhauptes, deren Amt von der Tante väterlicherseits auf die Nichte vererbt wird, der die Verehrung der Ahnen obliegt. Auf Dorfebene besteht die Kultgruppe *kamin-chū*, an der Spitze die Schwester *nigami*, „Ursprungs-Gottheit", des Sippenoberhauptes der Dorf-Gründerfamilie, *nichū* „Ursprungs-Mensch". Der Kult richtet sich vornehmlich auf eine lokale Schutzgottheit mit Zügen einer Schöpfer- und Ahnengottheit bzw. eines Kulturheros, daneben auch auf zu bestimmten Festen aus einer anderen Welt im Himmel *(obotsu-kagura)* über Berge, Bäume herabgerufene (↗Shintō) oder aus einem Paradies jenseits des Meeres *(nirai-kanai, neriya)* erscheinende, Segen und Fruchtbarkeit gewährende Besuchergottheiten. Kultort der ersteren sind das Gehöft des Dorfgründers *(toneya)* im Dorfzentrum mit hl. Feuerstelle und das Grab des ersten Ahnen *(ibi)*; sakrale Haine *(utaki, wā)* bzw. eine einfache Halle *(ashiage)* im Falle der Besuchergottheiten.

Bei der Bildung von lokalen Herrschaften (12. Jh.) wurde die Macht der *anzu/anji*-Herren durch die Einsetzung ihrer Schwester als *nuru/noro*-Oberpriesterin religiös abgesichert. Nach der Reichseinigung der zweiten Shō-Dynastie zwang König Shō Shin (1477–1526) alle *anzu* zur Ansiedlung in der Hauptstadt Shuri; die *Noro*-Priesterinnen wurden hierarchisch zusammengefaßt, erhielten Investitionsurkunden *(go-imban)* vom König und unterstanden drei, die früheren Teilreiche repräsentierenden Oberpriesterinnen *(Ō-amu-shirare)* und der Schwester des Königs *(Kikoe-ufu-gimi)*. Zentrale Kultstätten des Reiches waren der 1519 errichtete Sitz der letzteren, Sono-hiyamu-utaki in Shuri, an dem eine Ahnengottheit, die Feuergottheit und ein Kulturheros verehrt wurden; die Insel Kudaka im Osten, wo die Ahnen der Menschheit, Amakiku und Shineriku, vom Himmel herabgestiegen waren; und der Seefā-utaki auf der Halbinsel Chinen, von wo aus Kudaka aus der Ferne verehrt wurde.

Die rel. Überlieferungen wurden erstmals gesammelt im 1532 vollendeten 1. Band der „Omoro(-zōshi)", einer bis 1623 kompilierten Sammlung von 1553 Gesängen. 1605 verfaßte der japanische Jōdo-Mönch Taichū-shōnin das „Ryūkyū-Shintō-ki", ein theol. Traktat mit Beschreibungen von Kultstätten auf Okinawa und einheimischen Mythen. 1650 wurde auf königlichen Befehl von Reichskanzler Shō Jōken die Reichschronik „Chūzan-seikan" in jap. Sprache, 1697–1701 als Reaktion darauf von Sai Taku das „Chūzan-seifu" in chin. Sprache als Annalenwerk, und schließlich 1701–1713 das „Ryūkyū-koku-yuraiki" als Sammlung lokaler Überlieferungen (chin. Ausgabe 1731 als „Ryūkyū-koku-kyūki") angelegt. Alle Quellen enthalten wichtiges Material über Mythos und hist. Entwicklung der Religion.

Im Gegensatz zum jap. erscheint der Mythos der Ryūkyū vollständiger erhalten. Angaben zur Weltschöpfung: Im Meer treibendes Land wird von einer Gottheit (Amamiku) oder einem Ahnenpaar (Amamiku–Shineriku), die/das vom Himmel heruntersteigt, befestigt oder neu geschaffen; Himmel und Erde werden von einem Riesen getrennt; Menschenschöpfung aus Lehm aus den Tiefen der Erde oder Zeugung durch Erst-Ahnenpaar (Geschwister); Schwängerung durch den Wind; mißglückte Erstgeburt (Tier); Hunde-Ahnvater; Flut als Strafe (für Inzest). Entstehung der Nutzpflanzen: Diebstahl der Samen durch Kulturheros oder Vögel aus dem Paradies jenseits des Meeres; selten Herauswachsen von Pflanzen aus dem Leichnam einer weiblichen Gottheit. Feuer als Gabe aus dem paradiesischen Meeresland. Ab 13. Jh. buddh. Mission aus Japan (↗Zen, Shingon), im 15. Jh. Einflüsse des Shintō (Ryōbu-Shintō). Wichtiger wird im 17. Jh. der Neo-Konfuzianismus: 1674 Senkung des Ranges der Kikoe-ufugimi unter den des Königs und Aufgabe der Wallfahrt nach Kudaka. Ferner starke taoistische Züge wie Sternkult, Verehrung einer Erd- und der Feuergottheit (↗Taoismus). Südlicher Besessenheits-Schamanismus, getragen von weiblichen Medien (*yuta*). Im Yaeyama-Archipel neben der *Noro*-Kultgruppe kultische Geheimbünde von Burschen mit Darstellung des Besuches von Gottheiten aus *nirai-kanai* beim Erntefest/Jahreswende in Maske und Verkleidung.

Seit 1879 Auflösung des traditionellen Systems auf Druck des jap. Staatsshintō, seit 1945 auch von seiten christl. Mission und der Neuen Religionen Japans; starke schamanistische Elemente *(yuta)* infiltrieren die *Noro*-Kultgruppe.

Lit.: *W. P. Lebra,* Okinawan Religion. Honolulu ²1985; *J. Kreiner,* Some Problems of Folk-Religion in the Southwest Islands: N. Matsumoto / T. Mabuchi (eds.), Folk Religion and the Worldview in the Southwestern Pacific. Tokyo 1968, 101–118; *T. Mabuchi,* Toward the Reconstruction of Ryukyuan Cosmology: ebd. 119–140; *R. Spencer,* The Noro, or Priestesses of Loo Choo: TASJ 8 (1931) 94–112.

J. Kreiner

Numen. Der Begriff „N." stammt aus dem Bereich altröm. Religiosität und bezeichnet zum einen den göttlichen Willen, das Walten der Gottheit, zum anderen das göttliche Wesen, die Gottheit selbst. Urspr. stand das festgestellte göttliche Wirken, der göttliche Wink, der in Form verschiedenster Vorzeichen von dem Gläubigen beobachtet wurde, im Vordergrund des Interesses. Bezeichnungen wie *n. deorum* machen deutlich, daß es sich aber immer um einen göttlichen Willensakt handelt, auch wenn der Urheber der Macht nicht klar umrissen ist. Erst später unter etruskisch-griech. Einfluß nehmen die röm. Götter stärker personenhafte Züge an, und zur Kaiserzeit wird N. oft synonym mit *deus* verwendet, womit der göttliche Träger der Willensmacht in den Vordergrund rückt.

Über den speziellen Kreis der röm. Religion hinaus wurde der Begriff N. durch *R. Otto* (1869–1937) für die Religionsgeschichte der ersten Hälfte dieses Jh. von epochaler Bedeutung. Otto leitete von N. seinen Begriff des Numinosen ab, der, mit dem ↗Heiligen gleichgesetzt, das „Ganz-Andere" bezeichnen soll, das durch die Ambivalenz der im Menschen ausgelösten Gefühle als *mysterium tremendum* und *fascinans,* zugleich Furcht einflößend und anziehend wirkt. Die Seele gelangt in der Ahnung (↗Divination) zur Erkenntnis der Wirklichkeit Gottes, der sich selbst dem Menschen auf die erwähnte ambivalente Art als das Numinose zeigt. Wie sehr die Vorstellungen Ottos auf die Religionsforschung eingewirkt haben, macht wohl auch die Namensgebung der 1954 gegründeten Fachzeitschrift der Internationalen Vereinigung für Religionsgeschichte (IAHR) deutlich, die den Titel „N." trägt.

Lit.: *R. Otto,* Das Heilige, Breslau 1917, Neudr. München 1987; *F. Pfister,* Art. N.: PRE XVII 1273–1291.

P. Parusel

Nyāya ↗Hinduistische Philosophie.

O

Odin ↗Germanische Religion.

Ökologie und Religion. Lange Zeit hatten Ö. und R. allem Anschein nach nur wenig miteinander zu tun. Die meisten Theologen ignorierten in geisteswissenschaftlicher „Naturvergessenheit" die ökologische Frage, während die Ökologen in einseitiger Beschränkung auf rein technische Problemlösungsverfahren die religiöse Dimension der Umweltfrage kaum wahrzunehmen vermochten.

Erst nach dem Erscheinen des ersten Berichtes des „Club of Rome" (1972) trat immer deutlicher in das allg. Bewußtsein, daß die Bewältigung der Umweltkrise ein völliges Umdenken bzw. einen tiefen Bewußtseinswandel erfordert und daß dies ohne Wiederanknüpfung an „alte", rel. Grundhaltungen wie Ehrfurcht, Demut usw. nicht zu erreichen ist. So kann für *R. Spaemann* (in: Birnbacher, 1980, 198) nur ein „wie immer begründetes rel. Verhältnis zur Natur" langfristig eine menschenwürdige Existenz des Menschen sichern, und *H. Jonas* (1984, 57) fragt, ob nicht eine wirksame Ethik der technologischen Zivilisation die „Wiederherstellung der Kategorie des Heiligen" erfordert. Der tiefere Zusammenhang zwischen Ö. und R. erschließt sich, wenn man unter Ö. mit *E. Haeckel,* dem Begründer dieses Begriffes, „die gesamte Wissenschaft von den Beziehungen der Organismen zur umgebenden Außenwelt", kurz: die Lehre vom Haushalt der Natur, versteht und unter R. die Bindung des Menschen an Gott und eine vorgegebene außermenschliche Ordnung der Schöpfung. Heute geht es dann um eine „Wiederverbindung" des Menschen mit der ihm vorgegebenen Schöpfungsordnung, aus der er sich in eigenmächtiger Weise herauszustellen versucht hat. In dieser Perspektive impliziert die Ö. als Lehre vom kosmischen Haushalt eine langfristig angelegte Kosmozentrik, in der sich der Mensch erneut als Teil der Natur begreift, während die Ökonomie als Lehre vom menschlichen Haushalt zu einer in kurzfristigen Zeiträumen denkenden Anthropozentrik tendiert. Eine grundsätzliche Übereinstimmung von rel. und ökologischem Bewußtsein zeigt sich darin, daß sie beide gegenüber einer rein anthropozentrisch ausgerichteten Ökonomie und Technik an die unüberschreitbaren Grenzen menschlicher Machtentfaltung erinnern und so die Endlichkeit und Bedingtheit des Menschen betonen. Gerade weil sich der heutige Mensch kaum mehr als Subjekt zu erfahren vermag, sondern sich in immer stärkerem Ausmaße als ohnmächtiges Objekt undurchschaubarer Prozesse fremdbestimmt fühlt, besitzt die ungewollt über den Menschen hereinbrechende ökologische Krise eine eminent religiöse Dimension. Nach dem offensichtlichen Scheitern der säkularistischen Ersatzreligionen und der zum Teil utopischen Verheißungen von Wissenschaft und Technik erwartet der Mensch in zunehmendem Maße wieder von der überwunden geglaubten R. Orientierung und Sinngebung.

Da sich die Umweltfrage heute als die wohl entscheidendste Überlebensfrage der Menschheit aufdrängt, ist folglich mit einer Wiederentdeckung der alten, zentralen Themen der R., wenn auch mit neuen Etikettierungen, zu rechnen. Dabei können sich bei der Beurteilung der Umweltproblematik innerhalb des Christentums durchaus verschiedene Grundperspektiven ergeben. Vereinfacht kann zwischen einer anthropozentrischen Position, die die einzigartige Sonderstellung des Menschen im Kosmos hervorhebt und um des gefährdeten Menschen willen Umweltschutz fordert (*A. Auer* 1984), und einer zur Kosmo- bzw. Physiozentrik (*K. M. Meyer-Abich,* 1984) tendierenden Position unterschieden werden. Ein eigenes Problem ergibt sich noch daraus, daß von vielen Autoren (von Klages bis Amery) die abendländische Naturausbeutung unter Berufung auf Gen 1,28 als direkte Folge des Christentums interpretiert wird. Gegner des Christentums sehen bereits in der atl. Trennung von Gott und Welt, der damit einhergehenden Entheiligung der Natur, aber auch in der allzu ausschließlichen Konzentration der christl. Theologie auf das personale Gott-Mensch-Verhältnis weitere Ursachen der heutigen Umweltkrise. Die asiat. Einheitslehren (↗Buddhismus, ↗Hinduismus, ↗Taoismus u.a.), aber auch die Naturreligionen, zumal das rel. Naturverständnis der nordamerik. Indianer, werden nicht selten gegen die vorgebliche Naturfeindschaft der „antiökologischen" christl. Religion ins Spiel gebracht. Tatsächlich läßt sich die Wirkungsgeschichte des atl. Herrschaftsauftrages als Mißverständnis interpretieren (vgl. *G. Liedke,* 1979, *G. Altner,* 1974 u.a.), d.h. als Ungehorsamsgeschichte, insofern als der Glaube an die göttliche Herkunft der Schöpfungswirklichkeit „Ehrfurcht vor der Natur" (vgl. *D. Birnbacher* [Hg.] 72–102) gebietet. In der christl. Tradition lassen sich zudem stets Ansätze zu einer „Theologie der Natur" (von *Johannes Scotus Eriugena* über *Franz v. Assisi* bis hin zu *Teilhard de Chardins* kosmischer Perspektive) nachweisen, auch wenn erst heute deren Bedeutung angemessen gewürdigt wird. Theol. ist die Zurückführung der Umweltkrise auf das Christentum schon deshalb nicht haltbar, weil im Christentum alles Geschaffene auf Gott bzw. Christus hin geschaffen ist. Nicht der Mensch ist also Maß aller Dinge, sondern Gott. Allerdings ist die Abkünftigkeit der modernen Wissenschaft und Technik sowie des modernen Säkularismus vom christl. Wirklichkeitsverständnis nicht zu leugnen. Die Umweltzerstörungen in pantheistisch und von Naturreligiosität geprägten Kulturen wie z.B. in Japan beweisen jedoch, daß die Umweltkrise nicht auf ein bestimmtes rel. Wirklichkeitsverständnis zurückgeführt werden kann, sondern daß auch außerrel. Einflüsse eine Rolle spielen, gegen die die Bewahrungskräfte aller traditionellen R.en nur geringe Behauptungschancen besitzen. Die Bewahrung des „Friedens mit der Natur" ist wie die Bewahrung des Friedens der Menschen untereinander eine gemeinsame Zukunftsaufgabe aller R.en und einer gewandelten Wissenschaft, die sich der R. insofern annähert, als sie bereit ist, ehrfürchtig Unergründliches und damit Unbeherrschbares in der Natur anzuerkennen.

Lit.: *G. Altner,* Schöpfung am Abgrund. Neukirchen 1974; *C. Amery,* Das Ende der Vorsehung. Reinbek 1972; *A. Auer,* Umweltethik. Düsseldorf 1984; *D. Birnbacher* (Hg.), Ökologie und Ethik. Stuttgart 1980; *E. Drewermann,* Der tödliche Fortschritt. Regensburg 1981; *H. Jonas,* Das Prinzip Verantwortung. Frankfurt 1984; *G. Liedke,* Im Bauch des Fisches – Ökologische Theologie. Stuttgart 1979; *K. M. Meyer-Abich,* Wege zum Frieden mit der Natur. München 1984; *B. Stoeckle* (Hg.), Wörterbuch der ökologischen Ethik. Freiburg 1986. *W. Gantke*

Ökonomie und Religion. 1. Für das Verhältnis von Ö. und R. gilt in methodischer Hinsicht Ähnliches wie für das von ↗Politik und R. In der modernen Gesellschaft hat sich ein von den übrigen Lebensbereichen abgehobenes ökonomisches Teilsystem ausgebildet, das, inzwischen zu einem Weltwirtschaftssystem zusammengewachsen, mehr noch als das politische eine Eigengesetzlichkeit besitzt und beansprucht, die für religiös-ethische Motive kaum noch durchlässig erscheint. Die Wirtschaft (= W.) macht innerhalb der funktional differenzierten Gesellschaft den Bereich aus, in dem die neuzeitl. Rationalität ihre gesellschaftliche Haupttriebkraft hat und die R. mit dem Stigma des Irrationalen belegt. Umgekehrt versteht sich R. als einen fundamentalen, die Rationalität umgreifenden und die menschliche Existenz total prägenden Akt, der auch deren wirtschaftlich-materielle Seite zu bestimmen beansprucht. Daß ihr dies kaum noch gelingt, heißt nicht, daß sie funktionslos geworden sei. Ihre Funktion besteht darin, verschiedene in den übrigen Teilsystemen nicht lösbare Probleme der vergesellschafteten Individuen wie Tod, Leid, Kontingenz und Sinn zu bewältigen. So trägt sie zur Legitimität und Stabilität des Gesellschaftssystems im ganzen bei. Mit dieser ihr von der funktionalistischen Gesellschaftstheorie angesonnenen Funktion kann sich aber R., insofern sie auf ein Jenseits der Gesellschaft bezogen ist, nicht zufriedengeben: „Wo diese Funktionalisierung von R. und Kirche perfekt gelänge, wäre sie deren Tod" (J. B. Metz). 2. Das hist. Gegenstück zu diesem teils befürchteten, teils erwarteten Ende wahrer R. in der säkularisierten Gesellschaft bildet deren Herkunft auch aus rel. Wurzeln. Ihr hier in Frage stehendes ökonomisches Teilsystem ist nicht nur – wie jede menschliche Kulturtätigkeit – ursprünglich aus der R. hervorgegangen (vgl. etwa den sakralen Ursprung des Geldes), sondern auch die spezifisch neuzeitl. W. hat „geistige“ Voraussetzungen rel. Art. Aus *M. Webers* berühmter These über die Genese des „Geistes des Kapitalismus“ aus der prot.-calvinistischen Ethik – mag sie auch wie seine Untersuchungen der W.s-Ethik der Welt-R.en insgesamt differenziert und ergänzt werden müssen – geht hervor, daß R. nicht einfach als Epiphänomen der Produktionsverhältnisse erklärt werden kann, wie die materialistische Geschichtsauffassung des Marxismus behauptet. Die Bezeichnung der modernen W. als „Kapitalismus“ wendet sich andererseits gegen eine rein ökonomisch-technische Sicht, die sie lediglich als ein System von Marktgleichgewichten begreift und analysiert (und deshalb statt dessen von „Markt-W.“, bisweilen in Zusammensetzungen, spricht). Demgegenüber blendet die geistesgesch. Interpretation der klass. R.s-Soziologie die sozialen Bezüge der W. nicht aus; wenn sie den „kapitalistischen Geist“ untersucht, stehen immer auch dessen soziale Träger – seien es Calvinisten, Juden, Bürger oder wer auch immer – im Blick. W. ist primär ein Verhältnis unter Menschen bei der Verfolgung ihrer zunächst materiellen – Bedürfnisbefriedigung und erst sekundär ein Verhältnis zu Objekten der Güterwelt. Erst eine soziale, nicht bloß ökonomistische Betrachtung – wie sie *A. Smith,* dem Begründer der National-Ö., der „von Haus aus“ Moralphilosoph war, noch fernlag – macht die W. auch für rel.-ethische Überlegungen zugänglich. Sie ist in einer Zeit, da die angebliche Rationalität des W.s-Systems deutlich irrationale und inhumane Folgen (Arbeitslosigkeit, Umweltzerstörung, weltweite Ungerechtigkeit) zeitigt, auch dringend geboten.

3. Die zentrale Forderung der christl. Sozialethik an die W. lautet, in Worten der kath. Soziallehre formuliert, der Sache nach aber gemeinchristlich: Die Würde der menschlichen Person und das Wohl der gesamten Gesellschaft sind zu achten und zu fördern, da der Mensch Urheber, Mittelpunkt und Ziel aller W. ist (vgl. GS 63). Dieses Kriterium hat eher negativkrit. Bedeutung; es lehnt etwa eine strikt kapitalistische W.s-Weise, in der statt des Menschen das Kapital und dessen systemat. Mehrung im Mittelpunkt stehen, ab, enthält aber weder eine Option für ein bestimmtes W.s-System (Markt-, Zentralverwaltungs-W.) noch Anweisungen für die Verteilung der wirtschaftlichen Macht auf die Faktoren Arbeit und Kapital. Überhaupt stellt die Vermittlung der ethischen Grundsätze mit der Komplexität und der grundsätzlich anerkannten wirtschaftlichen Sachgesetzlichkeit ein nicht definitiv zu lösendes Kernproblem christl. W.s-Ethik dar. (Weit mehr als im Christentum scheint das islam. W.s-Ideal positiv-inhaltlich bestimmt; im Zentrum steht die ↗ *Zakāt,* die nach modernen Interpreten die Vorteile des Kapitalismus und Sozialismus verbinden soll.) So plural wie die Konkretisierungen sind auch die christl. Ansätze für eine theol. Begründung des humanen Kriteriums der W. Mag sie naturrechtlich-schöpfungstheol. oder christologisch oder eschatologisch erfolgen, immer geht es darum, vom „Letzten“, dem Zentrum des Glaubens, her Kriterien für das „Vorletzte“ zu gewinnen. Diese christl. Relativierung der W. als etwas „Vorletztes“ schließt die Anerkennung der gesch. einmaligen Leistungen der modernen W. und der in ihr Tätigen ein und bedeutet keineswegs Indifferenz: „Das Reich Gottes ist nicht indifferent gegenüber den Welthandelspreisen“ (Würzburger Synode: Unsere Hoffnung I,6). Sie trifft sich heute mit „postmodernen“ Tendenzen, die sich von den verabsolutierten Mächten der Moderne, darunter einer hypertroph gewordenen W., um der Humanität willen abzuwenden beginnen.

4. Das Christentum steht zur W. nicht nur in der Beziehung eines Verkünders eines Ethos, sondern ist als sozial verfaßte Größe selbst auch eine wirtschaftliche Größe. Neben einer christl. W.s-Ethik gibt es eine kirchliche W.s-Geschichte (die hier natürlich nicht nachgezeichnet werden kann). Die Kirche war schon recht früh eine wichtige W.s-Kraft im

Abendland, und die verschiedenen christl. Kirchen sind es in etlichen Ländern z.T. bis heute. Dieser Aspekt, der für andere R.en wohl in analoger Weise gilt, ist in zweifacher Hinsicht bedeutsam: Einmal läßt die Verflochtenheit der Kirchen und R.en in einen wirtschaftlichen Kontext Rückwirkungen auf sie selbst vermuten. (Für das Christentum zeigen sie sich etwa darin, daß es, da die längste Zeit seiner Geschichte in einer agrarisch-bäuerlichen W. mit ihrer typischen Mentalität beheimatet, nur schwer Zugang zu anderen W.s- und Lebensformen, etwa der Industriearbeiter, findet.) Sodann läßt sich aus der W.s-Geschichte des Christentums der Hinweis entnehmen, daß es vielleicht mehr noch als durch seine W.s-Ethik mittels einer „Orthopraxis" im Wirtschaftlichen in den Raum der allg. Gesellschaft hineinwirken könnte.

Lit.: *J. Döpfner,* Ethische Grundsätze einer W.s-Führung. Bonn 1975; *U. Duchrow,* Welt-W. heute – ein Feld für die bekennende Kirche? München 1986; *B. Groethuysen,* Die Entstehung der bürgerlichen Welt- und Lebensauffassung in Frankreich (1927/30). Frankfurt 1978; *F. X. Kaufmann u. a.,* Ethos und R. bei Führungskräften. München 1986; *E. Küng,* Ö. und Moral: CGG XVII 123–162; *B. Laum,* Heiliges Geld. Tübingen 1924; *J. B. Metz,* Glaube in Geschichte und Gesellschaft. Mainz 1977; *A. Müller-Armack,* R. und W. Stuttgart 1959; *D. L. Munby,* Christ und W. Gütersloh 1962; *O. v. Nell-Breuning,* Kapitalismus – kritisch betrachtet. Freiburg 1974; *A. Rich,* W.s-Ethik. Gütersloh 1984; *M. Rodinson,* Islam und Kapitalismus. Frankfurt 1971; *W. Sombart,* Der Bourgeois. München 1913; *R. H. Tawney,* R. und Frühkapitalismus. Bern 1946; Texte zur kath. Soziallehre. Köln [5]1982. *E. Troeltsch,* Die Soziallehren der christl. Kirchen und Gruppen. Tübingen 1912; *M. Weber,* Ges. Aufsätze zur R.s-Soziologie. 3 Bde. Tübingen 1920/21; *ders.,* Die prot. Ethik II. Hg. v. *J. Winckelmann.* Gütersloh [3]1978; *W. Weber,* Geld – Glaube – Gesellschaft. Opladen 1979. Gegen Unmenschlichkeit in der Wirtschaft. Der Hirtenbrief der kath. Bischöfe der USA „Wirtschaftliche Gerechtigkeit für alle" 1986. Freiburg 1987.

W. Müller

Ökumene. 1. Begriff. Die urspr. Bedeutung von „Ökumene" ist eine geographische: hē oikouménē ist die ganze bewohnte Erde. In diesem Sinn findet sich der Terminus auch im NT (etwa Lk 2,1; 4,5; Apg 17,6); überall in der Welt wird das Evangelium verkündet werden (Mt 24,14). In Hebr 2,5 ist von einer zukünftigen Ö. die Rede als von einer erneuerten Welt. – Auf dem Konzil zu Konstantinopel (381) wird dasjenige von Nizäa (325) als „ökumenisch" bezeichnet: Zu einem solchen Konzil sind alle Bischöfe der Christenheit eingeladen; es bringt zum Ausdruck, was die Kirche als ganze glaubt, was verbindlich ist. – In neuerer Zeit, da Christen in zunehmendem Maß der Skandal der Spaltung deutlich geworden ist, versteht man unter Ö. das Bewußtsein der Zusammengehörigkeit der Getrennten und darum alle „Bestrebungen, durch Gebet, Wort und Werke zu jener Fülle der Einheit zu gelangen, die Jesus Christus will" (II. Vat. Konzil, UR 4). Ökumen. Theologie ist das wiss. Bemühen darum, wie die christl. Einheit im vollen Sinn verwirklicht werden kann.

2. Geschichte. Ein Suchen nach Einheit – eine *ökumen. Bewegung* im weiteren Sinne – entstand seit Mitte des 19. Jh. in allen Teilen der Christenheit. 1948 kam es – nach langjährigen Vorbereitungen und Kontakten – in Amsterdam zur Bildung des „Ökumenischen Rats der Kirchen" (ÖRK), konstituiert von 351 Delegierten aus 147 Kirchen; er ist gemäß seiner Verfassung „eine Gemeinschaft von Kirchen, die den Herrn Jesus Christus gemäß der Heiligen Schrift als Gott und Heiland bekennen und darum gemeinsam zu erfüllen trachten, wozu sie berufen sind, zur Ehre Gottes des Vaters, des Sohnes und des Heiligen Geistes". Der ÖRK hat keine Autorität über seine Mitgliedskirchen, versteht sich vielmehr als Forum und Instrument. Auf seiner Dritten Vollversammlung (1961 in Neu-Delhi) wurde folgende Schau der Einheit formuliert: „Wir glauben, daß die Einheit, die zugleich Gottes Wille und seine Gabe an die Kirche ist, sichtbar gemacht wird, indem alle an jedem Ort, die in Jesus Christus getauft sind und ihn als Herrn und Heiland bekennen, durch den Heiligen Geist in eine völlig verpflichtete Gemeinschaft geführt werden, die sich zu dem einen apostolischen Glauben bekennt, das eine Evangelium verkündigt, das eine Brot bricht, sich im gemeinsamen Gebet vereint und ein gemeinsames Leben führt, das sich in Zeugnis und Dienst an alle wendet. Sie sind zugleich vereint mit der gesamten Christenheit an allen Orten und zu allen Zeiten in der

Weise, daß Amt und Glieder von allen anerkannt werden und daß alle gemeinsam so handeln und sprechen können, wie es die gegebene Lage im Hinblick auf die Aufgaben erfordert, zu denen Gott sein Volk ruft."
Die röm.-kath. Kirche war gegenüber dem ÖRK zunächst sehr zurückhaltend. Das erklärt sich aus ihrem Selbstverständnis: Sie glaubt, daß die Kirche Christi „in der kath. Kirche verwirklicht ist" (II. Vat. Konzil, LG 8). Nachdem sie auf dem II. Vatikanum ausführlich kath. Grundsätze zur ökumen. Aufgabe beschlossen und nachdem der ÖRK die erwähnten Aspekte zur Einheit artikuliert hatte, nimmt die kath. Kirche in umfassender Weise an der ökumen. Bewegung teil; sie ist zwar nicht Mitglied des ÖRK, wohl aber in dessen Kommission für Glauben und Kirchenverfassung; sie hat wichtige ökumen. Dokumente miterarbeitet. Sie befindet sich international und regional in offiziellen Lehrgesprächen mit Kirchen und Weltbünden. Damit betraut ist das von Johannes XXIII. 1960 gegründete „Sekretariat zur Förderung der Einheit der Christen".

3. Im ökumen. Dialog geht es darum, wie christl. Einheit verwirklicht werden kann. Die *Dringlichkeit* dazu wird vor allem im Abschiedsgebet Jesu deutlich: Alle sollen eins sein, „damit die Welt glaubt, ... damit die Welt erkennt, daß du mich gesandt hast" (Joh 17,21 ff.). Die Spaltung widerspricht, wie das II. Vatikanum betont, dem Willen Christi; sie ist „ein Ärgernis für die Welt und ein Schaden für die heilige Sache der Verkündigung des Evangeliums" (UR 1). – *Ausgangspunkt* für das Mühen um volle sichtbare Gemeinschaft ist die Tatsache, daß der dreieinige Gott die grundlegende Einheit erhalten hat: Christen bekennen im Credo die eine heilige Kirche als bestehend; sie ist das eine Volk Gottes, der eine Leib Christi, in den hinein alle durch den einen Heiligen Geist getauft werden (vgl. 1 Kor 12,13). Solche gegebene Einheit muß durch Überwindung von Spaltungen voller erkennbar werden.
Christen suchen Einheit auf der Grundlage der Wahrheit, der Freiheit und der Liebe. Es geht um Gemeinschaft im apostolischen Glauben und in der kirchl. Grundgestalt. „Solange in wichtigen Punkten von Glauben und Kirchenverfassung tiefgehende Unterschiede bestehen, haben wir die Einheit, von der das NT spricht, noch nicht erreicht" (W. A. Visser 't Hooft). Weil der Glaube des Bekenntnisses bedarf, sind gemeinsame Formulierungen erforderlich; jedoch kann auch bei unterschiedlicher Aussageweise Einheit in der Wahrheit vorhanden sein. – Wo Freiheit möglich ist, darf sie nicht eingeschränkt werden: „Es darf nichts als Wahrheit auferlegt werden, was in Wirklichkeit geschichtlich gewachsene Form ist" (J. Ratzinger). – Alles Mühen muß getragen sein von der Liebe, von der Bereitschaft, den einen Glauben auch in Ausprägungen zu erkennen, die er in anderen Kirchen gefunden hat. Dazu ist Geduld erforderlich, die nicht resignieren läßt angesichts von Schwierigkeiten und einer in Jh.en der Trennung gewachsenen Entfremdung.
Ziel ökumen. Arbeit ist nicht die Verschmelzung von bisher getrennten Kirchen zu einer Einheitskirche, vielmehr „Kirchengemeinschaft", Einheit „in versöhnter Verschiedenheit", Gemeinschaft von Schwesterkirchen, „konziliare Gemeinschaft", nach kath. Überzeugung mit einem Petrusamt als Dienst an der Einheit: Gemeinschaft in Wort und Sakrament, eucharistische Gemeinschaft.
Die ökumen. Dialoge sind unterschiedlich weit fortgeschritten; die erreichten Ergebnisse sind Zeugnisse wachsender Übereinstimmung. Johannes Paul II. erklärte 1980 angesichts des luth.-kath. Dialogs: „Freuen wir uns, daß wir nicht nur einen Teilkonsens in einigen Wahrheiten entdecken können, sondern eine Übereinstimmung in zentralen Glaubenswahrheiten. Das läßt uns die Einheit auch in den Bereichen unseres Glaubens und Lebens erhoffen, in denen wir bis zur Stunde noch getrennt sind."

4. Erfordernisse auf dem Weg zur vollen Einheit sind u.a.: Gemeinsam Zeugnis geben in Wort und Handeln, soweit nicht Gründe des Glaubens dem entgegenstehen. – Gemeinsames Beten: „Ökumenische Wortgottesdienste sollten nach Möglichkeit fester Bestandteil des Lebens unserer Gemeinden werden" (Deutsche Bischöfe, 1976 und 1980). –

Fortsetzung des Dialogs über noch bestehende Gegensätze, die wohl entscheidend im unterschiedlichen Kirchenverständnis liegen. – Rezeption (prüfen und verbindlich machen) von Ergebnissen bisheriger ökumen. Gespräche. – Entkräftung früherer gegenseitiger Verwerfungen, daß diese die jeweils andere Kirche und deren Glauben heute nicht treffen. – Bereitschaft zur steten Erneuerung entsprechend dem von Christus gesetzten Ursprung und Richtmaß.

Lit.: *H. Krüger u.a.* (Hg.), Ökumene-Lexikon. Frankfurt 1983; *H. Meyer u.a.* (Hg.), Dokumente wachsender Übereinstimmung. Paderborn 1983; *Bilaterale Arbeitsgruppe der DBK und der Kirchenleitung der VELKD,* Kirchengemeinschaft in Wort und Sakrament. Paderborn 1984; *Gemeinsame Ev.-Lutherische/Röm.-kath. Kommission,* Einheit vor uns. Paderborn 1985; *H. Schütte,* Ziel: Kirchengemeinschaft. Paderborn 1986. *H. Schütte*

Offenbarung

I. Vorverständnis. – II. Religionswissenschaftlich. – III. Hinduismus. – IV. Judentum. – V. Christentum. – VI. Islam. – VII. Nachchristliche Phänomene. – VIII. Religionstheologisch

I. Vorverständnis. Beim Sprachgebrauch von O. sind in den abendländischen Sprachen vor allem drei Sprachebenen zu unterscheiden:

1. Ebene der Alltagssprache. Hier bedeutet O., daß etwas Verborgenes, eine Sache oder Person, ein Geheimnis oder Mysterium, enthüllt (lat. *revelare*), erkennbar, zugänglich wird. Da die Wahrheit das Unverborgene (griech. *alētheia*) ist, hat es die O. immer auch mit der Wahrheit zu tun. Insofern als O. das hinter allem Welthaften waltende Geheimnis und damit Sinn und Ziel menschlicher Existenz betrifft, hat sie ihren vorzüglichen Ort im rel. Denken. In der abendländischen Neuzeit ist O. auch Gegenbegriff zu „Aufklärung" (engl. *enlightenment*). Auch in diesem Begriff der Aufklärung ist enthalten, daß dem Menschen Klarheit über sich und sein Leben zuteil wird, doch nicht mit Hilfe des Göttlichen, sondern mit Hilfe des Lichtes der eigenen menschlichen Vernunft.

2. Ebene der Religionen. Etymologisch-semantisch ist O. weder ein christl. noch ein rein rel. Begriff. Umgekehrt ist er, wo er religiös gebraucht wird, nicht auf das Christentum beschränkt. Alle Religionen leben in ihrem Wesen davon, daß Gott oder das Göttliche sich dem Menschen kundtut und der Mensch dementsprechend zu leben bemüht ist. Entsprechend beweist die rel.-wiss. Forschung, daß in anderen Religionen auf verschiedene Weise (Gott spricht, läßt sich sehen, erscheint, übt Macht aus; Menschen wird Einsicht zuteil, sie werden erleuchtet u.ä.) von der Kundgabe Gottes an die Menschen bzw. von der Wahrnehmung Gottes oder des Göttlichen gesprochen wird. Solches ist nachweisbar für vom Mythos geprägte Natur- und Stammes-/Volksreligionen (vgl. auch den Shintō), für den Hinduismus in seiner vedischen Gestalt (vgl. die Beschreibungen der Entstehung des Veda; ↗Hll. Schrift[en] III), in noch größerer Nähe zum Judentum und Christentum dann in der iran. Religion des Zarathustra und im Islam. Ob und wieweit O. immer auch ein Sprachphänomen ist, oder ob es ausreicht, daß geschenkte innere Klarheit nachträglich zur Sprache gebracht wird, ob etwa das erleuchtete Schweigen des Buddha als O. des unaussprechlichen Geheimnisses angesehen werden kann, bleibt hier unentschieden. Ein Grundproblem des O.s-Verständnisses ist jedenfalls das Verhältnis von Hören und Sehen im Phänomen der O.

3. Ebene des Christentums. In der christl. Theologie ist O. in der Neuzeit zum Schlüsselbegriff des christl. Selbstverständnisses geworden. Als solcher bezeichnet O. die radikale und totale Selbstmitteilung Gottes an die Welt in der Menschwerdung des Jesus von Nazaret. In diesem Verständnis setzt sich der O.s-Begriff christl. von allen etymologischen, rel. wie nicht-rel. O.s-Verständnissen ab und wird er zum zentralen Ausdruck für das Unterscheidend-Christliche. Allerdings bestehen neben dem theol. Schlüsselbegriff auch andere O.s-Verständnisse fort. Diese sind vor allem deshalb zu beachten, weil die Kommunikabilität des christl. O.s-Begriffs letztlich im Vergleich und Kontakt mit anderen O.s-Begriffen zustande kommt. Beim Religionsvergleich ist auf jeden Fall darauf zu achten, mit welchem Vorverständnis von O. die Frage nach dem O.s-Charakter einer bestimmten Religion angegangen wird.

Lit.: ↗Offenbarung V. *H. Waldenfels*

II. Religionswissenschaftlich. Als O. können bezeichnet werden: a) das Wissen, das nach Auskunft der Religionen nicht aus grundsätzlich allg. möglicher Erkenntnis erwächst und nicht deren Kontrolle unterliegt, einschließlich der Normen für einen bestimmten Lebensvollzug, b) die Vorgänge der Vermittlung dieses Wissens, durch die es als wahr und verbindlich legitimiert wird. Der Begriff O. verweist darauf, daß jede Religion ihrem Selbstverständnis nach nicht eine menschliche Schöpfung (Begründung aus der Autonomie), sondern nichtmenschlichen Ursprungs ist (Begründung aus dem Heteronomen). Erforschung der O.s-Phänomene kann erfolgen von den Voraussetzungen aus, a) daß sich in ihnen Begegnung mit der wirklichen Wahrheit manifestiert, mit der impliziten Konsequenz der Wertung hist. Phänomene von der Eigenreligion aus, b) daß sie Projektionen des Bewußtseins bei der Sinngebung von Existenz und Erfahrungshorizont sind; auch dabei sind Wertungen von Deutungen der Existenz her möglich und oft Voraussetzung, die die „unmittelbare Erfahrung des Individuums überschreiten" (U. Berner). Folgende Strukturelemente, deren Konkretisierung in den Religionen hist. bedingt und zu erklären ist, können als O.s-Merkmale gelten:

1. O.s-Urheber ist in allen Religionen das lebendige Nicht-Menschliche, da sich verbindliche Autorität des O.s-Inhalts nur durch Verweis auf derartigen Ursprung begründen läßt. Nur durchreflektierte Religionen problematisieren die Beziehung des O.s-Inhalts zum O.s-Urheber über dessen reine Existenz hinaus (O. = Kundgabe göttlichen Wesens).

2. O.s-Inhalt. Die Religionen kennen eine Ur- oder Anfangs-O., die sinnvolles Leben in der schicksalbestimmten Abhängigkeit (G. Widengren) ermöglicht und garantiert. Sie ist vollkommen und allg. verbindlich (Sein, Wille und Tun des Nicht-Menschlichen, Sein und Verpflichtung des Menschen). Von der Ur-O. unterscheiden die Religionen O., die sich in der Geschichte immer wieder ereignet bzw. mit Hilfe einer in der Ur-O. vermittelten Technik bewirkt werden kann (sukzessiv-dynamische O.). Sie ergänzt oder aktualisiert oder rekonstruiert oder enthüllt Ur-O. In vielen Religionen treten Aussagen über die Ur-O. hinter die Begründung und Praxis dynamischer O. zurück.

3. O.s-Mittler, O.s-Mittel, O.s-Vermittlung. Als *O.s-Mittler* begegnen a) nicht-menschliche Wesen, oft mit O.s-Urhebern identisch (Erscheinen und Sprechen). Durchreflektierte Religionen erklären Erscheinen des O.s-Mittlers komplizierter (Avatāra, reversible Inkarnation als Addition, Adjektion oder Substitution im Verhältnis zum Menschlichen und als einmalig oder Glied eines Prozesses); b) Tiere (z. B. Vögel); c) Nicht-Lebendiges (↗Orakel, ↗Ordal, Mana); d) Ist der O.s-Mittler ein Mensch, dann ist er bestimmt oder berufen und unterscheidet sich durch partielle Zugehörigkeit zur Sphäre des Nicht-Menschlichen von anderen Menschen (partielle substantielle Zugehörigkeit; außergewöhnliche Schöpfung oder Zeugung; Offenbarergenealogien; Geistgabe). Bestimmung/Berufung können an besonderen Phänomenen erkannt werden (z. B. ↗Wunder). Verbreitet ist die Vorstellung einer notwendigen Transformation zum O.s-Mittler durch partiellen Verlust/Beschränkung des Natürlichen (z. B. ↗Askese) bzw./oder partielle oder totale Veränderung oder Vernichtung des Menschlichen als Hineinnahme in das Nicht-Menschliche (↗Initiation). In vielen Religionen erfolgt Beschränkung der O.s-Vermittlung und der Rolle des O.s-Mittlers auf bestimmte O.s-Institutionen (z. B. Priestertum, Kult) bzw. auf bestimmte Stätten und/oder Zeiten (Orakel).

4. O.s-Empfänger, O.s-Empfang. Auch O.s-Mittler können O.s-Empfänger sein, aber nur zur O.s-Vermittlung an den natürlichen Menschen, das Ziel aller O., der für sein Lebenbleiben bzw. für den Vollzug eines sinnvollen Lebens von O.s-Vermittlung abhängig ist. Eine besondere Denkfigur begegnet in Religionen, in denen die Vorstellung überwiegt oder überwiegen kann, daß jeder Mensch eine partielle Identität mit dem „Göttlichen" hat. Als notwendige Erkenntnis über das Wirkliche wird O. dann Selbsterkenntnis oder Erleuchtung (↗Mystik), O.s-Mittler

sind die erleuchteten Lehrer der Theorie und Technik der Erleuchtung.

Lit.: ↗Religionsphänomenologie; *C.-M. Edsman*, Art. O. I: RGG³ IV 1597 f.; *Th. P. van Baaren*, Voorstellingen van Openbaring, phaenomenologisch beschouwd. Utrecht 1951; *U. Berner*, Gegenstand und Aufgabe der Religionswissenschaft: ZRGG 35 (1983) 97–116. *G. Wießner*

III. Hinduismus. „Am Anfang gab es nur das Seiende" (*Chāndogya Up.* VI 2.1); „Wahrlich, *Brahman* war dies alles am Anfang" (*Bṛhadāraṇyaka Up.* I 4.10); „Am Anfang war dies *Ātman* in der Gestalt von *Puruṣa*" (ebd. I 4.1). Dies hat *Nāma-Rūpa* (der Name und die Gestalt) (↗Rūpa) angenommen und sich in dieser Welt offenbart (*Bṛhadāraṇyaka Up.* I 4.7), gleichsam als Ur-O. Gottes. Die ersten Hinweise darauf finden wir schon in den Schöpfungshymnen des *Ṛgveda* (X 82, 90 129). Die Lehre von der Selbst-O. Gottes wurde ausführlich in philos. Systemen behandelt, z. B. im *Advaita-Vedānta* als *Vivartavāda* (Theorie der Selbstentfaltung) und im *Viśiṣṭadvaita* als *Pariṇāmavāda* (Theorie der Selbstevolution). Es waren jedoch die Seher (↗Rishi), die die Wahrheit der O. Gottes mit den inneren Augen erblickt haben (*Ṛgveda* X 71.1–2). Sie haben aber Gott als das Wort (*Vāc* – weiblich) erfahren. Diese *Vāc* spricht sich aus und bleibt trotzdem unausgesprochen *(anāhata-śabda)*. Dieses göttliche Wort ist die Urquelle aller O.: „Sie *(Vāc)* ist unvergänglich, die Erstgeborene von Wahrheit, die Mutter aller *Veden*" (*Taittirīya Brāhmaṇa* II 8.8.5; s. auch *Ṛgveda* I 164.37 und *Vākyapadīya* of *Bhartṛhari* I 1).
Das gehörte Wort Gottes ist sodann als *Śruti* niedergeschrieben worden. *Śruti* heißt wörtlich „das Gehörte" und wird als Hauptquelle der hind. O. betrachtet (↗Avatāra). Die *Śruti*-Schriften wurden nicht von menschlichen Autoren geschrieben *(apauruṣeya)*, sondern von Sehern und Weisen „gehört" und von diesen lediglich weitervermittelt. Deshalb werden die *Śruti*-Texte, vor allem die *Veden*, für unfehlbar, unveränderlich und ewig gehalten. Ihnen kommt somit höchste rel. Autorität zu. Die Schriften sind in vier Teile gegliedert: a) die vier *Veden (Ṛg, Sāma, Yajur* und *Atharva)*, die hauptsächlich an verschiedene Götter gerichtete Hymnen, Loblieder, ↗Mantras u. a. enthalten; b) die *Brāhmaṇas*, überwiegend Ritenbücher, die sehr zahlreich und umfangreich sind; c) die *Āraṇyakas* (= „Waldbücher"), die die Mystik und den Anfang der Philosophie zum Inhalt haben; d) die *Up.*, auch *Vedānta*, der letzte Teil der vedischen Lit., genannt, die tief-philos. Spekulationen enthalten.
Die Orthodoxie hängt im Hinduismus davon ab, ob jemand der vedischen O. treu bleibt. Die vedische Weisheit gilt als ein großes Geheimnis – *guhyam* (*Chāndogya Up.* III 5.1 ff.; *Śvetāśvatara Up.* V 6; VI.22). Sie darf nicht wahllos vermittelt werden, sondern nur einem ihrer würdigen Jünger von einem würdigen ↗Guru (*Kaṭha Up.* I 2.7–9).

Lit.: *K. F. Geldner*, Der Rig Veda. 3 Bde. Cambridge/Mass. ²1978; *S. Radhakrishnan* (Hg.), The Principal Upanisads. Nachdruck London 1978; *G. Oberhammer* (Hg.), O., geistige Realität des Menschen. Wien 1974; *G. Oberhammer / H. Waldenfels*, Überlieferungsstruktur und Offenbarung. Wien 1980. *A. Thannippara*

IV. Judentum. Im Tanach beschreiben die Verben *galāh* (offenbaren), *ra'āh* (sehen) und *jadā'* ([er-]kennen) in ihren abgeleiteten Stämmen die Wirklichkeit von O. (z. B. Gen 35,7; Gen 12,7; Ex 6,3). Eine Systematisierung dieser Kundgabeweisen Gottes ist jedoch nicht möglich. O. ereignet sich nämlich in den Taten Gottes, aus denen er erkannt wird: aus der Schöpfung, in wunderbaren Phänomenen und bes. in der Geschichte Israels (vgl. ExR 6, 4). Im Pentateuch und bei den Propheten offenbart JHWH zwar sich selbst, z. B. in seiner kāḇôd (Num 14, 21; Jes 6, 3), wie auch seine Pläne und seinen Willen durch Worte und/oder Ereignisse. Dabei ist O. jedoch nicht eine Selbstenthüllung Gottes in seiner Wesenheit, sondern ein Machterweis *(gᵉḇûrôt, gᵉḏolôt)* im Bereich der Geschichte mit dem Volk ('am Jiśrāēl) als Adressaten. Die Sinai-O. (Ex 19, 1–21; vgl. Dtn 5, 4) ergeht nicht mehr an einzelne, sondern erstmals an ganz Israel. Sie bleibt für das gesamte nachfolgende Verständnis von O. fundamental. Am Sinai erfolgt der Bundesschluß (↗Auserwählung); hier empfängt das Volk die Tora. Seither offenbart die Bundesgeschichte das bleibende Mitsein JHWHs mit Israel bis an das Ende der Zeiten.

Für **Mischnajot, Talmudim** und **Midraschim** stehen Manifestationen Gottes in Taten und Erscheinungen im Mittelpunkt. Vor allem aber geht es um sein geoffenbartes Wort *(d^e^bar* 'Adonai) an den Menschen. Dabei gilt die Tora als die O. des göttlichen Wortes überhaupt, weil sie „Tora vom Himmel" ist und daher als unmittelbares Wort Gottes interpretiert wird (so mSan 10,1). Dieser *göttliche* Ursprung ist für das rabb. Judentum grundlegend; das Wie der Tora-Gabe *(mattan t.)* indes bleibt nebensächlich. Es läßt sich folgendes Gefüge skizzieren: Die Tora ist vom Himmel *(t. min ha-Shamayim)*, sie ist Gabe, und zwar an Mose (*tôraṯ Mosheh,* hier: Pentateuch). Die am Sinai geoffenbarte Tora wird dann als schriftliche *(t. shä biktav)* und als mündliche *(t. shä be'al päh)* tradiert (↗Hll. Schrift[en] VI). In bezug auf die schriftliche Tora wird die mündliche Tora als O.s-Kontext begründet. In dieser Tradition (*masorät,* hierin strukturgleich der *traditio* in kath. Dogmatik) wird die O. in einer Kette der Überlieferung *(shalshälät ha-Qabbalah)* in Generationenfolge *(tol^e^dot)* weitergegeben. Halacha und Haggada fungieren darin als kreativer Prozeß einer lebendigen schriftgelehrten Interpretation eben dieser O., die so in ihrem gesch. Weg eine Ursprungsidentität durchzuhalten vermag. Mit der Doppelgestalt der Tora kennen die rabb. Quellen eine Mannigfaltigkeit von Offenbarungs*formen*, angefangen bei der Inspiration durch den hl. Geist Gottes *(ru'aḥ ha-qodesh)* bis hin zu den unterschiedlichen Formen von Prophetie, in welchen allerdings die des Mose als die bedeutendste gilt. Ferner offenbart sich JHWH in seiner Schöpfung, da diese in der prämundanen Tora gründet (bShab 88a; GenR 1,1 und 1,4; mAv 3,14 und 5,22). O. kann aber auch an den einzelnen Frommen ergehen oder in gesch. Vorgängen, bes. im Exodus, erfolgen. Der Tod der Propheten Haggai, Sacharja und Maleachi bestimmt nach rabb. Auffassung das Aufhören der Prophetie (bYom 9b; tSot 13,2). Es folgen nachgeordnete O.en, und zwar durch die „Hallstimme" (*bat qol* [Tochterstimme]: bSan 11a; mAv 6,2) und durch den Gottesboten 'Elijahu (z.B. bBer 35b, bMen 45a, bKet 106a und Midraschwerk Tanna' debe 'Elijahu/Seder 'Elijahu. Die „Stimme vom Sinai" (*qol mi-Sinai:* mAv 6,2) enthält bereits alle künftigen Aussagen von Propheten und Rabbinen. Allen diesen Vorstellungen aber ist gemeinsam, daß die O. in einer Überlieferungskette einer Gegenwart vermittelt wird, die dadurch in Zeitgenossenschaft mit der Gabe der Tora am Sinai gelangt (bBer 63b).

In den **jüd. Religionsphilosophien** wird die Aussage jeweils durch eine differenzierte Zuordnung von O. und Vernunft akzentuiert, darin beeinflußt auch durch ihre heidnischen, christl. oder muslim. Milieus. So ist für *Philo* die O. durch Mose zentral, wobei dieser als ein Philosophenkönig und das geoffenbarte Gesetz im platonischen Sinn interpretiert werden. Bei Jehuda Halevi steht die O. über der Vernunft; sie ist ihrem Wesen nach nicht rational deduzierbar und jedem Raisonieren überlegen. Mose b. Maimon hingegen deutet O. mit aristotelischer Philosophie; darin wird jene als primär politische interpretiert. Demgegenüber vertritt Mose b. Naḥman ein mystisch-esoterisches O.s-Verständnis. Wieder andere Akzente finden sich bei Ḥ. Crescas, J. Albo und B. Spinoza. Die Polarität Vernunft – O. prägt ebenfalls die zahlreichen jüd. Religionsphilosophien der Neuzeit. Von M. Mendelssohn über S. Formstecher, S. L. Steinheim, S. R. Hirsch, H. Cohen u.a. bis hin zu M. Kaplan, dem Begründer des Reconstructionism, und zur Orthodoxie (↗Judentum) von J. D. Soloveitchik, zum Existentialismus bei E. L. Fackenheim sowie zur Ethik von E. Levinas bleibt die Virulenz dieser Zuordnungspolarität lebendig.

Es läßt sich resümieren, daß bei allen partikularen Bezügen O. nach jüd. Selbstverständnis stets universalen Charakter und Anspruch hat; dies artikuliert sich als Kontinuität heilsgesch. (Bundes-)Erfahrung. Von der konkreten Bundeswirklichkeit her (↗Bund) schließt sich eine Substitution dieser O. durch den O.s-Anspruch des Christentums aus. Vielmehr stehen Israel und Kirche in gemeinsamer Erwählung unter dem Bogen der O.s-Worte und -wege Gottes.

Lit.: *G. Scholem,* O. und Tradition als rel. Kategorien im Judentum: ders., Über einige Grundbegriffe des Judentums. Frankfurt [2]1976, 90–120; *P. Schäfer*, Israel und die Völker der Welt: FJB 4 (1976) 32–62; *J. Neusner*, Torah. Philadelphia 1985; *R. Schaeffler u.a.*, O. im Denken Franz Rosenzweigs. Essen 1979; *J. J. Petuchowski / W. Strolz* (Hg.), O. im jüd. und christl. Glaubensverständnis. Freiburg 1981.

K.-H. Minz

V. Christentum. 1. Biblisch. Bei der Frage nach dem bibl. O.s-Verständnis kann entsprechend dem unter I beschriebenen Vorverständnis nach den sprachlichen Ausdrucksformen, nach dem im AT/NT beschriebenen Umgang Gottes mit den Menschen oder vom neuzeitl. O.s-(= Selbstmitteilung Gottes) Begriff her gefragt werden.

Die Sache der O. kommt in der Hl. Schrift nicht in einem Begriff zur Sprache; vielmehr wird auf vielfältige Weise von der Erfahrung Gottes, seinem Sichtbarwerden, Sich-Zeigen, Sprechen und Handeln gesprochen. Auch wenn es keinen einheitlichen O.s-Begriff gibt, ist die Sache der O. dennoch eindeutig: Die O. wird ereignishaft von Gott ausgesagt, und das auf eine Weise, daß zugleich seine radikale Ferne, Verborgenheit und Unzugänglichkeit (Transzendenz) und seine Nähe, die die mit der Schöpfung der Welt immer schon gegebene Nähe (Immanenz) wesentlich übertrifft, zur Sprache kommen. Das, was mit O. gemeint ist, ist folglich nicht einfach mit der Wahrnehmung des Schöpfergottes in der Schöpfung (in späterer Theologie „natürliche O." genannt; vgl. Vat. I: DS 3004) identisch. Wesentlich ist für das bibl. O.s-Verständnis, daß Gott sich in der Geschichte immer neu in Freiheit als Gott, der das Heil der Menschen will, mitteilt.

Vom Christentum her gesehen, wirft die Bundesgeschichte des Volkes Israel mit seinem Gott Licht sowohl auf die Geschichte aller Völker bis in den Ursprung der Welt hinein wie auch auf die nachfolgende Geschichte der Verheißung. Der Sinai-↗Bund wird zum Ausgangspunkt, der auch die Geschichte der Väter, umfassender dann auch Noachs und schließlich der Ureltern als Bundesgeschichte sehen läßt, d.h. als Geschichte, die von der besonderen Zuwendung Gottes zu den Völkern (vgl. Namensmitteilung an ↗Mose, Berufung und Verheißung an ↗Abraham [I], Ringen mit Jakob, Versöhnungszeichen nach der ↗Sintflut) kündet. Zukunftsorientierte Stationen des Umgangs Gottes mit Israel sind der ↗Exodus aus Ägypten und die Bewahrung der Treue Gottes in der Diaspora des Exils. Künder der Treue Gottes in eine bleibende Zukunft (↗VII/VIII; Eschatologie) sind die ↗Propheten. Von ihnen her wird das Wort zum zentralen Ort der O. Gottes. Im „Ich Jahwe" (vgl. Gen 28,13; Ex 6,2.29; Jes 45,5.18–22 u.ö.) wie im „Spruch Jahwes" spricht Gott die Menschen an und wird er selbst ansprechbar. Wichtiger als das Sehen Gottes wird folglich auf die Dauer für Israel das Hören Gottes, das in der Haltung eines hörenden („gehorsamen") Glaubens seinen zentralen Ausdruck findet. Inhalt des prophetischen Spruchs Gottes sind vordringlich die Deutung der Gottesferne und des Gottesschweigens als Konsequenz menschlicher Untreue, die Ansage des Gerichts als Folge andauernder Untreue und die Verheißung des Heils als Ausdruck göttlicher Treue bis zum Ende. In der Jesus nahen Geschichte Israels wurde das kommende Weltende beschrieben als „Enthüllung" (griech. *apokálypsis* = O.; ↗Apokalyptik) des Geheimnisses Gottes, in dem auch das Geheimnis der Geschichte, der Menschen und der Welt verborgen ist. Darum kann man sagen: Jesu Verkündigung vom ↗Gottesreich geschieht im apokalypt. Horizont, d.h. im Horizont endgültiger Enthüllung der Geheimnisse Gottes.

Die Geschichte des Bundes Gottes mit Israel wird vom ↗Christentum schließlich als eine in ↗Jesus von Nazaret, dem neuen „Ich" Gottes (vgl. die an Ex 3,14 erinnernden „Ich bin"-Formeln bei Joh), sich erfüllende Geschichte gelesen. Im apokalypt. Horizont ist er der erwartete „Messias" (↗„Christus") und Menschensohn, die ankommende Gottesherrschaft in Person, das fleischgewordene Wort Gottes (Joh 1, 14). In den verschiedenen ntl. Büchern werden in eigentümlicher Weise nicht nur die im AT Gott zugeschriebenen Handlungs- und O.s-Verben auf Jesus übertragen, sondern seinshaft von ihm ausgesagt, so daß er Gottes Wort, Bild, Wahrheit, Licht, Leben u.a., kurz: Gottes O. *ist*. Die Aussagen werden nicht zuletzt im Hinblick auf Jesu radikale Hingabe an den Vater *(„Abba")* bis in den Tod und die innere Essenz dieser Hingabe, die Gott in Jesu Auferstehung und Erhöhung enthüllt, verständlich. Den Jüngern wird der Glaube an Jesus und seine Botschaft nach dessen Tod neu geweckt im Umgang bzw. in Begegnung mit dem lebendigen Christus, die – analog zu den atl. ↗Theophanien – als Christophanien beschrieben werden (vgl. 1 Kor 15: *ṓphthē*). Wo aber das Wesen Gottes im Hinblick auf Jesu Leben und Tod, Tod und Auferstehung als unerschöpfliche, uneinforderbare und darum gnadenhafte Liebe erkannt ist, wird das Jüngerleben zu einem Leben mit Christus im apokalypt. Horizont der Zeit zwischen der O., die sich in Jesus Christus ein für allemal ereignet hat, weil er, der Sohn, Mensch geworden ist, und derselben O., insofern sie kraft des bleibend-gegenwärtigen Geistes Christi am Ende vor aller Augen zur Enthüllung der Weltgeschichte im Heilszeichen Christi wird. In der Zeit zwischen der Auferstehung Christi und der endgültigen ↗Parusie, die die Zeit der ↗Mission der Kirche und ihrer Verkündigung des Evangeliums ist, sind alle Menschen eingeladen, die jeweils gegenwärtige Wirksamkeit der Heils-O. Gottes neu zu entdecken.

2. Theologiegeschichtlich hat das christl. O.s-Verständnis eine lange Entwicklung durchgemacht, in der unterschiedliche Momente vorrangige Bedeutung erlangten. Als die intensive Naherwartung des kommenden Endes nach der Zeit Jesu verblaßte und das Christentum mit den verschiedenen Systemen der ↗Gnōsis in Berührung kam, erhielt die O. einen stark erkenntnisorientierten Akzent. Bedeutsam wurden in der Folgezeit Fragen nach den „rechten O.s-Aussagen" (vgl. den Weg vom hebr. *kabod* über das griech. *dóxa* zur Ortho-doxie) in ihrer Abgrenzung gegenüber ↗Häresien, nach dem O.s-Vorgang (vgl. im MA die Traktate über die Prophetie) und der O.s-Vermittlung. In dem Maße, in dem die urchristl. Spannung von in Jesus Christus *schon* geschehener O. und *noch nicht* eingetretener endgültiger „Apokalypse" auf das *Schon* der O. Gottes in Jesus Christus verkürzt wurde, war O. kein zu erwartender bzw. in der Gegenwart immer neu wahrzunehmender Vorgang mehr. Verkürzt auf den Erkenntnisbereich, wurde die O. zu einem Attribut des Glaubensinhalts. Die geoffenbarte Lehre stand dann der mit Hilfe der „natürlichen" Vernunft erreichten „natürlichen" Gotteserkenntnis (↗Gott I) gegenüber. In der Diskussion um die Quellen der geoffenbarten Lehre ging es – vor allem nachreformatorisch – um die Hl. Schrift, die als von Gott bewirkter („inspirierter"; ↗Inspiration) schriftlicher Ausdruck der göttlichen O. vorgestellt wurde, und ihr Verhältnis zum Prozeß der Auslegung bzw. zur ↗„Tradition" (III); letztere wurde ihrerseits nachreformatorisch weniger als Vorgang, sondern mehr als zusätzliche inhaltvermittelnde Quelle angesehen. Die Konzentration auf den erkenntnishaften Bereich führte dahin, daß die O. vorrangig unter dem Aspekt des Worthaften betrachtet wurde und folglich die von Gott selbst bezeugte Rede Gottes *(„locutio Dei attestans")* war. Dabei überdeckte die spekulative Beschäftigung mit dem Wort lange die konkret-bibl. Herkunft des christl. Wortverständnisses. Das wiederum hatte zur Folge, daß das Verhältnis von O. und Geschichte, Sprechen und Handeln Gottes, O. und Heil sowie weithin auch die christologische Konzentration der O. außer acht blieben. Erst in der neueren Theologiegeschichte, vor allem in der Zeit zwischen den beiden Vatikanischen Konzilien, hat sich ein deutlicher Wandel von einem „instruktionstheoretischen" zu einem „personal qualifizierten kommunikationstheoretischen O.s-Verständnis" (M. Seckler) vollzogen, der katholischerseits in der O.s-Konstitution „Dei Verbum" seinen kirchenamtlichen Niederschlag gefunden hat. Die damit verbundene Formel von der radikalen Selbstmitteilung Gottes in Jesus Christus ist inzwischen zum Schlüsselbegriff christl. Theologie geworden, der zugleich zum Ausdruck des Unterscheidend-Christlichen geworden ist.

Lit.: Handbuch der Dogmengeschichte I/1a und b. Freiburg 1971; 1977; *P. Eicher,* O. München 1977; *W. Kern u. a.* (Hg.), Handbuch der Fundamentaltheologie II. Freiburg 1985; *H. Pfeiffer,* Gott offenbart sich. Frankfurt 1982; *ders.,* O. und O.s-Wahrheit. Trier 1982; *M. Seckler,* Aufklärung und O.: CGG XXI 5–78; *H. Waldenfels,* O. München 1969; *ders.,* Kontextuelle Fundamentaltheologie. Paderborn 1985.

H. Waldenfels

VI. Islam (↗Islam). Nach islam. Überzeugung hat Gott mehrfach im Laufe der Menschheitsgeschichte durch ↗Propheten den Menschen seinen Willen kundgetan. Bereits der erste Mensch ↗Adam wurde dieser göttlichen Gnade teilhaftig. Die Reihe der Propheten reicht dann über Noach, ↗Mose und ↗Jesus bis hin zu ↗Muḥammad (vgl. Koran 42, 13).

Das von den Propheten jeweils Verkündete war nach dem Glauben der Muslime im Kern stets dasselbe und stammte ohne menschliches Zutun direkt von Gott. Es wurde so an die Menschen weitergegeben, wobei der Prophet lediglich Sprachrohr (wörtl. Schreibrohr) Gottes (*ḳalam Allāh* = calamus Dei) war. Die daraufhin Glaubenden gaben die Botschaft von Generation zu Generation weiter, wobei Auslassungen und Entstellungen im einzelnen nicht ausblieben, so daß Gott korrigierend eingriff und in seiner Güte einen neuen Propheten sandte, der die urspr. Botschaft wiederholte. Die Anhänger des früheren Propheten sahen darin eine neue Botschaft, die sich in der Tat von dem auf sie Gekommenen unterschied, doch in Wirklichkeit genau dem entsprach, was der vorausgehende Prophet verkündet hatte.

So war es nach islam. Überzeugung auch mit der prophetischen Verkündigung des hist. Mose (taurāt) und der des hist. Jesus *(indjīl)*. Was als hl. Schrift (Bibel; ↗Hll. Schrift[en] VI/VII) der Juden und der Christen tradiert wird, ist nicht einfach die wortwörtliche Niederschrift der Verkündigung des hist. Mose bzw. Jesus, sondern enthält zugleich Deutungen der jeweiligen Glaubensgemeinschaften, die die urspr. Verkündigung nach Aussage der Muslime in Teilen verfälscht haben. Erst die schriftliche Fixierung der durch Muḥammad verkündeten O. (Koran; ↗Hll. Schrift[en] VIII) enthält nach dem Glauben der Muslime die göttliche O. in Reinformat. Deshalb schließt Muḥammad die Reihe der Propheten ab, ein neuer Prophet nach ihm ist nicht mehr notwendig. Das Wort Gottes ist Buch geworden und somit allen Menschen unverfälscht zugänglich. Da Gott diese O. in deutlicher arab. Sprache geoffenbart hat (vgl. Koran 16, 103; 42, 7), soll der Text möglichst nicht übersetzt werden, in jedem Falle ist nur die arab. Urfassung verbindlich.

Ein Vergleich des Korans mit anderen durch den Koran anerkannten O.en macht deutlich, wo dort die Entstellungen erfolgt sind, denn alles, was mit dem Koran übereinstimmt, ist Teil der urspr. göttlichen O.; was sich davon unterscheidet, ist verfälscht. So wird der Koran zum Wahrheitsmaßstab für göttliche O. überhaupt.

Diese Sichtweise von der O.s-Geschichte schließt einen O.s-Fortschritt weitgehend aus. Neue O.en sind nicht dazu da, Neues oder Originelles mitzuteilen, sondern an das Alte, Ursprüngliche zu erinnern. Von daher glaubt der Muslim, daß er besser als die Juden der Weisung des Mose und besser als die Christen der Botschaft Jesu folgt.

Die Gewißheit, daß der Koran unverfälschtes Wort Gottes ist, begründet der Muslim mit der recht kurzen Entstehungszeit des Korans (nach allg. Überzeugung ca. 20 Jahre nach dem Tod Muḥammads [632]). Anders als ↗Mani vor ihm hat Muḥammad seine O. nicht selbst niedergeschrieben, sondern die schriftliche Fixierung erfolgte unter dem 3. Khalīfen ʿUthmān (reg. 644–656), der einige abweichende Lesarten verbrennen und die authentische Version im islam. Reich verbreiten ließ. Die überlieferten Koranvarianten sind bislang noch nicht in Form einer textkritischen Koranausgabe greifbar, doch lassen erste Sammlungen den Schluß zu, daß sie theol. nicht bes. relevant sind.

Da die Muslime im Koran Gottes ureigenes Wort sehen, zu dessen Form und Inhalt Muḥammad nichts beigetragen hat, lehnen sie bis heute eine hist.-krit. Exegese des Korans ab. Sie wehren sich gegen eine Übertragung der Methoden der hist.-krit. Bibelexegese auf den Koran mit dem Argument, daß der Stellenwert des Korans im Islam nicht mit dem der Bibel im Christentum zu vergleichen, sondern dem des Wortes Gottes (Christus) gleichzusetzen sei.

Lit.: *A. Jeffery* (Hg.), Materials for the History of the text of the Qurʾān. Leiden 1937; *A. J. Wensinck*, Art. WAḤY: HIsl 784–787; *Y. Moubarac*, Les Musulmans. Paris 1971; *G. Lüling*, Über den Ur-Qurʾān. Erlangen 1974; *R. Paret* (Hg.), Der Koran. Darmstadt 1975; *J. Burton*, The Collection of the Qurʾān.

Cambridge 1977; *J. Wansbrough*, Quranic Studies. Oxford 1977; *C. Schedl*, Muhammad und Jesus. Wien 1978; *J. J. G. Jansen*, The Interpretation of the Koran in Modern Egypt. Leiden 1980; *T. Nagel*, Der Koran. München 1983. *P. Antes*

VII. Nachchristliche Phänomene (↗Neureligiöse Bewegungen). Umfassende vergleichende Untersuchungen zu O.s-Vorstellungen in nachchristl. Religionen liegen nicht vor. Eine Typologie könnte nach Analyse der jeweiligen O.s-Inhalte entwickelt werden, die deren Einbindung in das gesch. Umfeld und ihre Funktion zu erheben hätte. Sie gliche dann einer Typologie nachchristl. Religionen durch Bestimmung des Verhältnisses der O.s-Vorstellung einer neuen Religion zu konkurrierenden Religionen bzw. zu gesamtgesellschaftlichen Bezügen, z. B. 1. Verhältnis zum O.s-Inhalt einer anderen Religion bzw. anderer Religionen: revivalistisch, restaurativ, evolutionär; schismatisch, häretisch, Entdeckungsreligion; 2. Verhältnis zu Elementen anderer Religion(en), z. B. a) zur Art der Gottesvorstellung: monistisch, dualistisch, neue Wertung von Gliedern eines Pantheons usw., b) zur Art des O.s-Verständnisses, bes. der O.s-Vermittlung: intellektualistisch, universalistisch; chiliastisch, messianisch, mahdistisch, c) zum Menschenbild, z. B. Heilungsreligionen; 3. Verhältnis zum Anspruch anderer Religion(en): nationalistisch, universalistisch; 4. Verhältnis zu gesamtgesellschaftlichen Bezügen: national- oder universalpolitisch, restaurativ, sozial oder politisch revolutionär usw. Überschneidungen in so einer Idealtypologie entsprechen der Geschichtlichkeit der Phänomene.
Bei der Legitimierung der O. in Aussagen über deren Ursprung und Vermittlung folgen nachchristl. Religionen hist. bewährten Mustern, deren Struktur und Kombination in einer neuen Religion davon abhängt, ob sie sich in Konkurrenz zu einer oder mehreren Religionen entwickelt. Ein schamanistisches Schema begegnet in nordamerik. Neureligionen (z. B. Geistertanzreligion des Wovoka: Bestimmung, ekstatisch-visionäre Entrückung, Transformation und Kraftgewinn durch den personhaften O.s-Ursprung, Belehrung, Verkündigung; ähnlich in der Native American Church durch den Gott Peyote, außerdem Institutionalisierung der dynamischen O. im Kult). Einfacher Anschluß an Tradition liegt auch vor im Cargo-Kult (in Ethnien, deren traditionelle Religion Visionäre kennt, Konor, erfolgt Begründung durch Bestimmung/Berufung, ekstatisch-visionäre Schau und Belehrung, in Ethnien ohne derartige Rollen ist die neue Religion Entdeckung ursprünglichen Sinns eine Teils der Ur-O., ↗Mythos). Anschluß an die Tradition begegnet auch in der Erneuerung westafrik. Muster in mittel- und südamerik. Neureligionen (↗Neurel. Bewegungen IV; Umbanda, Kimbanda, Voodoo; dynamische O. durch reversible Inkarnation in bestimmten und für die Rolle transformierten Medien; Besessenheit). Verbreitet, aber hist. verschieden begründet, ist die O.s-Legitimierung durch Hinweis auf Inkarnation (verschiedenen Typs) in Religionen im Umkreis des Christentums (z. B. Religion des Father Divine, F. D. Inkarnation Gottvaters; Black Muslims, W. D. Fard Inkarnation Gottes, Legitimierung der dynamischen O., Eliah Muḥammad vom Geist Gottes erfüllter Prophet), des Islam (z. B. Bahā'i, Bāb und Bahā' Allāh „Manifestationen" des Göttlichen, Mīrzā Yaḥyā Erscheinung der kosmischen Vernunft), ind. Religionen (Guruismus, der Stifter = Gott, Avatār oder Inkarnation des Göttlichen) und des Mahāyāna-Buddhismus (z. B. Nichiren-shōshū, Sōka-gakkai, Nichiren-Erscheinung des Jōgyū Bosatsu, Anschluß an die Trikāya Lehre). Bezüge zu mehreren hist. Religionen sind bes. deutlich in neuen Geistreligionen (substantielle Verbindung des Mediums mit dem nicht-menschlichen O.s-Ursprungs in der Gabe des Geistes, Inspiration) und in spiritistischen Religionen. (z. B. Kardecianismus, Legitimierung der Ur-O. in den Schriften H. Rivails durch Inkarnation des Geistes Allan Kardec, der dynamischen O. durch die in der Ur-O. vermittelte Technik; Cao-Dai). Viele Neureligionen weisen darauf hin, daß die O.s-Vollmacht des Stifters in einer besonderen Rolle gründet, die er in einer anderen Religion innehatte (z. B. Ordination; z. B. Independent Lutheran Mission Church of S.A.), oder daß eine Mutterreligion oder mehrere Religionen

nach dem Schema Prophezeiung–Erfüllung die Wahrheit bestätigen (z. B. Religionen der Nichiren-Gruppe; Bahā'ī; Divine Light Mission; Vereinigungskirche; Israeliten Enoch Mgijimas; Family of God). Auch Hinweis auf Erleuchtung und damit verbundene Transformation, die zur Neuentdeckung des urspr. Sinns einer vorhandenen Ur-O. führt, legitimiert die O. einer Neureligion aus der O. einer anderen (z. B. Lotus-Sūtra in Religionen der Nichiren-Gruppe; Veda der Transzendentalen Meditation; Avesta des Mazdaznan). Neuzeitlichem Bewußtsein entspricht exakte Datierung des O.s-Ereignisses (z. B. Erleuchtungsdaten im Guruismus; Vereinigungskirche; Tenri-kyō), modernem Wissenschaftsverständnis folgt Legitimierung rel. Wissens oft auch durch dessen Parallelisierung mit wiss., philos. oder naturwiss. Erkenntnis (z. B. Spiritismus; Guruismus; Scientology). Oft werden verschiedene Legitimierungsmodelle zur Beglaubigung des Wahrheitsanspruchs des Stifters verbunden (z. B. Tenri-kyō, Nakayama Miki: Bestimmung, Transformation, Kraftbesitz, Heiligungen, Hellsehen, mediale Fähigkeit, Inspiration, Audition, Inkarnation verschiedener Kamis bei fortlaufender Enthüllung des Göttlichen, Schriften, technische O.; ↗Mormonen, Adam Smith: Prophezeihung und Erfüllung, Bestimmung, Visionen, Auditionen, Begegnungen mit dem O.s-Mittler Moroni, Entdeckung der Ur-O., Buch Mormon, Schau Gottes und seines Sohnes, O.s-Schriften; Vereinigungskirche: Mun, Prophezeiung und Erfüllung, Bestimmung, Transformation, Kraftbesitz, Begegnung mit dem O.s-Mittler Jesus, Belehrung, Mun = „Visible God").

Lit.: *E. Benz,* Neue Religionen. Stuttgart 1971; *K. Hutten,* Seher, Grübler, Enthusiasten. Stuttgart [12]1982; *F.-W. Haack,* Jugendreligionen. München 1979; *ders.,* Guruismus und Guru-Bewegungen. München 1982. *G. Wießner*

VIII. Religionstheologisch. Der innerhalb wie außerhalb des Christentums erhobene Anspruch auf O. führt rel.-theol. zu der doppelten Frage nach der Wahrnehmung der O. im Heute bzw. nach einer entsprechenden ↗Ästhetik (Wahrnehmungslehre) und den Regeln der Unterscheidung von O. Dabei ist die im Sinne der modernen christl. Theologie als radikale Selbstmitteilung Gottes verstandene O. in ihrer zweifachen Relativität zu sehen: Das heutige O.s-Verständnis bleibt bezogen a) auf die Vergangenheit, insofern als es sich auch in der Abhebung von früheren und andersartigen christl. wie außerchristl. O.s-Verständnissen immer noch auf diese bezieht und erst in der Unterscheidung von solchen gewonnen worden ist, b) auf die im Heute sich eröffnende Zukunft, insofern als das Eigentümlich-Christliche in den Bereich heutiger Wahrnehmung und Erfahrung eingeführt werden und sich in ihm bewähren muß.

a) Der Zusammenhang von O. und *Ästhetik* macht deutlich, daß bei aller Betonung des „Hörens des Wortes" die Wahrnehmung der O. das Worthafte übersteigt. Die Rede von der O. hat eine eigentümliche Nähe zur Rede von der Gotteserfahrung bzw. der Erfahrung des ↗Heiligen, die sich in Zeichen, Symbolen, aporetischen wie prospektiven Hinweisen (Leid, Sinnlosigkeit, Unerfülltheit, Tod und Treue, Selbstlosigkeit, Glück, Liebe), in ↗Erinnerungen und Teilnahme an narrrativ vermittelten fremden Erfahrungen, in kultischer Anamnese (vgl. christl. die Eucharistie; ↗Kult 7–9) u. a. mitteilt. Die hier gemeinte Ästhetik wird dann zugleich zur Einladung, auf das erlebte Leben und seine sinnvolle Bewältigung individuell wie gesellschaftlich (↗Befreiungstheologien) zu achten, führt dabei über den Bereich ausdrücklicher Religion und Religiosität hinaus und läßt auf die vielfältigen Weisen der Einladung zu einem menschlichen Leben und – analog – zum Heil achten.

b) Die Pluralität gelebter Versuche, Lebenssinn zu finden und zu verwirklichen, spiegelt sich auch im Plural „*Offenbarungen*" wider. Gerade weil O. ursprünglich kein christl. Begriff ist, sondern, vom Christentum übernommen, mit seinem zentralen Inhalt gefüllt worden ist, kann das Christentum anderen Religionen nicht einfachhin deren Anspruch auf O. verbieten. Es kann lediglich versuchen, vor- und nachchristlich die anderen „O.en" dem eigenen Verständnis von O. zuzuordnen, diese von jenen zu unterscheiden und die eigenen Unterschei-

dungskriterien anderen verstehbar zu machen. Gerade weil der christl. O.s-Anspruch Allgemeingültigkeit beansprucht (↗Absolutheitsanspruch), sieht sich das Christentum vor die Aufgabe gestellt, diese Allgemeingültigkeit nicht nur theoretisch zu begründen, sondern als praktisch realisierbar – worthaft-tathaft – im Blick auf Jesus von Nazaret aufzuzeigen.
c) Die Begründung des christl. O.s-Anspruchs ist angesichts konkurrierender Ansprüche nicht möglich, ohne daß die sog. *„geistlichen Sinne“* des Menschen (vgl. in der Geschichte der christl. Spiritualität u. a. Origenes, Bonaventura, Ignatius v. Loyola; dazu *K. Rahner,* Schriften zur Theologie XII 111–211) neu ausgebildet werden und eine neue Kultur des Sehens und Hörens entwickelt wird. Weil es aber zum Wesen interpersonaler Begegnung gehört, sich gegenseitig nicht nur in der Gestalt und in der Gestik, sondern stets auch im Wort mitzuteilen, muß der Mensch in der Vielzahl gesprochener Worte Gott auf jeden Fall auch als dem entscheidenden lebenspendenden Wort begegnen. In diesem Zusammenhang kommt – auch gegenüber dem Anspruch anderer Religionen, hll. Worte in ↗Hll. Schriften zu besitzen – der Begegnung mit dem Wort der Hl. Schrift des Christentums grundlegende Bedeutung zu. Zur Begegnung mit dem sich offenbarenden Gott gehört es schließlich, daß der Mensch grundsätzlich bereit ist, das Wort Gottes zu hören und sich von ihm in seiner Lebensorientierung bestimmen zu lassen.
d) Wo O. als interpersonale Begegnung von Gott und Mensch(heit) verstanden wird, kommt es notwendig zu einem Gegenüber von Gott und Mensch, Offenbarung und ↗*Glaube.* Der O. als dem Wort, in dem sich Gott total ausspricht und mitteilt, entspricht christlich als Antwort der Glaube, in dem der Mensch sich total dem sich offenbarenden Gott übereignet. Insofern als die Rede vom Glauben auch außerchristlich (↗Glaube V) in theistischen Religionen, selbst in einer nontheistischen wie dem Buddhismus, nicht fehlt und zudem das Ideal totaler Übereignung bei Anhängern anderer Religionen zu finden ist (↗Islam: Unterwerfung unter den Willen Gottes; ↗Shūnyatā = Leere, ↗Anattā = Nicht-Ich, Selbst-Losigkeit als Weisen radikaler Selbstentäußerung und Kenose), bieten sich auch von der Seite menschlicher Grundhaltungen gegenüber dem Absoluten Ansatzpunkte zur Nachfrage, Begegnung, evtl. gar zur gemeinsamen Orientierung.

Lit.: *E. Klinger,* O. im Horizont der Heilsgeschichte. Zürich 1969; *G. Oberhammer* (Hg.), O., geistige Realität des Menschen. Wien 1974; *ders.* (Hg.), Epiphanie des Heils. Wien 1982; *W. Pannenberg,* Erwägungen zu einer Theologie der Religionsgeschichte: ders., Grundfragen systematischer Theologie. Göttingen 1967, 252–295; *W. Strolz / S. Ueda* (Hg.), O. als Heilserfahrung in Christentum, Hinduismus und Buddhismus. Freiburg 1982; *H. Waldenfels,* Faszination des Buddhismus. Mainz 1982. *H. Waldenfels*

Okkultismus wird seit dem Ende des 19. Jh. als gelehrte neulat. Wortbildung (zu lat. *occulta:* verborgene Dinge, Geheimnisse) Sammelbegriff für alle Lehren und Praktiken, die sich mit verborgenen, übersinnlichen Kräften und Erscheinungen befassen. Da das Wort *„Okkultismus“* mit dem fast gleichzeitig entstandenen Terminus *„Parapsychologie“* in Konkurrenz tritt (indem man z.B. die Parapsychologie als „wissenschaftlichen O.“ bezeichnet oder als „O.“ abwertet), legt sich eine sinnvolle Abgrenzung der beiden Begriffe nahe. Während die „Occulta“ in der Parapsychologie Gegenstand *wissenschaftlicher* Erforschung sind, bilden sie im O. den integrierenden Bestandteil *weltanschaulicher* oder *religiöser* Lehre und Praxis, d.h., dieselben Phänomene haben in Parapsychologie und O. eine je verschiedene Bedeutung. Hier: Mittel der Welterklärung und -bewältigung; dort: Gegenstand wiss. Protokollaussagen. Folgende parapsychische und paraphysische Phänomene haben im O. weltanschaulich-rel. Stellenwert: Telepathie, Hellsehen, Prophetie (außersinnliche Wahrnehmung), Seelenexkursion (durch bestimmte Techniken, Drogen usw. induzierte Seelenreise), Telekinese, Materialisation, Apport (außersinnliche Beeinflussung von Materie), Spiritismus, Spiritualismus (Verkehr mit der Geisterwelt durch Medien), nachtodliche Erscheinungen (ortsgebundener Spuk). Der Bereich okkulter Lehre und Betätigung ist völlig offen; zu traditionellen Domänen gesellen sich neue, ohne daß eine Grenzziehung wünschenswert und praktikabel erschiene. Hier seien noch genannt: ↗Alchemie, Chiromantie (Handlesen), Kartomantie (Kartenschlagen), Rutengang, Pendeln, weiße und schwarze ↗Magie (Nutz- und Schadenmagie), Hexerei und Satanismus (Schwarze Messe und Sexualmagie), mentale Chirurgie (Geistchirurgie), Nekromantie (Totenbeschwörung und -befragung), Psychographie (paranormale Tonbandaufzeichnungen von Jenseitsstimmen), Ufonen-Kult (Kontaktaufnahme mit Außerirdischen) – alles Forschungsobjekt der Parapsychologie.

Lit.: *H. E. Miers,* Lexikon des Geheimwissens. München [6]1986. Mit Bibliographie. *H.-P. Hasenfratz*

Omen (lat.: Pl. *omina;* etymologisch ungeklärt) ist das gute oder böse Vorzeichen, das den Ablauf eines zukünftigen Ereignisses vorherdeutet. Im Gegensatz zum eigens befragten ↗Orakel wird das O. ungesucht zuteil und bedarf keiner weiteren Deutung. Der Glaube an die Bedeutung von Omina beruht auf der Auffassung vom magischen Zusammenhang aller Dinge und Erscheinungen (↗Magie) und findet sich als Grundelement des rel. Denkens weltweit und in allen Kulturen. Neben außergewöhnlichen Naturerscheinungen, zukunftenthüllenden Träumen, Auffälligkeiten am menschlichen Körper und bestimmten Erscheinungen in der Tier- und Pflanzenwelt wird schließlich jede Abweichung von der Normalität als O. angesehen. Omina sind von einer höheren Macht geschickt, ihre Zufälligkeit ist von vornherein ausgeschlossen, ihre Verhöhnung ein Unheil nach sich ziehender Frevel. Gegen böse Omina helfen abwehrende Gebärden, Beschwörungsformeln, Bannungen (z. B. dreimaliges Klopfen auf Holz). Die weitaus meisten Omina beziehen sich auf den Tod. – Reste des Glaubens an Omina haben sich bis heute in unterschiedlichen Formen erhalten (↗Aberglaube; Astrologie; Mantik).

Lit.: *L. Röhrich,* Art. O.: RGG [3] IV 1628 f. (Lit.).
N. M. Borengässer

Opfer

I. Religionswissenschaftlich. – II. Vorbiblisch. – III. Jüdisch. – IV. Christlich. – V. In Indien

I. Religionswissenschaftlich. 1. O. ist eine rituelle Handlung, bei der übermenschlichen Wesen eine Gabe dargebracht wird. Im O. versucht der Mensch Beziehungen zu übermenschlichen Wesen und Mächten aufzunehmen, sei es, um auf das Einwirken dieser Wesen in den menschlichen Bereich zu reagieren, sei es, um dieses Einwirken hervorzurufen. Rituelle O.-Handlungen gehören zu den wichtigsten Formen kultischer Kontaktaufnahme zum übermenschlichen Bereich (neben dem ↗Gebet). O.-Handlungen finden sich bei fast allen Kulturen der Menschheit; eine Begriffsbestimmung, die die unterschiedlichen Formen abdekken will, muß sehr allgemein bleiben. Sie hat phänomenologischen Charakter.

2. Das dt. Wort O. bezeichnet sowohl die rituelle Handlung als auch die dargebrachte Gabe. Im folgenden wird der Begriff im ersteren Sinn gebraucht. O. leitet sich ab vom lat. *operari* ([mit rituellen Handlungen] beschäftigt sein), wohl nicht von lat. *offerre* (darbringen). Die französische und englische Sprache benutzen den Ausdruck *sacrifice* (von lat. *sacrificium* [sacer + facere], heilig machen, Heiligung); im Englischen findet sich dazu weiter die Bezeichnung *offer/offering* (von lat. *offerre*). Für den rel.-ethnologischen Sprachgebrauch war und ist weithin der lat. Begriff *sacrificium* bestimmend, etwa wenn definiert wird: der Mensch entzieht in O.n Güter jedweder Art, die ihm wertvoll sind, dem eigenen Gebrauch und übereignet sie einer übermenschlichen Macht *(J. F. Thiel);* oder: „sacrifice is a religious rite in which an object is offered to a divinity in order to establish, maintain, or restore a right relationship of man to the sacred order" *(R. L. Faherty).*

3. Die Analyse ritueller O.-Handlungen erlaubt es, sechs Strukturelemente zu unterscheiden, die miteinander verflochten und voneinander abhängig sind: 1. Die agierenden Personen; 2. die O.-Gabe; 3. Ort und Zeit des O.; 4. Art und Weise des O.; 5. Empfänger; 6. Motive und Intentionen des O.

a) Obwohl viele Kulturen auch die Möglichkeit individueller O. kennen, gilt in der Regel, daß O. von einem Beauftragten oder Repräsentanten einer Gruppe für diese Gruppe dargebracht werden. Die Funktion des Opfernden ist dabei vielfach an bestimmte Qualifikationen und Bedingungen gebunden (soziales Oberhaupt der Gruppe, ritueller Amtsträger), und das nicht autorisierte Darbringen von O.n kann mit Sanktionen belegt werden. Ist das O. ein Gemeinschaftsritual der Gruppe, in deren Namen und zu deren Gunsten es dargebracht wird, kann eine aktive Teilnahme der Gruppenmitglieder geboten sein (etwa beim O.-Mahl).

b) Alles, was für den Menschen einen Wert darstellt, einen realen oder einen symbolischen, kann Gegenstand des O. sein: Menschen, Tiere, Pflanzen, Nahrungsmittel, Getränke, leblose Gegenstände, Weihrauch. Nach der Art der O.-Gabe kann man zwischen blutigen und unblutigen O.n unterscheiden. Die O.-Gabe kann real dargebracht oder durch eine O.-Materie von geringerem Wert ersetzt werden (Ersatz-O.). Die O.-Gabe kann in der rituellen Handlung auch überhöht werden und dabei selbst göttlichen Charakter annehmen (göttliche O.).

c) In vielen Kulturen wird unterschieden zwischen regelmäßigen O.n, die an bestimmten Punkten eines zeitlichen Zyklus vollzogen werden (im Jahreszyklus, im Lebenszyklus), und außerordentlichen O.n bei ungewöhnlichen Ereignissen im Leben eines einzelnen oder einer Gruppe (Krankheiten, Naturkatastrophen). Der Ort der rituellen O.-Handlung bestimmt sich meistens nach den Empfängern des O., die an bestimmten Plätzen den Menschen näher und erreichbarer gedacht werden (Plätze der Natur, Gräber, Altäre, Schreine, Kulthäuser).

d) Die Form des O.-Rituals, die Art und Weise, wie ein O. dargebracht wird, hängt vor allem von drei Faktoren ab: von der O.-Materie, vom Empfänger des O., von der Intention des O. Blut und Getränke werden durch Ausgießen dargebracht (↗Libation), Nahrungsmittel und andere leblose Gegenstände durch Hinlegen, Hinstellen, Emporheben. Bei blutigen O.n kann die Tötung des Lebewesens wesentlicher Teil des O. sein, etwa wenn die Zerstörung der O.-Gabe wichtig erscheint; sie kann aber auch rein technische Voraussetzung für das O. sein, wenn etwa das O.-Mahl als Communio mit übermenschlichen Wesen im Mittelpunkt des Ritus steht. Verbrennung von O.-Gaben läßt Rauch (O.-Duft) emporsteigen für den (oft himmlischen) Empfänger. Chthonischen Gottheiten kann die O.-Gabe durch Vergraben dargebracht werden oder durch Ausgießen auf die Erde. Dient das O. der Verbindung, Communio mit dem Empfänger, ist ein O.-Mahl vielfach ritueller Bestandteil, wobei die O.-Gabe ganz oder teilweise dem gemeinsamen Essen vorbehalten bleibt.

e) Alle übermenschlichen Wesen und Mächte können Adressaten des O. sein. Oft werden diese übermenschlichen Mächte als persönliche Wesen angesehen; sie können aber auch als unpersönliches Kollektiv erscheinen. Verstorbene und Ahnen sind vielfach schwer in die Kategorien menschlich/übermenschlich einzuordnen, da sie gleichzeitig zu beiden Bereichen gehören können; entsprechend kann man von Ahnenverehrung oder von ↗Ahnenkult (I) sprechen, je nachdem welchem der beiden Bereiche sie jeweils eher zugehörig gedacht werden.

f) Nach der Intention des O. unterscheidet man traditionellerweise: Lob-, Bitt-, Dank- und Sühne-O. Die hiermit genannten Ziele und Intentionen des O. schließen einander nicht aus. Das Lob- und Huldigungs-O. drückt die reine Verehrung und Anerkennung des empfangenden übermenschlichen Wesens aus. Häufiger sind Dank-O. (z.B. Primitial-O., Votiv-O.), die gesehen werden können als Ausdruck der menschlichen Abhängigkeit von der übermenschlichen Quelle allen Lebens. In Bitt-O.n wendet sich der Mensch in existentieller Not an die Macht der übermenschlichen Welt, sei es, um Hilfe aus konkreter Notlage zu finden, sei es, um die Aufrechterhaltung oder Wiederherstellung der kosmischen Ordnung zu erwirken, falls diese gestört ist. Sühne-O. erstreben die Versöhnung mit dem übermenschlichen Bereich, wenn fehler- oder schuldhaftes Verhalten von Menschen die vorgegebene Ordnung gestört hat. Eine andere Unterscheidung von O.n nach ihrer Intention sieht drei Hauptkategorien vor: O. 1. zur Kontaktaufnahme mit der übermenschlichen Welt, zur Errichtung und Aufrechterhaltung der Verbindung mit dieser Welt; 2. zur Aufrechterhaltung der kosmischen Ordnung; 3. zur Erhaltung einer Gegengabe von seiten der übermenschlichen Welt.

4. Die zentrale Rolle des O. in vielen Religionen hat im Laufe der Jahre zu zahlreichen Erklärungs- und Deutungsversuchen geführt. Ältere O.-Theorien versuchten, Aussagen zur Geschichte des O. vorzulegen, den Ursprung des O. zu finden. *E. B. Tylors* O.-Theorie sieht im O. urspr. den Bestechungsversuch nach dem Modell des Handelsgeschäftes *(do ut des)*, aus dem sich auf späteren Stufen der Menschheitsentwicklung „reinere" O.-Formen herausgebildet hätten. In Tötung und gemeinschaftlichem Verzehr des Totemtieres lag für *W. R. Smith* der Ursprung des O. begründet. Die rituelle Tötung eines göttlichen Wesens oder dessen Personifizierung (im König oder Oberhaupt des Stammes) als Mittel zur Erneuerung der göttlichen Kraft war für *J. G. Frazer* der Ursprung des O. Nach *W. Schmidt* ist das Primitial-O., in dem Anerkennung und Dank dem Höchsten Wesen dargebracht werden, die ursprünglichste Art des O. Weniger an Geschichte und Entwicklung orientiert sich die O.-Theorie von *H. Hubert* und *M. Mauss*. Nach ihnen ist es der zentrale Sinngehalt des O., daß mit ihm die Verbindung zwischen dem profanen und dem sakralen Bereich geschaffen wird. Durch den Ritus wird die O.-Gabe geheiligt, und so wird die Verbindung zum Sakralen möglich, die wiederum den Opfernden heiligt. Für *A. E. Jensen* erschließt sich der urspr. Sinn des O., wenn man es als dramatische Wiederholung eines mythischen Urzeitgeschehens deutet, wie es sich in bestimmten Pflanzerkulturen findet.

Die unterschiedlichen Akzentsetzungen der einzelnen O.-Theorien zeigen, daß jeweils bestimmte O.-Arten aus bestimmten Kulturen herausgegriffen und generalisiert wurden. Das weite Spektrum der unterschiedlichen O.-Arten läßt es fraglich erscheinen, ob eine allg.-gültige O.-Ideologie überhaupt erkennbar, eine generelle O.-Theorie also möglich und sinnvoll ist.

Lit.: *J. van Baal,* Offering, Sacrifice, and Gift: Numen 23 (1976) 161–178; *T. P. van Baaren,* Theoretical Speculations on Sacrifice: Numen 11 (1964) 1–12; *M. F. C. Bordillon/M. Fortes* (Hg.), Sacrifice. London 1980; *R. L. Faherty,* Sacrifice: NEBrit. Mac. 16, [15]1977, 128–135; *L. de Heusch/M. Cartry* (Hg.), Le sacrifice. 5 Bde. Paris 1976–83; *H. Hubert/M. Mauss,* Essai sur la nature et la fonction du sacrifice: ASoc 2 (1899) 29–138; *A. E. Jensen,* Mythos und Kult bei den Naturvölkern. Wiesbaden 1951; *W. Schmidt,* Der Ursprung der Gottesidee. Bd. 6. Münster 1935; *W. R. Smith,* Lectures on the Religion of the Semites. London 1889; *J. F. Thiel,* Religionsethnologie. Berlin 1984; *E. B. Tylor,* Primitive Culture. London 1871.

A. Quack

II. Vorbiblisch. Im vor- und außerbibl. Bereich des Vorderen Orients zeigen die O.-Vorstellungen der einzelnen Völker und Kulturen bemerkenswerte Übereinstimmungen, aber auch signifikante Differenzen. Gemeinsam ist, daß O.-Ritual, -Typ und -Materie z. T. noch prähist. Elemente widerspiegeln und in jedem Fall in unmittelbarer Verbindung zur jeweiligen Kultur und ihrer Entwicklung stehen (Burkert). Übereinstimmend ist weitgehend die dynamistische Wertung des O.: Es verbindet Geber und Empfänger, indem es dem Empfänger von Leben und Kraft des Gebers mitteilt und umgekehrt, indem der Geber vom hl. Tier des Empfängers ißt; es dient zur Beschwichtigung von Göttern und Dämonen, als Nahrung für die Götter und kräftigt die Schatten in der Unterwelt (Mundöffnungsritual, Toten-O.). Zugleich ist es geprägt von der Vorstellung des do-ut-des und steht damit je schon einer Verinnerlichung und ethischen Prägung von Religion und Kult im Wege. Hier und in der Ausprägung der O.-Rituale zeigen sich die Differenzen.

1. Ägypten. In Ägypten waren die O. (zur Terminologie vgl. J. Bergman) weder an Zeit noch an einen Ort gebunden. Zumindest in der Amarna-Epoche jedoch wurde der Tempel (mit O.-Saal ausgestattet) zum O.-Ort. Primär dienten die O. dazu, die materiellen Bedürfnisse von Göttern, Dämonen und Toten auf magische Weise zu befriedigen. Die dynamistische O.-Auffassung zeigt sich darin, daß man annahm, die Gottheit nehme von den O.n die O.-Substanz (Lebenskraft), nicht jedoch die O.-Gabe selbst an. Das führte positiv zum O.-Umlauf (d. h. das O. diente zum Unterhalt von Priesterschaft und Festgemeinde), negativ zu billigen Ersatz-O.n und Veräußerlichung

des O.-Kultes, machte aber auch den Weg zur symbolischen Substitution (Lebenszeichen u. a) frei. Durch O.-Umlauf (O.-Überweisung) wurde keinerlei O.-Gemeinschaft zwischen Gottheit und Opferer begründet (im Ritual sichtbar: Priester opfert hinter verschlossenen Türen). Das O. war und blieb ein Mahl der Gottheit selbst (RÄRG 547 ff.). Mahlgemeinschaften werden vage sichtbar im Totenkult (auf die Familie beschränkt), deutlicher in der Spätzeit, in der auch das Brand-O. an Bedeutung gewinnt. Die O.-Gaben sind die üblichen, wobei in der Frühzeit auffällig der Tierkopf mit einbezogen wird. Das Ritual zeigt die Elemente: Niederlegen der O.-Gabe – Erheben der Hände – Gott zum Tisch führen – Räuchern – Besprengen – Ausbreitung der Hände über den Gaben.

Legitimer O.-Herr ist einzig der Pharao, dessen O. zum sichtbaren Ausdruck der ständigen Wechselwirkung zwischen Götterwelt und Menschenwelt, zum Ausdruck von Pflicht, Dank, Erwartung und Versprechung wird. Gerade das Königs-O. fand Eingang in die Mythologie, insofern die Opferung symbolisch die Vernichtung der Feinde anzeigt.

2. Mesopotamien. Schon die Sumerer des 3.–2. Jt. kannten ein umfangreiches O.-Ritual, das sowohl spontan als auch kalendarisch fixiert durchgeführt wurde, um den Göttern mittels vegetabilischer Gaben *(ginû, sattukku)* und vor allem Libationen Nahrung *(qerêtu)* zukommen zu lassen. Speise- *(nindābu)* und animalische O. *(niqû)* dienten Göttern wie den Bewohnern des Totenreiches zur Stärkung. Die O.-Materie ist die übliche, allerdings waren Menschen-, speziell Kinder-O. weitgehend unbekannt, wenn man annehmen kann, daß Fundament-O. und die Opferung des „Ersatzkönigs" nicht als eigentliche O. aufzufassen sind (F. M. Th. de Liagre Böhl). Die Terminologie *(niqâ naqû,* „ein O. vergießen") zeigt die Primärrolle der Libation im sum., assyr. und babyl. Bereich und zeigt damit auch Übereinstimmung mit dem hethitischen Ritual der ↗Libation *(šipandi)* als Markierungs-O. und den O.n der Kreter und Mykener.

Die Einbindung der O.-Handlung in die Form des kommunizierenden Gastmahles *(takultu, qerêtu,* wörtl. „Einladung zum Gastmahl") ist umstritten (E. Dhorme pro; Oppenheim contra; zur Diskussion: R. Frankena, Takultu, Leiden 1954). Besondere Bedeutung hatte das O. im Rahmen vielfältiger Exorzismus-Rituale. Im Gegensatz zu Westsemiten und Griechen war hier (wie in Ägypten) das Brand-O. nahezu unbekannt. Bevorzugter O.-Herr waren der König und seine Familie (G. Pettinato, Culto ufficiale ad Ebla, Rom 1977).

3. Kanaan. Das kanaan. O.-Ritual wird allein schon wegen der mit dem AT weitgehend übereinstimmenden Terminologie (noch erhalten im späten O.-Tarif von Marseille) als Vorläufer des israelit. Rituales angesehen. Die durch Masseben und Ascheren (hl. Bäume) gekennzeichneten Orte göttlicher Präsenz enthielten in der Regel auch einen O.-Platz, sei es in der Gestalt einer „Höhe" *(bāmāh,* vgl. Megiddo), sei es als Brandopferaltar in baulicher Zuordnung zu einem Tempel. In der Cella des kanaan. Tempels befanden sich Steinbänke zur Deponierung der O.-Gaben. Die O.-Materie war die übliche. Bevorzugter O.-Herr war der König.

Nach Ausweis der O.-Texte wurde das O.-Ritual eingeleitet durch eine Händewaschung; es folgten ein Schmuckritus, die Schlachtung, Handerhebung und die eigentliche Opferung als Verbrennung *(šrp).* Dieser Ablauf des „Ganz-O." ist belegt im O. des Keret auf dem Tempeldach (KTU 1.14). Das „Gemeinschafts-O." *('kl, šlmm)* war mit einem O.-Mahl verbunden (KTU 1.39.41.43), vielleicht sogar mit einer Libation (KTU 1.115). Das „Sühn-O." ist auch in Kanaan umstritten, da man den Blutritus beim O. des Keret (KTU 1.17) auch als Konsekration des Opferers deuten kann.

Das „Toten-O." war beliebt (KTU 1.109) und wurde im Mythos von Anat für den toten Ba'al durch-/vorgeführt. Menschen- und Kinder-O. sind lit. nicht ausgewiesen, obwohl manche Texte im AT gegen solche O. gerichtet sein können (z. B. Gen 22; Lev 18,21; 20,2 f.; Dtn 12,31; 18,10 u. ö.; vgl. P. Maiberger: BiKi 41, 1986, 104 ff.). Die Ursprünge des phönizisch-punischen Moloch-Rituales, eine bestimmte O.-Art, die später auch nach Israel importiert wurde (vgl. Mi

6,7), sind im frühen Kanaan nicht recht auszumachen (dazu H. P. Müller: ThWAT IV, 1984, 957–968). Im ugaritischen Kult treffen wir zum erstenmal auf die Institution der Kultmahlgenossenschaft *(mrzḥ)*, die das O.-Mahl institutionalisierte und in späterer Zeit (vor allem bei den Nabatäern, in Palmyra und im griech. *thíasos*) soziale Funktion erlangte (vgl. H.-J. Fabry: ThWAT V, 1986, 11–16).

4. Griechenland. Während in der mykenisch-minoischen Kultur Tier-O. fast völlig fehlen, Tierverbrennung und Feuer-O. sogar unbekannt sind, kennen die Griechen diese Elemente, sogar zusätzlich noch Blutriten und O. mit *communio*-Charakter, worin sie weitgehend mit Kanaan und Israel übereinstimmen. Dominierend war die *thysía*, das „Rauch-O." primär vegetabilischer O.-Gaben (Früchte, Honig, Milch, Wein, Wolle u. a.), dann auch der Tier-O. Menschen-O. sind nur für die Frühzeit belegt und laufen dann mit steigender Kulturstufe aus. Nur in Katastrophenfällen sind sie danach noch vorgesehen. Auffällig am griech. O.-Ritus ist die Betonung des Gebetes *(euchḗ)* und das Verzehren der *splánchna*, bestimmter O.-Teile, wodurch die Communio mit der Gottheit erreicht wurde.

5. Arabien. Hier ist noch rudimentär das Nomaden-O. greifbar, für das Milchlibation und Mahl-O. bestimmend waren. Die Tier-O. im Frühjahr zeigten deutlich Erstlingscharakter. Eine zentrale Rolle spielte der Blutritus (vgl. Passah). Das O.-Fleisch wurde im O.-Mahl verzehrt oder an die Bedürftigen verteilt. Priester spielten dabei an keiner Stelle eine Rolle (J. Henninger; für das islam. Arabien vgl. T. Canaan).

Lit.: *Ägypten: H. Altenmüller,* Art. O.: LexÄg IV 579–584); *W. Barta,* Aufbau und Bedeutung der altägypt. O.-Formel. Glückstadt 1968; *H. Bonnet,* Art. O.: RÄRG 547–550. – *Mesopotamien: F. Blome,* Die O.-Materie in Babylonien und Israel. Rom 1934; *F. M. Th. de Liagre Böhl,* Das Menschen-O. bei den alten Sumerern: ders., Opera Minora. Groningen 1953, 163–173; *W. Burkert,* O.-Typen und antike Gesellschaftsstruktur: G. Stephenson, Der Religionswandel unserer Zeit im Spiegel der Religionswissenschaft. Darmstadt 1976, 168–187; *B. W. W. Dombrowski,* Killing in Sacrifice: the Most Profound Experience of God?: Numen 23 (1976) 136–144; *G. Furlani,* Il sacrificio nella religione dei Semiti di Babilonia e Assiria. Rom 1932; *A. Green,* The Role of Human Sacrifice in the Ancient Near East. Michigan 1973. – *Kanaan: A. Caquot,* La Littérature Ugaritique: DBS IX 1361–1417; *R. Dussaud,* Les origines cananéennes du sacrifice israélite. Paris [2]1941; *G. Garbini,* I Fenici. Neapel 1980, bes. 152f. 155ff. 187f.; *J. Gray,* The Legacy of Canaan. Leiden [2]1965; *A. de Gugliemo,* Sacrifice in the Ugaritic Texts: CBQ 17 (1955) 76–96; *J. M. de Tarragon,* Le Culte à Ugarit. Paris 1980. – *Griechenland: J. Casabona,* Récherches sur le Vocabulaire des Sacrifices en Grec. Aix-en-Provence 1966; *R. K. Yerkes,* Sacrifice in Greek und Roman Religions and Early Judaism. New York 1952; *L. Ziehen,* Art. O.: PW 35 (1939) 579–627. – *Arabien: T. Canaan,* Das O. in palästinischen Sitten und Gebräuchen: ZAW 74 (1962) 31–44; *J. Chelhod,* Le sacrifice chez les Arabes. Paris 1955; *J. Henninger,* Le sacrifice chez les Arabes: Ethnos 13 (1948) 1–16.

III. Jüdisch. 1. Altes Testament. Für das AT ist das O. zu allen Zeiten so selbstverständlich, daß es weder erklärt noch theol. legitimiert wird. Wenn auch die terminologische Übereinstimmung mit dem Vorderen Orient auf eine weitgehend identische O.-Vorstellung schließen läßt, so liegt uns doch die Zeichnung des atl. O. vornehmlich nur in Prägungen der exilisch-nachexilischen Priesterschaft vor. Eine vorexilische O.-Entwicklung ist nur noch rudimentär zu erkennen. Das Profil des israelit. O. wird wesentlich geprägt durch prophetische Kultkritik und Monotheismus.

Die magische Auffassung des O. als Nahrung für die Gottheit (vgl. Ez 44,7) und seine Deutung als Leistung des Opfernden werden dezidiert zurückgewiesen zugunsten einer Zeichnung Jahwes als Pantokrator, dem je schon alles gehört (Ps 50,7–15). Erst in der nachprophetischen Zeit nach dem Exil kann diese Auffassung in spätpriesterlichen Texten wiederaufleben (Lev 3,11.16; Num 28,2 u. ö). Magische Züge bleiben indes hintergründig sichtbar beim Sünd-O.

Der do-ut-des-Gedanke wird reduziert, obwohl es nicht völlig gelingt, das O. als Gabe *(minḥāh, qorbān)* davon zu befreien (Relikt nur noch im Gelübde-O., vgl. Gen 28,20ff.; 1 Sam 1,10f.). Der Gabe-Charakter wird nun auf die Motive der Huldigung Gottes (Gen 4,3ff.; Ex 23,15 u. ö.) und Dankbarkeit (Ps 54,8f.; 56,13f.; vgl. Erstlings-O. Dtn 26) gestützt.

Im AT lassen sich drei Entwicklungsstufen sichtbar machen: Urspr. war das O. im Leben des Individuums, der Familie oder Sippe integriert. Jeder konnte opfern, bevorzugter O.-Herr war jedoch der Familienvater. Spätestens mit der staatlichen Konsolidierung wird das individuelle O. Bestandteil des Kultes am hl. Ort (der Grundtext von 2 Kön 16,10–18 enthält noch eine vorexilische O.-Ordnung) mit zunehmender Zentralisation nach Jerusalem und Vereinheitlichung des Rituals (Joschija, Dtn). Die jüngste Entwicklungsstufe prägt entscheidend das uns überkommene O.-Bild: Das O. geht exklusiv in die priesterliche Verantwortung über. Die ältere Differenzierung der O. wird überlagert durch O.-Kumulation und Dominanz des Sünd-O. (P; konsequent weitergeführt in der Tempelrolle von Qumran).

Das AT kennt folgende O.-Arten, deren Herausdifferenzierung aus einem hypothetischen „Ur-O." nicht mehr möglich erscheint:

– Die Liste der O. (Lev. 1–7) wird angeführt vom Brand-O. (*'ôlāh*), wörtl. „das Aufsteigende". Die ältesten Belege (O. Gideons, Ri 6; O. der Ba'alspropheten, 1 Kön 18) zeigen, daß Israel dieses O. erst in der Zeit nach den Patriarchen von den Kanaanäern übernommen hat (L. Rost), auch wenn der Jahwist schon Noach die *'ôlāh* darbringen läßt (Gen 8,20). Sie hat darüber hinaus ihren Ursprung wahrscheinlich im Bereich der vorgriech.-vorsemit. Bevölkerung südl. des Taurus (B. Janowski). Da bei der *'ôlāh* die gesamte O.-Materie (Rind, Bock, Widder, Taube) verbrannt wurde, spricht das AT auch vom Ganz-O. (*kalil*). Das Ritual enthielt urspr. die Bestandteile: Schlachtung – Zerteilung – Verbrennung. Dem sind später zugewachsen die theologisch höchst relevante Handaufstemmung (Ritus der Demonstration, Identifikation oder Übertragung der Sünden, vgl. H.-J. Fabry; ThWAT V, 1986, 883 f.) und die Besprengung des Altares mit Blut. Der begleitende Wortgottesdienst (vgl. 2 Chr 29,27) ist nicht mehr im urspr. Zusammenhang erhalten.

– Das älteste O., die O.-Gabe (*minḥāh*), war zuerst die Gabe allg. (Gen 4,3 ff. u. ö.). Spätestens in der Priesterschaft entwickelt sie sich zum vegetabilischen O., das mit Weihrauch und Öl zusammen auf dem Altar dargebracht wurde (Lev 2). Der urspr. Gabe-Charakter wechselte über zum *qorbān* „Darbringung". Nach Lev 2,9 hatte der Priester dem *minḥāh*-O. einen Teil zu entnehmen, der als „Gedächtnisanteil" (*'azkārāh*) auf dem Altar verbrannt werden sollte. Dieses O. sollte Israel vor Jahwe in Erinnerung bringen, auf ihn eine beruhigende Wirkung ausüben oder seine Präsenz anzeigen (K. Koch; ThWAT V, 1986, 442–445), wie auch die zwölf „Schaubrote" die Stämme Israels vor Jahwe in Erinnerung halten sollten (Lev 24,5–9). Im Laufe der Zeit entwickelte sich das Speise-O. zum Haupt-O. schlechthin, zur Abend-*minḥāh* (Ps 141,2; Esra 9,5; Jdt 9,1; Talmud bTaan 12 b).

– Ebenfalls über Kanaan gelangte nach Israel das „Heils-O." (*šᵉlāmîm*) (Lev 3), das in besonderer Weise die Gemeinschaft des Opfernden mit Gott bewirkte. Entsprechend wurden Blut und Fetteile verbrannt, während das Fleisch vom Opferer oder – ekklesiologisch interessant – von der O.-Gemeinde (Dtn 12,18) in einem Gemeinschaftsmahl verzehrt wurde. Wahrscheinlich ist das Heils-O. Integration und Weiterführung des weit älteren nomadischen „Schlacht-O." (*zaebaḥ*) – als früheste Form ist das Passah-O. (südarab. Herkunft?) anzusehen –, das bes. an allen Festtagen des israelit. Kalenders abgehalten wurde (weitere Differenzierungen bei B. Lang: ThWAT II, 1977, 509–531).

– Ausdifferenzierungen des Heils-O. sind das „Dank-O." (*tôdāh;* vgl. Ps 50,23) mit seinen Varianten „freiwilliges O." (*nᵉdābāh;* vgl. Ps 119,108) und „Gelübde-O." (*nedaer,* vgl. Lev 7,11–21). Dem „Sünd-O." (*ḥaṭṭā't,* Lev 4,1 – 5,13) und dem daraus abgeleiteten „Schuld-O." (*'ašām,* Lev 5,14–19) sprach man Sühnewirkung zu. Ein solches O. wurde notwendig nach Gesetzesübertretungen, bes. nach rituellen Verstößen (Lev 5), und zur Sühne bei einem Mord durch einen unbekannten Täter (Dtn 21,8). Da es reinigende Wirkung hatte, begleitete es den Ritus der Priesterweihe (Ex 29) und die Reinigung von Altar (Ex 30,10) und Volk (Lev 12,6). Es besiegelte die Reinigung vom Aussatz (Lev 14,10) und nach sexuellen Verunreinigungen (Lev 19,20 ff.). Im Unterschied zum Brand-O. wurde der Blutritus ausschließlich an den Hörnern des Altares vorgenommen. Da das O.-Fleisch als kontaminiert galt, mußte es außerhalb des Heiligtums verbrannt werden. Eine besondere Ausprägung dieses O. ist der Ritus des Sündenbockes am Großen Versöhnungstag (Lev 16; zu außerisraelit. Parallelen vgl. Ringgren, Israelitische Religion 158).

Das Menschen-O. gehörte offensichtlich niemals zum offiziellen Kult Israels, erst recht nicht in den Zusammenhang der Darbringung der menschlichen Erstgeburt, für die dezidiert die Auslösung vorgeschrieben war. Schon frühe Texte (z. B. Gen 22) bezeugen dies ausdrücklich. Nennungen von Menschen-O.n weisen entweder eindeutig in den kanaan. Raum (z. B. Jer 7,31; 19,5) oder sind historisch zu bezweifeln (z. B. Ri 11,30–40; 1 Kön 16,34; Maiberger). Jedenfalls ist der Gedanke, mittels Menschen-O. Not abzuwenden, nachexilisch importiertes phönizisches Gedankengut.

Die prophetische Kritik am O.-Kult richtete sich nicht gegen das eigentliche O. als vielmehr gegen depravierende Deutungen, die das O. als Ersatz für ethisches Handeln (vgl. 1 Sam 15,22; Jes 1,13; Hos 6,6; Am 5,22) und als Heilmittel gegen göttliches Gericht (Jer 6,19f.; Mi 3,4) verstanden. Die Propheten begründeten ihre Ablehnung damit, daß das Israel der Wüstenzeit keine O. gekannt habe, O. also nicht konstitutiv waren für den existentiellen Dialog der Menschen mit Gott (Am 5,25; Jer 7,22). Dem widersprechen jedoch bereits alte privilegrechtliche Bestimmungen, nach denen es nicht erlaubt ist, vor Jahwe mit leeren Händen zu erscheinen (Ex 34,20; 23,15; Dtn 16,16). Gerade der offizielle O.-Kult war ethosbewußt, da z. B. das Sünd-O. Sündenbekenntnis und Wiedergutmachung verlangte. Im Levi-Spruch (Dtn 33,8ff.) findet die prophetische Kritik und die alte Weisheit (vgl. Spr 15,8) ihren Niederschlag in der Werteskala: zuerst das Gottesrecht, dann das O. Auf der Basis prophetischer O.-Kritik kommt es dann in der frühnachexilischen Theologie zur Metaphorisierung und Spiritualisierung, die es dem nachbibl. Judentum und der Urkirche erleichtern werden, den O.-Kult auszusetzen. Ps 51,17ff.; 141,2 u.ö. fordern Demut und Gebet als O.-Materie. Nach Jes 66,20 bildet Israel die universale *minḥāh* aller Völker in Jerusalem zum eschatologischen Lobpreis Jahwes.

Wenn das AT auch nie die theol. Grundlagen des O. reflektiert, lassen sich doch einige sichtbar machen: Verantwortbar ist das O. nur als Ausdruck innerer Gesinnung (Handlung als Gebet). Es gilt als eine der wichtigsten Möglichkeiten der (Wieder-)Herstellung der Beziehung zu Gott. Die O.-Gabe verbindet, schafft Gemeinschaft und versöhnt. Im O. setzt der Mensch nicht magisch eine neue Beziehung, sondern er greift eine Beziehung auf, die Gott vorgängig eingestiftet hat. Er ruft diese Beziehung durch das O. bei Gott in Erinnerung, und Gott bestätigt sie durch die Annahme. Damit steht das O. im AT je schon in unmittelbarer Verbindung zum Bund Gottes mit den Menschen (vgl. Gen 15,9ff.; Ex 24,9ff.; Ps 50,5). Entsprechend wird das O. in diesem Beziehungsfeld zur Äußerung des Erlösungsverlangens und zum Lobpreis für vergangenes Heilshandeln. In der Übertragung des Schuld-O.-Begriffes auf das stellvertretende Sühneleiden des Gottesknechtes (Jes 53,10) leistet das AT schließlich den Ausblick auf den Sühnetod Jesu Christi im NT (vgl. Mt 26; Hebr 10), wodurch der O.-Kult zur endgültigen Vollendung geführt wurde.

2. Qumran. Bereits Philo wies auf den opferlosen Kult der Qumranessener hin als Folge der Distanz zum Jerusalemer Tempel (Nachwirkung deuteronomischer Kultzentralisation) aus der Kritik an der unreinen Priesterschaft, nicht dagegen aus grundsätzlicher O.-Kritik heraus. Die Kontamination des Jerusalemer Tempels machte das Brand-O. vorübergehend sinnlos (CD 6,12); es ist erst für die Endzeit wieder vorgesehen (1 QM 2,1 ff.). Für die Zwischenzeit entwarf die Mönchsgemeinde vom Toten Meer eine Ersatzlösung. Nach 1 QS 9,3–5 bilden die Schlacht-O. keine Möglichkeit der Sühne, vielmehr ist das „O. der Lippen" einzig Gott wohlgefällig, eine konsequente Wiederaufnahme von Ps 51,17ff. Lob-O. und rechter Lebenswandel in der Gemeinde, verstanden als neuer Tempel, treten als gleichwertiger Ersatz des O. ein. Versteht man die Tempelrolle als

Programmtora der neuen, zukünftigen Gemeinde, dann sind dort wieder O. in reicher Fülle vorgesehen (TR 13), bes. an den großen Jahresfesten (TR 27–29). Für das Sabbat-Brand-O. werden auch weiterhin die liturg. Gebete tradiert (vgl. Strugnell: VTS 7, 1960, 318–345; C. Newsom: HSSt 4, 1985).

3. Rabbinen. Mit der Zerstörung des Tempels ist der O.-Kult unmöglich geworden. Er ist interimistisch ersetzbar durch Gebetskult, Toragehorsam und Wohltätigkeit, nach dem Midrasch Tehillim durch Sündenbekenntnis und *minḥāh*-Gebet; allerdings hält die Halacha an den biblischen O.-Vorschriften fest, um sie bei einer potentiellen Wiedererrichtung des Tempels erneut in Kraft zu setzen (Mischna Tamid und die 17. Benediktion im Schᵉmone Esre: „Herr, unser Gott,... bringe wieder den O.-Dienst in den Tempel deines Hauses!"). Daneben aber existiert im Judentum auch eine mystische Richtung, die den irdischen O.-Kult als Abschattung des himmlischen versteht und deshalb auf ihn verzichten kann (vgl. weiter H. Thyen: EWNT II, 1981, 405).

Lit.: *Altes Testament: J. Bergmann/B. Lang,* זָבַח *zābaḥ:* ThWAT II 509–531; *H. Gese,* Ez 20,25 f. und die Erstgeburtsopfer: FS W. Zimmerli, Göttingen 1977, 140–151; *H. J. Hermisson,* Sprache und Ritus im altisraelit. Kult. Neukirchen-Vluyn 1965; *B. Janowski,* Erwägungen zur Vorgeschichte des israelit. šᵉlamim-Opfers: UF 12 (1980) 231–259; *D. Kellermann,* עוֹלָה עֹלָה *'ôlāh/'olāh:* ThWAT VI 105–124; *B. A. Levine,* In the Presence of the Lord. Leiden 1974; *R. Rendtorff,* Priesterliche Kulttheologie und prophetische Kultpolemik: ThLZ 81 (1956) 339 ff.; *ders.,* Studien zur Geschichte des O. im alten Israel. Neukirchen-Vluyn 1967; *ders.,* Leviticus. Neukirchen-Vluyn 1985; *L. Rost,* Studien zum O. im alten Israel. Stuttgart 1981; *L. Sabourin,* Sacrifice: DBS X 1483–1545; *R. Schmid,* Das Bundesopfer in Israel. München 1964; *R. de Vaux,* Das Alte Testament und seine Lebensordnungen II. Freiburg 1962; *ders.,* Les sacrifices de l'Ancien Testament. Paris 1964; *M. Weinfeld/H. J. Fabry,* מִנְחָה *minḥāh:* ThWAT IV 987–1001. – *Nachbiblisches Judentum und Qumran: R. T. Beckwith,* The Qumran Calendar and the Sacrifices of the Essenes: RQ 7 (1971) 587–591; *J. Carmignac,* L'utilité des sacrifices sanglants dans la „Règle de la Communauté" de Qumran: RB 63 (1956) 524–532; *E. L. Ehrlich,* Die Kultsymbolik im AT und im nachbiblischen Judentum. Stuttgart 1959; *I. Elbogen,* Der jüdische Gottesdienst. Leipzig 1913; *G. Klinzing,* Die Umdeutung des Kultus in der Qumrangemeinde und im NT. Göttingen 1971; *J. Maier/K. Schubert,* Die Qumran-Essener. München 1973; *R. B. Wright,* Sacrifice in the Intertestamental Literature. Hartford 1966. *H.-J. Fabry*

IV. Christlich. 1. Von seiner Herkunft aus dem Judentum kommt dem Christentum von vornherein eine ambivalente Beziehung zum (kultischen) O. zu: Jesus und auch Paulus sind noch die Zeitgenossen eines blühenden O.-Kultes im Tempel von Jerusalem. Dieser wird nicht einfach abgelehnt, wohl aber werden, in der Tradition der Kultkritik der Propheten, für dessen Vollzug die ethische Haltung der Lauterkeit und Versöhnungswilligkeit gefordert (vgl. Mt 5,23 f.). Andererseits zeigen die Glaubenszeugnisse der frühen Kirche eine Nähe zu jenem Verständnis des zeitgenössischen Judentums, das „O." auch in einem übertragenen Sinn von der rückhaltlosen Treue zur Tora und einem lauteren Lobpreis Gottes versteht (vgl. Röm 12,1 ff. u. ö.), jene Haltungen also, die das Judentum die Katastrophe der Zerstörung des Tempels (70 n. Chr.) überdauern ließ, aber zuvor schon die Bedeutung des Tempelkultes relativiert hatte. – Mit dem Judentum erkennt die Urgemeinde in den Kulten der Heiden keinen positiven Wert; er wird, unvereinbar mit dem Glauben, faktisch ignoriert, im Bedarfsfall als rel. irrelevant erklärt (vgl. die Diskussion über den Genuß von O.-Fleisch 1 Kor 10).

2. Die rettende, heilbringende Lebenshingabe Jesu in seinem Tod am Kreuz wird schon bald mit Kategorien des kultischen O. interpretiert, freilich nur so weit, als dadurch die Einzigkeit der Person und des Handelns Jesu gegenüber dem Kult im Tempel von Jerusalem (und erst recht gegenüber den O.n der heidnischen Kulte) gewahrt bleibt. Der Bericht vom Letzten Mahl enthält, zumal in den Fassungen bei Mk (etwa 14,24) und Mt, Termini der O.-Sprache. (Eine weitere „O.-Interpretation" s. u.) Unter den Schriften des NT geht in der Aufnahme einer O.-Theologie Hebr am weitesten. Zur Zeit seiner Abfassung ist freilich der Jerusalemer Tempel schon zerstört, die Kirche ist, in Aufnahme der jüd. Vorstellung des „heiligen Restes", als das neue und wahre Israel der Erbe des eigentlichen Kultes, nun „im Geist und in der Wahrheit" (Joh 4,23 f.), also vollzogen vom auferstandenen, im Geist in der Kirche lebenden Herrn. Dennoch wahrt die frühe Kirche lange Zeit programmatisch eine Distanz

in rituellen und sprachlichen Assoziationen gegenüber jeglichem Kult. Zumal die Übernahme eines Begriffes wie „Priester" als Bezeichnung des Leitungspersonals wird in der Kirche zunächst vermieden.

3. Aber schon im 3. Jh. wirken sich Ansätze aus, die darauf drängen, eins der beiden wichtigsten Sakramente der Kirche, (neben der Taufe:) die Eucharistie, mit den Erfahrungen der Grundkategorie menschlichen Verhaltens vor dem Numinosum, dem O., zu interpretieren. Schon die (zu Ende des 1. Jh. anzusetzende) Didache (10,1–3) sieht in dieser von Jesus gestifteten, seiner Anamnese dienenden Handlung die (Israel strafend bedrohende, der Kirche nun tröstliche) Verheißung (Mal 1,11.14) erfüllt: die Eucharistie (so mindestens in der Folgezeit die klare Interpretation) ist das O. im Geist, das Christus zusammen mit der Kirche und in dieser dem Vater darbringt, indem er so seine einmalige opfernde Hingabe an den Vater als für alle Zeiten gültig und bleibend ausweist. Zunehmend werden Termini der kultischen (O.-)Sprache für die Eucharistie, die in ihr Handelnden, dann auch für das Handeln des hist. Jesus unproblematisch gebraucht. Faktoren der Zeit- und Geistesgeschichte verstärken diesen Prozeß: in der Spätantike, erst recht im MA, ist die ↗Kirche ohne Konkurrenz durch O.-Religionen; „O." ist somit jeder korrekturbedürftigen Zweideutigkeit enthoben. Das frühe MA bringt ferner mittels der (tropologischen, auch anagogischen) Allegorie eine hermeneutische Methode bei, die es gestattet, Vorgänge als „O." zu sehen, die phänotypisch (wie die Eucharistiefeier) wenig davon erkennen lassen.

4. So ist für die große Theologie des abendländischen MA-„O." eine selbstverständliche Kategorie, angewandt auf das erlösende Handeln Jesu und dessen Fortwirken in der Kirche, d. h. sakramental in der Eucharistie, ethisch im vom Glauben geführten Leben der Christen. Gewiß werden die krit. Sicherungen angebracht. Aber gerade in der theol., noch mehr der homiletischen und aszetischen Interpretation der Eucharistie treten unverantwortete Vergröberungen auf. Am schwersten wiegt, daß „O." auf (subjektive) Hingabe verkürzt erscheint, somit die Selbstaufgabe, ja die Zerstörung der O.-Gabe statt der Annahme des O. (der Gabe und damit auch des Opfernden) durch Gott (die Gottheit) einen ungebührlichen Akzent erhält. Das Handeln des Menschen droht das entscheidende Handeln Gottes in den Hintergrund zu drängen. Diese Sicht geht in wechselseitiger Verstärkung parallel mit einem Verständnis, das das Heil mehr und schließlich fast allein im Kreuz (= O.-Hingabe) Jesu und nicht mehr auch in der Auferweckung (als der O.-Annahme) begründet sieht.

5. Gegen diese vergröberte Sicht richtet sich der markante Protest der Reformation: Das allein genügende O. Jesu, dargebracht in seinem Kreuzestod, schließt jedes weitere O. in der Christenheit aus. Die Messe ist kein O., allenfalls dessen gnadenvolle Zuwendung. Im Gegenzug dazu stellt das Konzil von Trient den O.-Charakter der Messe fest – unbeschadet der Alleingenügsamkeit des O. Jesu (DS 1738–1759, 1764) – überläßt aber die nähere Interpretation den Theologen. Diese haben in einer immensen Anstrengung des Denkens viele Modelle („Meßopfertheorien") entwickelt; keines wurde vom Lehramt der kath. Kirche als authentisch übernommen, keines konnte auch befriedigen.

6. Einen neuen Ansatz fand die kath. Theologie in der liturgischen und bibl. Erneuerung nach dem 1. Weltkrieg. Im Rückgriff auf Kategorien des bibl. Denkens und in Interpretation der althergebrachten Texte der Liturgie selbst wurde festgestellt, daß die Eucharistiefeier „O." allein als Anamnese (= objektives Gedächtnis) ist, also, ohne Verlust von Wirklichkeit, stets (nur) relationales O. Diese Einsicht ist inzwischen Allgemeingut der theol. Schulen geworden und wird auch vom Lehramt der kath. Kirche vertreten. Damit sind viele, lange Zeit kontroverstheol. belastende Fragen gegenstandslos geworden.

7. Doch hat sich zur gleichen Zeit, als innerhalb der (kath.) Kirche die Theologie der liturgischen Erneuerung „O." neu bedachte, ein prinzipieller Einwand gegen „O." erhoben, der sich nach dem 2. Weltkrieg auch in der Theologie innerhalb der

kath. Kirche geltend macht: die „dialektische Theologie“ erklärte das Christentum prinzipiell nicht in den Kategorien von „Religion“ faßbar; „O.“ ist ein ungemäßer, die Einzigartigkeit des Handelns Gottes in Jesus einem prinzipiellen Mißverständnis ausliefernder Begriff, der unbedingt vermieden werden muß. An diesem Einwand ist richtig, daß die Kategorie „O.“ niemals das Heilsmysterium Gottes in Jesus Christus ausschöpft, auch nicht als Erfüllung von Verheißungen und Erwartungen, die sich in den kultischen O.n der Religionen anzeigen. An eine Grenze stößt diese Sicht aber dort, wenn gefragt wird, wie denn überhaupt sinnvoll vom Handeln Gottes in Christus gesprochen werden soll, wenn die Kategorien menschlicher Erfahrung das eigentliche Wesen gar nicht erfassen, ja nur verdunkeln. Auch für „O.“ ist eine analogia entis sinnvoll, wenn die schon im MA formulierte Grenze eingehalten wird, daß das Nicht-Vergleichbare das Vergleichbare überwiegt (vgl. DS 806).

8. In der Theologie der Gegenwart spielt freilich die Rede vom „O.“ keine überragende Rolle mehr. Neben der neu zur Geltung gebrachten Kategorie der Anamnese und der wieder herausgestellten Bedeutung der Auferweckung/↗Auferstehung Jesu, neben dem prinzipiellen, immer noch beeindruckenden Einwand der dialektischen Theologie, steht gegen „O.“ noch das Fehlen einer aktuellen Erfahrung; was in der nordatlantischen Gesellschaft an „O.n“ vorkommt, spricht eher gegen eine rel. Rede vom O. Die programmatischen und latenten Mächte unserer Zeit fordern vom Menschen „O.“ in einem Ausmaß, das alle Kulte der Vergangenheit nicht nur nach Zahl und Anspruch überschreitet, sondern „O.“ jeden positiven Sinnes entkleidet („Holocaust“ als Beispiel für „O.“ der weltanschaulich-politischen Diktaturen, „Verkehrs-O.“ als Beispiel der Zwang ausübenden neuzeitl. Zivilisation).

9. Damit ist aber die Sache, die frühere Generationen mit der Kategorie „O.“ erfahren haben und ins Wort brachten, nicht erledigt; die Wahrheit der Aussage weiter zu tradieren bleibt eine theol. Aufgabe. Ein Beitrag des Exegeten H. Gese (den Systematiker wie J. Ratzinger und K. Lehmann aufnahmen) kann zeigen, wie dies möglich ist. Er stellt fest, daß die erste Generation der Christen die so schreckliche, das Begreifen übersteigende Tatsache des Kreuzestodes Jesu als die (eschatologische) Liturgie des Ps 22(21) verstand, insofern Jesus das diesem Psalm zugrundeliegende Gelübde-Dank-(„Toda“-)O. (dessen Tehilla der Ps ist) nach seiner Errettung aus dem Tode, zusammen mit seiner Gemeinde, vollzieht (belegt durch die Zitationen dieses Ps in den synopt. Passionsberichten). Diese Beobachtung bringt nicht nur den Vorteil, die ganze Geschichte der Passion Jesu, vom Letzten Abendmahl bis zu den Erscheinungen des Auferstandenen, zu einem theol. gewerteten Ganzen zu verbinden, sondern zeigt die Kategorie „O.“ als einen kaum entdeckten, aber trotzdem höchst wirksamen hermeneutischen Schlüssel zur Interpretation des Werkes Jesu, wie es seit Ostern durch die Zeiten hindurch wirksame Gegenwart geworden ist.

Lit.: *B. Neunheuser* (Hg.), O. Christi und O. der Kirche. Düsseldorf 1960 (bes. die Artikel von V. Warnach, 29–74 u. B. Neunheuser, 139–151); *W. Averbeck*, Der Opfercharakter des Abendmahls in der neueren evangelischen Theologie. Paderborn 1967; *O. Casel*, Das christliche Opfermysterium. Graz 1968; *H. Gese*, Psalm 22 und das Neue Testament: ders., Vom Sinai zum Zion. München 1974, 180–201.

A. Häußling

V. In Indien (↗Heil/Heilsweg II 1). Das Skt.-Wort für O. ist *Yajña*, abgeleitet von der Wurzel *yaj* = anbeten, verehren, opfern usw. Später werden auch große Anstrengungen symbolisch O. *(yajña)* genannt; z. B. *Brahmayajña*, die Anstrengung, die *Veden* zu erlernen oder ↗*Brahman* zu verwirklichen, *Nryajña*, die Anstrengung, Gäste freundlich aufzunehmen, *Bhūtayajña*, die Sorge um die niedrigeren Wesen, *Pitryajña*, die Anstrengung, den Vorfahren O. darzubringen.

„Das O. ist der Nabel der Welt“ (*Ṛgveda* I 164.35). „Alle Kraft für unser Leben von dem O., alle Kraft für unsere Lungen von dem O., die ganze Wirksamkeit des O. von dem O. selbst“ (*Yajurveda* IX 21). Im früheren Hinduismus war das O. das wichtigste Element der Religion. Ein gewöhnliches vedisches O. bestand aus dem Feuer-O. von Getreide, Milch, Butter u. ä. sowie Somāsaft auf einem Altar. Man

glaubte, daß durch solche O. materieller und geistiger Wohlstand erreicht werden könne. Nach dem *Puruṣa Sūkta* (*Ṛgveda* X 90) ist die ganze Schöpfung aus der Opferung des gewaltigen *Puruṣa*, der uranfänglichen Person (*Ādipuruṣa*), entstanden; weil aber die Welt aus einem O. entstand, müssen die Menschen immer wieder O. darbringen, damit die Welt fortbesteht.
Von Anfang an kam dem Feuer *(Agni)* beim O. eine große Bedeutung zu. So ist die erste Hymne des *Ṛgveda* an das göttliche Feuer gerichtet: „Ich lobe das Feuer, den Priester, den Gott des O., den Diener des O., den Darbringer des O. und den höchsten Spender aller wertvollen Gaben" (I 1.1). „Agni trägt die O. in den Himmel auf ..." (*Ṛgveda* X 80.4). Deshalb wird das O. an Agni – *Agnihōtra* – als unentbehrlich angesehen. Jeder *Gṛhastha* (Hausherr) muß am Abend und in der Frühe dieses O. darbringen.
Die *Brāhmaṇas* verwandelten die urspr. einfachen O.-Riten in ein System komplizierter und kostspieliger Zeremonien (vgl. bes. das *Śatapatha Brāhmaṇa*). Die komplizierten Zeremonien verlangten komplizierte Vorbereitungen. Folglich erforderten die meisten O. wenigstens drei Priester: den Rezitierenden *(Hōta)*, den Singenden *(Udgāta)* und den Opfernden *(Adhvaryu)*, die das O. mit drei Feuern *(Gārhapatya, Āhavanīya* und *Dākṣina)* darbrachten. Betont wurden die äußeren Riten, während die innere Haltung völlig vernachlässigt wurde. Man glaubte sogar, daß der betreffende Gott aufgrund der Beachtung der rituellen Vorschriften das Erbetene gewähren müsse.
Im allg. lassen sich die O. folgendermaßen einteilen: a) *Nitya*, die täglichen oder obligatorischen Feuer-O.; b) *Naimittika*, die gelegentlichen O., z. B. bei der Geburt eines Kindes; c) *Kāmya*, freiwillige O., z. B. um Regen zu erbitten. Im Gegensatz zu den *Brāhmaṇas* vollzieht sich in den Up. ein deutlicher Wandel vom äußeren Vollzug zur inneren Gesinnung. In gewissem Sinne werden die O.-Riten sogar abgewertet (vgl. *Mundaka Up.* I 2.7–8 und 10–11). Dafür wird die innere O.-Bereitschaft herausgestellt und gelobt (vgl. *Chāndōgya Up.* III 16.1 und VIII 5.1). Die *Bhagavadgītā* bestätigte diese Haltung: ↗*Jñāna* (das wahre Wissen), ↗*Bhakti* (die liebende Selbsthingabe) und ↗*Karma* (die Taten ohne Anhänglichkeit) werden als wahre O. angesehen (vgl. *Gītā* IV 23–33 und IX 26–27).

Lit.: *F. Maxmüller*, Sacred Books of the East, Bde. XII, XXVI, XLI, XLIII (*Śatapatha Brāhmaṇa* I–IV). Reprint Delhi 1963; *J. C. Heesterman*, Vedisches O. und Transzendenz: G. Oberhammer (Hg.), Transzendenzerfahrung, Vollzugshorizont des Heils. Wien 1978, 29–44; *ders.*, Opferwildernis und Ritualordnung: G. Oberhammer (Hg.), Epiphanie des Heils. Wien 1982, 13–25. *A. Thannippara*

Orakel. Unter einem O. verstehen wir eine Einrichtung, die dem Zweck der Vorhersage der Zukunft oder der Bestimmung des günstigen Augenblicks einer Unternehmung dient. Beim O. steht, im Gegensatz zur rational schwer faßbaren Prophetie eine bestimmte, oft erlernbare Technik im Vordergrund. Diese Technik basiert auf der Annahme von Korrespondenzen zwischen einzelnen Gegenständen und dem Welt- bzw. Staatsganzen sowie dem das O. anwendenden oder befragenden Menschen: Erscheinungen an einem zum O. benutzten Gegenstand werden als aussagekräftig für Mensch, Staat oder Welt verstanden. Die Technik des O. besteht darin, das Große im Kleinen zu erkennen, die verborgenen kausalen Zusammenhänge zwischen für den rationalen Verstand nicht zusammenhängenden Dingen und Daseinsformen zu erfassen. So kann das O. z. B. aus dem Wuchs von Tieren oder Tiereingeweiden auf das künftige Geschehen schließen (↗Etruskische Religion), aus dem Flug von Vögeln (↗Auguren), aus dem Fall von Holzstäbchen (↗I Ging), aus der Abfolge gezogener Spielkarten (↗Tarot, Kartenlesen). Eng verbunden mit der O.-Technik ist überall der Bezug zur Kosmologie: Wo der Kosmos als ein in sich geschlossenes Gefüge von Zusammenhängen begriffen wird, ist die divinatorische Kraft des O. letztlich Ergebnis der Kenntnis der verborgenen Korrespondenzen von ↗Mikro- und Makrokosmos, Ergebnis vorwiss. Weltbeobachtung. An der Grenze zur Prophetie steht das O., das sich eines menschlichen Mediums bedient (Delphi, ↗Griech. Religion; Sibyllen, ↗Röm. Religion). Hier wird die Zukunft oder der Wille des Göttlichen kundgetan aus einer

Trance oder aus Halluzinationen eines besonderen Menschen, der über die normalen menschlichen Fähigkeiten hinausgehende Gaben aufweist oder ekstatische Techniken beherrscht (↗Schamane). Grenzgebiete des O. sind die Traumdeutung, die Deutung von Omen, die Chiromantie und bes. die ↗Astrologie, in der dem rationalen Element größerer Raum zufällt. Das O. ist in der Religionsgeschichte allg. verbreitet, zu besonderer Verfeinerung divinatorischer Techniken gelangten die ↗Etruskische Religion und der chin. ↗Taoismus.

Lit.: *M. Eliade,* Mythen, Träume und Mysterien. Salzburg 1961; *ders.,* Schamanismus und archaische Ekstase. Zürich 1954; *R. Flacelière,* Devins et oracles grecs. Paris o.J.; *M. Loewe/Carmen Blacker* (Hg.), Oracles and Divination. Boulder 1981; *H. W. Parke,* The Oracles of Zeus: Dodona, Olympia, Ammon. Oxford 1967. *Chr. Dröge*

Ordal ↗Gottesurteil.

Orden ist hergeleitet von lat. *ordo* = Reihe, Rang, Stand. Die Grundbedeutungen innerhalb der röm. Gesellschaft, des röm. Staates und der lat. Kirche (Fleckenstein) lassen sich leicht auf kirchl. Gruppen, die später sog. O., übertragen, auf Gruppierungen in den fernöstlichen Hochreligionen und des ↗Hellenismus jedoch nur in analogem Sinne. Doch haben diese Gruppierungen auch dann, wenn sie unterschiedliche rel. oder philos. Schulen oder Sekten bezeichnen, oft ein ordensähnliches Gepräge. Dessen Elemente bilden: gleiche Lebensformen in Disziplin, geistlichen Übungen, einheitlicher Kleidung (O.s-Tracht) und Speisevorschriften. Auch straff organisierte Mönchsgemeinschaften der Frühkirche, wie die des *Pachomius* oder *Basilius,* sind noch nicht als O. zu bezeichnen, da sie ihren Lebensformen nur selten über den ortskirchl. Bereich hinaus Geltung verschafften. Auch im abendländischen ↗Mönchtum schafft das Ende des sog. Mischregelzeitalters in der Karolingischen Epoche zwar ein gewisses Gemeinschaftsbewußtsein, z.B. nach dem Grundsatz „una regula – una consuetudo" des *Benedikt von Aniane* (gest. 821), jedoch noch keine O. im Sinne des Hochmittelalters und der Neuzeit.

Die Verwurzelung des Begriffs O. in der röm. Empfindungs- und Vorstellungswelt begünstigte schließlich die Übertragung des Begriffs O. von der gemeinsamen Lebensform nach Regel und Gewohnheit in Klöstern auf den Zusammenschluß der Klöster selbst. In dieser Entwicklung kommt dem Kloster *Cluny* eine besondere Bedeutung zu, die mit bestimmten juristischen Akzentsetzungen auch die Übertragung des Begriffs O. auf andere Reformrichtungen und schließlich auch auf die Mendikanten-O. der Dominikaner und Franziskaner ermöglicht (Hourlier). In der Auseinandersetzung mit diesen entsteht jene Theologie des O.s-Wesens und O.s-Lebens, die bei *Thomas v. Aquin* einen Höhepunkt erreicht (S.th. II–II q. 184ff.) und bis in die Zeit nach dem 2. Weltkrieg fast unangetastet bestehenblieb, auch wenn die Unterschiede nun fast einzig durch kanonistische Qualifikationen gekennzeichnet waren wie die Unterscheidungen von zeitlichen, ewigen, einfachen und feierlichen Gelübden. Zweckbestimmungen und Zielsetzungen einzelner geistlicher Gemeinschaften (Erziehung, Krankenpflege, Mission, Apostolate der verschiedensten Art) unterstrichen diese Unterscheidungen. Die vom II. Vatikanum erlassenen Dekrete und Konstitutionen sowie ihre Folgedokumente enthüllten für eine Vielzahl von O. eine schon lange verborgen schwelende Identitätskrise, die jedoch zu ernsthaften Erneuerungsbestrebungen führte, mit denen die meisten O. der entstandenen geistigen Verunsicherung begegnen wollen – z.B. durch Reformkapitel, Neufassung der Konstitutionen und diese ausdeutende geistliche Direktorien. In engem Anschluß an das Dekret „Perfectae caritatis" des II. Vatikanums stellen diese meist das Evangelium als erste O.s-Regel und das Charisma des O.s-Stifters bes. heraus. Höhepunkt dieser Bemühungen ist der aus vielen Vorentwürfen erarbeitete Beschluß 5 der Gemeinsamen Synode der Bistümer in der Bundesrepublik Deutschland „Die Orden und andere geistliche Gemeinschaften – Auftrag und pastorale Dienste heute".

Lit.: *J. Fleckenstein,* Art. Ordo: HDRG 1291–1293; *J. Hourlier,* Cluny und der Begriff des rel. Ordens. Darmstadt 1975; *O. Engels,* Art. O.: SM(D) III 884–921. *E. v. Severus*

Ordnung ↗Dharma; Gesetz.

Orpheus/Orphik
↗Griechische Religion.
Als hist. Gestalt ist der thrakische Sänger und Lyraspieler Orpheus ebensowenig greifbar wie der urspr. Inhalt der orphischen Bewegung, die seit dem 6. Jh. v. Chr. nachweisbar ist. Zum Grundbestand des orphischen Mythos dürfte die Erzählung vom Zeussohn Dionysos gehören, der von den Titanen zerrissen wurde. Zeus strafte die Titanen mit seinem Blitz und ließ aus ihrer Asche das Menschengeschlecht entstehen. Entsprechend seiner Herkunft hat der Mensch Anteil am Dionysischen und am Titanischen; aus ersterem stammt seine Seele, aus letzterem sein Leib, der die Seele gefangenhält (*sôma – sêma tês psychês*). Durch orphische Lebensweise (Enthaltung von Fleischgenuß u. a.) soll sich der Mensch aus dem Titanischen als dem Irdischen und Bösen befreien und zum Dionysischen als dem Göttlichen und Guten zurückkehren. Neben der Askese helfen verschiedene Weihen, die Seele zu befreien und ihre Wanderung durch viele Leiber in immer neuen Geburten abzukürzen. Die Bedeutung der O. liegt darin, daß sie ihre asketischen Forderungen mit der Verantwortung des Menschen vor dem Göttlichen verbunden und eine Vergeltung nach dem Tod gelehrt hat. Der damit gegebene ethische Impuls ist von der griech. Philosophie aufgenommen worden, während die orgiastischen Elemente des Kults und die magischen Praktiken wandernder Orphiker abgelehnt wurden. Weitergewirkt hat ebenfalls die Lehre vom Dualismus zwischen Leib und Seele, die auch die Anthropologie mancher Kirchenväter beeinflußt hat. Erst *Augustinus* hütet sich davor, vom Leib als Gefängnis der Seele zu sprechen, und benützt statt dessen andere Bilder (Gewand, Haus). Orpheus selbst, der sich nach späteren Quellen zum Monotheismus bekehrt haben soll, galt als vorchristl. Weiser, die Unwiderstehlichkeit seines Gesangs, der sogar die wilden Tiere zähmte, als Vorbild der sieghaften Worte Jesu. Als Typos Christi konnte Orpheus in den Motivschatz der frühchristl. Kunst aufgenommen werden.

Lit.: *W. K. C. Guthrie,* Orpheus and Greek Religion. London ²1952; *K. Prümm,* Die O. im Spiegel der neueren Forschung: ZKTh 78 (1956) 1–40; *R. A. Skeris,* Χρῶμα θεοῦ. Altötting 1976, 146–156 216–230; *M. P. Nilsson,* Geschichte der griech. Religion I. München ³1976, 678–699; II (³1974) 426–431; *B. M. Metzger,* A Classified Bibliography of the Graeco-Roman Mystery Religions 1924–1973 with a Supplement 1974–1977: Aufstieg und Niedergang der Römischen Welt 2,17,3 (1984) 1362–1379. 1416–1419; *D. M. Kosinski,* The Image of Orpheus in Symbolist Art and Literature. Ann/Arbor 1986. *E. Dassmann*

Orthodoxie/Ostkirchen
↗Christentum.
Der griech. Begriff der Orthodoxie (O.), der Rechtgläubigkeit, wird von allen Ostkirchen (Ostk.) in Anspruch genommen, meist in der originalen Fassung oder sonst übersetzt (russ. Pravoslavie). Grundsätzlich sind alle diese Kirchen von der griech. Welt geprägt, selbst wenn sie nicht zum Römischen bzw. Byzantinischen Reich gehörten, wie Rußland, Äthiopien oder die Ostsyrer („Nestorianer") des pers. Raumes. Das griech. Denken und damit die griech. dogmatischen Begriffe zwangen überall zur Auseinandersetzung. Das Griech. ist nicht nur Sprache des NT, sondern auch alte Liturgiesprache und zwischenkirchl. Verkehrssprache im Orient bis in die islam. Zeit. Selbst nach dem Übergang zu den meist erst von den Christen literarisch entwikkelten Nationalsprachen (Slavisch, Georgisch, Armenisch, Syrisch, Koptisch, Altnubisch, Äthiopisch und Arabisch) bleibt der griech. Hintergrund in der Liturgie erhalten, weit mehr als bei der lat. Sprache im Westen. Sämtliche Ostk. begnügen sich trotz zuweilen erstaunlicher Offenheit für moderne Fragestellungen mit den dogmatischen Festlegungen der alten Synoden. Diese sind die Fixpunkte auch für die gegenwärtige Auseinandersetzung. Daneben treten in erster Linie die Werke der altchristl. Theologen und die Aussagen der Liturgie. Der moderne Orthodoxe muß sich mit diesen anerkannten Normen in Übereinstimmung bringen. Alle Kirchen erkennen die Trinitätslehre an, wie sie die beiden ersten großen Synoden von Nizäa (325) und Konstantinopel (381) festlegten.
Die große Trennung erfolgte bei der Entscheidung über die gottmenschliche Person des Erlösers in Chalkedon (451). Die

griech.-slavisch-rumänische O. blieb hier allein, während die Orientalen die Entscheidung ablehnten. Diese Trennung ist aber kein abrupter, sondern ein allmählicher, für beide Seiten oft äußerst schmerzlicher Prozeß, der erst unter dem Islam seine Vollendung erfährt. Die Armenier, Westsyrer (ab 1665, als Mar(j) Gregorius in Malabar landete, kommt dazu ein Teil der ind. Thomaschristen), die Kopten und Äthiopier gehören dieser Richtung an. Seitdem es unter dem Protektorat des äthiopischen Kaisers Ḫaylä Śellasē I. (gest. 1975) zu einer engeren Zusammenarbeit dieser Kirchen kam, bezeichnet man sie vielfach als „nonchalkedonensisch". Ursprünglich gehörte dazu auch die georgische Kirche, die sich Ende des 6. Jh. unter ihrem Katholikos Kwirion (Kyrion) I. Byzanz anschloß und heute in enger Gemeinschaft mit der russ. Kirche steht. Die ebenfalls dazugehörige nubische Kirche wurde hingegen vollständig islamisiert (letztes christl. Dorf bis 1742 in der Dongolagegend). Die nubische Volkssitte tradiert aber noch christl. Bräuche, teilweise sogar eine Art Taufritus.

Ganz für sich steht die „Kirche des Ostens", auch Ostsyrer, Perserkirche oder Nestorianer genannt. Diese Kirche ist außerhalb des Römischen Reiches in dem Sassanidenreich entstanden. Man kann daher nicht von einer Trennung von der übrigen Christenheit sprechen, sondern nur von einer Neuformierung der Christen des Perserreiches zu einer eigenen Kirche im Jahre 410. Erst 484 unter Barṣaumā nahm man auf der Synode zu Bēṯ Lāpāṭ das nestorianische Bekenntnis an und verselbständigte sich dogmatisch.

Diese Entwicklung hat auch das Territorialprinzip der O. durchlöchert. Dieses besagt, daß für jedes Gebiet ein Metropolit zuständig ist, dem die Bischöfe dieser Provinz unterstehen. Eine weitere Hierarchie darf es nicht geben. Dieser Anspruch wird immer noch erhoben, obwohl faktisch überall das abendländische Konfessionsprinzip herrscht, das Kirchen verschiedener Konfession auf dem gleichen Territorium kennt. Grundsätzlich geht man von den altkirchl. Patriarchaten aus, deren Inhaber in ihrer Titulatur den alten Anspruch tradieren. Völkische und politische Gegebenheiten haben aber zu Abspaltungen einzelner Gebiete geführt, an deren Spitze nun ein weiteres Oberhaupt steht, ebenfalls Patriarch oder Katholikos genannt. Dem Inhaber des alten Patriarchenthrones gewährt man dann meist eine Art Ehrenstellung ohne rechtliche Konsequenzen für den neuen Kirchenkörper. Auszugehen ist so von den Patriarchaten Jerusalem (für Palästina), Konstantinopel (Neurom) für Osteuropa und das westl. Kleinasien, Antiochien (für das übrige Asien), Alexandrien für Afrika. Dazu tritt der Patriarch des Ostens, auch Katholikos genannt, dem die Perserkirche untersteht. Er darf infolge seiner eigentümlichen Entstehung nicht als Abspaltung von Antiochien verstanden werden. Georgien und Armenien erhalten je einen Katholikos, in Afrika wird die unbestrittene Stellung Alexandriens erst 1959 durch einen Patriarchen von Äthiopien geschmälert. Im östl. Europa treten zu Konstantinopel die Patriarchen von Moskau (dem „Dritten Rom" 1589: 5. Platz in der Rangliste der Patriarchate), Bulgarien (spätestens 927/930), Serbien (1346), Rumänien (1926).

Von westl. Seite wollte das Unionskonzil von Florenz (1438–1445) das Schisma von 1045 mit Byzanz überwinden und die als häretisch betrachteten oriental. Kirchen in die Gemeinschaft mit Rom führen; Bestrebungen, die schon auf die Kreuzfahrer- und die Mongolenzeit (13. Jh.) zurückgehen. Diesen unablässigen Bemühungen waren aber nur Teilerfolge und zahlreiche Rückschläge beschert. So kam es in der Moderne vornehmlich durch die Ordensmissionen zur Schaffung eigener Hierarchien und sogenannter unierter Patriarchate, denen die Teile der O. unterstehen, die unter Beibehaltung ihrer Riten sich dogmatisch mit Rom vereinigt haben. Derartige unierte Kirchen gibt es im ganzen Osten bis hin zu den Thomaschristen in Indien. Sie gehören rechtlich nicht zum Patriarchat Rom, stehen aber in Gemeinschaft mit ihm. Darüber hinaus haben vom 18. Jh. ab nordamerik. Protestanten, Anglikaner und deutsche Herrnhuter (später auch andere) im orth. Raum Mission getrieben und ev. Kirchen entstehen lassen; im Orient die größte bei den Kopten.

Zentren für *Syrien* sind Antiochien und Edessa (Urfa), heute Damaskus; wichtige Theologen: Ephraem Syrus (gest. 373) und nach der Spaltung Severos v. Antiochien (gest. 538), der Historiker Michael I. (gest. 1199), Barhebraeus (1226–1286). *Ostsyrien:* Zentren sind Nisibis als erste christl. Universität, Seleukeia-Ktesiphon, heute Teheran und Bagdād. Diese Kirche hatte im MA die größte Ausdehnung bis Ost- und Zentralasien. Theologe: Aphraates (4. Jh.), Gesetzgeber: Timotheos I. (um 800). *Armenien* zerfällt auch sprachlich schon früh in einen West- und einen Ostteil. Zentren: Etschmiadzin und Konstantinopel (bis zur Armenierverfolgung), weiter die Mechitharisten in Venedig und Wien. Gregor Illuminator (gest. um 325) ist Organisator, Mesrop-Maschtotz (gest. 441) Schriftschöpfer, Moses v. Choren (um 400) Historiker. *Georgien* spielte früher im Orient, besonders in Palästina, eine große Rolle. Königin Tamar (1184–1212) bringt das goldene Zeitalter für Wissenschaft, Kunst und Literatur. *Ägypten* (Alexandrien und Kairo Zentren) wurde trotz ähnlicher Entwicklungen in Syrien Vaterland des Mönchtums: Antonios (gest. 356), Palyōm (gest. 346, Klostergründer), Schenūte von Atripe (gest. wohl 466; koptischer Schriftsteller). Athanasios I. (gest. 373), Kyrill I. (gest. 444) sind bedeutende Patriarchen. Die 'Assāliden im 13. Jh. bilden den Höhepunkt der christl.-arab. Literatur. Die äthiop. Kirche beginnt im Äksum des 4. Jh. Yarēd (6. Jh.) gilt als Schöpfer der äthiop. Kirchenmusik. Täklä Haymanot (gest. 1313) und sein Zeitgenosse Ewostatēwos sind die großen Mönchsväter, Kaiser Zär'ä Ya'qob kirchl. Reformator und Schriftsteller. Für die *Griechen* ist Ephesos, dann Konstantinopel Hauptzentrum. Berühmtester Patriarch der alten Zeit ist der große Prediger Johannes Chrysostomos (gest. 407). Schwerste Erschütterung brachte das Zeitalter des *Ikonoklasmus*, der Bilderzerstörer in Kleinasien und der Bilderverehrer in Europa (8./9. Jh.). Photios (gest. 886) ist als Patriarch, Meister der profanen Wissenschaften, der Exegese und der Dogmatik (Kontroverse um den Ausgang des Hl. Geistes) gleich bedeutend. Das Studios-Kloster in Konstantinopel war lange Zentrum der Gelehrsamkeit. Gregor Palamas (gest. 1358) war Haupt der Hesychasten und Vollender der Erfahrungstheologie. Die *russ.* Kirche geht auf die Bekehrung des Großfürsten Vladimir von Kiev (988/989) zurück. Südslaven und Griechen hatten anfangs große Bedeutung. Iosif von Volokolamsk (Volockij, gest. 1515) war bedeutender Mönch, Ketzerbestreiter und Theoretiker des theokratischen Absolutismus des Moskauer Reiches, der Starez Serafim von Ssarov (gest. 1833) ist beliebtester Mönchsheiliger. Für *Bulgarien* entscheidend war die Aufnahme der Methodiusschüler nach 885 und die Erhebung des Makedonischen zu Schriftsprache (Altkirchenslavisch/Altbulgarisch) und Hauptinstrument der Missionsarbeit. Die wechselhafte *serbische* Geschichte zeigt die Kirche häufig unter westl. (röm. Einfluß), ohne daß es je zu einer Union gekommen wäre. Seit Anfang des 18. Jh. tritt hingegen der Einfluß Rußlands in den Vordergrund. *Rumänien* gehörte lange zu Bulgarien und hatte slavische Kirchensprache, erlebte dann auch lat. und griech. Einfluß. Zur Autokephalie kam es erst im 19. Jh. (1865–1885).

Lit.: *H.-G. Beck*, Geschichte der Orthodoxen Kirche im Byzantinischen Reich. Göttingen 1980; *E. Hösch*, Die Kultur der Ostslaven. Wiesbaden 1977; *E. v. Ivánka u. a.*, Handbuch der Ostkirchenkunde. Düsseldorf 1971; *W. Nyssen u. a.*, Handbuch der Ostkirchenkunde I. Düsseldorf 1984; *C. D. G. Müller*, Geschichte der oriental. Nationalkirchen. Göttingen 1981; *K. Onasch*, Grundzüge der russ. Kirchengeschichte. Göttingen 1967; *G. Stökl*, Geschichte der Slavenmission. Göttingen 1961; *A. P. Vlasto*, The Entry of the Slavs into Christendom. Cambridge 1970; *K. Wessel*, Die Kultur von Byzanz. Frankfurt 1970; *N. Wyrwoll*, Orthodoxia 1982, mit Alt-Orientalen, Ostkirchliches Institut Regensburg.

C. D. G. Müller

Osiris ↗Mysterien.

P

Pagode ↗Stūpa.

Pālikanon ↗Heilige Schrift(en) IV.

Pan ↗Gott III 3 B.

Panentheismus (griech. „All-in-Gott-Lehre") behauptet – im Gegensatz zum ↗Pantheismus – mit der Vorstellung eines in Gott ruhenden Weltalls nicht den Zusammenfall von Welt und Gott, sondern lediglich das Enthaltensein der Welt in Gott. Der von *K. C. F. Krause* (1781 bis 1812) neu geprägte Begriff versucht durch die Verbindung der im ↗Subjektivismus begründeten Gottesidee *J. G. Fichtes* mit der sich in Welt und Geschichte selbstauslegenden absoluten Vernunft *F. W. J. Schellings* und *G. W. F. Hegels* die sich widerstreitenden Bedeutungen von ↗Theismus und Pantheismus zu vereinigen: Die Einheit des Alls mit Gott kann nur gerettet werden, wenn Gott weder als absolute Subjektivität noch als im Weltprozeß aufgehend gedacht wird. Während der philos. Versuch, die Gott-Welt-Einheit mit Hilfe des univoken Seinsbegriffs zu definieren, zu begrifflichen Aporien führt und entweder den Selbstand der Dinge oder die Transzendenz Gottes aufhebt, steht der durch ein intuitiv erschautes Verhältnis des Ineinanders von Welt und Natur *(natura naturans)* charakterisierte P. dem romantischen Gottesverständnis (dem „Entheismus" C. G. Carus'), aller christl. ↗Mystik (Augustinus, Johannes Eriugena) sowie der Analogia-entis-Lehre (E. Przywara) nahe. Religionsgesch. ist die Lehre des P. oder „Theopantheismus" (R. Otto) neben zahlreichen Varianten in der Verbindung des unpersönlichen ↗Non-Dualismus der Upanishaden (↗Heilige Schrift[en] III) mit dem hind. (↗Hinduismus/Hindu-Religionen) Theismus zu finden.

Lit.: *K. C. F. Krause,* Vorlesungen über das System der Philosophie. o.O. 1828; *ders.,* Geist der Geschichte der Menschheit. o.O. 1934; *C. Regamey,* Die Religionen Indiens: CHRE III 146ff. 224ff; *R. Otto,* Das Gefühl des Überweltlichen. München [5]1932. *H. M. Baumgartner / A. G. Wildfeuer*

Pantheismus (griech. „All-Gott-Lehre") ist die weltanschaulich-religiöse Form des ↗Monismus, wonach Gott als einzige, absolute, ewige, unendliche und unpersönliche Substanz oder Natur in allen Dingen lebt, so daß in Gott das absolute Sein und die lebendig-schöpferische Natur zusammenfallen. Sowohl die ↗Transzendenz und Persönlichkeit Gottes als auch die Selbständigkeit anderer endlicher Substanzen werden dadurch geleugnet. Der Begriff erscheint erstmals im Titel von *J. Tolands* Schrift „Panteisticon" (1720), die damit bezeichnete Sache wurde aber bereits im Altertum vertreten (vgl. *Xenophanes* und *Parmenides* bei Aristoteles Met. 986b; 1001).
Der P. tritt in verschiedenen, sich teilweise bedingenden und überschneidenden Formen auf: 1. der *theomonistisch-akosmistische P.* verneint mit der Behauptung der alleinigen Existenz Gottes die Eigenexistenz der Welt (Akosmismus, J. G. Fichte, B. Spinoza); 2. der *physiomonistische* oder *biologisch-materialistische P.* hebt mit der Behauptung der alleinigen Existenz von Welt und Natur die Eigenexistenz des als nachträgliches Interpretament entlarvten Gottes auf (W. Ostwald, E. Haeckel, H. Taine, Marxismus); 3. *der immanent-transzendente P.* behauptet die Verwirklichung Gottes in der als Modifikation der göttlichen Substanz aufzufassenden Welt (B. Spinoza, Dt. Idealismus, J. W. v. Goethe, F. E. D. Schleiermacher, R. Eucken); 4. *der transzendente oder mystische P.* erblickt das Göttliche im Innersten der Dinge, bevorzugt der Seele, so daß das Geschöpf erst durch Abstreifen der sinnlichen Hülle Gott wird (Plotin, Scotus Eriugena, ↗Vedānta, ↗Panentheismus); 5. *der panpsychistische P.* konstruiert das Verhältnis von Gott und Welt nach Art der Einheit von Seele und Leib, indem an die Stelle Gottes die sog. Weltseele gesetzt wird (Panpsychismus); 6. *der dynamische oder emanatistische P.* begreift das Hervorgehen der Welt als reinen Ausfluß oder ↗Emanation aus der göttlichen Sub-

stanz (↗Gnosis/Gnostizismus, ↗Neuplatonismus, Scotus Eriugena); 7. *im evolutionistischen P.* verwirklicht sich Gott erst in einem dialektischen Prozeß und kommt durch den menschlichen Geist zum Selbstbewußtsein (J. G. Fichte, F. W. J. Schelling, G. W. F. Hegel, A. Schopenhauer, M. Scheler, G. Gentile, B. Croce, Panlogismus).
Die Widersprüche des P. treten in bezug auf das ↗Theodizee-Problem, im Gegensatz von Veränderlichkeit und Unendlichkeit des göttlichen Seins, von absolutem und endlich-geschöpflichem Sein und im Problem der notwendigen Negation der menschlichen Freiheit zutage. Religionsgesch. ist der P. in asiat. Religionen zu finden (z. B. Indien: Brahman als Allkraft; Spuren in buddh. Sekten Japans wie der Shingon- und Nichiren-Schule; in der Lehre Tshuh Hsis im 11./12. Jh. in China). Er verbindet sich gelegentlich auch mit monotheistischen (bes. den mystischen Strömungen des Judentums und des Islam) sowie polytheistischen Religionen (Ägypten: Atum; Iran: Ahura Mazdāh; Stoa).

Lit.: *W. Dilthey,* Der entwicklungsgesch. P. nach seinem gesch. Zusammenhang mit den älteren pantheistischen Systemen: Ges. Schr. II. Leipzig ³1921; *H. Robbers,* What is pantheism?: Bijdr. 12 (1951) 314–344; *S. Morenz,* Art. P.: RGG³ V 37–42; *S. Pfürtner,* Art. P.: LThK² VIII 25–29; *H. Rothert,* Welt, All, Einheit. München 1969.

H. M. Baumgartner/A. G. Wildfeuer

Pantheon. Die Gesamtheit der Götter innerhalb eines polytheistischen Religionssystems (↗Polytheismus); in der Antike wird der Ausdruck auch für ein dieser Göttergesamtheit geweihtes Heiligtum gebraucht. Der Begriff setzt voraus, daß die göttliche Welt hierarchisch strukturiert ist, daß die einzelnen Götter relativ deutlich abgegrenzt sind hinsichtlich ihrer Personalität, ihrem Charakter und ihrer Funktion. Das P. ist meist als Verwandtschaftsgefüge und als politische Organisation strukturiert, und diese Struktur wird normalerweise in Mythen zum Ausdruck gebracht. Die Ausarbeitung eines P. setzt eine bestimmte soziale Ausdifferenzierung in der entsprechenden Gesellschaft voraus (vor allem sog. Hochkulturen mit monarchischer Verfassung).

Lit.: *A. Brelich,* Il politeismo. Rom 1958; *K. Ziegler,* Art. P.: PRE XVIII/3, 697–747.

F. Stolz

Paradies. 1. P. (urspr. altiran. „umfriedeter Park" u. ä.) kommt als Lehnwort im Hebr. und Griech. vor und wird durch die Septuaginta zur Bezeichnung des „Gartens" in Gen 2,4 ff. verwendet; damit wird P. zu einem rel. Begriff, der auch im NT für den jenseitigen Wohnsitz der Seligen verwendet wird. Der P.-Begriff findet für verschiedene Sachverhalte Anwendung.
2. In den meisten Kulturen findet sich ein Typ traditioneller Erzählung (↗Mythos), welcher von einer vergangenen irrealen „Gegenwelt" berichtet, welche in charakteristischen Qualitäten von der jetzt gegenwärtigen realen Welt abweicht (vgl. z. B. die bibl. P.-Erzählung: Abwesenheit und Tod, Verantwortlichkeit, Sexualität, Kultur). Solche Erzählungen laufen auf ein Ereignis hin, welches die Transformation von der Gegenwelt zur jetzigen Welt zustande bringt; in der Regel ist dies ein (wissentliches oder unwissentliches) Vergehen des Menschen. Meist sind diese P.e im Vergleich zur jetzigen Welt „besser", d. h., es spiegeln sich in ihrer Konstruktion Wunschträume des Menschen. Doch gibt es daneben auch „schlechte" P.e, Projektionen menschlicher Ängste (das Motiv des fehlenden Todes drückt sich dann in der Angst vor Überbevölkerung aus, die Nähe des Himmels verunmöglicht den aufrechten Gang des Menschen u. ä.); dann ist das Transformationsereignis nicht ein „Sündenfall", sondern eine „Befreiungstat". Meist kommt der Gegenwelt – wie der Welt – eine gewisse Ambivalenz zu. Die Erzählungen haben die Funktion, durch den Entwurf einer Irrealität die Realität zu verdeutlichen. Die bibl. P.-Geschichte zeichnet sich durch ihre Konzentration auf die anthropologische Dimension und die damit verbundene ethische Verantwortlichkeit des Menschen aus. Zu einem eigentlichen (negativen) Entwicklungskonzept wurde dieser P.-Typ im indogerm. Entwurf der aufeinanderfolgenden Zeitalter.
3. Neben dem Typus der P.-Erzählung, welche von einer vergangenen Gegenwelt handelt, finden sich Konzepte von aktu-

ellen Gegenwelten, die als P.e bezeichnet werden können. So ist häufig die Welt der Toten als „verkehrte Welt" charakterisiert, wobei diese in ihrer Qualität der hiesigen Wirklichkeit teils über-, teils unterlegen ist (nach gängigem Sprachgebrauch bezeichnet man nur den ersteren Typ als P.); ab und zu gibt es Verbindungslinien zwischen der Gegenwelt der Toten und der der „fremden" Menschen, die nicht zur eigenen Lebensordnung gehören. Zuweilen ist für eine besondere Klasse von Toten – z. B. halbgöttliche Heroen, gefallene Helden, sittlich und rel. untadelige Menschen – ein bes. schönes Jenseits bestimmt (so etwa die „Insel der Seligen", die „elysischen Gefilde" im Griechentum). Zu solchen positiv konzipierten Gegenwelten tritt ab und zu ein negatives Gegenstück, die „Hölle", (so etwa das von den Orphikern konzipierte Jenseits oder auch ein weitverbreitetes, vor allem volkstümlich wirksames christl. Konzept von „Himmel" und „Hölle", welche parallel zur gegenwärtigen Welt bestehen und deren Ambivalenzen auflösen). Zuweilen wird auch der Wohnsitz der Götter, insofern er in seinen Daseinsbedingungen von denen der Menschen grundsätzlich abweicht, als P. bezeichnet. 4. Im bibl. Bereich unterliegt das P.-Konzept einer Eschatologisierung (↗Zukunft/Jenseits): Die ursprüngliche heile Welt, in der sich Gottes Herrschaft durchsetzt, wird erst für die Zukunft erwartet. Die durch den Fall korrumpierte Urzeit ist der Endzeit gegenüber defizitär, und die gegenwärtige Weltzeit erscheint unter weitgehend negativen Aspekten. Der Islam schließt an dieses Konzept an, wenngleich das P. hier wieder individueller gesehen ist; es stellt primär die (recht handfest entworfene) Jenseitsaussicht für den einzelnen Gläubigen dar (Erwartung eines üppigen Gastmahls in herrlichen Gärten, mit Wasserreichtum, sexuellen Genüssen u. ä.) und ist kontrastiert durch die Aussicht auf die Hölle.

Lit.: Art. BLEST, ABODE OF THE: ERE II 680–710; *B. Alster,* Dilmun, Bahrein, and the Allged Paradise in Sumerian Myth and Literature: D. P. Potts (Hg.), Dilmun – New Studies in the Archaeology and Early History of Bahrein. 1983, 39–74; *C.-M. Edsman,* Le baptême de feu. Stockholm 1940; *ders.,* Ignis divinus. Lund 1949; *Th. H. Fischer,* Indonesische Paradiesmythen: ZE 64 (1932) 204–244; *G. Lanczkowski,* Die Insel der Seligen und verwandte Vorstellungen. Frankfurt 1985; *J. G. McCaffrey,* Paradise lost as Myth. o. O. 1959; *Th. C. Vriezen,* Onderzoek naar de Paradijsvorstelling bij de oude Semietische Volken. Utrecht 1937. *F. Stolz*

Parapsychologie ↗Telepathie.

Parsi/Parsismus. 1. Parsi (= P.) sind die Nachkommen der Religion ↗Zarathustras. In einer früheren Zeit war der Parsismus als zarathustrische Religion im Iran Staatsreligion unter den Sassaniden (226–651 n. Chr.). Damals wurden die ↗Avesta-Texte als hll. Bücher der zoroastrischen Religion gesammelt. Als bald nach dem Tod ↗Muḥammads (632) die neue Religion des Islam die Ausübung ihrer zoroastrischen Religion behinderte, wurden die Anhänger gezwungen, aus ihrem Heimatland auszuwandern. Mit Ende des 9. Jh. n. Chr. hatte der Großteil das pers. Stammland verlassen und eine neue Heimat in Pakistan, vor allem in Nordwestindien (Sanjan), gefunden, wo sie, ihre Religion frei ausübend, Tempel bauen konnten. Dort kam für sie der Name P. (Perser) in Gebrauch. Nach einer wechselvollen Geschichte und großen Schwierigkeiten (Muslime, Reich der Mogulen) fand ein Großteil im 17. Jh. unter dem Schutz der Engländer (East Indian Company) die Möglichkeit, sich in Gujurati und dann im Umkreis um Bombay (brit. Besetzung 1661) anzusiedeln. Unter der engl. Herrschaft gelang es ihnen z. T., durch Handel und Industrie zu beachtlichem Wohlstand zu kommen. Zu Beginn des 20. Jh. zählte ihre Gemeinschaft weit über 100 000 Seelen. Die Unabhängigkeit Indiens (1947) hatte zur Folge, daß die P.-Gemeinden in Pakistan sich loslösten und ihre Eigenständigkeit suchten. Die vergangenen Jahrzehnte brachten es mit sich, daß begüterte P.-Familien nach England und Amerika auswanderten, aber noch immer an ihren rel. Traditionen und Gebräuchen festhalten. In England und in den USA kamen Studenten aus P.-Familien zum erstenmal in Kontakt mit europ. und amerik. Iranisten, die sich mit dem Avesta wiss. befaßten und das richtige Verständnis für diese Bücher zu erschließen versuchten. Diese Gelehrten (Iranisten) hatten bei den P.-Familien im Ausland großen Erfolg. In der Neuzeit ziehen wiss. Kongresse der Iranisten die Aufmerksamkeit auf die Religion der P. und ihre alten Traditionen. So fand 1960 in Teheran ein erster Weltkongreß der Iranisten statt, nachdem der Schah von Persien die P. begünstigte und ihre Rückwanderung förderte. Ähnliche Kongresse folgten in Bombay (1964; 1978), in Toronto (1975) und Chicago (1977). – Jeder Europäer, der mit P.-Familien Kontakt hat oder durch Besuche ihre heutige Religionsausübung kennenlernt, kann sich überzeugen, wie sich die P.-Familien in aller Welt bemühen, an der Tradition festzuhalten; das Rituelle (Reinigungsvorschriften) hat hier ein starkes Übergewicht.

2. Die rel. Glaubensvorstellungen sind heute in katechismusartigen kleinen Büchlein zusammengefaßt. In ihnen finden sich die wesentlichen Elemente des zarathustrischen Welt- und Menschenbildes: Der urspr. schroffe Dualismus Zarathustras wird unter Einfluß monotheistischer Strömungen gemildert, und man bekennt sich zu einer Vorherrschaft des Weisen Herrn *(Ahura Mazdāh)* über den Bösen Geist *Ahriman*. Die rel. fundierte Ethik ist auf die rechte Wahlentscheidung des Menschen ausgerichtet, d.h. sich in Gedanken, Worten und Taten für das Gute einzusetzen und die Lüge zu bekämpfen. *Asha* als Begriff des Rechts, der Rechtsordnung, ist eine der sieben *amesha spentas,* der unsterblichen Heiligen. Es sind für Zarathustra Ordnungsbegriffe, die später vergöttlicht werden. Das Welt- und Menschenbild wird beherrscht von der Unterscheidung in eine alles durchziehende Aufteilung in Bereiche des Guten und des Bösen. Der Mensch muß sich entscheiden, wohin er gehören will und wofür er kämpfen will. Nach dem Tode geht er über die *Cinvant*-Brücke (Brücke der Scheidung, Trennung). Hier erfolgt die Scheidung der Menschen: Die Guten gehen an einen Ort des Lichtes und des Glückes, die Bösen an einen Ort der Finsternis und des Schreckens. Am Ende der Zeit kommt das kosmische Gericht als allg. Feuerordal. Die leibliche Auferstehung der Toten ist verbunden mit der Herrschaft des Weisen Herrn in einer neugestalteten Welt. Die Elemente der zarathustrischen rel. Vorstellungen, wie sie in den Gathas entwickelt werden (aber auch die späteren Entwicklungsstufen zoroastrischer Tradition), sind in einfachen, wesentlichen Formen noch immer erkennbar.

Die P. sind Zeugen einer den ↗Dualismus überwindenden monotheistischen Grundstruktur auf dem Hintergrund der alten indo-iran. Religionsgeschichte. Im Parsismus haben wir außerdem das Beispiel einer mächtigen rel. Tradition, die durch alle Wechselfälle der Geschichte und des Lebens das zarathustrische Erbe im Grunde bewahrt haben.

3. Eine zentrale Bedeutung haben Riten in Verbindung mit dem hl. Feuer und dem Feueropfer im Feuertempel, wobei das Feuer *(atar)* nicht angebetet wird, sondern als Mittel der Reinheit und Heiligkeit sowie als Symbol Ahura Mazdāhs gesehen wird. Die Bezeichnung „Feueranbeter" für die P. ist daher nicht korrekt. Bei den kultischen Feueropfern verdeckt der Priester den Mund mit dem Schleier, um das Feuer nicht zu verunreinigen. Die verschiedenen Opferhandlungen werden begleitet von einer Rezitation bestimmter Avesta-Texte. Die Verstorbenen werden, bevor sie dem Ritus entsprechend bestattet werden, gewaschen, bekleidet und dann unmittelbar in den fensterlosen Turm des Schweigens *(dakhma)* gebracht, wo sie auf den hohen Mauern des Turmes den Raubvögeln ausgesetzt werden; diese Art der Totenbestattung ist aber heute nicht mehr obligatorisch. Die Angehörigen beten in der Nähe für den Verstorbenen. Der Priester verrichtet drei Tage lang (dies entspricht wohl dem Warten der Seele auf das Gericht) eigene Zeremonien für die Verstorbenen. – Priester werden in eigenen Schulen ausgebildet und lernen die Avesta-Texte mit Gāthā-Texten auswendig. In der P.-Familie wird das Kind mit etwa 9 Jahren in die göttliche Streitschar aufgenommen und entscheidet sich damit für den Kampf gegen das Böse. Dabei erhält es u.a. eine hl. Schnur. Das Lösen des Knotens gilt als Absage an das Böse, das neuerliche Knoten der Schnur selber während des Tages bedeutet eine Erneuerung des Versprechens, gut zu sein in Gedanken, Worten und Werken.

Lit.: *M. Boyce,* Zoroastrians, their religious beliefs

and practices. London 1979; *G. Widengren,* Die Religionen Irans. Stuttgart 1965; *F. Heiler,* Die Religionen der Menschheit. Neu hg. v. K. Goldammer. Stuttgart [4]1982, 265–268.

F. König

Patriarchat ↗Matriarchat – Patriarchat.

Parusie

↗Ewigkeit; Gottesreich; Zukunft/Jenseits.

„Parousía" bezeichnet im Hellenismus die feierliche Ankunft und Gegenwart eines Herrschers, einer Armee oder Gottheit. Die Vorstellungen der atl. Propheten vom „Kommen Gottes" und vom „Tag Jahwes" werden in den apokalyptischen Schriften (z.B. Dan 7) aufgegriffen: die Hoffnung auf ein nicht vorausberechenbares Eingreifen Gottes in die Geschichte, um die Welt zu richten und einen neuen Himmel und eine neue Erde zu schaffen, damit sich die Herrlichkeit Gottes in der ganzen Welt durchsetze (vgl. auch die Messias- und Menschensohnvorstellung). Geht die Grundkonzeption des Begriffs P. wohl auf das Diasporajudentum zurück, so dürfte das NT sein Vorstellungsmaterial aus der jüd. ↗Apokalyptik haben, wo der Terminus P. aber fehlt. Zu übersetzen wäre P., dessen eschatologischer Gebrauch zum urapostolischen Kerygma gehört, mit „heilshaftem Kommen" oder „heilshafter Gegenwart". Aus dem Tag Jahwes ist der „Tag Jesu Christi" geworden. Die P.-Erwartung ist durch ihr Ausbleiben schon im NT einem Wandel unterzogen. Indem die P. die endgültige Heilszeit einleitet, gehört sie zu den unerwartet eintreffenden, aber nicht mehr verschwindenden ↗Epiphanien. Die Vollendung der Geschichte in Gott bedeutet, daß es sich mit der P. nicht um ein schon einmal stattgefundenes Ereignis handelt; somit ist die Übersetzung von P. mit „Wiederkunft" unglücklich. Mit dem Kommen Christi wird die Welt endgültig verwandelt werden; es vollendet sich der mit der Auferstehung und Himmelfahrt Christi begonnene Prozeß, dessen Zeitdauer niemand weiß (↗Chiliasmus), weil sie allein Gottes freie Tat ist.

Lit.: *E. Pax / K. Rahner,* Art. P.: LThK[2] VIII 120–124; *M. Kehl,* Eschatologie. Würzburg 1986; *G. Greshake / G. Lohfink,* Naherwartung – Auferstehung – Unsterblichkeit. Freiburg [5]1986.

Th. Birkheuser

Phallus. Der Ph. (griech.), das männliche Geschlechtsorgan *(Penis)* im Zustand der Erektion, und die *Vulva* (lat.), das weibliche Geschlechtsorgan, gelten bei zahlreichen Völkern als Symbole der befruchtenden und zeugenden Naturkraft, als Träger der Gebärkraft und der Lebensfülle und stellen z.T. Objekte der Anbetung gegenüber den Mächten der Zerstörung dar. Mit der Darstellung der menschlichen Geschlechtsteile, insbesondere des Ph., verbindet sich ein starker Sinn für das Mysterium des Geschlechtslebens und das Wunder der Zeugung. Damit einher gehen Mana- und ↗Tabu-Vorstellung. Das Wunderbare, Göttliche ist zugleich das Gefährliche, Dämonische. Mit der Heilighaltung der Geschlechtszeichen verbindet sich jedoch keine Laszivität oder Roheit; sie ist keineswegs eine seltsame Verirrung, sondern zutiefst eigenste Menschlichkeit (vgl. F. Heiler 102). Bes. bei den Agrar- und Jägervölkern sind Ph.-Kulte anzutreffen. In einem Moor bei Njutanger, Hälsinglund (Schweden) fand man eine phallische Figur eines bärtigen Gottes der *Germanen,* die in die erste Hälfte des 1. Jt. n.Chr. zu datieren ist. In *Afrika* und *Neuguinea* besitzen noch heute zahlreiche Stämme phallusähnliche ↗Fetische. Stark verbreitet war der Ph.-Kult im älteren *Shintoismus* Japans, wo der Ph. nicht nur das Symbol der Zeugungskraft, sondern Inbegriff des Lebensprinzips gegenüber der Macht des Todes war. In *Indien* spielt der Ph. (Skt. ↗ *Linga*) namentlich im Kult des Śiva eine große Rolle. So wird in seinen Tempeln der Ph. als Symbol des Gottes Śiva aufgestellt und dem weiblichen Geschlechtsorgan (Skt. ↗ *Yoni*) gegenübergestellt. In der *hellen.-röm.* Welt war der Ph.-Kult ebenfalls weit verbreitet. Bei den Kultfeiern des Dionysos wurden, ähnlich dem röm. Fruchtbarkeitsfest *(liberalia)* Phallen öffentlich umhergetragen. Die Phallen wurden auch zum Attribut zahlreicher Gottheiten. Die ägypt. Gottheit Min, den griech. Götterboten Hermes, den germ. Freyr u.a. verehrte man in der Form eines Ph. oder stellte sie ithyphallisch, d.h. mit aufgerecktem männlichem Glied, dar. Unterschwellig lebte der Ph.-Kult, auch wenn ihm eine andere Bedeutung gegeben wurde und man um den Ursprung nicht wußte, in der christl. Volksreligiosität bis in die Neuzeit dergestalt fort, daß noch im 18. Jh. in Oberbayern ein Ph.-Fetisch unter dem Namen St.-Leonhards-Nagel durch die Felder getragen und von den Mädchen umarmt und geküßt wurde. Die urspr. Heiligkeit des Geschlechtlichen, die sich im Ph.-Kult prägnant ausdrückt, wurde im Lauf der Zeit tabuisiert. Erst in unserer Zeit ist es gelungen, zunächst gegen den Widerstand der christl. Kirchen, Verkrampfungen zu lösen und die Unbefangenheit des Menschen gegenüber dem Geschlechtlichen zurückzugewinnen.

Lit.: *F. Heiler,* Erscheinungsformen und Wesen der Religion. Stuttgart 1961, 102–104 (Lit.); *E. Stiglmayr,* Art. Phallische Kulte: RGG³ V 324–326.

G. Riße

Pharisäer. Der Name dieser jüd. Religionspartei, nach Flavius Josephus (Bellum II 8,14) „erste Philosophenschule", leitet sich her vom hebr. Verb *pāraš,* im AT „genau Bescheid geben", mittelhebr. „sich absondern" und bedeutet entsprechend „die Genauen (in der Tora-Befolgung)", eher „die Ausgesonderten" im Sinne von „Heilige, Fromme" oder „die Abgesonderten" im Sinne von „Separatisten". Für die letztere Deutung spricht die innere Organisation der Ph. in abgeschlossenen „Bruderschaften" *(ḥabûrôt),* obwohl sie sich für das ganze Volk als verantwortlich betrachteten.

Die Partei der Ph. hat ihre Wurzel in der nachexilischen Laien-Schriftgelehrsamkeit, war in der Makkabäerzeit Teil der antihellenist. Bewegung der Ḥasidim und hat sich spätestens unter dem Hasmonäer Jonatan (wegen seiner Usurpation des Hohenpriesteramtes) im Zuge einer Aufspaltung dieser Bewegung wie die apokalyptisch orientierten ↗Essener und die torazentrierten ↗Sadduzäer verselbständigt. Unter Johannes Hyrkan (135–104 v.Chr.) wegen ihres Eintretens für die rituelle ↗Reinheit (vgl. Lev 21,13 ff.) massiv bedrängt, in der Folgezeit durch Alexander Jannai verfolgt, stiegen sie erst unter Salome Alexandra (76–67 v.Chr.) zur dominierenden Partei auf und beherrschten das Synhedrion (Simon ben Schetach). Die Ph. gewannen bedeutenden Einfluß auf das Volk, den sie als politische Stärkung gegenüber den Hasmonäern auszuwerten verstanden; sie richteten (nach hellenist. Vorbild) Schulen ein, setzten eine gewisse Schulpflicht für Kinder durch und erreichten sogar eine toraorientierte Neuordnung des Tempelrituales. Danach gerieten sie lange Zeit gegenüber den Sadduzäern ins Hintertreffen, um erst unter Agrippa I. (41–44 n.Chr.) wieder größeren Einfluß zu gewinnen. Unter Herodes I. zwar politisch machtlos, gelang ihnen doch die Grundlegung der beiden bedeutenden rabb. Schulen um Hillel und Schamai. Politische Zurückhaltung (Kontakte mit der röm. Besatzungsmacht) und Ablehnung der Gewalt (im Gegensatz zu den ↗Zeloten) sicherten ihnen im Jüdischen Krieg das Überleben. In der Folgezeit spielten sie die entscheidende Rolle in der Reorganisation des Judentums und schufen somit als Vorläufer der ↗Tannaiten eine Kontinuität zwischen Frühjudentum und dem Judentum der talmudischen Zeit, weil es ihnen gelang, den verlorenen Tempelkult durch Tora-Gehorsam und Werksfrömmigkeit zu ersetzen. Die pharisäisch-rabb. Komponente erwies sich schließlich als zukunftsbestimmende Leitlinie für das Judentum bis ins 18. Jh.

Entsprechend ihrer ḥasidischen Herkunft betonten die Ph. den unbedingten Tora-Gehorsam, hielten aber im Gegensatz zu den Sadduzäern auch die mündl. Väterüberlieferung und die pharisäische Tora-Auslegung (Halakha) für verbindliche Traditionen. Auf diese Weise gewannen sie als Schriftgelehrte in den ↗Synagogen große Bedeutung und relativierten damit den – wesentlich von den Sadduzäern getragenen – Tempelkult zugunsten des Synagogengottesdienstes. Trotz strengster Tora-Observanz akzeptierten sie eine anthropozentrisch orientierte Kompromißbereitschaft (vgl. Sabbatregelung), denn der Mensch galt ihnen zwar als frei und verantwortlich für sein Tun, seine Existenz wurde jedoch auch wesentlich mitbestimmt durch ein unkontrollierbares Schicksal. Daraus leiteten die Ph. auch ihre Forderung nach einer sorgfältigen und milden Rechtsprechung ab. Sie akzeptierten die apokalyptische Geschichtsauffassung, die Messiaserwartung, den Glauben an die ↗Auferstehung (I) der Gerechten und an die Unsterblich-

keit der Seele, andererseits aber vermieden sie die apokalyptisch gespannte Naherwartung der Essener und der frühen Urkirche. So galten sie bei den jüd. Parteien als Heuchler und Kompromißler (vgl. CD 4, 12; 4QpNah 1, 2), ein Bild, das auch durch das NT nicht dementiert (vgl. Mt 15, 1 ff.; 23, 2 ff.; Mk 12, 38 ff.; Lk 18, 10 ff.) und auch zum Gegenstand pharisäischer Selbstkritik wurde (jBer IX 14b; jSota V 20c). Das Negativbild ist jedoch wesentlich durch die Situation der Auseinandersetzung bedingt und führt zur Verzerrung der objektiven Wirklichkeit der Ph., die als kompromißbereite Realpolitiker einzig das Überleben des Judentums zum Ziel hatten. Sorge um Tradition und Überlieferung, aber auch eine gewisse missionarische Verpflichtung den Juden in der Diaspora gegenüber führte zu einer doppelten Absicherung der Tora: Einerseits legten sie durch Midraschim und Halakha einen „Zaun um die Tora" (Abot 1, 1), andererseits sorgten sie für die Fixierung des hebr. Kanons (ca. 100 n. Chr., Synode von Jamnia), der ebenfalls Züge eines Kompromisses trägt (Voranstellung der Tora, Aufnahme prophetischer Bücher und der Schriften [gegen die Sadduzäer], Ausklammerung apokalyptischer und hellen. geprägter Schriften).
Für das NT, näherhin für die lukanische und paulinische Tradition, war der Pharisäismus z. T. (Betonung der Verbindlichkeit der Schrift, Messiaserwartung, Auferstehungsglaube usw.) akzeptabel, überwiegend jedoch wurden die Ph. als Gegner ↗Jesu negativ gezeichnet. Vor seiner Bekehrung war Paulus Ph. hillelitischer Prägung (Phil 3, 5 f.).

Lit.: *L. Baeck,* Die Ph. Berlin 1938; *J. Wellhausen,* Die Ph. und die Sadducäer. Göttingen [3]1967; *J. Maier,* Das Judentum von der biblischen Zeit bis zur Moderne. München 1973; *R. Meyer / H. F. Weiß,* Φαρισαῖος: ThWNT IX 1973, 11–51; *C. Thoma,* Der Pharisäismus: J. Maier / J. Schreiner (Hg.), Literatur und Religion des Frühjudentums, Würzburg 1973, 254–272; *G. Alon,* Jews, Judaism and the Classical World. Jerusalem 1977; *G. Baumbach,* Jesus von Nazareth im Lichte der jüd. Gruppenbildung. Berlin 1971; *ders.,* Φαρισαῖος: EWNT III 1983, 992–997; *J. Neusner,* The Pharisees. Rabbinic Perspectives. New Jersey 1985. *H.-J. Fabry*

Philosophie, buddhistische ↗Buddhistische Philosophie.

Philosophie, hinduistische ↗Hinduistische Philosophie.

Pneuma ↗Geist.

Politik und Religion. 1. Problemstellung und Prämissen. „Über das Verhältnis von P. und R. am Ende der Aufklärung kann kaum etwas Definitives gesagt werden" (G. Rohrmoser). Um wenigstens vorläufig einige Perspektiven für detailliertere Auskünfte in den einschlägigen Stichwortartikeln skizzieren zu können, scheinen vorab folgende Klärungen vonnöten:
a) Für die Erfassung des Verhältnisses von P. und R. ist der Ausgang von einem *allg.* R.s-Begriff ungeeignet, da dieser – abgesehen von den Schwierigkeiten einer umfassenden Wesensdefinition – gerade von der sozialen Gestalt von R. abstrahiert. Als soziale Größe, als welche sie hauptsächlich politische Bedeutung erlangt, begegnet R. in einer *Mehrzahl hist.-positiver R.en.* Als Sache persönlicher Innerlichkeit und Subjektivität („Privatsache") ist R. damit nicht negiert, doch ein Randproblem, wo nach ihrem Verhältnis zum öffentlich-politischen Bereich gefragt wird. Der Begriff der P. nämlich bezeichnet seinerseits Praxis und Theorie des Handelns, das urspr. auf die „Polis", die staatliche Ordnung, heute aber auf die Führung prinzipiell *aller* menschlichen Gruppen bezogen ist, sofern sie auf der Grundlage von Macht geschieht (↗Macht und Religion). Damit umfaßt unser Problem *mehr* als nur die *institutionellen* Beziehungen von jeweiliger R.s-Gemeinschaft und Staat, sondern auch deren Verhältnis zu vorstaatlichen, gesellschaftlichen Gruppen. Die Ausweitung auf das Verhältnis von R. und Gesellschaft (↗Religionssoziologie) überhaupt ist dadurch zu vermeiden, daß P. als ein Segment oder Subsystem innerhalb der umfassenderen sozialen Wirklichkeit aufgefaßt wird, wenn auch die Abgrenzung schwierig, vom Selbstverständnis der jeweiligen Gesellschaft abhängig und somit hist. variabel ist. Das Verhältnis von P. und R. kann deshalb nur für eine bestimmte positive R. im Rahmen ihrer jeweiligen Gesellschaft bestimmt werden. Entsprechend findet sich

in der wiss. Lit. eine fast unübersehbare Fülle von länder- und epochenspezifischen Einzelstudien (vgl. etwa H. Mol, C. Caldarola).

b) Das Verhältnis von P. und R. kann, da es sich um zwei unterschiedliche, wenn auch im einzelnen schwer abgrenzbare Bereiche menschlich-sozialer Lebenswirklichkeit handelt, grundsätzlich von *beiden* Seiten aus angegangen werden: Sowohl eine politische bzw. politik- oder sozialwiss. Sicht der R. wie eine rel.-theol. Sicht der P. sind möglich. Für die ↗R.s-Wissenschaft stellt die Vereinbarkeit beider ein Grundproblem dar, das bisher keine allg. akzeptierte Lösung gefunden hat. Doch muß sie wohl die rel. *Selbstauslegung* einbeziehen, will sie nicht von vornherein ihren Gegenstand verfehlen – ohne deshalb gleich „Kryptotheologie" (Kehrer) werden zu müssen. Auch theol. ist eine Verbindung von rel. Innen- und soziologischer Außensicht insofern legitim, als die (zumindest methodische) Distanzierung von der eigenen R. selbst noch ein Moment am rel. Bewußtsein ist, das sich nicht selbst absolut setzt, sondern als von seinem Sinngrund gesetzt erfährt.

c) Die Unterscheidung von P. und R. ist selbst schon Ausdruck einer *bestimmten* rel.-gesch. Situation, konkret: der vom Christentum mitgeprägten europ. Neuzeit, in deren Horizont unsere Frage steht. Nur insofern sich heute die europ.-neuzeitl. Zivilisation mehr und mehr weltweit ausbreitet, kann unsere Unterscheidung auch auf nichtchristl. R.en angewandt werden, um dort evtl. strukturelle Ähnlichkeiten oder Gegensätze zu entdecken. Das Verhältnis von P. und R. ist deshalb *exemplarisch* am Christentum zu untersuchen, von dem aus dann, jeden Eurozentrismus vermeidend, vorsichtig auf andere rel. Traditionen extrapoliert werden kann.

2. Strukturen des Verhältnisses von P. und R. im Christentum.

a) Das Christentum hat sich nach dem Wort Jesu „Gebt dem Kaiser, was dem Kaiser gehört, und Gott, was Gott gehört" (Mt 22,21) von Anfang an als von P. *unterschieden* verstanden und gemäß dem Apostelwort: „Man muß Gott mehr gehorchen als den Menschen" (Apg 5,29) den *Vorrang* der R. vor der P. postuliert. Der christl. Glaube stellt jede politische Ordnung unter einen „eschatologischen Vorbehalt" (K. Barth) und hat seinerseits keine solche zu verkünden. Strukturell ist ein solch „über-politischer" Zug allen R.en eigen, die auf eine die Alltagswelt transzendierende, „ganz andere" Größe (↗Numen) ausgerichtet sind. Diese läßt politische Größen wie Volk, Land, Herrscher u. ä. letztlich „gleich-gültig" werden – ein Umstand, der den universalen Geltungsanspruch der ↗Welt-R.en überhaupt erst ermöglicht. Im Unterschied zu ihnen ist in den Stammes- u. Volks-R.en die Beziehung zum Numinosen gebunden an die jeweilige politisch-soziale Einheit. Das ↗Judentum nimmt hier eine Zwischenstellung ein, insofern es an der rel. Bedeutung politischer Größen wie Volk und Land Israel festhält – freilich in universaler Perspektive als „Mitte der künftigen, erlösten Welt" (M. Buber 43); diese bildet von den Propheten des AT an den Bezugspunkt einer Trennung von der (nationalen) P. Trotz ihrer prinzipiellen Distanz zur P. finden sich auch in den Universal-R.en, wohl als volksrel. Reste, immer wieder Verquickungen von R. und P., etwa in den verschiedenen Formen „heiliger Herrschaft".

b) Auch eine die P. transzendierende R. hat unabhängig davon, ob ihre Anhänger, ihre Lehren und ihre Sozialform sich politisch verstehen oder nicht, eine *politische Dimension*, die sie weltflüchtig erleiden oder von ihrer eigentlichen Intention her aktiv gestalten kann. Für das Christentum trifft weit überwiegend letzteres zu. Obwohl es auf ein „Jenseits" von Gesellschaft und P. zielt, heißt dies, christl. gesehen, nicht, daß die P. sich selbst überlassen bliebe. Vielmehr hat das Christentum ein grundsätzlich positives Verhältnis zum politischen Bereich, den es mittels einer *politischen Ethik* zu seiner rel. Botschaft in Beziehung bringt: Aus der Zusage eschatologischen Heils in Jesus Christus ergeben sich ethische Forderungen an das gesamte Verhalten der Gläubigen und darin auch an ihr politisches Handeln. Inhaltlich können sie mit Friede, Gerechtigkeit und Liebe umschrieben werden. P. steht hier, bei aller Anerkennung ihrer relativen Eigengesetzlichkeit, unter dem Maßstab einer rel. begründeten Ethik. Das genaue Gegenmodell dazu scheint im klass. Hinduismus vorzuliegen, wo die rel.-sittliche (↗*Dharma*) und die irdisch-utilitaristische Sphäre (Skt. *artha*) radikal voneinander getrennt werden, so daß sich das Problem einer Ethik der P. von vornherein gar nicht stellt; P. untersteht nur dem Kriterium des Erfolgs. Diese Dichotomie von P. u. Ethik wird jedoch heute im modernen Indien einer ernsten Prüfung unterzogen.

c) Der konkrete *Inhalt* der politischen Ethik des Christentums ist aufgrund des Fundamentaldogmas der ↗Inkarnation (II), das sein Verhältnis zur Geschichte grundlegend bestimmt, nur im Kontext bestimmter *hist. Situationen* gewonnen worden und kann nur daraus erkannt werden; ein geschichtsunabhängiger Fundamentalismus ist hier mehr denn sonst illusorisch. Für eine gesch. Darstellung können freilich im folgenden kaum mehr als Stichworte geliefert werden. – In *vorkonstantinischer Zeit*, in der die Christen keine aktive politische Verantwortung besitzen, bejahen sie die bestehende politische Macht als im göttlichen Willen begründet (vgl. Röm 13) und reagieren mit Verweigerung (vgl. Offb; Christenverfolgungen) nur, wenn diese Gottes Stelle beansprucht. Aufs Ganze gesehen sind die Christen loyale Untertanen des Röm. Reiches, um ihr rel. Anliegen nicht durch politische Unzuverlässigkeit Mißverständnissen auszusetzen. Im sog. *Konstantinischen Zeitalter* nimmt das Christentum, das Erbe der ↗röm. R. als Staats-R. antretend, die politische Ordnung des Reiches und seiner Nachfolger in eigene Verantwortung und gestaltet sie zur rel.-politischen Einheitswelt des „christl. Erdkreises". Die politische Ordnung wird ihrer Substanz nach rel.-sakral verstanden, während der Glaube umgekehrt die Form einer rechtlichen Treuebindung an den göttlichen Herrn Christus und seine irdischen Stellvertreter annimmt. Institutionell ist diese Einheit im Kaiser bzw. nach der Verselbständigung des Papsttums im Westen im Kaiser und Papst repräsentiert. Grundidee dieses Corpus Christianum, der rel.-politisch-kulturellen Einheit der christl. Völker – die in der ↗Umma des Islam wohl ihr nächstes Analogon hat – ist die irdische Verwirklichung des ↗Gottesreiches (II). Daß dieses jedoch darin nicht aufgeht, wird im ↗Mönchtum deutlich, dessen Angehörige nun bezeichnenderweise als die eigentlichen Vertreter der R. („religiosi") angesehen werden und von dem der Ruf nach der Befreiung der Kirche aus ihren politischen Bindungen, nach der „libertas ecclesiae", ausgeht. Eine erste – mehr theoretische als praktisch realisierte – Stufe wird im Investiturstreit mit der Unterscheidung von „weltlich" und „geistlich" erreicht. In einer zweiten kommt es infolge der Glaubensspaltung und der konfessionellen Bürgerkriege des 16./17. Jh. zu einer grundsätzlichen Entkoppelung von P. und R., zur Entstehung des nur noch seiner eigenen „raison" folgenden, säkularen Staates und zur Freigabe der R. in den Bereich der Gesellschaft, wo sie zu einer „privaten" Angelegenheit der Bürger wird. Die *Neuzeit* ist durch diese (teils strikte, teils gemäßigte) institutionelle Trennung von Staat und Kirche gekennzeichnet; das Staatskirchentum ist, wo es (noch) offiziell besteht, im Rückzug begriffen – während in Ländern mit muslimischer Mehrheit eher eine gegenläufige Tendenz zu beobachten ist.

3. Christentum und P. in der Gegenwart. Die Entflechtung von Staat und Kirche bedeutet *keine völlige Trennung von P. und R.* Sie treffen sich im einzelnen Menschen, dessen Freiheitsrechte der moderne Staat schützen und positiv ermöglichen soll. Er muß dazu den Grundwert der Menschenwürde voraussetzen, der letztlich nur rel. begründbar ist, und somit entsprechende Legitimationsleistungen der R. anfordern – was für diese die Gefahr bedeutet, als „bürgerliche R." (civil religion) vereinnahmt zu werden. Seinem eigenen Anspruch nach will das Christentum die eschatologische, wahre Bestimmung des Menschen als freies, solidarisches Subjekt vor Gott schon jetzt, und zwar nicht nur in der kirchl., sondern auch politischen Gemeinschaft, anfanghaft realisieren. Christl. Glaube hat neben seiner „mystischen" auch eine politische Dimension, die angesichts der ethisch schwerwiegen-

den und sachlich komplexen politischen Probleme heute (↗Friede, soziale Gerechtigkeit, Umwelt u. a.) zunehmend bewußt wird. Dabei werden die traditionellen Zuordnungen von P. und R. (deutliche Trennung in der lutherischen Zwei-Reiche-Lehre, stärkere Verknüpfung im calvinistischen Gedanken der Christusherrschaft, relative „Autonomie der irdischen Wirklichkeiten" [GS 31] in der kath. Soziallehre) vielfach als ungenügend empfunden und neue Ansätze (neue „Politische Theologie", ↗Befreiungstheologien) entwickelt. Die Christen haben ihre politische Verantwortung im Kräftespiel der formellen und informellen gesellschaftlichen Gruppen, aus dem im demokratischen Staat die politische Willensbildung hervorgeht, zur Geltung zu bringen. Da politische Antworten nicht direkt aus dem Glauben ableitbar sind, gibt es auch unter Christen legitimerweise politischen Pluralismus. Deshalb üben auch die Kirchen als solche bzw. ihre Lehrämter in tagespolitischen Fragen Zurückhaltung und konzentrieren sich auf Ethosbildung in Grundsatzfragen. Doch Abgrenzungen sind jeweils schwierig und Inhalte immer wieder umstritten, weil die Kirchen heute keine einheitliche Theorie über ihr Verhältnis zur P. haben – und wohl auch nicht haben können. Sie – ebenso wie die R.en insgesamt – werden aber ihre gemeinsame politische Verantwortung auch in irgendeiner gemeinsamen Form, über bisherige hoffnungsvolle Ansätze hinaus, wahrnehmen müssen.

Lit.: *P. Antes,* Ethik und P. im Islam. Stuttgart 1982; Aufgaben der Kirche in Staat und Gesellschaft: Gemeinsame Synode der Bistümer in der Bundesrepublik Deutschland. Offizielle Gesamtausgabe II. Freiburg 1977, 185–214; Aufgaben und Grenzen kirchl. Äußerungen zu gesellschaftlichen Fragen. Hg. v. Rat der Evangelischen Kirche in Deutschland. Gütersloh 1970; *E.-W. Böckenförde,* Staat – Gesellschaft – Freiheit. Frankfurt 1976; *ders.,* Staat – Gesellschaft – Kirche: CGG XV 5–120; *M. Buber,* Israel u. Palästina. München (1944) 1968; *C. Caldarola* (Hg.), Religions and Societies: Asia and the Middle East. Berlin 1982; *J.-Y. Calvez,* La politique et Dieu. Paris 1985; *H. v. Campenhausen,* Tradition und Leben. Tübingen 1960; *G. Denzler* (Hg.), Kirche und Staat auf Distanz. München 1977; *U. Duchrow,* Christenheit und Weltverantwortung. Stuttgart 1970; *F. Fiorenza,* R. und P.: CGG XXVII 59–101; *U. Hommes* (Hg.), Gesellschaft ohne Christentum? Düsseldorf 1974; *H.-J. Klimkeit,* Der politische Hinduismus. Wiesbaden 1981; *H. Maier,* Kirche und Gesellschaft. München 1972; *J. B. Metz,* Glaube in Geschichte und Gesellschaft. Mainz 1977; *A. Mirgeler,* Krit. Rückblick auf das abendländische Christentum. Freiburg 1969; *H. Mol* (Hg.), Western Religion. Berlin 1972; *E. Peterson,* Der Monotheismus als politisches Problem. München (1935) 1951, 45–147; *P. Poupard,* Politique et R.: Dict. des Religions. Paris 1984, 1329–1332; *H. Rahner,* Kirche und Staat im frühen Christentum. München 1961; *C. H. Ratschow* (Hg.), Ethik der R.en. Stuttgart 1980; *T. Rendtorff* (Hg.), R. als Problem der Aufklärung. Göttingen 1980; Texte zur kath. Soziallehre. Köln [5]1982; *H. F. Zacher* (Hg.), Kirche und P. Düsseldorf 1982; *A. W. Ziegler,* R., Kirche und Staat in Geschichte und Gegenwart. 3 Bde. München 1969–1974.

W. Müller

Polytheismus. 1. P. bezeichnet die gleichzeitige Anerkennung und Verehrung mehrerer unsterblicher, in Menschengestalt, aber mit wesenhaft übermenschlichen Kräften ausgestattet gedachter Gottheiten, die in einem hierarchischen Verhältnis zueinander stehen. Polytheistisch können deshalb nur Religionen heißen, die göttliche Wesen mit fest umschriebenen Charakteren und entsprechend unterschiedlichen Zuständigkeitsbereichen in Natur, Wirtschaft, Gesellschaft und privater Sphäre, nicht nur eine Vielzahl von Göttern in ihren Pantheen vereinigen. Die Herkunft der Mitglieder pantheistischer Götterwelten ist nicht festgelegt, vergöttlichte Ahnen können ebenso dazugehören wie Gottheiten unterworfener Völker. Animistische, polydämonistische wie überhaupt Weltsichten, die nur ansatzweise menschengestaltige Gottheiten mit klar abgestuften Zuständigkeiten kennen, sind nicht polytheistisch im strengen Sinne. Daraus folgt, daß P. an Hochkulturen gebunden ist. Großreiche im alten Vorderen Orient (Mesopotamien, Ägypten), Hochkulturen des eurasischen Raumes (Indien, altes Griechenland und Rom, vorzarathustrischer und vereinzelt auch nachzarathustrischer Iran, Germanen und Slawen), im vorkolumbianischen Amerika (Mexiko, Peru) und vereinzelt in Polynesien und in schwarzafrik. Großreichen (z. B. Sudan) bilden seine ausgeprägtesten Varianten. Wie im alten China und Japan können polytheistische Götterwelten auch erst durch Mission von außen geschaffen werden.

2. Wie dieser Überblick zeigt, kann P. nicht mit evolutionistischen Sichten der Religionsgeschichte ahistorisch als Entwicklungsstadium zwischen ↗Animis-

mus, ↗Fetischismus oder Polydämonismus (↗Dämonen) und ↗Monotheismus begriffen werden, denn sein Entstehen ist an ganz bestimmte kulturelle Voraussetzungen gebunden. Dazu gehören oft bis zur Unkenntlichkeit veränderte Hochgottgestalten, andere Götter und häufig Gruppen, von denen einige, wie z. B. die altind. Devas, erst durch die polytheistische Grundstruktur zu charakterlich ausdifferenzierten Wesen werden. Die Grundstruktur selbst besteht in hierarchischen, verwandtschaftlichen oder rein zahlenmäßigen (Paare, Dreier-, Neuner-, Zwölfer- usw. Gruppen) Beziehungsgefügen innerhalb des Pantheons und spiegelt, wie bes. *G. Dumézils* Forschungen zum Aufbau indoeurop. Pantheen ergeben haben, Über- und Unterordnungen in den jeweiligen menschlichen Gesellschaften wider. Auf- oder Abstieg ethnischer oder sozialer und das Auftreten ganz neuer Gruppen, aber auch der Vorrang einer bestimmten Theologie können deshalb zu vielfältigen Verdrängungs- und Umschichtungsprozessen im jeweiligen Pantheon führen.

3. Ebensowenig wie bestimmte Religionsformen zwangsläufig zum P. führen, mündet dieser im Monotheismus. Das Bekenntnis zu nur einem Gott setzt gedanklich wie gesch. eine Vielzahl von Numina, nicht jedoch P. voraus. Auch monarchische Tendenzen in einem ↗Pantheon, die einer Einzelgestalt und nicht nur einer Gruppe eine überragende Stellung verleihen, führen nicht überall zu exklusivem Monotheismus. Die polytheistische Grundstruktur bleibt erhalten, wenn bisher fremde Gottheiten durch Identifizierungen in ein Pantheon aufgenommen (↗Synkretismus) oder alle Gottheiten eines Pantheons als Erscheinungsweisen einer einzigen verstanden werden. Das hind. Pantheon zeigt, daß auch starke spekulativ-mystische Bestrebungen, die personalen Gottheiten auf das impersonale Eine hin aufzulösen, die aus der hierarchischen Ordnung der Numina erwachsende Gewißheit der Gläubigen, in den verschiedenen Lebensbereichen konstant wirkenden Schutzmächten gegenüberzustehen, zumindest auf der Ebene des Volksglaubens nicht zerstören können.

Lit.: *A. Bertholet,* Götterspaltung und Göttervereinigung. Tübingen 1932; *G. Dumézil,* Les dieux Indo-Européens. Paris 1952; *A. Brelich,* Il politeismo. Rom 1958; *C. Picard,* Les origines du polythéisme hellénique. 2 Bde. Paris 1930–1932. *K. Hoheisel*

Präanimismus. Es handelt sich um eine Auffassung, derzufolge sich die Religion aus der ↗Magie (Zauberei) entwickelt haben soll, die einerseits auf eine Periode völligen Fehlens geistiger Regungen gefolgt sei, andererseits dem als Wurzel eigentlicher Religion angesehenen ↗Animismus vorausgehe. Neben anderen Begründungsversuchen spielt die scheinbar archäologisch gespiegelte Dominanz der Magie bei altsteinzeitlichen ↗Jäger- und Sammlerkulturen eine Rolle.

Lit.: Ansätze und frühe Vertreter: *J. G. Frazer,* The Golden Bough, 12 Bde. und Index. London (³1910–1915) ⁹1949 (gekürzt dt.: Der Goldene Zweig. Frankfurt 1977); *J. H. King,* The Supernatural. London – New York 1892; krit. Übersicht: *R. Boccassino,* Etnologia Religiosa. Turin 1958. *K. J. Narr*

Prädestination
↗Heil/Heilsweg I. V. VI.

Als theol. Terminus meint P. (in allgemeinster Bedeutung) die ewige göttliche Vorherbestimmung der Erwählten zu ihrem gnadenhaften (übernatürlichen) Endziel. Mit diesem Begriff verbindet sich jedoch theologiegesch. eine Reihe von schwierigen und dunklen Fragen, insbesondere über das Verhältnis von göttlicher Vorherbestimmung und menschlicher Freiheit, von göttlicher Erwählung und menschlicher Sinnverfehlung, von ewigem Heil und ewigem Unheil, von P. und Reprobation (Verwerfung). Die Systematisierung solcher und ähnlicher Fragen zu P.s-Lehren und P.s-Theorien hat sich deshalb immer wieder neu am krit. Maßstab der Hl. Schrift zu messen. Der nur im NT, und hier auch nur im paulinischen und paulinisch beeinflußten Schrifttum, vorkommende Begriff hat eine ausschließlich positive Bedeutung. Er wird hier als Grund des gesch. Heilshandelns Gottes an den Glaubenden verstanden, als Aussage über die ewige Gnadenwahl der Menschen in Christus, die jetzt als Geheimnis des Heiles geoffenbart ist. Als klass. Stellen dieser P.s-Theologie können Röm 8,28–30 und Eph 1,3–14 gelten: Vorherbestimmung ist gleichbedeutend mit Erwählung zum Heil. Es geht um ein gesch., allen offenstehendes Heilsangebot; „die negative Möglichkeit des Unheils wird nie im Zusammenhang mit diesem Begriff reflektiert. In ihrer prinzipiell positiven Ausrichtung wird P. geradezu frohe Botschaft, Evangelium" (G. Kraus 309). Deshalb ist die ausdrückliche Rede von der P. stets eingebunden in den danksagenden Lobpreis der erwählenden Liebe Gottes, den Grund eschatologischer Hoffnung. Damit ist – im Blick auf die Theologiegeschichte – eine wichtige Feststellung getroffen: Die Hl. Schrift spricht zwar von der ewigen Erwählung zum Heil, aber sie kennt keine ewige Vorherbestimmung zum Unheil, also keine doppelte P. Es gibt in der Schrift keine symmetrische Entsprechung, sondern nur eine Asymmetrie zwischen Heil und Unheil, wobei dem Heil und der Erwählung entschieden der Vorrang zukommt (G. Kraus 305). Zwar spricht die Schrift unüberhörbar auch von Gericht und Verwerfung und mahnt, die Ablehnung der angebotenen ↗Gnade (II) als des Menschen eigene, reale Möglichkeit nicht zu übersehen, gibt aber zugleich „allen Anlaß, das Rätsel der Wirklichkeit solcher Ablehnung stehen zu lassen", und fordert auf, „auch noch in allen unbeantwortbaren Fragen der göttlichen Erwählung, die ‚Tiefe des Reichtums, der Weisheit und der Erkenntnis Gottes' (Röm 11,33) zu preisen" (O. H. Pesch, Vorsehung 100). Die Schrift wehrt dadurch wohl auch einem allzu neugierigen Spekulationstrieb. Dieser muß in Aporien führen, wenn versucht wird, die Aussagen der Schrift zur P., bes. die Fragen, die sie selbst nicht beantworten will, in „eine universale Theorie über Gottes Wirken und des Menschen Heil" zu übersetzen (ebd.).

Die entscheidende Weichenstellung in dieser Richtung besorgte für das Abendland *Augustinus*. In einer ersten (antimanichäischen) Phase vertritt er noch die Lehre von einer bedingten P.: Die P. erfolgt aufgrund des göttlichen Vorauswissens des kraft der Gnade verdienstvollen Handelns und Ausharrens des Menschen. Der spätere Augustinus verficht hingegen (ab 396/397) die unbedingte P., die durch den bloßen, ewigen Beschluß Gottes, unabhängig von allem menschlichen Wollen und Tun, geschieht. In seiner Auseinandersetzung mit den Pelagianern (ab 411) steigert er diesen Standpunkt zu einem Rigorismus der All- und Alleinherrschaft der Gnade und P. Drei Grundprinzipien bestimmen seine P.s-Lehre: die absolute Vorgängigkeit und Ungeschuldetheit (Gratuität) der Gnade, die absolute Macht und Unwiderstehlichkeit (Irresistibilität) der Gnade sowie die völlige Ohnmacht und Verderbtheit des Menschen, für die ihm die Erbsündenlehre als Begründung dient. Die Erbsünde macht alle Menschen zu einer einzigen „Sündenmasse" (massa peccati, – damnata), die rechtens die Verdammung verdient. So gilt: Aus Gerechtigkeit sind alle verdammt. Aber aus Barmherzigkeit erwählt Gott aus der Masse der Verdammten – in ungeschuldeter, unverdienter, unwiderstehlicher Gnadenwahl – wenige Menschen zum ewigen Leben. Gott ist deshalb nicht ungerecht; denn er verwirft nicht aktiv, er erwählt nur nicht alle und beläßt die Nicht-Prädestinierten in ihrem schuldhaften Zustand, aus dem erlöst zu werden reine Gnade ist und niemand einen Anspruch hat.

Gewiß sind die positiven Anliegen und Leistungen der Gnaden- und P.s-Lehre des Augustinus nicht zu übersehen: die schriftgemäße Herausstellung der Souveränität und Superiorität Gottes im Heilswirken und die Abhängigkeit und Rezeptivität des Menschen. Aber in der exzessiven Durchführung, die nicht nur durch die antipelagianische Polemik, sondern auch durch seine eigene persönliche Grunderfahrung der menschlichen Ohnmacht bestimmt ist, zahlt er einen (zu) hohen Preis: Die Partikularität (Begrenztheit) des göttlichen Heilswillens und die (faktische) Aufhebung der (nur noch verbal zu behauptenden) menschlichen Freiheit. Alle folgenden Systementwürfe zur P.s-Lehre stehen unter dem maßgeblichen Einfluß des Augustinus: *Thomas v. Aquin* (wenngleich mit wesentlichen Modifikationen in der Freiheitslehre) nicht minder als *M. Luther* und *J. Calvin*, der mit seiner systematisch durchgeführten Lehre von der doppelten P. zum Heil und zum Unheil die Aporien der traditionellen P.s-Lehre bis an die äußerste Grenze geführt hat. Calvin definiert: „P.

nennen wir das ewige Dekret Gottes, wodurch er bei sich beschlossen hat, was nach seinem Willen aus jedem Menschen werden soll. Denn nicht alle werden mit der gleichen Bestimmung geschaffen: sondern den einen ist das ewige Leben, den anderen die ewige Verdammung im voraus zugeordnet. Je nachdem nun jemand zu einem der beiden Ziele geschaffen ist, sagen wir, er ist zum Leben oder zum Tod vorherbestimmt" (Opera selecta IV 374). Am Ende steht also, wie Calvin selbst bekennt, ein „schreckliches Dekret" (decretum horribile) und ein erzittern machendes Mysterium (mysterium tremendum) – mit fatalen Folgen für das Gottes- und Menschenbild.

Aus diesen Sackgassen suchte in neuerer Zeit *K. Barth* (gest. 1968) die P.s-Lehre herauszuführen und sie wieder im Rückgriff auf die Schrift als „Summe des Evangeliums" sehen zu lassen: durch einen radikalen Ansatz beim absoluten ewigen Erwählungswillen Gottes in Jesus Christus. Ein ähnliches Anliegen leitete auch *K. Rahner* (gest. 1984) mit dem Ansatz seiner Theologie beim absoluten, unbedingten Selbstmitteilungswillen Gottes, in dem die Menschwerdung des Sohnes und darin die Annahme der Menschheit von Ewigkeit her prädefiniert sind. Beide kommen darin überein, daß Jesus Christus als der personhafte Bund zwischen Gott und der Menschheit (der Schöpfung) die P. Gottes schlechthin und darin die eschatologische Verheißung für alle ist.

Lit.: *K. Barth,* Die Lehre von Gott: KD II/2. Zürich [4]1959, 1–563; *G. Greshake,* Gnade als konkrete Freiheit. Mainz 1972; *G. Kraus,* Vorherbestimmung. Freiburg 1977 (Lit.); *M. Löhrer,* Gottes Gnadenhandeln als Erwählung und Rechtfertigung des Menschen: MySal IV/2 (1973) 767–830; *O. H. Pesch,* Freiheitsbegriff und Freiheitslehre bei Thomas v. Aquin und Luther: Cath (M) 17 (1963) 197–244; *ders.,* Theolog. Überlegungen zur „Vorsehung Gottes" im Blick auf gegenwärtige natur- und humanwiss. Erkenntnisse: CGG IV 74–105; *ders./A. Peters,* Einführung in die Lehre von Gnade und Rechtfertigung. Darmstadt 1981; *K. Rahner,* Art. Erlösung: SM(D) I 1159–1176; *ders.,* Art. Heilswille Gottes: SM (D) II 656–664; *ders.,* Der eine Jesus Christus und die Universalität des Heils: ders., Schriften XII 251–282; *ders.,* Grundkurs des Glaubens. Freiburg [12]1982.

H. Jorissen

Prähistorie, im dt. Sprachgebrauch „Ur-" oder „Vorgeschichte", ist das Studium der Menschheit im Zustand der Schriftlosigkeit auf der Grundlage archäol. Quellen (↗Archäologie), soweit es auf die nichtkörperlichen Eigenarten des Menschen gerichtet ist. Der so erfaßte Bereich bildet den ältesten Teil der ↗Geschichte in einem weiteren Sinne des Wortes bzw. der Existenz und der Entfaltung des Menschen vor und außerhalb der Geschichte im engeren Sinn des Wortes, d.h. vor dem jeweiligen Einsetzen schriftlicher Quellen. Ihr Ende ist damit in einzelnen Gebieten verschieden anzusetzen und in einigen Erdräumen erst in jüngster Zeit herbeigeführt worden. Neben P. in einem solchen mehr technischen Sinn steht der Vorschlag, darunter alle jene Bereiche zu verstehen, die vor und außerhalb der sog. „Achsenzeit" liegen.

Der Anfang der Ur- oder Vorgeschichte reicht weit mehr als eineinhalb Millionen Jahre zurück, wahrscheinlich sogar zweieinhalb Millionen Jahre, wenn wir ihn mit dem Auftreten der ältesten künstlich hergestellten und zur Herstellung weiterer Geräte geeigneten Steinwerkzeuge ansetzen. Das erscheint gerechtfertigt, weil sie für eine Befähigung zur Voraussicht und Einsicht, zur systemat. Zueinanderordnung, zur geplanten Aufeinanderfolge von Schritten, zum Aufprägen neuer, nicht vorgegebener Eigenarten sprechen und insgesamt für eine Mittelbarkeit gegenüber der Natur, für ein gewisses Maß an Abstraktion, am Absehen und Abheben vom unmittelbar Gegebenen und Vorliegenden.

Eine der wichtigsten Erfahrungen und Feststellungen der prähist. Archäologie sind die insgesamt gewaltigen Zeitmaße und die Beschleunigung des Wandels in einem Wechsel von jeweils längeren, eher statisch erscheinenden Perioden und von kurzen Umbrüchen, hinter denen eine entsprechende Dynamik anzunehmen ist. Die Beobachtung, daß auch heute bes. die Völker sehr einfacher Kultur eine starke Beharrungstendenz zeigen, fällt angesichts der prähist. Zeiträume weniger ins Gewicht als der Umstand, daß wir offensichtlich nicht von einem einfach linearen Zeitverständnis ausgehen dürfen, vor allem nicht davon, daß chronometrische Zeit die entscheidende Variable für

den Wandel sei; die Zeitdauer an sich ist kein a priori verwendbarer Maßstab für die Ausmaße und das Gewicht von Veränderungen.
Fragen nach dem Besitz und der Art von Religion entziehen sich weitgehend dem Zugriff der Archäologie, mögen auch die in anderen Kulturbereichen deutlich werdenden Bedingungen und Befähigungen grundlegende Möglichkeiten andeuten. Konkrete Hinweise gibt es erst vor etwa 50000 Jahren (oder auch mehr) durch Gräberfunde, deren Art für eine Fürsorge für den Mitmenschen über dessen irdischen Tod hinaus spricht. Depositionen von einzelnen Schädeln mögen auf einen ähnlichen Zusammenhang weisen und führen einige Jahrhunderttausende weiter zurück. (Schwierig ist die Deutung von teilweise in ihrem intentionellen Charakter umstrittenen Depositionen von Tierkörperteilen, vornehmlich Schädeln und Langknochen, zumal vom Bären, aber auch von anderen Tieren und anderen Skeletteilen, z.B. einem Rückgrat, vereinzelt in der Nähe menschlicher Bestattungen.) Die Wertung als Zeugnis von Religion hängt nicht zuletzt ab von einer engeren oder weiteren Definition des Religiösen; in jedem Fall bleiben uns nähere Einsichten in Sinn und Zusammenhang verschlossen. Alles in allem besteht indes kein zwingender Grund, dem Frühmenschen angesichts seiner sonstigen Befähigungen grundlegende Vorstellungen jener Art abzusprechen, wie sie bei einfachen ↗Jäger- und Sammlerkulturen weithin anzutreffen sind. Dabei wird man gerade die Einfachheit und damit vermutlich eine Neigung zum Konkreten und wohl eher zu anthropomorphen – aber auch theriomorphen – Vorstellungen als zu abstrakteren Konzeptionen zu berücksichtigen haben. Für eine spekulative Annäherung kann es jedenfalls nicht ohne Bedeutung sein, daß bei Völkern, deren ganze Lebensweise noch sehr einfach und naturnah ist, nicht die von einer progressistischen Entwicklungsvorstellung als bes. „primitiv" angesehenen Formen des Religiösen oder Magischen eine zentrale Rolle spielen, sondern auch der Glaube an ein persönlich vorgestelltes höchstes Wesen von erheblicher Bedeutung ist. Die Formen des Religiösen werden zweifellos von wirtschaftlichen und gesellschaftlichen Bedingungen mitgeprägt, und das wird bei der Erschließung rel. Phänomene in der P. bes. zu beachten sein. Als spezifisch jägerisch anzusehende Vorstellungen finden sich allerdings zumal in bereits entfalteten Jäger- und Sammlerkulturen; der Umbruch zu den ↗Ackerbau- und ↗Hirtenkulturen hat so tiefgreifende Änderungen des gesamten Gefüges mit sich gebracht, daß sie auch im Religiösen nicht ohne Folgen geblieben sind.

Lit.: ↗Archäologie; mit jeweils weiterführenden Angaben: *K. J. Narr* (Hg.), Handbuch der Urgeschichte I/II. Bern 1966, 1975; Approaches to the Religion of early Palaeolithic Man: HR 4 (1964) 1–22; *M. Edwardsen u.a.*, Art. Prehistoric Religions: ER XI 505–522. Materialien bei *O. E. James,* Religionen der Vorzeit. Köln 1960; geprägt von der „Wiener Schule": *J. Maringer,* Vorgeschichtliche Religion. Einsiedeln 1956.
K. J. Narr

Prajñā. 1. P. (Skt.; P. *paññā*), übersetzt mit Weisheit, Intuition, Erkenntnis, ist ein Grundbegriff des Buddhismus, der im Zusammenhang mit der ↗Erleuchtung (Skt. *bodhi*) bzw. dem Erwachen zum ↗Nirvāṇa (I) zu sehen ist. P. bezeichnet mit gewissen Unterscheidungen in den verschiedenen Richtungen des Buddhismus die umfassende Erfassung der Wirklichkeit bzw. die Befreiung zu ihr. P. ist aber auch das, was bereits auf dem Weg zum Ziel in der Übung der Moral *(sīla)* und der Meditation *(samādhi)* wirksam ist. Während im Theravāda (↗Buddhismus III 1) stärker die spirituell-empirischen Momente des Weges zur vollen Einsicht betont werden, verbindet sich im mahāyānanistischen Verständnis von P. die volle Entfaltung der intellektuellen mit der der spirituellen Fähigkeiten des Menschen; folglich spielt P. auch in der sich vor allem im Bereich des Mahāyāna (↗Buddhismus III 2) entwickelnden ↗buddh. Philosophie eine hervorragende Rolle. P. läßt das wahre Wesen aller Dinge als Leere *(↗Shūnyatā)* begreifen, wobei aber auch das erkennende Subjekt als Nicht-Ich (*↗Anattā*) seinerseits als „leer" begriffen wird. Die mahāyānistische Lehre von P. wird ausführlich in den Prajñāpāramitā-Sūtren und ihren Kommentaren behandelt. In diesen Sūtren, deren Titel wörtlich „die das andere Ufer erreichende (Skt. *pāramitā*)", somit transzendente, erlösende Weisheit bedeutet, werden die „Vollkommenheiten“ (Skt. *pāramitā*) gelehrt, die ein ↗Bodhisattva auf dem Weg zur vollen Buddhaschaft durchläuft. Diesen Weg macht der Bodhisattva aus Erbarmen (↗*Karuṇā*) zu allem Lebendigen durch. Das in der Erleuchtung realisierte Nirvāṇa trennt den Erleuchteten nicht von der Welt des ↗Saṃsāra (II), diese wird vielmehr im Nirvāṇa als Saṃsāra erkannt. Die durch P. geleitete Haltung zur Welt erhält aber in der *Karuṇā* ihrerseits eine neue Wertigkeit. Stellenweise ist Prajñāpāramitā – vielleicht unter dem Einfluß einer südind. Muttergottheit – als Göttin der Weisheit und „Mutter“ aller Buddhas und Bodhisattvas personifiziert worden.

2. Die vergleichende Erforschung der in den verschiedensten Kulturen und Religionen auffindbaren Weisheitskonzeptionen befindet sich nach wie vor in den Anfängen (vgl. dazu K. Rudolph). Sie gewinnt aber nicht zuletzt im Hinblick auf sachgerechte Typisierungen im Verhältnis von Erkennen und Liebe, Gnosis und Agape, entsprechend den vorrangig gnost. und vorrangig agapeischen Religionssystemen, der Prophetie und Mystik, schließlich für die rechte Einschätzung des Meditativ/Mystischen (↗Meditation/Mystik VII) überhaupt zusehends an Bedeutung.

Lit.: *H. v. Glasenapp*, Die Weisheit des Buddha. Wiesbaden o.J.; *T. R. V. Murti*, The Central Philosophy of Buddhism. London 1955; *E. Conze*, Der Buddhismus. Stuttgart [4]1971; *ders.*, The Prajnaparamita Literature. Den Haag 1960; *K. N. Jayatilleke*, Early Buddhist Theory of Knowledge. London 1963 (dazu *G. Rothermundt*, Buddhismus für die moderne Welt. Stuttgart 1980, 20–50); *W. Kruckenberg u.a.*, Wissen und Weisheit. Wien 1985; *T. Skorupski*, Art. P.: ER XI 477–481; *K. Rudolph*, Art. Wisdom: ebd. XV 393–401.

H. Waldenfels

Pratītyasamutpāda (Skt. *pratītya samutpāda*, P. *paticca samuppāda*). Das vom Buddha entdeckte „Gesetz der Entstehung in Abhängigkeit“ erklärt, wie es zu der Kette der leidvollen Wiedergeburt kommt und wie diese Kette zu durchbrechen ist. In der einfachsten Form lautet das Gesetz: „Wenn dies ist, dann ist jenes; wenn dies nicht ist, dann ist jenes nicht; durch die Vernichtung von diesem wird jenes vernichtet“ (Saṃyuttanikāya II 238). Die volle Formel hat zwölf Glieder: 1. Durch Unwissenheit *(avidyā)* bedingt sind 2. die Karmaformationen *(saṃskāra)*; 3. durch die Karmaformationen bedingt ist das Bewußtsein *(vijñāna)*; 4. durch Bewußtsein bedingt ist das „Geistige und Körperliche“ *(nāma-rūpa)*; 5. durch das „Geistige und Körperliche“ bedingt sind die Sechs Grundlagen des Bewußtseins *(ṣaḍ āyatana)*; 6. durch die Sechs Grundlagen bedingt ist der Kontakt *(sparśa)*; 7. durch den Kontakt bedingt ist die Empfindung *(vedanā)*; 8. durch die Empfindung bedingt ist das Begehren *(tṛṣṇa)*; 9. durch das Begehren bedingt ist das Anhaften *(upādāna)*; 10. durch das Anhaften bedingt ist das Werden *(bhava)*; 11. durch das Werden bedingt ist die Geburt *(jāti)*; 12. durch die Geburt bedingt sind Altern und Sterben *(jarā-maraṇa)* (Visuddhimagga XVII). Voraussetzung der Formel ist die Überzeugung, daß Leidenschaft *(kleśa)*, d.h. Unwissenheit *(avidyā)* und Begehren *(tṛṣṇa)*, begleitet von Gier *(rāga)*, Haß *(dveṣa)* und Verblendung *(moha)*, zur Tat *(karman)* führt, deren Wesen eine Willensregung *(cetanā)* ist, und daß die Tat eine Frucht *(vipāka)* hervorbringen muß. Das eherne Gesetz des ↗Karma hält das Rad der Wiedergeburten (↗Reinkarnation) im Rhythmus des P. im Gange. Von den zwölf Gliedern der Formel stellen die Nummern 1 und 2 die Vergangenheit eines Wesens dar, 3–10 dessen Gegenwart, und 11 und 12 die Zukunft. Jedes Glied ist gleichzeitig bedingt durch die vorhergehenden und selber wiederum Bedingung für die folgenden Glieder. Das „Gesetz der Entstehung in Abhängigkeit“ ist ein Versuch, den Weltprozeß und den Werdeprozeß des Menschen zu erklären, ohne auf die Vorstellung eines Schöpfergottes oder eines persönlichen Ich zurückzugreifen. Die Einsicht in diese Gesetzmäßigkeit ist Erleuchtung *(bodhi)*, Befreiung *(vimukti)*, Nirvāṇa.

Lit.: *Nyanatiloka*, Buddh. Wörterbuch. Konstanz 1952, 162–173; *D. J. Kalupahana*, Causality: The Central Philosophy of Buddhism. Hawaii 1975; *E. Conze*, Buddhist Thought in India. London 1962, 144–158; *D. J. Kalupahana*, Art. P.: ER XI 484–488.

W. K. Müller

Priester

I. Allgemein. – II. Außerbiblisch. – III. Biblisch

I. Allgemein. Die Bezeichnung P. entwikkelte sich aus dem griech. Wort *presbý-*

teros mit der Bedeutung Ältester, Vorfahre und bezeichnet eine Person, deren Funktion darin besteht, als Bevollmächtigter oder Vertreter einer Religionsgemeinschaft kultische und rituelle Handlungen zu vollziehen und so als Mittler zwischen den Menschen und der Gottheit zu fungieren. Der P. gehört somit zu einer Gruppe von Personen mit ähnlicher Aufgabenstellung wie Staatsbeamte, die ebenfalls kultische Handlungen vollzogen, ↗Propheten, Mantiker (↗Mantik) und ↗Schamanen, deren Aktionen durch größere Spontaneität gekennzeichnet sind, sowie dem *pater familias* mit seiner priesterlichen Funktion, läßt sich aber in den meisten Fällen klar von diesen unterscheiden. Der P., dessen körperliche Unversehrtheit eine wichtige Voraussetzung für die Ausübung seines Amtes ist, erscheint als Hüter der kultischen Tradition, die er als Spezialist beherrscht und deren genaueste Befolgung er garantieren kann. In seiner Person ist die urspr. Gotterfülltheit in eine geregelte Amtshandlung übergegangen. Seine Macht, die er entweder durch Geburt erblich besitzt oder aber erst durch den Vorgang der P.-Weihe erhält, ermöglicht es ihm, sich ohne Gefahr der göttlichen Sphäre zu nähern, um so seiner Vermittlerrolle gerecht werden zu können. Damit diese Mächtigkeit erhalten bleibt, muß er sich bestimmten asketischen Übungen sowie Speise- und Reinheitsgeboten unterwerfen. Auf der anderen Seite werden ihm von der Gemeinschaft aufgrund seiner Fähigkeiten Privilegien eingeräumt, die bis zur Vergottung des P. führen können.

Lit.: *J. Lippert,* Allg. Geschichte des Priestertums. 1–2. o.O. 1883, 1884; *S. H. Hooke,* Prophets and Priests. o.O. 1938; *E. O. James,* The Nature and Function of Priesthood. London 1955; *L. Sabourin,* Priesthood. Leiden 1973.

II. Außerbiblisch. Sieht man von der traditionellen chin. Staatsreligion, dem Islam und dem Hīnayāna-Buddhismus ab, so findet sich ein ausgebildetes Priestertum bereits bei den alten oriental. Kulturvölkern und zieht sich durch die Religionsgeschichte hindurch bis zur Gegenwart. Im babyl.-assyr. Raum begegnet zunächst die Einheit des P.-Königs (s. auch später die jüd. P.-Fürsten der Hasmonäer), die sich dann in König und P. aufspaltet, wobei der P. zeitweilig auch Macht über den König besaß. Das Alte Ägypten kannte ein hochspezialisiertes Priestertum, das mit seinem Geheimwissen wiss. und medizinischer Art wahrscheinlich als Begründer der ↗Alchemie anzusehen ist. Auch hier sind Spannungen zwischen den Pharaonen und den Amon-P. von Theben bekannt. Die griech.-röm. Antike kannte auch Priesterinnen, die zumeist im Dienst einer Göttin standen. Waren in Griechenland die P. der vielen lokalen Kulte untereinander kaum verbunden, so herrschte im Röm. Reich eine stärkere Bindung an P.-Kollegien vor, die selbst wieder in wechselnde hierarchische Gruppierungen gegliedert wurden. Der „kastenmäßige" Zusammenschluß von P.n ist für die iran. Feuer-P., die Magier, denen die kultische Pflege des Feuers obliegt, bezeugt und bes. an der P.-Kaste der Brahmanen nachweisbar, die schon durch ihre Geburt Träger der göttlichen Brahman-Macht werden und deshalb als gotterfüllte Machtträger göttliche Verehrung erfahren. Ein noch weiter spezialisiertes hierarchisches Priestertum bietet der Lamaismus, dessen Priesterschaft eine Theokratie, ein geistliches Regiment in Vertretung Gottes, in Tibet errichtet hatte.

Lit.: *A. Friedrich,* Afrik. Priestertümer. o.O. 1939; *H. Kees,* Das Priestertum im ägypt. Staat. Leiden 1953; *S. Wikander,* Feuer-P. in Kleinasien und Iran. Lund 1946. *P. Parusel*

III. Biblisch. In der Patriarchenzeit haben die Familienhäupter die leitende liturgische Funktion. P. erscheinen zuerst als Hüter ortsgebundener Heiligtümer. Die Glieder der Kultgemeinde brachten selbst die Opfer dar, an denen die P. Anteil erhielten. Eine besondere Funktion bestand in der Frühzeit im Erteilen von Orakeln. Später tritt die Erteilung von Lehre und Weisung, insbesondere über heilig und profan, rein und unrein hervor. Nach Dtn 31,9 verwalten sie die Anwendung der Tora. Aus der frühen Königszeit ist ihre Wahrnehmung des Opferkultes bezeugt. Im Verlauf der Entwicklung übernehmen sie ihn exklusiv wohl wegen ihrer höheren kultischen ↗Reinheit, die sie geeigneter macht, sich Gott vermittelnd zu nähern. Der sog. Aaronssegen ist ein bis heute gültiger Text. Sie sind Beamte des Königs mit nur ihnen eigenen Vollmachten. Das beamtete Priestertum wird erblich weitergegeben. Die hervorragendste Stellung gewinnt das Priestertum in der Zeit nach dem Exil. Die P. sind die eigentlichen Führer des Bundesvolkes in all seinen Lebensbereichen. Sie sind es gerade von ihrer priesterlichen Stellung und Funktion her, die Identität des Gottesvolkes im Jahwedienst zu gründen. Die Schriftwerdung der älteren Überlieferung ist ihr Werk (Pentateuch). Der Hohepriester wird in dieser Zeit *der* Repräsentant des Gottesvolkes. Einmal im Jahr vollzieht er im Allerheiligsten den Versöhnungsdienst für das ganze Volk. Nach der Zeit der Makkabäer verliert das Amt an Ansehen. Es degeneriert aufgrund politischer Verstrikkungen. Andere Gruppierungen, wie vor allem die ↗Pharisäer, verkörpern viel stärker die Treue zur gesamten Überlieferung. Im Prozeß Jesu hat die Führung der Priesterschaft die Initiative zur Auslieferung an die Römer ergriffen. Mit dem Untergang des Tempels (70 n. Chr.) erlischt auch das atl. Priestertum. Der wirkungsgeschichtlich für die ntl. Ekklesiologie bedeutsame Text findet sich Ex 19,5f.: Israel soll als besonderes Eigentumsvolk Jahwes unter allen anderen Völkern für ihn ein „Reich von P.n und heiliges Volk" sein. Die Stellung des P. als Mittler für das Volk ist auf Israel unter den Völkern angewandt. Es erfüllt den Dienst für die ganze Schöpfung als Halten des Bundes, indem es den einzigen Gott aus ganzem Herzen liebt und die Glieder einander, wie sich selbst (Dtn 6,4f.). 1 Petr 2,5–10 hat dieses Verständnis des Gottesvolkes vom P.-Dienst her (nach der griech. Übersetzung des AT) aufgenommen und damit die Ekklesiologie vom gemeinsamen Priestertum aller getauften Gläubigen grundgelegt (vgl. auch Offb 1,6; 5,10). Die ntl. Leitungs- und Verkündigungsdienste werden demgegenüber nicht auf das atl. Berufspriestertum bezogen. Paulus veranschaulicht vereinzelt seinen Dienst am Evangelium in Analogien zum Opferdienst: (Röm 15,5f.; Phil 2,17). Eine Christologie, die in Jesus, dem Sohn Gottes, den Hohenpriester des Neuen Bundes sieht, entwirft der Hebräerbrief. Jesus ist im jüd. Volk „Laie". Ihn als P. zu verkünden ist eine Weiterführung der im NT breit bezeugten Theologie des Kreuzestodes, die diesen als das universale Opfer der Versöhnung Gottes mit den Menschen erfaßt. Hebr zieht aus dieser Hohepriesterchristologie aber begreiflicherweise keine Konsequenzen für ein kirchliches Priestertum: Christus ist der endgültige Hohepriester. Das Verständnis des Dienstamts in der Kirche läuft zunächst über die Vermittlung des vollmächtig Gesandten, des Leiters, des Vorstehers. In christologischer Rückbindung wird dieser Dienst als den Herrn selbst vertretender Hirtendienst begriffen (etwa Joh 21,15–17). Seit Beginn des 2. Jh. setzt sich eine Dreiteilung des Dienstamtes in der ganzen Kirche durch: Bischof, Presbyter (= Ältester, davon etymologisch das dt. Wort „P."), Diakon. Die Charakterisierung des bischöflichen (und später auch presbyteralen) Amtes durch priesterliche Titel *(hieréus, sacerdos)* begegnet seit etwa 200. Diese „priesterliche" Deutung des Amtes geht nicht zu Lasten der Stellung des einzigen Mittlers Christus; das priesterliche Dienstamt steht im Dienst des allein heilsvermittelnden Herrn. Der Aufbaudienst an der Gemeinde wird aber als ein hl. Dienst erfaßt. Darin liegt traditionsgesch. auch ein Rückbezug auf das nachexilisch atl. Priestertum. Es dient nicht nur einer organisatorischen Ordnung, ohne die Gemeinschaften nun einmal nicht sein können: Es hilft der Kirche, Leib Christi zu werden. Die priesterliche Würde wird also nicht von Vollmachten für spezielle Dienste her, sondern wegen der fundamentalen Sorge für die Gemeinde begründet. Von daher stehen dem P. Dienste wie der der Leitung der Eucharistie und der Aufnahme, auch der Wiederversöhnung in der Kirche zu. So tut er auch dem schon im 1. Petrusbrief so hervorgehobenen gemeinsamen Priestertum keinen Abbruch, im Gegenteil: Er dient ihm. Mit Recht sagt deshalb die Kirchenkonstitution des II. Vatikanums, daß sich gemeinsames und amtliches Priestertum nicht im Rangunterschied von weniger und mehr zueinander bestimmen lassen, sondern in ihrer Eigenart „wesentlich" unterschieden sind (LG 10). Das bestreitet nicht, daß sie sich gegenseitig bedingen. Nur weil das Gottesvolk selbst priesterlich ist, sind die Diener Christi in der Gemeinde „P.". Ohne sie würden allerdings die Getauften nicht zu einem priesterlichen Volk, das in Gemeinden lebt, die mehr sind als die Addition vieler einzelner. So ist der P. gerade der Repräsentant der Kirche als Gemeinschaft, die als Gemeinschaft Heilsbedeutung für die hat, die diese Gemeinschaft bilden.

Lit.: Vgl. Art. kohen: ThWAT IV 62–79; *H. W. Beyer,* Art. episkopos u. ä.: ThWNT II 595–619; *ders.,* Art. diákonos u. ä.: ThWNT II 81–93; *G. Bornkamm,* Art. presbýteros u. ä.: ThWNT IV 651–683; *H. Merklein,* Das kirchliche Amt nach dem Epheserbrief. München 1973; *Lima,* Taufe, Eucharistie und Amt. Frankfurt [9]1982; *K. Rahner,* Priesterliche Existenz: ders., Schriften zur Theologie III 285–312; *E. Schillebeeckx,* Die christl. Gemeinde und ihre Amtsträger: Conc(D) 16 (1980) 205–227; *H. Vorgrimler*(Hg.), Amt und Ordination in ökumenischer Sicht. Freiburg 1973; *G.Greshake,* Priestersein. Freiburg [4]1985.

W. Breuning

Prophet

I. Jüdisch. – II. Christlich. – III. Islamisch. – IV. Andere

I. Jüdisch. Als P.en werden in der Bibel Charismatiker bezeichnet, die aufgrund einer besonderen Berufung durch Gott zu Kündern des Gotteswortes werden. Aus der Geschichtsmächtigkeit Gottes leiten sie ihre Kompetenz zur Zukunftsvorhersage ab. Neben dieser Gemeinsamkeit weisen bibl. P.en aber allein aufgrund der großen Zeitspanne, in der sie auftreten, signifikante Unterschiede auf. Letztere sollen im chronologischen Durchgang aufgezeigt werden, um so Entwicklung und Kontinuität bibl. Prophetie darzustellen.

1. Umwelt. Der Zukunftsdeutung gilt im Alten Orient besondere Aufmerksamkeit. So entwickelten die Babylonier eine ausgedehnte „Vorzeichenwissenschaft", in der bevorstehende Ereignisse mit Hilfe induktiv-technischer ↗Mantik vorhergesagt werden sollten. Eine stärker personenbezogene intuitiv-ekstatische Mantik ist dagegen vor allem im kanaanäischen Raum belegt (Mari), von wo aus sie im 9.–7. Jh. im gesamten altoriental. Raum Nachahmung findet. Mit diesen gemeinsam ist der atl. Prophetie die Vielfalt der Offenbarungsformen sowie die Verbindung zu Kult und Königtum. Sie unterscheidet sich jedoch in der gesellschaftlichen Verankerung und daraus folgend in der breiten Wirkungsgeschichte einerseits und in der Eigenständigkeit gegenüber gesellschaftlichen Institutionen andererseits. Darüber hinaus läßt sich in sprachlicher wie inhaltlicher Hinsicht eine erhebliche Qualitätsdifferenz feststellen.

2. Frühe P.en. Die Anfänge israelit. Prophetie dürften bereits in vorstaatlicher Zeit liegen. Aus ihr wird von Charismatikern berichtet, die aufgrund fehlender Aufgabenteilung zugleich priesterliche, prophetische und politische Funktionen wahrnehmen. Im Pentateuch ist hier vor allem auf die Gestalt des ↗Mose zu verweisen. Schon die älteste Schicht deutet mit der Berufungserzählung der Beauftragung zur Übermittlung einer Verheißung (Ex 3,7f.16 [J]) auf die prophetische Funktion des Mose (vgl. Hos 12,14). Ex 3,4b.6.9–12 (E) betont die politische Dimension seines Prophetentums. Deuteronomistische Redaktoren des Dtn verstärken das Bild des „prophetischen Mose" (Dtn 18,15), indem sie ihn zum Urahn und Vorbild der im deuteronomischen Verfassungsentwurf (Dtn 16–18*) neben Richtern, König und Priestern als vierter Gewalt im Staat institutionalisierten Prophetie setzen. In späteren Texten wird Mose jedoch über alle P. hinausgehoben (Dtn 34,10f.); aufgrund seiner direkten Kommunikation mit Jahwe ist er der unvergleichliche Anfang prophetischer Sukzession (Num 11,25 [P]).

Auch Samuel ist ein Charismatiker mit gleichzeitig priesterlichen, politischen und prophetischen Aufgaben. Sein „Sehertum" reicht von Hilfe in Alltagsfragen (1 Sam 9,20) bis hin zur Königsdesignierung (1 Sam 9,15–17).

Sind Notizen über P.en in der vorstaatlichen Zeit noch vergleichbar selten, so kommt es mit dem Beginn der Königszeit – möglicherweise im Zusammenhang mit den dadurch bedingten gesellschaftlichen und kulturellen Veränderungen – zu häufigerem Auftreten prophetischer Gestalten. Hier kann unterschieden werden in P.en-Gruppen (1 Sam 10,5; 19), die nur in eher beiläufigen Notizen erwähnt werden, und betont herausgehobenen als Einzelkämpfer auftretenden P.en wie Elija, Elischa, Natan oder Gad. Letztere haben als Adressaten vor allem den König; gemeinsam ist ihnen, daß sie ungebeten im alleinigen Auftrag Jahwes dessen Botschaft verkünden. Anlaß bietet zumeist Fehlverhalten des Königs, dem aufgrund des Tun-Ergehens-Zusammenhanges das Jahweurteil mitgeteilt wird. Auffällig ist bei der frühen Prophetie die Einbettung des prophetischen Wortes in den Erzählzusammenhang. Die frühen P.en werden als Gottesmänner und Seher bezeichnet, worin der ekstatisch intuitiv-mantische Charakter ihres Auftretens zum Ausdruck kommt. Der für die spätere Prophetie charakteristische *nabi*-Titel taucht wahrscheinlich wegen seiner Nähe zur kanaanäischen Prophetie seltener auf.

3. Vorexilische Prophetie. In die Zeit zwischen Reichsteilung und Exil fällt die Blütezeit atl. Prophetie. Angesichts rel. (Fremdgötterverehrung) und sozialer Mißstände richten vor allem die P.en des Nordreichs (Hos, Am) unter Anknüpfung an Elija und Elischa ihre Unheilsprophezeiungen an die ganze Gesellschaft, die sie damit für hoffnungslos gescheitert erklären. Sie verstehen sich selbst als Glied in einer Kette von P.en (Hos 12,11) und wollen dem Exklusivanspruch Jahwes Geltung verschaffen, weshalb sie vor allem kanaan. Einflüsse bekämpfen. Im Unterschied dazu nehmen die P. des Südreiches ihre Legitimation aus der direkten Berufung durch Jahwe (vgl. die häufig im Ich-Stil erzählten Berufungsberichte; Jes 6; Jer 1; Ez 1–3). In ihrer Zeitkritik stehen sie sehr vereinzelt in Gegnerschaft zu Amtsträgern (Jes 7) und anderen institutionalisierten P. (Jer 28).

Die Frage nach dem Verhältnis von Unheilsankündigung und Umkehraufruf ist ein offenes Problem der Forschung. Umstritten ist, inwiefern diese P. von vornherein unausweichliches Gericht und Verstockung angekündigt haben (z.B. Jes 6; Am 2) oder ob das nahe Gericht die Möglichkeit der Umkehr mit einschloß (z.B. Am 5,4; Jes 1,19). Von diesen P. werden nicht mehr Erzählungen überliefert; vielmehr stehen das Wort und der Spruch im Vordergrund. Diese werden von den Schülern weitergegeben und in eigene Bücher unter dem Namen des P. verschriftlicht („Schrift-P.en"). Die Vielfalt der älteren Titel wird auf *nabi* enggeführt. Der *nabi* ist als der von Gott Berufene zugleich Objekt der Beauftragung und Subjekt der Vermittlung.

4. Exilische und nachexilische P.en. Angesichts der Katastrophe des Exils hat die Unheilsprophetie recht bekommen und somit nicht mehr um ihre Legitimation zu kämpfen. Auf seiten der P. ergibt sich als neuer Schwerpunkt der Umkehrruf: Das eingetretene Unheil kann nur durch die Annahme der gerechten Strafe und die Hinwendung zu Jahwe bewältigt werden (Ez 16,44–58; 33).

Der Durchbruch zum theologisch reflektierten ↗Monotheismus ist neben späten Stellen des Dtn vor allem bei den P. der Exilszeit zu finden. Bes. Deuterojesaja verbindet mit dem Bekenntnis zu Jahwe als dem einzigen die Hoffnung auf die Möglichkeit neuen Heils. So gewinnt insgesamt seit dem Exil die Umkehrpredigt in Verbindung mit Heilsorakeln das Übergewicht. Diese Tendenz wird neben den P., die in dieser Zeit leben (DeuteroJes, Ez, Hag, Sach, Mal), auch in der Überarbeitung der vorexilischen P. manifest (Jes; deuteronomistische Jer-Redaktion; Ez).

5. Das Ende der Prophetie. Bereits bei den späten P. deutet sich mit der Überlieferungsvielfalt eine Auflösung der Verkündigungsformen klass. Prophetie an; das gleiche läßt sich z.B. aus der Anonymität des nachexilischen Mal schließen. Die Kommunikation mit Gott, die sich für die frühe Prophetie unmittelbar vollzog, wird durch eine Mittlergestalt (z.B. Mal 3,1f.; Sach 1,9) hergestellt. Der Prozeß der Erfüllung vorexilischer Prophetie, die Verschriftlichung und Kanonisierung der Heils- wie der Unheilsprophetie vermitteln den Eindruck der Abgeschlossenheit der Prophetie, die schon inneratl. reflektiert wird (Ps 74,9; 1 Makk 4,46; 9,27; Sach 13,3f.).

Rückblickend auf die Zeit der P. richtet er sich gleichzeitig nach vorne in Erwartung eines eschatol. P. (Mal 3,25f.; Joel 3). Wegen der zunehmenden Bedeutung des visionären Elements (vgl. Ez; Sach) steht die späte Prophetie am Übergang zur ↗Apokalyptik.

6. Prophetinnen. Auch wenn beam-

tete P.en nicht ganz fehlen (z.B. 1 Sam 28,6; 2 Sam 24,11), so sind doch die Charismatiker von weit größerer Bedeutung. Es ist von daher nicht verwunderlich, daß, wenn irgendwo, dann hier auch Frauen auftreten. Zwar in geringer Zahl, aber doch signifikant als Ausnahme im Vergleich zu anderen Bereichen (Priester/Königtum) sind zu nennen Mirjam, die Schwester Mose (Ex 15,20f.), Debora, die zugleich den Titel „Richterin und Mutter in Israel" trägt (Ri 4f.), Hulda (2 Kön 22) sowie eine anonyme Prophetin (Jes 8,3), wahrscheinlich die Frau Jesajas. Die Beobachtung, daß Frauen verstärkt dort zu Wort kommen können, wo das Charisma von besonderer Bedeutung ist (vgl. Joel 3,1), ist verallgemeinerungsfähig und läßt sich z.B. in den ntl. Schriften ebenfalls machen.

II. Christlich. 1. Voraussetzungen. Prophetie im NT ist angebunden an die Situation, wie sie mit dem Ende des AT entstanden war. Die P. waren kanonisiert und als solche eine Größe der Vergangenheit. Unter dem Begriff „das Gesetz und die P." (z.B. Mt 5,17; Lk 16,16; Joh 1,45) konnte die Schrift zusammengefaßt werden. Neben dieser „abgeschlossenen" Prophetie stand aber die Erwartung eines eschatologischen P. Elija, wie sie sich in der Erwartung der Wiederkehr Elijas konkretisieren kann.

2. Johannes der Täufer. Gerade diese Erwartung ist es, mit der im NT konfrontiert wird und zu der Stellung genommen werden muß. Da Johannes mit seinem ganzen Auftreten (Kleidung und Aussehen: Mk 1,6; Gerichtsankündigung: Mt 3,7–10; Umkehraufruf: Mt 3,2) deutlich prophetische Traditionen aufgreift, sehen viele Zeitgenossen in ihm den erwarteten P. (z.B. Lk 3,15). Die Synoptiker zeichnen Johannes als den Wegbereiter Jesu (vgl. Lk 1,76 im Vergleich zu Lk 7,26). Auch die Zurückweisung der Volkserwartungen (Joh 1,19ff.) soll auf seine Vorläuferfunktion verweisen (Joh 1,26f.). Indem Jesus den Täufer als den „Elija redivivus" bezeichnet (Mt 11,14), erklärt er die Endzeit für gekommen. Auch die Hinrichtung des Johannes wird unter Anknüpfung an theol. Aussagen des AT (vgl. Neh 9,26) als gewaltsames P.en-Geschick verstanden.

3. Jesus. Auch Jesus selbst wird aufgrund seiner Umkehrpredigt und seiner prophetischen Zeichenhandlungen und Wundertaten mit dem erwarteten P. identifiziert (Mk 6,15f.; Mt 21,11.46). Die atl. P.en-Zitate sollen beweisen, daß Jesus die Erfüllung atl. Vorhersagen ist (z.B. Mt 11,4f.). Das Handeln Jesu wird als prophetisches erkannt (Lk 7,16) und zugleich bezweifelt (Lk 7,39). Dem entspricht, daß Jesus selbst ein eindeutiges Machtzeichen ablehnt (Mt 12,38–42), obwohl er sich indirekt selbst als P. bezeichnet (Mk 6,4). Als indirekte P.en-Christologie müssen auch die Taufe Jesu, seine Kultkritik und die Drohrufe gewertet werden.

Bei Joh ist das P.-Sein Jesu ein Teil seiner Selbstoffenbarung (Joh 4,16–19.26); seine Möglichkeiten übersteigen jedoch die der P. (Joh 8,48–58). Die direkte Identifikation Jesu mit dem endzeitlichen P. von Dtn 18,15–17 erfolgt erst Apg 7,37.

4. Frühchristl. P.en. Obwohl die Prophetie in Jesus ihren überbietenden und „krönenden Abschluß" gefunden hat, bedeutet das doch nicht das Verschwinden der Prophetie, sondern treten im Frühchristentum noch P.en auf. In ihnen sieht die Urgemeinde das Zeichen der eschatologischen Geistausgießung (Apg 2). 1 Kor 12,28f. wird neben den Gruppen der Apostel und der Lehrer eine Gruppe der P. genannt. Als von Gott berufene Geistbegabte sind sie Instrument der Offenbarung. Paulus lobt ihren Dienst für die Gemeinde als höchstes Charisma (1 Kor 14,5). Im Gemeindegottesdienst nahmen prophetisch begabte Frauen und Männer eine dominante Stellung ein; sie werden jedoch von Paulus im Interesse der Gemeinde zu verständlichem Reden aufgefordert (1 Kor 14). Ihre Aufgaben sind Erbauung und Ermutigung (1 Kor 14,3,31; vgl. Apg 15,32); gebunden sind sie immer an die Jesustradition (Röm 12,6) und an das Gemeindewohl.

5. Das Erlöschen der Prophetie. Die Notwendigkeit der Ermahnung 1 Thess 5,20 weist auf Schwierigkeiten der angeredeten Gemeinde mit der Prophetie hin. Ein Grund dafür könnte das traditionsgeschichtlich bedingte Fehlen

der Prophetie in heidenchristl. Gemeinden sein. Darüber hinaus könnte das Auftreten von Falsch-P.en (1 Joh 4,1–6; Mt 7,15) zu einer grundsätzlichen Skepsis P.en gegenüber geführt haben. Diese dürfte später durch die Bedeutung der Prophetie im Montanismus verstärkt worden sein. Aufgrund der zunehmenden Institutionalisierung sog der entstehende Episkopat auch die prophetischen Funktionen in sich auf. Nicht zuletzt dürfte auch der Wandel der christl. Zukunftserwartung das Verschwinden der Prophetie als eigenständiger Größe gegen Ende des 2. Jh. bewirkt haben.

6. Offenbarung des Johannes. Die Verbindung von alt- und neutestamentlicher Prophetie wird noch einmal deutlich in den über 500 Anspielungen auf atl. P.en-Texte. Indem der Verfasser seine Zukunftsbotschaft im Rückgriff auf die Verkündigung der atl. P.en aussagt, setzt er diese auf neue Weise ins Recht und bestätigt ihre bleibende Bedeutung.

Lit.: *G. Dautzenberg,* Urchristl. Prophetie. Stuttgart 1975; *F.-L. Hossfeld / I. Meyer,* P. gegen P. Fribourg 1973; *K. Koch,* Die P.en I, II. Stuttgart ²1987, 1980; *H.-P. Müller,* Art. nabi: ThWAT V 140–163; *P. A. Neumann* (Hg.), Das P.en-Verständnis in der deutschsprachigen Forschung seit Heinrich Ewald. Darmstadt 1979; *F. Schnider,* Art. prophētēs: EWNT III 442–448; *ders.,* Jesus der P. Fribourg 1973; *O.-H. Steck,* Israel und das gewaltsame Geschick der P.en. Neukirchen-Vluyn 1967; *C. Westermann,* Grundformen prophetischer Rede. München 1978; *H. W. Wolff,* Studien zur Prophetie. München 1987; *W. Zimmerli,* Die Bedeutung der großen Schriftprophetie für das atl. Reden von Gott: VTS 23 (1972) 48–64; *ders.,* Studien zur atl. Theologie und Prophetie. München 1975.

F.-L. Hossfeld / F. Reuter

III. Islamisch. 1. Der Islam unterscheidet zwei Typen von P.en: der P. generell ist der *nabī,* der gesetzgebende P. aber ist der *rasūl,* der Gottgesandte. Jeder *rasūl* ist ein *nabī,* doch nicht jeder *nabī* ein Gesandter. Als Gesetzgeber gelten ↗Ādam, Ibrāhīm (↗Abraham III), Mūsā (↗Mose), ʿĪsā (↗Jesus III) und ↗Muḥammad. Der Koran nennt 28 P.en mit Namen, beginnend mit Ādam; der letzte ist Jesus, der „Geist Gottes, geboren von der Jungfrau Maria". Muḥammad selbst wird als „Siegel der P." bezeichnet; das ist derjenige, der die Botschaft aller ihm vorausgegangenen P. noch mal in ihrer urspr. Reinheit verkündet und somit abschließt. Damit ist kein Raum für einen P. nach ihm. Der Glaube an den abschließenden Charakter des Prophetentums Muḥammads ist ein fester dogmatischer Satz im Islam, der in jüngster Zeit dazu geführt hat, die ↗Aḥmadīya-Bewegung als unislamisch zu erklären, da ihr Gründer Mīrzā Ghulām Aḥmad (gest. 1908) sich eine quasi-prophetische Rolle angemaßt haben soll. Es hindert jedoch niemand den Muslim, an P.en zu glauben, die nicht namentlich im Koran genannt sind und vor Muḥammad gewirkt haben (obgleich ihre Botschaft durch Muḥammads Kommen abrogiert ist). Die Tradition spricht von 313 solcher P.en, und die myst. Überlieferung nimmt bis zu 124000 an.

2. Allen im Koran genannten P.en gebührt Verehrung, und ihre Namen werden – nach einem Wort Muḥammads – gern als Eigennamen bei den Muslimen verwendet. Bes. geachtet ist Ibrāhīm, der als Erbauer der ↗Kaʿba in Mekka gilt, wo auch sein Sohn Ismāʿīl (nicht Isaak!) geopfert werden sollte; die Pilgerfahrt (↗Ḥadjdj) mit ihren Riten erinnert an dieses Ereignis. Die großen und kleinen P. des AT fehlen in den koranischen Berichten; dafür sind andere Gestalten wie David und Salomo in den Kreis der P. aufgenommen, auch spezifisch arab. „Warner" wie Ṣāliḥ und Hūd.

Der P. ist *maʿṣūm,* vor Sünde und Irrtum geschützt; er kann nicht lügen, ist zuverlässig und kann seine Botschaft nicht geheimhalten, doch kann er allg.-menschlichen Schwächen ausgesetzt sein.

3. Unter den im Koran erwähnten P. hat die Mystik sieben ausgewählt, die in besonderer Weise die wichtigsten Attribute Gottes widerspiegeln: Adam ist mit dem Willen und der Schöpferkraft verbunden, Abraham mit dem Wissen, Noach mit der Macht, David mit dem Hören, Jakob mit dem Sehen, Jesus mit dem Leben und Muḥammad mit der Existenz. Im späteren Ṣūfismus führte der Weg des Mystikers durch die Stationen der verschiedenen P.en, und die letzte, nur von wenigen zu erreichende Stufe war die *ḥaḳīḳa muḥammadīya,* der archetypische Muḥammad, der den Berührungspunkt zwischen der Transzendenz Gottes und der geschaffenen Welt bildet.

Doch bedeutet das keine Vergottung oder Verwandlung des P. in ein logos-ähnliches Wesen; der Islam hat immer betont, daß der P. nur das Sprachrohr Gottes ist, sein Diener, der als Warner und Künder froher Botschaft in die Welt geschickt ist, um das Gotteswort entsprechend der Aufnahmefähigkeit seiner Hörer in deren Sprache und Ausdrucksform zu verkünden.

Lit.: *J. Horovitz,* Art. NABĪ: HIsl 563; *A. Schimmel,* Muhammad ist sein P. Köln 1982; *G. T. Sheppard/W. E. Herbrechtsmeier,* Art. Prophecy. An Overview: ER XII 8–14; *A. J. Wensinck,* Art. RASŪL: HIsl 611 f. *A. Schimmel*

IV. Andere. Der P. ist als Verkünder des göttlichen Willens, den er öffentlich kundtut und interpretiert, ein Vermittler zwischen Gott und den Menschen. Der Gott erwählt seinen P., ja zwingt ihn in seinen Dienst und teilt ihm seinen Willen mit Hilfe von Auditionen und Visionen mit. Dieses Ergreifen durch den göttlichen Geist wird äußerlich sichtbar durch unterschiedliche Stufen der Besessenheit, also ekstatisch-enthusiastische Erscheinungen. Hier liegen Berührungen zum ↗Schamanismus, von dem direkte Linien bis zu dem Phänomen des P. reichen. Die Bezeichnung P. taucht aber auch als Titel in der Antike auf. So wurde er zur Bezeichnung fremder Priester benutzt. Auch die röm. Kaiser Hadrian und Julian trugen den Titel P. Die *Sibylle* war eine prophetische Frauenerscheinung, die, von einem Gott ergriffen, in ekstatischer Form meist Unheil weissagte und deren Name schließlich zu einem Gattungsnamen für diese Art weiblicher Prophetie wurde. Ihre prophetischen Aussprüche, die in den Sibyllinischen Büchern gesammelt vorliegen und von König Tarquinius Superbus gekauft worden sein sollen, wurden in Krisenzeiten auf Antrag zu Rate gezogen. In Griechenland hatten die weiblichen Medien der Orakelstätten, so die *Pythia* in Delphi, prophetische Funktionen. Hier sind einige vorbereitende Handlungen bekannt, die die Prophetin vorzunehmen hatte. Sie trank Wasser aus der hl. Quelle Kassotis und kaute Lorbeerblätter, denn vom Lorbeer her erteilte Apollon seine Orakel. Die Pythia trug – unabhängig ihres Alters – Mädchenkleidung und galt als jungfräuliche Braut des sie ergreifenden Gottes. An ihrer Gestalt wird aber auch die Trennung von P. und Priester deutlich, da die hervorgestoßenen Laute der ekstatischen Prophetin durch die Priester gedeutet und in verständliche Sprache umgesetzt wurden. Daß aber ein P. durchaus selbst die Erklärung des Geschauten mitliefern und selbst als Stifter einer Religion wirken kann, machen die beiden folgenden Beispiele deutlich. ↗*Zarathustra,* der Stifter des Parsismus, war Priester und Sänger der Volksreligion, gegen die er sich vehement wandte, nachdem er von seinem Gott Ahura Mazda in Visionen und Auditionen die neue Offenbarung erhalten hatte. Es gelang ihm, seine ekstatischen Erfahrungen in den Gesängen der Gāthās wiederzugeben. *Joseph Smith* (1805–1844), P. und Begründer der ↗Mormonen, trat mit dem Anspruch einer neuen Offenbarung auf. Ein Engel zeigte ihm in einer Vision alte Schrifttafeln, die er mit einer magischen Brille übersetzte und in dem Buch „Mormon" niederschrieb.

Lit.: *M. Eliade,* Schamanismus und archaische Ekstasetechnik. Zürich 1957; *R. Mullen,* Die Mormonen. Weilheim 1968; *G. Widengren,* Die Religionen Irans. Stuttgart 1965; *E. Fascher,* Prophētēs. Gießen 1927. *P. Parusel*

Protestantismus

↗Christentum.

1. Begriff. P. ist heute ein höchst vielschichtiger und unscharfer Begriff.

a) Herkunft. Der Begriff P. entstand 1529 auf dem 2. Reichstag zu Speyer, als die ev. gesinnten Stände gegen den Mehrheitsbeschluß, der die Reichsreligion verbindlich in der altgläubigen (röm.-kath.) Form festlegte, Rechtsverwahrung *(protestatio)* einlegten. Die ev. gesonnenen Reichsstände „protestierten" gegen die Anwendung des Mehrheitsprinzips in Sachen des Glaubens und erklärten: „in Sachen Gottes Ehre und der Seelen Seligkeit belangend muß ein jeglicher für sich selbst vor Gott stehen und Rechenschaft geben, also daß sich dabei niemand mit dem Handeln oder Beschließen einer Minderheit oder Mehrheit entschuldigen kann". Diese Protestation war halb Rechtsverwahrung, halb Bekenntnis und machte zum erstenmal eine konfessionelle Spaltung des Heiligen Römischen Reiches Deutscher Nation sichtbar. Protestatio meint sowohl abwehrenden Protest wie positiv Zeugnis, Bekenntnis zum Evangelium. P. war also zunächst ein reichsrechtlicher, ein politischer Begriff. Außerdem war die Protestation Werk der Laien. Merkmale des P. zeigen sich schon 1529: Spezifisch ist die religiöse Begründung einer politischen Entscheidung. Die Berufung auf eine persönliche Gewissensnot und die Autonomie des einzelnen Glaubenden sind ein anderes, die Forderung nach Toleranz ein weiteres Merkmal. Vor allem aber sind die Fürsten und Stände, also Laien Träger des P. Theologische Grundlage dafür ist das allgemeine Priestertum aller Gläubigen. „Protestanten" waren zunächst nur die *Lutheraner*, später auch die auf *U. Zwingli* und *J. Calvin* sich berufenden *Reformierten*.

b) Ausgestaltung des Begriffs. „Protestanten" wurden die ev. Stände zuerst von der Gegenpartei genannt. Erst in England wurde anläßlich der kath. Restauration 1553 der Begriff „Protestanten" zur Selbstbezeichnung. Die „Protestaynes" forderten gegen die „Papisten" eine romfreie Kirche. Die Protestanten begreifen sich als antipäpstliche Christen. Der P. hat seine Spitze gegen den universalen Anspruch der röm.-kath. Kirche. Das Abstractum „P." ist erst seit der Aufklärung nachweisbar (bei *G. J. Planck*, der 1796 eine vergleichende Symbolik veröffentlichte: „Abriß einer historischen christlichen Darstellung der dogmatischen Systeme unserer verschiedenen christlichen Hauptparteien nach ihren Grundbegriffen, ihren daraus abgeleiteten Unterscheidungslehren und ihren praktischen Folgen").

Seit dem 19. Jh. werden die Forderung nach Freiheit und Autonomie („freier" P., Protestantenverein) und der sog. Kultur-P. (von der Dialektischen Theologie unter Berufung auf die Autorität der Offenbarung abgelehnt) zu einem Hauptkennzeichen des P. Typus eines kirchenkritischen Christentums ist *S. Kierkegaard* (1813–1855). In prot. Tradition verwurzelt sind auch Philosophen wie Kant und Hegel sowie Schleiermacher. Teilweise orientiert sich der P. am Ideal der Wiederherstellung der Urkirche (z. B. R. Sohm mit seiner These von einer rechtsfreien Kirche): Die wahre Kirche ist geistlich, unsichtbar. Der P. ist in der Neuzeit insofern in seiner geistigen Ausgestaltung sehr pluralistisch.

c) Heutiger Gebrauch. P. ist heute ein Sammel- und Tendenzbegriff. Teils enthält er eine kulturpolitische Spitze in der Ablehnung einer kath. Kultur (vgl. die Protestanten in Nordirland). Zum Teil ist P. in der Ökumenischen Bewegung die Bezeichnung für die Kirchen, die weder der Orthodoxie (Ostkirche) noch der kath. Tradition zuzurechnen sind („Welt"-P.). Zum P. zählen Landeskirchen (Lutheraner, Reformierte, Unierte) und Freikirchen (z. B. Kongregationalisten, Methodisten, Baptisten, Quäker). In England sind die Puritaner, Presbyterianer „Protestanten", während der Anglikanismus als Episkopalismus sich teilweise zum ↗Katholizismus rechnet. In den USA nennen sich die Anglikaner seit dem Unabhängigkeitskrieg „Protestant Episcopal Church". P. bezeichnet heute weniger eine dogmatische Lehre als einen Glaubensstil, eine „geistige" Haltung, „Spiritualität". Repräsentanten des P. waren darum häufig Laien, Fürsten (z. B. Philipp von Hessen, Gustav Adolf v. Schweden), Politiker (O. v. Bismarck, F. Naumann, G. Heinemann), Wissenschaftler (J. Kepler, I. Kant, G. E. Lessing). Protestantisch ist insofern ein Weltverständnis, ein Ethos, eine Arbeits- und Berufsauffassung. (Zum anderen) ist „protestantisch" im ökumen. Dialog eine bestimmte Lehrauffassung über Kirche, Amt, Sakramente.

2. Geschichte. Seit der Reformationszeit hat der P. vielfältige Wandlungen erfahren. *E. Troeltsch* (1865–1923) unterschied zwischen Alt-P. und Neu-P. Orthodoxie und Pietismus waren alt-protestantisch, insofern sie am altkirchl. Dogma unverbrüchlich festhielten, die Verbalinspiration der Schrift lehrten, die Erbsünde und ein supranaturales Wunderverständnis als fundamental ansehen. Der Alt-P. vertrat auch noch die Zulässigkeit eines (politisch begründeten) Glaubenszwanges, der nur durch ein ius emigrandi gemildert war, und die konfessionelle Geschlossenheit des Territorialstaates (reichsrechtlich verbürgt im Augsburger Religionsfrieden 1555 mit dem Grundsatz „cuius regio eius religio"). Mit der Aufklärung und dem Aufbruch der

hist. Kritik entsteht der Neu-P. mit seiner Autoritäts- und Traditionskritik. Die Aufklärung bringt auch erst den Durchbruch zur Toleranz und individuellen Glaubensfreiheit. Eine kritische Theologie stellt dann im 19. Jh. die Frage nach einem „Prinzip" des P. *F. D. E. Schleiermacher* (Glaubenslehre, ²1830, § 24) sah den Unterschied zwischen Katholizismus und P. in der Zuordnung des einzelnen zur Kirche oder zu Christus; auch *J. A. Möhler* betonte die Differenz zwischen Katholizismus und P. im Kirchen-, Amts-, Traditions- und Sakramentsverständnis. Auf *A. D. Ch. Twesten* (gest. 1876) geht die Feststellung eines Formalprinzips (alleinige Geltung der Autorität der Hl. Schrift, *sola scriptura)* und eines Materialprinzips (Rechtfertigung allein aus Glauben, *sola fide)* zurück. Die Festlegung eines „protestantischen Prinzips" ist jedoch problematisch, weil zu schematisierend.

3. Merkmale. Gemeinhin gilt als Kennzeichen des P. das vierfache *„sola"*. Dieses *„sola"* ist exklusiv gemeint. „Sola scriptura" verwirft die Berufung auf eine kirchl. Tradition neben der Schrift und vor allem die unfehlbare Autorität eines kirchl. Lehramtes. „Sola fide" enthält eine polemische Absage an die Werkfrömmigkeit und Ablehnung der guten Werke. „Sola gratia" betont die Unabhängigkeit der Heilsvermittlung von allem menschlichen Handeln (Ablehnung der Messe als Opfer). „Solus Christus" enthält eine Kritik kirchl. Autoritätsansprüche. Diese lehrhafte Fassung des Unterschiedes zwischen Katholizismus und P. ist jedoch unzulänglich. Statt dessen sind folgende Merkmale zu beachten:

a) Ein enges Verhältnis zur Bibel, vertraute Kenntnis, beständiger und selbständiger Umgang mit der Hl. Schrift sind Voraussetzungen protestantischer Existenz. Dieser persönliche Umgang mit der Schrift ist das wichtigste Erbe, das der P. Luther und Calvin verdankt. Inwieweit mit der Orientierung der Schrift eine Aufnahme kirchl. Tradition, von Bekenntnis und konfessionellen Überlieferungen vereinbar ist, ist eine zweitrangige Frage. Gefährdet wird der P. in seinem innersten Kern durch eine Bibelvergessenheit.

b) Der P. entstand aus einer persönlichen Gewissensentscheidung. Die unbedingte Forderung des an Gottes Wort gebundenen eigenen Gewissens ist die letzte und unbedingte Instanz des Handelns und Glaubens. Zum P. gehört die Anerkennung der autonomen Verantwortung des Gewissens.

c) Die aus der Schrift gewonnene und das eigene Gewissen bindende Erkenntnis ist mit allem Freimut öffentlich zu vertreten. Daraus folgt ein radikales Ernstnehmen der Wahrheitsfrage, das einerseits zur rationalen Reflexion einer allein der Wahrheit und Wahrhaftigkeit verpflichteten wiss. ev. Theologie führte, andererseits eine protestantische Eigentümlichkeit hervorbrachte, eine typisch protestantische Neigung zum Eigensinn. *P. Tillich* leitet aus dem „protestantischen Prinzip" die Zulässigkeit des Zweifels ab. Die Unerbittlichkeit und Hartnäckigkeit, mit der bis heute auch innerprotestantischen Auseinandersetzungen ausgetragen werden, und die protestantische Aufsplitterung in eine Vielzahl von Konfessionen sind Folge solchen Wahrheitseifers. Die Anerkennung der persönlichen Überzeugung führte dann folgerichtig zur Forderung nach Toleranz und Glaubensfreiheit.

d) Am Anfang des P. steht *M. Luthers* Kritik an der ma. Kirche. Die Wahrheitsfrage wird der Einheit der Kirche übergeordnet. Die Ablehnung jeder irdischen Heilsvermittlung läßt die sichtbare Kirche und ihr Recht zu einer Sache menschlichen Rechts werden *(iure humano).* Dies schließt ein: die Verwerfung eines sakramentalen Amtsverständnisses – das Amt ist Dienst, nicht *ordo* – und einer Hierarchie göttlichen Rechts, einer hist. apostolischen Sukzession. Die Traditionskritik betrifft nicht nur das Amts-, sondern auch das Sakramentsrecht. In der allzu pauschalen Gegenüberstellung von P. als „Kirche des Wortes" und Katholizismus als „Kirche der Sakramente" wird der Gegensatz von sakramentalem und worthaftem Verständnis von Gnade artikuliert. Die Frage, wie der Fundamentaldissens zwischen P. und Katholizismus zu bestimmen sei, wird heute neu diskutiert.

e) Schließlich kennzeichnet den P. ein bestimmtes Weltverhältnis: Die alltägliche Welt wird von klerikaler Bevormundung freigesetzt und säkular, profan verstanden. Ein protestantisches Berufsethos bildete sich aus der Absage an die Berufung *(vocatio)* des Mönchs. Das Eheverständnis (ev. Pfarrhaus) entwickelt sich im Widerspruch zum priesterlichen Zölibat. Die Ehe wird ein „weltlich Ding". Die Säkularisierung des Kirchenbesitzes erfolgte in protestantischen Staaten (landesherrliches Kirchenregiment). Der politische Bereich wird aus kirchl. Direktiven gelöst (Zwei-Reiche-Lehre, Absage an die päpstliche *potestas directa* und *indirecta in temporalibus*). Zugleich wird dadurch die Autorität der weltlichen Obrigkeit gestärkt. Im dt. Wort „Weltfrömmigkeit" verdichtet sich diese Lebensanschauung.

4. Probleme und offene Fragen. Der P. in seiner überlieferten Gestalt steht heute vor unterschiedlichen Problemen.

a) Träger des P. war die *bürgerliche Kultur.* Der protestantische Mensch war der Bildungsbürger. Das Proletariat blieb weithin dem P. entfremdet. Dazu kommt die Unanschaulichkeit des protestantischen Wort- und Glaubensverständnisses. Die Krise des Bürgertums und der Persönlichkeitskultur, die Entindividualisierung der Gesellschaft trifft in besonderer Weise den P. Der P. hat keine spezifische soziale und politische Doktrin. Die Zukunft des P. in einer sich verändernden weltweiten Industriegesellschaft ist ungewiß.

b) Die protestantische Neigung zum rel. Individualismus und zu persönlichen Glaubensvorstellungen wird in Frage gestellt durch die Entdeckung der Kirche als Gemeinschaft und der Sakramente als Zeichen der Einheit in der *Ökumene* des 20. Jh. Der P. war bis ins 20. Jh. nationalstaatlich, nicht universal orientiert. Ein solcher landesherrlicher und konfessioneller Partikularismus wird durch das Bemühen um ökumen. Konsens (z. B. in den Lima-Erklärungen über Taufe, Eucharistie und Amt, 1982) fragwürdig. Die Aufgaben einer Gottesdienst-, Liturgie- und auch Verfassungsreform werden dringlich, gerade aufgrund des protestantischen Grundsatzes „ecclesia semper reformanda".

c) Schließlich stellt die völlige Säkularisierung, Verweltlichung der aufgeklärten und technischen Welt und ein allgemeiner Indifferentismus vor die Frage nach dem Fortbestand eines kirchenfreien Christentums und nach der Bedeutung von Frömmigkeit, Tradition und dem Zeugnischarakter christl. Lebensstils in einer nachchristl. Welt.

Der P. bleibt freilich auch in einer ökumen.-kirchl. Gemeinschaft der Zukunft ein unentbehrliches kritisches Ferment.

Lit.: *E. Troeltsch,* Protestantisches Christentum und Kirche in der Neuzeit: P. Hinneberg (Hg.), Die Kultur der Gegenwart 1/IV. Berlin ³1922, 431–755; *ders.,* Die Bedeutung des P. für die Entstehung der modernen Welt. Neudr. der Ausg. v. 1911. Aalen 1963; *P. Tillich,* Der P. als Kritik und Gestaltung: Gesammelte Werke VII. Stuttgart 1962; *H. H. Walz,* Das protestantische Wagnis. Stuttgart 1958; *K. Kupisch,* Quellen zur Geschichte des deutschen P. (1871–1945). Göttingen 1960; *W. H. van de Pol,* Der Weltprotestantismus. Essen 1960; *U. Mann,* Vom Wesen des P. Heidelberg 1964; *H. Schütte,* P. Essen 1966; *H. W. Heßler* (Hg.), Protestanten und ihre Kirche. München 1976; *M. Greschat* (Hg.), Theologen des P. im 19. und 20. Jh. 2 Bde. Stuttgart 1978; *G. Schmidtchen,* Protestanten und Katholiken. Soziologische Analyse konfessioneller Kultur. München ²1979; *H. Gollwitzer,* Vorüberlegungen zu einer Geschichte des politischen P. nach dem konfessionellen Zeitalter. Opladen 1981; *K. Scholder / D. Kleinmann* (Hg.), Protestantische Profile. Königstein 1983; *M. Weber,* Die protestantische Ethik. 2 Bde. Gütersloh 1984; *K. Barth,* Die protestantische Theologie im 19. Jh. Zürich ⁵1985; *W. Dantine,* Über den protestantischen Menschen. Hamburg 1959; *G. Benrath* u. a., Der P. als kritische Kraft. Göttingen 1979.

M. Honecker

PSI ↗Telepathie.

Pyramide

↗Ägyptische Religion.

35–40 Königsgräber in Form von Pyramiden, von denen einige unvollendet, einige abgebrochen sind, stehen am Westufer des Nils, südlich des Deltas bis Mittelägypten. Sie stammen aus dem Alten und Mittleren Reich (2800–1900). Alle sind von Kultbauten umgeben, in der klass. Form von einem Tempel im Tal, einem (oft gedeckten) Aufweg und einem Tempel für den Totendienst; vielfach stehen neben der Haupt-P. einige Neben-P.n, die z.T. der Bestattung der königl. Gemahlinnen dienten. – Der strengen geometrischen Form der P. ging eine lange und nicht geradlinige Entwicklung voraus, die zeigt, daß der Gedanke eines

Grabtumulus zugrunde liegt. So besteht die älteste P., die des Königs *Djoser* (um 2600) bei Saqqâra, aus sechs aufeinandergetürmten, 8,80 m bis 10,40 m hohen Bankgräbern („Mastabas"), aus welcher Form erst König *Snofru* (um 2250) die glatt verkleidete P. entwickelte. – Daß der Zweck der P. der einer königl. Grablege ist, kann nicht bezweifelt werden; lediglich in der frühesten Zeit entstand über das Land verteilt, eine Reihe kleiner, stufenförmiger Anlagen ohne Grabkammer, deren Zweck unbekannt ist (vielleicht Zeichen der königl. Zentralmacht?). Die größte P. ist die des *Cheops* in Gisa (Gizeh [um 2530]), danach nimmt die Größe ab, und auch Ziegel treten an die Stelle behauener Steine. – Erbaut wurden die P.n wohl mit Hilfe von Rampen durch die ägypt. Bevölkerung (nicht durch Sklaven!). – Über einen Symbolwert ist aus älterer Zeit nichts bekannt. Spätestens seit 2000 werden P.n mit dem Sonnenlauf zusammengebracht und somit zu einem Zeichen des Lebens nach dem Tode. Sie finden sich, jetzt in kleiner Form (Pyramidion), auf Privatgräbern. Hellenist. Herrscher und Heroen (Mausolos), west- und oström. Vornehme übernehmen als Krönung ihrer Grabmäler gelegentlich die Form der P., in Ostrom trägt auch die Porphyra, das Geburtshaus der Kaiserinnen, eine P.

Lit.: *R. Stadelmann,* Die ägyptischen P.n. Mainz 1985; *A. Hermann,* Porphyra und P.; Jac 7 (1964) 117–138.
H. Brunner

Q

Qumran. Chirbet Qumran, „Ruine des grauen Flecks", am Nordwest-Ufer des Toten Meeres ist eine der 5 Wüstenstädte aus Jos 15,61 f., entweder *'îr hammaelaḥ* „Salzstadt" (Noth) oder *Sechacha* (Bar-Adon), wird in den Murabba'at-Texten (45,6) *meṣad ḥasîdîn* „Festung der Frommen" genannt und ist nach Plinius d. Ä. der Hauptort der ↗Essener. Lange Zeit für ein röm. Fort gehalten, bewiesen die Ausgrabungen ab 1951 unter *R. de Vaux,* daß es sich um das Gemeindezentrum einer essenischen Gruppe handelt und daß ein Zusammenhang dieser Ruine mit den ab 1947 in 11 Höhlen in unmittelbarer Nähe gefundenen Schriftrollen besteht, deren essenische Herkunft nicht mehr bezweifelt wird; die 3 km südl. gelegene fruchtbare Quellregion *En-Feschcha* (Enot Zuqim) bildete den Versorgungsteil von Q.

Die Archäologie unterscheidet 3 Besiedlungsphasen: I a) An einer befestigten Wasserstelle des 8.–7. Jh. v. Chr. (Jos 15,61) erfolgt eine *essenische* Besiedlung mit bescheidenen Anfängen (vor 100 v. Chr.). I b) Unter *Alexander Jannai* beträchtliche Ausgestaltung der Anlage zur *meṣad ḥasîdîn* mit umfangreichem Bewässerungssystem; da es sich um ein Funktionsgebäude handelt, das für 200–300 Personen ausgerichtet war, ist ein umfangreiches Metökensystem anzunehmen; Aufgabe der Siedlung nach Erdbeben (31 v. Chr) und Großbrand. II) Neubesiedlung unter *Archelaos* (4 v.–6 n. Chr.); zusätzliche Befestigungen und Sicherungsarbeiten lassen auf zelotisch geprägte Essener schließen, die sich auf eine Auseinandersetzung mit den Römern vorbereiten; Zerstörung der Anlage durch die Legio X (68 n. Chr.); zuvor wird die umfangreiche Bibliothek in die Höhlen der Umgebung ausgelagert. III) Röm. Garnison (68–100 n. Chr.); Stützpunkt der *Bar-Kochba*-Leute im 2. Jüd. Krieg (132–135 n. Chr.).

Aus den ḥasidischen Auseinandersetzungen mit den Hasmonäern hat sich eine rigoristische, zadoqidisch-priesterliche Essenergruppe unter Leitung des „Lehrers der Gerechtigkeit" – wahrscheinlich ein von Jonatan abgesetzter Jerusalemer Hoherpriester – aus dem Kulturland „in die

Wüste" gemäß Jes 40,3 (vgl. 1 QS 8,14) abgesetzt, um hier essenische Absonderung in räumlicher, wirtschaftlicher und geistiger Hinsicht in strikter Konsequenz durchzuführen. Strengste kompromißlose Tora-Observanz, ständige rituelle Reinheit (Ehelosigkeit und rituelle Waschungen) und ein hohes prophetisch geprägtes Ethos („Umkehr") zur Sühne für das Land waren die zentralen Ziele. Da die Q.-Gruppe den Jerusalemer Tempelkult wegen seiner hellen. Elemente und seines lunisolaren ↗Kalenders für irregulär wertete, sonderte sie sich auch vom Tempelkult ab, interpretierte zwischenzeitlich ihre Gemeinde als Tempel und spiritualisierte den Opferkult, entwarf aber in der Tempelrolle ihre Idealvorstellung von ↗Tempel und ↗Kult (VIII). Zugleich verstanden sie sich als eschatologisches Heerlager in beständiger Erwartung des endzeitlichen Krieges zwischen den „Söhnen des Lichtes" und den „Söhnen der Finsternis" und als der von den Propheten angekündigte „Heilige Rest" (vgl. Jes 10,21). Im Unterschied zur *ḥabûrāh* „Genossenschaft" der ↗Pharisäer organisierte sich in Q. eine Gemeinde völlig eigenständiger Struktur, die in vielerlei Hinsicht mit der der späteren christl. Mönchorden vergleichbar ist. Sie benannte sich mit dem substantivierten Zahlwort *jaḥad* „eins", führte eine vita communis mit Gütergemeinschaft (Armut des einzelnen), gemeinsamer Arbeit und Gemeinschaftsmahl. Der *jaḥad* war straff organisiert, nach außen esoterisch abgegrenzt, nach innen durch feste Hierarchie und zönobitisch-monastische Lebensweise geprägt. Er realisierte sich im täglichen Miteinander in der Reinheit der sacra communio, die auch nicht-monastische, der Q.gruppe assoziierte Tertiarier einschließen konnte (vgl. ThWAT III, 1982, 602f.). Die Gemeinde wurde geleitet von einem Rat aus 12 Mitgliedern und 3 Priestern. Oberste Instanz war die Vollversammlung, die Zusammenkunft der „Vielen" *(rabbim).* Daneben gab es weitere Funktionsträger – *maskîl* und *m^ebaqqer.* Jedes Mitglied hatte einen festen Platz in der Hierarchie, in der er je nach Bewährung aufrücken oder absinken konnte. Der Eintritt war nur über ein mehrjähriges Noviziat möglich und war in jedem Fall mit einer eidlichen Verpflichtung auf den Toragehorsam verbunden (1 QS 5,7ff.). Das Gemeindeleben war durch eine umfangreiche, ständig novellierte Regelliteratur nahezu lückenlos erfaßt. Das Disziplinarrecht war außerordentlich streng und sah bei Vergehen empfindliche Strafen bis hin zur Exkommunikation vor. Das liturgische Jahr entsprach im wesentlichen dem des offiziellen Judentums, richtete sich aber aus Gründen strengster Sabbatobservanz nach einem solaren Kalender und kannte nach Aussage der Tempelrolle noch einige Zusatzfeste über den jüd. Festkalender hinaus. Der Tagesablauf war durch feste Gebetszeiten, Torastudium und Arbeit strukturiert. 1 QS 2,24ff. formuliert als Ziel dieser spezifischen Gemeindestruktur, „in gütiger Demut, barmherziger Liebe und Sinnen nach Gerechtigkeit, jeder gegenüber seinem Nächsten" zu Gott umzukehren im strengen Gehorsam gegenüber der Tora des Mose. Die Gemeinde betrachtete sich als die Realisation des neuen und ewigen Gottesbundes (1 QS 1–2; CD 8,21) in Gemeinschaft mit den Engeln. Ihre durch parsisch-gnost. Dualismus geprägte Geschichtsauffassung (vgl. 1 QS 3,15–19) ließ sie den gesamten Kosmos in gut und böse einteilen. „Die heilsgeschichtliche Dimension wird infolge dieser Dämonisierung der Geschichte durch eine kosmologisch-dämonologische bzw. -angelologische ergänzt, ein Zug, der auch in bestimmten Überlieferungen über den Ursprung der menschlichen Kultur (vgl. Gen 4,17ff.; Gen 6,1–4) bereits vor Q. (z.B. Henoch-Literatur; Jubiläenbuch) zum Tragen gekommen war" (Maier: BiKi 40,50). Die apokalyptische Naherwartung forderte in die endgültige Entscheidung, die aber in gewisser Weise durch übernatürliche Mitbestimmung prädestinatorisch vorgezeichnet war. In der Anthropologie trifft eine strenge Gesetzesfrömmigkeit mit einer radikalen Gnadentheologie (1 QH) zusammen, was Vergleiche mit paulinischen Aussagen ermöglicht. Da man sich in der absoluten Endphase der Geschichte wußte, waren Aussagen über Unsterblichkeit der Seele und Auferstehung in Q. nicht aktuell (vgl. evtl. 1 QH 6,34). In der Messiaserwartung steht Q. ganz in der Fortführung spät-atl. Ansätze. Nach 1 QS 9, 10f. erwarteten sie für das Ende der Zeit das Kommen eines Propheten (vgl. Dtn 18, 15.18; 1 Makk 4, 46), wohl die Wiederkunft des Lehrers der Gerechtigkeit (CD 6, 10f.). Daneben erwartete man einen Laienmessias (aus Israel) – ein Davidide, der unter Aufgreifen der Natanweissagung 2 Sam 7, 12ff. als präexistenter Gottessohn aufgefaßt wurde (4 QFlor 1, 10ff.; vgl. Röm 1, 3f.). Obwohl er in der Endzeit die entscheidende Rolle spielt, ist er aber dem priesterlichen Messias aus Aaron deutlich untergeordnet (1 QSa 2, 11–21). Diese doppelte Messiaserwartung könnte auf Num 24, 17 zurückgehen, hat aber sicher ihren Rückhalt in den Testamenten der Patriarchen. Ob 1 QH 3, 9ff. die Möglichkeit eines leidenden Messias bedenkt (Maier/Schubert 105f.), ist kaum noch sicher zu entscheiden.

Das umfangreiche Schriftum (z.T. noch nicht ediert) der Q.-Essener – im Jahr 68 n. Chr. in (bisher) 11 Höhlen ausgelagert und ab 1947 wiedergefunden – ist entsprechend seines Fundortes (1 Q–11 Q) katalogisiert. Es läßt sich in 5 Gruppen aufteilen, wobei die Gruppen 1f. und die *pešer*-Lit. für die atl. Textkritik von außerordentlich hoher Bedeutung ist, repräsentieren sie doch ein Textstadium, das dem rabb. Kanon mit seinem späteren masoretischen Text um mehr als ein volles Jh. vorausliegt:

1. *Bibl. Texte:* Neben zwei vollständigen Jesaja-Rollen sind mit Ausnahme der Bücher Haggai und Ester alle bibl. Bücher in Textfragmenten vorhanden. Dtn und Ps sind die meistzitierten Bücher.

2. *Deuterokanonische Texte:* In Q. sind die deuterokanonischen Texte der LXX in hebr. Sprache bekannt; besondere Wertschätzung wird dem Buch Sir entgegengebracht (DJD II 75–77; 11 QPs[a] XXI; vgl. die Sirach-Rolle aus Masada).

3. *Apokryphe Texte (Pseudepigraphen):* Überraschend ist die auffällig hohe Wertung der Bücher Henoch, Jubiläen, Testamente der Patriarchen, bes. TestLevi, Psalmen aus dem außerkanonischen Bereich (DJD IV; 4Q 380; 381); zusätzliche Daniel-Texte (4 QOrNab), 1 QGenApokryphon.

4. *Sekteneigene Literatur:* Sektenregel und Zusatzregel, daneben Fragmente des „Damaskus-Dokumentes" aus der Karäer-Synagoge aus Kairo, Hymnenrolle, Kriegsrolle, Kupferrolle mit Lageplan qumranischer Güter, liturgische u. mystische Texte (*maerkābāh*-Literatur); Tempelrolle mit idealem Tempel- und Kultentwurf, als „neue Tora" in Form der Gottesrede als Primäroffenbarung geachtet.

5. *Die Kommentare zu bibl. Büchern* zeigen die Art der qumran-essenischen Schriftauslegung. Neben zahlreichen Fragmenten sind zusammenhängende Kommentare zu Hab, Nah, Ps 37 u. a. enthalten. Q. hat die rabb.-allegorische Auslegung präzisiert und als sog. *pešer* in Modus und Terminologie der Traumdeutung den jeweiligen Bibeltext zitiert und ohne Rücksicht auf den Kontext unmittelbar aktualisiert, um die heilshist. Relevanz der aktuellen Gegenwart aufzuzeigen.

Wenn auch in Q. keine ntl. Texte gefunden worden sind, so ist Q. doch in vielfacher Hinsicht bedeutsam für das NT; allenthalben ist jedoch Vorsicht vor vorschnellen Vergleichen geboten:

– Die Textfunde haben das Vertrauen in die hist. Verläßlichkeit ntl. Schriften gestärkt (vgl. z.B. TR 64: Kreuzigungsstrafe).

– Die vielfach behauptete Herkunft Johannes' des Täufers oder anderer Täuferbewegungen aus Q. ist unsicher, da in Q. eine explizite Verbindung von Umkehr und rituellem Tauchbad nicht existiert. Vergleiche mit den Tauchriten der Mandäer sind nur auf phänomenologischer Ebene möglich.

– Die Spiritualisierung des Opferkultes zeigt vergleichbare Elemente.

– Funktionsträger in der Gemeinde sind vergleichbar den Diakonen der Urgemeinde.

– Der Dualismus in der essenischen Theologie ist relevant für die Erklärung des ntl. Dualismus.

– Das Zusammentreffen von Toragehorsam und Gnadentheologie läßt Vergleiche zur paulinischen Theologie zu.

– Die Erwartung des als Gottessohn verstandenen davidischen Messias zeigt eine gleichartige messianische Auslegung der Natanweissagung.

– Die apokalyptische Naherwartung

zeigt gemeinsame Elemente, differiert jedoch im wesentlichen Details (Messias*erwartung* in Q. – bereits angebrochene *basileía* im NT).
– *pešer*-Hermeneutik und Allegorese haben im NT (z. B. Reflexionszitate bei Mt) manche Vergleichspunkte.
– Während die Reinheitsgebote in Q. die Gemeinde abschottete, ermöglichte ihre Überwindung im Urchristentum die Hinwendung zum Menschen und die Ausbreitung des Evangeliums.

Lit.: Veröffentlichung der Texte in der Reihe DJD I–VII. Oxford (seit 1955); *Y. Yadin,* The Temple Scroll I–III. Jerusalem 1983; *J. Maier* (Übers.), Die Tempelrolle vom Toten Meer. München 1978; *E. Lohse,* Die Texte aus Q. Darmstadt ³1981; *A. S. van der Woude,* Die messianischen Vorstellungen der Gemeinde vom Toten Meer. Assen 1957; *J. Maier / K. Schubert,* Die Q.-Essener. München 1973; *H. Bardke,* Der Lehrer der Gerechtigkeit und die Geschichte der Qumrangemeinde: ThR 41 (1976) 97–140; *E. M. Laperrousaz u. a.,* Q. DB Suppl 9. Paris 1979, 737–1014; *O. Betz,* Die Bedeutung der Qumranschriften für die Evangelien des NT: BiKi 40 (1985) 54–64; *J. Maier,* Zum Stand der Essenerforschung: BiKi 40 (1985) 46–53. *H.-J. Fabry*

R

Rāma, von Skt. *ram-* ein Name Gottes, wörtlich: „derjenige, an dem sich die Weisen ergötzen". Unter den ↗Avatāras Viṣṇus werden drei R. unterschieden: 1. *Paraśurāma,* R.-mit-dem-Beil, Sohn Jamadagnis, sechster Avatāra, bekämpfte als Brahmane die Ksatriyas; 2. *R.*, der Sohn Daśarathas, aus dem Geschlecht Raghu. Er ist der siebte Avatāra, Held des hl. Epos Rāmāyaṇa und neben ↗Kṛṣṇa (beide dunkelhäutig) die wichtigste Avatāra-Gestalt im Hinduismus. Sein Name ist ein Synonym Gottes, und sein Lebenswandel, beschrieben im Sanskrit-Rāmāyaṇa, ist vorbildlich und Hindus in allen Lebenslagen zur Nachahmung empfohlen. Jede ind. Regionalsprache besitzt wenigstens eine Bearbeitung des Rāmāyaṇa. Die bedeutendste ist die Hindi-Version, der Rāmacaritamānas („Der hl. See der Taten R.s") von Tulsīdās (1532–1623), der „zum Volksbuch, ja zur Hausbibel für Millionen schlichter Hindus" (Gaeffke 8) geworden ist. 3. *Balarāma* („Kraft-R."), auch Baladeva und Halāyudha („einen Pflug zur Waffe habend") genannt, ist der ältere Bruder Kṛṣṇas. Nach Jayadeva (ca. 1175) ist er der achte Avatāra des Viṣṇu-Kṛṣṇa. Diese Ansicht macht sich die Bengal-Schule des Vishnuismus zu eigen.

Lit.: *Tulsīdās,* Rāmacaritamānas. Der hl. See der Taten R.s. Übers. und hg. von *P. Gaeffke.* Stuttgart 1975; *A. Gail,* Paraśurāma, Brahmane und Krieger. Wiesbaden 1977; *V. Raghavan* (Hg.), The Ramayana Tradition in Asia. New Delhi 1980. *T. R. Chopra*

Ramaḍān
↗Islam; Ṣaum.
R. ist die Bezeichnung des neunten Monats im isalm. Kalender (↗Hidjra). Im Koran wird er als einziger namentlich genannt (Koran 2,185). Seinem Inhalt und der Form nach ist der Fastenmonat R., wie ihn die Muslime begehen, ein Festmonat. Von den wichtigsten jährlichen rel. Feiertagen werden zwei im R. gefeiert: 1. „die Nacht der Bestimmung" oder die „Nacht des göttlichen Ratschlusses" (lailat al-ḳadr). In dieser Nacht gedenken die Muslime der Offenbarung des ↗Korans an die Menschheit (2,185; 97). 2. Das Fest des Fastenbrechens (ʿīd al-fiṭr / türk. sheker bairam [= Zuckerfest]) zum Ende des R. (vgl. ↗Zakāt). Dieses Fest ist in seiner äußeren Erscheinungsweise dem christl. Weihnachtsfest vergleichbar.

Lit.: *F. Gieringer,* Islamische Feiertage: CIBEDO-TEXTE 16/17 1982; *M. Plessner,* Art. RAMAḌĀN: EI¹ III 1199 f. *G. Riße*

Reinheit. 1. Der Begriff der R. (germ. **hri* „sichten, sieben"; griech. *krínein* „trennen, scheiden") erklärt sich zwar nicht ausschließlich, aber zum großen Teil aus seinem Gegensatz: Unreinheit.

Dieses Gegensatzpaar ist präreflektiv und prätheologisch, den meisten Religionen gemeinsam, dort inhaltlich weitgehend identisch (vgl. die R.s-Symbole: weißes Linnen, Lilie o.ä.) und von einer bemerkenswerten Konsistenz in der Entwicklungsgeschichte. Indem R. die integre Beschaffenheit, Unreinheit jeden – als durch irgendeine Macht verursacht verstandenen – Angriff auf das individuelle Leben und das soziale Gefüge meint, wird der Rein-Unrein-Kontrast zum Symbolsystem (Douglas, Thyen) der Beschreibung der Welt und zum Schutz der sozialen Ordnung, das sich urspr. im Tabu, dann in Ge-/Verboten konkretisiert. Da also der Rein-Unrein-Kontrast je die gesamte Wirklichkeit betrifft, ist eine artifizielle Differenzierung physisch-ethisch oder rituell-sittlich wenig ratsam, wenn auch unterschiedliche Kulturen in unterschiedlichen Zeiten die diversen Aspekte des umfassenden Rein-Unrein-Kontrastes verschieden gewichtet haben. Verabsolutierung des kultischen (ägypt. und atl. Priesterschaft, Islam, Mandäer) oder des sittlichen Aspektes (Propheten, Jesus, Buddha) sind zuerst einmal Engführungen und bedürfen deshalb der Interpretation.

Von der Erfahrung eines Zusammenhangs von R./Sauberkeit und Gesundheit/Leben sowie Unreinheit/Unsauberkeit und Krankheit/Tod aus deutet der Mensch seine Wirklichkeit entsprechend und sucht sie zu beeinflussen. Was ihn bedroht, gilt als unrein und ist zu meiden. Weil er dahinter dämonische Mächte vermutet, haben viele Reinigungsriten apotropäische Struktur. Daneben äußert sich im Streben nach R. das Bedürfnis, sich zu wandeln, sei es zurück zum integren Urzustand, zur Vorbereitung auf rel. Handlungen, zur Konfrontation mit dem Göttlichen im Heiligtum oder im Heerlager des „Heiligen Krieges". So erst wird R. zur Kultfähigkeit. In dieser Hinsicht begegnet die R. ausgeprägt in der ägypt. (vgl. Meeks), mesopotamischen (vgl. Seux) und auffällig zweitrangig in der kanaan. Religion (vgl. Cazelles). In Ägypten wird der Zusammenhang von Reinigung (Weihwasserbecken) und Belebung betont; R. hat einen zentralen Ort im Toten-(Belebungs-)Ritual (RÄR).

2. Das AT sieht in 7 Bereichen die R. (*tohᵒrāh* „das Lichtglänzende") potentiell gefährdet und hat entsprechend umfangreiche R.s-Gesetze (von der Priesterschrift aus heterogenen Traditionen kompiliert) entwickelt:

a) *Sexualität:* Ausfluß, Pollution, Menstruation, Entbindung und Geschlechtsverkehr machen den Menschen unrein (Lev 15). Die entsprechenden R.s-Bestimmungen (urspr. wohl in Tabuform) gewinnen ethische Ausprägung, wenn z.B. Unreinheit durch Geschlechtsverkehr mit verheirateten Frauen (Lev 18,20) oder Sodomie nicht mehr zu reinigen ist und mit der Todesstrafe belegt wird.

b) *Krankheit:* Aussatz an Menschen, Kleidern und Häusern (Lev 13f.) erfordern komplizierte Reinigungsriten und wiederholte Begutachtung durch den Priester.

c) *Tod:* Leichenberührung, in der Frühzeit in Israel offensichtlich kein Problem, macht nach Num 19,11–22 unrein (für Priester und Nasiräer waren strenge Sondergesetze vorgesehen, Num 6,6–12) und erfordert die Reinigung mit Wasser und Asche von einer roten Kuh, ein noch weitgehend ungeklärter Ritus.

d) *Tiere:* Lev 11 und Dtn 14 enthalten umfangreiche Listen von Tieren (u.a. Dachs, Kamel, Hase, Schwein), die weder gegessen noch geopfert werden dürfen.

e) *Pflanzen:* Alle genießbaren Pflanzen gelten als rein, Früchte junger Bäume erst im 4. Jahr und Getreide erst nach Abgabe der Erstlinge (soziale Ethisierung).

f) *Geographie:* Das Ausland gilt als unrein, weil es Herrschaftsbereich fremder Götter ist (1 Sam 26,19). Die Heimkehrer aus der Schlacht (Num 31,19ff.) und aus dem Exil müssen sich reinigen (Esra 6,20f.).

g) *Götzendienst* bewirkt die intensivste Form der Unreinheit (Lev 18,6–23; Ez 22f. u.ö.) und ist nur durch Umkehr und Zerstörung der Heiligtümer aufzuheben.

Wenn auch im Einzelfall die Begründung für rein-unrein unsicher bleibt, so finden viele Bestimmungen doch ihren gemeinsamen Hintergrund in der Polemik gegen Fremdkulte (Lev 18,24; 19,2–37; u.a.), in der Sorge um den reinen Jahwismus und um den Sondercharakter Israels. Die rituelle Reinigung wurde wie in Ägypten mit Wasser, Ysop, Natron, Weihrauch, Sand und Schwefel vorgenommen. Geräte wurden abgeschabt, ausgekocht, ausgeglüht. Dabei hat man zeitweise auch eine Übertragung der Unreinheit auf das Reinigungsmittel angenommen (Num 19,10), eine Vorstellung, die auch auf bestimmte Sühneriten übergriff (Sündenbock, Ersatzkönig).

Dem rituellen Aspekt (forciert durch die Jerusalemer Priesterschaft) wird von Propheten und Weisheits-Lit. der sittliche Aspekt entgegengehalten: R. wird zum sittlichen Postulat, Unreinheit mit Sünde und Verbrechen gleichgestellt (Hos 6,6; Am 4,1–5; Jes 6; Ijob 17,9; Ps 51).

3. In den verschiedenen Religionsparteien des Frühjudentums wird die Vorstellung von R. unterschiedlich akzentuiert. Die *Ḥasidim* betonen wieder den kultisch-rituellen Aspekt, entsprechend die ↗Zeloten, die die R. des Gottesvolkes mit Gewalt durchsetzen wollten. Die ↗Pharisäer hielten den rituellen und sittlichen Aspekt für gleichwertig und evtl. sogar gelegentlich für austauschbar. Die atl. R.s-Vorschriften wurden kasuistisch fortgeschrieben und später in verschiedenen Traktaten und Sedarim von Mischnah (Kelim, Ṭohorot, Niddah) und Talmud (Ḥullin) gesammelt. Die Rabbiner haben mJad 3,2f. die merkwürdige Gleichung heilig = unrein überliefert: hl. Schriftrollen verunreinigen die Hände (vgl. J. Maier: EdF 177, 1982, 16ff.). Die ↗Essener in ↗Qumran haben R. wieder in ihrem umfassenden Gesamtaspekt verstanden, indem sie ein umfangreiches rituelles Reinigungssystem (vgl. A. Strobel; ZDPV 88, 1972, 55-86) grundsätzlich mit Umkehr und Toragehorsam als ethischer Reinigung verbanden (1 QS 3,4–12). Indem sie sich vom unreinen Jerusalemer Tempelkult abtrennten und ihre Gemeinde als Tempel und als eschatologisches Heerlager verstanden, gehörte ständige R. zu ihrer Definition (Neusner). Die Abkehr von der Jerusalemer Kultfrömmigkeit brachte notwendig eine Gewichtung des sittlichen R.s-Aspektes mit sich. Tauchbad, Toragehorsam und Zugehörigkeit zur Gemeinde ermöglichen sich nun gegenseitig, wie es die „R.s-Katechese" (1 QS 5,13–20) ausweist. Die Tempelrolle verlagert diese R. des Heiligtums wieder idealtypisch-programmatisch nach Jerusalem zurück (TR 46,13–18) und entfaltet sie systematisch (Lichtenberger).

Die Anthropologie der Qumran-Essener wertet den Menschen von der Schöpfung her als Quelle der Unreinheit (1 QH 1,21ff.), aber Gott allein kann ihn reinigen und ihm vergeben. Indem damit Reinigung zur vollen Gotteserkenntnis führt (1 QS 4,20ff.), gewinnt der Begriff Züge der ↗Gnosis und Mystik, wo R. zum vollkommenen Sich-in-Gott-Versenken wird.

3. Das NT hat den kultischen Aspekt der R. wohl aus der Opposition gegen Pharisäer und auch Essener völlig unterdrückt, hat aber das Rein-Unrein-System grundsätzlich nicht verlassen (Mk 7; Paschen 155ff.: Thyen). Die R.s-Gesetze des Judentums werden jedoch nicht (Mk 7,15f.) oder nur z.T. (Mk 1,40ff.) berücksichtigt, faktisch sogar aufgehoben (Speisegesetze Mk 7,19). Die Urkirche hatte lange Zeit in dieser Hinsicht große Probleme (Apg 10). Paulus löste sie schöpfungstheol.: alles ist rein (Röm 14,20). Die Auseinandersetzung der Urkirche mit dem Judentum schlägt sich in einigen Kompromissen (Apg 15) nieder. Der Hebräerbrief lebt dann wieder ganz im atl. Vorstellungshorizont: Christus als Sühneopfer und als Hoherpriester hat ein für allemal die endgültige Reinigung bewirkt (Hebr 7,26ff.; 9,13ff.; vgl. 1 Joh 1,7).

Lit.: *J. Döller,* Die R.s- und Speisegesetze des AT in religionsgesch. Beleuchtung. Göttingen 1917; *J. Gnilka,* Das Gemeinschaftsmahl der Essener: BZ NF 5 (1961) 39–55; *E. Stiglmayr u.a.,* Art. R.: LThK² VIII 1143–1148; *W. Kornfeld,* R.s-Gesetz: LThK² VIII 1148f.; *ders.,* Reine und unreine Tiere im AT: Kairos 7 (1965) 134–147; *M. Douglas,* Purity and Danger. London 1966; *W. Paschen,* Rein und unrein. München 1970; *J. Neusner,* The Idea of Purity in Ancient Judaism. Leiden 1973; *J. Henninger u.a.,* Pureté et impureté: DBS IX 398–554; *H. Thyen,* καθαρός: EWNT II 535–542; *H. Ringgren,* טהר *ṭāhar*: ThWAT III 306–315; *G. André,* טָמֵא *ṭāme'*: ThWAT III 352–366; *B. Janowski / H. Lichtenberger,* Enderwartung und R.s-Idee: JJS 34 (1983) 31–62.

H.-J. Fabry

Reinkarnation

I. Im Hinduismus. – II. Im Buddhismus. – III. In Griechenland. – IV. Stellung des Christentums zur Reinkarnation

R.s-Vorstellungen (Wiedergeburt, Seelenwanderung, Transmigration, Palingenese, Metempsychose) trifft man auf unterschiedlichen theoretischen Reflexionsstufen in vielen Kulturen (in Verbindung mit animistischen Vorstellungen, Totemglaube) an, systematisch durchdacht vor allem im Hinduismus, Buddhismus und in Griechenland.

I. Im Hinduismus. 1. Reinkarnation *(punarjanman)* gehört nicht zum Glaubensgut der ↗Arier. Erst im *Śatapatha Brāhmaṇa,* den *Upaniṣaden,* im Gesetzbuch des Manu und den *Purāṇas,* also in spätvedischer Zeit, ist die Lehre im Zusammenhang mit der *Karman*-Theorie ausformuliert worden (↗Karma). Vermutlich ist R. also Substrat aus vorarischen Kulturen Indiens, seither populärer Volksglaube, der philos. unterschiedlich interpretiert (z. B. in der Frage, *was* eigentlich von Leben zu Leben weitergegeben wird) und in jüngster Zeit auch angefochten, z. T. aufgegeben wurde. Zweifel an der Wirkkraft des vedischen Opfers, das Bedürfnis, die Ungleichheit der Menschen (bes. unverschuldetes Leiden) zu erklären, sowie die Deutung spezifischer Bewußtseinserfahrungen haben für die Entstehung der R.s-Lehre ebenso eine Rolle gespielt wie die Übertragung des in der Natur beobachteten Kausalzusammenhangs auf die moralische Ordnung. Bereits in einem frühen Text *(Bṛhadāraṇyaka Up.* 4, 4, 5) wird der Zusammenhang von Wünschen/Wollen, der Tat des Menschen, ihrer karmischen Folge und der daraus abzuleitenden Bedingtheit der menschlichen Existenz bewußt.

2. Populartheorie. Drei Elemente aus dem Volksglauben verbinden sich mit der *Karman*-Lehre: a) die Geister der Verstorbenen existieren als Abgeschiedene *(preta)* im quasi-materiellen Zustand; b) die Vorstellung eines Gerichts im Reich des Gottes Yama (auch *dharmarāja,* König des Rechts); c) der Aufstieg der Seele in den Himmel. Die Seele geht als *preta* in ein Zwischenreich *(pretyabhāva)* ein, in dem sie erneut sterben kann *(punarmṛtya),* was rituell verhindert werden muß. Andere Vorstellungen lassen die *pretas* als „arme Seelen" im Hause der Hinterbliebenen spuken, wenn sie nicht angemessen versorgt werden. Gemäß der alten „Fünf-Feuer-Lehre" wird der Mensch in den fünf Opferfeuern der Götter gereinigt, um über die Nahrungskette, Sperma und Blut wieder auf die Erde zurückzukehren *(Bṛhad. Up.* 6, 2, 14). Später glaubt man, daß die Seele entweder in ein himmlisches Paradies *(brahmaloka)* eingeht *(devayāna),* falls sie vollkommen gereinigt ist, oder aber auf dem „Weg der Väter" *(pitriyāna)* zunächst im Bereich des Mondes *(candraloka)* die Früchte der guten Werke genießt, um wiedergeboren zu werden, wenn diese aufgebraucht sind. Schlechtes *karman* muß in Höllenbereichen getilgt werden. Die Lebenszeiten in Zwischenzuständen sind Reinigungsphasen. Die nach dem Tod vollzogenen *śrāddha*-Zeremonien für den Verstorbenen helfen ihm auf dem Weg durch das Zwischenreich (beugen dem Wiedertod vor) und beeinflussen die karmische Ordnung. Im Gesetzbuch des Manu wird genau aufgerechnet, daß ein Golddieb als Ratte, ein Mörder als Tiger usw. reinkarniert wird. Der lange Kreislauf der Geburten (↗*Saṃsāra,* wörtlich: „Zusammenfließen") ist ein Läuterungsweg, der in Indien sowohl als hartes Schicksal als auch als Chance zur Reifung empfunden wurde/wird. Widersprüche zwischen *karman*-Gesetz und Einflußnahme durch das rituell korrekte Opfer, zwischen Glaube an *karman* und/oder göttliche Prädestination *(vidhi)* sowie planetarische Einflüsse, zwischen ewiger Verdammnis und läuternder R. stehen nebeneinander. Im neueren Hinduismus wird R. häufiger als Chance zur Befreiung sowie zum fortgesetzten Dienst an den Mitmenschen interpretiert. Die Mittel zur Befreiung aus dem *saṃsāra* sind die verschiedenen Heilswege *(mārga),* der Weg des Handelns *(karma mārga:* urspr. Opfer, dann das Tun des Guten überhaupt), der Weg der Gottesliebe und Hingabe *(bhakti mārga)* und der Weg spiritueller Erkenntnis *(jñāna mārga)* der Nichtdualität von ↗*Ātman* (individuelles Selbst) und ↗*Brahman* (kosmisches Absolutes).

3. ↗Sāṃkhya. Wiedergeboren wird hier nicht ein bewußtes Ich oder Selbst, sondern ein vom geistigen Prinzip *(puruṣa)* im Tode sich ablösender subtiler Körper *(sūkṣma śarīra),* ein Muster von individuellen Dispositionen, die Möglichkeiten sind und in der Verbindung mit einem physischen Körper aktualisiert

(„fähig zum Genuß") werden. Dies ist Grundlage für die Theorie des:
4. Advaita ↗Vedānta. Hier ist nur das Absolute (↗*brahman*) wirklich. Die Welt der Erscheinungen ist Illusion, die dem falsch wahrnehmenden Bewußtsein durch die Kraft der ↗*Māyā* (göttliche Schöpferkraft und kosmische Illusion) erscheint. Der gesamte *saṃsāra* fällt unter dieses Verdikt, so daß Śaṅkara urteilt, daß in Wahrheit kein anderer als der Herr wiedergeboren wird (*satyaṃ neśvarād anyaḥ saṃsāri: Brahma Sūtra Bhāṣya* 1, 1, 5). Er widerspricht damit der Vorstellung, daß der Kreislauf vieler voneinander unabhängiger Einzelseelen letztgültig wahr sei. Vom absoluten Standpunkt her geurteilt *(pāramārthika)* ist nur das Absolute wirklich, *saṃsāra* erscheint nur dem relativen Standpunkt *(vyāvahārika)* als real. Auf der relativen Ebene ist die Kontinuität von einer Manifestation des mit Attributen erscheinenden Gottes *(īśvara)* zur nächsten durch den subtilen Körper *(sūkṣma śarīra)*, der vor allem die psychischen Kräfte in feinstofflicher Form darstellt, gegeben: Durch menschliche Aktivität (Denken und Handeln) entstehen Eindrücke und Dispositionen *(saṃskāra)*, die den subtilen Körper formen, der über den Tod hinaus fortbesteht, um sich erneut formend auf kommende Manifestationen des *īśvara* aufzuprägen. Die Bhagavadgītā (15,8) gebraucht den Vergleich: „Wenn sich der Herr körperlich manifestiert und den Körper wieder verläßt, dann nimmt er diese (subtilen Dispositionen) mit sich und geht weiter, so wie der Wind den Duft (der Blumen) mit sich fortträgt." Dabei sind die Bewußtseinszustände des Menschen unmittelbar vor dem Tod für die karmische Gesamtkonstellation entscheidend. Das eigentliche Selbst des Menschen (↗*Ātman*) bleibt von diesen Prägungen und Bewegungen in der illusionären individuellen Existenz *(jīva)* völlig unberührt. Solange aber der *ātman* fälschlich mit dem *jīva* identifiziert wird, unterliegt der Mensch dem *saṃsāra*. Durch Meditation und Erkenntnis (↗*Jñāna*) ist es möglich, die subtilen Bereiche zu erfahren, durch sie hindurchzugehen, den *ātman* zu erkennen und vom absoluten Standpunkt aus das Eine *(ekam)* hinter den Erscheinungen zu erblicken. Man erkennt dann die raumzeitliche Wirklichkeit als gleichzeitige Einheit, erinnert also nicht frühere Existenzen, sondern wird der transtemporalen Einheit gewahr. Die karmische Interdependenz ist erst dann vollkommen erkannt, wenn sie überschritten ist. Nur der Befreite *(jīvanmukta)* kennt das Eine, weil er mit dem Bewußtsein des Absoluten schaut. Der karmische Kreislauf *(saṃsāra)* erweist sich als Illusion, die nur für den Verblendeten real ist, insofern aber fortgesetzt reales Leid verursacht.

II. Im Buddhismus. In dem auf der Analyse des Leidens beruhenden Buddhismus ist R. sowohl der eigentliche Ausdruck des Leidens als auch die Chance zu seiner Überwindung. Die Begierde (Durst) nach Sein und Werden (Skt. *tṛṣṇa*, P. *tanha*) läßt immer neues *karman* entstehen, was der Grund für die Kette von Impulsen ist, die zur R. führen. Die subtilste und alles durchdringende Form der Begierde ist das Anhaften an einem autonomen individuellen Ich, das folglich überwunden werden muß, wenn Befreiung erlangt werden soll. Im Buddhismus gibt es folgerichtig kein inhärent existierendes Ich, das wiedergeboren wird, sondern es ist ein im Zusammenwirken der Daseinselemente *(skandha)* geformter Komplex psychischer und geistiger Energien, der als Matrix dem Bewußtseinskontinuum aufgeprägt wird und somit die Kontinuität zwischen den einzelnen Existenzmomenten, die in der Verbindung jener Matrix mit dem Körperlichen bestehen, aufrechterhält. Die ↗*Anattā*-Lehre (Nicht-Ich) hatte von Anfang an zu Schwierigkeiten beim Verständnis des buddh. R.s-Glaubens geführt. Da Ich und „Seele" geleugnet werden, wird die Frage nach der Kontinuität von Existenz zu Existenz oft mit dem Bild des Entzündens einer Flamme an der anderen erläutert: keinerlei Substanz, sondern ein Energiepotential wird weitergegeben. Schon unter den achtzehn traditionellen Schulen gab es die Sammitīyas, die als *pudgalavādins*, d.h. als solche, die an die Person glauben, bekannt wurden. Sie lehrten ein personales Prinzip *(pudgala)*, das von den fünf *skandhas* weder verschieden noch nicht-verschieden war, den Gedanken an ein Selbst aber nahelegte und somit der orth. *anattā*-Lehre widersprach. Im späteren ↗Mahāyāna entwickelte sich die Lehre vom unzerstörbaren Bewußtseinskontinuum, spezifiziert in der Yogācāra-Schule durch die Lehre vom Speicherbewußtsein *(ālaya-vijñāna),* in dem die karmischen Eindrücke aufgehoben und somit die Kontinuität im R.s-Kreislauf gesichert war. Auch diese Lehren wurden von den Orthodoxen als der *anattā*-Doktrin widersprechend abgelehnt; dennoch entwickelten auch die Theravādins den Begriff *bhavanga,* der ein unterbewußtes Lebenskontinuum über den Tod hinweg bezeichnet.

Der ↗Buddha selbst gilt als Vollendeter, der durch kontinuierlichen spirituellen Aufstieg nach vielen R.en schließlich ins ↗*Nirvāṇa* eingehen konnte. Die *Jātaka*-Geschichten erzählen Legenden aus seinen früheren R.en. Da nur ein Vollendeter Erinnerung an alle früheren R.en hat, mußte man die Legenden dem Buddha selbst in den Mund legen. In späteren buddh. Texten wird die *Karman*- und R.s-Lehre pedantisch ausformuliert, wobei jedes einzelne Ungemach (das auch dem Buddha selbst widerfuhr) auf einen spezifischen karmischen Impuls in vorigen Leben zurückgeführt wurde. Im frühen Buddhismus galten Pflanzen nicht als Lebewesen, wohl aber im späteren Mahāyāna *(Avataṁsaka-Sūtra)* und in der jap. Shingon-Schule, die von Allbeseelung (auch Steine usw.) spricht. Außer diesen Gesichtspunkten gibt es weitere Aspekte der R.s-Lehre im Buddhismus:

1. Auch der Buddhist teilt die allg. ind. Anschauung von verschiedenen Zeitaltern *(yuga),* die sukzessive den Verfall der Sitten, der äußeren Lebensumstände, der Lebenserwartung sowie des ↗*Dharma* überhaupt mit sich bringen. Ungünstige politische und ökonomische Verhältnisse trugen dazu bei, daß man auf R. in besseren Zeiten unter der Ägide des künftigen Buddhas *Maitreya* hoffte. Der Maitreya-Mythos verband sich im Mahāyāna mit der Lehre vom *Reinen Land (sukhāvatī),* das von Buddha *Amitābha* beherrscht wird und in das man durch gutes *karman* wiedergeboren werden konnte, um einen günstigen Ausgangspunkt der Praxis für die Erlangung der Buddhaschaft zu gewinnen. *Hōnen* begründete um 1200 n. Chr. in Japan die Einführung seines auf Glauben an ↗*Amida* basierenden Systems damit, daß die Menschen zur anspruchsvollen Praxis des frühen Buddhismus nicht mehr fähig seien.

2. Im Mahāyāna (↗Buddhismus III 2) wird das Ideal der selbstgewirkten individuellen Vollendung durch das Bodhisattva-Ideal ersetzt: den Stufenweg zur Buddhaschaft durch Einheit von Weisheit *(prajñā)* und heilender Hinwendung *(karuṇā)* zu allen Wesen, wobei der altruistische Erleuchtungsgeist *(bodhicitta)* zur unablässigen R. inmitten der leidenden Wesen treibt, bis alle Welt erlöst ist, d. h., R. wird ein Akt der Liebe zu allen Wesen.

3. Im Kreislauf der unzähligen R.en sind alle Wesen einander Mutter und Vater gewesen, worauf sich zusätzlich die moralische Notwendigkeit zur Hinwendung zu allen Wesen gründet.

4. Bes. im tantrischen Buddhismus mit seiner Lehre von Bewußtseinsebenen, mentalen Faktoren (Skt. *caitta,* tibetisch *sems byung),* Trägerenergien für Bewußtseinsimpulse (Skt. *prāṇa,* tibetisch *rlung)* und Kraftkonzentrationen (Skt. *bindu,* tibetisch *thig le)* im subtil-physischen Bereich ist eine detaillierte Lehre von den Stadien des Sterbeprozesses, dem Zwischenzustand (Skt. *antarābhava,* tibetisch *bar do)* und der R. entwickelt worden (vgl. das „tibetische Totenbuch" *bar do thos grol).* Der Tod ist die Trennung des Bewußtseins vom grobstofflichen Körper, wobei sich die subtilen Bewußtseinskräfte nicht von den äußerst subtilen Ebenen des Materiellen trennen, sondern bis zur nächsten Existenz fortbestehen. Die Art und Weise des Wärmeverlustes beim Sterben gilt als Anzeichen für die Art der späteren R. Die fünf Aggregate *(skandha):* körperliche Formen, Empfindung, Wahrnehmung, karmische Bildekräfte und Bewußtseinskräfte zerfallen nacheinander, bis der Sterbende im Bewußtseinszustand des weißen, dann des roten und schließlich des schwarzen Spektrums angelangt ist. Am Ende manifestiert sich die subtilste Bewußtseinsebene, der Geist des Klaren Lichtes (Skt. *ābhāsvara,* tibetisch *'od gsal),* der als Geistgrund oder Wurzel aller Be-

wußtseinsebenen bezeichnet wird. Wer diese Stadien bewußt erlebt und ohne jede Unruhe im Geist des Klaren Lichtes verweilen kann, was durch Meditation und günstige karmische Bedingungen möglich ist, vermag bis zu drei Tagen in diesem Zustand zu verweilen. Tritt aber die kleinste von karmischen Eindrücken verursachte Unruhe auf, verläßt das Bewußtsein diesen Zustand und verbindet sich mit neuen materiellen Funktionen, was zum umgekehrten Ablauf des gesamten Prozesses führt. Der Zwischenzustand (tibetisch *bar do)* ist erreicht, wenn der Bewußtseinszustand des schwarzen Spektrums eintritt. R. im formlosen Bereich erfordert keinen Zwischenzustand, ansonsten endet derselbe mit der Verbindung des Bewußtseinskomplexes mit einer eben befruchteten Eizelle im Leib der neuen Mutter. Diese Verbindung wird durch karmische Affinität gesteuert. Der Zwischenzustand gilt als Ebene mittlerer geistiger und körperlicher Subtilität, während R. die grobstoffliche Manifestation darstellt. Die R. ist normalerweise nach 49 Tagen abgeschlossen.

Im gesamten Buddhismus gab es im Zusammenhang mit der allg.-ind. Lehre von der Verdienstübertragung (Skt. *prāptidāna, pattidāna)* Tendenzen zur Veräußerlichung, so daß nicht ein *Bewußtseins*-Impuls und dessen Veränderung, sondern eine bloß äußere Tat, vor allem die Spende für die Mönchsgemeinde, als hinreichend für die Verbesserung der karmischen Bedingungen angesehen werden konnte. Diese Entwicklungen sowie die Eindrücke westlicher Evolutionstheorien und Psychologien haben in jüngster Zeit zu einer „Entmythologisierung" von R. vor allem in Japan, wo R. niemals sehr tief verwurzelt war, geführt, die den traditionellen Glauben entweder modifiziert (R. im Tierreich wird abgelehnt oder symbolisch interpretiert), relativiert (Unterscheidung von kollektivem und individuellem *karman* verblaßt) oder aufgibt. Der R.s-Glaube verbindet sich aber auch neu mit Vorstellungen von Ganzheit und Totalität (bes. aus dem chin. Hua-Yen-Buddhismus) zu Lehrformen, die subtile psychisch-geistige Wirklichkeitsebenen mit der karmischen Matrix so kombinieren, daß ein kohärentes Weltbild unter Einbeziehung von R. angestrebt werden kann.

III. In Griechenland. Herodot (2,123) behauptet fälschlich, die R.s-Lehre stamme aus Ägypten. Die *Orphiker* haben R. gelehrt, es sind aber nur späte Quellen bekannt, die platonische und pythagoreische Einflüsse erkennen lassen.

1. Pythagoras (um 600 v. Chr.) ist die älteste Quelle für eine ausgeformte R.s-Lehre. Die Seelen sind unsterblich und gehen mit Notwendigkeit durch einen Kreislauf, der auch das Tierreich umfaßt. Zwischen den Geburten fliegen sie in der Luft umher, um bei der Zeugung (oder Geburt?) in den neuen Leib einzugehen. Die Allbeseelung der Welt ist das Motiv für R. Sie begründet den Vegetarismus, kann aber von Pythagoreern auch zur Begründung der Tötung von Tieren herangezogen werden, da so der Kreislauf beschleunigt und die R. als Mensch eher herbeigeführt würde. Außergewöhnliche Menschen wie Pythagoras können sich an ihre früheren Geburten erinnern. Die Zahl der Seelen bleibt immer gleich. Die Verwandtschaft aller Wesen führte bei Pythagoras zur Freundlichkeit gegenüber Sklaven, Frauen und der gesamten Kreatur. Mit diesem Kreislaufdenken verbindet sich bereits bei *Pindar* (476 v. Chr.) der Gerichtsgedanke, durch den R. als Strafe für eine Schuld der Seele angesehen wird: der Körper wird zum Gefängnis der Seele, eine Anschauung, die dem Platonismus zugrunde liegt, Pythagoras aber fremd war. Die späten Pythagoreer kennen ein Verweilen der Seelen in der ↗Unterwelt und deuten auch sonst gelegentlich die Lehren des Pythagoras um. Es tauchen Zweifel an der ↗Unsterblichkeit der Seele auf.

2. Empedokles lehrt nicht R. der Seele, sondern des „Daimon", dem aber dasselbe Schicksal beschieden ist. Er selbst sei schon Knabe, Mädchen, Strauch, Vogel und Fisch gewesen (Fr 117). Er dehnt R. also auch auf die Pflanzenwelt aus, womit er an der Einheit der belebten Welt, die sich aus seinen naturwiss. Betrachtungen ergab, festhält. Einerseits ist R. Strafe für die Schuld des Daimon, der nun den Geburtenkreislauf zur moralischen Läuterung durchlaufen muß, andererseits steht fest, daß nach

30000 Horen die Rückkehr in die himmlische Heimat gewiß erfolgen wird (Fr 115). Pythagoras' Zahlenspekulation und die Aufforderung zu moralischer Anstrengung werden so widerspruchsvoll zusammengebracht. Wer tötet, findet schlechte R., weshalb Vegetarismus gefordert wird.

3. Platon. Man hat vermutet, daß ihn die ungerechte Hinrichtung seines Lehrers Sokrates zum Glauben an die Notwendigkeit ausgleichender Gerechtigkeit geführt habe. Seine R.s-Lehre deutet sich zögernd im „Gorgias" an, begründet im „Menon" die Anamnesis-Lehre, wird in „Phaidon", „Staat" und „Phaidros" voll entfaltet und findet sich in den späten Dialogen nur marginal. Die Seele weilt urspr. in göttl. Sphären, verstrickt sich aber in eine falsche geistige Grundhaltung, die schuldhaft ist, indem das sinnliche Begehren über das reine Denken triumphiert, was zur Inkarnation führt. Je nach geistiger Verfassung der Seele ist die erste Inkarnation als Mensch verschieden. Im Gegensatz zu Pythagoras, Pindar und Empedokles, nach denen es einen notwendigen R.s-Kreislauf auch durch das Tierreich gibt, lehrt Platon (Phaidon 81 e) die R. nach rein moralischen Kriterien: Wie man sich verhalten hat, wird man wiedergeboren, d.h., Habierige werden zu Wölfen oder Geiern, Rechtschaffene zu Ameisen, Bienen oder auch Menschen, ohne daß niedere Tierformen notwendig durchlaufen werden müssen. Nur von der menschlichen Existenz aus ist Erlösung möglich, wenn sich der Mensch dreimal nacheinander bewährt, d.h. vor allem in philos. Einsicht und maßvoll gelebt hat (Phaidros 249 a). Die anderen gehen durch ein Gericht, verbüßen in Zwischenzuständen ihre Strafen, um nach tausend Jahren erneut eine Chance zur Bewährung im neuen Leben zu erhalten, das sie in Wahlfreiheit aussuchen können. Im „Timaios" verbindet sich die R.s-Lehre mit der Kosmogonie, wobei pythagoreische Gedanken aufgenommen werden: kein Zwischenreich, sondern direkter Übergang vom Menschen zum Tier, wobei für die ernsthaft nach dem Guten Strebenden Erlösung von R. erhofft wird.

4. Hellenismus. R.s-Lehren sind bekannt, werden aber auch verspottet *(Lukian).* Unter dem Einfluß von ↗Neuplatonismus und Neupythagoreismus wird R. allgemein akzeptiert, man streitet aber um Einzelheiten, vor allem, ob die Einkörperung in Tiere wörtlich *(Plotin)* oder metaphorisch *(Porphyrios)* zu verstehen sei. R. mit moralischer Tendenz wird vor allem von *Vergil* und *Plutarch* vertreten. Im ideologischen Gewand tritt R. im röm. Kaiserkult auf: Caracalla und Julian hielten sich für R. Alexanders des Großen. R. spielt im ↗*Manichäismus* eine bedeutende Rolle und ist auch in die *jüd.* und *islam.* ↗*Mystik* eingedrungen.

IV. Stellung des Christentums zur Reinkarnation. Weder das AT noch das NT lehren R. in irgendeiner Form. Gelegentlich für R. angeführte Texte (Mt 11,14; 17,12f.; Joh 3,1ff.; 9,1ff.) sprechen lediglich dafür, daß man die Lehre kannte. Der Apologet *Justin* lehnt R. ab, weil sich die Wiedergeborenen weder an ihr voriges Leben noch an Gott erinnern, weshalb das moralische Argument, sie würden durch R. geläutert werden, nichtig sei (Dial. cum Tryph. 4,5–6). Ähnlich argumentiert *Irenäus* (Adv. haer. II 33,1) und fügt hinzu, daß die christl. Lehre von der personalen Einzigartigkeit des Menschen R. ausschließe (II 33,5). *Tertullian* lehrt, daß die Wesenseinheit von Leib und Seele R. widerspreche (Apol. 48), außerdem müßte bei R. die Zahl der Menschen immer gleich bleiben (De anima 29), ferner widerspreche R. der Auferstehung des Leibes (De anima 33; De carne Christi 24). *Origenes* lehrte zwar die Präexistenz der Seelen, nicht aber R. (De princ. I 8,4). Er denkt vielmehr an eine (gnost. beeinflußte) Seelenreise im Jenseits, die Ansätze für die spätere Fegefeuerlehre aufweist (In Ex. hom. 6,4). Die Synode von Konstantinopel 543 und das Fünfte Allg. Konzil daselbst 553 verurteilten Origenes und damit künftige Ansätze zur R.s-Lehre. Am Rande der offiziellen Kirche(n) und in Sondergemeinschaften war die R.s-Lehre auch in Europa immer verbreitet. So lehrten die *Katharer* R. auf dem Hintergrund ihres gnost.-dualistischen Systems. Viele europ. Denker (u.a. *G. Bruno, I. Kant, G. E. Lessing, G. Ch. Lichtenberg, J. K. Lavater, J. W. v. Goethe, W. v. Humboldt, D. Hume*) glaubten an R. oder zeigten Sympathie dafür, um Leid, Ungleichheit, zwischenmenschliche Sympathie und vor allem die Möglichkeit zur Reifung des Menschen über den Tod hinaus zu erklären. In der ↗*Theosophie* wurde R. im wesentlichen aus asiat. Quellen übernommen, die ↗*Anthroposophie* hingegen versucht, R. wissenschaftlich zu begründen, indem die *karman*-Lehre mit dem Gedanken, daß jedes Seelische aus Seelischem entstehe, verbunden wird. In jüngster Zeit findet R. auch unter Christen zunehmend Anhänger, was auf Erlebnisse Reanimierter, parapsychologische Forschung, Einfluß ind. Religionen, Meditationserfahrungen sowie Probleme mit der christl. Eschatologie im Zusammenhang mit der neu dringlich gewordenen Theodizee-Problematik angesichts der möglichen Selbstvernichtung der Menschheit zurückzuführen ist. Die christl. Auseinandersetzung mit R. ermangelt oft der Differenzierung: östliche R.s-Theorien sind keineswegs einheitlich, und die einst gegen gnost.-dualistische Lehren vorgebrachten Argumente treffen die buddh. und vedāntischen Konzepte nicht in gleicher Weise. Deshalb hat auch unter christl. Theologen (J. Hick, A. Köberle, M. v. Brück, H. Schwarz, O. V. Jathanna u. a.) ein neues Gespräch über R. begonnen.

Lit.: *W. Stettner,* Die Seelenwanderung bei Griechen und Römern. Stuttgart 1934; *H. v. Glasenapp,* Unsterblichkeit und Erlösung in den ind. Religionen. Halle 1938; *E. Benz* (Hg.), R.: ZRGG 9 (1957) Heft 2; *E. Conze,* Buddhist Thought in India. London 1962, *A. L. Herman,* The Problem of Evil and Indian Thought. Delhi 1976; *G. Adler,* Wiedergeboren nach dem Tode? Frankfurt 1977; *W. D. O'Flaherty* (Hg.), Karma and Rebirth in Classical Indian Traditions. Berkeley 1980; *A. Ayrookuzhiel,* The Sacred in Popular Hinduism. Madras 1983; *L. Scheffczyk,* Der R.s-Gedanke in der altchristl. Literatur. München 1985; *R. Passian,* Wiedergeburt. München 1985; *Der XIV. Dalai Lama,* Logik der Liebe. München 1986.

M. v. Brück

Religion. Der Begriff R. geht auf das lat. Wort *religio* zurück, dessen Bedeutung schon in der Spätantike umstritten war. Der christl. Schriftsteller *Laktanz* leitet das Wort von *religare* ab und deutet es als „Wiederverbindung des Menschen mit Gott" (Div. Inst. VII 28). Er widerspricht damit dem röm. Schriftsteller *Cicero,* der das Wort von *relegere* abgeleitet und es als „sorgfältige Verehrung der Götter" gedeutet hatte (De Natura Deorum II 72). Beiden Ableitungen ist gemeinsam, daß sie die Unterscheidung zwischen menschlicher und göttlicher Sphäre voraussetzen. Von daher ist es verständlich, daß der Gottesglaube oft als Wesen der R. überhaupt betrachtet wurde.

Diese Auffassung liegt z. B. *W. Schmidts* Werk über den Ursprung der Gottesidee zugrunde. In seiner R.s-Definition ersetzt Schmidt den Ausdruck „Gottesglaube" allerdings durch die Formulierung „Anerkennung eines oder mehrerer persönlicher über die irdischen und zeitlichen Verhältnisse herausragender Wesen" (Schmidt I 5). Auch *G. Widengren* geht in seiner R.s-Phänomenologie von der „Überzeugung" aus, „daß der Gottesglaube das innerste Wesen der R. ausmacht" (Widengren 3). In seiner R.s-Definition umschreibt er den Gottesbegriff durch den Ausdruck „Schicksalsbestimmer". Schmidt und Widengren setzen sich in diesem Zusammenhang mit der Frage auseinander, ob der urspr. Buddhismus als R. betrachtet werden könne. Damit deutet sich die Schwierigkeit an, den abendländisch geprägten R.s-Begriff auf andere Kulturen zu übertragen.

Im Hinblick auf diese Problematik hatte schon *E. Durkheim* den Gottesbegriff fallenlassen und die „Aufteilung der Welt in zwei Bereiche, von denen der eine alles umfaßt, was hl. ist, der andere alles, was profan ist", als „Unterscheidungsmerkmal des rel. Denkens" angenommen (Durkheim 62). Er war der Meinung, damit auch dem Buddhismus gerecht zu werden. Als zweites Definitionsmerkmal hatte Durkheim, seinem rel.-soziol. Ansatz entsprechend, die Vereinigung in einer „moralischen Gemeinschaft, die man Kirche nennt", hinzugenommen (Durkheim 75). In einem ganz anderen theoretischen Zusammenhang hat *R. Otto* den Begriff des Heiligen eingeführt. Es ging ihm darum, das rel. Erlebnis in seiner Eigenart zu beschreiben und auf diese Weise „das Irrationale in der Idee des Göttlichen" zu erfassen. Sein theol. Ansatz hat in der R.s-Phänomenologie nachgewirkt, z. B. bei *F. Heiler,* der das Wesen der R. als „Umgang mit dem Heiligen" beschreibt (Heiler 563). *M. Eliade* sieht das Grundelement der R. in der Erfahrung, daß das Heilige sich im Profanen offenbart. Er prägt den Begriff „Hierophanie“, um dieses paradoxe Zusammenfallen beider Sphären zu bezeichnen, und beschreibt die gesamte Geschichte der R.en als eine Reihe von Hierophanien, die sich nur in den kulturellen Ausdrucksformen unterscheiden, von „der elementarsten Hierophanie (etwa der Manifestation des Heiligen in irgendeinem Gegenstand, einem Stein oder einem Baum) bis zur höchsten Hierophanie (für einen Christen die Inkarnation Gottes in Jesus Christus)“ (Eliade 14). *P. L. Berger* greift im Anschluß an Otto und Eliade die Kategorie des Heiligen auf, um eine bestimmte Art menschlicher Selbst-Transzendierung von anderen abzuheben. Als „R.“ bezeichnet er „das Unterfangen des Menschen, einen hl. Kosmos zu errichten“ (Berger 26).

Berger hat sich auf diese Weise in der R.s-Definition von Th. Luckmann abgegrenzt, mit dem er im rel.-theor. Ansatz übereinstimmt (Berger 166f.). Luckmann hat ganz darauf verzichtet, R. als eine „inhaltlich bestimmbare Größe“ darzustellen. Er gibt nur eine Funktion an und definiert R. „in der weitesten Bestimmung“ als „das, was den Menschen zum Menschen werden läßt“. Die Funktion der R. wäre dann als „Einübung und Einzwängung in ein das Einzeldasein transzendierendes Sinngefüge“ zu bestimmen (Luckmann 176). Damit ist der Mensch überhaupt als ein rel. Wesen definiert, und eine Gesellschaft ohne R. ist gar nicht denkbar, so daß jede ↗R.s-Wissenschaft sich nicht auf die Betrachtung jener Phänomene, die konventionell als „R.en“ bezeichnet werden, beschränken dürfte. *N. Smart* hat den Gegenstandsbereich der R.s-Wissenschaft in dieser Weise ausgeweitet. Er führt den Ausdruck „worldview“ als Oberbegriff ein und faßt darunter die R.en und die säkularen Ideologien zusammen, die mit den R.en konkurrieren und die „in einem wichtigen Sinne selbst rel.“ sind (Smart 1). *J. Waardenburg* kommt dieser Betrachtungsweise nahe, wenn er „R. auf abstrakter Ebene vor allem als Orientierung, R.en als Orientierungssysteme“ begreift (Waardenburg 34f.). Er unterscheidet zwar zwischen rel. und säkularen Orientierungssystemen, rechnet aber mit der Möglichkeit einer Funktionsverschiebung und weist der R.s-Wissenschaft auch die Aufgabe zu, „implizite R.en zu erkennen und als rel. wirksam zu identifizieren“ (Waardenburg 246).

Im Hinblick auf diese verschiedenen Ansätze inhaltlicher und funktionaler Definitionen erscheint es unmöglich, eine Übereinstimmung über den richtigen R.s-Begriff herzustellen. Das ist für die rel.-wiss. Arbeit aber auch nicht notwendig. Wie alle Definitionen können auch R.s-Definitionen nicht wahr oder falsch sein. Sie haben vielmehr die Funktion, den Gegenstandsbereich der R.s-Wissenschaft abzugrenzen und rel.-theor. Fragestellungen und Perspektiven zu eröffnen.

W. C. Smith hat die Auffassung vertreten, der Begriff „R.“ sei „verwirrend, unnötig und verzerrend“ (Smith 50). Er hat vorgeschlagen, den Begriff „R.“ ganz fallenzulassen und durch das Begriffspaar „cumulative tradition“ und „faith“ zu ersetzen (Smith 156 195). Zur Begründung führt er aus, der R.s-Begriff könne die Intentionalität des rel. Bewußtseins nicht adäquat wiedergeben und dem gesch. Wandel in den einzelnen R. nicht gerecht werden (Smith 139–142). Dieser Vorschlag lenkt die Aufmerksamkeit auf den Freiraum der Interpretation, den das rel. Individuum in seinem R.s-System hat. Damit zeichnet sich ein theor. Ansatz ab, aus dem sich auch neue Gesichtspunkte für den ↗R.s-Dialog und die ↗R.s-Theologie ergeben könnten.

Lit.: *P. Antes,* „R.“ einmal anders: Tem. 14 (1978) 184–197; *P. L. Berger,* Zur Dialektik von R. und Gesellschaft. Frankfurt 1973; *E. Durkheim,* Die elementaren Formen des rel. Lebens. Frankfurt ^{2}1984; *M. Eliade,* Das Heilige und das Profane. Frankfurt 1984; *F. Heiler,* Erscheinungsformen und Wesen der R. Stuttgart 1961; *Th. Luckmann,* R. in der modernen Gesellschaft: ders., Lebenswelt und Gesellschaft. Paderborn 1980, 173–189; *R. Otto,* Das Heilige. München $^{31-35}$1963; *N. Smart,* Worldviews. New York 1983; *W. C. Smith,* The Meaning and End of R. New York 1964; *P. W. Schmidt,* Der Ursprung der Gottesidee. I–XII. Münster 1912–1955; *J. Waardenburg,* R.en und R. Berlin 1986; *G. Widengren,* R.s-Phänomenologie. Berlin 1969.

U. Berner

Religionenfriede

↗Friede und Krieg; Toleranz.

1. R. ist heute zu einem Namen für die Verantwortung der Weltreligionen im in-

ternationalen Bemühen um Gerechtigkeit und Frieden in der modernen Welt geworden. Als Leitidee einer Ordnung universalen Konsenses in der Geschichte des Abendlandes schon früh wirksam, bedeutete der Friede unter den Religionen für *Nikolaus von Kues* „im Namen aller den *einen* Glauben annehmen und auf diesem einen ewigen *Frieden* aufbauen, damit im *Frieden* der *Schöpfer aller* gepriesen werde" (De pace fidei XIX, zit.: Haubst 61). Greift man sein Anliegen weniger im Sinn einer Vollendungstheologie auf, sondern sucht es als sittlich-praktische Aufgabe fortzuführen, so beinhaltet R. nicht das bloße Miteinanderauskommen von Menschen verschiedener Religionszugehörigkeit, sondern wesentlich ein Stück weit gemeinsames Handeln. Was die Erklärung des II. Vatikanums über das Verhältnis der Kirche zu den nichtchristlichen Religionen („Nostra aetate") im Hinblick auf den christl.-islam. Dialog sagt, gilt auch allgemein, nämlich „sich aufrichtig um gegenseitiges Verstehen zu bemühen und gemeinsam einzutreten für Schutz und Förderung der sozialen Gerechtigkeit, der sittlichen Güter und nicht zuletzt des Friedens und der Freiheit für alle Menschen" (Nr. 3). In dem Maße, wie der Weltfriede als Notwendigkeit unserer heutigen Lebenswelt erkannt wird, der eine außerordentliche moralische Anstrengung von uns fordert (vgl. C. F. v. Weizsäcker 125–137), haben die Religionen damit begonnen, sei es in den Aktivitäten etwa der Weltfriedenskonferenzen, sei es in den spezifisch-religiösen Ausdrucksformen von Wallfahrt, Fasten und Gebet (vgl. „Die Friedensgebete von Assisi"), den Dienst am Frieden als eine Verpflichtung anzunehmen, die in Treue zum eigenen Bekenntnis nur noch gemeinsam zu erfüllen ist.

2. R., der aus der Verantwortung für diese Welt lebt, ist bereits eine Antwort der Weltreligionen auf die Bedrohungserfahrung vieler Menschen, nicht nur was die Möglichkeit eines nuklearen Vernichtungskrieges betrifft, sondern auch was die Wirklichkeit vielfältiger totalitärer Unterdrückung der Freiheit angeht. Die Menschenrechtserklärungen der Gegenwart haben ganz entschieden den Frieden in der Welt mit der Anerkennung der Menschenrechte und Menschenwürde verknüpft (vgl. die Präambel der Allg. Erklärung der Menschenrechte von 1948). Der R. ist zwar nicht identisch mit dem Völkerrechtsfrieden, er setzt aber ein menschenrechtlich orientiertes Friedensverständnis voraus, das die „geschlossenen" Friedenskonzepte z. B. der mittelalterlichen pax christiana überwunden hat (ein Wandel, wie er sich analog etwa im Verständnis des ↗Djihād im Islam widerzuspiegeln scheint). R. lebt zwar aus dem Bewußtsein, daß der Friede ein Werk der Gerechtigkeit ist (Jes 32, 17), mit ihm verbindet sich aber auch die Erfahrung, daß die Religion in dem Maße friedensunfähig wird, als sie sich mit einer absoluten politisch-rechtlichen Wahrheitsordnung verbindet, die es gegen Andersgläubige notfalls gewaltsam durchzusetzen gilt. Es sind vor allem die Glaubens- und Konfessionskriege, die die Neubesinnung auf die Fundamente des Zusammenlebens in einer religiös-konfessionell gespaltenen Welt erforderten und die pax civilis als einem an der Rechtsordnung orientierten Frieden zur vordringlichen Aufgabe der sittlichen Vernunft in der Moderne werden ließen.

3. Die neuzeitliche, an den Menschenrechten orientierte und auf die Rechtsordnung bezogene Friedensidee stellt den R. in einen anderen Zusammenhang. Der R. ist nicht mehr die alleinige Grundlage für das politische Zusammenleben. Er ist damit aber alles andere als überflüssig, sondern entfaltet gerade aus der Nichtidentität mit einer politisch-rechtlichen Ordnung seine Wirksamkeit für den Frieden in der Welt. Im R. bejahen die Weltreligionen die allgemeine Gewissensverantwortung und damit die Zuständigkeit der praktischen Vernunft für eine gerechte sittliche Ordnung, sie bekunden aber zugleich die Gemeinsamkeit der Überzeugung, „daß der *Friede die menschlichen Kräfte weit übersteigt,* bes. in der gegenwärtigen Lage der Welt, und daß deshalb *seine Quelle und Verwirklichung in jener Wirklichkeit zu suchen sind, die über uns allen ist*" (Johannes Paul II.: Die Friedensgebete von Assisi 53). Der R. übt in dem Maße, wie er Wirklichkeit wird, nicht nur Wirkung auf das innerweltliche Friedensverständnis aus und

bezeugt gegen Resignation und Scheitern menschlicher Friedensbemühungen die Friedenshoffnung der Religionen, er stellt auch die Toleranzfrage auf eine neue Basis. Indem er in neuer Weise mit der Friedensverantwortung und der Bezeugung der Friedenshoffnung verbunden ist, sind die Fragen nach Wahrheitsanspruch und Friedensfähigkeit einer Religion oder die Unterscheidung zwischen „prophetischen" und „mystischen" Religionen neu und kritisch zu durchdenken (vgl. H. Waldenfels 152–167). Toleranz darf nicht zur Ideologie des Status quo werden, die durch scheinbare Großzügigkeit alle Meinungen gleicherweise nebeneinander bestehen läßt, weil sie scheinbar nichts mehr austragen (vgl. H. Marcuses Begriff von der „repressiven Toleranz"). Toleranz besagt vielmehr, zunächst den Glaubensstandpunkt überhaupt einzunehmen und sich der Wahrheitsfrage (↗Wahrheit, religiöse) zu stellen (vgl. G. Sauter 130f.). Die Erfahrung des modernen Materialismus und heutigen Glaubensschwundes etwa in Form einer Entchristianisierung wie auch Entislamisierung (M. Talbi) läßt hier ein gemeinsames Anliegen der Religionen erkennen. Toleranz bedeutet aber auch immer ein Stück Schuldübernahme, die bekennt, daß alle von der „Toleranz Gottes" leben. Die Rede von der „Toleranz Gottes", wie sie *M. Luther* verwendet, kommt für ihn selbst und seine Überzeugung im Christusgeschehen zu innerster Verdichtung, sie ist – im christlichen Kontext – tolerantia crucis (vgl. G. Ebeling). Toleranz heißt schließlich auch Bewährung der Hoffnung im Dialog des Glaubens. Die Hoffnung auf Heil und Erlösung kann nicht zum exklusiven Besitzanspruch einer Gruppe erhoben werden, da ihre Einlösung der Verfügungsmacht des Menschen entzogen ist. Auch der R. ist wie der Weltfriede nicht das „goldene Zeitalter" (C. F. v. Weizsäcker), aber in der Verantwortung für den Weltfrieden Wegweisung der Freiheit.

Lit.: *G. Ebeling,* Die Toleranz Gottes und die Toleranz der Vernunft: T. Rendtorff (Hg.), Glaube und Toleranz. Gütersloh 1982, 54–73; Die Friedensgebete von Assisi. Einleitung von *F. Kard. König.* Kommentar von *H. Waldenfels,* Freiburg 1987; *R. Haubst* (Hg.), Der Friede unter den Religionen nach Nikolaus von Kues. Mainz 1984; *G. Sauter,* Wahrheit und Toleranz: T. Rendtorff (Hg.), Glaube und Toleranz. Gütersloh 1982, 128–137; *J. Schwartländer* (Hg.), Menschenrechte – eine Herausforderung der Kirche. München – Mainz 1979; *M. Talbi,* Islam et occident au-delà des affrontements, des ambiguités et des complexes: Islamochristiana 7 (1981) 57–77; *H. Waldenfels,* Faszination des Buddhismus. Mainz 1982; *C. F. v. Weizsäcker,* Der bedrohte Friede. München – Wien 1981; *R. P. Wolff/ B. Moore/H. Marcuse,* Kritik der reinen Toleranz. Frankfurt 1966.

G. Höver

Religionsdialog. 1. Begriff. Der seit Plato in der Geschichte des Abendlandes bedeutsame Begriff des Dialogs hat im Gespräch der Religionen in den letzten Jahrzehnten eine spezifische Bedeutung erhalten. Er bezeichnet eine um bessere Kenntnis und tieferes Verständnis bemühte Zuwendung zu Vertretern einer anderen Religion auf der Grundlage eigener Bekenntnisbildung. In dieser Hinsicht unterscheidet sich der interrel. Dialog von einem lediglich informierenden und vergleichenden Gespräch. Der R. steht darum nicht unter dem Vorzeichen einer Suche nach einer höheren, übergeordneten Wahrheit. Vielmehr erwarten die an ihm Beteiligten den Ertrag des Dialogs in einer doppelten Hinsicht. Zunächst geht es darum, über die eigenen begrenzten Verstehensmöglichkeiten hinaus mit Hilfe des fremdrel. Partners im Dialog Zugang zu einem genuinen Begreifen einer anderen Religion zu gewinnen. Darüber hinaus dient der Dialog dazu, den eigenen rel. Kenntnisstand zu präzisieren und das eigene Glaubensleben zu intensivieren durch Befragung und Infragestellung von außen.

Ein lebendiger Dialog zwischen Vertretern verschiedener Religionen schließt darum ein gegenseitiges Kennenlernen der Dialogpartner in den ihrer Religion spezifischen Verhaltensweisen und rel. Vollzügen ein. Ihre Begegnung ist gleichzeitig eine Bekundung der in der eigenen rel. Tradition und Praxis stattfindenden Erfahrung des „Heiligen" *(R. Otto).* In dieser Hinsicht unterscheidet sich der R. von der in der ↗Religionsphänomenologie geforderten Zurückhaltung *(epoché – G. van der Leeuw)* hinsichtlich der persönlichen Glaubensüberzeugung und -bindungen.

Insofern der R. immer auch ein interkultureller Dialog ist, kommt er der Bemü-

hung um eine ↗Inkulturation und Beheimatung der Kirche in anderen Völkern und ihren Kulturen zugute.
Kultur, Ethik und Brauchtum dieser Völker sind zutiefst durch ihre rel. Überlieferungen bestimmt. In dieser Hinsicht ermöglicht der R. eine Vermittlung rel. Inhalte, die bislang den besonderen gesch. Bedingungen und den Grenzen einzelner Kulturkreise und Völker unterlagen. Für das ↗Christentum (III) ist eine solche grenzüberschreitende Gestaltwerdung in anderen Kulturen die notwendige Folge seines universalen Selbst- und Auftragsverständnisses. R. und ↗Mission stehen darum nicht im Widerspruch zueinander. Sie ergänzen und erfordern sich gegenseitig. Für eine sachgemäß arbeitende Mission ist das genaue Kennenlernen der vor- und außerchristl. rel. Gegebenheiten eines Volkes eine wichtige Voraussetzung. In diesem Sinne fand, obwohl der Begriff noch keine Verwendung fand, immer schon ein „dialogisches" Bemühen um das Verstehen von Menschen aus anderen Religionen statt. Neueren Datums dagegen sind interrel. Dialogveranstaltungen, die sich gemeinsamen Themen der Menschheit, z. B. Weltfrieden, soziale Verantwortung, Toleranz u. a. m., widmen.
2. Geschichte. Beziehungen zu den außerbibl. Religionen der Umwelt finden sich im NT in verschiedener Hinsicht. In den Briefen der Apostel werden zentrale fremdrel. und philos. Begriffe aufgenommen und finden Verwendung zur Auslegung des Christusgeschehens (Neuplatonismus und Stoa). Im Johannesevangelium ist es der universale, in der griech. Tradition vorgeprägte Logos-Begriff, der zur Beschreibung der Präexistenz Jesu Christi verwendet wird. Die klass. Stelle für ein bezugsvolles Eingehen auf die vor- und außerchristl. rel. Glaubenswelt findet sich in der Areopagrede des Apostels Paulus in Apg 17. Paulus nimmt auf die Verehrung eines unbekannten Gottes unter den Athenern Bezug und knüpft daran die Verkündigung des Schöpferwirkens Gottes als Vater der Menschheit an. Auf diesem Hintergrund eines „interrel. Dialogs" gewinnt die christl. Botschaft ihre jeweils spezifischen Konturen. Besonderes Gewicht kommt im NT dem Dialog mit dem ↗Judentum zu. Sowohl in den Evangelien als auch in der apostolischen Briefliteratur erscheint das Christusgeschehen als Erfüllung atl. Weissagungen. Im „Dialog" mit dem Judentum wird durch Bezug auf die vorangegangene Geschichte der Offenbarung auf diese Weise die Brücke zum Christusereignis geschlagen.
Eine dialogoffene Haltung zeigen die Apologeten der frühen Kirche. In Begegnung und Auseinandersetzung mit den Vertretern der außerchristl. Welt gehen sie auf Einwände und Vorwürfe gegenüber dem Christentum ein. Die Apologeten haben „bestimmte Denkformen und Anschauungen für immer in der Theologie heimisch gemacht" (C. Andresen).
Die Vorstellung eines Dialogs zwischen Vertretern verschiedener Religionen findet sich zum erstenmal thematisch bei *Nikolaus v. Kues* (1401–1464). In seinem Werk „De pace fidei" läßt er in einem himmlischen Dialog die Frage nach der Wahrheit stellen. Für ihn ist ein allg. Friede zwischen den Anhängern verschiedener Religionen deshalb möglich, weil alle Religionen „quaedam locutiones verbi Dei sive rationis aeternae" sind. Von ihm stammt auch eine erste Beschäftigung mit dem Koran („Widerlegung des Alkoran", 1464), in dem er die Botschaft des Propheten Muḥammad als Vorstufe für ein universal verstandenes Christentum würdigt. Mit der genaueren Kenntnis der außerchristl. Religionen im 18. und 19. Jahrhundert gewinnt auch das theol. und das philos. Interesse an einer Beschäftigung mit ihnen an Gewicht.
3. Theologische Begründung. Vorbereitet durch die Vorarbeit einzelner Theologen (u. a. *F. König, K. Rahner),* erfuhren die Bemühungen um den Dialog mit Menschen anderer Religionen entscheidende Impulse durch die „Erklärung über das Verhältnis der Kirche zu den nichtchristl. Religionen" auf dem *Vatikanum II* (1962–1965). Die Voraussetzungen für die notwendigen Erwägungen der Kirche, „in welchem Verhältnis sie zu den nichtchristl. Religionen steht", werden darin vor allem in folgendem gesehen: Die Beziehungen der einzelnen Völker in ihren Kulturen und rel. Traditionen sind enger geworden. Das ganze

Menschengeschlecht verdankt sich demselben göttlichen Ursprung. Gottes Heilsratschluß betrifft alle Menschen. Die Menschen „erwarten von den verschiedenen Religionen Antwort auf die ungelösten Rätsel des menschlichen Daseins". Mit der fortschreitenden Entwicklung ihrer Kulturen haben die Völker eine Vertiefung ihrer rel. Begriffe und ihrer Vorstellungswelt erfahren. In diesem Zusammenhang werden der ↗Hinduismus (I. III. V) und der ↗Buddhismus (II. V) erwähnt und Beispiele aus dem unerschöpflichen Reichtum dieser Überlieferungen benannt. Zu den Voraussetzungen für einen Dialog mit den nichtchristl. Religionen wird festgestellt: „Die kath. Kirche lehnt nichts von alledem ab, was in diesen Religionen wahr und heilig ist." Damit ist der Charakter des Dialogs als Bemühung um ein verstehendes Eingehen auf die Werte und gesch. Vorgaben auch in denjenigen vor- und außerchristl. Religionen beschrieben, die nicht wie das ↗Judentum (III. IV) und der ↗Islam (III. IV) in einem rel.-gesch. nahen Verhältnis zum Christentum stehen. Obwohl das Wort „Dialog" in dieser konziliaren Erklärung selber nicht vorkommt, ist mit ihr eine grundlegende kirchliche Entscheidung für die weitere Begegnung und Beschäftigung mit den außerchristl. Religionen getroffen. Daß der interrel. Dialog nicht im Gegensatz zum universalen Verkündigungsauftrag der Kirche zu verstehen ist, macht das Dekret „Ad gentes" deutlich. Verständnis und Anerkennung der anderen Religionen sind nicht zu trennen vom universalen Sendungsauftrag der Kirche als dem „allumfassenden Sakrament des Heils", sondern sind als eine integrale Funktion desselben zu sehen.

Der Ökumenische Rat der Kirchen hat 1968 auf seiner Vollversammlung in Uppsala die wachsende Bedeutung des Dialogs mit Menschen anderer Religionen und Ideologien betont. Zu diesem Zweck wurde ein Studienprogramm durchgeführt, das in verschiedenen Konsultationen und Dialogveranstaltungen dieser Aufgabe nachzukommen versuchte. Die Richtlinien dafür wurden 1971 auf einer Sitzung des Zentralausschusses in Addis Abeba in der Grundsatzerklärung „Der Ökumenische Rat und der Dialog mit Menschen anderer Religionen und Ideologien" festgelegt. Zur Begründung des Dialogs wird festgestellt, daß er darum dringlich ist, „weil alle Menschen in der Suche nach Frieden, Gerechtigkeit und einer hoffnungsvollen Zukunft unter dem gleichen Druck stehen. Er ist voller Möglichkeiten, weil Christen heute auf neue Art und Weise neue Aspekte des Dienstes und der Herrschaft Christi und deren Konsequenzen für die Sendung der Kirche im Kontext der Bewegung zu einer gemeinsamen Menschheit entdecken können." Unterschiedlich beurteilt die Grundsatzerklärung die Konsequenzen dieser auf die „pluralistischen Gesellschaften" der heutigen Welt abhebenden Begründung des Dialogs für die Mission der Kirche: „Es besteht jedoch ... eine akute Meinungsverschiedenheit, ob die Betonung des Dialogs die Wirksamkeit dieser Mission abschwächen wird ... oder ob die Gemeinschaft des Gesprächs ... die Mission vorantreibt." Die weitere Entwicklung des ökumen. Programms hat dieser Feststellung durch eine Vertiefung des Dissens eher recht gegeben.

Neben den Dialogveranstaltungen der Kirchen finden auch Initiativen anderer Religionsgemeinschaften zur Begegnung mit Menschen fremder Religionen statt. Dazu zählen u.a. die Weltkonferenzen der „Religionen für den Frieden" (seit 1970 in Kyōto) sowie interrel. Veranstaltungen, zu denen hind. und buddh. Religionsgemeinschaften (so vor allem die jap. Risshō Kōsei-kai) in Asien und in den westl. Ländern einladen.

Lit.: *H. Bürkle,* Dialog mit dem Osten. Stuttgart 1965; *ders.,* Einführung in die Theologie der Religionen. Darmstadt 1977 (Lit.); Bulletin, Secretariatus pro non christianis, Città del Vaticano, seit 1966; *J. A. Cuttat,* Begegnung der Religionen. Einsiedeln 1956; *G. Lanczkowski,* Begegnung und Wandel der Religionen. Düsseldorf 1971; *H. J. Margull / S. J. Samartha* (Hg.), Dialog mit anderen Religionen. Frankfurt 1972; *R. Panikkar,* Religionen und die Religion. München 1965; *W. Strolz / H. Waldenfels* (Hg.), Christliche Grundlagen des Dialogs mit den Weltreligionen. Freiburg 1983 (Lit.); *P. Tillich,* Das Christentum und die Religionen der Welt. Stuttgart 1964.

H. Bürkle

Religionsfreiheit

↗Freiheit/Freiheitsgeschichte.

1. Wie jedes Menschenrecht stellt das Recht auf R. eine Freiheitsforderung dar,

das seine gesch. Wurzel in der Erfahrung strukturellen Unrechts durch staatliche oder gesellschaftliche Institutionen hat, seinen normativen Grund aber in der unverfügbaren Würde der menschlichen Person. Die besondere Stellung der R. im Rahmen der Menschenrechte beruht darauf, daß sie, wenngleich sie nicht historisch am Anfang aller Menschenrechtsforderungen steht, so doch die innere „Glut“ im Kampf gegen autoritäre Bevormundung darstellt. In den neuzeitl. Menschenrechtserklärungen und den meisten Grundrechtskatalogen der Gegenwart ist sie zusammen mit der Gewissensfreiheit neben den elementarsten Habeas-Corpus-Rechten und Gleichheitsforderungen vornehmster Ausdruck der Überzeugung, daß der Mensch nicht zum bloßen Objekt politischer Systeme oder rechtlich verfaßter Wahrheitsordnungen gemacht werden darf, sondern aufgrund seiner religiös-sittlichen Bestimmung einen Zweck an sich selbst darstellt. Die neuzeitl. Forderung nach R. ist somit im Unterschied zu den von Fürsten und absolutistischen Herrschern praktizierten Toleranzen, die bestimmten Gruppen Andersdenkender gewährt werden, eine im Recht der Person begründete Emanzipationsforderung als Befreiung aus einseitiger Abhängigkeit. Die Religionsfrage ist damit weder Prinzipien der Staatsräson noch Vorbehalten staatskirchenartiger Gruppierungen unterstellt, sondern auf der Basis der Gewissensverantwortung und der Freiheit von Zwang zu beantworten.

2. Gerade diese menschenrechtliche Artikulierung hat die Rezeption des Rechts auf R. innerhalb der großen Religionsgemeinschaften selbst zunächst eher behindert. Die Schwierigkeiten, wie sie sich paradigmatisch im Einstellungswandel der kath. Kirche von einem grundsätzlichen Mißtrauen gegenüber den individuellen Freiheitsrechten bis zur ausdrücklichen Anerkennung der Menschenrechte im II. Vatikanum dokumentieren, gelten analog auch für andere Religionsgemeinschaften wie etwa den Islam. Sie stellen sich von der Sache her als Aufgabe dar, die rel. Botschaft von der wahren Freiheit des Menschen gegen die Gefahr einer liberalistisch-neutralistischen Vergleichgültigung der Religionsfrage zu schützen, ohne die modernen Leitgedanken politisch-sozialer Gerechtigkeit in Frage zu stellen. Betrachtet man die Lehrentwicklung im Bereich der *kath. Kirche*, so stehen die früheren lehramtlichen Verurteilungen der Religions-, Gewissens-, Kult- und Meinungsfreiheit (Gregor XVI., Pius IX., Leo XIII.) noch ganz im Schatten der Französischen Revolution und im Klima des antiklerikalen Laizismus des 19. Jh.; sie richten sich vor allem gegen einen Indifferentismus, der die Wahrheitsfrage (↗Wahrheit, religiöse) dem Belieben des einzelnen etwa im Sinne einer bloßen Wahlmöglichkeit zwischen gleichartigen alternativen Sinnangeboten anheimstellt. Die *vorkonziliare* Lehre betont dagegen die objektive Erkennbarkeit der religiös-sittlichen Wahrheit und streitet daher *im Prinzip* dem Irrtum jegliche Existenzberechtigung in Form öffentlicher Wirksamkeit und Verbreitung ab. Dieser Grundsatz wurde freilich durch einen zweiten Grundsatz ergänzt, der sich auf die *praktische Anwendung* bezieht (die sog. Thesis-Hypothesis-Lehre): Im Hinblick auf die Verantwortung der staatlichen Autorität für die Wahrung des Gemeinwohls und zur Verhinderung größerer Übel kann es gerechtfertigt sein, auf gesetzliche Zwangsmaßnahmen zu verzichten und den Irrtum unter gewissen Umständen zu dulden (vgl. die Ansprache Pius' XII. v. 6. Dezember 1953 „Die rel. Toleranz in einer Staatengemeinschaft“. Utz-Groner 3978). Eine solche Modifizierung vermeidet zwar größere soziale Unverträglichkeiten, überschreitet aber in keiner Weise die Stufe bloßer Toleranzgewährungen (↗Toleranz). In dieser Form gibt es auch im Islam zwar eine Reihe von Schutzvorschriften, die auf der Grundlage des Korans den Anhängern anerkannter Offenbarungsreligionen wie Christen und Juden zukommen (welche dementsprechend den Status von „Schutzbefohlenen“ – Dhimmī – besitzen), aber keine eigentliche Religionsfreiheit (vgl. A. Th. Khoury).

3. R. kann es ihrer Idee nach nur dort geben, wo man vom konkreten Menschen als Träger von Rechten ausgeht und zwischen Rechtspflichten und sittlicher Verpflichtung unterscheidet. Die Problema-

tik der vorkonziliaren Position liegt in einem uneigentlichen Rechtsbegriff, der eine abstrakte Größe wie die Wahrheit an sich zum Rechtssubjekt hypostasiert und den Menschen zum Objekt dieses Wahrheitsbegriffs macht (vgl. E.-W. Böckenförde 305). Sie verdeckt damit zugleich die Tatsache, daß die Wahrheit konkret in der Wahrheitsüberzeugung von Menschen existiert und ihren Anspruch nicht mittels äußeren Zwangs, sondern nur durch sich selbst im Gewissen geltend machen kann. Im rel. Gewissen als Ort der innersten Identität des Menschen vor Gott darf es keinen Zwang geben. Dies entspricht im Grundsatz der Überzeugung aller Religionen (vgl. Koran 2,256: „In der Religion gibt es keinen Zwang"; Erklärung über die R. „Dignitatis humanae" Nr. 10 mit Bezug auf Eph 1,5). Das eigentliche Problem ergibt sich jedoch erst aus der Frage, wie der Wahrheitsanspruch in einer institutionellen Ordnung geltend gemacht werden soll.

Die Erklärung über die R. des II. Vatikanums stellt hierbei insofern einen Neuansatz dar, als sie zwischen dem äußeren, d.h. auf die gesellschaftliche und bürgerliche Freiheit bezogenen Recht auf R. und der inneren sittlichen Verpflichtung, die Wahrheit zu suchen, unterscheidet. Das äußere Recht auf rel. Freiheit kommt dem Menschen unabhängig von Leistung und Wahrheitswert seiner Überzeugungen einzig und allein aufgrund seiner unverlierbaren Würde zu, es ist „nicht in einer subjektiven Verfassung der Person, sondern in ihrem Wesen selbst begründet. So bleibt das Recht auf rel. Freiheit auch denjenigen erhalten, die ihrer Pflicht, die Wahrheit zu suchen und daran festzuhalten, nicht nachkommen, und ihre Ausübung darf nicht gehemmt werden, wenn nur die gerechte öffentliche Ordnung gewahrt bleibt" (DH 2). Mit dieser grundsätzlichen Aussage ist der Schritt vom „Recht der Wahrheit" zum „Recht der Person" getan (vgl. E.-W. Böckenförde 306). Die Erklärung trägt damit nicht nur der Tatsache Rechnung, daß die sittliche Verpflichtung zur Wahrheitssuche und existentiellen Entscheidung für die erkannte Wahrheit notwendig eine reale psychol. Freiheit voraussetzt, sie bekräftigt auch die beiden Grundprinzipien der Gewissensfreiheit schlechthin, nämlich das Weigerungsrecht und das Äußerungsrecht. Das Weigerungsrecht verbietet es bedingungslos, jemanden zu zwingen, gegen sein Gewissen zu handeln (vgl. DH 3); das Äußerungsrecht hingegen gilt nicht schrankenlos, sondern ist an die Rechte der anderen und die Gemeinwohlverpflichtung gebunden und kann auch staatlicherseits im Interesse der öffentlichen Ordnung eingeschränkt werden (vgl. DH 7). In Abwehr einer weiten Interpretation der staatlichen Eingriffsmöglichkeiten, auch etwa im Sinne der vorkonziliaren Position, betont das Konzil: „Im übrigen soll in der Gesellschaft eine ungeschmälerte Freiheit walten, wonach dem Menschen ein möglichst weiter Freiheitsraum zuerkannt werden muß, und sie darf nur eingeschränkt werden, wenn und soweit es notwendig ist" (DH 7). Das Konzil vermeidet damit den Rückfall in ein tugendethisches Staats- und Rechtsverständnis. Es zieht vielmehr die Konsequenz aus der Lehre von der relativen Autonomie der irdischen Wirklichkeiten (GS 36), welche Recht und Staat als einen eigenständigen, auf eine menschenrechtliche Friedensordnung bezogenen Sinnbereich anerkennt, ohne damit den eigenen Wahrheitsanspruch aufzugeben und von der allg. sittlichen Pflicht des Menschen zu entbinden, mit dem Engagement seiner ganzen individuellen wie sozialen Existenz nach der Wahrheit zu suchen.

4. Sosehr die Erklärung des II. Vatikanums über die R. einen Durchbruch zu einer neuen Sicht im Verhältnis von Kirche und moderner Welt bedeutet, bleibt sie noch primär auf die Begründungsfrage in der Würde der menschlichen Person und der Freiheit des Glaubensaktes bezogen und beläßt es hinsichtlich der inhaltlichen Seite des Rechts auf R. bei eher formalen Darlegungen. Für eine Bestimmung des konkreten Gehalts von R. als Menschenrecht aber reicht dies noch nicht aus. Dieser läßt sich nicht aus abstrakten Prinzipien deduzieren, sondern ergibt sich aus der Beziehung zum Selbstverständnis einer Religion und zum allg. Freiheitsstandard einer Gesellschaft (vgl. dazu M. Honecker). Vom Selbstverständnis hängt es ab, wieweit eine Religion be-

anspruckt, auch das gesellschaftliche Leben mitzugestalten und was sie überhaupt für die rel. Praxis als wesentlich betrachtet (z. B. im Hinblick auf den Öffentlichkeitsauftrag oder missionarische und prophetische Aufgaben). Von daher hat man versucht, R. durch Angabe einiger Minimalstandards inhaltlich zu füllen und einer differenzierten Anwendbarkeit zuzuführen. Zu solchen „essentials" gehören neben der Freiheit von Zwang z. B. die Sicherstellung des Ein- und Austrittsrechts, das Recht zu gemeinsamem Gottesdienst, das Recht auf Verkündigung und rel. Unterweisung, Zugang zur Hl. Schrift und evtl. das Recht auf rel. Eheschließung (vgl. M. Honecker 486). Was aber die einzelnen Standards konkret bedeuten, läßt sich nur im Hinblick auf das Erscheinungsbild von Staat und Gesellschaft und deren Freiheitsstandard sagen. In totalitären Staaten statuiert die R. das Recht Andersdenkener und bringt die auch das Kollektiv transzendierende Bestimmung des Menschen zur Geltung. In Gesellschaften mit einer Staatsreligion können weitere Standardanforderungen relevant werden, wie etwa das Recht auf öffentliche Kultausübung, das Eintrittsrecht, aber auch das Recht auf freien Austritt aus einer Religionsgemeinschaft, welches gerade in islam. Staaten sich als eine bes. schwierige Frage erweist.

Der konkrete Gehalt der R. und der Grad ihrer Realisierung prägen das geistige Klima von Kultur und Gesellschaft entscheidend mit. Die R. ist, weil sie den Menschen im Sinnbereich seiner tiefsten Glaubensüberzeugungen schützt, gleichsam der innere Nerv der Freiheitsrechte. Wo man im Namen der R. und des modernen Pluralismus glaubt, von der Wahrheitsfrage dispensiert zu sein bzw. sie zur Privatfrage des einzelnen herabstufen zu können, untergräbt man nicht nur den Sinn der R., sondern auch die Verantwortung für die Freiheit. Der Indifferentismus ist nicht bloß die Bedrohung der Religion, sondern der Tod der Freiheit.

Lit.: *E.-W. Böckenförde,* Die Bedeutung der Konzilserklärung über die R.: StdZ 204 (1986) 303–312; *J. Hamer/Y. Congar* (Hg.), Die Konzilserklärung über die R. Paderborn 1967; *M. Honecker,* R. und ev. Glaubensüberzeugung: Der Staat 23 (1984) 481–499; *A. Th. Khoury,* Toleranz im Islam. München 1980; *H. Lutz* (Hg.), Zur Geschichte der Toleranz und R. Darmstadt 1977; *R. Schnur* (Hg.), Zur Geschichte der Erklärung der Menschenrechte. Darmstadt 1964; *A.-F. Utz/J.-F. Groner* (Hg.), Aufbau und Entfaltung des gesellschaftlichen Lebens. Soziale Summe Pius' XII. Freiburg/Schweiz. 1954. *G. Höver*

Religionsgeographie studiert die Interdependenzen zwischen Religionen und geographischem Raum. Dabei geht sie als Teilgebiet der Geographie den Einflüssen von Religion und Religionsgemeinschaften auf die geographische Umwelt, als Zweig der Religionswissenschaft umgekehrt der Rolle geographischer Faktoren auf Verbreitung und Ausgestaltung rel. Entwürfe und Gruppen nach. Obgleich sie so Fragestellungen und Methoden von Geographie und Religionswissenschaft vereinigt, läßt sie sich höchstens rein pragmatisch in einen geographischen und einen religionswiss. Teil untergliedern. Da in der Regel nur ein religiös bereits vorgeprägter Raum auf eine von einer solchen Umwelt vorgeprägte Religion wirkt und umgekehrt, Ursachen und Wirkungen also nicht linear voneinander abhängen, sondern in vielfach miteinander verschlungenen Schleifen rückgekoppelt erscheinen, bildet ein komplexes Gewebe dynamischer, einander weitgehend selbst regulierender Wechselwirkungen zwischen Religion und geographischer Umwelt, und nicht die Erklärung regelhafter geographischer bzw. rel. Erscheinungen aus Kräften und Prozessen der jeweils anderen Seite den Gegenstand der R. Dieser systemtheoretisch-prozeßhafte Ansatz steht am Ende einer langen, wechselvollen Geschichte.

1. Geschichte. Seit der Antike haben sich namentlich in historiographischen Notizen zahlreiche Beobachtungen zu Verbreitung rel. Phänomene und zu vielfältigen anderen rel. Aktivitäten in und gegenüber dem Raume niedergeschlagen (Andachtsstätten, Begräbnisanlagen, überregionale Wallfahrtsorte, Pflanzen- und Tiertabus, für den Kult benötigte Handelsware u. a. m.).

Auch an Hinweisen auf räumliche Determinanten rel. Entwürfe und religionsspezifischer Wertsysteme fehlt es nicht (Kultnachfolgen, Ortsnamengebung usw.). Von Hippokrates bis ins Aufklärungszeitalter spürten bes. Ärzte Abhängigkeiten kul-

tisch-rel. Praxiselemente von Himmelsstrich, Naturraum, Klima und dgl. nach. Fehlte dabei in der Regel jeder generalisierbare Anspruch, so suchten Astrologen (↗Astrologie/Astronomie) bis zum Beginn der Neuzeit Grunddaten des christl. und muslim. Glaubens aus dem Einfluß der Gestirne herzuleiten.
Unter dem Einfluß der Reformation rückten Verbreitung und positive Einwirkungen des Christentums auf Wirtschaft, Wohlstand und geistige Kultur in den Ländern unter christl. Vorherrschaft ins Zentrum des Interesses, weil sich gerade an diesen positiven Wirkungen das Hauptanliegen der Reformation, das Walten der göttlichen Vorsehung, bes. gut verdeutlichen ließ (vgl. M. Büttner). Auch nach Ausgliederung aus dem kirchlich-theol. Lehr- und Forschungsbetrieb blieb die geographische Beschäftigung mit Religion in der Hauptsache Ausbreitungs- und Umweltgestaltungslehre. Daneben rissen Versuche, Variationen gesellschaftlicher Institutionen durch unterschiedliche Umwelteinflüsse zu erklären, seit der Antike nicht ab, doch erst *Montesquieu* stellt sie, trotz recht summarischer Analysen im Detail, methodisch auf eine solide Basis. Zahlreiche Studien, die während des Aufklärungs-Jh. in Montesquieus Geist erschienen, große Fortschritte namentlich der (thematischen) Kartographie und immer differenziertere Einsichten in das Werden der Kulturlandschaft konnten aber nicht verhindern, daß Umweltabhängigkeitsforschungen bis in die jüngere Vergangenheit stagnierten. *F. Ratzel* und seine Schüler stellten die Fragen im Prinzip noch in genau derselben Weise wie Montesquieu 200 Jahre zuvor, nur daß der traditionelle Reduktionismus der westl. Naturwissenschaften (einschließlich der Geographie) den Umweltdeterminismus erst richtig auf die Spitze trieb. *W. Gebels* Breslauer geographische Dissertation von 1921 „Der Islam – Die Religion der Wüste" und die von *K. Haushofer* inspirierten Thesen der Geopolitik gehören zu den bezeichnendsten Beispielen. Im Zuge der Selbstreinigung entledigte sich die Geographie nach dem Kriege neben der nationalsozialistischen Hypothek auch dieses rohen Geodeterminismus, doch obwohl die Wechselseitigkeit der Beziehungen zwischen Religion und Umwelt erkannt und seit *P. Fikkelers* grundlegender Studie „Grundfragen der Religionsgeographie" (1947) nachdrücklich betont wird, begnügte sich die Geographie mit Verbreitungs- und Umweltprägungsgesichtspunkten.
M. Schwinds Bestandsaufnahme (1975) suchte die R. prinzipiell darauf zu beschränken und konnte dafür u. a. ins Feld führen, daß sich auch neuere religionsgeographische Studien von rel.-wiss. Seite unverkennbar auf die raumwirksamen Seiten der Religionen beschränken. Schwerpunktverlagerung innerhalb der Geographie von einer Wissenschaft, der es vorrangig um das Bild der Erdoberfläche geht, zu einer, die die Beziehungen des Menschen zum Raum erforscht, führten bei *D. E. Sopher* oder (außerhalb der Geographie) bei *A. Hultkrantz* zu religionsökologischen Ansätzen. *M. Büttner* vollzog die Wendung der Kulturgeographie zur Sozialgeographie nach und sucht seit ca. 20 Jahren beide Seiten der R. zusammenzuführen. Wenn sein umfassendes Konzept einer „Geographie der Geisteshaltung" (Ideologiegeographie) bisher eher zurückhaltend aufgegriffen wurde, dann „wohl wegen der noch unabsehbaren Konsequenzen", vor allem „der schier unbegrenzbaren Ausuferung des Stoffes" (H.-G. Zimpel) und der vielen Fragen, die mit dem Rüstzeug des herkömmlichen Geographen oder Religionswissenschaftlers allein nicht mehr zu bewältigen sind, wie z. B. nach den geographischen Determinanten von Jenseitsvorstellungen, Moral und Rechtsordnungen oder Menschenbildern.
2. Hauptaufgaben. Rel. Bestimmungsgründe raumwirksamer und räumlicher rel. Verhaltensmuster bilden ein Netz dynamischer Wechselbeziehungen. Da z. B. Religionszugehörigkeit oder infolge rel. Diasporasituation bes. aktive Gruppen nicht nur die Kulturlandschaft in vielfältiger Weise prägen, sondern zugleich Handlungsmuster verschiedenster Art im Gefolge haben, läßt sich das Beziehungsgefüge nicht auf bestimmte starre Abhängigkeiten zurückführen. Dennoch lassen sich rein pragmatisch drei Hauptaufgaben oder Arbeitsschwer-

punkte einer R. im umfassenden Sinne unterscheiden.

a) *Verbreitung.* Rel. Systeme werden nur über die sie tragenden Gemeinschaften, den sog. Religionskörper, raumwirksam und sind auf demselben Wege, über die Anhängerschaft, an den Raum gebunden. Dieser Religionskörper deckt sich nicht mit der Interaktionsgruppe, denn diese schöpft ihre Verhaltensweisen normalerweise aus dem viel größeren Fundus einer bestimmten Gesamtreligion. Dennoch bildet die Verteilung der Anhänger im Raum eine wesentliche Grundlage aller raumbezogenen Aktivitäten. Gleichmäßige Verteilung in großen Gebieten, punktuelle Massierungen, Zentren mit langsam zerfließenden Randzonen wirken sich für den Raum wie für die jeweilige Religion verschieden aus. Während die Erfassung der Verteilungsmuster traditionell zu den Aufgaben des Geographen gehört, überschreitet schon die Erklärung des Kartenbildes wegen der zahlreichen an seinem Zustandekommen beteiligten außerrel. (demographischen, wirtschaftlichen, rechtlichen usw.) und religionsbezogenen Faktoren (z. B. Doppelmitgliedschaften, Missionseifer, Kinderfreudigkeit usw.) die Grenzen der gewachsenen Disziplinen Geographie und Religionswissenschaft.

b) *Umweltgestaltung.* In einem zweiten Schritt untersucht die R. die regelhaften Spuren, die die in bestimmter Form verteilten Anhänger im Raum hinterlassen. Dazu gehören die Ausprägungen des Kultes (Kultplätze, Ausbildungsstätten, Kultverkehr), seiner Voraussetzungen und Auswirkungen (z. B. Zucht und Verbreitung bestimmter für den Kult benötigter Frucht- oder Opfertierarten), aber auch der gesamten rel. bestimmten Lebensweise (Geburtenhäufigkeit, Siedlungsformen, Wirtschaftsleben, Mobilität u. a. m.). Dabei wird sich, da religiös bestimmtes Handeln selten eindeutig auszugrenzen ist, der Religionsgeograph „auch mit Problemen außerhalb seines engeren Fachgebietes beschäftigen, solange er die Zuständigkeit hierfür keiner anderen Disziplin übertragen kann" (E. Wirth). Deshalb werden Landerschließung und -kultivierung (z. B. durch rel. Gruppen), Abwanderungen, religiös bedingte Flucht oder Vertreibung, Gettobildungen, die Dialektik zwischen Zentrum und Peripherie einzelner Religionssysteme und die u. U. von mehreren Religionen gleichzeitig ausgehenden Einflüsse auf andere (wirtschaftliche oder politische) Raumgliederungen in die Untersuchung einzubeziehen sein, selbst wenn dabei kaum noch eindeutig zwischen rel. und nichtrel. Normen und Antriebskräften zu unterscheiden ist. Raumwirksame Konsequenzen ihrer Wertordnung werden in jeder guten Darstellung einer bestimmten Religion zu beachten sein, doch erst die räumlichen Modelle der R. dürften Kausalitäten wirklich absichern, zahlreiche Rahmenbedingungen, die eine Religion vorfindet, als kulturlandschaftliche Engramme vorausgegangener oder im Raum konkurrierender Religionen zu verstehen und bislang überhaupt noch nicht gesehene Wirkungen rel. Normen aufzudecken helfen.

c) *Umweltabhängigkeit.* Da Ausbreitung und Raumwirksamkeit stets auch zeigen, wozu eine Religion (unter dem Einfluß zahlreicher, nicht nur geographischer Determinanten) fähig ist, beschreiben schon die besprochenen Betrachtungsweisen immer auch Aspekte der Umweltabhängigkeit. Daneben finden aber geographische Gegebenheiten noch in anderen Formen Eingang in Organisation und (Lehr)Inhalte positiver Religionen. Lange dachte man dabei fast ausschließlich an Reflexe von Landesnatur (vor allem Relief und Klima) und Kulturlandschaft. So ist hinter den kosmogonischen Erzählungen verschiedener ägypt. Städte unschwer das Erlebnis der zurückweichenden Nilschwemme zu erkennen, und die lichtlose Wasserwüste *tᵉhom* deutet auf eine Herkunft aus der Überschwemmungsebene hin. Teile des Pentateuchs können nicht mit dem Sinaiereignis in Zusammenhang stehen, weil sie eine agrarisch-seßhafte Wirtschafts- und Lebensweise spiegeln. Das buddh. Wandermönchtum trägt dem Wechsel von Trocken- und Regenzeit Rechnung, und die Materie vieler Speisesakramente der Religionsgeschichte liefert eine sichere Fährte zu ihren urspr. Entstehungsorten. Paradies- und Höllenvorstellungen sind häufig ein getreues Gegenbild der physischen Umwelt ihrer Schöpfer, und die noch heute aus dem Flugzeug zu beobachtenden messerscharfen Trennungslinien zwischen Kulturland und Wüste im Bereich des Niltales setzen sich in der gerade für die altägypt. Religion so charakteristischen Trennung zwischen Leben und Tod, Diesseits und Jenseits fort. Die Frage, unter welchen Bedingungen die geographische Umwelt nur die Bandbreite möglicher Entscheidungen einengt und unter welchen sie positiv, gleichsam zwanghaft wirkt, führt weiter zu der anderen, welche geographischen Faktoren dafür mitverantwortlich sind, daß z.B. Fastkalender beim Übergang in neue Jahreszeitenzyklen nahezu unverändert beibehalten werden, während z.B. die uralten Hirtensymbole Fleisch und/oder Blut mit dem Brot des agrarischen Kanaan in Ritual und Brauchtum akkumulierten. Detailliertere Analysen ergeben, daß letztlich jede Entscheidung, die ein anstehendes Problem im rel. Bereich löst, zu Handlungsmustern oder Vorstellungsmomenten führt, an deren Entstehung neben psychologischen, soziologischen, hist. u.a. auch geographische Variable beteiligt sind. Obwohl es in dem vernetzten Gefüge dynamischer Wechselbeziehungen, durch die Individuen und Gruppen an die geographische Umwelt gebunden sind, letztlich keine unabhängigen Variablen mehr gibt und deshalb auch geographische Faktorengruppen nur unzureichend auszugrenzen sind, ist doch darauf zu bestehen, daß sich die R. möglichst auf das Geographische, also jenes System von Elementen beschränkt, in dessen Beziehungsgefüge entfernungs- und richtungsmäßige Variable für wesenhaft angesehen werden. Faßt man nämlich unter der Hand „geographische Umwelt" als Summe aller äußeren Einflußgrößen, die für die Ausformung einer Religion von Bedeutung waren, sind oder sein könnten, dann entstünde eine Überwissenschaft, deren grenzenlos ausufernder Stoff und noch völlig ungeklärte methodische und wissenschaftssystemat. Konsequenzen auch aufgeschlossene Geographen wie Sopher daran erinnern lassen, daß „the main task of ascertaining the effect of environment on religious forms devolves on the science of religion rather than on geography". Ein noch komplexeres Feld eröffnet sich, wenn gefragt wird, inwiefern Naturräume oder Kulturlandschaften, z.B. das Hochgebirge, das rel. Temperament von Gruppen einfärben kann, ohne in deren Symbolwelt einen Niederschlag gefunden zu haben.

3. Religionsgeographie als Wahrnehmungsgeographie. Die ohnehin schon komplexen Beziehungen zwischen Religion(s- Körper) und geographischer Umwelt werden für den Religionsgeographen dadurch noch weiter kompliziert, daß letztere nicht in ihrer realen Form, so wie sie wirklich ist, sondern nur wie sie wahrgenommen wird, Verhalten steuert, neue Wahrnehmungs- und Verhaltensmuster induziert. Deshalb genügt es nicht, das Realmilieu möglichst vollständig zu erfassen bzw. zu rekonstruieren. Wenn Umwelt nämlich nur als gedeutete, bewertete Verhalten lenkt, werden sich nur bestimmte Umweltgegebenheiten in Symbolen und Institutionen einer Religion wiederspiegeln. Außerdem überblickt der Handelnde im Vergleich zu der Gesamtschau eines geographischen Raumes, die sich der moderne Geograph verschaffen kann, nur einen kleinen, mehr oder weniger zufälligen Ausschnitt und wird allein schon aus diesem Grunde Zusammenhänge objektiv unrichtig einschätzen. Wie sonst wäre es zu erklären, daß Viehzüchterstämme im Bereich des ostafrik. Grabens aus rel. Gründen sehr zum Schaden der Nahrungskette bald nur die Milch, bald nur das Fleisch genießen oder Indiens heilige Kühe trotz objektiv sehr nachteiliger Folgen seit Jh.en weiter existieren. Unterhalb gewisser Grenzen scheinen sich die Verhältnisse ungeachtet jeder Bewertung um den Preis des Fehlschlags weitgehend von selbst zu regulieren. Eine Religion, die in arktischen Breiten ein Wandermönchtum des frühbuddh. Typs fordern wollte, wäre in diesen Breiten bald ausgestorben, und gnost. Gruppen im frühchristl. Ägypten oder den Katharern im MA blieb kaum eine andere Möglichkeit, als sich aus den großkirchlich bzw. kath. gut kontrollierten Städten aufs flache Land zurückzuziehen. Da jedoch selbst diese unteren Grenzen nur z.T. von naturwiss.-objektivierbaren Sachverhalten abhängen, ver-

langt die Erforschung der geographischen Grundlagen rel. Systeme und ihrer Wandlungen zusätzliche Methoden, die weitab von denen der herkömmlichen Geographie liegen: neben intensiven Textanalysen Befragungen, Einstellungsmessungen, Testprogramme und andere psychometrische Techniken, die geeignet erscheinen, Wahrnehmung, Deutung und Bewertung der geographischen Umwelt durch rel. Gruppen und deren Exponenten zu eruieren. Während diese Methoden bei Erforschung gegenwärtiger und rezenter Phänomene durchaus erfolgreich eingesetzt werden können, ziehen sie Umweltabhängigkeitsuntersuchungen in der entfernteren Vergangenheit häufig recht enge Grenzen. Psychometrische Verfahren sind hier von vornherein ausgeschlossen, und lit. wie nichtlit. Quellen gestatten nur sehr unzulänglich, gerade die „mental maps", die Filter der Raumwahrnehmung auch nur in großen Zügen zu rekonstruieren. Obwohl die raumbezogenen Ansätze und Modelle der Geographie durchaus Zusammenhänge erschließen könnten, die Quellentexten und anderen Relikten direkt nicht zu entnehmen sind, wird doch die R. vor allem mangels aussagekräftiger Quellen nicht verhindern können, daß auch weiterhin von kaum noch differenzierenden Konzepten wie „Landschaft", „Boden" oder „Klima" platt deterministisch oder mit Hilfe kaum begründbarer Ad-hoc-Einfälle rel. Vorstellungen und Institutionen abhängig gemacht werden.

Lit.: *M. Büttner,* Zur Geschichte und Systematik der R.: ders. u.a. (Hg.), Grundfragen der R. Berlin 1985, 13–121; *K. Hoheisel,* Geographische Umwelt und Religion in der Religionswissenschaft: ebd. 123–164; *A. Hultkrantz,* Ecology of Religion: Its Scope and Methodology: L. Honko (Hg.), Science of Religion. Den Haag 1979, 221–236, mit 6 Stellungnahmen und abschließender Diskussion (ebd. 237–298); *U. Köpf,* Kirchengeschichte und Geographie: ZThK 77 (1980) 42 68; *S. Monti,* Religione e geografia. I. Neapel 1983; *K. Rudolph,* Religionswissenschaftliche Überlegungen zur R.: Mitteilungen der Interdisziplinären Arbeitsgruppe zur Erforschung der Religion/Umwelt-Beziehung 1 (1987) 21–28; *M. Schwind* (Hg.), R. Darmstadt 1975; *D. E. Sopher,* Geography of Religions. Englewood Cliffs/N. J. 1967; *J. F. Sprockhoff,* Religiöse Lebensformen und Gestalt der Lebensräume: Numen 11 (1964) 85–146; *E. Wirth,* Theoretische Geographie. Stuttgart 1979 (grundlegend, obwohl Religion selbst nicht thematisiert wird!).

K. Hoheisel

Religionsgeschichte. 1. Erst zu Beginn dieses Jh. gelangte die R. als Teil der ↗Religionswissenschaft (RW.) dazu, ihre Grenzen zu bestimmen und ihre Methodik auszubauen. Innerhalb der RW. unterscheidet sie sich von der ↗Religionsphilosophie, ↗Religionspsychologie, ↗Religionsphänomenologie und der ↗Religionssoziologie.

Die R. untersucht im Unterschied zur RW., die am Gewordenen interessiert ist, die hist. Religionen nach äußeren Entwicklungen und inneren Wesensmerkmalen, wobei eine Beschränkung auf die Beschreibung rel. Phänomene unzureichend wäre. Ihr geht es vielmehr um das Studium der rel. Gegebenheiten, wie sie sich im Laufe der einzelnen hist. Epochen bei den verschiedensten Völkern der Erde in ihren Begriffen, Überzeugungen, Gefühlen, sittlichen Vorschriften und rel. Riten offenbaren.

Der Religionshistoriker bezieht in seine Untersuchungen die verschiedenen Erscheinungsformen der Religionen ein und nimmt, soweit wie möglich, die Durchführung eines Vergleichs aller Religionen vor (vergleichende R.). So gelangt er zur Aufstellung einer Typologie der Religionen, d.h., er erfaßt durch gegenseitige Vergleiche klarer die Eigenschaften einer jeden Religion. Es kann aber nicht nur bei einer Beschreibung des rel. Lebens eines Volkes bleiben. Auch die fremden Einflüsse, die auf ein Volk gewirkt haben, denen es ausgesetzt war und die von ihm ausgingen, müssen in die Forschung einbezogen werden. Außerdem muß die R. Kenntnisse über die gesamte Kultur eines Volkes, d.h. über Geschichte, Sprache, Literatur, sowie über die sozialen und politischen Zustände gewinnen.

Wenn auch die Unterscheidung von R. und RW. jüngeren Datums ist, so sind die RW. und die Geschichte der R. nicht voneinander zu trennen. Ansätze zur RW. finden sich bereits in der Antike seit der griech. Aufklärung. Handelt es sich dabei um Sammlung von rel.-gesch. Stoffen, so ist die R. so alt wie die Geschichtsschreibung überhaupt.

2. Zunächst schien das einzige Problem der R. der Ursprung und die Entwicklung der rel. Vorstellungen zu sein. Dazu wur-

den auf- und absteigende Entwicklungslinien konstruiert. Die Auswahl der Belege war dabei häufig recht willkürlich und diente der Unterstützung der eigenen These; es fehlte nicht an Vereinfachungen und Verallgemeinerungen.
Durch die Beschäftigung mit den sog. primitiven Völkern glaubte man, in deren Religionen die Anfänge der Religion wiederzufinden. „Abgesehen davon, daß in der Bezeichnung ‚primitiv' und ihrer Verwendung als anfänglich, unentwickelt, kulturlos die europ. Zivilisation - ohne eigentlichen Grund - als Maßstab verwendet wird und - wieder ohne eigentlichen Grund - die heutigen sogenannten primitiven Völker und Religionen als Bild oder Rest der Menschheitsanfänge angesehen werden, handelt es sich hier um ein ungeschichtliches Denken" (*W. Holsten:* RGG³ V 986).
Schließlich bedurfte es einer streng kritischen Methode, um zu angemessenen Forschungsergebnissen zu kommen. So bediente man sich der Methode der Archäologie und bes. der Geschichtswissenschaft, da die R. die schriftlosen und archäologisch nicht nachweisbaren Völker mit in ihre Forschung einbeziehen muß.
3. Die Forschungen auf den Gebieten der traditionellen Religionen sowie im Bereich der Religionsethnologie (↗Ethnologie) führen gegenwärtig zu einer fortführenden Bereicherung rel.-wiss. Kenntnisse. So haben die durch die Religionsethnologie gewonnenen Kenntnisse dazu beigetragen, nach der Bedeutung und dem Sinn rel.-gesch. Erscheinungen (z. B. Gottesglaube, Mythos, Magie, Ethik, Kult) zu fragen und somit das Verstehen dieser Phänomene zu fördern (↗Religionsphänomenologie).
Es kann aber nicht bei der Feststellung bleiben, daß es einen Pluralismus von Religionen gibt. Auf rel. Gebiet tritt dieser Pluralismus als missionarische Ansprache hervor. Dies betrifft nicht nur die traditionellen, vorwiegend aus dem asiat. Raum stammenden Religionen, sondern ebenso die „Neuen Religionen" bzw. ↗„Neurel. Bewegungen". Daraus ergibt sich eine „für die gegenwärtige Situation wesentliche Beobachtung einer rel. Aktivität, die, im Weltmaßstab gesehen, die Bedeutung von Begriffen wie ‚Säkularismus' und ‚Weltfrömmigkeit' stark zurücktreten läßt" (*G. Lanczkowski* 1983, 96). Damit wäre es naheliegend und aufschlußreich, den Versuch einer hist. Einordnung der gegenwärtigen Situation zu machen.
4. Als gesch. Größen sind alle Religionen bestimmten Wandlungsformen unterworfen. Ursprung, Ausbreitung und evtl. der Untergang einer Religion sind nur im Kontext ihrer Geschichte und bes. des sie umgebenden rel. Pluralismus zu betrachten. Die Verkündigung neuer Werte, mit der jede neue Religion ihrer Umwelt entgegentrat, bilden das Prinzip, um das Überkommene krit. auszulesen. Diese Werte bestimmen zugleich dessen Abwehr, Übernahme oder Modifikation. Daraus ergibt sich nun (vgl. *G. Lanczkowski* 1983, 97–100):
a) Aufgabe einer jeden *Stiftung* ist die Auseinandersetzung mit dem sie umgebenden rel. Pluralismus. Dieser kann entweder als Entartung und Verderbnis einer urspr. reinen Offenbarung aufgefaßt werden (z. B. bei Muḥammad), oder aber es kommt zu einer relativen Anerkennung (z. B. im ↗Caodaïsmus).
b) Sachliche Bedeutung bei den gestifteten Religionen hat der zeitliche Übergang *vom Stifter zum Kreis der Jünger*. Durch die dadurch bedingte räumliche Ausdehnung, die bereits zu einer Trennung vom Mutterboden führen kann, können sich erste Ansätze zur Aufnahme und inhaltlichen Aneignung fremden Religionsgutes ergeben.
c) Feste organisatorische Formen sowie die allmähliche Aneignung vorgefundener Kulturen folgt im Stadium der *Stabilisierung*.
d) Damit bedarf es für das *Verhältnis zum Staat* notwendig einer Klärung.
e) Das *Kontinuitätsproblem* entsteht durch Aktualisierung unterschiedlicher Anliegen zu verschiedenen Zeiten im Laufe der Geschichte. Dabei kann es zu Entfremdungstendenzen gegenüber Ursprüngen und eigentlicher Intention kommen. Die unterschiedliche Betonung von Einzelzügen einer Religion kann aber ebenso auch auf die *Fülle des Ursprungs*, auf den Reichtum rel. Gutes, der in der Stiftung liegt, zurückgeführt werden.

f) Den eigenen *Untergang* haben eine Vielzahl von Religionen erfahren. Auslösende Motive können sein: Anerkennung der rel. Höherwertigkeit einer missionierenden Religion; Verfallserscheinungen und eigene Entartungen; einseitige Bindung an innerweltliche Faktoren durch Identifikation mit politischen und wirtschaftlichen Zielen; fremde Gewalt.

Lit.: *W. Holsten*, Art. R.: RGG³ V 986–991; *F. Heiler* (Hg.), Die Religionen der Menschheit in Vergangenheit und Gegenwart. Stuttgart ²1962; *J. P. Asmussen / J. Læssøe / C. Colpe* (Hg.), Handbuch der R. 3 Bde. Göttingen 1971–1972; *E. Dammann*, Grundriß der R. Stuttgart 1972; *G. Lanczkowski* (Hg.), Geschichte der Religionen. Frankfurt 1972; *ders.*, Einführung in die R. Darmstadt 1983; *J. Waardenburg*, Religionen und Religion. Berlin 1986; *H. Zinzer* (Hg.), Der Untergang von Religionen. Berlin 1986. *Th. Birkheuser*

Religionskritik. 1. Religionsimmanente und -externe Kritik. Unter R. versteht man allg. die philos., psychol., soziol., wiss.-theoretische oder hist. Kritik an der Religion, also eine *von außen* kommende Auseinandersetzung mit dem Wahrheitsanspruch und der Funktion rel. Anschauungen. Unter rel.-wiss. und auch unter theol. Gesichtspunkten läßt sich jedoch noch ein anderer Tatbestand unter diesem Begriff subsumieren, nämlich die *religiös* motivierte Kritik, die sich gegen Fehlformen der eigenen Religion (vgl. z. B. den Protest der atl. Propheten gegen die Götzenverehrung) oder gegen die faktisch antreffbaren Religionen richtet (vgl. z. B. Muḥammads Auseinandersetzung mit dem Judentum und dem arab. Heidentum seiner Zeit). Bei solcher Kritik geht es meist um eine Vertiefung bzw. Neuauslegung der rel. Erfahrung. Die nicht selten apologetische Form solcher Auseinandersetzung müßte aber einem interrel. Dialog weichen, der die entgegengesetzten Wahrheitsansprüche nicht nivelliert, sie aber auch nicht zum Ansatzpunkt der Fremdkritik werden läßt. Eine *theol.* Kritik der Religionen bzw. des Religiösen, das als Gegensatz zum Evangelium verstanden wird, findet sich in wichtigen Strömungen der ev. Theologie des 20. Jh. (vor allem bei *K. Barth* und in der Dialektischen Theologie).

2. Abendländische Formen der R. Die Kritik an der Religion setzt in der griech. Antike schon im 6. und 5. Jh. v. Chr. ein; dies hängt zusammen mit der Loslösung vom umgreifenden Mythos und dem Heraufkommen einer auf dem Logos begründeten Philosophie. Doch auch in poetischer Gestalt trifft man eine scharfe Kritik an, wie z. B. in der Polemik des Aristophanes gegenüber dem Anthropomorphismus der gängigen Göttervorstellungen oder jener des Sophisten Kritias (etwa 460–403), der den Götterglauben als die Erfindung eines klugen Politikers demaskiert (vgl. Diels B 25). – In der Neuzeit richtet sich die R. vor allem gegen das Christentum; damit ist meist, aber nicht immer (wie das Beispiel *A. Schopenhauers* und seiner Zuwendung zum Hinduismus und Buddhismus zeigt), der Anspruch verbunden, den Wahrheitsgehalt der Religion schlechthin und somit aller Religionen in Frage zu stellen. Einen gravierenden Einschnitt bedeuten die kritischen Schriften der Aufklärungszeit, in denen aus rationalistischen und auch ethischen Motiven die Religion und ihre Moral zwar nicht durchweg, aber in entscheidenden Punkten (wie Offenbarungsglaube; heteronomes Ethos) als in sich widersprüchlich abgelehnt werden. Die systematisch konzipierte Kritik aber tritt erst im 19. Jh. auf, und zwar in umfassender Weise bei *L. Feuerbach*. Das Resümee seiner kritisch-reduktiven Deutung der Religion läßt sich in der These zusammenfassen, „daß der Inhalt und Gegenstand der Religion ein durchaus menschlicher ist (...), daß das Geheimnis der Theologie die Anthropologie (ist)" (Das Wesen des Christentums, 28. Kap.). *K. Marx* vertieft diesen Ansatz um die sozial-ökonomische Dimension, wonach die Religion ein sekundärer Ausdruck der bestehenden (inhumanen) ökonomischen und politischen Verhältnisse ist. *F. Nietzsche* formuliert in wirkungsgesch. bedeutsamer Weise die Einsicht, daß die geistige Situation der Neuzeit – insbesondere ihr wiss.-kritisches Methodenbewußtsein – zum „Tod Gottes" geführt habe; systematisch ordnet er die Religion in seinen hermeneutischen Grundsatz ein, daß alle Deutung auf einen Willen zur Macht zurückgehe und auch die Religionen nur Manifestationen eines Machtwillens sind und somit wesenhaft mit den Phänomenen der Gewalt, Destruktivität und Grausamkeit zusammenhängen. In

diesen „klass." Formen der R. sind die Linien für das 20. Jh. vorgezeichnet, unter denen *S. Freuds* psychoanalytische Deutung des Gottesbildes als Vaterersatz eigens zu nennen ist. Freud hat in seinen späten, primär auf kultur- und rel.-gesch. Interesse beruhenden Werken das Theorem vertreten, daß die Gottesvorstellung auf das infantile Bedürfnis nach dem Schutz eines omnipotent vorgestellten Vaters zurückgehe. Eng damit zusammen hängt seine „metapsychol.", d.h. die therapeutische Psychoanalyse überschreitende These, daß die Religion als Illusion in der Regel dazu diene, die Realität des begrenzten Daseins durch eine Wunschwelt zu bewältigen. Kennzeichen für die jüngste Entwicklung scheint eine Situation zu sein, in der die ausdrückliche Kritik an der Religion dem Schweigen bzw. Desinteresse ihr gegenüber weicht (vgl. Agnostizismus, Indifferentismus, Skeptizismus).

Lit.: *K.-H. Weger* (Hg.), R. von der Aufklärung bis zur Gegenwart. Freiburg [4]1983; *H. Zirker*, R. Düsseldorf 1982; *H.-J. Kraus*, Theologische R. Neukirchen-Vluyn 1982; *R. Schaeffler*, Die Kritik der Religion: HFth I, 117–135; *K. A. Wucherer-Huldenfeld*, Marx und Freud: ThPQ 122 (1974) 14–23; *J. Figl*, Dialektik der Gewalt. Düsseldorf 1984. *J. Figl*

Religionsphänomenologie. Wenn die Phänomenologie im Sinne ihres Begründers *E. Husserl* betrieben wird, verbindet sie die Beschreibung von Phänomenen mit der transzendentalen Analyse von Akten und ihrer Struktur, da diese zugleich die Bedingungen dafür definieren, welche Art von Gegenständen in diesen Akten „originär gegeben" ist. Dem „obersten Grundsatz aller synthetischen Urteile" bei *Kant*, wonach die formalen Bedingungen eines Aktes (z.B. des Anschauens und des Denkens) zugleich die Bedingungen für die inhaltliche Eigenart der Objekte dieses Aktes definieren (z.B. für die Objekte der Erfahrung), entspricht dann das „phänomenologische Grundgesetz". Zwischen Noesis (dem Akt und seiner Struktur) und Noema (den intendierten Gegenständen und ihrer Eigenart) besteht strenge Korrelation. Phänomenologische Forschung ist deshalb Sinnlogik intentionaler Akte (Analyse ihrer Struktur, sofern diese die Intentionalität des Aktes möglich macht und ihm also den Zugang zu möglichen Gegenständen erschließt) und zugleich *Eidetik der intendierten Gegenstände* (Bestimmung der „Wesensgestalt" derjenigen Gegenstände, die der Struktur des jeweiligen intentionalen Aktes zugeordnet sind). Aber phänomenologische Forschung unterscheidet sich von Kants Verständnis der Transzendentalphilosophie durch die Annahme: Es gibt verschiedene Arten von intentionalen Akten, die sich durch ihre Struktur voneinander unterscheiden und deshalb je verschiedene Bedingungen dafür vorzeichnen, welche Art von Gegenständen gerade diesen Akten originär gegeben ist. Phänomenologische Forschung entfaltet sich deshalb in eine Mehrzahl „regionaler Phänomenologien". Dadurch wird zugleich Raum geschaffen für eine spezielle „Phänomenologie der Religion", d.h. für die Beantwortung der Frage, ob es eine eigene Sinnlogik speziell rel. Akte und eine eigene Wesensgestalt derjenigen rel. Gegenstände gibt, die in diesen Akten originär zugänglich werden.

Ein auf phänomenologischem Wege gewonnener Religionsbegriff ist deskriptiv und komparativ in besonderer Weise fruchtbar; denn er gestattet es, die einmal an gewissen Beispielen gewonnene Einsicht in die Korrelation zwischen der Struktur rel. Akte und der Wesensart rel. Gegenstände auch dazu zu verwenden, „Kryptomorphien" (sich verbergende Gestaltungen) der rel. Akte und ihrer Gegenstände zu identifizieren. Darunter sind solche Akte und Gegenstände zu verstehen, die ihrem äußeren Erscheinungsbilde nach kein Merkmal aufweisen, durch das sie in einem öffentlich akzeptierten Sinne des Wortes als „religiös" erscheinen, die aber durch eine spezifisch rel. „Sinnlogik" ausgezeichnet sind. Und entsprechend kann, im Übergang vom deskriptiven zum normativen Gebrauch, ein solcher Religionsbegriff dazu dienen, „Pseudomorphien" (d.h. Fehl- und Truggestaltungen) rel. Akte zu diagnostizieren. Darunter sind solche Akte zu verstehen, die in ihrem äußeren Erscheinungsbild Merkmale an sich tragen, durch die sie in einem öffentlich akzeptierten Sinne des Wortes als „religiös" erscheinen, aber ihrer „Sinnlogik" nach nicht so strukturiert sind, daß ihnen eine spezifisch rel. Intentionalität zukäme. (Mancher seinem Erscheinungsbild nach nur ästhetische, ethische oder epistemische Akt zeigt eine Struktur, durch die er sich als „verborgen rel. Akt" identifizieren läßt; aber mancher sprachliche Ausdruck, der seinem Erscheinungsbilde nach ein Gebet ist, zeigt eine Struktur, durch die er sich als „Pseudomorphie" rel. Akte, z. B. als eine in Gebetsform verkleidete Gemeindebelehrung, diagnostizieren läßt.) In der Hermeneutik scheinbar nicht-rel. Akte und in der Kritik scheinbar rel. Akte geht eine Phänomenologie der Religion über die bloße Beschreibung rel. Erscheinungen hinaus.

Eine Analyse der Sinnlogik rel. Akte gestattet es, rel. Akte auch abseits von ihrer konventionellen Benennung als rel. zu identifizieren und sie an den Bedingungen ihres eigenen Gegenstandsbezuges zu messen, statt über ihren Sinn oder ihre Sinnlosigkeit nach äußeren, außerrel. Gesichtspunkten zu entscheiden. So kann z. B. der Vorwurf, rel. Akte seien ohne Gegenstandsbezug und Bedeutungsgehalt, nur durch phänomenologische Strukturanalyse überprüft werden. Denn nur sie kann entscheiden, ob dieser Vorwurf darauf beruht, daß der rel. Akt an sachfremden Maßstäben gemessen wird (so daß der Kritiker über diesen Akt und seinen Gegenstand so urteilt „wie der Blinde über die Farbe"), oder ob dieser Vorwurf darauf beruht, daß die Sinnlogik des rel. Aktes selber gestört ist, so daß dieser in der Tat die ihm zugeordnete Gegenstandssphäre nicht mehr erreicht.

Nun entspricht der je spezifischen logischen Struktur von intentionalen Akten die ebenso spezifische grammatische Struktur derjenigen sprachlichen Ausdrücke, durch die diese Akte und die in ihnen originär gegebenen Gegenstände benannt werden. Darum kann die phänomenologische Erforschung der „Sinnlogik rel. Akte" sich verbinden mit der sprachanalytischen Erforschung der „Grammatik rel. Ausdrücke". Vor allem eine Analyse der grammatischen Formen des Gebets eröffnet die Möglichkeit, die strukturelle Eigenart der „rel. Welt" zu bestimmen, d. h. jenes Gesamtzusammenhanges möglicher Erfahrung, innerhalb dessen diejenigen Gegenstände, auf die der rel. Akt sich bezieht, ihre Stelle finden müssen. Denn in der Gebetssprache werden verschiedene sprachliche Funktionen auf spezifische Weise verknüpft, z. B. die Anrufung des Namens, die rühmende Anamnese, die zukunftsgewandte Deprekation und die in all diese Ausdrücke mitverwobenen Weisen, wie der Sprecher sich selbst bezeichnet. Die Eigenart dieser Verknüpfung unterschiedlicher sprachlicher Ausdrücke aber läßt eine spezifische „Sinnlogik" erkennen, durch welche jene rel. Welt sich aufbaut, deren Struktur zugleich die Sinnbedingungen der rel. Aussagen und der darin bezeichneten rel. Akte definieren. Die Einheit des Ich, die Ganzheit der Welt und der geordnete Zusammenhang all dessen, was in dieser Welt vorkommt und dem Ich als Gegenstand gegenübertritt, lassen in der rel. Sprache eine spezifische Struktur erkennen, an der die Phänomenologie der Religion ein geeignetes Paradigma gewinnt, um die „Sinnlogik des rel. Aktes" und die „Eidetik der rel. Gegenstände" auf eine Weise weiterzuentwickeln, die am empirisch vorfindlichen „Sprachmaterial" überprüft werden kann. Im Überschneidungsbereich einer Analyse der rel. Sprache und einer sich (mit Husserl) transzendental verstehenden Phänomenologie der Religion sind, so wie es scheint, diejenigen methodischen Ansätze zu finden, die über die Aporien einer rein apriorisch-deduktiven und einer rein aposteriorisch-induktiven Religionsphilosophie hinausführen. Zeitgenössische Diskussionen, die auf diesem Felde geführt werden, lassen eine fruchtbare Weiterentwicklung der Religionsphilosophie erwarten.

Lit.: *G. van der Leeuw,* Phänomenologie der Religionen. Tübingen [2]1956; *O. Pettersson / H. Åkerberg,* Interpreting Religious Phenomena, Stockholm 1981; *F. Heiler,* Erscheinungsformen und Wesen der Religion. Stuttgart 1961; *L. Honko* (Hg.), Science of Religion. Paris 1979; *G. Lanczkowski,* Einführung in die R. Darmstadt 1978.

R. Schaeffler

Religionsphilosophie. I. Wichtigste Aufgabe der R. ist es, einen Begriff von „Religion" zu entwickeln, der drei Aufgaben zugleich erfüllen soll: Er soll es gestatten, (1) Phänomene des individuellen und gemeinschaftlichen Lebens als

„religiöse" Phänomene zu identifizieren, (2) die so identifizierten Phänomene bzw. Phänomenkomplexe untereinander zu vergleichen und schließlich (3) einen von diesen Phänomenen selbst her entwickelten Maßstab zu ihrer Beurteilung zu finden. Der philos. Religionsbegriff erfüllt also deskriptive, komparative und normative Funktion. Schon die ältesten Versuche einer Definition von „religio" bei Cicero und Laktanz dienten diesen drei Aufgaben zugleich, der normativen Aufgabe vor allem durch Abgrenzung der „religio" von der „superstitio" als ihrer wichtigsten und zugleich gefährlichsten Fehlgestaltung. An die Herleitung eines normativen Religionsbegriffs kann sich die Bemühung anschließen, unter den tatsächlich vorfindbaren Komplexen rel. Phänomene die „wahre Religion" ausfindig zu machen (vgl. Augustin: De vera religione).

II. Über die Methode, die zur Gewinnung eines solchen Religionsbegriffes führen soll, besteht keine Einigkeit. Vor allem stehen sich apriorisch-deduktive und empirisch-induktive Methoden der R. gegenüber.

1. Apriorische Religionsbegriffe können auf verschiedenen Wegen gewonnen werden.

a) Die lange Zeit herrschende Methode war die der *Metaphysik:* Ein metaphysischer Gottesbegriff (das durch sich selbst Seiende, das allervollkommenste Wesen, der erste unbewegte Beweger, das Seiende, das größer ist, als daß es gedacht werden könnte usw.) wurde vorausgesetzt, Religion als die Beziehung des Menschen zu dem so definierten Gott verstanden, und die in Geschichte und Gegenwart tatsächlich auftretenden Religionen (deren Gottesvorstellung gewöhnlich von philos. Gottesbegriffen sehr deutlich abweicht) wurden als mehr oder weniger entfernte Annäherungen an den so gewonnenen Religionsbegriff interpretiert und bewertet.

b) Andere apriorische Verfahren gewinnen den Religionsbegriff dadurch, daß sie der Religion eine bestimmte *Stelle im System der menschlichen Akte* zuordnen („Religion ist die Beziehung des Menschen zu dem, was er als höchsten Wert anerkennt"; „Religion ist die Versöhnung des theoretischen und des praktischen Vernunftinteresses durch die Hoffnung auf einen endzeitlichen Zustand, in welchem naturnotwendig eintreten wird, was aus moralischen Gründen gefordert werden muß"; „Religion ist die Versöhnung zwischen der Unendlichkeit der Vernunft und dem Bewußtsein des Individuums von seiner Endlichkeit und Sterblichkeit"; „Religion ist das erste, wenn auch indirekte Bewußtsein des menschlichen Individuums vom Wesen des Menschen").

c) Da nun das Gesamtgefüge aller menschlichen Akte sich, im großen Rahmen der Gesellschaft, als das Gesamtgefüge der kulturellen Tätigkeiten und ihrer Produkte darstellt, kann der Versuch, die Religion durch ihre Stelle im System der menschlichen Akte zu definieren, auch dazu benutzt werden, die Stellung der Religion *im System der Kultur* anzugeben, also ihr spezifisches Verhältnis zur Wissenschaft, Kunst, Moral, Politik usw. zu bestimmen. Empirisch beschreibbare Phänomene aus Geschichte und Gegenwart der Religionen können dann danach befragt werden, auf welche Weise und in welchem Maße sie diese ihre Stelle im System angemessen ausfüllen, also z. B. ihre Eigenart gegenüber anderen menschlichen Akten bzw. Kulturbereichen und ihre Beziehung auf sie deutlich erkennen lassen und zur Wirksamkeit bringen.

d) Mit dieser Methode strukturverwandt und daher auch häufig mit ihr verbunden ist das Verfahren, die Religion von ihrer *Funktion* her zu definieren, also von der Aufgabe, die sie im Leben des Individuums und der Gesellschaft erfüllt („Religion befähigt den Menschen zur verdrängungsfreien Bewältigung der Erfahrungen seiner Schuld und seiner Sterblichkeit"; „Religion gibt Antwort auf die unabweisbaren Fragen der Menschheit"; „Religion leitet den Menschen dazu an, sich seiner Lebensbedingungen als Mensch bewußt zu werden – sie ist unter gegebenen Bedingungen Manifestation des menschlichen Elends und Protestation gegen dieses Elend zugleich"; „Religion ist eine bestimmte, überwindungsbedürftige Entwicklungsphase des menschlichen Selbst- und Weltverhältnisses – die poetische Phase dieses Bewußtseins, die der metaphysischen und schließlich der wissenschaftlichen Phase vorausgeht"). Auch solche funktionalen Religionsbegriffe gestatten es, empirisch beschreibbare rel. Phänomene zu deuten (zu zeigen, auf welche Weise sie die ihnen zugeschriebene Funktion erfüllen) und zu bewerten (anzugeben, bis zu welcher Grenze sie zur Erfüllung dieser Funktion tauglich sind).

e) Die Stärke der so gewonnenen Religionsbegriffe liegt darin, daß sie sich sowohl deskriptiv und komparativ als auch normativ verwenden lassen. Ihre Schwäche dagegen liegt darin, daß sie die Gesichtspunkte, unter denen die rel. Phänomene beschrieben, verglichen und bewertet werden, auf Wegen gewinnen, die mit der speziellen Thematik der R. nichts zu tun haben (z. B. auf Wegen der Metaphysik, der philos. Anthropologie und Subjektivitätstheorie, der philos. Kulturtheorie, der Beschreibung gesellschaftlicher Funktionen usw.); die Folge davon ist, daß bezweifelt werden kann, ob diese Begriffe das „spezifisch Religiöse" der beschriebenen, verglichenen und beurteilten Phänomene überhaupt getroffen haben.

2. Diese Schwäche zu vermeiden ist die Aufgabe *empirisch-induktiver Verfahren* der R.

a) Diese orientieren sich an Phänomenen, die nach einer allgemeinen Konvention als „religiös" gelten, z. B. an Gebeten, Opferritualien, der Auszeichnung sakraler Orte, Zeichen, Handlungen und Personen, dem Verhältnis von mythischer Anamnese und kultischer Repräsentation usw. Sodann versuchen diese R.en, durch Vergleich dieser Phänomene gewisse Merkmale oder Merkmalskomplexe herauszufinden, die dann als „rel. Konstanten" gelten, von denen her auch die „rel. Variablen" gedeutet und bewertet werden („Alle Religionen kennen eine Rhythmisierung der Zeit nach hl. und profanen Zeitspannen; manche von ihnen orientieren sich dabei an astronomischen Wahrnehmungen, z. B. durch Heiligung des Neumondtages, andere an agrarischen Funktionen, z. B. durch Heiligung des ersten Tages der Aussaat oder der Ernte, andere an gesellschaftlich bedingten Rhythmen, am deutlichsten in den Säkularfeiern altetruskischer Art, die den Wechsel der Generationen zum Inhalt haben"; oder: „Alle Religionen kennen hl. Worte, von denen eine heilschaffende Wirkung für den Sprecher oder für die Gruppe, der er angehört, erwartet wird. Manche Religionen verstehen dieses Wort als Machtwort, durch das der Sprecher übermenschliche Kräfte in seine Dienste zwingt [magisches Wort]; manche verstehen es als Nachsprechen der Worte einer Gottheit, die im Anfang eines Weltalters durch diese Worte Heil gewirkt, zugleich aber Menschen dazu beauftragt hat, das ganze Weltalter hindurch diese göttliche Sprachhandlung in menschlichen Worten abzubilden und zu vergegenwärtigen [sakramentales Wort]; andere verstehen das hl. Wort als ein Verfahren zur Sammlung der Seele in ihr göttliches Zentrum [Meditationswort]; wieder andere verstehen es als rituelle Wechselrede, durch die eine rel. Gemeinde sich konstituiert und erneuert [liturgisches Wort]").

b) Die Stärke derjenigen Religionsbegriffe, die auf solchem empirisch-induktiven Weg gewonnen werden, besteht darin, daß sie nicht von außen an die rel. Phänomene herangetragen, sondern an diesen selbst abgelesen werden. Die Schwäche dieser empirisch-induktiven Religionsbegriffe besteht darin, daß mit wachsender Breite des Beobachtungsmaterials die „rel. Konstanten" abnehmen, so daß (wie bei allen empirischen Begriffen) der Religionsbegriff inhaltlich um so ärmer wird, je umfassender er anwendbar sein soll. Das aber hat zur Folge, daß bezweifelt werden kann, ob mit einem solchen inhaltsarmen „Allgemeinbegriff" noch das „wesentlich Religiöse" getroffen sei, d. h. derjenige Teilkomplex von Merkmalen, von dem her auch alle übrigen, als „peripher" oder „akzidentell" bewerteten Merkmale ihre spezifisch rel. Eigenart erkennen lassen. Betrifft diese Schwäche eines empirisch-induktiv gewonnenen Religionsbegriffs schon dessen Gebrauch zur Beschreibung und zum Vergleich rel. Phänomene, so wird die Schwäche derartiger Religionsbegriffe vollends offenkundig, wenn man versucht, von ihnen einen normativen Gebrauch zu machen. Durch bloßen Vergleich nämlich lassen sich zwar Abweichungen von der „überwiegenden Mehrheit der Fälle" namhaft machen („für wenige Religionen, z. B. den Buddhismus, ist die Beziehung des Menschen zu Gott oder den Göttern unwesentlich". „Wenige Religionen, z. B. das Judentum nach Zerstörung des zweiten Tempels, haben keine Opferritualien"). Aber eine kritische Bewertung von Religionen oder rel. Phänomenen ist auf diese Weise nicht zu gewinnen. Die Abweichung von der „überwiegenden Mehrheit der Fälle" kann ja als „Ausfallserscheinung", als „Anzeichen außergewöhnlicher Entwicklungshöhe" oder als bloß „merkwürdige Spielart" bewertet werden.

3. Einen dritten Weg zwischen der apriorisch-deduktiven und der empirisch-induktiven Methode geht die *Phänomenologie* (↗Religionsphänomenologie), die im Ausgang von konkreten Beispielen das Strukturgesetz einer bestimmten Klasse von Akten (z. B. der rel. Akte) und die Wesensgestalt der diesen Akten korrespondierenden Gegenstände (z. B. der rel. Gegenstände) zu ermitteln versucht. Da diese Methode schon bei ihrem Begründer E. Husserl mit der transzendentalen eng verbunden war und sich mit neueren Methoden der Analyse logischer Strukturen sprachlicher Ausdrücke verbinden läßt, können von ihr für die Zukunft bes. fruchtbare Ergebnisse für die R. erwartet werden.

Lit.: Mit dem Titel „R.": *P. Tillich*, Stuttgart 1963; *W. Trillhaas*, Berlin 1972; *B. Welte*, Freiburg 1978; *R. Schaeffler*, Freiburg 1983; *J. Schmitz*, Düsseldorf 1984; *U. Mann*, Darmstadt 1970; *H. G. Hubbeling*, Göttingen 1981; sodann *H. R. Schlette*, Skeptische R. Freiburg 1972; *W. Dupré*, Einführung in die R. Stuttgart 1985; *T. Rendtorff* (Hg.), Religion als Problem der Aufklärung. Göttingen 1980; *H. Lübbe*, Religion nach der Aufklärung. Graz 1986; *H. Waldenfels*, Interkulturelle *R.:* A. Halder u. a. (Hg.), R. heute. Düsseldorf 1987; *K. Nishitani*, Was ist Religion? Frankfurt 1985; *A. N. Whitehead*, Wie entsteht Religion? Frankfurt 1985; *W. Oelmüller* (Hg.), Wiederkehr von Religion? Paderborn 1984.

R. Schaeffler

Religionspsychologie. 1. Der Beginn der R. als Wissenschaft im Sinne des an der Naturwissenschaft orientierten Wissenschaftsbegriffs wird zumeist mit der Veröffentlichung von Starbuck (1899) in eins gesetzt, wobei die Arbeit von W. James (1902) den Problemhorizont zur Hermeneutik hin öffnete. Themen dieser Untersuchungen waren empirische Fragen z. B. nach der Korrelation von Lebensalter und Bekehrung, wobei als Ergebnis die Bekehrung als ein gewöhnliches Jugendphänomen konstatiert werden konnte. Tiefgreifender sind Versuche, die auf eine psychologische Interpretation nicht nur des rel. Menschen, sondern der Religion als solcher abzielen. Solche Deutungen der Religion, die es schon sehr früh gegeben hat, sind häufig als eine Relativierung der Religion verstanden worden, so z. B. bei der Entgötterung der Gestirne durch Anaximander, der das zu menschlich-emotionale Treiben der griech. Götter kritisierte und damit den Anthropomorphie-Vorwurf benutzte, wie er im 19. Jh. u. a. durch Feuerbach in anderer Form gegen die christl. Religion verwendet wurde.

2. Von fundamentaler Wirkung waren die Untersuchungen *S. Freuds* (1856–1939), welcher anders als noch Augustinus die menschliche Seele nicht als Abbild der Dreifaltigkeit von Vater, Sohn und Hl. Geist deutete, sondern umgekehrt die personale Grundkonfiguration des Christentums vom Modell der gestörten Familienbeziehung des Ödipus-Dramas her zu interpretieren suchte. Der Übergang von der jüd. zur neutestamentarischen Religion wurde entsprechend dem Vatermord-Drama als ein Abfall vom ägypt. Mose (jener der beiden Mose-Figuren, welche dem „Feuer-Dämon" diente) mit nachfolgendem Schuldgefühl und Kreuzigung des Sohnes angesehen. Das eigentliche Trinitarische mit dem Hl. Geist als vermittelnder dritter Person mußte bei dieser sophokleischen Umdeutung verlorengehen. Die im Rahmen des beschränkten Vater-Sohn-Dualismus durchgeführten Analysen gingen von der Beobachtung einer Tierphobie aus, als deren Ursache Freud die Projektion der Vaterfigur (z. B. in eine Spinne) ansah. In derartigen Projektionen sah Freud den Ursprung der Tieropfer und der damit verbundenen kultischen Handlungen, was ihn zu der Annahme bewog, daß aller Ritus, ja alle Religion, die Struktur einer Zwangsneurose aufweise. Die Religion wurde als Mechanismus der Verdrängung gedeutet, welcher der Beseitigung

von Ängsten aber auch von sexuellen Wünschen dienen sollte, wobei sich letztere nach Freuds Ansicht pathologisch an anderen Stellen in hysterischen Reaktionen wieder Platz verschaffen würden. In diesem Deutungshorizont wurde später auch der Begriff der ekklesiogenen Neurose geprägt. Es ist kein Zweifel, daß rel. Material wie anderes auch (z. B. psychoanalytisches) den Stoff für Neurosen abgeben kann. Es könnte jedoch eine Überschätzung der Vernunft darin liegen, zu glauben, daß die bloße Bewußtmachung von seelischen Konflikten bereits zu deren Heilung führt. Freuds Kritik an der zu starken Verdrängungstätigkeit des Über-Ich hat sogar zur umgekehrten Besetzung desselben mit den Wünschen des Es (Programm der sexuellen Befreiung) geführt, dessen paradoxe Konstellation vielleicht dazu beigetragen hat, daß der moderne Mensch das psychopathologische Bild der neurotischen Entscheidungsunfähigkeit zeigt. Derartige, schwer kontrollierbare Paradoxien lassen Vorsicht angeraten sein, wenn man der Freudschen Theorie Heilkraft im Namen der Vernunft gleichsam an der Stelle des Vaters zusprechen will. Es ist auch im Sinne der Psychoanalyse fragwürdig, ob die Einsicht in das Zwanghafte ritueller Schuldverarbeitung diese überflüssig macht. Die Theorie der Selbsterlösung des Menschen scheint insbesondere beim Narzißproblem an seine Grenzen gekommen zu sein. In den narzißtischen, von Freud als präödipal beschriebenen Zustand könnte u. U. sogar die Erbsünde relokalisiert werden. In späteren Jahren hat Freud seine Kritik an der Religion zu entschärfen versucht und auf die Bedeutung der Liebe hingewiesen. Er hat sich bemüht, die Libido als eine neutrale und nicht als eine rein sexuelle Energie zu charakterisieren, Gott erhielt jedoch nicht die Attribution der Kraft, wie es der christl. Haltung eigen ist. Die Religion bekam dadurch den Status des sekundär Abgeleiteten und „bloß" Sublimierten. Aufgrund dieses psychologischen Kausalmodelles, welches Gott lediglich als Ziel von Wunschvorstellungen zu deuten vermochte (welches er natürlich *auch* ist), blieb Freud in dem erkenntnistheor. Modell des Anthropomorphie-Vorwurfs verhaftet, dem zufolge Religion nur Illusion ist. Die entscheidenden wissenschaftsphilos. Grundfragen der Beziehung von Religion und Psychologie wurden von Freud nicht geklärt, weshalb es immer noch zu Begriffsübertragungen mit entgegengesetzten Ergebnissen kommt: Ist Religion eine allgemeine Neurose, oder ist die Neurose eine private Religion?

3. Eine deutliche Weiterentwicklung stellt die analytische Psychologie von *C. G. Jung* (1875–1961) dar. Hier wird keine unspezifische Energetik betrieben, sondern das Symbol primär als Träger der Energien angesehen. Die Symbole werden als archetypisch konfiguriert betrachtet, d. h., sie sollen auf die stammesgesch. Erfahrungen der Menschheit zurückweisen. Jung wehrt sich dabei keinesfalls gegen eine kirchliche Deutung der insbesondere in Krisensituationen aus dem Unbewußten hervorbrechenden Archetypen, sieht jedoch keine Möglichkeit, im Horizont seiner Theorie zu entscheiden, ob z. B. das ↗Selbst ein Symbol Christi oder Christus gar nur ein Symbol des Selbst wäre. C. G. Jung behandelt mit seiner Methode in der Tat Christus nur als ein Symbol des Selbst, und die Frage ist, auf welche Weise diese Psychologie in einen Rahmen gebettet werden kann, der von Christus her gedeutet wird. Es genügt nicht, aufzufordern, auch noch hinter den Symbolen etwas zu sehen (wie Niederwimmer, Nase, dies tut). Damit wäre u. U. nur eine Reduktion des Symbolbegriffs auf den Zeichenbegriff erreicht. Wir sehen den Befund von C. G. Jung, daß in der Patristik Symbole für Christus gebraucht wurden, welche auch dem Teufel zugesprochen wurden (so Fisch und Morgenstern), eher als einen Beleg für die Notwendigkeit, den Symbolen den ↗Logos und nötigenfalls die dogmatische Auslegung beizuordnen. Dieser Logos muß selber auf die Kraft des Symbolischen, auf die Dreifaltigkeit zurückgreifen, wenn er nicht als ausgedörrte Rationalität einen vergeblichen Kampf gegen die Symboltheorien unternehmen will. Gerade hier im Herz des Christentums, unternimmt Jung jedoch seinen Angriff, den er mit dem Hinweis, er sei nur Empiriker, zu kaschieren (und für den gegenwärtigen Zeitgeist damit zu forcieren)

sucht. Für ihn ist die Trinität ein defizientes Symbol des Selbst, dem zur Vervollständigung ein Viertes, nämlich das Böse, integrativ beigesellt werden müßte. Nur die Vierheit gewähre die wahre Verwirklichung des Selbst, welches bei seiner Entfaltung aus dem Unbewußten die Widerstände des Ich zu überwinden hat. Zwar treten Viererkonstellationen als Spontanproduktionen (Träume, Zeichnungen usw.) in Krisensituationen gehäuft auf, es ist jedoch zu berücksichtigen, daß es sich dabei häufig um von vornherein asymmetrische Anordnungen handelt (z.B. drei Jäger und ein Hund) und daß auch ausgeprägte symmetrische Vierer-Anordnungen (↗Mandalas) nicht ohne weiteres der Trinität entgegenzusetzen sind, da sie, auch wenn man sie nicht als unbewußten Ausdruck der Verfallenheit und Verbindung mit dem Bösen deuten will, doch auch als eine Paradiesesvision der Integrität des Selbst (die Stadt auf dem Berge) angesehen werden könnten, die u.U. nur mittelbar mit der Dreifaltigkeit in Beziehung steht und daher, anders als Jung dies tut, mit dieser gar nicht konfrontiert zu werden braucht. Statt die spontanen Mandala-Produktionen des Unbewußten als Argument gegen die Lehre von der Dreifaltigkeit aufzubauen, muß eher betont werden, daß das Kreuz als zentrales Vierersymbol des Christentums auf Tod und Schmerz als wesentliche Strukturen der Verwirklichung des Selbst verweist (der von Jung entwickelte Begriff der Selbstverwirklichung wurde heutzutage in sein Gegenteil verkehrt). Auch in anderer Hinsicht erscheint Jungs Versuch, die Drei Göttlichen Personen durch das Böse zu „komplettieren", fragwürdig, insofern nämlich, als das hier näherliegende Vierte gewiß das Wesen Gottes wäre. Jung glaubt jedoch, daß die kath. Kirche in der Dogmatisierung der Himmelfahrt Mariens die Vierung durchgeführt habe, die sie mit dem Teufel nicht gewagt habe. Jung arbeitet wie kaum ein anderer die große Bedeutung des Bildes der Jungfrau für die Seele heraus, vermag ihre Rolle als Vermittlerin jedoch nur unzureichend einzuschätzen. Insgesamt läuft Jung Gefahr, alles, was sich ihm als Archetypus darstellt, in einem Pandämonium zu zelebrieren. Eine Sichtung der Bilder gelingt ihm weder unter dem Bild der Kirche noch der Vernunft, noch der Idee des Guten. Das ihn leitende Bild scheint eher die Quaternio des Selbst zu sein, in welcher Gut und Böse gleichgestellt sind. Jungs Theorie der Archetypen hat eine Vermittlung von Individuellem und Allgemeinem geschaffen, insofern als der individuellste Schicksalsweg durch die Freisetzung der Archetypen gerade in den Verzweiflungssituationen Allgemeingültiges zutage fördert. Es ist jedoch keine Vermittlung, die als zur Nächstenliebe aufrufende Versöhnung den anderen mit einbezöge und auf diese Weise auch ein Bild des Trinitarischen geben könnte. Die rel.-psychol. Studien von Freud und Jung sind zwar unter starker Berücksichtigung von Erfahrungen an Patienten durchgeführt worden, zielten aber nur in eingeschränktem Maße auf eine Psychopathologie der Religion ab.

4. Eine *Religionspsychopathologie* jedoch, die stärker an der Psychiatrie als an der Tiefenpsychologie orientiert ist, stellt besondere Anforderungen an die Klärung ihres Wissenschaftsstatus. Wenn sie versucht, rel. Phänomene nach ihren Kategorien bisweilen als pathologisch zu klassifizieren, so muß zurückgefragt werden, welche Rolle Leiden und Pathologie in der Welt denn einnehmen sollen. Es kann nicht ausgeschlossen werden, daß ein Austragen von Leiden, Schmerzen und seelischer Abweichung dem Seelenheil förderlicher sein kann als die übereilte Anstrebung einer psychotherapeutischen Seelenheilung. Es muß auch deutlich herausgearbeitet werden, daß der Nachweis z.B. einer Epilepsie bei einem Propheten oder rel. Führer noch nichts Nachteiliges betreffs des Wahrheitsgehaltes der von ihm mitgeteilten Botschaft beinhaltet. Insbesondere wenn die Eigenschaften des Nervensystems für Interpretationszwecke herangezogen werden, ist wegen des schwer zu klärenden Hirn-Seele-Zusammenhangs Vorsicht geboten. Ohne Zweifel liegt ein Kategorienfehler vor, wenn Reich äußert: „Die rel. ekstatischen Zustände sind nichts anderes als nie erledigbare sexuelle Erregungszustände des vegetativen Nervensystems." Während sich die Psychologie mit einer Nichts-Als-Ontologie nur selber des-

avouiert, sind andere Voraussetzungen dieser Wissenschaft erst noch zu prüfen. Das dualistische Subjekt-Objekt-Schema der neuzeitlichen Wissenschaft sowie binäre Denkschemata strukturalistisch orientierter Nachbardisziplinen bringen Sicht-Voraussetzungen mit sich, die das Genuine einer Religion, so z. B. das Trinitarische, aufgrund dieser Vorentscheidungen gar nicht zum Vorschein bringen können. Hier sind noch zahlreiche Klärungen zu leisten, bevor der nächste Schritt einer vergleichenden Religionspsychologie mit seinen ebenso grundsätzlichen Problemen der Übersetzbarkeit und des Kulturvergleichs überhaupt gegangen werden kann.

Lit.: *G. Condrau,* Die Psychologie des XX. Jh. Bd. 15. Zürich 1979; *V. E. Frankl,* Der unbewußte Gott. München 1974; *S. Freud,* Ges. Werke. Bd. I bis XVIII. London 1940 ff.; *W. James,* Varieties of religious experience. London 1902; *C. G. Jung,* Gesammelte Werke. Olten 1971, insbesondere Bde 5, 9, 11, 12 und 14; *M. Kurthen,* Synchronizität und Ereignis. Essen 1986; *W. Lange-Eichbaum / W. Kurth,* Genie, Irrsinn und Ruhm. München 1979; *D. B. Linke,* Heideggers Mandala: PhJ 93 (1986) 286–300; *E. Nase* u. a., Psychoanalyse und Religion. Darmstadt 1977; *W. Reich,* Die drei Grundelemente des rel. Gefühls (Neuabdruck in *E. Nase* s. o.); *G. Schüttler,* Die letzten tibetischen Orakelpriester. Wiesbaden 1971; *ders.,* Die Erleuchtung im Zen-Buddhismus. Freiburg 1974; *E. D. Starbuck,* The Psychology of Religion. London 1899; *H. J. Weitbrecht,* Beiträge zur Religionspsychopathologie. Heidelberg 1948; *Zeitschrift:* Religionspsychologie. Organ der Int. Ges. für R. und Rel.-Wissenschaft. Begründet 1914. Göttingen.

D. B. Linke

Religionssoziologie. 1. Begriffliche Grundlagen. In allgemeinster Bestimmung hat es die R. mit der erfahrungswiss. Klärung des wechselseitigen Verhältnisses von Religion und Gesellschaft zu tun. Ihre Grundlage findet sie in der rel. Dimension der Gesellschaft und in der gesellschaftlichen Dimension der Religion. So untersucht sie mit empirischen Mitteln, wie rel. Faktoren in den Konstitutionsprozeß der Gesellschaft eingehen, welche Rolle Religion in der Bildung gesellschaftlicher Gruppen spielt und wie Religiosität die Handlungsführung und biographische Lebensdeutung des einzelnen beeinflußt. In umgekehrter Blickrichtung analysiert sie, wie gesellschaftliche Faktoren rel. Glaubenssysteme und Handlungsformen prägen und in spezifischen Institutionen, Werten und Verhaltensweisen ihren Ausdruck finden. Gegenstand der R. sind somit sowohl die Sozialformen der Religion als auch die rel. Ausdrucksformen des gesellschaftlichen Zusammenlebens. Es geht ihr – zusammenfassend gesagt – um die Analyse der wechselseitigen Durchdringung von Religion und Gesellschaft.

2. Problemgeschichte. Die Wurzeln der R. sind eng mit unterschiedlichen Strömungen der europ. Geistesgeschichte verknüpft. Eine erste Entwicklungslinie reicht in die europ. Aufklärung und die Emanzipationsbewegung des Bürgertums zurück. Mit dem einsetzenden rel.-soziol. Denken verschaffte sich das Bürgertum die Möglichkeit, auch über Religion und Kirche unabhängig von kirchl. und theol. Vorgaben reflektieren zu können. Das emanzipatorische Interesse der bürgerlichen ↗Religionskritik führte dabei zu folgenreichen Prämissen in der Zuordnung von Religion und Gesellschaft. Das Christentum wurde an seiner kirchl. Sozialform festgemacht, zur Religion überhaupt verallgemeinert und als explizites Gegenüber zur Gesellschaft betrachtet. Die bürgerliche wie später die sozialistische Religionskritik konzipierten Gesellschaft und Religion als zwei scharf voneinander geschiedene Größen, von denen die Entfaltung der einen als säkulare und kommunistische die andere zum Verschwinden bringt. In dieser Traditionslinie wurden erste bis in die Gegenwart hinein wirksame rel.-soziol. Grundthesen entwickelt. Der Religion wurde die Funktion der *Kompensation* unbefriedigender gesellschaftlicher Verhältnisse als „Ausdruck des wirklichen Elends" und als „Protestation dagegen" *(Marx)* zugeschrieben. Gleichzeitig wurden die Grundlagen für die *Säkularisierungsthese* gelegt, die das Verschwinden der Religion als Rückseite des gesellschaftlichen Entwicklungsprozesses erscheinen ließ. Eine zweite Traditionslinie des rel.-soziol. Denkens geht auf die enorme Ausweitung der rel.-wiss. Kenntnisse im Laufe des 19. Jh. zurück. Die einsetzende hist. und ethnologische Forschung trug ein umfangreiches rel.-wiss. Material zusammen, das den Anstoß zu einer weiteren Grundthese der R. gab. Vornehmlich am Beispiel einfacher Gesellschaften ge-

wonnen, erhielt hier die Religion die Funktion *gesellschaftlicher Integration.* Durch die Sakralisierung des Wertkonsenses der Gesellschaft leistet die Religion in dieser Tradition einen unverzichtbaren Beitrag zur Stabilisierung gesellschaftlicher Ordnung. Eine dritte Entwicklungslinie der R. kommt aus dem Umkreis der durch die neuzeitl. Gesellschaftsentwicklung herausgeforderten Kirchen selbst. Die sozialethischen und pastoralen Bewältigungsversuche des industriekapitalistischen Umbruchs führten zu einem Interesse an verläßlichen empirischen Grundlagen des pastoralen und diakonischen Handelns der Kirchen. Erste statistische Erhebungen und die Sammlung der in der pastoralen Praxis gewonnenen Daten machten auf soziale Faktoren in der Differenzierung kirchlicher Verhaltensformen aufmerksam. Diese Traditionslinie fand ihre Fortsetzung in der soziographischen Richtung der R. Begrifflich wie in ihren Grundannahmen blieb diese Entwicklungslinie kirchlich-theol. Prämissen verhaftet, interpretierte ihre Ergebnisse aber im Licht einer wenig reflektierten *Entkirchlichungsthese.*

3. Entwicklungsphasen und Gegenwartsströmungen. Mit einer gewissen idealtypischen Vereinfachung kann man von drei Phasen in der Entwicklung der R. sprechen: In einer 1. Phase steht die R. im Zentrum der soziolog. und gesellschaftstheoretischen Forschung und leistet einen wichtigen Beitrag zur Konstitution einer eigenständigen soziol. Denkweise. In einer 2. Phase erlischt das gesellschaftstheoretische Interesse, und aus der R. wird die mit kirchenorientierter Detailforschung beschäftigte Kirchensoziologie. Die 3. gegenwärtig anhaltende Phase ist durch unterschiedliche Strömungen geprägt, die sowohl die R. ins Zentrum gesellschaftstheoretischer Überlegungen zurückzuholen versuchen, als auch die Ergebnisse der kirchensoziol. Forschung in den weiteren Horizont rel.-soziol. Fragestellungen zu integrieren trachten. Die zentrale Stellung der R. bei den Klassikern des soziol. Denkens läßt sich am besten bei *E. Durkheim* (1858–1917) und *M. Weber* (1864–1920) erkennen. Für die Beantwortung der jeder Soziologie zugrundeliegenden Frage, wie Gesellschaft möglich ist, hält Durkheim den Beitrag der R. für unverzichtbar. Ihr kommt es zu, jene Spaltung der gesellschaftlichen Wirklichkeit in eine Welt des Profanen und Sakralen zu reflektieren und zu verdeutlichen, wie gesellschaftliche Ordnung in ihrer Existenz und Verbindlichkeit die Transzendenz und symbolisch-sinnhafte Integration des Profanen voraussetzt. *M. Weber* weist der R. in der soziol. Theoriebildung und in der hist.-soziol. Forschung eine ähnlich zentrale Stellung zu. Gesellschaftliche Ordnungsformen lassen sich für Weber nur über die in sie eingegangenen außeralltäglichen, charismatischen Ideengehalte entschlüsseln. Diesem Programm folgt Webers R. als Zentrum seiner hist. orientierten Gesellschaftsanalysen von den berühmten Aufsätzen zur „Protestantischen Ethik" bis zu „Vorbemerkung" und „Zwischenbetrachtung" der „Gesammelten Aufsätze zur R.". Die Wende hin zur Kirchensoziologie vollzieht sich im Kontext eines gewandelten Selbstverständnisses der Soziologie als einer sich in viele Spezialdisziplinen differenzierenden und um Anerkennung ringenden empirischen Sozialwissenschaft. Das soziol. Interesse an einer exakten Vermessung der sozialen Realität verbindet sich mit dem neu erwachten kirchlich-theol. Interesse an empirisch gesicherten Erkenntnissen über die als bedroht wahrgenommene Kirchlichkeit der Gläubigen. Entsprechend kommt es zu einer Beschränkung auf die explizite und wegen ihrer institutionellen Verfestigung gut meßbaren kirchlich verfaßten Religion. Angefangen von den frühen Untersuchungen von *G. Le Bras* in den 30er Jahren, wird eine Fülle von empirischen Studien angestellt, die vor allem in Frankreich, den Niederlanden, den USA und der Bundesrepublik Deutschland die Verteilung der Kirchlichkeit nach sozialen Faktoren, wie Schichtung, Bildungsgrad und Stadt-Land-Differenz, analysieren. Übereinstimmend zeigen ihre Ergebnisse den Trend, daß die Landbevölkerung, Handwerker und Bauern, Frauen, Alte und Menschen mit einem niedrigeren Bildungsgrad *kirchlicher* sind als Stadtbe-

wohner, Arbeiter, Männer, Junge und Menschen mit einem höheren Bildungsgrad. Sie machen aber auch deutlich, daß das, was im methodischen Zugriff der Kirchensoziologie als Religion erscheint, für die moderne Gesellschaft ein Marginalphänomen darstellt. An dieser Stelle setzt die Kritik der neueren R. mit der Frage ein, ob die Kirchensoziologie mit ihrer unreflektierten Verhaftung in einem kirchlich-institutionell definierten Religionsverständnis nicht Gefahr läuft, den genuinen Gegenstand einer R. zu verfehlen. Anknüpfend an Durkheim und Weber, entwickelt *Th. Luckmann* aus der Kritik an der Kirchensoziologie das Programm einer R., die Religion in der Fähigkeit des menschlichen Organismus verankert sieht, mittels einer geteilten Sinnwelt seine biologische Natur zu transzendieren, und die Religion folgerichtig überall dort aufspürt, wo Individuum und Gesellschaft eine symbolisch-sinnhafte Integration erfahren. Vom radikal anthropologisch-funktionalen Religionsverständnis Luckmanns rücken andere Autoren einer wissenssoziologisch orientierten R. insofern ab, als sie das Religionsphänomen auf sakrale *(P. L. Berger)* bzw. subjektivische *(G. Dux)* Sinnsysteme beschränken. Auch *N. Luhmann* knüpft an die R. Durkheims an, wenn er von einem systemfunktionalen Religionsverständnis ausgeht und als Funktion der Religion die Überführung von unbestimmter in bestimmte, gesellschaftlich verarbeitbare Kontingenz konstatiert. Die neuere R. hat zwar zu zeigen vermocht, daß die Beschränkung auf ein kirchlich definiertes Religionsverständnis unhaltbar ist. Der alternative Bezug auf einen allg. Religionsbegriff als Grundlage der R. bleibt aber nach wie vor umstritten. Einen Mittelweg zwischen traditioneller Kirchensoziologie und neueren, einem allgemeinen Religionsbegriff folgenden Ansätzen beschreitet eine R., die sich als Soziologie des Christentums versteht. Sie geht von einem hist. an die christl. Tradition gebundenen Religionsbegriff aus und will allgemeinere Aussagen über Religion dem interkulturellen Vergleich vorbehalten wissen. Andererseits überschreitet sie den axiomatischen Rahmen der Kirchensoziologie, indem sie prinzipiell mit der Möglichkeit kirchlich distanzierter und außerkirchlicher Sozialformen der christl. Tradition rechnet.

Lit.: *E. Durkheim,* Die elementaren Formen des religiösen Lebens. Frankfurt 1981; *M. Weber,* Gesammelte Aufsätze zur R. Tübingen 1920; *J. Wach,* R. Tübingen 1951; *G. Le Bras,* Etudes de sociologie religieuse I, II. Paris 1955, 1956; *Th. Luckmann,* Das Problem der Religion in der modernen Gesellschaft. Freiburg 1963; *J. Matthes,* Religion und Gesellschaft I, II. Reinbek 1967, 1969; *P. L. Berger,* Zur Dialektik von Religion und Gesellschaft. Frankfurt 1973; *N. Luhmann,* Funktion der Religion. Frankfurt 1977; *F. X. Kaufmann,* Kirche begreifen. Freiburg 1979; *K. Gabriel / F. X. Kaufmann* (Hg.), Zur Soziologie des Katholizismus. Mainz 1980; *J. Hach,* Gesellschaft und Religion in der Bundesrepublik Deutschland. Heidelberg 1980; *G. Dux,* Die Logik der Weltbilder. Frankfurt 1982; *K.-F. Daiber / Th. Luckmann* (Hg.), Religion in den Gegenwartsströmungen der deutschen Soziologie. München 1983.

K. Gabriel

Religionsstatistik. Aufgabe der R. ist die zahlenmäßige Erfassung der Angehörigen der verschiedenen Religionsgemeinschaften. Über einen längeren Zeitraum hinweg betrieben, kann R. Veränderungen im Verhältnis der Religionen zueinander aufzeigen und so – tabellarisch oder graphisch – das Anwachsen und Absinken der Mitgliederzahlen von Religionsgemeinschaften darstellen. In Zusammenhang mit weiteren Angaben der Sozial- und Bevölkerungsstatistik gebracht, gibt R. Auskunft über das Verhältnis von Religion zu gesellschaftlichen, politischen, wirtschaftlichen u.a. Faktoren.

R. kann nicht inneres, persönliches Bekenntnis des einzelnen ausdrucken, da sie auf formale Gesichtspunkte angewiesen ist: Daten aus staatlichen Volkszählungen, bei denen auch nach der Religionszugehörigkeit gefragt wird. Weil aber nicht alle Staaten beim Zensus am rel. Bekenntnis interessiert sind (darunter befinden sich die USA, Großbritannien, die UdSSR u.a.), ist man in solchen Fällen auf Schätzungen der Religionsgemeinschaften selbst angewiesen. Außer der allg. gegebenen Unsicherheit bezüglich der Exaktheit von Schätzungen treten im Fall der R. sowohl bei Schätzungen als auch bei Zählungen Ungenauigkeiten auf, die die Aussagekraft der R. einschränken:

a) Häufig gibt es große Abweichungen

Religionszugehörigkeit 1980
(in Millionen)

	Gesamt 1980	Hochrechnung '86[1]	Afrika	Nordamerika	Südamerika	Asien[2]	Europa	Ozeanien	Vorderasien	Sowjetunion[3]
Christen	1358	1470	197	219	347	104	399	21	5	66
röm.-kath.	807	887	77	78	329	64	247	7	2	3
protestantisch	346	332	71	104	13	26	113	13	0,2	6
orthodox	121	171	20	5	0,3	1	35	0,5	2	57
sonstige[4]	84	80	29	32	4,7	13	4	0,5	0,8	(x)
Muslime[5]	730	837	189	2	0,5	337	8	0,08	153	40
Nicht religiös[6]	724	825	1	16	10	562	43	2	0,4	90
Hindus	577	661	1	0,5	0,6	575	0,4	0,2	0,1	
Buddhisten[7]	273	300	0,1	0,1	0,4	271	0,1	0,01	(x)	0,4
Taoisten	198	190	(x)	0,1	0,06	197	0,05	0,01	0,01	
Atheisten[6]	196	213	0,2	0,7	2	116	15	0,4	0,9	60
Neue Religionen[8]	90	108	(x)	0,7	0,3	89	0,04			
Stammesreligionen	88	91	63	0,07	1	23		0,1		
Juden	15	18	0,2	7	0,9	0,01	1	0,08	3	3
Schamanisten	13	(13)				13			0,1	0,4
Sīkhs	13	16	0,02	0,08		13	0,2	(x)	(x)	
Spiritisten	5	(5)	(x)		5		0,01	(x)		
Konfuzianer	4	(4)				4				
Shintoisten[9]	95	(95)				95				
Baha'is	3	(3)	1	0,2	0,4	1	0,04	0,04	0,3	(x)
Jains	3	(3)	0,04			3				
Parsen	ca. 0,2	(ca. 0,2)				0,1			0,03	
Mandäer	ca. 0,03	(ca. 0,03)							0,03	
Andere Religionen	1	(1)	0,04	0,6	0,08	0,05	0,2	0,02	(x)	(x)

[1] Hochrechnung für 1986 nach *D. B. Barret*, Annual Statistical Table on Global Mission: 1986: International Bulletin of Missionary Research, Bd. 10, Nr. 1, Januar 1986, 23–24. Angaben zur Mitgliederzahl der religiösen Gruppen: „Schamanisten" sowie „Konfuzianer" bis „Mandäer" sind in jener Quelle nicht einzeln aufgeführt, jedoch kann man davon ausgehen, daß sich keine wesentlichen Veränderungen ergeben haben. Es wurden daher für die „Hochrechnung" die Zahlen von 1980 übernommen und in Klammern gesetzt. [2] „Asien" ohne Vorderasien. [3] Die hier aufgeführten Zahlen für die UdSSR basieren allein auf Schätzungen und können deshalb nur als Orientierungshilfen verstanden werden. [4] Unter ‚Sonstige' zählen z. B. Zeugen Jehovas, Christl. Wissenschaft, Unitarier, von westl. Organisationen unabhängige Kirchen der Naturvölker u. a. m. [5] Davon: Sunniten: 609 und Shīiten 105; andere Muslime: 16. [6] Als „Nicht religiös" gelten hier Agnostiker, Menschen ohne Glauben, einem Bekenntnis wie auch Atheismus gegenüber gleichgültig eingestellt. Im Gegensatz dazu: „Atheisten", die antireligiöses Denken verfechten, u. a. im Zusammenhang marxistischer Lehren. [7] Davon Mahāyāna: 153, Theravāda (Hināyāna): 103 und Lamaisten u. a.: 16. [8] „Neue Religionen" meint im 20. Jh. entstandene, meist synkretistische Religionsbewegungen. [9] 79,6% Japaner bekennen sich zum Shintoismus, 81,2% zum Buddhismus, d. h. hier liegt Doppelzugehörigkeit vor. Die Zahl reiner Shintoisten dürfte weitaus niedriger sein. (x) = unter 0,01 Mio. Zahlen der Spalte „Gesamt 1980" sind auf- bzw. abgerundet. (Quelle: Lit. ↗Religionsstatistik)

I. Körner

zwischen offizieller Religionszugehörigkeit und individuellem Bekenntnis. In Ländern, in denen eine Religion dominierend ist, findet sich oft eine bei 90% liegende offizielle Zugehörigkeit zu dieser Religion. Aus Gleichgültigkeit dem rel. Leben gegenüber oder weil in der Praxis einige am Kultus anderer Gemeinschaften teilnehmen, muß die Zahl der tatsächlichen Bekenner weitaus niedriger angesetzt werden – was sich statistisch aber kaum erfassen läßt: das Unterschätzen einer rel. Minderheit ist die Folge. Der umgekehrte Fall tritt im Bereich der „Nicht-Religiösen" auf: sich offiziell als solche bezeichnend (sei es aus eigenem Entschluß, sei es unter dem Druck eines Staates, der rel. Leben verbietet), fühlen sich manche doch zu einem Glauben hingezogen.
b) Während einige Religionen nur Erwachsene oder Jugendliche eines bestimmten Alters als Mitglieder zählen, rechnen andere bereits Kinder mit; dritte wiederum sehen Religionszugehörigkeit des Haushaltungsvorstands als für eine ganze Familie ausschlaggebend an.
c) Für statistische Verwirrung sorgen auch Doppelzugehörigkeiten, was bes. in Ostasien vorkommt. So bekennen sich 79% der Japaner zum Shintoismus und 81% zum Buddhismus.
d) Aus Propagandagründen begehen Staaten und auch Religionsgemeinschaften Fälschungen der R. Die Religionsausübung behindernde Länder sind daran interessiert, die Zahl der Gläubigen nach unten hin zu manipulieren. Andererseits gibt es Religionsgemeinschaften, die die Zahl ihrer Mitglieder zu hoch ansetzen – aus welchen Gründen auch immer.
e) Im Bereich von Sekten und Absplitterungen größerer Gemeinschaften läßt R. durch statistische Zusammenfassungen die Konturen verschwimmen; das trifft bes. bei synkretistischen Gemeinschaften zu.
Die von der R. angeführten Zahlen können also keinesfalls als absolut betrachtet werden, sondern sind als näherungsweise Durchschnittsangaben zu verstehen (s. Tabelle S. 556).

Lit.: *D. B. Barret*, World Christian Encyclopedia. A Comparative Survey of Churches and Religions in the Modern World, A.D. 1900–2000. New York 1982. *I. Körner*

Religionstheologie

↗Religion; Religionsdialog; Theologie.

1. Bei der R. geht es nicht – in Analogie zur ↗Religionsphilosophie und in Fortschreibung des fundamentaltheol. Traktats „De Religione" – um die theol. Behandlung der Religion bzw. des Religiösen im Menschen, sondern genauer um die Theologie der Religionen. Die Frage nach einer solchen R. stellt sich im Grunde erst im Horizont heutiger Welt- und Wirklichkeitserfahrung, zu der für das Christentum nicht nur die faktische Begegnung von Christen und Nichtchristen, sondern auch die Herausforderung des christl. Anspruchs durch konkurrierende rel. und nichtrel./weltanschauliche Ansprüche gehört. Bei der Ausbildung eines eigenen Traktats der R. können praktische Erfahrungen des Umgangs mit Nichtchristen und nichtchristl. Religionen im Laufe der Geschichte ebenso hilfreich sein wie die Erfahrungen, die die Religionen miteinander in der Geschichte machen. Solche Erfahrungen sind einmal bedeutsam für das im Hinblick auf die Pluralität der Religionen zu bedenkende Selbstverständnis des Christentums, sodann für die Behandlung und Bewertung dieses Pluralismus selbst. Schließlich kann sich die R. auch nicht mit einer pauschalen Reflexion auf die neue Situation zufriedengeben; sie muß vielmehr theoretisch wie praktisch zu den verschiedenen Religionen in ihrer Eigentümlichkeit Stellung beziehen. Dabei stellt sich zusätzlich das Problem, daß es heute ↗Neurel. Bewegungen gibt, deren Selbsteinschätzung als Religionen in Frage gestellt werden kann und wo sich dann weniger die Frage nach angemessenen Methoden des ↗Religionsdialogs als nach sachgerechten Weisen des Protests und Einspruchs stellt. Eine zentrale Aufgabe der zu entwickelnden R. ist folglich die Ausbildung einer Kriteriologie des Religiösen und der Religionen im Sinn der klass. Lehre von der Unterscheidung der Geister.
2. Elemente einer späteren Theologie der Religionen finden sich bereits im bibl. greifbaren Umgang mit den Religionen des atl. und ntl. Umfeldes, sodann im frühchristl. Umgang mit dem Judentum. Bei aller vordergründigen Ablehnung der

fremden Götter und der götzendienerischen Kulte dürfen die Verbundenheit des El-Glaubens der jüd. Patriarchen mit dem im Umfeld Israels verbreiteten El-Glauben, die Bedeutung der Universalisierung des Jahwe-Glaubens (Sinai-, Abraham- und Noachbund), die Adaptation und Reinterpretation mythischer Vorgaben, die Einordnung der Völker (Religionen) in die Wallfahrt nach Zion (Jes 2,2–4; Mi 4,1–3) u.a. nicht übersehen werden; letztere wird christlich durch die Herabkunft Jerusalems auf die Erde (Offb 21) überboten. Für die heutige Entwicklung einer R. ist die von Röm 9–11 herzuleitende Theologie des Judentums insofern ein Modellfall, als sich aus ihr ergibt, daß eine wahre R. weniger eine Theologie *über* als vielmehr *mit* den Religionen sein muß, d.h. eine Theologie, die die Fremden nicht nur als Objekte, sondern mehr noch als Subjekte der Theologie behandelt.

Insofern als die griech. Philosophie aus krit. Distanzierung zur vorhandenen Religion entstand, führte ihre Begegnung mit dem heraufkommenden Christentum eher dahin, daß in der *Väterzeit* nur bedingt von einer positiven Bewertung der Religionen gesprochen werden kann. Zwar ist bei Justin die Rede von den „Samenkörnern des Logos". Es gibt Parallelisierungen mit dem AT. Im Anschluß an die Schöpfungslehre, wonach Gottes Bild der Schöpfung eingeprägt ist, lassen sich Strahlen der Wahrheit und Güte Gottes bereits im vorchristl. Bereich erkennen und kommt den vorchristl. Systemen ein gewisser propädeutischer Wert im Hinblick auf die volle Offfenbarung des Logos zu. Eine eigentliche Auseinandersetzung mit einzelnen Religionen gibt es jedoch nicht.

Das christl. Abendland begegnet bis in die Neuzeit hinein dem Phänomen der Pluralität der Religionen nur marginal. Die frühe Verbreitung des Christentums im europ. Raum ersetzte die vorhandenen Religionen durch die christliche und führte praktisch zu ihrer Unterdrückung. Die Juden lebten im Getto. Im *MA* machte einmal das Vordringen des Islam eine eingehendere theoretische Beschäftigung mit ihm erforderlich (R. Lull, Thomas v. Aquin, Nikolaus v. Kues u.a.). Sodann erhob sich die Frage nach dem Heil der Ungetauften, die sich in der *neuzeitl.* Mission in der Frage nach dem Schicksal der Ahnen fortsetzte (Lösungsversuche unter Berufung auf das Gewissen). Quellen aus dieser Zeit bieten inzwischen Hinweise auf frühe Religionsdialoge (Japan, China, Mexiko u.a.). Die Begegnung mit den asiat. Hochreligionen (Indien, China) führte zu ↗Inkulturations-Versuchen, die jedoch in Ablehnung jeder Art von Synkretismus nichtreligiös interpretierte Momente aufgriffen und doch zunächst abgelehnt wurden. Die neuzeitl. Erfahrung der Pluralität der Religionen führte zu den Fragen nach dem konkreten Heilsweg für alle Menschen (vgl. „Extra Ecclesiam nulla salus"), nach der Stellung des Christentums unter den Religionen (↗Absolutheitsanspruch) und nach der Deutung der Religionen in sich (Heilswege – ja oder nein, ordentl./außerordentl. Heilswege u.a.). In der Konzilserklärung „Nostra aetate" des II. Vatikan. Konzils hat die kath. Kirche erstmals die Pluralität der Religionen thematisiert und damit ausdrücklich zum Thema der Zukunft gemacht.

3. Bei der Behandlung der unter 1. genannten Fragestellungen kann keine Weltreligion die „Gleich-gültigkeit" aller Religionen unterstellen, wenn sie sich nicht selbst in ihrem Anspruch aufheben will. Angesichts der trotz aller Pluralität unübersehbaren Gemeinsamkeit in der Bestimmung von Menschheit, Welt und Geschichte sind aber die Religionen verpflichtet, ihre Sinndeutung als wahre „Be-fried-igung" der Menschen zu vermitteln; die Theologie des Friedens ist ein inhärenter Bestandteil der R. Das vorausgesetzt, muß die R., die in ihrer kath. Gestalt kirchl., d.h. an den Grundlagen kirchl. Denkens orientierte Wissenschaft zu sein hat, a) im Hinblick auf die konkurrierenden Universalansprüche (in den monotheistischen Religionen, nachchristlich vor allem dem Islam, aber auch in einer „a-theistischen" Religion wie dem Buddhismus) nach der Identität des Christlichen in seinem eigenen Universalanspruch fragen. Gewiß schafft bereits der Monotheismus bzw. der Schöpfungsglaube eine eigene Weise von Einheit und

Übereinstimmung, doch reicht diese nicht aus, um der Einzigartigkeit der Gestalt Jesu Christi gerecht zu werden. Eine Relativierung seiner Gestalt zugunsten paralleler Heilswege bzw. -vermittlungen (vgl. J. Hick, P. Knitter u.a.) führt zur Aufhebung des traditionellen christl. Selbstverständnisses. Auf der Rückseite von a) stellt sich unter b) die Frage nach den anderen Religionen, ihrer Heilsbedeutung, ihrem Wahrheitsanspruch. Diese Frage ist nicht zu verwechseln mit der anderen Frage nach der subjektiven Heilsfindung von Nichtchristen. Letztere ist nach K. Rahner dahin zu beantworten, daß jeder Religionsangehörige sein Heil *in* seiner Religion findet. Im Sinne seines Verständnisses von „anonymem Christsein" heißt das christlich freilich nicht ohne weiteres, daß der Nichtchrist *durch* seine Religion gerettet wird. Die Frage nach Wahrheit und Heil der Religionen ist aber dann nicht einfach christlich ableitbar, sondern setzt – ausgehend von einem gemeinsamen, genuinen Religionsbegriff, der die heilsvermittelnde Beziehung zum Grund und Ziel allen Seins zum Inhalt hat – die Beschäftigung mit der Selbsteinschätzung der fremden Religionen voraus. Nur im Miteinander kommt es zu der Kon-kurrenz aller für das Heil der Welt, deren Bewährung auch christlich das Ende in sich trägt.

Lit.: *H. Bürkle,* Einführung in die Theologie der Religionen. Darmstadt 1977; *W. Strolz / H. Waldenfels* (Hg.), Christliche Grundlagen des Dialogs mit den Weltreligionen. Freiburg 1983; *W. Strolz,* Heilswege der Weltreligionen. 3 Bde. Freiburg 1984–1987; *H. Waldenfels,* Kontextuelle Fundamentaltheologie. Paderborn 1985; *ders.,* Ist der christliche Glaube der einzig wahre?: StdZ 205 (1987) 463–475; *H. R. Schlette,* Zur Theologie nichtchristlicher Religionen: Orientierung 51 (1987) 151–156; *M. Seckler,* Theologie der Religionen mit Fragezeichen: ThQ 166 (1986) 165–184.

H. Waldenfels

Religionsvergleich

↗Religion; Religionsgeschichte; Religionsphänomenologie; Religionswissenschaft.

Der R. hat grundsätzlich zwei verschiedene Aufgaben. Einerseits dient er dazu, Gemeinsames in den unterschiedlichen, historisch gewordenen Religionen herauszustellen. Dieses Gemeinsame ist zumeist auf der Ebene ahistorischer Abstraktion zu suchen, wo Kompatibles auf gemeinsame typologische Nenner bezogen wird. Vor allem in der Ehtik der Religionen wird man kompatible Verhältnisse antreffen. Dem kompatiblem R. steht der kontrastive gegenüber, der die Erscheinungen der Religionswelt in ihrer hist. Eigentümlichkeit einander gegenüberstellt. So können analoge Verhältnisse verglichen werden, indem ihre unterschiedlichen Ausprägungen aufgewiesen werden. Von analogen Erscheinungen sind dabei homologe zu unterscheiden, die zwar äußere Ähnlichkeiten zeigen, in Funktion und Bedeutung jedoch wesentlich voneinander differieren (z.B. Götter im Buddhismus und in polytheistischen Religionen). Beim kontrastiven Vergleich werden die geschichtlich bestimmten Unterschiede zwischen den Vergleichsgrößen „kontrast-diagnostisch" (S. Morenz) voneinander abgehoben, um das Spezifische einer jeden Erscheinung in aller Klarheit herauszustellen. Der kontrastive Vergleich operiert zwar auch mit einem abstrakten Vergleichsrahmen, er ist aber viel stärker als der kompatible auf die gesch. Ausprägung der sich als analog darstellenden Phänomene verwiesen. Wenn *G. Mensching* z.B. den „Sondergeist" der einzelnen Volks- und Weltreligionen beschreibt und einander gegenüberstellt, so handelt es sich um einen kontrastiven Vergleich, der dem gesch. Gewordensein der einzelnen Religionen Rechnung trägt und dabei zu ihrer jeweiligen „Lebensmitte" vorstoßen will.

Der kompatible Vergleich vollzieht sich auf drei Ebenen. Zunächst bildet er allgemeine Kategorien, die beanspruchen, auf die gesamte Religionsgeschichte anwendbar zu sein. Wenn z.B. der Prophet, der Mystiker, der Reformator usw. unterschieden werden, so ist diese Typenbildung zwar an bestimmten hist. Vorbildern orientiert, aber doch so weit von diesen abstrahiert, daß sie auf andere Bereiche der Religionsgeschichte übertragen werden kann. Hierbei ist die Kategorie allerdings ein Idealtyp im Sinne *M. Webers.* Als reiner Typenbegriff mag er zwar in der gesch. Wirklichkeit keine genaue Entsprechung haben, dennoch verhilft er dazu, die Mannigfaltigkeit der gesch. Erscheinungen zu ordnen.

Einen Schritt über die Kategorienbildung hinaus ist der Aufweis von Strukturtypen

(z. B. Volks- und Weltreligion, mystische und prophetische Religion, Kult- und Buchreligion usw.). Auch wenn hierbei das kontrastive Element ins Spiel gebracht wird, handelt es sich grundsätzlich um eine Fortsetzung der idealtypischen Kategorienbildung.
Einen Katalog von Typen stellt schließlich die Phänomenologie vor, die ihre Kategorien zwar aus den gesch. Erscheinungen ableitet, aber diese in einen übergesch. Zusammenhang stellt. Sie stellt intentional eine vollkommene Erfassung aller Phänomene der Religionsgeschichte dar, denn sie hält ein System von Begriffen bereit, um alle rel. Gegebenheiten einzuordnen. Ihr Vorgehen läuft zuweilen auf eine typologische Bestandsaufnahme rel. Erscheinungen hinaus, wenn nicht die Rahmenbedingungen aufgezeigt werden, unter denen die Phänomene auftreten. Allerdings ist es die Ansicht mancher Forscher wie *J. Wach*, daß die Religionswissenschaft nicht über die Typenbildung und ihre systematische Vor- und Nachordnung hinausgehen könne. Wachs Programm einer vergleichenden Theologie, die – nicht von den rel. Erscheinungen, sondern von den theol. Reflexionen der Religionen ausgehend – zu einem begrifflichen Metasystem gelangen wollte, blieb allerdings unausgeführt.
Die Phänomenologie geht von der strukturellen Einheit des Religiösen in seinen verschiedenen Manifestationen aus. Bei manchen Vertretern dieser Forschungsrichtung, z. B. bei *M. Eliade*, ist diese Einheit so kohärent, daß sich einzelne in der Geschichte anzutreffende Phänomene von zeitlich und räumlich entfernten Vergleichsbeispielen her interpretieren lassen. Die Legitimität eines solchen Vorgehens liege in dem archetypischen Charakter bestimmter religiöser Grundvorstellungen. Diese Sicht der Dinge ist allerdings nicht unangefochten geblieben, zumal die Universalität dieser Archetypen mitsamt ihren Implikationen in Frage gestellt worden ist. So läßt sich etwa der (archetypische) Zusammenhang der Motive Mond – Wasser – Frau keineswegs in allen Religionen nachweisen. Daß aber eine auf breiter Vergleichsgrundlage untersuchte Erscheinung wie der ↗Schamanismus Licht auf schamanistische Praktiken in bestimmten geographischen Gebieten werfen kann, bleibt unbestritten.
Der im Sinne der Kompatibilität vorgenommene Vergleich der Religionen bedarf der kritischen Ergänzung durch den kontrastiven Vergleich. Dieser kann auf verschiedenen Ebenen durchgeführt werden. Er kann zunächst für die Gegenüberstellung von analogen Motiven benutzt werden (z. B. das Motiv der Inseln der Seligen). Auch der Personenvergleich (Buddha – Jesus, Meister Eckart – Dōgen usw.) erhält erst durch das kontrastive Vorgehen Profil. Der dritte Bereich, auf den diese Vorgehensweise fruchtbar angewandt werden kann, betrifft einzelne Probleme der Religionsgeschichte, z. B. das Problem von Gut und Böse (Ethik), von Schicksal und göttlicher Führung, von Autonomie und Heteronomie usw. Im Hinblick auf solche Fragen ist noch manche Arbeit zu leisten.
Die große Forderung an die vergleichende Religionswissenschaft ist die Gegenüberstellung der großen Religionen, die im Hinblick auf ihre Grundgedanken zu vergleichen sind. Eine Reihe von Beiträgen dazu liegt vor; sie beschäftigen sich vornehmlich mit einzelnen Fragen (Tod und Jenseits, Kosmogonie, Götterverständnis, Gottesliebe usw.), die querschnittmäßig durch die Religionen hindurch verfolgt werden.

Lit.: ↗Religionswissenschaft, ferner: *A. C. Bouquet,* Comparative Religion. Harmondsworth [7]1969; *H. Frick,* Vergleichende Religionswissenschaft. Berlin 1928; *H.-P. Hasenfratz,* Die Seele. Zürich 1986; *H.-J. Klimkeit* (Hg.), Tod und Jenseits im Glauben der Völker. Wiesbaden [2]1983; *G. Lanczkowski,* Die heilige Reise. Freiburg 1982; *ders.,* Die Inseln der Seligen und verwandte Vorstellungen. Frankfurt 1986; *J. Leipoldt / S. Morenz,* Heilige Schriften. Leipzig 1953; *G. Mensching,* Vergleichende Religionswissenschaft. Heidelberg [2]1949; *ders.,* Gut und Böse im Glauben der Völker. Stuttgart [2]1950; *ders.,* Das Wunder im Glauben und Aberglauben der Völker. Leiden 1957; *ders.,* Buddha und Christus. Stuttgart 1978; *R. F. Merkel,* Die Mystik im Kulturleben der Völker. Hamburg 1940; *Th. Ohm,* Die Liebe zu Gott in den nichtchristlichen Religionen. Krailling 1950; *R. Otto,* Die Gnadenreligion Indiens und das Christentum. Gotha 1930; *ders.,* West-östliche Mystik. München [3]1971; *J. Wach,* Vergleichende Religionsforschung. Stuttgart 1962; *ders.,* Types of Religious Experience. Chicago [5]1972. *H.-J. Klimkeit*

Religionswissenschaft. 1. Aufgaben der R. Die R. hat die Aufgabe, die Fülle der historisch gewordenen Religionen geschichtlich zu erforschen, verstehend darzustellen und systematisch zu untersuchen. Im Gegensatz zu Theologie und Philosophie ist sie um Unabhängigkeit von normativen Bindungen bemüht. Dennoch kann sie nicht voraussetzungslos arbeiten. Schon die Abgrenzung des Bereichs der Religion von anderen Erscheinungen der Kultur zwingt sie zur Reflexion über ihren Gegenstand. Die Frage, ob hierbei ein festgelegter Religionsbegriff ins Spiel gebracht werden muß, wird unterschiedlich beantwortet. Während manche Forscher (R. Otto, F. Heiler, G. Mensching) von einem solchen ausgehen (z. B. Religion als Begegnung mit dem ↗Heiligen), betonen andere die Notwendigkeit, erst in der Auseinandersetzung mit dem Gegenstand zum Begriff der Religion zu gelangen. Dennoch fordert schon die Abgrenzung des Kreises der Phänomene, die zu betrachten sind, eine Vorentscheidung. Hierbei wird zumeist auf den Gegensatz von heilig und profan zurückgegriffen, auch wenn beide in vielen frühen Religionen eng miteinander verquickt sind. Vor allem *R. Ottos* Analyse des Heiligen, aber auch *M. Eliades* Gegenüberstellung von heilig und profan haben die Diskussion um den Gegenstand der R. maßgeblich bestimmt.

Grundlage der R. ist die ↗Religionsgeschichte, die die hist. Religionen nach äußeren Entwicklungen und inneren Wesensmerkmalen untersucht. Weitgehend durchgesetzt hat sich die Unterscheidung von Volks- und Welt- oder Universalreligionen. Die Religionsgeschichte hat nicht nur den äußeren Ablauf der Historie der Religionen zu skizzieren und ihre Praktiken und Grundgedanken aufzuweisen, sondern auch ihre Innenseite sichtbar zu machen, nämlich den sich in ihr ausdrükkenden Glauben, der die Frömmigkeit einzelner wie auch der Träger insgesamt bestimmt (W. C. Smith). Freilich kann sie nicht ohne Bewertungsmaßstäbe operieren. Wenn sie z. B. zwischen lebendigem Wachstum und äußerer Erstarrung oder zwischen mystischer Vertiefung und rationaler Verflachung unterscheidet, so setzt sie Akzente, die in besonderer Weise von der Persönlichkeit des Historikers bestimmt sind. Eine rein objektive Religionsgeschichte ist nicht möglich, zu fordern bleibt aber die Überprüfbarkeit ihrer Ergebnisse.

Auf der Basis der allgemeinen Religionsgeschichte erhebt sich die vergleichende R. (↗Religionsvergleich), die mit systemat. Fragestellungen an die hist. Religionen und ihre Phänomene herantritt. Sie bildet allgemeine Kategorien (z. B. der Stifter, der Reformator, der Prophet usw.) und ist bemüht, die Welt der rel. Erscheinungen so zu erfassen, daß dominante Grundlinien sichtbar werden. Hierbei geht sie vornehmlich typologisch vor. Vor allem die Phänomenologie stellt typische Erscheinungen der Religion heraus, wobei sie vielfach bewußt ahistorisch arbeitet, d. h. übergesch. Strukturen und Religionsmuster (z. B. „Archetypen") aufweist. Hat die bisherige Religionsphänomenologie das rel.-hist. Material in erster Linie klassifikatorisch inventarisiert, so ist die systemat. R. doch auch dazu übergegangen, allgemeine Grundfragen zu thematisieren und die Lösungen in ihrem jeweiligen rel.-hist. Zusammenhang vergleichend darzustellen, z. B. Gut und Böse (Ethik), Autonomie und Heteronomie, Schicksal und göttliche Führung usw. Auf diesem über den Motivvergleich hinausgehenden Gebiet der komparativen Problemforschung bleibt noch viel zu tun.

2. Methoden und Teilgebiete der R. Stellt die ↗*Religionsgeschichte* die Basis aller rel.-wiss. Arbeit dar, so hat die *systemat. Religionsforschung* Ähnlichkeiten und Unterschiede analoger Erscheinungen in verschiedenen Religionen aufzuzeigen und ihren engeren und weiteren systemat. Rahmen aufzuweisen.

Die Beziehungen zwischen Religion und ihren Rahmenbedingungen werden durch einzelne Spezialdisziplinen erhellt. So bemüht sich die ↗*Religionssoziologie* um die Wechselwirkungen zwischen Religion und Gesellschaft, wobei sie auch die politische Dimension mit einbezieht. Die ↗*Religionspsychologie* wendet sich rel. Vorgängen zu, die von der Eigenart des Seelischen her zu begreifen sind. Eine sich ausbildende ↗*Religionsgeographie* untersucht die Beziehungen zwischen Religion und Raum, wobei dieser keineswegs nur physisch, sondern auch kulturell verstanden wird. Umstritten ist die Frage, ob die ↗*Religionsphilosophie* zur R. zu zählen ist. Einerseits ist klar, daß der Religionswissenschaftler bei der hist. und erst recht bei der systemat. Arbeit ständig mit hermeneutischen und damit philos. Fragen konfrontiert wird und daß keine scharfe Abgrenzung zwischen rel.-wiss. Forschung und religionsphilos. Fragestellung vorgenommen werden kann. Andererseits hat die Religionsphilosophie dort als philos. Disziplin zu gelten, wo ihr Ausgangspunkt nicht die Religionsgeschichte, sondern ein gedanklicher Entwurf über das Wesen der Religion ist.

3. Zur Entwicklung der Disziplin. Ansätze zur rel.-wiss. Fragestellung sind schon in der Antike feststellbar, wo die innere Distanz zur Tradition und die Konfrontation mit fremden Religionen zu einer Reflexion über den ↗Mythos und zur Beschreibung und Einordnung anderer Glaubensformen Anlaß gaben. Die spätantike und ma. Auseinandersetzung der Kirche mit fremden Glaubensrichtungen wird man dagegen kaum zur Geschichte der R. zählen. Erst die Wiederentdeckung der Antike in Renaissance und Humanismus, die Begegnung mit fremden Völkern und Kulturen im Zuge der großen Entdeckungen, vor allem aber die Aufklärung gaben wesentliche Anstöße zu einer unvoreingenommenen Betrachtung fremder Religionen. Aber auch die Romantik, die manche orientalistische Disziplinen inspirierte, hat zur Erforschung der Welt der Religionen angeregt. Sodann war es die ethnologische und orientalische Spezialforschung, die wesentliche Erkenntnisse über fremde Religionen lieferte. Der von *M. Müller* (1823–1900) geprägte Begriff der R. hat sich nicht nur im dt., sondern auch im angelsächsischen Sprachraum durchgesetzt. Die R. ist als eigenständige akademische Disziplin vor allem seit den ersten Jahrzehnten dieses Jh. etabliert.

Lit.: *M. Eliade,* Das Heilige und das Profane. Frankfurt ²1985; *ders.,* Die Religionen und das Heilige. Unveränderter Nachdr. Frankfurt 1986; *K. Goldammer,* Die Formenwelt des Religiösen. Stuttgart 1960; *F. Heiler,* Erscheinungsformen und Wesen der Religion. Stuttgart ²1979; *G. Lanczkowski,* Einführung in die Religionsphänomenologie. Darmstadt 1978; *ders.,* Einführung in die R. Darmstadt 1980; *G. van der Leeuw,* Phänomenologie der Religion. Tübingen ⁴1977; *G. Mensching,* Die Religion. Stuttgart 1959; *ders.,* Soziologie der Religion. Bonn ²1968; *ders.,* Soziologie der großen Religionen. Bonn 1966; *R. Otto,* Das Heilige. München³⁶⁻⁴⁰ 1971; *J. Wach,* R. Leipzig 1924; *ders.,* Vergleichende Religionsforschung. Stuttgart 1962. *H.-J. Klimkeit*

Religiosität, chinesische. Die chin. R. ist in verschiedener Hinsicht ein einmaliges, paradoxes und kompliziertes Phänomen. Sie besteht in der heutigen Form (vornehmlich in Taiwan und in Hongkong, aber auch – obgleich unterdrückt – in der Volksrepublik China) aus der Volks.-R. *(shen-chiao)* und aus drei größeren Traditionen (↗Taoismus, ↗Konfuzianismus, ↗Buddhismus). Außerdem gibt es Religionen der ethnischen Minderheiten (z. B. ↗Islam) und verschiedene synkretistische Formen der R., die als Buddho-Taoismus bezeichnet werden. Die christl. Tradition hat kaum Einfluß auf die Gestaltung der chin. R. ausgeübt.

Die chin. Sprache besitzt allerdings keinen eigenständigen Begriff für Religion im allgemeinen. Das bedeutet aber nicht, daß man daraus auf das Nichtvorhandensein von Religion bzw. R. in China überhaupt schließen könnte. Die chin. R. ist einfach in einem anderen Denken und Empfinden verwurzelt als diejenige des Abendlandes. „In China entsteht das Religiöse aus der primitiven Verteidigung des Lebens, führt dann aber … zu machtvollen Hochgöttern, in denen sich Vorstellungen der herrschenden Schicht abbilden" (W. Eichhorn).

Es gibt in China zwar keine Gottheit, die mit dem Gott des Judentums oder Christentums gleichgesetzt werden könnte. In der chin. Weltanschauung gab es aber eine unsichtbare (reale) Dimension der geistigen Wesen, und die Wahrnehmung des ↗Heiligen spielt im Leben eine große Rolle, was man schon aus der großen Bedeutung, die z. B. dem (Bauern-)Kalender beigelegt wird, ersehen kann. Diese Dimension beinhaltete die vergöttlichten Vorfahren (↗Ahnenkult V) und die übelwollenden Geister (↗Böses/Leid V). Die R. war immer in das Gefüge Familie und Gesellschaft, später auch der Philosophie hineingewoben. Traditionell sprach man von einer Lehre *(chiao)*. Der über das Japanische eingedrungene Begriff *tsung-*

chiao („Lehre über Ahnen") ist eine spätere Begriffsbildung. Eine rel. Konnotation besaß auch der konfuzianische Begriff *li* („Riten", „Sitten"). Es gab in China keine einheimische Erlösungsreligion (falls man den Taoismus nicht als eine solche bezeichnet) noch eine Vorstellung von einem einzigen Schöpfergott (falls man dem ↗Tao dieses Attribut nicht gibt). Die Religion und damit auch die R. besitzt in China keine differenzierte Funktion im Gesellschaftsleben. Es gibt keine religiös-sozialen Abgrenzungen im westl. Sinne. „Weder Dogma noch Klerus leiten das rel. Leben der Chinesen. Es besteht aus einer Vielzahl kleiner Praktiken – rel. Praktiken –, denn sie sind verpflichtend, doch man kann nur schwer herausfinden, welchen Wirkungsgrad der einzelne einer jeden dieser Praktiken beimißt – und aus einer Menge diffuser Glaubenssätze – es handelt sich um rel. Glaubenssätze, denn sie sind allg.-verbindlich, doch man kann nur sehr schwer sagen, welchen Glauben ein jeder dieser Sätze dem einzelnen vermittelt" (M. Granet). Man sprach also von einem „Universismus", in dem die Religionen zu „Religion" wurden: „In Wirklichkeit sind die ... Religionen Äste eines gemeinsamen Stammes, der seit uralten Zeiten bestanden hat; dieser Stamm ist die Religion des Universums, des Weltalls, seiner Teile und seiner Erscheinungen ... Deshalb fühlt sich auch der Chinese gleichmäßig heimisch in ihnen, ohne durch widerstrebende und einander unverträgliche Dogmen beschwert zu sein" (J. J. M. de Groot). Die Religionen Chinas kennen an sich kein Glaubensbekenntnis, die Betonung des intellektuellen Elements ist dagegen sehr charakteristisch. Die Religionen sind also keine dogmatischen Lehrsysteme. Andererseits würde eine Abgrenzung der Religion von der Philosophie für China als künstlich betrachtet, denn es gab in der chin. Kultur keine solche Abgrenzung. Kultur, Philosophie und Religion sind in China überlappende Aspekte einer einzigen „Soteriologie", die gleichzeitig eine Lebensauffassung (Weltanschauung) und einen Erlösungsweg darstellt. Das klass. Beispiel ist hierfür der Konfuzianismus, der weder Religion noch nur Philosophie ist. Genauso irreführend wäre es, versuchte man den rel. Taoismus *(tao-chiao)* von dem philos. *(tao-chia)* scharf zu trennen. Die R. in China ist mehr eine Familienangelegenheit als ein dogmatisches Lehrsystem. Die Familien-R. ist fundamental, die individuelle R. ist sekundär. Die chin. R. äußerte sich vor allem in einer Art von Naturreligion („Universismus"), im Ahnenkult und (später) im „Staatskultwesen". In der chin. Religionsgeschichte unterscheidet man eine Volks-Religion und große Traditionen, die wiederum orthodox (konfuzianisches Staatskultwesen) oder heterodox (Buddhismus, Taoismus) sein können. Die Volks-R. ist sehr komplex und bislang noch wenig erforscht, weswegen sie auch Anlaß zu verschiedenen Mißinterpretationen bietet, z. B. wegen der synkretistischen Form, da sie im Laufe der Zeit viele Elemente des Buddhismus und des Taoismus („Buddho-Taoismus") integriert hat.

Das Verhältnis der Chinesen zum Heiligen, das sie nicht aus ihrem Denken zu verbannen suchen und das sich vornehmlich in der Volks-R. und im Taoismus manifestiert, ist durch gelassene Vertrautheit charakterisiert. Als Folge davon wird das Heilige als immanent empfunden, wobei es sich um eine tiefe, zugleich aber flüchtige und unbeständige Wahrnehmung handelt. Die Vorstellung eines (Schöpfer-)Gottes spielt dabei eine geringere Rolle. Die älteste chin. Gesellschaft (Shang-Zeit, 1523–1027 v. Chr.) kannte bereits den Ahnenkult, den Kult des Erdgottes *(she)* und des Getreidegottes *(chi)*. Geopfert wurde später auch dem *Shang-ti*, dem höchsten „Herrscher", und zahlreichen Naturgottheiten, und seit der Chou-Zeit (11. Jh. – 221) dem *T'ien* (↗Himmel I). In der Geschichte der chin. R. kann man sodann über folgende Entwicklungsphasen sprechen: die Entstehung der konfuzianischen Staatsreligion; Formulierung der „Großen Tradition" des (orth.) konfuzianischen Staatskultwesens; gewisse Dominanz (insbesondere in der Zeit der Uneinheit des Reiches) des Buddhismus und des Taoismus (der im 2. Jh. n. Chr. konstituiert wurde); Renaissance des Staatskultwesens; Einflüsse der „Fremdreligionen"

(Nestorianismus, Judentum, Islam, Mazdaismus - seit dem 8. Jh. n. Chr. und - seit dem 13. Jh. - des abendländischen Christentums).
Die chin. Religionen, soweit sie einheimisch sind, haben ausgeprägte gemeinsame Züge, die ihnen eine unverkennbare chin. Eigenart verleihen und als Äußerungen der chin. Kultur (R.) betrachtet werden können, zumal die gegenseitige Abgrenzung der chin. Religionen nicht so scharf wie im Westen ist. Die traditionelle R. enthält sowohl naturalistische wie animistische Elemente, wobei bei der Oberschicht die naturalistischen (und rationalistischen), beim Volk (in der Volks-R.) die animistischen (und synkretistischen) Elemente überwiegen.
Der Kultus und der Glaube konzentrieren sich (ziemlich unabhängig von der Tradition der einzelnen Religionen) auf den Menschen und die Natur *(Tien, Tao)*. Zu den gemeinsamen Grundzügen der chin. R. gehören u.a. das Weltbild, Zeit- und Raumvorstellungen, die Konzeption der Natur und der Rolle des Menschen in der Welt und in der Gesellschaft. Es gibt auch gemeinsame - obwohl nuancierte - Elemente im Ritualwesen (z.B. Familienriten, Ahnenkult, Totenriten). Ansonsten aber unterscheiden sich die einzelnen Traditionen ritualistisch und institutionell (Priestertum, monastisches Leben) und, wenn es um die Gottesvorstellungen geht, beträchtlich.
Der in das Staatskultwesen inkorporierte Konfuzianismus wird oft als *die* chin. Religion bzw. R. bezeichnet. Man verweist auf die staatlichen Opfergaben an den Himmel und die Erde, die der Kaiser im Namen der Nation darbrachte. Als „die konfuzianische Religion" wird des weiteren der Ahnenkult betrachtet. Im Staatskultwesen finden wir darüber hinaus ein ausgebautes Opferwesen *(chiao)*. Bis heute hat vom Staatskultwesen lediglich die Zeremonie für ↗Konfuzius (in Taiwan und seit kurzem auch in der Volksrepublik China) überlebt.
Seit der Mitte des ersten vorchristl. Jahrtausends setzte sich in China (ausgehend vom Konfuzianismus) eine Haltung durch, die zwar nicht direkt antireligiös war, wohl aber weitgehend agnostisch. Die Chinesen sind deswegen als „Diesseitsmenschen" bezeichnet worden, doch das Interesse an dieser Welt und diesem Leben und deren Bejahung schließt die R. nicht aus. „Die chinesische Diesseitigkeit, die chinesische Harmonie zwischen dem Menschen und der Natur, zwischen dem Menschen und der Welt, die Vorliebe für das Humane und Ethische zeugen von einer Art Immanenz des Göttlichen, von der Gegenwart des Absoluten im Relativen, in den menschlichen Beziehungen, im Bereich des Natürlichen. Das Transzendente wird nicht ausgeschlossen. Es wird sogar hervorgehoben, da es dem Gewöhnlichen und dem Natürlichen, dem Säkularen und dem Moralischen einen Sinn gibt. Dieser eigenartige religiöse Sinn der Chinesen strebt einen harmonischen Ausgleich zweier Welten an, des Sichtbaren und des Unsichtbaren, des Zeitlichen und des Überzeitlichen. Aber es lenkt die menschliche Person darauf hin, ihr Heil, ihre Vollkommenheit im Hier und Jetzt zu suchen, namentlich in der Moralität menschlicher Beziehungen wie im Konfuzianismus, doch auch in der Schönheit der Natur wie bei den taoistischen Weisen" (J. Ching).
Den chin. Religionen (außer dem konfuzianischen Staatskultwesen) gelang es nicht, eine genügend starke Macht zu entwickeln, die ihnen eine größere Rolle in der weltlichen Gesellschaft gegeben hätte. Bis zum 19. Jh. war die chin. R. (wie die ganze chin. Zivilisation) im wesentlichen ein originales, selbständiges System, das historisch dem „Fremden" überlegen war. Während des letzten Jh. jedoch ist China in eine neue Ära eingetreten. Der herkömmliche Naturalismus und Animismus wurde durch die (Natur-)Wissenschaft in Frage gestellt; die rel. Korporation der Familie ist infolge des neuen industriellen Systems zerfallen; der Ahnenkult ist durch den Zerfall der Familie geschwächt worden; die Wirksamkeit der Götter und der Religion wurde in Frage gestellt, und nach dem Zusammenbruch des Kaiserstaates 1911 ist das gesamte System des Staatskultwesens verschwunden. Die nichtkonfuzianische R. vermochte jedoch trotz mancher Verfolgungen (nicht nur in jüngster Zeit) zu überleben. Zusammenfassend muß man aber sagen, daß der traditionelle

(und auch der moderne) chin. Staat die Entwicklung einer starken, unabhängigen R. stets verhinderte.

Lit.: *J. Ching,* Der religiöse Sinn der Chinesen: Conc(D) 15 (1979) 358–361; *M. M. Chiu,* The Tao of Chinese Religion. New York 1984; *W. Eichhorn,* Allgemeine Bemerkungen über das Religiöse im alten China: Oriens Extremus 26 (1979) 13–21; *ders.,* Die Religionen Chinas. Stuttgart 1973; *ders.,* Die alte chinesische Religion und das Staatskultwesen. Leiden 1976; *M. Granet,* Das chinesische Denken. München 1963; *W. Grube,* Religion und Kultus der Chinesen. Leipzig 1910; *W. Lai,* Religious Pluralism in China: The History and the Dynamics: Ching Feng 27 (1984) 1–18; *A. P. Wolf* (Hg.), Religion and Ritual in Chinese Society. Stanford/Calif. 1974; *C. K. Yang,* Religion in Chinese Society. Berkeley 1961.

R. Malek

Remythisierung ↗Mythos IV.

Rigveda ↗Heilige Schrift(en) III.

Rishi. Das Wort *Ṛṣi* könnte von der veralteten Wurzel *ṛṣ,* im heutigen Skt. *dṛś-* (= sehen), abgeleitet werden. Der *Ṛṣi* ist dann ein *Seher,* einer, der die Wahrheit gesehen hat. In der hind. Tradition ist R. ein erleuchteter Dichter, ein Weiser oder ein patriarchalischer Heiliger. Den uralten R. wurden die ↗*Veden* geoffenbart (Chāndogya Up. I 3.9; Bhagavadgītā XIII 4). Die Up. sprechen über die R. in: Bṛhadāraṇyaka Up. I 4.16; VI 2.2; Śvētāśvatara Up. V 2.6; Praśna Up. I 2; II 8. Verschiedene Gruppen von R. werden erwähnt: 1. *Brahmarṣis-R.*s, die direkt von *Brahmā* berufen worden sind oder zur *Brāhmin-Kaste* gehören. Diese werden als Gründer der orth. *Brāhmin-Familien* betrachtet. 2. *Saptarṣis,* eine Gruppe von sieben R. Atharva-Veda XIII 1.39 erklärt, daß diese R. durch ihr Opfer die Welt gestalteten. 3. *Dēvarṣis,* die durch ihre strenge Askese *(Tapas)* fast die gleiche Stellung wie die Götter *(Dēvas)* erreichten. 4. *Maharṣis,* die großen Seher. 5. *Rājarṣis,* die Könige, die durch ihre unablässige Askese R. geworden sind.
Die R. sind fähig, Wunder zu wirken, z. B. Krankheiten zu heilen, Naturkatastrophen zu verhindern usw. Sie können die Missetäter durch Verfluchung bestrafen.

Lit.: *E. W. Hopkins,* Epic mythology. Straßburg 1915; *J. Gonda,* Die Religionen Indiens I. Stuttgart 1960.

A. Thannippara

Römische Religion. 1. Die R. R. ist zunächst die Religion der Bewohner der Stadt Rom und unterscheidet sich wenig von anderen Stadtkulten Altitaliens. Im Zuge der Ausbreitung des röm. Herrschaftsbereiches wird sie als Staats-, später als Reichskult auch für eine Vielzahl anderer Ethnien verbindlich. Dabei nimmt sie fremde Elemente in sich auf und assimiliert sie. Dieser Prozeß dauert rund ein Jt., zwischen ca. 600 v. Chr. und 400 n. Chr., als das Christentum die Stelle der R. R. als Staatsreligion einnahm. Die R. R. ist uns aus archäol. Quellen (Tempelbauten, Inschriften etc.), Schriftstellerzeugnissen (bes. *M. T. Cicero, P. Ovidius Naso, M. T. Varro*) und polemischen Stellungnahmen christl. Autoren *(Arnobius, Origenes)* bekannt. Ihre Epochen sind die Epochen der röm. Geschichte: Königtum (bis 6. Jh. v. Chr.), Republik (bis 1. Jh. v. Chr.), Kaiserzeit (bis 5. Jh. n. Chr.).
2. Die Bewohner Altroms waren indoeurop. Latiner, die anfangs von einer etruskischen Adelsschicht (↗Etruskische Religion) regiert wurden. Ihre rel. Vorstellungen wiesen zahlreiche gemein-indoeurop. Züge auf: Göttertriaden, präzise festgelegte Kasten- und Standesgötter u. ä., die für einen archaischeren Entwicklungsgrad der R. R. der Frühzeit gegenüber der hist. faßbaren ↗Griech. Religion sprechen. Das Typische der R. R. ist der Primat der Institution und des Ritus vor Theologie und Mythos. Der Römer war darauf bedacht, den Kult der Götter und Gottheiten genau zu regeln, die minuziöse Einhaltung der Pflichten bedeutete ihm mehr als Dichten und Spekulieren über die hll. Dinge.
3. Die röm. Frömmigkeit, die *Pietas,* die nach Meinung Ciceros (De Haruspic. resp. 9, 19) die entscheidende Tugend der Römer war, die sie vor den anderen Völkern auszeichnete, hatte 3 Grundlagen: hll. Orte, hll. Zeiten, hll. Menschen.
a) *Heilige Orte* waren Orte, die präzise abgegrenzt waren gegenüber dem profanen Raum. In ihnen wurde göttliche Gegenwart angenommen (↗Keltische Religion; allg. ↗Berg; Tempel). Sie waren unverletzbar, nur unter bestimmten Voraussetzungen zu betreten und konnten Haine, Quellbezirke, Grotten sein. Strenge Strafen drohten dem unbefugten Eindringling. In späterer Zeit wurde der

abgetrennte Bezirk *(Templum)* zum hl. Bauwerk. Ein Götterbild war für die göttliche Gegenwart nicht notwendig. Erst der Einfluß der griech. Religion wertete die Bedeutung des Bildes auf. Römisch war die Idee der Grenze: Der Ur-Römer tötete den Zwillingsbruder Remus, als dieser die Grenze verletzte. Einflüsse etruskischer Kosmologie mögen die Idee des hl. Raumes mitgeprägt haben. Archaische Tabuvorstellungen lebten darin weiter.

b) Ebenso wichtig war die Idee der *heiligen Zeit*. Der röm. ↗Kalender war detailliert und hochentwickelt. Auch hier gibt es Parallelen zum etruskischen Kulturkreis, aber auch zum keltischen. Der Kalender war urspr. ein Mondkalender (wie der keltische, griech., jüd.) mit 12 Monaten und einem Schaltmonat (Mercedonius). *Julius Caesar* reformierte 45 v. Chr. den Kalender mit Hilfe eines alexandrinischen Astronomen und paßte ihn dem Sonnenjahr an. Sein Kalender ist mit einer kleinen Korrektur aus dem 16. Jh. der unsrige. Der röm. Kalender unterschied zwischen günstigen und ungünstigen Tagen (*„dies fasti“* und *„dies nefasti“*), einigen „gemischten“ Tagen sowie einer Vielzahl von verschiedenen Festen, an denen öffentliche Opferveranstaltungen, Umzüge, Feiern, teilweise auch kultische Ausgelassenheit und Umkehrung der sozialen Hierarchien gepflegt wurden. In der Regel waren die Feste mit bestimmten Ernten im Jahr und den damit verbunden Opfern verkoppelt – entsprechend der Uridee aller agrarischen Religionen, die Götter an der Ernte „teilhaben“ zu lassen, um sich so ihrer künftigen Gunst zu versichern.

c) Der dritte Pfeiler der *Pietas* waren die *heiligen Menschen*. Im Gegensatz zum Griechentum, das die Institutionen der Priesterschaft nicht pflegte, bewahrte die R. R. einen wachen Sinn für besondere, zu speziellem Dienst ausgesonderte Menschen. Im Gegensatz zum Hinduismus und zum Judentum waren diese Sonderungen aber meist temporär: es waren durch einen öffentlichen Wahlakt erwerbbare Ämter. Keine präexistente Disposition, keine Erhebung aus der *Conditio humana* „heiligte“, sondern das Vertrauen der Mitbürger und die vollzogene Handlung. Es gab Kollegien (z. B. die *Flamines*, die *Haruspices*, die *Pontifices*), deren Mitglieder für die Zeit ihres Flaminats, Haruspikats, Pontifikats strenge Pflichten auf sich nehmen und einen besonderen, von einer Vielzahl von Verboten geregelten Lebenswandel führen mußten. Dafür galten sie als Träger der göttlichen Gegenwart in der Stadt, pflegten sie in Weissagung, Opferhandlung und Urteilsspruch den Kontakt zur Welt des Unsichtbaren. Ein besonderes Ansehen hatte das einzige weibliche „Kollegium“ dieser Art, die *Vestalinnen*, die für die Dauer ihres Status jungfräulich bleiben mußten.

Diese 3 Heiligkeiten wirkten in der R. R. in intimer Wechselbeziehung ineinander: Göttliches wurde gegenwärtig, wenn zu hl. Zeit ein geheiligter Mensch einen hl. Ort betrat und dort das Integral der römischen *Pietas* vollzog: den hl. *Akt*. Seine präzise und immer gleichbleibende Form zu wahren blieb das wesentliche Anliegen der detaillierten – nur bruchstückhaft überlieferten röm. rel. Schriften. Der Akt zählte, sicherte die Gunst der Götter und erhielt den komplizierten Kosmos der *Urbs*, die ein Geflecht von Interdependenzen zwischen Mensch und Gott war. Da aber den Römer nur interessierte, was er dem Gott gegenüber *tun* mußte, nicht wer oder was dieser Gott sei, bewahrte sich die R. R. eine große dogmatische Flexibilität, ja Toleranz. Für den Römer der späten Republik der Zeit Ciceros galt: Mochte er auch die Götter mit Epikur für feinstoffliche Atomwolken halten, wesentlich blieb, daß er ihnen nach Väterart opferte.

Die röm. *Götter* waren teilweise so intim mit ihrem Geltungsbereich verbunden, daß sie wie reine Abstraktionen einer Funktion oder einer Tätigkeit erscheinen konnten (↗Gott III 4). Sie waren nicht mit einer Mythologie geschmückt oder befrachtet. Die alten, teilweise noch gemein-indoeurop. Göttermythen wurden in Rom umgekehrt euphemerisiert. Sie wurden in Geschichte verwandelt: Romulus/Quirinus, Numa, Servius waren urspr. Götter; Geschichten und Taten, die bei Indern oder Kelten Göttertaten waren, bewahrten die Römer (ähnlich den Chinesen) als hist. Heldentaten der

Vorfahren. Wo Staat und Kosmos und der fromme Akt das Lebenszentrum einer Religion sind, interessiert ein nachahmbares ethisches Beispiel als Geschichte mehr denn als Urzeitmythos.

4. Dies belegt ein weiteres Charakteristikum der R. R.: die Durchlässigkeit der Grenze zwischen Mensch und Gott, ihre *wechselseitige Relativität.* Gott ist dem Römer, wer Kult empfängt vom Menschen. Kulteinsetzung ist aber ein menschlicher Rechtsakt, an Mehrheiten im Senat gebunden, an sonst nichts. So können Götter eingesetzt und abgeschafft werden, Menschen für Verdienste zu Göttern „befördert" werden. Verbindende Klammer ist hier (wie in China) der intensiv gepflegte Dienst an den *Ahnen,* der ein Zentrum einer für die R. R. sehr wichtigen Wirkungssphäre ist: des häuslichen Kultes. So hat jede Familie ihre eigenen „Kultpartner", ihren eigenen Priester in der Person des *Pater Familias,* ihre eigenen „Götter" in der Person der Ahnen. Das Spektrum zwischen Mensch und Gott kannte unendliche Schattierungen: Genien, Manen, Laren etc.

Erleichtert durch ihren metaphysischen Agnostizismus konnte die R. R. von früher Zeit an fast alles Fremde integrieren. Die griech. Religion lieferte Mythen, an die röm. Dichter anknüpfen konnten. Etruskische Weissagungskunst bekam in der *Urbs* ihren festen Platz. Oriental. Kulte wurden vom Senat zugelassen, ja herbeigeholt, um den Schutz möglichst vieler Götter für die Stadt zu sichern. Fremd war der R. R. der Gedanke, die Götter der anderen seien falsche oder gar keine Götter. Wenn sie Rom dienten – und das mußten sie nach röm. Auffassung, wenn sie in der Stadt einen Tempel hatten –, waren sie willkommen. Erst in der Kaiserzeit gab es national-röm. Reaktionen gegen die Überhandnahme der fremden Kulte, zumeist mit wenig Erfolg. Die oberen Schichten intellektualisierten ihre Religion unter dem Einfluß der Philosophie. Ein ↗Monotheismus, verbunden mit der Suche nach dem alles integrierenden Einen, beherrschte erst die Endphase der R. R. (↗Herrscherkult). Die unteren Schichten wandten sich von der R. R. ab, da sie kaum versprach, was andere ihnen versprachen: ein besseres Leben nach dem Tod. So war die Opposition nur schwach, als die R. R. durch christlich gewordene Kaiser abgeschafft und ihre Kulte unter Strafe gestellt wurden. Im Primat der Institution, im Papsttitel „Pontifex maximus", im Streben nach Universalität bei gleichzeitiger Gesetzesstrenge, im Vorrang der *Urbs* über den Erdkreis etwa leben Züge der R. R. fort.

Lit.: *G. Dumézil,* Iupiter Mars Quirinus. Paris 1947; *F. Altheim,* Röm. Religionsgeschichte. Baden-Baden 1951–53; *K. Latte,* Röm. Religionsgeschichte. München 1960; *P. Boyancé,* Etudes sur la religion romaine. Rom 1972; *G. Dumézil,* La religion romaine archaïque. Paris 1974; *J. Le Gall,* La religion romaine de l'époque de Caton l'Ancien au règne de l'empereur Commode. Paris 1975; *Y. Lehmann,* La religion romaine. Paris 1981. *Chr. Dröge*

Rosenkranz. Das *Rosenkranzbeten* antwortet dem rel. Grundbedürfnis leibhaften Fühlens und rhythmischen Vollzugs: Aneinandergereihte Perlen (Knoten) gleiten durch die Finger und werden jeweils von gleichbleibenden oder ähnelnden Gebeten oder Anrufungen begleitet. Im *Christentum* waren ähnliche Formen seit Beginn lebendig (Kyrie-Eleison, Hesychasmus, Jesus-Gebet), gewannen aber ihre im kath. Raum schnell sich ausbreitende und maßgebliche Gestalt um 1400. Das Gleiten der Perlen und das Aufsagen von jeweils 10 Ave-Maria bilden die psychosomatische Basis für die Meditation der „Gesätzlein", d. h. Sätzen, die auf das Leben Jesu hinweisen. Die klass. Form des R.: „freudenreich" (Geburtsgeschichte Jesu), „schmerzhaft" (Leidensgeschichte), „glorreich" (Auferstehung, Geistsendung usw.) mit je 5 Gesätzlein wurde zum Volksgebet überhaupt (R.-Fest seit 1571) bei Wallfahrten, Andachten und im privaten Vollzug. Die reformatorische Kritik (Häufung von nichtvollzogenen Worthülsen) übersieht den „meditativen" Charakter der Wiederholung, die Körper und Seele – ähnlich dem ↗Mantra-Beten im Hinduismus – Ruhe und Sammlung schenkt, aus der heraus das „Gesätzlein" meditiert-gebetet wird. Gerade in meditativer Religiosität sind ähnliche Formen zu finden. Im *↗Hinduismus* werden rosenkranzartig Viṣṇu oder Śiva angerufen. Im *↗Buddhismus* (bes. im tibetanischen) gibt es den R. mit über hundert Perlen. Der *Muslim* ruft die 99 Namen Gottes an. Der voll ausgerüstete ↗*Derwisch* trägt einen R. *(tasbih)* mit tausend Perlen. Bes. die schamanischen *Urreligionen* kennen die Kraft rhythmischer Wiederholung.

Lit.: *R. Scherschel,* Der R. – das Jesusgebet des Westens. Freiburg 1979. *J. Sudbrack*

Rudra ↗Hinduismus/Hindu-Religionen II 4.

Runen

↗Germanische Religion; Schrift.

Unter R. versteht man das älteste Schriftsystem der germ. Stämme. Das Wort R. ist eine gelehrte Neubildung des 17. Jh. nach skandinavischem Vorbild (germ. runō). Es gibt heute insgesamt etwa 5000 bekannte R.-Denkmäler. Hierbei handelt es sich um lose Gegenstände (Waffen, Schmuck, Amulette), Münzen und Steine. Die Denkmäler verteilen sich auf die Länder Schweden (ca. 3000), Norwegen (ca. 1250), Dänemark (ca. 700), Grönland (ca. 75), England (ca. 75), Island (ca. 60), Deutschland (ca. 60), Isle of Man und Orkaden (je ca. 30), Friesland (ca. 15); hinzu kommen Einzelfunde nordischer oder gotischer Herkunft, im Osten bis hin zum Ladogasee und zur Dnjeprmündung, im Süden bis hin zum Piräus. Die in Amerika gefundenen „R.-Inschriften“ sind Fälschungen. Der Zeitraum, in dem die R. benutzt worden sind, erstreckt sich über fast 2000 Jahre. Die ältesten Inschriften datiert man in das 1. oder 2. Jh. n. Chr., die jüngsten Beispiele stammen aus dem Ende des 19. Jh. (aus der schwed. Landschaft Dalarna). Die Frage, wann und wo die R. geschaffen worden sind und wer sie erfunden hat, ist bis heute noch nicht befriedigend beantwortet worden. Mit der Erforschung der R. begann man in Schweden und Dänemark im 16. und 17. Jh., den Anfang der streng wiss. Untersuchung der R.-Schrift machte jedoch erst der Däne Ludvig Wimmer mit seiner Arbeit „Runeskriftens Oprindelse og Udvikling i Norden“ (1874). Er legte auch den Grund zu der ersten der drei bislang vorgeschlagenen ernsthaften Theorien zur Entstehung der R. Demnach sind die R. aus einem *lat.* Alphabet abzuleiten und könnten ihren Ursprung vielleicht bei den Weichselgoten gehabt haben. Diese Ansicht, allerdings mit der Verlegung des Entstehungsortes auf dän. Gebiet, wurde kürzlich noch von dem dän. Runologen E. Moltke (Runes and their origin, 1985) vertreten. Die zweite, sog. *„Griechischthese“* wurde zwischen 1905 und 1913 von dem Norweger S. Bugge und dem Schweden O. Friesen vorgeschlagen. Sie leiteten die R. aus der griech. Minuskelschrift des 3. Jh. n. Chr. ab und nahmen ihre Entstehung bei den Goten im Pontusgebiet an. Diese These wird heute nicht mehr vertreten, da man die ältesten R.-Belege inzwischen früher ansetzt. Die dritte, *„norditalische These“* wurde 1928 von dem Norweger J. S. Marstrander begründet. Er führte die R. auf eines der vielen norditalischen Alphabete des Alpengebietes zurück und vermutete ihre Entstehung in den letzten vorchristl. Jh.en bei den Alpengermanen. Diese These findet in etwas abgewandelter Form heute noch Anklang.

Die R. haben im Laufe der Zeit eine Entwicklung durchgemacht. Schon in ältester Zeit war ihre Schriftrichtung beliebig, es gab Worttrenner. Die Reihenfolge der zunächst 24 Zeichen weicht von der der übrigen Alphabete ab; die Benennung „Futhark“ stammt von den ersten sechs Zeichen. Die R.-Reihe wurde in drei Gruppen (isländ. ættir) zu je acht Zeichen eingeteilt. Die ältesten belegten Reihen gehen auf das sog. 24typige gemeingerman. Futhark zurück, das zunächst von allen germ. Stämmen gebraucht wurde. In Friesland und in England wurde diese Reihe dann vom 5. Jh. an zunächst um vier, später um weitere fünf Zeichen erweitert (die anglofriesischen R.). Im Norden bildete sich zwischen dem 6. und 8. Jh. das sog. jüngere nordische Futhark, bestehend aus 16 Zeichen, heraus. Es trat in verschiedenen Gestalten auf, dem „dän.“ oder „gewöhnlichen nordischen“ R.-Futhark und den „schwed.-norw.“ R. oder „Stutz-R.“, bei denen die Zweige stark verkürzt sind. Eine weitere Vereinfachung erlebten die R. in Schweden dadurch, daß die Stäbe ganz weggelassen wurden (sog. „stablose“ R. oder „Hälsinge-R.“). Zuletzt versuchte man, durch Punktierung einzelner R. eine genauere Lautbezeichnung zu erhalten („punktierte R.“). In Norwegen

entwickelte sich im 13. Jh. ein eigenes Alphabet durch Vermischung der gewöhnlichen R. mit den Stutz-R. und punktierten R.
Die R. stellten nicht nur einen Lautwert dar, sondern sie waren auch Begriffs-R. Sie trugen Namen, die nach dem akrophonischen Prinzip gebildet worden waren, d.h., der Lautwert einer R. (abgesehen von der z- und der ŋ-R.) steht im Anlaut des R.-Namens. Diese Namen sind jedoch erst aus einer späteren Zeit erhalten, und so können die Namen der ältesten gemeingerm. R.-Reihe nur erschlossen werden. Durch die Einteilung der „ættir" konnten die R. auch als Geheimschrift verwendet werden. Die Belege stammen jedoch erst aus dem 8. Jh. n.Chr. In welchem Umfange die R. schließlich auch magische Bedeutung gehabt haben können, ist noch nicht recht geklärt.

Abbildung: Das ältere Futhark

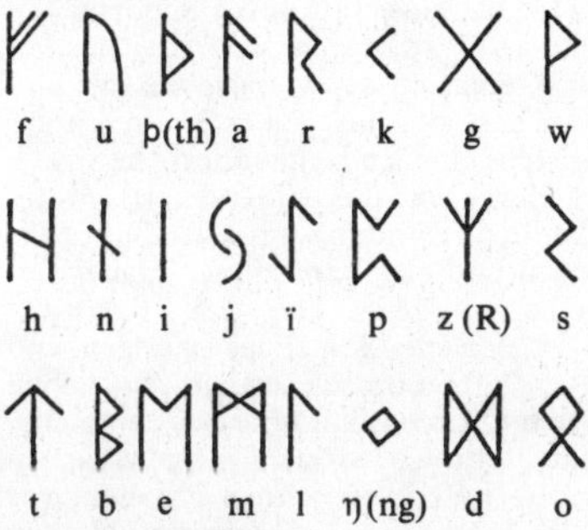

(nach Krause-Jankuhn) 2

Lit.: *W. Krause,* Bibliographie der Runeninschriften nach Fundorten. Teil 1: Die Runeninschriften der brit. Inseln. Von *H. Marquardt.* Göttingen 1961. Teil 2: Die Runeninschriften des europäischen Kontinents. Von *U. Schnall.* Göttingen 1973; *W. Krause / H. Jankuhn,* Die Runeninschriften im älteren Futhark. Göttingen 1966; *S. Opitz,* Südgermanische Runeninschriften im älteren Futhark aus der Merowingerzeit. Freiburg ²1980; Sveriges Runinskrifter. Utg. av kgl. Vitterhetshist. och Antikvitets Akademien. 15 Bde. Stockholm 1900–1981; Norges Indskrifter med de ældre Runer. I–III. Christiania 1891–1924; Norges Innskrifter med de yngre Runer. I–IV/1. Kristiania – Oslo 1902–1980; Danmarks Runeindskrifter. København 1941 (Atlas); 1942 (Text og Registre), Ergänzung: E. Moltke, Runes and their origin. Denmark and elsewhere. København 1985; *A. Bæksted,* Islands Runeindskrifter. København 1942; *R. I. Page,* An Introduction to English Runes. London 1973; *O. v. Friesen,* Runorna. Stockholm 1933; *H. Arntz,* Handbuch der Runenkunde. Halle ²1944; *R. W. Elliott,* Runes. Manchester ²1963; *W. Krause,* R. Berlin 1970; *ders.,* Die Sprache der urnord. Runeninschriften. Heidelberg 1971; *E. Antonsen,* A Concise Grammar of the Older Runic Inscriptions. Tübingen 1975; *K. Düwel,* Runenkunde. Stuttgart ²1983; *K. M. Nielsen,* R. und Magie: FMSt 19 (1985) 75–95. *E. Ebel*

Rūpa. Das Wort R. heißt äußere Gestalt oder Form. Alles wird wahrnehmbar durch R. Im Ṛgveda heißt es, *Indra* nehme verschiedene Formen *(Rūpas)* durch seine magischen Kräfte an (VI 47.18). In den Up. und in der vedāntischen Philosophie kommt R. meistens in Kombination mit *Nāma* (dem Namen) vor. Nach den Up. wird *Brahman-Ātman* dieser Kosmos, wenn er *Nāma-R.* annimmt. „Am Anfang war diese Welt nur *Ātman* ... Damals war dies undifferenziert. Dies alles wurde durch *Nāma* und *Rūpa* differenziert ..." (Bṛhadāraṇyaka Up. I 4.1 und 7; auch I 4.11; I 6.1 und 2; Chāndogya Up. VI 1.4–6; VI 3.2–3). *Nāma* bedeutet die wesentliche Eigenschaft eines Dinges, R. den existentiellen Zusammenhang. *Nāma* wird vom Intellekt begriffen, R. von den Sinnesorganen. Nach *Śankarācārya* ist diese Welt von *Nāma-R.* in ↗*Brahman* eingewurzelt, obwohl sie kein Bestandteil von *Brahman* ist (*Śaṅkara* über Taittirīya Up. II 6.1). Diese Welt von *Nāma-R.* ist nur die scheinbare Wirklichkeit *(Vyāvahārikasatya)* und nicht die wahre Wirklichkeit *(Pāramārthikasatya).* Im *Buddhismus* kommt *Nāma-R.* zweimal vor: a) *Rūpakkhandha,* eines der fünf Elemente *(Khandhas),* aus denen das Dasein besteht; b) *Nāma-R.* eines der zwölf Glieder der Kette des Entstehens in Abhängigkeit (↗Pratītyasamutpāda).

Lit.: Upanishaden. Übertragen und eingeleitet von A. Hillebrandt. Düsseldorf 1958. *A. Thannippara*

S

Sabbat

↗Judentum; Kult/Gottesverehrung VIII.

Der S. (hebr. *schabbat* – ruhen, aufhören?), dessen Ursprung und etymologische Herleitung in der Forschung kontrovers diskutiert wird, ist der letzte Tag der siebentägigen jüd. Woche (↗Kalender) und gilt als Tag der Arbeitsruhe, der Heiligung und des Offenseins des Menschen für Gott. Die Verpflichtung, den S. einzuhalten, die zu den Zehn Geboten gehört (Ex 20,8–11; Dtn 5,12–16), wird zum einen humanitär als Rücksicht auf Mensch und Tier (Ex 23,12; Dtn 5,14) begründet, zum anderen religiös als Gedenken an Gott, der am siebten Tag seines Schöpfungswerkes ruhte (Gen 1–2,3), der sein Volk aus Ägypten herausgeführt (Dtn 5,15) und mit ihm einen Bund geschlossen hat (Ex 31,12–17). Neben der Beschneidung ist die Feier des S. *das* Unterscheidungsmerkmal des Judentums gegenüber anderen Völkern und Religionen (bes. Christentum und Islam). Die S.-Gebote, auf deren Beobachtung mit der Zeit immer größerer Wert gelegt wurde – die Mischna führt 39 am S. verbotene Tätigkeiten auf (mShab VII 2) und deren Übertretung mit dem Tode bestraft werden konnte (Ex 31,14; 35,2; Num 15,35), umfassen u.a. die Vorschrift, keinerlei Handel zu treiben (Am 8,5) und nur eine festgelegte Wegstrecke (S.-Weg, Apg 1,12) zurückzulegen (Ex 16,29). Da es weiterhin nicht erlaubt ist, Feuer zu machen (Ex 35,3), zu kochen oder zu backen (Ex 16,23), müssen die Speisen am Vortag, dem Rüsttag (Mt 27,62; Joh 19,31.42), zubereitet werden. Die Angst vor Entweihung des S. konnte in Kriegszeiten verhängnisvolle Auswirkungen haben (1 Makk 2,32–41).

Der S. beginnt am Vorabend mit dem Anzünden der S.-Lichter *(Hadlaka)* in den Privathäusern, seiner „Begrüßung“ *(Kabbalat Schabbat)* in der ↗Synagoge, in der am folgenden Tag der Gottesdienst gehalten wird, und dem Kiddusch-Ritus, dem Segensspruch über einen Becher Wein. Den Abschluß des S. bildet das Abendgebet am Samstag, das mit dem Zeremoniell der Habdala („Scheidung zwischen S. und Werktag“) verbunden ist.

Die Kritik Jesu, der Herr ist über den S. (Mt 12,8), an der S.-Kasuistik lautet: „Der Sabbat ist für den Menschen da, nicht der Mensch für den Sabbat“ (Mk 2,8). Gegenüber den Juden feiern die Christen den ersten Tag der Woche (Sonntag) als den Tag der Auferstehung Jesu („Tag des Herrn“).

Lit.: *H.-J. Kraus,* Gottesdienst in Israel. München ²1962; *J. Maier,* Das Judentum. München 1973; *W. Nowack* (Hg.), Die Mischna. Gießen 1924.

A. Schotterer

Sabbatianismus. Eine messianische und zuletzt sektiererische (z.T. antinomistische) Bewegung im Judentum des 17./18. Jh., ausgelöst durch Sabbetaj Zbi (1626–1676), der sich 1665 in Palästina und Kleinasien als Messias ausgab und in der ganzen Diaspora (z.T. auch unter Christen) eine Endzeiteuphorie bewirkte. Grundlage war die popularisierte ↗Kabbalah in Verbindung mit Volksbußbewegungen und allg. verbreiteten Naherwartungen um 1648. Die türk. Behörden setzten den Pseudomessias gefangen, und am 15.9.1666 trat dieser, um sein Leben zu retten, zum Islam über, was eine allg. Ernüchterung bewirkte. Eine gewisse Anhängerschaft blieb jedoch erhalten, vor allem dank der Theologie des Nathan von Gaza, der alle Verhaltensweisen des Pseudomessias als heilsnotwendig hinstellte: Die in Sabbetaj Zbi reinkarnierte Adams- und Davidsseele müsse in die „Qelippot“ (böse Materie) hinabsteigen, um die dort gefangenen Seelenfunken zu befreien und heimzuführen, und dazu gehöre eben auch die Scheinkonversion zum Islam. Einige prominente Anhänger beanspruchten ebenfalls, solche Reinkarnation darzustellen, so daß auch nach Sabbetaj Zbis Tod noch gewisse Gruppen die sektiererische Linie weiterzogen. In der Türkei waren es die „Dönmeh“, in Osteuropa die zum röm. Katholizismus „konvertierten“ Frankisten, geführt von

J. Frank (1721–1791), der sich zuletzt in Offenbach aufhielt. Aber auch von diesen Extremen abgesehen, blieben unterschwellig selbst in rabb. Kreisen sabbatianische Tendenzen lebendig, dann und wann in Kontroversen zutage tretend (Emden-Eybeschütz-Streit). Die Gemeinden unterdrückten die Erinnerung an das blamable pseudomessianische Abenteuer mit starker Hand und tilgten sogar in den Gemeindedokumenten fast alle Spuren des Jahres 1665/66. Ferner wurde das Studium der Kabbalah eingeschränkt und jede antinomistische Tendenz schroff bekämpft. Die Folge war ein gewisser Formalismus, eine Gesetzlichkeit ohne die bisherige rel. Motivierung. In Osteuropa wurde dieses Unbehagen in der Bewegung des ↗Chas(s)idismus aufgefangen, in dem gewisse Grundelemente der sabbatianischen Frömmigkeit weiterlebten, im Westen hingegen wurde infolge der hier schon fortgeschrittenen Aufklärung die Tradition überhaupt mehr und mehr in Frage gestellt, was Aufklärung und Reformen auch im Judentum begünstigte.

Lit.: *G. Scholem,* Art. „Shabbetai Zevi": EJ XIV 1219–1524 (mit Bibliogr.); *ders.,* Sabbatai Sevi, The Mystical Messiah. London 1973. *J. Maier*

Sadduzäer. Die Bezeichnung „Sadduzäer" (griech. Saddoukaîos; hebr. *b^enê Ṣādôq* „Sadokiden") ist der Name der neben den ↗Pharisäern „zweiten Philosophenschule der Juden" (Josephus, Bell II 8,14), der Standespartei des priesterlichen Jerusalemer Hochadels. Hervorgegangen aus der torazentrierten Bewegung der Ḥasidim der Makkabäerzeit, gingen sie spätestens bei der Okkupation des Hohenpriesteramtes durch den hasmonäischen „Laien" Jonatan (152 v. Chr.) in die Opposition und usurpierten dabei zur Legitimation eigener Interessen die Geschlechtsbezeichnung der Nachkommen des *Ṣādôq,* des salomonischen Oberpriesters (2 Sam 8,17), während die eigentlichen Namensträger nach Leontopolis und ↗Qumran auszogen.
Als „priesterliches Establishment" dominierten sie lange in Gerusie und Synedrion in ständiger Auseinandersetzung mit den Pharisäern. Ihre politische Liberalität einerseits und ihre national-partikulare Tempelstaat-Ideologie machten sie zu Parteigängern der Hasmonäer. Unter Johannes Hyrkan und Salome Alexandra wurden sie in den Hintergrund gedrängt, von Herodes verfolgt und weitgehend ausgeschaltet. Ihre politische Kollaborationsfähigkeit führte zu einem Aufschwung in der Zeit der röm. Besatzung, in der sie die Hohenpriester stellten, die nun – politisch machtlos – in den problematischen Zwiespalt gerieten, jüd. Tora und röm. Recht anwenden zu müssen (vgl. Prozeß Jesu). Da die Existenz der sadduzäischen Partei an den Bestand von Staat und Tempel gebunden war, endete sie mit deren Untergang 70 n. Chr.
Die S. waren Befürworter der traditionellen Ordnung. In ihrer rel.-fundamentalistischen Ausrichtung akzeptierten sie rigoros nur die schriftlich fixierte Tora, den Pentateuch, daneben lehnten sie jede kasuistische Auslegung und mündliche Überlieferung ab, was ihnen eine individuelle Tora-Auslegung, liberale Lebensführung und politische Anpassung ermöglichte. Ihre konsequente Ablehnung der ↗Apokalyptik (gegen die „revisionistischen Priesterkollegen" der ↗Essener [Schubert/Maier]) incl. der prophetischen Schriften des AT und der früh-jüd. Messiaslehre implizierte die Ablehnung jedes Jenseitsglaubens, der Unsterblichkeit der Seele, der ↗Auferstehung und jenseitigen Vergeltung (vgl. Mt 22,23 ff. par). Ihre Diesseitsorientierung betonte die Selbstverantwortlichkeit des Menschen, die immanente Vergeltung, zentrierte sich jedoch auf das Kultgesetz und seine Verwirklichung im Tempelstaat, eine breite Basis für die Auseinandersetzung zwischen S. und christl. Urkirche.

Lit.: *J. Wellhausen,* Die Pharisäer und die S. Nachdruck Göttingen 1967; *R. Meyer,* Σαδδουκαῖος: ThWNT 7 (1964) 35–54; *J. Le Moyne,* Les Sadducéens. Paris 1972; *K. Müller,* Jesus und die S.: H. Merklein / J. Lange (Hg.), Bibl. Randbemerkungen. FS R. Schnackenburg. Würzburg 1974, 3–24; *G. Baumbach,* Der sadduzäische Konservativismus: J. Maier / J. Schreiner (Hg.), Lit. und Religion des Frühjudentums. Würzburg 1973, 201–213; *ders.,* Σαδδουκαῖος: EWNT III 530–531; *M. Simon,* Sadducéens: DBS 10 (1985) 1545–1556; *J. J. Kilgallen,* The Sadducees and Resurrection from Death: Bibl 67 (1986) 478–495; *O. Schwankl,* Die Sadduzäerfrage. Würzburg 1987. *H.-J. Fabry*

Säkularisation ↗Säkularisierung.

Säkularisierung. 1. Begriffsgeschichte Die Untersuchung von *H. Lübbe* wie auch das Werk von *H. Blumenberg* zeigen, daß der Ursprung des Begriffs S., wie er im Westen gebraucht wird, zeitlich wie räumlich einigermaßen feststeht. Er gehört entwicklungsgeschichtlich in das 19. Jh., und zwar in den abendländischen Sprachraum. Im deutschsprachigen Raum finden wir nebeneinander: Säkularisation, S., Säkularismus, Säkularität. Alle diese Wörter haben es mit der Welt, Weltlichkeit, Welt-Werdung und im negativen Sinn mit Verweltlichung zu tun. Unterscheidet man die Begriffe, so ist *Säkularisation* der „Entzug oder die Entlassung einer Sache, eines Territoriums oder einer Institution aus kirchlich-geistlicher Observanz und Herrschaft" (H. Lübbe 23). D.h. konkret die Wegnahme und Umwandlung von Kirchengut in Staatsgut, wie es in der Französischen Revolution und im Reichsdeputationshauptschluß von Regensburg 1803 seitens des Staates geschehen ist. Unter *Säkularisierung* „versteht man den Prozeß der Loslösung der verschiedenen Elemente des menschlichen Lebensbereiches (wie Anschauungen, Sitten, Gesellschaftsformen, selbst Sachen und Personen) oder von dessen Gesamtheit aus der Bestimmung durch die Religion" (A. Keller 361). *Säkularität* ist dann das Ergebnis des genannten Prozesses. *Säkularismus* schließlich ist entweder der zu einem weltanschaulichen Programm erhobene S.-Prozeß oder das in falscher Weise ideologisierte Ergebnis des Prozesses. Der S.s-Prozeß aber ist nicht nur ein geistes- und gesellschaftsgesch. Produkt der aufgeklärten Neuzeit, sondern ein der Geschichte schon immer Innewohnendes. Denn immer dann ist von einer S. zu sprechen, wenn der Mensch sich frei macht von religiös geprägten Verhaltensmustern und sich orientiert an den immanenten Eigengesetzlichkeiten der Wirklichkeitsbereiche.

2. Erscheinungsformen. Wendet man sich den *Erscheinungsformen* der S. zu, können diese unter einer dreifachen geographischen Hinsicht dargestellt werden.

a) *S. im Abendland.* Da die Forderung nach S. im Gegenüber der im Abendland vorherrschenden konkreten Religionsformen erhoben wurde, bedeutete der Ruf nach S. eine klare Herausforderung des Christentums und seiner institutionellen Form, der Kirche. S. mußte somit im Raum des Abendlandes als Befreiung von kirchl. Ansprüchen und kirchl. Herrschaft verstanden werden. Das wiederum hatte zur Folge, daß S. – ideologisiert als Diesseitigkeit und Innerweltlichkeit – entweder die Geburt einer neuen Werteskala, Mündigkeit und Freiheit besagte oder aber Abfall von der Religion, Verlust des wahren Menschenbildes, Atheismus u.a. Die theol. Diskussion führte dann zu zwei Ergebnissen. Zum einen versuchte man, vor allem in der ev. Theologie, die mit der S.s-These gegebene Religionskritik dadurch zu umgehen, daß das Christentum aus dem Kontext rel. Angebote und Ansprüche herausgebrochen wurde und es als die ganz neue, auch jede Religion unter das Gericht Gottes rufende Weise der göttlichen Offenbarung und Selbstmitteilung vorgestellt wurde. Zum anderen versuchte man die S. als den legitimen Prozeß der Selbstbefreiung zu verstehen, gemäß dem Schöpfungsbericht, sich die Welt untertan zu machen (vgl. Gen 1,28). Insofern der Mensch aber stets in der Gefahr steht, sich Gott und seinem Auftrag zu entziehen, ist auch damit zu rechnen, daß der Mensch den Prozeß der S. in Eigenmächtigkeit vollzieht und dann aus der S. als Erfüllung eines göttlichen Gebotes Säkularismus als sündhafte Fehlform desselben Prozesses unter Abkehr von Gott und Hinkehr zu selbstgeschaffenen Götzen wird.

b) *S. in Asien.* Zwei Momente kann man, blickt man auf Asien und seine dort beheimateten Religionen, konstatieren. Die asiat. S. ist ein Ergebnis westlicher S.s-Einflüsse und asienimmanenter Entwicklungen. Diese hier in einer Aufzählung genannten Momente stehen jedoch nicht isoliert nebeneinander, sondern ergänzen, bedingen und vermischen sich. Denn Asien ist kein monolithischer Block. Eine Vielzahl von Völkern und Religionen, ↗Hinduismus, ↗Buddhismus, ↗Konfuzianismus und ↗Taoismus, sind in Asien entstanden, und eine jede besitzt ihr je eigenes Verständnis von der Welt und ihren

Entwicklungen. Dennoch darf die Bedeutsamkeit des westlichen S.s-Begriffes nicht zu gering eingeschätzt werden. H. Waldenfels kommt bei seiner Untersuchung „Religionen und Christentum und der S.s-Prozeß in Asien" zu dem Schluß: „Es dürfte stimmen, daß auch die S.s-Debatte in Asien wesentlich durch die S.s-Diskussion im Westen ausgelöst bzw. von dieser mitbestimmt ist. Der Begriff der S. steht jedenfalls auch im Hintergrund der asiat. Debatte, wobei es gleichgültig ist, ob das westl. Verständnis unkritisch adoptiert oder aber inzwischen kritisch hinterfragt wird" (89).

c) *Weltweite S.* „Eine Eigentümlichkeit, die die heutige S. vor allen früheren S.s-Prozessen auszeichnet, besteht darin, daß aufgrund der modernen Technik und Kommunikationsmöglichkeiten die S. heute keinen rein regionalen Charakter mehr trägt, sondern ein weltweites Ausmaß angenommen hat. In unserer Zeit stellt sich deshalb das Problem nicht mehr nur innerhalb eines bestimmten Kulturraumes und unabhängig von allen anderen Kulturräumen, sondern in dem Maße, als diese miteinander kommunizieren, bildet sich eine einheitliche Weltzivilisation, in der sich die zuvor genannten Probleme auf weltweiter Ebene neu stellen: die Pluralität der Weltanschauungen und die Weltgesellschaft – das Verhältnis von Weltanschauungen und Gesellschaft – gesamtmenschheitliche Selbstbestimmung, Welt- und Zukunftsgestaltung und Religion – immanente Glückserfüllung und Transzendenzerfahrung – innerweltlich geschlossene Gesellschaft und ekstatische Erfüllungshoffnung u. a. m. Diese neue Situation zwingt die Vertreter der verschiedenen Religionen in ganz neuer Weise zum Gespräch miteinander, weil alle Religionen sich zu gleicher Zeit derselben Herausforderung gegenübersehen und diese sie u. U. in ihrer Existenz bedroht" (H. Waldenfels 1974, 91).

Lit.: *H. Lübbe,* S. Freiburg – München 1965; *H. Blumenberg,* Die Legitimität der Neuzeit. Frankfurt 1966; *A. Keller,* Art. S.: SM(D) IV 360–372; *U. Ruh,* S. als Interpretationskategorie. Freiburg 1980; *H. Waldenfels,* Religionen und Christentum und der S.s-Prozeß in Asien: ZMR 58 (1974) 81–112; *ders.,* Kontextuelle Fundamentaltheologie. Paderborn 1985.

G. Riße

Sakrament

↗Kirche.

Unter S. verstehen wir ein körperliches Zeichen, das eine innere Gnade ausdrückt, diese in sich birgt und sie vermittelt. Die neuzeitl. Überwindung des Leib-Seele-Dualismus, die Erkenntnis, daß der Mensch nicht nur einen Leib hat, sondern daß er Leib ist, hat das sakramentale Denken neu befruchtet. Im S. werden körperliche Dinge zu Zeichen, in denen geistige, göttliche Wirklichkeit versinnbildet und vermittelt wird. Die Entwicklung dieser S.s-Idee geschah in einem langen gesch. Prozeß.

1. S. in der Schrift und in der alten Kirche. Das Wort *sacramentum* ist die lat. Wiedergabe des griech. Begriffs *mystḗrion.* Dieser drückt im klass. Griechisch die Geheimkulte aus, die in einem kleinen Kreis von Eingeweihten praktiziert wurden und die ein rituelles Miterleben des Geschicks der Götter, eine Teilhabe an ihrem Leben, ihrer Fruchtbarkeit und ihrem Heil vermitteln sollten. Im Umkreis des platonischen Denkens bezeichnete mystḗrion die Annäherung an die Wahrheit bis hin zur Schau des Geheimnisses. In den griech. Schriften des AT hat der Begriff schwerpunktmäßig den Sinn der Erkenntnis, weniger den des Ritus. „Die Bösen kennen die Mysterien Gottes nicht" (Weish 2,22). Mystḗrion ist vor allem die eschatologische Wirklichkeit, das, „was am Ende der Tage geschehen wird" (Dan 2,28). Dieser primär eschatologische Sinn herrscht auch im NT vor. Mystḗrion ist das Wissen um die endzeitliche Gnade des ↗Gottesreiches. Da dieses in Jesus, seinem Tod und seiner Auferstehung bereits in die Geschichte eingetreten ist, ist Jesus das Mystḗrion schlechthin. Mystḗrion bezeichnet eine den Gesetzen innerweltlichen Geschehens und Erkennens entnommene, nach Gottes verborgenem Ratschluß sich vollendende Geschichte. Diese Geschichte vollzieht sich in der Welt. Darum werden in dem Begriff Mystḗrion Christus und die Kirche eng zusammengesehen.

In der lat. Kirche des Westens wurde mystḗrion durch „sacramentum" wiedergegeben. Dieser Begriff war im röm. Bereich im vorchristl. Sprachgebrauch für den Fahneneid eines Soldaten oder für den Diensteid eines Beamten verwendet worden. Dies war der Anknüpfungspunkt, daß Tertullian die Taufe als „sacramentum“ bezeichnen konnte. In ihr bekannte sich ein bekehrter Heide oft unter Lebensgefahr zum Gott Jesu Christi und verpflichtete sich für seinen Dienst. Einen anderen Sinn erhält der Begriff bei Augustinus. Er wird hier in den Bedeutungsrahmen von Zeichen und Sache gestellt. S.e sind nach Augustinus „Zeichen, die sich auf das Göttliche beziehen“. Jedes Ding kann durch seine natürliche Beschaffenheit und noch mehr durch die Bestimmung einer Person zu einem Zeichen für eine dahinter liegende Wirklichkeit werden. Im sakramentalen Zeichen kommen körperlicher Gegenstand und deutendes Wort zusammen, um so göttliche Wirklichkeit zu bezeichnen.

2. Mittelalter und Reformation. Die ma. Theologie entwickelt den Gedanken, daß im sakramentalen Zeichen aufgrund göttlicher Einsetzung die Wirklichkeit bereits enthalten ist, die es darstellt. Das S. bewirkt, was es bezeichnet.

Die Zahl der S.e ist dabei zunächst weithin offen, es werden bis zu 30 S.e gezählt. Erstmals auf dem Unionskonzil von Florenz (1439) wird die Siebenzahl festgelegt. Diese hatte sich zur Zeit der Reformation weithin durchgesetzt; dennoch war sie noch nicht lehramtlich definiert. Die Reformatoren haben sie als unbiblisch zurückgewiesen. Der junge M. Luther und J. Calvin wollten urspr. gemäß dem ntl. Sprachgebrauch nur ein S. anerkennen, nämlich Jesus Christus selbst. Daneben bezeichnet Luther als sakramentale Zeichen: Taufe, Buße und Abendmahl. Verschiedentlich wird (z. B. von Ph. Melanchthon und J. Calvin) auch die Ordination unter die S.e gezählt. Schließlich hat sich jedoch im Bereich der Reformation eine Konzentration auf zwei S.e durchgesetzt: Taufe und Abendmahl. Für diese allein lassen sich klare Stiftungs- und Einsetzungsworte Jesu feststellen, und eine nachweisbare Stiftung durch den historischen Jesus erscheint hier als konstitutiv für ein S.

Demgegenüber hat das Konzil von Trient die Siebenzahl der S.e lehramtlich festgeschrieben. Als solche werden anerkannt: Taufe, Firmung, Eucharistie, Buße, Krankensalbung, Priesterweihe und Ehe. Allerdings wurde auch erklärt, daß nicht alle S.e die gleiche Bedeutung haben, ohne daß diese Abstufung inhaltlich präzisiert worden wäre. Im Gegensatz zu Luther, der formulierte: „Nicht das Sakrament, sondern der Glaube des S. ist es, der rechtfertigt“, hat das Konzil von Trient erklärt, das S. wirke „ex opere operato“ d. h., es wirke kraft des rechtmäßig und gültig vollzogenen Aktes. Seine Wirkung sei nicht abhängig vom Glauben des Spenders oder des Empfängers, wenn nur das Zeichen richtig gesetzt wird. Dabei wollte man einem Subjektivismus entgegenwirken, für den letztlich die Zeichen unerheblich werden, solange nur jeder einzelne für sich den Glauben vollzieht. Diese Lehre Trients vermochte festzuhalten, daß göttliches Tun letztlich unabhängig ist von menschlichen Vorleistungen, daß Gottes Gnadenwirken nicht von der Disposition des Menschen abhängig gemacht werden darf. Andererseits stand die kath. Lehre vom opus operatum in der Gefahr, einen magischen Mißbrauch zu befördern, so als käme es allein darauf an, bestimmte Zeichen und Worte richtig zu vollziehen, die dann automatisch wirken.

3. Die neuere ökumen. Diskussion. Das II. Vatikanische Konzil hat in seiner Kirchenkonstitution die Kirche selbst als S. bezeichnet. Damit wurde der S.s-Begriff aus einer gewissen terminologischen Engführung befreit. Wenn die Kirche als Ur-S. verstanden wird, dann ist es möglich und sinnvoll, die Zeichenhandlungen, in denen sich die Heilszusage Jesu Christi verleiblicht und die Kirche in zentraler Weise ihr Leben gewinnt, als S.e zu bezeichnen. Im ev. Bereich wird zumeist in enger Anbindung an den ntl. Sprachgebrauch Jesus Christus als das eine S. der Kirche verstanden. Auf der Basis dieser Neuansätze ist es nicht mehr unabdingbar, Differenzen in der Frage, ob ein bestimmtes Zeichen als S. bezeichnet wird, für kirchentrennend zu erachten. Verschiedene S.s-Begriffe können zu einer unterschiedlichen Zählung der S.e führen, ohne daß dies inhaltlich unvereinbare Gegensätze zum Ausdruck bringen müßte.

Lit.: *O. Casel,* Das christliche Kultmysterium. Regensburg [4]1960; *A. Ganoczy,* Einführung in die kath. Sakramentenlehre. Darmstadt 1979; *E. Jüngel / K. Rahner,* Was ist ein S.? Freiburg 1971; *K. Rahner,* Kirche und S.e. Freiburg 1960; *E. Schillebeeckx,* Christus, Sakrament der Gottesbegegnung. Mainz 1960; *Th. Schneider,* Zeichen der Nähe Gottes. Mainz [3]1983. *P. Neuner*

Ṣalāt

↗Islam.

Ṣ. ist das rituelle Pflichtgebet (↗Arkān) im Unterschied zum freien persönlichen Gebet du'ā'. Für die Ṣ. gilt als Vorbedingung die rituelle Reinheit, die durch vorgeschriebene Waschungen, Körperhaltungen, Texte und Gebetszeiten erfüllt wird. Fünfmal täglich hat jeder volljährige Muslim die Ṣ. zu verrichten: 1. zwischen Morgendämmerung und Sonnenaufgang (ṣalāt aṣ-ṣubh oder ṣalāt al-fadjr); 2. zur Mitte des Tages ṣalāt aẓ-ẓuhr); 3. am Nachmittag vor Sonnenuntergang (ṣalāt al-'aṣr); 4. bei oder kurz nach Sonnenuntergang (ṣalāt al-maghrib) und 5. zur Nachtzeit (ṣalāt al-'ishā') Der Gebetsrufer (Muezzin) erinnert die Gläubigen an den Beginn der Gebetszeiten, wobei die Ṣ. nicht unbedingt in einer ↗Moschee abgehalten werden muß, sondern an jedem anderen Ort stattfinden kann. Einzuhalten aber ist die Gebetsrichtung gen Mekka.

Lit.: *W. M. Montgomery Watt / A. T. Welch,* Der Islam I. Stuttgart 1980, 263–289; *A. J. Wensinck,* Art. ṢALĀT: EI[1] IV 103–112. *G. Riße*

Samaritaner. 1. Der Name *„Samaritaner"* (2 Kön 17,29 LXX: Samaritai) bezeichnet die Bewohner des Gebirges von Samaria (hebr. *šomrôn,* seit Herodes I.: Sebaste), eine jüd.-heidnische Mischbevölkerung als Resultat der Deportationspraxis der Assyrer, die nach der Zerstörung des Nordreiches Israel 722 v.Chr. hier fremde Völkergruppen, vor allem aus Kuta am Eufrat (rabb. Schimpfwort „Kutäer") (bQid 75a) ansiedelten. Die rel. Vermischung führte zu einer synkretistischen Jahweverehrung, die zu wachsenden Spannungen mit der Jerusalemer Orthodoxie führte und die schon die seit der Trennung Gesamtisraels in Nord- und Südreich 926 v.Chr. bestehende Spaltung verfestigte. Während des Exils der Südreichbevölkerung (587–538 v.Chr.) betrachteten sie sich als „Hüter" (hebr. *šomrônîm*) des einzig wahren Glaubens, wurden aber von Nehemia vom Wiederaufbau des Tempels ausgeschlossen. Auseinandersetzungen innerhalb der Jerusalemer Priesterschaft (möglicherweise der ausschlaggebende Anlaß) und Ablehnung der Reform Esras (Mischehen-Regel, vgl. Josephus, Ant XI § 312) führte zur kultischen Separation und zur Gründung einer Gemeinde auf dem Berg Garizim (bei Sichem-Nablus). Johannes Hyrkan zerstörte 129/128 v.Chr. Sichem und den Tempel auf dem Garizim und zwang den S.n das Judentum Jerusalemer Prägung auf; erst die Römer gaben ihnen die Eigenständigkeit zurück. Nach der Zerstörung ihrer Zentren verstreuten sich die S. in ganz Palästina. Im 4. Jh. n.Chr. bauten sie auf dem Garizim einen neuen Tempel, ihre Diasporagemeinden konsolidierten sich. Mit der zunehmenden Christianisierung des Röm. Reiches begann ein neues Stadium der Auseinandersetzung. Auf eine Rebellion gegen die christl. Präsenz in Nablus reagierte Kaiser Zenon mit dem Bau einer Kirche auf dem Garizim. Justinian ließ 529 die S. nahezu ausrotten und verbot weitere Religionsausübung. Erst im 18. Jh. konnten sie eine Parzelle auf dem Garizim käuflich erwerben, wo sie seitdem wieder das Passahfest feiern. Sie konnten sich als rel. und ethnische Minderheit bis in die Gegenwart halten. Ihre wenigen Hundert Mitglieder wohnen z.Z. in zwei Zentren in Nablus und Ḥolon.

2. *Theologie, Kult* und *Gliederung der Gemeinde* repräsentieren weitgehend das vorexilische Stadium der jüd. Religion vor der Abspaltung, wie auch ihre Achtung allein des Pentateuchs den Stand der Kanongenese zum Zeitpunkt des Schismas repräsentiert. Ihre Theologie ist dementsprechend monotheistisch und stark Mose-zentriert; er ist der einzige Prophet, den sie als *Ta'eb* („der Wiederkehrende"; vgl. Dtn 18,15.18) als Messias wiedererwarten. Sie beobachten streng die Tora, akzeptieren die Beschneidung, halten den ↗Sabbat und feiern die großen Feste, folgen allerdings wie die ↗Qumran-Essener einem solaren ↗Kalender.

Der samaritanische Pentateuch (Samaritanus, textkritisches Kürzel ɯ) in althebr.

Schrift hat parallel zur LXX, zur Qumranbibel und zum späteren masoretischen Text eine eigene Textgeschichte durchlaufen; neben ca. 6000 meist orthographischen Varianten sind vor allem die tendenziösen Textveränderungen interessant. Sie betreffen vornehmlich die Angaben zur Kultzentralisation in der deuteronomisch-deuteronomistischen Literatur, die an Jerusalem vorbei nun ausnahmslos auf Sichem bezogen werden. Die Zählung der Dekalogbestimmung wird so verändert, daß als 10. Gebot der Bau eines Heiligtums auf dem Garizim festgesetzt wird (vgl. Ex 20,17; Dtn 27, 2–7). Eine Reihe Varianten scheint textkritisch einem urspr. Text näherzustehen, insofern aufgrund jahrhundertelanger Polemik auch mit Textveränderungen im masoretischen Text gerechnet werden muß (z. B. Dtn 11,29), zumal der Samaritanus auch der LXX (ca. 1900 Übereinstimmungen) näher steht als dem masoretischen Text. Neben der Tora akzeptieren die S. eine Halakha *(hilluk)*, die in ihrer Strenge an die Essener erinnert. Aus dem 4. Jh. n. Chr. stammt der Memar Marqa, ein haggadischer Midrasch zur Tora-Exegese.

Im NT tritt der nationale und kultische Gegensatz zwischen S. und Juden deutlich hervor (Joh 4,9.20). Von Jesus werden sie jedoch mehrfach den Juden als Beispiel vorgehalten (Lk 10,30–37 – Erzählung vom barmherzigen Samariter; Lk 17,11–19); auch werden sie als erste Nichtjuden getauft (Apg 8,5–12).

Lit.: *J. Bowman,* Samaritanische Probleme. Stuttgart 1967; *R. Egger,* Josephus Flavius und die S. Göttingen 1986; *H. G. Kippenberg,* Garizim und Synagoge. Berlin 1971; *J. Macdonald,* The Theology of the Samaritans. London 1964; *R. Pummer,* The Present State of Samaritan Studies I; II: JSSt 21 (1976) 39–61; 22 (1977) 27–47; *J. D. Purvis,* The Samaritan Problem: *B. Halpern u. a.* (Hg.), Traditions in Transformation. Winona Lake 1981, 232–350.

H. Lamberty-Zielinski

Saṃgha

↗Buddhismus.

Saṃgha (Skt., P. *Saṅgha*), „Versammlung" (von *sam*, „zusammen"). Nach Buddha und seiner Lehre (Skt. ↗*Dharma*, P. *Dhamma*) ist der S., die Jüngerschar des Buddha, das dritte „Kleinod", zu dem Buddhisten ihre Zuflucht nehmen. Der S. fordert Reinheit. Viererlei führt zum Ausschluß: sexuelle Aktivität, etwas Nichtgegebenes nehmen, etwas Lebendiges töten, glauben machen, man besäße übernatürliche Kräfte. Der S. fordert Armut. In ihn eintreten bedeutet „in die Hauslosigkeit gehen" (P. *Pabbajjā*). Wer zum S. gehört, heißt „Bettler" (Skt. *Bhikṣu*, P. *Bhikkhu*, fem. *Bhikkhunī*). Acht Dinge erlaubte ihnen der Buddha zu besitzen: das dreiteilige Gewand, Gürtel, Almosenschale, Rasiermesser, Nadel, Wasserfilter. Sogenannte Waldmönche und viele Nonnen leben abgeschieden, Einsiedler für sich auf einem Klostergelände, die anderen in Klosterzellen. Ihre Zeit widmen sie der ↗Meditation (VI) und dem Studium der Lehre. Früher waren ihre Klöster die Schulen. Laien gehen mancherorts jährlich während der dreimonatigen Regenzeit ins Kloster. Ewige ↗Gelübde kennt man nicht, die Grenze zwischen S. und Laien bleibt offen nach beiden Seiten. An allen Feiertagen leben fromme Laien nach Klosterregeln. Die fehlende Priesterschaft ersetzen Theravāda-Mönche den Laien nur notdürftig. Sie dienen ihnen als Lehrer, Ratgeber und Vorbild. Dafür ernähren die Laien ihre Mönche und Nonnen, d. h., sie nehmen ihnen die Last der Vorsorge und die Notwendigkeit ab, Lebendes töten zu müssen, damit man es essen kann. Der S. wiederum bietet den Laien täglich Gelegenheit, Geben *(Dāna)*, also Nichtanhaften, zu üben. Das kommt einem Sakrament gleich, denn es schafft dem Geber Heil: baldige Wiedergeburt (↗Reinkarnation) als mögliches Mitglied des S.

H.-J. Greschat

Sāṃkhya ↗Hinduistische Philosophie.

Saṃsāra

I. Hinduistisch. – II. Buddhistisch

I. Hinduistisch. 1. Die Lehre von S., d. h. von ↗*Karma* und Wiedergeburt, ist das übereinstimmende Zentraldogma nicht nur aller hind. Gruppierungen, sondern aller ind. Religionen. Das Wort wird von *sam* (= herum) und *sar* (= gehen, sich bewegen) abgeleitet. S. heißt wörtlich „herumgehen", „kreisen" und bedeutet philos. den Kreislauf der Geburt, des Todes und der Wiedergeburt eines jeden Individuums. Später bedeutete es auch die drei Bereiche des Daseins: diese Welt – *Bhūlōka;* die Unterwelt – *Naraka;* die

himmlische Welt – *Svarga*. Sie durchläuft der Mensch in Geburt und Tod. S. besagt somit den Kreislauf ewigen Werdens und Vergehens alles Seienden.
S. hängt mit der Lehre des *Karma* zusammen, wonach jedes menschliche Handeln *(Karma)* neben seiner sichtbaren Wirkung auch eine unsichtbare Wirkung hervorruft *(Karma-Phala),* die gut oder schlecht (Verdienst oder Schuld) sein kann. Diese unsichtbare Wirkung bleibt bestehen, auch wenn die sichtbare Wirkung bereits verschwunden ist. Sie beschränkt sich nicht auf das gegenwärtige Leben, sondern währt über dieses hinaus und bestimmt qualitativ und quantitativ den Zustand nach dem Tod. Handlungen des gegenwärtigen Lebens sind die Ursachen der zukünftigen Existenz, so wie alle Umstände des gegenwärtigen Lebens die notwendigen Folgen der Taten im früheren Dasein sind. Die Annahme, daß jede Tat ihre Vergeltung finden muß, schließt mit Notwendigkeit die Idee der Seelenwanderung oder Wiedergeburt (↗Reinkarnation) ein. Hindus glauben nicht an die Existenz einer ewigen Hölle. Das ↗Fegfeuer, wie es aus christlicher Tradition bekannt ist, hat auch keinen Platz in ihrem Glauben, da sie der Meinung sind, daß ein Wesen seine Erlösung nur in seinem menschlichen Dasein erarbeiten kann. Wenn daher der Mensch im Tod erlösungsbedürftig ist, muß er wiedergeboren werden.
2. Der Ursprung der Lehre von S. ist schwer zu bestimmen. In den frühen vedischen Schriften gibt es keine deutlichen Hinweise auf diese Lehre, höchstens undeutliche Hinweise auf die Reise der Seele nach dem Tod Ṛgveda I 72.7; IV 27.1; IX 113.7, 10 und 11; Śatapatha Brāhmaṇa I 9.3.2).
In den Up. finden sich klare und systemat. Aussagen über die Lehre vom *Karma* und von der Wiedergeburt: „nach dem, wie einer sich benimmt, so wird er. Derjenige, der das Gute tut, wird gut; dagegen wird der Übeltäter übel" (Bṛh. Up. IV 4.5; auch IV 4.3,4,6 und 7; VI 2.15–16; Chāndogya Up. V 10.1 ff.; Kaṭha Up. I 1.6). Maitrī Up. I 3 und 4 erklärt sehr lebhaft das Elend des Daseins im S. und wird mit einem Gebet um Erlösung abgeschlossen.
Nach dem „Mahābhārata" wirkt das *Karma* mit absoluter Notwendigkeit: „So wie Blüten und Früchte, auch ohne angetrieben zu werden, ihre Zeit im Jahre einhalten, so auch die begangenen Taten ... Wie unter tausend Kühen das Kalb seine Mutter herausfindet, so verfolgen die früher begangenen Taten ihre Täter" (XII 181.12–16; siehe auch III 207.19; XII 232.19 ff.). Die Bhagavadgītā nimmt die Lehre von Karma und S. ohne Vorbehalt an: „Wie ein Mann die abgenutzten Kleider ablegt und andere neue nimmt, so legt die Seele die verbrauchten Körper ab und tritt in andere, neue ein" (II 22; vgl. II 13; VI 41–43).
Die Erwägung, warum ein Wesen gerade so und nicht anders geboren sei und dieses und kein anderes Schicksal habe, spricht sehr für die Wiedergeburt: Wenn es die Wiedergeburt nicht gegeben hätte, müßte Gott grausam oder parteilich sein, weil Menschen schon bei der Geburt sehr verschieden sind (vgl. den Kommentar Śankaras über das Brahma-Sūtra II 1.34).
Nach hind. Verständnis hat der Kreislauf des S. weder Anfang noch Ende. Alles ist an die Fesseln der Zeit und des Verlangens gekettet, vor allem des Verlangens, zu leben und zu handeln. Unter diesen Umständen ist es das Ziel aller, dem Rad der Zeit und des Handelns zu entrinnen. Daß eine Erlösung möglich ist, wird von allen hind. philos. Schulen vertreten. Man nennt sie ↗*Moksha* oder Mukti. Verschiedene moderne ind. Philosophen diskutieren das Problem der Vereinbarkeit von unentrinnbarem *Karma*-Gesetz und menschlicher Freiheit. Sie finden keinen Gegensatz zwischen beiden Lehren, weil jeder durch seine guten oder bösen Taten sein eigenes Schicksal selbst auswählt (vgl. *S. Radhakrishnan,* The Hindu View of Life. London [10]1957, 75).
II. Buddhistisch. 1. Eines der Lebensgeheimnisse, die dem Buddha bei seiner Erleuchtung geoffenbart wurden, besagte, daß alle Wesen sich nach der Eigenart ihrer Taten von Dasein zu Dasein bewegen (Majjhima Nikāya I 23,183,482; II 31; III 99). Dies wirft zahlreiche Fragen auf, bes. im Zusammenhang mit dem buddh. Verständnis der Menschennatur. Nach dem Buddhismus besteht ein Individuum aus fünf „Daseinsgruppen" (↗*Skandhas,*

P. *Khandhas*): Körper *(↗Rūpa)*, Gefühl *(Vedanā)*, Wahrnehmung *(Saññā)*, Willensregungen *(Sankhāra)* und Bewußtsein *(Viññāna)*. Diese Daseinsgruppen im einzelnen oder alle miteinander stellen nicht den individuellen Geist (*Ātmā*, P. *Attā*) dar. Sie sind „Nicht-Geist" *(↗Anattā)*. Buddha hat nie die Existenz des individuellen Geistes bestätigt (vgl. Samyutta Nikāya IV 400–401). Was aber wandert dann von Dasein zu Dasein? Der Buddha meinte, daß ein Wesen in verschiedenen Geburten weder dasselbe noch verschieden ist, und erklärte das durch „die Lehre vom Entstehen in Abhängigkeit" bzw. „das Gesetz der bedingten Entstehung" (*↗Pratītyasamutpāda*, P. *Paticcasamuppada*). Danach umfaßt der Kreislauf von Geburt und Tod zwölf Glieder: (1.) Nichtwissen *(Avijjā)*; (2.) Gestaltungen *(Sankhāras)*; (3.) Bewußtsein *(Viññāna)*; (4.) Name und Gestalt *(Nāma-Rūpa)*; (5.) Sechssinnesbereich *(Saḷāyatana)*; (6.) Berührung *(Phassa)*; (7.) Empfindung *(Vedanā)*; (8.) Durst oder Verlangen *(Taṇhā)*; (9.) Anhaften *(Upādāna)*; (10.) Werden *(Bhava)*; (11.) Geburt *(Jāti)*; (12.) Alter und Tod (Jarā-Maraṇa). Das Verhältnis zwischen den Gliedern ist nicht eines der Folge, sondern der einfachen Aufreihung. Damit wird die Kontinuität aufrechterhalten, aber nicht die Identität. In „Milindapanha" (40–41) vergleicht der Mönch Nāgasēna die Wanderung des Individuums durch eine Reihe von Wiedergeburten mit der Umwandlung der Milch zuerst in Quark und dann in Butter. Die Milch ist nicht dasselbe wie der Quark und die Butter, doch kommen beide aus der Milch. In gleicher Weise geht das Sein *(Satta)* nicht von einem Leben zum anderen, auch wenn das gegenwärtige Leben aus dem früheren kommt. Die Wirkung der früheren Taten aber wird auf die nachfolgenden Geburten übertragen.

Die Frage, wie sich die ganze Entwicklung ohne ein bleibendes Sein fortsetzt, wird von den verschiedenen philos. Schulen sehr unterschiedlich beantwortet: a) Die Puggalavādins glauben an die Existenz einer persönlichen Wesenheit *(Puggala)*, die von Geburt zu Geburt wandert; b) Buddhaghosa (vgl. Visuddhimagga XVII 158–173) ersetzt *Puggala* durch *Patisandhiviññāna* (= das Bewußtsein, das die verschiedenen Geburten miteinander verbindet); c) Vasubandhu schreibt in seinem Kommentar über *Abhidharma Kośa* (3. Kap.) von *Antarā-Bhava* (= das Sein, das zwischen zwei Leben eines Individuums besteht). Er betont aber, daß *Antarā-Bhava* nicht *Ātman* ist, dessen Existenz er leugnet. d) Der Mahāyāna-Buddhismus hat die Idee des *Ālaya-Vijñāna* (= aufgespeichertes Bewußtsein) eingeführt, in dem die Wirkung der früheren Taten gesammelt wird.

P.-Schriften erkennen sechs Bereiche der Wiedergeburt an: Hölle *(Niraya)*, Tiere *(Tiracchāna)*, Gespenster *(Petas)*, Dämonen *(Asuras)*, Menschen *(Manuṣas)* und Götter *(Devas)*. Die ersten vier Bereiche werden als unglücklich angesehen, die beiden letzten sind dagegen glückliche Bereiche. Der Kreislauf von Geburt und Tod hat keinen Anfang, weder im kosmischen Bereich noch im individuellen (Samyutta Nikāya II 178ff.; 186; III 149–150).

Lit.: *G. Parrinder*, The Indestructible Soul. The Nature of Man and Life after Death in Indian Thought. New York 1973; *W. D. O'Flaherty* (Hg.), Karma and Rebirth in Classical Indian Traditions. Delhi 1983.

A. Thannippara

Saṃskāra

↗Buddhismus.

Saṃskāra (Skt.; P. *Sankhāra*). Das Wort meint „Gestaltetes" (Präfix *sam-*: „zusammen"; Wurzel *kar:* „machen"), genauer: bedingt Entstandenes. Von Buddhisten in zweifachem Sinn gebraucht.

1. Als „Geistformationen" (*Skandha*) bedingen S. die Art und Weise, in der ein Mensch Sinnes- und Gefühlswahrnehmungen verarbeitet; man unterscheidet heilsame (wie Wille, Entschluß, Tatkraft, Interesse, Achtsamkeit, Schamgefühl, Gierlosigkeit, Haßlosigkeit, Mitleid, Mitfreude u.a.) von unheilsamen (wie Gewissenlosigkeit, Aufgeregtheit, Haß, Neid, Geiz u.a.).

2. Als „Karmaformationen", in früheren Leben bedingt entstanden, bedingen S. das gegenwärtige Dasein. Heilsame wie unheilsame Werke, Worte und Gedanken des gegenwärtigen Daseins verursachen wiederum zukünftige Existenzformen.

H.-J. Greschat

Sannyāsin. Die Wurzel *nyas* bedeutet werfen, hinterlegen, anvertrauen, entsagen, aufgeben, die Vorsilbe *sam* zusammen, gänzlich, völlig. Die Kombination *saṃnyas (sannyas)* bedeutet dann zusammenlegen, völlig anvertrauen, gänzlich entsagen. *Sannyāsin* ist derjenige, der sich völlig anvertraut oder der gänzlich entsagt hat. Im Hinduismus ist *Sannyāsa* das vierte oder das letzte Lebensstadium eines Individuums. Jeder gläubige Hindu muß zuerst als *Brahmacāri* (Schüler) die Hll. Schriften bei einem ↗*Guru* erlernen, dann muß er als *Gṛhastha* (Hausherr) eine Familie gründen und die pflichtmäßigen Aufgaben erfüllen. Danach soll er sich als *Vānaprastha* in die Waldeinsamkeit zurückziehen und in Askese und Meditation leben. Schließlich kommt die Zeit, in der der Mensch als S. auf alles verzichtet. Er lebt wie ein wandernder Bettler: „Er soll nichts mehr sein eigen nennen ... Er soll weder wünschen zu leben noch wünschen zu sterben, er soll auf die rechte Zeit warten, wie ein Tagelöhner auf seinen Lohn. Er soll immer allein wandern, immer schweigen ... Er soll niemals Zorn mit Zorn vergelten, segnen vielmehr diejenigen, die ihn verfluchen. Wahrheitsliebend in der Sprache soll er die Freude im Absoluten finden" (Manusmṛti VI 45–49; vgl. Jābāla Up. 5). Der Begriff S. wird außerdem häufig gebraucht für denjenigen, der sich geistig beschäftigt (vgl. Maitrī Up. VI 10; Bhagavadgītā VI 1; XVIII 2).

Lit.: Bhagavadgita. Übertragen und kommentiert von *L. v. Schröder*. Düsseldorf 1978, 27–100.

A. Thannippara

Sarvāstivāda ↗Buddhismus III 1.

Satan. 1. Der Begriff stammt aus dem *AT* und bezeichnet zunächst den Widersacher und Gegner allgemein, z.B. in der Schlacht (1 Sam 29,4; 1 Kön 5,18; 11,14.23.25) oder als Hindernis auf dem Weg (Num 22,22.32). Daneben wird der hebr. Begriff noch auf den Ankläger vor Gericht bezogen (Ps 109,6). Schließlich findet er sich als spezielle Person (mit Artikel) in der Funktion eines Anklägers vor dem göttlichen Gericht (Sach 3,1.2; Ijob 1,6; 2,1). Dieser Ankläger ist aber im AT noch nicht als Widersacher Jahwes aufgefaßt. Das Böse wird noch wie das Gute auf Jahwe, den Schöpfer, zurückgeführt.

2. Die Verbindung von S. mit ↗Dämonen als dessen Untertanen geschieht erst in *zwischentestamentlicher Zeit*. Schriften wie 1 Hen, Jub, Test XII. VitAd machen S. (bzw. Belial, Asasel) zu Jahwes Gegenpol und zu einem Repräsentanten des Bösen. Auch in Qumran spielt Belial als Gegner Jahwes und vor allem der Gemeinde eine ausgedehnte Rolle, ohne daß an seiner Geschöpflichkeit gezweifelt würde.

3. Die Frage nach dem Ursprung der Dämonen wird in 1 Hen durch die „Engelehen" beantwortet: Engel haben illegitimerweise mit den Menschen geschlechtlich verkehrt. Aus dieser Verbindung sind die Dämonen hervorgegangen. Die Existenz S. wird in VitAd und ApkMos dadurch erklärt, daß ein Engelfürst und dessen Untertanen sich aus Neid weigerten, ↗Adam, Gottes Lieblingsgeschöpf, Verehrung zu erweisen. Deswegen sind sie aus dem Paradies verwiesen worden. Die Paradiesschlange in Gen 3 wurde von der vorkrit. Bibelauslegung häufig mit dem S. identifiziert oder als dessen Werkzeug aufgefaßt, eine Auffassung, die sich mit dem exegetischen Befund nicht vereinbaren läßt, weil der Text selber keinerlei Hinweise auf eine solche Identifizierung gibt und entsprechende Vorstellungen im AT überhaupt noch nicht auftauchen, wenn man von Weish 2,24 absieht, wo eine deutende Zusammenschau von Gen 1–3 und zwischentestamentlichen Vorstellungen geboten wird.

4. In *ntl. Zeit* waren S.- und Dämonenglauben sehr weit verbreitet. Nach exegetischem Befund lassen sich S. und Dämonen auch von Jesu Wirken (vgl. Mt 8,28ff.; 12,24) und Botschaft (vgl. Lk 11,20) nicht trennen, wie sich vor allem in Jesu exorzistischem Wirken zeigt. Nicht nur für Jesus, sondern für das gesamte ntl. Schrifttum war S. Wirklichkeit (vgl. Röm 16,20; 1 Kor 7,5; 2 Kor 2,11; 11,14; 1 Thess 2,18; 1 Joh 3,8; 5,18; 2 Thess 2,9; 1 Tim 3,6f.; 5,15; 2 Tim 2,26; Jak 4,7; 1 Petr 5,8; Jud 9; Offb 2,24; 12,9.12f. u.ö.). Bei der Beurteilung dieses Befundes lassen sich zwei Positionen unterscheiden: Die Symbolisten halten S. und Dämonen für zeitbedingte

Symbole des Bösen, das vor allem über die menschliche Freiheit wirke *(Bultmann, H. Haag)*, während die Realisten darauf bestehen, an der personalen außermenschlichen Existenz S. auch heute noch festzuhalten (vgl. *Deutsche Bischofskonferenz* [Hg.], Katholischer Erwachsenen-Katechismus, Kevelaer [3]1985). Insgesamt wird im NT die Position S. als Gegenspieler Gottes dahingehend weitergedacht, daß er als Versucher und Gegenspieler Jesu (vgl. Mk 1,12f. u.ö.), mehr aber noch als Versucher und Gegenspieler der Gemeinden gedacht ist (vgl. Röm 16,20; 2 Kor 2,11; Offb 2,10 u.ö.). Er bleibt aber stets Gott unterworfen und ist seit Jesus auch grundsätzlich entmachtet.
5. S. ähnliche Gestalten, vor allem Dämonen, finden sich in den meisten Religionen und meist als Repräsentanten des Bösen. Die Aspekte sind dabei unterschiedlich: Im Buddhismus ist der S. Māra die Verkörperung des Durstes, der das individuelle Unheil immer neu bewirkt. Im Parsismus ist Ahriman der Geist des Anfangs, der das Böse wählte. Im Islam ist der S. in Aufnahme bibl. Vorstellungen vor allem der Versucher.
Die Frage nach S. ist verbunden mit der Frage nach dem Ursprung des Bösen allgemein, die sich jedem Menschen und daher auch jeder Religion und Weltanschauung stellt, vor allem im Kontext des ↗Monotheismus (↗Dualismus; Theodizee; Schuld/Sünde).

Lit.: *H. Haag,* Teufelsglaube. Tübingen 1974; *W. Kasper / K. Lehmann,* Teufel – Dämonen – Besessenheit. Mainz [2]1978; *B. Lang,* Art. Engel/Teufel: NHThG I 221–230; *G. Mensching,* Art. Teufel I: RGG[3] VI 704f. *F.-L. Hossfeld / B. Kalthoff*

Satori ↗Erleuchtung.

Saturn ↗Gott III 4 B.

Ṣaum
↗Islam.
Das Fasten (= F.) im Monat ↗Ramaḍān (= Ṣaum) ist die vierte Säule (↗Arkān) des Islam. Die Koransure 2,185 führt in das F. ein, 2,184 nennt die Bestimmungen, und 2,187 ersetzt bzw. lockert diese. Das Ramaḍān-F. ist eine Gemeinschaftsvorschrift, welche die Zugehörigkeit zur ↗Umma unterstreicht und das Erlebnis einer universalen Glaubensfamilie vermittelt. F. ist Enthaltung von das F. brechenden Sachen wie Speise, Trank und Geschlechtsverkehr, und zwar vom Sonnenaufgang bis nach Sonnenuntergang. Die Tage der Menstruation der Frau und die Tage der Blutung der Wöchnerin gelten als unreine Tage und müssen als F.-Tage nachgeholt werden. Für Kranke, Alte, Reisende und Schwerstarbeiter gibt es gesetzliche Erleichterungen. Der F.-Monat Ramaḍān ist aber nicht nur ein Monat des F. und der Askese, sondern auch der Festlichkeiten. Zu den vorgeschriebenen Gebetszeiten geht man in diesem Monat so oft wie möglich in die ↗Moschee, da ihr Besuch gerade jetzt als bes. wirkungsvoll gilt. Neben dem Ramaḍān-F. kennt der Islam auch das Buß-F. bei kleinen (Koran 5,89) und schweren Vergehen (4,92). Freiwilliges F. als Werk der Frömmigkeit ist verdienstvoll (9,112).

Lit.: *W. Montgomery Watt / A. T. Welch,* Der Islam I. Stuttgart 1980, 311–327; *C. C. Berg,* Art. ṢAWM: EI[1] IV 206–214. *G. Riße*

Schamane/Schamanismus. Unter Schamanismus (Sch.) versteht man die institutionelle und formgebundene ekstatische Verbindung von Menschen mit übermenschlichen Wesen im Dienste ihrer sozialen Gruppe. Der Begriff Sch. leitet sich vom Wort „Schamane" ab, das aus dem Tungusischen stammt. Die südl. Tungusen bezeichen mit *šaman* rel. Funktionsträger, die mit „Geistern" enge Beziehungen haben und in der Lage sind, sich in ↗Ekstase zu versetzen, diese zu rufen und sich zu inkorporieren. Die ekstatische Kontaktaufnahme mit dem Jenseits dient ihnen dazu, die Weisung und Hilfe der Geister zur Bewältigung krisenhafter Situationen der Gruppe zu erhalten.
Die Institution des Sch., wie sie hier beschrieben ist, läßt sich in ähnlicher Form, freilich ausgeweitet durch die Möglichkeit des ekstatischen Fluges der Schamanenseele, bei zahlreichen Völkern Inner- und Nordasiens, Nord- und Südamerikas feststellen. Der am ethnographischen Befund dieser Regionen entwickelte Begriff des Sch. wurde nach und nach auf vergleichbare Erscheinungen anderer Völker und Kulturen ausgedehnt. Das führte zunehmend zu einer terminologischen Unschärfe, zumal oft einzelne Elemente

des engeren, urspr. Sch.-Begriffes überbetont und isoliert gesehen wurden; etwa wenn Medizinmänner, Zauber- und Besessenheitspriester unterschiedslos als Schamanen bezeichnet wurden. Um einem allzu vagen und undeutlichen Sprachgebrauch vorzubeugen, empfiehlt es sich daher, den Begriff Sch. in seiner engeren Form zu verwenden, d. h. die vier konstitutiven Elemente des Begriffs im religionsethnologischen Vergleich zugrunde zu legen: Ekstase, Verbindung mit dem Jenseits, Formgebundenheit, altruistische Zielsetzung.

1. Ekstase (oder *Trance*). Umweltferne oder Leibesferne charakterisieren die äußere Erscheinungsform der Ekstase. Ein Beobachter nimmt bei einer Person, die sich im Zustand der Ekstase befindet, vor allem diese beiden Charakteristika wahr: Die Person im ekstatischen Zustand erfaßt die Außenwelt nicht mehr mit ihren Sinnen, sie nimmt Reize der Außenwelt nicht mehr bewußt wahr; sie erweckt den Eindruck, als habe sie sich von der Außenwelt abgekehrt. Dieser Umweltferne zugrunde liegt eine Leibesferne, in der die willentlichen und seelischen Kräfte ihren Einfluß auf den Leib verlieren. Der Ekstatiker erfährt eine Veränderung seines Bewußtseins, die er als Persönlichkeitsänderung empfindet. Diese Umwandlung befähigt ihn, mit der übermenschlichen Welt in Kontakt zu treten. In der Schamanenekstase geschieht die Aufnahme der Verbindung mit dem Jenseits entweder durch die Jenseitsreise der Seele des Schamanen (Himmels- oder Unterweltreise) oder durch den Abstieg jenseitiger Wesen zu oder in den Menschen (Besessenheit).

2. Verbindung mit dem Jenseits. Welche psychosomatischen Ursachen der Trance oder Ekstase außenstehende Beobachter auch immer ausmachen, für die Schamanen und ihre Gemeinde sind es jenseitige, übermenschliche Wesen, die letztendlich das Ekstase-Erlebnis verursachen. Wie das Jenseits, personifiziert im „Schutzgeist", verantwortlich gemacht wird für die Ekstase-Situation des Schamanen, so gilt es auch als konstitutiv für die Gestaltung einer Schamanenperson überhaupt. Um Schamane zu werden, bedarf es einer Berufung durch jenseitige Wesen. Der Schamane übt sein Amt nicht aus eigener Macht und eigenem Antrieb aus.

3. Formgebundenheit. Man kann eine dreifache Formgebundenheit des Sch. unterscheiden: die gesellschaftlich institutionelle, die kultisch rituelle und die individuell darstellerische. Sch. ist eine dauerhafte Einrichtung der Gesellschaft, eine feste Institution, die nicht privater Willkür überlassen ist. Die Tätigkeit des Schamanen vollzieht sich in rituellen Formen, die der angehende Schamane lernen muß. In der ↗Initiation erreicht der Schamane einen von der Gesellschaft anerkannten Status, die anschließenden Lehrjahre vermitteln ihm die sachliche Kompetenz. Die schamanistische Einzelhandlung drückt in ihrer darstellerischen Form aus, was im Innern des Schamanen während der Handlung vorgeht. Tracht, Ausrüstung, mimische Vorstellung, Tanz, Rhythmus, Musik dienen der sinnfälligen Darstellung des rituellen Geschehens und können ihrerseits auf das ekstatische Erlebnis stimulierend einwirken.

4. Altruistische Zielsetzung. Schamanistische Tätigkeit ist gesellschaftsbezogen; ihre Zielsetzung ist sozial-altruistisch. Sch. wirkt in vielfältiger Weise gemeinschaftsdienlich, ist seinerseits eingebunden in die Traditionen einer Gesellschaft. Als Institution der Gesellschaft wird er von dieser kontrolliert, aber auch garantiert. Die besonderen Möglichkeiten, die der Schamane als Mittler zwischen Diesseits und Jenseits hat, machen ihn zum Spezialisten der Seele, die in vielen Kulturen als jener Teil des Menschen angesehen wird, der am meisten auf das Jenseits ausgerichtet ist. Als Anwalt der Seele ist der Schamane Anwalt des Lebens. Wichtigste Aufgabe des Schamanen ist es, die Seele, das Lebensprinzip des Menschen, vor der Einwirkung übermenschlicher Kräfte zu schützen, wenn sie bedrohlicher Natur ist, und andererseits den lebensfördernden Einfluß jenseitiger Mächte für die Gruppe nutzbar zu machen. Schamanistische Tätigkeit bedeutet für die Gruppe als Ganzes wie für deren Mitglieder Sicherung und Steigerung des Lebens. Dem Individuum des Schamanen bietet die Gruppe mit ihrer Rollenerwartung ande-

rerseits den Rahmen, in dem er seine Fähigkeiten entwickeln und zur Aktion bringen kann.

Die Institution des Sch. ist nicht eine eigene Religion, wie in der rel.-ethnologischen Lit. gelegentlich angenommen wird, sondern ein rel. Komplex, der sich in verschiedenen Religionen und Kulturen realisiert, dessen konkrete Ausprägung von der jeweiligen Kultur und Tradition abhängt. So kann es z. B. männliche oder weibliche Schamanen geben, kann die Ekstase zur Besessenheit und Inkorporation von Geistern führen oder zur Jenseitsreise der Seele des Schamanen.

Die Erforschung des Sch. führte in der Religionsethnologie im Laufe der Zeit zu unterschiedlichen Interpretationsrichtungen. Lange standen Fragen der Entstehung und Entwicklung des Sch. im Vordergrund des wiss. Interesses. Psychopathologische Erklärungsversuche sahen im Sch. regional bedingte Erscheinungsbilder von Hysterie und Schizophrenie. Psychol. Interpretationen interessierte vor allem die Ekstase des Schamanen mit ihren außerordentlichen physischen und psychischen Leistungen. Soziologische Deutungsansätze erforschten und betonten die Gesellschaftsbezogenheit der Institution des Sch.

Lit.: *V. Dioszegi,* Shamanism: NEBrit.Mac 16, [15]1977, 638–641; *C.-M. Edsman* (Hg.), Studies in Shamanism. Stockholm 1967; *M. Eliade,* Schamanismus und archaische Ekstasetechnik. Frankfurt [2]1980; *H. Findeisen,* Schamanentum – dargestellt am Beispiel der Besessenheitspriester nordeurasischer Völker. Zürich 1957; *Å. Hultkrantz,* A Definition of Shamanism. Tem. 9 (1973) 25–37; *U. Johansen,* Sch.: TRT IV (1971) 17–19; *U. Knoll-Greiling,* Die sozialpsychologische Funktion des Schamanen: Beiträge zur Gesellungs- und Völkerwissenschaft. FS R. Thurnwald. Berlin 1950, 102–124; *I. M. Lewis,* What is a Shaman?: Folk 23 (1981) 25–35; *Å. Ohlmarks,* Studien zum Problem des Sch. Lund 1939; *W. Schmidt,* Der Ursprung der Gottesidee. Bde. 9–12. Münster 1945–1955; *D. Schröder,* Zur Struktur des Sch. – mit besonderer Berücksichtigung des lamaistischen Gurtum: Anthr. 50 (1955) 848–881; *S. M. Shirokogoroff,* Psychomental Complex of the Tungus. London 1935; *A.-L. Siikala,* The Rite Technique of the Siberian Shaman. Helsinki 1978.

A. Quack

Schicksal

↗Islam; Karma.

Sch. ist die allg. Bezeichnung für alles Unabwendbare, das ohne eigenes Zutun eintritt und das menschliche Lebenslos maßgeblich bestimmt. Zu allen Zeiten hat daher die Sch.s-Problematik die Menschheit beschäftigt. Bes. ausgeprägt war diese Diskussion im alten Griechenland und bei den Römern. Die griech. Zufalls- und Sch.-Göttin Tyche, die der röm. Göttin Fortuna entspricht, durchkreuzt die Pläne des Menschen und weist so auf das Unbeständige, das Zufällige hin. Auch in außereurop. Kulturen spielte diese Thematik eine große Rolle. Eine besondere Lösung dieses Problems stellte die *Karma*-Lehre dar.

Sch. als eigenständige Größe ist dort nicht möglich, wo alles auf *einen* Gott als Ursache zurückgeführt wird. Vor allem die Vorstellung von Gottes Allmacht schließt die Existenz eines von Gott unabhängigen Sch. aus. Lediglich das von Gott Geschickte ist vorstellbar und löst – theoretisch gesehen – die Frage aus, ob damit die menschliche Handlungsfreiheit irrelevant und Gott derart allmächtig wird, daß er wirklich alles macht und folglich alles vorherbestimmt.

Der Koran der Muslime ist in der Frage der ↗Prädestination nicht eindeutig. Neben der Aussage, daß Gott die Menschen und ihre Taten erschaffen hat (Koran 37, 96) und die einen irreführt, andere aber rechtleitet (z. B. 14,4), finden sich Koranverse, die sagen, daß Gott das Gute, der Mensch aber die Missetaten hervorbringt (4,79) und daß beim Gericht Gutes wie Böses vergolten wird (99,7 f.). Die islam. ↗Theologie (IV) hat im Anschluß an den Koran die Frage der Prädestination (al-ḳaḍā' wal-ḳadar) ausführlich diskutiert und unterschiedliche Lösungsvorschläge unterbreitet.

Während die Mu'taziliten (8.–11. Jh., viel mu'tazilitisches Gedankengut findet sich zudem bis heute noch in vielen sh̲ī'itischen Richtungen) (↗Mu'tazila) die menschliche Handlungsfreiheit in vollem Umfange verteidigt haben, weil Gottes Gerechtigkeit nicht zuließe, daß ein nicht voll verantwortlicher Mensch im Gericht bestraft würde, betonten die Ash̲'ariten (vom 10. Jh. bis heute unter den Sunniten [↗Sunna/Sunniten] maßgebend, obwohl im 20. Jh. eine gewisse Renaissance der mu'tazilitischen Position zu beobachten ist), daß Gott der allein Handelnde ist. Der Mensch dagegen „eignet" sich die

Taten, die Gott für ihn wirkt, dadurch an, daß er deren Verwirklichung will. So wird der Mensch schuldig am Bösen (↗Böses/Leid VIII) und von Gott zu Recht dafür bestraft, obwohl die Taten selbst von Gott hervorgebracht worden sind.
Sowohl die mu'tazilitische als auch die ash'aritische Theologie gehen demnach von einem deutlichen Zusammenwirken von Gottes Schöpferkraft einerseits und der menschlichen Handlungsfreiheit andererseits aus. Obwohl das Thema ḳadar (göttlicher Vorausentscheid, Vorherbestimmung) zu den Grundproblemen einer jeden islam. Dogmatik gehört, lehrt die islam. Theologie keinen reinen Fatalismus.
Im Unterschied dazu vertraten, sicherlich vom vorislam. arab. Fatalismus mit beeinflußt, zahlreiche islam. Mystiker (↗Ṣūfismus), vornehmlich in den ersten Jh.en des Islam, die Auffassung, daß es eine Vorherbestimmung gibt; sie scheuten sich sogar nicht einmal, die Vorherbestimmung zur Sünde zu predigen.
In der Volks-Lit. der islam. Völker, bei Dichtern wie Erzählern, finden sich zahlreiche Belege dafür, daß das Sch. anzunehmen ist, weil es von Gott so vorherbestimmt, menschlicher Einfluß darauf unmöglich und eine Abänderung ausgeschlossen ist. Der in der Volks-Lit. dafür übliche Fachausdruck ist arab. ḳisma, dessen türk. Entsprechung „kismet" bisweilen außerhalb der islam. Welt verwandt wird, um den Muslimen und dem Islam insgesamt ein fatalistisches Denken zu unterstellen. Daß ein solches das Verhalten der Muslime nicht durchgehend bestimmt, beweist allein die islam. Geschichte (↗Islam II).

Lit.: Art. Fate: ERE V 771–796; Art. Kismet: ERE VII 738f.; Art. al-Ḳaḍā' wa'l-Ḳadar: EI² IV 365–367; Art. Ḳisma: EI² V 184; *L. Gardet,* Dieu et la destinée de l'homme. Paris 1967, 33–139; *D. Gimaret,* Théories de l'acte humain en théologie musulmane. Paris 1980; *R. Gramlich;* Die schiitischen Derwischorden Persiens. Zweiter Teil: Glaube und Lehre. Wiesbaden 1976, 55–58. *P. Antes*

Schöpfung ↗Welt/Schöpfung.

Schrift

↗Sprache und Religion.

Sch. ist ein Mittel, um Gedanken oder Wörter zu fixieren, sie über den Augenblick hinaus festzuhalten bzw. weiterzugeben. Die primitivste Art der Sch. ist die *Gegenstands-Sch.* Der Gegenstand, z. B. ein in Weingegenden am Hause angebrachter Busch aus Zweigen, zeigt an, daß in dem betreffenden Haus Wein ausgeschenkt wird. Als Weiterentwicklung ist die *bildliche Ideen-Sch.* anzusehen, welche die Gegenstände vom Körperlichen löst und als Bilder wiedergibt. In dieser Sch., die u. a. bei Naturvölkern belegt ist, wird gewöhnlich mit jedem Bildzeichen ein eigener Satz verbunden. Aussagen können in den beiden genannten Vorstufen der Sch. nur im allg. Sinne, aber nicht im Wortlaut gemacht werden. Sch.en im engeren Sinne sind dagegen Wort-Sch.en, Silben-Sch.en und Buchstaben-Sch.en. Die *Wort-Sch.* stellt jedes einzelne Wort durch ein besonderes (Bild-)Zeichen dar. Die bekanntesten Wort-Sch.en sind die älteste sumerische Sch., die ägypt. Hieroglyphen-Sch. und die chin. Sch. Die Wort-Sch. steht jedoch vor Schwierigkeiten z. B. bei der Darstellung von sinnlich nicht wahrnehmbaren Begriffen, wobei man zu Umschreibungen greifen muß. Einen Fortschritt stellt die Phonetisierung nach dem Muster eines Rebus dar, d. h., ein Wortzeichen kann an die Stelle eines lautlich identischen, inhaltlich verschiedenen Wortes treten, so im Sumerischen das Bild der Hüfte mit der Lautung „ib" für das Wort „Zorn" mit der gleichen Lautung. Bei der Fixierung des gesprochenen Wortes macht sich bei einer Wort-Sch. u. U. das Fehlen der Möglichkeiten zum Ausdruck grammatikalischer Bildungselemente bemerkbar. Das Sumerische, das als agglutinierende Sprache zur Bestimmung des Nomens und Verbums zahlreicher Prä-, In- und Suffixe bedurfte, tat bei der Lösung des Problems einen weiteren Schritt zu einer Phonetisierung der Sch., indem es durch die Ablösung des Sinnwertes vom Wortzeichen eine große Zahl von Silbenwerten gewann, wodurch eine kombinierte Wort- und Silben-Sch. entstand. Dieses System wurde von den semitischen Akkadern zur Darstellung ihrer Sprache übernommen und bis zum Ende der babyl.-assyr. ↗Keil-Sch. beibehalten. – Voraussetzung für die Schaffung einer *Silben-Sch.* ist eine Sprache, die viele einsilbige Wörter enthält – geeignet zur Umwandlung in Silbenzeichen – und einen durch eine regelmäßige Folge von Vokal und Konsonant die Anwendung der Sch. erleichternden Wortschatz. Eine echte Silben-Sch. ist die zyprische Silben-Sch., deren Texte überwiegend dem Jh. v. Chr. entstammen. Unechte Silben-Sch.en sind die äthiopische Sch. und die ind. Sch.en, da sie aus der semitischen Buchstaben-Sch. herzuleiten sind.

Einen nach unseren bisherigen Erkenntnissen einmaligen Vorgang stellt die Schaffung der semitischen *Buchstaben-Sch.* dar, die um oder bald nach 1500 v. Chr. erfolgt sein muß. Vorformen könnten die Sinai-Inschriften und die sog. byblischen Pseudohieroglyphen sein. Gegenüber den u. U. Tausende von Zeichen umfassenden Wort-Sch.en und den rund hundert und mehr Zeichen der Silben-Sch.en stellte die Konsonanten-Sch. eine große Erleichterung des Schreibvorgangs dar. Deren älteste für uns greifbare Form ist die ugaritische Keil-Sch. (ca. 1400–1200 v. Chr.) mit 30 Buchstaben. Nach einer Lautvereinfachung des Kanaanäischen tritt uns das phönizische 22-Buchstaben-Alphabet um das Jahr 1000 entgegen, das sich einerseits nach Übernahme und Weiterentwicklung durch Griechen und Römer, andererseits in seiner aramäischen Form u. a. als Sch. der Christen des Orients und im arab. Alphabet und den davon ausgehenden Sch.en weithin über die Welt verbreitete.

Lit.: *H. Jensen,* Die Sch. in Vergangenheit und Gegenwart. Berlin ²1958; *I. J. Gelb,* Von der Keil-Sch. zum Alphabet. Stuttgart 1958; *J. Friedrich,* Geschichte der Sch. Heidelberg 1966; *ders.,* Alphabete und Schriftzeichen des Morgen- und Abendlandes. Berlin ²1969. *H. Schützinger*

Schuld/Sünde

I. Böses und Schuld. – II. Religionsethnologische Sicht. – III. Im biblischen Umfeld. – IV. Im Judentum. – V. Im Christentum. – VI. Im Islam. – VII. In asiatischen Hochreligionen

I. Böses und Schuld. Das Böse (B.) erweist sich in der menschlichen Lebenswelt als erfahrbare Realität, die alle Bereiche des Menschseins berührt. Der phänomenologische Zugang wird gewonnen über die Widerfahrnis leidvoller, lebensmindernder Zustände und Geschehnisse, wie Ungerechtigkeit, Unfriede, Gewalt, Haß usw., sowie vielfältiger, konkret faßbarer und bestimmten Tätern zuzurechnender Handlungen. Das B. stellt sich also dar als Mangel an bzw. Widerspruch zu dem, was ganz allg. als „gut" oder „das Gute" begriffen wird. In allen Kulturen, die sich von einem magisch/naturhaft/kosmischen Verständnis gelöst haben, gibt es rel., philos., gesellschaftspolitische und humanwiss. Theorien, die über das bloße Betroffensein hinaus nach Erklärung und Bewältigung des B. fragen. Provoziert durch die existentielle Bedrohtheit durch das B., stellt sich diese Frage urspr. primär im Horizont der Gottesfrage (↗Gott I), konkret als ↗Theodizeeproblem. Im Kontext der neuzeitl. Freiheitsgeschichte verlagert sich dies zunehmend in das Problem der Anthropodizee (verschärft unter dem Eindruck des Holocaust) und wird nicht zuletzt auch lit. als Sinnfrage gestellt.

Einen ersten Lösungsansatz bietet die Vorstellung vom Götterkampf, aus dem die Menschenschöpfung hervorgeht (Dionysosmythos: aus der Asche der Titanen erschaffen, sind im Menschen göttliche und titanisch-böse Elemente vermischt). Das B. ist also göttlicher Provenienz und bestimmt ontologisch den Menschen. Die griech. Philosophie entwickelt dagegen dualistische Theorien. *Plato* (vgl. auch Aristotelismus und Stoa) begreift das B. als passives Prinzip, dessen Überwindung Aufgabe des Demiurgen ist. Epikur nimmt das B. als Beweis für Ohnmacht bzw. Belanglosigkeit der Götter. Die ↗Gnosis (↗Manichäismus) verschärft den Dualismus zur nicht vermittelbaren Differenz zwischen Geist und materieller Welt. Das B. verstofflicht sich als Materie. Diese ist radikal zu überwinden. In Auseinandersetzung damit lehren die frühen Kirchenlehrer (Klemens, Origenes, Augustinus) die freie Verantwortung des Menschen für sein böses Tun, das sich als Widerspruch zu Gott (Gott als „der Gute" an sich) darstellt. Für *Thomas v. Aquin* ist das B. kein Seiendes, sondern ein Mangel und Gott Schöpfer allen Seins, nicht aber des Bösen. Die reformat. Theologen sehen das B. in der Wesensmitte des Menschen manifest (vgl. auch Schleiermacher: Grundbestimmung der menschlichen Existenz als Widerspruch zu Gott).

Mit der Aufklärung und der Philosophie der Subjektivität verändert sich die Blickrichtung. Gefragt wird nach der Begründung für die Unmenschlichkeit des Menschen. *I. Kant* ortet sie in der Freiheitstat des intelligiblen Subjekts. Das B. ist kein ontologisches Element des Menschen oder äußere Macht, sondern ergibt sich aus seinem Gebrauch von Freiheit und Vernunft. *K. Marx* fragt nach dem B. als gesellschaftliche Wirklichkeit. Die Unmenschlichkeit des Menschen ist eine Folge der gesellschaftlichen Bedingungen („ökonomischer Sündenfall" – Entfremdung) und nur durch ihre Veränderung im autonomen gesellschaftlichen Prozeß zu erreichen. Die Aufhebung der Herrschaft einer Klasse über die andere und die Umorganisation der Arbeit in der klassenlosen Gesellschaft heben auch das B. auf. Für *S. Freud* ist das B. psychoanalytisch erklärbar. Er definiert es als „Triebschicksal" des Menschen. Durch entwicklungsgesch. und Umweltbedingungen (Unterdrückung der kindlichen Triebbedürfnisse) kommt es beim Kind zu einem Selbstbestrafungsmechanismus (Über-Ich), der zu neurotischer oder psychosomatischer Krankheit führt. Diese drückt sich u. U. mehr oder weniger in Aggressivität aus. Die Möglichkeit einer Veränderung des Menschen wird infolge dieser deterministischen Tendenz in seiner Theorie von Freud zumindest stark bezweifelt. *C. G. Jung* und die daseinsanalytische Schule erkennen dagegen an, daß es auch B. gibt, das aus dem Widerspruch des Menschen gegen sittliche Normen entsteht. Sexualökonomische Theorien (Reich, Plack) stellen die Frage nach der Triebstruktur ebenfalls im gesellschaftlichen Kontext. Erst eine Befriedigung aller Triebbedürfnisse befriedet die Gesellschaft und unterdrückt das B. *H. Marcuse* u. a. haben diese Theorie insofern differenziert, als sie zwischen Grund- und Sekundärbedürfnissen unterscheiden und grundsätzliche Ordnungsstrukturen anerkennen.

Alle Theorien, die das B. nicht als dualistisches Prinzip, bloß gesellschaftlichen Prozeß oder deterministische Konstitution verstehen, kennen den Begriff der Schuld (= Sch.) als Symbol des dem Subjekt verantwortlich zurechenbaren B. Sch. setzt sittliche Freiheit voraus. Sie realisiert sich als Tat des intelligiblen Subjekts, die vernunftgemäß erkannten sittlichen Normen widerspricht. Im Spruch des Gewissens wird sie bewußt. Religiös wird sie als Sünde (= S.) begriffen. S. bedeutet Sch. vor Gott, als aversio a deo. Sie ist immer Zeichen einer Grundhaltung, in der der Mensch seiner Berufung als Erlöster widerspricht. Sie hat Relevanz für die zwischenmenschliche Gemeinschaft wie für die Beziehung Gott – Mensch. Als aversio verlangt sie grundsätzlich nach conversio und Versöhnung in ganzheitlichem Sinn.

Wo S. als Macht aufscheint, die nicht mehr individuell personal zugerechnet werden kann, sondern den einzelnen und die menschliche Gemeinschaft ergreift, belastet und bedroht, ist von strukturaler S. die Rede, die jenseits einer konkret festlegbaren schuldhaften Ur-Tat, die Gebrochenheit der menschlichen Kreatur deutlich macht. Sie darf jedoch nicht einfachhin als Sch. und S. „der Welt" verstanden werden, sondern schließt immer das freie personale Handeln des einzelnen mit ein.

Lit.: *A. Görres/K. Rahner,* Das B. Freiburg [4]1984; *J.-P. Jossua,* Das B.: NHThG I 119–131; *W. Oelmüller,* Das B.: HPhG I 255–268; *W. Pannenberg,* Anthropologie. Göttingen 1983. *A. Soete*

II. Religionsethnologische Sicht. Die weit über die Hochreligionen hinaus prominente Vorstellung einer transzendenten Schöpfergottheit, welche die Weltordnung festlegte, bildet die ideelle Grundlage für das auch in vielen Volksreligionen betonte theozentrische Normenverständnis. Oft sind auch dem Kult subalterner Gottheiten spezifische Gebote und Verbote zuerkannt. In besonderer Weise gelten die Ahnen nicht nur als Übermittler, sondern auch als Wächter der sittlichen Ordnung. Die Übertretung solcher letztlich auf die myst. Mächte zurückgeführten und durch ihre Sanktionen geschützten Normen wird gewöhnlich als „Sünde" (S.) im engeren Sinn bezeichnet. Sie impliziert, nach dem Glauben vieler Völker, eine innere Befleckung, welche, wenn sie nicht durch divinatorisch geoffenbarte Reinigungs-, Sühne- oder Versöhnungsriten, z.T. auch durch Schuldbekenntnis und Wiedergutmachung, behoben wird, Unheil wirkt. Nicht alle Völker haben in ihrer Sprache und ihrer Kategorisierung diesen engen Begriff der S. Nicht alle sehen in der Übertretung überlieferter Normen eine Beleidigung von Gottheiten und Ahnen. Nicht alle unterscheiden zwischen dem moralischen und dem schicksalmäßigen Bösen oder zwischen Strafen von seiten myst. Mächte und „automatisch" wirkenden Sanktionen. Auch verbindet sich mit dem Begriff der Befleckung weniger das Gefühl der Konsternation oder das Bewußtsein eines spirituellen Verlustes als vielmehr jenes einer akuten Gefährdung von Leben und Heil des Schuldigen und seiner Gruppe. In vielen Volksreligionen findet man die Unterscheidung zwischen eher neutralen sozialen Normen (mit sozialrechtlichen Sanktionen) und rituell geschützten Geboten und Verboten, letztere oft als „Tabus" bezeichnet. Die gleiche Normenverletzung (z.B. Diebstahl, Ehebruch, Totschlag) kann die eine oder die andere Kategorie betreffen, je nachdem sich die Opfer außerhalb oder innerhalb der engeren Blutsverwandtschaft befinden. Neben den direkten, mit Kultsymbolen und Ritualpraktiken verbundenen Vorschriften gelten also auch grundlegende gesellschaftliche Normen, wie Solidarität unter Brüdern und sexuelle Distanz im engeren Familienkreis (Inzestverbot), weltweit als eine Art sakraler Gebote und ihre Verletzung als S. im engeren Sinn. Unter den Verfehlungen, welche vorab bei vielen afrik. Völkern mit menschlicher Bosheit verknüpft werden, steht die willentliche Praxis der Hexerei und Unheilmagie an erster Stelle.

Guten Aufschluß über konkrete Sch./S.-Konzepte findet man in den weitverbreiteten Himmel-Erde-Trennungs- und Todesursprungsmythen, soweit ihnen eine menschliche Verfehlung zugrunde liegt. Man spricht in diesem Kontext gewöhnlich von Sündenfall-Mythen. Im Vordergrund stehen dabei, bes. in Afrika, einerseits die Auflehung des Menschen gegen die Anfangsordnung, gegen den „zu nahen Himmel", die totale Abhängigkeit vom Schöpfergott, der die *„Self-Reliance"* (eigenständige Nahrungsversorgung und Prokreation) und kulturelle Selbstentfaltung des Menschen blockiert, andererseits menschliche Gier, Selbstsucht, Tabubruch, also die beiden Grunddimensionen der von den Mythenschöpfern angeprangerten Verfehlungen: die Hybris des Menschen gegenüber seinem Schöpfer (und damit das erste Abrücken vom theozentrischen Weltbild) und das antisoziale Verhalten in seinen verschiedenen Ausprägungen. Da gewöhnlich weder Stammesvater noch Urahnin die „Ursünde" begehen, sondern meist eine anonyme Frau, wird auch diese Anfangs-Sch. nicht zur Erb-Sch. Wohl aber haben alle kommenden Generationen die Folgen (Tod und Unheil) zu tragen.

Lit.: *Ch. v. Fürer-Haimendorf,* The Sense of Sin in Cross-Cultural Perspective: Man 74 (1974) 539–56; *K. J. Rivinius* (Hg.), Sch., Sühne und Erlösung. St. Augustin 1983. *H. Huber*

III. Im biblischen Umfeld. 1. Allg. kann man in der Umwelt der Bibel wie in ihr selbst mehrere Auffassungen von Sünde (S.) finden, die aber nicht in einer klaren Entwicklungsfolge oder räumlicher Abtrennung auftreten, sondern gleichzeitig nebeneinander bestehen: a) Die bei weitem am meisten verbreitete Vorstellung betrachtet S. als eine Macht, als ein Fluidum mit geradezu materiellen Eigenschaften; sie hat ihren Sitz z.B. in Kadavern, in unreinen Tieren, im Menstruationsblut; man infiziert sich mit ihr durch Berührung, auch durch unwissentliche; sie verunreinigt den Menschen, schädigt ihn wie eine Krankheit, raubt ihm seine Lebenskraft und seinen Erfolg; von den negativen Konsequenzen können auch die Familie, der Stamm oder das ganze Volk und Land betroffen sein (Solidarhaftung); Reinigung von solcher S. erfolgt durch kultisches Abwaschen, Abwischen oder Forttragen (↗Reinheit). b) S. als Verstoß gegen die von den Göttern erlassenen Gebote, dabei handelt es sich zumeist um kultisch-rituelle Gebote, deren Vernachlässigung den Zorn und das Strafgericht der Götter verursacht: das Unterlassen bestimmter hll. Zeremonien, Fehler in der Durchführung des Rituals, Mißbrauch der göttlichen Gaben oder Bruch von ↗Tabus, vor allem von Verboten sexueller Praktiken wie Vergewaltigung, Inzest, Sodomie; gesühnt werden solche Vergehen durch S.-Bekenntnis und Opfer, in schlimmen Fällen durch Ausmerzung, d.h. Tötung, des Sünders. c) S. als intellektueller Defekt, als Torheit, Unwissenheit und Irrtum. d) S. als ethisches Fehlverhalten gegen Mitmenschen: die Summe des Handelns legt sich als „schicksalswirkende Tatsphäre" um den Menschen herum und bestimmt sein Ergehen; Gutes tun steigert die Lebenskraft, Böses tun mindert sie bis hin zum Tod; beliebt sind ausformulierte S.- und Lasterkataloge, die einen tiefen Blick zumindest in die ethische Theorie der jeweiligen Kultur gestatten. e) S. als Hybris, in welcher der Mensch die Grenze zwischen irdischer und himmlischer Welt überschreiten will und so den unstillbaren Neid und den Zorn der Götter erregt, was eine individuelle oder kollektive Katastrophe zur Folge hat.

2. Die konkreten Vorstellungen in den einzelnen Quellen sind außerordentlich vielfältig. Für die *ägypt.* Religion kommen die S.n-Bekenntnisse und das 125. Kapitel des ↗Totenbuches (I), das ein sehr hoch entwickeltes ethisches Ideal bezeugt, bes. in Betracht. In *Mesopotamien* beweist die große Masse der Bußpsalmen und Gebetsbeschwörungen eine allgegenwärtige Furcht, mit (kultischer) S. in Berührung gekommen zu sein oder sich durch Unterlassungs-S., etwa durch mangelnde Pflege der Verstorbenen, böse Unterweltsgeister zugezogen zu haben. Die Vorstellung von einem postmortalen göttlichen Gericht, in welchem S. mit Strafen vergolten wird, ist hier freilich nicht belegt.

Demgegenüber kennt die *altpers.* Religion wie auch die ↗*Zarathustras* eine hohe Bedeutung der Taten für den Weg der Seele nach dem Tode: Wer (ethisch und rel. verstandene) S. getan hat, kann die Brücken über die Unterweltströme zum seligen Himmel hin nicht überschreiten, sondern stürzt in die Hölle hinab.

Neben und gegen die Vorstellung von der unausweichlichen Haimarmene gibt es auch eine *griech.* S.-Konzeption, die neben einem Verstoß gegen den ständig durch ↗Orakel zu erfragenden Willen der Götter vor allem die Hybris (Prometheus, Niobe), die törichte Maßlosigkeit (Midas), aber auch die tragische Verstrikkung zwischen den Pflichten (Antigone) kennt.

In der synkretistischen Religion der ↗*Gnosis* kann von S. des Menschen eigentlich keine Rede sein; der Kern des Menschen, der von der allein bösen Materie in seinem Innern eingeschlossene Lichtfunke, ist göttlich-gut. Die Einsicht in diese ontische Wahrheit bedeutet das Erwachen, die Erlösung; S. ist nicht mehr möglich, sondern dem eingeweihten Pneumatiker ist dieser sarkischen Welt gegenüber alles erlaubt, sei es in libertinistischer oder in asketischer Verachtung (vgl. indirekt im NT z.B. 1 Joh 1,8ff.; 1 Kor 10,23ff.).

In ↗*Qumran* begegnet ein sehr tiefes Gefühl der Unreinheit und fundamentalen Sündhaftigkeit. Die Fülle der rituellen Bäder und die Bußstimmung der Psalmen zeigen das intensive Bemühen um rituelle Reinigung und Entsühnung.

Lit.: *W. Beyerlin*, Religionsgesch. Textbuch zum AT. Göttingen [2]1985; *H. Braun*, Römer 7,7–25 und das Selbstverständnis der Qumran-Frommen: *ders.*, Gesammelte Studien zum NT und seiner Umwelt. Tübingen [3]1971, 100ff.; *S. Morenz*, Ägypt. Religion. Stuttgart [2]1977; *K. Rudolph*, Die Gnosis. Göttingen [2]1980; *H. Schützinger*, Tod und ewiges Leben im Glauben des Alten Zweistromlandes: *H.-J. Klimkeit* (Hg.), Tod und Jenseits im Glauben der Völker, Wiesbaden [2]1983; *K. van der Toorn*, Sin and Sanction in Israel and Mesopotamia. Assen 1985; *G. Widengren*, Die Religionen Irans. Stuttgart 1965.

M. Oeming

IV. Im Judentum. 1. Die urspr. Bedeutung von *chet* (Sünde [S.]) scheint mit „verfehlen" zusammenzuhängen, z.B. wenn ein Schütze mit seinem Pfeil das Ziel verfehlt. Das Wort kann manchmal jede Art von Verfehlung bezeichnen (z.B. Gen 40,1, Pharaos Bäcker und Mundschenk), wird aber meistens von Verfehlungen gegenüber Gott gebraucht und erscheint als Synonym nicht nur von Schuld (Sch.) *(aschmah)*, sondern auch von Bosheit (z.B. der Einwohner von Sodom und Gomorra, Gen 13,13). Da das Grundprinzip des Judentums die Erkenntnis ist, daß der Schöpfergott auch der Offenbarungsgott ist (wobei es nicht um die Offenbarung seines Wesens, sondern – abgesehen vom rettenden Heilseingreifen etwa bei der Befreiung aus Ägypten – seines Willens geht), wird das richtige Leben als „auf Gottes Stimme hören" (hören = ge-*hor*-sam sein, ge-*hor*-

chen), „auf Gottes Wegen wandeln“ usw. bezeichnet. Jedes Abweichen davon ist S. bzw. Sch.

2. Die Vergehen, welche als S., Sch. u. ä. bezeichnet werden, können rituell-kultischer Art sein, doch hat sich der Schwerpunkt, u. a. unter dem Einfluß der prophetischen Predigt, auf „ethische“ Inhalte verschoben, auch wenn natürlich jedes Abweichen von der strikten Gesetzesobservanz (Sabbatgebot, Speisevorschriften u. ä.) gleichermaßen als S. gilt. Jedenfalls gilt es daran festzuhalten, daß auch die sog. rein „ethischen“ Werte göttliche Imperative sind und daher eine moralisierende Verflachung des S.n-Begriffs innerhalb der jüd. Theologie unmöglich ist.

3. Wenn auch Gedankengänge, die dem Begriff der „Erbsünde“ ähnlich sind, gelegentlich auftauchen (etwa in der ↗Kabbalah), so gibt es keinesfalls ein solches Dogma. Die Betonung des freien menschlichen Willens gibt dem Judentum einen semi-pelagianischen Charakter, obwohl der Mensch von Anfang an mit dem „bösen Trieb“, d. h. dem Hang, seinen Lüsten zu folgen, belastet ist. Daher gibt es auch die Gebote, die den Menschen an seine Pflicht und an Gottes Gebot erinnern (vgl. Num 15,39–40; Dtn 6,6–9).

4. Die rabb. Lit., wie auch schon die Tora, unterscheidet zwischen absichtlichen und unabsichtlichen Verfehlungen sowie auch zwischen Schweregraden der Verfehlungen (solchen, die die Todesstrafe und solchen, die leichtere Strafen, z. Z. des Tempels auch Sühneopfer, erforderten). In allen Fällen sind ausdrückliches Sch.-Bekenntnis, Reue und der feste und ehrliche Vorsatz, nicht mehr zu sündigen, notwendig. Wer Buße tut in der Absicht, wieder zu sündigen, um dann wiederum Buße zu tun, „verliert die Fähigkeit zur Umkehr“. Der Terminus technicus für Buße ist *teschuwah* (griech. *metánoia*, Umkehr, von *M. Buber* als „Gesinnungsänderung“ übersetzt), sich vom falschen Weg abwenden und zu Gottes Weg zurückfinden. Prinzipiell ist jede S. vergebungsfähig, da, wie es ein ma. Rabbi formulierte, „es unmöglich ist, daß die menschliche Fähigkeit zu sündigen größer und mächtiger sei als die verzeihende göttliche Gnade“. Daher ist auch die paulinische Problematik und die aus ihr erwachsende Christologie dem jüd. Denken fremd und unverständlich.

5. Da das göttliche Heilswalten (Erwählung, Erlösung aus Ägypten, Landesverheißung, Offenbarung am Sinai) und der göttliche Auftrag, ein heiliges Volk zu sein, ganz Israel betreffen, sind auch Sch. und S. mehr als rein individuelle Kategorien. Die prophetische Mahnung, Drohung und Anklage wie auch Trost- und Hoffnungsverheißung sind an das ganze Volk gerichtet, welches sich sowohl in seiner Sündhaftigkeit und Verschuldung als auch in seiner „Umkehr“ als solches solidarisieren muß. Daher wird in den Bußgebeten, und bes. am „Großen Versöhnungstag“ *(Jom Kippur)*, das S.n-Bekenntnis im Plural rezitiert. Der Große Versöhnungstag hat gleichsam sakramentalen und sündenvergebenden Charakter, der seinerseits aber nur dann wirksam wird, wenn er von echter Buße begleitet ist. Die rabb. Theologie unterscheidet zwischen Verfehlungen Gott allein gegenüber (z. B. rituelle und Gesinnungs-S.n) und solchen, die den Mitmenschen betreffen. Letztere werden nur dann gesühnt und verziehen, wenn der Sünder sich erst mit dem geschädigten und gekränkten Mitmenschen versöhnt hat.

6. Praktisch unvermeidlich ist – wie in allen Religionen – die Tendenz zur Quantifizierung von S. und Sch., bes. in der Pönitential-Lit. Nicht ohne Interesse ist das Verständnis der Rabbiner für den dialektischen Charakter von Sündlosigkeit, Sündhaftigkeit und Reue (vgl. den Ausspruch „Die Sündlosen reichen nicht an den Stand der wahrhaft reuigen Sünder heran“), wobei vorausgesetzt wird, daß es auf Erden keinen vollständig sündenfreien Gerechten geben kann. Die jüd. Moral-Lit. betont immer wieder, daß gerade die Bibel ausführlich über die Verfehlungen der Erzväter, des Mose, Davids usw. berichtet und diese nicht vertuscht.

Entsprechend betont die bibl. Historiographie immer wieder die Sündhaftigkeit, die Abgötterei Israels. Manche moderne jüd. Forscher halten diese Berichte freilich für übertrieben und von der Theologie bzw. Ideologie der bibl. Verfasser motiviert. Nach ihnen wurde Israel immer wieder von Katastrophen und feindlichen Angriffen, Verwüstungen u.a. heimgesucht, und da solche Heimsuchungen als göttliche Strafe gedeutet wurden, mußten die Verfasser, ihrer eigenen Geschichtstheologie gemäß, die entsprechenden S. erfinden oder doch dramatisieren.

Lit.: *P. Delhaye u.a.,* Théologie du péché. Tournai 1960; *L. Jacobs,* A Jewish Theology. New York 1973; *A. LaCoque,* Art. Sin and guilt: ER XIII 325–331, bes. 327–329; *C. M. Montefiore / H. Loewe,* Rabbinic Anthology. 1938 (Nachdruck Philadelphia 1960); *G. F. Moore,* Judaism. 3 Bde. 1968 (Nachdruck Cambridge/Mass. 1970); *S. Schechter,* Some Aspects of Rabbinic Theology. New York 1909; *R. de Vaux,* Ancient Israel. London 1965.

R. J. Z. Werblowsky

V. Im Christentum. 1. Die christl. Rede von Schuld (Sch.) und Sünde (S.) begründet sich in der theol. Sicht des Menschen als eines in Freiheit geschaffenen und zur Gemeinschaft mit Gott berufenen Wesens. S. ist die schuldhafte Selbstverfehlung dieser Freiheit, d.h., sie ist Negierung der kreatürlichen Abhängigkeit von Gott als des absoluten Woher und Woraufhin des Menschen und damit die Ablehnung des Geschenks göttlicher Gnade. Die Möglichkeit solcher Selbstverfehlung ist der menschlichen Freiheit wesenhaft zu eigen, sie ist einbeschlossen im Paradox kreatürlicher Freiheit, demgemäß der Mensch zwar sich als total beansprucht erfährt, in dieser Abhängigkeit dennoch aber seine ihm wesenseigene Freiheit und Menschlichkeit zu mißbrauchen und verkehren vermag. Die eigentliche Radikalität menschlicher Selbstverfehlung in der S. erhellt jedoch erst aus der Botschaft von Tod und Auferstehung Jesu Christi als des fleischgewordenen Logos. Im Glauben an die Erlösung durch Christus weiß der Mensch erst zuverlässig, wie es um ihn steht: Er erkennt seine absolute Heilsunfähigkeit in der S., die er aus eigenen Kräften nicht zu überwinden vermag, er weiß aber ebenso um die Definitivität der Heilszusage Gottes, kraft deren er auch angesichts der menschlicherseits unentrinnbaren Sch.-Verstrickung Hoffnung zu haben vermag.

2. S. ist jedoch kein rein intrapersonales Geschehen, sondern erfaßt, gerade weil sie keinen anderen Ursprung hat als den der freien Tat einer menschlichen Person, die gesamte Lebenswirklichkeit des Menschen. Als existentielle Wirklichkeit ereignet sie sich notwendig auch in all den Relationen, in denen der Mensch mit seiner Welt verbunden ist. So wie alle Akte des Menschen stets verleiblichte Akte sind, hat auch die S. als Ungehorsam gegenüber Gott ihre konkrete Gestalt in der Kategorialität leibseelischer Einzelvollzüge, d.h. in den S.n. Als konkrete Einzel-S. begegnet sie sowohl im Tun wie auch im Unterlassen, sie zeigt sich ebenso als freiheitsvermindernder Entscheid, der die innere Handlungsintegrität des je konkreten Menschen tangiert, seinen Willen schwächt und seine Einsicht verdunkelt, wie auch als manifester Verstoß gegen die mitmenschliche Solidarität, der oft in subtilster Weise die Grundrelationen von Nächstenliebe und Gerechtigkeit untergräbt. Im letzteren Fall spricht man auch in analoger Weise von „sozialer S." (vgl. Reconciliatio et paenitentia 16), nicht um den einzelnen von seiner Verantwortung freizusprechen, sondern um die strukturelle Dimension menschlichen Unrechts, wie sie in der Mißachtung der Menschenrechte und der Rechte der Völker heute zutage tritt, deutlicher zu kennzeichnen. Gleichwohl ist auch die soziale S. die Wirkung sittlich schlechten Freiheitsvollzugs und der Negierung kreatürlicher Abhängigkeit von Gott.

3. Diese Handlungs- und Geschehenswirklichkeit menschlicher Sch.-Verhaftung tritt bereits im S.n-Verständnis des *AT* eindringlich zutage. Wie die Hamartiologie von Gen 3–11 zeigt, sind umfassende Entfremdung und Dissoziation des Menschen von sich selbst, der Natur und den Mitmenschen die konnaturale innere Folge der Verabsolutierung des eigenen Selbst. In wachsendem Maße geht die S. auch in die Objektivationen menschlichen Handelns ein (vgl. den Turmbau zu Babel, Gen 11,1–9) und bestimmt durch sie die Situation menschlicher Freiheit mehr und mehr mit. Sei es, daß die bösen Taten sich zu Wirklichkeiten quasi dämonischer Art verdichten (vgl. Gen 4,7), sei es, daß Jahwe selbst über die schicksalswirkende Tatsphäre wacht (vgl. Spr 11; 25–29), in jedem Fall hat die S. als Verfehlung gegenüber Jahwe *(ḥaṭṭā't),* als Abweichung von Gott *('āwōn)* oder gar

als Bruch der Gemeinschaft mit Gott *(paeša')* lebensmindernde Folgen, die den einzelnen wie auch das ganze Volk (vgl. Hos 12,3) betreffen können (zum Tun-Ergehen-Zusammenhang vgl. K. Koch). Das Spezifische des atl. S.n-Verständnisses besteht aber nicht nur in einem ausgeprägten Sinn für die vielschichtigen Strukturzusammenhänge schuldhaften Vergehens, sondern auch in der allmählichen Verlagerung des Schwergewichts vom objektiv betrachteten Tatbestand (vgl. 2 Sam 6,6f.) zu den theol.-ethischen Dimensionen des Sch.-Geschehens selbst. Vor allem die prophetische Tradition kritisiert hierbei sowohl die Verkürzung auf ein bloß kultisch-rituelles Verständnis von Sch. und Umkehr (vgl. Joel 2,13) als auch die Mißachtung der dem Bund Jahwes mit Israel entsprechenden Sozialordnung (vgl. Am 3,1 – 6,14). Ausbeutung und Unterdrückung der Armen wiegen in ihrer Schuldhaftigkeit deshalb so schwer, weil sie Bruch und Leugnung des neuen in Exodus und Landgabe begründeten Heilsverhältnisses darstellen. Sosehr auch im AT noch zeitbedingte und kulturspezifische Vorstellungsformen wirksam sind, die entscheidende Formung und Vertiefung erfährt das atl. S.n-Verständnis aus dem Verhältnis zu Jahwe als dem geschichtlich offenbaren Gott Israels, der sich seinem Volk zuwendet und zu Gefolgschaft und religiös-ethischer Heiligung (Lev 19,2) ruft.

4. Im *NT* verdichtet sich das S.n-Verständnis auf den Widerspruch zur lebenstiftenden gnadenhaften Selbstmitteilung Gottes in Jesus Christus. In dieser Konzentration sprechen vor allem Joh und Paulus nicht mehr so sehr von den S. als Vielzahl einzelner Taten, sondern von der S. als dem zutiefst unheilvollen Akt des Sichversagens gegenüber dem Geheimnis des lebendigen Gottes. S. im eigentlichen, d.h. theol. Sinn ist die Weigerung des Menschen, sich von Gottes Gnade beschenken zu lassen, das Angebot des Lebens anzunehmen; sie ist die Verweigerung des Glaubens, d.h. Unglaube. Bei Joh zeigt sich dieser Zusammenhang als die Ablehnung des Logos (Joh 1,11; 3,19). Sie äußert sich in verkehrter Liebe zur Finsternis des Kosmos und resultiert in Angst (vgl. auch 1 Joh 4,17f.). Dieser Zusammenhang von Ablehnung wahren Lebens, Unglaube und Angst bestimmt auch das paulinische S.n-Verständnis. Für Paulus liegt der Grundwiderspruch der S. im Streben, das Leben aus eigener Kraft zu beschaffen, aus sich allein heraus existieren zu wollen. S. ist die Verleugnung der Grundbestimmung der Geschöpflichkeit, d.h., wie Gott sein zu wollen. Dieser sündige Wahn aber kennt viele Weisen, deren Nichtigkeit erst im Lichte der Selbsterniedrigung Christi (Phil 2,6–11), den Gott für uns zur S. gemacht hat (2 Kor 5,21), voll erkennbar ist. Das Verlangen nach Selbstmächtigkeit nötigt den Menschen nur um so mehr, sein Selbst in verfügbaren Sicherheiten zu gewinnen. Was immer er erreicht, hält er sich selbst zugute. S. besitzt daher für Paulus vor allem den Charakter des Selbstruhms (vgl. 1 Kor 7,29ff.). Da aber alle menschlichen Leistungen sich als vergänglich erweisen und die daraus erwachsene Sicherheit immer gefährdet bleibt, gerät der Mensch in Sorge, Angst und immer größere Betriebsamkeit (vgl. 1 Kor 7,32). Neid und Mißgunst breiten sich aus und beginnen den Menschen selbst zu überwältigen. In dem Maße aber, wie er an seiner eigenen Endlichkeit festhält, verlieren seine Freiheit und seine Liebe ihre Mächtigkeit. Die Wirklichkeit seiner S. schlägt auf ihn zurück und endet in „Ohnmacht zur Liebe" (P. Schoonenberg).

Am tiefsten freilich offenbart sich für Paulus der sündige Wahn, sich auf seine Leistung zu verlassen, erst unter dem Gesetz. Das Gesetz, welches für ihn die Tora, dann aber das ganze AT umfaßt (vgl. Röm 3,19) und Inbegriff der sittlichen Forderung ist (vgl. Röm 2,14f.), vermittelt zwar den unverbrüchlichen und hl. Willen Gottes, der Mensch aber läßt es sich nicht als lebenstiftende Weisung begegnen, sondern mißbraucht es als Mittel der Selbstsicherung und Selbstrechtfertigung. So jedoch wird das Gesetz zum Zuchtmeister (Gal 3,24), es läßt den Menschen erst die S. kennenlernen (Röm 3,20), macht die S. groß (Röm 5,20) und weckt sie auf (Röm 7,7f.). In der Erfahrung mit dem Gesetz enthüllt sich in aller Schärfe die adamitische Situation als un-heimlicher Widerspruch nicht nur zwischen dem fleischlichen Menschen und dem Gesetz, sondern zwischen Wollen und Tun im Ich des Menschen selbst, zwischen dem von ihm erstrebten und bejahten Guten und dem nicht gewollten, aber ständig nur erreichten Bösen (Röm 7,19f.). Die Ursache für diese Diastase zwischen der Erkenntnis der Gesetzesforderungen und der Ohnmacht, sie zu erfüllen, liegt nicht im Gesetz selber, sondern in der S. als des eigentlichen Unheilsfaktors. Diese Verlorenheit ist jedoch kein Einzelfall, sondern kennzeichnet die Situation der gesamten Menschheit in ihrer Geschichte (Röm 3,10ff.). Erst hier wird die unheilvolle Macht der S. in ihrem vollen Umfang deutlich. Eine Erklärung dafür, warum die Menschheit restlos gescheitert ist, und zwar unentschuldbar, gibt Paulus nicht. Sein Interesse – wie überhaupt das Interesse des NT – ist bestimmt von der universalen Heilsbedeutung Christi als des Zweiten Adam und der Überwindung der S. durch Christus, durch den sich der Mensch vom Fluch des Gesetzes losgekauft weiß (Gal 3,13; vgl. Gal 2,21; Röm 5,12–20).

5. Obgleich die unheilvolle Wirklichkeit menschlicher Fehlbarkeit einer letzten Erklärbarkeit entzogen ist (vgl. 2 Thess 2,7) und die S. für M. Luther gewissermaßen „geglaubt" werden muß, bedarf die christl. Rede von S. und Sch. der anthropologischen und ethischen Vermittlung, um sie vor Verkürzung und vor Verfälschung durch neue Dualismen und Selbsterlösungstheoreme bewahren zu können. Die *theol. Reflexion* sucht dieser Aufgabe dadurch gerecht zu werden, daß sie zum einen den Widerspruchscharakter der S. im Hinblick auf die Eigenart sittlicher Beanspruchung deutet, zum anderen den Machtcharakter der S. von der Geschichtlichkeit menschlicher Existenz und ihrer Gebrochenheit her interpretiert und schließlich den Handlungscharakter der S. als eine Wirklichkeit bedenkt, die konkret nur im verleiblichten Vollzug einzelner Taten begegnet.

S. ist nicht einfachhin die Übertretung eines göttlichen Gebotes, sondern entgegen legalistischer Verkürzung ist S. als Schuld vor Gott urspr. auf das sittliche Sollen schlechthin bezogen, wie der Mensch es im Urgewissen erfährt und als oberstes Prinzip der praktischen Vernunft („das Gute ist zu tun, das Böse zu vermeiden") erkenntnismäßig erfaßt. Im christl. Verständnis ist dieser Anspruch kein anonymer Ruf des Seins im Sinne einer offenen Frage am Horizont der Existenz, sondern die personale Begegnungswirklichkeit des absolut Guten. Von daher hat die theol. Reflexion die Abkehr von Gott in der S. im Zusammenhang mit der ungeordneten Selbstliebe und der Hinwendung zu den geschaffenen, kontingenten Gütern betrachtet (vgl. Thomas v. Aquin, S.th. I–II q.77 a.4f.). Im Hinblick auf das Gute hat die S. so gesehen stets defizitären Charakter. Die ontologische Betrachtungsweise der S.n-Wirklichkeit als Mangel an Gutem hat ihre Sinnspitze im entschiedenen Kampf gegen alle dualistischen Verdinglichungsversuche der S. als ein an sich seiendes Böses (z.B. auch in Form moderner Projektionsmechanismen). Sie allein reicht jedoch nicht zu, um auch das Versagen von Freiheit und Verantwortung adäquat zu erfassen. Dies gelingt erst dort, wo man den sittlichen Auftrag des Menschen als seine Verantwortung für die sittliche Ordnung interpretiert, gemäß der er aktiv für die Seinsgestaltung sittlicher Normen Sorge zu tragen und darin seiner Würde als Gottes Ebenbild zu entsprechen hat (↗Ethik VIII). Gerade der Blick auf diese urspr. Beauftragung des Menschen zur sittlichen Selbstgesetzgebung vermag das S.n-Verständnis entscheidend zu vertiefen. Die Schuldhaftigkeit der S. zeigt sich nicht allein im Gegenüber zu einer Norm, die es zu erfüllen gilt, sondern vor allem in jenem Unterlassen, das es nicht wagt, für eine gerechtere sittlich-institutionelle Ordnung Sorge zu tragen, sondern glaubt, sich auf bequeme Weise aus der Verantwortung stehlen zu können. Diese oft geschickt getarnte Weigerung, wie sie in der modernen Lit. eindringlich beschrieben wird (vgl. A. Camus, F. Dürrenmatt, M. Frisch) ist, theol. gesehen, nichts anderes als die Selbstverweigerung gegenüber der aktiven Teilhabe an Gottes Vorsehung für diese Welt. Sie ist auch in besonderer Weise dazu angetan, der unheilvollen Macht der Sünde Raum und Wirksamkeit zu verschaffen, welcher alle

Menschen ausgeliefert sind, da alle gesündigt haben (Röm 5,12).
Die Lehre von der ↗ *Erbsünde* ist der Versuch, in einer zum Begriff der persönlichen S. freilich nur analogen Sprechweise die allgemeine Unheilssituation zu kennzeichnen, durch die vorab aller individuellen Entscheidung die Freiheit des Menschen je schon innerlich in Gnadenlosigkeit situiert ist. Es ist die Gemeinsamkeit im Versagen und die Solidarität in der S., deren Abgründigkeit sich in dem Maße auftut, als man sie aus dem Wesen von Freiheit und Geschichtlichkeit zu erschließen sucht. Die Vorstellung von der Weitergabe der Erb-S. durch Abstammung und nicht durch Nachahmung (vgl. Conc. Trid., Sess. V: Decr. de pecc. orig. [DS 1513]) ist der anthropologische Ausdruck nicht eines zeitlichen Ursprungs der S., sondern einer universalgesch. Anfänglichkeit. Das Geheimnis dieses Anfangs ist kein anderes als das der Freiheit schlechthin, welche ihrer Struktur nach immer schon als kommunikativ nach einem allg. Prinzip gedacht werden muß.
Von der *einen* Geschichte des Menschen her betrachtet, stehen auch die Einzeltaten nicht beziehungslos nebeneinander und nicht bedeutungslos dem je eigenen personalen Grundentscheid gegenüber. Die Beschreibung von S. nach objektiver Schwere (leichte – schwere S.) bzw. freiheitsverkehrender Intensität (läßliche – Tod-S.) sucht diesen Zusammenhang einer praktischen Beurteilbarkeit im konkreten Fall zugänglich zu machen. Wie menschliches Handeln schlechthin nur im Horizont von Sittlichkeit zu erfassen ist, so erschließt sich auch der wirkliche Charakter menschlicher Verfehlungen nur in ihrer Verbindung mit der inneren Haltung, um die der Mensch primär nur im bekennenden Anerkennen seiner Sch. weiß. Die christl. Rede von Sch. und S. erweist ihre Realistik freilich nicht einfachhin dadurch, daß sie den Menschen unabweisbar mit seiner eigenen Sch. konfrontiert, sondern darin, daß sie ihn im Kampf gegen das Böse mit dem Sieg konfrontiert, den Gott selbst in seinem Sohn über den Tod bereits errungen hat.

Lit.: *R. Bultmann,* Theologie des NT. Tübingen [6]1968; *G. Condrau / F. Böckle,* Sch. und S.: CGG XII 91–135; *R. Knierim,* Die Hauptbegriffe für S. im AT. Gütersloh 1965; *K. Koch,* Gibt es ein Vergeltungsdogma im AT?: ders. (Hg.), Um das Prinzip der Vergeltung in Religion und Recht des AT. Darmstadt 1972, 130–180; *O. H. Pesch,* Theologie der Rechtfertigung bei Martin Luther und Thomas v. Aquin. Unveränderter Nachdruck Darmstadt 1985; Apost. Schreiben im Anschluß an die Bischofssynode *„Reconciliatio de paenitentia"* von Johannes Paul II. an die Bischöfe, die Priester und Diakone und an alle Gläubigen über Versöhnung und Buße in der Sendung der Kirche heute (2. Dez. 1984): Verlautbarungen des Apost. Stuhls 60. Bonn 1985; *P. Ricœur,* Die Fehlbarkeit des Menschen. Freiburg 1971; *ders.,* Symbolik des Bösen. Freiburg 1971; *P. Schoonenberg,* Der Mensch in der S.: MySal II 845–941; *M. Sievernich,* Sch. und S. in der Theologie der Gegenwart. Frankfurt 1982. *G. Höver*

VI. Im Islam. Nach dem Koran hat die Sünde (S.) in der Welt der Engel ihren Anfang genommen (vgl. Augustinus: De civitate Dei XI 17). Danach hat sich einer der Engel dem Gebot ↗Gottes (VI) widersetzt, sich vor dem gerade erschaffenen Adam niederzuwerfen, mit der Begründung: „Ich bin besser als er. Mich hast du aus Feuer erschaffen, ihn nur aus Lehm" (Koran 7, 11 12). Das Argument ist wenig islamisch, denn es gehört zu den Grundüberzeugungen des Islam, daß die ganze Schöpfung sich nur vor Allāh in Anbetung niederknien soll. Hier liegt eine Entlehnung aus jüd.-christl. Tradition vor. Dort finden wir in der „Schatzhöhle" (ed. Bezold 16), daß einer der Engel sagt, es zieme Adam, ihn anzubeten, der er Feuer und Geist sei, und nicht ihm, daß er den Staub anbete, der aus einem Sandkörnchen geformt sei. Der gefallene Engel ist auch die unmittelbare Ursache für die S. Adams. Sure 20,120 berichtet darüber: „Da flüsterte der Satan ihm ein und sagte: ‚Adam! Soll ich dich zum Baum der Unsterblichkeit und einer Herrschaft, die nicht hinfällig wird, weisen?'" Der Koran betont ausdrücklich, daß die S. Adams für die nachfolgende Menschheit keine Folgen hatte, und leugnet somit die christl. Lehre der Erb-S. Die Begründung für diese Lehre steht in Sure 2,37,38: „Hierauf nahm Adam von seinem Herrn Worte der Verheißung entgegen. Und Allāh wandte sich ihm gnädig wieder zu. Er ist der Gnädige und Barmherzige. Allāh sagte: ‚Geht allesamt aus dem Paradies hinunter. Und wenn dann von mir eine rechte Leitung zu euch kommt, brauchen diejenigen, die ihr folgen, keine Angst zu haben.'" Dieser Gedanke kommt aus der jüd. Tradition, die berichtet, daß Gott Adam die Pforte der Buße öffnete (Gen. R. 21,6). Dieser koranische Gedanke hat eine wichtige Konsequenz für die islam. Interpretation des Lebens Jesu. Aufgrund von Sure 4,156,157 wird der Kreuzestod Jesu geleugnet und damit auch sein Sühnopfer zur Vergebung der S.

Der Koran spricht mehrere Male über S. und Sch. Das arab. Wort für S. ist Khaṭī'a und hat die Bedeutung „straucheln" oder „einen Fehler machen". Es wird definiert als eine mit Vorsatz begangene S. Es entspricht dem allg. Chrakter des Korans, daß dieser keine ausgearbeitete Theorie über die S. enthält. Ebensowenig führt der Koran eine Liste, vergleichbar mit dem ↗Dekalog des AT (↗Hll. Schriften VI), vor. Im allg. wird gesagt, daß der Mensch vornehmlich gegen Gott, Muḥammad, Witwen, Waisen und Arme sündigen kann. Wer Reue und Buße tut, kann bei Allāh Vergebung finden, ausgenommen für die S. des Unglaubens und des Götzendienstes (4,48 und 116).

Die spätere islam. Theologie hat wohl eine Katalogisierung der S. in schwere und leichte vorgenommen. Bedeutsam ist die Auffassung von al-Ghazālī (gest. 1111), es gebe keinen praktischen Unterschied zwischen leichten und schweren S. Er nennt vier S. des Herzens: Götzendienst, Verharren bei der S., Verzweiflung an Gottes Erbarmen und falsche Zuversicht; vier der Zunge: falsches Zeugnis, Verleumdung, Meineid, Zauberei; drei des Leibes: Trinken von berauschenden Getränken, Veruntreuung des Eigentums von Waisen, Wucher; zwei der Genitalien: Hurerei und Päderastie; zwei der Hände: Mord und Diebstahl; eine der Füße: Fahnenflucht; eine des ganzen Körpers: Ungehorsam gegen die Eltern (vgl. auch Augustinus, Confessiones X 30–39). Die Mystiker haben das S.n-Verständnis des Islam psychologisch vertieft (↗Meditation/Mystik IV). Nach ihnen ist der Mensch ein Sünder. Er muß Gott in dessen Erhabenheit und sich selbst in seiner Niedrigkeit erkennen.

Lit.: *F. Rahman,* Art. Islam. An Overview: ER VII 303–322, bes. 311–313 (Lit.); *D. B. Macdonald,* Development of Muslim Theology. New York 1965.

J. Bouman

VII. In asiatischen Hochreligionen. In den asiat. Hochreligionen kommt die Kategorie Schuld (=Sch.)/Sünde (=S.) in unterschiedlicher Weise zur Anwendung.

1. Im Parsismus wird eine radikale Gehorsamsforderung gegenüber dem göttlichen Wort verlangt (↗Parsi/Parsismus). Die Gläubigen werden zu einem sittlichen Kampf für das Reich des Guten gegen das Reich des Bösen gerufen. Der Mensch hat die Wahl zwischen der Partei des Bösen, die sündhaft ist, und dem Gott Ahura Mazda, der von den sieben Amesha Spentas, personifizierten ethischen Höchstwerten (gute Gesinnung, Wahrheit, Frömmigkeit, Gehorsam usw.), umgeben ist. Beichtformulare wurden von Ahura Mazda verlesen und im kultischen Rahmen von einer Versammlung von Priestern und Gerechten die S. bekannt.

2. In Indien (Vedismus/Brahmanismus) wird das Problem rel. Vergehen seit der Frühzeit mit Bezug auf eine positive Diesseitsorientierung gesehen. Die Götter Varuṇa (Hüter der kosmischen und sittlichen Ordnung) und Mitra (Gott der Freundschaft und des Vertrages) bestrafen als kultische Vergehen Verfehlungen gegen die Götter und die Seher der Vorzeit und als soziale Vergehen diejenigen gegen die Manen und die Menschheit. Sie können, da Varuṇa die S. wie eine Schlinge lösen kann, mit der er sonst die Übeltäter bindet, durch das Bekenntnis der S.n und durch Opfer besänftigt werden. Die Mystik der Up. strebt die Einheit von ↗Ātman und ↗Brahman an und bedient sich dazu der Ehtik, die aber nach Erreichung der Erlösung überschritten wird, da gute wie schlechte Werke an den Geburtenkreislauf binden, dem man dann entronnen ist.

3. Im frühen Buddhismus gilt die Gier als Ursache für das Leiden, mithin liegt die Aufhebung des Leidens in der Aufhebung der Gier. Der Weg zur Vernichtung von Gier und Unwissenheit ist der der ethischen Zucht. Der achtfache Pfad zur Aufhebung des Leidens weist den Weg: 1) Rechte Ansicht, 2) Rechter Entschluß, 3) Rechte Rede, 4) Rechtes Verhalten, 5) Rechtes Leben, 6) Rechte Anstrengung, 7) Rechte Bewußtheit, 8) Rechte

Sammlung machen ihn aus. Diese Bestimmungen beziehen sich auf die innere Zucht der Mönche. Zehn weitere Regeln, von denen die ersten fünf auch für die Laien gelten, regeln das Verhältnis zur äußeren Welt: 1) Vermeidung des Zerstörens von Leben, 2) Abstehen vom Nehmen nicht gegebener Dinge, 3) Enthaltung von unkeuschem Wandel, 4) Vermeidung von Lüge, 5) Enthaltung vom Genuß berauschender Getränke, 6) Enthaltung vom Essen nach Mittag, 7) Sich-Fernhalten von Tanz, Musik und Schaustellungen, 8) Vermeidung von Schmuck, 9) Schlafen auf einfachem Lager, 10) Nichtannahme von Gold und Silber. Zur S.n-Bekenntnisfeier Posadha, an der alle Mönche teilzunehmen haben, werden Sch.-Bekenntnisse vorgetragen; bei der Pravāranā-Zeremonie laden sich die Mönche gegenseitig zur Buße ein. Sch./S. ist hier die Verfehlung gegen die Regeln, die zum Heilsziel führen sollen, und damit eine Selbstschädigung.

Lit.: *G. Mensching,* Die Idee der S. o.O. 1931; *ders.,* Gut und Böse im Glauben der Völker. Leipzig [2]1950; *C. H. Ratschow* (Hg.), Ethik der Religionen. Stuttgart 1980; *M. Klöcker / U. Tworuschka* (Hg.), Ethik der Religionen. Bde. 1ff. München 1984; *G. Widengren,* Die Religionen Irans. Stuttgart 1965; *H.-J. Klimkeit,* Manichäische und buddh. Beichtformeln aus Turfan: ZRGG 29 (1977) 192–228. *P. Parusel*

Schuldaufhebung. Die Erfahrung von ↗Schuld – religiös Sünde – als existentielle Belastung ist ein allg.-menschliches Phänomen. Dies drückt sich einerseits in sozialen, gesellschaftspolitischen, philosophischen und psychologischen Theorien der Schuldüberwindung, andererseits in magischen und kultischen Praktiken, in rel. Glaubenssätzen und Verhaltensweisen sowie in sakramentaler, liturg. Praxis aus. Grundsätzlich gilt, daß Theorie und Praxis der Sch. abhängen von Seinsverständnis, Gottesbild und Anthropologie. Entsprechend wird Entschuldung begriffen als Reinigungs- oder Abwehrritual, Glaubensakt, Therapie oder gesellschaftlicher Prozeß. Leitworte sind religiös: Reinigung, Erlösung, Sühne, Versöhnung; psychologisch: Therapie; gesellschaftlich: Veränderung, z. T. in revolutionärem Sinn.

1. In den Naturreligionen geht es vorwiegend um Reinigungsriten und apotropäische Kult- und Zauberrituale, oft verbunden mit Opferhandlungen. Sie sind geprägt von magischem Seinsverständnis und der naturhaft erfahrenen Polarität von guten und bösen Mächten, die sich der Mensch gewogen machen oder die er abwehren muß.

2. Antike Religionen. a). Die ↗*Griech. Religion* kennt Sühnehandlungen vor allem als Reinigungsriten (kathartische Riten). Sie gehen jedem anderen kultischen Akt voraus (besondere Bedeutung haben sie am Heiligtum von Eleusis). Die *apollinische Religion* kennt (anders als noch Homer) auch eine Sühne für Blutschuld. Apollon und neben ihm Zeus sind die Sühnegötter. Als Sühne bei Blutschuld gelten Waschung und Substitutionsopfer (urspr. Menschenopfer). Andere Vergehen werden oft durch Spendeopfer gesühnt (Honig, Wein, Wasser, Gerste, Milch). Bekannt sind auch apotropäische Riten, meist aufgrund mantischer Weissagung. Die Grenze zum Aberglauben ist unscharf (bes. bei mit Krankenheilung verbundenen Riten.)

b) ↗Röm. Religion. Auch in Rom gab es apotropäisch geprägte Sühne-/Reinigungsriten (Lustrationsriten). Wesentliches Element ist das Umkreisen des zu Lustrierenden, das sich aus der magischen Bedeutung des Kreises (verbreitetes religiös-magisches Phänomen) ableitet. Lustrationsriten hatten vielfältige Bedeutung: für private und öffentliche Grundstücke und Siedlungen, für Personen und Tiere, Heer und Flotte, als stadtröm. Fest mit kultischer Begehung, als Ritus bei Geburt und Tod. Sie waren immer verbunden mit Gebet, z. T. auch mit Opfern. Deutlich wird hier die Verbindung von Sühne (Reinigung von Beflekkung in allg. Form; nicht bezogen auf personale Schuld oder Sünde) und der Hoffnung auf zukünftigen Schutz, Erfolg und Wohlergehen. Die röm. Volksfrömmigkeit entwickelte darüber hinaus eine Vielfalt privater Lustrationsriten, wobei die Heilung von Krankheiten breiten Raum einnimmt. – Insgesamt gilt, daß die Entwicklung vom apotropäischen Ritual zum kathartischen Sühneritus geht, wobei Substitutionsopfer zunehmend an die Stelle von Blutsühne durch Menschenopfer treten.

3. In östl./fernöstl. Religionen a) Das Sünden- und Sühneverständnis des ↗*Islam* ist von seinem Selbstverständnis als Ganzhingabe an Gott zu verstehen. Es geht darum, daß der Mensch sich Gott gegenüber als begrenzt, abhängig und unvollkommen begreift und sich, in Erkenntnis seiner Verfehlungen gegen Gott und die Mitmenschen in Reue und Buße diesem zuwendet, damit er ihm Vergebung gewährt. Unglaube und Götzendienst sind als grundsätzliche Verweigerung der Ganzhingabe nicht entschuldbar; Einsatz für den Glauben führt dagegen ins Paradies (↗Djihād). Da der Islam keine Erbsünde kennt, bedarf es zur Entschuldung keiner Eröffnung der Vergebung durch ein spezifisch sühnendes gottgewirktes Tun und daher keiner Soteriologie.
b) Die Vorstellung des ↗*Buddhismus* von Erlösung ist von der buddh. Seinsvorstellung her zu begreifen. Menschliches Leben als solches ist Leid. Sünde und Schuld sind Leidensrealitäten des nicht von sich selbst befreiten Ich. Sünde ist so nur aufzuheben durch Aufhebung des Leidens, d.h. durch das Ende des Kreises der Wiedergeburten, im ↗Nirvāṇa. In diesem Sinne muß statt von Erlösung von Erlöschen geredet werden, mit dem leidvolle Verfaßtheit und Sünde aufhören. Schuld kann nicht vergeben, sie muß mit dem Ich im positiv begriffenen ↗Nichts aufgelöst werden. Innerweltlich wird dies durch Ablegen des Begehrens erreicht, das zum inneren Frieden führt: wer im Frieden ist, sündigt nicht mehr und erfährt die Sünde der anderen nicht mehr als Qual. In der buddh. Mönchsgemeinde sind jedoch auch Sündenbekenntnisriten und Bußübungen bekannt. Ziel ist die Erneuerung des mönchischen Lebens mit den auf das Heil ausgerichteten Regeln. Der ind. *Vedismus* und *Brahmanismus* kennt innerweltlich ausgerichtete Formen des Sündenbekenntnisses und Opferriten, die auf Erneuerung und Verbesserung des diesseitigen Lebens bezogen sind. Varuṇa wird als Sühnegott verehrt, der kultisch besänftigt werden muß. Alle östl. Religionen kennen überdies eine Vielzahl von Praktiken der Volksfrömmigkeit als sühnende Besänftigungsriten.
4. Das AT drückt in differenzierter Sündenterminologie das existentielle Betroffensein des einzelnen wie des Volkes aus. Entsprechend zeigt sich das Versöhnungsbemühen als subjektiver Akt und als objektiv rechtlich und kultrechtlich geregeltes Handeln. Subjektive Formen sind ↗Gebet (Psalmenformulare), Bußübungen (↗Fasten; Buße) und Nächstenliebe. Objektiv eingeholt wird subjektive Sühne im Schuldopfer (Lev 7,7 – verbunden mit Restitution, oft auch Geldbuße) und im Sühnopfer (Lev 4,1–5.13 – Bußleistung sozial gestuft). Am Versöhnungstag erhält dieses den Charakter offiziell vom Hohenpriester für das Volk dargebrachter Sühne (Lev 23,27–32; Num 29,7–11 – Sündenbockritual). In Übung waren auch Reinigungsriten (Krankheit als Sündenstrafe) und Ausstoßungs- und Ausrottungspraktiken bei bestimmten Vergehen einzelner; ihre Entfernung hat entschuldende Wirkung für alle. Die Schuldgeschichte des einzelnen ist immer in die des ganzen Volkes eingebunden, das unter dem letztlich nur in der Vergebung Jahwes erfüllbaren Anspruch der Heiligung steht. Die *altoriental. Religionen* kennen ebenfalls Schuld als existenzmindernd; ein offenes Bekenntnis fehlt aber meist, wiewohl die Notwendigkeit der Rechtfertigung anerkannt wird. In *Ägypten* etwa wird das schuldbeladene Herz nach dem Tode vom Richtergott Thot magisch gelöst (vgl. negative Beichte, Ägypt. ↗Totenbuch).
5. Christlich. a) Das *NT* spricht von Vergebung im Rahmen der Reich-Gottes-Botschaft Jesu. Gott bietet dem umkehrbereiten Sünder Versöhnung an, die Jesus in seiner Lebenspraxis immer wieder konkret zuspricht (oft verbunden mit Heilung). Jesu Existenzweise der Versöhnung ist Modell neuer Communio-Struktur unter den Menschen, die, auf Endgültigkeit angelegt, schon im Diesseits wirksam werden kann und soll. In Tod und Auferstehung Jesu wird Vergebung aufgrund der Erlösung zum grundsätzlichen Heilsangebot Gottes (↗Heil VI). Mit dem einen ↗Opfer (IV) Jesu werden zugleich die Sühnopfer des AT abgelöst. Johannes und Paulus vertiefen das Erlösungsverständnis inkarnatorisch-soteriologisch (auch in Abgrenzung von Selbsterlösungstheorien, ↗Gnosis). Vergebung

zeigt sich als universaler Heilsakt, der den Menschen von jeher umgreift, in Jesus zur Erfüllung kommt und im Parusiegeschehen, unter dem Signum des Weltgerichtes, vollendet wird. Sühnehandeln des Menschen ist, jenseits aller Werkgerechtigkeit, Zeichen von Glaube, Umkehr und neuer Lebensgestaltung.

b) *Systematisch.* Die theol. Lehre weiß Erlösung als ungeschuldeten Gnadenakt Gottes. Vergebung – auch der *coram Deo* als Sünde verstandenen zwischenmenschlichen Schuld – kann nur Gott selbst gewähren. Sie hat Bedeutung für das jetztzeitige Gottesverhältnis des Menschen und zielt in letzter Finalität auf die den Tod kraft der Erlösung überdauernde Gemeinschaft von Gott und Mensch, die sich eschatologisch als „ewiges Leben" erfüllt. Dogmatische Grundworte sind Reue, Bekenntnis (Verantwortungsübernahme), Buße, Wiedergutmachung, Wille zur Besserung (Vorsatz) und Sündennachlaß. Nach kath. dogmatischem Verständnis ist es dem kirchl. Amt qua göttlicher Vollmacht in richterlicher Funktion übertragen, in sakramentalem Akt Lossprechung von Schuld zu gewähren (Joh 20,23). Nach reformat. Verständnis hat die Buße große Bedeutung. Als Kirchenzucht wird sie jedoch zunehmend abgelehnt und die Sakramentalität der Beichte schließlich ganz bestritten.

c) *Bußordnungen.* Die Kirche kennt seit jeher vielfältige Bußformen: Gebet, Schriftlesung, Caritas, Gottesdienstfeier, Versöhnungshandeln u.a. und feste (sakramentale) Bußordnungen in der Alten Kirche zunächst als einmalige Buße (kanonische Bußordnung 3.–6. Jh.) für Capitalia mit Bekenntnis, Ausschluß aus der vollen kirchl. Gemeinschaft, Bußleistung und anschließender Rekonziliation. Die Bußleistung steht im Vordergrund. Unter dem Einfluß der Mönchskirche wird die Buße zunehmend privatisiert (seit 6. Jh.); es entstehen Bußkataloge (iro-schottische Tarifbuße). Bald wird die Lossprechung vor die Bußleistung verlegt (seit 1000). Bekannt sind auch Gemeinschaftsformen mit Einzelbekenntnis und allg. Lossprechung (Ordo von Arezzo). Das Gewicht liegt auf dem Bekenntnis. Mit dem IV. Laterankonzil (DS 812) und dem Tridentinum (DS 1683 1708) lehrt die kath. Kirche die Notwendigkeit der jährlichen Beichte aller schweren Sünden nach Art und Zahl. Seit dem II. Vatikanum wird die Versöhnung mit Gott und der Gemeinschaft der Kirche in den Mittelpunkt gerückt und die Hinordnung auf die Eucharistie (anamnetische Vergegenwärtigung des Heilsgeschehens) als Quelle und Ziel der Buße betont. Gemeinschaftsformen gewinnen zunehmend an Bedeutung.

6. Gesellschaftstheorien sehen Böses und Schuld als gesch. Realitäten, die, überindividuell wirksam, das Individuum erfassen. Nach K. Marx ist es die von der herrschenden Klasse verschuldete Entfremdung des Subjektes durch den Verkauf seiner Arbeitskraft, welche im autonomen gesellschaftlichen Prozeß überwunden werden muß. Ziel ist die klassenlose Gesellschaft, die auf dem Weg der Revolution des Proletariats erreicht wird und in der gesellschaftliche Schuld aufgehoben ist. Die Politische Theologie und die ↗Befreiungstheologien (Option für die Armen) versuchen dies von christl. Seite aufzuarbeiten.

7. Psychologisch stellt sich die Schuldfrage im Rahmen des Problems der Angst. Sie erwächst aus mangelnder Verarbeitung von Schuldgefühlen. Ob diese illusionären Charakter haben und als Selbsttäuschung aufzuarbeiten sind (vgl. Freud, Adler) oder ob sie über allg. existentielle Schulderfahrung hinaus auch aus einem Widerspruch zu sittlichen Normen erwachsen (vgl. Jung, Boss), entscheidet darüber, ob Schuld einfachhin als krankhaft neurotisch und rein medizinisch therapierbar bewertet wird.

Lit.: *G. Condrau/F. Böckle,* Schuld und Sünde: CGG XII 91–135; *P. Engelhardt,* Versöhnung und Erlösung: CGG XXIII 127–161; *Miltner,* Art. Lustratio: PRE XIII/2, 2029–2039; *Hamburg,* Art. katharmós: PRE X/2, 2513–2519; *R. de Vaux,* Das AT und seine Lebensordnungen II. Freiburg 1962; *A. Schenker,* Versöhnung und Sühne. Freiburg/Schweiz 1981; *Presseamt des Erzbistums Köln* (Hg.), Die Feier der Buße nach dem Neuen Rituale Romanum – Ordo paenitentiae. Köln 1977. *A. Soete*

Schweigen ist religiös lange vordringlich als ein Verstummen, Nichtreden, Stillwerden in der Natur, in einer Gemeinschaft, in der Liturgie, in der Meditation oder auch als moralisch-asketische Disziplin betrachtet worden. Erst die Begegnung mit den asiat. Religionen des Sch., zumal dem ↗Buddhismus, hat den Sinn für das eigentümliche Verhältnis von Wort und Sch. neu geweckt. Die Rede von einem redend-handelnd sich mitteilenden Gott (↗Offenbarung V) erweist sich dort nicht mehr als selbstverständlich, wo die Rede vom Sch. sich nicht mehr primär auf den Menschen, sondern auf das Absolute bezieht, wo der/das Absolute schweigt bzw. gar das Sch. schlechthin ist. Während der Buddhismus aus der deutlichen Absage an einen entsprechenden Gott lebt, steht im Zentrum jüdisch-christl. Verkündigung die Erfahrung eines worthaft-tathaft in der Geschichte der Menschen wirksamen Gottes. Entsprechend hat die Erfahrung des Sch. Gottes, seiner Abwesenheit und Ferne im Christentum eine andere Wertigkeit als das „Sch. des Buddha“ im Buddhismus, wo dieser letztlich „nichts“ zu sagen hat (↗Nichts). Philos.-metaphysisch stehen sich das Leben aus dem Unsagbaren und dem „beredten Sch.“, das sich menschlichem Wort letztlich entzieht, aber im Grunde doch Wort ist und im Wort (griech. *lógos*) an seinerWorthaftigkeit teilhaben läßt und darum auch im ↗Namen ansprechbar ist, und das Leben aus dem namenlosen Grund, der wortlos ist und daher im Grunde „nichts“, d.h. unansprechbar bleibt, gegenüber. In beiden Fällen stellt sich die Frage nach der Überbrückung von Wort und Sch. Wenn das Wort aus dem Sch. als dem absoluten Nicht-Wort kommt, kann man – in Analogie zu M. Heidegger – fragen: Warum gibt es überhaupt Sprache und Gespräch und nicht vielmehr Sch.? Wenn das menschliche Wort als Antwort auf den absoluten göttlichen Logos in Erscheinung tritt, so führt die Differenz zwischen menschlichem und göttlichem Wort in und durch das Sch. Eine solche Vermittlung hat die christl. Theologie in Patristik und MA mit Hilfe der sog. negativen Theologie zu leisten versucht. In dieser ging der theo-logische Erkenntnisweg (im Dreischritt von *via affirmationis* über die *via negationis* zur *via eminentiae*) mystagogisch in die Bemühung um eine myst. Gottbegegnung und Theologie über. Erst im Rahmen einer theol.-philos. Reflexion des Sch. erhält dieses in den verschiedenen menschlichen Lebensvollzügen und -erfahrungen seinen vollen Sinn.

Lit.: *G. Mensching,* Das hl. Sch. Gießen 1926; *M. Picard,* Die Welt des Sch. Erlenbach – Zürich [2]1950; *J. Hochstaffl,* Negative Theologie. München 1976; *R. Sesterhenn* (Hg.), Das Sch. und die Religionen. München 1983; *E. McCumsey,* Art. Silence: ER XIII 321–324.

H. Waldenfels

Seele. 1. S. *(psychḗ, thymós, pneûma, anima, spiritus)* ist einer der zentralsten und unschärfsten Begriffe des menschlichen Denkens. Dies hängt damit zusammen, daß mit dem Begriff S. völlig verschiedene Eigenschaften des Menschen, nämlich Begehren, Empfinden, Fühlen, Denken, Wollen und Weisheit, zusammengefaßt werden. Aus diesem Grunde mußten alle Versuche scheitern, S. als eine selbständige Einheit zu beschreiben. So bedeutet S. urspr. Lebenshauch, Atem (↗Geist), die den Gliedmaßen innewohnende Lebenskraft, die im letzten Atemzug den Sterbenden zu verlassen scheint, das Prinzip des Lebens, Empfindens und Denkens, das übertragen als inspiratorisch erfüllender und enthusiastisch ergreifender Hauch des Geistes nach außen und innen wirksam ist und zumindest in einzelnen Teilen den Tod überdauert. S. hängt daher geschichtlich eng mit der ↗*Unsterblichkeit* zusammen.

2. Bei den *Naturvölkern* begegnen wir als universalem Glaubensgut unter anderem der Vorstellung von einer oder mehreren S.n, von denen nach dem Tod wenigstens eine fortlebt. Dabei werden mit dem Begriff S. im allg. die Eigenschaften der *Psyche* (Empfinden und Fühlen) und die Eigenschaften des Geistes (Denken, Wollen, Weisheit) zusammengefaßt. So finden wir bereits in *Ägypten* für diese beiden Aspekte der S. eine eigene Bezeichnung: *Ka (ko, koi),* die Lebenskraft, bleibt nach dem Tod der Einzelperson beim Grab. *Ba,* der geistige Teil der S., kann sich nach dem Tod frei bewegen und nimmt daher die Gestalt eines Vogels an. Auch in *China* kannte man eine *Leib-S. (po),* die nach dem Tod bei der Leiche bleibt und sich von den Totenopfern nährt, und eine *Geist-S. (hun),* die im Reich des Himmelsgottes fortlebt, dem die Erdgottheiten unterstehen. In der *ind.*

Religiosität wird nach den Upanişaden das ↗*Brahman* nicht nur als Urprinzip betrachtet, sondern mit dem entsprechenden Prinzip der lebenden Wesen, ↗*Ātman*, identifiziert. Die wahre Natur des *Ātman-Brahman* ist die Unwandelbarkeit, Alleinigkeit und Undifferenzierbarkeit. Bei den *Babyloniern* (↗Babyl.-assyr. Religion) überlebt das Geistwesen *Edimmu* den Tod des Leibes. Nach ↗*Zarathustra* werden die Menschen nach dem Tod belohnt und bestraft.

3. In der *griech. Kultur* finden wir die ältesten S.n-Vorstellungen bei *Homer*, wo zwischen *S. (psychḗ)* und *Geist (thymós)* unterschieden wird. „Dies nun ist das Los der Menschen, wenn sie gestorben. Nicht mehr wird dann Fleisch und Gebein durch Nerven verbunden, sondern die mächtige Kraft des lodernden Feuers vernichtet alles, sobald der Geist *(thymós)* die weißen Gebeine verlassen und die S. *(psychḗ)* entflieht wie im Traum und wehet ins weite" (Odyssee 11). Ein Einheitsbegriff von Psyche und Geist in der Bedeutung von S. fehlt bei *Homer* noch, allerdings versucht auch er schon, Psyche und Thymos zu verbinden. Als sich im 7. Jh. der Glaube an die Vergeltung des menschlichen Tuns immer mehr verbreitete und man die Abhängigkeit der bewußten S. (thymós) von der unbewußten (psychḗ) erkannte, wurde Psyche zusehends zum Begriff des Individuums, zum Träger bewußter Erlebnisse. Im 6. Jh. fungiert die Psyche bereits als Garant der Kontinuität eines diesseitigen und jenseitigen Daseins. Den Abschluß dieses Prozesses bildet die bei den Griechen bezeugte Vorstellung von der *S.n-Wanderung* als ein Kernstück pythagoreischen Denkens. Zu dieser Zeit taucht neben Psyche, Verstand und Geist *(noûs)* immer häufiger der Begriff *Pneuma* auf, das als Lufthauch des Windes in seinem Wehen als zügige Kraft wie auch nach seiner eigentümlichen unsichtbaren feinen Stofflichkeit als Element bezeichnet wird. Von hier aus bekommt das Pneuma geradezu die Bedeutung von S. (Psyche) und steht als Element neben ↗Erde, ↗Wasser, ↗Feuer, aus denen sich der Körper aufbaut, wie die Psyche dem Körper gegenüber, mit dem es im Leben verbunden ist. Im Tod trennt sich das Pneuma vom Körper, um zur Erfüllung seiner höheren Bestimmung nach oben zu entweichen (Epicharmos, Fr. 22). Von besonderer Bedeutung ist ferner, daß bereits bei den Vorsokratikern die Psyche in genau definierter Bedeutung vom Verstand *(noûs)* abgegrenzt wird, so daß der S.-Begriff eine dreifache Differenzierung erfährt: Psyche, Verstand *(noûs)*, Pneuma. Für *Platon* ist die S. unkörperlich, unbewegt, aber sich selbst und damit den Leib bewegend. Sie ist ein Mittleres zwischen dem Teillosen (den Ideen) und dem Teilbaren. Sie ist präexistent. Auf Erden ist sie an den Leib, das Fahrzeug *(óchema)* der S., gebunden, den sie wie ein Steuermann lenkt. Sie ist das Lebensprinzip und besteht aus folgenden Teilen: der *Vernunft*, der das Streben nach Erkenntnis eigen ist, die nur dem Menschen zukommt, dem *Mutartigen*, dem Inbegriff der edlen Affekte und Triebe, und dem *Begehrlichen* (Tim. 70 c, 71 a, 77 b). Nach *Aristoteles* unterscheidet sich das Beseelte vom Unbeseelten durch das Leben (De anima II 2,2–3). Damit ist auch gesagt, daß Pflanzen, Tiere und Menschen eine S. haben. Die menschliche S. besitzt neben dem S.n-Vermögen der Pflanzen und Tiere auch noch den Verstand *(noûs)*. Nur dieser gehört nicht mehr der gewöhnlichen Erscheinung, sondern der Transzendenz an. Damit wird die Geist-S. auf die reine Verstandestätigkeit beschränkt. Im *Hellenismus* wird zum Unterschied von Aristoteles der ganze Kosmos als Einheit des psychisch-physischen Organismus verstanden. Der Unterschied zwischen Lebewesen, die eine S. haben, und den Steinen oder Hölzern wird relativiert. So hält die *Stoa* die S. für körperlich, und zwar als Teil der stofflich gedachten Welt-S. Sie steht mit dem Leib in Wechselbeziehung, ihre Substanz ist der Atem, das Pneuma. Bei der Welterneuerung ersteht die S. wiederum als die alte. Auch nach den *Epikureern* ist die S. wie alles Sein materiell. Den Bestand der S. bedingt die leibliche Umhüllung. Mit der Vernichtung dieser Hülle zerstieben die S.n-Atome. Im *Neuplatonismus* unterscheidet man zwischen Geist und Psyche. So hat nach *Plutarch* die Psyche Anteil am Geist *(noûs)*, aus dem sie hervorgegangen ist. Sie nimmt beim Eintritt in die

Sinnenwelt Kräfte auf, die ihr die Wirkung auf die Materie ermöglichen. Der Geist prägt die Psyche auf einer höheren und die Psyche den Körper auf einer niederen Seinsstufe. Damit wurde die von der Transzendenz in die Immanenz reichende Stufenleiter markiert. Eine solche Einordnung der S. in ein gestuftes Sein findet sich bereits bei *Poseidonius,* auf den die Stufenreihe Soma – Psyche – Geist *(noûs)* zurückgeht, womit eine der stoischen Psychologie an sich fremde Spiritualisierung der S.n-Vorstellung vollzogen wird.

4. Auch die *Bibel* unterscheidet mit den Begriffen *ruach, nephesch, pneûma, psychē, kardia, noûs* verschiedene Aspekte des Seelischen. So bezeichnet im AT *nephesch* das im Blut befindliche Lebensprinzip (Num 6,6), was in der LXX vornehmlich mit Psyche übersetzt wird, während *ruach,* in der LXX fast ausschließlich mit Pneuma wiedergegeben, den Geist als Gottes Gabe bezeichnet (Dtn 34,9; Ps 50,13). Im *NT* kommt ebenfalls diese Doppelbedeutung von S. zum Ausdruck. Als Psyche ist die S. Sitz des Lebens bzw. das Leben selbst, kann aber auch das innermenschliche Leben bedeuten, soviel wie (Ich) Person, Persönlichkeit, mit den verschiedenen Kräften der Seele (2 Kor 3,3). Als Geist (Pneuma) ist S. Prinzip der geistigen oder vom Geist Gottes erfüllten Tätigkeit. In den *paulinischen Briefen* findet sich auch der Terminus *noûs* zur Bezeichnung des geistigen Lebens in seiner natürlichen Entfaltung. Hervorzuheben ist ferner die Gegenüberstellung von S. und Geist (1 Thess 5,23), wobei Geist die höheren Fähigkeiten des Menschen, Bildung von Allgemeinbegriffen und Reflexion bedeutet, während Psyche Lebendigkeit, Empfinden und Fühlen beinhaltet.

5. Die *Lateiner* gebrauchen zur Bezeichnung von Psyche, Nous und Pneuma vor allem die Worte *anima, animus, mens, intellectus* und *spiritus,* womit die Vieldeutigkeit des S.n-Begriffes weiterbesteht. Die Frage nach ihrer Materialität oder Spiritualität wird wesentlich von der Frage des Todes und des Fortlebens bestimmt, die bei den Römern mit einer tiefen Angst besetzt ist, die man wiederum über den S.n-Begriff zu überwinden suchte. So fand *Epikurs* Lehre, daß die S. sich mit dem Tod des Körpers auflöse und der Tod daher nicht zu fürchten sei, über *Lukrez* und *Plinius* ein breites Echo bis in die heutige Zeit. Ganz im Gegensatz dazu hat *Epiktet* (60–117) nach Mark Aurel den Menschen als ein Seelchen verstanden, das einen Leichnam trägt. Für *Mark Aurel* (121–180) selbst besteht der Mensch aus drei Teilen: Körper, Lebenshauch und Geist. *Cicero* (106–43 v. Chr.) betont die Unsterblichkeit der Seele.

6. Die Philosophie der *Patristik* und das *MA* bedienten sich bei der spekulativen Behandlung der theol. Probleme der platonischen (Patristik) und dann der aristotelischen (Scholastik) S.n-Vorstellung, die jedoch in den Rahmen der Schöpfungslehre gestellt wird, wobei vor allem die Unterscheidung zwischen *ungeschaffenem Geist,* nämlich Gott, und dem *geschaffenen Geist* hinzutritt. Von einigen Vätern wie *Tertullian* (De anima) und *Arnobius* (Adv. gent. II 30) wird die S. materiell verstanden. *Apollinaris v. Laodicea* lehrte den Trichotomismus (Nous, Psyche, Soma), und *Origenes* betonte die Präexistenz der Seele. Im allg. bedienten sich die Väter jedoch der platonischen Philosophie, weil ihnen der Gedanke der Präexistenz und der Immaterialität der S. dem christl. Gedankengut besser entsprach als die aristotelischen Lehren von der *forma corporis.* So ist nach *Gregor v. Nyssa* die S. eine einfache immaterielle Substanz (De anima VI: PG 45,200). Die Auffassung einer spirituellen Substanz vertritt auch *Augustinus* (De Trin. XI 1). Die Aristoteliker des MA mit *Thomas v. Aquin* an der Spitze sahen sich hingegen mit den platonischen Aussagen über die S. vor unüberwindbaren Schwierigkeiten bei der Erklärung der substantiellen Einheit von S. und Leib, die sie für die Einheit der Person, für die Grundlage des moralischen Lebens und für das endgültige Schicksal des Menschen (Tod und Auferstehung) für notwendig hielten. Den Ausweg fand man in der Verbindung des platonischen Spiritualismus mit den aristotelischen Vorstellungen der Wechselbeziehung von Leib und S., Stoff und Form (Hylemorphismus). So ist nach Thomas v. Aquin die S. eine *geistige Substanz,* die durch die Verbindung mit der

Materie als Form die Materie an ihrer Substantialität teilhaben läßt. Die S. kann dem Körper eine organische Struktur und die Potenzen des vegetativen und sensitiven Lebens mitteilen (S.c.G. 11,c. 46–101).

7. Das Verständnis der S. in der *Neuzeit* ist gekennzeichnet durch die Wende von der *Substantialität* der S. zur S. als ↗*Bewußtsein*. Die wichtigsten Stationen dieser Entwicklung wurden vor allem vom *Geist*verständnis bei *Nikolaus v. Kues, Descartes, Leibniz, Kant* und *Fichte* markiert. Nach *Nikolaus v. Kues* ist der Geist (mens) eine Kraft der Begriffe, mit der er alles dem Begriffe nach schafft (De ludo globi II). *R. Descartes* sieht nicht nur die Garantie seiner Existenz, sondern auch die Natur des Geistes im Denken gegeben, da das Denken vom Ich nicht getrennt werden kann. Der Geist ist einfach, unausgedehnt, unzerstörbar, er erfaßt sich selbst als Denkendes. Als solcher (*res cogitans, mens* = Denkendes) steht er in absolutem Gegensatz zum Stoff, zum Körper (*res extensa* = Ausgedehntes). Diese Betonung des Denkens und der Trennung vom Subjekt übte einen entscheidenden Einfluß auf das europ. Geistesleben aus, der bis in die Gegenwart reicht und das aktive Denken zum Maß aller Wahrheit macht (Med. 2,6,6; Princ. philos. 1,8). *G. W. Leibniz* versteht den Geist als Disposition, die dem einzelnen Geistakt sachlich vorausgeht. Dies ist dadurch möglich, daß dem Körper Monaden, geistige Substanzen, zugrunde liegen, wobei jede Monade eine Welt für sich ist (Philos. Schr. IV). Für *I. Kant* ist Geist schließlich nicht einmal mehr Disposition. Er entfernt den Begriff des Geistes aus seiner krit. Transzendentalphilosophie und ersetzt ihn durch Begriffe wie „Ich", „Intelligenz", „Bewußtsein überhaupt", „Transzendentale Einheit der Apperzeption" (vgl. Allg. Kant-Index). Diese Ablehnung des Geistbegriffes sucht *J. G. Fichte* noch aufzufangen, doch bleibt auch für Fichte der menschliche Geist nur „das, was man sonst auch produktive Einbildungskraft" nennt, bzw. „Tätigkeit und nichts als Tätigkeit" (Gesamtausg. II 3,316). Der Geist wird nur mehr als subjektive Aktualität verstanden. Objektiver Geist ist hingegen das, was einer Epoche (Zeitgeist), einer bestimmten Gruppe, einem Volk gemein ist: Geschichte, Moral, Recht, Gesellschaft, Staat, Sprache und Kultur. Die Vorläufer dieser Geistlehre sind *Ch. Montesquieu* („Der Geist der Gesetze", 1748) und *J. J. Rousseau*, der vom allg. Willen als Träger des staatlichen Lebens spricht. Die erste große systemat. Ausarbeitung dieses Verständnisses von Geist ist *J. G. Herders* Lehre vom Volks-Geist als dem Träger der überpersönlichen geschichtlichen Entwicklung. Bei *G. F. W. Hegel* liegt in der Differenzierung des Geistes in subjektiven, objektiven und absoluten Geist ein S.n-Begriff zugrunde, der weder die Annahme einer unkörperlichen S.n-Substanz noch deren empirische Destruktion bejaht, sondern die Immaterialität der Natur bezeichnet: „Die S. ist nicht nur für sich immateriell, sondern die allg. Immaterialität der Natur, deren einfaches ideelles Leben. Sie ist die Substanz, so die absolute Grundlage aller Besonderung und Vereinzelung des Geistes, so daß er in ihr allen Stoff seiner Bestimmung hat und sie die durchdringende identische Idealität derselben bleibt" (W 6, 10, 389). Dieses Verständnis der S. hatte indirekt Einfluß auf die systemat. Gliederung der Schulphilosophie des 19. Jh., auf den Gedanken der Kontinuität, der allseitigen Verbundenheit geistiger Erscheinungen (Milieutheorie, Gesamt-Geist, höhere Geisteswelt) sowie auf die Grundkategorien des Geschichtsverhältnisses in der *hist. Schule*.

8. In der *Gegenwart* griff *W. D. Dilthey* unter dem Einfluß der hist. Schule den Begriff des „objektiven Geistes" auf, allerdings unter Verzicht eines absoluten Wissens, und bezeichnete ihn als „Objektivation des Lebens" in jeder Hinsicht (Ges. Schr. VII 146ff.). Die Fortführer der Gedankengänge von Dilthey, deren bedeutendster *M. Heidegger* war, haben auf die Begriffe S. und Geist meist verzichtet. Dies hängt damit zusammen, daß im 19. Jh. mit dem Auftreten einer positivistischen, am unmittelbaren Objektbezug der Naturwissenschaften orientierten Denkform das metaphysische und transzendental-reflexive Denken zurückgedrängt und der Begriff der S. auf die Gehalte des Bewußtseins und Denkver-

mögens des Einzelmenschen begrenzt wurde. Der Begriff des Geistes gerät sogar völlig in Mißkredit zum einen, weil Geist und Rationalität, ja sogar technische Rationalität gleichgesetzt und als lebensstörend bezeichnet werden, zum anderen, weil in sprachphilos. und neopositivistischen Richtungen der analytischen Philosophie der Gegenwart der Begriff „Geist" als nicht eindeutig zu definierender Ausdruck verworfen wird. Schließlich ist auch noch in der Anthropologie und Psychologie eine Tendenz festzustellen, die Begriffe „Geist" und „S." wegen deren Behaftung mit metaphysischen Bestimmungen und Gehalten zu vermeiden und von bewußten und unbewußten psychischen Reaktionen zu sprechen.

9. Diese Entwicklung des S.n-Verständnisses findet auch in der *Theologie* ihren Niederschlag, was vor allem in einem veränderten Verständnis der Unsterblichkeit, einer Art Antiplatonismus, zum Ausdruck kommt, indem man gegenüber der Dualität von Leib und S. die Einheit des Menschen betont. Mit Berufung auf die Bibel, besonders auf das AT, wird die Vorstellung einer Trennung von Leib und S. als platonischer Idealismus abgewiesen. Nach der bibl. Lehre gehe der Mensch im Tod nach Leib und S. zugrunde. So verschwand die Bezeichnung S. sogar aus der Totenliturgie des Rituale Romanum (1970). Demgegenüber stellte die Glaubenskongregation am 17. Mai 1979 in einem Schreiben zu einigen Fragen der Eschatologie: OR (dt.) 32/33 (10. 8. 1979) 5, u.a. folgendes fest: „Die Kirche hält an der Fortdauer und Subsistenz eines geistigen Elements nach dem Tode fest, das mit Bewußtsein und Willen ausgestattet ist, so daß das ‚Ich des Menschen' weiterbesteht. Um dieses Element zu bezeichnen, verwendet die Kirche den Ausdruck ‚S.', der sich durch den Gebrauch in der Hl. Schrift und in der Tradition fest eingebürgert hat. Obwohl sie nicht übersieht, daß dieser Ausdruck in der Hl. Schrift verschiedene Bedeutungen hat, ist sie doch der Auffassung, daß es keinen stichhaltigen Grund dafür gibt, ihn abzulehnen, zumal ja irgendein sprachlicher Ausdruck zur Stütze des Glaubens der Christen einfach notwendig ist."

10. Von wiss. Seite kommt heute der Anstoß für das Verständnis einer Substantialität der menschlichen Seele von der Naturwissenschaft. So schreibt der bedeutende Neurologe und Neurochirurg *W. Penfield* (1964): „Der Geist ist der Mensch, den man kennt. Er muß während Perioden des Schlafes oder des Komas stets Kontinuität haben. Dann mutmaße ich auch, daß dieser Geist nach dem Tod des Menschen irgendwo weiterleben muß." Für *K. Popper* und den Nobelpreisträger *J. Eccles* (1985) bieten die Phänomene der Wechselwirkung von Gehirn und Denken hinreichende Indizien dafür, daß es ein von der physischen Welt getrennt vorhandenes Bewußtsein gibt. Bes. deutlich werden diese Indizien bei den veränderten Bewußtseinszuständen, in denen sich bei Reduzierung der Funktionen des Organismus bis zum völligen Funktionsstillstand eine Klarheit des Bewußtseins einstellt, die jene bei normalen Bewußtseinszuständen weit übertrifft. Zudem setzt der Glaube an die Auferstehung der Toten die Fortdauer eines personalen Kerns nach dem Tod des Menschen voraus. Schließlich ist es beim heutigen Wissen um die mit dem traditionellen S.n-Begriff abgedeckten Phänomene der Psyche (Empfinden, Fühlen) und des Geistes (Wollen, Denken, Weisheit) angebracht, mit S. jene Phänomene des Geistes zu bezeichnen, die sich grundsätzlich von denen der Psyche unterscheiden. Empfindungen und Gefühle überkommen das Ich. Nur in den Bereichen des Geistes ist das Ich, die Person, der tragende Kern.

Lit.: *A. Resch,* Psyche und Geist. Innsbruck 1986; *ders.,* Fortleben nach dem Tode. Innsbruck [4]1987; *W. Breuning* (Hg.), Seele. Freiburg 1986; *H. Sonnemans,* Seele – Unsterblichkeit – Auferstehung. Freiburg 1984. *A. Resch*

Seelenwanderung ↗Reinkarnation.

Sekten. Der Begriff S. (lat. *secta,* von *sequi* = nachfolgen) spiegelt die Auseinandersetzung von Kirchen und Religionen mit dissidierenden Minderheiten wider, die als häretisch und illegitim beurteilt werden und ihrerseits den Mutterorganisationen häufig die Legitimität absprechen. In diesem Wortsinn kann man von hind. und buddh. Schulen oder Traditio-

nen, nicht aber von S. sprechen, während islam. Gruppen, die außerhalb des Konsenses *(idjmā')* stehen, als S. bezeichnet werden können.
Gegenwärtig haben es die großen Kirchen nicht nur mit aus ihrer eigenen Mitte entstandenen S.en und Sondergemeinschaften sowie Freikirchen zu tun, sondern auch mit esoterisch-gnost. Bewegungen (z.B. ↗Theosophie), synkretistischen Neureligionen (Mormonen, Vereinigungskirche) und missionarisch gewordene Traditionen verschiedener Weltreligionen (↗Neurel. Bewegungen); die kath. Kirche in Lateinamerika auch mit pfingstlerischen und fundamentalistisch-evangelikalen Gruppen („protestantische S."). Der S.-Begriff reicht weder zur Beschreibung noch zur Bewältigung des vielfältigen rel. Pluralismus aus.
Die S. des 19. und 20. Jh. haben sich aus dem Dissens über wichtige theol. Probleme entwickelt: 1. das Problem von Parusie und Millennium, oft verbunden 2. mit der Suche nach der wahren Gestalt der Kirche, speziell der endzeitlichen Gemeinde (Adventismus, Zeugen Jehovas), oder 3. mit der Frage nach dem kirchl. Amt (Alt- und Neuapostolische, ↗Mormonen); 4. die Frage nach der Wirksamkeit des Geistes, bes. in individueller Heiligung und Heilung (Pfingstbewegung) und 5. nach gegenwärtigen Selbstkundgaben Christi bzw. der jenseitigen Welt (Neuoffenbarungs- und spiritistische Gruppen). Dabei werden oft in den Kirchen vernachlässigte Teilwahrheiten einseitig herausgestellt oder mit fremden Elementen vermischt. Die freie Entfaltung von S.en unter dem Schutz der Religionsfreiheit fordert von der Kirche eine deutliche Abkehr von früheren Methoden der Ketzerbekämpfung und eine pastorale Strategie, die neben den geistlichen auch kulturelle und soziale Ursachen der S.-Bildung berücksichtigt.

Lit.: *K. Hutten,* Seher, Grübler, Enthusiasten. Stuttgart [12]1982; *H. Reller / M. Kießig* (Hg.), Handbuch Religiöse Gemeinschaften. Gütersloh [3]1985; S. und neue religiöse Bewegungen. Eine Herausforderung für die Seelsorge. Vatikan 1986. *R. Hummel*

Selbst/Selbstlosigkeit. 1. Problemstellung. S., verkürzt aus *selbheit, selbstheit* oder *selbsthaft,* als Substantiv seit Anfang des 18. Jh. in Gebrauch, gehört zu den scheinbar selbst-verständlichen Bezeichnungen des eigenen Wesens. Tatsächlich verlief die Diskussion des S. jahrhundertelang eher verdeckt, etwa in der Diskussion um die ↗Seele oder wo es um Kombinationen wie Selbständigkeit, S.-Bewußtsein, S.-Erfahrung, S.-Erkenntnis, S.-Vergewisserung, S.-Erhaltung, S.-Verleugnung, S.-Überwindung, S.-Verlust u.ä. ging. Die Verwendung des Begriffs S. war auch so lange unproblematisch, als S. und Ich letztlich austauschbar waren. Erst wo diese Identität nicht aufrechterhalten wird, stellt sich die Frage nach dem S. neu. Eine Diskussion dieser Art setzte einmal ein im Anschluß an die tiefenpsychologischen Analysen von C. G. Jung, sodann dort, wo in terminologischer Ungeklärtheit die hind.-buddh. Differenz zwischen Skt. ↗*ātman* (P. *attā*) und *anātman* (↗*anattā*) mit Ich, S., Substanz, Seele u.a. bzw. Nicht-Ich, Nicht-S., ohne S., substanzlos u.ä. wiedergegeben wird. Die Problematik verschärft sich, wo sich das ontologische Verständnis von Nicht-S. mit der (zumindest abendländisch ethisch klingenden) Konnotation „Selbst-Losigkeit" in der Übersetzung von *anattā* (jap. *muga*) verbindet (z.B. K. Nishitani 117) und so die philos.-spekulative Frage auch begrifflich wieder zu einer religiös-spirituellen wird.
2. Ansatzpunkte. Bei der Diskussion um das S. zeigen sich entsprechend verschiedene Ansatzpunkte und Sprachebenen, für die sich ein Prozeß wechselseitiger Beeinflussung feststellen läßt, der aber für die Zukunft noch genauerer Untersuchungen bedarf.
a) *Mystisch-spirituell:* Die Kategorie S. bzw. mit S. gebildete Kombinationen treten terminologisch zutage, wo in der Deutschen Mystik um die Versprachlichung meditativ-myst. Erfahrung und Methodik gerungen wird und die Gegenwart Gottes in der Seele, im Seelengrund u.ä. zur Sprache kommt. S.-Erfahrung und -Erkenntnis sind in diesem Zusammenhang noch eindeutig Ort der Gotteserfahrung und -erkenntnis. Wenn J. Tauler dem Menschen auf dem Weg dahin eine Art S.-Vernichtung bzw. S.-Entäußerung abverlangt, dann hat das einmal in der Kontingenz bzw. Schöpfungsabhängigkeit des Menschen, sodann aber auch

in dessen Sündhaftigkeit seinen Grund (vgl. A. Haas 1979, 265 ff.). Zugleich kündet sich aber die Unterscheidung eines wahren S. an. Im wörtlichen Sinn „revolutionär" ist die Rede von der göttlichen *exinatio* als der „S.-Vernichtung *Gottes* in der Menschwerdung" (ebd. 82 im Anschluß an Mechthild v. Magdeburg). In der Formel von der S.-Entäußerung bzw. S.-Mitteilung Gottes in Jesus von Nazaret, wie sie vor allem in der modernen Offenbarungstheologie (↗Offenbarung V) zu finden ist, wirkt dieser Ansatz bis heute weiter; er führt darin zugleich aus einem ethisch-asketischen Rahmen in einen ontologischen hinüber, der die Gesamtwirklichkeit als solche in ihrer wahren Konstitution betrifft.

b) *Philosophisch* wird S. im neuzeitlichen Ringen um Konstitution und Verständnis menschlicher Subjektivität zu einem zentralen Moment des Interesses, das vor allem im Deutschen Idealismus in den Reflexionen auf Selbständigkeit und Unselbständigkeit, S.-Bewußtsein, S.-Vergewisserung des menschlichen Subjekts u. ä. eine bedeutende Rolle spielt. Epistemologisch unterscheidet Hegel Ich und S., insofern das S.-Bewußtsein als Gegenstand wesentlich auch sich selbst zum Inhalt hat und sich in diesem Gegenüber zum Ich von diesem unterscheidet. Ich und S. sind aber dann nicht nur menschlich, sondern auch für Gott verwandte Kategorien, so daß die Diskussion um den Prozeß der Verwirklichung des S.-Bewußtseins als des absoluten Geistes oder auch des allg. S. auch in die rel.-philos. Reflexion führt.

c) *Psychologisch:* C. G. Jung (↗Religionspsychologie) unterscheidet zwischen Ich und S., „insofern das Ich nur das Subjekt meines Bewußtseins, das S. aber das Subjekt meiner gesamten, also auch der unbewußten Psyche ist. In diesem Sinn wäre das S. eine (ideelle) Größe, die das Ich in sich begreift" (Werke VI 471). „Als empirischer Begriff bezeichnet das S. den Gesamtumfang aller psychischen Phänomene im Menschen. Es drückt die Einheit und Ganzheit der Gesamtpersönlichkeit aus. Insofern aber letztere infolge ihres unbewußten Anteils nur zum Teil bewußt sein kann, ist der Begriff des S. eigentlich zum Teil potentiell empirisch und daher im selben Maße ein *Postulat*. Mit anderen Worten, er umfaßt Erfahrbares und Unerfahrbares bzw. noch nicht Erfahrbares" (ebd. 512 f.). Insofern das Unbewußte in den Gesamtbereich des Psychischen hineinreicht, finden die vielfältigen Äußerungen des Unbewußten analytisches Interesse: die Träume, Mythen und Märchen mit dem S. in der Figur übergeordneter Persönlichkeiten (König, Held, Prophet, Heiland) oder eines Ganzheitssymbols (Kreis, Viereck, Kreuz) oder auch als Spiel von Gegensätzen (↗*Yin – Yang*, Licht und Schatten u. a.). Hier ist das S. keine philos. Idee mit einer eigenen Existenz, wohl aber „eine *archetypische Vorstellung*, die sich von anderen Vorstellungen solcher Art dadurch auszeichnet, daß sie entsprechend der Bedeutsamkeit ihres Inhaltes und ihrer Numinosität eine zentrale Stellung einnimmt" (ebd. 513). Von hier aus ergeben sich bei C. G. Jung Anlässe, nicht nur im Christentum (vgl. hier u. a. die psychologische Deutung des Trinitätsdogmas in: Werke XI), sondern auch in anderen, zumal den asiat. Religionen nach Wegen und Weisen der S.-Verwirklichung zu forschen, um so den Weg zum S. als der Reifung zur vollen Persönlichkeit, zur S.-Verwirklichung bzw. Individuation zu eröffnen.

d) *Hinduistisch-buddhistisch* wird – wie schon unter 1. gesagt – der Disput um *ātman/anātman* in abendländischen Sprachen terminologisch heute weitgehend im Begriffsfeld um S., Nicht-S. bzw. S.-Losigkeit ausgetragen. Entsprechend greifen nicht selten asiat. Autoren bei ihren Versuchen, die eigenen Vorstellungen in den abendländischen Denkhorizont zu übertragen, auf die unter a–c genannten Ansätze zurück. Das ist vor allem für die Vertreter der philos. Kyōto-Schule der Fall (vgl. K. Nishitani), wo sich die Diskussion um das absolute ↗Nichts (↗Nirvāṇa) bzw. die Leere (↗*Shūnyatā*) als die Kehrseite der Diskussion um das wahre Verständnis von Nicht-S./S.-Losigkeit erweist. Im Blick auf das christl. S.-Verständnis wird dabei die beim paulinischen *„heautòn ekénōsen"* (Phil 2,7) ansetzende kenotische Christologie bzw. Theologie, die die S.-Mitteilung Gottes als radikale S.-Entäußerung, S.-Verleugnung, ja S.-Losigkeit Gottes bzw. als Vollzug göttlichen Nicht-S. versteht, zu einem der wichtigsten Berührungspunkte zwischen Christentum und Buddhismus, auf die Dauer vermutlich auch zwischen Christentum und Hinduismus.

Lit.: *J. u. W. Grimm,* Art. S.: Dt. Wörterbuch 10, 1. Leipzig 1905, 445–457; *A. M. Haas,* Sermo mysticus. Freiburg/Schweiz 1979; *ders.,* Geistliches Mittelalter. Freiburg/Schweiz 1984; *C. G. Jung,* Gesammelte Werke VI. Stuttgart [2]1972, XI. Olten/Freiburg [2]1973; *H. Zimmer,* Der Weg zum S. Düsseldorf 1974; *ders.,* Abenteuer und Fahrten der Seele. Düsseldorf 1977; *M. Eliade,* Yoga. Zürich 1977; *K. Nishitani,* Was ist Religion? Frankfurt 1982; *H. Waldenfels,* Absolutes Nichts. Freiburg [3]1980; *ders.,* Faszination des Buddhismus. Mainz 1982; *L. A. de Silva,* The Problem of the Self in Buddhism and Christianity. London 1979; *R. C. Zaehner,* Mystik – Harmonie und Dissonanz. Olten 1980; *M. Shimizu,* Das „S." im Mahayana-Buddhismus in jap. Sicht und die „Person" im Christentum im Licht des NT. Leiden 1981.

H. Waldenfels

Selbsterlösung ↗Heil/Heilsweg I.

Semiten. Der Begriff S. bezeichnet eine Sprachgemeinschaft, keine Rasse; er geht auf *A. L. Schözer* zurück, der erstmals, im Anschluß an die bibl. Völkertafel von Gen 10, 6–20, die den Nachkommen des Noach-Sohns Sem gemeinsame Sprache „semitisch" nannte. Als flektierende Sprachen stehen die semitischen den hamitischen (↗Hamiten) und den indogerm. Sprachen nahe, so daß man davon ausgeht, daß die gemeinsame Heimat des flektierenden Sprachtyps im Raum Nordwestafrika–Westeuropa zu finden ist. Teile dieser semitischen Bevölkerung blieben in Nordafrika, andere haben in mehreren Wanderungswellen während des 2. und 3. Jt. v. Chr. Gebiete Asiens, den sogenannten Vorderen Orient, besiedelt. Hier gliederten sich Ost-S.en (Akkader) und West-S.en, unterteilt in Nordwest- (Amoriter und Aramäer) und Südwest- (Araber und Sabäer und Äthiopier) S.en, aus. Die ältesten semitischen Sprachdenkmäler stammen aus der Mitte des 3. Jt. v. Chr. (Altakkadisch in Babylonien und Eblaitisch in Nordsyrien).

Eine einheitliche semitische Religion ist nicht nachweisbar, vielmehr ist die vom jeweiligen kulturellen Kontext bestimmte Ausprägung rel. Vorstellungen und Formen entscheidend, wenn auch gewisse Gemeinsamkeiten bzw. gemeinsame Grundzüge im Bereich des Religiösen innerhalb der semitischen Sprachgruppe erkannt werden können.

Eine herausragende kulturelle Bedeutung haben die S.en durch die Entstehung und Entwicklung der Alphabetenschrift bekommen. Um 1500 v. Chr. ist das phönizische Alphabet – Vorläufer des griech. und lat. – unter dem Einfluß der ägypt. Schrift entstanden und hat sich dann schnell innerhalb der semitischen Sprachen verbreitet, während ca. 1000 Jahre zuvor das Altakkadische als erste semitische Sprache das komplizierte System der Keilschrift von den Sumerern übernommen hatte.

Lit.: *W. Daum,* Ursemitische Religion. Stuttgart 1985; *J. Henninger,* Über Lebensraum und Lebensform der Frühsemiten. Köln 1968; *S. Moscati,* The Semitics in Ancient History. Cardiff 1959; *W. von Soden,* Einführung in die Altorientalistik. Darmstadt 1985.

Chr. Dohmen

Sexualität ↗Androgyn; Erotik und Religion; Hermaphrodit; Phallus.

Shahāda

↗Islam.

Ein Zeugnis ablegen im alltäglichen, juristischen oder religiösen Sinn. Religiös ist die Sh. das islam. Glaubensbekenntnis, und zählt unter den fünf Pflichten (↗Arkān) als die erste. Mit der Sh. – „Es gibt keine(n) Gott(heit) außer Gott, und Muḥammad ist der Gesandte Gottes", bekennt der Muslim seine Zugehörigkeit zum Islam (vgl. Koran 4, 136). Die Sh. ist für Konvertiten zum Islam verpflichtend. Der Konvertit spricht die Sh. vor Zeugen aus, worüber diese ein Schriftstück aufsetzen und mit ihrer Unterschrift besiegeln. Erst mit diesem Rechtsakt ist der Konvertit Muslim. Der Muslim, der sein Leben für den Glauben hingibt, wird shahīd, d. h. Zeuge, Märtyrer genannt.

Lit.: *B. Carra de Vaux,* Art. SHAHĀDA: EI[1] IV 278; *W. Björkman,* Art. SHAHĪD: EI[1], ebd.

G. Riße

Shakti/Shāktismus

↗Hinduismus II 5.

Das Wort *Śakti* (Ś.) heißt buchstäblich Kraft, Fähigkeit und bezeichnet im heutigen Hinduismus hauptsächlich die Göttin Ś., die Gattin *Śivas.* Sie ist die personifizierte Schöpfungskraft Gottes. Die Doppeleigenschaft Gottes – männlich und weiblich – ist nirgendwo so deutlich wie im Fall von *Śiva* und Ś. Deswegen wird *Śiva Ardhanā-rīśvara* (d.h. der Herr, dessen Hälfte weiblich ist) genannt. Im Hinduismus entwickelte sich ein Kult um Ś., der *Śāktismus* (↗Kult/Gottesverehrung IV). Die rel. Lit. dieses Kultes wird *Śākta-Āgamas* oder *Tantras* genannt. Der heutige *Śāktismus* kann vielleicht auf den vorvedischen Kult der Muttergöttin zurückgeführt werden. In der vedischen Religion werden Göttinnen wie Aditi, Uṣas, Mutter Erde u.a. verehrt, aber keine von ihnen spielt eine bedeutende Rolle. Ś. wird heute in verschiedenen Formen verehrt: a) als *Muttergöttin:* sie wird *Jaganmātā* (die Mutter der Welt) genannt; b) als eine zarte und liebe Frau, *Umā-Parvatī,* die Gemahlin von *Śiva;* c) als eine ehrfurchtgebietende und grausame Göttin. Doch sagt man, sie sei nur zu den Bösen grausam; tatsächlich sei sie liebevoll und barmherzig zu ihren Anhängern. In dieser Form wird sie *Kālī* (die Schwarze), *Durgā* (die Unzugängliche) usw. genannt.

Lit.: *N. N. Bhattacharyya,* History of Sākta Religion. Delhi 1974; *A. Avalon,* Shakti and Shakta. Madras [8]1975; *F. Heiler,* Religionen der Menschheit. Neu hg. von K. Goldammer. Stuttgart [4]1982, bes. 251 f.

A. Thannippara

Sharī'a. Das islam. Gesetz *(Sharī'a)* beruht auf den zwei Hauptquellen des Islam, dem Koran und der Tradition. Seine Bestimmungen können theoretisch auch auf dem Konsens *(idjmā')* aller Rechtsgelehrten einer bestimmten Zeit gründen. Sekundäre Quellen und Techniken zur Feststellung von Rechtsnormen und praktischer Lösung sind die Analogie *(ḳiyās),* das eigene Urteil *(ra'y)* des Rechtsgelehrten, sowie der Brauch und das Gewohnheitsrecht *('āda).* Die Grundsätze, die die eigene Urteilsbildung *(idjtihād)* des Rechtsgelehrten leiten, sind folgende (sie werden nicht von allen Rechtsschulen gleich gutgeheißen): das Für-gut-Halten *(istiḥsān),* das Interesse *(maṣlaḥa)* der Gläubigen, die Wahrung der Billigkeit *(inṣāf),* die Anerkennung des bestehenden Rechtsstatus bzw. die Bestätigung der Rechtslage *(istiṣḥāb),* solange nicht das Gegenteil bewiesen ist oder festgelegt wird, endlich die Tendenz, das Gesetz im Sinne der Erleichterung *(takhfīf)* der Pflichten auszulegen.

Die Sh. kennt folgende Klassifizierung der menschlichen Handlungen: 1. gebotene, 2. empfohlene bzw. wünschenswerte, 3. erlaubte, 4. verpönte bzw. mißbilligte, 5. verbotene Handlungen. – Sh.-Bücher enthalten die Bestimmungen des islam. Gesetzes zu folgenden Bereichen: rel. Pflichten; Familienrecht; Erb-, Eigentums- und Vertragsrecht; Straf- und Prozeßrecht; Verwaltungsrecht; Führung des Hl. Krieges.

Diese Rechtsbestimmungen werden angewandt nach den Feststellungen der anerkannten Rechtsschulen, die sich vor allem z.Z. der 'Abbāsiden-Khalīfen gebildet und entwickelt haben. Bei den Shī'iten herrscht die Dja'faritische Schule. Die Sunniten folgen einer der vier anerkannten Rechtsschulen: 1. Die Ḥanafiten (Gründer: der Perser Abū Ḥanīfa: um 697–767) gelten als bes. liberal und räumen dem Menschenverstand und der eigenen Urteilsbildung große Bedeutung ein. Diese Schule ist in den nichtarab. Gebieten des Islam sehr verbreitet. 2. Die Schule der Mālikiten (Gründer: Mālik ibn Anas aus Madīna: 708/715–795) ist konservativ und orientiert sich an der Rechtstradition der Frühgemeinde in Medīna. Sie wird in Nordafrika, in Westafrika und im Sudan befolgt. 3. Die Shāfi'iten (Gründer: Shāfi'ī aus Ghazza: 767–820) fördern die Systematisierung der Rechtswissenschaft und berücksichtigen sowohl die Tradition als auch die übereinstimmende Meinung der Gelehrten. 4. Die Schule der Ḥanbaliten (Meister: Aḥmad ibn Ḥanbal: 780–855) betont die alleinige Verbindlichkeit des Korans und der Tradition. Sie ist die offizielle Rechtsschule Saudi-Arabiens (↗Sunna/Sunniten). Was die Anwendung der Sh. im praktischen Leben betrifft, so hat der Führer der islam. Gemeinschaft, ob Khalīf, Imām oder Sulṭān, und der Richter (ḳāḍī) dafür zu sorgen, daß die Rechtsbestimmungen befolgt werden. Ihnen steht der Rechtsgelehrte (faḳīh; 'ālim, Pl.: 'ulamā'; wenn er beamtet ist, heißt er muftī) als Berater zur Seite.

Lit.: *A. A. Fyzee,* Outline of Muhammadan Law. Oxford [3]1964; *J. Schacht,* The Origins of Muhammadan Jurisprudence. Oxford 1950; *ders.,* An Introduction to Islamic Law. Oxford 1964; *G.-H. Bousquet,* Le droit musulman. Paris 1963; *E. Pritsch / O. Spies,*

Klassisches islam. Recht: Handbuch der Orientalistik, 1. Abt., 3. Erg.Band. Leiden 1964, 220–343; *N. J. Coulson*, A History of Islamic Law. Edinburgh 1964; *A. Hasan*, The early Development of Islamic Jurisprudence. Islamabad 1970; *Said Ramadan*, Das islam. Recht. Theorie und Praxis. Wiesbaden 1980; *A. Th. Khoury*, Islam. Minderheiten in der Diaspora. München 1985, 13–35. *A. Th. Khoury*

Shī'a/Shī'iten. Die Shī'iten bilden nach den ↗Sunniten die zweitgrößte Gruppe im Islam (jedoch zahlenmäßig viel weniger bedeutend). Die Spaltung zwischen Sunniten, Sh.en und Khāridjiten erfolgte aus rel.-politischen Gründen. Als der Umaiyade Mu'awiya, damals Gouverneur von Damaskus, sich gegen den Khalīfen 'Alī (656–661) auflehnte und dieser sich zu einem Vergleich mit ihm überreden ließ (im Jahre 660 bei Ṣiffīn), stellten sich die Sunniten auf die Seite Mu'āwiyas, während die Sh.en in 'Alī den einzig legitimen Khalīfen sahen. Sie nahmen Partei *(shī'a)* für ihn, und auch später hielten sie ihm, seinem Haus (seiner Frau, der Tochter Muḥammads Fāṭima und deren Söhnen Ḥasan und Ḥusain) sowie ihren Nachkommen die Treue.
Die Sh.en halten am Grundsatz der blutmäßigen Abstammung von ↗Muḥammad als Bedingung zur Übernahme des Khalīfenamtes fest. Wichtiger für sie ist jedoch die rel. Führungsrolle des Gesamtleiters der Gemeinschaft, des Imām, dessen Einsetzung ein göttliches Gebot sei. Der Imām ist Nachfolger 'Alīs in seinem Amt und in seinen rel. Kenntnissen, die er, so die Sh.en, dank einer besonderen Einweihung durch den Propheten Muḥammad und dank einer besonderen Erleuchtung von Gott erhalten hatte. Damit wird der Imām praktisch zum einzig legitimen Führer der Gemeinschaft und zu einer fast unfehlbaren Instanz. Ihm wird sogar Sündenlosigkeit zugesprochen.
Die Sh.en lebten vornehmlich in der politischen Opposition und wurden immer wieder Gegenstand von Verfolgungen. Es ist ihnen nicht gelungen, für längere Zeit einen eigenständigen Staat zu bilden. (Ausnahmen: die Zaiditen im Jemen, die Fāṭimiden in Ägypten [909–1171] und heute der Iran.) Daher bezweifeln sie die Legitimität islamischer Regimes. Eine Teillegitimität kann nur daraus erwachsen, daß der jeweilige Staat als Vorbereitungsphase auf die Wiederkunft des verborgenen Imām angesehen wird, welcher erst am Ende der Zeit kommen wird, um das Reich Gottes zu errichten und eine legitime Führung zu installieren, die nach den Geboten und Satzungen Gottes regieren wird. So gehört die Idee des ↗Mahdī, des messianischen rechtgeleiteten Imām, zu den tiefverwurzelten eschatologischen Erwartungen des Islam, vor allem der Sh.en.
Bedingt durch ihre Leidensgeschichte, die mit der Ermordung der zwei Söhne 'Alīs, Ḥasan und Ḥusain, durch die Umaiyaden (diese Passion wird alljährlich am 'Āshūrā'-Fest wie ein Mysterienspiel aufgeführt) einen Höhepunkt erreicht hatte, haben die Sh.en eine beachtenswerte Reflexion über das Leiden und seine Heilswirkung entwickelt sowie auf praktischem Gebiet das Prinzip der *taḳiyya* bejaht, d. h. Vorsicht und Verbergen des eigenen Glaubens und der eigenen rel. Zugehörigkeit als Schutzmaßnahme für das Leben ihrer Mitglieder.
In ihrer Geschichte suchten die Sh.en immer wieder eine Verbindung mit oppositionellen Kräften, so z. B. mit den ↗Mu'taziliten und den Vertretern der Mystik. Außerdem zeigten sie eine ziemliche Aufgeschlossenheit für fremdes Gedankengut, daher auch der Hang mancher ihrer Gruppierungen zum Synkretismus. Einige von ihnen bieten sogar das Erscheinungsbild von Sekten, und man gruppiert sie unter der gemeinsamen Bezeichnung: die „Extremen" unter den Sh.en (ghulāt al-shī'a).
Die wichtigsten Gruppen innerhalb des Shi'ismus sind folgende: 1. Die *Zaiditen* erkennen nur fünf legitime Imāme aus der direkten Nachkommenschaft 'Alīs an. Der fünfte Imām hieß Zaid (starb 739), daher der Name Zaiditen. Sie treten für die Wahl des Imāms ein. Der aus der Nachkommenschaft 'Alīs gewählte Imām wird dann mit der Hilfe und der Erleuchtung Gottes ausgestattet sein. Die Zaiditen leben im Jemen. Sie folgten einem sichtbaren Imām, bis der letzte gestürzt und im Jahre 1970 eine Republik ausgerufen wurde. In ihrer Glaubenslehre und in den Grundsätzen ihres Rechtssystems stehen die Zaiditen den Sunniten sehr nahe.
2. Die *Imāmiten* erkennen zwölf Imāme

als rechtmäßig an, deshalb werden sie auch Zwölfer-Shī'a genannt. Der zwölfte Imām, Muḥammad ibn Ḥasan, soll von 874 bis 940 in kleiner Entrückung oder Verborgenheit gelebt haben und seit 940 in der großen Verborgenheit weiterleben. Bei den Imāmiten finden sich die deutlichsten Merkmale des Shi'ismus, wie sie oben erwähnt sind. Sie bilden die bedeutendste Gruppe unter den Sh.en und leben hauptsächlich in Iran, Afghanistan, Westpakistan, in einigen Gegenden Tadjikistans (Sowjetunion) und im Libanon.

3. Die *Ismā'īliten* gehören zu den sog. Extremen Sh.en, die im Laufe der Zeit aufgrund der reklamierten Freiheit des Denkens sich immer weiter von der Orthodoxie des Islam und auch von den Imāmiten entfernt haben. Sie legen keinen Wert auf die Blutsverwandtschaft mit dem Propheten Muḥammad und erkennen nur sieben rechtmäßige Imāme bis Ismā'īl (gest. 760) an. Sie betonen die Bedeutung der inneren Erleuchtung des geistlichen Führers, die ihm göttliche Autorität und Unfehlbarkeit verleiht. Durch die Übernahme fremden Gedankengutes, vor allem gnost. Richtung, haben sie eine esoterische Lehre entwickelt. Die Ismā'īliten sind heute zahlenmäßig eine kleine Gemeinde und leben hauptsächlich in Zentralasien, im Nordjemen, an den Ostküsten Afrikas und an der Westküste Indiens. Sie folgen ihrem Imām Agha Khan.

4. Zu den Extremen Sh.en gehören weiter folgende kleine Sekten:

– Die *Nuṣairī* oder *'Alawiten* scheinen dem 'Alī einen göttlichen Kult zu widmen. Ihre Lehre ist eine Mischung aus islam., christl., gnost. und altoriental. Elementen. Ihre kleine Gemeinde lebt in Nordwestsyrien (im Berg der 'Alawiten).

– Die *Drusen* (seit dem 11. Jh.) scheinen den Fāṭimiden-Khalīfen Ḥākim (Ägypten) zu vergöttlichen, der auf mysteriöse Weise verschwand. Ihre Geheimlehre ist nur einigen Eingeweihten bekannt. Sie glauben an die Wiederkunft des entschwundenen Ḥākim und an die Seelenwanderung. Sie leben heute im Berg Libanon, in Südsyrien und in Galiläa (Israel).

– Der ↗*Bābismus* wurde vom Iraner 'Alī Muḥammad Shīrāzī (1819–1850) gegründet, der behauptete, er sei die Pforte (bāb) zu neuen rel. Erkenntnissen über die göttliche Wahrheit.

– Den ↗*Bahā'ismus* gründete der Iraner Mīrzā Ḥusain (1817–1892), der Bahā' Allāh (Glanz Gottes) genannt wird. Diese synkretistische Religion mit universalistischem Anspruch unterhält fast überall Missionszentren.

Lit.: *D. M. Donaldson,* The Shī'ite Religion. London 1933; *H. Laoust,* Les schismes de l'Islam. Paris 1965; *L. Massignon,* L'Islam shī'ite et persan: Opera Minora I. Beirut 1963, 445–624; *R. Strothmann,* Die Zwölfer-Schia. Leipzig 1926; Le Shī'isme Imâmite (Colloque de Strasbourg). Paris 1970; *A. Falaturi,* Die Zwölfer-Schia aus der Sicht eines Schiiten: FS W. Caskel, Leiden 1968, 62–95; *P. Antes,* Zur Theologie der Schi'a. Freiburg 1971. *R. Strothmann,* Kultus der Zaiditen. Straßburg 1912; *ders.,* Das Staatsrecht der Zaiditen. Straßburg 1912; *B. Lewis,* The Origins of Ismā'īlism. Cambridge 1940; *ders.,* The Assassins. London 1967; *K. E. Müller,* Kulturhistorische Studien zur Genese pseudo-islamischer Sektengebilde. Wiedbaden 1967; *M. Ayoub,* Redemptive Suffering in Islam. Den Haag 1978. *A. Th. Khoury*

Shintō/Shintoismus. Gesamtheit aller in Japan autochthonen Glaubensvorstellungen und der daraus resultierenden Kulthandlungen, die vor Übernahme des ↗Buddhismus (IV 3) bestanden bzw. sich aus diesen Anfängen entwickelt haben. Terminus ist chin. Ursprungs (Buch „I-ching"): „Weg" *(tao)* der „Geistwesen" *(shen),* jap. *kaminagara* gelesen. Er erscheint als Gegensatz zum „Buddha-Gesetz" erstmals in der Reichschronik „Nihonshoki" für das Jahr 585.

Sh. hat sich im Laufe der Geschichte intensiv mit ↗Buddhismus, ↗Taoismus, ↗Konfuzianismus, aber auch mit dem ↗Christentum auseinandergesetzt. Er ist sowohl in Gestalt des stark regional verschiedenen, nur lose strukturierten Volksglaubens wie als streng legalistische Staatsreligion oder Sekte für die jap. Geschichte wichtig gewesen. Da ihm sowohl eine Gründerpersönlichkeit wie hll. Schriften im eigentlichen Sinn fehlen, kennt er kein Dogma und ist keine Bekenntnisreligion. Heute wird Sh. vielfach als „charakteristisch jap. Lebensstil" verstanden: 1983 haben sich nur 3,4 Prozent aller Japaner als Gläubige des Sh. bezeichnet, gleichzeitig wurden aber 98,6 Mio. Anhänger gemeldet.

Die historisch älteste erkennbare Form des Sh. wird als *uji*-(„Clan"-)Sh. bezeichnet. In Verschmelzung von politischer Herrschaft und Religion *(saisei-itchi)* führte der Clan-Häuptling den Kult der gemeinsamen Ahnengottheit *ujigami*, von der sich die Gemeinschaft blutsmäßig herleitete. Dieses Blutcharisma führt zur Überhöhung des Kult-Leiters, der sowohl Priester wie Gottheit bzw. Verkörperung dieser ist (*ikigami*-Konzeption, vgl. auch Tennō-Verehrung). Der Clan des Tennō beansprucht nach der Reichseinigung auch Vorrangstellung für seine eigene Überlieferung, die schließlich bei der Kompilation der Reichschroniken „Kojiki" (712) und „Nihonshoki = Nihongi" (720), durchgesetzt wird. Dennoch lassen sich noch deutlich verschiedene Traditionen unterscheiden: zunächst der Glaube an eine im Himmel lokalisierte Welt der Gottheiten *(Takamagahara)* mit männlichem Himmelsgott Takagi-no-kami an der Spitze. Dieser entsendet seinen „Himmelsenkel" Ninigi-no-mikoto über eine Bergspitze zur Erde, wo später dessen Nachkomme Jimmutennō das Reich gründet (vgl. Reichsgründungsmythen in Alt-Korea und Mandschurei). Ein zweiter Mythenkreis zentriert um ein paradiesisches Land am Grunde oder im Osten jenseits des Meeres (↗Noro-Religion). Die dritte Komponente, der Mythos von einer weiblichen Sonnengottheit Amaterasu, die im Streit von ihrem Mond-Bruder Tsuki-yomi getötet wird (Sonnenfinsternis), hat Parallelen im südostasiat. Raum. Amaterasu hat Takagi-no-kami als Hauptgottheit des Kaiserhauses verdrängt und ist als Gottheit des Ise-Heiligtums die wichtigste Gottheit überhaupt geworden.

Weitere wichtige Quellen sind die Aufzeichnungen der Priesterfamilie Imube, „Kogoshūi", aus 807, sowie die Ritualgesetzgebung des 907 vollendeten „Engishiki". Lokale Überlieferungen enthalten die wenigen erhaltenen Landesbeschreibungen „Fudoki" vom Anfang des 8. Jh. („Izumo-Fudoki").

In der Heian-Periode (9.–12. Jh.) dient die aus dem Hinduismus stammende und vom Buddhismus nach Japan gebrachte These des *honji-suijaku* zur Definition der Beziehung zwischen Buddhismus und Shintō: Buddhas und Bodhisattvas gelten als *honji* „eigentliches Wesen", die *kami* als deren *suijaku* „Fußspuren, lokale Manifestation" *(= avatāra)*. Der darauf aufbauende Synkretismus war je Sekte bzw. je Kultstelle verschieden ausgeformt. Bekannt sind der Sannō-Ichijitsu-Sh. der Tendai-Sekte am Berg Hiei und der Ryōbu-Sh. der Shingon-Sekte mit Gleichsetzung von Dainichi-Nyōrai (Vairoçana) und Amaterasu. Gleichzeitig mit dieser Entwicklung löste der Glaube an die besondere Wunderkraft *(reigen)* einzelner Funktionsgottheiten den früheren *uji*-Sh. ab. Es entstanden Wallfahrtsheiligtümer (Kumano, Atago) mit Zweigschreinen im ganzen Land. Damit traten neben die zu dieser Zeit nur noch lokal gebundenen Pfarrgemeinden *(ujiko)* einer Lokalschutzgottheit (*ubusuna* oder *ujigami*) auch auf persönlichem Glauben beruhende Pilgervereine *(kō)*. Als weitere Entwicklung ist wichtig die Verehrung von unheilbringenden Gottheiten, meist Seelen von durch Gewalt ums Leben Gekommener *(goryō)*, die besänftigt werden müssen (Tenjin-Glaube; Gion-Fest).

Im Mittelalter werden einzelne Kultstätten Ausgangspunkt einer Sh.-Reaktion. An der Spitze das Ise-Heiligtum mit der Priesterfamilie Watarai, die im 13. Jh. die Tradition des kaiserlichen Sh. in fünf hll. Büchern „Shintō gobusho" niederlegt (Ise- oder Watarai-Sh.). Noch weiter geht die Familie Yoshida (alt: Urabe), bes. Y. Kanetomo (1435–1511), in Kyōto, die den Sh. als Ursprung aller Religionen einschließlich Buddhismus und Konfuzianismus auffaßt (Yoshida- oder Yuiitsu-„Einziger"-Sh.).

In der Edo-Periode (1600–1868) sahen manche Neo-Konfuzianer im Sh. das jap. Pendant zu den Riten in China = Suika-Sh.: Hayashi Razan (1583–1657) und bes. Yamazaki Ansai (1619–1682). Das Bedürfnis, die Machtausübung des Shōguns zu legitimieren, führte zu Theorien über das „himmlische Mandat", das dem Tennō von seinen göttlichen Ahnen vererbt und dann dem Shōgun delegiert worden sei. Wichtig für die Restauration des Sh. war die philol. Erschließung der alten Quellen durch Motoori Norinaga (1730–1801) u.a. in der *kokugaku* (= „Nationale Schule"), die mit der Forderung nach Abwendung vom Konfuzianismus und Buddhismus und nach Rück-

kehr zum „Reinen Sh." des Altertums verbunden war. Dies alles bildete die ideologische Grundlage für die Meiji-Restauration. Beim einfachen Volk fanden charismatische, oft schamanistische Führer Anhänger für die Verehrung bestimmter *kami* und/oder Kultstätten (u.a. Fusō-kyō mit Fuji als Weltzentrum, Ontake-kyō, Tenrikyō, Kurozumi-kyō, Konkōkyō).
Die Meiji-Regierung griff nach 1868 auf den Sh. zurück, um den neuen Einheitsstaat ideologisch zu binden (*saisei-itchi*-Konzept). Eine strikte Trennung vom Buddhismus in Priestertum und Kult wurde durchgeführt. 1871 wurde per Gesetz die Zugehörigkeit jedes Japaners zur Gemeinde eines Schreines geregelt. Versuche, die Bevölkerung auch shintōistisch zu indoktrinieren, scheiterten am Widerstand der Buddhisten und an der vom Ausland erhobenen Forderung nach Religionsfreiheit. Der Staats-Sh. beschränkte sich auf den von Staats wegen organisierten Kult, der nicht als „Religion" galt. Daneben fand Sh. als Religion seinen Ausdruck in 13 offiziell anerkannten Sh.-Sekten. 1945 wurde die staatliche Kontrolle und Förderung des Sh. abgeschafft. Die Sh.-Kultstätten (sog. Schrein-Sh.) schlossen sich unter Führung des Ise-Schreines zum eingetragenen Verein des Jinja-honchō, „Schrein-Hauptamt", zusammen mit 79212 Schreinen, 19892 Priestern und 84,5 Mio. Gläubigen (31.12.1984). Daneben gibt es mehr als 80 Sh.-Sekten mit insges. 8500 Schreinen und 7,4 Mio. Anhängern – neben den 13 alten, vor allem Gemeinden von Heiligtümern, die den Führungsanspruch von Ise nicht anerkennen (z.B. Izumo-taisha).
Wichtigste Glaubensvorstellungen des Sh. sind Naturverehrung, Ahnenverehrung und Verehrung einer lokalen Schutzgottheit. Das „Kojiki" spricht von einer Zeit, da „Gräser und Bäume sprechen konnten", und Motoori definiert als *kami*, „Vögel, Vierfüßler, Bäume, Kräuter, Meer und Berge sowie ehrwürdige Dinge, die seltene, ungewöhnliche Eigenschaften besitzen, ganz zu schweigen vom Menschen". Diese Grundeinstellung kennt keine Trennung von Gott und Welt, Mensch und Natur. Japan ist das einzige hochindustrialisierte Land, das eine alte Hochkultur mit stark animistisch geprägter Weltanschauung besitzt. Sh. ist dem Diesseits zugewandt, bietet nur verschwommene Vorstellungen von einem Leben nach dem Tod. Die Totenseele, vor allem die eines unvorbereitet, früh Getöteten *(goryō)*, wird wegen möglicher Rache an den Lebenden gefürchtet und muß durch Zeremonien besänftigt bzw. ins Totenreich gebannt werden. Völlig unvermittelt steht daneben der Ahnenkult. Heute wird vielfach der Glaube vorgefunden, die Totenseele verliere nach Ende der Trauer/Tabu-Zeit (49 Tage bzw. 1, 13 oder 33 Jahre) ihre Individualität in der unpersönlichen Gesamtheit der Ahnen.
Die Verehrung der Schutzgottheit *(ubusuna, ujigami)* wird oft mit Ahnenverehrung gleichgesetzt, ist jedoch seit dem MA nur lokal gebunden, wobei die Gottheit für ihre Kultgemeinde monotheistische Züge annehmen kann.
Mittelpunkt des rel. Lebens ist die Kultstätte = Schrein *(miya, jinja)*, an der die Schutzgottheit dauernd anwesend ist oder aber im Augenblick des Gebetes/Festes aus einer Anderen Welt (Berge, Himmel, Meer) gerufen wird. Die Verkörperung (*go-shintai;* Spiegel, Schwert usw.) oder der vorübergehende Sitz (*yorishiro;* Zweig, Stange usw.) der Gottheit wird im Allerheiligsten (***honden***, „Haupthalle") aufbewahrt, davor liegt die „Bethalle", ***haiden***. Den Eingang bezeichnen ein Balkentor *torii*, Symbol des Sh. überhaupt, und ein Wasserbecken zur kultischen Reinigung von Mund und Händen. Höhepunkte der Jahresfeste *(matsuri)* sind die Zeremonien der Feldbestellung im Frühjahr (vielfach als ritueller Arbeitsanfang an das Neujahrsfest herangezogen) und der Erntedank im Herbst, wobei *norito*-Gebete und Speiseopfer (Salz, Sake, Reis, Gemüse, Fisch) dargebracht, häufig auch Prozessionen von Tragschreinen oder Darstellungen der Besuchergottheiten durch Burschen in Maske und Verkleidung (Kulttänze, Theater) abgehalten werden. Als Priester fungieren jährlich wechselnde männliche Mitglieder der Kultgemeinde *(tōya, tōban)*, ab dem MA auch erbliche und in der Gegenwart vor allem schulmäßig aus-

gebildete, in einer Priesterhierarchie zusammengefaßte Kultspezialisten *(kannushi).*
In allen Formen des Sh. findet sich der Glaube an die Existenz von *kami,* „höhere Wesen, Gottheiten“, nicht als präexistent, allmächtig und absolut verstanden, sondern definiert als „spirituelle Kräfte, die im Prozeß der Entstehung aller Dinge des Universums als wirkend erkannt werden“. Die *kami* gründen sich in einer mystischen Lebenskraft (*mono,* philos. *makoto*) als Urgrund allen Seins – somit wird der Polytheismus der *yaorozu no kami,* „80 Myriaden Gottheiten“, harmonisch in einer Einheit aufgelöst. Die einzelnen *kami* sind durch ihr Wirken *(aware)* erkennbar. Die Welt ist Geschöpf der *kami,* die sich in ihr manifestieren: alle Dinge sind heilig als beseelte Wesen, *kami* selbst, oder deren Aufenthaltsort. Auch der Mensch ist nur graduell von *kami* verschieden. Das Leben und alle lebenserhaltenden Triebe werden bejaht, nur der Tod und alles, was zu ihm hinführt, werden als böse gemieden. Der Mensch ist grundsätzlich gut und fühlt ohne Moralkodex, was richtig ist *(magokoro).* Er kann jedoch auf vielerlei Arten durch Berührung mit ekelhaften Dingen, mit Tod, Krankheit oder durch Selbstsucht der Reinheit verlustig gehen. Rituelle Reinigung durch Waschungen usw., aber auch Reinheit des Herzens (Selbstlosigkeit) ist Voraussetzung für die Begegnung mit dem Göttlichen.

Lit.: *K. Florenz,* Die hist. Quellen der Sh.-Religion. Göttingen 1919; *J. Kitagawa,* Religion in Japanese History. New York 1966; *J. Kreiner,* Die Kultorganisation des jap. Dorfes. Wien 1969; *S. Ōno,* Sh. The Kami Way. Tōkyō 1962; *D. Philippi,* Norito. A New Translation of the Ancient Japanese Ritual Prayers. Tōkyō 1959; *F. Ross,* Sh. The Way of Japan. Boston 1965; *Sch. Committee for the IXth International Congress for the History of Religions* (Hg.), Basis Terms of Sh. Tōkyō 1968; *A. Schwade,* Sh. Bibliography in Western Languages. Leiden 1986; *J. Spae,* Sh. Man. Tōkyō 1972; *H. Zachert,* Die Mythologie des Sh.: H.-W. Haussig / E. Schmalzriedt (Hg.), Wörterbuch der Mythologie VI. Stuttgart 1986. *J. Kreiner*

Shiva/Shivaismus. 1. Shivaismus (Sh.) ist neben dem ↗Vishnuismus einer der beiden Hauptkulte des Hinduismus. Anders als Viṣṇu scheint *Śiva* („der Gütige, Freundliche“) ein vorarischer Gott gewesen zu sein. Auf den in Städten des Industals ausgegrabenen Siegeln aus dem 3. Jt. v. Chr. findet man einen in Yoga-Haltung sitzenden Herrn der Tiere *(Paśupati)* sowie eine halb als Mann und halb als Frau *(Ardhanārīśvara)* dargestellte Gestalt abgebildet. Beide stellen vermutlich einen Vorläufer Śivas dar (Kramrisch 11 f.). Als Rudra („glänzend, heulend“) ist er im Ṛgveda nicht weniger bedeutend als Viṣṇu; im Mahābhārata ist er Mahādeva oder Maheśa, „der große Gott“, den selbst Kṛṣṇa (d. h. Viṣṇu-Nārāyaṇa) lobpreist und verehrt. Umgekehrt gibt es auch – allerdings interpolierte – Stellen, wo Śiva Kṛṣṇas Größe verkündet. Einen besonderen Antagonismus zwischen beiden gab es in der Regel nicht. Śiva ist der Gott der Gegensätze: er ist „schrecklich“, aber auch „mild und freundlich“, zugleich „jähzornig“ und „leicht zu befriedigen“ *(aśutoṣa),* er ist der Spender der Weisheit und der Künste, aber auch „naiv und einfältig“ *(bholānāth).* Neben Brahmā (Schöpfer) und Viṣṇu (Erhalter) ist er als dritter zwar für die Zerstörung zuständig, zugleich ist er aber Erneuerer und Schöpfer der Welt, denn Zerstörung ist nur eine Vorstufe der Neuschöpfung.
2. Anders als im Vishnuismus, in dem Viṣṇus Avatāras verehrt werden, ist im Sh. Siva selbst oder sind er und seine Gattin Pārvatī (bzw. Durgā oder Kālī), zuweilen auch mit seinen Söhnen Kārtikeya (der Pflegesohn der Plejaden; der Kriegsgott) und Gaṇeśa (der elefantenköpfige Gott), Objekt der Verehrung. Es gibt auch selbständige Kulte um die Familienmitglieder Śivas. Die tägliche Verehrung *(pañcāyatana-pūjā)* von fünf Hauptgottheiten, nämlich Viṣṇu, Śiva, Durgā, Gaṇeśa und Sūrya (Sonnengott), im nichtsektiererischen traditionellen Hinduismus, weist ein Übergewicht des śivaitischen Elements auf. Für die Hindu-Religion ist im großen und ganzen der Sh. ein integrierender und akkommodierender Faktor gewesen. Die einfachste bildliche Darstellung Śivas ist der ↗Phallus *(liṅga).* Er wird aber ikonographisch auch als Asket oder Büßer, halb nackt, stehend oder auf einem Tigerfell sitzend, dargestellt. Über seinem geflochtenen Haar strahlt der Halbmond, aus dem Haarknoten fließt die Gangā, um seinen Nacken ringelt sich eine Schlange, und auf seiner Stirn glänzt ein drittes Auge. Sein Reittier

ist der Bulle Nandī. Śiva ist auch Naṭarāja, „König der Tänzer und Schauspieler", und wird tanzend abgebildet. Neben Kṛṣṇa ist er der populärste und zugänglichste Gott im Hinduismus.
3. In den Up. ist die ↗Bhakti zuerst im Zusammenhang mit Śiva erwähnt worden. Die bedeutendsten Skt.-Dichter, etwa Kālidāsa (um 400 n. Chr.), waren zumeist Śiva-Verehrer, die etwa ein Jt. später in neuind. Sprachen schreibenden Dichter des MA mehrheitlich Viṣṇuiten. Wie der Vishnuismus seine Ālvārs hat, so hat der Sh. seine Nāyanārs („Herren"). Auch sie rekrutierten sich aus allen sozialen Schichten, bedienten sich des Tamil, ihrer Muttersprache, sangen – von Tempel zu Tempel ziehend – das Gotteslob und verbreiteten so den Sh. im Süden. In der ersten Hälfte des 13. Jh. wurde von einem Sūdra namens Meyakaṇḍa die Lehre der Nāyanārs – *Śaiva-Siddhanta* („endgültiges Lehrsystem der Śivaiten") genannt – in einem Tamilwerk „Śivajñānabodha" (= „das Erwachen zur Erkenntnis Śivas") zusammenfassend niedergelegt. Einige Zwischenstationen der Entwicklung dieses Systems lassen sich aufgrund verschiedener Skt.-Texte aus dem 10. Jh. auf Java, Indonesien, verfolgen. In Kashmir, im Norden Indiens, entwickelte sich unabhängig von *Śaiva-Siddhanta* ein philos. System, das die Wiedererkennungslehre verkündet. Sein Begründer Vasugupta lebte vermutlich im 9. Jh. Im Gegensatz zum *Śaiva-Siddhanta,* der zwischen drei ewigen Substanzen – Gott, den Einzelseelen und dem Ungeistigen *(acit)* – unterscheidet, lehrt dieses System, daß das Einzelwesen durch die „Wiedererkennung" seines Śiva-seins Erlösung erlangt. Schließlich seien noch die *Liṅgāyats* (oder Vira-Śaivaṣ, die „heroischen Śaivas") genannt. Sie tragen ein Linga in einem Döschen um den Hals, lehnen das Kastenwesen und den Vorrang der Brahmanen rigoros ab. Diese Reformbewegung entstand im 12. Jh. im südind. Karnataka, wo sie bis heute stark vertreten ist.

Lit.: *K. Fischer,* Erotik und Askese in Kult und Kunst der Inder. Köln 1979; *J. Gonda,* Viṣṇuism and Śivaism. London 1970; *S. Kramrisch,* The Presence of Śiva. Princeton 1981; *A. K. Ramanujan,* Speaking of Śiva. Harmondsworth 1973. *T. R. Chopra*

Shruti ↗Offenbarung III.

Shūnyatā. „Leere", Zentralbegriff der Ontologie des Mahāyāna-↗Buddhismus (III 2). Nach dem alten Buddhismus sind der Mensch und alle in Abhängigkeit verursachten Dinge *(saṃskṛta dharma)* dadurch gekennzeichnet, daß sie entstehen *(utpāda),* eine Weile bestehen *(sthityanyathātva)* und wieder vergehen *(vyaya).* Diese *dharmas* haben eine Eigennatur *(svabhāva)* oder eigenes Kennzeichen *(svalakṣaṇa),* dazu die drei Merkmale, die allen gemeinsam sind, nämlich Unbeständigkeit *(anitya),* Leiden *(duḥkha)* und Unpersönlichkeit *(anātman).* Obwohl nicht aus sich selbst existierend, sind sie dennoch wirklich. Durchgehend wird betont, daß dem Menschen und den Wesen jeder Personkern abgeht, d. h. eine Substanz die unveränderlich ist, dauernd und ewig *(↗Anātman/Anattā).* Der Mahāyāna-Buddhismus spricht allen Phänomenen jedwede Wirklichkeit ab. Sie haben keine Eigennatur oder eigene Kennzeichen, sie sind relativ, haben keine Substantialität, keine aus sich seiende Wirklichkeit; sie sind in Abhängigkeit entstanden und sind darum ihrem Wesen nach leer *(śūnya).* Diese Leere kennzeichnet alle Wesen, alle *dharmas,* die geschaffenen *(saṃskṛta)* wie die ungeschaffenen *(asaṃskṛta),* alle Wahrheiten und Begriffe, einschließlich der Heiligen Vier Wahrheiten, der Glieder des Entstehens in Abhängigkeit *(↗Pratītyasamutpāda),* Leiden und Befreiung vom Leiden, Unwissenheit und Erleuchtung, Buddha und Sünder, Wiedergeburt *(saṃsāra)* und Nirvāṇa. Sh. offenbart sich damit als das eigentliche Wesen aller Wirklichkeit. Letztlich synonym mit dem Absoluten, ist es gleich weit entfernt von Bejahung und Verneinung, jenseits aller Unterscheidung und Aussagemöglichkeit. Im Kontext von Sh. sind alle Phänomene gleich, sie entstehen nicht und vergehen nicht. *Saṃsāra* und *Nirvāṇa* sind die gleiche absolute Wirklichkeit. Zur Erklärung der empirischen Erfahrung wird die Theorie der zweifachen Wahrheit entwickelt, d. h. die *konventionelle* Wahrheit *(samvṛtisatya),* die auf der Ebene der Erfahrung den Phänomenen eine Wirklichkeit zuspricht, und die *absolute* Wahrheit *(paramārtha-*

satya), die das letzte Wesen der Phänomene als *leer* im genannten Sinn erkennt. Als Vater des Sh.-Gedankens gilt Nāgārjuna (2. Jh. v. Chr.). In der Prajnāpāramitā-Lit. und in der Mādhyamika-Philosophie expliziert, ist Sh. zum Kernpunkt aller Systeme des Mahāyāna geworden.

Lit.: *F. J. Streng,* Art. Śūnyam and Ś.: ER XIV 153–159 (Lit.).

W. K. Müller

Sibylle ↗Orakel; Propheten IV.

Siddhi heißt übersetzt Fertigkeiten oder Errungenschaften und bedeutet im weitesten Sinne übernatürliche Fähigkeiten, die bestimmte Individuen erwerben. Das Mittel zur Erlangung von S. heißt *Sādhana,* der Anwärter ist ein *Sādhaka,* das Ziel ist S. Man kann sich durch yogische Übungen S.s aneignen (vgl. Yōgasūtra of Patañjali III 1 ff.). Nach *Patañjali* sind Vererbung, medizinische Kräuter, ↗*Mantras* und Askese Mittel zur Erlangung von S.s (Yōgasūtra VI 1). Meistens werden acht große S.s aufgezählt: 1. Aṇimā, die Fähigkeit, so winzig wie ein Atom zu werden; 2. *Mahimā,* die Fähigkeit, nach Wunsch groß zu werden; 3. *Laghimā,* die Fähigkeit, schwerelos zu werden; 4. *Garimā,* die Fertigkeit nach Wunsch schwer zu werden; 5. *Prāpti,* die Fähigkeit, alles zu erlangen und überall zu sein; 6. *Prākāmya,* der unwiderstehliche Wille; 7. *Vaśitva,* die Macht, alles zu kontrollieren; 8. *Īśitva,* die Herrschaft über alles. Noch andere S.s werden erwähnt: Die Kenntnis der eigenen vorhergehenden und kommenden Geburten; das Vorherwissen des eigenen Todes; die Kraft, extremer Kälte und Hitze zu widerstehen; die Gabe, die Sprache von Vögeln und Tieren zu verstehen. *Patañjali* aber sagt auch, daß S.s auf dem Weg zum letzten Ziel (*Kaivalya,* die absolute Unbedingtheit) zu Hindernissen werden können, da der *Yōgī* in der Gefahr ist, bei den S.s stehenzubleiben.
In der Bhagavadgīta wird das Wort S. im Sinne von geistiger Vollkommenheit gebraucht (III 4; XII 10; XIV 1; XVIII 45.46.50).

Lit.: *H. v. Glasenapp,* Ind. Geisteswelt. Baden-Baden 1958; *K. Klostermaier,* Hinduismus. Köln 1965; *B. Baba,* Yogasutra of Patanjali. Nachdruck Delhi 1982; *K. P. Bahadur,* The Wisdom of Yoga. Delhi 1977.

A. Thannippara

Sīkhs. Die S. stellen nach der Volkszählung von 1971 mit 10,4 Mio. einen Anteil von 1,7 Prozent der ind. Bevölkerung. Sie leben hauptsächlich im ind. Bundesstaat Pañjāb, aber auch über ganz Indien verstreut und in vielen Teilen der Welt. Dem äußeren Eindruck der ethnischen Homogenität und ihrer Theorie der rel. Einheit steht historisch die Tatsache entgegen, daß sie sich immer wieder Identitätskrisen ausgesetzt sahen. Dies geht nicht zuletzt darauf zurück, daß die S. aus verschiedenen ethnischen Gruppen bzw. Kasten *(jātis)* stammen, unter denen z. B. die Bauernkaste der Jāṭs mit starken kriegerischen Traditionen hauptsächlich im ländlichen Pañjāb die Majorität bildet, während die Händler-Kaste der Khatrīs vor allem in den Städten in gehobenen Berufen zu finden ist. Die Gefahr, vom ↗Islam der Mogul-Zeit unterdrückt zu werden bzw. in den Strömungen des ↗„Hinduismus" aufzugehen (in dem es im strengen Sinn keine „Sekte" geben kann, da es keine „Kirche" gibt), führt immer wieder dazu, daß die S. den „Sikh-Panth" („Sikh-Weg", rel. Glaubenssystem) religiös und politisch durchsetzen mußten. Der Usprung ihres Panths geht auf Gurū *Nānak* (1469–1539) zurück. Nānak war beeinflußt von der zu seiner Zeit vor allem in Nordindien blühenden Sant-(Heiligen-)Tradition, eine Synthese der Traditionen der Nāth-Yogīs, die die mystische Einheit mit Gott innerlich durch ↗Yoga anstrebte, und der ↗Bhakti („Gottesliebe"), insoweit sich diese auf den *einen* gestaltlosen *(nirguṇa),* zugleich transzendenten und allem innewohnenden Gott richtete. Erlösung lag für Gurū Nānak vor allem in der meditierenden Erinnerung des göttlichen Namens *(nām sumiran).* Sein Bemühen, verschiedenartige Lehren zu integrieren und, darauf gründend, eine eigene, antiritualistische, in der Praxis die Kaste zwar nicht abschaffende, aber zu einer sozialen Konvention degradierenden Lehre zu vermitteln, führte ihm im späteren Leben Schüler aus den Reihen von Hindus sowie der Muslime zu. Von dem Wort für Schüler = *śiṣya* (Sanskrit) leitet sich die Bezeichnung Sīkh oder Śīkh ab. Unter dem zehnten Gurū *Gobind Singh* (1675–1708) schlossen sich 1699 die S. (nicht alle, z. B. nicht die Sahajdharīs) durch die muslimische Bedrohung herausgefordert zu einer Bruderschaft (Khālsā) zusammen, die den wehrhaften Elementen im Sīkhismus stärker zur Geltung verhalf. Der Überlieferung nach wurden damals die „Fünf K-s" *(pañj kakke)* als Zeichen der Zugehörigkeit für Männer und Frauen eingeführt: *keś* (langes, ungeschorenes Haar), *kaṃghā* (Kamm), *kirpān* (Dolch), *kaṛā* (Stahlarmreif) und *kacch* (nicht übers Knie reichendes Beinkleid). Diese und andere Vorschriften, z. B. das Hinzufügen von Singh („Löwe") bzw. Kaur („Prinzessin") an den Namen, sollen bei dieser Gelegenheit eingeführt worden sein und wurden in einem Kodex *(rahat nāmē)* festgehalten. Daneben haben die *janam sākhīs* („hagiographische" Lebensgeschichten) über die zehn Gurūs großen Einfluß. Vor allem ist aber das heilige Buch der Sīkhs, der Gurū *Granth Sāhib* oder *Ādi Granth* zumindest in der Theorie die höchste Autorität. Er war von dem 5. Gurū *Arjan Singh* (1581–1606) kompiliert worden und vom Gurū *Gobind Singh,* dessen Söhne vor ihm starben, womit die seit dem 5. Gurū bestehende erbliche Nachfolge abbrach, als „Schrift-Gurū" erklärt worden. Er enthält die soteriologischen Lehren und Gebete der Gurūs, aber auch solche von Sants wie Kabīr und Nāmdev, die Muslime bzw. Hindus waren. Man nimmt an, daß der gleiche Geist, der sukzessiv die zehn Gurus beseelte, dieser Schrift innewohnt. Er wird täglich in der Gestalt der Schrift in den Gurdwaras (Sīkh-„Tempel") verehrt, obwohl die S. strenggenommen Bibliolatrie ablehnen, wie auch die Gurūs nicht ihre, sondern nur die Verehrung Gottes zuließen. Obwohl der anfängliche Antiritualismus Wallfahrten zu heiligen Stätten ausschloß, übernahmen mehrere Orte diese Funktion, vor allem Amritsar. Hier hatte Gurū Arjan den „Ādi Granth" kompiliert und ließ ihn in dem heute als „Goldener Tempel" bekannten Harimandir aufbewahren.

Lit.: *J. Gonda,* Die Religionen Indiens II. Stuttgart 1963, 108 ff. (mit Lit.-Angaben); *R. R. Khuswant Singh,* Die S. Stuttgart 1986; *W. H. McLeod,* The Evolution of the Sikh Community. Oxford 1976; *ders.,* Gurū Nānak and the Sikh Religion. Oxford 1968 = Dehli 1976. *G. D. Sontheimer*

Sintflut. Die unter den Völkern der Erde nicht seltenen Flutsagen mögen z. T. Erinnerungen an Flutkatastrophen örtlichen Ausmaßes wiedergeben. Bes. anfällig für Überschwemmungen war das tiefgelegene babyl. Alluvialland. Von einer sagenhaften Flut der Urzeit berichtet die sumerische Königsliste (um 2000 oder bald danach entstanden). Literarischen Ausdruck fand die Flutsage in einem im 19. oder 18. Jh. verfaßten, wahrscheinlich auf älterem Material fußenden sum. Mythos. Held der Erzählung ist Ziusudra, König der Stadt Šuruppak, der durch den Bau einer Arche dem Verderben entrinnt und Unsterblichkeit erlangt. Wesentlich besser erhalten ist die dem sum. Text nahestehende akkadische (babyl.-assyr.) S.-Geschichte, welche die 3. Tafel des vermutlich in der 2. Hälfte des 17. Jh. entstandenen Atramḫasīs-Epos ausfüllt. Der Stoff wurde im 12. Jh. durch den Dichter des ↗Gilgameschepos in mehr oder minder veränderter Form in der 11. Tafel des Werkes wiedergegeben. S.-Held ist hier nicht Atramḫasīs, sondern Utnapištim, der Urahne des Gilgameš. – Die atl. S.-Erzählung (Gen 6,5–9.17) ist in ihren Grundzügen der mesopotamischen Überlieferung entnommen, jedoch in eigener Weise gestaltet worden.

Lit.: *W. G. Lambert / A. R. Millard,* Atra-Ḫasīs, The Babylonian Story of the Flood, with the Sumerian Flood Story by M. Civil. Oxford 1969; *A. Schott / W. v. Soden,* Das Gilgamesch-Epos. Stuttgart 1984, 7 f. 93–101 120–122; *W. Beyerlin* (Hg.), Religionsgesch. Textbuch zum AT. Göttingen 1975, 113–122.
H. Schützinger

Skandha (Skt.; P. *Khanda*) bezeichnet u. a. eine „Gesamtheit", eine „Gruppe" von Einzelteilen. Die buddh. Tradition nennt folgende „Gruppen": 1) Körperlichkeit, 2) Wahrnehmung, 3) Empfindungen oder Gefühle, 4) ↗*Saṃskāra,* „Geistformationen" oder „unbewußte Gestaltungen", d. h. über längere Zeiten wirksame „Charakterzüge" wie Geiz, Gier, Tatkraft, Liebe u. a. 5) Bewußtsein. Manche fassen diese fünf auch zu drei oder zwei „Gruppen" zusammen. Die Zahl ist mithin unwichtig. Wichtig ist: die Person besteht aus „Seinsgruppen". Diese bleiben ständig im Fluß. Ein festgefügtes Ich, ein Persönlichkeitskern läßt sich nicht entdecken. Funktion der

„Gruppen" ist das „Ergreifen": 1) der Körper mit seinen Sinnen vermittelt den Kontakt zur Welt, 2) Wahrnehmung stellt ihn her, 3) Gefühle reagieren auf ihn: erfreut, unlustig oder gleichmütig, 4) „Geistformationen" dirigieren den Kontakt in Richtung auf heilsame oder unheilsame Wirkung, 5) Bewußtsein macht gewahr, z. B. wie Anhaften sich durch immer neues Ergreifen nährt. Irrtum entsteht, wenn jemand seinen Leib als sein Ich ansieht oder seine Gefühle oder seinen Charakter oder wenn er eine Kombination von „Gruppen" für sein Ich hält oder meint, es sei in den „Gruppen" enthalten. Einsicht entsteht, wenn jemand begreift, was Körperlichkeit ist, d. h., wie sie entsteht und vergeht, was seine Gefühle, Wahrnehmungen, Charakterzüge und sein Bewußtsein sind, d. h., wie sie immer neu entstehen und immer wieder vergehen. Alles in der Welt entsteht bedingt. Diese Erfahrung bedingt ihrerseits Loslassen, endgültiges Aufgeben, Wunschlosigkeit. Ein Mensch mit dieser Einsicht betrachtet seine „Gruppen" eine nach der anderen und weiß: ein Ich ist das nicht! *H.-J. Greschat*

Skeptizismus ↗Agnostizismus.

Slawische Religion. Das früh-ma. Siedlungsgebiet der Slawen umfaßte Mitteleuropa bis zur Linie Lübeck – Triest (Westslawen), Südeuropa mit Illyrien und Thrakien bis zum Peloponnes (Südslawen) und Osteuropa bis zum Ilmensee und östlich vom Dnjepr (Ostslawen). Die Forschung der letzten Jahrzehnte versucht, aus kargem Textbestand, aus archäologischen Entdeckungen, sprachlichen und volkskundlichen Zeugnissen die rel. Vorstellungswelt der Slawen zu erhellen. Die aus der Urheimat (wahrscheinlich zwischen dem mittleren Dnjepr und den südöstlichen Karpaten) stammende Tradition der geistig-kultischen Entwicklung, die durch die iran. (sarmatische) Nachbarschaft beeinflußt wurde, diente während und nach der Einwanderung seit dem 5. und 6. Jh. in den neuen Siedlungsgebieten dazu, an der Schwelle zu Staatsgründungen den Höhepunkt der Entwicklung in verschiedenen Formen zu vollziehen.

Der archaische Himmelsgott, der Schöpfer der Welt ist, diese aber aktiven Gottheiten überläßt, ist auch bei den Slawen zu finden. Auch das dreiteilige Denkmodell in bezug auf die Gesellschaft und ihre mythologische Abbildung in Vorstellungen von Erde und Himmel, Menschen und Göttern, das viele indo-europ. Völker kennzeichnet, ist bei ihnen festzustellen. In der Reihe der Hauptgötter steht auf der ersten Stufe der Souveränität und Magie Perun, der Himmels- und Donnergott, der auch zur zweiten, kriegerischen Stufe im Kampf mit dem Drachen hinabsteigen kann. Neben ihm steht Veles (Volos), der Magie-, Eidschwur- und Jenseitsgott, der zugleich den Viehschutz auf der dritten, wirtschaftlichen Stufe ausübt. Diese Gottheiten treten auch unter anderen Namen wie Svantevit für Perun in Arkona auf der Insel Rügen auf (die dortige Kultstätte wurde 1168 von den Dänen zerstört) oder Rujevit mit zwei Begleitern oder Jarovit und Jarylo. Mit Veles verwandte Gottheiten scheinen Triglav und Trojan zu sein, obwohl ihre Funktionen in verschiedenen slawischen Ländern für uns unsicher bleiben. Eine Gruppe von Sonnen- und Feuergöttern besteht aus Svarog, Svarozič, Radogost, Dazbog. Als kleinere göttliche Erscheinungen kann man Chors, Stribog, Simargl (offensichtlich eine iran. Anleihe), Pereplut hinzufügen. Auf der dritten Stufe des Gemeinwohls ist die Anwesenheit von Zwillingsbrüdern und einer weiblichen Gottheit, Mokos, mit einer Anzahl Haus-, Hof- und Ackergeistern anzunehmen. Rod und Rozanice (feminin Pl.) sowie die Personifikationen des Schicksals (Dola) und dessen Wahrsagerinnen sind auch nachgewiesen. Die Mythen über die Schöpfung und die Erhaltung der Welt, die Vorstellungen und magischen Riten im festlichen Zyklus des agrarischen Jahreskalenders gehören ebenso zu diesen Anschauungen. Weit ausgebaut und vielseitig ist das komplementäre Gebiet der Dämonologie: hier wirbeln Seelen der Verstorbenen, Alpe, Luft-, Wasser-, Wald- und Tiergeister.

Als die slawischen Stämme ab dem 8./9. Jh. zu größeren Verbänden und staatsähnlichen Formen strebten, kam es auch zu Umgestaltungen in den Kulten und im polytheistischen Glauben. Heilige Haine und Tempel wurden ausgebaut, Bildsäulen errichtet, einige Götter als Stammeshauptgottheiten auserwählt. Das Welt- und Menschenbild des Volkes blieb in seinen wesentlichen Zügen, seiner Magie, Dämonologie und Eschatologie jedoch unberührt. Abendländisches wie morgenländisches Christentum beseitigten mit staatlicher Hilfe zwar in relativ kurzer Zeit die obengenannten Kulte, nicht jedoch z. B. die Jenseitsvorstellungen. Bis heute bewahrt der slawische Volksbrauch neben synkretistischen Formen die Grundlagen der mündlich fortgepflanzten Überlieferung der archaischen Anschauungen und ihrer Sakralisierung.

Lit.: *J. J. Mansikka,* Die Religion der Ostslawen. I: Quellen. Helsinki 1922; *K. H. Meyer,* Fontes historiae religionis slavicae. Berlin 1931; *P. Diels,* Die slavischen Völker. Wiesbaden 1963; *L. Honko,* Religion der slawischen Völker: HRG I 225–243; *A. Gieysztor,* Mitologia Słowian. Warschau 1982; *J. Herrmann* (Hg.), Die Slawen in Deutschland. Berlin 1985.
A. Gieysztor

Smriti, von der Wurzel *smṛ* = sich erinnern, heißt das, was man in Erinnerung gehalten hat, und ist von der vedischen Lit. unterschieden, die *Sruti* genannt wird, was von den *Ṛṣis* (↗Rishi) gehört worden ist, d. h. die ↗Offenbarung (III). In der hind. Tradition wird S. als maßgebende Überlieferung betrachtet. Die S.-Schriften sind sehr zahlreich und schließen sowohl philos. als auch rel. Lit. ein: 1. *Sechs Vēdāngas,* die „Vedenglieder", d. h. die Hilfswissenschaften zu den *Veden*; 2. *Dharmaśāstras,* Lehrbücher über Sitte und Recht (*Manusmṛti* und *Yājñavalkyasmṛti* sind hier die wichtigsten); 3. *Purāṇas,* wörtlich alte Bücher oder Erzählungen. Sie haben Mythologie, Göttergenealogien, Moral und Belehrung, erbauliche Geschichten und Philosophie zum Inhalt. 4. *Āgamas: Āgama* heißt wörtlich das, was überliefert worden ist. *Āgamas* sind traditionelle rel. und geistliche Schriften, z. B. die *Vaiṣṇavāgamas, Śaivāgamas, Śāktāgamas;* 5. *Itihāsas,* epische Gedichte: *Mahābhārata* und *Rāmāyaṇa.* Die *Bhagavadgītā* ist ein Teil des *Mahābhārata* und umfaßt in dessen sechstem Buch die Kap. 25–42 (= 18 Kap.). Heute ist sie als ein unabhängiges Buch das populärste unter den hind. Schriften. 6. *Vier Upavēden,* „Nebenveden". 7. *Ṣaddarśanas* (↗Dṛarshana), die sechs philos. Systeme.

Lit.: *T.M.P. Mahadevan,* Outlines of Hinduism. Bombay 1966.
A. Thannippara

Sonne. Die S. als Spenderin des Lichtes und Beherrscherin des Tages hat sowohl kultische Verehrung als auch Eingang in religiöse Spekulationen gefunden. Vergöttlicht erscheint sie als Schamasch, Aton, Re, Helios, Sol und Surya, oder auch als ein Teil von Göttern, die den gesamten Himmel repräsentieren. Das S.n-Auge erscheint bei Mitra, Varuna und Agni ebenso wie bei dem ägypt. Himmelsgott Horus, der als Falke dargestellt wurde und als „Auge des Re" galt. Die Entstehung der S. beschreibt ein jap. Mythos durch das Auswaschen der Augen (= S. und Mond) eines Himmelsgottes. Aus den Augen des chinesisch-mythischen Urwesens P'an-ku werden ebenfalls S. und ↗Mond. S.n-Götter stehen über Licht–Augen–Sehen–Wissen in einer Assoziationskette, die sie mit den Bereichen von Recht, Eid und Vertrag verbindet (Schamasch, Mithra und Helios). Die Wahrung des Rechtes bringt die S.n-Götter, die oft als jugendliche Kriegshelden erscheinen, in nahe Verbindung mit den irdischen Garanten des Rechtes, den Königen. Der S.n-Gott Inti galt als Ahnherr der Inka-Herrscher, die jap. S.n-Göttin Amaterasu als Ahnengöttin der jap. kaiserlichen Familie, und die ägypt. Pharaonen waren die Söhne des Re. Den stärksten Ausdruck findet diese Entwicklung in den Bestrebungen, den S.n-Gott zum alleinigen Reichsgott zu erheben. Die Religionsreform des Amenophis IV., der den Gott Aton (S.n-Scheibe) in monotheistischer Weise verehren ließ, sich deshalb Echnaton (= „er gefällt Aton") nannte, und die unter Aurelian (214–275) als Staatskult eingeführte Verehrung des sol invictus sind hier zu nennen.

Lit.: *F. Boll,* Die S. im Glauben und in der Weltanschauung der alten Völker. Stuttgart 1922; *N. P. Nilsson,* Sonnenreligionen: ARW 30 (1933) 141–173; *E. Winter,* Zur Deutung der Sonnenheiligtümer der 5. Dynastie: WZKM 54 (1957) 222–233; *G. H. Halsberghe,* The Cult of sol invictus. Leiden 1972.
P. Parusel

Spiritismus
↗Okkultismus.

Mit dem Begriff S. (von lat. *spiritus* = Geist) verbindet sich eine Reihe recht unterschiedlicher Theorien und Praktiken, denen jedoch gemeinsam die Überzeugung zugrunde liegt, daß ein bestimmter Aspekt des Menschen (Seele bzw. Geist) den physischen Tod überlebt und in einer jenseitigen Welt weiterexistiert und daß Lebende mit Verstorbenen (oder umgekehrt) in Kontakt treten können.

1. Geschichtliche Entwicklung. Die Beschäftigung mit der Frage nach dem Tod des Menschen und dem Verbleib der Toten hat es in allen Kulturen und Religionen gegeben, was jedoch, dem jeweiligen ethnischen, philos. oder rel. Umfeld entsprechend, zu ganz unterschiedlichen Ergebnissen geführt hat. So spiegeln die etwa im Kontext des ↗Animismus und der Ahnenverehrung (↗Ahnenkult) bei einzelnen Völkern ausgeprägten Vorstellungen und Rituale nicht nur Hoffnung, sondern sehr stark auch Furcht und Schauder im Umgang mit den Toten wider. Und die in Dtn 18,9ff. ausgesprochene und als göttliche Anweisung verstandene Warnung ist wahrscheinlich auf dem Hintergrund der Erfahrung psychischer Belastungen im Zusammenhang mit Totenbeschwörungen formuliert worden.

Mit dem in Europa aufkommenden Zeitalter der Aufklärung (Rationalismus) wurden zumindest in dieser Region die Vorstellungen von Geister- und Jenseitswelten zurückgedrängt oder ganz geleugnet. Dem versuchten Männer wie Jung-Stilling, Oetinger und bes. E. Swedenborg entgegenzuwirken. So gilt denn der „Geisterseher“ Swedenborg (1688–1772) auch als einer der wichtigsten Wegbereiter des modernen S. Nach naturwiss. Studien in Uppsala und London sowie einigen Jahren im schwedischen Staatsdienst widmete er sich ab 1745 nur noch seinen von Anfang an bestehenden spiritistischen Interessen. Seine häufigen, als Kommunikation mit „Geistern“, „Dämonen“ und „Engeln“ interpretierten Visionen und Halluzinationen beruhten, eigenen Aussagen zufolge, auf einer besonderen Atemtechnik, der Hyperventilation, wodurch der Kohlensäuregehalt des Blutes bis zu Vergiftungserscheinungen angereichert wird. Gerade in Zeiten großer, psychisch bedingter Krisen – Kritiker sprechen von einem Prozeß geistiger Erkrankung – entstanden Swedenborgs Abhandlungen, u. a. 1758 sein Hauptwerk „De Coelo et eius mirabilibus et de Inferno ex auditis et visis“, das eine detaillierte Beschreibung der Zustände und Vorgänge im Jenseits enthält.

Die konkreten Anfänge des heutigen amerik.-europ. S. gehen in das Frühjahr 1848 zurück, als in einem Holzhaus in Hydesville bei Rochester (New York) angeblich sonderbare Klopfgeräusche zu hören waren. Die beiden Töchter des Eigentümers, Kathie und Margret Fox, sowie ein Nachbar behaupteten später, in der Nacht des 31. März 1848 durch ein sog. „Klopf-ABC“ mit dem betreffenden „Geist“ in Verbindung getreten zu sein und „Botschaften“ empfangen zu haben. Diese „Klopf“-Technik stieß zunächst in der Umgebung auf großes Interesse, verbreitete sich bald aber an der ganzen Ostküste. Überall entstanden Zirkel, die mit Hilfe von Klopfzeichen Kontakte zu Verstorbenen aufnehmen wollten. Als weitere Gegenstände der Kommunikation wurden Tische und Gläser benutzt; daneben wirkten „sensitive“ Menschen als Medien. Der Siegeszug des S., der bald auch Europa erreichte, war nicht mehr aufzuhalten, obwohl Kathie und Margret Fox 1888 in New York öffentlich bekannt hatten, die damaligen Klopfgeräusche in Hydesville mit Hilfe ihrer Knie- und Zehengelenke selbst verursacht zu haben.

2. Strukturen, Praktiken und Motive. a) Der heutige S. weist eine Vielzahl von Gruppen, „Kirchen“ und Einzelpersonen auf, die nach Struktur und Intention voneinander unterschieden werden müssen. Den größten Block bildet der „Familien“-S., wo im häuslichen Bereich versucht wird, mit den Geistern verstorbener Angehöriger Verbindung aufzunehmen. In diesem Umfeld haben sich auch die „Mittler“ angesiedelt, Einzelpersonen, die ihre Vermittlerdienste zwischen Lebenden und Toten gegen Honorar anbieten. – Einen zweiten Bereich bilden die immer stärker in Erscheinung tretenden Neuoffenbarungssekten (etwa White Eagle Lodge, Geistige Loge Zü-

rich, Heimholungswerk u. a.), die sich jeweils um ein Medium scharen, von dem geglaubt wird, daß es Kundgaben von den Geistern berühmter Gestalten der Geschichte empfange. – Daneben existieren, vornehmlich in Großbritannien, Nordamerika, auf den Philippinen und in Brasilien, auf spiritistischer Grundlage arbeitende „Kirchen" mit je bis zu Tausenden von Anhängern, ausformulierten Liturgien und Lehrsystemen sowie regelmäßigen Kultveranstaltungen (auch Heilungen).

b) Die häufigste spiritistische Praktik ist die Séance, bei der die um einen (runden) Tisch sitzenden Teilnehmer mit gespreizten Fingern und gekreuzten Beinen die „Kette" bilden. Die „Botschaften" des angerufenen „Geistes" werden normalerweise mit Hilfe eines auf der Tischplatte umgestülpten Glases ermittelt, das sich durch ständigen Fingerkontakt (!) einiger Anwesender zwischen ausgelegten Buchstabenkärtchen hin und her bewegt; bisweilen wird auch ein für „automatisches Schreiben" präpariertes Ouija-Brett benutzt. – Bei den Neuoffenbarungssekten läßt sich das betreffende Medium in Trance fallen und dient so angeblich als Kontaktperson zur jenseitigen Welt. – Seit 1959 versuchen Spiritisten auch, die Stimmen von Verstorbenen über Radiogeräte auf Tonband aufzunehmen, um „technische Beweise" für das Funktionieren des S. zu liefern. Als Pionier dieser sog. „Tonbandstimmenforschung" gilt F. Jürgenson aus Schweden, der eine „Trägerwelle" im Mittelwellenbereich entdeckt haben will (zwischen 1475 und 1484 kHz), die von den Toten angeblich als Kommunikationskanal benutzt wird.

c) Als Motive für die Hinwendung zum S. lassen sich folgende Punkte nennen: die Suche nach Trost in schwierigen Situationen (Trauerfälle); die Suche nach körperlicher und seelischer Heilung (Geisterärzte in spiritistischen „Kirchen"); die Suche nach Erkenntnis und Wissen über die jenseitige Welt; die Suche nach Lebens- und Glaubenshilfe durch Trance-Medien.

3. Beurteilung. Obwohl es inzwischen ein umfangreiches spiritistisches Schrifttum mit Beschreibungen, Analysen und Erfahrungsberichten gibt, liegen überzeugende Beweise für eine Kommunikation zwischen Lebenden und Toten nicht vor. Für die ganz wenigen echten Phänomene (zum überwiegenden Teil handelt es sich bei den Vorgängen des S. um Selbsttäuschung, Betrug oder Scharlatanerie) gibt es tiefenpsychol. Deutungen. Auch wenn die Motive, sich dem S. zuzuwenden, ernst genommen werden müssen, so sind die damit verbundenen Praktiken und Inhalte aus christl. Sicht dennoch abzulehnen. Der bibl. begründete Glaube, bes. im Hinblick auf die Auferstehungshoffnung, wird im S. durch ein aus dunklen Quellen stammendes „Wissen" abgelöst. Dazu kommen die bei vielen Praktizierenden beobachteten negativen Auswirkungen auf Seele und Geist, die eine Hinwendung zum S. auch von dieser Seite her nicht geraten erscheinen lassen.

Lit.: *F.-W. Haack,* Rendezvous mit dem Jenseits. Hamburg 1973; *ders.,* S. München 1984; *R. Stemman,* Die Welt der Seelen und Geister. Frankfurt–Berlin 1979; *Ch. Weiss,* Begnadet, besessen oder was sonst? – Okkultismus und christl. Glaube. Salzburg 1986.

R. Hauth

Sprache und Religion

↗Erfahrung; Erinnerung; Schrift; Tradition.

Der für das vulgäre Verständnis, das S. vorwiegend instrumentell und R. als Sammelbegriff für kultisch-rituelle Verhaltensformen versteht, überraschende Zusammenhang erklärt sich einerseits aus der „Konnaturalität" von S. und Menschsein (1.) und andererseits aus der Erfahrung des Göttlichen im Sprachereignis von Offenbarung (2.) und Gebet (3.).

1. Als Urform menschlicher Selbstverwirklichung begleitet die S. den Menschen ebenso beim Aufstieg zu dem mit dem Gottesgedanken gegebenen Grenzbegriff seines Geistes (begrifflich gefaßt in den philos. und theol. Umschreibungen des göttlichen Geheimnisses, spekulativ ausgearbeitet in den Gottesbeweisen, dichterisch ausgesagt in der altchristl., ma. und neuzeitl. Hymnik, mystisch erfahren von den Meistern der Spiritualität und formbestimmend sogar noch für die atheistische Negation) wie bei seinem Abstieg in Selbstentfremdung und Selbstverlust (dokumentiert etwa durch H. v. Hofmannsthal und P. Celan).

Deshalb erfuhr das Sprachfeld von Anfang an entscheidende Prägungen durch das Religiöse: so schon im Mythos (↗Mythos/Mythologie), der als urspr. „Wort" das Göttliche und seine Geschichte auszusagen sucht, vor allem aber durch den im jüd. Prophetismus (die Konfessionen des Jeremia) beginnenden und durch Paulus (die „Narrenrede" in 2 Kor 11 f.) besiegelten sprachgeschichtlichen Umbruch, der zur Entstehung einer auf Binnenerfahrungen bezogenen Subjekt-S. führte. Obgleich Nietzsche das rel. Element der S. in den grammatischen Strukturen vermutet, haben sprachliche Bildformen (Parabel, Bildwort, Gleichnis) dennoch als Vorzugsmittel des rel. Ausdrucks zu gelten.

2. Schon dem vorrel. Schicksalsbegriff (fatum – das Gesprochene) und der mythologischen Rede von Gott liegt der Gedanke einer göttlichen Selbstbekundung im menschlichen Wort von Gott zugrunde. Erst recht leben die theistischen Offenbarungsreligionen (↗Judentum; Christentum; Islam) von dem Glauben an eine worthafte Selbstbekundung Gottes, der nach K. Rahner im Offenbarungsakt das für die menschliche Selbstfindung Entscheidende sagt: sich selbst (Selbstoffenbarung). Gegenüber neueren Versuchen, Offenbarung epiphanisch (H. U. v. Balthasar) oder gesch. (W. Pannenberg) zu begreifen, muß am Wortcharakter der Gottesoffenbarung festgehalten werden, da der menschliche Rezeptionsakt im Glauben nur so die Höhe einer dialogischen Beziehung (als ein „Gott verstehen") erreicht. Auch läßt sich der Vorrang der Verkündigung im Tun der Offenbarungsträger (↗Propheten, Apostel) und in der Prioritätenfolge der kirchl. Dienstleistungen (Mission, Predigt) nur unter der Voraussetzung einer göttlichen Wortoffenbarung rechtfertigen.

3. Dem Sprachereignis der Offenbarung entspricht auf seiten des Menschen das des Gebets. Schon bei Euagrius Ponticus als „Erhebung des Geistes zu Gott" definiert, ist es stets auch Anrufung Gottes in der Vielfalt menschlicher Sageweisen, die wie das Verstummen so auch den Aufschrei umfassen. Als Aufstieg des Geistes ist das Gebet spekulativer, als es gemeinhin den Anschein hat; sofern es letztlich die Bitte um die Selbstkundgabe Gottes ist (M. Buber), formt sich in ihm jenes menschliche Wort von Gott aus, an dessen uneinklagbarem Ende das Wort des sich selbst mitteilenden Gottes steht. Da aber auch das Gebet in die Menschlichkeit der S. eingebunden bleibt, ist ebenso mit Formen des Verstummens und Versagens (Sophie Scholl: „Ich kann nichts anderes als stammeln") zu rechnen. Indessen setzt sich gerade das „De profundis" der im Gebet erfahrenen Sprachnot, christlich gesehen, in den Todesschrei des Gekreuzigten fort, der (nach Hebr 5,7) erhört und im Ereignis der ↗Auferstehung (II) durch Gott selbst beantwortet wurde.

Lit.: *E. Biser,* Menschsein und S. Salzburg 1984; *H. Waldenfels,* Offenbarung. München 1969; *F. Heiler,* Das Gebet. Eine religionsgesch. und religionspsychol. Untersuchung. München 1921. *E. Biser*

Starez

↗Orthodoxie/Ostkirchen.

Das Starzentum ist eine russische Erscheinung und untrennbar mit dem dortigen Klosterleben verbunden. Die Starzen (Altväter) sind im Laufe der Geschichte von wechselndem Einfluß auf das russ. Leben überhaupt gewesen. Der S. ist ein älterer Mönch, durch lange Übung und Selbsterziehung in der ↗Askese und der Demut geübt und fähig, seinerseits Mönchen und Laien eine geistliche Schulung angedeihen zu lassen und sich als Seelenführer zu betätigen. Er übt meist keinerlei Amt aus, lebt selbständig in einer Einsiedelei oder einem Kloster und wirkt kraft seiner Persönlichkeit. Die Beziehung zu ihm ist freiwillig. Der Schüler gibt seinen Willen auf und folgt dem S. bedingungslos, nimmt gegebenenfalls auch seine Lebensweise an. Doch kann er auch im Laienstand verharren. Askese und Mystik sind die Heimat des S. Diese Lebenshaltung entstammt dem Athos, wo Gregor der Sinaite (gest. 1346), Vertreter der Hesychia, der Gottesschau, mit seinem geistigen ↗Gebet eine entscheidende Wirksamkeit entfaltete. Diese Lehre verpflanzt Nil Sorskij (1433–1508) ein Jh. später in die Urwälder Nordrußlands und macht sie zu einer russ. Erscheinung mittels seiner Schüler im Gebiet nördlich der oberen Wolga. Vorher spielt der S. in

Rußland nur eine geringe Rolle. Die Lehren Nils wurden durch Iosif Volokolamsk (Volockij; gest. 1515) und den Metropoliten Daniil (gest. 1547) als Vertreter Moskaus, des Dritten Rom, zurückgedrängt und erst durch Paisij Velitschkowskij (1722–1794; seine kirchenslavische „Philokalia" aus den Schriften der Asketen und Mystiker erschien 1794) wieder propagiert und zur Erneuerung des Starzentums verwandt. Hier spielt das nach Peter dem Großen einsetzende Gottsuchertum eine große Rolle. Feofan (gest. 1832), Leonid (Lew Nagolkin, 1768–1841), Makarij v. Optina (gest. 1860), Parfenij (1790–1855) und seine Schüler, der gelehrte Bischof von Feofan, der Klausner v. Wyschen (Georgij Goworow; 1815 bis 1894); Amwrosij v. Optina (1812 bis 1891), den Dostojewskij 1878 auf suchte und wiederholt Tolstoj; der hl. Serafim v. Sarow (1758–1833), der große Visionär; Siluan vom Berg Athos (1866–1938) sind bekannte Starzen.
Das russ. Starzentum nimmt neben der griech. Tradition auch Überlieferungen auf, die bis in die Zeiten der ägypt. Wüstenväter (die Wälder der nördlichen Wolga als „Thebaîs des Nordens") und die großen syr. Asketen und Mystiker zurückgehen. Wichtig ist der Begriff der Juradstvo (Torheit = 1 Kor 1,18), der für die Starzen eine große Rolle spielt und bis zu der Bewegung der Juródivij, der „Narren in Christo", in Gebrauch ist (Höhepunkt im 16. Jh.).

Lit.: *D. Goldfrank,* Old and new Perspectives on Iosif Volotsky's Monastic Rules: Slavic Review 34 (1975) 279–301 (Iosif[né Sanin] Volotsky [Joseph Volotsky], 1439–1515); *I. Kologrivof,* Essai sur la Sainteté en Russie. Brügge 1953; *F. von Lilienfeld,* Nil Sorskij und seine Schriften: Die Krise der Tradition im Rußland Ivans III. Berlin 1963; *I. Smolitsch,* Leben und Lehre der Starzen. Köln [2]1952; *Sophronius,* S. Siluan, Mönch vom Berg Athos, 2 Bde. Düsseldorf [2]1980/81; *G. Schulz,* Die theologie-gesch. Stellung des Starzen Artemij innerhalb der Bewegung der Besitzlosen im Rußland der ersten Hälfte des 16. Jh. Erlangen 1980.
C. D. G. Müller

Stein. Als Kultmittel ist der S. kaum je unmittelbar Gegenstand der Verehrung, sondern Sitz von etwas anderem, von Kräften, Geistern oder Seelen. S.e sind ferner Male, mit denen ein Ort eines übermenschlichen Geschehens oder ein kultischer Platz, ein Altar oder dgl., bezeichnet wird, sofern es sich nicht um einfache Denkmäler zur Dauerhaftmachung bestimmter Ereignisse handelt (↗Megalithreligionen). Als ältestes archäol. Zeugnis für einen irgendwie nicht-profanen Zusammenhang kann ein ziegelartig zugehauener S. aus einem Kultraum der Großsiedlung von Jericho (8. Jt.) gelten.

Lit.: *F. Heiler,* Erscheinungsformen und Wesen der Religion. Stuttgart 1961; *M. Eliade,* Die Religionen und das Heilige. Salzburg 1954; *D. J. Wölfel,* Die Religionen des vorindogerm. Europa: *F. König* (Hg.), Christus und die Religionen der Erde I. Freiburg 1951, 161–537.
K. J. Narr

Sternenkult ↗Astralkult.

Stūpa. Nach buddh. Tradition soll ↗Buddha auf seinem Sterbebett erklärt haben, daß außer ihm und seinen Schülern ein Herrscher und ein besonderer Buddha würdig seien, durch die Errichtung eines S. geehrt zu werden. Der Skt.-Begriff S. findet sich zum ersten Mal in den Veden (↗Vedānta) und wird dort im Sinne von „Haarknoten", „Höhepunkt" oder „Gipfel" gebraucht. Unklar ist, wie es dazu kam, daß die Buddhisten diesen Begriff zur Bezeichnung der über den Überresten des Buddha errichteten Gedenkstätte verwendeten. Nach buddh. Tradition wurde der Leichnam Buddhas verbrannt, seine Asche unter acht Stämmen Zentralindiens aufgeteilt und jeweils ein S. errichtet. Aśoka (268–232 v.Chr.), der berühmte Verbreiter des Buddhismus, ordnete an, daß acht nach dem Tod Buddhas errichtete Stūpen geöffnet, ihr Inhalt ausgeräumt, aufgeteilt und in andere Stūpen überführt würde, die er in ganz Indien hatte erbauen lassen. Innerhalb von drei Jahren sollen 84000 Stūpen errichtet worden sein. Einige der frühen Stūpen enthalten Knochen, Goldblätter und anderen Schmuck.
Der S. ist eine Art Mausoleum, der in der Form eines Turmes gebaut und von einer Kuppel und einer oder mehreren Chattras (Segeltuchschirme) umgeben ist. Die frühen Buddhisten errichteten Stūpen im Glauben, daß Buddha sich selbst aus dem Kreislauf von Geburt und Wiedergeburt erlöst habe. Andere Weise konnten ebenfalls in Stūpen beigesetzt werden, weil sie, in das ↗Nirvāṇa eingegangen, die Bitten ihrer Anbeter erhören konnten.

Entsprechend brachten die Gläubigen ihre Gebete Buddha und anderen Weisen durch das Medium des S. dar.
Andere für S. verwendete Begriffe sind *Chaitya* und *Pagode*. Chaitya, wörtlich „Heiligtum", war urspr. eine Versammlungshalle für Meditation und Lehrvorträge, die als Mittelpunkt einen S. enthielt. Als die Chaitya ihre Bedeutung als Versammlungshalle verlor und mit dem S. zu einer Einheit verschmolz, verloren die beiden Bezeichnungen ihren urspr. Unterschied. Das aus dem Altindisch-Persischen stammende Wort Pagode wird in Europa häufig ebenfalls für S. verwendet, zumal sie aus einem solchen entstanden ist und wie dieser der Aufbewahrung von Reliquien und als Grabmal diente. Die rituellen Vorgänge führten aber dann dahin, daß Pagode schließlich zu einem anderen Namen für einen buddh. Tempel wurde. In diesem Sinne bezieht sich das Wort heute vor allem auf die turmartigen Tempelbauten Ostasiens, die in ihren verschiedenen Gestalten und Stufen Symbole des Absoluten, des Weltzentrums, der Weltbereiche, aber auch des ↗Bodhisattva und Erleuchtungsweges sind. Als Tempelbau finden sich Pagoden sowohl in China, Korea wie Japan. Letztendlich lassen sich zwei Arten von Stupen unterscheiden: solche, die zur Aufbewahrung von Reliquien dienen, und solche, die Gedenkstätten herausragender Ereignisse aus dem Leben des Buddha oder anderer Heiliger sind.
S.-Verehrung und buddh. Mönchtum: „Archäologische Zeugnisse zeigen, daß Stūpen von gläubigen Laien erbaut und verwaltet wurden, die nicht einer bestimmten Schule oder Richtung angehörten. Da jedoch die S.-Verehrung weiterhin blühte, wurden Stūpen in den Mönchsgemeinschaften errichtet und begannen auch die Mönche sie zu verehren" (Akira 94). Die Stūpen wurden verehrt, indem man sie umschritt, Blumen, Weihrauch, Kleidung, Tücher, Fahnen und anderen Schmuck niederlegte, Münzen darbrachte und sie mit Milch einrieb. Die buddh. Mönche stellten kleine, selbstgemachte Miniatur-Stūpen als Devotionalien her.
Als sich die Opfergaben anhäuften, begannen die Gläubigen, sich um die Stūpen herum anzusiedeln und die dargebrachten Naturalgaben und Kleidungsstücke zu gebrauchen. Dafür gaben sie den Pilgern Anweisungen zur Verehrung und erläuterten die Aufzeichnungen aus dem Leben Buddhas, die in den Stūpen eingemeißelt sind.
Stūpen sind heute nicht nur Objekte der Buddhaverehrung. Sie dienen auch als Zentren der Meditation und buddh. Studien. Zumal im Mahāyāna-↗Buddhismus (III 2) spielt die S.-Verehrung insofern eine wichtige Rolle, als das vorrangige Lebensziel die Meditation bzw. die Erlangung der ↗Erleuchtung ist.

Lit.: *D. Seckel,* Buddh. Kunst Ostasiens. Stuttgart 1957; *H. Akira,* Art. S. Worship: ER XIV 94.

J. Kurissery

Sünde ↗Schuld/Sünde.

Ṣūfismus. 1. Ṣ. ist der Name für die islam. Mystik. Abgeleitet von *ṣūf,* „Wolle", nach dem Wollgewand der frühen Asketen, wird es in falscher Etymologie von den Ṣūfīs selbst oft mit *ṣafā,* „Reinheit", verbunden. Der Ṣ. entwickelte sich aus der Meditation des Korans und supererogativen Frömmigkeitswerken zu einer Zeit, da die islam. Welt in erfolgreicher Ausdehnung begriffen war; er war anfangs rein asketisch. Beziehungen früher Ṣūfīs zu christl. Anachoreten sind bekannt; Jesus erscheint als Modell des milden, menschenliebenden Wanderers.
2. Das Element reiner Gottesliebe – einer Liebe, die nicht nach Lohn oder Strafe fragt – wurde von einer Frau, *Rābi'a von Basra* (gest. 801), eingeführt und blieb für die weitere Entwicklung zentral. Im 9. Jh. entwickelten sich dann verschiedene Aspekte des Ṣ. In Ägypten stimmte *Dhu'n-Nūn* in hymnischen Gebeten in den Lobpreis der Natur für ihren Schöpfer ein und legte damit den Grund für die spätere myst. Dichtung mit ihrer Freude an Naturschilderungen. Im Iran versuchte *Bāyezīd Bisṭāmī* das Entwerden, *fanā'*, in kühnen Bildern anzudeuten, und *Yaḥyā ibn Mu'ādh* lehrte als „Prediger der Hoffnung". Im Irak aber, dem Zentrum des abbasidischen Reiches, wurden eine höchst verfeinerte Technik der Innenschau ebenso entwickelt wie die Lehren von den „Zuständen" und „Stationen" des myst. Pfades, *ṭarīḳa*. Erstmals

werden im 9. Jh. auch myst. Konzerte erwähnt (*samā'*, „Hören"), welche die Teilnehmer oft zum Wirbeltanz verzückten – eine bis heute umstrittene Andachtsform. Viele der frühen Formulierungen sind, mit den fast unübersehbaren Möglichkeiten der arab. Sprache spielend, bewußt paradox, um das Geheimnis myst. Erfahrung vor den Uneingeweihten zu verhüllen. Die überragende Gestalt in Bagdad war der nüchterne *Djunaid* (gest. 910), der zur Zentralfigur aller myst. Initiationsketten geworden ist. Für ihn ist das Ziel des Menschen, „zu werden, wie er war, als er nicht war". Ganz anders als er versuchte *al-Ḥallādj*, der „Märtyrer der Gottesliebe", seine unendliche Sehnsucht nach Gott, der in seltenen Augenblicken der Ekstase den menschlichen Geist überkleiden kann, in Paradoxen und zarten Versen auszudrücken; sein Wort *Anā'l-ḥakk*, „Ich bin die Wahrheit", das bald als „Ich bin Gott" interpretiert wurde, sowie seine trotz aller harten Askese freie Auslegung gewisser Punkte des Religionsgesetzes führten zu seiner Hinrichtung 922. Bis heute ist er das Modell für die mystisch Liebenden, aber auch für die vom Establishment Verfolgten.

3. Nach Ḥallādjs Tod beginnt die Periode der Konsolidierung, die in den Werken *al-Ghazzālīs* (gest. 1111) gipfelt, dem die „Versöhnung" von Mystik und Orthodoxie gelang – obgleich der Ṣ. im Grunde nur eine Verinnerlichung der Orthodoxie ist. Doch waren mancherlei fremde Einflüsse aufgenommen und in die Lehren eingearbeitet worden. Neuplatonische Gedanken lagen gewissermaßen in der Luft und formten die spätere Entwicklung. Auch die Licht-Mystik des jung hingerichteten *Suhrawardī* (gest. 1191) wirkte lange weiter. Der Begriff des Gottesfreundes, *walī*, d.h. des Heiligen, wurde definiert, eine Heiligenhierarchie entwickelt. Doch immer blieb das Zentrum des Ṣ. die absolute Einheit Gottes, der nicht nur der *eine* Schöpfer und Erhalter ist, sondern der einzige, der wirklich existiert.

4. Die Lehre von der „Einheit des Seienden" wurde im 13. Jh. von dem aus Spanien gebürtigen *Ibn 'Arabī* in seinen großen Werken entwickelt, die, zu Unrecht oft als pantheistisch interpretiert und daher von der Orthodoxie abgelehnt werden, doch an der Transzendenz Gottes festhalten. Ibn 'Arabīs Terminologie hat alle Mystiker der folgenden Jahrhunderte beeinflußt, selbst wenn sie seinen Theorien nicht folgten. Diese Ideen wurden verbreitet durch die seit dem 12. Jh. entstehenden ↗Derwīsh-Orden. Die ersten Bruderschaften in größerem Rahmen waren die Suhrawardiyya und die Qādiriyya. Durch solche und andere Orden (*ṭarīka*) wurde der Ṣ. bald in die Randgebiete des Islam getragen. Die Methoden der Orden sind verschieden; es gibt Bettelorden und solche, die die Erfüllung beruflicher Pflichten betonen, in anderen sind Musik (Tschischtis in Indien) oder kreisender Reigen (Mevlevis in der Türkei) zentral. Der Meister (*shaikh, pīr*) hat unbedingten Gehorsam zu verlangen, denn der Ṣ. ist eine Initiationsmystik, die den Menschen in die geistige Sukzession einbindet, die bis zum Propheten zurückführt. Die Regeln gesitteten Benehmens, wie die Ṣūfīs sie aufgrund von Aussprüchen des Propheten Muḥammad lehrten, haben die Sitten in der islam. Welt weitgehend geformt. Doch nur wenige Fromme leben im Derwīshkloster; der Hauptteil der Anhänger bildet eine Art Terziarenschaft, die zu bestimmten Anlässen (Prophetengeburtstag, Todestag des Stifters u.ä.) zusammenkommen und sich der Musik und gemeinschaftlicher Andachten erfreuen und seelischen Trost vom Meister empfangen. Es gibt keinen Zölibat in den Orden; daher ist das Amt des Shaikhs oft erblich geworden, was zur Degeneration führen kann.

6. Eine besondere Ausprägung fand der Ṣ. im Iran und in den unter pers. Kultureinfluß stehenden Gebieten. Dort entstand um 1100 eine ṣūfische Dichtung, die sich sowohl des erzählenden *Mathnavī* (Doppelverse) als auch der Lyrik bediente. Die Werke der großen Dichter *Sanā'ī* (gest. 1131) und *'Aṭṭār* (gest. 1220), der die Reise der Seelenvögel durch die sieben Täler besungen wie auch die Erlebnisse des Mystikers in der 40tägigen Klausur interpretiert hat, führen zu *Djalāluddīn Rumi* (gest. 1273), dessen ekstatische Liebeslyrik den Höhepunkt myst. Dichtung darstellt und des-

sen Mathnavī von Späteren als „Koran in pers. Zunge" gepriesen worden ist.
7. Der Ṣ. der folgenden Jh.e hat eine unübersehbare Lit. hervorgebracht, die um das Geheimnis der absoluten Liebe kreist. Die Prediger, die versuchten, diese Liebe zu künden, bedienten sich auch der Regionalsprachen und haben so zur Entwicklung des Türkischen, Sindhi, Pandschabi und vieler anderer Sprachen beigetragen; die volkstümliche Dichtung ist von besonderem Reiz. Im ind. Bereich kann man sogar von einer echten „Brautmystik" sprechen: Die liebende Seele wird als sehnsüchtige Frau gesehen.
Doch haben die Ṣūfīs auch in allen Gegenden eine politische Rolle gespielt, teils – wie die Suhrawardiyya und Naḳshbandiyya – in Zusammenarbeit mit der Regierung, teils in Rebellion gegen korrupte Verwaltungen. Und wie der Ṣūfī-Führer Schamyl im vorigen Jh. im Kaukasus kämpfte, stellen Ṣūfī-Gruppen heute die wichtigsten Widerstandskämpfer gegen die Sowjetisierung Zentralasiens dar. Keineswegs kann dem Ṣ. die Verantwortung für Lethargie zugeschoben werden; der Ṣūfī versucht vielmehr, absolutes Gottvertrauen, erwachsen aus Gottesliebe, zu praktizieren.

Lit.: *A. Schimmel,* Myst. Dimensionen des Islam. Aalen 1980; *dies.,* S.: H. Gätje (Hg.), Grundriß der arab. Philologie II. Wiesbaden 1987 (Lit.); *P. J. Awn,* Art. Sufism: ER XIV 104–123. *A. Schimmel*

Sumerische Religion

↗Babylonisch-assyrische Religion; Gott III 2.

Während des letzten Drittels des 4. Jt. ist das Volk der Sumerer, wahrscheinlich über Land aus dem Osten kommend, in den Süden des Zweistromlandes eingewandert. Das geschlossene sum. Siedlungsgebiet erstreckte sich von der Stadt Eridu am Persischen Golf ca. 200 km nordwestl. etwa bis in die Gegend von Nippur. Siedlungen, Kultzentren und Handelsniederlassungen der Sumerer bestanden wohl auch nördl. der genannten Region, doch könnte es hier bald zu einer gegenseitigen Durchdringung mit nord- oder nordostsemitischen Einwohnern bzw. Einwanderern gekommen sein, den Vorläufern des vermutlich noch durch Zuwanderung aus der Steppe verstärkten Akkadertums. Die Sumerer schufen während der sog. frühgesch. Zeit (ca. 3100–2750) die älteste Hochkultur der Menschheit mit einem bereits weit entwickelten rel. Leben. Im frühesten Stadium der S. R. dürfte jeder Ort – mit Ausnahme von Uruk – nur eine Stadtgottheit besessen haben. Sie verkörperte das Prinzip der göttlichen Macht und setzte die für die Durchführung des Kultes wie auch für das menschliche Zusammenleben notwendigen Ordnungen. Menschlicher Stellvertreter der Gottheit war der Stadtfürst. Durch die Zusammenlegung benachbarter Ortschaften und die Entwicklung von politischen Machtzentren, wodurch abhängig gewordene Orte die Gottheit der herrschenden Stadt in ihren Kult aufnahmen und diese umgekehrt den Göttern der botmäßig gewordenen Orte Platz in ihren Mauern bot, vermehrte sich die Zahl der in einer Stadt verehrten Gottheiten unter Wahrung des Vorranges des Stadtgottes. Gleichzeitig bildeten sich die besonderen Wesenszüge der einzelnen Gottheiten deutlicher heraus. Durch die Bemühungen der Priesterschaften wurden die Götter in ein System verwandtschaftlicher Beziehungen gebracht und ihnen eine große Zahl dienender, niederer Gottheiten zugeteilt.
Nach theol. Verständnis war ein Wesensmerkmal der Gottheit ihre Verfügung über außerirdische, ordnende Kräfte, sum. „me" genannt, die Natur und Wesen der Erscheinungen bestimmten. „me"-Kräfte konnten delegiert werden, so der „me-lám", Schreckensglanz, der die Feinde eines Königs niederwarf, oder unvorhergesehenerweise den Besitzer wechseln, wie der Mythos über Inanna (= Ischtar in der babyl.-assyr. Religion) von Uruk, die Göttin der Liebe und des Venussterns, und Enki von Eridu, den Gott des Süßwasserozeans (Grundwasserhorizonts), berichtet. Während eines Besuches der Inanna in Eridu schenkte ihr Enki im Rausch ca. 100 „me".
Im Laufe der rel. Entwicklung waren die dem Menschen ehemals zugänglichen Stadtgottheiten zu großen Göttern geworden, die sich ihren Aufgaben der Weltordnung widmeten. Die sog. persönlichen Schutzgottheiten, im Rang meist tieferstehende Götter, nahmen sich nun der Menschen an und schalteten sich nur in Fällen, deren Regelung über ihre

Kräfte ging, vermittelnd ein, indem sie ihre Klienten fürsprechend vor eine der großen Gottheiten führten.
Die Menschen waren, der Weltordnung gemäß, zum Dienst für die Götter bestimmt. Der Kult umfaßte neben Opfern und der Zuwendung durch Gebete und Hymnen kultische Feste – das wichtigste war das jährliche Neujahrsfest. Bemerkenswert ist, daß der Begriff der Sünde, der in den semitischen Religionen eine große Rolle spielte, in der S. R. offenbar noch wenig ausgebildet erscheint.

Lit.: *A. Falkenstein / W. v. Soden,* Sum. und akkad. Hymnen und Gebete. Zürich 1953, 7–37 57–231 361–380; *D. O. Edzard,* Mesopotamien: H. W. Haussig (Hg.), Götter und Mythen im Vorderen Orient. Stuttgart 1965, 17–139; *J. van Dijk,* Art. Gott: RLA III 532–543; *ders.,* S. R.: HRG I 431–496; *H. Schmökel,* Das Land Sumer. Stuttgart [4]1974; *H. Ringgren,* S. R.: Die Religionen des Alten Orients. Göttingen 1979, 64–112. *H. Schützinger*

Sunna/Sunniten. Die Sunniten (S.) bilden die überwältigende Mehrheit der Muslime. Sie vertreten nach ihrem eigenen Selbstverständnis die Orthodoxie in Glaubensfragen und messen der politischen Stabilität im Staat sowie der ausgewogenen Praktikabilität im Gesetz große Bedeutung zu. Die Grundlage des Sunnismus sind neben dem Koran die Sunna, die Wegweisung des Propheten ↗Muḥammad, wie sie im Ḥadīṯh (↗Tradition IV) festgehalten wird, und die übereinstimmende Meinung der Gemeinschaft. Daher werden sie „die Leute der Sunna und der Gemeinschaft" (Ahl al-sunna wa l-djamā'a) genannt.
Die Autorität der Sunna hängt mit der Rolle Muḥammads als Verkünder und Interpret der koranischen Offenbarung zusammen. In allen Fällen, die Muḥammad entschieden hat, haben die Gläubigen keine Entscheidungsfreiheit mehr (vgl. Koran 33,36). Die Anwesenheit des Propheten mitten unter den Gläubigen ist eine Garantie für die Wahrheit des Glaubens und die Richtigkeit des Weges der Gemeinschaft (vgl. 3,101). Es gilt der Grundsatz: „Wenn einer dem Gesandten gehorcht, gehorcht er Gott" (4,80).
Eine weitere Grundlage des Sunnismus ist die Übereinstimmung der Gemeinschaft, näherhin der Konsens aller Rechtsgelehrten einer bestimmten Zeit nach dem Tod Muḥammads in der Feststellung einer praktischen Rechtsvorschrift. Die Mehrheit der Gelehrten schreibt der Übereinstimmung einen bindenden Charakter zu, denn der Koran bestätigt: „Wer ... einem anderen Weg als dem der Gläubigen folgt, den lassen Wir verfolgen, was er verfolgt hat, und in der Hölle brennen ..." (4,115). Er schreibt auch vor: „Gehorchet Gott und gehorchet dem Gesandten und den Zuständigen unter euch ..." (4,59; vgl. 4,83). Auch Muḥammad habe die Unfehlbarkeit der Gemeinschaft betont und damit die Unfehlbarkeit der übereinstimmenden Meinung der Sachkundigen bestätigt: „Meine Gemeinschaft wird nicht in einer Irrlehre übereinstimmen ..." In den Reihen der Nicht-S. wird jedoch der bindende Charakter der Übereinstimmung geleugnet. Auch für die S. gilt die Beweiskraft der Übereinstimmung nur dann als unanfechtbar, wenn sie unzweideutig festgestellt ist bzw. eindeutig tradiert ist, also nicht nur durch Einzelzeugnisse. So wird auch angemerkt, daß dies eigentlich nur für die Zeit der Gefährten Muḥammads zutrifft.
1. Koranauslegung. Die Sprache des Korans wurde durch grammatikalische Analysen und durch Heranziehung von Belegen aus der arab. Literatur durchleuchtet. – Berücksichtigt werden die Tradition der früheren Exegeten, vor allem die Deutung derer, die mit Muḥammad lebten und die Begleitumstände der Offenbarung besser und genauer gekannt haben. Berücksichtigt werden auch die Gründe und Anlässe, die zur Verkündigung koranischer Aussagen und Bestimmungen geführt haben (asbāb al-nuzūl). – Mit der Zeit gewannen die theol. Reflexion und die apologetische Bemühung an Bedeutung. Das gleiche gilt für das Interesse der Rechtsgelehrten an Rechtsfragen. Dies alles führte zu Koranauslegungen theol. bzw. juristischer Prägung.
Unter den unzähligen Korankommentaren sind u. a. zu erwähnen: Der Kommentar von al-Ṭabarī (839–923) ist sehr umfangreich. Er beruft sich auf die Deutung der Früheren und das literarische Material der arab. Tradition; er gibt die Anlässe der Offenbarung wieder. Der zweibändige Kommentar von al-Zamakhsharī (1075–1145) ist bemüht, die Lehrsätze der

Mu'taziliten zu bestätigen. Erwähnt sei auch der Kommentar des Ash'ariten Fakhr al-Dīn al-Rāzī (gest. 1210) wegen seines theol. Inhalts und seiner denkerischen Leistung. Der moderne Kommentar von al-Manār geht auf die Arbeit von Muḥammad 'Abduh (1849–1905) und seinem Schüler Rashīd Riḍā (gest. 1935) zurück. Er bemüht sich um die Ausarbeitung rel., apologetischer, moralischer und juristischer Positionen im Hinblick auf das christl. Gedankengut und auf die moderne Zeit. Unter den Kurzkommentaren sind der von Baiḍāwī (gest. 1286 oder 1291) und der von den beiden Djalāl al-Maḥallī (1388–1459) und al-Suyūṭī (1445–1505) ziemlich verbreitet. Endlich ist noch der Kommentar des Mystikers Ibn al-'Arabī (gest. 1240) zu nennen.

2. Theol. Schulen. Zu den *Mu'taziliten* ↗Mu'tazila. Die *Traditionalisten*, später nach ihrem Anführer Aḥmad ibn Ḥanbal (780–855) auch Ḥanbaliten genannt, berufen sich ausschließlich auf den Koran und die Tradition als einzig zuverlässige und zulässige Quellen des Glaubens und der rel. Praxis. Jede Abweichung wird als „Neuerung *(bid'a)*, also als Ketzerei, verurteilt. Auch der Gebrauch der bloßen Vernunft im Streit mit anderen Richtungen oder in der Auseinandersetzung mit den Nicht-Muslimen wird als unzulässig zurückgewiesen. Der Mensch solle dem Lichte Gottes folgen und sich nicht anmaßen, selbst einen eigenen Beitrag zur Vertiefung der Glaubenslehren leisten zu wollen.

Gegen diesen Traditionsglauben, aber auch gegen den von den Mu'taziliten vertretenen uneingeschränkten Gebrauch der Vernunft wandte sich al-Ash'arī (873–935), der Gründer der Schule der *Ash'ariten*. Er tritt für einen gemäßigten, begründeten und durch vernünftige Beweisführung unterstützten Traditionalismus ein. Die Lehrsätze müssen auf dem Text des Korans und den Angaben der Tradition gründen. Man muß aber die Tradition der Kontrolle der Vernunft unterziehen, um Beliebigkeit und Widersprüchlichkeit auszuschließen und die echte Tradition von den falschen Erfindungen unterscheiden zu können. Im Streit mit den Andersgläubigen und den anderen theol. Richtungen gilt es außerdem, die Gegner zu überzeugen und die eigene Argumentation logisch einwandfrei aufzubauen. Dieser „vernünftige Traditionalismus" der Ash'ariten wurde jahrhundertelang zur herrschenden Schule der islam. Orthodoxie.

Die islam. Theologie der Gegenwart sucht noch ihren Weg zwischen der klass. Tradition und einer an die Forderung der modernen Denkweise angepaßten Reflexion.

3. Die Rechtsschulen. Unter dem Khalīfen 'Umar (634–644) und dann unter den Umaiyaden (660–750) wurden die Muslime infolge der Eroberung neuer Provinzen mit Umständen und Rechtsfällen konfrontiert, die durch eine direkte Heranziehung des Korans und der Tradition nicht zufriedenstellend gelöst werden konnten. Um der Verwirrung entgegenzuwirken, begann man, über die Notwendigkeit nachzudenken, die Bestimmungen des Gesetzes und die Methoden der Anwendung von Rechtsnormen aufzulisten. Aber erst unter den 'Abbāsiden (ab 750) kam es zur Bildung bzw. zum Ausbau verschiedener Rechtsschulen, die eine erste Systematisierung des Rechtswesens schufen.

Die Rechtsschule der *Ḥanafiten*, die sich auf den Perser Abū Ḥanīfa (um 697–767) beruft, geht kritisch mit den Überlieferungen (↗Tradition IV) um. In der Bemühung um die Rechtsfindung mißt sie dem persönlichen Urteil *(ra'y)* und der Analogie *(ḳiyās)* eine große Bedeutung zu. Damit wird neben dem Glauben und den Quellen der Tradition dem gesunden Menschenverstand eine Rolle zuerkannt. Dies begünstigt die Einführung der Billigkeit als Grundsatz der Rechtsfindung sowie die Bejahung des persönlichen Für-gut-Haltens, was den Ḥanafiten den Vorwurf einbrachte, sie würden die Willkür fördern und hätten die juristischen Kniffe *(ḥiyal)* zum Umgehen des Gesetzes entwickelt. – Die wichtigsten Vertreter dieser Schule sind Abū Yūsuf (729–798) und Shaybānī (737–804), dessen Lehre von Sarakhsī (gest. 1090) in einem 30bändigen Werk, „al-Mabsūṭ", kommentiert wurde. Diese Schule ist die größte, gemessen an der Zahl ihrer Anhänger. In nicht-arab. Ländern der islam. Welt herrscht sie vor.

Die Rechtsschule der *Mālikiten*, deren Gründer Mālik ibn Anas aus Medīna (708/715–795) ist (Hauptwerk: „al-Muwaṭṭa'"), geht vornehmlich von der Tradition der Frühgemeinde in Medīna und vom Rechtsweg, der in Medīna befolgt wurde, aus. Sie beruft sich auf die Übereinstimmung der Rechtsgelehrten von Medīna. Diese Schule wird in Nordafrika, in Westafrika und im Sudan befolgt.

Die Rechtsschule der *Shāfi'iten* folgt dem Werk von Shāfi'ī (767–820): „Kitāb al-Umm". Shāfi'ī ist der eigentliche Theoretiker des islam. Rechts. Er fordert gegen die Ḥanafiten logisch strengere Handhabung der Analogie und lehnt den Grundsatz der Billigkeit und das Für-gut-Halten ab. Er unterstreicht die Bedeutung der Übereinstimmung der Rechtsgelehrten, arbeitet aber die genauen Regeln ihrer Anwendung aus. Diese Schule hat heute Anhänger im ganzen Vorderen Orient.

Die Rechtsschule der *Ḥanbaliten* beruht auf den Lehren, Grundsätzen und Meinungen des Traditionssammlers und Theologen Aḥmad ibn Ḥanbal (780–855). Ibn Ḥanbal läßt nur den Koran und die Tradition als Quellen der Rechtsfindung zu. Er verurteilt die Bemühung und die Bildung eines eigenen Urteils, um Willkür und Innovation (Ketzerei) zu verhindern. Er steht der Anwendung der Analogie skeptisch gegenüber. Unter den Schülern Ibn Ḥanbals in der klass. Zeit ist Ibn Taymiyya (1260–1327) und im 18. Jh. Ibn 'Abd al-Wahhāb (1703–1792) zu nennen. Letzterer ist der Gründer der Bewegung der ↗Wahhābiten, die heute in Saudi-Arabien die offizielle Lehre in Religion und Staat verkörpert.

4. Zum Schluß ist noch zu erwähnen, daß zwischen der sunnitischen Orthodoxie und der Mystik (↗Meditation/Mystik IV) im Islam Zeiten größter Spannung geherrscht haben, bis al-Ghazzālī (1058–1111) die Mystik mit der Orthodoxie versöhnte.

Lit.: *I. Goldziher*, Die Richtungen der islam. Koranauslegung. Leiden 1920; *L. Gardet / M. M. Anawati*, Introduction à la théologie musulmane. Paris 1948; *S. Pines*, Die frühislam. Attributenlehre, ihre weltanschaulichen Grundlagen und Wirkungen. München 1940; *A. S. Tritton*, Muslim Theology. London 1947; *M. Allard*, Le problème des attributs divins dans la doctrine d'al-Aš'arī et de ses premiers grands disciples. Beirut 1965; *H. Stieglecker*, Die Glaubenslehren des Islam. Paderborn [2]1983; *W. Montgomery Watt*, Islamic Surveys I: Islamic Philosophy and Theology. Edinburgh 1962. – *J. Schacht*, An Introduction to the Islamic Law. Oxford 1964; *G.-H. Bousquet*, Le droit musulman. Paris 1963; *N. J. Coulson*, A History of Islamic Law. Edinburgh 1964; *S. Ramadan*, Das islam. Recht, Theorie und Praxis. Wiesbaden 1980; *A. Th. Khoury*, Islamische Minderheiten in der Diaspora. München 1985, 13–35. – *A. J. Wensinck*, La pensée de Ghazali. Paris 1940; *G.C. Anawati / L. Gardet*, Mystique musulmane. Paris [2]1968.

A. Th. Khoury

Sūtra ↗Heilige Schrift(en) IV.

Symbol. Das *Sýmbolon* war in der griech. Antike ein Erkennungs- oder Kennzeichen, das aus einer in zwei Hälften zerbrochenen Marke bestand, von der eine Hälfte einem Gast- oder Geschäftsfreund mitgegeben wurde zum Zweck des späteren Wiedererkennens. Als Erkennungszeichen erschien im frühen Christentum das S. des Fisches (in bildlicher Darstellung oder als Akrostichon), durch dessen Vorzeigen man sich als zum Christentum gehörig auswies. Schließlich wurde der Begriff vom Erkennungs- zu einem Bekenntniszeichen in seiner Anwendung auf die christl. Bekenntnisschriften. Erst durch die aufklärerischen Tendenzen im Verlaufe vom 16.–18. Jh. werden S.-Gebrauch und S.-Theorie thematisiert, und man wendet sich der Untersuchung der sinnlichen Formen christl. Inhalte zu. Das S. ist ganz allg. seiner Form nach den Zeichen zuzuordnen, da es ein Etwas bezeichnet, mithin nicht für sich allein steht, sondern durch sich auf etwas anderes verweist. Der Verweisungscharakter des S. verbindet die Ebenen der sinnlichen Darstellung und der geistigen Bedeutung miteinander. Da beide Ebenen aber nicht vollständig zur Deckung gebracht werden können, entsteht ein charakteristisches Spannungsmoment. Das S. fordert daher zu seinem Verständnis den ganzen Menschen mit Intellekt und Gefühl, weil es im stärkeren Maße als die Allegorie, die mehr dem Rationalen verhaftet ist, dem Ausdrucksaspekt unterliegt. Das rel. S. steht in der Mitte der Trias numinose Wirklichkeit, sinnliche Form und Mensch. Das Verhältnis zwischen dem S. und dem Transzendenten kann auf verschiedene Arten vorgestellt werden. Eine realistische S.-Auffassung behauptet eine Wesensgemeinschaft zwischen S. und dem Symbolisierten. Das idealistische S.-Verständnis trennt beide Ebenen, sieht also keine Wesensgemeinschaft zwischen ihnen und verlangt folgerichtig, daß der Gehalt für sich allein erkannt werden soll. Die paradoxale S.-Interpretation propagiert ebenfalls den Vorrang des Gehaltes vor der Gestalt, der durch das Zerbrechen des S. zur Darstellung gelangen soll. Die S.-Schaffung bzw. S.-Stiftung ist eine schöpferische Leistung des Menschen, eine Reaktion auf die Begegnung mit dem Transzendenten. Hier wird die Bedeutung des S. festgelegt, und es wird aus dem Bereich der sinnlichen Erscheinungen herausgehoben. Allerdings nur für den Kreis von Eingeweihten, der um seine Bedeutung weiß, denn seine Form allein ist nur der sichtbare Teil seiner Bedeutung. Die rel.-wiss. Forschung hat der S.-Erforschung von Anfang an ihre Aufmerksamkeit zugewandt, ohne jedoch zu einer allg.-gültigen S.-Theorie zu gelangen. Für Religionswissenschaftler, die im Anschluß an *R. Otto* wie er die S.-Stiftung des rel. Menschen als einen Reflex der Begegnung mit dem Heiligen ansahen, wird das S. zu einem Erkenntnismittel über das Wesen des Numinosen. Bei *M. Eliade* erhalten die S.e einen ontologischen Status, indem er unter Einfluß der Archetypenlehre *C. G. Jungs* ein Reich ewig bestehender S.e annimmt. Die neuere rel.-wiss. Forschung weist ein ontologisches S.-Verständnis zurück *(Waardenburg)* und orientiert sich an einem funktional-kommunikativen Ansatz, der gesch., soziale und kulturelle Abhängigkeiten beachtet.

Lit.: *M. Lurker* (Hg.), Bibliographie zur Symbolik, Ikonographie und Mythologie. Baden-Baden 1968; *F. Hermann* (Hg.), Symbolik der Religionen. Bd. 1 ff. Stuttgart 1958 ff.; *M. Eliade,* Methodologische Anmerkungen zur Erforschung der S. in den Religionen: ders./J. M. Kitagawa (Hg.), Grundfragen der Religionswissenschaft. Salzburg 1959; *H. Biezais* (Hg.), Religious Symbols and their Functions. Uppsala 1979; *S. v. Below u.a.,* Symbollexikon. Gütersloh 1986; Herder-Lexikon S. e. Freiburg [7]1985.

P. Parusel

Synagoge

↗Judentum.

Als S. bezeichnet man sowohl das jüd. Lehr-, Gebets- und Versammlungshaus als auch die dort versammelte Gemeinde. Ihr Ursprung ist ungewiß. Das wichtigste bauliche Element im Innenraum ist neben der für die Schriftlesung benötigten Estrade der Toraschrein, in dem Pentateuch und Prophetenbücher *(Haftara)* aufbewahrt werden. Meistens ist für die Frauen eine Empore vorhanden, von der aus sie, von den Männern getrennt, am Gottesdienst teilnehmen. Die S. war nach Jerusalem gerichtet, wobei der Toraschrein den Bezugspunkt bildete. In der Nähe gab es häufig Wasseranlagen für rituelle Waschungen.
Die liturgische Feier begann mit dem Sch^e^ma Jisrael und die auf 7 Segenssprüche reduzierte Sch^e^mone Esre (Achtzehngebet), das dreimal täglich zu beten war. Im Anschluß daran erfolgte die Verlesung einer Perikope aus dem Pentateuch und den entsprechenden Versen aus der Haftara. Es folgten die Schriftauslegung und der Segen.

Lit.: *K. Galling,* Art. S.: RGG[3] VI 557–559 (Lit.); *W. Schrage,* Art. συναγωγή: ThWNT VII 798–839.

A. Schotterer

Synkretismus

Synkretismus. 1. Mit dem griech. Wort *synkrētismós* bezeichnete Plutarch (Moralia 490 b) den Zusammenschluß untereinander zerstrittener Gemeinwesen Kretas zur Abwehr gemeinsamer Feinde von außen. Unter Ableitung von dem im klass. Griechisch nicht belegten *syn-keránnymi* = „mischen" bürgerte sich das Wort seit dem Humanismus über das Neulateinische in den westl. Nationalsprachen zur Bezeichnung von Verschmelzungen urspr. nicht zusammengehöriger, bes. religiös-weltanschaulicher, Lehren und Gedankensysteme ein. Daraus entwickelte sich in den christl. Theologien ein Kampfbegriff gegen den Gedanken, Religionen seien grundsätzlich ein und dasselbe und deswegen beliebig austauschbar. Dagegen verwendet die Religionswissenschaft den Begriff seit langem neutral und wertfrei zur Bezeichnung von Vermengungen und Gleichsetzungen verschiedener rel. Systeme und Gottheiten. Da aber keine positive Religion bekannt ist, die nicht Elemente fremder Traditionen in ihren Dienst gestellt hätte, mithin nicht „synkretistisch" wäre, ist der Begriff weiter einzuschränken. Urspr. nur zur Bezeichnung der Verschmelzung oriental. Religionen mit den griech.-röm. im Zeitalter des Hellenismus gebräuchlich, sollte S. auch als Allgemeinbegriff auf interrel. Pluralismus eingeschränkt bleiben. Deshalb gehört die Übertragung von Zügen verschiedener Göttergestalten innerhalb derselben Tradition, die sog. Theokrasie (z. B. im Alten Ägypten, im Zweistromland, im Alten Iran und Indien) strenggenommen nicht zum S. Die Grenzen sind aber fließend, da z. B. mit dem Avatāra-Gedanken auch urspr. außerhind. und im Neohinduismus seit dem vorigen Jh. prinzipiell alle Gottheiten als „Herabkünfte" oder „Inkarnationen" des höchsten Gottes aufgefaßt werden konnten. Reine Deutungen fremder Gottheiten durch eigene, z. B. die interpretatio romana germ., keltischer u. a., erleichtern Vermischungen so sehr, daß sie z. B. im Alten Ägypten schließlich zu einem ideellen Monotheismus führen konnten, sind aber selbst noch kein S. Auch Übernahmen von Vorstellungs- und Praxiselementen (Gebets- und Gottesdienstformen, hll. Orten und Zeiten, der Zweiteilung in hll. und profane Menschen, in Mönche und Laien u. dgl.), kurz: Assimilationen und Anpassungen gehören nur zum S. im uneigentlichen Sinn, wenn sie auf das Zentrum des eigenen Heilsweges bezogen werden. Dabei ist es allerdings nicht gleichgültig, ob die Übernahmen programmatisch oder nur faktisch, etwa im Dienst missionarischer Ausbreitung, erfolgen. Faktische Gestaltwerdung rel. Traditionen in fremden Umwelten, Inkulturation, geht erst in S. im strengen Sinn über, wenn mit den Formen zugleich ein neues, dem bisher eigenen für gleichwertig erachtetes Heilsziel angeeignet oder verwirklicht wird. So können Meditationsmethoden über rel. Grenzen hinweg ausgetauscht werden. Sind sie jedoch untrennbar mit der Erlangung bestimmter Heilsziele (z. B. der Befreiung aus dem Saṃsāra-Kreislauf oder dem Innewerden der universellen Buddhanatur) verbunden, handelt es sich für alle, die diese Ziele nicht anstreben (z. B. Juden, Christen, Muslime) um S. im strengen Sinn. Dieser liegt immer vor, wenn Bekenner mehrerer Heilswege nicht mehr zwischen ihnen trennen (indem sie sich z. B. persönlich sukzessiv zu ihnen bekennen) oder sie nur z. B. als Vorbereitung und Erfüllung einander unterordnen, sondern sie für ein und dasselbe ansehen und in der kultischen Praxis entsprechend vermischen.

2. Zu höchster Blüte gelangte diese synkretistische Praxis in der hellen. Kultur der Nachfolgestaaten des Alexanderreiches. Kulturelle Durchdringung und eine zielstrebige Religionspolitik schufen im ptolemäischen Ägypten aus ägypt. und griech. Elementen für Ägypter und Griechen die Serapisgestalt, andere ägypt. Gottheiten, wie Osiris, Apis oder Isis, wurden in gänzlich fremde Kultlegenden eingebunden. Die Idee des Geheimkultes ließ zahlreiche Mysteriengemeinschaften im Dienst griech. und oriental. Gottheiten entstehen. Viele sich gegenseitig nicht ausschließende Mitgliederkreise bereiteten den Weg, daß die meisten im 3. nachchristl. Jh. in einer synkretistisch-pantheistischen Solarreligion aufgehen konnten. Gnosis und Hermetik wurden in mehreren Religionen gleichermaßen heimisch, und mit dem Manichäismus entstand eine Weltreligion als Produkt bewußter Götter- und Religionssynthese.

Interrel. S. ist nicht nur auf die spätantike Mittelmeerwelt beschränkt. In China bildete sich bis ca. 1000 n. Chr. aus Konfuzianismus, Taoismus und Mahāyāna-Buddhismus eine neue Einheit; in Japan wurde die Vermischung von Shintō und Mahāyāna-Buddhismus erst in der Meiji-Ära (ab 1868) gelöst. In Indien gingen u. a. die Sīkhs aus einer Verbindung von Hindureligion und Islam hervor.

Alle Universalreligionen werden von Mystik begleitet. Diese kümmert sich zwar kaum um äußere Formen, neigt aber mit ihrer Verlagerung rel. Phänomene in den innerpsychischen Raum des Individuums dazu, die positiven Religionen für bloße Einkleidungen einer identischen Gotteserfahrung und die Methoden mystischer Heilssuche für weitgehend austauschbar zu halten. In ähnlicher Weise ordnet die ↗Esoterik alle Religionen einem umfassenden Konzept ein. Einige Bewegungen verstehen sich als innerer, esoterischer Kern bestimmter Einzelreligionen, so Frau Blavatskys Adyar-Theosophie als esoterischer Buddhismus und esoterisches Christentum, andere Formen der ↗Theosophie, aber auch rosenkreuzerische Gruppen als Zusammenfassung der gesamten Religionsgeschichte. Gegenwärtig konfrontieren spiritualistische, esoterische und okkulte Bestrebungen unterschiedlichster Art alle etablierten Religionen mit dem Anspruch, hinter allen Traditionen eine Welteinheitsreligion entdeckt zu haben.

Lit.: *G. Mensching/H. Kraemer,* Art. S.: RGG³ VI 563–568; *J. Ch. Moraldo,* Art. S.: SM(D) IV 795–800; *G. Lanczkowski,* Begegnung und Wandel der Religionen. Düsseldorf 1971, bes. 98–108; *J. Aagaard,* Art. S.: Ökumene-Lexikon. Frankfurt 1983, 1132–1134; *R. Hummel,* Reizwort S.: Materialdienst der EZW 49 (1986) 252–259; *C. Colpe,* Die Vereinbarkeit historischer und struktureller Bestimmungen des S.: A. Dietrich (Hg.), S. im syr.-pers. Kulturgebiet. Göttingen 1975, 15–37.

K. Hoheisel

T

Tabu. Das polynesische Wort *tabu (tapu)* ist ein Begriff für das „besonders Gezeichnete", das „Hervorgehobene" und „Ausgenommene", das im Gegensatz zum Gewöhnlichen *(noa)* steht. Mit T. wird daher der außergewöhnliche Zustand einer Person oder Sache bezeichnet. Der durch die Reiseberichte J. Cooks in die wiss. Lit. eingeführte Begriff bedeutet praktisch soviel wie „verboten", „untersagt" oder „ist zu meiden". Verbote betreffen in Polynesien u. a. bestimmte Personen: z. B. Häuptlinge, Priester, Offizianten im Ritual, Menstruierende, Schwangere, Kranke und Tote. Teilweise wird auch der Kontakt mit einzelnen Körperteilen dieser Personen tabuisiert. Ferner kann sich ein T. auf bestimmte Orte, Zeiten, Handlungen, Tiere, Pflanzen, Nahrungsmittel und andere Dinge (z. B. Kultgegenstände) beziehen. Die jeweiligen Regeln besagen, daß etwas nicht gesehen, berührt, gegessen oder vollzogen werden darf. Als bes. Befugte besitzen lediglich mit einer überlegenen Kraft begabte Personen (z. B. Könige und Häuptlinge) das Recht, ein T. zu verhängen oder auch aufzuheben. Übertretungen der T.-Vorschriften können zum Teil lebensbedrohende Reaktionen der übermenschlichen Macht nach sich ziehen; oft genügen jedoch rituelle Reinigungen, um Befleckungen abzulegen. T.s zielen daher auf die Anerkennung der Machterfülltheit bestimmter Personen oder Dinge. Letztere werden durch vorgeschriebene Verhaltensweisen, die im Umgang mit ihnen zu beachten sind, von Gewöhnlichem abgegrenzt. Die Wirksamkeit der übermenschlichen Kraft soll auf diese Weise erhalten werden (↗Dynamismus).

Bereits bei J. Cook wird klar, daß es sich bei T. nicht nur um eine rel., sondern auch um eine soziale, politische und ökonomische Erscheinung handelt. Der regulative Charakter des T.-Systems wird also zu verschiedenen, z. T. sehr praktischen Zwecken genutzt. Z. B. haben T.s in Polynesien die wichtige Funktion, wirtschaftliche Ressourcen zu schützen. Nicht selten werden sie auch zur rechtlichen Sicherung von Eigentum verwendet (spezielle Zeichen zeigen den T.-Zustand in solchen Fällen an).

T.-Begriffe und -Vorstellungen sind in abgewandelter Form auch außerhalb Ozeaniens zu finden (vgl. z. B. *fady* in Madagaskar). Im Islam etwa werden bildliche Darstellungen tabuisiert (↗Bilderverbot III). Universal gilt, daß der menschliche Körper abgestufte T.-Zonen für Berührungen besitzt. In der westl. Alltagskultur bezeichnet man mit T. etwas Unantastbares, mit magischer Furcht Verbundenes oder etwas, von dem man nicht spricht. *S. Freud* hat in unzutreffender Weise polynesische T.-Sitten mit den durch verdrängte Triebwünsche aufgestellten Zwangsverboten von Neurotikern gleichgestellt (Totem und Tabu, Leipzig 1913). Das Problem besteht darin, daß der ethnologische T.-Begriff in viele europ. Umgangssprachen aufgenommen wurde und sich dadurch sein Bedeutungsfeld verändert hat. In seiner universalisierten Form ist er unspezifischer geworden und hat an Prägnanz verloren. Um ihn von dem modernen Allgemeinbegriff abzugrenzen, erscheint eine möglichst enge Definierung notwendig.

Lit.: *A. v. Gennep,* Tabou et Totémisme à Madagascar. Paris 1904; *F. R. Lehmann,* Die polynesischen Tabusitten. Leipzig 1930; *J. Ruud,* Taboo. Oslo 1960; *H. Webster,* Taboo. New York 1973; *M. Douglas,* Ritual, T. und Körpersymbolik. Frankfurt 1974; *K.-H. Kohl,* Fetisch, T., Totem: B. Gladigow/H. G. Kippenberg (Hg.), Neue Ansätze in der Religionswissenschaft. München 1983, 59–74. *J. Frembgen*

Talisman ↗Amulett/Talisman.

Talmud

↗Judentum.

Neben der „schriftlichen Tora" (= Pentateuch) anerkennt das rabb. geprägte Judentum (nach 70 n. Chr.) als gleichrangigen Teil der Offenbarung vom Sinai noch eine „mündliche Tora" (↗Tradition II), für Alltagsleben und Recht die eigentlich maßgebliche autoritative Grundlage. Um ca. 200 n. Chr. erfolgte eine offizielle Auswahl und Fixierung des Stoffes in der „Mischna", in einer groben Sachordnung in sechs „Ordnungen" *(Sedarim),* die insgesamt 63 Traktate enthalten; Seder I („Saaten") enthält vorrangig landwirtschaftlich bedingte Vorschriften und setzt mit einem Traktat über Benediktionen und tägliche Gebete ein; Seder II betrifft Festzeiten/Feiertage; Seder III („Frauen") Eherecht und Gelübde; der Seder IV Straf- und Zivilrecht, eingeschoben ist ein weisheitlicher Traktat, „Sprüche der Väter"; Seder V behandelt Opferkult und Tempel; Seder VI enthält rituelle Reinheitsvorschriften. Andere, ältere Traditionen wurden vor allem in einer Parallelsammlung mit analogem Aufbau, der „Tosefta", zusammengefaßt, aber auch in „Midrasch"-Werken zu bibl. Büchern oder in späteren Texten als außerhalb der Mischna vorhandene Einzeltradition *(Baraita)* zitiert. Auf dieser Basis und der Mischna-Einteilung folgend wurden die gesetzlichen (= „halachischen") Schul-Diskussionen und Regelungen der folgenden Jh.e geordnet und schließlich ebenfalls schriftlich fixiert: a) im *palästinischen T.* (bis ins 5. Jh. n. Chr., jedoch nur einen Teil des Mischnastoffes abdeckend) und b) im *babylonischen T.* (bis ins 6./7. Jh.). Der die Mischna ergänzende Stoff, der eigentliche „Talmud" (= Lehre) heißt „Gemara". Der babylonische T. enthält zur Mehrzahl der Mischnatraktate eine „Gemara" und gilt als der T. schlechthin. Als Basis für alle späteren halachischen Diskussionen und Entscheidungen, daher auch häufig bis heute in Teilen oder ganz kommentiert. Maßgeblich und mit dem Talmudtext gelernt wurde der Kommentar des Salomo ben Isaak („Raschi") vom Ende des 11. Jh. Die „Halakha" wurde im Laufe der Jh.e auch in anderer Form, in Kompendien und Kodices, zusammengestellt, doch gilt die talmudische Basis weiterhin als autoritativ.

Die ma. T.-Handschriften lassen erhebliche Unterschiede erkennen, die auf die verschiedenen Schulen zurückgehen. Mit der Zeit wurde aber eine gewisse Vereinheitlichung und Standardisierung erreicht. Zu benützen ist möglichst jene Textgestalt, die jeweils zeitlich bzw. regional vorherrschte. Mit und seit dem ersten Druck (Venedig 1520–1523) wurde eine Art Textus receptus mit feststehender Folioeinteilung erreicht, von dem die einzelnen späteren Editionen nur im Detail abweichen, z. T. aus Gründen christlich verfügter Zensur.

Lit.: Hebr.-aram. Text: Wilna 1880–1886 (mit Kommentaren); *L. Goldschmidt,* Der babyl. T. Berlin 1930–1936; *G. Stemberger/H. L. Strack,* Einführung in T. und Midrasch. München 1982 (mit Bibliogr.); *G. Stemberger,* Der T. München 1982.

J. Maier

Tannaiten

↗Judentum.

T., von aram. *tannā*, „Tradent, Lehrer", bezeichnet allg. Rezitatoren und Memorierer der Mischna, bes. die paläst. Schriftgelehrten von ca. 30 v. Chr. bis 200 n. Chr., genauer die ca. 5 Generationen von Rabbinen von Hillel I. (z. Z. Herodes' I.) über Gamaliel bis zu Jehuda ha-Nasi (175–217). Bestimmend waren die Auseinandersetzung der Juden mit Rom, später auch die Abgrenzung vom jungen Christentum. Nach der Zerstörung Jerusalems (70 n. Chr.) verlagert Johanan ben Zakkai das rel. Zentrum nach Jabne. Sorge um Ritus und Liturgie und um die Geltung des traditionellen Religionsgesetzes führt zur Gründung einer Schriftgelehrtenschule („Synode") und eines rel. Gerichtshofes (Sanhedrin). Hier kommt es zur Festschreibung der hebr. Bibel (↗Judentum; Kanon; Tora) und zur Sammlung und Herausarbeitung der pharisäischen Halakha (Aqiba, Meir), bis Jehuda ha-Nasi den Hauptstrom der Überlieferung sondiert und das Religionsgesetz zur Mischna kodifiziert und redigiert. Daneben entstehen Sammlungen der Tosefta, Baraita und tannaitischer Midraschim. Fernwirkung auf die babyl. Diaspora in der Auseinandersetzung mit dem Zoroastrismus. Nachfolger sind die Amoräer.

Lit.: *C. Albeck,* Untersuchungen über die Redaktion der Mischna. Berlin 1936; *J. N. Epstein,* Einleitung in die Lit. der T. Jerusalem 1957. *H.-J. Fabry*

Tantra/Tantrismus

I. Hinduistisch. – II. Buddhistisch

Der Tantrismus (= T.) ist eine der Hauptströmungen der ind. Religionen, die bereits die (spät-)vedische Lit. beeinflußt und alle ind. philos. Systeme und rel. Kulte mitgeprägt hat. Der T. vertritt eine *sakramentale* Sicht der Wirklichkeit, d. h., *jede* materielle, psychische und geistige Erscheinung wird zum Symbol für die göttliche Wirklichkeit und somit zum Heilsmittel.

I. Hinduistisch. Die indologische Forschung hat den T. oft als unorthodox/unmoralisch abgetan. Wegen seiner komplexen Symbolwelt und undurchsichtigen Sprache ist er oft Fehldeutungen erlegen und gelangt erst jetzt, bes. durch die Arbeiten von B. S. Dasgupta (1950), Ch. Chakravarti (1963), A. Bharati (1965), A. Mookerjee (1971), sowie durch das erneute Interesse am Kashmir-Śaivismus (K. C. Pandey, 1963, die Textausgaben von Jaideva Singh und das Werk von Gopinath Kaviraj) und die Verbreitung des tibet. tantrischen Buddhismus zu differenzierten Ergebnissen.

1. Der Begriff *tantra* ist von der Wurzel *tan* = „ausdehnen" abgeleitet und bezeichnet allg. jede durchgeführte wiss. Abhandlung. Meist wird der Begriff aber allein auf Werke des T. bezogen. Der T. stützt sich auf schriftliche und mündliche Überlieferungen, wobei jene von diesen durch Gurus in Initiationsriten *(dīkṣa)* erläutert werden, was zu unterschiedlichen Schulrichtungen führt. Die schriftlichen Quellen gliedern sich in Skt.-Texte und Schriften in dravidischen oder modernen indoeurop. Sprachen (vor allem Bengali). Die Texte erscheinen oft obskur; absichtliche Auslassungen, Kürzel für ↗Mantras und uneinheitliche Symbolsprache sollen den Uneingeweihten und Unreifen von der tantrischen Praxis fernhalten. Am bedeutendsten sind die beiden großen Strömungen der *Śaiva*-Tantras *(āgamas)* und der Tantras des *Śāktismus,* wobei im Kashmir-Śaivismus eine Synthese beider erreicht ist. Die Tantras sind gewöhnlich anonym. Daneben existiert eine Kompendien-Lit., deren Verfasser meist bekannt sind. Die wichtigsten Werke sind „Śāradātilaka" von *Lakṣmaṇadeśika* (11. Jh.), „Prapañcasara Tantra", das *Śaṅkara* zugeschrieben wird, mit Gewißheit aber nicht von ihm, sondern evtl. von einem Autor aus seiner Schule stammt, „Mantramahodadhi" von *Mahīdhara* (10. Jh.). Die wesentlichen Kommentarwerke sind „Tantraloka" von *Abhinavagupta* (10. Jh.) sowie *Amṛtānandas* und *Bhāskararāyas* Kommentare zu „Yoginīhṛdaya", *Rāghavabhaṭṭas* Kommentar zu „Śāradātilaka" (ca. 1500) und *Lakṣmīdharas* Kommentar zu „Ānandalaharī". Außerdem gibt es tantrische Up., Hymnen und rituelle Handbücher.

2. Geschichte. Der Legende nach sind die meisten hind. Tantras Lehrreden des Gottes Śiva an seine Gemahlin Devī, die Große Göttin, wobei die Śākta-Tantras überwiegend als Dialoge abgefaßt sind, in denen auch die Göttin den Gott belehrt. Verbindungen zu vedischen Ṛṣis und tamilischen Siddhas sind wahrscheinlich. Tantrische Elemente (Kult der Muttergottheit, Fruchtbarkeitsriten, mantrische Magie, Schamanismus usw.) finden sich bereits in vorarischen ind. Stammeskulturen, in dravidischen Überlieferungen sowie in der Indus-Kultur. Viele Strömungen haben zu dem geführt, was sich mit der Herausbildung von Systemen zwischen dem 5. und 10. Jh. n. Chr. als T. etabliert hat. Der Höhepunkt des Einflusses des tantrischen Śāktismus auf ganz Indien liegt im 7./8. Jh. Im 8. Jh. patronisierten bengalische und assamesische Könige den tantrischen Buddhismus, was sich förderlich auf den hind. T. ausgewirkt hat. Der Kashmir-

Śaivismus bildete sich im 9. Jh. heraus und erreichte mit *Abhinavagupta*, einem der bedeutendsten Philosophen Indiens überhaupt, im 10. Jh. seinen Höhepunkt. Der ↗Hinduismus vereint somit vedische und tantrische Elemente, die in höchst komplexer Interaktion gemeinsam mit weiteren Strömungen die fast unüberschaubar vielfältige Religionsgeschichte Indiens geprägt haben und noch prägen. Das vedisch-brahmanische System hat die Tantriker oft der Heterodoxie angeklagt (sexuelle Praktiken, Ablehnung der Reinheitsvorschriften, die das brahmanische Kastensystem stützen), obwohl der T. die vedische Offenbarung anerkennt. Die Vaiṣṇava-Renaissance im 15. Jh. in Bengalen wurde zum Rivalen des Śākta-Tantrismus, wie die Kontroverse zwischen *Chaitanya* und dem Tantriker *Kṛṣṇānanda* zeigt. Es soll zu Verfolgungen des T. in Assam gekommen sein. Gegen Ende des 18. Jh. zeigte die bengalische Aristokratie erneut Interesse am T., dessen Resultat wohl das „Mahānirvāṇa Tantra" ist. *Rāmakṛṣṇa* (1836–1886) war Initiator eines erneuerten Śāktismus, in dem die tantrischen Elemente abgeschwächt wurden. Gegenwärtig findet der T. Interesse wegen seiner holistischen Weltanschauung.

3. Schulen. Untergliederungen des T. ergeben sich aus der Zugehörigkeit zu verschiedenen rel. Systemen (*Vaiṣṇavas, Śaivas, Śāktas, Buddhisten* u.a.). Ferner bilden Gurus eigene Schultraditionen. Im Kashmir-Śaivismus gibt es die *krama*- und *kula*-Schulen, die sich nicht in der Philosophie, wohl aber in der Kult- und Yogapraxis unterscheiden. Seit der brahmanischen Reform im späten MA ist zwischen einem „linkshändigen" *(vāma)* und „rechtshändigen" *(dakṣina)* T. zu unterscheiden, wobei letzterer den praktischen Vollzug der fünf *makāras* (Genuß von Alkohol, Fleisch, Fisch, geröstetem Getreide und Geschlechtsverkehr) im Kult untersagt.

4. Philosophie. Der T. präsentiert gegenüber den klass. sechs ↗*Darśanas* des Hinduismus kein eigenes philos. System, sondern Anweisungen zur Praxis der Befreiung, die anfangs mehr dualistisch, später nicht-dualistisch *(advaita)* gedeutet wurde. Der tantrische Nicht-Dualismus (Abhinavagupta) unterscheidet sich von dem vedāntischen Śaṅkaras vor allem dadurch, daß er 1. die äußere Erscheinungswelt nicht als illusorische Bewußtseinsspiegelung *(vivarta)*, sondern als reale Transformation der Höchsten Wirklichkeit *(pariṇāmavāda)* betrachtet, und 2. der Leiblichkeit auf dem Weg zur Befreiung große Bedeutung zumißt. Die eine letzte nicht-duale Wirklichkeit hat zwei gleichwertige Pole, den negativen *(nivṛtti)* und den positiven *(pravṛtti)*, den statischen und den dynamischen, was der Hauptunterschied zum Advaita Vedānta (↗Hinduistische Philosophie) ist. In der Bestimmung des Verhältnisses von Gott und Welt als Transformation liegt ebenso wie bei der Aufzählung der evolutionären Kategorien der Wirklichkeit und vor allem in der Polarität von *śiva-śakti* (entsprechend *puruṣa-prakṛti*) altes Gedankengut des *Sāṃkhya* zugrunde, das nichtdualistisch umgedeutet wird. Dem T. eigentümlich ist die zentrale Bedeutung des weiblichen energetischen Prinzips des Universums *(śakti)*, das sich in der rel. Erfahrung als Große Göttin darstellt. Die ↗*Shakti* manifestiert sich auf verschiedene Weise, und für das tantrische *sādhana* sind vor allem drei Aspekte wichtig: 1. *icchā* (Wille, Verlangen – Schöpfung), 2. *kriyā* (Handlung – Erhaltung), 3. *jñāna* (Weisheit – Zerstörung der begrenzten Erscheinungen, Befreiung). *Śiva*, das männlich-geistige ruhende Prinzip, und *śakti*, das weiblich-energetische dynamische Prinzip, sind untrennbar wie Feuer und Hitze, Baum und Schatten, Milch und weiße Farbe (Kaulajñānanirṇaya 17,8). Im Kashmir-Śaivismus ist *spanda* (die oszillierende Bewegung) das in der Polarität von *śiva/śakti* gründende Prinzip der Einheit der Wirklichkeit in ihrer Vielfalt. Der Mikrokosmos des menschlichen Körpers entspricht dem Makrokosmos, wobei die Entsprechung bis zur Identifikation getrieben wird. Kein Aspekt der Wirklichkeit ist minderwertig. Darum gilt: „Vollkommenheit wird erlangt (auch) durch das, was (sonst) zur Verderbnis führt" (Kulārṇavatantra 5,48), und zwar durch Transformation vermittels geistiger Sublimation. Man bedient sich dafür bewußt solcher Methoden, die im Brahmanismus rituell tabu-

isiert waren (die *makāras*). Da in Kult und Yoga die Männer mit Śiva, die Frauen mit Śakti identisch werden, sind die Kastenschranken – allerdings nur im Kult! – aufgehoben: „Im Kreis der Anbetung werden alle identisch wie die Flüsse, die in die Ganga strömen" (Kulārṇavatantra 8,98). Ob diese Vorstellungen auch sozial emanzipatorisch gewirkt haben, ist (noch) nicht nachgewiesen worden. Die Einheit der kosmischen Polarität wird in der androgynen Darstellung der Höchsten Gottheit *(ardhanarīśvara)* angeschaut und im ekstatischen Lebenselement der Sexualität nachvollzogen.

5. Praxis. T. ist „psycho-experimentelle Spekulation" (Bharati) bzw. Anleitung zu einem durch Ritus und Yoga begehbaren Heilsweg. Wesentliche Übungsmittel sind *mantra* (Klang-Konzentrationshilfen, die in ihrer Klangqualität Wirklichkeitsaspekte repräsentieren), *yantra* (Diagramme der Gottheiten, die Polaritätseinheit veranschaulichen), *cakra* (Energiezentren im menschlichen Körper, die entlang der Wirbelsäule die Lebensenergien bündeln und in sublimierter Form zur spirituellen Befreiungserfahrung führen), *mudrā* (Gesten, die psycho-physische Wirkungen induzieren und kosmische Muster abbilden sollen) sowie *nyāsa* (die Identifikation mit der Gottheit und Annahme der göttlichen Qualitäten im eigenen Körper, Psyche und Geist). Die Deutung der Praxis und ihrer Symbole hängt ab vom rel. Umfeld. Das mit der Śākta-Religion und der Verehrung weiblicher Gottheiten *(devī, kālī, tārā)* verbundene tantrische System betont die Sublimation sexueller Energie, die entweder real mit einem Partner/einer Partnerin oder imaginativ vollzogen wird. Die Energie *(śakti)* wird ruhend und zusammengerollt wie eine Schlange an der Basis der Wirbelsäule vorgestellt *(kuṇḍalinī)*. Durch Yoga (Körper-, Atem- und Konzentrationsübungen) wird diese Energie durch den mittleren Kanal *(suṣumnā)* nach oben gewendet, wobei die *cakras* nacheinander geöffnet werden, was genau festgelegte und vielfach beschriebene psycho-physische Erscheinungen zur Folge hat, die in der Befreiungserfahrung *(mukti)* gipfeln, wenn sich die *śakti* mit der Energie des obersten geistigen Zentrums am Scheitel, dem tausendblättrigen Lotos *(sahasrāra)*, der mit Śiva identifiziert wird, vereint. Größte Bedeutung für den Übungsweg *(sādhana)* hat die Initiation *(dīkṣa)* durch einen Guru, der in ungebrochener Sukzession *(paraṁparā)* stehen muß und nicht nur Wissen, sondern Kommunion mit dem Göttlichen vermittelt. Er ist das Medium für das Herabkommen der göttlichen Kraft, die dem Schüler gnadenhaft zuteil wird *(śaktipat)*. Der Guru prüft, ob der Schüler für die Einweihung reif ist *(parīkṣate)*, erst dann erteilt er Unterweisung *(upadeśa)*. Er muß durch eigene spirituelle Erfahrung, untadeligen Lebenswandel und Kenntnis der tantrischen Schriften qualifiziert sein. Auch Frauen können Guru und Schüler *(śiṣya)* sein.

II. Buddhistisch. Das Mahāyāna konnte wegen seiner Katholizität viele tantrische Elemente aufnehmen. Der wesentliche Unterschied zum hind. T. ist trotz der Ähnlichkeiten (Mythologien, Klassifikationsschemata, tantrische Physio-Psychologie, Pantheon) zweifach: 1. Im hind. T. ist die letzte Wirklichkeit ein seiendes Absolutes, das substantiell vorgestellt wird *(śiva/śakti)*, während im buddh. T. die Leere in bezug auf inhärente Existenz *(śūnyatā)* oberstes Prinzip ist. 2. Die Motivation zur tantrischen Praxis ist im Buddhismus altruistisch, d. h., die Erlangung der Buddhaschaft wird von dem Willen, allen lebenden Wesen durch heilende Hinwendung *(karuṇā)* auf dem Weg zur Befreiung beistehen zu wollen *(bodhicitta)*, abhängig gemacht.

1. Geschichte. Schon im P.-Kanon finden sich tantrische Elemente, aber erst nach der vollen Ausprägung des Mahāyāna während der ersten Jh.e n. Chr. entstehen im 4./5. Jh. die großen buddh. Tantras und verbinden sich mit den beiden philos. Hauptschulen Mādhyamika und Cittamātra. Die Tradition schreibt sowohl *Asaṅga* als auch *Nāgārjuna* die Einführung der tantrischen Praxis in den Buddhismus zu. Tatsächlich lassen die Unterschiede der Systeme (*Guhyasamāja, Hevajra, Kālacakra* u. a.) auf räumlich und zeitlich verschiedene Entstehung schließen. Bes. im 7./8. Jh. blühte der T. an den buddh. Klosteruniversitäten Nordindiens (Nālanda, Vikramaśīla).

Von hier aus wurde er durch *Śāntarakṣita* und *Padmasambhava* im 8. Jh. in Tibet eingeführt (775 Gründung des Klosters Samye). Durch diese erste und die im 10. Jh. erfolgte zweite Verbreitung (*Rinchen Sangpo*, 958–1055; *Atīśa*, 982–1054) wurde der tantrische Buddhismus Staatsreligion in Tibet und kam bis nach Zentralasien und in die Mongolei. Er breitete sich auch in Südostasien bis Bali sowie nach China, Korea und Japan aus (chin. *Hua-yen* und *T'ien-t'ai*, jap. *Kegon* und *Tendai*). Die tibet. Tradition unterscheidet vier Tantraklassen: 1. Tantra der (kultischen) Handlung (Skt. *kriyātantra*, tibet. *bya rgyud*), 2. Tantra der Vollzugspraxis (Skt. *caryātantra*, tibet. *spyod rgyud*), 3. Yogatantra (Skt. *yogatantra*, tibet. *rnal 'byor rgyud*), 4. Höchstes Yogatantra (Skt. *anuttarayogatantra*, tibet. *rnal 'byor bla med kyi rgyud*). Das letzte große und heute bes. wichtige *Kālacakra*-System ist wohl im 9. Jh. in Zentralasien evtl. unter manichäischem Einfluß entstanden. Die Legende führt es – wie alle Tantras – auf esoterische Lehrreden des *Buddha Śākyamuni* zurück und siedelt es in Südindien an. Es ist mit dem chiliastischen Mythos von Shambala, dem irdischen Paradies, das nur dem geistig geläuterten Auge und Herzen sichtbar ist, verbunden. Das Tantra wurde 1027 von dem Kashmir-Brahmanen *Somanatha* in Tibet eingeführt, und seine Überlieferungsgeschichte ist mit *Tilopa, Nāropa, Atīśa, Tsongkapa* und den *Dalai-Lamas* verbunden.

2. Philosophie. Die buddh. Philosophie interpretiert Tantra als Kontinuum, das sich als Bewußtseinsmatrix von der gewöhnlichen Person bis zum Buddha erstreckt. Die fundamentale Ebene desselben ist der „Geist des Klaren Lichtes“ (tibet. *'od gsal*), der einen objektiven Aspekt, die Leere der Wirklichkeit in bezug auf inhärente Existenz, und einen subjektiven Aspekt, das Weisheitsbewußtsein, das diese Leere erfährt, hat. Durch Meditation werden die weniger subtilen Bewußtseinskräfte, die sich in dem einen Kontinuum manifestieren, gebündelt, so daß im Bewußtsein keine gewöhnlichen zerstreuenden Eindrücke und Begriffsbildungen ankommen, was dem Bewußtsein erlaubt, sich auf sich selbst zu richten. Man unterscheidet drei Aspekte: die Basis, den spirituellen Weg und die Frucht. Basis für die Erleuchtung ist die latent in jedem Wesen befindliche Buddha-Natur, der Geistgrund der Lichthaftigkeit und klaren Erkenntnis, die durch den spirituellen Weg – die tantrische Übung in allen Aspekten – hervortreten kann, indem alle aufgetragenen Verunreinigungen beseitigt werden. Die Frucht ist die Wirkung, nämlich der Wahrheits-Körper (Skt. *dharmakāya*, tibet. *chos sku*) eines Buddha, in den jedes Wesen letztlich transformiert wird. Die Vollendung ist erreicht, wenn alle Beschmutzungen des Geistes (Skt. *kleśa*, tibet. *nyon mongs*) beseitigt sind. Neben dem *dharmakāya*, der in Weisheits-Wahrheits-Körper (Skt. *jñānadharmakāya*, tibet. *ye shes chos sku*) und Wesens-Wahrheits-Körper (Skt. *svabhāvikakāya*, tibet. *ngo bo nyid sku*) unterteilt wird, um den Unterschied zwischen wesenhafter und durchgereifter Vollendung anzudeuten, gibt es die Ebene des feinstofflichen Emanationsbereichs (Skt. *sambhogakāya*, tibet. *longs sku*) und die materiellen Manifestationskörper (Skt. *nirmāṇakāya*, tibet. *sprul sku*). Die gesamte Wirklichkeit folgt diesem Stufenaufbau, der eine nicht-dualistische Sicht von materiellen und geistigen Vorgängen erlaubt. Die tantrische Urpolarität wird ikonographisch als sexuelle Vereinigung dargestellt und erscheint buddhistisch als die Einheit von Methode (Skt. *upāya*, tibet. *thabs*) und Weisheit (Skt. *prajñā*, tib. *shes rab*). Im Gegensatz zum hinduist. T. ist hier das männliche Prinzip das aktive: Dieses wird durch den Vajra (männlich), jenes durch die Glocke (weiblich) im Kult symbolisiert. Methode ist der altruistische Erleuchtungsgeist *(bodhicitta)*, der in Liebe und heilender Hinwendung *(karuṇā)* des Übenden zu allen Lebewesen besteht. Dadurch erlangt er den Form-Körper eines Buddha, d. h. die Emanationsgestalt des Erleuchteten. Weisheit ist die Einsicht in die nicht-inhärente Existenz alles Wirklichen, die Erfahrung der Leere (Skt. *śūnyatā*, tibet. *stong pa nyid*), durch die man den Wahrheitskörper eines Buddha verwirklicht.

3. Praxis. Neben der für das gesamte Mahāyāna verbindlichen Übung im al-

truistischen Erleuchtungsgeist *(bodhicitta)* und den Sechs Vollkommenheiten (Skt. *pāramitā*, tibet. *pha rol tu phin pa*) praktiziert der buddh. Tantriker im Vajrayāna vor allem den Yoga der göttlichen Wesenheiten (Skt. *devayoga*, tibet. *lha'i rnal 'byor*), d.h. die meditative Identifikation mit subtilkörperlichen Wesen, die den Form-Qualitäten eines Buddha entsprechen. Die bis ins kleinste Detail von Farbe, Form, mantrischen Qualitäten usw. veranschaulichten Wesen sind Objekte der Meditation, bis sich der Übende mit Körper, Rede und Geist der betreffenden göttlichen Wesenheit, mit der er gewöhnlich über mehrere Leben hinweg als persönlicher Gottheit (Skt. *iṣṭadevatā*, tibet. *yi dam*) verbunden ist, vereint hat. Er entwickelt dabei das göttliche Selbstbewußtsein dieses höheren Wesens (tibet. *lha'i nga rgyal*). Statt des gewöhnlichen Tagesbewußtseins wird dieser energetisch erhöhte Bewußtseinszustand für die stabilisierende Meditation des Ruhens des Bewußtseins auf einem Punkt (Skt. *śamatha*, tibet. *zhi gnas*) und die analytische Meditation der Einsicht in die Leere (Skt. *vipaśyanā*, tibet. *lhag mthong*) benutzt. Die tantrische Visualisierung ist also nicht Konzeptualisierung (Skt. *amanasikāra*, tibet. *yid la mi byed pa*), sondern Identifikation bzw. Erzeugung eines erhöhten Bewußtseinszustandes, durch den die Erfahrung der Leere schneller vollzogen werden kann als gewöhnlich. In diesem Sinn wirken auch die sechs Lehren des *Nāropa:* 1. die Erzeugung von innerer Wärme durch Konzentration *(gtum mo)*, 2. die Arbeit mit dem illusorischen Körper *(sgyu lus)*, 3. die Praxis des Yoga im Traumzustand, die damit beginnt, daß der Träumer den Traum als solchen während des Träumens erkennt *(rmi lam)*, 4. die Erkenntnis des Klaren Lichtes *('od gsal)*, 5. die Praxis der Bewußtseinsübertragung *('pho ba)* und 6. die Fortsetzung der Meditationspraxis im Zwischenzustand zwischen Tod und Wiedergeburt *(bar do)*. Weitere Hilfsmittel, kultische Praxis, *cakra*-System und Energietransformation (Skt. *prāṇa*, tibet. *rlung*) sind dem hind. T. sehr ähnlich, das Ziel aber ist im Buddhismus verschieden.

Lit.: *P. Ch. Bagchi*, Studies in the Tantras. Calcutta 1939; *S. B. Dasgupta*, An Introduction to Tantric Buddhism. Calcutta [3]1974; *A. Govinda*, Grundlagen tibetischer Mystik. Frankfurt [4]1975; *Ch. Chakravarty*, The Tantras. Calcutta 1963; *K. C. Pandey*, Abhinavagupta. Varanasi 1963; *A. Bharati*, Die Tantra-Tradition. Freiburg 1977; *F. D. Lessing/A. Wayman*, Introduction to the Buddhist Tantric Systems. Den Haag 1968; *P. K. Sharma*, Śakti Cult in Ancient India. Varanasi 1974; *B. N. Pandit*, Aspects of Kashmir Śaivism. Srinagar 1977; *Dalai-Lama/J. Hopkins* (Hg.), Tantra in Tibet. Düsseldorf 1980; *S. Gupta u. a.*, Hindu Tantrism. HO 2. Abt, IV, 2. Leiden 1979; *K. Mishra*, Significance of the Tantric Tradition. Varanasi 1981; *J. Hopkins*, The Tantric Distinction. London 1984; *Dalai-Lama/J. Hopkins*, The Kalachakra Tantra. London 1985; *R. u. M. v. Brück*, Ein Universum voller Gnade. Freiburg 1987.

M. v. Brück

Tanz als rel. Phänomen findet sich bei allen Völkern und in allen Kulturen und gilt neben dem Opfer als wichtigste Kulthandlung.

1. Außer der gemeinschaftsfördernden Bedeutung, die dem T. zukommt, wohnt ihm eine zauberhafte Wirkung inne, die auf verschiedene Weise zum Ausdruck kommt:

a) *Abwehrzauber:* T. gegen Krankheit, Tod, Hungersnot und Naturkatastrophen. Noch im MA gibt es Abwehr-T. gegen die Pest. Auch der Hochzeits-T. war urspr. ein Abwehr-T. mit dem Ziel, das Brautpaar vor Dämonen zu schützen.

b) *Analogiezauber:* In T.-Bewegungen wird das gewünschte Ziel (Jagdbeute, Regen, Sieg, Ernte), oft auch mit ↗Masken, dargestellt.

c) *Umgang* in T.-Form: Es wird ein Zauberkreis in T.-Bewegungen umschrieben, z.B. um einen Altar, ein Götterbild oder eine Leiche, zum Schutz vor feindlichen Mächten.

2. Neben dem Zauber-T. gibt es den rel. T. zu Ehren der Gottheit als Teil des Opferkultes. Im AT ist T. Ausdruck von Dankbarkeit und Freude (1 Chr 15,29). Das frühe Christentum stand dem rel. T. positiv gegenüber (es gab T. zu Ehren der Gottesmutter und der Märtyrer), aber das Konzil von Toledo (589) verurteilte den T. als heidnisches Relikt und verbot ihn in der Liturgie. Erst seit dem II. Vatikanum werden wieder rel. Tänze im Rahmen des kath. Gottesdienstes geduldet. Spuren haben sich allerdings bis heute erhalten, z.B. in der Echternacher Springprozession.

3. Schließlich hat der T. eine mystisch-ekstatische Bedeutung. Ziel der so

erzeugten Ekstase ist die Lösung von der irdischen Schwerkraft, so daß der Tanzende mit Geistern und Gottheiten Kontakt aufnehmen kann (↗Schamanismus). Diese Art des T. ist in Mysterienkulten und bei den ↗Derwischen verbreitet. Mystische Tendenzen werden auch im jüd. ↗Chas(s)idismus sichtbar, wo T. als Ausdruck der Freude gilt und abzielt auf die Einigung mit Gott. In der ma. christl. Mystik wird vom „T. der Seele" (Mechtild v. Magdeburg) gesprochen; die Seele verbindet sich im Himmels-T. mit dem kosmischen T. der Gestirne. Diese Idee findet sich auch in der islam. Mystik (z. B. bei Rūmī). Auch Götter werden tanzend dargestellt, z. B. mexikan. Götterfiguren oder der ind. Gott Śiva.

Lit.: *W. Graf u. a.,* Art. T.: LThK[2] IX 1291–1294; *F. Heiler,* Erscheinungsformen und Wesen der Religion. Stuttgart 1961; *G. van der Leeuw,* Phänomenologie der Religion. Tübingen [2]1956; *A. Schimmel,* Art. T.: RGG[3] VI 612–614. *D. Becker*

Tao. 1. Wörtlich besagt T. (gesprochen *dao*) eine Straße, einen Pfad oder einen Weg. Der Begriff ist jedoch nicht auf diese Bedeutung beschränkt, sondern hat eine breite Bedeutungspalette und wird zu Recht als einer der reichsten und wichtigsten Begriffe der gesamten chin. Philosophiegeschichte betrachtet. Diese entstand während der 2. Hälfte der Chou-Dynastie (1112[?]–249 v.Chr.) als Antwort auf das moralische und politische Chaos, mit dem China zu jener Zeit konfrontiert war. Verschiedene Denker traten mit ihrer je eigenen Vision darüber auf, wie China zu „retten" und was der beste „Weg" sei, der chinesischen Welt die Ordnung zurückzugeben. Dabei erlangte das Wort T. eine tiefe philos. Bedeutung.

2. Konfuzius (551–479 v.Chr.) war einer von denen, die einen Weg zur Lösung der Probleme Chinas aufzeigten. Auch wenn seine Sicht nur einen Weg unter anderen darstellte, ist sie aus konfuzianischer Sicht im Grunde der *Weg* schlechthin und erhielt zusätzlich noch einen tieferen Sinn und eine universalere Bedeutung als der Weg des sittlichen Verhaltens, der politischen Weisheit und der Güte selbst. Nach Konfuzius ist das T. gekennzeichnet vom Ideal des „Höheren Menschen" *(chün-tzu),* dessen inneres Wesen von Wohlwollen oder Menschlichkeit *(jen)* und dessen äußeres Erscheinungsbild von Regeln der guten Sitte *(li)* bestimmt ist. Wenn jemand ein „Höherer Mensch" wird, wird der *Weg* verwirklicht. Dieser Weg ist einerseits untrennbar mit der Tradition verbunden, insofern als er in alten Weisen wie Yao und Shun verkörpert gesehen wird. Tatsächlich transzendiert er andererseits die menschliche Natur, insofern als er letztlich mit dem Himmelsweg selbst identifiziert wird.

3. Es existierten aber dann unterschiedliche Konzeptionen des T. Nach Ansicht der „Legalisten" z. B. sollte der „Weg" in der universellen Anwendung einer strikten Gesetzesregel verankert sein. Dennoch bildeten sie so eine Gruppe von Denkern, die die Bedeutung des T. vertieft haben. Aufgrund der Betonung des T. wurden sie als Taoisten berühmt, ihre Lehre als ↗Taoismus. Nach chin. Tradition war ↗Lao-tzu (6. Jh. v. Chr.) sein Begründer. In dem nach ihm benannten Buch „Tao-te-ching" heißt es, daß T. unaussprechlich sei und die letzte Quelle allen Seins bilde (Kap. 1). M.a.W. im Taoismus wird T. zu einer metaphysischen Kategorie, die das urspr. Schöpferische bezeichnet, aus dem die Welt hervorgeht. In sich selbst ist es völlig transzendent; dennoch wird seine „Kraft" oder „Stärke" *(te)* in der Natur ausgedrückt. Was transzendent ist, ist so verbunden mit dem Immanenten, das es dem Menschen ermöglicht, dem „Weg" zu folgen. In der Praxis ist entscheidend, nicht gegen den Lauf der Natur zu gehen. Die Spontaneität (*tzu-jan,* „von selbst") der Natur wird in einem einfachen und passiven Leben nachgeahmt. Dies impliziert, daß Probleme, mit denen China konfrontiert war, als das Ergebnis menschlicher Aggression angesehen wurden. Wenn der Weg nicht aufgegeben würde, dann würden – um in der Sprache der Taoisten zu sprechen – sich Macht und Güte des T. „von selbst" in der Welt manifestieren. In dieser Hinsicht erweist sich der Bedeutungswandel von T. von seinem wörtlichen zu seinem vollen ethischen und spirituellen Sinn als faszinierendes Element der chin. Geistesgeschichte. *J. Ching/A. Chan*

Taoismus. 1. Der Begriff T. (von ↗Tao) bezieht sich sowohl auf eine Philosophie als auch auf eine Religion, deren Ursprung in China liegt. Taoistische Philosophie findet sich vor allem in den beiden nach ihren Autoren benannten Texten ↗Lao-tzus und Chuang-tzus. Der erste, „Tao-te-ching", ist ein kurzer, aber verschlüsselter Text von etwas mehr als 5000 Worten in parallelen Versen und poetischen Strophen. Der Begriff des Tao hat der Schule ihren Namen T. gegeben.
2. Die taoistische Betrachtung der Welt führte bei *Lao-tzu* zur Entdeckung des namenlosen ersten Prinzips und zu der Haltung des *„wu-wei"*, die eine solche Betrachtung begleiten sollte. „Wu-wei" bedeutet wörtlich Nicht-Handeln, gemeint ist aber nicht das Fehlen von Handlungen, sondern eher ein Handeln ohne Heuchelei, ohne Ergebenheit an das Handeln selbst. Die Lebens*weise* muß sodann in Einklang mit dem Weg stehen, der in bezug zur „Kraft" *(te)* steht, durch die das universale Tao offenbar wird und seine Partikularität erhält. Das universale Tao ist die Kraft des Natürlichen, der Einfachheit, sogar der Schwachheit. Die leise Kraft lehrt die Lektion des Überlebens, die Bewahrung der eigenen Integrität in einer Zeit der Unordnung; möglicherweise ist dieses die wichtigste praktische Lektion taoistischer Philosophie, die eine enorme Bedeutung hatte in der Entwicklung der taoistischen Religion. Laotzû bietet aber auch politische Lehren – anscheinend für den Herrscher; diese sind jedoch die umstrittensten. Er selbst scheint einen kleinen friedvollen Dorfstaat befürwortet zu haben, in dem der weise Herrscher versucht, die Ursache von Problemen, die durch zu viele Verbote und Vorschriften, zu viele philos. Streitigkeiten, auch durch die ethischen Lehren des Konfuzianismus ausgelöst wurden, zu beseitigen. Durch eine Regierung des Nicht-Handelns soll der Herrscher das Volk gesund, aber unwissend halten, es vor übermäßigem Wissen schützen. Diese Richtlinien erwecken den Eindruck einer „Zurück zur Natur"-Romantik, sind aber auch als politischer Autoritarismus interpretiert worden.
Chuang-tzu teilt mit Lao-tzu den zentralen Begriff des Tao als des Prinzips, das der Welt zugrunde liegt und es beherrscht, während er gegen die Politik einen eremitenhaften Widerwillen zeigt. Der Text, der einem Denker aus dem 4. oder 3. Jh. v. Chr. zugeschrieben wird, gleicht einer Sammlung von Essays, die reichlichen Gebrauch machen von Parabeln und Allegorien, Paradoxa und phantasievollen Bildern. Er spricht die dringende Forderung nach spiritueller Freiheit aus, allerdings nicht so sehr nach der Freiheit des Individuums von sozialen Konventionen und Beschränkungen, sondern eher nach einer selbst-transzendierenden Befreiung von den Begrenzungen des eigenen Geistes, den eigenen selbstinteressierten Neigungen und Vorurteilen. Chuang-tzus zentrales Anliegen kann beschrieben werden als die Suche nach absolutem Glück, das nach seiner Ansicht zustande kommt durch die Transzendierung der Unterschiede zwischen dem eigenen Selbst und der Welt, durch vollkommene Einheit mit dem Tao. Nach ihm schließt das Tao eine höhere Stufe von Wissen ein, das Wissen um Weisheit, das über die Unterschiede der Dinge, auch den Unterschied von Leben und Tod hinausgeht. Dieses Wissen kann mystisches Wissen genannt werden, da es nicht durch gewöhnliche Mittel erworben wird. Leben gemäß der Natur heißt, ihre Gesetze zu respektieren, auch das des Sterbens. Aufgrund der höheren Weisheit wird der Weise durch die Veränderlichkeiten dieser Welt nicht mehr emotional berührt. Er hat seine Sensibilität zwar nicht verloren, aber er hat sie überstiegen. Eine solche Annahme des Natürlichen zeugt mehr von einer Haltung des Gleichmuts in der Betrachtung von Leben und Tod, als von dem einzigen Wunsch, sein Leben zu verlängern.
4. Freilich gibt es auch Passagen bei Chuang-tzû, die anders interpretiert werden könnten. So hat Chuang-tzus lyrische Beschreibung des vollkommenen Menschen, des Weisen, zur Entwicklung des religiösen Glaubens an „Unsterbliche" geführt, die den Tod überwunden haben und anderen helfen können, Krankheit und Böses zu bewältigen. Vermutlich stammt der T. als rel. Tradition aus sehr früher Zeit, in der Wahrsager und Scha-

manen wegen ihrer Fähigkeit, mit der geistigen Welt der Götter und Ahnen Verbindung aufzunehmen, verehrt wurden. Das heißt nun nicht, daß der T. mit der alten Religion identisch ist. Wohl beleuchtet es den Unterschied zum philos. T. des Lao-tzu und Chuang-tzu, wo die antike Religion teilweise von Rationalismus und philos. Spekulation verdunkelt wurde. Obwohl die taoistische Religion, die später wiedererschien, Lao-tzu (sowohl den Mann als auch seine Schrift) verehrte, reinterpretierte sie seine wie auch die Lehren des Chuang-tzu radikal. Der philos. T. ist aber nur einer von verschiedenen Strängen, die gemeinsam den rel. T. ausmachen. Hinzu kamen die Ideen von ↗Yin und Yang und der Fünf-Elemente-Schule (Metall, Holz, Wasser, Feuer, Erde), die einen formenden Einfluß auf frühe Versuche ausübten, die Welt zu verstehen. Im übrigen durchdrangen konfuzianische und taoistische Philosophie einander und prägten gemeinsam die taoistische Religion.

5. Die taoistische Religion wurde vielfach mit der Suche nach Unsterblichkeit, auch nach physischer Unsterblichkeit, mit Hilfe von Zaubertränken und ↗Yoga identifiziert. Daraus entwickelten sich rel. Sekten, u. a. die sog. Himmelslehrersekte, die ihre traditionelle Basis wahrscheinlich von Szechuan bis zum Drachen-Tiger-Berg von Kiangsi herleitete und seit dem 2. Jh. einen erblichen Himmelslehrer hatte. Diese Sekte war bes. in Südchina verbreitet. Sie war sehr gut organisiert, mit durch Erbfolge bestimmten Ausbildern, die unterstützt wurden von gemeinderatsähnlichen Gremien taoistischer Standespersonen, Männern und Frauen, die an verschiedenen Zeremonien teilnahmen, von weltlichen Gönnern der Organisation sowie den „kleinen" Zauberern. Physische Unsterblichkeit könnte als ein Hirngespinst erscheinen, zumal der Tod immer ein Faktum des Lebens ist. Aber der Glaube enthüllt, daß der taoistische Eingeweihte nur scheinbar stirbt, daß das, was im Grab bestattet wird, nicht sein wahrer Leib ist, sondern nur Ähnlichkeit mit ihm besitzt. Während der philos. T. zur Umformung des Buddhismus beitrug, ist der rel. T. tatsächlich vom Buddhismus umgeformt worden, indem er von letzterem dogmatische Voraussetzungen wie die Wiedergeburt (↗Reinkarnation) oder Seelenwanderung sowie ein System von Himmeln und Höllen, wo die Verstorbenen endlich oder vorläufig Vergeltung finden, übernahm. Es wurden in sein Pantheon sogar verschiedene buddh. Gottheiten und Bodhisattvas aufgenommen. All dies fand in einer volkstümlichen Synthese auf der Ebene des Volksbewußtseins statt. Der grundlegende buddh. Ausgangspunkt, daß alle Existenz leidet (Skt. *dukkha*) wurde vom T. jedoch nicht rezipiert. In der Tat setzt die Frage nach physischer Unsterblichkeit eine Zufriedenheit mit dem Leben in dieser Welt voraus, die der Beschäftigung mit dem Leiden diametral entgegengesetzt ist.

Lit.: *W. Bauer,* China und die Hoffnung auf Glück. München 1971; *H.G. Creel,* What is Taoism? Chicago 1970; *M. Kaltenmark,* Lao Tzu and Taoism. Stanford 1969; *H. Maspéro,* Taoism and Chinese Religion. Amherst 1980. *J. Ching*

Tarot. 22 (Trumpf-)Karten der Großen Arcana (Geheimnisse) und 56 Kleine Arcana bilden eines der ältesten Kartenspiele Europas, welches in populärer Form als Tarock (vom ital. *tarocco;* frz. *tarot*) verbreitet ist, seit dem 18. Jh. aber auch in esoterischen Kreisen als westl. Initiationsweg zunehmende Verwendung für Divination, Psychotherapie und Selbsterfahrung findet. Von ungeklärter Herkunft und Etymologie, erscheint der T. im 14. Jh. in Italien und verdankt seine weite Verbreitung wohl den wahrsagenden Zigeunern. 1415 wird das älteste erhaltene Deck (Visconti-Sforza) gemalt. Verbindliche Form finden die Karten im T. von Marseille (Ende 15. Jh.), das heute bekannteste Blatt stammt von Rider-Waite (1910).

Mit *A. Court de Gebelin* beginnt 1781 die okkulte Deutung und gezielte Veränderung des T. durch seine Herleitung aus ägypt. Geheimlehren im Umkreis des hermetischen Schrifttums (2.–3. Jh.) mit seiner Entsprechung von ↗Makro- und Mikrokosmos, während *E. Lévi* (1854) und *Papus* (1889) den Schlüssel auch in der Buchstaben- und Lebensbaummystik der ↗Kabbalah suchen. In synkretistischer Überlagerung integriert „Das Buch Toth" von *A. Crowley* (1944) verschiedenste

Symbolsysteme des Okkultismus. Die Bilder gewinnen heute als Sinnträger einer universalen Symbolsprache zur Erhellung archetypischer Inhalte der Psyche und zur Meditation an Bedeutung.

Lit.: *Anonymus*, Die großen Arcana des T. Basel 1983; *A. Douglas*, Ursprung und Praxis des T. Köln 1986; *S. Kaplan*, Der T. München 1984; *R. Tegtmeier*, T. Köln 1986. *M. Fuß*

Taufe. Die auf den Namen des dreieinigen Gottes gespendete Wasser-T. wird von allen christl. Kirchen und Konfessionen als das grundlegende Sakrament anerkannt, das die Eingliederung in die Kirche Jesu Christi eröffnet. Was die rel.-gesch. Herkunft betrifft, besteht in der heutigen Forschung allg. Übereinstimmung darüber, daß die christl. T. sich nicht (trotz einiger Parallelen in Einzelzügen) aus den vielgestaltigen Riten der jüd. und hellen. Umwelt (kultische Tauch- und Reinigungsbäder, Proselytentaufe u.ä.), insbesondere auch nicht aus den hellen. Mysterienkulten ableiten läßt. Sie hat vielmehr ihr unmittelbares Vorbild in der Johannes-T., der auch Jesus sich unterzogen hat und die – auch darüber besteht Konsens – in ihrer speziellen Ausprägung und Sinngebung ein rel.-gesch. Novum, eine originäre Schöpfung des Täufers, darstellt. Ihre Einmaligkeit, Unwiederholbarkeit und Vollzugsform (keine Selbst-T.) sowie ihre inhaltliche Qualifizierung als „Umkehr-T. zur Vergebung der Sünden" (Mk 1,4 par) verbinden sie mit der christl. T., die ihrerseits jedoch als Übereignung an Jesus („T. auf den Namen Jesu", Apg 2,38; 10,48; 19,1–6, als Übereignungsformel) und durch die Mitteilung des Hl. Geistes als eschatologischer Heilsgabe (Mk 1,8; Joh 3,5) von vornherein einen von der Johannes-T. wesenhaft verschiedenen Charakter hat. Dadurch veränderte sich auch das Verständnis der Umkehr im Sinne der Heils-(nicht: Gerichts-)Verkündigung Jesu: Die christl. Umkehr-T. vermittelt die positive Heilsteilhabe an der in Jesus Christus schon angebrochenen Gottesherrschaft. Die christl. T.wurde in der nachösterlichen Kirche von Anfang an gespendet (Apg 2,38; Mt 28,18f.).

Aus den reichen T.-Aussagen des NT können im folgenden nur die wesentlichen Linien angedeutet werden. Mit der T. ist von vornherein ein ekklesiologisches Verständnis verbunden. Sie ist nicht nur die unerläßliche Bedingung für die Heilserlangung des einzelnen (Mk 16,16; Apg 8,36–38), sondern der grundlegende Aufnahmeakt (Initiation) in die neue Heilsgemeinschaft der Christus-Gläubigen (Apg 2,32–41), Eingliederung in die Kirche als „Leib Christi" (1 Kor 12,13; vgl. Gal 3,27f.) und gerade dadurch zugleich Eingliederung in und Übereignung an Jesus Christus. Im „Namen Jesu" (s.o.; vgl. Apg 22,16) ist die ganze Heilswirklichkeit mit umschlossen. Das zeigt sich in noch ausdrücklicherer Weise in der trinitarischen Tauf- und Übereignungsformel (Mt 28,19), die in prägnanter Kürze die Grundlagen und die trinitarische Struktur des in Jesus Christus offenbar gewordenen Heils und damit die Richtung angibt, in der sich die Wirkung der T. als Verbindung mit dem Leben des dreieinen Gottes entfaltet. Die ausgeprägteste T.-Theologie hat Paulus entwickelt. Seine Leistung besteht darin, daß er die T. als ein Geschehen „mit Christus" erfaßt, das den Täufling innerlich und bleibend mit dem entscheidenden Heilsereignis von Tod und Auferstehung Christi verbindet (Röm 6,3–11). Die beherrschende Leitidee von Röm 6 heißt: Was Christus widerfuhr, geschieht in ähnlicher, sakramentaler Weise auch den Christen. Die T. ist ein Mit-Sterben und Mit-Auferstehen mit Christus. Damit verbindet Paulus aber zugleich die ethische Dimension der T., die Verpflichtung zum christl. Leben (vgl. V. 11). Die T. markiert nicht nur den Übertritt zum christl. Glauben und den Eintritt in die Kirche, sie ist nicht nur Anfang des Christseins durch die Gleichgestaltung mit Christus, sondern auch beständiger Ruf zu tieferem Christwerden, der bleibende Anspruch und der unaufhörliche Antrieb zur Verwirklichung der christl. Existenz in der Welt. Sie führt in den Gottesdienst des Alltags. Die T. ist also kein magisches Geschehen. Vielmehr entspricht es nach Paulus dem Wesen der T., daß die sakramentalen Aussagen über die Verähnlichung mit Christus („mitgekreuzigt", „mitgestorben", „mitbegraben", „mitauferweckt") in den ethischen Imperativ einmünden. Das in der T. geschenkte neue Leben ist Wirklichkeit (Indikativ) und Aufgabe (Imperativ) zugleich. Alle Wirkungen der T. (Sündenvergebung, Rechtfertigung, Heiligung, Geistmitteilung; vgl. 1 Kor 6,11) können als Folge der Eingliederung in das Christus-Geschehen von Tod und Auferstehung verstanden werden. Eine gute Zusammenfassung dieser komplexen Wirkungen bietet Tit 3,4–7. Die vom T.-Ritus her sich nahelegende Grundvorstellung ist die T. als Bad der Sündenreinigung. Das Schwergewicht liegt jedoch auf den positiven Heilswirkungen: Die T. schafft eine neue Existenz (Wiedergeburt und Erneuerung), die schöpferisch vom Hl. Geist bewirkt wird. Durch die Blickrichtung auf die Christusverähnlichung (s.o.) und die Geistwirklichkeit hebt sich das Verständnis der christl. T. grundlegend von außerchristl. Riten und Vorstellungen ab. Durch die Geistmitteilung wird die christl. T. zugleich als ein eschatologisches Heilsgeschehen beschrieben (vgl. Apg 2,17f.; 1,5). Bezeichnend für Tit 3,4–7 ist ferner die Einordnung der T. in den großen Zusammenhang des göttlichen Heilshandelns in Jesus Christus. Die T. ist gleichsam der „Ort", an dem die „Güte und Menschenfreundlichkeit Gottes" den einzelnen dadurch ergreift, daß Gott selbst ihn neu schafft durch seinen durch Christus verliehenen Geist, daß er selbst ihn rechtfertigt und ihm Erbschaft verleiht auf das ewige Leben. Daraus ergibt sich, daß Glaube und T. zusammengehören (Mk 16,16; Apg 8,36f.). Hinsichtlich der damit gestellten Frage nach der Kinder-T., die seit ca. 200 ausdrücklich bezeugt wird, ist zu bedenken, daß der Glaube ebenso wie die T. Gabe Gottes und nicht menschliche Leistung ist und daß die T. im Glauben der Kirche gespendet wird, d.h. die Gemeinschaft der Glaubenden den heranwachsenden Christen begleitet und mitträgt. Problematisch wird die Kinder-T. allerdings dann, wenn die Begleitung durch Mitglaubende fehlt. Hier stellen sich für alle Kirchen große pastorale Aufgaben.

Die ökum. Bedeutung der einen T. (Eph 4,5) liegt darin, daß sie die Kirchen in einer fundamentalen Einheit miteinander verbindet, die selbst durch alle Trennungen hindurch erhalten geblieben ist und die deshalb – wie die Kirchen heute gemeinsam anerkennen – auf die volle Kircheneinheit und ihre Bezeugung in der eucharistischen Gemeinschaft hindrängt (vgl. II. Vatikanisches Konzil, Dekret über den Ökumenismus 3 22; Lima-Konvergenzerklärung des ÖRK über die T.).

Lit.: *H. Frankemölle,* Das T.-Verständnis des Paulus. T., Tod und Auferstehung nach Röm 6. Stuttgart 1970; *H. Halter,* T. und Ethos. Freiburg 1977; *W. Kasper* (Hg.), Christsein ohne Entscheidung oder Soll die Kirche Kinder taufen? Mainz 1970; *E. Schlink,* Die Lehre von der T. Kassel 1969; *R. Schnackenburg,* Das Heilsgeschehen bei der T. nach dem Apostel Paulus. München 1950; *R. Schulte,* Das sakramentale Geschehen der Umkehr in der T.: MySal V 136–221; T., Eucharistie und Amt. Konvergenzerklärungen der Kommission für Glauben und Kirchenverfassung des ÖRK. Frankfurt-Paderborn 1982; *U. Wilckens,* Der Brief an die Römer, 2. Teilband (Röm 6–11). Zürich–Neukirchen-Vluyn 1980 (mit dem Exkurs: Der traditions- und rel.-gesch. Hintergrund von Röm 6; Lit.: 42–62).

H. Jorissen

Telepathie (griech. Kunstwort: „Fernleiden", „Fernerfahren") ist eine nicht durch die uns bekannten Sinne vermittelte Erfahrung von psychisch geistigen Vorgängen einer anderen Person (Gefühle, Antriebe, Gedanken, Vorstellungen usw.). Sie ist der am besten untersuchte Teilaspekt der Außersinnlichen Wahrnehmung (= ASW). Diese Untersuchungen haben hinreichend unter Beweis gestellt, daß die telepathische Kommunikation mit den bekannten Sinneswahrnehmungen nicht erklärbar ist. Zudem konnten folgende Zusammenhänge nachgewiesen werden: 1. Der Inklinationseffekt, d.h. nach anfänglichem Erfolg setzt ein Absinken der Treffsicherheit ein, die am Ende wieder am anfänglichen Erfolg anschließt. 2. Der Reiz der Neuheit, die innere Verbundenheit von Sender und Empfänger, von Lehrer und Schüler sowie von Experimentator und Versuchsperson fördern die telepathische Kommunikation. Bei den Persönlichkeitsstrukturen wirkt Extraversion förderlich, während Neurotismus hemmend wirkt. 3. Die vom ASW.s-Erfolg Überzeugten weisen größere Erfolge auf als ihre Verneiner. Auch innerliche Zustände, wie Meditation, Hypnose, Entspannung und Traumerlebnisse, können förderlich sein. 4. Neben der bewußten Gedankenübertragung scheint vor allem die *unbewußte T.* von besonderer Bedeutung für das gesellschaftliche Leben zu sein. Bezüglich der Ursachen sind Übertragungsmodelle, die physikalische Informationsübermittlung kopieren, ungeeignet. Die Parapsychologen sprechen daher von PSI, einem griech. Buchstaben, der von *Thoules* und *Wiesner* 1948 zur Bezeichnung der außersensomotorischen Kommunikation vorgeschlagen wurde. Dieses PSI sei etwas Nicht-Physikalisches, trotzdem aber Teil eines genetischen Systems des menschlichen Organismus. Letztlich bleibt die Frage der Ursache noch offen.

Lit.: *A. Resch,* T. und Hellsehen: Grenzgebiete der Wissenschaft 34 (1985) 5–21; *H. C. Berendt,* T. und Hellsehen. Freiburg 1983. *A. Resch*

Tempel. Das lat. *templum* meint urspr. den „ausgegrenzten Bereich" (vgl. griech. *témenos*), speziell dann aber das im hl. Raum liegende Gebäude; auch „natürliche" Gebäude, wie sakral genutzte Grotten u.ä., können als T. bezeichnet werden.

Der T. ist auf verschiedene Weise ins Religionssystem eingebunden: Im Vordergrund steht der visuelle Aspekt der Bausymbolik, welche die Konstruktion – neben rein technischen Momenten – mitprägt und vielfältig mit anderen Äußerungen der Ikonographie in Zusammenhang steht. Sodann ist der T. Gegenstand von rituellen Handlungen unterschiedlicher Art (T.-Bau, Renovation; geregelter Umgang mit den im T. wirksamen Mächten; Besuch des T. durch den Kultteilnehmer). Schließlich ist er in vielfacher Weise in sprachliche Vorgänge einbezogen (Gründungserzählungen über den T.; Erzählungen, die im T. laut werden; andere Redeformen, welche den T. zum Gegenstand haben oder für die der T. den Vollzugsrahmen abgibt).

Die *Konstruktionen* eines T. entsprechen zunächst den Wohnbauten der Menschen. So kommen zunächst Höhlen als T. in Frage (z.B. die Höhlen-T. von Yazilikaya; die Mithräen usw.). Dem Fortschritt in der Technik des Hausbaus entspricht dann die Ausarbeitung verschiedener T.-Typen; grundsätzlich gehören auch nomadische Zeltwohnungen mit kultischer Nutzung, welche einen transportablen hl. Raum konstituieren, zur Kategorie der T. Die parallele Typologie von menschlicher und göttlicher Behausung läßt sich z.B. im Alten Orient gut nachzeichnen (Breitbau, Langbau, Knickachsbau). Eine kosmologische Symbolik, welche bereits dem einfachen Wohnhaus häufig zukommt, gewinnt beim T. vorrangige Bedeutung und dominiert schließlich vielfach über unmittelbar alltagszweckbestimmte Bauelemente. Diese *kosmologischen Elemente* kulminieren darin, daß der T. den Kosmos schlechthin repräsentiert (Ägypten, Mesopotamien, Indien und viele andere Hochkulturen, auch im altamerik. Bereich). Hierher gehört z.B. die Vorstellung, daß der T. Mittelpunkt („Nabel") der Welt ist (Griechenland, Israel). Ist die Welt insgesamt als „Berg" vorgestellt, so ist auch der T. als Berg konzipiert, was in verschiedener Weise architektonisch angedeutet werden kann (ind. Anlagen, T.-Turm in Babylonien, Pyramidenbau in Ägypten und Mesoamerika usw.). Wird das Weltganze als Himmel und Erde konzipiert, so zeigt sich im T. die Verbindung von Himmel und Erde (Mesopotamien, Ägypten usw.). Die Himmelsrichtungen finden Darstellung in der T.-Anlage, ebenso erfahren einzelne kosmologische Bereiche ikonographische Berücksichtigung.

Die meisten Religionen mit T.-Bau interpretieren die Numina hochgradig anthropologisch und fassen die T. als *Aufenthaltsstätten der Götter* auf, was nicht ausschließt, daß diese auch außerhalb ihre Standorte und Wirkungsräume haben. Daraus entwickelt die T.-Ideologie in der Regel ein „Wohnkonzept" für die Götter (gelegentlich auch ein „Besuchskonzept"). Es kommt zur Vorstellung eines häuslichen Lebens der Götter, welches dem der Menschen entspricht (bes. gut sind die Tagesläufe ägypt. Götter bekannt, mit Weckung, Toilette, Speisung usw.), aber natürlich auch die charakteristischen Abweichungen des Sakralraums von der Profanität aufweist. Der T. ist häufig in verschiedene Bereiche aufgeteilt, die aufzusuchen unterschiedliche kultische Kompetenz voraussetzt; für den Kultteilnehmer bedeutet der Gang zum T. die Begegnung mit dem ↗Heiligen. Je mehr die reale Präsenz der numinosen Mächte relativiert oder gar negiert wird (wie z. B. im Islam oder im Protestantismus), desto mehr wird aus dem T. nur mehr ein Versammlungsraum der Angehörigen einer bestimmten Religion, dessen Betreten gleichwohl noch einen besonderen Verhaltenskodex erfordert.

Das Verhältnis zwischen *T.-Bau und profanen Bauten* ist unterschiedlich geregelt. Häufig ist der T. zentrales Bauwerk, und seine Symbolik prägt oft die ganze (vorwiegend städtische) Siedlung. Andererseits gibt es auch T.-Anlagen außerhalb des menschlichen Siedlungsraumes. Auch bei zentraler Lage ist oft die Ungültigkeit profaner Lebensregeln im T.-Bereich, die durchaus kultisch sanktioniert sind, betont (z. B. Asylrecht). Zentralität und Liminalität sind Ausdruck der Ambivalenz des Heiligen.

Neben der rel. Bedeutung des T. ist die *wirtschaftliche* nicht zu unterschätzen, die zuweilen ganz zentral ist (z. B. in der sog. „T.-Wirtschaft" des Alten Orients, wo die Zentralisierung der wirtschaftlichen Abläufe über den T. läuft). Die Versorgung der Götter bindet die personellen, wirtschaftlichen und kulturellen Ressourcen einer Gesellschaft in geringerem oder höherem Maße; hier kommt es zum Austausch materieller und geistiger Güter. Auch Bildungseinrichtungen wie Schulen u. a. sind häufig an T. angebunden; zuweilen besteht ein Gegensatz zwischen dem T. und einem politischen Zentrum (Hof).

Lit.: *W. Andrae,* Das Gotteshaus und die Urformen des Bauens im Alten Orient. o. O. 1930; *M. Eliade,* Le symbolisme cosmique des monuments religieux. Rom 1957; *W. Müller,* Die heilige Stadt. Stuttgart 1961; *F. Heiler,* Die Religionen der Menschheit. Neu hg. von K. Goldammer. Stuttgart [4]1982; *G. van der Leeuw,* Phänomenologie der Religion. Tübingen 1956; *G. Widengren,* Religionsphänomenologie. Berlin 1969; *K. Goldammer,* Die Formenwelt des Religiösen. Stuttgart 1960.
F. Stolz

Theismus. Seit dem 17. Jh. (zuerst bei R. Cudworth 1678) findet sich in der europ. Geistesgeschichte der Begriff Th. (von griech. *theós* = Gott), der in den Auseinandersetzungen zwischen christl. Religion und neuzeitl. ↗Atheismus, ↗Deismus und ↗Pantheismus gebildet und fortentwickelt wird. Th. bezeichnet ein Denken, das an der Existenz eines Gottes festhält (gegen Atheismus), der als absolutes, welttranszendentes (gegen Pantheismus), personales, lebendiges Wesen vorgestellt wird, das auch nach der Schöpfung (verstanden als creatio ex nihilo) in der Welt wirkt (Vorsehung) und sie erhält (gegen Deismus). Die Existenz Gottes, der als frei, selbsttätig, allmächtig, allgegenwärtig, allwissend, gut, ewig oder als Grund moralischer Verpflichtung, ↗Geist usw. gedacht wird, kann und muß im Th. mit Hilfe der Vernunft erkannt bzw. bewiesen (Gottesbeweise) werden, so daß von der Offenbarung Gottes in der Heilsgeschichte abgesehen werden kann, die aber nicht geleugnet werden muß. Gegenüber den neuzeitlich-aufklärerischen Angriffen auf das Christentum wollte man sich behaupten, indem man den Glauben an den einen Gott (↗Monotheismus) der christl. Tradition nicht nur als der Vernunft nicht widersprechenden, sondern als von der Vernunft geforderten darstellte. Th. ist also ein Vernunftglaube, der für christl. Theologie dann unannehmbar wird, wenn er wesentliche Inhalte ausblenden oder die unableitbare Selbstmitteilung Gottes als denknotwendig erweisen will. Th. kann daher nur mehr Element einer jeden Religion mit entsprechender Gottesvorstellung sein, sollte aber nicht mit diesen Religionen gleichgesetzt werden; im rel.-wiss. Kontext wird der Begriff Th. auch bei polytheistischen Gottesvorstellungen angewendet (↗Polytheismus). Die gerade heute oft zu findende unglückliche Gleichsetzung von Th. und „Natürlicher Theologie" bzw. von Th. und monotheistischer Offenbarungsreligion (↗Christentum, ↗Judentum, ↗Islam) trägt dazu bei, daß dieser Begriff oft sehr unscharf verwendet, ja mißverstanden wird und eine breitgestreute Bedeutungsvielfalt aufweist. Wie der Begriff des „spekulativen Th." des Spätidealismus sollte Th. insgesamt als philos. Terminus angesehen werden, der auf Vernunfterkenntnis und nicht auf die Erkenntnis aufgrund der Selbstmitteilung Gottes abzielt, wenn von Gotteserkenntnis die Rede ist. Nur ein solcher Begriff vermag in der Weise kritisiert zu werden, wie es heute in der christl. Theologie (z. B. E. Jüngel, W. Kasper) der Fall ist, insofern man dem Th. vorwirft, eine reduzierte, wesentlich verkürzte Sicht des christl. Glaubens zu bieten, die es einem Feuerbach leicht machte, den Th. als „Projektion des Menschen" abzutun. Der Th. stellt also für die Theologie ein ambivalentes Phänomen dar, da er nicht nur hilft, die Vernünftigkeit des Gottesglaubens aufzuzeigen, sondern auch zur „Häresie" werden kann, wenn Gott in einer Weise verendlicht und verobjektiviert wird, die christlicher Trinitätslehre – als konsequenter Form des Monotheismus jenseits von Th. und Atheismus – widerspricht (W. Kasper).

Lit.: *H. Beck,* Natürliche Theologie. München–Salzburg 1986; *E. Jüngel,* Gott als Geheimnis der Welt. Tübingen [3]1978; *W. Kasper,* Der Gott Jesu Christi. Mainz 1982; *J.L. Mackie,* Das Wunder des Th. Stuttgart 1985 (Oxford 1982); *H. Rolfes,* Art. Atheismus/Th.: NHThG I, 61–78. *E. Dirscherl*

Theodizee besagt Rechtfertigung Gottes, seiner Güte und Allmacht, angesichts der menschlichen Leiderfahrung. Die Frage, wie Gottes Allmacht und Güte vereinbar seien mit der Erfahrung von Leid und Unglück in Natur und Gesellschaft, ist keineswegs eine ewige Frage der Menschheit. Vielmehr ist sie als besondere Form der Deutung von Leid gebunden an gesch. Bedingungen, welche bewirken, daß Leiderfahrungen in eine Th.-Frage münden.

Religionsgeschichtlich ist ein Stand vorauszusetzen, in dem weder ein dualistisches noch ein naturhaft-zyklisches Weltbild vorherrschen. Im ersten Falle löst sich die Frage nach dem Leid in eine Dichotomie von Geist und Materie, Schöpfergott und Erlösergott auf, so daß als Ursache des Leids die menschliche Gebundenheit an ein stofflich vermitteltes Dasein erscheinen kann. Im zweiten Fall erlöscht ein Protest des einzelnen oder eines Kollektivs gegen das Leid im ewigen Kreislauf von Werden und Vergehen, welcher als sinnvolle Ordnung des Ausgleichs und Gleichgewichtes vorgestellt wird. Ebenso bleibt die Th.-Frage sinnlos, wenn an die Stelle eines persönlichen Gottes als Adressat das blinde Schicksal oder ein nicht näher bestimmbarer Grund der Welt treten. Das Th.-Problem hat schließlich zur Bedingung, daß ein einzelner oder ein Kollektiv sich als ein – wie immer auch bedrohtes – *Subjekt* vor Gott *weiß* und so aus dem Bewußtsein dieser Subjektivität die Rolle eines „Anklägers" übernehmen kann. Gott, als dessen Gegenüber sich das Subjekt erkennt, darf ferner nicht mit der blinden Willkür der Naturgewalt, mit welcher er letztendlich zusammenfiele, ausgestattet sein. Eher kontrastiert die gesch. Leiderfahrung mit den ebenfalls gesch. Gotteserfahrungen (Zuwendung, Befreiung, Vergebung, Heilung), welche in den Begriffen von Allmacht und Güte einen späten spekulativen Ausdruck finden.

Es ist deshalb nicht verwunderlich, wenn die Th.-Frage im jüd-christl. Raum eine besondere Schärfe dadurch gewinnt, daß die heilsgesch. Erfahrungen als Selbstoffenbarungen Gottes durch die Formen individuellen und gesellschaftlichen Leidens kontrapunktiert werden.

Das *AT* nimmt (auch außerhalb des Ijobbuches) entsprechend viele Anläufe zur Leidbewältigung auf dem Hintergrund der Gotteserfahrungen Israels. Das Spektrum reicht von der Deutung des Leids als göttliche Züchtigung (vgl. Hos 2,11–15; Ps 6,2; Ez 16), als Gericht (vgl. Jes 8,7–20; 9,7–20), als gesellschaftliches Unrecht (vgl. Am 5,7–13; Ps 9/10) oder im Sinn der Apokalyptik (vgl. Dan 10–12) bis hin zur völligen Gottesfinsternis des Psalms 88. In diesem Psalm wirft der Beter Gott die Trümmer seines Lebens vor die Füße, und über eine Befreiung aus der Verzweiflung erfahren wir, im Unterschied zu Psalm 22, nichts. Die verschiedenen Antworten sind ihrerseits Ausdruck diverser gesch. Erfahrungen mit Gott als dem Anwesenden oder Abwesenden, freilich ohne einen Ausgriff auf die gesch. Totalität in einem spekulativen Verständnis; ebenso fehlt der Versuch, die Negativität und Zerrissenheit als eine ontologische Befindlichkeit der Schöpfung zu interpretieren (vgl. Gen 1–3).

Im *NT* wird die Frage nach dem Leid nicht auf dem Hintergrund des Th.-Problems gestellt; pointierter ausgedrückt: es geht nicht um eine Rechtfertigung Gottes vor dem Menschen, sondern um eine Rechtfertigung des (sündigen) Menschen durch Gott (vgl. Röm 3 und 5,1–11). Das Handeln Jesu wird im NT als Proklamation der angebrochenen Gottesherrschaft

(↗Gottesreich II) verstanden, deren Nähe in den Heilungen, Wundern, den Dämonenaustreibungen und der Hinwendung Jesu zu Randgruppen erfahrbar wird. In Kreuz und Auferstehung Jesu ist die endgültige Aufhebung der Negativität und der Macht der Sünde angebrochen.
Mit dem Fortgang der Geschichte (Parusieverzögerung) gewinnt die Th.-Frage wieder an Bedeutung, insbesondere im Zuge der christl. Auseinandersetzung mit gnost. und manichäischen Konzeptionen. Sowohl die Patristik als auch die Scholastik halten an der ontologischen Gutheit der Schöpfung angesichts des Übels, verstanden als Mangel an Gutem, fest (vgl. Augustinus: PL 40,231–290; zu Thomas v. Aquin: S.th. I, q. 5, a 3). Bei *Augustinus* führt die Idee der Kontingenz des Negativen zur Ausbildung der Erbsündenlehre. Die Negativität ist im Verständnis dieser Tradition weder bloß fatalistisch hinzunehmen, noch erscheint sie als strikte Notwendigkeit. Dieser Gedanke erbt sich an die neuzeitliche Th.-Problematik fort.
G. W. Leibniz, der den Th.-Begriff prägte, hält gegen die von *Th. Hobbes* vertretene Theorie einer naturverfallenen Geschichte am Gedanken einer in der Freiheit Gottes optimal geordneten Schöpfung, in welcher die Freiheit des Menschen gewährleistet ist, fest; gleichzeitig ist der Raum für eine vernünftige Praxis des Menschen eröffnet. Diese Konzeption wird angesichts des Erdbebens von Lissabon (1755) problematisch (vgl. hierzu Voltaires „Candide ou l'optimisme"). *I. Kant* verlegt die Th.-Frage aus der spekulativen Vernunft, deren Bemühungen antinomisch enden, in die praktische: Gott ist der Garant eines Zusammenhangs von „Zweckmäßigkeit aus Freiheit" und „Zweckmäßigkeit der Natur", der durch die geforderte menschliche Praxis nicht befriedigend eingelöst werden kann, dieser aber als „Idee" zugrunde liegt. Die Geschichtsphilosophie Hegels versteht sich insgesamt als Th. Anders als die zirkuläre Natur, in welcher die Idee sich äußerlich ist, beherrscht die Vernunft die Geschichte. In der Geschichte schafft der Geist sich selber, erzeugt qualitativ Neues – auch vermittels partikularer Interessen („List der Vernunft"). Im gesch. Prozeß realisiert sich Gott als freier Geist in Aufhebung des Zufälligen und Äußerlichen. In der Kritischen Theorie wird gegen die Hegelsche Geschichtsphilosophie auf dem Hintergrund der Marxschen Kritik der Vorwurf erhoben, es werde nicht Gott, sondern das Übel als sinnvoll gerechtfertigt. Der spekulative Ausgriff auf die gesch. Totalität erschleiche bloß Versöhnung und verkenne die realen Leiden. Nicht zuletzt aber an ihnen offenbart sich – wie auch die Ereignisse der jüngsten Vergangenheit zeigen – das andauernd Naturhafte aller Geschichte, das nicht spekulativ, sondern praktisch versöhnt werden müßte. Die bestehenden Th.-Bemühungen gehören deshalb der Natur-Geschichte an, über die sie hinauswollten.
Im Zusammenhang eines Primats der Praxis könnte die Th.-Frage theol. fruchtbar gemacht werden: Theologie wäre Reflexion auf eine christl. Praxis, verstanden als erfahrbarer Einspruch gegen die Negativität, in der Nachfolge Jesu. Die Grenzen solcher Praxis verwiesen zugleich darauf, daß die „Rechtfertigung Gottes" am Ende durch Gottes erlösendes Handeln geschieht.

Lit.: *Th. W. Adorno,* Negative Dialektik. Frankfurt 1975; *W. Oelmüller* (Hg.), Leiden. Paderborn 1986; G. Gerstenberger / W. Schrage, Leiden. Stuttgart 1977; *G. W. F. Hegel,* Vorlesungen über die Philosophie der Weltgeschichte I, hg. von J. Hoffmeister. Hamburg 1955; *M. Horkheimer,* Die Sehnsucht nach dem ganz Anderen. Hamburg 1970; *H. G. Janßen,* Das Th.-Problem der Neuzeit. Frankfurt 1982; *I. Kant,* Über das Mißlingen aller philos. Versuche in der Th.: ders., Werke (Akademieausgabe) VIII. Berlin 1923, 253–271; *G. W. Leibniz,* Versuche in der Th. über die Güte Gottes, die Freiheit des Menschen und den Ursprung des Übels. Hamburg 1968; *O. Marquard,* Idealismus und Th.: ders., Schwierigkeiten mit der Geschichtsphilosophie. Frankfurt 1982, 52–65; *J. B. Metz,* Glaube in Geschichte und Gesellschaft. Mainz 1977, bes. 87–119; *K. Rahner,* Warum läßt Gott uns leiden?: ders., Schriften zur Theologie XIV, Zürich 1980, 450–466; *W. Sparn,* Leiden-Erfahrung und Denken, Materialien zum Theodizeeproblem. München 1980.
R. Buchholz

Theogonie. In seinem Hauptwerk „Theogonia" (= Geburt oder Abstammung der Götter) besingt der griech. Dichter *Hesiod* (um 700 v. Chr.) in über 1000 Versen den Ursprung der Götter, wobei er auf älteres, mythologisches Material (z. B. auch pers.-iran. Überlieferungen) zurückgreift. *Aristoteles* zählt Hesiod zu den „ersten

Theologen", d.h. „Gotteskündern", in denen er die Vorläufer der Philosophen sieht. – Bestandteil der Th. als Göttergeschichte (Götterentstehungslehre) ist die Kosmogonie („Weltwerden" = „Götterwerden"), die sich als anfangs ebenfalls mythische Weltentstehungslehre (↗Welt/Schöpfung III) loslöst. Im Anfang war das dunkle (und geschlechtslose) Chaos (leerer *Raum*), dann das erste weibliche Wesen (die ↗Erde als Mutter*stoff*) und das erste männliche Wesen (Eros als *Zeugungsprinzip*), durch dessen Zeugungskraft alles wird. Raum, Stoff und zeugendes Prinzip bilden zusammen die drei sog. Urmächte. Erst an eine Urzeugung (des Lichts) schließen sich die Zeugungsketten der Göttergeschlechter an, die in ebenfalls drei (sich gewaltsam ablösende) Perioden unterteilt werden (Periodisierung der Geschichte mit absteigender Sukzession): die Periode des Uranos, des Kronos und schließlich des Zeus (↗Griech. Religion). – Zahlreich sind die Götter, denen Hesiod ihre je eigene Gestalt und ihren Wirkungsbereich zuweist; viele von ihnen sind als Gestalt gesehene Begriffe, etwa Mnemosyne („Erinnerung und Gedächtnis"), als Gemahlin des Zeus Mutter der ↗Musen, Quell aller Kunst. – Parallelen zur Th. des Hesiod bzw. zu den ihr zugrundeliegenden Mythen finden sich u.a. bei den *Orphikern* (↗Orpheus/Orphik) und in verschiedenen altoriental. Religionen, z.B. in der ↗Hethitischen Religion, im babyl. Weltschöpfungsepos (↗Enūma elish).

Lit.: *Hesiod,* Sämtliche Gedichte. Übersetzt und erläutert von W. Marg. Zürich [2]1984; *E. Heitsch* (Hg.), Hesiod. Darmstadt 1966; *O. Gigon,* Der Ursprung der griech. Philosophie. Basel [2]1968; *H. G. Güterbock,* Kumarbi. Mythen vom churritischen Kronos. Zürich 1946; *J. Aistleitner,* Die mythologischen und kultischen Texte aus Ras Schamra. Budapest [2]1964; *G. Steiner,* Der Sukzessionsmythos in Hesiods Th. und ihren oriental. Parallelen. Diss. Hamburg 1958; *M. Eliade* (Hg.), Die Schöpfungsmythen (= Quellen des alten Orient I). Nachdruck Zürich 1980; *ders.,* Geschichte der rel. Ideen I. Freiburg [5]1985, Kap. 10; II. Freiburg [3]1984, Kap. 22. *N. M. Borengässer*

Theokratie

↗Gottesreich.

Th. (von Flavius Josephus für das nachexilische Judentum geprägt), „Gottesherrschaft", bezeichnet eine Staatsform, in der weltliche und rel. Belange aufs engste verknüpft sind. Die Regierungsgewalt geht unmittelbar von Gott aus und wird durch einen von ihm erwählten Stellvertreter (bzw. eine Priesterschaft) ausgeübt. Charakteristisch ist ein priesterliches Verhältnis des Regenten zur Gottheit. Als Urtyp gilt ↗Mose. Neben dem Judentum finden sich theokratische Ordnungen im Islam (↗Muḥammad; in der Folgezeit ebenso wie in vielen heutigen islam. Staaten nur bedingt theokratische Züge, z.B. Rechtsprechung auf der Grundlage des Korans; neuestens verstärkte Rückkehr) und bis zur Eroberung durch Rotchina (1950) im tibet. Lamaismus (↗Buddhismus III 3). Theokratische Staatswesen waren im wesentlichen auch die ↗Indianischen Hochkulturen.

Christlich gesehen entwickelte sich aus der Th. im Verlauf der Offenbarungsgeschichte die das (AT und) NT beherrschende Vorstellung der *Basileía toû Theoû,* der Verkündigung Jesu vom Königtum Gottes („Reich Gottes"; ↗Gottesreich II). Die Versuche des Papsttums im MA, im Anschluß an Augustins Ideen vom Gottesstaat theokratische Ideale zu verwirklichen, scheiterten am Gegensatz zum Kaisertum.

Lit.: *H. Gross,* Art. Th.: LThK[2] X 56f.; *G. Mensching,* Art. Th.: RGG[3] VI 756; *R. Schnackenburg,* Art. Basileia: LThK[2] II 25–31; *M. Buber,* Königtum Gottes. Heidelberg [3]1956; *U. Schoen,* Die Gesellschaft im Islam: Th.: M. Fitzgerald u.a. (Hg.), Mensch, Welt, Staat im Islam. Graz 1977, 103–147; *H. Hoffmann,* Die Religionen Tibets. Freiburg 1957, 158–181. *N. M. Borengässer*

Theologie

I. Begriffsgeschichtlich-philosophisch. – II. Jüdisch. – III. Christlich. – IV. Islamisch. – V. Theologie und Philosophie. – VI. Theologie und Religionswissenschaft

I. Begriffgeschichtlich – philosophisch. Der weder im NT noch bei den Apostolischen Vätern begegnende Begriff Th. (griech.; „Rede von Gott") und die mit ihm zusammenhängende Wortgruppe ist nicht Schöpfung christl. Glaubensreflexion, sondern entstammt dem vor- und außerbibl. Raum antiken griech. Denkens. Drei Momente bestimmen in der griech. Th. die Reflexion über die philos. Möglichkeit der Rede von Gott: 1. die Bindung an den Mythos, 2. die Kritik der mythischen Rede und 3. der Zusammenhang mit der Philosophie als höchster Weisheit.

Erstmals begegnet der Begriff Th. bei *Platon* (Politeia II 379 a), bezeichnet jedoch nicht dessen eigene philos. Gotteslehre, sondern die philos.-krit. interpretierten und entmythologisierten Mythen und Göttersagen. Zwar anerkennt Platon den Wert des ↗Mythos innerhalb der musischen Kindererziehung, fordert aber im Interesse politischer Erziehung dessen Säuberung von allem Anstößigen gemäß strenger, im Range staatlicher Gesetze stehender Richtlinien. Diese Maßstäbe für die Zuverlässigkeit von Göttersagen („týpoi perì theologías"), wie z. B. Unwandelbarkeit und Wahrhaftigkeit der Götter, Unschuld der Götter am Bösen, setzen sachlich das mythenkrit. Motiv der Sophistik, jedoch ohne deren radikale Kritik an der rel. Tradition, fort und vollenden damit den sich bereits bei den Vorsokratikern *Anaximander, Xenophanes* und *Heraklit* anbahnenden Weg vom Mythos zum Logos. Die Funktion des Logos besteht dabei in der Entbergung der in den Mythen verborgenen Wahrheit. Bei *Aristoteles* werden ähnlich wie bei Platon die Mythendichter *Hesiod* und *Homer* als „theólogoi" oder „theologḗsantes" bezeichnet und den ionischen Naturphilosophen, den Physikern, gegenübergestellt (Metaph. B 1000 a 9 u. a.). Sodann begegnet an zwei Stellen (Metaph. E 1026 a 19 und K 1064 b 3) die Wendung „theologikḗ philosophía" bzw. „epistḗmē" als nach Mathematik und Physik höchste der drei theor. philos. Wissenschaften, die sich mit dem Unbeweglichen und Ewigen so wie mit den dem Sichtbaren zugrundeliegenden göttlichen und ewigen Ursachen befaßt. Insofern die Philosophie bis zum Göttlichen vordringt, ist die „erste Philosophie" (später Metaphysik genannt) zugleich „theologikḗ philosophía", Theologik. Damit prägt Aristoteles eine ontologische Th. unter dem Leitbegriff der „epistḗmē", d. h. der universalen Ursachenfrage und der philos. metaphysischen Betrachtungsweise des Seienden in seinem Sein.

Trotz dieser Versuche, die Rede von Gott als philos. Möglichkeit zu bedenken, blieb die Bedeutung von Th. als sich am Mythos orientierende rel. Rede von den Göttern bestimmend. So werden neben den alten Mythendichtern die den Kultmythos vortragenden Kultbeamten in Delphi (Plutarch, De def. or. 417 F), wie später noch im Kaiserkult, „theólogoi" genannt, weshalb Th. als im Kultus vollzogene mythische Proklamation der Götter die Bedeutung von „Predigt" besitzt. Auch aus diesem Grund lag es den griech. Philosophen fern, sich selbst als Theologen zu bezeichnen.

Bes. in der Stoa bildete sich als Gipfel der Physik ein „theol." Teil der Philosophie als Versuch der krit. Integration rel. Überlieferung heraus. Die bei *Panaitios* (ca. 180–110 v. Chr.) und *M. Varro* (116–27 v. Chr.) zu findende und von den Kirchenvätern *(Tertullian, Eusebius, Augustinus)* übernommene stoische Differenzierung dreier Genera von Th., des mythischen der Dichter, des physischen der Philosophen und des politischen der Gesetzgeber und des öffentlichen Kultes, verdeutlicht dieses Bemühen. Vor allem die allegorische Deutung der Mythen wurde von der Stoa als theol. Aufgabe systematisch ausgebildet. Darüber hinaus mangelt es an Belegen für die philos. Verwendung des Begriffs Th. in dieser Zeit. Während sich, vermittelt durch den Neupythagoreismus *(Numesius)* und den mittleren Platonismus im Neuplatonismus des 4. und 5. Jh. *(Jamblichus, Proklus, Plotin)* – bereits unter dem Einfluß der christl. Verwendung der Wortgruppe –, ein reicher Sprachgebrauch von Th. herausbildet, ist erst bei *Origenes* und seinen Nachfolgern *Eusebius, Athanasius* und *Basilius* ein genuin christl. Gebrauch des Begriffs nachzuweisen.

Lit.: *E. Peterich,* Die Theologen der Hellenen. Leipzig 1938; *W. Jaeger,* Die Th. der frühen griech. Denker. Stuttgart 1953; *G. Söhngen,* Der Weg der abendländischen Th. München 1959; *G. Ebeling,* Art. Th.: RGG³ VI 754–769 (Lit.); *J. B. Metz,* Art. Th.: LThK² X 62–71; *M. Pohlenz,* Die Stoa. 2 Bde. Göttingen ³1964; *F. P. Hager* (Hg.), Metaphysik und Th. des Aristoteles. Darmstadt 1969; *W. Weischedel,* Der Gott der Philosophen I. Darmstadt 1976, 39–118; *W. Burkert,* Art. Gott: HWP III 722–725.

H. M. Baumgartner / A. G. Wildfeuer

II. Jüdisch. Wie es im Judentum eine Pluralität von Traditionen gibt, die erst nach der Zerstörung des zweiten Tempels (70 n. Chr.) unter der Hegemonie der pharisäisch-rabbinisch-talmud. Strömung etwas einheitlicher wurde, gibt es ebenfalls eine Vielzahl verschiedener Lehren über Gott und sein Verhältnis zur Schöpfung, zumal zu seinem Bundesvolk Israel. Mit dem Fehlen eines autoritativen Magisteriums hielt sich das jüd. Denken und Formulieren der Grundprinzipien des göttlichen Seins, Wirkens und Handelns eher im exegetischen, homiletischen oder (später) philos. Rahmen. Selbst für allg. akzeptierte Glaubensgrundsätze („Dogmen“) finden sich nur selten verbindliche Formulierungen. Die jüd. Theologie aber blieb, hist. betrachtet, weder bei der Tora noch bei der rabbinischen und talmudischen Literatur stehen. Gerade das ma. Denken stand der Religionsphilosophie, die in dieser Zeit ihren eigentlichen Ausgang nahm und sich bis in die Neuzeit hinein auswirkte, näher als der systemat. oder dogmatischen Th. im christl. Verständnis. Für die jüd. Th. gilt jedenfalls die Grundaussage, daß sie eine „Th. von Lehrern“ und nicht die eines autoritativen Lehramtes ist. Die „Theologien“ des Judentums, wie z. B. die „Jüd. Th.“ von *F. Weber* (1897), sind zumeist Versuche, rel. Lehren aus den rabb. Quellen zusammenzulesen und systematisiert in die Zwangsjacke eines christl. Modells zu pressen. Das gilt selbst dann, wenn solche Werke von Juden verfaßt wurden, z. B. das von *K. Kohler* 1918 veröffentlichte Werk „Jewish Theology“, das auch nur die Position des Reformjudentums wiedergibt. Andere vermeiden entweder das Wort Th. *(E. E. Urbach)* oder doch den Anschein einer Systematik *(S. Schechter)*. Kritisch anzumerken ist jedenfalls, daß die meisten Theologien des „Alten Testaments“ von christl. Bibelwissenschaftlern geschrieben sind. Das einzig bedeutende Werk über die frührabb. Th., das in diesem Zusammenhang eine Sonderstellung einnimmt, ist das von dem protestantischen Gelehrten *G. F. Moore*. Ein neuer Versuch, eine jüd. mystische Th. zu erschließen, ist vor allem mit dem Namen *G. Scholem* verbunden; ein origineller Versuch, zeitgenössisches jüd. Denken darzustellen, liegt in dem lexikonartig konzipierten Band von *A. A. Cohen* und *P. Mendes-Flohr* vor. Treffend läßt sich eine jüd. Th. mit einem Bonmot, das wie alle Bonmots cum grano salis zu nehmen ist, charakterisieren. In einer Rezension zu einem Buch „Die systemat. Th. der Synagoge“ hieß es etwas ironisch: „Erstens gibt es keine Synagoge (d. h. der Begriff ist eine christl. Erfindung, um ein Gegenstück zum Begriff ‚Kirche‘ zu haben), und selbst wenn es eine gäbe, hätte sie keine Th. (im christl. Sinn), und selbst wenn sie eine hätte, wäre diese nicht systematisch.“

Lit.: *E. E. Urbach,* The Sages: Their Concepts and Beliefs, 2 Bde. Jerusalem 1975; *S. Schechter,* Aspects of Rabbinic Theology. Introduction to New Edition by L. Finkelstein. New York (1909) 1961; *G. F. Moore,* Judaism: in the First Centuries of the Christian Era. The Age of the Tannaim, 3 Bde. Cambridge/USA 1927–1930 (Neudruck 1966); *J. Guttmann,* Die Philosophie des Judentums. München 1933 (Neudruck 1985); *G. Scholem,* Die jüd. Mystik in ihren Hauptströmungen. Frankfurt 1967; *ders.,* Reflections on Jewish Theology: ders., On Jews and Judaism in Crisis. Hg. v. W. J. Dannhauser. New York 1976, 261–297; *A. A. Cohen / P. Mendes-Flohr* (Hg.), Contemporary Jewish Religious Thought. 1987; *L. Jacobs,* Art. Theology: EJ XV 1103–1110.

R. J. Z. Werblowsky

III. Christlich. 1. Selbstverständnis. Als christl. Glaubenswissenschaft ist die Th. wesentlich wiss.-methodische Reflexion auf den christl. Glauben an den in ↗Jesus von Nazaret offenbar gewordenen Gott. Als solche ist sie nicht mit einer christl. ↗Religionswissenschaft zu verwechseln, da eine rel.-wiss. Beschäftigung sich ausdrücklich des zustimmenden oder ablehnenden Werturteils über eine bestimmte Religion enthält und der Religionswissenschaftler folglich auch nicht Mitglied einer der von ihm behandelten Religionen zu sein hat. Die christl. Th. ist unter der dreifachen Rücksicht einer a) kirchlichen orientierten, b) den christl. Glauben betreffenden c) Wissenschaft zu bedenken.

a) Kirchlichkeit: Die Th. sucht sich ihr Materialobjekt nicht selbst, sondern erhält es von der christl. Glaubensgemeinschaft. Der Theologe ist entsprechend ein Lehrer oder Forscher, der selbst auf der Grundlage des christl. Glaubens sein Leben zu gestalten bemüht ist und diesen vom Ursprung her auf die eigene gesch. Situation hin reflektiert und zum Ausdruck zu bringen sucht. Allerdings ist der Theologe im heutigen Verständnis nicht einfach mit dem Verkünder des Glaubens zu identifizieren. Die Christentumsgeschichte hat vielmehr in den großen Gestalten des Römisch-Katholischen (↗Katholizismus), Orthodoxen (↗Orthodoxie) und Reformatorischen (↗Protestantismus) auf unterschiedliche Weise, zu einer Differenzierung zwischen der authentischen Lehrverkündigung und der Reflexion auf diese geführt und bietet damit zugleich die Grundlage für mögliche Konflikte zwischen den verschiedenen Lehrinstanzen. In gewissem Sinn steht die Th. heute zwischen der authentischen Lehrverkündigung und dem zur theol. Mündigkeit erwachenden „Volk Gottes" (↗Befreiungstheologien).

b) Glaubenswissenschaft: Zentraler Inhalt der Th. ist das Besondere der christl. Botschaft, das als das Allgemeingültige in die jeweiligen gesch. Kontexte (↗Kontextualität) hinein übersetzt sein will. Darin geht es um ↗Gott (V. IX), von dem das ↗Christentum bekennt, daß er, der Ferne, in Jesus von Nazaret der Nahe geworden ist, so sehr, daß die Gestalt Jesu, sein Leben und Sterben zur auf diesen Gott selbst zurückgehenden, sein Wesen offenbarenden Selbstmitteilung Gottes (↗Offenbarung V) wird, und das als bleibende, dieser Welt unauslöschlich für alle Zeiten eingeprägte Wirklichkeit. Die Wirklichkeit Gottes, die sich in dreifacher Hinsicht als der ursprungslose Grund (= Vater), als die gleichwesentliche Selbstmitteilung (= Sohn) in nochmals gleichwesentlichem wechselseitigem Liebesaustausch (= Heiliger Geist) dieser Welt mitgeteilt hat, wird in der Th. als das dreifache Mysterium von Trinität Gottes, Inkarnation und bleibend gnadenhaft befreiender Heilsgegenwart in seinem Geist erörtert. Das zentrale Geheimnis göttlicher Selbstmitteilung ist aber dann weiterzuverfolgen in seinen welthaften (kosmologischen) und menschlichen (anthropologischen) Voraussetzungen und Konsequenzen. Dazu gehören die Fragen nach Ursprung (↗Welt/Schöpfung IV) und Ziel der Welt (↗Zukunft/Jenseits VIII), nach der Stellung des Menschen in der Welt und zu Gott sowie der Menschen zueinander (↗Mensch VII. IX; Geschichte, Gesellschaft), nach den tatsächlichen gesch. Abläufen (↗Böses/Leid VII; Schuld/Sünde V; heute auch die Erfahrung der Pluralität von Sprachen, ↗Kultur[en] und Religionen), nach der Überwindung des Zwiespalts von Heilsverlangen und Unheil (Soteriologie, ↗Heil/Heilsweg VI). Ist die Th. durch das Ereignis der Selbstmitteilung Gottes in Jesus von Nazaret an eine Ursprungsgeschichte gebunden, so ruft die jeweilige Gegenwart *apologetisch* nach Rechenschaft über die Begründung des Glaubens und *dialogisch* nach Eingehen des Glaubens auf die jeweilige Frage- und Problemsituation der Zeit.

c) Wissenschaft: Da der Mensch in seinem Leben als Wissender zu seiner Sinnerfüllung strebt, das Wissen sich aber zu allen Zeiten methodisch einen Weg bahnt, beteiligt sich die Th. als menschliches Sinnangebot an den wiss.-methodischen Versuchen der Sinnsuche. Insofern als die Wissenschaften ihrerseits wesentlich zur Gestaltung des geistigen Horizonts der Zeit beitragen, hat die Th. in ihrer je neuen Artikulierung Anteil am Wissenschaftsbetrieb einer Zeit. Wo sie sich dem Disput um ihre Wissenschaftlichkeit stellt, wird die Th. stets kritisch Einspruch erheben gegen die Bevormundung durch andere Wissenschaften, vor allem auch gegen jeden Methodenmonismus, wie er lange Zeit im Verhältnis von neuzeitlicher Th. und neuzeitlich-klass. Naturwissenschaften zu beobachten war. Die Ausrichtung auf den Kanon der Wissenschaften, der Beitrag zu heutiger Interdisziplinarität sowie der theol. Methodenpluralismus lassen sich vor allem in der Ausfächerung der Th. in verschiedene Disziplinen erkennen.

2. Theologische Disziplinen. In der Th. treffen sich vom Selbstverständnis her im jeweiligen Kreuzungspunkt der Gegenwart ein hist. und systemat., ein herkunftorientiert-theoretisches und zukunftorientiert-praktisches Interesse. Diese Vierheit läßt sich grobmaschig in den vier Blöcken der hist. und systemat., der bibl. und praktischen Th. wiedererkennen. Wegen des besonderen Ranges, der im Christentum der ↗Heiligen Schrift (VII) zukommt, sind die Beschäftigung mit ihr und die dazugehörigen Hilfswissenschaften aus der hist. Th. ausgeklammert und zu einem eigenen Bereich *bibl. Th.* zusammengefaßt. Die *hist. Th.* vermittelt die Entwicklung der Christentumsgeschichte in den verschiedenen Epochen vom urkirchl. Anfang über die Väterzeit, das abendländische MA, die

Reformation und Gegenreformation bis zur europ.-christl. Neuzeit und zu einer Modernen, die kirchlich geprägt ist vom Ringen um eine neue Gestalt, die sowohl einer postchristl.-säkularisierten wie einer vom rel. Pluralismus bestimmten Gesellschaft entspricht. Die in den sechs Kontinenten der Erde heranwachsenden lokalen Kirchen lassen inzwischen eine deutliche Schwerpunktverlagerung des Christentums auf die südliche Hemisphäre erkennen. Bei entsprechend ausgeprägtem Interesse lenkt die hist. Th. den Blick auch auf bestimmte ausgegliederte Fragestellungen wie die Geschichte der Th. und des ↗Dogmas, der Ausbreitung des Glaubens (↗Mission/Evangelisation), des Verhältnisses von Kirche und Welt. Was geschichtlich in Lehre, Leben und Kult der Kirche vermittelt wird, wird in der *systemat. Th.* in einer „Hierarchie der Wahrheiten" geordnet vorgestellt (Dogmatik), in ihrem Vermittlungsprozeß nochmals reflektiert und begründet (Fundamentaltheologie) und als Theorie-Praxis-Problem auf eine neue Praxis (Moraltheologie) und ihre gesellschaftliche Wirksamkeit (Christl. Gesellschaftslehre) hin ausgelegt. Damit hat die systemat. Th. ein notwendiges Gefälle auf die *praktische Th.* hin, in der sowohl der worthafte wie der lebenspraktische Vermittlungsprozeß der christl. Heilsbotschaft und -wirklichkeit thematisiert wird (Liturgie, Verkündigung und Predigt, rel. Unterweisung und Erziehung, diakonische Dienste, christl. Lebenspraxis in den verschiedenen Lebensumständen). Gerade in der praktischen Th. kommt aber nicht nur die Öffnung auf zukünftige Zeitepochen, sondern auch auf die welthaften Räume und Bereiche und die konkurrierenden Welteinstellungen in Religionen, Ideologien und Humanismen zur Sprache.

Lit.: *K. Rahner,* Grundkurs des Glaubens. Freiburg [12]1982; *P. Eicher,* Th. München 1980; *M. Seckler,* Im Spannungsfeld von Wissenschaft und Kirche. Freiburg 1980; *H. Küng/D. Tracy* (Hg.), Th. – wohin? Zürich 1984; *dies.* (Hg.), Das neue Paradigma von Th. Zürich 1986; *H. Waldenfels,* Kontextuelle Fundamentaltheologie. Paderborn 1985. *H. Waldenfels*

IV. Islamisch. Eine islam. Th. läßt sich nur aus den Ergebnissen und Methoden verschiedener Disziplinen konstruieren. Zunächst ist die Wissenschaft von der Bestätigung der Einzigkeit Gottes ('ilm al-tawḥīd) zu nennen, sodann der Kalām, d.h. die Wissenschaft vom Wort (vom Wort Gottes, oder besser: von der Beweisführung), der die Funktion einer Apologetik des Glaubens und der Ordnungsvorstellungen des Islam erfüllt. Weitere Elemente einer Th. finden sich in den Traktaten über die Grundlagen der Rechtswissenschaft (uṣūl al-fiḳh), in denen über den ↗Koran, die ↗Tradition und die Übereinstimmung der Gelehrten sowie über deren Autorität und Handhabung bei der Feststellung der Rechtsnormen reflektiert wird.

Unter den 'Abbāsiden (ab 750), als die griech. und hellen. Philosophie zunehmend rezipiert wurde, mußten die Gelehrten ihren Glauben verteidigen und seine Aussagen über Gott, die Schöpfung, den Menschen, seine Handlungen und sein Schicksal, über die Prophetie und die Letzten Dinge mit den Lehren der Philosophie konfrontieren und zugleich die orth. Haltung des Islam zur Philosophie überhaupt festlegen. Dies bedingte, daß die theol. Reflexion eher eine defensive Apologetik wurde und sich weniger um die Aufhellung der Glaubensinhalte und die Vertiefung rel. Aussagen bemühte. Eine Einengung des Horizontes des Kalām als Wissenschaft von der Beweisführung war die Folge. Es ging immer mehr darum, erst den Standpunkt des Gegners zu definieren und in den Mittelpunkt zu stellen, um ihn wirksamer widerlegen zu können. So entwikkelte sich der Kalām am Rande des rel. Lebens und konnte keinen bestimmenden Einfluß nehmen auf das Leben der Gemeinde, auf die Ausgestaltung ihrer Religiosität und die Festlegung ihrer Lebensordnung.

Im 14. Jh., als der Islam die Gegenströmungen ausgemerzt hatte und eine unumstrittene Herrschaft ausübte, erlahmte auch das theol. (apologetische) Denken. Von da an werden die früher üblich gewordenen Glaubensbekenntnisse nicht mehr neu aufgelegt und ergänzt bzw. mit neugestalteten Argumenten verteidigt, sondern es werden hauptsächlich Kommentare und Kurzdarstellungen früherer Werke der klass. Zeit des islam. Denkens verfaßt. Hier sind die Gegner nicht mehr

die Ungläubigen oder die Philosophen; hier gilt es eher, die Abweichler bzw. die Häretiker zurückzuweisen.
Heute unterscheidet die islam. Th. zwischen zwei Kategorien von Lehrsätzen. Die Glaubensaussagen (sam'iyyāt) gründen auf der Autorität Gottes und seiner ↗Offenbarung (VI) im Koran und werden durch die Tradition überliefert: Es sind Aussagen über die positiven Attribute Gottes, die prophetische Sendung, den Glauben und den Unglauben, die Gesamtleitung der Gemeinschaft, die Letzten Dinge. Neben diesen Aussagen gibt es Lehrsätze, die man 'aqliyyāt, d.h. dem Verstand zugänglich, nennt. Sie beziehen sich auf die Existenz Gottes, auf seine Werke, auf das Menschenbild usw. Neben der Aufgabe, die Glaubenserkenntnis zu vertiefen und zur Besserung der Qualität islam. Religiosität beizutragen, hat die Th. heute zu kämpfen gegen die Angst vor einer modernen Exegese und vor der Konfrontation mit den Fragen des modernen Denkens und einer aufklärerischen ↗Religionskritik.

Lit.: *L. Gardet/M. M. Anawati,* Introduction à la théologie musulmane. Paris 1948; *D. B. Mac Donald,* Development of Muslim Theology, Jurisprudence and Constitutional Theory. New York 1903; *A. S. Tritton,* Muslim Theology, London 1947; *W. Montgomery Watt,* Islamic Surveys I. Edinburgh 1962.

A. Th. Khoury

V. Theologie und Philosophie. Aufgrund des in der christl. Th. entfalteten Reflexionsniveaus ihres Gottes- und Menschenbegriffs nimmt die jüd.-christl. Religion aus philos. Sicht in der Geschichte des rel. Bewußtseins der Menschheit eine ausgezeichnete Stelle ein. Der Stand der christl.-theol. Reflexion über die Wahrheit von Welt und menschlicher Existenz erscheint von der Ph. her als zugleich historisch und systematisch nicht hinterschreitbar. Aus philos. Sicht handelt es sich dabei um eine Sinndeutung, deren Ph. selbst nicht fähig ist, die aber zugleich auch nicht im Widerspruch zur Struktur der endlichen Vernunft und zu Einsichten theor. und praktischer Ph. steht.
Einschlägige Konfliktzone zwischen christl. systemat. Th. und Ph. ist das grundsätzliche Verhältnis von ↗Glauben (III) und Wissen, ↗Offenbarung (V) und Vernunft, namentlich der in manchen Verhältnisbestimmungen sich äußernde absolute Wahrheitsanspruch nicht nur des Glaubens, sondern auch der den Glauben reflektierenden Th. Im Verlaufe dieser Konfliktgeschichte wurden Glaube und Wissen a) entweder von seiten der Religion *(Tertullian, M. Luther, S. Kierkegaard)* oder der philos. Religionskritik *(L. Feuerbach, K. Marx, F. Nietzsche, S. Freud)* als Widersprüche gekennzeichnet und ein Bereich dem Anspruch des anderen unterworfen, b) von seiten der Religion *(Augustinus:* „Credo ut intelligam", *Anselm v. Canterbury:* „fides quaerens intellectum", in gewisser Hinsicht auch *Hegel*) oder der Ph. (*I. Kant:* Religion innerhalb der Grenzen der bloßen Vernunft, *K. Jaspers:* der „philos. Glaube") in eine Einheit aufgelöst, c) als unvermittelbare Wahrheitsbereiche einander dichotomisch gegenübergestellt (Neopositivismus) und d) als verschiedene, aufeinander bezogene Sinnebenen gedeutet und zu vermitteln versucht (*Thomas v. Aquin:* „gratia supponit naturam"; *K. Rahner:* Hörer des Wortes; *M. Blondel:* Immanenzapologetik).
Ein Verhältnis wechselseitiger Anerkennung und dialogisch-krit. Partnerschaft zwischen Glauben und Wissen läßt sich insofern denken, als sowohl die philos. als auch die wiss. Vernunft ihres eigenen Ursprunges nicht mächtig ist, beide sich und mithin auch der Welt keinen letzten Sinn geben können. Ihr ehedem absolutes Pathos ist gleichermaßen in Sinn-Erosionsprozessen zugrunde gegangen. Während der Funktionsverlust der Wissenschaften als sinngebende Instanzen erst in der Gegenwart voll bewußt geworden ist, wurde das mit Ph. verbundene Pathos argumentativ schon durch die Vernunftkritik Kants und durch die Hegel-Kritik des späten Schelling wirksam in Frage gestellt. Die Selbstkritik der solchermaßen depotenzierten Vernunft erwies ihre eigene Faktizität und Endlichkeit und ließ eben dadurch die auf Erfüllung und Vollendung angelegte Vernunftstruktur, d.h. ihre aus eigener Mächtigkeit nicht realisierbare Hoffnungsstruktur, hervortreten und erkennbar werden. Innerhalb dieser Verweisungsstruktur der Hoffnung hat der christl. Offenbarungsglaube, der nicht selbst ein wiss. oder philos. Wissen mit nur anderen Evidenzgründen sein

will, seinen Ort als ein zur existentiellen Entscheidung herausforderndes Sinnangebot an den durch Vernunft bestimmten konkret existierenden Menschen. Als solches Sinnangebot muß der Glaube den negativen Kriterien der Vernunft genügen: Er kann Vernunft und ihre Kriterien, ihr empirisches und strukturelles Reflexionswissen, nur in sich einbeziehen und gegebenenfalls überhöhen, nicht jedoch unterbieten. Vernunft fordert mithin nicht ein *sacrificium* des Glaubens, sondern seine schöpferische Fähigkeit, das Wort Gottes in der Perspektive auf das Ganze des menschlichen Lebens und die Geschichte der Welt hin so auszulegen, daß es Ph. und Wissenschaft als eigenständige, dem Menschen primär zugängliche Gebiete mit einbezieht. Umgekehrt sind Ph. und Wissenschaften aufgefordert, von ihrem absolutistischen Selbstverständnis angesichts ihrer eigenen Grenzen abzurücken und diese Grenzen kriteriell, methodologisch und inhaltlich exakt auszuarbeiten. Aus der Sicht des Glaubens erwiese sich das Verhältnis von Vernunft und Glaube so als das von geschaffener und erlöster Vernunft, als Verhältnis von Fundament und universaler Versöhnung; von der Seite der Vernunft als Verhältnis von Sinnursprung und möglicher Sinnerfüllung. Die je gesch., nicht definitiv-endgültige Verhältnisbestimmung von Ph. und Th. erfordert einen beständigen schöpferischen Dialog.

Lit.: *M. Blondel*, Philos. Ansprüche des Christentums. Wien 1954; *K. Rahner*, Hörer des Wortes. München 1941; *ders.*, Art. Ph. und Th.: SM(D) III 1205–1215 (Lit.); *ders.*, Schriften VI 91–103; VIII 43–87; X 70–88; *G. Söhngen*, Philos. Einübung in die Th. München 1955; *ders.*, Art. Ph. und Th.: HThG II 3 12–324; *ders.*, Die Weisheit der Ph. durch den Weg der Wissenschaft: MySal I 905–948 (Lit.); *G. Ebeling*, Art. Th. und Ph.: RGG[3] VI 782–830; *J. B. Metz*, Theol. und metaphysische Ordnung: ZKTh 83 (1961) 1–14; *J. Möller*, Antihumanistische Ph. als Herausforderung für die Th.: MThZ 26 (1975) 211–237; *R. Schaeffler*, Was dürfen wir hoffen? Darmstadt 1979; *ders.*, Die Wechselbeziehungen zwischen Ph. und kath. Th. Darmstadt 1980; *H. M. Baumgartner*, Wahrheit/Gewißheit: NHThG IV 262–275.

H. M. Baumgartner / A. G. Wildfeuer

VI. Theologie und Religionswissenschaft. Th. und Religionswissenschaft (R.) überschneiden sich im Gegenstandsbereich und in der Methodik. Problematisch ist vor allem die Abgrenzung im methodischen Bereich. Die Anwendbarkeit und Funktion der rel.-gesch. Methode in der Th. war schon um die Zeit der Jh.-Wende umstritten. Gegen Ende des 19. Jh. hatte sich in der ev. liberalen Th. eine Richtung herausgebildet, die als „rel.-gesch. Schule" bezeichnet wurde. *E. Troeltsch*, der als „Systematiker" dieser Schule galt, forderte eine Einordnung des Christentums in die allg. Religionsgeschichte. Er ging davon aus, daß eine Offenbarung Gottes in allen Religionen anzunehmen sei und daß die Absolutheit des Christentums erst im rel.-gesch. Vergleich begründet werden könne – als eine relative Absolutheit. Theologen wie *W. Bousset* und *W. Heitmüller* haben konsequent Material aus nichtchristl. Religionen in ihrer Arbeit herangezogen. Die Gegner dieser theol. Richtung sahen darin die Gefahr, daß die Th. sich in R. auflösen könnte. In der Zeit nach dem 1. Weltkrieg setzte eine divergierende Entwicklung ein, in der sich beide Disziplinen gegeneinander abgegrenzt haben.

J. Wach entwarf 1924 das Programm einer empirischen R., in der alle theol. Fragen ausgeklammert werden. Die ↗Religionsphänomenologie, die sich in den folgenden Jahrzehnten entwickelt hat, war allerdings auch vom theol. Ansatz *R. Ottos* beeinflußt. Doch hat z. B. *G. van der Leeuw* den Unterschied zwischen phänomenologischer und theol. Methode betont. In den 60er Jahren ist die Forderung nach einer empirischen R. in verschärfter Form aufgenommen worden. *Th. P. v. Baaren* und *K. Rudolph* haben die Religionsphänomenologie scharf kritisiert und eine wirkliche und endgültige Befreiung der R. von der Th. gefordert. Diese empirische Richtung der R. hat in den letzten beiden Jahrzehnten dominiert. Eine Annäherung an theol. Fragestellungen hat es nur vereinzelt gegeben. *W. C. Smith* hat dem Religionswissenschaftler eine Funktion im Religionsdialog zugewiesen und die Möglichkeit einer „Welt-Th." erörtert.

Der Durchbruch der dialektischen Th. in den 20er Jahren hat eine Abwendung von der R. bewirkt. Mit dem theol. Ansatz der liberalen Th. war auch die rel.-gesch. Methode der Kritik verfallen. Die nichtchristl. Religionen sind erst wieder in den letzten beiden Jahrzehnten in den Vordergrund des theol. Interesses gerückt. *P. Tillich* hat bereits 1965 eine „Th. der Religionsgeschichte" gefordert, angeregt durch seine Zusammenarbeit mit dem Religionswissenschaftler *M. Eliade*. Seitdem sind zahlreiche Entwürfe zur ↗Religionstheologie vorgelegt worden. Diese Ausweitung des theol. Gegenstandsbereiches macht es notwendig, das Verhältnis zwischen theol. und rel.-wiss. Methode neu zu reflektieren. Die Rückbesinnung auf den methodischen Ansatz der rel.-gesch. Schule könnte ein guter Ausgangspunkt sein. Die einfachste Möglichkeit, Th. und R. gegeneinander abzugrenzen, besteht in der Annahme, daß Th. im Unterschied zur R. immer an eine bestimmte Religion gebunden ist. Entscheidend für die Unterscheidung der Th. und der R. mit dem Gegenstandsbereich der Religion bleibt auf jeden Fall die Tatsache, daß die Th. aus innerem Engagement für eine bestimmte Religion an andere Religionen herantritt, während die R. sich letztlich der Option für den Wahrheits- und Heilsanspruch einer bestimmten Religion enthält. Die Th. ist aber auch für ihre eigene Meinungsbildung und für einen überzeugenden Umgang mit fremder Religiosität auf die Arbeit der R. in wachsendem Maße angewiesen (↗Religionstheologie).

Lit.: *Th. P. v. Baaren,* Systematische R.: NedThT 24 (1969/70) 81–88; *U. Berner,* Gegenstand und Aufgabe der R.: ZRGG 35 (1983) 97–116; *M. Josuttis,* Die Praktische Th. vor der rel.-gesch. Frage; ders., Der Kampf des Glaubens im Zeitalter der Lebensgefahr. München 1987, 122–192; *G. Lüdemann,* Die rel.-gesch. Schule: B. Moeller (Hg.), Th. in Göttingen. Göttingen 1987, 325–361; *K. Rudolph,* Die Problematik der R. als akademisches Lehrfach: Kairos 9 (1967) 22–42; *W. C. Smith,* Towards a World Theology. London 1981; *G. Schmid,* Erkennen und Erwägen: ZRGG 30 (1978) 289–305; *P. Tillich,* Die Bedeutung der Religionsgeschichte für den systematischen Theologen: Korrelationen. Die Antworten der Religion auf Fragen der Zeit (Ergänzungs- und Nachlaßbände zu den Gesammelten Werken IV). Hg. v. I. C. Henel. Stuttgart 1975, 144–156; *E. Troeltsch,* Die Absolutheit des Christentums und die Religionsgeschichte. München 1969; *J. Wach,* R. Leipzig 1924.

U. Berner

Theonomie ↗Ethik VIII.

Theophanie (griech. *theós pháneia* = Gotteserscheinung) bezeichnet eine mit den Sinnen wahrnehmbare Kundgebung Gottes (↗Offenbarung I. II. VIII) und dient der Verbindung von Gott und Mensch. Theol. beinhaltet der Begriff die Vorstellung eines personalen Gottes (↗Anthropomorphismus) und engt in dieser Hinsicht den allgemeineren, auf jede übernatürliche Erscheinung anwendbaren Begriff ↗Epiphanie ein. Allerdings sind die Grenzen zwischen Th. und Epiphanie fließend. Die Th. ist hist. nach Ort und Zeit festgelegt und unterscheidet sich insofern von der allg. Präsenz Gottes z. B. in Naturobjekten (↗Pantheismus). Th. ist anders als die ↗Inkarnation auf einen kürzeren Zeitraum begrenzt. Es kann sich sowohl um ein außergewöhnliches, einmaliges als auch um ein regelmäßig wiederkehrendes Erscheinen Gottes unter den Menschen handeln. Erscheinungsumstände und -weisen sind je nach zugrundeliegendem Gottesbild völlig unterschiedlich. Häufig ereignet sich die Selbstkundgebung Gottes im Kult; dagegen soll in der Magie (↗Schamanismus) eine Th. durch menschliche Aktivität bewirkt werden. Bei vielen Th.-Schilderungen handelt es sich um Erzählungen des unmittelbar Erlebten in anthropomorpher Redeweise. Die spätere Reflexion führt häufig zur Annahme einer Vermittlung (Traum u. ä.) oder zur Annahme von Zwischengrößen, um die trotz der Th. bestehende Distanz zur erscheinenden Gottheit zu betonen. So z. B. kennt das AT den Grundsatz, daß niemand Gott sehen kann, ohne zu sterben (Gen 32,21; Ex 33,20). Trotzdem finden sich Berichte von Th.n (vor allem Ex 19–24). Einschränkungen auf vermittelnde Zwischengrößen finden sich z. B. in Ex 3,2 (Engel Jahwes) oder Ex 24,16 (Herrlichkeit) oder Jes 30,27 (Name). Im NT wird Epiphanie Christi (Christophanie) von der Th. Gottvaters (Mk 1,9–11; 9,7) unterschieden.

Lit.: *S. Morenz/J. Hempel,* Art. Th.: RGG^3 VI 840–843; *J. Jeremias,* Th. Neukirchen ^{2}1977; *G. van der Leeuw,* Phänomenologie der Religion. Tübingen ^{2}1956; *M. Eliade,* Die Religionen und das Heilige. Salzburg 1954; *ders.,* Geschichte der rel. Ideen, 3 Bde. Freiburg 1978–83.

F.-L. Hossfeld/E. Reuter

Theosophie. 1. Unter dem *Begriff* Th., Weisheit, Wissen von Gott, werden verschiedene, kaum miteinander in Einklang zu bringende christl. wie außerchristl.

Weltanschauungen zusammengefaßt. In ihren mystischen oder naturphilos. Erscheinungsformen steht Th. oft in der Nachbarschaft von ↗Alchemie, ↗Astrologie und ↗Okkultismus. Ziel theosophischen Bemühens ist es, mit Hilfe esoterischer Erkenntnis geheimnisvoller Zusammenhänge eine höhere Form der Wahrheit zu finden, als es im Glauben möglich ist. Die Wahrheit über die göttliche Welt wird vermittelt durch das Wissen von Eingeweihten in verschiedenen Religionen, das nur innerhalb der eigenen Schule weitergegeben wird. Christl. Th., in der Christus als die Quelle der Weisheit bezeichnet wird (Kol 2,3), hat Elemente aus ↗Gnosis, ↗Manichäismus, ↗Neuplatonismus, ↗Kabbalah u. a. aufgenommen. Repräsentanten christl. Th. sind u. a. Klemens v. Alexandrien, Origenes, Dionysius Areopagita, Augustin, Hildegard v. Bingen, Seuse, Franck, Weigel, Böhme, Swedenborg, Oetinger.

2. Die *Theosophische Gesellschaft* (Th. G.) wurde 1875 in New York von der Russin Helena Petrowna Blavatsky (1831–1891) im Zusammenwirken mit dem Amerikaner Henry Steel Olcott gegründet. 1879 wurde der Sitz der Gesellschaft nach Indien verlegt, 1882 nach Adyar bei Madras. Nachdem die Anfänge der Th. G. stark spiritistisch geprägt waren, verstärkte sich in Indien der buddh. Einfluß (Hinkehr von Frau Blavatsky zum Buddhismus, Kontakte zu tibet. Mahatmas = Große Seelen, Meister). Unter der Leitung von Annie Besant erfolgt eine starke Hinwendung zum Hinduismus. Hinzu kommen viele Elemente aus westl. okkulten Strömungen sowie aus der Kabbalah. Gegen Ende des 19. Jh. breitet sich die Th. G. in Amerika und Europa aus, es entstehen in vielen Ländern Sektionen. Generalsekretär der dt. Sektion wird 1902 *Rudolf Steiner*. Trotz zentraler Leitung und einer Zusammenfassung der führenden Theosophen in einer esoterischen Klasse kommt es zu mehreren Abspaltungen. Als A. Besant den Hinduknaben Krishnamurti als neuen Heiland für die ganze Menschheit proklamiert, trennt sich 1913 Steiner (und mit ihm ein großer Teil der dt. Sektion) von der Th. G. und bildet die Anthroposophische Gesellschaft (↗Anthroposophie), in der viele theosophische Elemente beibehalten werden. Als kleine Gruppen arbeiten in Deutschland die Th. G. Adyar und die Th. G.

3. *Zur Lehre der Th. G.:* Ein siebenstufiger Pfad soll zu Erkenntnissen in geistigen Welten führen und damit zum Überblick über den Weg der Weltentwicklung. Die Entwicklung von Welt und Mensch beginnt im geistigen Bereich, führt durch die Tiefen der Materie und erhebt sich wiederum ins Geistige. Um sein Entwicklungsziel zu erreichen, benötigt der Mensch viele Inkarnationen; Leistung und Verschulden in der vorigen Inkarnation bestimmen den Schicksalsrahmen der nächsten (↗Karma). Die Bewältigung des Karma und die letztliche Vereinigung mit dem Ursprung ist Aufgabe des Menschen (Selbsterlösung). Der Wille zur Selbstvervollkommnung ist Anreiz zu ethischem Handeln. Die Th. kennt keinen persönlichen Gott und keine grundlegende Erlösungstat Jesu Christi, die die Menschheit mit Gott versöhnt und Schuld vergibt. Jesus wird eingeordnet unter die Reihe der großen Eingeweihten. Die Th. unterscheidet sich also grundlegend vom christl. Glauben.

4. Während die Mitgliederzahl der Th. G. verschwindend gering ist (in der Bundesrepublik Ende der 70er Jahre nur ca. 300), erreicht die theosophische Weltanschauung eine große geistige Ausstrahlungskraft, die eine zunehmende Tendenz aufweist: Theosophische Momente verbinden sich heute mit neuen rel. Denk- und Lebensformen in der ↗„New Age"-Bewegung.

Lit.: *H. P. Blavatsky,* Die entschleierte Isis. o. O. 1907; *dies.,* Geheimlehre. Bd. 1–4. Den Haag 1900–1906; *E. Schuré,* Die großen Eingeweihten. o. O. [12]1956; *L. J. Frohnmeyer,* Die theosophische Bewegung. o. O. 1920.
J. Badewien

Theravāda-Buddhismus ↗Buddhismus III 1.

Thor/Thonar ↗Germanische Religion.

T(h)ora ↗Gesetz; Heilige Schrift(en) VI.

Tibetischer Buddhismus ↗Buddhismus III 3.

Tibetisches Totenbuch ↗Totenbuch II.

Tiefenpsychologie
↗Religionspsychologie.

Der Ausdruck T. wurde von *E. Bleuler* zur Bezeichnung der von *C. G. Jung* eingeführten psychotherapeutischen Methode geprägt und sehr rasch zur Bezeichnung all jener Verfahren verwendet, die von der Psychoanalyse herkommen und mit dem Begriff des Unbewußten arbeiten. Im weitesten Sinn versteht man unter T. jene Psychologie, die dynamische, psychische Aktivitäten annimmt, die unbewußt sind. Hierzu gehören insbesondere Fehlleistungen, Abwehrmechanismen, Träume, neurotische Symptome, psychotische Syndrome, Perversionen, vergessene, verdrängte und archetypische Erlebnisse und Inhalte sowie unbewußte Motivationen und psychische Krankheiten. Dies zeigt, daß der Begriff T. ungefähr mit Psychodynamik gleichgesetzt wird, ein heute gebräuchlicher Begriff zur Beschreibung unbewußter Wünsche und Konflikte auch ohne bestimmte Theorie. Die Grundgedanken der T. werden von den psychologischen Modellen *S. Freuds, C. G. Jungs* und *A. Adlers* geprägt.

S. Freud (1856–1939) geht von der Feststellung aus, daß die eigentlichen Triebfedern menschlichen Verhaltens im Unbewußten liegen und daß die Dynamik der Psyche von der Libido, der Sexualität, getragen wird. Die Psyche besteht aus dem *↗Bewußtsein* mit den aktuellen Denkinhalten, dem *Vorbewußtsein* mit den Inhalten, die leicht erinnert werden, und dem *Unbewußten* mit all jenen vergessenen oder verdrängten Inhalten, die nur über die freie Assoziation oder den Traum ins Bewußtsein gelangen, sofern sie nicht der Zensur verfallen; denn die innere psychische Dynamik wird von drei Instanzen getragen: dem *Ich* als zusammenhängender Organisation der bewußten Vorgänge, dem *Es* als dynamischer Funktion der Triebbedürfnisse und dem *Überich* als Instanz der Bildung des Ichideals durch Einschränkung der natürlichen Triebregungen. So muß sich das Ich, das gezwungen ist, sich selbst zu lieben, gegenüber dem Es und dem Überich bewähren, um das Wohlergehen zu erhalten. Wo dies nicht gelingt, stellen sich psychische Störungen ein. Diesem mechanistischen Modell ohne Personkern stellt *C. G. Jung* (1875–1961) ein Modell mit Personkern gegenüber, wobei die Psyche folgende Struktur aufweist: das *Bewußtsein* mit dem *Ich* als ordnendem Mittelpunkt, das *persönliche Unbewußte* mit dem im Leben Vergessenen und durch die Neurose Verdrängten und das *kollektive Unbewußte*, das die bei allen Menschen formal gleichen affektiven, emotionalen Bahnungen sowie jene Unbewußtheiten enthält, die nicht bewußt werden können, die *Archetypen*. Archetypen sind keine Niederschläge von Erlebnissen, sondern Wesenheiten, die aus einem unfaßbaren Lebensgrund als seelische Urformen in die Persönlichkeit hineinragen und schon auf den ersten archaischen Strukturen der Menschheit anzutreffen sind. Das Ich muß sich bei seiner Entwicklung nicht gegen ein Es oder Überich wehren, sondern hat im Ichideal das Ziel der Bewußtseinsentfaltung. Nach seiner Orientierung nach außen muß das Ich den Weg nach innen beschreiten und zunächst in Begegnung mit dem *Schatten* jene Grundhaltungen entfalten, die bisher vernachlässigt wurden. Als nächster Schritt folgt die Begegnung mit der *Gegengeschlechtlichkeit*, die zur Annahme der Anima im Mann und des Animus in der Frau führen soll. Durch die Integration des *Alten Weisen* durch den Mann und der *Großen Mutter* durch die Frau findet die Individuation des Ichs im *integralen ↗Selbst* ihre letzte Ausformung, in das die kollektiven Bestimmungen, die sogenannten Archetypen, die im Unbewußten bereitliegen, integriert werden. Damit wird das *Selbst* zum eigentlichen Personkern. Die Störungen persönlichen Verhaltens beruhen auf Störungen des harmonischen Flusses der Libido, die bei Jung die Bedeutung von allg. Lebensenergie hat. *A. Adler* (1870–1937) lehnt hingegen das Unbewußte völlig ab und betrachtet den Menschen als ein vom *Minderwertigkeitsgefühl* getragenes Gemeinschaftswesen. Dieses Minderwertigkeitsgefühl wird durch das Macht- und Geltungsbedürfnis zu kompensieren versucht. Persönlichkeit und Seelenleben sind zielstrebige Tendenzen. Ziel der Persönlichkeit ist nicht die Entfaltung des Ichs, sondern die Entfaltung des Gemeinschaftsgefühls, denn die Gemeinschaft kommt vor dem Einzelwesen. Zufrieden ist der Mensch, wenn er in Gemeinschaft, Beruf und Liebe erfolgreich ist. Damit ist die soziale Bedeutung der Persönlichkeitsentfaltung angesprochen. Aus diesen drei Systemen entstand eine Reihe weiterer Schulen wie die *Neopsychoanalyse* Schultz-Henkes, die *Neofreudianer* (E. Fromm, K. Horney, H. Sulivan usw.), die *Gestaltkreislehre* V. v. Weizsäckers, die *Schicksalanalyse* L. Szondis, die *personalistische T.* I. Carusos usw. Das Verdienst der T. liegt im Hinweis auf die innere Dynamik des Menschen, die unbewußten Handlungen und Fehlleistungen sowie in der Erstellung therapeutischer Methoden und in der Beschreibung von Verhaltens- und Erlebnisformen. Die experimentelle Beweisführung läßt zu wünschen übrig, was bes. in der unterschiedlichen Wertung der Religion, von Illusion bis zu tragender Lebensorientierung, zum Ausdruck kommt. Dies hängt auch damit zusammen, daß Psychologie nur eine beschreibende Wissenschaft ist, ohne Inhalte, was von Tiefenpsychologen und auch Theologen oft vergessen wurde und wird.

Lit.: *E. Wiesenhütter*, Grundbegriffe der T. Darmstadt 1969; *D. Wyss*, Die tiefenpsychologischen Schulen. Göttingen ²1966; *L. I. Pongratz*, Hauptströmungen der T. Stuttgart 1983. *A. Resch*

Tierkreis. Ungenaue Übersetzung des mythischer Kosmologie entstammenden griech. Ausdrucks *zōdiakòs kýklos*. Mit ihm wird jene die Erde umspannende Zone, in der sich – geozentrisch betrachtet – die Sonne, der Mond und die Planeten bewegen, als Herrschaftsbereich kosmischer „Lebewesen“ (zṓdia) bezeichnet. Zu unterscheiden sind der siderische T. und der tropische T.

Der *siderische* T. ist eine Folge von Fixsternkombinationen, sog. *Sternbildern*. Deren Umfang, Zahl und Namen variierten in der Frühzeit der ↗Astrologie/Astronomie. Um 500 v. Chr. kannten die Griechen den T. in seiner von da ab in unserem Kulturraum kanonischen Ausprägung: mit den 12 Sternbildern Widder, Stier, Zwillinge, Krebs, Löwe, Jungfrau, Waage, Skorpion, Schütze, Steinbock, Wassermann, Fische. Ihre Namen sind bildhafter Ausdruck der unterschiedlichen Wirkungen der Sonne im Laufe des Jahres. Die Ausmalung der Sternbildnamen auf alten Himmelskarten geht auf Aratos (um 270 v. Chr.) zurück.

Zur genaueren Zeitbestimmung entwikkelte man in hellen. Zeit den *tropischen* T., indem man die – beidseitig zu einem Gürtel erweiterte – Sonnenbahn (Ekliptik), beginnend mit dem Frühlingspunkt (d. i. der Schnittpunkt der Ekliptik mit dem Äquator, an dem die Sonne während der Frühlingstagundnachtgleiche steht), in 12 Abschnitte von je 30° einteilte und auf diese sog. T.-*Zeichen* die Namen und Bedeutungen der ungefähr gleichzeitig von der Sonne durchlaufenen T.-Sternbilder übertrug. Gegenüber dem siderischen T. verschiebt sich jedoch – aus geozentrischer Perspektive – infolge der Kreiselbewegung der Erdachse innerhalb von ca. 26000 Jahren (in einem „Platonischen Jahr“) rückläufig um eine ganze Drehung der tropische T. und mit ihm der Frühlingspunkt („Präzession der Äquinoktien“). Die Zeit seines Durchgangs durch ein Sternbild gilt als ein nach diesem (z. B. Wassermann) benanntes Weltzeitalter (↗Wassermannzeitalter).

Die 12 Zeichen des tropischen T. sind fest den Jahreszeiten zugeordnet. Darum sind sie – und nicht die Sternbilder – das bleibende Bezugssystem für die kosmischen Erfahrungen, die in den zunächst den Sternbildern zugewiesenen Namen zum Ausdruck kommen, wie auch für die von der Astrologie behaupteten Entsprechungen zwischen dem Makrokosmos und dem Menschen als Mikrokosmos. Grundlegend für die ma. Heilkunde behandelte Ptolemäus (2. Jh. n. Chr.) Entsprechungen zwischen einerseits den T.-Zeichen und andererseits den einzelnen Teilen des menschlichen Körpers, den verschiedenen Tieren, Pflanzen, Mineralien und Edelsteinen, sogar den Ländern und Völkern. Grundlage zur Charakterisierung solcher Entsprechungen ist die Zuordnung der Planeten und bes. je eines der vier Elemente (Feuer, Erde, Luft, Wasser) zu den T.-Zeichen. Dadurch ergeben sich auch Verwandtschaften bzw. Spannungsverhältnisse zwischen den einzelnen Zeichen – je nach ihren Winkelabständen („Aspekten“) innerhalb des T. Eine Unterteilung der Zeichen bilden die

ägyptischer Tradition entstammenden, je einen T.-Abschnitt von 10° bestimmenden „Dekane“. Als markante Punkte gelten die „Mondknoten“ = die Schnittpunkte der Mondbahn mit der Ekliptik („Drachenkopf“ bzw. „Drachenschwanz“): Nur bei dieser Mondposition sind Sonnen- und Mondfinsternisse möglich.
Darstellungen des T. als eines Symboles himmlischer wie irdischer Wirklichkeit finden sich in der Antike auch im Judentum. Im Christentum sind sie ein Hinweis auf die Weltherrschaft Christi. Vgl. Offb 21,12ff.

Lit.: *H. G. Gundel / R. Böker,* Zodiakos. München 1972, RE 462–709 (Lit.); *G. Stemberger,* Die Bedeutung des T. auf Mosaikfußböden spätantiker Synagogen: Kairos 17 (1975) 23–56.
G. Voss

Tierkult. Tiere spielen im Leben der Menschen eine große Rolle. Sie dienen nicht nur als Nahrung. Die Haltung des Menschen zum Tier ist bestimmt von sozialen und ökonomischen Gegebenheiten; jedenfalls lassen sich mannigfaltige Formen des T. klassifizieren: 1. Hirtenkulte; 2. Jägerkulte; 3. Kulte gefährlicher und schädlicher Tiere; 4. Kulte, in denen das Tier für einen beseelten Menschen oder dessen Verkörperung gehalten wird; 5. Totemkulte (↗Totemismus); 6. Geheimkulte, persönliche Kulte von Schutztieren; 7. Kulte ominöser Tiere; 8. Kulte, in denen das Tier an bestimmte Gottheiten gebunden ist; 9. in der Magie verwandte T.
Der kultischen Verehrung von Tieren liegen unterschiedliche Motive zugrunde. So steht in Hirten- und Jägerkulturen die Hoffnung des Anbeters auf materiellen Segen durch das Tier im Vordergrund. Andere Motive sind die Angst vor Konsequenzen, wenn man dem Tier den Respekt verweigert (vgl. oben 3; evtl. auch 5 und 9), der vom Tier erhoffte Beistand (vgl. 6; 7), die Furcht vor dem Zorn einer Gottheit (vgl. 8) bzw. eines Ahnen (vgl. 4), und der Wunsch nach ihrer Hilfe. In manchen Riten wird das Tier getötet und dient als Schutz vor Krankheit oder zur Verlängerung des menschlichen Lebens. Die Tatsache, daß der Mensch diese Tiere absichtlich tötet, zeigt, wie sehr er sich als Mittelpunkt der Schöpfung versteht. Durch den Genuß des Opferfleisches erhofft man sich Anteil an der Kraft der Gottheit oder auch Gemeinschaft mit ihr.

Lit.: *N. H. Thomas,* Animal Cult: ERE I 485–491; *J. G. Frazer,* The Golden Bough IV. Bd. 2, New York 1951, 42–44 222f.; *S. Morenz,* Art. T.: RGG³ VI 896–899.
G. Onyeke

Tier und Religion. Das T. ist in mannigfacher Weise mit der Religion verbunden, da es dem Menschen fremd und doch in gewisser Weise vertraut war. Man findet tiergestaltige Gottheiten; T.e sind das Totem eines Stammes; chthonische T.e repräsentieren das Chaos, die zu bezwingende Gefahr; andere, meist geflügelte T.e erscheinen als Verkörperungen der Seele; der Volksglaube kennt immer noch Orakel-T.e (Katze, Spinne, Storch). Die Haltung der Religionen zum T. ändert sich: oft wird ein früher hl. T. beim Auftreten neuer rel. Anschauungen als unrein erklärt. Man muß auch das T. als Symbol für verschiedene menschliche Eigenschaften, Stärken und Schwächen erwähnen.
Typisch für tiergestaltige Gottheiten sind die ersten *avatāra* des ind. Gottes ↗Vishnu, der als Fisch, Schildkröte, Eber und Löwenmann in die Welt kommt, um in der passenden Gestalt Erlösungstaten zu vollbringen. Der Buddha hat ebenfalls frühere T.-Inkarnationen erlebt. Oft wird ein Teil des T. charakteristisch für die Gottheit, wie in Ägypten, wo der T.-Kult vorherrschte (Bastet mit Katzenkopf, Horus falkenköpfig u. ä.). Das T. kann dann auch zum Begleiter oder Attribut einer Gottheit werden: der Löwe begleitet den Mithras, Garuda ist Viṣṇus Reitvogel.
Das *Totem-T.* (Eidechse, Adler, Wolf u. ä.), das für einen Stamm oder Clan heilig ist, kennt man in erster Linie aus sibirischen und indian. Kulten; sein Fleisch zu verzehren ist verboten, außer bei dem sakralen gemeinsamen Mahl. Man mag fragen, wie weit die in vielen Kulturen üblichen Männernamen wie *Börü,* „Wolf“ (türk.), oder *Asad,* „Löwe“, und seine Synonyme im Arabischen letztlich auf solche totemistischen Vorstellungen zurückgehen, oder ob sie einfach den Wunsch ausdrücken, das Neugeborene möge die positiven Eigenschaften des ge-

nannten Raub-T. durch Namensmagie erhalten. Neben dem Totem als Stammesschutz-T. kann auch ein Einzel-T. bes. mit einem Menschen verbunden sein (Nagualismus).

Gewisse T.e haben durch ihre Stärke oder Fruchtbarkeit Verehrung genossen; am wichtigsten vielleicht ist der *Stier,* der in der dionysischen Religion, in Ägypten (Apis-Stier) und im Hinduismus (der Bulle Nandī) auftritt; die zahlreichen türk. Namen mit *bughā,* „Stier“, deuten auch hier auf eine große Rolle des Stieres hin.

Bes. wichtig sind die dem Erdinneren verhafteten T.e, vor allem die *Schlange* und ihr mythischer Verwandter, der Drache. Die Götter oder Ur-Helden haben sie zu besiegen, Ordnung in das Chaos der unteren Welten zu bringen. Die Tötung oder Überwindung der kosmischen Schlange (Midgard im Germanischen) oder des Wolken- oder Meeresdrachens ist Teil vieler Schöpfungsmythen. Daß die Schlange auch mit sexueller Symbolik beladen ist, trägt zu ihrer Rolle als große Verführerin vor allem in der jüd.-christl.-islam. Tradition bei.

Den chthonischen T.en gegenüber stehen die lichten Seelen-T.e, die meist als geflügelte Wesen auftreten. Psyche als *Schmetterling* ist eines der ältesten Seelensymbole, ein Symbol, das seinen tiefsten Ausdruck gefunden hat im Gleichnis der islam. Mystik vom Falter, der in der Flamme entwird und dadurch, wie Goethe in seinem orientalischer Tradition entnommenen Gedicht sagt, das „Stirb und werde“ realisiert. Daneben steht der Seelenvogel, beginnend mit dem ägyptischen Konzept des *ba*. In antiker Überlieferung wird er oft als Gefangener im Käfig seines Leibes gesehen; dieser Gedanke durchdringt nicht nur die abendländische, sondern auch die islam. Mystik. Dabei kommt in der Bildersprache der *Nachtigall,* die sich nach der Rose (= der göttlichen Schönheit) sehnt, eine besondere Rolle zu. Die Darstellung des Hl. Geistes unter dem Bilde der *Taube* – des Friedensvogels – gehört in diese Kategorie der Seelen- und geistigen Vögel. Voll ausgebildet ist die Vogelsymbolik im Werke des pers. Mystikers ʿAṭṭār, dessen „Vogelgespräche“ den Weg der Seele zum göttlichen Sīmurgh *(Phönix)* beschreibt. Die islam. Mystik kennt auch für die Seele das Bild des *Elefanten,* der, von seiner Heimat Indien träumend, seine Fesseln zerreißt und diese Welt verläßt.

Vielfach kann man beobachten, wie verehrte, hl. T.e negativ umgedeutet werden: das jüd. Verbot des *Schweine*fleisches ist nicht so sehr aus hygienischen Gründen zu erklären, sondern als Reaktion auf die kanaanitische Verehrung des Ebers. Ähnlich nimmt der *Hund* in der zoroastrischen Überlieferung einen zentralen Platz unter den T.en der lichten, guten Welt ein; im Islam gilt er als unrein und verunreinigt das Gefäß, aus dem er frißt (während die *Katze* als reines T. gilt). Nur der Hund der Siebenschläfer genießt eine Sonderstellung. Das Verbot christl. Missionare in Germanien, Pferdefleisch zu essen, wendet sich gegen die Verehrung und sakrale Opferung des Pferdes bei den Germanen.

Pferde waren im gesamten indogerm. Raum heilig; das Roß-Opfer war im vedischen Indien ein zentrales Ritual. Die Kuh dagegen, im Zoroastrismus und Hinduismus Sinnbild und Modell guter, lebenserhaltender Kräfte, ist im hind. Indien nie geschlachtet worden, und Verwendung von *Kühen* beim muslim. Opferfest hat immer wieder zu Zusammenstößen zwischen Hindus und Muslims geführt. Doch ist es eigentlich das *Schaf,* welches das typische Opfer-T. der „abrahamitischen“ Religionen ist: das Schaf, das Gott dem Abraham als Ersatz für einen zu opfernden Sohn sandte. Der Begriff des Opferlammes, des „Lammes Gottes“ ist ja in der christl. Welt bis heute zentral.

Aus der Umgangssprache ist genügend bekannt, daß T.e zu Symbolen menschlicher Laster und Schwächen werden („dumme Gans“, „Riesenroß“, „falsche Katze“). Aber in Religionen, die Seelenwanderung lehren, sind die Kategorien der T.e, als die man wiedergeboren wird, genau entsprechend der Schwere der Sünden festgelegt. Da sich so in den T.en eine verwandte Seele verkörpern kann, vermeiden diese Religionen (ganz bes. ↗Jinismus und ↗Buddhismus) das Töten von T.en. Echte T.-Liebe aber und innige

Beziehungen zum T. gehören zu den Kennzeichen der Heiligen in den verschiedensten Religionen: der hl. Franziskus ist wohl das bekannteste Beispiel solch umfassender T.-Liebe.
Die in der christl. Überlieferung symbolisch verwendeten T.e sind zusammengefaßt in dem im 2. Jh. entstandenen „Physiologus", dessen Deutungen die christl. Kunst jahrhundertelang beeinflußt haben: Hier findet sich z. B. das *Einhorn*, das Schutz im Schoße einer reinen Jungfrau sucht (und die Dichter immer wieder bezaubert hat), ebenso wie der „fromme *Pelikan*", der sein Blut für seine Jungen dahingibt, als Jesus-Symbole.
Für die Seher und die Mystiker aller Religionen konnte jedes T. auf Erden zu einem Symbol höherer Realität werden, da sie wußten, daß ohne Gottes Willen kein Sperling vom Himmel fällt und daß alles Getier im Lobpreis Gottes vereinigt ist. Diese rel. Wertung des T. ist von vielen Dichtern des Abend- und Morgenlandes in säkularisierter Form vertreten worden.

Lit.: *F. Heiler,* Erscheinungsformen und Wesen der Religion. Stuttgart 1961 (Lit.). *A. Schimmel*

Titanen ↗Gott III 3 B.

Tod

I. Im biblischen Umfeld. – II. Im Judentum. – III. Im Christentum. – IV. Im Islam. – V. Im Hinduismus/Buddhismus

I. Im biblischen Umfeld (↗Reinkarnation; Totenbuch). 1. Dem Ägypter ist der T. eine reale Gegebenheit. Sie zeigt sich in seiner Vorsorge für sein Grab. Kein anderes Volk ist so sehr vom T. fasziniert, wie es die Ägypter waren. Sie waren weder gleichgültig gegenüber dem T., noch sehnten sie ihn herbei (außer in Zeiten des Niedergangs). Aber T. bedeutet Seinssteigerung und Seinserweiterung. Dem Sein (Diesseits, ↗Unterwelt, ↗Himmel) steht das Nicht-Sein gegenüber (die Urflut Nun), das in die Sphäre des Seins hineinwirkt in der Doppelung von furchtbarer Vernichtung und fruchtbarer Schöpfung. Einerseits fordert die Bedrohung durch das Nicht-Sein zur Festigung von Lebens- und Weltordnung auf, welche aber andererseits gerade das Todesschicksal des Menschen herausruft, weil sie ihn der Vergänglichkeit unterwirft. Darum gehört der T. notwendig zum Leben: Im Durchgang durch das Nicht-Sein wird das Sein erneuert. Im T., dem Austritt aus dem Sein, geht der Mensch weder im Nicht-Sein zugrunde, noch sucht er Ruhe in einem Nirvāṇa. Er findet schöpferische Wandlung der Steigerung des Seins. Was im Alten Reich allein dem Pharao vorbehalten war, gilt später jedem: Der Tote setzt sich der Urflut (des Nicht-Seins) und ihrer Wandlung aus, wird so erneut und erneuert, wird selber Osiris und erlangt höhere Existenz.
2. Für *Homer* zerfällt im Tod der Mensch in Leichnam und „psyche", ↗Seele. Letztere lebt nicht, sondern ist Abbild des Menschen über den T. hinaus als gewesene. In innerer Konsequenz gilt der T. als unausweichliches Schicksal, als Macht der Moira, vor dem auch die Götter den Menschen nicht bewahren können. Sie können nur T. ohne Leid gewähren (Od. III 236ff.; II 17, 446f.). Dennoch ist der T. nicht nur Inbegriff des Entsetzens, unheimliche Übermacht, sondern auch voll eigenartiger verführerischer Faszination. Die Hoffnung auf ein Jenseits liegt nicht in innerer Konsequenz der homerischen Gedanken, sondern ist rel. Ursprungs. Unter Einfluß der quellenmäßig nur sehr schwer faßbaren ↗Orphik lehrt *Pythagoras,* die Seele sei unsterblich und zur Strafe in den Kerker des Leibes verbannt. Für *Heraklit* ist die Seele Teil des Allfeuers. Ewiges und Vergängliches schlagen ineinander über. Leben und T. sind dasselbe (Fr. 48 u. 88). Platon greift pythagoreisch-orphisches Gut auf. Der T. bringt Trennung der Seele vom Leib. Das Leben ist für den Philosophen ständiges Sterben als Streben, sich von den Banden des Leibes zu lösen. In rel. Hinsicht hatte sich im Gefolge des Kultes der Demeter und ihrer Tochter in Eleusis eine mächtige Jenseitshoffnung entfaltet, die zugleich den Eingeweihten von der Todesfurcht befreite. Dionysos-Kult und orphische Mysterienreligion führten zu einem System freudigen Lebens und hoffnungsvollen Sterbens. Durch Aufnahme des Gedankens an einen Strafort für die Bösen wurde der T. zum Schrecken. Es scheint, daß die durch *Epikur* philos. artikulierte Denk- und Lebensweise nur als Reaktion denkbar ist auf eine im Athen des 5. Jh.

umgehende Furcht vor Strafe nach dem T. Die Umbruchsituation des 3. Jh. begünstigte die Mysterienreligionen, die das Leben als Vorbereitung des T. betrachteten. Im Hermes Trismegistos wird Gott als der gesehen, der leidgeprüftem Leben Sinn verleiht.

3. Die röm. Religion nahm Anleihen bei den Griechen wie bei den Etruskern. Etruskische Grabstätten zeugen davon, daß dieses Volk sich offenbar nicht schlüssig war über das Schicksal der Toten. Offenbar herrschte oft panische Angst. Die Römer entwickelten bis in die Prinzipatszeit keine ausgeprägten Jenseitsvorstellungen (vielleicht wegen der Rolle von gens und familia?). *Horaz* (Ode IV 7) bringt gerade der Frühling Nichtigkeit und Vergänglichkeit zum Ausdruck und zum Bewußtsein. Dem T. fallen alle ohne Unterschied zum Opfer – „naturae deus humanae mortalis“ (Ep. II 2, 188), der göttliche Genius des Menschen ist sterblich; er endet mit dem Leben des Menschen. Der von *Ovid* überlieferte Niobe-Mythos ist eine Veranschaulichung der grausamen Unerbittlichkeit des T. (Metamorphosen 15, V). Für Seneca ist der T. Ende aller Schmerzen, Beginn des wahren Lebens der Seele. Der Weise, der seine Lebenszeit gut ausgefüllt hat, heißt den T. willkommen. *Cicero,* der sich an *Platon* anschloß, sprach in der Unsterblichkeitsperspektive von der „Verachtung des T.“ (Tusc. I). Auch orphische Gedanken werden von Römern aufgegriffen, wie etwa von *Vergil* (Aeneas VI) oder im Alter von Ovid.

Lit.: *G. Pfannmüller,* T., Jenseits und Unsterblichkeit in der Religion. München 1953; *H.-J. Klimkeit,* T. und Jenseits im Leben der Völker. Wiesbaden 1978; *H. Pfeiffer,* Wie ein Gott unter den Menschen (zu Epikur): H. Waldenfels u.a. (Hg.), Theologie – Grund und Grenzen. Paderborn 1982, 505–520; *H. Sonnemans,* Seele. Freiburg 1984; *G. Stephenson,* Leben und T. in den Religionen. Darmstadt 1985; *S. Hunke,* T. – was ist dein Sinn? Pfullingen 1986.

II. Im Judentum. 1. Das (von den Christen so genannte) Alte Testament enthält keine einheitliche Konzeption über T. und Leben. Doch gilt generell, daß der T. keine selbständige Macht für sich (auch nicht Jer 9,20 oder Ps 49,15) darstellt. Jahwe (↗Gott IV) ist Herr über Leben und T. (vgl. Num 27,16). Leben gibt es nur bei ihm, deshalb wird seine Gegenwart gesucht (vgl. Am 5,4; Ps 84,2). Leben heißt Verehrung Gottes und Segen durch Gott; wer die Fülle des Heils vor Gottes Angesicht erreicht hat, stirbt alt und lebenssatt (Gen 25,8; 35,19; Ri 8,52 u.a.). Das alte Israel konnte folglich T. als Besiegelung des Lebens verstehen. Der zu frühe T. gilt freilich in dieser Perspektive als Entzug von Segen. Der Zusammenhang von Sünde und T. (Gen 3,16–19) bedeutet nicht, daß der Mensch todlos erschaffen, sondern daß der T. durch die Sünde erfahrbare Schrecklichkeit wurde. Mit dem T. wird der Mensch von Gott und den Lebenden durch den Eintritt in die Scheol (↗Unterwelt) getrennt. Hier kann der Tote Gott nicht mehr loben. Um so mehr ist dies Aufgabe der Lebenden. Die Scheol (sowohl Inbegriff aller Todesmächte wie ihre räumliche Verkörperung) zeigt sich in allen Minderungen des Lebens wie Krankheit oder Not. Zu beachten ist die Ambivalenz: Die Scheol ist Ferne von Gott, dem Herrn über Leben und T. Sicher ist, daß der T. nie als etwas Heiliges angesehen wurde. Es gibt keinen Totenkult und keine sakralen Totenriten. Totenbeschwörungen verfallen radikalster Ablehnung (Lev 19,3; Dtn 18,11). Das Grab spielt keine sakrale Rolle in Israel.

2. Totsein bedeutet aber nie Nicht-Sein, sondern Nicht-Leben. Als innere Konsequenz des Jahweglaubens (vielleicht auch unter kanaanäischen und pers. Einflüssen) beginnt sich die Vorstellung vom Schicksal der Toten zu wandeln bis hin zur Hoffnung auf Auferstehung (Dan 12,1–3; 2 Makk 7,9). Das Weisheitsbuch sucht mit dem griech. Begriff Unsterblichkeit die Herrschaft Gottes über die Toten neu zu fassen. Konsequenterweise – und unter Zuhilfenahme von Momenten antiker Konsolations-Lit. – wird dann der (zu) frühe T. nicht mehr als Strafe angesehen (vgl. Weish 1–5).

3. Auch wenn in der Folgezeit der Blick mehr auf das Schicksal der Toten in eschatologischer und apokalyptischer Perspektive gerichtet ist, gibt es doch Aussagen über den T. des einzelnen. Philo v. Alexandrien definiert den T. als Befreiung der ↗Seele vom Körper, Rückkehr zum Äther und zum Herrscher der Welt; er spricht aber auch vom T. der

Seele als dem Schicksal der Unwürdigen. Im „Liber Antiquitatum Biblicarum" von Ps.-Philo herrscht ein dichotomisches Menschenbild vor (während dasjenige des palästinischen Judentums in vorchristl. Zeit als vordichotomisch zu kennzeichnen ist). Die ↗Seele verläßt im T. den Leib, bevor dieser stirbt. Sie ist direkt nicht vom T. betroffen. Doch mindert das nicht den T. Der T. des leiblichen Menschen bleibt T. Auch das vierte Buch Esra setzt voraus, daß die Seele sich von ihrem Leib trennt. In rabbinischen Totengeschichten der ersten nachchristl. Jh.e wird teilweise nicht zwischen Leib und Seele unterschieden. Der T. bringt alle in Gottesferne, die deshalb auch nicht als Strafe gedacht werden kann. Der stoischplatonische Eklektizismus der Spätantike hat allerdings auf diese Lit. Einfluß genommen und zur Trennung des Menschen in die je aus einem anderen Bereich stammenden Teile Leib und Seele geführt. Deutlich wird dies im „Todesbefehl" Gottes an die Seele des Mose im Midrasch Deuteronomium Rabba.

4. Überraschenderweise kann man generell von der jüd. Todesauffassung – von den Anfängen bis heute, bis zu den grausamen Toden in Vernichtungslagern – sagen: Nicht Sterbenlernen steht im Zentrum jüd. Religion, sondern Leben in Verantwortung vor dem Angesicht Gottes.

Lit.: *G. Quell,* Die Auffassung des T. in Israel. Darmstadt 1967; *L. Wächter,* Der T. im Alten Testament. Berlin 1967; *P. Hoffmann,* Die Toten in Christus. München ²1969; *U. Fischer,* Eschatologie und Jenseitserwartung im hellenist. Diasporajudentum. Berlin 1978; *S. Ben Chorin,* Jüdischer Glaube. Tübingen ²1979.

III. Im Christentum. 1. Christl. Verständnis des T. hängt unmittelbar zusammen mit dem Verständnis von T. und ↗Auferstehung (II) Jesu. Der T. Jesu ist stellvertretender Sühne-T. (1 Kor 11,24), Erneuerung des Bundes mit Gott (Röm 3,24), Überwindung des (tödlichen) Gesetzes (Röm 7,24; Gal 2,21) und des menschlichen T. (1 Kor 15,3f.). In der ↗Taufe – so Paulus – werden die Glaubenden in den T. Jesu hineingenommen und wachsen mit ihm zusammen. Den eigentlichen T. ist der Christ damit schon gestorben, der Sünde (Röm 6,1), dem Gesetz (Röm 7,6; Gal 2,9), dem Fleische (Gal 5,24), sich selbst (2 Kor 5,15), der Welt (Gal 6,14). Der T. ist damit relativiert: Ob wir leben oder sterben, wir gehören Christus, dem Herrn (Röm 14,8; 8,38–39). Auch wenn Sterben Gewinn ist (Phil 1,23), die Toten Tote in Christus und immerdar beim Herrn sind (1 Thess 4,16–17) – die weiterbestehende Realität des T. wird nie verharmlost. Über den T. des Stephanus wird getrauert (Apg 8,2). Wenn Paulus den (physischen) T. als Folge der Sünde betrachtet, wird der theol. Grund für diese erschreckende Realität aufgedeckt. Der T. ist Zeichen eines viel tieferen auf dem Menschen lastenden Verhängnisses. In der T.es-Verfallenheit aller Menschen ohne Ausnahme zeigt sich die Macht der Sünde (Röm 5,12–14; 7,13; Eph 2,1; Kol 2,13 u.a.). Der Gläubige stirbt wegen der Sünde, auch wenn er in Christus das Leben geschenkt erhält. Im Johannesevangelium tritt sowohl der T. Jesu als auch die menschliche T.es-Problematik zurück. Doch wird der T. Jesu als höchster Ausdruck der Fleischwerdung des Logos verstanden und zugleich als seine Erhöhung. Der, der lebt und glaubt, wird in ↗Ewigkeit nicht sterben; denn der Glaubende ist aus dem T. ins Leben hinübergeschritten. Die Johannesapokalypse schildert den T. als Schrecken der Menschheit (Offb 6,8). Er bleibt der Feind bis zuletzt. Am Letzten Tag wird er erst bezwungen (Offb 20,14; vgl. 1 Kor 15,26). Als dunkler Hintergrund der Frohen Botschaft wird der zweite T. angesprochen, der ewige T. in der Ferne vom Gott des Lebens. Hier hat das Wort T. seine erschreckendste Bedeutung erlangt, gerade weil es kein völliges Auslöschen des Menschen bedeutet, sondern sein Weiter-Sein in selbstgewollter Gottferne. Die Realitätsbezogenheit des NT zeigt sich auch noch in der Schilderung des T. Jesu, der nicht der T. eines Helden im geläufigen Sinn des Wortes (auch nicht bei Johannes), sondern ein T. in Brutalität, Ohnmacht und Verlassenheit ist. Er ist kein sakrales Ereignis. Kreuz und T. sind bleibende Signatur des Lebens und des T. Menschlich gesehen ist der T. unbegreiflich auch im NT. Doch das Neue des NT liegt darin, daß der T. in bezug auf Gott (und Christus) gesehen wird. In der Auferweckung Jesu erweist sich gerade der T. als Ursprung des Lebens; denn Gott überläßt seinen Christus nicht dem T. Das Neue des NT wird freilich in sachlichen und sprachlichen Vorstellungen formuliert, die aus jüd. Umfeld stammen: Das NT kennt die Vorstellung vom T. als Gang in die Scheol (↗Unterwelt) (vgl. Mt 16,18; Lk 16,23; Apg 2,24.27–31; Röm 10,7). Auch die Aussage, Jesus sei hinabgestiegen in das Reich des T. erinnert daran (1 Petr 3,19–20). In der Formel „auferstanden von den Toten" ist sie noch greifbar. Die Gleichung T. – Schlaf (1 Thess 5,10; 1 Kor 11,30; Mt 27,52; Apg 7,60; 2 Petr 3,4) hat jüd. Parallelen (Jer 51,39; Ijob 14,22 u.a.).

2. Das kirchl. Lehramt hat sich relativ wenig zur Thematik des T. geäußert.

a) Der T. wird zwar nicht explizit definiert als Trennung von Leib und ↗Seele, aber diese Vorstellung liegt lehramtlichen Stellungnahmen zugrunde. Die Theologie bedenkt diese natürliche Seite des T. unter der Hypothese des All-kosmisch-Werdens der Seele (so der frühe *K. Rahner*). Neuere Theologen (*G. Greshake,* auch K. Rahner) sprechen nicht mehr vom Trennen der Seele vom Leib, sondern davon, daß sich im T. Auferstehung ereigne. Im T. erhält der ganze Mensch mit seiner konkreten Welt und Geschichte von Gott neue Zukunft, in der einzelner und Gemeinschaft, Geschichte und Vollendung miteinander verwoben sind.

b) Der T. wird in urspr. Zusammenhang mit der Sünde Adams gesehen (vgl. DS 222 231 372 1511–1512 2617), ist also nicht nur ein naturnotwendiges Ereignis, sondern Ausdruck und Folgeerscheinung einer Zerrissenheit des Menschen. Sobald Sünde nicht mehr als rein individuelles (Nicht-)Geschehen, sondern auch als eine Gemeinschaft und Solidarität der Menschen berührende (Un-)Macht verstanden wird, ist der T. auch als Folge und Ausdruck einer Zerrissenheit von Gemeinschaft und Solidarität zu bedenken. Solidarische Menschheit kann nur gedacht werden, wenn die Toten durch den T. in eine radikale Erinnerungssolidarität eintreten (zugleich theol. denkbar als Vorgriff auf das, was „ewiges Leben" heißt). Der T. erscheint nicht wie bei *K. Marx* als Sieg der Gattung über das Individuum, sondern als Sieg des in die Solidarität der Erinnerung eintretenden Individuums, ist solidaritätsforderndes Integral des Menschenlebens *(J. B. Metz).*

c) Der T. trifft ohne Ausnahme jetzt und in Zukunft alle Menschen (vgl. DS 372 1512). Das ganze Leben des Menschen ist vom T. durchwaltet. Der T. am Ende des Lebens ist ein „verhüllter T." (K. Rahner), entweder Wiederholen des Wie-Gott-sein-Wollens Adams oder des gehorsamen T. Christi, entweder endgültige T.-Sünde oder Höhepunkt menschlichen Heilswirkens.

d) Der T. ist Ende des Pilgerstandes. Diese Aussage richtet sich gegen Seelenwanderungslehre und Allversöhnung (vgl. Hebr 9,27 und DS 411). Die ↗Theologie betrachtet diesen Aspekt als personalen Aspekt des T. Der T. ist Moment jener Freiheit, in der der Mensch sich unter Annahme des ihm auferlegten ↗Schicksals selbst zur Endgültigkeit vollzieht, zugleich also Abbruch von außen wie tätige Vollendung von innen (K. Rahner). In die gleiche Richtung, wenn auch verlagert in dem Moment des T., weist die umstrittene Endentscheidungshypothese, die den Moment des T. als Moment des ersten vollpersonalen Aktes des Menschen und damit zum seinsmäßig bevorzugten Ort des Bewußtseins, der Freiheit, der Gottesbegegnung und der Entscheidung über das ewige Schicksal auslegt und damit die Möglichkeit gefunden zu haben glaubt, den postmortalen Zustand als endgültig zu verstehen *(L. Boros).*

e) Die Pastoralkonstitution „Gaudium et spes" des II. Vatikanums hebt noch andere Aspekte des T. heraus. Vom „Geheimnis des T." (GS 18) soll das ganze Menschsein in den Blick genommen werden. Im Leben ist der T. stets anwesend. Andererseits sehnt sich der Mensch nach Ewigkeit. Aus diesem Zwiespalt resultiert vielfache Angst des Menschen. An diese Analyse des Menschseins schließt GS an, der Mensch sei von Gott zu einem höheren Ziel berufen. Die traditionelle Unsterblichkeits- und Seelenlehre kommt nur in der Formel zum Ausdruck, der Mensch trage einen „Keim der Ewigkeit" in sich. Ewiges Leben wird ermöglicht durch die Heilstat Christi, durch die der Mensch in T.es- und Lebensgemeinschaft mit Christus eintritt.

3. *M. Luther* unterscheidet scharf den T. des Menschen vom T. des Tieres, der gemäß dem natürlichen Gesetz erfolgt, nicht aber unter dem Zorn Gottes steht (WA 40 III 513, 28. 18). Ist schon tierisches Verenden nicht ohne Schmerz, so erst recht nicht der menschliche T. ohne äußerstes Sträuben zu ertragen, da in ihm der Zorn Gottes zum Ausdruck kommt (a. a. O. 537, 12). Ohne Zorn Gottes wäre der T. harmlos; der Schrecken über die „ira Dei" ist das „venenum mortis" (a. a. O. 550, 12). Für den Christen, der den Zorn aushalten muß, ohne ihn besiegen zu können, dürfen deshalb nicht jene Aussagen vor allem heidnischer Autoren zutreffen, die sagen, den T. brauche man weder zu fürchten noch herbeizuwünschen (a. a. O. 487, 18–22). Der T. ist Urteil Gottes über das ganze Leben, insofern „praesens mors" (a. a. O. 572, 18). Gegen Gottes Zorn gibt es keine Hilfe außer Gott selbst. Nur Gottes Gnade kann größer sein als sein Gericht (a. a. O. 518, 20). Die prot. Theologie bedenkt infolgedessen den T. im Licht des urspr. Schöpfungswillens Gottes, in welchem der T. die unüberwindbare Grenze zwischen Gott und Mensch markiert, vor allem aber im Licht des Gesetzes und im Licht des Evangeliums. Einerseits widerfährt im T. das Nein Gottes zum Sünder; insofern ist er Ausdruck, Gestalt und Erfahrung des Gerichts Gottes. Derselbe T. ist im Licht des Evangeliums Akt der erlösenden Gnade Gottes; denn er befreit erst ganz vom alten Wesen der Sünde, woraufhin der Christ im Leben strebt. In dieser Perspektive ist der T. die umgekehrte Seite der Auferstehung. Im Glauben erkennt der Christ, daß Gottes Nein zum Sünder im T. in eins fällt mit dem Ja seines gnädigen Willens.

Lit.: *H. Volk,* Das christliche Verständnis des T. Münster 1957; *K. Rahner,* Zur Theologie des T. Freiburg [4]1963; *L. Boros,* Mysterium Mortis. Olten [9]1971; *G. Greshake/G. Lohfink,* Naherwartung – Auferstehung – Unsterblichkeit. Freiburg [5]1986; *H. Vorgrimler,* Der T. im Denken und Leben des Christen. Düsseldorf [2]1982; *J. B. Metz,* Glaube in Geschichte und Gesellschaft. Mainz [2]1978; *S. Zucal,* La teologia della morte in Karl Rahner. Bologna 1982 (Lit.); *O. Kaiser/G. Quell,* Tod und Leben. Stuttgart 1977; *E. Jüngel,* Tod. Stuttgart [3]1973; *H. Thielicke,* Leben mit dem Tod. Tübingen 1980; *E. Ströker u. a.,* Art. T.: RGG[3] VI 908–921; *K. Rahner u. a.,* Art. T.: LThK[2] X 218–227; *P. Hoffmann/H. Volk,* Art. T.: HThG II 661–679; *T. R. Peters,* Art. Tod: NHThG IV 212–221.

IV. Im Islam. Glaube an Gott und an den Jüngsten Tag sind die Kernsätze Muḥammads (Koran 2,232). Die islam. Religion regelt die Beziehung des Menschen zu Gott und zum Jenseits. Das Leben ist zur Bewährung gegeben. Paradies (Ort der Freundschaft Gottes) und Hölle (Ort der ewigen Pein) sind die gerechte Vergeltung für den Lebenswandel (2,81 f.), Aufnahme ins Paradies freilich auch Akt göttlicher Gnade (2,62 f.). Jeder Mensch ist sterblich. Auch Muḥammad ist gestorben. „Wo ihr auch sein mögt, der T. erreicht euch doch" (4,78; vgl. 21,35). Vor dem Todesengel, der die Seele des Toten nach Glaube und Gottergebenheit befragt, gibt es kein Verstecken. Der T. ist in dieser Perspektive Anfang eines neuen Lebens, wie auch das Leben im Körper für den Muslim nur eine Station auf einer langen Reise der Seele darstellt, wie aus den Ḥadīthen Muḥammads hervorgeht, die unter dem Namen „Totenbuch des Islam" bekannt geworden sind. Für den wahren Gläubigen verliert der T. seine Schrecken, er sehnt ihn herbei, hat keine Furcht vor ihm. Angesichts des T. hat der Mensch die letzte Gelegenheit, über Allmacht, Erhabenheit und Gerechtigkeit Gottes nachzudenken. Die Sorge Gottes zeigt sich über das Leben hinaus. Der T. ist die Voraussetzung, das letzte Ziel zu erreichen, keineswegs aber etwa Sold einer allgemeinen oder persönlichen Sünde. Zwar gilt: „Jedermann haftet für das, was er begangen hat" (52,21; vgl. 2,286). Aber das betrifft nicht den T. als solchen, sondern das Schicksal nach dem T.

Lit.: *H.-J. Klimkeit, G. Stephenson, S. Hunke* s. unter I; *K. Kreiser u. a.,* Lexikon der islamischen Welt. Bde I–III. Stuttgart 1974; *R. Paret,* Der Koran. Stuttgart [3]1983; *ders.,* Kommentar und Konkordanz. Stuttgart [2]1981; *W. Stieglecker,* Die Glaubenslehren des Islam. Paderborn [2]1983; *A. Th. Khoury,* Einführung in die Grundlagen des Islam. Graz [2]1981; *Y. Yücelen,* Was sagt der Koran dazu? München 1986.
H. Pfeiffer

V. Im Hinduismus/Buddhismus ↗Reinkarnation.

Toleranz. 1. Der Gedanke der T. stammt wesentlich aus der Bemühung, die Tatsache weltanschaulich-rel., politischer und kultureller Verschiedenheit zu bewältigen. Denn diese konfrontiert mit dem Konfliktpotential z. B. gegensätzlicher Wahrheitsüberzeugungen, ausgrenzender Vorurteile, politischer Gegensätze, ungleichmäßiger Machtverteilung (Minderheitenproblem) usw. Gegenüber allen totalitären „Problemlösungen“ bedeutet T. den Versuch der Koexistenz und Duldung. So ist sie eine Basisbedingung des demokratischen Zusammenlebens und des für das Gemeinwohl erforderlichen Zusammenhandelns. Demgemäß hat T. ihre Grenze in der Nicht-Duldung totalitärer Intoleranz.

2. Üblicherweise unterscheidet man zwischen *formaler* T. und *inhaltlicher* T. Erstere besteht vor allem in der Duldung des Widersprüchlichen und Andersartigen. Da Gegensätze nicht einfach aufgehoben werden können, schon gar nicht durch Druck, ist sie eine Forderung der Vernunft angesichts der Tatsache des Pluralismus. Sie erweist sich, kritisch betrachtet, allerdings doch als eine eher passive, auf bloße Konfliktvermeidung ausgerichtete Verhaltensregel. Sie beläßt Verschiedenheiten und Gegensätze unbefragt, ja verbietet eigentlich jeden Versuch eines partnerschaftlich-kritischen Austausches. So bleiben aber Vorurteile unkorrigiert bestehen, werden Widersprüche nicht bearbeitet, ist ein gegenseitiges Kennen- und Verstehenlernen kaum möglich. So kann formale T. mit ideologischer Überheblichkeit, Abgrenzungsmentalität und Chancenungleichheit (politisch, ökonomisch) verbunden sein.

3. *Inhaltliche* T. besteht in der „freien Anerkennung“ (O. Höffe) des Verschiedenen und Gegensätzlichen. Wenn sie darauf abhebt, daß niemand den vollen Besitz der Wahrheit für sich in Anspruch nehmen, daß vielmehr jeder von jedem auch lernen kann, so muß das nicht zum Relativismus führen. Vielmehr ist sie grundsätzlich darauf ausgerichtet, daß Menschen in verschiedenen kulturellen, rel., politischen Traditionen leben und daß sie ihre Überzeugungen auf dem Weg ihrer lebensgesch. Einbindung gewinnen. Es geht also fundamental um die aktive Anerkennung der je eigenen, vom Gewissen getragenen Überzeugungswahrheit und des personalen Rechtes auf andersartige Selbstbestimmung. Darüber hinaus bedeutet inhaltliche T. die positive Kenntnisnahme des Verschiedenen, insofern es die eigene Überzeugung bereichern kann. Bei aller Standpunktfestigkeit und bei aller Ablehnung z. B. eines interrel. Synkretismus bleibt doch die Tatsache bestehen, daß sich verschiedene Überzeugungen und Lebensperspektiven gegenseitig stimulieren und ergänzen können. So sind auch gegenseitige Kritik, gemeinsame Abarbeitung repressiver Lebensbedingungen und partnerschaftliche Lebensgestaltung möglich.

4. Das bislang Gesagte gilt spezifisch für die *rel.* T. Fern aller überheblichen Abgrenzung betont das II. Vatikanische Konzil in seiner „Erklärung über das Verhältnis der Kirche zu den nichtchristl. Religionen“ die Würde jeder Religion und versteht Religionen grundsätzlich als Heilswege. Dabei geht es insofern nicht bloß um eine formale, sondern um eine inhaltlich-engagierte T., als der Text eine reale Ehrfurcht vor den nichtchristl. Religionen zeigt. Solche T. macht es möglich, einander zu begegnen, sich Erfahrungen mitzuteilen und auch Verschiedenheiten produktiv herauszustellen. In der „Erklärung über die Religionsfreiheit“ wird das Recht auf rel. Selbstbestimmung betont und abgeleitet von der im Gewissen gegebenen personalen Selbstverantwortung jedes Menschen. Gerade weil jeder Mensch von Gott gerufen ist, auf dem ihm von seinen gesch. Lebensbedingungen her möglichen Weg zum Heil zu gehen, darf niemand gegen seine Überzeugung zu irgendeiner bestimmten Religion gezwungen werden und ist es unabdingbar, den aus eigener Überzeugung gewonnenen rel. Weg jedes Menschen anzuerkennen.

Christl. Glaube hält ja daran fest, daß der Heilswille Gottes universal ist und daß die Christen vor der eschatologischen Zukunft Gottes mit all ihren Mitmenschen in einer Reihe stehen.

Lit.: *H. R. Guggisberg* (Hg.), Religiöse T. Stuttgart 1984; *O. Höffe,* Pluralismus/T.: NHThG III 363–378; *H. Lutz* (Hg.), Zur Geschichte der T. und Religionsfreiheit. Darmstadt 1977; *H. R. Schlette,* Zum Thema T. Hannover 1979; *W. Post,* T.: SM (D) IV 934–943.

V. Eid

Totem/Totemismus (T.). T. ist eine sehr komplexe, nicht exakt von ↗Ahnen- und ↗Tierkult, Kraft- und Geisterglaube u. a. abzugrenzende Erscheinung und bezeichnet als Herleitung von dem indianischen Wort *totam* (= Verwandtschaft, Familienemblem, Schutzgeist) eine verwandtschaftliche Beziehung von Einzelpersonen oder sozialen Gruppen zu Tieren oder Pflanzen (seltener zu Himmelskörpern und Naturphänomenen) als Totems. Eine rel. Erscheinung ist der T. insofern, als es um eine Macht geht, von der der Mensch abhängig ist. Das rel. Moment tritt jedoch bes. in Spätformen des T. hinter den sozialen Aspekt zurück. Quellen des T. sind u. a. die Vorstellungen der Jägervölker von der Verwandtschaft zwischen Tier und Mensch oder dem Tier als Kraftträger und die anthropozentrische Einstellung der Naturvölker zur Natur, etwa der Auffassung vom Tier als Person. Man unterscheidet Individual-, Gruppen- und Geschlechts-T. Letzterer ist eine auf Ost- und Südostaustralien beschränkte Sonderform, bei der Männer und Frauen eines Stammes je ein eigenes Totem haben. Der Individual-T. ist ein intimes Verhältnis zwischen einem Menschen und einem Tier (oder einer Pflanze) und beinhaltet den Glauben an eine mystische Schicksalsgemeinschaft zwischen beiden (Identität) und die Vorstellung von einer Schutz- und Helferfunktion des Totems. Beim eigentlichen oder Gruppen-T. (möglicherweise auch aus dem Individual-T. durch Vererbung des Totems auf die Nachkommen entstanden) besteht dieses Verhältnis zwischen Lokalgruppen oder Clans bzw. Sippen, jedenfalls Stammes*unter*gruppen, und einer ganzen Tier- (oder Pflanzen-)Art. Diese am weitesten verbreitete Form findet sich bei den Jägervölkern Australiens, bei den afrik. Pygmäen, den Ugriern und den Indianerstämmen des nordöstl. Nordamerikas sowie vor allem – durch die Seßhaftigkeit gefördert – bei den Ackerbauvölkern Afrikas, Melanesiens und Nordamerikas. Das Wohl der Gruppe, die sich oft nach dem Namen oder einer Eigenschaft des Totems benennt, steht in engstem Zusammenhang mit diesem. Das Totemtier etwa wird als Ahnherr gedacht (z. B. aus der ehelichen Verbindung eines Menschen mit einem Vertreter der Tierspezies), oder die Wahl wird auf ein besonderes Erlebnis des (menschlichen) Ahnen mit einem bestimmten Tier zurückgeführt. Die Vorstellungen reichen von Identifikation über Lebensgleichlauf bis zu der Wechselbeziehung, daß die Seele eines Sterbenden in ein Tier, die des Tieres in ein neugeborenes Kind übergeht. Durch Tabuvorschriften (Jagd- und Eßverbot) ist das Totemtier geschützt. Häufig besteht auch ein Heiratsverbot innerhalb der gleichen Totemgruppe. Äußere Erkennungszeichen der Mitglieder bestimmter Gruppen, denen jeweils spezifische öffentliche Funktionen zukommen, sind u. a. Kopfputz, Haarschur, Körperbemalung. Wie die einzelnen Gruppen symbolisch und magisch bestimmte Teile der Natur darstellen, wird der ganze Stamm zum Abbild der Welt. Der in der Lit. tradierte sog. Totempfahl der Nordwestküstenindianer Nordamerikas hat mit T. dagegen nichts zu tun und wird inzwischen besser als Wappenpfahl bezeichnet; er stellt Ereignisse aus der Geschichte des Stammes oder eines Häuptlings dar. – Da der Begriff T. nicht ausreicht, alle möglichen Beziehungen zwischen Mensch und Tier bzw. Pflanze usw. zu umfassen, will E. Dammann (37 53) ihn durch den allgemeineren Begriff „Umweltverbundenheit“ ersetzen, von dem ↗Animalismus und (als dessen Teilgebiet) T. „nur einzelne, wenn auch die wichtigsten und verbreitetsten Erscheinungen sind“.

Lit.: *E. Sidney Hartland,* Totemism: ERE XII 393–407; *J. Haekel,* Art. T.: RGG³ VI 954–956; *E. Dammann,* Die Religionen Afrikas. Stuttgart 1963, bes. 37–53 214f.; *H. Nevermann,* Die Religionen der Südsee: ders. u. a., Die Religionen der Südsee und Australiens. Stuttgart 1968, 1–123; *E. A. Worms/H. Petri,* Australische Eingeborenen-Religion: ebd. 125–329. *N. M. Borengässer*

Totenbuch

I. Ägyptisches Totenbuch. – II. Tibetisches Totenbuch – III. Totenbuch der Maya

Im abendländischen Raum wurden unter Totenbüchern Nekrologien verstanden, d. h. Listen Verstorbener in Martyrologien und Kalendarien entweder als Totenkalender (Sterbedaten) oder Totenannalen (Jahr um Jahr; seit dem 7. und 8. Jh.). Das Wort T. meint jedoch jetzt meist Sammlungen mit Ratschlägen für einen guten Tod oder für die Reise des Toten im Jenseits. Neben den nachfolgenden Totenbüchern ist noch das T. des Islam zu nennen (↗Tod IV).

I. Ägyptisches Totenbuch. Das seit 1842 von R. Lepsius sog. ägypt. T. stellt eine aus verschiedenen Zeiten stammende Sammlung aus 190 Kapiteln (eigentlich RA-U, Zaubersprüchen) verschiedener Größe und Aussagekraft dar. Die Ursprünge liegen im Brauch, Sarkophage (Pyramiden- und Sargtexte des Alten Reiches), später (seit dem Neuen Reich bis in griech. Zeit) den Särgen beigelegte Papyrosrollen mit Inschriften zu versehen, die ihrerseits wiederum (u. U. von Verwandten bestellte) Exzerpte aus einem umfangreichen Material über Unterweltfahrt und Totengericht darstellten. Die Sammlung des T. wurde nie kodifiziert, wohl aber im 7./6. Jh. v. Chr. einer ordnenden Durchsicht unterzogen. Den Hauptteil der „Kapitel" bilden Visionen des Toten. Der Osiris-Mythos, der seit den Sargtexten eine große Rolle spielte, erfüllt mit Grauen und Faszination. Tod und Liebe zum Leben stehen einander gegenüber. Die Sehnsucht nach Beständigkeit läßt im Jenseits den Sieg des Lebens über den Tod erhoffen. Die Schranke zwischen Diesseits und Jenseits, Leben und Tod, Mensch und Gott fällt. Der Tote ist alt, neugeboren, Schwalbe, Pflanze, Gott, ruft die Götter um Schutz an und verspricht ihnen, sie zu schützen. Viele Kapitel erscheinen uns dunkel, manchmal zusammenhanglos, voller Andeutungen über ↗Magie und magische Operationen. Das T. wurde den Toten als Führer durch die ↗Unterwelt in den Sarg gelegt oder an die Wände der Grabkammern der Vornehmen gemalt; es war Führer für die Verwandten des Toten, aber auch für alle eine Einübung, die den Tod nicht besiegt, wohl aber eine Brücke über den Abgrund des Todes baut. Das Jenseits wird nicht bewiesen; es ist einfach da. Alle Möglichkeiten des Menschen, die im irdischen Leben festgehalten waren, brechen auf. Das ist der Sinn der Frage an den Toten: „Bist du dir jetzt deiner göttlichen Freiheit bewußt?"

II. Tibetisches Totenbuch. Das sog. tibetische T. (Bardo-thödol = B.) ist eine Anleitung für die Lebenden, wie der Tod überwunden und der Vorgang des Sterbens in Befreiung gewandelt werden kann. Im Titel B. kommt Tod nicht vor. Bardo ist eine Extremsituation, die es zu nutzen gilt. Thema des B. ist der Tod und der Nachtodzustand als Mittel der Erlösung (im buddh. Sinn). Die lit. Überlieferung reicht bis ins 14. Jh. n. Chr. zurück. Der Kolophon gibt den B. als einen von Karmalinpa (gest. 1386) entdeckten Schatztext aus, d. h. gemäß tibet. Tradition als einen Text, der eine alte Tradition aus der ersten Phase des Buddhismus in Tibet (8.–9. Jh.) wieder zur Geltung bringt. Gewisse Elemente verweisen auch ins 4.–5. Jh. n. Chr. zurück. Auf jeden Fall ist der B. ein buddh. Text, dazu aus einer bestimmten Richtung (Nyingmapa), und damit nicht das T. aller Tibeter. Obwohl er zur tantristischen Überlieferung zählt, kann er und soll er von jedem gelesen, besser aus dem Munde eines Lama (↗Tantra/Tantrismus) gehört werden. Der B. ist Befreiung durch Hören. Der Lama unterstützt den Sterbenden und – längstens 49 Tage über den Tod hinaus – den Toten, damit dieser die Einsicht gewinnt, damit er kein neues ↗Karma schafft, das zur Wiedergeburt drängt, sondern Freiheit vom Leiden des ↗Saṃsāra (II) gewinnt und ein ↗Buddha wird. Die Lesung ist freilich nutzlos, wenn der B. nicht schon zu Lebzeiten eingeübt wird, dessen Lehre man nie vergessen darf, „selbst wenn sieben Hunde einen hetzen".

III. Das Totenbuch der Maya ist kein Lehrbuch, sondern ein Ritual, ein rätselhaftes Werk, in drei von den Spaniern nach Europa gebrachten Manuskripten überliefert (Pariser, Dresdner, Madrider Codex). Die „Hieroglyphen" des T. halten Vorschriften und Techniken fest, nicht aber die inhaltlichen Vorstellungen. Charakteristisch ist das Trachten nach ↗Reinkarnation. Dazu ist Hilfe notwendig, insbesondere die des Chilam (Chilan, Chilam-Balam, „Sprachrohr der Götter"?) als Totenbegleiter, der in allen Stadien der Reise des Toten eingreift; er hat Kontakt mit den Toten und den Göttern, oft in Trance und magischer ↗Ekstase. Rituale unterstützen den Toten, dessen Schicksal aber auch in Relation zu seinen Taten steht. Es bedarf der Lebenden, damit die Toten reinkarniert werden. Der Tod ist kein Ende, sondern Teil der Entwicklung vom Leben zum Tod und vom Tod zum Leben. Es gibt kein eschatologisches Endziel der Menschheitsgeschichte, aber es gibt keine lebenden Menschen, wenn die Toten sich nicht mehr reinkarnieren können, und es gibt keine Reinkarnationen, wenn es keine lebenden Menschen mehr gibt.

Lit.: *Imam 'Abd ar-Rahim ibn Ahmad al Quadi,* Das T. des Islam. München 1981; *G. Kolpaktchy,* Das ägyptische T. München [4]1975; *R. Fremantle/Ch. Trungpa,* Das T. der Tibeter. Düsseldorf 1975; *E. Dargyay/G. L. Dargyay,* Das Tibetische Buch der Toten. München [4]1984; *P. Arnold,* Das T. der Maya. München 1980. *H. Pfeiffer*

Totenkult ↗Ahnenkult.

Tradition

I. Allgemein. – II. Jüdisch. – III. Christlich. – IV. Islamisch. – V. Hinduistisch

I. Allgemein. T., wörtlich „Weitergabe“, beruht auf zwei anthropologischen Grundtatsachen: a) auf der Sterblichkeit des Menschen und b) auf einem Zusammenhang von Aufgaben und Tätigkeiten, der die Generationen umgreift. Wenn alle inhaltlichen Kenntnisse und Fertigkeiten, die ein Mensch im Laufe seines Lebens erworben hat, nach seinem Tod nicht mehr in die Kommunikation und Interaktion der Gruppe eingebracht werden könnten, der dieser Mensch angehört hat, wenn die Sensibilität für theor. Probleme und der Scharfblick für praktische Aufgaben, den der einzelne im Umgang mit seiner Umwelt mühsam erworben hat, mit seinem Tod nicht mehr für die Gemeinschaft fruchtbar gemacht werden könnten, dann müßte jede Generation in jeder Hinsicht „wieder von vorne anfangen“, und kultureller Fortschritt wäre nicht möglich. Diese Gefahr völliger Stagnation der Entwicklung und fruchtloser Repetition von Problemerfahrungen und Lösungsversuchen wird dadurch vermindert, daß ein Teil der Ergebnisse, zu denen der einzelne in einem lebenslangen Lernen gelangt ist, an die kommende Generation weitergegeben, also „tradiert“ wird.

2. Das wichtigste Mittel solcher Weitergabe ist die *Sprache.* Sie macht es möglich, individuelle Erfahrungen von der Dringlichkeit von Problemen, von den Chancen ihrer Lösung, von eigenen Irrwegen und Umwegen auch denen verständlich zu machen, die diese Erfahrungen nicht gemacht haben. Die Sprache aber liegt nicht ein für allemal fertig bereit. Die jeweils lebende Generation lernt sie zwar von der früheren, muß sie aber im Ringen mit denjenigen Aufgaben, die die Umwelt ihr stellt, immer neu umgestalten und weiterentwickeln. Dabei kann sie auch die Übernahme und Weitergabe der Sprache einer früheren Generation partiell verweigern und sie so schließlich zur „toten Sprache“ werden lassen. *Sprache ist also nicht nur Voraussetzung der T., sondern auch ihr Produkt.* Darum gibt es nie die eine Sprache, sondern nur die vielen, voneinander verschiedenen und sich geschichtlich entwickelnden Sprachen, seien sie nun „Nationalsprachen“ oder „Sachgebietssprachen“ (z. B. die spezielle Sprache der Forschergemeinschaft oder der rel. Gemeinde). Die *Einheit je einer Sprache* ermöglicht jene wechselseitige Beeinflussung von Überlieferungsinhalten, durch welche die Fülle der überlieferten Fragestellungen, Aufgaben, Einsichten, Fertigkeiten usw. zur *Einheit je einer T.* zusammenwachsen. Die Differenz der Sprachen aber ist Folge und rückwirkend zugleich Ursache der Ausdifferenzierung spezieller Kommunikationsgemeinschaften und ihrer spezifischen T. (z. B. einer Nation, der Forschergemeinschaft oder der religiösen Gemeinde mit ihren je spezifischen T.en). Die Qualifikation zur aktiven Teilnahme am T.s-Vorgang wird zu einem wesentlichen Teil durch Einübung in die spezifische Sprache erworben, die innerhalb einer Überlieferungsgemeinschaft ihre Gestalt gewann und zugleich das wichtigste Medium für die Weitergabe ihrer je spezifischen Überlieferungsinhalte ist.

3. In funktionsteiligen Gesellschaften ist Überlieferung nur möglich, wenn *Formen der Funktionsnachfolge* entwickelt werden. Dies wiederum setzt geprägte Formen intersubjektiven Verhaltens voraus, damit die Identität der Funktion bei Wechsel ihrer Träger erhalten bleiben und das jeweils handelnde Individuum als Träger einer ihm übertragenen Funktion erkannt und anerkannt werden kann.

Derartige Formen geprägten intersubjektiven Verhaltens, die eine Funktionsnachfolge möglich machen, sind *Institutionen.* Und ein wichtiges Teilgebiet institutionalisierten Verhaltens in einer Überlieferungsgemeinschaft ist das *Recht.*
4. Sosehr T. notwendig ist, wenn eine Kommunikations- und Interaktionsgemeinschaft die kurze Lebensdauer ihrer Mitglieder überdauern und in der Erfüllung ihrer Aufgaben und Tätigkeiten voranschreiten soll, so wenig ist die *Fähigkeit zur Überlieferung* naturhaft gesichert. Auch sie ist, wie schon das Beispiel der Sprache zeigt, nicht nur Bedingung der Überlieferung, sondern auch deren Produkt. *Überlieferung der Überlieferungsfähigkeit* wird so zu einer lebensnotwendigen Aufgabe innerhalb der Überlieferungsgemeinschaft. Diese Aufgabe ist zwar allen Mitgliedern gestellt, kann aber einigen unter ihnen als ihre Sonderfunktion übertragen werden, so z. B. neben den Dienern der Rechtspflege vor allem den Lehrern. In vielen Überlieferungsgemeinschaften gehören zu denen, die die Überlieferung der Überlieferungsfähigkeit garantieren sollen, auch solche Mitglieder, deren besondere Funktion darin besteht, eine *normative ↗Erinnerung* lebendig zu halten und sie auf *je gegenwärtige Erfahrungen* der Überlieferungsgemeinschaft zu beziehen. Denn es gibt inhaltliche Erfahrungen, die die Form des Bewußtseins und der Praxis von Individuen und die Weise ihrer Kommunikation und Interaktion prägen. Dann muß die Erinnerung an derartige Erfahrungen an die kommende Generation weitergegeben werden, wenn Menschen, die diese Erfahrungen nicht mehr gemacht haben, die dort gewonnenen Formen der Kommunikation und Interaktion in ihrer Bedeutung begreifen sollen. Zugleich muß derartige Erinnerung mit der je gegenwärtigen Erfahrung in ein Verhältnis wechselseitiger Auslegung gebracht werden, wenn lebendige Überlieferung sich nicht in toten Traditionalismus verwandeln soll. Diese Aufgabe, normative Erinnerung wachzuhalten und mit der je gegenwärtigen Erfahrung zu vermitteln, wird in vielen Überlieferungsgemeinschaften zur Sonderaufgabe, die von Spezialisten der Anamnese und ihrer aktualisierenden Exegese erfüllt wird. In rel. Überlieferungsgemeinschaften gewinnt diese Sonderaufgabe bes. große Bedeutung.

Lit.: *J. Pieper,* Überlieferung. München 1970; *K. Mannheim,* Wissenssoziologie. Berlin 1964; *H.-G. Gadamer,* Wahrheit und Methode. Tübingen [3]1972; *P. Lengsfeld,* Überlieferung. Paderborn 1960; *K. Rahner/J. Ratzinger,* Offenbarung und Überwelt. Freiburg 1965; *H. Waldenfels,* Kontextuelle Fundamentaltheologie. Paderborn 1985, 437–488; *H.-G. Gadamer u. a.,* Art. T.: RGG[3] VI 966–984.

R. Schaeffler

II. Jüdisch. Das Judentum unterscheidet in seinen Offenbarungsgrundlagen eine „schriftliche" ↗Offenbarung (IV), die hebr. Bibel als Hl. Schrift (mit besonderer Text-T. = Masorah) und eine „mündliche" Offenbarung, ebenfalls vom Sinai, von Inhalt und Umfang her eigentlich maßgebliche Grundlage für das jeweils gültige Normensystem, die „Halakha". Während die „schriftliche" T. als Hl. Schrift nur mehr interpretierend aktualisiert werden kann, wurde die mündliche in zweifacher Weise definiert: a) als der „schriftlichen" Offenbarung implizite, durch Auslegung erhebbare, b) als dem Mose am Sinai neben der „schriftlichen" Tora offenbarte mündliche Lehre, die dann in ununterbrochener Tradentenkette bis auf die rabb. gesetzesgelehrten Autoritäten der Gegenwart weitergegeben wurde. Diese „mündliche" Überlieferung hat wiederholt schriftlichen Niederschlag gefunden, erstmals in der Mischna um 200 n.Chr. und dann im ↗Talmud, später in Kommentaren zu Mischna und Talmud oder in gesonderten Kompendien und Gesetzeskodizes: Vor allem in den „Halakot" des Isaak Alfasi (gest. 1103), in „Mischne Tora" des Mose b. Maimon (gest. 1204), in den „Vier Turim" des Jakob b. Ascher (gest. 1340), und im „Schulchan Aruch" des Josef Karo (gest. 1575). Infolge der Emanzipation, der Ausdehnung des staatlichen Rechts auf alle Bürger, verlor die jüd. Gemeinde ihre autonome Rechtsprechung, und weite Teile der verbindlichen T. wurden faktisch außer Kraft gesetzt, gewinnen aber im Staat Israel, soweit dieser als „jüd. Staat" dem traditionellen jüd. Recht folgt, wieder an Geltung.
Als Tradenten gelten für die bibl. Zeit Mose, Josua, die „Ältesten", die Prophe-

ten, in nachexilischer Zeit die „Männer der großen Versammlung"; danach bis zur Zerstörung des 2. Tempels eine Kette von Tradenten bzw. Tradentenpaaren der pharisäischen Richtung, die somit als einzige frühjüd. Ausprägung des Judentums für später in Anspruch genommen wurde. Nach 70 n.Chr. verstanden sich die rabb. Schulen als Träger der T., wobei der einzelne rabb. Gelehrte trotz gelegentlicher Zentralisierungstendenzen in Palästina und Babylonien eine ziemlich unabhängige Stellung behauptete. Die starke Position der anerkannten rabb. Einzelautoritäten (später vorwiegend die von Gemeinden bestallten Rabbiner) hat zwar die Ausbildung zentraler Instanzen verhindert, eine Fülle von Schulmeinungen bewirkt, aber dennoch einen erstaunlich breiten Grundkonsens bewahrt, in orth. und chasidischen Kreisen bis zur Gegenwart. Diese „mündliche T." unterlag ständig einer ergänzenden und interpretierenden Novellierung durch Kommentare und neue halakhische Entscheidungen (allerdings nicht gegen den Konsens der T.).

Im spekulativen Bereich ist die ↗„Kabbalah" (= Tradition!) zu erwähnen, die für sich in Anspruch nahm, die älteste und authentische T. des Judentums zu repräsentieren.

Lit.: *H.C. Schimmel,* The Oral Law. New York [2]1974; *B. Cohen,* Law and Tradition in Judaism. New York 1969.

J. Maier

III. Christlich. Das allg. Verständnis von T. ist auch auf die Kirche anwendbar, wenn man sie als rel. Gemeinschaft mit eigener Identität, Inhalt, Funktionen, Institutionen eher von außen betrachtet. In ihrer eigenen Sprache hat das Wort T. jedoch eine Inhaltlichkeit gewonnen, die in den genannten Gesichtspunkten nicht aufgeht. Von der Geschichte her steht die kontroverstheol. Streitfrage im Vordergrund des Bewußtseins, ob die Bibel für sich allein die Glaubensnorm ergebe – das ev. „Sola scriptura-Prinzip" – oder ob die verbindliche Wahrheit in Schrift und ungeschriebenen T.en enthalten sei, wie Trient lehrte (DS 1501). Hinter dieser Streitfrage steht letztlich die Frage nach der Verbindlichkeit kirchlicher Lehrentscheidungen mit dem Anspruch, das Evangelium mit Sicherheit auszulegen. Diese können zwar nie gegen die Schrift stehen, aber auch wenn ihr Inhalt schriftkonform ist, schöpft die verbindliche Auslegung aus einer Aktualität des Glaubens, der über sein bloßes wortmäßiges Enthaltensein in der Schrift eine eigene, im Lebensvorgang der Kirche begründete Vergegenwärtigungsweise hat, die Voraussetzung dafür ist, daß das Wort der Schrift überhaupt entsprechend gehört werden kann. Die so in Erscheinung tretende innere Kontinuität im Lebensvorgang der Kirche bildet dann gerade den Raum, in dem das Wort der Schrift als Gottes Wort, dem die Kirche ganz unterworfen ist, gehört werden kann. Die notwendige Zusammengehörigkeit von Bibel und Kirche zeigt den wesentlichen Sinn dessen an, was mit ungeschriebenen T.en signalisiert wird. In dieser Sicht fällt die Aufmerksamkeit nicht primär darauf, ob es Glaubensüberlieferungen gab, die inhaltlich nicht in die Schrift eingegangen sind, sondern daß der T.s-Vorgang über das bloße Vorhandensein einer verbindlichen Schrift hinausweist, die dem Urteil des einzelnen überlassen würde. Die Schrift erweist sich allerdings gerade darin selbst als Moment des T.s-Vorgangs und kann so in ihrer einmaligen Autorität *in* diesem Prozeß hervortreten: Christus, selbst in der T. des atl. Gottesvolkes stehend, stiftet die Kirche durch das Evangelium, zu dem allerdings nicht nur sein Wort, sondern er selbst, vor allem seine Hingabe (das griech. Wort parádōsis = lat. „traditio" kann gerade auch dafür verwandt werden) gehören. Die Apostel nehmen ihn auf, glauben und „verstehen" ihn im Hl. Geist. Ihre Verkündigung, durch die sie Anteil geben an ihrer Christusgemeinschaft (vgl. 1 Joh 1,1–3), gewinnt gesch. Greifbarkeit im NT. Es ist gewissermaßen Stiftungsurkunde und Grundgesetz (vgl. aber auch die Bedeutung von T. für das Werden von Schrift: 1 Kor 11,23; 15,3 und ihr bereits im späten NT erfaßter Normcharakter für die jeweilige Gegenwart: siehe die Pastoralbriefe und etwa 2 Petr 1,3–21). Da das Urevangelium aber selbst ins Herz der Jünger „geschrieben" ist, bedarf es in der Weitervermittlung immer wieder des Geistes, der Christus verstehen läßt. Er wirkt jedoch nicht sozusagen „privat" gegenüber jedem, der die Bibel für sich allein liest, sondern er wirkt in der Kirche und *so* auch in ihren Gliedern. Da Christus das eschatologische, nämlich vollendete Ereignis der Selbstoffenbarung und Mitteilung Gottes ist, muß er und nur er im Leben der Kirche präsent werden. Das apostolische Fundament bleibt nicht nur Basis, sondern enthält auch den Bauplan und die Struktur. Im Geschehen der Kirche ist diese Ordnung der Weitergabe als Werk des Geistes Christi in die gesch. Greifbarkeit von Kirche = Gemeinschaft hineingegeben: Der apostolischen T. entspricht die apostolische Nachfolge (J. Ratzinger): die Kontinuität der einen Kirche in den vielen, letztlich auf die Apostel rückführbaren Ortskirchen. Im Dienst dieser Kontinuität der Kirche steht die Sukzession als bischöfliche Amtsnachfolge. In dieser durch die Geschichte verlaufenden „diachronen" T. stehen die Ortskirchen aber nur, wenn sie gleichzeitig, „synchron", in Gemeinschaft miteinander stehen, darin aber von den verschiedenen Ausprägungen her immer wieder am einen Fundament Maß nehmen. Das Papstamt steht im Dienst der synchronen Identität der Kirchen, ist dabei selbst aber auf eine universale Communio mit den Ortskirchen angewiesen.

Bei dieser theol. Prägung des Begriffs T. als Kurzfassung für die Vermittlung Christi durch den Geist in der Kirche muß die Gefahr der Ideologisierung der Kirche vermieden werden. Der Sache nach ist die T., soweit sie von Christus als die Form der Gegenwart seines Evangeliums geschenkt ist, ein Instrument der Krisis – auch der jeweiligen Kirche gegenüber, denn das Wort Gottes ist auch für sie immer Gericht. Unbeschadet des guten Sinns des tridentinischen Plurals „ungeschriebene Überlieferungen" wird man deshalb von *der* T. in der Einzahl ausgehen und die eine verbindliche T. in den T.en (Y. Congar) als Aufgabe zur Wahrheitsfindung begreifen lernen. Sie kann dann in der Kirche auch immer als krit. Element der allzu „menschlichen", nämlich erstarrten zweckentfremdeten und ängstlichen T., kritisch gegenübergestellt werden (vgl. Mk 7,8), freilich mit der Verpflichtung, die aktuell bewußt gewordenen gegenwärtigen Aufgaben als Orientierungen vom Fundament her in der Communio der Kirche zu begründen.

Lit.: *J. Beumer,* Mündliche Überlieferung als Glaubensquelle: HDG I/4; *G. G. Blum,* T. und Sukzession. Berlin 1963; *ders.,* Offenbarung und Überlieferung. Göttingen 1971; *Y. Congar,* Die T. und die T.en I/II. Paris 1960, 1965; *H.-G. Gadamer,* Art. T.: RGG³ VI 966–967; *P. Lengsfeld,* T. und Schrift: MySal I 463–496; *K. Rahner,* Schrift und T.: K. Forster (Hg.), Das Zweite Vatikanische Konzil. Würzburg 1963; *J. Ratzinger,* Das Problem der Dogmengeschichte in der Sicht der kath. Theologie. Köln 1965; *ders.,* Art. T.: LThK² X 293–299; *ders.,* Ein Versuch zur Frage des T.-Begriffs: K. Rahner/ders., Offenbarung und Überlieferung. Freiburg 1965, 25–69; *ders.,* Einleitung und Kommentar zu Dei Verbum: LThKK II 497–528 571–581; *M. Seckler,* T. und Fortschritt: CGG XXIII 5–53; *A. Toynbee,* T. und Instinkt: L. Reinisch (Hg.), Vom Sinn der T. München 1970, 35–52.
W. Breuning

IV. Islamisch. Die Art und Weise, wie ↗Muḥammad inmitten der Frühgemeinde lebte und sie auf den Wegen Gottes führte (das ist die ↗*Sunna*), wurde nach seinem Tod von seinen Gefährten fortgesetzt und auch durch Gewährsmänner überliefert. Ihre Erzählungen (ḥadīṯ = Ḥ.) bilden die T. des Islam und stellen neben dem ↗Koran die zweite Hauptquelle der islam. Religion dar. Diese Überlieferungen enthalten 1. die Aussprüche Muḥammads, seine Anweisungen, Wertungen und Stellungnahmen sowie seine Verordnungen; 2. sein Verhalten, seine Handlungsweise, seine Art, die rel. Pflichten zu erfüllen, usw.; 3. seine Haltung, soweit er etwas geduldet, gebilligt, empfohlen oder umgekehrt getadelt, mißbilligt, verboten hat. Die Autorität der Sunna ist im Koran verankert, der den Propheten Muḥammad als Vorbild und Beispiel für die Muslime bezeichnet (vgl. Koran 33,21). Der Koran fordert von den Gläubigen, sich der Führung des Propheten zu unterwerfen und ihm zu gehorchen (vgl. 8,1.14.46; 3,32; 33,33.66.71 usw.). Es gilt der Grundsatz: „Wenn einer dem Gesandten gehorcht, gehorcht er Gott" (4,80).

Mit der Zeit wuchs die Zahl der Ḥ. ins Unermeßliche. Die T.s-Kritik verwarf zunächst einmal die Ḥ., deren Inhalt den Aussagen des Korans widersprach. Die übrigen wurden eingeteilt in 1. echte (ṣaḥīḥ), 2. schöne (ḥasan), also nicht einwandfrei zuverlässige, und 3. schwache (ḍaʿīf), also Gegenstand ernster Beden-

ken. – Die echten Überlieferungen mußten folgenden Kriterien genügen: Der Gewährsmann muß 1. in bezug auf seinen Glauben und sein Verhalten tadellos sein; 2. vertrauenswürdig und auch vorbehaltlos angenommen worden sein; 3. die Gewähr bringen, daß er den überlieferten Inhalt richtig verstanden und wiedergegeben hat; 4. mehr als nur *einen* Ḥ. überliefert haben. Die Überlieferung selbst 5. muß eine lückenlose Kette von Gewährsmännern aufweisen; 6. sie muß ausdrücklich feststellen, daß Muḥammad dies oder jenes gesagt oder getan hat; 7. sie muß einen Inhalt haben, der in die Zeit der Frühgemeinde hineinpaßt.
Die wichtigsten T.s-Sammlungen sind die Ṣaḥīḥ von al-Bukhārī (810–870) und von Muslim (817/821–875), die Sunan von Abū Dāwūd (817–888), al-Tirmidhī (gest. zwischen 883 und 892), Ibn Mādja (824–886) und al-Nasā'ī (gest. 915).
Verbindlich in Glaubens- und Rechtsfragen sind nur die echten Ḥ., die selbst in drei Kategorien eingeteilt werden: 1. Die in unterbrochener T. überlieferten Ḥ. weisen eine unangefochtene Nähe zur Zeit Muḥammads und genießen eine strikte Verbindlichkeit. Nur eine geringe Zahl von Ḥ. gehören in diese Kategorie. 2. Die allgemein bekannten, jedoch nicht als ununterbrochene T. anerkannten Ḥ. begründen eine an Sicherheit grenzende Wahrscheinlichkeit. In Rechtsfragen geben sie eine zuverlässige Grundlage für Entscheidungen ab. 3. Die Mehrzahl der Ḥ. bilden die Einzelüberlieferungen, die nur in Rechtsfragen noch eine gewisse Wahrscheinlichkeit begründen und daher zur Anwendung kommen dürfen, da auf dem Gebiet des praktischen Handelns die Wahrscheinlichkeit als ausreichende Grundlage angesehen wird.

Lit.: *I. Goldziher,* Muhammedanische Studien. Bd. 2. Halle 1890, 1–274; *Al-Bukhārī,* Les Traditions islamiques. 4 Bde. Paris 1903–1914; *A. J. Wensinck,* A Handbook of early Muhammadan Tradition. Leiden 1927; *M. Ali,* A Manual of Hadith. London [4]1983; *A.Th. Khoury,* Islam. Minderheiten in der Diaspora. München 1985, 13–35. *A.Th. Khoury*

V. Hinduistisch (↗Smriti). Angesichts der gebräuchlichen Unterscheidung von *śruti* (↗ Offenbarung III) und *smṛti* stellt sich die Frage nach der „Überlieferungsautorität im Hinduismus" (G. Oberhammer). Diese Frage gewinnt vor allem deshalb hohe Bedeutung, weil die Begründung dieser Autorität in spätvedischer Zeit letztlich dazu beiträgt, daß einerseits die nichtvedischen Überlieferungen wie ↗Buddhismus und ↗Jinismus als solche erkannt wurden, andererseits aber auch der innerhind. Religionenpluralismus von dorther seine Erklärung findet. In der vedisierenden Überlieferung (vgl. das Manusmṛti) wurzelt die T. im Veda, d.h., wird die T. insofern als Autorität angenommen, als sie mit dem Veda übereinstimmt und ihm gleichwertig ist (↗Dharma I). In der Sicht der Mīmāṃsā-Schule beruht die Autorität des Veda vor allem darin, daß er keinen Menschen als seinen Verfasser hat, während in den philos. Schulen des Nyāya und Vaiśeṣika, des Sāṃkhya und ↗Yoga (↗Hind. Philosophie) die Autorität der T. wesentlich auf der Glaubwürdigkeit derer beruhte, die den Veda überliefern. Entsprechend gründete die Autorität der T. im Ursprung auf der Vertrauenswürdigkeit der sog. *ṛṣi,* jener Seher, die den Veda vernommen haben. In diesen Kreisen kam es dann auch zur Auseinandersetzung mit T.en, die als vedafremd anzusprechen sind. In der Nyāya-T. findet sich die Rede von der Anerkennung vedafremder T., sofern nur ein allwissender Vertrauenswürdiger wie im Veda angenommen wird. Eine solche Lehre hatte dadurch eine Chance auf weiterreichenden Einfluß, daß der Begriff des Vertrauenswürdigen letztlich auf den allwissenden Gott (Skt. *īśvara*) begrenzt wurde. Von hier aus führt die Linie dann zu den Heilsüberlieferungen, für die weniger die Autorität des Veda als vielmehr die mit der Verkündigung durch Gott gegebene Autorität entscheidend ist. Wichtiges Kriterium für die Gültigkeit einer T. ist hier nicht ihre positive Übereinstimmung mit dem Veda, sondern daß sie nicht mit ihm in Widerspruch steht. Während die Klärung der Frage nach der Überlieferungsautorität sich vor allem in den philos. Systemen abspielt, erhält die Lehre von Gott als dem Verkünder und Garanten der außervedischen hind. T. ihre volle Gestalt in den theol. Systemen des ↗Vishnuismus und ↗Shivaismus. Die gedankliche Entwicklung endet damit, daß der Viṣṇuismus seine kanonischen Pāñcarātra-Schriften dem Veda überordnet und alle Heilsüberlieferungen Viṣṇu zuschreibt, der kraft seiner Mächtigkeit fähig ist, in verschiedenen Gestalten die Heilswege zu lehren, die in der ind. Gesellschaftsordnung eine karmabedingte Ordnung von Heilsüberlieferungen bilden. Die Kehrseite einer exklusiv an Viṣṇu gebundenen Lehre bildet aber die Öffnung des Heils für alle in einem dharmagerechten Lebenswandel, der in gewissem Sinne auch als Verbot eines modernen Hinduismus angesprochen werden kann, der wesentlich in einem way of life besteht.

Lit.: *G. Oberhammer,* Die Überlieferungsautorität im Hinduismus: ders., Offenbarung, geistige Realität des Menschen. Wien 1974, 41–92; *ders. / H. Waldenfels,* Überlieferungsstruktur und Offenbarung. Wien 1980.

H. Waldenfels

Traditionelle Religionen/Naturvölker

I. Religionsethnologische Theorien. – II. Afrika. – III. Asien. – IV. Ozeanien. – V. Amerika

I. Religionsethnologische Theorien. Als Sozial- und Kulturwissenschaft sieht die Religionsethnologie (als Spezialisierung innerhalb der allg. Ethnologie) Religion als kulturelles Phänomen, das sie mit den ihr eigenen wiss. Methoden angeht. Dadurch wie auch durch ihre weitgehende Beschränkung auf die einfacheren, nicht-westl. Religionsformen unterscheidet sie sich von den individual- und sozialpsychol. und rel.-soziol. Ansätzen. Sie arbeitet aber eng, in gegenseitiger Ergänzung, mit diesen Wissenschaften zusammen, zumal heute vordergründige Interessenbereiche wie Mythologie, Symbolik, mystische Erfahrungen, Akkulturations- und Säkularisierungsprozesse, Synkretismus und prophetische Bewegungen konvergieren. Aber auch die Geschichte der rel.-ethnologischen Theorien weist darauf hin, daß eine klare Abgrenzung nicht möglich ist, insofern schon in der Frühphase Vertreter der Psychologie und Psychoanalyse wie *S. Freud* und der Soziologie wie *E. Durkheim, L. Lévy-Bruhl, H. Spencer* vornehmlich ethnographische Daten als Basis ihrer Theorien über den Ursprung der Religion und über die primitive Mentalität benutzten und Ethnologen (W. Schmidt u. a.) sich intensiv damit auseinandersetzten oder ihrerseits (E. B. Tylor, J. Frazer) durch psychol. Theorien inspiriert waren. Neuere theoretische Anleihen erfolgten von seiten der Religionsphänomenologie, soweit ihre Vertreter wie *F. Heiler, N. Söderblom, M. Eliade* mit ethnographischem Grundlagenmaterial arbeiteten.

Die Religionsethnologie setzt sich das Ziel, Glaubensanschauungen, Rituale und moralische Normen der Völker zu analysieren und transkulturell zu vergleichen, um so zu generalisierenden Aussagen über Religion und Gesellschaft, Religion und Kultur zu gelangen. In der älteren Phase stand die Frage des Ursprungs und der frühen Entwicklung der Religion im Vordergrund. Man glaubte, aus den rel. Vorstellungen und Praktiken rezenter Primitivvölker auf entsprechende rel. Formen in der Urzeit schließen und damit die Frage ihres Entstehens lösen zu können. Während die Evolutionisten aufgrund z. T. eher fragwürdiger ethnographischer Daten und hist. Spekulationen eine einseitig progressistische Entwicklung aus einem primordialen Seelen-, Geister- oder Ahnenglauben (E. B. Tylor, H. Spencer) oder aus einem primitiven Zauberglauben (R. R. Marett, J. G. Frazer, K. T. Preuss), verbunden mit totemistischen Vorstellungen (R. Smith, E. Durkheim, S. Freud), postulierten, vertraten frühe Kulturhistoriker, bes. W. Schmidt, eine weithin regressive Entwicklung von einem monotheistischen Gottesglauben und hohen ethischen Normen der „Urkultur" zu den stärker magisch und animistisch orientierten späteren Kulturen. Trotz des immensen Kompendiums systematisch gesammelter Mythen und damit einer weniger fragwürdigen ethnographischen Basis und trotz des Anspruchs größerer Wissenschaftlichkeit in der Analyse und im transkulturellen Vergleich der Daten beurteilt man heute die Darstellung der primitiven Religion in W. Schmidts „Ursprung der Gottesidee" in verschiedenen Punkten als Überzeichnung und seine Rückschlüsse für die Religion der Urzeit als unbewiesen. Manche sehen aber darin noch heute ein Monument für die Religiosität einfachster Wildbeutervölker, das, wenn auch nicht den Anfang, so doch ein respektables Alter des Gottesglaubens dokumentiert.

Es liegt in der Natur der Ethnologie als

Kulturwissenschaft, daß sie sich mit den kulturtypischen Erscheinungsformen des Religiösen befaßt. Die Systematik der Religionsphänomenologen in ihren Klassierungen des Sakralen, vor allem aber Eliades klass. Deutung und Theorie des Mythen/Riten-Kontinuums, haben viele rel.-ethnologische Analysen befruchtet, auch wenn kritische Stellungnahmen dazu nicht fehlen.
In der strukturfunktionalistischen Schule der von B. Malinowski und A. R. Radcliffe-Brown begründeten britischen Sozialanthropologie ist das Thema „Religion" lange Zeit wenig im Vordergrund gestanden. Ihre frühen Vertreter übernahmen weithin von E. Durkheim, T. Parsons u. a. die Betonung der sozialen Funktion des Religiösen zum Nutzen der Gesellschaft, zur Stützung ihrer normativen Ordnung und damit zur Sicherung ihrer Kontinuität. Durkheims Divinisierung der Sozietät wurde aber von ihnen nicht übernommen. Neuere Autoren, wie E. Leach, R. Firth, M. Douglas, V. Turner, D. Sperber, haben z. T. durch strukturalistische oder semiotische Theorien inspiriert, in den letzten 20–30 Jahren Bedeutendes zur theoretischen Diskussion und zur Verfeinerung der Analysen im Bereich der Mythen, Riten und Symbolik beigetragen.
Besondere Bedeutung hat die strukturale Mythendeutung von C. Lévi-Strauss erlangt. Er sieht in der Struktur der Mythen vorab eine Dialektik von binären Oppositionen, deren Mediation schließlich Botschaft und Sinn der Mythen, letztlich aber das Operieren des menschlichen Geistes offenbare.
Um die Frage eines tieferen Verstehens der Sinnstrukturen der Symbole und deren Beziehung zu den soziostrukturellen und psychol. Funktionen geht es schließlich dem amerik. Anthropologen C. Geertz, der in seinen anspruchsvollen Arbeiten Religion als Symbolsystem definiert.

Lit.: *J. Waardenburg,* Classical Approaches to the Study of Religion. 2 Bde. Den Haag 1973, 1974; *F. Whaling,* (Hg.), Contemporary Approaches to the Study of Religion. 2 Bde. Berlin 1984, 1985; *E. E. Evans-Pritchard,* Theorien über primitive Religionen. Frankfurt 1968.

II. Afrika (↗Ahnenkult IV; Magie). Die komplexe hist. Situation (extra- und intrakontinentale Wanderungen, ethnische Mischungen und Überlagerungen seit prähist. Zeiten, die enorme Expansion von Islam und Christentum und moderner materialistischer Ideologien), die z. T. damit verbundene unsichere Quellenlage (Unvollständigkeit, Oberflächlichkeit und auch ideologische Voreingenommenheit schriftlicher und oraler „Zeugnisse") sowie die tatsächliche Vielfalt rel.-ritueller Ausdrucksformen machen – abgesehen von den grundlegenden kognitiven Barrieren – jeglichen Versuch einer Gesamtdarstellung schwarzafrik. Religion(en) schwierig und fragwürdig. Trotz zahlreicher Aufzeichnungen von Originaltexten und monographischer Bearbeitungen durch Missionare, Religionsforscher und Ethnologen und trotz einer Anzahl zusammenfassender Werke bleibt das Bild in manchem unscharf. Dennoch lassen sich markante Linien und Akzente erkennen, und renommierte Autoren gehen z. T. sogar so weit, daß sie von afrik. Religion (im Singular) sprechen. Sie wissen zwar um die Vielfalt der Ausdrucksformen; sie sehen aber gleichzeitig wesentliche Grundideen und zentrale rel. Vorstellungen, welche den schwarzafrik. Völkern weithin gemeinsam sind.
Ganz allg. wird in diesem Kontext die integrative Kraft und Funktion des Religiösen im Leben des Individuums und der Gruppe hervorgehoben, mehr konkret: der bei sehr vielen afrik. Völkern bezeugte Glaube an einen Hochgott in der Gestalt einer transzendenten Schöpfer- oder Himmelsgottheit. Verschiedene Mythen berichten von seiner primordialen sorgenden Nähe zu den Menschen, aber auch von seinem Rückzug in den „Himmel" und dem damit meist verbundenen Ursprung des Todes in der Welt, als die Menschen begannen, ihn und seine Gebote zu mißachten. Der darauf und auf das „Fehlen kultischer Verehrung" gründende *„deus otiosus"*-Begriff kann aber für die traditionellen afrik. Religionen nicht als allg. gültig angesehen werden. Wenn, vor allem bei westafrik. Völkern, auch andere Himmels- und Erdgottheiten und Naturgeister, die den Menschen näher sind, kultisch verehrt werden und, damit verbunden oder auch selbständig, vielen Objekten supranaturale Kraft und Mächtigkeit zugeschrieben werden, so

sieht man doch letztlich in ihm den Walter über dem Kosmos und dem Schicksal der Menschen und die höchste Autorität der moralischen Ordnung. Nicht selten wird er auch, sei es an erster Stelle mit seiner „Gemahlin", der Erde, sei es an letzter Stelle der steigenden Hierarchie der Ahnen und Gottheiten, angerufen, vornehmlich unter dem Titel „Vater", bei einzelnen Völkern auch als „Vater und Mutter". Manche sprechen darum von einem recht lebendigen Gottesglauben und neben der Transzendenz auch von seiner Immanenz.

Trotzdem hat man nicht ganz zu Unrecht von einer anthropozentrischen und diesseitsorientierten Weltanschauung gesprochen, dies nicht etwa im Sinn einer säkularisierten Abkehr, wohl aber einer fundamentalen Betonung des menschlichen Heils und Schicksals und seiner Sorge um Leben, Existenz und Kontinuität in dieser Welt. Erhaltung und Entfaltung, Schutz und Weitergabe des urspr. von der Schöpfergottheit erweckten Lebens, Abwehr von Krankeit und Tod erscheinen direkt oder indirekt als tiefste Sinngebung und Ziel aller Individual- und Kommunialriten und Gebete, ob diese im Zyklus von Aussaat und Ernte oder in den Feiern der Lebensstufen und ihrer Krisen stattfinden. Es ist die Natur selbst, welche in ihren Regen- und Trokkenzeiten die zyklische Sequenz von Geburt und Tod vorzeichnet; es sind die mannigfachen Fruchtbarkeits-, Initiations- und Schutzriten, in welchen die menschliche Gemeinschaft die Leben/Tod-Dichotomie im Sieg des Lebens zu überwinden hofft. Nicht „Beatifikation" in einem fernen Himmel ist das Endziel, sondern die über den Tod hinausreichende Verbundenheit mit Schicksal und Wohl der Nachkommen im Zyklus der Generationen: Zum Ahnen zu werden nach einem erfüllten, mit Kindern gesegneten Leben ist Ziel und Inhalt der erhofften „Beseligung" und damit die Finalität des Menschen. Die tägliche Unheilserfahrung – Krankheit, Dürre, Hunger, Sterilität, Kindersterblichkeit – belastet von jeher die afrik. Völker. Der Wahrsager, der aufgrund seiner Initiation, seiner supranaturalen Verbindungen und Divinationstechniken den Kode der mystischen Ursächlichkeiten des Unheils und die rituellen Wege des Heilens kennt, ist neben den Spezialisten der Reinigungs-, Sühne- und Heilriten der große Mittler zwischen den mystischen Mächten und Menschen. Durch seine Anweisungen wird er zum Initiator neuer Kulte, aber auch zum Verbreiter des Hexenglaubens (↗Hexen) und der Beschuldigungen der Unheilmagie. In den Ritualen und *„Theophanien" figürlicher* (↗Masken, Statuetten) und nicht-figürlicher Sakralobjekte, in den tabuisierten hll. Zeiten und Übergängen des Lebens, in den meist eng mit der Natur verbundenen Kultstätten und kosmischen Über- und Einordnungen (vgl. Dogon, Bambara u.a.) offenbart sich eine Vielzahl symbolischer Ausdrucksformen. Für den Afrikaner sind es mehr als bloße Expressivsymbole und Analogien; sie signifizieren Partizipation, Teilhabe an der mystischen Kraft, welche in ihnen zum Ausdruck kommt.

Lit.: *J. S. Mbiti,* Concepts of God in Africa. London 1970; *E. B. Idowu,* African Traditional Religion. London 1973; *D. Zahan,* Religion de l'Afrique Noire: Histoire des Religions III. Paris 1976, 572–653.

H. Huber

III. Asien. Zwei Typen ethnischer Gruppen werden hier als Naturvölker betrachtet: 1. Jäger und Sammler: z.B. die Bhil (Indien), die Negritos (Andamanen, Malaiische Halbinsel, Philippinen) und die Paläosibirier (Tschuktschen, Jukagiren); 2. Hirtennomaden, Rodungs- und höhere Feldbauern wie die Völker der Dravida- und Munda-Sprachen (Indien), der tibeto-birmanischen (Assam, nördl. Hinterindien), tai-kadaischen (Hinterindisches Bergland, Südwest-China) und austronesischen Sprachgruppen (Indonesien, Philippinen, Taiwan) sowie Völker ugrischer, samojedischer oder tungusischer Sprachen (Sibirien). Den Religionen dieser Völker ist gemein, ein integraler Teil der Kultur zu sein und deren Grenzen nicht zu überschreiten.

Diese Religionen sind ein Teilaspekt des Bemühens, den Menschen und seine Umwelt als sinnvoll aufeinander angewiesene Teile eines geordneten Ganzen zu begreifen, und werden von der natürlichen Umwelt mitgeprägt. Das Begreifen ist nicht systematisch, sondern eher eine Antwort auf bestimmte drängende Fragen. So kümmern sich manche Primitivstämme Indiens kaum um die Anfänge der Welt und der Menschheit, während sich bei anderen Gruppen eine Vielfalt von Erklärungen in den Mythen findet. Die Bhil sagen, der Hochgott *Bhagavan* habe die ganze Welt erschaffen, oft aber macht so ein Gott nur den Anfang und überläßt die Ausführung einem Gehilfen wie dem Riesen *P'an-ku (Nung)*. Solche Wesen korrigieren die Schöpfung durch Heldentaten wie das Abschießen überzähliger Sonnen (Sonnenschußmythe: *Miao*) und schaffen die normalen Lebensbedingungen. Die Erde kommt manchmal einfach aus dem Himmel auf das Urmeer herab *(Semang)* oder wird von dessen Grund heraufgeholt (Tauchmotiv: *Garo*). Ein hl. Streit zwischen einem Wesen der Ober- und einem der Unterwelt bringt alle Dinge hervor (Ngadju Dajak). Der Entstehung der Menschen wird oft besondere Aufmerksamkeit geschenkt. Nach einem in Südwest-China verbreiteten Motiv überlebt ein Geschwisterpaar eine alles vernichtende Flut und wird auf Weisung der Gottheit zum Stammelternpaar. Aus der Hochzeit von Himmel und Erde werden die Menschen geboren (Ostindonesien), oder sie stammen von einem Hundestammvater (Yao) oder einem Froschpaar ab, wobei sie sich im letzten Falle erst langsam zu Menschen entwickeln (Mon-Khmer).

Zum Ganzen dieser Welt gehören auch die überirdischen Wesen, die Gottheiten und Geister. Ein Hochgott, der meist auch der Schöpfer ist (Assam), nimmt oft eine Sonderstellung ein, denn er wohnt im Himmel und sorgt für alles (Tungusen), aber er schaltet sich nicht in den Lauf der Dinge ein und wird gar nicht oder nur in schwierigen Fällen angerufen. Die Geschäfte der Welt sind Gottheiten mit deutlich begrenzter Zuständigkeit anvertraut wie die Fruchtbarkeit von Feld und Mensch, bestimmte Orte oder Gruppen. Für die Jäger sind Berg- und Waldgottheiten von Bedeutung, die als „Herren der Tiere" Beute gewähren (Tungusen, Tschuktschen). Bei den Pflanzern finden sich Dema-Gottheiten, deren urzeitlicher Tod den Menschen die Nutzpflanzen und den Tod brachte. Diese Wesen sind gewöhnlich nicht sichtbar, doch können sie sich im Traum (dem Jäger) auf der Jagd offenbaren. Ihre Welt ist verschieden von der des Menschen, aber nicht so, daß sie nicht auch gleichzeitig deren Teil wäre. Der Mensch trägt etwas von diesen Wesen in sich selbst, so daß er selber manchmal eine Gottheit werden kann (Gond). Im Denken vieler dieser Völker hat der Mensch zwei oder mehr Seelen. Die eine, die „Wind- und Lebensseele" *(Batek)*, belebt den Körper und kehrt beim Tod an ihren Ursprung, z.B. zum Hochgott, zurück. Die andere, die Schatten- oder Freiseele, wird erst beim Tod des Menschen voll aktiv. Den ganzen Toten, seine volle Persönlichkeit darstellend, lebt sie im Jenseits, das man sich oft wie ein umgekehrtes Diesseits vorstellt. In den Totenriten wird sie dorthin geleitet, bleibt aber noch eine Zeitlang auf die rituelle Aufmerksamkeit der Hinterbliebenen angewiesen. Unerläßliche Bedingung, in diese Welt eintreten zu können, ist ein „guter", nach einem erfüllten Leben erfahrener Tod. Durch einen verfrühten oder in der Fremde erlittenen „schlimmen Tod" wird der Tote zu einem gefährlichen Geist, der Unheil und Krankheit beschert (Ngadju Dajak). Bes. bei Bodenbauern findet sich oft ein Ahnenkult, in dem einzelne gute Tote ausgezeichnet und verehrt werden (Karen, Kachin). Ahnen und Gottheiten beschützen gemeinsam die Menschen und wachen über die alles umfassende Ordnung *(adat)*. Wird sie durch Tod oder Vergehen (Inzest) zerstört, so trifft das immer die ganze Gemeinschaft, die danach als ganze an der Wiederherstellung der Ordnung beteiligt sein muß (Ngadju Dajak). Dafür sind ausgedehnte Riten notwendig, die früher Kopfjagd oder ↗Menschenopfer eingeschlossen haben. Die Hauptfunktionäre bei solchen Handlungen sind Priester, doch als Mittler zu den überirdischen Wesen sind mancherorts Schamanen (↗Schamanismus) bes. wichtig. Sie können über die Geister verfügen, weil sie mit ihnen gleichen Wesens sind (Batek) oder als „Herren der Geister" über sie gebieten können (Tungusen).

Die früheren Kolonialregierungen haben Riten wie die Kopfjagd oder das Menschenopfer als grausam unterdrückt.

Heute sind diese Religionen einem sie stark verändernden Druck von seiten proselytierender Religionen oder fortschrittlicher Staatsideologien ausgesetzt, so daß es nur mehr eine Frage der Zeit scheint, daß manche von ihnen vergehen werden.

Lit.: *A. Bareau u.a.,* Die Religionen Indiens III: Buddhismus – Jinismus – Primitivvölker. Stuttgart 1964; *G. Condominas,* Nous avons mangé la forêt de la pierre-génie Gôo. Paris 1974; *K. Endicott,* Batek Negrito Religion. Oxford 1979; *A. Höfer u.a.,* Die Religionen Südostasiens. Stuttgart 1975; *E. Jensen,* The Iban and Their Religion. Oxford 1974; *I. Paulson u.a.,* Die Religionen Nordeurasiens und der amerik. Arktis. Stuttgart 1962; *W. Stöhr u.a.,* Die Religionen Indonesiens. Stuttgart 1965; *W. Stöhr,* Die altindonesischen Religionen. Leiden 1976.

P. Knecht

IV. Ozeanien. Die Religionen des geographischen Gebietes, das Polynesien, Mikronesien und Melanesien umfaßt, sind gekennzeichnet durch eine große Vielfalt, die eine Beschreibung derselben beinahe unmöglich macht. Stellt man hingegen die verschiedenen Religionen in einem Diagramm dar, ergibt sich, daß die vertikale Achse stellvertretend für verschiedene Formen des ↗Theismus steht, die horizontale unterschiedliche biokosmische Religionsformen vertritt. Unter biokosmischer Religion ist eine rel. Erfahrung zu verstehen, in der das „Letzte" als „Leben", als Quelle von allem was Wert hat, erfahren wird. Jeder und jedes nimmt in verschiedenen Graden Anteil an diesem „Leben", und diese verschiedenen Grade der Anteilnahme bestimmen den Wert, die Bedeutung und die Macht von allem, was ist.

Im allg. scheint in polynesischen Kulturen, in denen die ererbte Macht der Stammesführer die Gesellschaft gestaltet, der ↗Polytheismus vorzuherrschen, hingegen tritt in egalitären melanesischen Gesellschaftssystemen der biokosmisch-rel. Anteil verstärkt in Erscheinung.

Am ehesten beschreibt man die verschiedenen Religionen Ozeaniens aufgrund einiger, all diesen Religionen mehr oder weniger gemeinsamer Aspekte.

1. In den Religionen Ozeaniens wird unter *Leben* die Wirklichkeit verstanden, die wirkungsvoll positiv sich ausdrückt in Gesundheit, Reichtum, Ansehen, Erfolg, Lebenssinn, guten Beziehungen usw. Leben gehört aber nicht allein zur biologischen, insbesondere menschlichen Existenz. Es kann in einer umfassenderen Bedeutung und einem tieferen Sinn eine Daseinsweise ohne „lebendiges Leben" geben. In den Mythen wird oft von einer Zeit gesprochen, in der dieses „Leben" nicht gegenwärtig war. Das „Leben" kann zunehmen und abnehmen, die Menschen können es nicht erschaffen, nur auf es aufpassen, es am Dahinschwinden hindern. Die Quelle des „Lebens" ist somit nicht menschliches Werk oder Errungenschaft, sondern – wie in vielen anderen Kulturen – der gewaltsame Tod und das Begräbnis eines vorzeitlichen Wesens. Solch ein Wesen wird *Dema* genannt – ein Ausdruck, der von den Marind Anim an der Westküste Irian Jayas stammt. Die Menschen aber können das lebengebende Ereignis durch ein vorgeschriebenes Ritual – gewöhnlich durch das Opfern eines Tieres (Schwein) oder sogar eines Menschen – gegenwärtig machen. Dieses Ritual wurde, selbst in den Mythos hineingestellt, in einer Zeit, die außerhalb der Erinnerung liegt, herabgereicht. Wenn Menschen das, was der *Dema* am Anfang tat, sich vergegenwärtigen, nehmen sie zusammen mit dem gesamten Kosmos Anteil an diesem „Leben". Das „Leben" muß durch gute Beziehungen immer wieder erneuert werden. Gebrochene Beziehungen sind wie verstopfte Kanäle: kein „Leben" kann hindurchfließen. Durch Verbesserung oder Wiederherstellung einer Beziehung kann „Leben" wieder ungehemmt fließen. Um aber eine Beziehung wiederherzustellen, zu erhalten oder zu erneuern, ist gegenseitiger Austausch von sicht- und greifbaren Gaben nötig. Oft wurde dieser Austausch, der sich mit den Ahnen und Geistern vollzieht, als „Opfer" bezeichnet, obwohl es sich hier lediglich um einen Austausch sozialer Art handelt.

2. Vielen Religionen Ozeaniens liegt eine Erfahrung von *kosmischer Beziehung* zugrunde, die zwischen allen Bereichen des Universums, Mensch, Tier, Pflanze und stofflicher Welt besteht. Dabei wird das Universum verstanden als ein System kommunikativer Gefäße: falls ein Gefäß mit Wasser gefüllt wird, füllen sich die anderen ebenso. Die Form der Gefäße hat dabei keinen Einfluß auf den Stand des Wassers in ihnen. In gleicher Weise

unterscheiden sich Menschen von Tieren und Pflanzen; zugleich aber beeinflußt eine Zunahme an Leben im menschlichen Bereich die Fülle an Leben in anderen Bereichen des Universums. Diese kosmische Sicht macht die Religion zu einem festen Bestandteil aller Teilaspekte des Lebens; sie liefert die Grundanschauung und Hauptquelle für Wissen und macht die technische Erklärung gegenüber den rel. sekundär. Die Religionen Ozeaniens sind aber nicht an abstrakter Wahrheit, sondern an der Wirksamkeit interessiert, d.h., die rel. Frage ist nicht die nach theoretischer Wahrheit, sondern nach dem Wohlsein, Wohlbefinden. Die Praxis bestimmt die Gültigkeit des Wissens, da nur in und durch die Praxis die Wirksamkeit einer rel. Wahrheit geprüft werden kann.

3. Die Religionen Ozeaniens sind auf den *Stammesverband, den Klan,* fixiert und begrenzt. „Leben" und Kosmos sind begrenzt auf „Leben" und Kosmos des eigenen Klans. Was außerhalb des Klans ist, hat eine periphere oder keine Bedeutung. Die Riten kosmischer Erneuerung erneuern ausschließlich die Lebenswelt des eigenen Klans.

4. Eine zentrale Stellung innerhalb des biokosmischen Religionssystems kommt den *Ritualen* zu. Sie sind keine menschlichen Erfindungen. Sie beruhen auf vorgegebenen, empfangenen Regeln, denen Gehorsam zu leisten ist. Der Vollzug ist keine magische Handlung, sondern Ausdruck wahrer Religion.

5. Weil „Leben" zentral und Religion eine Suche nach „Leben" ist und diese die Gestalt von Ritualen annehmen muß, halten die Religionen Ozeaniens Ausschau nach immer effizienteren Ritualen. Die gegebenen Rituale sind nicht statisch, sondern offen für *Veränderung und Wechsel.* Von Generation zu Generation werden Rituale weitergereicht, aber hier liegt das Problem: Die Menschen vergessen, das Gehörte wird nicht mehr vernommen, das Überkommene nicht korrekt tradiert, mit dem Ergebnis, daß die Riten nicht mehr mit der Norm übereinstimmen. Sie werden zu Menschenwerk und zeugen nicht mehr vom Gehorsam gegenüber der vorgegebenen Ordnung. Eigentlich ändern sich die Religionen Ozeaniens nicht in ihrer grundsätzlichen Haltung, in der Suche nach „Leben", sondern nur in den Ritualen, in der Art und Weise, dieses „Leben" zu erlangen. Das Motiv für Veränderung ist empirische Einsicht. Wenn man sieht, daß ein Ritual nicht wirksam ist, muß es folglich falsch sein und ein neues Ritual, das mit den gegebenen Regeln übereinstimmt, gefunden werden. Anders gesagt: Alte Rituale, die sich als wirkungslos erwiesen haben, werden durch neue, wirkungsvollere ersetzt.

Diese Situation der Fortsetzung grundsätzlicher Glaubenshaltungen bei ständigem Wechsel von Ritualen bietet aber die Möglichkeit, daß Menschen ihrer traditionellen Religion treu bleiben und gleichzeitig mit gutem Gewissen christl. Praxis folgen: Lesen der Bibel, ↗Gebet, ↗Sakramente und Liturgie können neue Rituale der alten Religion sein.

6. Ritual ist der „offenbarte" Weg von Handlung. Die Mythen erzählen uns, daß die Person, die Wissen erwarb, dieses oft geheimhielt. *Geheimnis und Wissen* bezeichnen dieselbe Wirklichkeit, allerdings von je verschiedenen Standpunkten aus. Es ist allg.-menschliche Erfahrung, daß Menschen Erfolg haben, weil sie etwas wissen, das sie nicht mit anderen teilen. Selbst wenn sie zu teilen vorgeben, ist dies oft nicht wahr, weil der Erfolg den angewandten Mitteln nicht unmittelbar folgt. Deshalb wird das Geheimnis zur Bezeichnung für wirksames Wissen, während nicht-geheimes Wissen zur Bezeichnung für fast nutzloses Wissen wird. Ein Geheimnis muß daher, um machtvoll zu sein, ein Geheimnis bleiben. Ein Geheimnis zu enthüllen heißt, es seiner Wirkmächtigkeit zu berauben.

Zieht man die auf den Klan beschränkte Einstellung traditioneller Religionen in Betracht, ist zu verstehen, daß man aus Sorge um den eigenen Klan Wissen nicht anderen Klans weitergeben kann, da sie immer potentielle Feinde sind. Das Geheimnis wird somit zum Ausdruck von Klanismus, von Nicht-Vertrauen, von Mangel an Interesse an anderen.

7. *Ahnen* spielen in den Religionen Ozeaniens eine sehr bedeutende Rolle. Soziologisch gesehen besteht eine Gemeinschaft aus Lebenden und Toten. Gute Beziehungen zu den Verstorbenen sind

wichtig, um „Leben" zu erhalten, nicht weil sie tot sind, sondern weil sie Mitglieder der Gemeinschaft sind. Wird eine gebrochene Beziehung zu den Ahnen vermutet, muß der grundlegende Zustand guter Beziehungen wiederhergestellt werden. Das Opfer, das den Ahnen dargebracht wird, charakterisiert diese nicht als Götter, ist vielmehr Ausdruck ungestörter Beziehungen innerhalb des biokosmischen Systems. Die Stammesältesten sind diejenigen, die das Wissen und die Geheimnisse besitzen, bewahren und weiterreichen. Träger dieser Macht bzw. dieses Wissens bleiben auch die verstorbenen Ältesten, die ebenso wie große Männer und Stammesführer idealisiert werden. Die Kommunikation mit ihnen bedeutet Anteilnahme an ihrem Wissen. Mit „Religion" hat dies alles wenig zu tun. Man erwartet von den Mitgliedern einer Gemeinschaft, daß sie so handeln.

8. Ein weiterer bedeutender Aspekt vieler Religionen Ozeaniens sind die sog. *Geister*, von denen es viele verschiedene Kategorien gibt, zum einen die Gruppe solcher Wesen, wie z. B. die Anutu, die man als Höchste Wesen oder Schöpfergötter bezeichnen könnte, sodann die Kategorie der Himmelswesen, wie z. B. die der Engas. Es gibt zudem die Gruppe der Kulturheroen, Wesen, die am Anfang der gegenwärtigen Zeit die Welt gestalteten und den Menschen ihre Kulturgüter gaben, ferner die Kategorie der Dema, Wesen, die durch ihren gewaltsamen Tod die Grundnahrungsmittel oder andere entscheidende Kulturgüter, wie Zuckerrohr, Schweine u. a., hervorbrachten. Schließlich sind die Ahnen- und Waldgeister zu nennen.

Fragt man nach der Bedeutung der Geister, so muß man von der kosmischen Sicht der Religionen Ozeaniens ausgehen. Die grundsätzliche Erfahrung ist die der wechselseitigen Bezogenheit aller kosmischen Erscheinungen. Die wechselseitige Beziehung zwischen Mensch und Natur ist symbolisiert und ausgedrückt durch den Begriff Geister. Geister sind wirklich, wenn auch nicht in der Weise westlichen Denkens. Sie sind Symbole für wirkliche wechselseitige Abhängigkeiten und Beziehungen und müssen innerhalb dieses Zusammenhangs verstanden werden. Sie sind nicht Geschöpfe wie Menschen und Tiere, sondern reine Beziehung. Die wechselseitige Abhängigkeit ist sehr real. Da der Mensch des Westens meint, man rede über Geschöpfe, nicht über Beziehungen, kam es zu dem Mißverständnis, das seinen Ausdruck im Begriff ↗Animismus fand. Dieser wird zur Beschreibung vieler Religionen Ozeaniens verwendet. Animismus ist jedoch nicht Reflexion und Beschreibung des ozeanisch-rel. Systems, sondern eine Aussage über ein Mißverständnis westlichen Denkens und sollte daher ebenso fallengelassen werden wie der Ausdruck „primitiv" als Bezeichnung für urspr. Religionen (engl.: *primitive*, jetzt: *primal*).

9. Aus alldem erhellt die Bedeutung guter Beziehungen und die Funktion des Austausches in der Errichtung und Wiederherstellung dieser Beziehungen. Die auf Austausch basierende wechselseitige Bezogenheit ist wesentlicher Bestandteil der Religionen Ozeaniens. Menschen erwarten etwas von jedem Wesen, mit dem sie in Beziehung treten, sei es der Nachbar, ein Geist oder der christl. Gott. Eine Beziehung, die nicht erfahrbar durch einen Austausch ausgedrückt ist, existiert nicht. Man erwartet, daß sich die rel. Seinseinheiten auch materiell in gleicher Weise verhalten. Für die Frage, die durch die Gabe angestrebt und ausgedrückt wird, gilt, daß auf der Ebene der Realität der materiellen Gabe mehr Bedeutung beigemessen wird, auf der ideellen Ebene aber die Beziehung im Zentrum steht.

Lit.: *H. Nevermann*, Die Religionen der Südsee: ders. u. a., Die Religionen der Südsee und Australiens. Stuttgart 1968, 1–123. *E. Mantovani*

V. Amerika. Auf dem fast von Pol zu Pol reichenden Doppelkontinent kommen alle Klimate mit den jeweils entsprechenden bzw. möglichen Lebensformen vor. Im krassen Gegensatz zur dünnen Besiedlung steht die Vielzahl verschiedener Völker und Stämme (ca. 1000) mit etwa 600 verschiedenen Sprachen (über 5000 Idiome). Den Lebensformen (u. a. ↗Jäger- und Sammlerkulturen; Ackerbaukulturen) entspricht eine Vielfalt rel. Vorstellungen, die mit Ausnahme derjenigen der ↗Indianischen Hochkulturen auch als indianische Religionen angesprochen werden. Ausgenommen ist ferner die Reli-

gion der Inuit (Eskimo), die als jüngste Einwanderer nicht zu den Indianiden zählen, wenngleich sich aufgrund der gemeinsamen „Urheimat" (Nordostasien) Parallelen aufweisen lassen.
Allen indianischen Völkern gemein war die Vorstellung einer zweigeteilten Welt, einer natürlichen und einer übernatürlichen. Die natürliche, bewohnte Welt war die Erdplatte. Der darüberliegende Himmel wurde von vier (hl. ↗Zahl) (Eck-) Pfählen oder einem Mittelpfahl gestützt. Dieser „Weltbaum" stellte die Verbindung zwischen Menschen und Himmel dar; seine Wurzeln reichten dagegen in die Unterwelt. Der Lebensraum des eigenen Volkes bildete den Mittelpunkt dieser Welt, während Nachbarvölker an ihrem Rand lebten und hinter dem (begrenzten) Horizont, jenseits der Wüsten oder Berge das Meer begann, das Chaos, das Reich der Toten. Letzteres wurde auch im Himmel oder unter der Erde vermutet. Alle Toten kamen unterschiedslos in ein und dasselbe Totenreich, meist als glücklicher Ort (z.B. die „ewigen Jagdgründe" der Jägerstämme) gedacht, aus dem eine Rückkehr nicht befürchtet wurde. Angst vor schädlichem Einfluß der Toten war kaum verbreitet, eigentlicher ↗Ahnenkult unbekannt. – Welt und Mensch waren nicht mehr die erste Schöpfung; beide wurden mehrfach vernichtet und neu geschaffen, genaugenommen geformt, denn eine Schöpfung ex nihilo war weitgehend unbekannt; vielmehr wurde aus vorhandener „Masse" geformt und gestaltet. Urheber bzw. Gestalter war ein Schöpfergott: nicht identisch mit dem Höchsten Wesen, aber auch nicht immer eindeutig von ihm geschieden. Sein Assistent, aber auch (untergeordneter) Gegenspieler, war der oft in Tiergestalt auftretende Kulturheros (Heilbringer) oder ↗Trickster (Schelm), durch den Güter (z.B. Feuer) ebenso wie Übel (z.B. Tod) in die Welt kamen. Heros und Trickster können identisch, aber auch zwei verschiedene Gestalten sein. Mit Abschluß der Schöpfung endete auch die Zeit des Schöpfers und seines Assistenten, die zu Hauptfiguren eines reichen Mythenschatzes wurden, der überwiegend Unterhaltungswert besaß. Während in Nordamerika die Schöpfung der Welt im Vordergrund stand, war es in Südamerika die des Menschen. – Aktuelle und aktive Verehrung genoß dagegen ein Höchstes Wesen (Hoch-, Himmels-, Vatergott) als Erhalter der Ordnung und Schützer der Menschen. Neben ihm existierte eine Vielzahl an Geistern: atmosphärische Mächte (Blitz, Donner, Regen, Wind), an Naturlandschaft (Schirmherr der Tiere, Berggötter, Wassergeister) bzw. Kulturlandschaft gebundene Mächte (Mutter Erde, Saatgeister) sowie unterirdische Geistwesen. Aufgrund ihrer eindeutig dem Höchsten Wesen untergeordneten Position kann hier nicht vom ↗Polytheismus einer geschichteten Religion gesprochen werden. Die Geister sind vielmehr Manifestationen oder Funktionen des Höchsten Wesens (z.B. Donner als seine Stimme). Eine besondere Rolle kam „Mutter Erde" zu; sie war eine Gestalt teils der Mythen, teils der lebendigen Alltagsreligion und verlieh der Erde (und den Menschen) Fruchtbarkeit. Der Hochgottglaube fand seine stärkste Ausprägung auf Feuerland; das Höchste Wesen der Selknam war zugleich transzendenter, unsinnlicher Schöpfergott (Parallelen zum jüd.-christl. Gott sind vielfach aufgezeigt worden). Bei den vom mexikanischen Hochland beeinflußten nordamerk. Pawnee regierte *Tirava atius* im höchsten Himmel; Sterne, Winde, Blitze, Donner waren seine Abgesandten. Bekanntester Hochgott dürfte jedoch *Manitu*, der „Große Geist" (besser noch: „Großes Geheimnis") der Algonkin sprechenden Stämme, sein. Das Höchste Wesen wurde als ehrfurchtgebietende, menschenähnliche Gestalt oder als schwer greifbare, aber überall wirksame Macht (z.B. das *orenda* der Irokesen) gedacht. Bei den Prärieindianern war das Höchste Wesen der Himmelsgott, dem zu Ehren der Sonnentanz aufgeführt wurde. Als Neujahrsfest wiederholte er symb. die Weltschöpfung, erneuerte dadurch Welt und Leben und war zugleich Dank für vergangene und Bitte um künftige Wohltaten. Neben Gebeten, Tabak (hl. Pfeife), Kasteiungen (bis zur Selbstverstümmelung) waren Tänze und Tänzer höchstes Opfer. Durch strengstes Fasten bereiteten sich die Tänzer auf die Zeremonie vor, die in einer eigens errichteten Sonnen-

tanzhütte („Neulebenshütte") stattfand, die in ihrer Gestaltung ein Abbild der Weltordnung darstellte (↗Mikrokosmos – Makrokosmos). Die Mächte, die Leben schenkten und deren Mitleid erregt werden sollte (Erde, Büffel), waren in den Tänzern anwesend. Insgesamt waren die Opfer unblutiger; ↗Menschenopfer wurden nicht praktiziert, wohl aber sakraler Kannibalismus (vor allem in Südamerika). Neben Medizinmänner und Schamanen (↗Schamanismus) mit ihren herkömmlichen Aufgaben traten Visionäre, deren Bedeutung mit der Tendenz zum Individualismus bzw. der Bewertung des persönlichen rel. Erlebens zusammenhing. Bei vielen Prärie- und Plainsstämmen gehörte der visionäre Schutzgeisterwerb zur Mannesreife. Dieser Schutzgeist (meist in Tiergestalt: „Medizintier"), der sich nach strengstem Fasten in völliger Einsamkeit in Wachvisionen einstellte, machte seinen Schützling der eigenen, übernatürlichen Kraft teilhaftig und verlieh ihm u. a. Jagdglück. Stammesangehörige mit dem gleichen Schutzgeist schlossen sich zu (Geheim-)Bünden zusammen, die neben Einweihungsriten über bes. Zeremonien (vor allem Tänze) verfügten.
Noch Ende des vorigen Jh. entstand eine neue indianische Bewegung: der Geistertanz. Der Paiute Wovoka hatte in einer Vision von einer bald hereinbrechenden besseren Welt erfahren, deren Ankunft er und seine Anhänger durch Rundtänze beschleunigen sollten. Der Kult erlebte als Möglichkeit der Wiederbelebung alter Kultur rasche Verbreitung (vor allem im Nordwesten der heutigen USA), erhielt aber bei den Präriestämmen deutlich aggressive Züge: Sie erwarteten den Anbruch dieses Reiches nach dem Untergang der Weißen. Die Indianer kleideten sich in lange weiße Geistertanzhemden, die sie gegen die Kugeln der Weißen schützen sollten. Unverständnis und Nervosität der Weißen führten 1890 zum Massaker bei Wounded Knee, dem indianische Männer, Frauen und Kinder zum Opfer fielen. Damit war der Geistertanz als rel. Bewegung, die in ihrer eschatologischen Perspektive, ihrer Sehnsucht nach einer besseren Welt von christl. Ideen inspiriert war, erledigt. – Nur oberflächliche Berührung mit dem Christentum charakterisierte eine in Nordmexiko auftretende Bewegung: der in der alten Visionssuche wurzelnde und nach einem Halluzinationen hervorrufenden Kaktus benannte Peyotekult. Um den Genuß des Rauschgetränks entstand ein bestimmtes Ritual, dessen Anhänger sich 1918 zur Native American Church zusammenschlossen.
Die bekannte (und öfters ideologisch mißbrauchte) Naturverbundenheit der amerik. Urbevölkerung beruht auf dem Selbstverständnis der Menschen als Teil der Natur, der nur entnommen wird, was unbedingt lebensnotwendig ist. Neben Danksagungsriten gab es daher solche der Entschädigung bzw. Wiedergutmachung. Aufgrund des wirklich pfleglichen Umgangs mit der Natur steht ihnen die wörtlich verstandene Bezeichnung „Kulturvolk" zu.

Lit.: *Å. Hultkrantz,* Art. Amerik. Religionen: TRE II 402–450 (Lit.); *W. Müller,* Die Religionen der Indianervölker Nordamerikas: W. Krickeberg u. a., Die Religionen des alten Amerika. Stuttgart 1961, 171–267 (Lit.); *O. Zerries,* Die Religionen der Naturvölker Südamerikas und Westindiens: ebd. 269–384 (Lit.); *Schwarzer Hirsch,* Die Heilige Pfeife. Olten ^{2}1978; *R. B. Hill,* Hanta Yo. Hamburg 1980; *D. und B. Tedlock* (Hg.), Über den Rand des tiefen Canyon. Köln ^{4}1983; *B. Johnston,* Und Manitu erschuf die Welt. Köln ^{3}1984; *ders.,* Großer Weißer Falke. Köln 1987; *J. Haekel,* Der Hochgottglaube der Delawaren: W. Fröhlich (Hg.), Völkerkundliche Forschungen. Köln 1960, 439–484; *W. Lindig,* Geheimbünde und Männerbünde der Prärie- und Waldlandindianer Nordamerikas. Wiesbaden 1970; *ders.,* Die Kulturen der Eskimo und Indianer Nordamerikas. Frankfurt 1972; *W. Müller,* Inidanische Welterfahrung. Frankfurt 1981; *ders.,* Neue Sonne – Neues Licht. Berlin 1981. – Zur heutigen Lage u. a.: *V. Deloria,* Nur Stämme werden überleben. München 1982; *C. Biegert,* Seit 200 Jahren ohne Verfassung. Reinbek ^{7}1981 (Lit.); *M. Münzel* (Hg.), Die indianische Verweigerung. Reinbek ^{3}1981 (Lit.).

N. M. Borengässer

Transzendenz/Immanenz. Insofern die Begriffe T./I. aus der Erfahrung einer Grenze gewonnen werden, die das darin Verbleibende *(immanere)* umschließt oder die überstiegen wird *(transcendere)*, handelt es sich um korrelative Begriffe, deren inhaltliche Bedeutung sich erst aus der genaueren Bestimmung der entsprechenden Grenze und dessen, was durch sie begrenzt wird oder sie überschreitet, ergibt. So hat sich in der Scholastik in bezug auf den Wirkbereich des Handelns eine differenzierte Theorie der immanenten, im handelnden Subjekt verbleibenden Tätigkeit *(actio immanens)* im Unterschied zu der nach außen gerichteten Handlung *(actio transiens)* herausgebildet. Die Erkenntnistheorie bzw. -kritik erörtert (seit I. Kant) die Problematik der Bewußtseins- bzw. Erfahrungs-T./I. Kant beschränkt die menschliche Erkenntnis auf den Bereich möglicher ↗Erfahrung und läßt nur einen immanenten Gebrauch der Begriffe, Kategorien und Grundsätze des Verstandes zu. Auch die Ideen der Vernunft (Seele, Welt, Gott) sind nur regulative Prinzipien für die synthetische Einheit der Erfahrungsgehalte und erfassen keine transzendente Realität. Die neuere Sprachphilosophie erörtert diese erkenntnistheoretische Problematik vor allem unter dem Begriffspaar „sprach-transzendent" bzw. „sprachunabhängig" / „sprach-immanent". Die Sprach-I. der Erkenntnis ist am radikalsten vom frühen L. Wittgenstein in der Abbildtheorie des „Tractatus" vertreten worden: „Die Grenzen meiner (der) Sprache bedeuten die Grenzen meiner Welt" (Tractatus 5,6; 5,62) und: „Wovon man nicht sprechen kann, darüber muß man schweigen" (Tractatus 7). Von besonderer Relevanz ist jedoch der rel.-philos., metaphysische und theol. Gebrauch beider Termini zur Bestimmung des Verhältnisses des Absoluten bzw. Gottes zur Weltwirklichkeit. Es ist – entsprechend dem theol. Programmwort, daß der Glaube nach Einsicht bzw. Verstehen sucht (*fides quaerens intellectum;* Anselm v. Canterbury) und daß die Offenbarung zu denken gibt (E. Jüngel) – legitim, zur näheren Bestimmung dieses Verhältnisses vom bibl.-christl. Schöpfungsverständnis auszugehen, um die darin enthaltenen philos. Implikationen freizulegen (↗Welt/Schöpfung IV).

Schöpfung (im aktiven Sinne) bedeutet die Konstituierung der Welt als des Nicht-Göttlichen und gerade so von Gott unendlich Unterschiedenen (im „unendlichen qualitativen Unterschied"; S. Kierkegaard); denn zwischen „geschaffen" und „ungeschaffen" gibt es nichts Mittleres; hier waltet nur die reine Disjunktion. T. Gottes besagt so die absolute Weltüberlegenheit und die unendliche Wesensverschiedenheit Gottes von der Welt. Als total, d.h. in ihrem ganzen Seinsgehalt und Seinsbestand, von Gott schöpferisch konstituierte Wirklichkeit, ist die Welt ebenso total von Gott abhängig. Sie muß, um zu sein, ständig von Gott im Sein erhalten werden. Ein deistisches Modell (↗Deismus) des Gott-Kreatur-Verhältnisses ist damit radikal ausgeschlossen. Dieser göttliche Akt der Seinserhaltung ist keine neue Tätigkeit Gottes über den Schöpfungsakt hinaus, sondern mit diesem identisch und dessen fortdauernde Präsenz. Das aber bedeutet: Gottes Weltverhältnis ist nicht nur durch seine T. bestimmt, sondern ebenso durch seine I. Welt-I. Gottes aber heißt nicht, Gott sei ein Teil der Welt, sondern meint die Innerlichkeit Gottes als schöpferisch begründende und erhaltende Ursache. Als solche ist er (ein Wort des Augustinus über Gottes Innerlichkeit in der Seele variierend; Conf. III 6,11) den Dingen innerlicher als diese sich selbst. Diese I. Gottes hebt deshalb seine T. nicht auf, vielmehr gründet beides im selben: in Gottes schöpferischer und erhaltender Ursächlichkeit, die (mit einem bei K. Jaspers, Philosophie 793, entlehnten Begriff) zutreffend als „immanente T." umschrieben werden kann. Dieses Verständnis von Gottes I. unterscheidet sich grundlegend vom ↗Pantheismus, indem es zugleich dessen Wahrheitsmoment (die Innerlichkeit Gottes) aufnimmt und aufklärt. Dabei wird die immanente T. Gottes nur dann richtig erfaßt, wenn die Tat der Erschaffung als souveräner Akt der göttlichen Freiheit verstanden wird. Zwar ist die Welt nie ohne Gott, aber Gott ist nicht erst dadurch Gott, daß er erschafft. Er bedarf nicht der Schöpfung, um im Akt der Erschaffung und im Durchgang durch die Verendlichung (vgl. G. W. F. Hegel: Selbstwerdung des absoluten Geistes) erst Gott zu werden. Er ist durch sich, aus sich und in sich in seinem Gott-Sein vollendet. Dennoch ist er von Ewigkeit her in Freiheit der Schöpfer.

Die Unterscheidung von immanenter und transeunter Tätigkeit ermöglichte es der scholastischen Theologie, die weltunabhängige Vollendetheit Gottes mit der Freiheit seiner Schöpfungstat zu vermitteln. Durch die immanenten Tätigkeiten des Erkennens und Liebens ist Gott als der Drei-Eine (↗Gott V) konstituiert, der als der erkennend sich Aussprechende (Vater), als das im Erkanntsein ihm völlig entsprechende Wort (Sohn) und als das aus der unendlichen Dynamik des Sprechens und Entsprechens hervorgehende Geschenk der Liebe (↗Hl. Geist) in dreifach relational unterschiedener Weise der eine und selbe Gott ist. Das Mysterium der Trinität ist im Verständnis der christl. Theologie kein *mysterium logicum,* sondern das erhellende Licht, das Gottes Gottheit und absolute Einheit (ohne die Gott nicht Gott wäre) nicht als starre und tote Identität (als welche Gott nicht als Gott gedacht werden könnte), sondern als in sich selbst erfüllte und vollendete Lebendigkeit sehen und so die absolute Einheit und das in sich selbst vollendete Leben Gottes zusammendenken läßt: als absolute Einheit im personalen Mit-Sein. Gott ist in sich selbst höchste Einheit und vollendetste Gemeinschaft. (Im Zusammenhang der personkonstituierenden immanenten göttlichen Tätigkeiten steht übrigens auch die erste Bildung des Substantivs „I."; vgl. Oeing-Hanhoff 222f.) Von diesen immanenten Tätigkeiten, die Gottes Gottheit als ungeteilte Drei-Einheit begründen, ist die in der souveränen Freiheit seines Willens gründende transeunte Schöpfertätigkeit zu unterscheiden, die keine göttliche Person begründet, deren Resultat vielmehr „nur" die nicht-göttliche, endliche Kreatur ist. (Auf die Frage, warum überhaupt Schöpfung ist, wenn Gott der in sich selbst Vollendete und des Nicht-Göttlichen nicht Bedürftige ist, kann, christl. gesehen, nur die Christologie [↗Christus; Jesus I] und die Lehre von der ↗Gnade eine angemessene Antwort geben.)

Das Kreatur-Verständnis bedarf noch einer wichtigen Ergänzung. Der Schöpfungsakt, der die Welt in totaler und bleibender Abhängigkeit von Gott konstituiert, begründet nämlich in strenger Identität zugleich die Welt in ihrer Eigenwirklichkeit und Eigenwirksamkeit. Vom Schöpfungsglauben her kann Welt darum nur verstanden werden in der dialektischen Spannung von totaler Abhängigkeit und relativem Eigensein. Als das von Gott total konstituierte und deshalb von ihm total abhängige Nicht-Göttliche ist sie zugleich in ihr Eigenes gesetzt. Dieses Eigene der Welt ist aber gerade wesentlich durch ihr Gott-Verhältnis, ihre Kreatürlichkeit bestimmt, ohne die sie als Welt (theologisch) gar nicht gedacht werden kann. Sie ist deshalb von ihrem geschaffenen Wesen her Selbst-T. auf Gott als ihren Seins- und Bestimmungsgrund hin. Das bedeutet: Welt ist theologisch gar nicht als reine I. zu bestimmen. So wie Gott als der Schöpfer der Welt immanent ist, so ist die Welt von ihrem eigenen, geschaffenen Wesen, d.h. von ihrer immanenten Wesensstruktur her, sich selbst transzendierende Bewegung auf Gott hin, die im Menschen als dem geistbegabten Geschöpf zu sich selbst kommen soll. Welt, als Schöpfung verstanden, ist in ihrer eigenen Wirklichkeit, in ihrer Weltlichkeit (nur) in dem Maße bei sich selbst, als sie im Menschen, der als das verstehende Bei-sich-Sein der Welt gleichsam das „Gelenk" der Schöpfung zu Gott hin sein soll, ihre Kreatürlichkeit und darin ihre transzendente Ausrichtung auf Gott frei annimmt und bejaht und sich selbst in Freiheit auf Gott hin übersteigt.

In diesen Überlegungen ist eingeschlossen, daß Welt (Schöpfung) nicht nur als Herkunft von Gott gedacht werden kann, sondern als Rückwendung zu Gott verstanden werden muß, und zwar als gesch., die Freiheit des Menschen einfordernde, auf ihre Vollendung in Gott hin offene Werde-Welt. Die Rückwendung zu Gott ist die immanente, d.h. natureigene Bewegung der Schöpfung, die in ihrem Da- und So-Sein durch ihr Auf-Gott-hin-Sein, ihre T., bestimmt ist. Die Herkunft der Welt von Gott ist (schöpfungstheol.) gerade deshalb der real-ontologische, immanente Grund ihrer T.-Bewegung, weil die ontische (= immanente) Struktur der Welt, insbesondere der rationalen Kreatur, von Gott als ihrem Sinn- und Zielgrund begründet ist. Daraus läßt sich eine für ein theol. Weltverständnis relevante Folgerung ziehen: Immanentes Streben nach Vollendung und transzendente Erfüllung können in dieser Weltsicht nicht ohne den inneren Bezug zueinander gedacht werden. Vielmehr ist die transzendente Vollendung gerade die Erfüllung der immanenten Strebetendenz der Welt, die in der I. prinzipiell nicht zu erreichen ist, weil nichts Endliches innerhalb der Grenzen seiner Endlichkeit vollendbar ist, sondern nur von „außerhalb seiner selbst", durch die absolute T. Gottes erfüllt werden kann: durch die innerliche Selbstmitteilung Gottes (↗Gnade), die weder Gottes T. noch die Endlichkeit der Kreatur aufhebt.

Die die Endlichkeit der Welt transzendierende Ausrichtung der Kreatur, insbesondere der geistigen Kreatur, auf Gott, die als notwendiges Implikat der Schöpfungstheologie ausgewiesen werden konnte, sucht die von *J. Maréchal* (gest. 1944) begründete Richtung des transzendentalen Thomismus (u.a. K. Rahner, J. B. Lotz, E. Coreth, B. Lonergan) auch philos. zu begründen. In Aufnahme und Weiterführung der transzendentalen Methode Kants will sie dessen erkenntnismetaphysischen ↗Agnostizismus dadurch überwinden, daß sie in einer transzendentalphilos. Reflexion auf die apriorischen Möglichkeitsbedingungen der Erkenntnis und Freiheit die These zu erhärten sucht, daß diese immer schon durch den „Koeffizienten des Absoluten" (Maréchal) gekennzeichnet sind. In diesem Sinne definiert K. Rahner den Menschen als das Wesen der T., „das in jeder kategorialen Tat der Erkenntnis und Freiheit immer schon über sich und den kategorialen Gegenstand ... hinaus ist auf das unumfaßbare Geheimnis hin, das als solches Akt und Gegenstand eröffnet und trägt und Gott genannt wird" (Christologie 21 f.). Die philos. Vermittlung des T.-Denkens gehört zu den bleibenden und wichtigsten Aufgaben der Theologie, damit das Übersteigen des Gegebenen nicht in ein „Transzendieren ohne T." (E. Bloch, Atheismus im Christentum 15) abgleitet.

Lit.: *E. Coreth,* Metaphysik. Innsbruck [3]1980; *E. Jüngel,* Gott als Geheimnis der Welt. Tübingen 1977; *H. Küng,* Existiert Gott? München 1978; *L. Oeing-Hanhoff,* Art. Immanent, I.: HWP IV 220–237 (Begriffsgeschichte; Lit.); *K. Rahner,* Hörer des Wortes. München [3]1985; *ders.,* Geist in Welt. München 1957; *ders.,* Immanente und transzendente Vollendung der Welt: Schriften VIII 593–609; *ders.,* Grundkurs des Glaubens. Freiburg 1976, bes. 35–96; *ders. / W. Thüsing,* Christologie – systemat. und exegetisch. Freiburg 1972. *H. Jorissen*

Triade/Trinität

I. Religionswissenschaftlich. – II. Hinduistisch-buddhistisch. – III. Christlich

I. Religionswissenschaftlich. Dreiheiten, Dreieinigkeiten, dreigestaltige oder -köpfige Gottheiten begegnen allenthalben in der Religionsgeschichte. Manche entspringen einer Dreiteilung des Kosmos (z.B. Anu, Bel, Ea), andere einer der menschlichen Gesellschaft (Jupiter, Mars, Quirinus), wieder andere, z.B. vom Mythos aus einer Vielzahl persönlicher Gottheiten ausgewählte, werden als „Kernfamilie" verknüpft (Osiris, Isis, Horus). Viele hierarchisch gestufte (vgl. die dreifache Existenzform ↗Buddhas) oder als Emanationen auseinander hervorgehende Wesenheiten (z.B. in gnost. Systemen) werden mehr oder weniger äußerlich in das katexochen hl. Dreierschema eingefügt, denn daneben gibt es auch Zwei-, Vier- und Fünfheiten. Ähnlich sind dreifaltige Darstellungen einer einzigen Gottheit in Bild und Formeln (z.B. Hekate, Hermes oder volkstümliche Darstellungen der christl. Trinität) oder Zusammenstellungen miteinander verehrter Gottheiten (z.B. die ind. Trimurtis) zu erklären, denn auch hier gibt es neben Dreier- ebenfalls Zweier-, Vierer-, Fünfer- und sogar Achtergruppen. Die Zerlegung fast monotheistischer Wesen in drei z. B. Ahura Mazdāh, Mithra, Anahita) leitet über zu den monotheistischen Dreiheiten gestifteter Religionen, den drei buddh. Juwelen (Buddha, Dhamma, Sangha) und ihrem nächsten Analogon, der christl. Trinität. In beiden Bekenntnissen stehen Verkünder, Buddha bzw. Christus, im Mittelpunkt, die ihre jeweiligen Entsprechungen, den dhamma bzw. den Vater, restlos verkörpern und das hier wie da gleichfalls personifizierte hl. Dasein und Leben, sangha bzw. Hl. Geist, heraufführen.

Lit.: *F. Heiler,* Erscheinungsformen und Wesen der Religionen. Stuttgart 1961, 163–166; *N. Söderblom,* Vater, Sohn und Geist unter den hll. Dreiheiten. Tübingen 1909, 1–43. *K. Hoheisel*

II. Hinduistisch-buddhistisch. Auf die triadische Sicht des Menschen und der Welt in Asien weist *C. v. Korvin-Krasinski* mit dem Zitat seines mongolischen, als Christ gestorbenen Meisters hin: „Eines ist merkwürdig, ihr christl. Abendländer kennt einen *Dreieinigen* Gott, der Himmel, Erde und Meer geschaffen hat, aber eure Spekulation bedient sich weiter der alten nicht mehr ernst genommenen dualistischen Schemen. Die alte *Dreiheit* bleibt euch fremd und verdächtig. Wir Asiaten dagegen kennen keinen dreipersönlichen Gott; das jedoch, was ihr Welt nennt und für uns den Makro- und den Mikrokosmos darstellt, ist für uns ‚vertikal' wie ‚horizontal' *dreiheitlich.* Paßt nun unsere asiatische triadische Spekulation nicht besser zu eurem Dreieinigen Gott und eurer Offenbarung als eure eigene zerstrittene Philosophie?" (Trina Mundi Machina. Mainz 1986, 16).

1. Hinduistisch. Triadische Vorstellungen und Gruppierungen des Göttlichen lassen sich bis in den Ṛgveda hinein zurückverfolgen, wo Agni, das Feuer, Vāyu, der Wind, und Sūrya, die Sonne, als Söhne des Herrn der Schöpfung Prajāpati das All in Erde, Luft und Himmel bestimmen. Bedeutungsvoll ist bis heute die *Trimūrti* (Skt. = Dreigestalt) genannte dreifache Personifizierung des Absoluten (Skt. ↗Brahman) in Brahmā, dem Schöpfergott, dessen Verehrung freilich nahezu erloschen ist, ↗Vishnu, dem Erhalter, und ↗Shiva, dem „Zerstörer". Diese eher tritheistische Dreigestalt sollte freilich nicht voreilig – in Verwendung der christl. Rede von der Trinität – als solche angesprochen werden, da ein solcher Wortgebrauch zu falschen Konsequenzen Anlaß gibt. In der Volksfrömmigkeit Indiens wurde die Trimūrti nicht populär. Es besteht vielmehr die Neigung, Viṣṇu oder Śiva so ausschließlich zu verehren, daß Viṣṇuismus und Śivaismus sich zu fast unterschiedlichen Religionen entwickelten. Als Ansätze für eine indisch inspirierte Trinitätslehre sind eher bedeutsam der seit den Up. meditativ benutzte Dreiklang der hl. Silbe *Om,* die aus den drei Klangelementen a-u-m besteht und als Ausdruck des höchsten Brahman gilt, sowie die vedāntische Beschreibung des Brahman als *sat-cit-ānanda* bzw. *saccidānanda,* Drei-Einheit von absolutem Sein, absolutem Bewußtsein und absoluter Seligkeit, die im *Samādhi,* dem völligen Einswerden mit dem Absoluten erlangt wird.

2. Buddhistisch. Wichtiger als die Dreiheit der Kostbarkeiten von Buddha, Dharma und Sangha oder die Dreiheit des „Schriftkorbs" (Skt. *Tripitaka*) ist die mahāyānistische Drei-Körper-Lehre (Skt. *trikāya*), wie sie erstmals von Asaṅga, einem der Begründer der Yogācāra-Schule (↗Buddh. Philosophie), im 4. Jh. n. Chr. vorgetragen wurde. Danach besitzt der Buddha, um sich mitleidend für das Heil aller Lebewesen einsetzen zu können, drei „Körper", die ihm zugleich die Einheit mit dem schlechthin Absoluten und die heilswirksame Manifestation im Relativen der Welt ermöglichen. In diesem Sinne ist die Rede 1) von *Dharmakāya* (wörtlich „Dharmaleib"; jap. *hosshin*), dem zeit- und eigenschaftslosen, allen Buddhas gemeinsamen wahren Wesen des Seins bzw. dem kosmischen Bewußtsein jenseits aller Begriffe, das unter den verschiedensten Bezeichnungen als Dharmatā, Tathatā, ↗Shūnyatā, Buddhatā (Buddhanatur) u. a. besprochen und in der ↗*Prajñā* realisiert wird, 2) von *Saṃbhoghakāya* (wörtlich „Entzükkungsleib"; jap. *hōjin*), dem in der Ekstase der ↗Erleuchtung aufgrund von Bodhisattva-Verdiensten erlangten „Körper des Genusses", 3) von *Nirmāṇakāya* (wörtlich „Verwandlungsleib"; jap. *ōjin*), dem „Erscheinungsleib" der irdischen Buddhas und Bodhisattvas, die aufgrund des Erbarmens der Saṃboghakāya-Buddhas wegweisend und lehrend bis zum endgültigen ↗Nirvāṇa auf der Erde tätig bleiben. Mit Hilfe dieser Lehre gelingt es dem Buddhismus, eine eigene Offenbarungslehre zu entwickeln, die die Unzugänglichkeit, Unsagbarkeit und Ewigkeit des Absoluten mit der Relativität des Raum-Zeitlichen vermittelt. Sowohl im ↗Zen- wie im Tibetischen Buddhismus hat die Lehre eine eigene Ausprägung erfahren.

Lit.: *M. Delahoutre,* Art. Triade, Trimurti et Trinité: *P. Poupard,* Dictionnaire des Religions. Paris 1984, 1724 ff.; *G. Parrinder,* Art. Triads: ER XV 39–44; *D. Le Saux,* Ind. Weisheit – Christl. Mystik. Luzern 1968; *B. Griffiths,* The Marriage of East and West. London 1982; *E. Conze,* Der Buddhismus – Wesen und Entwicklung. Stuttgart 1962; *H. W. Schumann,* Buddhismus. Olten 1976, 135–142; *A. Verdu,* The Philosophy of Buddhism. Den Haag 1981; *M. v. Brück,* Einheit der Wirklichkeit. München 1986.
H. Waldenfels

III. Christlich ↗Gott V.

Trickster. Der T. (engl.; „Gauner", „Schelm"), eine zuerst von der nordamerik. Ethnologie erfaßte mythische Gestalt, findet sich bereits in den ältesten und noch in den polytheistischen Religionen, hat aber bei der Urbevölkerung Nordamerikas ihre umfassendste Ausgestaltung erfahren. Meist tiergestaltig (Kojote, Hase, Krähe u.a.), ist der T. ein Geschöpf der mündlichen Tradierung und daher wandelbar. Die daraus resultierende definitorische Weitführung läßt den T. ebenso als Gegenspieler eines Kultur- oder Heilbringers (↗Heilsgestalten I) erscheinen, wie er auch immer wieder gemeinsame Züge mit diesem aufweist. Die Abenteuer des „großen Zauberers und listigen Kriegers" werden nur an den langen Winterabenden erzählt; sie dienen nicht in erster Linie der Unterhaltung, vermitteln vielmehr z.B. die Stammesgeschichte und sollen vor allem den jungen Stammesmitgliedern – oft genug durch Abschreckung – das richtige moralische Handeln und soziale Verhalten vor Augen führen. – Mit List und Verschlagenheit greift der T. in die Ordnung eines Schöpfers ein, die er als untergeordnetes Wesen zwar nicht vernichten kann, deren Vollkommenheit er aber zerstört. So bringt er den Menschen insbesondere den Tod, aber auch allerlei Laster und Leidenschaften. Auch der aztekische Gott Tezcatlipoca, Gegenspieler Quezalcoatls, trägt in seiner Unberechenbarkeit und Widersprüchlichkeit Züge einer T.-Gestalt. Von ihm wird u.a. gesagt, daß er Anstifter von Kriegen und Zwietracht sei sowie Beichtvater für die Sünden des Fleisches, die er zugleich begünstigt; aber wie er Urheber des Bösen ist, so läßt er den Menschen bisweilen auch Reichtum, Ämter und Würden zukommen. In südamerik. Mythen sind Heilbringer und T. oft gegensätzliche Zwillingsbrüder. – Da die T.-Gestalt in anderen polytheistischen Religionen selbst mit dem Hochgott eine Verbindung eingehen und ihn verdrängen kann, ist die Stellung des T. – Gott oder nicht – letztlich ungeklärt. In der ↗Germ. Religion trägt wesentliche Züge des T. Loki, der als Helfer und Begleiter Thors zugleich das Ende der Götter herbei- und beim Weltuntergang die Mächte der Vernichtung anführt. Die uralte mythische Gestalt des T. hat sich nicht nur als foppender und gefoppter Teufel in den europ. Märchen erhalten; sie ist bei den nordamerik. indigenen Völkern bis heute lebendiges Kulturgut.

Lit.: *L. E. Sullivan u.a.,* Art. Tricksters: ER XV 45–53 (Lit.); *J. Henninger,* Der Widersacher des Höchsten Wesens bei den Primitiven: Festgabe an die Schweizer Katholiken (Freiburg/Schweiz 1954) 377–391; *C. G. Jung / K. Kerényi / P. Radin,* Der göttliche Schelm. Zürich 1954; *B. G. Myerhoff,* Der Peyote-Kult. München 1980; *B. H. Lopez,* Hört die Geschichte vom Listigen Coyote. Bern 1982.

N. M. Borengässer

Trikāya ↗Triade/Trinität II.

Trimūrti ↗Triade/Trinität II.

Tugend
↗Ethik.

T. ist seit den Ursprüngen der europ. Philosophie, aber auch in den alten Weisheitslehren der fernöstlichen Religionen *(↗Konfuzius; Lao-tzû)* ein zentraler Begriff der ethischen Reflexion auf das richtige und gute Handeln des Menschen. Schon vor *Plato* bildet sich bei *Pythagoras* die Rede von den später so genannten Kardinaltugenden (Klugheit, Gerechtigkeit, Tapferkeit, Maß) heraus, die das ethische Ideal des antiken Menschen und seiner Lebenswelt, der Polis, umschreibt. Die bes. durch die Stoa erfolgte endgültige Klassifizierung der vier Grundtugenden ging seit *Ambrosius,* der ihnen im Anschluß an das Spr 16,14 entlehnte Bild der Türangel den Namen „virtutes cardinales" gab, in die christl. Ethikdarstellungen ein. Vor allem bei *Augustinus* und, in seinem Gefolge, in dem bald zum Schulbuch gewordenen Sentenzenwerk des *Petrus Lombardus* tritt jedoch der Gedanke hervor, daß die T. als eine „gute Verfassung des Geistes" (bona qualitas mentis) von Gott selbst gewirkt und dem Menschen als Geschenk gegeben wird; die neue rel. Grunderfahrung fordert geradezu, daß sie „Gott allein im Menschen hervorbringt" (quam Deus solus in homine operatur: Liber Sententiarium II d. 27 c. 5; ed. Quaracchi I 446). Einer solchen Auflösung des Ethischen in den Sog der Gnadentheologie wirkt das ganze MA hindurch eine zweite, auf *Aristoteles* zurückgehende Definition entgegen: „Tugend ist, was den, der sie besitzt, in seinem Sein und Handeln gut macht" (virtus est quae bonum facit habentem, et opus eius bonum reddit: S.th. I–II 55,3; Nikomachische Ethik II 5–1106a, 15–23); ein „habitus operativus“, der erst im Vollzug des guten Handelns zu seiner eigenen Vollendung kommt, indem er die Handlungsbahnen stabilisiert und dem sittlichen Tun Konstanz und kreative, innovatorische Freude zugleich verleiht. *Thomas v. Aquin* (1224–1274) führt auf der Höhe der ma. Glaubensreflexion beide Linien dadurch zusammen, daß er das philos. Viererschema der Kardinaltugenden mit der bibl. Trias von Glaube, Hoffnung und Liebe (vgl. 1 Kor 13,13) verbindet und das Ausgreifen des Menschen nach seinem äußersten Sein-Können (optimum potentiae) als den Weg der Liebe beschreibt, der ihn dem Ziel eines alle innerweltliche Lebenserfüllung übersteigenden, im ethischen Handeln und in der Betrachtung der Wahrheit aber bereits antizipatorisch erfahrenen Glücks entgegenführt.

Der anthropologischen Wende der neuzeitl. Ethik und ihres pädagogischen Interesses kam der T.-Begriff sehr entgegen; die Stilisierung als T.-Ethik bleibt bis ins 18. Jh. hinein die Grundform der philos. Ethik, die freilich mit den sich wandelnden soziologischen Lebensformen des aufgeklärten, bürgerlichen und frühindustriellen Zeitalters ihrem materialen Gehalt nach einer ständigen Neuformulierung unterliegt (Ablösung der ritterlichen und Herausbildung neuer T.en wie Sparsamkeit, Anständigkeit, Fleiß, Zuverlässigkeit im familiären und beruflichen Bereich oder Entdeckerfreude, Neugierde, Wissensbegier auf dem Feld der Wissenschaft). Den radikalen Bruch mit der Tradition vollzog erst *I. Kant* (1724–1804), der den Unbedingtheitsanspruch des Ethischen nur durch einen dem T.-Gedanken spiegelbildlich entgegengesetzten Primat des Sollens vor dem Können, der Pflicht vor dem Sein gewahrt sah. Der Erfolg der normativen Ethik erklärt sich freilich mit auch daraus, daß der Gedanke der T. durch den inflationären Gebrauch und das leere Pathos, das die Lit. und Moralpädagogik des ausgehenden Bürgertums mit ihm getrieben hat, zuvor lebensweltlich obsolet geworden war. Der Versuch namhafter Philosophen unseres Jh. (M. Scheler, N. Hartmann, O. F. Bollnow), die formale Reduktion des ethischen Anspruchs auf ein reines „Du sollst“ durch eine Rehabilitierung der Tugenden zu überwinden, blieb auch deshalb, aufs Ganze gesehen, erfolglos, weil er zu früh kam. Die Zeit für eine Neuentdeckung der mit dem Begriff der T. verbundenen Möglichkeiten des Menschseins scheint heute günstiger; die Erfahrung einer gesteigerten Gefährdung des Humanum in unserer technologischen Zivilisation macht zugleich die Notwendigkeit neuer Haltungsbilder (Solidarität, Zivilcourage, biophile Lebenseinstellungen) bewußt, die es dem Menschen erlauben, nicht nur defensiv, sondern auch vorauslaufend-kreativ auf die Herausforderung der technologischen Bedrohung zu antworten.

Lit.: *O. Zöckler,* Die Tugendlehre des Christentums. Gütersloh 1904; *O. Lottin,* Psychologie et morale au XIIè et XIIIè siècles. Bde I–III. Louvain 1942–1949; *J. Pieper,* Die Wirklichkeit und das Gute. München [3]1949; *M. Scheler,* Zur Rehabilitierung der T. Zürich 1950; *O. F. Bollnow,* Einfache Sittlichkeit. Göttingen 1957; *M. Ossowska,* Gesellschaft und Moral. Düsseldorf 1972; *D. Mieth,* Die neuen Tugenden. Düsseldorf 1984.

E. Schockenhoff

Tyche ↗Schicksal.

U

Ugaritische Religion

↗Gott III 5.

Die kanaanäische Stadt Ugarit (Name des Trümmerhügels: Ras Schamra), am Mittelmeer rund 10 km nördl. der syr. Hafenstadt Ladakije gelegen, erlebte etwa zwischen 1500 und 1200 v. Chr. ihre Blütezeit und ging zum letztgenannten Zeitpunkt durch den Seevölkersturm zugrunde. Sie wurde vermutlich um die Wende vom 3. zum 2. Jt. von Kanaanäern (Amurritern) besiedelt, die vielleicht auf eine dort schon ansässige nordsemitische Bevölkerungsschicht stießen. Zur Zeit ihrer Blüte war die Stadt mit ḫurritischen Volkselementen durchsetzt. Bekannt geworden ist Ugarit durch die seit 1929 von französischen Wissenschaftlern durchgeführten Grabungen. Von größter Bedeutung war die Entdeckung von (Tontafel-) Schriftdokumenten in den Archiven des Königspalastes und der dem Baaltempel zugehörenden Bibliothek. Es wurden nicht nur Texte in akkadischer (babyl.-assyr.) und ḫurritischer Sprache und Schrift (↗Keilschrift) gefunden, sondern auch, namentlich in der Tempelbibliothek, Tafeln mit einer dem älteren nordwestsemitischen Lautstand nahestehenden, bis dahin unbekannten Alphabet-Keilschrift von 30 Zeichen, die zur Niederschrift der ugaritischen Sprache diente und zwischen rund 1400 und 1200 benutzt wurde. Diese Tafeln enthalten der kultischen Verwaltung zugehöriges Material, aber auch epische Texte und eine Reihe von Mythen über die in Ugarit verehrten Götter, vornehmlich den Hauptgott der Stadt, Baal/Hadad.

Den in Ugarit gefundenen kultischen, epischen und mythischen Texten verdanken wir, daß wir über die Religion dieser Stadt ein detaillierteres Bild besitzen als über die jeder anderen kanaanäischen oder phönizischen Stadt. Eine Schwäche der Texte besteht darin, daß sie zwar die offizielle Religionsausübung beschreiben, uns jedoch bei der Frage nach den rel. Vorstellungen des Volkes im Stich lassen. Grundsätzlich kann gesagt werden, daß in Ugarit wie auch im ganzen semitischen Orient dem Menschen die Aufgabe zugeteilt war, Diener der Götter zu sein.

Unter den Menschen hatte der König aufgrund seiner Stellung als Sachwalter der Gottheit und Hirte des ihm anvertrauten Volkes den besten Kontakt zur überirdischen Welt. So wird im Keret-Epos erzählt, daß der Göttervater El dem König Keret im Traum Anweisungen zur Erlangung der ihm von El zugedachten Frau gibt, einschließlich des zuvor dem El und Baal darzubringenden Opfers, um den heilsamen Verlauf des Unternehmens zu sichern. Das Epos liefert uns auch ein Beispiel der zeitgenössischen und auch später noch anzutreffenden Vorstellung, daß Krankheit Sündenschuld sei: Keret hat ein der Göttin Aṯirat gegebenes Gelübde nicht eingelöst. Der Zorn und die Abwendung der Göttin bewirken, daß ein Dämon vom Körper Kerets Besitz nimmt. Der König kann erst gesunden, als der Göttervater El helfend eingreift. Schließlich wird geschildert, wie ein Sohn des Königs, Jṣb, diesem Vorstellungen macht, er könne wegen seiner Krankheit die königlichen Aufgaben der Wahrung des Rechts im Lande sowie des Schutzes und der Fürsorge für Schwache und Notleidende nicht mehr wahrnehmen.

Nach Maßgabe der uns zugänglichen Zeugnisse der rel. Gedankenwelt in Ugarit, einschließlich des Opferkults und der Unterweltsvorstellungen, lassen sich diese, abgesehen von aus der Lage und der Geschichte der Stadt zu erklärenden Besonderheiten, in die rel. Vorstellungen zeitgenössischer semitischer Gemeinwesen einordnen.

Lit.: *O. Eissfeldt,* Kanaanäisch-Ugaritische Religion: HO VIII (1. Abt. 1. Abschnitt). Leiden 1964, 76–91; *J. Aistleitner,* Die mythologischen und kultischen Texte aus Ras Schamra. Budapest [2]1964; *H. Gese,* Die Religionen Altsyriens: ders. / M. Höfner / K. Rudolph, Die Religionen Altsyriens, Altarabiens und der Mandäer. Stuttgart 1970, 1–172; *K.-H. Bernhardt,* Ugaritische Texte: W. Beyerlin (Hg.), Religionsgesch. Textbuch zum AT. Göttingen 1975, 205–243.

H. Schützinger

Umma

↗Islam.

Vom Koran her ist das Wort U. in seiner Bedeutung nicht eindeutig. Die U. ist, wie sich bereits zu Lebzeiten Muḥammads zeigt, wo ein Wandel der U. der Araber in die U. der Muslime zu verzeichnen ist, eine politische Körperschaft, eine übernationale Einheit und zugleich die Gemeinschaft der Gläubigen. Dieses für Nichtmuslime schwer nachvollziehbare Geflecht läßt sich am ehesten so erklären: Was dem Nomaden sein Stamm, dem Städter seine Familie bedeutet, ist für den Muslim gleich welcher Rasse und Kultur die U. Sie ist der Ort, wo der Muslim sich am stärksten des Zusammenhaltes aller Gläubigen bewußt wird. Aufgabe der U. ist es, den Glauben nach innen wie außen zu verteidigen und zu verbreiten. Der Glaube ist denn auch nicht nur eine persönliche Angelegenheit, die im tiefsten Innern des Menschen ihren Ort hat, sondern der Glaube drängt nach außen, durchtränkt alle Lebensbereiche der muslimischen Gemeinde, so daß die U. mehr einen kollektiven als individuellen Charakter hat. Die Gemeinschaft der U. versteht sich als Träger des göttlichen Willens im Diesseits, als Instrument, um den Glauben an Gott und seinen Gesandten Muḥammad über die Erde auszubreiten, so daß die ganze Erde die eine U. werde. Aufgrund dogm. Streitigkeiten kam es im Islam zur gegenseitigen Absprache der Zugehörigkeit zur U., was zu Schismen führte und zur Sektenbildung beitrug.

Lit.: *R. Paret,* Art. UMMA: EI[1] IV 1099f. *G. Riße*

Unsterblichkeit

↗Reinkarnation; Tod.

1. Der Glaube an ein Fortleben nach dem Tod ist von Anfang an mit der Religion verbunden. Schon die Steinzeitmenschen glaubten an ein persönliches Weiterleben nach dem Tod, wie aus den Bestattungsweisen gefolgert wird; die Grabbeigaben lassen auf die Annahme schließen, daß der Tote im Jenseits seine spezifischen Tätigkeiten fortsetzt. Dieser Glaube ist auf verschiedenen Kulturstufen belegt. Wenn der Tote nach Osten gerichtet wurde, läßt dies die Hoffnung auf Wiedergeburt erkennen, weil das Los der Seele mit dem Lauf der Sonne verbunden werden soll. Das Jenseits wird hier als Iteration des Diesseits betrachtet. Wenngleich der U.s-Gedanke ein rel. Grundbegriff mit archetypischer Bedeutung ist, so hat doch die Tradition des Glaubens und Denkens sehr ausgeprägte und unterschiedliche Formen der U.s-Hoffnung hervorgebracht. Grundtypen sind eine personale und eine nichtpersonale U., eine zyklische im Kreislauf des Werdens und eine eschatologische als Erreichung eines endgültigen Zieles, wobei ein oder mehrere Leben angenommen werden können.

2. Für die abendländische Tradition wurde die rel. und philos. *U.s-Lehre der Griechen* bestimmend. In der *Orphik* ist die Seele göttlich und in den Körper wegen einer Schuld verbannt. Der Leib ist *Ort* der Verbannung, nicht die Schuld-Ursache. Die irdische Seinsweise wird deswegen als Zwischenstadium angesehen, aus dem es zum Ursprung zurückzukehren gilt. Dazu dienen „Reinigung" und „orphisches Leben". Ähnliche Vorstellungen finden sich in der vorsokratischen Epoche bei Pythagoras und Empedokles. Der Unterschied zwischen Vorstellungen der U. als Eingebundensein in den Kreislauf der Natur (Leben als bíos) und der U. als Endgültigkeit (Leben als zōḗ) deutet sich an.

Bei *Platon* kommen sowohl rel. wie philos. U.s-Vorstellungen der Überlieferung zusammen und werden zu einem neuen Denken und Glauben gebracht, wobei im Gesamtwerk sowohl die naturale wie idealistische Seelenvorstellung der Vorsokratik vorkommt, folglich auch deren U.s-Lehre in einem differenzierten Licht zu interpretieren ist.

Die idealistische Seelenauffassung der frühen und mittleren Periode lehrt eine Präexistenz der Seelen, setzt sie aber ontologisch nicht mit den Ideen gleich, denen sie nur sehr ähnlich sind; auch werden sie niemals zu Ideen, womit eine bleibende Differenz von Seele und Idee feststeht und sich so von orphischer Göttlichkeit der Seele abhebt.

Ferner versteht Platon die U. der Seele in dem Sinne eschatologisch, als er trotz der – durch Teilhabe – wesenhaften U. ihre endgültige Bestimmung mit der ethischen

Seinsweise im Leben verbindet und ein definitives Ziel für möglich hält. Nicht rituelle Weihungen führen zur Gemeinschaft mit „dem guten und weisen Gott, wohin, wenn Gott will, auch meine Seele bald zu gehen hat" (Phaidon 80d), sondern das gute Leben.
Neben dieser Auffassung hat die Seelenwanderung einen festen Platz im platonischen Werk, wobei sich eine gestufte Wiedergeburtenlehre abzeichnet, welche dem jeweiligen Vorleben und einer Weltperiodenlehre folgt. Im Spätwerk kann man die U. als Ewigkeit kosmischen Lebens erkennen, was im Werk des *Aristoteles* zur Auffassung von der Seele als Prinzip des Lebens führt, ohne eine individuelle U. (welche er anfangs vertrat) anzunehmen. Nur der Nous ist unsterblich.
3. Die *christl. Auffassung von U.* (↗Zukunft/Jenseits VIII), welche einerseits durch Auferstehung gekennzeichnet ist und andererseits eine Verbindung mit der Lehre von der Seelen-U. aufweist, geht von zwei Gesichtspunkten aus. *Erstens* ist *alles* Sein erschaffen; d.h. zugleich, daß die materielle Wirklichkeit ebenso erschaffen ist und nicht schlecht sein kann; *zweitens* kann die U. der Seele allein im Schöpfungswillen Gottes begründet sein, was dialogisch zu verstehen ist, so daß man von einer wesenhaft-dialogischen U. sprechen kann. Die Lehre des *Thomas v. Aquin* ist der aristotelischen Anthropologie insofern verpflichtet, als sie ein ganzheitliches Menschenbild in der Formel *„anima forma corporis"* vertritt; doch ist die Seele in sich unzerstörbar und wird im Tod vom Leib getrennt; als solche verweist sie auf die Auferstehung des Leibes (S.c.G. IV 79). Das *kirchliche Lehramt* hat die U. der Seele definiert (DS 902), ebenso ihre *Seligkeit bei Gott* auch vor der allg. Auferstehung (DS 1000).
Im Glauben an Jesu Auferweckung *und* Erhöhung wird deutlich, daß das neue Leben nicht Annahme eines neuen Körpers auf der Erde ist, sondern dessen Verwandlung und Gemeinschaft mit dem Vater aussagt. Diese konnte Paulus für sich als Christusgemeinschaft sofort nach dem Tod erwarten (Phil 1,23; 2 Kor 5,8). Daneben steht die Erwartung der Totenauferstehung bei der Wiederkunft Christi (1 Thess 4,13–18). Daraus ergab sich die Annahme eines leibfreien Zwischenzustandes, der heute teilweise durch die These von der Auferweckung im Tod zurücktritt.
4. Rel.-gesch. muß Auferstehung als Modus des U.s-Glaubens betrachtet werden. „U." ist der anthropologische Ort, an den Hoffnung über den Tod hinaus anknüpft und somit nicht nur die christl. Botschaft der Auferstehung vernehmbar macht, sondern auch den Dialog unter den Religionen ermöglicht.

Lit.: Vgl. die Art. U.: RGG³ VI 1174–1178 *(H. Graß)*; HThG II 725–740 *(C. Tresmontant / P. Hoffmann)*; LThK² X 525–528 *(H. Mayr)*; SM IV 1104–1108 *(J. Splett)*; *R. Heinzmann,* Die U. der Seele und die Auferstehung des Leibes. Münster 1965; *J. Pieper,* Tod und U. München 1968; *H. Sonnemans,* Seele, U., Auferstehung. Freiburg 1984; *W. Breuning* (Hg.), Seele. Freiburg 1986.
H. Sonnemans

Unterwelt

↗Tod; Zukunft/Jenseits.

Die Bezeichnung U. spiegelt die Auffassung des dreigeteilten antiken Weltbildes wider, das sich in Himmel, Erde und U. gliederte. Im Zusammenhang mit den Formen der Erdbestattung mag sich dann die Vorstellung einer U. als Aufenthalt der Toten, als Ort des Jenseits, der von den Lebenden getrennt ist, entwickelt haben. Diese Lokalisierung mußte sich mit einem veränderten Weltbild, das die Astronomie des Hellenismus entdeckte, ändern. Das jetzt kugelförmig vorgestellte Universum, in dem die Erde von sieben Fixsternsphären umschlossen wurde, ließ für eine „U." keinen Raum mehr, so daß der Aufenthalt der Toten in der äußersten Sphäre angenommen wurde. Diese Entwicklung macht deutlich, daß wenn U. nicht in einer räumlichen, sondern funktionalen Bedeutung verstanden wird, die Verwendung von „Jenseits" als Aufenthalt Verstorbener dies klarer zum Ausdruck bringt. In Analogie zum diesseitigen Leben erscheint oft ein Reich der Toten, in dem ein Toten- oder U.-Gott herrscht und für Ordnung sorgt. Das Totenreich ist meist von ↗Wasser, oft von einem Totenfluß umflossen, einem Grenz-Symbol, da Wasser sowohl Leben als auch Tod bewirken kann. Der Tote gelangt mit Hilfe eines Fährmanns über den Fluß oder überwindet ihn, indem seine Seele in Gestalt eines Vogels darüberfliegt. Häufig wird das Jenseits auch über eine Brücke erreicht. Eine Rückkehr aus dem Totenreich ist für den Sterblichen nicht möglich, dafür sorgen auch die mehrköpfigen Hunde der Totenwelt. Das „Leben" der Toten wird zumeist als traurig, düster und schattenartiges Dasein beschrieben, womit den Verstorbenen eine, wenn auch negative, Existenzform zugedacht wurde. War die U. lange Zeit der Ort, an dem alle Toten ohne Unterschied auf ihre vorherige Lebensführung untergebracht waren, so entwickelte sich unter dem Einfluß ethischer Tendenzen in den Religionen die Vorstellung einer ausgleichenden Gerechtigkeit, die zur Scheidung der guten von den bösen Toten führte. Diese Trennung wurde durch ein Totengericht vorgenommen, dem ein Toten- bzw. U.-Gott in Funktion des Richters vorstand. Dabei wurden die Taten des Toten bewertet und entweder bestraft oder belohnt. Das altnordische Hel bezeichnete das unterirdische Totenreich aller Toten, bis die guten Toten in Walhalla ihren Aufenthalt fanden und Hel als Strafort der Bösen zur Hölle wurde. Höllenfahrten von Göttern und wenigen Heroen erscheinen in verschiedenen Religionen mit unterschiedlichem Ausgang. Götter sterben (Inanna/Ischtar) oder reißen die Macht der U. an sich (Nergal), Heroen müssen dort bleiben oder unverrichteterdinge wieder abziehen, weil sie ein Gesetz der U. verletzten (Enkidu, Orpheus). Die Höllenstrafen erscheinen sowohl zeitlich begrenzt als auch von unendlicher Dauer und können in einer Vielzahl von Höllen vollzogen werden. Eschatologische Erwartungen gehen davon aus, daß der Aufenthalt nur ein vorläufiger ist, über den am Tage des Jüngsten Gerichtes endgültig entschieden wird, oder das selbst die Hölle zu einem Ort der Reinheit werden kann. Es gibt aber auch Vorstellungen von einem Zwischenreich bzw. -zustand, der auf den Tod folgt und dem endgültigen Jenseitszustand vorausgeht.

Die gebotene phänomenologische Gesamtschau soll nun durch einige exemplarische Jenseitsvorstellungen hist. Religionen dargestellt werden.

1. Altes Zweistromland. In der Kosmologie des *alten Zweistromlandes* gliederten sich Himmel und Erde in je drei Sphären. Die unterste Erdsphäre war die U., die aus sieben Stockwerken mit sieben Mauern und Toren bestand. Urspr. beherrschte die Göttin Ereschkigal dieses Reich allein, bis sie von dem Gott Nergal, der die sengende Mittagssonne verkörperte, besiegt wurde und mit ihm zusammen als ihrem Gemahl die Herrschaft ausübte. Die Seele des Verstorbenen begab sich nach Westen in Richtung Sonnenuntergang, wo der Eingang zur U. war. Mit Hilfe des Fährmanns Humut-tabal („Nimm schnell weg") setzte sie über den U.s-Fluß Ḫubur. Durch die sieben Tore der U. ziehend, legte die Seele dann nach und nach ihre Kleidung ab, bis sie nackt vor Ereschkigal stand. Ein Totengericht ist nicht bekannt und die Weiterexistenz trostlos. Es gibt kein ewiges Leben und keine Auferstehung der Toten, nur ein zeitweiliges Entkommen als Totengeist in die irdische Welt ist möglich.

2. Für das alte Ägypten war der Tod ein zentrales Thema. Die U. war ein Rest des Chaos, das vor der Schöpfung der Welt bestanden hatte, und hier hauste die Apophis-Schlange, der Urfeind aller Ordnung. Doch diese gefährliche Region war der einzige Ort, der zu einer Neugeburt fähig war, wie man an dem täglichen Lauf der Sonne erlebte, die nachts durch die U. auf ihrer Barke fuhr und am Morgen verjüngt wieder auftauchte. Der Sonnengott und seine Tochter Maat, die Ordnung der Welt, zeigten, daß nur aus dem Tod Verjüngung kommen konnte. In zwölf Stunden durchfuhr der Sonnengott die zwölf Tore der U. und versorgte und richtete die Toten. Nur die bei diesem Gericht Verdammten waren tot, die anderen lebten in einer anderen Existenzform weiter. Später wird Osiris zum Totengott und Richter, vor ihm mußte der Tote ein negatives Sündenbekenntnis ablegen, wobei sein Herz gegen eine Feder, dem Symbol der Wahrheit, aufgewogen wurde. Osiris wurde als gestorbener und wiederauferstandener Gott zu einem allg. Vorbild.

3. In der persischen Religion, die Zarathustra als Prophet des ↗Ahura Mazdah verkündete, liegt ein Dualismus zwischen einem Reich des guten Gottes

Ahura Mazdah und dem des bösen Ahriman vor. Der Gläubige ist aufgerufen, die Partei des Guten zu ergreifen und beständig gegen das Böse zu kämpfen. Der Anhänger des Bösen ist Gast im „Haus der Lüge", wo ihn langes Schmachten in Finsternis, Sudelfraß und Jammergeschrei erwartet. Hier dürfte ein Bild der U., die dem Reich des Ahriman entspricht, vorliegen. Die Seele des Gerechten wird jedoch unbeschadet über die breite Činvat-Brücke in den Himmel, das Paradies, das „Haus des Sanges", gelangen, während die Seele des Frevlers von der Brücke, die für sie schmal, wie die Schneide eines Schwertes ist, in die Tiefe des Reiches der Finsternis stürzt. Neben dieser Vorstellung existiert der Glaube an eine endzeitliche Auferstehung aller Toten, die mit einer Welterneuerung verbunden ist. Selbst die Hölle wird durch ein riesiges Feuerordal aus geschmolzenem Metall, das dem Gerechten wie lauwarme Milch erscheint, zu einem gereinigten Ort. Da die Auferstehung, die in Entsprechung zur Schöpfung erfolgt, zunächst den Urmenschen Gayomart, dann das erste Menschenpaar usw. und die Menschenseelen mit ihren Leibern wieder vereinigt, spielt die leibliche Hülle bei der Bestattung, im Gegensatz zu ägypt. Vorstellungen, keine Rolle. Deshalb kann der Leib auch auf den Türmen des Schweigens den Vögeln zum Fraß gegeben werden. Eine U. ist somit nur von vorübergehender Dauer, bis in der Endzeit die ↗Apokatastasis alle Gegensätze in Glückseligkeit auflöst.

4. In der antiken griechischen Religion fiel den drei Kronossöhnen Zeus, Poseidon und Hades jeweils die Herrschaft über einen Teil der Welt zu, wobei Hades die U. erhielt. Sein Name, der auch zu der Bezeichnung für das Reich der Toten wurde, wird auf die Bedeutung „unsichtbar", „unsichtbar machend" zurückgeführt. Das Reich, das unter der Erde liegt und die Toten aufnimmt, wird von dem Totenfluß Styx begrenzt, dessen Wasser für Menschen und Tiere tödlich sein sollte. Aus diesem Reich läßt der mehrköpfige Wachhund Kerberos niemanden entkommen. Die Toten führen als Schatten ein trostloses Dasein unter der Herrschaft des finsteren Gottes. Mythische Vorstellungen von einem seligen Ort für die Lieblinge der Götter sahen deren Aufenthalt an den Grenzen der Erde auf den Inseln der Seligen, haben aber wohl kaum größere glaubensmäßige Grundlagen besessen. Mit dem Eindringen der Gerichtsidee, die Hades zum Richter über die Taten der Verstorbenen machte und dem neuen kugelförmig gedachten Weltbild, das den Seelen der Verstorbenen ihren Platz in der äußersten Fixsternsphäre, also nahe den Bereichen der lichten Götter, zuwies, trat eine Differenzierung in bezug auf die Taten der Toten ein. Griech.-hellenist. Mysterienfrömmigkeit war auch von dem Ziel geleitet, durch engen Anschluß an Tod und Wiedergeburt der Rettergottheiten zu einem seligen Leben im Jenseits zu gelangen. Orphische Jenseitsschilderungen ergehen sich in der Ausmalung der Seligkeit als Trinkgelage und der Schrecken der Hölle (↗Orpheus/Orphik).

5. Im Buddhismus hatte Buddha die Fragen nach einem Sein nach dem Tode immer hinter das Wissen von den Vier Edlen Wahrheiten zurückgestellt. Ziel war das ↗Nirvāṇa, das Verwehen des Leides, als eine positive Größe, die Buddha schon zu Lebzeiten erreichte und schließlich nach seinem Tod und der Trennung von seinem Körper ins Parinirvāṇa einging. Eine späte Sonderentwicklung seiner Lehre stellt das Tantrayana dar. Es beruft sich auf Tantras Buddha-Texte, die die Erleuchtung durch Bilder und symbolische Handlungen auf einem schnelleren, aber dafür gefährlichen Weg erreichen wollen. Zu diesen Schriften gehört das ↗„Tibetische Totenbuch".

6. Im Judentum (↗Tod II; Zukunft/Jenseits VII) ist die Scheol die U., die teils im Inneren der Erde, mitunter auch unter einem Urmeer, lokalisiert wird und als Tiefe, Tore, Kraft, Gewalt in der sich alle Toten befinden, als unersättliches Ungeheuer mit großem Rachen, als Land, Stadt oder mit Toren versehener Palast, der von Ungeheuern bewacht ist, vorgestellt wird. In der Scheol herrscht Finsternis, in ihr hört jede Tätigkeit auf; deshalb können die Toten hier Gott nicht preisen, obwohl er Herr über Leben und Tod ist.

7. Das Christentum kommt auf-

bauend auf jüd., pers. und griech. Vorstellungen zu einer spezifischen Ausdeutung der Unterwelt (↗Tod III; Zukunft/Jenseits VIII).

Lit.: *H. Kees,* Totenglaube und Jenseitsvorstellungen der alten Ägypter. Berlin [2]1956; *F. Heiler,* Unsterblichkeitsglaube und Jenseitshoffnung. München 1950; *H.-J. Klimkeit* (Hg.), Tod und Jenseits im Glauben der Völker. Wiesbaden 1978; *G. Stephenson,* Leben und Tod in den Religionen. Darmstadt [2]1985; *G. Widengren,* Die Religionen Irans. Stuttgart [2]1965; *G. Tucci / W. Heissig,* Die Religionen Tibets und der Mongolei. Stuttgart 1970; *S. Morenz,* Ägypt. Religion. Stuttgart [2]1977. *P. Parusel*

Upanishaden ↗Heilige Schrift(en) III.

Uranos ↗Gott III 3 B.

Urmonotheismus
↗Monotheismus.
Die Lehre vom U., die unter der Ein- und Nachwirkung einer geschichtlich verstandenen bibl. Urgeschichte entstand, geht davon aus, daß bereits die älteste Menschheit den Glauben an Einen Gott gekannt habe. Dieser Theorie, die vom 18. Jh. an bes. von J. F. Lafitau, Andrew Lang und vor allem Wilhelm Schmidt vertreten wurde, steht der ↗Polytheismus als Abfall von dem einen Gott als Folge der Sünde gegenüber. W. Schmidt meinte zudem, aufgrund seiner Untersuchungen bei den Naturvölkern, Zeugnisse für den Glauben an ein „Höchstes Wesen" gefunden zu haben. Doch diese sog. „Höchsten Wesen" sind in ihrer Erscheinungsweise recht verschwommen (↗Traditionelle Religionen). Des weiteren hat die Ethnographie gezeigt, daß sich über eine Urreligion keine hist. Aussagen machen lassen und daß die ethnographischen Zeugnisse keinesfalls zu den Anfängen der Menschheit zurückführen.

Lit.: *W. E. Mühlmann,* Art. U.: RGG[3] VI 1197–1199; *W. Schmidt,* Der Ursprung der Gottesidee. 12 Bde. Münster 1912–1955. *Th. Birkheuser*

V

Vaisheshika ↗Hinduistische Philosophie.

Vajrāyana ↗Buddhismus III 3.

Vanen ↗Germanische Religion.

Varuṇa Gott VII.

Vaterrecht ↗Matriarchat – Patriarchat.

Veda ↗Heilige Schrift(en) III.

Vedānta
↗Hinduistische Philosophie.
1. Ursprünglich wurden die Upaniṣaden (↗Heilige Schrift[en] III) V. genannt. Das Wort bedeutet wörtlich „Ende des Veda", zeitlich, insofern als die Upaniṣaden nach den vier Veden, den Brāhmaṇas und Āraṇyakas am Ende der vedischen Zeit entstanden sind, qualitativ, insofern sie für den Höhepunkt, die Zusammenfassung und die Vollendung der vedischen Lehre gehalten werden: „Die der V.-Lehre Sinn ergriffen ..., werden völlig unsterblich und erlöset alle" (Mundaka Up. 3,2,6). „Vor Zeiten ward im V. höchstes Geheimnis ausgebracht; keinem gebt es, der nicht ruhig, der nicht Sohn oder auch Schüler ist" (Śvetāśvatara Up. 6,22; vgl. Muktikā Up. 1,9). Die spätere Tradition hat aber drei Texte zur Grundlage gemacht, die der dreifache Kanon des V. (Skt. *prasthānatraya*) genannt werden: die Upaniṣaden, die Brahmasūtren und die Bhagavadgītā.
Die genaue Zahl der Upaniṣaden wird diskutiert. Da sie zu unterschiedlichen Zeiten entstanden sind, geben sie nicht die Gedanken eines einzelnen Philosophen oder einer einzelnen Philosophenschule wieder, sondern vertreten unterschiedliche gedankliche Richtungen und gelegentlich gar sich widersprechende Ansichten. Dennoch enthalten zumindest die frühen Upaniṣaden eine Reihe von grundlegenden Lehren, die Bādarāyana (3.–2. Jh. v. Chr.) in den Brahmasūtren

oder auch V.-Sūtren genannten Brahma-Aphorismen zu systematisieren suchte. Doch diese Sūtren sind knapp in ihrer Form und recht hintergründig, so daß sie ohne Interpretationen und Kommentare kaum zu verstehen sind. Entsprechend haben verschiedene Lehrer (Skt. *Ācāryas*) in ihren Kommentaren unterschiedliche Gedankensysteme entwickelt, die entweder auf verschiedenen upaniṣadischen Texten oder auf unterschiedlichen Interpretationen derselben Texte beruhen. All diese philosophischen Systeme werden ebenfalls V. genannt.

2. Zu den wichtigsten Lehren der Upaniṣaden gehört die Befassung mit ↗Brahman und ↗Ātman, die die letzte Wirklichkeit bezeichnen. Brahman ist das letzte Prinzip des Universums als Ganzen, während *ātman* das innerste Sein eines jeden Seienden ist. Beide Begriffe werden in den Upaniṣaden oft identifiziert: „Ich bin Brahman" (Bṛh. Up. 1,4,10). „Das bist du" (Chānd. Up. 6,8,7; 6,11,3; 6,16,3). „Diese Seele (Skt. *ātman*) ist Brahman" (Bṛh. Up. 2,5,19; vgl. Māndūkya Up. 2). Die Natur des *brahman* ist *satyam* (Wahrheit, Wirklichkeit), *jñānam* (Erkenntnis, Bewußtsein) und *anantam* (Unendliches) oder *ānanda* (Seligkeit) (vgl. Taittiriya Up. 2,1,1). *Brahman* ist in der Annahme von Namen und Formen (Skt. *nāma-rūpa*) diese Welt (vgl. Chānd. Up. 6,1,2–6).

Hier stellt sich dann die Frage nach der Beziehung zwischen den individuellen Seelen (Skt. *jīvātman*) und *paramātman* bzw. *brahman*, nach der Beziehung der Welt der Vielfältigkeit zum einen letzten Sein. In den Upaniṣaden gibt es Stellen, die diese Welt für eine reine Erscheinung erklären (vgl. Īśa Up. 2,15; Śvetāśvatara Up. 1,10; Bṛh. Up. 2,4,14; 4,3,31), aber auch solche, die dieser Welt eine eigene, vom *brahman* unterschiedene Wirklichkeit zusprechen (vgl. Chānd. Up. 3,14,1; Taittirīya Up. 3,1,1; Bṛh. Up. 3,8,9). Beim Versuch der Lösung dieser in den Upaniṣaden und den Brahmasūtren ungelösten Probleme kam es zur Ausbildung der verschiedenen V.-Systeme.

a) *Advaita-Vedānta:* Der wichtigste Autor einer non-dualistischen (↗Non-Dualismus) Lösung der Grundfrage des V. ist Śaṅkara (788–820), der seinerseits weniger von Bādarāyana als von Gauḍapāda (5.–6. Jh.) abhängig war. Von ihm stammen Kommentare zu mindestens neun Upaniṣaden, zu den Brahmasūtren, zur Bhagavadgītā sowie andere Werke. Śaṅkaras Philosophie richtet sich auf das Ziel der Befreiung (Skt. *mokṣa*). Ausgangspunkt seines Denkens ist *śruti* (↗Offenbarung III), nicht das logische Denken, das er nur in der Interpretation der Upaniṣaden und bei der Widerlegung anderer Denksysteme zu Hilfe nimmt. Das gesamte System des Advaita-V. beruht darauf, daß *brahman* die einzige Wirklichkeit, die Welt illusorisch, die Einzelseele folglich *brahman* selbst und nicht von diesem verschieden ist (vgl. Brahma Sūtra Bhāṣya 1,1,5; 1,2,6; 1,2,20; Kēna Bhāṣya 1,3; 3 Einleitung; Mundaka Bhāṣya 2,2,11; 3,1,1; Bṛh. Bhāṣya 6,4,6). Dualität tritt dort auf, wo *avidyā*, die Unwissenheit, herrscht. Die wahre Erkenntnis, die diese Unwissenheit entfernt, führt zur *advaita*-Erfahrung und damit zur Befreiung (vgl. Brahma Sūtra Bhāṣya 1,1,2; 1,1,4; 4,1,15). Śaṅkaras wichtigster Beitrag besteht in der Entwicklung eines *brahman*-Begriffs ohne alle Qualitäten (Skt. *nirguṇa*) d.h. eines *brahman*, dem der Verstand kein Attribut zuschreiben kann. Daher sind auch *sat* (reines Sein), *cit* (reines Bewußtsein) und *ānanda* (reines Glück) keine das *brahman* qualifizierenden Attribute; sie konstituieren vielmehr das Wesen des *brahman*. Sein weltschaffender Aspekt ist *sarguṇa brahman*; er konstituiert aber keine Dualität, da die wahre Wirklichkeit *nirguṇa brahman* allein ist und *avidyā* und *māyā* in gewissem Sinne nur zwei Seiten desselben sind.

b) *Viśiṣṭādvaita:* Eine qualifizierte Form des Advaita-V. vertrat Rāmānuja (1017–1137), auf den ein Kommentar der Brahmasūtren Śrī Bhāṣya, ein Kommentar der Gītā und die Schriften V. Sāra, V. Dīpa und Vedārthasamgraha zurückgehen. Rāmānuja ging es um eine Verbindung von personalem Theismus und der Advaita-Philosophie. Dem ↗Vishnuismus (↗Hinduismus II) sicherte er die Sanktion der Upaniṣaden. Rāmānuja erkennt drei Realitäten (Skt. *tattvatraya*) an: *īśvara* (Gott), *acit* (Materie) und *cit* (Geist), wobei die beiden letzten völlig von Gott abhängige Realitäten sind (vgl.

Śvetāśvatara Up. 1,9 und 12; Taittirīya Up. 3,1,1; Bṛh. Up. 2,1,20). Ihr Verhältnis läßt sich dem von Substanz und Attributen vergleichen; es ist ein Verhältnis innerer Untrennbarkeit (Skt. *apṛthak-siddhi*). Die Seelen sind aufgrund von *avidyā* und ↗Karma, die früheren Taten, gebunden. Die Befreiung geschieht durch eine harmonische Verbindung von Handeln und Erkenntnis (Skt. *jñāna-karma-samuccaya*). Das Handeln sollte als einziges Ziel das Gefallen Gottes haben. Auch für Rāmānuja ist die Erkenntnis die unmittelbare Ursache der Befreiung. Er identifiziert die wahre Erkenntnis, die unmittelbare intuitive Gotteserkenntnis, mit der höchsten Gottesverehrung (↗Bhakti), die in der absoluten Selbsthingabe (Skt. *prapatti*) besteht. All das aber wird nur durch die Gnade Gottes (Skt. *prasāda*) erreicht. Die befreite Seele wird nicht mit *brahman* identifiziert, sondern behält ihre Individualität (vgl. Śrī Bhāṣya 1,1,1).

c) *Dvaita Advaita:* Hauptvertreter einer dualistischen Lösung ist Madhva (1238–1317), der ebenfalls die drei Quellen des V. kommentiert hat und Verfasser weiterer Schriften, Tattvōdyōta, Mahābhārata Tātparya Nirṇaya u.a. ist. Obwohl Rāmānuja von einer durch Differenz qualifizierten Identität sprach, lag doch der Akzent bei ihm auf der Identität. Demgegenüber betonte Madhva die Differenz (Skt. *viśeṣa*), von der es fünf gibt: die zwischen Gott und Seele, zwischen Seele und Seele, zwischen Seele und Materie, zwischen Gott und Materie, zwischen Materie und Materie (vgl. Mahābhārata Tātparya Nirṇaya 1,69f.). Das bedeutet freilich nicht, daß die Differenzfaktoren nichts miteinander zu tun haben. Nur Gott ist völlig unabhängig; alles andere existiert, erkennt und handelt in Gottes Gnade und nach seinem Willen (vgl. Brahma Sūtra Bhāṣya 2,2,5). Die erste Ursache des ↗Saṃsāra ist die anfanglose Unwissenheit *(avidyā)*, die jedem Einzelwesen zu eigen ist. Sie verhüllt dem Menschen nicht nur die wahre Natur Gottes, sondern auch seine eigene Natur. Das letzte Mittel zur Erlangung der Freiheit ist die ungebrochene Liebe zu Gott (Skt. ↗*Bhakti*). Diese führt zu Gottes Gnade, die die wahre Ursache der Erlösung ist. Die Differenz von Gott und Seelen und auch die zwischen den Seelen bleibt auch im Zustand von *mokṣa* bestehen. Die Seligkeit der Seele ist endlich, nur die Gottes unendlich. Die befreiten Seelen unterscheiden sich auch im Grad des Erkenntnisbesitzes und der Seligkeitsfreude.

d) *Dvaitādvaita oder Bhedābheda:* Auf Nimbārka (13./14. Jh.) geht ein kurzer Kommentar der Brahmasūtren zurück, in dem er einerseits eine Rāmānuja ähnliche Position vertritt mit den drei Realitäten Gott, Seelen, Materie. Im Gegensatz zu Rāmānuja, der bei aller Rede von Differenzen die Identität betont, mißt Nimbārka andererseits Identität und Differenz die gleiche Bedeutung zu. Gott ist zugleich eins mit (Skt. *abheda*) und unterschieden (Skt. *bheda*) von der Welt. Die Befreiung wird durch wahre Erkenntnis erlangt, die ein Geschenk der Gnade Gottes ist, die ihrerseits durch wahre Gottesverehrung gewonnen wird.

e) *Śuddhādvaita:* Traditionellerweise ist die Rede von vier Schulen des Vaiṣṇava-V., zu denen die Śrī-Schule des Rāmānuja, die Sanaka-Schule des Nimbārka, die Brahma-Schule des Madhva und die Rudra-Schule des Vallabha (1479–1531) zählen. Auf Vallabha gehen ebenfalls Kommentare zu den Brahmasūtren und zur Gītā zurück. *Śuddha advaita,* reiner Non-Dualismus, und *puṣṭimārga,* der Weg geistlicher Ernährung, sind die beiden Hauptthemen dieser Richtung des V. Nach Vallabha ist *brahman,* die höchste Wirklichkeit, identisch mit Śrī Kṛṣṇa, dessen Wesen *sat, cit, ānanda* ist. Die Seelen und die Materie sind weder Irrtum noch Illusion, sondern reale Manifestationen des höchsten Seins. In der materiellen Welt ist nur der *sat*-Aspekt Gottes offenbar, in den Seelen *sat* und *cit,* im *antaryāmin,* im einwohnenden Gott, manifestieren sich alle drei Aspekte. Vallabha unterscheidet auch zwischen *jagat,* dieser Welt, die eine reale Manifestation Gottes ist, und *saṃsāra,* dem Kreislauf von Geburten und Toden, der durch die Unwissenheit verursacht ist. *Bhakti* ist für ihn die feste und allesübersteigende Zuneigung (Skt. *sneha*) zu Gott, eine Gabe der göttlichen Gnade, die in der Reinheit des Herzens erlangt wird.

Lit.: *E. Frauwallner,* Geschichte der indischen Philo-

sophie I. Salzburg 1953; *P. Hacker*, Untersuchungen über Texte des frühen Advaitavāda I. Wiesbaden 1953; *M. Hirayanna*. The Essentials of Indian Philosophy. London [5]1960; *E. Deutsch*, Advaita V. A Philosophical Reconstruction. Honolulu 1969; *P. T. Raju*, The Philosophical Tradition of India. London 1971; *G. Oberhammer*, Materialien zur Geschichte der Rāmānuja-Schule I. Wien 1979; *T. Vetter*, Studien zur Lehre und Entwicklung Śaṅkaras. Wien 1979; *Ch. Sharma*, A Critical Survey of Indian Philosophy. Delhi (Neudruck) 1979; *H. Torwesten*, V. Olten 1985; *M. v. Brück*, Einheit der Wirklichkeit. München 1986; *R. Dandekar*, Art. V.: ER XV 207–214.
A. Thannipppara

Vedismus ↗Hinduismus II 2.

Vegetationskult. Der V. findet sich in vielen Kulturen, vor allem im Alten Orient. Die Grundlage dieses Kultes mit seinen mannigfaltigen Ausformungen bildet der Gedanke, daß die Vegetation Symbol für die der Natur innewohnende Kraft ist, die periodisch neues Leben hervorbringt. Die Pflanze wird somit nicht um ihrer selbst willen verehrt, sondern nur insofern sie – durch rituelle Handlungen aus dem profanen Bereich herausgehoben – Zeichen der Fruchtbarkeit und Fülle sowie der Neuschöpfung, Jugend, Unsterblichkeit und somit des kosmischen Lebens schlechthin ist. Innerhalb des V. nimmt der Baum als Wohnsitz oder Erscheinung der Gottheit, als Mittelpunkt der Welt, als Verkörperung des Kosmos (Esche Yggdrasil) oder zusammen mit Stein und Altar als Mikrokosmos u. v. m. eine herausragende Stellung ein.

Lit.: *M. Eliade*, Die Religionen und das Heilige. Salzburg 1954, Kap. VII.
A. Schotterer

Venus ↗Gott III 4 B.

Vergebung ↗Schuldaufhebung.

Vesta ↗Gott III 4 B.

Vier Edle Wahrheiten ↗Buddhismus II.

Vishnu/Vishnuismus. 1. Vishnuismus ist neben dem ↗Shivaismus einer der beiden Hauptkulte des ↗Hinduismus, die sich gegenseitig nicht ausschließen. *Viṣṇu*, „der Alldurchdringende", kommt zwar in den ältesten Textgeschichten des Veda vor, hat dort aber nicht die überragende Bedeutung, die ihm im späteren Hinduismus, insbesondere in den ersten Jh.en n. Chr., zukommt. Die Entwicklung seines Kultes geht Hand in Hand mit der Entwicklung der ↗Avatāra-Idee.

2. Nachdem Viṣṇu (V.) V.-Nārāyaṇa (Nārāyaṇa, eine aus der Mahābhārata-Zeit bekannte Gottheit, identifiziert mit V.) mit den großen populären göttlichen Gestalten wie ↗Kṛṣṇa und ↗Rāma identifiziert wurde, etablierte sich seine Verehrung zuerst in Nordindien. Dann wurde sie von den Ālvārs (ca. 500–900 n. Chr.) auch in ganz Südindien volkstümlich gemacht. Der Herr der Ālvārs, den sie lieben und nach dem sie sehnsüchtig verlangen, ist der Gott der lokalen Heiligtümer, der seinen Gläubigen in der menschlichen Gestalt der Kultbilder, versehen mit Schmuck und Attributen, erscheint. Er ist aber zugleich eine der unzähligen Manifestationen V.
Den Ālvārs folgten die *ācāryas* („Meister", „Theoretiker"). Vier von ihnen sind für den Viṣṇuisimus von entscheidender Bedeutung. Sie gelten als die Stifter von *Saṃpradāyas* („Tradition", „Schule", oft mit dem unzulänglichen Begriff „Sekte" wiedergegeben). Ein *Saṃpradāya* lehrt einen besonderen Vedānta, den er durch Kommentare zu den Up., der Bhagavadgītā und dem Vedānta-Sūtra (dem Grundtext des Vedāntasystems) zu begründen sucht. Trotz ihrer Meinungsunterschiede werden alle *Saṃpradāyas* als gleichberechtigte Glieder der einen großen Vaiṣṇava-Gemeinde angesehen. Die Lehren der *Saṃpradāyas* sollen zuerst von einer Gottheit verkündet und dann über eine Kette von Lehrern (Gurus) schließlich auf einen berühmten ācārya gekommen sein, der selbst wieder als die Inkarnation eines göttlichen Wesens gilt. Die vier *Saṃpradāyas* sind a) der *Śrī-Saṃpradāya*, verkündet von Śrī (= Lakṣmī, Gattin V.); Stifter-ācārya ist Rāmānuja (1050–1137?), eine Inkarnation der Weltschlange Śeṣa; b) der *Brāhma-Saṃpradāya*, verkündet von Brahmā (dem sog. Schöpfergott); Stifter-ācārya ist Madhva (nach Gonda vermutlich 1199–1298), eine Inkarnation des Windgottes Vāyu; c) der *Sanakādi-Saṃpradāya*, verkündet von Sanaka und anderen geistigen Söhnen Brahmās, vier an der Zahl; Stifter-ācārya ist Nimbārka oder Nimbāditya (um 1300), eine Inkarnation von V.s Diskus Sudarśana; d) der *Rudra-Saṃpradāya*, verkündet von Rudra (Śiva), Stifter-ācārya ist zwar Viṣṇu-

svāmī (13. Jh.?); seine Lehren wurden von Vallabha (1479–1531) erneut verkündet. Vallabha selbst wird als eine Inkarnation des Feuergottes Agni angesehen. Alle vier *Sampradāyas* predigen ↗Bhakti an V. und nehmen eine modifizierende bis ablehnende Haltung gegenüber Śaṅkaras (um 700 n.Chr.) nondualistischem Vedānta ein. Die Bengal-Schule, *Gauḍīya Sampradāya,* gegründet von Caitanya (1486–1533), rechnet sich seit Mitte des 18. Jh. fest zum *Brāhma-Sampradāya.* Die Internationale Gesellschaft für Kṛṣṇa-Bewußtsein, besser bekannt unter dem engl. Kürzel ISKCON, gegründet 1966 in New York, ist ein missionarischer Zweig dieser Schule. Madhvas Lehre ist konsequente Ablehnung des ↗Non-Dualismus oder ↗Monismus Śaṅkaras und vertritt eine strenge Scheidung von Gott, Welt und individuellen Seelen. Sie wird Dvaitavāda (Dualismus) genannt, im Unterschied zum A-dvaitavāda (Non-Dualismus) anderer Schulen.

3. Daß V. mit drei Schritten das ganze Weltall durchmaß, erwähnt schon der Ṛgveda. Ikonographisch wird er vierarmig, mit freundlichem Gesichtsausdruck und Gemütsruhe ausstrahlend dargestellt. In den Händen trägt er seine vier Symbole: eine Muschel, einen Diskus, eine Keule und eine Lotosblüte. Sein Reittier ist der Adler Garuḍa. Seine Frau ist Śri oder Lakṣmī (Glücksgöttin); eine zweite Gemahlin, entweder Puṣṭi (das Gedeihen) oder Bhūmi (die Erde), steht ihm auch häufig zur Seite.

Lit.: *S. K. De,* Early History of the Vaisnava Faith and Movement in Bengal. Calcutta 1961; *J. Gonda,* Die Religionen Indiens II. Stuttgart 1963, bes. 115–187; *ders.,* Viṣṇuism and Śivaism. London 1970.

T. R. Chopra

Vision (vom lat. *visio,* „Gesicht", „Schau") ist ein gewollter oder spontaner, bildhafter Eindruck, der nachhaltig wirkt und ohne erkennbare Verwendung der äußeren Sinneswahrnehmung abläuft. Sie ereignet sich im Zustand von Luzidität und ↗Ekstase. So kann es bei V.en zu einer „Panoramaschau" selbst entferntester Räumlichkeiten und Gegenstände kommen. Bei der entsprechenden zeitlichen „Überschau" wird in einem Augenblick das sichtbar, was normalerweise eine chronologische Abfolge erfordern würde. So konnte z. B. *A. K. Emmerich* durch V. in die Vergangenheit Beschreibungen von Räumlichkeiten machen, die durch die Archäologie verifiziert wurden. ↗Propheten hatten die Fähigkeit, die Zukunft vorauszusehen. Im AT und NT, im Leben von Heiligen und Mystikern finden sich ferner zahlreiche Beispiele von warnenden und prophylaktischen V.en. Echte V.en erfassen und erfüllen den ganzen Menschen. Eine reflexive Deutung erfolgt erst nachher, wie die V. und spontane Bekehrung des hl. Paulus verdeutlicht, die drei Eigenschaften kennzeichnen: Unmittelbarkeit, Totalität und Irreversibilität. Echte Visionäre sind vor und nach der V. absolut normal. Während der V. befinden sie sich in einem veränderten Bewußtseinszustand, der sich abhebt von den Zuständen bei pathologischen Deliranten und Visionären, die im allgemeinen von rel. und erotisch gemischten Wahnvorstellungen ausgehen. Derartige visionäre Zustände sind inhaltlich völlig steril. Im Gegensatz dazu weist der Inhalt echter V.en einen klaren Sinnzusammenhang auf und bereichert die betreffende Person über das normale Maß hinaus. Eine Entscheidung, ob es sich um eine echte, eine pathologische oder um eine Schein-V. handelt, hat im Einzelfall nach den genannten Kriterien zu erfolgen.

Lit.: *E. Benz,* Die V. Stuttgart 1969; *W. Keilbach,* Art. V.: RGG³ VI 1408 f.; *K. Rahner,* V.en und Prophezeiungen. Freiburg ²1958; *F. Heiler,* Erscheinungsformen und Wesen der Religion. Stuttgart 1961, 552 f.

A. Resch

W

Wahhābiten. Durch die Verbündung zwischen dem ḥanbalitischen Gelehrten Muḥammad Ibn 'Abd al-Wahhāb (1703 bis 1792) und dem Emir Ibn Sa'ūd entstand eine schlagkräftige politisch-rel. Bewegung, die W., die nach und nach die meisten Gebiete der Arabischen Halbinsel unter ihre Herrschaft brachten und das heutige Königreich Saudi-Arabien gründeten. Der Reformer Ibn 'Abd al-Wahhāb predigte die Rückkehr zu den Quellen des Islam und eine strenge Beachtung der Bestimmungen von Koran und Tradition. Neuerungen, ketzerische Richtungen und abweichende Haltungen, wie z. B. die sich einschleichende Heiligenverehrung, verurteilte er mit aller Schärfe. Er plädierte für eine unerbittliche Anwendung der islam. Rechtsordnung (↗Sharī'a) nach der ḥanbalitischen Schule. Heute gelten die ḥanbalitischen Rechtsbücher als Gesetzbücher des saudischen Staates in all den Fragen, die dort eine Lösung gefunden haben.
Aufgrund ihres Ölreichtums haben die Saudis immer mehr an Bedeutung gewonnen. Durch verschiedene Gründungen (z. B. Banken und Fonds zur Förderung islam. Solidarität und zur Wiedereinführung der islam. Wirtschaftsordnung; auch die Liga der Islam. Welt zur Förderung der islam. Minderheiten und zur Ausbreitung des Islam in der Welt) versuchen sie, mehr Einfluß auf die Gestaltung des Lebens in den verschiedenen islam. Ländern zu nehmen. Ihr Anspruch, eine Art Ersatz für das erloschene Khalifat in der islam. Welt zu sein, und dies aufgrund ihrer Rolle als Wächter der hll. Stätten in Mekka und Medīna, wird in der islam. Welt nicht anerkannt.

Lit.: *R. Hartmann,* Die W.: ZDMG, NF 3,78 (1924/25) 176–213; *W. Ende,* Religion, Politik und Literatur in Saudi-Arabien: Orient 22/3. Hamburg 1981, 377–390; *A. Th. Khoury,* Un Modèle d'Etat islamique: l'Arabie Saoudite. München 1983.

A. Th. Khoury

Wahrheit, religiöse. 1. Religiöse W.s-Frage. Auch wenn die rel. W.s-Frage neuzeitlich vielfach als Frage nach der W. der subjektiven, d. h. der dem einzelnen menschlichen Subjekt inhärenten Religiosität gestellt und behandelt wurde, muß sie angesichts der Pluralität rel. Wegangebote, in denen sich die menschliche Religiosität konkretisiert, als Frage nach der Richtigkeit bzw. W. des einzelnen rel. Weges fortgeführt werden. Diese Frage ist um so dringlicher, als sich mit ihr die Frage nach dem ↗Heil verbindet. Wenn man einerseits die Heilsfrage ihrerseits nicht total auf den einzelnen hin relativieren und damit letztlich inkommunikabel machen und andererseits dem universalen Anspruch der Weltreligionen gerecht werden will, kann man der W.s-Frage nicht ausweichen. Der Ort der Fragestellung ist einmal bedingt durch die allg. Frage nach Wesen und Methode der W., wie sie heute vor allem in der Philosophie verhandelt wird, sodann aber durch das Verständnis von W., das in den einzelnen Religionen vorherrscht. Für den Umgang mit der rel. W.s-Frage ergeben sich folgende Gesichtspunkte: a) Es darf nicht ein bestimmter W.s-Begriff unterstellt werden; der W.s-Begriff muß vielmehr aus den Religionen und ihrem Kontext erhoben werden. b) Bei der Frage nach einem konkreten rel. W.s-Verständnis geht es darum, den W.s-Bezug aus der Grundinspiration einer bestimmten Religion, deren Wirklichkeitsverständnis und deren damit gegebener Antwort auf die Sinnfrage des Menschen zu erschließen. c) Bei der rel. W.s-Frage geht es folglich nicht allein um sprachlich-satzhafte W.en, sondern zunächst und vor allem um die in der menschlichen Existenz und deren umfassendem Wirklichkeitsbezug erfahrene und verwirklichte W. (vgl. im bibl. Kontext das Miteinander von „W. sagen" und „W. tun" und daran anschließend die Rede von „Orthodoxie" und „Orthopraxie". d) Die abendländischen Grundworte für W. – hebr. *'ᵉmæt* = Beständigkeit, Treue, griech. *alḗtheia* = Unverborgenheit – sind in ihrer Wirkungsgeschichte wie in der Verschiedenartigkeit ihres Ansatzes ein wichtiger Hinweis für den interrel. Dialog, nicht einen bestimmten Teilaspekt zur Norm des Religionsdialogs zu machen.

2. Beispiele rel. W.s-Verständnisses. Für einen ersten Zugang zur konkreten rel. W. genügt es, beispielhaft das W.s-Verständnis in den Religionen anzusprechen, die das II. Vatikanum in NA ausgewählt hat.

a) *Judentum*: Für das ↗Judentum macht die treue Erfüllung der Gott-Mensch-Beziehung die W. aus. Das W.s-Verständnis ist im Umfeld von *'āman* = fest, sicher sein, sich als zuverlässig erweisen, treu sein angesiedelt und wird von Gott und Mensch, vom Grundverhältnis zwischen Menschen, Menschen und Gott, aber auch Gott und Menschen ausgesagt. Nicht selten wird *'ªmæt* mit den Ganzheitsbegriffen *shālôm* = Friede und *tāmîm* = Einfachheit sowie den Rechtsbegriffen *ḥæsæḏ* = Gnade und *ṣæḏæq* bzw. *ṣᵉḏaqāh* = Recht verbunden, so daß W. auch stets besagt, dem Menschen Recht, Gerechtigkeit, Heil widerfahren zu lassen.

b) *Christentum:* In der Bibel kommt es zumal in den griech. Teilen bereits zur Begegnung von jüd. und griech. W.s-Begriff, die in der weiteren Geschichte des Christentums wirksam geblieben ist. W. ist ntl. das, was Bestand hat und gilt, das, worauf man sich verlassen kann, zumal Gottes Treue und Zuverlässigkeit, aber – im eher griech. Sinne – auch der wirkliche Tatbestand, die W. der Aussage, die wahre Lehre, der rechte Glaube. Einen unübertroffenen Höhepunkt stellt in Joh 14,6 die Identifizierung der W. mit der Person Jesu dar, der sich selbst als ↗Weg zu der Wirklichkeit aussagt, die er in W. ist: Gottes Treue in Person, auf die Menschen bauen und setzen können. Für das christl. Verständnis von W. ist dieser Ansatz eine bleibende Verpflichtung.

c) *Islam:* Der islam. W.s-Begriff leitet sich einmal vom arab. *ḥḳḳ* = dauernde Bestimmung her. Als Gottesbezeichnung *al-Ḥaḳḳ* nennt der Titel Gott den schlechthin Wirklichen und als solchen den Wahren, die W. Nur von ihm her ist Wirklichkeit auch von der Schöpfung aussagbar. Ähnlich wie im Hebräischen wird die W. aber menschlich auch ausgesagt im Umfeld rechten Verhaltens. Dabei reicht die W. dann von der wahren Aussage über den Bereich des Rechtes und der Gerechtigkeit bis zur gesetzmäßig und freiwillig geübten Barmherzigkeit.

d) *Hinduismus*: Hinduistisch verwirklicht sich die W. ebenfalls auf den Wegen, die zum Heil führen. Wahr ist letztendlich, was wirklich ist. Das schließt nicht aus, daß es auf dem Weg zur vollen Einsicht und Übereinstimmung mit der wahren Wirklichkeit „Vorstufen" bzw. „Vorverständnisse" der W. gibt, die am Ende sich als Un-wahrheit entlarven lassen. In der bekannten triadischen Formel *saccidānanda* besagt *sat* bzw. *satya* Sein und W. zugleich. W.s-Suche ist aber hinduistisch wie auch buddh. stets im Sinne von Heilssuche zu verstehen. Was als Erkenntnisprozeß ausgesagt wird, zielt stets auf Seinsverwirklichung ab.

e) *Buddhismus*: Strukturell ist die W.s-Frage im ↗Buddhismus in vieler Hinsicht dem Hinduismus vergleichbar, auch wenn es im Inhalt der Lehre nachträglich beträchtliche Unterschiede gibt. Fragt man von der sino-jap. W.s-Terminologie zurück, so gruppieren sich die verschiedenen Begriffe um das japanisch gelesene *shin, makoto* = aufrecht, zuverlässig, wahrhaftig, wahr: *shinjitsu* = W., Realität, Tatsache; *shinri* = W., wahres Prinzip (wobei *ri* sowohl eine bis Indien zurückreichende Tradition einbindet, die wie für *ratio* steht); *shinnyo* = absolute W., ewige W., wahre Gestalt. Vom ind. Ursprung her begegnen sich hier *satya* und *tathatā* = wahres Wesen, Sein, wie es ist, als solches das wahre, nicht mehr sagbare Prinzip aller Dinge.

3. W. und Heil. Übereinstimmend spricht in den verschiedenen rel. Traditionen W. vom Heil. Bei allen inhaltlich nicht zu versöhnenden Lehraussagen der verschiedenen Religionen ist jedoch dann stets darauf zu achten, daß die rel. W.s-Frage auf der Ebene theoretischer Auseinandersetzung letztlich nicht zu lösen ist. Auch wenn es sinnvolle theoretische Vergleiche und Dispute zwischen den Religionen gibt, so entscheidet sich die W.s-Frage religiös in praktischer „Kon-kurrenz", d.h. im Wettlauf auf das als Heil bezeichnete Ziel hin. Diese

„Kon-kurrenz“ aber ist heute nicht zu leisten, ohne daß die Religionen sich angesichts der in der Welt virulenten Menschheitsfragen bewähren (Überleben, Gerechtigkeit, Friede u. a.).

Lit.: Vgl. Art. W.: HPhG VI 1649–1668 *(L. B. Puntel)*; RGG[3] VI 1515–1525 *(E. Fuchs – G. Gawlick)*; Truth: ER XV 63–72 *(F. J. Streng)*; sodann *J. Hick* (Hg.), Truth and Dialogue. London 1974; *D. Wiebe*, Religion and Truth. Den Haag 1981; *H. Waldenfels*, Das Christentum im Streit der Religionen um die W.: HFth II 242–265; *ders.*, Kontextuelle Fundamentaltheologie. Paderborn 1985, 354–362; *W. Oelmüller* (Hg.), W.s-Ansprüche der Religionen heute. Paderborn 1986.

H. Waldenfels

Wasser. Das W. in allen seinen Erscheinungsformen wie Himmelsozean, unterirdischem Süßwasserozean, Regen, Quellen, Flüssen und Seen unterliegt einer ambivalenten Einschätzung. Einerseits findet sich bereits bei den Babyloniern die Bezeichnung „W. des Lebens“. In Alt-Ägypten, das ja als Geschenk des Nils galt, war es durchweg eine wohltätige Macht, die eine elementare, für Pflanze, Tier und Mensch lebensnotwendige Funktion ausübte. Andererseits wissen babyl. Urzeitmythen von der verheerenden und lebensgefährdenden Macht der chaotischen Urgewässer zu berichten, die erst durch das heldenhafte Eingreifen einer göttlichen Macht zur geordneten Welt umgestaltet wurden. Am Ende der Tage wird nach der altmexikanischen Religion die Welt durch eine Sintflut vernichtet. Das W. bezeichnet somit eine Grenze zwischen Leben und Tod, indem es beides bewirken kann und deshalb auch häufig als Totenfluß (Styx) das Reich der Toten von den Lebenden abgrenzt. Die geheimnisvolle Macht des W. wurde divinisiert, was in Flußgottheiten (Ganges), guten und bösen Wassergeistern, Regengöttern (Tlaloc) usw. zum Ausdruck kam. Die Fähigkeit des W. durch Waschungen materielle Unreinheit zu beseitigen – äußere Reinheit galt zunächst als Vorbedingung für die Teilnahme am Kult –, wurde mit zunehmender Spiritualisierung der Religionen erweitert auf die Tilgung der inneren Unreinheit und führte zu der Verwendung des W. in der christl. Taufe im Sinne der Vergebung der Sünden (↗Katharsis). Die Weihung verstärkt die Kraft des W. und bewirkt eine Veränderung des eingetauchten Initianten (Immersions-Taufe) durch die Übermittlung von geistigen Gaben.

Lit.: *M. Ninck*, Die Bedeutung des W. im Kult und Leben der Alten. Wiesbaden 1921; *G. Spaltmann*, Das W. in der rel. Anschauung der Völker. Diss. Bonn 1939; *O. Kaiser*, Die mythische Bedeutung des Meeres in Ägypten, Ugarit und Israel. Berlin [2]1962.

P. Parusel

Wassermannzeitalter. Oft synonym mit ↗„New Age“, bezeichnet W. den astrologisch-esoterischen Horizont des gegenwärtigen Bewußtseinswandels in der Menschheit, wobei analog einer in der ↗Astrologie angenommenen Schicksalsbeeinflussung jede Periode des Weltenjahres durch ein Tierkreiszeichen geprägt ist. Zuerst von *A. Bailey* (Die Wiederkunft Christi, 1948) aufgrund der imaginären Akasha-Chronik postuliert und dann programmatisch im Titelsong des Musical „Hair“ belegt, bricht nach dieser Sicht eine Epoche der spirituellen Selbstverwirklichung, einer die Gesellschaft transformierenden Mystik sowie einer Harmonie der Menschen untereinander und mit dem Kosmos an.
Aufgrund der Präzession verschiebt sich der Frühlingspunkt (21. März) etwa alle 2100 Jahre rückdrehend um ein Sternbild und führt zur Annahme eines „platonischen Weltenjahres“ (im Sinne einer idealisierenden Äonenvorstellung; häufig unpräzise vermischt mit dem *„magnus annus“* Platons, Polit. 269 c) von 25 868 Jahren. Dieser Zyklus, von Hipparch um 135 v. Chr. beschrieben, erklärt die heute verschobene Deckung von Sternzeichen und -bildern, nach welcher der Frühlingspunkt im Übergang vom Fische- in das W. steht. Die astrale Mystik im Umkreis von Hermetik und neuplatonischer ↗Gnosis knüpft schicksalsprägende Vorstellungen an den Tierkreis, vermag aber keine exakte Datierung des Übergangs anzugeben. Heutige Hypothesen erwarten diesen in der zweiten Hälfte dieses Jh., wobei etwa bei *C. G. Jung* die Verkündigung des Dogmas der Assumptio Mariae (1950) als Hinweis auf den vollendeten, zukünftigen Menschen programmatische Bedeutung gewinnt.
Das „Wassermann-Evangelium“, ein aus der Akasha-Chronik in phantastischen Visionen empfangener Text des amerik.

Predigers *Levi* (H. Dowling; 1908), versucht, das universelle Vorbild Jesu als „Christus des Lichtes und der Liebe" für das W. durch seine hypothetische Initiation in oriental. Geheimlehren zu begründen.

Symbol des aufdämmernden W. ist der Regenbogen, nach A. Bailey als Lichtkanal („Antahkarana") zur Vermittlung spiritueller Energien seitens der Geistigen Hierarchie und der Einzelseele gedeutet.

Lit.: *A. Rosenberg,* Durchbruch zur Zukunft. Bietigheim [2]1971; *Levi,* Das Wassermann-Evangelium von Jesus dem Christus. München 1980; *H. J. Ruppert,* New Age. Wiesbaden 1985; *G. Trevelyan,* Eine Vision des W. Freiburg 1980. *M. Fuß*

Weg (griech. *hodós*, lat. *via*, Skt. *mārga*, chin. *tao*, jap. *dō*) ist ein Grundbegriff menschlicher Existenz und betrifft den Menschen sowohl in seiner alltäglichen Lebenspraxis und der Verfolgung seines Lebensziels wie auch in seiner reflektierenden Beschäftigung mit seinen Lebensvollzügen. Insofern wird W. einmal zum Ausdruck für ↗Religion (vgl. ↗Shintō = W. der Götter, aber auch andere ostasiat. Bezeichnungen wie „W. des Buddha", des Konfuzius u.a.), sodann aber auch eine Bestimmung der Wissenschaften (vgl. „Methode" als geordnetes Begehen eines W. auf ein Ziel hin). Das Leben selbst beruht wesentlich auf der Sammlung von Er-fahrungen (↗Erfahrung, religiöse), die man auf dem W. macht. Es lebt aber auch aus den W.-Weisungen, die in der Geschichte vorgefunden werden und zu denen die Religionen maßgeblich gehören. In den Religionen selbst spielt der W. eine unübersehbare Rolle. Soweit es sich um gestiftete Religionen handelt, erweisen sich die Stifter als Künder und Lehrer eines W. Für das Christentum ist es bedeutsam, daß Jesus nicht nur als Lehrer des W. auftritt, sondern sich selbst als W. bezeichnet (vgl. Joh 14,6). In der Regel besteht jedoch die W.-Weisung in der Anleitung zur Befolgung des Pfades der Lehre bzw. auch zur Nachfolge auf dem vorgegangenen W. der Praxis (vgl. Wandel auf dem achtfachen Pfad des Buddha [↗Buddhismus II]; Leben in der Nachfolge Jesu; auch im Hinduismus die W.e zur Befreiung: den W. der Erkenntnis *[jñānamārga]*, des Handelns *[karmamārga]* und der Hingebung *[bhaktimārga]*), in der Begleitung des inneren W. (vgl. in der Geschichte christl. Spiritualität die Rede vom Reinigungs-W. *[via purgativa]*, Erleuchtungs-W. *[via illuminativa]* und Einigungs-W. *[via unitiva]*). Als W.e beschreibt auch die christl. Theologie ihre Bemühungen um die Gotteserkenntnis (vgl. die *quinque viae* des Thomas v. Aquin oder auch im Anschluß an die areopagitischen Schriften die Rede von den *viae affirmationis, negationis* und *eminentiae*). In der religiös-kultischen Praxis fast aller Religionen gibt es W.-Einübungen und -Vollzüge wie Prozessionen, Umzüge, Wallfahrten, Pilgerreisen. Für das Verständnis der einzelnen Religion ist die Bedeutung des Kreislaufes, etwa auch symbolisiert in kultischen Tempelumschreitungen und/oder des Fortschreitens und Weitergehens von Station zu Station aussageträchtig. Im Blick auf das im chin. ↗Tao absolutgesetzte W.-Verständnis hat M. Heidegger formuliert: „Vielleicht verbirgt sich im Wort ‚W.', Tao, das Geheimnis aller Geheimnisse des denkenden Sagens, falls wir diese Namen in ihr Ungesprochenes zurückkehren lassen und dieses Lassen vermögen. Vielleicht stammt auch noch und gerade die rätselhafte Gewalt der heutigen Herrschaft der Methode daher, daß die Methode, unbeschadet ihrer Leistungskraft, doch nur die Abwässer sind eines großen verborgenen Stromes, des alles bewegenden, allem seine Bahn reißenden W. Alles ist W." (Unterwegs zur Sprache 198).

Lit.: *G. Söhngen,* Der W. der abendländischen Theologie. München 1959; *K. Goldammer,* Die Formenwelt des Religiösen. Stuttgart 1960, 45–50 190–205; *H. Waldenfels,* Kontextuelle Fundamentaltheologie. Paderborn 1985, 349–354; *C. v. Korvin-Krasinski,* Trina Mundi Machina. Mainz 1986, 298–335.

H. Waldenfels

Welt/Schöpfung

I. Grundverständnis. – II. Erklärungsversuche. – III. Kosmogonie, außerbiblisch. – IV. Weltschöpfung: jüdisch – christlich. – V. Weltverständnis: indisch – hinduistisch. – VI. Weltverständnis: China. – VII. Weltverständnis und Weltverhalten

I. Grundverständnis. W. meint *sachlich* die Gesamtheit der vom Menschen erfahrenen und erkannten Dinge, Kräfte, Elemente und Lebewesen, das „All" einer in Einheit zusammengefügten Vielfalt. Der dt. *Begriff W.*, althochdt. *wëralt*, setzt sich aus *wër* = Mann und *alt* = Alter, Generation zusammen. Er besagt zunächst „Menschenalter". Religionen primitiver Kultur setzten W. grundsätzlich mit der engeren Um- und Mitwelt der eigenen Sippe gleich; sie stellen dann den Makrokosmos (↗Mikrokosmos/Makrokosmos) nach dem Modell dieses geschlossenen Gruppenmikrokosmos vor. Nomaden- und Hochkulturen neigen eher zu einem universalen W.-Verständnis. Die Gottheit bzw. die Götter „bewohnen" die W. zusammen mit den Menschen, während der eine Gott ihr meist transzendent ist. – Auf allen Stufen der kulturellen und rel. Entwicklung entstehen *W.-Bilder*, in denen sich folgende Strukturelemente feststellen lassen: a) eine Mitte (Achse, Nabel, Pfahl, Baum, Berg, Tempel), um die sich ein kreis-, kugel- oder scheibenförmiges Gebilde, manchmal auch als Kreuzung der vier Himmelsrichtungen, ordnet; b) eine Teilung in drei Stufen: Himmel, Erde, Luftraum bzw. Unterwelt, oder in zwei Hälften: Himmel und Erde, die sich oft wie das Männliche und das Weibliche zueinander verhalten; c) Diesseits und Jenseits; d) kreisende oder evolutive Bewegtheit der Elemente und des Lebens; e) Endlichkeit bzw. Unendlichkeit der W. – W. wird rel. als Schöpfung (Sch.) einer oder mehrerer göttlicher Wesen begriffen. Die Gottheit – bestimmte Götter oder der eine Gott – erscheint nicht selten mit einem Helfer oder Demiurgen an ihrer Seite als Subjekt der Gründung, Erzeugung, Gestaltung, Schaffung oder der Erschaffung sowohl der engeren wie der weiten W. Der Bezug zu solchem Ursprung (Anfang) wird als sakral und gerade so als wirklich erfahren (Eliade 1980, 11). Das Sch.s-Ereignis wird im Mythos erzählt und im Ritus „wiederholt" bzw. in seiner bleibenden Aktualität dankend erfahren (vgl. das bibl. Zikkaron).

Lit.: Siehe unter II.

II. Erklärungsversuche. Die meisten Religionen versuchen die Uranfänge mit Kosmogonien (s. III und IV) zu „erklären", die dann auch als ätiologische Erhellung des W.-Bestandes in dessen bleibender Erfahrbarkeit dienen. Nach M. Eliade lassen sich in den Sch.s-Mythen trotz ihrer Verschiedenheit gemeinsame Grundzüge bzw. Strukturelemente festhalten, z. B. ein einziges Urwesen, das dann immer differenzierteren Gestalten den Raum überläßt (M. Eliade 1980, 23). Auf die Frage, *wer* die W. erschaffen habe, antworten die Religionen verschieden: Götter, die selber erschaffen wurden (Theogonien!), unter denen oft ein tödlicher Wettstreit entsteht; der höchste Gott mit Hilfe eines Geschlechtspartners bzw. eines anderen Helfers; zwei antagonistische W.-Prinzipien; der eine Gott in seiner Allmacht. Der Modus der W.-Erschaffung – er beschäftigt die Mythen oftmals stärker als die Frage nach dem Schöpfer – erhält folgende Erklärungstypen: a) Teilung der urspr. in chaotischer Ungeteiltheit vorliegenden W.-Materie, die entweder, wie das Ur-Ei, in Himmel und Erde (Indien, China, Japan) oder, wie der androgyne Makranthropos (↗Androgyn), in eine männliche und eine weibliche Hälfte gespalten oder aber nach den vier Himmelsrichtungen geordnet und entsprechend zentriert wird (Australien); b) Formung des Gestaltlosen durch Töpfern, Schnitzen, Weben; c) Herausholen bzw. -fischen des Sch.s-Stoffes aus der Tiefe der Gewässer; d) Inbesitznahme eines Urlandes (Island, Indien); e) Zeugung, wobei das Zeugend-Männliche meist mit dem Himmel (griech.: *ouranós*) und das Empfangend-Weibliche mit der Erde (griech.: *gê*) assoziiert wird; die ägypt. Himmelsgöttin Nut und ihr Partner, der Erdgott Geb, gehören zu den Ausnahmen, die Selbstbegattung Atums ebenfalls; allerdings versteht sich das Verhältnis der Götterpaare zueinander als komplementär und nicht zwangsläufig im Sinne der Unterordnung des weiblichen Teiles; f) Emanation der Geschöpfe aus göttlicher Fülle, z. B. einer Gottheit, die die Elemente ausatmet (Atun); Sieg eines Heldengottes im Zweikampf, der mit der Tötung und schöpferischen „Verarbeitung" des Gegners bzw. der Gegnerin endet (z. B. Marduk und Tiâmat im babyl. Epos ↗„Enûma elish"), worin auch das Moment der Rettung von kosmischen Gefahren ätiologisch mitschwingen kann (vgl. Baal in Kanaan); g) Opferung eines Urwesens, aus dessen Tod Leben entspringt; h) befehlendes

Machtwort, dem ein göttliches Wissen, Denken oder Im-Herzen-Entwerfen vorausgeht (vgl. den Schöpfer nordamerik. Indianer und den ägypt. Ptah); das Schöpferwort wirkt mancherorts als Zauberkraft (Polynesien); anders jedoch in der Bibel, die das Wort-Motiv im Kontext ihres eigentümlichen Ein-Gott-Glaubens benutzt (s. u.). – Der Bestand von W. als Sch. wird in den Religionen je nach Grundeinstellung verschiedentlich als *sinnvoll* erklärt. Bei Naturvölkern wird die W. als heilig empfunden, insofern sie nach dem Vorbild einer geordneten, um ihre Achse kreisenden und so mit dem Himmel verbundenen Dorfgemeinschaft vorgestellt wird. Die Azteken glauben an das Eingeordnetsein der gegenwärtigen W. in eine Reihe von W.-Zeiten, die voneinander durch mehrere W.-Enden getrennt sind (↗Indianische Hochkulturen I). Dualistisch geprägte Religionen erblicken den Sinn des Daseins in der richtigen Gewichtung von Virtuellem und Wirklichem, Licht und Finsternis, Tag und Nacht, Leben und Tod, was man eine Weise der „coincidentia oppositorum" nennen könnte. Griech. Religiosität heißt die W. wegen ihrer harmonischen Geordnetheit als Kosmos gut und schön. Geschichtliche Religionen, wie das Judentum, das Christentum und z. T. der Islam, strecken sich nach einem Endziel aus, sie hoffen auf eine eschatologische Vollendung des Geschichtsprozesses am Ende der Zeiten. Nach christl. Glaubensverständnis ist der Schöpfergott zugleich Erlöser und Vollender der Geschichte; er offenbart sich als solcher in Christus, dem in die W. gekommenen ewigen Sohn Gottes. Seine Inkarnation (↗Inkarnation II) bürgt für das sinngebende Eingeborgensein von W. und Zeit in der Ewigkeit Gottes.

Lit.: *G. Gloege,* Art. W.: RGG³ VI 1595–1603; *W. E. Mühlmann u. a.,* Art. W.-Bild: RGG³ VI 1606–1613; *G. Haeffner,* Art. W.: SM (D) IV 1300–1312; *M. Eliade,* Kosmos und Geschichte. Frankfurt 1984; *ders.,* Vorwort: ders. (Hg.), Die Schöpfungsmythen. Darmstadt 1980, 9–34. *A. Ganoczy*

III. Kosmogonie, außerbiblisch. Die Mythen von der Erschaffung der W. sind mehr als nur physikalische W.-Erklärungen. Zweifellos stehen sie in engem Zusammenhang mit einem *W.-Bild.* Die neuere Mythenforschung hat aber deutlich gemacht, daß der Sch.s-Mythos eine religiöse *W.-Anschauung* beinhaltet, die ihre Begründung in der urzeitmythischen Erzählung findet. Allerdings ist zu bemerken, daß in schriftlich greifbaren frühen Kulturen (Ägypten, Mesopotamien) nicht die mythische Explizierung einer umfassenden W.-Anschauung am Anfang steht, sondern die mythische Begründung einzelner natürlicher und kultureller Gegebenheiten in der Welt. So wird in Mesopotamien erst in babyl. Zeit im W.-Schöpfungsepos ↗Enūma Elish ein rel. Gesamtbild von der Erschaffung der Welt entworfen. Kosmogonien werden erst dort konzipiert, wo die geistigen Voraussetzungen zur Erfassung der W. als umspannende Einheit gegeben sind, ferner wo äußere (soziale, politische) Bedingungen eine umfassende, rel. Sicht erfordern.

Die weltbejahenden Kosmogonien berichten von der Erschaffung einer kosmischen Ordnung, die sich gegenüber einer chaotischen Widermacht durchgesetzt hat. Die Bedrohung durch das Chaos aber bleibt, und für die Permanenz der Existenzbedrohung stehen ausdruckskräftige Symbole wie die Finsternis, das Urmeer, die Schlange, der Drache usw. Während das in der Urzeit abgewehrte oder überwundene Chaos der Sch.s-Ordnung zumeist dualistisch gegenübersteht (Mesopotamien, Iran, Indien), kann ihm aber auch ein positiver Aspekt zugeschrieben werden. So kommt in Ägypten dem chaotischen Urgewässer (Nun), aus dem die Welt hervorging und das weiterhin die Welt umspült und bedroht, auch eine regenerative Kraft zu, denn die Sonne erneuert sich nächtlich bei ihrer Unterweltsfahrt durch diesen Raum. Göttliche Ordnung und Chaos, Licht und Finsternis können also geradezu eine Polarität bilden, die das Leben bestimmt.

Neben den weltoptimistischen Mythen, die von der Besiegung des Chaos sprechen, das sich in einer äußeren Widermacht oder in innerer Desintegration (so in Indien) verkörpert, stehen jene, die einen sukzessiven Degenerationsprozeß thematisieren (Griechenland, Indien), um den jetzigen, unvollkommenen Zustand der W. zu erhellen. In drastischen

Farben wird die Verderbtheit der W. und des Leibes in gnost. Mythen zum Ausdruck gebracht, die die W.-Entstehung auf einen bösen Demiurgen zurückführen. Die Sch.s-Mythen geben also eine Daseinshaltung zu erkennen, die das Verhältnis zur W. bestimmt. Gerade darin unterscheidet sich der Urzeitmythos von der Sage und der alten Mär, die von Ereignissen in der Urzeit oder Frühzeit berichten, ohne daß diese für den Lebensvollzug bedeutsam wären.

Im Hinblick auf den Sch.s-Mythos ist zwischen Vorgang, Intention und Relevanz zu unterscheiden.

1. Der Vorgang der W.-Schöpfung kann durch verschiedene Bilder dargestellt werden. Grundsätzlich kann die W.-Schöpfung von einer W.-Werdung abgehoben werden, die das geordnete Sein stufenweise aus einem ungeordneten, chaotischen Urzustand hervorgehen läßt. Hier bedarf es keines Schöpfers. Freilich sind beide Anschauungen auch vielfach miteinander verquickt, so wenn sich nach ägypt. Vorstellung ein Urhügel (oder eine Lotuspflanze) aus dem Urmeer erhebt, von wo aus der Urgott sein Sch.s-Werk in Gang setzt. Als konkrete Tätigkeitsweise des Schöpfers gilt zunächst die handwerkliche Erschaffung (aus einem Urstoff), was vielfach mit dem Bild des Töpfers vorgestellt wird (Ägypten, Mesopotamien, Indien). Im Zusammenhang damit steht aber jede Art von Formung und Differenzierung. Daneben tritt die Idee der Sch. durch Zeugung oder Geburt (Ägypten, Indien, Afrika, Polynesien). Weit verbreitet ist drittens die Konzeption der Erschaffung nach Kampf und Überwindung einer Widermacht, aus deren Körper die W. hergestellt wird (Babylonien, ↗Manichäismus). Einer schon eher vergeistigten Vorstellungsebene ist die vielfach bezeugte Sch. durch das Wort zuzuordnen. Eine spezifisch ind. Idee ist die Sch. durch die Opferkraft oder durch die Macht der Askese *(tapas).* Diese Prinzipien können so wichtig werden, daß die Gestalt des Schöpfers dahinter verblaßt.

2. Die Intention des Sch.s-Mythos geht insofern über die Darlegung von Urzeitereignissen hinaus, als dieser nicht nur Gewesenes, sondern Prinzipielles zum Ausdruck bringt. Die Mythen ereignen sich in principio, womit nicht nur die Urzeit gemeint ist, sondern ein grundsätzlicher Zustand, den es zu bewahren oder zu erneuern gilt. Dieser gibt das Muster ab für die Gestaltung des rel. und kulturellen Lebens. Ägypt. Sch.s-Ereignisse finden beim „ersten Mal" statt, was zahlreiche periodische Wiederholungen in sich schließt; ind. spielen in der „Nichtzeit" *(akāla),* was ihre Grundsätzlichkeit zum Ausdruck bringt. Den Sch.s-Mythen kommt also ein normativer Charakter zu.

3. Die Relevanz des Sch.s-Mythos liegt auf verschiedenen Ebenen. Er hat zunächst einmal eine *kultische* Bedeutung. Im Kult werden die Urzeitereignisse kommemoriert und reaktiviert. Nicht zu übersehen ist aber auch die *politische* Bedeutung vieler Sch.s-Mythen. Sie dienen nicht selten der rel. Begründung einer Herrschaft oder Dynastie (Babylon, Enūma Elish: Marduk, Herr von Babylon, als Schöpfergott; Japan, Nihongi: Kaiser als Abkömmling der Sonnengöttin Amaterasu). Wichtiger aber als die Begründung einer faktischen Macht ist die Begründung einer Ordnung, die nicht nur politisch ist. Sie stellt sich als eine kosmische Größe dar und umspannt damit auch den sittlichen und juristischen Bereich. Daraus folgt die *ethische* Bedeutung der Sch.s-Erzählungen. Werden die ethischen Forderungen der vielfach begrifflich faßbaren göttlichen Ordnung (Maat in Ägypten, Asha in Iran, Dharma in Indien, Tao in China usw.) durch Gebote und Weisheitslehren expliziert, so wurzelt diese doch in einem kosmogonischen Vorgang.

Die in der Urzeit geschaffene Ordnung kann sich als brüchig erweisen. Vielfach hält der Mythos eine Antwort auf derartige Fragen bereit. Wo aber der alte Mythos versagt, müssen neue mythische Lösungen gefunden werden. So können neue Kunstmythen entstehen, die die Verderbtheit der W. einsichtig machen wollen (Manichäismus). Neben dem sich darin ausdrückenden Pessimismus steht aber auch die Hoffnung auf eine Neuschöpfung der Erde am Ende der Tage (Iran, messianische Bewegungen).

Lit.: *B. Bavink,* Weltschöpfung. München 1950; *P. Grimal* (Hg.), Mythen der Völker. 3 Bde. Frankfurt 1967; *M. Leach,* The Beginning. New York 1956; *M. Eliade* (Hg.), Die Schöpfungsmythen. Darmstadt 1980; *U. Mann,* Schöpfungsmythen. Stuttgart 1982.

H.-J. Klimkeit

IV. Weltschöpfung: jüdisch – christlich. Die Religion der Bibel ist wesentlich geschichtlich und auf den Menschen zentriert. So interessiert sie sich neben dem Anfang und dem Ende der W. auch für den Verlauf ihrer Menschheitsgeschichte als Ort des Heiles. Das heilsgesch. Zentralereignis liegt für die Juden im ↗Exodus, für die Christen im Doppelereignis des Kreuzestodes und der Auferweckung Jesu, das die Heilskraft des Exodus in sich integriert und über alles Erhoffen hinaus vollendet. Obwohl diese sinngebende Mitte von den beiden Religionen je anders geglaubt wird, begegnen sie sich in der Erwartung des erst noch kommenden bzw. des bereits gekommenen Messias sowie der voll verwirklichten Gottesherrschaft am Ende der Zeiten. Damit ist der hermeneutische Rahmen gegeben, in dem die atl. und ntl. Aussagen über Sch. und W. zu lesen sind.

a) Das Buch Genesis (1–11) redet von der W.-Erschaffung in einem Gedankenkontext, der, ohne es ausdrücklich zu sagen, von der im Exil der Juden neu belebten Hoffnung auf Befreiung, nach dem Vorbild des Exodus, bestimmt ist. Durch solche Zusammenschau erhält die Hoffnung Israels allg. menschliche und kosmische Bedeutsamkeit; nur jener, der das erwählte Volk so wundervoll „freischaffte", kann der Schöpfer des Alls (ha kol) sein! Dieses Bekenntnis findet in der lit. Form der sog. „Urgeschichte" seinen Ausdruck, die eigentlich kein hist. Bericht ist, sondern erzählende Darlegung stets neu erfahrbarer Grundzüge des Schöpfers und des Geschöpfes (vgl. Westermann 86–97). Sie erfüllt, rel.-wiss. gesehen, eine ähnliche Funktion wie der ↗Mythos, obwohl sie andererseits bewußt „entmythologisierend" vorgeht. Die jahwistische (= J) Überlieferung verweilt eher bei den Grundzügen des Menschseins, des Sündigens und der göttlichen Begnadigung, während die Priesterschrift (= P) den Schöpfer, das All und den Menschen weniger dramatisch als harmonisch und auf Gotteslob bedacht zusammenschaut (vgl. v. Rad 155–162).

Nach J gehören zum *Menschsein,* gemeinsam mit den Tieren: Gebundenheit an die Erde (Adamah) und von Gott geschenkter Lebensatem; der Mensch unterscheidet sich aber vom Tier durch seinen unmittelbaren Gottbezug, seine Fähigkeit, die Erde zu bebauen und zu bewahren (Gen 2,5.15), Gottes Gebote zu befolgen und durch die Fähigkeit, als Mann und Frau gegenseitige Hilfe zu üben. Das *Sündigen* des Menschen erscheint als das Risiko seiner Freiheit und besteht vor allem in verweigertem Vertrauen auf Gott allein. Es vollzieht sich im absolut gesetzten Drang nach Allwissenheit, im Brudermord, in Maßlosigkeit und Gewalt. *Begnadigung* gewährt der Schöpfer, indem er die angedrohte Todesstrafe nicht vollstreckt, weiterhin Fürsorge gewährt (Gen 3,21), Noachs erlesene Sippe samt ihrer tierischen Umwelt verschont (Gen 6,8) und so als Schöpfer rettet. Jahwe rächt sich nicht an der Freiheit, die gesündigt hat. Er will ihre Erlösung und Vollendung trotz der Sünde. Nach P tritt Gott in die Unermeßlichkeit seiner eigenen Freiheit und Transzendenz auf den Plan. Keinen Gegner hat er zu besiegen, kein Helfer, keine Gattin stehen ihm zur Seite (nach späterer Tradition allerdings seine als weibliches Wesen personifizierte Weisheit: vgl. Spr 8,22–35; Weish 7,12 – 8,4). Auch ist er auf keine Urmaterie angewiesen. Zwar war „die Erde", die er „im Anfang schuf" (Gen 1,1), zunächst chaotisch, aber auch seine Sch. Sein Wort genügt, um die ganze W. der anorganischen und organischen Kreaturen ins Dasein zu rufen und zu ordnen. Für dieses spielerisch-leichte Schaffen steht das Wort „Bara", das nur Gott, auch bezüglich seiner fortgesetzten, erlösenden und vollendenden Schöpfungstaten (Jes 41,20; 42,5; 43,1; 65,17f.; Ps 104,30), als Subjekt haben kann. Aufgrund solchen Gottesglaubens versteht sich der unschätzbare Wert der Freiheit in der Menschengeschichte. Der souverän freie Schöpfer übt keinen Zwang auf seine Geschöpfe aus. Er läßt die Eigengesetzlichkeit der Naturdinge (vgl. Gen 1,11) wie die freie Entscheidung des Menschen gelten. Die Naturdinge, etwa die Gestirne, besitzen im Unterschied zum Mythos nichts Göttliches; sie erfüllen nur Funktionen im All; die Menschen werden zur Weiterentwicklung der Sch. in Dienst genommen. An dieser Stelle ist der sog. „Sch.s-Auftrag“ zu nennen, diese durch göttlichen Segen getragene Aufforderung, die Erde zu bevölkern, das je eigene Land in Besitz zu nehmen (das ist der eigentliche Sinn von „Untertanmachen“; vgl. Lohfink 137–142) und über die Tierwelt Hirtenherrschaft zu üben (Gen 1,28). Das Erschaffen des Menschen als männlich-weibliches Wesen „nach dem Bild“ Gottes „ihm ähnlich“ (Gen 1,26f.) ist in diesem Zusammenhang handlungsbezogen zu verstehen. Der zweigeschlechtliche Mensch soll nicht bloß im Ritus das tun, was der Schöpfer tat, vielmehr sich ethisch als sein Nachfolger verhalten und die eigene, untergeordnete W.-Herrschaft dementsprechend gewaltlos, in der Macht der Liebe, wahrnehmen.

b) Neben den beiden urgesch. Erzählungen von J und P enthalten noch die Weisheits-Lit. und die Propheten wichtige Aussagen über das jüd. Sch.s-Verständnis. Erstere assoziiert die Weisheit (ha hokmah) bzw. das Wort (ha dabar) und den Geist (ha ruach) Gottes mit ihm im Vollzug seiner schöpferischen, die Geschichte gestaltenden Tätigkeiten (Zimmerli 31ff.). Letztere lassen die Gestalt des „Gottesknechtes“ auftreten, der an der geschundenen Sch., für sie stellvertretend leidend, heilbringenden Dienst leistet (Jes 42,3; 49,5f.; 53,5–11), und die eschatologische Hoffnung auf einen „neuen Himmel“ und eine „neue Erde“ aufleuchten läßt (Jes 65f.). Im Buch Ijob tritt der leidende Einzelne aus der Allgemeinheit hervor, bezeichnet Gott als „mein Schöpfer“ (10f.; 14,16) und macht von seiner Freiheit Gebrauch, mit Gott zu rechten (13,3; 14,16; 27,2–6).

c) Das Christentum hat die jüd. Bibel rezipiert und deren Botschaft im Sinne des österlichen *Christusglaubens*, auch bezüglich der Sch.s-Aussagen, ausgelegt. Der Schöpfer ist jener, der den Gekreuzigten von den Toten auferweckt und zum künftigen W.-Richter eingesetzt hat. Das im NT stark spürbare Bewußtsein des nahen Endes wertet das diesseitige Dasein keineswegs ab; es ist schon in den Augen Jesu nicht einfach zur apokalyptischen Vernichtung verurteilt (vgl. Lk 9,54f.; 19,10). Der eschatologische Prophet der Basileia zeigt Freude am Leben (vgl. Mt 11,19) und an der Natur, die er in seinen Gleichnissen zur „Predigerin Gottes“ macht (Bornkamm 108). Er bezeugt den Schöpfer als den Vater, der für Mensch und Tier (Mt 6,25–35), für Gute und Böse (Mt 5,43ff.) sorgt. Er heilt Kranke, spricht Sünder los, sucht in der Gesellschaft, z.B. im Eherecht (Mk 10,2–12), die urgesch. offenbarte Sch.s-Ordnung wiederherzustellen. Dem ehernen „Gesetz“ des Lebenskampfes, in dem nur der Stärkste überlebt, stellt er das Gebot der Liebe zu den Geringsten entgegen (vgl. Mt 25,40). „Das Reich“ bedeutet für ihn „das Leben“, das nicht vergeht (Mk 9,42–48). Insofern vollendete sich „das Reich“ bereits in Jesus, da er zum neuen Leben erweckt wurde. Die nachösterliche Tradition erkennt in Christus den neuen, „letzten Adam“ (1 Kor 15,45–49). „In ihm“ lebend, ist der Glaubende eine „neue Sch.“ (2 Kor 5,17). Seine Bedeutung für das Heil der W. kennt keine Grenzen. So wird die ganze Geschichte und das All auf sein schöpferisches Herrsein zurückgeführt: „Durch ihn ist alles, und wir sind durch ihn“ (1 Kor 8,6; vgl. Joh 1,3–10), „auf ihn hin“ (Kol 1,16). Der Hl. Geist Christi treibt „die gesamte Sch.“, die „Geburtswehen“ leidet, an, auf endgültige Befreiung zu hoffen (Röm 8,18–23). Die Macht des Bösen (vgl. Röm 5) und des Todes (1 Kor 15,26) wird in der kommenden neuen W., im neuen Äon (Eph 1,21) endgültig überwunden. Keine Wiederholung der W.-Zeit ist vorgesehen.

Die patristische und lehramtliche Tradition erblickte in der Sch. das gemeinsame Werk des Dreieinigen (z.B. Irenäus, Adv. haer. IV 20,1.3; V 6,1; IV. Laterankonzil, DS 800: „coomnipotentes“), der die W. „ex (de) nihilo“ (Hermas, Mandata 1,1; IV. Laterankonzil, DS 800), aber zugleich „bonitate ipsius“ (vgl. I. Vatikanum, DS 3002), d.h. durch seine Güte und Liebe („ex amore“, vgl. II. Vatikanum GS 19) motiviert, auf ein gutes Endziel hin (vgl. Thomas v. Aquin, S.th. I, q. 44, a. 4) erschuf und weiterhin schafft.

Lit.: *G. v. Rad,* Theologie des AT. Bd. I. München [6]1969; *C. Westermann,* Genesis 1–11. Bibl. Komm. zum AT. Bd. I/1. Neukirchen-Vluyn 1974; *ders.,* Sch.

Stuttgart 1971; *N. Lohfink,* Macht Euch die Erde untertan?: Orien. 38 (1974) 137–142; *W. Zimmerli,* Grundriß der atl. Theologie. Stuttgart ³1978; *R. Smend,* Die Entstehung des AT. Stuttgart 1978; *G. Bornkamm,* Jesus von Nazareth. Stuttgart ⁹1971; *W. Foerster,* Art. Ktizo: ThWNT III 999–1034; *L. Scheffczyk,* Sch. und Vorsehung: HDG II/2a; *ders.,* Einführung in die Sch.s-Lehre. Darmstadt 1975; *W. Kern,* Zur theol. Auslegung des Sch.s-Glaubens: MySal II 464–544; *A. Ganoczy,* Der schöpferische Mensch und die Sch. Gottes. Mainz 1976; *ders.,* Sch.s-Lehre. Düsseldorf 1983; *W. Beinert,* Christus und der Kosmos. Freiburg 1974.
A. Ganoczy

V. Weltverständnis: indisch – hinduistisch. Für den Religionswissenschaftler stellt sich das W.-Bild der hind. Mythologie dar als ein Mosaik aus Symbolen und Vorstellungen, die sich aus der Perspektive des hist. arbeitenden Interpreten verschiedenen Texten aus unterschiedlichen Epochen und Milieus zuschreiben lassen. Allerdings wurde in der ind. Tradition Älteres immer wieder rezipiert und modifiziert und zu mehr oder weniger stringenten „Systemen" addiert und verschmolzen. So gibt es die Vorstellung eines Ur-Menschen *(puruṣa),* aus dem die W., sei es durch Opferung, sei es durch Transformation, hervorgegangen ist. Auch wo ein Gott (Nārāyaṇa-Viṣṇu, Śiva usw.) die Rolle des *puruṣa* übernommen hat, ist „Sch." nicht ein Herstellen aus „etwas" (und sei es „Nichts" – ex nihilo), sondern eine ↗Emanation, ein Aus-sich-herausfließen-Lassen *(sṛṣṭi).* Der Glaube an zyklisch sich wiederholendes Entstehen und Vergehen des Kosmos kann als Ausdruck für den Glauben an die letztliche Anfangslosigkeit der W. verstanden werden, wie er auch in einigen philos. Systemen im Begriff der präexistenten, ewigen Konstituentien der W. (den „Atomen" im Vaiśeṣika-System, der Urmaterie, *prakṛti,* im Sāṃkhya) formuliert wurde.

Nach den Angaben der Texte der sanskritischen Tradition hat der Kosmos die Gestalt eines Eies, welches von Brahman (maskulin) geschaffen, aus ihm hervorgegangen sein soll. In diesem Ei gibt es einerseits die (von außen nach innen immer dichter, immer materieller werdenden) Schichten der Elemente (Raum, Wind, Feuer, Wasser, Erde), andererseits die horizontal angeordneten Stockwerke der bewohnten Welten, mit der Erde in der Mitte, den (meist sieben) Himmeln darüber, den (ebenfalls sieben) Unterwelten und zahllosen Höllen darunter. Die Erdebene gliedert sich in konzentrische „Kontinente" mit riesigen Ozeanen aus verschiedenen Flüssigkeiten dazwischen, angeordnet um den als W.-Achse fungierenden Berg Meru. Indien liegt auf der innersten, von einem Salzwasserozean umgebenen Landmasse im Süden von Meru.

Ethisch und spirituell ist das W.-Verständnis zumindest vieler rel. in der brahmanischen Tradition gebildeter Hindus geprägt von dem Glauben an die Wirksamkeit von *Karman* (↗Karma), und somit an die Welt als ↗*Saṃsāra.*

In der philos. Tradition Indiens wurden jene Schulen und Systeme, die eine ewige, objektiv existierende W. bzw. eine neben dem Geistprinzip ewig koexistierende Materie annehmen (Nyāya-Vaiśeṣika, Sāṃkhya-Yoga), weitgehend überlagert und verdrängt von der Popularität der Vedānta-Philosophie (↗Vedānta). Deren W.-Bild kreist um den Gedanken der Vergänglichkeit. Jede Form von Vergänglichkeit, d.h. auch von Wandel, Wachstum, Entwicklung usw., impliziert Endlichkeit (bzw. im Bereich lebender Wesen Tod). Jede Form von weltlicher Zukunft oder Jenseits (Wiedergeburt, Existenz in Himmeln und Höllen) gehört in den Bereich von Veränderlichkeit und Endlichkeit (↗Zukunft/Jenseits IV). Mit der Abwertung von Wandel fällt auch jegliche Vielfalt; jegliches Einzelne hat hinsichtlich seiner Besonderheit Anfang und Ende. Was ewig, unwandelbar, zeitlos, unvergänglich ist, muß daher einzig sein, kann nur eines sein. Vom vedāntischen Standpunkt aus ist also nur wirklich, was eines, unwandelbar und ewig ist. ↗*Brahman* (neutrum – seit den Upaniṣaden der Sanskrit-Begriff für das Absolute) erfüllt diese Bedingungen. Daß der empirischen Welt Wirklichkeit zugeschrieben wird, wird mit der Unwissenheit *(avidyā)* erklärt. Der ontologisch undefinierbare Zustand einer solchen Welt wird mit dem Begriff ↗*Māyā* bezeichnet. Durch „Selbst-Erkenntnis" vermag der Mensch zu verwirklichen, daß sich die letzte, nicht-empirische, absolute Wirklichkeit des Selbst (↗*Ātman*) jedes Menschen aus der Identität mit *brahman* ableitet. Diese Erkenntnis (↗*Jñāna*) begründet Erlösung (↗*Moksha*), d.h. Befreiung aus den Fesseln von Wiedergeburt und Unwissenheit. Das Problem des Ursprungs der Unwissenheit, und damit des Ursprungs der empirischen Weltwahrnehmung, wird nicht gelöst.

Ind.-hind. W.-Verständnis kann nicht auf die Blüten philos. Reflexion und meditativer Innenschau beschränkt werden. Für viele, die (im Gegensatz zu den Saṃnyāsins, Entsagern, Mönchen, Asketen, die von Almosen meist zuverlässig versorgt sind) Armut nicht als freiwillige Lebensform gewählt haben, sondern für die Armut eine schicksalhafte und ausweglose Zwangslage ist, ist die W. feindlich, gefährlich und bedrohlich (die Sonnenglut der Sommerzeit, die Überschwemmungen der Regenzeit, Wirbelstürme an den Küstenregionen, Krankheiten, Seuchen, Kindersterblichkeit, soziale Ausbeutung und Unterdrückung). Die verbreitete Floskel, daß alles nach dem Willen Gottes geschehe, ist auf diesem Hintergrund zu sehen, ebenso wie die häufig beschriebene Schicksalsgläubigkeit der Hindus (*karman*-Theorie, Astrologie) und die pessimistische weltverneinende Grundhaltung, die man den Hindus zuschreibt. Dem „Gott sah, daß es gut war" steht im theistischen hind. Sch.-Glauben die Vorstellung gegenüber, daß die Sch. Gottes Spiel (*līlā*) sei und daß auch Zerstörung als Teil des W.-Geschehens ausschließlich Gottes Machtfülle und Willkür entspringt.

Lit.: *H. Jacobi*, Art. Cosmogony und Cosmology: ERE IV 155–161; *M. Eliade*, Geschichte der rel. Ideen. Bd. I. Freiburg 1978, 396f; *E. Frauwallner*, Geschichte der ind. Philosophie. Bde. I/II. Salzburg 1953, 1956; *W. Kirfel*, Die Kosmographie der Inder. Bonn/Leipzig 1920; *B. Bäumer*, Sch. als Spiel; der Begriff *līlā* im Hinduismus, seine philosophische und theologische Deutung. Diss., München 1969.

P. Schreiner

VI. Weltverständnis: China. Das chin. W.-Verständnis ist naturalistisch. Die chin. W.-Geschichte beginnt erst mit der Kulturgeschichte und nicht mit einem Sch.s-Bericht. Die W. war für die Chinesen mit dem Reich (*t'ien-hsia*) identisch, und die Erschaffung dieser W. durch die kulturbringenden Heiligen war das erste und zugleich entscheidende hist. Ereignis (viel wichtiger als die Erschaffung des Universums). Die chin. Sch.s-Mythen sind äußerst spärlich. Im allg. wird in China (vor allem im ↗Taoismus) angenommen, die Welt sei aus dem Chaos (*hun-tun*) entstanden (Chuang-tzu, Huainan-tzu), indem zuerst die beiden aktiven Ur-(Substanzen bzw.)-Kräfte ↗*Yin* und *Yang* entstehen und Himmel und Erde gebildet werden. Sch. war ein Akt, der das Chaos in Ordnung verwandelte. Als letzter Grund der Sch. und der W. wird konventionell ↗Tao genannt. Diese Gedanken wurden dann im Neo-Konfuzianismus (Chu Hsi) vertieft, ohne daß er jedoch einen schöpferischen Eingriff von außen postulierte. Wir besitzen also keine chin. Sch.s-Geschichte i.e.S. Ansätze hierzu sind in dem Werk „Lieh-tzu" fragmentarisch vorhanden. Außerdem gibt es viele volkstümliche Erzählungen über die Entstehung der W. Nach späteren Quellen wird die Sch. z.B. von P'an-ku bzw./und Nü-kua eingerichtet.

Statt einer Sch.s-Mythologie haben die Chinesen schon sehr früh genauestens die Struktur der W. zu beschreiben versucht. Zur Erklärung der W. gibt es mindestens sechs verschiedene Theorien. Eine der hanzeitlichen W.-Konzeption begreift die W. als Ei, dessen Längsachse vertikal gerichtet ist. Im oberen Teil der Schale lag der ↗Himmel. Die Erde schwamm auf dem Ur-Ozean, der sich im unteren Teil der Schale befand. Diese Konzeption wurde als *hun-t'ien* bezeichnet. Andere Konzeptionen, *t'ien-kai* oder *chou-pei*, besagten, daß der Himmel eine Schale sei, die um ihre Achse über der Erde rotierte. Die Erde war entweder ein flaches Quadrat oder ein Pyramidenstumpf. Ein vollkommenes Abbild der Welt war die auf einem quadratischen Fundament aufgeführte und mit einem runden Dach gedeckte *ming-t'ang* („Halle des Lichtes") und später *T'ien-t'an* („Himmelsaltar"; ↗Himmel I; Kult/Gottesverehrung VI).

Die phänomenale W. manifestierte sich in den von Tao abstammenden Kräften *yin* und *yang*. Nach chin. Auffassung gehört jedes Ding und jede Erscheinung zur einen oder anderen dieser Kräfte (Prinzipien). Sie stellen eine Polarität, nicht einen Gegensatz dar, sie sind Modus der einen Wirklichkeit, sie sind kosmische

Kräfte, durch die das Tao in der phänomenalen W. wirkt. Im Zusammenhang mit der yin-yang-Vorstellung ist in China ein magisch-spekulatives System der Geomantie (*feng-shui*, „Wind und Wasser") entstanden, das genau die Gesetze und Bedingungen für alle Vorgänge auf der Erde beschreibt, insbesondere für die Anlage von Bauwerken, die Auswahl von Orten (Gräber, Tempel). Sie sind ebenso in ein kosmisches Koordinatennetz eingespannt wie die Ereignisse im Ablauf des Menschenlebens in eine Ordnung der Chronomantie und sind eine Widerspiegelung des kosmischen Geschehens.
Die W. und der Mensch bilden eine Einheit (Universismus; ↗Mensch V). Die W. ist Kosmos = Harmonie (im Neo-Konfuzianismus spricht man von „höchster Einheit", *t'ai-chi* oder *t'ai-i*). Sie ist aber nicht statisch. Die „Wandlung" *(i)*, die Kräfte *yin* und *yang*, die fünf Elemente der Wandlungsphasen *(wu-hsing:* Wasser, Feuer, Holz, Metall, Erde) machen die W. zu einem „Prozeß", für den drei Merkmale charakteristisch sind: 1. der zyklische Prozeß; 2. der Prozeß des Wachstums und des Absterbens; 3. die Bi-Polarität der Natur *(yin – yang)*, die jedoch nichts mit dem Kampf zwischen Gut und Böse zu tun hat. Der Mensch ist verantwortlich für die Erhaltung der Harmonie im Kosmos durch seine agrikulturelle Arbeit, durch Ritual und moralisches Verhalten (↗Heil/Heilsweg IV). Auch im Taoismus ist die Harmonie zwischen W. und Mensch eines der Hauptthemen. Tao ist der Urgrund der W., eine geistige, in der W. vorhandene Kraft. Aus dem Tao gehen Himmel und Erde hervor, aus diesen wiederum alle Dinge der W. Diese Auffassung, alles auf die Einheit (Harmonie) zurückzuführen, ist der Grund, warum man die chin. W.-Anschauung auch als Universismus (J. J. M. de Groot) bezeichnet hat.

Lit.: *W. Bauer,* China und die Hoffnung auf Glück. München 1971; *E. Erkes,* Spuren chin. Weltschöpfungsmythen: TP 28 (1931) 355–368; *Th. H. Fang,* The Chinese View of Life. Taipei 1980; *ders.,* Creativity in Man and Nature. Taipei 1980; *S. D. R. Feuchtwang,* An Anthropological Analysis of Chinese Geomancy. Vithagna 1974; *A. Forke,* Die Gedankenwelt des chin. Kulturkreises. München 1927; *Ch. W. H. Fu / W. T. Chan,* Guide to Chinese Philosophy. Boston 1978; *Fung Yu-lan,* A History of Chinese Philosophy. 2 Bde. Princeton 1952–1953; *M. Granet,* Das chin. Denken, München 1963; *J. J. M. de Groot,* Universismus. Berlin 1918; *N. J. Girardot,* Myth and Meaning in Early Taoism. Berkeley 1983; *ders.,* The Problem of Creation Mythology in the Study of Chinese Religion: HR 15 (1976) 289–318; *J. B. Henderson,* The Development and Decline of Chinese Cosmology. New York 1984; *T. Li,* An Understanding of Chinese Philosophy from the Theory of World Hypothesis: Asian Culture XI (1983) 4,15–25; *H. Maspero,* Le Taoïsme et les religions chinoises. Paris 1971; *W. Münke,* Die klassische chin. Mythologie. Stuttgart 1976; *D. J. Munro* (Hg.), Individualism and Holism: Studies in Confucian and Taoist Values. Ann Arbor 1985; *J. Needham,* Science and Civilization in China. Bd. II. Cambridge 1956; *H. Roetz,* Mensch und Natur im alten China. Frankfurt 1984; *H. Rosemont Jr.* (Hg.), Explorations in Early Chinese Cosmology. Baltimore 1984; *K. Schipper,* Le corps taoïste; corps physique – corps social. Paris 1982; *J. Shih,* The Ancient Chinese Cosmogony: StMiss 18 (1969) 111–130; *W. E. Soothill,* The Hall of Light. New York 1952; *M. Soymié,* Die Mythologie der Chinesen: *P. Grimal* (Hg.), Mythen der Völker. Bd. II. Frankfurt 1967, 261–303; *L. G. Thompson,* Chinese Religion. Belmont Calif. 1969; *ders.,* Chinese Religion in Western Languages. Tucson 1985.

R. Malek

VII. Weltverständnis und Weltverhalten. a) Der Mensch *versteht* seine W. sowohl spontan, präreflexiv (so vorab in den Naturreligionen) wie durch philos. Reflexion im Hinblick auf wiss. Beobachtung von Natur und Menschheit. In gewisser Hinsicht beginnt das philos. Nachdenken im mythischen Erzählen und ist somit rel. verwurzelt (vgl. Eliade 34). Der Buddhismus teilt dabei die W. in drei Bereiche: Sinnhaftiges, Formen und Nichtformen. Der Hinduismus nimmt eine unendliche Zahl von W.-Systemen an. Anaximenes projiziert die Rechtsordnung der Polis auf dem Kosmos (Fragment 2). Für Plato faßt das All die Götter und die Menschen, Himmel und Erde zusammen, wobei das Sichtbare nur Erscheinungsform der ewig in sich ruhenden Ideen-W. ist (Gorgias 507 a–508 a). Aristoteles führt die Bewegung aller „Physis" auf Gott als den unbewegten Beweger und Verursacher zurück, der dem Kosmos Zielgerichtetheit (Entelechie) gibt und ihn zur Nachahmung seines eigenen Wesens veranlaßt (Physik VIII). Für die Stoa ist der Kosmos, weil durch göttliche Vernunft geprägt, selber göttlich und durch die Vorsehung (prónoia) bestimmt.
Das W.-Verständnis richtet sich in vielen Religionen nach dualistischen Denkschemata, wobei neben dem Gegensatz Gott–Mensch auch die Polaritäten Materie–

Geist, Leib–Seele, Gut–Böse, Engel–Teufel (↗Gnosis, Manichäismus und ma. Spiritualisten) zum Zuge kommen. Andere Religionen haben dagegen ein monistisches W.-Gefühl: Das Göttliche und das Weltliche bilden eine unteilbare Einheit, sind letztlich identisch, fassen alle scheinbaren Gegensätze in sich zusammen. Die christl. Spekulationen des Nikolaus v. Kues kommen dieser Tendenz nahe: Gott ist die „complexio omnium", die W. eine „explicatio Dei", das Ganze von Gott, Mensch und W. ein Netz von „coincidentia oppositorum". Damit verbindet sich die rel.-gesch. oft vorkommende Frage nach der Unendlichkeit des W.-Raums. Noch bei Newton bildet der absolute Raum das unendliche Sensorium Gottes. Deterministische und fatalistische Elemente finden sich in philos. (z. B. die Stoa) und rel. (z. T. im Islam) Varianten. Der die W. bestimmende göttliche Wille trifft allerdings nach christl. Verständnis auf die Entscheidungsfreiheit und somit die Verantwortlichkeit des Menschen. Nach neuzeitl. und modernem W.-Verständnis, das weitgehend von säkularisierten jüd.-christl. Wertvorstellungen zehrt, ist die W. mathematisierbar und der technischen Machbarkeit unterworfen. Sie ist nicht bloß geschichtlich, sondern durch Kräfte der Evolution, der Entwicklung und des Fortschrittes vorangetrieben (vgl. die Pastoralkonstitution GS, die diesem W.-Verständnis christl.-ekklesial, also auch kritisierend, zu entsprechen sucht, bes. 13–22 34–50 57–94).

b) Das *W.-Verhalten* des Menschen kennt ebenfalls viele Varianten. Naturreligionen laden den Menschen ein, sich in die Natur-W. als deren Teil einzufügen (Indianer in Nordamerika, Totemisten), mystische Religionen fördern die asketische Losbindung von der vergänglichen W. (Gnosis, Buddhismus). Die jüd.-christl. Religion tritt für eine distanzierte Bejahung und Annahme alles Geschaffenen ein. Sie warnt vor einer romantischen oder ideologischen Verherrlichung der Natur, des Menschen oder der Fortschrittsmöglichkeiten in der W. Sie schärft den sog. „Sch.s-Auftrag" (s. o.) ein, allerdings im Bewußtsein, daß die Sünde des Menschen sein Schaffen stets zu pervertieren droht. Das Endziel liegt zwar im Jenseits und wird aus reiner Gnade gewährt, aber gerade als solches besitzt es diesseitige Relevanz: „Die Liebe wird bleiben wie das, was sie einst getan hat, und die ganze Sch., die Gott um des Menschen willen schuf, wird von der Knechtschaft der Vergänglichkeit befreit sein" (GS 39). – Allgemein religiös gilt wohl, daß das W.-Verhalten sich nach einem göttlichen Vorbild richtet und dieses immer wieder in Ritus und Kultus einholt. Dieses Vorbild normiert aber auch das *ethische* Verhalten. Rel. Ethik wurzelt mehr im Glauben als in der Einsicht in Situation und Notwendigkeit. Die Zweigeschlechtlichkeit des Menschen kommt in einem Schwanken zwischen patriarchalischen, matriarchalischen und egalitären bzw. komplementären (vgl. ↗Yin – Yang, animus – anima nach C. G. Jung) Verhaltensweisen zum Zuge. Eine immer schon bekannte, aber heute bes. brisant gewordene ethische Problematik stellt sich im Hinblick auf die Schonung bzw. die Zerstörung der naturalen Umwelt.

Lit.: *G. Gloege,* Art. W.: RGG³ VI 1595–1603; *M. Scheler,* Die Stellung des Menschen im Kosmos. München ⁹1978; *F. Gogarten,* Der Mensch zwischen Gott und W. Stuttgart ⁴1967; *G. Altner,* Sch. am Abgrund. Neukirchen-Vluyn 1974; *A. Ganoczy,* Die Bedeutung des christl. Sch.s-Glaubens für die Einheit der Menschheit: W. Strolz / H. Waldenfels (Hg.), Christl. Grundlagen des Dialogs mit den Weltreligionen. Freiburg 1983, 127–150; *A. Ganoczy / J. Schmid,* Sch. und Kreativität. Düsseldorf 1980; *A. Auer,* Umweltethik. Düsseldorf 1984; *M. Eliade,* Vorwort: Die Schöpfungsmythen. Darmstadt 1980, 9–34.

A. Ganoczy

Wotan ↗Germanische Religion.

Wunder. 1. Angesichts der neuzeitl. Blickverengung, die die bibl. W. vorrangig a) unter naturwiss., b) unter hist. Rücksicht betrachtet, ist die Rückkehr zur *bibl.* Begriffsvielfalt angemessen. Dort ergeben sich folgende Grundmomente: 1) subjektiv: Ereignisse, die zum Staunen bzw. Sich-Wundern anregen, 2) objektiv: Ereignisse, die Ausdruck einer besonderen Mächtigkeit sind, 3) Ereignisse, die Zeichen sind, somit einen Verweischarakter an sich tragen, 4) Ereignisse, die in einem rel. Kontext stehen und als Ausdruck von bzw. Hinweis auf Gottes Macht, Heilszuwendung und Liebe angesehen werden. Unabhängig von der Frage, ob solche Zeichen notwendig die naturwiss. Gesetzmäßigkeiten aufheben oder nicht, und von der Frage nach der Historizität der einzelnen bibl. W.-Erzählungen können W. in christl.-theol. Sicht bestimmt werden als „Zeichen, welche die verheißene Herrschaft Gottes als gegenwärtig wirksame anzeigen und die gesch. Träger dieser Verheißung (Patriarchen, Propheten, Jesus Christus) beglaubigten. Sie haben in dieser Perspektive die Funktion, den Menschen erweckend und verweisend anzurufen auf jene Sinn und Heil suchende Einstellung seines Daseins hin, die sich in allen seinen Zukunftsentwürfen offen oder latent, angenommen oder niedergehalten, ankündigt und gesch. zur Anschauung zu bringen sucht. Demnach ist das W. keineswegs eine willkürliche Demonstration der Allmacht Gottes; es steht vielmehr in einem universalen verheißungsgesch. Kontext als bezeugende Antizipation der eschatologischen Heils- und Heilungsmacht Gottes, die in Jesus und seiner Auferstehung als Zukunft der Menschheit endgültig angebrochen ist" (J. B. Metz: SM [D] IV 1415).

2. Die christl.-apologetische Sinndeutung der W. in der Neuzeit hat verständlicherweise die Religionswissenschaft nach W.n in anderen Religionen fragen lassen. Im Gegensatz zum bibl. W.-Verständnis, in dem das W. wesentlich in der Geschichtlichkeit der Welt seinen sinnlich greifbaren Ort hat, gehören W.-Erzählungen seit den rel. Frühzeiten zu jenen Weisen, in denen das Numinose im Mythos oder auch in sonstwie berichteten Erfahrungen in seiner Mächtigkeit zum Ausdruck gebracht wird. Beim Versuch einer Strukturierung der verschiedenen W. lassen sich unterscheiden: a) im Mythos berichtete, eher zeitlose W., b) aktuelle Bestätigungs-W. äußerer Art, die von Propheten und anderen Gotterfüllten als Beweis ihrer Sendung u. ä. gewirkt werden, c) innere Ereignisse wie Bekehrungen u. ä., die für das Subjekt der Erfahrung zum Erweis der Begegnung mit dem Heiligen werden, aber auch für Außenstehende wenigstens indirekt zum Anlaß von Glauben werden können. Nicht mit W.n verwechselt werden sollten magische (↗Magie) Handlungen, die in traditionellen Religionen, aber auch in manchen neurel. bzw. pararel. Umfeldern anzutreffen sind.

3. Die Grundfrage nach dem W. betrifft letztendlich die Frage nach der Erfahrung Gottes oder des Göttlichen bzw. die Frage nach der rel. ↗Erfahrung schlechthin. Solange Gott bzw. Göttliches im Außergewöhnlichen gesucht wird, steht die Frage nach dem W. dann im Mittelpunkt des Interesses. Wo aber Gott „in allen Dingen", gerade auch in den alltäglichsten, gesucht wird, stellt sich die Frage nach W. im Sinne einer theol. ↗Ästhetik insofern neu, als es um die Einübung der Wahrnehmung des Göttlichen in der Alltäglichkeit des Lebens geht und diese dabei als „Anspruch" und „Ansage" Gottes an den Menschen erschlossen werden muß.

Lit.: Vgl. *J. A. MacCulloch,* Art. Miracles: ERE VIII 676–690; die Art. W. von *B. Thum* u.a.: LThK² X 1251–1265; *J. B. Metz:* SM(D) IV 1413–1417; *R. Baumann:* NHThG IV 318–331; *B.Bron,* Das W. Göttingen ²1979; *R. Gramlich,* Die W. der Freunde Gottes. Stuttgart 1987.

H. Waldenfels

Y

Yin-Yang. *Yin* und *yang* sind die Grundbegriffe des gesamten chin. Denkens. Als ältester Beleg für die Worte *yin* und *yang* gelten einige Lieder des klass. „Buches der Lieder" *(Shih-ching).* Als *locus classicus* für die philos. Verwendung wird „Das Buch der Wandlung" *(I-ching)* genannt, wo die beiden Begriffe bereits als eine Polarität bildende Kräfte/Ursubstanzen („sekundäre Sammelbegriffe"), aus denen das Universum entstanden ist, verstanden werden. Im *Tso-chuan* tauchen die Begriffe *yin* und *yang* als ein Polaritätspaar des Universums erstmals unter dem Jahr 643 v. Chr. auf. *Yin* und *yang* bezeichneten urspr. die beschattete *(yin)* und die besonnte *(yang)* Seite eines Berges. Nachdem aber das Prinzip dieser Polarität erkannt und reflektiert war, waren die Chinesen imstande, eine zusammenhängende Kosmologie zu entwickeln. So heißt es in einem späteren taoistischen Werk: „Das *yin* und das *yang* stellen das Tao von Himmel und Erde und das *kang-chi* („Ordnung") der unzähligen Dinge dar, sie sind der Vater und die Mutter von Wandlung und Umformung, der Anfang und das Ende von Leben und Tod und die Quelle der geheimnisvollen Bewegungen von Licht und Finsternis" *(Huang-ti nei-ching su-wen).*

Die *Yin-yang*-Konzeption wurde von einem Kreis von Denkern *(yin-yang chia)* systematisiert, deren Hauptvertreter Tson Yen (350–270 v. Chr.) war. Sie verfeinerten die bereits vorhandene Theorie der beiden Kräfte *yin* und *yang,* der fünf Elemente (*wu-hsing:* Wasser, Feuer, Holz, Metall, Erde) und des Systems der symbolischen Entsprechungen. In diesem System wurde alles in Fünfergruppen nach der Übereinstimmung mit den fünf Elementen „klassifiziert". Im Lichte dieser nun philos. begründeten Theorie gehört alles, was in enger Verbindung mit der Erde stand, in den Bereich des *yin* und war weiblich. Alles, was in Verbindung mit dem Himmel stand, gehörte in den Bereich des *yang* und war männlich, denn Himmel *(yang)* und Erde *(yin),* Sonne *(yang)* und Mond *(yin)* gingen aus *yin* und *yang* hervor. *Yang* bedeutet Beginnendes, Auslösendes, Dynamisches, Ausbreitendes, ist rund, bewegt sich, ist männlich und befruchtend. Elementare Assoziationen von *yin* sind dagegen: Vollendendes, Statisches, Erhaltendes, Einschließendes, viereckig, ruhig, weiblich, gebärend. *Yin* und *yang* sind an verschiedene Himmelsrichtungen gebunden und dort lokalisiert. Sie bringen außerdem die fünf Elemente *(wu-hsing),* die Jahreszeiten und die Witterung hervor (vgl. *Li-chi* VII, *Li-chün* 4). Die Natur wirkte also durch die Wechselwirkung (Zusammenspiel) von *yin* und *yang,* hell und dunkel, Hitze und Kälte, männlich und weiblich.

Infolge der Verknüpfung zwischen Naturereignissen und sozialem Leben im traditionellen China hatten die Begriffe *yin* und *yang* aber auch eine allgemeinere Bedeutung als Bezeichnungen der komplementären Aspekte sozialer Gruppen, einschließlich der Komplementarität der Geschlechter. Der „Gegensatz" von *yin* und *yang* wird aber im chin. Denken nicht als ein absoluter Gegensatz verstanden, es ist eher ein relativer Gegensatz „rhythmischer Art", denn die beiden Kräfte sind nur zwei Phasen in der Wandlung *(i).* „*Yin* und *yang* dürfen weder als rein logische Gegebenheiten noch einfach als kosmogonische Prinzipien definiert werden. Sie stellen weder Substanzen noch Kräfte, noch Arten dar. Im Bewußtsein der Gemeinschaft sind sie unterschiedslos all dieses" (M. Granet).

Die beiden komplementären Begriffe sind für die Religion, die Philosophie und auch für die Medizin von fundamentaler Bedeutung. Für die Religiosität waren diese Begriffe insofern relevant, als die unermeßliche Vielfalt möglicher Konfigurationen des *yin* und *yang* – und aller abgeleiteten Phänomene (so wie sie z. B. im *I-ching* dargestellt wurden) – das eindeutige Festlegen auf einen festen Satz von rel. Aussagen („Dogma") nahezu unmöglich machte. In der klass. Formulierung hatten *yin* und *yang* auch nichts mit dem Kampf zwischen Gut und Böse zu tun. Sie waren gleichermaßen Wesenskräfte in der endlosen Dynamik eines unpersönlichen Universums. Sie verkörpern das Prinzip der permanenten Wandlung *(i).* Als „universelle Bezeichnungen der polaren Aspekte von Wirkungen" (M. Porkert) bleiben die Begriffe *yin* und *yang* in der einschlägigen Lit. meistens unübersetzt.

Lit.: *Y. L. Fung,* A History of Chinese Philosophy, 2 Bde. Princeton 1952, 1953; *A. Forke,* Die Gedankenwelt des chin. Kulturkreises. München-Berlin 1927; *M. Granet,* Das chin. Denken. München 1963; *P. Y. Ho,* Li, qi and shu. An Introduction to Science and Civilization in China. Hongkong 1985; *J. Needham,* Science and Civilization in China II, III. Cambridge 1956, 1959; *K. Petit,* Le Monde des Symboles dans l'art de la Chine. Brüssel 1982; *Pang Pu,* Origins of the Yin-Yang and Five Elements Concepts: Social Sciences in China 1985/1, 91–131; *M. Porkert,* Die theoretischen Grundlagen der chin. Medizin. Wiesbaden 1973; *E. Rousselle,* Yin und Yang vor ihrem Auftreten in der Philosophie: Sinica 8 (1933) 41–46.

R. Malek

Yoga

↗Hinduistische Philosophie; Moksha; Nirvāṇa I.

1. Begriff: Wahrscheinlich ist die indische Spiritualität dem Westen durch Y. vertraut geworden. Etymologisch ist das Wort abgeleitet von der Wurzel *yuj* = unterjochen, zusammenbinden, bereit machen, den Geist oder die Gedanken fixieren oder konzentrieren. In diesem Sinne bedeutet Y. Unterjochung, Bindung, Vorbereitung, Konzentration. In den Y.-Systemen bezeichnet das Wort die physische und geistige Disziplin, die die physische und geistige Energie und ihre Aktivitäten im Menschen auf eine solche Weise kontrolliert und harmonisiert, daß er befähigt ist, nach seiner geistlichen Vollkommenheit zu streben. Die physische Übung wird *Haṭha Y.*, die spirituelle Disziplin *Rāja Y.* genannt.

Der Begriff des Y. ist sehr alt. In einigen der wichtigsten Upaniṣaden wird die Methode der Konzentration und ↗Meditation beschrieben (vgl. Kaṭha Up. 1,3,13f.; 3,3,10f.). Śvetāśvatara Up. 2,8–15 bietet detaillierte Anweisungen zur Praxis des Y.: die Körperhaltung, die Kontrolle der Sinne und des Geistes, die Atemtechniken usw. Maitrī Up. 6,18 spricht von den sechs Gliedern des Y. (Skt. *Ṣaḍanga Y.*): der Kontrolle des Atems (Skt. *prāṇāyāma*), dem Rückzug der Sinne (Skt. *pratyāhāra*), der Meditation (Skt. *dhyāna*), der Konzentration (Skt. *dhāraṇa*), der kontemplativen Suche (Skt. *tarka*) und der Versenkung (Skt. *samādhi*). Dort wird auch die etymologische Bedeutung des Wortes Y. mit „Verbindung" wiedergegeben: „Weil man auf diese Weise den Atem, die Silbe *Aum (Ōm)* und diese ganze Welt in ihrer Vielfalt verbindet (harmonisiert) oder weil sie verbunden sind, wird dies Y. genannt" (6,25).

Nicht nur die orthodoxen, sondern auch die sog. heterodoxen Traditionen sind mit den Y.-Techniken vertraut. So wurden die heiligen Männer des ↗Jinismus, die Tīrthankaras, als Y.-Erfahrene angesehen. Der ↗Buddha praktizierte Y. Buddhistische Texte verweisen häufig auf die Methoden der Konzentration und die Stufen der Meditation. Eine der mahāyānistischen Schulen des Buddhismus wird sogar Yogācāra, d.h. die Y. Praktizierende, genannt (↗Buddhistische Philosophie).

2. Der klassische Y. Als philosophisches System wurde Y. von Patañjali (unklare Lebensdaten 2./3. Jh. v. Chr. oder auch 5. Jh. n. Chr.), dem Autor des Y.-Sūtra, begründet. Dabei ist Y. so eng mit der Sāmkhya-Schule verbunden, daß Sāmkhya und Y. als der theoretische und der praktische Aspekt desselben Systems erscheinen. Y. übernimmt die Sāmkhya-Metaphysik. Es gibt allerdings zwei wichtige Unterschiede: Sāmkhya ist atheistisch, Y. in der Forderung der Existenz eines Herrn (Skt. *īśvara*) theistisch; entsprechend gibt es im Samkhya als Weg zur Befreiung nur die metaphysische Erkenntnis. Für beide Systeme sind die letzten Prinzipien *puruṣa*, der ewig reine und transzendente Geist, und *prakṛti*, die Erstmaterie (vgl. Yoga Sūtra 1,24–27). *Puruṣa*, reflektiert im menschlichen Geist (Skt. *citta*), ist das phänomenale Ego (Skt. *jīva*), das der Geburt und dem Tod unterworfen ist. Wenn der menschliche Geist zur Ruhe kommt und es keine Reflexion mehr gibt, dann realisiert der Geist seine wahre Natur und wird frei. Der Weg zu diesem Ziel ist Y.

Patañjali definiert Y. als *cittavṛttinirōdha*, die Kontrolle und Beherrschung aller geistigen Aktivitäten (Yoga Sūtra 1,2). Es gibt fünf Aktivitäten des Geistes (1,6): die wahre Erkenntnis (Skt. *pramāṇa*), die irrtümliche Erkenntnis (Skt. *viparyaya*), Einbildung oder Erfindung (Skt. *vikalpa*), Schlaf (Skt. *nidrā*) und Erinnerung (Skt. *smṛti*). Diese Aktivitäten können belastend (Skt. *kliṣṭa*) oder nicht-belastend (Skt. *akliṣṭa*) sein (1,5). Die belastenden Aktivitäten bilden die Grundlage für die wachsende Ansammlung des ↗Karma, das den Geist in Banden hält. Es sind fünf: Unwissenheit (Skt. *avidyā*), Egoismus (Skt. *asmitā*), Anhänglichkeit (Skt. *rāga*), Abneigung (Skt. *dveṣa*), instinktives Festhalten am Leben (Skt. *abhiniveśa*) (1,8). Diese Belastungen lassen sich beseitigen durch beständige Bemühung (Skt. *abhyāsa*) und Loslösung (Skt. *vairāgya*) (1,12). Dieser lange und mühsame Prozeß ist Y. Seine Praxis besteht aus acht Gliedern (Skt. *aṣṭānga*): *Yama* (Beherrschtheit), *niyama* (Zucht), *āsana* (Sitzhaltung), *prāṇāyāma* (Atemkontrolle), *pratyāhāra* (Abwendung der Sinne von ihren Objekten), *dhāraṇa* (Konzentration), *dhyāna* (Meditation) und *samādhi* (geistliche Versenkung) (2,29).

3. Die acht Stufen des klassischen Y.: Patañjali beschreibt die acht Stufen des Y. in ihren charakteristischen Merkmalen. Die beiden ersten Stufen betreffen die moralische Vorbereitung, die nächsten drei die physischen Übungen, die letzten drei die geistige Disziplin.

a) *Yama,* die Selbstbeherrschung, besteht in *ahimsā,* der Haltung, keinem Lebewesen zu irgendeiner Zeit in Gedanken, Worten und Werken Leid zuzufügen, *satya,* der Wahrhaftigkeit in Gedanken, Worten und Werken, *asteya,* dem Nicht-Stehlen, *brahmacarya,* der Enthaltsamkeit und vollen Kontrolle der sexuellen Leidenschaften, *aparigraha,* dem Nicht-Besitz und Nicht-Erwerb von Gütern (2,30).

b) *Niyama* umfaßt die folgenden Elemente: *śauca,* die Reinheit, innerlich und äußerlich, in Gedanken, Worten und Werken, *santoṣa,* Zufriedenheit, *tapas,* Genügsamkeit, *svādhyāya,* das Studium der Schriften, das zur Befreiung oder zur Wiederholung der Silbe *Aum (Ōm)* führt, *īśvarapraṇidhāna,* die intensive Gottesverehrung, die darin besteht, daß alles Gott geschenkt wird.

Daraus ergibt sich, daß die *yamaniyama*-Stufen dazu beitragen, die innere Harmonie im eigenen Selbst herzustellen und das Verhältnis zwischen dem Individuum und der Gesellschaft, dem Menschen und der übrigen Schöpfung, dem Menschen und Gott zu harmonisieren. Zur Erlangung der Beständigkeit des Geistes rät Patañjali auch zur Praxis anderer Tugenden wie ↗*Maitrī,* der universalen Freundschaft, ↗*Karuṇā,* dem Mitleiden, *muditā,* der Freude, und *upekṣa,* der Indifferenz gegenüber den Bereichen des Vergnügens, des Leidens u.a. (1,33).

c) *Āsana* ist die feste und angenehme Sitzhaltung (2,46). Von der völligen Entspannung, der Unempfindlichkeit gegenüber den Gegensatzpaaren Hitze und Kälte, Freude und Leid u.a. und der Betrachtung des Unendlichen wird die Sitzhaltung fest und angenehm (2,47f.).

d) *Prāṇāyāma,* die Atemkontrolle, ist definiert als Trennung der Bewegungen der Ein- und Ausatmung (2,49). Die Regulierung des Atmungsprozesses trägt erheblich dazu bei, den Geist unter Kontrolle zu bringen.

e) *Pratyāhāra* bedeutet den Abzug der Sinne von den Sinnesobjekten. Diese vollkommene Sinneskontrolle ist nur möglich, wenn der Geist unter völliger Kontrolle ist (2,54).

f) *Dhāraṇa,* die Konzentration des Geistes auf eine bestimmte Stelle, ist erforderlich, damit der ruhelose Geist beständig und bewegungslos wird. Der Lotos des Herzens, die Nasenspitze, die Zungenspitze u.ä. werden als Stellen der Konzentration vorgeschlagen. Ein äußeres Objekt, etwa das Bild einer Gottheit, kann ebenfalls zu diesem Zweck verwendet werden (3,1).

g) *Dhyāna,* der kontinuierliche Fluß der geistigen Tätigkeiten auf dasselbe Objekt hin, d.h. der gleichmäßige, von jeder anderen Erkenntnis unberührte Fluß, macht die Meditation aus (3,2).

h) *Samādhi* bildet den Höhepunkt des meditativen Prozesses. Die Meditation wird dank der Offenbarung der wahren Natur des Objekts, auf das der Meditierende sich konzentriert, frei von jeder Objektwahrnehmung. *Samādhi* wird entsprechend auch als „geistliche Versenkung", „Trance" u.ä. angesprochen (3,3). Wenn einer die letzten Stufen des Y. – *dhāraṇa, dhyāna* und *samādhi* – erreicht, ist es möglich, daß er gewisse supranaturale Begabungen (Skt. *vibhūti*) wie die Erkenntnis der Vergangenheit und Zukunft, früherer Existenzen, der Sprache anderer Lebewesen (3,16ff.; ↗Siddhi) erlangt. Patañjali hat jedoch deutlich darauf hingewiesen, daß diese Gaben zu Hindernissen auf dem Weg zum weiteren spirituellen Fortschritt werden können (3,36). Wenn der Yogi fortschreitet, ohne sich von den *vibhūti* ablenken zu lassen, wird er schließlich den Höhepunkt des Y., das wahre *samādhi,* erreichen.

Es gibt zwei Formen des *samādhi* (1,44): Im bewußten *samādhi (savitarka* oder *savicāra samādhi)* arbeitet der menschliche Geist weiter, auch wenn er vollkommen von der Kontemplation des gewählten Objekts absorbiert ist (1,42.45f.). Im überbewußten *samādhi (nirvitarka* oder *nirvicāra samādhi*) verschwindet das Objektbewußtsein völlig und hört der menschliche Geist auf zu funktionieren; er entschwindet (1,43.47–51). Der innere Mensch (Skt. *puruṣa*) bleibt allein in der Erfahrung der Absolutheit (Skt. *kaívalja*) (4,29 f.31.34).

4. *Y. in der Bhagavadgītā:* Die Gītā bezieht sich ausdrücklich auf Sāmkhya und Y., deren Einfluß unübersehbar ist (vgl. 2,39; 3,3.42). Sie erweitert aber insofern den Rahmen des Y., als jede ernste Bemühung, das geistliche Ziel zu erreichen, als Y. angesprochen wird. In diesem Sinne ist die Rede von *Karma-Y.*, *Bhakti-Y.* und *Jñāna-Y.* Y. wird auf verschiedene Weisen definiert als Gleichmut bzw. Ausgeglichenheit des Geistes (2,48), als Geschick im Handeln (2,50). Kap. 6 behandelt das Verhalten des Yogi von verschiedenen Gesichtspunkten aus. Er ist immer zufrieden, geprägt von Selbstbeherrschung, ist unerschütterlich in seiner Bestimmung u. a. (vgl. auch 12,14).

5. *Y. und Tantrismus:* Eine andere Form des Y., der *Laya-Y.*, Y. der Auflösung, wurde im Tantrismus (↗Tantra) entwickelt. Basierend auf der Vorstellung, daß die spirituelle Kraft des Menschen, eingerollt wie eine Schlange (Skt. *kundalīni),* in jedem Menschen am unteren Ende der Wirbelsäule ruht, gilt es, diese Kraft zu wecken und durch sechs Zentren der Wirbelsäule (Skt. *cakra*) bis zum siebten, das über dem Scheitel liegt und *sahasrāra,* der Lotos der 1000 Blätter bzw. der Sitz des Śiva, genannt wird, zu führen. Dort kommt es dann zur Vereinigung mit Śiva, zum *samādhi* und somit zur Entfaltung der vollen spirituellen Kraft.

Lit.: *Patañjali,* Die Wurzeln des Y. Bern 1976; *A. Avalon,* Die Schlangenkraft. Bern 1982; *S. Dasgupta,* Y. as Philosophy and Religion. New Delhi (Neudruck) 1978; *H. Zimmer,* Kunstform und Y. im indischen Kultbild. Berlin 1926; *J. W. Hauer,* Der Y. als Heilsweg. Stuttgart ²1958; *T. M. P. Mahedan,* Invitation to Indian Philosophy. New Delhi 1974; *M. Eliade,* Y., Unsterblichkeit und Freiheit. Zürich 1977; *ders.,* Art. Y.: ER XV 519–523; *G. Oberhammer,* Strukturen yogischer Meditation. Wien 1977.

A. Thannippara

Yogācāra ↗Buddhistische Philosophie.

Yoni ↗Hinduismus/Hindu-Religionen II 1; 4.

Z

Zahl. Die Z. (althochdt. *zala,* urspr. „Einschnitt im Kerbholz") galt bis zur Ausbildung der Algebra nur zur Bezeichnung der sog. *natürlichen Zahlen* (1, 2, 3, ...). Sie wird nicht nur abstrakt als Rechenwert, als Maßstab von Raum und Zeit aufgefaßt, sondern erhält eine besondere Bedeutung in ↗Magie und ↗Aberglauben, Kult und ↗Mythos, in rel. Symbolik und Spekulationen durch ihre Verwendung als geheimnisvoll-rel. Deutung. Schon in früher Zeit muß das Interesse des Menschen durch die Beobachtung des Tag- und Nacht-Rhythmus, der Mondphasen und anderer Naturereignisse an der Z. begonnen haben. In größerem Maße finden sich zahlenmystische Ansätze bei den Pythagoreern. Der babyl. Kulturkreis, der die Z. aus göttlichem Ursprung erklärt, beeinflußte die Kulturen und Religionen in Indien, Persien, Griechenland, Alt-Israel und die auf dem AT und NT beruhende christl. Z.en-Symbolik. Von der ↗Kabbalah wurde bes. die ma., die islamitische und die neuere Z.en-Spekulation beeinflußt. Auch heute noch hat die Z.en-Symbolik in der Magie und in okkulten Zirkeln (↗Okkultismus) eine große Bedeutung. Die einzelnen Z.en unterliegen – häufig auch durch Addition und Multiplikation – unterschiedlichen Deutungen:

1 ist der Ursprung und gemeinsames Maß der Zahlen und wird der Vielheit entgegengesetzt. Sie ist das Symbol des Ureinen, Unteilbaren, des Göttlichen. – *2* bedeutet Gegensatz, Polarität, Trennung. – *3* steht für das Ganze und Umfassende, ist Z. der Heiligkeit und Vollkommenheit sowie des christl.-trinitarischen Gottesbegriffs (↗Triade/Trinität; Gott V); Auftreten göttlicher Wesen in Drei-Z. oder Vielfachem von Drei; Dreiteilung des israelit. Tempels, dreimaliger Anruf der Gottheit, das Trishagion, dreimaliges *„shanti"* (Veden; ↗Heilige Schrift[en] III). *F. Heiler* führt als trinitarische Analogien verschiedene Triaden ein. – *4* hat körperlich-kosmische Beziehung: 4 Himmelsrichtungen, 4 Elemente, 4 Jahreszeiten, 4 Paradiesströme, 4 Zeitalter Hesiods, 4 Weltreiche (Dan), 4 Perioden der zoroastrischen Religion; ↗Islam: 4 rechtgeleitete Khalīfen, 4 Quellen der Rechtsgelehrsamkeit, 4 orth. Rechtsschulen. – *5* ist die Z. der Planeten, der Ischtar bzw. der Venus. Als abwehrendes, magisches Zeichen gilt das Pentagramm; in China ist sie Glücks-Z.; vergeistigt im ↗Manichäismus (5 Archonten, 5 Äonen usw.) und Islam (5 Säulen des Glaubens [↗Arkān], 5 tägliche Gebete). – *6* ist die Z. des Makrokosmos. Der 6-Stern (Hexagramm) verbindet Geistiges und Materielles; Z. der Schöpfungstage, der Flügel der Serafim, der Weltalter (der Arbeitstage). – *7*, bei den Sumerern und Semiten heilig, ist Z. der Vollkommenheit, Ganzheit, Fülle, der antiken Planeten mit Sonne und Mond (Vollkommenheit des Universums), der Wochentage, des ↗Sabbats, der Augen Jahwes (Zeichen seiner Allwissenheit); 7armiger hl. Leuchter, 7tägige Feiern (Pascha, Laubhüttenfest); Offb.: große Anzahl von Siebener-Gruppen; 7 Bitten des Vaterunsers, 7 Bitten der 1. Sure des Korans (↗Hl. Schrift[en] VIII); Z. der Tugenden, der Todsünden, der Sakramente, der Gaben des Hl. Geistes, der Werke der Barmherzigkeit. – *8* ist Glücks-Z.; 8 Paradiese Elams, 8 Seligpreisungen Jesu, 8gliedriger Pfad Buddhas; Z. der Auferstehung Christi: 8. Tag (Herrentag/Sonntag), der erste Tag der Woche, der sich wiederholt und zugleich der Tag der Vollendung ist. – *9* (3 × 3), Z. der Vollendung; neunstöckige Pagode (↗Bestattung/Grab) als Abbild des Himmels bei den Chinesen; 9. Stunde ist die Todesstunde des Herrn. – *10* ist Z. der Finger, der Weisheit und Vollendung, der Gebote Gottes (↗Dekalog), der Sefirot in der Kabbala. – *11* (10 + 1) ist Z. der Maßlosigkeit. – *12* (3 × 4 oder 5 + 7), große kosmische Zahl, Grund-Z. des Sexagesimalsystems; in China und Babylon Z. des Tierkreises; 12 Äone (↗Gnosis); 12 steht für Vollzähligkeit: 12 Stämme Israels, 12er Gruppen des AT, 12 Tore des himmlischen Jerusalems, 12 Apostel Jesu. – *13*, Z. der babyl. Unterwelt, als Entzweierin des geschlossenen und vollendeten Systems und Z. des Schaltmonats, somit in Babylon und bis heute Unglücks-Z. – *14* (2 × 7), glückbringend schon in Babylon und Ägypten; 14 Nothelfer. – *15*, Z. Ischtars, der Stufenpsalmen, der Geheimnisse des Rosenkranzes. – *18*, in der Kabbalah als günstig gesehen, hl. Z. des islamischen Mawlawi-Ordens. – *25* ist Jubiläums-Z.; *28* Mond-Z., *33* Z. der Vollendung (Alter Christi). – *40*, im Islam eine „große Z.", gilt als Z. der Fluchtzeit, der Erwartung und Vorbereitung (40tägige Vorbereitungszeit der Derwische; griech. Totenmahlzeit am 40. Tag nach der Bestattung; 40jährige Wüstenwanderung der Israeliten; 40tägige Unreinheit der Wöchnerinnen; 40tägiger Aufenthalt von Mose, Elija und Jesus in der Wüste; Quadragesima). – *50* ist Jubiläums-Z. Israel feierte jedes 50. Jahr Jubeljahr (Lev 25, 8 ff.); 50-Tage-Feier nach dem Fest der Ungesäuerten Brote: „Wochenfest" = Pfingsten; Pentecoste. – *70:* Septuaginta (↗Hl. Schrift[en] VI); Septuagesima; 70 Völker der Völkertafel, Gen 10). – *72* gilt als Z. der Größe und Vielfalt; 72 Jünger werden ausgesandt (Lk 10, 1), 72 Sekten kennt der Islam. – *108* ist im Buddhismus eine hl. Zahl, weshalb der buddh. Rosenkranz auch 108 Perlen hat. – *666* ist die Z. des apokalypt. Tieres (Offb 13, 18). – *1000* ist die Vollkommenheits-Z. (↗Chiliasmus).

Lit.: Vgl. die Art. Zahlensymbolik: LThK[2] X 1303–1305 *(J. Hasenfuß);* RGG[3] VI 1861-1864 *(A. Schimmel / W. Funk); F. Heiler,* Erscheinungsformen und Wesen der Religion. Stuttgart 1961, 161–176; *W. Kirfel,* Zahlen- und Farbensymbole: Saec. 12 (1961) 237–247; *A. Schimmel,* Art. Numbers: ER XI 13–19.

Th. Birkheuser

Zaiditen ↗Shīʿa/Shīʿiten.

Zakāt

↗Islam.

Z. heißt Wohltätigkeit üben und ist eine der Hauptpflichten (↗Arkān) des Islam, im Gegensatz zur ṣadaḳa, der freiwilligen

Spende. Vergleichbar ist Z. mit dem Zehnten im Judentum und Christentum. Nach der Koransure 9,60 sind die Wohltätigkeiten bestimmt für die Armen und Bedürftigen, den Loskauf von Sklaven und für den, der in der Nachfolge Gottes ohne Schuld in Not gekommen ist. Die Z. gilt als Verpflichtung von seiten Gottes. Durch die Z. soll der Unterschied zwischen Arm und Reich abgebaut und den Mittellosen und Bedürftigen in der ↗Umma ein ausreichender Lebensunterhalt zugesichert werden. In den Rechtsschulen gibt es über die Leistung der Z. unterschiedliche Meinungen und Ausführungsbestimmungen. Eine für alle Muslime bindende Verpflichtung ist das Almosen des Fastenbrechens (zakāt al fiṭr) am Ende des Monats ↗Ramaḍān. Heute ist die Z. in islam. Staaten durch die offizielle Steuer ersetzt worden.

Lit.: *J. Schacht,* Art. ZAKĀT: EI[1] IV 1302–1304.

G. Riße

Zarathustra (später zarduscht; griech. Zoroaster) ist der Begründer der zarathustrischen (zoroastrischen) Religion, heute Parsismus genannt (↗Parsi/Parsismus). Zeit und Ort seines Wirkens sind bei den Fachleuten (Iranisten) umstritten. Gute Gründe sprechen für eine Zeit um 630 v. Chr. als Beginn mit dem östl. Iran (damals auch Teile von Afghanistan und Pakistan umfassend) als Ort seines Wirkens. Der Z. Nietzsches hat mit der gesch. Gestalt nichts zu tun. Die einzige Quelle, die einigermaßen Aufschluß gibt über sein Leben und sein rel.-ethisches Wirken und Denken sind die Gathas. Sie sind der älteste Teil des ↗Avesta, des hl. Buches des heutigen Parsismus. Die metrische Dichtung der 17 Gathas (Hymnen) zeugen von einer starken Persönlichkeit Z.s. Die Texte selbst aber sind unserem heutigen Verständnis in bezug auf sein rel.-ethisches Welt- und Menschenbild nicht leicht zugänglich. Daher gibt es bis zum heutigen Tag eine Reihe von verschiedenen Übersetzungen und Interpretationen, wie – abgesehen von Bartholomae und Lommel – etwa Herzfeld, H. Humbach, W. Hinz zeigen (vgl. Literaturangaben).

Wir können jedenfalls den Gathas entnehmen, daß Z. als einzige Gottheit den Weisen Herrn (Ahura Mazdah) anbetete als Schöpfer und Herrn der Welt. Angesichts der äußeren Schwierigkeiten seines Auftretens und Wirkens bittet er den Weisen Herrn um Hilfe. Dieser Weise Herr ist umgeben von tugendartigen Wesen mit menschlichen und göttlichen Eigenschaften, den *amesha spentas,* den unsterblichen Heiligen. Z. widersetzt sich dem Kult anderer Gottheiten aus dem indo-iran. mythischen Erbe. Er widersetzt sich den Priestern der *daevas,* der alten Gottheiten, und deren grausigen Tieropfern. In diesem Zusammenhang lehnt er die Opferform des berauschenden Haoma-Trankes ab.

Im nachgathischen, jüngeren Avesta tauchen polytheistische rel. Vorstellungen aus der Zeit vor Z. wieder auf. Die Gestalt des Z. wird – bei allem Respekt – aber in legendenhaften Zügen geschildert. Die monotheistische Grundkonzeption wird durchkreuzt von einem dualistischen Weltbild.

Das Weltbild des Z. gründet im alten Zwillingsmythos: *Angra Mainyu* (Böser Geist, später Ahriman) hat sich im Gegensatz zu *Spenta Mainyu* (Wohltätiger Geist) für das Böse in Gedanken, Worten und Werken entschieden. Der Böse Geist ist Herr der Dämonen und Gegner des Weisen Herrn. Dieser dualistische Gegensatz der urspr. Weltenscheidung teilt die Welt in zwei gegensätzliche Bereiche des Guten und Bösen. Der einzelne Mensch muß sich nach zarathustrischer Vorstellung ebenfalls für eine der beiden Welten und Lebensauffassungen entscheiden. Die urspr. monotheistische Stellung des Ahura Mazdah kommt in der Eschatologie wieder zum Vorschein, wo der Weise Herr endgültiger Sieger wird über den Bösen Geist; er ist Mittelpunkt eines seligen Endzustandes. Nach der Auffassung einer einzigen Gatha-Stelle hat Ahura Mazdah auch die Finsternis erschaffen (Yasna 45,2). Auch dies deutet in die Richtung des Weisen Herrn als absoluten Herrn. Beim Tod entscheidet sich das Schicksal des Menschen aufgrund seiner freien Wahlentscheidung. Der Gang über die Brücke der Trennung *(cinvant)* läßt ihn endgültig in das Reich des Lichtes, der Wahrheit und des Guten gelangen; oder er fällt in das Reich der Lüge, des Bösen und Häßli-

chen für immer. *Saoshyant* (Helfer, Retter) stehen Z. bei im Kampf gegen das Böse und stützen den Herrschaftsbereich Ahura Mazdahs. Im jüngeren Avesta erhält Saoshyant eine eschatologische Funktion bei der Herbeiführung der endzeitlichen Erneuerung der Welt. In späteren Überlieferungen wird der letzte der drei Saoshyant geboren aus einer Jungfrau und aus dem im See aufbewahrten Samen des Z.
Der Mensch steht – dies entnehmen wir umrißhaft dem Welt- und Menschenbild der zarathustrischen Gathas – im Mittelpunkt des Geschaffenen. In ihm kreuzen sich die Bemühungen des Weisen Herrn und seines Gegenspielers Angra Mainyu bzw. Ahriman, des Widersachers, des Geistes der Lüge und des Bösen. So wie der Weise Herr auch die sichtbare, materielle Welt seines Reiches ausdehnen will, so besteht für den Menschen die ethische Pflicht, sich für den Weisen Herrn frei zu entscheiden, d.h. für den Sieg des Guten zu kämpfen. Weil sich der Mensch aber auch für das Reich des Bösen entscheiden kann, stehen sich auf Erden zwei Lager gegenüber. Zum Reich der Lüge gehören die Nomaden, sie überfallen als Räuber die seßhaften Bewohner, die das Rind pflegen. Z. begünstigt – so würden wir es in unserer Sprache heute sagen – eine Landreform zugunsten ansässiger Bauern. Er lehnt jene Gottheit ab, die Tieropfer verlangt und stellt den Feuerkult als Zeichen des Dienstes und der Anerkennung für den Weisen Herrn in den Mittelpunkt der rituellen Dienste.
Z. unterstreicht mit der freien Wahlentscheidung des Menschen seine persönliche Verantwortung. Ähnlich der Wahlentscheidung der „uranfänglichen Geister" ist das Schicksal der weiteren irdischen Entwicklung der persönlichen Entscheidung des Menschen in Gedanken, Worten und Werken anheimgegeben. Das den Menschen vor Augen zu führen will Z. in den Mittelpunkt seines Wirkens stellen. In den Gathas gibt es keine Magie oder Zaubersprüche; solches ist nach dem Zeugnis des jüngeren Avesta und dem Pehlevi-Kommentar einer späteren Zeit in reichem Maß vorbehalten.

Lit.: *Ch. Bartholomae,* Die Gathas des Awesta. Straßburg 1905; *F. Wolff,* Avesta. Straßburg 1910. Neudruck (mit Ausnahme der Gathas) Berlin 1924; *H. Lommel,* Die Religion Z.s nach dem Avesta dargestellt. Tübingen 1930; *E. Herzfeld,* Zoroaster and his World. Princeton 1947; *J. Duchesne-Guillemin,* Zoroastre. Paris 1948; *ders.,* Ormazd et Ahriman. Paris 1953; *H. Humbach,* Die Gathas des Z. Text, Übers. und Komm. 2 Bde. Heidelberg 1959; *W. Hinz,* Z. Stuttgart 1961; *M. Eliade,* Geschichte der religiösen Ideen I. Freiburg [5]1985, 279–306.

F. König

Zauber ↗Magie.

Zehn Gebote ↗Dekalog.

Zeit. 1. Der Versuch, die Z. definierend zu begreifen, muß scheitern und in den Zirkel führen, da das Bewußtsein der Z. dem Begreifen wesentlich und darum Definieren ohne die Z. weder denkbar noch möglich ist. Der Begriff der Z. ist daher wesentlich transzendental, grundlegende Bedingung der Möglichkeit von Transzendentalität überhaupt, d.h. für das Vernehmen von bzw. Sprechen über Sein. Die *objektive* Z. als äußere, kosmologisch-dimensionierte Sukzession wird als von der Jetztfolge her entworfener quantitativ-meßbarer, kontinuierlich homogener und von sich her leerer Z.-Raum *(imaginäre Z.)* gedacht, der durch die Orientierung an der gleichmäßigen Fortbewegung der Himmelskörper die Bestimmung der Dinge durch Maß und Zahl ermöglicht. Die moderne Physik leugnet die Existenz einer *objektiven* Z. und deutet sie methodisch als Koordinate im vierdimensionalen Raum. Ihre Z.-Messung, die durch willkürliche Ansetzung von Bezugspunkten nur relative Z.-Längen anzugeben vermag, ermöglicht erst eine exakte Naturwissenschaft durch das Bereitstellen reeller Parameter, durch die die Naturereignisse universell in ein Ordnungssystem gebracht werden können und deren Symmetrieeigenschaften durch die Form von Naturgesetzen zu charakterisieren ist *(physische Z., Z.-Metrik, Chronometrie, Z.-Theorie).* Davon zu unterscheiden ist die innere, erfüllte, anthropologisch-dimensionierte, qualitative *Ereignis-Z.* oder *subjektive Z.,* die auf dem erlebten Z.-Bewußtsein beruht und von den Erlebnisinhalten in Empfindung, Erinnerung, Erfahrung und Erwartung abhängig ist *(Zeitlichkeit).* Zukunft, Gegenwart und Vergangenheit sind Abstraktionen der als lückenlose Kette von zeitgebundenen Tätigkeiten, Gelegenheiten und Erlebnissen mittels des *Z.-Sinns* empfundenen natürlichen Z.-Vorstellungen.

2. Historisch entwickelt sich von der Bindung der Z.-Erfahrung an die Veränderung und Bewegung der körperlichen Dinge her seit *Platon* (Timaios) und *Aristoteles* (Physik IV, 11, 219b I. Metaph. L) der raumorientierte Begriff der *objektiven* oder *physischen Z.*, der in der scholastischen Philosophie und Theologie des MA (*Albertus Magnus, Thomas v. Aquin*, S.th. I, 10, 1–6; S. c. G. I, 15–55 u. a.) vorherrschend blieb und dem noch bei *G. W. Leibniz* und *I. Newton* analog zum Raum absolute Realität zugesprochen wurde. Demgegenüber besitzt die Z. für den späteren *I. Kant* (Kritik der reinen Vernunft, bes. A 30ff. 137–147 426–433) zugleich „empirische Realität" und „transzendentale Idealität"; sie ist apriorische Anschauungsform des inneren Sinnes des Subjekts und somit Ermöglichungsbedingung geordneter Erfahrung überhaupt. Damit bezieht sich Kant auf das Z.-Erleben als zweite Wurzel des Z.-Begriffs, worauf bereits *Augustinus* (Confessiones XI, de musica) in seiner Analyse der Z. als der im Wesen der menschlichen Seele wurzelnden präsentischen Einheit von Gegenwart, Vergangenheit und Zukunft hingewiesen hatte. Ebenso stellt *H. Bergson* (Essai sur les données immédiates de la conscience, 1889) dem mechanistisch-rationalistischen Z.-Begriff den der *innerlichen* und *eigentlichen Z.* der reinen Bewegung des Fließens oder der Dauer gegenüber. *E. Husserl* (Vorlesung zur Phänomenologie des inneren Z.-Bewußtseins, 1928) unterscheidet von der kosmisch-meßbaren Z. die Z. des inneren Erlebnisbewußtseins als einheitliche Form aller Erlebnisse im Erlebnisstrom. *M. Heidegger* (Sein und Z., 1928; Z. und Sein, 1969) versteht die ursprüngl. Z., die „früher als jede Subjektivität und Objektivität" ist, als den Horizont alles Seinsverständnisses und – sofern der Mensch sich selbst stets vorweg ist und von der Zukunft her bzw. auf sie hin Gegenwart und Vergangenheit erst eröffnet werden – die Zeitlichkeit als Grundstruktur des menschlichen Daseins. In der modernen Philosophie wurden von hier aus vor allem die Geschichtlichkeit des Verstehens (Hermeneutik z. B. H.-G. Gadamer) und die Endlichkeit der Existenz (Existenzphilosophie) als Wesensverfassung des menschl. Daseins betont.

Lit.: *J. Volkelt*, Phänomenologie und Metaphysik der Z. o. O. 1925; *H. Conrad-Martius*, Die Z. München 1954; *F. Kümmel*, Über den Begriff der Z. Tübingen 1962; *W. Mayer* (Hg.), Das Z.-Problem im 20. Jh. o. O. 1964; *C. v. Weizsäcker*, Gestalt und Z. o. O. ²1964; *W. Anz*, Art. Z.: RGG³ VI 1879–1885; *R. Schaeffler*, Die Struktur der Geschichts-Z. Frankfurt 1968; *ders.*, Weisen der Zeitlichkeit. o. O. 1970; *B. Welte*, Z. und Geheimnis. Freiburg ²1979; *W. Dupré*, Art. Z.: HPhG VI 1799–1816.

H. M. Baumgartner / A. G. Wildfeuer

Zeloten

↗Judentum.

Z., von griech. *zēlóō* (hebr. qānā'), „eifern, nacheifern", bezeichnet bes. im rel. Bereich des zwischentestamentlichen Judentums Eiferer für Gott und sein Gesetz. Wurzelgrund bildet der atl. polemische Monotheismus. Leviten (Ex 32,26ff.), Pinhas (Num 25,6–13), Elija (1 Kön 19,9–14) und die Makkabäer werden als Verfechter des Fremdgötterverbotes (↗Dekalog), als „Eiferer für Gott" angeführt. Im selben Zusammenhang wird Gott selbst „Eifergott" ('el qanā') genannt (Ex 34,14; 20,5 = Dtn 5,9). Das Ideal der Theokratie und die Tora-Observanz verbinden die Z. trotz mancher Differenzierungen mit ↗Pharisäern, ↗Sadduzäern und ↗Essenern, weshalb sie von Josephus (Ant 18,9) „vierte Philosophie" genannt werden. Mit Judas Galilaeus (Apg 5,37) lösen sich die Z. aus dem Nährboden des sozial motivierten Bandentums (griech. lēstaî) unter Hiskija und organisieren sich in Reaktion auf den Zensus des Quirinius (6 n. Chr.) zur antiröm. Widerstandspartei. Theol. bilden sie den apokalyptisch-eschatologischen Flügel der Pharisäer; in ihrer national-jüd. Ausrichtung, messianischem Sendungsbewußtsein und terroristischer Praxis sind sie vergleichbar mit den Sikariern. Identifikation mit diesen (M. Hengel), Differenzierung (G. Baumbach) oder Rückführung auf verschiedene soziale Bewegungen sind umstritten. Ihre konsequente Ablehnung röm. Oberherrschaft führt zum Jüdischen Krieg (66–74 n. Chr.).

Bedeutende Führergestalten z.T. mit messianischem Anspruch (vgl. Münzprägung) sind Simon bar Giora, Johannes von Gischala und Eleazar ben Simon; letzterer, von priesterlicher Herkunft, läßt den laikalen „Kriegsmessias" Menachem ermorden. Simon der Zelot (Lk 6,15; nach Mk 3,18 *ho Kananaîos* = Gräzisierung von *qannā'j*, „Eiferer") gehörte wohl dieser Bewegung an und zählte zum Jüngerkreis Jesu.

Lit.: *G. Baumbach,* Einheit und Vielheit der jüd. Freiheitsbewegung im 1. Jh. n. Chr: EvTh 45 (1985) 93–107; *M. Hengel,* Die Z. Leiden 1961; *ders.,* Z. und Sikarier: FS O. Michel. Göttingen 1974, 175–196; *R. A. Horsley,* The Zealots: NT 28 (1986) 159–192.

H.-J. Fabry

Zen/Zen-Buddhismus

↗Buddhismus.

Z., die jap. Lesart des chinesisch *ch'an* gelesenen Schriftzeichens, Umschrift des Sankskritwortes *dhyāna* mit der Bedeutung Versenkung, bezeichnet die in China entstandene Meditationsschule des Mahāyāna-↗Buddhismus. Den geistigen Hintergrund bilden die ind. Mahāyāna-Sūtren, die während der ersten nachchristl. Jh.e ins Chinesische übersetzt wurden, sowie die altchin. Weisheitslehre des ↗Taoismus. – Der legendäre, aus Indien oder Persien stammende Gründer Bodhidharma (6. Jh.) gilt als der 28. ind. und der 1. chin. Z.-Patriarch. Der Stifter des Buddhismus, Śākyamuni, selbst soll seinem Jünger Kāśyapa durch Geistübertragung den Erleuchtungsweg des Z. gezeigt haben. Die Z.-Schule ist in China seit dem 6. Patriarchen Hui-neng (7. Jh.), deutlicher noch seit dessen Jüngern in der 3. Generation gesch. greifbar, erreichte während des 8. und 9. Jh. einen Höhepunkt, entfaltete sich gegen Ende der T'angzeit (618–907) in „Fünf Häusern", von denen zwei, das Haus Lin-chi (jap. Rinzai) und das Haus Ts'ao-tung (jap. Sōtō) während der Sungzeit (960–1279), fortbestanden und um die Wende des 13. Jh. nach Japan überpflanzt wurden. Das dem 6. Patriarchen zugeschriebene Plattformsūtra ist die grundlegende Schrift des chin. Z.-Buddhismus, Lin-chi der hervorragendste chin. Z.-Meister. Die Rinzai-Schule schlug während des MA in Japan Wurzeln, erfreute sich großer Beliebtheit bei der Aristokratie und der Kriegerklasse und übte eine nachhaltige Wirkung auf die jap. Kultur und Kunst aus. Die zahlenmäßig stärkere Sōtō-Schule verbreitete sich unter der Landbevölkerung. Im Tempelkloster Eiheiji, dem ersten Hauptsitz dieser Schule, wirkte Dōgen (1200–1253), eine durch schöpferische Geisteskraft und rel. Tiefe ausgezeichnete Gestalt des jap. Buddhismus. Zwei andere bedeutende jap. Z.-Meister, Bankei (1622–1693) und Hakuin (1685–1768), gehören der folgenden Periode der Tokugawa (1600–1868) an. – Die zwei Hauptmethoden des Z.-Weges sind die schweigende Meditation im Hocksitz (jap. *zazen*) und die Kōan-Übung. Das Zazen – wegen der Bedeutung, die es der Körperhaltung des Lotussitzes und der Atemregulierung beimißt, eine ↗*Yoga*-artige Meditationsweise, – bringt jenen Zustand des inneren Gleichgewichtes hervor, der der Erleuchtung dienlich ist. Das Kōan, eine chin. Erfindung, ist eine rational unlösbare, paradox-widersinnige Aufgabe, die dem Übenden zur Ausschaltung des Verstandesdenkens und zum Durchbruch in tiefere psychische Schichten verhelfen soll. Den Inhalt der Aufgaben oder Beispiele bilden zumeist in den Spruchsammlungen chin. Z.-Meister oder den Chroniken aufbewahrte Aussprüche, bizarre Handlungen, auch Kurzgedichte. Die wichtigsten Beispiele sind in den zwei Kōan-Sammlungen *Hekiganroku* (chin. *Pi-yen-lu* oder *Bi-yän-lu*) und *Mumonkan* (chin. *Wu-men-kuan*) überkommen. Die Kōan-Übung entstand während der Sungzeit in der Rinzai-Schule. Zazen und Kōan führen den Meditierenden zur Erleuchtung (jap. *satori*), dem Ziel des Z.-Weges. Die Z.-Erleuchtung ist eine begriffliche Kategorien übersteigende, befreiende, ganzheitliche Selbsterfahrung, die von den Erfahrenden je nach ihrer Weltanschauung verschieden ausgelegt wird. Z.-Jünger deuten ihre Erfahrung im Sinne der mahāyānistischen Alleinsmetaphysik des kosmischen Buddha-Leibes (Skt. *dharma-kāya,* jap. *hosshin*) oder der im Kosmos wie im Selbst wesenden Buddha-Natur. – Zum Tempelkloster der Z.-Schule gehört die Meditations- oder Z.-Halle, in deren Mitte das Kultbild des Bodhisattva Manjuśrī thront. Den Wänden entlang bieten Strohmatten mit Kissen die Sitze für die Hockmeditation. Während der besonderen Übungsperioden (jap. *sesshin*), die gewöhnlich fünf oder sieben Tage dauern, beginnt der Tag am Morgen um 3 oder 4 Uhr und endet am Abend um 9 Uhr. Außer den Zeiten für die Sūtrenrezitation, für Arbeiten in Haus und Garten und drei vegetarischen Mahlzeiten wird in fast einstündigen Perioden ziemlich ununterbrochen meditiert. Diese Übungskurse haben sich als sehr hilfreich zur Erlangung von Erfahrungen erwiesen. – Seit Ende des 2. Weltkrieges wurde der Z.-Weg im Westen durch den jap. buddh. Gelehrten D. T. Suzuki (1870–1966) propagiert und wuchs rasch zu einer starken Bewegung an, die auch Auswüchse (z. B. in Amerika *Beat-Z.*) mit sich brachte. Heute gilt das Z. als einer der erfolgreichsten fernöstlichen Meditationswege und wird von verschiedenartigen Gruppen, auch von Christen (z. B. H. M. Enomiya Lasalles „Zen-Meditation für Christen"), gepflegt. Als vorzügliche Werte werden die Aktivierung des Körpers, die Überwindung einseitiger Rationalität und die Integration der psychischen Tiefenschichten des Menschen angesehen.

Lit.: *H. Dumoulin,* Geschichte des Z.-Buddhismus. 2 Bde. Bern 1985 f.; *ders.,* Mumonkan. Mainz 1975; *H.M. Enomiya-Lassalle,* Z.-Buddhismus. Köln [2]1972; *ders.,* Z.-Meditation für Christen. Bern u. a. [4]1976; *W. Gundert,* Bi-yän-lu. 3 Bde. München 1974; *T. Hoover,* Die Kultur des Z. Düsseldorf 1977; *P. Kapleau,* Die drei Pfeiler des Z. – Lehre, Übung, Erleuchtung. Weilheim 1972; *D. T. Suzuki,* Die große Befreiung – Einführung in den Z.-Buddhismus. Bern u. a. [10]1983; *H. Dumoulin,* Östl. Meditation und christl. Mystik. Freiburg/München 1966.

H. Dumoulin

Zeus ↗Gott III 3 B.

Zukunft/Jenseits

I. Eschatologische Fragestellung. – II. Grundbegriffe des „Jenseits". – III. Religionsethnologische Daten. – IV. Im Hinduismus. – V. Im Buddhismus. – VI. In chinesischer Kultur. – VII. Im Judentum. – VIII. Im Christentum. – IX. Im Islam. – X. Utopie und Wirklichkeit

I. Eschatologische Fragestellung. 1. Unter *Eschatologie* (E.) werden jene Anschauungen und Glaubensvorstellungen verstanden, welche „die letzten Dinge" (griech. *tà éschata*) betreffen. Diese beziehen sich auf das Schicksal des einzelnen nach dem Tod sowie auf die Zukunft der Menschheit und der Welt. Folglich wird dort, wo es um das endgültige Schicksal des Einzelmenschen geht, von *individueller E.* gesprochen, und von der *universalen E.*, wo es um das Geschick der ganzen Menschheit und der gesamten Welt geht. Wird der Schwerpunkt auf das *Ende der Welt* gelegt, handelt es sich um ↗*Apokalyptik,* welche jedoch von der E. nicht zu trennen ist. Schließlich können Aspekte individueller und universaler E. miteinander verbunden sein.

Grundsätzlich wird in der E. nach *Sinn und Ziel* des Lebens, der Geschichte und Welt gefragt, nach letztlich erreichbarem ↗Heil oder drohendem Unheil. Diese Frage stellt sich angesichts der allg. Erfahrung der Entfremdung und Widersprüchlichkeit menschlicher Existenz. So setzt das Wissen um das Unvollkommene und Sinnwidrige, um das Leid und das Böse ein Bewußtsein um die Dimension des wahren Menschseins voraus, das für die Zukunft erwartet wird und von der Umwelt nicht zu lösen ist, so daß auch deren Zukunft relevant wird.

Die Gewißheit des Todes gefährdet jedoch den Sinn von Leben, Geschichte und Welt radikal. Deshalb haben die Fragen nach dem Schicksal des einzelnen nach dem Tod, nach dem Ausgang der Geschichte und der Zukunft der Welt, welche in den Religionen thematisiert werden, ein besonderes Gewicht. Es liegt einmal darin, daß die eschatologischen Vorstellungen den Tod transzendieren und ihnen somit eine sinnstiftende Bedeutung zukommt. Diese erschöpft sich jedoch nicht im Ausblick auf das Zukünftige, sondern erhält ihr Gewicht auch in der Prägung des Lebens vor dem Tod. Die Jenseitshoffnung kann zwar zu einer Weltflucht werden und eine Erlahmung der menschlichen Bemühungen um eine bessere Erde nach sich ziehen, aus ihrer eigenen Qualität jedoch intendiert sie eine Verantwortung für die Gegenwart und Zukunft.

2. Die E. der Religionen steht im *Zusammenhang mit der Protologie*, der Lehre vom Anfang. Zukunft und Herkunft gehören zusammen. Die „ersten Dinge", die Ursprünglichkeit des wahren Menschseins in einer mit ihm und in sich harmonischen Welt, aus der Menschheit und Welt herausgefallen sind, sowie die

„letzten Dinge“, in denen Erfüllung und Heil erblickt werden, bilden die Grundlage eschatologischer Hoffnung. Weil die E. vom Selbst- und Weltverständnis der Religion kündet, in sie als ganze hineingehört und nur theoretisch daraus gelöst werden kann, gebührt ihr in deren Erfassung ein hervorragender Platz; ebenso gilt, daß die E. nur im Kontext des Ganzen der jeweiligen Religion zu deuten ist.
3. Bei der *individuellen E.* geht es um die Frage nach der *Fortdauer der Person* (↗Unsterblichkeit), d. h., ob eine ichhafte Identität, meist ↗Seele genannt, nach dem Tod erhalten bleibt, bzw. nach der *Auflösung der Person,* d. h., ob die Aufhebung der Individualität als Erfüllung erwartet und als Ziel angestrebt wird. Beide Typen entwickeln verschiedene Antwortmodelle, die von weiteren Bestimmungen abhängig sind, z. B. vom Verhältnis zwischen Individuum und Kollektiv, Menschheit und Natur, Einmaligkeit und Wiederholung. Von solchen Verhältnisbestimmungen wird die Beantwortung der *anthropologischen Fragestellung* innerhalb der E. abhängen.
Hinzu tritt eine *ethische Komponente.* Diese läßt die postmortale Existenz nicht nur der sittlichen Lebensführung entsprechen, so daß Lohn und Strafe oder Läuterung und deren verschiedene Wege nach guten und bösen Taten bemessen werden, sondern führt die Erfahrung der Schuldverstrickung des Menschen sowie der Macht des Bösen und die Forderung nach Gerechtigkeit einer endgültigen Lösung zu. Die Vorstellungen vom Toten- und Weltgericht sowie von Läuterung und einem Weg der Besserung machen auf dieses Problem aufmerksam.
4. Im Bereich der *universalen E.* wird die Frage nach der *Zukunft des Ganzen* im Kontext von Menschheitsgeschichte und Weltendauer thematisiert. Dabei sind die linearen Vorstellungen von den zyklischen zu unterscheiden. Die lineare Auffassung kennt nur die Einmaligkeit des Geschichtsverlaufs und dessen Ende, das mit der Vernichtung der Welt am Ende der Zeit apokalyptisch in Bildern kosmischer Katastrophen vorgestellt wird; hinzu kommen kann ein Weltgericht und die Aufrichtung einer neuen, endgültigen Welt.
Im zyklischen Verständnis gibt es einen periodischen Wechsel von Weltvernichtung und folgender Welterneuerung, wobei die Weltperioden eine makrokosmische Analogie zum Jahresablauf darstellen. Dabei muß es nicht bei der Wiederkehr des Gleichen bleiben, es kann durchaus die Erwartung einer zunehmenden Verschlechterung oder Besserung in den rel. Vorstellungen aufgezeigt werden. Mit den eschatologischen Vorstellungen ist häufig der Glaube an einen *endzeitlichen Heilbringer* verbunden. Dadurch wird die Endzeit nicht als bloßes Ergebnis des Geschichtsprozesses gedeutet, sondern durch die eine heilschaffende Tat eines Mittlers mitbestimmt.
II. Grundbegriffe des „Jenseits“. 1. Sieht man von *todlosen Entrückungserzählungen* ab, in denen bevorzugte Menschen, ohne zu sterben, zu Gott bzw. zu den Göttern erhoben werden (z. B. Ganymed in der griech. Mythologie; Elija im AT), so gelangt der Mensch *durch den Tod ins „Jenseits“.* (J.). Dieses wird sehr unterschiedlich vorgestellt.
a) Das *Totenreich* (↗Unterwelt) ist jener Ort, an den alle Verstorbenen gelangen (griech. „Hádēs“; hebr. „Scheol“). Dort existieren die gewesenen Menschen als Schattenbilder, die dem lebendigen Menschen ähnlich sind; diesen Totenseelen fehlt nicht ein „Leib“, sondern das Leben. Der Ort wird düster und freudlos vorgestellt; aus ihm gibt es keine Wiederkehr. Die Allgemeinheit des Todes und seine Endgültigkeit kennzeichnen die Vorstellung vom Totenreich.
b) Hiervon ist die *Aufteilung des J.* in einen *Ort der Freude* (↗Paradies, Gefilde/Inseln der Seligen, Elysium, ↗Himmel) und einen *Ort der Peinigung* (Hölle, Tartarus, Gehenna) zu unterscheiden. Diese Orte sind entweder schon existent, aber von der Erde getrennt, oder aber sie werden erst nach dem Ende der Welt existieren.
Die Entscheidung, an welchen der Orte die Verstorbenen gelangen, erfolgt entweder durch ein *Gericht,* das über den sittlichen Lebenswandel befindet, oder wurde vorherbestimmt durch kultische *Einweihung* als Zugehörigkeit zu den Göttern oder durch *Zugehörigkeit* zum Stamm bzw. Volk, auch ohne Berücksichtigung

der sittlichen Qualifikation. Entsprechend einer linearen bzw. zyklischen „eschatologischen" Vorstellung (s.o. I), ist der Aufenthalt im „J." endgültig oder vorübergehend.
2. Gibt die ethische Qualifikation für das Los im J. den Ausschlag, so tritt der Gedanke der *Läuterung* hervor. Diese geschieht entweder an einem dafür bestimmten Ort oder auf einem Weg. Der *Ort der Läuterung* hat im „Feuer" motivlich eine weitverbreitete Vorstellung. Kennzeichnend sind die Nichtendgültigkeit des Purgatoriums und die Aussicht auf Erreichung des glücklichen Ziels. Einen *Weg der Läuterung* beinhaltet die Vorstellung der Wiedergeburt (↗Reinkarnation), sofern sie teleologisch begründet wird und die Erlösung aus dem Rad der Geburten durch sittliche Vervollkommnung erreicht werden soll.
Die sich hier abzeichnende Entwicklung reicht von einer Vorstellung des *„J." als Iteration des Diesseits* bis hin zu einer Konzeption des *J. als Transzendenz.* Bei der Aufteilung des J. wird der Ort der Strafe mit dem Totenreich identifiziert, während der Ort der Freude, der Himmel, der Wohnsitz der Götter bzw. Gottes ist.
Bes. zu beachten ist die „Demokratisierung" des J., d.h. die Entwicklung von der Vorstellung der Teilhabe einzelner oder weniger Menschen am freudenvollen – sonst Göttern/Gott vorbehaltenen – Leben im J. zur Heilschance für jedermann, d.h. die Eröffnung eines seligen J. über völkische und rel. Grenzen hinaus für alle.

Lit.: *R. Reitzenstein,* Weltuntergangsvorstellungen. Uppsala 1924; *E. Abegg,* Der Messiasglaube in Indien und Iran. Berlin 1928; *J. Witte,* Das J. im Glauben der Völker. Leipzig 1929; *K. Preuss,* Tod und Unsterblichkeit im Glauben der Naturvölker. Tübingen 1930; *F. Heiler,* Unsterblichkeitsglaube und J.-Hoffnung in der Geschichte der Religionen. München 1950; *G. Pfannmüller,* Tod, J. und Unsterblichkeit in der Religion. Lit. und Philosophie der Griechen und Römer. München 1953; *M. Eliade,* Geschichte der religiösen Ideen. Bd. 1 und 2. Freiburg 1978, 1979; *H. Vorgrimler,* Hoffnung auf Vollendung. Freiburg 1980; *H. Küng,* Ewiges Leben? München 1982.

H. Sonnemans

III. Religionsethnologische Daten (↗Tod; Ahnenkult). In den einfachen Religionsformen findet man fast überall die Vorstellung von einem „Land der Toten", sei es in einer meist anonymen Unter- oder kosmischen Überwelt oder im Sinn eines topographisch oder historisch inspirierten innerweltlichen J. „über dem Fluß", „über dem Gebirge", „gegen Sonnenuntergang" oder im legendären Land des „Ursprungs". Das vorherrschende Bild ist jenes einer analogen Welt, in welche alle nach voller Lebensdauer Gestorbenen, nicht aber die durch vorzeitigen „bösen Tod" Dahingerafften, nach erfüllten Totenriten eintreten. Lebensform und soziostrukturelle Positionen sind jenen des früheren Lebens ähnlich. Als Ahnen wird ihnen aber eine gewisse Transzendenz, eine ihrem Status entsprechende höhere Macht zuerkannt, dieses als ideelle und rituelle Basis für ihre Interaktion mit ihren lebenden Nachkommen. In deren Ahnensymbolen und Riten offenbart sich ihre Fortexistenz und segnende Nähe, in den strafenden Interventionen ihre Rolle als Wächter der moralischen Ordnung. Menschliche Fruchtbarkeit und Prokreation als Voraussetzung der Kontinuität des einzelnen und der Gruppe werden so zur Lebenserfüllung und Weltanschauung, zum Sieg über den Tod. In Glaubenssystemen, welche vertreten, daß im Zyklus der Generationen unlängst Verstorbene immer wiederkehren oder doch durch ihren Namen den Kindern bis ins Alter eng verbunden bleiben, tritt dieser Gedanke bes. hervor. – Somit wird das Weiterleben nach dem Tod weder als kosmisch-spirituelle Erhöhung noch – in der Regel – als ewige Verdammnis gesehen. Auch die Zukunftsvision von Weltgericht, kosmischen Katastrophen und Heilsparusien fehlt weithin, wo nicht der Einfluß von „Offenbarungsreligionen" (↗Offenbarung) oder das Leiden aus politischer Unterdrückung eschatologische Heilserwartung stimuliert hat.

Lit.: *B. Mensen* (Hg.), J.-Vorstellungen verschiedener Völker. St. Augustin 1985.

H. Huber

IV. Im Hinduismus. Die Gegenwart, von der aus im Rahmen des hind. Weltverständnisses nach Z. gefragt werden kann, ist bestimmt durch die Vorstellung von zyklisch sich wiederholenden vier Weltzeitaltern *(yuga)*, in denen Lebensdauer und Lebensqualität stetig abnehmen. Tausend Zyklen von Weltzeitaltern bilden einen einzigen „Tag" im Leben des

Gottes Brahman. Nach diesem Schema berechnete hundert Brahman-„Jahre“ bilden den kosmisch-mythologischen Rahmen für die Gegenwart. Wir befinden uns heute in einem Kaliyuga, dem schlechtesten der vier Zeitalter, das im Jahre 3102 v. Chr. begonnen haben soll und etwa in der Mitte des gegenwärtigen Brahmantages liegt. Der Zeitbegriff bzw. das Zeitgefühl, das sich in diesem Rahmen artikuliert, besagt einerseits, daß der Hindu in der „Mitte der Zeit“ lebt, andererseits, daß Zeit weniger ein linearer Ablauf als ein kosmischer Rhythmus ist. Für die Zukunft der realen, jetzigen Welt innerhalb des Kaliyuga ergibt sich die Erwartung und Gewißheit, daß die herrschenden schlechten Verhältnisse nur immer schlechter werden können, daß jedoch nach einer kosmischen Katastrophe ein Neuanfang mit idealen Lebensbedingungen, geordneten sozialen Verhältnissen und makelloser Moral im Sinne des ↗*Dharma* gewiß ist.

Die Vorstellung über die individuelle Z. in einem J., nach dem Tode, sind von diesen kosmologischen Anschauungen relativ unabhängig. Gemäß der brahmanischen Theorie muß der einzelne davon ausgehen, daß sich seine Z. im Rahmen zahlloser Wiedergeburten ausgestaltet, bestimmt vom Gesetz des *Karman*, in Verkörperung als Tier, als Mensch auf verschiedenen Stufen der sozialen Hierarchie, als göttliches Wesen in paradiesischen Himmeln oder als Opfer grausamster Qualen in einer der vielen Höllen. Die Z. kann (psychol.) als Regulativ für gegenwärtige Ungleichheit und Leiden wirken, ähnlich wie die „Vergangenheit“ zu deren ethischer Erklärung und Rechtfertigung herangezogen werden kann. Die Zeit (*kāla* – das Wort bedeutet auch Tod) als kosmisches Prinzip kann dabei als „Schicksal“ auftreten und als eine selbst dem *karman* übergeordnete Macht verstanden werden. In den ind.-hind. Volksreligionen spielen Wiedergeburt (↗Reinkarnation) und *karman* (↗Karma) keine oder eine untergeordnete Rolle. Totenriten und ↗Ahnenkult belegen, daß es den Glauben an ein Weiterleben der Ahnen gibt, welche Opfergaben verlangen und annehmen, oder auch als böse Geister Hinterbliebene heimsuchen und strafen können. In den theistischen Systemen vermag die Gnade Gottes den Frommen zu erlösen, den ein Eingehen in die Gottheit oder eine Weiterexistenz in der ewigen, zeitlosen Gegenwart Gottes oder eine Teilhabe an der Dynamik innergöttlicher Kräfte (je nach theol.-philos. System) erwarten.

Im geist-monistischen System des Advaita-Vedānta, mit dessen Erlösungsideal sich auch die theistischen Systeme immer wieder vergleichen, ist der höchste Begriff von „Z.“ die individuell-eschatologische Möglichkeit des Aufhörens aller Zeitläufe, aller Z., nicht durch irgendeine innerweltliche Aktivität (*karman*, Ritus, Gottergebenheit), sondern durch Erkenntnis, durch eine veränderte Sichtweise, die die letzte Unwirklichkeit der Welt durchschaut, sie durch Verwirklichung der Einheit von individuellem und absolutem Geist-Sein „abschafft“.

Auf der Ebene gesch. Ereignisse haben die Hindus dem Zeitgeschehen und damit auch der Z. wenig Aufmerksamkeit geschenkt. Es ist die Vergangenheit, die als Z. (im Rahmen einer lit. Fiktion, z. B. Bhaviṣya-Purāṇa) dargestellt wird. Erst in den neuzeitl. Reformbewegungen des Neo-Hinduismus kommen Gedanken auf wie der einer zugleich kosmischen wie sozialen Evolution (Sri Aurobindo) oder einer durch menschliches Verhalten herbeiführbaren „Herrschaft Gottes auf Erden“ (*Rām-rjya*, Mahatma Gandhi). Oft stellen sich Reformbestrebungen jedoch dar als Rückkehr zu einer „Goldenen Vergangenheit“ oder zu den unverderbten Idealen des Anfangs (z. B. Dayananda Sarasvati).

Lit.: *F. Heiler,* Unsterblichkeitsglaube und Jenseitshoffnung in der Geschichte der Religionen. München 1950; *H. v. Stietencron,* Vom Tod im Leben und vom Leben im Tode: J. Schwartländer (Hg.), Der Mensch und sein Tod. Göttingen 1976, 146–161; *P. Antes / B. Uhde,* Das J. der Anderen. Stuttgart 1972, 13–55. *P. Schreiner*

V. Im Buddhismus. Die Frage nach Z. und J. stellt sich sowohl hinsichtlich des einzelnen Menschen als auch des Weltablaufs. Anthropozentrisch steht sie im Zusammenhang mit dem Zeitbegriff und dem Weltverständnis, die wiederum bedingt sind durch die buddh. Deutung der Existenz und die Negation von Substanz und Subjekt (↗Anattā; Dharma II; Nirvāṇa; Pratītyasamutpāda; Saṃsāra). Da Vergangenheit, Gegenwart und Z. nur Erscheinungsformen des Seienden sind, fehlt der ind. Begriff für Zeit (Skt. *kala*) in urbuddh. Texten fast vollständig. Dennoch nimmt das buddh. Zeitverständnis kosmologisch an den hind.-zyklischen Vorstellungen von Weltzeitaltern (Skt. *kalpa*, jap. *kō*) teil. Auch wenn nach Anknüpfungen im Urbuddhismus gesucht wird, gewinnt eine zukunftsorientierte, eschatologische Sicht der Geschichte des Buddhismus vorrangig im jap. Amida- (↗Buddhismus III 2, IV 2,3) sowie im Nichiren-Buddhismus Gestalt. Der Buddhismus selbst durchläuft danach drei Zeitperioden: 1. *Shōbō*, die Zeit des wahren Dharma, die noch 500 Jahre über Buddhas Tod hinaus angedauert hat, in der Lehre, Praxis und die „Frucht der erlösenden Weisheit" (Y. Takeuchi) miteinander lebendig sind; 2. *Zōbō*, die Zeit des verfälschten Dharma, die ihrerseits die nächsten 500–1000 Jahre ausmachten, in der zwar die Lehre noch verbreitet wurde und die Praxis weiterlebte, doch die Früchte der Weisheit nicht mehr geerntet wurden; 3. *Mappō*, die Zeit des letzten Dharma, in der die lebendige Bezeugung der Weisheit ebenso fehlt wie die rel. Praxis und nur noch der tote Leichnam der in den Sūtren niedergelegten Lehre ohne jede geistige Lebendigkeit verblieben ist. Am Ende dieser Letztzeit, für die zumeist 10000 Jahre angesetzt werden, verbrennt die Welt im Kalpa-Feuer. In dieses negative Erwartungsbild zeichnen der Gründer der Wahren Reine-Land-Schule (jap. *Jōdo-shinshū*), Shinran (1173–1262), wie auch der Gründer der dritten mittelalterlich gegründeten Schule Japans, Nichiren (1222–1282), ihre Gestalt von Heilsverheißung. In der amidistischen *Jōdo-shinshū* bezieht sich diese auf das in der Anrufung des Amida-Namens verwirklichte radikale Vertrauen auf die rettenden Gelübde ↗Amida-Buddhas und seine Verheißung des Reinen Landes (jap. *jōdo*), im Nichiren-Buddhismus auf die Anrufung der befreienden Kraft des Lotossūtras. Daß sich eine im eigentlichen Sinne zukunfts-/jenseitsorientierte Auffassung erst im jap. Buddhismus entwickelte, hat seinen wesentlichen Grund darin, daß das Bewußtsein, in der Endzeit, d.h. der der urspr. Erleuchtung entferntesten und zugleich dieser am stärksten entfremdeten Zeit, zu leben, den Sinn für eine alle Zeiten betreffende Heilsbotschaft neu eröffnete. Entsprechend bietet der jap. Amida-Buddhismus auch vom Ansatz der christl. Eschatologievorstellungen her den nächsten Ansatzpunkt (vgl. K. Barth, KD I/2, 372–377). Er muß dann allerdings auch in der Dialektik von Zen- und Amida-Buddhismus neubedacht werden.

Lit.: *A. Bareau u.a.*, Die Religionen Indiens III. Stuttgart 1964, 11–187; *Y. Takeuchi*, Probleme der Versenkung im Ur-Buddhismus. Leiden 1972, 78–91; *ders.*, The Heart of Buddhism. New York 1983, 127–143; *K. Nishitani*, Was ist Religion? Frankfurt 1982; StMiss 32 (1983) 95–141; *C. Langer-Kaneko*, Das Reine Land. Leiden 1986. *H. Waldenfels*

VI. In chinesischer Kultur. Die Z. besaß im chin. Denken eine geringe Bedeutung; sie war das Nicht-Existierende, man erhoffte von ihr nichts Neues, Anderes. Das Neue, das evtl. aus ihr entstehen könnte, sollte der Tradition ähnlich werden, denn dort, in der Vergangenheit, suchte man die Ideale (Urbilder). So wurde die Trennung der Vergangenheit und der Z. im chin. Denken (auch in der Sprache) nicht vollzogen. Der zyklischen Zeitvorstellung entsprechend bilden die Vergangenheit, die Z., Zeit und Raum eine ausgedehnte Einheit, die im rel. Sinne vor allem bei hll. Anlässen und an hll. Orten immer wieder erneuert wurde (↗Kult/Gottesverehrung VI). Eigenartig ist für China jedoch die Bedeutung, die der Vergangenheit und Gegenwart zugemessen wurde. Selbst das Orakelwesen diente der Bewältigung der Gegenwart im Hinblick auf die Z.

Obwohl die alte chin. Religion die Idee des ↗Himmels (I) und der Unsterblichkeit besaß, ist das chin. Denken grundsätzlich diesseitsbezogen (↗Heil/Heilsweg IV; Mensch V; Welt/Schöpfung VI). Die klass. konfuzianische Lit. enthält spärliche Informationen über J.-Vorstellungen, sie stehen meist im Zusammenhang mit dem ↗Ahnenkult. Dem Übernatürlichen und Jenseitigen gegenüber herrschte im traditionellen China, trotz des Ahnenkultes, eine Zurückhaltung, die auf ↗Konfuzius (551–479 v.Chr.) zurückgeht und den ↗Konfuzianismus cha-

rakterisiert. Menzius (um 372–289 v. Chr.) dagegen gründete (bzw. übernahm) die Tradition von der periodischen Wiederkehr eines Welterlösers, die jedoch im Neo-Konfuzianismus ausgelöscht wurde.
Eine intensivere Entwicklung der Z.s- und J.-Vorstellungen in China erfolgte im 2. Jh. n. Chr. in den taoistischen Bewegungen. Man entwickelte die Vorstellung vom unendlich verlängerten Leben in einem mit Hilfe der Meditation bzw. Alchemie gegen Krankheit und Tod geschützten Körper. Der Tod war keine absolute Grenze; man verehrte die Verstorbenen; Diesseits und J. waren zwei nicht allzuscharf getrennte Aspekte einer Wirklichkeit, sie wurden oft identifiziert. Im späteren ↗Taoismus entstand eine deutlichere Trennung zwischen dem Diesseits und dem J., wobei das J. teilweise als die bessere Wirklichkeit verstanden und im Himmel, im Westen oder auf entlegenen Inseln/Bergen angesiedelt wurde. Der Himmel gewann auf diese Weise eine paradiesische Dimension.
Der Buddhismus hat die chin. Z.s- und J.-Vorstellungen zwar bereichert (Buddha Maitreya, Nirvāṇa, Hölle), die Tendenz aber, die Grenzen zwischen der Vergangenheit und der Z. zu verwischen und die Gegenwart zu betonen, blieb auch in ihm bestehen.
Unter den rel. Gruppierungen (Geheimgesellschaften) und in den prognostischen Schriften *(ch'an-wei)*, bei den rel.-politischen Rebellen (z. B. T'ai-p'ing) und im Taoismus traten dann in China einheimisch-synkretische messianische und eschatologische Ideen auf. Es gab hier u. a. die Konzeption des auserwählten Volkes *(chung-min)*, das der Weltkatastrophe entkommen und gerettet werden würde.
Im modernen China entstand eine Überzeugung, daß Z. nur als die Überspiegelung von Vergangenheit möglich sei, so daß jedes davon abgelöste Vertrauen in die Z. nur als blindes Hoffen erscheinen konnte gleichzeitig aber trat die Vernichtung der Vergangenheit als Ideal hervor. Der chin. Marxismus/Sozialismus übernahm diese Vorstellung hinsichtlich der Z. (dramatisch sichtbar auch in der Kulturrevolution 1966–1976). Schlüssel zu Glück, Heil und Z. liegt nach dieser pragmatisch-materialistischen Auffassung im Jetzt (Primat der Praxis und des Handelns; Orthopraxie). Strenggenommen entwickelte sich in China keine Eschatologie, was bei der zyklischen Zeitvorstellung auch schwer möglich gewesen wäre. Die eschatologischen Ansätze, die es in China gibt, tragen eindeutig Züge des Buddhismus oder – in modernen Zeiten – des Christentums (T'ai-p'ing).

Lit.: *T. H. Barret,* The Study of Chinese Eschatology: Modern Asian Studies 17 (1983) 333–352; *W. Bauer,* China und die Hoffnung auf Glück. München 1971; *ders.,* Das Bild in der Weissage-Lit. Chinas. München 1973; *W. Eichhorn,* Die Religionen Chinas. Stuttgart 1973; *Ch. W-H. Fu / W. T. Chan,* Guide to Chinese Philosophy. Boston 1978; *L. Gutheinz,* Chin. Weltanschauung und christl. Eschatologie: NZM 39 (1983) 241–266; *M. Loewe,* Ways to Paradise. London 1979; *J. Needham,* Science and Civilization in China. Bd. 5/II. Cambridge 1974; *P. Pelliot,* Die Jenseitsvorstellungen der Chinesen: ERJb 7 (1939) 61–82; *H. Schmidt-Glintzer,* Traditionalismus und Geschichtsschreibung in China: Saec. 28 (1977) 1,42–52; *A. Seidel,* Taoist Messianism: Numen 31 (1984) 161–174; *dies.,* Geleitbrief an die Unterwelt: Religion und Philosophie in Ostasien. FS H. Steininger. Würzburg 1985, 161–183; *dies.,* Tokens of Immortality in Han Graves: Numen 24 (1982) 79–114; *H. M. Seiwert,* Orakelwesen und Zukunftsdeutung im chin. Altertum. Bonn (Diss.) 1979; *L. G. Thompson,* Chinese Religion in Western Languages. Tucson 1985; *Y. S. Yü,* Life and Immortality in the Mind of Han China: HJAS 25 (1964–65) 80–122; *ders.,* New Evidence on the Early Chinese Conception of Afterlife: JAS 151 (1981) 81–82. *R. Malek*

VII. Im Judentum. Wie in vielen anderen Religionen muß auch im Judentum zwischen kollektiven (oder selbst kosmischen) und individuellen Z.-Vorstellungen unterschieden werden. Das bibl. Judentum kennt noch kein überweltliches J. Der nichtkörperliche Teil des verstorbenen Individuums, welches zu „seinen Vätern eingesammelt" wurde, steigt in die *Sche'ol* hinab, eine dem griech. Hádēs nicht unähnliche Vorstellung von Unterwelt. König Saul, in der Verzweiflung und Seelennot seiner letzten Nacht, holt, mit Hilfe einer Totenbeschwörerin, Samuel aus der Unterwelt empor, nicht vom Himmel herab (vgl. 1 Sam 28). Auch der Psalmist betet zu Gott, in Krankheit und Not, im „Lande der Lebenden" bleiben zu dürfen, denn „die Toten preisen nicht den Herrn, noch die welche zur Stille hinabgefahren" (Ps 115,17). Im bibl. Hebräisch heißt das Wort *acharith* noch nicht wie später Endzeit, sondern glückliche Z., individuell und national-kollektiv, auf dieser Erde. Die dauerhafte „Z." des Individuums ist seine Nachkommenschaft. Wenn Gott Abraham verspricht: „Dir werde ich das Land geben", so bedeutet „dir" soviel wie „deinem Samen".

Zur Zeit des 2. Tempels, wohl im Zusammenhang mit sich wandelnden Auffassungen über das Individuum und sein Schicksal, bildeten sich neue Z.s-Vorstellungen aus. Der neben anderen eschatologischen Ideen sich vielleicht unter iran. Einfluß herausbildende Auferstehungsglaube, der von den Pharisäern wie auch von Jesus rezipiert, von den konservativen Sadduzäern als „Neuerung" verworfen wird, bewahrt die bibl. Auffassung von der leiblich-seelischen Einheit des Menschen, rückt aber dessen Z. in die eschatologische Endzeit. Hier vereinigen sich individuelle und gesamtgesch. Z.s-Vorstellungen. Zur gleichen Zeit verbreitete sich (vielleicht unter griech., platonisierendem Einfluß) der Glaube an eine vom Leib wesensverschiedene substantielle Seele. Diese trennt sich beim Tod von dem oft als minderwertig, weil fleischlich-materiell gedachten Körper, um in eine „jenseitige" Welt einzugehen, den Himmel, das Haus des himmlischen Vaters o.ä. In diesem Zusammenhang taucht die Vorstellung vom Paradies (= der Garten Eden der Genesiserzählung) auf. In vielen rabb. Texten wird zwischen dem „himmlischen Paradies" (der Ort der abgeschiedenen Seligen) und dem „irdischen Paradies" (der Adam-und-Eva-Erzählung) unterschieden. Da die göttliche Gerechtigkeit auch Bestrafung von Sündern erfordert, mußte neben dem Paradies auch eine Hölle im J. eingeführt werden. Die in den rabb. Texten erwähnte Hölle ist eher eine Art Purgatorium, da nach Abbüßung der Sünden – spätestens nach einem Jahr – „alle Kinder Israels des Paradieses teilhaftig werden". Diese beiden an sich gegensätzlichen Vorstellungen wurden später harmonisiert: Die individuelle Seele wird individuell gerichtet, bestraft und belohnt und erwartet dann im Paradies das große endzeitliche Gericht, Auferstehung und den Anbruch des neuen Himmels und der neuen Erde. Das Judentum sieht keine Notwendigkeit, den materiellen Auferstehungsglauben zu „vergeistigen" und Hilfsbegriffe wie *corpus glorificationis* und dgl. einzuführen. Die ↗Kabbalah lehrt auch – im Gegensatz zum nichtkabbalistisch rabb. Judentum – die Seelenwanderung und Wiedergeburt *(gilgul)* (↗Reinkarnation).

Die oft undeutliche Unterscheidung zwischen Z. (zeitlicher Begriff) und J. (räumlicher Begriff) zeigt sich auch im Gebrauch des hebr. *'olam ha-ba*, wörtlich die „kommende Welt", eschatologisch gesehen, die zukünftige Zeit, der Aion des Reiches Gottes, in diesem Sinne auch noch im NT gebraucht, aber dann auch als „jenseitige Welt" verstanden. Die Verschmelzung der beiden Begriffe zeigt sich z. B. in der Vorstellung eines himmlischen Jerusalems (also im „J." lokalisiert), welches aber am Ende der Tage auf die Erde herabkommen wird.

Heilserwartung ist immer Z.s-Hoffnung, ob es sich um individuelles Heil, um das Heil des Volkes (Ende des Exils, Sammlung der Zerstreuten, Wiederherstellung des Tempels und des davidischen Throns unter einem messianischen König) oder um eine völlige Transformation des Kosmos handelt. Diese hat sich selbst auf das moderne säkularisierte Denken vererbt.

Lit.: ↗Messianismus; Auferstehung I.

R. J. Z. Werblowsky

VIII. Im Christentum. 1. Biblisch. *a) Atl. Eschatologie* (E.) lebt aus der göttlichen Verheißung der Z. als Leben auf dieser Erde. Sie bleibt für den Einzelnen wie für das Volk an die Geschichte gebunden und ist „diesseitig". Das am Segen Jahwes gelegene Heil wird durch die Mißachtung der Bundessatzung ge- und zerstört. Die Gerichts- und Unheilsdrohungen der Propheten machen den „Tag Jahwes" zur Finsternis (Am 5,18–20; Jer 17,16f.). Aber auch jenseits der Katastrophe gibt es Erwartung von erneutem göttlichen Heilshandeln, das die Königsherrschaft Jahwes über sein Volk und die Völker der Erde in Gerechtigkeit und Frieden aufrichtet und eine Wende universalen Ausmaßes herbeiführt mit neuem Bund, neuem Himmel und neuer Erde (Jer 31,31–34; Jes 65,17; 66,22) und ohne Tod (Jes 25,8).

Die *Überschreitung der Todesgrenze* erfolgt allmählich in nachexilischer Zeit. War die Scheol bis dahin ein Land ohne Wiederkehr und der Ort der Jahweferne, so wird nun Gottes Herrschaft über die Scheol und Gemeinschaft mit ihm und für immer (vgl. Ps 49,16) ein Thema der theol. Ausfaltung des Jahweglaubens und seiner Bundestreue, das sich an seiner Gerechtigkeit entzündet: Die Überzeugung, die Geschichte sei der Ort der Erfüllung der Verheißung, wurde erschüttert. Deswegen ist die Auferweckung der Gerechten/Märtyrer (Dan 12; 2 Makk 7) der Ausdruck des Glaubens an die unverbrüchliche Treue Gottes und der Gemeinschaft mit ihm, die auch im Tod nicht beendet wird.

b) Zum zentralen Thema *ntl. E.* wird das ↗Gottesreich in der Verkündigung Jesu. Mit ihm beginnt die Endzeiterfüllung, deren Vollendung noch aussteht; die Gegenwart ruft in die Entscheidung, weil die Nähe der endzeitlichen Gottesherrschaft drängt. Wenngleich auch hier Gerichtsdrohungen und apokalyptische Erwartungen gegeben sind, so dominiert doch das Heilsangebot Gottes, das dem Sünder, der umkehrt, nicht verweigert wird.

Nach *Jesu Tod und Auferweckung* verkündet die Urgemeinde, daß Jesus der ↗Christus ist und daß sich die allg. endzeitlichen Verheißungen zu erfüllen beginnen, wie die Geistsendung ihnen zeigt (Apg 2,15–33). Die Vollendung des Reiches Gottes wurde von der nahen Wiederkunft Jesu als Menschensohn und Richter der Welt (↗Parusie) erwartet, was in der Perspektive des sich durchsetzenden Heiles und seines Offenbarwerdens liegt. Die „Naherwartung" und deren Verzögerung sind ein schon ntl. angeschnittenes Problem, dessen Lösung in der Forschung umstritten ist.

In der *paulinischen E.* werden das Schon der Erlösung und das Noch-Nicht der Vollendung betont (eschatologische Spannung). Die gegenwärtige Existenz des Christen ist schon Neuschöpfung (2 Kor 5,17), aber noch ist ihre Herrlichkeit verborgen (Röm 8,19ff.). In das Offenbarwerden der Herrlichkeit der Gotteskinder soll die gesamte Schöpfung einbezogen werden (vgl. Röm 8,20ff.). Die persönliche Glaubenserfahrung des Paulus, der, vom Tode bedroht, die Parusie nicht mehr erhoffen konnte, setzt auf die bleibende Christusgemeinschaft: „beim Herrn sein" (2 Kor 5,8; Phil 1,23) ist seine Hoffnung.

Vornehmlich geschieht die Offenbarung der Gottesherrlichkeit bei der Parusie Jesu Christi und der ↗Auferstehung (II) der Toten, welche in Beziehung zur Auferweckung Jesu steht (vgl. 1 Thess 4,16f.; 1 Kor 15,22ff.45ff.). Diese wird nicht als einmaliges Handeln Gottes nur an Jesus gesehen, sondern als Beginn der Endzeit und als Anfang der Auferweckung aller Toten.

Die *johanneische E.* steht im Zeichen der Gegenwärtigkeit des Heils (Besitz des ewigen Lebens, Ergangenseins des Gerichts), welches auch sakramental verwirklicht ist, blickt aber gleichwohl auf die zukünftige Vollendung in der Gemeinschaft mit Christus in seiner Herrlichkeit (vgl. Joh 14,3; 12,26; 17,24).

Auch die *übrigen Schriften des NT* bezeugen den Glauben, in einer Entscheidungszeit zu leben, zwischen der ersten Ankunft Jesu und seiner Wiederkunft (vgl. 1 Petr 1,7–13f.; Jak 5,8; Hebr 10,25–27).

2. Systematisch. Die christl. E. hat die bibl. Überlieferung entfaltet und folgt im wesentlichen deren Thematik.

a) Die Todesgrenze wird christlich durch den Glauben an die *Auferstehung* überwunden, die am Ende der Zeit geschehen soll. Die Tradition kennt zwar Meinungen, denenzufolge die Seelen bis zu jenem Zeitpunkt auf die selige Gottesgemeinschaft warten müssen, doch wurden durch Benedikt XII. als Glaubenssatz definiert, daß die Seelen der Gerechten auch vor der Auferweckung des Leibes und dem Endgericht im Himmel sind und Gott schauen (DS 1000). Das Konzil von Vienne (1312) hat die Unsterblichkeit der ↗Seele als Glaubenslehre (DS 902) verkündet. Der Tod unterbricht demnach die Gottesgemeinschaft nicht und trennt nicht von Gott, eine Glaubenserfahrung, zu der auch atl. Hoffnung nachexilisch vorgedrungen war.

Dadurch wird ein *Zwischenzustand* angenommen, dessen Eckdaten die Seligkeit der Seele bei Gott bald nach dem Tod

und die Auferstehung des Leibes am Ende der Zeiten sind.
Befürchtungen, die Lehre von der *Unsterblichkeit der Seele* sei eine der griech. Philosophie entlehnte Vorstellung, die ein dualistisches Menschenbild vertrete und mit der bibl. Anthropologie und der Auferstehung unvereinbar sei, dürften an Gewicht verlieren.
Die in die Weisheitsbücher des AT aufgenommene Lehre von der *Unsterblichkeit der Seele* (Weish 1–5) muß dann nicht als Fremdkörper empfunden werden, wenn sie als Auslegung der unverbrüchlichen Treue Gottes angesehen wird. Fernerhin verbürgt die vom Untergang bewahrte Seele die Identität des irdischen mit dem vollendeten Menschen.
Eine Seele ist auch dann anzunehmen, wenn man jener neueren Richtung der kath. Theologie folgt, welche eine Auferstehung im Tod annimmt; sie gewährleistet die Identität des Subjekts. Die Gegner dieser Auffassung sprechen jedoch von einem verschärften Platonismus, weil es um eine Entmaterialisierung der Auferstehung gehe und um ein Zurücklassen der Welt. Phänomenologisch bleibt natürlich eine *Trennung* von der sichtbaren Welt und ihrer Zeitlichkeit sowie vom früheren Leib und jetzigen Leichnam offensichtlich. Um Wirklichkeit und Benennung dessen, was dennoch bleibt, geht die Diskussion.
Auch abgesehen von dieser Auseinandersetzung, bleibt in der christl. E. entscheidend, daß die Erlösung des Menschen vom Tod *nicht* eine *aus* der Welt, sondern *mit* ihr ist. Die individuelle und universale E. sind untrennbar.
b) Dem Tod folgt das individuelle *Gericht.* Hierbei geht es um das Offenbarwerden der menschlichen Lebenswahrheit angesichts der Wahrheit, die Gott ist. Deswegen bekommt das Gericht den Charakter der Begegnung, in welcher über alles Gerichtetwerden durch die Wahrheit hinaus auch das Gerettetwerden seinen Ort hat, weil von der Wahrheit die Liebe nicht zu trennen ist.
c) Die Notwendigkeit einer *Läuterung* ergibt sich aus der Überlegung, daß eine Gottesgemeinschaft nur dem ganz Liebenden möglich sein kann. Der Sinn des Prozesses der Umwandlung liegt darin, daß der Mensch gott-fähig wird. Die Bezeichnung *Fegefeuer* meint kein jenseitiges Straflager, sondern deutet die Begegnung mit Gott als läuterndes Feuer (vgl. 1 Kor 3,10–15).
Die *Fürbitte* für die Verstorbenen auf dem Weg zur vollen Gottesgemeinschaft setzt den Glauben voraus, daß der Tod weder von Gott noch von den Lebenden trennt und daß Solidarität und Liebe die Todesgrenze überschreiten. Diese Auffassung früher kirchlicher Zeit, welche durch Exzesse des Ablaßwesens von den Reformatoren verworfen wurde, hat das Konzil von Trient (DS 1580 1820) bekräftigt. Sie findet eine Bestätigung in der heutigen Betonung vom Menschsein als Mitsein und von Kirche als Gottesvolk, welches durch die *communio sanctorum* als Gemeinschaft verstanden wird, in der Verantwortung füreinander auch die Toten einschließt.
d) Die endgültige *Verwerfung, Hölle* genannt, greift auf die Drohreden der Schrift zurück, welche in die Entscheidung rufen. Da diese Vorstellung mit dem von Jesus verkündigten barmherzigen Vater schwer vereinbar erscheint, wird verschiedentlich die Endgültigkeit der Hölle entweder dadurch aufgehoben, daß eine Vernichtung der Verdammten oder deren endgültige Errettung angenommen wird. Letztere, ↗*Apokatastasis* genannte Lehre von der Allversöhnung, wurde von der Kirche schon im 6. Jh. verworfen.
Angesichts der Frage nach dem Heil aller Menschen steht der allg. Heilswille Gottes (1 Tim 2,4) fest. Daß dieses Heil auch von allen angenommen werde, muß wegen der ↗Freiheit des Menschen offenbleiben. Eine Hoffnung, daß auch der Täter des Bösen in die Gottesgemeinschaft gelange, darf dennoch gewagt werden. Sie setzt voraus, daß der Nichtliebende sich angesichts Gottes in Freiheit der Liebe zuwendet und daß die erlösten Opfer jenen Grad der Liebe erreicht haben, der auch die Feinde einschließt. Im Bild vom himmlischen Hochzeitsmahl müßten Opfer und Täter beisammen sein können.
e) Der ↗*Himmel* (II) als Gottes- und Christusgemeinschaft ist vornehmlich eine personale Wirklichkeit, welche auf

Erden beginnend nach dem Tod in die Unmittelbarkeit übergeht und als beseligende Schau (DS 1000) bezeichnet wird. Darin geht auch das menschliche Mitsein nicht unter. Einen eindeutigen Ausdruck hat Augustinus dieser Hoffnung gegeben, indem er Gott sich des menschlichen Wir erinnern läßt, weswegen auch der Mensch angesichts Gottes seiner Liebe zum anderen nicht vergessen könne (Conf. IX 3).

f) Was die *innergesch. Z.* der Menschheit angeht, so mögen unerfüllte Verheißungen der Propheten zwar auf ausstehende diesseitige Erfüllungen verweisen, doch kann eine Vollendung nicht ohne Beendigung und Ende angenommen werden. Daß darin nicht nur die Geschichte der Menschheit, sondern auch die Welt als Kosmos einzubeziehen ist, läßt deutlich werden, daß christl. E. und Apokalyptik nicht zu trennen sind. Was neuer Himmel und neue Erde meinen, bewegt sich auf der Grenze von Bild und Begriff und sagt „Heimat".

Lit.: *F. Nötscher,* Altoriental. und atl. Auferstehungsglaube. Würzburg 1926; *P. Althaus,* Die letzten Dinge. Gütersloh [7]1957; *P. Volz,* Die Eschatologie der jüd. Gemeinde in ntl. Zeitalter. Hildesheim 1966; *J. A. Fischer,* Studien zum Todgedanken in der alten Kirche. München 1954; *K. Rahner,* Zur Theologie des Todes. Freiburg [3]1958; *P. Hoffmann,* Die Toten in Christus. Münster [2]1969; *L. Wächter,* Der Tod im AT. Stuttgart 1967; *J. Pieper,* Tod und Unsterblichkeit. München 1968; *J. Ratzinger,* Eschatologie – Tod und ewiges Leben. Regensburg [4]1978; *K. M. Woschitz,* Elpis – Hoffnung. Wien 1979; *H. Thielicke,* Leben mit dem Tod. Tübingen 1980; *H. Vorgrimler,* Hoffnung auf Vollendung. Freiburg 1980; *P. Rhode,* Psyche. Darmstadt. 2 Bde [2]1980; *H. Sonnemans,* Seele, Unsterblichkeit, Auferstehung. Freiburg 1984; *H. Kessler,* Sucht den Lebenden nicht bei den Toten. Düsseldorf 1985; *W. Breuning* (Hg.), Seele. Freiburg 1986; *H. Schürmann,* Gottes Reich – Jesu Geschick. Freiburg 1983; *H. Merklein,* Jesu Botschaft von der Gottesherrschaft. Stuttgart 1983; *G. Greshake / J. Kremer,* Resurrectio Mortuorum. Darmstadt 1986.

H. Sonnemans

IX. Im Islam. Wie Judentum und Christentum kennt der Islam eine alle Zeiten umfassende Theologie der Geschichte. Die Grundlage dieser Geschichte wurde in der Schöpfung gelegt. Weil ↗Gott (VI) den Menschen mit der fiṭra (↗Mensch VIII) ausstattete, hat er von Natur aus ein Wissen um den einzigen Gott und Schöpfer. Durch die Zeiten hindurch hat Gott in seiner Barmherzigkeit Propheten geschickt, die alle dieselben Aufgaben hatten, die Menschen zum Glauben an den einzigen Gott aufzurufen. Dieses ist die Aufgabe der Propheten des AT und des NT (Jesus). Die Prophetengeschichte fand ihren Höhepunkt in Muḥammad, dem Siegel der Propheten (Koran 33, 40), dessen Koran (↗Hll. Schriften VIII.) nicht nur die Bestätigung der früheren hll. Schriften wie Tora und Evangelium ist, sondern darüber hinaus auch deren Vervollkommnung und Korrektur. In dieser Prophetengeschichte wird das Geschehen der Endzeit vorweggenommen und deren Kriterien offenbart. Der Koran kennt sieben Straflegenden (mathānī), in denen u. a. über Noach und die ↗Sintflut (u. a. 7, 59–64), ↗Mose und den Untergang des Pharao (u. a. 7, 138) und Lot mit der Vernichtung von Sodom und Gomorra (u. a. 21, 74) berichtet wird. Allen Straflegenden ist gemeinsam, daß die Ungläubigen und Götzendiener durch eine Katastrophe vernichtet werden und nur die kleine Gemeinde der Gläubigen gerettet wird. Diese Geschichten bilden auch das Kriterium für das letzte Gericht. Dieses wird sofort nach dem Tod vorbereitet. Wenn der Mensch gestorben ist, besuchen ihn in seinem Grabe zwei Todesengel, Munkar und Nakīr, und fragen den Toten nach seinem Glauben an Gott und Muḥammad. Wenn die Gläubigen antworten, daß Muḥammad der Gesandte Gottes ist, wird der Tote in Ruhe gelassen bis zum Tage der ↗Auferstehung (III). Die Ungläubigen dagegen werden im Grabe so lange geprügelt, wie es Gott gefällt (vgl. 8, 50 und 47, 27).

Sowohl Schöpfung wie Prophetengeschichte finden ihre Vollendung im Geschehen der Endzeit. In einer gewaltigen Katastrophe wird das Weltall vernichtet (69, 14; 89, 21). Das zentrale eschatologische Geschehen ist aber die Auferstehung der Toten zum letzten Gericht (2, 85). Die Taten der Toten werden auf der Waage gewogen (21, 47). Im Gericht findet dann die endgültige Trennung von Gläubigen und Ungläubigen statt. Die Gläubigen kommen zur ewigen Herrlichkeit ins Paradies, die Ungläubigen zur ewigen Pein ins Feuer der Hölle (81, 12). Sowohl die Freuden wie die Bestrafung werden buchstäblich aufgefaßt. Sogar der große Theologe *al-Ghazālī* verbietet es den Gläubigen, sie zu vergeistlichen. Die spätere Theologie hat über die Ewigkeit des Höllenfeuers nachgedacht und die Möglichkeit offengelassen, ob letzten Endes diese Strafen nicht zu Ende gehen könnten. Nirgendwo aber ist im Koran deutlich die Rede von der *visio beatifica*. Im Gegenteil sagt der Koran, daß die Augen der Menschen Gott nie erreichen können (6,103).

Von allen Propheten treten nur zwei während des eschatologischen Geschehens auf. Die ↗Tradition (IV) (Baidawi zu Sure 43,61) berichtet, daß Jesus vom Himmel in das Hl. Land hinabsteigen wird, den Antichrist „Dadjdjāl" töten, nach Jerusalem kommen, hinter dem Imām des Gebet Muḥammads verrichten, die Schweine töten und die Kreuze zerbrechen wird. Kirchen und Synagogen wird er in Trümmer legen und Christen, die nicht an ihn glauben, töten. Die Bedrängten werden ihn bitten, für sie bei Gott Fürbitte einzulegen. Doch er wird ihnen erwidern, daß er hierzu nicht imstande ist, weil seine Anhänger ihn und seine Mutter als Götter verehrt haben. Die Fürbitte ist nur Sache des Muḥammad.

Lit.: *H. B. Partin,* Art. Paradise: ER XI 184–189; *L. Tober / F. S. Lusby,* Art. Heaven and Hell: ER VI 237–243, bes. 239; weitere Lit. s. Auferstehung III.

J. Bouman

X. Utopie und Wirklichkeit. 1. Utopie (U.) (griech. *ou tópos* = Nicht-Ort) bezeichnet als positiver Begriff die Idee eines künftigen Zustandes menschlicher Gesellschaft in denkbarer Vollkommenheit. Der Begriff wurde erstmals von *Thomas Morus* in „De optimo reipublicae statu, deque nova insula Utopia" (1516) verwendet, reicht aber sachlich in die jüd.-christl. und griech. Welt zurück. Grundlage der U.n bilden das Ungenügen an der Wirklichkeit und deren konkret-mögliche Verbesserung für die innerweltliche Zukunft. Dabei fallen der Wille zur Erneuerung, die autonome Bestimmung und die gesellschaftlich-krit. Orientierung ins Gewicht.

2. Die *hist.* U.n der Renaissance, der Aufklärung und des Frühsozialismus sind eine Kritik an der Wirklichkeit und entfalten eine neue Ordnung in rel., sozialer und ökonomischer Perspektive. Schon bei Th. Morus finden wir die ↗Religionsfreiheit, die Verkürzung der Arbeitszeit zum Zweck der Freizeit als Freiheit für geistige Bedürfnisse, Bildung für alle, die Abschaffung des Privateigentums.

Doch gerät der Wille zur Ordnung des Ganzen leicht zum Totalitarismus. So wird in Campanellas „Civitas Solis" (1623) z. B. die Selbstbestimmung des Individuums durch staatliche Gattenwahl nicht nur unterdrückt, sondern diese auch durch rassische Gesichtspunkte gelenkt.

Die Annahme einer guten Natur des Menschen und einer einsichtigen Vernunft als regulierende Kraft lassen diese U.n als abstrakte Denkgebilde erscheinen, deren statischer Charakter erkenntlich ist. Es zeigt sich eine Tendenz zum organisierten Glück.

3. Im Gegensatz zur abstrakten U. will der *Marxismus* eine gesch.-dynamische Theorie entwickeln, derzufolge nur die Aufhebung der Selbstentfremdung des Menschen, die aus seiner Entfremdung in Staat, Religion und Ökonomie resultiert, zu einer neuen Gesellschaftsordnung führen kann. Das Prinzip dieser Entwicklung ist der Klassenkampf, der zur ökonomischen Emanzipation (Abschaffung des Privateigentums) führt, welcher die soziale (klassenlose Gesellschaft; Reich der Freiheit) und die politische (Aufhebung des Staates als Instrument der Ausbeutung) folgen. Die Verbindung von U. und Ideologie wird hier bes. deutlich, wenngleich auch die hist. U.n davon nicht frei sind.

4. Utopisches Denken kennzeichnet auch das Werk von *E. Bloch,* das aus marxistischen wie rel. Wurzeln schöpft und auch als Reaktion auf Untergangsprognosen (vgl. A. Huxley, G. Orwell) verstanden sein will. Für Bloch haben Mensch und Natur U. Darin meldet sich das Zielproblem des Prozesses mit noch unentschiedenem Ausgang an, mit möglicher Genesis am Ende, einer Welt als Heimat, in der Mensch und Natur vermittelt sind.

„Konkrete U." transzendiert alles Vorhandene und intendiert ein inhaltlich Unbestimmbares. Dieses Utopische, d. h.

das alles Bisherige Transzendierende, das früher „Gott" genannt wurde, bezeichnet nun Reich Gottes und Reich der Freiheit, das endlich Wirklichkeit wird.

5. U., als wesentlich zum Menschsein gehörend, muß als anthropologischer Topos gelten. Darin werden Kritik an der gegenwärtigen Wirklichkeit sowie Wissen und Wille für eine bessere geschichtliche Z. vereint. U. bedeutet Wahr-nehmung und Wahr-machung des Menschlichen. Die Nähe zur Eschatologie liegt im Ungenügen an der Gegenwart, im Blick auf das Seinsollende und im Drang zu dessen Verwirklichung. Doch besteht die Differenz in der Verschiedenheit von Selbstverwirklichung des Menschen aus nur eigenen Kräften und jener unter der Mitwirkung Gottes an der Z., die als vollendete nur seine Tat sein kann. Die Säkularisierung als Immanentisierung der Reich-Gottes-Vorstellung muß von ihrem bibl. Ursprung her als deren Verkürzung beurteilt werden; doch macht dieses Phänomen zugleich auf die unlösbare Verbindung von Gottesreich und menschlicher Geschichte als Ort seiner Verwirklichung aufmerksam (vgl. II. Vatikanuum, GS 39).

Wirklichkeitwerden des Gottesreiches als dessen Immanentisierung ins Säkulum muß aus dessen eigener Potenz als Not-Wendigkeit gefordert werden. Doch gibt es auch in der „säkularisierten Hoffnung" ein Weiterbestehen von „Eschatologie" innerhalb der U., weil der *Geist* der U. als verborgene Anwesenheit Gottes verstanden werden könnte, welcher das J. als Kraft im Diesseits für den Menschen und seine Welt bekundet.

Lit.: *R. Owen,* A New View of Society. o. O. 1812/1813; *C. Mannheim,* Ideologie und Utopie. Bonn 1929; *A. Huxley,* Schöne neue Welt. Frankfurt 1958; *F. Engels,* Die Entwicklung des Sozialismus von der Utopie zur Wissenschaft. Berlin ⁹1962; *G. Orwell,* 1984. Berlin 1984; *M. Buber,* Pfade in Utopia. Heidelberg 1950; *H. Kesting,* Utopie und Eschatologie. Heidelberg 1952; *E. Bloch,* Das Prinzip Hoffnung. 2 Bde. Frankfurt 1959; *ders.,* Geist der Utopie. Frankfurt 1964; *G. Sauter,* Zukunft und Verheißung. Zürich 1965; *J. G. Fichte,* Der geschlossene Handelsstaat (1800): I. H. Fichte (Hg.), Fichtes Werk. Bd. III. Berlin 1971, 389–513; *H. Sonnemans,* Hoffnung ohne Gott? Freiburg 1973.

H. Sonnemans

REGISTER